GESETZE UND KOMMENTARE
Nr. 129

Arbeitsrecht

von

Univ.-Prof. DDr. Günther Löschnigg

Institut für Arbeits- und Sozialrecht
der Karl-Franzens-Universität Graz

und

Institut für Universitätsrecht
der Johannes-Kepler-Universität Linz

Die Inhalte in diesem Buch wurden vom Autor und vom Verlag sorgfältig erwogen und geprüft. Dennoch kann eine Garantie nicht übernommen werden. Eine Haftung des Autors bzw des Verlages und seiner Beauftragten für Personen-, Sach- und Vermögensschäden ist ausgeschlossen.

Wenn im folgenden Text die Begriffe wie „Arbeitnehmer" und „Arbeitgeber" verwendet werden, so ist bei Entsprechung auch die weibliche Form inkludiert. Auf eine durchgehende geschlechtsneutrale Schreibweise wird zugunsten der Lesbarkeit des Textes verzichtet.

Verlag des Österreichischen Gewerkschaftsbundes GmbH
Johann-Böhm-Platz 1
1020 Wien
Tel. Nr.: 01/662 32 96-0
E-Mail: office@oegbverlag.at
Web: www.oegbverlag.at

13. neu bearbeitete Auflage 2017

Umschlaggestaltung: Thomas Jarmer

Medieninhaber: Verlag des ÖGB GmbH, Wien

Hersteller: Verlag des ÖGB GmbH, Wien

Verlags- und Herstellungsort: Wien

Printed in Austria

ISBN 978-3-99046-274-4

Übersicht

Inhaltsverzeichnis

Abkürzungsverzeichnis

aA	anderer Ansicht
AAV	Verordnung über allgemeine Vorschriften zum Schutz des Lebens, der Gesundheit und der Sittlichkeit der Arbeitnehmer (Allgemeine Arbeitnehmerschutzverordnung), BGBl 218/1983
AB	Ausschussbericht
Abb	Abbildung
ABG	Allgemeines Österreichisches Berggesetz, RGBl 146/1854
ABGB	Allgemeines Bürgerliches Gesetzbuch, JGS 946/1811
ABl	Amtsblatt der Europäischen Union
Abs	Absatz
AEUV	Vertrag über die Arbeitsweise der Europäischen Union, ABl C 115/2008, 47
aF	alte Fassung
AG	Aktiengesellschaft
AGB	Allgemeine Geschäftsbedingungen
AGG	Arbeit- und Gesundheit-Gesetz, BGBl I 111/2010
AHG	Amtshaftungsgesetz, BGBl 20/1949
AHGB	Allgemeines Handelsgesetzbuch, RGBl 1/1863
AKG	Arbeiterkammergesetz, BGBl 626/1991
AKHB	Allgemeine Bedingungen für die Kraftfahrzeug-Haftpflichtversicherung
AKKB	Allgemeine Bedingungen für die Kraftfahrzeug-Kaskoversicherung
AktG	Aktiengesetz, BGBl 98/1965
allg	allgemein
AlVG	Arbeitslosenversicherungsgesetz 1977, BGBl 609/1977
aM	anderer Meinung
AMD-G	Audiovisuelle Mediendienste-Gesetz, BGBl I 84/2001
AMFG	Arbeitsmarktförderungsgesetz, BGBl 31/1969
AMPFG	Arbeitsmarktpolitik-Finanzierungsgesetz, BGBl 315/1994
AMS	Arbeitsmarktservice
AMSG	Arbeitsmarktservicegesetz, BGBl 313/1994
AMSprV	Arbeitsmarktsprengelverordnung, BGBl 928/1994
AM-VO	Arbeitsmittelverordnung, BGBl II 164/2000
AN	Arbeitnehmer/-in
AnfO	Anfechtungsordnung, RGBl 337/1914
AngG	Angestelltengesetz, BGBl 292/1921
Anm	Anmerkung

AnwZ	Österreichische Anwaltszeitung (1924–1938)
AO	Ausgleichsordnung, RGBl 337/1914
AP	Arbeitsrechtliche Praxis (BRD)
APSG	Arbeitsplatz-Sicherungsgesetz 1991, BGBl 683/1991
ARÄG 2000	Arbeitsrechtsänderungsgesetz 2000, BGBl I 44/2000
ARÄG 2013	Arbeitsrechtsänderungsgesetz 2013, BGBl I 138/2013
Arb	Sammlung arbeitsrechtlicher Entscheidungen der Gerichte und Einigungsämter, hrsg v *Tades*
ArbAbfG	Arbeiter-Abfertigungsgesetz, BGBl 107/1979
ArbBG	Arbeitsrechtliches Begleitgesetz, BGBl 833/1992
ArbG	Arbeitsgericht
ArbIG	Arbeitsinspektionsgesetz, BGBl 27/1993
ArbVG	Arbeitsverfassungsgesetz, BGBl 22/1974
ARD	ARD-Betriebsdienst
arg	argumento (folgt aus)
ARG	Arbeitsruhegesetz, BGBl 144/1983
ARGE	Arbeitsgemeinschaft
Art	Artikel
ASchG	ArbeitnehmerInnenschutzgesetz, BGBl 450/1994
ASchG 1972	Arbeitnehmerschutzgesetz 1972, BGBl 234/1972
ASG	Arbeits- und Sozialgericht (Wien)
ASGAnpG	Arbeits- und Sozialgerichts-Anpassungsgesetz, BGBl 563/1986
ASGG	Arbeits- und Sozialgerichtsgesetz, BGBl 104/1985
ASoK	Arbeits- und Sozialrechtskartei
ASRÄG	Arbeits- und Sozialrechts-Änderungsgesetz 1997, BGBl I 139/1997
AStV	Arbeitsstättenverordnung, BGBl II 368/1998
ASV	Aufzüge-Sicherheitsverordnung 2008, BGBl II 274/2008
ASVG	Allgemeines Sozialversicherungsgesetz, BGBl 189/1955
ATerrG	Antiterrorgesetz, BGBl 113/1930
AtomHG	Atomhaftungsgesetz 1999, BGBl 170/1998
AufsRVO	Verordnung über die Entsendung von Arbeitnehmervertretern in den Aufsichtsrat, BGBl 343/1974
AufwandersatzG	Aufwandersatzgesetz, BGBl 28/1993
AÜG	Arbeitskräfteüberlassungsgesetz, BGBl 196/1988
AuR	Arbeit und Recht, Zeitschrift für Arbeitsrechtspraxis (BRD)
AuslBG	Ausländerbeschäftigungsgesetz, BGBl 218/1975
AuslBVO	Ausländerbeschäftigungsverordnung, BGBl 609/1990
AußStrG	Außerstreitgesetz, RGBl 208/1854
AUVA	Allgemeine Unfallversicherungsanstalt
AVG	Allgemeines Verwaltungsverfahrensgesetz 1991, BGBl 51/1991

AVOG	Abgabenverwaltungsorganisationsgesetz 2010, BGBl I 9/2010
AVRAG	Arbeitsvertragsrechts-Anpassungsgesetz, BGBl 459/1993
AZG	Arbeitszeitgesetz, BGBl 461/1969
BABE	Berufsvereinigung der ArbeitgeberInnen privater Bildungseinrichtungen
BäckAG 1996	BäckereiarbeiterInnengesetz 1996, BGBl 410/1996
BAG	Berufsausbildungsgesetz, BGBl 142/1969; Bundesarbeitsgericht (BRD)
BAK	Bundeskammer für Arbeiter und Angestellte (Bundesarbeitskammer)
BauKG	Bauarbeitenkoordinationsgesetz, BGBl I 37/1999
BB	Der Betriebsberater, Zeitschrift für Recht und Wirtschaft (BRD)
BBG	Bundesbehindertengesetz, BGBl 283/1990
B-BSG	Bundes-Bedienstetenschutzgesetz, BGBl I 70/1999
BBVG	Bahn-Betriebsverfassungsgesetz, BGBl I 66/1997
Bd	Band
BDG	Beamten-Dienstrechtsgesetz 1979, BGBl 333/1979
BEA	Bundeseinigungsamt
BEA-Geo	Bundeseinigungsamts-Geschäftsordnung, BGBl 415/1987
BEinstG	Behinderteneinstellungsgesetz, BGBl 22/1970
BergAG	Bergarbeitergesetz, StGBl 406/1919
BergG	Berggesetz 1975, BGBl 259/1975
Bespr	Besprechung
BetrVG	Betriebsverfassungsgesetz, dBGBl 1972 I 13 (BRD)
BG	Bundesgesetz; Bezirksgericht
BGB	Bürgerliches Gesetzbuch, dRGBl 1896, 195 (BRD)
BGBl	Bundesgesetzblatt
B-GlBG	Bundes-Gleichbehandlungsgesetz, BGBl 100/1993
BKA	Bundeskanzleramt
B-KUVG	Beamten-Kranken- und Unfallversicherungsgesetz, BGBl 200/1967
Blg	Beilage, -n
BlgHH	Beilagen zu den stenographischen Protokollen des Herrenhauses
BlgNR	Beilagen zu den stenographischen Protokollen des Nationalrates
BM	Bundesministerium, Bundesminister
BMAGS	Bundesminister(ium) für Arbeit, Gesundheit und Soziales
BMASK	Bundesminister(ium) für Arbeit, Soziales und Konsumentenschutz
BMF	Bundesministerium für Finanzen
BMsSG	Bundesminister(ium) für soziale Sicherheit und Generationen

BMSVG	Betriebliches Mitarbeiter- und Selbständigenvorsorgegesetz, BGBl I 100/2002 (ursprünglich Betriebliches Mitarbeitervorsorgegesetz)
BMVG	Betriebliches Mitarbeitervorsorgegesetz, BGBl I 100/2002
BMWA	Bundesminister(ium) für Wirtschaft und Arbeit
BPG	Betriebspensionsgesetz, BGBl 282/1990
BPGG	Bundespflegegeldgesetz, BGBl 110/1993
BR	Betriebsrat
BRF-VO	Betriebsratsfonds-Verordnung 1974, BGBl 524/1974
BRG	Betriebsrätegesetz, BGBl 97/1947, und Betriebsrätegesetz, StGBl 283/1919
BRGO	Betriebsrats-Geschäftsordnung 1974, BGBl 355/1974
BRWO	Betriebsrats-Wahlordnung 1974, BGBl 319/1974
BSchEG	Bauarbeiter-Schlechtwetterentschädigungsgesetz 1957, BGBl 129/1957
BS-V	Bildschirmarbeitsverordnung, BGBl II 124/1998
BSVG	Bauern-Sozialversicherungsgesetz, BGBl 559/1978
BTX	Bildschirmtextbetrieb der Post
BUAG	Bauarbeiter-Urlaubs- und Abfertigungsgesetz, BGBl 414/1972 (ursprünglich Bauarbeiter-Urlaubsgesetz)
B-UHG	Bundes-Umwelthaftungsgesetz, BGBl I 55/2009
BV	Betriebsvereinbarung
B-VG	Bundes-Verfassungsgesetz, BGBl 1/1930
BV-Kasse	betriebliche Vorsorgekasse
BVwG	Bundesverwaltungsgericht
BWG	Bankwesengesetz, BGBl 532/1993
BWK	Bundeswirtschaftskammer
bzgl	bezüglich
bzw	beziehungsweise
ca	zirka
CEC	Europäische Vereinigung der leitenden Angestellten
CEDAW	Konvention zur Beseitigung jeder Form von Diskriminierung der Frau, BGBl 443/1982
CEEP	Europäischer Zentralverband der öffentlichen Wirtschaft
CESI	Europäische Union der unabhängigen Gewerkschaften
CIC	codex iuris canonici (25. 1. 1983)
CMLR	Common Market Law Review
dBGBl	deutsches Bundesgesetzblatt
dens	denselben
ders	derselbe
dies	dieselbe, -n
dh	das heißt

DHG	Dienstnehmerhaftpflichtgesetz, BGBl 80/1965
di	das ist
DLSG	Dienstleistungsscheckgesetz, BGBl I 45/2005
DO.A	Dienstordnung A
DOK-VO	Verordnung über die Sicherheits- und Gesundheitsschutzdokumente, BGBl 478/1996
DRdA	Das Recht der Arbeit
dRGBl	deutsches Reichsgesetzblatt (BRD)
ds	das sind
DSG	Datenschutzgesetz, BGBl I 120/2017
DSG 1978	Datenschutzgesetz 1978, BGBl 565/1978
DSGVO	Verordnung (EU) 2016/679 zum Schutz natürlicher Personen bei der Verarbeitung personenbezogener Daten und zum freien Datenverkehr (Datenschutz-Grundverordnung), ABl L 2016/119, 1
DSK	Datenschutzkommission
E	Entscheidung
EA	Einigungsamt
EAGV	Vertrag zur Gründung der Europäischen Atomgemeinschaft, BGBl 47/1995
EB	Erläuternde Bemerkungen
ecolex	Fachzeitschrift für Wirtschaftsrecht (1990 ff)
EDVuR	EDV und Recht
EFTA-Gerichtshof	Gerichtshof der Europäischen Freihandels-Association (European Free Trade Association)
EFZ	Entgeltfortzahlung
EFZG	Entgeltfortzahlungsgesetz, BGBl 399/1974
EG	Europäische Gemeinschaft (nunmehr EU)
EGB	Europäischer Gewerkschaftsbund
EGMR	Europäischer Gerichtshof für Menschenrechte
EGÖD	Europäischer Gewerkschaftsverband für den öffentlichen Dienst
EGV	Vertrag zur Gründung der Europäischen Gemeinschaft, BGBl III 86/1999
EHVB	Ergänzende Bedingungen für die Haftpflichtversicherung
EKHG	Eisenbahn- und Kraftfahrzeughaftpflichtgesetz, BGBl 48/1959
EKUG	Eltern-Karenzurlaubsgesetz, BGBl 651/1989
EltUrlRV	Elternurlaubsrahmenvereinbarung
EMRK	Europäische Menschenrechtskonvention, BGBl 210/1958
EN	Europäische Normen
EO	Exekutionsordnung, RGBl 79/1896
EPG	Eingetragene-Partnerschaft Gesetz, BGBl I 135/2009

erl	erläuternde
EB zur RV	Erläuternde Bemerkungen zur Regierungsvorlage
ESC	Europäische Sozialcharta, BGBl 460/1969
EStG	Einkommensteuergesetz, BGBl 400/1988
etc	et cetera
EU	Europäische Union
EuGH	Europäischer Gerichtshof
EuGHMR	Europäischer Gerichtshof für Menschenrechte
EuGRZ	Europäische Grundrechte-Zeitschrift
EUV	Vertrag über die Europäische Union, BGBl III 85/1999
EuZA	Europäische Zeitschrift für Arbeitsrecht
EuZW	Europäische Zeitschrift für Wirtschaftsrecht
EvBl	Evidenzblatt der Rechtsmittelentscheidungen in der Österreichischen Juristen-Zeitung
EVÜ	Übereinkommen über das auf vertragliche Schuldverhältnisse anzuwendende Recht, BGBl III 208/1998
EWG	Europäische Wirtschaftsgemeinschaft
EWGV	Vertrag zur Gründung der Europäischen Wirtschaftsgemeinschaft
EWIV	Europäische wirtschaftliche Interessenvereinigung
EWIV-V	Verordnung 2137/85/EWG über die Schaffung einer Europäischen wirtschaftlichen Interessenvereinigung, ABl L 1985/199, 1
EWR	Europäischer Wirtschaftsraum
EZA-G	Entwicklungszusammenarbeitsgesetz, BGBl I 49/2002
f	folgende
FamRZ	Zeitschrift für das gesamte Familienrecht (BRD)
ff	und die folgenden
FLAF	Familienlastenausgleichsfonds
FN	Fußnote
FPG	Fremdenpolizeigesetz 2005, BGBl I 100/2005
FRG	Feiertagsruhegesetz 1957, BGBl 153/1957
FrNArbG	Frauennachtarbeitsgesetz, BGBl 237/1969
FreiwG	Freiwilligengesetz, BGBl I 17/2012
FS	Festschrift
FSVG	Freiberuflichen Sozialversicherungsgesetz, BGBl 624/1978
Fuchs	Judikatur des kk Obersten Gerichtshofes zum Handlungsgehilfengesetz, hrsg von *Fuchs* (1914)
G	Gesetz
GAngG	Gutsangestelltengesetz, BGBl 538/1923
GBK/GAW-G	Bundesgesetz über die Gleichbehandlungskommission und die Gleichbehandlungsanwaltschaft, BGBl 108/1979

GdZ	Österreichische Gemeinde-Zeitung
GehKG	Gehaltskassengesetz 2002, BGBl I 154/2001
gem	gemäß
GenG	Genossenschaftsgesetz, RGBl 70/1873
GesRZ	Der Gesellschafter
GewG	Gewerbegericht
GewO	Gewerbeordnung, RGBl 227/1859
GewO 1994	Gewerbeordnung 1994, BGBl 194/1994
GG	Grundgesetz für die Bundesrepublik Deutschland, dBGBl 1949, 1 (BRD)
GlUNF	Sammlung von zivilrechtlichen Entscheidungen des k. k. Obersten Gerichtshofes
GlBG	Gleichbehandlungsgesetz, BGBl I 66/2004
GmbH	Gesellschaft mit beschränkter Haftung
GmbH & CoKG	Gesellschaft mit beschränkter Haftung- und Compagnie Kommanditgesellschaft
GmbHG	Gesetz über Gesellschaften mit beschränkter Haftung, RGBl 58/1906
GMG	Gebrauchsmustergesetz, BGBl 211/1994
GO	Geschäftsordnung
GPA	Gewerkschaft der Privatangestellten, Druck, Journalismus, Papier
GP	Gesetzgebungsperiode
GPR	(deutsche) Zeitschrift für Gemeinschaftsprivatrecht
GS	Gedenkschrift
GRC	EU-Grundrechte-Charta
GSKVG 1971	Gewerbliches Selbständigen-Krankenversicherungsgesetz, BGBl 287/1971
GSVG	Gewerbliches Sozialversicherungsgesetz, BGBl 560/1978
GTG	Gentechnikgesetz, BGBl 510/1994
GZ	Allgemeine Österreichische Gerichtszeitung (1850–1931)
H	Heft
h	Stunde
hA	herrschende Ansicht
HaRÄG	Handelsrechts-Änderungsgesetz, BGBl I 120/2005
HausbG	Hausbesorgergesetz, BGBl 16/1970
HBeG	Hausbetreuungsgesetz, BGBl I 33/2007
HeimAG	Heimarbeitsgesetz 1960, BGBl 66/1954 wiederverlautbart durch BGBl 105/1961
HGB	Handelsgesetzbuch, dRGBl 1897, 219
HGG	Handlungsgehilfengesetz 1910, RGBl 20/1910
HGHAG	Hausgehilfen- und Hausangestelltengesetz, BGBl 235/1962

HHB	Herrenhausbericht
hL	herrschende Lehre
HlSchG	Halbleiterschutzgesetz
hM	herrschende Meinung
Hrsg	Herausgeber
hrsg	herausgegeben
HVertrG	Handelsvertretergesetz, BGBl 88/1993
ICT	Unternehmensintern transferierte Arbeitnehmer
idF	in der Fassung
idR	in der Regel
idS	in diesem Sinne
IESG	Insolvenz-Entgeltsicherungsgesetz, BGBl 324/1977
IHR	Internationales Handelsrecht
ILO	International Labour Organisation
Ind	Sozialpolitik und Arbeitsrecht, Sonderbeilage zur Zeitschrift „die Industrie“
infas	Informationen aus dem Arbeits- und Sozialrecht
insb	insbesondere
IO	Insolvenzordnung, RGBl 337/1914
IPRax	Praxis des Internationalen Privat- und Verfahrensrechts
IPRG	Internationales Privatrechtsgesetz, BGBl 304/1978
IPWSK	Internationaler Pakt über wirtschaftliche, soziale und kulturelle Rechte, BGBl 590/1978
IRÄG 1994	Insolvenzrechtsänderungsgesetz 1994, BGBl 153/1994
IRÄG 1997	Insolvenzrechtsänderungsgesetz 1997, BGBl I 114/1997
IRÄG 2010	Insolvensrechtsänderungsgesetz 2010, BGBl I 29/2010
iS	im Sinne
iSd	im Sinne des/der
IT	Informationstechnik
iVm	in Verbindung mit
iwS	im weiteren Sinne
JA	Justizausschuss
JAP	Juristische Ausbildung und Praxisvorbereitung
JAS	Journal für Arbeitsrecht und Sozialrecht
JBl	Juristische Blätter
JherJB	Jherings Jahrbücher für Dogmatik des bürgerlichen Rechts (1857–1942; BRD)
JN	Jurisdiktionsnorm, RGBl 111/1895
JournG	Journalistengesetz, StGBl 88/1920
JSt	Journal für Strafrecht
Judblg	Judikaturbeilage

jusIT	Zeitschrift für IT-Recht, Rechtsinformation und Datenschutz
JVR	Jugendvertrauensrat
JZ	Juristenzeitung (BRD)
K	Kundmachung
KA-AZG	Krankenanstalten-Arbeitszeitgesetz, BGBl I 8/1997
Kap	Kapitel
KAPOVAZ	kapazitätsorientierte variable Arbeitszeit
KautSchG	Kautionsschutzgesetz, BGBl 229/1937
KBGG	Kinderbetreuungsgeldgesetz, BGBl I 103/2001
KennV	Kennzeichnungsverordnung, BGBl II 101/1997
Kfz	Kraftfahrzeug
kg	Kilogramm
KG	Kreisgericht; Kommanditgesellschaft
KHVG	Kraftfahrzeug-Haftpflichtversicherungsgesetz 1994, BGBl 651/1994
KIAB	Kontrolle der illegalen Arbeitnehmerbeschäftigung
KJBG	Gesetz über die Beschäftigung von Kindern und Jugendlichen 1987, BGBl 599/1987
KJBG-VO	Verordnung über Beschäftigungsverbote und -beschränkungen für Jugendliche, BGBl II 436/1998
KoalG	Koalitionsgesetz, RGBl 43/1870
KOM	Dokumente der Kommission der Europäischen Gemeinschaften
Komm	Kommentar
krit	kritisch(er)
KSchG	Konsumentenschutzgesetz, BGBl 140/1979
KV	Kollektivvertrag
KVG	Kollektivvertragsgesetz, BGBl 76/1947
LAG	Landesarbeitsgericht
LArbG	Landarbeitsgesetz 1984, BGBl 287/1984
L-DBR	Gesetz über das Dienst- und Besoldungsrecht der Bediensteten des Landes Steiermark, LGBl 29, 2003
leg cit	legis citatae (der zitierten Vorschrift)
LG	Landesgericht
LGZ	Landesgericht für Zivilrechtssachen
lit	litera
Losebl	Loseblattsammlung
LPfG	Lohnpfändungsgesetz, BGBl 51/1955 wiederverlautbart durch BGBl 450/1985
LSD-BG	Lohn- und Sozialdumping-Bekämpfungsgesetz, BGBl I 44/2016
LVwG	Landesverwaltungsgericht
MABG	Medizinische Assistenzberufe-Gesetz, BGBl I 89/2012

MaklerG	Maklergesetz, BGBl 262/1996
MedienG	Mediengesetz, BGBl 314/1981
MinroG	Mineralrohstoffgesetz, BGBl I 38/1999
MR	Medien und Recht
MRG	Mietrechtsgesetz, BGBl 520/1981
MSchG	Mutterschutzgesetz 1979, BGBl 221/1979
MSV 2010	Maschinen-Sicherheitsverordnung 2010, BGBl II 282/2008
MuSchG	Musterschutzgesetz 1990, BGBl 497/1990
MV-Kasse	Mitarbeitervorsorgekasse
mwH	mit weiteren Hinweisen
mwN	mit weiteren Nachweisen
N	Nachweis
NAG	Niederlassungs- und Aufenthaltsgesetz, BGBl I 100/2005
NF	neue Folge
NN	nomen nescio (Name unbekannt); auch: nomen nominandum (der zu nennende Name)
NR	Nationalrat
Nr	Nummer
NSchG	Nachtschwerarbeitsgesetz, BGBl 354/1981
NZA	Neue Zeitschrift für Arbeits- und Sozialrecht (BRD)
ÖAKR	Österreichisches Archiv für Kirchenrecht (nunmehr öarr)
öarr	österreichisches Archiv für recht & religion (vormals ÖAKR)
ÖBA	Österreichisches Bankarchiv
ÖBl	Österreichische Blätter für gewerblichen Rechtsschutz und Urheberrecht
ObSchiedsG	Oberschiedsgericht
OEA	Obereinigungsamt
OFG	Opferfürsorgegesetz, BGBl 183/1947
OG	Offene Gesellschaft
ÖGB	Österreichischer Gewerkschaftsbund
OGH	Oberster Gerichtshof
OHG	Offene Handelsgesellschaft
ÖIAG	Österreichische Industrieholding AG
ÖIAG-Gesetz	Bundesgesetz über die Neuordnung der Rechtsverhältnisse der Österreichischen Industrieholding Aktiengesellschaft und der Post und Telekombeteiligungsverwaltungsgesellschaft 2000, BGBl I 24/2000
ÖJK	Österreichische Juristen Kommission
ÖJZ	Österreichische Juristenzeitung
OLG	Oberlandesgericht
ORF	Österreichischer Rundfunk

ORF-G	Bundesgesetz über den Österreichischen Rundfunk – ORF-Gesetz, BGBl I 379/1984
OrgHG	Organhaftpflichtgesetz, BGBl 181/1967
ÖVE-Bestimmungen	Österreichische Bestimmungen für die Elektrotechnik
ÖZG	Öffnungszeitengesetz 2003, BGBl I 48/2003
ÖZÖR	Österreichische Zeitschrift für öffentliches Recht
ÖZPR	Österreichische Zeitschrift für Pflegerecht
ÖZW	Österreichische Zeitschrift für Wirtschaftsrecht
ParlamentsmitarbeiterG	Parlamentsmitarbeiterinnen- und Parlamentsmitarbeitergesetz, BGBl 288/1992
PatG	Patentgesetz 1970, BGBl 259/1970
PBVG	Post-Betriebsverfassungsgesetz, BGBl 326/1996
PKG	Pensionskassengesetz, BGBl 281/1990
Pkt	Punkt
PRO-GE	Produktionsgewerkschaft
PSG	Privatstiftungsgesetz, BGBl 694/1993
PTSG	Poststrukturgesetz, BGBl 201/1996
PVG	Bundes-Personalvertretungsgesetz, BGBl 133/1967
PVInfo	Fachzeitschrift für Personalverrechnung
RAG	Reichsarbeitsgericht (BRD)
RAGE	Entscheidungen des Reichsarbeitsgerichts (BRD)
RdA	Recht der Arbeit (BRD)
RdM	Recht der Medizin
RdW	Recht der Wirtschaft
RFG	Recht & Finanzen für Gemeinden
RGBl	Reichsgesetzblatt
RL	Richtlinien
Rom-I-VO	Verordnung 593/2008/EG über das auf vertragliche Schuldverhältnisse anzuwendende Recht, ABl L 2008/177, 6
Rs	Rechtssache
Rsp	Rechtsprechung
RFK	Kommission zur Wahrung des Rundfunkgesetzes
RfR	Rundfunkrecht
R-ÜG	Rechts-Überleitungsgesetz, StGBl 6/1945
RV	Regierungsvorlage
RZ	Österreichische Richterzeitung
Rz	Randziffer
S	Seite
s	siehe
SBBG	Sozialbetrugsbekämpfungsgesetz, BGBl I 113/2015
SCE	Societas Cooperativa Europaea (Europäische Genossenschaft)

SchauSpG	Schauspielergesetz, BGBl 441/1922
SchiedsRÄG	Schiedsrechts-Änderungsgesetz 2006, BGBl I 7/2006
SchlSt	Schlichtungsstelle
SchlW	Schlichtungswesen, später Arbeitsrecht und Schlichtung (BRD)
SchOG	Schulorganisationsgesetz, BGBl 242/1962
SchUG	Schulunterrichtsgesetz, BGBl 472/1986
SE	Societas Europaea (Europäische Gesellschaft)
SeeSchFG	Seeschifffahrtsgesetz, BGBl 174/1981
SEG	Statut der Europäischen Gesellschaft – SE-Gesetz, BGBl I 67/2004
Sess	Session
SFK-VO	Verordnung über die Fachausbildung der Sicherheitskräfte und die Besonderheiten der sicherheitstechnischen Betreuung für den untertägigen Bergbau, BGBl II 277/1995
Slg	Sammlung; im Zusammenhang mit dem EuGH: „Gerichtshof der Europäischen Gemeinschaften, Sammlung der Rechtsprechung des Gerichtshofes und des Gerichtes erster Instanz“
SMSG	Sozialministeriumservicegesetz, BGBl I 150/2002 (ursprünglich Bundessozialamtsgesetz)
so	siehe oben
sog	so genannte
SoSi	Soziale Sicherheit, Österreichische Fachzeitschrift für die soziale Sicherheit
SozBeG	Sozialbetrugsgesetz, BGBl I 152/2004
SozM	Sozialrechtliche Mitteilungen der Arbeiterkammer Wien (1950–1983)
SozVG	Sozialversicherungsgesetz
Sp	Spalte
SpaltG	Spaltungsgesetz, BGBl 304/1996
SPG	Sicherheitspolizeigesetz, BGBl 566/1991
SPRW	Spektrum der Rechtswissenschaft
SpuRt	Zeitschrift für Sport und Recht
SRÄG 1995	Sozialrechts-Änderungsgesetz 1995, BGBl 832/1995
SRÄG 2000	Sozialrechts-Änderungsgesetz 2000, BGBl I 101/2000
SRÄG 2013	Sozialrechts-Änderungsgesetz 2013, BGBl I 67/2013
SSV-NF	Entscheidungen des Österreichischen Obersten Gerichtshofes in Sozialrechtssachen, hrsg v *Resch/Bauer*
Stb	„Der Staatsbürger“, Beilage zu den „Salzburger Nachrichten“ (1948–1985)
StGB	Strafgesetzbuch, BGBl 60/1974
StGBl	Staatsgesetzblatt

StGG	Staatsgrundgesetz über die allgemeinen Rechte der Staatsbürger, RGBl 142/1867
Stmk L-DBR	Gesetz über das Dienst- und Besoldungsrecht der Bediensteten des Landes Steiermark, Stmk LGBl 29/2003
StrSchG	Strahlenschutzgesetz, BGBl 227/1969
StV	Staatsvertrag
StVO	Straßenverkehrsordnung 1960, BGBl 159/1960
STZ-VO	Verordnung über sicherheitstechnische Zentren, BGBl II 450/1998
SVP-VO	Verordnung über die Sicherheitsvertrauenspersonen, BGBl 172/1996
SVSlg	Sammlung sozialversicherungsrechtlicher Entscheidungen
SWÖ	Sozialwirtschaft Österreich – Verband der österreichischen Sozial und Gesundheitsunternehmen
SZ	Entscheidungen des Österreichischen Obersten Gerichtshofes in Zivil- (und Justizverwaltungs)sachen, veröffentlicht von seinen Mitgliedern
TAG	Theaterarbeitsgesetz, BGBl I 100/2010
taxlex	Zeitschrift für Steuer und Beratung
TE	Teilentwurf zur Kodifikation des Arbeitsrechts
TRK	technische Richtkonzentration
TÜV	Technischer Überwachungsverein
TVG	Tarifvertragsgesetz, WiGBl 1945/55 (BRD)
tw	teilweise
u	und
ua	und andere; unter anderem
uÄ	und Ähnliche(s)
udgl	und dergleichen
UEAPME	Europäische Union des Handwerks und der Klein- und Mittelbetriebe
UG	Universitätsgesetz 2002, BGBl I 120/2002
UGB	Unternehmensgesetzbuch, dRGBl 219/1897
UmwG	Umwandlungsgesetz, BGBl 187/1954
UNICE	Union der europäischen Industrie- und Arbeitgeberverbände
UrhG	Urheberrechtsgesetz, BGBl 111/1936
UrlG	Urlaubsgesetz, BGBl 390/1976
usw	und so weiter
uU	unter Umständen
UVD	Unfallverhütungsdienst
UWG	Gesetz gegen den unlauteren Wettbewerb, BGBl 448/1984
v	von; vom

va	vor allem
VAEB	Versicherungsanstalt für Eisenbahnen und Bergbau
VAG	Versicherungsaufsichtsgesetz, BGBl 569/1978
VAIG	Verkehrs-Arbeitsinspektionsgesetz, BGBl 650/1994
VbA	Verordnung über biologische Arbeitsstoffe, BGBl II 237/1998
VBG	Vertragsbedienstetengesetz 1948, BGBl 86/1948
VerG	Vereinsgesetz 2002, BGBl I 66/2002
VersR	(deutsches) Versicherungsrecht, Juristische Rundschau für die Individualversicherung
VersVG	Versicherungsvertragsgesetz, BGBl 2/1959
VfGH	Verfassungsgerichtshof
VfGHSlg	Sammlung der Erkenntnisse und wichtigsten Beschlüsse des Verfassungsgerichtshofes
vgl	vergleiche
VGÜ 2017	Verordnung über die Gesundheitsüberwachung am Arbeitsplatz 2017, BGBl II 27/1997 idF BGBl II 253/2017
VKG	Väter-Karenzgesetz, BGBl 651/1989
VO	Verordnungen
VR	Die Versicherungsrundschau
VStG	Verwaltungsstrafgesetz 1991, BGBl 52/1991
VwGH	Verwaltungsgerichtshof
VwGHSlg	Erkenntnisse und Beschlüsse des Verwaltungsgerichtshofes
wbl	Wirtschaftsrechtliche Blätter
WeimRV	Weimarer Reichsverfassung, dRGBl 1919, 1383 (BRD)
WehrG 1990	Wehrgesetz 1990, BGBl 305/1990
WG	Wehrgesetz 2001, BGBl I 146/2001
WiR	Studiengesellschaft für Wirtschaft und Recht
WKG	Wirtschaftskammergesetz 1998, BGBl I 103/1998
wN	weitere Nachweise
wobl	Wohnrechtliche Blätter
WPBl	Wirtschaftspolitische Blätter
WTBO	Wirtschaftstreuhänder-Berufsordnung
WTG	Wiedereingliederungsteilzeitgesetz, BGBl I 30/2017
Z	Zahl, Ziffer
Zak	Zivilrecht aktuell
ZAS	Zeitschrift für Arbeitsrecht und Sozialrecht
zB	zum Beispiel
ZBl	Zentralblatt für die juristische Praxis (1883–1938)
ZBR	Zentralbetriebsrat
ZDG	Zivildienstgesetz 1986, BGBl 679/1986
ZESAR	Zeitschrift für europäisches Sozial- und Arbeitsrecht

ZER	Zeitschrift für Europarecht
ZfA	Zeitschrift für Arbeitsrecht (BRD)
zfhr	Zeitschrift für Hochschulrecht, Hochschulmanagement und Hochschulpolitik
ZFR	Zeitschrift für Finanzmarktrecht
ZfRV	Zeitschrift für Europarecht, internationales Privatrecht und Rechtsvergleichung
ZfV	Zeitschrift für Verwaltung
ZfVB	Die administrativrechtlichen Entscheidungen des VwGH und die verwaltungsrechtlich relevanten Entscheidungen des VfGH in lückenloser Folge (Beilage zur ZfV)
ZIAS	Zeitschrift für ausländisches und internationales Arbeits- und Sozialrecht (BRD)
ZIK	Zeitschrift für Insolvenzrecht und Kreditschutz
ZIP	Zeitschrift für Wirtschaftsrecht
ZivMediaG	Zivilrechts-Mediations-Gesetz, BGBl I 29/2003
ZPO	Zivilprozeßordnung, RGBl 113/1895
ZRS	Zivilrechtssachen
ZTR	Zeitschrift für Tarifrecht (BRD)
zust	zustimmend
ZUV	Zeitschrift der unabhängigen Verwaltungssenate
ZVB	Zeitschrift für Vergaberecht und Bauvertragsrecht
ZVN	Zivilverfahrens-Novelle
ZVR	Zeitschrift für Verkehrsrecht

Vorwort zur 13. Auflage

Das mit *Walter Schwarz* herausgegebene „Arbeitsrecht“ sollte seit der 1. Auflage im Jahr 1982 eine Gesamtdarstellung des Arbeitsrechts bieten, ohne die klassische Trennung in Individualarbeitsrecht und kollektives Arbeitsrecht zu übernehmen. Dieses System hat sich bewährt und wird weitergeführt. Mit dem EU-Beitritt Österreichs wurden sukzessiv die europarechtlichen Vorgaben und die Spruchpraxis des EuGH in das Lehrbuch integriert, sodass die teils starke Verschränkung mit dem EU-Recht augenscheinlich wird.

Nach wie vor hat sich nichts an der Fülle an Sondergesetzen im Individualarbeitsrecht geändert. Eine (Teil-)Kodifikation des Arbeitsrechts lässt weiterhin auf sich warten, wenngleich mit der Angleichung der Arbeiter- und Angestelltenrechte durch die Gesetzesinitiative im Oktober dieses Jahres ein großer Schritt in Richtung Vereinheitlichung des Individualarbeitsrechts getan wurde.

Die vorliegende Auflage beinhaltet bereits die noch im Oktober beschlossenen Änderungen des AngG, des GAngG, des EFZG, des HGHAG, des BAG, des ABGB, der GewO und des LArbG. Die langen Legisvakanzen erforderten teilweise aber eine doppelte Darstellung der Rechtslage (zB die Entgeltfortzahlung bei Krankheit und bei Arbeitsunfällen bis zum 1. Juli 2018 und jene ab diesem Zeitpunkt).

Seit der 11. Auflage hat der ÖGB-Verlag einen neuen Weg beschritten. Die Veröffentlichung als Online-Datenbank ermöglicht die periodische Aktualisierung des Werkes in elektronischer Form und bietet dem Leser einen erheblichen Mehrwert: Wesentliche Neuerungen in der Gesetzgebung, Judikatur und Literatur stehen rasch online zur Verfügung ohne auf die Einbindung in ein arbeitsrechtliches Gesamtsystem verzichten zu müssen.

Mit der Onlineversion stehen aber nicht nur regelmäßige Aktualisierungen, sondern auch der Direktzugang zu Zeitschriften, Entscheidungen der Gerichte, Gesetzen und Kollektivverträgen zur Verfügung. Auf viele der zitierten Fundstellen kann damit unmittelbar und kostenlos zugegriffen werden.

Für die mühevolle Aufbereitung der neuen Rechtsquellen, der Literatur und der Judikatur darf ich mich sehr herzlich bei Herrn *Julian Pekler* und bei Frau *Mag. Johanna Kerschbaumer* bedanken. Frau *Mag. Ilse Löschnigg* hat sich in bewährter Weise der Durchsicht der Druckfahnen angenommen. Für die umfangreichen Schreibarbeiten ist Frau *Gabriela Riegler* zu danken.

Graz, im Oktober 2017 *Günther Löschnigg*

1. Begriff und Werden des Arbeitsrechts

1.1. Arbeit und Recht

Arbeit ist aus unserem Leben nicht wegzudenken – allerdings warum? Arbeit ist mit dem Leben zumindest dann untrennbar verbunden, wenn wir sie schlechthin als Tätigkeit definieren. Aber bereits die Tätigkeit der Nahrungsbeschaffung kann in Eigenregie erfolgen (wie beim Landwirt durch Eigenversorgung), sie kann durch erzwungene Arbeit zustande kommen (Sklavenarbeit) oder sie kann Teil eines arbeitsteiligen Prozesses in der Gesellschaft werden. Das Verständnis von Arbeit hat sich im Laufe der sozialen, kulturellen, wirtschaftlichen und religiösen Entwicklung verändert und differiert nach wie vor in den unterschiedlichen Weltregionen. Dies kommt etwa in der soziokulturellen Bilderwelt und in der literarischen Aufbereitung des Arbeitsthemas sehr deutlich zum Ausdruck. So reicht etwa die sinnbildhafte Schilderung und Darstellung der *arbeitenden Ameise* von der Bibel (Sprüche 6, 6-11) bis zu *La Fontaine*[1]. 1/001

Eine grobe Unterteilung von Arbeit kann danach vorgenommen werden, ob der Arbeitende sie verrichten „muss" oder ihre Ausübung ihm freisteht. Letztere Form von Arbeit betrifft vor allem die selbstbestimmte kreative Tätigkeit, in der der Mensch mit dem Ziel der Selbstverwirklichung seine Aufgabe findet[2]. Gemeint ist damit Spiel, Sport, Musik etc. Allerdings kann spielerische Betätigung durchaus zu einem wesentlichen Produkt für ein Unternehmen führen (zB internetbasierte Spiel- und Kommunikationsforen)[3]. Nicht-Arbeit kann für einen anderen zu einer mit Arbeit gleichzusetzenden Leistung werden. Das „Muss" zur Verrichtung von Arbeit kann unterschiedliche Wurzeln haben. Die Unfreiheit des Menschen (Gefangenenarbeit, Sklavenarbeit) ist teilweise dem gesellschaftlichen Zwang zur Arbeit gewichen[4]. Im Regelfall ergibt sich die Notwendigkeit von Arbeit aus finanziell-existenziellen Gründen. Dieser sozio-ökonomische Zwang ist derart massiv und allgemein anerkannt, dass er positiv umgedeutet und als soziales Grundrecht (Recht auf Arbeit; vgl 6.1.5) gewertet wird. 1/002

Zwänge, in welcher Form auch immer, führen zu einer Beeinträchtigung der Entscheidungsfreiheit in unterschiedlicher Intensität. Die mangelnde Entscheidungsfreiheit und die daraus resultierende Not, Arbeit auch zu unsozialen und unfairen Bedingungen einzugehen, hat vor allem im 19. Jahrhundert zu sozialen Konflikten, einer unüberschaubaren Gemengelage von Arbeitskampf und sozialen Protesten sowie zu einem Ringen um Grund- und Freiheitsrechte geführt. Damit wurde letztlich auch die Bedeutung einer rechtlichen Kampfparität (insb durch die Gründung von Gewerkschaften), überbetrieblicher Lohnver- 1/003

[1] *Jean de La Fontaine*, La cigale et la fourmi.
[2] S *Vilmar/Kißler*, Arbeitswelt: Grundriss einer kritischen Soziologie der Arbeit (1982), 18.
[3] Vgl die Beispiele bei *Füllsack*, Arbeit (2009), 106.
[4] Vgl insb *Zilian*, Die Zeit der Grille? Eine Phänomenologie der Arbeit (1999), 65.

träge und einer rechtlichen Stärkung der Arbeitnehmerposition bei Vertragsabschluss durch gesetzliche Vorgaben erkannt und der Beginn eines modernen Arbeitsrechts eingeleitet.

1/004 Das klassische Arbeitsrecht erfasst die fremdbestimmte, durch persönliche und wirtschaftliche Abhängigkeit geprägte Arbeit. Wirtschaftliche Flexibilitätsbestrebungen, neue Arbeitsformen, geändertes Arbeits- bzw Freizeitverhalten, Umgehungsstrategien der Auftraggeber, Scheinselbständigkeit etc führen zu neuen Formen der Arbeit mit prekärem Charakter. Die arbeitsrechtlichen Schutzmechanismen hinken nach oder kommen von vornherein nicht zum Tragen, obwohl der Schutzbedarf mit jenem von Arbeitnehmern ident, ähnlich oder sogar größer ist. Insofern ist für die Zukunft ein flexibleres Arbeitsrecht zu fordern, das gezielter auf gewisse Arbeitsformen in abgestufter Schutzintensität reagiert[5].

1.2. Arbeitsrecht als Sonderrecht

1/005 Arbeit und Recht ergeben als semantische Kombination nicht die Begriffsbestimmung des Arbeitsrechts. **Arbeitsrecht ist vielmehr das Sonderrecht der unselbständig Erwerbstätigen.** Die Ausdeutung als „Sonderrecht" bedeutet aber nicht, dass eine klare Zäsur zur allgemeinen/sonstigen Rechtsordnung besteht. Das Arbeitsrecht ist in einem erheblichen Maß in die allgemeine Rechtsordnung eingebettet. Hat zB ein Arbeitnehmer den Arbeitgeber im Zuge der Erbringung seiner Arbeitsleistung geschädigt, so findet das DHG Anwendung, das die Schadenersatzregeln des ABGB modifiziert. Für die Rechtsanwendung ist sowohl das ABGB als auch das DHG von Bedeutung.

1/006 Das Arbeitsrecht ist nicht auf den Bereich des Privatrechts beschränkt, sondern reicht weit in das öffentliche Recht. Es tritt nicht zuletzt wegen der zwingenden Rechtswirkung in einen stärkeren Kontrast zum ABGB, ist in erheblichem Maß Gruppenrecht und wird maßgeblich von materiellen Ordnungsprinzipien durchdrungen[6].

1.3. Entwicklung des Arbeitsrechts

1/007 Das Streben nach sozialer Gesetzgebung wies – zumindest in Europa – stets die gleichen Grundmuster auf: Schutzbestimmungen für minderjährige Arbeiter und Frauen, Bestimmungen über die Arbeitszeit in den industriellen und gewerblichen Betrieben, Gesetze betreffend Kranken- und Unfallversicherung der Arbeiter, Bestimmungen über die Sonn- und Feiertagsruhe, Kontrolle durch staatliche Behörden etc[7]. Motor dieser Entwicklung waren

---

5 Vgl zB *Löschnigg*, Annäherung an neue arbeitsrechtliche Sichtweisen, in Ipse (Hrsg), Andauernde Krise: Akteure und Lösungsvorschläge[2] (2013), 48; *dens*, Flexible versus sichere Arbeitsverhältnisse in Österreich, sowie *Barancová*, Flexicurity und ein Arbeitsrecht für das 21. Jahrhundert, beide in III. International Labour Law Dialogue – Mednarodna Konferenca Delovnega Prava (2009), 7 bzw 76.

6 Vgl allg *Firlei*, Verflüssigte Arbeit zwischen Gegenmacht und Arbeitsmanagement, in FS Cerny (2001), 103.

7 Dazu *Brügel*, Soziale Gesetzgebung in Österreich von 1848 bis 1918 (1919), insb 71 ff; *Lederer*, Grundriß des österreichischen Sozialrechts[2] (1932); aus der deutschen Literatur zB *Steindl* (Hrsg), Wege zur Arbeitsrechtsgeschichte (1984).

die Solidarisierung der Arbeitnehmer in Gewerkschaften und in nur sehr beschränktem Maß sozialethische Vorstellungen der politisch Verantwortlichen.

Das Einsetzen der sozialpolitischen Gesetzgebung gibt ein Bild über die zeitliche Abfolge der Industrialisierung in Europa. Einen ersten Ansatz bildete der „**Moral and health act**" zur Beschränkung der Kinderarbeit (Großbritannien, 1802). Ähnliche Zielsetzungen verwirklichte das **Preußische Regulativ** aus dem Jahr 1839, also erheblich später. Dem entspricht im Wesentlichen das **Österreichische Hofkanzleidekret** von 1842, das die Fabriksarbeit von Kindern unter neun Jahren verbot und die Arbeitszeit für Kinder bis zu zwölf Jahren mit zehn und für Jugendliche bis zu sechzehn Jahren mit zwölf Stunden bei gleichzeitigem Verbot der Nachtarbeit begrenzte. 1/008

In Österreich erfolgte die sozialpolitische Reform vor allem über das Gewerberecht. Die **Gewerbeordnung 1859** enthielt einige arbeitsrechtliche Vorschriften, doch zeigt ein Blick auf die historische Entwicklung, dass beharrlich am liberalen Dogma festgehalten wurde. Zum ersten Entwurf einer Novelle zur GewO aus dem Jahr 1869 wurde ausdrücklich festgestellt, dass „insofern die Arbeiter eigenberechtigt und selbständig sind, die Vereinbarung des Arbeitsvertrags ganz dem freien Ermessen der vertragsschließenden Parteien überlassen bleibe". Es wurde als überflüssig erachtet, eigene Bestimmungen über die Sonntagsarbeit in das Gesetz aufzunehmen, weil dies alles durch den Arbeitsvertrag festgesetzt würde und, wenn nicht im Vertrag begründet, auch selbstredend nicht gefordert werden könne[8]. Dies änderte sich mit der Gewerberechtsnovelle 1885, die das VI. Hauptstück der GewO den Erfordernissen des Industriezeitalters entsprechend ausbaute: Es wurde für industrielle Betriebe ein elfstündiger Arbeitstag nebst einem Verbot der Kinderarbeit und einem Verbot der Nachtarbeit für Jugendliche und Frauen festgelegt. Weitere Schutzmaßnahmen – etwa auch zu Gunsten schwangerer Frauen – sowie das Verbot des sog „Trucksystems" (vgl 6.5.2.1) vervollständigten das Gesetz. 1/009

Einen Markstein in der Entwicklung des Arbeitsrechts bildete das **Handlungsgehilfengesetz 1910**, das die einschlägigen Bestimmungen des AHGB ersetzte und eine Reihe von Bestimmungen enthielt, die in das **Angestelltengesetz 1921** eingingen. Am 19. 3. 1916 trat die **III. Teilnovelle zum ABGB** durch eine von *Graf Stürgkh* veranlasste kaiserliche Notverordnung in Kraft. Unter dem Druck der Kriegsereignisse und dem Drängen der Arbeiterbewegung sah man sich zu diesem Schritt genötigt. Die III. Teilnovelle stellte eine Teilkodifikation des Arbeitsrechts dar, die für die damalige Zeit bemerkenswert und fortschrittlich war und die die arbeitsrechtlichen Regelungen vieler europäischer Staaten an sozialem Geist weit übertraf. Die arbeitsrechtlichen Sondergesetze, die zu dieser Zeit bestanden, blieben jedoch aufrecht, und damit blieb auch die Zersplitterung des Arbeitsrechts erhalten. 1/010

Unmittelbar **nach 1918** setzte in der sog „Hanusch-Ära" eine stürmische sozialpolitische Entwicklung ein. Es wurde eine ganze Reihe arbeitsrechtlicher Gesetze erlassen: Gesetz über die Kinderarbeit 1918, Betriebsrätegesetz 1919, Gesetz über den achtstündigen Arbeitstag 1919, Arbeiterurlaubsgesetz 1919, Gesetz über die Errichtung von Einigungsämtern 1/011

[8] *Brügel*, Soziale Gesetzgebung in Österreich von 1848 bis 1918 (1919), 74.

und über kollektive Arbeitsverträge 1920, Hausgehilfengesetz 1920, Angestelltengesetz 1921, Hausbesorgerordnung 1922 usw.

1/012 Diese Gesetzgebung befruchtete auch die legistische Arbeit in der **Zweiten Republik**[9]. Sie knüpfte ebenso wie die Verfassung primär an die Rechtstradition vor 1934 an. Die typischen Institutionen des kollektiven Arbeitsrechts, wie Koalition, Kollektivvertrag, Schlichtung und demokratische Betriebsverfassung, sind mit autoritären Staatsverfassungen nicht vereinbar. Die Grundhaltung der Verfassung zu diesen Institutionen ist gleichsam ein Gradmesser ihres freiheitlichen Gehalts. Dies zeigte sich schon 1947 durch die Schaffung eines Betriebsrätegesetzes und eines Kollektivvertragsgesetzes. Im Zuge der Bemühungen in Österreich, das Arbeitsrecht zu kodifizieren, wurde ein erheblicher Teil des kollektiven Arbeitsrechts 1974 im ArbVG zusammengefasst[10]. Demgegenüber blieben die Kodifikationsbestrebungen auf dem Gebiet des Individualarbeitsrechts bislang ohne Erfolg. Es wurden neue arbeitsrechtliche Sondergesetze wie das Mutterschutzgesetz 1957 (wiederverlautbart 1979), das Dienstnehmerhaftpflichtgesetz 1965, das Arbeitszeitgesetz 1969, das Arbeitnehmerschutzgesetz 1972 (später ersetzt durch das Arbeitnehmerschutzgesetz 1994), das Entgeltfortzahlungsgesetz 1974, das Urlaubsgesetz 1976, das Arbeiter-Abfertigungsgesetz 1979 und Ähnliche geschaffen. Eine besondere Errungenschaft der Zweiten Republik stellt die Sicherung der Arbeitnehmer im Insolvenzfall des Unternehmens durch das Insolvenz-Entgeltsicherungsgesetz 1977 dar. Durch die Anpassung des österreichischen Arbeitsrechts an den sozialpolitischen Ordnungsrahmen der EU kam es zu einem weiteren Schub neuer arbeitsrechtlicher Bestimmungen (s auch 2.8). Hervorzuheben sind hiebei vor allem die Regelungen des AVRAG zum Betriebsübergang und zum obligatorischen Dienstzettel.

1/013 Diese Rechtszersplitterung bewirkt Rechtsunsicherheit und verleiht dem Ruf nach **Kodifikation des Arbeitsrechts** nach wie vor Gewicht. Es geht darum, das Recht zu rationalisieren und in einem Arbeitsgesetzbuch systematisiert zusammenzufassen (s auch 3.1)[11].

1.4. Einteilung

1/014 Die Einteilung des Arbeitsrechts kann mit dessen soziologischer Wurzel in Wechselwirkung gesehen werden. Diese Wurzel liegt in der Schutzbedürftigkeit der in Arbeitsabhängigkeit

---

[9] Vgl insb *Talos*, Staatliche Sozialpolitik in Österreich – Rekonstruktion und Analyse (1981).

[10] Zu den Veränderungen der Arbeitswelt seit der Erlassung des ArbVG sowie Reformvorschlägen s *Mosler*, Ist das ArbVG noch aktuell? – Kollektive Rechtsgestaltung, DRdA 2014, 511; *Firlei*, Ist das ArbVG noch aktuell? – Betriebsverfassung, DRdA 2014, 520.

[11] Dazu insb *Martinek/Schwarz*, Arbeitsrecht und Arbeitsgesetzbuch (1962); *Bydlinski*, Arbeitsrechtskodifikation und allgemeines Zivilrecht (1969); *ders*, Gedanken zum allgemeinen Teil der österreichischen Arbeitsrechtskodifikation, in FS Strasser (1983), 37; *Atzmüller*, Die Kodifikation des kollektiven Arbeitsrechts (1985); *Martinek*, Grundgedanken des I. Teilentwurfes für ein österreichisches Arbeitsgesetzbuch, DRdA 1962, 180; *ders*, Die Kodifikation des Arbeitsrechts in Österreich, in Floretta (Hrsg), Österreichische Landesberichte zum IX. Internationalen Kongreß für das Recht der Arbeit und der Sozialen Sicherheit in München (1978), 49; *ders*, Restauration des Kodifikationsgedankens – Reminiszenzen und Ausblick, in FS Schwarz (1991), 829; *Schwarz*, Probleme der Arbeitsrechtskodifikation, DRdA 1961, 145; *ders*, Arbeitsvertrag und Arbeitsverhältnis unter dem Aspekt der Kodifikationsbestrebungen, DRdA 1962, 235; *Strasser*, Gedanken zum Arbeitsvertragsrecht, DRdA 1962, 228; *Mayer-Maly*, Die Entwicklung des österreichischen Arbeitsrechts, ZAS 1977, 3; *Weißenberg*, Die österreichische Arbeitsrechtskodifikation, DRdA 1979, 1.

stehenden Arbeitnehmer. Die liberale Vorstellung formell gleichwertiger Partner hatte sich als Fiktion erwiesen, sodass die ökonomische Vormachtstellung der Unternehmer trotz formaljuristischer Gleichheit zu einem einseitigen Diktat von Arbeitsbedingungen führte.

1.4.1. Öffentlich-rechtliche Intervention/Beschränkung der Privatautonomie

Der Staat greift zum Schutz des Lebens, der Gesundheit und der Sittlichkeit unmittelbar ein, indem er **öffentlich-rechtliche Gebote und Verbote** schafft, welche die Arbeit an sich – also ohne Rücksicht auf das Bestehen eines Arbeitsvertrags – betreffen. Die Entstehung des Arbeitnehmerschutzes auf Grund staatlicher Initiative, die Überwachung durch die Arbeitsinspektion, die Schaffung hoheitlicher Eingriffsmöglichkeiten durch Verfügungen verschiedenster Art und die Strafsanktionen bewogen die Arbeitsrechtswissenschaft zunächst zu einer strengen Trennung der öffentlich-rechtlichen Vorschriften von den übrigen Bestimmungen arbeitsrechtlicher Natur, insb dem Vertragsrecht. Diese Trennung wurde auch durch entsprechende Wertungsgegensätze nahegelegt. 1/015

Der Arbeitsvertrag wurde in erheblichem Maße der **privatautonomen Gestaltung** entzogen, indem durch Gesetz und die spezifischen Rechtsquellen des Arbeitsrechts (insb durch Kollektivverträge) zwingendes Recht geschaffen wurde. Hiedurch werden die Arbeitsbedingungen in der Regel so fixiert, dass nur günstigere vertragliche Abmachungen zugelassen werden (unabdingbare bzw relativ zwingende Wirkung). In Ausnahmefällen wird die Regelung der vertraglichen Disposition überhaupt entzogen (absolut zwingende Wirkung). Die Art der zwingenden Wirkung, verbunden mit der dadurch bedingten Zulässigkeit günstigerer Sondervereinbarungen, ist für den Stufenbau der Arbeitsrechtsordnung von grundlegender Bedeutung (vgl 3.2.2 und 3.2.3). 1/016

1.4.2. Gliederung nach Rechtsbereichen – Begriffe

Regelmäßig wird das österreichische Arbeitsrecht in das Individualarbeitsrecht und das kollektive Arbeitsrecht unterteilt. Das **Individualarbeitsrecht** regelt einerseits die vertraglichen Pflichten zwischen Arbeitgeber und Arbeitnehmer (**Arbeitsvertragsrecht**) und anderseits die öffentlich-rechtlichen Pflichten des Arbeitgebers hinsichtlich des Arbeitsverhältnisses (**Arbeitnehmerschutzrecht**). Innerhalb des Arbeitnehmerschutzrechts kann zwischen technischem Arbeitnehmerschutz (Gefahren- oder Betriebsschutz; vgl 7.2), Arbeitszeitschutz (vgl 7.4) und Verwendungsschutz (zB Regelung der Arbeit von Jugendlichen und Frauen; vgl 7.3) unterschieden werden. 1/017

Das **kollektive Arbeitsrecht** erweitert das Arbeitsrecht um „kollektive Phänomene“, dh um die Bildung von Belegschaftsvertretungen und überbetriebliche Interessenvertretungen. Das kollektive Arbeitsrecht in seiner Gesamtheit wird auch als **Arbeitsverfassung** bezeichnet. Die entsprechenden Regelungen finden sich im Arbeitsverfassungsgesetz (ArbVG). Der Begriff ist insofern irreführend, als es sich hiebei nicht um Verfassungsrecht, sondern um einfaches Gesetzesrecht handelt. 1/018

1.4.2. Begriff und Werden des Arbeitsrechts

1/019 Das kollektive Arbeitsrecht regelt und umschreibt

- das Verhältnis des einzelnen Arbeitnehmers zur Belegschaft bzw deren Organen sowie zu den für das Arbeitsrecht relevanten überbetrieblichen gesetzlichen und freiwilligen Interessenvertretungen,
- das Verhältnis des Arbeitgebers zur Belegschaft bzw deren Organen sowie zu den Arbeitgeber- und Arbeitnehmerverbänden,
- das Verhältnis der Belegschaft bzw deren Organe zu den Arbeitnehmer- und Arbeitgeberverbänden,
- das Verhältnis der Verbände untereinander,
- die Vereinbarungen, Interessengegensätze und Auseinandersetzungen (Kämpfe, Schlichtung) im Rahmen dieser Beziehungen.

1/020 Handelt es sich um überbetriebliches kollektives Arbeitsrecht, spricht man von **Berufsverfassung**, im Fall von innerbetrieblichem kollektivem Arbeitsrecht auch von **Betriebsverfassung**.

1/021 Kollektives Arbeitsrecht und Individualarbeitsrecht sind untrennbar miteinander verbunden. Man denke nur an das Entgelt als wesentlichen Bestandteil des Arbeitsvertrages, das als Mindestlohn gleichzeitig den wesentlichsten Inhalt des Kollektivvertrages darstellt. Auch innerbetrieblich stehen individuelle und kollektive Rechte in einer ständigen Wechselwirkung. Typische Beispiele sind die Versetzung (vgl 6.1.8), die Kündigung (vgl 8.2) oder die Entlassung (vgl 8.3.4).

2. Arbeitsrecht und Rechtsordnung

2.1. Der „soziale Rechtsstaat"

Das Arbeitsrecht und das Sozialrecht werden häufig als wichtigste Ausformungen des „Sozialstaates“ bzw des „sozialen Rechtsstaates“ betrachtet. Das Bonner Grundgesetz bezeichnet die Bundesrepublik Deutschland als „demokratischen und sozialen Bundesstaat“ (Art 20 Abs 1 GG). Aus der „Sozialstaatsklausel“ wird das Postulat nach verfassungskonformen sozialpolitischen Maßnahmen abgeleitet[1]. Konkret gesehen hat die Sozialstaatsmaxime einen doppelten Bezug: Einmal ist es die gesellschaftliche Komponente, die zum Ausdruck bringt, dass sich Staat und Gesellschaft gegenseitig beeinflussen und integrieren, zum anderen handelt es sich um einen Schutzbegriff zu Gunsten der gesellschaftlich Schwachen[2]. 2/001

Die österreichische Bundesverfassung enthält keine Sozialstaatsklausel, doch lässt die Struktur der verfassungsrechtlich möglichen und damit auch erwünschten Aufgabenbereiche jene Ansätze erkennen, die der Sozialstaatsmaxime zu unterstellen sind. Die **gesellschaftliche Komponente** manifestiert sich in der juristischen Ausformung des gesellschaftlichen Pluralismus in Gestalt öffentlich-rechtlicher Körperschaften (Kammern), deren Funktion mitunter als „soziale Selbstverwaltung“ bezeichnet wird[3]. Diese Form der Selbstverwaltung wird in den Kompetenzartikeln der einfachen Gesetzgebung und deren Ermessen anheim gestellt (vgl Art 10 Abs 1 Z 8 und Z 11 B-VG). Zumindest eine indirekte Anerkennung ergibt sich zudem seit der B-VG-Novelle BGBl I 2/2008: Gem Art 120a B-VG fördert die Republik den sozialpartnerschaftlichen Dialog durch die Einrichtung von Selbstverwaltungskörpern. 2/002

Im Übrigen ist der formal-organisatorische, dem Prinzip der Autonomie entwachsene Begriff der „**Selbstverwaltung**“ als Form der Dezentralisation der Verwaltung dem Wirken der öffentlich-rechtlichen Verbände nicht adäquat. Dies ist in zwei Richtungen erkennbar: Einmal üben die Kammern ihre Tätigkeit nur in eher beschränktem Maße in Form einer öffentlichen Verwaltung aus, sodass man nicht sagen kann, dass der Staat hier Aufgaben delegiert hat, bezüglich derer eine Befehlsgewalt des Staates übertragen werden könnte oder sollte. Zum anderen entfalten die öffentlich-rechtlichen Verbände ihre Wirksamkeit nicht primär in der Ordnung innerer Angelegenheiten; es geht ihnen vielmehr begriffsmäßig um die Durchsetzung ihrer Interessen im Rahmen der zentralen wirtschaftlichen, politischen und rechtlichen Ordnung[4]. 2/003

Die Schwierigkeit der Einordnung der Interessenvertretungsfunktion besteht bei den **freien Verbänden** (Gewerkschaften, Arbeitgeberverbänden) nicht. Sie wurzeln im Grundrecht der 2/004

[1] S *Mangoldt/Klein*, Das Bonner Grundgesetz² (1957), insb 604 f, 695 ff.

[2] *Schwarz*, Arbeitsrecht und Verfassung (1972), 29 ff mwN.

[3] *Korinek*, Wirtschaftliche Selbstverwaltung (1970), insb 195 ff; s auch *Korinek*, Staatsrechtliche Grundlagen der Kammer-Selbstverwaltung, in FS Schwarz (1991), 255; *Funk*, Die Zwangsmitgliedschaft – ein „Wesensmerkmal“ der beruflichen Selbstverwaltung, in FS Schwarz (1991), 227.

[4] Vgl *Pernthaler*, Die verfassungsrechtlichen Schranken der Selbstverwaltung in Österreich, Verhandlungen des Dritten Österreichischen Juristentages 1/3 (1967), 28.

Vereins- und Versammlungsfreiheit, welches das Koalitionsrecht mit einschließt (Art 12 StGG, Art 11 EMRK). Dieses ist seiner historischen Ausprägung nach Interessenvertretung par excellence. Es geht also nicht um eine vom Staat gewollte bzw beaufsichtigte „Selbstverwaltung", sondern um Ausgrenzungsrechte gegen den Staat (Grundrechte im status negativus), der seinerseits darauf verzichtet, die Arbeits- und Wirtschaftsbedingungen von oben herab zu dekretieren. Der Gesetzgeber hat es eben in der Hand, den Tätigkeitsbereich öffentlich-rechtlicher Rechtsträger den typischen Tätigkeiten von privaten Rechtsträgern nachzuzeichnen. Er kann aber auch private Verbände mit gewissen öffentlich-rechtlichen Funktionen betrauen, ohne dass Letztere ihres Charakters als juristische Personen des privaten Rechts verlustig gehen[5].

2/005 Der der **Sozialstaatsmaxime** immanente **Schutzbegriff** ist gleichfalls weder Programmsatz der Verfassung noch in Form sog „sozialer Grundrechte" verfassungskräftig ausgeprägt; doch kann auch hier aus den Kompetenzartikeln des B-VG der Verfassungsauftrag zur sozialordnenden Tätigkeit abgeleitet werden[6].

2.2. Arbeitsrecht und verfassungsrechtliche Kompetenzverteilung

2/006 Nach den Kompetenzartikeln des B-VG sind Gesetzgebung und Vollziehung im Bereich des Arbeitsrechts **grundsätzlich Bundessache** (Art 10 Abs 1 Z 11 B-VG)[7]. Bis zur B-VG Novelle 1974 (BGBl 444/1974) enthielt Art 10 Abs 1 Z 11 B-VG die veraltete und zu enge Formulierung „Arbeiterrecht sowie Arbeiter- und Angestelltenschutz". Die Bundeskompetenz für das „Angestellten(vertrags)recht" musste daher auf Art 10 Abs 1 Z 6 B-VG („Zivilrechtswesen") gestützt werden[8].

2/007 Für den Bereich der **Land- und Forstwirtschaft** ist grundsätzlich von Art 12 Abs 1 Z 6 B-VG auszugehen. Soweit es sich um land- und forstwirtschaftliche Arbeiter und Angestellte handelt, kommt es für das „Arbeiterrecht sowie für den Arbeiter- und Angestelltenschutz" zu einer Teilung der Kompetenzen: Bundessache ist die Gesetzgebung über die Grundsätze (zB das LArbG für Landarbeiter), Landessache ist die Gesetzgebung über die Vollziehung (zB die Stmk Landarbeitsordnung). Art 12 Abs 1 Z 6 B-VG wurde mit der Novelle BGBl 444/1974 (s oben) nicht verändert, sodass dieser Kompetenzartikel nicht mehr mit Art 10 Abs 1 Z 11 B-VG harmoniert. Jene arbeitsrechtlichen Angelegenheiten, die nicht Art 12 B-VG unterstellt werden können, bleiben aber nach Art 10 B-VG in der ausschließ-

---

5 Vgl *Schwarz*, Arbeitsrecht und Verfassung (1972), 15.

6 Zur Bedeutung der Grundrechte für das österreichische Arbeitsrecht vgl die Beiträge von *Korinek* und *Schrammel* in Tomandl (Hrsg), Arbeitsrecht in einer sich wandelnden Rechtsordnung (1993), 27 bzw 81; dazu auch *Marhold*, Die Bedeutung der Grundrechtecharta und der EMRK für das österreichische Arbeitsrecht, EuZA 2013, 146.

7 Vgl etwa *Spielbüchler*, Vertragsrecht, Arbeitsvertragsrecht und Vertragsbedienstetenrecht. Eine kompetenzrechtliche Studie, in FS Strasser (1993), 341; *Thienel*, Arbeitsvertragsrecht und Vertragsbedienstetenrecht in der Kompetenzverteilung, DRdA 1994, 222.

8 Vgl allg *Öhlinger*, Das Arbeitsrecht in der bundesstaatlichen Kompetenzverteilung, in FS Strasser (1983), 21; *Runggaldier* in Rill/Schäffer (Hrsg), Bundesverfassungsrecht (Losebl), Erl zu Art 10 Abs 1 Z 11.

lichen Bundeskompetenz (zB das Arbeitsrecht der land- und forstwirtschaftlichen Angestellten im Gutsangestelltengesetz)[9].

Die **gesetzlichen Interessenvertretungen** müssen sich auf unterschiedliche Kompetenzbestimmungen stützen. Die Kompetenz zur Errichtung der Kammern für Arbeiter und Angestellte mit Ausnahme solcher auf land- und forstwirtschaftlichem Gebiet kommt gem Art 10 Abs 1 Z 11 B-VG dem Bund zu. Für die Landwirtschaftskammern ist in Gesetzgebung und Vollziehung das jeweilige Land zuständig (Art 15 Abs 1 iVm Art 11 Abs 1 Z 2 B-VG). Die Einrichtung der Kammern für Handel, Gewerbe und Industrie, dabei handelt es sich nunmehr um die als Wirtschaftskammern bzw Bundeswirtschaftskammer bezeichneten Interessenvertretungen der Arbeitgeber (vgl 12.3.2), sowie anderer beruflicher Vertretungen, die sich auf das ganze Bundesgebiet erstrecken – mit Ausnahme solcher auf land- und forstwirtschaftlichem Gebiet –, fällt in die Bundeskompetenz gem Art 10 Abs 1 Z 8 B-VG.

Im **öffentlichen Dienst** ist zu unterscheiden. Das Dienstrecht und das Personalvertretungsrecht der Bundesbediensteten ist gem Art 10 Abs 1 Z 16 B-VG in Gesetzgebung und Vollziehung Bundessache. Hinsichtlich der bei den Ländern, Gemeinden und Gemeindeverbänden bediensteten Arbeitnehmer ist durch Art 21 B-VG eine umfassende Kompetenz der Länder vorgesehen. Gemäß Art 21 Abs 1 B-VG obliegt den Ländern die Gesetzgebung und Vollziehung in den Angelegenheiten des Dienstrechts einschließlich des Dienstvertragsrechts und des Personalvertretungsrechts der Bediensteten der Länder, der Gemeinden und der Gemeindeverbände, soweit für diese Angelegenheiten in ausdrücklich genannten Sonderregelungen nichts anderes bestimmt ist. Sonderbestimmungen sind etwa in Art 14 B-VG für Lehrer vorgesehen. Den Ländern obliegt die Gesetzgebung und Vollziehung in den Angelegenheiten des Arbeitnehmerschutzes der Bediensteten[10] und der Personalvertretung der Bediensteten der Länder, soweit die Bediensteten nicht in Betrieben tätig sind. Andernfalls ist wiederum die Zuständigkeit des Bundes gegeben (Art 21 Abs 2 B-VG). 2/008

Das sog **Homogenitätsprinzip**, demzufolge die dienstrechtlichen Bestimmungen für die bei den Ländern, Gemeinden und Gemeindeverbänden bediensteten Arbeitnehmer vom Dienstrecht für die Bundesbediensteten nicht in einem Ausmaß abweichen durften, dass ein Wechsel zwischen dem Dienst beim Bund und den sonstigen Gebietskörperschaften wesentlich behindert wurde, ist mit der Novelle BGBl I 8/1999 beseitigt worden. Die Möglichkeit eines Wechsels zwischen dem Dienst beim Bund, bei den Ländern, bei den Gemeinden und bei den Gemeindeverbänden muss jedoch den öffentlich Bediensteten gem Art 21 Abs 4 B-VG jederzeit gewahrt bleiben. Gesetzliche Bestimmungen, wonach die Anrechnung von Dienstzeiten davon abhängig unterschiedlich erfolgt, ob sie beim Bund, bei einem Land, bei einer Gemeinde oder bei einem Gemeindeverband zurückgelegt worden sind, sind unzulässig. Um eine gleichwertige Entwicklung des Dienstrechts, des Personalvertretungsrechts und des Arbeitnehmerschutzes bei Bund, Ländern und Gemeinden zu ermöglichen, haben Bund und Länder einander über Vorhaben in diesen Angelegenheiten zu informieren.

---

9 Zu den einschlägigen Problemen der kompetenzrechtlichen Zersplitterung vgl *Dirschmied*, Das österreichische Landarbeitsrecht und seine verfassungsgesetzlichen Hypotheken, DRdA 1976, 120 und 201; *Klein*, Arbeitsrechtskodifikation und Bundesverfassung, in FS Weißenberg (1980), 169; *Machacek/Martinek*, Das Landarbeitsrecht und die Bundes-Verfassungsnovelle 1974, in FS Rabofsky (1976), 170; *Waas*, Die Bedeutung der Novellierung des Art 21 Abs 2 B-VG durch die Verfassungsgesetznovelle 1981, JBl 1983, 196 f; *Jabloner*, Die Vollziehung des Landarbeitsrechtes durch Gerichte als verfassungsrechtliches Problem, DRdA 1982, 288.

10 Vgl OGH 15. 3. 2000, 9 ObA 215/99d, ASoK 2000, 311 mit Bespr v *Stärker* = DRdA 2001, 33 mit Bespr v *Schwarz*.

2.3. Soziale Grundrechte[11]

2/009 Sog „soziale Grundrechte" sind dem B-VG fremd. Sie unterscheiden sich von den klassischen liberalen **Grund- und Freiheitsrechten** dadurch, dass sie nicht wie diese Ausgrenzungsrechte gegen den Staat darstellen, sondern positive Eingriffe der Gemeinschaftsorgane zu Gunsten der Bürger postulieren[12]. Beispiele dafür sind vor allem das Recht auf Arbeit, wozu allerdings auch Fragen der Berufsberatung, der staatlichen Beschäftigungspolitik oder des Kündigungsschutzes zählen, das Recht auf angemessenen Lohn, verwirklicht durch Garantien des Mindestlohns und des gleichen Lohns für Mann und Frau, weiters das Recht auf gerechte Arbeitsbedingungen, das etwa eine angemessene Arbeitsruhe oder die Mitbestimmung der Belegschaft sichert, aber auch das Recht auf Wohnen und auf Bildung oder das Recht auf soziale Sicherheit.

2/010 International gesehen werden die sozialen Grundrechte zusehends zum Standard jeder Arbeitsrechtsordnung. Die von Österreich ratifizierte **Europäische Sozialcharta (ESC)** beinhaltet einen Katalog sozialer Grundrechte[13], der als Gegenstück zur **Europäischen Menschenrechtskonvention (EMRK)** konzipiert wurde. Im Gegensatz zu letzterer wurde die ESC nicht im Verfassungsrang ratifiziert und dem sog „Erfüllungsvorbehalt" unterworfen[14]. Dies bedeutet, dass die Durchführung des Staatsvertrags der innerstaatlichen Gesetzgebung vorbehalten bleibt (Art 50 Abs 2 B-VG). In ähnlicher Weise wurde der **„Internationale Pakt über wirtschaftliche, soziale und kulturelle Rechte" (IPWSK)** in die österreichische Rechtsordnung übergeleitet (Genehmigungsbeschluss des NR v 7. 12. 1978, BGBl 590).

---

[11] Vgl hiezu insb die Beiträge von *Dollinger, Ernst, Gamillscheg, Lang, Loebenstein, Martinek, Öhlinger, Spielbüchler* und *Winkler*, in FS Floretta (1983), 131 ff; weiters *Floretta/Öhlinger*, Die Menschenrechtspakte der Vereinten Nationen (1978), 9; *Khol*, Die Europäische Sozial-Charta und die österreichische Rechtsordnung, JBl 1965, 75; *Krejci*, Zur Problematik verfassungsmäßig gewährleisteter sozialer Rechte, VersR 1965, 180; *Cerny*, Wie steht es um die Ausprägung sozialer Grundrechte in Österreich?, DRdA 1965, 109; *dens*, Das Recht auf Arbeit als soziales Grundrecht, DRdA 1967, 1; *Tomandl*, Der Einbau sozialer Grundrechte in das positive Recht (1967); *Walter/Schnorr*, Die Grundrechte mit Arbeitsrechtsbeziehung und die Neufassung des österreichischen Grundrechtskataloges (1967); *Floretta*, Bürgerliche Freiheitsrechte und soziale Grundrechte, DRdA 1969, 1; *Korinek*, Betrachtungen zur juristischen Problematik sozialer Grundrechte, bzw *Dirschmied*, Das soziale Grundrecht „Recht auf Arbeit", in Fragen des sozialen Lebens – Die sozialen Grundrechte, hrsg von der Katholischen Sozialakademie Österreichs (1971), 9 bzw 24; *Korinek*, Recht auf Arbeit – Verfassungsrechtliche Aspekte, in Das Recht auf Arbeit, Schriftenreihe des Kummer-Instituts, Gesellschaft und Politik 1979, H 2, 32; *Novak*, Das Problem der sozialen Grundrechte (1972); *Zanger*, Arbeitsrecht und Grundrechte – zu einigen Problemen, in Dimmel/Noll (Hrsg), Verfassung (1990), 249; *Gerlach*, Soziale Grundrechte als Instrument gesellschaftlicher Integration, in Dimmel/Noll (Hrsg), Verfassung (1990), 214; *Horner*, Die sozialen Grundrechte (1974); *Loebenstein*, Rechtsschutz – Soziale Grundrechte, in FS Ermacora (1988), 1; *Oberndorfer*, Soziale Verantwortung im österreichischen Verfassungsrecht, in Mock/Schambeck (Hrsg), Verantwortung in Staat und Gesellschaft (1977), 297; *dens*, Die Berufswahl- und Berufsausbildungsfreiheit in der neueren Grundrechtsjudikatur, JBl 1992, 273; *Öhlinger*, Braucht Österreich soziale Grundrechte?, in Das Menschenrecht 1980, 3; *Funk*, Sozialstaat und Bundesverfassung – Bemerkungen zur geplanten Verankerung leistungsstaatlicher Garantien im Bundesverfassungsrecht, ZAS 1988, 92; *Martinek*, Die Weiterentwicklung der europäischen Sozialcharta in jüngster Zeit, in FS Adamovich (1992), 388; *Piffl-Pavelec/Florus*, Die Europäische Sozialcharta, DRdA 2011, 584.

[12] Vgl *Floretta/Öhlinger*, Die Menschenrechtspakte der Vereinten Nationen (1978), 13 ff, 37 ff.

[13] Zur Durchsetzbarkeit sozialer Grundrechte vgl *Grillberger*, Die Kollektivbeschwerde nach der Europäischen Sozialcharta, in FS Cerny (2001), 79.

[14] Genehmigungsbeschluss des NR v 10. 7. 1969, BGBl 460; die als „revidierte Europäische Sozialcharta" bezeichnete überarbeitete Fassung von 1996 wurde am 1. 5. 2011 ratifiziert, BGBl III 112/2011.

Eine entscheidende Wende ist durch die **EU-Grundrechte-Charta** eingetreten, die Teil des europäischen Primärrechts ist[15].

Nach Ansicht des Verfassungsgerichtshofs[16] ist in Verfahren, in denen das Unionsrecht eine Rolle spielt, die EU-Charta wie die Verfassung zu sehen. Grundrechte, die durch die EU-Charta garantiert sind, sind also verfassungsgesetzlich gewährleistete Rechte, die vor dem VfGH geltend gemacht werden können. Insb die für das Arbeitsrecht wesentlichen Normen der kollektiven Rechtsgestaltung (Kollektivvertrag, Betriebsvereinbarung etc; vgl 3.3) haben die EU-Grundrechte-Charta gleichsam als Teil der Verfassung zu beachten.

Die EU-Grundrechte-Charta ordnet soziale Grundrechte unterschiedlichen **Schutzbereichen** und Werten zu. In Kapitel I der Charta („Würde des Menschen") findet sich etwa das Verbot von Zwangs- oder Pflichtarbeit. Kapitel II („Freiheiten") beinhaltet einen Einrichtungsschutz für Gewerkschaften und einen Schutz für die Mitgliedschaft in Gewerkschaften sowie ein Recht auf Arbeit (s unten). Kapitel III („Gleichheit") umfasst Diskriminierungsverbote (zB Nichtdiskriminierung wegen politischer Anschauung, wegen Zugehörigkeit zu einer nationalen Minderheit, wegen des Vermögens oder der Geburt), die wesentlich über die Antidiskriminierungsbestimmungen des Gleichbehandlungsgesetzes (vgl 6.7.2.1) hinausgehen. Kapitel IV („Solidarität") enthält vor allem ein Recht auf Unterrichtung und Anhörung der Arbeitnehmer und Arbeitnehmervertreter im Unternehmen, ein Recht auf Kollektivverhandlungen und Kollektivmaßnahmen (einschließlich eines Streikrechts), einen Schutz bei ungerechtfertigter Entlassung und ein Recht auf gerechte und angemessene Arbeitsbedingungen.

Im Bereich der sozialen Grundrechte nimmt das „**Recht auf Arbeit**" eine dominierende Stellung ein[17]. Um ein solches Recht auch tatsächlich erfüllen zu können, müsste der Staat über die entsprechenden Arbeitsplätze verfügen, und zwar in einem kaum eingrenzbaren Umfang. Art 1 ESC sowie Art 6 IPWSK verstehen unter dem „Recht auf Arbeit" das Programm der Vollbeschäftigung und schützen das Recht der Arbeitnehmer, ihren Lebensunterhalt in einem frei eingegangenen Arbeitsverhältnis zu verdienen. Die Institutionen der Arbeitsvermittlung, Berufsberatung und Wiedereingliederung werden gefördert und geschützt. Nach Art 15 EU-Grundrechte-Charta hat jede Person das Recht, zu arbeiten und einen frei gewählten oder angenommenen Beruf auszuüben (**„Recht zu arbeiten"**). 2/011

Charakteristisch für die legistische Ausformung „sozialer Grundrechte" ist, dass die Verpflichtung des Staates zu einer aktiven Förderung Programmsatz bleiben muss, wenn nicht – in der Regel in Ausführung eines entsprechenden Gesetzesvorbehalts – der einfache Gesetzgeber in minutiöser Form die Anspruchsvoraussetzungen und Anspruchsbedingungen so festlegt, dass der Anspruch im Rechtsweg auch geltend gemacht werden kann[18]. Vor Programmsätzen und Phrasen, die in die Rechtswirklichkeit nicht umgesetzt werden können, muss eher gewarnt werden. Verfassungspolitisch gesehen gilt es, eine Kluft zu überwinden: Die klassischen Grundrechte entspringen einem Misstrauen gegen den Staat, soziale Grundrechte hingegen basieren auf einem Vertrauen zur staatlichen Realisierung.

---

15 Allg zur EU-Grundrechte-Charta s *Holaubek/Lienbacher* (Hrsg), GRC Kommentar (2014).

16 VfGH 14. 3. 2012, U 466/11, ARD 6234/6/2012 = JBl 2012, 503 mit Bespr v *Potacs*; s dazu *Gagawczuk*, Soziale Grundrechte und die Rechtsprechung des EuGH, DRdA 2012, 565.

17 Vgl *Dirschmied*, Möglichkeiten und Grenzen eines Rechts auf Arbeit – insb für Jugendliche und ältere Arbeitnehmer, in FS Cerny (2001), 65.

18 Dazu *Van der Ven*, Soziale Grundrechte (1963); wN bei *Schwarz*, Arbeitsrecht und Verfassung (1972), 29.

2.4. Koalitionsrecht

2/012 Die tragende Rolle im Berufsverfassungsrecht kommt der Koalitionsfreiheit zu[19]. Aus dieser resultiert das Recht, Vereinigungen zur Wahrung und Förderung von Arbeitnehmer- und Arbeitgeberinteressen zu bilden, diesen beizutreten, zwischen Koalitionen zu wählen und sich koalitionsgemäß zu betätigen (**positive Koalitionsfreiheit**). Der so formulierten positiven Seite der Koalitionsfreiheit wird mitunter die sog **negative Koalitionsfreiheit**[20] – also das Recht, vom Beitritt zu Koalitionen und von koalitionsgemäßer Tätigkeit Abstand zu nehmen – gegenübergestellt. Die österreichische Rechtsprechung hat einen rechtswidrigen Koalitionszwang nie gebilligt. Gem § 1 des sog Antiterrorgesetzes wird bestimmt, dass in kollektiven Arbeitsverträgen und anderen Gesamtvereinbarungen enthaltene **Organisationsklauseln** ungültig sind. Der Arbeitgeber darf also nicht dahin gebunden werden, nur organisierte oder nur bestimmte organisierte Arbeitnehmer einzustellen.

2/013 Die besonders im angelsächsischen Rechtsbereich üblichen und umstrittenen Organisationsklauseln („closed shop") verstoßen gegen die positive Koalitionsfreiheit, wenn im Falle von Gewerkschaftspluralismus der Arbeitgeber gebunden wird, nur Arbeitnehmer einer bestimmten Gewerkschaft einzustellen, sodass der Arbeitnehmer in seinem Recht, frei zwischen mehreren Gewerkschaften zu wählen, eingeschränkt wird[21]. Allgemeine Organisationsklauseln, die den Arbeitgeber binden sollen, nur organisierte Arbeitnehmer einzustellen, betreffen die negative Seite des Koalitionsrechts und sind gleichfalls nach § 1 Abs 1 ATerrG unwirksam. § 2 ATerrG statuiert ein **Verbot der Einkassierung** von Partei-, Gewerkschafts- und anderen Vereinsbeiträgen anlässlich der Lohnzahlung. Dieses Verbot wurde später durch eine Novelle (BGBl 196/1954) gelockert; eine ausdrückliche (individuelle) Vereinbarung zwischen Arbeitgeber und Arbeitnehmer ermöglicht den Abzug von Beiträgen zu kollektivvertragsfähigen Organisationen (§ 2 Abs 2 ATerrG). § 4 ATerrG enthält einen Straftatbestand zur Unterbindung des Koalitionszwangs durch Mittel der Einschüchterung und Gewalt.

2/014 Die Koalitionsfreiheit ist **verfassungsrechtlich mehrfach garantiert**, und zwar zunächst als Sonderfall der Vereins- und Versammlungsfreiheit[22]. Gem **Art 12 StGG** haben alle österreichischen Staatsbürger das Recht, sich zu versammeln und Vereine zu bilden. Die Ausübung dieser Rechte wird durch besondere Gesetze geregelt. Dieser Verweis auf die einfache Gesetzgebung stellt einen sog **exekutiven (ausführenden) Gesetzesvorbehalt** dar, der offensichtlich so gestaltet ist, dass die Effizienz des Grundrechts von vornherein durch ein Ausführungsgesetz bedingt ist, das demgemäß gleichsam als mittelbarer Verfassungsinhalt angesehen werden kann. Der wesentliche Kern des Grundrechtsgehalts darf durch ein der-

---

[19] Vgl *Mosler/Bernhard* (Hrsg), Die Koalitionsfreiheit des Arbeitnehmers (1980).

[20] Vgl *Martinek/Schwarz*, Das Koalitionsrecht, DRdA 1963, 269; *Mayer-Maly*, Die negative Koalitionsfreiheit auf dem Prüfstand, ZAS 1969, 81.

[21] Zu einem konkreten Fall vgl *Marhold*, Arbeitsplätze nur für Gewerkschaftsmitglieder?, RdW 1987, 294.

[22] Allg vgl *Haberlik*, Vereinigungsfreiheit der Arbeitnehmer (2002).

artiges Gesetz nicht angetastet werden[23]. Art 12 StGG wurde durch das Vereinsgesetz 1867 ausgeführt und galt in der wiederverlautbarten Form als Vereinsgesetz 1951 bis 30. 6. 2002. Seit 1. 7. 2002 ist das Vereinsgesetz 2002 (VerG) in Kraft. In den einschlägigen Zusammenhang gehört auch das Versammlungsgesetz 1953.

Die zweite Verfassungsrechtsgrundlage bildet **Art 11 EMRK**, der festlegt, dass alle Menschen das Recht haben, sich friedlich zu versammeln, sich frei mit anderen zusammenzuschließen und zum Schutz ihrer Interessen Gewerkschaften (trade unions) zu bilden sowie diesen beizutreten[24]. Der Umstand, dass diese Verfassungsbestimmung im Zusammenhang mit dem Koalitionsrecht nur von Gewerkschaftsbildung spricht, lässt wohl nicht den Schluss zu, dass den Arbeitgeberverbänden der Schutz der Verfassung verwehrt bliebe. In dieser Norm wird weiters festgelegt, dass Einschränkungen nur möglich sind, wenn das Gesetz sie vorsieht und diese Maßnahmen im Interesse der nationalen und öffentlichen Sicherheit, der Aufrechterhaltung der Ordnung und der Verbrechensverhütung, des Schutzes der Gesundheit und der Moral sowie des Schutzes der Rechte und Freiheiten anderer notwendig sind. Im Gegensatz zu Art 12 StGG handelt es sich bei diesen Einschränkungen um einen sog **restriktiven (einschränkenden) Gesetzesvorbehalt**. Die Verfassung selbst steckt den Rahmen ab, innerhalb dessen sich ein einschränkendes Gesetz zu bewegen hat. Ergeht kein solches, so ergibt sich die Frage, ob das Grundrecht unmittelbar anwendbar ist. Dies wird man im Falle des Art 11 EMRK bejahen müssen. 2/015

Beiden Verfassungsbestimmungen ist gemeinsam, dass sie als Ausgrenzungsrechte gegen den Staat zu deuten sind, nicht aber unmittelbar vor privatrechtlichen Beeinträchtigungen schützen. In der neueren Rechtsprechung sieht der EGMR in Art 11 EMRK jedoch nicht nur eine Bestands- und Beitrittsgarantie, sondern auch eine Betätigungsgarantie, da ein Recht auf Tarifverhandlungen (EGMR 12. 11. 2008, *Demir und Baykara/Türkei*, 34503/97, NZA 2010, 1425) sowie ein Streikrecht (dazu 13.2) anerkannt sind.

Der Werdegang der EMRK zeigt recht deutlich, dass nicht daran gedacht war, auf internationaler Ebene die Koalitionsfreiheit so zu konzipieren, dass dem positiven Garantieinhalt gleichsam als Pendant ein negativer Garantieinhalt gegenübergestellt werden könnte. In den Materialien (Travaux Preparatoires) heißt es: „In Anbetracht der Schwierigkeiten, die sich aus dem ‚closed shop system' in einigen Ländern ergeben, erachtete es die Konferenz in diesem Zusammenhang als unangebracht, in die Konvention einen Rechtssatz aufzunehmen, demzufolge niemand gezwungen werden darf, einer Vereinigung anzugehören, wie sie sich in der Allgemeinen Menschenrechtserklärung der Vereinten Nationen (Art 20 Z 2) findet."[25] Gleichwohl hat der Europäische Gerichtshof für Menschenrechte[26] Zwangsmaßnahmen, die unter besonderen Umständen erfolgen, als dem Wesensgehalt des Art 11 EMRK widersprechend anerkannt. Es handelte sich im vorliegenden Fall um die Androhung einer Entlas-

23 Vgl *Öhlinger/Eberhard*, Verfassungsrecht[11] (2016), Rz 712 ff; *Walter/Mayer/Kucsko-Stadlmayer*, Grundriss des österreichischen Bundesverfassungsrechts[10] (2007), 1466 ff; *Korinek*, Gedanken zur Lehre vom Gesetzesvorbehalt bei Grundrechten, in FS Merkl (1970), 171.

24 Näheres bei *Frowein/Peukert*, Europäische Menschenrechtskonvention[3] (2009), 373 ff; *Grabenwarter/Pabel*, Europäische Menschenrechtskonvention[5] (2012), 347 ff; *Floretta*, Arbeitsrecht und Europäische Menschenrechtskonvention, Salzburger Universitätsreden, H 21 (1967); *Martinek*, Zur Verankerung des Koalitionsrechtes im kollektiven Arbeitsrecht, in FS Schmitz I (1967), 146.

25 Bericht v 19. 6. 1950 über die Beratung der Leitenden Beamten, Sammelband der „Travaux Preparatoires", Bd 4, 262.

26 *Fütterer*, Das Koalitions- und Streikrecht im EU-Recht nach dem Wandel der Rechtsprechung des EGMR zur Koalitionsfreiheit gemäß Art. 11 EMRK (Demir und Baykara ua), EuZA 2011, 505.

sung, die den Verlust der zur Lebensführung benötigten Einkünfte nach sich ziehen würde und gegenüber Personen ergriffen wurde, die von den Britischen Eisenbahnen eingestellt wurden, noch bevor irgendwelche Verpflichtungen zum Beitritt zu bestimmten Gewerkschaften eingeführt worden waren (EuGHMR 13. 8. 1981, EuGRZ 1981, 599 ff). Nach österreichischem Recht ist eine derartige Annahme einer negativen und absoluten Grundrechtswirkung nicht erforderlich: Die zitierten Normen des ATerrG und die Handhabung der Sittenklausel – die bereits vor Inkrafttreten des ATerrG im einschlägigen Zusammenhang Anwendung fand – bieten Arbeitnehmern ausreichenden Rechtsschutz.

Einer verfassungsrechtlichen Regelung der Koalitionsfreiheit gleichzuhalten ist der weitreichende **Artikel 12 EU-Grundrechte-Charta** (vgl 2.3). Dieser Bestimmung zufolge hat jede Person das Recht, sich insb im politischen, gewerkschaftlichen und zivilgesellschaftlichen Bereich auf allen Ebenen frei und friedlich mit anderen zu versammeln und sich frei mit anderen zusammenzuschließen. Dies umfasst nach Art 12 auch die Gründung und den Beitritt zu Gewerkschaften. Eine Ergänzung erfährt Art 12 durch **Art 28 EU-Grundrechte-Charta** in Richtung einer Betätigungsgarantie. Arbeitnehmer, Arbeitgeber und ihre Interessenvertretungen haben sowohl ein Recht auf Kollektivverhandlungen (insb Kollektivvertragsabschlüsse) als auch ein Recht, bei Interessenkonflikten kollektive Maßnahmen zur Verteidigung ihrer Interessen (einschließlich Streiks) zu ergreifen. Damit kommt man zumindest auf europarechtlicher Ebene auch zu einer Grundlage für einen Europäischen Kollektivvertrag[27].

2/016 An Normen, die das Koalitionswesen auf der Ebene des einfachen Gesetzes regeln, ist zunächst das **Koalitionsgesetz 1870** zu nennen. § 1 dieses Gesetzes hob die damaligen Strafbestimmungen betreffend die Verabredungen von Arbeitnehmern und Arbeitgebern zur Erzwingung bestimmter Arbeitsbedingungen auf. Seit diesem Zeitpunkt sind demgemäß Streik- und Aussperrungsabreden nicht mehr strafbar. § 2 KoalG nimmt aber auch auf Streik, Aussperrung und Boykott gerichteten Abreden die rechtliche Verbindlichkeit.

Der Sinn dieser Norm ist dunkel, ihre praktische Bedeutung war und ist kaum gegeben. Schon die Frage, ob „Verabredungen" iSd § 2 KoalG nur Ad-hoc-Koalitionen betreffen oder auch Statuten juristischer Personen, hat keine wesentliche Rolle gespielt. Die Gewerkschaften haben nach 1870 ohne Nachteile den Arbeitskampf in ihre Statuten aufgenommen. Im Übrigen beruht die Wirkung eines Arbeitskampfes auf Solidarität, nicht auf juristischer Bindung. Eine Bedeutung hat § 2 KoalG jedenfalls heute noch: Neben der Aufhebung der Strafbestimmungen werden in groben Zügen die Grenzen des Arbeitskampfes in jenem Rahmen aufgezeigt, der aus historischer Sicht bis zum heutigen Tag der Duldung dieses Phänomens entspricht. Mit der Grundhaltung dieser Norm korrespondieren die neutrale Haltung des Staates gegenüber dem Arbeitskampf und die in Österreich bestehende natürliche Kampffreiheit (Näheres vgl 13.1 und 13.3).

Auch Rechtsquellen, die auf **internationaler Ebene** entstanden und im Wege genereller Transformation Bestandteil der österreichischen Rechtsordnung auf einfachgesetzlicher Ebene wurden, sind im Zusammenhang mit dem Koalitionsrecht zu erwähnen. Hierher gehören das ILO-Übereinkommen Nr 87 (BGBl 228/1950) über die Vereinigungsfreiheit und den Schutz des Vereinigungsrechtes, das ILO-Übereinkommen Nr 98 (BGBl 20/1952) über die Anwendung der Grundsätze des Vereinigungsrechtes und des Rechtes zu Kollektivverhandlungen sowie das ILO-Übereinkommen Nr 11 (BGBl 226/1924) über das Vereins- und Koalitionsrecht der Landarbeiter.

---

[27] Vgl hiezu etwa *Leidenmühler*, Vereinbarungen der europäischen Sozialpartner: Europäischer Kollektivvertrag oder demokratisch nicht legitimierte Rechtsnormenerzeugung?, WISO 2000, 102; *Runggaldier*, Der Europäische Kollektivvertrag: eine Variante gemeinschaftsrechtlicher Normsetzung, DRdA 2006, 4; *Mosler*, Entwicklungstendenzen im Kollektivvertragsrecht, DRdA 2012, 283.

Schließlich ist auf **§ 235 LArbG** zu verweisen, wonach es den Dienstnehmern freisteht, sich zwecks Förderung ihrer Interessen zusammenzuschließen, und wonach jede Beeinträchtigung der Koalitionsfreiheit verboten ist. Gleichlautende Bestimmungen wurden in die Landarbeitsordnungen (Landesgesetze) aufgenommen. Diese Bestimmungen stehen zwar nicht im Verfassungsrang, haben aber deswegen eine besondere Bedeutung, weil jede Beeinträchtigung – und damit auch eine solche durch vertragliche Abmachungen oder Weisungen des Dienstgebers – untersagt wird. Hier wird gleichsam die fehlende Einwirkung der Verfassung in die Beziehungen Privater (sog „Drittwirkung") ersetzt, allerdings nur im Sektor der Land- und Forstwirtschaft. Die Beschränkung auf den Sektor der Land- und Forstwirtschaft ist jedoch nicht einsichtig. Hier werden Gedanken festgelegt, die im Wege der Analogie durchaus auf alle Arbeitsverhältnisse anwendbar sind. Abreden und Maßnahmen, die das Koalitionsrecht beeinträchtigen, sind unwirksam. Die Klausel in einem Arbeitsvertrag etwa, der zufolge der Arbeitnehmer sich verpflichtet, keiner Gewerkschaft oder nur einer bestimmten Gewerkschaft beizutreten, ist ungültig. Kündigungen, die wegen einer Tätigkeit in Gewerkschaften oder wegen einer der in § 105 Abs 3 Z 1 ArbVG genannten Beweggründe ausgesprochen werden, sind nach Maßgabe des allgemeinen Kündigungsschutzes vor Gericht anfechtbar (Näheres vgl 8.2.8.1.3). 2/017

2.5. Öffentliches und privates Recht

Das Arbeitsrecht ist Schnittpunkt von öffentlichem und privatem Recht. Zur Unterscheidung von öffentlichem und privatem Recht sind im Laufe der historischen Entwicklung verschiedene Theorien entwickelt worden. Als längst überwunden gilt die dem römischen Juristen *Ulpian* zugeschriebene „Interessentheorie", wonach zu untersuchen ist, ob eine Rechtsnorm im öffentlichen oder im privaten Interesse liegt. Die mit der Prüfung der Interessenlage verbundenen Schwierigkeiten führten zur „Subjektstheorie", nach welcher die Qualifikation der Rechtssubjekte maßgebend ist. Entscheidend ist, ob an einem Rechtsverhältnis ein Hoheitsträger (Herrschaftsverband) beteiligt ist. Da aber auch diese Träger von Privatrechten sein können, kommt es weiters darauf an, ob ein Rechtssubjekt einem anderen in seiner Eigenschaft als Hoheitsträger gegenübertritt[28]. Diese Überlegungen mündeten in die „Subjektionstheorie", die davon ausgeht, dass im öffentlichen Recht stets eine Über- bzw Unterordnung der Beteiligten bestehe, im Privatrecht hingegen Gleichrangigkeit herrsche. Hiebei wird aber zu wenig berücksichtigt, dass sich auch im Privatrecht die beteiligten Subjekte über- bzw untergeordnet gegenüberstehen können (zB Eltern und Kind), während im öffentlichen Recht Gleichrangigkeit denkbar ist (zB Vereinbarungen zwischen Bundesländern). 2/018

Während das **Arbeitsvertragsrecht** dem Privatrecht zuzuzählen ist, gehört das **Arbeitnehmerschutzrecht** zum öffentlichen Recht. Durch das Zusammenwachsen der beiden Rechtsgebiete im Individualarbeitsrecht ist eine nahezu „unauflösbare Gemengelage" entstanden, 2/019

[28] *Koziol – Welser/Kletečka*, Grundriss des bürgerlichen Rechts I[14] (2014), 6 f; Nachweise auch bei *Schwarz*, Öffentliches und privates Recht in der arbeitsrechtlichen Systembildung (1973), 26 f.

deren verbindende Teleologie im Schutzprinzip zu suchen ist. Wenn der Arbeitgeber dem Staat arbeitsschutzgemäßes Verhalten „schuldet", ist es naheliegend, konforme Verpflichtungen gegenüber dem Arbeitnehmer anzunehmen. So geht denn auch die moderne Lehre davon aus, dass die (privatrechtliche) Fürsorgepflicht des Arbeitgebers durch den Arbeitnehmerschutz „konkretisiert" wird[29] (vgl 6.6.4 und 7.1).

2/020 Dies bedeutet, dass Verletzungen der öffentlichen Rechtspflichten des Arbeitgebers auch als Verletzungen von Vertragspflichten gesehen werden können, sodass neben einer öffentlichrechtlichen Sanktion eine privatrechtliche Erfüllungsklage bzw die privatrechtliche Geltendmachung von Vertragsverletzungen mit allen Konsequenzen in Frage kommt. Voraussetzung ist allerdings, dass die öffentlich-rechtliche Norm sich als Vertragsbedingung eignet, also individuellem Erfüllungszwang zugänglich ist[30]. Gleichwohl ist es weiterhin von Bedeutung, zwischen öffentlichem und privatem Recht zu unterscheiden. Wenn etwa im Bereich des Arbeitszeitschutzes Ausnahmen von der Begrenzung der Arbeitszeit erfolgen – Mehrarbeit also erlaubt wird –, bedeutet dies noch nicht, dass der Arbeitnehmer aus dem Arbeitsvertrag verpflichtet ist, diese Mehrarbeit auch zu leisten. Die Zulassung der Mehrarbeit ist öffentlich-rechtlicher Natur, die Verpflichtung zur Leistung der Mehrarbeit hingegen privatrechtlicher Natur.

2/021 Auch im Bereich des kollektiven Arbeitsrechts findet man öffentliches und privates Recht miteinander verwoben. Das **Berufsverfassungsrecht** – insb das Organisationsrecht der gesetzlichen Interessenvertretungen (Kammern) – gehört dem öffentlichen Recht an. Aber auch das Vereinsrecht, auf Grund dessen sich die Gewerkschaften konstituieren, zählt zum öffentlichen Verwaltungsrecht, wenngleich die Verbände (Koalitionen) des Arbeitslebens Korporationen privatrechtlicher Natur darstellen. Demgegenüber wird das Betriebsverfassungsrecht zum Privatrecht gezählt, obwohl bestimmte Rechtsvorschriften öffentlich-rechtlicher Natur sind. Ob der **Kollektivvertrag** ein Institut des privaten oder des öffentlichen Rechts darstellt, ist umstritten. Dass der Kollektivvertrag als privatrechtlicher Vertrag zustande kommt, als solcher auch der privatrechtlichen Normenkontrolle gem § 879 ABGB unterliegt, steht immerhin außer Frage. Die durch das Gesetz anerkannte normative Wirkung des Kollektivvertrags besitzt aber wiederum die Allgemeinverbindlichkeit der öffentlich-rechtlichen Normsetzungsprozedur (vgl 3.3.1.2).

2.6. Arbeitsrecht und Sozialrecht

2/022 Das **Arbeitsrecht** wurde früher als Teil des Sozialrechts angesehen. *Max Lederer* fasste in seinem „Grundriß des österreichischen Sozialrechtes" (1929 und 1932) schon in der Ersten Republik unter dem Begriff Sozialrecht das Arbeitsrecht, das Sozialversicherungsrecht und die Arbeitslosenfürsorge zusammen. Mittlerweile hat sich das Arbeitsrecht inhaltlich und systematisch verselbständigt. Es geht letztlich stets um die soziale Ausgestaltung des Arbeits-

[29] Vgl OGH 5. 6. 2008, 9 ObA 143/07f, DRdA 2010, 57 mit Bespr v *Melzer-Azodanloo*.
[30] Vgl *Schwarz*, Systembildung (1973), 34 und 49.

verhältnisses mit seinen Vor- und Nachwirkungen. Hiezu zählen auch die Einstrahlungen, die sich aus der Mitbestimmung der Belegschaft bzw ihrer Organe und aus der Beteiligung der überbetrieblichen Interessenvertretungen über die Normen der kollektiven Rechtsgestaltung (vgl 3.3) ergeben. Das **Sozialrecht** bezieht sich nach heutigem Verständnis auf die soziale Absicherung der Person in allen Lebenslagen, einschließlich des Pflegegeldwesens und des Sozialentschädigungsrechts. Arbeits- und Sozialrecht überschneiden sich in vielen Bereichen. Stets geht es um die sozialpolitische Wertung der Zuordnung und die Frage, wer die Kosten für soziale Risken übernehmen soll. So ist es beispielsweise dem Arbeitgeber zumutbar, innerhalb gewisser zeitlicher Grenzen im Krankheitsfall des Arbeitnehmers dessen Entgelt weiterzuzahlen. Insofern ist das Arbeitsrecht betroffen. Nach diesem Zeitraum ist die Sozialversicherungsgemeinschaft angesprochen. Besteht keine Pflichtversicherung und somit keine Solidargemeinschaft, ist der Staat bzw die Allgemeinheit gefordert und übernimmt gewisse Mindestleistungen zumindest für eine Krankenversorgung. Teilweise kommt es auch zu einer immer stärkeren Annäherung des Sozialrechts an das **Finanzrecht** (insb im Beitragsrecht), um eine Vereinheitlichung in der Personalverrechnung und um Synergien in der Personalverwaltung zu erreichen. Die Effizienzargumente gehen in diesen Fällen unter Umständen dem Postulat sozialer Gerechtigkeit vor.

2.7. Arbeitsrecht und Auslandsbeziehung

2.7.1. Arbeitskollisionsrecht – EVÜ – Rom-I-VO

Steht ein arbeitsrechtlicher Tatbestand gleichsam im Schnittpunkt in- und ausländischer Regelungen, so ergibt sich die Frage, wie Kollisionen zu lösen sind[31]. Kommt etwa österreichisches oder libysches Arbeitsrecht zur Anwendung, wenn ein Österreicher mit einem österreichischen Unternehmen vereinbart, dass er in Libyen bei Erdölbohrungen eingesetzt wird? Bei welchen Arbeitsbedingungen und unter welchen Voraussetzungen österreichisches oder ausländisches Arbeitsrecht anzuwenden ist, regelt das **Arbeitskollisionsrecht**. 2/023

Wie bei allen Rechtsfragen mit Auslandsbezug kann eine Lösung auf rein innerstaatlicher oder auf übernationaler Ebene gesucht werden. Kollisionsnormen können daher allein in der nationalen Rechtsordnung verankert sein oder – wie nunmehr üblich – völkerrechtlich zustande kommen.

Schon das ABGB enthielt rudimentäre Bestimmungen zum internationalen Privatrecht. Eine spezifische Grundlage für das Arbeitskollisionsrecht wurde aber erst durch das IPRG (konkret mit § 44) geschaffen. An die Stelle des IPRG trat das **Übereinkommen über das auf vertragliche Schuldverhältnisse anzuwendende Recht (EVÜ)**[32]. Der zwischen den Mitgliedstaaten der EU abgeschlossene Vertrag wurde auch als Römisches Schuldvertragsübereinkommen bezeichnet.

---

[31] *Pateter*, Die Rechtsstellung des Arbeitnehmers im europäischen Zuständigkeits- und Kollisionsrecht, JAP 2011/2012, 95.

[32] Zur Entwicklung vgl etwa *Mänhardt/Posch*, Internationales Privatrecht – Privatrechtsvergleichung – Einheitsprivatrecht/Eine Einführung in die internationalen Dimensionen des Privatrechts² (1999), 13; allg vgl *Horn*, Internationales Vertragsrecht (1999); *Czernich*, EVÜ – Das europäische Schuldvertragsübereinkommen

2.7.1. Arbeitsrecht und Auslandsbeziehung

Mit 17. 12. 2009 ist die VO 593/2008 über das auf vertragliche Schuldverhältnisse anzuwendende Recht **(Rom-I-VO)** in Kraft getreten. Diese Verordnung ersetzt grundsätzlich das EVÜ. Die Rom-I-VO ist aber erst auf Arbeitsverträge anzuwenden, die nach dem 17. 12. 2009 geschlossen worden sind. Für Arbeitsverträge, die nach dem 30. 11. 1998 und vor dem 17. 12. 2009 abgeschlossen wurden, gilt weiterhin das EVÜ (vgl auch 2.8.4.10.2)[33].

2/024 Art 8 iVm Art 3 der Rom-I-VO räumt der **Rechtswahl** in Bezug auf Individualarbeitsverträge den Vorrang ein:

- Die Parteien des Arbeitsvertrages können wählen, welches Recht für sie zur Anwendung kommen soll.
- Die Rechtswahl muss ausdrücklich erfolgen oder sich eindeutig aus den Bestimmungen des Vertrages oder aus den Umständen ergeben.
- Die Rechtswahl kann für den gesamten Vertrag oder auch für Teile getroffen werden.
- Selbst eine ausdrückliche Rechtswahl ist jedoch unbeachtlich, wenn sie dazu führt, dass dem Arbeitnehmer der Schutz entzogen wird, der mangels einer Rechtswahl anzuwenden wäre (**kollisionsrechtlicher Günstigkeitsvergleich**[34]). Da das Arbeitsvertragsrecht sich überwiegend aus (einseitig) zwingendem Recht zusammensetzt, besitzt die Rechtswahl im Arbeitskollisionsrecht somit nur beschränkte Bedeutung.

2/025 Wird keine Rechtswahl getroffen, unterliegt der Arbeitsvertrag dem Recht des Staates, in dem der Arbeitnehmer **gewöhnlich seine Arbeit verrichtet**[35]. Der Staat, in dem die Arbeit gewöhnlich ausgeübt wird, ändert sich nicht, wenn der Arbeitnehmer vorübergehend in einem anderen Staat beschäftigt wird (Art 8 Rom-I-VO)[36]. Der Charakter einer vorübergehenden Arbeit bleibt erhalten, auch wenn mit dem Arbeitnehmer für die Dauer seiner Tä-

---

(1999); *Ganglberger*, Der Übergang vom IPRG zum EVÜ bei Arbeitsverhältnissen mit Auslandsbezug (2001); *dies*, Gewöhnlicher Arbeitsort iSd EVÜ trotz Nichtantritts der Arbeit?, RdW 2000, 160; *Ofner*, Neuregelung des Internationalen Vertragsrechts, RdW 1999, 2; *Mayerbrucker*, Arbeitsrechtliche Fragen im Zusammenhang mit grenzüberschreitender Unternehmenskonzentration, ASoK 2000, 274; noch zum IPRG *Geppert*, Arbeitsverhältnis und arbeitsbezogene Vorschriften im Internationalen Privatrecht, DRdA 1970, 124 u 259; *Schwimann*, Neues Arbeitskollisionsrecht in Österreich, DRdA 1981, 281; *dens*, Internationales Privatrecht[3] (2001), 136 ff; *dens* in Rummel/Lukas (Hrsg), ABGB II[4] (2015), § 44 IPRG; *Rebhahn*, Österreichisches Arbeitsrecht bei Sachverhalten mit Auslandsberührung, in FS Strasser (1983), 59; *dens*, Anwendbares Arbeitsrecht bei Beschäftigung von Arbeitnehmern im Ausland, RdW 1992, 148; *Petrovic*, Entsendung von Dienstnehmern ins Ausland sowie Muster eines Entsendungsvertrages, ecolex 1991, 663; *Runggaldier*, Eine Auslandsentsendung, DRdA 1992, 469; *Mayer-Maly*, Bemerkungen zum österreichischen Arbeitsverweisungsrecht, in FS Schwind (1987), 87; *Gerlach*, Praktisches zum Entsendungsrecht, ASoK 1998, 269; *Rudisch* in Czernich/Heiss (Hrsg), EVÜ (1999), 153; *Pfeil*, Grenzüberschreitender Einsatz von Arbeitnehmern 1 u 2, DRdA 2008, 3 u 24; zur dt Rechtslage vgl *Gnann/Gerauer*, Arbeitsvertrag bei Auslandsentsendung[2] (2002).

[33] *Heiss*, Rom I und II: Vorschlag für ein österreichisches Anpassungsgesetz unter Berücksichtigung der neuen Richtlinien 2008/48/EG und 2008/122/EG, ZfRV 2009, 18; *Ercher/Rath*, Regierungsvorlage betreffend die Umsetzung der Rom I-Verordnung im IPRG (322 BlgNR 24. GP), ASoK 2009, 394; *Wurmnest*, Das neue internationale Arbeitsvertragsrecht der Rom-I-VO, EuZA 2009, 481.

[34] *Streithofer*, Der kollisionsrechtliche Günstigkeitsvergleich gem Art 8 Abs 1 Satz 2 der Rom I-VO, DRdA 2012, 191; s aber auch OGH 17. 12. 2008, 9 ObA 158/07m, DRdA 2010, 417 mit Bespr v *Wagnest*.

[35] Vgl *Kallab*, Anfechtung von Kündigungen – ein europäisches Problem?, DRdA 2011, 463; *Kozak*, Betrachtungen zum Kriterium des gewöhnlichen Arbeitsortes in EVÜ und Rom I-VO, DRdA 2011, 588; *Wittwer*, Europäisches Internationales Arbeitsvertragsrecht, ASoK 2014, 175; zum gewöhnlichen Arbeitsort eines LKW-Fahrers vgl EuGH 15. 3. 2011, C-29/10, *Koelzsch*, ASoK 2012, 12 mit Bespr v *Korenjak* = infas 2011, E 10.

[36] *Ercher/Rath*, Regierungsvorlage betreffend die Umsetzung der Rom I-Verordnung im IPRG (322 BlgNR 24. GP), ASoK 2009, 395; OGH 17. 12. 2008, 9 ObA 158/07m, DRdA 2010, 417 mit Bespr v *Wagnest*; *Burger*,

tigkeit im anderen Land ein neuer Arbeitsvertrag mit dem ursprünglichen Arbeitgeber oder einem Arbeitgeber, der zur selben Unternehmensgruppe gehört, abgeschlossen wird (vgl Erwägungsgrund 36 Rom-I-VO).

Verrichtet der Arbeitnehmer seine Arbeit gewöhnlich nicht in ein und demselben Staat, so ist das Recht jenes Staates maßgebend, in dem sich die **Niederlassung/das Unternehmen befindet**, die/das den Arbeitnehmer eingestellt hat[37]. 2/026

Der gewöhnliche Arbeitsort und die Niederlassung des Arbeitgebers bilden jedoch nur erste Ansatzpunkte für die Beurteilung des maßgeblichen Rechts. Ergibt sich aus der **Gesamtheit der Umstände**, dass das Arbeitsverhältnis eine engere Verbindung zu einem anderen Staat aufweist, dann kommt auch das Recht dieses anderen Staates zur Anwendung (**Ausweichklausel**; Art 8 Abs 4 Rom-I-VO)[38]. 2/027

Die Rom-I-VO regelt Sachverhalte mit Auslandsberührung nur in privatrechtlicher Hinsicht (**Arbeitsvertragsstatut**). Für öffentlich-rechtliche Schutzbestimmungen gilt naturgemäß das Recht des Beschäftigungsstaates (**Territorialitätsprinzip**). Hiebei ist aber zu beachten, dass auch öffentlich-rechtliche Bestimmungen arbeitsvertragsrechtliche Verpflichtungen nach sich ziehen können, die ihrerseits nach Arbeitsvertragsstatut behandelt werden müssen. Die Rechtssätze des Betriebsverfassungsrechts gehören, von wenigen Ausnahmen abgesehen, dem Privatrecht an. Dies kann jedoch bei der Lösung verweisungsrechtlicher Fragen nicht dazu führen, schlicht auf das Vertragsstatut zu verweisen. Jede Arbeitsstätte des Bundesgebietes ist von der Betriebsratspflicht betroffen, sofern die gesetzlichen Voraussetzungen erfüllt sind[39]. Auch der betriebsverfassungsrechtliche Kündigungs- und Entlassungsschutz wird dem Territorialitätsprinzip zugeordnet[40]. 2/028

Unabhängig von der Problematik einer Zuordnung nach dem Territorialitätsprinzip sieht Art 9 der Rom-I-VO vor, dass sogenannte **Eingriffsnormen** jedenfalls zur Anwendung kommen sollen. Es handelt sich dabei um zwingende Vorschriften, deren Anwendung für den Staat entscheidend für die **Wahrung des öffentlichen Interesses** (insbesondere seiner politischen, sozialen oder wirtschaftlichen Organisation) ist. Bei solchen Eingriffsnormen durchbricht das öffentliche Durchsetzungsinteresse des rechtsetzenden Staates das überwiegend an privaten Interessenkonstellationen orientierte allgemeine Schuldstatut. Eingriffsnormen verdrängen daher in ihrem Anwendungsbereich das (private) Arbeitsvertragsstatut[41]. Dies führt etwa dazu, dass die als Eingriffsnormen zu beurteilenden österreichi- 2/029

Arbeitszeit- und Entgeltrecht bei kurzzeitigen Auslandsdienstreisen, ZAS 2012, 4; *Ring/Olsen-Ring*, Internationales Privatrecht (2013), 135.

37 Art 8 Abs 3 Rom-I-VO; s auch EuGH 15. 12. 2011, C-384/10, *Voogsgeerd*, EuZA 2012, 368 mit Bespr v *Winkler*.

38 Vgl *Rudisch* in Czernich/Heiss (Hrsg), EVÜ (1999), Erl zu Art 6; EuGH 12. 9. 2013, C-64/12, *Schlecker*, DRdA 2014, 63 = NZA 2013, 1163 = wbl 2013, 574.

39 OGH 26. 3. 1997, 9 ObA 88/97z, DRdA 1998, 183 mit Bespr v *Hoyer*.

40 Vgl OGH 22. 11. 1995, 9 ObA 183/95, DRdA 1996, 420; *Mottl*, Zum Bestandschutz im internationalen Arbeitsrecht, DRdA 1996, 382; OGH 29. 3. 1995, 9 ObA 12/95, Arb 11.363 = RdW 1996, 68 mit Bespr v *Rebhahn*.

41 *Schwimann* in Rummel/Lukas (Hrsg), ABGB II^4 (2015), Rz 8 zu § 35 und Rz 7 zu § 44 IPRG; *ders*, Grundriß des internationalen Privatrechts (1982), 141 f; *ders*, Grenzüberschreitender Wechsel des Beschäftigungsortes und arbeitsrechtliche Eingriffsnormen, wbl 1994, 217; OGH 4. 3. 1986, 14 Ob 26/86, Arb 10.502; OGH 27. 1. 1987, 14 Ob 180/86, ZAS 1988, 56 mit Bespr v *Hoyer*; OGH 21. 10. 1992, 9 ObA 252/

schen arbeitsrechtlichen Bestimmungen bei vorübergehender Beschäftigung in Österreich zur Anwendung kommen, selbst wenn der gewöhnliche Arbeitsort des Arbeitnehmers im Ausland liegt. Den Eingriffsnormen zugeordnet werden zB die zwingenden Bestimmungen des DHG, des KautSchG[42], des EFZG[43] oder die Regelungen des LSD-BG.

Das Verhältnis von Eingriffsnormen und kollisionsrechtlichem Günstigkeitsprinzip (s Rz 2/024) ist nicht ganz klar. Grundsätzlich ergänzen sich beide Schutzmechanismen. Insb kommen Eingriffsnormen auch dann zum Tragen, wenn das kollisionsrechtliche Günstigkeitsprinzip deshalb außer Acht bleibt, weil die Voraussetzung des gewöhnlichen Arbeitsortes nicht gegeben ist. Eine Diskrepanz zwischen Eingriffsnormen und dem kollisionsrechtlichen Günstigkeitsprinzip kann sich dadurch ergeben, dass bei Eingriffsnormen öffentliche Interessen, bei zwingenden Arbeitsrechtsbestimmungen Individualinteressen vorrangig sind.

2/030 **Normen der kollektiven Rechtsgestaltung** (Kollektivvertrag, Betriebsvereinbarung) sind grundsätzlich nach dem Arbeitsvertragsstatut zu behandeln[44].

2.7.2. Verbot von Sozialdumping – LSD-BG

2/031 Das Lohn- und Sozialdumping-Bekämpfungsgesetz (LSD-BG) enthält nicht durchwegs neue Regelungen, vielmehr hat der Gesetzgeber bestehende Normen zum Lohn- und Sozialdumping aus dem AVRAG und dem AÜG herausgelöst, diese durch Neuerungen ergänzt und ein formal neues Gesetz geschaffen[45].

2/032 Das Hauptaugenmerk des Gesetzes liegt auf der **Sicherung der Mindestentgelte**. Das LSD-BG bedient sich hiebei vor allem dreier Ansätze:

a) Jeder Arbeitnehmer mit gewöhnlichem Arbeitsort in Österreich hat gem § 3 Abs 1 LSD-BG einen zwingenden Anspruch auf das nach Gesetz, Verordnung oder Normen der kollektiven Rechtsgestaltung zustehende Entgelt.

b) Da die Mindestentgelte in Österreich überwiegend durch Kollektivvertrag festgelegt werden und ausländische Unternehmen zumeist nicht Mitglied der kollektivvertragsabschließenden Partei sind, enthält § 3 Abs 2 LSD-BG eine Ergänzung für Sozialdumpingfälle durch ausländische Unternehmen: Jeder Arbeitnehmer mit gewöhnlichem Arbeitsort in Österreich, dessen Arbeitgeber seinen Sitz nicht in Österreich hat und nicht Mitglied einer kollektivvertragsfähigen Körperschaft in Österreich ist, hat zwingend Anspruch auf jenes gesetzliche, durch Verordnung festgelegte oder kollektivvertragliche Entgelt, das am Arbeitsort vergleichbaren Arbeitnehmern von vergleichbaren Arbeitgebern gebührt.

92, Arb 11.048 = ARD 4428/32/93; krit dazu *Rebhahn*, Österreichisches Arbeitsrecht bei Sachverhalten mit Auslandsberührung, in FS Strasser (1983), 59.

42 OGH 21. 10. 1992, 9 ObA 252/92, Arb 11.048 = ARD 4428/32/93.

43 Vgl hiezu die Aufstellung bei *Schwimmann* in Rummel/Lukas (Hrsg), ABGB II[4] (2015), Rz 7 zu § 44 IPRG.

44 Vgl OGH 2. 9. 1998, 9 ObA 189/98d, ZAS 1999, 47 mit Bespr v *John-Rummelhardt*; OGH 23. 12. 1998, 9 ObA 252/98v, DRdA 2000, 33 mit Bespr v *Müller*.

45 Vgl *Kozak*, LSD-BG (2016); *Lindmayr*, Das neue Lohn- und Sozialdumping-Bekämpfungsgesetz (LSD-BG) – ARD Spezial (2016); *Firlei*, Lohn- und Sozialdumping – Einige grundsätzliche Überlegungen, DRdA 2016, 383; *Kühteubl/Waidmann*, Aller guten Dinge sind drei? Das (wieder) neue Lohn- und Sozialdumping-Bekämpfungsgesetz, ZAS 2016, 318; *Krömer*, Entsendung oder grenzüberschreitende Arbeitskräfteüberlassung? Die Gretchenfrage des LSD-BG, ecolex 2016, 660; *Schitter*, Das Lohn- und Sozialdumping-Bekämpfungsgesetz – Die wichtigsten Neuerungen im Überblick, ecolex 2016, 656; *Burger*, Die strafbare Unterentlohnung nach dem LSD-BG, JAS 2017, 233.

c) § 3 Abs 3 LSD-BG geht insofern noch einen Schritt weiter, als unabhängig vom gewöhnlichen Arbeitsort österreichische Mindestentgelte zum Tragen kommen sollen: Jeder Arbeitnehmer eines Arbeitgebers in der EU oder einem Drittstaat hat für die Dauer der Entsendung nach Österreich Anspruch auf das insb kollektivvertragliche Mindestentgelt vergleichbarer Arbeitnehmer, auch wenn nach Arbeitskollisionsrecht (Rom-I-VO, EVÜ; s 2.7.1) die Vereinbarung ausländischen Arbeitsrechts zulässig ist. Gewisse Entgeltteile (insb Beiträge nach dem BMSVG und dem BPG) sind hievon ausgenommen.

Nach Österreich entsandten und überlassenen Arbeitnehmern sind auch **Sonderzahlungen** – aliquot der Entsendung bzw Überlassung – zu leisten, wenn solche durch zwingende Vorschriften vorgesehen sind. 2/033

Grundsätzlich soll nach dem LSD-BG auch das österreichische **Urlaubsrecht** für sämtliche Arbeitnehmer, die in Österreich tätig werden, Mindeststandard werden. Arbeitnehmer mit gewöhnlichem Arbeitsort in Österreich haben nach § 4 Abs 1 LSD-BG unbeschadet des auf das Arbeitsverhältnis anzuwendenden Rechts zwingenden Anspruch auf bezahlten Urlaub. Dieser Grundsatz ist aber ohnedies aus Art 8 Rom-I-VO ableitbar. Gemeint kann hiebei nur ein Urlaubsanspruch nach § 2 UrlG und nicht irgendein Urlaubsanspruch sein. Darüber hinaus wird aber die Anwendung des gesamten österreichischen Urlaubsrechts zu vertreten sein. 2/034

Liegt der gewöhnliche Arbeitsort nicht in Österreich, haben nach Österreich entsandte Arbeitnehmer und grenzüberschreitend überlassene Arbeitskräfte zumindest einen Urlaubsanspruch – aliquot zur Beschäftigung in Österreich – nach dem UrlG (vgl hiezu 6.10). Das erhöhte Urlaubsausmaß bleibt dem Arbeitnehmer auch nach seiner Rückkehr ins Ausland erhalten (§ 4 Abs 2 LSD-BG).

Weitere Ansprüche nach österreichischem Standard sieht das LSD-BG für Arbeitskräfte, die aus dem Ausland nach Österreich überlassen werden, auch vor im Zusammenhang mit 2/035
- Entgeltfortzahlung bei Krankheit, Arbeitsunfall und sonstigen Dienstverhinderungen in der Person des Arbeitnehmers;
- Kündigungsfristen, Kündigungsterminen und besonderen Kündigungs- und Entlassungsschutzbestimmungen;
- Ansprüchen auf Kündigungsentschädigung;
- österreichischen Kollektivverträgen für die gewerbliche Arbeitskräfteüberlassung;
- Ansprüchen nach dem AÜG.

Für nach Österreich entsandte Arbeitnehmer gelten auch zwingend die **Höchstarbeits-** und **Mindestruhezeiten** einschließlich der kollektivvertraglich festgelegten Arbeitszeit- und Arbeitsruheregelungen, die am Arbeitsort für vergleichbare Arbeitnehmer von vergleichbaren Arbeitgebern gelten (§ 5 LSD-BG). 2/036

Zur Sicherung und erleichterten Durchsetzung der **Entgeltansprüche** von entsandten Arbeitnehmern eines **Arbeitgebers in einem Drittstaat** enthält das LSD-BG in § 8 spezifische **Haftungsbestimmungen**: Der österreichische Auftraggeber haftet für das Entgelt als Bürge und Zahler nach § 1357 ABGB. Für den Bereich der Arbeitskräfteüberlassung richtet sich die Haftung vor allem nach § 14 AÜG (s hiezu 6.13.5.2). 2/037

2.7.3. Weitere Sicherungsmechanismen

2/038 Die Rom-I-VO bietet keinen umfassenden Schutz für in Österreich beschäftigte Arbeitnehmer ausländischer Arbeitgeber. Insbesondere versagen die Vorschriften weitgehend, wenn sich der gewöhnliche Arbeitsort des Arbeitnehmers nicht in Österreich, sondern im Ausland befindet, dh wenn der Arbeitnehmer nur vorübergehend in Österreich tätig wird. Jene zwingenden privatrechtlichen Bestimmungen des Arbeitsrechts, die nicht den Eingriffsnormen (s hiezu 2.7.1) zuzurechnen sind, kommen in diesem Fall nicht zur Anwendung.

2/039 Die **Entsenderichtlinie** der EU, RL 96/71/EG (ABl L 18 vom 21. 1. 1997, 1), greift diese Problematik auf und versucht einen Kompromiss zwischen der Freiheit zu grenzüberschreitenden Dienstleistungen unter Verwendung eigener Arbeitskräfte (iS der Dienstleistungsfreiheit gem Art 56–62 AEUV [ex-Art 49–55 EGV][46]) und dem hiebei auftretenden Schutzbedarf für die Arbeitnehmer zu finden. Die Entsenderichtlinie enthält eine Reihe von Vorgaben, die garantieren sollen, dass gewisse Arbeits- und Beschäftigungsbedingungen (Arbeits- und Ruhezeit, Urlaub, Mindestentgelte, Bedingungen für die Arbeitskräfteüberlassung, Gesundheits-, Mutter- und Jugendlichenschutz, Diskriminierungsverbote) für aus dem Ausland entsandte Arbeitnehmer in gleichem Maße gelten wie für Inländer. Dadurch soll das **nationale Niveau der Beschäftigung** vor „Sozialdumping" durch den Einsatz von Arbeitskräften aus Billiglohnländern geschützt werden. Eine Umsetzung dieser Richtlinie in Österreich erfolgt insbesondere durch das LSD-BG, das AÜG und das AuslBG[47].

2/040 Sonderregelungen für Arbeitsverhältnisse bei grenzüberschreitenden Insolvenzverfahren enthält Art 10 **EU-Insolvenzverordnung**, VO 1346/2000 ABl 2000 L 160/1. Dieser Bestimmung zufolge soll ausschließlich das Recht jenes Mitgliedstaates, das auf den Arbeitsvertrag anzuwenden ist, für die Wirkungen des Insolvenzverfahrens auf einen Arbeitsvertrag zur Anwendung kommen[48].

---

[46] Zur Beschränkung der Dienstleistungsfreiheit vgl EuGH 15. 6. 2006, C-255/04, *Kommission/Frankreich*, DRdA 2007, 424 mit Bespr v *Hesse*.

[47] Zur Gesamtproblematik vgl insb *Wolfsgruber*, Die grenzüberschreitende Entsendung von Arbeitnehmern (2001); *Mayr*, Arbeitsrechtliche Fragestellungen bei der Entsendung von BauarbeiterInnen innerhalb der Europäischen Union an den Beispielen Österreich und Deutschland, in FS Cerny (2001), 255; *Binder*, Die Arbeitnehmerentsendung aus EU-/EWR-Staaten nach Österreich unter besonderer Berücksichtigung eines möglichen Sozialdumpings, DRdA 1999, 1 bzw 100; *Runggaldier*, Die Entsendung von Arbeitnehmern aus Drittstaaten, in Wiesehügel/Sachl (Hrsg), Die Sozialkassen der Bauwirtschaft und die Entsendung innerhalb der EU (1998), 126; *Rebhahn*, Entsendung von Arbeitnehmern in der EU – arbeitsrechtliche Fragen zum Gemeinschaftsrecht, DRdA 1999, 173; *Megymorez* und *Mayr* in Resch (Hrsg), Arbeitnehmerentsendung (1999), 13 bzw 33; *Urlesberger*, Was bringt uns die EntsendeRL Neues?, ZAS 2000, 33; *Winkler*, Die Entsenderichtlinie und ihre Bedeutung für Österreich, in Tomandl/Schrammel (Hrsg), Der Einfluss europäischen Rechts auf das Arbeitsrecht (2001), 43; *Kirschbaum*, Billig-Arbeitskräfte aus der EU?, DRdA 1995, 533; *Gerhartl*, Entsendung von Arbeitskräften aus neuen EU-Mitgliedstaaten, ecolex 2010, 481; *Franzen*, Die europarechtlichen Grundlagen der grenzüberschreitenden Arbeitnehmerüberlassung, ZAS 2011, 255; *Kühteubl/Wieder*, Das neue Lohn- und SozialdumpingbekämpfungsG, ZAS 2011, 208; *Felten*, Maßnahmen zur Erhaltung der Mindestlohnbedingungen nach dem neuen Lohn- und Sozialdumping-Bekämpfungsgesetz, wbl 2011, 405; *Gagawczuk*, Das Lohn- und Sozialdumping-Bekämpfungsgesetz, DRdA 2011, 473; *Stadler*, Sanktionen im Lohn- und Sozialdumping-Bekämpfungsgesetz 2011, RdW 2011, 668; *Rath*, Das Lohn- und Sozialdumping-Bekämpfungsgesetz, ASoK 2012, 282; *Friedrich*, Die Umsetzung der Entsenderichtlinie in Österreich, in FS Posch (2011), 161.

[48] Vgl hiezu *Graf*, EU-Insolvenzverordnung und Arbeitsverhältnis, ZAS 2002, 173; zu den Reformbemühungen vgl *Oberhammer*, Neues europäisches Insolvenzrecht, ecolex 2013, 204.

Ebenfalls dem Schutz der Arbeitnehmer bei grenzüberschreitenden Sachverhalten dient die VO (EG) 44/2001 über die gerichtliche Zuständigkeit und die Anerkennung und Vollstreckung von Entscheidungen in Zivil- und Handelssachen (**EuGVVO**). Abweichend von den allgemeinen Zuständigkeitsregeln des internationalen Zivilprozessrechts gewährt der 5. Abschnitt der EuGVVO dem Arbeitnehmer bei Klagen gegen den Arbeitgeber als zusätzlichen internationalen Gerichtsstand den Gerichtsstand des gewöhnlichen Arbeitsortes sowie bei wechselndem Arbeitsort den Gerichtsstand der Einstellungsniederlassung. Die VO (EG) 44/2001 wird mit Wirkung zum 15. 1. 2015 durch die VO (EU) 1215/2012 ersetzt, ohne dass es im Arbeitsprozessrecht zu wesentlichen inhaltlichen Änderungen kommt.

2.8. Europäisches Arbeitsrecht

2.8.1. Ziele und Funktionen des Europäischen Arbeitsrechts

Mit der Ratifizierung des zwischen den Mitgliedstaaten der EU und Österreich abgeschlossenen Beitrittsabkommens durch die Vertragsstaaten wurde Österreich in die Staatengemeinschaft der EU aufgenommen[49]. Österreich wird allein schon durch die Verträge der Europäischen Union in seiner sozialpolitischen Ausrichtung gebunden[50]. So wird beispielsweise durch Art 45 ff AEUV (ex-Art 39 ff EGV) die Freizügigkeit der Arbeitnehmer innerhalb der Gemeinschaft[51] und durch Art 157 AEUV (ex-Art 141 EGV) die Lohngleichheit von Männern und Frauen garantiert. 2/041

Trotz einer großen Fülle von arbeitsrechtlichen Bestimmungen kann man nicht von einem „europäischen Arbeitsrecht" sprechen. Dies ist insbesondere auf die beschränkte Regelungskompetenz der europäischen gesetzgebenden Organe zurückzuführen, die gemäß dem **Prinzip der begrenzten Einzelermächtigung** nur punktuelle arbeitsrechtliche Normen erlassen können[52]. Ziele der arbeitsrechtlichen Normen auf gemeinschaftsrechtlicher Ebene sind insbesondere die Verhinderung von Wettbewerbsverzerrungen, die Gewährleistung 2/042

---

[49] Allg zum Beitrittsverfahren Österreichs vgl *Holzinger*, Gravierende verfassungsrechtliche Änderungen im Zusammenhang mit einem österreichischen EU-Beitritt, JBl 1993, 2; *Wimmer/Mederer*, EG-Recht in Österreich – Die Auswirkungen des Gemeinschaftsrechts auf Österreich (1990), 100 ff; *Khol*, Europäische Gemeinschaft und österreichische Bundesverfassung, ÖJZ 1992, 73.

[50] Allg vgl insb *Blanpain/Schmidt/Schweigert*, Europäisches Arbeitsrecht[2] (1996); *Schiek*, Europäisches Arbeitsrecht[3] (2007); *Fuchs/Marhold*, Europäisches Arbeitsrecht[4] (2014); *Schrammel/Winkler*, Arbeits- und Sozialrecht der Europäischen Gemeinschaft (2002); *dies*, Arbeits- und Sozialrecht (2010); *Birk*, Neuere Entwicklungen des europäischen Arbeitsrechts, DRdA 2002, 455; *Pfeil*, Europäische Grundfreiheiten und nationales Sozial(leistungs)recht, DRdA 2010, 12; *Marhold*, Grundwerte und Grundfreiheiten in der sozialen Sicherheit, in FS Cerny (2001), 87; *Geppert*, 60 Jahre Menschenrecht „soziale Sicherheit" Umsetzung in Österreich und Europa, DRdA 2009, 83; *Junker*, Europäische Grundfreiheiten und Arbeitsrecht, DRdA 2009, 208; *Geppert*, Soziale Sicherheit und menschenwürdige Arbeit – 90 Jahre Internationale Arbeitsorganisation, 1 u 2, DRdA 2010, 3 u 112; vgl auch *Reiner*, Gedanken zur Standortverlagerung: Arbeitsbeziehungen zwischen Systemwettbewerb und Arbeitsrecht, ZAS 2010, 117; *Riesenhuber*, Europäisches Arbeitsrecht (2009).

[51] *Fuchs/Marhold*, Europäisches Arbeitsrecht[4] (2014), 51; *Streinz*, Europarecht[10] (2016), 353; für den Bereich des Sportrechts vgl *Eisenberger*, Ist der ÖSV immun gegen Bosman?, RdW 1997, 643; *Aichinger*, Bosman & Skisport, ist wirklich alles klar?, RdW 1998, 147; vgl auch *Karollus*, Ausländerklauseln im Sport und Drittstaatsangehörige, wbl 2005, 497.

[52] *Hießl/Runggaldier*, Grundzüge des europäischen Arbeits- und Sozialrechts[4] (2014), 5; *Thüsing*, Europäisches Arbeitsrecht (2011), 22 f; *Blanpain*, European Labour Law[13] (2012), 146.

des freien Warenverkehrs und der Freizügigkeit, die Gleichbehandlung, die Sicherung eines hohen Beschäftigungsniveaus, die Förderung eines hohen Maßes an sozialem Schutz, die Hebung der Lebenshaltung und die Förderung der Lebensqualität. Ursprüngliches Ziel, auch das der arbeitsrechtlichen Regelungen, war die Absicherung der Grundfreiheiten und die Schaffung eines Binnenmarkts. Der individuelle soziale Schutz des Arbeitnehmers, der vor allem durch Mindestschutzstandards zur Sicherheit und Gesundheit am Arbeitsplatz gewährleistet wird, hat sich erst in den Neunzigerjahren als eine eigenständige Zielsetzung europäischer Normen etabliert[53].

2.8.2. Sozialpolitischer Ordnungsrahmen

2/043 Der Einfluss der EU auf die innerstaatliche Rechtsordnung hängt ganz wesentlich von der Art der europarechtlichen Bestimmungen ab. **Primärrecht** (EU-Gründungsverträge, Änderungsverträge etc) enthält die wesentlichen Grundsätze und Leitlinien des Unionsrechts, bindet die Vertragsstaaten, kann aber unter Umständen auch für Einzelpersonen unmittelbare Wirkung haben. Aus sozialpolitischer Sicht ist vor allem der Vertrag von Lissabon von Bedeutung, der die EU-Grundrechte-Charta (vgl 2.3) für rechtsverbindlich erklärt hat. **Sekundäres Gemeinschaftsrecht** (gesetzesartige Rechtsakte, Entscheidungen, Urteile des EuGH etc) umfasst alle auf das primäre Gemeinschaftsrecht aufbauenden und von den Organen der EU ausgehenden Rechtsquellen.

2/044 Unionsrecht wirkt vor allem in drei Formen auf das österreichische Recht ein: der Koordinierung, der Harmonisierung und der Vereinheitlichung von EU-Recht und innerstaatlichem Recht. Mit der **Koordinierung** durch Gemeinschaftsrecht soll lediglich ein widerspruchsfreies Nebeneinander der nationalen Rechtsordnungen sichergestellt werden. Demgegenüber steht im Fall der **Harmonisierung** die inhaltliche Angleichung der einzelnen Rechtsordnungen der Mitgliedstaaten durch sachliche Vorgaben, die in der Regel in Richtlinien des Rates enthalten sind, im Vordergrund. Die **Vereinheitlichung** als stärkste Form der Einflussnahme führt zur Verdrängung des nationalen Rechts[54]. Zur Erreichung dieses Ziels bedient sich die EU vor allem der Verordnung (s unten).

2/045 Das rechtliche Instrumentarium, das der EU diese Einwirkung auf die nationalen Rechtsordnungen in unterschiedlicher Intensität ermöglicht, sind Verordnungen, Richtlinien, Entscheidungen, Empfehlungen und Stellungnahmen (s Art 288 AEUV, ex-Art 249 EGV)[55]. Im Rahmen der Sozialpolitik beschränken sich die Gemeinschaftsorgane weitge-

---

53 *Hießl/Runggaldier*, Grundzüge des europäischen Arbeits- und Sozialrechts[4] (2014), 3; *Gagawczuk*, Europäisches Arbeitsrecht am Scheideweg. Das Arbeitsrecht als Instrument der Wirtschaftspolitik, juridikum 2007, 147; *Fuchs/Marhold*, Europäisches Arbeitsrecht[4] (2014), 3; *Thüsing*, Europäisches Arbeitsrecht (2011), 6.

54 *Birk*, Europäisches Arbeitsrecht (1990), 3.

55 Vgl hiezu *Röttinger/Weyringer* (Hrsg), Handbuch der europäischen Integration[2] (1996); *Arndt/Fischer/Fetzer*, Europarecht[11] (2015); *Hellmer* (Hrsg), Arbeitsrecht, Gesundheitsschutz und Sozialpolitik in der EU und im EWR (Losebl); *Egger*, Das Arbeits- und Sozialrecht in der EU und die österreichische Rechtsordnung (2005); *Mayr*, Einführung in das Recht der EG und Auswirkungen auf das Österreichische Arbeitsrecht (1997); *Weinmeier*, Struktur, Behörden und Rechtsquellen der EG, in Runggaldier (Hrsg), Österreichisches Arbeitsrecht und das Recht der EG (1990), 66; *Birk*, Europäisches Arbeitsrecht (1990), 5 ff; *dens*, Die Auswirkungen des Rechts der Europäischen Gemeinschaften auf das nationale Arbeitsrecht, ZAS 1989, 75; *Stad-*

hend auf die Erlassung von Richtlinien, nur in Ausnahmefällen bedienen sie sich auch des Regelungsinstruments der Verordnung.

Die **Richtlinie** ist ein gemeinschaftlicher Rechtsetzungsakt, der an die Mitgliedstaaten gerichtet und für diese hinsichtlich des zu erreichenden Ziels verbindlich ist (Art 288 AEUV, ex-Art 249 EGV). Sie begründet daher in der Regel keine unmittelbaren Rechte und Pflichten für oder gegen die Gemeinschaftsbürger, sondern muss erst durch das zuständige innerstaatliche Organ ausgeführt werden. In welcher Form und mit welchen Mitteln die nationale Umsetzung einer Richtlinie erfolgt, bleibt den Mitgliedstaaten überlassen. Im Unterschied zur Richtlinie ist die **Verordnung**[56] sowohl für die Mitgliedstaaten und ihre Behörden als auch für alle Personen, die in ihren persönlichen Anwendungsbereich fallen, unmittelbar rechtsverbindlich (s Art 288 AEUV, ex-Art 249 EGV). Einer besonderen Umsetzung durch die innerstaatlichen Stellen bedarf es nicht. Entgegenstehendes nationales Recht wird durch die Verordnung verdrängt und auch späteres, mit ihr in Widerspruch stehendes nationales Recht kommt nicht zur Anwendung. 2/046

Die von der EU erlassenen Richtlinien und Verordnungen bilden kein in sich geschlossenes System einer übernationalen Arbeitsrechtsordnung (s oben). Es handelt sich vielmehr um punktuelle Regelungen in Angelegenheiten, bei denen die Schaffung einheitlicher Mindestnormen besonders dringlich erscheint. Derartige Ansatzpunkte bilden insb der technische Arbeitnehmerschutz, die soziale Sicherheit, der Schutz vor Massenentlassungen, die Zahlungsunfähigkeit des Arbeitgebers und das Verbot der Diskriminierung auf Grund des Geschlechts bzw auf Grund von Rasse, ethnischer Herkunft, Alter, Behinderung[57] etc. Die Umsetzung dieser Richtlinien und die Übernahme der Verordnungen erfolgten in Österreich durch zahlreiche Novellierungen der bestehenden arbeitsrechtlichen Normen. Gewisse Bereiche wurden völlig neu formuliert. Trotz der zahlreichen Änderungen im österreichischen Arbeitsrecht ist in Einzelfragen aber nach wie vor ein gewisser Anpassungsbedarf feststellbar[58]. 2/047

---

ler, Die EG und Österreich (1989), 7 f; *Wimmer/Mederer*, EG-Recht in Österreich – Die Auswirkungen des Gemeinschaftsrechts auf Österreich (1990), 122 ff; *Tomandl/Schrammel* (Hrsg), Der Einfluss europäischen Rechts auf das Arbeitsrecht (2001); *Deinert*, Entstehung und Umsetzung europäischen Arbeitsrechts – Positive und negative Erfahrungen sowie Verbesserungsvorschläge aus Sicht der Wissenschaft, EuZA 2009, 192; *Schindler*, Zur Umsetzung der EU-Richtlinien in Österreich, Teil 1 u 2, DRdA 2003, 402 u 523.

56 Vgl zB die VO (EG) 1272/2008 des Europäischen Parlaments und des Rates vom 16. Dezember 2008 über die Einstufung, Kennzeichnung und Verpackung von Stoffen und Gemischen; VO (EG) 883/2004 des Europäischen Parlaments und des Rates vom 29. April 2004 zur Koordinierung der Systeme der sozialen Sicherheit; Verordnung (EG) 561/2006 des Europäischen Parlaments und des Rates vom 15. März 2006 zur Harmonisierung bestimmter Sozialvorschriften im Straßenverkehr (Lenkzeiten-VO); VO (EWG) 1612/68 des Rates über die Freizügigkeit der Arbeitnehmer innerhalb der Gemeinschaft (Freizügigkeits-VO); zu letzterer s *Weinmeier*, Freizügigkeit und Sozialpolitik im EWR und ihre Umsetzung im österreichischen Recht (1994); *Feik* (Hrsg), Die Freizügigkeit der Arbeitnehmer in Österreich (1998); *Schrammel*, Freizügigkeit der Arbeitnehmer in der EU, ecolex 1996, 467.

57 Zur Rs „HK Danmark" des EuGH s *Krebber*, Europäisches Arbeitsrecht vor dem Gerichtshof der Europäischen Union im Jahre 2013, GPR 2014, 154; s auch EuGH 18. 12. 2014, C-354/13, DRdA 2015, 316 mit Bespr v *Kozak* = ÖJZ 2015, 283 mit Bespr v *Berger/Maderbacher*; OGH 29. 4. 2014, 9 ObA 165/13z, DRdA 2015, 110 mit Bespr v *Auer-Mayer*; *Frey*, HIV/AIDS – Diskriminierung aufgrund einer Behinderung, DRdA 2009, 274.

58 Vgl zB *Schwarz/Löschnigg*, Arbeitsrecht aus trüber Quelle, ÖJZ 1994, 221.

2.8.3. Die Kompetenzgrundlagen für arbeitsrechtliche Normen

2/048 Anfänglich gab es kaum spezifische Kompetenzgrundlagen für arbeitsrechtliche Normen im Gemeinschaftsrecht. Dies hängt mit den ursprünglichen Zielen der EG zusammen: Arbeitsrechtlicher Schutz war keine eigenständige Zielsetzung. Die Kompetenzgrundlagen für arbeitsrechtliche Sekundärrechtsakte waren daher einerseits die Vorschriften über die **Freizügigkeit** im Vertrag (Art 45 AEUV, ex-Art 39 EGV) und anderseits die **allgemeinen Kompetenzvorschriften** (Art 115 AEUV, ex-Art 94 EGV; Art 352 AEUV, ex-Art 308 EGV). Daher war das europäische Arbeitsrecht ursprünglich wettbewerbsrechtlich konzipiert; es sollte das Funktionieren des gemeinsamen Marktes gewährleisten. Eine umfassende arbeitsrechtliche Kompetenzregelung fand sich erst in den Art 136 ff EGV (nunmehr Art 151 ff AEUV). **Art 153 AEUV** (ex-Art 137 EGV) legt fest, dass zur Verbesserung der Arbeitsumwelt, zum sozialen Schutz und Schutz der Arbeitnehmer bei Beendigung des Arbeitsverhältnisses, zur Vertretung der Arbeitnehmerinteressen, zur Unterrichtung der Arbeitnehmer und zur Verwirklichung der Chancengleichheit von Männern und Frauen am Arbeitsmarkt der Rat Richtlinien beschließen kann. Von der Regelung auf Grund dieser Kompetenzgrundlage sind gem Abs 5 explizit das Arbeitsentgelt, das Koalitionsrecht, das Streikrecht sowie das Aussperrungsrecht ausgeschlossen. Auf Grundlage des Art 137 EGV sind vom Rat ua die Elternurlaubs-RL[59], die Jugendarbeitsschutz-RL und die Richtlinie über den Europäischen Betriebsrat erlassen worden[60].

2.8.4. Europäische arbeitsrechtliche Vorschriften

2.8.4.1. Arbeitnehmerfreizügigkeit

2/049 Die **Freizügigkeit der Arbeitnehmer**, die ihre primärrechtliche Grundlage in **Art 45 AEUV** (ex-Art 39 EGV) hat, umfasst die Abschaffung jeder auf der Staatsangehörigkeit beruhenden unterschiedlichen Behandlung der Arbeitnehmer der Mitgliedstaaten in Bezug auf Beschäftigung, Entlohnung und sonstige Arbeitsbedingungen[61]. Von diesem Diskriminierungsverbot sind nicht nur offensichtliche, sondern auch verdeckte Formen der Diskriminierung, die zum gleichen Ergebnis führen, erfasst. Den Arbeitnehmern wird durch die Freizügigkeit das Recht zugestanden, sich um tatsächlich angebotene Stellen zu bewerben, sich zu diesem Zweck im Hoheitsgebiet der Mitgliedstaaten frei zu bewegen, sich in einem Mitgliedstaat aufzuhalten, um dort eine Beschäftigung auszuüben, und nach Beendigung einer Beschäftigung im Hoheitsgebiet eines Mitgliedstaats unter bestimmten Bedingungen zu verbleiben. Dadurch sollen alle Hindernisse des innerstaatlichen Rechts, die die grenzüberschreitende Mobilität der Arbeitnehmer behindern, beseitigt werden. Der **Begriff des Arbeitnehmers** in Art 45 AEUV umfasst dem EuGH zufolge drei wesentliche Merkmale: die Erbringung

---

[59] *Schrittwieser*, Europäische branchenübergreifende Sozialpartnervereinbarung – Elternurlaubs-RL NEU, DRdA 2010, 277; *Dahm*, Die neue Richtlinie zum Elternurlaub, EuZA 2011, 30.

[60] *Hießl/Runggaldier*, Grundzüge des europäischen Arbeits- und Sozialrechts[4] (2014), 115 u 149; *Thüsing*, Europäisches Arbeitsrecht (2011), 23 f; *Enzlberger*, Arbeiten in der EU (2009), 20 f.

[61] Zur Arbeitnehmerfreizügigkeit bei Sportlern vgl *Resch*, Arbeitnehmerfreizügigkeit und Diskriminierungsverbot für Amateurjugendmannschaftssportler, ZESAR 2009, 214.

von Leistungen für einen anderen während einer bestimmten Zeit, die Weisungsgebundenheit und den Erhalt eines Entgelts als Gegenleistung. Der Arbeitnehmerbegriff im Gemeinschaftsrecht ist weit auszulegen, die Art des bestehenden Rechtsverhältnisses spielt bei Erfüllung der oben genannten Merkmale keine Rolle[62]. Gem Art 45 Abs 4 AEUV findet die Bestimmung jedoch keine Anwendung auf Arbeitsverhältnisse in der öffentlichen Verwaltung[63].

Die im AEUV festgelegten Gewährleistungen werden in mehreren Richtlinien und Verordnungen konkretisiert. Dazu gehören insbesondere die VO 1612/68 über die Freizügigkeit der Arbeitnehmer innerhalb der Gemeinschaft und die RL 2004/38/EG über das Recht der Unionsbürger und ihrer Familienangehörigen, sich im Hoheitsgebiet der Mitgliedstaaten frei zu bewegen und aufzuhalten. Die Richtlinie regelt die Bedingungen, unter denen Unionsbürger und ihre Familienangehörigen das Recht auf Freizügigkeit und Aufenthalt innerhalb des Hoheitsgebiets der Mitgliedstaaten genießen, das Recht auf Daueraufenthalt der Unionsbürger und ihrer Familienangehörigen im Hoheitsgebiet der Mitgliedstaaten und die Beschränkungen der genannten Rechte aus Gründen der öffentlichen Ordnung, Sicherheit oder Gesundheit. In Österreich wurde diesen gemeinschaftsrechtlichen Vorgaben vor allem durch das Fremdenrechtspaket 2005[64] mit einer Neuordnung des Niederlassungs-, Aufenthalts- und Beschäftigungsrechts für ausländische Staatsbürger entsprochen[65]. 2/050

2.8.4.2. Diskriminierungsverbote

Diskriminierungsverbote gehören zum **Kernbestand** des Europäischen Rechts. Grundlegend im Rechtsbestand der Gemeinschaft ist hiebei das Verbot der Diskriminierung auf Grund der **Nationalität**[66]. Mittlerweile haben sich Diskriminierungsverbote aber auch auf viele andere Lebensbereiche ausgedehnt. Das Primärrecht auf diesem Gebiet wird einerseits durch eine Vielzahl von Richtlinien konkretisiert, anderseits liegt eine umfangreiche Judikatur[67] des EuGH vor[68]. 2/051

---

62 *Hießl/Runggaldier*, Grundzüge des europäischen Arbeits- und Sozialrechts[4] (2014), 14 f; *Egger*, Arbeits- und Sozialrecht in der EU und die österreichische Rechtsordnung[2] (2005), 229 f; *Fuchs/Marhold*, Europäisches Arbeitsrecht[4] (2014), 55 f.

63 Zur Arbeitnehmerfreizügigkeit und „Beschäftigte in der öffentlichen Verwaltung" s *Magiera/Siedentopf*, Das Recht des öffentlichen Dienstes in den Mitgliedstaaten der Europäischen Gemeinschaft (1994), 308; *Fuchs/Marhold*, Europäisches Arbeitsrecht[4] (2014), 71; EuGH 5. 12. 2013, C-514/12, Zentralbetriebsrat der gemeinnützigen Salzburger Landeskliniken Betriebs GmbH, ASoK 2014, 167 mit Bespr v *Aschauer* = DRdA 2014, 143; *Resch*, Vordienstzeitenanrechnung und Arbeitnehmerfreizügigkeit, ZESAR 2014, 155.

64 BGBl I 100/2005.

65 *Egger*, Arbeits- und Sozialrecht in der EU und die österreichische Rechtsordnung[2] (2005), 218.

66 Vgl etwa EuGH 24. 5. 2011, C-53/08, *Kommission/Österreich*, NZ 2011, 289 mit Bespr v *Grabenwarter* = Slg 2011, I-04309 = ZAS 2011, 234.

67 Vgl EuGH 8. 4. 1976, C-43/75, *Defrenne II*, Slg 1976, 455; EuGH 31. 3. 1981, C-96/80, *Jenkins*, Slg 1981, 911; EuGH 13. 5. 1986, C-170/84, *Bilka*, Slg 1986, 1607; EuGH 13. 7. 1989, C-171/88, *Rinner-Kühn*, Slg 1989, 2743; EuGH 17. 5. 1990, C-262/88, *Barber*, Slg 1990, I-1889; EuGH 8. 11. 1990, C-177/88, *Dekker*, Slg 1990, 3941; EuGH 27. 10. 1993, C-172/92, *Enderby*, Slg 1993, I-5535; EuGH 9. 9. 2003, C-25/02, *Rinke*, Slg 2003, I-8349; EuGH 22. 11. 2005, C-144/04, *Mangold*, ZAS 2006, 237 mit Bespr von *Urlesberger* = Slg 2005, I-9981; EuGH 10. 7. 2008, C-54/07, *Feryn*, Slg 2008, I-5187 = DRdA 2008, 524; EuGH 5. 3. 2009, C-388/07, *Age Concern England*, Slg 2008, I-1569 = DRdA 2010, 65; EuGH 8. 7. 2010, C-246/09, *Bulicke*, EuZA 2011, 65 mit Bespr v *Kolbe* = Slg 2010, I-7003; EuGH 11. 11. 2010, C-232/09, *Danosa*, ZESAR 2011, 362 u 381 mit Bespr v *Leopold* = Slg 2010, I-11405 = DRdA 2011, 157; s auch *Sagan*, Die aktuelle Rechtsprechung des EuGH zum Recht der Gleichbehandlung und des Betriebsübergangs, ZESAR

2.8.4.2. Europäisches Arbeitsrecht

Eine umfassende **Kompetenzgrundlage** zur Verhinderung von Diskriminierungen bildet **Art 19 Abs 1 AEUV** (ex-Art 13 Abs 1 EGV). Auf dieser Grundlage kann der Rat einstimmig geeignete Vorkehrungen treffen, um Diskriminierungen aus Gründen des Geschlechts, der Rasse, der ethnischen Herkunft, der Religion oder der Weltanschauung, einer Behinderung, des Alters oder der sexuellen Ausrichtung zu bekämpfen. Weitere einschlägige Kompetenzgrundlagen finden sich in Art 18 Abs 2 AEUV (ex-Art 12 Abs 2 EGV; Nationalitätendiskriminierung) und in Art 157 Abs 3 AEUV (ex-Art 141 Abs 3 EGV; Geschlechtsdiskriminierung)[69].

Ein generelles Diskriminierungsverbot enthält Art 21 der **EU-Grundrechte-Charta**. Verboten sind insb Diskriminierungen wegen des Geschlechts, der Rasse, der Hautfarbe, der ethnischen oder sozialen Herkunft, der genetischen Merkmale, der Sprache, der Religion oder der Weltanschauung, der politischen oder sonstigen Anschauung, der Zugehörigkeit zu einer nationalen Minderheit, des Vermögens, der Geburt, einer Behinderung, des Alters, der sexuellen Ausrichtung oder der Staatsangehörigkeit.

2.8.4.2.1. Gleichstellung von Mann und Frau[70]

2/052 Die **Gleichstellung von Männern und Frauen** wird im Gemeinschaftsrecht besonders und mehrfach hervorgehoben. Sie stellt nach Art 8 AEUV (ex-Art 3 Abs 2 EGV) sowie nach der Rechtsprechung des Gerichtshofs ein **grundlegendes Prinzip** dar, wird als Aufgabe und Ziel der Gemeinschaft bezeichnet und begründet eine positive Verpflichtung, sie bei allen Tätigkeiten der Gemeinschaft zu fördern. Die Art 21 und 23 der Charta der Grundrechte der Europäischen Union verbieten jegliche Diskriminierung auf Grund des Geschlechts und verankern das Recht auf Gleichbehandlung von Männern und Frauen in allen Bereichen, einschließlich Beschäftigung, Arbeit und Entgelt. Eine spezifische Rechtsgrundlage für die Chancengleichheit und für die Gleichbehandlung in Arbeits- und Beschäftigungsfragen enthält auch Art 157 Abs 3 AEUV (ex-Art 141 EGV), wonach das Europäische Parlament und der Rat nach Anhörung des Wirtschafts- und Sozialausschusses Maßnahmen zur Chancengleichheit und der Gleichbehandlung von Männern und Frauen beschließen können.

2/053 Der Ausgangspunkt für sekundärrechtliche Regelungen im Bereich der Geschlechtsdiskriminierung im Arbeitsleben war die **Gleichbehandlungsrichtlinie Entgelt** (RL 75/117/

2011, 412; zu Altersdiskriminierung durch Herabsetzung des Pensionsalters EuGH 6. 11. 2012, Rs C-286/12, *Kom/Ungarn*, wbl 2013/1 mit Bespr v *Rebhahn*; zur Altersdiskriminierung durch automatische Beendigung des Arbeitsverhältnisses mit 67 EuGH 5. 7. 2012, C-141/11, *Torsten Hörnfeldt/Posten Meddelande AB*, infas 2013, 39.

68 ZB *Riesenhuber*, Europäisches Arbeitsrecht (2009), 167 f; *Thüsing*, Europäisches Arbeitsrecht (2011), 73.

69 *Riesenhuber*, Europäisches Arbeitsrecht (2009), 170; *Rebhahn*, Altersdiskriminierung und Unionsrecht, in WiR (Hrsg), Alter und Recht (2012), 73; *Egger*, Die neuen Antidiskriminierungsrichtlinien der EU, DRdA 2003, 302; *Majoros*, Richtlinienkonforme Bemessung des ideellen Schadens im Gleichbehandlungsgesetz, DRdA 2007, 515; *Meyer*, Das Diskriminierungsverbot des Gemeinschaftsrechts als Grundsatznorm und Gleichheitsrecht (2002), 47; *Högenauer*, Die europäischen Richtlinien gegen Diskriminierung im Arbeitsrecht (2002); *Waas*, Die neue EG-Richtlinie zum Verbot der Diskriminierung aus rassischen oder ethnischen Gründen im Arbeitsverhältnis, ZIP 2000, 2151; *Runggaldier/Kreil*, Richtlinienwidrigkeit des Senioritätsprinzips?, RdW 2003, 394.

70 *Winkler*, Die neuen europäischen Gleichbehandlungsregeln, ZAS 2004, 52 f.

EWG) aus dem Jahr 1975[71]. Da es auf dem Gebiet der Geschlechtsdiskriminierung zu erheblichen Änderungen kam, die unter anderem auch durch die Rechtsprechung des EuGH verursacht wurden, entschloss man sich aus Gründen der Klarheit eine Neufassung und Zusammenfassung der wichtigsten Bestimmungen zu erstellen. Ergebnis ist die RL 2006/54/EG. In Österreich wurde die Richtlinie, neben einigen Anpassungen auf Landes- und Gemeindeebene, auf Bundesebene vor allem durch eine Änderung des GlBG 2004 und des BG über die Gleichbehandlungskommission und Gleichbehandlungsanwaltschaft umgesetzt[72].

2.8.4.2.2. Gleichbehandlung in Bezug auf weitere Diskriminierungsmerkmale

Die Diskriminierungsmerkmale wurden mit zwei Richtlinien aus dem Jahr 2000 erheblich 2/054
erweitert. Man kann in diesem Zusammenhang durchaus von einer „neuen Generation" von europarechtlichen Diskriminierungsverboten sprechen[73].

Die erste der beiden verabschiedeten Richtlinien war die **Gleichbehandlungsrichtlinie 2/055
Ethnie** (RL 2000/43/EG)[74], mit der die Europäische Union ein Zeichen gegen Rassismus und Fremdenfeindlichkeit setzen wollte. Die RL bezweckt die Bekämpfung der Diskriminierung auf Grund der Rasse oder der ethnischen Herkunft.

Die zweite RL, die sog **Gleichbehandlungs-Rahmenrichtlinie** (RL 2000/78/EG)[75], ver- 2/056
langt von den EU-Mitgliedstaaten Rahmenbedingungen zu schaffen, die eine Diskriminierung wegen der Religion, der Weltanschauung, einer Behinderung, des Alters oder der sexuellen Ausrichtung hintanhalten.

---

[71] *Riesenhuber*, Europäisches Arbeitsrecht (2009), 172; *Thüsing*, Europäisches Arbeitsrecht (2011), 76.

[72] BGBl I 98/2008.

[73] *Riesenhuber*, Europäisches Arbeitsrecht (2009), 174; s weiters *Frank/Steinel*, Diskriminierungsschutz in den Mitgliedstaaten der EU, ZESAR 2012, 157; *Schrittwieser*, Das Verbot der Diskriminierung aufgrund der sexuellen Orientierung – Europa als Motor des Gleichstellungsrechts, DRdA 2014, 613.

[74] Vgl EuGH 28. 4. 2005, C-329/04, *Kommission/Deutschland*, EuZW 2005, 444; EuGH 4. 5. 2005, C-335/04, *Kommission/Österreich*, wbl 2005/202; EuGH 10. 7. 2008, C-54/07, *Feryn*, Slg 2008, I-5187 = DRdA 2008, 524.

[75] Vgl EuGH 22. 4. 1997, C-180/95, *Nils Draehmpaehl*, infas 1997, E 8 = RdW 1997, 346; EuGH 22. 11. 2005, C-144/04, *Mangold*, ZAS 2006, 237 mit Bespr v *Urlesberger* = Slg 2005, I-9981; EuGH 11. 7. 2006, C-13/05, *Chacon Navas*, RdW 2006, 578 mit Bespr v *Runggaldier* = Slg 2006, I-6467; EuGH 16. 10. 2007, C-411/05, *Palacios de la Villa*, RdW 2007, 735 mit Bespr v *Runggaldier* = Slg 2007, I-8531; EuGH 1. 4. 2008, C-267/06, *Maruko*, GPR 2008, 251 mit Bespr v *Schlachter* = Slg 2008, I-1757; EuGH 17. 7. 2008, C-303/06, *Coleman*, Slg 2008, I-5603 = DRdA 2008, 525; EuGH 23. 9. 2008, C-427/06, *Bartsch*, Slg 2008, I-7245 = DRdA 2009, 47; EuGH 5. 3. 2009, C-388/07, *Age Concern England*, Slg 2008, I-1569 = DRdA 2010, 65; EuGH 18. 6. 2009, C-88/08, *Hütter*, Slg 2009, I-5325 = DRdA 2009, 425; s dazu auch OGH 4. 8. 2009, 9 ObA 83/09k, DRdA 2011, 342 mit Bespr v *Rebhahn*; EuGH 12. 10. 2010, C-45/09, *Rosenbladt*, Slg 2010, I-9391 = wbl 2011, 23; EuGH 18. 11. 2010, C-268/09, *Georgiev*, Slg 2010, I-11869 = wbl 2011, 144; EuGH 10. 5. 2011, C-147/08, *Römer*, EuZA 2012, 67 mit Bespr v *Brors* = ZESAR 2012, 173 mit Bespr v *Bauer/Kaufmann* = Slg 2011, I-3591 = DRdA 2011, 456 = ZAS 2011, 234; EuGH 7. 6. 2012, C-132/11, *Tyrolean Airways Tiroler Luftfahrt GesellschaftmbH*, ZAS 2013, 9 mit Bespr v *Stupar* = infas 2012, E 9 = EuZW 2012, 549; EuGH 11. 4. 2013, C-335/11 und C-337/11, *Ring und Werge*, DRdA 2014, 30 mit Bespr v *Windisch-Graetz* = infas 2013, E 12; EuGH 25. 4. 2013, C-81/12, *Accept*, Causa Sport 2013, 182 = DRdA 2013, 428; s auch *Resch*, Fehlerhafte Rechtsbereinigung nach Feststellung der Antidiskriminierung, ZESAR 2012, 257; *Hießl/Runggaldier*, Grundzüge des europäischen Arbeits- und Sozialrechts[4] (2014), 68; *Kletečka*, Durchsetzung der Differenzierungsverbote, in Tomandl/Schrammel (Hrsg), Arbeitsrechtliche Diskriminierungsverbote (2005), 95 f; *Rebhahn*, Altersdiskriminierung in der Judikatur des EuGH, wbl 2011, 173.

2.8.4.3. Europäisches Arbeitsrecht

2/057 In Österreich[76] wurden die Richtlinien vor allem durch das GlBG 2004[77] und durch die Novelle zum BEinstG[78] umgesetzt.

2.8.4.3. Technischer Arbeitnehmerschutz

2/058 Eine allgemeine Ermächtigung zur Regelung arbeitsschutzrechtlicher Materien war ursprünglich nicht in den Gemeinschaftsverträgen enthalten. Zwei spezielle Ermächtigungen fanden sich lediglich in Art 30 und 31 EAGV und Art 75 EWGV, die den Rat jedoch nur verpflichteten, Grundnormen für den Gesundheitsschutz der Bevölkerung und der Arbeitnehmer vor den Gefahren ionisierender Strahlung und Schutzvorschriften für das Verkehrsgewerbe festzusetzen. Erst die Einheitliche Europäische Akte führte durch eine neue Kompetenzregelung (Art 118a EWGV; jetzt in erweiterter Form Art 153 AEUV) zu einer starken Rechtssetzungstätigkeit der Gemeinschaftsorgane auf dem Gebiet des technischen Arbeitnehmerschutzes. Der europäische Gesetzgeber hat mit den Vorschriften zum technischen Arbeitnehmerschutz nicht nur zum Ziel, die Verzerrung des Wettbewerbs durch unterschiedliche Sicherheitsvorschriften zu verhindern, sondern ist auch bestrebt, ein einheitliches Schutzniveau für die Arbeitnehmer in der Gemeinschaft zu schaffen. Daher gibt es eine Reihe von Richtlinien, die den Schutz der Sicherheit und Gesundheit am Arbeitsplatz zum Inhalt haben[79].

2/059 Eine wichtige Rolle bei der Förderung von Gesundheit und Sicherheit in der Europäischen Union spielen die **Europäische Stiftung zur Verbesserung der Lebens- und Arbeitsbedingungen** (Sitz in Dublin) sowie die **Europäische Agentur für Sicherheit und Gesundheitsschutz am Arbeitsplatz** (Sitz in Bilbao). Während die Stiftung vor allem Studien zum Arbeitsschutz durchführt, wurde die Agentur speziell zur Unterstützung der Kommission bei der Durchführung von Beratungen und Koordinierungen von Programmen zum technischen Arbeitnehmerschutz geschaffen[80].

2/060 Die sekundärrechtlichen Rechtsakte zum technischen Arbeitnehmerschutz gliedern sich in produktbezogene und betriebsorientierte Vorschriften. Die **produktbezogenen Richtlinien** behandeln hauptsächlich sicherheitstechnische Anforderungen an Maschinen, an das In-Verkehr-Bringen und an die Verwendung gefährlicher Stoffe. Grundsätzlich sind die Rechtssysteme für die Verhütung von Unfällen in den Mitgliedstaaten sehr unterschiedlich, aber auch die innerstaatlichen Systeme des Konformitätsnachweises für Maschinen weichen stark voneinander ab. Zwingende Bestimmungen, die häufig durch de facto verbindliche technische Spezifikationen und freiwillige Normen ergänzt werden, haben nicht notwendigerweise ein unterschiedliches Maß an Sicherheit und Gesundheit zur Folge, stellen aber dennoch auf Grund ihrer Verschiedenheit Handelshemmnisse innerhalb der Gemeinschaft dar. Der Harmonisierung der Rechtsvorschriften dient die sog Maschinen-

---

76 *Sturm*, Richtlinienumsetzung im neuen Gleichbehandlungsgesetz und Gleichbehandlungskommissions-/Gleichbehandlungsanwaltschaftsgesetz, DRdA 2004, 574.

77 BGBl I 66/2004.

78 BGBl I 82/2005.

79 *Hießl/Runggaldier*, Grundzüge des europäischen Arbeits- und Sozialrechts[4] (2014), 113.

80 *Egger*, Das Arbeits- und Sozialrecht der EU und die österreichische Rechtsordnung[2] (2005), 493 ff.

RL, RL 2006/42/EG. Die Umsetzung der RL erfolgte im österreichischen Recht insbesondere durch eine Reihe von Verordnungen und Verwaltungsmaßnahmen[81].

Der **betriebsorientierte Arbeitsschutz** zielt auf die Verbesserung der Sicherheit und den Gesundheitsschutz am Arbeitsplatz ab. In diesem Bereich stellt die RL 89/391/EWG das „Grundgesetz des betrieblichen Arbeitsschutzes"[82] dar, da sie Mindestanforderungen zum Schutz der Arbeitnehmer festlegt und den Rahmen für viele Einzelrichtlinien bildet[83]. 2/061

2.8.4.4. Arbeitszeit

1975[84] wurde in einer Empfehlung des Rates die Begrenzung der wöchentlichen Arbeitszeit auf 40 Stunden und die Ausdehnung des bezahlten Jahresurlaubs auf vier Wochen festgeschrieben. Eine Richtlinie zur Arbeitszeit wurde erstmals 1993 (RL 93/104/EG) auf der Kompetenzgrundlage des Art 118a EGV (nunmehr in Art 153 AEUV) verabschiedet[85]. 2000 wurde eine Änderungsrichtlinie (RL 2000/34/EG) erlassen, durch die vor allem die Ausnahmen hinsichtlich des Straßen-, Luft-, See- und Schienenverkehrs sowie der Binnenschifffahrt, Seefischerei und der Tätigkeiten von Ärzten in der Ausbildung aufgehoben wurden. Das Kernstück des derzeitig geltenden europäischen Arbeitszeitrechts ist die **Arbeitszeit-RL** 2003/88/EG[86], die Mindestvorschriften für Sicherheit und Gesundheitsschutz bei der Arbeitszeitgestaltung in Hinblick auf tägliche Ruhezeiten, Ruhepausen, wöchentliche Ruhezeiten, wöchentliche Höchstarbeitszeit, Jahresurlaub sowie Aspekte der Nacht- und der Schichtarbeit und des Arbeitsrhythmus enthält. 2/062

Arbeitszeit iSd RL ist jede Zeitspanne, während der ein Arbeitnehmer arbeitet, dem Arbeitgeber zur Verfügung steht und seine Tätigkeit ausübt oder Aufgaben wahrnimmt. Jede Zeitspanne außerhalb der Arbeitszeit gilt als Ruhezeit (Art 2). Grundsätze der Arbeitszeit-RL sind: 2/063

- die **wöchentliche Höchstarbeitszeit** darf innerhalb eines Durchrechnungszeitraumes von vier Monaten (Art 16 lit b) durchschnittlich 48 Stunden pro Woche nicht überschreiten (Art 6);
- pro 24-Stunden-Zeitraum ist dem Arbeitnehmer eine **Mindestruhezeit** von elf zusammenhängenden Stunden (Art 3) und pro Siebentageszeitraum eine zusätzliche wöchentliche Ruhezeit von mindestens 24 Stunden (Art 5) zu gewähren;

---

81 Vgl etwa Verordnung des Bundesministers für Wirtschaft und Arbeit über die Sicherheit von Maschinen und von Sicherheitsbauteilen für Maschinen (Maschinen-Sicherheitsverordnung 2010 – MSV 2010, BGBl II 282/2008); Verordnung des Bundesministers für Wirtschaft und Arbeit über die Sicherheit von Aufzügen und von Sicherheitsbauteilen für Aufzüge (Aufzüge-Sicherheitsverordnung 2008 – ASV, BGBl II 274/2008).

82 *Hießl/Runggaldier*, Grundzüge des europäischen Arbeits- und Sozialrechts[4] (2014), 113 f.

83 ZB die RL 2009/104/EG über Mindestvorschriften für Sicherheit und Gesundheitsschutz bei Benutzung von Arbeitsmitteln durch Arbeitnehmer bei der Arbeit, die RL 2004/37/EG über den Schutz der Arbeitnehmer gegen Gefährdung durch Karzinogene oder Mutagene bei der Arbeit oder die Bildschirmgeräte-RL (90/270/EWG).

84 Empfehlung des Rates 75/457/EWG über den Grundsatz der 40-Stunden-Woche und den Grundsatz des vierwöchigen bezahlten Jahresurlaubs (ABl 1975 L 199/32).

85 *Riesenhuber*, Europäisches Arbeitsrecht (2009), 279.

86 Vgl *Risak*, Grundlagen im Europarecht – Arbeitszeit-Richtlinie der EU, in Resch (Hrsg), Das neue Arbeitszeitrecht (2008), 13; für den Bereich des KA-AZG s *Drs/Jobst*, Abgrenzung Arbeitsbereitschaft von Rufbereitschaft beim Spitalsarzt, RdM 2015, 204 (mit Überblick über einschlägige EuGH-Judikatur).

- besondere Arbeitszeiten und -formen werden in Kapitel 3 der Richtlinie geregelt, so insbesondere der Arbeitnehmerschutz, die Zusammenarbeit mit Behörden und die Dauer der **Nachtarbeit** (Art 8 bis 12);
- **Opting-out**: Unter bestimmten Voraussetzungen besteht für den nationalen Gesetzgeber die Möglichkeit festzulegen, dass länger als durchschnittlich 48 Stunden pro Woche gearbeitet werden darf (Art 22). Voraussetzung ist, dass der Arbeitnehmer sich ausdrücklich und freiwillig hiezu bereit erklärt und, dass dem Arbeitnehmer kein Nachteil entsteht, wenn er die Überschreitung der Höchstarbeitszeit ablehnt. Der Dienstgeber hat seinerseits ein Verzeichnis der zur Überschreitung der Höchstarbeitszeit bereiten Arbeitnehmer zu erstellen und hat dieses an die entsprechenden Behörden weiterzuleiten.

2/064 Diese Möglichkeit eines Opting-out wurde seit Erlass der Richtlinie kontrovers diskutiert, weil sie in einem gewissen Widerspruch zum Arbeitnehmerschutzgedanken steht. Der österreichische Gesetzgeber hat sie auch nur für den Bereich der Arbeitnehmer in Krankenanstalten umgesetzt[87]. Zwischen 2004 und 2009 wurde in einem Revisionsverfahren erfolglos versucht, Einigung über eine Änderung der Richtlinie zu erzielen. Nachdem 2012 auch die Verhandlungen der europäischen Sozialpartner scheiterten, leitete die Kommission 2014 ein öffentliches Konsultationsverfahren zur Überprüfung der Richtlinie ein. Die wichtigsten strittigen Punkte betreffen die Frage, ob Bereitschaftsdienste weiter in vollem Umfang als Arbeitszeit gelten und ob Ausnahmebestimmungen von den Höchstarbeitszeiten weiter möglich sein sollen[88].

2.8.4.5. Urlaub

2/065 Einen Anspruch auf bezahlten Mindesturlaub enthält Art 7 der Arbeitszeit-RL 2003/88/EG. Er wird vom EuGH in seiner Judikatur[89] als besonders wichtiger Grundsatz für das Sozialrecht der Gemeinschaft erachtet. Gem Art 7 Arbeitszeit-RL haben die Mitgliedstaaten die erforderlichen Maßnahmen zu treffen, damit jeder Arbeitnehmer einen bezahlten Mindestjahresurlaub von vier Wochen erhält. Eine Mindestbeschäftigungszeit bis zum Anfall

---

[87] Die fehlende Umsetzung führt aber in diesem Fall nicht zu Sanktionen, weil es den Mitgliedstaaten in der RL freigestellt wird, statt den Höchstarbeitszeitgrenzen die Opting-out-Regelungen anzuwenden (Art 22 RL 2003/88/EG). S dazu insbes *Stärker*, Zur Opt-out-Regelung der EU Arbeitszeit-Richtlinie: Umsetzungspflicht, direkte Anwendbarkeit oder nur freiwillige Handlungsalternative für den nationalen Gesetzgeber?, RdM 2005, 50; *Lutz*, Lösungsansätze für das Konsultationsverfahren der Europäischen Kommission zur Arbeitszeit-RL 93/104/EG, DRdA 2004, 227; *Standeker*, Gilt ortsgebundener Bereitschaftsdienst als Arbeitszeit?, DRdA 2004, 232; zum KA-AZG s *Löschnigg* in Geiser/Müller (Hrsg), Arbeitszeiten in Europa/Working Time in Europe (2015), 163; *Klein*, Rechtsfragen der Krankenanstalten-Arbeitszeitgesetznovelle 2014, RdM 2015, 241.

[88] *Riesenhuber*, Europäisches Arbeitsrecht (2009), 280; *Röpke*, Zur Revision der EU-Arbeitszeitrichtlinie, DRdA 2005, 460; *Standeker/Fischl*, Europarechtliche Trendwende beim „inaktiven Bereitschaftsdienst" zeichnet sich ab! Zum neuerlich geänderten Vorschlag der Kommission der Europäischen Gemeinschaften zur Änderung der Richtlinie 2003/88/EG über bestimmte Aspekte der Arbeitszeitgestaltung, ASoK 2008, 244; *Lutz*, Neues zur Arbeitszeitrichtlinie, DRdA 2007, 73; *dies*, Neues zur Arbeitszeitrichtlinie, DRdA 2008, 461; *Gagawczuk*, Grünbuch Arbeitsrecht, DRdA 2007, 256; *Schmidt-Kessel/Herden*, Neues aus Brüssel – Stand 26. 1. 2015, GPR 2015, 51.

[89] Vgl EuGH 20. 1. 2009, C-350/06, *Schultz-Hoff*, wbl 2009, 192; EuGH 16. 3. 2006, C-131/04, *Robinson-Steele*, Slg 2006, I-2531; EuGH 6. 4. 2006, C-124/05, *Federatie Nederlandse Vakbeweging*, Slg 2006, I-3423; EuGH 26. 6. 2001, C-173/99, *BECTU*, Slg 2001, I-4881; EuGH 18. 3. 2004, C-342/01, *Merino Gómez*, Slg 2004, I-2605; EuGH 21. 6. 2012, C-78/11, *ANGED*, infas 2012, E 10.

des Urlaubs darf es der Rechtsprechung des EuGH[90] zufolge nicht geben, wohl aber eine Wartezeit für die Inanspruchnahme. Nach Art 7 Abs 2 der Arbeitszeit-RL darf der Jahresurlaub – außer im Fall der Beendigung des Arbeitsverhältnisses – nicht durch Geld abgegolten bzw ausgeglichen werden[91].

Die Bestimmungen der Arbeitszeit-RL wurden im österreichischen Recht vor allem im AZG, ARG, KA-AZG, EU-Nachtarbeitsgesetz und BäckAG 1996 umgesetzt. 2/066

2.8.4.6. Sozialer Arbeitsschutz

Arbeitnehmerschutzvorschriften auf europäischer Ebene finden sich nicht nur im technischen Bereich, sondern auch bezogen auf bestimmte Personengruppen und die Arbeitszeit. Zu den geschützten Personengruppen gehören insbesondere Eltern, Schwangere, Frauen, Kinder und Jugendliche. Die Rechtsgrundlage für Bestimmungen zum sog sozialen Arbeitsschutz findet sich in **Art 153 AEUV** (ex-Art 137 EGV)[92]. 2/067

Da jugendliche Arbeitnehmer in besonderem Maße Gefahren bei der Arbeitsausübung ausgesetzt sind, wurde bereits 1967 eine Empfehlung zum Jugendarbeitsschutz[93] sowie 1987 eine Entschließung des Europäischen Parlaments zur Kinderarbeit[94] erlassen[95]. Die Grundsätze zur Kinder- und Jugendlichenarbeit finden sich nunmehr in Art 32 der **EU-Grundrechte-Charta**. Die schon 1994 in Kraft getretene **Jugendarbeitsschutz-RL**[96] (RL 94/33/EG) zielt auf das Verbot der Kinderarbeit, den Erlass strenger Arbeitsschutzvorschriften und die Anpassung der Arbeitsbedingungen an die Bedürfnisse von Jugendlichen ab. Die Umsetzung der Jugendarbeitsschutz-RL konnte sich in Österreich auf Anpassungen in Einzelpunkten beschränken, da die vorher bestehenden Regelungen schon weitgehend den Vorgaben der Richtlinie entsprachen. Änderungen wurden im nationalen Recht vor allem im KJBG, BäckAG 1996, im ASchG und im LArbG vorgenommen. 2/068

Einen weiteren zentralen Bereich des sozialen Arbeitsschutzes bildet der **Frauen- und Mutterschutz**. EU-rechtlich umstritten war hiebei vor allem das Frauennachtarbeitsverbot (vgl 7.3.2.2). In der Entwicklung des Europäischen Arbeitsrechts war der Mutterschutz ursprünglich nur im Rahmen der Gleichbehandlung von Männern und Frauen vorgesehen. Ziel war, die Vereinbarkeit von beruflichen und familiären Pflichten zu fördern. Erst über die EU-Grundrechte-Charta von 2000 (Art 33) wird der Mutterschutz im Primärrecht angesprochen[97]. 2/069

---

[90] EuGH 26. 6. 2001, C-173/99, *BECTU*, Slg 2001, I-4881.
[91] *Riesenhuber*, Europäisches Arbeitsrecht (2009), 292 f.
[92] *Fuchs/Marhold*, Europäisches Arbeitsrecht[4] (2014), 490.
[93] Empfehlung der Kommission v 31. 1. 1967 an die Mitgliedstaaten zum Jugendarbeitsschutz (67/125/EWG, ABl 1967 L 25/405).
[94] Entschließung des Europäischen Parlaments v 16. 6. 1987 zur Kinderarbeit (ABl 1987 C 190/44).
[95] *Riesenhuber*, Europäisches Arbeitsrecht (2009), 377.
[96] Vgl EuGH 16. 12. 1999, C-47/99, *Kommission/Luxemburg*, Slg 1999, I-8999; EuGH 18. 5. 2000, C-45/99, *Kommission/Frankreich*, Slg 2000, I-3615.
[97] *Riesenhuber*, Europäisches Arbeitsrecht (2009), 352.

2.8.4.6. Europäisches Arbeitsrecht

Von großer Bedeutung für den Mutterschutz ist die RL 92/85/EWG[98] des Rates über die Durchführung von Maßnahmen zur Verbesserung der Sicherheit und des Gesundheitsschutzes von schwangeren Arbeitnehmerinnen, Wöchnerinnen und stillenden Arbeitnehmerinnen am Arbeitsplatz aus 1992[99]. Die RL wurde von den österreichischen Vorschriften im MSchG und ASVG weitgehend erfüllt. Zum Teil ging der Standard der nationalen Regelungen über den der Richtlinie hinaus. Einzelne Anpassungen wurden auf bundesgesetzlicher Ebene vor allem durch die MSchG-Novelle[100], aber auch durch Änderungen im ASVG, AngG und ASGG erreicht[101].

2/070 Im Verhältnis zur Mutterschutz-RL handelte es sich bei der Richtlinie über den **Elternurlaub**[102] (RL 96/34/EG) um eine komplementäre Regelung[103]. Die RL entstand auf Vorschlag der Kommission und der europäischen Sozialpartner[104], die 1995 die Elternurlaubsrahmenvereinbarung (EltUrlRV) geschlossen hatten[105]. Die europäischen branchenübergreifenden Sozialpartner (BUSINESSEUROPE [vormals UNICE], UEAPME, CEEP und EGB) haben am 18. 6. 2009 eine neue Rahmenvereinbarung zum Elternurlaub unterzeichnet. Sie ersetzt die Rahmenvereinbarung von 1995 und soll die Bedingungen für den Elternurlaub weiter verbessern. Durch die vom Ministerrat am 30. 11. 2009 beschlossene RL 2010/18/EU zur Durchführung der von BUSINESSEUROPE, UEAPME, CEEP und EGB geschlossenen überarbeiteten Rahmenvereinbarung über den Elternurlaub wurde die neue Rahmenvereinbarung schließlich in Kraft gesetzt und die RL 96/34/EG mit Wirkung vom 8. 3. 2012 aufgehoben. Im Gegensatz zur alten RL sieht die neue Elternurlaub-RL ua einen viermonatigen Erziehungsurlaub im Falle der Geburt oder der Adoption vor, wovon mindestens ein Monat nicht übertragbar ist, um die Chancengleichheit und Gleichbehand-

---

98 Zur Rsp über die Mutterschutzrichtlinie vgl EuGH 12. 7. 1984, C-184/83, *Hofmann*, Slg 1984, 3047; EuGH 8. 11. 1990, C-179/88, *Handels-og Kontorfunktionaerernes Forbund*, Slg 1990, I-3979; EuGH 25. 7. 1991, C-345/89, *Stoeckel*, Slg 1991, I-4047; EuGH 14. 7. 1994, C-32/93, *Webb*, Slg 1994, I-3567; EuGH 13. 2. 1996, C-342/93, *Gillespie*, Slg 1996, I-475; EuGH 29. 5. 1997, C-400/95, *Larsson*, Slg 1997, I-2757; EuGH 30. 4. 1998, C-136/95, *Thibault*, Slg 1998, I-2011; EuGH 30. 6. 1998, C-394/96, *Mary Brown*, Slg 1998, I-4185; EuGH 27. 10. 1998, C-411/96, *Boyle*, Slg 1998, I-6401; EuGH 19. 11. 1998, C-66/96, *Pedersen*, Slg 1998, I-7327; EuGH 16. 9. 1999, C-218/98, *Abdoulaye*, Slg 1999, I-5723; EuGH 21. 10. 1999, C-333/97, *Lewen*, Slg 1999, I-7243; EuGH 3. 2. 2000, C-207/98, *Mahlburg*, Slg 2000, I-549; EuGH 4. 10. 2001, C-438/99, *Jiménez Melgar*, Slg 2001, I-6915; EuGH 4. 10. 2001, C-109/00, *Tele Danmark*, Slg 2001, I-6993; EuGH 29. 11. 2001, C-366/99, *Griesmar*, Slg 2001, I-9383; EuGH 27. 2. 2003, C-320/01, *Wiebke Busch*, Slg 2003, I-2041; EuGH 18. 3. 2004, C-342/01, *Merino Gómez*, Slg 2004, I-2605; EuGH 30. 3. 2004, C-147/02, *Alabaster*, Slg 2004, I-3101; EuGH 18. 11. 2004, C-284/02, *Sass*, ZER 2006, 26; EuGH 13. 1. 2005, C-356/03, *Mayer*, Slg 2005, I-295; EuGH 1. 2. 2005, C-203/03, *Kommission/Österreich*, Slg 2005, I-935; EuGH 8. 9. 2005, C-191/03, *McKenna*, Slg 2005, I-7631; EuGH 16. 2. 2006, C-294/04, *Herrero*, Slg 2006, I-1513; EuGH 20. 9. 2007, C-116/06, *Kiiski*, Slg 2007, I-7643; EuGH 11. 10. 2007, C-460/06, *Paquay*, Slg 2007, I-8511; EuGH 26. 2. 2008, C-506/06, *Mayr*, Slg 2008, I-1017; EuGH 29. 10. 2009, C-63/08, *Pontin/T-Comalux SA*, infas 2011, E 7.

99 *Egger*, Das Arbeits- und Sozialrecht der EU und die österreichische Rechtsordnung[2] (2005), 524.

100 BGBl 434/1995.

101 *Egger*, Das Arbeits- und Sozialrecht der EU und die österreichische Rechtsordnung[2] (2005), 525.

102 Vgl EuGH 12. 7. 1984, 184/83, *Hofmann*, Slg 1984, 3047; EuGH 21. 10. 1999, C-333/97, *Lewen*, Slg 1999, I-7243; EuGH 14. 4. 2005, C-519/03, *Kommission/Luxemburg*, Slg 2005, I-3067; EuGH 16. 2. 2006, C-185/04, *Öberg*, Slg 2006, I-1453; EuGH 20. 9. 2007, C-116/06, *Kiiski*, Slg 2007, I-7643; EuGH 17. 6. 1998, T-135/96, *UEAPME/Rat*, Slg 1998, II-2335; EuGH 16. 9. 2010, C-149/10, *Chatzi*, Slg 2010, I-8489; EuGH 22. 10. 2009, C-116/08, *Meerts/Proost NV*, infas 2011, E 4.

103 *Riesenhuber*, Europäisches Arbeitsrecht (2009), 369.

104 UNICE, CEEP und EGB.

105 *Hießl/Runggaldier*, Grundzüge des europäischen Arbeits- und Sozialrechts[4] (2014), 132.

lung von Männern und Frauen zu fördern. Weiters sind ein Schutz vor Benachteiligung bei Inanspruchnahme des Elternurlaubs sowie eine Erleichterung des Wiedereinstiegs durch Änderung der Arbeitszeit vorgesehen.

2.8.4.7. Schutz des Arbeitsplatzes

Das Bedürfnis, die Arbeitnehmer bei Massenentlassungen, Betriebsübergang und Insolvenz des Arbeitgebers zu schützen, besteht auch im Gemeinschaftsrecht[106]. Die Errichtung von Schutzmechanismen wird als für die wirtschaftliche und soziale Entwicklung der Gemeinschaft unabdingbar angesehen. Der Gemeinschaftsgesetzgeber beurteilte die Regelungen der Mitgliedstaaten als inhomogen und für das Funktionieren des Binnenmarktes hinderlich. Die Harmonisierung der Rechtsvorschriften ist daher erklärtes Ziel der europäischen Rechtsetzung. Den Kernbestand der hiezu erlassenen und derzeit geltenden Rechtsvorschriften bilden: die RL 2008/94/EG über den Schutz der Arbeitnehmer bei Zahlungsunfähigkeit des Arbeitgebers, die RL 2001/23/EG über den Betriebsübergang und die RL 98/59/EG über die Massenentlassung[107]. 2/071

Die RL 2008/94/EG über den Schutz der Arbeitnehmer bei **Zahlungsunfähigkeit** des Arbeitgebers[108] (sog **Insolvenzrichtlinie**) bezweckt eine Angleichung der Vorschriften in den Mitgliedstaaten und damit die Schaffung eines einheitlichen Schutzniveaus. Das wichtigste Instrument hiebei bildet die Sicherstellung der Zahlung nicht erfüllter Ansprüche der Arbeitnehmer. Die Mitgliedstaaten werden verpflichtet, Garantieeinrichtungen für die Befriedigung dieser Ansprüche vorzusehen. Die Regelung der Einzelheiten über den Aufbau, die Mittelerbringung und die Arbeitsweise der Garantieeinrichtungen wird den Mitgliedstaaten überlassen. Jedoch ist zu beachten, dass das Vermögen der Einrichtungen vom Betriebsvermögen der Arbeitgeber unabhängig und so angelegt sein muss, dass es einem Verfahren bei Zahlungsunfähigkeit nicht zugänglich ist. Weiters müssen die Arbeitgeber zur Mittelaufbringung beitragen, es sei denn, dass diese in vollem Umfang durch die öffentliche Hand 2/072

[106] Vgl EuGH 27. 11. 2008, C-396/07, *Mirja Juuri/Frazer Amica Oy*, DRdA 2009, 289 mit Bespr v *Gahleitner*.

[107] *Hießl/Runggaldier*, Grundzüge des europäischen Arbeits- und Sozialrechts[4] (2014), 97.

[108] Noch zur vorangegangenen RL 80/987/EWG vgl EuGH 2. 2. 1989, 22/87, *Kommission/Italien*, Slg 1989, 143; EuGH 19. 11. 1991, C-9/90, *Francovich I*, Slg 1991, I-5357; EuGH 3. 12. 1992, C-279/91, *Suffritti*, Slg 1992, I-6337; EuGH 16. 12. 1993, C-334/92, *Wagner Miret*, Slg 1993, I-6911; EuGH 9. 11. 1995, C-479/93, *Francovich II*, Slg 1995, I-3843; EuGH 10. 7. 1997, C-373/95, *Maso*, Slg 1997, I-4051; EuGH 10. 7. 1997, C-95/95, *Bonifaci*, Slg 1997, I-3969; EuGH 17. 9. 1997, C-117/96, *Mosbæk*, Slg 1997, I-5017; EuGH 14. 7. 1998, C-125/97, *Regeling*, Slg 1998, I-4493; EuGH 16. 7. 1998, C-235/95, *Dumon und Froment*, Slg 1998, I-4531; EuGH 15. 6. 1999, C-321/97, *Andersson und Wåkerås-Andersson*, Slg 1999, I-3551; EuGH 16. 12. 1999, C-198/98, *Everson*, Slg 1999, I-8903; EuGH 18. 10. 2001, C-441/99, *Gharehveran*, Slg 2001, I-7687; EuGH 12. 12. 2002, C-442/00, *Caballero*, Slg 2002, I-11915; EuGH 15. 5. 2003, C-160/01, *Mau*, Slg 2003, I-4791; EuGH 11. 9. 2003, C-201/01, *Walcher*, Slg 2003, I-8827; EuGH 18. 9. 2003, C-125/01, *Pflücke*, Slg 2003, I-9375; EuGH 4. 3. 2004, C-84/01, *Barsotti*, Slg 2004, I-2005; EuGH 16. 12. 2004, C-520/03, *Valero*, Slg 2004, I-12065; EuGH 13. 12. 2005, C-177/05, *Guerrero, Pecino*, Slg 2005, I-10887; EuGH 7. 9. 2006, C-81/05, *Alonso*, Slg 2006, I-7569; EuGH 25. 1. 2007, C-278/05, *Robins*, Slg 2007, I-1053; EuGH 27. 9. 2007, C-9/07, *Kommission/Frankreich*, Slg 2007, I-121; EuGH 29. 11. 2007, C-6/07, *Kommission/Spanien*, Slg 2007, I-174; EuGH 17. 1. 2008, C-246/06, *Velasco Navarro*, Slg 2008, I-105; EuGH 21. 2. 2008, C-498/06, *Robledillo Núñez*, Slg 2008, I-921; EuGH 16. 10. 2008, C-310/07, *Holmqvist*, Slg 2008, I-07871; zur RL 2008/94/EG s EuGH 18. 4. 2013, C-247/12, *Mustafa*, DRdA 2013, 428 = infas 2013, E 16; EuGH 25. 4. 2013, C-398/11, *Hogan ua/Ireland*, infas 2014, E 5 = wbl 2013, 320.

gewährleistet ist, und die volle Zahlungspflicht der Einrichtung muss auch dann bestehen, wenn die zur Mittelaufbringung verpflichteten Arbeitgeber dieser Verpflichtung nicht nachgekommen sind. Die Umsetzungsfrist der Richtlinie endet erst 2050. Von Änderungen in Bezug auf die Umsetzung von der Richtlinie über die Zahlungsunfähigkeit des Arbeitgebers betroffen waren in der Vergangenheit vor allem das Arbeitslosenversicherungsgesetz 1977, das Insolvenz-Entgeltsicherungsgesetz und das Betriebspensionsgesetz.

2/073 Auf den Schutz des Arbeitsplatzes zielt auch die RL 98/59/EG über **Massenentlassungen** ab[109]. Inhaltlich geht es um die Freisetzung einer größeren Zahl von Arbeitnehmern durch ein Unternehmen und die daraus resultierenden Schutzmaßnahmen und Vorkehrungen zum Zweck einer gemeinsamen Schadensbegrenzung.

Der Begriff „Entlassung" hat eine gemeinschaftsrechtliche Bedeutung und ist von dem des österreichischen Rechts strikt zu unterscheiden. Entlassungen im Sinne der Richtlinie sind Beendigungen, die ein Arbeitgeber aus einem oder mehreren Gründen, die nicht in der Person der Arbeitnehmer liegen, vornimmt, also sämtliche vom Arbeitgeber angestrebten Beendigungen des Arbeitsverhältnisses. Auch eine vom Arbeitgeber angestrebte einvernehmliche Auflösung oder Arbeitnehmerkündigung ist daher von der Massenentlassungsrichtlinie erfasst[110].

Die Richtlinie normiert ein Verfahren, das bei Massenentlassungen einzuhalten ist und unter anderem Informations-, Konsultations- und Meldepflichten enthält (Art 2–4 der RL). In Österreich erfolgte die Umsetzung der Richtlinie hauptsächlich durch das AMFG und ArbVG. Im Gegensatz zum EU-Recht ist in Österreich für eine Massenentlassung jedoch eine geringere Zahl an Entlassungen in einem bestimmten Zeitraum vorgesehen. Außerdem werden in § 45a AMFG auch ältere Arbeitnehmer berücksichtigt (vgl 8.2.8.4). Den Mitgliedstaaten bleibt es gem Art 5 RL 98/59/EG jedoch unbenommen, diese für die Arbeitnehmer günstigeren Regelungen zu treffen. In § 109 ArbVG ist die in Art 3 Abs 2 der RL festgelegte Informationspflicht an die Arbeitnehmervertreter auf nationaler Ebene umgesetzt (vgl 11.5.4.2)[111].

2/074 Die zentrale Bestimmung zur Angleichung der Rechtsvorschriften der Mitgliedstaaten über die Wahrung von Ansprüchen der Arbeitnehmer beim **Übergang von Unternehmen**, Betrieben oder Unternehmens- oder Betriebsteilen stellt die RL 2001/23/EG dar. Entsprechende Regelungen enthielt ursprünglich die RL 77/187/EWG. Die Neufassung durch die RL 2001/23/EG[112] war auf Grund der umfangreichen und bedeutenden Judikatur

---

[109] Vgl EuGH 12. 2. 1985, 284/83, *Nielsen*, Slg 1985, 553; EuGH 8. 6. 1994, C-383/92, *Kommission/Vereinigtes Königreich*, Slg 1994, I-2479; EuGH 7. 12. 1995, C-449/93, *Rockfon*, Slg 1995, I-4291; EuGH 17. 12. 1998, C-250/97, *Lauge*, Slg 1998, I-8737; EuGH 16. 10. 2003, C-32/02, *Kommission/Italien*, Slg 2003, I-12063; EuGH 12. 10. 2004, C-55/02, *Kommission/Portugal*, Slg 2004, I-9387; EuGH 27. 1. 2005, C-188/03, *Junk*, Slg 2005, I-885; EuGH 7. 9. 2006, C-187/05, *Agorastoudis*, Slg 2006, I-7775; EuGH 18. 1. 2007, C-385/05, *Confédération générale du travail (CGT)*, Slg 2007, I-611; EuGH 15. 2. 2007, C-270/05, *Athinaïki Chartopoiia*, Slg 2007, I-1499.

[110] *Löschnigg/Standeker*, Einvernehmliche Auflösung und Kündigungsfrühwarnsystem, RdW 2000, 541.

[111] *Egger*, Das Arbeits- und Sozialrecht der EU und die österreichische Rechtsordnung² (2005), 492.

[112] Zu deren Geltungsbereich s *Niksova*, Grenzüberschreitender Betriebsübergang – Der Geltungsbereich der RL 2001/23/EG in grenzüberschreitenden Sachverhalten, ecolex 2013, 53; zum Rechtsmissbrauch bei Betriebsübergang im Unionsrecht s *Rebhahn*, Rechtsmissbrauch bei Betriebsübergang, in FS Fenyves (2013), 948.

des EuGH erforderlich[113]. Nach der zentralen Bestimmung des Art 3 der RL 2001/23/EG gehen die Rechte und Pflichten des Veräußerers eines Unternehmens oder Betriebs(teils) aus einem zum Zeitpunkt des Übergangs bestehenden Arbeitsvertrag oder Arbeitsverhältnis auf den Erwerber über. Die Rechte der beschäftigten Arbeitnehmer bleiben durch diese Eintrittsautomatik gewahrt. Gem Art 1 bezieht sich die Richtlinie auf den Übergang eines ganzen Unternehmens, eines Betriebs oder eines Unternehmens- bzw Betriebsteiles. Die Richtlinie spricht nur von Übertragung durch Verschmelzung oder Vertrag. Im österreichischen Recht sind aber auch die Tatbestände der Umwandlung, Einbringung, des Zusammenschlusses, der Realteilung und Spaltung sowie Übertragungen durch Richterspruch, Verwaltungsakt, verwaltungsrechtlichen Vertrag und Gesetz erfasst[114]. Die Richtlinie wurde durch die §§ 3–6 AVRAG[115], § 31 ArbVG[116] und § 108 ArbVG[117] umgesetzt.

2.8.4.8. Soziale Sicherheit

Der europarechtliche Terminus „Soziale Sicherheit" betrifft in Österreich den Bereich des Sozialrechts, insbesondere den Schutz gegen die Risiken Krankheit, Invalidität, Alter, Arbeitsunfall, Berufskrankheit und Arbeitslosigkeit. Die Grundlage im Primärrecht findet sich in **Art 48 AEUV** (ex-Art 42 EGV). Unter dem Titel soziale Sicherheit anerkennt auch die 2/075

---

[113] *Hießl/Runggaldier*, Grundzüge des europäischen Arbeits- und Sozialrechts[4] (2014), 102; zur Rsp des EuGH vgl EuGH 7. 2. 1985, 135/83, *Abels*, Slg 1985, 469; EuGH 7. 2. 1985, 19/83, *Wendelboe*, Slg 1985, 457; EuGH 7. 2. 1985, 186/83, *Botzen*, Slg 1985, 519; EuGH 11. 7. 1985, 105/84, *Danmols Inventar*, Slg 1985, 2639; EuGH 18. 3. 1986, 24/85, *Spijkers*, Slg 1986, 1119; EuGH 15. 4. 1986, 237/84, *Kommission/Belgien*, Slg 1986, 1247; EuGH 10. 7. 1986, 235/84, *Kommission/Italien*, Slg 1986, 2291; EuGH 17. 12. 1987, 287/86, *Ny Mølle Kro*, Slg 1987, 5465; EuGH 10. 2. 1988, 324/86, *Daddy's Dance Hall*, Slg 1988, 739; EuGH 5. 5. 1988, 144 u 145/87, *Berg und Busschers*, Slg 1988, 2559; EuGH 15. 6. 1988, 101/87, *Bork*, Slg 1988, 3057; EuGH 25. 7. 1991, C-362/89, *d'Urso*, Slg 1991, I-4105; EuGH 12. 11. 1992, C-209/91, *Rask*, Slg 1992, I-5755; EuGH 16. 12. 1992, C-139/91, *Katsikas*, Slg 1992, I-6577; EuGH 19. 5. 1992, C-29/91, *Redmond Stichting*, Slg 1992, I-3189; EuGH 14. 4. 1994, C-392/92, *Christel Schmidt*, Slg 1994, I-1311; EuGH 8. 6. 1994, C-382/92, *Kommission/Vereinigtes Königreich*, Slg 1994, I-2435; EuGH 19. 9. 1995, C-48/94, *Rygaard*, Slg 1995, I-2745; EuGH 7. 12. 1995, C-472/93, *Luigi Spano*, Slg 1995, I-4321; EuGH 7. 3. 1996, C-172/94, *Merckx und Neuhuys*, Slg 1996, I-1253; EuGH 15. 10. 1996, C-298/94, *Henke*, Slg 1996, I-4989; EuGH 14. 11. 1996, C-305/94, *Rotsart de Hertaing*, Slg 1996, I-5927; EuGH 11. 3. 1997, C-13/95, *Süzen*, Slg 1997, I-1259; EuGH 17. 4. 1997, C-336/95, *Pedro Burdalo Trevejo*, Slg 1997, I-2115; EuGH 12. 3. 1998, C-319/94, *Dethier Equipement*, Slg 1998, I-1061; EuGH 12. 11. 1998, C-399/96, *Europièces*, Slg 1998, I-6965; EuGH 10. 12. 1998, C-74/97, *Vidal u. a.*, Slg 1998, I-8179; EuGH 10. 12. 1998, C-247/96, *Hidalgo und Ziemann*, Slg 1998, I-8237; EuGH 2. 12. 1999, C-234/98, *Allen*, Slg 1999, I-8643; EuGH 14. 9. 2000, C-343/98, *Collino*, Slg 2000, I-6659; EuGH 26. 9. 2000, C-175/99, *Mayeur*, Slg 2000, I-7755; EuGH 25. 1. 2001, C-172/99, *Oy Liikenne Ab*, Slg 2001, I-745; EuGH 24. 1. 2002, C-51/00, *Temco Service Industries*, Slg 2002, I-969; EuGH 4. 6. 2002, C-164/00, *Beckmann*, Slg 2002, I-4893; EuGH 16. 10. 2003, C-32/02, *Kommission/Italien*, Slg 2003, I-12063; EuGH 6. 11. 2003, C-4/01, *Martin*, Slg 2003, I-12859; EuGH 20. 11. 2003, C-340/01, *Abler*, Slg 2003, I-14023; EuGH 11. 11. 2004, C-425/02, *Delahaye*, Slg 2004, I-10823; EuGH 26. 5. 2005, C-297/03, *Sozialhilfeverband Rohrbach*, Slg 2005, I-4305; EuGH 26. 5. 2005, C-478/03, *Celtec*, Slg 2005, I-4389; EuGH 15. 12. 2005, C-233/04, *Güney-Görres und Demir*, Slg 2005, I-11237; EuGH 9. 3. 2006, C-499/04, *Werhof*, Slg 2006, I-2397; EuGH 13. 9. 2007, C-458/05, *Jouini*, Slg 2007, I-7301; EuGH 16. 10. 2008, C-313/07, *Kirtruna*, Slg 2008, I-07907; EuGH 27. 11. 2008, C-396/07, *Juuri*, Slg 2008, I-08883; EuGH 12. 2. 2009, C-466/07, *Klarenberg*, Slg 2009, I-00803; EuGH 29. 7. 2010, C-151/09, *GT-FSP*, EuZA 2011, 53 mit Bespr v *Fröhlich*; EuGH 6. 9. 2011, C-108/10, *Scattolon*, ZESAR 2012, 130 mit Bespr v *Felten* = EuZW 2011, 798 = wbl 2011, 607 = ZIP 2012, 1366; EuGH 18. 7. 2013, C-426/11, *Alemo-Herron*, ZAS 2014, 88 mit Bespr v *Kovács* = DRdA 2013, 532.

[114] *Egger*, Das Arbeits- und Sozialrecht der EU und die österreichische Rechtsordnung[2] (2005), 464.

[115] Vgl *Gahleitner* in Neumayr/Reissner (Hrsg), Zeller Kommentar[2] (2011), Rz 1 zu § 3 AVRAG.

[116] S *Reissner* in Neumayr/Reissner (Hrsg), Zeller Kommentar[2] (2011), Rz 44 zu § 31 ArbVG.

[117] Dazu *Resch* in Strasser/Jabornegg/Resch (Hrsg), ArbVG (Losebl), § 108 Rz 32 ff.

EU-Grundrechte-Charta (Art 34) ein Recht auf Zugang zu den Leistungen der sozialen Sicherheit und zu den sozialen Diensten, die in Fällen wie Mutterschaft, Krankheit, Arbeitsunfall, Pflegebedürftigkeit oder im Alter sowie bei Verlust des Arbeitsplatzes Schutz gewährleisten. Anspruch auf die Leistungen der sozialen Sicherheit und die sozialen Vergünstigungen nach EU-Recht und österreichischem Recht hat jede Person, die in der EU ihren rechtmäßigen Wohnsitz hat und ihren Aufenthalt rechtmäßig wechselt.

2/076 Generell liegt die **Rechtsetzungskompetenz** im Sozialrecht weiterhin bei den **Mitgliedstaaten**. Eine europarechtliche Regelungskompetenz in Bezug auf die soziale Sicherheit besteht gem Art 48 AEUV nur insoweit, als sich diese auf die zur Herstellung der Arbeitnehmerfreizügigkeit erforderlichen Maßnahmen beschränkt. Die Regelungen des europäischen Sozialrechts sind daher nicht auf eine Harmonisierung, sondern auf die Koordinierung der Sozialrechtssysteme für den Fall gerichtet, dass ein Arbeitnehmer als Folge der Arbeitnehmerfreizügigkeit im Laufe seines Erwerbslebens in mehreren Mitgliedstaaten einem Sozialversicherungssystem unterliegt.

Kern des europäischen Sozialrechts war lange Zeit die **Wanderarbeitnehmerverordnung** (VO 1408/71), die mit Wirkung zum 1. 5. 2010 durch die VO 883/2004 sowie die Durchführungsverordnung 987/2009 ersetzt wurde[118]. Zur Absicherung der Arbeitnehmerfreizügigkeit auf dem Gebiet der sozialen Sicherheit verfolgt die Wanderarbeitnehmerverordnung in erster Linie vier **Ziele**:

- den Grundsatz der Gleichbehandlung, der Wanderarbeitnehmern in anderen Mitgliedstaaten die gleichen sozialrechtlichen Bedingungen garantieren soll wie Inländern (Art 4);
- den Grundsatz des Leistungsexports, dh dass Leistungen der Sozialversicherung innerhalb der EU grenzüberschreitend in Anspruch genommen werden können, wenn der Arbeitnehmer seinen Wohnort in einem anderen Mitgliedstaat als der Sozialversicherungsträger hat (Art 7);
- das Kumulierungsverbot, auf Grund dessen zum einen Leistungen derselben Zielrichtung nicht von zwei verschiedenen Sozialversicherungsträgern in Anspruch genommen werden können, zum anderen der Arbeitnehmer nicht mit doppelten Beiträgen belastet werden kann (Art 10);
- die Zusammenrechnung von Versicherungszeiten für Leistungsbegründung und Leistungsberechnung.

Darüber hinaus enthält die Wanderarbeitnehmerverordnung auch **kollisionsrechtliche Regelungen** zB für Fälle der Arbeitnehmerentsendung, durch die die Zuständigkeit nur eines Sozialversicherungsträgers bestimmt und damit eine Doppelbelastung des Arbeitnehmers vermieden wird.

2/077 Den Vorgaben von Art 48 AEUV wurde aber nicht nur durch die Verordnungen, sondern auch durch verschiedene Richtlinien, wie beispielsweise die RL 79/7/EWG, entsprochen. Die betrieblichen Systeme der sozialen Sicherheit sind jedoch aus dem Anwendungsbereich der RL 79/7/EWG ausgenommen. Insofern kommt die RL 2006/54/EG zum Tragen[119].

[118] Vgl insb *Fuchs*, Europäisches Sozialrecht[6] (2012).
[119] S dazu auch EuGH 18. 11. 2010, C-356/09, *Kleist*, EuZA 2011, 340 mit Bespr v *Melzer-Azodanloo*.

Der Anwendungsbereich der RL 2006/54/EG erstreckt sich aber auch auf den Zugang zur Beschäftigung und die Arbeitsbedingungen einschließlich das Entgelt, um die Verwirklichung des Grundsatzes der Chancengleichheit und Gleichbehandlung von Männern und Frauen in Arbeits- und Beschäftigungsfragen sicherzustellen.

2.8.4.9. Kollektives Arbeitsrecht

Das kollektive Arbeitsrecht auf Gemeinschaftsebene kann vom Regelungsumfang nicht mit dem österreichischen kollektiven Arbeitsrecht verglichen werden. Viele Materien, wie das Kollektivvertragsrecht, das Berufsverbandsrecht und die Beteiligungsrechte, sind erst in Ansätzen vorhanden. Die **Charta der Grundrechte der Europäischen Union**, die am 1. 12. 2009 gemeinsam mit dem Vertrag von Lissabon Rechtskraft[120] erlangte, bildet nunmehr die Grundlage für ein europäisches kollektives Arbeitsrecht. Von großer Bedeutung sind in diesem Zusammenhang die Bestimmungen in den Art 12, 27 und 28 der EU-Grundrechte-Charta[121]. In Art 12 der EU-Grundrechte-Charta wird vor allem die Versammlungs- und Vereinigungsfreiheit festgelegt (vgl 2.3. u 2.4). 2/078

Die Bedeutung der Sozialpartner im Gesetzgebungsverfahren der Gemeinschaft wurde seit den Amsterdamer Verträgen stetig aufgewertet. Die wichtigsten Bestimmungen in diesem Zusammenhang finden sich in **Art 152 AEUV** sowie in **Art 154** und **Art 155 AEUV** (ex-Art 138 und 139 EGV)[122]. Die Rolle der Sozialpartner wird von der Union anerkannt und die Autonomie der Sozialpartner geachtet. Im Rahmen der **Beteiligung der Sozialpartner** am Gesetzgebungsverfahren hat die Kommission die Aufgabe, die Anhörung der Sozialpartner auf Unionsebene zu fördern und alle zweckdienlichen Maßnahmen zu erlassen, um den Dialog zwischen den Sozialpartnern zu erleichtern. Um für Ausgewogenheit bei der Unterstützung der Parteien zu sorgen, hört die Kommission vor Unterbreitung von Vorschlägen im Bereich der Sozialpolitik die Sozialpartner zu der Frage, wie eine Unionsaktion gegebenenfalls ausgerichtet werden soll. Hält die Kommission nach dieser Anhörung eine Unionsmaßnahme für zweckmäßig, so hört sie die Sozialpartner zum Inhalt des in Aussicht genommenen Vorschlags. Die Sozialpartner übermitteln der Kommission eine Stellungnahme oder gegebenenfalls eine Empfehlung. 2/079

Im Gegensatz zu der unverbindlichen Form der Anhörung gem Art 154 AEUV (ex-Art 138 EGV) kann gem Art 155 AEUV (ex-Art 139 EGV) der Dialog zwischen den Sozialpartnern auf Unionsebene zur Herstellung vertraglicher Beziehungen einschließlich des Abschlusses von **Vereinbarungen** führen. Die Durchführung der auf Unionsebene geschlosse- 2/080

---

[120] Die Grundrechte-Charta ist für alle Staaten, ausgenommen Großbritannien, Polen und Tschechien, durch den Verweis in Art 6 des Lissaboner Vertrags bindend. Die durch die Charta garantierten Rechte sind stets zu beachten, wenn eine nationale Rechtsvorschrift in den „Geltungsbereich des Unionsrechts" fällt, s dazu EuGH 26. 2. 2013, C-617/10, *Åkerberg Fransson*, ÖJZ 2013, 380 mit Bespr v *A. Posch*.

[121] *Hießl/Runggaldier*, Grundzüge des europäischen Arbeits- und Sozialrechts[4] (2014), 139; *Egger*, Arbeits- und Sozialrecht in der EU und die österreichische Rechtsordnung[2] (2005), 531; die Grundrechte-Charta wird nunmehr auch vom VfGH als Maßstab für nationales Recht herangezogen, vgl VfGH 14. 3. 2012, U 466/11, U 1836/11, ARD 6234/6/2012; dazu *Marhold*, Die Bedeutung der Grundrechtecharta und der EMRK für das österreichische Arbeitsrecht, EuZA 2013, 146.

[122] *Hießl/Runggaldier*, Grundzüge des europäischen Arbeits- und Sozialrechts[4] (2014), 140; *Egger*, Arbeits- und Sozialrecht in der EU und die österreichische Rechtsordnung[2] (2005), 532.

nen Vereinbarungen erfolgt entweder nach den jeweiligen Verfahren und Gepflogenheiten der Sozialpartner und der Mitgliedstaaten oder – in den von Art 153 erfassten Bereichen – auf gemeinsamen Antrag der Unterzeichnerparteien durch einen Beschluss des Rates auf Vorschlag der Kommission. Das Europäische Parlament wird davon unterrichtet. Der Rat beschließt einstimmig, sofern Einstimmigkeit erforderlich ist.

2/081 **Sozialpartnerorganisationen**, die gem Art 154 AEUV (ex-Art 138 EGV) konsultiert werden, sind **allgemeine** Arbeitgeber- und Arbeitnehmerorganisationen (Europäischer Gewerkschaftsbund [EGB], Europäischer Zentralverband der öffentlichen Wirtschaft [CEEP], Europäischer Verband der Arbeitgeber in Brüssel [BUSINESSEUROPE]), **branchenübergreifende** Arbeitgeber- und Arbeitnehmerorganisationen, die bestimmte Arbeitnehmer- oder Unternehmensgruppen vertreten (Europäische Union des Handwerks und der Klein- und Mittelbetriebe [UEAPME], Europäische Vereinigung der leitenden Angestellten [CEC]), **spezifische** Organisationen (Eurochambres), **branchenbezogene** Arbeitgeberorganisationen und europäische Gewerkschaftsverbände (zB Europäische Union der unabhängigen Gewerkschaften [CESI], Europäischer Gewerkschaftsverband für den öffentlichen Dienst [EGÖD]). Davon zu unterscheiden sind die **Sozialpartner ieS**, die nicht nur am einfachen Informations- und Konsultationsverfahren, sondern auch als Vertreter von Arbeitnehmer- und Arbeitgeberinteressen an Verhandlungen und Anhörungen teilnehmen. Zu den Sozialpartnern ieS gehören nur BUSINESSEUROPE, der CEEP und der EGB[123].

2/082 Eine Vielzahl von Richtlinien ist in der Vergangenheit auf Grundlage von Vereinbarungen der Sozialpartner (ieS) erlassen worden. Die wichtigsten in diesem Zusammenhang sind wohl die Teilzeitrichtlinie (97/81/EG), die Befristungsrichtlinie (1999/70/EG), die Leiharbeitsrichtlinie (2008/104/EG)[124] und die Richtlinie über den Europäischen Betriebsrat (2009/38/EG)[125].

2/083 In einem Binnenmarkt, in dem der Standort eines Unternehmens frei gewählt werden kann und es gemeinschaftsrechtliche Vorschriften für das Gesellschaftsrecht gibt, müssen auch die Rechte der Arbeitnehmer auf **Mitbestimmung** durch ihre Vertretungen gewahrt werden. Daher gab es in der EU seit Jahrzehnten Bestrebungen, Informationsmechanismen, Anhörungsrechte und andere Mitbestimmungsmodelle zu schaffen. Einheitliche Strukturen und Funktionen auf europäischer Ebene festzuschreiben, erwies sich auf Grund der unterschiedlichen Traditionen der Mitgliedstaaten als schwierig. Daher gingen die Gemeinschaftsorgane dazu über, Entscheidungsspielräume bezüglich der Ausgestaltungen zuzulassen und nur die Zielsetzungen verbindlich festzulegen. Die Richtlinie über den Europäischen Betriebsrat (94/45/EG; mit 5. 6. 2011 außer Kraft getreten) aus dem Jahr 1994 ist von dieser Überlegung getragen. Das Ziel der Sicherung der grundlegenden Mitbestimmungsrechte der Arbeitnehmer unter Berücksichtigung von Gestaltungsspielräumen in den einzelnen Mitgliedstaaten steht auch bei der Richtlinie zur Ergänzung des Statuts der Eu-

[123] *Egger*, Arbeits- und Sozialrecht in der EU und die österreichische Rechtsordnung[2] (2005), 533.
[124] *Schindler*, Die neue EU-Leiharbeitsrichtlinie – der Umsetzungsbedarf in Österreich, DRdA 2009, 176.
[125] *Hießl/Runggaldier*, Grundzüge des europäischen Arbeits- und Sozialrechts[4] (2014), 149; *Egger*, Arbeits- und Sozialrecht in der EU und die österreichische Rechtsordnung[2] (2005), 532; *Gagawczuk*, Leiharbeitsrichtlinie – wiederholter Anlauf gescheitert?, DRdA 2003, 597.

ropäischen Gesellschaft hinsichtlich der Beteiligung der Arbeitnehmer (2001/86/EG)[126] und bei der Richtlinie zur Festlegung eines allgemeinen Rahmens für die Unterrichtung und Anhörung der Arbeitnehmer in der Europäischen Gemeinschaft (2002/14/EG)[127] im Vordergrund[128]. Insbesondere letztere Richtlinie ist von großer Bedeutung, da sie als das Ergebnis vieler Versuche der Verankerung von Mitwirkungsrechten im Sekundärrecht anzusehen ist. Die RL 2002/14/EG zielt auf die Stärkung des sozialen Dialogs und auf die Festlegung von Mindestvorschriften ab, die überall in der Gemeinschaft Anwendung finden sollen. Die Mitgliedstaaten soll dies aber nicht daran hindern, für die Arbeitnehmer günstigere Vorschriften vorzusehen. Der gemeinschaftliche Rahmen für die Unterrichtung und Anhörung der Arbeitnehmer sollte die Belastung der Unternehmen oder Betriebe auf ein Mindestmaß begrenzen, zugleich aber auch die wirksame Ausübung der eingeräumten Rechte gewährleisten.

Um das Ziel der Arbeitnehmermitwirkung zu erreichen, müssen die Rechtsvorschriften der Mitgliedstaaten an die länderübergreifende Struktur der Unternehmen angepasst werden. 2/084
Die Verfahren der Arbeitnehmermitwirkung konnten die angemessene Information und Anhörung auf Grund der Herausforderungen von gemeinschaftsweit operierenden Unternehmen nicht sicherstellen. Die Gefahr, dass den Arbeitnehmern die Mitwirkungsrechte entzogen werden, weil Entscheidungen, die sie betreffen, in einem anderen Mitgliedstaat getroffen werden, war groß. In solchen Fällen wären die nationalen Betriebsräte bedeutungslos. Um dieser Entwicklung frühzeitig entgegenzutreten, waren schon in einem sozialpolitischen Aktionsprogramm von 1974 inhaltliche Vorarbeiten über die Frage der Unterrichtung und Anhörung von Arbeitnehmern bei länderübergreifenden Unternehmen enthalten. Der erste Vorschlag für eine Richtlinie stammt aus dem Jahr 1980, sah aber noch nicht die Schaffung eines eigenen Organs vor, sondern enthielt Informations- und Konsultationsrechte für die Arbeitnehmervertreter nach nationalem Vorbild. Sehr wohl wurde aber schon die Möglichkeit einer Kooperation der Entscheidungsträger in verschiedenen Mitgliedstaaten vorgesehen. Eine Einigung über diesen Vorschlag kam jedoch nicht zustande. Erst 1990 wurde von der Kommission ein neuer Entwurf vorgelegt, in dem das Mitwirkungssystem für Unternehmen und Arbeitgeber flexibilisiert wurde. 1994 trat die Richtlinie 94/45/EG über die Einsetzung eines **Europäischen Betriebsrats**[129] in Kraft. 2003 begann die Kommission mit einer Überarbeitung, da vor allem die Bereiche der Information und Rechtsdurchsetzung einer Neufassung bedurften. Am 6. 5. 2009 wurde die Richtli-

[126] S auch *Rebhahn*, Unternehmensmitbestimmung vor dem Hintergrund europarechtlicher Entwicklungen (2006).

[127] Zur Rsp der Unterrichtungsrahmenrichtlinie vgl EuGH 18. 1. 2007, C-385/05, *Confédération générale du travail (CGT)*, Slg 2007, I-611; EuGH 1. 3. 2007, C-327/06, *Kommission/Italien*, Slg 2007, I-22; EuGH 29. 3. 2007, C-320/06, *Kommission/Belgien*, Slg 2007, I-48; EuGH 14. 6. 2007, C-321/06, *Kommission/Luxemburg*, Slg 2007, I-85; EuGH 5. 7. 2005, C-317/06, *Kommission/Spanien*, Slg 2007, I-95; EuGH 13. 9. 2007, C-381/06, *Kommission/Griechenland*, Slg 2007, I-112; EuGH 15. 1. 2014, C-176/12, *Association de médiation*, ÖJZ 2014, 282 mit Bespr v *Lehofer* = ARD 6390/23/2014.

[128] *Hießl/Runggaldier*, Grundzüge des europäischen Arbeits- und Sozialrechts[4] (2014), 145 ff; *Egger*, Arbeits- und Sozialrecht in der EU und die österreichische Rechtsordnung[2] (2005), 555.

[129] Zur Rsp in Bezug auf den Europäischen Betriebsrat vgl EuGH 21. 10. 1999, C-430/98, *Kommission/Luxemburg*, Slg 1999, I-7391; EuGH 29. 3. 2001, C-62/99, *bofrost*, Slg 2001, I-2579; EuGH 13. 1. 2004, C-440/00, *Kühne & Nagel*, Slg 2004, I-787; EuGH 15. 7. 2004, C-349/01, *ADS*, Slg 2004, I-6803.

nie 2009/38/EG des Europäischen Parlaments und des Rates über die Einsetzung eines Europäischen Betriebsrats oder die Schaffung eines Verfahrens zur Unterrichtung und Anhörung der Arbeitnehmer in gemeinschaftsweit operierenden Unternehmen und Unternehmensgruppen verabschiedet. Durch diese Neufassung der Richtlinie sollte vor allem die Effektivität des Europäischen Betriebsrats gestärkt, anderseits aber die Belastung von Unternehmen und Betrieben eingeschränkt werden. Die Rolle der Arbeitnehmervertreter wurde hervorgehoben (Art 10) und die Mitwirkungsrechte wurden verbessert[130]. Die Vorgänger-RL über den Europäischen Betriebsrat (94/45/EG; mit 5. 6. 2011 außer Kraft getreten) wurde in Österreich vor allem durch Änderungen im ArbVG umgesetzt[131]. Im Zuge dessen wurde im ArbVG ein neuer V. Teil unter dem Titel „Europäische Betriebsverfassung" eingefügt. Weiters ins ArbVG aufgenommen wurden ein VI. Teil (Beteiligung der Arbeitnehmer in der Europäischen Gesellschaft), ein VII. Teil (Beteiligung der Arbeitnehmer in der Europäischen Genossenschaft) und ein VIII. Teil zur Mitbestimmung der Arbeitnehmer bei einer grenzüberschreitenden Verschmelzung von Kapitalgesellschaften (vgl 10.9.1)[132].

2.8.4.10. Arbeitsverhältnis

2/085 Der Inhalt des Arbeitsvertrages wird vom europäischen Arbeitsrecht nicht umfassend geregelt, was vor allem mit der eingeschränkten Kompetenz der Gemeinschaftsorgane zu erklären ist. Eine inhaltliche Angleichung des Arbeitsrechts der Mitgliedstaaten erfolgt nur punktuell. Konsequenz ist das Fehlen eines umfassenden europäischen Arbeitsrechts. Ziel ist aber dennoch die Gewährleistung eines einheitlichen Schutzniveaus für die Arbeitnehmer[133].

2.8.4.10.1. Abschluss

2/086 Der Abschluss eines Arbeitsvertrags sowie die Form des Abschlusses sind vom Gemeinschaftsrecht kaum geregelt. Als Einschränkung der Abschluss- und Inhaltsfreiheit werden aber vor allem die **Diskriminierungsverbote** in Bezug auf Geschlecht, Rasse oder ethnische Herkunft, Religion, Weltanschauung, Alter oder die sexuelle Ausrichtung (RL 2006/54/EG, RL 2000/43/EG, RL 2000/78/EG) angesehen, da diese grundsätzlich auf alle Bereiche des Arbeitsrechts anzuwenden sind[134].

Die RL 91/533/EWG über die Pflicht des Arbeitgebers zur Unterrichtung des Arbeitnehmers über die für seinen Arbeitsvertrag oder sein Arbeitsverhältnis geltenden Bedingungen (**Nachweisrichtlinie**)[135] zielt hauptsächlich darauf ab, die Arbeitnehmer besser vor etwaiger

---

130 *Schrammel*, Der Europäische Betriebsrat, in FS Straube (2009), 398 f; *Riesenhuber*, Europäisches Vertragsrecht^2 (2006), 488 f.

131 BGBl 601/1996.

132 *Schrammel/Winkler*, Europäisches Arbeits- und Sozialrecht (2010), 191; *Schrammel*, Der Europäische Betriebsrat, in FS Straube (2009), 399; *Egger*, Arbeits- und Sozialrecht in der EU und die österreichische Rechtsordnung^2 (2005), 604.

133 *Hießl/Runggaldier*, Grundzüge des europäischen Arbeits- und Sozialrechts^4 (2014), 5 ff; *Egger*, Arbeits- und Sozialrecht in der EU und die österreichische Rechtsordnung^2 (2005), 352.

134 *Riesenhuber*, Europäisches Arbeitsrecht (2009), 248.

135 Vgl EuGH 4. 12. 1997, C-258/96, *Kampelmann*, Slg 1997, I-6923; EuGH 8. 2. 2001, C-350/99, *Lange*, Slg 2001, I-1061; EuGH 18. 10. 2001, T-333/99, *X/EZB*, Slg 2001, II-3021; EuGH 19. 6. 2008, C-319/06, *Kommission/Luxemburg*, Slg 2008, I-4323; EuGH 18. 12. 2008, C-306/07, *Andersen*, Slg 2008, I-10279.

Unkenntnis ihrer Rechte zu schützen und den Arbeitsmarkt transparenter zu gestalten. Dies ist vor allem vor dem Hintergrund zu sehen, dass die einschlägigen Rechtsvorschriften der Mitgliedstaaten, wie etwa die Pflicht zur schriftlichen Unterrichtung des Arbeitnehmers über die wesentlichen Bedingungen seines Arbeitsvertrags oder Arbeitsverhältnisses, in wichtigen Punkten erheblich voneinander abweichen. Die Richtlinie sieht hiezu eine Informationspflicht vor, die die Vielzahl der Arbeitsformen nicht einschränken soll, sondern dem Arbeitnehmer durch die Aushändigung einer schriftlichen Erklärung ein Beweismittel bereitstellt. In Österreich wurde die RL insb durch § 2 AVRAG, durch § 1164a ABGB und durch § 7 LArbG umgesetzt.

2.8.4.10.2. Entsendung[136]

Die durch die Freizügigkeit und Dienstleistungsfreiheit vorgezeichnete grenzüberschreitende Arbeitnehmermobilität ist eng verknüpft mit der Frage, welches Recht auf einen Arbeitsvertrag Anwendung findet, der einen Auslandsbezug aufweist. Um Kollisionen zu vermeiden, wurde von den Mitgliedstaaten das Übereinkommen über das auf vertragliche Schuldverhältnisse anzuwendende Recht (EVÜ) geschaffen. Durch das **EVÜ** wurden die Mitgliedstaaten verpflichtet, einheitliche Kollisionsnormen zu implementieren. Österreich unterzeichnete das Europäische Schuldvertragsübereinkommen 1996 und setzte die Vorschriften durch eine Novelle zum IPRG[137] um. Die VO 593/2008 über das auf vertragliche Schuldverhältnisse anzuwendende Recht (**Rom I**) trat am 17. 12. 2009 in Kraft und ersetzt das EVÜ (vgl auch 2.7.1)[138]. 2/087

Die Rom-I-VO stellt im Fall von Kollisionen nationaler Arbeitsrechtsordnungen vor allem auf den gewöhnlichen Arbeitsort des Arbeitnehmers ab (vgl 2.7.1). Bei vorübergehenden Tätigkeiten in Ländern mit geringerem arbeits- und sozialrechtlichen Schutzniveau und bei Arbeitsleistungen mit wechselnden nationalen Arbeitsorten garantiert das Kriterium des gewöhnlichen Arbeitsortes jedoch keinen adäquaten Schutz und führt (europaweit gesehen) zu Sozialdumping und Wettbewerbsverzerrungen[139]. Die sog **Transnationalisierung**[140] von Arbeitsverhältnissen wird vor allem von der **RL 96/71/EG über die Entsendung von Arbeitnehmern** im Rahmen der Erbringung von Dienstleistungen (sog **Entsenderichtlinie**)[141] entschärft. Von zentraler Bedeutung ist Art 3, wonach entsandten Arbeit- 2/088

---

[136] Allg vgl *Kühteubl/Kozak*, Arbeitnehmerentsendung (2010); *Lang*, Expatriate Management – professionelle Gestaltung von Auslandsentsendungen ... damit die Rückkehr eines Mitarbeiters nicht zur Abkehr vom Arbeitgeber wird, ASoK 2011, 192.

[137] BGBl 448/1996.

[138] *Heiss*, Rom I und II: Vorschlag für ein österreichisches Anpassungsgesetz unter Berücksichtigung der neuen Richtlinien 2008/48/EG und 2008/122/EG, ZfRV 2009, 18; *Ercher/Rath*, Regierungsvorlage betreffend die Umsetzung der Rom I-Verordnung im IPRG (322 BlgNR 24. GP), ASoK 2009, 394 f; *Wurmnest*, Das neue internationale Arbeitsvertragsrecht der Rom-I-VO, EuZA 2009, 481; OGH 17. 12. 2008, 9 ObA 158/07m, ZAS 2011, 35 mit Bespr v *Niksova* = ecolex 2009, 255.

[139] Vgl *Schrammel*, Dienstleistungsfreiheit und Sozialdumping, EuZA 2009, 36; *Windisch-Graetz*, Lohn- und Sozialdumping bei grenzüberschreitenden Entsendungen, DRdA 2008, 228.

[140] Zum Begriff vgl *Pries*, Die Transnationalisierung der sozialen Welt. Sozialräume jenseits von Nationalgesellschaften (2008).

[141] Zur Rechtsprechung hiezu vgl EuGH 3. 2. 1982, 63/81, *Seco*, Slg 1982, 223; EuGH 9. 8. 1994, C-43/93, *Vander Elst*, Slg 1994, I-3803; EuGH 28. 3. 1996, C-272/94, *Guiot*, Slg 1996, I-1905; EuGH 23. 11. 1999, C-369/96, *Arblade*, Slg 1999, I-8453; EuGH 15. 3. 2001, C-165/98, *Mazzoleni*, Slg 2001,

nehmern in Bezug auf Höchstarbeitszeiten und Mindestruhezeiten, bezahlten Mindestjahresurlaub, Mindestlohn- und Überstundensätze, Voraussetzungen für die Arbeitskräfteüberlassung, Arbeitsschutz, Schutzmaßnahmen im Zusammenhang mit Schwangeren und Wöchnerinnen, Kindern und Jugendlichen und die Gleichbehandlung von Männern und Frauen die Arbeits- und Beschäftigungsbedingungen garantiert werden, die in dem Mitgliedstaat gelten, in dem die Arbeitnehmer ihre Arbeitsleistung erbringen. In Österreich erfolgte die Umsetzung insb durch die Anpassung der teils bereits vor Verabschiedung der Richtlinie erlassenen §§ 7 ff AVRAG. Seit 1. 1. 2017 finden sich die diesbezüglichen Regelungen nun im neu geschaffenen LSD-BG (vgl 2.7.2)[142].

2.8.4.10.3. Atypische Arbeitsverhältnisse

2/089 Arbeitsformen, die vom Modell des auf unbestimmte Dauer geschlossenen oder unbefristeten Arbeitsverhältnisses auf der Grundlage einer nicht unterbrochenen Vollzeitarbeitswoche abweichen, finden sich auch unter dem Begriff der „atypischen Arbeitsverträge"[143]. Im Grünbuch „Ein moderneres Arbeitsrecht für die Herausforderungen des 21. Jahrhunderts" werden befristete Arbeitsverträge, Teilzeitverträge, Abrufverträge, Null-Stunden-Verträge, Verträge für Arbeitnehmer, die über Zeitarbeitsfirmen eingestellt werden, und Freelance-Verträge als atypische Arbeitsverträge genannt.

2/090 Diese vom Normalarbeitsverhältnis abweichenden Beschäftigungsformen haben in den letzten Jahrzehnten zunehmend an Bedeutung gewonnen. Auf EU-Ebene wurde bereits 1989 in der Sozialcharta unter den Stichworten Verbesserung der Lebens- und Arbeitsbedingungen bei befristeten Arbeitsverträgen, Teilzeitarbeit, Leiharbeit und Saisonarbeit auf die besondere Situation bei flexiblen Arbeitsformen hingewiesen. Diese Erkenntnis wurde im nachfolgenden Aktionsprogramm zur Sozialcharta unterstrichen[144]. Nach intensiver Auseinandersetzung mit der Frage, ob Gemeinschaftsinitiativen zu den atypischen Beschäftigungsverhältnissen angebracht sind, folgte die Verabschiedung der Richtlinie über Teilzeitarbeit (97/81/EG) und der Richtlinie über befristete Arbeitsverträge (1999/70/EG).

I-2189; EuGH 25. 10. 2001, C-71/98, *Finalarte*, Slg 2001, I-7831; EuGH 24. 1. 2002, C-164/99, *Portugaia Construções*, Slg 2002, I-787; EuGH 12. 10. 2004, C-60/03, *Wolff & Müller*, Slg 2004, I-9553; EuGH 14. 4. 2005, C-341/02, *Kommission/Deutschland*, Slg 2005, I-2733; EuGH 19. 1. 2006, C-244/04, *Kommission/Deutschland*, Slg 2006, I-885; EuGH 21. 9. 2006, C-168/04, *Kommission/Österreich*, Slg 2006, I-9041; EuGH 18. 7. 2007, C-490/04, *Kommission/Deutschland*, Slg 2007, I-6095; EuGH 18. 12. 2007, C-341/05, *Laval un Partneri*, Slg 2007, I-11767; EuGH 3. 4. 2008, C-346/06, *Rüffert*, Slg 2008, I-1989; EuGH 19. 6. 2008, C-319/06, *Kommission/Luxemburg*, Slg 2008, I-4323; EuGH 10. 2. 2011, C-307-309/09, *Vicoplus*, DRdA 2012, 23 mit Bespr v *Oberndorfer* = EuZW 2011, 348 mit Bespr v *Peneva-Gädeke* = wbl 2011, 198.

142 Vgl *Windisch-Graetz*, Grenzüberschreitende Beschäftigung im Transportgewerbe, DRdA 2013, 13; *Hießl/Runggaldier*, Grundzüge des europäischen Arbeits- und Sozialrechts[4] (2014), 32; *Egger*, Arbeits- und Sozialrecht in der EU und die österreichische Rechtsordnung[2] (2005), 362 f; *Binder*, Arbeitnehmerentsendung aus EU-/EWR-Staaten nach Österreich unter besonderer Berücksichtigung eines möglichen Sozialdumpings, DRdA 1999, 1; *Mayr*, Die Umsetzung der Entsenderichtlinie in das Österreichische Recht, in Resch (Hrsg), Arbeitnehmerentsendung – Arbeits- und Sozialrechtliche Fragen (1999), 33; *Wolfsgruber*, Die grenzüberschreitende Entsendung von Arbeitnehmern (2001); *Karl*, Grenzüberschreitende Entsendungen – Das Spannungsfeld zwischen Dienstleistungsfreiheit, Rom I-VO, EntsendeRL und nationalem Recht, ZAS 2015, 196.

143 Europäische Kommission, Grünbuch „Ein moderneres Arbeitsrecht für die Herausforderungen des 21. Jahrhunderts", KOM (2006), 708.

144 Europäische Kommission, Aktionsprogramm zur Sozialcharta, November 1989.

Trotz der genannten legislativen und politischen Maßnahmen kam es zu keiner Gesamtregelung in Hinblick auf atypische Arbeitsverhältnisse. Insb für die Heimarbeit, Telearbeit, Saisonarbeit und Abrufarbeit gibt es keine gemeinschaftsrechtlichen Vorschriften[145]. Die drei wesentlichsten Richtlinien im Bereich der atypischen Arbeitsverhältnisse bilden die Teilzeitrichtlinie (97/81/EG), die Befristungsrichtlinie (1999/70/EG) und die Leiharbeitsrichtlinie (2008/104/EG). 2/091

Die RL 97/81/EG zu der von UNICE, CEEP und EGB geschlossenen Rahmenvereinbarung über **Teilzeitarbeit** zielt vor allem auf die Durchsetzung des Grundsatzes der Nichtdiskriminierung (§ 4) von Teilzeitbeschäftigten ab. So soll mit der Richtlinie ein allgemeiner Rahmen für die Beseitigung von Diskriminierungen von Teilzeitbeschäftigten geschaffen und ein Beitrag zur Entwicklung der Teilzeitarbeitsmöglichkeiten auf einer für Arbeitgeber und Arbeitnehmer akzeptablen Grundlage geleistet werden. Eine weitere zentrale Regelungsabsicht ist die Erleichterung des Wechsels zwischen Voll- und Teilzeitbeschäftigung (§ 5)[146]. Die Richtlinie betraf im österreichischen Recht vor allem das AZG, in dem einige Umsetzungsmaßnahmen vorgenommen wurden (vgl 6.8.7.1). 2/092

Ähnliche Bestimmungen wie die Teilzeitrichtlinie enthält die RL 1999/70/EG über **befristete Arbeitsverträge**[147]. Die Richtlinie setzt die von den Europäischen Sozialpartnern geschaffene Befristungsrahmenvereinbarung um, die die allgemeinen Grundsätze und Mindestvorschriften für befristete Arbeitsverträge festlegt. Diese Vereinbarung soll durch Anwendung des Grundsatzes der Nichtdiskriminierung die Qualität befristeter Arbeitsverhältnisse verbessern und einen Rahmen schaffen, der den Missbrauch durch aufeinanderfolgende befristete Arbeitsverträge oder -verhältnisse verhindert. Anzuwenden sind die Bestimmungen auf befristet beschäftigte Arbeitnehmer mit einem Arbeitsvertrag oder -verhältnis gemäß der gesetzlich, tarifvertraglich oder nach den Gepflogenheiten in jedem Mitgliedstaat geltenden Definition. In Österreich wurde der Inhalt der Richtlinie und Rahmenvereinbarung erst durch die Einfügung eines neuen § 2b AVRAG umgesetzt. Die Anpassung ist allerdings lückenhaft und lässt einige Fragen offen[148]. 2/093

Auch die RL 2008/104/EG über **Leiharbeit**[149] gleicht in ihren Durchsetzungsinstrumentarien der Teilzeit- und Befristungsrichtlinie. Zielsetzung der RL ist der Schutz der Leiharbeitnehmer, der vor allem durch Gleichbehandlungsvorschriften (Art 5) gewährleistet wer- 2/094

---

145 *Riesenhuber*, Europäisches Arbeitsrecht (2009), 298.

146 *Egger*, Arbeits- und Sozialrecht in der EU und die österreichische Rechtsordnung[2] (2005), 371; *Hießl/Runggaldier*, Grundzüge des europäischen Arbeits- und Sozialrechts[4] (2014), 82; *Thüsing*, Europäisches Arbeitsrecht (2011), 146.

147 Vgl EuGH 22. 11. 2005, C-144/04, *Mangold*, Slg 2005, I-9981; EuGH 4. 7. 2006, C-212/04, *Adeneler*, Slg 2006, I-6057; EuGH 7. 9. 2006, C-53/04, *Marrosu*, Slg 2006, I-7213; EuGH 7. 9. 2006, C-180/04, *Vasallo*, Slg 2006, I-7251; EuGH 13. 9. 2007, C-307/05, *Del Cerro Alonso*, Slg 2007, I-7109; EuGH 15. 4. 2008, C-268/06, *Impact*, Slg 2008, I-2483; EuGH 12. 6. 2008, C-364/07, *Vassilakis*, Slg 2008, I-90; EuGH 18. 12. 2008, C-306/07, *Andersen*, Slg 2008, I-10279; EuGH 10. 3. 2011, C-109/09, *Deutsche Lufthansa*, ZESAR 2011, 495 mit Bespr v *Morgenstern*; EuGH 8. 9. 2011, C-177/10, *Santana*, wbl 2011, 608; EuGH 26. 1. 2012, C-586/10, *Kücük*, ASoK 2012, 87 mit Bespr v *Gerhartl* = EuZA 2012, 529 mit Bespr v *Greiner* = infas 2012, E 5.

148 *Grießer*, Allgemeiner Kündigungsschutz für befristete Arbeitsverhältnisse?, RdW 2003, 147; *Egger*, Arbeits- und Sozialrecht in der EU und die österreichische Rechtsordnung[2] (2005), 377.

149 EuGH 17. 12. 1970, 35/70, *Manpower*, Slg 1970, 1251; EuGH 18. 1. 1979, 111/78, *Wesemael*, Slg 1979, 35; EuGH 17. 12. 1981, 279/80, *Webb*, Slg 1981, 3305; EuGH 23. 11. 1999, C-376/96, *Arblade*, Slg 1999, I-

den soll, und der Beitrag zur Entwicklung flexibler Arbeitsformen durch Schaffung eines angemessenen Rahmens für den Einsatz von Leiharbeit. Der Grundsatz der Nichtdiskriminierung ist in dieser Richtlinie besonders beachtenswert, da er im Gegensatz zu den Diskriminierungsbestimmungen in der Teilzeitrichtlinie (97/81/EG) und Befristungsrichtlinie (1999/70/EG) keine Rechtfertigung der Schlechterstellung aus sachlichen Gründen vorsieht. Die wesentlichen Arbeits- und Beschäftigungsbedingungen der Leiharbeitnehmer müssen während der Dauer ihrer Überlassung mindestens denjenigen entsprechen, die für sie gelten würden, wenn sie unmittelbar für den gleichen Arbeitsplatz eingestellt worden wären. Die Umsetzung der Richtlinie erfolgte va mit der AÜG-Novelle BGBl I 98/2012[150].

8453; EuGH 25. 10. 2001, C-493/99, *Kommission/Deutschland*, Slg 2001, I-8163; EuGH 10. 2. 2000, C-202/97, *Fitzwilliam Executive Search*, Slg 2000, I-883; *Riesenhuber*, Europäisches Arbeitsrecht (2009), 336 f; *Egger*, Arbeits- und Sozialrecht in der EU und die österreichische Rechtsordnung[2] (2005), 377; s auch *Hießl*, Leiharbeit in Europa – aktuelle Fragestellungen, ZESAR 2011, 427.

150 Zur Umsetzung s 9.1; *Schörghofer*, Zur Umsetzung der Leiharbeits-RL im AÜG, ZAS 2012, 336; *Pöschl/Unterrieder*, Novelle zum AÜG – Neue Pflichten für Beschäftiger und Überlasser, ecolex 2012, 999.

3. Rechtsquellen des Arbeitsrechts

3.1. Einteilung der Rechtsquellen

Charakteristisches Merkmal des Arbeitsrechts ist dessen Aufsplitterung und damit die Existenz einer Vielzahl von Rechtsquellen, die sowohl einen unterschiedlichen Geltungsbereich haben als auch in einer bestimmten Rangordnung untereinander stehen. Fasst man den Begriff der Rechtsquellen entsprechend weit, so lassen sich diese in **generelle** und **individuelle** Gestaltungsmittel einteilen, wobei dem Arbeitsrecht die Besonderheit zukommt, im Bereich der generellen Gestaltungsmittel spezifische Formen herausgebildet zu haben (**kollektive Rechtsquellen**). Neben Gesetz und Verordnung treten demnach die für das Arbeitsrecht spezifischen Rechtsquellen[1]. Dazu zählen insb die Kollektivverträge auf überbetrieblicher und die Betriebsvereinbarungen auf innerbetrieblicher Ebene. 3/001

Den Rahmen für die arbeitsrechtlichen Rechtsquellen bildet die Bundesverfassung. Immer stärkere Bedeutung gewinnen aber auch die europarechtlichen Vorgaben (vgl 2.8). 3/002

Die arbeitsrechtliche **Gesetzgebung** ist durch eine Fülle von Sondergesetzen geprägt, die einen umfassenden Überblick erheblich erschwert[2]. Sondergesetze gehen hinsichtlich ihres Regelungsbereichs den allgemeinen arbeitsrechtlichen Vorschriften des ABGB vor. Eine umfassende Rechtsvereinheitlichung im Sinn einer Kodifikation des Arbeitsrechts und eines umfassenden Arbeitsgesetzbuches konnte bisher nicht realisiert werden. Im Individualarbeitsrecht kam es zumindest in Teilschritten zu einer Angleichung der Rechte und Pflichten von Arbeitern und Angestellten, ohne dass aber der Angestelltenbegriff beseitigt wurde. Im kollektiven Arbeitsrecht stellt sich das Problem einer Kodifikation in dieser Form nicht, da das ArbVG – aufbauend auf die Betriebsrätegesetze 1919 und 1947 sowie auf das Kollektivvertragsgesetz 1947 – eine im Wesentlichen einheitliche Rechtsgrundlage darstellt. 3/003

Unter **Verordnungen** versteht man auf Grund des Gesetzes von Verwaltungsbehörden erlassene generelle Normen[3]. Sie dienen in der Regel der Durchführung von Gesetzen (Durchführungsverordnungen). Erst mit ordnungsgemäßer Kundmachung werden VO wirksam[4]. Ihre besondere Bedeutung liegt in der großen Zahl öffentlich-rechtlicher Detailregelungen, die beispielsweise den Arbeitnehmerschutz in den Betrieben (Betriebsschutz, Gefahrenschutz) näher ausführen. 3/004

---

1 S *Schnorr*, Die für das Arbeitsrecht spezifischen Rechtsquellen (1969).

2 Vgl im Zusammenhang mit der Diskussion über den Beitritt Österreichs zur EU auch *Mayr*, Österreich und die EG – Arbeits- und Sozialrecht, RdW 1988, 115, mit einem kurzen Überblick über die einschlägigen Rechtsvorschriften.

3 Zum Begriff der Verordnung vgl va *Aichlreiter*, Österreichisches Verordnungsrecht I (1988), 10 ff.

4 OGH 29. 3. 2006, 9 ObA 26/06y, DRdA 2007, 331 mit Bespr v *Ziehensack*.

3/005 Das **Gewohnheitsrecht** ist nach österreichischer Dogmatik prinzipiell keine eigene Rechtsquelle (vgl § 10 ABGB)[5]. Allerdings lässt sich nicht leugnen, dass die Verkehrsauffassung der am Arbeitsleben beteiligten Kreise für die Auslegung und Bewertung arbeitsrechtlicher Tatbestände Bedeutung hat (zum „Bühnengewohnheitsrecht" iSd § 40 TAG vgl ObSchiedsG Wien 23. 1. 1973, Arb 9087).

3/006 Obwohl die **Judikatur** nicht befugt ist, neues Recht zu schaffen, kommt ihr in der Wirklichkeit des Rechtslebens große Bedeutung zu. Denn die Vieldeutigkeit und Lückenhaftigkeit der Gesetzgebung, die sich einerseits in einer übermäßigen Kasuistik, anderseits in einer „Flucht in die Generalklauseln" manifestiert, lässt der Entscheidungstätigkeit einen beachtlichen Spielraum, innerhalb dessen sich bestimmte Regeln entwickeln, denen gerade für die Praxis eine besondere präjudizielle Bedeutung zukommt.

3/007 Zu den **individuellen** Gestaltungsmitteln gehören die Einzelvereinbarung (Näheres vgl 4.1 und 4.2) und letztlich auch die Weisung des Arbeitgebers.

3/008 Das **Direktions- oder Weisungsrecht** des Arbeitgebers konkretisiert den Arbeitsvertrag hinsichtlich der Art der Arbeitsverrichtung (vgl insb 6.1.3). Selbständige Bedeutung kommt ihm bezüglich der Schaffung einer betrieblichen Ordnung zu. Vor allem hier hat die Weisung mitunter auch generellen Charakter und unterliegt somit in einem erheblichen Maße der betrieblichen Mitbestimmung. Im strengen Sinn kann nicht die generelle Weisung, sondern nur die durch das ArbVG legitimierte Betriebsvereinbarung als Rechtsquelle bezeichnet werden. Im Übrigen herrscht auch über die Rechtsnatur des Weisungsrechts keine Klarheit: Ein Teil der Lehre betrachtet dieses als Gestaltungsrecht, ein anderer Teil hingegen spricht lediglich von der faktischen Befugnis im Arbeitsverhältnis, den Willen des Arbeitgebers entsprechend zu realisieren[6].

3/009 Losgelöst von diesem Meinungsstreit ist es jedoch nicht unzweckmäßig, das Weisungsrecht im Rahmen der arbeitsrechtlichen Regelungsinstrumente anzuführen, um seine Stellung in der Rangordnung der Rechtsquellen transparent zu machen.

3/010 Das Weisungsrecht ist den allgemeinen Schranken der Rechtsordnung unterworfen. Es muss insb mit den schutzwürdigen Rechtsgütern[7], den spezifischen Normen des Arbeitsrechts und den arbeitsvertraglichen Grenzen in Einklang stehen. Der Arbeitnehmer ist lediglich verpflichtet, den durch den Gegenstand der Arbeitsleistung gerechtfertigten Weisungen Folge zu leisten. Besonders strenge Anforderungen sind an Weisungen zu stellen, die Persönlichkeitsrechte des Arbeitnehmers berühren[8].

---

5 *Walter/Mayer/Kucsko-Stadlmayer*, Grundriss des österreichischen Bundesverfassungsrechts[10] (2007), 105; s auch zB *Koziol – Welser/Kletečka*, Grundriss des bürgerlichen Rechts I[14] (2014), 42 f; *Gschnitzer*, Gibt es noch Gewohnheitsrecht?, Verhandlungen des Dritten Österreichischen Juristentages II/6 (1969), 24.

6 Vgl zB *Ostheim*, Die Weisung des Arbeitgebers als arbeitsrechtliches Problem, Verhandlungen des Vierten Österreichischen Juristentages I/4 (1970); *Martinek/Winkler*, Die Weisung des Arbeitgebers als arbeitsrechtliches Problem, Verhandlungen des Vierten Österreichischen Juristentages II/4 (1970), 5; *Migsch*, Einige Gedanken zum Weisungsrecht des Arbeitgebers, ZAS 1970, 83; *Wachter*, Grenzen des Weisungsrechtes in Bezug auf Art und Ort der Tätigkeit, DRdA 2001, 495.

7 Persönlichkeitsschutz des Arbeitnehmers; vgl *Schnorr*, Erfüllung arbeitsvertraglicher Pflichten und Persönlichkeitsschutz des Arbeitnehmers, in FS Strasser (1983), 109.

8 OGH 24. 9. 2015, 9 ObA 82/15x, DRdA 2016, 246 mit Bespr v *Russ* = ASoK 2016, 159 mit Bespr v *Marhold-Weinmeier*.

Weitere Einschränkungen liegen in den vorgesehenen Mitbestimmungsfällen der Betriebsverfassung (vgl insb 11.5), in den Geboten der Fürsorgepflicht des Arbeitgebers (vgl 6.6) und im Schikaneverbot. 3/011

3.2. Rechtswirkungen und Verhältnis der Rechtsquellen zueinander

3.2.1. Rechtswirkungen im Überblick

Folgende Rechtswirkungen arbeitsrechtlicher Normen sind von grundsätzlicher Bedeutung: 3/012

a) **Zweiseitig (absolut) zwingende Wirkung**: Sie verbietet jede abweichende Regelung, und zwar sowohl zu Gunsten als auch zu Ungunsten des Arbeitnehmers (**Ordnungsprinzip**).
b) **Einseitig (relativ) zwingende Wirkung**: Diese ist dadurch charakterisiert, dass für den Arbeitnehmer günstigere Bestimmungen zulässig sind (**Günstigkeitsprinzip**).
c) **Nachgiebige (dispositive) Wirkung**: Sie besagt, dass sowohl zu Gunsten als auch zu Ungunsten des Arbeitnehmers abweichende Regelungen getroffen werden können. Dispositives Recht findet sich primär auf der Ebene des Gesetzes. Die Zulässigkeit dispositiver Bestimmungen in Kollektivverträgen wird von der Rechtsprechung gleichfalls bejaht (vgl 3.2.2). Betriebsvereinbarungen werden dispositives Recht beinhalten können, sofern der Regelungszweck einzelner Betriebsvereinbarungstatbestände dispositive Betriebsvereinbarungsinhalte nicht ausschließt[9].
d) **Rechtsquellenspezifische dispositive Wirkung**: Ähnlich wie die relativ zwingende Wirkung bildet die **kollektivvertrags- oder betriebsvereinbarungsdispositive** Gestaltungsmöglichkeit einen Mittelweg zwischen zweiseitig zwingender und dispositiver Wirkung. Der Gesetzgeber ermächtigt dabei den Kollektivvertrag und/oder die Betriebsvereinbarung von zwingendem Recht abzuweichen, und dies sowohl zu Gunsten als auch zu Ungunsten des Arbeitnehmers[10].

Beispiel: § 5 DHG: Die Rechte des Dienstnehmers, die sich aus den §§ 2 bis 4 ergeben, können nur durch Kollektivvertrag aufgehoben oder beschränkt werden.

Zuweilen muss dem eine abweichende Regelung treffenden Kollektivvertrag eine besondere Qualifikation zukommen: So kann eine Festlegung, welche Leistungen des Arbeitgebers als Urlaubsentgelt anzusehen sind, nur in Form eines sog Generalkollektivvertrags erfolgen (§ 6 Abs 5 UrlG; vgl 3.3.1.1 und 6.10.5). 3/013

Einen dem dispositiven Recht ähnlichen Charakter haben die sog **Zulassungsnormen**. Durch diesen Normentyp werden zumindest drei unterschiedliche Rechtsquellenebenen angesprochen. Eine Norm der ersten Ebene ermächtigt eine nachgeordnete Rechtsquelle 3/014

---

[9] S hiezu va *Holzer*, Strukturfragen des Betriebsvereinbarungsrechts (1982), 69.
[10] Vgl *Grillberger*, Kollektivvertragsdispositives Recht, DRdA 1973, 41.

(2. Ebene), von der Norm der ersten Ebene abweichende Regelungen durch weiter nachgeordnete Rechtsquellen (3. Ebene) zuzulassen[11].

3/015 Beispiele hiefür finden sich vor allem im Arbeitszeitrecht[12]. So sieht etwa § 5a Abs 1 AZG vor, dass der Kollektivvertrag im Falle von Tätigkeiten, die überwiegend aus Arbeitsbereitschaft bestehen, die Betriebsvereinbarung ermächtigen kann, dreimal pro Woche eine Ausdehnung der täglichen Normalarbeitszeit bis auf 24 Stunden zuzulassen, wenn besondere Erholungsmöglichkeiten und ein entsprechendes arbeitsmedizinisches Gutachten vorliegen.

3/016 Als Zulassungsnorm kann zum einen die Norm der ersten Ebene (**ermächtigende Zulassungsnorm**) als auch die Norm der zweiten Ebene (**regelnde Zulassungsnorm**) bezeichnet werden. Grundsätzlich wird davon auszugehen sein, dass die regelnde Zulassungsnorm (2. Ebene) nicht nur abweichende Regelungen zulassen, sondern diese auch selbst treffen kann. Dem Gesetzgeber stehen beide Varianten offen. Von welcher Variante im Einzelfall auszugehen ist, muss auf interpretativem Weg ermittelt werden. Darin besteht aber auch der Unterschied zu rechtsquellendispositivem Recht (zB kollektivvertragsdispositivem Recht). Im Falle von rechtsquellendispositivem Recht muss die angesprochene Rechtsquelle selbst regeln, sie kann die Regelung jedoch nicht per Zulassung an die nachgeordnete Rechtsquelle delegieren.

3.2.2. Rangordnung (Stufenbau) der Rechtsquellen

3/017 Im Rechtsstaat haben die Rechtsquellen verschiedenen Rang und müssen in einem Bezugsverhältnis stehen. So können Durchführungsverordnungen nur auf Grund der Gesetze erlassen werden, wobei die gesamte staatliche Verwaltung an diese generellen Normen gebunden ist (Art 18 B-VG). Auch die vertragliche Rechtsgestaltung hat zwingende Gesetze und Verordnungen zu beachten, doch ergibt sich für diese ein erweiterter, durch die Privatautonomie gekennzeichneter Bereich, dessen Einschränkung im Wesentlichen durch die Nichtigkeit infolge Verstoßes gegen die guten Sitten erfolgt (§ 879 ABGB). Die diesbezügliche Beschränkung ist im Arbeitsrecht erheblich.

3/018 Diese rechtsstaatliche Determinierung führt zu einem Stufenbau der Rechtsordnung, in dem die Entfaltungsmöglichkeit der nachgeordneten Rechtsquelle jeweils von der übergeordneten abhängig ist[13].

3/019 Das Arbeitsrecht hat diesen Stufenbau durch die bereits erwähnten innerbetrieblichen und überbetrieblichen kollektiven Rechtsquellen (vgl 3.1) bereichert. Die Einbeziehung der spezifischen Quellen des Arbeitsrechts führt zu dem im Folgenden dargestellten Schema.

---

[11] Vgl insb *Floretta*, Die Beteiligung der Kollektivvertragsparteien am Arbeitszeitschutz – Die Rechtsnatur von Zulassungsnormen im Kollektivvertrag, DRdA 1973, 1; *Kandera*, Arbeitszeitflexibilisierung (1999), 194.

[12] S *Klein*, Neue Aspekte im Arbeitszeitrecht, DRdA 1998, 175; *Resch*, Die Zulassungsnormen nach dem AZG, ÖJZ 1991, 486; *Löschnigg/Melzer-Azodanloo*, Bereitschaftsdienst in öffentlichen Apotheken, DRdA 2002, 213.

[13] Dazu allg zB *Walter/Mayer/Kucsko-Stadlmayer*, Grundriss des österreichischen Bundesverfassungsrechts[10] (2007), 3 ff; *Adamovich/Funk/Holzinger*, Österreichisches Staatsrecht I[2] (2011), 184 f; *Ringhofer*, Die Österreichische Bundesverfassung (1977), Art 18 B-VG.

Die wirtschaftspolitische Ausrichtung der EU wird immer stärker durch ihre sozialpolitischen Ziele ergänzt. Dies führt zu EU-rechtlichen Vorgaben für die nationale Rechtsordnung (vgl 3.1) und teilweise zu einem Anpassungsbedarf im österreichischen Arbeitsrecht. 3/020

Das **Verfassungsrecht** steht an der Spitze unserer Rechtsordnung und wirkt prägend auf die spezielle arbeitsrechtliche Gesetzgebung ein. Die dem Arbeitsrecht und dem Sozialrecht immanente Schutzfunktion ragt über die kompetenzrechtlichen Grundlagen des Sozialstaates, über die Möglichkeit inhaltlicher Ausgestaltung der Grundrechte durch die einfache Gesetzgebung sowie über international anerkannte und rechtstheoretisch zu erkennende „materielle Grundnormen" des positiven Rechts in die Verfassung hinein[14]. 3/021

Die erste Stufe, die spezifisch arbeitsrechtliche Regelungen umfasst, bildet das **zwingende Gesetzesrecht**. Entsprechend dem arbeitsrechtlichen Schutzprinzip ist diese Ebene durch relativ zwingende Normen geprägt. Mindestarbeitsbedingungen dominieren. 3/022

Mit dem Begriff der zwingenden Wirkung ist jener der **Teilnichtigkeit** eng verknüpft. Ein Arbeitsvertrag wird im Falle eines Verstoßes gegen zwingendes Recht nur insoweit als nichtig angesehen, als

[14] *Pernthaler*, Über Begriff und Standort der Leistenden Verwaltung in der österreichischen Rechtsordnung, JBl 1965, 61; *Schwarz*, Arbeitsrecht und Verfassung (1972), insb 29 ff.

die zwingende Wirkung reicht[15]. Es tritt dann eine Vertragskorrektur ein, der zufolge die nichtigen Teile durch das zwingende Recht ersetzt werden. Wird zB mit einem Arbeitnehmer an Stelle des gesetzlichen Mindesturlaubs von 30 Werktagen ein solcher von nur 24 Werktagen vereinbart, so ist die betreffende Vertragsbestimmung rechtsunwirksam. An ihre Stelle tritt die gesetzliche Regelung.

3/023 **Absolut zwingende** Bestimmungen, bei welchen eine Abdingung in jede Richtung prinzipiell unrechtmäßig ist, finden sich vor allem im Betriebsverfassungsrecht (s 3.3.1.9.1 e) und im Arbeitnehmerschutzrecht. Absolut zwingendes Gesetzesrecht schließt jedwede Rechtsänderung durch eine nachgeordnete Rechtsquelle aus. Teilweise „öffnet" sich aber auch das Gesetz und ermöglicht sozialpartnerschaftliche vom Gesetz abweichende Lösungen durch Kollektivvertrag und/oder Betriebsvereinbarung (zu rechtsquellenspezifischem dispositiven Recht vgl 3.2.1).

3/024 Dispositives Recht in seiner allgemeinsten Form (s 3.2.1) findet sich in der Arbeitsrechtsgesetzgebung eher selten.

3/025 Im Anschluss an das zwingende Gesetzesrecht ist die **Verordnungsebene** zu beachten. Verordnungen können wie Gesetze zwingendes oder dispositives Recht enthalten. Verstößt eine Verordnung gegen gesetzliche Bestimmungen, so ist sie zwar rechtswidrig, bleibt aber so lange rechtsverbindlich, bis sie durch ein Erkenntnis des VfGH als gesetzwidrig erkannt und aufgehoben wird[16].

3/026 Verordnungscharakter haben auch die **Lehrlingsentschädigung** und der **Mindestlohntarif** (vgl 3.3.3.2 und 3.3.3.1).

3/027 Eine weitere Stufe im obigen Ordnungsgefüge bilden die überbetrieblichen Gesamtvereinbarungen. Im Verhältnis des **Kollektivvertrags** zu den nachgeordneten Rechtsquellen kommt regelmäßig das **Günstigkeitsprinzip** zum Tragen. Gem § 3 Abs 1 ArbVG sind Sondervereinbarungen, sofern sie der Kollektivvertrag nicht ausschließt, nur gültig, soweit sie für den Arbeitnehmer günstiger sind oder Angelegenheiten betreffen, die im Kollektivvertrag nicht geregelt sind. Dies bedeutet, dass der Kollektivvertrag sich in seinem normativen Teil zweiseitig zwingende Wirkung beilegen kann (**Ordnungsprinzip**)[17]. Er muss dies wohl ausdrücklich und in unmissverständlicher Weise tun. Die von ihm in der Regel geschaffenen Mindestarbeitsbedingungen werden somit in Maximalarbeitsbedingungen umfunktioniert. Theoretisch könnte dadurch beispielsweise ein Lohnstopp verfügt werden. Das Ordnungsprinzip steht also zur Disposition, das Günstigkeitsprinzip ist die Regel. Den Kollektivvertragsparteien steht es aber auch frei, den normativen Inhalten lediglich **dispositive Wirkung** zu verleihen[18]. Ein Widerspruch zu den Grundfunktionen des Kollektivvertrags (vgl 3.3.1) kann darin nicht erblickt werden. Die dispositive Wirkung bildet nichts anderes

[15] *Schneller*, Total- oder Teilnichtigkeit? Kritische Anmerkungen zum „Verbotszweck", DRdA 2010, 103.

[16] Vgl *Öhlinger/Eberhard*, Verfassungsrecht[11] (2016), Rz 1005 f; *Walter/Mayer/Kucsko-Stadlmayer*, Grundriss des österreichischen Bundesverfassungsrechts[10] (2007), 597, 1125 ff; *Adamovich*, Handbuch des österreichischen Verfassungsrechts[6] (1971), 446; *Haller*, Die verfassungsrechtliche Verordnungsprüfung, in Ermacora/Winkler/Koja/Rill/Funk (Hrsg), Allgemeines Verwaltungsrecht (1979), 553.

[17] Hiezu *Kietaibl*, Darf der Kollektivvertrag in bestehende Arbeitsverträge verschlechternd eingreifen?, wbl 2007, 311; s auch OGH 21. 4. 2016, 9 ObA 4/16b, DRdA-infas 2016, 203.

[18] S auch OGH 20. 11. 1989, 9 ObA 291/89, DRdA 1991, 446 mit Bespr v *Jabornegg* = ZAS 1991, 63 mit Bespr v *Resch*; OGH 18. 4. 1978, 4 Ob 25/78, DRdA 1979, 131 mit Bespr v *Firlei*; OGH 12. 10. 1988, 9 ObA 183/88, wbl 1989, 191 mit Bespr v *Grillberger*; OGH 14. 12. 1995, 8 ObA 309/95, DRdA 1996, 501 mit Bespr v *Firlei*; vgl auch *Tomandl*, Dispositive Kollektivvertragsbestimmungen in Österreich, in FS Floretta (1983),

als ein spezifisches Verhandlungsergebnis der Kollektivvertragsparteien, das besondere Zielsetzungen beinhaltet. Dispositive Regelungen können etwa die Vorstufe zu einer zwingenden Einführung neuer Ansprüche (Supervision etc) darstellen. Die dispositive Wirkung kann aber auch einen zeitlich befristeten Kompromiss beinhalten (zB Unterschreiten des kollektivvertraglichen Mindestgehalts um bis zu zehn Prozent für eine Einarbeitungszeit von bis zu sechs Monaten nach § 5/Teil 2 Verwendungsgruppe 6 des Telekom-KV). Nach Ansicht des OGH sind dispositive Bestimmungen jedenfalls zulässig, wenn es sich um eine Einzelregelung handelt, wenn ein sachlicher Grund die Dispositivität rechtfertigt und wenn sie auch „inhaltlich nicht nach allgemeinen Kriterien korrekturbedürftig" erscheinen[19].

Verstößt der Kollektivvertrag gegen eine übergeordnete Rechtsquelle (Gesetz, Verordnung), so ist er insoweit nichtig[20]. Die Kollektivvertragsparteien sind daher bei der Gestaltung des Kollektivvertrags auch an verfassungsrechtliche Grundrechte wie den Eigentumsschutz nach Art 5 StGG oder den verfassungsrechtlichen Gleichheitsgrundsatz nach Art 7 B-VG gebunden[21]. Die Rechtsprechung geht hiebei von einer mittelbaren Drittwirkung der Grundrechte, dh einer Berücksichtigung der Grundrechte vor allem im Wege der Konkretisierung der wertausfüllungsbedürftigen Generalklauseln des Zivilrechts, insb des § 879 ABGB, aus[22]. Die Nichtigkeit iSd § 879 ABGB kann sich aber auch unmittelbar aus der Sittenwidrigkeit ergeben[23]. Von zwingenden Rechtsvorschriften abweichende Regelungen kann ein Kollektivvertrag nur dann rechtswirksam treffen, wenn die Rechtsvorschrift eine solche Ermächtigung enthält (allg zu kollektivvertragsdispositivem Recht vgl 3.2.1). Ein Aufhebungsverfahren, ähnlich zB dem bei gesetzwidrigen Verordnungen, ist nicht vorgesehen.

Auf der Ebene des Kollektivvertrags ist die **Satzung** anzusiedeln (vgl 3.3.2). Das Verhältnis 3/028
der Satzung zu den sonstigen Rechtsquellen entspricht dem des Kollektivvertrags[24].

Kollektivverträge setzen gem § 19 Abs 2 ArbVG für ihren Geltungsbereich eine bestehende Satzung außer Kraft; dies gilt jedoch nicht für Generalkollektivverträge, dh für Kollektivverträge, die sich auf die Regelung einzelner Arbeitsbedingungen beschränken und deren Wirkungsbereich sich fachlich auf die überwiegende Anzahl der Wirtschaftszweige und räumlich auf das ganze Bundesgebiet erstreckt (§ 18 Abs 4 ArbVG; s 3.3.1.1). Die Aufhebung einer Satzung ist im Übrigen in Anlehnung an das Verfahren der Satzungserklärung durch das Bundeseinigungsamt vorzunehmen (§ 20 ArbVG)[25].

Nach dem Kollektivvertrag wird die rangnächste Stufe durch die **Betriebsvereinbarung** gebildet. 3/029
Hier gilt es zunächst festzuhalten, dass diese eine andere Funktion als der Kollektivvertrag hat. Sie ist ein Instrument der Mitbestimmung im Betrieb und besitzt keine gene-

639; *Binder*, Die Kartellwirkung des Kollektivvertrages, in FS Koppensteiner (2001), 549; aA insb *Jabornegg*, Absolut zwingendes Arbeitsverfassungsrecht, in FS Strasser (1983), 367; *Strasser*, Kollektivvertrag und Betriebsvereinbarung gem § 2 Abs 2 KVG, DRdA 1963, 5; *dens* in Strasser/Jabornegg/Resch (Hrsg), ArbVG (Losebl), § 3 Rz 23; *Firlei*, Flucht aus dem Kollektivvertrag, DRdA 2001, 125.

19 OGH 20. 10. 2004, 8 ObA 88/04f, ZAS 2005, 274 mit Bespr v *Winkler* = DRdA 2005, 183; OGH 29. 1. 2013, 9 ObA 118/12m, DRdA 2013, 425 mit Bespr v *Grillberger*.

20 Vgl OGH 12. 6. 1969, 2 Ob 102/69, Arb 8662; OGH 26. 4. 1983, 4 Ob 39/83, Arb 10.244.

21 Allg vgl etwa *Stelzer*, Verfassungsrechtliche Grenzen des Eingriffs in Rechte oder Vertragsverhältnisse, DRdA 2001, 508.

22 OGH 16. 12. 1992, 9 ObA 602/92, DRdA 1993, 369 mit Bespr v *Resch* = ZAS 1995, 12 mit Bespr v *Schrammel*; OGH 6. 7. 1998, 8 ObA 61/97x, DRdA 1999, 32 mit Bespr v *Runggaldier*; OGH 30. 6. 2005, 8 ObA 8/05t, DRdA 2006, 214 mit Bespr v *Eichinger*; OGH 11. 5. 2006, 8 ObA 19/06m, DRdA 2008, 39 mit Bespr v *Resch*; weiters *Kietaibl*, Arbeitsrecht I (2013), 214; *Marhold/Friedrich*, Österreichisches Arbeitsrecht[3] (2016), 510.

23 OGH 9. 11. 2000, 8 ObA 30/00w, DRdA 2001, 430 mit Bespr v *Resch* = RdW 2001, 683.

24 S auch *Antoniolli*, Nichtigkeit rechtswidriger Satzungen?, JBl 1952, 171; *Spanner*, Zur Überprüfung von Satzungen durch den Verfassungsgerichtshof, JBl 1952, 151.

25 Vgl *Runggaldier* in Tomandl (Hrsg), ArbVG (Losebl), § 3 Rz 26.

relle Regelungsbefugnis zur Gestaltung von Arbeitsbedingungen[26]. Nur durch Delegation seitens des Kollektivvertrags erreicht sie ein umfassendes, dem Kollektivvertrag entsprechendes Regelungspouvoir (§ 29 ArbVG; vgl 3.3.4).

3/030 Ebenso wie im Fall des Kollektivvertrags (s oben) ist auch für den normativen Teil der Betriebsvereinbarung von einer Bindung an die verfassungsrechtlich gewährleisteten Grundrechte auszugehen[27]. Verstöße gegen die mittelbar wirkenden Grundrechte, gegen das allgemeine Sachlichkeitsgebot oder auch gegen Bestimmungen auf Ebene des einfachen Gesetzes führen zur (Teil-)Nichtigkeit der Betriebsvereinbarung[28].

3/031 Anders als der Kollektivvertrag hat die Betriebsvereinbarung nicht die Möglichkeit, sich zweiseitig zwingende Wirkung beizulegen. Dies ergibt sich aus einer Gegenüberstellung des § 31 Abs 2 ArbVG mit § 3 Abs 1 ArbVG, wonach „Sondervereinbarungen" durch Betriebsvereinbarung – im Gegensatz zum Kollektivvertrag – nicht ausgeschlossen werden können. In günstigere Einzelvereinbarungen kann die Betriebsvereinbarung nicht eingreifen. Gleichgünstige Einzelvereinbarungen schließt die Betriebsvereinbarung aus (§ 31 Abs 3 ArbVG).

Allerdings gibt es gerade im Bereich der durch Betriebsvereinbarung zu regelnden formellen Arbeitsbedingungen Fälle, in denen das Günstigkeitsprinzip versagen muss. Bestimmte Ordnungsvorschriften, wie Rauchverbote oder Kontrollmaßnahmen (vgl §§ 97 Abs 1 Z 1, 96 Abs 1 Z 3 ArbVG), würden durch Ausnahmen oder Privilegien ihren Sinn verlieren; sie sind daher **„günstigkeitsneutral"**, sodass hier der Ausschluss des Günstigkeitsprinzips in der Natur der Sache liegt (allg zur Betriebsvereinbarung vgl 3.3.4).

3/032 Der **Arbeitsvertrag** kann nur noch in dem Bereich Recht schaffen, der durch die übergeordneten Normen nicht zwingend geregelt ist[29]. Eine zusätzliche Beschränkung der Privatautonomie ergibt sich durch § 879 ABGB[30], wonach Verträge, die gegen die guten Sitten verstoßen, mit Nichtigkeit bedroht sind (vgl 5.4.2).

3/033 Das **dispositive Recht** (vgl auch 3.2.2) rangiert in der Rangordnung erst hinter dem Arbeitsvertrag. Die Bedeutung des völlig abdingbaren Rechts ist allerdings eher beschränkt, weil die neueren Sondergesetze vielfach von einer derartigen Rechtsetzung absehen. Allerdings haben auch dispositive Normen eine grundsätzliche Bedeutung erlangt (zB § 1155 ABGB).

3/034 Die letzte Stelle in der Hierarchie der Rechtsquellen nimmt das **Direktionsrecht** des Arbeitgebers ein (vgl 3.1 sowie 6.1.3). Dieses konkretisiert den Arbeitsvertrag im Zuge seiner Infunktionsetzung.

---

26 Dazu auch allg *Strasser*, Das Verhältnis Kollektivvertrag – Betriebsvereinbarung als sozialpolitisches und wirtschaftspolitisches Problem, in FS Cerny (2001), 473.

27 OGH 30. 6. 2005, 8 ObA 8/05t, DRdA 2006, 214 mit Bespr v *Eichinger*.

28 Vgl *Eichinger*, Unterschiedliches Bezugsalter für Zahlungen aus einem Sozialplan – Diskriminierung von Männern?, RdW 2002, 288; zur Rechtswidrigkeit einer „ablösenden" Betriebsvereinbarung s OGH 28. 3. 2002, 8 ObA 236/01s, DRdA 2003, 258 mit Bespr v *Runggaldier*.

29 Vgl *Kohlbacher*, Spielräume bei der Vertragsgestaltung, ZAS 2015, 136.

30 So muss etwa in einer Überwälzung der Kosten von Betriebsmitteln eine sittenwidrige Vereinbarung gesehen werden, vgl OGH 19. 12. 2002, 8 ObA 129/02g, DRdA 2004, 145 mit Bespr v *Kerschner* = ZAS 2004, 136 mit Bespr v *Gerlach*.

3.2.3. Ordnungsprinzip und Günstigkeitsprinzip

Mit den bereits aufgezeigten zwingenden Wirkungen (vgl 3.2.1) hängen die Begriffe „Ordnungsprinzip" und „Günstigkeitsprinzip" eng zusammen. Die Art der Unabdingbarkeit zeitigt im Rahmen des Stufenbaus der Rechtsordnung bezüglich der Entfaltungsmöglichkeit der nachgeordneten Rechtsquellen verschiedene Auswirkungen. 3/035

Treffen **Normen gleichen Ranges** aufeinander, gelten die von der juristischen Methodenlehre ausgearbeiteten **Regeln über die Kollision**; insb verdrängt die spätere Norm die frühere (lex posterior derogat legi priori) und die speziellere Norm die allgemeine (lex specialis derogat legi generali). Dies gilt naturgemäß auch für die arbeitsrechtlichen Rechtsquellen. Wenn ein Kollektivvertrag den Stundenlohn mit € 5 festsetzt und ein späterer Kollektivvertrag diesen auf € 4 reduziert, dann löst die spätere Regelung die frühere ab[31]. 3/036

Regelt eine **übergeordnete Rechtsquelle** eine Materie mit zweiseitig (absolut) zwingender Wirkung, dann hat das **Ordnungsprinzip**[32] zur Folge, dass eine nachgeordnete Norm weder zu Gunsten noch zu Ungunsten des Arbeitnehmers eine abweichende Regelung treffen kann. 3/037

Das **Günstigkeitsprinzip** hängt hingegen mit der Funktion des relativ zwingenden Rechts (Unabdingbarkeit) eng zusammen. Lässt eine Rechtsquelle eine für den Arbeitnehmer günstigere Gestaltung durch die nachgeordnete Rechtsquelle zu, dann hat eine Abwägung der Interessenlagen nach den Kriterien des Günstigkeitsprinzips zu erfolgen. Bei Beantwortung der Frage, wann eine nachgeordnete Rechtsquelle günstiger ist als die übergeordnete, muss prinzipiell auf das einzelne Arbeitsverhältnis abgestellt werden. Eine generelle Günstigkeit (zB bezogen auf eine gesamte Branche, auf den gesamten Betrieb oder auf bestimmte Belegschaftsteile) ist irrelevant[33]. Als Beurteilungsmaßstab sind auch nicht die subjektiven Absichten des betroffenen Arbeitnehmers, sondern objektive Kriterien heranzuziehen[34]. 3/038

Bei der Ermittlung der Günstigkeit werden weder die einzelnen korrespondierenden Regelungen (**Einzelvergleich**) noch die Rechtsquellen in ihrer Gesamtheit (**Gesamtvergleich**) miteinander verglichen, sondern es müssen vielmehr die in einem rechtlichen und sachlichen Zusammenhang stehenden Bestimmungen als Einheit gegenübergestellt werden (vgl § 3 Abs 2 ArbVG). Der Günstigkeitsvergleich ist also in Form eines **Gruppenvergleichs** durchzuführen[35]. 3/039

---

[31] Allg vgl *Marhold/Löschnigg*, Kollektivvertragsänderungen zum Nachteil der Arbeitnehmer, in FS Jelinek (2002), 161; *Jabornegg*, Kollektivvertragswechsel und Arbeitnehmerschutz, in FS Cerny (2001), 393.

[32] Zur Ablösung einer Gehaltsordnung durch Kollektivvertrag s OGH 17. 11. 2004, 9 ObA 11/04i, DRdA 2006, 33 mit Bespr v *Holzer*.

[33] LG Linz 27. 1. 1971, 8 Cg 35/70, Arb 8838; OGH 29. 9. 1981, 4 Ob 41/81, ZAS 1982, 223 mit Bespr v *Tomandl*.

[34] Vgl *Firlei*, Das Problem der Objektivierung des Günstigkeitsvergleichs im österreichischen und deutschen Arbeitsverfassungsrecht, DRdA 1981, 1; *dens*, Flucht aus dem Kollektivvertrag, DRdA 2001, 122.

[35] S *Mosler/Felten* in Gahleitner/Mosler (Hrsg), Arbeitsverfassungsrecht, Bd 2[5] (2015), 106 f; *Strasser* in Strasser/Jabornegg/Resch (Hrsg), ArbVG (Losebl), § 3 Rz 10; *Kinzel*, ArbVG-Wirtschaftsverlag (Losebl), 90; *Marhold/Friedrich*, Österreichisches Arbeitsrecht[3] (2016), 507; *Resch*, Grenzen privatautonomer Dispositionen über das Auflösungsrecht des Arbeitnehmers, ZAS 1991, 11; *Mosing*, Überstundenteiler in Kollektivverträgen, RdW 2014, 200; OGH 17. 6. 1992, 9 ObA 96/92, DRdA 1993, 243 mit Bespr v *Klein*; OGH 14. 9. 1988, 9 ObA 178/88, DRdA 1989, 308; zum Günstigkeitsvergleich bei den vom Arbeitnehmer einzuhaltenden Kündigungsfristen s OGH 29. 6. 1971, 4 Ob 40/71, ZAS 1973, 216 mit Bespr v *Steininger*; s weiters OGH

Beispiel 1: Eine Betriebsvereinbarung sieht Jubiläumszuwendungen nach 25 Dienstjahren in der Höhe von eineinhalb Monatsbezügen, nach 35 Jahren von zweieinhalb und nach 40 Jahren von dreieinhalb Monatsbezügen vor. An den Jubiläumstagen ist der Arbeitnehmer unter Fortzahlung des Entgelts vom Dienst befreit. Ein späterer Kollektivvertrag sieht eine Treuegeldzuwendung nach 30 Dienstjahren in der Höhe von zwei Monatsbezügen vor. Zufolge des Kollektivvertrags stehen dem Dienstnehmer zwei freie Arbeitstage anlässlich des Jubiläums zur Verfügung. Ein Arbeitnehmer, der bereits in den Genuss des Jubiläumsgeldes für 25 Dienstjahre gekommen ist, verlangt nach 30 Dienstjahren das kollektivvertragliche Treuegeld. – Da die Betriebsvereinbarung günstiger ist als der Kollektivvertrag, kommt die Betriebsvereinbarung zur Anwendung. Das Treuegeld für 30 Dienstjahre und die zwei freien Tage können vom Arbeitnehmer nicht gefordert werden[36].

Beispiel 2: Ein Kollektivvertrag gewährt zusätzlich zum gesetzlichen Urlaubsanspruch einen Sonderurlaub von einer Woche. In den einzelnen Arbeitsverträgen wird aber an Stelle des Sonderurlaubs ein fünfzehntes Monatsgehalt vereinbart, weil dies sowohl dem Arbeitgeber als auch den Arbeitnehmern angenehmer ist. – Eine derartige Kompensation ist unzulässig. Lässt der Kollektivvertrag nur günstigere Vereinbarungen zu, so ist der Arbeitsvertrag in diesem Punkt ungültig.

3/040 Der beim Gruppenvergleich geforderte rechtliche oder sachliche Zusammenhang zwischen jenen Bestimmungen, die mit einer über- oder untergeordneten Rechtsquelle verglichen werden sollen, kann der Rechtsprechung zufolge auch dadurch erreicht werden, dass eine Bestimmung ohne die andere überhaupt nicht zustande gekommen wäre[37]. Wenn also eine Bestimmung mit einer anderen so zusammenhängt, dass sie nicht ohne die andere eingeräumt worden wäre, darf nicht eine einzelne Vertragsbestimmung, sondern müssen alle zusammenhängenden Bestimmungen einer Einzelvereinbarung mit dem Gesetz, dem Kollektivvertrag oder der Betriebsvereinbarung verglichen werden, um die Frage der Günstigkeit zu lösen.

Diese Ansicht hat zur Folge, dass an sich unterschiedliche Ansprüche im Rahmen des Günstigkeitsvergleichs ausnahmsweise zueinander in Beziehung zu setzen sind. Dies führt weiters dazu, dass die gesamte als ungünstiger anzusehende Regelung der Nichtigkeit verfällt und nicht nur die gleichartigen ungünstigeren Ansprüche. Im obigen Beispiel führt dies dazu, dass der Arbeitnehmer auch nicht das fünfzehnte Monatsgehalt beanspruchen kann[38].

3/041 Problematisch kann der Günstigkeitsvergleich selbst dann werden, wenn die **Rechtsnatur** der zu vergleichenden Ansprüche grundsätzlich **ident** ist, wenn es sich etwa in beiden Fällen um Entgeltansprüche handelt. Dem OGH zufolge ist hiebei zu prüfen, ob den Ansprüchen nicht unterschiedliche (objektive) Zwecksetzungen (zB der Kollektivvertragsparteien) zu Grunde liegen. In diesem Sinne hat das Höchstgericht auch die Kompensation einer kollektivrechtlich normierten Haushalts- und Kinderzulage mit einer im Arbeitsvertrag vereinbarten Provision abgelehnt[39]. Die Einbeziehung der laut Kollektivvertrag zustehenden aliquoten Sonderzahlungsanteile in das einzelvertraglich vereinbarte laufende Entgelt (Umsatzbeteiligung) wurde als zulässig, die Einbeziehung des gesetzlichen Urlaubsentgelts als unzulässig angesehen[40]. Zu weit geht der OGH, wenn er auf Grund sich überschneidender Funk-

---

8. 6. 1994, 9 ObA 104/94, infas A 1994, A 139; OGH 2. 9. 1992, 9 ObA 145/92, DRdA 1993, 135 mit Bespr v *Eichinger*; OGH 5. 11. 1997, 9 ObA 224/97z, RdW 1998, 359; OGH 16. 11. 2005, 8 ObA 50/05v, DRdA 2007, 119 mit Bespr v *Firlei*; OGH 27. 6. 2007, 8 ObA 82/06a, DRdA 2008, 338 mit Bespr v *Schindler* = ZAS 2007, 281 mit Bespr v *Wiesinger*.

[36] Ähnlich OGH 29. 9. 1981, 4 Ob 41/81, ZAS 1982, 223 mit zustimmender Bespr v *Tomandl*.

[37] VwGH 17. 5. 1984, 7/81, DRdA 1984, 465.

[38] S hiezu auch OGH 14. 4. 1999, 9 ObA 24/99s, RdW 1999, 742.

[39] OGH 15. 6. 1988, 9 ObA 115/88, ZAS 1989, 87 mit Bespr v *Holzer*.

[40] OGH 8. 7. 1999, 8 ObA 256/98z, RdW 2000, 43.

tionen von laufendem Entgelt, Abfertigung und Betriebspension einen Gesamtvergleich dieser Ansprüche für zulässig erachtet[41].

Das Günstigkeitsprinzip ist auch in Hinblick auf den **zeitlichen Anwendungsbereich** zu prüfen. Das Günstigkeitsprinzip verlangt nicht notwendigerweise eine monatliche Gegenüberstellung der in Frage stehenden Ansprüche. Auch eine Jahresbetrachtung (zB bei Vereinbarung einer Überstundenpauschale, vgl 6.8.8.4) kann sich als durchaus überschaubarer und dem Anspruch adäquater Zeitraum ergeben. Ein lebenslanger Durchrechnungszeitraum wird hingegen grundsätzlich nicht herangezogen werden können[42]. 3/042

Fraglich ist, ob einseitig zwingende Bestimmungen nur durch günstigere oder auch durch **gleich günstige**, wenngleich anders ausgestaltete, nachgeordnete Regelungen ersetzt werden können. Die gesetzlichen Formulierungen zur Unabdingbarkeit sehen regelmäßig vor, dass die dem Arbeitnehmer (gesetzlich) zugesicherten Rechte „durch Arbeitsvertrag oder Normen der kollektiven Rechtsgestaltung weder aufgehoben noch beschränkt werden dürfen" (zB § 16 AVRAG). Einer derartigen Formulierung wird vorweg zu unterstellen sein, dass nicht nur der Umfang oder das Ausmaß der Mindestarbeitsbedingungen, sondern auch deren konkrete Ausgestaltung der Unabdingbarkeit unterliegen. Dies schließt aber nicht aus, dass sich im Einzelfall aus dem Zweck der Mindestnorm die Zulässigkeit abweichender gleich günstiger Regelungen aus deren Spezialität ergibt. 3/043

Führt der Günstigkeitsvergleich zum Ergebnis, dass eine Regelung Arbeitnehmer schlechter stellt, führt dies zur Teilnichtigkeit der betreffenden Vertragsbestimmung[43]. 3/044

3.2.4. Zwingende Wirkung und Verzicht

Die bereits beschriebene einseitig zwingende Wirkung (Unabdingbarkeit) ist für den Kernbereich arbeitsrechtlicher Gesetze und für die Rechtsquellen des kollektiven Arbeitsrechts schlechthin typisch. Sinn und Zweck der Gesetze können auch zu einer absolut zwingenden Wirkung führen. Im Verhältnis des Kollektivvertrags zu den nachgeordneten Rechtsquellen kann die zweiseitig oder absolut zwingende Wirkung ausdrücklich festgelegt werden. Von dieser Möglichkeit wird aber nur in Ausnahmefällen Gebrauch gemacht (vgl 3.2.2). 3/045

Von der **vertraglichen Abdingung** mit Wirkung für die Zukunft ist der **Verzicht**[44] auf arbeitsrechtliche Ansprüche zu unterscheiden. Hier handelt es sich um einen Erlassvertrag (§ 1444 ABGB), durch den sich der Arbeitnehmer (meist unentgeltlich zu Gunsten des Arbeitgebers) gewisser ihm zustehender Rechte begibt. Eine ähnliche Funktion hat ein **negatives Schuldanerkenntnis**, das im Arbeitsrecht häufig als über die gesetzlichen Erfordernis- 3/046

---

[41] OGH 23. 1. 2002, 9 ObA 285/01d, DRdA 2003, 46 mit Bespr v *Eypeltauer* = ZAS 2003, 90 mit Bespr v *Rauch*; s aber auch OGH 23. 5. 2001, 9 ObA 224/00g, ARD 5274/48/2002.

[42] Vgl OGH 15. 12. 1999, 9 ObA 218/99w, ARD 5099/21/2000.

[43] S *Holzer*, Schranken für die Vertragsfreiheit im Rahmen der Beendigung des Arbeitsvertrages, in Resch (Hrsg), Gestaltungsmöglichkeiten bei Ende des Arbeitsvertrages (2013), 21.

[44] Allg vgl auch *Szücs*, Verzicht und Vergleich im österreichischen, deutschen und schweizerischen Arbeitsrecht (2006); *Eypeltauer*, Verzicht und Unabdingbarkeit im Arbeitsrecht (1984); *Nunner-Krautgasser*, Verzicht, in Reissner/Neumayr (Hrsg), Zeller Handbuch Arbeitsvertrags-Klauseln (2010), 1057 ff; *dies*, Vergleich, in Reissner/Neumayr (Hrsg), Zeller Handbuch Arbeitsvertrags-Klauseln (2010), 1071 ff.

se hinausgehende „Ausgleichsquittung“ anzutreffen ist (sog Lohnbefriedigungserklärung). Auch ein **Vergleich**, der inhaltlich und strukturell als Verzicht anzusehen ist, gehört in den Kreis der hier angesprochenen und mit dem Überbegriff „Verzicht“ bezeichneten Rechtsgeschäfte[45].

Die Arbeitsrechtslehre war seit jeher bestrebt, Unabdingbarkeit und Verzicht zueinander in Beziehung zu setzen und letzteren weitgehend zu beschränken. Neuerdings wird der Grundsatz, dass die Unabdingbarkeit schlechthin einem Verzicht entgegensteht, lebhaft bestritten[46]. Würde man den Verzicht auf unabdingbare Ansprüche unbeschränkt zulassen, so wären Bestimmungen relativ zwingenden Rechts der Gefahr ausgesetzt, permanent unterlaufen zu werden. Der Effekt finaler Abdingung lässt sich durch die gezielte Herbeiführung von Verzichten erreichen. Freilich könnte dieser strategische Vorgang als sittenwidrig einem „normalen“ Verzicht gegenübergestellt werden. Gerade derartigen subtilen Differenzierungen versucht aber das Arbeitsrecht im Interesse der Rechtssicherheit gegenzusteuern. Der Konnex zwischen Unabdingbarkeit und Verzicht ist also insofern herzustellen, als einer Aushöhlung der Unabdingbarkeit vorzubeugen ist. Das Verzichtsverbot hat dabei den Erlassvertrag ebenso zu erfassen wie funktionsähnliche Willenserklärungen. Richtig ist, dass aus der Formulierung der Unabdingbarkeit, wonach zwingende Rechte „weder aufgehoben noch beschränkt werden können“ (vgl insb §§ 40 AngG, 1164 Abs 1 ABGB, 3 Abs 1 ArbVG), noch kein Verzichtsverbot entnommen werden kann.

3/047 Die Frage, inwieweit der Arbeitnehmer auf unabdingbare Ansprüche rechtswirksam verzichten kann, wurde zunächst vom Standpunkt der sog **Fälligkeitstheorie** beantwortet[47]. Diese besagt, dass ein Verzicht auf das Entgelt des Arbeitnehmers vor Leistung der Arbeit jedenfalls unwirksam ist und insoweit ein Verstoß gegen zwingendes Recht vorliegt. Wenn der Verzicht hingegen erst erfolgt, nachdem die Arbeit geleistet und das Entgelt bereits fällig geworden ist, handelt es sich um eine „bloße Geldforderung“, die der freien Vereinbarung unterliegt. Im Judikat Nr 26[48] geht der OGH von dieser Fälligkeitstheorie ab und spricht aus, dass ein Verzicht während der Dauer des Arbeitsverhältnisses unwirksam ist, weil angenommen werden muss, dass der Arbeitnehmer diesen nicht frei, sondern unter **wirtschaftlichem Druck** abgibt, etwa weil er sonst den Verlust seines Arbeitsplatzes befürchten muss. Diese Rechtsmeinung wurde von der späteren Judikatur anerkannt[49].

3/048 Auch die sog **Drucktheorie** ist primär auf unabdingbare Ansprüche abgestellt, was zu der bereits erwähnten Auffassung führte, die Unverzichtbarkeit als Folge der Unabdingbarkeit zu deuten. Aus der Unabdingbarkeit als Mechanismus zur Sicherung eines Mindestlebensstandards wird mitunter auch die zeitlich unbegrenzte Unverzichtbarkeit des Anspruchs abgeleitet. Trotz Beendigung des Arbeitsverhältnisses und trotz Verzichtserklärung wäre somit

---

45 Zu einem „Generalvergleich“, der auch den Verzicht auf ein Dienstzeugnis mit einschließt, s OGH 29. 6. 2005, 9 ObA 10/05v, DRdA 2006, 299 mit Bespr v *Eypeltauer*; vgl weiters OGH 30. 8. 2011, 8 ObA 60/11, ARD 6234/1/2012 = infas 2012, A 24; OGH 20. 1. 2012, 8 ObA 97/11i, ARD 6234/2/2012 = infas 2012, A 50.

46 Vgl *Köck*, Grenzen der Zulässigkeit des Verzichts auf schon entstandene Arbeitnehmeransprüche, ZAS 1986, 73.

47 Vgl *Schrammel* in Fenyves/Kerschner/Vonkilch (Hrsg), ABGB^3 (2012), § 1164 Rz 6 ff.

48 OGH 8. 6. 1927, Prä 600/26, Arb 3725 = SZ 9/80.

49 Vgl LG Wien 22. 8. 1957, 44 Cg 198/57, Arb 6725; LG Wien 19. 5. 1958, 44 Cg 93/58, Arb 6873; ArbG Linz 20. 10. 1958, 1 Cr 18/58, Arb 6923; OGH 24. 7. 1962, 4 Ob 74/62, Arb 7588; OGH 16. 10. 1973, 4 Ob 94/73, ZAS 1975, 100 mit Bespr v *Schwarz* = Arb 9160; OGH 14. 1. 1975, 4 Ob 74/74, Arb 9314; OGH 6. 6. 1995, 9 ObA 56/95, RdW 1996, 128.

die Geltendmachung des Anspruchs während der gesamten Verjährungsfrist möglich[50]. Dieser an sich einleuchtenden These ist entgegenzuhalten, dass dann, wenn die Lebenskonkreta eines Arbeitsverhältnisses einschließlich diverser Nachwirkungen nicht mehr vorhanden sind, kein Rechtsschutzinteresse an der Aufrechterhaltung des Verzichtsverbots besteht. Man muss also die „Drucktheorie" trotz Fehlens verlässlicher Kriterien bezüglich des Wegfalls des die Ungültigkeit des Verzichts indizierenden Drucks in Kauf nehmen[51].

Es kommt also nicht allein darauf an, ob das Arbeitsverhältnis noch formell aufrecht ist, sondern es ist zu prüfen, ob auf den Arbeitnehmer **noch ein Druck ausgeübt werden kann**[52]. So kann sich der Arbeitnehmer auch nach rechtlicher Beendigung des Arbeitsverhältnisses in einer Drucksituation befinden, solange rechtliche Bindungen nachwirken (zB Wettbewerbsabreden) oder noch nicht alle seine Ansprüche liquidiert wurden[53]. Die Judikatur hat diesem Umstand Rechnung getragen, umgekehrt aber den Wegfall des wirtschaftlichen Drucks vor rechtlicher Beendigung des Arbeitsverhältnisses angenommen, wenn das Arbeitsverhältnis früher liquidiert wurde (Verzicht auf die Dienstleistung während der Kündigungsfrist bei Auszahlung des Entgelts)[54]. Nicht zu folgen ist jener Rechtsprechung, die die wirtschaftliche Drucksituation des Arbeitnehmers widerleglich vermutet[55], weil sie den Schutzgedanken des Arbeitsrechts in Frage stellt und Rechtsunsicherheit schafft. Die Vermutung wirtschaftlichen Drucks könnte der Arbeitgeber mit den verschiedenartigsten Argumenten zu bekämpfen versuchen, sodass alle Umstände des Einzelfalls prozessrelevant würden. Eine beachtliche Rechtsunsicherheit und ein größeres Prozessrisiko des wirtschaftlich schwächeren Arbeitnehmers wären die Folge. Gerade hiedurch wird das der „Drucktheorie" zu Grunde liegende Schutzprinzip durchlöchert. Auch das Ermessen der Gerichte wird kaum mehr fixierbar. Dies zeigt sich zB in der E des OGH v 12. 9. 1961 (4 Ob 69/61, Arb 7420), in der auf die Erfahrung abgestellt wird, dass ein über 50 Jahre alter Dienstnehmer trotz Hochkonjunktur nur schwer einen Arbeitsplatz findet und ein unter diesen Umständen vom Arbeitnehmer während des aufrechten Bestandes des Arbeitsverhältnisses abgegebener Verzicht unwirksam ist. Arbeitsmarktpolitische Überlegungen können wohl in gewissen Fällen hilfsweise zur Untermauerung rechtlicher Erwägungen herangezogen werden. Es ist allerdings nicht angängig, die Frage nach dem „wirtschaftlichen Druck" als Resultierende allgemeiner ökonomischer Betrachtungen aufzufassen. Entscheidend sind die rechtlichen Erwägungen, in deren Mittelpunkt die Sicherung zwingender Rechtsansprüche steht. Der wirtschaftliche Druck kann jedoch auch nicht als „sittenwidrige Ausnützung der wirtschaftlichen Zwangslage" bezeichnet werden. Selbst wenn man mit dem OGH einen strengen Maßstab anwendet – also das Vorliegen dieses Sachverhaltes eher bejaht –, ist 3/049

[50] *Strasser*, Der Verzicht auf unabdingbare arbeitsrechtliche Ansprüche, DRdA 1955, H 15, 13; *Eypeltauer*, Verzicht und Unabdingbarkeit im Arbeitsrecht (1984), 63.

[51] Vgl *Schwarz*, Zum Problem des Verzichtes auf arbeitsrechtliche Ansprüche, DRdA 1956, 120; *dens*, Verzichtslehre und Wissenserklärung im Arbeitsrecht, DRdA 1984, 5 ff.

[52] ArbG Linz 20. 10. 1958, 1 Cr 18/58, Arb 6923.

[53] S etwa OGH 4. 3. 2013, 8 ObA 10/13y, ARD 6319/4/2013.

[54] Vgl etwa LG Wien 5. 9. 1955, 44 Cg 207/55, Arb 6294; OGH 15. 10. 1957, 4 Ob 91/57, Arb 6720; OGH 19. 4. 1966, 4 Ob 21/66, ZAS 1967, 17 mit Bespr v *Mayer-Maly* = Arb 8222; Näheres bei *Spielbüchler/Grillberger*, Arbeitsrecht I^{4} (1998), 105 ff; *Kallab* in Löschnigg (Hrsg), AngG Bd 2^{10} (2016), § 40 Rz 5.

[55] OGH 16. 10. 1973, 4 Ob 94/73, ZAS 1975, 100 mit Bespr v *Schwarz* = Arb 9160.

die getroffene Umschreibung unrichtig. Es geht nicht um sittenwidriges, an Wucher reichendes Verhalten des Arbeitgebers, sondern um die formelle Anerkennung einer aus dem arbeitsrechtlichen Schutzgedanken und der Unabdingbarkeit gewonnenen rechtlichen Konsequenz, die allgemeine Anerkennung finden muss.

3/050 Damit ist aber die Problematik keineswegs erschöpft. Die Unzulänglichkeit auch der „Drucktheorie" erweist sich insb bei jenen Ansprüchen, die **bei oder nach Lösung** des Arbeitsverhältnisses fällig werden. Ein Verzicht auf den aus der Konkurrenzklausel entspringenden Entgeltanspruch gem § 37 Abs 2 AngG ist begrifflich erst nach Beendigung des Arbeitsverhältnisses möglich. Dennoch muss er als unwirksam erachtet werden, weil ansonsten die zwingende Garantie des Gesetzes umgangen werden könnte, es sei denn, dass mit dem Verzicht die Freistellung des Arbeitnehmers von jedweder Bindung erreicht wird. Hinsichtlich des **Verzichts auf Abfertigungsansprüche** (nach altem Recht, vgl 8.6.1.2) gilt Ähnliches[56]. Rechtspolitisch gesehen kann es als ein wesentliches Bedürfnis angesehen werden, die Frage des Verzichts einer positiven Regelung zu unterziehen. Solange dies nicht geschehen ist, muss mit der „Drucktheorie" das Auslangen gefunden werden.

3/051 Die Frage, ob ein **Verzicht schon vor** der rechtlichen Beendigung oder erst nach diesem Zeitpunkt wirksam ist, sollte grundsätzlich – sieht man von Ausnahmesituationen ab[57] – so entschieden werden, dass die zeitliche Begrenzung auf die **rechtliche Dauer** des Arbeitsverhältnisses bezogen wird. Nicht die faktische, sondern die rechtliche Fundierung des „wirtschaftlichen Drucks" in der persönlichen Abhängigkeit des Arbeitnehmers sollte für die Unverzichtbarkeit maßstäblich sein. Die bei Lösung des Arbeitsverhältnisses zu vollziehende **Abrechnung** ist gerade jene „neuralgische Phase", in der sich – wie im Falle der Abfertigung – die Unverzichtbarkeit besonders bewähren muss. Der Arbeitnehmer ist oft froh, überhaupt etwas zu bekommen, und lässt sich darauf ein, Lohnbefriedigungserklärungen bzw Ausgleichsquittungen zu unterschreiben, die mit zivilrechtlichen Mitteln (zB einer Irrtumsanfechtung) nur von Fall zu Fall bekämpft werden können. Ist aber die Phase, die oft ein sehr komplexer Vorgang ist[58], vorbei, könnte man die Frage aufwerfen, ob das Arbeitsverhältnis gleichsam als „liquidiert" betrachtet werden kann. Ist dies geschehen, erschiene es vertretbar, die Funktion der Unverzichtbarkeit als erledigt zu betrachten, selbst wenn noch **geringfügige Beträge** aushaften[59]. Sind allerdings noch Nachwirkungen aus dem Arbeitsverhältnis zu verzeichnen, die zu konkreten Drucksituationen führen können (zB Verpflichtungen aus einer Konkurrenzklausel, Erschwerung der Auffindung eines neuen Arbeitsplatzes durch den Ex-Arbeitgeber, ausstehende Dienstzeugnisse und Ähnliches), so wird man auch eine Nachwirkung des Verzichtsverbots anzunehmen haben[60].

3/052 Im Übrigen weist schon der Terminus „Drucktheorie" auch auf die bei **abdingbaren Ansprüchen** gegebene Rechtslage hin. Dass diese vertraglich aufgehoben oder beschränkt wer-

---

56 OGH 7. 7. 1981, 4 Ob 63/81, Arb 9999; Näheres bei *Martinek/Schwarz*, Abfertigung (1980), 303 ff; s weiters *Kollros*, Verzicht auf den Abfertigungsanspruch bei einvernehmlicher Auflösung des Arbeitsverhältnisses, ZAS 1998, 111.

57 Vgl OGH 25. 3. 1980, 4 Ob 2/80, Arb 9862.

58 S OGH 19. 4. 1966, 4 Ob 21/66, ZAS 1967, 17 mit Bespr v *Mayer-Maly*.

59 Ähnlich *Bydlinski*, Arbeitsrechtskodifikation und allgemeines Zivilrecht (1969), 144 ff.

60 Vgl *Schwarz*, Verzichtslehre und Wissenserklärung im Arbeitsrecht, DRdA 1984, 5.

den können, liegt zwar auf der Hand, doch sollte deren Schutzwürdigkeit nicht übersehen werden; sie stellen ebenso wohlerworbene Rechte dar wie die anderen Ansprüche[61]. Die Mittel des Zivilrechts sind allerdings nur in Ausnahmefällen geeignet, einen Verzicht auszuräumen. Dies gilt sowohl für die Anfechtung wegen rechtswidriger Drohung[62] als auch für Verstöße gegen § 879 Abs 2 Z 4 ABGB. Eine dem Arbeitgeber auferlegte Beweislast bezüglich des Nichtvorliegens derartiger Mängel ist dem Gesetz nicht zu entnehmen und hilft kaum weiter[63]. Ein Nachweis etwa, nicht sittenwidrig gehandelt zu haben, ist nicht allzu schwer zu führen. Schon der normale Geschäftsbetrieb eines Unternehmens eröffnet ein ganzes Spektrum von Rechtfertigungsmöglichkeiten. Die Redaktoren des Kodifikationsentwurfs 1960 haben im Übrigen diese Problematik vor mehr als 30 Jahren klar gesehen und in § 13 Abs 2 des Entwurfs festgelegt, dass ein Verzicht auf abdingbare Ansprüche im geschützten Zeitraum unwirksam ist, wenn diese Ansprüche bereits erworben wurden (vgl DRdA 1961, 54, 88). Diese Auffassung lässt sich nach geltendem Recht nicht generell begründen.

Vielfach kommt es am Ende des Arbeitsverhältnisses zu einer vom Arbeitnehmer unterfertigten Erklärung, wonach keine wie auch immer gearteten Ansprüche gegenüber dem Arbeitgeber mehr bestehen, wonach auf allenfalls noch offene Ansprüche verzichtet wird oder wonach sämtliche Ansprüche aus dem Arbeitsverhältnis befriedigt seien (**Lohnbefriedigungsklausel, Abfindungsklausel, Entfertigungserklärung**). Hiebei ist stets zu prüfen, ob alle Voraussetzungen für eine Willenserklärung im Allgemeinen und für einen Verzicht im Speziellen vorliegen. Insb muss dem Arbeitnehmer bewusst sein, dass noch offene Ansprüche bestehen und diese durch seine Erklärung untergehen. Mangelt es an den entsprechenden **Erklärungsvoraussetzungen** oder am **Erklärungswillen**, interpretiert die Rechtsprechung die Abfindungsklauseln nicht als Willenserklärungen, sondern als Wissenserklärungen, in denen der Arbeitnehmer nur zum Ausdruck bringt, die gebührenden Leistungen im vollen Umfang erhalten zu haben[64].

Aus der **Praxis der Rechtsprechung** sind insb folgende Fälle hervorzuheben:

Ein Verzicht auf Ansprüche nach Beendigung des Arbeitsverhältnisses kann durch Unterfertigung einer auf der Lohnbestätigung enthaltenen Verzichtsklausel erfolgen. Ein solcher Verzicht ist jedoch unwirksam, wenn Umstände vorliegen, welche die Bedeutung dieser Klausel in den Augen des Arbeitnehmers in Frage stellen, und der Arbeitgeber es unterlassen hat, ihn besonders darauf aufmerksam zu machen (ArbG Amstetten 22. 5. 1958, Cr 17/58, Arb 6892). Dies ist insb dann der Fall, wenn man infolge des unauffälligen und kleinen Drucks der Klausel annehmen kann, dass sie von einem im Schriftverkehr nicht erfahrenen Arbeitnehmer übersehen wird und wenn bei der Abrechnung nicht ausdrücklich von Verzicht gesprochen wurde (LG Graz 14. 10. 1954, 2 Cg 66, 67, 68/54, Arb 6081). Der vom Arbeitnehmer nach Durchrechnung seiner Ansprüche auf die Endabrechnung gesetzte und unterschriebene Vermerk „Bin mit der Abrechnung einverstanden" schließt nach Meinung der älteren Rechtsprechung die Geltendmachung weitergehender Ansprüche aus (LG Wien 19. 5. 1958, 44 Cg 93/58, Arb 6873). Die Erklärung, nach Lösung des Arbeitsverhältnisses „sein Gehalt richtig

61 *Bydlinski*, Arbeitsrechtskodifikation und allgemeines Zivilrecht (1969), 149.

62 § 870 ABGB; dazu auch OGH 1. 10. 1997, 9 ObA 92/97p, DRdA 1998, 338 mit Bespr v *Wachter*.

63 IdS *Köck*, Grenzen der Zulässigkeit des Verzichts auf schon entstandene Arbeitnehmeransprüche, ZAS 1986, 80.

64 OGH 16. 2. 1982, 4 Ob 15/82, Arb 10.095 = DRdA 1982, 324; s hiezu auch *Bydlinski*, Willens- und Wissenserklärung im Arbeitsrecht, ZAS 1996, 83 u 126; *Nunner-Krautgasser* in Reissner/Neumayr (Hrsg), Zeller Handbuch Arbeitsvertrags-Klauseln (2010), 1068.

erhalten zu haben", wurde von der Rechtsprechung einmal dahingehend einschränkend ausgelegt, dass hiedurch ein Verzicht auf Überstunden nicht erklärt worden sei (LG Wien 16. 12. 1952, 44 Cg 318/52, Arb 5579), wogegen in einer anderen E der Standpunkt vertreten wurde, dass aus dem Wort „Gehalt" nicht auf die Einschränkung auf laufende Bezüge geschlossen werden kann, weil nach der Übung des redlichen Verkehrs der Arbeitnehmer beim Verlassen seines Arbeitsplatzes zu erklären pflegt, in seinen gesamten Ansprüchen aus dem Arbeitsverhältnis befriedigt zu sein[65]. Keine generelle Verzichtserklärung und insb keinen Verzicht auf Kündigungsentschädigung – und wohl auch auf Abfertigung – stellt hingegen die Unterfertigung der Worte „Bestätige hiemit, bei Austritt aus der Beschäftigung meine Lohnsteuerkarte, Familienbeihilfenkarte, Lohn, Urlaubsgeld und Weihnachtsgeld richtig erhalten zu haben" dar[66].

Ein durch eine sachlich unrichtige Erklärung des Arbeitgebers verursachter Irrtum des Arbeitnehmers über die Tragweite einer hierauf von ihm unterfertigten Lohnverzichtsklausel hat insoweit Unwirksamkeit des Lohnverzichts zur Folge, als der Irrtum reicht[67]. Ein Widerruf einer vom Arbeitnehmer unterfertigten Generalverzichtsklausel durch diesen einige Minuten nach der Unterzeichnung unter Hinweis auf rechtliche Forderungen gegen den Arbeitgeber ist rechtswirksam; eine gegenteilige Auffassung würde gegen Treu und Glauben verstoßen.

3/053 Nach der hier vertretenen Auffassung ist **zusammenfassend** festzuhalten:

a) Unabdingbare Ansprüche sind grundsätzlich unverzichtbar, solange das Arbeitsverhältnis rechtlich aufrecht ist, mag eine faktische Beschäftigung stattgefunden haben oder nicht.
b) Die Phase der Abrechnung ist in den Zeitraum der Unverzichtbarkeit einzubeziehen. Sind die Ansprüche des Arbeitnehmers im Wesentlichen befriedigt, so kann auf im Verhältnis zu den beglichenen Ansprüchen nicht erhebliche noch aushaftende Ansprüche verzichtet werden. Dies gilt jedoch nicht, wenn die aushaftenden Beträge noch nicht fällig sind (zB in Monatsraten nach Beendigung des Arbeitsverhältnisses fällig werdende Abfertigungen).
c) Darüber hinaus ist zu prüfen, ob nach rechtlicher Beendigung des Arbeitsverhältnisses noch ein die Drucksituation indizierendes Abhängigkeitsverhältnis besteht (Konkurrenzklauseln, Beeinflussung potenzieller Arbeitgeber, Einflussnahme auf neu begründete Arbeitsverhältnisse etc).
d) Der Unverzichtbarkeit auf unabdingbare Ansprüche steht die Bereinigungswirkung eines **echten Vergleichs** nicht im Wege[68].

3/054 Eine ausdrückliche Bestimmung sieht das **HGHAG** vor. Gem § 20 dieses Gesetzes ist jede Erklärung über Entgeltansprüche rechtsunwirksam, wenn sie während des Dienstverhältnisses oder **innerhalb einer Woche** nach Auflösung desselben abgegeben wurde.

3.3. Kollektive Rechtsgestaltung

3/055 Arbeitsrechtliche Vereinbarungen werden nicht nur individuell zwischen Arbeitgeber und Arbeitnehmer im Rahmen ihres Arbeitsvertrags getroffen, sondern auch auf kollektiver Ebene geschaffen (s 3.2.2). Kollektive Regelungen finden sich sowohl auf nationaler Ebene (etwa der Kollektivvertrag oder die Betriebsvereinbarung) als auch auf internationalem Niveau

---

[65] OGH 18. 5. 1954, 4 Ob 29/54, Arb 5990.
[66] OGH 1. 7. 1958, 4 Ob 49/58.
[67] OGH 21. 7. 1960, 4 Ob 78/60, Arb 7268.
[68] S insb OGH 16. 1. 1991, 9 ObA 316/90, ARD 4251/15/91 = DRdA 1991, 385.

(vgl die Vereinbarung der Sozialpartner auf Basis des Art 155 AEUV; s hiezu 2.8.4.9). Das kollektive Arbeitsrecht auf EU-Ebene kann vom Regelungsumfang jedoch nicht mit dem österreichischen kollektiven Arbeitsrecht verglichen werden.

3.3.1. Kollektivvertrag

3.3.1.1. Begriff und Bedeutung

Kollektivverträge, vor allem in Deutschland auch als **Tarifverträge** bezeichnet, sind schriftliche **Vereinbarungen** zwischen kollektivvertragsfähigen Körperschaften der Arbeitnehmer und der Arbeitgeber (§ 2 Abs 1 ArbVG)[69], die in Österreich zumeist für einen Wirtschaftszweig abgeschlossen werden. Bei den Vertragsparteien handelt es sich auf Arbeitgeberseite regelmäßig um Unterorganisationen der Wirtschaftskammer und auf Arbeitnehmerseite um den ÖGB gemeinsam mit der jeweils zuständigen Fachgewerkschaft. 3/056

Ausnahmsweise kann ein **Kollektivvertrag durch** einen **Schiedsspruch** des Bundeseinigungsamtes zustande kommen, wenn die Kollektivvertragsparteien bei Streitigkeiten ein Schlichtungsverfahren beantragen und schriftlich erklären, sich dem Schiedsspruch zu unterwerfen (§§ 154, 155 ArbVG).

Kollektivverträge sind unverzüglich beim BMASK zu hinterlegen, das die Kundmachung des Abschlusses des Kollektivvertrags im „Amtsblatt zur Wiener Zeitung" innerhalb einer Woche nach Hinterlegung veranlassen muss (§ 14 ArbVG). Weiters ist jeder kollektivvertragsangehörige Arbeitgeber zur Auflegung des Kollektivvertrags verpflichtet und muss darauf in einer Betriebskundmachung hinweisen (§ 15 ArbVG; zu den Form- und Kundmachungsvorschriften vgl 3.3.1.3).

Unterformen des Kollektivvertrags sind – neben dem im Wirtschaftsleben am häufigsten auftretenden Branchenkollektivvertrag – der Generalkollektivvertrag, der Rahmenkollektivvertrag und der Firmenkollektivvertrag. 3/057

Unter **General- oder Spitzenkollektivverträgen**[70] sind Kollektivverträge zu verstehen, die sich auf die Regelung einzelner Arbeitsbedingungen beschränken und deren Wirkungsbereich sich fachlich auf die überwiegende Anzahl der Wirtschaftszweige und räumlich auf das ganze Bundesgebiet erstreckt[71]. Da für den Generalkollektivvertrag als Unterform des Kollektivvertrags die gleichen Voraussetzungen wie für diesen gelten, müssen die vertragsabschließenden Verbände über einen entsprechend umfassenden sachlichen und räumlichen Wirkungskreis verfügen. Aus aktueller Sicht kommen als Parteien eines Generalkollektivvertrags daher vor allem die WKÖ und der ÖGB in Frage, die beide bundesweit und branchenübergreifend agieren, und deshalb auch als Spitzenverbände bezeichnet werden. Ein Generalkollektivvertrag hat sich gem § 18 Abs 4 ArbVG jedoch auf die Regelung „einzelner" Arbeitsbedingungen zu beschränken. Damit ist zunächst die Regelung so genannter Inhaltsnormen (vgl 3.3.1.9.1) angesprochen, dh im Generalkollektivvertrag sind Vorschrif- 3/058

[69] Zur Qualifikation der DO.A als Kollektivvertrag s VwGH 30. 4. 2002, 2001/08/0143, DRdA 2003, 252 mit Bespr v *Hengstschläger*.

[70] Ausführlich dazu *Melzer-Azodanloo*, Rechtliche Instrumente der Mindestlohnpolitik in Österreich, in Mosler/Pfeil, Mindestlohn (2016), 57 ff.

[71] S § 18 Abs 4 ArbVG; zB 6.9.2.1.4; vgl *Runggaldier/Potz* in Tomandl (Hrsg), ArbVG (Losebl), § 18 Rz 16–18.

ten über Arbeitszeit, Urlaub, Arbeitsunfähigkeit, Beendigung von Arbeitsverhältnissen, aber auch über Entgelte zulässig. Die gesetzliche Formulierung deutet allerdings darauf hin, dass im jeweiligen Generalkollektivvertrag lediglich eine kleine Zahl von Arbeitsbedingungen festgelegt werden kann und eine gewisse thematische Verknüpfung der Regelungsinhalte verlangt wird. Beispielsweise kann geregelt werden, welche finanziellen Leistungen des Arbeitgebers gegenüber dem Arbeitnehmer als Entgelt anzusehen und daher im Falle einer Dienstverhinderung fortzuzahlen sind (vgl § 3 Abs 5 EFZG).

Insofern könnte es sich bei der „Einigung über Grundsatzvereinbarung zum Mindestlohn von 1.500 Euro", die zwischen den Sozialpartnern am 30. 6. 2017 abgeschlossen worden ist, durchaus um einen Generalkollektivvertrag handeln. Da allerdings insbesondere die formalen Voraussetzungen eines Kollektivvertrags wie Hinterlegung und Veröffentlichung bei der Grundsatzvereinbarung nicht erfüllt sind, liegt in diesem Fall kein (General-)Kollektivvertrag vor und die Vereinbarung entfaltet keine Normwirkung zugunsten der betroffenen Arbeitnehmer (s hiezu 3.3.1.3).

3/059 Für Rahmenkollektivverträge findet sich im Gesetz keine eigene Definition; sie sind ein praktisches Phänomen. Dabei handelt es sich um Branchenkollektivverträge, die längerfristige, allgemeine Regelungen – eben einen Rahmen – oder auch einzelne Bestimmungen für einen Wirtschaftszweig treffen, und durch nachfolgende Kollektivverträge, zB in Hinblick auf Entgeltbestimmungen, regelmäßig ergänzt oder konkretisiert werden[72]. Im Falle des in Österreich nur ausnahmsweise zulässigen sog Firmenkollektivvertrags schließt ein kollektivvertragsfähiger einzelner Arbeitgeber (ein Unternehmen) mit einem kollektivvertragsfähigen Arbeitnehmerverband nur für die Arbeitnehmer dieses Unternehmens einen Kollektivvertrag ab (vgl insb §§ 4 Abs 3 und 7 ArbVG; vgl 3.3.1.6).

3/060 Der Kollektivvertrag ist ein typisches und wesentliches Element der österreichischen Wirtschaftsordnung. Im Rahmen der sog sozialen Marktwirtschaft erfüllt er eine Reihe **sozial- und wirtschaftspolitischer Funktionen**, die sowohl den Arbeitnehmern als auch den Arbeitgebern zugutekommen. Als bedeutendstes Instrument der **Lohnpolitik** hilft er, eine Strategie der staatlichen Anordnung von oben zu vermeiden. Die Festsetzung des Lohnes verbleibt der kollektiven und individuellen Gestaltung, wobei sich beide Formen sozial adäquat ergänzen. Wenngleich der Kollektivvertrag theoretisch auch Höchstlöhne festsetzen könnte, hat er sich bisher auf die Fixierung von Mindestlöhnen beschränkt und damit eine Art „lohnrechtlichen Arbeitnehmerschutz" betrieben. Gesamtwirtschaftlich gesehen schafft der Kollektivvertrag durch die bloße Festlegung von Mindestbedingungen einen genügend großen Spielraum, um konjunkturelle und wachstums- bzw schrumpfungsbedingte Anpassungen durchzuführen. Der Kollektivvertrag bildet somit einen überbetrieblichen Interessenausgleich zwischen Arbeitnehmern und Arbeitgebern, greift aber in die staatliche Wirtschaftspolitik nicht unmittelbar ein.

3/061 Aus wirtschaftlicher Sicht ist in diesem Zusammenhang vor allem seine Funktion als **automatischer Stabilisator** zu erwähnen, da der Kollektivvertrag auf Grund seiner längerfristigen Geltung (einschließlich seiner Nachwirkung, vgl hiezu 3.3.1.10.3) retardierende Effek-

[72] S etwa das Beispiel in OEA 16. 10. 1975, 41/OEA/1975, DRdA 1977, 241; so auch *Machek*, Der Kollektivvertrag (1947), 15, welcher schon zwischen einfachen Lohntarifen und umfassenden Rahmenverträgen (Manteltarifen) unterscheidet.

te im Fall von Konjunkturschwankungen ausübt. Dies resultiert auch aus der **Friedensfunktion** des Kollektivvertrags: Für einen gewissen Zeitraum werden die von den Sozialpartnern ausgehandelten Arbeitsbedingungen außer Streit gestellt[73]. Aus ordnungspolitischer Sicht werden damit Arbeitskampfmaßnahmen hintangehalten und wird Österreich als Standort für eine kontinuierliche Investitionspolitik der Unternehmen aufgewertet.

Die **Kartellfunktion** des Kollektivvertrags führt zu einer gewissen Vereinheitlichung der Arbeitsbedingungen einer Branche[74]. Auf Arbeitnehmerseite wird damit eine gewisse Tendenz zur Gleichbehandlung erzeugt, auf Arbeitgeberseite werden Rahmenbedingungen vorgegeben, die Wettbewerbsverzerrungen zumindest teilweise hintanhalten (zB Lohngefälle zwischen ländlichen Gebieten mit hoher Arbeitslosigkeit und städtischen Ballungszentren). 3/062

Der Kollektivvertrag hat schließlich einen ganz wesentlichen Anteil an der **Fortentwicklung des Arbeitsrechts**, da er ausgehend von den konkreten Bedürfnissen am Arbeitsmarkt eine Vorreiterrolle einnimmt und Weichenstellungen für zukünftige Gesetzesvorhaben vornimmt. Die Bedeutung des Kollektivvertrags für die bestehenden Rechtsnormen ist vor allem in seiner Funktion als **Konkretisierungs- und Auslegungshilfe** bezüglich gesetzlicher Bestimmungen (zB durch den Abschluss von ergänzenden Generalkollektivverträgen, s hiezu oben bzw 6.9.2.1.4) zu sehen, da davon ausgegangen werden kann, dass die Kollektivvertragsparteien, als am Wirtschaftsgeschehen unmittelbar Beteiligte, die Intentionen des sozialpolitischen Gesetzgebers am besten zum Ausdruck zu bringen vermögen. 3/063

Die hervorragende Bedeutung der kollektiven Rechtsgestaltung im Allgemeinen und des Kollektivvertrags im Besonderen führt letztlich dazu, dass die Anwendung und Absicherung der Arbeitsverhältnisse durch kollektive Normen als Interpretationsmaxime für das gesamte Arbeitsrecht angesehen werden kann (vgl insb hiezu 3.3.1.9).

3.3.1.2. Rechtsnatur und Auslegung

Nach überwiegender Auffassung kommt der Kollektivvertrag als privatrechtlicher Vertrag zustande. Ob die durch den Kollektivvertrag bewirkte Fremdbestimmung (zur Normwirkung vgl 3.3.1.9.1) mit rein privatrechtlichen Mitteln restlos erklärt werden kann, ist allerdings umstritten[75]. 3/064

Rechtstheoretische Erklärungsversuche stellen die „Fiktionstheorie" und die „Rechtsnormentheorie" dar[76]. Die **Fiktionstheorie** geht von einem privatrechtlichen Vertrag aus, der bei Abschluss der einzelnen individuellen Arbeitsverträge (fiktiv) mit vereinbart wird. Die Schwierigkeit dieser Ausdeutung liegt aber darin, dass die einzelnen Arbeitsvertragsparteien gegen ihren Willen zu gewissen (Kollektiv-)Vereinbarungen gezwungen werden, die dem Grundsatz der freien Willensbildung des Privatrechts zuwiderlaufen. Die **Rechtsnormentheorie** – die eine teils öffentlich-rechtliche, teils privatrechtliche Erklärung zur Be- 3/065

[73] Dazu etwa *Kietaibl*, Arbeitsrecht I (2013), 195.
[74] Allg vgl *Binder*, Die Kartellwirkung des Kollektivvertrages, in FS Koppensteiner (2001), 549.
[75] S insb *Strasser*, Kollektivvertrag und Verfassung (1968), 25 ff; *Schwarz*, Arbeitsrecht und Verfassung (1972), 19 ff mwN.
[76] Vgl dazu allg *Mayer-Maly*, Hauptprobleme des deutschen und des österreichischen Tarifvertragsrechts, in Mayer-Maly (Hrsg), Kollektivverträge in Europa – Conventions collectives de travail (1972), 159.

gründung der Normwirkung anführt[77] – billigt hingegen auch den kollektiven Verträgen das Recht zur Setzung genereller Normen zu. Der Kollektivvertrag ist daher trotz seines privatrechtlichen Charakters eine echte Rechtsnorm (Gesetz im materiellen Sinn)[78].

3/066 Die **verfassungsrechtlichen Bedenken**, die gegen die Rechtsetzungsbefugnis des Kollektivvertrags vorgebracht wurden[79], haben sich mittlerweile gelegt[80]. Sowohl der OGH als auch der VfGH haben in einer Stellungnahme zu einem Entwurf einer Bundesverfassungsgesetz-Novelle dargelegt[81], dass eine verfassungsrechtliche Absicherung des Kollektivvertrags nicht notwendig wäre.

Unterliegt der normative Teil des Kollektivvertrags dem Legalitätsprinzip des Art 18 B-VG, dann ergibt sich die Frage, ob die Regelungsbefugnis des Kollektivvertrags hinsichtlich der „gegenseitigen aus dem Arbeitsverhältnis entspringenden Rechte und Pflichten der Arbeitgeber und Arbeitnehmer" (§ 2 Abs 2 Z 2 ArbVG) als formalgesetzliche Delegation den verfassungsrechtlichen Anforderungen gerecht wird. Dies ist zu bejahen. Es ist zwar fraglich, ob dem Grundrecht der Vereinsfreiheit im Art 12 StGG im Allgemeinen und dem im Art 11 EMRK enthaltenen Koalitionsrecht (allg vgl 2.4) im Besonderen eine über die Institutionsgarantie hinausgehende Regelungsbefugnis der Arbeitsbedingungen innewohnt, doch ist grundsätzlich davon auszugehen, dass der Verfassung eine institutionelle und funktionelle Garantie gesellschaftlicher Repräsentation zu unterstellen ist, welche sowohl in der Einrichtung der gesetzlichen beruflichen Vertretungen als auch in der grundrechtlich verbürgten Koalitionsfreiheit ihren Niederschlag findet. Dem Begründungsakt durch Vertrag als einem typischen Instrument privatautonomer Rechtschöpfung entspricht ein Ausgleich divergierender wirtschaftlicher und sozialer Interessen, welcher einem außerhalb der hoheitlichen Rechtsetzung liegenden Ordnungsanliegen im Rahmen der garantierten Interessenvertretung adäquat ist[82].

3/067 Der Inhalt des Kollektivvertrags wird üblicherweise in einen schuldrechtlichen und in einen normativen Teil getrennt (vgl 3.3.1.9). Zum einen enthält er Abmachungen, die nur die beiden Kollektivvertragsparteien berechtigen und verpflichten (obligatorischer Teil), zum anderen enthält er Regeln, die den Charakter echter unmittelbar verbindlicher Rechtsetzung haben und als Gesetze im materiellen Sinn zu werten sind (normativer Teil). Der **schuldrechtliche (obligatorische) Teil** ist wie ein Vertrag nach den Bestimmungen der §§ 914 ff ABGB auszulegen. Aus der Rechtsnatur des **normativen Teils** des Kollektivvertrags wird seine Auslegung nach den Regeln der Gesetzesauslegung gefolgert (§§ 6 und 7 ABGB)[83].

---

77 S *Floretta*, Die Rechtsnatur der Quellen des kollektiven Arbeitsrechtes (Kollektivvertrag, Satzung, Betriebsvereinbarung), in Floretta/Kafka (Hrsg), Zur Rechtstheorie des kollektiven Arbeitsrechts (1970), 7 ff.

78 Vgl auch OGH 6. 12. 1977, 4 Ob 153/77, ZAS 1978, 227 mit Bespr v *Marhold* = Arb 9639; OGH 4. 11. 1980, 4 Ob 138/80, Arb 9914; aus rechtsvergleichender Sicht s *Rebhahn*, Zum Wirkungsbereich von Kollektivvereinbarungen des Arbeitslebens in den Rechtsordnungen der EU-Staaten, in FS Krejci (2001), 1637.

79 Dazu *Klecatsky*, Die kollektiven Mächte im Arbeitsleben und die Bundesverfassung, in Floretta/Strasser (Hrsg), Die kollektiven Mächte im Arbeitsleben (1963), 34.

80 Vgl *Schwarz*, Zum Ausklang eines Theorienstreites, DRdA 1972, 234.

81 Vgl *Cerny*, Stellungnahme des Obersten Gerichtshofes und des Verfassungsgerichtshofes zur Verfassungsmäßigkeit des Kollektivvertrages, DRdA 1972, 103.

82 Dazu *Schwarz*, Arbeitsrecht und Verfassung (1972), 27.

83 S etwa *Kuderna*, Zur Diskussion über die Auslegung kollektivrechtlicher Normen, ZAS 1981, 203; weiters OGH 3. 2. 1976, 4 Ob 84/75, DRdA 1976, 160 mit Bespr v *Wachter*; OGH 8. 11. 1977, 4 Ob 141/77, Arb 9653; OGH 18. 4. 1978, 4 Ob 25/78, DRdA 1979, 131 mit Bespr v *Firlei*; zu dieser E s auch *Steindl*, Auslegungsprobleme im Urlaubszuschußrecht, ZAS 1980, 43; OGH 3. 11. 1981, 4 Ob 123/81, Arb 10.062; OGH 19. 3. 1985, 4 Ob 27/85, Arb 10.447; OGH 12. 7. 1989, 9 ObA 153/89, DRdA 1990, 203 mit Bespr v *Mayer-Maly*; OGH 24. 4. 1991, 9 ObA 84/91, DRdA 1991, 452 mit Bespr v *Wachter*; OGH 30. 9. 1992,

Die Bestimmung des § 8 ABGB (authentische Auslegung), wonach nur dem Gesetzgeber die Macht zusteht, ein Gesetz auf eine allgemein verbindliche Art zu erklären, ist auf Kollektivverträge nicht unmittelbar anwendbar. Kollektivverträge können von den Kollektivvertragsparteien im Rahmen der für Kollektivverträge überhaupt geltenden Vorschriften interpretiert und abgeändert werden[84].

Im Zweifel ist jedenfalls bei der Auslegung von kollektivvertraglichen Bestimmungen davon auszugehen, dass die Kollektivvertragsparteien eine vernünftige, zweckentsprechende und praktisch durchführbare Regelung treffen wollten, verbunden mit einem Ausgleich der sozialen und wirtschaftlichen Interessen[85]. 3/068

Auf Ersuchen eines Gerichts oder einer Verwaltungsbehörde ist das Bundeseinigungsamt berufen, ein **Gutachten** über die Auslegung eines Kollektivvertrags abzugeben (§ 158 Abs 1 Z 2 ArbVG). 3/069

Bis zum Inkrafttreten des ASGG (1. 1. 1987) mussten Kollektivverträge unbeschadet ihrer Normqualität dem Gericht vorgelegt werden, dh es war nicht von dem Grundsatz auszugehen, dass dem **Richter Kollektivvertragsrecht** wie Gesetzesrecht **bekannt** ist („iura novit curia"). Nunmehr genügt es, in einem gerichtlichen Verfahren auf das Bestehen einschlägiger kollektivrechtlicher Normen (Kollektivverträge, Betriebsvereinbarungen) zu verweisen. Geschieht dies, dann hat das Gericht Geltung und Inhalt dieser Normen von Amts wegen zu ermitteln und zwar auch im Rechtsmittelverfahren (§ 43 Abs 3 ASGG). Zur Erleichterung der Arbeit der Gerichte legte die ArbVG-Novelle 1986 fest, dass das BM für soziale Verwaltung, nunmehr das BMASK, jedem für Arbeits- und Sozialrechtssachen zuständigen Gerichtshof eine Ausfertigung jedes hinterlegten Kollektivvertrags zu übermitteln hat (§ 14 Abs 4 ArbVG). 3/070

3.3.1.3. Form, Hinterlegung, Kundmachung und Auflegung im Betrieb

§ 2 Abs 1 ArbVG fordert in der Begriffsdefinition des Kollektivvertrags die **Schriftlichkeit** desselben. Die Schriftform und die Unterzeichnung durch die Vertragspartner bilden somit Voraussetzungen für die Rechtswirksamkeit des Kollektivvertrags[86]. 3/071

Jeder Kollektivvertrag ist nach seinem Abschluss unverzüglich von den daran beteiligten kollektivvertragsfähigen Körperschaften der Arbeitnehmer in zwei gleich lautenden Ausführungen beim BMASK **zu hinterlegen**. Kollektivverträge für Arbeitnehmer in der Land- und Forstwirtschaft – soweit das ArbVG für sie überhaupt gilt – sind in dreifacher Ausfertigung zu hinterlegen (§ 14 Abs 1 ArbVG). Wenngleich zur Hinterlegung in erster Linie die Inte- 3/072

---

9 ObA 603/92, DRdA 1993, 303 mit Bespr v *Eypeltauer*; OGH 16. 12. 1992, 9 ObA 247/92, ZAS 1993, 186 mit Bespr v *Strasser*; OGH 11. 8. 1993, 9 ObA 605/93, DRdA 1994, 244 mit Bespr v *B. Schwarz*; OGH 7. 6. 2001, 9 ObA 126/01x, DRdA 2002, 375 mit Bespr v *B. Schwarz*; OGH 23. 11. 2010, 8 ObA 76/10z, DRdA 2012, 396 mit Bespr v *Firneis/Runggaldier*.

[84] OGH 17. 12. 1968, 4 Ob 61/68, Arb 8586; zur authentischen Interpretation eines Kollektivvertrags s auch OGH 31. 8. 1988, 9 ObA 168/88, DRdA 1990, 447 mit Bespr v *Mayer-Maly* = ZAS 1991, 160 mit Bespr v *Schnorr*; dazu auch *Gerhartl*, Zur Interpretation von Kollektivverträgen und Betriebsvereinbarungen, RdW 2012, 415.

[85] Vgl zB OGH 1. 2. 1977, 4 Ob 2/77, Arb 9553; im Zusammenhang mit Aliquotierungsregeln OGH 5. 10. 2000, 8 ObA 175/00v, DRdA 2001, 427 mit Bespr v *Löschnigg*.

[86] S hiezu *Risak*, Schriftformgebote im Arbeitsrecht – Gesetz – KollV – BV – Vertrag, ZAS 2013, 52.

ressenvertretungen der Arbeitnehmer verpflichtet sind, so kann auch die Kollektivvertragspartei auf Seiten der Arbeitgeber die Hinterlegung durchführen (vgl § 14 Abs 2 ArbVG).

3/073 Die **Kundmachung** des Kollektivvertragsabschlusses hat das BMASK innerhalb einer Woche nach Hinterlegung durch Einschaltung im „Amtsblatt zur Wiener Zeitung" zu veranlassen. Die Kosten der Kundmachung sind von den vertragschließenden Parteien zu gleichen Teilen zu tragen (§ 14 Abs 3 ArbVG).

Nach erfolgter Kundmachung im „Amtsblatt zur Wiener Zeitung" hat das BMASK dem Hinterleger eine Ausfertigung des Kollektivvertrags mit Bestätigung der durchgeführten Hinterlegung und Bekanntgabe der Zahl, unter der der Kollektivvertrag im **Register für Kollektivverträge** eingetragen und im Kataster eingereiht wurde, sowie des Tages der Kundmachung im „Amtsblatt zur Wiener Zeitung" zurückzustellen. Bei Kollektivverträgen für Arbeitnehmer in der Land- und Forstwirtschaft, auf die das ArbVG Anwendung findet, ist eine Ausfertigung mit Bekanntgabe des Datums der Kundmachung im „Amtsblatt zur Wiener Zeitung" dem BM für Land- und Forstwirtschaft, Umwelt und Wasserwirtschaft vorzulegen. Eine Ausfertigung ist dem **Kataster der Kollektivverträge** einzuverleiben. Das BMASK hat jedem für **Arbeits- und Sozialrechtssachen zuständigen Gerichtshof** eine Ausfertigung des Kollektivvertrags mit Angabe des Datums seiner Kundmachung im „Amtsblatt zur Wiener Zeitung" und der Zahl, unter der der Kollektivvertrag im Register eingetragen und im Kataster des BMASK eingereiht wurde, unverzüglich zu übermitteln (§ 14 Abs 4 ArbVG).

Der Hinterleger eines Kollektivvertrags hat innerhalb von zwei Wochen nach Einlangen der Bestätigung des BMASK über die Hinterlegung des Kollektivvertrags je eine Ausfertigung desselben dem **Österreichischen Statistischen Zentralamt** in Wien und den nach dem Geltungsbereich des Kollektivvertrags in Betracht kommenden **gesetzlichen Interessenvertretungen der Arbeitgeber und Arbeitnehmer**, sofern diese nicht selbst vertragschließende Parteien sind, zu übermitteln. Diese Ausfertigungen sind mit der Zahl, unter der der Kollektivvertrag vom BMASK im Register für Kollektivverträge eingetragen und im Kataster eingereiht wurde, und mit dem Datum der Kundmachung im „Amtsblatt zur Wiener Zeitung" zu versehen. Auf diesen Exemplaren kann die Zeichnung der vertragschließenden Parteien auf mechanischem Weg wiedergegeben werden (§ 14 Abs 5 ArbVG).

3/074 Fehlt es an der Hinterlegung oder der ordnungsgemäßen Kundmachung, so kann der Kollektivvertrag seine unmittelbare Rechtsverbindlichkeit für die Arbeitnehmer und die Arbeitgeber nicht entfalten[87]. Die obligatorische Wirkung zwischen den vertragsabschließenden Parteien bleibt hievon unberührt.

3/075 Um den Arbeitnehmern einen leichteren Zugang zu den Kollektivverträgen zu ermöglichen, ist die **Auflegung** des Kollektivvertrags **im Betrieb** in einem für alle Arbeitnehmer zugänglichen Raum vorgeschrieben. Sie hat binnen drei Tagen nach dem Tag der Kundmachung des Kollektivvertrags zu erfolgen. In einer **Betriebskundmachung** ist darauf hinzuweisen und insb mitzuteilen, wo der Kollektivvertrag tatsächlich aufliegt (§ 15 ArbVG). Verletzt der Dienstgeber diese Pflicht, kann zwar die Bezirksverwaltungsbehörde auf Antrag des Betriebsrats Geldstrafen gem § 160 Abs 1 ArbVG bis zu € 2.180 aussprechen, die Gültigkeit des Kollektivvertrags oder die Anwendbarkeit desselben im Betrieb wird hiedurch jedoch nicht beeinträchtigt[88]. Die Pflicht zur Auflegung des Kollektivvertrags im Betrieb ist als reine Ordnungsvorschrift zu verstehen[89].

[87] Vgl VwGH 5. 6. 1968, 0265/68, Arb 8534.
[88] OGH 18. 5. 1982, 4 Ob 56/82, Arb 10.112.
[89] Vgl *Wachter*, Gedanken zur Publikation arbeitsrechtlicher Vorschriften im Betrieb, ZAS 1976, 168; zur Rechtslage vor dem ArbVG s *Haslinger*, Die Kundmachung des Kollektivvertrages im Betrieb, ZAS 1968, 129.

Dem Publizitätsgedanken am stärksten gerecht wird § 7 LSD-BG[90]. Dieser Bestimmung zufolge haben die Kollektivvertragsparteien die von ihnen abgeschlossenen Kollektivverträge **in elektronischer Form zugänglich** zu machen. Diese Aufgabe wird vor allem vom ÖGB mit seiner **Kollektivvertragsdatenbank**[91] wahrgenommen. 3/076

Die obigen Vorschriften über Form, Hinterlegung, Kundmachung und Auflegung sind auch dann einzuhalten, wenn ein Kollektivvertrag verlängert oder abgeändert wird (§ 16 ArbVG). 3/077

Unabhängig von den gesetzlichen Vorschriften (insb zur Auflegung des Kollektivvertrags im Betrieb) sehen mitunter Kollektivverträge eine Verpflichtung des Arbeitgebers vor, den anzuwendenden Kollektivvertrag jedem (neu eingestellten) Arbeitnehmer auch **auszuhändigen**. Als Obliegenheit des Arbeitgebers iSd § 2 Abs 2 Z 2 ArbVG (vgl 3.3.1.9.1 b) ist dies unmittelbar rechtsverbindlich. Eine unzulässige Ausweitung der Bestimmung des § 15 ArbVG kann darin nicht erblickt werden. 3/078

3.3.1.4. Kollektivvertragsfähigkeit

Die Fähigkeit, Kollektivverträge abzuschließen, beruht entweder unmittelbar auf Gesetz oder auf behördlicher Zuerkennung durch das Bundeseinigungsamt[92]. 3/079

3.3.1.4.1. Kollektivvertragsfähigkeit kraft Gesetzes

Zum Abschluss von Kollektivverträgen sind **ex lege** ermächtigt: 3/080

a) **Gesetzliche Interessenvertretungen der Arbeitgeber und der Arbeitnehmer**, sofern sie die Voraussetzung der Gegnerunabhängigkeit erfüllen und die Regelung von Arbeitsbedingungen in ihren Aufgabenbereich fällt (§ 4 Abs 1 ArbVG). Gesetzliche Interessenvertretungen sind die Kammern; diese sind durch besondere Gesetze begründete Körperschaften des öffentlichen Rechts (vgl 12.3). Die Zugehörigkeit zu den einzelnen Kammern ist zwingend festgelegt, sodass sich Personen, welche die Voraussetzungen erfüllen, der Mitgliedschaft nicht entziehen können (Pflichtmitgliedschaft)[93]. In aller Regel wird den Kammern ein Umlagerecht eingeräumt.

Gegnerunabhängigkeit bedeutet, dass die Willensbildung in der Vertretung der Arbeitgeber- oder der Arbeitnehmerinteressen gegenüber jeweils der anderen Seite unbeeinflusst und unabhängig erfolgen kann. Dies hat zur Folge, dass eine Doppelvertretung ausgeschlossen ist und die entsprechenden arbeitsrechtlichen Agenden von jeder gesetzlichen Interessenvertretung entweder nur für die Arbeitgeberseite oder nur für die Arbeitnehmerseite besorgt werden dürfen. Nur in besonderen Ausnahmefällen wird einer gesetzlichen Interessenvertre- 3/081

---

[90] Vgl *Schrank* in Schrank/V. Schrank/Lindmayr, Lohn- und Sozialdumping-Bekämpfungsgesetz (2017), § 7 Rz 13 ff.

[91] http://www.kollektivvertrag.at/cms/KV/KV_1/kollektivvertrag-suchen.

[92] Allg vgl *Rebhahn*, Kollektivvertragsfähigkeit und Erstreckung von Kollektivverträgen in rechtsvergleichender Sicht, DRdA 2001, 103; *Strasser* in Strasser/Jabornegg/Resch (Hrsg), ArbVG (Losebl), § 4 Rz 1; *Mosler* in Gahleitner/Mosler (Hrsg), Arbeitsverfassungsrecht, Bd 2^5 (2015), 113 ff; *Runggaldier* in Tomandl (Hrsg), ArbVG (Losebl), § 4 Rz 2.

[93] Vgl insb die Beiträge von *Funk*, *Korinek* und *Mayer-Maly*, in FS Schwarz (1991), 227, 255 und 275.

tung das Recht zustehen, auf Arbeitnehmerseite und auf Arbeitgeberseite Kollektivverträge abzuschließen. Es ist dies nur dann möglich, wenn die gesetzliche Interessenvertretung vom Gesetzgeber so organisiert ist, dass ihr sowohl Arbeitnehmer als auch Arbeitgeber angehören und sowohl die Arbeitnehmer als auch die Arbeitgeber innerhalb der Kammer in der **Willensbildung** voneinander vollständig **unabhängig** sind.

Dies ist kraft ausdrücklicher gesetzlicher Anordnung zB bei der Gruppe der Notare und der Gruppe der Notariatskandidaten innerhalb des Notariatskollegiums der Fall (§ 125 Abs 2 Z 4 Notariatsordnung). Nach dem ÄrzteG 1984 genügte hingegen die Gliederung der Ärztekammer den Erfordernissen der „Gegnerunabhängigkeit" nicht. Eine organisatorische Selbständigkeit zwischen selbständigen und angestellten Ärzten und eine entsprechende Freiheit der Willensbildung waren nicht gegeben[94]. Fraglich ist, ob das ÄrzteG 1998 diesbezüglich eine Änderung herbeigeführt hat. Die Kollektivvertragsfähigkeit auf Arbeitgeberseite steht auf Grund der ausdrücklichen gesetzlichen Erwähnung außer Streit (vgl §§ 66a, 84, 117b, 126 ÄrzteG 1998). Ob die Ärztekammer auch auf Arbeitnehmerseite kollektivvertragsfähig ist, muss aber nach wie vor als strittig angesehen werden[95].

Dieses Problem der Gegnerunabhängigkeit stellt sich bei allen Standeskammern, die sämtliche Angehörige eines Berufsstandes umfassen, gleichgültig, ob sie selbständig erwerbstätig oder als Arbeitnehmer tätig sind[96]. Lässt die einschlägige Organisationsvorschrift eine Vertretung der Arbeitnehmer- **und** der Arbeitgeberseite zu, so wird man verlangen müssen, dass die betreffende Körperschaft sich endgültig für eine der beiden Varianten entscheidet. Ein laufender Wechsel in der Vertretung sozialer Gegenspieler widerspricht dem Sinn des Gesetzes.

3/082 Zu den gesetzlichen **Interessenvertretungen der Arbeitnehmer** zählen die einzelnen Kammern für Arbeiter und Angestellte, die für den Bereich ihres Bundeslandes zuständig sind (vgl auch 12.3.1), die Bundeskammer für Arbeiter und Angestellte, deren Zuständigkeit sich über das gesamte Bundesgebiet erstreckt, sowie die in den meisten Bundesländern installierten Landarbeiterkammern für den Bereich der Land- und Forstwirtschaft.

3/083 Zu den gesetzlichen **Interessenvertretungen der Arbeitgeber** zählen in erster Linie die Wirtschaftskammern, deren Wirkungsbereich sich auf je ein Bundesland erstreckt, und die Wirtschaftskammer Österreich, die für das gesamte Bundesgebiet kompetent ist (vgl 12.3.2). Die Kollektivvertragsfähigkeit kommt nicht nur der Wirtschaftskammer Österreich, sondern jedenfalls auch den Landeskammern, den Fachgruppen und den Fachverbänden zu[97].

3/084 Die Kammern der freien Berufe (Ärzte-, Architekten- und Ingenieurkonsulenten-, Notariats-, Rechtsanwalts-, Apotheker-, Patentanwaltskammer usw; vgl 12.3.2.2) sind **Standeskammern**, denen grundsätzlich alle Personen angehören, die den gleichen Beruf ausüben, gleichgültig, ob als Arbeitgeber oder Arbeitnehmer. Es ist daher die innere Organisation im Hinblick auf die Gegnerunabhängigkeit genau zu prüfen (s oben).

---

[94] S 840 BlgNR 13. GP, 57; s auch OGH 24. 4. 1991, 9 ObA 610/90, DRdA 1991, 33 mit Bespr v *Jabornegg* = ZAS 1992, 27 mit Bespr v *Tomandl*.

[95] Bejahend *Stärker*, Zur Kollektivvertragsfähigkeit der Ärztekammern nach dem ÄrzteG 1998 – zugleich ein Beitrag zur Lehre von der Gegnerunabhängigkeit, ZAS 2001, 97; ablehnend *Aigner/Kierein/Kopetzki*, ÄrzteG 1998[3] (2007), § 66 Anm 10.

[96] Vgl *Goller*, Zur Kollektivvertragsfähigkeit der Standeskammern, ZAS 1972, 173; zur fehlenden Kollektivvertragsfähigkeit der Österreichischen Apothekerkammer vgl OGH 10. 2. 1993, 9 ObA 604/92, DRdA 1993, 482 mit Bespr v *Eypeltauer*.

[97] S § 3 WKG 1998; noch zum Handelskammergesetz 1946 s *Strasser* in Strasser/Jabornegg/Resch (Hrsg), ArbVG (Losebl), § 4 Rz 8; *Schrank*, Kollektivvertragsangehörigkeit und Handelskammermitgliedschaft, ZAS 1978, 129; *Tomandl* in Tomandl (Hrsg), ArbVG (Losebl), § 4 Rz 3.

In der Praxis werden Kollektivverträge auf Arbeitgeberseite von den zuständigen Kammern abgeschlossen, während auf Arbeitnehmerseite im Allgemeinen der Österreichische Gewerkschaftsbund bzw die einzelnen Fachgewerkschaften auftreten. 3/085

b) **Juristische Personen öffentlichen Rechts**, soweit sie nicht einer anderen kollektivvertragsfähigen Körperschaft angehören (§ 7 ArbVG). Es handelt sich hier um eine Kollektivvertragsfähigkeit auf Arbeitgeberseite, die dem einzelnen Arbeitgeber für die mit ihm abgeschlossenen Arbeitsverhältnisse eingeräumt wird. Diese Bestimmung stellt eine Ausnahme vom Grundsatz dar, dass sog „**Firmenkollektivverträge**" in Österreich nicht vorgesehen sind[98]. Mitunter wählt der Gesetzgeber aber auch den Weg, dass er losgelöst von § 7 ArbVG die Kollektivvertragsfähigkeit für gewisse **Unternehmen in Sondergesetzen** ausdrücklich zuerkennt (für die BAK zB in § 78 Abs 3 AKG, für den Österreichischen Rundfunk in § 48 Abs 5 ORF-G, für das Arbeitsmarktservice in § 54 Abs 1 AMSG). 3/086

c) **Sonstige Rechtsträger**, denen der Gesetzgeber die Kollektivvertragsfähigkeit ex lege gewährt. Die Kollektivvertragsfähigkeit kraft Sondergesetzgebung muss sich nicht nur auf ein Unternehmen und diesbezüglich auf die Arbeitgeberseite (vgl lit b) beschränken. So wird etwa – rechtspolitisch eher fragwürdig – durch das ORF-G dem Zentralbetriebsrat des ORF die Kollektivvertragsfähigkeit auf Arbeitnehmerseite zuerkannt. Das UG 2002 schafft einen eigenen Dachverband der Universitäten, der auf Arbeitgeberseite die Kollektivvertragsfähigkeit für die österreichischen Universitäten besitzt (vgl § 108 Abs 3 leg cit). 3/087

3.3.1.4.2. Kollektivvertragsfähigkeit kraft Zuerkennung

Kraft **Zuerkennung durch das Bundeseinigungsamt**[99] auf Antrag der betreffenden Körperschaft sind kollektivvertragsfähig: 3/088

a) **Freiwillige Berufsvereinigungen** der **Arbeitnehmer** und der **Arbeitgeber**, sofern sie bestimmte Kriterien erfüllen (vgl § 4 Abs 2 ArbVG). Gefordert wird, dass die Regelung von Arbeitsbedingungen in ihrem Statut festgelegt ist, sie in einem größeren räumlichen und fachlichen Wirkungsbereich tätig werden, ihnen auf Grund der Mitgliederzahl und des Tätigkeitsumfangs maßgebende wirtschaftliche Bedeutung zukommt und schließlich die Gegnerunabhängigkeit (vgl 3.3.1.4.1) sichergestellt ist[100]. 3/089

Unter **maßgebender wirtschaftlicher Bedeutung** ist zu verstehen, dass sich die Tätigkeit der Berufsvereinigung gesamtwirtschaftlich fühlbar auswirkt[101]. Bei Arbeitnehmerorganisationen kommt der Mitgliederzahl eine entscheidende Rolle zu. Eine maßgebende wirtschaftliche Bedeutung wurde von der Judikatur nicht angenommen, wenn die Berufsvereinigung nur rund ein Viertel der Berufs-

---

98 Allg zur Problematik von Firmenkollektivverträgen s *Klein*, Rechtspolitisches und Rechtsdogmatisches zum „unechten" Firmenkollektivvertrag, in FS Cerny (2001), 407.

99 *Tomandl*, Neue Fragen zur Verleihung und Aberkennung der KollV-Fähigkeit, in Kietaibl/Schörghofer/Schrammel (Hrsg), Rechtswissenschaft und Rechtskunde (2014), 177; zum Umfang der zuerkannten Kollektivvertragsfähigkeit s OGH 9. 5. 2007, 9 ObA 114/06i, DRdA 2008, 499 mit Bespr v *Weiß*.

100 S *Grillberger*, Voraussetzungen der Kollektivvertragsfähigkeit freier Berufsvereinigungen, ZAS 1984, 92; vgl auch *Martinek*, Bedeutungswandel bei den Voraussetzungen der Kollektivvertragsfähigkeit, in FS Rehor (1980), 171; *Resch*, Bemerkungen zur Kollektivvertragsfähigkeit und zur Kollektivvertragsunterworfenheit, JBl 1991, 762; *Schrammel*, Zur KollV-Fähigkeit freiwilliger Berufsvereinigungen, in Kietaibl/Schörghofer/Schrammel (Hrsg), Rechtswissenschaft und Rechtskunde (2014), 155; VwGH 23. 5. 1990, 89/01/0424, DRdA 1991, 281 mit Bespr v *Grillberger*.

101 Vgl OEA 18. 2. 1972, 14/OEA/1972, ZAS 1973, 113 mit Bespr v *Mayer-Maly*.

angehörigen vertritt[102], umso weniger, wenn die Mitglieder einer Vereinigung 1,2 % der Beschäftigten des statutenmäßigen Wirkungsbereichs ausmachen[103]. Der **räumliche Wirkungsbereich** muss nicht ganz Österreich umfassen. Beim „fachlichen Wirkungsbereich" ist zu prüfen, ob eine ausreichend große Gruppe von Dienstnehmern gebildet werden kann, die sich von anderen Dienstnehmern so hinreichend unterscheidet, dass eine „fachliche" Unterscheidung gerechtfertigt ist. Dies ist vor dem Hintergrund zu sehen, dass der Gesetzgeber eine Zersplitterung der Vertretung der Arbeitnehmerinteressen hintanhalten will[104].

3/090 Auf **Arbeitnehmerseite** ist die wichtigste freiwillige Berufsvereinigung, der die Kollektivvertragsfähigkeit zuerkannt wurde, der **Österreichische Gewerkschaftsbund** mit den diversen **Fachgewerkschaften** (vgl OEA 4. 9. 1947, 2/OEA/1947-8). Er ist ein ideeller Verein iS des VerG und somit juristische Person. Die Fachgewerkschaften besitzen rechtlich keine Selbständigkeit: Sie sind Organe des ÖGB und üben die Kollektivvertragsfähigkeit daher in dessen Namen aus[105].

3/091 Neben dem ÖGB existieren zwar noch einige weitere freiwillige Berufsvereinigungen auf Arbeitnehmerseite (zB Verband Angestellter Apotheker Österreichs, vormals: Pharmazeutischer Reichsverband), deren Relevanz jedoch eher gering ist.

3/092 Auf **Arbeitgeberseite** wurde eine Reihe freiwilliger Berufsvereinigungen installiert, als deren bedeutendste die **Vereinigung der Österreichischen Industrie** zu nennen ist (OEA 28. 3. 1950, „Wiener Zeitung" v 20. 4. 1950).

Daneben gibt es beispielsweise den Verband Österreichischer Zeitungen (OEA 10. 2. 1948, 1/OEA/1948-5), den Österreichischen Sparkassenverband (OEA 29. 4. 1948, 31/OEA/1948-5), den Verband Druck und Medientechnik (OEA 29. 4. 1948, 3/OEA/1948-6), den Dachverband für ambulante Alten- und Heimhilfe (BEA 25. 3. 1997, 12/BEA/1997-8) sowie die Sozialwirtschaft Österreich – Verband der österreichischen Sozial- und Gesundheitsunternehmen[106].

3/093 Die Kollektivvertragsfähigkeit richtet sich nach dem Bescheid des Bundeseinigungsamtes und damit nach der Sachlage, die zum Zeitpunkt der Bescheiderlassung für das BEA maßgeblich war. Die kollektivvertragsfähige Interessenvertretung hat es daher nicht in der Hand, ihre Kollektivvertragsfähigkeit durch Änderung ihrer Satzung/Statuten inhaltlich auszuweiten[107].

3/094 b) **Vereine**, sofern sie hinsichtlich ihrer Mitglieder- und Arbeitnehmerzahl sowie ihres Tätigkeitsumfanges eine **maßgebende Bedeutung** haben und nicht selbst einer kollektivvertragsfähigen Körperschaft angehören (§ 4 Abs 3 ArbVG; beispielsweise der Verein „Wiener

---

102 VwGH 13. 2. 1958, 3033/55, Arb 6830.

103 VwGH 24. 12. 1982, 01/3355/79, ZAS 1984, 110.

104 VwGH 28. 10. 2008, 2007/05/0001, DRdA 2010, 401 mit Bespr von *Weiß*; dazu auch VwGH 4. 9. 2013, 2011/08/0230, ASoK 2013, 454 mit Bespr v *Friedrich*.

105 Vgl OGH 12. 3. 1952, 1 Ob 203/52, SZ 25/64; OGH 14. 5. 1963, 8 Ob 75/63, ZAS 1966, 161 mit Bespr v *Bydlinski/Gschnitzer/Nipperdey* = Arb 7747; zur historischen Entwicklung dieser Situation vgl den Erlass v 18. 1. 1935 an das OEA, Amtliche Nachrichten des BM für soziale Verwaltung 1935, 6; zur Organisation des ÖGB s 12.2.1.1.3.

106 BEA 25. 3. 1997, 11/BEA/1997-16; weiters *Dittrich/Tades*, Arbeitsrecht (Losebl), § 5 ArbVG; zur Kollektivvertragsfähigkeit der österreichischen Fußball-Bundesliga vgl VwGH 28. 7. 1995, 95/02/0145, DRdA 1996, 215 mit Bespr v *Klein*.

107 OGH 9. 5. 2007, 9 ObA 114/06i, DRdA 2008, 499 mit Bespr v *Weiß*; hiezu weiters *Runggaldier*, Ist der Umfang der Kollektivvertragsfähigkeit statisch zu beurteilen?, RdW 2007, 541; aA *Friedrich*, Kollektivvertragsfähigkeit und Kollektivvertragszuständigkeit, ASoK 2006, 446; vgl etwa BEA 20. 1. 2010, BEA/4-3/2009, ARD 6027/1/2010 zur Kollektivvertragsfähigkeit der Gewerkschaft PRO-GE.

Symphoniker" [OEA 6. 12. 1984, 18/OEA/198413]). Hier handelt es sich um eine Kollektivvertragsfähigkeit auf Arbeitgeberseite, die – wie bei den juristischen Personen des öffentlichen Rechts (vgl 3.3.1.4.1 b) – eine Ausnahme vom Grundsatz darstellt, dass sog „Firmenkollektivverträge" in Österreich nicht vorgesehen sind.

Im Rahmen der **Zuerkennung** der Kollektivvertragsfähigkeit durch das Bundeseinigungsamt ist die zuständige gesetzliche Interessenvertretung anzuhören (vgl § 5 Abs 1 ArbVG). Die Entscheidung über die Zuerkennung der Kollektivvertragsfähigkeit ist im „Amtsblatt zur Wiener Zeitung" kundzumachen und dem BMASK sowie jedem für Arbeits- und Sozialrechtssachen zuständigen Gerichtshof zur Kenntnis zu bringen. Die Kosten der Kundmachung hat die freiwillige Berufsvereinigung (der Verein), der (dem) die Kollektivvertragsfähigkeit zuerkannt wurde, zu tragen (§ 5 Abs 2 ArbVG).

3.3.1.5. Fehlende Kollektivvertragsfähigkeit oder Verlust derselben

Schließen Interessenvertretungen der Arbeitgeber und der Arbeitnehmer Verträge ab, ohne 3/095
dass beide Parteien die Kollektivvertragsfähigkeit besitzen, so kommt ein gültiger Kollektivvertrag iS des ArbVG nicht zustande. Diesen von vornherein nichtigen „Kollektivverträgen" fehlt vor allem die Normwirkung des § 11 Abs 1 ArbVG (vgl 3.3.1.9). Die Arbeitnehmer können daher keine unmittelbaren Ansprüche daraus ableiten[108]. Gegebenenfalls ist hiedurch aber eine Ergänzung im Wege konkludenter Rechtsbegründung möglich. Analog zur sog freien Betriebsvereinbarung (vgl 3.3.4.8) kann man von einem **freien Kollektivvertrag** sprechen.

Freiwillige Berufsvereinigungen verlieren ihre Kollektivvertragsfähigkeit kraft **Aberkennung** durch das Bundeseinigungsamt (§ 5 Abs 3 ArbVG). Während die Zuerkennung 3/096
nur auf Antrag erfolgt, kann das Aberkennungsverfahren entweder auf Antrag oder von Amts wegen eingeleitet werden. Das bloße Wegfallen der Voraussetzungen für die Zuerkennung der Kollektivvertragsfähigkeit allein führt noch nicht zu deren Erlöschen. Die Zuerkennung und die Aberkennung der Kollektivvertragsfähigkeit haben daher konstitutiven Charakter[109].

Vereinen, die für ihre Arbeitnehmer selbst kollektivvertragsfähig sind (§ 4 3/097
Abs 3 ArbVG), wird auch im Falle einer Mitgliedschaft zu einer kollektivvertragsfähigen freiwilligen Berufsvereinigung oder gesetzlichen Interessenvertretung die Kollektivvertragsfähigkeit hinsichtlich der von der Mitgliedschaft betroffenen Arbeitnehmer abzuerkennen sein. § 5 Abs 3 ArbVG ist für den Wegfall sämtlicher Voraussetzungen von Relevanz. Ein durch den Beitritt zu einer entsprechenden Interessenvertretung automatisch eintretendes Erlöschen der Kollektivvertragsfähigkeit ist daher abzulehnen. Diese Ansicht folgt auch dem Grundsatz, dass eine einmal vom Bundeseinigungsamt zuerkannte Kollektivvertragsfähigkeit so lange aufrecht bleibt, bis sie wieder durch ein eigenes Verfahren aberkannt wird. Irrelevant ist aber, ob die Körperschaft, welcher der Verein beitritt, tatsächlich einen Kollektivvertrag abgeschlossen hat oder nicht. Die bloße Mitgliedschaft reicht aus, damit die

[108] Vgl OGH 7. 2. 1978, 4 Ob 139/77, DRdA 1979, 208 mit Bespr v *Migsch* = ZAS 1979, 96 mit Bespr v *Heinrich*.

[109] Zur Aberkennung der Kollektivvertragsfähigkeit des Österreichischen Roten Kreuzes durch den VwGH s VwGH 4. 9. 2013, 2011/08/0230, ASoK 2013, 454 mit Bespr v *Friedrich* = ZAS 2014, 80 mit Bespr v *Tomandl* = ARD 6373/6/2013.

Voraussetzung für die Kollektivvertragsfähigkeit nicht mehr vorliegt (zum rechtlichen Schicksal der von den Vereinen bereits abgeschlossenen Kollektivverträge vgl 3.3.1.10.2 e). Im Übrigen ist diesen Vereinen die Kollektivvertragsfähigkeit abzuerkennen, wenn sie vermöge der Zahl ihrer Mitglieder, des Umfangs ihrer Tätigkeit und der Zahl ihrer Arbeitnehmer keine maßgebende Bedeutung mehr haben.

3/098 **Bei juristischen Personen öffentlichen Rechts** führt deren Mitgliedschaft zu einer kollektivvertragsfähigen freiwilligen Berufsvereinigung oder gesetzlichen Interessenvertretung zum Verlust der Kollektivvertragsfähigkeit hinsichtlich aller ihrer von der Mitgliedschaft betroffenen Arbeitnehmer (vgl § 7 ArbVG). Im Gegensatz zu den oben erwähnten Vereinen basiert die Kollektivvertragsfähigkeit der juristischen Personen öffentlichen Rechts nicht auf einer Zuerkennung durch das Bundeseinigungsamt. Dementsprechend bedarf es keiner wie auch immer gearteten Aberkennung. Liegen die Voraussetzungen nicht mehr vor, so erlischt die Kollektivvertragsfähigkeit ex lege.

3/099 **Gesetzliche Interessenvertretungen** verlieren ihre Kollektivvertragsfähigkeit hinsichtlich der Mitglieder einer freiwilligen Berufsvereinigung, wenn letzterer die Kollektivvertragsfähigkeit zuerkannt wurde und sie einen Kollektivvertrag abschließt (§ 6 ArbVG: **Vorrang der freiwilligen Interessenvertretung**; zum rechtlichen Schicksal der von gesetzlichen Interessenvertretungen bereits abgeschlossenen Kollektivverträge vgl 3.3.1.10.2 e). Hinsichtlich der Nichtmitglieder der freiwilligen Berufsvereinigung bleibt die Kollektivvertragsfähigkeit der gesetzlichen Interessenvertretung aufrecht[110]. Entscheidendes Verlustkriterium ist demnach erst der tatsächliche Kollektivvertragsabschluss der freiwilligen Berufsvereinigung. Das bedeutet, dass die gesetzliche Interessenvertretung, solange dies nicht geschieht, auch hinsichtlich der Mitglieder der freiwilligen Berufsvereinigung die Kollektivvertragsfähigkeit behält. Wenn der Kollektivvertrag der freiwilligen Berufsvereinigung außer Kraft tritt, lebt die Kollektivvertragsfähigkeit der gesetzlichen Interessenvertretung wieder auf, da der Verlust nur für die Dauer der Kollektivvertragsgeltung eintritt. Allfällige von der gesetzlichen Interessenvertretung abgeschlossene und durch den Verlust der Kollektivvertragsfähigkeit **erloschene Kollektivverträge** treten jedoch nicht automatisch wieder in Wirksamkeit. Auch jene Kollektivverträge, die die gesetzliche Interessenvertretung während der Geltungsdauer des Kollektivvertrags der freiwilligen Berufsvereinigung für jene Arbeitnehmer, die nicht Mitglied des Interessenverbandes geworden sind, abgeschlossen hat, sind für die Mitglieder der freiwilligen Interessenvertretung nach Erlöschen ihres speziellen Kollektivvertrags nicht anwendbar. Ein „rückwirkendes Aufleben“ der Kollektivvertragsfähigkeit ist bei der derzeitigen gesetzlichen Konstruktion nicht vertretbar. Die Mitglieder der freiwilligen Interessenvertretung werden vielmehr von der Nachwirkung des Kollektivvertrags der freiwilligen Interessenvertretung erfasst. Schließt nach Erlöschen des Kollektivvertrags der freiwilligen Berufsvereinigung die gesetzliche Interessenvertretung im Rahmen ihrer wiedergewonnenen Kollektivvertragsfähigkeit einen neuen Kollektivvertrag ab, dann verdrängt

[110] Verfehlt ist die E des OGH 13. 9. 1989, 9 ObA 502/89, ZAS 1990, 168 mit krit Bespr v *Klein*, wonach die Kollektivvertragsfähigkeit der gesetzlichen Interessenvertretung auch hinsichtlich der sog Außenseiter verloren gehen soll, wenn die freiwillige Interessenvertretung einen Kollektivvertrag abschließt.

dieser wiederum die Nachwirkung des Kollektivvertrags der freiwilligen Interessenvertretung.

Eine besondere Konstruktion einer Vorrangstellung einer Interessenvertretung findet sich in § 108 Abs 4 UG 2002. Dieser Bestimmung zufolge kommt der Kollektivvertragsfähigkeit des Dachverbandes der Universitäten im Verhältnis zur Kollektivvertragsfähigkeit anderer Interessenvertretungen oder Berufsvereinigungen der Arbeitgeber Vorrang zu. Damit besitzt ausnahmsweise eine gesetzlich eingerichtete Interessenvertretung **Vorrang vor freiwilligen Interessenvertretungen**, denen die Universitäten auch beitreten könnten. Eine vergleichbare Vorrangregelung – bezogen aber auf die Arbeitgeber und nicht auf die Interessenvertretung – findet sich in § 19 Abs 3 PTSG, wonach der Post AG sowie der Telekom AG Priorität beim Kollektivvertragsabschluss zukommt. 3/100

Scheidet ein Mitglied aus der freiwilligen Berufsvereinigung aus, bleibt es gem § 8 Z 1 1. Fall ArbVG noch immer deren Kollektivvertrag unterworfen (vgl 3.3.1.7). 3/101

Wird ein Arbeitnehmer Mitglied einer freiwilligen Berufsvereinigung, nachdem diese einen Kollektivvertrag abgeschlossen hat, so wird er nunmehr von diesem Kollektivvertrag erfasst (§ 8 Z 1 2. Fall ArbVG). 3/102

Die Beurteilung der gesetzlichen Voraussetzungen für die Kollektivvertragsfähigkeit einer gesetzlichen Interessenvertretung obliegt im Gegensatz zu den freiwilligen Berufsvereinigungen nicht dem Bundeseinigungsamt. In einem konkreten Streitfall haben die Behörden dies vielmehr als Vorfrage zu prüfen[111]. Nach *Floretta/Spielbüchler/Strasser* (Arbeitsrecht II^4 [2001], 110) wäre auch eine zivilrechtliche Feststellungsklage zulässig.

3.3.1.6. Geltungsbereich eines Kollektivvertrags

Zu unterscheiden ist zwischen räumlichem, fachlichem, persönlichem und zeitlichem Geltungsbereich. 3/103

Der **räumliche Geltungsbereich** grenzt jenes Gebiet ab, in dem der Kollektivvertrag zur Anwendung kommt (zB ein Bundesland, mehrere Bundesländer, ganz Österreich). Selbst die Beschränkung auf ein oder mehrere Unternehmen wird als zulässig angesehen[112]. In einem solchen Fall liegt eine gewisse Ähnlichkeit zum Firmenkollektivvertrag vor. Der Unterschied besteht darin, dass zwei Organisationen einen Kollektivvertrag mit eingeschränktem Geltungsbereich abschließen, während beim echten Firmenkollektivvertrag der einzelne Arbeitgeber Kollektivvertragsfähigkeit besitzt und den Kollektivvertrag auch abschließt. 3/104

Der **fachliche Geltungsbereich** eines Kollektivvertrags erstreckt sich im heutigen Arbeitsrecht grundsätzlich auf Industrie- und Wirtschaftszweige (**Industrieverbandsprinzip, Industriegruppenprinzip**). Dies hat zur Konsequenz, dass die Organisationszugehörigkeit eines Arbeitgebers „fachlich“ maßgebend ist, sodass auf Arbeitnehmerseite verschiedene Berufe in einem bestimmten Industriezweig erfasst werden können. 3/105

---

[111] VwGH 8. 9. 1971, 195/71, DRdA 1972, 188 mit Bespr v *Martinek* = ZAS 1972, 189 mit Bespr v *Goller*.

[112] OGH 20. 5. 1998, 9 ObA 139/98a, DRdA 1999, 29 mit Bespr v *Runggaldier*; OGH 21. 12. 2000, 8 ObA 125/00s, DRdA 2001, 547 mit Bespr v *Weiß* = RdW 2001, 220 mit Bespr v *Runggaldier* = ARD 5220/13/2001; hiezu auch *Klein*, Rechtspolitisches und Rechtsdogmatisches zum „unechten“ Firmenkollektivvertrag, in FS Cerny (2001), 407.

Beispiel: Ein chemischer Betrieb beschäftigt neben Chemiearbeitern auch Schlosser, Maler und Anstreicher. Welcher Kollektivvertrag gilt für welche Arbeitnehmer? – Alle Berufssparten sind auf Grund des Industrieverbandsprinzips vom Kollektivvertrag für die Arbeiter in der chemischen Industrie erfasst.

3/106 Eine deutliche Durchbrechung erfährt das „Industrieverbandsprinzip" für die **Angestellten**, die in einer eigenen Gewerkschaft organisiert sind. Hier ist die Zugehörigkeit zur sozialen Gruppe der Angestellten mit dem fachlichen Geltungsbereich aufs Engste verknüpft. Konkret sieht die Rechtslage so aus, dass für die Angestellten der Industrie, des Handels sowie im Handwerk und Gewerbe, in der Dienstleistung, in Information und Consulting eigene Rahmenkollektivverträge abgeschlossen und diese durch eine große Zahl von besonderen Kollektivverträgen ergänzt werden.

3/107 Der **persönliche Geltungsbereich** bezeichnet jene Gruppen von Arbeitnehmern, die vom Kollektivvertrag erfasst werden sollen. Gem § 1 Abs 1 ArbVG sind die Bestimmungen über die kollektive Rechtsgestaltung auf Arbeitsverhältnisse aller Art, die auf einem privatrechtlichen Vertrag beruhen, anzuwenden. Es gilt somit grundsätzlich der allgemeine Arbeitnehmerbegriff des Arbeitsvertragsrechts[113].

3/108 Der **zeitliche Geltungsbereich** schließlich steckt die zeitliche Dauer des Kollektivvertrags ab (vgl 3.3.1.10).

3.3.1.7. Kollektivvertragsunterworfenheit

3/109 Der Terminus „Kollektivvertragsunterworfenheit" wird von der hL zutreffend als Überbegriff verwendet, der die sog **Kollektivvertragsangehörigkeit** und die **Außenseiterwirkung** umfasst[114].

3/110 § 8 Z 1 ArbVG zählt zum Kreis der Kollektivvertragsangehörigen jene Arbeitgeber und Arbeitnehmer, die zur Zeit des Kollektivvertragsabschlusses **Mitglieder der Kollektivvertragsparteien** waren[115] oder nach Abschluss werden. Dies bedeutet, dass der Austritt eines Arbeitgebers aus der kollektivvertragsabschließenden Interessenvertretung nichts an seiner Zugehörigkeit zum Kollektivvertrag ändert[116]. Wird der Arbeitgeber nach Austritt aus dem Arbeitgeberverband Mitglied einer anderen Interessenvertretung und schließt diese einen (neuen) Kollektivvertrag ab, dann ist der Arbeitgeber ab diesem Zeitpunkt dem neuen Kollektivvertrag angehörig.

---

[113] S 4.3.2.1; zu den einzelnen Ausnahmen vgl § 1 Abs 2 ArbVG; vgl *Runggaldier* in Tomandl (Hrsg), ArbVG (Losebl), § 1 Rz 12; s auch *Mosler*, Anwendung des kollektiven Arbeitsrechts auf arbeitnehmerähnlich beschäftigte Selbständige, DRdA 2012, 100.

[114] *Floretta/Spielbüchler/Strasser*, Arbeitsrecht II^4 (2001), 130; *Kietaibl*, Arbeitsrecht I (2013), 224 ff.

[115] Dazu *Schrammel*, Die Kollektivvertragsangehörigkeit gem § 8 Z 1 ArbVG, ZAS 1993, 5; *Wolf/Karner*, Kollektivvertragsunterworfenheit bei Verbandswechsel des Arbeitgebers, ecolex 1998, 498.

[116] Vgl OGH 4. 11. 1980, 4 Ob 138/80, DRdA 1981, 252; s weiters *Holzer*, Kollektivvertragsunterworfenheit des Arbeitgebers bei Verbandsaustritt und bei Betriebsübergang, in FS Schnorr (1988), 117; *Gahleitner*, Kollektivvertragswechsel durch Verbandsaustritt des Arbeitgebers, in FS Cerny (2001), 375; *Jabornegg*, Die Wahl des Kollektivvertrages durch den Arbeitgeber – eine Option des geltenden Arbeitsverfassungsrechts?, DRdA 2005, 107; noch zum G v 1919 über die Errichtung von Einigungsämtern und über kollektive Arbeitsverträge vgl EA Wr Neustadt 30. 4. 1920, Nr 22/20, GGSlg 3016; EA St. Pölten 20. 7. 1922, Reg I 135/22, GGSlg 3155.

Auf Arbeitnehmerseite ist die Kollektivvertragsangehörigkeit – wenn die jeweilige Fachgewerkschaft für den ÖGB den Kollektivvertrag abschließt – durch die Mitgliedschaft zum ÖGB gegeben und rechtlich unproblematisch. Die Kollektivvertragsangehörigkeit auf Arbeitgeberseite, die für die Anwendung des Kollektivvertrags entscheidend ist, hängt – wenn wie üblich die Wirtschaftskammer als Kollektivvertragspartei in Erscheinung tritt – von der Zuordnung des Unternehmens zu einer bestimmten Fachgruppe oder einem bestimmten Fachverband durch die Kammer in Verbindung mit dem Wortlaut der Gewerbeberechtigung ab[117]. 3/111

Eine gewisse Kontrolle dieser kammerinternen Zuordnung wird durch das **aufsichtsbehördliche Verfahren** gem § 137 WKG angestrebt, demzufolge ein von Gewerkschaft und Kammer paritätisch beschickter Ausschuss auf Länderebene und in weiterer Folge ein solcher auf Bundesebene eine Zuordnung vornehmen kann. Kommt ein Einvernehmen im Ausschuss bei der Bundeswirtschaftskammer nicht zustande, dann hat der zuständige Bundesminister eine Entscheidung zu treffen. Beschwerden an den VwGH bzw VfGH sind möglich, von der kollektivvertragsfähigen Körperschaft der Arbeitnehmer aber nur, wenn Unternehmen mit mehr als 250 Arbeitnehmern betroffen sind und Arbeitnehmerinteressen berührt werden (§ 138 ArbVG)[118]. Ob unabhängig von diesem Verfahren die Richtigkeit der Wirtschaftskammerzuordnung von den Arbeitsgerichten geprüft werden kann, ist strittig[119]. Der OGH[120] steht der gerichtlichen Überprüfung zu Unrecht eher ablehnend gegenüber. Selbst bewusst falsche Zuordnungen würden sich damit in kleinen und mittleren Unternehmungen jeglicher Rechtskontrolle entziehen, obwohl damit gravierende arbeitsrechtliche Folgen verbunden sind[121].

Von erheblicher Bedeutung ist in diesem Zusammenhang § 2 Abs 13 GewO, wonach Normen der kollektiven Rechtsgestaltung, die für Arbeitsverhältnisse zu Arbeitgebern gelten, welche ihre Tätigkeit auf Grund einer Gewerbeberechtigung ausüben, auch auf Arbeitsverhältnisse zu jenen Arbeitgebern anzuwenden sind, welche diese Tätigkeiten **ohne die erforderliche Gewerbeberechtigung** ausüben. Dies gilt nicht nur für den Fall, dass der Arbeitgeber über keinerlei Gewerbeberechtigung verfügt, sondern auch dann, wenn er eine Gewerbeberechtigung besitzt, die die ausgeübte Tätigkeit nicht abdeckt[122]. Insofern kann § 2 Abs 13 GewO als weiterer Tatbestand und besonderer Fall der Kollektivvertragsangehörigkeit verstanden werden[123]. 3/112

---

[117] Hiezu auch *Mosing*, Gewerberechtliche Probleme des § 9 ArbVG, DRdA 2013, 538.

[118] Vgl *Grießer*, Neues zur Überprüfung der Fachgruppenzugehörigkeit innerhalb der Wirtschaftskammer, DRdA 2001, 215.

[119] Überwiegend bejahend *B. Schwarz*, Zur Kollektivvertragsangehörigkeit von Arbeitgebern als Mitglieder gesetzlicher Interessenvertretungen, DRdA 1986, 379; *ders*, Rechtsfragen der Anwendung von Kollektivvertragsbestimmungen, DRdA 1994, 366; *Grießer*, Nochmals – Unrichtige Kollektivvertragsangehörigkeit auf Arbeitgeberseite, DRdA 1994, 1; *Rebhahn*, Amtshaftung wegen falscher Kollektivvertragsangehörigkeit, DRdA 1994, 124; *Resch*, Bemerkungen zur Kollektivvertragsfähigkeit und zur Kollektivvertragsangehörigkeit, JBl 1991, 775; *Floretta/Spielbüchler/Strasser*, Arbeitsrecht II[4] (2001), 132; überwiegend ablehnend *Schrank*, Kollektivvertragsangehörigkeit und Handelskammermitgliedschaft: Dargestellt am Beispiel der Industrie-Kollektivverträge, ZAS 1978, 129; *Marhold/Friedrich*, Österreichisches Arbeitsrecht[3] (2016), 485 f.

[120] OGH 19. 5. 1993, 9 ObA 13/93, DRdA 1994, 165; OGH 23. 5. 1996, 8 ObA 210/96, DRdA 1997, 299 mit Bespr v *Klein*; OGH 24. 4. 1997, 8 ObA 74/97h, ARD 4850/16/97; s aber VwGH 30. 9. 1985, 85/08/0018, VwSlgNF 11882/A.

[121] Nunmehr aber auch OGH 29. 8. 2002, 8 ObA 192/01w, DRdA 2003, 346 mit Bespr v *Resch* = ARD 5390/1/2003.

[122] S dazu OGH 26. 11. 2013, 9 ObA 141/13w, ASoK 2014, 184 mit Bespr v *Andréewitch* = infas 2014, A 40; zur Frage der Zugehörigkeit zu „Gewerbe" oder „Industrie" s jedoch OGH 29. 8. 2002, 8 ObA 192/01w, DRdA 2003, 346 mit Bespr v *Resch*.

[123] OGH 14. 5. 1997, 9 ObA 131/97y, DRdA 1998, 110 mit Bespr v *Resch* = ZAS 1998, 117 mit Bespr v *Andexlinger*.

3.3.1.7. Kollektivvertrag

3/113 **Ändert** sich die Mitgliedschaft des Arbeitgebers bezüglich der Kollektivvertragspartei, so gilt jener Kollektivvertrag, dessen Kollektivvertragspartei der Arbeitgeber tatsächlich angehört[124].

Beispiel: Ein Unternehmer ändert seine Betriebsweise von einer gewerblichen zu einer industriellen. Er wechselt daher von der Sparte Gewerbe und Handwerk der Wirtschaftskammer in die Sparte Industrie. Die Sparten haben unterschiedliche Kollektivverträge abgeschlossen. – Nach dem Wechsel der Spartenzugehörigkeit gilt für die Arbeitnehmer ausschließlich der Industriekollektivvertrag ohne Rücksichtnahme auf Günstigkeitsüberlegungen.

3/114 Ein **Wechsel der Kollektivvertragsangehörigkeit** führt aber nicht immer zum Verlust der Ansprüche aus dem vorangegangenen Kollektivvertrag. So sieht § 4 Abs 2 AVRAG vor, dass durch den Wechsel der Kollektivvertragsangehörigkeit infolge eines **Betriebsübergangs** das dem Arbeitnehmer vor Betriebsübergang gebührende kollektivvertragliche Entgelt nicht geschmälert werden darf (allg zum Betriebsübergang vgl 9.2). Kollektivvertragliche Regelungen über den Bestandsschutz des Arbeitsverhältnisses werden Inhalt des Arbeitsvertrags zwischen Arbeitnehmer und Erwerber, wenn das Unternehmen des Veräußerers im Zusammenhang mit dem Betriebsübergang nicht weiter besteht. Die zuletzt genannte Lösung ist auch bei Pensionskassenregelungen vorgesehen. Kommt es durch den Kollektivvertragswechsel zu einem Wegfall der kollektivvertraglichen **Pensionskassenzusage**, werden diese Regelungen gem § 3 Abs 1b BPG Inhalt des Arbeitsvertrags des Anwartschaftsberechtigten.

3/115 Kollektivvertragsangehörig sind ferner innerhalb des räumlichen, fachlichen und persönlichen Geltungsbereichs des Kollektivvertrags Arbeitgeber, auf die der Betrieb oder ein Teil des Betriebs eines Arbeitgebers, der Mitglied einer Kollektivvertragspartei war oder noch ist, übergeht (**§ 8 Z 2 ArbVG**). Damit soll im Falle des **Betriebsübergangs** die Weitergeltung des Kollektivvertrags auch dann gesichert sein, wenn der Erwerber des Betriebs auf Arbeitgeberseite nicht kollektivvertragsangehörig ist. Dies gilt auch für den Fall, dass der Kollektivvertrag nur mehr im Wege der Nachwirkung (vgl 3.3.1.10.3) zur Anwendung kommt. Die Anwendung des § 8 Z 2 ArbVG ist jedoch **ausgeschlossen**, wenn der Erwerber selbst gem § 8 Z 1 ArbVG kollektivvertragsangehörig ist[125]. In diesem Fall ist jener Kollektivvertrag heranzuziehen, dessen Kollektivvertragspartei der neue Betriebsinhaber angehört.

3/116 Nach hM treten die Rechtsfolgen des § 8 Z 2 ArbVG nicht ein, wenn der Veräußerer selbst nur gem § 8 Z 2 ArbVG kollektivvertragsangehörig war[126]. Zu beachten ist hiebei jedoch die Bestimmung des § 4 Abs 1 AVRAG, die die Aufrechterhaltung der kollektivvertraglichen Arbeitsbedingungen auch nach mehrfachem Betriebsübergang gewährleistet (vgl 9.2.2).

---

[124] Vgl OGH 28. 6. 1976, 4 Ob 40/76, ZAS 1977, 212 mit Bespr v *Tomandl*; OGH 4. 11. 1980, 4 Ob 138/80, Arb 9914; OGH 11. 5. 1988, 9 ObA 501/88, DRdA 1990, 344 mit Bespr v *B. Schwarz*; teilweise wird in diesen Fällen aber auch eine analoge Anwendung der Bestimmungen zum Betriebsübergang vertreten, s insb *Jabornegg*, Kollektivvertragswechsel und Arbeitnehmerschutz, in FS Cerny (2001), 404.

[125] Vgl auch *Pfeil* in Gahleitner/Mosler (Hrsg), Arbeitsverfassungsrecht, Bd 2^5 (2015), 163 ff; s *Runggaldier* in Tomandl (Hrsg), ArbVG (Losebl), § 8 Rz 7–9; *Schneller*, Betriebsübergang, Kollektivvertragswechsel und Vertrauensschutz, DRdA 2011, 3.

[126] *Floretta/Spielbüchler/Strasser*, Arbeitsrecht II^4 (2001), 136; Näheres hiezu s *Holzer*, Kollektivvertragsunterworfenheit des Arbeitgebers bei Verbandsaustritt und bei Betriebsübergang, in FS Schnorr (1988), 117.

Eine dritte Form der Kollektivvertragsangehörigkeit ergibt sich durch die Schaffung sog **verbundener Gewerbe** in der GewO 1994. Es handelt sich hiebei um Gewerbe, die sich aus zwei oder mehreren Gewerben zusammensetzen und in der GewO 1994 ausdrücklich als solche bezeichnet werden (§ 6 leg cit; zB Gärtner und Blumenbinder bzw Floristen oder Tischler, Modellbauer, Bootbauer, Binder, Drechsler und Bildhauer). Erbringt ein Arbeitgeber im Rahmen eines verbundenen Gewerbes fachübergreifende Leistungen, dann kommt für die Arbeitnehmer der Kollektivvertrag des jeweils ausgeübten Wirtschaftsbereiches zur Anwendung und zwar, weil der Arbeitgeber Mitglied der kollektivvertragsabschließenden Partei und damit kollektivvertragsangehörig (§ 8 Z 1 und 2 ArbVG; s oben) ist oder auf Grund von § 8 Z 3 ArbVG. 3/117

Es ist ein Spezifikum des österreichischen Kollektivvertragsrechts, dass sich die Rechtswirkung der Kollektivverträge auf Arbeitnehmerseite über die Kollektivvertragsangehörigkeit hinaus erstreckt. Gem § 12 Abs 1 ArbVG sind auch jene Arbeitnehmer, die nicht Mitglieder der auf Arbeitnehmerseite beteiligten Kollektivvertragsparteien sind, von den Rechtswirkungen eines Kollektivvertrags erfasst (**Außenseiterwirkung**). Damit gelten zB die Kollektivverträge, die von der Gewerkschaft abgeschlossen werden, auch für gewerkschaftlich nicht organisierte Arbeitnehmer, sofern für diese nicht ein Kollektivvertrag einer gesetzlichen Interessenvertretung gilt. 3/118

Die **Bedeutung** der Außenseiterwirkung ist darin zu sehen, dass durch die Regelungsbefugnis zur Schaffung von Mindestarbeitsbedingungen kein indirekter Zwang zur Mitgliedschaft zu den freiwilligen Berufsvereinigungen ausgeübt werden soll. Gleichzeitig soll damit aber verhindert werden, dass insb im Falle eines depressiven Konjunkturverlaufs die organisierten Arbeitnehmer von den nicht-organisierten vor allem lohnmäßig unterboten werden.

Die Außenseiterwirkung setzt in gewisser Weise voraus, dass die vom Kollektivvertrag erfassten Arbeitnehmer der Berufsvereinigung beitreten können oder nicht. Eine Außenseiterwirkung ist daher bei Kollektivverträgen, die von den gesetzlichen Arbeitnehmervertretungen abgeschlossen werden, nicht denkbar, weil dort Pflichtmitgliedschaft besteht. Die Kollektivvertragsangehörigkeit wird durch die gesetzliche Umschreibung des Umfangs der Pflichtmitgliedschaft endgültig fixiert. 3/119

Beispiel: Ein Kollektivvertrag wird auf Arbeitnehmerseite von der Gewerkschaft der Privatangestellten abgeschlossen. Ein leitender Angestellter ist zwar nicht Mitglied der Gewerkschaft, wird aber vom Kollektivvertrag über die Außenseiterwirkung erfasst. Den Statuten des ÖGB zufolge könnte er diesem aber auch ohne weiteres beitreten. Ändert sich die rechtliche Situation, wenn nicht die Gewerkschaft, sondern die gesetzliche Interessenvertretung Kollektivvertragspartei wäre? – Würde der Kollektivvertrag auf Arbeitnehmerseite von der gesetzlichen Interessenvertretung (dh von der Kammer für Arbeiter und Angestellte) abgeschlossen, so käme er auf das Arbeitsverhältnis des leitenden Angestellten überhaupt nicht zur Anwendung. Leitende Angestellte, denen dauernd maßgebender Einfluss auf die Führung eines Unternehmens zusteht, sind nämlich gem § 10 Abs 2 Z 2 AKG ausdrücklich von der Kammerzugehörigkeit ausgenommen. Da eine Mitgliedschaft gesetzlich ausgeschlossen ist, wird eine Außenseiterwirkung auf diese Arbeitnehmer wohl nicht zu vertreten sein.

Die **Außenseiterwirkung** wird durch einen späteren Kollektivvertrag für dessen Geltungsbereich aufgehoben (§ 12 Abs 2 ArbVG; vgl 3.3.1.8.1 c). 3/120

Theoretisch wäre auch eine gesetzlich vorgesehene **Außenseiterwirkung auf Arbeitgeberseite** denkbar, wenn der Arbeitgeber keinen der Tatbestände des § 8 ArbVG erfüllt hat. Für diese Fälle normiert das Gesetz jedoch keine Außenseiterwirkung. Ansatzpunkte für eine entsprechende Analogie bietet das ArbVG nicht[127].

Durch die Tatsache, dass in Österreich Kollektivverträge auf Arbeitgeberseite im Allgemeinen von der gesetzlichen Interessenvertretung abgeschlossen werden, ist dieses Problem weitgehend entschärft. Im Übrigen wurde durch das Rechtsinstitut der **Satzung** (vgl 3.3.2) sowie § 4 Abs 1 AVRAG (vgl 9.2.2) ein Ausgleich für die fehlende Arbeitgeberaußenseiterwirkung geschaffen.

3.3.1.8. Kollision von Kollektivverträgen

3.3.1.8.1. Kollision von Kollektivverträgen

3/121 Wenn für ein Arbeitsverhältnis die Anwendung von mehr als einem Kollektivvertrag in Betracht kommt, so taucht die Frage auf, welcher von ihnen maßgeblich ist. In Bezug auf das Arbeitsverhältnis ist ausschließlich vom **Grundsatz der Tarifeinheit** auszugehen. Das bedeutet, dass auf ein und dasselbe Arbeitsverhältnis nur ein Kollektivvertrag anzuwenden ist[128]. Da mit den allgemeinen Derogationsregeln (vgl 3.2.3) das Auslangen nicht gefunden werden kann, sieht das ArbVG in den §§ 9 und 10 Lösungsmechanismen vor, die zumindest die häufigsten Kollisionsfälle beheben können.

3/122 Prinzipiell sind folgende Kollisionstatbestände denkbar:

a) Ein Arbeitgeber ist kraft Gesetzes **mehrfach kammerzugehörig**, weil er fachlich verschiedene Tätigkeiten ausübt, wobei jede Fachorganisation einen eigenen Kollektivvertrag abgeschlossen hat[129].

3/123 Bei Lösung derartiger Kollisionsfälle ist primär zu prüfen, ob sich die Mehrfachmitgliedschaft auf einen Betrieb (zum Betriebsbegriff vgl 4.4.2.1) oder auf mehrere Betriebe bezieht. Trifft letzteres zu, dann kommt auf die Arbeitnehmer der jeweilige, dem einzelnen Betrieb in fachlicher und örtlicher Beziehung entsprechende Kollektivvertrag zur Anwendung (§ 9 Abs 1 ArbVG). Tarifeinheit in Bezug auf einen Arbeitgeber existiert demnach nicht. Es kann vielmehr zur sog Tarifvielfalt kommen. Dasselbe gilt sinngemäß auch für den ersten Fall, wenn sich die einzelnen fachlich gestreuten Tätigkeiten des Arbeitgebers **organisatorisch abgrenzbaren Bereichen**[130], seien es Haupt- oder Nebenbetriebe oder Betriebsabteilungen, zuordnen lassen[131]. Tarifeinheit in Bezug auf einen Betrieb ist somit bei Zutreffen obiger Kriterien ebenfalls nicht gegeben.

3/124 Lässt sich jedoch eine organisatorische Abgrenzung innerhalb eines Betriebs (Mischbetrieb) nicht ziehen, so soll sehr wohl der Grundsatz der Tarifeinheit zum Tragen kommen. Gem § 9 Abs 3 ArbVG findet nämlich für die gesamte Belegschaft jener Kollektivvertrag Anwendung, der für den Wirtschaftsbereich gilt, der für den Betrieb die **maßgebliche wirtschaftliche Bedeutung** hat[132]. Um diese festzustellen, kann eine **Betriebsvereinbarung** abgeschlossen werden (ausführlich hiezu 11.5.1.11). Lässt sich die maßgebliche wirtschaftliche

---

[127] OGH 10. 9. 1985, 4 Ob 96/85, RdW 1986, 53.

[128] S zB OGH 28. 6. 1976, 4 Ob 40/76, ZAS 1977, 212 mit Bespr v *Tomandl.*

[129] Vgl zB *Mosing*, Gewerberechtliche Probleme des § 9 ArbVG, DRdA 2013, 538.

[130] VwGH 29. 6. 2005, 2001/08/0129, DRdA 2006, 376 mit Bespr v *Schindler.*

[131] § 9 Abs 2 ArbVG; vgl OGH 21. 10. 1998, 9 ObA 235/98v, DRdA 1999, 308 mit Bespr v *Weiß.*

[132] Dazu OGH 12. 9. 1990, 9 ObA 194/90, DRdA 1991, 316 mit Bespr v *Resch*; OGH 24. 11. 2010, 9 ObA 46/10w, ZAS 2011, 336 mit Bespr v *Spitzl/Schrittwieser.*

Bedeutung nicht eruieren und fehlt auch eine Betriebsvereinbarung, so findet der Kollektivvertrag jenes fachlichen Wirtschaftsbereichs Anwendung, dessen Geltungsbereich auf Branchenebene die **größere Arbeitnehmerzahl** erfasst (§ 9 Abs 4 ArbVG). Die Anzahl der Arbeitnehmer, die im konkreten Betrieb in diesem Wirtschaftszweig arbeiten, ist irrelevant.

b) Da der Grundsatz der Tarifeinheit in Bezug auf einen Arbeitgeber nicht und in Bezug auf einen Betrieb nur teilweise verwirklicht ist (vgl a), löst der Tatbestand, dass ein **Arbeitnehmer in mehreren Betrieben** oder organisatorisch abgrenzbaren Bereichen eines Betriebs tätig ist, deren fachliche Zuordnung differiert, einen Kollisionsfall aus. Gem § 10 Abs 1 ArbVG entscheidet die **überwiegend ausgeübte Beschäftigung**, welcher Kollektivvertrag zur Anwendung gelangt[133]. Versagt dieses Kriterium wegen gleichmäßiger Beschäftigung, so kommt jener Kollektivvertrag zum Tragen, der auf **Branchenebene die größere Arbeitnehmerzahl** erfasst[134]. 3/125

Beispiel: Ein Arbeitnehmer arbeitet täglich vier Stunden in der Metalldruckerei und vier Stunden in der Tischlerei der „Stahl- und Holzindustrie AG" als Maler und Anstreicher. Der kollektivvertragliche Stundenlohn nach dem Metallarbeiter-Kollektivvertrag beträgt € 9, der nach dem Kollektivvertrag für die Holzindustrie € 8,80. Wie ist der Arbeitnehmer zu entlohnen? – Da der Arbeitnehmer in beiden Bereichen umfangmäßig gleich beschäftigt wird, entscheidet der Kollektivvertrag mit der größeren Anzahl an Arbeitnehmern. Dies ist eindeutig jener der Metallarbeiter. Dem Arbeitnehmer stehen daher € 9 an Stundenlohn zu.

c) Denkbar ist auch eine sog **Außenseiterkollision**, deren Bedeutung jedoch eher theoretischer Natur ist. Schließen auf Arbeitnehmerseite zwei freiwillige Berufsvereinigungen mit dem nämlichen Arbeitgeberverband Kollektivverträge identen Geltungsbereichs ab, so taucht die Frage auf, welchem Kollektivvertrag Arbeitnehmer unterliegen, die keiner der beiden Berufsvereinigungen als Mitglieder angehören. Auf Grund der Bestimmung des § 12 Abs 2 ArbVG kann der Schluss gezogen werden, dass dem zeitlich vorher abgeschlossenen Kollektivvertrag die Außenseiterwirkung zukommt, weil der spätere nur die Mitglieder erfasst[135]. 3/126

Beispiel: Die gesetzliche Arbeitgeberinteressenvertretung schließt zuerst mit dem ÖGB und zwei Monate später mit einem anderen Interessenverband einen Kollektivvertrag mit demselben fachlichen Geltungsbereich ab. Ein Arbeitnehmer ist weder Mitglied der zuständigen Gewerkschaft noch Mitglied des Interessenverbandes. Welcher Kollektivvertrag gilt für ihn? – Der Arbeitnehmer wird durch die Außenseiterwirkung des ersten Kollektivvertrags erfasst. Der später vom Interessenverband abgeschlossene Kollektivvertrag kommt für ihn nicht mehr in Betracht, weil er nicht dessen Mitglied ist. Tritt der **zuerst abgeschlossene Kollektivvertrag außer Kraft**, so ergibt sich die Frage, ob die Nachwirkung des ersten Kollektivvertrags in seinem Geltungsbereich eintritt oder ob nunmehr die Außenseiterwirkung des späteren Kollektivvertrags überwiegt. Letzteres ist zu bejahen, weil die Rechtswirkung eines in Kraft stehenden Kollektivvertrags stärker ist als die bloße Nachwirkung eines außer Kraft getretenen (zur Nachwirkung vgl 3.3.1.10.3).

d) Ein **Arbeitgeber ist Mitglied** von **mehr als einer freiwilligen Berufsvereinigung**, wobei jede einen Kollektivvertrag mit der Interessenvertretung der Arbeitnehmerseite abgeschlos- 3/127

---

133 Vgl noch zum KVG OGH 12. 10. 1971, 4 Ob 86/71, DRdA 1973, 74 mit Bespr v *Dirschmied*.
134 § 10 Abs 2 ArbVG; allg hiezu s *Resch*, Grenzen der Tarifeinheit nach § 10 ArbVG, DRdA 1992, 114.
135 S *Strasser* in Strasser/Jabornegg/Resch (Hrsg), ArbVG (Losebl), § 12 Rz 10; *Pfeil* in Gahleitner/Mosler (Hrsg), Arbeitsverfassungsrecht, Bd 2[5] (2015), 193.

sen hat. In diesem Fall sind die Kriterien des § 9 ArbVG zu prüfen (vgl a). Liegen getrennte Betriebe oder organisatorisch und fachlich abgegrenzte Betriebsabteilungen vor, so findet der in fachlicher und örtlicher Hinsicht entsprechende Kollektivvertrag Anwendung (Tarifvielfalt). Mangelt es an einer derartigen Trennung, so gilt jener Kollektivvertrag, der für den Betrieb die maßgebliche wirtschaftliche Bedeutung hat (Tarifeinheit). Diese kann durch Betriebsvereinbarung festgestellt werden (vgl 11.5.1.11). Lässt sich eine maßgebliche wirtschaftliche Bedeutung nicht bestimmen, so kommt jener Kollektivvertrag, der auf überbetrieblicher Ebene die größere Anzahl von Arbeitnehmern erfasst, zum Tragen (Tarifeinheit)[136].

3.3.1.8.2. Kollision mit Satzung und Mindestlohntarif

3/128 Kommt es auf Grund der Unternehmenszwecke bzw der fachlichen Tätigkeitsbereiche des Arbeitsgebers zur Anwendung unterschiedlicher Typen von Normen des kollektiven Arbeitsrechts (Kollektivvertrag, Satzung, Mindestlohntarif), dann sind die Bestimmungen der §§ 9, 10 ArbVG zur Kollektivvertragskollision (s 3.3.1.8.1) analog heranzuziehen[137].

Beispiel: Ein Arbeitgeber betreibt eine „Seniorenpension". In erster Linie werden Senioren betreut und gepflegt. Auf Grund dieser Tätigkeit käme für den Arbeitgeber die Satzung des SWÖ-KV zur Anwendung. Hinsichtlich der Ausschank von Getränken in der Seniorenpension – die Lokalität ist auch öffentlich zugängig – ist der Arbeitgeber Mitglied der Wirtschaftskammer und hat auch eine Konzession für das Hotel- und Gastgewerbe. Eine organisatorische Trennung zwischen Seniorenbetreuung und Getränkeausschank liegt nicht vor (Mischbetrieb). Kommt für die Seniorenpension der KV für das Hotel- und Gastgewerbe oder die Satzung des SWÖ-KV zur Anwendung? – Da die maßgebende wirtschaftliche Bedeutung für die Seniorenpension im Pflegebereich liegt, kommt für sämtliche Arbeitsverhältnisse in der Seniorenpension gem § 9 Abs 3 ArbVG die Satzung des SWÖ-KV zum Tragen.

3.3.1.8.3. Kollektivvertragsfreier Betrieb(sbereich)

3/129 Verfügt ein Arbeitgeber über **zwei Betriebe oder über Haupt- oder Nebenbetriebe bzw mehrere selbständige Betriebsabteilungen**, von denen jedoch nur einer einem Kollektivvertrag unterfällt, scheidet eine unmittelbare Anwendung des § 9 Abs 1 und Abs 2 ArbVG mangels mehrfacher Kollektivvertragsangehörigkeit aus. Allerdings wird eine analoge Anwendung dieser Vorschriften befürwortet, sodass der **Grundsatz der fachlichen Adäquanz** zum Tragen kommt. Dies bedeutet, dass nur in jenen Betrieben oder selbständigen Betriebsabteilungen, für die ein fachlich entsprechender Kollektivvertrag existiert, dieser auch zur Anwendung kommt, während jene Betriebe oder selbständige Betriebsabteilungen, denen fachlich kein Kollektivvertrag entspricht, kollektivvertragsfrei bleiben[138].

---

[136] *Tomandl*, Zur Problematik des kollektivvertragsfreien Raums, ZAS 1995, 152; s weiters *Strasser*, Zur Kollektivvertragsgeltung im Mischbetrieb mit überwiegendem kollektivvertragsfreien Bereich, in FS Krejci (2001), 1693; *Weiß*, Tarifeinheit oder Tarifvielfalt im ungegliederten Mischbetrieb, JBl 1999, 781; OGH 25. 1. 2006, 9 ObA 139/05i, DRdA 2007, 334 mit Bespr v *Kallab* = ZAS 2007, 29 mit Bespr v *Friedrich*.

[137] Vgl OGH 24. 11. 2010, 9 ObA 11/10y, DRdA 2012, 400 mit Bespr v *Jabornegg* = ARD 6115/1/2011 = infas 2011, A 23; OGH 26. 11. 2013, 9 ObA 91/13t, ARD 6386/7/2014 = infas 2014, A 27 = RdW 2014, 284.

[138] OGH 13. 10. 1993, 9 ObA 63/93, ecolex 1994, 112; OGH 31. 8. 1994, 8 ObA 222/94, ZAS 1995, 152 mit Bespr v *Tomandl* = ARD 4619/15/95.

Beispiel 1: Eine GmbH betreibt einen Industriebetrieb A und einen Betrieb B, für den kein Kollektivvertrag maßgeblich ist. – Für den Industriebetrieb A gilt der entsprechende Industrie-KV. Im Betrieb B wird kein KV angewandt.

Handelt es sich nicht um organisatorisch getrennte Einheiten (s oben), sondern um einen betriebsverfassungsrechtlichen Mischbetrieb (dh um eine organisatorische Einheit mit Tätigkeiten, die unterschiedlichen Gewerbeberechtigungen und unterschiedlichen Kollektivverträgen zuzuordnen sind) und fällt nur eine dieser Tätigkeiten in den Geltungsbereich eines Kollektivvertrags, dann kommt dieser KV zu Anwendung, auch wenn diese Tätigkeit für den Betrieb keine maßgebende wirtschaftliche Bedeutung besitzt. Die Kollisionsregel des § 9 Abs 3 ArbVG bleibt insofern außer Betracht. Der Grund hiefür liegt nach Ansicht des OGH im **sozialen Schutzprinzip** des ArbVG: Die Vermeidung kollektivvertragsfreier Räume hat oberste Priorität[139]. 3/130

Beispiel 2: Ein Verein betreibt ein Studentenheim (90 % des Umsatzes) und einen Hotelbetrieb (10 % des Umsatzes) im Rahmen eines einheitlichen Wirtschaftskörpers. Für den Betrieb von Studentenheimen kommt kein Kollektivvertrag zur Anwendung, für den Betrieb eines Hotels gilt der Kollektivvertrag für das Hotel- und Gastgewerbe. – Obwohl das Betreiben des Studentenheimes mit 90 % des Umsatzes die maßgebende wirtschaftliche Bedeutung besitzt, ist für den gesamten Verein der KV für das Hotel- und Gastgewerbe anzuwenden.

Falls im Mischbetrieb eine kollektivvertragslose Tätigkeit mit mehreren kollektivvertragsunterworfenen Tätigkeiten kollidiert, ist diese Kollision zwischen den kollektivvertragsunterworfenen Tätigkeiten wieder analog zu § 9 Abs 3 ArbVG zu lösen. 3/131

Beispiel 3: Ein Verein betreibt ein Studentenheim (80 % des Umsatzes), eine Gastwirtschaft (15 % des Umsatzes) und eine Wäscherei (5 % des Umsatzes) im Rahmen eines organisatorisch nicht trennbaren Betriebs. Für den Betrieb von Studentenheimen gilt kein Kollektivvertrag, für den Betrieb einer Gastwirtschaft ist der KV für das Hotel- und Gastgewerbe maßgeblich und für den Betrieb einer Wäscherei wäre der KV für Chemischreiniger, Wäscher und Färber anzuwenden. – Da im Betrieb eine Tätigkeit ausgeübt wird, die einem Kollektivvertrag zugeordnet wird bzw für die eine Gewerbeberechtigung besteht, ist nach dem sozialen Schutzprinzip (s oben) jedenfalls ein KV anzuwenden. Da der Betrieb der Gastwirtschaft wirtschaftlich bedeutsamer ist als der Wäschereibetrieb, gilt für alle Arbeitnehmer des Vereins der KV für das Hotel- und Gastgewerbe.

3.3.1.9. Inhalt von Kollektivverträgen

Gem § 2 Abs 2 ArbVG können folgende Angelegenheiten Regelungsinhalt eines Kollektivvertrags sein[140]: Rechtsbeziehungen zwischen den Kollektivvertragsparteien (§ 2 Abs 2 Z 1 ArbVG), gegenseitige aus dem Arbeitsverhältnis entspringende Rechte und Pflichten der Arbeitgeber und Arbeitnehmer (§ 2 Abs 2 Z 2 ArbVG), Änderung kollektivvertraglicher Rechtsansprüche der aus dem Arbeitsverhältnis ausgeschiedenen Arbeitnehmer (§ 2 Abs 2 Z 3 ArbVG), sog Sozialpläne (§ 2 Abs 2 Z 4 ArbVG), Art und Umfang der Mitwirkungsbefugnisse der Belegschaft bei der Durchführung von Betriebsvereinbarungen über Sozial- 3/132

[139] OGH 25. 1. 2006, 9 ObA 139/05i, DRdA 2007, 334 mit Bespr v *Kallab* = ZAS 2007, 29 mit Bespr v *Friedrich*; OGH 27. 6. 2013, 8 ObA 35/13z, ARD 6366/4/2013; OGH 25. 3. 2014, 9 ObA 11/14d, ARD 6400/9/2014.

[140] Vgl insb *Jabornegg*, Grenzen kollektivvertraglicher Rechtssetzung und richterlicher Kontrolle, JBl 1990, 205; *B. Schwarz*, Rechtsfragen der Anwendung von Kollektivvertragsbestimmungen, DRdA 1994, 365; zu konkreten Kollektivvertragsinhalten vgl *Tomandl*, Kollektivvertragspolitik in Österreich 1985–1990 (1992); *Runggaldier*, Grenzen der Regelungsbefugnis der Kollektivvertragsparteien, DRdA 2008, 479.

pläne und über menschengerechte Arbeitsgestaltung (§ 2 Abs 2 Z 5 ArbVG), gemeinsame Einrichtungen der Kollektivvertragsparteien (§ 2 Abs 2 Z 6 ArbVG) und schließlich Angelegenheiten, die durch Gesetz dem Kollektivvertrag übertragen werden (§ 2 Abs 2 Z 7 ArbVG). Letztgenannte sind solche, die nicht in den Z 1 bis 6 leg cit aufgezählt sind und auf Grund sondergesetzlicher Ermächtigungen an die Kollektivvertragsparteien übertragen werden (zB § 4 Abs 1 AZG).

3/133 Bestimmungen des Kollektivvertrags, die nicht die Rechtsbeziehungen zwischen den Kollektivvertragsparteien regeln, sind für die durch den räumlichen, fachlichen und persönlichen Geltungsbereich erfassten Arbeitsverhältnisse **unmittelbar rechtsverbindlich** (Normwirkung; vgl § 11 Abs 1 ArbVG). Damit ist im Gesetz selbst eine grundsätzliche Aufteilung des kollektivvertraglichen Regelungsinhalts in einen **normativen** und einen **obligatorischen Teil** angesprochen.

3.3.1.9.1. Normativer Teil

3/134 Der normative Teil eines Kollektivvertrags ist als **Gesetz im materiellen Sinn** zu qualifizieren. Für seine Auslegung sind daher jene Kriterien heranzuziehen, die das ABGB in seinen §§ 6 und 7 für Gesetze vorschreibt (vgl 3.3.1.2). Soweit das Regelungsziel die rein vertraglichen Rechte und Pflichten zwischen Arbeitgeber und Arbeitnehmer betrifft, wirkt der Kollektivvertrag auf den Arbeitsvertrag gestaltend ein[141] und ist zugleich unabdingbar. In der Regel liegt einseitig zwingende Wirkung vor, sodass günstigere Einzelvereinbarungen und günstigere Betriebsvereinbarungen zulässig sind. Im Verhältnis zum Kollektivvertrag ungünstigere Regelungen sind rechtsunwirksam[142]. Gleich günstige Sondervereinbarungen werden demnach vom Kollektivvertrag verdrängt. Der Kollektivvertrag kann sich jedoch auch zweiseitig zwingende Wirkung beilegen, die jegliche abweichende Sondervereinbarung, also auch zu Gunsten des Arbeitnehmers, ausschließt (§ 3 Abs 1 ArbVG). Schließlich kann dem Kollektivvertrag dispositive Wirkung zukommen (vgl 3.2.2).

3/135 Innerhalb des normativen Teils sind zu unterscheiden:
- Abschlussnormen,
- Inhaltsnormen,
- Betriebsnormen,
- Normen bezüglich ausgeschiedener Arbeitnehmer,
- betriebsverfassungsrechtliche Normen,
- Institutionsnormen,
- Zulassungsnormen.

3/136 a) **Abschlussnormen**: Diese betreffen unmittelbar den Abschluss des Arbeitsvertrags (zB Schriftlichkeit des Arbeitsvertrags oder Einstellungspflicht von älteren Arbeitnehmern)[143].

---

[141] Vgl OGH 6. 12. 1977, 4 Ob 153/77, ZAS 1978, 227 mit Bespr v *Marhold* = Arb 9639.

[142] ZB die Vereinbarung oder der Verzicht, dass Vordienstzeiten nicht angerechnet werden: OGH 21. 1. 2011, 9 ObA 2/11a, RdW 2011, 357.

[143] Zur Schriftlichkeit einzelner Arbeitsbedingungen vgl OGH 17. 4. 1984, 4 Ob 29/84, DRdA 1985, 123 mit Bespr v *Holzer* = ZAS 1985, 108 mit Bespr v *Sackl*.

Sie fallen grundsätzlich nicht in die Regelungsbefugnis des Kollektivvertrags[144]. Nur im Zusammenhang mit sog „Sozialplänen" (vgl 11.5.4.2) wird man wohl die Regelungsbefugnis weiter fassen müssen. Sog „**Wiedereinstellungsklauseln**"[145], die im Falle eines Personalabbaues den gekündigten Arbeitnehmern unter gewissen Voraussetzungen die Wiedereinstellung garantieren, sollen als zutreffende Maßnahme im Rahmen eines Sozialplans Anerkennung finden und den betroffenen Arbeitnehmern ein Recht auf Wiedereinstellung vermitteln.

b) **Inhaltsnormen**: Darunter sind die Bestimmungen über alle gegenseitigen Rechte und Pflichten der Dienstnehmer und der Dienstgeber zu verstehen, die unmittelbar dem Arbeitsverhältnis entspringen (§ 2 Abs 2 Z 2 ArbVG). Sie stellen den Hauptanteil der kollektivvertraglichen Regelungen dar und umfassen neben dem Inhalt des Arbeitsverhältnisses im engeren Sinn (vgl dazu Kapitel 6) auch die Normen über die Beendigung des Arbeitsverhältnisses. Es handelt sich daher im Allgemeinen um Bestimmungen, die auch in einem Einzelarbeitsvertrag vereinbart werden können, allerdings mit der Einschränkung, dass sie mit dem Arbeitsverhältnis in einem typischen Zusammenhang[146] stehen müssen (materielle Arbeitsbedingungen). Dadurch sind der Regelungsbefugnis im Verhältnis zum Arbeitsvertrag engere Grenzen gesetzt, da die sich im Arbeitsvertrag entfaltende Vertragsfreiheit auch über spezifisch arbeitsrechtliche Angelegenheiten hinausgehen kann. Typische Inhaltsnormen sind die Festsetzung von Mindestlöhnen sowie der Lohnschemata[147], Sonderzahlungen, Zulagen, Aufwandsentschädigungen, weiters Arbeitszeit- und Akkordfragen, Freizeitansprüche bei Dienstverhinderungen, Kündigungsfristen[148] und Kündigungstermine[149], nicht jedoch Regelungen über die Verwendung des dem Arbeitnehmer zustehenden Entgelts[150]. Vereinbarungen, die für den einzelnen Arbeitnehmer individuell zu treffen sind (zB die Fixierung des individuellen Urlaubstermins), entziehen sich der kollektiven Regelungsbefugnis[151]. 3/137

Besondere Probleme im Hinblick auf die Abgrenzung zwischen zulässigen und unzulässigen Inhaltsnormen werfen bestimmte **Klauseln** auf. 3/138

Echte **Schiedsgerichtsklauseln**[152], welche die Entscheidung von Streitigkeiten aus dem Arbeitsverhältnis an ein Schiedsgericht übertragen, sind ungültig, weil schon die grundsätzli- 3/139

---

[144] OGH 22. 3. 1983, 4 Ob 27/83, ZAS 1984, 103 mit Bespr v *Holzer*.

[145] *Pačić*, Aussetzungsvereinbarung und Wiedereinstellungszusage, in Reissner/Neumayr (Hrsg), Zeller Handbuch Arbeitsvertrags-Klauseln (2010), 201.

[146] S hiezu OGH 20. 8. 2008, 9 ObA 31/08m, DRdA 2010, 236 mit Bespr v *Drs*.

[147] Vgl insb *Runggaldier*, Grenzen der Kollektivvertragsautonomie bei der Regelung des Entgelts (1995); *Hruška-Frank*, Normen der kollektiven Rechtsgestaltung, in Reissner/Neumayr (Hrsg), Zeller Handbuch Arbeitsvertrags-Klauseln (2010), 521; *Holzer*, Kollektive Entgeltregelungen nach dem Konzept des ArbVG, in Resch (Hrsg), Kollektive Lohngestaltung in Österreich (2014), 44.

[148] Vgl OGH 27. 9. 2013, 9 ObA 71/13a, infas 2014, A 16.

[149] S OGH 17. 2. 1976, 4 Ob 80/75, Arb 9455.

[150] OGH 28. 8. 1991, 9 ObA 115/91, DRdA 1992, 300 mit Bespr v *Resch*; OGH 13. 2. 2003, 8 ObA 98/02y, DRdA 2004, 313 mit Bespr v *Runggaldier*.

[151] Zur Problematik von Einzelfallregelungen in Kollektivverträgen vgl *Holzer*, DRdA 1984, 333; OGH 8. 7. 1998, 9 ObA 125/98f, DRdA 1999, 273 mit Bespr v *Firlei* = ZAS 1999, 143 mit Bespr v *Aigner* (f-Tafel im Handels-KV).

[152] S auch *M. Binder*, Arbeitsrechtliche Schieds- und Disziplinargerichte auf dem Prüfstand des verfassungsrechtlich gewährleisteten Rechts auf den gesetzlichen Richter (Art 83 Abs 2 B-VG; 6 Abs 1 EMRK), DRdA 1985, 259.

che Norm des § 581 iVm § 583 ZPO die Errichtung eines schriftlichen Schiedsvertrags **zwischen** den potenziellen **Streitparteien** voraussetzt[153] (s zudem die Schutznormen nach §§ 617 f ZPO). Außerdem sind Schiedsgerichtsklauseln bezüglich Streitigkeiten, die sich im Rahmen der Inhaltsnormen ergeben, nach § 9 Abs 2 ASGG grundsätzlich nur zulässig, wenn die Streitigkeit bereits entstanden ist (insb zur Ausnahme bei Geschäftsführern und Vorstandsmitgliedern vgl 14.1.4.3). Eine Schiedsgerichtsklausel im Kollektivvertrag scheidet somit auch unter diesem Aspekt aus und ist für den einzelnen Arbeitnehmer nicht verbindlich.

3/140 **Schlichtungsklauseln**, welche die Anrufung eines ordentlichen Gerichts erst nach Durchführung eines Schlichtungsverfahrens zulassen, wirken hingegen normativ[154]. Sie besagen nämlich lediglich, dass dem gerichtlichen Verfahren ein Einigungsverfahren zur gütlichen außergerichtlichen Beilegung der Streitigkeit voranzugehen hat. Unwirksam ist eine solche Klausel aber dann, wenn sie nicht ein Mindestmaß an Bestimmtheit aufweist und die Objektivität der anzurufenden Schlichtungsstelle nicht gewährleistet ist[155]. Fraglich könnte allerdings sein, ob Schlichtungsklauseln zum typischen Inhalt von Arbeitsverträgen zu zählen sind[156].

3/141 **Verfallsklauseln**, welche die Geltendmachung von Ansprüchen an bestimmte Fristen binden, sind häufig in Kollektivverträgen vorzufinden[157]. Sie sind wirksam, sofern sie nicht gegen zwingende gesetzliche Bestimmungen (zB § 34 AngG, § 1162d ABGB)[158] verstoßen oder den Arbeitnehmer infolge ihrer Kürze ohne sachlichen Grund derart beschränken, dass sie als sittenwidrig klassifiziert werden können[159] (allg zum Verfall von Ansprüchen vgl 6.5.3.5). Voraussetzung für kollektivvertragliche Verfallsklauseln ist aber auch, dass sie sich auf zulässige Kollektivvertragsinhalte beziehen[160].

---

153 Vgl LG Wien 17. 4. 1959, 44 R 245/59, Arb 7058; LG Klagenfurt 25. 5. 1961, 4 R 3/61, Arb 7470; OGH 18. 12. 1962, 4 Ob 134/62, Arb 7670.

154 *Nunner-Krautgasser*, Schlichtungsvereinbarung, in Reissner/Neumayr (Hrsg), Zeller Handbuch Arbeitsvertrags-Klauseln (2010), 1045; OGH 8. 5. 1952, 4 Ob 23/52, Arb 5418; OGH 26. 5. 1954, 4 Ob 86/54, Arb 6007; OGH 12. 10. 1954, 4 Ob 151/54, JBl 1955, 127; OGH 30. 1. 1968, 4 Ob 2/68, DRdA 1968, 294 mit Bespr v *Spielbüchler* = Arb 8483; OGH 18. 2. 1975, 4 Ob 1/75, Arb 9322 = SZ 48/16.

155 OGH 10. 5. 1983, 4 Ob 42/83, DRdA 1984, 334 mit Bespr v *M. Binder* = ZAS 1984, 231 mit Bespr v *Rummel*.

156 S dazu *Kuderna*, Schlichtungsstellen für Rechtsstreitigkeiten aus dem Arbeitsverhältnis, DRdA 1978, 3; *Jabornegg*, Grenzen kollektivvertraglicher Rechtssetzung und richterliche Kontrolle, JBl 1990, 213.

157 Zum Verfall von Entgeltansprüchen überlassener Arbeiter s OGH 9. 5. 2007, 9 ObA 123/06p, DRdA 2008, 515 mit Bespr v *Spitzl*; zu Verfallsklauseln im KV-Baugewerbe/Arbeiter s OGH 17. 12. 2013, 8 ObA 79/13w, ARD 6381/10/2014.

158 Vgl auch *Kocevar*, Die Verfallsklauseln in den Kollektivverträgen, DRdA 1977, 222; *Vollmaier/Herzeg*, Verjährungs- und Verfallsabreden im Arbeitsrecht, JAP 2006/2007/4; dazu auch *Pačić*, Ausgewählte Entgeltklauseln im Kollektivvertrag, in Resch (Hrsg), Kollektive Lohngestaltung in Österreich (2014), 69.

159 OGH 21. 9. 1954, 4 Ob 97/54, Arb 6062; OGH 23. 4. 1968, 4 Ob 17/68, Arb 8515; OGH 13. 7. 1982, 4 Ob 90/82, ZAS 1983, 177 mit Bespr v *Irresberger* = Arb 10.174; OGH 22. 2. 1983, 4 Ob 94/82, DRdA 1987, 136 mit Bespr v *Holzner* = Arb 10.219; OGH 9. 7. 1985, 4 Ob 78/85, infas 1986, A 10; OGH 15. 10. 1985, 4 Ob 110/84, Arb 10.475; s auch OGH 12. 1. 2000, 9 ObA 323/99m, ARD 5178/10/2000; OGH 30. 8. 2007, 8 ObA 34/07v, DRdA 2008, 427 mit Bespr v *Eypeltauer*.

160 Zu Schadenersatzansprüchen bzw Detektivkosten OGH 20. 8. 2008, 9 ObA 31/08m, DRdA 2010, 236 mit Bespr v *Drs*; zu Kondiktionsansprüchen wegen irrtümlich erbrachter rechtsgrundloser Leistungen s OGH 19. 12. 2013, 9 ObA 151/13s, ARD 6386/9/2014.

Ein besonderes Problem liegt in der Wirkung der sog **Effektiv- oder Ist-Lohn-Klauseln**, die nicht nur eine Erhöhung der kollektivvertraglichen Mindestlöhne, sondern auch eine Erhöhung des darüberliegenden, tatsächlich ausbezahlten Entgelts (Ist-Lohn) zum Ziel haben. Grundsätzlich müssen zwei verschiedene kollektivvertragliche Konstruktionen unterschieden werden, die auf die Höhe von Ist-Löhnen einwirken: 3/142

1. Die Ist-Lohn-Klausel kann sich auf eine Erhöhung der Mindestlöhne beschränken, gleichzeitig wird aber ein Aufsaugen der Überzahlungen dadurch verhindert, dass diese kraft ausdrücklicher kollektivvertraglicher Anordnung aufrecht bleiben müssen.

   Beispiel: Der Kollektivvertrag A sieht vor, dass die am 31. Dezember bestehenden Überzahlungen der kollektivvertraglichen Mindestgehälter in ihrer betragsmäßigen Höhe gegenüber den ab 1. Jänner erhöhten kollektivvertraglichen Mindestgehältern aufrechtzuerhalten sind.

2. Die Ist-Lohn-Klausel erhöht die bisherigen Löhne, und zwar sowohl die Mindestlöhne als auch die Überzahlungen.

   Beispiel: Der Kollektivvertrag B enthält folgende Regelung: Die Mindestlöhne der in den Betrieben beschäftigten Arbeitnehmer sind auf den Betrag X zu erhöhen, die tatsächlichen Löhne werden um 2,75 % erhöht. Erreichen die so erhöhten Ist-Löhne nicht die neuen Mindestlöhne, so sind sie entsprechend anzuheben.

Bei beiden Varianten ist **zusätzlich** hinsichtlich ihrer zwingenden **Wirkung** für die **Zukunft** zu differenzieren. Eher abgelehnt werden die Klauseln, denen zufolge die bisher ausbezahlten Ist-Löhne erhöht und zu neuen unabdingbaren Mindestlöhnen erklärt werden (qualifizierte Ist-Lohn-Klausel, Ist-Lohn-Garantieklausel), da die vereinheitlichende Wirkung des Kollektivvertrags durch die Fülle der „individuellen Mindestlöhne" verloren gehen würde[161]. Jedenfalls als zulässig anzusehen sind hingegen Klauseln, denen zufolge zwar eine Erhöhung des Ist-Lohns mit Inkrafttreten des Kollektivvertrags vorgenommen werden muss, die Aufrechterhaltung des neuen Ist-Lohns aber nicht zwingend vorgeschrieben ist. Eine Abdingung der Überzahlung wäre **in der Folge** somit erlaubt (schlichte oder beschränkte Ist-Lohn-Klausel)[162]. 3/143

Fraglich ist, inwieweit im Zuge von überkollektivvertraglichen Entlohnungen vereinbart werden kann, dass der überkollektivvertragliche Entlohnungsteil auf allfällige zukünftige kollektivvertragliche Erhöhungen anzurechnen ist. Kommt es hiebei zu einer unzulässigen Abdingung zwingend zu gewährender Ist-Lohn-Erhöhungen oder handelt es sich hiebei um die zulässige Vereinbarung einer günstigeren Regelung insofern, als Ist-Lohn-Erhöhungen vorweggenommen werden? Die Rechtsprechung akzeptiert derartige **Aufsaugungs- oder** 3/144

---

[161] Vgl zB *Kietaibl*, Arbeitsrecht I (2013), 217; *Marhold/Friedrich*, Österreichisches Arbeitsrecht³ (2016), 504 ff; dafür aber *Floretta/Spielbüchler/Strasser*, Arbeitsrecht II⁴ (2001), 145; *Pfeil* in Gahleitner/Mosler (Hrsg), Arbeitsverfassungsrecht, Bd 2⁵ (2015), 82.

[162] S hiezu VwGH 29. 6. 2005, 2001/08/0129, DRdA 2006, 376 mit Bespr v *Schindler*; *Eypeltauer*, Verzicht auf Ist-Lohn-Erhöhung, DRdA 1985, 407 f; *Jabornegg*, Grenzen kollektivvertraglicher Rechtssetzung und richterliche Kontrolle, JBl 1990, 212; *Grillberger*, Kollektivvertragliche Ist-Lohnerhöhungen und einzelvertragliche Anrechnungsklauseln, DRdA 1992, 431; *Binder*, Die Kartellwirkung des Kollektivvertrages, in FS Koppensteiner (2001), 561; gegen die Zulässigkeit aber *Tomandl*, Probleme der kollektivvertraglichen Ist-Lohnregelung, ZAS 1969, 41; *Kietaibl*, Arbeitsrecht I (2013), 217 f; *Marhold/Friedrich*, Österreichisches Arbeitsrecht³ (2016), 505 f; *Schrank*, Anrechnungsvereinbarungen auf kollektivvertragliche Istlohnerhöhungen, insbesondere Ist-Biennalsprünge?, RdW 1992, 309; *Vogt*, Istlohn-„Klausel" nein – Istlohn-„Erhöhung" ja!, ZAS 1993, 41.

Anrechnungsklauseln[163], wenn der Ist-Lohn wesentlich (zB 40 %) über dem Mindestlohn liegt und sich die Einrechnungsvereinbarung auf überschaubare Zeiträume (zB drei Ist-Lohn-Erhöhungen) bezieht[164]. Der OGH übersieht hiebei jedoch, dass das Wesen der Ist-Lohn-Klausel gerade darin besteht, die tatsächlich gezahlten Löhne anzuheben. Zweck der Ist-Lohn-Klausel ist, ein Aufsaugen der Überzahlungen hintanzuhalten. Vereinbarungen, die dieser Zielsetzung entgegenstehen, sind unzulässig, außer der Kollektivvertrag selbst würde den Arbeitsvertragsparteien eine derartige Möglichkeit eröffnen. Der Hinweis auf die Günstigkeit geht somit in diesem Fall ins Leere.

3/145 **Dynamische Verweisungen** auf Regelungen außerhalb des Kollektivvertragsrechts (zB auf Vertragsschablonen für andere Arbeitnehmergruppen oder auf Gehaltsordnungen des öffentlichen Dienstes) werden von der Rechtsprechung als unzulässig angesehen, da die inhaltliche Bestimmung des Kollektivvertrags den kollektivvertragsfähigen Interessenvertretungen entzogen wird und eine derartige Übertragung der Normsetzungsbefugnis im ArbVG nicht vorgesehen ist[165]. Dasselbe muss auch für den Fall gelten, dass ein Kollektivvertrag auf einen anderen Kollektivvertrag mit unterschiedlichen Kollektivvertragsparteien verweist[166]. Regelt der Kollektivvertrag die Voraussetzungen und die Berechnungsweise einer Zuschusspension eigenständig und verweist er nur hinsichtlich einer Rechengröße auf gesetzliche Bestimmungen, bestehen der Judikatur zufolge allerdings keine Bedenken[167].

3/146 Zu erwähnen sind schließlich die sog **Differenzierungsklauseln**, die unterschiedliche Regelungen für Außenseiter und Mitglieder der Berufsvereinigung betreffen. Derartige Bestimmungen haben bisher in Österreich keine praktische Bedeutung erlangt. Sie wären aus rechtlicher Sicht auch äußerst bedenklich, weil damit die gesetzliche Außenseiterwirkung desavouiert würde[168].

3/147 **Organisationsklauseln**, die darauf abzielen, dass ausschließlich Mitglieder von Berufsvereinigungen (Koalitionen) in einem Betrieb beschäftigt werden, sind gem § 1 Abs 1 ATerrG nichtig[169].

3/148 c) **Betriebsnormen**: Die Betriebsnormen bilden eine Normenkategorie, deren Regelungsbereich die betrieblichen Gegebenheiten oder die Belegschaft als solche betrifft. Inhalt des Einzelarbeitsverhältnisses können oder sollen Betriebsnormen grundsätzlich nicht wer-

---

163 *Höfle*, Aufsaugklausel: Vorwegnahme von KV-Erhöhungen, ASoK 2006, 273.

164 OGH 18. 5. 1999, 8 ObA 173/98v, ZAS 1999, 168 mit Bespr v *Aigner*; vgl auch *Mayr*, Kürzung von überkollektivvertraglichen Lohnbestandteilen durch die Einführung des neuen Taggeldes bei Bauarbeitern, DRdA 2006, 401.

165 OGH 31. 8. 1988, 9 ObA 168/88, DRdA 1990, 447 mit Bespr v *Mayer-Maly* = ZAS 1991, 160 mit Bespr v *Schnorr*; OGH 14. 4. 1993, 9 ObA 601/93, infas 1994, A 19; OGH 7. 6. 2001, 9 ObA 202/00x, DRdA 2002, 379 mit Bespr v *Resch*; s weiters *Strasser*, Dynamische Verweisungen in Kollektivverträgen, in FS Floretta (1983), 627 ff; *Mayer-Maly*, Verweisungsprobleme bei Kollektivverträgen, RdW 1984, 143; zur Zulässigkeit dynamischer Verweise im Arbeitsvertrag s zB OGH 17. 5. 2000, 9 ObA 77/00i, ZAS 2001, 147 mit Bespr v *Posch*.

166 Vgl *Löschnigg*, Dienstreisevergütung nach dem Beschäftiger-Kollektivvertrag?, ASoK 2000, 186.

167 OGH 23. 1. 2004, 8 ObA 76/03i, DRdA 2005, 150 mit Bespr v *Runggaldier*.

168 *Mayer-Maly*, Österreichisches Arbeitsrecht (1970), 190 f; *Melzer-Azodanloo*, Sondervorteile für Gewerkschaftsmitglieder?, ASoK 1998, 89; für die beschränkte Zulässigkeit derartiger Klauseln *Floretta*, Die Differenzierung nach der Gewerkschaftszugehörigkeit im deutschen Tarifvertragsrecht – Mit Betrachtungen für das österreichische Kollektivvertragsrecht, DRdA 1968, 15.

169 Vgl auch *Marhold*, Arbeitsplätze nur für Gewerkschaftsmitglieder?, RdW 1987, 294.

den (vgl zum Begriff 3.3.4.6.2 c). Dem Kollektivvertrag sind derartige Betriebsnormen von seiner ursprünglichen Zielsetzung her fremd. Sie wurden dementsprechend nicht in die Regelungskompetenzen des § 2 Abs 2 ArbVG aufgenommen. Durch Gesetz könnten naturgemäß Angelegenheiten, die über jene des § 2 Abs 2 Z 1 bis 6 ArbVG hinausgehen, dem Kollektivvertrag übertragen werden. Fraglich ist, ob nicht die Betriebsverfassung selbst implizit bereits von einer Erweiterung der Kollektivvertragskompetenz in Richtung Betriebsnormen ausgeht. § 97 Abs 2 ArbVG billigt der Betriebsvereinbarung in den dort aufgezählten Angelegenheiten nur insoweit Erzwingbarkeit zu, als eine Regelung durch Kollektivvertrag (oder Satzung) nicht vorliegt (vgl 3.3.4.5.3). Daraus kann der Schluss gezogen werden, dass mit der Fixierung des Vorrangs eines Kollektivvertrags auch die Kompetenz zur Regelung von bestimmten Betriebsnormen verbunden ist.

Auszugehen ist jedenfalls von der Frage, ob den Betriebsvereinbarungen iSd § 97 Abs 1 Z 1 bis 6a ArbVG die Schaffung von Betriebsnormen zuzugestehen ist.

Bejaht man dies, so muss man konsequenterweise auch aus § 97 Abs 2 ArbVG auf eine erweiterte Regelungskompetenz des Kollektivvertrags schließen. Andernfalls wäre der Kollektivvertrag überhaupt nicht ermächtigt, seinen Vorrang in diesen Angelegenheiten geltend zu machen. § 2 Abs 2 Z 2 ArbVG (also die Regelungsbefugnis der „gegenseitigen aus dem Arbeitsverhältnis entspringenden Rechte und Pflichten der Arbeitnehmer und Arbeitgeber") umfasst die Betriebsnormen nur dann, wenn sie gleichzeitig als Inhaltsnormen auf den einzelnen Arbeitsvertrag einwirken.

Die kompetenzerweiternde Funktion des § 97 Abs 2 ArbVG zeigt sich jedoch auch im Zusammenhang mit § 97 Abs 1 Z 5 ArbVG (Art und Umfang der Teilnahme des Betriebsrats an der Verwaltung von betriebs- und unternehmenseigenen Schulungs-, Bildungs- und Wohlfahrtseinrichtungen). Der Abschluss von Betriebsvereinbarungen ist in diesen Angelegenheiten ausdrücklich vorgesehen (vgl 11.5.2.1 und 11.5.2.2). Aus der Sicht des Kollektivvertrags handelt es sich um die Schaffung einer betriebsverfassungsrechtlichen Norm, die durch § 2 Abs 2 Z 1 bis 6 ArbVG nicht gedeckt ist. Eine entsprechende kollektivvertragliche Regelung wäre daher unzulässig, würde man nicht in § 97 Abs 2 ArbVG eine implizite Regelungserweiterung erblicken.

d) **Normen bezüglich ausgeschiedener Arbeitnehmer**: Während des aufrechten Dienst- 3/149
verhältnisses können sowohl die Parteien des Arbeitsvertrags selbst als auch die Kollektivvertragsparteien (gem § 2 Abs 2 Z 2 ArbVG als Inhaltsnormen) Regelungen treffen, die die Ansprüche des Arbeitnehmers nach dem Ausscheiden aus dem Betrieb betreffen. Regelmäßig wird es sich um **Pensions- und Ruhegeldleistungen** (vgl hiezu 6.5.2.6) handeln, die im Übrigen auch durch Betriebsvereinbarung (vgl 11.5.3.3.7) begründet werden können.

Sieht der Kollektivvertrag die Errichtung einer betrieblichen **Pensionskasse** oder den Beitritt zu einer betrieblichen oder überbetrieblichen Pensionskasse vor, dann legt § 3 Abs 1 BPG einen **Mindestinhalt** für den Kollektivvertrag fest. Jedenfalls ist zu regeln:

1. Die Mitwirkung der Anwartschafts- und Leistungsberechtigten an der Verwaltung der Pensionskasse oder Einrichtung der Altersversorgung;
2. das Leistungsrecht, dazu gehören insb die Ansprüche der Anwartschafts- und Leistungsberechtigten; die Höhe der vom Arbeitgeber zu entrichtenden Beiträge, die im Falle beitragsorientierter Vereinbarungen mit der Pensionskasse betragsmäßig oder in fester Relation zu laufenden Entgelten oder Entgeltbestandteilen festzulegen ist; zusätzlich können variable Beiträge bis zur Höhe der vom Arbeitgeber verpflichtend zu entrichtenden Beiträge vorgesehen werden oder, sofern sich der Arbeitgeber zur Leistung eines Beitrages für Arbeitnehmer von mindestens 2 % des laufenden Entgelts verpflichtet, variable Beiträge in fester Relation zu einer oder mehreren betrieblichen Kennzahlen iSd § 3 Abs 1 Z 2a BPG bis zur Höhe des sich aus § 4 Abs 4 Z 2 lit a EStG ergebenden Betrages; die den variablen Beitragsleistungen zu Grunde liegenden betrieblichen Kennzahlen iSd § 3 Abs 1 Z 2a BPG; die allfällige Verpflichtung des Arbeitgebers zur Beitragsanpassung bei Auf-

treten von zusätzlichen Deckungserfordernissen; die allfällige Vereinbarung von Wahlrechten gem § 12 Abs 7 PKG;

3. die Voraussetzungen und die Rechtswirkungen der Auflösung einer betrieblichen Pensionskasse, wobei der Sicherung der Ansprüche der Anwartschafts- und Leistungsberechtigten der Vorrang vor anderen Leistungen der Kasse zu geben ist; die Voraussetzungen für die Arbeitgeberkündigung des Pensionskassenvertrags gem § 17 PKG und die Rechtswirkungen dieser Kündigung hinsichtlich der Ansprüche der Anwartschafts- und Leistungsberechtigten.

3/150 Die für die Inhaltsnormen geltenden Beschränkungen der Regelungsmacht sind somit auch hier zu beachten, womit etwa die **Verpflichtung des Arbeitnehmers** zur Leistung von Beiträgen zur betrieblichen Altersversorgung kein zulässiger Inhalt eines Kollektivvertrags sein kann[170]. Ist das **Dienstverhältnis** des Arbeitnehmers jedoch **beendet**, ist eine Einwirkungsmöglichkeit der generellen Rechtsquellen schwer vorstellbar, weil der Arbeitsvertrag, den die Normwirkung unmittelbar trifft, fehlt. Das ArbVG hat aber Änderungen kollektivvertraglicher Rechtsansprüche ausgeschiedener Arbeitnehmer ausdrücklich der Regelungsbefugnis der Kollektivvertragspartner unterstellt[171]. Diese Regelungsbefugnis ist dadurch beschränkt, dass sie sich ausschließlich auf kollektivvertragliche **Inhaltsnormen** bezieht. Daraus folgt, dass ein durch **Individualvereinbarung** oder **Betriebsvereinbarung** begründeter Anspruch der kollektivvertraglichen Änderung entzogen ist. Kollektivvertragliche Rechtsansprüche sind jedoch in jede Richtung regelbar. Sie können sowohl verbessert als auch verschlechtert werden[172].

Beispiel: Der Arbeitsvertrag des Angestellten B sieht eine betriebliche Zuschusspension von € 70 pro Monat vor. Zwei Monate später können sich auch die übrigen Angestellten, darunter der Arbeitnehmer G, freuen, weil der entsprechende Kollektivvertrag eine Betriebspension in der Höhe von € 75 einführt. Nachdem B und G in Pension gegangen und beide in den Genuss der Zuschusspension gekommen sind, setzt ein neuer Kollektivvertrag diese auf € 40 herab. Verlieren damit B und G ihre Ansprüche? – Die Betriebspension des Angestellten G beruht auf dem Kollektivvertrag, sodass sie durch Kollektivvertrag auch wieder reduziert werden kann. B bekam zwar ebenfalls € 75, weil seine arbeitsvertragliche Regelung ihn schlechter gestellt hätte, mit Wegfall des Kollektivvertrags stehen ihm aber € 70 weiterhin aus dem einstigen Arbeitsvertrag zu.

3/151 Die Regelungsbefugnis der Kollektivvertragspartner ist hinsichtlich der bereits ausgeschiedenen Arbeitnehmer insofern beschränkt, als der Kollektivvertrag Ansprüche nur verändern, nicht hingegen begründen kann[173].

3/152 Im Rahmen der Bestimmungen über die Ansprüche ausgeschiedener Arbeitnehmer besitzen die in einem „Sozialplan" enthaltenen Normen eine besondere Stellung. Die sog **Sozialpläne** sind Maßnahmen zur Verhinderung, Beseitigung oder Milderung der Folgen einer Betriebsänderung iSd § 109 Abs 1 Z 1 bis 6 ArbVG, sofern diese für alle oder erhebliche Teile der Belegschaft wesentliche Nachteile mit sich bringt. Die Sozialpläne fallen sowohl in die **Regelungsbefugnis des Kollektivvertrags** (§ 2 Abs 2 Z 4 ArbVG) als auch in die der **Be-**

---

[170] OGH 28. 8. 1991, 9 ObA 115/91, DRdA 1992, 300 mit Bespr v *Resch*; OGH 16. 12. 1992, 9 ObA 602/92, DRdA 1993, 369 mit Bespr v *Resch*.

[171] S OGH 22. 10. 1997, 9 ObA 255/97h, ARD 4968/5/98.

[172] Vgl auch *Runggaldier*, OGH: Verschlechterung einer kollektivvertraglichen Pensionsordnung durch nachfolgenden Kollektivvertrag zulässig – Anmerkungen zum Beschluß des OGH vom 16. 12. 1992, 9 ObA 602/92, RdW 1993, 78; OGH 26. 2. 1998, 8 ObA 150/97k u OGH 12. 3. 1998, 8 ObA 2052/96i, DRdA 1999, 23 mit Bespr v *Runggaldier*; OGH 20. 5. 1998, 9 ObA 139/98a, DRdA 1999, 29 mit Bespr v *Runggaldier*; OGH 23. 5. 2001, 9 ObA 69/01i, RdW 2002, 425.

[173] S auch OGH 29. 8. 1990, 9 ObA 603/90, DRdA 1991, 294 mit Bespr v *Firlei*.

triebsvereinbarung (§ 97 Abs 1 Z 4 ArbVG; vgl 11.5.4.2). Soweit die kollektivvertraglichen Sozialpläne Regelungen über die Rechtsbeziehungen der Kollektivvertragsparteien beinhalten, sind sie vom obligatorischen Teil (§ 2 Abs 2 Z 1 ArbVG) erfasst, soweit sie Regelungen über die Beziehungen zwischen den Arbeitsvertragsparteien beinhalten, stellen sie grundsätzlich **Inhaltsnormen** (§ 2 Abs 2 Z 2 ArbVG) dar. Auch **Abschlussnormen** spielen in Form der Wiedereinstellungsklauseln eine besondere Rolle und haben normative Wirkung (vgl 3.3.1.9.1 a). Eine der wesentlichsten Funktionen des Sozialplans besteht aber in der Versorgung und finanziellen Absicherung jener Personen, die bereits aus dem Arbeitsprozess ausgeschieden sind. Im Bereich eines Sozialplans muss die auf ausgeschiedene Dienstnehmer bezogene kollektivvertragliche Regelungsbefugnis eine besondere und erweiterte Bedeutung erlangen. Im Gegensatz zu den oben erwähnten Ansprüchen ausgeschiedener Arbeitnehmer betreffen die Sozialplannormen keineswegs nur kollektivvertragliche Ansprüche. Sie müssen sich auch nicht mit einer Änderung **bestehender** Ansprüche begnügen, sondern können sinnvollerweise auch **neue Ansprüche** begründen.

e) **Betriebsverfassungsrechtliche Normen** (zum Begriff vgl 3.3.4.6.2 e) sind im Allgemeinen auf Grund des zweiseitig zwingenden Charakters der Betriebsverfassung der Regelungsbefugnis des Kollektivvertrags entzogen. Grundsätzlich ist es somit dem Kollektivvertrag verwehrt, neue Mitwirkungsrechte zu schaffen oder Mitwirkungsrechte zu erweitern[174]. Diese Beschränkung ist rechtspolitisch auch verständlich. Es wäre insb nicht einzusehen, wenn zB kollektivvertraglich die Zahl der zu bestellenden Betriebsräte in den verschiedenen Branchen variiert werden könnte[175]. 3/153

Eine Ausnahme besteht jedoch für die Art und den Umfang der Mitwirkungsrechte der Belegschaft bei der Durchführung eines Sozialplans (vgl d) und bei der Durchführung von Maßnahmen zur menschengerechten Arbeitsgestaltung[176]. Wenngleich der Sozialplan und die Maßnahmen zur menschengerechten Arbeitsgestaltung an sich Inhalt von Betriebsvereinbarungen sein können (vgl 11.5.4.2 und 11.5.2.3), liegt die Einführung von Mitwirkungsrechten bezüglich der Durchführung dieser Maßnahmen ausschließlich in der Hand des Kollektivvertrags. Unter Art und Umfang der Mitwirkungsrechte ist einerseits ihre intensitätsmäßige Ausprägung (zB Beratungs- oder paritätisches Mitwirkungsrecht; zu den einzelnen Stufen vgl 11.4.4.1) und anderseits ihre inhaltliche Umschreibung zu verstehen. 3/154

Auch die Art und der Umfang der Teilnahme des Betriebsrats an der Verwaltung von betriebs- und unternehmenseigenen Schulungs-, Bildungs- und Wohlfahrtseinrichtungen können Inhalt des Kollektivvertrags sein. Dies ergibt sich aus § 97 Abs 2 ArbVG, wonach 3/155

---

174 OGH 17. 3. 1993, 9 ObA 606/92, DRdA 1994, 38 mit Bespr v *Jabornegg*; OGH 15. 9. 1994, 8 ObA 276/94, RdW 1995, 107 mit Bespr v *Drs* = ZAS 1996, 17 mit Bespr v *Kürner*; *Runggaldier*, Keine Erweiterung von Mitwirkungsrechten des Betriebsrats durch Kollektivvertrag?, RdW 1997, 77; OGH 18. 8. 1995, 8 ObA 269/95, DRdA 1996, 388 mit Bespr v *Jabornegg*; OGH 11. 10. 1995, 9 ObA 110/95, RdW 1997, 85; OGH 22. 10. 1997, 9 ObA 151/97i, DRdA 1998, 412 mit Bespr v *Jabornegg*; *Jabornegg*, Absolut zwingendes Arbeitsverfassungsrecht, in FS Strasser (1983), 367; *Rauch*, Praktische Auswirkungen des absolut zwingenden Charakters betriebsverfassungsrechtlicher Bestimmungen, ASoK 2013, 386.

175 Vgl auch *Firlei*, Mitbestimmung durch Inhaltsnormen?, in FS Floretta (1983), 480.

176 § 2 Abs 2 Z 5 ArbVG; vgl VwGH 4. 7. 1980, 2148/78, Arb 9886.

die Erzwingbarkeit einer Betriebsvereinbarung durch eine entsprechende Regelung im Kollektivvertrag oder in der Satzung wegfällt[177].

3/156 Denkbar ist auch die Schaffung betriebsverfassungsrechtlicher Normen im Zusammenhang mit der Regelung von gemeinsamen Einrichtungen der Kollektivvertragsparteien[178].

Während Inhaltsnormen als die „gegenseitigen aus dem Arbeitsverhältnis entspringenden Rechte und Pflichten der Arbeitgeber und Arbeitnehmer" (§ 2 Abs 2 Z 2 ArbVG) an die Betriebsvereinbarung delegiert werden können (§ 29 ArbVG; vgl auch 840 BlgNR 13. GP, 66) und dadurch die Aufgabe erhalten, den Kollektivvertrag zu ergänzen, erscheint die Möglichkeit einer solchen Delegation im Falle von **Spezialermächtigungen** fraglich. Es muss insb bezweifelt werden, ob ein Kollektivvertrag seine Befugnis, betriebsverfassungsrechtliche Normen zu schaffen (§ 2 Abs 2 Z 5 ArbVG), an die Betriebsvereinbarung delegieren kann. Der bejahende Standpunkt würde dazu führen, dass innerbetrieblich die Betriebsverfassung geändert werden könnte, was mit den Zielsetzungen des Gesetzgebers sicher nicht vereinbar ist[179].

3/157 f) **Institutionsnormen**: Gem § 2 Abs 2 Z 6 ArbVG können im Kollektivvertrag auch gemeinsame Einrichtungen der Kollektivvertragsparteien geregelt werden[180]. Soweit es sich um eine bloß schuldrechtliche Vereinbarung handelt, fallen diese Regelungen in den obligatorischen Teil (§ 2 Abs 2 Z 1 ArbVG). Die Eigenständigkeit der Z 6 leg cit ist jedoch dadurch gegeben, dass die gemeinsamen Einrichtungen nicht nur für die kollektiven Vertragspartner verbindlich sein können, sondern dass sie auch im Verhältnis zu den kollektivvertragsangehörigen Arbeitgebern und Arbeitnehmern unmittelbare und zwingende Wirkung zu entfalten vermögen.

Beispiel: Ein freiwilliger Interessenverband der Arbeitgeber und ein ebensolcher der Arbeitnehmer vereinbaren im Zuge einer branchenweiten Umstellung die Errichtung eines Fonds zur Auszahlung einer Umschulungsbeihilfe an Arbeitnehmer, die gewisse Voraussetzungen erfüllen. Der Fonds wird von beiden Interessenvertretungen gemeinsam verwaltet und von Beiträgen beider Interessenvertretungen gespeist. – Eine derartige Vereinbarung mit Normwirkung würde bedeuten, dass jeder betroffene Arbeitnehmer unmittelbar einen Rechtsanspruch auf die Beihilfe gegenüber dem Fonds besitzt.

3/158 Als weiteres Beispiel sind sog überbetriebliche **(Sozial-)Audits** zu erwähnen[181]. Es handelt sich hiebei um kollektivvertraglich eingerichtete Gremien von Mitgliedern der Interessenvertretungen und Experten (Arbeitsmedizinern, Sicherheitstechnikern, Mobbingberatern etc), die zB eine regelmäßige Berichterstattung über die betrieblichen Arbeitsbedingungen verlangen, eine Evaluierung derselben durchführen und/oder Qualitäts- bzw Sozialzertifikate ausstellen. Derartige Instrumente zur Messung der Qualität und Sozialadäquanz von Arbeitsbedingungen sind damit unmittelbar rechtsverbindlich gestaltbar.

3/159 g) **Zulassungsnormen**: Durch Gesetz kann der Kollektivvertrag ermächtigt werden, von gewissen gesetzlichen Bestimmungen abweichende Abreden zuzulassen (vgl auch 3.2.1).

---

177 *Jabornegg* in Strasser/Jabornegg/Resch (Hrsg), ArbVG (Losebl), § 95 Rz 6; aA *Strasser* in ArbVG-Handkommentar (1975), 514 f; vgl *Binder* in Tomandl (Hrsg), ArbVG (Losebl), § 97 Rz 1; s auch c).

178 § 2 Abs 2 Z 6 ArbVG; vgl *Strasser* in Strasser/Jabornegg/Resch (Hrsg), ArbVG (Losebl), § 2 Rz 49; hiezu auch *Runggaldier* in Tomandl (Hrsg), ArbVG (Losebl), § 2 Rz 27.

179 S *Holzer*, Strukturfragen des Betriebsvereinbarungsrechts (1982), 110 ff.

180 Vgl *Martinek*, Die gemeinsamen Einrichtungen der Kollektivvertragsparteien, in FS Strasser (1983), 425.

181 Dazu *Binder*, Die rechtlichen Rahmenbedingungen für die Errichtung und das Funktionieren von Arbeitsstiftungen, ZAS 1998, 161; *Resch*, Arbeitsrechtliche Fragen der Arbeitsförderung (insb der Arbeitsstiftung), DRdA 2005, 393; zur Rechtsnatur von Arbeitsstiftungen s OGH 11. 12. 1997, 8 ObA 252/97k, DRdA 1999, 133 mit Bespr v *Dirschmied*.

Mittels Zulassungsnormen wird nur die Möglichkeit zur Regelung durch nachgeordnete Rechtsquellen vorgesehen. Insofern handelt es sich um eine bloße Subdelegation durch Kollektivvertrag[182]. Die Zulassungsnorm kann gleichzeitig Rahmenbedingungen für die nachgeordneten Rechtsquellen festlegen. Diese Rahmenbedingungen wirken aber nicht unmittelbar auf den Arbeitsvertrag ein[183]. Insofern sind sie auch nicht von den Inhaltsnormen iSd § 2 Abs 2 Z 2 ArbVG erfasst. Kommt es daher zu keinen entsprechenden Regelungen in den nachgeordneten Rechtsquellen, dann kann sich keine der Arbeitsvertragsparteien auf die Rahmenbedingungen der Zulassungsnorm berufen. Beachtlich bleiben in diesem Fall die gesetzlichen Bestimmungen. 3/160

Vor allem das Arbeitszeitrecht gibt dem Kollektivvertrag die Möglichkeit zur Festlegung von Zulassungsnormen[184]. Die Ermächtigung selbst, durch Kollektivvertrag bestimmte vom Gesetz abweichende Regelungen zuzulassen, kann grundsätzlich ohne gesetzliche Erlaubnis nicht an die Betriebsvereinbarung übertragen werden. Sie impliziert aber in der Regel die Möglichkeit, die abweichende Regelung selbst, also kollektivvertraglich, zu treffen (vgl 6.8.1). Hiebei muss der Kollektivvertrag seine Normierung allerdings nach Maßgabe der spezifischen rechtlichen Voraussetzungen auf betrieblicher oder überbetrieblicher Ebene treffen. 3/161

3.3.1.9.2. Schuldrechtlicher Teil

Soweit der Kollektivvertrag nur die **Rechtsbeziehungen zwischen den Kollektivvertragsparteien** regelt (§ 2 Abs 2 Z 1 ArbVG), haben die diesbezüglichen Bestimmungen bloß schuldrechtliche (obligatorische) Wirkung (zB besondere Regelungen über Beginn und Ende der Geltungsdauer des Kollektivvertrags)[185]. Sie begründen keine unmittelbaren Rechte und Pflichten für die Kollektivvertragsunterworfenen. Für die Auslegung sind jene Kriterien heranzuziehen, die das ABGB in seinen §§ 914 bis 916 für Verträge vorschreibt (vgl 3.3.1.2). 3/162

Während die Kollektivvertragsfähigkeit, die bestimmten Koalitionen bzw Vereinen oder gesetzlichen Interessenvertretungen zukommt (vgl 3.3.1.4), als eine besondere Rechtsfähigkeit anzusehen ist, die eine besondere Rechtsetzungsbefugnis auch für Arbeitnehmer-Außenseiter zur Folge hat (vgl 3.3.1.7), bedarf es zur Begründung schuldrechtlicher Beziehungen keines spezifisch arbeitsrechtlichen Geltungsgrundes. Die Kollektivvertragsparteien sind juristische Personen, woraus eine allgemeine Handlungsfähigkeit zum Abschluss aller zulässigen vertraglichen Abmachungen resultiert. 3/163

Damit wird klar, wie im Kollektivvertrag die Symbiose zwischen dem schuldrechtlichen und dem normativen Teil gestaltet ist. Die schuldrechtlichen Beziehungen entspringen einer vorgegebenen Rechts-

[182] S *Floretta*, Die Beteiligung der Kollektivvertragsparteien am Arbeitszeitschutz – Die Rechtsnatur von Zulassungsnormen im Kollektivvertrag, DRdA 1973, 6.

[183] Vgl auch VwGH 8. 10. 1990, 90/19/0037, DRdA 1991, 311 mit Bespr v *Klein*.

[184] ZB §§ 5 Abs 2, 5a Abs 1 AZG, vgl 6.8.5; *Resch*, Die Zulassungsnormen nach dem Arbeitszeitgesetz – Verfassungsrechtliche Überlegungen zum Regelungssystem des AZG, ÖJZ 1991, 483; *Szymanski*, Kollektivvertrag und Arbeitnehmerschutz, in FS Schwarz (1991), 331.

[185] Zur Problematik sog Quotenregelungen (zB Festlegung einer Mindestanzahl unkündbarer Arbeitnehmer) vgl *Krapf*, Die normative Kraft kollektivvertraglicher Quotenbestimmungen, DRdA 1994, 481.

und Handlungsfähigkeit, liegen also in der Natur der Sache, während die Normwirkung auf Delegation zu echter Rechtsetzung im gesetzlich vorgesehenen Rahmen beruht (vgl 3.3.1.2).

3/164 **Überschreiten** die Partner eines Kollektivvertrags ihre **Normsetzungsbefugnis**, so greift die schuldrechtliche Funktion des Kollektivvertrags mit einer gleichsam „komplettierenden Wirkung" ein und begründet Einwirkungspflichten der Verbände gegenüber ihren Mitgliedern[186]. Schuldrechtliche Regelungen beziehen sich also nicht immer auf wechselseitige, nur die Verbände berührende Fragen, sondern können durchaus die erfassten Arbeitsverhältnisse betreffen – sofern der kollektivvertraglichen Regelung die normative Wirkung versagt bleiben muss.

3/165 Man darf sich die Rechtslage nicht so vorstellen, dass Kollektivverträge formell in einen normativen und einen schuldrechtlichen Teil systematisiert sind. Verschiedene Bestimmungen fließen vielmehr ineinander, wobei es mitunter eine schwierige Interpretationsfrage ist, eine Bestimmung dem normativen oder dem schuldrechtlichen Teil zuzuordnen. So gesehen wäre es zielführend, statt wie üblich von einem normativen und schuldrechtlichen Teil des Kollektivvertrags von einer **normativen** und **schuldrechtlichen** Funktion zu sprechen.

3/166 Die schuldrechtliche Funktion umfasst **Selbstpflichten** und **Einwirkungspflichten**. Wie der Name schon sagt, haben Selbstpflichten die abschließenden Verbände selbst zu erfüllen (zB das Beschicken einer Schlichtungsstelle), während die Einwirkungspflichten substanziell die erfassten Arbeitsverhältnisse betreffen, die Verbände aber nur verhalten sind, nach Maßgabe der ihnen zur Verfügung stehenden Mittel auf ihre Mitglieder iS des pflichtgemäßen Verhaltens einzuwirken. Hiezu zählt in erster Linie die **Durchführungspflicht**, also die Verpflichtung, auf die kollektivvertragsgemäße Gestaltung der Arbeitsverhältnisse hinzuwirken. Einwirkungsmittel sind Verweis, Strafen und gegebenenfalls Verbandsausschluss, wobei hervorzuheben ist, dass eine entsprechende kollektive Gewichtung bzw die Unfähigkeit, im Einwirkungsweg die entsprechenden Verpflichtungen überhaupt durchzusetzen, einen **wichtigen Grund zur vorzeitigen Lösung** des Kollektivvertrags abgeben kann. Unbeschadet der vorzeitigen Lösungsmöglichkeit kann auch **Klage** auf die verbandsmäßig mögliche und zumutbare Einwirkung geführt werden. Dies bedeutet aber auch, dass Streitfälle bei Vorhandensein der Voraussetzungen des § 228 ZPO im Wege eines Feststellungsprozesses über den Inhalt der Durchführungspflicht ausgetragen werden können. Dies umso mehr, als das Recht oder Rechtsverhältnis, das den Gegenstand eines Feststellungsbegehrens bildet, nicht ein solches zwischen den Parteien sein muss. Es können vielmehr auch Rechtsverhältnisse zwischen einer Partei und Dritten im Wege der Feststellungsklage geklärt werden[187].

3/167 Die markanteste Pflicht im Bereich der schuldrechtlichen Funktion des Kollektivvertrags ist die **Friedenspflicht**. Darunter versteht man die Pflicht, während der Dauer des Kollektivvertrags von Arbeitskampfmaßnahmen Abstand zu nehmen. Die Friedenspflicht ist relativ, wenn sie sich nur auf jene Angelegenheiten bezieht, die der Kollektivvertrag beinhaltet. Sie

---

[186] Vgl *Schwarz*, Obligatorische und normative Dimensionen der Betriebsvereinbarung, in FS Strasser (1983), 465; *dens*, Konfusion um die „freie" Betriebsvereinbarung, DRdA 1985, 173.

[187] *Fasching*, Kommentar zu den Zivilprozeßgesetzen III[2] (2004), § 228 Rz 61; *Rechberger/Simotta*, Grundriss des österreichischen Zivilprozessrechts[8] (2010), 548 ff.

ist absolut, wenn sich die Vertragsparteien während der Dauer des Kollektivvertrags verpflichten, sich jeglicher Kampfmaßnahmen zu enthalten. Die relative Friedenspflicht wird allgemein als eine dem Wesen und der Funktion des Kollektivvertrags immanente Pflicht angesehen und bedarf demgemäß – ebenso wie die Durchführungspflicht – keiner besonderen Regelung[188]. Eine absolute Friedenspflicht müsste hingegen vereinbart werden.

Die Friedenspflicht ist Selbstpflicht **und** Einwirkungspflicht. Als Selbstpflicht ist sie negativ und richtet sich unmittelbar auf Unterlassung von Arbeitskämpfen durch den Verband; als Einwirkungspflicht ist sie auch positiv und bezieht sich auf das zumutbare Abhalten der Mitglieder, einen (wilden) Arbeitskampf zu führen.

Es wurde bereits darauf verwiesen, dass die schuldrechtliche Wirkung des Kollektivvertrags – in Form der **Einwirkungspflichten** – zum Tragen kommen kann, wenn die Kollektivvertragsparteien ihre Normsetzungsbefugnis überschreiten. Diese ergibt sich primär aus § 2 Abs 2 ArbVG, aber auch aus einer Reihe von sondergesetzlichen Ermächtigungen. Den wichtigsten im einschlägigen Zusammenhang zu erwähnenden Fall bilden die sog **Abschlussnormen**. Diese vermögen in Österreich lediglich eine schuldrechtliche Wirkung zu erzeugen[189]. Zu verstehen sind darunter jene Bestimmungen, die das Zustandekommen des Arbeitsverhältnisses betreffen (Abschlussgebote und -verbote, Formvorschriften, Wiedereinstellungsklauseln; vgl 3.3.1.9.1 a). 3/168

Beispiel: Um eine übermäßige Belastung des Betriebsablaufs durch auszubildende Lehrlinge zu vermeiden, um eine optimale Ausbildung der Lehrlinge zu sichern und um Verdrängungseffekte für ältere Arbeitnehmer hintanzuhalten, enthält ein Kollektivvertrag eine Bestimmung, der zufolge maximal fünf Prozent der Arbeitsplätze eines Unternehmens von Lehrlingen besetzt werden dürfen. In einem Unternehmen der Industrie wird dieses Verhältnis durch die Einstellung eines neuen Lehrlings überschritten. Hat die Kollektivvertragsregelung eine Auswirkung auf das Arbeitsverhältnis des neuen Lehrlings? – Nein! Die Klausel ist obligatorischer Natur und berührt das Arbeitsverhältnis nicht. Die Kollektivvertragspartei auf Dienstgeberseite kann nur auf den betreffenden Arbeitgeber einwirken, die kollektivvertraglichen Beschränkungen einzuhalten[190].

Eine Ausnahme vom Mangel normativer Wirkung bei Abschlussnormen bilden die im Rahmen eines „Sozialplans" geschaffenen Wiedereinstellungsklauseln. 3/169

3.3.1.10. Geltungsdauer von Kollektivverträgen

3.3.1.10.1. Beginn

Enthält der Kollektivvertrag selbst keine Regelungen, so beginnt die schuldrechtliche Bindung sogleich mit dem Abschluss zu laufen, während der normative Bereich mit dem auf die Kundmachung im „Amtsblatt zur Wiener Zeitung" folgenden Tag in Kraft tritt (§ 11 Abs 2 ArbVG[191]). 3/170

---

[188] S auch *Kietaibl*, Arbeitsrecht I (2013), 207; aA *Strasser/Reischauer*, Der Arbeitskampf (1972), 75; *Wedl*, Vaxholm und Viking: Gewerkschaftliche Kampfmaßnahmen vor dem EuGH, DRdA 2006, 264; vgl auch 13.5.2.3.

[189] Vgl im Gegensatz dazu § 1 Abs 1 des deutschen TVG; s auch OGH 16. 11. 1988, 9 ObA 515/88, DRdA 1989, 213.

[190] S hiezu auch AG Salzburg 4. 7. 1955, Cr 171/55, SozM I B, 73.

[191] Vgl OGH 29. 4. 2015, 9 ObA 39/15y, DRdA 2016, 115 mit Bespr v *Tutschek*.

3.3.1.10.2. Beendigung

3/171 Die Wirkung des Kollektivvertrags (dh des schuldrechtlichen und des normativen Teils) endet durch:

a) **Zeitablauf**, wenn er befristet abgeschlossen wurde (§ 17 Abs 1 ArbVG);

b) **Kündigung**, wenn er auf unbestimmte Zeit eingegangen wurde. Zu beachten ist, dass mangels Vereinbarung von Kündigungsfristen und -terminen die gesetzlichen Vorschriften zum Tragen kommen (§ 17 Abs 1 ArbVG). Diese sehen Unkündbarkeit für ein Jahr, beginnend mit dem Tag des Wirksamwerdens des normativen Teils (vgl 3.3.1.10.1), vor. Nach Ablauf dieser Zeit kann unter Einhaltung einer dreimonatigen Frist zum Letzten eines Kalendermonats mittels eingeschriebenen Briefs gekündigt werden. Bei Kündigungsvereinbarungen ist zwar kein eingeschriebener Brief, wohl aber, wie beim Kollektivvertragsabschluss, Schriftlichkeit erforderlich;

c) **einvernehmliche Auflösung**. Obwohl diese Beendigungsart im Gesetz nicht erwähnt wird, ist ihre Berechtigung schon auf Grund des allgemeinen Vertragsrechts gegeben. Dasselbe gilt für die

d) **vorzeitige Auflösung** aus wichtigem Grund sowie für den

e) **Verlust der Kollektivvertragsfähigkeit** (vgl 3.3.1.5).

Folgende Fälle sind zu unterscheiden:

3/172 Wird einer **freiwilligen Berufsvereinigung** die Kollektivvertragsfähigkeit aberkannt, so erlöschen deren Kollektivverträge mit dem Tag, an dem die Aberkennung im „Amtsblatt zur Wiener Zeitung" kundgemacht wird (§ 17 Abs 3 Satz 1 ArbVG). Dasselbe muss auch für Vereine, denen gem § 4 Abs 3 ArbVG die Kollektivvertragsfähigkeit zukommt, gelten, obwohl diese im § 17 Abs 3 nicht genannt sind, da § 5 Abs 3 auch auf § 4 Abs 3 ArbVG verweist[192].

3/173 Verliert eine **gesetzliche Interessenvertretung** die Kollektivvertragsfähigkeit hinsichtlich der Mitglieder einer freiwilligen Berufsvereinigung, weil letztere tatsächlich einen Kollektivvertrag abschließt, so erlischt der Kollektivvertrag der gesetzlichen Interessenvertretung für die Mitglieder der freiwilligen Berufsvereinigung an dem Tag, an dem der Kollektivvertrag der freiwilligen Berufsvereinigung in Kraft tritt (§ 17 Abs 3 Satz 2 ArbVG).

3/174 Verliert eine **juristische Person des öffentlichen Rechts** ihre Kollektivvertragsfähigkeit dadurch, dass sie Mitglied einer kollektivvertragsfähigen Körperschaft der Arbeitgeber wird, so fehlt eine gesetzliche Regelung hinsichtlich des rechtlichen Schicksals bereits abgeschlossener Kollektivverträge. § 17 Abs 3 ArbVG ist jedoch analog anzuwenden. Die Kollektivverträge erlöschen somit für die betroffenen Arbeitnehmer mit dem Tag, an dem die Mitgliedschaft wirksam wird.

f) **Wegfall der Rechtsgrundlage**. Grundsätzlich bildet § 2 ArbVG die Rechtsgrundlage für die kollektivvertraglichen Inhalte. Ausnahmsweise kann sich ein Kollektivvertrag aber auch

---

[192] Vgl *Strasser* in Strasser/Jabornegg/Resch (Hrsg), ArbVG (Losebl), § 17 Rz 8; vgl *Runggaldier* in Tomandl (Hrsg), ArbVG (Losebl), § 17 Rz 10.

auf sondergesetzliche Bestimmungen stützen (zB Ermächtigung zur Abweichung von einer gesetzlichen Regelung). Geht in einem solchen Fall die sondergesetzliche Regelung unter, erlischt auch der darauf aufbauende Kollektivvertrag[193].

3.3.1.10.3. Nachwirkung

Nach **Ablauf der Geltungsdauer** eines Kollektivvertrags bleiben dessen Rechtswirkungen für Arbeitsverhältnisse, die unmittelbar vor seinem Erlöschen durch ihn erfasst waren, so lange aufrecht, als für diese Arbeitsverhältnisse nicht ein neuer Kollektivvertrag wirksam oder eine neue Einzelvereinbarung abgeschlossen wird (§ 13 ArbVG). 3/175

Die Bedeutung der Nachwirkung liegt darin, dass nach dem Erlöschen des Kollektivvertrags eine gewisse Kontinuität der Arbeitsbedingungen gewährleistet wird und kollektivvertragslose Zeiträume überbrückt werden (**Überbrückungsfunktion**). Für Arbeitnehmer, die nach dem Erlöschen des Kollektivvertrags aufgenommen werden (Neueinstellungen), gilt die Nachwirkung nicht. 3/176

Die Nachwirkung des Kollektivvertrags ist **zeitlich nicht beschränkt**. Ein neuer Kollektivvertrag beendet jedenfalls die Nachwirkung des vorangegangenen Kollektivvertrags. Auch eine neue Gestaltung des Arbeitsvertrags vermag – iS des Gesetzeswortlauts – die Nachwirkung zu verdrängen. Insofern ist die Nachwirkung nur **dispositiver Natur**. Ebenso wie ein neuer Kollektivvertrag oder ein neuer Arbeitsvertrag beseitigt eine **neue Betriebsvereinbarung** die Nachwirkung, auch wenn § 13 ArbVG die Betriebsvereinbarung nicht explizit erwähnt. Dies ergibt sich jedoch aus einem Größenschluss: Wenn schon der Einzelarbeitsvertrag die nachwirkenden Kollektivvertragsbestimmungen verdrängen kann, dann umso mehr die in der Rechtsquellenhierarchie höher angesiedelte Betriebsvereinbarung. 3/177

Kollidiert die Nachwirkung eines alten Kollektivvertrags mit der Außenseiterwirkung eines neuen Kollektivvertrags, dann geht die Außenseiterwirkung vor, gleichgültig, ob der neue Kollektivvertrag günstiger oder ungünstiger ist (vgl 3.3.1.8.1 c). 3/178

3.3.2. Satzung

Durch die Erklärung eines Kollektivvertrags zur Satzung[194] wird diesem auch außerhalb seines Geltungsbereichs eine rechtsverbindliche Wirkung zuerkannt (vgl § 18 Abs 1 ArbVG). **Zweck** dieses Rechtsinstituts ist es, Arbeitnehmern, die mangels Kollektivvertragsangehörigkeit ihres Arbeitgebers von keinem Kollektivvertrag erfasst werden, den Vorteil einer kollektiven Regelung zu verschaffen. Die in der Satzungserklärung als rechtsverbindlich bezeichneten Bestimmungen des Kollektivvertrags stellen die Satzung als Rechtsquelle dar (vgl § 19 Abs 1 ArbVG)[195]. Typische **Beispiele** für Satzungen finden sich im Sozial- und Bildungs- 3/179

---

[193] OGH 24. 2. 2009, 9 ObA 3/08v, DRdA 2010, 322 mit Bespr v *Trost*.

[194] Allg s *M. Löschnigg*, Strukturfragen der Satzung (2010); *Marhold*, Satzung eines Kollektivvertrages nach Betriebsübergang und Verbandswechsel des Arbeitgebers, ZAS 2005, 203.

[195] Allg s *Schrank*, Legitimationsprobleme der Satzung von Kollektivverträgen, in FS Schwarz (1991), 801; *Holzner*, „Legitimationsprobleme" der Satzung?, DRdA 1994, 7; *Schrammel*, Probleme der Satzung von Kollektivverträgen, ZAS 1998, 135.

bereich (zB Satzung des SWÖ-KV, dh des Kollektivvertrags für die Sozialwirtschaft Österreich – Verband der österreichischen Sozial- und Gesundheitsunternehmen; Satzung des BABE-KV, dh des Kollektivvertrags für die Berufsvereinigung der Arbeitgeberinnen privater Bildungseinrichtungen), ebenso aber auch in der Zeitungsbranche (Satzung des KV für die bei österreichischen Tageszeitungen angestellten Redakteure).

3/180 Ihrer Rechtsnatur zufolge handelt es sich bei der Satzungserklärung um eine Verordnung[196]. Strittig ist allerdings, ob Gegenstand der Verordnung nur die Erweiterung des Geltungsbereichs, also die Satzungserklärung, ist[197] oder ob auch die zur Satzung erklärten Bestimmungen des Kollektivvertrags selbst Inhalt der Verordnung werden[198]. Gegen letzteres spricht, dass das Bundeseinigungsamt keine Kompetenz besitzt, den normativen Teil des Kollektivvertrags zu modifizieren. Die Verfassungskonformität der Satzung wird vom VfGH nicht in Zweifel gezogen[199].

3/181 **Zuständig für die Satzungserklärung** ist ausschließlich das Bundeseinigungsamt. Voraussetzung ist ein schriftlicher Antrag einer der beiden Kollektivvertragsparteien, der entweder alle oder nur einzelne normative Bestimmungen des Kollektivvertrags umfassen kann. Allerdings dürfen einzelne Bestimmungen nicht aus ihrem rechtlichen und sachlichen Zusammenhang gelöst werden (§ 18 Abs 2 ArbVG).

3/182 **Satzungsfähig** ist ein Kollektivvertrag oder ein Teil eines solchen, wenn

a) der zu satzende Kollektivvertrag gehörig kundgemacht ist und in Geltung steht;

b) der zu satzende Kollektivvertrag oder der Teil eines solchen überwiegende Bedeutung erlangt hat;

c) die von der Satzung zu erfassenden Arbeitsverhältnisse im Verhältnis zu jenen, die dem Kollektivvertrag unterliegen, im Wesentlichen gleichartig sind;

d) die von der Satzung zu erfassenden Arbeitsverhältnisse nicht schon durch einen Kollektivvertrag erfasst sind (§ 18 Abs 3 ArbVG). Auch wenn dieser Kollektivvertrag – ohne gleichzeitig ein sog Generalkollektivvertrag (s dazu gleich) zu sein – nur einzelne Arbeitsbedingungen regelt, ist eine Satzungserklärung ausgeschlossen[200].

3/183 Eine **Ausnahme** von der Regelung, dass die von der Satzung zu erfassenden Arbeitsverhältnisse keinem Kollektivvertrag unterliegen dürfen, besteht dann, wenn diese Arbeitsverhältnisse einem bloß singuläre Arbeitsbedingungen regelnden **Generalkollektivvertrag** unterworfen sind (zum Begriff des Generalkollektivvertrags vgl 3.3.1.1). Es können nämlich trotz Geltung eines solchen die Bestimmungen eines anderen Kollektivvertrags gesatzt werden (§ 18 Abs 4 ArbVG). Generalkollektivverträge nehmen noch in anderer Hinsicht eine Son-

---

[196] VfGH 14. 10. 1952, B 123/52, Arb 5528; VwGH 24. 2. 1953, 1913/51 und 2908/51, Arb 5636; ferner *Adamovich*, Die rechtliche Natur der Satzung nach Kollektivvertragsrecht, DRdA 1954, H 10, 1.

[197] Vgl *Strasser* in Strasser/Jabornegg/Resch (Hrsg), ArbVG (Losebl), § 18 Rz 5; *Runggaldier/Potz* in Tomandl (Hrsg), ArbVG (Losebl), § 18 Rz 2.

[198] Vgl *Kietaibl*, Arbeitsrecht I (2013), 254 f.

[199] VfGH 29. 9. 1994, V 85, 86/92, DRdA 1996, 30 mit Bespr v *Rebhahn* = ZAS 1995, 134 mit Bespr v *Tomandl*.

[200] Zustimmend *Klein*, Gibt es kollektivvertragsergänzende Satzungen?, DRdA 1978, 110; dagegen *Tomaschek*, Zum Problem des Verhältnisses zwischen Kollektivvertrag und Satzung, DRdA 1977, 228.

derstellung ein. Sie können auch dann zur Satzung erklärt werden (sog Generalsatzung[201]), wenn das Erfordernis der Gleichartigkeit der Arbeitsverhältnisse nicht gegeben ist (§ 18 Abs 5 ArbVG).

Die Erklärung eines Kollektivvertrags zur Satzung ist im Bundesgesetzblatt II **kundzumachen** (§ 21 Abs 1 ArbVG). Das Bundeseinigungsamt hat dem BMASK und jedem für Arbeits- und Sozialrechtssachen zuständigen Gerichtshof eine Ausfertigung der Satzung mit Angabe des Datums der Kundmachung und der Katasterzahl zu übermitteln sowie das Erlöschen einer Satzung bekannt zu geben (§ 21 Abs 2 ArbVG). 3/184

Die Satzung ist unmittelbar rechtsverbindlich (**Normwirkung**). Eine Außenseiterwirkung – vergleichbar mit jener des Kollektivvertrages (vgl 3.3.1.7) – kommt für die Satzung nicht in Frage, da sie den persönlichen Geltungsbereich auf Arbeitnehmerseite abschließend regelt.

Satzungen können auf unbestimmte Zeit, auf bestimmte Zeit oder auch bedingt abgeschlossen werden. Regelmäßig wird auf die Dauer des gesatzten Kollektivvertrages abgestellt. Eine **Nachwirkung** der Satzung (zur Nachwirkung beim Kollektivvertrag vgl 3.3.1.10.3) wird von der hL abgelehnt. Dagegen sprechen aber sowohl historische als auch teleologische Gründe. Man wird daher auch im Fall der Satzung zum Ergebnis kommen müssen, dass die Rechtswirkungen nach Erlöschen der Satzung analog zu § 13 ArbVG aufrecht bleiben[202]. 3/185

Kollektivverträge und Satzungen sind zwar im Stufenbau der Rechtsordnung gleichrangig, doch steht staatlich gesatztes Recht zum autonom geschaffenen Kollektivvertragsrecht in einem **Subsidiaritätsverhältnis**. Dies zeigt sich einerseits darin, dass Satzungen nur über Antrag kollektivvertragsfähiger Verbände beschlossen werden können, und anderseits darin, dass gem § 19 Abs 2 ArbVG Kollektivverträge für ihren Geltungsbereich bestehende Satzungen außer Kraft setzen. Dies gilt jedoch nicht für Generalkollektivverträge. Diese stellen insofern Durchbrechungen des Subsidiaritätsprinzips dar. 3/186

3.3.3. Weitere überbetriebliche kollektive Gestaltungsmittel

3.3.3.1. Mindestlohntarif

Mindestlohntarife sind vom Bundeseinigungsamt erlassene Regelungen betreffend **Mindestentgelt** und **Mindestbeträge** für den Ersatz von Auslagen (vgl § 22 Abs 1 ArbVG). Andere Arbeitsbedingungen entziehen sich ihrer Regelungsbefugnis[203]. Während der Kollektivvertrag ein Ergebnis autonomer Rechtssetzung durch die Sozialpartner darstellt, handelt es sich beim Mindestlohntarif um eine Form **behördlicher Lohnfestsetzung**[204]. Seiner Rechtsnatur nach ist er als **Verordnung** zu qualifizieren[205]. 3/187

---

201 Näheres zu den Voraussetzungen s *Melzer-Azodanloo*, Rechtliche Instrumente der Mindestlohnpolitik in Österreich, in Mosler/Pfeil, Mindestlohn (2016), 57 f.

202 *M. Löschnigg*, Strukturfragen der Satzung (2010), 143 mwN.

203 VfGH 20. 6. 1966, V 7/66, VfGHSlg 5291.

204 Allg dazu insb *Trost*, Kollektivvertragsautonomie und behördliche Festsetzung von Mindestlöhnen, DRdA 2005, 122.

205 VwGH 8. 1. 1953, 3262, 3263/52, VwSlg 2802 A = Arb 5594; VfGH 20. 6. 1966, V 7/66, VfSlg 5291; OGH 16. 12. 1975, 4 Ob 75/75, Arb 9429; OGH 13. 9. 2001, 8 ObA 87/01d, DRdA 2002, 155 = Arb

3.3.3.1. Mindestlohntarif

3/188 Das **Verfahren** zur Festsetzung von Mindestlohntarifen wird auf **Antrag** einer kollektivvertragsfähigen Körperschaft der Arbeitnehmer eingeleitet. Arbeitgebervereinigungen steht dieses Recht nicht zu. Bei der **Bemessung** der Mindestentgelte hat das Bundeseinigungsamt vor allem auf die Höhe der Entgelte und Aufwandsentschädigungen in verwandten Wirtschaftszweigen Bedacht zu nehmen. Der **örtliche Anwendungsbereich** eines Mindestlohntarifes kann das gesamte Bundesgebiet, aber auch nur ein oder mehrere Bundesländer umfassen (§ 25 Abs 1 ArbVG). Hinsichtlich der Kundmachung und Veröffentlichung gelten die Vorschriften für die Satzung sinngemäß (vgl 3.3.2). Mindestlohntarife sind daher ebenfalls im Bundesgesetzblatt II kundzumachen (§ 25 Abs 6 iVm § 21 ArbVG).

3/189 Ein Mindestlohntarif darf nur für Gruppen von Arbeitnehmern festgesetzt werden,

- für die ein Kollektivvertrag **mangels Vorliegens von kollektivvertragsfähigen Körperschaften auf Arbeitgeberseite** nicht abgeschlossen werden kann (dies trifft zB auf Aupairs, Pflegekräfte in Privathaushalten, Hausgehilfen oder Privatlehrer zu) und
- wenn eine Regelung von Mindestentgelten bzw Mindestbeträgen für den Ersatz von Auslagen durch **Satzungserklärung nicht** erfolgt ist (§ 22 Abs 3 ArbVG).

3/190 Erklärtes Ziel des Gesetzgebers bei der Einführung dieser Bestimmungen war es, die kollektivvertragliche Absicherung zu ergänzen und auch für die Arbeitnehmer unorganisierter Arbeitgeber tarifliche Mindeststandards zu schaffen. Wie im Fall der Satzung und der Lehrlingsentschädigung ist daher der Mindestlohntarif als **Surrogat des Kollektivvertrags** anzusehen.

3/191 Nach dem eindeutigen Wortlaut des § 22 Abs 3 ArbVG schließt die **Existenz** einer kollektivvertraglichen **Berufsvereinigung** die Festsetzung eines Mindestlohntarifes aus[206]. Eine Auslegung, wonach erst die **Mitgliedschaft** des konkreten Arbeitgebers zur Berufsvereinigung die Anwendung des Mindestlohntarifes vereitelt[207], deckt sich weder mit dem Gesetzeswortlaut noch mit der besonderen Zwecksetzung dieser kollektiven Rechtsquelle und würde zu einer völligen Auflösung der Voraussetzungen von Satzung und Mindestlohntarif führen. Wenn eine Kollektivvertragspartei auf Arbeitgeberseite vorhanden ist und diese keinen Kollektivvertrag abschließen will, steht ohnedies das Instrument der Satzung (vgl 3.3.2) zur Verfügung.

Die Bestimmungen des Mindestlohntarifs sind unmittelbar rechtsverbindlich (**Normwirkung**) und mit einseitig zwingender Wirkung ausgestattet. Im Gegensatz zum Kollektivvertrag kann er günstigere Betriebs- oder Einzelvereinbarungen nicht ausschließen (§ 24 Abs 1 und 2 ArbVG).

Nach seinem Erlöschen wirkt der Mindestlohntarif für Arbeitsverhältnisse, die unmittelbar vorher von ihm erfasst waren, so lange weiter, bis ein neuer Mindestlohntarif, ein Kollek-

---

12.137; OGH 7. 6. 2001, 9 ObA 202/00x, DRdA 2002, 379 mit Bespr v *Resch*; *Strasser* in Strasser/Jabornegg/Resch (Hrsg), ArbVG (Losebl), § 22 Rz 5.

[206] OGH 24. 11. 2010, 9 ObA 11/10y, DRdA 2012, 400 mit Bespr v *Jabornegg* = ARD 6115/1/2011 = infas 2011, A 23; OGH 28. 1. 1999, 8 ObA 338/98h, DRdA 2000, 162 mit Bespr v *Weiß*.

[207] So jedoch OGH 23. 4. 2003, 9 ObA 236/02z, DRdA 2004, 357 mit krit Bespr v *Weiß*, der dabei insb auf die Verletzung der Koalitionsfreiheit hinweist; OGH 13. 9. 2001, 8 ObA 87/01d, DRdA 2002, 155 = Arb 12.137.

tivvertrag oder eine Satzung wirksam oder mit den betreffenden Arbeitnehmern eine neue Einzelvereinbarung abgeschlossen wird (**Nachwirkung**, vgl § 24 Abs 4 ArbVG). Erlangt eine Arbeitgebervereinigung die Kollektivvertragsfähigkeit für den Anwendungsbereich eines **bestehenden** Mindestlohntarifes oder tritt ein Arbeitgeber einem kollektivvertragsfähig gewordenen Verband bei, erlischt der Mindestlohntarif allerdings nicht automatisch[208].

Der **prinzipielle Vorrang der autonomen Rechtsetzung** gilt sowohl beim Zustandekommen (s oben) als auch bei der Beendigung des Mindestlohntarifes: Sowohl Kollektivverträge als auch Satzungen setzen für ihren Geltungsbereich den Mindestlohntarif außer Kraft[209]. In derartigen Fällen bleibt auch für die Nachwirkung des Mindestlohntarifes kein Raum, da die neue kollektive Rechtsquelle unmittelbar die alte ersetzt. Eine Ausnahme von der Subsidiarität des Mindestlohntarifes besteht gegenüber Generalkollektivverträgen und Satzungen von Generalkollektivverträgen. Diese lassen den Mindestlohntarif unberührt (§ 24 Abs 3 ArbVG; zum Begriff des Generalkollektivvertrags vgl 3.3.1.1). 3/192

Der Grundsatz des absoluten Vorrangs des Kollektivvertrags oder der Satzung kommt nur dann zum Tragen, wenn sich der fachliche Geltungsbereich dieser Norm mit jenem des in Frage kommenden Mindestlohntarifes deckt. Handelt es sich um unterschiedliche fachliche Geltungsbereiche, dann sind die Grundsätze über die fachliche Geltungsbereichskollision beim Kollektivvertrag analog anzuwenden. Dies bedeutet insbesondere im sog **Mischbetrieb**, dass Kollektivvertrag und Mindestlohntarif „kollidieren“. 3/193

In diesen Fällen kann der Mindestlohntarif den Kollektivvertrag in Analogie zu § 9 Abs 3 ArbVG verdrängen, wenn der Mindestlohntarif jenen fachlichen Wirtschaftsbereich abdeckt, der für den (Misch-)Betrieb die maßgebende wirtschaftliche Bedeutung hat[210]. 3/194

3.3.3.2. Lehrlingsentschädigung

Wenn für einen Wirtschaftszweig kein Kollektivvertrag wirksam ist, hat das **Bundeseinigungsamt** auf Antrag einer kollektivvertragsfähigen Körperschaft der Arbeitnehmer oder der Arbeitgeber eine Lehrlingsentschädigung unter Bedachtnahme auf die für gleiche, verwandte oder ähnliche Lehrberufe geltenden Regelungen bzw in Ermangelung solcher unter Bedachtnahme auf den Ortsgebrauch festzusetzen (§ 26 Abs 1 und 3 ArbVG). 3/195

Im Gegensatz zum Mindestlohntarif schließt nicht schon die bloße Existenz einer kollektivvertragsfähigen Körperschaft auf Arbeitgeberseite, sondern erst der tatsächliche **Kollektivvertragsabschluss** die behördliche Festsetzung der Lehrlingsentschädigung aus, und zwar unabhängig davon, ob der betreffende Kollektivvertrag eine diesbezügliche Bestimmung enthält oder nicht. Eine Ausnahme besteht jedoch für **Generalkollektivverträge**, weil diese der behördlichen Festsetzung einer Lehrlingsentschä-

[208] OGH 23. 4. 2003, 9 ObA 236/02z, DRdA 2004, 357 mit Bespr v *Weiß*; krit dazu etwa *Schrammel*, ZAS 2005, 201 f; *Friedrich*, Kollektivvertragsfähigkeit und Kollektivvertragszuständigkeit, ASoK 2006, 446.

[209] Näheres dazu insb *Slezak*, Rechtsfragen von Mindestlohntarif und Satzung sowie deren Anwendbarkeit im Sozial- und Gesundheitssektor, JBl 2010, 627.

[210] S OGH 24. 11. 2010, 9 ObA 11/10y, DRdA 2012, 400 mit Bespr v *Jabornegg* = ARD 6115/1/2011 = infas 2011, A 23; OGH 14. 6. 1989, 9 ObA 83/89, DRdA 1990, 72; dazu auch *Resch*, OGH zur Anwendung des gesatzten BAGS-Kollektivvertrags im Mischbetrieb, ÖZPR 2011, 36; *Tomandl*, Zur Problematik des kollektivvertragsfreien Raumes, ZAS 1995, 152; *Runggaldier* in Tomandl (Hrsg), ArbVG (Losebl), § 9 Rz 15; *Reissner* in Neumayr/Reissner (Hrsg), Zeller Kommentar^2 (2011), § 9 ArbVG; s hiezu auch 3.3.1.8.2.

digung nicht entgegenstehen (§ 26 Abs 2 ArbVG; zum Begriff des Generalkollektivvertrags vgl 3.3.1.1).

3/196 Ihrer Rechtsnatur nach ist die Lehrlingsentschädigung als **Verordnung** zu qualifizieren. Sie ist unmittelbar rechtsverbindlich und mit einseitig zwingender Wirkung ausgestattet. Betriebs- und Einzelvereinbarungen sind nur nach Maßgabe des Günstigkeitsprinzips gültig (§ 28 Abs 1 und 2 ArbVG).

3/197 Ebenso wie im Falle der Satzung oder des Mindestlohntarifs (vgl 3.3.2 und 3.3.3.1) wird auch die Lehrlingsentschädigung durch jeden Kollektivvertrag (ausgenommen Generalkollektivverträge) für dessen Geltungsbereich außer Kraft gesetzt. Die Satzung besitzt diese Rechtswirkung nur dann, wenn sie selbst die Lehrlingsentschädigung beinhaltet[211].

3/198 Hinsichtlich der **Nachwirkung** von Lehrlingsentschädigungen gilt das zum Mindestlohntarif Gesagte; sie wirken auch nach ihrem Erlöschen so lange weiter, bis eine neue behördliche Festsetzung, ein Kollektivvertrag, eine Satzung oder eine neue Einzelvereinbarung Wirksamkeit erlangt (vgl § 28 Abs 3 iVm § 24 Abs 4 ArbVG).

3/199 Die Festsetzung der Lehrlingsentschädigung ist im Bundesgesetzblatt II **kundzumachen** (vgl beispielsweise die Lehrlingsentschädigung für Fitnessbetreuer/innen in BGBl II 263/2013) und einem Kataster einzuverleiben. Das Bundeseinigungsamt hat dem BMASK und jedem für Arbeits- und Sozialrechtssachen zuständigen Gerichtshof eine Ausfertigung der Festsetzung der Lehrlingsentschädigung mit Angabe des Datums der Kundmachung und der Katasterzahl zu übermitteln sowie ihr Erlöschen bekannt zu geben (§ 27 Abs 4 iVm § 21 Abs 2 ArbVG).

3.3.3.3. Gesamtvertrag, Heimarbeitstarif

3/200 Um auch gewissen Gruppen von **freien Dienstnehmern** (vgl 4.2.2) den Schutz von überbetrieblich ausgehandelten Verträgen angedeihen zu lassen, ist mitunter die Möglichkeit zum Abschluss von **Gesamtverträgen** vorgesehen. So können für ständige freie Mitarbeiter in einem **Medienunternehmen oder Mediendienst** (vgl auch 4.3.2.2.3.3) von den kollektivvertragsfähigen Interessenvertretungen (schriftliche) Gesamtverträge über die Honorarbedingungen und Aufwandsersätze der Mitarbeiter abgeschlossen werden (§ 17 JournG)[212]. Außenseiterwirkung und Nachwirkung sind dem Kollektivvertrag nachgebildet (zu diesen Rechtswirkungen s 3.3.1.7 u 3.3.1.10.3). Eine unmittelbare Rechtsverbindlichkeit (Normwirkung) sieht § 19 Journalistengesetz hingegen nicht vor. Der Gesamtvertrag soll vielmehr als Bestandteil der Individualverträge gelten (**Fiktionstheorie**; s hiezu 3.3.1.2)[213].

3/201 Für Heimarbeiter (vgl 4.3.3.2) können gleichfalls dem Kollektivvertrag nachgebildete **Heimarbeitsgesamtverträge** statuiert werden, zu deren Abschluss nur kollektivvertragsfähi-

---

[211] Vgl hiezu *Klein*, Gibt es kollektivvertragsergänzende Satzungen?, DRdA 1978, 113.

[212] *Runggaldier*, Kollektive Normsetzung für „ständige freie Mitarbeiter“, RdW 1999, 533; *Löschnigg*, Kollektivvertragsflucht –„Rucksackprinzip“– Kollektivvertragsregelungen für ausgeschiedene Arbeitnehmer – Gesamtvertrag (Beispiel journalistische MitarbeiterInnen), in Wachter/Burger (Hrsg), Aktuelle Entwicklungen im Arbeits- und Sozialrecht 2011 (2011), 63.

[213] S *Löschnigg*, Kollektivvertragsflucht „Rucksackprinzip“– Kollektivvertragsregelungen für ausgeschiedene Arbeitnehmer – Gesamtvertrag (Beispiel journalistische MitarbeiterInnen), in Wachter/Burger (Hrsg), Aktuelle Entwicklungen im Arbeits- und Sozialrecht 2011 (2011), 66.

ge juristische Personen befugt sind (vgl zB den Heimarbeitstarif für die Herstellung oder Bearbeitung von Drechsler- und sonstigen Holzwaren für Heimarbeiter, BGBl II 165/2013). Inhaltlich können sie alle die Heimarbeit betreffenden Arbeits- und Lieferbedingungen sowie die Rechtsbeziehungen zwischen den Vertragsparteien des Heimarbeitsgesamtvertrags regeln. Diese Gesamtverträge bedürfen der Schriftform. Ebenso wie im Falle des Kollektivvertrags ist eine Außenseiterwirkung und eine Nachwirkung vorgesehen (vgl §§ 43 bis 50 HeimAG). Die Bestimmungen des Heimarbeitsgesamtvertrags gelten gem § 45 HeimAG als Bestandteil der Heimarbeitsverträge.

Für Personen, deren Arbeits- und Lieferbedingungen nicht bereits in einem Heimarbeitsgesamtvertrag geregelt sind, ist auf Antrag einer kollektivvertragsfähigen Körperschaft der Arbeitnehmer vom Bundeseinigungsamt ein **Heimarbeitstarif** zu erlassen. Der Heimarbeitstarif ist im Bundesgesetzblatt II kundzumachen. Er ist innerhalb seines sachlichen und örtlichen Wirkungsbereiches als Mindestbedingung rechtsverbindlich und kann durch Einzelvereinbarung weder aufgehoben noch beschränkt werden (vgl §§ 34 bis 36 HeimAG). 3/202

3.3.4. Betriebsvereinbarung

3.3.4.1. Begriff und Bedeutung

Bei Betriebsvereinbarungen handelt es sich um schriftliche Vereinbarungen, die vom Betriebsinhaber einerseits und vom zuständigen Belegschaftsorgan (Betriebsrat, Betriebsausschuss, Zentralbetriebsrat oder Konzernvertretung) anderseits in Angelegenheiten abgeschlossen werden, deren Regelung durch Gesetz oder Kollektivvertrag der Betriebsvereinbarung vorbehalten ist (§ 29 ArbVG)[214]. 3/203

Aus der Legaldefinition ergibt sich die relativ eingeschränkte Regelungsmacht der Betriebsvereinbarung, die nur so weit reicht, als eine **gesetzliche** oder **kollektivvertragliche Ermächtigung** existiert[215]. Gesetzliche Ermächtigungen finden sich vor allem in den §§ 96, 96a und 97 ArbVG. Die Rechtsetzungsbefugnis kommt den im ArbVG genannten Betriebsvereinbarungen bezüglich der dort genannten Angelegenheiten zu. Eine Delegierung dieser Rechtsetzungsbefugnis an andere Rechtssubjekte widerspricht der zwingenden Betriebsverfassung[216]. Daneben bilden eine Reihe **anderer Gesetze** ebenfalls die Grundlage für den Abschluss von Betriebsvereinbarungen (vgl §§ 4 Abs 2, 4a Abs 3, 4b Abs 2, 11 Abs 2 AZG, § 2 Abs 4 UrlG, § 2 Abs 8 EFZG, § 3 Abs 1 BPG). Obwohl in § 29 ArbVG nicht ausdrücklich erwähnt, kommt auch die **Satzung** (vgl 3.3.2) als Rechtsgrundlage für Betriebsvereinbarungen in Frage[217]. 3/204

---

[214] Vgl etwa *Holzer*, Strukturfragen des Betriebsvereinbarungsrechts (1982); *Jabornegg*, Mitbestimmung durch Betriebsvereinbarung, DRdA 2012, 295; *Pfeil* in Gahleitner/Mosler (Hrsg), Arbeitsverfassungsrecht, Bd 2[5] (2015), § 29; *Achitz/Fritsch/Haslinger/Müller*, Leitfaden Betriebsvereinbarungen[2] (2016); *Gerhartl*, Betriebsvereinbarungen (2017).

[215] Vgl OGH 12. 10. 1988, 9 ObA 131/88, DRdA 1991, 45 mit Bespr v *Eypeltauer* = ZAS 1990, 60 mit Bespr v *Valentić*.

[216] OGH 8. 10. 2003, 9 ObA 52/03t, DRdA 2005, 319 mit Bespr v *Reissner*.

[217] *Löschnigg/Rainer*, „Öffnungsklauseln" iSd § 26 Z 7 lit a EStG – arbeitsrechtliche und steuerrechtliche Überlegungen, RdW 2006, 223.

3.3.4.1. Betriebsvereinbarung

3/205 **Kollektivvertragliche Ermächtigungen** iSd § 29 ArbVG können nur im Rahmen des rechtlich möglichen Kollektivvertragsinhalts erfolgen. Dies bedeutet zweierlei: Einmal bezieht sich die Delegationsbefugnis des Kollektivvertrags vor allem auf den Kernbereich kollektivvertraglicher Regelungsbereiche, also auf die materiellen Arbeitsbedingungen gem § 2 Abs 2 Z 2 ArbVG (gegenseitige aus dem Arbeitsverhältnis entspringende Rechte und Pflichten), und zum anderen ist zu beachten, dass die betriebliche Mitbestimmung in zwei Punkten kollektivvertraglich geregelt werden kann: anlässlich der Durchführung eines Sozialplans gem § 97 Abs 1 Z 4 ArbVG und bei der Durchführung von Maßnahmen zur menschengerechten Arbeitsgestaltung gem § 97 Abs 1 Z 9 ArbVG (vgl § 2 Abs 2 Z 5 ArbVG). Insofern kann der Kollektivvertrag die Regelungszuständigkeit der Betriebsvereinbarung beeinflussen und im Rahmen dieser betriebsverfassungsrechtlichen Bestimmungen die Basis für zusätzliche Betriebsvereinbarungen schaffen. Ebenso wie der Kollektivvertrag Kompetenzen für die Betriebsvereinbarung schaffen kann, kann er diese auch wieder zurücknehmen[218]. Mangels Rechtsgrundlage würde damit auch die Betriebsvereinbarung untergehen[219]. Dies gilt grundsätzlich auch beim Übergang auf einen neuen Kollektivvertrag, der keine entsprechende Ermächtigung für die Betriebsvereinbarung enthält.

Wenn allerdings ein **Wechsel** des Arbeitgebers **zu einer anderen kollektivvertragsfähigen Körperschaft** der Grund für die Anwendung eines neuen Kollektivvertrags ist, dann darf dadurch das für die Normalarbeitszeit gebührende Entgelt nicht geschmälert werden, auch wenn es auf Grund einer auf dem ursprünglichen Kollektivvertrag beruhenden Betriebsvereinbarung zusteht. Dies begründet der OGH[220] mit einer analogen Anwendung des § 4 Abs 2 Satz 1 AVRAG (vgl 9.2.2). Die Betriebsvereinbarung ist in diesem Fall als schlichte Ergänzung des Kollektivvertrages zu verstehen.

3/206 Während demgemäß dem Kollektivvertrag die wesentliche Aufgabe zukommt, den Inhalt des Arbeitsvertrags zu gestalten und Arbeits-, insb Lohnbedingungen, festzulegen, ist die Betriebsvereinbarung ihrer Funktion nach primär ein Instrument der Mitbestimmung im Betrieb. Für den Bereich der generellen Mitbestimmung stellt die Betriebsvereinbarung nach hL das einzige Instrument dar[221].

3/207 Betriebsinhaber und Betriebsrat stehen einander als gleichberechtigte Verhandlungspartner gegenüber. Dies bedeutet jedoch nicht, dass in jeder Angelegenheit, die durch Betriebsvereinbarung geregelt werden kann, die Mitwirkung der Belegschaft zwingend vorgeschrieben ist. Inwieweit die Durchführung einer Angelegenheit durch den Betriebsinhaber an die Zustimmung des Betriebsrats gebunden ist, hängt von der Art der Mitbestimmung und damit von der Art der Betriebsvereinbarung ab (vgl 3.3.4.5).

---

[218] OGH 22. 6. 1995, 8 ObA 244/95, DRdA 1996, 320 mit Bespr v *Pfeil.*

[219] Vgl auch *Marhold/Friedrich*, Österreichisches Arbeitsrecht[3] (2016), 731; OGH 21. 12. 2000, 8 ObA 125/00s, DRdA 2001, 547 mit Bespr v *Weiß.*

[220] OGH 23. 11. 2005, 9 ObA 128/04w, DRdA 2006, 467 mit Bespr v *Grillberger* = ecolex 2006, 234; OGH 30. 9. 2005, 9 ObA 127/04y, ZAS 2006, 278 mit Bespr v *Winkler* = DRdA 2006, 149; Vgl auch *Pfeil* in Gahleitner/Mosler (Hrsg), Arbeitsverfassungsrecht, Bd 2[5] (2015), 272; *Reissner* in Neumayr/Reissner (Hrsg), Zeller Kommentar[2] (2011), Rz 15 zu § 29 ArbVG; aA *Marhold/Friedrich*, Österreichisches Arbeitsrecht[3] (2016), 731; s auch *Steiner-Motsch*, Zur Nachwirkung von kollektivvertraglichen Zulassungsnormen – Was geschieht mit darauf gründenden Betriebsvereinbarungen?, ASoK 2014, 242.

[221] S *Strasser* in ArbVG-Handkommentar (1975), 522; *Kietaibl* in Tomandl (Hrsg), ArbVG (Losebl), § 29 Rz 2; *Basalka* in ArbVG-Wirtschaftsverlag (Losebl), 105 ff; *Holzer*, Strukturfragen des Betriebsvereinbarungsrechts (1982), 9.

Die Doppelfunktion der Betriebsvereinbarung – einerseits innerbetriebliche **Norm der kollektiven Rechtsgestaltung** und anderseits wesentlichstes **Instrument der Mitwirkung** des Betriebsrates in **sozialen** Angelegenheiten – kommt systematisch in den Regelungen des ArbVG sehr deutlich zum Ausdruck: Die Strukturen der Betriebsvereinbarung regelt der Gesetzgeber im I. Teil des ArbVG (§§ 29 ff ArbVG), die Betriebsvereinbarungsinhalte im II. Teil (va in den §§ 96 ff ArbVG). 3/208

Diese Doppelregelung führt insb im Zusammenhang mit dem möglichen **persönlichen Geltungsbereich** von Betriebsvereinbarungen zu Auslegungsproblemen. So sind dauernd **überlassene Beamte** gem § 36 ArbVG Arbeitnehmer des Betriebes, in dem sie beschäftigt werden (II. Teil des ArbVG). Beamte sind jedoch vom Arbeitnehmerbegriff des § 1 ArbVG (I. Teil des ArbVG; Arbeitnehmerbegriff des Arbeitsvertragsrechts; vgl hiezu 4.3.2.1) ausgeschlossen[222]. Der umgekehrte Fall liegt etwa bei **leitenden Angestellten** mit maßgebendem Einfluss auf die Führung des Betriebes (vgl 4.3.2.2.2) vor. Legt das ArbVG unterschiedliche Maßstäbe an den Arbeitnehmerbegriff des I. und II. Teiles und damit an den Eingriffsbereich des Gesetzes an, dann ist für die Überschneidungsbereiche zu verlangen, dass sowohl die Voraussetzungen des I. als auch des II. Teiles erfüllt sein müssen[223].

3.3.4.2. Rechtsnatur und Auslegung

Was die Rechtsnatur der Betriebsvereinbarung betrifft, so ist sie dem Privatrecht zuzuordnen. Ihr Zustandekommen basiert auf privatrechtlichen Kriterien und unterliegt den Anfechtungs- und Nichtigkeitsregeln des ABGB. Im Gegensatz zum Kollektivvertrag schließt nur auf Arbeitnehmerseite ein Kollektiv, nämlich ein Belegschaftsorgan als Repräsentant der Belegschaft, ab. Es liegt daher ein **einseitig korporativer Normenvertrag** vor, der im normativen Teil (vgl 3.3.4.6.2) objektives Recht setzt. 3/209

Ebenso wie der Kollektivvertrag sind Betriebsvereinbarungen in einen schuldrechtlichen und in einen normativen Teil zu trennen (vgl 3.3.4.6). Die schuldrechtlichen Bestimmungen sind wie Verträge im Allgemeinen nach den Bestimmungen der §§ 914 ff ABGB auszulegen. Für den normativen Teil der Betriebsvereinbarung werden die Regeln über die Auslegung von Gesetzen (§§ 6 und 7 ABGB) herangezogen[224]. Die Betriebspartner sind auch zu einer authentischen Interpretation einer in der Vergangenheit abgeschlossenen Betriebsvereinbarung berechtigt[225]. 3/210

3.3.4.3. Abschlusskompetenz

Wer auf Seiten der Belegschaft zum Abschluss und zur Änderung der Betriebsvereinbarung berechtigt ist, ergibt sich aus der Kompetenzabgrenzung der §§ 113 u 114 ArbVG (vgl 10.4.7, 10.5, 10.7.5). Auf Arbeitgeberseite hängt die **Berechtigung** ausschließlich davon ab, wer im Rahmen der internen Bevollmächtigungsstrukturen das Unternehmen als Rechtsträger auf der Ebene des Betriebes vertreten darf. Auf Grund der nicht unerheblichen 3/211

---

222 Vgl *Kietaibl/Winter/Wolf*, Zur Geltung von Betriebsvereinbarungen für Beamte, ecolex 2012, 1002.
223 S auch § 1 Abs 3 ArbVG; ebenso *Strasser* in Strasser/Jabornegg/Resch (Hrsg), ArbVG, § 1 Rz 20.
224 OGH 7. 7. 1981, 4 Ob 34/81, Arb 9997; *Floretta/Spielbüchler/Strasser*, Arbeitsrecht II[4] (2001), 468; *Kuderna*, Die Auslegung kollektivrechtlicher Normen und Dienstordnungen sowie deren Ermittlung im Prozeß, DRdA 1975, 161; krit *Kietaibl*, Arbeitsrecht I (2013), 309 f; s auch *Gerhartl*, Zur Interpretation von Kollektivverträgen und Betriebsvereinbarungen, RdW 2012, 415.
225 OGH 25. 1. 1995, 9 ObA 10, 11/95, DRdA 1995, 499 mit Bespr v *Marhold*.

Verpflichtungen, die für das Gesamtunternehmen entstehen, werden Betriebsvereinbarungen regelmäßig nicht von den einzelnen Betriebsleitern, sondern (zumindest zusätzlich) von der Unternehmensleitung abgeschlossen.

3/212 Einen Sonderfall enthält das Arbeitszeitrecht der Krankenanstalten: Gem § 3 Abs 3 KA-AZG hat der Betriebsrat das Einvernehmen mit den Vertretern der betroffenen Dienstnehmer, die den Verhandlungen beizuziehen sind, herzustellen. Dies gilt auch für den Abschluss von Betriebsvereinbarungen. Nach Ansicht des OGH handelt es sich jedoch um keine Gültigkeitsvoraussetzung für die Betriebsvereinbarung, solange sich nicht Arbeitgeber und Betriebsrat bewusst und kollusiv über das Recht der Arbeitnehmer hinwegsetzen[226].

3.3.4.4. Form, Hinterlegung, Kundmachung

3/213 Das ArbVG schreibt in § 29 die **Schriftlichkeit** von Betriebsvereinbarungen[227] vor. Die diversen Bestimmungen müssen daher schriftlich niedergelegt und ordnungsgemäß unterzeichnet sein[228]. Ohne Schriftform kommt eine rechtsgültige Vereinbarung überhaupt nicht zustande.

Eine formalisierte **Hinterlegung** wie beim Kollektivvertrag besteht für die Betriebsvereinbarung nicht, weil für diese die Hinterlegung nicht an die Kundmachung gekoppelt ist. Die Betriebsvereinbarung ist erst nach ihrem Wirksamwerden vom Betriebsinhaber den für den Betrieb zuständigen gesetzlichen Interessenvertretungen der Arbeitgeber und der Arbeitnehmer in je einer Ausfertigung zu übermitteln (§ 30 Abs 3 ArbVG).

3/214 Betriebsvereinbarungen sind vom Betriebsinhaber oder vom Betriebsrat im Betrieb **aufzulegen** (zB in der Personalabteilung oder im Betriebsratsbüro) oder an sichtbarer, für alle Arbeitnehmer zugänglicher Stelle **anzuschlagen**. Wesentlich ist, dass die Arbeitnehmer jederzeit Einsicht nehmen können und ihnen dies auch bekannt ist (zB durch einen entsprechenden Hinweis auf der Homepage des Betriebs[229]). Dieses Erfordernis wird zB auch dann erfüllt, wenn den Arbeitnehmern per **Intranet** ein Zugriff zu einer Betriebsvereinbarungsdatenbank oder dergleichen offen steht und die Arbeitnehmer über diese Möglichkeit des Zugriffs auch informiert sind[230]. Entscheidend ist, dass für alle von der Betriebsvereinbarung erfassten Arbeitnehmer ein problemloser Zugang zum System besteht[231].

3/215 Werden **Form- oder Kundmachungsvorschriften** verletzt, kann die Betriebsvereinbarung nur obligatorische Wirkung entfalten; sie begründet in diesem Fall Rechte und Pflichten nur zwischen den Vertragspartnern. Der Eintritt der normativen Wirkung, also der unmittelbaren Rechtsverbindlichkeit für die Arbeitnehmer, wird durch den Mangel der Kundma-

---

226 OGH 24. 11. 2010, 9 ObA 156/09w, DRdA 2012, 405 mit Bespr v *Grillberger* = ARD 6130/5/2011 = RdW 2011, 297.

227 Hiezu *Risak*, Schriftformgebote im Arbeitsrecht – Gesetz – KollV – BV – Vertrag, ZAS 2013, 52.

228 Zur Zulässigkeit von paraphierten Austauschblättern (Änderungen im Anhang) einer Betriebsvereinbarung s OGH 29. 1. 2013, 9 ObA 153/12h, DRdA 2013, 507 mit Bespr v *Weiß* = ZAS 2013, 233 mit Bespr v *Reissner/Vinzenz* = infas 2013, A 41.

229 ZB OGH 20. 7. 2012, 8 ObA 67/11b, infas 2013, A 1 = wbl 2013, 38.

230 Vgl hiezu auch OGH 26. 7. 2012, 8 ObA 3/12t, ASoK 2013, 53 mit Bespr v *Trattner* = ARD 6260/4/2012 = RdW 2012, 678.

231 S auch *Melzer-Azodanloo*, Telearbeitsrecht (2001), 147.

chung verhindert[232]. Zu beachten ist, dass derart mangelhafte Betriebsvereinbarungen im Wege freier Betriebsvereinbarungen (s 3.3.4.8) rechtlich äußerst bedeutsam werden können.

3.3.4.5. Arten der Betriebsvereinbarung

Betriebsvereinbarungen werden prinzipiell in notwendige, erzwingbare und fakultative gegliedert[233]. Diese Differenzierung richtet sich sowohl nach dem Einfluss der Belegschaftsorgane auf den Abschluss einer Betriebsvereinbarung als auch nach den Auswirkungen auf die beabsichtigte Maßnahme im Falle des Unterbleibens einer Betriebsvereinbarung. Eine Mischform zwischen notwendiger und erzwingbarer Mitbestimmung wird durch § 96a ArbVG geschaffen. Es handelt sich hiebei um zustimmungspflichtige Maßnahmen, wobei die Zustimmung des Betriebsrats im Wege der Zwangsschlichtung ersetzt werden kann, sodass dieser Typus als „notwendige Betriebsvereinbarung mit Zwangsschlichtung" bezeichnet werden kann. Darüber hinaus finden sich vereinzelt weitere – zumeist auf Grund unterschiedlicher gesetzlicher Rechtsgrundlagen – Mischformen (s 3.3.4.5.5). 3/216

Neben diesen Betriebsvereinbarungskategorien ist auch die sog „freie Betriebsvereinbarung" zu erwähnen. Letztere stellt keine mit den besonderen Rechtswirkungen des ArbVG ausgestattete Betriebsvereinbarung dar. Wenngleich vom Gesetzgeber nicht intendiert, ist sie rechtlich nicht unbeachtlich (vgl 3.3.4.8). 3/217

3.3.4.5.1. Notwendige Betriebsvereinbarung

Gem **§ 96 Abs 1 ArbVG** bedürfen gewisse Maßnahmen des Betriebsinhabers zu ihrer Rechtswirksamkeit **jedenfalls der Zustimmung des Betriebsrats.** 3/218

Im Einzelnen handelt es sich um

a) die Einführung einer betrieblichen Disziplinarordnung (vgl 11.5.1.6);

b) die Einführung von Personalfragebögen, sofern in diesen nicht bloß die allgemeinen Angaben zur Person und Angaben über die fachlichen Voraussetzungen für die beabsichtigte Verwendung des Arbeitnehmers enthalten sind (vgl 11.5.1.2);

c) die Einführung von Kontrollmaßnahmen und technischen Systemen zur Kontrolle der Arbeitnehmer, sofern diese Maßnahmen (Systeme) die Menschenwürde berühren[234];

d) die Einführung und die Regelung von Akkord-, Stück- und Gedinglöhnen sowie akkordähnlichen Prämien und Entgelten – mit Ausnahme der Heimarbeitsentgelte –, die auf statistischen Verfahren, Datenerfassungsverfahren, Kleinstzeitverfahren oder ähnlichen Entgeltfindungsmethoden beruhen, sowie der maßgeblichen Grundsätze (Systeme und Methoden) für die Ermittlung und Berechnung dieser Löhne bzw Entgelte (vgl 11.5.3.3.1), soweit eine Regelung durch Kollektivvertrag oder Satzung nicht besteht.

---

[232] Vgl *Strasser* in Strasser/Jabornegg/Resch (Hrsg), ArbVG (Losebl), § 30 Rz 4; *Pfeil* in Gahleitner/Mosler (Hrsg), Arbeitsverfassungsrecht, Bd 2[5] (2015), 298; dagegen *Basalka* in ArbVG-Wirtschaftsverlag (Losebl), 111; s auch OGH 21. 12. 2000, 8 ObA 170/00h, DRdA 2001, 532 mit Bespr v *Runggaldier* = ZAS 2001, 170 mit Bespr v *Risak*; OGH 28. 1. 2009, 9 ObA 168/08g, DRdA 2010, 494 mit Bespr v *Reissner*; OGH 19. 12. 2012, 8 ObA 46/12s, ARD 6299/2/2013.

[233] Vgl insb *Holzer*, Strukturfragen des Betriebsvereinbarungsrechts (1982), 23.

[234] S 11.5.1.5; *Rebhahn*, Mitarbeiterkontrolle am Arbeitsplatz (2009).

3.3.4.5. Betriebsvereinbarung

3/219 Die Zustimmung zu diesen Maßnahmen hat in Form der notwendigen Betriebsvereinbarung zu erfolgen. Diese bildet somit das Mittel oder das Instrument zur Verwirklichung der notwendigen Mitbestimmung (vgl auch 11.4.4.1.6.1).

3/220 Da die im § 96 Abs 1 ArbVG bezeichneten Angelegenheiten zu ihrer Rechtswirksamkeit der Zustimmung des Betriebsrats bedürfen, kann der Betriebsinhaber die betreffende **Maßnahme ohne diese Zustimmung überhaupt nicht treffen**. Eine behördliche Instanz, die angerufen werden kann, wenn sich Betriebsinhaber und Betriebsrat nicht einigen, ist im Gegensatz zur notwendigen Betriebsvereinbarung mit Zwangsschlichtung (vgl 3.3.4.5.2) und zur erzwingbaren Betriebsvereinbarung (vgl 3.3.4.5.3) nicht vorgesehen. Unzulässig sind sowohl einseitige Anordnungen des Dienstgebers als auch Einzelvereinbarungen, die zu einer Umgehung des Mitbestimmungsrechts führen würden[235].

3/221 Notwendige Betriebsvereinbarungen können, soweit sie keine Vorschriften über ihre Geltungsdauer enthalten, von jedem der Vertragspartner jederzeit **ohne Einhaltung einer Frist schriftlich gekündigt** werden (§ 96 Abs 2 ArbVG; vgl auch 3.3.4.7.2).

3/222 Die Angelegenheiten des § 96 Abs 1 ArbVG finden sich auch in der Aufzählung des § 97 Abs 1 Z 24 ArbVG. Daraus kann gefolgert werden, dass es sich im Falle der zustimmungspflichtigen Maßnahmen des § 96 ArbVG um eine bloß **bedingt notwendige Mitbestimmung** handelt. Dadurch, dass die Angelegenheiten des § 96 ArbVG gleichermaßen den möglichen Regelungsinhalt einer bloß fakultativen Betriebsvereinbarung bilden, bringt der Gesetzgeber implizit zum Ausdruck, dass eine komplette (dh nicht konkretisierungsbedürftige) Regelung **durch den Kollektivvertrag möglich ist** und in diesem Fall nur eine (günstigere) fakultative Betriebsvereinbarung in Betracht kommt. Ist die kollektivvertragliche Regelung ergänzungsbedürftig, so ist „insoweit" eine notwendige Betriebsvereinbarung – in Funktionsteilung mit dem Kollektivvertrag – erforderlich[236].

3/223 Ansätze für notwendige Betriebsvereinbarungen finden sich nicht nur in § 96 ArbVG, sondern auch in **anderen gesetzlichen Bestimmungen**, wie zB in § 4b Abs 2 AZG (vgl 6.8.14.1) oder in § 3 BPG (Errichtung und Beitritt von bzw zu Pensionskassen; vgl 11.5.3.3.7). Der notwendige Charakter kommt in diesen Fällen dadurch zum Ausdruck, dass der Dienstgeber die beabsichtigte Maßnahme nur mit Zustimmung des Betriebsrats rechtswirksam einführen kann. In Kombination mit anderen Rechtsgrundlagen kann es in diesen Fällen jedoch auch zu Mischformen kommen (zB notwendige Betriebsvereinbarung mit Zwangsschlichtung im Fall gleitender Arbeitszeit; s 3.3.4.5.5). Hinsichtlich der Beendigungsmöglichkeiten und der Nachwirkung sind hiebei allerdings – sofern keine gegenteilige gesetzliche Anordnung vorhanden ist – die allgemeinen Bestimmungen des § 32 ArbVG (ds jene der fakultativen Betriebsvereinbarung; vgl 3.3.4.5.4) anzuwenden.

---

235 Vgl zB *Korenjak*, Leistungslöhne: Rechtsfolgen fehlender Zustimmung des BR, ecolex 2009, 886.

236 Zum Verhältnis von Betriebsvereinbarung und Kollektivvertrag vgl *Holzer*, Strukturfragen des Betriebsvereinbarungsrechts (1982), 91; ferner *Schwarz* in FS Strasser (1983), 465 ff, beide mwN.

3.3.4.5.2. Notwendige Betriebsvereinbarung mit Zwangsschlichtung

Auch gem **§ 96a Abs 1 ArbVG** bedürfen gewisse Maßnahmen des Betriebsinhabers zu ihrer Rechtswirksamkeit der **Zustimmung** des Betriebsrats. Wie im Fall der notwendigen Mitbestimmung (3.3.4.5.1) kann die Zustimmung des Betriebsrats weder durch Weisung noch durch Zustimmung sämtlicher Arbeitnehmer des Betriebs ersetzt werden. Im Gegensatz zur notwendigen Mitbestimmung kann die Zustimmung des Betriebsrats jedoch durch die Entscheidung einer **Schlichtungsstelle ersetzt werden**[237]. Gegen die Entscheidung der Schlichtungsstelle kann Beschwerde an das Bundesverwaltungsgericht erhoben werden (vgl § 146 Abs 2 ArbVG). 3/224

Ohne entsprechende Betriebsvereinbarung – sei sie einvernehmlich mit dem Betriebsrat zustande gekommen, sei sie über die Schlichtungsstelle erzwungen worden – ist die Einführung einer Maßnahme iSd § 96a ArbVG **rechtsunwirksam**[238]. 3/225

Dieser Form der Mitbestimmung unterliegen:

a) die Einführung von Systemen zur automationsunterstützten Ermittlung, Verarbeitung und Übermittlung von personenbezogenen Daten des Arbeitnehmers, die über die Ermittlung von allgemeinen Angaben zur Person und fachlichen Voraussetzungen hinausgehen. Eine Zustimmung ist nicht erforderlich, soweit die tatsächliche oder vorgesehene Verwendung dieser Daten über die Erfüllung von Verpflichtungen nicht hinausgeht, die sich aus Gesetz, Normen der kollektiven Rechtsgestaltung oder Arbeitsvertrag ergeben (vgl 11.5.1.3);

b) die Einführung von Systemen zur Beurteilung von Arbeitnehmern des Betriebs, sofern mit diesen Daten erhoben werden, die nicht durch die betriebliche Verwendung gerechtfertigt sind[239].

Auch in den Fällen des § 96a liegt eine Form von bedingter Mitbestimmung vor: Wenn eine entsprechende Regelung durch Kollektivvertrag oder Satzung gegeben ist, geht sowohl der notwendige als auch der erzwingbare Charakter verloren. Ersteres zeigt sich in der Erwähnung des § 96a in § 97 Abs 1 Z 24 ArbVG (s hiezu auch 3.3.4.5.1), zweiteres durch den Verweis auf § 97 Abs 2 ArbVG in § 96a Abs 2 ArbVG[240]. Günstigere Regelungen im Verhältnis zum Kollektivvertrag können nur mehr in Form der freiwilligen Betriebsvereinbarung getroffen werden. 3/226

Eine **Kündigung** dieser Betriebsvereinbarung ist **nicht** möglich. Sie kann nur einvernehmlich von Betriebsrat und Betriebsinhaber gelöst, von vornherein befristet abgeschlossen oder über die Schlichtungsstelle beendet werden. Eine **Nachwirkung** ist dementsprechend **nicht** vorgesehen (§ 96a Abs 2 iVm § 32 Abs 2 u 3 ArbVG). 3/227

---

237 Dazu *Tomandl*, Bemerkungen zu den §§ 96a und 62a Arbeitsverfassungsgesetz, ZAS 1986, 181, der diese Form daher auch als notwendig erzwingbare Betriebsvereinbarung bezeichnet.

238 Allg zur Struktur dieser Betriebsvereinbarung vgl *Löschnigg*, Die Mitbestimmung des Betriebsrates bei Personaldatensystemen – Neuerungen der ArbVG-Novelle 1986, 27; insb *Holzer*, Die Auswirkungen der ArbVG-Novelle 1986 im Recht der Betriebsvereinbarung, DRdA 1988, 320.

239 Vgl *Löschnigg*, Datenermittlung im Arbeitsverhältnis (2009), 186 ff; s auch 11.5.1.4.

240 *Löschnigg*, Datenschutz im Personalbereich, in Wittmann (Hrsg), Datenschutzrecht im Unternehmen (1991), 142 (insb FN 21); nach *Trost*, Ausgewählte Strukturprobleme der Mitwirkung nach der Arbeitsverfassungsgesetz-Novelle 1986, DRdA 1989, 13, soll bei Vorliegen einer überbetrieblichen Regelung nur die Erzwingbarkeit wegfallen.

3.3.4.5. Betriebsvereinbarung

3/228 **Kollisionen** zwischen § 96 und § 96a ArbVG sollen durch die Bestimmung des § 96a Abs 3 ArbVG verhindert werden, wonach die notwendige Mitbestimmung durch die Mitwirkungsrechte nach § 96a ArbVG nicht berührt wird.

3.3.4.5.3. Erzwingbare Betriebsvereinbarung

3/229 Erzwingbare Betriebsvereinbarungen können in den Angelegenheiten des **§ 97 Abs 1 Z 1 bis 6a ArbVG** abgeschlossen werden.

Dies sind:

a) Allgemeine Ordnungsvorschriften, die das Verhalten der Arbeitnehmer im Betrieb regeln (vgl 11.5.1.1);

b) Grundsätze der betrieblichen Beschäftigung von Arbeitnehmern, die im Rahmen einer Arbeitskräfteüberlassung tätig sind (vgl 9.1);

c) die generelle Festsetzung von Beginn und Ende der täglichen Arbeitszeit, der Dauer und Lage der Arbeitspausen und der Verteilung der Arbeitszeit auf die einzelnen Wochentage (vgl 11.5.3.6);

d) Art und Weise der Abrechnung und insb Zeit und Ort der Auszahlung der Bezüge (vgl 11.5.3.3.4);

e) Maßnahmen zur Verhinderung, Beseitigung oder Milderung der Folgen einer Betriebsänderung iSd § 109 Abs 1 Z 1 bis 6 ArbVG, sofern diese wesentliche Nachteile für alle oder erhebliche Teile der Arbeitnehmerschaft mit sich bringt und sofern im Betrieb 20 oder mehr Dienstnehmer dauernd beschäftigt werden (vgl 11.5.4.2);

f) Art und Umfang der Teilnahme des Betriebsrats an der Verwaltung von betriebs- und unternehmenseigenen Schulungs-, Bildungs- und Wohlfahrtseinrichtungen (vgl 11.5.2.1 und 11.5.2.2);

g) Maßnahmen zur zweckentsprechenden Benützung von Betriebseinrichtungen und Betriebsmitteln (vgl 11.5.1.7);

h) Maßnahmen zur Verhinderung, Beseitigung, Milderung oder zum Ausgleich von Belastungen der Arbeitnehmer durch Nachtarbeit oder Nachtschwerarbeit iSd Art 7 NSchG, einschließlich der Verhütung von Unfällen und Berufskrankheiten (vgl 11.5.2.5);

i) Auswahl der Vorsorgekasse nach dem BMSVG (vgl 11.5.3.3.6).

3/230 Im Gegensatz zur notwendigen Betriebsvereinbarung bedarf es in den aufgezählten Angelegenheiten des § 97 Abs 1 Z 1 bis 6a ArbVG **nicht von vornherein des Konsenses zwischen Betriebsinhaber und Betriebsrat**. Der Betriebsinhaber kann – auch ohne Übereinstimmung mit dem Betriebsrat – die entsprechende Maßnahme anordnen oder, falls eine Änderung der Arbeitsverträge notwendig ist, die Maßnahme mit Zustimmung der betroffenen Arbeitnehmer einführen. Insofern weist die erzwingbare Betriebsvereinbarung dieselbe Struktur auf wie die fakultative (vgl 3.3.4.5.4). Der Unterschied liegt aber in der Erzwingbarkeit einer Angelegenheit iSd § 97 Abs 1 Z 1 bis 6a ArbVG.

3/231 Die **Erzwingbarkeit** besteht darin, dass im Falle der Nichteinigung der Vertragspartner über den Abschluss, die Abänderung oder Aufhebung einer Betriebsvereinbarung die Schlichtungsstelle (vgl 14.3.2) befasst werden kann und zu entscheiden hat. Die Schlichtungsstelle kann sowohl vom Betriebsinhaber als auch von der Belegschaftsvertretung angerufen werden (§ 97 Abs 2 ArbVG). Der Spruch der Schlichtungsstelle ersetzt den Konsens der Streitteile. Hat der Arbeitgeber Maßnahmen, die der erzwingbaren Mitbestimmung unterliegen, selbständig gesetzt, so kann der Betriebsrat im Wege der Zwangsschlichtung deren Aufhebung oder Modifizierung durchsetzen. Die Entscheidung der Schlichtungsstelle gilt gem § 146 Abs 2 ArbVG als Betriebsvereinbarung. Gegen die Entscheidung der Schlichtungsstelle kann gem § 146 Abs 2 ArbVG Beschwerde an das Bundesverwaltungsgericht erhoben werden (vgl 14.3.2).

Die Erzwingbarkeit in Form der Zwangsschlichtung kommt in den aufgezählten Angelegenheiten nur zum Tragen, wenn eine Regelung durch Kollektivvertrag oder Satzung nicht vorliegt (§ 97 Abs 2 ArbVG). In Relation zu Kollektivvertrag und Satzung handelt es sich daher um eine **bedingt erzwingbare Mitbestimmung**[241]. 3/232

Erzwingbare Betriebsvereinbarungen können **nicht gekündigt** werden, sodass auch eine **Nachwirkung ausgeschlossen** ist (vgl § 32 Abs 2 u 3 ArbVG; allg zur Beendigung von Betriebsvereinbarungen vgl 3.3.4.7.2; zur Nachwirkung vgl 3.3.4.7.3). 3/233

Die Kompetenz zum Abschluss erzwingbarer Betriebsvereinbarungen kann sich auch aus **sondergesetzlichen Bestimmungen** ergeben. So können gem § 72 Abs 3 Post-Betriebsverfassungsgesetz in Betrieben der Post AG und der Telekom AG Betriebsvereinbarungen unter Anwendung des § 97 Abs 2 ArbVG in folgenden Angelegenheiten zustande kommen: 3/234

- bei der Gewährung von Vorschüssen und Aushilfen, bei anderen Maßnahmen der sozialen Betreuung der Arbeitnehmer;
- bei der Gewährung von Sonderurlauben in der Dauer von mehr als drei Tagen und Karenzurlauben ohne gesetzlichen Anspruch;
- bei der Anordnung von Überstunden;
- bei der Versetzung in den Ruhestand, es sei denn, die Versetzung ist gesetzlich vorgeschrieben;
- bei der Untersagung einer Nebenbeschäftigung;
- bei der Feststellung der Verpflichtung zum Ersatz von Übergenüssen und der Verpflichtung zum Schadenersatz;
- bei der Festlegung der mit der Übernahme einer Planstelle (eines Arbeitsplatzes) verbundenen Aufgaben und der damit im Zusammenhang stehenden Ermittlung des künftigen Bedarfes an Arbeitnehmern.

3.3.4.5.4. Fakultative Betriebsvereinbarung

Fakultative (freiwillige) Betriebsvereinbarungen unterscheiden sich von den erzwingbaren dadurch, dass sie ausschließlich durch Einigung der beiden Vertragspartner zustande kommen. Eine andere Durchsetzungsmöglichkeit – wie die Anrufung einer Schlichtungsstelle – ist ausgeschlossen. Insofern sind sie der notwendigen Betriebsvereinbarung ähnlich. Von letzterer unterscheidet sich die fakultative Betriebsvereinbarung dadurch, dass die **Einführung** der entsprechenden Maßnahmen bei Nichteinigung zwischen Betriebsinhaber und Betriebsrat **nicht zur Gänze blockiert** ist. Die betreffende Materie kann durch Vereinbarungen mit den einzelnen Arbeitnehmern oder – soweit sie dem Weisungsrecht unterliegt – durch einseitige Anordnung des Dienstgebers geregelt werden. 3/235

Enthält ein Kollektivvertrag oder eine Satzung einschlägige Bestimmungen, so wird dadurch der freiwilligen Betriebsvereinbarung nicht die Regelungsbefugnis entzogen. Sofern sich der Kollektivvertrag nicht der Möglichkeit des Ordnungsprinzips bedient, steht der Betriebsvereinbarung die Fixierung günstigerer Inhalte offen (vgl allg 3.2.3). 3/236

Fakultative Betriebsvereinbarungen können insb in den Angelegenheiten des **§ 97 Abs 1 Z 7 bis 26 ArbVG** abgeschlossen werden. 3/237

[241] Zur Terminologie vgl insb *Strasser*, Die Betriebsvereinbarung nach österreichischem und deutschem Recht (1957), 36 ff.

3.3.4.5. Betriebsvereinbarung

Dies sind:

a) Richtlinien für die Vergabe von Werkswohnungen, sofern im Betrieb mehr als 50 Arbeitnehmer beschäftigt werden (vgl 11.5.3.5);

b) Maßnahmen und Einrichtungen zur Verhütung von Unfällen und Berufskrankheiten sowie Maßnahmen zum Schutz der Gesundheit der Arbeitnehmer (vgl 11.5.2.4);

c) Maßnahmen zur menschengerechten Arbeitsgestaltung (vgl 11.5.2.3);

d) Grundsätze betreffend den Verbrauch des Erholungsurlaubs (vgl 11.5.3.7);

e) Entgeltfortzahlungsansprüche für den zur Teilnahme an Betriebs(Gruppen-, Betriebshaupt-)Versammlungen erforderlichen Zeitraum und damit im Zusammenhang stehende Fahrtkostenvergütungen (vgl 11.5.3.3.5);

f) Erstattung von Auslagen und Aufwendungen sowie Regelung von Aufwandsentschädigungen (vgl 11.5.3.4);

g) Anordnung der vorübergehenden Verkürzung oder Verlängerung der Arbeitszeit (vgl 11.5.3.6);

h) betriebliches Vorschlagswesen (vgl 11.5.1.9);

i) Gewährung von Zuwendungen aus besonderen betrieblichen Anlässen (vgl 11.5.3.3.3);

j) Systeme der Gewinnbeteiligung (vgl 11.5.3.3.2) sowie die Einführung von leistungs- und erfolgsbezogenen Prämien und Entgelten nicht nur für einzelne Arbeitnehmer, soweit diese Prämien und Entgelte nicht unter § 96 Abs 1 Z 4 ArbVG fallen (vgl 11.5.3.3.1);

k) Maßnahmen zur Sicherung der von den Arbeitnehmern eingebrachten Gegenstände (vgl 11.5.1.8);

l) betriebliche Pensions- und Ruhegeldleistungen, sofern sie nicht von einer Pensionskasse geleistet werden (vgl 11.5.3.3.7);

m) Errichtung von und Beitritt zu Pensionskassen, Verpflichtungen des Arbeitgebers und Rechte der Anwartschafts- und Leistungsberechtigten, die sich daraus ergeben, Art und Weise der Zahlung und Grundsätze über die Höhe jener Beiträge, zu deren Entrichtung sich der Arbeitgeber verpflichtet, Mitwirkung der Anwartschafts- und Leistungsberechtigten an der Verwaltung von Pensionskassen, Auflösung von und Austritt aus Pensionskassen und die sich daraus ergebenden Rechtsfolgen (teilweise besitzt dieser Betriebsvereinbarungstatbestand jedoch notwendigen Charakter, vgl 11.5.3.3.7);

n) Abschluss einer betrieblichen Kollektivversicherung, Verpflichtungen des Arbeitgebers und Rechte der Versicherten, die sich daraus ergeben, Art und Weise der Zahlung und Grundsätze über die Höhe jener Prämien, zu deren Entrichtung sich der Arbeitnehmer verpflichtet, Mitwirkung der Versicherten, Beendigung des Versicherungsvertrages und die sich daraus ergebenden Rechtsfolgen (vgl 6.5.2.6);

o) Art und Umfang der Mitwirkung des Betriebsrats an der Planung und Durchführung von Maßnahmen der betrieblichen Berufsausbildung und betrieblicher Schulungs- und Bildungseinrichtungen sowie die Errichtung, Ausgestaltung und Auflösung von betriebs- und unternehmenseigenen Schulungs-, Bildungs- und Wohlfahrtseinrichtungen (vgl 11.5.2.1 und 11.5.2.2);

p) betriebliches Beschwerdewesen (vgl 11.5.1.10);

q) Rechtsstellung der Arbeitnehmer bei Krankheit und Unfall (vgl 11.5.3.10);

r) Kündigungsfristen und Gründe zur vorzeitigen Beendigung des Arbeitsverhältnisses (vgl 11.5.3.11);

s) Feststellung der maßgeblichen wirtschaftlichen Bedeutung eines fachlichen Wirtschaftsbereichs für den Betrieb iSd § 9 Abs 3 ArbVG (vgl 11.5.1.11);

t) Festlegung des Beginns und der Verlängerung der Frist für die vorübergehende Beibehaltung des Zuständigkeitsbereichs iSd § 62b ArbVG (vgl 10.4.4.2);

u) Maßnahmen iSd §§ 96 Abs 1 und 96a Abs 1 ArbVG (vgl 3.3.4.5.1 und 3.3.4.5.2);

v) Maßnahmen der betrieblichen Frauenförderung (Frauenförderpläne) sowie Maßnahmen zu Gunsten der Arbeitnehmerinnen und Arbeitnehmer zum Zwecke der besseren Vereinbarkeit von Betreuungspflichten und Beruf (vgl 11.5.2.6);

w) Festlegung von Rahmenbedingungen für die im BMSVG vorgesehene Übertrittsmöglichkeit in das neue Abfertigungsrecht (vgl 11.5.3.3.6).

Darüber hinaus sehen auch **andere gesetzliche Bestimmungen**, wie § 2 Abs 4 UrlG (vgl 3.3.4.5.5 u 11.5.3.7), § 2 Abs 8 EFZG (vgl 11.5.3.10) oder das AZG (vgl 6.8.14.1 sowie 11.5.3.6), Ermächtigungen zum Abschluss von Betriebsvereinbarungen vor. Im Übrigen steht auch dem **Kollektivvertrag** die Befugnis zu, den Regelungsbereich der Betriebsvereinbarung zu erweitern (vgl 3.3.4.1). 3/238

3.3.4.5.5. Mischformen

Neben den im ArbVG vorgesehenen Betriebsvereinbarungstypen finden sich auch Mischformen, die sich auf Grund sondergesetzlicher Betriebsvereinbarungskompetenzen ergeben. Die Ursachen für das Zustandekommen dieser Mischformen können unterschiedliche sein. Ein Beispiel aus dem Urlaubsrecht und ein Beispiel aus dem Arbeitszeitrecht sollen dies demonstrieren. 3/239

Gem § 2 Abs 4 UrlG kann durch Betriebsvereinbarung an Stelle des Arbeitsjahres das Kalenderjahr oder ein anderer Jahreszeitraum als **Urlaubsjahr** vereinbart werden (vgl 11.5.3.7). Die Zustimmung des Betriebsrats im Rahmen der Betriebsvereinbarung ist durch die Zustimmung der einzelnen Arbeitnehmer nicht ersetzbar. Insofern kann von notwendiger Mitbestimmung (vgl 11.4.4.1.6.1) bzw von notwendiger Betriebsvereinbarung (vgl 3.3.4.5.1) gesprochen werden. Die Bestimmung des § 2 Abs 4 UrlG findet sich aber nicht in der Aufzählung des § 96 ArbVG. Damit kommen die Regelungen über die Beendigung notwendiger Betriebsvereinbarungen gem § 96 Abs 2 ArbVG nicht zur Anwendung. Für Betriebsvereinbarungen nach § 2 Abs 4 UrlG gelten vielmehr die allgemeinen Bestimmungen des § 32 ArbVG über die Geltungsdauer von Betriebsvereinbarungen. Hinsichtlich der Beendigung und der Nachwirkung sind daher die Grundsätze der fakultativen Betriebsvereinbarung (vgl 3.3.4.7.2 und 3.3.4.7.3) zu beachten. 3/240

Für **Gleitzeitregelungen** kommen zwei Betriebsvereinbarungstatbestände in Frage, nämlich § 97 Abs 1 Z 2 ArbVG und § 4b AZG. Vor Inkrafttreten des § 4b AZG wurde die gleitende Arbeitszeit als typische Angelegenheit iSd § 97 Abs 1 Z 2 ArbVG verstanden. Im Fall der gleitenden Arbeitszeit bestimmt eben der Arbeitnehmer Beginn und Ende der Arbeitszeit selbst. Seit Inkrafttreten des § 4b AZG verlangt diese Bestimmung, dass die Gleitzeit in Betrieben mit Betriebsrat nur mittels Betriebsvereinbarung eingeführt werden kann. Damit kommt man zu einer gewissen Widersprüchlichkeit im Mitbestimmungsregime: Bedarf es nunmehr einer erzwingbaren Betriebsvereinbarung nach § 97 Abs 1 Z 2 ArbVG oder einer notwendigen Betriebsvereinbarung iSd § 4b AZG? Nach den allgemeinen Regeln der Normenkollision müsste § 4b AZG der Vorzug gegeben werden (Argument der lex posterior und der lex specialis). Aus der Entstehungsgeschichte des § 4b AZG ergibt sich allerdings sehr klar, dass zwar die Mitbestimmung des Betriebsrats verstärkt werden sollte, dass aber an den Wegfall der Erzwingbarkeit einer entsprechenden Betriebsvereinbarung nicht gedacht war. Zu einer dem Gesetzeszweck entsprechenden Lösung kommt man nur durch eine Kombination der beiden Betriebsvereinbarungstatbestände. Ergebnis ist eine **notwendige Betriebsvereinbarung mit Zwangsschlichtung** (s auch 6.8.14.1), dh ohne Zustimmung des Betriebsrats ist die Einführung der Gleitzeit nicht zulässig. Ist 3/241 der Arbeitgeber zu einem Kompromiss nicht bereit, kann die Schlichtungsstelle angerufen werden[242].

3.3.4.6. Rechtswirkungen – normativer und obligatorischer Inhalt

3/242 Gem § 31 Abs 1 ArbVG sind die Bestimmungen einer Betriebsvereinbarung, soweit sie nicht die Rechtsbeziehungen zwischen den Vertragsparteien regeln, innerhalb ihres Geltungsbereichs unmittelbar rechtsverbindlich. Damit ist im Gesetz selbst – ebenso wie beim Kollektivvertrag – eine grundsätzliche Aufteilung des Regelungsinhalts in einen normativen und einen obligatorischen Teil vorgesehen. Diese Differenzierung ist von wesentlicher Bedeutung, da sich daran unterschiedliche Rechtswirkungen knüpfen.

3.3.4.6.1. Schuldrechtlicher Teil

3/243 **Obligatorische (schuldrechtliche) Bestimmungen** begründen ausschließlich Rechte und Pflichten **zwischen den beiden vertragschließenden Parteien**, nicht jedoch für die einzelnen Arbeitnehmer des Betriebs. In erster Linie kommen hier Regelungen in Betracht, die den Abschluss und die Beendigung der Betriebsvereinbarung betreffen (Befristung, Kündigungsfristen und -termine, Bedingungen). Die Betriebsvereinbarungsparteien können die Kündigung auch an das Vorliegen gewisser Gründe binden oder die Kündigung für einen gewissen Zeitraum oder gänzlich ausschließen. Sieht etwa eine Betriebsvereinbarung vor, dass sie nur einvernehmlich zwischen Arbeitgeber und Betriebsrat verändert oder beendigt werden kann, dann liegt eine durchaus zulässige schuldrechtliche Kündigungsbeschränkung vor, die nicht verwechselt werden darf mit der Vereinbarung von Mitwirkungsrechten des Betriebsrates im normativen Teil der Betriebsvereinbarung (zu den sog betriebsverfassungsrechtlichen Normen vgl 3.3.4.6.2 e).

3/244 Inwieweit im Übrigen schuldrechtliche Bestimmungen in eine Betriebsvereinbarung Eingang finden können, hängt von den einzelnen Regelungstatbeständen ab. Hier zeichnen sich erhebliche **Unterschiede in der Struktur** von Kollektivvertrag und Betriebsvereinbarung ab. Da im Falle der Betriebsvereinbarung nicht beiden Parteien volle Rechtsfähigkeit zukommt, ist der Regelungsumfang der schuldrechtlichen Wirkung wesentlich geringer als beim Kollektivvertrag. Folgt man der Lehre von der Teilrechtsfähigkeit der Belegschaft (vgl 11.3), so kann der Betriebsrat als „Organ" der Belegschaft nur im Rahmen der dieser verliehenen Befugnisse Betriebsvereinbarungen abschließen. Während also die Grenzen obligatorischer Regelungsmacht beim Kollektivvertrag durch die Grenzen allgemeiner Vertragsfreiheit markiert sind, reichen die Möglichkeiten obligatorischer Betriebsvereinbarungen an den Kollektivvertrag nicht heran[243].

3/245 Von einer bloß schuldrechtlichen Wirkung kann man auch dann sprechen, wenn Betriebsrat und Betriebsinhaber die an sich gegebene Regelungsbefugnis **überschreiten**: Kompensiert zB

[242] Vgl auch *Strasser*, Zu den Rechtsgrundlagen für Betriebsvereinbarungen im Arbeitszeitgesetz, wbl 1995, 396; *Löschnigg*, Probleme der AZG-Novelle BGBl I 1997/46, in FS Tomandl (1998), 239.

[243] Vgl *Schwarz*, Obligatorische und normative Dimensionen der Betriebsvereinbarung, in FS Strasser (1983), 465 ff.

ein „Sozialplan“ einen Kündigungsstopp mit Entgeltreduktion, so vermag dies lediglich obligatorische Wirkung hervorzurufen, weil sich die Betriebsvereinbarung im Gegensatz zum Kollektivvertrag keine zweiseitig zwingende Wirkung beimessen kann (vgl 3.2.2 und 11.5.4.2). Die Selbstpflicht des Arbeitgebers, Kündigungen zu unterlassen, ist dann bedingt durch den Erfolg einer – sanktionslosen – Einwirkung des Betriebsrats auf die Belegschaft.

Haben die Betriebspartner eine Vereinbarung, zu deren Abschluss ihnen die Regelungskompetenz fehlt, getroffen, so hat dies keinerlei arbeitsverfassungsrechtliche Wirkung. Es kommt lediglich ein sog **Richtlinienvertrag** zustande. Hiebei handelt es sich um die schwächste Form eines Normenvertrags. Weder die Parteien dieses Vertrags noch die Partner der Einzelarbeitsverträge werden verpflichtet, diese Richtlinien zum Vertragsinhalt zu machen. Konstitutiv ist einzig und allein die ausdrücklich oder konkludent zustande gekommene Vertragsbeziehung zwischen dem Arbeitgeber und den einzelnen Arbeitnehmern. Diese Richtlinienverträge werden üblicherweise als „**freie Betriebsvereinbarungen**“ bezeichnet (vgl 3.3.4.8). 3/246

Wie im Falle des Kollektivvertrags sind auch mit der obligatorisch wirkenden Betriebsvereinbarung immanente Pflichten verbunden, wie die **Friedenspflicht** und die **Durchführungspflicht** (vgl 3.3.1.9.2), wobei die Einwirkungspflichten auf Seiten des Betriebsinhabers naturgemäß zu Selbstpflichten werden. Die Friedenspflicht spielt im betrieblichen Bereich eine weitaus größere Rolle als im überbetrieblichen. Der Grund liegt darin, dass der Betrieb durch die Arbeitsverfassung in weitaus höherem Maße verrechtlicht ist. Insoweit den Betriebspartnern eine rechtliche Instanz oder eine Schlichtungsinstanz zur Verfügung steht, besteht ein **Kampfverbot** (vgl 13.5.2.2). 3/247

Soll etwa der Inhalt von **erzwingbaren** Betriebsvereinbarungen geändert werden, bleibt lediglich der Weg zur Schlichtungsstelle offen. Auch bei **notwendigen** Betriebsvereinbarungen (zB im Zusammenhang mit unzulässigen Kontrolleinrichtungen) kann die Rechtswidrigkeit gerichtlich geltend gemacht werden, wobei ua die Beseitigung der betreffenden Maßnahmen gefordert und durchgesetzt werden kann (vgl 11.4.4.1.6.1). Lediglich bei **fakultativen** Betriebsvereinbarungen, insb den „kollektivvertragsergänzenden Betriebsvereinbarungen“ (vgl 3.3.4.5.4), ist eine ähnliche Situation gegeben wie bei Kollektivverträgen: Es besteht keine Zwangsschlichtung und das Zustandekommen sowie die Lösung obliegt dem privatautonomen Ermessen der Betriebspartner.

3.3.4.6.2. Normativer Teil

Normative Bestimmungen einer Betriebsvereinbarung schaffen objektives Recht. Sie sind als Gesetze im materiellen Sinn zu qualifizieren und wirken auf die Einzelarbeitsverhältnisse unmittelbar ein, ohne dass es einer Zustimmung durch den Arbeitnehmer bedarf. 3/248

Innerhalb des normativen Teils sind zu unterscheiden: 3/249

- Abschlussnormen,
- Inhaltsnormen,
- Betriebsnormen,
- Normen bezüglich ausgeschiedener Arbeitnehmer,
- betriebsverfassungsrechtliche Normen,
- Zulassungsnormen.

3.3.4.6. Betriebsvereinbarung

3/250 a) **Abschlussnormen**: Diese beziehen sich auf das Zustandekommen von Arbeitsverhältnissen (vgl auch 3.3.1.9.1 a). Sie sind grundsätzlich der Regelungsbefugnis der Betriebsvereinbarung entzogen. Im Zusammenhang mit den sog „Sozialplänen" (vgl 11.5.4.2) können zulässigerweise auch Wiedereinstellungsklauseln vereinbart werden, deren Charakter am ehesten den Abschlussnormen entspricht (vgl 3.3.1.9.1 a).

3/251 b) **Inhaltsnormen**: Sie sind als jene Normen zu verstehen, die die gegenseitigen, aus dem Arbeitsverhältnis entspringenden Rechte und Pflichten der Arbeitgeber und Arbeitnehmer betreffen (vgl 3.3.1.9.1 b). Typische Inhaltsnormen, die in einer Betriebsvereinbarung geregelt werden können, sind beispielsweise: Regelungen von Aufwandsentschädigungen (vgl 11.5.3.4), von betrieblichen Pensionsleistungen (vgl 6.5.2.6 und 11.5.3.3.7), von Kündigungsfristen und von Gründen zur vorzeitigen Beendigung des Arbeitsverhältnisses (vgl 11.5.3.11). Eine allgemeine Regelungsbefugnis der Betriebsvereinbarung bezüglich der Inhaltsnormen besteht nicht.

3/252 Ebenso wie im Kollektivvertragsrecht (vgl 3.3.1.9.1) werden dynamische Verweisungen in Betriebsvereinbarungen als unzulässig erachtet, da von einer speziellen Rechtsetzungsbefugnis der Betriebsparteien durch das ArbVG auszugehen ist[244].

3/253 c) **Betriebsnormen**: Gerade im Rahmen der Betriebsvereinbarung spielt die Betriebsbezogenheit der Regelungen eine besondere Rolle. Begriffe wie „Betriebsnormen" oder „Solidarnormen" versuchen dem betrieblichen Bezug entsprechend Rechnung zu tragen.

Die Solidarnormen deutete *Sinzheimer* (Der korporative Arbeitsnormenvertrag[2] [1977], 2 ff und 48 ff) erstmals als gesellschaftliche Gesamtbeziehungen im Rahmen der betrieblichen Arbeitsverhältnisse, die den Individualbeziehungen gegenübergestellt werden. In Abhängigkeit davon, ob sie sich auf die sachliche oder auf die persönliche Grundlage des Solidarverhältnisses beziehen, unterscheidet er weiters zwischen Betriebsnormen (zB Waschgelegenheiten, Heizung, Lüftung, Beleuchtung der Arbeitsräume) und Organisationsnormen (zB Lehrlingshöchstzahlen oder auch Regeln für die Interessenwahrnehmung der Arbeitnehmerschaft). Die Begriffsbildungen unterliegen diesbezüglich aber im deutschen Rechtsbereich einer ständigen Entwicklung und Differenzierung. Insb die Trennung des deutschen TVG zwischen Betriebsnormen und betriebsverfassungsrechtlichen Normen führte zu einer Neuorientierung[245].

3/254 Die Betriebsnormen haben sich als Überbegriff für all jene Normen herauskristallisiert, deren einheitliche Anwendung im Betrieb von der Sache her unumgänglich und nicht lediglich aus Gleichheits- oder Rationalisierungsgründen wünschenswert ist[246]. Als Untergruppe der Betriebsnormen werden nunmehr die **Solidarnormen** als jene Bestimmungen angesehen, die Maßnahmen und Einrichtungen zu Gunsten der Arbeitnehmer als Gesamtheit im Betrieb ins Leben rufen (zB Förderung der Hygiene durch Duschräume, Betriebsküchen, Bildungseinrichtungen). Als weitere Untergruppe der Betriebsnormen gelten die **Ordnungsnormen**, die der betrieblichen Ordnung dienen sollen (zB Kontrollmaßnahmen, Rauch- und Alkoholverbote, Vorschriften über das Tragen von Schutzkleidung).

---

[244] OGH 11. 10. 1995, 9 ObA 166/95, RdW 1996, 378; s auch *Schörghofer*, Vorliegen und Zulässigkeit dynamischer Verweisungen in Betriebsvereinbarungen, ecolex 2012, 157.
[245] Vgl zB *Dieterich*, Die betrieblichen Normen nach dem Tarifvertragsgesetz vom 9. 4. 1949 (1964), 62 ff.
[246] *Zöllner/Loritz/Hergenröder*, Arbeitsrecht[6] (2008), 366.

Betriebsnormen können, soweit sie als Individualrechte des einzelnen Arbeitnehmers konkretisierbar sind, auch Inhaltsnormen sein und gewinnen auf diese Weise einen Doppelcharakter. Ordnungsnormen wirken verpflichtend auf die einzelnen Arbeitsverhältnisse ein, wobei diese Einwirkung für alle oder für Gruppen von Arbeitnehmern gleichmäßig und gleichartig zum Tragen kommt. Auch Inhaltsnormen wirken gleichmäßig auf die Arbeitsverhältnisse – dies liegt ja im Wesen einer Norm –, doch liegt der Unterschied darin, dass bei Ordnungsvorschriften eine individualrechtliche Abdingung iS des Günstigkeitsprinzips problematisch ist. Dies würde der Natur der Ordnungsnorm widersprechen. 3/255

Betriebsnormen in Form von Ordnungsvorschriften finden sich insb in betrieblichen Disziplinarordnungen (§ 96 Abs 1 Z 1 ArbVG), in durch Betriebsvereinbarung zu regelnden Kontrollmaßnahmen (§ 96 Abs 1 Z 3 ArbVG), in Normen über das Verhalten im Betrieb (§ 97 Abs 1 Z 1 ArbVG) sowie in Vorschriften über die Einteilung der Arbeitszeit (§ 97 Abs 1 Z 2 ArbVG).

Betriebsnormen in Form von Solidarnormen finden sich in den Betriebsvereinbarungen über Maßnahmen zur Verhütung von Unfällen und Berufskrankheiten sowie zum Schutz der Gesundheit der Arbeitnehmer (§ 97 Abs 1 Z 8 ArbVG) und in Betriebsvereinbarungen über Maßnahmen zur menschengerechten Arbeitsgestaltung (§ 97 Abs 1 Z 9 ArbVG). Auch die Ausgestaltung von Wohlfahrtseinrichtungen im Betrieb (§ 95 Abs 2 ArbVG) kann in Form typischer Solidarnormen erfolgen (Näheres zur einschlägigen betrieblichen Mitbestimmung vgl 11.5).

d) **Normen bezüglich ausgeschiedener Arbeitnehmer**: Ebenso wie im kollektivvertraglichen Normenbereich (vgl 3.3.1.9.1 d) taucht die Frage nach der Möglichkeit der Normsetzung für bereits aus dem Betrieb ausgeschiedene Arbeitnehmer durch die Betriebsvereinbarung auf. Grundsätzlich besitzt die Betriebsvereinbarung keine derart weit reichende Regelungsbefugnis[247]. Dies gilt auch für betriebliche Pensions- und Ruhegeldleistungen. Eine Änderung dieser Ansprüche ist durch Betriebsvereinbarung nach der Beendigung des Arbeitsverhältnisses nicht mehr möglich (vgl 6.5.2.6.4 und 11.5.3.3.7). Anders stellt sich die Situation jedoch im Falle der sog Sozialpläne dar (vgl 11.5.4.2). **Sozialpläne**, die Maßnahmen zur Verhinderung, Beseitigung oder Milderung von nachteiligen Folgen einer Betriebsänderung zum Inhalt haben, können ihrer Aufgabe wohl nur dann gerecht werden, wenn sie auch die durch die Betriebsänderung gekündigten und bereits ausgeschiedenen Arbeitnehmer umfassen[248]. 3/256

e) **Betriebsverfassungsrechtliche Normen**: Sie können als jene Normen umschrieben werden, die die gesetzlichen Bestimmungen über die Betriebsverfassung verändern oder ergänzen. Ebenso wie der Kollektivvertrag (vgl 3.3.1.9.1 e) besitzt die Betriebsvereinbarung auf Grund des zweiseitig zwingenden Charakters der Betriebsverfassung diesbezüglich im Wesentlichen keine Rechtsetzungsbefugnis. Dementsprechend ist beispielsweise eine Regelung in einer Betriebsvereinbarung, der zufolge bei einem ausdrücklichen Widerspruch des Betriebsrates gegen die beabsichtigte Kündigung diese nicht ausgesprochen werden darf, nichtig[249]. Ausnahmen bestehen nur insofern, als sie die Mitwirkungsrechte des Betriebsrats bei der Verwaltung von betriebs- und unternehmenseigenen Schulungs-, Bildungs- und Wohlfahrtseinrichtungen (§ 97 Abs 1 Z 5 ArbVG; vgl 11.5.2.1 und 11.5.2.2) sowie die Mitwir- 3/257

247 OGH 28. 3. 2002, 8 ObA 120/01g, DRdA 2003, 275 mit Bespr v *Weiß*.
248 Vgl auch *Strasser* in ArbVG-Handkommentar (1975), 556; vgl *Binder* in Tomandl (Hrsg), ArbVG (Losebl), § 97 Rz 79.
249 OGH 24. 2. 2000, 8 ObA 338/99k, DRdA 2001, 170 mit Bespr v *Weiß*.

kungsrechte an der Planung und Durchführung von Maßnahmen der betrieblichen Berufsausbildung und betrieblicher Schulungs- und Bildungseinrichtungen (§ 97 Abs 1 Z 19 ArbVG; vgl 11.5.2) betreffen.

3/258 f) **Zulassungsnormen** finden sich auch auf der Ebene der Betriebsvereinbarung (allg vgl 3.2.1 und 3.3.1.9.1 g): So kann etwa gem § 5a Abs 1 AZG der Kollektivvertrag die Betriebsvereinbarung ermächtigen, in bestimmten Fällen von Arbeitsbereitschaft eine Ausdehnung der täglichen Normalarbeitszeit zuzulassen (zu weiteren Beispielen aus dem Arbeitszeitrecht vgl 6.8.1 sowie 6.8.4 und 6.8.5).

3.3.4.7. Geltungsdauer von Betriebsvereinbarungen

3.3.4.7.1. Beginn

3/259 Der Wirksamkeitsbeginn einer Betriebsvereinbarung richtet sich in erster Linie nach der Absprache im konkreten Fall. Fehlt diese, so werden die normativen Bestimmungen mit dem auf die Unterzeichnung folgenden Tag wirksam (§ 30 Abs 2 ArbVG), sofern sie ordnungsgemäß betrieblich kundgemacht wurden (§ 30 Abs 1 ArbVG; vgl 3.3.4.4). Hinsichtlich des obligatorischen Teils wird die Ansicht vertreten, dass sich die Beurteilung nach allgemeinem Privatrecht zu richten hat. Die Wirkung der obligatorischen Regelungen beginnt somit mangels anders lautender Abrede mit dem Abschluss der Betriebsvereinbarung[250].

3.3.4.7.2. Beendigung

3/260 Hinsichtlich der Art der Beendigung ist zu unterscheiden, um welchen Betriebsvereinbarungstypus es sich handelt, weil einige Beendigungstatbestände nicht allen Kategorien von Betriebsvereinbarungen zur Verfügung stehen. Die ersten fünf der folgenden Beendigungstatbestände sind vom Betriebsvereinbarungstypus unabhängig und sowohl fakultativen als auch notwendigen (mit und ohne Zwangsschlichtung) sowie erzwingbaren Betriebsvereinbarungen gleichermaßen zugänglich. Danach wird noch auf die Kündigung bei fakultativen und notwendigen Betriebsvereinbarungen eingegangen. Die möglichen Beendigungsformen sind:

a) **Einvernehmliche Auflösung**: Obwohl diese Beendigungsart, wie die übrigen im Folgenden aufgezählten, im ArbVG nicht ausdrücklich erwähnt wird, resultiert ihre Berechtigung schon aus allgemeinen vertragsrechtlichen Grundsätzen;

b) **Vorzeitige Auflösung aus wichtigem Grund**;

c) **Zeitablauf**, wenn die Betriebsvereinbarung von den Vertragspartnern befristet abgeschlossen wurde; Eintritt der **Bedingung**, wenn die Betriebsvereinbarung mit einer auflösenden Bedingung versehen ist;

d) **Wegfall der Rechtsgrundlage**: Ein Regelungspouvoir für die Betriebsvereinbarung kann nicht nur im Gesetz, sondern auch im Kollektivvertrag vorgesehen sein (vgl 3.3.4.1). Fällt

---

250 Vgl *Strasser* in Strasser/Jabornegg/Resch (Hrsg), ArbVG (Losebl), § 30 Rz 3; *Kietaibl* in Tomandl (Hrsg), ArbVG (Losebl), § 30 Rz 1; *Holzer*, Strukturfragen des Betriebsvereinbarungsrechts (1982), 11.

die kollektivvertragliche Ermächtigung weg, geht auch die Betriebsvereinbarung unter. Eine Nachwirkung (vgl 3.3.4.7.3) ist in diesem Fall nicht vorgesehen[251];

e) **Untergang des Betriebs**: Ein Erlöschen von Betriebsvereinbarungen tritt nach hM automatisch mit der Stilllegung des Betriebs ein, da damit die rechtliche Grundlage einer Betriebsvereinbarung, nämlich ihr sachlicher und räumlicher Geltungsbereich, verloren geht[252].

Ein bloßer Wechsel **des Betriebsinhabers** (zB durch Verkauf des Betriebs; vgl allg 9.2) lässt den Bestand der Betriebsvereinbarung jedoch unberührt (§ 31 Abs 4 ArbVG). Dies hat zur Folge, dass auch der Betriebsnachfolger weiterhin an die Betriebsvereinbarung gebunden ist. Der Bestimmung des § 31 Abs 5 ArbVG zufolge bleibt die Geltung von Betriebsvereinbarungen aus dem Stammbetrieb für Betriebsteile, die rechtlich **verselbständigt** werden, jedenfalls aufrecht[253]. Dasselbe gilt auch für Arbeitnehmer von Betrieben oder Betriebsteilen, die mit einem anderen Betrieb oder Betriebsteil zu einem neuen Betrieb iSd § 34 ArbVG **zusammengeschlossen** werden (§ 31 Abs 6 ArbVG). Kommt es zur **Aufnahme** von Betrieben oder Betriebsteilen durch einen anderen Betrieb, so bleibt gem § 31 Abs 7 ArbVG für die Arbeitnehmer des aufzunehmenden Betriebs die Geltung von Betriebsvereinbarungen insoweit unberührt, als sie Angelegenheiten betreffen, die von den Betriebsvereinbarungen des aufnehmenden Betriebs nicht geregelt werden (vgl hiezu 9.2.2).

f) **Kündigung** einer **fakultativen** Betriebsvereinbarung, sofern sie unbefristet abgeschlossen wurde: Zu beachten ist, dass mangels Vereinbarung von Kündigungsfristen und -terminen die gesetzlichen Vorschriften des § 32 Abs 1 ArbVG zum Tragen kommen. Diese schreiben neben dem Formgebot der Schriftlichkeit als **Kündigungsfrist drei Monate** und als **Kündigungstermin** den **Monatsletzten** vor.

Spezielle Kündigungsvorschriften kennt das ArbVG im Zusammenhang mit **Ruhegeldleistungen**. Zum einen können Betriebsvereinbarungen gem § 97 Abs 1 Z 18a ArbVG (betriebliche Ruhegeldleistungen mittels Pensionskasse; vgl 11.5.3.3.7) und Betriebsvereinbarungen gem § 97 Abs 1 Z 18b ArbVG (Abschluss einer betrieblichen Kollektivversicherung, vgl 11.5.3.3.7) nur hinsichtlich jener Arbeitsverhältnisse gekündigt werden, die nach dem Kündigungstermin begründet werden (§ 97 Abs 4 ArbVG). Insofern unterliegen Ansprüche gegenüber Pensionskassen oder aus der betrieblichen Kollektivversicherung einem besonderen Bestandsschutz. Zum anderen können sowohl Betriebsvereinbarungen gem § 97 Abs 1 Z 18a ArbVG (Pensionskassenruhegelder) als auch solche gem § 97 Abs 1 Z 18 ArbVG (sonstige Ruhegeldleistungen) sowie solche gem § 97 Abs 1 Z 18b ArbVG (Leistungen aus der betrieblichen Kollektivversicherung) unter Einhaltung einer nur einmonatigen Frist gekündigt werden, wenn Betriebe oder Betriebsteile von einem anderen Betrieb **aufgenommen** werden[254]. Kündigungsberechtigt ist der Betriebsinhaber des aufzunehmenden Betriebs(teils). Für den Fall der Kündigung derartiger Betriebsvereinbarungen sieht § 32 Abs 3 letzter Satz ArbVG eine spezielle Nachwirkung vor (vgl 3.3.4.7.3).

Notwendige Betriebsvereinbarungen können, sofern sie unbefristet abgeschlossen wurden und keine autonome Kündigungsregelung enthalten, gem § 96 Abs 2 ArbVG **jederzeit ohne Einhaltung einer Frist** schriftlich gekündigt werden. 3/261

[251] S auch OGH 21. 12. 2000, 8 ObA 125/00s, DRdA 2001, 547 mit Bespr v *Weiß*.

[252] Vgl *Schwarz*, Probleme sozialer und personeller Mitbestimmung im Betrieb, DRdA 1975, 72; *Holzer*, Strukturfragen des Betriebsvereinbarungsrechts (1982), 28.

[253] Zur Problematik von Betriebsvereinbarungen, die auf Grund einer besonderen kollektivvertraglichen Ermächtigung abgeschlossen werden, vgl *Jabornegg*, Unternehmensrecht und Arbeitsrecht, DRdA 1991, 116; allg hiezu *Runggaldier*, Betriebsvereinbarungen und Betriebsratsorganisation bei Umstrukturierungen, RdW 1992, 212.

[254] § 31 Abs 7 ArbVG; vgl auch 9.2.2; s hiezu *Schima*, Aufnahme von Betrieben oder Betriebsteilen und Sonderkündigungsrecht gem § 31 Abs 7 ArbVG bei Pensions(kassen)betriebsvereinbarungen, ZAS 2001, 65.

3.3.4.7. Betriebsvereinbarung

3/262 Bei **erzwingbaren Betriebsvereinbarungen** gem § 97 Abs 1 Z 1 bis 6a ArbVG sowie bei **notwendigen Betriebsvereinbarungen mit Zwangsschlichtung** gem § 96a Abs 1 ArbVG ist eine **Kündigung ausdrücklich ausgeschlossen** (§ 32 Abs 2 ArbVG). Daraus wird teilweise gefolgert, dass auch eine Vereinbarung von Kündigungsregelungen durch die Vertragspartner als gesetzwidrig anzusehen ist[255]. Wurden solche Betriebsvereinbarungen abgeschlossen und kann eine Einigung über die Aufhebung derselben zwischen Betriebsinhaber und zuständigem Belegschaftsorgan nicht erzielt werden, so entscheidet darüber auf Antrag eines der Streitteile die Schlichtungsstelle (§§ 96a Abs 2 und 97 Abs 2 ArbVG).

3/263 Die **Beendigung** einer Betriebsvereinbarung ist im Betrieb gleichermaßen wie der Abschluss **kundzumachen**. Ebenso sind die gesetzlichen Interessenvertretungen der Arbeitgeber und der Arbeitnehmer vom Erlöschen der Betriebsvereinbarung durch den Betriebsinhaber zu benachrichtigen (§ 32 Abs 4 ArbVG).

3.3.4.7.3. Nachwirkung

3/264 Während die obligatorischen Bestimmungen einer Betriebsvereinbarung grundsätzlich mit Verwirklichung des Erlöschenstatbestandes enden, gelten die normativen Bestimmungen unter gewissen Voraussetzungen und mit gewissen Einschränkungen weiter. Ist nämlich eine Betriebsvereinbarung **durch Kündigung erloschen**, so bleiben die Rechtswirkungen des normativen Teils für Arbeitsverhältnisse, die unmittelbar vor ihrem Erlöschen durch sie erfasst waren, so lange aufrecht, als für diese nicht eine neue Betriebsvereinbarung wirksam oder mit den betroffenen Arbeitnehmern nicht eine neue Einzelvereinbarung abgeschlossen wird (§ 32 Abs 3 ArbVG). Daraus folgt, dass die normativen Bestimmungen zwar nicht zwingend, wohl aber **dispositiv weiterwirken**, weil auch der Abschluss ungünstigerer Einzelvereinbarungen zulässig ist.

Erfolgt die Kündigung einer Betriebsvereinbarung aber nach dem Übergang, der rechtlichen Verselbständigung, dem Zusammenschluss oder der Aufnahme eines Betriebs oder Betriebsteils (§ 31 Abs 4 bis 7 ArbVG), so ist der Abschluss ungünstigerer Einzelvereinbarungen **vor Ablauf eines Jahres** nach den genannten Ereignissen kraft ausdrücklicher Norm ausgeschlossen (§ 32 Abs 3 letzter Satz ArbVG; vgl 9.2.2).

3/265 Da die Nachwirkung der Betriebsvereinbarung – im Gegensatz zur Nachwirkung des Kollektivvertrags (vgl 3.3.1.10.3) – an die Kündigung gebunden ist und **erzwingbare** Betriebsvereinbarungen und **notwendig erzwingbare** Betriebsvereinbarungen (vgl 3.3.4.7.2) nicht gekündigt werden können, kommt für diese beiden Betriebsvereinbarungen auch keine Nachwirkung in Frage.

3/266 Für **notwendige** Betriebsvereinbarungen ist die Nachwirkung explizit gesetzlich ausgeschlossen (§ 96 Abs 2 ArbVG).

Gem § 96 Abs 2 ArbVG soll allerdings nur § 32 Abs 3 zweiter Satz ArbVG nicht zur Anwendung kommen. Fraglich ist daher, ob die spezifische **einjährige Nachwirkung** im Zusammenhang mit der Änderung der Betriebsstruktur (Übergang, Verselbständigung des Betriebs etc; s oben), die in § 32 Abs 3 dritter Satz ArbVG geregelt ist, für gekündigte notwendige Betriebsvereinbarungen in Be-

[255] *Strasser* in Strasser/Jabornegg/Resch (Hrsg), ArbVG (Losebl), § 32 Rz 9; *Kietaibl* in Tomandl (Hrsg), ArbVG (Losebl), § 32 Rz 13; aA *Holzer*, Strukturfragen des Betriebsvereinbarungsrechts (1982), 32 f.

tracht kommt. Dies wird man verneinen müssen. Wenn schon die „normale" Nachwirkung für die notwendige Betriebsvereinbarung ausgeschlossen ist, dann umso mehr die darauf aufbauende „besondere" Nachwirkung. Somit bleibt die Nachwirkung nur für jene fakultativen Betriebsvereinbarungen aktuell, deren Geltungsdauer kraft gesetzlicher Kündigungsregelung (§ 32 Abs 1 ArbVG) oder kraft autonomer Kündigungsvereinbarung endet[256].

In Anlehnung an Holzer[257] kommt der OGH[258] zum Ergebnis, dass die Nachwirkung selbst im Gesetz nur dispositiv ausgestaltet ist. Die Betriebsvereinbarungsparteien können demnach die Nachwirkung ausschließen. Sämtliche Rechtswirkungen der Betriebsvereinbarung enden dann mit ihrem Erlöschen.

Die Nachwirkung erstreckt sich nur auf jene Arbeitsverhältnisse, die zum Zeitpunkt des ter- 3/267
mingemäßen Ablaufs der Kündigungsfrist **bereits von den Rechtswirkungen** der Betriebsvereinbarung **erfasst waren**. Arbeitnehmer, die zu einem späteren Zeitpunkt in den Betrieb eintreten, werden von der Nachwirkung nicht mehr erfasst.

3.3.4.8. „Freie Betriebsvereinbarung"

Wird zwischen Belegschaftsorgan und Betriebsinhaber eine Vereinbarung getroffen, deren 3/268
Inhalt **weder** durch **Gesetz noch** durch **Kollektivvertrag** gedeckt ist, so wird – der Terminus ist eher irreführend – von einer sog „freien Betriebsvereinbarung" gesprochen[259]. Am häufigsten kommen derartige Vereinbarungen im Zusammenhang mit Remunerationen, Zulagen, Abfertigungen oder sonstigen Entgeltbestandteilen vor. Entbehrt die Regelung solcher Angelegenheiten einer gesetzlichen oder kollektivvertraglichen Regelungsermächtigung, so ist die Rechtswirksamkeit der Betriebsvereinbarung in Frage gestellt. Dass sie nicht den spezifischen Rechtswirkungen einer nach dem ArbVG geschlossenen Betriebsvereinbarung, wie Normwirkung, zwingender Wirkung oder Nachwirkung, unterliegt, ist evident. Auch eine Deutung als bloß obligatorische Betriebsvereinbarung ist problematisch, weil den Belegschaftsorganen als Mitkontrahenten eine allgemeine Rechtsfähigkeit nicht zukommt und demgemäß auch die obligatorische Wirkung auf Angelegenheiten beschränkt ist, die in einem gesetzlichen oder kollektivvertraglichen Ermächtigungstatbestand umschrieben sind. Gleichwohl ist kein juristisches Nullum gegeben. Es kann nämlich der Fall sein, dass die Regelung einer „freien" Betriebsvereinbarung in die Einzelarbeitsverträge eingeht. Die Rechtsprechung und ein erheblicher Teil der Lehre hat diese „Mediatisierung" im Wesentlichen damit begründet, dass im Falle einer nichtigen Betriebsvereinbarung der dem einzelnen Arbeitnehmer bekannt gegebene oder von ihm konkludent zur Kenntnis genommene oder tatsächlich beachtete Inhalt als Grundlage für **einzelvertragliche Ergänzungen** gem § 863 ABGB angesehen wird. Es wird also zumeist so argumentiert, dass bei richtiger Be-

[256] Zur Vereinbarung der Nachwirkung bei notwendigen Betriebsvereinbarungen vgl *Marhold*, Nachwirkung zwingender Betriebsvereinbarungen?, RdW 1989, 367.
[257] *Holzer*, Strukturfragen des Betriebsvereinbarungsrechts (1982), 74.
[258] OGH 18. 8. 2016, 9 ObA 18/16m, ARD 6521/6/2016.
[259] Allg dazu *Drs*, Die freie Betriebsvereinbarung, in FS Binder (2010), 461; *Risak*, Neues zur „freien" Betriebsvereinbarung, ZAS 2005, 145; weiters OGH 11. 5. 2005, 9 ObA 31/05g, DRdA 2005, 531 mit Bespr v *Trost*.

urteilung nach redlicher Verkehrsauffassung kein Grund besteht, an der schlüssigen Unterwerfung unter die Bestimmungen der nichtigen Betriebsvereinbarung zu zweifeln[260].

Gegen diese Lehre von der „**Vertragsschablone**" wurden verschiedene Bedenken erhoben. So wird geltend gemacht, dass nur dann eine konkludente Vertragsbegründung unproblematisch sei, wenn die Vertragspartner Arbeitgeber und Arbeitnehmer wussten, dass die kollektive Absprache als Betriebsvereinbarung nicht verbindlich wäre. Hatten sie keinen Zweifel an der Gültigkeit der Betriebsvereinbarung, könnte allenfalls auf die objektive Vertragsergänzung nach der Interpretationsregel des § 914 ABGB zurückgegriffen werden[261]. Diese Meinung ist deswegen bedenklich, weil die Kenntnis der Rechtslage einschließlich der oft sehr schwierigen Interpretation der die Betriebsvereinbarung betreffenden Ermächtigungstatbestände insb dem Arbeitnehmer nicht zumutbar ist. Sein Vertrauen auf einen Verpflichtungswillen des Arbeitgebers ist nach redlicher Verkehrsauffassung schon dann zu schützen, wenn er mit den aus der „freien" Betriebsvereinbarung entspringenden Berechtigungen rechnen kann.

Neben der mittelbaren Ausdeutung der „freien" Betriebsvereinbarung gibt es auch Versuche einer unmittelbaren Umdeutung in die Rechtsinstitute des Zivilrechts. Die Wertung einer nichtigen Betriebsvereinbarung als **Vertrag zu Gunsten Dritter** (§ 881 ABGB) hat Tradition[262]. Geltend gemacht wird, dass die Betriebsratsmitglieder **persönlich** mit dem Betriebsinhaber einen Vertrag zu Gunsten der Arbeitnehmer schließen könnten. Würden den Arbeitnehmern auch Lasten auferlegt, so handle es sich insoweit um eine vollmachtlose Vertretung, die der Genehmigung des Arbeitnehmers bedürfe[263]. Dagegen wurde eingewendet, dass diese Konversion dem Zweck des ArbVG zuwiderlaufe, dass das Handeln als Organ der Belegschaft nicht in ein Handeln in eigenem Namen umgedeutet werden könne und eine eindeutige Aufgliederung in einen zu Gunsten und einen zu Lasten des Arbeitnehmers wirkenden Teil nicht durchzuführen wäre[264].

Wenig zielführend ist auch der Versuch, die freie Betriebsvereinbarung in einen **gemischten Vertrag** umzudeuten, bei welchem die Betriebsratsmitglieder als natürliche Personen für sich selbst und uno actu zu Gunsten Dritter abschließen, und zwar dergestalt, dass den Arbeitnehmern zwar die Einzelansprüche zukommen, nicht aber das dem Dauerschuldverhältnis zu Grunde liegende „Mutterrecht" oder „Quellenrecht". Damit soll durch Konversion die Kongruenz mit einer fakultativen Betriebsvereinbarung erreicht werden[265]. In keiner Weise einsichtig ist allerdings, warum die Betriebsräte als physische Personen für sich selbst verbindliche Vereinbarungen treffen und gleichzeitig sich die Verfügung über das „Mutterrecht", dem die Einzelansprüche der Arbeitnehmer entspringen, vorbehalten können. Derartige Privilegierungen würden an Sittenwidrigkeit grenzen[266].

---

[260] Vgl OGH 28. 4. 1970, 4 Ob 31/70, ZAS 1972, 13 mit Bespr v *Mayer-Maly*; OGH 13. 10. 1970, 4 Ob 83/70, ZAS 1972, 15 mit Bespr v *Spielbüchler*; OGH 27. 11. 1979, 4 Ob 76/79, DRdA 1983, 85 mit Bespr v *Steindl* = ZAS 1981, 53 mit Bespr v *Rummel*; OGH 19. 5. 1981, 4 Ob 104/80, DRdA 1982, 191 mit Bespr v *Strasser* = JBl 1982, 449 mit Bespr v *Schrammel* = ZAS 1982, 10 mit Bespr v *Tomandl*; OGH 12. 10. 1988, 9 ObA 131/88, DRdA 1991, 45 mit Bespr v *Eypeltauer*; OGH 27. 5. 1992, 9 ObA 82/92, DRdA 1993, 23 mit Bespr v *Kerschner*; OGH 29. 1. 2014, 9 ObA 150/13v, ARD 6393/9/2014; weitere Nachweise s *Schwarz*, Konfusion um die „freie" Betriebsvereinbarung, DRdA 1985, 173; vgl auch *Brodil*, (Freie) Betriebsvereinbarung und Betriebsübergang für (ausgegliederte) Beamte, DRdA 2008, 175.

[261] *Rummel*, ZAS 1981, 55 ff; zustimmend *Floretta/Spielbüchler/Strasser*, Arbeitsrecht II^4 (2001), 461.

[262] Vgl *Kummer*, Die Rechtsverbindlichkeit einer Betriebsvereinbarung, DRdA 1959, 235.

[263] *Bydlinski*, Dogmatische Fortschritte im österreichischen Betriebsverfassungsrecht, JBl 1962, 582.

[264] *Strasser* in Strasser/Jabornegg/Resch (Hrsg), ArbVG (Losebl), § 29 Rz 15; *Kietaibl* in Tomandl (Hrsg), ArbVG (Losebl), § 29 Rz 38; *Jabornegg*, Absolut zwingendes Arbeitsverfassungsrecht, in FS Strasser (1983), 373; *Spielbüchler*, ZAS 1972, 18.

[265] *Tomandl*, Die Rechtswirkungen „freier Betriebsvereinbarungen", in FS Strasser (1983), 583.

[266] Krit *Schwarz*, Konfusion um die „freie" Betriebsvereinbarung, DRdA 1985, 173.

Die richtige Lösung muss den Gedanken der Konversion mit den **drei Prototypen** kollektiver Rechtsgestaltung verknüpfen. Es sind dies der Intensität nach der rechtsverbindliche Normenvertrag, der Normenvertrag mit seiner schuldrechtlichen Wirkung und der Richtlinienvertrag. Die beiden ersteren sind beim Kollektivvertrag und bei der Betriebsvereinbarung in verschiedenem Umfang unmittelbar dem Gesetz zu entnehmen. Verbleibt für die Qualifikation einer Betriebsvereinbarung auch keine rein obligatorische Deutung, so ergibt sich aus der Interessenvertretungsfunktion des Betriebsrats und dem daraus resultierenden allgemeinen Vorschlagsrecht zur Verbesserung der Arbeitsbedingungen (vgl § 90 Abs 1 Z 2 und 3, § 109 Abs 2 ArbVG), dass der Betriebsrat gemeinsam mit dem Betriebsinhaber Richtlinien ausarbeitet (sog Richtlinienvertrag), die **keine unmittelbaren Rechtswirkungen** erzeugen. Weder die Partner dieses Vertrags noch die Partner der in Frage stehenden Arbeitsverträge werden verpflichtet, diese Richtlinien zum Vertragsinhalt zu machen. Rechtsbegründend ist einzig und allein die ausdrücklich oder konkludent zustande gekommene Vertragsbeziehung zwischen dem Arbeitgeber und dem einzelnen Arbeitnehmer. Somit kann die oben umschriebene Lehre von der Vertragsschablone bestätigt werden[267]. 3/269

Die mitunter vertretene Auffassung, dass im Falle des Vertrauens auf die **Gültigkeit einer Betriebsvereinbarung** auch die Kündigungsmöglichkeit von (fakultativen) Betriebsvereinbarungen durch den Arbeitgeber Inhalt des Einzeldienstvertrags werden müsse[268], ist abzulehnen. *Strasser* hebt zu Recht hervor, dass eine derartige einseitige Kündigungsmöglichkeit irrelevant ist, weil eine Kündigung einer Betriebsvereinbarung letztlich mit Rücksicht auf die damit verbundene Nachwirkung zu einem ähnlichen Zustand führen würde, wie dies bei der Einzelvertragsergänzung der Fall ist. Dennoch will *Strasser* (DRdA 1988, 131) in diesem Fall dem Arbeitgeber mit Hinweis auf die Möglichkeit einvernehmlicher Auflösungen von Betriebsvereinbarungen eine gesamthaft gegenüber allen betroffenen Arbeitnehmern wirksam werdende **Teilkündigung zugestehen**. Diese Auffassung ist nicht vertretbar, da sie gerade das von *Strasser* selbst angeführte Argument der Nachwirkung völlig ignoriert. Es ist nicht einzusehen, dass dem Arbeitgeber im Falle einer ungültigen Betriebsvereinbarung Eingriffsrechte in die Einzelarbeitsverträge zugebilligt werden, die im Falle einer gültigen Betriebsvereinbarung nicht in Frage kommen. Dass sich der Arbeitgeber mit Bezug auf einen Rechtsirrtum darauf stützt, bei Kenntnis der Rechtslage den Abschluss der Betriebsvereinbarung nicht gewollt zu haben, wird kaum in Frage kommen, zumal sein Bindungswille an sich nicht bezweifelt werden kann. Im Übrigen ist dem Arbeitgeber die Kenntnis der Rechtslage im Zweifel zuzumuten. 3/270

Als Konsequenz dieser rechtlichen Qualifizierung ergibt sich, dass freie Betriebsvereinbarungen nicht auf kollektivem Weg aufgehoben oder abgeändert werden können. Als **Bestandteil des Arbeitsvertrags** bedarf jegliche Aufhebung oder Änderung der Zustimmung jedes einzelnen Arbeitnehmers[269]. 3/271

[267] Näheres bei *Schwarz*, Konfusion um die „freie" Betriebsvereinbarung, DRdA 1985, 173.

[268] Vgl *Kerschner*, DRdA 1993, 26 in Anlehnung an *Strasser*, DRdA 1988, 127; s auch *Brodil*, Sonderprobleme bei Betriebsübergang, ecolex 1992, 647.

[269] Vgl hiezu auch *Runggaldier*, Anmerkungen zur sog „freien" (unzulässigen) Betriebsvereinbarung, RdW 1990, 257.

3.3.4.8. Betriebsvereinbarung

3/272 Teilweise wird bewusst und systematisch das Instrument der freien Betriebsvereinbarung verwendet, indem bereits im Arbeitsvertrag ausdrücklich festgelegt wird, dass Bestimmungen von freien Betriebsvereinbarungen Inhalt des Arbeitsvertrags werden[270].

3/273 Sind die Parteien davon ausgegangen, dass es sich um keine verbindliche Betriebsvereinbarung gehandelt hat, dann hat der Arbeitgeber weder auf die Gültigkeit der Betriebsvereinbarung noch auf deren Folgen, insb auf die Beendigungsmöglichkeiten, vertraut, sodass die Kündigung der unzulässigen Betriebsvereinbarung durch den Arbeitgeber schon aus diesem Grunde keine Wirkung auf die zum Inhalt der Einzelarbeitsverträge gewordenen Regelungen haben kann[271]. Wenn allerdings die einzelnen Arbeitnehmer von einem in der freien Betriebsvereinbarung ausdrücklich eingeräumten **Widerrufsvorbehalt** Kenntnis nehmen und dem auch zugestimmt haben, dann ist nach Ansicht des OGH (E v 8. 11. 1995, 9 ObA 186/95, DRdA 1996, 495 mit Bespr v *Marhold*) auch ein Widerruf möglich. Ebenso wie der Hauptanspruch aus einer freien Betriebsvereinbarung über die Konstruktion der Vertragsschablone in den Einzelarbeitsvertrag eingehen kann, soll dies auch für Anspruchsvoraussetzungen oder sonstige Bedingungen gelten. Eine Änderung der vertraglichen Arbeitsbedingungen muss den betroffenen Arbeitnehmern auch in der vertraglich vorgesehenen Form erklärt werden. Die Mitteilung des Dienstgebers in einer Betriebsversammlung reicht hiezu grundsätzlich nicht aus[272]. Hinsichtlich der Zustimmungserklärung der Arbeitnehmer werden strenge Anforderungen zu stellen sein, da die betroffenen Arbeitnehmer nicht als unmittelbarer Verhandlungspartner auftreten[273].

3/274 **Dynamische Verweisungen** in freien Betriebsvereinbarungen können gleichfalls in den Arbeitsvertrag einfließen. Die Problematik der Rechtsetzungsbefugnis, wie sie sich beim Kollektivvertrag (vgl 3.3.1.9.1) und bei der Betriebsvereinbarung (vgl 3.3.4.6.2) stellt, entfällt bei den Parteien des Arbeitsvertrags. Die Grundsätze der Billigkeit müssen aber auch durch die Regelung, auf die verwiesen wird, gewahrt bleiben[274].

[270] Dazu *Marhold*, Einzelvertragliche Bezugnahme „freier" Betriebsvereinbarungen, RdW 1987, 129.

[271] OGH 27. 5. 1992, 9 ObA 82/92, DRdA 1993, 23 mit Bespr v *Kerschner*.

[272] OGH 9. 7. 1999, 9 ObA 81/99y, DRdA 2000, 26 mit Bespr v *Jabornegg* = ZAS 2000, 78 mit Bespr v *Standeker*.

[273] S va *Runggaldier*, Anmerkungen zur sog „freien" Betriebsvereinbarung, RdW 1990, 257.

[274] Vgl insb OGH 22. 6. 1995, 8 ObA 220/95, ZAS 1995, 190 mit Besprechungsaufsatz v *Tomandl* = DRdA 1996, 148 mit Bespr v *Resch*; OGH 21. 12. 2000, 8 ObA 170/00h, DRdA 2001, 532 mit Bespr v *Runggaldier* = ZAS 2001, 170 mit Bespr v *Risak*; *Marhold*, Einzelvertragliche Bezugnahme „freier" Betriebsvereinbarungen, RdW 1987, 129.

4. Arbeitsverhältnis – Arbeitnehmer – Betrieb

4.1. Wesensmerkmale des Arbeitsverhältnisses

Das Arbeitsverhältnis (Dienstverhältnis) ist ein Rechtsverhältnis, das die Leistung **abhängiger, fremdbestimmter Arbeit** zum Inhalt hat und durch Arbeitsvertrag begründet wird[1]. 4/001

Es stellt auf eine gewisse Dauer ab und ist insofern den **Dauerschuldverhältnissen** zuzurechnen. Wesentliches Charakteristikum der Dauerschuldverhältnisse ist aber nicht die zeitliche Dauer an sich, sondern vielmehr der Umstand, dass das bestehende Rechtsverhältnis durch die einzelnen Erfüllungshandlungen nicht beendet wird, sondern dass es hiezu eines besonderen Endigungsgrundes (Kündigung, Beendigung aus wichtigem Grund) bedarf[2]. Auch eine bloß kurze Dauer des Vertragsverhältnisses steht der Annahme eines Arbeitsvertrags nicht entgegen. Arbeitsverträge können vielmehr auch für einen Tag oder auch nur für Stunden geschlossen werden, wenn dies der Zweck der Arbeitsleistung mit sich bringt[3].

Grundsätzlich handelt es sich um ein **Schuldverhältnis**, das die Erbringung von Arbeitsleistungen (regelmäßig gegen Entgelt) zum Ziel hat. Die Verpflichtung zu Arbeitsverrichtungen oder zumindest die Bereitschaft hiezu bildet die vom Arbeitnehmer geschuldete Leistung. Das Element der Verpflichtung wird aber dann in Frage gestellt, wenn nur **Rahmenverträge** über mögliche zukünftige Arbeitseinsätze zustande kommen, der Arbeitgeber es sich vorbehält, wann er einen konkreten Arbeitseinsatz anbietet und der Arbeitnehmer das Recht hat, ein Angebot zum Arbeitseinsatz abzulehnen. Da die Zwecksetzung des Rahmenabkommens letztlich wiederum in der Nachfrage nach der Arbeitsleistung des Arbeitnehmers zu sehen ist, geht der OGH zu Recht davon aus, dass das Arbeitsrecht bereits auf den Rahmenvertrag anzuwenden ist[4]. 4/002

Das Arbeitsverhältnis hat im Gegensatz zu anderen Schuldverhältnissen einen stärkeren **personalen Einschlag**, der es in besonderer Weise prägt und den Vertragsparteien besondere 4/003

---

1 Allg vgl *Tomandl*, Wesensmerkmale des Arbeitsvertrages in rechtsvergleichender und rechtspolitischer Sicht (1971); *dens*, Welchen Nutzen bringt ein neuer Dienstnehmerbegriff?, ZAS 2008, 100; *dens*, Die Metamorphose des Dienstnehmerbegriffs – Sacherfordernis oder Gelegenheitsjudikatur, in GS Gschnitzer (1969), 431; *Reiner*, Zur Konstruktion des Arbeitnehmerbegriffs durch Referenzrahmen am Beispiel der Natur der Tätigkeit: Eine Gefahr für das dogmatische Erbe von Hugo Sinzheimer, JBl 2010, 549; *Mayer-Maly*, Erwerbsabsicht und Arbeitnehmerbegriff (1965); *dens*, Dienstvertrag und Arbeitsvertrag, ZAS 1966, 2; *Rebhahn* in Neumayr/ Reissner (Hrsg), Zeller Kommentar[2] (2011), § 1151 ABGB Rz 55 ff; *Löschnigg*, Der Arbeitsvertrag – Abgrenzung, Kombination und Mehrfachabschluss, in Resch (Hrsg), Abhängiger Arbeitsvertrag versus Selbständigkeit – Abgrenzungsfragen aus dem Arbeits-, Sozialversicherungs- und Steuerrecht (2006), 15; *dens* in Löschnigg (Hrsg), AngG Bd 1[10] (2016), § 1 Rz 3 ff; *Schindler*, Arbeitnehmerbegriff – Abgrenzung und Schutzzweck, in Resch (Hrsg), (Schein-)Selbständigkeit. Arbeits- und sozialrechtliche Fragen (2000), 13; *Gerhartl*, OGH: Neues zum Arbeitnehmerbegriff?, RdW 2011, 293.

2 Vgl *Schwarz*, Dauerschuldverhältnis und Dogmatik arbeitsvertraglicher Treuepflicht, in FS Wilburg (1975), 355.

3 OGH 18. 11. 1975, 4 Ob 69/75, Arb 9422.

4 Vgl OGH 8. 8. 2002, 8 ObA 277/01w, DRdA 2002, 461 mit Bespr v *Mosler*.

Pflichten auferlegt. Die Fürsorgepflicht des Arbeitgebers (vgl 6.6) und die Treuepflicht des Arbeitnehmers (vgl 6.2) bringen dies in ihren speziellen Ausformungen zum Ausdruck[5].

4/004 Wesentliches Merkmal des Arbeitsverhältnisses bildet die **persönliche Abhängigkeit** des Arbeitnehmers, die daraus resultiert, dass die Arbeitsleistung einem anderen, nämlich dem Arbeitgeber, zugute und in einem vom Dienstgeber bestimmten Organisationsgefüge zustande kommt[6]. Zu den Kriterien der persönlichen Abhängigkeit zählen die **Einordnung in den betrieblichen Ordnungsbereich**, wie zB die Bindung der Beschäftigten hinsichtlich Arbeitszeit, Arbeitsort und Arbeitsabfolge[7], und nicht zuletzt die **Weisungsgebundenheit** des Arbeitnehmers (vgl 3.1). Wesentlich ist dabei die Verfügung des Dienstgebers über die Arbeitskraft des Dienstnehmers[8], also dessen Bereitschaft zu Dienstleistungen für eine bestimmte oder unbestimmte Zeit, ohne dass diese Tätigkeit von vornherein durch einen bestimmten Arbeitserfolg charakterisiert wäre[9]. Die Weisungsgebundenheit kann auch mit dem Begriff der **Fremdbestimmtheit** der Arbeit umschrieben werden.

Die Weisungen des Dienstgebers beinhalten keineswegs sämtliche organisatorischen und fachlichen Einzelheiten. Je gehobener die Stellung eines Arbeitnehmers in der Unternehmenshierarchie ist, desto größer ist sein selbständiger Handlungsspielraum. In besonderen Einzelfällen kann dies dazu führen, dass der Arbeitgeber Arbeitnehmern mit besonderen künstlerischen oder wissenschaftlichen Fähigkeiten fachlich keine Anweisungen zu geben vermag. Dennoch ist der Arbeitnehmer in das betriebliche Organisationsgefüge eingegliedert und in Fragen der Arbeitszeit, der Pausen und des formellen Arbeitsablaufs an betriebliche Rechtsquellen oder Weisungen des Arbeitgebers gebunden. Dieses im Grunde nur latent bestehende Weisungsrecht führt dazu, dass man in solchen Fällen von einer **„stillen Autorität“** des Dienstgebers spricht[10].

4/005 Weitere Indizien der persönlichen Abhängigkeit sind die Kontrolle des Arbeitnehmers und dessen disziplinäre Verantwortung[11]. Kontrolle des Arbeitnehmers in diesem Zusammenhang kann nicht nur Kontrolle der Durchführung der Arbeit im engeren Sinn, sondern auch Kontrolle der Erreichbarkeit[12] bzw des sonstigen Verhaltens des Arbeitnehmers bedeuten.

4/006 Neben der persönlichen Abhängigkeit wird vielfach auch das Kriterium der **wirtschaftlichen Abhängigkeit** des Arbeitnehmers als für das Arbeitsverhältnis kennzeichnend erachtet (ausdrücklich § 4 Abs 1 BEinstG). Hinsichtlich des Begriffs der wirtschaftlichen Abhängigkeit ist die Judikatur jedoch uneinheitlich. Einige Entscheidungen identifizieren die wirtschaftliche Abhängigkeit mit Lohnabhängigkeit und rücken damit das Entgelt als Existenz-

---

5 Vgl *Schwarz/Holzer*, Die Treuepflicht des Arbeitnehmers und ihre künftige Gestaltung (1976), 40 ff.

6 Vgl OGH 20. 9. 1983, 4 Ob 102/83, ZAS 1985, 18 mit Bespr v *Eypeltauer*; vgl auch zur Abgrenzung zwischen Arbeitsverhältnis und selbstständiger Tätigkeit bei Sexarbeit *Krömer*, Kann Sex Arbeit sein?, DRdA 2016, 101.

7 OGH 19. 5. 1981, 4 Ob 104/80, Arb 9972 = SZ 54/75 = DRdA 1982, 199 mit Bespr v *Strasser* = ZAS 1982, 10 mit Bespr v *Tomandl*; OGH 17. 11. 1981, 4 Ob 51/81, Arb 10.060; OGH 16. 3. 1982, 4 Ob 8/81, Arb 10.096 = DRdA 1985, 395 mit Bespr v *Wachter*; OGH 3. 6. 1986, 14 Ob 79/86, Arb 10.529 = infas 1987, A 33; zur Abgrenzung bei einem Franchisenehmer s OGH 29. 1. 2015, 9 ObA 139/14b, ARD 6450/12/2015.

8 OGH 10. 12. 1963, 4 Ob 112/63, Arb 7848; OGH 23. 2. 1971, 4 Ob 9/71, Arb 8844; OGH 18. 11. 1975, 4 Ob 69/75, Arb 9422.

9 OGH 13. 7. 1976, 4 Ob 27/76, Arb 9489.

10 Vgl *Tomandl*, Wesensmerkmale des Arbeitsvertrages in rechtsvergleichender und rechtspolitischer Sicht (1971), 68; *Peschek/Micheler*, (Schein-)Werkverträge, Kettenarbeitsverhältnisse, kollektive Rechtsgestaltung und betriebliche Mitbestimmung bei Wissenschaftern (1996), 26 ff.

11 OGH 29. 5. 1979, 4 Ob 117/78, Arb 9796.

12 VwGH 16. 9. 1997, 93/08/0171, ARD 4895/12/97.

grundlage für den Dienstnehmer in den Vordergrund[13]. Die Rechtsprechung neigt mitunter aber auch dazu, das fehlende Eigentum an den Produktionsmitteln bzw die fehlende Verfügungsgewalt über dieselben als wirtschaftliche Abhängigkeit zu interpretieren[14]. Dieser zweite Deutungsversuch bindet aber wiederum die wirtschaftliche Abhängigkeit in die persönliche ein, weil mit der fehlenden Verfügungsmacht über die Produktionsmittel eine Einordnung und eine Anpassung an die fremde Organisationsstruktur Hand in Hand gehen[15].

Mit der immer stärkeren Verstrickung von Arbeitszeit und Freizeit diffundieren auch immer 4/007
häufiger die Arbeitsmittel des Arbeitgebers und die privaten Mittel des Arbeitnehmers (Mobiltelefone, Smartphones, Laptops usw). Der Arbeitnehmer bringt teilweise in nicht unwesentlicher Art und Weise eigene Arbeits- und Produktionsmittel in den Arbeitsprozess ein („**Bring your own device**")[16]. Dies führt zu entgeltrechtlichen Fragen, zu haftungsrechtlichen Problemen etc, bringt aber auch einen gewissen Wandel im Wesen des Arbeitsverhältnisses und der Kriterien der persönlichen und wirtschaftlichen Abhängigkeit mit sich.

Grundsätzlich besteht für den Arbeitnehmer **persönliche Arbeitspflicht** (ausdrücklich § 2 4/008
Abs 3 HGHAG). § 1153 ABGB räumt zwar dem Dienstvertrag eine andere Regelungsbefugnis ein[17] und lässt eine andere Deutung aus den Umständen des Einzelfalles zu, doch ist das Wesen des Arbeitsverhältnisses von der zweiseitigen persönlichen Arbeitnehmer-Arbeitgeber-Beziehung derart geprägt, dass die Pflicht zur persönlichen Leistung der Dienste als charakteristisches Merkmal des Arbeitsvertrags anzusehen ist[18]. Eine Vertretung durch einen Dritten kann nur in Ausnahmefällen in Betracht kommen (allg zur Arbeitspflicht und zur Übertragung der Arbeitsleistung vgl 6.1). Ein eingeschränktes Vertretungsrecht vermag aber das Vorliegen der Arbeitnehmereigenschaft nicht zu verhindern, wenn ansonsten die Merkmale persönlicher Abhängigkeit überwiegen (OGH 8. 7. 1999, 8 ObA 26/99b, ARD 5121/9/2000 – Schreibarbeiten in Heimarbeit; OGH 22. 3. 2011, 8 ObA 49/10d, ARD 6162/3/2011 = ASoK 2011, 443)[19].

Eine gesetzliche Vertretungsobsorge statuiert jedoch § 17 Abs 1 HausbG, wonach dem Hausbesorger ausdrücklich die Pflicht auferlegt wird, auf seine Kosten für eine Vertretung zu sorgen, wenn er verhindert ist, seinen Obliegenheiten nachzukommen. Diese gesetzliche Verpflichtung wird aber durch eine Reihe von Ausnahmen (Krankheit, Unglücksfall, Urlaub, Beschäftigungsverbot, Karenz, Freistellungen des Betriebsrats) ganz oder teilweise durchbrochen (zum erfassten Personenkreis vgl 4.3.2.2.3.2).

---

[13] OGH 18. 7. 1956, 3 Ob 341/56, Arb 6491; OGH 15. 12. 1959, 4 Ob 126/59, Arb 7159; OGH 23. 10. 1962, 4 Ob 106/62, Arb 7641; s insb OGH 11. 5. 1988, 9 ObA 48/88, DRdA 1990, 353 mit Bespr v *Runggaldier*.

[14] Vgl zB VwGH 26. 1. 1979, 366/78, SVSlg 25.245; VwGH 13. 2. 1981, 08/1061/79, SVSlg 26.889; VwGH 23. 5. 1985, 84/08/0070, SVSlg 28.575.

[15] Vgl VwGH 18. 6. 1990, 90/19/0038, ARD 4212/2/90.

[16] Vgl *Tichy*, BYOD – Was steckt wirklich dahinter?, ecolex 2014, 300; dazu auch *Huger/Laimer*, BYOD und Arbeitsrecht, ecolex 2014, 303; s ebenso *Leissler*, BYOD und Datenschutz – ein unlösbarer Widerspruch?, ecolex 2014, 307.

[17] OGH 6. 12. 1955, 4 Ob 149/55, Arb 6348; OGH 3. 3. 1964, 4 Ob 20/64, Arb 7864.

[18] S etwa auch OGH 20. 3. 2015, 9 ObA 159/14v, DRdA-infas 2015, 185 mit Bespr v *Ziehensack* = ARD 6449/9/2015.

[19] Allg vgl *Rebhahn*, Dienstnehmerbegriff und persönliche Abhängigkeit bei Vertretungsbefugnis, wbl 1998, 277; *Naderhirn*, Arbeitnehmerbegriff und Vertretungsbefugnis, RdW 2004, 422.

4.1. Wesensmerkmale des Arbeitsverhältnisses

4/009 Die persönliche Abhängigkeit, die die organisatorische Unterordnung des Arbeitnehmers zu Gunsten des Gesamtwohls des Unternehmens beschreibt, und die wirtschaftliche Abhängigkeit, die die wirtschaftlichen und sozialen Machtverhältnisse im Unternehmen zum Ausdruck bringt, führen in Kombination mit einer persönlichen Arbeitspflicht zu einer Art **Subordinationsverhältnis**[20].

4/010 Kein entscheidendes Merkmal des Arbeitsverhältnisses ist die **Entgeltlichkeit der Arbeitsleistung** (vgl 6.5), zumal gem § 1152 ABGB auch die Unentgeltlichkeit vereinbart werden könnte. In der Regel werden jedoch durch zwingende Rechtsvorschriften wie Kollektivvertrag, Satzung, Mindestlohntarif oder Lehrlingsentschädigung Entgelte festgelegt, die nicht unterschritten werden dürfen und auf die auch nicht rechtsgültig verzichtet werden kann. Im Übrigen bilden unentgeltliche Arbeitsverhältnisse im heutigen Wirtschaftsleben wohl eine echte Rarität. Der Mangel essenzieller Entgeltlichkeit im ABGB ist nicht als unsoziale Haltung der Redaktoren des ABGB aufzufassen, zumal auch Dienstleistungen im Rahmen von Ausbildungs- und ähnlichen Verhältnissen den arbeitsrechtlichen Schutz genießen sollen, und zwar ohne Rücksicht auf die Entgeltlichkeit solcher Dienstleistungen. Ebenso unerheblich ist die **Bezeichnung des Vertrags** als Dienstvertrag; wesentlich ist allein der Vertragsinhalt[21]. Nur in Grenzfällen, in denen sich die Rechtsnatur weder aus den Bestimmungen des Vertrags noch aus der Natur des Rechtsgeschäfts eindeutig ableiten lässt, kann auf die rechtliche Qualifikation durch die Vertragspartner zurückgegriffen werden (OGH 13. 7. 1976, 4 Ob 27/76, Arb 9489).

4/011 Die **Anmeldung zur Sozialversicherung**[22] und der **Lohnsteuerabzug** sind für das Vorliegen eines Arbeitsverhältnisses nicht von konstitutiver Bedeutung; sie sind als bloße Indizien zu werten.

4/012 Keineswegs kann erst dann von einem Arbeitsverhältnis gesprochen werden, wenn sämtliche Merkmale vorhanden sind. Es kommt vielmehr auf das Überwiegen der wesentlichen Merkmale unter Berücksichtigung der konkreten intensitätsmäßigen Ausgestaltung an[23]. Der Begriff des Überwiegens der vorhandenen Merkmale darf jedoch nicht ausschließlich in zahlenmäßiger Richtung aufgefasst werden, sondern ist vielmehr in Form eines Abwägens jedes einzelnen Merkmals für den Charakter des Vertragsverhältnisses zu verstehen (OGH 23. 2. 1965, 4 Ob 19/65, Arb 8030).

4/013 In diesem Sinn sind daher zusammenfassend folgende für ein Arbeitsverhältnis charakteristische Merkmale anzuführen:

---

20 Aus rechtsvergleichender Sicht vgl insb *Nogler*, The Concept of „Subordination" in european and comparative Law (2009).

21 OGH 1. 9. 1970, 4 Ob 58/70, Arb 8777 = ZAS 1971, 138 mit Bespr v *Krejci*; LGZ Wien 17. 4. 1975, 44 Cg 44/75, Arb 9384; OGH 13. 7. 1976, 4 Ob 27/76, Arb 9489; OGH 3. 6. 1986, 14 Ob 79/86, Arb 10.529 = infas 1987, A 33.

22 Zu Anmeldeverstößen vgl auch *Brodil*, Sozialbetrug aus dem Blickwinkel des Verwaltungsstrafrechts, DRdA 2008, 383; *Reindl-Krauskopf*, Sozialbetrug aus strafrechtlicher Sicht, DRdA 2008, 389; *Derntl*, Beteiligung am Sozialbetrug und Verantwortlichkeit des Verbandes, DRdA 2007, 459.

23 Vgl OGH 18. 12. 1979, 4 Ob 124/79, Arb 9845; OGH 23. 10. 1984, 4 Ob 116/84, DRdA 1986, 424 mit Bespr v *Csebrenyak* = ZAS 1986, 120 mit Bespr v *Dusak*.

a) persönliche Arbeitspflicht unter Leitung und Führung des Arbeitgebers mit dessen Arbeitsmitteln[24]; der persönlichen Arbeitspflicht steht die Unübertragbarkeit des Anspruchs auf die Dienstleistung gegenüber (zum Betriebsübergang vgl 6.1.2; zum AÜG vgl 9.1). Beide Kriterien gelten im Zweifel, dh dann, wenn sich aus dem Arbeitsvertrag oder den Umständen nichts anderes ergibt (§ 1153 ABGB);
b) Fremdbestimmung der Arbeit; der wirtschaftliche Erfolg kommt dem Arbeitgeber zugute[25];
c) zeitliches Verpflichtungsverhältnis zwischen den Partnern;
d) persönliche Fürsorge- und Treuepflicht;
e) Einordnung des Arbeitnehmers in das Organisationsgefüge des Betriebs[26].

4.2. Arbeitsverhältnis und andere Vertrags- und Rechtsbeziehungen

Prägendes Element des Arbeitsverhältnisses stellt grundsätzlich der Arbeitsvertrag dar (vgl jedoch 5.2.8)[27]. Arbeitsverrichtungen, die gem anderen Rechtsgrundlagen oder infolge faktischer Gegebenheiten erbracht werden, scheiden von vornherein aus. In keinem Arbeitsverhältnis stehen somit zB die durch Hoheitsakt ernannten Beamten, Ordensmitglieder oder Strafgefangene. 4/014

4.2.1. Werkvertrag

Eine Unterscheidung zwischen Arbeits- und Werkvertrag wird bereits durch § 1151 ABGB getroffen, wonach ein Dienstvertrag dann entsteht, wenn jemand auf gewisse Zeit zur Dienstleistung für einen anderen verpflichtet wird, ein Werkvertrag hingegen, wenn jemand die Herstellung eines Werkes gegen Entgelt übernimmt. 4/015

Im Gegensatz zum Dienstvertrag kommt es beim Werkvertrag auf das Ergebnis der Dienstleistung an. Geschuldet wird das **Werk** oder ein **bestimmter Erfolg**[28]. 4/016

Im Rahmen des Arbeitsvertrags wird die Dienstleistung an sich entlohnt, während beim Werkvertrag das Ergebnis der Tätigkeit bezahlt wird. Vor ordnungsgemäßer Fertigstellung des Werks gilt der Werkvertrag trotz Aufwendung von Arbeit als nicht erfüllt, unabhängig davon, ob ein Verschulden seitens des Verpflichteten vorhanden ist oder nicht. Das **Unter-** 4/017

---

24 OGH 23. 2. 1965, 4 Ob 19/65, Arb 8030.
25 OGH 2. 10. 1956, 4 Ob 108/56, SozM I A/e, 174.
26 OGH 20. 9. 1951, 4 Ob 80/51, Arb 5300; OGH 20. 2. 1953, 4 Ob 19/53, SozM I A/e, 30.
27 Zur Problematik von freien Dienst- oder Werkverträgen, die aus rechtlicher Sicht Arbeitsverträge darstellen vgl *Risak*, Arbeitsrechtliche Folgen des falschen Status eines Mitarbeiters bzw einer Mitarbeiterin – Dienstvertrag – freier Dienstvertrag – Werkvertrag, ZAS 2013, 131; zu den unterschiedlichen Vertragsbeziehungen s auch *Kietaibl/Resch*, Atypische Beschäftigungsformen (2017).
28 OGH 10. 12. 1963, 4 Ob 112/63, Arb 7848; OGH 3. 3. 1964, 4 Ob 20/64, Arb 7864; OGH 6. 10. 1970, 4 Ob 62/70, Arb 8802; VwGH 24. 1. 2004, 2004/08/0101, DRdA 2007, 288 mit Bespr v *Mosler* (Aerobic-Trainerin); vgl auch *Müller*, Dienstvertrag oder Werkvertrag? – Überblick über die Rspr des VwGH zu § 4 ASVG, DRdA 2010, 367.

nehmerrisiko trägt demnach im Falle des Werkvertrags der die Arbeit Leistende, während es beim Dienstverhältnis keinesfalls dem Dienstnehmer auferlegt werden darf[29]. Unternehmerwagnis und die Gewährleistung für Mängel eines Werks sind aber typische Kennzeichen eines selbständigen Unternehmers. Die Tätigkeit der aus dem Werkvertrag verpflichteten Person unterscheidet sich von jener eines Arbeitnehmers eben dadurch, dass es sich in weitgehendem Maße um eine selbständige Arbeit handelt, die im Wesentlichen unter eigener Verantwortung durchzuführen ist (vgl LG Wien 27. 4. 1978, 44 Cg 69/78, Arb 9736).

4/018 Dienstleistung für gewisse Zeit einerseits und Dienstleistung im Hinblick auf ein bestimmtes Werk oder einen bestimmten Erfolg andererseits sind eine vom Zeitmoment abhängige Unterscheidung. Wie bereits erläutert (vgl 4.1), werden Dienstverträge den Dauerschuldverhältnissen zugeordnet, die nicht mit der Erfüllung erlöschen, sondern für die während der vertraglichen Dauer die Leistungspflicht ständig neu entsteht, bis das Rechtsverhältnis als solches beendet wird. Der Werkvertrag hingegen zählt zu den **Zielschuldverhältnissen**, auch „einmalige" oder „vorübergehende" Schuldverhältnisse genannt, die mit der Erfüllung erlöschen. Die Fertigstellung des vereinbarten Werks oder der Eintritt des Erfolgs bewirkt automatisch die Beendigung des Rechtsverhältnisses. Dieses bedarf somit keiner gesonderten Aufkündigung. Damit ist aber auch gesagt, dass das eben angesprochene Zeitmoment nicht mit der absoluten Dauer des Rechtsverhältnisses gleichgesetzt werden kann. Wer sich ein Haus bauen lässt, schließt einen Werkvertrag, mag die Erfüllung auch Jahre dauern. Wer sich nur für wenige Tage zu Dienstleistungen verpflichtet, schließt einen Dienstvertrag ab.

Problematisch wird die Abgrenzung des Werkvertrags vom Arbeitsvertrag mitunter bei befristeten Arbeitsverhältnissen, weil in gewissen Fällen die **Befristung** vom Erfolg bestimmt ist. Nach der Rechtsprechung kann ein Arbeitsverhältnis auf bestimmte Zeit nicht nur durch einen kalendermäßig fixierten Termin, sondern auch durch einen objektiv feststellbaren, wenn auch vorerst kalendermäßig noch nicht ermittelbaren Zeitpunkt begrenzt werden (vgl 5.3.1). Der eintretende Erfolg bringt in diesen Fällen auch ein Arbeitsverhältnis zum Erlöschen, sodass die Wirkung des Erfolgseintritts als Abgrenzungskriterium unbrauchbar wird. Zur Unterscheidung des Arbeitsvertrags vom Werkvertrag muss daher auf die übrigen, das Arbeitsverhältnis charakterisierenden Merkmale zurückgegriffen werden (vgl 4.1). Überwiegen sie, dann ist Selbständigkeit iS des Werkvertrags nicht gegeben, und es liegt ein befristetes Arbeitsverhältnis vor.

4/019 Im Übrigen werden Personen, die einen Werkvertrag abgeschlossen haben, aber über kein Unternehmen verfügen (Akkordisten, Holzmeister), häufig als arbeitnehmerähnliche Personen zu qualifizieren sein (vgl 4.3.3.1).

4/020 Die Einbeziehung der Werkverträge in die Pflichtversicherung erfolgte bereits 1996, hielt aber vorerst einer Überprüfung des VfGH nicht stand[30]. Durch das Arbeits- und Sozialrechts-Änderungsgesetz (ASRÄG) 1997 wurde aber die Einbeziehung aller Erwerbseinkommen in die Sozialversicherung weitgehend verwirklicht, Einkommen aus Werkverträgen sind hievon gleichermaßen betroffen[31].

---

29 Vgl auch OGH 13. 1. 1993, 9 ObA 260/92, RdW 1993, 286.

30 Vgl VfGH 14. 3. 1997, G 392/96, RdW 1997, 243; *Gründler*, Legalitätsprinzip und Sachlichkeitsgebot, ASoK 1997, 167.

31 Vgl zB *Grillberger/Mosler*, Sozialversicherung für Dienstnehmer und Selbständige (1998); *Resch*, Sozialversicherungspflicht für freie Dienstverträge, DRdA 2000, 15.

4.2.2. Freier Dienstvertrag

Der freie Dienstvertrag unterscheidet sich vom Arbeitsvertrag vor allem dadurch, dass dem Verpflichteten die **persönliche Abhängigkeit** gänzlich **fehlt** oder dass nur schwach ausgeprägte Merkmale derselben vorhanden sind. Er ist weitgehend frei von Beschränkungen des persönlichen Verhaltens[32]. 4/021

Im Gegensatz zum Werkvertrag handelt es sich jedoch ebenfalls um ein **Dauerschuldverhältnis.** In Grenzfällen[33] wird wohl eher zu Gunsten des abhängigen Arbeitsvertrags zu entscheiden sein (vgl grundlegend *Wachter*, Der sogenannte freie Dienstvertrag, DRdA 1984, 405). 4/022

Typische Fälle von „freien Dienstverhältnissen" sind gegeben bei einem Dauervertrag mit einem **Rechtsanwalt** betreffend die Vertretung vor Behörden und die rechtsfreundliche Beratung nach Erfordernissen gegen Bezahlung eines monatlichen Entgelts[34] sowie mit einem **Arzt**, der nebenberuflich zur Betreuung eines Unternehmens bestellt wird, wobei er die Zeiten seiner Ordination und seiner Visiten nach eigenem Gutdünken festsetzen kann[35]. Auch der zwischen einer Gemeinde und einem **Tierarzt** abgeschlossene Vertrag, demzufolge der Veterinär bei seiner übernommenen Tätigkeit als Vieh- und Fleischbeschauer an keine bestimmte Arbeitszeit und keine bestimmten Beschautage gebunden war, den Arbeitsablauf selbst regeln konnte und somit auch bei der Ausübung seiner freiberuflichen Praxis keinen Beschränkungen unterworfen war, wurde als freier Dienstvertrag qualifiziert[36]. Ein **Versicherungsvertreter**, welcher zur Betreuung von Bestandskunden gegen Provision auf unbestimmte Zeit verpflichtet ist und den Kundenstock zur Verfügung gestellt erhält, ist auch als freier

[32] Allg vgl *Watzinger*, Der freie Dienstvertrag im Arbeits- und Sozialrecht (2016); *Marhold*, Freier Dienstvertrag und Scheingewerbetreibende, ASoK Spezial 2009; *Wachter*, Dienstleistungen am Rande des Arbeitsrechts, wbl 1991, 81; *Strasser*, Abhängiger Arbeitsvertrag oder freier Dienstvertrag, DRdA 1992, 93; *Gruber*, Freier Arbeitsvertrag und Arbeitsrecht I u II, ASoK 2000, 306 u 344; *Kuras/Strohmayer*, Der „freie" Dienstvertrag – Anthologie aus einer Schaffensperiode, in FS Bauer/Maier/Petrag (2004), 37; *Schrammel*, Arbeitsvertrag versus freier Dienstvertrag, in FS Bauer/Maier/Petrag (2004), 25; *Tomandl*, Der rätselhafte freie Dienstnehmer, ZAS 2006, 248; *Mazal*, Freier Dienstvertrag oder Werkvertrag?, ecolex 1997, 277; *Rebhahn* in Neumayr/Reissner (Hrsg), Zeller Kommentar^2 (2011), § 1151 ABGB Rz 126 ff; *Löschnigg* in Löschnigg (Hrsg), AngG Bd 1^{10} (2016), § 1 Rz 26; *Mosler*, Die sozialversicherungsrechtliche Stellung freier Dienstnehmer, DRdA 2005, 486; *Oberhofer*, Neue Regeln für freie Dienstnehmer – Stückwerk oder doch System?, ZAS 2008, 115; *Schuster*, Die Ansprüche des umqualifizierten echten Dienstnehmers, ASoK 2013, 397; *dens*, Sprechen Geheimhaltungsvereinbarungen gegen die Vertretungsbefugnis und damit ein freies Dienstverhältnis?, ASoK 2013, 465; *Tomandl*, Entgeltansprüche bei vermeintlich Selbständigen, ZAS 2013, 159; zur Judikatur s zB OGH 29. 9. 1981, 4 Ob 45/81, DRdA 1984, 134 mit Bespr v *Grillberger* = ZAS 1983, 31 mit Bespr v *Wachter*; OGH 17. 11. 1981, 4 Ob 51/81, ZAS 1983, 136 mit Bespr v *Gitter*; OGH 16. 3. 1982, 4 Ob 8/81, DRdA 1985, 395 mit Bespr v *Wachter*; OGH 13. 4. 1988, 9 ObA 52/88, ZAS 1989, 136 mit krit Bespr v *Schäffl*; OGH 28. 8. 1991, 9 ObA 99/91, DRdA 1992, 294 mit Bespr v *Löschnigg*; OGH 23. 3. 2010, 8 ObA 57/09d, ARD 6087/4/2010; zur Abgrenzung echter/freier Dienstvertrag iZm Betriebsübergang OGH 29. 5. 2013, 9 ObA 53/13d, ARD 6358/4/2013 = infas 2013, A 73; OGH 24. 7. 2013, 9 ObA 46/13z, ARD 6358/5/2013 = infas 2014, A 5; zur Berechnung der Ansprüche aus einem zu Unrecht als freier Dienstvertrag bezeichneten Arbeitsvertrag s OGH 26. 7. 2012, 8 ObA 56/11k, DRdA 2013, 393 mit Bespr v *Schindler* = wbl 2012, 581 mit Bespr v *Grillberger* = infas 2013, A 4; s dazu auch OGH 29. 4. 2013, 8 ObA 33/12d, ARD 6336/3/2013; OGH 24. 6. 2016, 9 ObA 40/16x, DRdA 2017, 121 mit krit Bespr v *Reiner* = ZAS-Judikatur 2016, 282.

[33] Zum Rückersatz von bezahlten Sozialversicherungsbeiträgen bei gewollter unrichtiger Einordnung des Arbeitsverhältnisses s OGH 17. 2. 2005, 8 ObA 20/04f, DRdA 2005, 541 mit Bespr v *Sonnleitner* = ARD 5598/10/2005.

[34] OGH 6. 7. 1926, Ob I 569, ZBl 1926, Nr 302.

[35] OGH 3. 7. 1956, 4 Ob 67/56, Arb 6487.

[36] OGH 29. 9. 1981, 4 Ob 45/81, Arb 10.055; so auch ein Werbemittelverteilerkontrollor, vgl OGH 26. 2. 1998, 8 ObA 46/98t, ARD 4931/9/98, und in eher bedenklicher Weise ein Sprachlehrer in einem Fremdspracheninstitut, OGH 5. 5. 1999, 9 ObA 10/99g, ARD 5043/10/99 = RdW 1999, 673; s weiters *Löschnigg/Scala*, Zur Beschäftigungsform von Sozialbetreuern und Sozialbetreuerinnen – Zur Problematik nach der Durchführungsverordnung zum Steiermärkischen Kinder- und Jugendhilfegesetz, SPRW 2014, 282.

Dienstnehmer anzusehen[37]. Wird dem Versicherungsvertreter hingegen ein bestimmter Kundenkreis vom Arbeitgeber vorgegeben, den er für bestimmte Versicherungspakete anwerben soll, und bestehen zudem eine regelmäßige Berichtspflicht, ein Konkurrenzverbot und eine Weisungs- und Kontrollunterworfenheit, so ist das Beschäftigungsverhältnis als echtes Dienstverhältnis zu qualifizieren[38]. Verträge mit sog „freien Handelsvertretern“ (vgl 4.3.3.3) sowie mit Vorstandsmitgliedern einer AG (vgl 4.3.3.4), einer Sparkasse[39] oder eines Vereins[40] sind regelmäßig den freien Dienstverhältnissen zu unterstellen.

Maßgeblich ist in allen Fällen, inwieweit der Verpflichtete in den Organismus des Betriebs eingegliedert und weisungsgebunden ist. Die bloße Bezeichnung „**Konsulent**“ oder „Konsulentenverhältnis“ sagt selbstverständlich noch nichts darüber aus, ob ein Arbeits- oder ein freies Dienstverhältnis vorliegt (vgl VwGH 13. 1. 1971, 1537/70, Arb 8855).

4/023 Bei **Rahmenverträgen**, die den Auftragnehmer verpflichten, bei Bedarf des Auftraggebers konkrete Dienstleistungen zu erbringen (zB bei regelmäßigen Detektiveinsätzen[41]) hängt es davon ab, ob die einzelnen Dienstleistungen rechtlich für sich allein bestehen können (zB Werkverträge im Rahmen eines freien Dienstvertrags) oder ob es zu einer „Verdichtung“ der einzelnen Dienstleistungen derart kommt, dass von einem einheitlichen, durchgehenden Rechtsverhältnis, insb Arbeitsverhältnis, gesprochen werden kann. Die Verdichtung kann sich auf Grund der Regelmäßigkeit, der Häufigkeit, der Integration in den Betrieb, des Verpflichtungsgrades und des inneren Zusammenhangs der Dienstleistung ergeben.

4/024 Sonderbestimmungen für **programmgestaltende** und **journalistische** Mitarbeiter des ORF finden sich in § 32 ORF-G. Diese beziehen sich sowohl auf Arbeitnehmer als auch auf freie Mitarbeiter, sofern die vereinbarte oder tatsächlich geleistete Arbeitszeit während eines Zeitraums von sechs Monaten im Monatsdurchschnitt nicht mehr als vier Fünftel des 4,3fachen der durch Gesetz oder Kollektivvertrag vorgesehenen wöchentlichen Normalarbeitszeit beträgt. Dies entspricht einer wöchentlichen Arbeitszeit von maximal 32 Stunden im Durchschnitt. Die Sonderbestimmungen lassen die Aneinanderreihung von befristeten Arbeitsverhältnissen zu und sehen auf diese Fälle abgestellte besondere Entschädigungs- und Abfertigungsbestimmungen vor (vgl 5.3.1.2 u 8.6.1.5.2).

Anlass für diese Gesetzesbestimmung war eine E des OGH[42], wonach kein freier Dienstvertrag, sondern ein Arbeitsvertrag vorliegt, wenn jemand Jahre hindurch mehrmals wöchentlich in unregelmäßiger Folge in einem Medienunternehmen Redaktionsdienste in der Dauer von jeweils zehn bis zwölf Stunden leistet und darüber hinaus an einer Reihe von periodisch wiederkehrenden Informations- und Kultursendungen mitarbeitet, die er regelmäßig auch selbst präsentiert, wobei diese Tätigkeit seine Arbeitskraft voll in Anspruch nimmt und er sein Einkommen ausschließlich von dem einen Unternehmen bezieht.

4/025 Grundsätzlich kommt das Arbeitsrecht für freie Dienstverhältnisse nicht in Betracht, doch sind bestimmte Analogien, wie beispielsweise die Einhaltung einer Kündigungsfrist im Falle

---

[37] VwGH 16. 3. 2011, 2007/08/0153, ARD 6162/5/2011 = infas 2011, S 24.
[38] VwGH 18. 1. 2012, 2008/08/0252, ARD 6251/7/2012.
[39] OGH 15. 6. 1988, 9 ObA 117/88, DRdA 1990, 333 mit Bespr v *Floretta.*
[40] OLG Wien 27. 6. 1997, 9 Ra 140/96s, ARD 4893/15/97.
[41] Vgl OGH 28. 8. 1997, 8 ObA 2347/96x, ARD 4893/11/97.
[42] OGH 19. 5. 1981, 4 Ob 104/80, DRdA 1982, 199 mit Bespr v *Strasser* = ZAS 1982, 10 mit Bespr v *Tomandl*; s auch *Schrammel*, Zur Rechtsstellung freier Mitarbeiter des österreichischen Rundfunks, JBl 1982, 449; zur rechtlichen Situation von Regisseuren und Rundfunkmitarbeitern vgl weiters OGH 17. 11. 1981, 4 Ob 51/81, ZAS 1983, 136 mit Bespr v *Gitter*; OGH 16. 3. 1982, 4 Ob 8/81, DRdA 1985, 395 mit Bespr v *Wachter*.

der Lösung des Vertragsverhältnisses, geboten (vgl *Wachter*, Der sogenannte freie Dienstvertrag, DRdA 1984, 413 f). Nach ständiger Judikatur sind jene **arbeitsrechtlichen Normen**, die nicht vom persönlichen Abhängigkeitsverhältnis des Arbeitnehmers ausgehen und den sozial Schwächeren schützen sollen, auf den „freien" Dienstvertrag **analog anwendbar**[43]. Eine Übertragbarkeit der Abfertigungsnormen des AngG und des ArbAbfG sowie jene des Urlaubsrechts und des AZG über die Überstundenentlohnung auf freie Dienstverhältnisse scheidet nach Ansicht der Höchstgerichte zur Gänze aus[44]. Dasselbe gilt hinsichtlich der Anwendung der Bestimmungen des ArbVG über die kollektive Rechtsgestaltung (OGH 11. 5. 1988, 9 ObA 165/87, DRdA 1990, 349 mit Bespr v *Runggaldier*).

Für einen Teil der freien Dienstnehmer, nämlich jene, die gem § 4 Abs 4 ASVG pflichtversichert sind[45], kommen bestimmte Regelungen des Arbeitsrechts **ausdrücklich** zur Anwendung. Diese Beschäftigten haben Anspruch auf einen Dienstzettel (§ 1164a ABGB) sowie auf die Abfertigung neu (§ 1 Abs 1a BMSVG), zudem sind sie Mitglieder der Arbeiterkammer (§ 10 Abs 1 Z 7 AKG). Für diese freien Dienstnehmerinnen gelten auch die Beschäftigungsverbote nach § 3 und § 5 Abs 1 u 3 MSchG (vgl 7.3.3.2). 4/026

4.2.3. Bestandvertrag (Mietvertrag)

Ein Arbeitsvertrag kann vorsehen, dass einem Arbeitnehmer neben seinem Geldlohn eine Wohnung zur Verfügung gestellt wird. Derartige Wohnungen stellen einen Naturalbezug dar[46] und sind dementsprechend Bestandteil des Entgelts (vgl 6.5.2.1). 4/027

Wohnungen, die auf Grund eines Dienstverhältnisses oder im Zusammenhang mit einem solchen als Dienst- oder Werkswohnung überlassen werden, fallen nicht unter das MRG (§ 1 Abs 2 Z 2 MRG)[47]. Die Bewilligung zur Benützung derartiger Wohnungen erlischt mit dem Ende des Dienstverhältnisses[48]. Für die Annahme eines Dienstwohnungsverhältnisses spricht vor allem die Funktionsgebundenheit bzw die dauernde Widmung einer Wohnung als Dienstwohnung durch den Dienstgeber (OGH 28. 1. 2009, 9 ObA 106/08s, DRdA 2010, 239 mit Bespr v *Ziehensack*).

Umgekehrt besteht aber auch die Möglichkeit, dass in einem Mietvertrag als Gegenleistung für die Überlassung der Wohnung gewisse Dienstleistungen vereinbart werden (vgl § 28 MRG). Die Verquickung von Dienstleistungen mit Bestandrechten führt somit zur Frage, ob ein Arbeitsvertrag oder ein Mietvertrag die Grundlage des Rechtsverhältnisses bildet. 4/028

---

[43] OGH 20. 9. 1983, 4 Ob 93/83, DRdA 1984, 442 mit Bespr v *Wachter*; vgl auch OGH 29. 9. 1981, 4 Ob 45/81, DRdA 1984, 134 mit Bespr v *Grillberger*; OGH 19. 6. 1991, 9 Ob 902/91, DRdA 1992, 124 mit Bespr v *Wachter*; OGH 14. 9. 1995, 8 ObA 240/95, DRdA 1996, 303 mit Bespr v *Mazal* = ARD 4730/6/96.

[44] VwGH 12. 2. 1986, 84/11/0264, RdW 1986, 279; OGH 13. 1. 1988, 14 ObA 46/87, Arb 10.697 = ARD 3973/10/88; OGH 26. 3. 1997, 9 ObA 54/97z, DRdA 1998, 36 mit Bespr v *Mazal*.

[45] Zum Begriff des freien Dienstnehmers nach § 4 Abs 4 ASVG s VwGH 19. 12. 2012, 2012/08/0224, taxlex 2013, 440 mit Bespr v *Steiger* = ARD 6363/4/2013.

[46] OGH 18. 10. 1977, 4 Ob 129/77, Arb 9609.

[47] Zu den speziellen Problemen vgl *Bernat*, Zum Geltungsbereich des Mietrechtsgesetzes (§ 1 MRG), bzw *Hofmann-Wellenhof*, Dienstwohnungen und MRG (§§ 1, 28, 30, 49 MRG), beide in Korinek/Krejci (Hrsg), Handbuch zum Mietrechtsgesetz (1985), 91 bzw 121; *Wolf*, Zur Kündigung von Dienstwohnungen, ecolex 1997, 790; *Wachter*, Die Herausnahme von Dienst-, Natural- und Werkswohnungen aus dem Mietrechtsgesetz, RdW 1983, 76; OGH 29. 1. 1985, 1 Ob 505/85, RdW 1985, 218.

[48] OGH 7. 11. 1961, 4 Ob 101/61, Arb 7451; OGH 23. 4. 1963, 4 Ob 19/63, Arb 7738; OGH 21. 1. 1964, 4 Ob 131/63, Arb 7859.

4.2.3. Arbeitsverhältnis und andere Rechtsbeziehungen

4/029 Zur Lösung dieses Problems sind die **Absicht der Parteien** und der **wirtschaftliche Zweck des Vertrags**[49] heranzuziehen. Dies gilt auch für den Fall, dass das Arbeitsverhältnis endet und der Dienstnehmer die Wohnung weiter benützt[50]. Allein aus der einvernehmlichen Weiterbenutzung der Dienstwohnung nach dem Ende des Dienstverhältnisses kann nicht auf eine konkludente Umwandlung in ein Mietverhältnis nach MRG geschlossen werden[51].

Unter dem wirtschaftlichen Zweck ist die Hauptursache für das Zustandekommen des Vertrags zu verstehen. Entscheidend ist, ob die Verpflichtung zur Dienstleistung oder die Überlassung der Wohnung im Vordergrund steht. Eine Entscheidung nach dem Überwiegen mietrechtlicher oder arbeitsrechtlicher Komponenten beinhaltet ein gewisses quantitatives Element, das in der Inanspruchnahme der Arbeitszeit zum Ausdruck kommt: Wird die Arbeitszeit des Bestandnehmers (Mieters) verhältnismäßig geringfügig vom Bestandgeber (Vermieter) in Anspruch genommen, so handelt es sich eher um ein Bestandverhältnis[52]. Auch die Höhe des Zinses bildet ein Indiz für die Eigenständigkeit des Mietvertrags.

4/030 Bei Vorliegen eines Mietvertrags besteht das Benützungsrecht an der Wohnung trotz Wegfall der Verpflichtung zur Erbringung von Dienstleistungen weiter. Liegt jedoch eine für die Dauer des Arbeitsverhältnisses eingeräumte Wohnungsbenützung vor, so besteht ein Arbeitsvertrag, und zwar auch dann, wenn für die Benützung ein gewisses Entgelt auch ohne Anrechnung auf den Lohn zu zahlen ist[53]. Eine derartige Wohnung ist bei Beendigung des Arbeitsverhältnisses zu räumen. Im Falle einer vom Arbeitgeber verschuldeten vorzeitigen Lösung des Dienstverhältnisses kann der Arbeitnehmer **Schadenersatz** für den Entgang der Wohnung verlangen. Da ein solcher primär auf Naturalrestitution gerichtet ist, wird eine Weiterbenützung der Wohnung oder der Anspruch auf eine Ersatzwohnung bis zum ordnungsgemäßen Beendigungstermin zu bejahen sein (vgl 8.3.4.2 u 8.3.5.2).

Schließlich besteht auch die Möglichkeit der Benützung einer Wohnung auf Grund einer (jederzeit widerruflichen) **Bittleihe**, und zwar auch bei Entgeltlichkeit, sofern das Benützungsentgelt (zB Instandhaltungspauschale) bloß einen wirtschaftlich unbedeutenden Anerkenntniszins darstellt und keine Umgehung der mietrechtlichen Schutzbestimmungen beabsichtigt ist[54].

4/031 Letztlich sind aber die typischen Merkmale eines Arbeitsverhältnisses, wie etwa die persönliche Abhängigkeit (vgl 4.1), zu berücksichtigen und zur Unterscheidung vom Mietverhältnis wie auch von anderen Vertragsverhältnissen heranzuziehen. Fehlt die persönliche Abhängigkeit und sind unter Wahrung der wirtschaftlichen Selbständigkeit nur gewisse einzelne Dienstleistungen als Entgelt für die Vermietung vereinbart worden, so liegt ein Bestandvertrag vor.

Hausbesorger stehen in einem Dienstverhältnis, das durch die gesetzliche Verpflichtung des Hauseigentümers, dem Dienstnehmer eine entsprechend ausgestattete **Dienstwohnung** unentgeltlich zur

---

49 OGH 2. 7. 1957, 4 Ob 72/57, Arb 6682; OGH 26. 9. 1961, 4 Ob 84/61, Arb 7425; LGZ Wien 28. 10. 1965, 44 Cg 136/65, SozM IV A, 321; s weiters *Mosler*, Weiterbenützung einer Werkswohnung nach Ende des Arbeitsverhältnisses, DRdA 1989, 55.

50 OGH 9. 7. 1997, 9 ObA 172/97b, RdW 1997, 744.

51 OGH 21. 12. 2015, 9 ObA 146/15h, DRdA-infas 2016, 72 = MANZ Wohnrecht-E 2016/07/10.

52 Vgl OGH 6. 11. 1956, 4 Ob 106/56, Arb 6541; OGH 1. 9. 1970, 4 Ob 58/70, Arb 8777; OGH 10. 7. 1979, 4 Ob 7/79, Arb 9803; weitere Judikaturbeispiele bei *Pfeil* in Schwimann/Kodek (Hrsg), ABGB V^4 (2014), § 1151 Rz 42.

53 OGH 13. 1. 1953, 4 Ob 181/52, Arb 5598; OGH 5. 12. 1961, 4 Ob 96/61, Arb 7464; OGH 23. 4. 1963, 4 Ob 19/63, Arb 7738; OGH 17. 12. 1963, 4 Ob 128/63, Arb 7889.

54 OGH 21. 12. 1954, 4 Ob 145/54, Arb 6136; OGH 12. 12. 1966, 4 Ob 79/66, Arb 8327.

Verfügung zu stellen, charakterisiert ist (§ 13 HausbG; insb zum erfassten Personenkreis vgl 4.3.2.2.3.2).

4.2.4. Gesellschaftsvertrag[55]

Der Arbeitsvertrag gestaltet die Rechtsbeziehung zwischen Dienstnehmer und Dienstgeber, wobei Letzterer in der Regel die stärkere Position innehat. Während des Dienstverhältnisses besteht zwischen Dienstgeber und Dienstnehmer ein Verhältnis der **Über- bzw Unterordnung**[56]. Dieses Subordinationsverhältnis, das der Unternehmenshierarchie notwendigerweise entspringt, kann als Abgrenzungskriterium gegenüber dem Gesellschaftsvertrag dienen (vgl OGH 26. 11. 1958, 6 Ob 311/58, Arb 6960). 4/032

Der Gesellschaftsvertrag[57] beruht auf dem Prinzip der Gleichordnung (**kooperatives Prinzip**; OGH 24. 4. 1975, 7 Ob 72/75, Arb 9346; OGH 3. 6. 1986, 14 Ob 79/86, Arb 10.529). Die Gesellschafter verpflichten sich als gleichwertige Partner zur Erfüllung der gesellschaftlichen Aufgaben und räumen sich gegenseitig Geschäftsführungsbefugnis und Kontrollrechte ein[58]. Sie bilden eine Organisation, die den Beteiligten Einwirkungs- und Mitwirkungsrechte sichert, die in der Mitsprache, Mitberatung und Mitbeaufsichtigung in allen wesentlichen Fragen der Unternehmensführung, der Unternehmensorganisation und des Unternehmensbestandes zum Ausdruck kommen und daher die Ausübung einer nicht von einem anderen abgeleiteten Arbeitgeberfunktion erlauben (OGH 3. 6. 1986, 14 Ob 79/86, Arb 10.529). 4/033

Eine Unterordnung der Gesellschafter erfolgt nur hinsichtlich der Interessen der Gesellschaft als solche (vgl allg *Kalss/Nowotny/Schauer* [Hrsg], Österreichisches Gesellschaftsrecht [2008], 3/278 ff). 4/034

Die Notwendigkeit einer exakten Trennung ergibt sich vor allem bei leitenden Positionen, weil in diesem Bereich die **Gewinnbeteiligung** als Entlohnungsform (vgl hiezu 6.5.2.4) für Arbeitnehmer durchaus beliebt ist. Umgekehrt können aber auch Gesellschafter von Personengesellschaften ihre Arbeitskraft der Gesellschaft zur Erreichung des gemeinsamen Zwecks zur Verfügung stellen (Arbeitsgesellschafter[59]). Ein typisches Merkmal stellt also weder die Gewinnbeteiligung für den Gesellschaftsvertrag[60] noch die Arbeitsleistung für den Arbeitsvertrag dar. Allerdings lässt sich mit einem Arbeitsverhältnis eine **Verlustbeteiligung** kaum vereinbaren. Damit ist jedoch noch nicht gesagt, dass jeder Vertrag, der eine Verlustregelung vorsieht, als Gesellschaftsvertrag zu qualifizieren ist, da es sich ebenso gut um ein Arbeitsverhältnis mit unzulässiger Vereinbarung einer derartigen Risikobelastung handeln könnte. 4/035

---

55 Zur Abgrenzung der beiden Vertragstypen vgl *Löschnigg/Melzer-Azodanloo*, Haftungsrecht für Führungskräfte^2 (2008), 67 ff.

56 Daran vermögen auch die betriebsverfassungsrechtlichen Mitwirkungsrechte nichts zu ändern; vgl *Holzer*, Ausweitung der Mitbestimmung und abhängige Arbeitsleistung, in FS Floretta (1983), 505.

57 Näheres dazu bei *Jabornegg/Resch* in Schwimann/Kodek (Hrsg), ABGB V^4 (2014), § 1175 Rz 5 ff.

58 OGH 29. 11. 1950, 1 Ob 568/50.

59 Näheres dazu bei *Löschnigg/Melzer-Azodanloo*, Haftungsrecht für Führungskräfte^2 (2008), 68 f.

60 LGZ Wien 19. 4. 1955, 44 R 416/55, Arb 6219.

4/036 Als primäres Kriterium für das Vorliegen eines Gesellschaftsvertrags verbleibt das Prinzip der **Kooperation**, während der Arbeitsvertrag durch ein **Subordinationsverhältnis** gekennzeichnet ist.

4.2.5. Vereinsmitarbeit, Mitarbeit bei besonderer Motivationslage

4/037 Ähnlich wie beim Gesellschaftsvertrag stellt das kooperative Prinzip das zentrale Kriterium zur Abgrenzung Arbeitsvertrag – Vereinsmitarbeit dar. Das Fehlen von Fremdbestimmung satzungsmäßiger Mitarbeit ist anhand der Mitwirkungsrechte des Vereinsmitglieds zu prüfen. Es kommt also darauf an, ob gegenüber dem Verein an sich Dienste in persönlicher Abhängigkeit zu leisten sind oder ob die Erbringung bestimmter Tätigkeiten unmittelbar aus der Kooperation im Rahmen der Vereinsmitgliedschaft resultiert[61].

4/038 Die Kriterien für das Vorliegen eines Arbeitsvertrags bei Vereinsmitarbeit sind auch dann dieselben, wenn die Mitarbeit im Verein nicht primär wirtschaftliche, sondern zB religiöse, karitative oder soziale Ziele verfolgt. Ähnliche Probleme ergeben sich allgemein bei Personen, deren Beschäftigung vorwiegend durch altruistische Motive bestimmt ist[62].

4/039 Gewisse Formen der freiwilligen Arbeit wurden durch das **Freiwilligengesetz** 2012 gesetzlich normiert[63]. Formelle Tätigkeiten wie das Freiwillige Sozialjahr, das Freiwillige Umweltschutzjahr, der Gedenkdienst oder der Friedens- und Sozialdienst im Ausland sollen durch das Gesetz gefördert werden. **Freiwilliges Engagement** iSd § 2 Abs 2 FreiwG liegt dann vor, wenn freiwillige Leistungen für andere in einem organisatorischen Rahmen unentgeltlich für die Allgemeinheit bzw aus vorwiegend sozialen Motiven erbracht werden, ohne dass dies in Erwerbsabsicht erfolgt. Der Abschluss eines Arbeitsvertrages oder eines Berufsausbildungsvertrages schließt das Vorliegen von Freiwilligenarbeit iS des Gesetzes aus. Als freiwilliges Engagement gelten jedoch auch Maßnahmen zur persönlichen und fachlichen Aus- und Fortbildung.

4/040 Insb das **Freiwillige Sozialjahr** gehört zu den besonderen Formen des freiwilligen Engagements. Es soll dem Gemeinwohl dienen und kann nicht im Rahmen eines Arbeitsverhältnisses absolviert werden. § 7 FreiwG spricht von einem Ausbildungsverhältnis. Ziele des

---

61 Vgl *Holzer*, Arbeits- und sozialversicherungsrechtliche Konsequenzen der Mitarbeit von Vereinsmitgliedern im Rahmen wirtschaftlicher Vereinstätigkeit, in Korinek/Krejci (Hrsg), Der Verein als Unternehmer (1988), 347; *Löschnigg*, Die arbeits- und sozialrechtliche Stellung der Mitarbeiter von Sozialinitiativen, in Löschnigg/Scheipl (Hrsg), Sozialinitiativen. Rechtliche Rahmenbedingungen und sozialpädagogische Aspekte (1990), 15; *T. Neumayr/M. Neumayr*, Freiwilliges Engagement und Arbeitsrecht, in FS Binder (2010), 311; *Löschnigg/Melzer-Azodanloo*, Haftungsrecht für Führungskräfte^2 (2008), 66 f; s auch VwGH 6. 8. 2013, 2013/08/0111, DRdA 2014, 311 mit Bespr v *Löschnigg*.

62 Zur Mitarbeit in der Kirche vgl *Runggaldier/Schinkele* (Hrsg), Arbeitsrecht und Kirche – Zur arbeitsrechtlichen und sozialrechtlichen Stellung von Klerikern, Ordensangehörigen und kirchlichen Mitarbeitern in Österreich (1996); *Kalb*, Die „zivilistische Relevanz" von Inkardinations- und Profeßverhältnis in arbeits- und sozialrechtlicher Perspektive, DRdA 1995, 385; *Pree*, Die Stellung des kirchlichen Laiendienstnehmers im CIC/1983, in FS Schwendenwein (1986), 467; *Mayer-Maly*, Arbeitsrecht im kirchlichen Dienst, ÖAKR 1977, 64; *dens*, Loyalitätspflichten von Arbeitnehmern im kirchlichen Dienst, in GS Holböck (1985), 619; *Kronawetter*, Zum Dienstverhältnis kirchlich bestellter Religionslehrer, DRdA 1991, 198; *Schnizer*, Arbeitslohn von Ordensleuten, in FS Schwarz (1991), 173; vgl auch *Resch*, Wirtschaftliches Eigeninteresse und Arbeitnehmerbegriff, ZAS 2011, 19 ff; OGH 29. 10. 2009, 9 ObA 105/09w, ZAS 2011, 19 mit Bespr v *Resch*.

63 Allg vgl *Löschnigg*, Freiwilligenarbeit in Österreich, in FS Aliprantis (Le travail humain au carrefour du droit et de la sociologie; 2014), 221.

Freiwilligen Sozialjahrs sind insb die Vertiefung von schulischer Vorbildung, das Kennenlernen der Arbeit in der Einsatzstelle, die Persönlichkeitsentwicklung, die Erweiterung und Anwendung von Kenntnissen zum Erwerb von Fertigkeiten für soziale Berufsfelder, die Berufsorientierung, die Stärkung sozialer Kompetenzen und die Förderung des freiwilligen Engagements der Teilnehmer. Zielgruppe des Freiwilligen Sozialjahrs sind Personen ohne einschlägige abgeschlossene Berufsausbildung nach Vollendung des 17. Lebensjahres, bei besonderer Eignung nach vollendetem 16. Lebensjahr. Das Freiwillige Sozialjahr darf nur einmal absolviert werden. Es ist auf die Dauer von sechs bis zwölf Monaten begrenzt. Zu erbringen sind freiwillige praktische Hilfstätigkeiten bei einer von einem anerkannten Träger zugewiesenen Einsatzstelle.

Gewisse Ansprüche nach dem Freiwilligengesetz sind den typischen arbeitsrechtlichen Ansprüchen nachgebildet. So gebührt etwa an Stelle des Erholungsurlaubs eine **Freistellung** von 25 Tagen (bezogen auf einen Einsatz von zwölf Monaten). An Stelle eines Entgelts gebührt ein **Taschengeld**, das betragsmäßig zwischen 50 % und 100 % der sog Geringfügigkeitsgrenze[64] liegen muss. Nach Abschluss des Einsatzes ist dem Teilnehmer am Freiwilligen Sozialjahr ein **Zertifikat** auszustellen, das vor allem den Zeitraum des Einsatzes und Angaben zu den erworbenen Fähigkeiten und Kompetenzen enthalten muss. 4/041

4.2.6. Mitarbeit in der Lebensgemeinschaft

Bei Bestehen einer Lebensgemeinschaft werden das Vorliegen eines Arbeitsverhältnisses und ein Entgeltanspruch grundsätzlich verneint[65]. Nur bei ausdrücklicher oder schlüssiger Vereinbarung wird dem Lebensgefährten eine Entlohnung für die im Rahmen der Lebensgemeinschaft geleisteten Dienste zuerkannt[66]. Eine konkludente Vereinbarung wurde zB angenommen, wenn eine Person ihre ganze Arbeitskraft in Erwartung einer **überdurchschnittlichen Zuwendung** (Eheschließung, Verpartnerung, letztwillige Verfügung, Hofübergabe) einsetzt[67]. Eine Lebensgemeinschaft schließt demnach das Bestehen eines Arbeitsverhältnisses nicht aus[68]. Gleichwohl ist es bedenklich, zwischen den geleisteten Diensten und der erwarteten Zuwendung eine Kausalität vorauszusetzen und im Falle des Nichteintritts des in Aussicht gestellten Vorteils ein Arbeitsverhältnis anzunehmen[69]. Für die Beurteilung der Frage, ob ein Arbeitsverhältnis vorliegt, sind vielmehr die allgemeinen Kriterien für Dienstverhältnisse heranzuziehen (vgl 4.1). Für den Ausgleich des Wegfalls des er- 4/042

---

64 Die Geringfügigkeitsgrenze für 2017 beträgt gem § 5 Abs 2 ASVG € 425,70 pro Monat.

65 LGZ Wien 15. 6. 1956, 44 R 339/56, Arb 6464; OGH 25. 11. 1958, 4 Ob 88/58, Arb 6953.

66 OGH 17. 12. 1957, 4 Ob 159/57, Arb 6760; OGH 7. 11. 1961, 4 Ob 125/61, Arb 7453; OGH 28. 4. 1970, 4 Ob 29/70, JBl 1973, 159 mit Bespr v *Holzer*; OGH 28. 5. 1974, 4 Ob 538/74, Arb 9235.

67 OGH 26. 10. 1954, 4 Ob 149/54, Arb 6100; OGH 23. 9. 1958, 4 Ob 95/58, Arb 6932; LGZ Wien 14. 7. 1966, 44 Cg 78/66, SozM III E, 356; *Holzer*, Zivilrechtliche Konsequenzen der Angehörigenmitarbeit, in Ruppe (Hrsg), Handbuch der Familienverträge (1985), 184; vgl allg 6.5.1.

68 Vgl OGH 31. 5. 1983, 4 Ob 53/83, Arb 10.269; OGH 25. 11. 1998, 9 ObA 248/98f, DRdA 1999, 476 mit Bespr v *Resch*.

69 Vgl OGH 27. 6. 1969, 4 Ob 32/69, Arb 8633.

warteten Vorteils bieten § 1152 ABGB und § 6 Abs 1 AngG eine in Betracht kommende Grundlage in Höhe eines angemessenen Entgelts[70].

4.2.7. Mitarbeit durch Familienangehörige

4/043 Dienstleistungen von Familienangehörigen und eingetragenen Partnern sind wie jene von Lebensgefährten oder Nachbarn im Rahmen der Nachbarschaftshilfe häufig durch spezifische Bindungen gekennzeichnet und nicht als Arbeitsverhältnisse zu qualifizieren[71]. Das soll nicht bedeuten, dass etwa **Familienangehörige** nicht in einem Arbeitsverhältnis stehen können. Der typische Geschehensablauf (zB familiäre Bindungen) spricht jedoch dagegen, sodass derjenige, der sich trotzdem auf ein Dienstverhältnis berufen will, dies entsprechend erhärten muss. Die Rechtslage ist ähnlich wie im Falle einer Rechtsvermutung, die widerlegt werden soll. Hier erhält die Frage nach der Ernstlichkeit des Vertrags einen besonderen Akzent.

4/044 Bei der Arbeitsleistung eines **Ehegatten** im Betrieb des anderen Ehegatten ist zu unterscheiden, ob diese im Rahmen der persönlichen Rechtswirkungen der Ehe, insb der Beistandspflicht, oder im Rahmen eines Arbeits- oder Gesellschaftsvertrags erfolgt. Dies gilt in gleicher Weise für die eingetragene Partnerschaft. Gem § 90 Satz 2 ABGB bzw § 11 Abs 1 EPG hat der Ehegatte oder eingetragene Partner im Erwerb des anderen mitzuwirken, soweit ihm dies zumutbar und nach den Lebensverhältnissen der Ehegatten oder Partner üblich ist. Gem § 98 ABGB hat der mitarbeitende Ehegatte einen Anspruch auf eine angemessene Abgeltung. Die Angemessenheit der Abgeltung richtet sich nach der Art und Dauer der Mitwirkung sowie nach den Lebensverhältnissen der Ehegatten. Unterhaltsleistungen sind dabei zu berücksichtigen. Anspruch auf Abgeltung hat auch der **eingetragene Partner**[72] nach § 11 Abs 2 EPG.

Tätigkeiten eines Ehegatten, die darin bestehen, dass er im Rahmen der Handelsagentur seiner Ehefrau in deren Personenkraftwagen und meistens gemeinsam mit ihr während einiger Stunden in der Woche und nur bei Bedarf Kunden besucht, wurden als Arbeitsleistung im Rahmen der gesetzlichen Beistandspflicht iSd §§ 44 und 90 ABGB erachtet[73]. Wurde eine Arbeitsleistung (zB Abwasch- und Putztätigkeiten im Hotel einer GmbH) von einer **mit dem Geschäftsführer verwandten Person** erbracht, kann nicht von familiärem Beistand ausgegangen werden (VwGH 12. 9. 2012, 2011/08/0127, ARD 6309/8/2013).

---

[70] *Bydlinski*, Lohn- und Kondiktionsansprüche aus zweckverfehlenden Arbeitsleistungen, in FS Wilburg (1975), 45; vgl 6.5.3.1.

[71] Vgl *Holzer*, Zivilrechtliche Konsequenzen der Angehörigenmitarbeit, in Ruppe (Hrsg), Handbuch der Familienverträge (1985), 159; *Resch*, Ehegattenmitarbeit – bürgerlich-rechtliche Abgrenzungsfragen, ASoK 1998, 92; *dens*, Ehegattenarbeitsverhältnis und Ehegattengesellschaft, in Achatz/Jabornegg/Karollus (Hrsg), Aktuelle Probleme im Grenzbereich von Arbeits-, Unternehmens- und Steuerrecht (1998), 1; *Trost*, Abhängige Arbeit und Wahrnehmung gesellschaftlicher Aufgaben im Familienverband, DRdA 2007, 435.

[72] Allg vgl *Gröger/Haller* (Hrsg), Eingetragene Partnerschaft-Gesetz (2010); *Sabara*, Die eingetragene Partnerschaft im Arbeitsrecht, im ASVG und im EStG, ARD 6058/7/2010; *Ercher/Rath*, Arbeitsrechtliche Begleitmaßnahmen im Zusammenhang mit der eingetragenen Partnerschaft, ZAS 2011, 68; s weiters *Melzer-Azodanloo*, Die Stellung eingetragener Partner/innen im Sozialrecht, in Karl/Marko (Hrsg), Jahrbuch Sozialrecht 2010 (2010), 157.

[73] OGH 19. 5. 1981, 4 Ob 44/81, Arb 9974; s weiters OGH 25. 2. 1998, 9 ObA 351/97a, ARD 4937/3/98 = infas 1998, A 76; *Floretta*, Die familieneigenen Arbeitskräfte im österreichischen Recht, insbesondere im Arbeitsrecht, DRdA 1979, insb 266 ff; *Marischka*, Keine arbeitsrechtliche Tätigkeit bei Gefälligkeitshandlungen des Ehegatten, DRdA 2003, 468.

Haben jedoch die Ehegatten bzw Partner die Mitwirkung im Erwerb des anderen auf eine vertragliche Grundlage gestellt, so gelten gem § 100 ABGB die vertraglichen Bestimmungen. Im Allgemeinen schließt eine derartige **vertragliche Regelung** die Anwendung des familien- bzw partnerschaftsrechtlichen Anspruchs gem § 98 ABGB bzw § 11 EPG aus. Eine Ausnahme besteht jedoch bei Arbeitsverhältnissen. Diesbezüglich bestimmen sich die Ansprüche grundsätzlich nach dem Arbeitsvertrag, doch muss dem Mitarbeitenden mindestens das zukommen, worauf er gem § 98 ABGB oder gem § 11 Abs 2 EPG Anspruch hätte (**Vorrang des höheren arbeitsrechtlichen Anspruchs**). Dieser Anspruch verjährt gem § 1486a ABGB nach sechs Jahren, gerechnet vom Ende des Monats, in dem die Leistung erbracht wurde (für die eingetragenen Partner s § 11 Abs 4 EPG; Näheres zum Entgelt vgl 6.5.1). 4/045

4.2.8. Auftragsverhältnis

Insoweit mit dem Dienstvertrag eine Geschäftsbesorgung (§ 1002 ABGB) verbunden ist, müssen auch die „Vorschriften über den Bevollmächtigungsvertrag", also das Auftragsrecht, beachtet werden (§ 1151 Abs 2 ABGB). Den Gegenstand einer Bevollmächtigung[74] bilden nur Verrichtungen rechtlicher Art, während im Arbeitsverhältnis in der Regel Verrichtungen tatsächlicher Art erfolgen oder doch überwiegen. Aus dem Vorliegen oder Nichtvorliegen einer Bevollmächtigung kann jedenfalls nicht zwingend auf das Bestehen eines Arbeitsverhältnisses geschlossen werden. 4/046

Typische Auftragsverhältnisse sind die Verträge eines Rechtsanwalts mit seinen Klienten[75], es sei denn, es liegt ein freier Dienstvertrag vor (vgl 4.2.2), sowie die Verträge mit einem Hausverwalter[76]. Auch ein Vertrag, in dem sich ein Architekt verpflichtet hat, die Verrichtung bestimmter Vertretungshandlungen und die Bauüberwachung zu übernehmen, enthält nach Ansicht des OGH Elemente eines Bevollmächtigungsvertrags (OGH 3. 3. 1966, 5 Ob 262/65, ÖJZ 1966, 435).

4.3. Personeller Bezugsrahmen

4.3.1. Arbeitgeber

Der Arbeitgeberbegriff ist im Arbeitsrecht kaum determiniert. Da er aus rechtlicher Sicht immer als Pendant zum Arbeitnehmerbegriff zu verstehen ist, kann der Begriff des Arbeitgebers wie jener des Arbeitnehmers im Arbeitsrecht kein einheitlicher sein[77]. Arbeitgeber iS des Arbeitsvertragsrechts ist jeder, der im Rahmen eines Arbeitsvertrags über die Arbeitskraft eines anderen verfügt. Für das betriebliche Handeln ist vielfach entscheidend, ob der Arbeitnehmer aus der Sicht eines redlichen Erklärungsempfängers objektiv gesehen darauf vertrauen durfte, dass der Erklärende im eigenen Namen als Arbeitgeber oder als Vertreter für einen 4/047

[74] Zu den verschiedenen Formen s etwa den Überblick bei *Löschnigg/Melzer-Azodanloo*, Haftungsrecht für Führungskräfte[2] (2008), 26 ff.

[75] OGH 22. 10. 1968, 4 Ob 542/68, RZ 1969, 69.

[76] OGH 29. 9. 1981, 4 Ob 168/80, Arb 10.038.

[77] S auch OGH 1. 4. 1998, 9 ObA 88/98a, ARD 4946/9/98; ebenso *Resch*, Arbeitgebereigenschaft und haftpflichtige Personen bei Lohnbetrug, ÖJZ 2015, 149.

bestimmten Arbeitgeber aufgetreten ist[78]. Das Arbeitnehmerschutzrecht definiert hingegen den Arbeitgeber als „natürliche oder juristische Person oder eingetragene Personengesellschaft“, die als Vertragspartei des Beschäftigungs- oder Ausbildungsverhältnisses mit dem Arbeitnehmer die Verantwortung für das Unternehmen oder den Betrieb trägt (§ 2 Abs 1 ASchG). Das ASVG umschreibt in § 35 den Dienstgeber als denjenigen, für dessen Rechnung der Betrieb geführt wird, in dem der Dienstnehmer in einem Beschäftigungsverhältnis steht.

4/048 Grundsätzlich ist es der **Geschäftsinhaber**, der für das gesamte Unternehmen die Verantwortung trägt und der mit dem Arbeitnehmer durch den Arbeitsvertrag verbunden ist. Von der Funktion her sind ihm jene Personen **gleichgestellt**, die kraft ihrer Befugnisse und ihrer Stellung gegenüber dem Dienstnehmer als zur selbständigen Geschäftsführung berufene Stellvertreter angesehen werden, also nur solche Personen, die zur selbständigen Ausübung von Unternehmer- und Arbeitgeberfunktionen berechtigt sind[79].

4/049 Neben dem Begriff des Arbeitgebers und dem synonymen des Dienstgebers werden vielfach auch die Termini Unternehmer und Betriebsinhaber verwendet. Der Begriff „**Unternehmer**“ kommt aus den Wirtschaftswissenschaften und kennzeichnet jene Personen, die das Eigentum am Betrieb und die Geschäftsführung innehaben[80]. Im arbeitsrechtlichen Sprachgebrauch findet er kaum Verwendung, weil er zu stark mit der „unternehmerischen Persönlichkeit“ verknüpft ist. Im Gegensatz zum Arbeitgeber kann jemand auch Unternehmer sein, ohne dass er Arbeitnehmer beschäftigt. Eine Renaissance erlebt der Begriff des Unternehmens aber wieder im UGB.

4/050 Während der Arbeitgeber den arbeitsvertraglichen Partner des Arbeitnehmers darstellt, bildet der Betriebsinhaber den betriebsverfassungsrechtlichen Gegenpol zum Betriebsrat. In Ausdeutung des Betriebsbegriffs gem § 34 ArbVG (vgl 4.4.2.1) ist jede physische oder juristische Person oder Personengemeinschaft, die mit technischen oder immateriellen Mitteln einen Arbeitserfolg im Rahmen eines Betriebs erzielen will, als Betriebsinhaber anzusehen.

4/051 Im **Gesellschaftsrecht** ist zu unterscheiden: Die Arbeitgebereigenschaft der Personengesellschaften (OG, KG) ist im Hinblick auf die ihnen zustehende Rechtsfähigkeit zu prüfen, die durch das Handelsrechts-Änderungsgesetz (HaRÄG) mittlerweile auch ausdrücklich gesetzlich festgehalten wird (vgl § 105 UGB)[81]. In der Sozialversicherung hat der VwGH in Abkehr von der älteren Rechtsprechung[82] schon vor geraumer Zeit die Dienstgebereigenschaft der Gesellschaft an sich anerkannt[83]. Aber auch aus arbeitsrechtlicher Sicht ist davon auszugehen, dass die aus dem Arbeitsverhältnis resultierenden Rechte und Pflichten in erster Linie der Gesellschaft und höchstens mittelbar den Gesellschaftern zuzuordnen sind. So

---

[78] OGH 17. 3. 1999, 9 ObA 21/99z, infas 1999, A 80 = RdW 1999, 545.

[79] Vgl OGH 20. 2. 1979, 4 Ob 101/78, Arb 9764; OGH 2. 9. 1992, 9 ObA 189/92, DRdA 1993, 229 mit Bespr v *Resch*; zur Stellung des Hausverwalters vgl OGH 27. 3. 1996, 9 ObA 15/96, DRdA 1997, 130 mit Bespr v *Kürner*.

[80] Vgl *Gutenberg*, Grundlagen der Betriebswirtschaftslehre I, Die Produktion[24] (1983), 487 ff und 497 ff.

[81] S dazu auch die Materialien, RV 1058, 22. GP, 36 f, 41.

[82] Vgl VwGH 26. 11. 1952, 1238/51, SozM V G, 68.

[83] VwGH 10. 12. 1986, 83/08/0200, JBl 1987, 401.

ist die Arbeitsleistung der Gesellschaft und nicht den Gesellschaftern gegenüber zu erbringen. Die Fürsorgepflicht ist von der Gesellschaft durch entsprechende personelle und organisatorische Vorkehrungen zu erfüllen. Auch entgeltrechtlich wird man die Gesellschaft als solche als Schuldner ansehen müssen. Die Gesellschafter sind zwar auf Grund der gesellschaftsrechtlichen Sonderregelung des § 128 UGB als zahlungspflichtige Dritte, nicht jedoch als Arbeitgeber anzusehen (zu ähnlichen Haftungskonstruktionen im Rahmen der Arbeitskräfteüberlassung vgl 9.1.5, im Falle des Betriebsübergangs vgl 9.2.2). Dienstgeber ist somit auch im Falle der Personengesellschaften die Gesellschaft an sich[84]. Bei den **Gesellschaften bürgerlichen Rechts** kommt den Gesellschaftern die Arbeitgebereigenschaft zu[85]. Der Arbeitnehmer schließt hiebei ein einheitliches Arbeitsverhältnis mit zwei oder mehreren Arbeitgebern ab. Eine ähnliche Situation ergibt sich im Konzern, wenn mehrere Konzernunternehmen gemeinsam als Arbeitgeber eines Arbeitnehmers in Erscheinung treten[86]. Im Falle der **Kapitalgesellschaften** (AG, GmbH) und der **Genossenschaften** sind jedenfalls diese als juristische Personen selbst Arbeitgeber. Die Aktionäre, Gesellschafter oder Genossenschafter besitzen keine Dienstgebereigenschaft.

Damit kommt man im Gesellschaftsrecht zu einer gewissen Aufspaltung des Dienstgeberbegriffs: Abstrakter Dienstgeber bleibt die Gesellschaft, die auch den Vertragspartner im Arbeitsvertrag darstellt, konkreter Dienstgeber wird aber jene natürliche Person, die gegenüber den Dienstnehmern tatsächlich die Arbeitgeberfunktion ausübt. Als konkrete Dienstgeber sind in erster Linie bestimmte Mitglieder der zur gesetzlichen Vertretung der juristischen Personen berufenen Organe anzusehen (zB das für Personalangelegenheiten zuständige Vorstandsmitglied)[87].

Eine **Arbeitsgemeinschaft**, zu der sich mehrere Firmen auf Basis einer Gesellschaft bürgerlichen Rechts zur Erreichung eines gemeinsamen Ziels zusammenschließen[88], ist keine juristische Person und auch keine Personengesellschaft des Gesellschaftsrechts; sie ist daher mangels eigener Rechtspersönlichkeit weder partei- noch prozessfähig[89]. Arbeitgeber bleibt grundsätzlich jene Person, die die Arbeitnehmer zur Verfügung stellt, um sie zu einem gemeinsamen Nutzen einzusetzen (zur Problematik der Leiharbeitsverhältnisse vgl 9.1). 4/052

Gleichfalls keine Arbeitgebereigenschaft besitzt ein **Konzern**[90]. Die Rechtsordnung hält keine Normen bereit, die es dem Unternehmensverbund ermöglichen, als solcher Träger von Rechten und Pflichten zu sein. Werden Arbeitnehmer in unterschiedlichen Unternehmen eines Konzerns tätig oder sind Arbeitnehmer nicht in jenen Konzernunternehmen beschäftigt, mit denen der Arbeitsvertrag abgeschlossen wurde, lässt sich mitunter nur schwer 4/053

---

84 Vgl OGH 29. 8. 1996, 8 ObS 2049/96g, ASoK 1997, 29 = ZIK 1997, 230; OGH 30. 1. 1997, 8 ObA 2255/96t, DRdA 1997, 285 mit Bespr v *Löschnigg*; *Krejci* in Rummel/Lukas (Hrsg), ABGB I[4] (2015), § 1151 Rz 144; aA aber noch LGZ Wien 11. 11. 1952, 44 Cg 280/52, Arb 5554; zur Arbeitgebereigenschaft einer „Vor-GmbH" OGH 10. 12. 1998, 8 ObS 162/98a, DRdA 1999, 291 mit Bespr v *Geist*; *Fantur/Kreil*, Arbeitsverträge mit einer GmbH in Gründung und Insolvenz, RdW 1999, 727.

85 Vgl OGH 24. 11. 1993, 9 ObA 180/93, DRdA 1994, 402 mit Bespr v *Kürner*.

86 Vgl *Kreil*, Arbeitsverhältnisse im Konzern (1996), 75.

87 Vgl *Titze*, Das kaufmännische Hilfspersonal, in Ehrenbergs Handbuch des gesamten Handelsrechts II (1918), 545 ff; *Schwarz*, Arbeitsgemeinschaften im Baugewerbe, DRdA 1953, 20; OGH 10. 11. 1993, 9 ObA 305/93, ARD 4568/6/94 = EvBl 1994, 508.

88 Vgl insb *Krejci* (Hrsg), Das Recht der Arbeitsgemeinschaften in der Bauwirtschaft (1979).

89 EA Innsbruck 18. 2. 1981, Re 12/81, Arb 9952.

90 OGH 28. 6. 2000, 9 ObA 67/00v, ARD 5163/44/2000; allg zum Konzernbegriff vgl 4.4.4.

ermitteln, wer Arbeitgeber ist, wobei dem Vertrauensschutz maßgebliche Bedeutung zukommt[91].

4.3.2. Arbeitnehmer

4.3.2.1. Begriff

4/054 Der Arbeitnehmerbegriff im Arbeitsrecht ist kein einheitlicher. Abhängig vom Zweck der gesetzlichen Regelung wird er als Abgrenzung des persönlichen Geltungsbereichs teils weiter, teils enger gefasst. Dies gilt für das österreichische Arbeitsrecht gleichermaßen wie für das Gemeinschaftsrecht[92].

4/055 **Arbeitnehmer iS des Arbeitsvertragsrechts** ist, wer auf Grund eines Arbeitsvertrags einem anderen zur Dienstleistung in persönlicher Abhängigkeit verpflichtet ist (zu den Wesensmerkmalen s 4.1).

4/056 Anknüpfungspunkt des **Arbeitnehmerbegriffs in der Betriebsverfassung** ist **sowohl** der Arbeitsvertrag **als auch** die Beschäftigung. Gem § 36 Abs 1 ArbVG sind alle im Rahmen eines Betriebs beschäftigten Personen einschließlich der Lehrlinge und der Heimarbeiter ohne Unterschied des Alters Arbeitnehmer[93]. Im Falle von Arbeitnehmern, die überwiegend außerhalb des Betriebs tätig werden, darf die Voraussetzung der „Beschäftigung im Betrieb" nicht so eng, dh ausschließlich örtlich, gesehen werden. Zu prüfen ist vielmehr, ob der Arbeitnehmer eine Beziehung zum Betrieb (zB eine entsprechende Kommunikation) aufweist, derzufolge man noch von einer organisatorischen Eingliederung sprechen kann[94].

4/057 Wenngleich der Arbeitnehmerbegriff der Betriebsverfassung auf die **Beschäftigung** abstellt, bildet die persönliche Abhängigkeit das entscheidende Kriterium für die Arbeitnehmereigenschaft (zur persönlichen Abhängigkeit vgl 4.1). Beschäftigungen auf Grund freier Dienstverträge oder Werkverträge genügen somit auch für die Arbeitnehmerqualifikation in der Betriebsverfassung nicht. Auf das Vorliegen eines (gültigen) Arbeitsvertrags kommt es in der Regel nicht an[95]. Nichtigkeit und Anfechtbarkeit – ausgenommen es handelt sich um grobe Gesetz- oder Sittenwidrigkeiten – beeinflussen den Status als Arbeitnehmer gem § 36 ArbVG nicht.

Nicht zu den Arbeitnehmern iS der Betriebsverfassung zählt das ArbVG gem § 36 Abs 2:

a) **Mitglieder von Organen**, die zur gesetzlichen Vertretung von juristischen Personen berufen sind (zB die Vorstandsmitglieder einer AG oder die Geschäftsführer einer GmbH; vgl auch 4.3.3.4; OGH 13. 9. 2012, 8 ObA 49/12g, wbl 2013, 162; OGH 24. 7. 2013, 9 ObA 79/13b,

---

[91] S hiezu *Kreil*, Arbeitsverhältnisse im Konzern (1996), 31; OGH 11. 11. 2004, 8 ObA 114/04d, DRdA 2005, 529 mit Bespr v *Artmann*; OGH 1. 4. 1998, 9 ObA 88/98a, infas 1998, A 103 = ARD 4946/9/98; krit *Jabornegg*, Arbeitsvertragsrecht im Konzern, DRdA 2002, 9.

[92] EuGH 12. 5. 1998, C-85/96, *Sala*, ARD 4937/2/98; vgl auch *Rebhahn*, Gibt es ein Europäisches Sozialmodell der Arbeitsbeziehungen?, ZESAR 2009, 159; *dens*, Die Arbeitnehmerbegriffe des Unionsrechts in der neueren Judikatur des EuGH, EuZA 2012, 3; *Wolf*, Der Arbeitnehmerbegriff im Arbeits-, Sozial-, Steuer- und Gemeinschaftsrecht, DRdA 2011, 467.

[93] *Strasser* in Strasser/Jabornegg/Resch (Hrsg), ArbVG (Losebl), § 36; auch Beamte und Vertragsbedienstete können unter diesen Begriff fallen, vgl OGH 12. 7. 2006, 9 ObA 121/05t, DRdA 2007, 473 mit Bespr v *Löschnigg*.

[94] Zu Auslandsmitarbeitern s OGH 26. 3. 1997, 9 ObA 88/97z, DRdA 1998, 183 mit Bespr v *Hoyer*.

[95] VwGH 4. 7. 1967, 421/67, Arb 8424; EA Wien 17. 3. 1970, Re 25/70, Arb 8782.

DRdA 2014, 235 mit Bespr v *Kreil* = wbl 2013, 703 mit Bespr v *Grillberger* = GesRZ 2014, 58 mit Bespr v *F. Schörghofer/P. Schörghofer*). Auch ein abberufener und vom Dienst suspendierter Geschäftsführer wird durch die bloße Befreiung von der Arbeitspflicht nicht Arbeitnehmer iSd § 36 ArbVG (OGH 28. 9. 1988, 9 ObA 208/88, DRdA 1989, 308).

b) **Leitende Angestellte**, denen maßgebender Einfluss auf die Führung des Betriebs zusteht. Darunter sind Personen zu verstehen, die sich in einer gewissen Unternehmerstellung befinden[96]. Diese braucht nur in einzelnen Bereichen der Unternehmensführung gegeben sein[97], um diese Personen vom Arbeitnehmerbegriff der Betriebsverfassung auszunehmen. Üblicherweise sind sie unter eigener Verantwortung gezwungen, in die Interessensphäre der Arbeitnehmer einzugreifen[98], und rücken dadurch an die Seite des Unternehmers[99]. Prokuristen sind nicht schlechthin als leitende Angestellte anzusehen[100]. Rechtlich irrelevant bei der Beurteilung der Frage, ob ein Dienstnehmer als leitender Angestellter iSd § 36 Abs 2 ArbVG angesehen werden muss, sind grundsätzlich auch eine Entsendung oder Suspendierung[101] sowie weiters der Titel und die Rangbezeichnung[102] (s hiezu auch 4.3.2.2.2).

c) Personen, die vorwiegend zu ihrer **Erziehung, Behandlung, Heilung** oder **Wiedereingliederung** beschäftigt werden. Erfolgt die Beschäftigung jedoch auf Grund eines Arbeitsvertrags, so sind sie Arbeitnehmer. Ausgenommen sind somit jene Beschäftigten, die zwecks Rehabilitation oder Resozialisierung ohne Abschluss eines Arbeitsvertrags tätig sind.

d) Personen, deren Arbeitsleistung das **Merkmal der Freiwilligkeit fehlt**. Es handelt sich hiebei um Beschäftigte, die im Vollzug einer verwaltungsbehördlichen oder gerichtlichen Verwahrungshaft, Untersuchungshaft, Freiheitsstrafe oder freiheitsentziehenden vorbeugenden Maßnahme beschäftigt werden.

e) Personen, deren Beschäftigung vorwiegend durch **religiöse, karitative** oder **soziale Motive** bestimmt ist. Darunter sind Fälle zu verstehen, in denen der Zweck der Arbeitsleistung weniger in deren Entgeltlichkeit zu suchen ist. Liegt jedoch ein Arbeitsvertrag vor, so sind auch diese Personen unabhängig von ihrer idealistischen Motivation Arbeitnehmer iS der Betriebsverfassung.

f) Personen, die zu **Schulungs- und Ausbildungszwecken** kurzfristig beschäftigt werden.

Der Arbeitnehmerbegriff der Betriebsverfassung und jener des Arbeitsvertragsrechts verhal- 4/058
ten sich wie zwei einander schneidende Kreise. Die überwiegende Anzahl der Arbeitnehmer iS der Betriebsverfassung erfüllt gleichzeitig auch den Arbeitnehmerbegriff nach arbeitsvertraglichen Grundsätzen. Teilweise geht jedoch der Arbeitnehmerbegriff der Betriebsverfassung über jenen des Arbeitsvertragsrechts hinaus (zB im Falle von im Betrieb beschäftigten Beamten). Andererseits ist der Arbeitnehmerbegriff des Arbeitsvertragsrechts in gewissen Bereichen umfassender als jener der Betriebsverfassung (zB im Falle der leitenden Angestellten mit maßgeblichem Einfluss auf die Unternehmensführung; vgl *Strasser* in Strasser/

---

96 Vgl allg *Heidinger/Holzer*, Die Rechtsstellung des leitenden Angestellten im Arbeits-, Sozial- und Steuerrecht, RdW 1985, 77; *dies*, Vertragsgestaltung mit leitenden Angestellten, RdW 1985, 277, 312 und 344; OLG Graz 28. 9. 2005, 8 Ra 66/05w; EA Klagenfurt 10. 8. 1984, Re 11/84, Arb 10.347; OGH 21. 1. 2011, 9 ObA 88/10x, infas 2011, A 43.

97 EA Salzburg 18. 11. 1982, Re 16/82, Arb 10.130; EA Wien 27. 8. 1986, V Re 78/86, Arb 10.550.

98 VwGH 22. 3. 1962, 424/60, Arb 7613; EA Linz 26. 8. 1963, Re 49/63, Arb 7802; EA Wien 3. 4. 1984, II Re 57/84, Arb 10.317; EA Innsbruck 20. 5. 1986, Re 15/86, Arb 10.523.

99 OGH 17. 6. 1992, 9 ObA 110/92, DRdA 1993, 38 mit Bespr v *Mosler* = ZAS 1993, 131 mit Bespr v *Windisch-Graetz*; EA Linz 5. 6. 1964, Re 25/64, Arb 7945; EA Linz 3. 7. 1975, Re 31/75, Arb 9413; OGH 8. 9. 1993, 9 ObA 146/93, DRdA 1994, 332 mit Bespr v *Eypeltauer*.

100 OGH 15. 6. 1951, 4 Ob 67/51, Arb 5279; EA Salzburg 18. 11. 1982, Re 16/82, Arb 10.130; EA Innsbruck 20. 5. 1986, Re 15/86, Arb 10.523; VwGH 11. 2. 1987, 86/01/0156, infas 1987, A 68; s aber OGH 29. 8. 2011, 9 ObA 99/11s, infas 2012, A 1.

101 OGH 11. 2. 2004, 9 ObA 99/03d, DRdA 2005, 167 mit Bespr v *Weiß*.

102 Auch der Titel „Direktor" bedingt keineswegs stets eine leitende Stellung, vgl EA Linz 3. 7. 1975, Re 31/75, Arb 9413; zu einem Geschäftsstellenleiter OGH 21. 10. 1998, 9 ObA 109/98, DRdA 1999, 358 mit Bespr v *Binder*.

Jabornegg/Resch [Hrsg], ArbVG [Losebl], § 36 Rz 1 ff; vgl *Tomandl* in Tomandl [Hrsg], ArbVG [Losebl], § 36 Rz 2 ff).

4/059 Weit gefasst ist der Arbeitnehmerbegriff im **Arbeitnehmerschutzrecht**. So versteht § 2 Abs 1 ASchG unter Arbeitnehmern alle jene Personen, die im Rahmen eines Beschäftigungs- oder Ausbildungsverhältnisses tätig sind, und knüpft damit ähnlich wie die Betriebsverfassung auch an das Faktum der Beschäftigung an (vgl auch § 1 Abs 1 ASchG). Dies resultiert unmittelbar aus dem Schutzzweck dieser Rechtsmaterie. Unter dem Aspekt des Schutzes von Leben, Gesundheit und Sittlichkeit der Arbeitnehmer können Fragen wie die nach der Rechtsgültigkeit des Arbeitsvertrags nur eine untergeordnete Rolle spielen.

4/060 Die unterschiedlichen Arbeitnehmerbegriffe, die vielfältigen Ausnahmen innerhalb der durch die Arbeitnehmerbegriffe abgegrenzten Geltungsbereiche, die teils schwer fassbaren Kriterien des Arbeitnehmerbegriffs sowie Tendenzen, den Personenkreis für den Arbeitsrechtsschutz zu erweitern, haben seit geraumer Zeit den Ruf nach einer **Reform des Arbeitnehmerbegriffs** laut werden lassen[103]. Der soziale Schutzbedarf und der normative Schutzzweck werden aber weiterhin Differenzierungen im Arbeitsrecht steuern und notwendig machen.

4.3.2.2. Gliederung der Arbeitnehmer

4/061 Eine Kategorisierung der Arbeitnehmer ist primär durch die gesetzlichen Bestimmungen vorgegeben. Drei wesentliche Gliederungskriterien sind hiebei zu unterscheiden: Zum Ersten ist die historisch gewachsene Differenzierung von **Angestellten** und **Arbeitern** zu beachten, die ihre sachliche Rechtfertigung weitgehend verloren hat. Die rechtliche Stellung von Arbeitern und Angestellten wurde zwar auf gesetzlicher Ebene angeglichen (vgl 3.1), die Gruppenbildung wirkt aber vor allem in der Betriebsverfassung (eigene Betriebsräte für Arbeiter und für Angestellte, s 10.4) und in der Berufsverfassung (unterschiedliche Kollektivverträge für Arbeiter und Angestellte) fort[104]. Zum Zweiten existieren Sondergesetze, die auf spezielle **Berufszweige oder Berufsgruppen** bezogen sind und dementsprechend eine Gliederung der Arbeitnehmerschaft beeinflussen (zB BUAG, BäckAG 1996, HausbG und GAngG). Eine dritte Unterscheidung kann schließlich hinsichtlich **Personengruppen mit besonderer Schutzbedürftigkeit** vorgenommen werden (zB Eltern, Behinderte, Präsenz- und Zivildiener).

---

[103] Vgl *Gerhartl*, Grundlagen für eine Reform des Arbeitnehmerbegriffs, DRdA 2009, 17; *Gagawczuk*, Arbeitnehmerbegriff – Blick über die Grenzen, DRdA 2007, 522; *Nogler*, Die typologisch-funktionale Methode am Beispiel des Arbeitnehmerbegriffs, in FS Binder (2010), 327.

[104] Vgl hiezu etwa *Achitz/Blum/Dimitz/Flecker/Lutz/Maßl/Pastner/Schramm*, Arbeiter/innen und Angestellte, Diskussionsgrundlagen für einen einheitlichen Arbeitnehmerbegriff (1995); *Mayer-Maly*, Arbeiter und Angestellte (1969); *Schwarz*, Zur differenzierten Rechtsstellung der Arbeitnehmer, in FS Tomandl (1998), 355; *Herzeg*, Gleichstellung von Arbeitern und Angestellten im Betrieb, JAP 2011/2012, 155; zur verfassungsrechtlichen Problematik der Differenzierung s *Drs*, Arbeiter und Angestellte (1999).

4.3.2.2.1. Arbeiter

Die GewO 1994 hat abgesehen von einigen kleinen Änderungen das VI. Hauptstück der GewO 1859, das die Bestimmungen über das gewerbliche Hilfspersonal enthält, in Geltung belassen. Die GewO 1859 verwendet den Begriff „**Hilfsarbeiter**" (besser **Gewerbearbeiter**) für alle Personen, die bei Gewerbeunternehmungen in regelmäßiger Beschäftigung stehen, und unterteilt diesen Personenkreis in Gehilfen (Handelsgehilfen, Gesellen, Kellner udgl), Fabrikarbeiter, Arbeiter[105], die zu untergeordneten Hilfsdiensten im Gewerbe verwendet werden (Hilfsarbeiter im engeren Sinn), sowie in Lehrlinge (vgl § 73 Abs 1 und 2 GewO). 4/062

Nicht unter die Hilfsarbeiter im engeren Sinn fallen Arbeitnehmer, die gegen Stunden- oder Taglohn oder gegen Werksentgelt Verrichtungen einfachster Art leisten (§ 73 Abs 1 lit d GewO 1859). Diese „**Lohnarbeiten gemeinster Art**", die nicht der GewO unterliegen, umfassen Tätigkeiten, die nicht regelmäßige und ständig notwendige Verrichtungen im Gewerbe sind. Gewerbliche Hilfsarbeiten sind im Vergleich dazu zwar auch Verrichtungen untergeordneter, keinerlei Schulung bedürfender Dienste, sie müssen aber mit dem gewerblichen Betrieb in untrennbarem Zusammenhang stehen und in demselben ständig und regelmäßig geleistet werden[106].

Nicht unter den Geltungsbereich der GewO fallen Arbeitnehmer, die im Gewerbebetrieb Angestelltentätigkeiten ausüben oder ganz allgemein höhere Dienste leisten (§ 73 Abs 3 GewO). Diesbezüglich ist eine Gesamtbetrachtung der Tätigkeiten des Arbeitnehmers vorzunehmen. So lassen etwa EDV-Anwendungen für sich allein nicht den Schluss zu, dass höhere Dienste ausgeübt werden. Derartige Tätigkeiten sind aus aktueller Sicht bereits in vielen Handwerksberufen Standard[107]. 4/063

Innerhalb der gewerblichen Arbeiter gibt es **spezielle Arbeitnehmergruppen**, die sich durch die Sondergesetzgebung in ihrer Rechtsstellung unterscheiden. **Landarbeiter** sind allerdings nicht von der GewO erfasst. 4/064

a) Die besonderen Arbeitsbedingungen der Arbeitnehmer in Unternehmungen des **Baugewerbes** haben den Gesetzgeber zu einer Reihe von Spezialregelungen veranlasst. Das BUAG berücksichtigt den Umstand, dass für Dienstverhältnisse in der Baubranche saisonal bedingte Unterbrechungen typisch sind. Ohne entsprechende Anpassung der arbeitsrechtlichen Regelungen an diese Situation wären die vom BUAG erfassten Arbeitnehmergruppen – vor Inkrafttreten des BMVG – nur selten in den Genuss einer Abfertigung oder eines höheren Urlaubsanspruchs gekommen (Näheres vgl 8.6.1.5.3 bzw 6.10.8). Für Arbeitsausfälle wegen Schlechtwetters sieht das BSchEG eine Entschädigung von 60 % des Entgelts vor, die zwar vom Arbeitgeber ausbezahlt wird, die dieser aber zuzüglich eines Pauschalbetrages für die geleisteten Sozialabgaben von der Bauarbeiter-Urlaubs- und Abfertigungskasse rückerstattet bekommt (zum Bauarbeitenkoordinationsgesetz vgl 7.2.1.1). Gem § 84j GewO müssen Gewerbetreibende auf Baustellen zum Schutz der Sicherheit und Gesundheit ausgewählte Bestimmungen des ASchG einhalten.
b) **Bäckereiarbeiter** sind gem § 1 Abs 1 BäckAG 1996 Arbeitnehmer, die in Backwaren-Erzeugungsbetrieben beschäftigt und überwiegend bei der Erzeugung von Backwaren eingesetzt werden. Backwarenerzeugungsbetriebe sind Betriebe, in denen Brot oder sonstige für den menschlichen Genuss bestimmte Backwaren für den Verkauf oder den Verbrauch im Betrieb erzeugt werden. Das BäckAG 1996 gilt nicht für die Erzeugung von Backwaren in Gastgewerbebetrieben iS der Gewerbeordnung. Wird in einem Betrieb ohne räumliche und organisatorische Trennung sowohl das Gastgewerbe als auch das Gewerbe der Bäcker oder der Konditoren ausgeübt, so fallen die in diesen Betrieben mit der Erzeugung von Backwaren beschäftigten Arbeitnehmer nicht unter den Gel-

---

[105] Zur Einstufung eines Screeners am Flughafen vgl OGH 15. 3. 2000, 9 ObA 87/00x, ARD 5161/13/2000.
[106] VwGH 27. 10. 1911, B 11.174, VwGHSlg 8499; VwGH 21. 10. 1912, B 10.319, VwGHSlg 9147.
[107] OGH 25. 6. 2007, 9 ObA 64/07p, DRdA 2008, 418 mit Bespr v *Pfeil*.

tungsbereich des BäckAG. Die Sonderbestimmungen regeln insb die Arbeitszeit, die Ruhepausen, die Ruhezeiten einschließlich der Feiertagsruhe sowie die Abgeltung von Überstunden, Nachtarbeit und Feiertagsarbeit.

c) **Land- und Forstarbeiter** sind Personen, die vertragsmäßig Dienstleistungen in Betrieben der Land- und Forstwirtschaft gegen Entgelt verrichten, gleichgültig, ob sie in die Hausgemeinschaft des Dienstgebers aufgenommen sind oder nicht (§ 1 Abs 2 LArbG; vgl etwa *Rainer*, Kommentar zur Landarbeitsordnung – Stmk [1974]). Für sie gelten die bundesländerweise erlassenen Landarbeitsordnungen (Landesgesetze), die in Ausführung des LArbG (als Grundsatzgesetz iSd Art 12 Abs 1 Z 6 B-VG) ergingen.
d) Die Gruppe der **Bergarbeiter** war früher von einigen wenigen Sonderregelungen (zB ABG 1854 und BergAG 1919) erfasst[108]. Hinsichtlich des technischen Arbeitnehmerschutzes verweist § 183 MinroG[109] mittlerweile auf das ASchG.

4/065 Wesentliche Bedeutung besitzt insb für die Gruppe der Arbeiter das ABGB. Die **III. Teilnovelle zum ABGB** aus dem Jahr 1916, die es sich zum Ziel gesetzt hatte, die Regelungen der Verträge über Dienstleistungen zu modernisieren und zu reformieren, normierte auch das künftige Verhältnis des ABGB zu den arbeitsvertraglichen Sondergesetzen. § 153 der III. Teilnovelle bestimmte, dass die neu gefassten §§ 1151 bis 1164 ABGB zur Anwendung zu kommen hätten, soweit in den für bestimmte Arbeitsverhältnisse bestehenden besonderen gesetzlichen Vorschriften Bestimmungen über den Arbeitsvertrag nicht enthalten sind (**Prinzip der Subsidiarität**; vgl auch OGH 2. 7. 1918, Judikat 256). Eine Anwendung des ABGB kommt dem OGH zufolge jedoch nur dann in Betracht, wenn das Spezialgesetz bestimmte Ansprüche überhaupt nicht regelt[110].

4.3.2.2.2. Angestellte

4/066 Unter Angestellten sind Arbeitnehmer zu verstehen, die im Geschäftsbetrieb eines **Kaufmanns** vorwiegend zur Leistung kaufmännischer (Handlungsgehilfen) oder höherer nicht kaufmännischer Dienste oder zu Kanzleiarbeiten angestellt sind (§ 1 AngG)[111].

4/067 Trotz des UGB, das den Begriff des Kaufmanns durch jenen des **Unternehmers** ersetzt, ist davon auszugehen, dass sich der Geltungsbereich des AngG weiterhin am Kaufmannsbegriff des alten HGB orientiert[112].

4/068 Ein zeitliches Überwiegen der Angestelltentätigkeiten muss nicht gegeben sein, sofern dieser Aufgabenbereich für den Dienstgeber die wesentliche Bedeutung besitzt[113]. Eine **Mindestarbeitszeit** ist für die Anwendbarkeit des AngG grundsätzlich **nicht** gefordert.

---

[108] Das Erste BundesrechtsbereinigungsG BGBl I 191/1999 sah ein Außerkrafttreten des ABG 1854 mit 31. 12. 2004 und des BergAG 1919 mit 31. 12. 2009 vor. Das BergG 1975, das Arbeitnehmerschutzbestimmungen für Bergarbeiter enthielt, wurde durch das MinroG fast zur Gänze aufgehoben.

[109] Allg dazu *Mihatsch*, Mineralrohstoffgesetz^{3} (2007).

[110] OGH 18. 12. 1956, 4 Ob 143/56, Arb 6570; ausführlich hiezu s *Kallab* in Löschnigg (Hrsg), AngG Bd 2^{10} (2016), § 42 Rz 1.

[111] Zur Entwicklung des Angestelltenbegriffs s *Schulz*, Die Angestellten seit dem 19. Jahrhundert (2000); *Kocka*, Die Angestellten in der deutschen Geschichte 1850–1980. Vom Privatbeamten zum angestellten Arbeitnehmer (1981); *Baryli*, Die Geschichte des Dienstrechts der Angestellten in Österreich, in Steindl (Hrsg), Wege zur Arbeitsrechtsgeschichte (1984), 295.

[112] S unten; vgl weiters *Löschnigg* in Löschnigg (Hrsg), AngG Bd 1^{10} (2016), § 1 Rz 142; *Felten*, Angestellter, Kaufmann, Unternehmer – Die Auswirkungen des UGB auf das AngG, RdW 2007, 220.

[113] OGH 19. 5. 1993, 9 ObA 98/93, infas 1993, A 147.

Ein Arbeitnehmer ist auch dann Angestellter, wenn er unter sonst gleichen Voraussetzungen zwar nicht im Betrieb eines Kaufmanns, wohl aber in **Unternehmungen**, die im **§ 2 AngG** genannt sind, tätig ist (ds beispielsweise Gewerbebetriebe, Vereine, Rechtsanwalts-[114] und Notariatskanzleien). Dasselbe gilt seit der Novelle 1975[115] gem Art II AngG auch für Arbeitnehmer, die Angestelltentätigkeiten bei Wirtschaftstreuhändern oder bei einem durch BG errichteten Fonds mit Rechtspersönlichkeit ausüben. 4/069

Kaufmann war, wer ein Handelsgewerbe betrieben hat[116]. In erster Linie handelte es sich um die im § 1 Abs 2 HGB aufgeführten Arten von Geschäften (Ist- oder Musskaufmann). Neben den in dieser Bestimmung angeführten sog „Grundhandelsgewerben" galten auch andere gewerbliche Unternehmungen gem § 2 HGB als Handelsgewerbe, wenn sie nach Art und Umfang einen in kaufmännischer Weise eingerichteten Geschäftsbetrieb (kaufmännische Buchhaltung, Kassengebarung usw) erforderten. Die Kaufmannseigenschaft nach § 2 HGB war im Gegensatz zu § 1 HGB nicht durch den Betrieb des Gewerbes, sondern durch die Eintragung ins Firmenbuch begründet, wobei bei Vorliegen der im § 2 HGB genannten Voraussetzungen die Verpflichtung zur Eintragung bestand (Sollkaufmann; zB Bauunternehmungen). Schließlich konnten gem § 3 HGB auch Nebengewerbe der Land- und Forstwirtschaft Handelsgewerbe sein, wenn der Unternehmer von der ihm vom Gesetz eingeräumten Möglichkeit, sich in das Firmenbuch eintragen zu lassen, Gebrauch machte. Eine Verpflichtung zur Eintragung bestand nicht (Kannkaufmann).

Aktiengesellschaften sowie GmbH waren ohne Rücksicht auf den Gegenstand des Unternehmens **Kaufleute** kraft **Rechtsform** (§ 6 HGB). Die Offene Handelsgesellschaft (jetzt: Offene Gesellschaft) hatte nach § 105 HGB den Betrieb eines Handelsgewerbes zur Voraussetzung, wobei den einzelnen Gesellschaftern jeweils Kaufmannseigenschaft zukam. Das Nämliche galt für die Komplementäre einer Kommanditgesellschaft. Für Erwerbs- und Wirtschaftsgenossenschaften, deren Unternehmen den Betrieb eines Handelsgewerbes (vgl §§ 1 und 2 HGB) zum Gegenstand hatten, galten – insoweit das GenG keine abweichenden Vorschriften enthielt – die für Kaufleute vorgesehenen Bestimmungen des HGB. Das Erreichen eines gewissen Geschäftsumfangs, dh ob der Dienstgeber **Voll-** oder **Minderkaufmann** war, spielte im Bereich des AngG keine Rolle[117].

§ 1 AngG spricht nach wie vor von Tätigkeiten im Geschäftsbetrieb eines Kaufmanns, obwohl die bisherige rechtliche Grundlage für den Begriff des Kaufmanns grundsätzlich derogiert wurde: Durch das HaRÄG, BGBl I 120/2005, wurde das HGB in das UGB umgestaltet und der Begriff des Kaufmanns durch jenen des Unternehmers bzw des Unternehmens ersetzt[118].

Nach § 1 UGB ist Unternehmer, wer ein Unternehmen betreibt. Ein Unternehmen ist jede auf Dauer angelegte Organisation selbständiger wirtschaftlicher Tätigkeit, auch wenn sie nicht auf Gewinn gerichtet ist. Den Materialien zufolge liegt ein Unternehmen vor, „wenn planmäßig unter zweckdienlichem Einsatz materieller und immaterieller Mittel, in der Regel unter Mitwirkung einer arbeitsteilig kooperierenden Personengruppe auf einem Markt laufend wirtschaftlich werthafte Leistungen gegen Entgelt angeboten und erbracht werden"[119]. Die Tätigkeit soll auf ein Mindestmaß an Kontinuität angelegt sein. Eine bestimmte Größe der unternehmerischen Tätigkeit wird nicht vorausgesetzt. Auch Klein- und Kleinstunternehmer sind daher vom Unternehmerbegriff erfasst. Die Unternehmereigen-

---

[114] Vgl *Wohlgemuth*, Zur arbeitsrechtlichen Stellung von Konzipienten in österreichischen Rechtsanwaltskanzleien, JAP 2012/2013, 16.

[115] BGBl 418/1975.

[116] Näheres dazu etwa *Straube* in Straube (Hrsg), HGB I^3 (2003), § 1 Rz 1 ff; *Krejci*, Unternehmensrecht^5 (2013), 5, 43; *Rebhahn* in Jabornegg (Hrsg), HGB (1997), § 1 Rz 1 ff; *Schrammel* in Marhold/Burgstaller/Preyer (Hrsg), AngG (Losebl), § 1 Rz 30 ff.

[117] OGH 21. 9. 1954, 4 Ob 138/54, Arb 6065.

[118] Allg zum UGB und seinen Zielsetzungen vgl *Dehn*, Der Unternehmer nach den §§ 1 ff UGB, ÖJZ 2006, 44; *S. Bydlinski*, Das Unternehmensgesetzbuch im Überblick, ÖJZ 2006, 41; weiters auch *Krejci/Schmidt*, Vom HGB zum Unternehmergesetz (2002); *Schauer*, Zur Reform des österreichischen Handelsrechts, GesRZ 2003, 3; *P. Bydlinski*, Die Reform des deutschen Handelsgesetzbuches: Vorbild für Österreich?, JBl 1998, 405.

[119] Vgl EB zur RV 1058 BlgNR 22. GP, Erl zu § 1 UGB; zu den Elementen des Unternehmensbegriffs s auch Zib/Dellinger (Hrsg), Großkommentar UGB, Band I – Teil 1 (2010), § 1 Rz 59 ff.

schaft kann sich darüber hinaus auch durch bestimmte **Rechtsformen** ergeben (Aktiengesellschaft, GmbH, Erwerbs- und Wirtschaftsgenossenschaften, Versicherungsvereine auf Gegenseitigkeit, Sparkassen, Europäische wirtschaftliche Interessenvereinigungen, Europäische Gesellschaften und Europäische Genossenschaften, vgl § 2 UGB) sowie durch zu Unrecht erfolgte **Eintragung** (§ 3 UGB). Land- und Forstwirte sind dem Grunde nach ebenso erfasst wie die freien Berufe, wenngleich hiebei eine Fülle von Ausnahmeregelungen besteht.

Fraglich ist, ob der Begriff des Kaufmanns in § 1 AngG durch jenen des Unternehmers iS des UGB zu ersetzen ist. Übernimmt man den Unternehmerbegriff in das AngG, wäre eine umfassende Geltung desselben die Folge, falls die in § 1 Abs 1 AngG aufgezählten Tätigkeiten erbracht werden. Eine explizite Erwähnung bzw Novellierung des AngG enthält das HaRÄG nicht. Kaufleute iS des HGB gelten jedenfalls gem § 907 Abs 1 UGB als Unternehmer. Diese Rechtsfolgenanordnung lässt jedoch keinen Rückschluss auf das AngG zu. Darüber hinaus findet sich allerdings in Art XXX HaRÄG eine generelle Bezugnahme auf alle das bisherige HGB enthaltenden Normen. Dieser Regelung zufolge sollen Verweisungen in Gesetzen und Verordnungen, die durch das HaRÄG geändert oder aufgehoben werden, ihren Inhalt aus den entsprechenden Bestimmungen des UGB erhalten. Dies bedeutet aber nicht jedenfalls, dass etwa der Begriff des Unternehmers an die Stelle des Kaufmanns in § 1 AngG tritt. Dagegen spricht, dass es sich um eine wesentliche inhaltliche Änderung des Geltungsbereichs des AngG handeln und die Stellung des AngG in der Arbeitsrechtsordnung ändern würde. Daran vermag auch der Umstand, dass das Anwendungsgebiet des AngG ohnedies durch § 2 AngG eine wesentliche Erweiterung erfahren hat, nichts zu ändern. Gewisse Bestimmungen des AngG sind auch nur vor dem historischen Hintergrund und durch die enge Verknüpfung mit dem Kaufmannsbegriff zu verstehen. Ebenso zeigt die formelle Novellierung einer Reihe von Gesetzen durch Art II bis XXIX HaRÄG, dass das AngG nicht unerwähnt geblieben wäre, falls der Gesetzgeber einen derartigen Bedeutungswandel beabsichtigt hätte. Wenn etwa der eher geringe Änderungsbedarf im HVertrG zu einer formellen Novellierung (s Art XIII HaRÄG) geführt hat, dann wäre dies beim AngG, bei dem etwa der § 2 weitgehend hinfällig geworden wäre und die Übernahme des UGB zu erheblichen Wertungs- und damit zu Rechtsunsicherheiten führen würde, umso eher zu erwarten gewesen. Ein weiteres Indiz für die Beibehaltung der bisherigen Bedeutungsinhalte bildet Art XXIX HaRÄG, wonach § 1 Abs 4 GAngG durch das HaRÄG unberührt bleiben soll. Das GAngG bezieht gem § 1 Abs 4 Nebengewerbe der Land- und Forstwirtschaft, die nach § 3 HGB eingetragen sind, in seinen Geltungsbereich ein. Auch hier ist ein Größenschluss zulässig: Wenn das HGB sogar für das GAngG noch Relevanz besitzen soll, dann umso mehr für das AngG. Schließlich findet sich im GAngG ein expliziter Verweis auf das HGB, während das AngG nur materiellrechtlich auf das HGB aufbaut. Im Ergebnis wird jedenfalls davon auszugehen sein, dass das HaRÄG keine Ausweitung des Geltungsbereichs des AngG bewirkt hat, sondern dass der Begriff des Kaufmanns weiterhin iS des HGB vor Inkrafttreten des HaRÄG (UGB) zu interpretieren ist[120].

4/070 **Kaufmännische Dienste** iSd § 1 AngG sind ein Ausschnitt jener Tätigkeiten, die normalerweise von einem Kaufmann verrichtet werden und die einer gewissen kaufmännischen Ausbildung bedürfen, also nicht so einfach und anspruchslos sind, dass sie von jedem Arbeitnehmer nach kurzer Einschulung bewältigt werden können[121]. Den kaufmännischen Diensten zuzuordnen wären insb alle jene mit dem Ein- und Verkauf zusammenhängenden Tätigkeiten, die eine selbständige Anpassung des Arbeitnehmers an eine konkrete (Markt-) Situation zur Hebung des Umsatzes erfordern, wie Kundenwerbung, Kundenberatung, Preisfestsetzung, Lagerhaltung und der damit verbundene Einkauf, sowie die Entwicklung

---

[120] Vgl *Löschnigg/Urleb*, Angestelltentätigkeiten bei Bilanzbuchhaltern, ASoK 2007, 453; *Felten*, Angestellter, Kaufmann, Unternehmer – Die Auswirkungen des UGB auf das AngG, RdW 2007, 220.

[121] OGH 19. 12. 1978, 4 Ob 106/78, Arb 9749 = ZAS 1979, 183 mit Bespr v *Andexlinger*; OGH 20. 10. 1981, 4 Ob 157/80, Arb 10.045 = DRdA 1984, 43 mit krit Bespr v *Löschnigg* = ZAS 1982, 183 mit Bespr v *Andexlinger*; zur Einstufung einer Tankstellenmitarbeiterin s OGH 25. 9. 2014, 9 ObA 81/14y, ZAS 2015, 182 mit Bespr v *Schmeidl* = ARD 6423/11/2014 = ASoK 2014, 482; OGH 25. 9. 2014, 9 ObA 74/14v, DRdA-infas 2015, 9.

von Verkaufs- und Marketingstrategien, aber auch die eigentliche Verkaufstätigkeit selbst[122]. Neben dem Ein- und Verkauf sind auch die verwaltungsorientierten Tätigkeiten, wie Buchführung, Geldgebarung, Warenüberprüfung oder EDV-Arbeiten, zu den kaufmännischen Diensten zu zählen[123]. Werden Tätigkeiten verrichtet, die sich sowohl als kaufmännische als auch als untergeordnete Verrichtungen beurteilen lassen, dann entscheidet im Allgemeinen das zeitliche Überwiegen. Haben jedoch die höher qualifizierten Tätigkeiten für den Arbeitgeber die ausschlaggebende Bedeutung, so kommt es nicht auf das zeitliche Überwiegen an (OGH 6. 3. 1973, 4 Ob 11/73, Arb 9090)[124].

Als Kriterien für **höhere nicht kaufmännische Dienste** werden eine größere Selbständigkeit und Denkfähigkeit[125], höhere Intelligenz, Genauigkeit und Verlässlichkeit, die Fähigkeit der Beurteilung der Arbeiten anderer[126], Aufsichtsbefugnis[127] sowie überwiegend nicht manuelle Arbeit und eine gewisse Einsicht in den Produktionsprozess gefordert. Als Beispiele wären etwa Werkmeister, Schicht- oder Partieführer, Fahrlehrer, Skilehrer[128], qualifizierte Musiker und Ausbilder in Lehrwerkstätten zu nennen (vgl *Löschnigg* in Löschnigg [Hrsg], AngG Bd 1[10] [2016], § 1 Rz 112 ff). 4/071

Nach Ansicht des OGH kommt als höhere Dienstleistung jede Arbeit in Betracht, die – ohne dass gerade ein bestimmter Studiengang vorausgesetzt wird – entsprechende Vorkenntnisse und Schulung, Vertrautsein mit den Arbeitsaufgaben und eine gewisse fachliche Durchdringung derselben verlangt[129]. Facharbeiter selbst mit hohem Ausbildungsniveau werden ebenso wie Berufsfußballer[130] nicht den Angestellten zugerechnet[131]. Allerdings darf an den Begriff der höheren nicht kaufmännischen Dienste kein unverhältnismäßig strengerer Maßstab angelegt werden als an den der kaufmännischen Dienste[132].

Unter **Kanzleiarbeit** versteht man jede Schreibarbeit, mit der eine gewisse, wenn auch nicht weitgehend geistige Tätigkeit verbunden ist, die also über das bloße Abschreiben hinausgeht[133]. Sie erfordert ein gewisses Maß an Vorkenntnissen und eine gewisse Qualifikation der Arbeitsleistungen[134]. Daneben gibt es aber auch Kanzleiarbeiten, die nur in geringem 4/072

---

[122] Vgl OGH 20. 10. 1981, 4 Ob 157/80, DRdA 1984, 43 mit Bespr v *Löschnigg*.

[123] OGH 19. 12. 1978, 4 Ob 106/78, Arb 9749.

[124] Zur umfangreichen Judikatur zum Begriff der kaufmännischen Dienste vgl *Löschnigg* in Löschnigg (Hrsg), AngG Bd 1[10] (2016), § 1 Rz 104; sowie *Dittrich/Tades*, Arbeitsrecht (Losebl), Entscheidungen D zu § 1 AngG, 1190 f.

[125] LG Wien 7. 1. 1929, 46 Cg 309, ZBl 1929, Nr 210.

[126] OGH 9. 12. 1924, 3 Ob 919/24, SZ 6/394.

[127] EA St. Pölten 20. 3. 1924, Reg I 33/24, Arb 3290.

[128] *Binder*, Österreichisches Bergsportrecht (2009), 114.

[129] ZB OGH 2. 4. 1985, 4 Ob 37–40/85, infas 1985, A 129; OGH 21. 12. 1995, 8 ObA 277/95, Arb 11.461 = RdW 1996, 599.

[130] OGH 16. 7. 2004, 8 ObS 20/03d, DRdA 2005, 268 mit krit Bespr v *Wolfsgruber* = SpuRt 2004, 253 mit Bespr v *Resch*; OGH 26. 8. 2004, 8 ObS 23/03w, SpuRt 2005, 67 mit Bespr v *Resch*; OLG Innsbruck 25. 9. 1991, 5 Ra 115/91, Arb 10.955; vgl hiezu auch *Holzer*, Das Dienstrecht der Lizenzfußballer im Österreichischen Fußballbund, DRdA 1972, 63; *Tomandl/Schrammel*, Die Rechtsstellung von Vertrags- und Lizenzfußballern, JBl 1972, 234; *Schrammel*, Die arbeits- und sozialrechtliche Stellung des Berufsfußballspielers, in Karollus/Achatz/Jabornegg (Hrsg), Aktuelle Rechtsfragen des Fußballsports (2000), 87; *Grundei/Karollus*, Berufssportrecht III (2010); *Holzer*, Arbeitsrecht und Sport, ZAS 2015, 148.

[131] OGH 14. 9. 1995, 8 ObA 293/95, Arb 11.447 = RdW 1996, 331.

[132] OGH 26. 11. 1951, 4 Ob 101/51, Arb 5327; OGH 21. 1. 1964, 4 Ob 2/64, Arb 7862; zu weiteren Judikaturbeispielen vgl *Löschnigg* in Löschnigg (Hrsg), AngG Bd I[10] (2016), § 1 Rz 112; sowie *Dittrich/Tades*, Arbeitsrecht (Losebl), Entscheidungen E zu § 1 AngG, 1197 ff.

[133] OGH 11. 1. 1955, 4 Ob 166/54, Arb 6146; OGH 5. 9. 1967, 4 Ob 34/67, Arb 8442.

[134] GewG Leoben 29. 12. 1925, Cr 270/25/8, Arb 3514.

Ausmaß als Schreibarbeiten zu bezeichnen sind, wie zB eine Registraturtätigkeit und andere administrative Tätigkeiten[135]. Dienste rein mechanischer Art und untergeordnete Verrichtungen scheiden aus[136], ebenso manuelle Arbeiten, die von jedermann mit Pflichtschulbildung geleistet werden können[137]. Festzuhalten ist, dass das Gesetz keinen Unterschied zwischen höheren und niederen Kanzleiarbeiten kennt[138].

4/073 Für die Angestelltenqualifikation ist relevant, wer als „angestellt" iS der Geltungsbereichsbestimmungen des AngG anzusehen ist. In erster Linie sind die **effektiv geleisteten Dienste** maßgeblich. Einer besonderen Bestellung, Einreihung oder Vereinbarung mit dem Dienstgeber bedarf es nicht[139]. Es steht also nicht im Belieben des Arbeitgebers, ob ein Arbeitnehmer Angestellter ist oder nicht; auch eine vertragliche Einstufung als Arbeiter ändert nichts an der Angestellteneigenschaft des Dienstnehmers, wenn dieser Angestelltentätigkeiten ausübt. Der Maßstab für die Angestellteneigenschaft liegt auch nicht in der Ausbildung oder Befähigung des Arbeitnehmers, sondern in der tatsächlich ausgeführten Dienstleistung; die schulische oder sonstige Vorbildung des Arbeitnehmers ist daher nicht ausschlaggebend[140].

4/074 Lautet hingegen die **Vereinbarung** auf die Verpflichtung zur Leistung von Diensten, die die Voraussetzungen für die Geltung des AngG erfüllen, und verrichtet der Arbeitnehmer tatsächlich keine Angestelltentätigkeit, verliert er seine Angestellteneigenschaft nicht. Es wird allerdings empfohlen, andere als die vereinbarten Dienstleistungen – wenn dies für längere Zeit geplant ist und der Angestellte sie verrichten will – unter entsprechendem Widerspruch durchzuführen, um einer allfälligen späteren Annahme der stillschweigenden Abänderung des Arbeitsvertrags vorzubeugen.

Beispiel: Arbeitnehmer A wird als Sekretär des Abteilungsleiters aufgenommen, arbeitet in der Folge jedoch ausschließlich als Fahrer des Hubstaplers im Lager. Gleichzeitig wird Arbeitnehmer B als Arbeiter im Betrieb eingestellt. Tatsächlich wird er jedoch in der Buchhaltungsabteilung für einfache Arbeiten eingeschult. – Sowohl A als auch B sind Angestellte iS des AngG.

4/075 Neben den obigen Arbeitnehmern, die auf Grund ihrer Tätigkeit bzw Anstellung und auf Grund des Zutreffens der übrigen Voraussetzungen des AngG der Gruppe der Angestellten zugeordnet werden (**Angestellte ex lege**), gibt es auch Dienstnehmer, die zwar keine Angestelltentätigkeit ausüben, für die das AngG aber kraft vertraglicher Vereinbarung gilt (**Angestellte ex contractu** oder „**Ehrenangestellte**")[141]. Es muss hiebei nicht das gesamte AngG übernommen werden; auch die Vereinbarung einzelner Teile desselben ist möglich. Die

---

135 LG Wien 9. 12. 1925, Cg XLVI 352/25, Arb 3568; LG Wien 7. 1. 1929, 46 Cg 309, ZBl 1929, Nr 210.

136 OGH 5. 9. 1967, 4 Ob 34/67, Arb 8442.

137 VwGH 29. 11. 1974, 539/74, ZAS 1976, 149 mit Bespr v *Spielbüchler*.

138 OGH 23. 4. 1929, 1 Ob 348/29, Arb 3911; OGH 17. 9. 1930, 1 Ob 736/30, Arb 4021; zur umfangreichen Judikatur s *Löschnigg* in Löschnigg (Hrsg), AngG Bd 1[10] (2016), § 1 Rz 114; sowie *Dittrich/Tades*, Arbeitsrecht (Losebl), Entscheidungen F zu § 1 AngG, 1214 ff.

139 Vgl OGH 21. 2. 1978, 4 Ob 152/77, Arb 9685.

140 LGZ Wien 11. 2. 1960, 44 Cg 35/60, Arb 7201.

141 Vgl *Schrammel*, Der „Angestellte ex contractu" im Arbeits- und Sozialversicherungsrecht, ZAS 1973, 165; *Wachter*, Beitrags- und kollektivvertragsrechtliche Fragen zum Angestellten ex contractu, ZAS 1978, 43; vgl auch OGH 13. 3. 1979, 4 Ob 110/78, Arb 9774; OGH 27. 4. 1988, 9 ObA 163/87, DRdA 1990, 273 mit Bespr v *Knöfler*.

Übernahme des Angestelltengesetzes führt nicht notwendig zur Anwendung des entsprechenden Angestelltenkollektivvertrags[142].

Betriebsverfassungsrechtlich, insb hinsichtlich der Gruppenzugehörigkeit bei der Betriebsratswahl, zählen die Ehrenangestellten nur dann zur Gruppe der Angestellten, wenn sie mit dem Arbeitgeber die Anwendung des gesamten AngG sowie die Anwendung des betreffenden Kollektivvertrags zuzüglich einer Einstufung in die Gehaltsordnung dieses Kollektivvertrags unwiderruflich vereinbart haben (§ 41 Abs 3 ArbVG; vgl auch 10.2.1). Die Vereinbarung des AngG hat zur Folge, dass Arbeiter zumindest im Bereich der Leistungszugehörigkeit und der Leistungszuständigkeit **sozialversicherungsrechtlich** als Angestellte angesehen werden[143]. Bezüglich des Eintritts des Versicherungsfalls der geminderten Arbeitsfähigkeit ist er allerdings nach der tatsächlichen Tätigkeit zu beurteilen[144] (vgl auch § 14 Abs 1 Z 1 ASVG).

Eine Reihe von Gesetzen nimmt die Gruppe der sog **leitenden Angestellten** von ihrem Gel- 4/076
tungsbereich aus[145]. Dies resultiert aus ihrer arbeitgeberähnlichen Stellung, die mit einer Vertretung durch den Betriebsrat bzw die Arbeiterkammer nicht vereinbar wäre (zu den Ausnahmen vom Geltungsbereich der Betriebsverfassung bzw des AKG vgl 4.3.2.1 bzw 12.3.1.1) oder aus der abgeleitet werden kann, dass der leitende Angestellte seine Interessen gegenüber dem Arbeitgeber ohne Hilfestellung durch gewisse arbeitsrechtliche Schutzgesetze (AZG, ARG) selbst durchsetzen kann. Entsprechend den Zielsetzungen der jeweiligen gesetzlichen Regelungen sind auch die Ausnahmebestimmungen unterschiedlich formuliert. § 1 Abs 2 Z 8 AZG spricht von leitenden Angestellten, denen maßgebliche Führungsaufgaben selbstverantwortlich übertragen sind (ebenso § 1 Abs 2 Z 5 ARG). § 36 Abs 2 Z 3 ArbVG nimmt leitende Angestellte, denen maßgebender Einfluss auf die Führung des Betriebes zusteht, von der Betriebsverfassung aus. Dies bedeutet, dass die Begriffsbildungen zwar ähnlich, nicht aber ident sind (OGH 17. 6. 1992, 9 ObA 110/92, DRdA 1993, 38 mit Bespr v *Mosler*).

Auch wenn für diese Arbeitnehmergruppe gesetzliche Regelungen (zB hinsichtlich Arbeits- 4/077
zeit und Arbeitsruhe) nicht zur Anwendung kommen, können sich entsprechende (zB arbeitszeitrechtliche) Beschränkungen durch einschlägige Bestimmungen anderer Rechtsquellen (Kollektivvertrag, Betriebsvereinbarung) ergeben (OGH 23. 2. 1994, 9 ObA 367/93, infas 1994, A 102).

Maßgebliche Führungsaufgaben iSd § 1 Abs 2 Z 8 AZG sowie des § 1 Abs 2 Z 5 ARG liegen vor, wenn einem Angestellten kraft seiner Stellung im Unternehmen Vorgesetztenfunktionen gegenüber unterstellten Arbeitnehmern zukommen bzw ihm wesentliche Teilbereiche der Betriebsführung,

---

142 OGH 10. 12. 1993, 9 ObA 347/93, RdW 1994, 214; OGH 28. 11. 1996, 8 ObA 2167/96a, DRdA 1997, 316 mit Bespr v *Mayr* = ASoK 1997, 194.

143 VwGH 6. 4. 1973, 1148/72, VwSlg NF 8396.

144 VwGH 18. 3. 1997, 95/08/0174, ARD 4933/28/98; *Liebeg*, Insolvenz-Ausfallgeld für Angestellte ex contractu, ASoK 2004, 420.

145 Vgl *Mayer-Maly*, Der leitende Angestellte im österreichischen Recht, ZAS 1974, 203; *Runggaldier/Schima*, Die Rechtsstellung von Führungskräften (1991), 44; *Stärker*, Sind Primarärzte leitende Dienstnehmer?, RdM 1998, 67; *Trattner*, Der leitende Angestellte im Arbeitsrecht, ASoK 2004, 155; *Löschnigg* in Löschnigg (Hrsg), AngG Bd 1[10] (2016), § 1 Rz 119 ff; *Löschnigg/Melzer-Azodanloo*, Haftungsrecht für Führungskräfte[2] (2008), 24 ff; *Eypeltauer*, Mindestbeschäftigungsdauer für Anfechtung wegen Sozialwidrigkeit bei vorübergehender Tätigkeit als leitender Angestellter, ecolex 2011, 1139; vgl auch OGH 25. 5. 2011, 8 ObA 28/11t, ZAS 2012, 227 mit Bespr v *Petric* = ASoK 2012, 97 mit Bespr v *Trattner* = infas 2011, A 68; *Kietaibl*, Zur Ausnahme der „leitenden Angestellten" aus dem Arbeitszeitrecht, in Kietaibl/Schörghofer/Schrammel (Hrsg), Rechtswissenschaft und Rechtskunde (2014), 35 ff; *Gerhartl*, Leitende Angestellte im Arbeitsrecht, RdW 2014, 204.

wie die kaufmännische, technische oder organisatorische Leitung, in der Weise eigenverantwortlich übertragen werden, dass hiedurch auf Bestand und Entwicklung des gesamten Unternehmens Einfluss genommen wird. Es muss sich somit um Angestellte handeln, die sich auf Grund ihrer einflussreichen Position aus der gesamten Angestelltenschaft herausheben[146]. So kann etwa die Berechtigung, selbständig Kündigungen auszusprechen, ein Indiz sein[147]. Dass er selbst an Weisungen des Arbeitgebers gebunden ist, schließt eine Qualifikation als leitender Angestellter nicht aus[148].

4/078 Die besondere Stellung der leitenden Angestellten mit maßgeblichen Führungsaufgaben wird weiters dadurch betont, dass gem § 23 ArbIG nur Arbeitnehmer dieser Personengruppe zu **verantwortlichen Beauftragten**[149] (iSd § 9 VStG) für Agenden des Arbeitnehmerschutzes bestellt werden können (vgl 7.2.2.1).

4/079 Eine weitere Sondergruppe unter den Angestellten bilden die **Gutsangestellten**. Das GAngG grenzt den Tätigkeitsbereich in gleicher Weise wie das AngG ab, die Beschäftigung muss jedoch in Betrieben der Land- und Forstwirtschaft, der Jagd und Fischerei oder des (nicht gewerblichen) Gartenbaus erfolgen (§ 1 leg cit).

4/080 Neben dem AngG finden für die Angestellten auch die Bestimmungen des ABGB subsidiäre Anwendung (vgl etwa zur Bedeutung des § 1155 ABGB 6.9.1; s ferner 4.3.2.2.1).

4.3.2.2.3. Weitere Gruppen

4.3.2.2.3.1. Hausgehilfen, Hausangestellte und (Haus-)Betreuungskräfte

4/081 Das **HGHAG** umfasst jene Arbeitnehmer, die **Dienste für die Hauswirtschaft** des Dienstgebers oder für Mitglieder seines Hausstandes zu leisten haben, gleichgültig, ob sie in die Hausgemeinschaft aufgenommen sind oder nicht (§ 1 Abs 1 HGHAG). Sind die Arbeitnehmer in die Hausgemeinschaft aufgenommen[150], so kommen für sie gewisse Sondervorschriften zur Anwendung. Als Hausangestellte werden jene Dienstnehmer bezeichnet, die Dienste höherer Art leisten (§ 1 Abs 2 HGHAG).

4/082 Das HGHAG gilt unterschiedslos für Hauswirtschaften von physischen und juristischen Personen[151]. Keine Anwendung findet es jedoch auf Arbeitsverhältnisse von Dienstneh-

---

146 S hiezu den Erlass des BMAS v 15. 3. 1990, 62.080/23-3/90, ARD 4464/16/93, sowie VwGH 28. 10. 1993, 91/19/0134, ARD 4525/14/94; OGH 6. 4. 1994, 9 ObA 93/94, DRdA 1994, 494 mit Bespr v *Beck-Mannagetta* = Arb 11.175; VwGH 26. 9. 2013, 2013/11/0116, ARD 6372/2/2013 = RdW 2014, 37; *Wolfsgruber*, Der Geltungsbereich des Arbeitszeitgesetzes, in Resch (Hrsg), Arbeitszeitrecht (2001), 13.

147 Vgl zum ArbVG OGH 17. 5. 2000, 9 ObA 73/00a, ARD 5138/11/2000.

148 OGH 11. 11. 1992, 9 ObA 255/92, DRdA 1993, 460 mit Bespr v *Grillberger*; OGH 16. 12. 1992, 9 ObA 268/92, DRdA 1993, 463 mit Bespr v *Grillberger*; zu einem Verkaufsleiter s VwGH 24. 2. 1998, 97/11/0188, ARD 4935/23/98; zu einem Primararzt OGH 8. 10. 2003, 9 ObA 110/03x, Arb 12.363 = RdW 2004, 112; zu einem Konsulenten OGH 24. 9. 2004, 8 ObA 34/04i, ARD 5574/5/2005 = RdW 2005, 501.

149 Näheres dazu bei *Löschnigg/Melzer-Azodanloo*, Haftungsrecht für Führungskräfte[2] (2008), 143 ff; *Völkl-Posch*, Verantwortlicher Beauftragter, in Reissner/Neumayr (Hrsg), Zeller Handbuch Arbeitsvertrags-Klauseln (2010), 286; *Reissner/Haider*, Arbeitnehmer als verwaltungsstrafrechtlich verantwortliche Beauftragte – Voraussetzungen einer wirksamen Bestellung, ASoK 2011, 366; vgl auch VwGH 14. 12. 2010, 2007/11/0223, ARD 6130/6/2011 = RdW 2011, 233; *Szymanski*, ArbeitnehmerInnen ohne Einfluss auf die Unternehmensführung als verantwortliche Beauftragte, DRdA 2012, 159.

150 S hiezu VwGH 20. 2. 1992, 89/08/0195, DRdA 1992, 269 mit Bespr v *Knöfler*.

151 OGH 27. 11. 1984, 4 Ob 90/84, Arb 10.430; OGH 10. 2. 1988, 9 ObA 24/88, DRdA 1989, 194 mit Bespr v *Knöfler*; *Karner/Wolf*, Zum Anwendungsbereich des Hausgehilfen- und Hausangestelltengesetzes (Hauswirtschaft des Arbeitgebers), RdW 1998, 205; s auch *Löschnigg*, Die arbeits- und sozialrechtliche Stellung der Mit-

mern juristischer Personen, wenn diese durch Kollektivvertrag geregelt sind, sowie auf Arbeitsverhältnisse zu bestimmten öffentlich-rechtlichen Körperschaften (§ 1 Abs 3 und 4 HGHAG; vgl im Übrigen *Strasser*, HGHAG² [1963], insb 20 ff).

Eine Abgrenzung zwischen den Diensten in der Hauswirtschaft iS des HGHAG einerseits und den Diensten höherer Art in Betrieben iSd § 2 Abs 1 Z 1 AngG kann nur in der tatsächlichen Organisation des Betriebs oder der Hauswirtschaft gefunden werden, für die diese Dienste geleistet werden. Hauswirtschaftliche Tätigkeiten sind neben Kochen, Aufräumen oder Waschen auch die Pflege, die Beaufsichtigung, das Unterrichten und das Erziehen von Kindern. Daher fallen Hauslehrer der unterschiedlicher Art, Erzieher, Säuglingsschwestern, Hauskrankenpflegerinnen sowie pädagogische Mitarbeiter von Kinderdörfern grundsätzlich unter das HGHAG (OGH 27. 11. 1984, 4 Ob 90/84, Arb 10.430).

Zur Bekämpfung illegaler Beschäftigungen im Pflege- und Betreuungsbereich wurde 2007 das sehr unglücklich titulierte **Hausbetreuungsgesetz**[152] (HBeG) beschlossen. Ziel des Gesetzes war die Schaffung einer adäquaten Rechtsgrundlage für die Rund-um-die-Uhr-Betreuung von pflegebedürftigen Personen. Erfasst werden unselbständig sowie selbständig Erwerbstätige, die sich um pflegebedürftige Personen in deren Privathaushalten kümmern[153]. 4/083

Die **Betreuungstätigkeiten** werden in § 1 HBeG aufgezählt und dadurch inhaltlich sehr beschränkt. Primär handelt es sich um Hilfestellungen für die zu betreuende Person (insb bei der Haushalts- und Lebensführung), notwendige Anwesenheiten auf Grund der Betreuungsbedürftigkeit und besonders genannte, an sich den Gesundheits- und Pflegeberufen vorbehaltene Tätigkeiten, wenn gewisse Bedingungen erfüllt sind (s § 1 Abs 3 bis 5 HBeG).

Für die in einem Arbeitsverhältnis stehenden Betreuungspersonen kommt grundsätzlich das HGHAG zur Anwendung. Darüber hinaus verlangt das HBeG das Vorliegen einer Reihe von **Voraussetzungen** (vgl insb § 1 Abs 2 HBeG). So muss die zu betreuende Person einen Anspruch auf Pflegegeld[154] haben (grundsätzlich mindestens Pflegestufe drei; ab Pflegestufe eins, wenn wegen einer Demenzerkrankung ein ständiger Betreuungsbedarf gegeben ist), weiters muss der Betreuungsperson nach einer Arbeitsperiode von höchstens 14 Tagen eine ununterbrochene Freizeit von mindestens der gleichen Dauer gewährt werden, die vereinbarte Arbeitszeit hat mindestens 48 Stunden pro Woche zu betragen und die Betreuungskraft ist für die Dauer der Arbeitsperiode in die Hausgemeinschaft der zu betreuenden Person aufzunehmen. In zwei aufeinanderfolgenden Wochen darf die Arbeitszeit einschließlich der Zeiten von Arbeitsbereitschaft 128 Stunden nicht überschreiten (§ 3 Abs 2 HBeG). 4/084

Für **haushaltstypische Dienstleistungen** (zB Wohnungsreinigung, einfache Gartenarbeiten, Erledigung von Einkäufen, Beaufsichtigung von Kindern) enthält das **DienstleistungsscheckG** (DLSG) einige arbeits- und sozialversicherungsrechtliche Sonderbestimmungen[155]. 4/085

---

arbeiter von Sozialinitiativen, in Löschnigg/Scheipl (Hrsg), Sozialinitiativen. Rechtliche Rahmenbedingungen und sozialpädagogische Aspekte (1990), 44.

152 Vgl *Binder*, Hausbetreuungsgesetz (2008).

153 Allg vgl *Tomandl*, Was ist selbständige Personenbetreuung?, ZAS 2007, 196; *Mazal*, Hausbetreuung – Kritische Aspekte, ecolex 2007, 580; *Schön/Sperlich/Neumann/Somlyay*, Betreuung daheim (2008); *Ivansits/Weissensteiner*, Hausbetreuung aus sozialrechtlicher Sicht, DRdA 2008, 394; *Pfeil*, Arbeitszeitrechtliche Probleme der Pflege und Betreuung, in Resch (Hrsg), Das neue Arbeitszeitrecht (2008), 69.

154 Allg zum Pflegegeld vgl *Greifeneder/Liebhart*, Handbuch Pflegegeld³ (2013).

155 *Thomasberger*, Dienstleistungsscheck-Gesetz, DRdA 2005, 458; *Risak*, Der Dienstleistungsscheck, ZAS 2005, 49.

4.3.2.2. Arbeitgeber/Arbeitnehmer

4/086 **Voraussetzungen** für die Anwendung des DLSG sind, dass

- die Tätigkeiten für natürliche Personen in **Privathaushalten** erbracht werden,
- das Arbeitsverhältnis für die Dauer des Arbeitseinsatzes – maximal für die Dauer eines Monats – befristet abgeschlossen wurde,
- das Entgelt die Geringfügigkeitsgrenze nach dem ASVG[156] nicht übersteigt und
- die Entlohnung mittels Dienstleistungsscheck erfolgt (§ 1 Abs 1 DLSG).

Zu kaufen sind Dienstleistungsschecks in Trafiken, größeren Postämtern und bei der Versicherungsanstalt für Eisenbahnen und Bergbau, die diesbezüglich als Kompetenzzentrum eingerichtet ist.

Der auf dem Scheck angegebene Wert (zB € 10) entspricht dem **Entgelt** (von € 10). Der Kaufpreis des Schecks ist um 2 % höher (zB € 10,20), da er den Unfallversicherungsbeitrag (1,3 %) und einen Verwaltungskostenanteil (0,7 %) enthält (§ 4 Abs 3 DLSG).

Dienstleistungsschecks sind vom Arbeitgeber unmittelbar nach Beendigung der Beschäftigung **am jeweiligen Arbeitstag** auszufertigen und dem Arbeitnehmer (als Entlohnung) zu übergeben (§ 2 Abs 2 DLSG). Der Arbeitnehmer hat die Schecks spätestens bis zum Ablauf des auf die Ausstellung folgenden Monats an die Gebietskrankenkasse zu übermitteln, die den Wert der Schecks auf das Konto des Arbeitnehmers überweist (§ 3 Abs 2 DLSG).

4/087 Liegen obige Voraussetzungen vor, dann können auf Grund der ausdrücklichen gesetzlichen Ermächtigung **befristete Arbeitsverhältnisse** ohne zahlenmäßige Beschränkung und auch unmittelbar hintereinander abgeschlossen werden, ohne dass ein unbefristetes Vertragsverhältnis entsteht (§ 1 Abs 3 DLSG). Das DLSG entbindet aber den Dienstgeber/privaten Haushalt nicht, das HGHAG und den jeweils geltenden Mindestlohntarif einzuhalten.

4.3.2.2.3.2. Hausbesorger

4/088 Personen, die sowohl die **Reinhaltung** als auch die **Wartung** und **Beaufsichtigung** eines Hauses im Auftrag des Hauseigentümers gegen Entgelt zu verrichten haben, sind Hausbesorger iSd § 2 Z 1 HausbG[157]. Für diese Personengruppe gelten die Sonderbestimmungen des HausbG, sofern die **Arbeitsverhältnisse bis zum 30. Juni 2000** abgeschlossen wurden. Für Hausbesorger mit Arbeitsverträgen ab dem 1. Juli 2000 kommen nur noch die allgemeinen arbeitsrechtlichen Regelungen zur Anwendung (s § 31 Abs 5 HausbG).

Ein Hausbesorgerdienstverhältnis liegt auch dann vor, wenn keine der drei wesentlichen Hausbesorgerpflichten (Reinhaltung, Wartung, Beaufsichtigung) in vollem Umfang zu erfüllen ist. Desgleichen schließt der Umstand, dass über die gewöhnlichen Pflichten hinaus noch weitere Betreuungs- und Beaufsichtigungsarbeiten auszuführen sind, die Qualifikation als Hausbesorger nicht aus (OGH 12. 4. 1983, 4 Ob 20/82, Arb 10.242).

4/089 Keine Anwendung findet das Gesetz insb auf Personen, die einen Hausbesorger vertreten und im Zuge dieser Vertretung Hausbesorgerdienste leisten (§ 1 Abs 2 HausbG).

4/090 Ein prägendes Element des Hausbesorgerdienstverhältnisses bildet die **Dienstwohnung**, auf die der Hausbesorger einen gesetzlichen Anspruch hat und auf die er nur (schriftlich) verzichten kann, wenn ihm zum Zeitpunkt der Begründung des Dienstverhältnisses eine

---

[156] Im Jahr 2017: € 425,70 pro Monat; vgl § 5 Abs 2 ASVG.

[157] Vgl allg *Tades*, Hausbesorger- und Hausbetreuerrecht[5] (2001); *Wolf*, Hausbesorger – Dienstgeberwechsel, DRdA 2009, 383; zur Entlohnung vgl *Kürner*, Zum Geldlohn des Hausbesorgers, DRdA 1993, 350.

der Dienstwohnung entsprechende Räumlichkeit zur Verfügung steht (§ 13 HausbG). Aus dieser Kombination von Arbeitsleistung einerseits und dem Recht auf eine Wohnung andererseits ist auch der besondere Kündigungs- und Entlassungsschutz zu verstehen. Da der Hausbesorger mit der Auflösung des Dienstverhältnisses gleichzeitig auch der Gefahr der Obdachlosigkeit ausgesetzt wird, knüpft das HausbG die Kündigung an bestimmte Gründe (§ 18 Abs 6 HausbG). Außerdem hat die Kündigung durch den Hauseigentümer gerichtlich zu erfolgen (§ 22 Abs 1 HausbG) und es ist das Verfahren bei Streitigkeiten aus Bestandverträgen sinngemäß anzuwenden (vgl zu den Kündigungs- und Entlassungsbeschränkungen für Hausbesorger 8.2.8.3.6 bzw 8.3.4.3.3.6).

4.3.2.2.3.3. Medienmitarbeiter[158]

Eine Legaldefinition des Begriffs des Medienmitarbeiters findet sich im **MedienG**. Gem § 1 Abs 1 Z 11 dieses Gesetzes ist Medienmitarbeiter grundsätzlich jeder, der in einem Medienunternehmen[159] oder einem Mediendienst[160] an der inhaltlichen Gestaltung des Mediums journalistisch mitwirkt, sofern er als Angestellter oder als freier Mitarbeiter des Unternehmens diese journalistische Tätigkeit ständig und nicht bloß als wirtschaftlich unbedeutende Nebenbeschäftigung ausübt. Das MedienG sieht somit zwar eine Definition vor, beinhaltet selbst aber kaum arbeitsrechtliche Bestimmungen. Erwähnenswert ist der sog **Überzeugungsschutz** (Gesinnungsschutz). Gem § 2 MedienG hat jeder Medienmitarbeiter das Recht, seine Mitarbeit an der inhaltlichen Gestaltung von Beiträgen oder Darbietungen, die seiner Überzeugung in grundsätzlichen Fragen oder den Grundsätzen des journalistischen Berufs widersprechen, zu verweigern, es sei denn, dass seine Überzeugung der veröffentlichten grundlegenden Richtung des Mediums widerspricht. Die technisch-redaktionelle Bearbeitung von Beiträgen oder Darbietungen anderer und die Bearbeitung von Nachrichten dürfen nicht verweigert werden. Aus einer gerechtfertigten Weigerung darf dem Medienmitarbeiter kein Nachteil erwachsen. 4/091

Für **angestellte Medienmitarbeiter** ist in erster Linie das **JournG** zu beachten. Es erfasst alle Mitarbeiter einer Zeitungsunternehmung[161], Nachrichtenagentur oder Rundfunk- und Filmunternehmung, die mit der Verfassung und Gestaltung von Texten, Zeichnungen oder Filmen betraut sind[162]. Sie müssen mit festen Bezügen angestellt sein und dürfen diese 4/092

---

[158] Vgl va *Klein*, Rechtspolitisches und Rechtsdogmatisches zum „Medienmitarbeiter", in FS Floretta (1983), 389; *Schneller*, Atypisch Beschäftigte im Medienbereich – Gedanken zur neueren Rechtsprechung, DRdA 2006, 190.

[159] Gem § 1 Abs 1 Z 6 MedienG handelt es sich um ein Unternehmen, von dem die inhaltliche Gestaltung, die Herstellung und die Verbreitung eines Mediums besorgt wird.

[160] Gem § 1 Abs 1 Z 7 MedienG ist dies ein Unternehmen, das Medienunternehmen wiederkehrend mit Beiträgen in Wort, Schrift, Ton oder Bild versorgt.

[161] Unter Zeitungen sind periodische Schriften zu verstehen, die sich vor allem mit dem aktuellen Tagesgeschehen befassen. Eine Anwendung des JournG auf Mitarbeiter von reinen Fach- und Werbeschriften ist daher strengen Maßstäben zu unterwerfen (vgl ablehnend OGH 25. 2. 1958, 4 Ob 152/57, Arb 6839; s weiters OGH 9. 12. 1998, 9 ObA 229/98m, DRdA 1999, 354 mit Bespr v *Machacek* = Arb 11.802).

[162] Zum Begriff der journalistischen Tätigkeit und zum Überzeugungsschutz vgl OGH 9. 12. 1998, 9 ObA 229/98m, DRdA 1999, 354 mit Bespr v *Machacek* = ARD 5023/4/99; OGH 18. 8. 2010, 8 ObA 48/10g, DRdA 2011, 558 mit Bespr v *Kozak*.

Tätigkeit vor allem nicht bloß als Nebenbeschäftigung ausüben (Redakteure, Schriftleiter; vgl § 1 JournG).

4/093 Das JournG bezieht im Abschnitt 2 auch ständig **freie Mitarbeiter** insofern ein, als für sie sog **Gesamtverträge** abgeschlossen werden können. § 16 JournG definiert die ständig freien Mitarbeiter als Personen, die – ohne in einem Arbeitsverhältnis zu stehen – in einem **Medienunternehmen** oder **Mediendienst** iSd § 1 MedienG an der inhaltlichen Gestaltung eines Mediums oder der Mitteilungen eines Mediendienstes journalistisch mitwirken, sofern sie diese journalistischen Tätigkeiten ständig und nicht bloß als Nebenbeschäftigung ausüben, im Wesentlichen persönlich erbringen und über keine unternehmerische Struktur verfügen (allg zum freien Dienstvertrag vgl 4.2.2). Die erwähnten Gesamtverträge, deren rechtliche Struktur der des Kollektivvertrages nachgebildet ist, können von kollektivvertragsfähigen juristischen Personen abgeschlossen werden und Honorarbedingungen und Aufwandsersätze für die ständig freien Mitarbeiter beinhalten (§§ 17 ff JournG; vgl auch 3.3.3.3).

4/094 Subsidiär kommt für Medienmitarbeiter das **AngG** zur Anwendung (Art VII AngG). Eine Einschränkung besteht ähnlich wie für die Geltung des JournG insofern, als journalistische und programmgestaltende Dienstnehmer eines Medienunternehmens nur dann dem AngG unterliegen, wenn das Dienstverhältnis die Erwerbstätigkeit des Arbeitnehmers **hauptsächlich in Anspruch nimmt** (Art III BG 3. 7. 1975, BGBl 418/1975).

4/095 Wird die journalistische Tätigkeit somit bloß im Rahmen einer **Nebenbeschäftigung** ausgeübt, ist weder das AngG noch das JournG anwendbar und es bleibt nur der Rückgriff auf die arbeitsrechtlichen Bestimmungen des ABGB. Der arbeitsrechtliche Schutz derartiger Teilzeitbeschäftigung fällt daher sehr gering aus, sodass von einem Verstoß gegen das Diskriminierungsverbot des Art 4 der TeilzeitRL (97/81/EG) auszugehen ist[163].

4/096 Für programmgestaltende und journalistische Mitarbeiter des **ORF**[164], die während eines Zeitraums von sechs Monaten im Monatsdurchschnitt nicht mehr als vier Fünftel des 4,3fachen der wöchentlichen Normalarbeitszeit beschäftigt sind, wurden im **ORF-G** Sondervorschriften getroffen (vgl § 32 Abs 5 ORF-G). Die Sonderbestimmungen beziehen sich auf die Aneinanderreihung von (befristeten) Arbeitsverhältnissen und die damit im Zusammenhang stehenden Entschädigungs- und Abfertigungsansprüche (vgl 5.3.1.2 u 8.6.1.5.2). Für Medienmitarbeiter **anderer Fernsehveranstalter** kommen die Bestimmungen des **Audiovisuelle Mediendienste-Gesetzes** zur Anwendung (vgl § 49 AMD-G).

Das Arbeitsverhältnis der Journalisten wird stark durch den Umstand geprägt, dass die Beschäftigung in Unternehmungen erfolgt, die mitunter weniger wirtschaftliche als vielmehr politische oder konfessionelle Zielsetzungen verfolgen. Dies wirkt sich zB dahingehend aus, dass ein Redakteur seinen Arbeitsvertrag ohne Einhaltung einer Kündigungsfrist lösen kann, wenn die Zeitungsunternehmung die von ihr bisher eingehaltene **politische Richtung** wechselt und dem Redakteur die Fortsetzung seiner Tätigkeit ohne Änderung seiner Gesinnung nicht zugemutet werden kann (§ 11 JournG).

---

163 *Löschnigg* in Löschnigg (Hrsg), AngG Bd 1[10] (2016), § 1 Rz 90; *Fister*, Das Arbeitsrecht im Dienste der Unabhängigkeit der Medien, in Berka/Grabenwarter/Holoubek (Hrsg), Unabhängigkeit des Rundfunks (2011), 117.

164 Zur Abgrenzung vgl *Korn*, Der Begriff des programmgestaltenden und journalistischen Mitarbeiters des ORF, RfR 1981, 1; RFK 18. 1. 1980, 181/2-RFK/80.

Auch die Betriebsverfassung nimmt auf Unternehmen und Betriebe, die unmittelbar Zwecken der Berichterstattung oder Meinungsäußerung dienen, Bezug. So ist beispielsweise die **Mitwirkung des Betriebsrats** bei der Einstellung von Arbeitnehmern gem § 99 Abs 3 ArbVG im Falle von Journalisten nicht anzuwenden, wenn diese Einstellung die politische Richtung des Unternehmens oder Betriebs beeinflusst (§ 132 Abs 2 ArbVG; vgl 4.4.2.2 u 11.5.3.1). 4/097

4.3.2.2.3.4. Schauspieler

Grundlage für das Arbeitsverhältnis von Schauspielern bildet der **Bühnendienstvertrag**. Ein solcher entsteht, wenn sich jemand einem Theaterunternehmer zur Leistung künstlerischer Dienste in einem oder mehreren Kunstfächern bei der Aufführung von Bühnenwerken verpflichtet[165]. Im Gegensatz zur Situation im Bereich des JournG findet das AngG auf Bühnendienstverträge keine subsidiäre Anwendung (§ 40 TAG). 4/098

Als Besonderheit des TAG ist das in § 18 festgelegte **Recht auf Beschäftigung** des Dienstnehmers zu nennen (zum Problem des Rechts auf Beschäftigung vgl 6.1.5).

Eine Reihe von Sonderbestimmungen sieht das ArbVG in § 133 für Theaterunternehmen vor (vgl 4.4.2.2). 4/099

4.3.2.2.3.5. Vertragsbedienstete

Zu den Vertragsbediensteten nach dem VBG 1948[166] werden jene Personen gezählt, die in einem privatrechtlichen Dienstverhältnis zum Bund stehen (§ 1 Abs 1 VBG). Hinzu kommen außerdem alle jene Arbeitnehmer, die in einem Dienstverhältnis zu Fonds, Stiftungen oder Anstalten stehen, die von Organen des Bundes oder von Personen(gemeinschaften) verwaltet werden, die hiezu von Organen des Bundes bestellt sind (§ 1 Abs 2 VBG). Im Gegensatz zum öffentlich-rechtlichen Akt der Ernennung im Falle des Beamten werden die gegenseitigen Rechte und Pflichten zwischen Bund und Vertragsbediensteten durch den privatrechtlichen Dienstvertrag festgelegt (vgl etwa *Hartmann*, Der Bund als Vertragspartner bei Dienstverträgen, RdW 2000, 96). 4/100

Auf Grund der derzeitigen Verfassungslage können auf dem Gebiet des Dienstrechts durch Landesgesetz Angelegenheiten des Dienstvertragsrechts und des Personalvertretungsrechts der Bediensteten der Länder, Gemeinden und Gemeindeverbände geregelt werden (Art 21 Abs 1 B-VG). Somit besteht auch für die anderen Gebietskörperschaften analog zu den Regelungen des Bundes die Möglichkeit, Vertragsbedienstetengesetze bzw Vertragsbedienstetenordnungen zu schaffen.

---

[165] § 1 Abs 1 TAG; vgl *Balla/Kozak/Zankel*, Theaterarbeitsgesetz^2 (2011); s auch *Ercher/Rath*, Neugestaltung des Bühnenarbeitsrechts, ASoK 2011, 42; *dies*, Nochmals zu den Neuerungen im Bühnenarbeitsrecht, ASoK 2011, 180; *Urleb*, Das neue Arbeitsrecht in Theaterbetrieben, ASoK 2011, 53; Näheres zu Bühnendienstverhältnissen noch nach dem SchauSpG vgl *Kapfer/Bündsdorf*, SchauSpG (1974); *Steuxner/Ziehensack*, Arbeits- und sozialrechtliche Probleme im Theaterbetrieb, in FS Anwalt und Berater der Republik (1995), 284; *Urleb*, Arbeitsrechtliche Fragen des SchSpG (2009), 65 ff.

[166] Allg dazu *Stierschneider/Zach*, VBG (Losebl); *Anzenberger/Kern*, Vertragsbedienstetenrecht Steiermark (2002); zur Weitergeltung des Vertragsbedienstetenrechts nach der Ausgliederung von Staatsaufgaben s OGH 18. 4. 2002, 8 ObA 162/01h, DRdA 2003, 269 mit Bespr v *Alvarado-Dupuy*; zur Neuanstellung an den Universitäten s OGH 30. 8. 2007, 8 ObA 3/07k, DRdA 2008, 141 mit Bespr v *Löschnigg*.

4.3.2.2.3.6. Pharmazeuten

4/101 Für Apotheker und Aspiranten (Dispensanten[167]), die in öffentlichen Apotheken oder in Anstaltsapotheken angestellt sind, sieht das Gehaltskassengesetz 2002 (GehKG) Sonderregelungen vor. Die Besonderheit liegt in der Errichtung einer **Gehaltskasse**, in die neben den erwähnten Arbeitnehmergruppen auch die pharmazeutischen Dienstgeber eingegliedert sind. Der Gehaltskasse, die aus Mitgliedsbeiträgen, Gehaltskassenumlagen, Riskenausgleichsbeiträgen udgl gespeist wird, obliegt vor allem die Auszahlung der Bezüge, die Gewährung von Zuwendungen an Pharmazeuten und deren Hinterbliebene sowie die unentgeltliche gemeinnützige Stellenvermittlung für ihre Mitglieder (§ 1 Abs 2, § 7 GehKG). Ferner ist die Gehaltskasse unter gewissen Voraussetzungen dazu berechtigt, sich an Unternehmen zu beteiligen (§ 1 Abs 3 GehKG).

4/102 Aus Art VII Z 2 AngG ergibt sich, dass das AngG auf den Dienstvertrag der Pharmazeuten subsidiäre (ergänzende) Anwendung findet, auch wenn sich diese Bestimmung noch auf eine Vorgängerregelung des GehKG 2002 bezieht.

4.3.2.2.3.7. Schiffsbesatzungen

4/103 Regelungen über Schiffsbesatzungen in der **Binnenschifffahrt** finden sich im Schifffahrtsgesetz, BGBl I 62/1997. Das Binnenschifffahrtsgesetz enthält vor allem die Pflichten des Schiffsführers, insbesondere auch gegenüber der Besatzung (s etwa § 5 leg cit).

4/104 Die **Seeschifffahrt** ist grundsätzlich im Seeschifffahrtsgesetz, BGBl 174/1981 geregelt. Mit der Novelle BGBl I 46/2012 zum SeeSchFG hat sich allerdings Österreich als Binnenland von der gewerbsmäßigen Seeschifffahrt zurückgezogen. Das SeeSchFG findet nur mehr auf österreichische Jachten Anwendung. Der VII. Abschnitt des SeeSchFG mit den (arbeitsrechtlichen) Bestimmungen zur Schiffsbesatzung wurde ersatzlos gestrichen. Sollte der Eigner einer Jacht Personal anstellen, gilt allgemeines Arbeitsrecht. Vorweg ist hiebei zu prüfen, ob nach den Kollisionsregeln des Internationalen Privatrechts österreichisches Arbeitsrecht in Frage kommt (vgl 2.7.1). Nicht zur Anwendung gebracht werden kann das AngG auf Grund der Ausnahmeregelung in § 5.

4.3.2.3. Arbeitnehmer mit besonderem Schutzbedarf

4.3.2.3.1. Kinder und Jugendliche

4/105 Eine Arbeitnehmergruppe, die nicht auf Grund der Besonderheiten des Berufszweigs, sondern wegen ihrer speziellen Schutzwürdigkeit einer Sondergesetzgebung, nämlich dem KJBG (vgl auch die §§ 109 ff LArbG), unterliegt, ist die der Kinder und Jugendlichen (vgl insb *Dirschmied/Nöstlinger*, KJBG [2002]).

4/106 **Kinder** iSd § 2 KJBG sind Minderjährige bis zur Vollendung des 15. Lebensjahres oder bis zur späteren Beendigung der Schulpflicht. Die Beschäftigung von Kindern mit Arbeiten jeg-

---

[167] S zu dieser Personengruppe § 74 GehKG.

licher Art ist mit Ausnahme der im KJBG aufgezählten Tätigkeiten grundsätzlich verboten (zu den Schutzbestimmungen vgl 7.3.1.1).

Jugendliche sind Minderjährige, die nicht als Kinder gem der obigen Definition angesehen werden können und gleichzeitig das 18. Lebensjahr noch nicht vollendet haben (§ 3 KJBG; vgl 7.3.1.2). 4/107

4.3.2.3.2. Lehrlinge und andere Auszubildende

Im Zusammenhang mit dem Begriff des Jugendlichen ist der Begriff des Lehrlings zu erläutern. Das **Berufsausbildungsgesetz** bezeichnet Lehrlinge als Personen, die auf Grund eines Lehrvertrags zur Erlernung eines in der Lehrberufsliste angeführten Lehrberufs bei einem Lehrberechtigten fachlich ausgebildet und im Rahmen dieser Ausbildung verwendet werden (§ 1 BAG)[168]. 4/108

Das Lehrverhältnis wird durch den Eintritt des Lehrlings in die fachliche Ausbildung und Verwendung begründet und durch den Lehrvertrag geregelt. Es handelt sich um ein besonders typisiertes und vom **Ausbildungszweck** geprägtes **Arbeitsverhältnis**[169]. Der Lehrvertrag ist schriftlich abzuschließen (§ 12 BAG; zum Abschluss und zur Beendigung von Lehrverträgen durch Minderjährige vgl 5.2). Wird die Schriftform nicht eingehalten, so bewirkt dies nicht die Nichtigkeit des Lehrvertrags. Im Falle eines minderjährigen Lehrlings bedarf der Abschluss des Lehrvertrags der Zustimmung des gesetzlichen Vertreters (§ 12 BAG). 4/109

Der Lehrberechtigte hat ohne unnötigen Aufschub, jedenfalls binnen drei Wochen nach Beginn des Lehrverhältnisses, den Lehrvertrag bei der zuständigen **Lehrlingsstelle anzumelden** (§ 20 Abs 1 BAG). Erfolgt dies nicht fristgerecht durch den Lehrberechtigten, kann die Meldung auch durch den Lehrling erfolgen (vgl insb *Spielbüchler*, Berufsausbildung und Arbeitsrecht, in FS Schnorr [1988], 299). 4/110

Nach Ablauf der Lehrzeit ist der Lehrling im Betrieb und im erlernten Beruf drei Monate lang weiterzuverwenden (§ 18 Abs 1 BAG). Man spricht in diesem Zusammenhang von der **Behaltepflicht** des Dienstgebers bzw von Behaltezeit (zur ausnahmsweisen Kündigung während der Behaltepflicht vgl 8.2.8.3.7). Die Behaltezeit ist unabdingbar; sie kann also selbst durch Vereinbarung zwischen Lehrling und Lehrberechtigtem nicht beschränkt werden[170]. 4/111

Die Bestimmung des § 18 Abs 1 BAG bewirkt jedoch keinen Vertragsabschluss ex lege, sondern normiert lediglich eine einseitige Verpflichtung des Lehrberechtigten zum Abschluss eines entsprechen-

---

[168] Allg s *Aust/Gittenberger/Knallnig-Prainsack/Strohmayer* (Hrsg), Berufsausbildungsgesetz (2014); *Kinscher*, BAG^2 (1979); *Pichelmayer*, Das Lehrberufspaket 2011, ASoK 2011, 218; *dens*, Lehrberufe im Bereich Sport, ASoK 2011, 304.

[169] S auch OGH 7. 10. 1998, 9 ObA 193/98t, DRdA 1999, 269 mit Bespr v *Wachter*; *Julcher*, Ausbildungsverhältnisse im Sozialversicherungsrecht, DRdA 2016, 159.

[170] OGH 25. 1. 2006, 9 ObA 170/05y, DRdA 2007, 233 mit Bespr v *Wolligger*; LGZ Wien 9. 9. 1954, 44 Cg 243/54, SozM I B, 61; OGH 25. 11. 1958, 4 Ob 101/58, Arb 6955; s *Spitzl*, Nachlehre wegen nicht auf die Lehrzeit anrechenbarer Zeiten, ecolex 2009, 700; zu einem Ausbildungsvertrag nach der älteren Gesetzeslage, der sog Vorlehre s noch OGH 17. 3. 1999, 9 ObA 22/99x, ZAS 1999, 113 mit Bespr v *Aigner* = Arb 11.851.

den Arbeitsvertrags, deren Nichtbefolgung dem Lehrling einen Anspruch auf Erfüllung, gegebenenfalls auch auf Schadenersatz, gibt[171] (zum Recht auf Beschäftigung vgl 6.1.5).

4/112 Für **benachteiligte Personen mit persönlichen Vermittlungshindernissen** sieht § 8b BAG Erleichterungen zur Eingliederung in den Arbeitsprozess vor[172]. Dabei kann am Beginn oder im Laufe des Lehrverhältnisses im Lehrvertrag eine gegenüber der für den Lehrberuf festgesetzten Dauer der Lehrzeit längere Lehrzeit vereinbart werden. Die ursprüngliche Lehrzeit kann um ein Jahr, in Ausnahmefällen um bis zu zwei Jahre verlängert werden, sofern dies für die Erreichung der Lehrabschlussprüfung erforderlich ist. Weiters kann die Festlegung einer Teilqualifikation durch Einschränkung auf bestimmte Teile des Berufsbildes eines Lehrberufes vereinbart werden. Die Dauer einer solchen Ausbildung kann zwischen einem und drei Jahren betragen. Die vereinbarten Teilqualifikationen haben Fertigkeiten und Kenntnisse zu umfassen, die wirtschaftlich verwertbar sind.

4/113 Der Begriff des **Anlernlings** entstammt der kollektivvertraglichen Terminologie. Zu verstehen sind darunter Arbeitnehmer, die während eines gewissen Zeitraums „angelernt" werden und damit die berufliche Qualifikation für die angestrebte Verwendung erhalten. Es handelt sich somit um einen Dienstnehmer in der Einschulungsphase des Arbeitsverhältnisses.

4/114 Während das Lehrverhältnis trotz seines Ausbildungszwecks den Arbeitsverhältnissen zuzurechnen ist, wird der **Volontär**, der ebenfalls in einem Ausbildungsverhältnis steht, nicht den Dienstnehmern zugeordnet[173]. Die Bestimmung des § 3 Abs 5 lit a AuslBG definiert den Volontär als Person, die zum Erwerb von Fertigkeiten für die Praxis ohne Arbeitspflicht und ohne Entgeltanspruch beschäftigt wird.

Als typischer Volontär kann somit nur derjenige bezeichnet werden, der in einem Betrieb mit Erlaubnis des Betriebsinhabers maschinelle oder sonstige Einrichtungen im eigenen Interesse kennenlernen und sich gewisse praktische Kenntnisse und Fertigkeiten durch Handanlegen aneignen darf[174]. Ist der Volontär jedoch verpflichtet, gleichzeitig gewisse Arbeitsleistungen zu erbringen, so gilt er, wenn weitere Merkmale eines Dienstverhältnisses hinzukommen, als Dienstnehmer (KG Wels 11. 9. 1981, 17 Cg 4/81, Arb 10.014; vgl 4.1).

4/115 Dem Volontär nahe steht der **Praktikant**, der die praktische Tätigkeit in Ergänzung einer theoretischen, meist schulischen Ausbildung kennenlernen will[175]. Bei der Beschäftigung

[171] OGH 14. 12. 1982, 4 Ob 3/82, Arb 10.199; OGH 12. 7. 1983, 4 Ob 75/83, Arb 10.276; OGH 10. 12. 1985, 4 Ob 161/85, Arb 10.511; OGH 28. 8. 1991, 9 ObS 13/91, DRdA 1992, 312 mit Bespr v *Gruber*.

[172] Der § 8b BAG war bis 2015 mit „integrative Berufsausbildung" überschrieben. Der Begriff entfiel, da er nach Ansicht des Gesetzgebers von vornherein impliziere, es seien ausschließlich Jugendliche mit Defiziten angesprochen. Der Begriff hätte daher eine „diskriminierende Tendenz".

[173] Ausführlich hiezu *Radner*, Die (arbeits-)rechtliche Stellung von Praktikanten und Volontären, DRdA 2001, 3 bzw 128; zum Unfallversicherungsschutz eines Volontärs vgl VwGH 22. 2. 2012, 2011/08/0114, ARD 6253/10/2012; zur Arbeitnehmereigenschaft von Volontären s OGH 29. 1. 2013, 9 ObA 150/12t, ZAS 2013, 332 mit Bespr v *Körber-Risak* = infas 2013, A 42; *Graf-Schimek*, Unentgeltliche Ausbildungsverhältnisse im Arbeits- und Sozialrecht, ZAS 2015, 58; *Przeszlowska*, Praktikum: Ausbildungs- oder Arbeitsverhältnis?, ZAS 2015, 52.

[174] Vgl *Löschnigg* in Löschnigg (Hrsg), AngG Bd 1^{10} (2016), § 1 Rz 65 ff; EA Linz 27. 5. 1926, Re I 116/16, Arb 3599; vgl auch KG Wels 11. 9. 1981, 17 Cg 4/81, Arb 10.014; OGH 16. 11. 1988, 9 ObA 255/88, infas 1989, A 27; VwGH 17. 10. 2001, 96/08/0101, DRdA 2002, 482 mit Bespr v *Radner*.

[175] KG Wels 11. 9. 1981, 17 Cg 4/81, Arb 10.014.

des (Ferial-)Praktikanten überwiegt ebenfalls der Ausbildungszweck[176]. Auch für ihn gilt der Grundsatz, dass er dann in einem Arbeitsverhältnis steht, wenn die Begriffsmerkmale desselben vorliegen.

4.3.2.3.3. Frauen und (werdende) Mütter

Besondere Schutzbestimmungen existieren auch für **Frauen** und **Mütter**. Zu beachten ist in diesem Zusammenhang vor allem die VO über Beschäftigungsverbote und -beschränkungen für Arbeitnehmerinnen, BGBl II 356/2001(allg zum Frauenschutz vgl 7.3.2). 4/116

Für **schwangere** Dientnehmerinnen und **Mütter** gilt das MSchG. Neben gewissen Beschäftigungsbeschränkungen und -verboten sieht es vor allem einen besonderen Kündigungs- und Entlassungsschutz, besondere Erfordernisse für die einvernehmliche Auflösung (vgl 8.2.8.3.2, 8.3.4.3.3.2 und 8.4) sowie die Möglichkeit zur Inanspruchnahme einer Karenz (vgl 7.3.3.4), einer Teilzeitbeschäftigung oder Änderung der Lage der bisherigen Arbeitszeit vor (vgl 7.3.3.6). Die Begünstigungen des MSchG gelten teilweise auch für Dienstnehmerinnen, die allein oder mit ihrem Partner ein Kind, welches das zweite Lebensjahr noch nicht vollendet hat (zur Karenz nach Ablauf des zweiten Lebensjahres s § 15c Abs 3 MSchG), adoptieren oder die es in Adoptionsabsicht in unentgeltliche Pflege[177] aufnehmen (§§ 15c, 15o MSchG). 4/117

Arbeitnehmerinnen vor **Diskriminierung** auf Grund des **Geschlechts** und sexueller Belästigung zu schützen ist eines der vorrangigen Ziele des GlBG. Unsachliche Differenzierungen zwischen den Geschlechtern sind daher insb bei der Begründung des Arbeitsverhältnisses, der Entgeltfestsetzung[178], der Beförderung oder der Beendigung des Arbeitsverhältnisses verboten (vgl 6.7). 4/118

4.3.2.3.4. Väter und Männer

Mit dem VKG (vormals EKUG) soll der gesellschaftspolitischen Forderung nach partnerschaftlicher Kindererziehung zum Durchbruch verholfen werden. Auch Väter (Adoptiv-, Pflegeväter) haben die Möglichkeit, eine Karenz (vgl 7.3.3.4) und/oder eine Teilzeitbeschäftigung (vgl 7.3.3.6) zum Zwecke der Kinderbetreuung in Anspruch zu nehmen oder die Lage ihrer Arbeitszeit nach der Geburt eines Kindes zu verändern (vgl 6.8.7.2.3). Der arbeitsrechtlichen Absicherung dieser Ansprüche dienen besondere Kündigungs- und Entlassungsschutzbestimmungen, die sich an den Regelungen des MSchG orientieren (vgl 8.2.8.3.2). 4/119

Spezielle Regelungen zum Schutz vor Diskriminierung auf Grund des Geschlechts finden sich im GlBG. Davon sind auch Väter bzw Männer umfasst. 4/120

---

[176] OGH 11. 10. 1995, 9 ObA 176/95, DRdA 1996, 408 mit Bespr v *Spitzl* = ZAS 1997, 15 mit Bespr v *Risak*; zur Arbeitnehmereigenschaft von Praktikanten s OGH 29. 1. 2013, 9 ObA 150/12t, ZAS 2013, 332 mit Bespr v *Körber-Risak* = infas 2013, A 42; s auch *Rauch*, Das Ferialpraktikum, ASoK 1999, 218.

[177] Vgl hiezu auch *Mazal*, Der Schutz von Pflegeeltern (1994).

[178] Vgl *Konstatzky*, Equal Pay – Durchsetzungsprobleme von Diskriminierungsfällen, DRdA 2010, 164.

4.3.2.3.5. Behinderte und Begünstigte der Opferfürsorge

4/121 Eine **Behinderung** ist gem § 3 BEinstG die Auswirkung einer nicht nur vorübergehenden körperlichen, geistigen oder psychischen Funktionsbeeinträchtigung oder Beeinträchtigung der Sinnesfunktionen, die geeignet ist, die Teilhabe am Arbeitsleben zu erschweren. Als nicht nur vorübergehend gilt ein Zeitraum von voraussichtlich mehr als sechs Monaten.

Auf den Behindertenbegriff des § 3 BEinstG baut zwar das **BEinstG** auf, differenziert in weitere Folge jedoch ganz wesentlich. Ein großer Teil der Bestimmungen des BEinstG gilt nur für die sog begünstigten Behinderten (zB Einstellungspflicht, besonderer Kündigungs- und Entlassungsschutz). Für **„einfach Behinderte“**, die nur dem europarechtlich determinierten Diskriminierungsschutz (§ 7a ff BEinstG; vgl 2.8.4.2.2) unterliegen, bedarf es keiner Feststellung eines Grades der Behinderung (§ 7b Abs 4 BEinstG). Insofern enthält das BEinstG **zwei Kategorien von Behinderten** mit unterschiedlichem Schutzniveau.

4/122 **Begünstigte Behinderte** iSd § 2 BEinstG sind österreichische Staatsbürger mit einem Grad der Behinderung von mindestens 50 %[179]. Den österreichischen Staatsbürgern sind die in § 2 Abs 1 Z 1 bis 3 BEinstG angeführten Personen gleichgestellt[180]. Bei der Einschätzung des Behindertengrades hat nicht eine Addition hinsichtlich einzelner Leiden zu erfolgen, sondern eine Gesamtbeurteilung (VwGH 1. 6. 1999, 94/08/0088, ARD 5174/13/2000).

4/123 Als **Nachweis** für die Zugehörigkeit zum Kreis der begünstigten Behinderten gilt der letzte rechtskräftige Bescheid über die Einschätzung des Grades der Minderung der Erwerbsfähigkeit mit mindestens 50 %[181]. Die **Feststellung des Grades** der Minderung der Erwerbsfähigkeit gilt dabei zugleich als Feststellung des Grades der Behinderung. Liegt ein derartiger Nachweis nicht vor, so hat auf Antrag des Menschen mit Behinderung das Bundesamt für Soziales und Behindertenwesen unter Mitwirkung von ärztlichen Sachverständigen den Grad der Behinderung nach den Bestimmungen der Einschätzungsverordnung[182] einzuschätzen und bei Zutreffen der im § 2 Abs 1 angeführten sonstigen Voraussetzungen die Zugehörigkeit zum Kreis der begünstigten Behinderten sowie den Grad der Behinderung festzustellen. Wird die Minderung der Erwerbsfähigkeit bescheidmäßig oder durch Urteil eines Gerichts festgestellt, dann hat der Behinderte spätestens bis Ende des dritten Monats, der dem Eintritt der Rechtskraft des Bescheides bzw des Urteils folgt, dem Bundesamt für Soziales und Behindertenwesen mitzuteilen, dass er weiterhin dem Kreis der begünstigten Behinderten angehören will. Unterlässt der Behinderte diese Mitteilung, verliert er seine bevorzugte Rechtsstellung nach dem BEinstG.

4/124 Wurde die Behinderteneigenschaft einer Person in einem **anderen Mitgliedstaat der EU** festgestellt, hat dies auf das Verfahren in Österreich keinen Einfluss. Der Bescheid entfaltet keine unmittelbare Bindungswirkung. Es erfolgt keine automatische Anerkennung. Zur Er-

---

179 Allg vgl hiezu *Widy/Auer-Mayer/Schrattbauer*, in Widy (Hrsg), Behinderteneinstellungsgesetz[8] (2016).

180 Zum Geltungsbereich des BEinstG s weiters *Mayr*, Gilt das Behinderteneinstellungsgesetz für ausländische Arbeitnehmer?, RdW 1999, 535; VwGH 14. 5. 2009, 2006/11/0039, ARD 5970/2/2009.

181 Vgl § 14 Abs 1 BEinstG; OGH 4. 8. 2009, 9 ObA 48/08m, DRdA 2011, 63 mit Bespr v *Weiß*; s auch die E VwGH 30. 9. 2011, 2009/11/009, ASoK 2012, 100 mit Bespr v *Korenjak*, wonach ein nachträglicher Verzicht auf die Begünstigteneigenschaft nach dem BEinstG zulässig ist.

182 BGBl II 261/2010.

langung der Begünstigungen nach dem BEinstG ist somit erforderlich, in Österreich (neuerlich) die Feststellung der Behinderteneigenschaft beim Sozialministeriumservice zu beantragen (s OGH 5. 4. 2013, 8 ObA 50/12d, ARD 6321/7/2013 = RdW 2013, 246).

Die Begünstigungen des BEinstG – hiebei ist vor allem der **besondere Kündigungs- und Entlassungsschutz** (vgl 8.2.8.3.4 und 8.3.4.3.3.4) hervorzuheben[183] – werden mit dem Zutreffen der Voraussetzungen, frühestens mit dem Tag des Einlangens des Antrags beim Sozialministeriumservice wirksam. Sie werden jedoch mit dem Ersten des Monats wirksam, in dem der Antrag eingelangt ist, wenn dieser unverzüglich nach dem Eintritt der Behinderung gestellt wird (§ 14 Abs 2 BEinstG). Trotz der beträchtlichen Auswirkungen der behördlichen Entscheidung auf das Rechtsverhältnis zwischen Arbeitnehmer und Arbeitgeber (zur **Einstellungspflicht** von Behinderten vgl 5.1.6) hat Letzterer im Verfahren auf Zuerkennung des Behindertenstatus **keine Parteistellung**[184]. 4/125

Für Dienstgeber mit mindestens 25 Arbeitnehmern besteht eine **Pflicht zur Beschäftigung** behinderter Personen (vgl 5.1.6). 4/126

§ 7b BEinstG[185] verbietet jegliche Diskriminierung auf Grund einer Behinderung, sowohl in unmittelbarer als auch in mittelbarer Form. Dieses Verbot gilt umfassend (dh bei der Begründung des Dienstverhältnisses[186], bei der Festsetzung des Entgelts[187], bei der Gewährung von Sozialleistungen, bei Bildungsmaßnahmen, beruflichem Aufstieg, der Beendigung des Arbeitsverhältnisses[188], bei der Mitwirkung bzw Mitgliedschaft in Organisationen sowie auch bei einer selbständigen Erwerbstätigkeit; zum **Diskriminierungsverbot** vgl auch 6.7.3). 4/127

Eine **unmittelbare Diskriminierung** liegt vor, wenn eine Person auf Grund einer Behinderung in einer vergleichbaren Situation eine weniger günstige Behandlung erfährt, als eine andere Person erfährt, erfahren hat oder erfahren würde.

Eine **mittelbare Diskriminierung** liegt vor, wenn dem Anschein nach neutrale Vorschriften, Kriterien oder Verfahren sowie Merkmale gestalteter Lebensbereiche Menschen mit Behinderungen gegenüber anderen Personen in besonderer Weise benachteiligen können, es sei denn, die betreffenden Vorschriften, Kriterien oder Verfahren sowie Merkmale gestalteter Lebensbereiche sind durch ein rechtmäßiges Ziel sachlich gerechtfertigt und die Mittel sind zur Erreichung dieses Zieles angemessen und erforderlich.

Eine Diskriminierung liegt auch dann vor, wenn eine Person auf Grund ihres **Naheverhältnisses** zu einer Person wegen deren Behinderung diskriminiert wird.

---

183 Zu auflösenden Bedingungen im öffentlichen Dienstrecht s OGH 19. 6. 2006, 8 ObA 48/06a, DRdA 2008, 149 mit Bespr v *Weiß; Hießl*, Behinderung als Beendigungsgrund? Die österreichische Judikatur und das EU-Recht, ASoK 2013, 21.

184 VfGH 13. 12. 1988, B 639/87, ZAS 1990, 137 mit Bespr v *Stolzlechner* = infas 1989, A 99; vgl auch *Elsner*, Bindungswirkung der Zuerkennung einer begünstigenden Behinderung, ecolex 1996, 932.

185 In Anlehnung an die RL 2000/78/EG des Rates vom 27. November 2000 zur Festlegung eines allgemeinen Rahmens für die Verwirklichung der Gleichbehandlung in Beschäftigung und Beruf, ABl L 2000/303, 16.

186 Zum Abschluss eines befristeten Arbeitsvertrages s OGH 27. 9. 2013, 9 ObA 60/13h, ARD 6380/10/2014 = infas 2014, A 22.

187 Vgl dazu OGH 27. 8. 2013, 9 ObA 107/13w, ARD 6380/11/2014 = infas 2014, A 21.

188 Zur Kündigung eines behinderten Vertragsbediensteten bei Erreichen des Regelpensionsalters s OGH 28. 10. 2013, 8 ObA 68/13b, ARD 6383/9/2014 = ASoK 2014, 36.

4.3.2.3. Arbeitgeber/Arbeitnehmer

4/128 Sind in einem Betrieb dauernd mindestens fünf begünstigte Behinderte beschäftigt, so sind von diesen **Behindertenvertrauenspersonen** und deren Stellvertreter zu wählen (vgl § 22a BEinstG; dazu allg 10.11).

4/129 Eine Reihe von Bestimmungen des BEinstG gilt auch für den begünstigten Personenkreis nach dem **Opferfürsorgegesetz** (vgl § 6 Z 4 OFG), der im § 1 OFG umschrieben ist.

4.3.2.3.6. Präsenz- und Zivildiener, militärische Dienstleistungen von Frauen

4/130 Die zum Präsenzdienst bzw zu militärischen Dienstleistungen einberufenen oder zum Zivildienst[189] zugewiesenen Arbeitnehmer (einschließlich Heimarbeiter/innen) stehen unter dem Schutz des APSG (s § 3 APSG). Dies gilt in gleicher Weise für Beschäftigte, die zu militärischen Dienstleistungen oder zum Zivildienst in einem EU- bzw EWR-Staat verpflichtet sind[190].

Das Dienstverhältnis bleibt während dieser Zeit aufrecht, die Arbeitspflicht des Dienstnehmers und die Entgeltpflicht des Dienstgebers ruhen jedoch. Eine **Kündigung** oder **Entlassung** des Dienstnehmers ist gem den Bestimmungen der §§ 12 ff APSG ebenso wie eine **einvernehmliche Auflösung** gem § 16 APSG nur unter erschwerten Bedingungen möglich (vgl 8.2.8.3.3, 8.3.4.3.3.3 u 8.4).

Zum **Präsenzdienst** zählen sämtliche Präsenzdienstarten des § 19 WG 2001 (Grundwehrdienst, Milizübungen, freiwillige Waffenübungen und Funktionsdienste, Wehrdienst als Zeitsoldat, Einsatzpräsenzdienst, außerordentliche Übungen, Aufschubpräsenzdienst und Auslandseinsatzpräsenzdienst). Frauen können auf Grund freiwilliger Meldung nach den jeweiligen militärischen Erfordernissen einen **Ausbildungsdienst** im Ausmaß von zwölf Monaten leisten, wobei eine Verlängerung von bis zu sechs Monaten möglich ist. Unter **Zivildienst** versteht man den ordentlichen und den außerordentlichen Zivildienst (als Einsatz bei Elementarereignissen, Unglücksfällen außergewöhnlichen Umfangs und außerordentlichen Notständen) gem § 6a ZDG (§ 3 APSG; weiters *Halbhuber*, Zivildienst im Ausland, ecolex 1995, 655; Näheres zu § 6a ZDG s *Attlmayr*, Kommentar zum Zivildienstgesetz [2012], § 6a).

4/131 Zusätzlich zum besonderen Kündigungs- und Entlassungsschutz sieht das APSG eine Reihe von Begünstigungen für Präsenz- und Zivildiener und militärische Dienstleistungen erbringende Frauen vor:

4/132 a) Der Lauf der in § 6 APSG aufgezählten Fristen (Verfallsfristen für arbeitsrechtliche Ansprüche, Behaltefrist für Lehrlinge, Kündigungsfristen des Dienstgebers) wird durch Präsenz- oder Zivildienst bzw militärische Dienstleistungen gehemmt (vgl 6.5.3.5 u 8.2.8.3.3).

4/133 b) Soweit sich Ansprüche eines Arbeitnehmers oder einer Arbeitnehmerin nach der Dauer der Dienstzeit richten, sind Zeiten des Präsenz- oder Zivildienstes bzw der militärischen Dienstleistungen, während deren das Arbeitsverhältnis bestanden hat, auf die Dauer der Dienstzeit anzurechnen, der Wehrdienst als Zeitsoldat allerdings maximal im Ausmaß von zwölf Monaten (§ 8 APSG; zur Anrechnung länger als in Österreich dauernder Prä-

---

189 Allg dazu *Fessler/Szymanski*, ZDG² (2001); s auch *Attlmayr*, Kommentar zum Zivildienstgesetz (2012).

190 *Rauch*, Zur Anwendbarkeit des Arbeitsplatzsicherungsgesetzes auf ausländische Arbeitnehmer, ecolex 2001, 57; *Trattner*, Militärdienst von ausländischen Arbeitnehmern, ASoK 2000, 282.

senzdienstzeiten innerhalb der EU vgl *Mayr*, Anwendbarkeit des Arbeitsplatz-Sicherungsgesetzes auf Ausländer, RdW 1998, 411).

c) Kurzfristige, 30 Tage nicht übersteigende Einberufungen zum Präsenz- oder Zivildienst bzw zu militärischen Dienstleistungen führen zu keiner aliquoten Verkürzung des Erholungsurlaubs (§ 9 Abs 2 APSG; vgl 6.10.2). 4/134

d) Vereinbarungen über die Gewährung einer Werks-(Dienst-)wohnung werden durch die Einberufung (Zuweisung) zum Präsenz- oder Zivildienst bzw zu militärischen Dienstleistungen so lange nicht berührt, als das Arbeitsverhältnis besteht, bei einem Präsenzdienst als Zeitsoldat gem § 23 WG 2001 bis zum Ende des besonderen Kündigungs- und Entlassungsschutzes (vgl 8.2.8.3.3, insb auch zu wehrrechtlichen Änderungen bei Zeitsoldaten). Eine davon abweichende Vereinbarung während des aufrechten Arbeitsverhältnisses ist nur gültig, wenn diese schriftlich getroffen wird und ihr eine Bescheinigung eines Gerichts (§ 92 ASGG) oder einer gesetzlichen Interessenvertretung der Arbeitnehmer beigeschlossen ist, aus der hervorgeht, dass der Arbeitnehmer über seine Rechte belehrt wurde (§ 11 APSG). 4/135

4.3.2.3.7. Belegschaftsvertreter

Eine besondere Rechtsstellung kommt den Mitgliedern der betrieblichen Belegschaftsorgane (zB den Mitgliedern des Betriebsrats, Jugendvertrauensrats usw) zu. Das ArbVG trifft in den §§ 115 bis 122 die entsprechenden Regelungen (vgl Näheres unter 10.13). 4/136

4.3.2.3.8. Nachtarbeitnehmer und Nachtschwerarbeiter

Das Arbeitszeitgesetz definiert in § 12a Abs 2 **Nachtarbeitnehmer** als Arbeitnehmer, die regelmäßig oder, sofern der Kollektivvertrag nichts anderes vorsieht, in mindestens 48 Nächten pro Kalenderjahr während der Nacht mindestens drei Stunden arbeiten. Als Nacht gilt hiebei die Zeit zwischen 22.00 und 5.00 Uhr. **Nachtschwerarbeiter iS des AZG** sind jene Nachtarbeitnehmer, die unter besonderen Erschwernissen ihre Nachtarbeit erledigen. Bezüglich der Erschwernisse verweist das AZG auf Art VII Abs 2 NSchG, eine Verordnung nach Art VII Abs 3 NSchG oder einen Kollektivvertrag gem Art VII Abs 6 NSchG. 4/137

Das AZG sieht für die Nachtarbeitnehmer eine Reihe von besonderen Rechten vor: so etwa jenes auf zusätzliche Ruhezeiten (§ 12a Abs 4 bis 6 AZG), ein Recht auf **Information** bezüglich der wichtigen Betriebsgeschehnisse (§ 12d AZG) und das Recht auf **unentgeltliche Untersuchungen** des Gesundheitszustandes, wobei hinsichtlich des letztgenannten vom § 12a AZG abweichende, für die Arbeitnehmer günstigere Definitionen der Begriffe Nachtarbeitnehmer und Nacht aus dem ASchG-Bereich übernommen wurden (vgl § 12b AZG). Weiters hat ein Nachtarbeitnehmer Anspruch auf **Versetzung** auf einen geeigneten Tagesarbeitsplatz entsprechend den betrieblichen Möglichkeiten, wenn die weitere Verrichtung von Nachtarbeit die Gesundheit nachweislich gefährdet oder wenn unbedingt notwendige Betreuungspflichten gegenüber Kindern bis zu zwölf Jahren gegeben sind (§ 12c AZG).

Weitere besondere gesetzliche Schutzmaßnahmen zur Verhinderung, Beseitigung oder Milderung der mit **Nachtschwerarbeit** verbundenen Gefährdungen oder zum Ausgleich von Belastungen werden durch das **NSchG 1981** in Verbindung mit den jeweiligen Sondergesetzen (zB UrlG) gewährt (vgl va *Schwarz/Ziniel*, Nachtschwerarbeitsgesetz[2] [1998]). 4/138

Sonderregelungen für diese Arbeitnehmer betreffen das Urlaubsrecht (Zusatzurlaub; vgl 6.10.8), das Arbeitszeitrecht (Sonderregelung hinsichtlich der Ruhepausen; vgl 6.8.11), das Abfertigungsrecht (Gleichbewertung der Inanspruchnahme des Sonderruhegeldes mit der Inanspruchnahme der vorzeitigen Alterspension bei langer Versicherungsdauer[191]; vgl 8.6.1.2.7) sowie das Arbeitsverfassungsrecht (hinsichtlich Betriebsvereinbarungen vgl 3.3.4.5.3 u 11.5.2.5; hinsichtlich des allgemeinen Kündigungsschutzes vgl 8.2.8.1).

4/139 Wesentliche Voraussetzung für die Anwendung des NSchG ist die Leistung von Nachtarbeit bzw Nachtschwerarbeit im gesetzlich geforderten Ausmaß, wobei hervorzuheben ist, dass sich die Definitionen des NSchG und des AZG nicht decken. So leistet **Nachtarbeit** gem Art VII Abs 1 NSchG ein Arbeitnehmer, der in der Zeit zwischen 22 Uhr und 6 Uhr mindestens sechs Stunden arbeitet, sofern nicht in die Arbeitszeit regelmäßig und in erheblichem Umfang Arbeitsbereitschaft fällt (vgl 6.8.5).

4/140 **Nachtschwerarbeit** leistet gem Art VII Abs 2 NSchG ein Dienstnehmer, der Nachtarbeit unter einer der im Gesetz angeführten erschwerenden Arbeitsbedingungen erbringt.

Als solche gelten insb Bergbauarbeiten unter Tag, Bergbauarbeiten über Tag bei Mehrfachbelastung durch Erschütterung und Lärm[192], Arbeiten bei den Organismus besonders belastender Hitze, Arbeiten in bestimmten begehbaren Kühlräumen, Arbeiten bei andauernd starkem Lärm, bei ständigem gesundheitsschädlichem Einwirken von inhalativen Schadstoffen, die zu einer Berufskrankheit iS der Anlage 1 zum ASVG führen können, sowie Bildschirmarbeiten. Damit die Bildschirmarbeit als Schwerarbeit iS des NSchG zu werten ist, muss die Arbeit mit dem Bildschirmgerät und die Arbeitszeit an diesem Gerät für die gesamte Tätigkeit bestimmend sein. Dies ist etwa der Fall, wenn von acht Stunden Nachtarbeit 3,5 Stunden für Bildschirmarbeit aufgewendet werden (quantitativer Aspekt; s dazu VwGH 24. 7. 2013, 2011/11/0196, ARD 6357/5/2013 = RdW 2013, 746) und sämtliche Störfälle in einem Produktionsbetrieb mittels Bildschirmgerät behoben werden können (qualitativer Aspekt; s VwGH 7. 8. 2002, 99/08/0101, ARD 5360/1/2002).

4/141 Durch VO können weitere Schwerarbeitskriterien, die mit den gesetzlich angeführten vergleichbar sind, festgelegt werden (Art VII Abs 3 und 4 NSchG). Darüber hinaus ist der Kollektivvertrag ermächtigt, sonstige Arbeiten zu Schwerarbeit iS des NSchG zu erklären, wenn sie eine außergewöhnliche Beanspruchung mit sich bringen oder Arbeitnehmer der Einwirkung durch Schadstoffe oder Strahlen ausgesetzt sind (Art VII Abs 6 NSchG).

4.3.2.3.9. Arbeitnehmer „privatisierter" Unternehmen

4/142 Im Zuge der sog „Privatisierung" werden Einrichtungen und Wirtschaftskörper in erster Linie des Bundes aus der staatlichen Verwaltung ausgegliedert und als juristische Personen des Privatrechts eingerichtet[193]. Die ausgegliederten Unternehmen werden entweder in der Rechtsform einer Aktiengesellschaft (zB die Österreichische Staatsdruckerei AG durch BGBl I 1/1997 bzw als Nachfolgerin die Print Media Austria AG durch BGBl I 93/1999, die Österreichische Bundesforste AG durch BGBl 793/1996, die Post und Telekom Austria AG durch BGBl 201/1996) oder einer GmbH (zB die Bundesrechenzentrum

---

[191] Näheres dazu bei *Mayr* in Löschnigg (Hrsg), AngG Bd 2[10] (2016), § 23a Rz 5 ff.

[192] S ua VwGH 16. 12. 2013, 2012/11/0240, ARD 6395/21/2014.

[193] Zur Ausgliederung bei Gebietskörperschaften vgl etwa *Resch*, Betriebsübergang bei Ausgliederung von Gemeinde- und Landesbetrieben, in FS Cerny (2001), 319; *Koblizek*, Personelle Umsetzung von Organisationsänderungen in ausgegliederten Unternehmen, DRdA 2005, 3; *Jabornegg*, Ausgliederung und Betriebsverfassungsrecht, in Brodil (Hrsg), Ausgliederungen (2009), 43; OGH 24. 4. 2003, 8 ObA 190/02b, DRdA 2004, 370 mit Bespr v *Obereder*.

GmbH durch BGBl 757/1996, die Österreichische Forschungs- und Prüfzentrum Arsenal GmbH durch BGBl I 15/1997, die Bundessporteinrichtungen GmbH durch BGBl I 149/1998) geführt. Teilweise kommt es zu keiner Umwandlung in eine GmbH oder eine Aktiengesellschaft, sondern die jeweilige Anstalt erlangt kraft Gesetzes eigene Rechtspersönlichkeit (zB die Bundesmuseen durch BGBl I 115/1998, die Universitäten durch BGBl I 120/2002[194]). Für die Österreichischen Bundesbahnen – durch BGBl 825/1992 ebenfalls mit eigener Rechtspersönlichkeit ausgestattet – gilt das GmbHG sinngemäß, sofern nicht sondergesetzliche Bestimmungen zur Anwendung gelangen.

Für neu eintretende Arbeitnehmer kommen damit nicht mehr die Bestimmungen des BDG bzw des VBG, sondern die jeweiligen arbeitsrechtlichen Regelungen, insb das AngG, zur Anwendung. Für die zum Zeitpunkt der Privatisierung bestehenden Dienstverhältnisse sehen Übergangsbestimmungen differenzierte Lösungen vor[195]. Beamte können regelmäßig innerhalb einer gewissen Frist wählen, ob sie vom neuen Rechtsträger in ein Arbeitsverhältnis übernommen werden oder ob sie ihren Beamtenstatus erhalten wollen. Im letzteren Fall werden sie dienstrechtlich eigens eingerichteten Personalämtern unterstellt und gleichzeitig den neuen Rechtsträgern zur Dienstleistung zugewiesen[196]. Die Vertragsbediensteten werden unter Wahrung ihrer nach dem VBG erworbenen Rechte kraft Gesetzes Arbeitnehmer der Gesellschaft[197]. 4/143

Teilweise wird den neuen Rechtsträgern durch das jeweilige Errichtungsgesetz die **Kollektivvertragsfähigkeit** verliehen (zB der Österreichischen Bundesforste AG, der Bundestheater-Holding GmbH, der Bundesrechenzentrum GmbH; vgl auch *Winkler*, Firmentarif versus Verbandstarif, in FS Krejci [2001], 1755). 4/144

Betriebsverfassungsrechtlich ist für die neu errichteten Unternehmungen regelmäßig die Geltung des ArbVG vorgesehen. Dies führt auf Grund der Überschneidungen der Befugnisse des ArbVG und der Mitwirkungsrechte nach den Personalvertretungsgesetzen der Ge- 4/145

[194] Vgl hiezu insb *Sebök*, Universitätsgesetz 2002^2 (2003).

[195] Zur europarechtlichen Dimension vgl insb *Friedrich*, Europäisches Arbeitsrecht und Privatisierungen (2002).

[196] Vgl auch *Germ*, Organisationsfreiheit des Dienstgebers – auch in der Bundesverwaltung kein schrankenloses Dienstherrenrecht, DRdA 2003, 291; *Floretta/Wachter*, Zur Rechtsstellung der bei der Telekom-Austria-Gruppe beschäftigten Beamten, in FS Cerny (2001), 580; *Wolf*, Zur Rechtstellung der an Post und Telekom zugewiesenen Bundesbeamten, ecolex 2008, 938.

[197] Allg s *Holzer*, Arbeitsrechtliche Probleme der „Privatisierung", DRdA 1994, 376; *Marhold*, Privatisierungsprobleme im Arbeits- und Sozialrecht, in Achatz/Isak/Marhold (Hrsg), Privatisierung im Europarecht, Steuerrecht, Arbeitsrecht und Sozialrecht (1999), 61; *Löschnigg*, Arbeitsrechtliche Aspekte der Vollrechtsfähigkeit, in Breunlich (Hrsg), Ausgliederung von Universitäten (1999), 133; *Schrammel*, Arbeitsrechtliches zur Privatisierung öffentlicher Aufgaben, in FS Krejci (2001), 1673; *Reissner*, Privatisierung staatlicher Einrichtungen und Betriebsübergangs-Richtlinie, RdW 2000, 672; *Kropf/Leitsmüller/Rossmann* (Hrsg), Ausgliederungen aus dem öffentlichen Bereich (2001); OGH 25. 1. 2006, 9 ObA 129/04t, DRdA 2007, 125 mit Bespr v *B. Schwarz*; zur Anwendbarkeit des AVRAG s insb OGH 15. 4. 1999, 8 ObA 221/98b, ZAS 2000, 108 mit Bespr v *Jöst* = DRdA 2000, 134 mit Bespr v *Wachter*; *Hesse*, Betriebsübergang – Ausgliederungen – legistische Schlussfolgerungen, ASoK 2000, 371; *Friedrich*, Privatisierungen als Betriebsübergang, ASoK 2000, 373; *B. Schwarz*, Rechtsprobleme der Ausgliederungen unter besonderer Betonung des öffentlichen Bereiches, DRdA 2002, 351; hiezu *Germ*, Organisationsfreiheit des Dienstgebers – auch in der Bundesverwaltung kein schrankenloses Dienstherrenrecht, DRdA 2003, 291; *Standeker*, Das Dienstrecht der Steiermärkischen Krankenanstalten (2003); *Stadler*, Arbeitsrechtliche Konsequenzen bei Ausgliederungen und Kooperationen von Krankenanstalten, RFG 2012, 39; vgl weiters OGH 18. 4. 2002, 8 ObA 162/01h, DRdA 2003, 269 mit Bespr v *Alvarado-Dupuy*; zur Frage, wer bei Aufspaltung von Universitäten Arbeitgeber ist, vgl OGH 23. 2. 2006, 8 ObA 78/05m, DRdA 2007, 383 mit Bespr v *Pfeil*.

bietskörperschaften zu erheblichen Interpretationsproblemen. Die bestehenden Personalvertretungen werden grundsätzlich in Betriebsräte umgewandelt (s hiezu auch *Klein*, Arbeitsrechtliches zur „Privatisierung", in FS Tomandl [1998], 201)[198]. Für die Post- und Telekom-Unternehmen kommt das Post-Betriebsverfassungsgesetz (PBVG)[199] zur Anwendung. Dort sind insbesondere spezielle Personalvertretungsorgane (zB Vertrauenspersonenausschuss, Personalausschuss und Zentralausschuss) vorgesehen.

4.3.3. Randgruppen

4/146 Gewisse Personengruppen befinden sich im Randbereich des Arbeitsrechts. Sie werden teilweise von der arbeitsrechtlichen Gesetzgebung erfasst, weisen aber mitunter ein derartiges Maß an Selbständigkeit und Eigenverantwortlichkeit auf, dass eine pauschale Zuordnung zu den Arbeitnehmern nicht möglich ist.

4.3.3.1. Arbeitnehmerähnliche Personen

4/147 Arbeitnehmerähnlich sind gem § 51 Abs 3 Z 2 ASGG Personen, die, ohne in einem Arbeitsverhältnis zu stehen, im Auftrag und für Rechnung bestimmter anderer Personen Arbeit leisten und wegen ihrer **wirtschaftlichen Unselbständigkeit** als arbeitnehmerähnlich anzusehen sind[200]. Arbeitnehmerähnliche Personen sind nach der genannten Bestimmung des ASGG den Arbeitnehmern prozessual gleichgestellt[201].

4/148 Die **Bedeutung** der arbeitnehmerähnlichen Person ist aber nicht auf das Prozessrecht beschränkt, sondern reicht in das materielle Recht hinein. So erstrecken sich auch der Geltungsbereich des **DHG** (§ 1 Abs 1 DHG), jener des **AuslBG** (§ 2 Abs 2 lit b AuslBG; s auch VwGH 18. 10. 2000, 99/09/0011, ARD 5237/18/2001), des **AÜG** (§ 3 Abs 4 AÜG) und des **GlBG** (§ 1 Abs 3 Z 2, § 16 Abs 3 Z 2 GlBG) auf die arbeitnehmerähnlichen Personen. Das **KautSchG** ist der Rechtsprechung zufolge ebenfalls auf die Rechtsverhältnisse von arbeitnehmerähnlichen Personen anzuwenden[202]. Dies gilt allerdings nicht für die Sicherung vertraglicher Hauptpflichten, die weder mit jenen eines „echten" Dienstnehmers noch mit jenen anderer vom KautSchG erfasster Schutzbedürftiger vergleichbar sind. Die Kautionsbestellung eines arbeitnehmerähnlichen Tankstellenpächters in Form einer Bankgaran-

---

[198] Vgl zB *Standeker*, Zur Problematik der zwangsweisen Zuweisung öffentlich Bediensteter zur Dienstleistung bei einem ausgegliederten Rechtsträger, ZAS 2003, 117; *Goricnik*, Versetzungsschutz einer „ausgegliederten" Beamtin im Rahmen der Betriebsverfassung, wbl 2009, 66; *dens*, Betriebsverfassungsrechtlicher Versetzungsschutz für „ausgegliederte" Beamte?, RdW 2003, 170; *Alvarado-Dupuy*, Betriebliche Interessenvertretung in ausgegliederten Einrichtungen, in Kropf (Hrsg), Ausgliederungen aus dem öffentlichen Bereich (2001), 129; *Stifter*, Das Zusammentreffen von Normen des Beamtenrechtes und der Arbeitsverfassung, DRdA 1975, 116; *Gerhartl*, Mitwirkungsrechte der Belegschaftsvertretung bei Versetzung von Beamten, ASoK 2006, 343; *Mayer*, Versetzung von Beamten nach kollektivem Arbeitsrecht?, ecolex 2003, 436.

[199] Zur Rechtslage vor Aufhebung des Bahn-Betriebsverfassungsgesetzes s OGH 28. 3. 2003, 8 ObA 110/01m, DRdA 2002, 476 mit Bespr v *Obereder*; vgl weiters *Kuntner/Waglechner*, Eisenbahnrecht[3] (2009).

[200] Vgl allg *Wachter*, Wesensmerkmale der arbeitnehmerähnlichen Person (1980), insb 93 ff.

[201] Vgl auch *Wachter*, Der Begriff des Arbeitsverhältnisses im Rahmen des ASGG – Zur Anwendbarkeit des ASGG auf arbeitnehmerähnliche Verhältnisse, in FS Schwarz (1991), 701; *Kuderna*, ASGG[2] (1996), 324; *Kuras*, Überlegungen zur Wirkungsmacht des Verfahrensrechts – „Arbeitnehmerähnliche" im ASGG, in Kietaibl/Schörghofer/Schrammel (Hrsg), Rechtswissenschaft und Rechtskunde (2014), 45 ff.

[202] OGH 7. 4. 1987, 14 ObA 10/87, DRdA 1990, 213 mit Bespr v *Jabornegg*.

tie für Entgeltansprüche für ohne vorherige Barzahlung gelieferte Tankbefüllungen wurde daher von der Judikatur als zulässig angesehen[203].

Arbeitnehmerähnlichkeit ist dadurch gekennzeichnet, dass an sich ein Arbeits(vertrags)verhältnis nicht vorliegt, jedoch die Kriterien fremdbestimmter Arbeit in einem gewissen Umfang gegeben sind. Es handelt sich um Personen, die eine Art **Mittelstellung** zwischen dem rechtlich und wirtschaftlich unselbständigen Arbeitnehmer und dem rechtlich und wirtschaftlich selbständigen Unternehmer einnehmen. Sie sind trotz vorhandener rechtlicher Selbständigkeit wirtschaftlich unselbständig und stehen deshalb dem Arbeitnehmer näher als dem Unternehmer[204]. Sie stehen in **keinem Arbeitsverhältnis**, haben aber häufig andere vertragliche Beziehungen, wie solche auf Grund eines Auftrags-(Bevollmächtigungs-)Verhältnisses oder eines freien Dienstvertrags (vgl 4.2.8 und 4.2.2)[205], die auch mit Elementen anderer Verträge, zB des Werkvertrags (vgl 4.2.1), verbunden sein können. Es kommt weder auf die rechtliche Natur der bestehenden Rechtsverhältnisse noch auf die steuerliche oder sozialversicherungsrechtliche Behandlung oder auf die allgemeine wirtschaftliche Lage an, sondern auf die Kriterien der Fremdbestimmtheit, die das Gesetz mit dem Begriff der „wirtschaftlichen Unselbständigkeit" umschreibt. Das Wesen dieser Fremdbestimmtheit hat der OGH so formuliert, dass zu prüfen ist, ob der Verpflichtete in Bezug auf die ausgeübte Beschäftigung in seiner Entschlussfähigkeit auf ein Minimum beschränkt ist[206]. Dies kann auch bei rechtlich Selbständigen der Fall sein. Als arbeitnehmerähnliche Personen können daher auch rechtlich Selbständige mit „Konzession", wie bestimmte Handelsvertreter, Stundenbuchhalter sowie gewisse Wirtschafts- und Steuerberater, angesehen werden[207]. 4/149

Mitunter werden die Begriffe **„wirtschaftliche Unselbständigkeit"** und **„wirtschaftliche Abhängigkeit"** von der Judikatur offensichtlich gleichgesetzt[208]. Dies führte dazu, dass einige Entscheidungen vom Aspekt der wirtschaftlichen Abhängigkeit her das Hauptkriterium der arbeitnehmerähnlichen Person darin erblicken, ob der Beschäftigte auf die Entlohnung zur Bestreitung seines Lebensunterhalts angewiesen ist[209]. 4/150

Dieses zu stark im Subjektiven verankerte Kriterium ist jedenfalls als allein ausschlaggebendes Moment abzulehnen. Die konkrete Prüfung der Frage, ob jemand seinen Lebensunterhalt aus der Entlohnung bestreitet, führt juristisch ebenso ins Uferlose wie die Beurteilung jener wirtschaftlichen Potenz, die Arbeitnehmerähnlichkeit ausschließt. Wenn man schon „wirtschaftliche Unselbständigkeit" und „wirtschaftliche Abhängigkeit" gleichsetzt, so kann darunter nicht verstanden werden, dass der Arbeitende ohne den Bestand der betreffenden Verdienstquelle nicht existieren könnte[210]. Es kommt

[203] OGH 13. 7. 2006, 8 ObA 57/06z, DRdA 2008, 25 mit krit Bespr v *Jabornegg*.
[204] OGH 6. 9. 1955, 4 Ob 106/55, Arb 6300; ebenso *Pfeil* in Schwimann/Kodek (Hrsg), ABGB V^4 (2014), § 1151 Rz 46.
[205] LGZ Wien 5. 4. 1968, 44 R 179/68, Arb 8510; LGZ Wien 18. 3. 1981, 44 R 26/81, Arb 10.022; VwGH 12. 2. 1986, 84/11/0234, RdW 1987, 24.
[206] OGH 16. 11. 1965, 4 Ob 118/65, Arb 8159; OGH 21. 9. 1976, 4 Ob 92/76, Arb 9518; OGH 12. 11. 1979, 4 Ob 68/79, DRdA 1981, 136 mit Bespr v *Wachter* = Arb 9829.
[207] OGH 21. 12. 1954, 4 Ob 180/54, Arb 6138; OGH 6. 9. 1955, 4 Ob 106/55, Arb 6300; OGH 5. 12. 1978, 8 Ob 569/78, Arb 9747.
[208] Vgl OGH 29. 6. 1965, 4 Ob 77/65, ZAS 1966, 24 mit Bespr v *Harmos*.
[209] OGH 29. 11. 1961, 6 Ob 450/61, JBl 1962, 509; OGH 21. 9. 1976, 4 Ob 92/76, Arb 9518; OGH 5. 12. 1978, 8 Ob 569/78, Arb 9747; OGH 18. 2. 1981, 3 Ob 599/80, Arb 9944; OGH 24. 9. 1981, 7 Ob 692/81, Arb 10.019; nach der E des OGH v 10. 1. 1984, 4 Ob 191/82, Arb 10.310, genügt es, wenn die betreffende Person zur Bestreitung des Unterhalts „jedenfalls auch" auf die Entlohnung angewiesen ist.
[210] Treffend OGH 30. 1. 1975, 6 Ob 8, 9/75, Arb 9317.

darauf an, dass sich die betreffende Person im Verhältnis zu ihrem Auftraggeber wirtschaftlich in einer ähnlichen Situation befindet, wie dies beim Arbeitnehmer typischerweise der Fall ist (zum Arbeitnehmerbegriff vgl 4.3.2.1).

4/151 Von der **Judikatur** wurden als Kriterien herausgestellt: Mangel einer eigenen Betriebsstätte, längere Dauer der Beschäftigung, in regelmäßigen Zeitabschnitten vorgenommene Honorierung udgl. Hervorzuheben ist, dass eine vorübergehende Nebenbeschäftigung für andere Personen die Arbeitnehmerähnlichkeit nicht ausschließt (OGH 21. 12. 1954, 4 Ob 180/54, Arb 6138).

4/152 Der zuletzt geäußerte Gedanke lässt bereits ein präziser formuliertes Merkmal erkennen: Der Umstand, dass ein Provisionsvertreter **nur für einen Auftraggeber** tätig war, wurde als wesentliches Charakteristikum der wirtschaftlichen Unselbständigkeit gewertet[211]. Dies ist sicherlich eine überspitzte Formulierung, denn es liegt auf der Hand, dass eine wirtschaftliche Unselbständigkeit in durchaus ähnlicher Weise im Falle der Beschäftigung bei mehreren Auftraggebern vorliegen kann. Wesentlich ist also die faktische wirtschaftliche Abhängigkeit von bestimmten, wenn auch mehreren, nicht aber von einer unbegrenzten, ständig wechselnden Anzahl von Unternehmern[212]. In dieser Tatsache ist auch das Erfordernis des Angewiesenseins auf das Entgelt zur Bestreitung des Lebensunterhalts inbegriffen. Es ist nicht ganz zutreffend, wenn die zuletzt genannten oberstgerichtlichen Entscheidungen das Kriterium des Angewiesenseins – neben der Regelmäßigkeit der Tätigkeit – als eigenständig hervorheben, weil dieser Umstand gerade aus der beschränkten Zahl der Auftraggeber erschlossen werden muss und konkrete Nachprüfungen, aus welchen Mitteln der Lebensunterhalt bestritten wurde, nicht zielführend sind und in der Judikatur auch nicht getätigt wurden. Darauf wurde schon verwiesen.

Der VwGH nimmt wirtschaftliche Unselbständigkeit an, wenn die Person trotz fehlender persönlicher Abhängigkeit nicht mehr in der Lage ist, ihre Arbeitskraft – soweit sie durch das konkrete Rechtsverhältnis in der Verfügung über dieselbe gehindert ist – anderweitig für Erwerbszwecke einzusetzen (VwGH 12. 2. 1986, 84/11/0234, RdW 1987, 24).

4/153 Zusammenfassend ist festzuhalten, dass sich das Gesamtbild der arbeitnehmerähnlichen Person aus einer Reihe von Qualifikationsmerkmalen ergibt, die der typischen ökonomischen Situation von Arbeitnehmern ähnlich sind. Diese Kriterien sind verschiedenartig, erschöpfend nicht fassbar und im Einzelfall in unterschiedlicher Intensität ausgeprägt. Die Arbeitnehmerähnlichkeit wird durch die wirtschaftliche Lage, nicht aber durch die charakteristischen juristischen Hauptkriterien des Arbeitnehmerbegriffs (persönliche Abhängigkeit, Weisungsgebundenheit, Einordnung in den Betrieb; vgl 4.1) gekennzeichnet. Freilich weisen auch diese Merkmale in die Richtung wirtschaftlicher Unselbständigkeit, doch wird bei ihrem Vorliegen schon die Arbeitnehmereigenschaft gegeben sein[213].

---

[211] LGZ Wien 11. 6. 1959, 44 R 340/59, Arb 7076; LGZ Wien 6. 9. 1966, 44 R 558/66, Arb 8270.
[212] OGH 14. 1. 1975, 4 Ob 80/74, Arb 9315; OGH 29. 4. 1975, 4 Ob 20/75, Arb 9347; OGH 7. 10. 1975, 3 Ob 108/75, Arb 9400.
[213] *Wachter*, Wesensmerkmale der arbeitnehmerähnlichen Person (1980), insb 92 ff.

4.3.3.2. Heimarbeiter

Heimarbeiter ist, wer, ohne Gewerbetreibender nach den Bestimmungen der GewO 1994 zu sein, in eigener Wohnung oder selbstgewählter Arbeitsstätte im Auftrag und für Rechnung von Personen, die Heimarbeit vergeben, mit der Herstellung, Bearbeitung, Verarbeitung oder Verpackung von Waren beschäftigt ist (§ 2 Z 1 HeimAG)[214]. 4/154

Heimarbeiter gelten aber bereits seit einer grundlegenden Entscheidung des OGH aus dem Jahr 1954 **grundsätzlich nicht** als **Arbeitnehmer**, weil sie regelmäßig Familienangehörige zur Arbeitsleistung heranziehen können und ihnen daher die persönliche Abhängigkeit und die persönliche Dienstleistungspflicht fehlen[215]. Diese Meinung wurde wiederholt angefochten[216]. 4/155

Die im Gesetz bezeichneten Tätigkeiten müssen in keiner Weise kumulativ gegeben sein; die Herstellung von Waren allein kann jedenfalls den Gegenstand der Heimarbeit bilden[217]. Der Begriff „Waren" gem § 2 Z 1 HeimAG ist nicht im handelsrechtlichen Sinn zu verstehen. Die Rechtsprechung hat sowohl das Adressieren von Briefumschlägen[218] als auch die Zusammenfassung von Adressen in Listen als Gegenstand der Heimarbeit iS des Gesetzes anerkannt[219]. Obzwar der VwGH den Begriff „Waren" weit auslegt, werden nur minderqualifizierte Schreibarbeiten unter den Geltungsbereich des HeimAG fallen, wogegen qualifizierte Tätigkeiten nicht erfasst werden. Übersetzungsarbeiten für ein Übersetzungsbüro bilden keine Heimarbeit (VwGH 27. 10. 1972, 0835/72, VwGHSlg NF 8307). 4/156

Werden qualifizierte Arbeitsleistungen erbracht, stellt sich das Problem der sog **Heimangestellten**. Schon lange aktuell, wurde die Diskussion über Heimangestellte vor allem bei der Einführung von BTX (Bildschirmtextbetrieb der Post) und später durch die weite Verbreitung des **Internets** angeregt, da erwartet wurde, dass Angestelltentätigkeiten immer häufiger nicht im Betrieb, sondern in der eigenen Wohnung verrichtet werden (zur sog **Telearbeit**[220] vgl *Melzer-Azodanloo*, Tele-Arbeitsrecht [2001]; *Andexlinger*, Telearbeit aus Arbeitgebersicht, ecolex 1996, 382). Erleichtert wird dislozierte Tätigkeit mittlerweile auch durch den Einsatz von Smartphones, die den Arbeitnehmer ebenfalls stark ins betriebliche Geschehen einbinden, ohne dass er tatsächlich im Betrieb anwesend ist. 4/157

Kommt das HeimAG wegen der Qualifikation der Tätigkeit nicht zur Anwendung[221], bleibt noch zu klären, ob diese Personengruppe nicht dem AngG zu unterstellen ist. Während der OGH in seiner E v 6. 4. 1954 (4 Ob 5/54, Arb 5957) noch von der Meinung ausging, dass Heimarbeiter vor allem im Hinblick auf das Fehlen einer höchstpersönlichen Dienstleistungspflicht keine Dienstnehmer sein

---

214 Vgl allg *Huberger/Fichtinger*, HeimAG (1993); VwGH 27. 4. 1995, 95/11/0029, DRdA 1996, 220 mit Bespr v *Ritzberger-Moser* = ARD 4688/18/95.

215 OGH 6. 4. 1954, 4 Ob 5/54, Arb 5957; s auch OGH 3. 7. 1957, 4 Ob 18/57, Arb 6689.

216 Vgl *Kummer*, Der Oberste Gerichtshof im Spiegel der Kritik, DRdA 1955, H 17, 3; *Schwarz*, Heimarbeit und Dienstverhältnis, DRdA 1954, H 12/13, 18.

217 VwGH 24. 6. 1966, 606/66, Arb 8256.

218 VwGH 27. 4. 1973, 598/72, ZAS 1974, 106 mit Bespr v *Holzer*.

219 VwGH 24. 6. 1966, 606/66, Arb 8256.

220 Weiters hiezu vgl *Kolm*, Telearbeit von A–Z (1996); insb zur deutschen Rechtslage vgl *Collardin*, Aktuelle Rechtsfragen der Telearbeit (1995); *Fenski*, Außerbetriebliche Arbeitsverhältnisse^2 (2000); *Wedde*, Telearbeit: Handbuch für Arbeitnehmer, Betriebsräte und Anwender^3 (2002).

221 Krit dazu *Melzer-Azodanloo*, Telearbeit in Österreich – rechtliche Bestandsaufnahme und Ausblicke, juridikum 2007, 152.

können[222], ging er in seiner E v 23. 4. 1964 (4 Ob 12/64, Arb 7935) von dieser Rechtsansicht ab. Das Höchstgericht qualifizierte Vereinbarungen, nach denen die Arbeit in der Wohnung verrichtet wird, als Arbeitsverhältnisse, wenn bestimmte Arbeitsstunden einzuhalten sind und eine Kontrolle durch den Arbeitgeber die Betriebszugehörigkeit entsprechend ausweist. Ähnliche Überlegungen stellte der VwGH anlässlich der Prüfung der Versicherungspflicht nach dem ASVG an (VwGH 19. 3. 1984, 82/08/0154, infas 1985, S 25).

4/158 Bei der Prüfung der Anwendbarkeit arbeitsrechtlicher Bestimmungen auf sog „Heimangestellte" ist daher stets von den allgemeinen Kriterien des Arbeitnehmerbegriffs (vgl 4.3.2.1) auszugehen. Einzig und allein die Tatsache, dass die Dienstleistung in der eigenen Wohnung oder selbstgewählten Arbeitsstätte erbracht wird, schließt die Arbeitnehmereigenschaft nicht von vornhinein aus[223]. Überwiegen die Merkmale eines Arbeitsverhältnisses und werden Angestelltentätigkeiten erledigt, dann kommt auch das AngG zwingend zur Anwendung.

4/159 Bis zur Novelle BGBl I 74/2009 kannte das HeimAG den Begriff des Zwischenmeisters. Unter Zwischenmeister (Stückmeister) war ein Gewerbetreibender zu verstehen, der in der eigenen Wohnung oder selbstgewählten Arbeitsstätte allein oder unter Mithilfe von Familienangehörigen oder fremden Arbeitskräften (im Betrieb Beschäftigten, Heimarbeitern) im Auftrag von Personen, die Heimarbeit vergaben, mit der Herstellung, Bearbeitung, Verarbeitung oder Verpackung von Waren beschäftigt war und selbst wesentlich am Stück mitarbeitete; dabei war es ohne Bedeutung, ob er die hiezu erforderlichen Stoffe selbst beistellte und ob er auch für den Absatzmarkt arbeitete.

4/160 Da das Heimarbeitsverhältnis der Judikatur zufolge nicht als Arbeitsverhältnis anzusehen ist, die Schutzbedürftigkeit von Heimarbeitern aber in vielen wesentlichen Punkten der von Arbeitnehmern ähnlich ist, besteht ein starker Bedarf nach „arbeitsrechtsähnlichen" Bestimmungen. Dementsprechend wurde das HeimAG laufend an die einschlägigen arbeitsrechtlichen Regelungen angepasst. In diesem Sinne stehen beispielsweise auch Heimarbeitern ein **Erholungsurlaub** (§ 20 HeimAG), eine **Entgeltfortzahlung bei Dienstverhinderung** (§ 25 HeimAG), ein **Freistellungsanspruch** für die notwendige Pflege eines im gemeinsamen Haushalt lebenden erkrankten Kindes unter zwölf Jahren (§ 26 HeimAG) oder eine **Abfertigung** (§ 27b HeimAG) zu. Im Hinblick auf die Besonderheiten von Heimarbeitsverhältnissen enthält das HeimAG zwar keine Kündigungsregelungen, gem § 27a HeimAG besteht jedoch die Pflicht des Auftraggebers bzw Heimarbeiters, den jeweils anderen Teil unter Einhaltung einer mindestens einwöchigen Frist von der beabsichtigten **Auflösung** des Heimarbeitsverhältnisses zu verständigen. Das Heimarbeitsverhältnis endet aber auch dann, wenn der Auftraggeber innerhalb von 30 Tagen nach Ablieferung des letzten Auftrags keinen weiteren Auftrag vergibt oder der Heimarbeiter sich grundlos weigert, innerhalb dieser Frist einen solchen anzunehmen.

---

222 Krit hiezu *Schwarz*, Heimarbeit und Dienstverhältnis, DRdA 1954, H 12/13, 18.

223 Vgl hiezu *Trost*, Der Arbeitnehmer in eigener Wohnung, ZAS 1991, 181.

4.3.3.3. Handelsvertreter

Selbständige Handelsvertreter unterliegen dem HVertrG[224] (früher HandelsagentenG). Sie sind mit der Vermittlung oder dem Abschluss von Geschäften, ausgenommen über unbewegliche Sachen, im Namen und auf Rechnung des Unternehmers ständig betraut und üben diese Tätigkeit selbständig und gewerbsmäßig aus (vgl *Jabornegg*, Handelsvertreterrecht und Maklerrecht [1987], 1 ff). 4/161

Makler iSd § 1 MaklerG ist, wer auf Grund einer privatrechtlichen Vereinbarung (Maklervertrag) für einen Auftraggeber Geschäfte mit einem Dritten vermittelt, ohne ständig damit betraut zu sein. Darauf aufbauend definiert § 19 MaklerG den Handelsmakler als Makler, der gewerbsmäßig Geschäfte über Gegenstände des Handelsverkehrs vermittelt. Ein grundlegender Unterschied zum Handelsvertreter liegt darin, dass der Makler nicht ständig mit der Vermittlungstätigkeit betraut ist[225] und in der Regel die Geschäfte nur vermittelt.

Relevante Bestimmungen ergeben sich zudem aus dem UGB, wenn der Handelsvertreter bzw Makler die entsprechenden Voraussetzungen erfüllt, sowie aus der GewO 1994. Durch die Novelle BGBl I 111/2002 wurden das Gewerbe der **Handelsagenten** und das allgemeine **Handelsgewerbe** zusammengeführt. Mit Ausnahme bestimmter Tätigkeiten, wie etwa dem Handel mit Medizinprodukten, gehört dieser Bereich zu den sog freien Gewerben.

Die **Tätigkeiten** von unternehmensrechtlich selbständigen Personen können aber auch im Rahmen eines **Dienstverhältnisses** verrichtet werden, das nach den Bestimmungen des AngG zu beurteilen ist. Die Abgrenzung zwischen dem selbständigen Handelsvertreter und dem Vertreter nach dem AngG ist nicht zuletzt deswegen schwierig, weil auch Angestellte auf reiner Provisionsbasis arbeiten können und bei den einschlägigen Tätigkeiten relativ selbständig sind (zB keine Bindung an die Arbeitszeit). 4/162

Für ein **abhängiges Arbeitsverhältnis** sprechen: Berichtspflicht, Weisungsgebundenheit, Konkurrenzverbot, Zuweisung eines Rayons, kein eigener Gewerbeschein, Sozialversicherung sowie Lohnsteuerabzug. Festes Gehalt (Fixum), Erledigung der Innendiensttätigkeiten im Betrieb des Geschäftsherrn, Bindung an Dienstzeiten sowie Anspruch auf Spesenersatz sind jedenfalls anerkannte Merkmale der Angestellteneigenschaft. Allein die Anmeldung zur Sozialversicherung und die Einbehaltung der Lohnsteuer lassen noch nicht auf ein Angestelltendienstverhältnis schließen (s auch 4.1)[226]. Für den Status eines selbständigen **Handelsvertreters** sprechen das Tragen der Reisespesen (die Arbeit wird nicht mehr mit den Mitteln des Arbeitgebers geleistet), das Fehlen der Weisungsgebundenheit (Fehlen der Eingliederung in die Organisation des Betriebs) sowie die Arbeit auf reiner Provisionsbasis ohne Fixum und Spesenersatz (Tragen eines erheblichen Unternehmerrisikos).

Zu beachten ist, dass es sich hiebei um Indizien handelt, die nicht schematisch geprüft werden können, sondern dazu dienen, den Grad der die Arbeitnehmereigenschaft kennzeichnenden Arbeitsabhängigkeit zu ermitteln (vgl allg 4.1).

Die Relativität dieser Kriterien hat dazu geführt, dass gerade bei Provisionsvertretern in der Rechtsprechung Fälle auftreten, in denen der Vertreter **weder** der Gruppe der Handelsvertreter **noch** der Gruppe der Angestellten zugeordnet wird. Die Judikatur spricht einerseits 4/163

---

[224] Allg dazu *Nocker*, Das Handelsvertreterrecht in Österreich, IHR 2007, 45; *ders*, Der Handelsvertretervertrag (2000); *ders*, Handelsvertretergesetz (2009); zur Anwendbarkeit des HVertrG auf Subvermittler von Finanzdienstleistungen s OGH 23. 11. 2006, 8 ObA 65/06a, DRdA 2008, 238 mit Bespr v *Jabornegg* = Arb 12.644.

[225] S insb *Feil*, Makler- und Handelsvertreterrecht (1996); *Koban*, Maklergesetz 1996 (1996); *Fromherz*, Kommentar zum Maklergesetz (1997).

[226] Vgl zB OGH 18. 2. 1981, 3 Ob 599/80, Arb 9944; OGH 1. 9. 1999, 9 ObA 187/99m, ARD 5121/7/2000; Näheres und weitere Judikatur bei *Löschnigg* in Löschnigg (Hrsg), AngG Bd 1[10] (2016), § 1 Rz 80; *Resch* in Geist/Resch (Hrsg), Direktvertrieb (2000), 83.

von „Auftrags- oder sonstigen Rechtsverhältnissen“[227], andererseits wird ein **„freies Vertreterverhältnis“** auch als „freies Dienstverhältnis“ bezeichnet[228]. Wenn aber der Provisionsvertreter nicht Angestellter seines Dienstgebers ist, kann er noch immer in arbeitnehmerähnlichen Rechtsbeziehungen zu diesem stehen.

4/164 Ob ein solches Verhältnis vorliegt – man wird am ehesten von einem freien Dienstvertrag zu sprechen haben (vgl 4.2.2) –, ist allein nach dem Maß der wirtschaftlichen Unselbständigkeit zu beurteilen. **Arbeitnehmerähnlichkeit** kann nach der Judikatur sogar bei sonst selbständigen Handelsvertretern vorkommen[229] und wird umso eher in jenen Fällen anzunehmen sein, die rechtlich zwischen dem selbständigen Handelsvertreter und dem Angestellten stehen. Als besonders wesentliches Kriterium für die Annahme der Arbeitnehmerähnlichkeit eines Provisionsvertreters wurde der Umstand gewertet, dass dieser nur für einen einzigen Auftraggeber tätig oder von mehreren Unternehmern – aber nicht von einer unbestimmten, ständig wechselnden Anzahl von Unternehmern – wirtschaftlich abhängig ist (vgl 4.3.3.1)[230].

4/165 Ein wesentlicher Unterschied hinsichtlich der Rahmenbedingungen für Angestellte und freie Handelsvertreter besteht insofern, als **Konkurrenzklauseln** für selbständige Handelsvertreter (§ 25 HVertrG) unzulässig sind (*Körber*, Konkurrenzklauseln für Handelsvertreter, ecolex 2005, 781).

4.3.3.4. Mitglieder geschäftsführender Organe von Gesellschaften etc

4/166 Juristische Personen benötigen Organe, die für sie handeln. Regelmäßig kommt es hiebei zu einer Zweiteilung: Organe, die die Führung der Geschäfte übernehmen (geschäftsführende Organe), und Organe, die der Kontrolle der Eigentümer oder der sonstigen Begünstigten dienen (Kontrollorgane). Die geschäftsführenden Organe üben auch die Dienstgeberfunktion gegenüber der Belegschaft aus. Konkrete Handlungen setzen die natürlichen Personen/Mitglieder dieser Organe (konkreter Dienstgeber, vgl 4.3.1). Damit stellt sich die Frage, ob diese natürlichen Personen (zB Vorstandsmitglieder der AG, Geschäftsführer der GmbH) selbst in einem Arbeitsverhältnis zur juristischen Person (zB zur AG oder zur GmbH) stehen[231].

4/167 Grundsätzlich ist bei den juristischen Personen des Gesellschaftsrechts zwischen **Bestellung** und **Anstellung** von Mitgliedern geschäftsführender Organe zu unterscheiden. Während

---

[227] LGZ Wien 7. 7. 1955, 44 Cg 169/55, SozM I A/e, 152.

[228] OGH 17. 12. 1957, 4 Ob 172/57, SozM I A/e, 264; in OGH 5. 3. 1981, 7 Ob 529/81, Arb 9945, ist auch vom Typus des „freien Handelsvertreters“ die Rede; ebenso OGH 7. 4. 1981, 4 Ob 518/81, Arb 10.025; vgl hiezu krit *Schima*, Gibt es einen „freien“ Handelsvertreter?, RdW 1987, 16.

[229] OGH 7. 5. 1949, 4 Ob 24/49, Arb 5072.

[230] OGH 14. 1. 1975, 4 Ob 80/74, Arb 9315; OGH 29. 4. 1975, 4 Ob 20/75, Arb 9347; OGH 18. 2. 1981, 3 Ob 599/80, Arb 9944; s auch OGH 28. 3. 2003, 8 ObA 290/01g, RdW 2003, 107; OGH 28. 3. 2003, 8 ObA 299/01f, RdW 2003, 109 und hiezu *Naderhirn*, Ausgleichsanspruch des Tankstellenverwalters, RdW 2003, 102.

[231] Vgl allg dazu *Weigl*, Organpersonen im Arbeitsrecht, in Achatz/Jabornegg/Karollus (Hrsg), Aktuelle Probleme im Grenzbereich von Arbeits-, Unternehmens- und Steuerrecht (1998), 66; *Herzeg*, Die arbeitsrechtliche Stellung der Vorstandsmitglieder von AG und Geschäftsführer von GmbH, JAP 2008/2009/12; *Hruška-Frank*, Übernahme von Organfunktionen, in Reissner/Neumayr (Hrsg), Zeller Handbuch Arbeitsvertrags-Klauseln (2010), 274 ff; *Ettmayer*, Die Rechtsstellung von „Unternehmensleitern“, ÖJZ 2011, 581.

die Bestellung den gesellschaftsrechtlichen Akt der Infunktionsetzung des Vorstandsmitglieds darstellt, liegt der Anstellung die Ausgestaltung der schuldrechtlichen Beziehung zwischen der Gesellschaft und dem Mitglied des geschäftsführenden Organs zu Grunde[232].

Die Unterscheidung gesellschaftsrechtlicher und zivilrechtlicher Schuldverhältnisse wirkt sich auch im Fall der **Beendigung** aus. Selbst wenn die Bestellung jederzeit widerrufbar ist, müssen die Auflösungsregelungen für das zu Grunde liegende Rechtsverhältnis (zB Arbeitsverhältnis) eingehalten werden. Die Abberufung als Geschäftsleiter einer Kreditgenossenschaft lässt etwa das Arbeitsverhältnis (ohne Organfunktion) unberührt[233]. 4/168

Nach einer älteren höchstgerichtlichen Entscheidung[234] kann im Falle von Vorstandsmitgliedern einer **Aktiengesellschaft** im Innenverhältnis (Anstellung) neben Werkvertrag oder freiem Dienstvertrag dann ein Arbeitsverhältnis vorliegen, wenn die Tätigkeit auf unbestimmte Zeit zu einem fixen Gehalt erfolgt und das Vorstandsmitglied mit der kaufmännischen Leitung der AG derart betraut wird, dass Nebenbeschäftigungen der Genehmigung durch den Aufsichtsrat bedürfen. In einer späteren Entscheidung zu dieser Frage hat der OGH die Arbeitnehmereigenschaft von Vorstandsmitgliedern einer AG kategorisch abgelehnt[235]. Er begründet dies damit, dass die Unabhängigkeit des Vorstands einer AG in Ausübung seiner Geschäftsführungstätigkeit von den anderen Organen der Gesellschaft (Aufsichtsrat und Hauptversammlung), die sich in einer völligen Weisungsfreiheit äußert, ein Wesenszug des österreichischen Aktienrechts sei und daher grundsätzlich die Eigenschaft der Vorstandsmitglieder als Arbeitnehmer ausschließe (vgl *Geppert*, Der „Anstellungs"vertrag des Vorstandsmitgliedes einer AG, DRdA 1980, 1). 4/169

Dies ist auch dann anzunehmen, wenn in einem Einstellungsvertrag mit einem Vorstandsmitglied einer AG die subsidiäre Anwendung des **AngG** ausdrücklich vereinbart wurde. Eine derartige Vereinbarung begründet kein Dienstverhältnis iS des AngG, sondern ist mangels persönlicher Abhängigkeit des Vorstandsmitglieds als freier Dienstvertrag zu werten[236].

Nach Ansicht des OGH[237] handelt es sich bei Vorstandsmitgliedern grundsätzlich nicht um arbeitnehmerähnliche Personen. 4/170

Arbeitnehmerähnlichkeit könnte ausnahmsweise dann gegeben sein, wenn die wirtschaftliche Abhängigkeit des Vorstandsmitgliedes über das übliche Maß hinausgeht, insb dann, wenn die vertragliche Verpflichtung die Einhaltung der kollektivvertraglichen Arbeitszeit, die Führung von Überstundenaufzeichnungen, die Verrichtung der Tätigkeit in den Räu- 4/171

232 Vgl hiezu OLG Wien 26. 7. 1996, 9 Ra 152/96f, ARD 4836/30/97; OGH 29. 3. 2001, 8 ObA 44/01f, DRdA 2002, 327 mit Bespr v *Geist* = RdW 2002, 36.
233 OGH 29. 10. 2009, 9 ObA 100/08h, ARD 6030/6/2010; zur Suspendierung von Organmitgliedern vgl 6.1.5.
234 OGH 14. 12. 1949, 1 Ob 57/49, SozM I A, 11.
235 OGH 3. 7. 1975, 2 Ob 356/74, Arb 9371.
236 OGH 5. 2. 1985, 4 Ob 5/85, Arb 10.406; s auch 4.2.2; zur Bestellung eines Arbeitnehmers als Vorstandsmitglied vgl *Runggaldier/Schima*, Die Rechtsstellung von Führungskräften (1991); *Floretta*, Zum Vorstandsverhältnis bei Aktiengesellschaften und Sparkassen, in FS Schwarz (1991), 475; *Wachter*, Vom Angestellten zum Vorstandsmitglied, ecolex 1991, 714; speziell zur Abfertigungsproblematik vgl *Marhold*, Abfertigung bei Vorstandsbestellung?, RdW 1984, 281; *Schima*, Abfertigungsregelungen in Vorstandsverträgen, in Runggaldier (Hrsg), Abfertigungsrecht (1991), 407.
237 OGH 24. 4. 1996, 9 ObA 2003/96s, Arb 11.519 = ARD 4805/35/97; OGH 27. 2. 2008, 3 Ob 251/07v, ARD 5864/5/2008 = ecolex 2008, 439; s aber *Schima*, Vorstandsmitglieder – hoch bezahlte Dienstnehmer ohne rechtliche Absicherung?, GesRZ 2011, 265.

men der Aktiengesellschaft sowie den mehrfachen Verweis auf die keineswegs nur subsidiäre Geltung des AngG vorsieht[238].

4/172 Teilweise werden Vorstandsmitglieder mit freien Dienstverträgen explizit in Modelle der Arbeitsrechtsordnung integriert. So wurde diese Personengruppe in den Geltungsbereich des BMSVG aufgenommen[239].

4/173 Ebenfalls als freier Arbeitsvertrag ist der Anstellungsvertrag eines **Vorstandsmitgliedes** der **dualistischen** SE zu bewerten[240]. Seine Rechtsstellung entspricht jener in der AG (§ 34 SEG, Art 39 Abs 1 SE-VO). Bezüglich der Einordnung der Anstellungsverträge der **Verwaltungsratsmitglieder** in einer **monistischen** SE, bei welcher der Verwaltungsrat grundsätzlich sowohl geschäftsführende als auch überwachende Aufgaben zu erfüllen hat, ist zu unterscheiden: Für jene Mitglieder, die zugleich **geschäftsführende Direktoren** (vgl §§ 56 ff SEG) sind, ist – vor allem bei entsprechender Einbindung ins betriebliche Geschehen – grundsätzlich vom Vorliegen eines Arbeitsvertragsverhältnisses auszugehen, da sie dem Gesamtorgan Verwaltungsrat weisungsunterworfen sind[241]. Offen ist hingegen die Vertragsnatur der Anstellungsverhältnisse der **sonstigen Verwaltungsratsmitglieder in einer monistischen SE**; hinsichtlich ihrer Anstellungsverträge wird eher von freien Arbeitsverträgen ausgegangen[242]. Auf Grund der Weisungsunterworfenheit gegenüber dem Verwaltungsrat sind auch die sonstigen (dh **externen) geschäftsführenden Direktoren** bei entsprechender betrieblicher Einbindung grundsätzlich als Arbeitnehmer anzusehen[243].

4/174 Ob der **Geschäftsführer einer GmbH** in einem Arbeitsverhältnis steht, hängt von der Gesamtbeurteilung der durch das GmbHG, den Gesellschaftsvertrag und den Anstellungsvertrag vorgezeichneten Rechtsbeziehungen des Geschäftsführers zur Gesellschaft im Einzelfall ab[244]. Gesellschaftsrechtliche Gründe (wie im Falle der AG) schließen die Arbeitnehmereigenschaft nicht aus. Ist der Geschäftsführer **gleichzeitig Gesellschafter**, so kommt eine Arbeitnehmereigenschaft nicht in Betracht, wenn er kraft seiner Beteiligung und der daraus erfließenden Rechte einen maßgeblichen Einfluss auf die Gesellschaft ausüben kann.

Ein derartiger Einfluss ist bereits gegeben, wenn dem Gesellschafter-Geschäftsführer zumindest eine Sperrminorität zusteht[245], jedenfalls aber dann, wenn er über die Mehrheit der Gesellschaftsanteile verfügt (VwGH 17. 6. 1980, 2977/79, Arb 9879).

---

[238] OGH 29. 3. 2006, 9 ObA 75/05b, ARD 5685/13/2006 = JBl 2006, 736; s weiters *Korenjak*, Das Vorstandsmitglied als arbeitnehmerähnliche Person, RdW 2009, 475.

[239] Vgl *Schima/Eichmeyer*, Einbeziehung von Vorstandsmitgliedern in das System der Abfertigung neu – offene Fragen, RdW 2008, 154.

[240] *Krejci*, Gesellschaftsrecht I (2005), 92.

[241] RV 466 BlgNR 22. GP, 31; *Barnert/Dolezel/Egermann/Illigasch*, Societas Europaea (2005), 109; *Eiselberg/Haberer* in Straube/Aicher (Hrsg), Handbuch zur Europäischen Aktiengesellschaft (2006), 208 f; *Kalss/Greda* in Kalss/Hügel (Hrsg), Europäische Aktiengesellschaft – SE-Kommentar (2004), § 56 SEG Rz 15; *Reich-Rohrwig*, Die Europäische Aktiengesellschaft (SE), ecolex 2004, 760; *Schinko*, Handbuch für Verwaltungs- und Aufsichtsrat (2009), 63.

[242] *Kalss/Greda* in Kalss/Hügel (Hrsg), Europäische Aktiengesellschaft (2004), § 46 SEG Rz 8; offen *Krejci*, Gesellschaftsrecht I (2005), 93; zu sozialversicherungsrechtlichen Fragen in diesem Bereich s *Melzer-Azodanloo*, Sozialversicherung bei Leitungsfunktion in einer SE, ASoK 2005, 256.

[243] *Kalss/Greda* in Kalss/Hügel (Hrsg), Europäische Aktiengesellschaft (2004), § 59 SEG Rz 20 ff.

[244] VwGH 1. 7. 1980, 2812/79, Arb 9885; s auch *Malek*, Die Mitarbeit des GmbH-Gesellschafters (1989); *Rebhahn*, Der gewerberechtliche Geschäftsführer (1994), 51; *Mosler*, Arbeitsrechtliche Aspekte der Beendigung des Anstellungsverhältnisses des Geschäftsführers einer GmbH, wbl 2002, 49.

[245] VwGH 20. 5. 1980, 2397/79, Arb 9876.

In die Geschäftsführung von **Vorstandsmitgliedern einer Genossenschaft** kann ähnlich wie im Falle der GmbH die Generalversammlung und ein allfälliger Aufsichtsrat eingreifen (vgl insb §§ 34 und 24e GenG). Wie bei der GmbH ist daher im Einzelfall zu prüfen, ob ein Arbeitsverhältnis vorliegt oder nicht[246]. Ähnliches gilt für den Vorstand der **Europäischen Genossenschaft** (SCE): Da sich die Kompetenzen der Generalversammlung nach dem Genossenschaftsrecht des Sitzstaates richten, steht bei einer SCE mit Sitz in Österreich der Generalversammlung grundsätzlich ein Weisungsrecht zu (Art 52 SCE-VO)[247]. 4/175

Die Leitungs- und Vertretungsorgane der **Europäischen wirtschaftlichen Interessenvereinigung** sind der oder die **Geschäftsführer**. Diese müssen nicht dem Kreis der Mitglieder entstammen, sondern können auch **Außenstehende** sein[248]. Die Geschäftsführer unterliegen dem **Weisungsrecht** der Gemeinschaft der Mitglieder (Art 16 Abs 2 EWIV-V). Ihre Stellung wird diesbezüglich mit jener der GmbH-Geschäftsführer verglichen[249]. 4/176

Die rechtliche Situation von Vorstandsmitgliedern einer **Sparkasse** ist im Wesentlichen mit jener von Vorstandsmitgliedern einer Aktiengesellschaft vergleichbar. Der mit der Organstellung verbundene Anstellungsvertrag eines Vorstandsmitglieds ist daher mangels persönlicher Abhängigkeit kein Arbeitsvertrag, sondern ein freier Dienstvertrag[250]. 4/177

4.3.4. Mehrpersonenverhältnisse

4.3.4.1. Mittelbare Arbeitsverhältnisse

Während normalerweise das Arbeitsverhältnis durch die bipolare Struktur der Beziehung zwischen Dienstgeber und Dienstnehmer geprägt ist, entwickeln sich im realen Arbeits- und Wirtschaftsleben immer wieder Formen, die diesen dualen Bezugsrahmen sprengen. Vielfach schiebt sich zwischen den Arbeitgeber und den Arbeitnehmer eine Mittelsperson, die teilweise Dienstgeberfunktionen übernimmt und je nach ihrer Stellung das ursprüngliche Arbeitsverhältnis mehr oder minder an sich zieht. In der Regel schließt die Mittelsperson aber nur den Arbeitsvertrag mit dem Dienstnehmer ab. Die Beschäftigung des Dienstnehmers erfolgt dann bei einem Dritten (vgl *Schwarz*, Zur Rechtsnatur des „mittelbaren Arbeitsverhältnisses", DRdA 1953, H 7, 21). 4/178

Hinsichtlich der Position der Mittelsperson können vor allem die folgenden Unterscheidungen getroffen werden: 4/179

a) Ein Arbeitnehmer wird beauftragt, im Namen seines Arbeitgebers Gehilfen anzustellen. Mittelsperson ist also ein **bevollmächtigter Arbeitnehmer**. Zweifellos wird in diesem Fall mit dem Abschluss des Arbeitsvertrags ein unmittelbares Dienstverhältnis zwischen 4/180

[246] Zur rechtlichen Situation der leitenden Funktionäre in Kreditgenossenschaften vgl *Windisch-Graetz*, Die arbeitsrechtliche Stellung von Vorstandsmitgliedern und Geschäftsleitern von Kreditgenossenschaften, ZAS 1993, 52.
[247] *Krejci*, Gesellschaftsrecht I (2005), 93.
[248] *Duursma/Duursma-Kepplinger/M. Roth*, Handbuch des Gesellschaftsrechts (2007), Rz 1595.
[249] *Krejci*, Gesellschaftsrecht I (2005), 422.
[250] OGH 15. 6. 1988, 9 ObA 117/88, DRdA 1990, 333 mit Bespr v *Floretta* = infas 1990, A 9; s auch *Wachter*, Dienstleistungen am Rande des Arbeitsrechts – Zur Rechtsstellung von Vorstandsmitgliedern von Aktiengesellschaften und Sparkassen, wbl 1991, 81.

dem Arbeitgeber und dem Gehilfen begründet. Der vermittelnde Arbeitnehmer wird davon nicht berührt. Ein mittelbares Arbeitsverhältnis liegt nicht vor.

4/181 b) Einem Arbeitnehmer steht es frei, **im eigenen Namen Arbeitskräfte aufzunehmen**. Er hat dadurch die Möglichkeit, nach eigenem Ermessen seine Dienstleistung durch Heranziehung weiterer Dienstnehmer zu verstärken. Auch hier müsste man ein unmittelbares Arbeitsverhältnis zum Hauptarbeitgeber annehmen können, weil dieser wissen musste, dass die Arbeitskraft ausschließlich ihm zugutekommt und der ermächtigte Arbeitnehmer nur formell den Arbeitsvertrag abschließt, nicht aber die Arbeitgeberfunktion übernehmen kann. Dass der wirtschaftliche Erfolg dem Hauptarbeitgeber zugutekommt und dass dieser vom zusätzlichen Einsatz von Arbeitskräften weiß, reicht nach der Judikatur des OGH jedoch nicht aus, um zwischen den neu aufgenommenen Arbeitskräften und dem Hauptarbeitgeber ein Dienstverhältnis entstehen zu lassen[251]. Dienstgeber bleibt die Mittelsperson als unmittelbarer Kontrahent. Aus sozialpolitischer Sicht ist dieses Ergebnis in höchstem Maße unbefriedigend, weil die Arbeitnehmer ihre arbeitsvertraglichen Forderungen nur gegen die Mittelsperson, nicht aber gegen den im Hintergrund verbleibenden und in der Regel wirtschaftlich potenteren faktischen Arbeitgeber geltend machen können.

4/182 c) Ein Arbeitgeber verpflichtet eine Person (Dienstverschaffenden), die nicht selbst im Unternehmen tätig ist, ihm **Arbeitskräfte zur Verfügung zu stellen**. Zwischen dem Arbeitgeber als Arbeitsempfänger und den Arbeitskräften wird aber kein Dienstverhältnis begründet. Ein Dienstverhältnis besteht vielmehr zwischen dem Dienstverschaffenden und den zur Verfügung gestellten Arbeitskräften[252], und zwar trotz Bezahlung des Entgelts und der Sozialversicherungsbeiträge durch den Arbeitsempfänger (OGH 21. 6. 1960, 4 Ob 71/60, Arb 7252).

4/183 Die Vereinbarung zwischen dem Dienstgeber und der Mittelsperson wird, da sie dem Unternehmer Dienste „verschafft", auch als **Dienstverschaffungsvertrag** bezeichnet (vgl OGH 8. 3. 1960, 4 Ob 4/60, Arb 7210).

Als typischer Dienstverschaffungsvertrag ist zB die vertragliche Verpflichtung eines Kapellmeisters zu verstehen, mit seiner bereits bestehenden Kapelle in einem Unternehmen zu musizieren, wobei die Auszahlung des Entgelts an den Kapellmeister zu erfolgen hat[253]. Ebenso wurde von der Judikatur die Zurverfügungstellung eines Krans samt Kranführer zum Gebrauch nach Belieben des Berechtigten als Dienstverschaffungsvertrag (verbunden mit einer Sachmiete) qualifiziert (OGH 23. 11. 1955, 3 Ob 558/55).

4/184 Erfolgt die Bereitstellung von Arbeitskräften durch einen Unternehmer, der dies gewerbsmäßig oder auch bloß gelegentlich besorgt, so wird auch von **Arbeitnehmerüberlassung** (vgl 9.1) gesprochen. Dienstgeber ist in diesem Fall der die Arbeitnehmer zur Verfügung stellende Unternehmer.

---

[251] Vgl OGH 20 2. 1953, 4 Ob 19/53, SozM I A/e, 30.

[252] OGH 25. 10. 1955, 4 Ob 100/55, Arb 6329; OGH 8. 3. 1960, 4 Ob 4/60, Arb 7210; OGH 1. 7. 1986, 14 Ob 103/86, 104/86, JBl 1987, 198.

[253] OGH 20. 2. 1952, 1 Ob 125/52, SZ 25/44; OGH 13. 1. 1953, 4 Ob 149/52, Arb 5718.

4.3.4.2. Gruppenarbeitsverhältnis

Ein spezielles Mehrpersonenverhältnis stellt das Gruppenarbeitsverhältnis dar. Es handelt sich dabei um die Dienstverhältnisse einer Gruppe von Arbeitnehmern, die fachlich oder vor allem künstlerisch zusammen tätig sind, wobei die Bedeutung für den Dienstgeber weniger in den Arbeitsleistungen der einzelnen Dienstnehmer als vielmehr in den Aktivitäten der Gruppe an sich liegt. Der Leiter der Gruppe tritt vielfach als Mittelsperson auf, die dem Dienstgeber die Gruppenmitglieder „verschafft". 4/185

Charakteristisch für die Gruppenarbeitsverhältnisse ist, dass die **Gruppenmitglieder** (zB Mitglieder einer Kapelle) **Mitkontrahenten** sind, sei es, dass mit jedem einzelnen Gruppenmitglied ein Arbeitsvertrag abgeschlossen wird, sei es, dass die Gruppe im eigenen Namen und im Namen der Mitglieder einen Arbeitsvertrag eingeht, sei es, dass ein Bevollmächtigter der Gruppe den Arbeitsvertrag für sich und die Gruppenmitglieder abschließt. 4/186

Der Direktor einer Theatergruppe, der sich mit seinen Schauspielern dem Unternehmer eines Kabaretts verpflichtet, für eine garantierte und bestimmte Spieldauer Stücke nach seiner Wahl aufzuführen, wobei die Aufteilung des Gesamthonorars auf die einzelnen Schauspieler ihm überlassen bleibt, ist Arbeitnehmer aus einem Gruppenarbeitsvertrag und wirtschaftlich vom Unternehmer (Direktor des Kabaretts) abhängig, der das Risiko des Unternehmens ausschließlich trägt[254]. Die Musiker eines Trios bilden eine Arbeitsgruppe und stehen daher auch bei Abschluss von unmittelbaren Einzelverträgen in einem Gruppenarbeitsverhältnis zu ihrem Arbeitgeber[255].

Typisch ist somit, dass die Arbeitsverhältnisse zueinander in einem Abhängigkeitsverhältnis stehen, das sich in der Regel in der Vereinbarung eines **Gesamtentgelts** manifestiert. In diesem Fall richtet es sich nach der Vereinbarung, ob ein Aufteilungsmodus besteht oder nicht und somit dem einzelnen Arbeitnehmer gegenüber dem Arbeitgeber ein selbständiger Lohnanspruch zusteht. Besteht ein selbständiger Lohnanspruch nicht, muss der Gesamtlohnanspruch von allen Mitgliedern geltend gemacht werden, wobei die weitere Auseinandersetzung nach dem Innenverhältnis der Gruppe vorzunehmen ist[256]. Die Abhängigkeit der Arbeitsverhältnisse kann auch dadurch zum Ausdruck kommen, dass nur eine gemeinsame Beendigung sämtlicher Arbeitsverhältnisse möglich ist (vgl OGH 29. 8. 2002, 8 ObA 130/02d, ARD 5377/1/2003). 4/187

Hat gemäß Vertrag zwischen den Kapellenmitgliedern im Innenverhältnis der Kapellmeister für die Gesamtgage der Musiker aufzukommen, so haften für die Ansprüche der Kapellenmitglieder der Unternehmer und der Kapellmeister als Mitschuldner zur ungeteilten Hand. In diesem Fall ist der Kapellmeister jedenfalls nach § 896 ABGB berechtigt, gegen den Unternehmer Regress zu nehmen (OGH 23. 2. 1971, 4 Ob 10/71, SozM I C, 769).

Nach Auffassung des OGH können Gruppenarbeitsverträge gegenüber allen Mitkontrahenten **vorzeitig gelöst** werden, wenn die vereinbarte Arbeitsleistung durch das Verhalten auch nur eines der in der Gruppe vereinigten Arbeitnehmer nicht erbracht werden kann. Hat auch nur eines der Gruppenmitglieder einen **Entlassungsgrund** gesetzt, so kann die ganze Gruppe entlassen werden, sofern sie nicht in der Lage ist, einen vollwertigen Ersatz 4/188

---

254 OGH 21. 9. 1948, 4 Ob 12/48, Arb 4995.

255 OGH 24. 7. 1962, 4 Ob 80/62, Arb 7589; OGH 10. 12. 1963, 4 Ob 121/63, Arb 7852.

256 Vgl OGH 1. 7. 1980, 4 Ob 52/80, ZAS 1983, 174 mit Bespr v *Selb*; zur Geltendmachung durch ein Mitglied mit Zustimmung der übrigen s OGH 24. 5. 1989, 9 ObA 95/89, DRdA 1991, 129 mit Bespr v *Schnorr* = ARD 4169/21/90.

beizustellen[257]. Diese Feststellung des OGH ist zu allgemein. Es ist denkbar, dass eine absolute Abhängigkeit der einzelnen Arbeitsverhältnisse nicht anzunehmen ist. Es ist zu prüfen, ob im Einzelfall die geschlossene Beschäftigung der ganzen Gruppe den wesentlichen Vertragsinhalt darstellt. Dies wird bei einer Kapelle mit hohem künstlerischen Rang gegeben sein. In diesem Fall wird es entscheidend sein, ob von der Gruppe ein vollwertiger Ersatz beigestellt werden kann. Bei anderen Gruppen ist es sicherlich denkbar, dass die Arbeit ohne das ausgeschiedene Mitglied ausführbar ist. In diesem Fall wird dem Arbeitgeber zuzumuten sein, die Arbeitsverhältnisse der übrigen Mitglieder aufrechtzuerhalten, ebenso wie dies der Gruppe zugemutet werden muss, wenn ein Mitglied kündigt oder austritt. Voraussetzung ist, dass nach der Vertrags- und Interessenlage noch von „Erfüllung" gesprochen werden kann.

Dies schließt selbstverständlich die Stellung eines Ersatzmannes nicht aus. Aus der bloßen namentlichen Anführung der Kapelle im Vertrag kann noch nicht gefolgert werden, dass der Austausch von Mitgliedern verboten gewesen sei bzw dass eine Verpflichtung der Kapellenmitglieder zur ausschließlich persönlichen Dienstleistung bestanden habe. Solches müsste im Vertrag ausdrücklich vereinbart werden[258].

Bedauerlicherweise hat der OGH derartige Erwägungen auch bei einer Gruppe von freien Handelsvertretern untereinander oder bei einem Vertragsverhältnis, bei dem ein Angestellter vereinbarungsgemäß im Team mit anderen zusammenzuarbeiten hat, unterlassen. Die vorzeitige Lösungsmöglichkeit wird gegenüber allen Mitgliedern bejaht, wenn nur ein Mitglied einen entsprechend wichtigen Grund gesetzt hat und kein vollwertiger Ersatz angeboten wird (OGH 18. 2. 1964, 4 Ob 11/64, Arb 7900).

4/189 Die eben angesprochene Auffassung des OGH setzt dieser allerdings auch bei der Auflösung aus wichtigem Grund durch den Arbeitnehmer fort: So ist bei Gruppenarbeitsverhältnissen demnach für die Beurteilung des Vorliegens eines **Austrittsgrundes** auch das Verhalten des Arbeitgebers gegenüber anderen Gruppenmitgliedern heranzuziehen[259].

4.4. Sachlicher Bezugsrahmen

4.4.1. Arbeitsstätte, Betriebsstätte, Arbeitsstelle, Arbeitsplatz

4/190 Begriffe wie „Arbeitsstätte", „Betriebsstätte", „Arbeitsstelle" und „Arbeitsplatz" finden sich vor allem im **Arbeitnehmerschutzrecht**. § 2 Abs 3 ASchG unterscheidet zB „Arbeitsstätten in Gebäuden" und „Arbeitsstätten im Freien" und stellt diese den „Baustellen" und den „auswärtigen Arbeitsstellen" gegenüber. **Baustellen** iS des ASchG und des BauKG sind zeitlich begrenzte oder ortsveränderliche Baustellen, an denen Hoch- und Tiefbauarbeiten durchgeführt werden. Als **auswärtige Arbeitstellen** werden alle Orte außerhalb von Arbeitsstätten bezeichnet, an denen andere Arbeiten als Bauarbeiten durchgeführt werden[260]. § 2 Abs 3 ArbIG definiert die Betriebsstätte als örtlich gebundene Einrichtung, in der regel-

[257] OGH 11. 1. 1955, 4 Ob 120/54, Arb 6143; OGH 10. 12. 1963, 4 Ob 121/63, Arb 7852.
[258] Zur Typologie von Gruppenarbeitsverträgen und der daraus resultierenden Differenzierung der Beendigungsmöglichkeiten vgl *Petrovic*, Zur Einzelauflösung bei Gruppenarbeitsverträgen, ZAS 1985, 171.
[259] OGH 29. 8. 2002, 8 ObA 130/02d, DRdA 2003, 360 mit Bespr v *Mayr* = ARD 5377/1/2003.
[260] Vgl ua VwGH 11. 9. 2013, 2013/02/0047, ARD 6376/10/2013.

mäßig Arbeiten ausgeführt werden; unter Arbeitsstelle wird eine außerhalb von Betriebsstätten gelegene Stelle, auf der Arbeiten durchgeführt werden, verstanden. Arbeitsplatz ist gem § 2 Abs 4 ASchG jener räumliche Bereich, in dem sich Arbeitnehmer bei der von ihnen auszuübenden Tätigkeit aufhalten.

Obgleich die **Arbeitsstätte** als solche arbeitsrechtlich nicht ausdrücklich umschrieben wird, handelt es sich im Gegensatz zum Betrieb (vgl 4.4.2) um eine Organisationsform, die einen geringeren Organisationsgrad als dieser aufweist. Entsprechendes gilt für den Begriff der Betriebsstätte. Angesichts der Zielsetzungen der Arbeitnehmerschutzbestimmungen soll damit zum Ausdruck gebracht werden, dass deren Anwendung vom Vorliegen organisatorisch-technischer Einheiten – wie sie insb Betriebe darstellen – weitgehend losgelöst ist. Bezeichnungen wie Arbeitsstelle und Arbeitsplatz unterscheiden sich grundsätzlich kaum von jener der Arbeitsstätte, besitzen aber doch eher einen lokalen Anstrich und sind begrifflich stärker auf die dort tätigen Personen abgestellt. 4/191

In der **Betriebsverfassung** bildet die **Arbeitsstätte** den wohl allgemeinsten Begriff für die organisatorische Zusammenfassung menschlicher Arbeit. Von Bedeutung ist dabei vor allem, dass gem § 35 ArbVG eine Arbeitsstätte, in der dauernd mehr als fünfzig (bzw zehn gem § 134a Abs 2 ArbVG) Arbeitnehmer beschäftigt sind und die nicht alle Merkmale eines Betriebs iSd § 34 Abs 1 ArbVG aufweist, einem selbständigen Betrieb gleichgestellt werden kann. Voraussetzung für die **Gleichstellung** ist eine Klage beim zuständigen Arbeits- und Sozialgericht, die vom Betriebsrat, von der zuständigen freiwilligen Berufsvereinigung (Gewerkschaft), von der gesetzlichen Interessenvertretung der Arbeitnehmer (Arbeiterkammer) oder aber auch von so vielen Arbeitnehmern, als Betriebsratsmitglieder zu wählen wären, eingebracht werden kann[261]. 4/192

Als klagsberechtigter Betriebsrat ist nur jener anzusehen, dessen Betrieb die unselbständige Arbeitsstätte zugeordnet ist. Besteht in diesem Betrieb kein Betriebsrat, obwohl ein solcher gem § 40 ArbVG (zur Betriebsratspflicht vgl 10.1) zu errichten wäre, so können die übrigen zur Klage berechtigten Personen dennoch eine Gleichstellung für die unselbständige Arbeitsstätte beantragen. Der Betriebsinhaber ist zu einer derartigen Klage keinesfalls legitimiert[262].

Neben dem Kriterium der relativ hohen **Beschäftigtenzahl** von fünfzig Arbeitnehmern fordert § 35 Abs 1 ArbVG für die Gleichstellung weiters, dass die Arbeitsstätte räumlich vom Hauptbetrieb weit entfernt sein und hinsichtlich Aufgabenbereich und Organisation eine Eigenständigkeit besitzen muss, die der eines Betriebs nahekommt. 4/193

Sind die Voraussetzungen, die zur Gleichstellung geführt haben, nicht mehr gegeben, so wird der „gleichgestellte Betrieb“ nicht ohne Weiteres wieder zur unselbständigen Arbeitsstätte. Dies würde insb für die dort gewählten Betriebsräte zu beträchtlichen Unsicherheiten führen, weil die Grenzen zwischen unselbständiger und gleichgestellter Arbeitsstätte ziemlich verschwommen sind und mit dem Wegfall der Gleichstellung die Betriebsratsmandate gem § 62 Z 6 ArbVG vorzeitig erlöschen. Notwendig ist vielmehr wiederum eine Klage beim zuständigen Arbeits- und Sozialgericht auf Beendigung der Gleichstellung (§ 35 4/194

---

[261] S dazu auch *Jabornegg*, Den Betrieben gleichgestellte Arbeitsstätten, in FS Tomandl (1998), 171.
[262] EA Linz 1. 2. 1979, Re 115/78, Arb 9761.

Abs 2 ArbVG). Antragsberechtigt ist neben den für die Klage auf Erteilung der Gleichstellung genannten Personen auch der Betriebsinhaber.

4.4.2. Betrieb

4.4.2.1. Begriff und Bedeutung

4/195 Die wahrscheinlich meistzitierte Definition des Betriebs dürfte die von *Jacobi* sein, wonach unter Betrieb die „Vereinigung von persönlichen, sachlichen und immateriellen Mitteln zur fortgesetzten Verfolgung eines von einem oder mehreren Rechtssubjekten gesetzten technischen Zweckes" zu verstehen ist[263].

4/196 Unter dem Einfluss von *Jacobi* und der Rechtsprechung des (deutschen) Reichsarbeitsgerichts[264] wurde im BRG 1947 eine Legaldefinition geschaffen, die unverändert Eingang in den § 34 Abs 1 ArbVG gefunden hat. Demnach gilt iS der **Betriebsverfassung** jede Arbeitsstätte als Betrieb, die eine organisatorische Einheit bildet, innerhalb der eine physische oder juristische Person oder eine Personengemeinschaft mit technischen oder immateriellen Mitteln die Erzielung bestimmter Arbeitsergebnisse fortgesetzt verfolgt, ohne Rücksicht darauf, ob Erwerbsabsicht besteht oder nicht[265].

Die **Hauptbedeutung** des Betriebsbegriffs liegt zweifellos im Betriebsverfassungsrecht[266]. Die Kriterien, die sich aus der Auslegung des § 34 ArbVG ergeben, sind vielfach auf den Begriff des Betriebs in anderen Gesetzen anzuwenden[267]. Insofern kann man auch von einer Ausstrahlung und grundsätzlichen Bedeutung des Betriebsbegriffs des § 34 ArbVG für das gesamte Arbeitsrecht sprechen[268]. Eine beliebige schematische Übertragung dieses Begriffs auf andere arbeitsrechtliche Normen ist ohne Berücksichtigung des jeweiligen Regelungszwecks allerdings nicht möglich[269]. So wird insbesondere eine Gleichsetzung des Betriebsbegriffs des § 34 ArbVG mit jenem des AVRAG bzw der Betriebsübergangs-Richtlinie (2001/23/EG) abgelehnt[270].

4/197 Die **organisatorische Einheit**, von der die Betriebsdefinition des ArbVG ausgeht, muss nach ständiger Rechtsprechung des VwGH in der Einheit des Betriebsinhabers, des Betriebszwecks und der Organisation zum Ausdruck kommen[271]. Die organisatorische Einheit wird aber erst dann zu einem Betrieb, wenn dieser Einheit ein gewisses Maß an Selb-

[263] *Jacobi*, Betrieb und Unternehmen als Rechtsbegriffe (1926), 9.
[264] RAG 4. 8. 1937, RAGE 18, 329.
[265] Allg zum Betriebsbegriff vgl insb *Pircher*, Betrieb und Unternehmen, DRdA 1996, 116; *Grießer*, Gemeinsamer Betrieb, Mitbetriebsinhaber und Konzernverhältnis – Versuch einer sachenrechtlichen Bestimmung, DRdA 1995, 484; s auch *Schneller*, Betriebsräte in diplomatischen Vertretungen in Österreich, infas 2010, 116; krit steht *Firlei* diesem technischen Betriebsbegriff gegenüber, s hiezu OGH 22. 7. 2014, 9 ObA 51/14m, DRdA 2015, 243 mit Bespr v *Firlei*.
[266] Vgl *Dirschmied*, Gedanken zum Betriebsbegriff, DRdA 1974, 63.
[267] ZB auf jenen des § 10 Abs 1 Z 2 AKG; vgl VfGH 16. 10. 1985, B 629/83, infas 1986, A 82.
[268] VwGH 19. 6. 1979, 993/78, Arb 9795.
[269] Vgl *Tomandl*, Betriebsverfassungsrechtliche Fragen des Kleinstbetriebes, ZAS 1981, 123; ebenso OGH 16. 9. 1987, 14 ObA 85/87, Arb 10.672 = infas 1988, A 38 = ARD 3956/2/88. Im Arbeitnehmerschutzrecht soll die Anwendung der einschlägigen Schutznormen in Hinkunft losgelöst von der Frage des Betriebsbegriffs möglich sein; vgl § 2 Abs 1 ASchG 1994 im Gegensatz zu § 1 Abs 5 ASchG 1972; dazu EB zur RV, 1590 BlgNR 18. GP, 71.
[270] Vgl OGH 15. 4. 1999, 8 ObA 221/98b, DRdA 2000, 134 mit Bespr v *Wachter* = Arb 11.860.
[271] VwGH 21. 10. 1969, 492/69, Arb 8674; VwGH 10. 2. 1976, 441/75, Arb 9453; vgl auch OGH 27. 5. 1986, 4 Ob 51/85, Arb 10.525 = infas 1986, A 122; OGH 23. 2. 1994, 9 ObA 311/93, DRdA 1995, 48 = RdW 1994, 183; OGH 27. 9. 1995, 9 ObA 143/95, DRdA 1996, 297 mit Bespr v *Runggaldier* = ARD 4713/21/96.

ständigkeit, besonders in technischer Hinsicht, eingeräumt ist und auch dem Ergebnis des Arbeitsvorganges dieser Einheit eine, wenn auch beschränkte, Abgeschlossenheit oder Unabhängigkeit von anderen Betriebsvorgängen eigen ist[272]. Dies besagt jedoch nicht, dass es sich um eine vollkommen selbständige, in sich geschlossene Einheit handeln muss[273].

Der Betriebscharakter wird nicht berührt, wenn die Arbeitnehmer von einer zentralen Stelle zugewiesen und von dort gelenkt werden[274], wenn Teile der Betriebsführung, wie die Datenverarbeitung oder das Rechnungswesen, zentral vom Unternehmen geleitet[275] oder Personalangelegenheiten für mehrere Betriebe gemeinsam von der Unternehmensspitze bearbeitet werden[276]. Wenn der Zweck des Betriebs in der Durchführung von Montagearbeiten und der Zurverfügungstellung von Personal für derartige Arbeiten gelegen ist, kann auch der Tatsache, dass der Betriebsleiter an den Einsatzorten keine Personalaufsicht durchführt, keine entscheidende Bedeutung zukommen. Wichtig für die Betriebseigenschaft ist vielmehr, dass dem Betriebsleiter insoweit Dispositionsfreiheit in Personalangelegenheiten zukommt, als er das Recht hat, Arbeitnehmer aufzunehmen und Dienstverhältnisse zu lösen sowie den Einsatz der Arbeitnehmer zu bestimmen[277].

Ob die einzelnen Betriebsabteilungen weit voneinander entfernt liegen oder nicht, ist von 4/198
untergeordneter Bedeutung[278]. Dies zeigt sich darin, dass der Gesetzgeber die räumliche Entfernung nur als wesentliches Entscheidungskriterium im Rahmen des Verfahrens zwecks Gleichstellung einer unselbständigen Arbeitsstätte (vgl 4.4.1) statuieren wollte, nicht hingegen im Zusammenhang mit der Betriebsdefinition. Unerheblich für die Betriebseigenschaft ist auch die Anzahl der Arbeitnehmer[279]. Die Beschäftigung von mindestens fünf Arbeitnehmern spielt zwar für die Errichtung der Belegschaftsorgane eine entscheidende Rolle (vgl 10.1 und 10.4.2), nicht aber für die Charakterisierung eines Betriebs.

Der Umstand, dass zwei oder mehrere **selbständige juristische Personen** gemeinsam im 4/199
Rahmen einer einheitlichen Organisation auftreten, schließt nicht von vornherein das Vorliegen eines einheitlichen Betriebs aus.

Ein solcher ist etwa durchaus anzunehmen, wenn ein ursprünglich einheitliches Unternehmen in zwei rechtlich selbständige Unternehmen aufgespalten wird, die Verflechtung jedoch durch übergreifende Weisungs- und Kontrollrechte und durch enge Zusammenarbeit zwischen den Unternehmen erhalten bleibt[280]. Ebenso ist von einem gemeinsamen Betrieb auszugehen, wenn eine GmbH Arbeitnehmer und Betriebsräumlichkeiten einer OHG (nunmehr OG) zur Verfügung stellt, die in weiterer Folge die Produktion industrieller Güter aufnimmt[281]. Auch mehrere rechtlich selbständige Unternehmungen können somit gemeinsam eine Arbeitsstätte betreiben und damit auch einen Betrieb unterhalten,

---

272 VwGH 24. 10. 1972, 1039/72, SozM II B, 1019; VwGH 10. 2. 1976, 441/75, Arb 9453; VwGH 28. 9. 1983, 01/2906/80, infas 1984, A 50; VwGH 20. 12. 1984, 84/01/0176, infas 1985, A 115; EA Klagenfurt 1. 7. 1985, RE 30/85, Arb 10.436; OGH 27. 5. 1986, 4 Ob 51/85, Arb 10.525 = infas 1986, A 122; OGH 29. 3. 2001, 8 ObA 207/00z, DRdA 2002, 144 mit Bespr v *Naderhirn* = infas 2001, A 67.

273 VwGH 18. 12. 1952, 1012/52, Arb 5583.

274 EA Salzburg 24. 7. 1972, Re 3/72, Arb 9027.

275 EA Klagenfurt 28. 10. 1976, Re 20/76, Arb 9537; EA Linz 30. 11. 1981, Re 65/81, Arb 10.053.

276 EA Leoben 16. 1. 1984, Re 43/83, Arb 10.283; OGH 27. 5. 1986, 4 Ob 51/85, Arb 10.525; OGH 27. 9. 1995, 9 ObA 143/95, DRdA 1996, 297 mit Bespr v *Runggaldier* = ARD 4713/21/96.

277 VwGH 4. 3. 1987, 86/01/0109, infas 1987, A 76; vgl auch EA Graz 6. 2. 1986, Re 60/85, Arb 10.483.

278 EA Linz 20. 10. 1978, Re 46/78, Arb 9726.

279 VwGH 19. 5. 1979, 993/78, Arb 9795.

280 EA St. Pölten 25. 9. 1985, Re 6/85, Arb 10.441.

281 VwGH 17. 12. 1986, 86/01/0175, ARD 3866/8/87; zu dieser Problematik vgl weiters VwGH 15. 1. 1986, 84/01/0034, infas 1986, A 83 = RdW 1986, 279; sowie *Krejci*, Arbeitsrechtliche Probleme der Bau-Arge, in Krejci (Hrsg), Das Recht der Arbeitsgemeinschaften in der Bauwirtschaft (1979), 153.

wenn eine Einheitlichkeit hinsichtlich der Leitung bzw der Organisation dieser Arbeitsstätte gegeben ist[282].

4/200 Struktur und Elemente des Betriebs ändern sich mitunter sehr rasch, sodass sich die Frage erhebt, wie lange man noch von ein und demselben Betrieb sprechen kann, wenn einzelne Elemente variiert werden. Es stellt sich somit die Frage nach der **Betriebsidentität**, der vor allem im Zusammenhang mit der Tätigkeitsdauer des Betriebsrats und der Problematik des Betriebsübergangs (vgl hiezu eingehend 9.2) maßgebliche Bedeutung zukommt (vgl im Übrigen 10.4.4.2). Betriebsidentität liegt beispielsweise nicht mehr vor, wenn der Betriebsinhaber zwar derselbe bleibt, im Übrigen aber die Produktion mit einer geänderten Zielsetzung an einen anderen Standort unter Auswechslung maßgeblicher Teile der Belegschaft verlagert wird. Die Änderung eines der Hauptmerkmale des Betriebs (Betriebsinhaber, Belegschaft, Betriebsmittel, Betriebszweck, Organisationsstruktur) wird in der Regel nicht zum Verlust der Betriebsidentität führen[283].

4/201 Die Betriebseigenschaft bildet eine wesentliche Voraussetzung für die Betriebsratswahl und allgemein für die Geltung der Betriebsverfassung. Aus diesem Grund sieht das ArbVG (§ 34 Abs 2 und 3) vor, dass in Zweifelsfällen das **Gericht** auf Grund einer Klage **festzustellen** hat, **ob ein Betrieb vorliegt** oder nicht (**Feststellungsverfahren**).

Die Klage kann vom Betriebsinhaber, vom Betriebsrat, von mindestens so vielen wahlberechtigten Arbeitnehmern als Betriebsratsmitglieder zu wählen wären, sowie von der zuständigen freiwilligen Berufsvereinigung (Gewerkschaft) und der gesetzlichen Interessenvertretung der Arbeitnehmer (Arbeiterkammer) eingebracht werden. Falls ein Wahlvorstand im Betrieb besteht, so besitzt dieser im Verfahren Parteifähigkeit. Das Urteil des Gerichts hat so lange bindende Wirkung, als sich die Voraussetzungen, die für das Urteil maßgebend waren, nicht wesentlich geändert haben und dies in einem neuerlichen Verfahren festgestellt wird.

Die Arbeitsstätten von Unternehmungen des öffentlichen Personen-, Güter- und Nachrichtenverkehrs iSd § 134 ArbVG (Schiffe, Flugzeuge) gelten unmittelbar **von Gesetzes wegen** in ihrer Gesamtheit als ein Betrieb. Arbeitsstätten von Straßenbahn- und Obusunternehmungen, von Seilbahn- und Seilliftunternehmungen und Kraftfahrlinienunternehmen, die neben einem Hauptbetrieb bestehen, gelten jedoch nur dann als eigener Betrieb, wenn sie zusätzlich zu den sonstigen Kriterien eines Betriebs vom Hauptbetrieb räumlich weit entfernt sind und hinsichtlich Aufgabenbereich und Organisation Eigenständigkeit besitzen.

4/202 Der Spruchpraxis des VwGH zufolge waren **Hausbesorger** nicht im Rahmen eines Betriebs gem § 34 Abs 1 ArbVG beschäftigt und dementsprechend nicht als Arbeitnehmer iS der Betriebsverfassung anzusehen[284]. Durch eine Novelle zum HausbG[285] wurde in das ArbVG ein neuer § 134b eingefügt, wonach Häuser eines Hauseigentümers, die gemeinsam verwaltet werden, einen Betrieb iSd § 34 Abs 1 ArbVG bilden. Die in diesen Häusern beschäftigten Hausbesorger und Hausbetreuer sind Arbeitnehmer iSd § 36 ArbVG, denen das Recht zusteht, einen Betriebsrat zu errichten, wenn die sonstigen gesetzlichen Voraussetzungen hiefür vorhanden sind (weiters s 4.3.2.2.3.2).

---

[282] OGH 23. 2. 1994, 9 ObA 311/93, DRdA 1995, 48 = RdW 1994, 183; *Gahleitner*, Zum Betriebsbegriff – Einheitliche Betriebsleitung durch mehrere Unternehmen, DRdA 1995, 18.

[283] S auch OGH 11. 1. 1983, 4 Ob 184/82, ZAS 1984, 27 mit Bespr v *Aichinger* = DRdA 1984, 445 mit Bespr v *Runggaldier*; EA Innsbruck 6. 2. 1980, Re 39/79, ZAS 1980, 121; *Jabornegg*, Unternehmensrecht und Arbeitsrecht, DRdA 1991, 116.

[284] VwGH 25. 10. 1977, 1724/75, Arb 9650; VwGH 29. 4. 1981, 01/2597/80, Arb 9983.

[285] BGBl 55/1985.

4.4.2.2. Besondere Betriebsarten

Für eine Reihe von besonderen Betriebsarten sieht insb das ArbVG Spezialregelungen vor. In erster Linie sind hier die sog **Tendenzbetriebe**[286] zu erwähnen. § 132 Abs 1 ArbVG nennt ausdrücklich Unternehmen und Betriebe, die unmittelbar politischen, koalitionspolitischen, konfessionellen, wissenschaftlichen[287], erzieherischen oder karitativen Zwecken dienen oder deren unmittelbarer Zweck in der Berichterstattung bzw Meinungsäußerung liegt, sowie Verwaltungsstellen von juristischen Personen öffentlichen Rechts und der Österreichischen Nationalbank. Von einem Tendenzbetrieb kann aber nur dann gesprochen werden, wenn eine gewisse Übereinstimmung zwischen der unternehmerischen Zielsetzung und der konkreten Tätigkeit bzw den Arbeitsergebnissen des Betriebs gegeben ist. Die bloß abstrakte unternehmerische Zielsetzung reicht nicht aus[288]. 4/203

Beispiel: Eine politische Partei besitzt ein Unternehmen, das ausschließlich mit dem Vertrieb parteipolitischer Schriften und mit parteipolitischer Werbung beschäftigt ist. Außerdem ist sie Alleingesellschafterin einer kleinen Druckerei GmbH. Gegenstand des Druckereiunternehmens ist laut Gesellschaftsvertrag die Vervielfältigung von literarischen oder artistischen Erzeugnissen und der Lohndruck für fremde Rechnung. – Unmittelbare politische Zielsetzungen besitzt nur das Vertriebs- und Werbeunternehmen, sodass nur dieses unter den Begriff des Tendenzbetriebs iSd § 132 Abs 1 ArbVG fällt.

Für die Tendenzbetriebe kommen die **wirtschaftlichen Mitwirkungsrechte** der Belegschaft (vgl 11.5.4) nur beschränkt zum Tragen. Auf Tendenzbetriebe iSd § 132 Abs 1 ArbVG sind die Bestimmungen über die Mitwirkung der Belegschaft im Aufsichtsrat (§ 110 ArbVG) sowie die Bestimmungen über die Beeinspruchung der Wirtschaftsführung (§§ 111 f ArbVG) nicht anzuwenden (**absoluter Tendenzschutz**). Die wirtschaftlichen Informations-, Beratungs- und Interventionsrechte der §§ 108 und 109 Abs 1 und 2 ArbVG (einschließlich des Rechts auf eine Abschrift des Jahresabschlusses) kommen nur zur Anwendung, soweit nicht die besondere Zweckbestimmung des Betriebs betroffen ist. 4/204

Auf Unternehmen und Betriebe, die unmittelbar Zwecken der Berichterstattung oder Meinungsäußerung dienen[289], sind die Bestimmungen über die wirtschaftlichen Mitwirkungsrechte insofern nicht anzuwenden, als es sich um Angelegenheiten handelt, die die politische Richtung dieser Unternehmen und Betriebe beeinflussen. In gleicher Weise ist auch die Mitwirkung bei der Einstellung von Journalisten iS des JournG beschränkt (vgl § 132 Abs 2 ArbVG; **relativer Tendenzschutz**). Auf den Österreichischen Rundfunk sind die Bestimmungen über den Einspruch gegen die Wirtschaftsführung (vgl 11.5.4.3) nicht und die Mitwirkung im Aufsichtsrat (vgl 11.5.4.4) in Form der Mitwirkung im Stiftungsrat nach Maßgabe des ORF-G anzuwenden. 4/205

Für sämtliche Tendenzbetriebe, dh auch für jene, die absoluten Tendenzschutz genießen, finden die Regelungen des § 109 ArbVG dann Anwendung, wenn es sich um Betriebsänderungen iSd § 109

---

[286] Zu Begriff und Zielsetzung s auch *Mayer-Maly*, Betriebsverfassung und Religion, in FS Plöchl (1967), 283; *Schrammel*, Probleme des Tendenzschutzes in der österreichischen Betriebsverfassung, in FS Strasser (1983), 560; weiters *Richardi*, Sportverbände als Tendenzunternehmen in der Betriebsverfassung, in FS Tomandl (1998), 299; *Fister*, Der Tendenzbetrieb im österreichischen und europäischen Recht (2008).

[287] Vgl hiezu *Peschek/Micheler*, (Schein-)Werkverträge, Kettenarbeitsverhältnisse, kollektive Rechtsgestaltung und betriebliche Mitbestimmung bei Wissenschaftern (1996), 112.

[288] VwGH 22. 4. 1966, 2087/65, ZAS 1967, 114 mit Bespr v *Mayer-Maly*.

[289] Vgl insb *Tomandl*, Pressefreiheit und Mitbestimmung, in FS Schnorr (1988), 341.

Abs 1 Z 1a, 5 und 6 ArbVG handelt. Diese betreffen die Auflösung von Arbeitsverhältnissen, die eine Meldepflicht nach § 45a AMFG auslöst, die Einführung neuer Arbeitsmethoden sowie die Einführung von Rationalisierungs- und Automatisierungsmaßnahmen von erheblicher Bedeutung. Für Theaterunternehmen gilt Ähnliches, soweit hiedurch nicht künstlerische Belange betroffen werden (§ 133 Abs 6 ArbVG).

4/206 Für Unternehmen und Betriebe, die **konfessionellen Zwecken** einer gesetzlich anerkannten Kirche oder Religionsgesellschaft dienen, gilt die Betriebsverfassung, also der II. Teil des ArbVG, dem Grunde nach. Nur soweit die Eigenart des Unternehmens oder des Betriebs dem entgegensteht, finden die Regelungen des II. Teiles des ArbVG keine Anwendung (vgl § 132 Abs 4 ArbVG)[290]. „Eigenart" bedeutet in diesem Zusammenhang, dass andere Unternehmen und Betriebe ohne konfessionelle Zwecksetzung regelmäßig „anders geartet" sind. Die Eigenart eines konfessionellen Betriebes oder Unternehmens steht der Anwendung von Bestimmungen des ArbVG dann entgegen, wenn die Mitwirkungsrechte der Belegschaft mit den besonderen konfessionellen Zwecken unvereinbar sind oder wenn die Mitwirkung der Arbeitnehmer für die Kirchen oder Religionsgesellschaften zu unerträglichen oder grob unzweckmäßigen Ergebnissen führt[291]. In die Abwägung tendenzspezifischer Interessenlagen sind aber auch die Wertungen des europäischen Antidiskriminierungsrechts (vgl 2.8.4.2) einzubeziehen[292].

4/207 Sonderregelungen bestehen im Arbeitsverfassungsrecht auch für **Theaterunternehmen** (§ 133 ArbVG), für Betriebe des **Österreichischen Rundfunks** (§ 133a ArbVG), für Unternehmen und Betriebe des öffentlichen **Personen-, Güter- und Nachrichtenverkehrs** (§ 134 ArbVG), für **land- und forstwirtschaftliche Betriebe** des Bundes, der Länder, der Gemeinden und der Gemeindeverbände (§ 134a ArbVG) sowie für gemeinsam verwaltete **Häuser** (§ 134b ArbVG).

4.4.3. Unternehmen

4/208 Im Gegensatz zum Betrieb, der organisatorisch-technisch ausgerichtet ist, bildet das Unternehmen die **wirtschaftliche Einheit**, in die die Betriebe eingebettet sind. Nach *Jacobi* han-

---

290 S hiezu *Eibensteiner*, Die Kirche und ihre Einrichtungen als Tendenzbetriebe unter besonderer Berücksichtigung der Katholischen Kirche (1994); *Puza*, Die gesetzlich anerkannten Kirchen und Religionsgesellschaften als Tendenzbetriebe – Überlegungen zu § 132 Abs 4 des österreichischen Arbeitsverfassungsgesetzes von 1973, in Reformen des Rechts, FS zur 200-Jahr-Feier der Rechtswissenschaftlichen Fakultät der Universität Graz (1979), 381; *Runggaldier*, Das Arbeitsrecht in der Kirche: kollektivrechtliche Aspekte, in Runggaldier/Schinkele (Hrsg), Arbeitsrecht und Kirche – Zur arbeitsrechtlichen und sozialrechtlichen Stellung von Klerikern, Ordensangehörigen und kirchlichen Mitarbeitern in Österreich (1996), 163; *Löschnigg*, Die Entsendung der Betriebsräte in den Aufsichtsrat – Organisationsrechtliche Probleme des § 110 ArbVG (1985), 59; *Mayer-Maly*, Arbeitsrecht im kirchlichen Dienst, ÖAKR 1977, 64; *Schnizer*, Innere Angelegenheiten der Kirche, in Klose/Mantl/Zsifkovits (Hrsg), Katholisches Soziallexikon^2 (1980), Sp 1171; *Schinkele*, Zum Tendenzschutz von gesetzlich anerkannten Kirchen und Religionsgesellschaften, RdW 2009, 654; vgl weiters OGH 6. 5. 1987, 14 ObA 29/87, Arb 10.665 = infas 1998, A 109 = JBl 1988, 62; OGH 12. 4. 1995, 9 ObA 31/95, DRdA 1996, 36 mit Bespr v *Kalb* = ZAS 1996, 121 mit Bespr v *Koizar*; OGH 5. 9. 2001, 9 ObA 184/01a, DRdA 2002, 470 mit Bespr v *Kalb* = öarr 2002, 488 mit Bespr v *Runggaldier*.

291 OGH 8. 1. 2009, 9 ObA 156/08v, DRdA 2010, 397 mit Bespr v *Kalb*.

292 Vgl insb *Windisch-Graetz*, Antidiskriminierung und Selbstbestimmung der Kirchen, öarr 2008, 233; *Schinkele*, Religionsfreiheit und europäisches Antidiskriminierungsrecht – einige grundsätzliche Überlegungen, öarr 2008, 179; *dies*, Zum Tendenzschutz von gesetzlich anerkannten Kirchen und Religionsgesellschaften, RdW 2009, 678.

delt es sich um die Vereinigung von persönlichen, sachlichen oder immateriellen Mitteln, durch die das von einem Rechtssubjekt (oder von mehreren Rechtssubjekten gemeinsam) verfolgte Ziel, ein bestimmtes Bedürfnis zu befriedigen, ermöglicht wird[293]. Festzuhalten ist allerdings, dass eine scharfe und wesensmäßige Trennung von Unternehmen und Betrieb einer genauen Prüfung nicht standhält, besonders wenn man auf die anderen einschlägigen Rechtsgebiete Bezug nimmt. Eine Differenzierung zwischen Betrieb und Unternehmen erscheint demnach primär als Systematisierungsproblem der Betriebsverfassung[294].

Auszugehen ist vom Unternehmen als Sondervermögen, dessen Kern der einschlägige Tätigkeitsbereich ist, welchem in der Mehrzahl der Fälle Sachen und Rechte eingegliedert oder angegliedert sind. Im Mittelpunkt stehen hiebei Kundschaft und Absatzgelegenheit, ferner die Bezugsquellen, die innere Ordnung des Betriebs und die Geschäftserfahrungen. Entscheidend ist somit die Qualifikation des sachlichen Substrats im Rechtsverkehr. Der Begriff des Sondervermögens bzw einer Gesamtsache muss auch dann nicht fallen gelassen werden, wenn ein Unternehmen nur aus dem Tätigkeitsbereich und dem entsprechenden Organisationsgefüge besteht[295].

Im Übrigen erreicht der Begriff des Unternehmens im Arbeitsrecht bei Weitem nicht jene 4/209
Bedeutung, die der Betriebsbegriff besitzt. In Erscheinung tritt er vor allem im Organisationsrecht, wonach in Unternehmen mit mehreren Betrieben ein **Zentralbetriebsrat** zu bilden ist, und im Rahmen der wirtschaftlichen Mitbestimmung. Insb im Falle der Mitwirkung der Arbeitnehmer im Aufsichtsrat (vgl 11.5.4.4) wird deutlich, dass dort weniger die organisatorisch-betriebliche Sphäre als vielmehr die unternehmensspezifisch-wirtschaftliche berührt wird. Abgesehen von der inhaltlichen Zuordnung der wirtschaftlichen Befugnisse zum Unternehmen zeigt sich dies auch formal darin, dass auf die Rechtsform der Unternehmung abgestellt wird und die Organisationsstruktur der Betriebe keine Rolle spielt.

Das ArbVG definiert das Unternehmen nicht ausdrücklich, es setzt ein solches aber vielfach voraus. So ist gem § 40 Abs 4 ArbVG ein Zentralbetriebsrat zu bilden, „wenn ein Unternehmen mehrere Betriebe umfasst", die eine wirtschaftliche Einheit bilden und vom Unternehmen zentral verwaltet werden. Dies bedeutet nicht, dass mehrere Betriebe vorhanden sein müssen, damit der Terminologie der Betriebsverfassung entsprechend ein Unternehmen vorliegt, sondern dass die organisatorische Relevanz der Betriebsverfassung nur im Falle eines Unternehmens mit mehreren (mindestens zwei) Betrieben gegeben ist. Ein Unternehmen kann selbstverständlich auch mit nur einem Betrieb existieren. Für diesen Fall ist die scharfe begriffliche Trennung von Betrieb und Unternehmen jedenfalls in Frage zu stellen.

Charakterisiert wird das Unternehmen im Allgemeinen durch die zentrale kaufmännische 4/210
Verwaltung, durch das einheitliche Hinarbeiten auf einen bestimmten wirtschaftlichen Erfolg und durch eine organisatorische Zusammenfassung einzelner Tätigkeiten[296]. Wesentlich und am augenscheinlichsten ist die gesellschaftsrechtliche Einheit, an die die wirtschaftliche Mitbestimmung anknüpft. Eine mehr oder minder große Unselbständigkeit, die auf Grund von Abhängigkeiten im Rahmen eines Konzernverhältnisses entstehen kann, spielt für den Unternehmensbegriff nur eine untergeordnete Rolle. Dies schließt aber nicht aus,

293 *Jacobi*, Betrieb und Unternehmen als Rechtsbegriffe (1926), 20.
294 *Schwarz*, Das Arbeitsverhältnis bei Übergang des Unternehmens (1967), 37 ff; allg zum Unternehmensbegriff vgl insb *Pircher*, Betrieb und Unternehmen, DRdA 1996, 212.
295 Vgl *Schwarz*, Erwerberhaftung und Grenzwert des Erwerbes, JBl 1967, 113; *dens*, Das AVRAG im Zwielicht, DRdA 1996, 473.
296 VwGH 5. 7. 1977, 1250/76, Arb 9601.

dass der Gesetzgeber im Rahmen der Mitbestimmung der Belegschaft spezielle Konzernregelungen trifft (vgl 4.4.4).

4/211 Gehen Unternehmungen, Betriebe oder einzelne Betriebsteile in andere Hände über, so ergibt sich die Frage nach dem rechtlichen Schicksal der Arbeitsverhältnisse (vgl 9.2).

4.4.4. Konzern

4/212 Der Begriff des Konzerns kommt aus dem **Gesellschaftsrecht**. Sowohl § 15 AktG als auch § 115 GmbHG sprechen dann von einem Konzern, wenn rechtlich selbständige Unternehmen zu wirtschaftlichen Zwecken unter **einheitlicher Leitung** zusammengefasst sind oder wenn ein rechtlich selbständiges Unternehmen auf Grund von Beteiligungen oder sonst unmittelbar oder mittelbar unter dem **beherrschenden Einfluss** eines anderen Unternehmens steht[297].

4/213 Unmittelbar an den Konzernbegriff des Gesellschaftsrechts knüpfen im **Arbeitsrecht** unterschiedliche Geltungsbereiche an: Die Bestimmungen über die Errichtung von Konzernvertretungen (§ 88a ArbVG; vgl 10.8), die Freistellung eines (Zentral-)Betriebsrats in Konzernen (§ 117 Abs 5 ArbVG; vgl 10.13.2), die Arbeitskräfteüberlassung zwischen Konzernunternehmungen (§ 1 Abs 3 Z 4 AÜG; vgl 9.1.2) sowie die Zusammenrechnung von Beschäftigungszeiten in Konzernunternehmungen für den Erwerb eines Abfertigungsanspruchs bei Bauarbeitern (§ 13b Abs 6 BUAG) sind hervorzuheben.

4/214 Eine von der gesellschaftsrechtlichen Definition abweichende Begriffsbildung beinhaltet § 110 Abs 6 ArbVG im Rahmen der Mitwirkung der Arbeitnehmer im Aufsichtsrat. Dieser Bestimmung zufolge gelten Sonderbestimmungen über die Entsendung von Arbeitnehmervertretern in den Aufsichtsrat, wenn eine AG, GmbH oder Genossenschaft andere **aufsichtsratspflichtige** Kapitalgesellschaften bzw (Europäische) Genossenschaften einheitlich leitet oder auf Grund einer **unmittelbaren Beteiligung** von **mehr als 50 %** beherrscht. Ebenfalls unter den betriebsverfassungsrechtlichen Konzern fallen jene beherrschten Gesellschaften, die (gem § 29 Abs 2 Z 1 GmbHG) nur deshalb keinen Aufsichtsrat zu errichten haben, weil sie beherrschte Konzernunternehmen sind und nicht mehr als fünfhundert Arbeitnehmer beschäftigen (allg zur Entsendung von Betriebsratsmitgliedern in den Aufsichtsrat von Kapitalgesellschaften vgl 11.5.4.4)[298].

4/215 Eine zusätzliche Bedingung für den betriebsverfassungsrechtlichen Konzern stellt das ArbVG bezüglich der Belegschaftszahlen auf. Die auf den Konzern abgestellte Mitwirkung der Belegschaftsvertreter gem § 110 Abs 6 ArbVG kommt nämlich nur dann zum Tragen,

---

[297] Vgl *Strasser*, Zur Neuordnung der Arbeitnehmerbeteiligung auf Konzern-Ebene, DRdA 1994, 214; *Tomandl*, Verwirrungen um den Betriebs- und Unternehmensbegriff. Zugleich eine Besprechung von OGH 9 ObA 311-338/93, ZAS 1994, 149; *Grießer*, Unternehmen und Konzern, ecolex 1994, 36; *Schima*, Rechtsübergreifende Unternehmen im österreichischen Betriebsverfassungsrecht?, RdW 1994, 81 mit Replik von *Grießer* in RdW 1994, 178; OGH 17. 3. 1994, 8 ObA 224/94, DRdA 1995, 134 mit Bespr v *Marhold*; *Köck*, Individualarbeitsrecht im Konzern, ZAS 2014, 61.

[298] Vgl *Schnorr*, Probleme der wirtschaftlichen Mitbestimmung bei Betriebsführungsgesellschaften, ZAS 1981, 85; *Geppert/Moritz*, Gesellschaftsrecht für Aufsichtsräte (1979), 133 ff; *Löschnigg*, Die wirtschaftliche Mitbestimmung im Konzern und in der GesmbH & Co KG, ZAS 1981, 3.

wenn das herrschende Unternehmen höchstens halb so viele Arbeitnehmer beschäftigt wie alle beherrschten Unternehmen zusammen. Die Anzahl der Arbeitnehmer des herrschenden Unternehmens darf demnach nicht größer als ein Drittel der Konzernbelegschaft sein.

Speziell von der konzernbezogenen Mitbestimmung ausgenommen sind Banken, Versicherungsunternehmen und herrschende Unternehmen, in denen kein Betriebsrat zu errichten ist, sofern deren Tätigkeit sich nur auf die Verwaltung von Unternehmensanteilen der beherrschten Unternehmen beschränkt.

Einen weiteren eigenständigen Konzernbegriff sieht die **Europäische Betriebsverfassung** (allg vgl 10.9.2) im ArbVG vor. In § 176 ArbVG findet sich der Begriff des Konzerns nicht ausdrücklich, sondern nur jener der **Unternehmensgruppe**, die als Gruppe von Unternehmen definiert wird, die aus einem herrschenden und den von diesem abhängigen Unternehmen besteht. Als herrschendes Unternehmen gilt hiebei ein Unternehmen, das auf Grund von Eigentum, finanzieller Beteiligung oder sonstigen Bestimmungen, die die Tätigkeit des Unternehmens regeln, einen beherrschenden Einfluss auf ein anderes Unternehmen ausüben kann. Dieser Einfluss wird – widerlegbar – vermutet, wenn das herrschende Unternehmen die Stimmrechts- oder Kapitalmehrheit des jeweils anderen Unternehmens besitzt oder mehr als die Hälfte der Mitglieder des Leitungs- oder Aufsichtsorgans desselben stellen kann. 4/216

Für die Beurteilung, ob ein Unternehmen als herrschendes Unternehmen anzusehen ist, ist das Recht des Mitgliedstaates, in dem das Unternehmen seinen Sitz hat, heranzuziehen. Wenn das herrschende Unternehmen nicht in einem Mitgliedstaat ansässig ist, so kommt das Recht jenes Mitgliedstaates zur Anwendung, in dem das als Vertreter benannte Unternehmen oder – in Ermangelung eines solchen – in dem das Unternehmen, das die höchste Anzahl von Arbeitnehmern in den Mitgliedstaaten aufweist, liegt.

5. Begründung des Arbeitsverhältnisses

5.1. Vorbereitung des Arbeitsvertrags

5.1.1. Arbeitsmarktpolitische Maßnahmen

Vorrangige **Ziele** einer aktiven Arbeitsmarktpolitik sind die Erreichung und Aufrechterhaltung der Vollbeschäftigung bzw die Verhütung und Beseitigung von Arbeitslosigkeit sowie die Versorgung der Wirtschaft mit Arbeitskräften. Zur Erreichung dieser Ziele haben die Träger der Sozialpolitik gem den §§ 29 ff AMSG für eine rasche und effiziente Vermittlung von geeigneten Arbeitskräften auf Ausbildungs- und Arbeitsplätze zu sorgen, Arbeitsuchende und Arbeitgeber über die für sie in Betracht kommenden Arbeitsplatzangebote bzw das Angebot an Arbeitsuchenden zu informieren, Arbeitsuchende und Betriebe bei Beschäftigungs- bzw Besetzungsproblemen individuell zu beraten, diese mit geeigneten Mitteln bei der Erhaltung und Sicherung von Arbeitsplätzen zu unterstützen sowie Maßnahmen, die der Erlangung, der Aufnahme oder dem Erhalt einer Beschäftigung dienen, durch finanzielle Leistungen zu fördern. 5/001

Zur Durchsetzung dieser Maßnahmen bedient sich die österreichische Sozialpolitik insb des sog **Arbeitsmarktservice**, einer durch das AMSG aus der unmittelbaren staatlichen Verwaltung ausgegliederten öffentlich-rechtlichen Körperschaft (vgl hiezu 14.5), aber auch der **Interessenvertretungen** der Arbeitgeber und Arbeitnehmer sowie einer Fülle von **privaten Institutionen**, die regelmäßig auf vereinsrechtlicher Basis tätig werden[1] und durch Beihilfen iSd § 34 AMSG oder durch öffentliche und private Subventionen gestützt werden. 5/002

Die Dienstleistungen des Arbeitsmarktservice sind grundsätzlich kostenlos. Für besondere Dienstleistungen, wie Testung und Vorauswahl von Bewerbern oder spezielle Werbemaßnahmen und Maßnahmen der Personalberatung für Betriebe, kann ein angemessenes Entgelt festgesetzt werden, das dem Arbeitsmarktservice zufließt. Dienstleistungen für Arbeitnehmer, Arbeitslose und Arbeitsuchende sind jedenfalls kostenlos zu erbringen (§ 32 AMSG). 5/003

5.1.2. Arbeitsvermittlung

Arbeitsvermittlung gem § 2 Abs 1 AMFG ist jede Tätigkeit, die darauf abzielt, Arbeitsuchende und Dienstgeber zur Begründung von Dienstverhältnissen zusammenzuführen, es sei denn, dass diese Tätigkeit nur gelegentlich und unentgeltlich oder auf Einzelfälle be- 5/004

[1] Vgl *Löschnigg/Scheipl* (Hrsg), Sozialinitiativen – Rechtliche Rahmenbedingungen und sozialpädagogische Aspekte (1990); *Stoppacher/Saurug*, Wege zur Arbeit, „Experimentelle Projekte" in der Steiermark – Rahmenbedingungen und fiskalische Effekte (1992).

schränkt ausgeübt wird[2]. Auch die Vermittlung von Arbeitsuchenden oder Au-pair-Kräften von Österreich in das Ausland und umgekehrt zählt dazu. Als Arbeitsvermittlung ist weiters die Verbreitung und Veröffentlichung von Stellenangeboten und Stellengesuchen anzusehen. Die Aufnahme von Stellenangeboten und Stellengesuchen in Medien wie Zeitungen und auf Internetseiten unterliegt jedoch nicht den Bestimmungen des AMFG, so lange diese nicht der Hauptzweck des Mediums ist. Gem § 2 Abs 4 AMFG zählt auch die Überlassung von Arbeitskräften an Dritte als Arbeitsvermittlung, sofern der Überlasser nicht die Pflichten des Arbeitgebers trägt. Jede Tätigkeit, die auf Arbeitsvermittlung gerichtet ist, jedoch im Gesetz keine Deckung findet, ist ausdrücklich **untersagt** (§ 2 Abs 5 AMFG).

5/005 Die Arbeitsvermittlung wird in erster Linie vom **Arbeitsmarktservice** bzw von den einzelnen regionalen Geschäftsstellen (vgl 14.5) durchgeführt. Das AMFG regelt darüber hinaus auch die Voraussetzungen, unter denen **andere Einrichtungen** und Personen zur Arbeitsvermittlung zugelassen werden können. Zu unterscheiden ist zwischen unentgeltlicher und entgeltlicher, dh auf Gewinn gerichteter Arbeitsvermittlung (s dazu unten).

5/006 Unter den **Grundsätzen** der Arbeitsvermittlung ist an erster Stelle jener der **Freiwilligkeit** zu nennen. Niemand kann gezwungen werden, eine angebotene Arbeitskraft einzustellen oder eine angebotene Arbeit anzutreten (vgl § 3 Z 1 bis 3 AMFG). Hiebei sind jedoch die Bestimmungen des AlVG zu beachten, wonach es zum Verlust des Arbeitslosengeldes kommen kann, wenn der Arbeitslose sich weigert, eine vom Arbeitsamt zugewiesene zumutbare Beschäftigung anzunehmen (vgl § 10 AlVG)[3].

5/007 Weiters hat die Arbeitsvermittlung ihre Aufgaben für die Arbeitsuchenden (außer Künstler) **unparteiisch** auszuüben. Ein Rechtsanspruch auf die Vermittlung eines bestimmten Arbeitsplatzes oder einer bestimmten Arbeitskraft besteht nicht (§ 3 Z 9 AMFG). Gem § 3 Z 10 AMFG ist die Vermittlung in einen von **Streik** oder **Aussperrung** betroffenen Betrieb sowie die Vermittlung von streikenden oder ausgesperrten Arbeitnehmern unzulässig. Zur Durchführung der Arbeitsvermittlung hat der Vermittler **Vormerkungen** über Arbeitsuchende und offene Stellen zu führen. Für die **Veröffentlichung** gemeldeter freier Arbeitsplätze und Ausbildungsstellen sowie der Arbeitsgesuche hat das Arbeitsmarktservice zu sorgen, soweit dies zweckmäßig und vom Aufwand her vertretbar erscheint, die übrigen Arbeitsvermittler sind dazu berechtigt (vgl §§ 5 f AMFG).

5/008 Die **unentgeltliche Arbeitsvermittlung** ist neben dem AMS unter gewissen Bedingungen **gemeinnützigen Einrichtungen**[4], **gesetzlichen Interessenvertretungen** und **kollektivver-**

---

[2] Allg vgl *Melzer-Azodanloo*, Neuer Kreis von nicht gewinnorientierten Arbeitsvermittler/innen, ASoK 2002, 365; *Danimann/Potmesil/Steinbach*, AMFG² (1993); *Reisinger*, Der Begriff der Arbeitsvermittlung im AMFG, DRdA 2013, 276.

[3] *Neumayr*, Zumutbare Beschäftigung im Arbeitslosen- und Pensionsversicherungsrecht, DRdA 2005, 471; *Müller*, Zum Begriff der „Zumutbarkeit der Beschäftigung" in der Arbeitslosenversicherung, DRdA 2006, 87; *Pfeil*, Die Regelung der Zumutbarkeit einer Beschäftigung seit der Arbeitsmarktreform 2004, DRdA 2006, 98; *Keul/Krapf*, Neue Zumutbarkeitsbestimmungen für Arbeitslose ab 1. 1. 2008, DRdA 2009, 5; *Gerhartl*, Arbeitswilligkeit in der Arbeitslosenversicherung, ZAS 2007, 207; *ders*, Generelle Arbeitsunwilligkeit eines Arbeitslosen, RdW 2014, 346; zur Judikatur s ua VwGH 24. 7. 2013, 2011/08/0209, ARD 6373/7/2013; VwGH 4. 9. 2013, 2012/08/0076, ARD 6383/12/2014.

[4] Vgl hiezu *Melzer-Azodanloo*, Neuer Kreis von nicht gewinnorientierten Arbeitsvermittler/innen, ASoK 2002, 365; *Löschnigg*, Die arbeits- und sozialrechtliche Stellung der Mitarbeiter von Sozialinitiativen, in Löschnigg/

tragsfähigen Berufsvereinigungen erlaubt (§ 4 Abs 1 Z 1 bis 3 iVm § 5 Abs 1 AMFG). Der BMASK sowie die Gewerbebehörden sind berechtigt, die Vermittlungstätigkeit zu beaufsichtigen. Sie ist einer gemeinnützigen Einrichtung vom BMASK zu **untersagen**, wenn (wiederholt) gegen die Bestimmungen des AMFG verstoßen wurde (Näheres in § 4 Abs 5 AMFG).

Die **entgeltliche private Arbeitsvermittlung** hat seit jeher bei gewissen **künstlerischen Berufen**[5] Tradition. Nach alter Rechtslage war für die Künstlervermittlung eine besondere Bewilligung erforderlich, aus aktueller Sicht reicht die Gewerbeberechtigung. Bei der Vermittlung von Künstlern und **Sportlern** darf ein angemessenes Vermittlungsentgelt verlangt werden, wenn der Arbeitsvertrag zulässig zustande gekommen ist. Das von den Arbeitnehmern zu leistende Vermittlungsentgelt muss dabei in einem angemessenen Verhältnis zu den getätigten Vermittlungsaufwendungen stehen und darf eine Obergrenze von 10 % des Bruttoarbeitsentgelts nicht übersteigen (§ 5 Abs 2 und 3 AMFG). Zu beachten ist in diesem Zusammenhang auch § 42 TAG, wonach mangels anderslautender Vereinbarung der Theaterunternehmer und der Schauspieler eine (behördlich begrenzte) Vermittlungsprovision je zur Hälfte zu tragen haben[6]. 5/009

Arbeitsvermittlung darf unter Beachtung der Bestimmungen des AMFG auch von Inhabern einer **Gewerbeberechtigung** für das Gewerbe der Arbeitsvermittlung gem § 97 GewO 1994 durchgeführt werden (§ 4 Abs 1 Z 4 AMFG). Bei natürlichen Personen erfordert die Ausübung die Staatsangehörigkeit einer EWR-Vertragspartei und einen Wohnsitz in einem EWR-Vertragsstaat, juristische Personen und Personengesellschaften müssen ua ihren Sitz oder ihre Hauptniederlassung in einem EWR-Vertragsstaat haben. Die Arbeitsvermittlung gehört zu den sog **reglementierten** Gewerben, es bedarf zur Ausübung somit des Nachweises einer entsprechenden Befähigung, dh es muss nachgewiesen werden, dass der zukünftige Arbeitsvermittler die fachlichen, einschließlich der kaufmännischen Kenntnisse, Fähigkeiten und Erfahrungen besitzt, um die der Arbeitsvermittlung eigentümlichen Tätigkeiten selbständig ausüben zu können (§§ 16, 94 Z 1 GewO 1994). Das AMFG verlangt zudem das Vorliegen angemessener Geschäftsräume. Die Arbeitsvermittlung darf nur bezüglich jener offenen Stellen erfolgen, über deren konkrete Anforderungen Auskunft gegeben werden kann. Der Arbeitsuchende ist zum Schadenersatz berechtigt, wenn der Arbeitsvermittler falsche oder fehlerhafte Angaben gemacht oder unzulässig Daten weitergegeben hat (§ 4 Abs 6 und 7 AMFG). Vereinbarungen über Vermittlungsprovisionen und sonstige Entgelte sind nur zwischen dem Vermittler und dem Anbieter der offenen Stelle zulässig, für den Arbeitsuchenden – ausgenommen Künstler und Sportler – ist die Vermittlung unentgeltlich durchzuführen (§ 5 Abs 2 AMFG). Zur Vermittlung von Führungskräften[7] sind gem 5/010

Scheipl (Hrsg), Sozialinitiativen – Rechtliche Rahmenbedingungen und sozialpädagogische Aspekte (1990), 55.

[5] Vgl allg zu Künstlern *Gerhartl*, Künstler im Arbeits-, Sozial- und Steuerrecht (2011).

[6] Vgl auch *Urleb*, Arbeitsrechtliche Fragen des SchSpG (2009), 70 f.

[7] Unter Führungskräften sind gem § 136 Abs 2 GewO nur leitende Angestellte, denen maßgebender Einfluss auf die Führung des Betriebs zusteht (vgl 4.3.2.1), zu verstehen. Weiters muss ihnen ein Entgelt angeboten werden, das zumindest die Höhe der Höchstbeitragsgrundlage in der Pensionsversicherung gem § 45 ASVG erreicht.

§ 136 GewO 1994 auch Unternehmensberater einschließlich der Unternehmensorganisatoren berechtigt.

5.1.3. Bewerbung – Fragerecht des Arbeitgebers

5/011 In der Regel ist jede Aufnahme von Arbeitnehmern damit verbunden, dass die Stellenbewerber zu Erprobungsarbeiten[8] herangezogen werden bzw Fragen diverser Art zu beantworten haben (zur Einstellungsdiskriminierung s 5.1.4, zum Arbeitnehmerdatenschutz vgl 7.6). Diese Befragungen dürfen die Intimsphäre nicht verletzen. Vorweg ist jedenfalls zu prüfen, inwieweit **Persönlichkeitsrechte** des Stellenwerbers bzw des Arbeitnehmers tangiert sind[9].

5/012 Regelmäßig unzulässig sind insb Fragen nach dem Bestehen einer Schwangerschaft, nach den Vermögensverhältnissen bzw nach allfälligen Vorstrafen[10]. Nach ständiger Rechtsprechung ist weder ein Nichtigkeits- bzw Anfechtungsgrund noch ein Entlassungstatbestand gegeben, falls die Tatsache der **Schwangerschaft** verschwiegen wird (vgl 8.3.4.3.3.2)[11]. Bei **Vorstrafen** wird eine Ausnahme dann anzuerkennen sein, wenn zwischen dem vereinbarten Tätigkeitsbereich des Arbeitnehmers und dem begangenen Delikt eine besondere Interdependenz besteht und der Verlust der Vertrauenswürdigkeit nach Maßgabe der Unzumutbarkeitsbewertung angenommen werden muss[12]. Fragen nach getilgten Vorstrafen sind jedenfalls unzulässig[13]. Die **Vermögensverhältnisse** des Arbeitnehmers sind für den Arbeitgeber nur insofern interessant, als er durch die Rechtsordnung unmittelbar betroffen wird, insb durch seine Pflichten im Zusammenhang mit der Lohnpfändung. Was den **Gesundheitszustand** anbelangt, so kann aus den Normen des öffentlich-rechtlichen Arbeitnehmerschutzes kein detailliertes Fragerecht und kein Recht auf Vorlage ärztlicher Befunde abgeleitet werden (vgl 11.5.1.2). Wie bei allen Abgrenzungen des Fragerechts kommt man auch hier nur durch eine Interessenabwägung im Einzelfall zu einer sachgerechten Lösung[14]. Besteht eine Gefahr für Leben und Gesundheit anderer im Betrieb Tätiger, wird man jedenfalls ein Fragerecht des Arbeitgebers anerkennen müssen[15]. Ein ausdrückliches Verbot der Datenerhebung sieht § 67 GTG vor. Arbeitgebern ist es dieser Bestimmung zufolge untersagt, Ergebnisse von **Genanalysen** bzw Körpersubstanzen ihrer Arbeitnehmer oder Arbeitsuchender zu verlangen, anzunehmen, zu erheben oder sonst zu verwerten.

5/013 Eine Möglichkeit zur Datenermittlung – allerdings nur mit Zustimmung des betroffenen (zukünftigen) Beschäftigten – wird dem Dienstgeber im Rahmen der sog **Sicherheitserklärungen** auf Grund des SPG bzw der VO BGBl II 114/2000 eröffnet[16]. So haben die

---

[8] VwGH 18. 2. 2004, 2000/08/0180, DRdA 2004, 532 mit Bespr v *Grillberger*.

[9] *Löschnigg*, Datenermittlung im Arbeitsverhältnis (2009), 107 ff mwN; vgl 11.5.1.2 u 11.5.1.3.

[10] S dazu *Sabara*, Heikle Fragen im Bewerbungsgespräch: Antwortpflicht des Arbeitnehmers?, ARD 6400/5/2014.

[11] OGH 5. 11. 1968, 4 Ob 57/68, Arb 8574; OGH 27. 10. 1970, 4 Ob 92/70, Arb 8824; OGH 26. 4. 1983, 4 Ob 44/83, Arb 10.264; ASG Wien 16. 12. 1997, 14 Cga 203/97t, ARD 4953/41/98.

[12] Vgl auch OGH 15. 11. 2001, 8 ObA 123/01y, DRdA 2002, 490 mit Bespr v *Kallab*.

[13] OGH 18. 10. 1994, 10 ObS 218/94, DRdA 1995, 397 mit Bespr v *Mazal*.

[14] Zur Frage einer Behinderung für die Tätigkeit (nicht Behinderteneigenschaft) OGH 25. 11. 2008, 9 ObA 142/08k, DRdA 2010, 127 mit Bespr v *Weiß*.

[15] Vgl insb *Rabanser*, Fragerecht bei Krankheit, ecolex 1993, 39 bzw 179.

[16] Vgl *Löschnigg*, Datenermittlung im Arbeitsverhältnis (2009), 114 ff.

Polizeibehörden auf Ersuchen jenes Unternehmens, in dem die zu überprüfende Person eine Tätigkeit wahrnimmt oder anstrebt, bei der sie Zugang zu vertraulichen Informationen hat, deren Verwertung im Ausland eine Schädigung des Unternehmens bewirken würde, eine Sicherheitsüberprüfung durchzuführen (§ 55a Abs 2 Z 3 SPG). Unter einer Sicherheitsüberprüfung wird hiebei die Abklärung der Vertrauenswürdigkeit einer Person anhand jener personenbezogenen Daten verstanden, die Aufschluss darüber geben, ob Anhaltspunkte dafür bestehen, dass diese Person gefährliche Angriffe begehen werde[17].

Eingriffe in die Intimsphäre bzw Persönlichkeitsrechte sind auch durch Betriebsvereinbarung nicht zulässig. Insoweit dies geschieht, sind Betriebsvereinbarungen nichtig[18]. 5/014

Von besonderer Bedeutung ist in diesem Zusammenhang das **Datenschutzrecht**, sowohl was die europarechtlichen Rahmenbedingungen[19] (Datenschutz-Grundverordnung, Verordnung (EU) 2016/679; Übereinkommen zum Schutz des Menschen bei der automatischen Verarbeitung personenbezogener Daten – Datenschutzkonvention des Europarates – BGBl 317/1988) anlangt, als auch was die innerstaatliche Umsetzung durch das DSG betrifft (zum Arbeitnehmerdatenschutz s 7.6)[20]. 5/015

Verfassungsrechtlich garantiert ist den Arbeitnehmern das Recht auf Geheimhaltung und Auskunft bezüglich ihrer personenbezogenen Daten, das Recht auf Richtigstellung unrichtiger und das Recht auf Löschung unzulässigerweise verarbeiteter Daten (§ 1 DSG). 5/016

Zu Fragen, die über allgemeine persönliche und fachliche Angaben hinausgehen und die dem Bewerber in einem Personalfragebogen gestellt werden, wurde dem **Betriebsrat** im § 96 Abs 1 Z 2 ArbVG ein **Mitbestimmungsrecht** eingeräumt. Dieses ist so konstruiert, dass die Einführung von derartigen Personalfragebögen zu ihrer Rechtswirksamkeit der Zustimmung des Betriebsrats bedarf (notwendige Mitbestimmung; Näheres dazu vgl 11.5.1.2). Fehlt demnach eine derartige Betriebsvereinbarung, so sind der Mitbestimmung unterliegende Fragen unzulässig. Daraus folgt, dass ihre Beantwortung verweigert werden kann bzw unrichtige Antworten keinerlei nachteilige Rechtsfolgen nach sich ziehen. 5/017

Das auf Fragebögen bezogene Mitbestimmungsrecht gem § 96 Abs 1 Z 2 ArbVG gilt auch dann, wenn die betreffenden Fragebögen automationsunterstützt ausgewertet werden. Hier tritt die Regelung des § 96a Abs 1 ArbVG im Verhältnis zu § 96 Abs 1 Z 2 ArbVG zurück (Näheres vgl 3.3.4.5.2, 11.4.4.1.6.1, 11.5.1.2 u 11.5.1.3). 5/018

5.1.4. Einstellungsdiskriminierung

In der Anbahnungsphase des Arbeitsverhältnisses, dh vor Abschluss des Vertrages, sind die (präsumtiven) Vertragspartner in ihren Handlungen weitgehend frei. Sie können die Ver- 5/019

---

17 § 55 Abs 1 SPG; vgl *Brodil*, Sicherheitsüberprüfungen durch Polizeibehörden im privaten Bereich, ZAS 2000, 141.

18 Vgl *Schwarz*, Der gläserne Arbeitnehmer? – Ein Beitrag zur Wahrung der Persönlichkeitsrechte im Betrieb (1988), insb 43 und 51.

19 *Hendrickx* (Hrsg), Employment Privacy Law in the European Union: Human Resources and Sensitive Data (2003); *ders* (Hrsg), Employment Privacy Law in the European Union: Surveillance and Monitoring (2002).

20 Vgl etwa *Kotschy*, Datenschutz in systematischer Einordnung zum Arbeitsrecht, in Brodil (Hrsg), Datenschutz im Arbeitsrecht (2010), 1; *Gerhartl*, Datenschutz im Bewerbungsverfahren, ecolex 2013, 57.

tragsverhandlungen grundsätzlich auch ohne weitere Begründung abbrechen. Neben gewissen vorvertraglichen Pflichten, die schon die allgemeine Rechtsgeschäftslehre entwickelt hat und die aus diversen Schutzzwecken in der Anbahnungsphase abgeleitet werden können[21], findet sich bereits für die Einstellungsphase eine Reihe von expliziten gesetzlichen Diskriminierungsverboten. Diese (größtenteils durch europäische Richtlinien[22] determinierten) Vorgaben (s dazu unter 2.8.4.2 sowie 2.8.4.10.1) verbieten jede Form der Diskriminierung – sowohl unmittelbare als auch mittelbare – nicht nur während des aufrechten Arbeitsverhältnisses und bei der Beendigung, sondern explizit auch bei der Begründung des Arbeitsverhältnisses (**Einstellungsdiskriminierung**). So bestimmt etwa § 7b Abs 1 BEinstG, dass im Zusammenhang mit einem Dienstverhältnis niemand auf Grund einer Behinderung mittelbar oder unmittelbar diskriminiert werden darf[23]. § 3 GlBG verbietet selbiges auf Grund des Geschlechtes, insbesondere unter Bezugnahme auf den Familienstand oder den Umstand, ob jemand Kinder hat. § 17 Abs 1 GlBG enthält ein Diskriminierungsverbot in Hinblick auf die ethnische Zugehörigkeit, die Religion, die Weltanschauung, das Alter und die sexuelle Orientierung (zum GlBG s unter 6.7.2.1).

5/020 Dem OGH zufolge ist die Anbahnungsphase vor allem für sexuelle Belästigungen (§ 6 Abs 1 GlBG) besonders anfällig, weil der Belästiger annimmt, leichtes Spiel zu haben, wenn er das Zustandekommen des Arbeitsverhältnisses von einem „gewissen Entgegenkommen" abhängig macht[24].

5/021 Für das Anbahnungsstadium von Relevanz sind auch die Bestimmungen der §§ 9 und 23 GlBG, wonach **Stellenausschreibungen** diskriminierungsfrei zu erfolgen haben (vgl 6.7.2.1)[25].

5/022 Ein **Anspruch auf Auskunft** eines abgelehnten Stellenwerbers darüber, ob ein anderer Bewerber eingestellt wurde, besteht nicht. Unter gewissen Umständen kann das Verweigern der Information jedoch das Vorliegen einer Diskriminierung vermuten lassen[26].

5.1.5. Vorstellungskosten

5/023 Ob und unter welchen Voraussetzungen dem Stellenbewerber ein Ersatz seiner Vorstellungskosten durch den Arbeitgeber gebührt, wird im geltenden Recht nicht ausdrücklich

---

21 S vor allem *Löschnigg*, Datenermittlung im Arbeitsverhältnis (2009).

22 RL 2000/43/EG des Rates vom 29. Juni 2000 zur Anwendung des Gleichbehandlungsgrundsatzes ohne Unterschied der Rasse oder der ethnischen Herkunft, ABl L 2000/180, 22; RL 2000/78/EG des Rates vom 27. November 2000 zur Festlegung eines allgemeinen Rahmens für die Verwirklichung der Gleichbehandlung in Beschäftigung und Beruf, ABl L 2000/303, 16; RL 2006/54/EG des Europäischen Parlaments und des Rates vom 5. Juli 2006 zur Verwirklichung des Grundsatzes der Chancengleichheit und Gleichbehandlung von Männern und Frauen in Arbeits- und Beschäftigungsfragen (Neufassung), ABl L 2006/204, 23.

23 Vgl *Gerstmann*, Der behinderte Stellenwerber, ASoK 2013, 187.

24 OGH 5. 6. 2008, 9 ObA 18/08z, RdW 2009, 593 mit Bespr v *Kulmer* = ZAS 2009, 288 mit Bespr v *Krömer* = ARD 5968/1/2009 = infas 2008, A 84 = Arb 12.751 = SZ 2008/77.

25 S dazu *Schwegel*, Rechtsprobleme der Stellenausschreibung unter besonderer Berücksichtigung des Gebots der geschlechtsneutralen Stellenausschreibung gemäß § 9 GlBG (2013), 28.

26 EuGH 19. 4. 2012, C-415/10, *Meister/Speech Design Carrier Systems GmbH*, DRdA 2013, 145 mit Bespr v *Balla*.

geregelt. Die Rechtsprechung des OGH[27] geht jedenfalls unter bestimmten Voraussetzungen von einem Ersatzanspruch aus. Der Arbeitgeber ist zum Ersatz der Kosten, die dem Arbeitnehmer im Zusammenhang mit der Vorstellung erwachsen sind, nicht nur dann verpflichtet, wenn ein solcher ausdrücklich vereinbart wird, sondern auch dann, wenn der Arbeitnehmer ausdrücklich zur persönlichen Vorstellung durch den Arbeitgeber aufgefordert wird und so Grund zur Annahme besteht, dass sich der Arbeitgeber nach **§ 863 ABGB** konkludent zum Kostenersatz verpflichtet hat. Dem Arbeitnehmer steht kein Ersatzanspruch zu, wenn der Arbeitgeber einen solchen von vornherein klar ausschließt oder sich ein solcher Ausschluss aus den Umständen, unter denen die Vorstellung erfolgt, ergibt. Hiebei wird insb auf die Branchenüblichkeit sowie auf die Tatsache, dass Vorkontakte zwischen den (potenziellen) Arbeitsvertragsparteien bestanden haben, Bedacht zu nehmen sein.

Neben § 863 ABGB bildet auch **§ 1014 ABGB** eine taugliche Rechtsgrundlage für einen Ersatzanspruch des Stellenbewerbers. Nach Ansicht des OGH kann die Aufforderung durch den Arbeitgeber zur Vorstellung des Bewerbers auch als Anbot eines Auftrags gesehen werden, das vom Bewerber ausdrücklich oder stillschweigend angenommen wird. Gem § 1014 ABGB ist der Auftraggeber aber verpflichtet, dem Beauftragten allen zur Besorgung des Geschäfts notwendigen oder nützlich gemachten Aufwand selbst bei fehlgeschlagenem Erfolg nebst den mit der Erfüllung des Auftrags verbundenen Schaden zu ersetzen (allg zur Bedeutung des § 1014 ABGB im Arbeitsverhältnis vgl 6.13.2). Diese Verpflichtung zum Ersatz der Auslagen umfasst auch die Kosten, die einem Stellenbewerber erwachsen, der sich über Veranlassung des zukünftigen Arbeitgebers zu einem Vorstellungsgespräch bei diesem einfindet, es sei denn, ein solcher Kostenersatzanspruch wurde anlässlich der Einladung ausgeschlossen. 5/024

Unter dem Titel der **culpa in contrahendo**[28] kann es letztendlich zu einer schadenersatzrechtlichen Haftung des Arbeitgebers kommen, wenn dieser schuldhaft vorvertragliche Aufklärungs- und Sorgfaltspflichten verletzt. So haftet der Arbeitgeber zB, wenn er nach konkreten, weit gediehenen Vertragsverhandlungen über den Abschluss eines Arbeitsvertrags beim Stellenbewerber den berechtigten Eindruck erweckt, es werde zum Abschluss des Arbeitsvertrags kommen, ihn im Hinblick darauf zu weiteren Auslagen (Reisekosten etc) veranlasst, in weiterer Folge aber ohne gerechtfertigten Grund vom Vertragsabschluss Abstand nimmt[29]. Der Arbeitgeber haftet in diesen Fällen für jene Aufwendungen, die er infolge Verletzung vorvertraglicher Aufklärungspflichten bei den Stellenbewerbern verursacht hat, sowie für den daraus resultierenden Einnahmenverlust (OLG Wien 11. 4. 2000, 9 Ra 49/00t, ARD 5233/11/2001). 5/025

---

[27] OGH 12. 7. 1989, 9 ObA 111/89, DRdA 1991, 145 mit Bespr v *Egger* = ZAS 1990, 134 mit Bespr v *Reidinger*; vgl auch OGH 30. 8. 1989, 9 ObA 208/89, RdW 1989, 399; *Egger*, Rechtsprobleme bei der Anbahnung von Arbeitsverhältnissen, DRdA 1982, 89, insb 100 f; *Schoibl*, Zum Anspruch des Stellenbewerbers auf Ersatz von Vorstellungskosten, RdW 1985, 247; *Marhold/Friedrich*, Österreichisches Arbeitsrecht[3] (2016), 138 f; *Meyenburg*, Ersatz von Vorstellungskosten, RdW 1989, 397; *Schima*, Der OGH und der Ersatz von „Vorstellungskosten", RdW 1990, 345; *Trost*, Ein frustrierter Bewerber, DRdA 1993, 252; *Brodil*, Der Ersatz von Vorstellungskosten, ecolex 1993, 691; s bereits ArbG Wien 30. 5. 1969, ARD 2219/19; ArbG Salzburg 8. 6. 1984, Cr 305/84, ARD 3642/11/84.

[28] Allg zur culpa in contrahendo vgl insb *Koziol*, Österreichisches Haftpflichtrecht II[2] (1984), 70 mwN.

[29] Vgl hiezu bereits OGH 3. 3. 1925, 1 Ob 165/25, SZ 7/66.

5.1.6. Einstellungspflichten und Einstellungsbeschränkungen

5/026 Die Einstellung entzieht sich im Wesentlichen den arbeitsrechtlichen Normierungen. Dem Betriebsrat stehen im Rahmen der Einstellung zwar Mitwirkungsrechte zu, sie erschöpfen sich jedoch in Informations-, Interventions- und Beratungsrechten (vgl 11.5.3.1).

5/027 Eine **Einstellungspflicht** von Arbeitnehmern sieht das BEinstG vor[30]. Gem § 1 Abs 1 BEinstG sind alle Dienstgeber, die 25 oder mehr Dienstnehmer beschäftigen, verpflichtet, auf je 25 Dienstnehmer mindestens einen **begünstigten Behinderten** (zum Begriff vgl 4.3.2.3.5) einzustellen. Die Anzahl der nach dem BEinstG einzustellenden begünstigten Personen wird als Pflichtzahl bezeichnet.

Im Verordnungsweg kann für bestimmte Wirtschaftszweige festgelegt werden, dass nur auf je höchstens 40 Dienstnehmer ein Behinderter zu beschäftigen ist. Durch VO können besonders geeignete Arbeitsplätze Behinderten vorbehalten werden (§ 1 Abs 2 BEinstG).

5/028 Für die Feststellung der Gesamtzahl der Dienstnehmer, von der die Zahl der zu beschäftigenden Behinderten zu berechnen ist, sind alle Dienstnehmer, die ein Dienstgeber im Rahmen eines Unternehmens im Bundesgebiet beschäftigt, zusammenzufassen[31].

5/029 Von der Gesamtzahl sind für die Berechnung der einzustellenden Behinderten die bereits beschäftigten Behinderten und Inhaber von Amtsbescheinigungen oder Opferausweisen abzuziehen (§ 4 Abs 3 BEinstG).

5/030 Auf die Pflichtzahl sind die nach dem BEinstG begünstigten, im Betrieb beschäftigten Personen – dies gilt auch für Teilzeitbeschäftigte[32] – anzurechnen. Gewisse behinderte Personen (zB Blinde, Behinderte vor Vollendung des 19. und nach Vollendung des 55. Lebensjahres) zählen hiebei doppelt (§ 5 Abs 2 u 3 BEinstG). Keine Anrechnung ist dann vorzunehmen, wenn der begünstigte Behinderte karenziert ist, keine Arbeitsleistung erbringt und kein Entgelt bekommt[33].

5/031 Kommt ein Dienstgeber seiner Einstellungspflicht nicht nach, so hat er für jeden aufzunehmenden Behinderten monatlich eine **Ausgleichstaxe** zu zahlen, wobei deren Höhe mit der Zahl aller vom Arbeitgeber beschäftigten Arbeitnehmer steigt[34] (§ 9 BEinstG). Die Ausgleichstaxen fließen dem Ausgleichstaxfonds, einem beim BMASK eingerichteten und mit Rechtspersönlichkeit ausgestatteten Fonds, zu (§ 10 BEinstG). In der Konstruktion

[30] Allg vgl *Widy/Auer-Mayer/Schrattbauer*, in Widy (Hrsg), Behinderteneinstellungsgesetz[8] (2016); *Ernst*, Neue Wege in der Behinderteneinstellung, DRdA 2000, 4; *Spitzl/Kürner*, Ausgewählte Probleme des BEinstG, ZAS 1995, 122; *Rauch*, Pflichtzahl und Erfüllung der Beschäftigungspflicht nach dem BEinstG, ASoK 2012, 104; *Sabara*, Die Pflicht zur Beschäftigung begünstigter Behinderter, ARD 6447/5/2015.

[31] § 4 Abs 2 BEinstG; *Marhold*, Beschäftigungspflicht und Entgeltanspruch nach dem BEinstG, RdW 1990, 51.

[32] VwGH 6. 5. 1997, 97/08/0123, ARD 4885/21/97; VwGH 21. 2. 2012, 2010/11/0109, ARD 6236/3/2012.

[33] Vgl VwGH 24. 5. 2011, 2008/11/0012, RdW 2011, 551 = ASoK 2011, 394.

[34] Die Ausgleichstaxe beträgt für jede einzelne Person, die zu beschäftigen wäre, ab 1. 1. 2017 monatlich € 253, für Dienstgeber, die 100 oder mehr Dienstnehmer beschäftigen, € 355 und für Dienstgeber, die 400 oder mehr Dienstnehmer beschäftigen, € 377; zur Auswirkung von Teilzeitbeschäftigung auf die Pflichtzahl und Behindertenausgleichstaxe s VwGH 30. 4. 2014, 2013/11/0220, ARD 6403/6/2014; zur Verwendung der Mittel aus der Ausgleichstaxe s auch *Widy*, Förderungen für Arbeitgeber aus dem Ausgleichstaxenfonds des BEinstG, ARD 6543/4/2017.

der Einstellungspflicht nach dem BEinstG erblickt der VfGH keinen Verstoß gegen verfassungsgesetzlich gewährleistete Rechte, insb gegen das Grundrecht auf Eigentum[35].

Beschäftigt ein Dienstgeber hingegen in Ausbildung stehende, begünstigte Behinderte, so erhält er für jeden Behinderten gem § 9a BEinstG eine **Prämie** in der Höhe der Ausgleichstaxe, wie sie für Arbeitgeber mit weniger als 100 Dienstnehmern vorgeschrieben ist. 5/032

Eine gesetzliche **Verpflichtung zur Weiterbeschäftigung** kennt das BAG im Zusammenhang mit der sog **Behaltepflicht**. Gem § 18 Abs 1 BAG ist der Lehrberechtigte verpflichtet, ausgelernte **Lehrlinge** drei Monate im erlernten Beruf weiterzuverwenden[36]. 5/033

Eine **Einstellungsbeschränkung** ergibt sich aus § 8 Abs 5 BAG. In dieser Bestimmung ist das Verhältnis der **Lehrlinge** zur Anzahl der im Betrieb beschäftigten, fachlich einschlägig ausgebildeten Personen festgelegt (**Verhältniszahlen**). 5/034

Für eine fachlich einschlägig ausgebildete Person dürfen zwei Lehrlinge, für jede weitere fachlich einschlägig ausgebildete Person darf je ein weiterer Lehrling beschäftigt werden. Die Lehrlingsstelle hat in bestimmten Fällen jedoch die Lehrlingshöchstzahl zu erhöhen oder herabzusetzen (§ 8 Abs 5 und 13 BAG).

Die Nichtbeachtung von Verhältniszahlen bei der Aufnahme von Lehrlingen führt zwar niemals zur Rechtsunwirksamkeit von Lehrverträgen, stellt aber eine Verwaltungsübertretung gem § 32 Abs 1 lit e BAG dar. 5/035

5.1.7. Arbeitsrechtlicher Vorvertrag

Keine praktische Bedeutung im Arbeitsrecht haben Vorverträge iSd § 936 ABGB. Es handelt sich um Verabredungen, erst in Zukunft einen Vertrag abschließen zu wollen[37]. 5/036

Voraussetzung für die Rechtsverbindlichkeit ist, dass sowohl der Zeitpunkt des Abschlusses des späteren Vertrags als auch dessen wesentliche Inhalte bestimmt werden. Außerdem dürfen sich die Umstände in der Zwischenzeit nicht so verändern, dass dadurch der ausdrücklich bestimmte oder aus den Umständen hervorgehende Zweck vereitelt wird oder das Vertrauen eines Vertragspartners verloren geht[38]. 5/037

5.2. Abschluss des Arbeitsvertrags

Grundsätzlich begründet der Arbeitsvertrag das Arbeitsverhältnis (vgl aber 5.2.8). Als privatrechtliches Rechtsgeschäft basiert er auf der Übereinstimmung des erklärten Willens der bei- 5/038

---

[35] VfGH 22. 3. 1962, B 236/61, VfGHSlg 4149; VfGH 13. 6. 1983, B 549/79, DRdA 1985, 305 mit Bespr v *Stolzlechner* = ZAS 1986, 22 mit krit Bespr v *Funk*; EGMR 2. 9. 1992, 14623/89, *X/Österreich*, ÖJZ 1993, 140.

[36] Vgl insb *Aust* in Aust/Gittenberger/Knallnig-Prainsack/Strohmayer (Hrsg), Berufsausbildungsgesetz (2014), § 18 Rz 1 ff; *Kinscher*, BAG^2 (1979), 88 ff; s aber auch OGH 10. 9. 1985, 4 Ob 94/85, ZAS 1986, 202 mit krit Bespr v *Rebhahn*, da der OGH von einem Arbeitsverhältnis kraft Gesetzes spricht.

[37] Vgl insb *Zöllner*, Der arbeitsrechtliche Vorvertrag, in FS Floretta (1983), 445; s auch OGH 26. 3. 1968, 4 Ob 18/68, ZAS 1969, 15 mit Bespr v *Koziol*; OGH 19. 3. 1974, 4 Ob 10/74, ZAS 1976, 216 mit Bespr v *Rummel*.

[38] Vgl allg *Reischauer* in Rummel/Lukas (Hrsg), ABGB I^4 (2015), § 936.

den Vertragspartner (Arbeitnehmer und Arbeitgeber)[39]. Er ist zweiseitig verbindlich (synallagmatisch), weil für jeden Vertragspartner Berechtigungen und Verpflichtungen entstehen. Arbeitsverträge sind generell von jeglichen Gebühren befreit.

5/039 Obwohl der der Privatautonomie entspringende Grundsatz der Vertragsfreiheit auch im Arbeitsvertragsrecht seine Bedeutung besitzt, ist das Arbeitsverhältnis durch weitgehende Restriktion der Vertragsfreiheit gekennzeichnet. Die Festsetzung der Arbeitsbedingungen bleibt weitgehend der freien Vereinbarung zwischen Arbeitnehmer und Arbeitgeber entzogen. Dies zeigt sich deutlich in der Fülle der zwingenden Gesetzesvorschriften, die gerade für das Arbeitsrecht typisch sind. Die wirtschaftliche Überlegenheit des Arbeitgebers und der häufig vorhandene Mangel an Rechtskenntnissen auf Seiten des Arbeitnehmers sollen nicht wie zur Zeit der Herausbildung des Industriekapitalismus zu einem einseitigen Diktat von Arbeitsbedingungen führen[40]. Neben den zwingenden Gesetzesbestimmungen wirken auch Kollektivverträge und Betriebsvereinbarungen auf den Vertragsinhalt zwingend ein (zur Rangordnung der arbeitsrechtlichen Rechtsquellen vgl 3.2.2).

5.2.1. Angebot und Annahme

5/040 Prinzipiell gelten auch für das gültige Zustandekommen eines Arbeitsvertrags die allgemeinen Vorschriften des bürgerlichen Rechts. Der Abschluss erfolgt demnach wie bei allen Verträgen durch **Angebot** und **Annahme** (§ 861 ABGB)[41].

5/041 Beim **Angebot** handelt es sich um eine an eine bestimmte Person gerichtete Aufforderung, einen Vertrag bestimmten Inhalts abzuschließen. Fordert etwa der zukünftige Arbeitgeber die Bewerberin auf, ihren bisherigen Arbeitsplatz zu kündigen und danach im Unternehmen des zukünftigen Arbeitgebers vorbeizukommen, „um zu sehen, wie es ihr gefalle", ist diese Erklärung durchaus als Anbot zum Abschluss eines Dienstvertrages zu beurteilen[42]. Dabei ist es gleichgültig, welche Seite die Aufforderung vornimmt. An einen unbestimmten Personenkreis gerichtete Angebote, insb Stellenangebote, sind hingegen nur als Aufforderung zur Bewerbung um einen Vertragsabschluss (dh als Aufforderung zur Anbotstellung) anzusehen[43].

5/042 Als **Annahme** bezeichnet man die (zustimmende) Erklärung des anderen Teils, dass er mit dem vorgeschlagenen Abschluss einverstanden ist.

---

39 *Reissner*, Personalien der Parteien, in Reissner/Neumayr (Hrsg), Zeller Handbuch Arbeitsvertrags-Klauseln (2010), 49.

40 Zu vorformulierten Vertragsbedingungen, die in Form von AGBs durch den Arbeitgeber festgelegt werden, vgl *Rainer*, AGB-Kontrolle im Arbeitsrecht (2009); s auch OLG Wien 18. 1. 2010, 9 Ra 129/09w, ARD 6051/6/2010.

41 Vgl zB *Rummel* in Rummel/Lukas (Hrsg), ABGB I[4] (2015), § 861; *Koziol – Welser/Kletečka*, Grundriss des bürgerlichen Rechts I[14] (2014), 133 ff; *Gschnitzer/Faistenberger/Barta*, Allgemeiner Teil des bürgerlichen Rechts[2] (1992), 496 ff; *Kramer*, Grundfragen der vertraglichen Einigung (1972), 35 ff; *Mayer-Maly*, Vertrag und Einigung, in FS Nipperdey (1965), 509.

42 OGH 25. 4. 2001, 9 ObA 30/01d, RdW 2002, 351.

43 *Rabofsky/Csebrenyak/Maßl/Geppert*, ABGB und Arbeitsvertragsrecht[4] (1987), 81; *Apathy/Riedler* in Schwimann/Kodek (Hrsg), ABGB IV[4] (2014), § 861 Rz 7.

Ein Angebot ist nur dann zur Annahme geeignet, wenn es inhaltlich ausreichend bestimmt ist und ein Bindungswille des Antragstellers zum Ausdruck kommt. Die Bindungswirkung für den Antragsteller ist zeitlich begrenzt. Sie kann durch diesen selbst ausdrücklich festgelegt werden; ist dies nicht geschehen, so gelten die gesetzlichen Fristen. 5/043

Demnach sind die einem Anwesenden oder mittels Fernsprechers von Person zu Person gemachten Angebote sofort anzunehmen; bei einem einer abwesenden Person gemachten Antrag dauert die Bindung bis zu dem Zeitpunkt, in dem der Anbietende unter der Voraussetzung, dass sein Antrag rechtzeitig angekommen ist, das Eintreffen der rechtzeitig und ordnungsgemäß abgesendeten Antwort erwarten durfte (§ 862 ABGB). Aus der Formulierung „bei rechtzeitiger Absendung“ im § 862 ABGB wird eine angemessene Überlegungsfrist für den Annehmenden abgeleitet[44].

Wesentliches Kriterium für das Zustandekommen eines Vertrags überhaupt ist die Übereinstimmung der von den Parteien abgegebenen Willenserklärungen. Sie führen allerdings nur dann zu einem endgültig gesicherten Vertragsabschluss, wenn sie fehlerfrei sind[45]. Das bedeutet, dass sie frei, ernstlich, bestimmt und verständlich sein müssen (§ 869 ABGB). Sind diese Voraussetzungen nicht erfüllt, dann liegt ein sog Willensmangel vor (vgl §§ 869 bis 877 ABGB). Von einem solchen spricht man insb bei Irrtum, List, Zwang, Scheingeschäft oder Mentalreservation (Näheres vgl 5.4). 5/044

Die **Willenserklärungen**, durch die ein Vertrag zustande kommt, können nicht nur ausdrücklich, sondern auch **schlüssig (konkludent)** erfolgen[46]. Letzteres bedeutet, dass ein Verhalten gesetzt wird, das bei Überlegung aller Umstände keinen vernünftigen Grund daran zu zweifeln übrig lässt, dass sich der andere Vertragspartner in bestimmter Weise verpflichten will[47]. Wesentlich ist jedoch, dass Willenserklärungen und sonstige mit Rechtsfolgen verbundene Handlungen nach dem **Empfängerhorizont** zu beurteilen sind; es kommt also darauf an, welches Verständnis ein redlicher Erklärungsempfänger unter Berücksichtigung der Begleitumstände gewinnen durfte[48]. 5/045

Ein derartiger Verpflichtungswille wird in der Regel anzunehmen sein, wenn ein Teil Dienstleistungen erbringt und der andere sie annimmt, sofern nicht der Empfänger der Dienstleistungen erkennbar erklärt, dass er den Abschluss eines Dienstvertrags ablehnt, oder dies aus den Umständen, unter denen die Arbeitsleistungen erbracht werden (zB Leiharbeit), hervorgeht[49]. 5/046

---

44 Vgl *Rummel* in Rummel/Lukas (Hrsg), ABGB I^4 (2015), § 862 Rz 3.

45 Vgl zB *Welser,* Konsens, Dissens und Erklärungsirrtum, JBl 1974, 81 f; *Iro,* Konkurrenz von Dissens und Irrtum?, ZVR 1976, 325.

46 Zur Problematik nach dem VBG vgl *Rebhahn*, Vertrauensschutz in gesetzlich determinierten Dienstverhältnissen, DRdA 2002, 202.

47 § 863 ABGB; Näheres hiezu vgl auch *Mazal,* Konkludenz im Arbeitsrecht, in Tomandl (Hrsg), Neuere Tendenzen im Arbeitsrecht auf dem Prüfstand (1999), 17; zu einem Anspruch auf einen Firmenparkplatz s OGH 15. 3. 2007, 8 ObA 11/07m, DRdA 2008, 336 mit Bespr v *Resch.*

48 Zur Frage einer Geldablöse für beigestellte Arbeitskleidung im Falle der Unterfertigung eines „Übernahmescheins“ OGH 15. 9. 2004, 9 ObA 81/04h, DRdA 2005, 305 mit Bespr v *Binder*; weiters OGH 6. 10. 2005, 8 ObA 34/05s, DRdA 2006, 475 mit Bespr v *Kerschner.*

49 OGH 1. 7. 1980, 4 Ob 52/80, ZAS 1983, 172 mit Bespr v *Selb*; OGH 9. 7. 1999, 9 ObA 81/99y, DRdA 2000, 26 mit Bespr v *Jabornegg* = RdW 2000, 624; s aber OGH 25. 11. 1999, 8 ObA 191/98s, RdW 2000, 374; zur Abgrenzung einzelvertraglicher Ansprüche und einer Wohlfahrtseinrichtung bei Gewährung von Freikarten s OGH 21. 5. 2007, 8 ObA 4/07g, DRdA 2008, 344 mit Bespr v *Eypeltauer.*

5/047 Die tatsächliche Gestaltung der Rechtsbeziehungen geht hiebei – bedingt durch den Schutzzweck der arbeitsrechtlichen Bestimmungen – einem nach außen erklärten, abweichenden Willen des Arbeitgebers vor[50].

5/048 Kommt es zu übereinstimmenden Willenserklärungen der Vertragspartner, dann ist der Arbeitsvertrag abgeschlossen (§ 861 ABGB). Die Annahme entspricht dem Angebot. Ist dies nicht der Fall, so liegt **Dissens** vor.

Hiebei ist zwischen **offenem**, dh bewusstem, und **verstecktem** Dissens, bei dem zumindest einer Partei die fehlende Einigung nicht bewusst ist, zu unterscheiden. In erster Linie muss über die Hauptpunkte (essentialia negotii) Übereinstimmung erzielt worden sein, damit die Vereinbarung rechtswirksam zustande kommt. Hinsichtlich der Nebenpunkte ist im Falle eines offenen Dissenses der Vertrag im Zweifel so lange nicht als abgeschlossen anzusehen, als auch ein nebensächlicher Punkt noch offen ist, den aber eine Partei in erkennbarer Weise geklärt wissen wollte[51]. Beim versteckten Dissens über Nebenpunkte ist bezüglich der Gültigkeit des Vertrags darauf abzustellen, ob der Vertrag auch ohne eine entsprechende Bestimmung abgeschlossen worden wäre[52].

5.2.2. Geschäftsfähigkeit

5/049 Im Allgemeinen verlangt das Gesetz für das gültige Zustandekommen eines Vertrags die volle Geschäftsfähigkeit des Vertragspartners[53]. Im Falle partieller Geschäftsunfähigkeit durch geistige Behinderungen hängt die Gültigkeit des Geschäfts davon ab, ob dieses von der geistigen Störung berührt worden ist, ob also die geistigen Fähigkeiten gerade für den konkreten Akt (zB Erkennen der Rechtsfolgen einer Kündigung) ausreichend waren oder nicht[54]. Die volle Geschäftsfähigkeit erreicht man mit der Volljährigkeit, dh mit der Vollendung des 18. Lebensjahres. Ein Minderjähriger kann gem § 170 ABGB ohne ausdrückliche oder stillschweigende Einwilligung seines gesetzlichen Vertreters rechtsgeschäftlich weder verfügen noch sich verpflichten. Nach dieser Norm könnten Minderjährige auch keine Arbeitsverträge abschließen. Hier greift die besondere Regelung des § 171 ABGB ein, wonach sich **mündige Minderjährige** (ds Personen, die das 14. Lebensjahr vollendet haben) **selbständig** durch Vertrag **zu Dienstleistungen** verpflichten können.

Der Abschluss eines Lehr- oder sonstigen Ausbildungsverhältnisses ist hingegen ohne Zustimmung des gesetzlichen Vertreters nicht möglich. Arbeitsrechtliche Schutzbestimmungen, wie zB Beschäftigungsverbote nach dem KJBG (vgl 7.3.1), bleiben durch § 171 ABGB unberührt.

5/050 Der **gesetzliche Vertreter** des Kindes kann – auch gegen den Willen des Minderjährigen – das durch den Vertrag begründete Rechtsverhältnis aus wichtigen Gründen **vorzeitig lösen**. Diese Gründe sind in erster Linie familienrechtlicher Natur, wie zB Vereitelung des Erziehungszwecks. Spezifisch arbeitsrechtliche Gründe können vom gesetzlichen Vertreter überdies im Hinblick auf das Wohl des Minderjährigen geltend gemacht werden[55].

---

50 OGH 13. 4. 1988, 9 ObA 52/88, ZAS 1989, 136 mit krit Bespr v *Schäffl.*

51 OGH 4. 3. 1986, 14 Ob 12/86, ZAS 1987, 92 mit Bespr v *Dullinger.*

52 Vgl *Gschnitzer* in Klang (Hrsg), ABGB IV^2 (1968), 896; *Rummel* in Rummel/Lukas (Hrsg), ABGB I^4 (2015), § 869 Rz 14; vgl auch *Bollenberger* in Koziol/P. Bydlinski/Bollenberger (Hrsg), ABGB^4 (2014), § 869.

53 Vgl *Koziol – Welser/Kletečka*, Grundriss des bürgerlichen Rechts I^{14} (2014), 58 ff; *Schwimann*, Die Institution der Geschäftsfähigkeit (1965).

54 OGH 22. 6. 1995, 8 ObA 223/95, DRdA 1996, 224 mit Bespr v *Dullinger.*

55 *Nademleinsky* in Schwimann/Kodek (Hrsg), ABGB Ia^4 (2013), § 171 Rz 6.

Die für **Lehrverhältnisse** geltenden Sonderbestimmungen sehen vor, dass zum Abschluss eines Lehrvertrags die Genehmigung des gesetzlichen Vertreters erforderlich ist (§ 12 Abs 1 BAG). Soll ein Lehrverhältnis nach den Bestimmungen des BAG vorzeitig gelöst werden, so bedarf die Auflösung der **Schriftform** und bei Minderjährigen überdies der Zustimmung des gesetzlichen Vertreters, jedoch keiner pflegschaftsgerichtlichen Genehmigung (§ 15 Abs 1 u 2 BAG)[56]. Besondere familienrechtliche Lösungsgründe kommen beim Lehrverhältnis – abgesehen von den in § 15 Abs 4 lit f BAG aufgezählten Fällen – nicht in Frage, da der Vertragsabschluss ohnehin der Zustimmung des gesetzlichen Vertreters bedurfte[57]. Mit § 15a BAG steht sowohl dem Lehrling als auch dem Lehrberechtigten eine weitere außerordentliche Lösungsmöglichkeit zur Verfügung. Unter Einhaltung bestimmter Fristen bzw Termine[58] und iVm einem Mediationsverfahren kann der Lehrvertrag beendet werden[59]. 5/051

Im Allgemeinen genügt bei **ehelichen Kindern** die Zustimmung eines Elternteils. Die vorzeitige Auflösung eines Lehr-, Ausbildungs- oder Dienstvertrags bedarf gem § 167 Abs 2 ABGB jedoch der Zustimmung auch des anderen Elternteils. Das gilt auch für **uneheliche Kinder**, wenn das Gericht beiden Eltern die Obsorge für das Kind übertragen hat oder sich beide Elternteile vor dem Standesbeamten für eine gemeinsame Obsorge ausgesprochen haben (§ 177 Abs 2 ABGB). Ist eine solche gerichtliche Übertragung oder Erklärung seitens der Elternteile nicht erfolgt und ist somit die Mutter alleinige gesetzliche Vertreterin (§ 177 Abs 2 ABGB), genügt auch in Angelegenheiten nach § 167 Abs 2 ABGB ihre Zustimmung[60]. 5/052

5.2.3. Formvorschriften

Der Abschluss eines Arbeitsvertrags ist grundsätzlich an keine bestimmte Form gebunden. Er kann mündlich, schriftlich oder durch schlüssige Handlungen erfolgen[61]. Schriftlichkeit ist jedoch aus Gründen der Beweissicherung immer von Vorteil. Die Parteien können auch eine bestimmte Form wählen. Liegt ein solcher vereinbarter Formvorbehalt vor, dann wird vermutet, dass die Parteien vor Erfüllung dieser Form nicht gebunden sein wollen (§ 884 ABGB). 5/053

Von der vereinbarten Form können die Parteien jederzeit einvernehmlich, und zwar gem § 863 ABGB auch konkludent, wieder abgehen[62]. 5/054

---

[56] S insb *Gittenberger*, Schriftlichkeit bei der vorzeitigen Auflösung eines Lehrverhältnisses, DRdA 2008, 68; OGH 22. 9. 2010, 8 ObA 63/09m, DRdA 2011, 388 mit Bespr v *Schrittwieser/Vazny-König* = ZAS 2011, 235 mit Bespr v *Mayer*; die Auflösung eines Lehrverhältnisses mittels SMS entspricht nicht dem Schriftlichkeitsgebot, vgl hiezu OGH 7. 2. 2008, 9 ObA 96/07v, DRdA 2009, 508 mit Bespr v *Mayr*.

[57] *Nademleinsky* in Schwimann/Kodek (Hrsg), ABGB Ia^4 (2013), § 171 Rz 7.

[58] OGH 29. 4. 2015, 9 ObA 38/15a, ARD 6457/6/2015 = DRdA-infas 2015, 244.

[59] Vgl *Mayr*, Die Zwangsmediation im Berufsausbildungsrecht, in FS Binder (2010), 295.

[60] *Nademleinsky* in Schwimann/Kodek (Hrsg), ABGB Ia^4 (2013), § 167 Rz 5.

[61] OGH 21. 5. 1975, 4 Ob 19/75, Arb 9349; LGZ Wien 28. 6. 1982, 44 Cg 114/82, Arb 10.173.

[62] OGH 24. 2. 1959, 4 Ob 20/59, Arb 7008; LGZ Wien 3. 10. 1977, 44 Cg 174/77, Arb 9648; OGH 14. 9. 1982, 4 Ob 81/82, DRdA 1985, 200 mit Bespr v *Csebrenyak*; OGH 25. 5. 1994, 9 ObA 76/94, RdW 1994, 359; OGH 21. 2. 2013, 9 ObA 156/12z, ecolex 2013, 616 mit Bespr v *Wilhelm* = ZAS 2013, 225 mit Bespr v *Aichberger-Beig*.

5.2.4. Abschluss des Arbeitsvertrags

5/055 Nur in einigen Ausnahmefällen schreiben arbeitsrechtliche **Sondergesetze Formvorschriften** für Arbeitsverträge vor. So sind etwa **Lehrverträge** gem § 12 Abs 1 BAG schriftlich abzufassen. Die Nichteinhaltung der Schriftform bewirkt jedoch nach § 12 Abs 7 BAG keine Nichtigkeit des Lehrvertrags. Die Norm des § 4 Abs 1 VBG, wonach dem **Vertragsbediensteten** ein Anspruch auf schriftliche Ausfertigung des Dienstvertrags und allfälliger Nachträge zum Dienstvertrag zusteht, stellt ebenso eine Ordnungsvorschrift dar, deren Nichteinhaltung die Gültigkeit des Vertrags nicht berührt[63].

5/056 Zu beachten ist ferner, dass **bestimmte Klauseln** in Arbeitsverträgen zu ihrer Gültigkeit der Schriftform bedürfen[64]. Dies gilt beispielsweise für Kautionsbestellungen zur Sicherung von Schadenersatzansprüchen gegen den Arbeitnehmer (§ 1 Abs 2 KautSchG) oder für die Überlassung künftiger Diensterfindungen an den Arbeitgeber (§ 7 Abs 1 PatG). Verzichtet ein Hausbesorger auf die ihm zustehende Dienstwohnung oder soll ihm eine anderweitige Berufsausübung untersagt werden, so ist dies schriftlich zu fixieren (§ 13 Abs 5 u § 16 HausbG). Dasselbe gilt für die Befristung von Hausbesorgerdienstverhältnissen sowie für die Vereinbarung einer Probezeit (§ 18 Abs 1 u 2 HausbG; zum erfassten Personenkreis vgl 4.3.2.2.3.2).

5.2.4. Möglichkeit und Erlaubtheit des Vertragsinhalts

5/057 Gegenstand des Arbeitsvertrags können Dienste aller Art sein, doch gelten die bürgerlichrechtlichen Grenzen der Möglichkeit (§ 878 ABGB) und Erlaubtheit (§ 879 ABGB) auch für das Arbeitsrecht (Näheres vgl 5.4).

Die Bestimmung, dass Unmögliches nicht vereinbart werden kann, bezieht sich sowohl auf die tatsächliche als auch auf die rechtliche Unmöglichkeit. Diese muss bereits bei Vertragsabschluss bestanden haben, denn eine nachträgliche Unmöglichkeit ist als Leistungsstörung zu qualifizieren und gehört somit in einen anderen Bereich. Der Begriff „unerlaubt" bezieht sich auf Verträge, die gegen ein **gesetzliches Verbot** oder die **guten Sitten** verstoßen. Wenn ein Vertrag die Kriterien der Möglichkeit und Erlaubtheit nicht erfüllt, spricht man von einem sog **Inhaltsmangel** (Näheres vgl 5.4.1; zur Teilnichtigkeit vgl 5.4.2).

Leistungsstörungen im Verlauf eines Arbeitsverhältnisses werden nach Maßgabe der sog „Sphärentheorie" beurteilt. Umstände, die auf Seiten des Dienstgebers liegen, hat dieser gem § 1155 ABGB zu vertreten (Näheres vgl 6.9 u 6.9.1). Gründe, die in der Sphäre des Arbeitnehmers liegen, sind auf ihre sozialpolitische Relevanz zu prüfen. Der Arbeitnehmer behält insb bei Krankheit und Unglücksfall einen befristeten, nicht abdingbaren Entgeltanspruch (vgl 6.9.2).

5.2.5. Interpretation des Arbeitsvertrags

5/058 Die Auslegung von Arbeitsverträgen erfolgt nach den Bestimmungen der §§ 914, 915 ABGB[65]. § 914 ABGB hebt in Anlehnung an die Interpretation von Gesetzen (im

---

63 *Stierschneider/Zach*, VBG (Losebl), § 4 Anm 3 f; OGH 25. 10. 1955, 4 Ob 91/55, Arb 6328; LG Salzburg 8. 2. 1960, 3 Cg 39/59, Arb 7197; OGH 28. 11. 1961, 4 Ob 133/61, JBl 1962, 393.

64 *Oberhofer*, Schriftformvorbehalt, in Reissner/Neumayr (Hrsg), Zeller Handbuch Arbeitsvertrags-Klauseln (2010), 57.

65 Vgl va *M. Binder*, Bedarf es für das Arbeitsrecht einer besonderen Interpretationsmethode?, DRdA 1986, insb 16 mwN.

materiellen Sinn) hervor, dass die Wortinterpretation mit der Absicht der Parteien in Einklang zu bringen ist. Es liegt Gleichrangigkeit dieser Interpretationskriterien vor, wobei der Rekurs auf die „Übung des redlichen Verkehrs" zum Ausdruck bringt, welcher Sinn nach Treu und Glauben dem Erklärten zu unterstellen ist (Vertrauenstheorie). Verdeutlicht wird dieser Umstand in § 863 Abs 1 ABGB, wonach schlüssige Erklärungen „mit Überlegung aller Umstände keinen vernünftigen Grund, daran zu zweifeln, übrig lassen" dürfen[66]. Da Arbeitsverträge zweiseitig verbindlich sind, gilt subsidiär die Regel, dass eine undeutliche Äußerung zum Nachteil desjenigen ausgelegt werden soll, der sich derselben bedient hat[67]. Diese sog Undeutlichkeitsregel kann jedoch bei fehlender Eindeutigkeit eines Verhaltens iSd § 863 ABGB nicht herangezogen werden[68].

Die genannten Auslegungsgrundsätze haben für alle Rechtsgeschäfte unter Lebenden Geltung und gewinnen somit auch für die Gestaltungsrechte des Arbeitsrechts (Kündigung, Entlassung) maßgebende Bedeutung. 5/059

Wenn der Vertrag nach Treu und Glauben auszulegen ist, so ist er nach diesen Grundsätzen auch zu erfüllen. Es ist aber festzuhalten, dass der vertrauenstheoretische Standpunkt nur im Zusammenhang mit der Ausdeutung ausdrücklicher oder konkludenter Vertragsbeziehungen relevant wird und der durch die „redliche Verkehrsauffassung" präzisierte Grundsatz von Treu und Glauben nicht zur Herausbildung eigenständiger Rechtsinstitute, wie dies bei der Verwirkung der Fall ist, führen kann[69].

5.2.6. Arbeitsvertragsabschluss mit Ausländern

5.2.6.1. Grundsätze

Zum Schutz des inländischen Arbeitsmarktes wurde die Beschäftigung von Ausländern 5/060
durch das AuslBG gewissen Beschränkungen unterworfen[70]. Das Ausländerbeschäftigungsrecht ist nunmehr vom **Grundsatz einer einheitlichen Vorgangsweise im Aufenthaltsrecht und im Arbeitsmarktrecht** getragen. Einheitliche Antragsverfahren und die Erteilung einer kombinierten Aufenthalts- und Arbeitserlaubnis sollen dazu beitragen. Auslöser war vor allem die RL 2011/98/EU und die dort vorgesehene „kombinierte Erlaubnis". Dem AuslBG zufolge darf ein Ausländer nur dann beschäftigt werden, wenn **dem Arbeitgeber** für diesen

---

[66] S hiezu allg *Bollenberger* in Koziol/P. Bydlinski/Bollenberger (Hrsg), ABGB[4] (2014), § 914; *Gschnitzer/Faistenberger/Barta*, Allgemeiner Teil des bürgerlichen Rechts[2] (1992), 529; *Rummel*, Vertragsauslegung nach der Verkehrssitte (1972); *dens* in Rummel/Lukas (Hrsg), ABGB I[4] (2015), § 914.

[67] § 915 Satz 2 ABGB; s auch OGH 17. 1. 1978, 4 Ob 161/77, JBl 1978, 387.

[68] OGH 9. 10. 1975, 6 Ob 100/75, SZ 48/103; *Rabofsky/Csebrenyak/Maßl/Geppert*, ABGB und Arbeitsvertragsrecht[4] (1987), 153.

[69] Vgl *Bydlinski*, Privatautonomie und objektive Grundlagen des verpflichtenden Rechtsgeschäftes (1967), 184 ff.

[70] Vgl allg *Schnorr*, AuslBG[4] (1998); *Deutsch/Nowotny/Seitz*, Ausländerbeschäftigungsgesetz (2014); *Peyrl/Neugschwendtner/Cayci*, Gesetzessammlung Asyl- und Fremdenrecht[3] (2014); *Bachler*, Ausländerbeschäftigung – Eine Gratwanderung zwischen Legalität und Illegalität (1995); *Schrammel*, Rechtsfragen der Ausländerbeschäftigung (1995); *dens*, Die Beschäftigung ausländischer Staatsbürger aus europarechtlicher und nationaler Sicht, ZUV 1994/4, 10; *Coulon*, Ausländer im österreichischen Recht (1991); *Ercher/Rath*, Änderungen im Ausländerbeschäftigungs- und im Behinderteneinstellungsgesetz, ASoK 2013, 156; zur Strafbarkeit vgl insb VwGH 7. 3. 1984, 84/09/0031, infas 1984, A 67; s auch VwGH 15. 6. 1983, 82/01/0310, infas 1984, A 18; zum Abschluss eines Gruppenarbeitsvertrags mit Ausländern s OGH 24. 5. 1989, 9 ObA 95/89, DRdA 1991, 129 mit Bespr v *Schnorr*.

- eine Beschäftigungsbewilligung oder Entsendebewilligung erteilt oder
- eine Anzeigebestätigung ausgestellt wurde oder

der Ausländer

- eine für diese Beschäftigung gültige „Rot-Weiß-Rot-Karte",
- „Blaue Karte EU",
- eine Aufenthaltsbewilligung als unternehmensintern transferierter Arbeitnehmer,
- eine Aufenthaltsbewilligung als mobiler unternehmensintern transferierter Arbeitnehmer,
- eine Aufenthaltsbewilligung „Familiengemeinschaft" mit Zugang zum Arbeitsmarkt iSd § 20f Abs 4,
- „Niederlassungsbewilligung-Künstler",
- „Rot-Weiß-Rot-Karte plus",
- eine „Aufenthaltsberechtigung plus",
- einen Befreiungsschein iSd § 4c AuslBG oder
- einen Aufenthaltstitel „Familienangehöriger" oder „Daueraufenthalt-EU" besitzt.

5/061 Ob eine dem AuslBG unterliegende Beschäftigung vorliegt, ist nach ihrem **wahren wirtschaftlichen Gehalt** zu beurteilen[71]. Maßgeblich ist der Umstand der Beschäftigung und nicht die Gültigkeit des Arbeitsvertrags[72]. Nach Ansicht des OGH fällt die Vereinbarung einer echten Aussetzung (vgl 6.11.1) zwischen dem Ende einer vorangegangenen und dem Beginn einer nachfolgenden Beschäftigungsbewilligung nicht unter den Begriff der Beschäftigung iS des AuslBG und ist daher bewilligungsfrei[73]. Die Tätigkeit von Gesellschaftern in Personengesellschaften unterliegt nicht dem AuslBG, sofern es sich nicht um Scheingesellschaftsverhältnisse handelt[74]. Bei sog „Arbeitsgesellschaftern" in einer Personengesellschaft oder einer GmbH bedarf es insb eines Nachweises, dass ein wesentlicher Einfluss auf die Geschäftsführung der Gesellschaft durch den Gesellschafter tatsächlich persönlich ausgeübt wird[75].

Keiner Genehmigung bedarf unter bestimmten Voraussetzungen insb die Beschäftigung von Ausländern, denen in Österreich Asyl gewährt wurde, von Ausländern hinsichtlich ihrer wissenschaftlichen, pädagogischen, kulturellen und sozialen Tätigkeiten an Unterrichtsanstalten oder einschlägigen Institutionen sowie von Ausländern in diplomatischen oder konsularischen Vertretungen oder in mit diplomatischen Vorrechten ausgestatteten zwischenstaatlichen Organisationen; ferner gelten die Bestimmungen des AuslBG ua nicht für Ausländer, die auf Grund eines Rechtsaktes der EU Arbeitnehmerfreizügigkeit genießen, sowie für Ehegatten und minderjährige ledige Kinder (einschließlich Adoptiv- und Stiefkinder) österreichischer Staatsbürger, die zur Niederlassung nach dem NAG berechtigt sind[76]. Weitere Ausnahmen vom Geltungsbereich des AuslBG, wie etwa für bestimmte Gastforscher

---

[71] Vgl § 2 Abs 4 AuslBG; vgl hiezu VwGH 1. 6. 1994, 94/18/0258, DRdA 1995, 28 mit Bespr v *Nowotny*; s auch VwGH 25. 6. 2013, 2011/09/0065, ARD 6400/11/2014.

[72] VwGH 16. 9. 1998, 98/09/0183, ARD 5126/9/2000; zur Bewilligungspflicht bei geringfügiger Beschäftigung s VwGH 17. 12. 2013, 2013/09/0180, ARD 6384/13/2014.

[73] OGH 16. 3. 1994, 9 ObA 51/94, ecolex 1994, 560; OGH 15. 12. 1994, 8 ObA 242/94, DRdA 1995, 409 mit Bespr v *Ritzberger-Moser*.

[74] Vgl VwGH 17. 1. 2000, 98/09/0215, ARD 5129/5/2000; VwGH 15. 12. 1999, 98/09/0176, ARD 5129/6/2000.

[75] § 2 Abs 4 AuslBG; vgl dazu VwGH 17. 12. 2013, 2013/09/0145, ARD 6392/17/2014.

[76] Vgl § 1 Abs 2 AuslBG; s auch VfGH 20. 6. 2001, G 5/01, ARD 5247/12/2001.

und Stipendiaten sowie Pflege- und Au-pair-Kräfte, ergeben sich aus der Ausländerbeschäftigungsverordnung[77].

Die wesentlichsten Ausnahmen von Beschäftigungsbeschränkungen für Ausländer resultieren jedoch aus den Beziehungen zur Europäischen Union: Für EU-Bürger wird durch Art 45 ff AEUV die **Freizügigkeit der Arbeitnehmer innerhalb der Gemeinschaft** unmittelbar garantiert (vgl auch 2.8). Zu Erleichterungen für ausländische Arbeitnehmer kam es aber bereits vor dem Beitritt Österreichs zur EU durch den EWR-Vertrag. Seit der Novelle BGBl 501/1993 ist das AuslBG nicht mehr auf einen Staatsangehörigen eines EWR-Mitgliedstaates und dessen Familienmitglieder anzuwenden. Dies gilt auch, wenn diese nicht die Staatsangehörigkeit eines EWR-Mitgliedstaates besitzen (s oben)[78]. 5/062

Für kroatische Staatsbürger sind in § 32a AuslBG Übergangsbestimmungen enthalten. Kroatische Staatsbürger, die vor dem Beitritt (1. Juli 2013) auf Grund einer Rot-Weiß-Rot-Karte, Rot-Weiß-Rot-Karte plus oder eines Daueraufenthalts-EG unbeschränkten Marktzugang hatten, ist ohne weitere Prüfung vom Arbeitsmarktservice ein unbeschränkter Arbeitsmarktzugang zu bestätigen (§ 32a Abs 11 AuslBG).

Die **Entsenderichtlinie**, RL 96/71/EG, verpflichtet die Mitgliedstaaten der EU zur Erlassung von Vorschriften, wonach für Arbeitnehmer, die von einem EU-Staat in einen anderen überlassen werden, die wesentlichen Arbeits- und Beschäftigungsbedingungen des Gastlandes zwingend zur Anwendung kommen sollen[79]. In Österreich soll dies durch die §§ 3 bis 5 LSD-BG erreicht werden (s hiezu 2.7.2 u 6.5.3.1). Erleichterungen für ausländische Arbeitnehmer können sich schließlich durch **Assoziierungsabkommen** der EU mit Drittstaaten ergeben[80]. 5/063

So schaffen das Assoziierungsabkommen EWG/Türkei (ABl EG 1964, Nr 217, 3685) und die auf dieser Grundlage gefassten Beschlüsse einen unmittelbaren und keiner weiteren innerstaatlichen Umsetzung bedürfenden Rechtsanspruch für türkische Staatsangehörige auf freien Zugang zum österreichischen Arbeitsmarkt, wenn die dort vorgesehenen Voraussetzungen erfüllt sind[81]. Eine konkrete Umsetzung der Beschlüsse erfolgt in Österreich insb durch § 4c AuslBG[82]. Dieser Bestimmung zufolge ist türkischen Staatsangehörigen und deren Familienangehörigen unter gewissen Voraussetzungen von Amts wegen eine Beschäftigungsbewilligung bzw ein Befreiungsschein auszustellen[83].

---

77 AuslB-VO, BGBl 609/1990; zu Bedenken des VwGH gegen die Anzeigebestätigung des AMS für Au-pair-Kräfte s VwGH 12. 11. 2013, 2013/09/0122, ARD 6384/12/2014 = RdW 2014, 58.

78 Zur Entsendung von Drittstaaten-Angehörigen nach Österreich vgl *Risak*, Die Entsendung von Drittstaatsangehörigen nach Österreich, ecolex 1997, 375.

79 Vgl auch *Binder*, Die Arbeitnehmerentsendung aus EU-/EWR-Staaten nach Österreich unter besonderer Berücksichtigung eines möglichen Sozialdumpings I u II, DRdA 1999, 1 u 100.

80 Vgl hiezu *Holzer/Reissner*, Die Rechtsstellung von Berufssportlern aus Staaten mit einem EU-Assoziationsabkommen in Österreich, ASoK 2001, 42.

81 VwGH 25. 6. 1996, 96/09/0088, RdW 1996, 486; vgl weiters *Kaun*, Die Freizügigkeit türkischer Staatsbürger nach dem Assoziationsabkommen EWG–Türkei, ASoK 2001, 113; *Steier*, Feststellungsbescheide bei Beschäftigung integrierter Türken, ecolex 1997, 108; *Pflegerl*, Rechte integrierter Türken, ecolex 1997, 174; *Handstanger/Waldherr*, Assoziierungsabkommen EU und Türkei, ÖJZ 1995, 321 und 327; *Egger*, Zur arbeits- und sozialrechtlichen Stellung türkischer Arbeitnehmer, DRdA 1997, 411; *Gerhartl*, Zuzug türkischer Staatsangehöriger mit Erwerbsabsicht, ASoK 2012, 215.

82 S hiezu etwa VwGH 15. 12. 1999, 97/09/0371, ARD 5129/11/2000; VwGH 27. 10. 1999, 97/09/0012, ARD 5129/9/2000; VwGH 23. 2. 2000, 97/09/0115, 97/09/0114, ARD 5129/10/2000.

83 Vgl VwGH 18. 12. 2012, 2010/09/0185, ARD 6335/6/2013 = ZfVB 2013, 412.

5.2.6.2. Abschluss des Arbeitsvertrags

5/064 Ausschließlich Inländern vorbehalten sind jene Beschäftigungen im Bereich des **öffentlichen Dienstes**, die ein Verhältnis besonderer Verbundenheit zu Österreich voraussetzen, so insb die Teilnahme an der Besorgung hoheitlicher Aufgaben[84].

Als **allgemeine Grundsätze** des österreichischen Ausländerbeschäftigungsrechts können hervorgehoben werden:

- Kompromiss zwischen Schutz des österreichischen Arbeitsmarktes und Schutz der Rechte von illegal beschäftigten Ausländern (vgl 5.4.3);
- Freizügigkeit für Unionsbürger (mit gewissen Übergangsbestimmungen; s oben);
- erleichterte Beschäftigungsmöglichkeiten auf Grund von Assoziierungsabkommen (zB Türkei; s oben);
- kriteriengeleitetes Zuwanderungsmodell (insb über die Zulassung für besonders hoch qualifizierte Personen iSd § 12 AuslBG, für Fachkräfte in Mangelberufen iSd § 12a AuslBG und für sonstige Schlüsselkräfte iSd §§ 12b u 12c AuslBG; vgl 5.2.6.7);
- Harmonisierung von Aufenthalts- und Beschäftigungsrecht.

5.2.6.2. Beschäftigungsbewilligung

5/065 Die Beschäftigungsbewilligung wird von der regionalen Geschäftsstelle des Arbeitsmarktservice über **Antrag des Arbeitgebers** für einen **bestimmten Arbeitsplatz** ausgestellt und gilt für das gesamte Bundesgebiet. Durch den Hinweis auf das gesamte Bundesgebiet wird deutlich, dass der Arbeitsplatz nicht nur örtlich zu verstehen ist. In diesem Sinn erläutert das Gesetz explizit, dass der Arbeitsplatz durch die berufliche Tätigkeit und den in der Beschäftigungsbewilligung bezeichneten Arbeitnehmer bestimmt wird.

5/066 Wird der Arbeitnehmer auf einem von der Beschäftigungsbewilligung nicht erfassten Arbeitsplatz beschäftigt, so ist eine neue Beschäftigungsbewilligung nur erforderlich, wenn der Wechsel länger als eine Woche dauert (§ 6 Abs 2 AuslBG). Ein Arbeitsplatzwechsel liegt auch dann vor, wenn der Arbeitgeber den Arbeitnehmer nicht im Rahmen seines Betriebes (seiner Betriebe) beschäftigt, sondern ihn zur Arbeitsleistung an Dritte überlässt (§ 4 Abs 1 Z 7 AuslBG; vgl hiezu auch 9.1.9).

Kommt es – unter Aufrechterhaltung des Arbeitsverhältnisses – zu einer Änderung der beruflichen Tätigkeit, des Betriebs oder der örtlichen Beschäftigungsgegebenheiten, dann ist zwar eine Änderung der Beschäftigungsbewilligung notwendig, geprüft werden in diesem Fall aber nur mehr die geänderten Voraussetzungen für die Beschäftigungsbewilligung (§ 6 Abs 3 AuslBG).

5/067 Wird die Entscheidung über den Antrag auf Beschäftigungsbewilligung nicht fristgerecht (grundsätzlich nach sechs Wochen) zugestellt, kann der Ausländer mit seiner Beschäftigung beginnen (§ 20b AuslBG). Über diese **vorläufige Berechtigung** zur Beschäftigungsaufnahme kann sich der Arbeitgeber von der Geschäftsstelle des Arbeitsmarktservice eine Bescheinigung ausstellen lassen. Diese Berechtigung zur Beschäftigungsaufnahme endet mit der Zustellung der Entscheidung, frühestens jedoch vier Wochen nach diesem Zeitpunkt.

---

[84] § 42a BDG, § 6c VBG; zur Unzulässigkeit der Staatsbürgerschaftsvoraussetzung bei Notaren in Österreich EuGH 24. 5. 2011, C-53/08, *Kommission/Österreich*, ZAS 2011, 234.

Die Beschäftigungsbewilligung ist zu **befristen** und darf jeweils **längstens für die Dauer eines Jahres** erteilt werden (§ 7 Abs 1 AuslBG). 5/068

Nur bei Lehrlingen ist sie für die Dauer der Lehrzeit und der gesetzlichen oder kollektivvertraglichen Behaltezeit zu erteilen (§ 7 Abs 4 AuslBG). Eine Hemmung des Ablaufs der Beschäftigungsbewilligung sieht § 7 Abs 5 AuslBG iVm § 11 MSchG bzw § 7 Abs 2 VKG bis zu jenem Zeitpunkt vor, in dem die durch diese Gesetze geschützten Dienstverhältnisse unter Beachtung des besonderen Kündigungs- und Entlassungsschutzes rechtsgültig beendet werden können. Hiebei sind sogar vertragliche Regelungen über die Beendigung des Dienstverhältnisses zu beachten.

Die Beschäftigungsbewilligung **erlischt vorzeitig**, wenn die Beschäftigung des Ausländers beendet[85] oder binnen sechs Wochen nach Laufzeitbeginn der Beschäftigungsbewilligung eine Beschäftigung nicht aufgenommen wird (§ 7 Abs 6 AuslBG). 5/069

Beschäftigungsbewilligungen werden nur bei Vorliegen bestimmter **Voraussetzungen** (§ 4 AuslBG) erteilt. Sind diese jedoch erfüllt, so besteht ein Rechtsanspruch. 5/070

Die wichtigste Voraussetzung besteht darin, dass die Lage und Entwicklung des Arbeitsmarktes die Beschäftigung ausländischer Arbeitnehmer zulässt und wichtige öffentliche oder gesamtwirtschaftliche Interessen nicht entgegenstehen (Arbeitsmarktprüfung gem § 4 Abs 1 AuslBG; zur Prüfung der Arbeitsmarktlage s weiters § 4b AuslBG). Darüber hinaus müssen eine Reihe von allgemeinen Voraussetzungen (keine wiederholte Verletzung des AuslBG durch den Arbeitgeber oder durch den Arbeitnehmer in den letzten zwölf Monaten, keine altersbedingten Kündigungen in den letzten sechs Monaten, Erklärung über die Verständigung des Betriebsrates von der beabsichtigten Einstellung eines Ausländers etc) und eine der besonderen Voraussetzungen des § 4 Abs 3 AuslBG (zB einhellige Befürwortung des Regionalbeirates) gegeben sein.

Zu beachten ist, dass gem § 10 AuslBG für die Beschäftigung auf Arbeitsplätzen in einem von **Streik oder Aussperrung** betroffenen Betrieb Beschäftigungsbewilligungen nicht erteilt werden dürfen. Diese Bestimmung stellt eine der wenigen in Österreich existierenden Normen zum Arbeitskampfrecht dar (vgl 13.3). 5/071

Ein **Widerruf** der Beschäftigungsbewilligung ist dann möglich, wenn sich die Voraussetzungen, unter denen sie erteilt wurde, wesentlich geändert haben oder die iSd § 4 Abs 1 AuslBG erklärten Umstände nicht mehr zutreffen, wenn sonstige wichtige Gründe in der Person des Ausländers vorliegen oder wenn die bei der Erteilung festgesetzten Auflagen nicht erfüllt wurden (§ 9 Abs 2 AuslBG). Der Widerruf hat insb dann zu erfolgen, wenn der Antragsteller wissentlich falsche Angaben über wesentliche Tatsachen gemacht oder er solche Tatsachen verschwiegen hat (§ 9 Abs 1 AuslBG). 5/072

Beschäftigungsbewilligungen können auf Antrag beliebig oft verlängert werden. Wird die Verlängerung (oder die Ausstellung eines Befreiungsscheins) vor Ablauf der Beschäftigungsbewilligung beantragt, so gilt diese bis zur rechtskräftigen Entscheidung über den Antrag als verlängert (§ 7 Abs 7 AuslBG). Liegen die Voraussetzungen für die **Verlängerung** einer Beschäftigungsbewilligung nicht vor, so treten die Wirkungen der Nichtverlängerung erst mit jenem Zeitpunkt ein, der sich aus den die Rechte des Ausländers sichernden gesetzlichen Bestimmungen und Normen der kollektiven Rechtsgestaltung ergibt (§ 7 Abs 8 AuslBG). Dem Arbeitgeber soll damit die Möglichkeit geboten werden, das Arbeitsverhältnis unter 5/073

[85] Vgl VwGH 10. 12. 2009, 2009/09/0230, ARD 6061/9/2010.

Einhaltung von Kündigungsfristen und Kündigungsterminen ordnungsgemäß zu beenden. Erst nach Ablauf dieser Fristen wird die Beschäftigung des Ausländers unzulässig.

Beispiel: Die Beschäftigungsbewilligung für einen ausländischen Angestellten (mit elfmonatiger Beschäftigungszeit) läuft am Montag, dem 31. März, ab. Der Dienstgeber stellt am Freitag, dem 28. März, den Antrag auf Verlängerung der Beschäftigungsbewilligung. Die regionale Geschäftsstelle des Arbeitsmarktservice lehnt den Antrag auf Verlängerung mit Bescheid vom 10. April ab. Der Bescheid geht dem Arbeitgeber am 12. April zu. Gegen diesen Bescheid erhebt der Arbeitgeber keine Beschwerde. – Gem § 7 Abs 7 AuslBG erstreckt sich somit die Beschäftigungsbewilligung bis zum Ablauf der Rechtsmittelfrist. Der Arbeitnehmer kann aber darüber hinaus gem § 7 Abs 8 AuslBG bis zu dem für den Arbeitgeber nächstmöglichen Kündigungstermin, dies ist der 30. Juni, falls die Quartalskündigung (vgl hiezu 8.2.3) nicht abgedungen wurde, zulässigerweise beschäftigt werden.

5/074 Wird die Beschäftigungsbewilligung überhaupt nicht eingeholt, läuft sie ab oder wird sie widerrufen, so ist jede Beschäftigung eines Ausländers **verboten** und macht den Arbeitgeber strafbar (zur Nichtigkeit und zu den daraus resultierenden Rechtsansprüchen des ausländischen Arbeitnehmers vgl 5.4.2 u 5.4.3).

5/075 Das Erfordernis der Beschäftigungsbewilligung entfällt, wenn für den Ausländer eine Entsendebewilligung erteilt wurde oder eine Anzeigenbestätigung ausgestellt wurde, oder wenn der Ausländer eine für diese Beschäftigung gültige „Rot-Weiß-Rot-Karte", eine „Blaue Karte EU", eine Aufenthaltsbewilligung als unternehmensintern transferierter Arbeitnehmer, eine Aufenthaltsbewilligung als mobiler unternehmensintern transferierter Arbeitnehmer, eine Aufenthaltsbewilligung „Familiengemeinschaft" mit Zugang zum Arbeitsmarkt iSd § 20f Abs 4, eine „Niederlassungsbewilligung-Künstler", eine „Rot-Weiß-Rot-Karte plus", eine „Aufenthaltsberechtigung plus", einen Befreiungsschein (§ 4c AuslBG), einen Aufenthaltstitel „Familienangehöriger" oder einen „Daueraufenthalt-EU" besitzt (vgl §§ 41, 41a, 43, 45, 47 NAG; § 54 AsylG 2005).

5.2.6.3. Befreiungsschein/Arbeitserlaubnis

5/076 Arbeitserlaubnis und Befreiungsschein sind überholte Formen von Genehmigungen zur Beschäftigung ausländischer Arbeitnehmer. Sie sind mit der Kombination und Harmonisierung von Aufenthalts- und Arbeitsbewilligung (vgl 5.2.6.1) nicht mehr vereinbar und wurden durch neue Genehmigungen (insb die „Rot-Weiß-Rot-Karte") ersetzt. Personen, die noch im Besitz derartiger Berechtigungen sind, können eine „Rot-Weiß-Rot-Karte plus" mit unbeschränktem Arbeitsmarktzugang erhalten (vgl § 15 Abs 1 Z 2 AuslBG).

Übergangsregeln sehen aber vor, dass Arbeitserlaubnisse und Befreiungsscheine, die bereits ausgestellt wurden, jedenfalls bis zum vorgesehenen Geltungsende weitergelten (§ 32 Abs 11 AuslBG). Befreiungsscheine iSd § 4c AuslBG sind von der RL 2011/98/EG nicht erfasst. Daher bleibt der Befreiungsschein für langjährig niedergelassene und beschäftigte türkische Staatsangehörige und für deren Familienangehörige (sofern sie die Voraussetzungen des Assoziationsratsbeschlusses Nr 1/80 erfüllen) bestehen. Der Befreiungsschein iSd § 4c AuslBG berechtigt zur Aufnahme einer Beschäftigung im gesamten Bundesgebiet. Die Geltungsdauer des Befreiungsscheins ist mit fünf Jahren beschränkt und kann unter bestimmten Voraussetzungen widerrufen werden (§ 4c Abs 2 AuslBG).

5.2.6.4. Anzeigebestätigung

Ausländer, die als **Volontäre** bis zu drei Monate im Kalenderjahr oder als **Ferial- oder Berufspraktikanten** (vgl 4.3.2.3.2) beschäftigt werden, bedürfen keiner Beschäftigungsbewilligung. In diesen Fällen genügt eine Anzeigebestätigung (§ 3 Abs 5 AuslBG). Ähnliches gilt für Ausländer, die von ihrem ausländischen Arbeitgeber im Rahmen eines Joint Venture zur betrieblichen Einschulung nach Österreich geschickt werden (§ 18 Abs 3 AuslBG; s dazu 5.2.6.5). In gewissen Fällen kann die Beschäftigung eines Volontärs auf bis zu zwölf Monate verlängert werden (§ 3 Abs 9 AuslBG). Die beabsichtigte Beschäftigung ist spätestens zwei Wochen vor Beginn der Tätigkeit der zuständigen regionalen Geschäftsstelle des Arbeitsmarktservice und der zuständigen Abgabenbehörde anzuzeigen. Die Geschäftsstelle des Arbeitsmarktservice hat binnen zweier Wochen die Anzeigebestätigung auszustellen. Nach Ablauf dieser Frist darf die Beschäftigung auch vor Ausstellung der Anzeigebestätigung aufgenommen werden. Bei einer allfälligen Ablehnung der Anzeigebestätigung ist die bereits begonnene Beschäftigung umgehend, spätestens jedoch binnen einer Woche nach Zustellung der Ablehnung, zu beenden. 5/077

Die Anzeigebestätigung ist zu widerrufen, wenn der Antragsteller über wesentliche Tatsachen wissentlich falsche Angaben gemacht oder solche Tatsachen verschwiegen hat oder wenn der Ausländer Tätigkeiten verrichtet, die nicht einem Volontariat oder dem von der Bildungseinrichtung vorgeschriebenen Ferial- oder Berufspraktikum entsprechen (§ 3 Abs 10 AuslBG). 5/078

5.2.6.5. Entsendebewilligung, EU-Entsendebestätigung

Ausländische Arbeitnehmer, die von einem ausländischen Arbeitgeber, der im Bundesgebiet keinen Betriebssitz hat, in Österreich beschäftigt werden (**betriebsentsandte Ausländer**)[86], benötigen in der Regel eine Beschäftigungsbewilligung. Wenn jedoch diese Arbeiten nicht länger als sechs Monate dauern, so bedürfen sie lediglich einer **Entsendebewilligung**, die maximal für vier Monate erteilt werden darf (§ 18 Abs 1 AuslBG). Dauert die Beschäftigung länger als vier Monate, so ist eine Beschäftigungsbewilligung erforderlich, um deren Erteilung der Inhaber des Betriebs, in dem der Ausländer beschäftigt wird, noch vor Ablauf des vierten Monats nach Aufnahme der Beschäftigung bei der zuständigen regionalen Geschäftsstelle des Arbeitsmarktservice anzusuchen hat. Im Falle der Ablehnung der Beschäftigungsbewilligung ist die Beschäftigung spätestens zwei Wochen nach Zustellung der Entscheidung zu beenden. 5/079

Für Ausländer, die ausschließlich im Zusammenhang mit **kurzfristigen Arbeitsleistungen**, wie geschäftlichen Besprechungen, Besuch von Messeveranstaltungen, Kongressen udgl, tätig werden, ist eine Entsendebewilligung (wie auch eine Beschäftigungsbewilligung) nicht erforderlich (§ 18 Abs 2 AuslBG). Dies gilt auch für Ausländer, die von ihrem ausländischen Arbeitgeber im Rahmen eines **Joint Venture** und auf der Grundlage **eines betrieblichen Schulungsprogramms** nicht länger als sechs Monate zur betrieblichen Einschulung in einen Betrieb mit Betriebssitz in Österreich ent-

---

[86] Vgl hiezu auch *Schrammel*, Der Entwurf eines Schwarzarbeitsbekämpfungsgesetzes aus arbeits- und sozialrechtlicher Sicht, in Mayer (Hrsg), Schwarzarbeit: Pfuscht der Gesetzgeber? (1999), 36; weiters *Urlesberger*, Was bringt uns die EntsendeRL Neues?, ZAS 2000, 33.

sandt werden, weiters für solche Ausländer, die im Rahmen eines internationalen Konzerns auf Basis qualifizierter Ausbildungsprogramme von einem ausländischen Konzernunternehmen nicht länger als 50 Wochen in das Headquarter im Bundesgebiet geschickt werden. Ebenfalls einen erleichterten Arbeitsmarktzugang erhalten Ausländer, die von ihrem international tätigen Dienstgeber als der Unternehmensleitung zugeteilte qualifizierte Mitarbeiter, die zur innerbetrieblichen Aus- oder Weiterbildung (Führungskräftenachwuchs) und zu Rotationen im Hinblick auf den Dienstort verpflichtet sind, nicht länger als 24 Monate in eine zum gleichen Unternehmen oder zur gleichen Unternehmensgruppe gehörende Niederlassung im Bundesgebiet entsandt werden. Die Schulungs- bzw Ausbildungsmaßnahme ist jedoch vom Inhaber des inländischen Schulungsbetriebes, vom Headquarter bzw von der inländischen Niederlassung spätestens zwei Wochen vor Beginn der zuständigen regionalen Geschäftsstelle des Arbeitsmarktservice unter Nachweis des Joint-Venture-Vertrages bzw des Aus- und Weiterbildungsprogramms anzuzeigen. Ebenso ist eine Entsendebewilligung nicht erforderlich für Ausländer, die im Rahmen **zwischenstaatlicher Kulturabkommen** oder bei Ensemblegastspielen im Theater beschäftigt werden, sofern ihre Tätigkeit nicht länger als eine Woche dauert. In diesen Fällen hat der Veranstalter spätestens am Tag der Aufnahme der Arbeit die Beschäftigung der zuständigen regionalen Geschäftsstelle des Arbeitsmarktservice zu melden (§ 18 Abs 5 und 6 AuslBG). Für Betriebe des Hoch- und Tiefbaus, des sonstigen Baugewerbes sowie für Betriebe, die Baumaschinen und Baugeräte vermieten, kann eine Entsendebewilligung nicht erteilt werden (§ 18 Abs 11 AuslBG).

5/080 Die Beschäftigung von Ausländern, die nicht EWR-Staatsangehörige sind und die von einem ausländischen Arbeitgeber mit Betriebssitz in einem Mitgliedstaat der EU zur Erbringung einer vorübergehenden Dienstleistung nach Österreich entsandt werden, ist der Zentralen Koordinationsstelle des BMF vor der Arbeitsaufnahme anzuzeigen. Diese Meldung wird an die zuständige regionale Geschäftsstelle des Arbeitsmarktservice weitergeleitet, welche eine Anzeigebestätigung (**EU-Entsendebestätigung**) nach einer Prüfung der Voraussetzungen des § 18 Abs 12 Z 1 bis 3 AuslBG auszustellen hat.

5/081 Während normalerweise das Fehlen oder der Ablauf einer für die Beschäftigung eines Ausländers notwendigen Genehmigung nach dem AuslBG zur Nichtigkeit des Arbeitsverhältnisses führt (vgl 5.4.3), tritt diese Folge bei betriebsentsandten Ausländern grundsätzlich nicht ein. Die Beschäftigung ist zwar in Österreich beim österreichischen Beschäftiger unzulässig, das Arbeitsverhältnis zum ausländischen Arbeitgeber bleibt aber bestehen. Die Ansprüche des Arbeitnehmers gegenüber dem ausländischen Arbeitgeber richten sich – nach Maßgabe des EVÜ bzw der Rom-I-Verordnung (vgl hiezu 2.7) – regelmäßig nach ausländischem Arbeitsrecht.

5.2.6.6. Unternehmensintern transferierte Arbeitnehmer (ICT)

5/082 Durch die **ICT-Richtlinie**, RL 2014/66/EU, wurde der Arbeitsmarktzugang für unternehmensintern transferierte Arbeitnehmer von Drittstaaten europarechtlich harmonisiert. Die Vorgaben der Richtlinie wurden mit dem BGBl I 66/2017 ins AuslBG aufgenommen und erleichtern die Beschäftigung von Schlüsselarbeitskräften aus Drittstaaten (Führungskräfte, Spezialisten und Trainees mit Hochschulabschluss), die unternehmensintern in einer österreichischen Niederlassung eines Unternehmens in einem Drittstaat tätig werden.

5/083 Wird ein Arbeitnehmer direkt in eine Niederlassung im Bundesgebiet transferiert, ist bei der nach dem NAG zuständigen Behörde eine Aufenthaltsbewilligung zu beantragen (§ 58 NAG). Dieser Antrag ist von Amts wegen an die zuständige regionale Geschäftsstelle des Arbeitsmarktservice zur Überprüfung der Voraussetzungen des § 18a Abs 1 AuslBG weiterzuleiten. Das Ergebnis dieser Überprüfung ist der nach dem NAG zuständigen Behörde bekanntzugeben, welche bei positiver Beurteilung eine **Aufenthaltsbewilligung als unternehmensintern transferierter Arbeitnehmer** (ICT) auszustellen hat (s dazu § 20f AuslBG).

Ähnliches gilt auch für Inhaber eines gültigen Aufenthaltstitels für unternehmensintern transferierte Ausländer eines anderen Mitgliedstaates der EU, die in einer Niederlassung des gleichen Unternehmens oder der gleichen Unternehmensgruppe mit Betriebssitz in Österreich beschäftigt werden (**langfristige mobile ICT**; § 18a Abs 2 iVm § 20f Abs 2 AuslBG). Für Tätigkeiten, die 90 Tage innerhalb eines Zeitraums von 180 Tagen nicht überschreiten, genügt gem § 18 Abs 13 AuslBG die Erwirkung einer EU-Entsendebestätigung (**kurzfristige mobile ICT**; zur EU-Entsendebestätigung s 5.2.6.5). 5/084

Familienangehörige von (mobilen) ICTs erhalten ebenfalls unter erleichterten Bedingungen einen Arbeitsmarktzugang (s dazu § 20f Abs 4 AuslBG). 5/085

5.2.6.7. „Rot-Weiß-Rot-Karte plus", „Aufenthaltstitel Familienangehöriger", „Daueraufenthalt-EU", „Aufenthaltsberechtigung plus"

Zur Harmonisierung des Ausländerbeschäftigungsrechts mit dem allgemeinen fremdenrechtlichen Niederlassungsrecht (vgl auch 5.2.6.1) berechtigt § 17 AuslBG jene Ausländer, die über eine „Rot-Weiß-Rot-Karte plus" gem § 41a NAG oder einen Aufenthaltstitel „Familienangehöriger" gem § 47 NAG oder über einen „Daueraufenthalt-EU" gem § 45 NAG oder über eine „Aufenthaltsberechtigung plus" (§ 54 Abs 1 Z 1 AsylG 2005) verfügen, zur Ausübung einer Beschäftigung im gesamten Bundesgebiet ohne zusätzliche arbeitsmarktbehördliche Genehmigung. Der Aufenthaltstitel „Daueraufenthalt-EU" schließt den bisherigen Aufenthaltstitel „Daueraufenthalt-Familienangehöriger" ein[87]. 5/086

Inhaber einer Niederlassungsbewilligung (mit Ausnahme der Inhaber einer „Niederlassungsbewilligung – ausgenommen Erwerbstätigkeit") müssen entsprechend der RL 2011/98/EU eine kombinierte Arbeits- und Aufenthaltsbewilligung erhalten. Aus diesem Grund sieht § 15 AuslBG vor, dass alle Ausländer mit einer „Niederlassungsbewilligung" bzw „Niederlassungsbewilligung-Angehöriger" eine „Rot-Weiß-Rot-Karte plus" erhalten, sofern bestimmte integrationspolitische Kriterien im Rahmen eines Zweckänderungsverfahrens vorliegen. Dadurch wird ihnen gem § 17 AuslBG ein unbeschränkter Arbeitsmarktzugang eingeräumt.

5.2.6.8. Zulassung von Schlüsselkräften

Die Zulassung von qualifizierten Arbeitskräften aus Drittstaaten, den sog Schlüsselkräften, zum Arbeitsmarkt wurde durch die AuslBG-Novelle, BGBl I 25/2011, völlig neu geregelt[88]. Entscheidend sind vor allem **bestimmte Kriterien**, die in den Anlagen A bis C zum AuslBG festgelegt sind, und bei deren Vorliegen eine gewisse Punktezahl vergeben wird (zB abgeschlossene Berufsausbildung, Abschluss eines Studiums, Berufserfahrung, Sprachkenntnisse, Alter)[89]. 5/087

---

87 S dazu *Deutsch/Nowotny/Seitz*, Ausländerbeschäftigungsgesetz (2014), § 17 Rz 389.
88 Vgl insb *Bichl/Schmid/Szymanski*, Das neue Recht der Arbeitsmigration^2 (2011).
89 Vgl VwGH 31. 5. 2012, 2012/09/0025, ARD 6265/3/2012.

5.2.6.9. Abschluss des Arbeitsvertrags

5/088 Das AuslBG kennt verschiedene Formen der sog Schlüsselkräfte:

- Besonders hochqualifizierte Ausländer (mit einer Mindestpunkteanzahl nach der Anlage A zum AuslBG und konkretem, ihren Qualifikationen entsprechendem Beschäftigungsangebot; § 12 AuslBG);
- Fachkräfte in Mangelberufen[90] (mit einschlägiger abgeschlossener Berufsausbildung, Mindestpunkteanzahl nach der Anlage B zum AuslBG und mit branchenüblicher Überzahlung; § 12a AuslBG);
- sonstige Schlüsselkräfte (mit Mindestpunkteanzahl nach der Anlage C des AuslBG und Entgelt über der gesetzlichen Entgeltgrenze; § 12b Z 1 AuslBG);
- Studienabsolventen (mit Beschäftigung entsprechend dem Ausbildungsniveau[91] und Bezahlung über der gesetzlichen Entgeltgrenze; § 12b Z 2 AuslBG);
- Anwärter auf eine „Blaue Karte EU" (mit Abschluss an einer tertiären Bildungseinrichtung und Mindestentgelt bei ausbildungsadäquater Beschäftigung; § 12c AuslBG).

5.2.6.9. „Niederlassungsbewilligung-Künstler"

5/089 Künstler, die länger als sechs Monate beschäftigt werden, erhalten eine „Niederlassungsbewilligung-Künstler". Dabei handelt es sich um eine kombinierte Aufenthalts- und Arbeitsbewilligung, die zu einer Beschäftigung bei einem bestimmten Arbeitgeber berechtigt. Tritt ein Arbeitgeberwechsel ein, muss eine neue Aufenthaltsbewilligung beantragt werden. Werden Künstler weniger als sechs Monate (vorübergehende Tätigkeit iSd § 2 Abs 4 Z 17 FPG) beschäftigt, werden sie mittels Sicherungsbescheinigung und Beschäftigungsbewilligung auf Basis eines Visums C oder D zugelassen.

5.2.6.10. Anwerbung ausländischer Arbeitskräfte

5/090 Die Anwerbung ausländischer Arbeitskräfte kann auf unterschiedliche Art erfolgen:

5/091 Eine Anwerbung kann etwa **durch Vermittlung des österreichischen Arbeitsmarktservice** zustande kommen. Wie jeder Inländer kann auch jeder ausländische Arbeitnehmer diese Einrichtung benützen.

5/092 Schließlich besteht auch die Möglichkeit einer **Privatanwerbung** durch den Arbeitgeber im Heimatland des Arbeitnehmers. Der Dienstgeber kann sich dafür eine Zusicherung der Behörde betreffend die Erteilung einer bestimmten Zahl von Beschäftigungsbewilligungen, die sog **Sicherungsbescheinigung**, ausstellen lassen (§ 11 AuslBG). Allerdings ist eine private Anwerbung von Arbeitskräften in manchen Ländern nach innerstaatlichem Recht verboten.

5.2.7. Dienstzettel

5/093 Mit dem Arbeitsvertrag nicht zu verwechseln ist der Dienstzettel oder Dienstschein. Es handelt sich hiebei um eine schriftliche Aufzeichnung über die wesentlichen Rechte und Pflich-

---

[90] Zur Mischverwendung einer Fachkraft s VwGH 19. 3. 2014, 2013/09/0169, ARD 6400/13/2014.
[91] Vgl dazu VwGH 20. 2. 2014, 2013/09/0166, ARD 6400/12/2014.

ten aus dem Arbeitsvertrag, die dem **Arbeitnehmer** bzw dem **freien Dienstnehmer** iSd § 4 Abs 4 ASVG unverzüglich nach Beginn des Arbeitsverhältnisses (§ 2 Abs 1 AVRAG bzw § 1164a Abs 1 ABGB) bzw bei Abschluss des Arbeitsvertrags (§ 6 Abs 3 AngG) auszuhändigen ist. Im Gegensatz zum konstitutiv, dh das Arbeitsverhältnis begründend, wirkenden Arbeitsvertrag besitzt der Dienstzettel **nur deklaratorische Bedeutung**[92].

Die umfassende Verpflichtung zur Ausstellung von Dienstzetteln wurde erst durch das AVRAG eingeführt. Ausgangspunkt dieser Regelung war die sog **Nachweisrichtlinie** der EU (RL 91/533/EWG über die Pflicht des Arbeitgebers zur Unterrichtung des Arbeitnehmers über die für seinen Arbeitsvertrag oder sein Arbeitsverhältnis geltenden Bedingungen). Davor waren entsprechende Verpflichtungen allerdings bereits in einer Reihe von Sondergesetzen, insb im AngG (s weiters § 2 Abs 1 HGHAG, § 2 Abs 1 JournG, § 11 Abs 4 AÜG), enthalten. 5/094

Soweit nicht Sonderbestimmungen einen detaillierteren Inhalt vorschreiben (für freie Dienstnehmer vgl § 1164a ABGB), hat der Dienstzettel gem § 2 Abs 2 AVRAG **folgende Angaben** zu enthalten: 5/095

a) Name und Anschrift des Arbeitgebers,
b) Name und Anschrift des Arbeitnehmers,
c) Beginn des Arbeitsverhältnisses[93],
d) bei Arbeitsverhältnissen auf bestimmte Zeit das Ende des Arbeitsverhältnisses,
e) Dauer der Kündigungsfrist, Kündigungstermin,
f) gewöhnlicher Arbeits-(Einsatz)ort, erforderlichenfalls Hinweis auf wechselnde Arbeits-(Einsatz)orte,
g) allfällige Einstufung in ein generelles Schema,
h) vorgesehene Verwendung,
i) die betragsmäßige Höhe des Grundgehalts oder -lohns[94], weitere Entgeltbestandteile wie z.B. Sonderzahlungen, Fälligkeit des Entgelts,
j) Ausmaß des jährlichen Erholungsurlaubs,
k) vereinbarte tägliche oder wöchentliche Normalarbeitszeit des Arbeitnehmers,
l) Bezeichnung der auf den Arbeitsvertrag allenfalls anzuwendenden Normen der kollektiven Rechtsgestaltung (Kollektivvertrag, Satzung, Mindestlohntarif, festgesetzte Lehrlingsentschädigung, Betriebsvereinbarung) und Hinweis auf den Raum im Betrieb, in dem diese zur Einsichtnahme aufliegen[95],
m) Name und Anschrift der Betrieblichen Vorsorgekasse des Arbeitnehmers,
n) Name und Anschrift der Bauarbeiter-Urlaubs- und Abfertigungskasse für Arbeitnehmer, die dem BUAG unterliegen.

---

92 Allg vgl *Holzer/Reissner*, AVRAG² (2006), 56 f; *Binder/Burger/Mair*, Arbeitsvertragsrechts-Anpassungsgesetz³ (2016), 16; *Gruber*, Mangelhafter Dienstzettel – Nichtigkeit als Rechtsfolge?, ecolex 2000, 57.

93 *Mair*, Beginn des Arbeitsverhältnisses, in Reissner/Neumayr (Hrsg), Zeller Handbuch Arbeitsvertrags-Klauseln (2010), 111.

94 Vgl *Peschek*, Die neue All-In-Transparenz-Regel, ecolex 2016, 68.

95 *Neumayr*, Verweisungen auf andere Normwerke, in Reissner/Neumayr (Hrsg), Zeller Handbuch Arbeitsvertrags-Klauseln (2010), 76.

5.2.7. Abschluss des Arbeitsvertrags

5/096 Bei **Auslandsentsendungen** mit einer Dauer von mehr als einem Monat hat der Dienstzettel gem § 2 Abs 3 AVRAG weiters zu beinhalten:

a) voraussichtliche Dauer der Auslandstätigkeit,
b) Währung, in der das Entgelt auszuzahlen ist, sofern es nicht in Euro ausgezahlt wird,
c) allenfalls Bedingungen für die Rückführung nach Österreich und
d) allfällige zusätzliche Vergütung für die Auslandstätigkeit.

5/097 Einige der von § 2 AVRAG in Abs 2 Z 5, 6 und 9 bis 11 und Abs 3 Z 2 bis 4 geforderten Angaben im Dienstzettel (zB Angabe der Kündigungsfrist) können auch durch **Verweisung** auf entsprechende Gesetze, Normen der kollektiven Rechtsgestaltung oder betriebsüblich angewandte Reiserichtlinien erfolgen, für die betragsmäßige Höhe des Grundgehalts genügt eine solche Verweisung jedoch nicht (§ 2 Abs 5 AVRAG).

5/098 **Keine Verpflichtung** zur Aushändigung eines Dienstzettels sieht § 2 Abs 4 AVRAG dann vor, wenn das Arbeitsverhältnis höchstens einen Monat dauert oder wenn die speziell für Auslandstätigkeiten notwendigen Angaben in anderen schriftlichen Unterlagen enthalten sind oder wenn ein schriftlicher Arbeitsvertrag ausgehändigt wurde, der sämtliche im Dienstzettel zu machenden Angaben enthält.

5/099 Der Dienstzettel ist insofern dynamisch ausgestaltet, als gem § 2 Abs 6 AVRAG auch **jede Änderung** der im Dienstzettel aufzuzeichnenden Rechte und Pflichten dem Arbeitnehmer unverzüglich – spätestens jedoch einen Monat nach Wirksamwerden der Änderung – und **schriftlich** mitzuteilen ist. Diese schriftliche Information kann nur unterbleiben, wenn die Änderung durch Gesetz oder Normen der kollektiven Rechtsgestaltung (insb Kollektivvertrag, Betriebsvereinbarung) erfolgte, auf die im Dienstzettel verwiesen wurde (s oben).

Wird im Dienstzettel oder Arbeitsvertrag das Grundentgelt nicht betragsmäßig festgesetzt, sondern nur ein pauschales Entgelt (All-in Entgelt) vereinbart, kommt es seit 2016 zu einer besonderen Rechtsfolge: Der Arbeitnehmer erhält zusätzlich zum Grundentgelt einen zwingenden Anspruch auf branchen- und ortsübliche Überzahlungen vergleichbarer Arbeitnehmer (§ 2g AVRAG)[96].

5/100 Die durch das AVRAG vorgesehene Gestaltung des Dienstzettels bringt für den Arbeitnehmer **keineswegs nur Vorteile**. Durch die In-Funktion-Setzung des Arbeitsvertrags werden die Arbeitsbedingungen konkretisiert, sodass sich eine erhebliche Diskrepanz zu den bei Vertragsabschluss ins Auge gefassten Vorstellungen ergeben kann. Der Arbeitnehmer, der sich auf eine schriftliche Präzisierung nicht berufen kann bzw es nicht gewagt hat, eine solche zu verlangen, gerät in einen Beweisnotstand, wenn er in einem späteren Streitfall Ansprüche geltend machen will, die schriftlich nicht entsprechend fixiert wurden. Ein sinnvolles Korrektiv ergibt sich durch die Entscheidungspraxis des OGH, den Dienstzettel iS seiner deklaratorischen Bedeutung (s oben) nur als Wissenserklärung zu deuten. Der Ausstellung des Dienstzettels muss somit eine entsprechende Vereinbarung vorausgehen. Wird dem Arbeitnehmer ein Dienstzettel zur Unterfertigung vorgelegt, muss der Arbeitnehmer nicht damit rechnen, dass es ein als Willenserklärung aufzufassendes Anbot auf Abänderung der tat-

[96] *Schrank*, Neue Grundgehaltsangabe und All-in Klauseln – nur bessere Transparenz?, RdW 2016, 32.

sächlich getroffenen Vereinbarung zu seinem Nachteil enthält. Auch wenn er den Dienstzettel liest und unterfertigt, kann ihm nach Ansicht des OGH eine auf Abänderung des tatsächlich geschlossenen Vertrags gerichtete Willenserklärung nicht unterstellt werden[97].

Der Dienstzettel ist ebenso wie der Arbeitsvertrag **gebührenbefreit**[98]. 5/101

5.2.8. Vertragstheorie und Eingliederungstheorie

Der Arbeitsvertrag als Basis des Arbeitsverhältnisses wurde vor allem in den 1930er-Jahren 5/102
in Deutschland einer starken Kritik unterworfen. Durch die zunehmende soziale Gesetzgebung, die die Vertragsfreiheit weitgehend einschränkte, wurde der Arbeitsvertrag zu einer leeren Hülse degradiert, meinten die Kritiker (ua *Potthoff*, *Molitor*, *Nikisch*). Gleichzeitig mit dieser Kritik entwickelte sich als Alternative die sog „**Eingliederungstheorie**", wonach der Arbeitsvertrag nur noch eine untergeordnete Rolle als Verpflichtung zur Begründung des Arbeitsverhältnisses darstellt. Die eigentliche Begründung des Arbeitsverhältnisses erfolgt aber durch die Einstellung in den Betrieb, durch die Eingliederung in die Organisation des gesamten betrieblichen Geschehens. Vorteile bietet die Eingliederungstheorie vor allem für die Qualifizierung von Ansprüchen aus Arbeitsleistungen, denen kein gültiger Arbeitsvertrag zu Grunde liegt. Sie ermöglicht es, trotz eines mangelhaften Arbeitsvertrags für die Zeit der tatsächlich erbrachten Dienstleistungen an Stelle bloßer Bereicherungsansprüche Erfüllungsansprüche (Entgelt, Urlaub) geltend zu machen.

Im Gegensatz zur Eingliederungstheorie ist nach der **Vertragstheorie** der Arbeitsvertrag das 5/103
begründende Element für das Arbeitsverhältnis. Der Beginn des Arbeitsverhältnisses bleibt unabhängig vom tatsächlichen Arbeitsbeginn und ist vom arbeitsvertraglich vereinbarten Termin abhängig[99].

Wenngleich im österreichischen Arbeitsrecht die **Vertragstheorie** dominiert, so sind doch 5/104
gewisse Ausstrahlungen der Eingliederungstheorie hervorzuheben. In der Betriebsverfassung knüpft der Arbeitnehmerbegriff (§ 36 ArbVG) sowohl an den Arbeitsvertrag als auch an die faktische Beschäftigung an (vgl 4.3.2.1). Voraussetzung für die Geltung des öffentlichrechtlichen Arbeitnehmerschutzes ist das Vorliegen eines faktischen Beschäftigungs- oder Ausbildungsverhältnisses; es kommt nicht darauf an, ob ein Arbeitsvertrag abgeschlossen wurde (vgl 7.1). Die faktische Beschäftigung gegen Entgelt ist das maßgebliche Kriterium für die Sozialversicherungspflicht der unselbständig Erwerbstätigen (§ 4 Abs 2 ASVG)[100].

---

[97] OGH 28. 11. 2001, 9 ObA 267/01g, DRdA 2003, 58 mit Bespr v *Eichinger*; OGH 28. 11. 2001, 9 ObA 86/01i, DRdA 2003, 35 mit Bespr v *B. Schwarz* = RdW 2002, 481 bzw 484; *Fischer*, ASoK 2002, 112; s weiters *Binder*, Zu Funktion, Inhalt und Wirkungsweise von Dienstzetteln, in FS Cerny (2001), 169.

[98] Vgl *Andexlinger*, Dienstzettelpflicht und Gebührenfreiheit, RdW 1994, 109.

[99] Vgl *Schwarz*, Arbeitsvertrag und Arbeitsverhältnis unter dem Aspekt der Kodifikationsbestrebungen, DRdA 1962, 235.

[100] Zum sozialversicherungsrechtlichen Beschäftigungsverhältnis vgl insb *Krejci*, Das Sozialversicherungsverhältnis (1977); *Holzer*, Das sozialversicherungsrechtliche Beschäftigungsverhältnis, SoSi 1972, 258; *Krasney*, Wandlungen des Dienstnehmerbegriffes, in Schrammel (Hrsg), Versicherungs- und Beitragspflicht in der Sozialversicherung (1985), 1; *Krejci/Marhold/Karl/Risak* in Tomandl (Hrsg), System des österreichischen Sozialversicherungsrechts (Losebl), 52; VwGH 24. 1. 2006, 2004/08/0202, DRdA 2007, 137 mit Bespr v *Naderhirn*.

5/105 Selbst im Arbeitsvertragsrecht wird mitunter auf den faktischen Dienstantritt abgestellt (zB § 8 Abs 1 AngG bzgl des Entgeltanspruchs bei Dienstverhinderung durch Krankheit oder Unglücksfall). Im Übrigen aber richtet sich der Beginn eines Arbeitsverhältnisses nach jenem Termin, der laut Vereinbarung maßgebend sein soll.

Beispiel: Am 1. Oktober schließt ein Arbeitnehmer mit seinem zukünftigen Dienstgeber einen Arbeitsvertrag ab, in dem der Beginn des Dienstverhältnisses mit 4. November festgesetzt wird. Wegen einer Kesselexplosion kann der Dienstnehmer seine Arbeit im Betrieb erst am 1. Dezember aufnehmen. – Die Entgeltzahlungspflicht nach § 1155 ABGB (vgl allg 6.9.1) beginnt für den Dienstgeber mit dem 4. November (Vertragstheorie). Nach der Eingliederungstheorie wäre der 1. Dezember relevant. Arbeitsverhältnis und Entgeltfortzahlungspflicht würden erst mit diesem Zeitpunkt entstehen. Rechtsansprüche des Arbeitnehmers für die Zeit vor diesem Termin müssten auf andere Rechtstitel gegründet werden (zB Schadenersatz).

5.3. Besondere Arten von Arbeitsverträgen

5.3.1. Arbeitsverträge mit Zeitbestimmung

5/106 In der Regel werden Arbeitsverhältnisse auf unbestimmte Zeit abgeschlossen. Bei Abschluss des Arbeitsvertrags kann aber auch eine zeitliche Begrenzung desselben festgelegt werden[101]. Aus aktueller Sicht werden vor allem mit Frauen und Berufseinsteigern auch vermehrt Arbeitsverträge mit zeitlicher Begrenzung abgeschlossen (s etwa Erwägungsgründe der RL 1999/70/EG über befristete Arbeitsverträge; hiezu auch 2.8.4.10.3). Normen bezüglich befristeter Arbeitsverhältnisse finden sich in zahlreichen Gesetzen (vgl § 1158 Abs 1 ABGB, § 19 Abs 1 AngG, § 18 Abs 1 HausbG, § 13 Abs 1 HGHAG, § 24 Abs 2 u 3 TAG, § 4 Abs 3 u 4, § 4a sowie § 30 VBG, § 16 Abs 1 GAngG, § 27 Abs 1 LArbG, § 11 Abs 2 AÜG, § 10a MSchG).

5/107 Die europarechtlichen Rahmenbedingungen (insb RL 1999/70/EG über befristete Arbeitsverträge) machten die Aufnahme eines **Diskriminierungsverbotes** befristet beschäftigter Arbeitnehmer in den österreichischen Rechtsbestand notwendig. Dementsprechend sieht § 2b AVRAG vor, dass Arbeitnehmer mit einem auf bestimmte Zeit abgeschlossenen Arbeitsverhältnis gegenüber Arbeitnehmern mit einem auf unbestimmte Zeit abgeschlossenen Arbeitsverhältnis nicht benachteiligt werden dürfen, es sei denn, sachliche Gründe rechtfertigen eine unterschiedliche Behandlung[102]. Ob eine unterschiedliche Behandlung sachlich gerechtfertigt ist, hängt vom Einzelfall ab, insb kommt es auf die Art und den Zweck der strittigen Leistung an. Stellt man auf den Anspruch als solchen ab, dann zeigt sich auch, dass der generelle Ausschluss von Arbeitnehmern mit befristeten Verträgen aus dem **Geltungsbereich von Kollektivverträgen und Betriebsvereinbarungen** regelmäßig gesetzeswidrig sein wird. Das alleinige Faktum der Befristung wird eher selten einen zulässigen Grund für eine Differenzierung darstellen. Zumeist bildet die Dauer des Arbeitsverhältnisses einen

[101] Allg dazu *Singer*, Befristete Arbeitsverhältnisse in Österreich und im EU-Bereich (1997).
[102] Vgl *Jöst/Risak*, Aktuelle Neuerungen im Arbeitsrecht, ZAS 2002, 97.

Ansatz für die sachliche Rechtfertigung der Differenzierung und nicht die von vornherein zeitliche Begrenzung.

Beispiel 1: Der Kollektivvertrag A sieht ein geringeres Entgelt für Arbeitnehmer mit bis zu drei Monaten befristeten Arbeitsverträgen vor. – Der Kollektivvertrag wäre rechtswidrig, da auch Arbeitsverhältnisse auf unbestimmte Zeit vor Ablauf der drei Monate beendet werden können und die Befristung allein ein unzulässiges Differenzierungskriterium darstellt.

Beispiel 2: Der Kollektivvertrag B differenziert in seinem Gehaltsschema ua zwischen Arbeitnehmern mit einer Beschäftigungsdauer unter und über drei Monaten. – Diese Unterscheidung wäre zulässig, da zum einen nicht zwischen befristeten und unbefristeten Arbeitsverhältnissen differenziert wird und zum anderen die Berücksichtigung einer Einarbeitungszeit ein sachlich gerechtfertigtes Argument darstellt.

Die Bestimmung des § 2b AVRAG spricht nur von Diskriminierung, ohne – wie zum Beispiel das Gleichbehandlungsgesetz (vgl 6.7.2) – zwischen **unmittelbarer** und **mittelbarer** Diskriminierung zu unterscheiden. Daraus kann jedoch kein Gegenschluss gezogen werden. Sowohl aus dem Sprachgebrauch der gesamten Gleichbehandlungsdiskussion als auch aus der Zielrichtung der europäischen und nationalen Antidiskriminierungspolitik und Antidiskriminierungsgesetzgebung ist abzuleiten, dass der Diskriminierungsbegriff des § 2b AVRAG die mittelbare Diskriminierung umfasst. Dies findet teilweise bei der Ausgestaltung von Kollektivverträgen zu geringe Beachtung[103]. 5/108

Als Maßnahme zur „Entfristung" von Arbeitsverhältnissen sieht § 2b Abs 2 AVRAG vor, dass der Arbeitgeber die Arbeitnehmer mit einem auf bestimmte Zeit abgeschlossenen Arbeitsverhältnis über im Unternehmen oder Betrieb frei werdende Arbeitsverhältnisse auf unbestimmte Zeit zu informieren hat. Die **Information** kann durch allgemeine Bekanntgabe an einer geeigneten, für den Arbeitnehmer leicht zugänglichen Stelle im Unternehmen oder Betrieb erfolgen. Auch diesbezüglich bietet sich das Intranet (zB mit einer eigenen Seite für innerbetriebliche Stellenausschreibungen) als geeignetes Medium an, sofern nicht gerade die Arbeitnehmer mit befristeten Arbeitsverträgen vom Intranetzugang ausgeschlossen sind. 5/109

5.3.1.1. Arten der Befristung

Was die zeitliche Dauer der Befristung betrifft, so kann diese **kalendermäßig fixiert** sein oder an ein **bestimmtes Ereignis** anknüpfen, dessen Eintritt zum Zeitpunkt der Vereinbarung feststeht[104] (zur Unterscheidung zwischen Befristung und Bedingung vgl 5.3.5). Nach nunmehr einhelliger Rechtsprechung genügt es jedoch, wenn der Endzeitpunkt objektiv feststellbar und der willkürlichen Beeinflussung durch die Vertragsparteien entzogen ist[105]. Eine gewisse **Absehbarkeit** des objektiv bestimmbaren Zeitpunktes muss aber gegeben sein. Bei zu langen Zeiträumen nähert sich ansonsten die objektiv bestimmbare Befristung der auflösenden Bedingung (s 5.3.5). Aus diesem Grund wurde auch bereits von der Rechtsprechung gefordert, dass die Befristung Anhaltspunkte (zB Grund der Abwesenheit bei krankheitsbedingten Ersatzeinstellungen) enthalten muss, aus denen der Arbeitnehmer 5/110

103 Vgl OGH 20. 8. 2008, 9 ObA 66/07g, DRdA 2010, 148 mit krit Bespr von *Burger*.

104 *Reissner*, Auflösende Befristung, in Reissner/Neumayr (Hrsg), Zeller Handbuch Arbeitsvertrags-Klauseln (2010), 129.

105 Vgl ua OGH 14. 6. 1955, 4 Ob 60/55, SozM I A/a, 19.

Rückschlüsse über den möglichen Beendigungszeitpunkt ziehen kann[106]. In Rechtsbereichen mit sondergesetzlichen Bestimmungen zur Befristung (zB an Universitäten), die die Beschäftigung von Ersatzkräften als zulässigen Grund für eine Befristung ausdrücklich anerkennen, genügt hingegen für die Bestimmbarkeit, wenn im Vertrag deutlich gemacht wird, für welche Person die Ersatzkraft eingestellt wird[107].

Als befristete Arbeitsverhältnisse wurden zB anerkannt: Die Aufnahme eines Arbeitnehmers für die Zeit bis zu seiner Bestellung zum Zwangsverwalter[108], die Verlängerung eines gekündigten Arbeitsvertrags für die Zeit der Bilanzarbeiten[109], die Übernahme von Schlägerungsarbeiten bis zum Eintritt des Schneefalls[110], die Einstellung bis zur Beendigung der Karenz einer anderen Arbeitnehmerin[111] oder für die Dauer der krankheitsbedingten Abwesenheit eines Arbeitnehmers[112], der Abschluss eines Arbeitsvertrags für die Zeit bis zur Wiederinstandsetzung der Buchhaltung[113] oder bis zum Ende der Saison[114] oder der Meisterschaft bei einem Profisportler[115] sowie die Aufnahme eines Arbeitnehmers für die Dauer einer Verlassenschaftsabhandlung[116].

5/111 Kalendermäßige und objektiv bestimmbare Befristungen können auch kombiniert werden (**doppelte Befristung**; zB Befristung für die Dauer der krankheitsbedingten Abwesenheit eines Arbeitnehmers, längstens aber bis Ende des Kalenderjahres[117]).

5/112 Festzuhalten ist jedoch, dass eine Anzahl von **Kollektivverträgen** die Annahme eines befristeten Dienstverhältnisses nur zulässt, wenn der Tag des Beginns und der Tag der Beendigung kalendermäßig festgelegt sind[118]. Befristungen nach dem **VBG** müssen von vornherein auf die Besorgung einer bestimmten, zeitlich begrenzten Arbeit[119] oder auf eine kalendermäßig bestimmte Zeit abgestellt sein[120].

5/113 Wird nach Ablauf der Befristung weitergearbeitet, ohne dass eine weitere zeitliche Begrenzung vereinbart wird, so ist in der Regel die Befristung hinfällig geworden. In diesem Fall ist ein durchgehendes, auf unbestimmte Zeit eingegangenes Arbeitsverhältnis anzunehmen (§ 863 ABGB)[121]. In § 9 Abs 3 LArbG wird diese Rechtsfolge ausdrücklich festgelegt.

---

[106] OGH 3. 4. 2008, 8 ObA 79/07m, ZAS 2009, 37 mit Bespr v *Krömer*.
[107] OGH 26. 8. 2009, 9 ObA 7/09h, DRdA 2010, 329 mit Bespr v *Mayr*.
[108] OGH 1. 3. 1927, Ob I 189, ZBl 1927, Nr 297.
[109] LG Wien 6. 7. 1926, Cr VIa 414/26/8, Arb 3638.
[110] OGH 17. 12. 1957, 4 Ob 87/57, Arb 6786.
[111] OGH 23. 3. 1958, 4 Ob 85/57, SozM I A/a, 27.
[112] OGH 23. 2. 1971, 4 Ob 6/71, Arb 8843.
[113] LG Wien 21. 12. 1972, 44 Cg 147/72, Arb 9050.
[114] Vgl auch *Glaser*, Das saisonale Dienstverhältnis im Landarbeitsrecht unter besonderer Berücksichtigung der OÖ Landarbeitsordnung (2010); OGH 8. 3. 1977, 4 Ob 14/77, Arb 9563; OGH 24. 3. 1987, 14 ObA 36/87, wbl 1987, 195.
[115] OGH 10. 2. 1999, 9 ObA 330/98i, DRdA 2000, 41 mit Bespr v *Holzer*.
[116] OGH 26. 2. 1985, 4 Ob 29/85, infas 1986, A 11; weitere Judikaturbeispiele zu dieser Frage vgl *Dittrich/Tades*, Arbeitsrecht (Losebl), Entscheidungen A zu § 1158 ABGB, 1100/134 ff; *Trost* in Löschnigg (Hrsg), AngG Bd 2[10] (2016), § 19 Rz 31 ff.
[117] S OGH 26. 8. 2009, 9 ObA 7/09h, DRdA 2010, 329 mit Bespr v *Mayr*.
[118] Vgl dazu OGH 8. 3. 1977, 4 Ob 14/77, Arb 9563.
[119] So wurde die vereinbarungsgemäße Beschäftigung einer Vertragsbediensteten bis zum Abbau der Arbeitsspitzen und zur Einarbeitung einer Ersatzkraft von der Judikatur als Arbeitsverhältnis auf bestimmte Zeit gewertet (OGH 5. 4. 1960, 4 Ob 37/60, SozM I D, 261); ebenso die Tätigkeit für die Dauer einer durch Karenz bedingten Abwesenheit einer Vertragsbediensteten (OGH 25. 2. 1998, 9 ObA 422/97t, ARD 4980/11/98).
[120] § 4 Abs 3 VBG; OGH 5. 12. 1961, 4 Ob 149/61, Arb 7465; zu Ausnahmen bei Vertragslehrern s OGH 2. 12. 1987, 9 ObA 141/87, DRdA 1990, 286 mit Bespr v *Schindler*.
[121] Zur schlüssigen Umwandlung eines befristeten Dienstverhältnisses in ein unbefristetes vgl OGH 3. 4. 1984, 4 Ob 39/84, infas 1985, A 31.

5.3.1.2. Kettendienstvertrag

Entscheidendes Charakteristikum der befristeten Arbeitsverhältnisse ist die Tatsache, dass sie automatisch mit Ablauf der Befristung enden, ohne dass es einer Kündigung bedarf (vgl 8.5.1). Dies hat zur Folge, dass der Arbeitnehmer seines **Kündigungsschutzes verlustig** geht. Da in der Praxis befristete Arbeitsverhältnisse eher für kurze Zeit abgeschlossen werden, können sich für den Arbeitnehmer vereinzelt weitere Nachteile bei jenen Ansprüchen ergeben, die sich an der Dauer des Arbeitsverhältnisses orientieren und bei denen eine Anrechnung von Vordienstzeiten nicht vorgesehen ist (zB Entgeltfortzahlung bei Krankheit nach dem AngG). Die Gefahr, dass ein Arbeitsverhältnis nur zum Zweck der Umgehung von zwingenden Normen befristet abgeschlossen wird, ist daher besonders groß. Aus diesem Grund lässt die Rechtsprechung eine **Aneinanderreihung** von mehreren befristeten Arbeitsverhältnissen nur in den Fällen zu, in denen wirtschaftliche oder soziale Gründe dies rechtfertigen[122], wobei diese Gründe nicht generalisiert und typisiert werden können, sondern in jedem einzelnen Fall geprüft werden müssen. 5/114

Bereits § 5 der **EU-Rahmenvereinbarung** über befristete Arbeitsverträge – verbindlich erklärt durch RL 1999/70/EG (sog **Befristungs-Richtlinie**) – verpflichtet die Mitgliedstaaten jeglichen Missbrauch durch aufeinander folgende befristete Arbeitsverhältnisse zu verhindern. Zu diesem Zweck können die Mitgliedstaaten unterschiedliche gleichwertige Maßnahmen vorsehen: Regelung sachlicher Gründe, die die Verlängerung von Kettendienstverträgen rechtfertigen; Festlegung der maximalen Dauer von Kettendienstverträgen; zulässige Zahl der Verlängerungen. § 5 Abs 2 der Rahmenvereinbarung verlangt zusätzlich eine Definition des Kettendienstvertrages[123]. 5/115

Ohne sachliche Begründung sind **Kettenarbeitsverträge** im Hinblick auf die vereinbarten Befristungen teilnichtig und daher als ein zusammenhängendes unbefristetes Arbeitsverhältnis zu qualifizieren[124]. Wirtschaftliche Gründe bilden zwar an sich eine sachliche Rechtfertigung, die Überwälzung des typischen Unternehmerrisikos durch Aneinanderreihung befristeter Arbeitsverträge ist jedoch unzulässig[125]. 5/116

---

122 Vgl OGH 22. 9. 1953, 4 Ob 178/53, Arb 5823; VwGH 15. 6. 1954, 3115/53, Arb 6055; OGH 22. 1. 1963, 4 Ob 147/62, Arb 7715; zum Arbeitsverhältnis eines Sanitätsgehilfen s OGH 6. 7. 1998, 8 ObA 15/98h, DRdA 1999, 318 mit Bespr v *Krapf* = RdW 1999, 95; zu Berufsfußballern vgl OGH 10. 2. 1999, 9 ObA 330/98i, ZAS 2000, 149 mit Bespr v *Reissner*; OGH 14. 9. 1982, 4 Ob 75/82, DRdA 1985, 126 mit Bespr v *Pfeil*; zu Saisonbetrieben vgl OGH 25. 6. 1998, 8 ObA 58/98g, RdW 1999, 96; der Umstand, dass die vom Arbeitgeber beschlossene Personalreduktion durch den Abschluss unbefristeter Arbeitsverhältnisse erschwert werden würde, bildet keinen besonderen, sondern einen in das allgemeine Betriebsrisiko des Arbeitgebers fallenden Grund, der es nicht rechtfertigt, mit einzelnen Arbeitnehmern, deren Arbeitskraft nach Ablauf eines befristeten Arbeitsverhältnisses weiterhin benötigt wird, befristete Arbeitsverhältnisse abzuschließen, s OGH 15. 6. 1988, 9 ObA 118/88, DRdA 1989, 52; OGH 25. 5. 1994, 9 ObA 67/94, DRdA 1995, 144 mit Bespr v *Burgstaller* = ZAS 1995, 165 mit Bespr v *Ziehensack*; zur Zulässigkeit von Kettendienstverträgen bei Ärzten in Facharztausbildung OGH 22. 5. 2002, 9 ObA 80/02h, RdW 2003, 37; *Resch*, Die Zusammenrechnung unterbrochener Arbeitsverträge – kein Problem der Kettenarbeitsvertragsjudikatur, DRdA 2009, 387; *Müller*, Vertragsverlängerung durch einseitige Erklärung, ZAS 2007, 213; *Schrank*, Zulässigkeit wiederholter Vertretungsbefristungen aus Anlass begünstigter Karenzen und Teilzeiten, RdW 2014, 30.

123 *Klocker*, Kettendienstverträge – unzureichende Umsetzung im österreichischen Recht?, ecolex 2007, 49.

124 *Melzer-Azodanloo*, Aneinanderreihung von Arbeitsverhältnissen, ASoK 1998, 297; *Grießer*, Arbeitszeitvereinbarungen im Teilzeitarbeitsverhältnis, DRdA 2001, 16; *Gerhartl*, Die wiederholte Befristung von Dienstverträgen, wbl 2008, 105; vgl auch *Tomandl*, Höchstbefristung: eine andere Sichtweise, ZAS 2004, 276; OLG Graz 7. 4. 2005, 8 Ra 5/05z.

5.3.1.2. Besondere Arten von Arbeitsverträgen

Der Abschluss von wiederholten Zeitverträgen mit einem **ausländischen Arbeitnehmer**, der gem § 3 Abs 1 AuslBG nur auf Grund einer Beschäftigungsbewilligung beschäftigt werden darf, wurde nicht als Kettenvertrag angesehen, weil wirtschaftliche Gründe hiefür vorliegen, dass der Arbeitgeber die Arbeitsverträge jeweils mit der Dauer der Beschäftigungsbewilligung befristet[126]. Diese Auffassung ist nach der nunmehr vorliegenden Rechtslage nicht mehr aufrechtzuerhalten[127]. Liegen die Voraussetzungen für die Verlängerung einer Beschäftigungsbewilligung nicht vor, so treten die Wirkungen der Nichtverlängerung erst mit jenem Zeitpunkt ein, der sich aus den die Rechte des Ausländers sichernden gesetzlichen Bestimmungen und Normen der kollektiven Rechtsgestaltung ergibt (§ 7 Abs 8 AuslBG). Da nahezu jeder Kollektivvertrag Beendigungsnormen enthält, werden zwingende kollektivvertragliche Kündigungsfristen für den Ablauf der erlaubten Beschäftigung relevant. Wirtschaftliche Gründe, die Kettendienstverträge rechtfertigen, können auf Grund der Ausländerbeschäftigung allein nicht angenommen werden; es muss nachgewiesen werden, dass die Aneinanderreihung befristeter Arbeitsverhältnisse nicht den Zweck verfolgte, die Rechtswirkung des § 7 Abs 8 AuslBG zu vereiteln[128].

5/117 Die Beweislast, dass für die Aneinanderreihung mehrerer kurzfristiger Dienstverträge sachliche Gründe maßgebend waren, trifft den Arbeitgeber[129].

5/118 Wie oft befristete Arbeitsverhältnisse aneinandergereiht werden dürfen, kann generell nicht gesagt werden. Im Allgemeinen stellt sich bereits bei einer einmaligen Verlängerung die Frage nach der sachlichen Rechtfertigung[130]. Bei einer zweimaligen Verlängerung ist an die Rechtfertigung bereits ein strenger Maßstab anzulegen[131]. Dabei spielt es in concreto keine Rolle, wenn einige Verträge im Rahmen einer Kette nicht unmittelbar aufeinander folgen[132]. Selbst längere Unterbrechungen des Dienstverhältnisses[133] schließen das Vorliegen eines einheitlichen Arbeitsvertrags nicht aus (zur ähnlichen Problematik bei Aussetzungsverträgen vgl 6.11.1). Übersteigt die Dauer der Zeiten der Unterbrechung jedoch erheblich die der Beschäftigung, spricht dies tendenziell gegen eine unzulässige Vertragskette[134].

Der Arbeitnehmer muss sich nicht auf die Teilnichtigkeit berufen, sondern kann den Vertrag auch gelten lassen bzw ihn ausdrücklich bestätigen und dadurch heilen[135]. Der Grund hiefür liegt darin, dass der Zweck der Nichtigkeit in der Wahrung des Kündigungsschutzes und teilweise auch des Schutzes der nach Dauer des Arbeitsverhältnisses bemessenen Ansprüche des Arbeitnehmers liegt und dieser nur durch die Nichtigkeitssanktion gewährleistet ist. Der Arbeitnehmer kann somit wirksam auf die Geltendmachung einer allfälligen Teilnichtigkeit des letzten vorausgegangenen Kettenarbeitsvertrags verzichten, indem er den ihm vom Arbeitgeber angebotenen Abschluss eines weiteren Arbeitsvertrags mit der Begründung ablehnt, dass er auf eine Weiterbeschäftigung keinen Wert mehr lege[136].

---

125 OGH 30. 10. 1996, 9 ObA 2220/96b, ASoK 1997, 126.

126 OGH 25. 3. 1986, 4 Ob 110/85, DRdA 1987, 210 mit krit Bespr v *Maßl.*

127 S OGH 4. 9. 2002, 9 ObA 89/02g, ARD 5402/1/2003.

128 S OGH 4. 9. 2002, 9 ObA 195/02w, RdW 2003, 160; noch bedenklich zur Arbeitserlaubnis OGH 9. 12. 1999, 8 ObA 319/99s, RdW 2000, 625; zur Problematik im wissenschaftlichen Bereich vgl *Peschek/Micheler*, (Schein-)Werkverträge, Kettenarbeitsverhältnisse, kollektive Rechtsgestaltung und betriebliche Mitbestimmung bei Wissenschaftern (1996), 82.

129 Vgl ua OGH 6. 10. 1964, 4 Ob 90/64, Arb 8003.

130 OGH 3. 4. 1973, 4 Ob 26/73, ARD 2564/13/73.

131 ArbG Wien 12. 2. 1958, 4 Ob 734/57, Arb 6829.

132 OGH 16. 11. 1965, 4 Ob 138/65, SozM I A/a, 37.

133 ZB durch Schulferien, OGH 22. 4. 1969, 4 Ob 19/69, Arb 8611, oder durch Theaterferien, OGH 25. 5. 1994, 9 ObA 67/94, DRdA 1995, 144 mit Bespr v *Burgstaller* = ZAS 1995, 165 mit Bespr v *Ziehensack.*

134 S OGH 28. 10. 2013, 8 ObA 50/13f, infas 2014, A 31 = wbl 2014, 157.

135 Vgl allg *Krejci* in Rummel/Lukas (Hrsg), ABGB I[4] (2015), § 879 Rz 512.

136 OGH 27. 5. 1986, 14 Ob 86/86, DRdA 1987, 452 mit krit Bespr v *Pfeil.*

Der mehrmalige Abschluss befristeter, unmittelbar aufeinander folgender Dienstverträge mit **programmgestaltenden** und **journalistischen Mitarbeitern** des ORF (vgl 4.2.2)[137], mit Arbeitnehmern iS des **DLSG** (vgl 4.3.2.2.3.1) sowie mit **parlamentarischen Mitarbeitern** (ds Personen, die zur Unterstützung der parlamentarischen Tätigkeit von Nationalratsabgeordneten in einem Arbeitsvertrag oder einem Werkvertrag zum Abgeordneten stehen; vgl § 1 ParlamentsmitarbeiterG) ist jedoch zulässig. Sonderregelungen zum wiederholten Abschluss befristeter Arbeitsverhältnisse finden sich auch für Mitarbeiter an den österreichischen **Universitäten**: Gemäß § 109 UG 2002 dürfen Verträge grundsätzlich maximal auf eine Dauer von sechs Jahren abgeschlossen werden. Eine mehrmalige, unmittelbar aufeinander folgende Befristung ist nur bei Arbeitnehmern, die im Rahmen von Drittmittelprojekten oder Forschungsprojekten beschäftigt werden, bei ausschließlich in der Lehre verwendetem Personal sowie bei Ersatzkräften[138] zulässig. Die Gesamtdauer solcher unmittelbar aufeinander folgender Arbeitsverhältnisse darf sechs Jahre, im Fall von Teilzeitbeschäftigungen acht Jahre nicht überschreiten. Eine darüber hinausgehende einmalige Verlängerung bis zu insgesamt zehn Jahren, im Fall der Teilzeitbeschäftigung bis zu insgesamt zwölf Jahren, ist bei sachlicher Rechtfertigung, insb für die Forschung oder Fertigstellung von Forschungsprojekten und Publikationen, zulässig[139]. 5/119

Wechselt ein wissenschaftlicher Mitarbeiter in eine **andere Verwendung** (zB Wechsel von einer Praedoc- auf eine Postdoc-Stelle oder Wechsel von oder zu einer Drittmittelstelle), dann ist zwar eine neuerliche Befristung bis zu einer Gesamtdauer von 6 Jahren (bei Teilzeitbeschäftigung bis zu 8 Jahren) zulässig, alle Befristungen sind aber zusammenzurechnen und zeitlich in obigem Sinn begrenzt. Beschäftigungszeiten als studentische Mitarbeiter bleiben hiebei unberücksichtigt (§ 109 Abs 3 UG).

Wenn Personen in unregelmäßiger Folge tageweise beim selben Dienstgeber beschäftigt werden und die Beschäftigung für eine kürzere Zeit als eine Woche vereinbart ist, dann handelt es sich nach § 471b ASVG um **fallweise beschäftigte Personen**[140]. Im Sozialversicherungsrecht sind damit besondere An- und Abmeldevorschriften verbunden. Aus arbeitsrechtlicher Sicht kommt es zu einer Aneinanderreihung befristeter Arbeitsverhältnisse, deren Zulässigkeit unverändert nach den Kriterien zum Kettendienstvertrag zu beurteilen ist[141] (vgl auch 6.8.14.3). 5/120

Die Judikatur wendet die Überlegungen zum Kettendienstvertrag nicht nur auf die Aneinanderreihung von befristeten Arbeitsverträgen an sich, sondern auch auf die Aneinanderreihung **befristet gewährter Ansprüche** aus dem Arbeitsverhältnis an[142]. 5/121

---

[137] Begründet wird dies mit der notwendigen Flexibilität beim Personaleinsatz im Interesse der Erfüllung des gesetzlichen Programmauftrages unter Berücksichtigung der Meinungsvielfalt (964 BlgNR 15. GP, 1); zusammenfassend vgl *Schrammel*, Kettendienstverträge mit Rundfunkmitarbeitern, RdW 1986, 347).

[138] Vgl OGH 26. 8. 2009, 9 ObA 7/09h, DRdA 2010, 329 mit Bespr v *Mayr*; zu aufeinanderfolgenden Dienstverhältnissen in unterschiedlichen Fachbereichen s OGH 26. 2. 2014, 9 ObA 75/13i, DRdA 2015, 30 mit Bespr v *Schrammel* = ecolex 2014, 558; zur Kettendienstvertragsproblematik bei studentischen Mitarbeitern s auch *Kozak* in Drs/Jobst/Kozak (Hrsg), Arbeitszeitrecht für Teilzeitbeschäftigte (2015), 86.

[139] Vgl insb *Löschnigg/Rainer*, Befristete Arbeitsverträge und deren Aneinanderreihung nach dem UG 2002, in Funk (Hrsg), Öffentliche Universitäten im wissenschaftlichen Wettbewerb (2010), 109.

[140] Allg vgl *Mosing*, Die fallweise Beschäftigung im Arbeits- und Sozialrecht, ZAS 2014, 244.

[141] OGH 28. 10. 2013, 8 ObA 50/13f, ZAS 2014, 361 mit Bespr v *Ogriseg* = DRdA 2014, 346 mit Bespr v *Risak*.

[142] Zu befristeten Provisionsvereinbarungen vgl OGH 10. 12. 1993, 9 ObA 234/93, DRdA 1994, 387 mit Bespr v *Mayer-Maly*; zu einer Verlängerungsautomatik bei Leistungsbefristung OGH 9. 7. 1999, 9 ObA 81/99y,

5.3.1.3. Besondere Arten von Arbeitsverträgen

5/122 Beabsichtigt das Unternehmen ein weiteres befristetes Arbeitsverhältnis **nicht mehr abzuschließen**, so muss der Arbeitnehmer grundsätzlich hievon nicht verständigt werden. Eine Ausnahme hievon sieht das ORF-G für programmgestaltende und journalistische Mitarbeiter (vgl 4.3.2.2.3.3) vor. Soll der befristete Arbeitsvertrag nicht verlängert werden, so ist der Arbeitnehmer hievon schriftlich zu verständigen. Die Verständigung hat, wenn ab Beginn des ersten Arbeitsverhältnisses mit oder ohne Unterbrechung ein Zeitraum von nicht mehr als drei Jahren verstrichen ist, vier Wochen vor Ende des laufenden Arbeitsverhältnisses zu erfolgen. Beträgt dieser Zeitraum mehr als drei Jahre, ist der Arbeitnehmer acht Wochen, beträgt er mehr als fünf Jahre, zwölf Wochen vor Ablauf des bestehenden Arbeitsverhältnisses zu informieren.

5/123 Wird nicht oder nicht rechtzeitig verständigt, so gebührt ein **Entschädigungsanspruch**. Dieser beträgt bei einer Verständigungsfrist von vier Wochen 8,33 %, bei einer Verständigungsfrist von acht Wochen 16,66 % und bei einer Verständigungsfrist von zwölf Wochen 24,99 % des vom Österreichischen Rundfunk im letzten Jahr bezogenen Entgelts (zur Sonderregelung für Abfertigungen vgl 8.6.1.5.2).

5.3.1.3. Gesetzliche Beschränkungen von Befristungen

5/124 Von vornherein unzulässig ist eine Befristung im Rahmen des **AÜG**, sofern eine solche nicht sachlich gerechtfertigt ist (vgl § 11 Abs 2 AÜG; 9.1.3).

5/125 Die sachliche Rechtfertigung von Befristungen besitzt auch im Bereich des **MSchG** wesentliche Bedeutung. Um zu verhindern, dass werdende Mütter durch den Abschluss befristeter Arbeitsverhältnisse in ihren Ansprüchen benachteiligt werden, sieht das MSchG zwar kein Verbot der Befristung an sich, wohl aber – ähnlich wie für den Ablauf einer Beschäftigungsbewilligung schwangerer Ausländerinnen – eine **Ablaufhemmung** vor. Gem § 10a MSchG wird der Ablauf eines auf bestimmte Zeit abgeschlossenen Dienstverhältnisses von der Meldung der Schwangerschaft bis zum Beginn des absoluten Beschäftigungsverbots (§ 3 Abs 1 MSchG) oder eines auf Dauer ausgesprochenen individuellen Beschäftigungsverbots (§ 3 Abs 3 MSchG, vgl 7.3.3.2) gehemmt. Die Rechtsfolgen des § 10a MSchG müssen auch auf den Fall ausgedehnt werden, dass der Arbeitnehmerin die Schwangerschaft erst nach Ende der Befristung bekannt wird und sie dies dem Arbeitgeber unverzüglich mitteilt. Nur die analoge Heranziehung des § 10 Abs 2 MSchG (vgl 8.2.8.3.2) vermag Wertungswidersprüche zu vermeiden[143].

5/126 Eine Hemmung tritt jedoch nicht ein, wenn die Befristung gesetzlich vorgesehen oder aus **sachlich gerechtfertigten Gründen** erfolgt ist, so etwa, wenn sie im Interesse der Dienstnehmerin liegt oder das Dienstverhältnis für die Dauer der Vertretung an der Arbeitsleistung verhinderter Dienstnehmer, zu Ausbildungszwecken, für die Zeit der Saison oder

---

DRdA 2000, 26 mit Bespr v *Jabornegg*; zur Zulässigkeit der Mehrfachbefristung einer Überstundenpauschale aber OGH 27. 7. 2011, 9 ObA 61/11b, ZAS 2012, 261 mit Bespr v *Burz* = infas 2012, A 23 = ARD 6176/4/2011; *Schrenk*, Mehrfachbefristung einer Überstundenpauschale, taxlex 2012, 163; zur Gesamtproblematik s *Kuderna*, Die Befristung einzelner Elemente des Arbeitsvertrages, DRdA 1999, 329.

143 OLG Wien 6. 9. 1999, 7 Ra 188/99i, ARD 5078/4/99; s weiters OGH 23. 11. 2006, 8 ObA 76/06v, ZAS 2008, 31 mit Bespr v *Wolligger*.

zur Erprobung abgeschlossen wurde (vgl § 10a Abs 2 MSchG)[144]. Die sachliche Rechtfertigung der Befristung hat der Arbeitgeber zu beweisen.

Bei befristeten Dienstverhältnissen von Lehrlingen kommt es nach § 130 Abs 2 ArbVG ebenfalls zu einer Hemmung des Fristablaufs, wenn der Lehrling sich für die Mitgliedschaft zum Jugendvertrauensrat bewirbt oder Mitglied desselben bzw des Wahlvorstandes wird (vgl 10.13.3). 5/127

5.3.1.4. Beendigung vor Fristablauf

Vor Ablauf der Befristung können Dienstverhältnisse auf bestimmte Zeit sowohl **einvernehmlich** (vgl 8.4) als auch **vorzeitig aus wichtigem Grund** (vgl 8.3) aufgelöst werden. 5/128

Kündigung und Befristung schließen einander hingegen grundsätzlich aus[145]. Gem § 1158 Abs 3 ABGB und § 21 AngG kann jedoch ein für länger als fünf Jahre vereinbartes Dienstverhältnis vom Arbeitnehmer nach Ablauf von fünf Jahren unter Einhaltung einer Kündigungsfrist von sechs Monaten beendet werden. Eine länger als fünf Jahre dauernde Bindung wird dem Gesetz zufolge somit als zumutbar angesehen, selbst wenn für den Arbeitgeber weiterhin keine Kündigungsmöglichkeit besteht. 5/129

Umstritten ist, ob eine an sich unzulässige, aber trotzdem ausgesprochene Kündigung rechtsunwirksam ist und das Arbeitsverhältnis fortbestehen lässt oder ob sie das Arbeitsverhältnis zur Auflösung bringt und dem Arbeitnehmer Schadenersatzansprüche bis zum Ablauf der Vertragszeit zustehen[146]. Die Judikatur neigt im Anschluss an die Lösungswirkung unbegründeter Entlassungen zu letzterer Ansicht[147]. Im Falle eines befristeten Dienstverhältnisses mit **ausdrücklich vereinbartem Kündigungsausschluss** löst eine vereinbarungswidrige Kündigung das Arbeitsverhältnis keinesfalls auf (vgl allg 8.2.8.6). 5/130

Enthält der befristete Arbeitsvertrag eine **Kündigungsvereinbarung**, so ist deren Zulässigkeit durchaus fraglich[148]. Der OGH akzeptierte wiederholt derartige Vereinbarungen[149], immer jedoch unter der Voraussetzung, dass sie mit den gesetzlichen Kündigungsvorschrif- 5/131

---

[144] Vgl hiezu OGH 18. 1. 1996, 8 ObA 288/95, DRdA 1996, 498 mit Bespr v *Knöfler* = RdW 1997, 150; OGH 25. 9. 1996, 9 ObA 2237/96b, ASoK 1997, 123; OGH 8. 6. 2000, 8 ObA 316/99z, DRdA 2001, 438 mit Bespr v *Ritzberger-Moser*; OGH 28. 2. 2001, 9 ObA 326/00g, DRdA 2002, 238 mit Bespr v *Risak*; OGH 8. 8. 2002, 8 ObA 319/01x, ARD 5368/1/2003 = Arb 12.265; keine sachliche Rechtfertigung ist hingegen anzunehmen, wenn nach Ablauf des Probemonats das Dienstverhältnis für weitere zwei Monate befristet abgeschlossen wird, ohne der Dienstnehmerin die weitere Erprobung mitzuteilen, vgl OGH 28. 7. 2010, 9 ObA 89/09t, RdW 2011, 34.

[145] *Band*, Befristeter Arbeitsvertrag mit Kündigungsmöglichkeit – Gibt es Grenzen bei der Kombination von Befristung und Kündigungsklauseln?, ZAS 2004, 270.

[146] S zu dieser Problematik *Löschnigg*, Bestandschutz und befristetes Dienstverhältnis, DRdA 1980, 17; *Marhold/Friedrich*, Österreichisches Arbeitsrecht^3 (2016), 62; *Schrammel* in Fenyves/Kerschner/Vonkilch (Hrsg), ABGB^3 (2012), § 1158 Rz 89.

[147] Vgl OGH 17. 12. 1963, 4 Ob 128/63, Arb 7889.

[148] Vgl *Martinek/Schwarz*, Abfertigung (1980), 59 f; *Löschnigg*, Bestandschutz und befristetes Dienstverhältnis, DRdA 1980, 19 f; s auch OGH 27. 3. 1979, 4 Ob 11/79, Arb 9776; *Egger*, Die Beendigung von befristeten Arbeitsverhältnissen im Lichte der Rechtsprechung, wbl 1993, 33; *Gerhartl*, Kündigung trotz Befristung, ecolex 2015, 142.

[149] OGH 17. 12. 1957, 4 Ob 87/57, Arb 6786; OGH 8. 2. 1983, 4 Ob 183/82, Arb 10.215.

ten in Einklang stehen[150]. Eine weitere Einschränkung für die Kündigungsvereinbarung ergibt sich aus der Dauer des befristeten Dienstverhältnisses. Die Kündigung wird nämlich nur bei längeren Befristungen als zulässig erachtet[151]. Die Vorteile der Bestandfestigkeit des Arbeitsverhältnisses sollen durch eine Kündigung nicht übermäßig eingeschränkt werden[152]. Insb die Gesamtdauer des Arbeitsverhältnisses und Kündigungsmöglichkeit müssen in einem angemessenen Verhältnis zueinander stehen. Ist die Kündigung während des befristeten Arbeitsverhältnisses zulässig, dann muss auch der allgemeine Kündigungsschutz zur Anwendung kommen[153]. Andernfalls käme man zu einem Widerspruch zum Diskriminierungsverbot der RL 1999/70/EWG für befristete Dienstverhältnisse.

5/132 Sieht eine Vereinbarung die Kündigungsmöglichkeit nur für den Dienstgeber eines Angestellten vor, so ist sie (wegen des Verstoßes gegen § 20 Abs 3 u 4 AngG) rechtsunwirksam[154].

5/133 Fehlt es an einer Kündigungsvereinbarung, dann kann aus dem widerspruchslosen (kommentarlosen) Unterfertigen des Kündigungsschreibens des Arbeitgebers durch den Arbeitnehmer nicht gefolgert werden, dass der Arbeitnehmer hiemit sein Einverständnis zur Beendigung des Arbeitsverhältnisses gibt. Der bloßen Unterfertigung kommt, wie dem Schweigen[155] allein, kein Erklärungswert zu. Im Zweifel ist sie nur als Empfangsbestätigung, nicht aber als Zustimmung zu werten[156].

5/134 Die Erklärung des Arbeitgebers oder des Arbeitnehmers, ein befristetes Dienstverhältnis nicht verlängern zu wollen, ist nicht als Kündigung zu interpretieren. An der Beendigung des Arbeitsverhältnisses durch Zeitablauf ändert sich hiedurch nichts[157].

5.3.1.5. „Umwandlung" eines befristeten Arbeitsverhältnisses im Falle von Diskriminierung

5/135 Ist ein befristetes, auf die Umwandlung in ein unbefristetes Arbeitsverhältnis angelegtes Arbeitsverhältnis wegen des Geschlechtes des Arbeitnehmers oder wegen der nicht offenbar unberechtigten Geltendmachung von Ansprüchen nach dem GlBG durch Zeitablauf beendet worden, so kann dieser auf **Feststellung** des **unbefristeten** Bestehens des Arbeitsverhältnisses **klagen** (§ 12 Abs 7 GlBG)[158]. Gleiches gilt bei Diskriminierung auf Grund der sons-

---

150 S nunmehr auch § 5 ParlamentsmitarbeiterG, der die Möglichkeit von Kündigungsvereinbarungen in befristeten Dienstverhältnissen offensichtlich voraussetzt.

151 OGH 29. 5. 2013, 9 ObA 21/13y, infas 2013, A 78.

152 OGH 8. 6. 1994, 9 ObA 88/94–90/94, ZAS 1995, 193 mit Bespr v *Reissner*; OGH 30. 11. 1995, 8 ObA 305/95, DRdA 1996, 404 mit Bespr v *Geist*; *Trattner*, Ist bei einem befristeten Dienstverhältnis eine Kündigung möglich? Kündigungsmöglichkeit kann unter gewissen Voraussetzungen vereinbart werden, ASoK 1998, 306; *Geist*, Kündigungsklauseln bei befristeten Arbeitsverhältnissen, ÖJZ 2002, 405.

153 *Löschnigg*, Bestandschutz und befristetes Dienstverhältnis, DRdA 1980, 22; *Singer*, Befristete Arbeitsverhältnisse (1997); *Grießer*, Allgemeiner „Kündigungsschutz" für befristete Arbeitsverhältnisse, RdW 2003, 147.

154 OGH 10. 9. 1985, 4 Ob 105/85, DRdA 1986, 323 mit Bespr v *Petrovic*.

155 Vgl OGH 21. 4. 2016, 9 ObA 29/16d, DRdA-infas 2016, 196.

156 OGH 9. 7. 1997, 9 ObA 172/97b, DRdA 1997, 506.

157 Vgl OGH 10. 2. 1999, 9 ObA 330/98i, DRdA 2000, 41 mit Bespr v *Holzer*.

158 Zur Nichtverlängerung eines niemals auf eine Verlängerung angelegten Dienstverhältnisses einer schwangeren Arbeitnehmerin s OGH 26. 5. 2014, 8 ObA 52/13z, ASoK 2015, 40; zum Schutz vor Fristablauf bei sonstigen gesetz- und sittenwidrigen Beendigungsmotiven vgl *Jabornegg*, Gesetz- und sittenwidrige Nichtverlängerung befristeter Arbeitsverhältnisse, JAS 2017, 1.

tigen Diskriminierungsgründe nach dem GlBG (zB Weltanschauung oder sexuelle Ausrichtung) und auf Grund einer Behinderung (§ 26 Abs 7 GlBG, § 7f Abs 1 BEinstG). Der Arbeitnehmer kann die Beendigung allerdings auch gegen sich gelten lassen, in diesem Fall hat er Schadenersatzansprüche gegenüber dem Arbeitgeber.

5.3.2. Arbeitsverträge auf Lebenszeit

Ein für die **Lebenszeit einer Person** oder für länger als fünf Jahre vereinbartes Dienstverhältnis kann vom Arbeitnehmer nach Ablauf von fünf Jahren unter Einhaltung einer Frist von sechs Monaten gekündigt werden (§ 21 AngG, § 18 GAngG u § 1158 Abs 3 ABGB). Im Falle eines Dienstverhältnisses auf **Lebenszeit eines Arbeitnehmers** wird offenbar weniger die zeitliche Dauer limitiert, als vielmehr ein Kündigungsausschluss bis zum Tod des Arbeitnehmers festgelegt (vgl 8.1, 8.2.8.6 u 8.5.1). 5/136

5.3.3. Arbeitsverträge auf Probe

Will sich ein Arbeitgeber von der Eignung eines Arbeitnehmers für die ihm zugedachte Position überzeugen, so wird er in der Regel eine Probezeit vereinbaren[159]. Das wesentliche Charakteristikum eines Probearbeitsverhältnisses besteht darin, dass dieses jederzeit von jedem Vertragsteil **ohne Einhaltung von Fristen und Terminen und ohne Vorliegen von Gründen gelöst** werden kann (zur Einschränkung der einseitigen Beendigungsmöglichkeiten bei Schwangerschaft s jedoch 8.2.8.3.2 u 8.3.4.3.3.2, 8.5.3; dort auch zur Beendigung allg)[160]. 5/137

Der **Probezeitraum** kann nicht beliebig lang festgelegt werden, sondern ist im Allgemeinen mit einem Monat limitiert (§ 1158 Abs 2 ABGB, § 19 Abs 2 AngG, § 16 Abs 2 GAngG, § 10 Abs 1 LArbG, § 4 Abs 3 VBG, § 8 Abs 1 BEinstG). 5/138

Sonderregelungen enthält das HGHAG, das als Höchstdauer eine Woche vorschreibt (§ 13 Abs 4), sowie das HausbG, das bis zu zwei Monate vorsieht (§ 18). Das TAG erklärt die Vereinbarung einer Probezeit ausdrücklich für unwirksam (§ 5). Für **Lehrverhältnisse** gilt die Besonderheit, dass **kraft Gesetzes** während der ersten drei Monate sowohl der Lehrberechtigte als auch der Lehrling das Lehrverhältnis jederzeit einseitig auflösen kann. Erfüllt der Lehrling in den ersten drei Monaten seines Lehrverhältnisses seine Schulpflicht in einer Berufsschule, können danach sowohl er als auch der Lehrberechtigte während der ersten sechs Wochen der Ausbildung im Lehrbetrieb (in der Ausbildungsstätte) das Verhältnis ebenfalls noch jederzeit einseitig beenden[161]. Dies ergibt in Summe eine zirka viereinhalbmonatige Probezeit[162].

Aus der rechtspolitischen Zielsetzung des Probedienstverhältnisses ergibt sich, dass die Probezeit grundsätzlich nur **am Beginn** eines Arbeitsverhältnisses vereinbart werden kann[163]. 5/139

---

[159] *Reissner*, Probearbeitsverhältnis, in Reissner/Neumayr (Hrsg), Zeller Handbuch Arbeitsvertrags-Klauseln (2010), 118.
[160] *Posch*, Konkludente Beendigung des Probedienstverhältnisses, ecolex 2004, 199.
[161] § 15 Abs 1 BAG; *Rossmann*, Kollektivvertragliche Regelungen zur Probezeit des Lehrlings, ASoK 2001, 142.
[162] Zur älteren Rechtslage vgl auch *Pichelmayer*, Probezeit bei Besuch einer lehrgangsmäßig geführten Berufsschule, RdW 1993, 307; OGH 16. 12. 1992, 9 ObA 297/92, ARD 4439/3/93 = RdW 1993, 284; OGH 11. 8. 1993, 9 ObA 193/93, RdW 1994, 57.
[163] OGH 14. 5. 1957, 4 Ob 39/57, Arb 6655; OGH 17. 12. 1957, 4 Ob 87/57, Arb 6786.

Wird die Probezeit nach Beginn des Dienstverhältnisses vereinbart, so ist sie nur insoweit gültig, als sie sich noch auf den seit Vertragsbeginn laufenden Monat bezieht[164]. Besteht jedoch keinerlei Umgehungsabsicht, so kann nach Ansicht des OGH auch im Anschluss an ein beendetes Arbeitsverhältnis ein Probemonat im Rahmen eines neu begründeten Arbeitsverhältnisses vereinbart werden[165]. Eine sachliche Rechtfertigung liegt nach Ansicht des OGH vor: Wenn der Arbeitnehmer gekündigt hat und der Arbeitgeber die Probezeit verlangt, um feststellen zu können, ob sich die Arbeitsweise und Arbeitseinstellung des Arbeitnehmers bessern würden[166]; wenn das vorangegangene Arbeitsverhältnis auf Initiative des Arbeitnehmers einvernehmlich gelöst wurde – selbst in Verbindung mit einer Wiedereinstellungszusage[167]; wenn dem Arbeitsverhältnis „nur" ein freies Dienstverhältnis vorangegangen ist und zwischen den beiden Rechtsverhältnissen eine Lücke von einem halben Jahr liegt[168].

5/140 Die Probezeit beginnt mit dem vereinbarten Zeitpunkt des Arbeitsantritts, und zwar ohne Rücksicht auf einen allenfalls verspäteten tatsächlichen Beginn der Arbeitsleistung. Die Vereinbarung, dass das Probearbeitsverhältnis mit tatsächlichem Arbeitsantritt beginnen soll, wird nur unter bestimmten rechtfertigenden Umständen zulässig sein[169].

Bei der Berechnung der einmonatigen Frist wird der Tag mitgerechnet, an dem der Probemonat beginnt (LG Wien 21. 5. 1937, 44 Cg 64/37, Arb 4786). Ein Probemonat, der am 1. Juni begonnen hat, endet demgemäß am 30. Juni. Alle nach diesem Termin dem Arbeitnehmer zugekommenen Lösungserklärungen sind keine Auflösungen eines Probedienstverhältnisses[170]. Nach Ansicht des OGH ist § 903 3. Satz ABGB, wonach dann, wenn der für die Abgabe einer Erklärung oder für eine Leistung bestimmte letzte Tag auf einen Sonntag oder anerkannten Feiertag fällt, an dessen Stelle der nächstfolgende Werktag tritt, beim Arbeitsverhältnis auf Probe nicht anwendbar[171].

5/141 Das Dienstverhältnis auf Probe (Probearbeitsverhältnis) ist vom **Dienstverhältnis zur Probe** zu unterscheiden. Während das Dienstverhältnis auf Probe einen durch besonders leichte Lösbarkeit charakterisierten Teil eines regelmäßig darüber hinausgehenden Dienstverhältnisses darstellt, handelt es sich im Falle des Dienstverhältnisses zur Probe um ein Dienstverhältnis auf bestimmte Dauer, dessen Zwecksetzung ebenfalls in der Erprobung des Dienstnehmers liegt. Damit stehen in einem Dienstverhältnis zur Probe nur die Lösungsmöglichkeiten befristeter Dienstverträge (vgl 5.3.1.4) zur Verfügung.

Nicht verwechselt werden darf das Dienstverhältnis zur Probe mit einem befristeten Arbeitsverhältnis, das während des ersten Monats als Dienstverhältnis auf Probe ausgestaltet ist. Diese Kombination von Probearbeitsverhältnis und Befristung wurde von der Judikatur als rechtlich durchaus möglich und unbedenklich erachtet[172].

5/142 Wurde ein **längerer als der gesetzlich vorgeschriebene Maximalzeitraum** als Probezeit fixiert (zB durch die Vereinbarung eines „provisorischen Arbeitsverhältnisses auf vorläufig ein Jahr"; durch die Vereinbarung, jemanden „provisorisch auf die Dauer von drei Monaten probeweise anzustellen"; durch die „probeweise Aufnahme" auf bestimmte Zeit), so stellt

---

[164] OGH 25. 1. 1972, 4 Ob 4/72, Arb 8974.

[165] Vgl hiezu *Trost* in Löschnigg (Hrsg), AngG Bd 2[10] (2016), § 19 Rz 54.

[166] OGH 30. 7. 1963, 4 Ob 59/63, Arb 7801.

[167] OGH 22. 8. 2012, 9 ObA 68/12h, ARD 6273/3/2012.

[168] OGH 25. 1. 2011, 8 ObA 3/11s, ZAS 2011, 268 mit Bespr v *Schörghofer* = wbl 2011, 324 = infas 2011, A 42; vgl auch *Rauch*, Probezeit bei weiterem Arbeitsverhältnis, ASoK 2011, 347.

[169] Vgl zu diesem Problemkreis LG Wien 18. 2. 1957, 44 Cg 27/57, Arb 6602; ArbG Wien 26. 3. 1968, ARD 2062/2; dagegen LG Wien 20. 4. 1948, 44 Cg 9/48, Arb 4964; ArbG Linz 6. 2. 1962, 1 Cr 41/62, Arb 7553.

[170] LG Wien 18. 2. 1957, 44 Cg 27/57, Arb 6602; ArbG Wien 21. 12. 1966, 8 Cr 292/66, SozM III B, 159.

[171] OGH 10. 11. 1994, 8 ObA 286/94, DRdA 1995, 322 mit zu Recht krit Bespr v *Wachter*.

[172] OGH 16. 2. 1982, 4 Ob 13/82, Arb 10.094; OLG Innsbruck 17. 3. 1987, 5 Ra 1013/87, Arb 10.615; OGH 17. 2. 2005, 8 ObA 124/04z, ASoK 2005, 194; OLG Graz 21. 7. 2005, 8 Ra 39/05z; vgl auch *Trost* in Löschnigg (Hrsg), AngG Bd 2[10] (2016), § 19 Rz 48 ff.

sich die Frage nach der Qualifikation derartiger Vereinbarungen. Die ältere Rechtsprechung differenzierte vielfach danach, ob ausdrücklich die **jederzeitige fristlose Lösbarkeit** bedungen wurde oder nicht. War dies der Fall, so wurde der erste Monat (bzw auf Grund der oben angeführten Sonderregelungen ein anderer Zeitraum) als Arbeitsverhältnis auf Probe angesehen, das an den Beginn eines an sich befristeten Arbeitsverhältnisses gestellt wurde[173]. Mangelt es jedoch an der Vereinbarung der jederzeitigen Lösbarkeit, so entsteht der Rechtsprechung zufolge ein befristetes Arbeitsverhältnis zur Probe[174]. Jede schematische Lösung ist hier aber verfehlt. Abzustellen ist wie bei anderen Vertragsklauseln auf die Absicht der Parteien. Nicht jede Vereinbarung einer das gesetzliche Höchstausmaß übersteigenden Probezeit berechtigt zur Annahme eines befristeten Dienstverhältnisses. Wurde ein längerer als der gesetzlich vorgesehene Maximalzeitraum als Probezeit iS jederzeitiger Lösbarkeit vereinbart, so ist die Vereinbarung hinsichtlich der Dauer teilnichtig und auf die gesetzliche Probezeit zu reduzieren. Ob sich daran ein Arbeitsverhältnis auf bestimmte oder unbestimmte Zeit anschließt, bestimmt sich nach dem Willen der Vertragsparteien[175], wobei im Zweifelsfall von einem unbefristeten Arbeitsverhältnis auszugehen ist. Anders ist die Rechtslage dann, wenn das entscheidende Kriterium eines Arbeitsverhältnisses auf Probe, nämlich die freie Lösbarkeit, nicht vereinbart wurde und die Befristung zum Zwecke der Erprobung erfolgt[176].

Zu erwähnen ist, dass eine große Anzahl von Kollektivverträgen einen bestimmten Zeit- 5/143
raum am Beginn eines Arbeitsverhältnisses als Probezeit mit der Konsequenz der jederzeitigen Lösbarkeit festlegt[177]. Der im Gesetz als Probezeit vorgesehene Zeitraum kann jedoch durch Kollektivvertrag nicht erweitert werden.

5.3.4. Arbeitsverträge zum vorübergehenden Bedarf

Von den Arbeitsverhältnissen mit Zeitbestimmung und auf Probe sind solche für die Zeit 5/144
eines vorübergehenden Bedarfs zu unterscheiden.

Will ein Arbeitgeber möglichst kurzfristig eine Aushilfskraft einstellen, deren Beschäfti- 5/145
gungsdauer sich jedoch nicht annähernd prognostizieren lässt, so kommt ihm dieser von der Rechtsordnung zur Verfügung gestellte Vertragstypus zugute. Bestimmungen darüber finden sich ua in den §§ 1158 Abs 2 ABGB, 20 Abs 5 AngG und 17 Abs 5 GAngG. Wesentliches Charakteristikum ist im Gegensatz zum befristeten Arbeitsverhältnis die mangelnde Bestimmbarkeit seines zeitlichen Endes[178]. Es handelt sich also grundsätzlich um ein Arbeitsverhältnis auf unbestimmte Zeit, dessen Besonderheit sich in einer erleichterten

---

173 Vgl zB OGH 5. 4. 1949, 4 Ob 12/49, Arb 5061; OGH 25. 1. 1972, 4 Ob 4/72, ZAS 1973, 60 mit Bespr v *Haslinger* = Arb 8974; krit *Trost* in Löschnigg (Hrsg), AngG Bd 2[10] (2016), § 19 Rz 61 ff, die ein Arbeitsverhältnis auf unbestimmte Zeit annimmt.

174 Vgl OGH 20. 2. 1979, 4 Ob 125/78, DRdA 1980, 309 mit Bespr v *Floretta* = ZAS 1981, 19 mit Bespr v *Heinrich*; OGH 15. 1. 1980, 4 Ob 74, 75/79, ARD 3249/21/80.

175 OGH 21. 9. 1982, 4 Ob 99/82, Arb 10.184; zur unzulässigen Probezeitregelung („Try-Out-Vereinbarung") s OGH 29. 1. 2014, 9 ObA 118/13p, SpuRt 2014, 105 mit Bespr v *Resch* = ARD 6392/8/2014.

176 OGH 15. 1. 1985, 4 Ob 150/84, Arb 10.405.

177 Zur Interpretation von Probezeitbestimmungen in Kollektivverträgen s OGH 24. 7. 2013, 9 ObA 72/13y, ARD 6356/2/2013 = infas 2014, A 11 = ecolex 2013, 1101.

178 OGH 23. 3. 1958, 4 Ob 85/57, SozM I A/d, 27.

Lösungsmöglichkeit manifestiert[179]. Diese besteht darin, dass es während des ersten Monats entweder jederzeit (§ 1158 Abs 2 ABGB) oder mit nur einwöchiger Kündigungsfrist (§§ 20 Abs 5 AngG, 17 Abs 5 GAngG) von beiden Vertragspartnern gelöst werden kann (vgl auch 8.5.3).

5.3.5. Bedingte Arbeitsverträge

5/146 Auflösend bedingte Arbeitsverhältnisse[180] sind dadurch charakterisiert, dass ihre Beendigung vom Eintritt eines von den Parteien vereinbarten künftigen Ereignisses abhängig gemacht wird. Während bei der **Befristung** feststeht, dass der Zeitpunkt, an dem das Arbeitsverhältnis enden soll, kommen wird, das „Wann" hingegen gewiss (kalendermäßige Befristung) oder ungewiss (objektiv bestimmbare Befristung) sein kann (vgl auch 5.3.1.1), ist bei der **Bedingung** bereits der Eintritt des Ereignisses, von dem die Auflösung abhängig gemacht wird, ungewiss. Ist sowohl der Eintritt des bedingten Ereignisses an sich als auch der Zeitpunkt, wann es jemals eintreten könnte, ungewiss, kann man von einer **völlig unsicheren Bedingung** sprechen. Daneben gibt es jedoch Fälle, in denen zwar ebenfalls völlig unsicher ist, ob das bedingte Ereignis eintritt, sollte es aber eintreten, dann tritt es zu einem bestimmten Zeitpunkt ein (**reduziert unsichere Bedingung**).

Befristung/Bedingung		**Zeitpunkt des Ereigniseintritts („wann")**	
		sicher	**unsicher**
Eintritt des Ereignisses („ob")	sicher	kalendermäßige Befristung	objektiv bestimmbare Befristung
	unsicher	reduziert unsichere Befristung	völlig unsichere Befristung

5/147 Arbeitsverträge, die auflösend bedingt abgeschlossen werden, sind nach herrschender Auffassung als unbefristet zu klassifizieren[181]. Der Grund hiefür liegt darin, dass der Endzeitpunkt eines Dauerschuldverhältnisses mit entsprechender Klarheit fixiert werden muss. Darüber hinaus müssen bestimmte Bedingungen von vornherein als **unzulässig** bezeichnet werden (vgl § 897 ABGB mit dem Verweis auf die Vorschriften zur Erklärung des letzten

179 OGH 23. 2. 1971, 4 Ob 6/71, Arb 8843.

180 Werden Rechtsgeschäfte unter einer auflösenden (resolutiven) Bedingung abgeschlossen, so beginnen die Rechtswirkungen des Geschäfts zwar sofort, erlöschen jedoch mit dem Eintritt der Bedingung. Im Gegensatz dazu entfalten Rechtsgeschäfte unter einer aufschiebenden Bedingung (Suspensivbedingung) erst dann Rechtswirkung, wenn die Bedingung eintritt, vgl dazu *Koziol – Welser/Kletečka*, Grundriss des bürgerlichen Rechts I[14] (2014), 2014 ff; vgl auch *Mair*, Auflösende Bedingung, in Reissner/Neumayr (Hrsg), Zeller Handbuch Arbeitsvertrags-Klauseln (2010), 144; *Friedrich*, Flexibilisierung durch Befristungen und Bedingungen in Vertragsklauseln und Betriebsvereinbarungen, ZAS 2011, 109.

181 *Spielbüchler/Grillberger*, Arbeitsrecht I[4] (1998), 356; *Martinek/Schwarz*, Abfertigung (1980), 61; *Kramer*, Hauptprobleme des befristeten und resolutiv bedingten Arbeitsverhältnisses, DRdA 1973, 165; OGH 10. 12. 1993, 9 ObA 2565/93, DRdA 1994, 416 (automatische Beendigung des Arbeitsverhältnisses nach einjähriger Dienstverhinderung); OGH 25. 9. 1996, 9 ObA 2167/96h, ARD 4809/34/97.

Willens). Dies trifft insb auf Bedingungen zu, deren Eintritt allein vom Arbeitgeber, von einem Dritten oder überhaupt vom Zufall abhängt (sog kasuelle Bedingungen)[182].

Beispiel: Der Dienstvertrag eines Models beinhaltet folgende Klausel: „Das Arbeitsverhältnis gilt automatisch als beendet, wenn die Dienstnehmerin sich verehelicht, schwanger wird oder der Umsatz des Unternehmens um ein Drittel des gegenwärtigen Umsatzes zurückgeht." – Sollte eine der Bedingungen eintreten, erlischt das Dienstverhältnis keinesfalls. Die Bedingungen sind unbeachtlich. Es liegt ein Dienstverhältnis auf unbestimmte Dauer vor.

Von der Judikatur wurden auflösende Bedingungen allerdings dann anerkannt, wenn deren Erfüllung ausschließlich vom Willen des anderen Vertragsteils (in der Regel des Arbeitnehmers) abhängt bzw wenn die Erfüllung der Bedingung im Belieben des Arbeitnehmers liegt und innerhalb kurzer Frist möglich ist[183]. Im Gegensatz zu den Zufallsbedingungen handelt es sich hier um sog **Willens- oder Potestativbedingungen**. Selbst Potestativbedingungen sind jedoch rechtsunwirksam, wenn sie als gesetz- oder sittenwidrig zu qualifizieren sind (zB Bedingungen, wonach eine Arbeitnehmerin keine Ehe eingehen oder nicht schwanger werden darf, s oben). 5/148

Im Falle **reduziert unsicherer Bedingungen** stellt sich die berechtigte Frage, ob nicht ähnlich wie bei den objektiv bestimmbaren Befristungen von ihrer Zulässigkeit ausgegangen werden muss[184]. Ist nämlich ein fixer Zeitpunkt gegeben, zu dem sich herausstellt, ob das bedingte Ereignis eintritt, so lässt sich der Endigungszeitpunkt des Dienstverhältnisses wesentlich leichter eruieren als bei den von der Judikatur als zulässig erachteten objektiv bestimmbaren Befristungen. In diesem Sinn erachtete auch der OGH eine Bedingung als zulässig, der zufolge das Arbeitsverhältnis enden sollte, falls das AMS eine Förderung des konkreten Arbeitsverhältnisses ablehnen würde. Das Höchstgericht begründete seine Entscheidung damit, dass sich bald nach Arbeitsbeginn herausstellen musste, ob die Förderung gewährt wird und der Arbeitnehmer sich dadurch auf eine baldige (mögliche) Beendigung des Arbeitsverhältnisses einstellen konnte[185]. 5/149

5.4. Arbeitsvertragsmängel

Ein besonderes arbeitsrechtliches Problem taucht auf, wenn Arbeitsverträge mit Mängeln behaftet sind. Dies ist im Wesentlichen darauf zurückzuführen, dass die allgemeinen Regeln des bürgerlichen Rechts am Typus des Zielschuldverhältnisses orientiert sind. Ihre Anwendung auf Dauerschuldverhältnisse im Allgemeinen und auf Arbeitsverhältnisse im Besonderen bereitet Schwierigkeiten. Auch verbietet der dem Arbeitsrecht wesensimmanente 5/150

[182] *Jabornegg/Resch//Födermayr*, Arbeitsrecht[6] ec (2017), Rz 442.

[183] LG Graz 14. 1. 1958, 2 Cg 138/57, Arb 6798; OGH 28. 9. 1971, 4 Ob 82/71, Arb 8904; OGH 25. 9. 1979, 4 Ob 78/79, DRdA 1981, 299 mit Bespr v *Fenyves* = ZAS 1981, 100 mit Bespr v *Schrank*; LG Wien 17. 11. 1980, 44 Cg 163/80, ZAS 1981, 121.

[184] *Schrammel*, Resolutivbedingungen im Arbeitsverhältnis, ZAS 1984, 221; s auch OGH 9. 11. 1982, 4 Ob 85/82, ZAS 1984, 227; OGH 25. 9. 1991, 9 ObA 158/91, DRdA 1992, 286 mit Bespr v *Mazal* = ZAS 1992, 160 mit Bespr v *Grassl-Palten*.

[185] OGH 24. 6. 1998, 9 ObA 156/98a, DRdA 1999, 363 mit Bespr v *Dirschmied*.

Schutzgedanke, dem Arbeitnehmer undifferenziert jene Rechtsfolgen aufzubürden, welche die Normen des ABGB an die Vertragsmängel knüpfen.

5.4.1. Mängel im Allgemeinen

5.4.1.1. Arten

5/151 Grundsätzlich sind Verträge dann mangelhaft, wenn sie nicht sämtliche Gültigkeitserfordernisse erfüllen. Dazu gehören Geschäftsfähigkeit, wahre Einwilligung, Möglichkeit und Erlaubtheit des Inhalts sowie die Einhaltung einer bestimmten Form, falls eine solche vorgesehen ist (vgl auch 5.2.2, 5.2.3 u 5.2.4).

5/152 Näherer Erläuterung bedürfen insb die sog **Willensmängel**, ds Mängel, die auf fehlender wahrer Einwilligung beruhen. Der weitaus häufigste Fall eines Willensmangels ist der **Irrtum**. Darunter versteht man die unbewusste Nichtübereinstimmung von Wirklichkeit und Vorstellung (vgl §§ 871 ff ABGB). Rechtlich relevant sind im Falle entgeltlicher Rechtsgeschäfte nur der Erklärungs- und der Geschäftsirrtum, nicht jedoch der Irrtum im Beweggrund (Motivirrtum). Ein Erklärungsirrtum liegt vor, wenn jemand etwas anderes erklärt, als er erklären wollte, während beim Geschäftsirrtum der Erklärende sich über Umstände irrt, die zum Inhalt des Geschäfts gehören[186]. Als weitere Voraussetzung für die Beachtlichkeit eines Irrtums ist zu prüfen, ob er die Hauptsache oder eine wesentliche Beschaffenheit derselben betrifft, der Vertrag demnach ohne ihn gar nicht zustande gekommen wäre (wesentlicher Irrtum). Ein unter wesentlichem Irrtum geschlossener Vertrag kann unter bestimmten Voraussetzungen angefochten werden, was letztendlich zur Aufhebung desselben ex tunc führt. Bezieht sich der Irrtum hingegen ausschließlich auf einen Nebenumstand, bei dessen Kenntnis der Vertrag bloß mit einem anderen Inhalt abgeschlossen worden wäre (unwesentlicher Irrtum), bleibt der Vertrag gültig, dem Irregeführten ist jedoch eine „angemessene Vergütung" zu leisten (§ 872 ABGB). Darunter wird nicht etwa die Leistung von Schadenersatz, sondern bloß eine Vertragsanpassung an die wahren Gegebenheiten verstanden[187]. Letztlich hängt die Geltendmachung eines Irrtums davon ab, ob er vom anderen veranlasst wurde, diesem aus den Umständen offenbar auffallen musste oder rechtzeitig aufgeklärt wurde (§ 871 ABGB). Unter „Veranlassen" ist jedes für die Entstehung des Irrtums ursächliche Verhalten zu verstehen, gleichgültig, ob ein Verschulden vorliegt oder nicht. „Auffallen müssen" liegt vor, wenn der Erklärungsgegner den Irrtum bei gehöriger Aufmerksamkeit und durchschnittlichen Fähigkeiten hätte erkennen können. Die Aufklärung erfolgt „rechtzeitig", wenn der Vertragspartner noch keine rechtlichen oder wirtschaftlichen Verfügungen getroffen hat. Diesen drei Fällen wird nach hM der gemeinsame Irrtum gleichgehalten[188].

---

[186] Vgl *Koziol – Welser/Kletečka*, Grundriss des bürgerlichen Rechts I[14] (2014), 163 ff; *Gschnitzer* in Klang (Hrsg), ABGB IV[2] (1968), 116 f; OGH 12. 9. 1972, 4 Ob 52/72, ZAS 1973, 223 mit Bespr v *Wresounig*.

[187] *Koziol – Welser/Kletečka*, Grundriss des bürgerlichen Rechts I[14] (2014), 177 f; *Rabofsky/Csebrenyak/Maßl/Geppert*, ABGB und Arbeitsvertragsrecht (1987), 110; s auch OGH 15. 7. 1987, 9 ObA 52/87, ARD 3922/20/87; *Schwarz*, Zeitwidrige Kündigung und Wissenserklärung im Arbeitsrecht, ÖJZ 1987, 617.

[188] Vgl zB OGH 15. 7. 1987, 9 ObA 52/87, ARD 3922/20/87; aA *Rummel* in Rummel/Lukas (Hrsg), ABGB I[4] (2015), § 871 Rz 29.

Als weitere Arten von Willensmängeln sind Täuschung und Drohung, Scheingeschäft sowie Mentalreservation (geheimer Vorbehalt) zu klassifizieren. 5/153

Täuschung liegt vor, wenn jemand durch Vorspiegelung unzutreffender Umstände zum Vertragsabschluss bewogen wurde. **Drohung** bedeutet Erzeugung von Furcht durch Ankündigung eines Übels. Für beide Tatbestände ist charakteristisch, dass sie nur dann zur Anfechtung berechtigen, wenn ohne sie der Vertrag nicht oder zumindest nicht in dieser Form abgeschlossen worden wäre. Irrelevant ist dabei, ob sich die Drohung oder Täuschung auf den Inhalt des Geschäfts oder bloß auf dessen Motive bezieht. Von **Scheingeschäften** spricht man, wenn Willenserklärungen bloß zum Schein abgegeben werden, um dritte Personen zu täuschen[189]. Soll dadurch ein anderes Geschäft verborgen werden, so ist dieses nach seiner wahren Beschaffenheit zu beurteilen (§ 916 Abs 1 ABGB). Den Scheincharakter einer urkundlich nachgewiesenen Vereinbarung muss derjenige beweisen, der sich auf die Ungültigkeit beruft[190]. Einem Dritten, der im Vertrauen auf die Erklärung Rechte erworben hat, kann die Einrede des Scheingeschäfts nicht entgegengesetzt werden (§ 916 Abs 2 ABGB). Während beim Scheingeschäft beide Partner absichtlich Nicht-Gewolltes erklären, weiß im Falle des geheimen Vorbehalts (**Mentalreservation**) nur der Erklärende selbst, dass er etwas anderes erklärt, als er in Wahrheit will. Denjenigen, der die Scheinhandlung unternimmt, trifft eine Verpflichtung zum Schadenersatz (§ 869 ABGB). Da der Erklärungsempfänger in seinem Vertrauen auf die ihm zugegangene Erklärung schutzwürdig ist, sind derartige Verträge jedoch als gültig zu klassifizieren.

5.4.1.2. Wirkung

Weist ein Vertrag einen Mangel auf, so entfaltet er nicht die vollen Wirkungen. Die eintretenden Rechtsfolgen orientieren sich in erster Linie an der Art des Mangels. Während Irrtum, Täuschung oder Drohung zur Anfechtbarkeit[191] des Vertrags führen, sind fehlende Geschäftsfähigkeit, sofern der Vertreter den Vertrag nicht genehmigt, Unmöglichkeit der Leistung, Verstöße gegen gesetzliche Verbote oder die guten Sitten sowie Scheingeschäfte mit Nichtigkeit bedroht. 5/154

Nichtigkeit bedeutet, dass ein gültiger Vertrag nicht oder nicht mehr besteht. Dieser ist von Anfang an (ex tunc) oder ab einem bestimmten Zeitpunkt (ex nunc) wirkungslos. In der Regel wirkt die Nichtigkeit absolut, dh jeder rechtlich Interessierte kann sich darauf berufen. Von bloß relativer Nichtigkeit spricht man dann, wenn die Ungültigkeit dem Schutz gewisser Personen dient, denen gegenüber die Nichtigkeit nicht geltend gemacht werden darf (zB sind Rechtshandlungen des Schuldners gem § 3 Abs 1 IO nur den Insolvenzgläubigern gegenüber unwirksam). Ist ein Vertrag nichtig, so sind bereits erbrachte Leistungen zu retournieren oder, falls dies nicht mehr möglich ist, nach bereicherungsrechtlichen Grundsätzen, dh nach Maßgabe des verschafften Nutzens, zu vergüten (§§ 1431 ff, 1447 ABGB). Zu beachten ist, dass ein Vertrag, der sowohl Mögliches als auch Unmögliches enthält, nur hinsichtlich des von der Unmöglichkeit betroffenen Teils nichtig ist, während der mangelfreie Teil rechtswirksam bleibt, sofern sich aus dem hypothetischen Parteiwillen nichts anderes ergibt (§ 878 ABGB). Diese Vorschrift ist analog auf die Fälle teilweiser Unerlaubtheit anzuwenden. Auch hier ist der gesetz- oder sittenwidrige Teil zu eliminieren, während der 5/155

---

189 Vgl OGH 19. 3. 1985, 4 Ob 32/85, infas 1985, A 127.

190 OGH 26. 11. 1985, 4 Ob 138/84, ZAS 1986, 123 mit Bespr v *P. Bydlinski*.

191 Allgemein zur Irrtumsanfechtung im Arbeitsrecht s *Tutschek*, Irrtums- und Listanfechtung im Arbeitsrecht (2017).

restliche Vertragsteil aufrecht bleibt. Aus dem Schutzzweck der Verbotsnorm kann jedoch auch die Nichtigkeit des gesamten Vertrages resultieren (vgl hiezu va 5.4.2).

5/156 Im Gegensatz zur Nichtigkeit versteht man unter **Anfechtbarkeit** das Recht, einen Vertrag mittels Klage oder Einrede zu vernichten. Bis zur erfolgreichen Anfechtung bleibt der Vertrag jedenfalls gültig; erst diese macht ihn rückwirkend unwirksam. Ist ein Vertrag durch Anfechtung beseitigt, so sind die bereits erbrachten Leistungen zurückzustellen oder bei Unmöglichkeit einer Rückstellung nach bereicherungsrechtlichen Grundsätzen zu vergüten (§§ 877, 1431 ff, 1447 ABGB). Zu beachten ist, dass das Recht, einen Vertrag anzufechten, gem § 1487 ABGB nach 3 Jahren verjährt. Diese Verjährungsfrist beginnt jedenfalls ab Vertragsabschluss zu laufen. Für die Täuschung (List) gilt die lange Verjährungsfrist von 30 Jahren.

5.4.2. Nichtigkeit von Arbeitsverträgen

5/157 Ein Vertrag, der gegen ein **gesetzliches Verbot** oder gegen die **guten Sitten** verstößt, ist nichtig (§ 879 ABGB). Auch ein Arbeitsvertrag kann mit Mängeln behaftet sein, die zur Nichtigkeit führen[192]. Damit ist aber ein besonderes arbeitsrechtliches Problem verbunden. Die im bürgerlichen Recht behandelte absolute Nichtigkeit ist typischerweise auf Ziel-, nicht aber auf Dauerschuldverhältnisse abgestellt und hat zur Konsequenz, dass keinerlei rechtliche Wirkungen eintreten. Die Wirkung von Nichtigkeitsgründen würde also bei strikter Anwendung der allgemeinen Regeln des bürgerlichen Rechts darin bestehen, dass die Entstehung eines gültigen, den arbeitsrechtlichen Normen unterliegenden Arbeitsverhältnisses nicht eintritt. Der wichtigste Anspruch des Arbeitnehmers, der Lohnanspruch, wäre folglich durch einen Bereicherungsanspruch zu ersetzen, wenn der Arbeitnehmer dennoch – etwa in Unkenntnis der Nichtigkeit – tätig war. Dies ist mit den Wertungen eines Schutzrechts kaum vereinbar, weil Bereicherungsansprüche Entgeltansprüche nicht immer zu ersetzen vermögen und es fraglich ist, ob erstere den verschiedenen Normen des Lohnschutzes unterliegen.

5/158 Dennoch ist auch bei der Erbringung abhängiger Arbeit zwischen **absoluter** und **relativer Nichtigkeit** zu unterscheiden (s auch 5.4.1.2). Bei Verstößen gegen Gesetze, die dem Schutz von Allgemeininteressen, der öffentlichen Ordnung und der Sicherheit dienen, ist die Rechtsfolge der **Nichtigkeit eine absolute**. Sie kann von jedermann, dessen rechtliche Interessen betroffen sind, geltend gemacht oder von Amts wegen wahrgenommen werden[193]. Typisches Beispiel hiefür ist die Nichtigkeit von Arbeitsverträgen mit Ausländern ohne entsprechende Genehmigung. Nichtigkeit des Vertrags nimmt die Rechtsprechung auch dann an, wenn die Eintragung des Lehrvertrags von der Lehrlingsstelle gemäß § 20

---

[192] *Kietaibl*, Geltungskontrolle und Transparenzgebot im Arbeitsvertragsrecht, DRdA 2006, 12.

[193] Vgl OGH 13. 7. 1982, 4 Ob 90/82, ZAS 1983, 177 mit Bespr v *Irresberger*; OGH 19. 2. 1980, 4 Ob 138/79, Arb 9854; OGH 27. 9. 2001, 6 Ob 287/00z, SZ 74/167; OGH 30. 6. 2003, 7 Ob 135/03h, JBl 2004, 107 mit Bespr v *Thunhart*; OGH 16. 5. 2006, 1 Ob 55/06d, ecolex 2006, 1007; OGH 19. 9. 2000, 10 Ob 91/00f, SZ 73/144; OGH 25. 4. 2001, 9 Ob 83/01y, SZ 74/77; allg *Krejci* in Rummel/Lukas (Hrsg), ABGB I[4] (2015), § 879; *Apathy/Riedler* in Schwimann/Kodek (Hrsg), ABGB IV[4] (2014), § 879; *Bollenberger* in Koziol/P. Bydlinski/Bollenberger (Hrsg), ABGB[4] (2014), § 879 Rz 27 ff mwN; *Kietaibl*, Zur Sittenwidrigkeit im Arbeitsrecht, RdW 2006, 94.

Abs 3 BAG rechtskräftig verweigert wird[194]. Selbst der Vertragspartner kann sich der Rechtsprechung zufolge auf die absolute Nichtigkeit berufen, auch wenn ihm dies bei Vertragsabschluss bekannt war, weil anders der Zweck solcher Verbotsnormen kaum zu erreichen wäre[195].

Entsprechend dem Verbotszweck kann die **Nichtigkeit** des Vertrags, Vertragsteils oder der Willenserklärung eine bloß **relative** sein: Auf die relative Nichtigkeit kann sich nur jener Vertragspartner berufen, den die Norm auch schützen soll (zB der Arbeitnehmer bei einer unzulässigen Kündigungsvereinbarung im Rahmen eines befristeten Arbeitsvertrags, vgl 5.3.1.4). 5/159

Während die Unterscheidung zwischen absoluter und relativer Nichtigkeit eher die Außenwirkung des Rechtsgeschäfts/Arbeitsverhältnisses betrifft („Wer kann die Nichtigkeit geltend machen?“, „Gegenüber wem wirkt sie?“), bezieht sich die Unterscheidung zwischen **Totalnichtigkeit** und **Teilnichtigkeit** auf das rechtswidrige Ausmaß des Vertragsinhalts: Totalnichtigkeit bewirkt die Nichtigkeit des gesamten Vertrags, Teilnichtigkeit die Nichtigkeit nur jener Vertragsteile, die mit dem Normzweck unvereinbar sind[196]. 5/160

Wenn der Vertrag beispielsweise nur zum Teil verbotene Arbeitsleistungen zum Gegenstand hat, ist zu prüfen, ob er mit seinem erlaubten Inhalt aufrecht bleiben kann[197]. Der unerlaubte Inhalt ist auszuscheiden und die gesetzlichen oder kollektivvertraglichen Arbeitsbedingungen treten an seine Stelle. Dies ist insb dann möglich, wenn durch den Arbeitsvertrag bestimmte zwingende Bestimmungen abbedungen werden sollen. In diesem Fall ersetzen jene die ungültige Abrede. 5/161

Schwieriger ist das Problem dann, wenn **teilweise Nichtigkeit** vorliegt, ohne dass entsprechende Normen existieren, die an die Stelle der ungültigen Abrede treten können. Schließt zB ein Jugendlicher unter 16 Jahren eine Akkordvereinbarung, so verstößt diese gegen § 21 KJBG. Ist aber dadurch der gesamte Arbeitsvertrag nichtig? Die Frage ist zu verneinen. Das Gesetz will nur die Beschäftigung im Akkord und in ähnlichen Entgeltarten, nicht aber die Beschäftigung an sich ausschließen, sofern die übrigen Voraussetzungen für die Gültigkeit des Vertrags gegeben sind. Daher ist die Akkordabrede zu eliminieren. Welchen Entgeltanspruch hat aber der Jugendliche? Unentgeltlichkeit kann nicht angenommen werden. Hier muss der Vertrag so ergänzt werden, dass an die Stelle der Akkordvereinbarung das kollektivvertragliche oder ortsübliche bzw angemessene, nach Zeit bemessene Entgelt tritt.

Ist der Arbeitsvertrag seinem gesamten Zweck nach rechts- bzw sittenwidrig (Schmuggel von Waren, Anstellung zur Prostitution), wird man rückwirkend Nichtigkeit annehmen müssen (**Nichtigkeit ex tunc**)[198]. Die Sanktion der Nichtigkeit von Anfang an (ex tunc) entspricht mitunter aber nicht der Zielsetzung und beabsichtigten Tragweite der Verbotsnorm. Hat sich beispielsweise ein Jugendlicher zu verbotenen Arbeiten in einem Sexshop verpflichtet, ist der gesamte Arbeitsvertrag nichtig. Gesetzliche Verbote dieser Art verfolgen 5/162

---

[194] OGH 8. 3. 1983, 4 Ob 18/83, ZAS 1984, 140 mit Bespr v *Müller*.

[195] OGH 14. 10. 2008, 8 ObA 1/08t, DRdA 2010, 303 mit krit Bespr v *Löschnigg*: Nichtigkeit eines Arbeitsverhältnisses mit einem Universitätsprofessor, da das Berufungsverfahren nach dem UG nicht eingehalten wurde.

[196] Vgl insb *Schneller*, Total- oder Teilnichtigkeit? Kritische Anmerkungen zum „Verbotszweck“, DRdA 2010, 103.

[197] Zur Teilnichtigkeit und Restgültigkeit von Verträgen vgl OGH 28. 10. 1971, 1 Ob 282/71, JBl 1972, 322; *Mayer-Maly*, Über die Teilnichtigkeit, in GS Gschnitzer (1969), 265 ff; *Gschnitzer* in Klang (Hrsg), ABGB IV^2 (1968), 167 ff.

[198] S etwa OGH 18. 11. 1986, 14 Ob 192/86, Arb 10.583.

nicht den Zweck, die Person, zu deren Schutz das Beschäftigungsverbot statuiert wurde, zu benachteiligen; ihre Sanktion besteht in der Regel darin, dass sich der Arbeitgeber strafbar macht. Sicherlich ist der rechtspolitische Zweck nicht abzuleugnen, den rechtswidrigen Zustand ehestens abzustellen. Daraus ergibt sich die Konsequenz, dass ein in Vollzug gesetztes Arbeitsverhältnis so lange als wirksam anzusehen ist, bis sich einer der Vertragspartner auf die Nichtigkeit beruft. Die Berufung auf die Nichtigkeit bewirkt die Beendigung des Arbeitsverhältnisses für die Zukunft (**Nichtigkeit ex nunc**)[199]. Es kann auch der Fall eintreten, dass ein ordnungsgemäßes Arbeitsverhältnis durch nachträgliches Fehlen der Zulässigkeitsvoraussetzungen ab einem gewissen Zeitpunkt (zB Wegfall der Beschäftigungsbewilligung bei ausländischen Arbeitnehmern [vgl 5.4.3]) der Nichtigkeit verfällt.

5/163 Zu beachten ist, dass in der Unterscheidung zwischen absoluter und relativer Nichtigkeit, Total- und Teilnichtigkeit sowie Ex-tunc- und Ex-nunc-Nichtigkeit nur unterschiedliche Ansätze sachadäquater Rechtsfolgen normativer Verbote zum Ausdruck kommen und diese Rechtsfolgen miteinander **zu kombinieren** sind (zB relative Nichtigkeit teilnichtiger Vertragsinhalte mit Ex-tunc-Wirkung).

5/164 Liegt ein von vornherein nichtiges Arbeitsverhältnis vor, dann stellt sich die Frage, ob trotz der Nichtigkeit Rechte und Pflichten ableitbar sind bzw ob es zu einer Rückabwicklung von Leistungen kommt.

5/165 Auf das nichtige Lehrverhältnis wendet der OGH die Regeln des Bereicherungsrechts (§§ 877 u 1431 ff ABGB) an. Das Entgelt richtet sich aber nicht nach dem verschafften Nutzen; es gebührt vielmehr ein angemessenes Entgelt[200]. Dem ist jedenfalls zuzustimmen. Wenn die Nichtigkeit des **Arbeitsverhältnisses eines Ausländers** durch das Fehlen oder den Wegfall der Beschäftigungsbewilligung bedingt ist und dem Arbeitnehmer die nämlichen Ansprüche wie im Falle eines gültigen Vertrags – einschließlich allfälliger Ersatzansprüche aus der Beendigung des Arbeitsverhältnisses – zustehen (vgl § 29 Abs 1 bis 3 AuslBG u hiezu 5.4.3), dann müssen diese Grundsätze erst recht zur Geltung kommen, wenn die Nichtigkeit wegen Verstoßes gegen Schutzgesetze im Allgemeinen, insb gegen **Arbeitsverbote öffentlich-rechtlicher Natur**, verursacht wird. Die Bestimmungen des AuslBG bekräftigen die Modifikation der Nichtigkeitsfolgen für die Zukunft und die analoge Anwendung der Ersatzansprüche, die im Falle verschuldeter vorzeitiger Lösung des Arbeitsverhältnisses gebühren.

---

199 *Löschnigg* in Löschnigg (Hrsg), AngG Bd 1[10] (2016), § 6 Rz 31; *Marhold/Friedrich*, Österreichisches Arbeitsrecht[3] (2016), 23 ff; differenzierend *Spielbüchler/Grillberger*, Arbeitsrecht I[4] (1998), 144, die zwischen Schutzgesetzen und Normen, die die Beschäftigung überhaupt treffen wollen und dabei auf den Schutz des Arbeitnehmers verzichten, unterscheiden und im letzteren Fall nur einen Bereicherungsanspruch gewähren, der sich jedoch am Maßstab des § 1152 ABGB zu orientieren hat; ebenso *Bydlinski*, Arbeitsrechtskodifikation und allgemeines Zivilrecht (1969), 110 f.

200 OGH 25. 9. 1984, 4 Ob 67/83, ZAS 1985, 151 mit Bespr v *P. Bydlinski*; OGH 17. 6. 1986, 4 Ob 69/85, ARD 3812/9/86.

5.4.3. Nichtigkeit von Arbeitsverträgen mit Ausländern

Für den Bereich der Ausländerbeschäftigung sieht § 29 AuslBG spezielle Bestimmungen vor. Vor dem Inkrafttreten des AuslBG 1976 hatte die Rechtsprechung Arbeitsverträge, die mit Ausländern ohne entsprechende behördliche Bewilligung (Beschäftigungsbewilligung etc, vgl hiezu 5.2.6) abgeschlossen wurden, als gegen ein gesetzliches Verbot verstoßend und daher gem § 879 ABGB als nichtig betrachtet[201]. 5/166

§ 29 AuslBG rüttelt zwar nicht an der Nichtigkeit des Vertrags, stellt jedoch den unzulässig beschäftigten Ausländer hinsichtlich seiner Ansprüche einem Arbeitnehmer mit gültigem Arbeitsvertrag weitgehend gleich: Trotz Nichtigkeit des Vertrags hat der ausländische Arbeitnehmer gem § 29 Abs 1 AuslBG bis zum Zeitpunkt der tatsächlichen Beendigung der Beschäftigung alle Ansprüche gegen den Arbeitgeber, die sich ergeben würden, wenn der Arbeitsvertrag nicht gegen das Beschäftigungsverbot verstoßen würde[202]. Die unerlaubte Beschäftigung gilt als zumindest drei Monate ausgeübt, sofern der Arbeitgeber oder der Ausländer nicht anderes nachweisen. Das Gesetz enthält damit eine widerlegliche Vermutung einer dreimonatigen illegalen Beschäftigung. Zu ersetzen sind dem Ausländer auch die Kosten einer Auslandsüberweisung für das Entgelt. 5/167

Beruht das Fehlen der Beschäftigungsbewilligung auf einem Verschulden des Arbeitgebers, dann ist der Ausländer auch bezüglich der Ansprüche aus der Beendigung des Beschäftigungsverhältnisses so zu stellen, als ob er auf Grund eines gültigen Arbeitsvertrags beschäftigt gewesen wäre (§ 29 Abs 2 AuslBG). Dies bedeutet, dass zwar jeder Vertragsteil berechtigt ist, dieses „faktische" Arbeitsverhältnis für die Zukunft **fristlos zu beenden**, um auf diese Weise den gesetzmäßigen Zustand herzustellen[203], dass aber der ausländische Beschäftigte bei vom Arbeitgeber verschuldeter Unzulässigkeit der Tätigkeit vor allem auch Kündigungsentschädigung und Abfertigungsansprüche geltend machen kann, falls die Art der Beendigung auch in einem gültigen Arbeitsverhältnis derartige Ansprüche nach sich gezogen hätte[204]. Zu Unrecht bezieht der OGH das Verschulden des Arbeitgebers bzw des Arbeitnehmers unmittelbar auf die konkreten Ansprüche aus der Beendigung des Arbeitsverhältnisses und nicht auf das Fehlen der Beschäftigungsbewilligung an sich[205]. Bei der Bemessung der (Schadenersatz-)Ansprüche aus der Beendigung des unzulässigen Beschäftigungsverhältnisses ist auf die Bestimmungen des besonderen Kündigungs- und Entlassungsschutzes nicht Bedacht zu nehmen (dazu allg 8.3.4.3.4). 5/168

Beispiel: Der Arbeitgeber bemüht sich in der Annahme, dass im laufenden Kalenderjahr ohnedies keine Beschäftigungsbewilligungen mehr erteilt werden, von vornherein um keine solche Bewilligung für eine ausländische Aushilfskraft. Nach zweimonatiger Beschäftigungszeit stellt der Arbeitgeber fest,

---

[201] OGH 4. 6. 1963, 4 Ob 12/63, Arb 7798; OGH 4. 11. 1965, 4 Ob 133/65, Arb 8158; OGH 11. 6. 1968, 4 Ob 31/68, Arb 8523.

[202] Vgl ua OGH 25. 3. 1980, 4 Ob 137/79, Arb 9866; OGH 18. 5. 1982, 4 Ob 45/82, Arb 10.111.

[203] OGH 7. 9. 1976, 4 Ob 70/76, DRdA 1978, 241 mit Bespr v *Apathy* = JBl 1977, 501; OGH 28. 1. 1986, 4 Ob 117/84, DRdA 1988, 326 mit Bespr v *Schnorr*.

[204] Vgl *Löschnigg*, Zur Beendigung und Nichtigkeit von Arbeitsverhältnissen mit Ausländern, in FS Schwarz (1991), 120; s weiters *Schnorr*, AuslBG[4] (1998), 191 f; OGH 22. 4. 2010, 8 ObA 58/09a, DRdA 2012, 36 mit Bespr v *Wolfsgruber*; zu Ansprüchen nach dem BUAG s OGH 26. 4. 2000, 9 ObA 59/00t, ARD 5149/2/2000.

[205] OGH 5. 5. 1999, 9 ObA 99/99w, RdW 1999, 737.

dass der Arbeitnehmer Geldbeträge aus der Tageskasse gestohlen hat und verzichtet daraufhin ab sofort auf die weitere Dienstleistung. – Trotz Vorliegens eines Verschuldens des Dienstgebers am Fehlen der Beschäftigungsbewilligung steht dem Ausländer in diesem Fall keine Kündigungsentschädigung zu, da die Beendigung der Beschäftigung im Rahmen eines gültigen Arbeitsverhältnisses als gerechtfertigte Entlassung zu werten gewesen wäre.

5/169 Während § 29 Abs 2 AuslBG für den Fall der faktischen Beendigung eines nichtigen Arbeitsverhältnisses Vorsorge trifft, regelt § 29 Abs 3 AuslBG (ebenso wie § 20b Abs 3 AuslBG) die Ansprüche im Zuge der Beendigung eines **gültigen Arbeitsverhältnisses** mit einem Ausländer. Ein Regelungsbedarf besteht aber nur dort, wo besondere Beendigungsformen – es handelt sich um den Wegfall von behördlichen Genehmigungen oder um unmittelbare behördliche Eingriffe gem dem AuslBG – die Auflösung des Arbeitsverhältnisses bewirken: § 29 Abs 3 AuslBG bezieht sich auf den Wegfall der Beschäftigungsbewilligung und § 20b Abs 3 AuslBG auf die Ablehnung des Antrags auf Beschäftigungsbewilligung. In beiden Fällen wird das Arbeitsverhältnis nichtig, teilweise allerdings unter Berücksichtigung von § 7 Abs 7 und 8 AuslBG (vgl 5.2.6.2). Der Eintritt der Nichtigkeit führt zum Erlöschen des Arbeitsverhältnisses. Liegt der Wegfall der behördlichen Bewilligung im Verschuldensbereich des Arbeitgebers, dann hat der Ausländer Anspruch auf Schadenersatz (insb Kündigungsentschädigung) wie auf Grund eines berechtigten Austritts[206].

5.4.4. Anfechtbare Arbeitsverträge

5/170 Nichtigkeit und Anfechtbarkeit sind verwandte Phänomene des Rechts. Beiden ist gemeinsam, dass – sofern die Beurteilung von Rechtsgeschäften zur Entscheidung steht – nach den allgemeinen Regeln des Zivilrechts eine rückwirkende Annullierung erfolgen kann. Im Falle absoluter Nichtigkeit ist die Annullierung durch konstitutiven Rechtsakt nicht notwendig, zumal sich in der Regel jeder auf die Nichtigkeit berufen kann, während bei der Anfechtung diese Rechtsfolge durch ein Rechtsmittel (Anfechtungsklage, Einrede) herbeigeführt werden muss. Anfechtbarkeit und relative Nichtigkeit werden von der Rechtsdogmatik zwar unterschieden, es lässt sich jedoch nicht leugnen, dass die Grenzen fließend sind. Die Anfechtung von Verträgen kann auf Grund von Willensmängeln erfolgen. Auch hier müssen die Nichtigkeitsfolgen mit Wirkung bloß für die Zukunft modifiziert werden.

5/171 Würde man etwa die Tatsache der Schwangerschaft als relevanten Geschäftsirrtum iS des Arbeitsvertragsrechts anerkennen, so wäre der gesamte Kündigungsschutz des MSchG illusorisch. Es muss also darüber hinaus verlangt werden, dass der Anfechtungsgrund zum Zeitpunkt seiner Geltendmachung so wichtig war, dass eine weitere Aufrechterhaltung des Arbeitsverhältnisses unzumutbar erscheint. Damit fließt das Recht auf **Anfechtung** in das Recht auf **vorzeitige Auflösung** des Arbeitsverhältnisses über (vgl 8.3).

5/172 Zu beachten ist, dass eine Reihe von arbeitsrechtlichen Sondergesetzen bestimmte Fälle von Willensmängeln ausdrücklich als Grund für eine vorzeitige Auflösung klassifiziert. So können Arbeitnehmer entlassen werden, wenn sie den Arbeitgeber bei Abschluss des Arbeitsver-

[206] Zur Problematik rechtswidriger Kündigungen vor Eintritt der Nichtigkeit vgl *Schrank*, Zeitwidrige Kündigung und Ablauf der Beschäftigungsbewilligung für Ausländer, ZAS 1982, 123.

trags in Irrtum geführt haben, sei es durch Vorlage falscher Zeugnisse oder durch Verschweigen eines anderen, gleichzeitig verpflichtenden Arbeitsverhältnisses (§ 82 lit a GewO), durch Verschweigen eines noch nicht gelösten anderen Bühnendienstvertrags, der mit dem abgeschlossenen unvereinbar ist (§ 31 Z 1 TAG), sowie durch unwahre Angaben, ungültige Urkunden oder Verschweigen von Umständen, die eine Aufnahme ausgeschlossen hätten (§ 34 Abs 2 lit a VBG). Gem § 122 Abs 1 Z 1 ArbVG und § 15 Z 1 APSG hat schließlich das Gericht der Entlassung von Betriebsratsmitgliedern bzw Präsenz- oder Zivildienstpflichtigen bzw militärische Dienstleistungen erbringenden Frauen zuzustimmen, wenn diese den Betriebsinhaber absichtlich über Umstände, die für den Vertragsabschluss oder den Vollzug des in Aussicht genommenen Arbeitsverhältnisses wesentlich sind, in Irrtum versetzt haben.

Liegt einer der genannten Tatbestände vor, so scheidet ein Willensmangel für den Bereich der sondergesetzlichen Regelung aus dem Kreis der Anfechtungsgründe jedenfalls endgültig aus, sodass ausschließlich die Frage nach dem Vorliegen eines Entlassungsgrundes zu prüfen ist[207]. 5/173

Zu beachten ist, dass nach einhelliger Rechtsprechung ein Irrtum über die Schwangerschaft einer Arbeitnehmerin bei Abschluss des Arbeitsvertrags irrelevant ist. Dies gilt auch für jene Fälle, in denen die Arbeitnehmerin das Vorliegen ihrer Schwangerschaft bewusst verschwiegen oder wahrheitswidrig verneint hat. Es liegt weder ein Anfechtungsgrund vor, noch ist einer der Entlassungstatbestände des § 12 Abs 2 MSchG gegeben, zumal jener der Vertrauensunwürdigkeit im MSchG nicht vorgesehen ist[208]. Allerdings ist die Realisierung des besonderen Kündigungs- und Entlassungsschutzes von einer Mitteilung der Schwangerschaft abhängig (vgl auch 8.3.4.3.3.2).

5.5. Rücktritt vom Vertrag

Ein Rücktritt vom Vertrag liegt im Arbeitsrecht dann vor, wenn ein Gesetz das einseitige Abgehen von der vertraglichen Bindung **vor** Eintritt des Erfüllungszustandes ermöglicht. 5/174

So behandelt etwa das AngG in § 30 Abs 1 zunächst das „**Fixgeschäft**": Wurde der Angestellte unter der ausdrücklichen Bedingung aufgenommen, den Dienst genau an einem festbestimmten Tag anzutreten, so kann der Arbeitgeber ohne Rücksicht auf die Art der Verhinderung vom Vertrag zurücktreten, wenn der Arbeitnehmer seine Tätigkeit an dem bestimmten Tag nicht aufnimmt. **Ansonsten** kann der Arbeitgeber nur zurücktreten, wenn der Angestellte, ohne durch ein unabwendbares Hindernis abgehalten worden zu sein, den Dienst an dem vereinbarten Tag nicht antritt oder wenn sich infolge eines unabwendbaren Ereignisses der Dienstantritt um mehr als 14 Tage verzögert (§ 30 Abs 2 AngG). **Beide Vertragspartner** können zurücktreten, wenn ein Grund zur vorzeitigen Auflösung vorliegt[209]. Für den Angestellten bietet das Gesetz einen Rücktrittsgrund, wenn sich der 5/175

[207] *Gschnitzer* in Klang (Hrsg), ABGB IV^2 (1968), 137; OGH 27. 11. 1962, 4 Ob 138/62, Arb 7665; OGH 5. 11. 1968, 4 Ob 57/68, DRdA 1970, 37 mit Bespr v *Kuderna* = JBl 1969, 285 mit Bespr v *Spielbüchler* = ZAS 1970, 140 mit Bespr v *Migsch*; OGH 27. 10. 1970, 4 Ob 92/70, Arb 8824; OGH 26. 4. 1983, 4 Ob 76/82, DRdA 1986, 209 mit Bespr v *Petrovic* = ZAS 1984, 188 mit Bespr v *Müller*.

[208] OGH 5. 11. 1968, 4 Ob 57/68, Arb 8574; LG Wien 2. 6. 1969, 44 Cg 59/69, Arb 8625; OGH 27. 10. 1970, 4 Ob 92/70, Arb 8824; OGH 26. 4. 1983, 4 Ob 44/83, Arb 10.264.

[209] So etwa ASG Wien 16. 12. 2009, 17 Cga 90/09t, ARD 6050/1/2010.

Dienstantritt infolge Verschuldens des Dienstgebers oder infolge eines diesen treffenden Zufalls um mehr als 14 Tage verzögert (§ 30 Abs 3 AngG).

5/176 Fraglich ist, ob an der Voraussetzung des wichtigen Grundes selbst dann noch festzuhalten ist, wenn ein **Probearbeitsverhältnis** vereinbart wurde (vgl hiezu 5.3.3). In diesem Fall liegt es weder im Interesse des Arbeitgebers noch des Arbeitnehmers, wenn bis zum Arbeitsantritt zugewartet werden müsste, um erst dann das Arbeitsverhältnis auflösen zu können[210].

5/177 Ist der Arbeitgeber ohne wichtigen Grund vom Vertrag zurückgetreten oder hat er durch sein schuldhaftes Verhalten dem Angestellten begründeten Anlass zum Rücktritt gegeben, so hat er dem Angestellten das Entgelt zu ersetzen, das diesem für den Zeitraum gebührt, der bei ordnungsgemäßer Kündigung durch den Arbeitgeber vom Tag des Dienstantritts bis zur Beendigung des Dienstverhältnisses hätte verstreichen müssen. Die **Ersatzansprüche** des Angestellten werden im Zeitpunkt des Rücktritts zur Gänze fällig. Die Beschränkung des § 29 Abs 2 AngG, wonach der Angestellte das ganze für drei Monate gebührende Entgelt sofort, den Rest jedoch erst zur Zeit der Fälligkeit fordern kann, findet beim Rücktritt keine Anwendung. Im Gegensatz zu § 29 Abs 1 AngG limitiert das Gesetz im Falle eines **befristeten Arbeitsverhältnisses** die Ersatzansprüche mit drei Monaten. Auf die Ersatzansprüche des Angestellten findet keine Einrechnung statt[211].

Den bereits erwähnten Bestimmungen des AngG entsprechen die §§ 30, 31 und 32 GAngG. Gewisse Abweichungen enthalten die §§ 34 bis 37 TAG. § 15 HGHAG beschränkt sich auf die Statuierung von Rücktrittsrechten analog zur vorzeitigen Lösung von Arbeitsverhältnissen und knüpft daran die nämlichen Rechtsfolgen. § 11 LArbG spricht nicht vom Rücktritt, sondern von der Berechtigung, den Dienst **nicht** anzutreten, wenn Gründe vorliegen, die zu einer vorzeitigen Lösung des Arbeitsverhältnisses berechtigen würden, und knüpft daran die typischen Rechtsfolgen einer vorzeitigen Lösung (§§ 35 ff LArbG).

5/178 Es ergibt sich nun die Frage, ob aus den Spezialvorschriften **allgemein gültige Regeln** per analogiam abgeleitet werden können. Der OGH verneint dies und wendet § 918 ABGB auch auf Dienstverhältnisse an.

5/179 Daraus folgt, dass der Zurücktretende zur Setzung einer Nachfrist verpflichtet ist[212]. Diese kann dann entfallen, wenn der Dienstgeber zu erkennen gibt, dass er den Vertrag ohnehin nicht einhalten will.

5/180 Ein Rücktritt vom Vertrag außerhalb der oben erwähnten Sondergesetzgebung ist nur zulässig, sofern ein wichtiger Grund vorliegt, der zur vorzeitigen Auflösung berechtigt. Für die Rechtsfolgen des Rücktritts sind die Bestimmungen des § 1162b ABGB sinngemäß anzuwenden.

5/181 Im Falle der **Eröffnung des Insolvenzverfahrens** über das Vermögen **des Arbeitgebers** wird dem Insolvenzverwalter – im Sanierungsverfahren mit Eigenverwaltung dem Arbeitge-

---

[210] Für die jederzeitige Lösbarkeit schon vor Dienstantritt LG Wien 13. 3. 1958, 44 Cg 43/58, Arb 6818; LG Wien 12. 2. 1968, 44 Cg 17/68, Arb 8486; LG Wien 26. 2. 1970, 44 Cg 23/70, Arb 8734; LG Wien 21. 1. 1980, 44 Cg 221/79, ZAS 1980, 201; aA *M. Binder*, Auflösungsmöglichkeiten der arbeitsvertraglichen Beziehung im „Vor-Arbeitsstadium", in FS Floretta (1983), 332, der bei vorgeschalteter Probezeit eine fristlose Lösungsmöglichkeit vor Dienstantritt nur bei Vorliegen eines wichtigen Grundes anerkennt.

[211] Vgl § 31 Abs 1 AngG; *Grillberger* in Löschnigg (Hrsg), AngG Bd 2[10] (2016), § 31 Rz 15 ff.

[212] OGH 14. 7. 1955, 4 Ob 47/55, Arb 6247; OGH 27. 5. 1986, 14 Ob 81/86, 82/86, DRdA 1988, 346 mit Bespr v *Kerschner* = ZAS 1987, 50 mit Bespr v *Beck-Mannagetta/Mayer-Maly*.

ber – und dem Arbeitnehmer ein Rücktrittsrecht eingeräumt (§ 21 IO, § 30 Abs 4 AngG bzw GAngG; vgl hiezu 9.3.1.2).

5.6. Vereinbarung einseitiger Gestaltungsrechte

Zweifellos ist es der Wunsch jeder Vertragspartei, Verträge an sich ändernde Rahmenbedingungen oder plötzlich eintretende Umstände ohne Zustimmung des anderen Vertragspartners anpassen zu können. 5/182

Damit stellt sich auch die Frage, ob und inwieweit Vereinbarungen zulässig sind, denen zufolge einer Partei Rechte auf Veränderung im arbeitsvertraglichen Leistungsaustausch eingeräumt werden[213]. Dieses Problem der Ausformung einseitiger Gestaltungsrechte setzt aber voraus, dass der Anspruch dem Grunde nach besteht. Wird eine Leistung ohne Rechtsanspruch (freiwillige Leistung) gewährt, ist die leistende Vertragspartei nicht gebunden. Die Freiwilligkeit der Leistung muss aber in eindeutiger Weise zum Ausdruck kommen (vgl 6.5.2.7). 5/183

Einseitige Gestaltungsrechte können völlig unterschiedliche Formen aufweisen. Die Bandbreite der Gestaltungsmöglichkeiten reicht vom Einschränken bzw Verändern über ein vorübergehendes Aussetzen bis zum Widerruf der Leistung. Ebenso kann das Entstehen eines Anspruches von einem Gestaltungsrecht[214] abhängig sein. Die Änderung der Leistung kann auch aus einer Veränderung der Bedingungen für die Leistungsgewährung resultieren. Im Fall einzelner Leistungen sieht der Gesetzgeber Regelungen vor, die die Vereinbarung einseitiger Gestaltungsrechte beschränken (so zB bei Betriebspensionen iS des BPG, vgl 6.5.2.6.4). Im Übrigen ist zwar vom Grundsatz der Privatautonomie auszugehen, zu berücksichtigen ist im Arbeitsverhältnis aber stets die typische Unter- und Überordnung der Vertragsparteien, die sich insb durch wirtschaftliches Ungleichgewicht ergibt, und der dem Arbeitsrecht wesensimmanente Schutzzweck. Ergebnis dieser Zusammenschau von widersprechenden Faktoren kann nur eine **Interessenabwägung** sein, die sich an den Wertungen **billigen Ermessens** orientiert[215]. Insb die Art der Leistung, deren absolutes Ausmaß, das Ausmaß der vorbehaltenen Leistung in Relation zu vorbehaltlos gewährten Leistungen und die soziale Funktion der Leistung müssen zur Gewichtigkeit der Gründe, die zur Leistungsänderung oder zum Einstellen der Leistung führen, in einem adäquaten Verhältnis stehen (vgl auch 6.5.3.1). 5/184

---

213 Allg vgl *Kuras*, Möglichkeiten und Grenzen einzelvertraglicher Gestaltung im aufrechten Arbeitsverhältnis, ZAS 2003, 100; *Schindler*, Widerrufsklauseln und einseitige Änderungsrechte, in Resch (Hrsg), Kritische Klauseln im Arbeitsvertrag (2004), 55; *Kietaibl*, Flexibilisierungsmöglichkeiten im Arbeitsverhältnis, ASoK 2008, 370; zur ausreichenden Bestimmtheit von „freiwilligen" Leistungen des Arbeitgebers bei der Vereinbarung von Gestaltungsrechten s OGH 4. 12. 2002, 9 ObA 176/02a, ZAS 2004, 291 mit Bespr v *Melzer-Azodanloo*.

214 ZB einem rechtsgestaltenden Akt des Dienstgebers, vgl OGH 21. 12. 2000, 8 ObA 170/00h, ZAS 2001, 170 mit Bespr v *Risak* = DRdA 2001, 532 mit Bespr v *Runggaldier*.

215 Vgl insb *Welser*, Widerrufsvorbehalt und Teilkündigungsvereinbarung bei entgeltwerten Leistungen des Arbeitgebers, DRdA 1991, 1; s auch OGH 1. 4. 1998, 9 ObA 27/98f, DRdA 1999, 199 mit Bespr v *Löschnigg*; OGH 17. 5. 2000, 9 ObA 77/00i, DRdA 2001, 324 mit Bespr v *Resch* = ZAS 2001, 147 mit Bespr v *Posch*; zu einer sog „Jeweils-Klausel" s OGH 28. 3. 2007, 9 ObA 40/06g, DRdA 2008, 350 mit Bespr v *Risak*.

5.6. Einseitige Gestaltungsrechte

5/185 Aus formaler Sicht ist an die Vereinbarung von einseitigen Gestaltungsrechten ein besonderes Maß an **Erkennbarkeit** der damit verbundenen Rechtsfolgen zu stellen. Regelmäßig wird man dem Arbeitgeber gewisse Aufklärungspflichten auferlegen müssen. Vorgangsweisen einer Vertragspartei, die die Bedeutung derartiger Klauseln herunterspielen[216], werden dazu führen, dass ein entsprechender rechtsgeschäftlicher Wille der anderen Vertragspartei nicht mehr unterstellt werden kann. Die Vereinbarung derartiger Gestaltungsrechte kann sowohl am Beginn als auch während des aufrechten Arbeitsverhältnisses, ausdrücklich oder konkludent, zustande kommen. In allen Fällen muss jedoch der Dienstgeber ausreichend deutlich auf die Veränderung bisher bestehender Rechte aufmerksam machen[217].

---

[216] ZB Hinweis auf eine „bloße Formsache" bei Unterfertigung eines „Dienstzettels", s OGH 28. 11. 2001, 9 ObA 86/01i, DRdA 2003, 35 mit Bespr v *Schwarz* = RdW 2002, 481.

[217] OGH 23. 1. 2003, 8 ObA 170/02m, ARD 5412/4/2003.

6. Inhalt des Arbeitsverhältnisses

6.1. Leistung der Arbeit

Tritt der Arbeitsvertrag in das Erfüllungsstadium, muss der Arbeitnehmer seiner Arbeitspflicht nachkommen. Er hat die Arbeit grundsätzlich persönlich, überdies vertragsgemäß bzw ortsüblich oder angemessen und den Weisungen des Arbeitgebers entsprechend zu verrichten. 6/001

6.1.1. Persönliche Dienstleistung bzw Übertragbarkeit der Dienstleistung

Gem § 1153 ABGB sind die Dienste grundsätzlich **in eigener Person** zu leisten. 6/002

Eine gesetzliche Ausnahme findet sich in § 17 Abs 1 und 2 HausbG[1], wonach insb in den Fällen des Urlaubs und der Bildungsfreistellung gem § 118 ArbVG der Hausbesorger für seine Vertretung selbst zu sorgen hat. In diesen Fällen sind ihm allerdings die dadurch entstandenen Kosten nach Maßgabe des Gesetzes zu ersetzen.

Eine **Ausnahme** von der persönlichen Dienstleistungspflicht kann sich gem § 1153 ABGB **aus dem Vertrag** oder **aus den Umständen** ergeben. Vertraglich könnte somit durchaus die Heranziehung eines Dritten (zB der Ehegattin oder des Freundes) zur Ersatzarbeitsleistung vereinbart werden[2].

Wird die persönliche **Arbeitspflicht** im Vertrag **generell ausgeschlossen**, so stellt sich die Frage, ob überhaupt noch ein Dienstverhältnis vorliegt. Die persönliche Arbeitspflicht bildet zweifellos einen der wesentlichsten Bestimmungsfaktoren der persönlichen Abhängigkeit im Arbeitsverhältnis (vgl 4.1)[3]. Dies zeigt sich nicht nur im Arbeitsrecht, sondern auch in einer Reihe von Entscheidungen zum sozialversicherungsrechtlichen Dienstnehmerbegriff[4]. 6/003

Von der Frage, ob der Arbeitnehmer die Arbeitsleistung persönlich zu erbringen hat, ist die weitere Frage zu unterscheiden, **ob der Arbeitgeber die Arbeitsleistung** des Arbeitnehmers **an Dritte übertragen kann**. Auch diesbezüglich kann auf **§ 1153 ABGB** zurückgegriffen werden: Der Anspruch auf die Dienste ist nicht übertragbar, wenn sich aus dem Arbeitsvertrag oder den Umständen nicht anderes ergibt. Wiederum ist auf die Höchstpersönlichkeit des Arbeitsverhältnisses abzustellen; wiederum kann sich aus dem Arbeitsverhältnis oder den Umständen das Gegenteil ergeben. 6/004

Beispiel: Eine Hausgehilfin wird zum Nachbarn geschickt, um dort bei einer Party auszuhelfen. Sie ist hiezu nicht verpflichtet, kann aber in ihrem Dienstvertrag eine solche Verpflichtung eingehen. Aus den „Umständen“ kann hier eine solche Verpflichtung nicht entnommen werden[5].

---

[1] Zum erfassten Personenkreis vgl 4.3.2.2.3.2.
[2] OGH 20. 9. 1960, 4 Ob 135/60, SozM I A/e, 410; OGH 3. 3. 1964, 4 Ob 20/64, Arb 7864.
[3] Vgl *Krejci* in Rummel/Lukas (Hrsg), ABGB I[4] (2015), § 1153 Rz 1; OGH 10. 1. 1984, 4 Ob 164/83, DRdA 1985, 389 mit Bespr v *Csebrenyak* = infas 1984, A 57.
[4] S etwa schon VwGH 17. 3. 1965, 1101/64, SoSi 1965, 240.

6.1.2. Leistung der Arbeit

Den häufigsten Anwendungsfall für die Übertragung der Arbeitsleistung des Arbeitnehmers auf Dritte bildet zweifellos die sog **Arbeitnehmerüberlassung** (vgl 9.1), die mittlerweile detaillierten gesetzlichen Bestimmungen unterworfen ist.

6.1.2. Arbeitsleistung und Betriebsübergang

6/005 Wenn die **Übertragung der Arbeitsleistung** nach § 1153 ABGB besonderer Umstände oder spezifischer vertraglicher Regelungen bedarf, dann stellt sich die Frage, inwieweit der Übergang des Unternehmens, eines Betriebs oder eines Betriebsteils hiebei eine Sonderstellung einnimmt. Diesbezügliche Regelungen beinhaltet insbesondere das AVRAG (vgl hiezu 9.2.2).

6.1.3. Inhalt der Arbeitspflicht

6/006 Für den Inhalt der Arbeitspflicht kommen grundsätzlich alle typischen Rechtsquellen des Arbeitsrechts (Gesetze, Kollektivverträge, Betriebsvereinbarungen, Arbeitsvertrag; vgl 3.1) in Frage. Auf der **Ebene des Gesetzes** ist vor allem **§ 1153 letzter Satz ABGB** zu beachten, wonach die „den Umständen nach angemessenen Dienste zu leisten" sind, soweit über Art und Umfang der Dienste nichts vereinbart ist. **§ 6 Abs 1 AngG** stellt – mangels arbeitsvertraglicher Regelungen – auf „den für die betreffende Art der Unternehmung bestehenden Ortsgebrauch" ab. Ist ein solcher nicht feststellbar, sind die den Umständen nach angemessenen Dienste zu leisten[6].

Die einzelnen **Branchen-Kollektivverträge** können vor allem über die Beschreibung von Berufsbildern und Verwendungsgruppen verpflichtende Arbeitsinhalte festlegen. Der Kollektivvertrag kann auch die Beschreibung von Arbeitsinhalten, Arbeitsprozessen und Rahmenbedingungen für Tätigkeiten an die **Betriebsvereinbarung** delegieren und dergestalt Betriebsvereinbarungskompetenzen für diesen Bereich schaffen (allg hiezu vgl 3.3.4.1). Eine nach den §§ 96 bis 97 ArbVG gesetzliche Kompetenz zur umfassenden Regelung der Arbeitsleistung kommt der Betriebsvereinbarung hingegen nicht zu (s auch 11.5.1.1).

6/007 Primäre Rechtsquelle für die Ausgestaltung der Arbeitspflicht bildet der **Arbeitsvertrag**[7]. Eindeutige und konkrete Tätigkeitsbeschreibungen sind im Zuge des Vertragsabschlusses aber eher selten anzutreffen, da sich einerseits der Aufgabenbereich des Arbeitnehmers kaum erschöpfend beschreiben lässt und andererseits zukünftige Entwicklungen und Veränderungen am Arbeitsplatz nicht vorhersehbar sind. Auch wenn konkrete Arbeitsleistungen vereinbart werden, ist iSd § 914 ABGB auf die Absicht der Arbeitsvertragsparteien sowie auf die Übung des redlichen Verkehrs abzustellen. Art und Umfang der geschuldeten Dienstleistungen (zB Tätigkeitszuweisungen, Kompetenzaufteilungen) können sich auch schlüssig – etwa in Form einer langjährigen Übung – ergeben[8].

---

[5] Vgl auch ArbG Wien 15. 1. 1953, 7 Cr 295/52, SozM I A/e, 29.

[6] Vgl *Löschnigg* in Löschnigg (Hrsg), AngG Bd 1[10] (2016), § 6 Rz 63; s weiters § 5 GAngG, § 8 LArbG.

[7] Vgl § 1153 ABGB, § 6 AngG, § 5 GAngG, § 8 LArbG; OGH 13. 1. 1987, 14 Ob 198/86, DRdA 1989, 395 mit Bespr v *Apathy*.

In der betrieblichen Praxis wird vielfach ein vorerst abstrakt und typisiert umschriebener Arbeitsbereich (zB als Facharbeiterin, Maurerin, Sekretär) durch eine bestimmte Dienstzuteilung konkretisiert und arbeitsvertraglich verankert. Unabhängig von der konkreten Dienstzuteilung kann sich der Pflichtenkreis des Dienstnehmers unmittelbar aus einem im Gesetz oder Kollektivvertrag fixierten, branchenspezifisch üblichen oder in der betrieblichen Praxis vorausgesetzten Berufsbild ergeben[9].

Auch aus dem **Typus eines Arbeitsverhältnisses** kann sich die inhaltliche Ausgestaltung ergeben, wobei die subsidiären Bestimmungsfaktoren, insb die Berufs- und Geschäftssitte, eine entsprechende Rolle spielen. Dies zeigt sich etwa bei Ausbildungs- und betrieblichen Weiterbildungsveranstaltungen, die – sofern sich dies aus der Art des Arbeitsverhältnisses ergibt – für den Arbeitnehmer verpflichtend sein können[10]. So kann etwa ein Versicherungsvertreter die Teilnahme an einem dreitägigen Fortbildungskurs, der die Kenntnis der für den Abschluss von Versicherungsverträgen maßgebenden Bestimmungen über die verschiedenen Versicherungszweige sowie die Kenntnis der betriebsinternen Vorschriften (insb über Prämien und Versicherungsleistungen) vermittelt, nicht ablehnen, selbst wenn ihm dadurch Provisionen entgehen[11]. Dies gilt allerdings nur dann, wenn der Fortbildungskurs gerade für das konkrete Arbeitsverhältnis von essenzieller Bedeutung ist. Mangels Vereinbarung im Arbeitsvertrag bestimmte Kurse zu besuchen, ist es dem Arbeitnehmer ansonsten selbstverständlich freigestellt, sich nach eigenem Gutdünken weiterzubilden. 6/008

Die rasche technologische Entwicklung führt nicht nur in hochtechnisierten und wissenschaftsorientierten Berufen zur Notwendigkeit beruflicher Weiterbildung, sondern bedingt etwa in sämtlichen traditionellen Arbeiterberufen eine regelmäßige Fortbildung. Soweit der ursprüngliche Tätigkeitsbereich gleich bleibt und die Arbeit nur mit neuen Arbeitsmitteln und Arbeitsmethoden in ökonomisch sinnvoller Weise zu bewältigen ist, wird eine entsprechende Aneignung der dafür notwendigen Kenntnisse vom Arbeitnehmer verlangt werden können, sofern dieser überhaupt die notwendigen Fähigkeiten hiefür aufbringt.

Die Vereinbarung einer **Mindestarbeitsleistung** ist mit dem Wesen des in persönlicher Abhängigkeit zu erfüllenden Arbeitsvertrags nicht vereinbar. Hiebei würde es zu einer gewissen Überwälzung des Unternehmerrisikos auf den Arbeitnehmer kommen[12]. Dies schließt jedoch nicht aus, dass das Entgelt des Arbeitnehmers entsprechend seiner Leistung variabel ausgestaltet wird (Akkord- und sonstige Leistungsentgelte, vgl 6.5.2.3) oder vom Erreichen bestimmter Leistungsziele (Zielerreichungsprämien) abhängig gemacht wird. 6/009

Grundsätzlich hat der Arbeitnehmer nur die vereinbarten Dienste zu leisten. Eine **Abweichung vom Vereinbarten** lässt die Rechtsprechung nur in **Ausnahmefällen** nach Maßgabe der **Treuepflicht** zu. Der Maßstab ist relativ streng anzusetzen[13]. So werden einem Ange- 6/010

---

8 S OGH 12. 9. 1996, 8 ObA 2108/96z, DRdA 1997, 379 mit Bespr v *B. Schwarz*; zur Bedeutung von unternehmensübergreifenden Regelungen vgl *Zollner*, Entlassung wegen Verletzens einer Konzernrichtlinie, DRdA 2000, 218.

9 Als eindeutig berufsfremd hat der OGH das Lenken eines Kraftfahrzeugs zu rein privaten Zwecken des Lehrberechtigten im Zusammenhang mit der Ausbildung eines Lehrlings zum Radio- und Fernsehmechaniker (nunmehr Kommunikationstechniker) qualifiziert (OGH 14. 9. 1982, 4 Ob 99/81, DRdA 1983, 109 mit Bespr v *Tögl* = Arb 10.176); s weiters OGH 14. 9. 1995, 8 ObA 280/95, DRdA 1996, 161 = ARD 4711/29/96.

10 Allg vgl *Stadler*, Rechtliche Rahmenbedingungen für die berufliche Fortbildung von angestellten Spitalsärzten, RdM 2011, 108.

11 OGH 18. 4. 1978, 4 Ob 24/78, ZAS 1979, 144 mit Bespr v *Schön* = Arb 9691.

12 OGH 13. 1. 1993, 9 ObA 260/92, ARD 4459/14/93 = Arb 11.065.

13 Vgl *Kramer*, Arbeitsvertragsrechtliche Verbindlichkeiten neben Lohnzahlung und Dienstleistung (1975), 43.

stellten Hilfsarbeiterdienste nur dann zugemutet, wenn eine Notsituation oder ein Katastrophenfall auftritt, der normale Maßstäbe aufhebt[14]. Im Sinne dieser Judikatur setzt beispielsweise eine Angestellte, die sich weigert, untergeordnete Lageristenarbeit zu leisten, und die vor ihrer Karenz als Buchhalterin aufgenommen und auch tatsächlich eingesetzt worden war, keinen Entlassungsgrund[15]. Hingegen kann ein leitender Angestellter schon auf Grund der Treuepflicht zu anderen gleichwertigen Diensten herangezogen werden, wenn der Arbeitgeber aus wichtigen Gründen zu einer Umorganisation seines Betriebes genötigt ist und es ihm nicht zugemutet werden kann, die bisherigen Verhältnisse unverändert aufrechtzuerhalten[16].

6/011 Die Frage, ob ein Dienstnehmer nicht vereinbarte **gleich qualifizierte** oder **höher qualifizierte** Arbeiten auf Grund der Treuepflicht leisten muss, hat die Rechtsprechung noch nicht beschäftigt. Bei gleich qualifizierter Arbeit wird man – wenn ein entsprechend vertretbarer Dringlichkeitsgrad vorliegt – eine derartige Verpflichtung des Arbeitnehmers als gegeben erachten müssen. Höher qualifizierte Arbeiten wird der Arbeitnehmer ablehnen können, wenn er dem Grad der Verantwortung nicht gewachsen ist, es sei denn, der Arbeitgeber stellt ihn von der Haftung frei[17].

6/012 Innerhalb des durch den Arbeitsvertrag vorgegebenen Rahmens wird die Arbeitspflicht durch das **Weisungsrecht** des Arbeitgebers konkretisiert (vgl auch 3.1 mit weiterführenden Literaturhinweisen). Die Weisung gestaltet zwar die Lebenskonkreta des Arbeitsverhältnisses, ist aber kein einseitiges Rechtsgeschäft (eigentliches Gestaltungsrecht), sondern eine aus der Infunktionsetzung des Arbeitsverhältnisses resultierende Leitungsfunktion. Dieses „Direktionsrecht“ hat einen doppelten Aspekt: Einerseits verfügt der Arbeitgeber über die Arbeitskraft des Arbeitnehmers im Rahmen der betrieblichen Organisation, andererseits trifft er Maßnahmen, die der Ordnung des Betriebs dienen. Bei diesen sog „formellen Arbeitsbedingungen“ hat das Direktionsrecht insofern selbständige Bedeutung, als diese Bedingungen regelmäßig vertraglich nicht vereinbart werden. Der Arbeitnehmer hat sich aber nur an die durch den Gegenstand der Arbeitsleistung gerechtfertigten Anordnungen des Arbeitgebers zu halten[18]. Eine Anordnung ist dann als gerechtfertigt anzusehen, wenn sie sich innerhalb der durch den Arbeitsvertrag und den sich daraus ergebenden Rechten und Pflichten gezogenen Grenzen hält und sich auf die nähere Bestimmung der konkreten Arbeitspflicht oder auf das Verhalten des Arbeitnehmers im Betrieb erstreckt[19]. Der Arbeitgeber ist allerdings seinerseits verpflichtet, auf die ideellen und materiellen Interessen Rücksicht zu nehmen[20]. Den für das Weisungsrecht gegebenen Rahmen zu erkennen und einseitige Vertragsänderungen von gerechtfertigten Weisungen des Arbeitgebers zu unterschei-

---

[14] OGH 22. 10. 1957, 4 Ob 143/57, Arb 6746; OGH 21. 10. 1958, 4 Ob 107/58, Arb 6945; LGZ Wien 20. 11. 1969, 44 Cg 140/69, Arb 8692; LGZ Wien 17. 4. 1975, 44 Cg 44/75, Arb 9384.

[15] OGH 22. 9. 1970, 4 Ob 71/70, Arb 8796.

[16] OGH 12. 9. 1996, 8 ObA 2108/96, DRdA 1997, 379 mit Bespr v *B. Schwarz*.

[17] Vgl *Schwarz/Holzer*, Die Treuepflicht des Arbeitnehmers und ihre künftige Gestaltung (1976), 131 ff.

[18] ZB Verlangen auf Berichtlegung bei Außendienstmitarbeitern, OGH 10. 12. 1997, 9 ObA 269/97t, ARD 4967/21/98.

[19] OGH 18. 4. 1978, 4 Ob 24/78, Arb 9691.

[20] OGH 11. 11. 1992, 9 ObA 219/92, DRdA 1993, 284 mit Bespr v *Ernst*.

den, ist jedoch meist schwierig, besonders dann, wenn Art und Umfang der Arbeitsleistung oder das sonstige Verhalten des Arbeitnehmers im Arbeitsvertrag nicht genau erfasst sind[21].

Das Weisungsrecht wird durch Gesetz, kollektive Rechtsgestaltung (insb Kollektivverträge und Betriebsvereinbarungen), die betrieblichen Mitwirkungsbefugnisse (vgl insb 11.5.1), den Arbeitsvertrag und das Schikaneverbot (§ 1295 Abs 2 ABGB) begrenzt. Zusätzliche **Grenzen** erfließen aus der Fürsorgepflicht des Arbeitgebers: Sie gebietet etwa, einen Rekonvaleszenten nicht übermäßig zu belasten oder gegebenenfalls von schwerer Arbeit oder Überstundenleistungen zu befreien (zum Weisungsrecht vgl auch 3.1).

Die ergänzenden Bestimmungsfaktoren **Angemessenheit** und **Ortsgebrauch** stehen auch in engem Zusammenhang mit der Beschränkung des Weisungsrechts. Sie werden durch die Berufs-, Verkehrs- und Geschäftssitte näher bestimmt, die im Übrigen auch für die Qualifikation des Arbeitnehmers Bedeutung hat. 6/013

Die **Qualifikation als Angestellter** wird durch die Art der vereinbarten oder höherwertigen tatsächlich verrichteten, dem Gesetz entsprechenden Dienstleistungen bestimmt. Die Anwendung des AngG kann aber auch vereinbart werden (vgl 4.3.2.2.2). Ebenso ist für die Anwendung der in den **Kollektivverträgen** allgemein beschriebenen **Verwendungsgruppen** die tatsächliche Tätigkeit entscheidend[22], wenn sie gegenüber der vereinbarten Tätigkeit höherrangig ist. Die vertragliche Einstufung in die betreffende Verwendungsgruppe ist daher nicht notwendig. Auch muss der Arbeitnehmer nicht auf Einstufung klagen; er begehrt – falls notwendig gerichtlich – den Zuspruch des für die Verwendungsgruppe gebührenden Entgelts, muss aber die Kriterien der Qualifikation entsprechend der tatsächlichen Tätigkeit beweisen. 6/014

Das **Verhalten des Arbeitnehmers außerhalb des Betriebs** ist grundsätzlich dem Direktionsrecht des Arbeitgebers entzogen. Nur besondere Betriebsinteressen, wie die Einschätzung, die ein Unternehmen in seinem Wirkungs- und Kundenkreis und damit in der Öffentlichkeit beanspruchen kann, rechtfertigen eine Weisung über außerdienstliches Verhalten[23]. Damit sind als arbeitsrechtlich relevante Tatbestände die Gefährdung des Ansehens des Betriebs und die Erschütterung des Vertrauens zwischen Arbeitgeber und Arbeitnehmer angesprochen. Die Stellung des Arbeitnehmers im Unternehmen verdient hiebei besondere Beachtung, weil leitende Positionen vielfach mit dem Unternehmen selbst identifiziert werden[24]. Das bedeutet, dass in den Fällen, in denen die Treuepflicht ein bestimmtes **Verhalten im Privatleben** erfordert, der Weisung die Funktion zukommt, den Arbeitnehmer darauf aufmerksam zu machen, dass er mit Konsequenzen rechnen muss, wenn er sein die betrieblichen Interessen schädigendes Verhalten nicht beendet. Die Fälle, in denen die Weisungen des Arbeitgebers außerdienstliches Verhalten betreffen, sind so geartet, dass den wahren Verpflichtungsgrund die Treuepflicht des Arbeitnehmers darstellt. Die Weisung hat den Charakter einer Abmahnung, die

---

21 Zum Weisungsrecht bei unkündbaren Arbeitsverhältnissen vgl OGH 12. 10. 1994, 9 ObA 171/94, ZAS 1995, 88 mit Bespr v *Tomandl* = ARD 4627/21/95; OGH 24. 5. 1995, 8 ObA 309/94, DRdA 1997, 33 mit Bespr v *Pfeil*; OGH 14. 9. 1995, 8 ObA 211/95, ZAS 1998, 18 mit Bespr v *Gruber* = infas 1996, A 51; OGH 11. 5. 2010, 9 ObA 75/09h, DRdA 2011, 384 mit Bespr v *Goricnik* = ARD 6081/2/2010; *Mosler*, Arbeitsvertragliche Probleme der Zuweisung einer anderen Tätigkeit im österreichischen Arbeitsrecht, in FS Heilmann (2001), 211.

22 ASG Wien 23. 11. 2009, 25 Cga 126/08v, ARD 6050/1/2010.

23 *Knallnig*, Regelung betreffend Bekleidung und äußeres Erscheinungsbild des AN, in Reissner/Neumayr (Hrsg), Zeller Handbuch Arbeitsvertrags-Klauseln (2010), 793 ff; *Rainer*, Regelungen über außerdienstliches Verhalten, in Reissner/Neumayr (Hrsg), Zeller Handbuch Arbeitsvertrags-Klauseln (2010), 851 ff; vgl dazu auch *Gerhartl*, Korrektes Arbeitnehmerverhalten auch während der Freizeit?, RdW 2011, 483.

24 Vgl *Kramer*, Arbeitsvertragsrechtliche Verbindlichkeiten neben Lohnzahlung und Dienstleistung (1975), 108 f; OGH 9. 5. 1974, 6 Ob 67/74, Arb 9208.

ein konkludentes Verhalten des Arbeitgebers (stillschweigende Zustimmung) ausschließen soll (zur Treuepflicht vgl 6.2).

6/015 Veränderungen der Arbeitsinhalte während des Arbeitsverhältnisses sind sehr oft die Folge betrieblicher **Beförderungen** (zu den Befugnissen des Betriebsrats im Zuge von Beförderungen vgl 11.5.3.9). Diese können zu einer Erweiterung der Arbeitspflichten um die neuen Agenden führen, oder aber sie führen zu einer völligen Veränderung der Arbeitspflichten. Während im ersten Fall eine Rückversetzung arbeitsvertraglich in der Regel gedeckt ist, bedarf es im zweiten Fall der Zustimmung des Arbeitnehmers, da eine neuerliche Vertragsänderung vorliegt (vgl die Ausführungen zur sog direktorialen Versetzung und zum Versetzungsschutz unter 6.1.8.1 u 6.1.8.2). Ob der eine oder andere Fall gegeben ist, kann nur nach Maßgabe des konkreten Sachverhalts beurteilt werden. Entscheidungsrelevant wird aber sein, inwieweit zu erwarten ist, dass auf den ursprünglichen Tätigkeitsbereich aus betrieblichen Gründen zurückgegriffen werden muss, inwieweit einzelne Agenden hinzukommen oder einzelne Agenden wegfallen und schließlich inwieweit der neue Aufgabenbereich in sich geschlossen ist oder zu den vorangegangenen Tätigkeiten noch ein wesentlicher Konnex besteht.

6/016 Wird eine **Änderung der betrieblichen Organisation** durch Rationalisierungsmaßnahmen, durch sonstige wirtschaftliche Gründe oder auf Grund von Gesetzesänderungen notwendig und führt die neue Betriebsorganisation dazu, dass der vereinbarte Tätigkeitsbereich wegfällt, so tritt dadurch weder eine automatische Vertragsänderung ein, noch ist der Dienstnehmer dazu verhalten, sein Einverständnis zu einer Vertragsänderung zu geben. Ohne Einwilligung des Dienstnehmers hat der Dienstgeber grundsätzlich nur die Möglichkeit des Ausspruchs einer Kündigung. Ist das **Kündigungsrecht** des Arbeitgebers jedoch durch Kollektivvertrag oder Arbeitsvertrag **ausgeschlossen**, dann darf nach Ansicht der Rechtsprechung das Weisungsrecht des Arbeitgebers bezüglich der Verwendung des Arbeitnehmers nicht zu eng begrenzt werden, da auch der Arbeitnehmer im Zeitpunkt des Vertragsabschlusses bzw der Definitivstellung redlicherweise nicht damit rechnen durfte, dass er bei einer Änderung der Umstände ein arbeitsloses Einkommen beziehen werde[25]. Auch wenn diese Judikatur unter Heranziehung einer Zumutbarkeitsprüfung vielfach durchaus sachgerechte Ergebnisse zeitigt, darf der vertraglich oder kollektivvertraglich eingeräumte Kündigungsschutz nicht zu einer Verkehrung seiner Zielsetzung und zu einer Bindung des Arbeitnehmers unter veränderten Bedingungen führen. Insofern wird dem Arbeitnehmer ein Wahlrecht zustehen, ob er den neuen Arbeitsplatz annimmt oder ob er auf seinen besonderen Kündigungsschutz verzichtet. Letzteres kann zwar zur Kündigung des Arbeitnehmers führen, die Ansprüche aus der Beendigung (insb die Abfertigung) bleiben aber dem Arbeitnehmer gewahrt[26].

---

[25] Vgl OGH 29. 5. 1979, 4 Ob 122/78, DRdA 1980, 139 mit Bespr v *Spielbüchler* = ZAS 1983, 19 mit Bespr v *Gstirner*; OGH 16. 1. 1968, 4 Ob 94/67, Arb 8480; OGH 13. 1. 1987, 14 Ob 198/86, DRdA 1989, 395 mit Bespr v *Apathy*; OGH 11. 11. 1992, 9 ObA 230, 231/92, DRdA 1993, 364 mit Bespr v *Mosler*; OGH 24. 5. 1995, 8 ObA 309/94, DRdA 1997, 33 mit Bespr v *Pfeil*; OGH 18. 10. 2000, 9 ObA 156/00g, infas 2001, A 19; s weiters *Krejci*, Arbeitsrechtsfragen zur Neuorganisation von Versicherungsträgern auf Grund der 29. ASVG-Novelle, VersR 1974, 16 u 24; *Steinbach*, Grundsätzliche Entscheidung zum Überleitungsrecht nach § 180 Abs 1 GSKVG 1971, SoSi 1977, 52.

[26] Vgl *Goricnik*, Weisungsrecht des Arbeitgebers und unkündbare Arbeitsverhältnisse, RdW 2001, 547.

6.1.4. Umfang der Arbeitspflicht

Die Rechtsquellen und Bestimmungsfaktoren, die für den Inhalt der Arbeitsverpflichtung relevant sind (vgl 6.1.3), müssen auch für den Umfang der Arbeitspflicht herangezogen werden. Primär ist die **individuelle Vereinbarung** maßgebend; subsidiär kommen die **Ortsüblichkeit** und die **Angemessenheit** zur Anwendung. 6/017

Der Umfang der Arbeitspflicht wird vor allem über das **Ausmaß der Arbeitszeit** des Arbeitnehmers festgelegt, sodass die **privatrechtliche Vereinbarung** (zB 30 Stunden pro Woche) und die **öffentlich-rechtlichen Grenzen** der Arbeitszeit (zB 50 Stunden pro Woche iSd § 9 AZG) miteinander in Einklang zu bringen sind (allg zur Arbeitszeit vgl 6.8). Die **gesetzlichen Rahmenbedingungen** zum Umfang der Arbeitspflicht ergeben sich damit vor allem aus dem Arbeitszeit- und Arbeitsruherecht einschließlich der damit zusammenhängenden Sonderregelungen (AZG, ARG, MSchG, KJBG etc). Parallel hiezu greifen regelmäßig **kollektivvertragliche Regelungen** ein. Die **Betriebsvereinbarung** besitzt ebenfalls eine gewisse Regelungskompetenz (vgl 11.5.3.6). 6/018

Von wesentlicher Bedeutung ist die Frage, ob die gesetzlichen und kollektivvertraglichen Grenzen der Arbeitszeit auch Verpflichtungen zur Erbringung von Arbeitsleistungen auszulösen vermögen. Ist beispielsweise ein Arbeitnehmer verpflichtet, über Anordnung des Arbeitgebers zehn Überstunden pro Woche nur deshalb zu leisten, weil § 7 Abs 1 AZG bei Vorliegen eines erhöhten Arbeitsbedarfs bis zu zehn Überstunden pro Woche zulässt? Grundsätzlich ist dies zu verneinen. Die **Erlaubnis** zur Mehrarbeit impliziert **nicht** ohne Weiteres die **Verpflichtung** des Einzelnen. Eine solche besteht vielmehr nur dann, wenn sie im Arbeitsvertrag, in Normen der kollektiven Rechtsgestaltung oder im Gesetz festgelegt wurde oder aus der Treuepflicht des Arbeitnehmers resultiert (vgl 6.2 u 6.8.8.3). Grundsätzlich kann daher festgehalten werden, dass öffentlich-rechtliche oder kollektivvertragliche „Zulassungen“ nicht automatisch die Verpflichtung des Arbeitnehmers zur Überstundenleistung begründen. 6/019

Der Einfluss der **Treuepflicht** auf den **Umfang** der Arbeitspflicht stellt sich demgemäß in besonderem Maß bei der **Leistung von Überstunden** (vgl 6.8.8.3). Der Umfang der Dienstleistung nimmt aber auch dann zu, wenn sich insb aus Normen der kollektiven Rechtsgestaltung eine einschlägige Verpflichtung ergibt oder sich der Arbeitnehmer ausdrücklich vertraglich verpflichtet hat, die (erlaubten) Überstunden zu erbringen. Die Verpflichtung zur Leistung unerlaubter Überstunden ist nichtig. Infolgedessen ist der Arbeitnehmer auch nicht verpflichtet, auf Grund seiner Treuepflicht gesetzwidrige Überstunden zu erbringen. Sind die Überstunden betriebsbedingt notwendig oder liegen Notfälle vor, dann darf die Mehrarbeit im Allgemeinen nicht verweigert werden[27]. Die Ablehnung einer in diesem Sinn objektiv dringend erforderlichen Überstundenleistung kann eine Entlassung rechtfertigen[28]. Festzuhalten ist, dass die Erlaubnis zur Verlängerung der Arbeitszeit im Wesentlichen an das Vorliegen eines erhöhten Arbeitsbedarfs gebunden ist. Das Vorliegen des- 6/020

---

27 VwGH 12. 1. 1971, 560/70, Arb 8836.

28 Vgl OGH 2. 7. 1957, 4 Ob 56/57, SozM I A/d, 251; OGH 29. 1. 1965, 4 Ob 8/65, ZAS 1967, 11 mit Bespr v *Gürtler*.

selben ist grundsätzlich als konkrete Notwendigkeit zu verstehen, doch heißt die Bejahung dieser Frage noch nicht, dass der Arbeitnehmer hier und jetzt Überstunden leisten muss. Dies richtet sich nach den Umständen des Einzelfalles, wobei es durchaus möglich sein kann, dass berücksichtigungswürdige Interessen des Arbeitnehmers dem entgegenstehen. Diese schließen nach § 6 Abs 2 AZG die Verpflichtung zur Überstundenleistung aus, sodass letztlich nur eine Interessenabwägung im Einzelfall maßgeblich sein kann. Handelt es sich jedoch um **außergewöhnliche Fälle** bzw Notstände, wie sie im § 20 AZG (vgl 6.8.8.2; eine ähnliche Regelung betreffend die Arbeitnehmerschutzvorschriften findet sich in § 100 ASchG) aufgezählt sind, dann wird in der Regel die öffentlich-rechtliche Erlaubnis, die Arbeitszeit zu überschreiten, mit der arbeitsrechtlichen Verpflichtung (Treuepflicht) zur Überstundenleistung zusammenfallen. Dies muss aber nicht immer der Fall sein.

Beispiel: Im Betrieb ereignet sich eine Kesselexplosion, die unverzüglich zu dringender Mehrarbeit führt. Ein Arbeitnehmer muss sein todkrankes Kind ins Spital bringen. In diesem Fall sind seine Interessen höher zu bewerten.

6/021 Die hier relevanten Ablehnungsgründe werden zumeist mit jenen wichtigen, in der Person gelegenen Gründen ident sein, die den Arbeitnehmer berechtigen, unter Weiterzahlung des Entgelts von der Arbeitsleistung überhaupt Abstand zu nehmen (vgl 6.9.2.2). Doch kann man auch hiebei nicht schematisch vorgehen. Insb dann, wenn der Freistellungsanspruch des Arbeitnehmers auf Grund kollektivvertraglicher Pauschalierung den Charakter eines zweckgebundenen Sonderurlaubs hat, könnte in besonders schwerwiegenden betrieblichen Notfällen dem Arbeitnehmer zugemutet werden, für eine gewisse Zeit den Betrieb aufzusuchen.

Beispiel: Für die Beerdigung eines nahen Angehörigen gewährt ein Kollektivvertrag mehrere Tage bezahlte Freistellung. Der Arbeitnehmer wird kurzfristig in den Betrieb gebeten, um festzustellen, ob wichtige Aufzeichnungen einem Brand zum Opfer gefallen sind.

6.1.5. Recht auf Beschäftigung

6/022 Der in Frage stehende Anspruch des Arbeitnehmers auf tatsächliche Beschäftigung ist **nicht ident** mit dem in manchen Staatsverfassungen verankerten „**Recht auf Arbeit**". Der Anspruch auf Beschäftigung kann nur als privatrechtlicher Anspruch des Arbeitnehmers gegen seinen Arbeitgeber gesehen werden, während das „Recht auf Arbeit" sich gegen die Allgemeinheit, insb gegen den Staat, richtet. Um ein solches Recht auch tatsächlich erfüllen zu können, müsste der Staat über die entsprechenden Arbeitsplätze verfügen, und zwar in einem kaum eingrenzbaren Umfang und einer ebensolchen Mannigfaltigkeit. Auf politisch pragmatischer Ebene hat man sich darauf beschränkt, die Zahl der vorhandenen Arbeitsplätze zu erhalten und – falls nötig – zu vergrößern (Vollbeschäftigungspolitik). Darüber hinaus wurden Unterstützungsmaßnahmen bei Arbeitslosigkeit postuliert. Zu einem erzwingbaren subjektiven Recht gegen den Staat konnte sich ein „Recht auf Arbeit" nicht entwickeln (vgl ua *Van der Ven*, Soziale Grundrechte [1963], 61 f; s auch 2.3).

6/023 Dieser Erkenntnis folgend hat die **Europäische Sozialcharta** (ESC) in dem zu ihren „Kernartikeln" gehörenden Art 1 unter der Rubrik „Das Recht auf Arbeit" verschiedenartige Maßnahmen zusammengefasst: in Z 1 den Programmsatz, einen stabilen Beschäftigungsstand zu halten und die Verwirklichung der Vollbeschäftigung als Hauptziel anzuerkennen; in Z 2 die Verpflichtung, das Recht der Arbeitnehmer wirksam zu schützen, ihren Lebensunterhalt durch eine frei übernommene Tätigkeit zu verdienen; in Z 3 die „Einrichtungsgarantie" für unentgeltliche Arbeitsvermittlung für alle Arbeitnehmer und in Z 4 die „Einrichtungsgarantie" für Berufsberatung, berufliche Ausbildung und Wiedereingliederung. Eine adäquate Bestimmung enthält Art 6 des **Internationalen Paktes über wirtschaftliche, soziale und kulturelle Rechte** (IPWSK). Beide internationalen Übereinkommen wurden von Österreich formell nicht im Verfassungsrang und unter „Erfüllungsvorbehalt" (sog „spezielle Transformation"; vgl 2.3) ratifiziert.

Das Recht des Arbeitnehmers auf tatsächliche Beschäftigung ist im positiven österreichischen Arbeitsrecht in zwei Richtungen ausgeprägt. **§ 18 TAG** verpflichtet den Unternehmer, das „Mitglied" unter Bedachtnahme auf den Inhalt des Vertrags, seine Eigenschaften und Fähigkeiten und die Art der Führung des Betriebs angemessen zu beschäftigen. Unterbleibt dies trotz wiederholter Aufforderung und obwohl das Mitglied schriftlich eine Frist zur Nachholung der angemessenen Beschäftigung erteilt hat ohne wichtigen Grund, so kann der Arbeitnehmer den Vertrag vorzeitig auflösen und eine vom Richter nach billigem Ermessen festzusetzende angemessene Vergütung begehren, die den Betrag der festen Bezüge eines Jahres nicht übersteigen darf. Ein Mitglied, dessen Dienstverhältnis noch mindestens fünf Jahre gedauert hätte, kann überdies eine Entschädigung im gleichen Betrag verlangen, jedoch nur unter Anrechnung dessen, was es im zweiten Jahr nach Vertragsauflösung infolge des Unterbleibens der Dienstleistung erspart oder durch anderweitige Verwendung erworben oder zu erwerben absichtlich versäumt hat[29]. 6/024

Für das **Lehrverhältnis** ergibt sich das Recht auf tatsächliche Beschäftigung aus dem Wesen des Lehrvertrags, insb aus der Pflicht des Lehrherrn, für die Ausbildung des Lehrlings, die ja vor allem durch praktische Unterweisung im Betrieb erfolgen soll, zu sorgen (vgl § 9 BAG). Auch im Zusammenhang mit der „Behaltepflicht" (§ 18 BAG) ist festzuhalten, dass sich diese nicht nur auf die Bezahlung des Lohns erstreckt, sondern dass der ausgelernte Lehrling ein Recht besitzt, in seinem erlernten Beruf weiter verwendet, also tatsächlich beschäftigt zu werden[30]. 6/025

Gegen die hA[31], dass im Allgemeinen kein **Recht auf Beschäftigung** bestehe, nahm frühzeitig *Strasser* Stellung und verwies auf die menschliche und fachliche Schädigung, die der Dienstnehmer durch die Verweigerung seiner Beschäftigung erleide[32]. *Strassers* Stimme fand in der Judikatur keinen Widerhall.

---

29 Vgl dazu *Urleb*, Arbeitsrechtliche Fragen des SchSpG (2009), 92 ff.

30 *Aust* in Aust/Gittenberger/Knallnig-Prainsack/Strohmayer (Hrsg), Berufsausbildungsgesetz (2014), § 18 Rz 7 ff; *Kinscher*, BAG^2 (1979), 56 u 89; *Neuwirth/Rohringer*, Lehrlingsrecht und Jugendarbeitsschutz (1964), 79.

31 S dazu etwa OGH 1. 2. 2007, 9 ObA 121/06v, SpuRt 2007, 161 mit Bespr v *Resch* = ZAS 2008, 86 mit Bespr v *Thomas* = DRdA 2007, 477 mit Bespr v *Brodil*; zum Anspruch eines Chirurgen auf tatsächliche Beschäftigung s jedoch OGH 28. 11. 2002, 8 ObA 202/02t, DRdA 2003, 536 mit Bespr v *Mazal*; weiters auch *Brodil*, Recht auf Beschäftigung – Möglichkeiten und Grenzen, in Grundei/Karollus (Hrsg), Aktuelle Rechtsfragen des Fußballsports IV (2006), 47 ff.

32 *Strasser*, Das Recht des Dienstnehmers auf Beschäftigung, ÖJZ 1954, 60.

Schon früh hat aber die Lehre die Auffassung vertreten, dass es die Fürsorgepflicht des Arbeitgebers gebiete, den Arbeitnehmer auch tatsächlich zu beschäftigen[33].

6/026 Auszugehen ist von den Wertmaßstäben, die sich aus Art 1 Z 2 ESC und Art 6 Abs 1 IPWSK ergeben. Diese „auslegungssteuernde Kraft" der Staatsverträge wird auch durch den Erfüllungsvorbehalt nicht ausgeschaltet[34]. Alle in Art 1 ESC und Art 6 IPWSK genannten Maßnahmen zielen darauf ab, die Arbeitskraft krisenfester zu machen, dh, ihre Einsatzmöglichkeiten zu erweitern, sie wiederherzustellen und der modernen Entwicklung anzupassen. Dies ist **ohne faktische Betätigung nicht möglich**. Der international konstituierten „Arbeitsvertragsfreiheit" ist ein entsprechendes **Betätigungsrecht immanent** (vgl hiezu *Schwarz*, Die Beschäftigungspflicht im Arbeitsverhältnis, in FS Floretta [1983], 415).

6/027 Als Grundsatz ist festzuhalten, dass der Arbeitgeber den Arbeitnehmer zu beschäftigen hat, sofern nicht triftige Weigerungsgründe entgegenstehen[35]. In besonderem Maße muss dies gelten, wenn mit der Beschäftigung die Erhaltung eines gewissen „Marktwertes" des Arbeitnehmers verbunden ist[36]. Dies gilt nicht nur für Schauspieler iS des TAG (s oben), sondern auch für vergleichbare Arbeitnehmergruppen wie Musiker, Profisportler und Arbeitnehmer, die auf Grund ihrer Qualifikation namentlich für Kunden in Erscheinung treten (zB angestellte Designer)[37]. Neben diesem Interesse, in der Öffentlichkeit präsent zu sein (**Öffentlichkeitsinteresse**), können auch andere Gründe für ein **besonderes Recht auf Beschäftigung** sprechen. Schon erwähnt wurden Lehrlinge (vgl oben). Verallgemeinert bedeutet dies, dass bei Ausbildungsverhältnissen (im weiteren Sinn) ein spezifisches Recht auf Beschäftigung insofern besteht, als nur durch die Beschäftigung im Betrieb die bedungenen Ausbildungsziele erreicht werden können. Ein solches **Ausbildungsinteresse** findet sich nicht nur bei Lehrlingen, sondern auch bei Anlernlingen (vgl 4.3.2.3.2), Praktikanten (im Zusammenhang mit theoretischen Ausbildungen wie Fachhochschulstudiengängen), bei Arbeitsverhältnissen mit sozialen Zielsetzungen (zB Beschäftigung zur Reintegration in den „normalen" Arbeitsmarkt), bei Universitätsassistenten etc.

Das Recht des Arbeitnehmers kann **im Klageweg durchgesetzt** werden, und zwar unbeschadet der Tatsache, dass der Entgeltanspruch bei Annahmeverzug des Arbeitgebers (ebenso bei Unmöglichkeit der Leistung) gem § 1155 ABGB weiterbesteht. Im Falle entsprechender Gewichtung wird man dem Arbeitnehmer, der zu Unrecht nicht beschäftigt wird, auch das Recht einräumen müssen, das Arbeitsverhältnis vorzeitig aufzulösen und die daraus resultierenden Ersatzansprüche zu stellen (vgl 8.3.5.2).

---

33 *Mayer-Maly/Marhold*, Arbeitsrecht I (1987), 147; *Spielbüchler/Grillberger*, Arbeitsrecht I^4 (1998), 301.

34 *Floretta/Öhlinger*, Die Menschenrechtspakte der Vereinten Nationen (1978), 59.

35 Vgl auch OGH 5. 2. 1985, 4 Ob 3/85, DRdA 1985, 319; ebenso im Rahmen einer Interessenabwägung *Schmitzer*, „Recht auf Beschäftigung", wbl 1989, 360; ein umfassender Überblick über die in Judikatur und Lehre vertretenen Auffassungen findet sich bei *Resch*, Anmerkungen zur arbeitsrechtlichen Beschäftigungspflicht, DRdA 1991, 424; zur Arbeitskräfteüberlassung *Pačić*, „Recht auf Beschäftigung" einer überlassenen Arbeitskraft?, ecolex 2009, 1075.

36 Vgl *Firlei*, Versetzung eines Profifußballers zu den Amateuren, DRdA 2003, 187.

37 Zum Recht auf Beschäftigung eines Universitätslehrers s OGH 18. 8. 2016, 9 ObA 51/16i, JAS 2017, 196 mit Bespr v *Löschnigg*.

Eine Nichtbeschäftigung kann auch den **Diskriminierungsverboten** (vgl 6.7.2.1) widersprechen. Sie kann auch dem **Gleichbehandlungsgrundsatz** (vgl 6.7.1) oder § 879 ABGB zuwiderlaufen. 6/028

Ein Fall der Verletzung der Beschäftigungspflicht verdient, gleichsam als „qualifizierter Annahmeverzug" besonders hervorgehoben zu werden, nämlich die **Suspendierung**[38]. Diese liegt vor, wenn der Arbeitgeber den Arbeitnehmer vom Dienst an sich enthebt, wobei nicht nur ein bloßes Unterlassen der Beschäftigung vorliegt, sondern ein Untersagen der Weiterführung des Dienstes, das häufig mit dem Untersagen des Betretens des Betriebs verbunden ist. Die Suspendierung ist eine einseitige Maßnahme des Arbeitgebers, die einen **diskriminierenden** Eingriff in die Rechtsstellung des Arbeitnehmers darstellt. Kann sie nicht entsprechend begründet werden, wird man ähnlich wie im Falle der Verletzung des Gleichbehandlungsgrundsatzes (vgl 6.7.1) einen Verstoß gegen die Sittenklausel annehmen können, die dem Arbeitnehmer schon wegen dieser Tatsache das Recht verleiht, auf Zulassung zur Beschäftigung zu dringen[39]. Widerspricht eine Suspendierung kollektivvertraglich aufgezählten Gründen für eine solche Maßnahme, dann kann das Recht auf Beschäftigung unmittelbar auf den Kollektivvertrag gestützt werden[40]. Die Wiederzulassung zur Beschäftigung ist die natürlichste Form der Rehabilitierung, zumal mit der Suspendierung regelmäßig Verdachtsmomente unkorrekten Verhaltens manifestiert werden. Auch eine Klage auf Feststellung, dass die Suspendierung ohne zureichenden Grund erfolgte, ist möglich[41]. Dass dem Arbeitnehmer auch die übrigen mit der Verletzung der Beschäftigungspflicht zusammenhängenden Rechte gewahrt bleiben, muss nicht besonders betont werden. 6/029

6.1.6. Zurückbehaltungsrecht

Die Zurückhaltung der Arbeitskraft betrifft die Hauptpflicht des Arbeitnehmers und steht damit in einem Spannungsverhältnis von hoher Effizienz und hoher Risikobereitschaft. Fehleinschätzungen bergen das Risiko der Entlassung wegen beharrlicher Pflichtverletzung. 6/030

Als **Rechtsgrundlage** für ein Leistungsverweigerungsrecht des Arbeitnehmers kommen insb die Fürsorgepflicht des Arbeitgebers (vgl 6.6), § 1052 ABGB und spezifische arbeitsrechtliche Zurückbehaltungsnormen in Frage. Ob die Verweigerung der Arbeitsleistung gerechtfertigt ist, kann aber nur im Einzelfall entsprechend den betroffenen **Interessenlagen** beurteilt werden[42]. Die Anlässe für die Ausübung des Zurückbehaltungsrechts können unterschiedlich geartet sein (zB Entgeltverzug, Bedrohung der physischen, psychischen oder 6/031

---

38 Zur Suspendierung von Mitgliedern geschäftsführender Organe vgl *Krejci*, Zur „Entmachtung" des Vorstandsmitgliedes einer Aktiengesellschaft, in FS Wagner (1987), 249; *Nowotny*, Suspendierung und vorzeitige Abberufung eines in eine Tochtergesellschaft entsandten Vorstands, DRdA 1989, 427; *Egermann*, Zur Suspendierung eines Vorstandsmitgliedes, RdW 2006, 69.

39 S auch OGH 13. 11. 1996, 9 ObA 2263/96a, DRdA 1997, 207 mit Bespr v *Resch* = ASoK 1997, 66 mit Bespr v *Rotter*.

40 Vgl OGH 28. 2. 1990, 9 ObA 351/89, DRdA 1991, 140 mit Bespr v *Binder*.

41 Vgl auch OGH 23. 10. 1984, 4 Ob 103/83, DRdA 1987, 55 mit Bespr v *Wachter*.

42 Allg s *Jabornegg*, Kein Zurückbehaltungsrecht des Arbeitnehmers?, in FS Schwarz (1991), 89; *Binder*, Die Verzahnung von Arbeits- und Zivilrecht – dargestellt anhand von Umgehungskonstruktionen, des Beschäftigungsanspruchs und des allgemeinen Leistungsverweigerungsrechts, in Wachter/Burger (Hrsg), Aktuelle Entwicklungen im Arbeitsrecht 2008 (2008), 175 mwN; OGH 29. 5. 2012, 9 ObA 39/11t, ARD 6253/3/2012.

sexuellen Integrität des Arbeitnehmers, Anordnung rechtswidriger Tätigkeiten). Es muss nicht jedenfalls ein rechtswidriges und/oder schuldhaftes Verhalten des Arbeitgebers gegeben sein. Ein typischer sondergesetzlich geregelter Fall hiefür findet sich in § 8 AVRAG. Dieser Bestimmung zufolge kann der Arbeitnehmer bei ernster und unmittelbarer Gefahr für Leben und Gesundheit einen Gefahrenbereich verlassen und darf aus diesem Grunde nicht benachteiligt werden.

6/032 Auf Grund der Relativität des Zurückbehaltungsrechts ist auch ein **partielles Retentionsrecht** anzuerkennen[43].

6/033 Schwierige Wertungsfragen ergeben sich stets, wenn der Arbeitnehmer aus **Glaubens- und Gewissensgründen** die Arbeitsleistung verweigert. Ganz entscheidend wird in diesem Zusammenhang die Vorhersehbarkeit der strittigen Tätigkeit bei Abschluss des Arbeitsvertrages sein. Auch **betriebsverfassungsrechtliche Verstöße** des Arbeitgebers (zB Nichteinhaltung des Versetzungsschutzes) können zu einem Leistungsverweigerungsrecht des Arbeitnehmers führen.

6.1.7. Arbeitsort

6/034 Der Erfüllungsort eines Schuldverhältnisses wird in § 905 ABGB sehr flexibel umschrieben. Es wird primär auf die **Vereinbarung** verwiesen[44] und subsidiär auf **Natur und Zweck** des Geschäfts einerseits und den Wohnsitz des Schuldners zur Zeit des Vertragsabschlusses andererseits abgestellt. Für den Bereich des Arbeitsrechts scheidet der Wohnort des Schuldners aus; bezüglich der Erbringung der Arbeitsleistung wäre dies der Wohnort des Arbeitnehmers. Aus Natur und Zweck des Arbeitsverhältnisses folgt vielmehr, dass die Dienste im Betrieb zu leisten sind (OGH 6. 9. 1955, 4 Ob 93/55, Arb 6298).

6/035 Damit werden „Natur und Zweck“ des Vertrags zum wichtigsten Kriterium, zumal die Arbeitsverträge in den seltensten Fällen den Arbeitsort fixieren. Im Zweifelsfall muss auf Grund einer Interessenabwägung und nach den Kriterien der Zumutbarkeit entschieden werden. Eine Betrachtung im Nachhinein wird sich regelmäßig auf die bisherigen tatsächlichen Einsatzorte des Arbeitnehmers stützen.

Zu jeder nicht schon durch den Arbeitsvertrag gedeckten **Änderung des Arbeitsortes** ist das ausdrückliche oder stillschweigende Einverständnis des Arbeitnehmers erforderlich[45]. Zu weit geht der OGH, wenn er die Festlegung eines bestimmten Dienstortes im Arbeitsvertrag

---

[43] Vgl auch OGH 15. 4. 1999, 8 ObA 68/99d, ARD 5063/29/99.

[44] Vgl OGH 7. 2. 1961, 4 Ob 1/61, Arb 7327; ArbG Wien 23. 6. 1965, 5 Cr 142/65, Arb 8099; *Reissner*, Festlegung des Arbeitsortes bzw des Tätigkeitsbereichs – Versetzungsvorbehalt, in Reissner/Neumayr (Hrsg), Zeller Handbuch Arbeitsvertrags-Klauseln (2010), 207 ff.

[45] Vgl auch OGH 14. 9. 1994, 9 ObA 133/94, ZAS 1995, 131 mit Bespr v *Vogt*; OGH 28. 3. 1996, 8 ObA 2018/96, DRdA 1997, 46 mit Bespr v *Mayr*; *Goricnik*, Zur Folgepflicht des Arbeitnehmers bei Betriebsverlegung, RdW 2000, 547; *Mayr*, Betriebsverlegung – Versetzung – Folgepflicht des Arbeitnehmers/der Arbeitnehmerin, RdW 2001, 295; *Gerlach*, Neues zum Arbeitsort?, ecolex 2001, 131; *Wachter*, Grenzen des Weisungsrechtes in Bezug auf Art und Ort der Tätigkeit, DRdA 2001, 504; *Drs*, Verwendungsänderungen, Änderungen des Arbeitsortes und der Arbeitszeitstrukturen, in Reissner (Hrsg), Arbeits- und sozialrechtliche Strategien zur Krisenbewältigung (2010), 35; VwGH 27. 10. 1960, 166/59, Arb 7298.

regelmäßig als demonstrative Anführung eines Arbeitsortes versteht[46]. Dies führt insb dazu, dass ein Arbeitnehmer im Fall von Betriebsverlegungen seine Tätigkeit am neuen Betriebssitz aufzunehmen hat, wenn nicht eine („qualifizierte") Vereinbarung mit dem Arbeitgeber vorliegt, derzufolge die ausschließliche Verwendung an den festgelegten Dienstort bedungen war.

Beispiel: Eine Bank in Wien hat mehrere Filialen. Muss ein Arbeitnehmer der Zentrale einer Versetzung in eine Wiener Filiale folgen? – Wien ist nicht nur Gemeinde und Stadt mit eigenem Statut, sondern auch Bundesland. Gleichwohl wird der Arbeitnehmer der Versetzung innerhalb Wiens auf Grund des gut ausgebauten öffentlichen Verkehrsnetzes folgen müssen, es sei denn, die Art seiner Dienstleistung ist in ihrem Schwerpunkt überwiegend auf die Zentrale abgestellt. Erwägungen in diese Richtung entfallen naturgemäß, wenn sich aus dem Arbeitsvertrag die ausschließliche Dienstleistungspflicht in der Zentrale ergibt (s hiezu OGH 9. 7. 1999, 9 ObA 51/99m, ZAS 2001, 78 mit Bespr v *Korn* [Franz-Josephs-Bahnhof]).

Der Umstand, dass eine **Versetzung** den Arbeitsvertrag nicht verletzt, schließt das **Mitbestimmungsrecht** nach § 101 ArbVG nicht aus (vgl 6.1.8.2). 6/036

Bei **bestimmten Berufen**, wie zB bei Vertretern, Monteuren, Servicetechnikern oder bei Arbeitnehmern in Verkehrsunternehmungen[47], ergeben Natur und Zweck des Arbeitsvertrags, dass die Arbeitsleistung nicht am Sitz des Unternehmens oder ausschließlich in einem Betrieb des Unternehmens zu erbringen ist[48]. Der Arbeitsort ist insofern eher ein Einsatzgebiet. Insb bei Bauarbeitern hat der OGH wiederholt ausgesprochen, dass diese entsprechend dem Wesen ihres Arbeitsvertrags die Arbeit grundsätzlich an jeder einzelnen Baustelle des Arbeitgebers zu verrichten haben[49]. 6/037

Im Fall der **Entsendung** von Arbeitnehmern ins Ausland sind die im LSD-BG umgesetzten Vorgaben der Entsenderichtlinie (RL 96/71/EG, dazu unter 2.8.4.10.2) zu beachten. Für die entsandten Arbeitnehmer gelten grundsätzlich die Arbeitsbedingungen des Mitgliedstaates, in dem sie ihre Arbeitsleistung erbringen. 6/038

6.1.8. Versetzung

6.1.8.1. Vertragsändernde und direktoriale Versetzungen

Die Versetzung ist jede vom Arbeitgeber angestrebte Änderung des **Arbeitsortes**[50] oder des **Tätigkeitsbereichs** oder **beider** Arbeitsbedingungen[51]. Zu unterscheiden sind **direktoriale** und **vertragsändernde Versetzungen**. Erstere finden im Arbeitsvertrag ihre Deckung, 6/039

---

46 OGH 14. 6. 2000, 9 ObA 48/00z, DRdA 2001, 244 mit Bespr v *Pfeil*.

47 OGH 19. 5. 1993, 9 ObA 102/93, DRdA 1994, 53 mit Bespr v *Spitzl*.

48 OGH 28. 6. 2012, 8 ObA 10/12x, infas 2012, A 82 = ARD 6259/2/2012.

49 Vgl OGH 5. 9. 1976, 4 Ob 31/67, Arb 8493; OGH 24. 9. 1968, 4 Ob 50/68, Arb 8565; s weiters *Mazal*, Wegzeiten in der Bauwirtschaft – Arbeitszeit und Entlohnung, in FS Cerny (2001), 295.

50 Zur Zulässigkeit von Versetzungen nach dem VBG s OGH 17. 2. 2005, 8 ObA 93/04s, DRdA 2006, 39 mit Bespr v *Ziehensack* = Arb 12.510.

51 Vgl OGH 4. 3. 1986, 14 Ob 7/86, Arb 10.500 = infas 1986, A 100; OGH 17. 3. 1993, 9 ObA 29/93, DRdA 1993, 485 mit Bespr v *Trost*; Grenzen für eine mögliche Versetzung bei unkündbaren Arbeitsverhältnissen weiter gesteckt s OGH 24. 10. 2012, 8 ObA 14/12k, infas 2013, A 24 = ecolex 2013, 370; *Wachter*, Versetzung – Begriff, Arten, Abgrenzung, in Resch (Hrsg), Versetzung – Der Arbeitnehmer als Schachfigur des Arbeitgebers (2012), 18.

letztere bewirken eine Änderung des Arbeitsvertrags[52]. Vertragsändernde Versetzungen muss der Arbeitnehmer nicht hinnehmen. Er kann die Zustimmung verweigern, ohne dass ihn der Arbeitgeber deshalb entlassen könnte. Verweigert der Arbeitgeber die Entgegennahme der Arbeitsleistung am bisherigen Arbeitsplatz (Tätigkeitsbereich, Arbeitsort) und erklärt der Arbeitnehmer dort seine Dienstbereitschaft, so kann er gem § 1155 ABGB sein Entgelt unter Berücksichtigung der in dieser Bestimmung vorgesehenen Anrechnungen fordern. Doch ist gerade die Beurteilung der durch den Arbeitsvertrag zu rechtfertigenden Grenzen des Weisungsrechts mitunter schwierig[53]. Vor allem bei Beförderungen von Arbeitnehmern kommt es regelmäßig nicht zu einer völligen Veränderung der Arbeitspflichten, sondern lediglich zu einer Erweiterung um die mit dieser Stellung verbundenen Agenden[54]. Zwecks Vermeidung des mit einer Arbeitsverweigerung verbundenen Risikos kann der Arbeitnehmer bei Gericht die Feststellung begehren, dass zur Arbeit in der neuen Stellung keine Verpflichtung besteht[55]. Ist eine direktoriale Versetzung nicht möglich und gibt der Arbeitnehmer zu einer vertragsändernden Versetzung nicht die Zustimmung, dann kann der Arbeitgeber nur eine Änderungskündigung (vgl 8.2.6) vornehmen, bei der es dem Arbeitnehmer freisteht, ob er unter den geänderten Arbeitsbedingungen weiterarbeiten will[56].

6/040 Wenngleich dem Arbeitnehmer auch in diesem Fall die Anfechtung der Kündigung offensteht – außer der Betriebsrat hat seine Zustimmung gegeben –, wird die Anfechtung der Änderungskündigung kaum Aussicht auf Erfolg haben, wenn die vorerst angebotene Versetzung durch betriebliche Gründe bedingt war[57]. Befolgt der Arbeitnehmer eine vertragsändernde Versetzung ohne Protest, so läuft er Gefahr, dass schlüssige Zustimmung angenommen wird. Allerdings ist ein strenger Maßstab anzulegen, weil dem Arbeitnehmer infolge seiner Abhängigkeit nicht ohne Weiteres eine Protesterklärung zugemutet werden kann (vgl *Löschnigg* in Löschnigg [Hrsg], AngG Bd 1[10] [2016], § 6 Rz 99).

Eine Sondervorschrift enthält § 6 VBG. Vertragsbedienstete können von Amts wegen an einen anderen Dienstort versetzt werden. Die Bezeichnung eines bestimmten Dienstortes oder eines örtlichen Verwaltungsbereichs im schriftlichen Dienstvertrag (iSd § 4 Abs 2 Z 2 VBG) steht der Zulässigkeit der Versetzung nicht entgegen[58]. Unter Wahrung der dienstlichen Interessen und unter Berücksichtigung der persönlichen Verhältnisse ist allerdings eine angemessene Übersiedlungsfrist zu gewähren.

6.1.8.2. Versetzungsschutz

6/041 Versetzungen sind einschneidende Eingriffe in die Lebenskonkreta der Arbeitsverhältnisse. Sie können das Berufsleben entscheidend verändern und treten nicht selten als erste Symp-

---

52 Vgl *Staufer*, Die Versetzung von Arbeitnehmern aus arbeitsvertragsrechtlicher und betriebsverfassungsrechtlicher Sicht (2003), 21.

53 Vgl 6.1.3; s dort auch die Verweisungen zur Versetzung im Fall unkündbarer Arbeitsverhältnisse; vgl weiters *Pacic*, Versetzung mit Weisung des Arbeitgebers – Grenzen für ein einseitiges Gestaltungsrecht, in Resch (Hrsg), Versetzung – Der Arbeitnehmer als Schachfigur des Arbeitgebers (2012), 43.

54 OGH 30. 9. 1992, 9 ObA 208/92, ARD 4430/26/93.

55 OGH 16. 1. 1968, 4 Ob 94/67, Arb 8480.

56 Vgl *Schrammel*, Die Mitbestimmung des Betriebsrates bei Versetzung und Änderungskündigung, ZAS 1975, 203; zur Frage des Versetzungsschutzes bei Änderungskündigungen vgl 6.1.8.2.

57 Vgl zB EA Eisenstadt 12. 5. 1981, Re 8/81, Arb 9970.

58 OGH 14. 5. 1985, 4 Ob 53/85, DRdA 1987, 132 mit Bespr v *Grof*.

tome der Zerrüttung der Beziehungen der Vertragspartner auf. Gar nicht so selten werden sie durchgeführt, um den Arbeitnehmer zu einer Selbstkündigung zu veranlassen. Der Gesetzgeber hat dem Rechnung getragen und den Versetzungsschutz mit einem **paritätischen Mitwirkungsrecht**, das auf dem **Zustimmungsprinzip** aufgebaut (vgl 11.4.4.1.6.5)[59] und teilweise mit Informations- und Beratungsrechten (vgl 11.4.4.1.3 u 11.4.4.1.4) ausgestattet ist, versehen. Der **wirtschaftliche Grund** für die Versetzung ist für die Anwendung des Versetzungsschutzes ohne Bedeutung (zur Frage der Verdrängung oder Kumulation des Versetzungsschutzes bei Betriebsverlegungen vgl 11.5.4.2). Auch „Sozialmaßnahmen" auf Grund eines Sozialplanes machen eine zustimmungspflichtige Versetzung nicht zustimmungsfrei[60].

Gem § 101 ArbVG ist jede dauernde Einreihung eines Arbeitnehmers auf einen anderen Arbeitsplatz dem Betriebsrat unverzüglich mitzuteilen. Eine **dauernde Versetzung** liegt iS dieser Bestimmung nicht vor, wenn sie für einen Zeitraum von voraussichtlich weniger als 13 Wochen erfolgt[61]. Ist mit der Einreihung auf einen anderen Arbeitsplatz eine Verschlechterung der Entgelt- bzw der sonstigen Arbeitsbedingungen verbunden, so bedarf sie zu ihrer Rechtswirksamkeit der Zustimmung des Betriebsrats. 6/042

Verschlechtern sich die Entgelt- oder sonstigen Arbeitsbedingungen nicht, dann steht dem Betriebsrat nur das Recht auf **Information** und das **Beratungsrecht** zu. Wann die Information und die Beratung zu erfolgen haben, ist fraglich. Der Wortlaut des § 101 ArbVG, aber auch ein Vergleich mit anderen betriebsverfassungsrechtlichen Regelungen (s insb §§ 104, 105 u 106 ArbVG), weisen eher darauf hin, dass der Dienstgeber diesen Pflichten auch nach einer bereits ausgesprochenen Versetzung nachkommen kann. Dies dürfte allerdings der Absicht des Gesetzgebers nicht entsprechen[62]. 6/043

Liegt hingegen eine dauernde **verschlechternde Versetzung** vor, so bedarf sie zur Rechtswirksamkeit jedenfalls der **vorherigen Zustimmung**. Die nachträgliche Zustimmung zu einer bereits vollzogenen Versetzung vermag deren Rechtsunwirksamkeit nicht mehr zu beseitigen. Die Versetzung müsste neuerlich ausgesprochen werden[63]. Selbst wenn die Zustimmung zur Versetzung im Vorhinein erfolgt ist, muss sie in einem engen zeitlichen Zusammenhang zur Versetzung stehen. Eine Vorwegzustimmung zu einer Versetzung, bei der die konkreten Umstände noch unklar sind, ist jedenfalls unzulässig[64]. 6/044

---

[59] *Staufer*, Die Versetzung von Arbeitnehmern aus arbeitsvertragsrechtlicher und betriebsverfassungsrechtlicher Sicht (2003), 115; vgl auch *Goricnik*, Die Versetzung von Beamten in ausgegliederten Rechtsträgern in betriebsverfassungsrechtlicher Hinsicht – eine „never-ending story" mit verfassungsrechtlichen Implikationen, in FS Binder (2010), 495; OGH 25. 6. 2014, 9 ObA 2/14f, ZAS 2015, 91 mit Bespr v *Krömer*;*Gerhartl*, Versetzung von ausgegliederten Bediensteten, ecolex 2010, 785; *Födermayr*, Betriebsverfassungsrechtlicher Aspekt einer Versetzung – § 101 ArbVG, in Resch (Hrsg), Versetzung – Der Arbeitnehmer als Schachfigur des Arbeitgebers (2012), 61; *dies* in Strasser/Jabornegg/Resch (Hrsg), ArbVG (Losebl), § 101 Rz 61.

[60] OGH 31. 8. 2005, 9 ObA 35/05w, DRdA 2006, 392 mit Bespr v *Naderhirn* = Arb 12.558.

[61] ZB bei Beendigung des Arbeitsverhältnisses vor der 13-Wochen-Frist s OGH 26. 4. 2000, 9 ObA 54/00g, ARD 5146/23/2000.

[62] S auch *Dusak*, Änderungen im Bereich der personellen Mitbestimmung, ZAS 1986, 198.

[63] VwGH 12. 11. 1980, 1383/79, ZAS 1982, 31; vgl dazu *Holzer*, Einige Strukturfragen personeller Mitbestimmung, ZAS 1982, 3; idS bereits auch VwGH 30. 10. 1958, 2228/57, Arb 6947.

[64] S auch OGH 19. 6. 1991, 9 ObA 77/91, DRdA 1992, 49 mit Bespr v *Eypeltauer* = infas 1992, A 6; zu einer bedingten Zustimmung des Betriebsrates OGH 12. 2. 1998, 8 ObA 35/98z, DRdA 1999, 219 mit Bespr v *Trost* = ARD 4949/4/98.

6.1.8.2. Leistung der Arbeit

6/045 Erteilt der Betriebsrat die Zustimmung zur Versetzung nicht, so kann sie durch Urteil des Gerichts **ersetzt** werden. Das Gericht hat die Zustimmung zu erteilen, wenn die Versetzung sachlich gerechtfertigt ist. Die sachliche Rechtfertigung kann aus betrieblichen Gründen oder aus Gründen, die in der Person des Arbeitnehmers liegen, resultieren. Wird der Betriebsrat übergangen oder erfolgt die Versetzung trotz Verweigerung der Zustimmung durch den Betriebsrat, so hat Letzterer nach Ansicht der Rechtsprechung kein Recht, das Gericht anzurufen[65]. Der betroffene Arbeitnehmer kann in diesem Fall Klage auf Feststellung der Rechtsunwirksamkeit der Versetzung beim Gericht einbringen[66]. Er hat aber auch die Möglichkeit, von vornherein unter Hinweis auf die mangelnde Zustimmung des Betriebsrats die Arbeit am neuen Arbeitsplatz zu verweigern; er geht jedoch dabei das Risiko ein, dass nachträglich die Frage der Zustimmungserfordernisse eine andere Beurteilung erfährt[67].

6/046 Eine Versetzung nach § 101 ArbVG umfasst nicht nur einen Wechsel des Arbeitsortes[68], sondern auch eine **Änderung des** dem Arbeitnehmer zugewiesenen **Tätigkeitsbereichs**[69].

Eine Änderung des Tätigkeitsbereichs iSd § 101 ArbVG liegt beispielsweise vor, wenn die neue Tätigkeit größere Anforderungen an die psychische oder physische Kraft des Arbeitnehmers stellt[70] oder wenn einem Angestellten zwei wichtige, das Schwergewicht seiner Tätigkeit bildende Aufgaben entzogen werden[71].

6/047 Stets bildet jedoch die **Verschlechterung** der Entgelt- oder sonstigen Arbeitsbedingungen die Voraussetzung für den Versetzungsschutz. Verschlechterung ist jede Änderung zum Nachteil des Arbeitnehmers, wobei sowohl materielle als auch immaterielle Nachteile Berücksichtigung finden (OGH 25. 6. 1985, 4 Ob 79/85, Arb 10.472).

Eine Verschlechterung der **Entgeltbedingungen** liegt etwa vor im Falle des Verlustes von Sonntags-, Feiertags- und Nachtzuschlägen oder Nachtschichtzulagen (OGH 23. 4. 1963, 4 Ob 23/63, Arb 7739; OGH 4. 10. 2000, 9 ObA 198/00h, ARD 5209/6/2001), des Wegfalls einer über den Spesenersatz hinausgehenden Außendienstzulage (OGH 18. 12. 1979, 4 Ob 19/79, DRdA 1980, 390 mit Bespr v *Czermak* = Arb 9838), einer sog Referentenzulage (OGH 17. 3. 1993, 9 ObA 29/93, DRdA 1993, 485 mit Bespr v *Trost*) oder der Einstufung in eine niedrigere Verwendungsgruppe (OGH 26. 9. 1972, 4 Ob 51/72, Arb 9034). Eine Verschlechterung der **sonstigen Arbeitsbedingungen** ist gegeben, wenn zB mit der Versetzung eine Verlängerung des Arbeitswegs, eine Minderung der Arbeitsleistung (OGH 6. 12. 1977, 4 Ob 119/77, DRdA 1979, 136 mit Bespr v *Mörkelsberger*), eine wesentliche Änderung der Arbeitszeiteinteilung (OGH 10. 12. 1997, 9 ObA 275/97z, infas 1998, A 50; s auch *Drs*, Versetzungsschutz bei veränderter Arbeitszeit?, RdW 2000, 286) oder auch ein Schwinden des Ansehens im Betrieb verbunden ist[72]. Sowohl die Entgelt-, als auch die sonstigen

---

65 OGH 9. 4. 1997, 9 ObA 2291/96v, DRdA 1998, 114 mit Bespr v *Trost*; aA *Schrammel*, Die Mitbestimmung des Betriebsrates bei Versetzung und Änderungskündigung, ZAS 1975, 208.

66 Zur Aufgriffsobliegenheit des Dienstnehmers, sein Interesse am alten Arbeitsplatz ohne Aufschub gegenüber dem Dienstgeber geltend zu machen, s OGH 19. 3. 2013, 9 ObA 12/13z, ARD 6361/2/2013.

67 Zu den Möglichkeiten des Arbeitnehmers s *Födermayr* in Strasser/Jabornegg/Resch (Hrsg), ArbVG (Losebl), § 101 Rz 79.

68 ZB Tätigkeit in einer neuen Filiale; Auslandsentsendungen, OGH 6. 5. 1994, 8 ObA 208/94, infas 1994, A 113.

69 Vgl 6.1.8.1; zur dauernden verschlechternden Versetzung bei Ärzten auf Grund des Verlustes der Routine auf einem bestimmten medizinischen Gebiet s *Stadler*, Arbeitsrechtliche Konsequenzen bei Ausgliederungen und Kooperationen von Krankenanstalten, RFG 2012, 39; zur dauernden Dienstfreistellung als Versetzung vgl OGH 22. 10. 2003, 9 ObA 56/03f, DRdA 2004, 386 mit Bespr v *Goricnik*.

70 EA Wien 12. 5. 1966, Re 41/66, Arb 8245.

71 OGH 18. 12. 1979, 4 Ob 19/79, Arb 9838 = DRdA 1980, 390 mit Bespr v *Czermak*.

72 OGH 21. 10. 1975, 4 Ob 49/75, ZAS 1978, 221 mit Bespr v *Migsch* = DRdA 1977, 98 mit Bespr v *Prankl*; OGH 4. 3. 1986, 14 Ob 7/86, Arb 10.500; OGH 25. 2. 1998, 9 ObA 372/97i, ARD 4934/20/98.

Arbeitsbedingungen sind angesprochen, wenn dem Arbeitnehmer zusätzliche Erwerbsmöglichkeiten (zB selbständige Verkaufstätigkeiten bei Kombiprodukten) eingeräumt wurden, die durch die Versetzung aber wegfallen[73].

Ist mit dem Wechsel des Arbeitsplatzes nicht nur eine **Verschlechterung**, sondern auch eine **teilweise Verbesserung** der Arbeitsbedingungen verbunden, so sind diese Arbeitsbedingungen einander in Form eines Gesamtvergleichs gegenüberzustellen. Die Stellung des Arbeitnehmers am früheren Arbeitsplatz ist mit der Stellung am neuen Arbeitsplatz zu vergleichen. Geht dieser Vergleich zu Lasten des neuen Arbeitsplatzes aus, so greift der Versetzungsschutz des § 101 ArbVG ein[74]. Eine Kompensation von Entgelt- mit sonstigen Arbeitsbedingungen ist hingegen grundsätzlich abzulehnen[75]. 6/048

Beispiel: Der Chauffeur des Vorstandsvorsitzenden wurde von seinem Posten abgezogen und musste in der Folge mit einem Klein-Lkw Kunden beliefern. Die Änderung seiner Tätigkeit wurde mit einer Zulage von € 35 monatlich honoriert. Der Betriebsrat hat der Versetzung zugestimmt. Nach einem halben Jahr soll der Chauffeur wieder seinen ursprünglichen Arbeitsplatz einnehmen. Handelt es sich auch in diesem Falle um eine zustimmungspflichtige Versetzung? – Dies ist zu bejahen, denn die Rückversetzung wirkt ebenfalls verschlechternd, weil sie nunmehr mit einer Entgeltreduktion verbunden ist.

Eine der wesentlichsten Voraussetzungen für den Versetzungsschutz nach § 101 ArbVG besteht darin, dass die Versetzung **für 13 Wochen oder länger** vorgesehen ist. 6/049

Daraus ergibt sich eine nicht unerhebliche Problematik, die an nachstehenden **Fallgruppen** erläutert werden soll:

a) Der Dienstgeber versetzt zunächst nicht zustimmungspflichtig, weil er die Dauer der Versetzung auf zehn Wochen einschätzt. Es erweist sich eine längere verschlechternde Versetzung als notwendig. Die Versetzung wird unter Berücksichtigung der Gesamtdauer zustimmungspflichtig.

b) Der Dienstgeber hat das Recht zu temporärer (dh unter der Dauer von 13 Wochen liegender) Versetzung nicht nur einmal. Er nützt dies durch Aneinanderreihung kurzfristiger Versetzungen aus. Hier ist ähnlich wie bei Kettenarbeitsverträgen vorzugehen (vgl 5.3.1.2): es wird vermutet, dass der Arbeitgeber das Mitbestimmungsrecht umgehen will. Kann er die Dringlichkeit mehrerer verschlechternder Versetzungen nicht nachweisen, liegt eine durchlaufende zustimmungspflichtige Versetzung vor (vgl *Schwarz*, Probleme sozialer und personeller Mitbestimmung im Betrieb, DRdA 1975, 73 f).

c) Der Arbeitgeber versetzt verbessernd auf einen qualifizierteren Posten – allerdings nur provisorisch, um den sich bewerbenden Arbeitnehmer zu erproben. Ist das Provisorium auf diese oder andere Weise sachlich gerechtfertigt (zB Urlaubsvertretung), so kann die **Rückversetzung** nicht als verschlechternde zustimmungspflichtige Versetzung angesehen werden, und zwar auch dann nicht, wenn das Provisorium länger als 13 Wochen gedauert hat (s auch OGH 14. 9. 1994, 9 ObA 145/94, DRdA 1995, 343 mit Bespr v *Klein*; OGH 12. 4. 2001, 8 ObA 21/01y, DRdA 2002, 232).

Ansonsten wird man den Zeitraum von 13 Wochen als Indiz dafür sehen können, dass eine neue Basis für den Versetzungsschutz vorliegt (vgl OGH 4. 9. 1973, 4 Ob 64/73, ZAS 1975, 15 mit Bespr v *Fischer*).

Das Mitbestimmungsrecht des Betriebsrats kommt bei allen dauernden und verschlechternden Versetzungen zum Tragen, unabhängig davon, ob es sich dabei um eine direktoriale 6/050

---

[73] OGH 12. 10. 1994, 9 ObA 171-173/94, RdW 1995, 145 = ZAS 1995, 88 mit Bespr v *Tomandl* = ARD 4627/21/95.

[74] Vgl OGH 21. 10. 1975, 4 Ob 49/75, Arb 9404; OGH 25. 6. 1985, 4 Ob 79/85, Arb 10.472.

[75] Vgl *Schrammel*, Die Verschlechterung der Entgelt- und sonstigen Arbeitsbedingungen beim Versetzungsschutz, ZAS 1978, 203; OGH 29. 6. 1988, 9 ObA 49/88, DRdA 1991, 42 mit Bespr v *Harrer*; OGH 6. 5. 1994, 8 ObA 232–234/94, infas 1994, A 114 = Arb 11.190; *Födermayr* in Strasser/Jabornegg/Resch (Hrsg), ArbVG (Losebl), § 101 Rz 75.

oder eine vertragsändernde Versetzung handelt[76]. Handelt es sich um eine **vertragsändernde Versetzung**, dann sind die vertragsrechtlichen Abwehrrechte des Arbeitnehmers von den betriebsverfassungsrechtlichen des Betriebsrats zu trennen[77]. Auch die Zustimmung des Betriebsrats kann die erforderliche Zustimmung des Arbeitnehmers nicht ersetzen[78]. Umgekehrt gilt aber, dass die Zustimmung des Arbeitnehmers zur Versetzung das Mitwirkungsrecht des Betriebsrats nicht berührt[79]. Eine nur vom Arbeitnehmer akzeptierte zustimmungspflichtige Versetzung ist daher rechtsunwirksam. Handelt es sich um eine **direktoriale Versetzung**, ist diese von der Zustimmung des Arbeitnehmers unabhängig. Stimmt ihr der Betriebsrat zu, kann sie der Arbeitgeber unmittelbar anordnen (OGH 23. 4. 1963, 4 Ob 23/63, Arb 7739).

Der Versetzungsschutz gem § 101 ArbVG kommt auch dann zur Anwendung, wenn die Einreihung auf den neuen Arbeitsplatz durch eine **Änderungskündigung** (vgl 8.2.6) ausgelöst wurde. Problematisch ist die Situation allerdings dann, wenn der Dienstnehmer zur Abwendung der Kündigung mit der Veränderung des Arbeitsplatzes einverstanden ist, der Betriebsrat seine Zustimmung aber versagt: Der Betriebsrat kann, zumindest vorerst, dh bis zu einer Entscheidung des Gerichts, die Maßnahme blockieren. Selbst eine auf Wunsch des Arbeitnehmers erfolgte Versetzung bedarf der Zustimmung des Betriebsrates oder des Gerichts (OGH 16. 11. 1994, 9 ObA 214/94, Arb 11.311 = infas 1995, A 71 = ecolex 1995, 202 = ARD 4637/21/95; OGH 28. 6. 2016, 8 ObA 63/15w, DRdA 2017, 131 mit Bespr v *Weiß* = JAS 2017, 209 mit Bespr v *Kühteubl*).

6/051 Die Entscheidung des Betriebsrats hat unter Bedachtnahme auf seine allgemeinen Interessenvertretungsaufgaben und den besonderen Zweck des individuellen Versetzungsschutzes zu erfolgen[80]. Die gem § 101 ArbVG vorgesehene Rechtskontrolle durch das zuständige Arbeits- und Sozialgericht soll gewährleisten, dass die Interessen des Dienstnehmers, aber auch die Interessen des Dienstgebers angemessen berücksichtigt werden.

6/052 **Fehlt** in einem Betrieb **ein Betriebsrat**, obwohl die gesetzlichen Voraussetzungen dafür vorliegen, so kommt § 101 ArbVG nicht zur Anwendung. Im Falle vertragsändernder Versetzungen bedarf es somit nur mehr der Zustimmung des betroffenen Arbeitnehmers[81].

6.2. Treupflicht

6/053 Der Ausdruck „Treupflicht" wirkt veraltet, ist aber institutionalisiert. Nämliches gilt für die „Fürsorgepflicht" (vgl 6.6). Das heutige Verständnis von Treupflicht bezieht sich vor allem auf die **Respektierung des unternehmerischen Tätigkeitsbereichs**, mit seinen Organisationswerten und Chancen (Goodwill), den der Arbeitnehmer kennenlernt und nicht für seine Zwecke ausnützen bzw gefährden oder beeinträchtigen darf. Es geht also um den

---

[76] Vgl OGH 18. 12. 1979, 4 Ob 19/79, DRdA 1980, 390 mit Bespr v *Czermak* = Arb 9838; OGH 25. 6. 1985, 4 Ob 79/85, Arb 10.472 = infas 1986, A 1.

[77] VwGH 18. 3. 1954, 954/53, Arb 5952.

[78] LGZ Wien 18. 6. 1970, 44 Cg 73/70, SozM II B, 965; OGH 26. 9. 1972, 4 Ob 51/72, Arb 9034.

[79] OGH 9. 5. 1967, 4 Ob 51/66, Arb 8413; s auch VfGH 7. 3. 1967, V 22/66, Arb 8402.

[80] *Strasser* in ArbVG-Handkommentar (1975), 593; vgl *Schrank* in Tomandl (Hrsg), ArbVG (Losebl), § 101 Rz 39 ff.

[81] Vgl *Holzer*, Mitbestimmung und Betriebe ohne Betriebsrat, in FS Strasser (1983), 636 f; *Strasser* in ArbVG-Handkommentar (1975), 593; *Mayr* in ArbVG-Wirtschaftsverlag (Losebl), 235; EA Salzburg 2. 6. 1975, Re 17/75, Arb 9369; dagegen EA Eisenstadt 16. 12. 1982, Re 11/82, Arb 10.160.

Schutz betrieblicher Interessen und nicht um „Treue" in persönlicher oder ethischer Hinsicht.

Die Treuepflichten sind nicht taxativ fassbar und nicht aus sich heraus abgrenzbar. Die Stellung im Betrieb bestimmt Art und Umfang der Treuepflicht; je qualifizierter die Stellung des Arbeitnehmers im unternehmerischen Tätigkeitsbereich ist, desto umfangreicher sind auch seine Insider-Kenntnisse. Je repräsentativer die Person für das Unternehmen in Erscheinung tritt, desto relevanter kann selbst außerdienstliches Verhalten werden, insb dann, wenn der Tätigkeitsbereich ideeller, konfessioneller oder politischer Natur ist (sog Tendenzbetriebe gem § 132 ArbVG; vgl 4.4.2.2).

Eine allgemeine Treuepflicht ist – im Gegensatz zur Fürsorgepflicht – nur in Ansätzen im Gesetz verankert[82]. Die in § 76 GewO enthaltene Verpflichtung, wonach der Arbeiter dem Gewerbeinhaber Treue, Folgsamkeit und Achtung zu erweisen sowie sich anständig zu betragen hat, ist jedenfalls einschränkend iS einer Betriebsbezogenheit zu interpretieren. 6/054

Die die Treuepflicht konkretisierenden gesetzlichen Bestimmungen haben hauptsächlich **Unterlassungspflichten** zum Gegenstand, wie dies zB in der Verpflichtung zur Wahrung von Geschäfts- und Betriebsgeheimnissen (vgl 6.2.3), im **Konkurrenzverbot** (vgl 6.2.6.1) oder im Verbot der pflichtwidrigen Annahme von Geschenken (vgl 6.2.5) zum Ausdruck kommt. Es handelt sich jedenfalls um keine taxative Normierung. Die Ausweitung auf gleich gelagerte Fälle erfolgt anhand der einschlägigen Entlassungstatbestände[83]. Die dafür notwendigen Wertungen sind dem Entlassungsrecht zu entnehmen (vgl 8.3.4). 6/055

Auch in Kollektivverträgen, Betriebsvereinbarungen und Arbeitsverträgen finden sich häufig Regelungen, als deren dogmatische Basis die Treuepflicht anzusehen ist. Die Zulässigkeit der Bestimmung ist primär danach zu beurteilen, ob das dem Dienstnehmer vorgeschriebene Verhalten dem Schutz des unternehmerischen Tätigkeitsbereichs dient bzw dessen Beeinträchtigung verhindern soll.

Eine Pflicht zu einem **positiven Tun** ist dann anzuerkennen, wenn es darum geht, den Arbeitgeber vor drohenden Schäden zu warnen bzw zur Beseitigung von eintretenden Schäden beizutragen. In Ausnahmefällen kann der Arbeitnehmer verpflichtet sein, **Mehrarbeit** zu leisten oder vorübergehend **andere** als die vertraglich vereinbarten **Dienstleistungen** zu verrichten (vgl 6.1.3, 6.1.4 u 6.8.8.3). Auch wenn die Treuepflicht ihrem Wesen nach eine Fremdinteressenwahrungspflicht darstellt, kann daraus keine verbindliche Mitwirkung an unternehmerischen Dispositionen durch Einkommensverzicht oder eine Beteiligung des Arbeitnehmers am Unternehmensrisiko abgeleitet werden[84]. 6/056

6.2.1. Beginn und Ende der Treuepflicht

Die Treuepflichten beginnen mit der **rechtlichen Begründung** des Arbeitsverhältnisses und nicht erst mit der faktischen Arbeitsaufnahme. Sie erlöschen grundsätzlich mit der **Beendigung des Arbeitsverhältnisses**[85]. Geschäfts- und Betriebsgeheimnisse, deren Kenntnis 6/057

---

[82] Vgl *Schwarz*, Gedanken zur Wettbewerbsabrede, in FS Hämmerle (1972), 354 f; *dens*, Dauerschuldverhältnis und Dogmatik arbeitsvertraglicher Treuepflicht, in FS Wilburg (1975), 356 f; krit zum Ansatz einer allgemeinen Treuepflicht *Pfeil*, Eine Teilzeitbeschäftigte verweigert die Leistung von Mehrarbeit, DRdA 1985, 421.

[83] *Schwarz/Holzer*, Die Treuepflicht des Arbeitnehmers und ihre künftige Gestaltung (1976), 46.

[84] OGH 18. 4. 1996, 8 ObA 314/95, ZAS 1996, 202 mit Bespr v *Drs* = Arb 11.495.

[85] OGH 18. 12. 1973, 4 Ob 102/73, SozM I A/d, 1119 = Arb 9189; ebenso *Schwarz/Holzer*, Die Treuepflicht des Arbeitnehmers und ihre künftige Gestaltung (1976), 67; aA *Marhold*, Geheimnisschutz und Verschwie-

sich der Arbeitnehmer gesetz- oder sittenwidrig angeeignet hat, darf er naturgemäß auch nach Beendigung des Arbeitsverhältnisses nicht verwerten (§ 11 Abs 2 UWG)[86]. Verletzungen der Treuepflicht während des aufrechten Dienstverhältnisses können aber sehr wohl Auswirkungen auf Ansprüche haben, die nach der Beendigung des Arbeitsverhältnisses zur Auszahlung gelangen (zB Betriebspensionen; vgl OGH 16. 3. 1994, 9 ObA 64/94, RdW 1994, 287).

6/058 Eine **nachwirkende Treuepflicht**[87] kann zulässigerweise insb in Konkurrenzklauseln iSd § 36 AngG und des § 2c AVRAG (vgl 6.2.6.2) vereinbart werden. Derartige Klauseln sind an den Reglementierungen der §§ 36 f AngG, § 2c AVRAG und an der Sittenklausel des § 879 ABGB zu messen. Sittenwidrigkeit einer Konkurrenzklausel liegt dann jedenfalls vor, wenn sich nach Interessenabwägung eine grobe Verletzung rechtlich geschützter Interessen des Arbeitnehmers oder bei Interessenkollision ein grobes Missverhältnis zwischen den durch die Klausel verletzten und den durch sie geförderten Interessen ergibt[88].

Fraglich ist, ob bei Empfängern von betrieblichen Ruhegenüssen keine, eine im Verhältnis zum Arbeitsverhältnis abgeschwächte oder eine der während des aufrechten Arbeitsverhältnisses bestehenden Treuepflicht gleichwertige Verpflichtung besteht. Sieht man im Ruhegenuss ein in der Fälligkeit über das Ende des Arbeitsvertrags hinaus verschobenes Entgelt[89], dessen Äquivalent – nämlich die vereinbarte Arbeitsleistung – der Dienstnehmer bereits während des Bestehens des Arbeitsverhältnisses erbracht hat, so bleibt prinzipiell kein Raum für eine weiterbestehende Treuepflicht (vgl auch OGH 29. 6. 1988, 9 ObA 4/88, ZAS 1989, 200 mit Bespr v *Petrovic* = DRdA 1990, 361 mit Bespr v *Binder*). Umstritten ist in diesem Zusammenhang die Zulässigkeit der Vereinbarung von nachwirkenden Treuepflichten in sog Treuepflichtklauseln. Unter einer **Treuepflichtklausel**[90] versteht man einen Leistungsausschlusstatbestand in Ruhegeldvereinbarungen, der die den unternehmerischen Interessen des ehemaligen Arbeitgebers zuwiderlaufenden Verhaltensweisen des Pensionsberechtigten umschreibt, die dem Arbeitgeber den „Widerruf" (Entzug, Einstellung, Aussetzung udgl) der Pension ermöglichen sollen[91] (vgl OGH 29. 6. 1988, 9 ObA 4/88, ZAS 1989, 200 mit Bespr v *Petrovic*). Enthält eine Treuepflichtklausel eine „Beschränkung der Erwerbstätigkeit des Arbeitnehmers für die Zeit nach Beendigung des Arbeitsverhältnisses", dann sind insoweit die Bestimmungen über Konkurrenzklauseln (§§ 36 f AngG, § 2c AVRAG) unmittelbar anzuwenden. Nach der Rechtsprechung gilt dies jedenfalls für den Zeitraum zwischen Ausscheiden aus dem Arbeitsverhältnis und Pensionsanfall, wo-

---

genheitspflichten im Arbeitsrecht, in Ruppe (Hrsg), Geheimnisschutz im Wirtschaftsleben (1980), 117 ff; s auch OGH 24. 6. 2015, 9 ObA 70/15g, ARD 6468/13/2015 = DRdA-infas 2015, 239.

86 S dazu OGH 24. 1. 2002, 8 Ob A 311/01w, ZAS 2003, 231 mit Bespr v *Melzer-Azodanloo*.

87 Allg zur nachwirkenden Treuepflicht vgl *Schwarz/Holzer*, Die Treuepflicht des Arbeitnehmers und ihre künftige Gestaltung (1976), 70 ff; s hingegen zB *Zöllner*, Die vorvertragliche und die nachwirkende Treue- und Fürsorgepflicht im Arbeitsverhältnis, in Tomandl (Hrsg), Treue- und Fürsorgepflicht im Arbeitsrecht (1975), 91.

88 Zu dieser Umschreibung vgl zB OGH 12. 2. 1970, 1 Ob 20/70, ZAS 1973, 134 mit Bespr v *Holzer*.

89 *Schwarz/Holzer*, Die Treuepflicht des Arbeitnehmers und ihre künftige Gestaltung (1976), 114 f; *Schrammel* in Fenyves/Kerschner/Vonkilch (Hrsg), ABGB^3 (2012), § 1152 Rz 20; OGH 23. 9. 1980, 4 Ob 39/80, Arb 9900; OGH 11. 11. 1980, 4 Ob 133/80, DRdA 1983, 169 mit Bespr v *Kramer*; VwGH 5. 12. 1984, 83/11/0105, Arb 10.469 mwN; OGH 11. 3. 1998, 9 ObA 229/97k, DRdA 1999, 107 mit Bespr v *Runggaldier* = ARD 4948/2/98.

90 Dazu allg *Schwarz/Holzer*, Die Treuepflicht des Arbeitnehmers und ihre künftige Gestaltung (1976), 111 f; *Binder*, Das Zusammenspiel arbeits- und sozialrechtlicher Leistungsansprüche (1980), 369 ff; *Petrovic*, Betriebspension und Treuepflicht, in Runggaldier/Steindl (Hrsg), Handbuch zur betrieblichen Altersversorgung (1987), 311 ff; *Runggaldier/Schima*, Die Rechtsstellung von Führungskräften (1991), 163 f, 204 f; *Resch*, Treuepflichtklauseln in Betriebspensionsvereinbarungen, ecolex 1991, 551, 631; *Schima*, Zulässigkeit von Treuepflichtklauseln in Pensionsverträgen innerhalb und außerhalb der Geltung des Betriebspensionsgesetzes, JBl 1993, 430, 494.

91 OGH 10. 2. 1993, 9 ObA 299/92, DRdA 1993, 493 mit Bespr v *Eichinger*; OGH 28. 4. 1993, 9 ObA 237/92, DRdA 1994, 56 mit Bespr v *Riedler*.

bei der angedrohte Verfall der vom Arbeitnehmer erworbenen Pensionsanwartschaft als eine die Konkurrenzierung des Arbeitgebers sanktionierende Vertragsstrafe qualifiziert wird[92]. Nach Eintritt in den Ruhestand soll vor allem § 879 ABGB maßgeblich sein (vgl OGH 16. 11. 1994, 9 ObA 197/94, ZAS 1996, 23 mit Bespr v *Brodil*). Festzuhalten ist, dass die Zulässigkeit von Treuepflichtklauseln davon unabhängig auch anhand der Regelungen des Betriebspensionsrechts (vgl 6.5.2.6) zu beurteilen ist. Auszugehen ist dabei von der Übergangsbestimmung des Art V Abs 4 Z 3 BPG, wonach vor dem 1. 1. 1990 bestehende Regelungen in direkten Leistungszusagen, die abweichend vom BPG den Widerruf von Leistungen wegen eines Verhaltens des Leistungsberechtigten, das ihn des Vertrauens seines früheren Arbeitgebers unwürdig erscheinen lässt (insb wegen Verstoßes gegen bestehende Konkurrenzklauseln), vorsehen, unberührt bleiben. Aus dieser Normierung ist abzuleiten, dass „alte" (dh vor dem 1. 1. 1990 statuierte) Treuepflichtklauseln unter Außerachtlassung der Bestimmungen des BPG zu beurteilen sind. „Neue" Treuepflichtklauseln sind hingegen am BPG zu messen und folglich unzulässig, weil eine Reduktion von Pensionsleistungen nur bei Vorliegen wirtschaftlicher Krisensituationen (vgl insb § 9 BPG iVm § 8 Abs 1 Z 2 u Abs 6 Z 2 leg cit) vorgenommen werden darf[93]. Keinen Einschränkungen dürfen die Pensionsleistungen, die durch Wertpapiere gedeckt sind, unterworfen werden.

6.2.2. Beistands- und Anzeigepflicht

In Not- und Zwangslagen oder aus zwingenden betrieblichen Gründen können **Umfang, Art oder Ort der Arbeitsleistung geändert** werden (vgl 6.1.3, 6.1.4 u 6.8.8.3). 6/059

Mit dieser Beistandspflicht ist die **Anzeigepflicht** verwandt. Der Arbeitnehmer ist verpflichtet, drohende Gefahren und Schäden dem Arbeitgeber anzuzeigen. 6/060

Eine ausdrückliche Regelung findet sich in § 3 HausbG, wonach der Hausbesorger (vgl 4.3.2.2.3.2) alle wahrgenommenen oder ihm zur Kenntnis gebrachten Schäden am Haus dem Hauseigentümer ehestens zu melden hat. Durch die Anzeigepflicht ist der Arbeitnehmer jedoch nicht angehalten, andere Arbeitnehmer zu „bespitzeln" (vgl OGH 25. 2. 1958, 4 Ob 180/57, Arb 6840). Er muss aber Aufträge des unmittelbar Vorgesetzten ablehnen und dem Firmeninhaber Bericht erstatten, wenn diese Aufträge erkennbar unzulässig sind (OGH 10. 4. 1962, 4 Ob 33/62, SozM I A/d, 475). Hat der Arbeitnehmer den dringenden Verdacht, dass Arbeitskollegen Diebstähle, sonstige strafbare Handlungen oder andere schwerwiegende Pflichtverletzungen gegen den Dienstgeber begangen haben, so erstreckt sich die Anzeigepflicht auch darauf. Unterlässt er es, den Dienstgeber davon zu unterrichten, so kann der Arbeitnehmer wegen Vertrauensunwürdigkeit entlassen werden (OGH 25. 9. 1984, 4 Ob 83/83, ZAS 1986, 50 mit Bespr v *Grillberger*).

Vielfach ergibt sich eine Anzeigepflicht weniger aus der Treuepflicht als unmittelbar aus der Arbeitspflicht. Dies gilt etwa für jene Dienstnehmer, die zur Kontrolle bestimmter Arbeitsvorgänge oder einzelner Bereiche der Unternehmensführung eingestellt worden sind (Kontrollor, Revisor etc). In diesem Sinne muss auch die Verpflichtung eines Geschäftsführers 6/061

---

92 OGH 11. 5. 1988, 9 ObA 84/88, ZAS 1989, 171 mit Bespr v *Binder* = DRdA 1990, 305 mit Bespr v *Resch*; allg *Steindl*, Die sogenannte „Verfallsklausel" und die Verfallsproblematik im Recht der betrieblichen Altersversorgung, in Runggaldier/Steindl (Hrsg), Handbuch zur betrieblichen Altersversorgung (1987), 389 ff.

93 *Resch*, Treuepflichtklauseln in Betriebspensionsvereinbarungen, Teil I, ecolex 1991, 631; *Holzer*, Das Betriebspensionsgesetz – ein Wendepunkt in der betrieblichen Altersversorgung in Österreich?, in FS Schwarz (1991), 377 f; *Schima*, Zulässigkeit von Treuepflichtklauseln in Pensionsverträgen innerhalb und außerhalb der Geltung des Betriebspensionsgesetzes, JBl 1993, 494; *Löschnigg/Reissner*, Das Schicksal von Betriebspensionen bei Konkurs des Arbeitgebers, DRdA 1993, 392; *Reissner*, Der Schutz von Betriebspensionsansprüchen im Konkurs des Arbeitgebers, in Wachter/Burger (Hrsg), Aktuelle Entwicklungen im Arbeits- und Sozialrecht 2009 (2009), 129; vgl auch *Risak*, Der Unverbindlichkeitsvorbehalt. Überlegungen zum Rechtsinstitut „Zuwendungen ohne Anspruch", ZAS 2006, 162; aA *Tomandl*, Ungereimtheiten und Unzulänglichkeiten im neuen Betriebspensionsrecht, ZAS 1991, 87; OGH 23. 2. 2006, 8 ObS 29/05f, DRdA 2007, 325 mit Bespr v *Wolligger*.

gedeutet werden, die Organe eines Vereins über ungünstige wirtschaftliche Entwicklungen zu informieren (vgl hiezu OGH 4. 3. 1980, 4 Ob 50/79, JBl 1981, 161).

6.2.3. Verschwiegenheitspflicht

6/062 Die Verschwiegenheitspflicht des Arbeitnehmers bezieht sich grundsätzlich auf **Geschäfts- und Betriebsgeheimnisse** und bildet eine typische Ausprägung der Treuepflicht des Arbeitnehmers[94]. Im Wesentlichen kann von der im Strafrecht gebräuchlichen Begriffsbildung ausgegangen werden. Betriebs- und Geschäftsgeheimnisse sind demnach unternehmensbezogene Tatsachen technischer oder kommerzieller Art, die bloß einer bestimmten und begrenzten Zahl von Personen bekannt und anderen nicht oder nur schwer zugänglich sind und die nach dem Willen des Berechtigten nicht über den Kreis der Eingeweihten hinausdringen sollen. Weiters muss der Geschäfts- oder Betriebsinhaber an der Nichtoffenbarung dieser Tatsachen ein berechtigtes wirtschaftliches Interesse haben[95]. Nicht gefordert werden kann, dass dem Arbeitnehmer die Verschwiegenheitspflicht ausdrücklich vorgehalten bzw eingeschärft werden muss. **Geschäftsgeheimnisse** sind eher kaufmännischer oder wirtschaftlicher Natur, **Betriebsgeheimnisse** sind eher technischer Art.

Der Rechtsprechung zufolge können dem Geheimnisbegriff unterliegen: gewisse Produktionstechniken, wie zB eine Methode für eine korrosionsbeständige Schraubenverzinkung (EA Feldkirch 8. 3. 1968, Re 3/68, Arb 8507), die Umsatzhöhe eines Unternehmens (GewG Wien 10. 2. 1910, Cr VI, 476/10, Arb 1757) sowie die Kundenliste eines Unternehmers bzw die Abonnentenliste einer Zeitung[96].

6/063 In den gesetzlichen Textierungen ist regelmäßig von „**Verrat**" von Geschäfts- und Betriebsgeheimnissen die Rede (vgl § 82 lit e GewO, § 12 Abs 2 Z 3 MSchG bzw § 7 VKG, § 15 Z 4 APSG, § 15 Abs 3 lit d BAG, § 122 Abs 1 Z 4 ArbVG). Diese Formulierung ist deswegen zu drastisch, weil auch ein fahrlässiges Ausplaudern dieser Umstände den Tatbestand zu erfüllen vermag.

6/064 **Anzeigen** an Behörden gegen den Arbeitgeber erfüllen nicht den Tatbestand, wenn die angezeigten Tatsachen wahr sind oder für wahr gehalten werden und die Anzeigen öffentlichen Interessen dienen. Die Verpflichtung des Dienstnehmers gegenüber der Allgemeinheit, unredliche Machenschaften aufzudecken, ist stärker als die Treuepflicht gegenüber dem Dienstgeber; daher bildet die Erstattung einer Strafanzeige auch keinen Entlassungs-

---

94 Allg vgl *Grünberger*, Die Verschwiegenheitspflicht des Arbeitnehmers (2000); *Firlei*, Geheimhaltungspflichten und Informationsbedürfnis im österreichischen Arbeitsrecht (1976), insb 24 ff; *Marhold*, Geheimnisschutz und Verschwiegenheitspflichten im Arbeitsrecht, in Ruppe (Hrsg), Geheimnisschutz im Wirtschaftsleben (1980), 93.

95 *Burgstaller*, Der strafrechtliche Schutz wirtschaftlicher Geheimnisse, in Ruppe (Hrsg), Geheimnisschutz im Wirtschaftsleben (1980), 11; zu einem Verstoß gegen die Verschwiegenheitspflicht durch einen Facebook-Eintrag s OGH 27. 11. 2014, 9 ObA 111/14k, ARD 6446/8/2015 = ASoK 2015, 237; kein berechtigtes Geheimhaltungsinteresse besteht bei gesetzwidrigem Verhalten oder unlauteren Geschäftspraktiken, s OGH 24. 6. 2015, 9 ObA 43/15m, DRdA 2016, 133 mit Bespr v *Goricnik* = DRdA-infas 2015, 236 mit Bespr v *Gahleitner* = ZAS-Judikatur 2015, 266.

96 OGH 24. 1. 2002, 8 ObA 311/01w, ZAS 2003, 231 mit Bespr v *Melzer-Azodanloo* = DRdA 2003, 434 mit Bespr v *Reissner*; OGH 2. 12. 1948, 1 Os 615, 616, EvBl 1949, 378; OGH 27. 8. 2013, 9 ObA 78/13f, ARD 6360/3/2013; vgl weiters *Russwurm*, Die Auslegung des Begriffes Geschäfts- oder Betriebsgeheimnis im Betriebsrätegesetz, DRdA 1954, H 14, 15.

grund, wenn der Arbeitnehmer hiebei auf die schonendste und unauffälligste Weise vorgegangen ist[97]. Die Information des Geschäftspartners wird regelmäßig als ein schonenderes Mittel als die Strafanzeige anzusehen sein. Eine vorhergehende Rücksprache mit dem Arbeitgeber kann insb dann vom Arbeitnehmer nicht verlangt werden, wenn vom Arbeitgeber auf Grund seines bisherigen Verhaltens das Abstellen der unkorrekten Vorgangsweise nicht erwartet werden kann[98]. Grundsätzlich ist hiebei aber zu beachten, dass selbst die Verbreitung wahrer Tatsachen im Einzelfall rechtswidrig sein kann. Das Informationsbedürfnis der Allgemeinheit, der Mitarbeiter, der Kunden etc ist im Sinne einer Interessenabwägung dem Schutzbedürfnis des Betroffenen (zB des Arbeitgebers) gegenüberzustellen[99].

Mitunter wird das Aufzeigen von Missständen in einem Unternehmen durch den einzelnen 6/065
Arbeitnehmer institutionalisiert. In diesem Zusammenhang ist die Rede vom sog **Whistleblowing**, das extern (zB Anzeige an die Behörde) oder intern (zB Hotlines) organisiert sein kann[100]. Whistleblowing-Systeme berühren eine Fülle von arbeitsrechtlichen Problemen (Treuepflicht des Arbeitnehmers, Fürsorgepflicht des Arbeitgebers, Schutz der Daten von Arbeitnehmer und Arbeitgeber, Reichweite des Weisungsrechts, Konsequenzen bei Missachtung von Compliance bzw Ethik-Regeln etc). Vor allem wird die Einrichtung verpflichtender Systeme zur Überwachung des Verhaltens von Arbeitskollegen auf Grund der Intensität und Permanenz der Kontrolle, der Kontrolle des gesamten Arbeitsverhaltens, der Unsicherheit und fehlenden Objektivität der Aussagen von Arbeitskollegen zur Mitbestimmungspflicht nach § 96 Abs 1 Z 3 ArbVG (vgl 11.5.1.5) bzw zur Zustimmungspflicht nach § 10 AVRAG (vgl 11.5.1.5) führen. Für Beamte und Vertragsbedienstete ist in § 53a BDG bzw § 5 Abs 1 VBG ein Whistleblowerschutz normiert: Personen, die etwa strafbare Handlungen melden, dürfen nicht benachteiligt werden[101].

Verschwiegenheitspflichten finden auch sehr häufig in Arbeitsverträgen Eingang und kon- 6/066
kretisieren bzw erweitern damit die gesetzlichen Geheimhaltungspflichten[102]. Derartige Klauseln sind vielfach mit Konventionalstrafen verknüpft[103]. Bezieht sich eine derartige

---

97 Vgl LGZ Graz 23. 1. 1958, 2 Cg 140/57, Arb 6771; zu Anzeigen wegen Steuerhinterziehung vgl OGH 16. 10. 1996, 9 ObA 2165/96i, DRdA 1997, 389 mit Bespr v *Eypeltauer*.

98 OGH 14. 6. 2000, 9 ObA 118/00v, DRdA 2001, 266 mit Bespr v *Kallab*.

99 S vor allem OGH 1. 12. 1999, 9 ObA 234/99y, ARD 5196/48/2001 = RdW 2000, 375.

100 *Aschauer*, Whistleblowing im Arbeitsrecht (2012), 33; *Gruber/N. Raschauer* (Hrsg), Whistleblowing (2015); *Leissler*, „Whistleblowing" in Österreich – die ersten Schritte, ecolex 2009, 361; *Jahnel*, Whistleblowing – Hotlines im Datenschutzrecht, ecolex 2009, 1028; *Hauser*, Das Bild von Whistleblowing in der österreichischen Versicherungswirtschaft, ÖBA 2009, 497; *Kittelberger*, External Reporting als Pflicht zum Whistleblowing?, ÖBA 2007, 90; *Huber*, Der Arbeitnehmer als Whistleblower, ASoK 2011, 255; *Risak*, Whistleblowing durch den Betriebsrat, ecolex 2012, 243; s auch EGMR 21. 7. 2011, *Heinisch*, Nr 28274/08, ASoK 2011, 425 mit Bespr v *Aschauer* = ZESAR 2012, 291 mit Bespr v *Hochhauser*; *Mulle*, Whistleblowing & Arbeitsrecht – Ein Leitfaden für ArbeitnehmerInnen und Belegschaftsorgane (2013); *Naderhirn*, Whistleblowing im Arbeitsrecht – Ausgewählte Aspekte, DRdA 2014, 14; *Knyrim/Kurz/Haidinger*, Whistleblowing-Hotlines: Mitarbeiter „verpfeifen" zulässig?, ARD 5681/5/2006; *Resch*, Nichtige Kündigung oder Entlassung nach Whistle Blowing, ecolex 2014, 451; zu Whistleblowing-Systemen DSK 5. 12. 2008, K178.274/0010-DSK/2008, ecolex 2009, 361 mit Bespr v *Leissler* = ecolex 2008, 363 mit Bespr v *Spring* = jusIT 2009, 143 mit Bespr v *Graf/Riesenhuber*; DSK 20. 1. 2010, K600.074/0002-DVR/2010, MR 2010, 87; DSK 14. 12. 2012, K 600.320-005/0003-DVR/2012, ZAS 2013, 269 mit Bespr v *Brodil* = DRdA 2013, 350 mit Bespr v *Knyrim/Riedl*.

101 Dazu *Aschauer*, Whistleblowing im Arbeitsrecht (2012), 205.

102 *Knallnig*, Geheimhaltungsvereinbarung, Datenschutz-Klausel, in Reissner/Neumayr (Hrsg), Zeller Handbuch Arbeitsvertrags-Klauseln (2010), 894 ff.

103 Vgl OGH 30. 3. 1998, 8 ObA 277/97m, DRdA 1999, 136 mit Bespr v *Weiß*.

Verschwiegenheitsklausel auf Entgeltzahlungen und soll sie insb dazu dienen, Einkommensbestandteile vor dem Ehepartner geheim zu halten, um die Unterhaltsverpflichtung zu umgehen, so löst ein Verstoß gegen die Geheimhaltungsvereinbarung allerdings keine schadenersatzrechtlichen Ansprüche gegen den Arbeitgeber aus[104].

6/067 **Nach Ausscheiden** aus dem Betrieb – präziser nach rechtlicher Beendigung des Arbeitsverhältnisses – ist der Arbeitnehmer grundsätzlich frei, sofern nicht besondere gesetzliche Vorschriften eine über das Ende des Arbeitsverhältnisses hinausgehende Verschwiegenheitspflicht vorsehen (zB § 38 Abs 1 BWG)[105]. Die Vereinbarung von „schlichten", nachvertraglichen Verschwiegenheitspflichten, die das berufliche Fortkommen und die zukünftige Erwerbsfreiheit des Arbeitnehmers nicht beeinträchtigen, fallen im Übrigen nicht unter den Anwendungsbereich des § 36 AngG und können damit auch über den Zeitraum eines Jahres hinaus abgeschlossen werden (Näheres dazu s 6.2.6.2).

6/068 Es ist davon auszugehen, dass die betrieblichen Erfahrungen zur Qualifikation des Arbeitnehmers gehören und gewissermaßen sein „geistiges Eigentum" werden (vgl 6.2.1).

6/069 Übertritt der Arbeitnehmer die Verschwiegenheitspflicht, treten mehrere **Sanktionen** zueinander in Konkurrenz:

- Für **gewerbliche Arbeiter** kommt der Entlassungstatbestand des § 82 lit e GewO in Frage (vgl 8.3.4.1.2 f), für **Angestellte** kommt § 27 Z 1 AngG (Untreue im Dienst bzw Verlust der Vertrauenswürdigkeit) als Entlassungsgrund in Betracht (vgl 8.3.4.1.1 a).
- Für **Mitglieder des Betriebsrats** bildet die Verletzung der Verschwiegenheitspflicht (§ 115 Abs 4 ArbVG) eine Verwaltungsübertretung, die auf Antrag des Betriebsinhabers zu ahnden ist (§ 160 Abs 2 Z 4 ArbVG)[106]. Außerdem bildet der Verrat von Geschäfts- und Betriebsgeheimnissen oder das Betreiben eines abträglichen Nebengeschäfts einen Grund, der dem Gericht die Basis bietet, der Entlassung eines Betriebsratsmitglieds zuzustimmen (§ 122 Abs 1 Z 4 ArbVG; vgl 8.3.4.3.3.1)[107].
- Gem § 11 Abs 1 UWG stellt die unbefugte Mitteilung von Geschäfts- und Betriebsgeheimnissen zu **Wettbewerbszwecken** eine gerichtlich zu ahndende strafbare Handlung dar. Wurde die Kenntnis auf gesetz- oder sittenwidrige Weise erlangt, so ist die Verwertung oder Mitteilung dieser Geheimnisse zu Wettbewerbszwecken **auch nach Ausscheiden** aus dem Arbeitsverhältnis strafbar.
- In den Fällen des § 11 UWG ist eine Klage auf Unterlassung zulässig. Schadenersatzansprüche sind selbstverständlich möglich, doch ist der Eintritt des Schadens kein Tatbestandsmerkmal der Straf- oder Entlassungstatbestände.
- Nach **§ 123 StGB** ist schließlich strafbar, wer ein Geschäfts- oder Betriebsgeheimnis mit dem Vorsatz auskundschaftet, es zu verwerten, einem anderen zur Verwertung zu über-

---

104 OGH 17. 3. 2004, 9 ObA 50/03y, DRdA 2005, 252 mit Bespr v *Deixler-Hübner*.

105 S allg *Artmann*, Verschwiegenheitspflichten ausgeschiedener Arbeitnehmer, in Achatz/Jabornegg/Karollus (Hrsg), Aktuelle Probleme im Grenzbereich von Arbeits-, Unternehmens- und Steuerrecht (1998), 51.

106 Zu den Grenzen dieser Verschwiegenheitspflicht s *Felten*, Der Betriebsrat: Interessenvertretung versus Geheimhaltungspflichten, DRdA 2016, 169.

107 S hiezu auch *Schneller*, Interviews und Stellungnahmen von Betriebsräten gegenüber Massenmedien, infas 2011, 171.

lassen oder der Öffentlichkeit preiszugeben (s auch § 121 StGB zur Verletzung von Berufsgeheimnissen in Gesundheitsberufen)[108].

- Die Mitteilung gewisser ehrenrühriger Tatsachen des Privat- oder Familienlebens bedroht § 111 Abs 1 StGB mit Strafe, ohne dass ein Wahrheitsbeweis iSd § 112 StGB zulässig wäre.

Der **Hausbesorger** ist zur Verschwiegenheit über die Privat- und Familienverhältnisse der Hausbewohner verpflichtet und darf hierüber nur behördlichen Organen, die sich als solche ausweisen – in bestimmten Fällen auch dem Hauseigentümer – Auskunft geben (§ 6 HausbG; vgl 4.3.2.2.3.2). 6/070

Eine spezifische Verschwiegenheitspflicht ergibt sich für Arbeitnehmer und arbeitnehmerähnliche Personen aus dem **Datenschutzrecht**. Einzuhalten ist das sog **Datengeheimnis**, das auch vertraglich abzusichern ist (s 7.6.6). 6/071

6.2.4. Verbot abträglichen Privatlebens

Die Frage, inwieweit dem **außerdienstlichen Verhalten** des Arbeitnehmers arbeitsrechtliche Relevanz zukommt, besitzt ua deshalb große Brisanz, weil hier unmittelbar die Privat- und Intimsphäre des Dienstnehmers berührt wird[109]. 6/072

Bei der Beurteilung diesbezüglicher Sachverhalte ist ein besonders **strenger Maßstab** an die Treuepflicht zu legen. Nur ausnahmsweise kann aus dem Privatleben des Arbeitnehmers eine Gefährdung oder Schädigung der Interessen und Belange des Arbeitgebers abgeleitet werden. Die Stellung des Dienstnehmers in der betrieblichen Hierarchie spielt hiebei eine gravierende Rolle. Je stärker der Arbeitnehmer nach außen in Vertretung des Unternehmens in Erscheinung tritt und je gehobener seine Position im Betrieb ist, desto eher wird er mit dem Unternehmen identifiziert und desto eher kann von ihm verlangt werden, dass er kein interessenschädigendes Verhalten an den Tag legt. So nahm der OGH eine Verletzung der Treuepflicht in dem Falle an, dass ein leitender Angestellter eine Frau, von der er sich wegen verschiedener Betrügereien, durch die auch der Dienstgeber in Misskredit geriet, vorerst distanzierte und auch scheiden ließ, nach Verbüßung ihrer Strafe wieder heiratete[110]. Auch die Beschäftigung in Tendenzbetrieben (vgl 4.4.2.2) führt zu einer weiter gehenden Treuepflicht im Hinblick auf das außerbetriebliche Verhalten des Dienstnehmers[111]. 6/073

Beispiele für einschlägige Verpflichtungen finden sich vielfach in konkreten **Vertragsklauseln**. Solche Vereinbarungen können von der Verpflichtung von Bankangestellten, sich in allen Geld- und Finanzierungsangelegenheiten ausschließlich der hauseigenen Bankeinrichtung zu bedienen[112], bis zum Verbot der Ausübung gefährlicher Sportarten für Berufssportler[113] reichen. Hier wird in jedem

---

[108] *Arnold*, Einschränkungen des Berufsgeheimnisses – Ausnahmen vom Geheimnisschutz, ÖJZ 1982, 1; *Gaisbauer*, Die Schweigepflicht des nichtärztlichen Krankenhauspersonals im neuen Strafrecht, GdZ 1975, 259; *ders*, Verschwiegenheitspflicht des Arztes, Stb 1977, H 4, 2.

[109] Zu den einzelnen Fallgruppen vgl *Dusak*, Die arbeitsrechtliche Relevanz außerdienstlichen Verhaltens, RdW 1988, 355; *Gerhartl*, Korrektes Arbeitnehmerverhalten auch während der Freizeit?, RdW 2011, 483.

[110] OGH 29. 8. 1961, 4 Ob 99/61, Arb 7413.

[111] *Mayer-Maly*, Arbeitsverhältnis und Privatsphäre, AuR 1968, 3; *Sperber*, Arbeitnehmer von Religionsgemeinschaften und ihr Recht auf Achtung des Privat- und Familienlebens, EuZA 2011, 406.

[112] Vgl auch *Marhold-Weinmeier*, Ein bankrotter Bankangestellter, DRdA 2002, 522.

einzelnen Fall zu prüfen sein, ob die Bindung des Arbeitnehmers im Verhältnis zu den Interessen des Arbeitgebers vertretbar ist; andernfalls ist die Abrede unzulässig. Absolut unzulässig wäre zB eine Zölibatsklausel oder die Verpflichtung zur Enthaltung von jeglicher politischer Betätigung.

6/074 Bei enger **Verbindung der familienrechtlichen und der dienstlichen Beziehungen** kann nach Ansicht des OGH eine grobe Verletzung der Verpflichtungen aus der Ehe die objektiv gerechtfertigte Befürchtung begründen, dass die dienstlichen Belange und Interessen des Dienstgebers vom Dienstnehmer nicht mehr ausreichend gewahrt werden. So kann der Ehebruch der Ehegattin die Vertrauensunwürdigkeit begründen, wenn sie gleichzeitig Dienstnehmerin des Ehegatten ist[114]. Unterhält die Ehegattin des Dienstgebers ehewidrige Kontakte mit einem Angestellten, so kann auch aufseiten des Angestellten der Ehebruch zur Vertrauensunwürdigkeit führen[115].

6.2.5. Geschenkannahmeverbot

6/075 Das Verbot der Geschenkannahme ist nicht generell statuiert, kann aber Allgemeingültigkeit beanspruchen. Es geht zunächst nicht um eigentliche Bestechung, sondern darum, dass durch das Zuwenden oder Versprechen von Geschenken[116] der Arbeitnehmer in einer Art beeinflusst werden kann, die den betrieblichen Interessen abträglich ist. Zustimmung oder Duldung durch den Arbeitgeber schließt jede Sanktion aus.

6/076 Orts- oder jahreszeitlich übliche Aufmerksamkeiten (Trinkgelder, Kalender, Weihnachtskekse) fallen nicht unter das Verbot[117].

6/077 Der **Sonderfall des § 13 AngG** bezieht sich auf Angestellte, die mit dem Abschluss oder der Vermittlung von Geschäften betraut sind. Es ist unmaßgeblich, ob mit dem Angestellten nur Provisionen oder feste Bezüge oder beide Entgeltarten vereinbart wurden[118]. Diese Angestellten dürfen ohne Einwilligung des Arbeitgebers von dem Dritten, mit dem sie für den Arbeitgeber Geschäfte abschließen oder vermitteln, eine Provision oder sonstige Belohnung nicht annehmen. Der Arbeitgeber kann – unbeschadet eines weiter gehenden Schadenersatzes – die Herausgabe der unrechtmäßig empfangenen Provision oder Belohnung verlangen. Dieser Anspruch erlischt innerhalb dreier Monate nach Kenntnis des pflichtwidrigen Verhaltens, jedenfalls aber nach drei Jahren vom Entstehen des Anspruchs an.

6/078 Wenn ein Angestellter sich in seiner Tätigkeit ohne Wissen und Willen des Dienstgebers von dritten Personen unberechtigte Vorteile zuwenden lässt, insb entgegen der Bestimmung des § 13 AngG eine Provision oder sonstige Belohnung annimmt, ist der Dienstgeber gem § 27 Z 1 AngG zur Entlassung berechtigt (vgl auch 8.3.4.1.1 a). Der nämliche Entlassungsgrund findet sich auch in § 122 Abs 1 Z 3 ArbVG, § 15 Z 3 APSG, § 12 Abs 2 Z 2 MSchG bzw § 7 VKG sowie § 26 Z 1 GAngG.

---

113 Vgl *Scharnreitner*, Außerdienstliche Verhaltenspflichten im Profisport, ASoK 2011, 385.

114 OGH 18. 10. 1977, 4 Ob 137/77, ZAS 1981, 17 mit Bespr v *Hoyer* = DRdA 1979, 116 mit Bespr v *Kramer*.

115 OGH 25. 9. 1979, 4 Ob 20/79, DRdA 1981, 35 mit Bespr v *Mayer-Maly*.

116 Geschenk ist jeder Vorteil in Form von Geld, Waren, Forderungsabtretungen, Schulderlass etc.

117 S hiezu *Geiblinger*, Arbeits- und sozialrechtliche Fragestellungen zur Winter- und Weihnachtszeit, ASoK 2012, 442.

118 *Jabornegg* in Löschnigg (Hrsg), AngG Bd 1[10] (2016), § 13 Rz 2.

Zu beachten ist in diesem Zusammenhang der Sonderfall des § 10 UWG. Wenn nämlich ein Bediensteter oder Beauftragter eines Unternehmens Geschenke oder andere Vorteile fordert, annimmt oder sich versprechen lässt, um durch **unlauteres Verhalten** beim Bezug von Waren oder Leistungen einem anderen im Wettbewerb eine **Bevorzugung zu verschaffen**, so erfüllt dies den Straftatbestand des § 10 Abs 2 UWG; als Normadressaten kommen hier also auch die Arbeitnehmer in Betracht. Der aktive Teil ist gem § 10 Abs 1 UWG strafbar. Die üblichen Sanktionen nach dem UWG sind Schadenersatz, Verpflichtung zur Unterlassung sowie Geld- und Freiheitsstrafen.

Die unerlaubte Geschenkannahme kann aber auch Tatbestände des StGB erfüllen (vgl insb *Krejci/Ruppe/Schick*, Unerlaubte Provisionen, Zuwendungen und Vorteile im Straf-, Privat- und Steuerrecht [1982]). Erleidet der Dienstgeber durch das vorsätzliche Verhalten des Dienstnehmers einen Vermögensnachteil, kann Strafbarkeit nach § 153 StGB (Untreue) vorliegen.

Weiters ist die Geschenkannahme durch **Arbeitnehmer**, dh wenn sie im geschäftlichen Verkehr für die pflichtwidrige Vornahme oder Unterlassung einer Rechtshandlung von einem anderen einen Vorteil für sich oder einen Dritten fordern, annehmen oder sich versprechen lassen, mit Freiheitsstrafe bis zu zwei Jahren zu bestrafen (§ 168c Abs 1 StGB). **Amtsträger** oder Schiedsrichter, die sich für die pflichtwidrige Vornahme oder Unterlassung eines Amtsgeschäfts **bestechen** lassen, sind mit Freiheitsstrafe bis zu drei Jahren zu bestrafen. Ebenso ist zu bestrafen, wer als von einem Gericht oder einer anderen Behörde bestellter Sachverständiger für die Erstattung eines unrichtigen Befundes oder Gutachtens einen Vorteil für sich oder einen Dritten fordert, annimmt oder sich versprechen lässt (§ 304 Abs 1 StGB). Mit Freiheitsstrafe bis zu zwei Jahren zu sanktionieren ist aber auch die **Vorteilsannahme** durch Amtsträger oder Schiedsrichter für die pflichtgemäße Vornahme oder Unterlassung eines Amtsgeschäfts (§ 305 Abs 1 StGB)[119].

Für **Arbeiter** findet sich in der GewO keine mit dem AngG vergleichbare Bestimmung. 6/079
Eine Entlassung ist jedenfalls dann gerechtfertigt, wenn der Arbeitnehmer eine strafbare Handlung begeht, die den Verlust der Vertrauenswürdigkeit zur Folge hat (vgl § 82 lit d GewO).

6.2.6. Verbot anderweitiger Betätigung

Die Beschränkungen des Arbeitnehmers in der Ausübung anderweitiger Tätigkeiten kön- 6/080
nen in zwei Gruppen unterteilt werden: Zum einen bestehen kraft Gesetzes **während** des (rechtlichen) Bestandes des Arbeitsverhältnisses gewisse Nebenbeschäftigungsverbote, zum anderen gibt es die Möglichkeit des Abschlusses von Konkurrenzklauseln, ds Vereinbarungen, die eine Beschränkung der Erwerbstätigkeit des Arbeitnehmers für die Zeit **nach Beendigung** des Arbeitsverhältnisses zum Gegenstand haben.

6.2.6.1. Nebenbeschäftigung

Während des Arbeitsverhältnisses unterliegen Arbeitnehmer diversen Beschränkungen in 6/081
der Ausübung von Nebenbeschäftigungen[120]. Diese Beschränkungen sind in zahlreichen Rechtsquellen niedergelegt und verfolgen im Wesentlichen drei Zwecksetzungen: Es soll eine durch die Nebenbeschäftigung verursachte **Verminderung der Arbeitsleistung** (zB infolge von Übermüdung) verhindert werden (vgl 8.3.4.1.2 g), der Arbeitgeber soll vor einer **Konkurrenzierung** durch den Arbeitnehmer geschützt werden[121], und schließlich soll eine

[119] *Medigovic*, Was vom Korruptionsstrafrecht übrig bleibt, ÖJZ 2010, 251; *Brandstetter*, Korruptionsstrafrecht – Neu, JSt 2009, 151.

[120] *Binder*, Zur Vertragssuspension eines GmbH-Geschäftsführers mit Nebenbeschäftigungsverbot, DRdA 2006, 497.

Rufschädigung des Unternehmens (zB infolge einer Tätigkeit in „zweifelhaften" Branchen; vgl 6.2.4) hintangehalten werden.

Als **Nebenbeschäftigung** wird mitunter jede Erwerbstätigkeit des Arbeitnehmers außerhalb jenes Arbeitsverhältnisses, das ihn hauptsächlich in Anspruch nimmt, bezeichnet[122]. Diese Begriffsbildung ist deshalb zu eng, da aus der Sicht des Dienstgebers jede zweite Beschäftigung des Dienstnehmers als Nebenbeschäftigung zu werten ist[123]. Auf die Arbeitszeit, die Entgelthöhe oder die Qualität der Arbeitsleistung in dem einen oder anderen Dienstverhältnis kann es hiebei nicht ankommen. Richtigerweise geht *Kuderna* von einem wesentlich weiteren Begriff der Nebenbeschäftigung aus. Nach *Kuderna* (Entlassungsrecht^2 [1994], 136) ist unter einem Nebengeschäft die tatsächliche Besorgung von Arbeiten durch einen Dienstnehmer außerhalb des Geschäftsbetriebs seines Dienstgebers in der Absicht zu verstehen, sie wiederholt und in der Art zu verrichten, dass darauf Zeit und Mühe verwendet wird[124]. Gleichgültig ist hiebei, ob diese Arbeiten ständig oder zeitweise, als Beruf oder nur während einer bestimmten Zeitspanne verrichtet werden oder ob sie dem Dienstnehmer eine Einnahmequelle erschließen sollen oder nicht.

6/082 Einige arbeitsrechtliche Gesetze (vgl § 82 lit e GewO, § 12 Abs 2 Z 3 MSchG bzw § 7 VKG, § 15 Abs 3 lit d BAG, § 15 Z 4 APSG, § 122 Abs 1 Z 4 ArbVG, § 225 Abs 1 Z 4 LArbG, § 34 Abs 2 lit e VBG) statuieren den **Entlassungsgrund** des Verbots der Ausübung oder des Betreibens eines der Verwendung im Betrieb bzw Gewerbe **abträglichen Nebengeschäfts**[125]. Um den Entlassungsgrund zu verwirklichen, muss sich die ausgeübte Nebenbeschäftigung **nachteilig** auf die Verwendung im Betrieb auswirken.

Die Interessen des Arbeitgebers sind beispielsweise dann derart verletzt, dass der Entlassungstatbestand des § 82 lit e GewO verwirklicht ist, wenn der Arbeitnehmer Erwerbsgeschäfte seines Arbeitgebers wiederholt dadurch verhindert, dass er dem Verhandlungspartner des Arbeitgebers die Sache, über die zwischen diesen beiden verhandelt wird, abkauft und dabei allenfalls den Arbeitgeber überbietet (OGH 28. 1. 1986, 14 Ob 3/86, RdW 1986, 185).

Die Beeinträchtigung der Geschäftsinteressen des Arbeitgebers muss **konkret** vorliegen, wobei es nach Ansicht des OGH nicht darauf ankommt, ob die Bemühungen des Arbeitnehmers erfolgreich waren oder nicht (OGH 10. 5. 1983, 4 Ob 48/83, Arb 10.267).

6/083 Ein außergewöhnlich weit gefasstes Nebenbeschäftigungsverbot enthält der erste Tatbestand des mit „Konkurrenzverbot"[126] überschriebenen § 7 AngG. Demnach dürfen die im § 1 AngG bezeichneten Angestellten, also diejenigen, die im Geschäftsbetrieb eines Kaufmanns beschäftigt sind, ohne Bewilligung des Arbeitgebers **kein selbständiges kaufmännisches Unternehmen** betreiben. Verboten ist jegliches Betreiben eines selbständigen kaufmännischen Unternehmens, unabhängig davon, ob es im Geschäftszweig des Dienstgebers erfolgt oder nicht (zum Kaufmannsbegriff des AngG s 4.3.2.2.2). Der Zweck dieser Verbotsnorm liegt somit weniger in einem Hintanhalten der Konkurrenzierung des Dienstgebers als in der Wahrung der Arbeitskraft des Dienstnehmers, also seiner Leistungsfähig-

---

[121] Vgl OGH 29. 10. 2009, 9 ObA 181/08w, DRdA 2011, 436 mit Bespr v *Lukas*.

[122] *Heinrich*, Sind Nebenbeschäftigungen zulässig?, RdW 1986, 18; OGH 15. 9. 1981, 4 Ob 69/81, ZAS 1983, 138 mit Bespr v *Petrovic* = Arb 10.017.

[123] IdS auch *Resch*, Arbeitsvertrag und Nebenbeschäftigung (1991), 12 f.

[124] S auch OGH 10. 5. 1983, 4 Ob 48/83, Arb 10.267; OGH 18. 11. 1986, 14 Ob 193/86, DRdA 1988, 32 mit Bespr v *Holzer* = infas 1987, A 84.

[125] Vgl hiezu OGH 15. 9. 1981, 4 Ob 69/81, ZAS 1983, 138 mit Bespr v *Petrovic*.

[126] *Grillberger*, Zum Konkurrenzverbot für Spitalsärzte, in FS Binder (2010), 271.

keit[127]. Hier liegt einer der seltenen Fälle vor, in denen Angestellte ungünstiger als Arbeiter gestellt werden. Im Gegensatz zum AngG riskieren nämlich Arbeiter eine Entlassung gem § 82 lit e GewO nur im Falle eines konkret abträglichen Nebengeschäfts; ein solches wird insb dann vorliegen, wenn der Arbeitgeber echt konkurrenziert wird (zB „Pfuscharbeit"). Geht eine vertragliche Vereinbarung über die Beschränkungen des § 7 AngG hinaus, erfüllt selbst ein Verstoß gegen sie nicht den Entlassungstatbestand des § 27 Z 3 AngG (OGH 17. 11. 2004, 9 ObA 98/04h, DRdA 2006, 36 mit Bespr v *Resch*).

Unter **Betreiben** versteht das AngG die Führung eines kaufmännischen Unternehmens auf eigene Rechnung. Die bloße Gründung eines selbständigen kaufmännischen Unternehmens ohne Aufnahme des Geschäftsbetriebs fällt nicht darunter[128]. Vorbereitungshandlungen eines Arbeitnehmers zur Eröffnung eines Betriebs (zB Beschaffung des Gewerbescheins, Miete und Instandsetzung von Betriebsräumen, Zeichnen von Plänen im Hinblick auf eine 50%ige Beteiligung an einer GmbH, die der Verwirklichung dieser Pläne dienen soll) verstoßen nicht gegen das Verbot[129].

Die Beteiligung eines Angestellten an einem Unternehmen in ausschließlich kapitalsmäßiger Form ist nicht als Betrieb eines selbständigen kaufmännischen Unternehmens anzusehen. Ist die Kapitalgesellschaft im **Geschäftszweig des Dienstgebers** tätig, dann wird allerdings der zweite Tatbestand des § 7 Abs 1 AngG, nämlich der Abschluss von Handelsgeschäften im Geschäftszweig des Dienstgebers, heranzuziehen sein, wenn der Einfluss des an der Gesellschaft beteiligten Arbeitnehmers als ausreichend anzusehen ist, um den Fall einer Konkurrenzierung iSd § 7 AngG zu vermuten.

Kommt hingegen zur kapitalsmäßigen Beteiligung an der Gesellschaft eine Mitwirkung an der Geschäftsführung dieses Unternehmens hinzu, dann wird regelmäßig ein Verstoß gegen den ersten Tatbestand von § 7 Abs 1 AngG vorliegen (vgl zB OGH 24. 1. 2001, 9 ObA 217/00b, ARD 5256/9/2001).

Die bloße Geschäftsführung einer Kapitalgesellschaft ohne Beteiligung am Unternehmen wird von § 7 Abs 1 AngG überhaupt nicht erfasst, falls es sich um kein Konkurrenzunternehmen handelt, da unter „Betreiben" iSd § 7 Abs 1 AngG das Führen des selbständigen Gewerbes **auf eigene Rechnung** zu verstehen ist[130]. Auch ein Geschäftsführer mit Gewinnbeteiligung führt das Unternehmen nicht auf eigene Rechnung.

Der zweite Tatbestand des § 7 Abs 1 AngG enthält die neben § 20 TAG[131] einzige allge- 6/084
meine Formulierung eines Konkurrenzverbots (Wettbewerbsverbots)[132] im eigentlichen Sinn (s auch *Holzer*, DRdA 1988, 34). Er verbietet den im § 1 AngG bezeichneten Angestellten, im Geschäftszweig des Arbeitgebers ohne dessen Bewilligung **für eigene oder fremde Rechnung Handelsgeschäfte abzuschließen**. Ohne Zustimmung darf der Arbeitnehmer weder selbständig noch unselbständig zum Arbeitgeber in ein Wettbewerbsverhältnis treten. Dabei ist ein strenger Maßstab anzulegen: Es muss eine konkrete Beeinträchtigung

127 *Schwarz/Holzer*, Die Treuepflicht des Arbeitnehmers und ihre künftige Gestaltung (1976), 87 ff; zum Verhältnis von § 7 AngG zu Art 6 StGG vgl *Resch*, Zum Verbot der selbständigen Unternehmensführung durch Angestellte (§ 7 Abs 1 AngG), DRdA 1989, 273; *Heinz-Ofner*, Vertragliches Nebentätigkeitsverbot, in Reissner/Neumayr (Hrsg), Zeller Handbuch Arbeitsvertrags-Klauseln (2010), 860 ff; *Resch*, Grenzen für Nebenbeschäftigungsverbote bei Spitalsärzten, RdM 2013, 203.

128 OGH 18. 11. 1986, 14 Ob 193/86, infas 1987, A 84; *Kuderna*, Entlassungsrecht[2] (1994), 97; aM LGZ Wien 19. 9. 1957, 44 Cg 226/57, Arb 6704.

129 OGH 21. 9. 1971, 4 Ob 58/71, ZAS 1972, 95 mit Bespr v *Andexlinger*; OGH 11. 2. 1986, 5 Ob 301/86, RdW 1986, 120.

130 Vgl *Lenhoff*, Angestelltengesetz (1922), 49; *Resch* in Löschnigg (Hrsg), AngG Bd 1[10] (2016), § 7 Rz 9 f; aA *Schuster/Bonnott*, Wettbewerb und Arbeitsrecht, ZAS 1973, 83.

131 Allg vgl *Urleb*, Arbeitsrechtliche Fragen des SchSpG (2009), 138 f.

132 Zum Konkurrenzverbot (und -klausel) bei Versicherungsvertretern s OGH 2. 10. 2002, 9 ObA 81/02f, DRdA 2008, 423 mit Bespr v *Jabornegg*; OGH 19. 9. 2002, 8 ObA 56/02x, wbl 2003, 86.

der Geschäftsinteressen des Arbeitgebers vorliegen. Dies ist dann evident, wenn der Arbeitnehmer die Kunden in seinem Tätigkeitsbereich anwirbt und den Arbeitgeber preismäßig unterbietet.

Der in § 7 verwendete Begriff der „**Handelsgeschäfte**" ist iS des zur Zeit des Inkrafttretens des AngG in Geltung gestandenen AHGB auszulegen. Gemeint sind in erster Linie die Anschaffung und Weiterveräußerung von Waren (vgl LGZ Wien 13. 10. 1958, 44 Cg 185/58, Arb 6940; OGH 10. 9. 1985, 4 Ob 90/85, infas 1986, A 36).

Der Begriff „**Geschäftszweig**" ist nach der Rechtsprechung eng zu interpretieren und entsprechend dem Schutzzweck der Norm nur auf die vom Arbeitgeber tatsächlich entfaltete Geschäftstätigkeit zu beziehen (vgl OGH 29. 5. 1991, 9 ObA 74/91, DRdA 1992, 53 = ARD 4301/18/91; OGH 29. 9. 2010, 9 ObA 15/10m, ARD 6153/7/2011 = Arb 12.922; allg *Resch*, Arbeitsvertrag und Nebenbeschäftigung [1991], 58 ff).

6/085 Übertritt der Angestellte die Vorschrift des § 7 AngG, so läuft er Gefahr, einen **Entlassungsgrund** zu setzen. Als Entlassungstatbestand kommt hiebei sowohl jener des § 27 Z 3 AngG (Verstöße gegen das Konkurrenzverbot; vgl 8.3.4.1.1 c) als auch jener des § 27 Z 1 AngG (Vertrauensunwürdigkeit; vgl 8.3.4.1.1 a) in Frage[133]. Diese Sanktion ist im gegebenen Zusammenhang nicht ungewöhnlich und ist auch in anderen Sondergesetzen (vgl § 12 Abs 2 Z 3 MSchG bzw § 7 VKG etc) vorgesehen.

6/086 Spezifische Rechtsfolgen sind jedoch dem § 7 Abs 2 AngG zu entnehmen[134]: Wenn der Angestellte verbotenerweise ein **selbständiges** kaufmännisches Unternehmen betreibt, so kann der Arbeitgeber neben Schadenersatzansprüchen die Unterlassung der Weiterführung und die Einstellung des Konkurrenzbetriebs verlangen[135]. Wenn der Angestellte im Geschäftszweig seines Dienstgebers Handelsgeschäfte **im eigenen Namen** getätigt hat, so kann der Arbeitgeber entweder den Ersatz des verursachten Schadens oder den Eintritt in die abgeschlossenen Geschäfte mit anschließender Rechnungslegung fordern. Bezüglich der für **fremde Rechnung** abgeschlossenen Geschäfte kann er ebenfalls entweder Schadenersatzansprüche geltend machen oder die Herausgabe der bezogenen Vergütung einschließlich der Bekanntgabe aller abgeschlossenen Geschäfte begehren. Diese Ansprüche erlöschen nach **drei Monaten** ab dem Zeitpunkt, in dem der Arbeitgeber Kenntnis vom Abschluss des Geschäfts erlangt hat, **jedenfalls** aber **fünf Jahre** nach Abschluss des Geschäfts (§ 7 Abs 3 AngG).

Für die Angestellten bei **Zivilingenieuren**, nicht autorisierten **Architekten** und **Zivilgeometern** gilt das **besondere Konkurrenzverbot** des § 7 Abs 4 AngG. Diesen ist ohne Einwilligung des Arbeitgebers untersagt, Aufträge auf eigene oder fremde Rechnung zu übernehmen, die nicht nur in das Gebiet der Geschäftstätigkeit des Arbeitgebers fallen, sondern auch das geschäftliche Interesse des Arbeitgebers beeinträchtigen. Zusätzlich ist ihnen ohne Einwilligung des Arbeitgebers die gleichzeitige Teilnahme an ein und demselben Wettbewerb untersagt. Bei Übertretung dieser Vorschrift kann der Arbeitgeber Schadenersatz verlangen. Der Anspruch erlischt, wie bei den übrigen vom Konkurrenzverbot erfassten Angestellten, in drei Monaten bzw fünf Jahren. Terminologische Neuerungen hat das Ziviltechnikergesetz 1993 gebracht: Unter dem Begriff des Ziviltechnikers sind nunmehr Architekten und Ingenieurkonsulenten zusammengefasst. Der Begriff des nicht autorisierten Architekten ist darin

---

133 OGH 10. 12. 1993, 9 ObA 370/93, ARD 4540/28/94 = wbl 1994, 164; OGH 24. 7. 2013, 9 ObA 37/13a, ARD 6365/4/2013 = infas 2014, A 6.

134 Vgl *Egermann/Hauer*, Zu den Ansprüchen des Arbeitgebers nach § 7 Abs 2 AngG, RdW 2012, 669.

135 Vgl OGH 1. 2. 1916, Rv I 14, ZBl 1917, Nr 157.

nicht mehr enthalten. Die Zivilgeometer entsprechen den jetzigen Ingenieurkonsulenten für Vermessungswesen. Entsprechend der Zielsetzung der gesetzlichen Bestimmung wird das Konkurrenzverbot für die Tätigkeit bei sämtlichen Ziviltechnikern von Relevanz sein (vgl auch OGH 21. 9. 1971, 4 Ob 58/71, Arb 8899). Das besondere Konkurrenzverbot des § 7 Abs 4 AngG gilt sinngemäß auch für Angestellte bei **Wirtschaftstreuhändern** (ausgenommen die Bestimmung über die Teilnahme an einem Wettbewerb).

Für **Lehrlinge** ergeben sich Nebenbeschäftigungsverbote aus den §§ 10 Abs 1 und 15 Abs 3 lit d BAG. Mit dem Ausspruch der Entlassung ist nicht nur der Verrat von Betriebs- und Geschäftsgeheimnissen bedroht, sondern auch jeglicher der Ausbildung abträgliche Nebenerwerb. Verrichtet der Lehrling ohne Einwilligung des Lehrberechtigten Arbeiten seines Lehrberufs für Dritte, so kommt eine Entlassung als zulässige Sanktion nur dann in Betracht, wenn der Lehrling für diese Arbeiten ein Entgelt verlangt hat. 6/087

Eine einschlägige Regelung für **Schauspieler** findet sich in § 20 TAG. Demnach darf sich ein Mitglied außerhalb der Urlaubszeit ohne Genehmigung des Unternehmers an keiner öffentlich angekündigten Vorstellung auf einer gleichartigen Bühne beteiligen. Ein für ein ganzes Jahr verpflichtetes Mitglied bedarf zur Ausübung seiner Tätigkeit an einer gleichartigen Bühne des Vertragsortes auch während des Urlaubs der Genehmigung des Unternehmers. Darüber hinausgehende vertragliche Nebenbeschäftigungsverbote sind nur beschränkt zulässig; abgesehen von gewissen Ausnahmen ist nämlich eine Vereinbarung, durch die ein Mitglied über seine Dienstpflicht hinaus in seiner Erwerbstätigkeit beschränkt wird, nur wirksam, wenn sie unmittelbar in einem Kollektivvertrag verankert ist oder einer in einem Kollektivvertrag vereinbarten Beschränkung entspricht[136]. 6/088

In der Ausübung **nicht vertrags- oder gesetzwidriger Nebenbeschäftigungen** ist der Dienstnehmer im Allgemeinen nicht beschränkt. Eine Meldepflicht besteht grundsätzlich nicht[137]. Entsprechende Fragen des Arbeitgebers hat der Dienstnehmer allerdings wahrheitsgemäß zu beantworten, soweit der Dienstgeber die Information zur Erfüllung gesetzlicher Verpflichtungen benötigt. Als Beispiel ist § 2 Abs 2 AZG zu nennen, wonach die gesetzlichen Höchstgrenzen der Arbeitszeit auch dann nicht überschritten werden dürfen, wenn ein Arbeitnehmer von mehreren Dienstgebern beschäftigt wird. 6/089

6.2.6.2. Konkurrenzklausel

Die Konkurrenzklausel (Wettbewerbsabrede) ist eine Vereinbarung, durch die der Arbeitnehmer für die Zeit **nach Beendigung** des Arbeitsverhältnisses in seiner Erwerbstätigkeit beschränkt wird[138]. Die Erwerbsbeschränkungen können sich zB auf spezielle Unterneh- 6/090

---

136 Vgl *Kapfer/Bündsdorf*, SchauSpG (1974), 93 ff; *Kozak/Balla/Zankel*, Theaterarbeitsgesetz^2 (2011), 194 ff; *Urleb*, Arbeitsrechtliche Fragen des SchSpG (2009), 154 ff.

137 OGH 15. 9. 1981, 4 Ob 69/81, Arb 10.017.

138 Vgl allg *Reissner*, Die arbeitsrechtliche Konkurrenzklausel (1996); *Schwarz*, Gedanken zur Wettbewerbsabrede, in FS Hämmerle (1972), 349; *Schwarz/Holzer*, Die Treuepflicht des Arbeitnehmers und ihre künftige Gestaltung (1976), 116 ff; *Migsch*, Die absolut geschützte Rechtsstellung des Arbeitnehmers (1972), 205 ff; *Beck-Mannagetta*, Die Absicherung einer Konkurrenzklausel durch eine hohe Vertragsstrafe, DRdA 1986, 337; *Resch*, Abwerben eines durch Geheimhaltungsklausel und Konkurrenzklausel gebundenen Betriebsleiters, DRdA 1992, 385; *Freudhofmeier*, Kritische Fragen zur Konkurrenzklausel, taxlex 2005, 383; *Reissner/Preiss*, Die Neuerungen im Recht der Konkurrenzklausel und der Ausbildungskostenklausel, DRdA 2006, 183; *Schrenk*, Die Konkurrenzklausel im Arbeitsrecht, taxlex 2009, 445; *Neubauer/Rath*, Neuerungen beim Ausbil-

men oder auf eine bestimmte Branche (zB keine Tätigkeit in einem Konkurrenzunternehmen), auf die Art der Arbeitsleistung (zB Ausschluss der Vertretertätigkeit), das Fachgebiet (zB kaufmännischer Bereich, spezielle Produktionsbereiche) oder örtlich auf ein bestimmtes Gebiet (zB keine einschlägige Tätigkeit in Vorarlberg) sowie auf einen bestimmten Kundenkreis (Kundenschutzklausel[139]) beziehen.

Eine Konkurrenzklausel liegt auch vor, wenn einem Arbeitnehmer nach seinem Ausscheiden die Aufnahme von Geschäftsbeziehungen zu Kunden des Arbeitgebers untersagt ist (sog Mandantenschutzklausel)[140]. Dem Konkurrenzklauselbegriff unterliegt weiters eine Vereinbarung, wonach es einem Arbeitnehmer eines Arbeitskräfteüberlassungsunternehmens untersagt ist, (innerhalb dreier Monate) nach Beendigung des Arbeitsverhältnisses mit Kunden des Arbeitgebers ein Beschäftigungsverhältnis einzugehen (vgl OGH 14. 1. 1986, 4 Ob 127/84, DRdA 1988, 36 mit Bespr v *Geppert*); in diesem Bereich besteht nunmehr gem § 11 Abs 2 Z 6 AÜG ein gänzliches Verbot derartiger Beschränkungen. Geheimhaltungsklauseln, ds Vereinbarungen, die den gesetzlichen Geheimnisschutz (vgl 6.2.3) im nachvertraglichen Stadium verstärken, sind grundsätzlich nicht als Konkurrenzklauseln aufzufassen (vgl OGH 4. 12. 1996, 9 ObA 2154/96x, DRdA 1997, 490 mit Bespr v *Reissner*; OGH 27. 4. 1995, 8 ObA 225/95, ZAS 1996, 54 mit Bespr v *Holzer* = DRdA 1996, 153 mit Bespr v *Klein*; so schon *Lenhoff*, Arbeitsrecht und Wettbewerbsrecht [1932], 20 ff; aA *Schwarz*, Gedanken zur Wettbewerbsabrede, in FS Hämmerle [1972], 358). Nur für den Fall, dass die Verpflichtung zur Wahrung von Geschäfts- und Betriebsgeheimnissen den Arbeitnehmer in seiner Erwerbstätigkeit zu beschränken vermag, finden die Regelungen des § 36 AngG und § 2c AVRAG Anwendung. Soweit sog Treuepflichtklauseln (auch) eine Wettbewerbsbeschränkung des Pensionsberechtigten beinhalten, wären sie der Rechtsprechung zufolge ebenfalls den Regelungen über Konkurrenzklauseln zu unterstellen (vgl 6.2.1). Nicht als Konkurrenzklausel qualifiziert hat der OGH eine Vereinbarung, derzufolge ein Dienstnehmer während eines Zeitraums von zwei Jahren nach seinem Ausscheiden andere Mitarbeiter des Dienstgebers nicht abwerben darf (OGH 17. 6. 1987, 14 ObA 82/87, DRdA 1990, 49 mit krit Bespr v *Holzer* = ZAS 1988, 132 mit Bespr v *Weilinger*). Im letzteren Fall handelt es sich um eine Fehlentscheidung, da die Sperre eines Teiles des Arbeitsmarkts ebenso wie die Sperre des Kunden- oder Lieferantenkreises eine maßgebliche Erwerbsbeschränkung bewirkt. Auch bei einer Vereinbarung zwischen einem Fußballverein als Arbeitgeber und einem ausscheidenden Fußballer als Arbeitnehmer ging der OGH nicht von einer Konkurrenzklausel, sondern nur von einer mittelbaren Erwerbsbeschränkung aus (vgl OGH 25. 6. 1998, 8 ObA 268/97p, DRdA 1999, 139 mit Bespr v *Mayr*).

6/091 Vereinbarungen, die die Erwerbstätigkeit zur Gänze ausschließen wollen, sind von vornherein absolut nichtig. Konkurrenzklauseln sind grundsätzlich und unabhängig von der speziellen Ausgestaltung im AngG und AVRAG am Maßstab des § 879 ABGB zu messen. Ver-

---

dungskostenrückersatz und bei der Konkurrenzklausel – Überblick, ASoK 2006, 125; *Oberhofer*, Ausbildungskostenrückersatz und Konkurrenzklausel Neu. Überlegungen zu den gesetzlichen Neuregelungen in §§ 2c, 2d AVRAG und § 36 AngG, ZAS 2006, 46; *Kemetter*, Konkurrenzklausel und Konventionalstrafe, ecolex 2008, 853; *Neubauer/Rath*, Nochmals zu den Neuerungen bei der Konkurrenzklausel und beim Ausbildungskostenrückersatz – Versuch einer Zwischenbilanz, ASoK 2007, 46; *Reissner*, Konkurrenzklausel, in Reissner/Neumayr (Hrsg), Zeller Handbuch Arbeitsvertrags-Klauseln (2010), 874 ff; *Runggaldier*, Konkurrenzklausel und Erwerbsfreiheit – rechtsdogmatische Überlegungen unter Berücksichtigung des europäischen Gemeinschaftsrechts, in FS 100 Jahre Wirtschaftsuniversität Wien (1998), 351; *Wallnöfer*, Stolpersteine bei der Durchsetzung/Abwehr arbeitsrechtlicher Ansprüche, in Wachter/Burger (Hrsg), Aktuelle Entwicklungen im Arbeits- und Sozialrecht 2011 (2011), 161.

139 OGH 22. 2. 2006, 9 ObA 185/05d, DRdA 2007, 306 mit Bespr v *Reissner*.

140 Zum Verhältnis zwischen den arbeitsrechtlichen und den berufsrechtlichen Konkurrenzierungsbeschränkungen der WTBO vgl OGH 29. 9. 1986, 4 Ob 366/86, ARD 3861/14/87; OGH 10. 12. 1993, 9 ObA 370/93, DRdA 1994, 268 = Arb 11.130; *Löschnigg*, Klientenschutzvereinbarung eines angestellten Wirtschaftstreuhänders, DRdA 1981, 415; OGH 15. 9. 2004, 8 ObA 21/04b, ZAS 2005, 138 mit Bespr v *Grießer* = ASoK 2005, 32.

stößt eine solche Vereinbarung gegen die guten Sitten, dann ist sie gem § 879 Abs 1 ABGB von Anfang an nichtig[141].

Von einer Sittenwidrigkeit kann nur gesprochen werden, wenn die vom Richter vorzunehmende Interessenabwägung eine grobe Verletzung rechtlich geschützter Interessen oder bei Interessenkollision ein grobes Missverhältnis zwischen den durch die Handlung verletzten und den durch sie geförderten Interessen des Arbeitnehmers ergibt (OGH 12. 2. 1970, 1 Ob 20/70, ZAS 1973, 134 mit Bespr v *Holzer*).

Schwierige Wertungsfragen können sich im Zusammenhang mit sog **Geheimhaltungsklauseln** im Rahmen der Verschwiegenheitspflicht des Arbeitnehmers (vgl 6.2.3) ergeben. 6/092
Bei sämtlichen Klauseln, die dem Arbeitnehmer Verschwiegenheitspflichten für einen Zeitraum nach Beendigung des Dienstverhältnisses auferlegen, ist zu prüfen, welches Motiv der Beschränkung zu Grunde liegt. Steht das Motiv des Schutzes geistigen Eigentums gegenüber dem Schutz des freien Wettbewerbs und der beruflichen Entfaltung im Vordergrund, dann kommen die gesetzlichen Beschränkungen für Konkurrenzklauseln nicht zur Anwendung[142].

Die Zulässigkeit von Konkurrenzklauseln stellt sich auch im Zusammenhang mit der durch 6/093
Art 45 AEUV (ex-Art 39 EGV) garantierten Freizügigkeit der Arbeitnehmer. Der EuGH sieht in dieser Grundfreiheit nicht nur ein auf die Staatsangehörigkeit beschränktes Diskriminierungsverbot, sondern ein allgemeines Verbot übermäßiger Beschränkung der Freizügigkeit oder allgemein der Mobilität der Arbeitnehmer. Beschränkungen der Freizügigkeit werden jedoch mit dem Gemeinschaftsrecht als vereinbar erachtet, wenn zwingende Gründe des Allgemeininteresses sie rechtfertigen und sie dem Grundsatz der Verhältnismäßigkeit entsprechen[143].

Für **gewisse Beschäftigtengruppen** ist die Vereinbarung von Konkurrenzklauseln **grund-** 6/094
sätzlich verboten. Dies gilt für überlassene Arbeitskräfte (§ 11 Abs 2 Z 6 AÜG) oder für selbständige Handelsvertreter (§ 25 HVertrG; sa 4.3.3.3).

Für die meisten Arbeitnehmer können zwar Konkurrenzklauseln vereinbart werden, die Vereinbarungen unterliegen aber den **gesetzlichen Beschränkungen des AngG** (§§ 36, 37) bzw des AVRAG (§ 2c). Diesen gesetzlichen Bestimmungen zufolge ist zwischen absolut unzulässigen und relativ unzulässigen Konkurrenzklauseln zu unterscheiden.

Absolut unzulässig ist eine Konkurrenzklausel,

a) wenn der Arbeitnehmer zum Zeitpunkt der Vereinbarung der Konkurrenzklausel minderjährig ist oder

b) wenn das Entgelt des Arbeitnehmers im letzten Monat seines Arbeitsverhältnisses nicht mehr als das 20-fache der täglichen ASVG-Höchstbeitragsgrundlage (gem § 45 ASVG; dies ergibt 2017 € 3.320

---

[141] ZB wegen der Art und Weise ihres Zustandekommens; vgl OGH 22. 4. 1975, 4 Ob 10/75, DRdA 1975, 214 mit Bespr v *Schwarz*.

[142] OGH 27. 4. 1995, 8 ObA 225/95, DRdA 1996, 153 mit Bespr v *Klein* = ZAS 1996, 54 mit Bespr v *Holzer*.

[143] *Schrammel*, Freizügigkeit der Arbeitnehmer in der EU, ecolex 1996, 467; konkret zu § 36 AngG s OGH 26. 8. 1999, 8 ObA 196/99b, DRdA 2000, 400 mit Bespr v *Egger* = ARD 5104/1/2000; s weiters *Runggaldier*, Konkurrenzklausel und Erwerbsfreiheit – rechtsdogmatische Überlegungen unter Berücksichtigung des europäischen Gemeinschaftsrechts, in FS 100 Jahre Wirtschaftsuniversität Wien (1998), 351; *Reissner*, Die arbeitsrechtliche Konkurrenzklausel (1996), 57; *Holzer*, Der Fall Bosman und der österreichische Sport, DRdA 1996, 197.

pro Monat) beträgt[144]. Allfällige Sonderzahlungen sind bei der Ermittlung des Entgelts außer Acht zu lassen.

6/095 **Relativ unzulässig** ist die Konkurrenzklausel dann, wenn die Beschränkungen des Arbeitnehmers in Relation zu den Interessen des Arbeitgebers ein Übermaß annehmen. In diesem Sinne ist eine Konkurrenzklausel **nur insoweit** wirksam, als

a) sich die Beschränkung auf die Tätigkeit im Geschäftszweig des Arbeitgebers bezieht[145] und den **Zeitraum eines Jahres** nicht übersteigt und

b) die Beschränkung nicht nach Gegenstand, Zeit oder Ort im Verhältnis zum geschäftlichen Interesse, das der Arbeitgeber an ihrer Einhaltung hat, eine unbillige Erschwerung des Fortkommens des Arbeitnehmers enthält.

6/096 Steht eine Konkurrenzklausel mit den Beschränkungen des § 36 AngG oder § 2c AVRAG nicht in Einklang, so wird dadurch nicht die gesamte Vereinbarung unwirksam, sondern nur der über die Beschränkung hinausgehende Teil. Eine zu große örtliche Ausdehnung des Geltungsbereichs der Klausel, die zeitlich über ein Jahr hinausgehende Beschränkung bzw eine sonstige unbillige Erschwerung des Fortkommens führen zu einer entsprechenden **Einschränkung**[146]. Zur Frage der Wirksamkeit sind Billigkeitserwägungen anzustellen; das Bestreben des Arbeitnehmers, seine Arbeitskraft bestmöglich zu verwerten, und das des Arbeitgebers, in seinen Erwerbsinteressen nicht beeinträchtigt zu werden, stehen einander gegenüber[147].

6/097 Die **sachliche Beschränkung** durch die Konkurrenzklausel darf nicht so weit gehen, dass der Dienstnehmer gezwungen ist, seine Kenntnisse und Berufserfahrungen brachliegen zu lassen, einen allenfalls erlernten Spezialberuf aufzugeben und damit zwangsläufig in eine berufsfremde Sparte mit geringerem Einkommen überzuwechseln[148]. Eine derartige Beschränkung wurde nicht angenommen, wenn der Arbeitnehmer binnen drei bis vier Monaten in einen artverwandten Beruf, wenn auch unter Nachschulung und mit geringerem Einkommen, vermittelt werden könnte. Hat ein Servicetechniker in einem Konkurrenzunternehmen als Verkäufer zu arbeiten begonnen, so ist dies nicht als Berufswechsel aufzufassen, der die Anwendung der Konkurrenzklausel auszuschließen vermag. Besteht die konkrete Möglichkeit, in einer anderen Sparte im erlernten und bisher ausgeübten Beruf zu arbeiten, so stellt die Anwendung der Konkurrenzklausel keinen Zwang zur Aufgabe des erlernten Berufs und zum Wechsel in eine berufsfremde Sparte dar[149].

---

[144] Die Grenze der 20-fachen ASVG-Höchstbeitragsgrundlage gilt erst für ab dem 29.12.2015 vereinbarte Konkurrenzklauseln. Für zwischen 17.3.2006 und 18.12.2015 vereinbarte Klauseln gilt die Grenze des 17-fachen der ASVG-Höchstbeitragsgrundlage. Für davor vereinbarte Konkurrenzklauseln sind Entgeltgrenzen irrelevant, dh, dass Konkurrenzklauseln auch mit geringerem Entgelt zulässig sind. Zur ursprünglichen Grenzziehung von 120.000 Kronen vgl *Reissner/Preiss*, Die Neuerungen im Recht der Konkurrenzklausel und der Ausbildungskostenklausel, DRdA 2006, 183.

[145] Zur Interpretation dieses Tatbestandsmerkmals vgl zB OGH 24. 2. 1976, 5 Ob 519/76, Arb 9458.

[146] Judikaturbeispiele bei *Resch* in Löschnigg (Hrsg), AngG Bd 2[10] (2016), § 36 Rz 47.

[147] OGH 14. 1. 1975, 4 Ob 74, 75/74, Arb 9314; OGH 25. 9. 1979, 4 Ob 77/79, Arb 9809; OGH 15. 1. 1985, 4 Ob 128, 129/83, DRdA 1987, 129 mit Bespr v *Petrovic*.

[148] ZB OGH 9. 11. 1982, 4 Ob 138/82, infas 1984, A 37; OGH 11. 12. 1984, 4 Ob 142/84, infas 1985, A 78.

[149] OGH 14. 12. 1976, 4 Ob 111/76, ZAS 1978, 102 mit Bespr v *Böhm*.

Die **örtlichen Beschränkungen** einer Konkurrenzklausel besitzen hinsichtlich ihrer Zulässigkeit eine starke Interdependenz zu den sachlichen Beschränkungen. Eine örtlich weiter gefasste Konkurrenzklausel wird umso eher zu akzeptieren sein, wenn sie gleichzeitig hinsichtlich des Gegenstandes so eingeschränkt ist, dass dem Arbeitnehmer ein genügend großer Spielraum zu einer angemessenen Betätigung verbleibt. Die Einschränkung der Tätigkeit eines Arbeitnehmers im Bereich des gesamten Bundesgebietes wird regelmäßig als unzulässig anzusehen sein[150]. Besondere wirtschaftliche und regional bedingte Verhältnisse können aber in spezifischen Ausnahmefällen zu einer Erstreckung des örtlichen Geltungsbereichs einer Konkurrenzklausel über das österreichische Bundesgebiet hinaus führen (OGH 10. 12. 1985, 4 Ob 153/85, infas 1986, A 89). 6/098

Hinsichtlich der **zeitlichen Beschränkung** ist von der Einjahresfrist des § 36 AngG bzw § 2c AVRAG auszugehen. Aus der Zusammenschau dieser Reglementierung mit dem Faktor Zeit als Mäßigungsgesichtspunkt ergibt sich, dass die Beschränkung auf ein Jahr zwar eine Maximal-, aber nicht eine unter allen Umständen zulässige Minimalfrist darstellt; der Richter kann vielmehr im Einzelfall diese Einjahresfrist bzw auch eine kürzere Frist als unbillig ansehen und die Dauer der Konkurrenzklausel entweder weiter herabsetzen oder aber die ganze Vereinbarung für unverbindlich erklären (*Mayer/Grünberg*, Kommentar zum Handlungsgehilfengesetz [1910], 422 f; *Resch* in Löschnigg [Hrsg], AngG Bd 2^{10} (2016), § 36 Rz 41 ff). 6/099

Die Billigkeitsüberlegungen bei der Prüfung der Wettbewerbsabreden finden naturgemäß ihren Niederschlag im Ermessensspielraum des Richters. Dieser soll ja nach Billigkeit eine Entscheidung treffen. Diese Entscheidung kann selbstverständlich dazu führen, dass die gesamte Konkurrenzklausel für ungültig erklärt wird. Sie kann aber auch darin bestehen, dass der Richter die Konkurrenzklausel mäßigt, dh die als unbillig und damit gesetzwidrig erkannten Teile derselben ausscheidet. So könnte er, wie erwähnt, den örtlichen Umfang oder die zeitliche Fixierung verkleinern, sodass die Konkurrenzklausel nur noch im Rahmen der vom Gericht bezeichneten Schranken Anerkennung finden kann. Nicht angängig wäre es allerdings, wenn das Gericht den Inhalt der Konkurrenzklausel ändern und an Stelle der bisherigen Verpflichtungen anders geartete in den Vertrag sozusagen einpflanzen wollte.

Bei der Interpretation von Konkurrenzklauseln ist nach den §§ 914 f ABGB vorzugehen[151]. Dabei kommt man nach den Grundsätzen des § 914 ABGB (Wortlaut, Absicht der Parteien, Übung des redlichen Verkehrs) häufig zu keinem eindeutigen Ergebnis, sodass nach den Zweifelsregeln des § 915 ABGB regelmäßig das für den Arbeitnehmer günstigere Verständnis zu wählen ist[152]. 6/100

Verstößt ein Arbeitnehmer gegen eine Konkurrenzklausel, so stehen dem Arbeitgeber mehrere Möglichkeiten offen. Er kann Schadenersatzansprüche geltend machen, auf Einhaltung der Vereinbarung bestehen oder die Konventionalstrafe verlangen, wenn eine solche vereinbart wurde. 6/101

---

150 OGH 21. 5. 1968, 4 Ob 29/68, Arb 8520; s bereits OGH 27. 9. 1910, Rv I 791/10, GIUNF 5187.

151 Vgl allg *Resch*, Arbeitsvertrag und Nebenbeschäftigung (1991), 184 ff; missverständlich LG Wien 25. 9. 1980, 44 Cg 124/80, ARD 3333/17/81; OGH 27. 6. 1990, 9 ObA 148/90, infas 1991, A 15.

152 Vgl OGH 25. 9. 1979, 4 Ob 55/79, DRdA 1984, 150 mit Bespr v *Steinbauer*; OGH 8. 7. 1992, 9 ObA 120/92, DRdA 1993, 237 mit Bespr v *Reissner*; OGH 23. 12. 1998, 9 ObA 209/98w, DRdA 2000, 47 mit Bespr v *Egger*.

6.2.6.2. Treuepflicht

6/102 Hat der Arbeitnehmer für den Fall des Zuwiderhandelns gegen die Konkurrenzklausel eine **Konventionalstrafe**[153] versprochen, so kann der Arbeitgeber nur die verwirkte Konventionalstrafe verlangen. Der Anspruch auf Erfüllung – somit auf Unterlassung der Konkurrenztätigkeit – oder auf Ersatz eines weiteren Schadens ist ausgeschlossen. Für weite Bereiche des Arbeitsrechts kann zwar ein die Konventionalstrafe übersteigender Schaden dann geltend gemacht werden, wenn dies im Einzelnen ausgehandelt wurde[154], die Bestimmungen zur Konkurrenzklausel sind diesbezüglich aber als Spezialnormen zu qualifizieren. Eine solche Konventionalstrafe für den Fall des Zuwiderhandelns gegen eine Konkurrenzklausel ist nur insoweit wirksam, als diese das Sechsfache des für den letzten Monat des Arbeitsverhältnisses gebührenden Nettomonatsentgelts des Arbeitnehmers nicht übersteigt (sog „Deckelung"). Darüber hinaus unterliegen Konventionalstrafen generell dem **richterlichen Mäßigungsrecht**, dies ist im § 2e AVRAG nun auch explizit festgehalten. Bei der Beurteilung, ob die vereinbarte Konventionalstrafe übermäßig, also überhöht ist, ist der Richter zu einer Interessenabwägung anhand der Umstände des Einzelfalls aufgerufen.

Bei dieser **Billigkeitsentscheidung** sind va die Höhe des entstandenen Schadens im Verhältnis zur Höhe der vereinbarten Vertragsstrafe sowie die Umstände auf Seiten des Arbeitnehmers zu berücksichtigen[155]. Zu Letzteren zählen zB Art und Ausmaß des Verschuldens des Arbeitnehmers sowie dessen wirtschaftliche und soziale Verhältnisse, insb seine Einkommens- und Vermögensverhältnisse, Unterhaltspflichten[156] bzw familiäre Verhältnisse (vgl die Argumentation v *Steinbauer*, DRdA 1984, 156). Untergrenze der Herabsetzung der Vertragsstrafe ist an sich die Höhe des tatsächlichen Schadens (vgl OGH 25. 9. 1979, 4 Ob 55/79, DRdA 1984, 150). In der arbeitsrechtlichen Judikatur wird der Arbeitnehmer allerdings im Hinblick auf die Unzumutbarkeit des Negativbeweises und seine mangelnde Beweisnähe von der Beweispflicht bezüglich der tatsächlichen Schadenshöhe entbunden (OGH 8. 7. 1992, 9 ObA 120/92, DRdA 1993, 237; OGH 29. 11. 2013, 8 ObA 72/13s, ARD 6396/9/2014 = infas 2014, A 51). Eine Mäßigung kann demnach auch ohne Feststellung des tatsächlichen Schadens erfolgen, womit dieses Kriterium als Mäßigungsvoraussetzung sistiert wird (vgl OGH 8. 7. 1992, 9 ObA 120/92, DRdA 1993, 237 mit Bespr v *Reissner*).

Ist eine Schädigung des Arbeitgebers durch das an sich vertragswidrige Verhalten des Arbeitnehmers schlechthin zu verneinen, widerspräche es den bei der Auslegung des richterlichen Mäßigungsrechts zu berücksichtigenden Grundsätzen der Verhältnismäßigkeit, der Abwägung der beiderseitigen Interessen und der Billigkeit, den Arbeitnehmer zur Zahlung auch nur eines Teils der vereinbarten Konventionalstrafe zu verurteilen (OGH 29. 11. 1983, 4 Ob 124/82, ZAS 1985, 30 mit Bespr v *Kerschner*; zu Ausnahmen OGH 11. 6. 1997, 9 ObA 104/97b, ARD 4875/23/97 = ASoK 1997, 362 = DRdA 1997, 506).

6/103 Konkurrenzklauseln können grundsätzlich nicht nur am Beginn des Arbeitsverhältnisses, sondern auch während des aufrechten Bestehens desselben abgeschlossen werden. Eine Ver-

---

[153] Als Konventionalstrafe wird auch die Rückzahlung einer Prämie zu deuten sein, wenn gegen die Konkurrenzklausel verstoßen wird (vgl hiezu OGH 13. 11. 1996, 9 ObA 2240/96, infas 1997, A 32; OGH 15. 4. 2004, 8 ObA 21/04b, ZAS 2005, 138 mit Bespr v *Grießler* = Arb 12.433; *Kemetter*, Konkurrenzklausel und Konventionalstrafe, ecolex 2008, 853).

[154] Analoge Anwendung von § 1336 Abs 3 S 2 ABGB; vgl ua *Resch* in Löschnigg (Hrsg), AngG Bd 2^{10} (2016), § 38 Rz 4 f.

[155] OGH 25. 9. 1979, 4 Ob 55/79, DRdA 1984, 150 mit Bespr v *Steinbauer*; OGH 14. 1. 1981, 1 Ob 725/80, JBl 1982, 431; OGH 15. 12. 2009, 9 ObA 80/09v, DRdA 2011, 30 mit Bespr v *Geppert*.

[156] Vgl OGH 9. 11. 1982, 4 Ob 138/82, Arb 10.190; OGH 13. 5. 1986, 14 Ob 71/86, RdW 1986, 378; OGH 20. 12. 1998, 9 ObA 346/89, ARD 4161/25/90 = RdW 1990, 293; allg *Reischauer* in Rummel/Lukas (Hrsg), ABGB II^4 (2015), § 1336 Rz 14; vgl OGH 10. 5. 1983, 4 Ob 45/83, ZAS 1984, 108 mit Bespr v *Kohlmaier*.

einbarung im **laufenden Dienstverhältnis**, die in einer Drucksituation zustande gekommen ist, verfällt jedoch der Nichtigkeit[157].

Ein **planmäßiges fortgesetztes Zuwiderhandeln** gegen eine Konkurrenzklausel bildet auch einen Verstoß gegen **§ 1 UWG**[158]. Das Ausnützen eines Vertragsbruchs des Arbeitnehmers durch den Arbeitgeber ist aber – auch wenn es zu Wettbewerbszwecken erfolgt – nicht wettbewerbswidrig. Die allgemeine Wettbewerbsfreiheit erfasst auch die Nachfrage nach Mitarbeitern: Ein Unternehmen hat keinen Anspruch auf einen Mitarbeiterbestand. Der Rechtsprechung zufolge ist das Abwerben und Ausspannen von Mitarbeitern eines Mitbewerbers daher für sich allein noch nicht wettbewerbswidrig, selbst wenn damit eine Verleitung zum Vertragsbruch einhergeht. In diesem Sinn ist es nach neuerer Ansicht des OGH[159] auch nicht unlauter, wenn ein potentieller neuer Arbeitgeber in Kenntnis, dass der Arbeitnehmer eine Konkurrenzklausel nicht einhalten wird, eine Prämie für den Arbeitgeberwechsel bezahlt („Wechselprämie") oder den Arbeitnehmer für den Fall haftungsfrei stellt, dass der alte Arbeitgeber Schadenersatzansprüche gegen den Arbeitnehmer geltend machen kann. Liegt jedoch eine sittenwidrige Abwerbung vor, kann dem neuen Arbeitgeber die Beschäftigung des abgeworbenen Arbeitnehmers mit einer den Verhältnissen des Einzelfalls angepassten zeitlichen, örtlichen und sachlichen Begrenzung des Verbots untersagt werden (OGH 7. 2. 1978, 4 Ob 415, 416/77, ARD 3056/9/78). 6/104

Die **Geltendmachung** einer Konkurrenzklausel hängt wesentlich von der **Art der Beendigung** des Arbeitsverhältnisses ab. § 37 AngG und § 2c AVRAG kennen einige Fälle der **Verwirkung**[160]. Hat der Arbeitgeber durch schuldhaftes Verhalten dem Arbeitnehmer begründeten Anlass zum vorzeitigen Austritt oder zur Kündigung des Arbeitsverhältnisses gegeben, so kann er die durch die Konkurrenzklausel begründeten Rechte gegen den Arbeitnehmer nicht geltend machen[161]. Für den Fall, dass der Arbeitgeber das Arbeitsverhältnis löst, wird die Konkurrenzklausel ebenfalls verwirkt[162]. Dies gilt jedoch dann nicht, wenn der Arbeitnehmer durch schuldhaftes Verhalten hiezu begründeten Anlass gibt. In erster Linie betrifft dies die Fälle einer gerechtfertigten Entlassung. Das schuldhafte Verhalten eines Arbeitnehmers iSd § 37 AngG bzw § 2c Abs 3 AVRAG muss jedoch nicht unbedingt die Schwere eines Entlassungsgrundes erreichen, es muss aber so beträchtlich sein, dass es das Arbeitsverhältnis zerrüttet und aus diesem Grund den Dienstgeber zur Kündigung veranlasst[163]. Entscheidend ist allein, durch welche Form der Beendigung das Dienstverhältnis tatsächlich 6/105

---

[157] OGH 15. 12. 1999, 9 ObA 182/99a, ARD 5147/2/2000 = Arb 11.978.

[158] OGH 12. 11. 1979, 4 Ob 379/79, DRdA 1980, 383 mit Bespr v *Rummel*; OGH 28. 1. 1999, 8 ObA 260/98p, DRdA 2000, 59 mit Bespr v *Artmann*; OGH 22. 2. 2006, 9 ObA 185/05d, DRdA 2007, 306 = ARD 5693/4/2006; OGH 23. 5. 2006, 4 Ob 32/06v, ARD 5763/7/2007; *Kuderna*, Wettbewerbsrechtliche Unterlassungsansprüche gegen durch eine Konkurrenzklausel gebundene Arbeitnehmer, in FS Weißenberg (1980), 287; *Jabornegg*, Unternehmensrecht und Arbeitsrecht II, DRdA 1991, 124; *Rebhahn/Ettmayer*, § 1 UWG und die Verletzung arbeitsrechtlicher Vorschriften, wbl 2006, 1.

[159] OGH 17. 9. 2014, 4 Ob 125/14g, ASoK 2014, 452 mit Bespr v *Korenjak* = ecolex 2015, 51 mit Bespr v *Hofmarcher* = ecolex 2015, 55 mit Bespr v *Staber/Winter*.

[160] *Gerhartl*, Verwirkung einer Konkurrenzklausel bei Verschulden des Arbeitsgebers, taxlex 2011, 236; *Eibensteiner*, Austritt aus gesundheitlichen Gründen – Verwirkung der Konkurrenzklausel?, RdW 2012, 224.

[161] Vgl OLG Wien 29. 6. 2009, 10 Ra 28/09z, ARD 6056/1/2010; s aber OGH 24. 11. 2010, 9 ObA 19/10z, DRdA 2012, 482 mit Bespr v *Engelbrecht* = ASoK 2011, 322.

[162] Vgl OGH 29. 6. 2011, 8 ObA 47/11m, infas 2012, A 10.

[163] OGH 28. 10. 1985, 4 Ob 134/85, DRdA 1988, 39 mit krit Bespr v *Harrer* = Arb 10.478.

aufgelöst wird. Vorangegangene Kündigungserklärungen sind unbeachtlich, wenn das Dienstverhältnis vor Ablauf der Kündigungsfrist durch einvernehmliche Auflösung beendet wird[164]. Zu beachten ist, dass weder der Ablauf eines befristeten Arbeitsverhältnisses noch die einvernehmliche Auflösung[165] oder die spezifische Lösung eines Arbeitsverhältnisses auf Probe durch den Arbeitnehmer zu einer Verwirkung der Konkurrenzklausel führen. Allfällige Unbilligkeiten müssen in diesen Fällen durch die sonstigen Beschränkungsmechanismen, insb durch § 36 AngG oder § 2c AVRAG ausgeglichen werden[166].

6/106 Der Arbeitnehmer hat die Konkurrenzklausel auch dann einzuhalten, wenn der Arbeitgeber bei der Auflösung des Arbeitsverhältnisses erklärt, während der Dauer der Beschränkung dem Arbeitnehmer das ihm zuletzt zukommende Entgelt zu leisten (sog Karenzentschädigung; § 37 Abs 2 Fall 2 AngG, § 2c Abs 4 Fall 2 AVRAG).

Entgegen dem Wortlaut des § 37 Abs 2 AngG bzw § 2c Abs 4 AVRAG kann der Arbeitgeber im Falle einer ungerechtfertigten Entlassung die Konkurrenzklausel auch nicht bei Zahlung der Karenzentschädigung gegen den Willen des Arbeitnehmers geltend machen (vgl OGH 6. 9. 1983, 4 Ob 98, 99/83, ARD 3584/22/84).

Hat sich der Dienstgeber entschlossen, auf die Einhaltung der Konkurrenzklausel unter Fortzahlung des Entgelts zu bestehen, so kann er zu einem späteren Zeitpunkt einseitig davon nicht mehr abgehen; eine Kündigung der in Geltung gesetzten Konkurrenzklausel ist prinzipiell nicht möglich, zumal es sich diesbezüglich um ein (zB auf ein Jahr) **befristetes** Dauerschuldverhältnis handelt. Kommt es zu einer Vereinbarung, derzufolge der Arbeitgeber während der Geltungsdauer auf die weitere Einhaltung der Konkurrenzklausel bei Entfall der Karenzentschädigung „verzichten" kann (dh zu einer einseitigen Kündigungsvereinbarung), so ist diese Abrede unwirksam[167].

Dem Arbeitnehmer steht es frei, außerhalb des Geltungsbereichs der Klausel ein neues Arbeitsverhältnis zu begründen. Eine Anrechnung auf das vom (ehemaligen) Dienstgeber fortzuzahlende Entgelt analog zu § 1155 ABGB (vgl hiezu 6.9.1.6) findet nicht statt. Eine vertraglich vereinbarte Anrechnungsmöglichkeit ist insofern beachtlich, als dadurch nicht die zwingende Höhe der Karenzentschädigung des § 37 Abs 2 AngG unterschritten wird. Im Rahmen von freiwillig gewährten oder erhöhten Karenzentschädigungen wären daher Anrechnungsvereinbarungen zulässig[168].

6.3. Gehorsamspflicht

6/107 Der Arbeitnehmer ist verpflichtet, den durch die Dienstleistung **gerechtfertigten Weisungen** des Dienstgebers nachzukommen (zum Weisungsrecht vgl 3.1 u 6.1.3). Das Verhalten außerhalb des Betriebs unterliegt nicht dem Weisungsrecht des Dienstgebers. Insoweit außerdienstliches Verhalten für die Treuepflicht relevant ist (vgl 6.2.4), hat die Weisung des Arbeitgebers den Charakter einer Abmahnung, die an die Treuepflicht erinnert und entsprechende Konsequenzen nach sich zieht.

---

164 OGH 11. 12. 1984, 4 Ob 142/84, ZAS 1986, 97 mit Bespr v *Huber*.

165 OGH 24. 2. 1993, 9 ObA 4/93, JBl 1993, 671 = infas 1993, A 115; s auch OGH 3. 9. 2010, 9 ObA 141/09i, DRdA 2011, 370 mit Bespr v *Eypeltauer* = ZAS 2012, 83 mit Bespr v *Mayr* = infas 2011, A 14.

166 IdS ArbG Wien 9. 6. 1958, 7 Cr 145/58, SozM I A/e, 321; OGH 25. 11. 1992, 9 ObA 241/92, ARD 4432/7/93.

167 *Reissner*, Möglichkeiten und Grenzen der Parteiendisposition im Bereich von Konkurrenzklauseln, DRdA 1991, 434; im Ergebnis übereinstimmend OGH 23. 11. 1982, 4 Ob 162/82, ZAS 1984, 230 mit Bespr v *Mayer-Maly*; vgl auch OGH 18. 11. 1986, 14 Ob 187/86, infas 1987, A 53.

168 OGH 24. 2. 1993, 9 ObA 4/93, ARD 4472/43/93; *Reissner*, Möglichkeiten und Grenzen der Parteiendisposition im Bereich von Konkurrenzklauseln, DRdA 1991, 441.

Die Gehorsamspflicht ist im Prinzip das Gegenstück des Weisungsrechts. Weisungen, die formelle Arbeitsbedingungen betreffen (insb die Ordnung des Betriebs), sind meist genereller Natur und wurden früher an das Fabrikstor geschlagen (Fabriksordnungen). Der Ausbau der Betriebsverfassung machte die „Arbeitsordnungen" von der Zustimmung des Betriebsrats abhängig.

Nach den §§ 96, 96a und 97 ArbVG sind eine Reihe von Maßnahmen, die seinerzeit generell durch Weisung des Arbeitgebers bestimmt wurden, Gegenstand der **Mitbestimmung** in sozialen Angelegenheiten. Die im Wege der Mitbestimmung geschaffenen Betriebsvereinbarungen (vgl 3.3.4.5 bzw 11.4.4.1.6) sind nunmehr für das Verhalten der Dienstnehmer im Betrieb primär maßgebend. Der vorrangige Zweck der Mitbestimmung war das Zurückdrängen der Willkür des Arbeitgebers, sodass die Einschränkung des Weisungsrechts schon im BRG 1919 ihren Niederschlag fand. 6/108

6.4. Recht am Arbeitsergebnis

Ein wesentliches und für das Arbeitsverhältnis typisches Element besteht darin, dass das Ergebnis der Arbeit dem Dienstgeber zukommt. Der Arbeitgeber verwertet die vom Arbeitnehmer hergestellten Produkte oder die von ihm erbrachten Dienstleistungen – er zahlt dafür auch das Entgelt. Gewisse menschliche Leistungen werden – losgelöst vom sozialen Schutzprinzip im Arbeitsrecht – auf Grund ihrer besonderen schöpferischen Leistung eigenen bzw zusätzlichen Schutzmechanismen unterworfen. Der gesellschaftliche Wert dieser Leistungen führt zu einer mehr oder minder starken Anerkennung eines Rechts auf geistiges Eigentum („**Schöpferprinzip**"). Damit kommt es zu einem **Spannungsverhältnis** zwischen den unternehmerischen Dispositionsrechten des Arbeitgebers und den Rechten des Arbeitnehmers an seiner geistigen Schöpfung[169]. 6/109

Dieses Spannungsverhältnis wird in den einzelnen Rechtsbereichen nicht einheitlich oder überhaupt nicht gelöst. Regelungsansätze finden sich insb bei

- Diensterfindungen im PatG,
- Urheberrechten im UrhG,
- Mustern und Geschmacksmustern im MuSchG,
- Gebrauchsmustern im GMG,
- Topografien von Halbleitererzeugnissen/Mikrochips im HlSchG,
- Veröffentlichungen im UG und im MedienG.

Keine Regelung zu diesem Problembereich findet sich etwa für Pflanzensorten/Neuzüchtungen im SortenschutzG.

Regelungen, die nach dem Schöpferprinzip (s oben) ausgerichtet sind, übertragen grundsätzlich dem Arbeitnehmer die Verwertungsrechte an der geistigen Schöpfung. Gegenteiliges muss vereinbart werden. Regelungen, die eher von der im Arbeitsrecht typischen Zuordnung der Arbeitsergebnisse ausgehen, übertragen dem Arbeitgeber (von vornherein) die Verwertungsrechte. Gegenteiliges steht wieder zur Disposition der Arbeitsvertragsparteien. 6/110

[169] Allg hiezu *Horn/Grünwald*, Gewerblicher Rechtsschutz II – Patent-, Gebrauchs- und Geschmacksmusterrecht mit Mustern und Formularen (2015).

6.4. Recht am Arbeitsergebnis

6/111 Das PatG 1970 definiert im § 7 Abs 3 den Begriff der **Diensterfindung**[170]. Eine solche liegt vor, wenn sie ihrem Gegenstand nach in das Arbeitsgebiet des Unternehmens, in dem der Dienstnehmer tätig ist, fällt und wenn

a) entweder die Tätigkeit, die zu der Erfindung geführt hat, zu den dienstlichen Obliegenheiten des Dienstnehmers gehört oder

b) der Dienstnehmer die Anregung zu der Erfindung durch seine Tätigkeit in dem Unternehmen erhalten hat oder

c) das Zustandekommen der Erfindung durch die Benützung der Erfahrungen oder der Hilfsmittel des Unternehmens wesentlich erleichtert worden ist.

6/112 Die österreichische Lösung stellt sich prinzipiell auf den Standpunkt, dass dem **Recht des Erfinders Priorität** zukommt, und überlässt die Sicherung der Unternehmensinteressen einer **Vereinbarung**[171]. Gem § 7 Abs 1 PatG sind Vereinbarungen zwischen Arbeitgebern und Arbeitnehmern, nach denen künftige Erfindungen dem Arbeitgeber gehören sollen oder diesem ein Benützungsrecht an solchen Erfindungen eingeräumt wird, nur dann rechtswirksam, wenn die Erfindung eine Diensterfindung ist. Die Vereinbarung bedarf zu ihrer Gültigkeit der **Schriftform**, der auch Genüge geleistet ist, wenn darüber ein **Kollektivvertrag** vorliegt. Die diesbezügliche kollektivvertragliche Regelungsbefugnis ist rechtspolitisch verfehlt: Es geht nicht an, derartige Vorausverfügungen generell – womöglich für gesamte Branchen – zu treffen, sondern es sollte dies der Einzelvereinbarung vorbehalten werden. Insoweit Kollektivverträge oder Einzelvereinbarungen nicht Diensterfindungen betreffen, sind sie ungültig.

Das Fehlen einer gesetzlichen Verpflichtung des Arbeitgebers zur Patentanmeldung und auch eines entsprechenden an den Arbeitnehmer gerichteten Verbots lässt die Annahme zu, dass der Arbeitnehmer berechtigt ist, seine Erfindung auf eigenen Namen zur Patenterteilung anmelden zu lassen (*Geppert*, Diensterfindung und Verbesserungsvorschlag im österreichischen Recht, DRdA 1972, 158 f).

Jede Erfindung, die nicht als Diensterfindung gewertet wird, ist eine „**freie**" Erfindung des Arbeitnehmers. Davon zu unterscheiden sind die sog „**frei gewordenen** Diensterfindungen", ds jene Diensterfindungen, die dem Arbeitgeber als solche anzubieten waren, von ihm aber nicht in Anspruch genom-

---

170 Zum Diensterfindungsrecht vgl allg *Reitböck*, Der Begriff der Diensterfindung und angrenzende Rechtsfragen (2003); *Collin*, Innovations-Handbuch (1985), 57 ff; *Mayr*, Vergütung für Erfindungen von Dienstnehmern (1997); *dens*, Der Eigentumserwerb an Diensterfindungen und sachenrechtliche bzw schuldrechtliche Konsequenzen des Erwerbs vom Nichtberechtigten, ÖJZ 1997, 691; *Geppert*, Diensterfindung und Verbesserungsvorschlag im österreichischen Recht, DRdA 1972, 147 und 284 mwN; *dens*, Arbeitnehmer-Erfindungen, in Österreichische Landesberichte zum XII. Internationalen Kongreß für das Recht der Arbeit und der Sozialen Sicherheit in Madrid (1988), 21; *Marterer*, Forschungs- und Diensterfindungsrecht (1991); *dens*, Diensterfindungsrecht in Österreich, ecolex 1992, 425; *Schwartz*, Zur Übertragbarkeit der Rechte und Pflichten an Diensterfindungen aus öffentlich-rechtlichen Dienstverhältnissen, ÖBl 2001, 7; *Nowotny*, Erfindungen von Universitätslehrern – Zugleich ein Beitrag zum Begriff der Diensterfindung, ÖBl 1979, 1; *Heidinger/Lettau/Buchtela*, Praxisfragen zur Diensterfindung im universitären Bereich, ecolex 2005, 456; *Dittrich*, Ausgewählte Grundsatzfragen des Arbeitnehmerurheberrechts, ZAS 2006, 4; *Ciresa*, Softwareentwicklung durch Arbeitnehmer, ZAS 2006, 15; *Jabornegg*, Urheberrechtliche Bestimmungen im KollV für Filmschaffende und in Einzelverträgen, DRdA 2003, 391; *Eypeltauer*, Austritt eines Diensterfinders, DRdA 2006, 56; *Majoros*, Der Arbeitnehmer als Urheber, DRdA 2009, 161; *Neumayr*, Vereinbarungen zum Urheberrecht sowie Vereinbarungen über Veröffentlichungen, Vorträge etc, in Reissner/Neumayr (Hrsg), Zeller Handbuch Arbeitsvertrags-Klauseln (2010), 779 ff.

171 *Hruška-Frank*, Vereinbarungen über Dienstleistungen, in Reissner/Neumayr (Hrsg), Zeller Handbuch Arbeitsvertrags-Klauseln (2010), 767 ff; zu einer Rückfallsklausel und einem Treuhandvertrag zu Gunsten des Erfinders s OGH 18. 9. 2002, 9 ObA 60/02t, DRdA 2003, 319 mit Bespr v *Apathy*.

men wurden. Lehnt der Dienstgeber die Inanspruchnahme einer Erfindung als Diensterfindung ausdrücklich ab, so verbleibt die Erfindung dem Erfinder und damit in dessen Alleineigentum (OGH 4. 3. 1980, 4 Ob 61/79, Arb 9858).

Dem Dienstnehmer gebührt in jedem Fall für die Überlassung einer von ihm gemachten Erfindung an den Dienstgeber sowie für die Einräumung eines Benützungsrechts eine **angemessene Vergütung** (§ 8 Abs 1 PatG)[172]. Wurde der Dienstnehmer ausdrücklich zur Erfindertätigkeit angestellt, so gebührt die Vergütung nur insoweit, als sie nicht bereits in einem entsprechend höheren Entgelt enthalten ist (§ 8 Abs 2 PatG). Richtlinien für die Bemessung der Vergütung enthalten die §§ 9 und 10 PatG, wobei hervorzuheben ist, dass die Vergütung auf Antrag der Beteiligten auch **nachträglich nach billigem Ermessen** geändert werden kann. Keinesfalls hat der Arbeitnehmer bereits empfangene Leistungen zurückzuerstatten. Ein Anspruch des Diensterfinders auf **Rechnungslegung** hinsichtlich der durch die Diensterfindung gemachten Umsätze sowie ein Anspruch auf Überprüfung der vom Dienstgeber vorgelegten Unterlagen durch einen Sachverständigen sind zu bejahen[173]. 6/113

Aus der Formulierung des § 8 Abs 1 PatG, wonach „in jedem Fall" für die Überlassung einer vom Dienstnehmer gemachten Erfindung eine angemessene Vergütung gebührt, kann geschlossen werden, dass sich der Dienstnehmer – mangels einer weiter gehenden Vereinbarung – auch dann auf diese Bestimmung stützen kann, wenn er dem Dienstgeber eine **freie Erfindung** überlässt. Zur **Überlassung** einer freien Erfindung ist der Dienstnehmer nach österreichischem Recht **nicht verpflichtet**.

§ 12 Abs 1 PatG verpflichtet den Arbeitnehmer im Falle einer **Vorausverfügung** über Diensterfindungen zu Gunsten des Arbeitgebers, jede Erfindung, die er macht, dem Dienstgeber mitzuteilen, ausgenommen solche, die offenbar nicht unter die Vereinbarung fallen. Der Dienstgeber hat binnen vier Monaten nach dem Tag, an dem er die Mitteilung erhalten hat, dem Dienstnehmer zu erklären, ob er die Erfindung auf Grund der bestehenden Vereinbarung als Diensterfindung für sich in Anspruch nimmt. Versäumt der Dienstnehmer die Mitteilung, so haftet er dem Dienstgeber für den Ersatz des dadurch verursachten Schadens, der auch den entgangenen Gewinn umfasst. Versäumt der Dienstgeber die Erklärung oder gibt er eine verneinende Erklärung ab, so verbleibt die „frei gewordene Diensterfindung" dem Dienstnehmer (§ 12 Abs 2 PatG; OGH 4. 3. 1980, 4 Ob 61/79, Arb 9858). 6/114

Mitunter wird im Schrifttum die Ansicht vertreten, dass der Arbeitnehmer auf Grund der **Treuepflicht** gezwungen wäre, bestimmte freie Erfindungen, die betriebliche Bedeutung besitzen, dem Arbeitgeber anzubieten[174]. Diese Auffassung ist abzulehnen. 6/115

Die Treuepflicht des Arbeitnehmers hat zwar generalklauselartigen Charakter (vgl 6.2), was aber nicht dazu dienen kann, positive Regelungen zu erweitern oder gar zu korrigieren. Wenn die österreichische Regelung ausdrücklich nur Diensterfindungen – und diese nur im Wege einer Vorausverfügung – diesbezüglich für disponibel erklärt, so wäre es weder rechtlich noch sozialpolitisch vertretbar, freie Erfindungen – ohne Vorausverfügungen – aus dem Rechtstitel der Treuepflicht dem Arbeitgeber zur Verfügung stellen zu wollen. Differenzierter sind wohl jene Diensterfindungen zu beurteilen,

[172] Vgl *Böhm*, Diensterfindervergütungsbemessung, DRdA 1996, 200; *Gerhartl*, Fragen der Diensterfindungsvergütung, RdW 2014, 33; s auch OGH 25. 6. 2013, 9 ObA 24/13i, ARD 6354/5/2013 = ASoK 2014, 38.

[173] OGH 2. 9. 1998, 9 ObA 92/98i, DRdA 1999, 387 mit Bespr v *Mayr*; OGH 21. 12. 2011, 9 ObA 7/11m, ARD 6217/4/2012; *Thiele*, Vergütungsansprüche bei Diensterfindungen: Rechnungslegung?, RdW 2012, 351.

[174] Nachweise bei *Geppert*, Diensterfindung und Verbesserungsvorschlag im österreichischen Recht, DRdA 1972, 160.

die nur deshalb dem Dienstgeber nicht anzubieten und mitzuteilen sind, weil eine diesbezügliche vertragliche Vereinbarung fehlt. Hier rechtfertigt die immerhin vorhandene Mitwirkung betrieblicher Einrichtungen des Arbeitgebers an der Entstehung dieser Erfindungen eine Einschränkung des Arbeitnehmers in seiner Verwertungsfreiheit, und zwar insofern, als man für den Fall der Verwertung während des Bestehens des Arbeitsverhältnisses eine Mitteilungspflicht an den Dienstgeber bejaht[175].

6/116 Der Anspruch auf eine Diensterfindung setzt eine **patentfähige Erfindung**, also ein „Patent“ im materiellen Sinn, voraus. Ein Patent im formellen Sinn genügt nicht. Es muss daher auch dem in Anspruch genommenen Dienstgeber der Einwand offenstehen, dass das formelle „Patent“ einen gem §§ 1, 2 oder 3 PatG nicht patentfähigen Gegenstand betrifft, somit gem § 48 Abs 1 Z 1 PatG nichtig ist und daher ein gesetzlicher Entschädigungsanspruch nicht zusteht[176].

In Österreich gibt es keine gesetzliche Regelung, wonach **technische Verbesserungsvorschläge** angemessen zu vergüten wären. Allerdings bildet das „betriebliche Vorschlagswesen“ den **Gegenstand einer fakultativen Betriebsvereinbarung** gem § 97 Abs 1 Z 14 ArbVG (vgl 3.3.4.5.4 u 11.5.1.9). Auch kollektivvertragliche Regelungen sind durchaus möglich. Wenn von betrieblichem Vorschlagswesen die Rede ist, so sind hier nicht nur jene Vorschläge gemeint, die dem Arbeitgeber eine ähnliche Vorzugsstellung gewähren wie ein gewerbliches Schutzrecht, sondern alle – auch außerhalb des Aufgabenbereichs des Arbeitnehmers im Betrieb liegende – Anregungen, die eine Verbesserung bzw Rationalisierung des betrieblichen Geschehens zur Folge haben[177].

6/117 Was die **Urheberrechte** an einem geschützten Werk (zB der Literatur, bildenden Kunst, Tonkunst, Computerprogramme) anbelangt[178], so gilt gem § 10 Abs 1 UrhG derjenige als Urheber eines Werkes, der es geschaffen hat, mithin auch der Arbeitnehmer (Schöpferprinzip; s oben). Ein Verzicht auf die Urheberschaft als solche wäre rechtsunwirksam (§ 19 Abs 2 UrhG). Nutzungsrechte an dem urheberrechtlich geschützten Werk kann der Arbeitnehmer aber durchaus auf den Arbeitgeber übertragen. Dies ist auch für künftige Werke des Urhebers möglich. Eine Verpflichtung zur Übertragung von Nutzungsrechten auf den Arbeitgeber besteht jedoch ohne entsprechende gesetzliche, kollektivvertragliche oder vertragliche Grundlage nicht.

Im Regelfall wird eine entsprechende Übertragung der Urheberrechte im Arbeitsvertrag verankert sein. Hat sich jedoch der Urheber/Arbeitnehmer verpflichtet, dem Arbeitgeber Nutzungsrechte an den Werken einzuräumen, die er Zeit seines Lebens oder binnen einer fünf Jahre übersteigenden Frist schaffen wird, so kann jeder Vertragspartner gem § 31 Abs 2 UrhG kündigen, sobald seit Abschluss des Vertrages fünf Jahre abgelaufen sind. Auf dieses Kündigungsrecht kann im Vorhinein nicht verzichtet werden. Durch die Kündigung wird das Vertragsverhältnis nur hinsichtlich der Werke beendet, die zur Zeit des Ablaufs der Kündigungsfrist noch nicht vollendet sind. Diese gesonderte Kündigungsmöglichkeit der Urheberrechtsklausel führt dazu, dass hier ausnahmsweise eine **Teilkündigung** des Arbeitsvertrages möglich bzw gesetzlich vorgesehen ist (allg zur Teilkündigung vgl 8.2.6).

6/118 Einen Ex-lege-Übergang von Werknutzungsrechten auf den Arbeitgeber sieht § 40b UrhG punktuell – und systemwidrig – für **Computerprogramme** vor, wenn diese von einem

---

175 *Kramer*, Arbeitsvertragsrechtliche Verbindlichkeiten neben Lohnzahlung und Dienstleistung (1975), 104; *Schwarz/Holzer*, Die Treuepflicht des Arbeitnehmers und ihre künftige Gestaltung (1976), 143 f.

176 OGH 27. 11. 1979, 4 Ob 113/79, DRdA 1981, 310 mit Bespr v *Geppert*; OGH 17. 3. 1981, 4 Ob 25/81, ARD 3342/13/81; OGH 5. 4. 2013, 8 ObA 75/12f, ARD 6323/2/2013 = RdW 2013, 348.

177 Vgl *Collin*, Innovations-Handbuch (1985), 429 ff; *Geppert*, Diensterfindung und Verbesserungsvorschlag im österreichischen Recht, DRdA 1972, 284.

178 Vgl allg dazu *Dittrich*, Arbeitnehmer und Urheberrecht (1978); *Thiele*, Übertragung von Urheberrechten auf den Arbeitgeber, RdW 2002, 537.

Arbeitnehmer in Erfüllung der dienstlichen Obliegenheiten geschaffen wurden und wenn mit dem Urheber nichts anderes vereinbart wurde[179]. Fraglich ist, ob dem Urheber eine **angemessene Vergütung** für die Übertragung von Urheberrechten zusteht. Eine explizite Regelung – vergleichbar mit § 8 Abs 1 PatentG (s oben) – findet sich im UrhG nicht. Teilweise wird eine solche Vergütung in Analogie zum PatentG vertreten. Sachlich gerechtfertigt ist die bestehende Differenzierung zwischen Übertragung von Urheberrechten und Rechten aus dem PatentG nicht.

Einen umfassenden Ex-lege-Übergang von Arbeitnehmerrechten sieht das **Musterschutzrecht** vor. Gemäß § 7 Abs 1 MuSchG hat zwar grundsätzlich der Schöpfer eines Musters[180] Anspruch auf Musterschutz, § 7 Abs 2 MuSchG sieht jedoch für Arbeitsverhältnisse Ausnahmen vor: Fällt nämlich das Muster eines Arbeitnehmers in das Arbeitsgebiet des Unternehmens, in dem dieser tätig ist, und hat die Tätigkeit, die zu dem Muster geführt hat, zu den dienstlichen Obliegenheiten des Arbeitnehmers gehört, so steht der Anspruch auf Musterschutz, wenn nichts anderes vereinbart worden ist, dem Arbeitgeber zu. 6/119

Für **Gebrauchsmuster** iSd Gebrauchsmustergesetzes bedient sich der Gesetzgeber derselben Regelung wie im PatG. Der Anspruch auf Gebrauchsmusterschutz kommt primär dem Erfinder zu (Schöpferprinzip). Als Gebrauchsmuster werden gem § 1 Abs 1 GMG auf Antrag Erfindungen auf allen Gebieten der Technik geschützt, sofern sie neu sind, auf einem erfinderischen Schritt beruhen und gewerblich anwendbar sind. Bezüglich Erfindungen von Arbeitnehmern verweist § 7 Abs 2 GMG auf die Regelungen des PatG (s oben). 6/120

Als sog **Topographien** werden dreidimensionale Strukturen von Halbleitererzeugnissen („Mikrochips") bezeichnet. Der Schutz des geistigen Eigentums an solchen kommt grundsätzlich dem Schöpfer zu. Für im Rahmen eines Dienstverhältnisses oder sonst im Auftrag eines anderen geschaffene Topographien steht jedoch der Anspruch auf Halbleiterschutz dem Dienstgeber oder dem Auftraggeber zu, wenn nichts anderes vereinbart wurde (§ 3 Abs 2 HlSchG). 6/121

Eine spezielle Ausprägung der Verwertung von geistigem Eigentum bildet das **Recht auf Veröffentlichung**. Besondere Bedeutung besitzt es im Medien- und im Forschungsbereich. Dementsprechend billigt § 106 UG 2002 jedem **Universitätsangehörigen** das Recht zu, eigene wissenschaftliche oder künstlerische Arbeiten selbständig zu veröffentlichen. Bei der Veröffentlichung der Ergebnisse der Forschung oder der Entwicklung und Erschließung der Künste sind Arbeitnehmer der Universität, die einen eigenen wissenschaftlichen oder künstlerischen Beitrag zu dieser Arbeit geleistet haben, als Mitautoren zu nennen[181]. Gem § 3 MedienG darf die Veröffentlichung eines namentlich gezeichneten Beitrags oder 6/122

---

[179] S hiezu bereits OGH 16. 6. 1992, 4 Ob 65/92, ARD 4450/22/93 = MR 1992, 244 mit Bespr v *Walter*; zur unentgeltlichen Überlassung eines Computerprogramms vgl OGH 22. 12. 1997, 8 ObA 380/97h, DRdA 1998, 418 mit Bespr v *Holzer*.

[180] Ein Muster iSd § 1 MuSchG ist die Erscheinungsform eines ganzen Erzeugnisses oder eines Teils davon, die sich insbesondere aus den Merkmalen der Linien, Konturen, Farben, der Gestalt, Oberflächenstruktur und/oder der Werkstoffe des Erzeugnisses selbst und/oder seiner Verzierung ergibt. Erzeugnis ist hiebei jeder industrielle oder handwerkliche Gegenstand einschließlich – unter anderem – Einzelteilen, die zu einem komplexen Erzeugnis zusammengebaut werden sollen, Verpackung, Ausstattung, grafischer Symbole und typografischer Schriftbilder; ein Computerprogramm gilt jedoch nicht als Erzeugnis.

[181] Zur Rechtslage vor dem UG 2002 vgl *Marterer*, Forschungs- und Diensterfindungsrecht (1991).

einer Darbietung eines **Medienmitarbeiters** nur mit dessen Zustimmung erfolgen, wenn Veränderungen in einer den Sinngehalt betreffenden Weise vorgenommen wurden. Der Angabe des Namens des Verfassers ist die Bezeichnung mit einem von ihm bekanntermaßen gebrauchten Decknamen oder Zeichen gleichzuhalten (allg zum Medienmitarbeiter vgl 4.3.2.2.3.3).

6.5. Arbeitsentgelt

6.5.1. Begriff

6/123 Der wichtigste Anspruch des Arbeitnehmers ist der Anspruch auf das Entgelt. Im Gegensatz zu anderen Rechtsbereichen (vgl § 49 ASVG, § 25 EStG oder § 74 Abs 1 Z 6 StGB) kennt das Arbeitsrecht keine allgemein gültige Legaldefinition des Entgelts[182]. Zum EFZG und zum UrlG wurden zwar Generalkollektivverträge iSd § 18 Abs 4 ArbVG über den Begriff des Entgelts abgeschlossen, ihre Bedeutung bleibt aber auf diese beiden Gesetzesmaterien beschränkt. Lehre und Rechtsprechung umschreiben den Begriff des Entgelts sehr allgemein. **Jede Art von Leistung** wird darunter verstanden, die dem Arbeitnehmer für die **Zurverfügungstellung** seiner **Arbeitskraft** gewährt wird[183].

Als **entgeltferne Leistungen** bezeichnet hingegen der OGH jene Begünstigungen, die der Arbeitgeber (zB Gemeindebetriebe) nicht nur den Arbeitnehmern, sondern auch anderen Bevölkerungsgruppen (zB Schülern, Studenten) gewährt[184]. Allein der Umstand, dass andere Personengruppen auch in den Genuss der Leistung kommen, kann jedoch nicht ausreichen, um den Entgeltcharakter zu verneinen. Entscheidend ist vielmehr, ob die Arbeitnehmer auch unabhängig von der Zurverfügungstellung ihrer Arbeitskraft die Leistung bekommen hätten[185].

Leistungen eines Dritten sind nur dann dem Arbeitsentgelt zuzurechnen, wenn zwischen Dienstnehmer und Dienstgeber entsprechende vertragliche Vereinbarungen getroffen wurden oder wenn sich eine Zuordnung der Leistungen Dritter zum Entgelt aus den sonstigen Umständen ergibt. Die Rechtsprechung hat sich mit dieser Frage im Zusammenhang mit Trinkgeldern befasst (vgl 6.5.2.1). Bei den Sondergebühren von Spitalsärzten tauchen ähnliche Probleme auf. Tritt der Krankenanstaltenträger unmittelbar als Verpflichteter auf oder verweist er zumindest teilweise an Stelle des Entgelts auf die Sondergebühren, so handelt es sich um Entgelt, das auch bei der Berechnung der Abfertigung mit zu berücksichtigen ist[186].

---

182 Für den Geltungsbereich des GAngG und des LArbG vgl § 5 Abs 2 GAngG und § 8 Abs 2 LArbG.

183 *Spielbüchler/Grillberger*, Arbeitsrecht I⁴ (1998), 222; *Marhold/Friedrich*, Österreichisches Arbeitsrecht³ (2016), 140; *Krejci* in Rummel/Lukas (Hrsg), ABGB I⁴ (2015), § 1152 Rz 9; s auch *Burgstaller/Schorn*, Entgelt nicht gleich Entgelt – Der Entgeltbegriff im Arbeitsrecht – ein Abriss der verschiedenen einzelgesetzlichen Ansätze im Arbeitsrecht, ZAS 2013, 99; OGH 13. 1. 1976, 4 Ob 63/75, ZAS 1977, 140 mit Bespr v *Klein*; OGH 19. 4. 1977, 4 Ob 23–61/77, DRdA 1978, 252 mit Bespr v *B. Schwarz* = Arb 9579; OGH 12. 6. 1979, 4 Ob 41/79, Arb 9798.

184 OGH 6. 4. 1994, 9 ObA 354/93, DRdA 1995, 39 mit Bespr v *Eypeltauer*.

185 Zur Qualifikation von Zuschüssen zu Theater- und Konzertabonnements als „entgeltferne Leistungen" vgl OGH 18. 4. 1996, 8 ObA 270/95, DRdA 1997, 27 mit Bespr v *Eypeltauer*.

186 Vgl *Marhold*, Ärztliche Sondergebühren – Einbeziehung in die Abfertigung?, RdW 1984, 282; s auch *Krejci*, Grenzen einseitiger Entgeltbestimmung durch den Arbeitgeber, ZAS 1983, 203; *Schrammel*, Entgelt von Dritten, ZAS 2003, 57; zu sog Assistenzgebühren einer Krankenschwester vgl OGH 23. 5. 1997, 8 ObS 52/97y,

Das Entgelt umfasst neben dem laufenden Lohn oder Gehalt auch die übrigen regelmäßigen 6/124
oder sonstigen ordentlichen und außerordentlichen Leistungen, selbst wenn diese auf die tatsächliche Mehrleistung des Arbeitnehmers abgestellt und daher wie im Falle des Akkords oder der Provision variabel sind[187]. Als Entgelt zu qualifizieren ist zB auch die Übernahme von Prämienzahlungen für eine Zusatzgruppenversicherung durch den Arbeitgeber[188]. Ob die Leistungen in monatlichen oder in größeren Zeitabschnitten, wie zB Sonderzahlungen[189], Prämien, Umsatzprovisionen[190], Gewinn- und Mitarbeiterbeteiligungen[191], Aktienoptionen[192], Jubiläumsgelder[193] oder Gratifikationen, zur Auszahlung gelangen, ist unerheblich[194]. Auch alle Arten von Naturalleistungen oder Sachzuwendungen sind dem Entgelt zuzurechnen (vgl 6.5.2.1).

Der **weite Entgeltbegriff** ist die logische Konsequenz der modernen Auffassung, den Ar- 6/125
beitsvertrag nicht als bloßen Tausch von Arbeit und Lohn zu sehen. Die schuldrechtliche Verknüpfung dieser Komponenten ist kein Produkt rein ökonomischer Interdependenz, sondern normativer Zuordnung, die in erheblichem Maße eine Entgeltleistung auch dann vorsieht, wenn keine Arbeitsleistung erfolgen kann (vgl 6.9).

Für den arbeitsrechtlichen Entgeltbegriff in seiner allgemeinen und weiten Auslegung hat es keine Bedeutung, ob der Dienstgeber die Geld- oder Sachleistungen mit einer gewissen Regelmäßigkeit ausbezahlt. Bemisst sich hingegen ein Anspruch, gleichgültig ob gesetzlicher oder vertraglicher Natur, nach dem (letzten) Monatsbezug, dann fordert die Rechtsprechung, dass der Entgeltbegriff insofern einzuschränken ist, als nur solche Bezüge zu berücksichtigen sind, die mit einer gewissen Regelmäßigkeit wiederkehren[195].

Gehalt und Lohn werden kaum eindeutig unterschieden. Als Gehalt bezeichnet man üb- 6/126
licherweise das Entgelt der Angestellten, als Lohn das der Arbeiter. Eine Kontrastierung von Lohn (Gehalt) gegenüber dem Entgeltbegriff ist nur dann einsichtig, wenn ein enger Sinn zum Ausdruck gebracht werden soll, zB wenn der laufende Lohn (das laufende Gehalt) gegenüber besonderen unregelmäßigen Leistungen, Überstundenentgelten etc abzugrenzen ist. Wesentliche Bedeutung kommt der Begriffsbildung im Kollektivvertragsrecht zu, wenn zB das „Monatsgehalt" oder das „Grundgehalt" die Berechnungsgrundlage für die Sonderzahlungen darstellt (vgl hiezu *Löschnigg/Melzer-Azodanloo/Ogriseg*, Telekom-KV 2014³ [2014], 157 ff).

ARD 4852/17/97 = infas 1997, A 130; zu Provisionen von dritter Seite als arbeitsrechtliches Entgelt vgl VwGH 25. 6. 2013, 2013/08/0085, ASoK 2013, 405 = RdW 2013, 741.

187 Vgl OGH 19. 4. 1977, 4 Ob 23/77, DRdA 1978, 252 mit Bespr v *B. Schwarz* = Arb 9579; OGH 12. 6. 1979, 4 Ob 41/79, Arb 9798.

188 OGH 6. 9. 2000, 9 ObA 159/00y, DRdA 2001, 358 mit Bespr v *Mayr*.

189 *Gerhartl*, Rechtsfragen der Sonderzahlungen, DRdA 2007, 367.

190 OGH 1. 4. 1998, 9 ObA 27/98f, DRdA 1999, 199 mit Bespr v *Löschnigg*.

191 OGH 27. 11. 1997, 8 ObA 2349/96s, DRdA 1999, 187 mit Bespr v *Schindler* = ASoK 1998, 313.

192 OGH 22. 5. 2003, 8 ObA 161/02p, DRdA 2004, 303 mit Bespr v *Jabornegg*.

193 Vgl allg *Winkler*, Aliquotierungsgebot und Jubiläumsgelder, RdW 1996, 367.

194 Zum Begriff des „Monatsbezugs" vgl OGH 13. 1. 1976, 4 Ob 63/75, ZAS 1977, 140 mit Bespr v *Klein* = Arb 9430.

195 Vgl OGH 13. 1. 1976, 4 Ob 63/75, ZAS 1977, 140 mit Bespr v *Klein* = Arb 9430 im Zusammenhang mit einem „Ehrengeschenk" nach 25-jähriger Werkszugehörigkeit in der Höhe von 1 ½ Monatsbezügen; OGH 17. 2. 1981, 4 Ob 13/81, Arb 9942 im Zusammenhang mit dem Anspruch auf Abfertigung; s auch §§ 6 Abs 3 UrlG und 3 Abs 2 EFZG, die ebenfalls auf das regelmäßige Entgelt verweisen. Zur negativen Abgrenzung des für steuerrechtliche Fragen zu vagen Entgeltbegriffs vgl *Ruppe/Achatz*, Sachleistungen an Arbeitnehmer in umsatzsteuerlicher Sicht (1985), 88 ff.

6.5.1. Arbeitsentgelt

6/127 Im Gegensatz zum Entgelt ist die **Aufwandsentschädigung**[196] zu sehen, die bestimmte Aufwendungen des Arbeitnehmers abdecken soll (vgl 6.12; zur Regelung von Aufwandsentschädigungen in Betriebsvereinbarungen vgl 11.5.3.4). Auf die Bezeichnung als „Entgelt" oder „Aufwandsentschädigung" kommt es nicht an. Sind die Aufwandsentschädigungen überhöht, treffen also den Arbeitnehmer keine oder nur geringere mit seiner Arbeitsleistung zusammenhängende tatsächliche Mehraufwendungen, dann handelt es sich im Ausmaß der Überhöhung um Entgelt[197]. Dies ist zB der Fall, wenn der Arbeitgeber bei Dienstreisen die Bahnfahrt erster Klasse ersetzt, obgleich er weiß, dass der Arbeitnehmer nur die zweite Klasse benützt[198]. Dass Reisekosten pauschal und ohne Abrechnungsverpflichtung abgegolten werden, ändert am Charakter der Abgeltung als Aufwandsersatz nichts, sofern im Durchschnitt die konkreten Aufwendungen im Wesentlichen der Summe der Pauschalen entsprechen[199].

Die sog **Lohnzuschläge** stellen eine Begriffsvermischung dar: Es sind Leistungszulagen, Aufwandszulagen (zB Werkzeugzulagen, Wegzulagen, Schmutzzulagen), Erschwerniszulagen (Staubzulagen, Hitzezulagen, Nachtzulagen) und Sozialzulagen (zB Kinderzulagen) zu unterscheiden. Man wird jeweils aus der Funktion der Zulage auf den Entgeltcharakter oder auf die Aufwandsentschädigung zu schließen haben[200].

6/128 Der Arbeitsvertrag ist **nicht essenziell entgeltlich**. Ein angemessenes Entgelt gilt aber als bedungen, wenn nichts anderes vereinbart ist (§ 1152 ABGB). Angesichts der Tatsache, dass mehr als 98 % aller Arbeitnehmer lohngestaltenden **zwingenden Vorschriften** unterliegen (Kollektivverträgen, Satzungen, Mindestlohntarifen), ist jedoch der unentgeltliche Arbeitsvertrag Theorie geblieben[201].

6/129 Dienstleistungen **naher Angehöriger** werden oft auf Grund familiärer Beistandspflichten oder – wie beim Lebensgefährten – aus Gefälligkeit erbracht (vgl auch 4.2.6 u 4.2.7). Eine gesetzliche Verpflichtung zur Mitarbeit im Erwerb besteht gem § 90 Satz 2 ABGB bzw § 11 Abs 1 EPG für den **Ehegatten** oder **eingetragenen Partner** nur, soweit ihm dies zumutbar und es nach den Lebensverhältnissen der Ehegatten oder Partner üblich ist (zB die Mitarbeit eines Bauern am Hof des eingetragenen Partners)[202]. § 98 ABGB bzw § 11 Abs 2 EPG räumen dem mitarbeitenden Ehegatten bzw Partner einen Anspruch auf **angemessene Abgel-**

---

196 Allg dazu *Fritz-Schmied/Naderhirn/Resch*, Handbuch Aufwandsersatz (2008); zum Aufwandsersatzanspruch für eine digitale Fahrerkarte s OGH 18. 10. 2006, 9 ObA 92/06d, DRdA 2008, 244 mit Bespr v *Kerschner*.

197 S auch *Krejci* in Rummel/Lukas (Hrsg), ABGB I[4] (2015), § 1152 Rz 17.

198 OGH 28. 11. 1996, 8 ObA 2312/96z, ASoK 1997, 228 = ARD 4829/14/97.

199 OGH 2. 3. 2000, 9 ObA 57/00y, infas 2000, A 59; *Röpke*, OGH: Zur Regelung der Fahrtkostenvergütung im Kollektivvertrag für Denkmal-, Fassaden- und Gebäudereinigerbetriebe, DRdA 2001, 72; zu einem Dienstkleidungspauschale vgl OGH 22. 1. 2003, 9 ObA 220/02x, DRdA 2004, 134 mit Bespr v *Binder*.

200 Vgl etwa zu einer Verpflegungszulage OGH 6. 9. 1960, 4 Ob 87/60, SozM III E, 235; zu einer Schmutzzulage LGZ Wien 6. 2. 1964, 44 Cg 24/64, Arb 7899; OLG Wien 21. 9. 2009, 10 Ra 66/09p, ARD 6063/4/2010; zu einer Außendienstzulage OGH 18. 12. 1979, 4 Ob 19/79, Arb 9838; s weiters *Adamovic*, Überkollektivvertragliche Zulagengewährung als „Betriebsübung", RdW 1986, 245.

201 Vgl auch *Wilhelm*, Entgeltliche und unentgeltliche Arbeitsverhältnisse, in Tomandl (Hrsg), Entgeltprobleme aus arbeitsrechtlicher Sicht (1979), 1.

202 Zur Frage, wie weit sich die Pflicht zur Mitarbeit erstreckt, sowie zur Abgeltung derselben vgl insb *Fenyves*, Zur Abgeltung der Mitwirkung eines Ehegatten im Erwerb des anderen nach § 98 ABGB, in Ostheim (Hrsg), Schwerpunkte der Familienrechtsreform 1977/78 (1979), 146; *Gschnitzer/Faistenberger*, Österreichisches Familienrecht[2] (1979), 69; *Schwind*, Kommentar zum österreichischen Eherecht[2] (1980), 81 ff; *Steininger*, Die persönlichen Ehewirkungen im neuen österreichischen Recht, FamRZ 1979, 774.

tung ein, gleichgültig, ob diese Mitwirkung Ausfluss der Beistandspflicht ist oder über diese hinausgeht. Die angemessene Abgeltung richtet sich nach Art und Dauer der Mitwirkung sowie nach den Lebensverhältnissen der Ehegatten bzw Partner. Unterhaltsleistungen sind dabei zu berücksichtigen[203]. Durch diese Art der Mitwirkung wird noch kein Arbeitsverhältnis begründet. Wurde eine vertragliche Grundlage gewählt (zB Gesellschaftsvertrag), so schließt dies im Allgemeinen den familienrechtlichen Anspruch gem § 98 ABGB bzw § 11 EPG aus[204]. Im Falle eines Arbeitsverhältnisses richtet sich der Anspruch grundsätzlich nach dem Arbeitsvertrag[205], doch muss dem Mitarbeitenden mindestens das zukommen, worauf er gem § 98 ABGB bzw § 11 Abs 2 EPG Anspruch hätte (vgl § 100 ABGB bzw § 11 Abs 4 EPG). Auch bei **Kindern**, die noch in Verpflegung stehen, wird teilweise eine Pflicht zur Arbeitsleistung für die Eltern anerkannt[206]. Diese Mitarbeit innerhalb der Familie gilt grundsätzlich als unentgeltlich[207].

Für alle Angehörigen besteht somit durchaus auch die Möglichkeit, sich **durch Arbeitsvertrag** zu Dienstleistungen zu verpflichten. Der Wille zum Vertragsabschluss muss in diesen Fällen jedoch besonders manifestiert werden[208]. Dementsprechend zurückhaltend ist auch die Rechtsprechung bei der Annahme konkludenter Arbeitsverträge. Die im Zweifelsfall heranzuziehenden Abgrenzungskriterien, wie Weisungsgebundenheit, Eingliederung in den Betrieb etc, können etwa bei einem Ehegatten, der auf Grund der Beistandspflicht mitarbeitet, ähnlich zutreffen wie bei der Mitarbeit in einem Arbeitsverhältnis[209]. Es wird im Einzelfall zu prüfen sein, ob die Absicht der Parteien nach redlicher Verkehrsauffassung iS arbeitsvertraglicher Bindung gedeutet werden kann, wobei auch gewisse Indizien (Sozialversicherung der Unselbständigen, Lohnsteuerabzug) ins Kalkül gezogen werden können. Die auf Grund eines Arbeitsvertrags von nahen Angehörigen erbrachten Dienstleistungen sind gem § 1152 ABGB **angemessen** zu vergüten, wenn es an konkreten Entgeltbestimmungen fehlt und die Entgeltlichkeit der Dienste außer Zweifel steht, also ausdrücklich oder schlüssig vereinbart wurde[210]. 6/130

Wurde **kein Arbeitsvertrag** geschlossen und leistet ein Familienmitglied, ein Lebensgefährte oder auch ein Fremder im Wege der Nachbarschaftshilfe seine Dienste nur deshalb ohne Entgelt, weil er sich in **Zukunft** einen besonderen Vorteil[211] erwartet, und wird diese 6/131

---

203 Vgl *Stabentheiner* in Rummel/Lukas (Hrsg), ABGB I^4 (2015), § 98 Rz 2 ff; OGH 27. 5. 2003, 10 ObS 429/02i, DRdA 2004, 381 mit Bespr v *Dumpfhart*.

204 OGH 16. 1. 1979, 4 Ob 116/79, Arb 9772.

205 OGH 22. 9. 1993, 9 ObA 169/93, DRdA 1994, 395 mit Bespr v *Kerschner*.

206 *Holzer*, Zivilrechtliche Konsequenzen der Angehörigenmitarbeit, in Ruppe (Hrsg), Handbuch der Familienverträge (1985), 169; *Floretta*, Die familieneigenen Arbeitskräfte im österreichischen Recht, insbesondere im Arbeitsrecht, DRdA 1979, 259; aA *Hinteregger* in Fenyves/Kerschner/Vonkilch (Hrsg), ABGB^3 (2012), § 98 Rz 2.

207 *Migsch*, Abfertigung für Arbeiter und Angestellte (1982), 24 f.

208 *Krejci* in Rummel/Lukas (Hrsg), ABGB I^4 (2015), § 1151 Rz 18.

209 *Holzer*, Zivilrechtliche Konsequenzen der Angehörigenmitarbeit, in Ruppe (Hrsg), Handbuch der Familienverträge (1985), 168.

210 OGH 7. 11. 1961, 4 Ob 125/61, Arb 7453; OGH 28. 4. 1970, 4 Ob 29/70, JBl 1973, 159 mit Bespr v *Holzer*; OGH 28. 5. 1974, 4 Ob 538/74, Arb 9235.

211 ZB Eheschließung (OGH 16. 1. 1979, 4 Ob 116/78, Arb 9772), Erbschaft (OGH 23. 4. 1968, 4 Ob 26/68, ZAS 1969, 18 mit Bespr v *Rummel*; OGH 15. 11. 1976, 1 Ob 734/76, Arb 9540), Adoption, Übergabe des bäuerlichen Anwesens (OGH 30. 1. 1968, 4 Ob 98/67, JBl 1968, 436 mit Bespr v *Strasser* = Arb 8484) oder Wohnrecht (OGH 6. 6. 1973, 1 Ob 99/73, SZ 46/62).

Erwartung enttäuscht, so liegen sog „**zweckverfehlende Arbeitsleistungen**“ vor[212]. Der in seiner Erwartung Getäuschte kann vom Empfänger der Dienste analog zu § 1152 ABGB ein angemessenes Entgelt verlangen, wenn dieser erkennen musste, dass die Dienste nicht unentgeltlich erbracht werden sollten.

Beispiel: Der Sohn hatte jahrelang im Wissen, testamentarisch zum Alleinerben und Hofübernehmer eingesetzt zu sein, Arbeitsleistungen am Bauernhof seiner Mutter erbracht. Kurz vor ihrem Tod setzte diese jedoch mit einem neuen Testament die Tochter an seine Stelle. – Da erkennbar ist, dass der Sohn die Leistungen in der Hoffnung auf die letztwillige Zuwendung des bäuerlichen Betriebs erbracht hat, ist ihm angemessener Lohn zuzuerkennen[213].

6/132 Diese Lösung ist Ausdruck des Grundsatzes, dass derjenige, der eine Leistung bewusst in Anspruch nimmt, diese auch angemessen zu entlohnen hat, es sei denn, er musste mit der Pflicht zu einer derartigen besonderen Vergütung nicht rechnen[214].

Die Fälligkeit des Anspruchs tritt mit dem Zeitpunkt ein, in dem feststeht, dass mit der Zusage oder Erwartung nicht mehr gerechnet werden kann. Die dreijährige Verjährungsfrist gem § 1486 Z 5 ABGB beginnt, wenn der Geltendmachung des Anspruchs kein rechtliches Hindernis (zB mangelnde Fälligkeit) mehr entgegensteht (OGH 23. 2. 1971, 4 Ob 9/71, Arb 8844; OGH 4. 6. 1985, 4 Ob 6/84, DRdA 1986, 307 mit Bespr v *Apathy*). Was die Höhe des zu gewährenden Entgelts anbelangt, so setzt die Rechtsprechung die „Angemessenheit“ dem kollektivvertraglichen Lohnniveau gleich (OGH 1. 7. 1986, 14 Ob 101, 102/86, infas 1987, A 32). Gelegentlich wird auch auf die Ortsüblichkeit abgestellt, deren Berücksichtigung zur Überschreitung der im Kollektivvertrag vorgesehenen Löhne führen kann (OGH 11. 12. 1973, 4 Ob 89/73, Arb 9171). Eine Aufwertung der Ansprüche infolge Absinkens der Kaufkraft (ohne gesetzliche oder vertragliche Grundlage) wurde von der Rechtsprechung abgelehnt (OGH 19. 6. 1973, 4 Ob 55/73, ZAS 1974, 98 mit Bespr v *Aicher*). Hat der Leistende den angestrebten Erfolg jedoch selbst vereitelt (zB durch Beendigung der Lebensgemeinschaft), so steht ihm der Rechtsprechung zufolge nur ein nach dem Vorteil des Empfängers zu berechnender Bereicherungsanspruch zu[215].

6/133 **Schuldner** des Entgelts ist der Arbeitgeber. Er hat dafür einzustehen, dass das Entgelt vollständig und rechtzeitig zur Auszahlung gelangt. In besonderen Fällen sehen gesetzliche Bestimmungen eine Haftungserweiterung vor. So haftet für Entgeltansprüche im Rahmen einer **Arbeitskräfteüberlassung** nicht nur der Überlasser als Arbeitgeber, sondern gem § 14 AÜG auch der Beschäftiger als Bürge. Es handelt sich hiebei um eine gesetzlich begründete Bürgenhaftung, die keines Bürgschaftsvertrages bedarf. Falls der Beschäftiger seinen Verpflichtungen gegen den Überlasser nachgekommen ist (Bezahlung der Überlassungshonorare etc), haftet er nur mehr als Ausfallsbürge (vgl 6.13.5.1).

---

[212] Vgl *Bydlinski*, Lohn- und Kondiktionsansprüche aus zweckverfehlenden Arbeitsleistungen, in FS Wilburg (1965), 45; *Spielbüchler*, Die Vergütung rechtsgrundloser Arbeitsleistungen, in FS Schwarz (1991), 201.

[213] Vgl OGH 21. 2. 1984, 4 Ob 16/84, JBl 1985, 692; weiters OGH 15. 11. 1976, 1 Ob 734/76, Arb 9540; OGH 26. 4. 1978, 1 Ob 562/78, Arb 9700; OGH 4. 6. 1985, 4 Ob 6/84, DRdA 1986, 307 mit Bespr v *Apathy*; OGH 13. 5. 1986, 14 Ob 69/86, infas 1986, A 126; OGH 24. 11. 1993, 9 ObA 125/93, infas 1994, A 61.

[214] *Bydlinski*, Lohn- und Kondiktionsansprüche aus zweckverfehlenden Arbeitsleistungen, in FS Wilburg (1965), 72; s auch OGH 2. 9. 1987, 14 ObA 76/87, DRdA 1990, 210 mit Bespr v *Apathy*.

[215] OGH 19. 6. 1973, 4 Ob 55/73, ZAS 1974, 98 mit Bespr v *Aicher*; OGH 21. 2. 1984, 4 Ob 16/84, JBl 1985, 692.

6.5.2. Entgeltformen

Die **Arten des Entgelts** sind von den verschiedensten Aspekten, wie der Zeit, der Intensität der Leistung, dem besonderen Zweck oder dem unmittelbaren Konsum, bestimmt. 6/134

6.5.2.1. Geld- und Naturallohn

Geldlohn ist jede in Geld ausgedrückte Zahlung; er liegt also auch im Falle der bargeldlosen Überweisung vor. Gem § 97 Abs 1 Z 3 ArbVG bilden Art und Weise der Abrechnung und insb Zeit und Ort der Auszahlung der Bezüge den Gegenstand einer **erzwingbaren Betriebsvereinbarung** (vgl 3.3.4.5.3 u 11.5.3.3.4). In die Kompetenz dieser Betriebsvereinbarung fällt auch die Festlegung der bargeldlosen Lohnzahlung, sodass Betriebsinhaber und Betriebsrat in der Lage sind, diese Frage einheitlich und zwingend zu regeln. 6/135

Naturallohn ist begrifflich alles, was nicht Geldlohn ist. Waren aller Art, wie Nahrungsmittel, Fleischbezugsgutscheine[216], Kleider, Heizung, Beleuchtung, Kohledeputate, Abfallholz, sowie auch Kost und Wohnung, Überlassung von Nutzland oder eines Dienstwagens zur privaten Verwendung[217], Freiflüge[218], aber auch die Beistellung, Reinigung und Instandhaltung von Arbeitskleidung[219] kommen in Frage. Die Naturalien waren früher von großer Bedeutung; heute spielen sie eine Rolle bei Hausgehilfen, im Gast- und Schankgewerbe, in der Landwirtschaft (Deputate) und bei Hausbesorgern (Dienstwohnung). 6/136

Bezüglich der Voraussetzungen und der Beschaffenheit der Naturalien wird man die Vorschriften des LArbG und des HausbG, aber auch des GAngG entsprechend anwenden können. Insb lässt sich aus § 12 Abs 1 GAngG der allgemeine Rechtssatz ableiten, dass manche Naturalbezüge **im Vorhinein fällig** werden (Verpflegung, Wohnung, Landnutzung). 6/137

Gewisse gesetzliche Bestimmungen sehen insb im Falle vorzeitiger Lösung des Arbeitsverhältnisses eine generelle Ablöse von Naturalleistungen **in Geld** vor (§ 29 Abs 1 GAngG und § 17 Abs 3 LArbG). Mitunter wird bezüglich der Ablöse auch darauf abgestellt, ob und inwieweit die Naturalleistung nicht möglich ist (§ 17 Abs 3 LArbG; s auch §§ 9 Abs 2 und 12 Abs 1 HGHAG). 6/138

Nach welchen **Bewertungskriterien** die Ablöse der Naturalien zu erfolgen hat, ist fraglich. § 3 Abs 2 HGHAG sowie § 13 Abs 6 HausbG (hinsichtlich des Wertes einer Dienstwohnung, auf die verzichtet wurde) verweisen auf die Bewertungssätze des Sozialversicherungsrechts, das sich allerdings wiederum nach den Bewertungsvorschriften des Einkommensteuerrechts richtet (§ 50 ASVG). Allgemein wird aber davon auszugehen sein, dass der eigentliche Wert der Naturalleistung zu vergüten ist. Aus der Sicht des Arbeitgebers wären dies in erster Linie die Selbstkosten; für den Arbeitnehmer kann aber nur das relevant sein, was er sich erspart hat. Aus seiner Sicht können daher nur die Wiederbeschaffungskosten angesetzt werden. In diesem Sinn hat auch das LGZ Wien im Zusammenhang mit der Berechnung von Abfertigungsansprüchen entschieden (LGZ Wien 1. 10. 1970, 44 Cg 84/70, Ind 1974, Nr 11, 4; die Beitragsgrundlage und darauf aufbauend das Leistungsrecht für Abfertigungen

---

[216] OGH 19. 4. 1977, 4 Ob 24/77, DRdA 1978, 252 mit Bespr v *B. Schwarz* = Arb 9579.
[217] OGH 29. 10. 1993, 9 ObA 220/93, DRdA 1994, 268 = Arb 11.120; vgl auch *Weiß*, Private Nutzung von Dienstfahrzeugen, DRdA 2008, 531; *Körber*, Die Privatnutzung von Dienstfahrzeugen, ZAS 2005, 67; *Höfle*, Richtlinie über die Nutzung eines Dienstfahrzeuges, ASoK 2005, 199.
[218] OGH 16. 10. 1979, 4 Ob 17/79, DRdA 1981, 42 mit Bespr v *Spielbüchler* = Arb 9812.
[219] OGH 2. 7. 1957, 4 Ob 119/56, Arb 6676.

nach dem BMSVG richten sich auch bei Sachleistungen nach den sozialrechtlichen Bewertungsmaßstäben). Eine Sonderbestimmung kennt diesbezüglich auch das GAngG. Werden Naturalien einvernehmlich mit dem Arbeitnehmer in Geld abgelöst, so hat – sofern nicht etwas anderes vereinbart ist – der für Waren solcher Art an der nächstgelegenen Fruchtbörse amtlich festgestellte Preis als Unterlage für die Abrechnung zu gelten (§ 12 Abs 2 GAngG).

6/139 Zu beachten ist, dass **Mindestentgelte** in Kollektivverträgen in der Regel in **Geldbeträgen** festgelegt sind und insoweit daher auch zwingend in Geld zu entrichten sind. Tatsächlich gewährte Naturalbezüge können nicht an dessen Stelle treten („Barzahlungsgebot")[220].

6/140 Eine der wichtigsten Naturalleistungen stellt zweifellos die **Dienstwohnung** (im weiteren Sinn) dar[221].

6/141 Nach *Wachter* (Rechtsprobleme bei Dienst-, Natural-, Werks- und Mietwohnungen von Arbeitnehmern[2] [1983], 7 ff) ist unter **Dienstwohnung** eine vom Arbeitgeber beigestellte Wohngelegenheit, die zur zweckentsprechenden Verrichtung der vom Arbeitnehmer geschuldeten Arbeit erforderlich ist, zu verstehen. Eine **Naturalwohnung** ist hingegen eine Wohnung, bei der die Gebrauchsüberlassung am Wohnraum Arbeitsentgelt in Form von Naturallohn ist, während die **Werkswohnung** eine Wohnung darstellt, die gegen ein bloß geringfügiges, wesentlich unter dem ortsüblichen Mietzins liegendes Entgelt überlassen wird, wobei die Überlassung nach der erklärten Absicht der Vertragspartner in zeitlicher Hinsicht an die Dauer des Arbeitsverhältnisses gekoppelt sein soll[222].

Die **Vergabe von Werkswohnungen** ist auch einer Regelung durch Betriebsvereinbarung zugänglich (vgl 11.5.3.5). Von Bedeutung können vor allem Vereinbarungen sein, die eine Weiterbenützung der Wohnung nach dem Ausscheiden des Arbeitnehmers aus dem Betrieb beinhalten. Ohne besondere betriebs- oder arbeitsvertragliche Vereinbarung endet nämlich mit der Beendigung des Arbeitsverhältnisses grundsätzlich auch das Benützungsrecht an der Dienst-, Natural- oder Werkswohnung (OGH 2. 2. 1994, 9 ObA 314/93, infas 1994, A 95; vgl auch 8.2.8.3.6 u 8.3.4.3.3.6 bzgl der Hausbesorger).

6/142 Als eine Naturalleistung im weiteren Sinn wurde auch die Möglichkeit, **Trinkgelder** zu erhalten, angesehen[223]. Dabei sind grundsätzlich zwei Formen zu unterscheiden: In Betrieben des Gastgewerbes mit eingerichtetem **Bedienungsgeldsystem** (Trinkgeldablöse) bilden bestimmte Zuschläge zu den Rechnungsbeträgen das Bedienungsgeld, auf welches nur der Arbeitgeber dem Gast gegenüber Anspruch hat. Der Arbeitnehmer erwirbt nach Maßgabe der eingenommenen Bedienungsgelder einen echten Entgeltanspruch gegen den Arbeitgeber, und zwar beim **Reviersystem** auf das in seinem Revier vereinnahmte Bedienungsgeld, beim **Troncsystem** auf einen entsprechenden Anteil sämtlicher im Betrieb anfallender Bedienungsgelder[224]. Das Bedienungsgeldsystem beteiligt somit den Arbeitnehmer am wirt-

---

220 VwGH 27. 7. 2001, 95/08/0037, DRdA 2003, 338 mit Bespr v *Löschnigg*; OGH 28. 5. 2015, 9 ObA 54/15d, ARD 6461/11/2015; OGH 27. 8. 2015, 9 ObA 92/15t, DRdA 2016, 240 mit Bespr v *Burger-Ehrnhofer* = ASoK 2016, 117 mit Bespr v *Marhold-Weinmeier*.

221 Vgl *Krejci*, Einige Fragen zum Dienstwohnungsrecht, in Tomandl (Hrsg), Betriebliche Sozialleistungen (1974), 121; *Mair/Rainer*, Überlassung eine Dienstwohnung (iwS), in Reissner/Neumayr (Hrsg), Zeller Handbuch Arbeitsvertrags-Klauseln (2010), 539 ff.

222 S hiezu auch OGH 22. 10. 1997, 9 ObA 105/97z, DRdA 1998, 268 mit Bespr v *Eypeltauer*; zur Abgrenzung vom Bestandvertrag vgl 4.2.3.

223 Vgl *M. Binder*, Die gastgewerbliche Entlohnung aus der Sicht des Arbeitsrechts, DRdA 1969, 119; s auch OEA 20. 12. 1966, 39/OEA/1966–7, Arb 8363; zu Abzug und Aliquotierung von Trinkgeldern OGH 30. 3. 2011, 9 ObA 37/10x, infas 2011, A 54.

224 Vgl *Mayer-Maly*, Das Troncsystem, ÖJZ 1967, 314; *Vajna*, Die Umsatzprozententlohnung im Gastgewerbe, ZAS 1968, 38.

schaftlichen Erfolg des Arbeitgebers. Die im Gastgewerbe üblichen, über die Bedienungszuschläge hinausgehenden oder bei Fehlen eines Bedienungsgeldsystems geleisteten **echten Trinkgelder**, die von den Gästen freiwillig an das Bedienungspersonal gegeben werden, stehen grundsätzlich unmittelbar dem Arbeitnehmer zu und sind regelmäßig nicht in den arbeitsrechtlichen Entgeltbegriff einzubeziehen, da sie nur anlässlich der Dienstleistung dem Arbeitnehmer zukommen[225]. Daraus ergibt sich zum einen, dass sie nicht auf den (kollektivvertraglichen) Entgeltanspruch angerechnet werden dürfen, und zum anderen, dass echte Trinkgelder in andere vom Entgelt abgeleitete Ansprüche (zB Entgeltfortzahlungsansprüche bei Dienstverhinderungen) nicht einzurechnen sind[226]. Zu beachten ist hiebei aber, dass der sozialversicherungsrechtliche Entgeltbegriff Trinkgelder sehr wohl umfasst[227]. Ansprüche wie die Abfertigung nach dem BMSVG, die auf den sozialversicherungsrechtlichen Entgeltbegriff abstellen (vgl 8.6.1.3.1), müssten daher – anders als die Abfertigung nach dem AngG bzw dem ArbAbfG (vgl 8.6.1.2.4) – echte Trinkgelder miteinbeziehen. Durch einzelvertragliche Vereinbarung oder durch kollektivvertragliche Regelungen können echte Trinkgelder jedoch auch in den arbeitsrechtlichen Entgeltbegriff Eingang finden. Aus dem gelegentlich der Dienstleistung sich ergebenden Einkommen wird dann ein Teil des aus dem arbeitsrechtlichen Synallagma geschuldeten Entgelts.

Gerade im Bereich des Naturallohns zeigt sich, dass der Begriff des Arbeitsentgelts keineswegs auf solche Leistungen des Arbeitgebers beschränkt ist, die dem Arbeitnehmer selbst gewährt werden. In diesem Fall kommt die Leistung des Arbeitgebers vielfach auch den Familienangehörigen zugute, ohne dass man deshalb allein schon am Entgeltcharakter der betreffenden Leistungen zweifeln könnte[228]. 6/143

Das Verbot des sog **Trucksystems** (§ 78 Abs 4 u 5 GewO), das den Arbeitnehmer zwingt, Waren beim Arbeitgeber zu beziehen, die zumeist in Anrechnung auf den Lohn geliefert bzw auf den künftigen Lohn kreditiert werden, wird regelmäßig nur auf den vereinbarten Geldlohn bezogen, sodass die Vereinbarung von Naturalien neben dem Gehalt nicht beschränkt wird. Dies ist nicht unbedenklich (vgl *Spielbüchler/Grillberger*, Arbeitsrecht I^4 [1998], 267), doch sind diesbezügliche Missbräuche im Hinblick auf den Umstand, dass die lohngestaltenden Vorschriften (Kollektivverträge, Satzungen, Mindestlohntarife) primär den Geldlohn zwingend festlegen, kaum zu verzeichnen. Wird somit im Kollektivvertrag ein Mindestentgelt in Geldbeträgen vorgesehen, dann ist dieses auch zwingend in Geld zu entrichten[229]. 6/144

---

225 Vgl OGH 11. 1. 1995, 9 ObA 249/94, ZAS 1996, 29 mit Bespr v *Spitzl* = infas 1995, A 53.

226 Vgl OGH 6. 4. 1976, 4 Ob 13/76, Arb 9464.

227 Vgl etwa *Schrammel* in Schrammel (Hrsg), Versicherungs- und Beitragspflicht in der Sozialversicherung (1985), 81.

228 ZB Freiflüge und Flugbegünstigungen, OGH 29. 3. 1977, 4 Ob 11/77, Arb 9573 = JBl 1979, 215; bezüglich des Rechts auf Weiterbenützung der Dienstwohnung von Familienangehörigen nach dem Tod des Arbeitnehmers vgl § 24 Abs 2 AngG, § 23 Abs 2 GAngG, § 19 Abs 2 LArbG sowie § 24 Abs 2 HausbG.

229 Vgl VwGH 22. 3. 1994, 92/08/0150, ARD 4573/34/94; VwGH 27. 7. 2001, 95/08/0037, DRdA 2003, 338 mit Bespr v *Löschnigg*; zur zulässigen Durchbrechung des Anrechnungsverbots für Naturalleistungen s OGH 28. 10. 2013, 8 ObA 61/13y, ARD 6387/7/2014 = infas 2014, A 42; *Korn*, Kollektivvertraglicher Mindestlohn und Sachbezug in der Sozialversicherung, ASoK 2002, 184; *Müller*, Nochmals: Kollektivvertraglicher Mindestlohn und Sachbezug in der Sozialversicherung – eine Replik, ASoK 2002, 220; *dens*, Judikaturdiver-

6/145 Überdies ist der Arbeitgeber dazu verpflichtet, dem Arbeitnehmer spätestens mit der Lohnzahlung für den Lohnzahlungszeitraum eine Abrechnung für den im Kalendermonat ausbezahlten Arbeitslohn auszuhändigen (zum Mindestinhalt s § 78 Abs 5 EStG).

6.5.2.2. Zeitlohn

6/146 Der **Zeitlohn** bezieht sich auf ein durchschnittliches Stundenausmaß in gewissen kalendermäßig fixierten Zeiträumen (Jahr, Monat, Woche), und er wird grundsätzlich ohne Rücksicht auf den erzielten Arbeitserfolg bemessen[230].

6/147 **Stundenlohn** ist jenes Entgelt, das der Arbeitnehmer während der Normalarbeitszeit in einer Stunde erarbeitet. Darunter fällt nicht nur jener Betrag, der ihm nach einer kollektivvertraglichen Lohn- und Gehaltstabelle für die Stunde gebührt, sondern dazu gehören sämtliche im Kollektivvertrag oder in Einzelverträgen vorgesehenen Bestandteile des regelmäßigen Entgelts, wie zB eine generell zum Stundenlohn gewährte Zulage[231].

6.5.2.3. Leistungslohn – Akkord, Prämien, Provisionen

6/148 Kennzeichnend für jede Form leistungsbezogener Entlohnung ist die Abhängigkeit der Lohnhöhe von einem **bestimmten Leistungserfolg** des einzelnen Arbeitnehmers. Diese Leistungsabhängigkeit des Lohnes bedeutet jedoch nicht, dass der Arbeitnehmer verpflichtet wäre, ein bestimmtes Arbeitsergebnis zu erreichen (vgl 4.2.1). Trotz der Leistungsabhängigkeit des Entgelts schuldet der Arbeitnehmer zeitbezogene Arbeitsleistungen (zB 40 Stunden pro Woche). Die Höhe des Entgelts schwankt nur entsprechend der Leistung des Arbeitnehmers. Dies wird auch dadurch deutlich, dass Kollektivverträge mit Leistungsentgelten zeitbezogene Mindestentgelte enthalten.

6/149 Die häufigste Art des (individuellen) Leistungslohns ist der **Akkord**. Die ältere Form des Akkords bildet das **Geldakkordsystem**, das sich mit der Festsetzung eines Akkordsatzes pro Leistungseinheit begnügt. Beim in der Praxis primär angewendeten **Zeitakkordsystem** werden hingegen zwei Elemente getrennt ausgeworfen, nämlich der **Zeitfaktor** (die pro Leistungseinheit erforderliche und vorgegebene Zeit in Minuten) und der **Geldfaktor**.

6/150 Letzterer errechnet sich folgendermaßen: Der kollektivvertragliche (Zeit-)Lohn pro Stunde wird um einen gewissen Prozentsatz, den sog Akkordzuschlag, erhöht. Dies ergibt den Akkordrichtsatz. Teilt man den Akkordrichtsatz durch 60, erhält man den Geldfaktor (Minutenfaktor = Lohn pro Minute). Der Zeitfaktor wird nach arbeitswissenschaftlichen Kriterien ermittelt, wobei für die angemessene Normalleistung eine gewisse Zeitspanne „vorgegeben" wird (**Vorgabezeit**). Der Akkordverdienst (Zeitakkord) errechnet sich nach der Formel: Zeitfaktor mal Geldfaktor mal Zahl der erbrachten Leistungseinheiten (vgl *Lechner/Egger/Schauer*, Einführung in die Allgemeine Betriebswirtschaftslehre[27] [2016], 145 ff).

---

genzen zwischen VwGH und OGH? – Eine Entwarnung, ZAS 2003, 122; *Montmorency*, Anrechnung von Sachbezügen auf das kollektivvertragliche Mindestentgelt: Erlaubt oder verboten?, ZAS 2003, 62.

[230] Zur Entgeltrückforderung bei erheblichem Unterschreiten der Arbeitszeit s jedoch OGH 3. 8. 2005, 9 ObA 53/05t, DRdA 2006, 368 mit Bespr v *Löschnigg*.

[231] OGH 9. 6. 1970, 4 Ob 45/70, Arb 8787; OGH 29. 2. 1972, 4 Ob 6/72, Arb 8980.

Beispiel: Das Streichen von Fahnenstangen erfolgt im Zeitakkord; 20 Minuten beträgt die Vorgabezeit pro Fahnenstange (Zeitfaktor). Der kollektivvertragliche Akkordrichtsatz beträgt den Stundenlohn von € 4 plus einen Zuschlag von 20 %, also € 4,80. Der Richtsatz durch 60 geteilt ergibt den Geldfaktor (€ 4,80 : 60 = € 0,08). Pro Fahnenstange werden nun Zeitfaktor und Geldfaktor multipliziert (20 × € 0,08 = € 1,60). Werden 10 Fahnenstangen geliefert, so gebühren € 16 (€ 1,60 × 10).

Der **Unterschied** zwischen **Geldakkord** und **Zeitakkord** liegt darin, dass beim Geldakkord von vornherein ein einheitlicher Satz vereinbart wird, während beim Zeitakkord der pro Stück zu zahlende Betrag in zwei Teile, den Zeitfaktor und den Geldfaktor, zerlegt wird. Die geschätzte (wissenschaftlich ermittelte) Vorgabezeit tritt also als Rechnungsfaktor besonders hervor und bildet den wesentlichen Teil des Akkordvertrags. Damit wird die Leistungsdauer der Normalleistung transparent gemacht, und die zugemutete Intensität der Arbeit ist leicht überschaubar. Deswegen ist der Zeitakkord die moderne Form des Akkordlohns. 6/151

Werden Akkordarbeiten nicht einem einzelnen Arbeitnehmer, sondern einer Arbeitnehmergruppe übergeben, wird von **Gruppenakkord** gesprochen (vgl *Tomandl*, Rechtsprobleme des Akkord- und Prämienlohnes [1961], 48 ff). 6/152

Die **Einführung** von Akkord-, Stück- und Gedinglöhnen sowie der anderen im Gesetz genannten erfolgsorientierten Leistungslohnarten bedarf gem § 96 Abs 1 Z 4 ArbVG der **Zustimmung des Betriebsrats** (notwendige Betriebsvereinbarung; vgl 3.3.4.5.1 u 11.5.3.3.1).

Prämien sind zusätzliche Vergütungen für einen besonderen Erfolg der Arbeitsleistung, wobei sowohl die Quantität als auch die Qualität oder auch andere Kriterien (wie Güte, Genauigkeit der Arbeit, besondere Ausnutzung der Roh- und Werkstoffe, sonstige Einsparungen) anspruchsbegründend wirken können[232]. 6/153

Damit handelt es sich bei der Prämie regelmäßig um ein **bedingtes Entgelt** (zB Aufstiegsprämie eines Eishockeytrainers). Tritt die Bedingung nicht ein, stellt sich die Frage, ob der Arbeitgeber den Eintritt der Bedingung treuwidrig verhindert hat. Hat der Arbeitgeber auf die Bedingung in einer Weise eingewirkt, die der Arbeitnehmer nach dem Sinn und Zweck des Arbeitsvertrages redlicherweise nicht erwarten durfte, gebührt trotz Nichteintritts der Bedingung die Prämie[233]. 6/154

Vereinbarungen über Prämien oder sonstige Entgelte, die nur dann zur Auszahlung gelangen sollen, wenn der Arbeitnehmer im Kalenderjahr keine oder nur ein geringes Ausmaß an „Fehlzeiten" (Krankenstände, sonstige Dienstverhinderungen) aufweisen kann oder die sich nach den effektiven Anwesenheitszeiten berechnen, sind unzulässig, da dies den Zielsetzungen der zwingenden Entgeltfortzahlungsbestimmungen des AngG und des EFZG widerspricht (OGH 22. 5. 2003, 8 ObA 15/03v, DRdA 2004, 339 mit Bespr v *B. Schwarz*). Kranken Arbeitnehmern wird durch eine derartige **Anwesenheitsprämie** nahegelegt, keine Rücksicht auf die Krankheit und daraus resultierende Gesundheitsbeeinträchtigungen zu nehmen[234]. Dies gilt nicht nur für Arbeitsverträge, sondern auch für die entsprechenden Regelungen in Betriebsvereinbarungen oder Kollektivverträgen (vgl OGH 7. 9. 2000,

---

232 Vgl OGH 2. 6. 1981, 4 Ob 135/80, DRdA 1982, 403 mit Bespr v *Holzer*; zu einer „Kopfprämie" im Fall der Reduktion von Personalkosten OLG Wien 13. 10. 2000, 8 Ra 230/00b, ARD 5173/42/2000; allg vgl auch *Binder*, Rechtsgrundlagenprobleme der Remunerationsgewährung, ZAS 1984, 49.

233 OGH 10. 4. 2008, 9 ObA 22/08p, DRdA 2010, 62 mit Bespr v *Wolfsgruber* = ZAS 2008, 284 mit Bespr v *Resch*.

234 OGH 16. 11. 1988, 9 ObA 283/88, Arb 10.758; OGH 30. 1. 1997, 8 ObA 2046/96g, ZAS 1997, 168 mit Bespr v *Risak* = ARD 4840/12/97; s auch OGH 30. 1. 1991, 9 ObA 310/90, ARD 4254/25/91; OGH 7. 6. 2001, 9 ObA 295/00y, RdW 2002, 172 = ZAS 2002, 151 mit Bespr v *Lind-Leitner*; vgl aber auch

8 ObS 13/00w, RdW 2001, 102 = infas 2001, A 8) sowie für „freiwillige" Zulagen des Arbeitgebers[235].

6/155 Die **Provision** ist eine meist in Prozenten ausgedrückte Beteiligung am Wert jener Geschäfte des Arbeitgebers, die durch die Tätigkeit seines Angestellten zustande gekommen sind. Sie richtet sich nach dem Ergebnis der Arbeit und ist somit ein von der Leistung des Angestellten – aber auch von der Markt- und Geschäftslage – abhängiges Entgelt in Form einer Erfolgsvergütung[236]. Als Provision kann aber auch ein fixer, vom Wert des Geschäfts unabhängiger Betrag vereinbart werden[237]. Es kommt daher bei dieser Entlohnungsform zu einer gewissen Übertragung von Arbeitgeberrisken auf den Arbeitnehmer (vgl auch *Jabornegg*, Die Provision als Arbeitsentgelt, in FS Strasser [1993], 137).

Das für die Provision typische auf das Einzelgeschäft bezogene Leistungselement kann je nach Ausgestaltung des Entlohnungssystems mehr oder weniger stark reduziert werden. Man kann etwa von einem mittelbaren Leistungsbezug und einer mittelbaren Provision eines Abteilungsleiters sprechen, wenn die eigentlichen Geschäftsabschlüsse von Mitarbeitern getätigt werden, das Entgelt sich aber nach den Provisionen der Mitarbeiter richtet. Schwindet der Bezug zum Abschluss des Einzelgeschäfts noch weiter und orientiert sich das Entgelt des Arbeitnehmers am Wert sämtlicher oder gewisser Geschäfte, kommt man zu Formen der Umsatzbeteiligung (vgl *Löschnigg*, Die Vereinbarung erfolgsabhängiger Entgelte, DRdA 2000, 468).

6/156 Innerhalb des Kreises der Provisionsempfänger ist insb zwischen **Vermittlungs- und Abschlussvertretern** zu unterscheiden. Erstere leiten das Geschäft ein, das der Arbeitgeber genehmigen oder ablehnen kann. Das Geschäft gilt als genehmigt, wenn der Arbeitgeber nicht ohne Verzug widerspricht (§ 10 Abs 2 AngG). Letztere schließen selbst ab, sind also Handlungsbevollmächtigte (allg zum Handelsvertreter vgl 4.3.3.3).

6/157 Im Zweifel besteht auch Anspruch aus den sog „**Direktgeschäften**"; dies sind Geschäfte, die ohne die unmittelbare Mitwirkung des Angestellten zwischen der ihm zugewiesenen oder von ihm zugeführten Kundschaft und dem Dienstgeber zustande gekommen sind (§ 11 Abs 1 AngG). Wenn der Angestellte zum alleinigen Vertreter für einen bestimmten Bezirk bestellt wurde (**Gebietsschutz**), dann gebührt ihm die Provision für alle Geschäfte, die mit einem Kunden dieses Bezirks abgeschlossen wurden (§ 11 Abs 2 AngG).

6/158 Ist die Ausführung des Geschäfts infolge Verhaltens des Arbeitgebers unterblieben, ohne dass hiefür wichtige Gründe in der Person des Dritten vorlagen, so kann der Angestellte die volle Provision verlangen (§ 11 Abs 3 AngG). Der Anspruch auf Provision gilt mangels Vereinbarung als erworben, wenn bei Verkaufsgeschäften eine Zahlung eingeht, und zwar nach Maßgabe dieser Zahlung; bei anderen Geschäften gilt der Anspruch mit Abschluss derselben als erworben (§ 10 Abs 3 AngG). Bei jenen Geschäften, bei denen der Provisionsanspruch bereits mit Abschluss des Geschäfts zusteht, ist der Arbeitgeber verpflichtet, alle zu-

---

OGH 19. 4. 1977, 4 Ob 23–61/77, DRdA 1978, 252 mit Bespr v *B. Schwarz*; zu einer freiwilligen Abfertigung als Anwesenheitsprämie vgl OGH 7. 9. 2000, 8 ObS 13/00w, RdW 2001, 102 = infas 2001, A 8; vgl auch *Heinz-Ofner*, Anwesenheitsprämie, in Reissner/Neumayr (Hrsg), Zeller Handbuch Arbeitsvertrags-Klauseln (2010), 757 ff; VwGH 13. 5. 2009, 2006/08/0226, DRdA 2011, 53 mit Bespr v *Drs*.

235 OGH 30. 6. 2005, 8 ObA 72/04b, DRdA 2006, 327 mit Bespr v *Balla*.

236 OGH 13. 1. 1981, 4 Ob 167/80, DRdA 1983, 22 mit Bespr v *Schnorr* = Arb 9931; vgl jedoch OGH 6. 4. 1994, 9 ObA 603/93, DRdA 1995, 148 mit Bespr v *Geist*; s weiters *Winkler*, Rechtliche Aspekte der Einführung und Veränderung von Lohnsystemen, ZAS 1971, 169.

237 OGH 29. 5. 1979, 4 Ob 15/79, Arb 9797.

mutbaren Handlungen zu unternehmen, um die Zahlung des Dritten zu bewirken. Andernfalls hat der Angestellte auch dann einen Provisionsanspruch gegen seinen Arbeitgeber, wenn der Dritte nicht zahlt[238]. Die Fälligkeit tritt (dispositiv) vierteljährlich bzw mit Lösung des Dienstverhältnisses ein (§ 10 Abs 4 AngG).

Die Gestaltung der Vereinbarung über Gebietsschutz und den Provisionsanspruch bleibt – soweit nicht zwingende Bestimmungen dem entgegenstehen – der Parteiendisposition überlassen (OGH 8. 2. 1977, 4 Ob 9/77, Arb 9557). Vertragliche Änderungsvorbehalte hinsichtlich der Ausgestaltung des Provisionssystems werden von der Rechtsprechung toleriert, soweit sich der Gestaltungsspielraum des Arbeitgebers innerhalb der Grenzen billigen Ermessens bewegt (OGH 29. 8. 1996, 8 ObA 2207/96, infas 1997, A 33). Vereinbarungen, wonach der Arbeitnehmer nach seinem Ausscheiden aus dem Arbeitsverhältnis generell keinen Anspruch auf die während des aufrechten Arbeitsverhältnisses bereits erworbenen, aber noch nicht fällig gewesenen Provisionen hat (zB auch im Fall einer Kündigung durch den Arbeitgeber), sind jedoch sittenwidrig[239]. Kollektivvertragliche Kürzungen von Folgeprovisionen nach Beendigung des Arbeitsverhältnisses interpretiert die Rechtsprechung als Konventionalstrafen (OGH 25. 11. 2008, 9 ObA 84/08f, DRdA 2010, 392 mit Bespr v *Jabornegg*).

Der Provisionsvertreter kann zur Kontrolle seiner Ansprüche einen Buchauszug über die durch seine Tätigkeit zustande gekommenen Geschäfte verlangen[240]. Der Anspruch auf **Mitteilung eines Buchauszugs** verjährt nach drei Jahren[241]. Anders stellt sich die Situation bei den sog Umsatzprovisionen (s oben) dar, wenn sich die zustehende Prämie nicht aus bestimmten einzelnen Geschäften errechnet[242]. Bei einer solchen Umsatzprovision hat der Dienstgeber aber die für die Berechnung der Provision notwendigen Umsatzzahlen dem Arbeitnehmer bekannt zu geben. Nötigenfalls kann dieser die Bekanntgabe klageweise durchsetzen[243]. 6/159

Im Falle der Vereinbarung von Akkord- und sonstigen leistungsbezogenen Entgelten darf nicht übersehen werden, dass durch den Anreiz zu gesteigerter Arbeitsleistung die Gefahr besteht, dass die physischen und psychischen Anforderungen, die an den Arbeitnehmer gestellt werden, ein Ausmaß annehmen, das den Zielen eines zeitgerechten Arbeitnehmerschutzes zuwiderläuft. Durch die Vereinbarung von Leistungslohnsystemen wird gleichzeitig versucht, das Risiko der Ertragskraft des Produktionsfaktors Arbeit vom Arbeitgeber auf den Arbeitnehmer abzuwälzen. Aus diesen Gründen finden sich im Arbeitsrecht eine Reihe von Vorkehrungen, die der Vereinbarung von leistungsbezogenen Entgeltregelungen gewisse **Grenzen** setzen. In diesem Sinn dürfen etwa die in kollektiven Rechtsquellen vorgesehenen Mindestentgelte auch im Falle einer Leistungsentlohnung nicht unterschritten werden. Für Arbeitnehmer, die nachhaltig außer Stande sind, im Wege des Akkordsystems auch nur 6/160

---

238 Vgl OGH 26. 3. 1997, 9 ObA 2/97b, ARD 4859/1/97 = ecolex 1998, 51.

239 OGH 19. 6. 1991, 9 ObA 94/91, ZAS 1992, 125 mit krit Bespr v *Schima* = DRdA 1992, 134 mit Bespr v *Kerschner*; vgl hiezu auch OGH 23. 11. 1971, 4 Ob 77/71, ZAS 1972, 182 mit Bespr v *Koppensteiner*; s auch *Graff*, Kontroverse um erfolgsabhängige Prämien, ZAS 1973, 1975; *Koppensteiner*, Eine Antikritik, ZAS 1973, 178; va *Jabornegg* in Löschnigg (Hrsg), AngG Bd 1[10] (2016), § 10 Rz 31 ff.

240 OGH 22. 9. 1993, 9 ObA 237/93, infas 1994, A 63.

241 OGH 17. 5. 1977, 4 Ob 76/77, Arb 9590.

242 OGH 8. 4. 1992, 9 ObA 69/92, DRdA 1993, 41 mit Bespr v *Geist*.

243 OGH 9. 7. 1974, 4 Ob 31/74, SozM I A/e, 1063; s hiezu auch *Löschnigg*, Die Vereinbarung erfolgsabhängiger Entgelte, DRdA 2000, 474.

den kollektivvertraglich festgelegten Zeitlohn zu erreichen, muss auch ohne entsprechende ausdrückliche Norm im Kollektivvertrag die Mindestgarantie des Zeitlohnes gelten[244].

6/161 Die generelle **Einführung** und Regelung bestimmter leistungsbezogener Entgelte kann nur durch eine notwendige Betriebsvereinbarung erfolgen (§ 96 Abs 1 Z 4 ArbVG), die Festsetzung von Leistungsentgelten im Einzelfall bedarf der Zustimmung des Betriebsrats, wenn es zwischen Betriebsinhaber und Arbeitnehmer zu keiner Einigung kommt (§ 100 ArbVG; vgl hiezu 11.5.3.3.1). Für bestimmte Arbeitnehmergruppen bestehen besondere Verbote einer Leistungsentlohnung. So dürfen **Jugendliche** unter 16 Jahren sowie Jugendliche, die in einem Lehr- oder sonstigen mindestens einjährigen Ausbildungsverhältnis stehen, nicht zu Akkord- und sonstigen leistungsbezogenen Arbeiten herangezogen werden (§ 21 KJBG, vgl hiezu 7.3.1.2). Mit solchen Arbeiten dürfen auch werdende **Mütter** nicht beschäftigt werden, wenn hiedurch ihre Kräfte überfordert werden. Nach Ablauf der 20. Schwangerschaftswoche bis zum Ablauf von zwölf Wochen nach der Entbindung bzw während der gesamten Stillperiode sind diese Arbeiten jedenfalls unzulässig (§§ 4 Abs 2 Z 9, 4a Abs 2 u 5 Abs 3 MSchG; vgl hiezu 7.3.3.2). **Lenker** von Kraftfahrzeugen dürfen gem § 15c AZG nicht nach Maßgabe der zurückgelegten Strecke oder der Menge der beförderten Güter entlohnt werden, wenn diese Entgelte geeignet sind, den Dienstnehmer dahin gehend zu motivieren, die Sicherheit im Straßenverkehr zu beeinträchtigen (zB Geschwindigkeitsprämien).

6.5.2.4. Beteiligung am wirtschaftlichen Ergebnis

6/162 Die Beteiligung am wirtschaftlichen Ergebnis des Unternehmens kann entweder unmittelbar in Form von **Kapitalbeteiligung** (Ausgabe von Aktien an Mitarbeiter; Aktienoptionsmodelle[245]) oder in Form einer Abgeltung in Relation zu wirtschaftlichen Kennzahlen erfolgen. Letzteres führt zur Vereinbarung von Gewinnbeteiligungen, Umsatzbeteiligungen, Beteiligungen am Deckungsbeitrag des Unternehmens udgl (s unten). Diese Unterscheidung führt auch zu wesentlichen Unterschieden hinsichtlich der Rechtsfolgen. Während die Unternehmensbeteiligung explizit (§ 2a AVRAG) in die Bemessungsgrundlagen für Entgeltfortzahlungs- und Beendigungsansprüche nicht einzubeziehen ist, unterliegen Gewinnbeteiligungen sehr wohl dem Entgeltbegriff für abgeleitete Ansprüche (zB für die Bemessung der Kündigungsentschädigung; zur Abfertigung s 8.6.1.2.4, zur Urlaubsersatzleistung s 6.10.7). Die gesetzlichen Bestimmungen zu diesen Entgeltformen sind äußerst lückenhaft, sodass in diesen Fällen die Analogie häufig zur wichtigsten Rechtsfigur wird[246].

---

[244] VwGH 20. 9. 2000, 97/08/0389, DRdA 2001, 317 mit Bespr v *Löschnigg*.

[245] Allg dazu *Achatz/Jabornegg/Resch*, Mitarbeiterbeteiligung – Aktienoptionen (2002); weiters OGH 22. 5. 2003, 8 ObA 161/02p, DRdA 2004, 303 mit Bespr v *Jabornegg*.

[246] Vgl *Löschnigg*, Die Vereinbarung erfolgsabhängiger Entgelte, DRdA 2000, 467; s weiters *Felten*, Arbeitsrechtliche Grenzen ausschließlich erfolgsabhängigen Entgelts, ecolex 2009, 510; *Mair*, Provisions-, Prämien- und Gewinnbeteiligungsvereinbarung, in Reissner/Neumayr (Hrsg), Zeller Handbuch Arbeitsvertrags-Klauseln (2010), 539 ff; *Schima/Körber-Risak*, Einseitige Eingriffe in und Ablaufstörungen bei erfolgsbezogenen Vergütungen - Rechtsprobleme von Bonusregelungen und Zielvereinbarungen, ZAS 2013, 59; *Egermann/Hauer*, Arbeitsrechtliche Aspekte bei Mitarbeiterbeteiligungsmodellen und Bonusregelungen, RdW 2013, 472.

Die häufigste Form der Mitarbeiterbeteiligung, die **Gewinnbeteiligung**, ist im Angestelltengesetz ansatzweise geregelt. Mangels Vereinbarung findet die Abrechnung für das abgelaufene Geschäftsjahr auf Grund der Bilanz statt (§ 14 Abs 1 AngG). Soweit es zur Prüfung der Richtigkeit der Abrechnung erforderlich ist, kann der Arbeitnehmer die **Einsicht in die Geschäftsbücher** verlangen, unabhängig davon, ob der Arbeitnehmer Zweifel an den in der Abrechnung enthaltenen Angaben hegt[247]. Zum Tragen eines **Verlustes** kann der Arbeitnehmer im Gegensatz zum Gesellschafter nicht verhalten werden. Die Verlustbeteiligung würde zu einer Übertragung des typischen Arbeitgeberrisikos führen, wenn sie zu einer Reduktion von bereits verdientem Entgelt führt. Zulässig wäre aber ein Gewinnermittlungszeitraum, der mehrere Geschäftsjahre zusammenfasst und in dem ein Ausgleich von Gewinnen und Verlusten zustande kommt[248]. 6/163

Vom **Provisionsangestellten** unterscheidet sich der **gewinnbeteiligte Angestellte** sehr wesentlich. Ist die Provision einmal erworben, bleibt der Anspruch auch bei sich ändernder Ertragslage des Unternehmens bestehen. Der gewinnbeteiligte Arbeitnehmer erhält aus dem Rechtstitel der Gewinnbeteiligung nur dann etwas, wenn im einzelnen Geschäftsjahr ein Gewinn erzielt wurde. Der gewinnbeteiligte Arbeitnehmer ist also nicht wie der provisionsberechtigte nur am Erfolg seiner eigenen Arbeitsleistung, sondern auch am Gewinn des ganzen Unternehmens oder wenigstens eines Unternehmensteils beteiligt. Das **kollektivvertragliche Mindestentgelt** gebührt in jedem Fall; wird dieses nicht erreicht, muss eine entsprechende Verrechnung stattfinden.

Eine Vereinbarung, bei der der Arbeitgeber durch Kündigung des Arbeitsverhältnisses vor dem Fälligkeitstermin einer Gewinnbeteiligung den Anspruch des Arbeitnehmers auf die Beteiligung zunichtemachen könnte, ist sittenwidrig[249]. 6/164

Gem § 97 Abs 1 Z 16 ArbVG fallen „Systeme der Gewinnbeteiligung“ in die Regelungsbefugnis der Betriebsvereinbarung (vgl 11.5.3.3.2). 6/165

Als Entlohnungssystem kommt nicht nur die Beteiligung am Gewinn in Betracht; Beteiligungen, die sich am Umsatz oder allgemein an einer **Kennzahl des wirtschaftlichen Unternehmenserfolgs** orientieren, können ebenfalls vereinbart werden. 6/166

Systeme der sog **Mitarbeiterbeteiligung** (vgl zB das „Bauhütte Leitl-Modell“; hiezu *Korinek/Schneider/Strasser/Köglberger*, Sozialpartnerschaft und Mitarbeiterbeteiligung [1995]) unterscheiden sich von der ausschließlichen Beteiligung am wirtschaftlichen Ergebnis insofern, als sie zusätzlich zur finanziellen Beteiligung Mitwirkungsrechte für die Belegschaft im Rahmen der Geschäftsführung vorsehen. Im Rahmen der österreichischen Betriebsverfassung lassen sich derartige Beteiligungssysteme schwer realisieren, da eine Ausweitung der Mitwirkungsrechte des Betriebsrates mit dem überwiegend zweiseitig zwingenden Betriebsverfassungsrecht (vgl 3.3.4.6.2 e u 3.3.1.9.1 e) zumeist in Widerspruch steht. 6/167

---

247 S auch *Jabornegg* in Löschnigg (Hrsg), AngG Bd 1^{10} (2016), § 14 Rz 30 ff.

248 Vgl OGH 27. 7. 2011, 9 ObA 22/11t, ASoK 2011, 416 mit Bespr v *Friedrich* = infas 2012, A 9 = ARD 6176/2/2011.

249 OGH 22. 11. 1989, 9 ObA 268/89, ZAS 1991, 60 mit krit Bespr v *Adamovic*; OGH 30. 8. 1989, 9 ObA 177/89, DRdA 1990, 144; s auch *Adamovic*, Zur Sittenwidrigkeit von Entgeltvereinbarungen, ZAS 1991, 153; *Runggaldier/Schima*, Die Rechtsstellung von Führungskräften (1991), 135 f.

6.5.2.5. Sonderzahlungen

6/168 **Sonderzahlungen** oder **Remunerationen** sind Leistungen, die aus besonderem Anlass (etwa bei längerer Betriebszugehörigkeit) geschuldet oder freiwillig ausgeschüttet werden (zum Problem der Anspruchsbegründung aus freiwilligen Leistungen vgl 6.5.2.7); sie werden in regelmäßigen, meist jährlichen Abständen gewährt und dem „laufenden Lohn" gegenübergestellt. Gerade diesbezüglich beginnen aber die Grenzen zu fließen: Das „dreizehnte" und „vierzehnte" Monatsgehalt sind in Österreich allgemein üblich geworden, sodass der Anlass (Weihnachten oder Urlaubsbeginn; s auch 6.10.5) an Bedeutung zurücktritt; die „Sonderzahlungen" sind längst ein fixer Bestandteil unserer Lohnpolitik[250]. Charakteristisch für die Entwicklung ist die vom Anlassfall gelöste Fälligkeit der Sonderzahlungen im öffentlichen Dienst.

6/169 Abgesehen von gewissen Ausnahmen (vgl § 9 Abs 2 HGHAG) bildet **nicht das Gesetz**, sondern der **Kollektivvertrag** (teilweise auch der Arbeitsvertrag[251]) die Rechtsgrundlage für die Sonderzahlungen. Strittige Fragen hinsichtlich der Anspruchsvoraussetzungen, der Anspruchshöhe und der Anspruchsdauer sind daher durch Interpretation der jeweiligen kollektivvertraglichen Bestimmungen zu lösen[252]. Den Kollektivvertragsparteien bleibt es unbenommen, den Anspruch auf Sonderzahlungen an bestimmte Voraussetzungen und Bedingungen zu knüpfen oder Aliquotierungsvorschriften (s unten) vorzusehen, soweit nicht gegen gesetzliche Rahmenbedingungen oder Grundwertungen der Arbeitsrechtsordnung verstoßen wird[253].

6/170 Sonderzahlungen können grundsätzlich nach dem **Anwartschafts-** oder nach dem **Stichtagsprinzip** konstruiert sein.

Beim Anwartschaftsprinzip wird der Anspruch auf die Sonderzahlung mit der Dauer des Arbeitsverhältnisses aliquot erworben, mag auch die Fälligkeit nur an zwei Terminen im Jahr eintreten. Hier liegt die Aliquotierung in der Natur der Sache. Im Falle des Stichtagsprinzips ist die Beschäftigung im Betrieb am Stichtag Bedingung für den Erwerb des Anspruchs, der dann zur Gänze oder überhaupt nicht fällig wird.

6/171 Die Wahl zwischen Anwartschafts- oder Stichtagsprinzip wird man nicht uneingeschränkt der freien Disposition der Vertrags-(Kollektivvertrags-)Parteien anheimstellen können. Zum einen wird die Wahl von der Art der Zielsetzung, der Häufigkeit und der Regelmäßigkeit der Zahlung mitbestimmt.

6/172 So unterliegen die üblichen Weihnachtsremunerationen (13. Monatsgehalt) und Urlaubszuschüsse (14. Monatsgehalt) wesensgemäß dem Anwartschaftsprinzip, während für bestimmte Jubiläumszuwendungen das Stichtagsprinzip in Frage kommt[254]. Zum anderen kann die zwingende Wirkung des § 16 Abs 1 AngG (s unten) nicht dadurch umgangen werden, dass die Entstehung eines für die gesamte Arbeitsleistung im Kalender- oder Arbeitsjahr

---

[250] Vgl auch OGH 28. 3. 1996, 8 ObA 2019/96m, DRdA 1997, 190 mit Bespr v *Schindler*.
[251] *Radner*, Vertragliche Vereinbarung von Sonderzahlungen, in Reissner/Neumayr (Hrsg), Zeller Handbuch Arbeitsvertrags-Klauseln (2010), 576 ff.
[252] Vgl OGH 27. 9. 2016, 8 ObS 12/16x, DRdA 2017, 219 mit Bespr v *Mader* = ASoK 2017, 76.
[253] OGH 30. 3. 2011, 9 ObA 85/10f, infas 2011, A 67 = ASoK 2011, 443.
[254] Zur Einbeziehung von Jubiläumsgeld in die Bemessungsgrundlage für die Betriebspension s OGH 25. 3. 2014, 9 ObA 28/14d, ARD 6400/14/2014.

gebührenden Remunerationsanspruchs an das Erreichen eines bestimmten Stichtages gebunden wird. Aus dieser Prämisse folgert der OGH, dass der aliquote Teil von kollektivvertraglichen Remunerationen auch dann gebührt, wenn der Kollektivvertrag das Entstehen des Anspruchs auf Sonderzahlungen vom einjährigen ungekündigten Bestehen des Arbeitsverhältnisses abhängig macht[255].

Will der Kollektivvertrag, dass Sonderzahlungen jedenfalls zu bestimmten Zeitpunkten zur 6/173
Auszahlung gelangen, muss er dies ausdrücklich festlegen. Andernfalls geht die Rechtsprechung davon aus, dass Sonderzahlungen auch **aliquot in das laufende Entgelt** einfließen können, da hiedurch nur die Fälligkeit der Sonderzahlungen vorverlegt wird und dies dem Günstigkeitsprinzip entspricht[256].

Bezüglich der **im laufenden Jahr ein- und austretenden Arbeitnehmer** wird der Anspruch 6/174
auf jährliche Remunerationen auf Grund des Kollektivvertrags häufig aliquotiert[257]. Für **Angestellte** ist die Aliquotierung periodischer Zahlungen **zwingend** vorgesehen, wenn das Arbeitsverhältnis vor Fälligkeit des Anspruchs gelöst wird (§ 16 Abs 1 AngG). Diese Vorschrift hat zur Folge, dass auch dann, wenn Sonderzahlungen nicht nach dem Anwartschaftsprinzip, sondern nach dem Stichtagsprinzip konstruiert sind, anlässlich der Lösung der aliquote Teil der Sonderzahlung auszuzahlen ist.

Was die der **GewO** unterliegenden Arbeitnehmer anbelangt, wird im Hinblick auf die zentrale und zwingende Wirkung des § 16 Abs 1 AngG und die bereits weitreichende Gleichbehandlung von Arbeitern und Angestellten eine generelle Anwendung dieser Norm zu befürworten sein. Eine analoge Anwendung des § 16 Abs 1 AngG auf Arbeitnehmer, die nicht dem AngG unterliegen, ist daher zu bejahen (vgl auch *Grillberger*, DRdA 1993, 121; wN s 8.2.8.6). Der OGH löst diese Problematik weniger mit einer analogen Anwendung des § 16 Abs 1 AngG als mit dem Argument einer **unzulässigen Beschränkung der Kündigungsfreiheit**. Eine solche wäre nach Ansicht des OGH anzunehmen, wenn der Kollektivvertrag den Entfall von Urlaubszuschuss und Weihnachtsremuneration für den Fall vorsieht, dass der Arbeitnehmer innerhalb der ersten sechs Monate kündigt. Einschlägige kollektivvertragliche Regelungen wurden als unwirksam angesehen[258]. Im Ergebnis wird jedenfalls eine weitgehende Angleichung der Wirkungen des Stichtagsprinzips an die des Anwartschaftsprinzips im Falle der Beendigung des Arbeitsverhältnisses erreicht.

Die Zulässigkeit von Kollektivvertragsklauseln, wonach Arbeitnehmer, die vor Ablauf des 6/175
Kalenderjahres aus dem Arbeitsverhältnis ausscheiden, die bereits erhaltene Sonderzahlung anteilsmäßig (entsprechend dem Rest des Kalenderjahres) **zurückzuzahlen haben**, wurde vom OGH bejaht[259]. Weder der gutgläubige Verbrauch der Sonderzahlung noch der Um-

255 OGH 30. 8. 1989, 9 ObA 177/89, infas 1990, A 46 = Arb 10.822; vgl auch *Winkler*, Aliquotierungsgebot und Jubiläumsgelder, RdW 1996, 367.

256 OGH 8. 7. 1999, 8 ObA 256/98z, ARD 5088/25/2000; zuletzt VwGH 12. 9. 2012, 2009/08/0225, ARD 6300/6/2013.

257 Vgl zB OGH 18. 9. 1980, 4 Ob 113/80, Arb 9898, der einem ungerechtfertigt ausgetretenen Arbeitnehmer den aliquoten Teil des Weihnachtsgeldes auf Grund einer Bestimmung des KV für die Bauindustrie und das Baugewerbe zusprach; zur zulässigen Rückverrechnung der Jahresremuneration nach unberechtigtem Austritt nach dem KV für Hotel- und Gastgewerbe s OGH 18. 3. 2016, 9 ObA 16/16t, DRdA-infas 2016, 213 mit Bespr v *Tinhof*.

258 OGH 8. 7. 1992, 9 ObA 142/92, DRdA 1993, 117 mit Bespr v *Grillberger* = ZAS 1994, 60 mit Bespr v *Micheler*; OGH 2. 9. 1992, 9 ObA 154/92, ZAS 1993, 218 mit Bespr v *Gruber* = DRdA 1993, 209 mit Bespr v *Runggaldier*; OGH 30. 1. 1997, 8 ObA 2252/96a, ecolex 1997, 798; allg vgl auch *Binder*, Faktische Kündigungserschwerungen zu Lasten des Arbeitnehmers, ZAS 1993, 92.

259 Zur Gesamtproblematik vgl *Runggaldier*, Grenzen der Kollektivvertragsautonomie bei der Regelung des Entgelts (1995).

stand, dass der Arbeitgeber den Dienstnehmer ungerechtfertigt entlassen hatte, beeinflussen die Rückerstattungspflicht[260]. Diese Auffassung ist vor allem dann nicht haltbar, wenn der Arbeitgeber das Dienstverhältnis aufkündigt oder ungerechtfertigt vorzeitig beendet bzw wenn ihn ein Verschulden am Austritt des Arbeitnehmers trifft. Es erscheint unvertretbar, den Arbeitnehmer in einem derartigen Fall noch zusätzlich dadurch zu benachteiligen, dass er bereits konsumierte Sonderzahlungen zurückzahlen muss (allg zur Rückerstattung vgl 6.5.4).

6/176 Festzuhalten ist jedenfalls, dass weder der **Umstand der Auflösung** eines Arbeitsverhältnisses noch die **Art der Lösung** ausschlaggebend sein können, in bereits erworbene Entgeltansprüche und damit in wohlerworbene Rechte einzugreifen. Dementsprechend sind Kollektivvertragsbestimmungen, die für den Fall der Kündigung durch den Arbeitnehmer oder für den Fall einer gerechtfertigten Entlassung den Verlust von bereits verdienten Sonderzahlungen vorsehen, unzulässig und rechtsunwirksam[261].

6/177 Nach der äußerst bedenklichen Auffassung der Judikatur ist offensichtlich für die Rückerstattung der Sonderzahlungen keine ausdrückliche Rückzahlungsklausel erforderlich. Es genügt vielmehr, wenn im Kollektivvertrag zum Ausdruck kommt, dass im Fall der Beendigung des Arbeitsvertrages „aliquote Sonderzahlungen“ gebühren (OGH 12. 8. 1999, 8 ObA 221/99d, ZAS 2000, 176 mit Bespr v *Spitzl*).

6/178 Kollektivvertragliche Sonderregelungen bezüglich der Aliquotierung von Sonderzahlungen bestehen mitunter auch für den Fall, dass es während des laufenden Kalenderjahres zu Veränderungen im Beschäftigungsausmaß (zB Wechsel von Voll- auf Teilzeitarbeit[262]) oder in der Art des Arbeitsverhältnisses (zB Wechsel vom Lehr- in ein „normales“ Arbeitsverhältnis) kommt. Fehlt eine ausdrückliche Vorschrift, dann wird regelmäßig die für ein- und austretende Arbeitnehmer geltende Aliquotierungsregel anzuwenden sein (OGH 5. 10. 2000, 8 ObA 175/00v, DRdA 2001, 427 mit Bespr v *Löschnigg*).

6/179 Die Aliquotierungsvorschriften legen **keinen Anspruch** auf eine periodische Remuneration fest, sondern setzen ihn vielmehr voraus[263]. Die aliquoten Teile der Sonderzahlungen sind auch bei Berechnung der Urlaubsersatzleistung sowie der Abfertigung zu berücksichtigen[264]. Im Fall der Abfertigung nach dem BMSVG sind die Sonderzahlungen insofern mitberücksichtigt, als sie zur Gänze in die Beitragsgrundlage für die Berechnung der Arbeitgeberbeiträge einfließen (vgl 8.6.1.3.1).

---

[260] OGH 9. 5. 1972, 4 Ob 25/72, DRdA 1974, 82 mit Bespr v *Jakusch*; OGH 19. 5. 1981, 4 Ob 43/81, DRdA 1982, 112 mit Bespr v *Wachter* = ZAS 1982, 23 mit Bespr v *Runggaldier*; vgl auch OGH 23. 2. 1994, 9 ObA 20/94, infas 1994, A 97.

[261] OGH 28. 11. 1996, 8 ObA 2277/96, infas 1997, A 63 = RdW 1997, 350; va OGH 26. 11. 2013, 9 ObA 82/13v, ARD 6383/7/2014 = ASoK 2014, 158 = infas 2014, A 43; s aber auch OGH 29. 5. 1996, 9 ObA 2041/96, infas 1996, A 150 = RdW 1997, 351; dazu auch *Rauch*, Sonderzahlungen bei fristloser Auflösung, ASoK 2014, 182.

[262] OGH 30. 3. 2011, 9 ObA 85/10f, infas 2011, A 67 = ASoK 2011, 443.

[263] Vgl OGH 6. 10. 1970, 4 Ob 82/70, ZAS 1971, 142 mit Bespr v *Winkler*; VwGH 24. 11. 1981, 11/3090/80, Arb 10.088.

[264] Vgl *Cerny*, Urlaubsrecht[10] (2011), § 10 Erl 6; noch zur sog Urlaubsentschädigung bzw -abfindung s *Martinek/Schwarz*, Abfertigung (1980), 329.

Ein Sonderproblem stellt sich bei langen Krankenständen. Fraglich ist in diesem Zusammenhang, ob Sonderzahlungen auch **nach Ende der Entgeltfortzahlungsfristen** gebühren. Aus der grundsätzlichen Feststellung, dass die Sonderzahlungen einen Teil des für die Dienstleistung geschuldeten Entgelts darstellen, leitet der OGH ab, dass Sonderzahlungen mangels abweichender Vereinbarung nicht für Zeiten gebühren, für die keine Pflicht zur Entgeltzahlung besteht[265]. Sonderzahlungen sind im Zeitraum der Entgeltfortzahlung – wenn keine abweichende Norm oder Vereinbarung besteht – aliquot auszubezahlen. Dies bedeutet, dass der Arbeitnehmer solange vollen Anspruch auf Sonderzahlungen hat, solange er auch Anspruch auf Fortzahlung des vollen Entgelts hat. 6/180

Ab dem Zeitpunkt, ab dem nur noch der halbe Entgeltfortzahlungsanspruch besteht (vgl 6.9.2.1.4), gebührt nach Ansicht des Höchstgerichts auch nur mehr die halbe Sonderzahlung[266]. Eine einzelvertragliche Bestimmung, wonach das Gehalt „vierzehnmal jährlich“ zur Auszahlung gelangt, lässt keinen Schluss zu, Sonderzahlungen anders als das laufende Entgelt zu behandeln[267]. Die ältere Judikatur des OGH ging hingegen davon aus, dass kollektivvertragliche Bestimmungen, die ein- und austretenden Arbeitnehmern aliquote Sonderzahlungen „entsprechend der im Kalenderjahr zurückgelegten Dienstzeit“ gewähren, bereits eine abweichende Regelung darstellten, sodass Sonderzahlungen auch dann im entsprechenden Ausmaß zu leisten sind, wenn kein gesetzlicher Anspruch auf Entgeltfortzahlung mehr besteht[268]. Der zuletzt erwähnten Rechtsmeinung wird im Zweifel der Vorzug gebühren, sodass eine völlige Gleichstellung von Sonderzahlungen mit dem laufenden Entgelt wohl eindeutig zum Ausdruck gebracht werden muss. Dies umso mehr, als die zwingende und allgemein anwendbare Aliquotierungsvorschrift im Falle der Beendigung des Arbeitsverhältnisses (§ 16 AngG; s unten) auf das Verhältnis zwischen der Dienstperiode, für die an sich Remunerationsansprüche bestehen, und der zurückgelegten Dienstzeit abstellt[269]. Wenn somit der Anspruch auf Sonderzahlungen typischerweise von der Dauer des Arbeitsverhältnisses abhängig gemacht wird, dann bedeutet dies auch, dass für die Bemessung der Sonderzahlungen das Bestehen eines voll aufrechten Arbeitsverhältnisses (dh keines insb durch Karenz ruhenden Arbeitsverhältnisses) maßgeblich ist. Es liegt keine Rechtslücke vor, die nach Maßgabe der Sondertatbestände des MSchG, des APSG oder des ArbVG (vgl 7.3.3.4.8 bzw 10.13.2) auszufüllen ist[270]. Zu beachten ist schließlich, dass die Auslegung des OGH dazu führt, dass längere Krankenstände über die Reduktion der Sonderzahlungen pönalisiert werden und insofern mit den Wertungen des EFZG bzw des § 8 AngG in Widerspruch stehen. Die Rechtsmeinung des OGH wird im Übrigen auch

---

265 Zum KV Graphisches Gewerbe s OGH 26. 2. 2014, 9 ObA 164/13b, ARD 6404/12/2014 = ecolex 2014, 554 = wbl 2014, 344.

266 OGH 29. 1. 2015, 9 ObA 135/14i, DRdA-infas 2015, 148 = ASoK 2015, 319.

267 OGH 25. 5. 1994, 9 ObA 38/94, DRdA 1995, 336 mit Bespr v *Trost*; s weiters *Runggaldier*, Sozialrückbau durch Rechtsprechung, DRdA 1996, 101; *Schrank*, Sonderzahlungen bei entgeltfreien Krankenständen, ecolex 1995, 193; OGH 3. 5. 1995, 8 ObA 2059/96, infas 1996, A 95; OGH 27. 3. 1996, 9 ObA 19/96, infas 1996, A 116; OGH 28. 3. 1996, 8 ObA 2019/96, infas 1996, A 115; OGH 10. 7. 1996, 9 ObA 2132/96m, ARD 4787/22/96.

268 OGH 11. 8. 1993, 9 ObA 177/93, ARD 4508/22/93 = DRdA 1995, 174.

269 Differenzierend *Trost*, Anspruch auf Sonderzahlungen in entgeltfreien Zeiten, DRdA 1995, 116.

270 Vgl auch *Schneller*, Entfall der Sonderzahlungen für entgeltfreie Dienstzeiten trotz Sozialrechts-Änderungsgesetz 1995?, infas 1996, 205.

vom VwGH nicht geteilt[271], sodass damit die Sozialversicherungsträger die Möglichkeit erhalten, Sozialversicherungsbeiträge von nach Ansicht des OGH nicht zustehenden Sonderzahlungen zu berechnen[272]. Letztlich lässt sich auch die Problematik der Sonderzahlungen für Zeiten ohne Entgeltanspruch nur im Wege der Interpretation der kollektivvertraglichen Norm, die den Anspruch auf die Sonderzahlung geschaffen hat, lösen[273].

6.5.2.6. Betriebspension[274]

6/181 Betriebspensionen (betriebliche Ruhegelder) bilden neben der gesetzlichen Sozialversicherung und der Eigenvorsorge den dritten Faktor des sog Dreisäulenmodells der Alterssicherung[275]. In Österreich haben Betriebspensionen bislang nur in wenigen Branchen bzw bei bestimmten Arbeitnehmergruppen eine gewisse Bedeutung erlangt[276]. Als **Anspruchsgrundlagen** für eine Betriebspension kommen einseitige Erklärungen[277], Einzelvereinbarungen[278] und Normen der kollektiven Rechtsgestaltung in Frage. Unter Normen der kollektiven Rechtsgestaltung sind der Kollektivvertrag (vgl 3.3.1.9.1), die Betriebsvereinbarung (vgl § 97 Abs 1 Z 18, Z 18a u Z 18b ArbVG sowie § 3 BPG unter 11.5.3.3.7) und allenfalls die Satzung zu verstehen. Der Anspruch auf das betriebliche Ruhegeld kann dabei **verschieden konstruiert** sein. Der Arbeitgeber kann unmittelbar verpflichtet werden, mit Erreichung eines bestimmten Alters oder bei Eintritt der Arbeitsunfähigkeit an den Arbeitnehmer (dessen Hinterbliebene) ein Ruhegeld zu zahlen; dieses ist trotz des Versorgungscharakters als Entgelt zu qualifizieren[279]. Es ist aber auch denkbar, dass betriebliche Wohlfahrtseinrichtungen (zB Unterstützungs- oder sonstige Hilfskassen) vom Arbeitgeber

---

[271] VwGH 17. 10. 1996, 95/08/0341, DRdA 1997, 485 mit Bespr v *Schindler*; s allerdings VwGH 4. 8. 2004, 2001/08/0154, DRdA 2005, 255 mit krit Bespr v *Schindler*.

[272] Vgl auch *Karl*, Beitragspflicht für arbeitsrechtlich nicht gebührende Sonderzahlungen, ASoK 1997, 211; *Müller*, Arbeitsrecht und Sozialrecht – Probleme der Divergenz von Rechtsprechung, DRdA 1998, 310.

[273] Allg hiezu s *Naderhirn*, Anspruch auf Urlaubszuschuss und Weihnachtsremuneration in entgeltfreien Krankenstandszeiten?, ZAS 2002, 7; *Schrank*, Doch Anspruch auf Sonderzahlungen für entgeltfreie Krankenstandszeiten?, ZAS 2002, 43; *Schindler*, Gibt es eine allgemeine, gesetzliche Kürzungsregel für Sonderzahlungen?, ZAS 2002, 136.

[274] *Tinhofer*, Betriebszusage, in Reissner/Neumayr (Hrsg), Zeller Handbuch Arbeitsvertrags-Klauseln (2010), 619 ff.

[275] In der Schweiz ist dieses Modell verfassungsrechtlich verankert; *Birk*, Rechtsvergleichender Überblick über die betriebliche Altersversorgung, in Runggaldier/Steindl (Hrsg), Handbuch zur betrieblichen Altersversorgung (1987), 51 ff; zur Diskriminierung von Frauen beim Zugang zu einer Betriebspension s OGH 23. 4. 2003, 9 ObA 256/02s, DRdA 2003, 548 mit Bespr v *Smutny*.

[276] Vgl *Krejci*, Die Überleitung bestehender Betriebspensionsregelungen in das neue Pensionskassensystem, VR 1991, 49.

[277] Zur Deutung einseitiger Erklärungen als Auslobung vgl zB *Spielbüchler/Grillberger*, Arbeitsrecht I[4] (1998), 252.

[278] Vgl bereits OGH 24. 9. 1968, 4 Ob 44/68, Arb 8561; zur schlüssigen Anspruchsbegründung („Betriebsübung") s OGH 11. 11. 1992, 9 ObA 261/92, ZAS 1994, 207 mit Bespr v *Schrank*; OGH 13. 3. 1997, 8 ObA 2254/96w, DRdA 1998, 32 mit Bespr v *Rummel*; zur ergänzenden Auslegung bei Einzelvereinbarungen über Pensionsleistungen s OGH 4. 11. 1987, 9 ObA 111/87, ZAS 1989, 58 mit Bespr v *Kerschner* = JBl 1988, 467 mit Bespr v *Pfersmann* = DRdA 1990, 122 mit Bespr v *Runggaldier*; zur wirksamen mündlichen Pensionszusage s OGH 21. 2. 2013, 9 ObA 156/12z, ZAS 2013, 225 mit Bespr v *Aichberger-Beig* = ecolex 2013, 616 mit Bespr v *Wilhelm* = ARD 6329/2/2013; s auch *Binder*, Pensionsvereinbarung und Wertsicherung, RdW 1989, 26.

[279] *Schwarz/Holzer*, Die Treuepflicht des Arbeitnehmers und ihre künftige Gestaltung (1976), 114 f; *Fischer*, Die freiwilligen Versorgungskassen und ihre Beziehungen zu den staatlichen Systemen der sozialen Sicherheit, in Österreichische Landesberichte zum XII. Internationalen Kongreß für das Recht der Arbeit und der Sozialen Sicherheit in Madrid (1988), 46.

(§ 95 ArbVG) oder vom Betriebsrat (§ 93 ArbVG) errichtet werden, dass der Arbeitnehmer die Betriebspension durch Verzicht auf zukünftige sonstige Vergütungen selbst finanziert[280], der Arbeitgeber Beiträge an eine Pensionskasse mit eigener Rechtspersönlichkeit oder Prämien für eine betriebliche Kollektivversicherung entrichtet, die bei Vorliegen der vereinbarten Voraussetzungen Pensionszahlungen an die Arbeitnehmer leistet, oder der Dienstgeber für seine Arbeitnehmer sonstige Versicherungen (zB Lebensversicherungen) abschließt. In den letzten beiden Fällen richtet sich der Rechtsanspruch auf die konkrete Pensionsleistung gegen den verpflichteten Rechtsträger.

Spezielle gesetzliche Sicherungsmechanismen für derartige Betriebspensionen waren bis zum Inkrafttreten des Betriebspensionsgesetzes (BPG)[281] und des Pensionskassengesetzes (PKG) im Jahre 1990 nicht vorgesehen[282]. Gewisse Einschränkungen hinsichtlich der Vertragsgestaltung ergaben sich aber auch vor dem Inkrafttreten des BPG aus den Wertungen des Zivilrechts im Allgemeinen und dem Schutzzweck des Arbeitsrechts im Besonderen[283]. So ist etwa einer Bestimmung in einer betrieblichen Pensionsvereinbarung, nach der der Arbeitgeber das einseitige Recht erhält, eine bereits erworbene Pensionsanwartschaft durch Kündigung des Arbeitsverhältnisses zunichtezumachen, sittenwidrig[284]. Widerrufsklauseln, die sich auf eine Verschlechterung der wirtschaftlichen Lage beziehen, rechtfertigen regelmäßig keine Einstellung der Pensionsleistungen für alle Zukunft. Im Fall einer Besserung der Wirtschaftslage – die auch nicht künstlich durch Ausgliederungen etc verhindert werden darf – lebt der Anspruch auf die Leistung wieder auf (OGH 7. 9. 2000, 8 ObA 17/99d, DRdA 2001, 421 mit Bespr v *Runggaldier*). 6/182

Das BPG enthält zahlreiche Übergangsbestimmungen für betriebliche Pensionsregelungen, die vor Inkrafttreten des BPG geschaffen wurden[285]. Auf aus direkten Leistungszusagen resultierende Betriebspensionen, die vor Inkrafttreten des BPG angefallen sind, will der OGH das BPG zu Unrecht nicht angewandt wissen[286]. 6/183

---

[280] *Doetsch/Emmett/Kaether*, Die „arbeitnehmerfinanzierte" Betriebspension – Gestaltung, Vorteilhaftigkeit und Bilanzauswirkungen von Deferred Compensation, RdW 1997, 19.

[281] Zur Entstehungsgeschichte *Schrammel*, Zum Anwendungsbereich des Betriebspensionsgesetzes, ZAS 1991, 73 f; zum BPG generell s *Huger/Laimer*, Betriebspensionsgesetz (2017).

[282] Zum daraus resultierenden Regelungsdefizit vgl zB die sog VÖEST-Betriebspensionsurteile des OGH 14. 12. 1988, 9 ObA 503/88, ZAS 1989, 98 mit Bespr v *Tomandl* = DRdA 1990, 35 mit Bespr v *Grillberger*; s auch OGH 13. 6. 1990, 9 ObA 109/90, ZAS 1991, 21 mit Bespr v *Marhold*; dazu weiters *Grillberger*, Widerruf der VÖEST-Statutarpensionen vom OGH bestätigt, wbl 1989, 33; *Schwarz*, Gedanken zur Betriebspension, ÖJZ 1990, 231.

[283] Zur sachgerechten Interpretation einer Pensionskassen-Betriebsvereinbarung vgl OGH 24. 11. 2010, 9 ObA 92/10k, ecolex 2011, 1033 mit Bespr v *Eberhartinger/Widner* = infas 2011, A 38.

[284] OGH 24. 2. 2000, 8 ObA 281/99b, DRdA 2001, 254 mit Bespr v *Wöss*; OGH 12. 1. 2000, 9 ObA 259/99z, Arb 11.949.

[285] Vgl dazu *Strasser*, Zum Geltungsbereich und zur Rückwirkung des Betriebspensionsgesetzes, DRdA 1990, 313; *Löschnigg/Reissner*, Das Schicksal von Betriebspensionen bei Konkurs des Arbeitgebers, DRdA 1993, 392; s auch OGH 29. 8. 1990, 9 ObA 603/90, ZAS 1991, 207 mit Bespr v *Böhler* = DRdA 1991, 294 mit Bespr v *Firlei*; OGH 26. 2. 1992, 9 ObA 220/91, DRdA 1993, 114 mit Bespr v *Schrammel*.

[286] OGH 12. 1. 1995, 8 ObA 1029/94, ZAS 1995, 159 mit krit Bespr v *Löschnigg/Reissner*; s auch OGH 13. 6. 1996, 8 ObA 239/95, DRdA 1997, 200 mit Bespr v *Eichinger* = ZAS 1997, 108 mit Bespr v *Resch*.

6.5.2.6. Arbeitsentgelt

6.5.2.6.1. Arten von Leistungszusagen

6/184 Das BPG[287] schafft keinen Anspruch des Arbeitnehmers auf eine Betriebspension, sondern setzt einen derartigen Anspruch voraus. Gem § 1 Abs 1 BPG bezweckt das Gesetz die Sicherung von Leistungen und Anwartschaften aus Zusagen zur die gesetzliche Pensionsversicherung ergänzenden Alters-, Invaliditäts- und Hinterbliebenenversorgung, die dem Arbeitnehmer im Rahmen eines privatrechtlichen Arbeitsverhältnisses vom Arbeitgeber gemacht werden (**Leistungszusagen**)[288]. Als **Rechtsgrundlagen** für diese Verpflichtungen nennt § 2 BPG einseitige Erklärungen, Einzelvereinbarungen und Normen der kollektiven Rechtsgestaltung.

Gleichzeitig zählt diese Bestimmung **folgende Formen** von Leistungszusagen auf[289]:

6/185 a) Der Arbeitgeber zahlt Beiträge an eine Pensionskasse oder an eine Einrichtung iSd § 5 Z 4 PKG zu Gunsten des Arbeitnehmers und seiner Hinterbliebenen (§ 2 Z 1 BPG)[290].

6/186 Die organisatorischen (gesellschaftsrechtlichen) Grundlagen und die steuerrechtlichen Belange von Pensionskassen ergeben sich aus dem PKG[291] sowie dem BG über die Gründung einer Bundespensionskasse AG, BGBl I 127/1999, Art XX. Unter **Pensionskasse** ist ein Unternehmen zu verstehen, das ausschließlich Pensionskassengeschäfte bzw Geschäfte, die mit der Verwaltung von Pensionskassen zusammenhängen, betreibt (§ 1 Abs 1 u 3 PKG).

Zu unterscheiden sind betriebliche und überbetriebliche Pensionskassen. **Betriebliche Pensionskassen** sind berechtigt, Pensionskassengeschäfte für Anwartschafts- und Leistungsberechtigte eines Arbeitgebers durchzuführen (§ 3 Abs 1 PKG); mehrere Arbeitgeber, die zu einem Konzern iSd § 15 AktG bzw § 115 GmbHG gehören, sind einem Arbeitgeber iSd § 3 Abs 1 PKG gleichzuhalten (§ 3 Abs 3 PKG). Gleiches gilt etwa auch für den Bund samt jenen Gesellschaften, an denen eine mehrheitliche Kapitalbeteiligung besteht, oder für Stiftungen, Anstalten und Fonds, die der Kontrolle des Rechnungshofes unterliegen, sowie für jene Bundesländer, die von der Verordnungsermächtigung gemäß § 22a Abs 4a Z 2 GehG und § 78a Abs 6 Z 2 VBG Gebrauch gemacht haben, hinsichtlich der von diesen Verordnungen erfassten Personengruppen (Näheres in § 3 Abs 4 PKG). **Überbetriebliche**

[287] Dazu insb *Schrammel*, BPG (1992); *Resch* in Neumayr/Reissner (Hrsg), Zeller Kommentar² (2011), Kommentierung zum BPG; *Farny/Wöss*, BPG-PKG (1992); *Bednar*, Die Betriebspension² (1997); *Mekis/Callipari/Sturzlbaum/Petrovic*, Betriebspensionsrecht (1991); weiters *Rebhahn*, Einige Anmerkungen zur Reform der betrieblichen Altersversorgung, wbl 1990, 98; *Gröhs/Mazal*, Betriebspensionen: neue arbeitsrechtliche Rahmenbedingungen, ecolex 1990, 365; *Tomandl*, Einige Bemerkungen zum Entwurf des Betriebspensionsgesetzes, RdW 1989, 394; *ders*, Ungereimtheiten und Unzulänglichkeiten im neuen Betriebspensionsrecht, ZAS 1991, 80; *Gruber*, Betriebspension ohne geschlechtsbezogene Diskriminierung, ecolex 1995, 740; *Runggaldier*, Die neue Rechtsprechung zum Betriebspensionsrecht, in Tomandl (Hrsg), Neuere Tendenzen im Arbeitsrecht auf dem Prüfstand (1999), 1; *Resch*, Aktuelle Probleme im Betriebspensionsrecht – eine Judikaturanalyse, ÖJZ 2008, 92.

[288] Zu diesem zentralen Begriff ausführlich *Schrammel*, Zum Anwendungsbereich des Betriebspensionsgesetzes, ZAS 1991, 75; *Tomandl*, Ungereimtheiten und Unzulänglichkeiten im neuen Betriebspensionsrecht, ZAS 1991, 82; *Holzer*, Scheidung, Zweitehe und Leistungszusagen gem § 2 Z 2 und 3 BPG, in FS Tomandl (1998), 161.

[289] So der AB, 1328 BlgNR 17. GP, 2. Obwohl in § 2 BPG nicht ausdrücklich genannt, ist auch die Errichtung und Dotierung einer Unterstützungs- oder sonstigen Hilfskasse (vgl § 15 BPG) eine Form der Leistungszusage; vgl *Strasser*, Zum Geltungsbereich und zur Rückwirkung des Betriebspensionsgesetzes, DRdA 1990, 314; *Schrammel*, Zum Anwendungsbereich des Betriebspensionsgesetzes, ZAS 1991, 77.

[290] Zur Beitragsaufbringung vgl auch *Köck*, „Umwandlung" von Arbeitsentgelt in Pensionskassenbeiträge, ecolex 1992, 489.

[291] Dazu insb *Farny/Wöss*, BPG-PKG (1992); *Binder*, Zur Sicherung und Erhaltung von Ansprüchen gegenüber der Pensionskasse, DRdA 1991, 417.

Pensionskassen führen Pensionskassengeschäfte für Anwartschafts- und Leistungsberechtigte mehrerer Arbeitgeber durch (§ 4 PKG). Am Grundkapital betrieblicher Pensionskassen dürfen nur der beitragsleistende Arbeitgeber und Arbeitnehmer, die bei diesem beschäftigt und Anwartschaftsberechtigte sind, beteiligt sein (§ 3 Abs 2 PKG); im Falle überbetrieblicher Pensionskassen gibt es hinsichtlich der Beteiligung keine besonderen Beschränkungen.

Unter **Anwartschaftsberechtigten** iS des PKG sind in erster Linie jene Personen zu verstehen, die auf Grund eines bestehenden oder früheren Arbeitsverhältnisses, eines öffentlich-rechtlichen Dienstverhältnisses oder als Mitglieder von Vertretungsorganen juristischer Personen infolge von Beiträgen des Arbeitgebers und allenfalls eigener Beiträge einen Anspruch auf eine zukünftige Leistung entsprechend dem Pensionskassenvertrag haben (Näheres zu den jeweiligen Voraussetzungen in § 5 Z 1 PKG). **Leistungsberechtigte** sind jene Personen, für die eine Pensionskasse bereits Leistungen entsprechend dem Pensionskassenvertrag erbringt (§ 5 Z 2 PKG)[292].

Die Errichtung einer betrieblichen **Pensionskasse** oder der Beitritt zu einer betrieblichen oder überbetrieblichen Pensionskasse bedarf zur Rechtswirksamkeit des Abschlusses einer **Betriebsvereinbarung** (vgl 11.5.3.3.7) oder in bestimmten Fällen des Abschlusses eines Kollektivvertrags (§ 3 Abs 1 BPG). Die übrigen in § 2 BPG genannten Anspruchsgrundlagen (s oben) scheiden daher für diese Form der betrieblichen Altersversorgung aus. Gem § 3 Abs 1a BPG kann die Pensionskassenregelung durch **Kollektivvertrag** erfolgen, wenn dieser zum Stichtag 1. 1. 1997 eine betriebliche Alters-(Hinterbliebenen-)Versorgung vorgesehen hat oder eine solche für nicht dem zweiten Teil des ArbVG unterliegende Betriebe oder Unternehmen getroffen werden soll[293]. 6/187

Für Arbeitnehmer, die von **keinem Betriebsrat** vertreten sind (dh Arbeitnehmer, die wie zB die Gruppe der leitenden Angestellten gem § 36 Abs 2 ArbVG vom betriebsverfassungsrechtlichen Arbeitnehmerbegriff ausgenommen sind bzw die in Betrieben beschäftigt sind, in denen kein Betriebsrat errichtet wurde), und für Arbeitnehmer, für die **kein Kollektivvertrag** gilt, bedarf der Beitritt zu einer Pensionskasse des vorherigen Abschlusses einer Vereinbarung der einzelnen Arbeitnehmer mit dem Arbeitgeber. Diese Individualvereinbarung ist nach einem **Vertragsmuster**[294] zu gestalten, das die in § 3 Abs 1 BPG aufgezählten Angelegenheiten, insb das Leistungsrecht, zu beinhalten hat. 6/188

Die Betriebsvereinbarung, der Kollektivvertrag und die Individualvereinbarung (bzw das Vertragsmuster), die das Verhältnis zwischen beitragsleistendem Arbeitgeber und den Berechtigten regeln, müssen durch den **Pensionskassenvertrag** ergänzt werden, der zwischen der Pensionskasse und dem beitretenden Arbeitgeber abzuschließen ist und mit der Betriebsvereinbarung, dem Kollektivvertrag oder der Individualvereinbarung (bzw dem Vertragsmuster) inhaltlich übereinzustimmen hat (§ 15 PKG)[295]. 6/189

Der Pensionskassenvertrag ist Grundlage der Ansprüche der Anwartschafts- und Leistungsberechtigten gegenüber der Pensionskasse. Er enthält auch sonstige Regelungen über die Beziehungen zwischen Pensionskasse und beitragsleistendem Arbeitgeber. Rechtlich gesehen ist er ein echter **Vertrag zu**

---

[292] Zur fehlenden Parteistellung und Einsichtsrechten der Anwartschafts- und Leistungsberechtigten bezüglich eines Pensionskassen-Geschäftsplans s VfGH 6. 12. 2007, B 2009/06, DRdA 2008, 357 mit Bespr v *Schneller*.

[293] Zur Übertragung von Pensionsanwartschaften auf Grund direkter Leistungszusagen in Pensionskassen vgl *Grießer*, Zur Anwartschaftsübertragung in Pensionskassen, DRdA 2003, 235; *Stupar*, Die Übertragung individualrechtlicher Betriebspensionen, RdW 2006, 441.

[294] Vgl *Petrovic*, Pensionskassen-Betriebsvereinbarung und Vertragsmuster, ZAS 1991, 91.

[295] Zur Ermittlung des Deckungserfordernisses bei Übertragung direkter Leistungszusagen auf eine Pensionskasse s OGH 15. 12. 2004, 9 ObA 92/04a, DRdA 2006, 121 mit Bespr v *Runggaldier*.

Gunsten Dritter, der den Arbeitnehmern bei Erfüllung eines Leistungstatbestandes die unmittelbare Durchsetzung des Pensionsanspruchs gegen die Pensionskasse eröffnet[296]. Entspricht der Pensionskassenvertrag nicht der im „Innenverhältnis" abzuschließenden Betriebsvereinbarung oder wird er einer Änderung derselben nicht angepasst, so ist er – gegebenenfalls über Auftrag der Finanzmarktaufsicht – binnen längstens sechs Monaten zu verbessern. Kommt die Pensionskasse diesen Anordnungen nicht nach, so verfällt der Pensionskassenvertrag der Nichtigkeit[297] (§ 15 Abs 4 PKG).

6/190 Bei **Wegfall** der kollektivvertraglichen Pensionskassenzusage durch Wechsel der Kollektivvertragszugehörigkeit oder Erlöschen des Kollektivvertrags durch Kündigung werden die Regelungen des Kollektivvertrags über die Pensionskassenzusage Inhalt des Arbeitsvertrags des Anwartschaftsberechtigten. Bei sonstigem Erlöschen des Kollektivvertrags bleibt dem Anwartschaftsberechtigten die bis zur Beendigung der Nachwirkung des Kollektivvertrags (vgl 3.3.1.10.3) erworbene Anwartschaft aus der Pensionskassenzusage erhalten, wobei der Anwartschaftsberechtigte zum Zeitpunkt der Beendigung der Nachwirkung dieselben Rechte wie bei Widerruf der Beitragsleistung durch den Arbeitgeber hat (§ 3 Abs 1b u 1c BPG; vgl 6.5.2.6.4).

6/191 b) Der Arbeitgeber verpflichtet sich, Prämien für eine betriebliche **Kollektivversicherung** an eine inländische Lebensversicherung zu Gunsten des Arbeitnehmers und seiner Hinterbliebenen zu zahlen (§ 2 Z 1 BPG). Kollektivversicherungen haben jedenfalls eine Alters- und Hinterbliebenenversorgung zu enthalten. Wie im Fall der Pensionskassenleistungen sind Alterspensionen lebenslang, Hinterbliebenenpensionen entsprechend der im Versicherungsvertrag festgelegten Dauer zu gewähren[298].

6/192 Eine Kollektivversicherung ist nur rechtswirksam, wenn darüber eine Betriebsvereinbarung abgeschlossen wurde, die jedenfalls die Mitwirkung der Versicherten, das Leistungsrecht, die der variablen Prämienleistung zugrunde liegende betriebliche Kennzahl und die Voraussetzungen für eine Arbeitgeberkündigung der Versicherung enthalten muss, oder ein Kollektivvertrag diese Punkte regelt (vgl § 6a BPG). Der Widerruf der Kollektivversicherung durch den Arbeitgeber ist nur möglich, wenn dies in der Betriebsvereinbarung, im Kollektivvertrag bzw im Vertragsmuster vorgesehen ist, und bedarf zu seiner Wirksamkeit der Verschlechterung der wirtschaftlichen Lage des Unternehmens und einer vorangehenden Beratung mit dem Betriebsrat (vgl § 6d Abs 1 BPG).

6/193 c) Der Arbeitgeber kann verpflichtet werden, dem Arbeitnehmer und seinen Hinterbliebenen unmittelbar betriebliche Pensionsleistungen zu erbringen (**direkte Leistungszusage**[299]; § 2 Z 2 BPG).

---

[296] *Eberhartinger/Ratkovic*, Leitfaden zu den gesetzlichen Grundlagen des Pensionskassensystems, in Eberhartinger (Hrsg), Mehr Pension durch die Pensionskasse (1990), 141; *Binder*, Rechtsprobleme des Dreiecksverhältnisses zwischen Unternehmer, Pensionsbegünstigtem und Pensionskasse, ZAS 1991, 108; OGH 25. 6. 2003, 9 ObA 243/02d, DRdA 2004, 447 mit Bespr v *Runggaldier*.

[297] Vgl auch AB 1328 BlgNR 17. GP, 4.

[298] Zu Rechten der Anwartschaftsberechtigten vgl *Resch*, Der Wechsel zwischen Pensionskassa und betrieblicher Kollektivversicherung, ZFR 2012, 276; sowie *dens*, Möglichkeiten eines Systemwechsels zwischen Pensionskassa und betrieblicher Kollektivversicherung nach der Novelle BGBl I 54/2012, in SPRW (2012), 1; *Rebhahn*, Keine Pflicht des Arbeitgebers, neben einer Pensionskasse auch eine betriebliche Kollektivversicherung anzubieten, wbl 2014, 241.

[299] Zur Übertragung von auf Betriebsvereinbarung beruhender direkter Leistungszusage auf eine Pensionskasse und die Grenzen des Vertrauensschutzes OGH 24. 6. 2004, 8 ObA 52/03k, DRdA 2005, 303 mit Bespr v

In diesem Zusammenhang ist zu beachten, dass das BPG **von vornherein** nicht auf jene direkten Leistungszusagen anzuwenden ist, die „vom Arbeitgeber unmittelbar zu erfüllen, jederzeit ohne Angabe von Gründen widerruflich sind und keinen Rechtsanspruch auf Leistungen vorsehen" (§ 1 Abs 3 Z 3 BPG)[300]. 6/194

Strasser[301] weist darauf hin, dass eine Kumulation von jederzeitiger Widerrufsmöglichkeit und fehlendem Rechtsanspruch sinnwidrig wäre, da ein Widerruf einer Leistung, auf die kein Rechtsanspruch besteht, überflüssig sei, zumal derartige Leistungen ohne Willenserklärung eingestellt werden können. Das Bindewort „und" in der Ausnahmebestimmung des § 1 Abs 3 Z 3 BPG sei nicht kumulativ, sondern alternativ, dh gleichbedeutend mit dem Wort „oder", auszulegen. Nach dieser Auffassung ergeben sich daher zwei Konstellationen, die zum Ausschluss einer Leistungszusage aus dem Geltungsbereich des Gesetzes führen: Zum Ersten betrifft dies Zusagen, auf die kein Rechtsanspruch besteht, und zum Zweiten einschlägige Rechtsansprüche, die jederzeit ohne Angabe von Gründen widerruflich sind.

Dass man **begrifflich** nur etwas widerrufen kann, was schon entstanden ist, liegt auf der Hand. Allein, es geht im gegebenen Zusammenhang nicht um formallogische Analysen, sondern um die soziale Realität. Eine fest gefügte und ständige Judikatur hat sich mit der Deutung regelmäßiger und gleichförmiger Verhaltensweisen im Betrieb, insb im Zusammenhang mit der Ausschüttung von freiwilligen Leistungen, befasst (vgl 6.5.2.7). Soll einer schlüssigen Anspruchsbegründung entgegengewirkt werden, so wird die Betonung des **unverbindlichen** und **jederzeit widerruflichen** Charakters der Zuwendung verlangt, wobei dem Terminus „freiwillig" keineswegs eine ausreichende Vorbehaltswirkung beigemessen wird (vgl hiezu OGH 15. 7. 1987, 14 ObA 54/87, DRdA 1989, 33 mit Bespr v *Schwarz*). Der hier gemeinte „Widerruf" ist nichts anderes als die Berufung auf die Unverbindlichkeit, die als bestehende Verkehrssitte betrachtet wird, wenn der Arbeitgeber „überobligationsmäßige" Leistungen erbringt, sich aber nicht binden will[302]. Diesen Umstand wollte der Gesetzgeber klarstellen, indem das Nichtvorliegen eines Rechtsanspruchs mit der jederzeitigen Widerrufsmöglichkeit in § 1 Abs 3 Z 3 BPG in Zusammenhang gebracht wurde. Dies geschieht offenbar, um alle Zweifel auszuschließen, zumal eine unverbindliche Zusage keine Leistungszusage im technischen Sinne gem § 2 BPG (arg „Verpflichtung") darstellt (zur Unverbindlichkeit einer konkreten Pensionszusage vgl OGH 11. 8. 1993, 9 ObA 141/93, DRdA 1994, 145 mit Bespr v *Apathy*).

Liegt hingegen keine unverbindliche Zusage, sondern ein Rechtsanspruch vor, der „jederzeit ohne Angabe von Gründen widerruflich" ist (sog allgemeiner Widerrufsvorbehalt)[303], so unterliegt die Widerrufsklausel den Beschränkungen des Gesetzes (vgl §§ 6, 8, 9 BPG)[304]. Vor dem 1. 1. 1990 bestehende Regelungen in direkten Leistungszusagen, die den Widerruf von Leistungen wegen eines Verhaltens des Leistungsberechtigten, das ihn des Vertrauens seines früheren Arbeitgebers unwürdig erscheinen lässt (insb wegen Verstoßes gegen bestehende Konkurrenzklauseln; zu den sog Treuepflichtklauseln vgl auch 6.2.1), vorsehen, bleiben unberührt (Art V Abs 4 Z 3 BPG).

Runggaldier; zur Aufklärungspflicht bei Wechsel ins Pensionskassensystem s OGH 27. 6. 2013, 8 ObA 3/13v, ARD 6368/3/2013 = infas 2013, A 76; s auch OGH 29. 5. 2013, 9 ObA 140/12x, ARD 6368/2/2013 = ASoK 2014, 120; vgl dazu *Resch*, Aufklärung bei Abfindung einer Betriebspensionsanwartschaft, ZFR 2013, 163; s auch *Schrank*, Pensionskassen und Kollektivversicherungen, RdW 2013, 545.

300 Zur steuerrechtlichen Behandlung vgl *Gröhs*, Betriebliche Altersversorgung aus steuerrechtlicher Sicht, in Runggaldier/Steindl (Hrsg), Handbuch zur betrieblichen Altersversorgung (1987), 189.

301 Zum Geltungsbereich und zur Rückwirkung des Betriebspensionsgesetzes, DRdA 1990, 313; vgl auch *Kerschner*, Widerruf von vertraglichen Betriebspensionszusagen in Österreich und in der Bundesrepublik Deutschland, AuR 1990, 178; *Tomandl*, Ungereimtheiten und Unzulänglichkeiten im neuen Betriebspensionsrecht, ZAS 1991, 80; *Welser*, Widerrufsvorbehalt und Teilkündigungsvereinbarung bei entgeltwerten Leistungen des Arbeitgebers, DRdA 1991, 1; *Drs*, Ausgestaltung und Abänderung betrieblicher Pensionszusagen, DRdA 2007, 242.

302 *Bydlinski*, Privatautonomie und objektive Grundlagen des verpflichtenden Rechtsgeschäfts (1967), 22.

303 Im Gegensatz zum allgemeinen Widerrufsvorbehalt wird von speziellen Widerrufsvorbehalten gesprochen, wenn der Widerruf an bestimmte, genau umschriebene Tatbestände (zB wirtschaftliche Notlage des Unternehmens) geknüpft wird; vgl zB 6.5.2.6.4.

304 *Schrammel*, Zum Anwendungsbereich des Betriebspensionsgesetzes, ZAS 1991, 78; zur Rechtslage vor Inkrafttreten des BPG vgl *Schwarz*, Gedanken zur Betriebspension, ÖJZ 1990, 233.

6/195 d) Letztendlich kann die Leistungszusage auch in der Verpflichtung des Arbeitgebers bestehen, **Prämien** für eine zu Gunsten des Arbeitnehmers und seiner Hinterbliebenen abgeschlossene **Lebensversicherung** zu zahlen (§ 2 Z 3 BPG).

6/196 In diesem Fall wird neben einer der genannten Anspruchsgrundlagen ein entsprechender Versicherungsvertrag, dessen Begünstigte der Arbeitnehmer und seine Hinterbliebenen sind, abgeschlossen. Eine Änderung der Bezugsberechtigung ohne Zustimmung des Arbeitnehmers ist rechtsunwirksam; das Recht des Arbeitnehmers zur Benennung der bezugsberechtigten Hinterbliebenen bleibt unberührt (§ 12 Abs 1 BPG). Die Abtretung oder Verpfändung des Anspruchs auf Versicherungsleistung ist rechtsunwirksam. Für die Pfändung kommen die Bestimmungen der Exekutionsordnung zur Anwendung (§ 12 Abs 2 BPG).

6.5.2.6.2. Sicherungsmechanismen des BPG im Allgemeinen

6/197 Das BPG stellt eine Reihe von Grundsätzen auf, die der Sicherung der Pensionsanwartschaften sowie der Pensionsleistungen dienen. Eines der wesentlichsten Instrumente hiezu ist die **Unverfallbarkeit erworbener Anwartschaften**; diese tritt nach Ablauf eines bestimmten Zeitraumes nach Inkrafttreten der Betriebspensionsregelung für den jeweiligen Anwartschaftsberechtigten ein. Unverfallbarkeit bedeutet, dass dem Anwartschaftsberechtigten die erworbenen Anwartschaften trotz Beendigung des Arbeitsverhältnisses vor Eintritt des Leistungsfalls erhalten bleiben (vgl allg, insb auch zur Verwertung nicht verfallener Anwartschaften, 6.5.2.6.3). Bestimmungen in betrieblichen Pensionsregelungen, die einen Wegfall erworbener Anwartschaften bei Arbeitgeberkündigung vorsehen, sind ohnehin wegen grober Verletzung rechtlich geschützter Interessen des Arbeitnehmers sittenwidrig (OGH 30. 4. 1997, 9 ObA 15/97i, DRdA 1998, 271 mit Bespr v *Wöss*).

6/198 Hinsichtlich einer allfälligen **Beitragsleistung des Arbeitnehmers** ist der Grundsatz der **Freiwilligkeit** derselben zu beachten (vgl §§ 3 Abs 4, 7 Abs 4, 14 Abs 6 BPG). Die Verpflichtung zur Zahlung eigener Beiträge durch den Arbeitnehmer kann nur in Form einer Individualvereinbarung begründet werden (vgl § 3 Abs 4 BPG)[305]. Liegt eine solche vor, so trifft das BPG eine Reihe von Vorkehrungen, die dem Arbeitnehmer ein relativ leichtes Abgehen von dieser Verpflichtung ermöglichen (vgl zB §§ 3 Abs 4, 14 Abs 6 BPG, wonach der Arbeitnehmer seine Beitragsleistung an die Pensionskasse bzw Lebensversicherung jederzeit einstellen oder für einen Zeitraum von mindestens zwei Jahren aussetzen oder einschränken kann)[306] bzw einen Verlust der geleisteten Beiträge verhindern sollen (zB sofortige Unverfallbarkeit und Anspruch auf verzinste Rückzahlung im Falle der direkten Leistungszusage gem §§ 7 Abs 4, 8 Abs 4 BPG; vgl auch 6.5.2.6.3).

6/199 Ein zentraler Sicherungsmechanismus des BPG ist die **Beschränkung** der Möglichkeit **des einseitigen Abgehens** von der Erbringung der Beitragsleistungen oder von bereits angefal-

---

[305] *Schrammel*, BPG (1992), 53 mwN; *Petrovic*, Pensionskassen-Betriebsvereinbarung und Vertragsmuster, ZAS 1991, 91; OGH 28. 8. 1991, 9 ObA 115/91, DRdA 1992, 300 mit Bespr v *Resch*.

[306] *Binder*, Rechtsprobleme des Dreiecksverhältnisses zwischen Unternehmer, Pensionsbegünstigtem und Pensionskasse, ZAS 1991, 107, spricht aus diesem Grund von „einer Art Naturalobligation" des Arbeitnehmers; s weiters *Gruber*, Betriebspensionsrechtliche Auswirkungen von Karenz und Arbeitszeitreduktion, ZAS 1999, 97; weiters § 8 Abs 7 BPG.

lenen Leistungen. Ein einseitiges Abgehen durch den Arbeitgeber ist nur unter bestimmten Voraussetzungen zulässig; so muss ua jedenfalls ein entsprechender Vorbehalt schriftlich in der jeweiligen Anspruchsgrundlage fixiert sein (vgl 6.5.2.6.4).

§ 16 Abs 1 BPG enthält das sog **Anrechnungsverbot**: Versorgungsleistungen nach dem BPG dürfen durch Versorgungsleistungen, die auf Beiträgen der Leistungsberechtigten beruhen, nicht gemindert werden. 6/200

Angerechnet werden können jedoch Leistungen aus der gesetzlichen Pensionsversicherung, soweit sie auf Pflichtbeiträgen beruhen, sowie Versorgungsleistungen, die zumindest zur Hälfte auf Beiträgen oder Zuschüssen des Arbeitgebers basieren[307].

Aus § 16 Abs 2 BPG ergibt sich das sog **Auszehrungsverbot**: Der Wert des vom Arbeitgeber zu erbringenden Teils der Gesamtversorgung, der sich im Zeitpunkt des Leistungsfalles ergibt, darf durch eine spätere Erhöhung von anrechenbaren Versorgungsleistungen nicht gemindert werden. Der Arbeitgeber darf somit nicht den Betrag seiner eigenen Leistungen kürzen, wenn etwa die ASVG-Pension erhöht wird. 6/201

Wertsicherungsklauseln, welche die Pensionsaufwertung mit der Gehaltsentwicklung der aktiven Vertragsinhaber verknüpfen, werden von der Rechtsprechung als zulässig erachtet (OGH 22. 12. 1993, 9 ObA 300/93, infas 1994, A 108).

Gem § 17 BPG hat der Arbeitgeber (bzw die Pensionskasse oder das Versicherungsunternehmen) dem Arbeitnehmer auf Verlangen jährlich **Auskunft** über das Ausmaß der Anwartschaft zum Bilanzstichtag zu erteilen, sowie darüber, in welcher Höhe er Leistungen bei Eintritt des Leistungsfalles beanspruchen kann. Die gesetzlich vorgesehene Auskunft soll nach Ansicht des OGH aber nur eine Wissenserklärung darstellen. Ein rechtsgeschäftlicher Wille in dem Sinn, dass die mitgeteilten Anwartschaften und Leistungen in diesem Umfang tatsächlich zustehen, kommt damit nicht zum Ausdruck (OGH 28. 10. 2013, 8 ObA 71/13v, ARD 6395/16/2014). 6/202

Gem § 19 BPG sind alle Rechte, die dem Arbeitnehmer auf Grund der §§ 2 bis 18 BPG zustehen – soweit durch das BPG nichts anderes angeordnet ist – **unabdingbar**. § 18 BPG sieht ein speziell auf Betriebspensionen zugeschnittenes **Gleichbehandlungsgebot** vor. 6/203

6.5.2.6.3. Unverfallbarkeit von Anwartschaften

Hinsichtlich aller oben genannten Arten von Leistungszusagen statuiert das BPG in den §§ 5, 6c, 7 und 13 Regeln über die Unverfallbarkeit erworbener Anwartschaften auf Alters- und Hinterbliebenenversorgung[308]. Ansatzpunkt sind jene Fälle, in denen ein Arbeitsverhältnis vor Eintritt des Leistungsfalls oder Entstehen eines Leistungsanspruchs beendet wird. 6/204

Die **Art der Beendigung** des Arbeitsverhältnisses wirkt sich nur im Falle einer direkten Leistungszusage auf die Verfallbarkeit der Anwartschaften aus. Wird das Arbeitsverhältnis durch 6/205

[307] Näheres dazu s *Resch*, Anrechnung der gesetzlichen Pension auf eine Leistung nach dem BPG, in FS Kerschner (2013), 435.
[308] Vgl *Winkler*, Die Unverfallbarkeit von Anwartschaften – Betriebspensionen und freiwillige Abfertigungen, RdW 1997, 143.

Kündigung seitens des Arbeitnehmers, durch Entlassung aus Verschulden des Arbeitnehmers oder durch unbegründeten vorzeitigen Austritt beendet, verfallen auch die Anwartschaften aus direkten Leistungszusagen[309].

Unklar ist, worin eine sachliche Rechtfertigung dafür liegen soll, dass bei der direkten Leistungszusage im Gegensatz zu den anderen Arten von Leistungszusagen die Form der Beendigung des Arbeitsverhältnisses entscheidend ist[310]. Die direkte Leistungszusage wird durch diese Regelung in ein problematisches Spannungsfeld zwischen Entgelt und Treueprämie gebracht[311], das man schon überwunden glaubte. Für den Arbeitnehmer günstigere einschlägige Regelungen sind natürlich zulässig.

6/206 Bei Lebensversicherungen und betrieblichen Kollektivversicherungen sind sämtliche Anwartschaften **sofort** unverfallbar. Im Falle der Pensionskasse und der direkten Leistungszusage kann hingegen grundsätzlich über die Unverfallbarkeit von Anwartschaften **disponiert** werden. Unverfallbarkeit tritt dann erst nach Ablauf einer bestimmten Frist nach Beginn der Beitragsleistung bzw nach Erteilung der Leistungszusage ein (sog **Unverfallbarkeitsfrist**).

Bei **Pensionskassenregelungen** sieht § 5 Abs 1 BPG grundsätzlich die sofortige Unverfallbarkeit vor. Die Gründungs- oder Beitrittsbetriebsvereinbarung iSd § 3 Abs 1 BPG (bzw das Vertragsmuster iSd § 3 Abs 2 BPG, vgl 11.5.3.3.7) kann jedoch bestimmen, dass Unverfallbarkeit erst nach Ablauf einer Frist von höchstens **drei Jahren** ab Beginn der Arbeitgeberzahlungen eintreten soll[312]. Die Festlegung dieser Unverfallbarkeitsfrist kann den Eintritt der Unverfallbarkeit dennoch in bestimmten Fällen nicht verhindern, so zB wenn bereits ein Rechtsanspruch auf diese Anwartschaft besteht, bei Beendigung des Arbeitsverhältnisses wegen einer Insolvenz des Arbeitgebers, wegen einer Betriebsstilllegung oder wenn im Zuge der Übertragung eines Unternehmens, Betriebs oder Betriebsteils der neue Arbeitgeber eine Fortzahlung der Beiträge verweigert. Allfällige Anwartschaften aus Beiträgen des **Arbeitnehmers** werden ausnahmslos mit der Zahlung unverfallbar; eine Unverfallbarkeitsfrist ist hier gesetzlich ausgeschlossen[313].

Im Falle der **direkten Leistungszusage** tritt die Unverfallbarkeit erworbener Anwartschaften für die Alters- und Hinterbliebenenversorgung ex lege nach einer (Unverfallbarkeits-)Frist von **fünf Jahren** ab Erteilung der Leistungszusage ein. Für Invaliditätsversorgungen sieht das BPG offenbar keine Unverfallbarkeitsbestimmungen vor. Die obige Unverfallbarkeitsfrist gilt dann nicht, wenn eine fünf Jahre übersteigende sog **Wartezeit** zulässigerweise vereinbart wurde; hier tritt Unverfallbarkeit erst mit Ablauf dieser Wartezeit ein (§ 7 Abs 1 Z 2 und 3 BPG). Unter Wartezeit versteht das Gesetz jenen Zeitraum, der ab Erteilung der Leistungszusage verstreichen muss, bis ein Rechtsanspruch auf eine Versorgungsleistung entsteht. Sie ist bei Direktzusagen zur Alters-, Hinterbliebenen- und Invaliditätsversorgung bei sonstiger Teilnichtigkeit nur für einen Zeitraum von maximal **zehn Jahren**[314] ab Er-

[309] § 7 Abs 1 Z 1 BPG; vgl OGH 11. 8. 1993, 9 ObA 136/93, DRdA 1994, 314 mit Bespr v *Schrammel*; OGH 13. 2. 2003, 8 ObA 64/02y, DRdA 2004, 159 mit krit Bespr v *Resch*.

[310] Kritisch *Holzer*, Das Betriebspensionsgesetz, ein Wendepunkt in der betrieblichen Altersversorgung in Österreich?, in FS Schwarz (1991), 369.

[311] Vgl dazu grundlegend in der BRD *Schwerdtner*, Fürsorgetheorie und Entgelttheorie im Recht der Arbeitsbedingungen (1970); zu den ähnlich gelagerten Problemen im Bereich der Abfertigung vgl *Migsch*, Zur Reform des Abfertigungsrechts, DRdA 1978, 177; *Schwarz*, Die künftige Funktion der Abfertigung für Arbeiter und Angestellte, in FS Weißenberg (1980), 331, insb 335.

[312] Die Grenze von fünf Jahren wird auch im Falle einer Übertragung bisheriger Anwartschaften aus einer direkten Leistungszusage an eine Pensionskasse herangezogen, wobei die pensionsanrechenbare Dienstzeit vor der Übertragung hierauf anrechenbar ist, vgl OGH 8. 5. 2002, 9 ObA 78/02i, DRdA 2003, 280 mit Bespr v *Mayr*.

[313] Zur Frage der Rückwirkung dieses Beitragsverfallverbotes vgl OGH 29. 8. 1990, 9 ObA 603/90, ZAS 1991, 207 mit Bespr v *Böhler* = DRdA 1991, 294 mit Bespr v *Firlei*; OGH 26. 2. 1992, 9 ObA 220/91, DRdA 1993, 114 mit Bespr v *Schrammel*.

[314] Zur Teilnichtigkeit von Vereinbarungen (zB aufschiebend bedingter Betriebspensionszusagen), die als Umgehung dieser Frist anzusehen sind, s OGH 7. 7. 2004, 9 ObA 27/04t, DRdA 2005, 315 mit Bespr v *Pfeil* = ARD 5573/6/2005.

teilung der Leistungszusage zulässig. Beruht die Invalidität jedoch auf Arbeitsunfall oder Berufskrankheit, darf dieser Zeitraum nicht länger als **fünf Jahre** sein (§ 7 Abs 2 BPG).

Die Vereinbarung einer derartigen Wartezeit bewirkt also, dass die Anwartschaften bis zu ihrem Ablauf und damit bis zum Entstehen eines Leistungsanspruchs verfallbar bleiben. Für den Arbeitnehmer günstigere Vereinbarungen hinsichtlich Unverfallbarkeitsfrist und Wartezeit sind allerdings möglich.

Als Folge der Unverfallbarkeit hat der Arbeitnehmer nach Beendigung des Arbeitsverhältnisses mehrere **Wahlmöglichkeiten** hinsichtlich der Verfügung über den nach versicherungstechnischen Methoden (vgl § 5 Abs 1a und 1b, § 6c Abs 2 Z 2 ff und § 7 Abs 2a BPG) gebildeten **Unverfallbarkeitsbetrag**[315]. 6/207

So kann der Arbeitnehmer zB die Umwandlung in eine beitragsfrei gestellte Anwartschaft bzw prämienfreie Versicherung verlangen oder sich die unverfallbaren Anwartschaften in die Pensionskasse, die betriebliche Kollektivversicherung, die Einrichtung im Sinne des § 5 Z 4 PKG oder in eine Gruppenrentenversicherung eines neuen Arbeitgebers oder in eine Rentenversicherung ohne Rückkaufsrecht übertragen lassen. Eine Übertragung in eine ausländische Altersversorgungseinrichtung kann gefordert werden, wenn der Arbeitnehmer seinen Arbeitsort dauernd ins Ausland verlegt. Im Falle von Pensionskasse, betrieblicher Kollektivversicherung und Lebensversicherung ist unter gewissen Voraussetzungen eine Fortsetzung nur mit eigenen Beiträgen möglich (vgl im Einzelnen §§ 5 Abs 2, 6c Abs 2, 7 Abs 3 und 13 Abs 1 BPG). Sind bereits sämtliche Leistungsvoraussetzungen erfüllt, dann kann ohnehin die Erfüllung der Leistungszusage verlangt werden.

Gibt der Arbeitnehmer binnen sechs Monaten **keine Erklärung** über die Verwendung seiner Anwartschaften ab, so erfolgt im Falle einer Pensionskassenregelung die Umwandlung in eine beitragsfrei gestellte Anwartschaft (vgl § 5 Abs 3 BPG), eine direkte Leistungszusage ist im Leistungsfall zu erfüllen (vgl § 7 Abs 5 BPG), und eine Lebensversicherung bzw die betriebliche Kollektivversicherung wird in eine prämienfreie Versicherung umgewandelt (vgl § 13 Abs 2 bzw § 6c Abs 3 BPG). Bei Beträgen bzw Rückkaufswerten unter € 12.000 (Stand: 1. 1. 2017)[316] ist der Arbeitnehmer auf sein Verlangen abzufinden; gegen seinen Willen abgefunden werden kann er bei der Pensionskasse, der direkten Leistungszusage und der betrieblichen Kollektivversicherung, nicht aber bei der Lebensversicherung (vgl §§ 5 Abs 4, 6c Abs 3, 7 Abs 6, 13 Abs 3 BPG).

6.5.2.6.4. Einseitiges Abgehen von einer Betriebspensionszusage

Die Möglichkeiten des Arbeitgebers, von einer Betriebspensionszusage einseitig abzugehen, sind durch das BPG stark eingeschränkt. Das Gesetz unterscheidet zwischen dem **Einstellen** (sog Widerruf), dem **Aussetzen** und dem **Einschränken**. Mit dem Widerruf bewirkt der Arbeitgeber das endgültige Abgehen von seinen Verpflichtungen[317]. Im Falle des Aussetzens unterbleiben die Leistungen (bzw der Erwerb von Anwartschaften) für einen bestimmten Zeitraum; nach Ablauf desselben leben die Verpflichtungen des Arbeitgebers wieder auf. 6/208

---

315 Zur Berechnung der Höhe des Unverfallbarkeitsbetrages vgl auch *Gröhs/Mazal*, Betriebspensionen: Neue arbeitsrechtliche Rahmenbedingungen, ecolex 1990, 336; *Windisch-Graetz*, Arbeitsrecht II (2013), 328 f; s weiters dazu *Mazal*, Zum Unverfallbarkeitsbetrag bei Wegfall der Pensionszusage, ecolex 2000, 371; zur gesonderten Verfügbarkeit einer Anwartschaft aus laufender Beitragsleistung und des in die Pensionskasse übertragenen Unverfallbarkeitsbetrags aus einer direkten Leistungszusage s *Resch*, Pensionskasse: Verfügungen im Leistungsfall, RdW 2014, 531.

316 Dieser sog Abfindungsgrenzbetrag (§ 1 Abs 2 u 2a PKG) ist veränderlich; er ist an den vom Österreichischen Statistischen Zentralamt verlautbarten Verbraucherpreisindex gebunden. Die Finanzmarktaufsichtsbehörde (FMA) hat den neuen Abfindungsgrenzbetrag sowie den Zeitpunkt, ab dem dieser wirksam wird, im Internet (www.fma.gv.at/pensionskassen/offenlegung/) kundzumachen.

317 Zum unzulässigen Widerruf einer nicht dem BPG unterliegenden Direktzusage s OGH 26. 6. 2002, 9 ObA 306/01t, DRdA 2003, 430 mit Bespr v *Runggaldier*.

6.5.2.6. Arbeitsentgelt

Unter **Einschränken** ist die quantitative Herabsetzung für einen bestimmten Zeitraum zu verstehen[318].

6/209 Vorweg sind zwei Konstellationen zu unterscheiden:

a) die vom Arbeitgeber, der Pensionskasse oder der Lebensversicherung bzw im Rahmen der betrieblichen Kollektivversicherung zu erbringenden Leistungen sind **bereits angefallen**, dh in erster Linie, dass sie an bereits pensionierte ehemalige Arbeitnehmer laufend ausbezahlt werden;

b) es bestehen **noch keine Leistungsansprüche**, sondern der Arbeitgeber bezahlt Beiträge in die Pensionskasse, die Lebensversicherung oder die betriebliche Kollektivversicherung, oder aber es entstehen – im Falle der direkten Leistungszusage – laufend Anwartschaften.

6.5.2.6.4.1. Bereits angefallene Leistungen

6/210 Besonders eng begrenzt sind die Möglichkeiten des Arbeitgebers, einseitig von bereits angefallenen Leistungen abzugehen. Ein gänzlicher **Widerruf** ist zu einem derartigen Zeitpunkt vom BPG in keinem Fall vorgesehen (zur Vereinbarung der jederzeitigen Widerrufbarkeit s 6.5.2.6.1; zum Untergang von Pensionsleistungen wegen eines Verstoßes gegen sog Treuepflichtklauseln vgl 6.2.1). Im Falle der Konstruktion der Betriebspension mittels Pensionskasse, betrieblicher Kollektivversicherung oder Lebensversicherung ist dies schon dadurch bedingt, dass die Leistungserbringung losgelöst vom Arbeitgeber erfolgt. Bei der direkten Leistungszusage können die Pensionsleistungen allerdings faktisch ein Ende finden, wenn der totale wirtschaftliche Niedergang durch Insolvenz des Arbeitgebers eintritt; hier sind die Berechtigten auf die Sicherung ihrer Ansprüche nach dem IESG angewiesen (vgl §§ 1 Abs 3 Z 6, 3d IESG; § 11 BPG; s auch 6.5.7.1.1).

6/211 Ein **Aussetzen** oder **Einschränken** von bereits angefallenen Leistungen ist zwar nicht bei einer betrieblichen Kollektivversicherung bzw bei einer Pensionskassen- oder Lebensversicherungskonstruktion, wohl aber bei einer **direkten Leistungszusage** möglich. Gem § 9 BPG darf jedoch **nur dann und so lange** ausgesetzt oder eingeschränkt werden, als

a) in der rechtsbegründenden Vereinbarung (Arbeitsvertrag, Betriebsvereinbarung, Kollektivvertrag) ein **schriftlich** fixierter **Einschränkungs- oder Aussetzungsvorbehalt**[319] vorgesehen ist;

b) **zwingende wirtschaftliche Gründe** vorliegen;

Eine Beendigung der Aussetzung bzw Einschränkung muss erst bei nachhaltiger Besserung der Ertragslage des Unternehmens erfolgen. Eine positive Bilanz während eines Zeitraumes von zwei Jahren

---

[318] Vgl *Runggaldier*, Der Widerruf betrieblicher Sozialleistungen, in FS Schwarz (1991), 163; *Gröhs/Mazal*, Betriebspensionen: Neue arbeitsrechtliche Rahmenbedingungen, ecolex 1990, 365; *Resch*, Verjährung des Pensionsschadens bei unzureichender Beitragsabfuhr im Sozialversicherungsrecht und im Betriebspensionsrecht, in Wachter/Burger (Hrsg), Aktuelle Entwicklungen im Arbeits- und Sozialrecht 2013 (2013), 229.

[319] Zur rechtlichen Situation bei Fehlen oder zu enger Formulierung von entsprechenden Vorbehalten vgl OGH 11. 1. 1989, 9 ObA 513/88, DRdA 1989, 417 = infas 1989, A 25; *Rummel*, Betriebspension in der Krise – Widerruf wegen Dürftigkeit?, DRdA 1989, 366; *Rebhahn*, OGH zu VÖEST-Managerpensionen: pacta sunt servanda!, wbl 1989, 79; vgl OGH 10. 4. 1996, 9 ObA 2001/96, DRdA 1997, 17 mit Bespr v *Apathy* = infas 1996, A 154; OGH 7. 6. 2001, 9 ObA 76/01v, infas 2001, A 103 = ARD 5247/51/2001; OGH 19. 12. 2012, 8 ObA 78/12x, ARD 6329/3/2013.

reicht der Rechtsprechung zufolge nicht aus (vgl OGH 21. 10. 1992, 9 ObA 246/92, infas 1993, A 136).

c) der Arbeitgeber von dem ihm eingeräumten Recht Gebrauch gemacht hat, den Erwerb künftiger Anwartschaften einzustellen, auszusetzen oder einzuschränken (s 6.5.2.6.4.2).

Die Beschränkungen des § 9 BPG gelten allerdings nicht, wenn Normen der kollektiven Rechtsgestaltung oder Einzelvereinbarungen, die vor Inkrafttreten des BPG (1. 7. 1990) abgeschlossen wurden, anderes bestimmen. Soweit Leistungen durch Wertpapiere gedeckt sind, können sie nicht ausgesetzt oder eingeschränkt werden; diese Wertpapiere dürfen weder veräußert noch verpfändet werden (vgl *Bednar/Reisch*, Wertpapierdeckung für BPG – Pensionsrückstellungen, ecolex 1996, 112).

Eine reale Wertminderung der Pensionsleistung kann sich dadurch ergeben, dass der Arbeitgeber die **Wertanpassung** gem § 10 BPG **sistiert.** Dieser Bestimmung zufolge ist die Pensionsleistung jährlich mit dem Anpassungsfaktor des § 108f ASVG aufzuwerten, sofern nicht anderes vereinbart wurde. Die Anpassung kann jedoch dann unterbleiben, wenn die wirtschaftliche Lage des Unternehmens diese nicht erlaubt und eine Beratung mit dem zuständigen Betriebsrat erfolgt ist.

Nach Ansicht des OGH sind die Bestimmungen des § 9 BPG betreffend Aussetzen und Einschränken von direkten Leistungen nicht nur auf die einseitige Gestaltung durch den Arbeitgeber, sondern auf jeden Eingriff in angefallene Leistungen anzuwenden[320]. 6/212

6.5.2.6.4.2. Beitragszahlungen bzw Erwerb von Anwartschaften

Ein Widerruf, ein Aussetzen oder ein Einschränken der vom Arbeitgeber nach dem BPG zu leistenden Beitragszahlungen an Pensionskassen oder eine betriebliche Kollektivversicherung bzw Prämienzahlungen an Lebensversicherungen sowie des Erwerbs von Anwartschaften bei direkten Leistungszusagen kann nur unter folgenden Voraussetzungen rechtswirksam erfolgen: 6/213

a) in der rechtsbegründenden Vereinbarung (Arbeitsvertrag, Betriebsvereinbarung, Vertragsmuster, Kollektivvertrag) muss ein **schriftlich** fixierter **Widerrufs-, Aussetzungs- bzw Einschränkungsvorbehalt** vorgesehen sein;

b) im Falle eines Widerrufs muss sich die **wirtschaftliche Lage** des Unternehmens nachhaltig so wesentlich verschlechtert haben, dass die Aufrechterhaltung der zugesagten Leistung eine **Gefährdung des Weiterbestandes** des Unternehmens zur Folge hätte. In den Fällen des Aussetzens oder Einschränkens genügt es, dass **zwingende wirtschaftliche Gründe** vorliegen;

c) in Betrieben, in denen ein zuständiger Betriebsrat besteht, hat mindestens drei Monate vor dem Einstellen, Aussetzen oder Einschränken der Beitragsleistungen (bzw der Prämienleistung bzw des Erwerbs künftiger Anwartschaften) eine **Beratung mit diesem Betriebsrat** zu erfolgen. Zu dieser Beratung kann der Betriebsrat eine fachkundige Person beiziehen, die über alle ihr bekannt gewordenen Geschäfts- und Betriebsgeheimnisse Verschwiegenheit zu bewahren hat;

---

[320] OGH 16. 12. 1992, 9 ObA 602/92, ZAS 1995, 12 mit krit Bespr von *Schrammel* = DRdA 1993, 369 mit Bespr v *Resch*.

d) die Einschränkung oder Aussetzung ist überdies nur **dann** und **so lange** zulässig, als die **zwingenden wirtschaftlichen Gründe** vorliegen (§§ 6 Abs 1 und 6, 6d Abs 1 und 6, 8 Abs 1 und 6, 14 Abs 1 und 4 BPG; OGH 21. 10. 1992, 9 ObA 246/92, infas 1993, A 136).

6/214 Alle bis zum Widerruf erworbenen Anwartschaften bleiben dem Arbeitnehmer im Falle von Leistungszusagen mittels Pensionskasse bzw Lebensversicherung oder betrieblicher Kollektivversicherung jedenfalls (§§ 6 Abs 2, 6d Abs 2, 14 Abs 1 BPG), bei direkten Leistungszusagen unter den in § 8 Abs 2 BPG angeführten Voraussetzungen (Verstreichen von fünf Jahren seit Erteilung der Leistungszusage, Ablauf einer allenfalls vereinbarten Wartezeit) **erhalten**. Gegenüber der **Pensionskasse** und der **Lebensversicherung** stehen dem Arbeitnehmer nach Widerruf hinsichtlich der Verwertung seiner erworbenen Ansprüche – ähnlich wie im Falle von unverfallbaren Anwartschaften im Zuge der Beendigung des Arbeitsverhältnisses – **Wahlrechte** zu (vgl §§ 6 Abs 3, 6d Abs 3, 14 Abs 1 BPG; zur Rechtslage bei fehlender Erklärung des Arbeitnehmers binnen sechs Monaten und bei Abfindung vgl §§ 6 Abs 4 und 5, 6d Abs 4 und 5, 8 Abs 5, 14 Abs 2 und 3 BPG).

6/215 Sonderbestimmungen finden sich im **AVRAG**, wonach dem Erwerber eines Unternehmens, eines Betriebs oder eines Betriebsteils in gewissen Fällen das Recht zukommt, die Übernahme von betrieblichen Pensionszusagen abzulehnen (vgl 9.2.2).

6.5.2.7. Freiwillige Leistungen

6/216 Wenn von freiwilligen Leistungen des Arbeitgebers die Rede ist, so ist meist an Zuwendungen aus besonderem Anlass, wie Remunerationen, Gratifikationen[321], Jubiläumsgelder, Erfolgsprämien[322], Bilanzgelder, Todesfallabfertigungen[323] uÄ, gedacht[324]. Da der Entgeltbegriff nicht nur den eigentlichen Lohn oder das eigentliche Gehalt umfasst, sondern auch alle übrigen ordentlichen und außerordentlichen Leistungen zusätzlicher Art[325], sind alle diese Zahlungen unbeschadet ihrer Freiwilligkeit Entgelt und niemals Schenkung und unterliegen demgemäß nicht dem Widerruf wegen groben Undanks.

Im Übrigen beginnen die Grenzen zwischen dem **laufenden Entgelt** und den **Sonderzahlungen** zu fließen: Das „dreizehnte" und das „vierzehnte" Monatsgehalt sind in Österreich allgemein üblich und ein fixer Bestandteil betrieblicher und überbetrieblicher Lohnpolitik geworden, sodass der Anlass (Weihnachten und Urlaubsantritt) an Bedeutung zurücktritt (vgl 6.5.2.5).

6/217 Der Anspruch auf Rechte und Leistungen aus dem Arbeitsverhältnis kann nicht nur ausdrücklich, sondern auch schlüssig begründet werden[326]. Dies gilt auch für Entgeltvereinbarungen, so zB durch regelmäßige Zahlung eines Betrages durch den Arbeitgeber und widerspruchslose Annahme durch den Arbeitnehmer (OGH 29. 11. 1983, 4 Ob 149/83, infas 1984, A 55).

---

[321] Vgl OGH 20. 2. 1962, 4 Ob 9/62, Arb 7534.
[322] Vgl OGH 13. 7. 1994, 9 ObA 77/94, Arb 11.226 = RdW 1994, 356.
[323] OGH 9. 7. 1999, 9 ObA 102/99m, ZAS 2001, 80 mit Bespr v *Trost* = infas 2000, A 2.
[324] Allg vgl *Binder*, Rechtsgrundlagenprobleme der Remunerationsgewährung, ZAS 1984, 49.
[325] OGH 13. 1. 1976, 4 Ob 63/75, ZAS 1977, 140 mit Bespr v *Klein* = Arb 9430.
[326] ZB Biennien bei Ruhestandsversetzung, s OGH 29. 3. 2001, 8 ObA 281/00g, ARD 5229/12/2001.

Erhebliche Bedeutung kommt in diesem Zusammenhang der regelmäßigen (periodischen) Gewährung der Leistungen zu[327]. Wie oft derartige Entgelte ausgezahlt werden müssen, damit von einer konkludenten Anspruchsbegründung ausgegangen werden kann, lässt sich nicht allgemein beantworten. Entscheidend ist der Umstand, ob der Arbeitnehmer aus der Vorgangsweise und der Häufigkeit der Zahlung entnehmen darf, dass er einen Anspruch besitzt. Eine zweimalige vorbehaltlose Auszahlung wird in der Regel ausreichend sein (*Löschnigg* in Löschnigg [Hrsg], AngG Bd 1[10] [2016], § 6 Rz 150 f).

Die Betonung der „**Freiwilligkeit**" der Leistung **genügte in der Regel nicht**, um einer stillschweigenden Anspruchsbegründung entgegenzuwirken. Es musste die Unverbindlichkeit und jederzeitige Widerruflichkeit zum Ausdruck gebracht werden[328]. In diesem Zusammenhang wurde die Frage, ob der Arbeitgeber in der geschilderten Situation die Remuneration „widerrufen" dürfe, als völlig falsch gestellt bezeichnet: Fehle es nämlich an einer bindenden Zusage, dann brauche nichts widerrufen zu werden, sondern es erfolge einfach die freiwillige Leistung nicht. Es gehe um den Nachweis einer solchen Verkehrssitte, die einen entsprechenden Vorbehalt erforderlich mache, durch den die rechtliche Bindung im Falle wiederkehrender Leistungen verhindert würde (*Bydlinski*, Privatautonomie und objektive Grundlagen des verpflichtenden Rechtsgeschäftes [1967], 21 f). 6/218

Mittlerweile sieht auch der OGH einen Widerspruch in der Kombination von **Unverbindlichkeits-** und **Widerrufsvorbehalt**. Durch den Hinweis auf die Unverbindlichkeit/Freiwilligkeit soll von vornherein kein Anspruch entstehen. Die Möglichkeit des Widerrufs setzt hingegen einen Anspruch voraus. Dementsprechend ist eine Vertragsbestimmung, die eine Unverbindlichkeits- und eine Widerrufsklausel kombiniert, entweder in die eine oder andere Richtung auszulegen. Bei der Auslegung sind dabei der Gesamtzusammenhang der Vereinbarung sowie die konkreten Umstände, unter denen die Erklärungen abgegeben wurden, zu berücksichtigen[329].

Mitunter ist im gegebenen Zusammenhang auch von einer „**betrieblichen Übung**" die Rede, doch wird die schlüssige Zustimmung zur inhaltlichen Gestaltung oder Veränderung der Einzelarbeitsverträge (§ 863 ABGB) als der maßgebliche rechtliche Verpflichtungsgrund betrachtet (vgl aber auch § 1 Abs 3 Z 2 IESG, wo ausdrücklich von „betriebsüblicher Entlohnung" die Rede ist). Eine „betriebliche Übung" als **eigene Rechtsquelle** existiert nicht. Dementsprechend wurde entschieden, dass eine regelmäßige vorbehaltlose Gewährung be- 6/219

---

327 LGZ Wien 1. 10. 1970, 44 Cg 84/70, Arb 8816; OGH 16. 12. 1975, 4 Ob 60/75, DRdA 1976, 250 mit Bespr v *Apathy* = Arb 9427; OGH 19. 4. 1977, 4 Ob 23–61/77, DRdA 1978, 252 mit Bespr v *B. Schwarz* = Arb 9579; OGH 3. 4. 1984, 4 Ob 110/83, DRdA 1987, 300 mit Bespr v *W. Schwarz*; OGH 21. 10. 1986, 14 Ob 123/86, DRdA 1988, 333 mit Bespr v *Apathy*.

328 OGH 8. 5. 1979, 4 Ob 35/79, DRdA 1980, 321 mit Bespr v *Kerschner* = Arb 9786; allg zur Einstellung bzw zum Widerruf von (freiwilligen) Leistungen vgl *Welser*, Widerrufsvorbehalt und Teilkündigungsvereinbarungen bei entgeltwerten Leistungen des Arbeitgebers, DRdA 1991, 1; OGH 6. 9. 2000, 9 ObA 159/00y, DRdA 2001, 358 mit Bespr v *Mayr*; hiezu weiters *Nowotny*, Unternehmenssanierung: Wiederaufleben von Betriebspensionen und Rechtsnachfolge, RdW 2001, 179; *Felten*, Arbeitsvertragliche Flexibilisierungsklauseln im Entgeltbereich, RdW 2008, 278; *Risak*, Der Unverbindlichkeitsvorbehalt – Überlegungen zum Rechtsinstitut der „Zuwendung ohne Anspruch"; *Schindler*, Widerrufsklauseln und einseitige Änderungsrechte, in Resch (Hrsg), Kritische Klauseln im Arbeitsvertrag (2004), 73.

329 OGH 24. 2. 2009, 9 ObA 113/08w, ARD 6023/1/2010 = DRdA 2011, 57 mit Bespr v *Schindler* = ZAS 2010, 321 mit Bespr v *Risak*; vgl hiezu auch *Gerhartl*, Unverbindlichkeitsoptionen im Arbeitsrecht, ASoK 2011, 339.

stimmter Leistungen an die **Gesamtheit der Arbeitnehmer** oder eine Heranziehung falscher Entgeltberechnungsmethoden zu einem einzelvertraglichen Anspruch führt, wenn sich aus diesem Verhalten eine entsprechende Vertrauensposition der Arbeitnehmer ableiten lässt und darin der Wille des Arbeitgebers zur Verpflichtung für die Zukunft und die schlüssige Zustimmung der Arbeitnehmer erblickt werden kann[330]. Eine derartige Bindung wurde auch gegenüber den erst später eintretenden Arbeitnehmern angenommen[331]. Im Falle der Betriebsübung ist ebenso wie bei einer Gesamtzusage an die Belegschaft der kollektive Bezug der Verpflichtung nicht zu übersehen. Dominiert der kollektive Bezug und ist aus der Sicht aller beteiligten Parteien klar, dass die Ansprüche nicht einzelnen Arbeitnehmern zugutekommen sollen, kann auch durch Betriebsübung kein individueller Anspruch entstehen[332]. Ähnlich wie bei allgemeinen Geschäftsbedingungen die „Wissen-müssen-Formel" gilt (die Kenntnisnahme jeder einzelnen Bestimmung muss nicht überprüft werden), so muss im Betrieb die „**Wissen-dürfen-Formel**" gelten: Nicht bei jedem einzelnen Arbeitnehmer ist zu prüfen, ob er auf die Vergünstigungen tatsächlich vertraut hat. Dies könnte auch gar nicht praktikabler Gegenstand eines Beweisverfahrens sein[333]. Grundsätzlich sind sämtliche Rechte und Leistungen aus dem Arbeitsverhältnis einer schlüssigen Anspruchsbegründung bzw Betriebsübung zugänglich[334].

6/220 Gleichwohl muss es dem Dienstgeber freistehen, freiwillige Zuwendungen an bestimmte Bedingungen zu knüpfen[335] und auf bestimmte Kategorien von Dienstnehmern zu beschränken, soweit er dabei nicht willkürlich und sachfremd differenziert und dadurch den **Gleichbehandlungsgrundsatz** verletzt (vgl 6.7.1). Insbesondere ist es grundsätzlich zulässig, gewisse Zahlungen ab einem gewissen Zeitpunkt neu eintretenden Arbeitnehmern nicht mehr zu gewähren.

6/221 Freiwillige Leistungen unterliegen ebenso wie Leistungen, auf die ein Rechtsanspruch besteht, dem **Verbot inadäquater Betriebsbindung**[336]. In diesem Sinn hat auch die Rechtsprechung im Falle von freiwilligen Erfolgsprämien die Voraussetzung eines „aufrechten Arbeitsverhältnisses in ungekündigtem Zustand" als sittenwidrig und daher als nichtig angesehen. Die Sittenwidrigkeit ergibt sich nach Ansicht des OGH daraus, dass eine grobe Verletzung rechtlich geschützter Interessen vorliegt, wenn der Arbeitgeber den Anspruch des Arbeitnehmers auf bereits verdientes Entgelt – der bedungene Erfolg war bereits eingetreten

---

[330] Vgl OGH 30. 9. 1987, 9 ObA 9/87, DRdA 1989, 281 mit Bespr v *Binder*; OGH 15. 3. 1989, 9 ObA 266/88, ZAS 1990, 157 mit Bespr v *Birkner* = DRdA 1991, 130 mit Bespr v *Apathy*; OGH 10. 5. 1989, 9 ObA 78/89, ZAS 1990, 161 mit Bespr v *Kozak/Schauer*; OGH 18. 9. 1997, 8 ObA 141/97m, infas 1998, A 32; OGH 1. 10. 1997, 9 ObA 181/97a, ARD 4943/35/98; OGH 10. 9. 1997, 9 ObA 2255/96z, ARD 4911/16/98; OGH 7. 8. 1997, 8 ObA 2292/96h, DRdA 1998, 248 mit Bespr v *Kerschner* = ARD 4940/7/98; OGH 23. 1. 2003, 8 ObA 170/02m, DRdA 2004, 238 mit Bespr v *Wachter*; OGH 19. 12. 2013, 9 ObA 142/13t, ARD 6388/10/2014; OGH 29. 5. 2013, 9 ObA 55/13y, ARD 6336/2/2013 = infas 2013, A 74.

[331] OGH 16. 10. 1979, 4 Ob 17/79, DRdA 1981, 42 mit Bespr v *Spielbüchler* = Arb 9812; OGH 10. 7. 1997, 8 ObA 145/97z, ARD 4871/20/97.

[332] OGH 21. 5. 2007, 8 ObA 4/07g, DRdA 2008, 344 mit Bespr v *Eypeltauer* = wbl 2007, 522 mit Bespr v *Goricnik* = ASoK 2007, 321.

[333] Vgl OGH 3. 4. 1984, 4 Ob 110/83, DRdA 1987, 300 mit Bespr v *W. Schwarz* mwN; vgl weiters OGH 7. 4. 1987, 14 ObA 47/87, DRdA 1988, 127 mit differenzierender Bespr v *Strasser*.

[334] ZB Biennien bei Ruhestandsversetzung, s OGH 29. 3. 2001, 8 ObA 281/00g, ARD 5229/12/2001.

[335] Vgl OGH 4. 8. 2009, 9 ObA 97/08t, DRdA 2011, 365 mit Bespr v *Naderhirn*.

[336] Vgl *Löschnigg*, Phänomene der Betriebsbindung, in Resch (Hrsg), Kritische Klauseln im Arbeitsvertrag (2004).

– durch eine Kündigung zunichtemachen könnte[337]. Eine Prämienleistung, die für die Erreichung eines Erfolges in einem bestimmten Zeitabschnitt zugesagt ist, darf nach Beginn dieses Zeitraumes vom Arbeitgeber weder einseitig widerrufen noch von einer Bedingung abhängig gemacht werden, deren Eintritt ausschließlich im Einflussbereich des Arbeitgebers liegt.

Wird die Höhe der Zuwendung jedes Mal neu festgesetzt, so ergibt sich die Frage, ob eine stillschweigende Willenseinigung **dem Grunde nach** anerkannt werden kann[338]. Die Höhe richtet sich dann nach den Kriterien des Ortsgebrauchs und der Angemessenheit.

6.5.3. Entrichtung

Das Entgelt ist dem Gesetz, dem Kollektivvertrag oder der Vereinbarung gemäß zu entrichten. Da das Gesetz im gegebenen Zusammenhang häufig dispositiv ist, verbleibt der Vereinbarung ein entsprechender Spielraum. Gem § 97 Abs 1 Z 3 ArbVG können **Ort und Zeit der Lohnzahlung durch Betriebsvereinbarung** einheitlich geregelt werden (vgl 11.5.3.3.4), doch bleiben günstigere Regelungen für Einzelvereinbarungen offen. Freilich liegt die Einheitlichkeit der Regelung in diesen Punkten im allgemeinen Interesse, sodass im Verhältnis zur Betriebsvereinbarung günstigere Einzelvereinbarungen selten vorkommen und ihre Rechtfertigung kaum in subjektiven Kriterien finden werden. **Schmälern** bzw **Vorenthalten** des Entgelts bildet einen Grund zum vorzeitigen **Austritt des Arbeitnehmers** (vgl 8.3.5.1.1 d u 8.3.5.1.2 d). 6/222

6.5.3.1. Entgelthöhe

Die Entgelthöhe richtet sich primär nach der **Vereinbarung**, sekundär nach der **Angemessenheit** (§ 1152 ABGB) oder dem **Ortsgebrauch und der Angemessenheit** (§ 6 Abs 1 AngG). Während das ABGB und das AngG ein angemessenes Entgelt nur als subsidiären Anspruch, dh, wenn nichts anderes vereinbart ist, festlegen, gebührt ein angemessenes Entgelt im Rahmen der Arbeitskräfteüberlassung zwingend (vgl 9.1.6). 6/223

In die Angemessenheit des Entgelts können auch Vorteile einfließen, die der Arbeitgeber aus **rechtswidrigen Vertragsgestaltungen** zieht. Bei prekären Arbeitszeitformen bzw bei fehlenden Arbeitszeitvereinbarungen wird sich dies in einem **Zuschlag** zum üblichen Zeitlohn auswirken. Dieser Zuschlag kann sich aus Parametern wie dem Verhältnis von potenzieller/abrufbarer Arbeitszeit zur tatsächlichen Arbeitszeit, der effektiven Dauer der jeweiligen Einsatzzeit sowie dem Vorankündigungszeitraum (vor dem Einsatz) zusammensetzen[339].

Regelmäßig bildet der **Arbeitsvertrag** die entscheidende Rechtsquelle für die Entgelthöhe[340]. Bestehen keine sonstigen lohngestaltenden Vorschriften (insb Kollektivvertrag), dann 6/224

---

337 OGH 9. 5. 1990, 9 ObA 101/90, ZAS 1992, 48 mit Bespr v *Pircher*.

338 Zustimmend *Mayer-Maly*, Die Weihnachtsremuneration, JBl 1956, 199; *Löschnigg* in Löschnigg (Hrsg), AngG Bd 1[10] (2016), § 6 Rz 160 f; weiters OGH 4. 12. 2002, 9 ObA 176/02a, ZAS 2004, 291 mit Bespr v *Melzer-Azodanloo*.

339 OGH 22. 12. 2004, 8 ObA 116/04y, DRdA 2005, 417 mit Bespr v *Schwarz* = ZAS 2006, 78 mit Bespr v *Schrank* = ASoK 2006, 12 mit Bespr v *Friedrich* = RdW 2005, 759 mit Bespr v *Gerhartl*.

340 Zu den möglichen Inhalten, die vereinbart werden können, vgl etwa *Pačić*, Befristung von Arbeitsbedingungen, in Reissner/Neumayr (Hrsg), Zeller Handbuch Arbeitsvertrags-Klauseln (2010), 694 ff; *Mair*, Ände-

sind die Arbeitsvertragsparteien hinsichtlich der Gestaltung des Entgelts weitgehend frei. Die Grenze bildet jedenfalls die Sittenwidrigkeit zufolge **Lohnwuchers** gem § 879 Abs 1 ABGB[341].

Sittenwidrig wäre eine Vereinbarung, die es dem Arbeitgeber zur Gänze anheimstellt, das Entgelt für die Arbeitsleistung ohne Einflussmöglichkeit des Arbeitnehmers festzulegen (OGH 19. 2. 1980, 4 Ob 138/79, Arb 9854). Vereinbarungen, die dem Arbeitgeber einzelne **einseitige Gestaltungsrechte** (s auch 5.6) hinsichtlich der Entgeltform, der Entgeltberechnung, der Zahlungsweise etc und damit auch hinsichtlich der Entgelthöhe einräumen, werden jedoch im Rahmen der Grundsätze des billigen Ermessens als zulässig erachtet[342]. Dies bedeutet, dass im Zuge einer Interessenabwägung und im Sinne eines beweglichen Systems zu prüfen ist, ob es dem Arbeitnehmer noch zumutbar ist, eine Reduktion eines Anspruches hinzunehmen, der regelmäßig seine einzige Einkommensquelle darstellt. Hiebei ist auch zu beachten, dass das Entgelt eine Hauptleistung aus dem Arbeitsvertrag bildet. Weiters ist zu berücksichtigen, in welchem Ausmaß das Entgelt verändert wird, ob nur ein Teil des Entgelts vom Gestaltungsrecht des Arbeitgebers betroffen ist, welche betriebliche Stellung der Arbeitnehmer einnimmt, inwieweit bei Abschluss der Vereinbarung eine Drucksituation bestanden hat, ob alle Arbeitnehmer Entgeltschwankungen hinnehmen müssen etc. Auch Erscheinungsformen der Überwälzung des Unternehmerrisikos durch Übernahme von Arbeitgeberaufwendungen können zu einem Verstoß gegen § 863 ABGB führen. Stellt der Arbeitgeber seinen Arbeitnehmern Arbeitsgeräte zur Verfügung, ist die Vereinbarung einer Kostenbeteiligung – selbst wenn die Arbeitnehmer die Geräte für die Erfüllung ihrer Arbeitspflicht nicht unbedingt benötigen und ihnen auch eine private Nutzung freisteht – grob benachteiligend und sittenwidrig, wenn die Kosten nicht vorhersehbar und beeinflussbar sind und zudem die Bereitstellung der Geräte im vorrangigen Interesse des Arbeitgebers liegt (OGH 19. 12. 2002, 8 ObA 129/02g, DRdA 2004, 145 mit Bespr v *Kerschner* = ZAS 2004, 136 mit Bespr v *Gerlach* = ARD 5399/2/2003).

6/225 Die Entgeltvereinbarung kann auch **schlüssig** erfolgen, so zB durch regelmäßige Zahlung eines Betrags durch den Arbeitgeber und widerspruchslose Annahme durch den Arbeitnehmer[343]. In gleicher Weise kann eine jährliche Gehaltsanpassung (zB an die Bezugsregelung im öffentlichen Dienst[344]) zum Inhalt des Arbeitsvertrags werden.

6/226 Üblicherweise wird zwischen den Arbeitsvertragsparteien ein Bruttobezug vereinbart[345]. Es steht ihnen jedoch frei, zu vereinbaren, dass das vom Arbeitgeber zu leistende Entgelt netto geschuldet werden soll. Aus arbeitsrechtlicher Sicht ist zwischen der abgeleiteten (unechten) Nettovereinbarung, bei der zunächst der Bruttobetrag ermittelt wird, und der originären (echten) **Nettolohnvereinbarung**, bei welcher sich die Parteien überhaupt nicht im Klaren darüber sind, welcher Bruttobetrag dem Nettolohn zuzuordnen ist, zu unterscheiden[346]. Das Abgabenrisiko trifft in einem derartigen Fall den Arbeitgeber. Änderungen des Lohn- bzw Sozialversicherungssystems wirken sich nur auf der Kostenseite des Dienstgebers aus. Ist Schuldinhalt des Arbeitsvertrags der Nettolohn, sind „abgeleitete" Entgelte (Lohnzu-

---

rungs-, Widerrufs- und Unverbindlichkeitsvorbehalt, in Reissner/Neumayr (Hrsg), Zeller Handbuch Arbeitsvertrags-Klauseln (2010), 675 ff; vgl allg auch *Risak*, Einseitige Entgeltgestaltung im Arbeitsrecht (2008).

341 Vgl OGH 7. 2. 1978, 4 Ob 139/77, DRdA 1979, 208 mit Bespr v *Migsch* = ZAS 1979, 98 mit Bespr v *Heinrich*; OGH 4. 12. 1996, 9 ObA 2267/96i, ZAS 1997, 175 mit Bespr v *Steininger*.

342 OGH 29. 8. 1996, 8 ObA 2207/96, infas 1997, A 33; OGH 26. 8. 1999, 8 ObA 196/99b, ARD 5117/5/2000; vgl auch *Grillberger*, Entgeltkürzung, DRdA 2010, 195.

343 OGH 29. 11. 1983, 4 Ob 149/83, infas 1984, A 55; OGH 24. 7. 1996, 8 ObA 2162/96s, infas 1997, A 2.

344 Vgl OGH 14. 4. 1993, 9 ObA 601/93, JBl 1993, 801 = ARD 4507/2/93.

345 OGH 11. 6. 1997, 9 ObA 185/97i, DRdA 1998, 198 mit Bespr v *Gerlach*.

346 OGH 28. 2. 1990, 9 ObA 48/90, ZAS 1991, 19 mit Bespr v *Zeiler*.

schläge, Urlaubsentgelte, Sonderzahlungen, Lohnerhöhungen usw) vom Nettolohn zu berechnen (OGH 13. 6. 1996, 8 ObA 214/96, DRdA 1997, 217 mit Bespr v *Mayr*).

Gem § 1152 ABGB kann auch **Unentgeltlichkeit vereinbart** werden; im Zweifel ist aber von einem entgeltlichen Arbeitsvertrag auszugehen. 6/227

Die Höhe des Entgelts ist vielfach an gewisse **Tätigkeiten** oder **Funktionen** gebunden. Regelmäßig erfolgt dies über konkrete Arbeitsplatzbeschreibungen und/oder durch den betriebsinternen Aufbau eines Zulagenwesens (zum Begriff der Zulage vgl 6.5.1). Mit dem Wegfall der bestimmten Tätigkeit oder Funktion geht dann auch der hiefür gewidmete Entgeltbestandteil verloren[347]. Fehlt hingegen eine eindeutige Verknüpfung zwischen Entgelthöhe und Tätigkeit oder Funktion, führt die Veränderung des Tätigkeits- und Arbeitsbereichs nicht automatisch zu einer Änderung des Entgelts. 6/228

Die Bestimmungsfaktoren des § 1152 ABGB weichen naturgemäß dem **zwingenden Recht**, also dem Kollektivvertrag, der Satzung, dem Mindestlohntarif und der Betriebsvereinbarung. Vor allem der **Kollektivvertrag** bildet das für die österreichische Sozialpolitik typische Instrument. Durch die Differenzierung nach sog Lohn-, Beschäftigungs- oder Verwendungsgruppen (entsprechend der Art der Tätigkeit des Arbeitnehmers) und der Berücksichtigung von Berufs- oder Verwendungsgruppenjahren versucht der Kollektivvertrag, ein System weitgehender Lohngerechtigkeit zu schaffen[348]. Die kollektivvertraglich festgelegten Löhne und Gehälter sind Mindestentgelte, die einer periodischen Anpassung an die Kaufkraft der unselbständigen Einkommen unterliegen (zu den sog Ist-Lohn-Klauseln bzw arbeitsvertraglichen Aufsaugungsklauseln vgl 3.3.1.9.1). 6/229

Sonderregelungen bestehen für den Fall, dass kollektivvertragliche Entgeltvorschriften deshalb nicht zur Anwendung kommen, weil der **Arbeitgeber keinen Sitz in Österreich** hat und nicht Mitglied einer kollektivvertragsfähigen Körperschaft in Österreich ist. Um ein Unterlaufen des österreichischen Entgeltniveaus zu verhindern, bestimmt § 3 LSD-BG, dass ausländische Arbeitgeber, die Arbeitnehmer mit gewöhnlichem Arbeitsort in Österreich beschäftigen, zumindest jenes gesetzliche oder kollektivvertragliche Entgelt zu leisten haben, das am Arbeitsort vergleichbaren Arbeitnehmern von vergleichbaren Arbeitgebern gebührt (s auch 2.7.2). Das Gleiche gilt, wenn ausländische Arbeitgeber Arbeiten in Österreich durchführen lassen und hiezu Arbeitnehmer im Rahmen einer Arbeitskräfteüberlassung oder zur Erbringung einer Arbeitsleistung nach Österreich entsenden[349].

Ausnahmen von diesen Schutzbestimmungen gelten für bestimmte Arbeiten im Zusammenhang mit der Lieferung von Anlagen an einen Betrieb mit Montagearbeiten, der Inbetriebnahme und damit verbundenen Schulungen oder mit Reparaturen dieser Anlagen, wenn diese Arbeiten in Österreich insgesamt nicht länger als drei Monate dauern (vgl § 3 Abs 5 LSD-BG).

---

[347] S OGH 13. 10. 1999, 9 ObA 266/99d, ARD 5116/7/2000 – Prokurazulage.

[348] Vgl hiezu auch *Rauch*, Die kollektivvertragliche Einstufung, ASoK 1999, 383; *Resch*, Die Einstufung im Kollektivvertrag, wbl 1999, 237; zum zwingenden Anspruch auf die richtige KV-Einstufung OGH 21. 1. 2011, 9 ObA 3/11y, taxlex 2011, 271 mit Bespr v *Gerhartl* = infas 2011, A 44 = ARD 6145/6/2011; OGH 28. 6. 2011, 9 ObA 33/11k (Einstufung einer Kassierin nach Handels-KV), ZAS 2011, 332 mit Bespr v *Maska* = infas 2012, A 22; E bestätigt durch VwGH 6. 6. 2012, 2009/08/0072, ARD 6262/9/2012; VwGH 16. 3. 2011, 2008/08/0096, ZAS 2012, 40 mit Bespr v *Wiesinger* = ARD 6168/3/2011; OGH 28. 6. 2011, 9 ObA 72/11w, infas 2011, A 83; *Dunst*, Einstufung einer Supermarktkassiererin – OGH 9 ObA 33/11k, infas 2011, 221.

[349] Vgl hiezu EuGH 15. 3. 2001, C-165/98, *Mazzoleni und ISA*, ARD 5240/2/2001; s weiters *Binder*, Die Arbeitnehmerentsendung aus EU-/EWR-Staaten nach Österreich unter besonderer Berücksichtigung eines möglichen Sozialdumpings I u II, DRdA 1999, 1 u 100.

6.5.3.1. Arbeitsentgelt

6/230 Die **Betriebsvereinbarung** stellt weniger ein unmittelbares Instrument der Lohnpolitik als ein solches der betrieblichen Mitbestimmung dar. Dementsprechend findet sich im ArbVG ein nur sehr eingeschränktes Regelungspouvoir für die Betriebsvereinbarung (vgl hiezu 11.5.3.3). Vor allem die Festlegung des Zeitlohns in Lohn- und Gehaltsordnungen ist regelmäßig dem Kollektivvertrag vorbehalten. Der Kollektivvertrag kann hiezu aber auch die Betriebsvereinbarung (iSd § 29 ArbVG) ermächtigen. Vereinzelt wird hievon in Österreich auch Gebrauch gemacht.

Betriebsvereinbarungen, die im Gesetz keine Deckung finden (**freie Betriebsvereinbarungen**), sind kein juristisches Nullum. Sie bilden einen zwischen dem Betriebsinhaber und dem Betriebsrat abgeschlossenen Richtlinienvertrag, der durch ausdrückliche Vereinbarung oder schlüssige Handlungen zum Inhalt der Einzelarbeitsverträge werden kann (vgl 3.3.4.8).

6/231 **Verstößt** die Einzelvereinbarung **gegen eine Norm kollektiver Rechtsgestaltung**, so ist sie insoweit nichtig (teilnichtig). An die Stelle der nichtigen Lohnabrede tritt der Lohnsatz der kollektiven Rechtsquelle. Der Arbeitsvertrag kann die übergeordneten Lohnvorschriften auf Grund deren einseitig zwingender Wirkung nicht unter-, wohl aber überschreiten (s zB OGH 5. 10. 1976, 4 Ob 89/76, Arb 9524; vgl 3.2.3).

6/232 Ein **gesetzliches Mindestentgelt** existiert in Österreich – abgesehen vom öffentlichen Dienst und im Gegensatz zu anderen Ländern[350] – nicht[351]. Die Festlegung von Mindestlöhnen soll den Kollektivvertragsparteien vorbehalten bleiben (s unten). Auch wenn die Kollektivvertragsdichte hoch ist, akzeptiert der Gesetzgeber damit gewisse Lücken in der sozialen Absicherung. Eine gewisse Reaktion auf die Forderung nach gesetzlich gesicherten Mindestentgelten war die im Juni 2017 zustande gekommene **Grundsatzvereinbarung** der Sozialpartner zu einem Mindestlohn von € 1.500.

In der **Grundsatzvereinbarung**, die nicht als geltender Kollektivvertrag formalisiert wurde, bekennen sich die Interessenvertretungen zum österreichischen System der Branchenkollektivverträge und weisen darauf hin, dass ein gesetzlicher Mindestlohn aus ihrer Sicht keine Alternative darstellt. Die Arbeitnehmer- und Arbeitgeberorganisationen verpflichten sich für ihren Wirkungsbereich, die Mindestentgelte in den Branchenkollektivverträgen bis spätestens 31. 12. 2019 auf € 1.500 anzuheben.

6/233 Ein Verstoß gegen zwingende gesetzliche oder kollektivvertragliche Entgeltvorgaben führt aber nicht nur zur Teilnichtigkeit des Arbeitsvertrages und zu zivilrechtlichen Leistungsansprüchen des Arbeitnehmers, sondern steht auch unter **öffentlich-rechtlicher Sanktion**: Leistet der Arbeitgeber nicht zumindest das nach Gesetz, Verordnung oder Kollektivvertrag zustehende Entgelt, begeht er eine Verwaltungsübertretung und riskiert **Verwaltungsstrafen** (§ 29 LSD-BG)[352]. Nach Arbeitsvertrag oder Betriebsvereinbarung gebührende Über-

---

[350] S etwa die Länderberichte in *Löschnigg* (Hrsg), Staatliche Eingriffe in das System der Mindestentgelte im internationalen Vergleich (2013).

[351] Vgl hiezu etwa die Beiträge in *Mosler/Pfeil* (Hrsg), Mindestlohn im Spannungsfeld zwischen Kollektivvertragsautonomie und staatlicher Sozialpolitik (2016).

[352] Noch zur – inhaltlich gleichen – Vorgängerregelung im LSD-BG 2011 vgl *Kapek*, Neues Lohn- und Sozialdumping-Bekämpfungsgesetz – LSDB-G, ecolex 2011, 440; *Windisch-Graetz*, Fairer Wettbewerb durch das LSDB-G, ecolex 2011, 443; *Firlei*, Die im LSDB-G vorgesehenen öffentlich-rechtlichen Instrumentarien gegen Lohndumping, in Resch (Hrsg), Lohn- und Sozialdumping-Bekämpfungsgesetz (2012), 59; *Wachter*, Das Lohn- und Sozialdumping-Bekämpfungsgesetz, in Wachter/Burger (Hrsg), Aktuelle Entwicklungen im Arbeits- und Sozialrecht 2012 (2013), 158; *Gagawczuk*, Erscheinungsformen von Lohndumping, in Resch (Hrsg), Lohn- und Sozialdumping-Bekämpfungsgesetz (2012), 19; *Rath*, Das Lohn- und Sozialdumping-Bekämpfungsgesetz, ASoK 2012, 282; *dens*, Nochmals zum Lohn- und Sozialdumping-Bekämpfungsgesetz,

zahlungen unterliegen nicht der öffentlich-rechtlichen Kontrolle. Diesbezüglich verbleibt dem Arbeitnehmer nur der zivilrechtliche Klagsweg. Dasselbe gilt für Leistungen des Arbeitgebers, die gem § 49 Abs 3 ASVG aus sozialversicherungsrechtlicher Sicht nicht als Entgelt anzusehen sind (Schmutzgelder iSd EStG, Mankogelder, freiwillige soziale Zuwendungen, Diensterfindungsprämien, Aufwandsentschädigungen etc).

Sind von der Unterentlohnung höchstens drei Arbeitnehmer betroffen, beträgt die Geldstrafe pro Arbeitnehmer zwischen € 1.000 und € 10.000, im Wiederholungsfall € 2.000 bis € 20.000. Sind mehr als drei Arbeitnehmer betroffen, dann sind pro Arbeitnehmer Geldstrafen zwischen € 2.000 und € 20.000 und im Wiederholungsfall zwischen € 4.000 und € 50.000 zu verhängen. Im Falle einer geringen Unterschreitung des Entgelts oder bei leicht fahrlässigem Handeln des Arbeitgebers ist von einer Strafe abzusehen, wenn der Arbeitgeber binnen einer von der Behörde festzusetzenden Frist nachleistet. Für die Verfolgungsverjährung und Strafbarkeitsverjährung enthält § 29 LSD-BG Sonderregelungen (insb eine Verjährung von drei bzw fünf Jahren).

6.5.3.2. Fälligkeit

Die Fälligkeit des Entgelts ist zum Teil der Disposition anheimgestellt[353]. Die Bedingung wöchentlicher Lohnzahlung für **gewerbliche Arbeiter** gilt nur mangels anderer Vereinbarung (§ 77 GewO[354]). Ebenfalls **dispositiv** ist § 1154 Abs 1 ABGB, welche Norm generell die Zahlung nach Leistung der Dienste vorsieht. Auch die anderen Bestimmungen des ABGB sind prinzipiell abdingbar: § 1154 Abs 2 ABGB verknüpft den Entgeltbemessungszeitraum mit dem Fälligkeitstermin, und zwar in der Weise, dass bis zur monatlichen Bemessung das Entgelt am Ende jedes entsprechenden Zeitraumes, bei längeren Zeitabschnitten am Ende jedes Kalendermonats und bei Stunden- bzw Stückentgelten am Schluss jeder Kalenderwoche zu leisten ist. Bei Diensten höherer Art bleibt es beim Kalendermonat. Zwingend ist allerdings § 1154 Abs 3 ABGB, wonach spätestens mit Beendigung des Dienstverhältnisses die Fälligkeit des bereits verdienten Entgelts eintritt. Soweit zwingende Fälligkeitstermine nicht vorgesehen sind, kommt den kollektivvertraglichen Regelungen besondere Bedeutung zu. 6/234

Die einschlägigen Bestimmungen des **AngG** sind **zwingender Natur**. Gem § 15 AngG hat die Zahlung des fortlaufenden Gehalts spätestens am Fünfzehnten und Letzten des Monats in zwei annähernd gleichen Beträgen zu erfolgen. In der Praxis hat sich aber die Zahlung am Ende eines jeden Kalendermonats durchgesetzt, die dem AngG zufolge zulässigerweise vereinbart werden kann. Vereinbarungen hingegen, wonach das Entgelt zu einem späteren Zeitpunkt als am Schluss eines jeden Monats zu zahlen ist, sind nichtig[355]. 6/235

Die Vereinbarung einer früheren Fälligkeit des Entgelts ist als günstigere Regelung natürlich möglich. Die fortlaufende Gehaltszahlung an alle Angestellten jeweils am Monatsersten, also im Vorhinein und

---

ASoK 2013, 374; zur Judikatur s VwGH 21. 11. 2013, 2012/11/0178, ARD 6390/6/2014 = RdW 2014, 286; VwGH 27. 1. 2014, 2013/11/0122, ARD 6390/9/2014 = RdW 2014, 287; VwGH 27. 1. 2014, 2013/11/0249, ARD 6390/10/2014 = RdW 2014, 287; *Königsberger/Scala*, Lohndumpingverbot: Ausgewähltes zu Anwendungsbereich und Strafbarkeit, RdW 2015, 493; zur neuen Gesetzeslage s *Burger*, Die strafbare Unterentlohnung nach dem LSD-BG, JAS 2017, 233.

[353] *Hruška-Frank*, Fälligkeit des Entgelts, in Reissner/Neumayr (Hrsg), Zeller Handbuch Arbeitsvertrags-Klauseln (2010), 652 ff.

[354] Die Bestimmung des § 77 GewO tritt jedoch mit Ende 2020 außer Kraft.

[355] OGH 14. 5. 1985, 4 Ob 55/85, infas 1986, A 64.

ohne jeden Vorbehalt, ist als schlüssige Vereinbarung iSd § 863 ABGB zu deuten, die den Dienstgeber auch für die Zukunft verpflichtet (OGH 15. 6. 1962, 4 Ob 75/62, Arb 7622).

6/236 Auch bei der sog **bargeldlosen Lohnzahlung** muss der Lohn dem Arbeitnehmer zum Fälligkeitszeitpunkt zur Verfügung stehen. Der Dienstgeber ist verpflichtet, die erforderlichen Dispositionen so rechtzeitig zu treffen, dass entsprechend allfälliger Bankbedingungen und unter Berücksichtigung der üblichen Bearbeitungsdauer die Gutschrift zum fälligen Zeitpunkt verbucht ist[356]. Außergewöhnliche Verzögerungen der Kontogutschrift, die durch das vom Arbeitnehmer ausgewählte und dem Dienstgeber bekannt gegebene Geldinstitut verursacht werden, hat nicht der Arbeitgeber zu vertreten[357]. Der auf ein Girokonto überwiesene Geldbetrag ist jedenfalls in dem Zeitpunkt als ausbezahlt zu betrachten, in dem der Kontoinhaber die Verfügungsberechtigung über denselben erlangt.

Weitere Sonderbestimmungen beinhalten § 12 Abs 2 und 4 TAG, § 15 LArbG, § 3 HGHAG, § 7 HausbG, § 37 GehKG sowie § 18 VBG.

6/237 Die Fälligkeit von **Sonderzahlungen** richtet sich nach den kollektiven Rechtsvorschriften oder dem Individualvertrag. Naturalien sind in der Regel im Vorhinein zu leisten (im Zweifel monatlich), sofern Vereinbarung, Art oder Gebrauch nicht eine andere Ausfolgung nötig machen (§ 17 Abs 1 LArbG, § 12 Abs 1 GAngG; vgl weiters 6.5.2.1). Dass der Erwerb eines Anspruchs mit der Fälligkeit nicht zusammenfallen muss, zeigt sich bei **Provisionen**: Diese werden im Falle von Verkaufsgeschäften nach Maßgabe der eingegangenen Zahlung, bei anderen Geschäften mit Abschluss derselben erworben (§ 10 Abs 3 AngG); sie werden aber mangels Vereinbarung am Ende jedes Kalendervierteljahres fällig (§ 10 Abs 4 AngG; zu den Besonderheiten bei der Fälligkeit der Abfertigung vgl 8.6.1.2.2 sowie 8.6.1.3.5).

Wird dem Arbeitnehmer bei Eintritt der Fälligkeit das Entgelt nicht oder nicht zur Gänze geleistet, so stehen diesem neben dem Recht zur gerichtlichen Geltendmachung, dem Recht zum vorzeitigen Austritt (vgl hiezu 8.3.5.1.1 d u 8.3.5.1.2 d) und dem Zurückbehaltungsrecht an der Arbeitsleistung[358] noch **Zinsen** in Höhe von 9,2 % über dem am Tag nach dem Eintritt der Fälligkeit geltenden Basiszinssatz zu. Beruht die Verzögerung der Zahlung auf einer vertretbaren Rechtsansicht des Arbeitgebers, so sind nur die sonstigen Bestimmungen über die gesetzlichen Zinsen anzuwenden (§ 49a ASGG).

6.5.3.3. Ort der Zahlung

6/238 Über den Ort der Zahlung des Entgelts fehlt meist eine Vereinbarung. Die herrschende Auffassung nimmt – Natur und Zweck des Rechtsverhältnisses folgend – eine **Holschuld** an, weil sich der Arbeitnehmer regelmäßig im Betrieb befindet und das Entgelt dort leichter entgegennehmen kann als in seiner Wohnung. Ist das Abholen für den Arbeitnehmer ausnahmsweise nicht günstiger als die Zusendung, so wird man auf § 905 Abs 2 ABGB zurückgreifen können, wonach Geldschulden im Zweifel zu übersenden sind[359]. Nach Beendi-

---

[356] OGH 19. 5. 1993, 9 ObA 86/93, ARD 4501/6/93; s auch OGH 13. 3. 1984, 4 Ob 167/83, infas 1984, A 58; OGH 14. 5. 1985, 4 Ob 55/85, infas 1986, A 64; *Koziol*, Zur Rechtzeitigkeit der Leistung bei Banküberweisungen, RdW 1985, 148.

[357] OGH 9. 10. 1991, 9 ObA 184/91, DRdA 1992, 210 mit Bespr v *Oberhofer/Grömmer*.

[358] OGH 25. 5. 1994, 9 ObA 6/94, DRdA 1995, 315 mit Bespr v *Jabornegg* = ZAS 1995, 162 mit Bespr v *Micheler*; OLG Graz 20. 6. 2005, 7 Ra 40/05i; OGH 29. 5. 2012, 9 ObA 39/11t, ARD 6253/3/2012.

[359] *Spielbüchler/Grillberger*, Arbeitsrecht I^4 (1998), 263; vgl LGZ Wien 15. 9. 1966, 44 Cg 76/66, Arb 8287.

gung eines Dienstverhältnisses ist davon auszugehen, dass es sich beim noch ausstehenden Entgelt um eine Schickschuld iSd § 905 Abs 2 ABGB handelt.

Nur mehr untergeordnete Bedeutung kommt der Regelung des § 78 Abs 6 GewO zu, die ein Verbot der Auszahlung des Lohns in Wirtshäusern und Schanklokalitäten vorsieht.

Art und Weise der Abrechnung sowie Zeit und Ort der Auszahlung sind Gegenstand einer 6/239
erzwingbaren Betriebsvereinbarung gem § 97 Abs 1 Z 3 ArbVG, die auch die bargeldlose Lohnzahlung vorsehen kann (vgl 11.5.3.3.4).

In der Praxis wird regelmäßig von der **bargeldlosen Lohnzahlung** Gebrauch gemacht. Die- 6/240
se Art der Lohnzahlung kann vom Arbeitgeber nicht einseitig verfügt werden. Es bedarf hiezu einer Vereinbarung in Form eines Kollektivvertrags, einer Betriebsvereinbarung oder einer individuellen Abrede. Kommt eine solche Vereinbarung zustande, dann kann dieser auch regelmäßig unterstellt werden, dass dem Dienstnehmer die erforderliche Zeit zur Behebung seiner Bezüge ohne Schmälerung des Entgelts freigegeben wird. Ein Rückgriff auf die gesetzlichen oder kollektivvertraglichen Regelungen zur Engeltfortzahlung im Dienstverhinderungsfall (§ 8 Abs 3 AngG, § 1154b Abs 5 ABGB; vgl 6.9.2.2) ist daher nur in Ausnahmefällen notwendig (aA *Petrovic*, Bezahlte Freizeit für Bankwege bei unbarer Lohn- und Gehaltszahlung, RdW 1991, 329).

Nach dem **VBG** besteht eine gesetzliche Verpflichtung, das Arbeitsentgelt auf ein vom Vertragsbediensteten einzurichtendes Gehaltskonto zu überweisen (§ 18 Abs 4 VBG). Dadurch wird die Lohnschuld zur Schickschuld und § 905 Abs 2 ABGB kommt zur Anwendung. Die durch die Überweisung anfallenden Kosten hat der Arbeitgeber, die mit der Kontoführung verbundenen Kosten der Arbeitnehmer zu tragen (OGH 6. 5. 1987, 14 ObA 501/87, ZAS 1989, 25 mit Bespr v *Eccher/Oberhofer*).

Für **Arbeiter**, die der GewO unterliegen (vgl 4.3.2.2.1), ist auch § 78 Abs 1 dieses Gesetzes zu beachten, wonach die Arbeitgeber die Löhne in barem Geld auszuzahlen haben (zum Truckverbot vgl 6.5.2.1). Diese Bestimmung beinhaltet generell ein Verbot der unbeschränkten Abgabe von Naturalien an Stelle von Bargeld zu Zwecken der Entlohnung. Die Einführung der bargeldlosen Lohnzahlung, die vom Effekt her dem Barlohn gleichzusetzen ist, wird dadurch nicht ausgeschlossen (Näheres bei *Spielbüchler*, Entgeltsicherung [1977], 24; OGH 28. 3. 1996, 8 ObA 281/95, DRdA 1997, 37 mit Bespr v *Kallab*).

Gem § 89 Z 1 ArbVG ist der **Betriebsrat** berechtigt, in die vom Betrieb geführten Aufzeich- 6/241
nungen über die Bezüge der Arbeitnehmer Einsicht zu nehmen, sie zu überprüfen und die Auszahlung zu kontrollieren (zu den Überwachungsrechten vgl allg 11.4.4.1.1 u 11.5.3.3.4).

6.5.3.4. Verzicht

Ein Verzicht auf **unabdingbare Ansprüche** wird seit dem Judikat 26 neu[360] während der 6/242
Dauer des Arbeitsverhältnisses als unwirksam angesehen, weil angenommen werden muss, dass er nicht frei, sondern unter wirtschaftlichem Druck erfolgt[361]. Nach zutreffender Rechtsmeinung ist die anlässlich der rechtlichen Beendigung vorzunehmende Abrechnungsphase in den die Unverzichtbarkeit umfassenden Zeitraum einzubeziehen und außer-

[360] OGH 8. 6. 1927, Judikat 26 neu, Arb 3725.
[361] OGH 24. 7. 1962, 4 Ob 74/62, Arb 7588.

dem zu prüfen, ob bestimmte Nachwirkungen aus dem Arbeitsverhältnis noch eine Drucksituation ermöglichen (allg zum Verzicht vgl 3.2.4).

Beispiel: Ein Arbeitnehmer verzichtet anlässlich der Beendigung seines Arbeitsverhältnisses auf rückständigen Lohn, weil er ernstlich befürchten muss, dass sein Arbeitgeber die Erlangung eines bestimmten neuen Arbeitsplatzes vereiteln würde.

6.5.3.5. Verjährung und Verfall[362]

6/243 Verjährung und Verfall sind rechtlich verschieden zu beurteilen. Der wesentlichste Unterschied liegt darin, dass mit Ablauf einer Verjährungsfrist lediglich das Klagerecht erlischt, während mit dem Ablauf der Verfallsfrist (auch Ausschluss-, Fall- oder Präklusivfrist genannt) das Recht als solches untergeht[363].

Begleicht der Schuldner eine verfallene Schuld, liegt Zahlung einer Nichtschuld vor, und das Geleistete kann mit Bereicherungsklage gem § 1431 ABGB zurückgefordert werden. Dies ist bei verjährten Forderungen nicht möglich; sie sind zwar nicht klagbar, aber zahlbar. Ein Rückforderungsanspruch besteht nicht.

6/244 Die Verjährung wird gem § 1497 ABGB **unterbrochen**, wenn derjenige, der sich darauf beruft, vor Ablauf der Verjährungszeit entweder ausdrücklich oder stillschweigend das Recht des anderen anerkennt. Die Verjährung wird aber auch dann unterbrochen, wenn der Berechtigte klagt[364]. Wird nur ein Teil einer Forderung eingeklagt, dann wird – mangels einer entsprechenden Feststellungsklage – auch die Verjährung nur hinsichtlich dieses Anspruchsteils unterbrochen. So unterbricht auch die Klage eines am Gewinn beteiligten Angestellten auf Abrechnung und Bucheinsicht nicht die Verjährung hinsichtlich der sich aus der Abrechnung ergebenden Forderungen[365]. Ein vom Dienstnehmer erhobenes Begehren auf Feststellung des Fortbestands des Dienstverhältnisses unterbricht hingegen die Verjährung sämtlicher aus dem Dienstverhältnis abgeleiteten Ansprüche[366]. Voraussetzung ist, dass die Klage in der Folge **gehörig fortgesetzt** wird.

Eine nicht gehörige Fortsetzung des Verfahrens iSd § 1497 ABGB ist anzunehmen, wenn der Kläger eine ungewöhnliche Untätigkeit bekundet und solcherart zum Ausdruck bringt, dass ihm an der Erreichung des Prozessziels nichts gelegen ist. Bei der Prüfung, ob ein solches Verhalten des Klägers vorliegt, sind vor allem die Umstände des konkreten Einzelfalles zu berücksichtigen, wie es überhaupt bei Beurteilung der Frage, ob ein Zuwarten mit der Anspruchsverfolgung als ungewöhnliche Untätigkeit anzusehen ist, nicht nur auf die Dauer der Untätigkeit, sondern auch auf ihre Gründe ankommt. Es ist demnach zu ermitteln, ob die Untätigkeit gerechtfertigt war oder nicht (OGH 27. 11. 1979, 4 Ob 122/79, Arb 9834; OGH 20. 3. 1980, 8 Ob 11/80, Arb 9861).

6/245 Im Falle der Abweisung der Klage wird der Lauf der Verjährungsfrist nicht unterbrochen.

---

[362] Allg dazu *Vollmaier*, Verjährung und Verfall (2009); s auch *Thöny/Maier*, Verfall und Verjährung im Arbeitsrecht (2011).

[363] Vgl *Koziol – Welser/Kletečka*, Grundriss des bürgerlichen Rechts I[14] (2014), 246 ff; *Vazny-König*, Kollektivvertragliche gesetzliche Verfallsfristen – ein Widerspruch, DRdA 2006, 60; *Hruška-Frank*, Verjährungs- und Verfallsabreden, in Reissner/Neumayr (Hrsg), Zeller Handbuch Arbeitsvertrags-Klauseln (2010), 1000 ff; krit *Vollmaier*, Verjährung und Verfall (2009), 169 f.

[364] Vgl OGH 30. 5. 2012, 8 ObA 21/12i, ARD 6293/4/2013 = ASoK 2012, 480.

[365] OGH 14. 10. 1980, 4 Ob 124/80, DRdA 1982, 47 mit Bespr v *Burgstaller*.

[366] OGH 22. 10. 2010, 9 ObA 118/10h, ARD 6155/5/2011 = infas 2011, A 28.

Der neueren Lehre[367] und Judikatur[368] zufolge ist die Regelung des § 1497 ABGB **analog auf die Ausschlussfristen** des Arbeitsrechts anzuwenden. 6/246

Überholt ist die generelle Aussage, dass Fallfristen im Gegensatz zu Verjährungsfristen von Amts wegen zu beachten sind. Während die Verjährungseinrede gem § 1501 ABGB nur durch die Einwendung der Parteien zu berücksichtigen ist, muss bei den Fallfristen auf den Zweck der Fristsetzung im Einzelfall abgestellt werden[369].

Entgelt- und Lohnforderungen sowie Ansprüche auf Auslagenersatz **verjähren** gem § 1486 Z 5 ABGB **binnen drei Jahren**[370]. Auf die Verjährung kann nicht im Voraus verzichtet werden, jedoch ist die Vereinbarung einer kürzeren Verjährungsfrist zulässig, die Vereinbarung einer längeren hingegen unzulässig (§ 1502 ABGB). 6/247

Beispiele[371] für **gesetzliche Verfallsfristen** finden sich bei Ansprüchen aus ungerechtfertigter Entlassung und Austritt (sechs Monate gem § 1162d ABGB, § 34 AngG, § 38 TAG und § 38 LArbG; vgl hiezu 8.3.4.2.2) bzw bei Schadenersatzansprüchen nach dem DHG (sechs Monate gem § 6 DHG; vgl hiezu 6.13.1.6). 6/248

Neben den gesetzlichen Regelungen statuieren häufig auch **Kollektivverträge** derartige Fristen[372]. Dies ist grundsätzlich zulässig. Kollektivvertragliche Fristen sind aber iSd § 879 ABGB sittenwidrig, wenn die Geltendmachung der Ansprüche ohne sachlichen Grund übermäßig erschwert wird[373]. 6/249

Verfallsklauseln mit einer Frist von sechs Monaten[374], vier Monaten[375], drei Monaten[376] oder

[367] *Kocevar*, Die Verfallsklauseln in den Kollektivverträgen, DRdA 1977, 222; *Krejci* in Rummel/Lukas (Hrsg), ABGB I[4] (2015), § 1162d Rz 3; *Grillberger* in Löschnigg (Hrsg), AngG Bd 2[10] (2016), § 34 Rz 12; *Marhold/Friedrich*, Österreichisches Arbeitsrecht[3] (2016), 197.

[368] OGH 6. 6. 1978, 4 Ob 14/78, Arb 9702; OGH 23. 4. 1985, 4 Ob 45/85, DRdA 1985, 416 = infas 1985, A 140; OGH 9. 7. 1985, 4 Ob 78/85, RdW 1985, 380.

[369] OGH 16. 3. 1982, 4 Ob 2/82, Arb 10.097; die sechsmonatige Präklusivfrist des § 1162d ABGB bei Ansprüchen aus der unberechtigten vorzeitigen Beendigung des Arbeitsverhältnisses ist dieser Entscheidung nach nicht von Amts wegen zu berücksichtigen. Das Gleiche gilt der Rechtsprechung zufolge für kollektivvertragliche Fallfristen; OGH 5. 9. 2001, 9 ObA 77/01s, DRdA 2003, 40 mit Bespr v *Reissner*; zur Ausschlussfrist des § 6 DHG vgl jedoch OGH 6. 6. 1978, 4 Ob 14/78, Arb 9702; zu § 34 AngG s etwa OGH 30. 8. 1989, 9 ObA 178/89, ARD 4141/23/90.

[370] *Eypeltauer*, Kündigungsentschädigung – Fristverkürzung bei außergerichtlicher Geltendmachung zulässig?, DRdA 2007, 99; *Eypeltauer*, Verfall und Verjährung im Arbeitsrecht, DRdA 2013, 377; zur Verjährung bereicherungsrechtlicher Ansprüche, insb irrtümlicher Zahlungen vgl 6.5.4.1; vgl auch OGH 26. 5. 2011, 9 ObA 46/11x, Arb 12.985 = RdW 2011, 604 – Verjährung von Gutschein über Sachleistung zum Dienstjubiläum.

[371] S insb *Wöss*, Verjährung und Verfall im Arbeitsrecht, DRdA 1988, 216; s dazu auch *Vollmaier*, Verjährung und Verfall (2009), 226; *Binder*, Arbeitsrechtliche Anmerkungen zum Kondiktions- und Verfallsfristenrecht, ASoK 2011, 2; *Jabornegg*, Verjährung und Verfall von Arbeitnehmerrechten, in FS Reischauer (2010), 187; *Jabornegg*, Verjährung und Verfall im Arbeitsrecht, DRdA 2015, 73.

[372] Zur Verjährungsfrist von Urlaubsersatzleistungen im Handelsarbeiter-Kollektivvertrag s OLG Graz 7. 4. 2005, 8 Ra 5/05z; zum Verhältnis von kollektivvertraglichen zu einzelvertraglichen Verfallsfristen s OGH 19. 12. 2013, 9 ObA 134/13s, ASoK 2014, 192 = wbl 2014, 223.

[373] OGH 23. 4. 1968, 4 Ob 17/68, Arb 8515; OGH 21. 10. 1986, 14 Ob 167/86, DRdA 1989, 196 mit Bespr v *Pfeil* = Arb 10.578.

[374] LG Feldkirch 7. 7. 1981, Cga 9/81, Arb 10.003.

[375] OGH 22. 2. 1983, 4 Ob 94/82, DRdA 1987, 136 mit Bespr v *Holzner* = Arb 10.219.

[376] OGH 9. 7. 1985, 4 Ob 78/85, infas 1986, A 10 = RdW 1985, 380; OGH 26. 11. 1997, 9 ObA 163/97d, DRdA 1998, 264 mit Bespr v *Resch* = ZAS 1998, 129 mit Bespr v *Madl*; OGH 24. 4. 2012, 8 ObA 86/11x, DRdA 2013, 243 mit Bespr v *Eypeltauer* = ARD 6276/4/2012 = ecolex 2012, 718; OGH 28. 10. 2013, 8 ObA 11/13w, ARD 6381/12/2014 = infas 2014, A 23.

zwei Monaten[377] erachtete die Rechtsprechung nicht als sittenwidrig, wohl aber eine Ausschlussfrist von sechs Wochen[378]. Die Unzulässigkeit einer Verfallsklausel hängt jedoch nicht nur von der absoluten Dauer der Frist für die Geltendmachung des Anspruchs, sondern auch von der Art des Anspruchs selbst ab. So erachtete der OGH eine sechswöchige Verfallsfrist hinsichtlich der Entgeltansprüche als (teil)nichtig, in Bezug auf die Ausstellung eines Dienstzeugnisses hingegen als wirksam (OGH 13. 11. 2002, 9 ObA 159/02a, ARD 5396/1/2003). Wenn in Kollektivverträgen enthaltene Fallfristen zum Nachteil der Dienstnehmer gegen zwingende gesetzliche Bestimmungen über die Frist zur Geltendmachung von Ansprüchen verstoßen, wie etwa gegen § 1162d ABGB oder § 34 AngG, sind sie ohnedies nichtig[379]. Als Verstoß wider Treu und Glauben wurde die Berufung des Arbeitgebers auf eine kollektivvertragliche Verfallsfrist gewertet, wenn er es beharrlich unterlassen hat, eine ordnungsgemäße Lohnabrechnung vorzulegen (OGH 20. 4. 1994, 9 ObA 59/94, ARD 4572/33/94 = RdW 1994, 319). Sittenwidrig kann aber auch die Berufung auf eine für sich allein betrachtet noch nicht sittenwidrige Verfallsklausel sein, wenn der Arbeitgeber dem Arbeitnehmer die Geltendmachung des Anspruchs in einer Art und Weise erschwert oder praktisch unmöglich macht, die die spätere Berufung auf die Verfallsklausel als rechtsmissbräuchlich erscheinen lässt[380]. Dies ist etwa der Fall, wenn der Arbeitgeber jedem Arbeitnehmer, der den Anspruch geltend zu machen beabsichtigt, mit einer Kündigung droht (OGH 28. 11. 2001, 9 ObA 86/01i, DRdA 2003, 35 mit Bespr v *B. Schwarz*).

6/250 Im Falle unabdingbarer Ansprüche wird teilweise die Auffassung vertreten, dass eine Erschwerung der Geltendmachung von Ansprüchen durch kollektivvertragliche Ausschlussfristen, die kürzer sind als die gesetzlichen Verjährungsfristen, grundsätzlich bedenklich bzw unzulässig ist[381]. Der OGH hält dem entgegen, dass derartige Verfallsklauseln nicht die Ansprüche selbst, sondern nur ihre Geltendmachung beschränken[382].

6/251 Eine Frist zur Geltendmachung arbeitsrechtlicher Ansprüche kann auch **arbeitsvertraglich** festgelegt werden, sofern derartige Fristen nicht gesetzlichen oder kollektivvertraglichen Bestimmungen widersprechen oder iS der Rechtsprechung zu den kollektivvertraglichen Fallfristen sittenwidrig sind[383].

6/252 Bei Verfallsklauseln genügt in der Regel die **außergerichtliche Geltendmachung** beim Arbeitgeber, um den Verfall zu verhindern. Eine gerichtliche Geltendmachung ist nur dann erforderlich, wenn sie in der einschlägigen Vorschrift ausdrücklich vorgesehen ist[384]. Selbst bei einer außergerichtlichen Geltendmachung müssen jedoch die Ansprüche derart konkre-

---

[377] OGH 12. 7. 2000, 9 ObA 166/00b, ARD 5178/8/2000; aA im Zusammenhang mit einem Überstundenpauschale OGH 14. 3. 1990, 9 ObA 42/90, ARD 4177/15/90; s weiters im Zusammenhang mit Pensionsleistungen OGH 21. 10. 1992, 9 ObA 182/92, ARD 4438/16/93.

[378] OGH 15. 10. 1985, 4 Ob 110/84, Arb 10.475.

[379] Vgl OGH 13. 7. 1982, 4 Ob 90/82, Arb 10.174; OGH 22. 2. 1983, 4 Ob 94/82, DRdA 1987, 136 mit Bespr v *Holzner* = Arb 10.219; OGH 15. 10. 1985, 4 Ob 110/84, Arb 10.475; OGH 21. 10. 1986, 14 Ob 167/86–169/86, DRdA 1989, 196 mit Bespr v *Pfeil* = Arb 10.578; OGH 24. 3. 2014, 8 ObA 54/13v, infas 2014, A 64 = EvBl 2014, 770 mit Bespr v *Rohrer*.

[380] Vgl OGH 25. 10. 2015, 8 ObA 75/15k, DRdA-infas 2016, 72 mit Bespr v *Schrattbauer* = ecolex 2016, 157.

[381] Vgl insb *Eypeltauer*, Wider den vereinbarten Verfall zwingender Arbeitnehmeransprüche bei aufrechtem Arbeitsverhältnis, DRdA 2001, 23; *Pfeil*, Zur Zulässigkeit von Verfalls- und Verjährungsklauseln im Arbeitsrecht, RdW 1986, 343, in Anlehnung an die Vorauflage von *Spielbüchler/Grillberger*, Arbeitsrecht I^4 (1998), 295.

[382] OGH 22. 2. 1983, 4 Ob 94/82, DRdA 1987, 136 mit Bespr v *Holzner* = Arb 10.219; s auch OGH 10. 9. 1985, 4 Ob 102/85, RdW 1986, 52; OGH 26. 2. 2014, 9 ObA 1/14h, DRdA 2015, 34 mit Bespr v *Grillberger* = ZAS 2015, 32 mit Bespr v *Graf-Schimek* = ecolex 2014, 728 mit Bespr v *Eypeltauer*; *Jabornegg*, Verjährung und Verfall im Arbeitsrecht, DRdA 2015, 71.

[383] OGH 21. 10. 1986, 14 Ob 167/86, DRdA 1989, 196 mit Bespr v *Pfeil* = Arb 10.578; OGH 21. 10. 1992, 9 ObA 182/92, ARD 4438/16/93; OGH 25. 5. 1994, 9 ObA 87/94, infas 1994, A 160.

[384] OGH 21. 10. 1992, 9 ObA 210, 211/92, ARD 4438/19/93.

tisiert werden, dass der Arbeitgeber erkennen kann, welche Ansprüche ihrer Art nach gemeint sind. Eine ziffernmäßige Aufgliederung wird hiezu in der Regel nicht notwendig sein (OGH 14. 10. 1980, 4 Ob 117/80, DRdA 1981, 250).

Sowohl Verfalls- als auch Verjährungsfristen werden gem § 6 Abs 1 Z 1 APSG für die Dauer der Leistung eines Präsenz- oder Zivildienstes bzw militärischer Dienstleistungen von Frauen **gehemmt**. 6/253

6.5.4. Rückerstattung von Entgeltbestandteilen und Arbeitgeberaufwendungen

6.5.4.1. Irrtümlich geleistete Zahlungen

Seit dem Judikat 33 neu (OGH 23. 4. 1929, Prä 1025/28, Arb 3893)[385] wird allgemein die Meinung vertreten, dass die Rückforderung unrichtig berechneter oder irrtümlich zu viel geleisteter Entgeltbeträge ausgeschlossen ist, wenn diese vom Arbeitnehmer **in gutem Glauben empfangen und verbraucht wurden**[386]. Dies gilt auch dann, wenn der Rechtsgrund der Auszahlung nachträglich wegfällt[387] oder wenn es zu einer Rückabwicklung auf Grund des wahren Rechtsgrundes (Arbeitsvertrag an Stelle des Scheinvertrags) kommt (s aber auch *Kietaibl*, Arbeitsvertragliche Rückabwicklung bei aufgedeckter Scheinselbständigkeit, wbl 2006, 207). 6/254

An sich ist dieser Grundsatz durchaus nicht selbstverständlich. Wer irrtümlich eine Nichtschuld bezahlt, kann das Geleistete gem § 1431 ABGB zurückfordern[388]. Der dagegen erhobene Einwand des gutgläubigen Verbrauchs (vgl § 329 ABGB) ist dann problematisch, wenn es sich um Geld oder andere vertretbare Sachen handelt, weil in diesen Fällen eine Ausgabenersparnis eintritt, die nicht wegfällt, sodass die Bereicherung erhalten bleibt[389]. Von einer Ausgabenersparnis kann jedoch nicht gesprochen werden, wenn die geleisteten Beträge dem Unterhalt dienen, weil hier jeder Mehrbezug regelmäßig eine Mehrausgabe 6/255

---

[385] Entscheidungen, die von einer bestehenden Rechtsprechung abwichen und von einem verstärkten (Plenar-)Senat (bestehend aus 15 Mitgliedern) gefällt wurden, mussten nach mittlerweile überholter Rechtslage in das Judikatenbuch eingetragen werden. Derartige Entscheidungen waren für alle Senate bindend. Davon abgehen konnte nur ein (Plenissimar-)Senat (bestehend aus 21 Mitgliedern; vgl hiezu etwa *Felzmann/Danzl/Hopf*, OGH^2 [2009], 27).

[386] Vgl zB OGH 29. 9. 1981, 4 Ob 41/81, Arb 10.039; OGH 26. 2. 2014, 9 ObA 168/13s, ARD 6393/8/2014 = infas 2014, A 47; OGH 27. 4. 2016, 8 ObA 9/16f, DRdA-infas 2016, 198 mit Bespr v *Chlestil* = ZAS-Judikatur 2016, 221; zur Sittenwidrigkeit von Rückzahlungsklauseln in Provisionsrichtlinien bei gutgläubigem Verbrauch s OLG Graz 30. 11. 2005, 8 Ra 73/05z; s auch *Burger*, Rückforderung von Überzahlungen – eine Bestandsaufname, wbl 2007, 567; *Rauch*, Rückforderungsrecht des Arbeitgebers bei irrtümlichen Zahlungen, ASoK 2000, 406; *Stifter*, Der Übergenuß im öffentlich-rechtlichen und im vertraglichen Dienstverhältnis, DRdA 1983, 340; *Burger*, Ausschluss von Rückforderungssperren bei gutgläubigem Verbrauch von Überbezügen, in Reissner/Neumayr (Hrsg), Zeller Handbuch Arbeitsvertrags-Klauseln (2010), 706 ff; *Sabara*, Rückforderung von zu viel ausbezahltem Entgelt, ARD 6393/7/2014.

[387] OGH 28. 10. 1985, 4 Ob 101/84, ZAS 1987, 14 mit Bespr v *Zemen*.

[388] Zum Ausschluss der Rückforderung bei einem konstitutiven Anerkenntnis s OGH 17. 6. 1992, 9 ObA 78/92, DRdA 1993, 139 mit Bespr v *Weinmeier*.

[389] Allg *Wachter*, Zur Nichtrückforderbarkeit irrtümlich bezahlten Arbeitsentgelts bei gutgläubigem Verbrauch, in FS Strasser (1983), 147 ff; *Thunhart*, Die Einrede des gutgläubigen Verbrauchs, ZAS 2001, 102.

zur Folge haben wird[390]. Es ist also grundsätzlich davon auszugehen, dass es unbillig ist, zum Unterhalt bestimmte Beträge, bei denen der Verbrauch nach Maßgabe des Empfangs erfolgt, nachträglich zurückzufordern[391]. Diese Grundsätze sind nicht nur auf Unterhaltsleistungen im eigentlichen Sinn zu beschränken, sie gelten auch dann, wenn die irrtümlich erbrachte Leistung wenigstens wirtschaftlich gesehen – also ohne Rücksicht auf die rechtliche Konstruktion des Verhältnisses zwischen dem Leistenden und dem Empfänger – die Funktion hatte, dem Lebensunterhalt des Empfängers zu dienen[392]. Damit rücken auch Entgeltteile wie Urlaubsbeihilfen und Weihnachtsremunerationen, vor allem aber Ruhegenüsse, in das Blickfeld der Anwendungsmöglichkeit.

6/256 Das Rückforderungsverbot gilt nicht für irrtümlich rückvergütete **Lohnsteuer**[393] und für einen empfangenen **Gehaltsvorschuss**[394]. Der Arbeitnehmer kann im letzteren Fall lediglich verlangen, dass die ihm tatsächlich gebührenden Beträge bei der Abrechnung berücksichtigt werden und seine Rückzahlungspflicht um diese Beträge vermindert wird[395]. Im Falle einer Rückforderung der Familienbeihilfe wendet der OGH hingegen die Grundsätze des Judikats 33 sehr wohl wegen des Unterhaltscharakters der Familienbeihilfe an (OGH 1. 7. 1987, 14 ObA 86/87, DRdA 1989, 297 mit Bespr v *Mader*).

6/257 **Guter Glaube** beim Empfang und Verbrauch eines Überbezugs ist nicht nur durch auffallende Sorglosigkeit des Empfängers ausgeschlossen. Die Redlichkeit ist dem Arbeitnehmer vielmehr schon dann abzusprechen, wenn er bei objektiver Beurteilung an der Rechtmäßigkeit des ihm ausgezahlten Betrags auch nur zweifeln musste[396].

Dies wird anzunehmen sein, wenn der Arbeitnehmer Beträge überwiesen erhält, die weit über seinem Einkommen samt Sonderzahlungen und Überstundenentgelt liegen (ArbG Wien 17. 3. 1977, 4 Cr 2252/76, ARD 2946/18/77) oder wenn der Arbeitnehmer wusste, dass der Arbeitgeber trotz mehrfacher Intervention durch den Betriebsrat die Zahlung einer freiwilligen Abfertigung abgelehnt hatte (OGH 7. 11. 2002, 9 ObA 176/02v, ARD 5402/3/2003). Dasselbe gilt, wenn der Arbeitnehmer auf sein Drängen hin innerhalb weniger Tage zweimal einen gleich hohen Betrag überwiesen erhält (OGH 20. 10. 1981, 4 Ob 108/81, DRdA 1983, 180 mit Bespr v *Wachter* = Arb 10.057). Hat ein Arbeitnehmer im öffentlichen Dienst schon vor der geplanten Kürzung seines Entgelts von der Absicht, diese Kürzung rückwirkend in Kraft zu setzen, erfahren, dann ist nach Ansicht des OGH von diesem Zeitpunkt an ein gutgläubiger Empfang und Verbrauch dieser Lohnanteile zu verneinen (OGH 28. 10. 1985, 4 Ob 101/84, ZAS 1987, 14 mit Bespr v *Zemen*). Der gute Glaube fehlt auch dann, wenn ein Arbeitnehmer eine Familienunterstützung erhält, die an die Unversorgtheit des Kindes anknüpft, und er in weiterer Folge dem Dienstgeber verschweigt, dass das Kind eine Erwerbstätigkeit angenommen hat (OGH 8. 7. 1992, 9 ObA 197/92, DRdA 1993, 214 mit Bespr v *Wachter*).

---

390 Zur Kritik an dieser Annahme vgl insb *Trost*, Gedanken zum gutgläubigen Empfang und Verbrauch, DRdA 1988, 111; s auch *Zemen*, Der Schutz des Empfängers von rechtsgrundlosen, jedoch gutgläubig verbrauchten Leistungen, ZAS 1979, 163.

391 OGH 23. 10. 1962, 4 Ob 121/62, SozM III E, 295 = Arb 7702.

392 OGH 13. 6. 1978, 4 Ob 36/78, DRdA 1979, 197 mit Bespr v *Mayer-Maly*.

393 OGH 23. 10. 1962, 4 Ob 121/62, SozM III E, 295 = Arb 7702; OGH 17. 6. 1987, 14 ObA 80/87, RdW 1988, 19; OGH 26. 4. 2011, 8 ObA 21/11p, ARD 6155/2/2011 = Arb 12.977; s auch *Kuras*, Zwischen Finanzamt und Gericht, ecolex 1990, 562.

394 OGH 15. 3. 2000, 9 ObA 251/99y, ARD 5168/18/2000; vgl auch *Tinhofer*, Gehaltsvorschuss und AG-Darlehen, in Reissner/Neumayr (Hrsg), Zeller Handbuch Arbeitsvertrags-Klauseln (2010), 309 ff.

395 OGH 5. 12. 1972, 4 Ob 92/72, Arb 9070.

396 OGH 15. 7. 1969, 4 Ob 42/69, Arb 8645; OGH 10. 10. 1978, 4 Ob 42/78, ZAS 1980, 20 mit Bespr v *Gitter* = DRdA 1979, 146; OGH 24. 11. 1993, 9 ObA 211/93, ecolex 1994, 243.

Da die Redlichkeit gem § 328 ABGB vermutet wird, hat der rückfordernde Arbeitgeber die Unredlichkeit des Arbeitnehmers zu beweisen (ArbG Wien 16. 11. 1970, 1 Cr 2044/70, SozM III E, 433). 6/258

Nach herrschender Ansicht verjähren **bereicherungsrechtliche** Ansprüche grundsätzlich nach 30 Jahren[397]. Der Bereicherungsanspruch des Arbeitgebers bezüglich Rückzahlung irrtümlich geleisteter Entgelte verjährt hingegen nach Ansicht des OGH in analoger Anwendung des § 1486 Z 5 ABGB bereits nach drei Jahren. Die **Verjährungsfrist** beginnt hiebei mit der objektiven Möglichkeit der Geltendmachung des Anspruchs zu laufen. Die subjektive Unkenntnis des Anspruchs hindert den Beginn ihres Laufes nicht[398]. 6/259

6.5.4.2. Ausbildungskosten

Sehr häufig finden sich im Arbeitsvertrag Verpflichtungen des Arbeitnehmers zur Rückerstattung von Ausbildungskosten[399]. Die Beantwortung der Frage, ob und wieweit derartige Vereinbarungen zulässig sind, wurde lange Zeit der Rechtsprechung[400] und Literatur[401] überlassen. Mittlerweile hat der Gesetzgeber reagiert (BGBl I 36/2006) und den Ausbildungskostenersatz in § 2d AVRAG[402] einer expliziten Regelung zugeführt[403]. 6/260

---

[397] Vgl OGH 17. 6. 1987, 3 Ob 75/87, JBl 1988, 172.

[398] OGH 26. 11. 1997, 9 ObA 157/97x, DRdA 1998, 345 mit Bespr v *Mader*; OGH 17. 5. 2000, 9 ObA 39/00a, DRdA 2001, 257 mit Bespr v *Eypeltauer*; OGH 24. 7. 2013, 9 ObA 87/13d, infas 2013, A 87 = wbl 2013, 648; im Ergebnis ebenso *Stifter*, Verjährung von Übergenußrückforderungen, DRdA 1988, 408; aA *Mader/Janisch* in Schwimann/Kodek (Hrsg), ABGB VI^4 (2016), § 1486 Rz 18.

[399] Vgl *Radner*, Rückzahlung von Ausbildungskosten, in Reissner/Neumayr (Hrsg), Zeller Handbuch Arbeitsvertrags-Klauseln (2010), 500 ff.

[400] Vgl zB OGH 30. 10. 1973, 6 Ob 215/73, Arb 9163; OGH 26. 11. 1985, 4 Ob 124/85, ZAS 1987, 126 mit Bespr v *Dusak*.

[401] S etwa *Löschnigg/Kern*, Rückerstattung von EDV-Ausbildungskosten, EDVuR 2/86, 18; zu dieser Problematik s auch *Marhold*, Die Rückforderung von Ausbildungskosten von Berufsanwärtern freier Berufe, RdW 1984, 110; *Resch*, Ausbildungskostenrückersatzklauseln, in Resch (Hrsg), Kritische Klauseln im Arbeitsvertrag (2004); *Weinmeier*, Zur Rückzahlung von Ausbildungskosten, RdW 1993, 13.

[402] Allg hiezu *Radner*, Der Entgeltrückersatz bei Ausbildungskosten – Rückerstattungsvereinbarungen, in FS Binder (2010), 361; *Höller/Trost*, Kumulation von Verpflichtungen und Parallelbeschäftigungen, DRdA 2008, 447; *Neubauer/Rath*, Neuerungen beim Ausbildungskostenrückersatz und bei der Konkurrenzklausel – ein Überblick, ASoK 2006, 125; *Reiff*, OGH: Rückerstattung von CAD-Ausbildungskosten, jusIT 2009, 93; *Reissner/Preiss*, Die Neuerungen im Recht der Konkurrenzklausel und der Ausbildungskostenklausel, DRdA 2006, 183; *Resch*, Grenzen für Vertragsklauseln über den Rückersatz von Ausbildungskosten, DRdA 1993, 8; *Risak*, Konkurrenzklausel und Ausbildungskostenrückersatz neu, ZAS 2006, 49; *Weiß*, Verpflichtung zur Teilnahme und zum Kostenrückersatz bei angeordneten Ausbildungsmaßnahmen, DRdA 2000, 181; *Eypeltauer*, Offene Fragen des Ausbildungskostenrückersatzes – eine Trilogie, ecolex 2007, 196; *Löschnigg* in Löschnigg (Hrsg), AngG Bd 1^{10} (2016), § 6 Rz 213 ff; *Reissner* in Neumayr/Reissner (Hrsg), Zeller Kommentar^2 (2011), § 2d AVRAG; *Oberhofer*, Ausbildungskostenrückersatz und Konkurrenzklausel Neu, ZAS 2006, 152; *Schneller*, Rechtsfragen der betrieblichen Aus- und Weiterbildung, DRdA 2011, 407; *Binder*, Ausbildungskosten – Rückersatz eines Leistungssportlers bei Vereinswechsel, in FS Dittrich (2000), 465; *Resch*, Ausbildungsentschädigung, Transfersystem und Recht des Spielers auf Freigabe, DRdA 2004, 87; *Geiger*, Ausbildungskostenrückersatz im Lichte der neuen Judikatur, ASoK 2012, 16; *Rauch*, Die jüngere Rechtsprechung zum Ausbildungskostenrückersatz, ASoK 2012, 367; *ders*, Der Ausbildungskostenrückersatz unter Berücksichtigung der letzten OGH-Erkenntnisse, ASoK 2014, 6; *Wanderer*, „Tatsächliche Ausbildungskosten" bei betriebs- oder konzerninternen Schulungsmaßnahmen?, DRdA 2013, 443; *Geiblinger*, Der Ausbildungskostenrückersatz – Neue Tendenzen hinsichtlich der Rückforderung von Ausbildungskosten, ARD 6365/5/2013. Zur Judikatur s OGH 1. 4. 2009, 9 ObA 126/08g, DRdA 2011, 144 mit Bespr v *Schindler* = ZAS 2010, 275 mit Bespr v *Gerlach*; OGH 22. 9. 2010, 8 ObA 70/09s, DRdA 2012, 208 mit Bespr v *Radner* = infas 2011, A 10 = ZAS 2011, 279 mit Bespr v *Födermayr* = JAP 2011/2012, 31 mit Bespr v *Haider*.

[403] Die Bestimmung des § 2d AVRAG ist nur auf Ausbildungskostenklauseln anzuwenden, die nach dem 18. 3. 2006 abgeschlossen wurden. Kollektivvertragliche Regelungen zum Ausbildungskostenrückersatz, die vor dem 18. 3. 2006 bereits bestanden haben, behalten weiterhin ihre Geltung, selbst wenn sie vom Schutz-

6.5.4.2. Arbeitsentgelt

In **Deutschland** werden die Beschränkungen von Rückzahlungsvereinbarungen mit der Sittenwidrigkeit, dem Verstoß gegen das Grundgesetz (freie Wahl des Arbeitsplatzes), dem Verbot ungleicher Kündigungsbedingungen, der arbeitsvertraglichen Fürsorgepflicht und dem arbeitsrechtlichen Schutzgedanken begründet (vgl *Blomeyer/Buchner*, Rückzahlungsklauseln im Arbeitsrecht [1969], 12 ff; BAG 24. 6. 2004, 6 AZR 320/03, NZA 2004, 1295; BAG 5. 12. 2002, 6 AZR 537/00, ZTR 2003, 302). In **Österreich** wurde va geprüft, ob es nicht zu einer übermäßigen Beschränkung der wirtschaftlichen Freiheit des Arbeitnehmers gekommen ist. Eine wesentliche **einseitige Benachteiligung des Kündigungsrechts** durfte daraus nicht resultieren[404].

6/261 Vorweg ist zwischen Ausbildungs- und Einschulungskosten zu unterscheiden. In Anlehnung an die bestehende Begriffsbildung[405] wurde eine Legaldefinition der **Ausbildungskosten** in das Gesetz aufgenommen: Es handelt sich dabei um die vom Arbeitgeber tatsächlich aufgewendeten Kosten für jene erfolgreich absolvierte Ausbildung, die dem Arbeitnehmer Spezialkenntnisse theoretischer oder praktischer Art vermittelt, die dieser auch bei anderen Arbeitgebern verwerten kann. Einschulungskosten sind jene Aufwendungen des Dienstgebers, die dadurch entstehen, dass der Dienstnehmer mit den Eigenheiten seiner betrieblichen Tätigkeit vertraut gemacht wird. Die Einschulung erfolgt regelmäßig innerbetrieblich oder zumindest im Unternehmens- oder Konzernbereich. Der Begriff der Einschulungskosten wird im Gesetz nur vorausgesetzt und nicht näher erläutert.

6/262 Rückforderbar sind nur Ausbildungskosten iS des Gesetzes und bei Vorliegen der sonstigen Voraussetzungen (s unten). Einschulungskosten sind einer Rückforderung nicht zugänglich. **Nicht zurückgefordert** werden können auch Ausbildungskosten, die **nicht den gesetzlichen Kriterien** entsprechen (zB Kosten, die im Rahmen einer nicht erfolgreichen Ausbildung anfallen). **Weiter-** bzw **Fortbildungsmaßnahmen**, die zu keinem neuen Ausbildungslevel führen (zB Kurs zu einer neuen Version eines EDV-Programms; Seminar über neue Lohnsteuerrichtlinien) werden auch nicht als Ausbildung iSd § 2d AVRAG verstanden werden können.

6/263 Rückforderbare Ausbildungskosten liegen nur vor, wenn folgende Kriterien erfüllt sind:

- Es muss sich um tatsächlich aufgewendete Kosten handeln und nicht um fiktive Ansätze. Solche tatsächlichen Kosten können wohl auch kalkulatorisch errechnete Fixkostenanteile sein. Es sind somit nur jene Auslagen des Arbeitgebers zu vergüten, die dieser über seine schon aus dem Arbeitsvertrag resultierenden Verpflichtungen hinaus für eine spezielle Ausbildung des Arbeitnehmers aufgewendet hat[406]. Die Vereinbarung eines Pau-

niveau des § 2d AVRAG abweichen; vgl OGH 28. 2. 2011, 9 ObA 20/11y, DRdA 2012, 340 mit Bespr v *Wanderer* = infas 2011, A 52.

404 Vgl OGH 21. 11. 1972, 4 Ob 57/72, Arb 9065 mit Verweis auf *Hueck/Nipperdey*, Lehrbuch des Arbeitsrechts I^7 (1963), 196 f, und *Nikisch*, Arbeitsrecht I^3 (1961), 191; s auch OGH 2. 9. 1987, 1 Ob 625/87, DRdA 1990, 222 mit Bespr v *Resch*; *Runggaldier*, Grenzen der Kollektivvertragsautonomie bei der Regelung des Entgelts (1995), 38, 88 u 113.

405 OGH 21. 11. 1972, 4 Ob 57/72, ZAS 1975, 217 mit Bespr v *Tichy*; LGZ Wien 17. 3. 1975, 44 Cg 36/75, SozM I E, 132; OGH 15. 5. 1979, 4 Ob 120/78, DRdA 1980, 145 mit Bespr v *Apathy*; OGH 2. 9. 1987, 1 Ob 625/87, DRdA 1990, 222 mit Bespr v *Resch*; OGH 8. 7. 1992, 9 ObA 142/92, DRdA 1993, 117 mit Bespr v *Grillberger* = ZAS 1994, 60 mit Bespr v *Micheler* = Arb 11.043; OGH 11. 8. 1993, 9 ObA 151/93, Arb 11.101; OGH 5. 3. 1997, 9 ObA 36/97b, DRdA 1997, 403; OGH 11. 6. 1997, 9 ObA 128/97g, RdW 1998, 97; zur Literatur insb *Resch*, Grenzen für Vertragsklauseln über den Rückersatz von Ausbildungskosten, DRdA 1993, 8.

406 OGH 15. 5. 1979, 4 Ob 120/78, DRdA 1980, 145 mit Bespr v *Apathy*.

schalbetrages, von dem begrifflich nicht feststeht, dass er den tatsächlich aufgewendeten Kosten entspricht, ist nicht zulässig[407].

- Die Rückforderbarkeit von Entgelten ist grundsätzlich abzulehnen, da die Rückzahlungssummen ein Ausmaß annehmen können, das einem einseitigen (befristeten) Kündigungsausschluss gleichkommt. Dennoch erlaubt § 2d Abs 2 AVRAG eine entsprechende Vereinbarung, sofern der Arbeitnehmer für die Dauer der Ausbildung von der Dienstleistung freigestellt ist. Die Ausbildung darf jedoch mit keinerlei Verwendung des Arbeitnehmers verbunden sein und keine Erfüllung des Arbeitsvertrages darstellen. Nur in einem solchen Fall steht der Entgeltleistung keine Arbeitsleistung gegenüber[408]. Wie lange die Ausbildung dauert und ob sie mit oder ohne Unterbrechungen absolviert wird, ist in diesem Zusammenhang irrelevant.

  Schon vor Inkrafttreten des § 2d AVRAG hatte der OGH judiziert, dass mit einem Arbeitnehmer, der vom Dienst zur Gänze karenziert bzw von jeglicher betrieblichen Verwendung entbunden war, damit er eine Ausbildung (beispielsweise zum praktischen Arzt), die vor allem ihm selbst zugutekam, absolvieren konnte, eine Rückzahlungsverpflichtung über Lohnkosten zulässig war (OGH 26. 11. 1985, 4 Ob 124/85, ZAS 1987, 126 mit Bespr v *Dusak*; vgl weiters die beiden E OGH 11. 8. 1993, 9 ObA 130/93, DRdA 1994, 247 mit Bespr v *Dirschmied* = ARD 4499/22/93 und OGH 11. 6. 1997, 9 ObA 128/97g, ARD 4883/10/97).

- Im Rahmen der Ausbildung müssen **Spezialkenntnisse** vermittelt werden, die auch **bei anderen Arbeitgebern verwertbar** sind. Die typischen mit dem Vollzug eines Arbeitsverhältnisses erworbenen Kenntnisse und Fähigkeiten zählen nicht dazu. Die Verwertbarkeit bei anderen Arbeitgebern ist jedoch abstrakt zu prüfen, losgelöst davon, ob es ein konkretes Unternehmen (zB in Österreich) gibt, das einen vergleichbaren Tätigkeitsbereich aufweist.
- Die Ausbildung muss **erfolgreich absolviert** worden sein. Ein schuldhaftes Nichterreichen des Ausbildungsziels wird man dem Arbeitnehmer – unter Heranziehung des § 1014 ABGB – nur in Analogie zu den Wertungen des DHG (vgl 6.13.1.2) anlasten können. Ferner kann auch die bloße Teilnahme mit einem positiven Ergebnis für den Arbeitnehmer verbunden und daher erfolgreich abgeschlossen sein[409]. Somit gelten laut OGH auch gewisse Spezialkenntnisse, die ohne Prüfungsnachweis erworben wurden, als „erfolgreich" absolviert[410]. Eine für den Arbeitnehmer völlig wertlose, weil mangels Vorkenntnissen nicht verständliche Ausbildung (zB Lotus-Notes-Kurs für Systemadminis-

---

407 OGH 22. 9. 2010, 8 ObA 70/09s, DRdA 2012, 208 mit Bespr v *Radner* = ZAS 2011, 279 mit Bespr v *Födermayr* = JAP 2011/2012, 31 mit Bespr v *Haider* = infas 2011, A 10; vgl auch OGH 26. 4. 2011, 8 ObA 18/11x, ARD 6173/3/2011.

408 OGH 3. 4. 2008, 8 ObA 73/07d, DRdA 2009, 414 mit Bespr v *Naderhirn* = ZAS 2009, 193 mit Bespr v *Oberhofer*; *Reisch*, Aliquotierungsverpflichtung und Bindungsdauer des fortgezahlten Entgelts während der Ausbildung, ecolex 2012, 713.

409 Weitgehend aA *Eypeltauer*, Offene Fragen des Ausbildungskostenrückersatzes – eine Trilogie, ecolex 2007, 196; vgl auch *Geiblinger*, Wann gilt eine Ausbildung als erfolgreich absolviert im Sinne des § 2d AVRAG?, ASoK 2013, 223.

410 S dazu OGH 27. 9. 2013, 9 ObA 97/13z, ARD 6371/1/2013 = infas 2014, A 13.

tratoren und nicht für bloße „Benutzer"), kann der Rechtsprechung zufolge jedoch nicht als „erfolgreich" absolvierte Ausbildung iSd § 2d AVRAG qualifiziert werden[411].

6/264 Voraussetzung für jegliche Rückzahlung von Ausbildungskosten ist das Vorliegen einer **schriftlichen Vereinbarung**. Diese kann anlässlich der Vereinbarung des Arbeitsvertrages oder zu einem späteren Zeitpunkt (zB unmittelbar vor Aufnahme der Ausbildung) zustande kommen. Jedenfalls muss aus der Vereinbarung die konkrete Höhe der Ausbildungskosten hervorgehen[412].

Fraglich ist, ob eine dem Arbeitgeber vertraglich zugesicherte Regelungsbefugnis, den Arbeitsvertrag einseitig zu ändern, sich auch auf Rückzahlungsverpflichtungen beziehen kann. Grundsätzlich werden Änderungsvorbehalte im Arbeitsvertrag als zulässig erachtet, wenn sie einerseits die Bestimmtheitserfordernisse des § 869 ABGB erfüllen und andererseits den Grundsätzen billigen Ermessens entsprechen. Die Kombination von einseitiger Einführung einer Rückzahlungsverpflichtung – gestützt auf einen vertraglichen Änderungsvorbehalt zu Gunsten des Arbeitgebers – und Verpflichtung des Arbeitnehmers zum Besuch von Ausbildungsveranstaltungen überschreitet jedoch die Grenzen billigen Ermessens (OGH 17. 5. 2000, 9 ObA 77/00i, DRdA 2001, 324 mit Bespr v *Resch*) und entspricht auch nicht dem Schriftlichkeitserfordernis bzw den Wertungen des § 2d AVRAG.

6/265 Wann **keine Verpflichtung** zur Rückerstattung von Ausbildungskosten besteht, zählt § 2d Abs 3 AVRAG nur beispielhaft auf. Ausdrücklich erwähnt werden drei Fälle, die zur Unzulässigkeit führen:

- Abschluss der Vereinbarung mit **Minderjährigen** ohne Zustimmung des gesetzlichen Vertreters[413];
- Überschreiten der **zeitlichen Obergrenze** von vier[414] bzw in besonderen Fällen von acht Jahren nach dem Ende der Ausbildung;
- keine Vereinbarung einer **aliquotierten Rückerstattung**, dh anteilige Rückzahlung der Ausbildungskosten berechnet für jedes zurückgelegte Monat vom Zeitpunkt der Beendigung der Ausbildung bis zum Ende der zulässigen Bindungsdauer. Eine Aliquotierung nach Jahren ist nicht mehr zulässig[415].

6/266 Aus der demonstrativen Aufzählung unzulässiger Rückzahlungsvereinbarungen lässt sich ableiten, dass auch andere als die aufgezählten Gründe die Verpflichtung zunichtemachen können, wenn damit eine übermäßige Beschränkung der Rechte des Arbeitnehmers, insb seines Kündigungsrechts, verbunden ist. Die Unzulässigkeit kann insofern eine **relative** sein, als die Höhe des Rückforderungsbetrags und die Dauer, innerhalb der der Arbeitnehmer an die Vereinbarung gebunden sein soll, an dem konkreten Nutzen, den der Arbeitnehmer aus der Ausbildung zieht, zu messen ist. Die Höhe der Ersatzpflicht muss in einer für den Arbeitnehmer zumutbaren Relation zum Entgelt stehen, wobei bei Abschluss eines

---

411 OGH 27. 11. 2012, 8 ObA 51/12a, RdW 2013, 95 = ASoK 2013, 76.

412 OGH 21. 12. 2011, 9 ObA 125/11i, ARD 6209/1/2012 = infas 2012, A 37; OGH 24. 4. 2012, 8 ObA 92/11d, ZAS 2013, 85 mit Bespr v *Oberhofer* = ARD 6257/5/2012; *Geiblinger*, Ausbildungskostenrückersatz: Pauschale Vorwegvereinbarung vs. spezielle Ausbildungskostenvereinbarung, ASoK 2012, 130; *Mosing*, Alternativen zum Ausbildungskostenrückersatz, ZAS 2013, 310.

413 Vgl auch *Resch*, Lehrausbildung und Betriebsbindung, RdW 2006, 158.

414 Für vor dem 29. 12. 2015 abgeschlossene Vereinbarungen bleibt eine zeitliche Obergrenze von 5 Jahren zulässig.

415 Eine Aliqoutierung nach Jahren bleibt zulässig, wenn die Rückzahlungsvereinbarung vor dem 29. 12. 2015 abgeschlossen wurde; vgl OGH 28. 6. 2011, 9 ObA 74/11i, DRdA 2012, 52 mit Bespr v *Reissner* = Arb 13.000 = infas 2012, A 4.

neuen Dienstverhältnisses durch den Arbeitnehmer auch das Einkommen aus diesem zu berücksichtigen ist, wenn sich das Entgelt durch die vorausgegangene Ausbildung erhöht hat[416]. Rückzahlungsverpflichtungen sind in erster Linie an die **Kündigung durch den Dienstnehmer** gebunden. Die Möglichkeit der Rückforderung besteht aber auch bei begründeter Entlassung (ausgenommen wegen Dienstunfähigkeit) und ungerechtfertigtem Austritt. Unvereinbar ist die Klausel mit einem Dienstverhältnis auf Probe sowie generell mit typisierten Ausbildungsverhältnissen, wie zB Lehrverhältnissen. Für befristete Arbeitsverhältnisse gilt, dass die Dauer der Rückersatzvereinbarung die Dauer der Befristung nicht überschreiten darf[417]. Auch die Kündigung durch den Arbeitgeber schließt die Rückerstattung aus, es sei denn, der Arbeitnehmer hat durch schuldhaftes Verhalten dazu begründeten Anlass gegeben.

Eine **grobe Verletzung rechtlich geschützter Interessen** liegt in der einseitigen Betonung der Rechte und Interessen des Ausbilders gegenüber denen des Ausbildungswerbers, wenn sie dazu führt, dass letzten Endes diesem das alleinige und beachtliche finanzielle Risiko der Ausbildung aufgebürdet wird[418]. **Sittenwidrig** ist auch die Vereinbarung eines Ausbildungskostenrückersatzes, wenn ein Krankenpflegeschüler sich dazu verpflichtet, nach Abschluss der Ausbildung drei Jahre in bestimmten Einrichtungen einer Gebietskörperschaft tätig zu sein, ohne jedoch einen Anspruch auf Abschluss eines Arbeitsvertrages zu haben (OGH 21. 12. 2000, 8 ObA 144/00k, DRdA 2001, 555 mit Bespr v *Mayr*).

6.5.4.3. Sonstige Aufwendungen

Mitunter finden sich auch Vereinbarungen, denen zufolge nicht nur Ausbildungskosten, sondern andere Aufwendungen des Arbeitgebers zurückzuzahlen sind, falls der Arbeitnehmer sein Dienstverhältnis beendet. Derartige Klauseln werden vor allem dann regelmäßig der Nichtigkeit verfallen, wenn mit den Arbeitgeberaufwendungen kein über das Arbeitsverhältnis hinausgehender **Nutzen für den Arbeitnehmer** verbunden ist. Einerseits ist zu prüfen, inwieweit es zu einer unzulässigen **Überwälzung des unternehmerischen Erfolgsrisikos** kommt, andererseits kann eine unzulässige einseitige **Beschränkung des Kündigungsrechts** des Arbeitnehmers vorliegen. Soll hingegen nicht die Beendigung des Arbeitsverhältnisses an sich, sondern etwa die Tätigkeit in einem Konkurrenzunternehmen die Rückzahlungsverpflichtung auslösen, dann ist die Vereinbarung nach den Wertungen des § 36 AngG als Konkurrenzklausel (vgl 6.2.6.2) zu beurteilen[419]. 6/267

[416] OGH 26. 11. 1985, 4 Ob 124/85, ZAS 1987, 126 mit Bespr v *Dusak*.
[417] *Radner*, Rückzahlung von Ausbildungskosten, in Reissner/Neumayr (Hrsg), Zeller Handbuch Arbeitsvertrags-Klauseln (2010), 516.
[418] OGH 30. 10. 1973, 6 Ob 215/73, Arb 9163; OGH 26. 11. 1985, 4 Ob 124/85, ZAS 1987, 126 mit Bespr v *Dusak*; *Löschnigg* in Löschnigg (Hrsg), AngG Bd 1[10] (2016), § 6 Rz 218.
[419] Zu undifferenziert: OGH 13. 1. 1993, 9 ObA 260/92, ZAS 1994, 127 mit krit Bespr v *Reissner* im Zusammenhang mit der Verpflichtung zur Zahlung von Werbungskosten des Arbeitgebers.

6.5.5. Lohnpfändung

6/268 Die Bestimmungen über die Beschränkung der Exekution auf Bezüge aus Dienstverhältnissen waren bis zur Exekutionsordnungs-Novelle 1991 (BGBl 628) in zahlreichen Sondergesetzen, insb im LPfG, enthalten. Mit der Novelle zur EO wurde das **Recht der Lohnpfändung iwS** wieder in die EO eingebaut und umfassend geregelt[420].

6/269 In erster Linie haben die Bestimmungen der §§ 290 bis 293 EO die Aufgabe, das Entgelt des Arbeitnehmers als Existenzgrundlage und damit seinen Lebensunterhalt zu sichern. Gleichzeitig muss der Pfändungsschutz gewährleisten, dass ein gewisses Maß an Arbeitsfreude und Arbeitsbereitschaft erhalten bleibt. Dies liegt sowohl im Interesse des die Lohnexekution betreibenden Gläubigers als auch im Interesse des Arbeitgebers[421].

Schutzmechanismen zu Gunsten des Gläubigers kennt die EO ebenfalls. Eine derartige Funktion besitzt etwa die Regelung des § 292d EO, die „Lohnschiebungen" vereiteln will: Verpflichtet sich der Dienstgeber, das Entgelt für die vom Dienstnehmer geleistete Arbeit ganz oder teilweise nicht an diesen, sondern an Dritte (Ehegatten, Lebensgefährten, Nachbarn udgl) zu zahlen, so können auch diese Vergütungen unmittelbar gepfändet werden.

Arbeitet der Dienstnehmer **unentgeltlich** oder gegen eine unverhältnismäßig geringe Vergütung, so wird zwischen Dienstgeber und dem die Lohnexekution betreibenden Gläubiger eine **angemessene Vergütung** als geschuldet **fingiert**, die der Pfändung unterliegt (**verschleiertes Entgelt**; § 292e EO)[422]. Den EB zur RV[423] zufolge gilt dies auch für die Abgeltung der Mitwirkung eines Ehegatten im Erwerb des anderen gem § 98 ABGB.

6/270 Der Lohnpfändung unterliegt nur ein Arbeitseinkommen, das in Geld zahlbar ist[424]. **Sachleistungen** aus einem Arbeitsverhältnis unterliegen nicht einer gesonderten Exekution (vgl § 325 EO), diese Ansprüche sind jedoch durch Zusammenrechnung mit den Geldbezügen bei der Ermittlung des allgemeinen Grundbetrags (s unten) zu berücksichtigen. Dem Verpflichteten hat aber grundsätzlich zumindest ein Geldbetrag zu verbleiben, welcher der Hälfte des allgemeinen Grundbetrags entspricht (§ 292 Abs 4 EO).

6/271 Die EO unterscheidet zwischen (zur Gänze) unpfändbaren und beschränkt pfändbaren Forderungen; nur auf letztere kommen die Bestimmungen, die die Exekution regeln, zur Anwendung.

6/272 Die **unpfändbaren Forderungen** sind in § 290 EO aufgezählt und stellen nur zu einem kleinen Teil (auch) vom Arbeitgeber gewährte Leistungen dar. So sind Aufwandsentschädigungen, soweit sie den in Ausübung der Berufstätigkeit tatsächlich erwachsenden Mehraufwand abgelten (wie zB für auswärtige Arbeiten, für Arbeitsmaterial und Arbeitsgerät, das

[420] Vgl allg *Mohr*, Neuordnung des Lohnpfändungsrechts – Überblick über die RV der EO-Nov 1991, RdW 1991, 207; *dens*, Die neue Lohnpfändung (1991); *Hagen*, Zur Reform der Lohnpfändung, DRdA 1991, 329; *Fink/Schmidt*, Handbuch zur neuen Lohnpfändung – Der Arbeitgeber als Drittschuldner[3] (2002); *Fritscher*, Die Gehaltsexekution[2] (2004).

[421] Vgl zur alten Rechtslage *Kuderna*, Der Entgeltbegriff des Lohnpfändungsgesetzes, in Tomandl (Hrsg), Entgeltprobleme aus arbeitsrechtlicher Sicht (1979), 73.

[422] Die Ausführungen von *Heller/Berger/Stix*, Lohnpfändung (1974), 130 ff, beziehen sich zwar auf das überholte LPfG, sind aber auf Grund der weitgehend übereinstimmenden Rechtslage weiterhin beachtlich; vgl weiters *Liebhart*, Verschleiertes Entgelt nach § 292e EO, DRdA 2003, 124.

[423] 181 BlgNR 18. GP, 36.

[424] S hiezu *Müller*, Wirkung des Wechsels vom Arbeitsvertrag zum freien Dienstvertrag auf die Gehaltsexekution, ZIK 2001, 43.

vom Arbeitnehmer selbst beigestellt wird, oder für Kauf und Reinigen typischer Arbeitskleidung), unpfändbar (vgl dazu allg 6.5.1). Mangels Entgeltcharakters ist auch der Ersatz der Kosten, die der Arbeitnehmer (insb Hausbesorger) für seine Vertretung aufwenden musste, unpfändbar, des Weiteren (vom Arbeitgeber geleistete) Beiträge für Bestattungskosten. Im Übrigen finden sich im Katalog unpfändbarer Forderungen überwiegend von den Sozialversicherungsträgern und den Gebietskörperschaften ausgezahlte Leistungen, wie zB Familien- und Studienbeihilfen oder Beihilfen, die zur Abdeckung des Mehraufwandes wegen körperlicher oder geistiger Behinderung, Hilflosigkeit oder Pflegebedürftigkeit gewährt werden.

Das **Entgelt** für Arbeitsleistungen aus einem privat- oder öffentlich-rechtlichen Arbeitsverhältnis bzw einem Lehr- oder sonstigen Ausbildungsverhältnis, Leistungen, die an die Stelle des Arbeitsentgelts treten, sonstige wiederkehrende Vergütungen für Arbeitsleistungen aller Art[425], die die Erwerbstätigkeit des Verpflichteten vollständig oder zu einem wesentlichen Teil in Anspruch nehmen (freie Dienstverträge von Vorstandsmitgliedern)[426], und bestimmte andere Leistungen mit Versorgungscharakter unterliegen der Pfändung nur insoweit, als gewisse unpfändbare Freibeträge („**Existenzminimum**") überschritten werden (§ 290a EO). Gem § 291a EO haben dem Verpflichteten vom Nettoarbeitseinkommen monatlich € 889, wöchentlich € 207 und täglich € 29 zu verbleiben (**allgemeiner Grundbetrag**). Dieser Grundbetrag ist aber auch abhängig von den dem Arbeitnehmer zustehenden Sonderzahlungen (s unten). Für jeden Unterhaltsberechtigten erhöht sich der dem Arbeitnehmer verbleibende Betrag um monatlich € 177, wöchentlich € 41 und täglich € 5 (Unterhaltsgrundbetrag), es können jedoch höchstens fünf Unterhaltsgrundbeträge zu einer Erhöhung des Existenzminimums führen[427]. 6/273

Um einen Leistungsanreiz zu schaffen, verbleiben dem Arbeitnehmer überdies 30 % des den Grundbetrag bzw die Summe der Grundbeträge übersteigenden Nettoarbeitseinkommens (allgemeiner Steigerungsbetrag). Für jede unterhaltsberechtigte Person kommen 10 %, höchstens jedoch 50 % hinzu (Unterhaltssteigerungsbetrag). 6/274

Bei Exekution wegen Unterhaltsforderungen reduzieren sich die unpfändbaren Freibeträge (Existenzminimum) auf 75 % des Freibetrags nach § 291a EO (§ 291b EO). 6/275

Für die **Sonderzahlungen**[428] sieht § 290b EO vor, dass dem Arbeitnehmer sowohl vom dreizehnten als auch vom vierzehnten Monatsbezug der Grundbetrag erhalten bleibt. Hat der Arbeitnehmer überhaupt keinen Anspruch auf Sonderzahlungen, erhöht sich der allgemeine Grundbetrag um ein Sechstel (erhöhter allgemeiner Grundbetrag, vgl § 291a Abs 2 Z 1 EO). 6/276

Von **einmaligen Leistungen**, die dem Arbeitnehmer bei **Beendigung** seines Arbeitsverhältnisses gebühren (Abfertigung, Urlaubsersatzleistung), hat dem Arbeitnehmer grundsätzlich 6/277

---

[425] Zur Pfändung des Jubiläumsgeldes vgl OGH 29. 1. 2014, 9 ObA 14/14w, ARD 6398/14/2014.

[426] S auch *Müller*, Wirkung des Wechsels vom Arbeitsvertrag zum freien Dienstvertrag auf die Gehaltsexekution, ZIK 2001, 43.

[427] Zur Höhe des Existenzminimums bei aliquotem Entgeltanspruch s OLG Linz 13. 3. 2013, 12 Ra 15/13g, ARD 6336/1/2013; alle Beträge in diesem Absatz beziehen sich auf den Stand vom 1. 1. 2017.

[428] Vgl zu höhenmäßig schwankenden Arbeitseinkommen *Spitzl/Andexlinger*, Lohnpfändung angestellter Provisionsvertreter, RdW 1992, 244.

der unpfändbare Freibetrag nach § 291a Abs 2 Z 1 EO für einen Monat zu verbleiben. Nur auf seinen Antrag hin gebührt dem Arbeitnehmer jenes Vielfache des unpfändbaren Freibetrages, das der Anzahl der Monate entspricht, für die diese Leistungen nach dem Gesetz zustehen (§ 291d EO; s auch § 8 BMSVG).

6/278 Das Exekutionsgericht hat auf Antrag des Arbeitnehmers den unpfändbaren **Freibetrag zu erhöhen**, wenn dies mit Rücksicht auf besondere Bedürfnisse des Verpflichteten dringend geboten ist (vgl § 292a EO); der unpfändbare Freibetrag ist durch Gerichtsbeschluss **herabzusetzen**, wenn gesetzliche Unterhaltsforderungen nicht zur Gänze hereingebracht werden können oder der Arbeitnehmer im Rahmen des Arbeitsverhältnisses freiwillige Leistungen von Dritten (zB Trinkgelder) erhält, die von einer Forderungsexekution nicht erfasst werden können (vgl § 292b EO).

6.5.6. Kautionsschutz

6/279 Die Bestellung von Kautionen im Arbeitsverhältnis[429] unterliegt den Beschränkungen des **Kautionsschutzgesetzes**[430]. Gem § 1 KautSchG darf sich ein Dienstgeber von seinem Dienstnehmer (oder für diesen von einem Dritten) eine Kaution nur zur **Sicherung von Schadenersatzansprüchen**[431] geben lassen, die ihm gegen den Dienstnehmer aus dem Dienstverhältnis erwachsen könnten. Der Abschluss oder die Aufrechterhaltung eines Dienstvertrags darf vom Dienstgeber **nicht davon abhängig gemacht werden**, dass diesem vom Dienstnehmer oder einem Dritten ein Darlehen gewährt wird oder dass der Dienstnehmer oder ein Dritter sich mit einer Geldeinlage an dem Unternehmen beteiligt[432]. Vereinbarungen über Kautionen müssen **schriftlich** getroffen werden.

6/280 Als Kaution können nur die im § 1 KautSchG aufgezählten Kautionsmittel Verwendung finden.

Das sind

a) Einlagebücher, bei denen Rückzahlungen nur gegen Abgabe der Unterschrift und Erbringung des Nämlichkeitsbeweises des Kautionsbestellers erfolgen dürfen;

b) Bargeld, Preziosen, Effekten oder andere Vermögenswerte, die derart bei einem Kreditinstitut hinterlegt werden, dass über allfällige Zinsen oder Gewinnanteile der Kautionsbesteller, im Übrigen aber über das Depot der Kautionsbesteller nur im Einvernehmen mit dem Kautionsberechtigten verfügen kann;

c) Bürgschaften;

---

[429] § 8 KautSchG subsumiert unter dem Begriff des Dienstvertrags neben dem Lehrvertrag auch Verträge von Praktikanten und Volontären (zu deren Arbeitnehmereigenschaft vgl 4.3.2.3.2); gem Abs 2 dieser Bestimmung ist das Gesetz auch auf die Arbeitsverhältnisse der Heimarbeiter sinngemäß anzuwenden. Aus diesem sehr weiten Anwendungsbereich ist abzuleiten, dass das KautSchG nicht nur für Arbeitnehmer, sondern auch für jene Personen gelten soll, die auf Grund ihrer wirtschaftlichen Unselbständigkeit arbeitnehmerähnlich sind (OGH 7. 4. 1987, 14 ObA 10/87, DRdA 1990, 213 mit Bespr v *Jabornegg*).

[430] Zum Schrifttum vgl *Mayr*, Kautionsschutzgesetz – Kautionen im Arbeitsrecht[2] (2009); *Grünberg*, Schutz der Dienstkaution, RZ 1937, 37; *Klang*, Das Bundesgesetz betreffend Kautionen, Darlehen und Geschäftseinlagen von Dienstnehmern (Kautionsschutzgesetz), JBl 1937, 354; *Maier*, Das Kautionsschutzgesetz, AnwZ 1937, 345; *Weiser*, Das Kautionsschutzgesetz, RZ 1937, 502.

[431] Auch die vom Lohn zur Sicherstellung der Vertragserfüllung einbehaltenen Beträge tragen Kautionscharakter (ArbG Wien 10. 4. 1969, 2 Cr 729/68, SozM I A/e, 889).

[432] § 3 KautSchG; vgl *Graf*, Drittfinanzierung und Arbeitsrecht, wbl 1991, 177; *Geist*, Beiträge der Arbeitnehmer zur Standortsicherung und Kautionsschutzgesetz, RdW 1995, 388.

d) Kautionshypotheken;
e) Kautions-(Veruntreuungs-)Versicherungspolizzen.

Die **Aufzählung** der Kautionsmittel ist **taxativ**. Andere Kautionsmittel sind daher unzulässig[433].

Das KautSchG will gewährleisten, dass der Dienstgeber **nicht einseitig** auf die Kautionsmittel zugreifen kann. Eine Vermengung der Kaution mit dem Vermögen des Dienstgebers soll verhindert werden (OGH 26. 11. 1958, 6 Ob 311/58, Arb 6960). 6/281

Verstöße gegen die erwähnten Bestimmungen des KautSchG führen zur Nichtigkeit der Vereinbarung[434]. Die Gültigkeit des Arbeitsvertrags wird davon nicht berührt[435]. Hat ein Dienstnehmer Geldleistungen oder sonstige Vermögenswerte dem Dienstgeber als Kaution zur Verfügung gestellt, obwohl keine gültige Kautionsvereinbarung getroffen wurde, so kann der Dienstnehmer das Geleistete jederzeit zurückfordern[436]. Dem Dienstgeber ist hiebei jegliche Berufung auf eine Gegenforderung versagt[437]. 6/282

Nach Auflösung des Dienstverhältnisses ist der Dienstgeber (Kautionsberechtigte) verpflichtet, binnen vier Wochen ab Beendigung des Dienstverhältnisses die Kaution freizugeben. Ist der Dienstnehmer zur **Rechnungslegung** verpflichtet, ist die Kaution binnen vier Wochen **nach gelegter Rechnung zurückzustellen**. Die Rückgabeverpflichtung gilt nicht, wenn die **Kaution** mit **Einverständnis** des Arbeitnehmers zur **Deckung** eines entstandenen **Schadens** verwendet wird oder der Arbeitgeber innerhalb von vier Wochen oder einer vereinbarten kürzeren Frist die Schadenersatzansprüche gerichtlich geltend macht (§ 2 Abs 1 u 2 KautSchG). 6/283

6.5.7. Arbeitsentgelt und Insolvenz

6.5.7.1. Insolvenz des Arbeitgebers

6.5.7.1.1. Insolvenz-Entgeltsicherungsgesetz

In Österreich wird durch das (auf der europäischen **Insolvenzrichtlinie**, RL 80/987/EWG bzw 2008/94/EG, basierende) IESG das Lohnrisiko des Arbeitnehmers im Falle einer Insolvenz des Arbeitgebers oder eines vom Gesetz gleichgestellten Tatbestandes auf den **Insolvenz-Entgelt-Fonds** übertragen. Gesichert wird dadurch insb laufendes Entgelt sowie Entgelt aus der Beendigung von Arbeitsverhältnissen. Wird über das Vermögen des Arbeitgebers der Konkurs eröffnet oder ein gleichgestellter Tatbestand verwirklicht, so gebührt Arbeitnehmern ein Insolvenz-Entgelt hinsichtlich der gesicherten Ansprüche (vgl hiezu 9.3.1.4). 6/284

---

[433] Vgl OGH 17. 10. 1961, 4 Ob 507/61, Arb 7474; LGZ Wien 7. 7. 1977, 44 Cg 145/77, Arb 9646 zu Wechselbürgschaft bzw Wechselakzept.
[434] S dazu auch OGH 30. 3. 1989, 6 Ob 554/89, DRdA 1989, 426.
[435] OGH 27. 7. 1978, 4 Ob 56/78, DRdA 1978, 362.
[436] § 4 KautSchG; s auch OGH 21. 6. 1950, 3 Ob 317/50, JBl 1950, 530; OGH 26. 4. 2011, 8 ObA 34/10y, RdW 2011, 486 = Arb 12.975 = wbl 2011, 667.
[437] OGH 29. 5. 1991, 9 ObA 104/91, DRdA 1992, 31 mit Bespr v *Grillberger*.

6.5.7.1.2. Insolvenzordnung

6/285 Die Insolvenzordnung unterscheidet vor allem zwischen den im Insolvenzfall privilegierten Masseforderungen und den Insolvenzforderungen. Die **Ansprüche der Arbeitnehmer** sind vielfach bloße Insolvenzforderungen, da diese zu einem erheblichen Teil nach den IESG gesichert sind und vergütet werden (s hiezu 9.3.1.3 sowie 9.3.1.4).

6.5.7.2. Insolvenz des Arbeitnehmers

6/286 Die Insolvenz des Arbeitnehmers spielt im Verhältnis zur Insolvenz des Arbeitgebers eine eher untergeordnete Rolle. Für hochverschuldete Arbeitnehmer bedeutsam sind die speziellen Bestimmungen der IO für die Insolvenz von Nichtunternehmern (sog **Schuldenregulierungsverfahren**). Wesentliches Ziel dieser Regelungen ist die endgültige Beseitigung des Schuldenstandes durch eine Reihe allgemeiner und spezifischer konkursrechtlicher Instrumente. Ab Insolvenzeröffnung wird das **Verfügungsrecht** des Arbeitnehmers über seine Entgeltansprüche starken **Beschränkungen** unterworfen. Der pfändbare Teil des Arbeitseinkommens fällt in die Insolvenzmasse und wird zur gleichmäßigen Befriedigung der Konkursgläubiger herangezogen (vgl 9.3.2).

6.5.8. Entgeltsicherung

6/287 Die Sicherung des Entgelts ist ein Hauptanliegen der Sozialpolitik. Eine Reihe von Maßnahmen dient ausschließlich diesem Zweck[438]. Im Folgenden soll ein kurzer Überblick über die – teilweise bereits dargestellten – wesentlichsten Instrumente der Entgeltsicherung gegeben werden.

6/288 a) **Lohngestaltende Vorschriften** (Kollektivverträge, kompetente Betriebsvereinbarungen, Satzungen, Mindestlohntarife ua) legen ein unabdingbares Entgelt fest. Widersprechende Vereinbarungen sind rechtsunwirksam. Auf unabdingbare Ansprüche kann während des aufrechten Bestandes des Arbeitsverhältnisses rechtswirksam nicht verzichtet werden (vgl 3.2.4).

6/289 b) Die **Rückforderung** unrichtig berechneter und irrtümlich zu viel geleisteter Entgeltansprüche ist grundsätzlich ausgeschlossen, wenn diese vom Arbeitnehmer im guten Glauben empfangen und verbraucht wurden (vgl 6.5.4.1).

6/290 c) **Versetzungen**, die mit einer Verschlechterung der Entgeltbedingungen verbunden sind, unterliegen der Mitbestimmung des Betriebsrats gem § 101 ArbVG (vgl 6.1.8.2).

6/291 d) Hat ein Arbeitnehmer seine Arbeitsleistung bereits erbracht, ohne dass der Arbeitgeber seinerseits das bereits fällige Entgelt auszahlt, dann ist der Arbeitnehmer berechtigt, seine Arbeitsleistung so lange zurückzuhalten, bis der Arbeitgeber den Lohnrückstand beglichen hat[439]. Dem Arbeitgeber ist daher nicht erlaubt, die Zahlung von rückständigem Entgelt

---

[438] Allg *Spielbüchler*, Entgeltsicherung (1977); *Winkler*, Der Mobilitätsschutz des Arbeitnehmers. Entgeltgestaltungen auf dem Prüfstand (1998).

[439] OGH 1. 2. 2007, 9 ObA 128/06y, DRdA 2008, 332 mit Bespr v *Pfeil* = infas 2007, A 39.

nur Zug um Zug gegen Wiederaufnahme der Arbeit anzubieten[440]. Der Arbeitgeber hat kein **Zurückbehaltungsrecht** am Lohn, wenn man von den gesetzlich vorgesehenen Fällen (zB Lohnsteuer, Sozialversicherung) absieht[441]. Er kann aber unter bestimmten Voraussetzungen **mit Gegenforderungen aufrechnen**[442].

Nach bürgerlichem Recht (§§ 1438 ff ABGB) ist eine Aufrechnungserklärung nur dann wirksam, wenn die gegenseitigen Forderungen gültig, gleichartig und im Aufrechnungszeitraum fällig sind und wenn der Aufrechnung kein besonderes Verbot entgegensteht[443].

Im Arbeitsrecht kann der Arbeitnehmer während des aufrechten Bestandes des Arbeitsverhältnisses der Aufrechnung mit Gegenforderungen aus Schadenersatzansprüchen, die unter das DHG fallen, innerhalb von 14 Tagen ab Zugehen der Aufrechnungserklärung **widersprechen**, sofern die Aufrechnung nicht auf Grund eines rechtskräftigen Urteils stattfindet (vgl 6.13.1.7). 6/292

Die Aufrechnung gegen den **der Exekution entzogenen Teil des Entgelts** ist grundsätzlich nur zulässig zur Einbringung eines Vorschusses, einer im rechtlichen Zusammenhang stehenden Gegenforderung oder einer Schadenersatzforderung, wenn der Schaden vorsätzlich zugefügt wurde (§ 293 Abs 3 EO). 6/293

Der Schutzzweck des § 293 Abs 3 EO erfordert es, den Begriff „rechtlicher Zusammenhang" eng zu interpretieren, sodass nur solche Gegenforderungen des Arbeitgebers unter Außerachtlassung des Exekutionsschutzes aufrechenbar sind, die einen unmittelbaren und engen Sachbezug zum Entgeltanspruch haben. Ein solcher Bezug fehlt zB einer eingewendeten Schadenersatzforderung des Arbeitgebers aus einem Verhalten des Arbeitnehmers bei Erbringung seiner Arbeitsleistungen[444]. Die Existenz eines Arbeitsverhältnisses stellt an sich den geforderten rechtlichen Zusammenhang nicht her.

e) Das **Entgelt** unterliegt nur nach Maßgabe des § 291a oder des § 291b EO der **Exekution** (vgl 6.5.5). Soweit das Arbeitseinkommen der Pfändung entzogen ist, kann der Arbeitnehmer auch nicht durch Abtretung, Anweisung oder Verpfändung darüber verfügen (§ 293 Abs 2 EO; vgl auch 6.5.7.2). 6/294

f) **Kautionen**, die vom Arbeitnehmer gestellt werden, unterliegen den Beschränkungen des KautSchG (vgl 6.5.6). 6/295

g) **Konventionalstrafen**, die der Arbeitnehmer für den Fall der Nichteinhaltung des Vertrags versprochen hat, unterliegen zwingend der richterlichen **Mäßigung** (§ 1336 ABGB u § 38 AngG; vgl hiezu auch 6.2.6.2; *Beck-Mannagetta*, Probleme der Konventionalstrafe, ÖJZ 1991, 185). 6/296

---

[440] OGH 25. 5. 1994, 9 ObA 6/94, DRdA 1995, 315 mit Bespr v *Jabornegg* = ZAS 1995, 162 mit Bespr v *Micheler*.

[441] OGH 22. 6. 1995, 8 ObA 244/95, DRdA 1996, 320 mit Bespr v *Pfeil*; s weiters hiezu *Mazal*, Zurückbehaltung von Arbeitslohn?, DRdA 1993, 62; *Fischer*, Das Zurückbehaltungsrecht im Arbeitsrecht, ZAS 1987, 109; *Völkl-Posch*, Zurückbehaltungsrechte, in Reissner/Neumayr (Hrsg), Zeller Handbuch Arbeitsvertrags-Klauseln (2010), 969 ff.

[442] Vgl *Völkl-Posch*, Aufrechnungsvereinbarungen, in Reissner/Neumayr (Hrsg), Zeller Handbuch Arbeitsvertrags-Klauseln (2010), 992 ff.

[443] Vgl *Welser/Zöchling-Jud*, Grundriss des bürgerlichen Rechts II[14] (2015), 119 ff; zum Aufrechnungsverbot des § 1440 ABGB vgl OGH 12. 10. 1982, 4 Ob 16/82, ZAS 1983, 224 mit krit Bespr v *Iro*.

[444] OGH 26. 4. 1983, 4 Ob 34/83, Arb 10.247 = infas 1984, A 4; vgl auch OGH 15. 1. 1985, 4 Ob 146/84, infas 1985, A 97; OGH 29. 10. 2009, 9 ObA 50/09g, DRdA 2011, 434 mit Bespr v *Kerschner/Weiss* = EvBl 2010, 269 mit Bespr v *Mair*; OGH 26. 2. 2016, 8 ObA 67/15h, ARD 6496/15/2016 = DRdA-infas 2016, 141.

6/297 h) Im Falle einer **Insolvenz** oder eines gleichgestellten Tatbestands kann sich der Arbeitnehmer auf Grund des **IESG** an die zuständige Geschäftsstelle der Insolvenz-Entgelt-Fonds-Service GmbH wenden, die einen erheblichen Teil seiner Forderungen vergütet; diese gehen im Weg der Legalzession auf den Insolvenz-Entgelt-Fonds über, der sie im Insolvenzverfahren geltend macht (vgl 6.5.7.1.1).

6/298 i) Gem § 89 Z 1 ArbVG ist der **Betriebsrat** berechtigt, in die vom Betrieb geführten Aufzeichnungen über die Bezüge der Arbeitnehmer und die zur Berechnung dieser Bezüge erforderlichen Unterlagen Einsicht zu nehmen, sie zu überprüfen und die Auszahlung zu kontrollieren (vgl 11.4.4.1.1 u 11.5.3.3.4).

6/299 j) **Akkord-, Stück- und Gedinglöhne** und andere leistungsbezogene Entgeltarten können – soweit sie nicht durch Kollektivvertrag geregelt sind – nur mit **Zustimmung des Betriebsrats** eingeführt werden. Löhne und Entgelte dieser Art für einzelne Arbeitnehmer oder einzelne Arbeiten, die kollektiv nicht vereinbart werden können, sind – wenn zwischen dem Betriebsinhaber und dem Arbeitnehmer eine Einigung nicht zustande kommt – mit Zustimmung des Betriebsrats festzusetzen (§§ 96 Abs 1 Z 4 u 100 ArbVG; vgl 11.5.3.3.1).

6/300 k) Für die der GewO unterliegenden Arbeitnehmer kommt das sog **Truckverbot** zur Anwendung. Dieses untersagt im Wesentlichen eine Vereinbarung, wonach die Arbeitnehmer Gegenstände ihres Bedarfs aus gewissen Verkaufsstätten beziehen müssen. Andere als die im Gesetz bezeichneten Gegenstände oder Waren dürfen auf Rechnung des Lohns nicht kreditiert werden (vgl §§ 78 bis 78e GewO; vgl 6.5.2.1).

6/301 l) Gem § 12 Abs 1 KSchG darf eine **Lohn-** oder **Gehaltsforderung** des Arbeitnehmers, dh des Verbrauchers iS der Terminologie des KSchG, einem Unternehmer (nicht dem Dienstgeber) **nicht** zur Sicherung oder Befriedigung seiner noch nicht fälligen Forderungen **abgetreten werden**[445]. Hat ein Dienstgeber dem Unternehmer auf Grund einer entgegen dieser Vorschrift abgetretenen Lohn- oder Gehaltsforderung Beträge mit der Wirkung bezahlt, dass er von der Lohn- oder Gehaltsforderung des Verbrauchers befreit worden ist, so hat der Verbraucher an den Unternehmer einen Anspruch auf Ersatz dieses Betrags, soweit nicht der Unternehmer beweist, dass der Verbraucher durch die Abtretung oder die Bezahlung der Lohn- oder Gehaltsforderung von einer Schuld befreit worden ist (§ 12 Abs 2 KSchG)[446].

6/302 m) Ansprüche des Arbeitnehmers nach dem BUAG (Abfertigungen und Urlaubsentgelte gegenüber der Urlaubs- und Abfertigungskasse, vgl 4.3.2.2, 6.10.8, 8.6.1.5.3) können dem Arbeitgeber nicht rechtswirksam abgetreten werden (**Abtretungsverbot**).

6/303 n) Gem § 95 Abs 3 BWG sind **Werkssparkassen verboten.** Es handelt sich dabei um Spareinrichtungen im Rahmen eines Unternehmens, bei denen Spareinlagen der Arbeitnehmer entgegengenommen werden und aus denen der Unternehmer als solcher verpflichtet ist.

---

[445] *Nunner-Krautgasser*, Abtretungsverbot, in Reissner/Neumayr (Hrsg), Zeller Handbuch Arbeitsvertrags-Klauseln (2010), 976 ff.

[446] Vgl *Mohr*, Der Arbeitnehmer als Verbraucher, ecolex 1994, 415; *Spitzl*, Verwertung verpfändeter Entgeltansprüche, ecolex 1994, 630; OGH 1. 9. 1999, 9 ObA 105/99b, DRdA 2000, 324 mit Bespr v *Resch*; allg zum Verbraucherschutz vgl etwa *Krejci*, KSchG (1996); *Jesser/Kiendl/Schwarzenegger*, Das neue Konsumentenschutzrecht (1997).

Unternehmer dürfen jedoch dann Gelder von ihren Arbeitnehmern annehmen, wenn diese Gelder unverzüglich im Namen und auf Rechnung der einzelnen Arbeitnehmer bei einem Kreditinstitut angelegt werden.

o) Erstinstanzliche **Urteile** über rückständiges laufendes Arbeitsentgelt sind grundsätzlich 6/304
sofort vollstreckbar (§ 61 Abs 1 Z 1 u 2 ASGG; vgl 14.1.4.5).

p) Rückzahlungsvereinbarungen, etwa jene im Zusammenhang mit der Leistung von Aus- 6/305
bildungskosten durch den Arbeitgeber, sind einer Angemessenheitsprüfung zu unterziehen (§ 2d AVRAG bzw § 879 ABGB).

q) Werden zwingende Bestimmungen über die Höhe des Grundentgelts nicht eingehalten, 6/306
handelt es sich um verwaltungsstrafrechtliche Delikte, die mit Geldstrafen geahndet werden (vgl 6.5.3.1).

6.6. Fürsorgepflicht

6.6.1. Wesen und Inhalte

Gem § 1157 ABGB bzw § 18 AngG hat der Arbeitgeber die Dienstleistungen so zu regeln, 6/307
dass Leben und Gesundheit der Dienstnehmer geschützt werden[447]. Dies verpflichtet den Dienstgeber auch zu einer entsprechenden **Organisation** des Betriebes. Er hat dabei insb die erforderlichen Arbeitsressourcen zur Verfügung zu stellen und entsprechende Unterweisungen vorzunehmen[448]. Vorrangiges Ziel der Fürsorgepflicht ist die **physische und psychische Integrität** des Arbeitnehmers. Der Dienstgeber hat hiebei nicht nur auf die typischen Betriebsgefahren, dh nicht nur auf die Risken, die sich aus der Beschaffenheit und der Natur der Dienstleistung regelmäßig ergeben, Bedacht zu nehmen, sondern muss auch im Rahmen des ihm Zumutbaren die **persönliche Indisposition** des Dienstnehmers mit berücksichtigen, wenn zwischen der möglichen Beeinträchtigung des Arbeitnehmers und der betrieblichen Gefahrenquelle ein ursächlicher Zusammenhang besteht[449].

Schon der Herrenhausbericht zu § 1157 ABGB führt aus, dass eine eingehende Feststellung 6/308
der Fürsorgepflichten nur in weitgehender Spezialisierung möglich ist und dass die Aufnahme einer allgemeinen Norm in das Gesetz als Grundlage für die Ausgestaltung durch die Rechtsprechung im Einzelfall dienen soll (78 BlgHH 21. Sess 1912, 224). Dies gilt auch für die Reichweite des gesetzlichen Schutzes. Wenn § 8 HGHAG außer dem Schutz des Lebens und der Gesundheit den Schutz der Sittlichkeit und des Eigentums erwähnt, so

---

[447] Zur Problematik des Nichtraucherschutzes am Arbeitsplatz vgl *Wachter*, Der Schutz des Nichtrauchers vor dem Passivrauchen am Arbeitsplatz (1977); *Egger*, Das Recht der Nichtraucher auf reine Luft am Arbeitsplatz, DRdA 1976, 135; *Mazal*, Dicke Luft am Arbeitsplatz: Rauchen im Betrieb, ecolex 1990, 103; *Eichinger*, Nichtraucherschutz im Arbeitsleben, RdW 1992, 344; *Felten*, Arbeitsrechtlicher Schutz für Raucher, ZAS 2009, 204; *Gerhartl*, Arbeitsrechtliche Probleme des Raucherverhaltens, ASoK 2012, 162.

[448] OGH 5. 6. 2008, 9 ObA 143/07f, DRdA 2010, 57 mit Bespr v *Melzer-Azodanloo*.

[449] Vgl hiezu *Löschnigg*, Die Kosten der Bildschirmarbeitsbrille – Arbeitsrechtliche und sozialrechtliche Aspekte, EDVuR 1986, 14; *Mosler*, Bildschirmarbeit und Arbeitsrecht (1991), 82; *dens*, Gebietet die Fürsorgepflicht die Rücksichtnahme auf die individuelle Disposition des Arbeitnehmers?, wbl 1991, 378; *Gruber/Resch*, Schutzpflichten des Arbeitgebers bei Bildschirmarbeit, EDVuR 1991, 58; aA OGH 10. 7. 1991, 9 ObA 601/91, DRdA 1992, 141 mit Bespr v *Löschnigg*.

ist der Trend der Weiterentwicklung bereits gekennzeichnet. Nach moderner Auffassung umfasst der Schutz der Fürsorgepflicht die **Persönlichkeit des Arbeitnehmers**; es geht nicht punktuell um die Rechtsgüter Leben, Gesundheit, Sittlichkeit und Eigentum[450], sondern um die Persönlichkeitsrechte in ihren diversen Ausstrahlungen schlechthin (vgl §§ 16 u 17 ABGB)[451]. Dies betrifft den betriebsinternen Bereich (zB sogenannte Whistleblowing-Hotlines[452], Kontrollen des Arbeitgebers[453]) ebenso wie Ausstrahlungen nach außen[454]. Diese Feststellung verdient im Zeitalter der Hochtechnologie besondere Beachtung. Der gesamte Arbeitnehmerdatenschutz (vgl 7.6) kann als spezifische Ausformung der Fürsorgepflicht angesehen werden.

6/309 Die Verbindung von Fürsorgepflicht und Persönlichkeitsschutz ist untrennbar mit **Interessenabwägungen** und **Interesseneinschränkungen** verbunden. Höchstpersönliche Umstände (Haartracht, Bekleidung, Tätowierungen, Piercings)[455] können im betrieblichen Umfeld zu Arbeitsbedingungen werden, die (zumindest teilweise) arbeitsvertraglichen Vereinbarungen und Weisungen (vgl 3.1 u 6.1.3) zugänglich sind.

6/310 Die Fürsorgepflicht hat als Generalklausel die besondere Aufgabe, den Raum auszufüllen, den die konkreten Gestaltungsmittel des Arbeitsverhältnisses nicht erfassen. Auch dort, wo die Rechtsstellung der Beteiligten durch Gesetz, kollektive Vereinbarung oder Arbeitsvertrag geregelt ist – vor allem im Bereich des Weisungsrechts –, greift sie als das letzte und feinste Gestaltungsmittel ein, das allein der besonderen Lage des Einzelfalles gerecht werden kann. Als **Korrektiv im Einzelfall** kann sie auch dann Anwendung finden, wenn die Arbeitsverhältnisse zwar bereits gelöst wurden, aber auf Seiten des Arbeitnehmers gegenüber dem Arbeitgeber noch offene Ansprüche bestehen[456].

6/311 Die Fürsorgepflicht stellt kein Gegenstück zur **Treuepflicht** (vgl 6.2) dar. Fürsorgepflicht und Treuepflicht stehen weder in einer Austausch- oder Wechselbeziehung noch resultieren sie aus einer gemeinsamen Wurzel[457]. Die Fürsorgepflicht ist typischerweise **personenbezogen**, die Treuepflicht ist typischerweise **betriebsbezogen.** Demgemäß entspringt die Fürsorgepflicht dem arbeitsrechtlichen Schutzprinzip, die Treuepflicht liegt in der Respektierung des unternehmerischen Tätigkeitsbereichs. Diese verschiedenen Wurzeln indizieren

---

450 Zum Schutz eingebrachter Werkzeuge des Arbeitnehmers, auch im Falle der Insolvenz des Unternehmens, s OGH 6. 10. 2005, 8 ObS 17/05s, DRdA 2006, 491 mit Bespr v *Sundl*; zur Verwendung von privaten Geräten der Arbeitnehmer („Bring your own device“) s *Tichy*, BYOD – Was steckt wirklich dahinter?, ecolex 2014, 300; dazu auch *Huger/Laimer*, BYOD und Arbeitsrecht, ecolex 2014, 303; s ebenso *Leissler*, BYOD und Datenschutz – ein unlösbarer Widerspruch?, ecolex 2014, 307.

451 Speziell zur Glaubens- und Gewissensfreiheit des Arbeitnehmers vgl *Grassl-Palten*, Gewissen contra Vertragstreue im Arbeitsverhältnis (1994).

452 *Lehner* in Jahnel/Siegwart/Fercher (Hrsg), Aktuelle Fragen des Datenschutzrechts (2007), 149; *Reis*, Zur Zulässigkeit von Whistleblowing-Hotlines, RdW 2009, 396; *Graf/Riesenhuber*, Whistleblowing-Hotline: Bescheid der DSK zu GZ K178.274/0010-DSK/2008 vom 5. 12. 2008 – Einige gelöste, viele offene Fragen, jusIT 2009, 143.

453 Vgl insb *Rebhahn*, Mitarbeiterkontrolle am Arbeitsplatz – Rechtliche Möglichkeiten und Grenzen (2009).

454 Vgl zB *Thiele*, Verwendung von Mitarbeiterfotos auf Firmenwebsites, wbl 2002, 397.

455 *Kreil*, Haar- und Barttracht: Persönlichkeitsschutz contra Weisungsrecht, RdW 2006, 703.

456 Vgl OGH 10. 4. 1996, 9 ObA 2001/96, DRdA 1997, 17 mit Bespr v *Apathy*; zu den Grenzen der Fürsorgepflicht des Arbeitgebers im Zuge der Beendigung von Dienstverhältnissen s OGH 26. 6. 2014, 8 ObA 26/14b, DRdA 2015, 120 mit Bespr v *Kohlbacher* = ZAS 2015, 36 mit Bespr v *Rück*.

457 AA OGH 6. 4. 1994, 9 ObA 349/93, DRdA 1995, 491 mit krit Bespr v *W. Schwarz* = ZAS 1995, 85 mit Bespr v *Aigner*.

die Qualifikation als Hauptpflicht (Fürsorge) und als Nebenpflicht (Treue), wobei Letzteres keine Abwertung darstellt, sondern die Abhängigkeit von der Dienstleistungspflicht manifestiert[458].

Die Fürsorgepflicht umfasst **sämtliche Phasen des Arbeitsverhältnisses**, insb auch die Beendigung[459]. Sie entfaltet ihre Wirkung grundsätzlich aber während des aufrechten Arbeitsverhältnisses[460]. Eine **vorvertragliche Fürsorgepflicht** wird nur ausnahmsweise iS vorvertraglicher Aufklärungs- und Warnpflichten zum Tragen kommen. Gewisse Pflichten können das Arbeitsverhältnis überdauern (**nachwirkende Fürsorgepflicht**). Bedeutung hat die Anerkennung einer nachwirkenden Fürsorgepflicht zB im Zusammenhang mit Angaben über ehemalige Arbeitnehmer oder mit diskriminierenden Verhaltensweisen nach Beendigung des Arbeitsverhältnisses (OGH 21. 12. 2011, 9 ObA 118/11k, DRdA 2013, 52 mit Bespr v *Mayr* = ASoK 2012, 416 mit Bespr v *Trattner* = ARD 6215/4/2012)[461]. Schutz- und Sorgfaltspflichten können sogar auf die Hinterbliebenen übergehen[462]. 6/312

Die sozialpolitische Entwicklung brachte es mit sich, dass sich bestimmte Pflichten, deren dogmatische Basis in der Fürsorgepflicht liegt, verselbständigt haben und einer eingehenden gesetzlichen Regelung unterzogen wurden. Dies gilt zB für die Pflicht, den Arbeitnehmern nach den Bestimmungen des UrlG Erholungsurlaub zu gewähren. 6/313

6.6.2. Normadressat

Normadressat ist der **Arbeitgeber**[463]. Wenn § 1157 ABGB festlegt, dass der Arbeitgeber die Dienstleistung der Fürsorgepflicht entsprechend zu regeln hat, so bedeutet dies nicht, dass nur das Direktionsrecht betroffen ist. Unter Regelung der Dienstleistung ist demgemäß sowohl die Ausübung des **Direktionsrechts** als auch die **vertragliche Fixierung** der Arbeitsbedingungen zu verstehen. 6/314

Eine **Vereinbarung** über solche Dienstleistungen, bei denen Leben, Gesundheit und Sittlichkeit nicht geschützt sind, ist rechtsunwirksam. Aus der im § 1157 ABGB normierten Fürsorgepflicht des Dienstgebers folgt, dass dieser sich mit den in Betracht kommenden Unfallvorschriften vertraut zu machen hat (OGH 19. 12. 1972, 8 Ob 255/72, Arb 9077).

Weiters hat er sich zB um die Eigenschaften der von ihm bzw seinen Arbeitnehmern verwendeten **Materialien** zu kümmern und seine Arbeitnehmer auf eine allfällige Gefährlichkeit (wie etwa Explosionsgefahr) derselben aufmerksam zu machen (OGH 11. 5. 1965, 4 Ob 60/65, Arb 8086).

Stellt der Arbeitgeber seinem Arbeitnehmer für die Besorgung der Arbeit ein **Kraftfahrzeug** zur Verfügung, dann hat er dafür zu sorgen, dass es in verkehrssicherem Zustand ist. Die Überwälzung der Aufwendungen für die Reparatur auf den Arbeitnehmer ist selbst bei angemessener pauschaler Abgel-

---

458 *Schwarz/Holzer*, Die Treuepflicht des Arbeitnehmers und ihre künftige Gestaltung (1976), 40 ff; s auch *Kramer*, Arbeitsvertragsrechtliche Verbindlichkeiten neben Lohnzahlung und Dienstleistung (1975), 40 ff.

459 Vgl *Windisch-Graetz*, Soziale Gestaltungspflicht über die Betriebsgrenzen hinaus?, ZAS 1996, 116.

460 Vgl *Pačić*, Die Fürsorgepflicht des Arbeitgebers im Lichte der Rechtsprechung, ZAS 2010, 144.

461 Vgl *Gahleitner* in Löschnigg (Hrsg), AngG Bd 2[10] (2016), § 39 Rz 17; *Thomas*, Mündliche Auskünfte über Ex-Arbeitnehmer, ecolex 2008, 942; OGH 30. 4. 2012, 9 ObA 56/11t, DRdA 2013, 246 mit Bespr v *Gahleitner* = EvBl 2012, 959 mit Bespr v *Rohrer/Mayer* = ARD 6269/3/2012 = infas 2012, A 60.

462 ZB im Zusammenhang mit Hinterbliebenenpensionen OGH 7. 5. 2008, 9 ObA 87/07w, DRdA 2010, 46 mit Bespr v *Wagner*.

463 Zur Haftung eines Generalunternehmers für den Unfall eines Mitarbeiters eines Subunternehmens s OGH 25. 4. 2007, 3 Ob 44/07b, DRdA 2008, 521 mit Bespr v *Albert*.

tung im Rahmen des Entgelts unzulässig (OGH 14. 6. 1989, 9 ObA 173/89, DRdA 1990, 71 = ARD 4086/13/89).

6/315 Die Fürsorgepflicht bezieht sich zwar stets auf den Dienstgeber, zu unterscheiden sind aber regelmäßig zwei unterschiedliche Ansatzpunkte: Der Arbeitgeber **verletzt aktiv** die Fürsorgepflicht (zB im Fall des sog Bossings) oder aber der Arbeitgeber versäumt es, Maßnahmen gegen Angriffe durch andere Arbeitnehmer oder durch Dritte (zB beim sog Mobbing) zu setzen (**passive** Verletzung der Fürsorgepflicht)[464]. Im Fall von **Mobbing** muss daher der Arbeitgeber auf angemessene Art und Weise eingreifen. Reagiert er nicht unverzüglich und ausreichend, wird er dem gemobbten Arbeitnehmer gegenüber schadenersatzpflichtig[465]. Zur Prävention von und zur Intervention bei Mobbing bzw mobbingähnlichem Verhalten kommen auch Betriebsvereinbarungen nach § 96 Abs 1 Z 1 und § 97 Abs 1 Z 1, 9 u 20 ArbVG in Frage[466].

6.6.3. Eigentum des Arbeitnehmers – vermögensrechtliche Interessen

6/316 Die **Obsorge für eingebrachtes Arbeitnehmereigentum** wurde seit Langem als unmittelbare Konsequenz der Fürsorgepflicht betrachtet. Der Arbeitgeber hat die ihm zumutbare Sicherung der üblicherweise in den Betrieb eingebrachten Sachen zu besorgen und haftet für die schuldhafte Verletzung dieser Fürsorgepflicht[467]. Zudem findet sich in § 27 Abs 4 ASchG[468] eine positive Regelung, die auf Arbeitsverhältnisse aller Art Anwendung finden kann. Diese sieht vor, dass jedem Arbeitnehmer ein versperrbarer Kleiderkasten oder eine sonstige geeignete versperrbare Einrichtung zur Aufbewahrung der Privat- und Arbeitskleidung sowie sonstiger Gegenstände, die üblicherweise zur Arbeitsstätte mitgenommen werden, zur Verfügung zu stellen ist[469].

Hervorzuheben ist in diesem Zusammenhang auch **§ 21 TAG**, wonach der Unternehmer – ähnlich wie die Eigentümer von Beherbergungsbetrieben – für die „Gefahr des offenen Hauses" haftet (vgl § 970 ABGB). Er kann sich von der Haftung nur befreien, wenn er beweist, dass der Schaden weder durch ihn noch durch seine Leute noch durch fremde, im Theater aus- und eingehende Personen verursacht wurde. Die Haftung ist grundsätzlich beschränkt auf Kleider und Gegenstände, die berufsüb-

[464] Vgl insb *Binder*, Mobbing aus arbeitsrechtlicher Sicht (1999), 75; *Smutny/Hopf*, Ausgemobbt! (2012); *dies*, Mobbing – auf dem Weg zum Rechtsbegriff? Eine Bestandsaufnahme, DRdA 2003, 110; s weiters OGH 17. 10. 2002, 8 ObA 196/02k, ARD 5381/10/2003; *Majoros*, Mobbing – Mobbing, Belästigung und andere unerwünschte Verhaltensweisen am Arbeitsplatz. Arbeits- und schadenersatzrechtliche Aspekte (2010); *Kolodej/Majoros*, Mobbing und die Fürsorgepflicht des/der Arbeitgebers/in, DRdA 2010, 157; *Gerhartl*, Konsequenzen von Mobbing am Arbeitsplatz, DRdA 2012, 527; *dens*, Suspendierung bei Mobbing und Belästigung – Voraussetzung im Beamten-Dienstrecht, ASoK 2012, 385; vgl zum Schmerzengeld wegen Mobbings OGH 28. 6. 2011, 9 ObA 132/10t, jusIT 2011, 215 mit Bespr v *Ogriseg* = infas 2012, A 7 = ARD 6191/10/2011; *Resch*, Der Arbeitnehmer in Bedrängnis – Mobbing (2016).

[465] Vgl *Freundorfer*, Mobbing am Arbeitsplatz, ARD 6551/4/2017; s auch OGH 26. 11. 2012, 9 ObA 131/11x, DRdA 2013, 341 mit Bespr v *Smutny* = ZAS 2013, 279 mit Bespr v *Pirker* = ARD 6289/10/2013; OGH 21. 2. 2013, 9 ObA 16/13p, ARD 6340/3/2013; OLG Graz 10. 12. 2015, 6 Ra 64/15a.

[466] *Majoros*, Zulässigkeit von „Anti-Mobbing-Betriebsvereinbarungen", DRdA 2012, 629; vgl auch 11.5.1.1 u 11.5.2.4.

[467] Vgl *Strasser*, Dienstgeber und eingebrachtes Dienstnehmereigentum, DRdA 1954, H 10, 15; s auch OGH 6. 10. 2005, 8 ObS 17/05s, DRdA 2006, 491 mit Bespr v *Sundl*.

[468] Zu beachten ist auch die Regelung in § 86 Abs 6 AAV, die gem § 108 Abs 2 ASchG bis zum Inkrafttreten einer neuen einschlägigen VO als Bundesgesetz weiter gilt.

[469] Vgl hiezu auch VwGH 27. 6. 1980, 330/78, DRdA 1981, 147; VwGH 7. 10. 1980, 2608/76, DRdA 1981, 411; OGH 12. 10. 1982, 4 Ob 117/82, Arb 10.188.

lich (bezogen auf den Theaterbetrieb) mitgebracht und im Ankleideraum oder an einem vom Unternehmer bestimmten Ort abgelegt wurden.

Allgemein kann gesagt werden, dass die **vermögensrechtlichen Interessen** des Arbeitnehmers bei Konkretisierung der Fürsorgepflicht Berücksichtigung zu finden haben. Noch zur Rechtslage vor Inkrafttreten des DHG hat der OGH eine aus der Fürsorgepflicht resultierende Verbindlichkeit anerkannt, das besondere Risiko des mit einer gefahrengeneigten Tätigkeit betrauten Arbeitnehmers durch eine entsprechende und zumutbare (Höher-)Versicherung abzudecken[470]. In der Tat erscheint die in § 27 Abs 4 ASchG verankerte Regelung als zu eng. Schon der Begriff einer „versperrbaren Einrichtung" verlangt zweifellos eine entsprechend flexible Interpretation. Im Übrigen ist die Obsorge und damit Haftung des Arbeitgebers nicht auf die üblicherweise mitgenommenen Sachen beschränkt. Sie muss vor allem auf jene Gegenstände bezogen werden, die auf Grund einer arbeitsvertraglichen Verpflichtung eingebracht werden, und zwar auch dann, wenn es sich um Gerätschaften von besonderem Wert handelt. Das Nämliche gilt für Sachen, die auf ausdrückliches Verlangen des Arbeitgebers eingebracht werden[471]. 6/317

Mit der dargestellten Problematik verwandt ist die sog „**Risikohaftung des Arbeitgebers**". In seiner grundlegenden Entscheidung v 31. 5. 1983[472] hat der OGH ausgesprochen, dass der Arbeitgeber Schäden, die ein Arbeitnehmer bei Ausführung der ihm aufgetragenen Tätigkeit erleidet, sofern sie mit der konkreten Arbeitsleistung **typischerweise** verbunden, also „**arbeitsadäquat**" sind, auch dann zu ersetzen hat, wenn dem Arbeitgeber kein Verschulden angelastet werden kann. Der OGH stützt seine Entscheidung auf die analoge Anwendung des § 1014 ABGB. Nach hier vertretener Auffassung ist jedoch eine Analogie nicht erforderlich. Rechtsgrund für die Haftung des Dienstgebers ist vielmehr die Fürsorgepflicht (vgl ausführlich hiezu 6.13.2). 6/318

Die Fürsorgepflicht des Arbeitgebers kann selbst in private Interessenlagen des Arbeitnehmers (Privatfahrten mit dem Dienst-Pkw) hineinreichen, wenn ein entsprechender Zusammenhang mit dem Arbeitsverhältnis hergestellt werden kann[473]. 6/319

6.6.4. Privates und öffentliches Recht

Privates und öffentliches Recht sind im Bereich der Fürsorgepflicht – materiell gesehen – **regelungskonform**. Die Bestimmungen des § 1157 ABGB und des § 18 AngG sind Generalklauseln, die eingehender Konkretisierung bedürfen. Gerade das ist im öffentlichen Recht vor allem durch das ASchG mit den dazu ergangenen Durchführungsverordnungen[474], die die öffentlich-rechtliche Fürsorgepflicht des Arbeitgebers regeln, geschehen. 6/320

---

470 Vgl OGH 8. 2. 1966, 4 Ob 2/66, Arb 8190; OGH 11. 6. 1968, 4 Ob 25/68, Arb 8522.

471 Vgl im Übrigen § 33 I. TE, DRdA 1961, 56.

472 OGH 31. 5. 1983, 4 Ob 35/82, DRdA 1984, 32 mit Bespr v *Jabornegg* = Arb 10.268.

473 ZB mögliche Übernahme einer Leistung durch die Kaskoversicherung des Arbeitgebers, OGH 8. 8. 2007, 9 ObA 90/07m, DRdA 2009, 28 mit Bespr v *Resch*; vgl auch *Bernat*, Fachprüfung Bürgerliches Recht, JAP 2014/2015, 113.

474 Zu beachten ist, dass der einschlägige Normenbestand wegen der im Zuge der EU-Anpassung notwendig gewordenen Gesamtreform des Arbeitnehmerschutzrechts durch das ASchG 1994 sowie wegen der Konkretisierung durch Verordnungen immer wieder Änderungen unterworfen ist; vgl allg 7.2.

6.6.4. Fürsorgepflicht

6/321 Das **Verhältnis** von **öffentlichem** und **privatem Recht** ist so zu deuten, dass die öffentlich-rechtlichen Bestimmungen sowohl des technischen Arbeitnehmerschutzes (vgl 7.2) als auch des Verwendungsschutzes (vgl 7.3) die Generalklauseln der privatrechtlichen Fürsorgepflicht konkretisieren, sodass diese Bestimmungen via Fürsorgepflicht auch zu Pflichten aus dem Arbeitsvertrag werden[475].

Auf ähnliche Weise können die Inhalte von an sich nicht rechtsverbindlichen Normen (zB ÖNORMEN) arbeitsvertragsrechtlich relevant werden. Dies gilt insb dann, wenn derartige Normenwerke als „Stand der Technik" iS der einschlägigen Bestimmungen des ASchG (vgl allg § 2 Abs 8 leg cit) anzusehen sind (vgl *Löschnigg/Reissner*, Zur rechtlichen Relevanz der ÖNORM über Bildschirmarbeitsplätze, ecolex 1991, 480).

6/322 Das bedeutet, dass der Arbeitgeber die aus dem öffentlichen Recht resultierenden, dem kontrollierenden Staat geschuldeten Pflichten erst recht dem Arbeitnehmer aus dem Arbeitsvertrag schuldet. Die Konsequenz ist eine doppelte Sanktion bezüglich der Fürsorgepflicht in dem Sinn, dass neben die öffentlich-rechtlichen Strafsanktionen auch private Rechtsdurchsetzungsmöglichkeiten treten[476].

6/323 Im Wesentlichen ergeben sich im Falle einer Verletzung der Fürsorgepflicht folgende Möglichkeiten:

a) Klage auf **Erfüllung** vor dem Arbeits- und Sozialgericht, wenn das Klagebegehren entsprechend substantiierbar ist (zB Schutzanzug, Schutzbrille).

b) **Schadenersatz** gegen den Arbeitgeber, wobei die Ersatzpflicht gem § 333 Abs 1 ASVG insofern eingeschränkt ist, als der Arbeitgeber zum Ersatz des Schadens, den der Arbeitnehmer durch Verletzung am Körper infolge eines Arbeitsunfalls oder einer Berufskrankheit erlitten hat, nur bei Vorsatz haftet[477]. Die Sozialversicherung kann sich im Falle grober Fahrlässigkeit regressieren (vgl 6.13.3).

c) Im Falle der Gefährdung seines Lebens, seiner Gesundheit oder seiner Sittlichkeit kann der Arbeitnehmer bis zur Herstellung des gesetzmäßigen Zustandes seine **Arbeitsleistung verweigern**[478]. Kommt der Arbeitgeber seinen Verpflichtungen nicht nach, so kann der Arbeitnehmer **vorzeitig austreten**, und zwar wegen Vertragsverletzung durch den Arbeitgeber (vgl 8.3.5.1.1 b, c, f und g bzw 8.3.5.1.2 a und c).

d) Schließlich kann die in den einschlägigen öffentlich-rechtlichen Arbeitnehmerschutzvorschriften vorgesehene **Strafsanktion** verhängt werden (Näheres bei *Geppert*, Arbeitsinspektion und Arbeitnehmerschutzrecht [1981], 212 ff).

---

475 *Schwarz*, Öffentliches und privates Recht in der arbeitsrechtlichen Systembildung (1973), insb 45 f.

476 Vgl *Martinek*, Privatrechtliche Rechtsbehelfe zur Durchsetzung des Arbeitnehmerschutzes, in FS Weißenberg (1980), 305.

477 Vgl auch *Gerhartl*, Einschränkung der Schadenersatzpflicht des Arbeitgebers bei Arbeitsunfällen, ZAS 2009, 252.

478 Vgl auch *Jabornegg*, Kein Zurückbehaltungsrecht des Arbeitnehmers?, in FS Schwarz (1991), 89.

6.7. Gleichbehandlung im Arbeitsrecht

6.7.1. Gleichbehandlungsgrundsatz

Der arbeitsrechtliche Gleichbehandlungsgrundsatz wurde von der Rechtsprechung entwickelt. 6/324 Eine fest gefügte Judikatur besagt, dass ein Arbeitnehmer nicht **willkürlich** oder aus **sachfremden Gründen schlechter gestellt** werden darf als die übrigen Arbeitnehmer unter den nämlichen Voraussetzungen. Angesprochen ist damit ein generelles Diskriminierungsverbot im Arbeitsverhältnis[479]. Wenn in diesem Zusammenhang von „einem" Arbeitnehmer die Rede ist, so darf dies nicht als Zahlwort verstanden werden, wohl aber als Hinweis, dass die Rechtsdurchsetzung immer nur im Verhältnis einer klaren Minderheit zu einer deutlichen Mehrheit von Arbeitnehmern anerkannt wird[480]. Daraus folgt, dass eine sachlich nicht berechtigte **Bevorzugung** eines Arbeitnehmers – oder einer Minderheit – den Gleichbehandlungsgrundsatz nach den Kriterien der Rechtsprechung nicht verletzen kann[481]. Die Beseitigung der Ungleichbehandlung durch Besserstellung der bisher benachteiligten Arbeitnehmer kann in Bezug auf die vorher günstiger gestellten keine Ungleichbehandlung darstellen (OGH 10. 7. 1997, 8 ObA 194/97f, ARD 4902/4/98 = infas 1998, A 13).

Die praktische Anwendung des Gleichbehandlungsgrundsatzes erstreckt sich nicht nur auf 6/325 die sachgerechte Gewährung von **freiwilligen Leistungen** (vgl 6.5.2.7), sondern auch auf **vertraglich** festgelegte Ansprüche, sofern diese gemeinsam für Gruppen von Arbeitnehmern oder doch für mehrere, in vergleichbarer Position befindliche Arbeitnehmer vereinbart werden. Es ist dem Arbeitgeber verwehrt, bei der Gewährung von **Leistungen**, die über das Gesetz, den Kollektivvertrag oder eine Betriebsvereinbarung hinausgehen, von den von ihm zu Grunde gelegten Kriterien – deren Bestimmung in seinem Ermessen liegt – willkürlich und damit ohne sachlichen Grund abzugehen.

Beispiel: Ein Arbeitgeber stuft eine bestimmte Kategorie von Arbeitnehmern in eine höhere kollektivvertragliche Verwendungsgruppe ein, als ihr zufolge ihrer Tätigkeit zugekommen wäre, nimmt aber einzelne Arbeitnehmer aus. Kann er die Schlechterbehandlung nicht sachlich rechtfertigen, so können die Übergangenen gleiche Behandlung verlangen und die entsprechenden Differenzbeträge einklagen.

Wenn der verfassungsrechtlich verankerte Gleichheitssatz (vgl insb Art 7 B-VG und 6/326 Art 14 EMRK) dem Gesetzgeber ein Willkürverbot auferlegt, das sich ua auf Differenzierungen nach Geschlecht, Sprache und Bekenntnis bezieht, so ist nahe liegend, dass auch die kollektive Rechtsgestaltung an ähnlichen Kriterien zu messen ist. Dementsprechend spricht die Judikatur sehr klar von einer Bindung der Kollektivvertragsparteien an die

---

[479] S hiezu *Urlesberger*, Von Gleichen und Gleicheren, ZAS 2001, 72; *Radlingmayr*, Customer Preferences und arbeitsrechtliche Diskriminierungsverbote, ZAS 2010, 192; *Mayer*, Zulässigkeit der Frage nach einer Behinderung im Lichte des Diskriminierungsschutzes, ecolex 2010, 888; *Pöschl*, Verfassungsrechtliche Gleichheit, arbeitsrechtliche Gleichbehandlung, unionsrechtliche Antidiskriminierung, DRdA 2013, 467; OGH 25. 11. 2015, 8 ObA 79/15y, DRdA-infas 2016, 85 mit Bespr v *Dvorak*.

[480] Vgl etwa OGH 20. 9. 1962, 4 Ob 105/62, Arb 7653; OGH 5. 10. 1976, 4 Ob 71–87/76, Arb 9523; OGH 19. 4. 1977, 4 Ob 70/77, Arb 9581.

[481] OGH 14. 10. 1980, 4 Ob 65/79, DRdA 1981, 293 mit Bespr v *Mayer-Maly*; OGH 27. 11. 1984, 4 Ob 116/83, DRdA 1986, 123 mit Bespr v *Mayer-Maly* = ZAS 1985, 218 mit Bespr v *Beck-Mannagetta*; OGH 15. 1. 1985, 4 Ob 157/83, DRdA 1986, 127 mit Bespr v *Schwarz*.

Grundrechte[482], insb an den Gleichheitssatz[483]. Da im Falle von **Kollektivverträgen** und **Betriebsvereinbarungen** ein formelles Prüfungsverfahren (vgl Art 139 und Art 140 B-VG) nicht in Frage kommt, verfallen derartige verpönte Differenzierungen der Nichtigkeit (§ 879 ABGB). Rechtsgrund und Maßstab für die Sachgerechtigkeit bzw für ein Willkürverbot in Normen der kollektiven Rechtsgestaltung ist somit das verfassungsrechtliche Gleichheitsgebot und nicht der allgemeine arbeitsrechtliche Gleichbehandlungsgrundsatz.

6/327 Der Gleichbehandlungsgrundsatz hebt die **Vertragsfreiheit** nicht auf. Der Arbeitgeber muss nur – sofern gemeinsame Arbeitsbedingungen vereinbart oder festgelegt werden – nach den **Kriterien einer kollektiven Ordnung** vorgehen. Gewährt beispielsweise ein Arbeitgeber ab dem fünften Dienstjahr das Doppelte und ab dem zehnten Dienstjahr das Dreifache der im Kollektivvertrag vorgesehenen Weihnachtsremuneration, so ist die Differenzierung sachgerecht.

Kein Verstoß gegen den Gleichbehandlungsgrundsatz liegt zufolge der Rechtsprechung dann vor, wenn in zeitlicher Hinsicht differenziert wird, dh, wenn Vergünstigungen den ab einem bestimmten Zeitpunkt in Betracht kommenden Arbeitnehmern nicht mehr gewährt werden[484]. Dies gilt etwa für den Fall, dass einem Arbeitnehmer eine bessere als die im Kollektivvertrag vorgesehene Einstufung nicht gewährt wird, obwohl dessen Vorgänger sehr wohl besser eingestuft waren (OGH 20. 12. 1983, 4 Ob 158/83, infas 1984, A 49). Keine Verletzung des Gleichbehandlungsgrundsatzes wurde auch bei der Einführung einer Nullsperre bei einer Telefonanlage angenommen, sofern sie sich nur auf solche Apparate erstreckte, die mit höheren Telefonkosten belastet waren (EA Innsbruck 30. 5. 1985, Re 3/85, Arb 10.419). Die Besonderheit der Beschäftigungsform (zB schwankende zeitliche Inanspruchnahme von Fremdenführerinnen) ist nach Ansicht des OGH kein zulässiges Differenzierungskriterium (OGH 12. 2. 1992, 9 ObA 247/91, ZAS 1992, 163 mit Bespr v *Holzer/Reissner* = DRdA 1992, 447 mit Bespr v *Wachter*; vgl auch 6.7.2). Trifft der Arbeitgeber eine willkürliche Auswahlentscheidung, so kann er sich zu ihrer Rechtfertigung nicht auf eine von ihm einseitig eingeführte Einschränkung der Zahl der Beförderungen (zB maximal 5 % der Arbeitnehmer) bzw der für die Beförderungen zur Verfügung stehenden Geldbeträge berufen (OGH 29. 1. 1992, 9 ObA 241/91, DRdA 1992, 369 mit Bespr v *Eichinger*).

6/328 Die Frage nach der **Begründung** des arbeitsrechtlichen Gleichbehandlungsgrundsatzes wurde von der Rechtsdogmatik verschieden beantwortet: Verwiesen wird ua auf die Fürsorgepflicht des Arbeitgebers, das Prinzip von Treu und Glauben, das soziale Schutzprinzip, die Grundsätze des Normvollzugs, auf Gerechtigkeitserwägungen allgemeiner Natur sowie auf die Auswirkung kollektiver Rechtsgestaltung der Arbeitsbedingungen im Betrieb[485]. Mitun-

---

[482] Vgl auch *ÖJK* (Hrsg), Grundrechte im Europa der Zukunft (2010).

[483] Vgl OGH 8. 7. 1998, 9 ObA 125/98f, DRdA 1999, 273 mit Bespr v *Firlei* = ZAS 1999, 143 mit Bespr v *Aigner* betreffend f-Tafel im Handels-KV; s weiters OGH 6. 9. 2000, 9 ObA 106/00d, DRdA 2001, 310 mit Bespr v *Runggaldier* = ZAS 2001, 111 mit Bespr v *Tomandl*; OGH 23. 5. 1996, 8 ObA 2105/96, Arb 11.527 = ARD 4767/31/96 = RdW 1996, 489; s aber weiters OGH 27. 11. 1984, 4 Ob 116, 117/83, DRdA 1986, 123 mit Bespr v *Mayer-Maly* = ZAS 1985, 218 mit treffender Kritik v *Beck-Mannagetta*; OGH 17. 1. 1990, 9 ObA 514/89, DRdA 1991, 206 mit Bespr v *Mayer-Maly*.

[484] OGH 22. 3. 1983, 4 Ob 27/83, DRdA 1985, 297 mit Bespr v *Binder* = Arb 10.241; OGH 19. 3. 1985, 4 Ob 31/85, Arb 10.434; OGH 19. 12. 1990, 9 ObA 601/90, DRdA 1991, 275 mit Bespr v *Mayer-Maly*; s weiters OGH 4. 9. 2002, 9 ObA 24/02y, ARD 5404/1/2003; OGH 26. 1. 2017, 9 ObA 145/16p, DRdA-infas 2017, 150 = ZAS-Judikatur 2017, 158.

[485] Vgl *Bydlinski*, Der Gleichheitsgrundsatz im österreichischen Privatrecht, Verhandlungen des Ersten Österreichischen Juristentages 1961, I/1 (1961), 18; *Martinek/Schwarz*, Zum arbeitsrechtlichen Gleichbehandlungsgrundsatz, DRdA 1961, 233; *Ladislav*, Der arbeitsrechtliche Gleichbehandlungsgrundsatz in der österreichischen Rechtsprechung, in FS Schmitz I (1967), 131; *Schwarz*, Die dogmatische Fundierung des arbeitsrechtlichen Gleichbehandlungsgrundsatzes, RdA 1968, 241; *Binder*, Der arbeitsrechtliche Gleichbehandlungsgrundsatz, DRdA 1983, 156; *Schantl*, ZAS 1966, 115.

ter wird die Herausbildung des arbeitsrechtlichen Gleichbehandlungsgrundsatzes als Musterbeispiel für die Entwicklung von Gewohnheitsrecht in Österreich gesehen[486]. Die ältere Judikatur leitet den Gleichbehandlungsgrundsatz aus der Sittenklausel ab[487], während die jüngere Judikatur auf die Fürsorgepflicht des Arbeitgebers verweist[488]. Ein Teil der Rechtsprechung verzichtet überhaupt auf die Heranziehung einer rechtsdogmatisch eigenständigen Begründung[489].

Die richtige Lösung liegt in der Erkenntnis, dass die Arbeitnehmer **im Betrieb eine Rechtsgemeinschaft** bilden, die durch die Rechtsquellen des kollektiven Arbeitsrechts gleichmäßig behandelt wird. Der Arbeitgeber, der nach einem generalisierenden Prinzip vorgeht, diskriminiert, wenn er von diesem Prinzip ohne sachlichen Grund abweicht. Eine derartige Abweichung stellt einen Verstoß gegen die guten Sitten dar (§ 879 ABGB), der nicht nur zur Nichtigkeit, sondern auch zu Ausgleichsansprüchen führen kann[490]. Da die juristische Wurzel im **Prinzip** und nicht in einer **Zahlenrelation** zu suchen ist, wäre es unrichtig, die korrigierende Wirkung des Gleichbehandlungsgrundsatzes lediglich im Verhältnis Einzelner bzw einer krass benachteiligten Minderheit zu einer deutlichen Mehrheit zu sehen[491]. Je stärker allerdings das zahlenmäßige Missverhältnis ausgeprägt ist, desto näher liegt die Diskriminierung, also die Verletzung eines Willkürverbots. Je schwächer dies der Fall ist, umso schwieriger wird der Nachweis eines generalisierenden Prinzips, weil günstigere Abreden mit einzelnen Arbeitnehmern zulässig sind und noch nicht den Charakter einer zu missbilligenden Privilegierung haben müssen. 6/329

Gestaltungsrechte wie **Kündigungen** und **Entlassungen** unterliegen nicht dem arbeitsrechtlichen Gleichbehandlungsgrundsatz. Werden nicht alle Arbeitnehmer, die Anlass zur Kündigung gegeben oder einen Entlassungsgrund gesetzt haben, gekündigt oder entlassen, so können sich die Betroffenen nicht darauf stützen, dass alle anderen auch entlassen werden müssten bzw dass die Lösung des Dienstverhältnisses deswegen unwirksam sei. Es ist das höchstpersönliche Recht des Arbeitgebers, zu verzeihen bzw bestimmten Arbeitnehmern eine neue Chance zu geben. Gleichwohl indiziert ungleichmäßiges Vorgehen die Annahme, dass die Unzumutbarkeit der Weiterbeschäftigung doch nicht in zureichendem Maße gegeben ist.

Im Übrigen hat für eine sachgerechte Behandlung der Arbeitnehmer der Kündigungs- und Entlassungsschutz zu sorgen. Liegt einer Kündigung oder Entlassung ein sittenwidriges Motiv zu Grunde (zB Rache), so ist die Lösung des Arbeitsverhältnisses rechtsunwirksam (vgl 8.2.7).

Der **Bezugsrahmen** des arbeitsrechtlichen Gleichbehandlungsgrundsatzes wird im Allgemeinen mit „**Betrieb**" umschrieben, doch ist vor einer schematisierenden Anwendung insb des Betriebsbegriffs der Betriebsverfassung zu warnen (vgl auch 4.4.2.1). Es kommt darauf an, in welchem Bereich das relevante Nebeneinander und Miteinander der Arbeitnehmer 6/330

---

486 Vgl *Mayer-Maly*, Die Gleichbehandlung der Arbeitnehmer, DRdA 1980, 268.

487 OGH 18. 5. 1954, 4 Ob 49, 50/54, Arb 5993; OGH 24. 3. 1959, 4 Ob 91/58, Arb 7020; *Löschnigg* in Löschnigg (Hrsg), AngG Bd 1[10] (2016), § 6 Rz 167 mwN.

488 OGH 5. 10. 1976, 4 Ob 71–87/76, Arb 9523; OGH 29. 3. 1977, 4 Ob 15, 16/77, Arb 9574; OGH 15. 1. 1985, 4 Ob 157/83, DRdA 1986, 127 mit Bespr v *Schwarz*.

489 OGH 16. 12. 1987, 9 ObA 142/87, ARD 3983/14/88; OGH 6. 9. 1977, 4 Ob 114/77, Arb 9625.

490 *Schwarz*, Die dogmatische Fundierung des arbeitsrechtlichen Gleichbehandlungsgrundsatzes, RdA 1968, 250; OGH 15. 1. 1985, 4 Ob 157/83, DRdA 1986, 127 mit Bespr v *Schwarz*.

491 *Mayer-Maly*, Die Gleichbehandlung der Arbeitnehmer, DRdA 1980, 267; *Binder*, Der arbeitsrechtliche Gleichbehandlungsgrundsatz, DRdA 1983, 160; OGH 15. 1. 1985, 4 Ob 157/83, DRdA 1986, 127 mit Bespr v *Schwarz*.

die entsprechend sensible Maßstäblichkeit hervorruft. So kann die Prüfung einer behaupteten Verletzung des arbeitsrechtlichen Gleichbehandlungsgrundsatzes sich durchaus auf **Dienstnehmer eines Dienstgebers** beziehen, wenn Letzterer eine Gebietskörperschaft ist und die Dienstnehmer durch das gleiche Dienstrecht verbunden sind[492].

6.7.2. Gleichbehandlungsgesetz

6.7.2.1. Diskriminierungsverbote/Gleichbehandlungsgebote

6/331 Österreich kann nicht als Vorreiter in der Gleichbehandlungsgesetzgebung angesehen werden, sondern hat vielmehr auf die jeweiligen EU-Richtlinien[493] reagiert (vgl 2.8.4.2). Dies resultiert nicht zuletzt aus der **historischen Entwicklung** der Staatenbildung, insb im Vergleich zu Ländern wie den USA, deren verfassungsrechtliche Situation schon durch die Zuwanderung diskriminierter Bevölkerungsgruppen geprägt ist[494]. Auch wenn international ein gewisser Grundkonsens zu Gleichheit und Gleichbehandlung besteht, sind die nationalen Ausprägungen durchaus unterschiedlich. Für den EU-Raum wird das Gleichbehandlungsrecht vor allem durch EU-Richtlinien (s 2.8.4.2) abgesteckt. Über den EU-Raum hinaus sind die Norminhalte wesentlich allgemeiner formuliert und ist die Regelungsdichte weit geringer. Als wichtiges und positives Beispiel für ein internationales weitreichendes Regelungswerk zur Gleichbehandlung ist die Konvention zur Beseitigung jeder Form der Diskriminierung der Frauen (CEDAW) zu nennen, die auch von Österreich ratifiziert wurde[495].

6/332 Die wesentliche Rechtsquelle bildet das **GlBG 2004**[496]. Hinsichtlich der Durchsetzungs- und Kontrollmöglichkeiten wird es ergänzt durch das BG über die Gleichbehandlungskommission und die Gleichbehandlungsanwaltschaft (**GBK/GAW-Gesetz 1979**[497]).

Das GlBG regelt primär die Gleichbehandlung im Zusammenhang mit dem **Arbeitsverhältnis**, bezieht sich aber auch auf die **sonstige Arbeitswelt** (zB Berufsberatung, Berufsausbildung, berufliche

---

[492] OGH 29. 3. 1977, 4 Ob 15, 16/77, Arb 9574; vgl auch OGH 12. 2. 1992, 9 ObA 247/91, ZAS 1992, 163 mit Bespr v *Holzer/Reissner* = DRdA 1992, 447 mit Bespr v *Wachter*; zur überbetrieblichen Geltung des Gleichbehandlungsgrundsatzes vgl *Kreil*, Arbeitsverhältnisse im Konzern – Probleme des Individualarbeitsrechts in verbundenen Unternehmen (1996), 159; s aber OGH 13. 9. 1995, 9 ObA 77/95, ZAS 1996, 167 mit Bespr v *Binder* = DRdA 1996, 315 mit Bespr v *Eypeltauer*.

[493] Vgl auch *Gerlach*, Gleichbehandlung und Umverteilung, DRdA 2004, 221; zum Einfluss der Judikatur s etwa *Gagawczuk*, EuGH-Rechtsprechung im Jahre 2009, DRdA 2010, 178.

[494] Vgl auch *Rasnic/Löschnigg*, Arbeits- und Sozialrecht in den USA (1996), 20 ff.

[495] Vgl *Schläppi/Ulrich/Wyttenbach*, CEDAW – Kommentar zum UNO-Übereinkommen über die Beseitigung jeder Form der Diskriminierung der Frau (CEDAW und Optional Protocol) (2015).

[496] Vgl insb *Rosenmayr/Sacherer*, Gleichbehandlungsgesetz 2011, ZAS 2011, 52; *Rebhahn* (Hrsg), GlBG (2005); *Tomandl/Schrammel* (Hrsg), Arbeitsrechtliche Diskriminierungsverbote (2005); *Windisch-Graetz* in Neumayr/Reissner (Hrsg), Zeller Kommentar² (2011), § 1 GlBG; noch zum GleichbehandlungsG 1979 *Smutny/Mayr*, Gleichbehandlungsgesetz (2001); *Eichinger*, Rechtsfragen zum Gleichbehandlungsgesetz (1993); *Sturm*, Richtlinienumsetzung im neuen Gleichbehandlungsgesetz und Gleichbehandlungskommissions-/Gleichbehandlungsanwaltschaftsgesetz, DRdA 2004, 574; *Thomasberger*, Änderungen des Gleichbehandlungsgesetzes und des Bundes-Gleichbehandlungsgesetzes, DRdA 2008, 458; kritisch zur Hierarchisierung der Diskriminierungsgründe vgl *Schmölzer*, Novelle des Gleichbehandlungsgesetzes: Die verpasste Chance einer echten Reform, juridikum 2013, 165; *Wakolbinger*, Gleichbehandlungsrechtsnovelle 2013 – die wesentlichen Änderungen im Überblick, DRdA 2013, 455.

[497] Das GBK/GAW-Gesetz ging aus dem alten GlBG 1979 hervor. Inhaltlich wurde das GlBG 1979 durch das GlBG 2004 ersetzt.

Weiterbildung und Umschulung, Mitgliedschaft und Mitwirkung in Arbeitnehmer- und Arbeitgeberorganisationen) und erstreckt sich teilweise auf völlig **andere Bereiche** (zB Gleichbehandlung ohne Unterschied der ethnischen Zugehörigkeit bei Gesundheitsdiensten, sozialen Vergünstigungen, bei der Bildung oder beim Zugang zu Wohnungen; § 40a GlBG)[498].

Das GlBG verbietet jegliche **Diskriminierung auf Grund** 6/333

- des Geschlechts[499],
- der ethnischen Zugehörigkeit,
- der Religion oder Weltanschauung[500],
- des Alters[501] oder
- der sexuellen Orientierung[502].

Eine **unmittelbare Diskriminierung** liegt der Legaldefinition des GlBG zufolge dann vor, wenn eine Person auf Grund eines der obigen Gründe in einer vergleichbaren Situation eine weniger günstige Behandlung erfährt, als eine andere Person erfährt, erfahren hat oder erfahren würde. Eine **mittelbare Diskriminierung** ist gegeben, wenn dem Anschein nach 6/334

---

498 *Gahleitner*, Der Schutz vor Belästigung im Arbeitsverhältnis, ZAS 2007, 148.

499 *Eichinger*, Die Frau im Arbeitsrecht (1991); *Rebhahn*, Gleichbehandlung von Männern und Frauen, in Koppensteiner (Hrsg), Österreichisches und europäisches Wirtschaftsprivatrecht, Teil 5, Arbeitsrecht (1997), 1; OGH 29. 4. 2015, 9 ObA 10/15h, ARD 6464/6/2015 = DRdA-infas 2015, 235.

500 *Eichinger/Hopf*, Diskriminierung wegen Religion oder Weltanschauung bei der Begründung des Arbeitsverhältnisses, DRdA 2006, 245; *Ludwig*, Schadenersatz bei intersektioneller Diskriminierung, DRdA 2009, 276; *Ulrich*, Rechtsschutz gegen Diskriminierung aus religiösen Gründen, in Brünner (Hrsg), Diskriminierung aus religiösen Gründen (2009), 57; *Fellner-Resch/Rauch*, Diskriminierungsfreie Organisation eines Onlinestellenmarktes, ecolex 2010, 275; *Wanderer*, Kopftuch und auffällige religiöse oder weltanschauliche Symbole am Arbeitsplatz, RdW 2012, 288; OGH 24. 2. 2009, 9 ObA 122/07t, ZAS 2010, 228 mit Bespr v *Melzer-Azodanloo* = DRdA 2011, 36 mit Bespr v *Rebhahn*; OGH 25. 5. 2016, 9 ObA 117/15v, DRdA 2017, 50 mit Bespr v *Rebhahn* = ecolex 2016, 809 mit Bespr v *Dullinger*; zur Frage wann die Weltanschauung überhaupt betroffen ist s auch OGH 28. 5. 2015, 9 ObA 42/15i, ARD 6464/11/2015.

501 *Wachter* (Hrsg), Jahrbuch Altersdiskriminierung 2013 (2013); *Brodil*, Erlaubte und verbotene Altersdiskriminierung, in Resch (Hrsg), Neuerungen zur Beendigung des Arbeitsvertrages (2009), 53; *Schrenk*, Der ältere Dienstnehmer im Arbeitsrecht, taxlex 2011, 204; *Gerhartl*, Zeitlicher Geltungsbereich des Verbots der Altersdiskriminierung, ASoK 2011, 66; *Laimer/Behrus*, EuGH: Wegfall des besonderen Kündigungsschutzes gemäß Kollektivvertrag bei Anspruch auf Alterspension diskriminierend, RdW 2011, 29; *Runggaldier*, Neues zur Altersdiskriminierung, RdW 2006, 512; *Reissner*, Der ältere Arbeitnehmer – Altersbezogene Schutzbestimmungen im Lichte des Antidiskriminierungsrechts, DRdA 2010, 24; zum Höchsteintrittsalter in ein kollektivvertragliches Betriebspensionssystem vgl OGH 25. 6. 2007, 9 ObA 48/06h, DRdA 2009, 20 mit Bespr v *Runggaldier*; *Födermayr*, Sanktionen im Fall einer Diskriminierung aufgrund des Alters, RdW 2010, 695; s weiters EuGH 19. 1. 2010, C-555/07, *Kücükdeveci*, DRdA 2010, 250 = ZAS 2012, 30; *Kreil*, Rechtfertigungsgründe in der Rechtsprechung zur Altersdiskriminierung, ZAS 2010, 206; *Risak*, Der Einfluss des altersbedingten Absinkens der Arbeitsfähigkeit auf arbeitsvertragliche Pflichten, ZAS 2007, 10; *ders*, Die Begründung des Dienstverhältnisses und sonstige Gleichbehandlungsfragen bei älteren Arbeitnehmer_innen, ZAS 2014, 124; zu Altersgrenzen EuGH 12. 1. 2010, C-229/08, *Wolf*, infas 2010, E 7; EuGH 12. 1. 2010, C-341/08, *Petersen*, infas 2010, E 7; EuGH 13. 9. 2011, C-447/09, *Prigge*, EuZA 2012, 205 mit Bespr v *Temming* = ZESAR 2012, 391 mit Bespr v *Schulte* = wbl 2011, 665; *Krois*, Altersgrenzen für Universitätsprofessoren, EuZA 2011, 351; EuGH 18. 11. 2010, C-250/09 u C-268/09, *Georgiev*, ZESAR 2011, 388 mit Bespr v *Mayr*; OGH 18. 7. 2011, 6 Ob 246/10k, ARD 6187/8/2011 = ecolex 2012, 73; *Wachter*, Altersdiskriminierung, das unbekannte Wesen – dargestellt am Beispiel von § 32 Abs 2 Z 7 und 8 VBG 1948, in Wachter/Burger (Hrsg), Aktuelle Entwicklungen im Arbeits- und Sozialrecht 2010 (2010), 133; *Pačić*, Rs Kücükdeveci: Der EuGH an der Grenze zur Willkür, ZAS 2012, 20; *Gerhartl*, Diskriminierung durch Alterskündigungsklausel, ASoK 2012, 262; zu mittelbarer Altersdiskriminierung EuGH 7. 6. 2012, C-132/11, *Tyrolean Airways*, EuZA 2013, 96 mit Bespr v *Przeszlowska*; zu altersdiskriminierender Anrechnung von Vordienstzeiten s VwGH 4. 9. 2012, 2012/12/0007, DRdA 2013, 231 mit Bespr v *Pfeil* = JBl 2013, 127 mit Bespr v *Resch*; OGH 26. 6. 2014, 8 ObA 69/13z, ZAS 2015, 186 mit Bespr v *Tinhofer*; OGH 20. 3. 2015, 9 ObA 124/14x, ARD 6464/9/2015; OGH 18. 8. 2016, 9 ObA 106/15a, DRdA 2017, 209 mit Bespr v *Dvorak* = ZAS-Judikatur 2016, 331.

502 Zur Belästigung eines Arbeitnehmers durch Aussagen zu seiner Homosexualität s OGH 26. 11. 2013, 9 ObA 110/13m, ARD 6386/12/2014 = ecolex 2014, 265.

neutrale Vorschriften, Kriterien oder Verfahren Personen wegen obiger Gründe benachteiligen können, es sei denn, die betreffenden Vorschriften, Kriterien oder Verfahren sind durch ein rechtmäßiges Ziel sachlich gerechtfertigt und die Mittel sind zur Erreichung dieses Zieles angemessen und erforderlich[503].

Von einer mittelbaren Diskriminierung ist beispielsweise auszugehen, wenn für Teilzeitbeschäftigte ein geringerer Stundenlohn vorgesehen ist als für Vollbeschäftigte und die Anzahl teilzeitbeschäftigter Frauen überwiegt[504], wenn bei Teilzeitbeschäftigten Vordienstzeiten nur halb angerechnet werden[505] oder wenn Entgeltfindungsmethoden zur Anwendung kommen, die für Männer typische Kriterien (zB Körperkraft) beinhalten[506].

6/335 Als Diskriminierung ist auch die **Anweisung zur Diskriminierung** oder eine **benachteiligende Reaktion** des Arbeitgebers auf Grund einer Beschwerde des Arbeitnehmers im Zusammenhang mit Gleichbehandlungsgeboten anzusehen. Dieses Benachteiligungsgebot gilt auch für Arbeitnehmer, die als **Zeugen**, Auskunftspersonen oder sonstige Beteiligte in einem Gleichbehandlungsverfahren in Erscheinung treten. Ist der Diskriminierungsgrund nicht unmittelbar beim Arbeitnehmer, sondern bei einer dem Arbeitnehmer nahestehenden Person angesiedelt und wird der Arbeitnehmer auf Grund dieses **Naheverhältnisses** benachteiligt, liegt gleichfalls ein Diskriminierungsfall vor.

6/336 Die **Belästigung** im Zusammenhang mit den Diskriminierungsgründen nennt das GlBG als eigenen Diskriminierungstatbestand[507]. Die Ausgestaltung der einzelnen Belästigungstatbestände ist jedoch nicht völlig ident. Grundsätzlich ist als Belästigung jede im Zusammenhang mit einem der obigen Diskriminierungsgründe stehende unerwünschte Verhaltensweise zu verstehen,

- die die Würde der betroffenen Personen verletzt oder dies bezweckt,
- die für die betroffene Person unerwünscht, unangebracht oder anstößig ist und
- die ein einschüchterndes, feindseliges, entwürdigendes oder demütigendes Umfeld[508] für die betreffende Person schafft oder dies beabsichtigt (vgl § 21 Abs 2 GlBG).

Das GlBG unterscheidet zwischen **sexueller** und **geschlechtsbezogener** Belästigung. Sexuelles Verhalten bezieht sich auf den körperlich sexuellen Bereich. Es ist ein Sonderfall der geschlechtsbezogenen Belästigung, die ihrerseits eine Erscheinungsform von Mobbing darstellt[509].

---

[503] Allg vgl *Wisskirchen*, Mittelbare Diskriminierung von Frauen im Erwerbsleben (1994); *Sievers*, Die mittelbare Diskriminierung im Arbeitsrecht (1996); *Smutny/Mayr*, Gleichbehandlungsgesetz (2001), 712; *Leitner*, Änderungen im Gleichbehandlungsgesetz, ZAS 2008, 238.

[504] Vgl *Eichinger*, Die Frau im Arbeitsrecht (1991), 54 ff mwN; *Schwarz*, Zur geschlechtsspezifischen Differenzierung im Arbeitsrecht, DRdA 1992, 187.

[505] OGH 24. 10. 2001, 9 ObA 175/01b, DRdA 2002, 394 mit Bespr v *Mayr*.

[506] OGH 14. 9. 1994, 9 ObA 801/94, RdW 1995, 19 mit Bespr v *Eichinger* = DRdA 1995, 261 mit Bespr v *Kirschbaum* = ZAS 1996, 86 mit Bespr v *Gahleitner*.

[507] *Ludwig*, Belästigung – am Beispiel gehörloser ArbeitnehmerInnen, DRdA 2010, 83; *Gerhartl*, Diskriminierung durch Belästigung und „Rauswurf“, ecolex 2011, 939; *Gerhartl*, Belästigung im Arbeitsverhältnis, RdW 2014, 142; zur sexueller Belästigung einer Arbeitnehmerin vgl ua OGH 28. 10. 2013, 8 ObA 73/13p, ARD 6386/13/2014; zur Belästigung nach Ende des Arbeitsverhältnisses vgl OGH 27. 2. 2012, 9 ObA 21/12x, DRdA 2013, 160 mit Bespr v *Eichinger* = ZAS 2013, 75 mit Bespr v *Majoros*.

[508] Vgl hiezu OGH 27. 2. 2012, 9 ObA 21/12x, DRdA 2013, 160 mit Bespr v *Eichinger* = ZAS 2013, 75 mit Bespr v *Majoros* = ASoK 2012, 300 mit Bespr v *Trattner* = infas 2012, A 66 = ARD 6230/9/2012.

[509] So auch die Materialien, 307 BlgNR 22. GP, 12; *Hess-Knapp*, Sexuelle Belästigung junger ArbeitnehmerInnen, insb von Lehrlingen, und die Rechtsfolgen, DRdA 2009, 163; *Amon-Konrath/Prisching*, Sexuelle Belästigung – straf- und zivilrechtliche Aspekte, DRdA 2010, 80; s weiters OGH 2. 9. 2008, 8 ObA 59/08x, DRdA 2010, 243 mit Bespr v *Thomasberger* = taxlex 2009, 118 mit Bespr v *Gerhartl* = ZAS 2009, 231 mit

Die Belästigung iS des GlBG kann vom **Arbeitgeber** oder einem **Dritten** ausgehen. Der Arbeitgeber diskriminiert auch dann, wenn er es im Fall einer Belästigung durch Dritte schuldhaft unterlässt, angemessene Abhilfe zu schaffen[510]. Eine Diskriminierung liegt schließlich vor, wenn eine Person auf Grund ihres Naheverhältnisses zu einer Person wegen deren Geschlechts belästigt wird. 6/337

Das Gebot diskriminierungsfreier **Stellenausschreibungen** ergibt sich zwar bereits aus den allgemeinen Bestimmungen des GlBG, wurde aber dennoch einer speziellen Regelung unterzogen: Weder Arbeitgebern noch Arbeitsvermittlern ist es erlaubt, selbst oder durch Dritte Arbeitsplätze in diskriminierender Weise auszuschreiben[511]. Dies gilt sowohl für öffentliche als auch für innerbetriebliche Ausschreibungen[512]. Diskriminierungstatbestände betreffende Merkmale dürfen nur dann in die Ausschreibung Eingang finden, wenn sie auf Grund der Art der beruflichen Tätigkeit oder der Bedingungen ihrer Ausübung eine wesentliche und entscheidende berufliche Anforderung darstellen, sofern der Zweck rechtmäßig und den Anforderungen angemessen ist (§ 23 Abs 1 GlBG). Die Zulässigkeit einer Ausschreibung nur für Männer oder nur für Frauen setzt voraus, dass ein bestimmtes Geschlecht unverzichtbare Bedingung für die Ausübung der Tätigkeit ist (§ 9 Abs 1 GlBG)[513]. 6/338

Wird zB ein Arbeitsplatz ausgeschrieben, an dem „schwere Arbeiten" zu verrichten sind, dann kann hiebei nicht das männliche Geschlecht als unbedingte Voraussetzung angesehen werden. Vielmehr hängt die Eignung für diesen Aspekt des zu besetzenden Arbeitsplatzes von entsprechenden physischen Voraussetzungen ab, die durchaus auch bei Frauen vorliegen können und bei Männern nicht in jedem Fall gegeben sein müssen. Auch bei sogenannten schweren Arbeiten (Tragen von 20-kg-Gewichten, Auswechseln von Maschinenteilen mit einem Gewicht von bis zu 50 kg, Arbeiten in Höhen von mehreren Metern, teilweise Nachtarbeit) ist daher eine geschlechtsneutrale Ausschreibung vorzunehmen (OGH 21. 10. 1998, 9 ObA 264/98h, DRdA 2000, 122 mit Bespr v *Smutny*).

Gewisse Ungleichbehandlungen nimmt das GlBG explizit vom Diskriminierungsbegriff aus. Die **Ausnahmebestimmungen** sind je nach Diskriminierungstatbestand unterschiedlich ausgestaltet. So liegt etwa in Bezug auf berufliche Tätigkeiten innerhalb von Kirchen oder anderen Organisationen, deren Ethos auf **religiösen Grundsätzen** oder **Weltanschauungen** beruht, keine Diskriminierung vor, wenn die Religion oder die Weltanschauung dieser Person nach der Art dieser Tätigkeiten oder den Umständen ihrer Ausübung eine wesentliche, rechtmäßige und gerechtfertigte berufliche Anforderung angesichts des Ethos der Organisation darstellt. Eine Ungleichbehandlung hinsichtlich des **Alters** ist zulässig, 6/339

Bespr v *Enzelsberger*; zur sexuellen Belästigung vor Antritt des Arbeitsverhältnisses vgl OGH 5. 6. 2008, 9 ObA 18/08z, ZAS 2009, 288 mit Bespr v *Krömer*.

510 S dazu *Schörghofer*, Die Verantwortung des AG für diskriminierende Handlungen unter Arbeitskollegen, in Kietaibl/Schörghofer/Schrammel (Hrsg), Rechtswissenschaft und Rechtskunde (2014), 141 ff.

511 Vgl *Korninger*, Diskriminierungsfreies Recruiting, ARD 6545/5/2017; s auch zu personenbildbezogenen Stellenausschreibungen *Geiblinger*, Gesetzeskonformität personenbildbezogener Stellenausschreibungen – Personenbildbezogene Stellenausschreibungen widersprechen unter bestimmten Umständen dem Gebot der geschlechtsneutralen Stellenausschreibung, ASoK 2015, 140.

512 Vgl auch *Gerhartl*, Verpflichtung zur innerbetrieblichen Ausschreibung von Arbeitsplätzen?, DRdA 2008, 181; *Ludwig*, Nachvollziehbare Gehaltsfindung zur Förderung der Gleichstellung, DRdA 2012, 66; *Schrittwieser*, Stellenausschreibungen – wie die neue Pflicht zur Einkommenstransparenz beiträgt, DRdA 2012, 254; *Schwegel*, Rechtsprobleme der Stellenausschreibung unter besonderer Berücksichtigung des Gebots der geschlechtsneutralen Stellenausschreibung gemäß § 9 GlBG (2013), 28.

513 Vgl VwGH 30. 6. 1998, 96/08/0375, ARD 4979/5/98; *Mazal*, Geschlechtsneutrale Stellenausschreibung, ecolex 1992, 573; s auch *Hopf/Mayr/Eichinger*, GlBG-Novelle 2011 (2011), § 9.

wenn sie objektiv und angemessen ist, durch ein legitimes Ziel (zB Beschäftigungspolitik, Arbeitsmarkt, berufliche Bildung) gerechtfertigt ist und die Mittel zur Erreichung dieses Ziels angemessen und erforderlich sind[514]. Insb bildet die Festlegung unterschiedlicher Altersgrenzen bei Betriebspensionssystemen grundsätzlich keine Diskriminierung (§ 20 GlBG)[515]. Auch die Kündigung von Arbeitnehmern, die bereits durch einen Pensionsanspruch abgesichert sind, kann – ausgehend von einem notwendigen Abbau von Arbeitsplätzen – durch das objektive und angemessene Ziel der sozialen Auswahl gerechtfertigt sein[516].

6/340 Die Diskriminierungsverbote des GlBG bilden nur ein Mittel zum Abbau von sozialpolitisch nicht vertretbaren Ungleichheiten. Um zu einer rascheren Zielerreichung zu kommen, werden vielfach **positive Maßnahmen** (positive Diskriminierung) erforderlich sein[517]. Das GlBG deklariert Maßnahmen zur Förderung der Gleichstellung von Frauen und Männern (§ 8) und der Gleichstellung von durch einen sonstigen Diskriminierungsgrund iS des GlBG betroffenen Personen (§§ 22, 34, 40b, 48) nicht als diskriminierend. Aus EU-rechtlicher Sicht können sich positive Maßnahmen etwa auf Art 23 Abs 2 der EU-Grundrechtecharta und auf Art 157 Abs 4 AEUV (ex Art 141 EGV) stützen. Letzterer Bestimmung zufolge sind spezifische Vergünstigungen zur Erleichterung der Berufstätigkeit eines unterrepräsentierten Geschlechts oder zur Verhinderung bzw zum Ausgleich von Benachteiligungen in der beruflichen Laufbahn zulässig. Beispiele für positive Maßnahmen sind Fördermaßnahmen bei der Berufsausbildung, die Schaffung von betrieblichen Kinderbetreuungseinrichtungen und die Erstellung von Frauenförderplänen (so etwa § 11b B-GlBG).

Ein explizites **Frauenförderungsgebot**, Frauenförderungspläne sowie einen Vorrang bei Aufnahme und beim beruflichen Aufstieg, wie dies im Bundes-Gleichbehandlungsgesetz[518] vorgesehen ist, enthält das GlBG nicht (s auch noch OGH 30. 6. 1994, 8 ObA 271/94, ZAS 1996, 13 mit Bespr v *Trost* = ARD 4590/21/94). Starre **Quotenregelungen**, denen zufolge Frauen bei Bewerbungen absoluter und unbedingter Vorrang einzuräumen ist, erachtete der EuGH als unvereinbar mit der Gleichbehandlungsrichtlinie 2006/54/EG[519]. Zulässig sind dem EuGH zufolge jedoch Quotenregelungen mit sog Öffnungsklauseln, die „in jedem Einzelfall garantieren, dass die Bewerbungen Gegenstand einer objektiven Beurteilung sind, bei der alle die Person des Bewerbers betreffenden Kriterien berücksichtigt werden und der den weiblichen Bewerbern eingeräumte Vorrang entfällt, wenn eines oder mehrere dieser Kriterien zugunsten des männlichen Bewerbers überwiegen“[520]. Besondere Diskussio-

---

514 Vgl EuGH 21. 7. 2011, C-159/10 u C-160/10, *Fuchs u Köhler*, infas 2011, E 9 = EuZW 2011, 767; EuGH 5. 7. 2012, C-141/11, *Hörnfeldt*, EuZW 2012, 794 mit Bespr v *Ferme*.

515 Vgl OGH 19. 3. 1985, 4 Ob 31/85, Arb 10.434 (unterschiedliche Kürzung von Betriebspensionen); OGH 25. 6. 2007, 9 ObA 48/06h, DRdA 2009, 20 mit Bespr v *Runggaldier*.

516 S dazu OGH 25. 6. 2013, 9 ObA 113/12a, ARD 6353/4/2013 = ASoK 2014, 36 = ecolex 2013, 1018.

517 *Sturm*, Positive Diskriminierungen in der Arbeitswelt, DRdA 2003, 481.

518 §§ 11 ff; vgl aber OGH 23. 11. 2010, 8 ObA 35/10w, ZAS 2011, 273 mit Bespr v *Gerhartl* = ASoK 2011, 322.

519 EuGH 17. 10. 1995, C-450/93, *Kalanke/Freie Hansestadt Bremen*, infas 1995, E 3 = RdW 1995, 432; s auch OGH 30. 1. 2001, 1 Ob 80/00x, DRdA 2001, 442 mit Bespr v *Wagner*; OGH 23. 11. 2010, 8 ObA 35/10w, ZAS 2011, 273 mit Bespr v *Gerhartl* = ASoK 2011, 322.

520 EuGH 11. 11. 1997, C-409/95, *Marschall/Nordrhein-Westfalen*, ZAS 1998, 33 mit Bespr v *Urlesberger*; s weiters *Pirstner*, Die Quote im Gemeinschaftsrecht, DRdA 1997, 461; *Sporrer*, Frauenbevorzugende Quotenregelungen widersprechen EU-Recht?, DRdA 1995, 442; *Handstanger/Waldherr*, Aus der Rechtsprechung der Gerichte der Europäischen Union, ÖJZ 1995, 681; *Eichinger*, Quotenregelung auf dem Prüfstand, RdW 1995, 304; *dies*, EuGH verwirft Frauenquote, RdW 1995, 471; *Baldauf*, Die Quotenregelung mit Öffnungsklausel, ASoK 1998, 26.

nen haben in den letzten Jahren Quotenregelungen für Unternehmensorgane hervorgerufen[521]. Im universitären Bereich wurde etwa für eine Reihe von Organen und Kommissionen (Senat, Universitätsrat etc) ein Frauenanteil von 40 % gesetzlich vorgeschrieben. Gleichzeitig ist im UG eine Art Öffnungsklausel vorgesehen, wonach der Frauenanteil nicht erreicht werden muss, wenn im maßgeblichen Bereich entweder zu wenig Frauen zur Verfügung stehen oder wenn sich zu wenig Frauen für diese Tätigkeit/Funktion bereit erklären. Aus Sicht des VfGH ist diese Regelung sowohl verfassungs- als auch europarechtskonform[522].

Die gesetzlichen Gleichbehandlungsgebote gelten für sämtliche Phasen, sämtliche Rahmenbedingungen und sämtliche Rechte und Pflichten im Arbeitsverhältnis. Die Diskriminierungsverbote beziehen sich damit auf 6/341

- die Begründung des Arbeitsverhältnisses[523],
- die Festsetzung des Entgelts[524],
- die Gewährung freiwilliger Sozialleistungen, die kein Entgelt darstellen,
- Maßnahmen der Aus- und Weiterbildung auf beruflicher Ebene,
- den beruflichen Aufstieg, insb auf Beförderungen,
- die sonstigen Arbeitsbedingungen und
- die Beendigung des Arbeitsverhältnisses[525].

Als typisch punktuelle, nur auf den Tatbestand der geschlechtlichen Diskriminierung abzielende Maßnahme ist die Verpflichtung zur Vorlage eines Einkommensberichts gem § 11a GlBG zu sehen[526]. Dieser Bericht hat die Anzahl der Männer und Frauen und ihr 6/342

---

[521] Vgl hiezu den Quoten-Richtlinienvorschlag der EU-Kommission 2012/299 COD und das 2006 in Kraft getretene deutsche Gesetz für die gleichberechtigte Teilhabe von Männern und Frauen an Führungspositionen in der Privatwirtschaft und im öffentlichen Dienst, dBGBl 2006 I 642.

[522] VfGH 12. 3. 2014, B 803/2013, zfhr 2014, 100 mit Bespr v *M. Karl.*

[523] *Rauch*, Schadenersatz bei Belästigung vor Beginn oder nach dem Ende des Arbeitsverhältnisses, ASoK 2012, 172; zur Rechtsprechung s OGH 12. 1. 2000, 9 ObA 318/99a, ARD 5137/9/2000 = RdW 2000, 500; OGH 7. 7. 2004, 9 ObA 46/04m, DRdA 2005, 424 mit Bespr v *Eichinger*; *Smutny*, Geschlechtsbezogene Diskriminierung bei der Einstellung von ArbeitnehmerInnen, DRdA 2000, 122; *Gerlach*, Gleichbehandlung bei der Begründung des Dienstverhältnisses, RdW 2000, 610; *Hopf/Smutny*, Diskriminierung auf Grund des Geschlechts bei der Begründung des Arbeitsverhältnisses – Schadenersatz trotz fehlender „Bestqualifikation"?, DRdA 2002, 99; *Resch*, Altersdiskriminierung bei Begründung und Gestaltung des Arbeitsvertrags, RdW 2010, 683; OGH 21. 12. 2009, 8 ObA 69/09v, DRdA 2011, 543 mit Bespr v *Bei*; OGH 29. 1. 2013, 9 ObA 154/12f, ARD 6307/2/2013 = infas 2013, A 65.

[524] Vgl dazu OGH 20. 5. 1998, 9 ObA 350/97d, DRdA 1999, 295 mit Bespr v *Eichinger*; EuGH 26. 6. 2001, C-381/99, *Brunnhofer*, ARD 5243/11/2001; EuGH 28. 2. 2013, C-427/11, *Margaret Kenny ua/Commissioner of An Garda Siochana*, DRdA 2014, 25 mit Bespr v *Kietaibl* = infas 2014, E 1; zum Entgelt zählen auch betriebliche Versorgungsleistungen ungeachtet ihres Versorgungszwecks (OGH 19. 3. 1985, 4 Ob 31/85, ZAS 1987, 18 mit Bespr v *Petrovic*; *Weinmeier*, EU und Betriebspensionen: Zur Frage des Stichtages für die Beseitigung von Diskriminierungen aufgrund des Geschlechts, RdW 1995, 306; zur Gleichbehandlung von Witwer und Witwe hinsichtlich des betrieblichen Versorgungsgenusses s OGH 19. 12. 1990, 9 ObA 219/90, ZAS 1991, 201 mit Bespr v *Sladecek* = DRdA 1991, 369 mit Bespr v *Beck-Mannagetta*); s weiters *Kirschbaum*, Neues zur Gleichbehandlung der Geschlechter bei Betriebspensionen, ZAS 1995, 37; *Mazal*, Dienstalter, Elternkarenz und geschlechtsspezifische Entgeltdiskriminierung, ecolex 2011, 250.

[525] Vgl etwa *Stadler*, Altersdiskriminierung im Zusammenhang mit der Beendigung des Arbeitsvertrags, RdW 2010, 687; *Tinhofer*, Die Beendigung des Dienstverhältnisses von älteren Arbeitnehmern, ZAS 2014, 131; zur Judikatur s OGH 28. 2. 2011, 9 ObA 124/10s, DRdA 2011, 347 mit Bespr v *Wachter* = infas 2011, A 49; OGH 4. 11. 2010, 8 ObA 74/10f, ASoK 2011, 355; OGH 29. 8. 2011, 9 ObA 63/11x, ARD 6191/9/2011 = infas 2012, A 11; EuGH 18. 11. 2010, C-356/09, *Kleist*, ZESAR 2011, 243 mit Bespr v *Stadler* = ZAS 2011, 190 mit Bespr v *Wachter* = wbl 2011, 27; EuGH 12. 9. 2013, C-614/11, *Kuso*, DRdA 2014, 295 mit Bespr v *Mair* = ARD 6357/4/2013; OGH 24. 7. 2013, 9 ObA 40/13t, ARD 6353/5/2013 = ecolex 2013, 1017 = infas 2013, A 84.

[526] Vgl *Firlei*, Entgelttransparenz ultra light – der Einkommensbericht gem § 11a GlBG, DRdA 2011, 238; *Schrank*, Die geschlechtsdifferenzierende Entgeltberichtspflicht größerer Arbeitgeber gemäß § 11a GlBG Teil 1 u Teil 2, RdW 2011, 542 u 599; *Schindler*, Replik zu Firlei, Einkommensberichte: „Ultra light" oder ein

Durchschnitts- oder Medianentgelt in Relation zu den jeweiligen kollektivvertraglichen oder betrieblichen Verwendungsgruppen (mit Verwendungsgruppenjahren) zu enthalten.

Die Verpflichtung zur Vorlage des Einkommensberichts ist sukzessive in Kraft getreten: Für Arbeitgeber mit 501 bis 1000 Arbeitnehmern am 1. 1. 2012, für Arbeitgeber mit 251 bis 500 Arbeitnehmern am 1. 1. 2013 und für Arbeitgeber mit 151 bis 250 Arbeitnehmern am 1. 1. 2014. Der Bericht ist jeweils für das vorangegangene Jahr zu erstellen (§ 11a iVm § 63 Abs 6 GlBG).

6/343 Der Bericht geht an das zuständige Belegschaftsorgan. Fehlt ein solches, ist der Bericht für sämtliche Arbeitnehmer aufzulegen. Belegschaftsorgane haben dem einzelnen Arbeitnehmer aber auch Auskunft über den Inhalt des Berichts zu geben (§ 11a Abs 3 GlBG).

6.7.2.2. Ansprüche der Arbeitnehmer/Rechtsdurchsetzung

6/344 In der Stammfassung des GlBG 1979 war im Fall einer Diskriminierung ausdrücklich nur die Anrufung der Gleichbehandlungskommission (vgl 6.7.2.3) und eine daran anschließende Verbandsklage der Interessenvertretungen vorgesehen. Mittlerweile enthält das GlBG 2004 einen umfangreicheren Sanktionenkatalog zur Durchsetzung der Gleichbehandlungsgebote.

6/345 Die Ansprüche diskriminierter Personen richten sich hiebei nach der Art der Rechtsverletzung[527]:

- **Ansprüche auf die nicht erhaltene Leistung** (insb bei Entgeltdifferenzen, freiwilligen Sozialleistungen, Weiterbildungsmaßnahmen, sonstigen Arbeitsbedingungen, Leistungen von Interessenvertretungen).
- **Ansprüche auf die nicht erlangte Rechtsposition** (insb Mitgliedschaft in einer Arbeitnehmer- oder Arbeitgeberorganisation).
- **Schadenersatzansprüche**; regelmäßig kommt es nicht nur zu einem Ersatz des **Vermögensschadens**, sondern auch zu einem **Ausgleich der erlittenen persönlichen Beeinträchtigung** (insb bei Belästigungen, Entgeltdifferenzen, Weiterbildungsmaßnahmen)[528]. Teilweise sind die Ansprüche als **Mindestschadenersatz** (insb Einstellung, beruflicher Aufstieg), teilweise als **Höchstschadenersatz** (Nichtberücksichtigung der Bewerbung) ausgestaltet. Bei der Höhe der Entschädigung für erlittene persönliche Beeinträchtigungen ist auf eine etwaige **Mehrfachdiskriminierung** Bedacht zu nehmen (§ 12 Abs 13 GlBG). Weiters wird mit dem BGBl I 107/2013 ausdrücklich festgelegt, dass durch die Höhe der Entschädigung die Beeinträchtigung tatsächlich und wirksam ausgeglichen wird, die Entschädigung der erlittenen Beeinträchtigung **angemessen** ist sowie weitere Diskriminierungen verhindert werden (§ 12 Abs 14 GlBG)[529].

---

spannender Paradigmenwechsel?, DRdA 2011, 491; vgl allg dazu *Hopf/Mayr/Eichinger*, GlBG-Novelle 2011 (2011), § 11a.

[527] Allg vgl *Hopf/Mayr/Eichinger* (Hrsg), GlBG – Antidiskriminierung (2009); *dies*, GlBG-Novelle 2011 (2011); *Windisch-Graetz* in Neumayr/Reissner (Hrsg), Zeller Kommentar[2] (2011); *Rebhahn* (Hrsg), GlBG (2005); *Krejci*, Antidiskriminierung, Privatautonomie und Arbeitnehmerschutz, DRdA 2005, 383; s auch *Rebhahn*, Korrektur einer Diskriminierung im Arbeitsleben für die Vergangenheit (Teil 1 u 2), wbl 2012, 481 u 552; krit zur mangelhaften Rechtsdurchsetzung vgl *Schmölzer*, Novelle des Gleichbehandlungsgesetzes: Die verpasste Chance einer echten Reform, juridikum 2013, 165.

[528] Vgl *Gerhartl*, Immaterieller Schadenersatz bei Diskriminierung, RdW 2012, 33.

- **Erhaltung des Arbeitsverhältnisses** durch **Anfechtung der Beendigung** des Arbeitsverhältnisses bei Kündigung[530] durch den Arbeitgeber, im Fall der Entlassung und bei Beendigung des Arbeitsverhältnisses im Probemonat.
- **Erhaltung des Arbeitsverhältnisses** durch **Feststellung des aufrechten Bestandes** des Arbeitsverhältnisses im Fall einer diskriminierenden Beendigung durch Zeitablauf.

Zur Durchsetzung der Rechte nach dem GlBG bzw zur Sanktionierung des diskriminierenden Verhaltens des Arbeitgebers stehen unterschiedliche Instrumente zur Verfügung: 6/346

- **Leistungs-, Gestaltungs- und Feststellungsklagen** beim Arbeits- und Sozialgericht.
- Anrufung **der AnwältInnen für die Gleichbehandlung** (vgl 6.7.2.4) zur Beratung und Unterstützung.
- **Gutachten der Gleichbehandlungskommission** auf Antrag der Interessenvertretungen bzw der AnwältInnen für Gleichbehandlung (vgl 6.7.2.3 u 6.7.2.4); einzelne Arbeitnehmer oder Arbeitgeber können keine Anträge stellen.
- **Einzelfallprüfung**: Die Gleichbehandlungskommission hat auch bei einzelnen konkreten Fällen zu prüfen, ob eine Verletzung des Gleichbehandlungsgebots vorliegt, wenn ein Arbeitnehmer oder ein Arbeitgeber, der Betriebsrat, eine Interessenvertretung oder die AnwältInnen für Gleichbehandlung einen entsprechenden Antrag stellen.
- Unabhängig von den spezifischen Rechtsinstrumentarien des GlBG kann sich auf Grund der Diskriminierung auch ein **Austrittsrecht** für den Arbeitnehmer ergeben (vgl 8.3.5.1.1 c; zur Entlassung von belästigenden Arbeitskollegen vgl 8.3.4.1.1 f).

Ist das Arbeitsverhältnis wegen einer vom Arbeitgeber zu vertretenden Verletzung des Gleichbehandlungsgebots **nicht begründet** worden, so ist der Arbeitgeber gegenüber dem Stellenwerber zum Schadenersatz im Ausmaß von mindestens zwei Monatsentgelten verpflichtet. Der Ersatzanspruch beträgt hingegen nur bis € 500, wenn der Arbeitgeber nachweisen kann, dass der einem Stellenwerber durch die Diskriminierung entstandene Schaden nur darin besteht, dass die Berücksichtigung seiner Bewerbung verweigert wird (§ 12 Abs 1 bzw § 26 Abs 1 GlBG[531]). Diese Ansprüche sind binnen sechs Monaten geltend zu machen.

Ist ein Arbeitnehmer wegen einer vom Arbeitgeber zu vertretenden Verletzung des Gleichbehandlungsgebots **beruflich nicht aufgestiegen**, so ist der Arbeitgeber gegenüber dem Arbeitnehmer ebenfalls zum Schadenersatz verpflichtet. Der Ersatzanspruch ist der Höhe nach festgesetzt mit der Entgeltdifferenz für mindestens drei Monate, wenn der Arbeitnehmer bei diskriminierungsfreier Auswahl beruflich aufgestiegen wäre. Sofern der Arbeitgeber nachweisen kann, dass der einem Arbeitnehmer durch die Diskriminierung entstandene Schaden nur darin besteht, dass die Berücksichtigung seiner Bewerbung verweigert wird, beträgt der Ersatzanspruch bis € 500 (§ 3 Z 5 u § 12 Abs 5 bzw § 17 Abs 1 Z 5 u § 26 Abs 5 GlBG). Diese Ansprüche sind binnen sechs Monaten geltend zu machen.

---

[529] Dies schon vor der Gesetzesänderung fordernd OGH 2. 9. 2008, 8 ObA 59/08x, DRdA 2010, 243 mit Bespr v *Thomasberger*; zur Einführung eines darüber hinausgehenden Strafschadenersatzes verpflichtet das Unionsrecht nicht, s EuGH 17. 12. 2015, C-407/14, *Arjona Camacho/Securitas Seguridad Espana SA*, DRdA-infas 2016, 89 mit Bespr v *Ettl* = GPR 2016, 179 mit Bespr v *Looschelders*.

[530] Kündigung aus dem Motiv einer möglichen Schwangerschaft s OGH 27. 2. 2014, 8 ObA 81/13i, ARD 6399/8/2014; zu rechtsunwirksamer Kündigung vgl OGH 24. 7. 2013, 9 ObA 40/13t, infas 2013, A 84 = ecolex 2013, 1017.

[531] S hiezu auch EuGH v 22. 4. 1997, C-180/95, *Nils Draehmpaehl*, infas 1997, E 8 = RdW 1997, 346; s auch *Gahleitner*, Schadenersatzbeschränkungen verstoßen gegen Gleichbehandlungsrichtlinie, ASoK 1997, 266, wonach die GleichbehandlungsRL einer innerstaatlichen gesetzlichen Regelung entgegensteht, die für den Schadenersatz, den ein Bewerber wegen einer diskriminierenden Nichteinstellung verlangen kann, im Gegensatz zu sonstigen innerstaatlichen zivil- und arbeitsrechtlichen Regelungen eine Höchstgrenze vorgibt.

6.7.2.2. Gleichbehandlung

Ein infolge **Belästigung** diskriminierter Arbeitnehmer hat gegenüber dem Belästiger, gegebenenfalls auch gegenüber dem Arbeitgeber Anspruch auf Ersatz des erlittenen Schadens. Soweit der Nachteil nicht nur in einer Vermögenseinbuße besteht, hat die betroffene Person zum Ausgleich der erlittenen persönlichen Beeinträchtigung Anspruch auf angemessenen, mindestens jedoch auf € 1.000 Schadenersatz (§ 6 Abs 1 Z 2, § 7 Abs 1 Z 2 und § 12 Abs 11 bzw § 21 und § 26 Abs 11 GlBG). Die Prinzipien des allgemeinen Schadenersatzrechts sind hiebei zu berücksichtigen (OGH 21. 1. 1999, 8 ObA 188/98z, DRdA 2000, 50 mit Bespr v *Eichinger* = ZAS 2000, 20 mit Bespr v *Brodil*). Bei der Bemessung des ideellen Schadenersatzes für geschlechtsbezogene Belästigung sind Dauer, Art und Intensität der Gesamtheit der Belästigungen, denen ein Arbeitnehmer ausgesetzt ist, sowie die dadurch hervorgerufene einschüchternde und demütigende Arbeitsatmosphäre im Rahmen einer Globalbemessung zu berücksichtigen. Zu beachten ist hiebei, dass der Schadenersatz nach der Rechtsprechung und den europarechtlichen Vorgaben abschreckend wirken soll (OGH 2. 9. 2008, 8 ObA 59/08x, DRdA 2010, 243 mit Bespr v *Thomasberger* = ZAS 2009, 231 mit Bespr v *Enzelsberger*). Schadenersatzansprüche der bezeichneten Art, die sich aus einer Belästigung nach §§ 7 und 21 GlBG ergeben, sind binnen einem Jahr gerichtlich geltend zu machen. Ansprüche nach § 6 GlBG sind binnen drei Jahren gerichtlich geltend zu machen.

Führt die Verletzung des Gleichbehandlungsgebots zu einem **geringeren Entgelt**, so hat der Arbeitnehmer gegenüber dem Arbeitgeber Anspruch auf Bezahlung der Differenz und eine Entschädigung für die erlittene persönliche Beeinträchtigung (§ 3 Z 2 u § 12 Abs 2 bzw § 17 Abs 2 u § 26 Abs 2 GlBG).

Wurde der Arbeitnehmer diskriminierend von betrieblichen **Weiterbildungsmaßnahmen** ausgeschlossen, hat der Arbeitnehmer nur einen alternativen Rechtsanspruch (§ 3 Z 4 u § 12 Abs 2 bzw § 17 Abs 1 Z 4 u § 26 Abs 4 GlBG). Der Arbeitnehmer hat Anspruch auf Einbeziehung in die entsprechenden betrieblichen Aus- und Weiterbildungsmaßnahmen **oder** auf Ersatz des Vermögensschadens und auf eine Entschädigung für die erlittene persönliche Beeinträchtigung.

Erfolgte die Diskriminierung bei der Gewährung **freiwilliger Sozialleistungen**, die kein Entgelt darstellen, hat die diskriminierte Person Anspruch auf Gewährung der betreffenden Sozialleistung oder Ersatz des Vermögensschadens und auf eine Entschädigung für die erlittene persönliche Beeinträchtigung (§ 3 Z 3 u § 12 Abs 3 bzw § 17 Abs 1 Z 3 u § 26 Abs 3 GlBG).

Bei Verletzung des Gleichbehandlungsgebotes in Bezug auf **sonstige Arbeitsbedingungen** hat der Arbeitnehmer Anspruch auf Gewährung der gleichen Arbeitsbedingungen wie ein Arbeitnehmer, bei dem eine Diskriminierung nicht erfolgt, oder auf Ersatz des Vermögensschadens und auf eine Entschädigung für die erlittene persönliche Beeinträchtigung (§ 3 Z 6 u § 12 Abs 6 bzw § 17 Abs 1 Z 6 u § 26 Abs 6 GlBG).

Wurde ein Arbeitnehmer beim Zugang zur Berufsberatung, Berufsausbildung, beruflichen Weiterbildung und Umschulung **außerhalb des Arbeitsverhältnisses** (§ 4 Z 1 bzw 18 Z 1 GlBG) diskriminiert, hat die betroffene Person Anspruch auf Einbeziehung in die entsprechenden Berufsberatungs-, Berufsausbildungs-, Weiterbildungs- und Umschulungsmaßnahmen oder auf Ersatz des Vermögensschadens und auf eine Entschädigung für die erlittene persönliche Beeinträchtigung (§ 12 Abs 8 bzw § 26 Abs 8 GlBG).

Erfolgt eine Diskriminierung bei der **Mitgliedschaft und Mitwirkung in einer Arbeitnehmer- oder Arbeitgeberorganisation** oder einer Organisation, deren Mitglieder einer bestimmten Berufsgruppe angehören, einschließlich der Inanspruchnahme der Leistungen solcher Organisationen, hat die betroffene Person Anspruch auf Mitgliedschaft und Mitwirkung in der betroffenen Organisation sowie auf Inanspruchnahme der Leistungen der betreffenden Organisation oder Ersatz des Vermögensschadens und auf eine Entschädigung für die erlittene persönliche Beeinträchtigung (§ 4 Z 2 u § 12 Abs 9 bzw § 18 Z 2 u § 26 Abs 9 GlBG).

Bei Verletzung des Gleichbehandlungsgebotes bei der Gründung, Einrichtung oder Erweiterung eines Unternehmes sowie der Aufnahme oder Ausweitung jeglicher anderen Art von **selbständiger Tätigkeit** hat die betroffene Person Anspruch auf Ersatz des Vermögensschadens und eine Entschädigung für die erlittene persönliche Beeinträchtigung (§ 4 Z 3 u § 12 Abs 10 bzw § 18 Z 3 u § 26 Abs 10 GlBG).

Ist das Arbeitsverhältnis vom Arbeitgeber wegen des Geschlechts des Arbeitnehmers oder wegen eines in § 17 genannten Grundes oder wegen der nicht offenbar unberechtigten Geltendmachung von Ansprüchen nach diesem Gesetz gekündigt oder vorzeitig beendet worden oder ist das Probearbeitsverhältnis wegen eines solchen Grundes aufgelöst worden, so kann die **Kündigung, Entlassung** oder **Auflösung des Probearbeitsverhältnisses** bei Gericht angefochten werden. Ist ein befristetes, auf die Umwandlung in ein unbefristetes Arbeitsverhältnis angelegtes Arbeitsverhältnis durch **Zeitablauf** beendet worden, so kann auf Feststellung des unbefristeten Bestehens des Arbeitsverhältnisses geklagt werden. Lässt der Arbeitnehmer die Beendigung gegen sich gelten, so hat er Anspruch auf Ersatz des Vermögensschadens und auf eine Entschädigung für die erlittene persönliche Beeinträchtigung (§ 3 Z 7 u § 12 Abs 7 bzw § 17 Abs 1 Z 7 u § 26 Abs 7 GlBG, vgl hiezu 8.2.8.2 u 8.3.4.3.2; OGH 30. 6. 1994, 9 ObA 271/94, ecolex 1994, 705). Eine Kündigung, Entlassung oder Auflösung des Probearbeitsverhältnisses ist binnen 14 Tagen ab ihrem Zugang bei Gericht anzufechten bzw eine Feststellungsklage binnen 14 Tagen ab Beendigung des Arbeitsverhältnisses durch Zeitablauf bei Gericht einzubringen. Lässt der Arbeitnehmer die Beendigung gegen sich gelten, so hat er Anspruch auf Ersatz des Vermögensschadens und auf eine Entschädigung für die erlittene persönliche Beeinträchtigung, welcher binnen sechs Monaten ab Zugang der Kündigung, Entlassung oder Auflösung des Probearbeitsverhältnisses oder Beendigung des Arbeitsverhältnisses durch Zeitablauf gerichtlich geltend zu machen ist (§ 15 Abs 1a bzw § 29 Abs 1a GlBG).

Grundsätzlich kommt es bei einer vom Arbeitnehmer oder vom Stellenwerber behaupteten Diskriminierung insofern zu einer **Beweislastverlagerung**, als der Diskriminierte die Verletzung des GlBG nur glaubhaft zu machen hat und die Klage nur dann abzuweisen ist, wenn bei Abwägung aller Umstände eine höhere Wahrscheinlichkeit dafür spricht, dass ein anderes als vom Arbeitgeber glaubhaft gemachtes Motiv für die unterschiedliche Behandlung ausschlaggebend war oder das andere Geschlecht unverzichtbare Voraussetzung für die auszuübende Tätigkeit ist (vgl § 12 Abs 12 GlBG)[532]. Im Fall einer geschlechtsbezogenen oder sexuellen Belästigung obliegt es dem Beklagten zu beweisen, dass es bei Abwägung aller Umstände wahrscheinlich ist, dass die von ihm glaubhaft gemachten Tatsachen der Wahrheit entsprechen (§ 12 Abs 12 GlBG). 6/347

Erschwert wird die Beweislastverteilung dann, wenn die geschlechtsbezogene oder sexuelle **Belästigung nicht durch den Arbeitgeber** sondern einen anderen Arbeitnehmer (zB Dienstvorgesetzten) erfolgt und der Arbeitgeber durch Entlassung oder Kündigung reagiert. Es muss in all diesen Fällen beim Grundsatz bleiben, dass der Arbeitgeber das rechtswidrige Verhalten des Arbeitnehmers zu beweisen hat. Entlässt etwa der Arbeitgeber einen Arbeitnehmer mit dem Argument, der Arbeitnehmer hätte wissentlich und wahrheitswidrig einen anderen Arbeitnehmer der sexuellen Belästigung bezichtigt, dann muss er nicht nur die Behauptung der sexuellen Belästigung sondern auch die Wissentlichkeit und Unwahrheit dieser Behauptung nachweisen[533]. 6/348

Soweit das GlBG nicht Sonderregelungen trifft (s oben) gilt die allgemeine **Verjährungsfrist** des ABGB von drei Jahren. Anträge an die Gleichbehandlungskommission bzw das amtswegige Tätigwerden der Kommission führen zur **Hemmung der Fristen** betreffend die gerichtliche Geltendmachung der Ansprüche (§ 15 Abs 2 GlBG). 6/349

[532] Vgl OGH 9. 7. 2008, 9 ObA 177/07f, DRdA 2010, 137 mit Bespr v *Eichinger* = ZAS 2009, 186 mit Bespr v *Klicka*; *Ludwig*, Beweislastverteilung im Gleichstellungsrecht, DRdA 2010, 167; *Potz*, Die Abwägung von Wahrscheinlichkeiten – Rechtsfragen zur Glaubhaftmachung im GlBG, RdW 2010, 28.

[533] Vgl OGH 26. 5. 2014, 8 ObA 55/13s, ZAS 2015, 37 mit Bespr v *Morgenstern* = DRdA 2015, 182 mit Bespr v *Eichinger*.

6.7.2.3. Gleichbehandlungskommission

6/350 Die Gleichbehandlungskommission[534] ist beim **Bundeskanzleramt** eingerichtet und besteht aus **drei Senaten** (Senat I für die Gleichbehandlung von Frauen und Männern in der Arbeitswelt; Senat II für die Gleichbehandlung ohne Unterschied der ethnischen Zugehörigkeit, der Religion oder der Weltanschauung, des Alters oder der sexuellen Orientierung in der Arbeitswelt[535]; Senat III für die Gleichbehandlung ohne Unterschied des Geschlechts oder der ethnischen Zugehörigkeit in sonstigen Bereichen). Die **Zusammensetzung** der Senate ist unterschiedlich. Entsendungsberechtigt sind primär die Sozialpartner, das Bundeskanzleramt und gewisse Ministerien.

6/351 Grundsätzlich haben sich die Senate der Gleichbehandlungskommission in ihrem Zuständigkeitsbereich mit allen die Diskriminierung berührenden Fragen und mit Verstößen gegen die Beachtung des Gleichbehandlungsgebotes regelnde Förderungsrichtlinien zu befassen. Zur Erfüllung ihrer **Aufgaben** haben die Senate der Gleichbehandlungskommission insbesondere Gutachten über Fragen der Verletzung des Gleichbehandlungsgebotes zu erstatten[536].

Gutachten sind auf Antrag der im jeweiligen Senat vertretenen Interessenvertretungen oder auf Antrag eines/einer Anwalts/Anwältin für Gleichbehandlungsfragen (vgl 6.7.2.4) zu erstellen. Ein Gleichbehandlungssenat kann aber auch von Amts wegen agieren, wenn ein Diskriminierungsverdacht besteht. Kein Antragsrecht besitzt ein einzelner Arbeitnehmer, Arbeitgeber oder eine sonstige diskriminierte Person. Die Erstellung von Gutachten ist daher vor allem bei generellen Fragen (zB diskriminierende Ausgestaltung eines Kollektivvertrags) von Bedeutung. Für die Behandlung möglicher individueller Benachteiligungen steht eher das Instrument der sog **Einzelfallprüfung** zur Verfügung. Eine solche können auch Arbeitnehmer, Arbeitgeber und Betriebsräte beantragen. Der Senat für Gleichbehandlungsfragen reagiert in einem solchen Fall jedoch nur mit einem Vorschlag zur Verwirklichung der Gleichbehandlung und mit einer Aufforderung zur Beseitigung der Diskriminierung. Wird dem Auftrag des Senats nicht entsprochen, können die Interessenvertretungen beim zuständigen Gericht (insb beim Arbeits- und Sozialgericht) klagen (**Verbandsklage**)[537].

6.7.2.4. Gleichbehandlungsanwaltschaft

6/352 Zusätzlich zur Gleichbehandlungskommission ist beim Bundeskanzleramt auch die Gleichbehandlungsanwaltschaft eingerichtet (§ 3 GBK/GAW-G). Sie besteht aus drei Anwältinnen bzw Anwälten (Anwältinnen bzw Anwälte für die Gleichbehandlung von Frauen und Männern in der Arbeitswelt, für die Gleichbehandlung ohne Unterschied der ethnischen Zugehörigkeit, der Religion oder der Weltanschauung, des Alters oder der sexuellen Orientierung in der Arbeitswelt, für die Gleichbehandlung ohne Unterschied des Geschlechts oder der ethnischen Zugehörigkeit in sonstigen Bereichen), der erforderlichen

---

534 *Hopf*, Begründungspflicht des Gerichtes nach § 61 GlBG: Eine Schnittstelle zur Gleichbehandlungskommission, DRdA 2007, 3.

535 Vgl auch *Böhm*, „Ethnische Zugehörigkeit" in der Spruchpraxis des Senates II der GBK, DRdA 2010, 78.

536 *Matt*, Das Verfahren vor der Gleichbehandlungskommission, DRdA 2009, 442; *dies*, Das Verfahren vor der Gleichbehandlungskommission – Update 2011, DRdA 2011, 582; zur mangelnden Behördenqualität der Gleichbehandlungskommission vgl *Schmölzer*, Novelle des Gleichbehandlungsgesetzes: Die verpasste Chance einer echten Reform, juridikum 2013, 165.

537 Zu den Voraussetzungen einer Verbandsklage nach § 6 Abs 3 GlBG alt s OGH 19. 11. 2002, 9 ObA 12/03k, DRdA 2005, 55 mit Bespr v *Bei*.

Zahl von weiteren Anwältinnen bzw Anwälten, den Regionalanwältinnen bzw -anwälten und Mitarbeiterinnen und Mitarbeitern.

Die **Regionalbüros für Gleichbehandlung** können vom Bundeskanzler durch Verordnung eingerichtet werden, wenn es zur Verbesserung der Beratung und Unterstützung von Personen in Fragen der Gleichbehandlung erforderlich ist. Bislang wurden vier Regionalbüros eingerichtet: das Regionalbüro der Anwältin bzw des Anwalts für Gleichbehandlungsfragen für Vorarlberg, Tirol und Salzburg, das Regionalbüro der Anwältin bzw des Anwalts für Gleichbehandlungsfragen für Kärnten, das Regionalbüro der Anwältin bzw des Anwalts für Gleichbehandlungsfragen in der Steiermark und das Regionalbüro der Anwältin bzw des Anwalts für Gleichbehandlungsfragen für Oberösterreich.

Die Anwältinnen bzw Anwälte für Gleichbehandlung haben Personen, die sich iS des GlBG diskriminiert fühlen, zu **beraten** und zu **unterstützen**. Sie können insb den Arbeitgeber oder den sonst Verantwortlichen zur Abgabe einer schriftlichen **Stellungnahme** auffordern. Weitere **Auskünfte** können vom Arbeitgeber, vom Betriebsrat, von den Beschäftigten eines Betriebes und sonstigen Verantwortlichen eingeholt werden. Bei der Gleichbehandlungskommission können die Gleichbehandlungsanwältinnen bzw -anwälte sowohl Gutachten als auch Einzelfallprüfungen initiieren (vgl 6.7.2.3). 6/353

6.7.3. Sonstige gesetzliche Diskriminierungsverbote

Spezielle Ausprägungen des Gleichbehandlungsgrundsatzes bzw konkrete Benachteiligungsverbote finden sich – neben dem GlBG (vgl 6.7.2) – auch im BEinstG, im ArbVG, im AuslBG, im BPG, im AZG und im AVRAG. 6/354

Die Ungleichbehandlung von **Betriebsratsmitgliedern** soll durch das Benachteiligungsverbot des § 115 Abs 3 ArbVG hintangehalten werden. Dieser Bestimmung zufolge dürfen Mitglieder des Betriebsrats in Ausübung ihrer Tätigkeit nicht beschränkt und wegen dieser auch nicht benachteiligt werden (vgl hiezu 10.13.1). Das Benachteiligungsverbot bezieht sich vor allem auf die Entgeltbedingungen, die Aufstiegsmöglichkeiten und die Versetzung der geschützten Arbeitnehmer. 6/355

Für **ausländische Arbeitnehmer** soll § 8 Abs 1 AuslBG gewährleisten, dass sie nicht zu schlechteren Lohn- und Arbeitsbedingungen beschäftigt werden, als sie für die Mehrzahl der bezüglich der Leistung und Qualifikation vergleichbaren inländischen Arbeitnehmer des Betriebs gelten. Hält sich der Arbeitgeber nicht daran, dann kann dies zum Widerruf der Beschäftigungsbewilligung oder zur Untersagung der Beschäftigung von Ausländern führen (allg zur Ausländerbeschäftigung vgl 5.2.6). Ein aus dem AuslBG unmittelbar abgeleiteter materiell-rechtlicher Anspruch des einzelnen Arbeitnehmers auf Gleichbehandlung wird abgelehnt (vgl *Schnorr*, AuslBG^4 [1998], 60 f und 90). Dem Arbeitnehmer bleibt es aber unbenommen, sich auf den allgemeinen Gleichbehandlungsgrundsatz zu stützen (vgl 6.7.1) und die auf Grund der Ungleichbehandlung zu Unrecht vorenthaltenen Ansprüche einzuklagen. Dem AuslBG ist unzweifelhaft zu entnehmen, dass der Gesetzgeber eine ausschließlich nach der Nationalität des Arbeitnehmers vorgenommene Differenzierung als sachfremd qualifiziert. Für ausländische Arbeitnehmer, die (in Österreich) von Arbeitgebern ohne Sitz in Österreich beschäftigt werden, sieht außerdem § 7 Abs 2 AVRAG vor, dass dem Ausländer zumindest jenes gesetzliche oder kollektivvertragliche Entgelt gebührt, das 6/356 am Arbeitsort vergleichbaren Arbeitnehmern von vergleichbaren Arbeitgebern zusteht (vgl auch 6.5.3.1).

6/357 Für ausländische Arbeitnehmer aus den EWR-Ländern leitet sich bereits aus Art 28 des EWR-Abkommens (BGBl 909/1993) eine Verpflichtung des österreichischen Gesetzgebers ab, Arbeitsbedingungen, wie sie auch für österreichische Arbeitnehmer gelten, zu schaffen.

6/358 Ein weiteres ausdrücklich geregeltes Gleichbehandlungsgebot beinhaltet das **BPG** (vgl allg 6.5.2.6.2). Gem § 18 dieses Gesetzes ist der Arbeitgeber insb verpflichtet, bei Einschränkung oder Widerruf von Rechten nach dem BPG Leistungs- und Anwartschaftsberechtigte nach ausgewogenen, willkürliche und sachfremde Differenzierungen zwischen Arbeitnehmern und Arbeitnehmergruppen ausschließenden Grundsätzen zu behandeln. Bei Leistungszusagen, die von einer Pensionskasse bzw betrieblichen Kollektivversicherung (vgl 6.5.2.6.1) zu erfüllen sind, muss den Arbeitnehmern oder Arbeitnehmergruppen des Betriebs eine ausgewogene, willkürliche oder sachfremde Differenzierungen ausschließende Beteiligung am Pensionskassen- bzw Kollektivversicherungssystem ermöglicht werden. In der Regel ist davon auszugehen, dass aktive und ehemalige Arbeitnehmer sich in unterschiedlichen Rechtspositionen befinden und eine unterschiedliche Behandlung von Entgelten und Betriebspensionen sachlich gerechtfertigt werden kann[538]. Verstöße gegen das Gleichbehandlungsgebot gem § 18 BPG bewirken einen Angleichungsanspruch der Benachteiligten[539].

6/359 **Teilzeitbeschäftigte** Arbeitnehmer (vgl 6.8.14) dürfen wegen der Teilzeitarbeit gegenüber vollzeitbeschäftigten Arbeitnehmern nicht benachteiligt werden, es sei denn, sachliche Gründe rechtfertigen eine unterschiedliche Behandlung. Für das Vorliegen solcher Gründe ist der Arbeitgeber beweispflichtig. Das Benachteiligungsverbot richtet sich aber nicht nur gegen den Arbeitgeber, sondern betrifft auch die Kollektivvertrags- und Betriebsvereinbarungsparteien (§ 19d Abs 6 AZG; s hiezu insb *Resch*, Rechtsfragen der Teilzeitbeschäftigung unter besonderer Berücksichtigung des ArbBG und des EWR, DRdA 1993, 97). Dasselbe gilt für **Arbeitnehmer mit Arbeitsverträgen auf bestimmte Zeit**. Sie dürfen gem § 2b Abs 1 AVRAG gegenüber Arbeitnehmern mit unbefristeten Verträgen nicht benachteiligt werden (vgl auch 5.3.1).

---

538 S auch OGH 6. 7. 1998, 8 ObA 161/98d, DRdA 1999, 372 mit Bespr v *Eichinger*.

539 Vgl allg *Eberhartinger*, § 18 Betriebspensionsgesetz und der arbeitsrechtliche Gleichbehandlungsgrundsatz, ecolex 1990, 700; *Eichinger*, Zum Gleichbehandlungsgebot gem § 18 BPG, ZAS 1991, 119; *dies*, Gleichbehandlungsgebot bei Überleitung betrieblicher Pensionszusagen auf Pensionskassen, RdW 1991, 179; *Strasser*, Betriebspension und Gleichbehandlung (1991); *Tomandl*, ZAS 1991, 83; *Wöss*, Das Gleichbehandlungsgebot nach § 18 BPG, DRdA 1991, 345; *Hainz*, Pensionszusagen nur an Führungskräfte gleichheitswidrig?, ecolex 1991, 332; *Runggaldier*, Rückwirkung neuer Rechtsprechung? Anm zu OGH vom 11. 8. 1993, 9 ObA 133/93, RdW 1994, 50; *Weinmeier*, VfGH: Sachliche Differenzierung bei der Einbeziehung in ein Pensionskassensystem zulässig, RdW 1995, 223; VfGH 6. 12. 1994, B 204/94, DRdA 1995, 346 mit Bespr v *Eichinger* = ZAS 1996, 127 mit Bespr v *Schrammel*; OGH 13. 6. 1996, 8 ObA 239/95, DRdA 1997, 200 mit Bespr v *Eichinger* = ZAS 1997, 108 mit Bespr v *Resch*; s weiters EuGH 22. 12. 1993, C-152/91, *Neath*, DRdA 1994, 287 mit Bespr v *Kirschbaum*; zur Gleichbehandlung von Akademikerinnen und Nichtakademikerinnen s OGH 19. 3. 2013, ObA 146/12d, ARD 6341/4/2013 = infas 2013, A 69 = ecolex 2013, 653.

Für **behinderte Personen** findet sich ein (europarechtlich determinierter; s auch 2.8.4.2.2) Diskriminierungsschutz im BEinstG[540]. Arbeitnehmer dürfen auf Grund einer Behinderung weder unmittelbar noch mittelbar[541] diskriminiert werden. Es ist ausreichend, wenn bestimmte Eigenschaften, Handlungen, Verhaltensweisen oder Zustände, die mit dem Merkmal der Behinderung in Verbindung gebracht werden können, mit ursächlich sind. Auch eine bloß **vermutete Behinderung** kann zu einer Diskriminierung führen, wenn sie die Ursache für die benachteiligende Differenzierung bildet[542]. Ebenso ist eine Benachteiligung diskriminierend, wenn sie wegen eines Naheverhältnisses zu einer (anderen) behinderten Person erfolgt (§ 7b Abs 5 BEinstG). Wenn auf Grund eines Verstoßes gegen dieses Diskriminierungsverbot ein Dienstverhältnis nicht begründet wird, besteht ein Entschädigungsanspruch für den Stellenwerber, dasselbe gilt bei diskriminierender Erschwerung oder Vereitelung des beruflichen Aufstiegs[543]. 6/360

Zur Unterstützung und Beratung von behinderten Personen, die sich diskriminiert fühlen, kann auch der nach dem Bundesbehindertengesetz (BBG) eingerichtete **Behindertenanwalt** herangezogen werden.

Gem § 8 Abs 1 AVRAG dürfen Arbeitnehmer, die bei **ernster und unmittelbarer Gefahr** für Leben und Gesundheit einen betrieblichen Gefahrenbereich verlassen, nicht benachteiligt werden. Dasselbe gilt für Arbeitnehmer, die unter Berücksichtigung ihrer Kenntnisse und der zur Verfügung stehenden technischen Mittel selbst **Maßnahmen zur Abwehr** einer solchen Gefahr treffen, wenn sie die sonst zuständigen Personen nicht erreichen, es sei denn, sie haben bei der Gefahrenbekämpfung grob fahrlässig gehandelt (zur Anfechtung einer Kündigung oder Entlassung vgl 8.2.8.2 u 8.3.4.3.2). 6/361

Sicherheitsvertrauenspersonen, Sicherheitsfachkräfte und Arbeitsmediziner sowie deren Fach- oder Hilfspersonal (vgl hiezu 7.2.2.3, 7.2.2.4 u 7.2.2.5) dürfen auf Grund ihrer Tätigkeit ebenfalls nicht benachteiligt werden (§ 9 Abs 2 AVRAG; zur Anfechtung einer Kündigung oder Entlassung vgl 8.2.8.2 u 8.3.4.3.2). 6/362

6.8. Arbeitszeit

Primärer sozialpolitischer Zweck der gesetzlichen Arbeitszeitregelungen ist der Schutz des Arbeitnehmers vor der übermäßigen Inanspruchnahme seiner Arbeitskraft durch den Arbeitgeber[544]. Es soll die Gesundheit des Arbeitnehmers geschützt und sein Anspruch auf 6/363

---

[540] Vgl etwa *Schrank/Tomandl*, Ausgewähltes zum neuen Behindertenschutz, ZAS 2006, 200; *Widy/Auer-Mayer/Schrattbauer*, in Widy (Hrsg), Behinderteneinstellungsgesetz[8] (2016), 377; *Mair*, Krankheit als Behinderung, wbl 2014, 541.

[541] Kündigung wirkt nicht mittelbar diskriminierend, wenn Weiterbeschäftigung dem Arbeitgeber unzumutbar ist, OGH 29. 4. 2014, 9 ObA 165/13z, ARD 6406/13/2014.

[542] Vgl *Mayr* in Neumayr/Reissner (Hrsg), Zeller Kommentar[2] (2011), § 7b BEinstG Rz 2; so auch *Gerhartl*, Probleme des Diskriminierungsschutzes behinderter Arbeitnehmer, RdW 2007, 416.

[543] § 7e BEinstG; s auch *Auer-Mayer* in Widy (Hrsg), Behinderteneinstellungsgesetz[8] (2016), 424.

[544] *Cerny*, Probleme des Arbeitszeitrechts, in FS Weißenberg (1980), 255; *ders*, Der Schutzgedanke im Arbeitszeitrecht, DRdA 1973, 97; *Schmid*, AZG und ARG verfassungswidrig, ecolex 1995, 912; *Rebhahn*, Arbeitszeitrecht und Erwerbsfreiheit des Arbeitnehmers – eine Erwiderung, wbl 1996, 56; weiters auch *Schifko*, Arbeitszeitrechtliche Probleme im Hotel- und Gastgewerbe (1999); *Mair*, Grundlagen und Begrifflichkeiten des

Freizeit gesichert werden. Eine Unterscheidung zwischen Männern und Frauen wird hiebei seit BGBl I 46/1997 nicht vorgenommen. Ebenfalls Berücksichtigung finden im Arbeitszeitrecht arbeitsmarktpolitische und allgemeine wirtschaftliche Überlegungen, wie die Diskussion um die Arbeitszeitverkürzung und die Flexibilisierung der Arbeitszeit zeigt.

Um den Schutz der Arbeitnehmerinteressen zu gewährleisten, kommt es im Arbeitszeitrecht zum Einsatz **öffentlich-rechtlicher** Mittel. Die Überwachung der Arbeitszeitbestimmungen erfolgt durch staatliche Behörden, insb durch die Arbeitsinspektion (vgl 14.4). Diese ist berechtigt, in alle betrieblichen Unterlagen und Aufzeichnungen Einsicht zu nehmen (s 6.8.10). Die Verletzung von bestehenden Vorschriften wird durch Verwaltungsstrafen sanktioniert (§ 28 AZG, § 27 ARG)[545]. Im **zivilrechtlichen Bereich** werden durch sie die Vertragsfreiheit und das Weisungsrecht des Arbeitgebers eingeschränkt (*Floretta*, Arbeitnehmerschutzrecht und Arbeitsvertragsrecht, DRdA 1953, H 7, 13). Dem Arbeitnehmer stehen im Falle der Nichteinhaltung der Arbeitszeitvorschriften durch den Arbeitgeber die zivilrechtlichen Sanktionsmöglichkeiten wie Austritt und Geltendmachung von Schadenersatzansprüchen zur Verfügung (vgl hiezu *Schwarz*, Öffentliches und privates Recht in der arbeitsrechtlichen Systembildung [1973]).

6.8.1. Rechtsquellen

6/364 Auf europarechtlicher Ebene ist va die Arbeitszeit-Richtlinie, RL 2003/88/EG, zu beachten, die unter dem Aspekt der Sicherheit und des Gesundheitsschutzes Regelungen zu Höchstarbeitszeiten, zu Mindestruhezeiten und zu Nacht- und Schichtarbeit enthält[546].

6/365 Vorschriften über die Arbeitszeit finden sich in erster Linie im **Arbeitszeitgesetz**[547] und im **Arbeitsruhegesetz**. Beide Gesetze sehen Sonderbestimmungen für gewisse Arbeitnehmergruppen (insb Lenker von Kraftfahrzeugen[548]) vor. Sowohl das AZG als auch das ARG hat der Arbeitgeber an einer geeigneten, für die Arbeitnehmer leicht zugänglichen Stelle aufzulegen bzw unter Einsatz neuer Medien, etwa im Intranet, den Arbeitnehmern bereitzustellen.

Für eine Reihe von Arbeitnehmergruppen gelten die Bestimmungen des AZG und des ARG nicht, da Sonderregelungen wie zB im KJBG, im BäckAG 1996, im LArbG, im HGHAG, im HausbG, im HeimAG, im TAG (wobei nur das ARG auf Mitglieder iS des TAG keine Anwendung findet, wohin-

---

Arbeitszeitrechts, in Wachter/Burger (Hrsg), Aktuelle Entwicklungen im Arbeits- und Sozialrecht 2008 (2008), 3; *Schindler*, Die AZG-Novelle 2007, in Resch (Hrsg), Das neue Arbeitszeitrecht (2008), 37; vgl auch *Risak*, Entgrenzte Arbeitszeit: Wunsch, Alptraum oder arbeitsrechtliche Realität?, DRdA 2015, 9 zu den historischen Entwicklungsstufen der Arbeitszeit; zur historischen Entwicklung in Österreich *ders*, Hintergründe der Arbeitszeitregulierung – Gesundheitsschutz – Emanzipation – Arbeitsmarktpolitik, ZAS 2015, 127.

[545] Vgl hiezu *Hattenberger*, Verwaltungsstrafrecht und Arbeitszeitrecht, in Resch (Hrsg), Arbeitszeitrecht (2001), 41; *Marhold*, Die Überwachung der Arbeitszeit durch den Arbeitgeber, ÖJZ 1993, 41; zur Strafbarkeit bei Pflichtenkollision VwGH 6. 8. 1996, 95/11/0322, ZAS 1997, 185 mit Bespr v *Windisch-Graetz*; *Heinz-Ofner*, Folgen und Pflichtverletzungen nach dem AZG, in Wachter/Burger (Hrsg), Aktuelle Entwicklungen im Arbeits- und Sozialrecht 2008 (2008), 93.

[546] Vgl hiezu *Klein*, Die Arbeitszeitrichtlinie der EU, DRdA 1994, 190; *Wolfsgruber*, Die Arbeitszeit-Richtlinie und ihre Umsetzung durch das Arbeitszeitgesetz, in Resch (Hrsg), Arbeitszeitrecht (2001), 75.

[547] Vgl *Grillberger*, AZG[3] (2011); *Binder/Brunner/Szymanski*, AZG (2006); *Heilegger/Klein*, Arbeitszeitgesetz[4] (2016); *Schrank*, Arbeitszeitgesetze[4] (2017); *Pfeil* in Neumayr/Reissner (Hrsg), Zeller Kommentar[2] (2011), §§ 3-4c AZG; s aber auch die für Lenker bestimmter Kraftfahrzeuge bedeutsame und im österreichischen Recht unmittelbar anzuwendende VO (EWG) 3820/85 des Rates über die Harmonisierung bestimmter Sozialvorschriften im Straßenverkehr und die VO (EWG) 3821/85 des Rates über das Kontrollgerät im Straßenverkehr (hiezu *Lang*, Sozialvorschriften im Straßenverkehr, ASoK 1998, 397); ferner die auf Grund des § 17 Abs 3 AZG erlassene FahrtenbuchVO (BGBl 461/1975).

[548] Vgl etwa *Schrank*, Zur Reichweite der Arbeitgeber-Arbeitszeit-Kontrollsystempflichten für Lenker, ZAS 2006, 120.

gegen das AZG sehr wohl anzuwenden ist; vgl *Urleb*, Arbeitrechtliche Fragen des SchSpG [2009], 33; *dies*, Das neue Arbeitsrecht in Theaterbetrieben, ASoK 2011, 53; *Majoros*, Das neue Theaterarbeitsgesetz, ecolex 2011, 188) sowie im KA-AZG[549] bestehen. Leitende Angestellte, denen maßgebliche Führungsaufgaben selbstverantwortlich übertragen sind, werden ausgenommen, da für sie eine arbeitsrechtliche Schutzgesetzgebung nicht notwendig erscheint (vgl 4.3.2.2.2).

Spezifische Bestimmungen finden sich im AZG für gewisse Betriebsarten bzw Arbeitnehmergruppen (Lenker von Kraftfahrzeugen, Arbeitnehmer in Betrieben des öffentlichen Verkehrs, Arbeitnehmer in öffentlichen Apotheken und Anstaltsapotheken sowie Arbeitnehmer, die mit Reinhaltung, Wartung und Beaufsichtigung von Häusern beschäftigt sind).

Neben den gesetzlichen Bestimmungen kommt vor allem dem **Kollektivvertrag** und der **Betriebsvereinbarung** (vgl 11.5.3.6) erhebliche Bedeutung bei der Regelung der Arbeitszeit zu. Der Gesetzgeber bedient sich hiebei teilweise des Instruments der sog **Zulassungsnormen** (vgl 3.3.1.9.1 g)[550]. Vom Gesetz abweichende Regelungen werden hiedurch möglich, wenn branchen-, unternehmens- oder betriebsspezifische Gegebenheiten dies erfordern (vgl zB §§ 4, 4a, 5, 7 AZG). 6/366

Durch den **Arbeitsvertrag** kann schließlich die Arbeitszeit im Rahmen der übergeordneten Rechtsquellen individuell gestaltet werden. Vor allem für das Ausmaß der Arbeitszeit als typisch materiell-rechtliche Arbeitsbedingung bildet der Arbeitsvertrag die entsprechende Rechtsgrundlage. 6/367

6.8.2. Begriff und Ausmaß der Arbeitszeit

Arbeitszeit iSd § 2 Abs 1 AZG ist die Zeit vom Beginn bis zum Ende der Arbeit ohne die Ruhepausen. Die Arbeitszeit beginnt mit der Aufnahme der vereinbarten Arbeit bzw mit dem Zeitpunkt, ab dem der Arbeitnehmer dem Arbeitgeber zur Verfügung steht[551] (zu den europarechtlichen Vorgaben s 2.8.4.4). 6/368

Zur Arbeitszeit sind auch jene Zeiten hinzuzuzählen, in denen ein regelmäßig im Betrieb beschäftigter Arbeitnehmer in seiner eigenen Wohnung, Werkstätte oder sonst außerhalb des Betriebs beschäftigt wird. Die Judikatur vertritt in diesem Zusammenhang die Auffassung, dass als Arbeitszeit nicht nur die Zeit der tatsächlichen und normalerweise zu leistenden Arbeit gilt, sondern auch jene Zeit, in der der Arbeitgeber die Freizeit des Arbeitnehmers für **seine Zwecke** in Anspruch nimmt. Diese Problematik stellt sich vor allem im Zusammenhang mit Reisezeiten (vgl 6.8.13; ferner OGH 20. 11. 1973, 4 Ob 54/73, Arb 9166; OGH 5. 6. 1984, 4 Ob 49/84, DRdA 1986, 312 mit Bespr v *Grillberger*).

---

[549] Vgl hiezu *Radner* (Hrsg), KA-AZG in der Praxis (1999); *Klein*, Krankenanstalten-Arbeitszeitgesetz (1998); *Stärker*, KA-AZG[6] (2015); *dens*, Das Krankenanstalten-Arbeitszeitgesetz im Detail, ASoK 1997, 242; *Grimm/Wolf*, Neuerungen im Arbeitszeitrecht für Krankenanstalten und Pflegeeinrichtungen, ZAS 2009, 165 ff; *Standeker/Fischl*, Krankenanstalten – Arbeitszeit NEU (2008); *Binder/Marx/Szymanski* (Hrsg), Krankenanstalten – Arbeitszeitrecht-Kommentar (2009); *Mazal*, Umkleidezeit als Arbeitszeit, in Kietaibl/Schörghofer/Schrammel (Hrsg), Rechtswissenschaft und Rechtskunde (2014), 63 ff.

[550] Vgl auch *Klein*, Neue Aspekte im Arbeitszeitrecht, DRdA 1998, 175; *Floretta*, Die Beteiligung der Kollektivvertragsparteien am Arbeitszeitschutz, DRdA 1973, 1; *Grillberger*, Kollektivvertragsdispositives Recht, DRdA 1973, 41; *Resch*, Die Zulassungsnormen nach dem AZG, ÖJZ 1991, 486; *Löschnigg/Melzer-Azodanloo*, Bereitschaftsdienst in öffentlichen Apotheken, DRdA 2002, 213.

[551] Vgl *Gerhartl*, Was zählt als Arbeitszeit?, ecolex 2015, 693.

6.8.2. Arbeitszeit

6/369 **Wegzeiten**, ds jene Zeiten, die der Arbeitnehmer für den Weg von der Wohnung zur Arbeitsstätte und zurück benötigt, zählen nicht zur Arbeitszeit[552]. Ob und inwieweit solche Zeiten ausnahmsweise zu vergüten sind, hängt von einzelvertraglichen oder kollektivvertraglichen Vereinbarungen ab[553].

6/370 Ob **Vorbereitungshandlungen** für die Arbeit schon als Arbeitszeit zu qualifizieren sind, ist eng mit der Frage nach der (bedungenen) Arbeitsleistung verbunden. Ähnlich wie bei Wegzeiten (s oben) werden unaufwendige Vorbereitungshandlungen (Verwendung von Arbeitsmänteln, Schürzen, Kostümierung von Zirkusmusikern[554] etc) noch der Sphäre des Arbeitnehmers und seiner Arbeitsbereitschaft zugerechnet[555]. Zeitintensive und arbeitsleistungsspezifische Vorbereitungshandlungen (Sicherheitschecks bei der Arbeitsbekleidung, Maske und Kostümierung von Schauspielern etc) werden hingegen jedenfalls als Arbeitszeit zu qualifizieren sein[556].

6/371 Unter **Tagesarbeitszeit** ist die Arbeitszeit innerhalb eines ununterbrochenen Zeitraums von 24 Stunden zu verstehen, wobei dieser nicht mit dem Kalendertag übereinstimmen muss, sondern mit dem Beginn der Arbeit zu laufen beginnt. Unter **Wochenarbeitszeit** versteht das AZG die Arbeitszeit innerhalb des Zeitraums von Montag bis einschließlich Sonntag.

6/372 Das **Ausmaß** der Normalarbeitszeit ergibt sich grundsätzlich aus dem Arbeitsvertrag[557] (s auch 6.1.4). Es ist durch das AZG nur nach oben hin beschränkt. Die Grenze der Normalarbeitszeit darf nicht mit den Höchstgrenzen der Arbeitszeit (vgl 6.8.9) verwechselt werden. Die Überschreitung der Normalarbeitszeit führt zur Leistung von Überstunden, die Überschreitung der arbeitszeitrechtlichen Höchstgrenzen zur Unzulässigkeit (zur Abgeltung unzulässiger Überstunden s 6.8.8.4).

6/373 Die **Normalarbeitszeit** setzt sich aus zwei Komponenten zusammen, nämlich dem Ausmaß der täglichen und dem Ausmaß der wöchentlichen Arbeitszeit. Gem § 3 Abs 1 AZG darf grundsätzlich die **tägliche Normalarbeitszeit** acht Stunden, die **wöchentliche Normalarbeitszeit** 40 Stunden nicht überschreiten.

6/374 Vom **Regelfall** einer Wochenarbeitszeit von 40 Stunden bzw einer Tagesarbeitszeit von acht Stunden kann in folgenden Fällen abgegangen werden:

- durch eine andere Verteilung der Normalarbeitszeit gem § 4 AZG (vgl 6.8.4);

---

552 Vgl OGH 24. 9. 1968, 4 Ob 50/68, Arb 8565; OGH 5. 10. 1971, 4 Ob 72/71, Arb 8910; OGH 14. 9. 1982, 4 Ob 92/82, Arb 10.180; OGH 15. 12. 2009, 9 ObA 6/09m, DRdA 2011, 536 mit Bespr v *Schindler* = ARD 6043/5/2010.

553 OGH 19. 5. 1993, 9 ObA 102/93, DRdA 1994, 53 mit Bespr v *Spitzl*; OGH 15. 12. 2009, 9 ObA 6/09m, DRdA 2011, 536 mit Bespr v *Schindler* = ARD 6043/5/2010; OGH 30. 4. 2012, 9 ObA 47/11v, ARD 6241/2/2012 = ecolex 2012, 718; vgl hiezu auch *Rauch*, Wegzeit, Ruhepause und Arbeitszeit, ASoK 2012, 452; *Mosing*, Weg- und Reisezeiten im Arbeitsrecht, RdW 2012, 160.

554 OGH 4. 9. 2002, 9 ObA 133/02b, DRdA 2003, 64 = infas 2003, A 6.

555 Generell idS *Resch*, Umkleidezeit und Beginn der Arbeitszeit, RdW 2015, 109; *Resch*, Diffusion der Leistungspflicht in zeitlicher Hinsicht, in Brodil (Hrsg), Entgrenzte Arbeit (2016), 1.

556 Vgl *Mazal*, Umkleidezeit als Arbeitszeit, in Kietaibl/Schörkhofer/Schrammel (Hrsg), Rechtswissenschaft und Rechtskunde, Liber Amicorum für Robert Rebhahn (2014), 63.

557 Vgl etwa *Jöst*, Vereinbarung der Normalarbeitszeit, in Reissner/Neumayr (Hrsg), Zeller Handbuch Arbeitsvertrags-Klauseln (2010), 325 ff.

- durch eine Verlängerung der Normalarbeitszeit bei Schichtarbeit gem § 4a AZG, gleitender Arbeitszeit gem § 4b AZG, Dekadenarbeit gem § 4c AZG sowie bei Arbeitsbereitschaft gem den §§ 5 u 5a AZG (vgl 6.8.5);
- auf Grund der Sonderbestimmungen für bestimmte Betriebsarten und Arbeitnehmergruppen;
- durch eine berechtigte Anordnung von Überstunden (vgl 6.8.8);
- durch Verkürzung oder Verlängerung der Arbeitszeit durch Kollektivvertrag, Betriebsvereinbarung (vgl 6.8.4, 6.8.7 u 11.5.3.6) oder Einzelvertrag.

6.8.3. Lage der Arbeitszeit

Die Lage der Arbeitszeit und ihre Änderung sind arbeitsvertraglich zu **vereinbaren**, sofern sie nicht durch Normen der kollektiven Rechtsgestaltung festgesetzt werden (§ 19c Abs 1 AZG)[558]. Jegliche Rechtsunsicherheit soll hiemit bei einer derart wichtigen Arbeitsbedingung verhindert werden (vgl hiezu auch 6.8.7.1). Wenn im Gesetz von Normen der kollektiven Rechtsgestaltung die Rede ist, dann sind primär der Kollektivvertrag und Betriebsvereinbarungen gem § 97 Abs 1 Z 2 ArbVG (vgl 11.5.3.6) angesprochen. 6/375

Das Erfordernis der individuellen Vereinbarung entfällt nur dann, wenn die kollektive Rechtsquelle die Lage der Arbeitszeit auch hinreichend „festsetzt" und damit dem Arbeitnehmer eine gewisse Planbarkeit seines Arbeitsrhythmus bietet. Kollektivvertragliche Regelungen wären unzulässig, wenn sie etwa dem Arbeitgeber völlig anheimstellen, die Lage der Arbeitszeit einseitig festzulegen.

Unter Lage der Arbeitszeit sind sowohl Beginn und Ende der **täglichen Arbeitszeit** als auch die Verteilung der **wöchentlichen Normalarbeitszeit** auf die einzelnen Arbeitstage zu verstehen. 6/376

Ist eine **Änderung** der Lage der Arbeitszeit aus objektiven, in der Art der Arbeitsleistung gelegenen Gründen **sachlich gerechtfertigt**, dann kann der Arbeitgeber diese Änderung vornehmen, wenn folgende Voraussetzungen gegeben sind: 6/377

a) Dem Arbeitnehmer ist die Lage der Arbeitszeit für die jeweilige Arbeitswoche mindestens zwei Wochen im Vorhinein mitzuteilen. Bei „tätigkeitsspezifischen Erfordernissen" können allerdings Kollektivvertrag und Betriebsvereinbarung abweichende Regelungen treffen. Die Frist von zwei Wochen muss auch dann nicht eingehalten werden, wenn es sich um einen unvorhersehbaren Fall handelt, die Arbeitszeitänderung zur Verhinderung eines unverhältnismäßigen wirtschaftlichen Nachteils erforderlich ist und andere Maßnahmen nicht zumutbar sind. 6/378

b) Berücksichtigungswürdige Interessen des Arbeitnehmers dürfen dieser Einteilung nicht entgegenstehen. 6/379

---

[558] Vgl hiezu insb *Grillberger*, AZG[3] (2011), § 19c Rz 4 ff; *Heilegger* in Heilegger/Klein, Arbeitszeitgesetz[4] (2016), § 19c; *Klein*, Rechtsprobleme der freien Diensteinteilung, DRdA 2000, 203; zur Teilnichtigkeit von Arbeitszeitvereinbarungen ohne Festlegung von Ausmaß und Lage der Arbeitszeit s OGH 22. 12. 2004, 8 ObA 116/04y, DRdA 2005, 417 mit Bespr v *B. Schwarz* = ZAS 2006, 78 mit Bespr v *Schrank*; *Mazal*, Vereinbarungen über die Arbeitszeit, ZAS 2011, 134; s auch OGH 26. 5. 2011, 9 ObA 69/10b, RdW 2011, 603 = infas 2011, A 75.

6/380 c) Eine Vereinbarung darf der Anordnung des Arbeitgebers ebenfalls nicht entgegenstehen (OGH 13. 6. 2002, 8 ObA 116/02w, DRdA 2003, 542 mit Bespr v *Löschnigg* = ARD 5373/6/2003).

Die im Gesetz ausdrücklich genannte und unter c erwähnte Voraussetzung ist insofern unklar, als die Lage der Arbeitszeit prinzipiell zu vereinbaren ist. Der Gesetzgeber wollte mit der lit c offensichtlich zum Ausdruck bringen, dass selbst bei Vorliegen der beiden ersten Voraussetzungen der Arbeitgeber an die vertragliche Grundlage gebunden ist. Eine Änderung der Lage der Arbeitszeit im Rahmen der lit a und b ist somit nur zulässig, wenn dies in der Vereinbarung über die Lage der Arbeitszeit ausdrücklich vorgesehen ist (vgl *Schwarz/Löschnigg*, Arbeitsrecht aus trüber Quelle, ÖJZ 1994, 220; ebenso OGH 19. 8. 1998, 9 ObA 187/98k, DRdA 1999, 280 mit Bespr v *Löschnigg*). Auch ein Kollektivvertrag oder eine Betriebsvereinbarung kann eine dem Gesetz entsprechende Abänderung der Lage der Arbeitszeit zulassen. Aus der Treuepflicht des Arbeitnehmers entspringende qualifizierte Verpflichtungen werden hiedurch jedoch nicht berührt.

6/381 **Auf Verlangen** des Arbeitnehmers kann zum Zwecke der **Sterbebegleitung** naher Angehöriger oder **Begleitung schwerst erkrankter Kinder** eine Änderung der Lage der Arbeitszeit erfolgen (Näheres dazu vgl 6.8.7.2.5).

6.8.4. (Andere) Verteilung der Normalarbeitszeit

6/382 Das AZG geht bei der Verteilung der Normalarbeitszeit von einer 40-Stunden-Woche und einem Achtstundentag aus (§ 3 Abs 1 AZG), sieht aber zugleich eine Reihe von Möglichkeiten einer anderen Verteilung der Normalarbeitszeit vor[559].

6/383 Diese andere Verteilung der Normalarbeitszeit ist eng mit der Rechtsquelle verknüpft, die die Rahmenbedingungen hiefür festlegen kann. So erlaubt § 4 Abs 1 AZG generell, dass der **Kollektivvertrag** eine tägliche Normalarbeitszeit von bis zu zehn Stunden zulassen kann. Hinzu kommt, dass gem § 1a AZG sämtliche Regelungen, zu denen das AZG den Kollektivvertrag ermächtigt, auch durch **Betriebsvereinbarung** zugelassen werden können. Voraussetzung hiefür ist allerdings, dass der Kollektivvertrag dies an die Betriebsvereinbarung delegiert oder dass mangels kollektivvertragsfähiger Interessenvertretung auf Arbeitgeberseite kein Kollektivvertrag abgeschlossen werden kann.

6/384 Im Einzelnen kommt eine andere Verteilung der Normalarbeitszeit in Frage:

a) Durch Betriebserfordernisse: In Betrieben, in denen kein Betriebsrat errichtet ist, kann das **Arbeitsinspektorat**, ansonsten die **Betriebsvereinbarung**, eine andere ungleichmäßige Verteilung der Normalarbeitszeit innerhalb einer Woche zulassen, soweit dies die Art des Betriebes erfordert (§ 4 Abs 2 zweiter Satz AZG). Die tägliche Normalarbeitszeit darf neun Stunden – bei Zulassung durch Kollektivvertrag zehn Stunden – nicht überschreiten.

6/385 b) Zur Erreichung einer **längeren Freizeit** im Zusammenhang mit der Wochenruhe oder mit der Tagesruhe kann die Normalarbeitszeit an einzelnen Tagen regelmäßig gekürzt

---

[559] Vgl *Löschnigg*, Probleme der AZG-Novelle BGBl I 46/1997, in FS Tomandl (1998), 239; *Schrank*, Flexiblere Arbeitszeiten: Arbeitszeit- und Ruhezeitausgleich im neuen Arbeitsrecht, in FS Tomandl (1998), 333; *Gärtner/Klein/Lutz*, Arbeitszeitmodelle[3] (2008); *Burger*, Neue Möglichkeiten der Flexibilisierung im Arbeitszeitrecht, in Wachter/Burger (Hrsg), Aktuelle Entwicklungen im Arbeits- und Sozialrecht 2008 (2008), 91; *Gahleitner*, Möglichkeiten der Arbeitszeitregelung 1 u 2, DRdA 2006, 335 u 447; *Gärtner/Boonstra-Hörwein*, Modelle flexibler Arbeitszeit aus betriebswirtschaftlicher Sicht, ZAS 2011, 100.

und die ausfallende Normalarbeitszeit auf die übrigen Tage der Woche verteilt werden (§ 4 Abs 2 erster Satz AZG). Durchrechnungszeitraum ist in diesem Fall eine Woche, wobei die tägliche Normalarbeitszeit hiebei neun Stunden – bei Zulassung durch Kollektivvertrag zehn Stunden (s oben) – nicht überschreiten darf.

Beispiel: Montag bis Donnerstag wird jeweils neun Stunden gearbeitet, damit am Freitag bereits um 12 Uhr Dienstschluss gemacht werden kann.

c) Zur **Einarbeitung** von Werktagen, die in Verbindung mit **Feiertagen** eine längere zusammenhängende Freizeit ergeben, kann die ausfallende Normalarbeitszeit auf die Werktage von höchstens 13 zusammenhängenden, die Ausfalltage einschließenden Wochen verteilt werden. Durch Kollektivvertrag kann der Einarbeitungszeitraum von 13 Wochen beliebig erweitert werden. 6/386

Die tägliche Arbeitszeit darf bei einem Einarbeitungszeitraum von bis zu 13 Wochen zehn Stunden und bei einem längeren Einarbeitungszeitraum neun Stunden (bei kollektivvertraglicher Zulassung wiederum zehn Stunden) nicht überschreiten.

d) Eine Sonderregelung sieht das AZG für **Handelsbetriebe** in § 4 Abs 4 AZG vor: Für Arbeitnehmer des Handels kann die Normalarbeitszeit in einer Woche bis auf 44 Stunden ausgedehnt werden, wenn innerhalb eines Durchrechnungszeitraums von vier Wochen die durchschnittliche wöchentliche Normalarbeitszeit von 40 Stunden bzw die durch Kollektivvertrag festgelegte Normalarbeitszeit nicht überschritten wird. Eine Verlängerung des Durchrechnungszeitraums von vier Wochen kann durch Kollektivvertrag zugelassen werden. Die tägliche Normalarbeitszeit darf höchstens neun Stunden betragen, mit kollektivvertraglicher Zulassung höchstens zehn Stunden (zur Betriebsvereinbarung s oben). 6/387

Die Zeitguthaben, die sich bei dieser Verteilung der Arbeitszeit ergeben, sind unter Berücksichtigung der betrieblichen Erfordernisse zusammenhängend zu konsumieren. Ein Zeitausgleich von mehr als vier Stunden kann in zwei Teilen gewährt werden; ein Teil muss jedoch mindestens vier Stunden betragen (§ 4 Abs 5 AZG). Durch Kollektivvertrag kann auch eine Übertragung von Zeitguthaben in den nächsten Durchrechnungszeitraum vorgesehen werden.

e) Für Arbeitnehmer, die **nicht im Handel beschäftigt** sind, kann durch Kollektivvertrag[560] und unter bestimmten Voraussetzungen auch durch Betriebsvereinbarung (s unten) zugelassen werden, dass in **einzelnen Wochen** eines Durchrechnungszeitraums von **bis zu einem Jahr** die Normalarbeitszeit ausgedehnt wird, wenn sie innerhalb dieses Zeitraums im Durchschnitt 40 Stunden bzw die durch Kollektivvertrag festgelegte Normalarbeitszeit nicht überschreitet: Bei einem Durchrechnungszeitraum von bis zu acht Wochen darf die **wöchentliche Normalarbeitszeit** maximal 50 Stunden und bei einem längeren Durchrechnungszeitraum von über acht bis 52 Wochen (dh bis zu einem Jahr) maximal 48 Stunden betragen (§ 4 Abs 6 AZG). 6/388

Einen **über ein Jahr** hinausreichenden Durchrechnungszeitraum kann der Kollektivvertrag unter der Bedingung zulassen, dass der zur Erreichung der durchschnittlichen Normalarbeitszeit erforderliche Zeitausgleich jedenfalls in mehrwöchigen zusammenhängenden Zeit- 6/389

---

[560] Zur Übersicht vgl *Zeitler*, Flexible Arbeitszeitregelungen in Kollektivverträgen, ASoK 1997, 202; *Schindler*, Flexible Arbeitszeit: Die neuen Regelungen der Kollektivverträge der Metallindustrie, RdW 1997, 664; *Aufner/Grießl/Mann*, Arbeitszeitregelungen in der Holz verarbeitenden Industrie (1999), 38; *Löschnigg*, IT-KV (2001), 57.

räumen verbraucht wird (§ 4 Abs 6 AZG). In diesem Fall wird man ebenfalls von einer wöchentlichen Normalarbeitszeit von maximal 48 Stunden ausgehen müssen.

6/390 Die **tägliche Normalarbeitszeit** darf bis zu neun Stunden und bei Zulassung durch den Kollektivvertrag oder eine Betriebsvereinbarung gem § 1a AZG bis zu zehn Stunden betragen.

6/391 Die Kombination von langen Durchrechnungszeiträumen und langer täglicher Normalarbeitszeit findet immer häufiger in Form sog Sabbaticals Eingang in Kollektivverträge (vgl *Löschnigg/Melzer-Azodanloo/Ogriseg*, Telekom-KV 2014[3] [2014], 99 ff).

Beispiel 1: Ein Kollektivvertrag sieht vor, dass zwei Wochen hindurch von Montag bis Freitag und in den beiden darauffolgenden Wochen nur von Montag bis Mittwoch jeweils zehn Stunden gearbeitet wird. – Ein derartiges Modell wäre zulässig, da einerseits gem § 4 Abs 7 AZG in Verbindung mit § 4 Abs 1 AZG die tägliche Normalarbeitszeit von zehn Stunden nicht überschritten wird und andererseits gem § 4 Abs 6 Z 1 AZG (Durchrechnungszeitraum bis zu acht Wochen) die wöchentliche Normalarbeitszeit 50 Stunden betragen darf.

Beispiel 2: Eine vom Kollektivvertrag ermächtigte Betriebsvereinbarung enthält ein Mehrjahresmodell, dem zufolge fünf Jahre hindurch die wöchentliche Normalarbeitszeit auf 48 Stunden (Montag bis Donnerstag zehn Stunden und am Freitag acht Stunden) ausgedehnt wird, damit das gesamte sechste Jahr als Zeitausgleich freigenommen werden kann. – Dieses den EB zur RV entnommene Beispiel zeigt, dass die Neuregelung des AZG zu sozialpolitisch bedenklichen Konsequenzen führen kann. Ein Jahr Zeitausgleich kann zwar einem Arbeitnehmer entgegenkommen, für qualifizierte Arbeitnehmer aber zu erheblichen Nachteilen führen. Die Zulässigkeit dieses Modells ist insofern fraglich, als zwar die Grenzen des AZG eingehalten werden, § 4 Abs 6 AZG aber von einer Ausdehnung der wöchentlichen Arbeitszeit nur in einzelnen (!) Wochen des Durchrechnungszeitraums spricht. Einen ununterbrochenen Zeitraum von fünf Jahren wird man nicht mit dem Begriff von „einzelnen Wochen eines Durchrechnungszeitraums" gleichsetzen können.

6/392 Obige Regelungen über die tägliche Normalarbeitszeit und über die Durchrechnungszeiträume hinsichtlich der wöchentlichen Arbeitszeit kann nicht nur der Kollektivvertrag, sondern auch die **Betriebsvereinbarung** zulassen, sofern der Kollektivvertrag sie hiezu ermächtigt oder mangels Bestehens einer kollektivvertragsfähigen Körperschaft auf Arbeitgeberseite kein Kollektivvertrag abgeschlossen werden kann (§ 1a AZG). Der Kollektivvertrag kann weiters zulassen, dass **Zeitguthaben** von einem Durchrechnungszeitraum in den nächsten **übertragen** werden (§ 4 Abs 7 AZG).

6/393 f) **Vier-Tage-Woche (§ 4 Abs 8 AZG)**: Einführung der Vier-Tage-Woche bedeutet, dass die regelmäßige Verteilung der gesamten Wochenarbeitszeit auf vier Tage erfolgt. Seit der AZG-Novelle 2007 müssen die Arbeitstage nicht mehr zusammenhängen. An den weiteren Wochentagen dürfen aber keine „regelmäßigen" Über- oder Mehrstunden anfallen.

6/394 Zugelassen werden kann die Vier-Tage-Woche durch **Betriebsvereinbarung** oder **Kollektivvertrag**. Die besonderen Voraussetzungen des § 1a AZG für Betriebsvereinbarungen müssen nicht gegeben sein. In Betrieben, in denen kein Betriebsrat eingerichtet ist, kann eine solche Arbeitszeitverteilung durch **individuelle schriftliche Vereinbarungen** zustande kommen.

6/395 Das AZG geht von der gesetzlichen wöchentlichen Normalarbeitszeit von 40 Stunden aus und erlaubt daher bei diesem Modell eine **tägliche Normalarbeitszeit** von bis zu zehn Stunden (zur Zulässigkeit von Überstunden vgl 6.8.8.2). Fraglich ist, ob die Zehnstundengrenze analog auch für **Teilzeitarbeitsmodelle** zum Tragen kommt. Kann etwa ein Kollektivvertrag vorsehen, dass eine Teilzeitbeschäftigung mit 30 Arbeitsstunden pro Woche auf drei Arbeitstage zu je zehn Stunden aufgeteilt werden kann? Dies wird zu bejahen sein, da die Zielsetzung, nämlich die Erreichung größerer Freizeitblöcke, ident ist, der Schutzbedarf bei geringerem Beschäftigungsausmaß auch geringer zu bewerten ist und schließlich Teilzeitarbeitnehmer der Grundsatzregel des § 19d Abs 6 AZG entsprechend gegenüber vollzeitbeschäftigten Arbeitnehmern nicht benachteiligt werden dürfen[561]. Vorausgesetzt werden muss aber, dass die tägliche Normalarbeitszeit von zehn Stunden dazu führt, dass die Anzahl der Arbeitstage pro Woche reduziert wird[562].

Beispiel 1: Die Arbeitszeit eines teilzeitbeschäftigten Mitarbeiters beträgt am Montag, Dienstag und Mittwoch vier Stunden und am Donnerstag zehn Stunden. Eine Verkürzung der Arbeitswoche (Anzahl der Arbeitstage) wird hier trotz eines Zehn-Stunden-Tages nicht erreicht, sodass sich der Arbeitgeber nicht auf § 4 Abs 8 AZG stützen kann.

Beispiel 2: Die Arbeitszeit eines teilzeitbeschäftigten Mitarbeiters beträgt am Montag und Dienstag acht Stunden und am Donnerstag zehn Stunden. Es handelt sich hiebei um ein zulässiges Modell gem § 4 Abs 9 AZG. Ohne den Zehn-Stunden-Tag am Donnerstag müsste an einem vierten Tag gearbeitet werden.

Die Bestimmungen des AZG zur Vier-Tage-Woche sind gem § 4 Abs 9 AZG nicht auf Bauarbeiter anzuwenden. 6/396

g) **Schichtarbeit**: Sie liegt nach hM dann vor, wenn an einem oder mehreren Arbeitsplätzen innerhalb eines Tages verschiedene Arbeitnehmer in zeitlicher Aufeinanderfolge ihre Tages-(Nacht-)Arbeit verrichten, sodass die Arbeitszeit eines Arbeitnehmers zumindest teilweise mit der Ruhezeit des anderen zusammenfällt[563]. Das Gesetz spricht von mehrschichtiger Arbeitsweise. 6/397

Im Fall einer mehrschichtigen Arbeitsweise ist gem § 4a Abs 1 AZG ein **Schichtplan** zu erstellen. Von der Einführung einer durchlaufenden mehrschichtigen Arbeitsweise ist das **Arbeitsinspektorat** binnen 14 Tagen – unter Anschluss des Schichtplans – zu informieren (§ 11 Abs 8 AZG). 6/398

Hinsichtlich der arbeitszeitrechtlichen Rahmenbedingungen bei Schichtarbeit sind allgemein drei Konstellationen (in Abhängigkeit von den Rechtsgrundlagen) zu unterscheiden: Schichtarbeit ohne Zulassung durch Kollektivvertrag oder Betriebsvereinbarung, durchlaufende mehrschichtige Arbeitsweise ohne Zulassung und Schichtarbeit mit Zulassungsregelungen im Kollektivvertrag oder in der Betriebsvereinbarung. 6/399

Ohne Zulassung darf die wöchentliche Normalarbeitszeit innerhalb eines Schichtturnus oder eines anderen zulässigen Durchrechnungszeitraums nach § 4 Abs 6 AZG (vgl lit e) die gesetzliche Wochenarbeitszeit von 40 Stunden oder eine kollektivvertraglich festgelegte (kürzere) Normalarbeitszeit nicht überschreiten (§ 4a Abs 1 AZG). Die tägliche Normalar- 6/400

---

561 Vgl ua OGH 27. 9. 2013, 9 ObA 58/13i, ARD 6372/1/2013 = infas 2014, A 19.

562 Vgl *Löschnigg*, Probleme der AZG-Novelle BGBl I 46/1997, in FS Tomandl (1998), 241; zu den teils konträren Auffassungen s *Radner*, Acht-Stunden-Tag adieu?, ecolex 2007, 534; *Sacherer*, AZG neu: Was erwartet uns ab 1. 1. 2008?, RdW 2007, 611.

563 OGH 28. 6. 1983, 4 Ob 70/83, DRdA 1985, 406 mit Bespr v *Eypeltauer*; s weiters *Grillberger*, AZG^3 (2011), § 4a Rz 1; *Kandera*, Arbeitszeitflexibilisierung (1999), 121.

beitszeit darf neun Stunden grundsätzlich nicht übersteigen. Durch Kollektivvertrag (§ 4 Abs 1 AZG), Betriebsvereinbarung iSd § 1a AZG oder bei einer Durchrechnung der Arbeitszeit nach § 4 Abs 6 AZG (s lit e) kann die tägliche Normalarbeitszeit bis auf zehn Stunden ausgeweitet werden (§ 4a Abs 2 AZG).

6/401 Für **durchlaufende mehrschichtige Arbeitsweisen** mit Schichtwechsel sieht § 4a Abs 3 AZG Sonderregelungen vor. Durchlaufende Schichtarbeit liegt vor, wenn sie an jenen Arbeitstagen, an denen die tägliche Normalarbeitszeit ausgedehnt wird, 24 Stunden des Tages umfasst. Schichtwechsel bedeutet, dass der betroffene Arbeitnehmer planmäßig in mindestens zwei unterschiedlich gelagerten Schichten des Schichtmodells eingesetzt wird. In diesem Fall kann die tägliche Normalarbeitszeit bis auf zwölf Stunden ausgedehnt werden, und zwar

aa) am Wochenende (Beginn der Nachtschicht zum Samstag bis zum Ende der Nachtschicht am Montag), wenn dies durch Betriebsvereinbarung geregelt ist, oder

bb) wenn diese mit dem Schichtwechsel in Verbindung steht (§ 4a Abs 3 AZG).

6/402 Mittels **Zulassung** durch Kollektivvertrag oder Betriebsvereinbarung iSd § 1a AZG kann vorgesehen werden, dass die wöchentliche Normalarbeitszeit in einzelnen Wochen bis auf 56 Stunden ausgeweitet wird. Die tägliche Normalarbeitszeit kann bis auf zwölf Stunden ausgedehnt werden, falls die arbeitsmedizinische Unbedenklichkeit dieser Arbeitszeitverlängerung für die betreffenden Tätigkeiten durch einen Arbeitsmediziner festgestellt wird. Auf Verlangen des Betriebsrates – in Betrieben ohne Betriebsrat auf Verlangen der Mehrheit der betroffenen Arbeitnehmer – ist ein weiterer einvernehmlich bestellter Arbeitsmediziner zu befassen. Kommt es zu keinem Einvernehmen über den zweiten Arbeitsmediziner, wird die Ausdehnung der Arbeitszeit auf zwölf Stunden unzulässig sein bzw werden[564] (§ 4a Abs 4 AZG). Eine Frist für das Verlangen nach einem zweiten Arbeitsmediziner sieht das AZG zu Recht nicht vor[565], da die Bedenken auf Arbeitnehmerseite auch erst längere Zeit nach der Schichtarbeit mit verlängerter Tagesarbeitszeit auftreten können. Die Kosten beider Arbeitsmediziner werden vom Arbeitgeber zu tragen sein. In Betrieben ohne Betriebsratsfonds wäre andernfalls die Bestimmung nicht effektuierbar.

6/403 h) Im Falle **gleitender Arbeitszeit** (vgl 6.8.14.1) darf die tägliche Normalarbeitszeit zehn Stunden nicht überschreiten. Die wöchentliche Normalarbeitszeit darf innerhalb der Gleitzeitperiode 40 Stunden im Durchschnitt nur insoweit überschreiten, als die Gleitzeitvereinbarung Übertragungsmöglichkeiten von Zeitguthaben in die nächste Gleitzeitperiode vorsieht (§ 4b Abs 4 AZG).

6/404 i) Bei **Dekadenarbeit** gem § 4c AZG[566] (vgl hiezu 6.8.14.2) kann der Kollektivvertrag oder eine Betriebsvereinbarung gem § 1a AZG eine Verlängerung der wöchentlichen Normalarbeitszeit auf über 40 Stunden zulassen, wenn innerhalb eines Durchrechnungszeitraums

---

564 Ebenso *Standeker*, Die Arbeitszeitrechts-Novelle 2007, ZAS 2007, 248.

565 AA, nämlich für eine Analogie zu § 7 Abs 4a Z 2 AZG, *Standeker/Risak/Gether*, Arbeitszeit NEU (2007), 18; für eine angemessene Frist *Schrank*, Arbeitszeitgesetze[4] (2017), § 4a AZG Rz 29.

566 Vgl auch *Wiesinger*, Dekadenarbeit. Voraussetzungen – Arbeits- und Ruhezeit – Entgeltfragen, ZAS 2009, 156.

von zwei Wochen die wöchentliche Normalarbeitszeit 40 Stunden nicht überschreitet. Die tägliche Normalarbeitszeit darf nicht mehr als neun – bei Zulassung durch Kollektivvertrag zehn – Stunden betragen.

Die Grenzen der Tagesarbeitszeit im Zusammenhang mit der Verteilung der Normalarbeitszeit auf die einzelnen Arbeitstage sind keine absoluten Höchstgrenzen. Insb durch die Leistung von **Überstunden** kann sich die Tagesarbeitszeit nochmals erhöhen. Dabei sind jedoch die in § 9 Abs 1 AZG vorgesehenen **Höchstgrenzen** der Arbeitszeit zu beachten, wonach die Tagesarbeitszeit grundsätzlich **zehn Stunden** und die Wochenarbeitszeit grundsätzlich **50 Stunden** nicht überschreiten darf. Eine Überschreitung dieser Höchstgrenzen ist nur nach Maßgabe besonderer Bestimmungen ausnahmsweise zulässig (vgl 6.8.9 sowie die Tabelle unten). 6/405

Zulässige Verteilung der Normalarbeitszeit

Anlass/gesetzliche Begründung	gesetzliche Regelung bzw weitere Voraussetzung	maximaler Durchrechnungszeitraum	maximale tägliche bzw wöchentliche Normalarbeitszeit
Erreichung einer längeren Freizeit im Zusammenhang mit wöchentlicher oder täglicher Ruhezeit	§ 4 Abs 2 S 1 AZG	1 Woche	9 h/Tag 10 h/Tag (KV oder BV gem § 1a AZG)
Ausfall von Werktagen in Verbindung mit Feiertagen	§ 4 Abs 3 AZG	13 Wochen	10 h/Tag
	§ 4 Abs 3 AZG (Regelung durch KV oder durch BV gem § 1a AZG)	Verlängerung über 13 Wochen	9 h/Tag 10 h/Tag (KV oder BV gem § 1a AZG)
Allgemeine Betriebserfordernisse	§ 4 Abs 2 S 2 AZG (Zulassung durch BV oder Arbeitsinspektorat)	1 Woche	9 h/Tag 10 h/Tag (KV oder BV gem § 1a AZG)

6.8.4. Arbeitszeit

Anlass/gesetzliche Begründung	gesetzliche Regelung bzw weitere Voraussetzung	maximaler Durchrechnungszeitraum	maximale tägliche bzw wöchentliche Normalarbeitszeit
Durchrechnung ohne besonderen Anlass	§ 4 Abs 6 AZG	bis zu 8 Wochen	9 h/Tag 10 h/Tag (KV oder BV gem § 1a AZG) 50 h/Woche
		mehr als 8 bis 52 Wochen	9 h/Tag 10 h/Tag (KV oder BV gem § 1a AZG) 48 h/Woche
		mehr als 52 Wochen (mit mehrwöchigem Zeitausgleich)	9 h/Tag 10 h/Tag (KV oder BV gem § 1a AZG) 48 h/Woche
Vier-Tage-Woche	§ 4 Abs 8 AZG (Zulassung durch BV, ohne BR durch Arbeitsvertrag)	1 Woche	10 h/Tag 40 h/Woche bzw kollektivvertragliche Normalarbeitszeit
Sonderfall: Handelsbetriebe	§ 4 Abs 4 AZG (Normalfall)	4 Wochen (Verlängerung durch KV möglich)	9 h/Tag 10 h/Tag (KV oder BV gem § 1a AZG) 44 h/Woche
Schichtarbeit	§ 4a Abs 1 u 2 AZG	Schichtturnus bzw Durchrechnungszeitraum gem § 4 Abs 6 AZG	9 h/Tag 10 h/Tag (bei Fällen des § 4 AZG, durch KV oder BV gem § 1a AZG) 40 h/Woche bzw kollektivvertragliche Normalarbeitszeit
	§ 4a Abs 4 AZG (Zulassung durch KV oder durch BV gem § 1a AZG)	Schichtturnus bzw Durchrechnungszeitraum gem § 4 Abs 6 AZG	12 h/Tag (bei arbeitsmedizinischer Unbedenklichkeit) 56 h/Woche

Anlass/gesetzliche Begründung	gesetzliche Regelung bzw weitere Voraussetzung	maximaler Durchrechnungszeitraum	maximale tägliche bzw wöchentliche Normalarbeitszeit
Sonderfall: durchlaufende mehrschichtige Arbeitsweise mit Schichtwechsel	§ 4a Abs 3 Z 1 AZG (Regelung durch BV)	Schichtturnus bzw Durchrechnungszeitraum gem § 4 Abs 6 AZG	12 h/Tag (am Wochenende) 40 h/Woche bzw kollektivvertragliche Normalarbeitszeit
	§ 4a Abs 3 Z 2 AZG	Schichtturnus bzw Durchrechnungszeitraum gem § 4 Abs 6 AZG	12 h/Tag (bei Schichtwechsel) 40 h/Woche bzw kollektivvertragliche Normalarbeitszeit
Gleitende Arbeitszeit	§ 4b Abs 4 AZG (Regelung durch BV oder individuelle Gleitzeitvereinbarung)	Gleitzeitperiode	10 h/Tag 40 h/Woche bis zum Höchstausmaß übertragbaren Zeitguthabens
Dekadenarbeit	§ 4c AZG	2 Wochen	9 h/Tag 10 h/Tag (KV oder BV gem § 1a AZG) mehr als 40 h/Woche durch KV oder durch BV gem § 1a AZG

Werden Arbeitnehmer von **mehreren Arbeitgebern** beschäftigt, so dürfen die einzelnen Beschäftigungen **zusammen** die gesetzlichen Höchstgrenzen der Arbeitszeit nicht überschreiten (§ 2 Abs 2 AZG). 6/406

6.8.5. Verlängerung der Normalarbeitszeit bei Arbeitsbereitschaft

Wenn in die Arbeitszeit regelmäßig und in erheblichem Umfang[567] Arbeitsbereitschaft (zum Begriff vgl 6.8.13) fällt, kann durch **Kollektivvertrag zugelassen** werden, dass die wöchentliche Normalarbeitszeit bis auf 60 Stunden und die tägliche Normalarbeitszeit bis auf zwölf Stunden ausgedehnt wird. 6/407

Dies kann auch durch **Betriebsvereinbarung** geschehen, wenn der Kollektivvertrag die Betriebsvereinbarung hiezu ermächtigt oder wenn für die Arbeitnehmer kein Kollektivvertrag wirksam ist (§ 5 Abs 1 u 2 AZG). Warum kein Kollektivvertrag vorhanden ist, spielt im 6/408

[567] Gem Erlass des BMAGS v 19. 7. 1991 (62.080/54-3/91, ARD 4319/6/91) genügt für die Regelmäßigkeit, dass Arbeitsbereitschaft nach dem gewöhnlichen Verlauf der Arbeit immer wieder anfällt. Arbeitsbereitschaft in erheblichem Umfang liegt vor, wenn sie mehr als ein Drittel der Arbeitszeit beträgt; s auch OGH 6. 10. 2005, 8 ObA 83/04w, DRdA 2007, 37 mit Bespr v *B. Schwarz* = ASoK 2006, 276 = Arb 12.567.

Gegensatz zur allgemeinen Betriebsvereinbarungskompetenz des § 1a AZG („... mangels Bestehen einer kollektivvertragsfähigen Körperschaft auf Arbeitgeberseite ...") keine Rolle. Weiters kann eine derartige Zulassung durch das **Arbeitsinspektorat** erfolgen, wenn im Betrieb kein Betriebsrat errichtet ist und für die Arbeitnehmer kein Kollektivvertrag zur Anwendung gelangt (§ 5 Abs 3 AZG).

6/409 Bestehen für einen Arbeitnehmer während einer Arbeitszeit mit überwiegender Arbeitsbereitschaft **besondere Erholungsmöglichkeiten**, dann kann der **Kollektivvertrag** oder eine **Betriebsvereinbarung** dreimal pro Woche eine Ausdehnung der täglichen Normalarbeitszeit bis auf 24 Stunden **zulassen** (§ 5a AZG). Bedingung hiefür ist, dass durch ein arbeitsmedizinisches Gutachten festgestellt wurde, dass auf Grund der besonderen Arbeitsbedingungen keine stärkere gesundheitliche Belastung erfolgt als bei derselben Tätigkeit unter den Rahmenbedingungen für die „normale" Arbeitsbereitschaft iSd § 5 AZG (s oben). Innerhalb eines durch Kollektivvertrag oder Betriebsvereinbarung gem § 1a AZG festzusetzenden Durchrechnungszeitraums darf die wöchentliche Normalarbeitszeit im Durchschnitt 60 Stunden, in **einzelnen Wochen** 72 Stunden nicht überschreiten (§ 5a Abs 3 AZG).

Für die Fälle der Arbeitsbereitschaft iVm **Nachtarbeit**[568] (zum Begriff vgl Näheres in 4.3.2.3.8) sieht § 12a Abs 4 AZG vor, dass bei Überschreitung der durchschnittlichen täglichen Normalarbeitszeit von acht Stunden innerhalb eines Durchrechnungszeitraumes von 26 Wochen bis zum Ablauf von 4 Kalenderwochen nach diesem Zeitraum den betroffenen Nachtarbeitnehmern **zusätzliche Ruhezeiten** gebühren.

6.8.6. Abbau und Abgeltung von Normalzeitguthaben

6/410 Wenn der Zeitpunkt des Ausgleichs von Zeitguthaben nicht im Vorhinein festgelegt ist, muss er nach Entstehen des Zeitguthabens individuell **vereinbart** werden. Von diesem Grundsatz sieht § 19f Abs 1 AZG insofern eine Ausnahme vor, als unter gewissen Voraussetzungen auch eine **einseitige Inanspruchnahme** eines Zeitguthabens möglich ist.

Wird bei einem **Durchrechnungszeitraum von mehr als 26 aber bis zu 52 Wochen** ein Zeitausgleich nicht im Vorhinein festgelegt und bestehen nach Ablauf des halben Durchrechnungszeitraums Zeitguthaben, ist der Zeitpunkt für den Zeitausgleich binnen vier Wochen festzulegen oder der Ausgleich binnen 13 Wochen zu gewähren. Andernfalls hat der Arbeitnehmer zwei Möglichkeiten: Er kann den Zeitausgleich mit einer Vorankündigungsfrist von vier Wochen selbst bestimmen, sofern nicht zwingende betriebliche Erfordernisse dem entgegenstehen, oder er kann eine Abgeltung in Geld verlangen[569]. Bei **Durchrechnungszeiträumen von mehr als 52 Wochen** ist entscheidend, ob nach Ablauf von 26 Wochen ein Zeitguthaben besteht. Durch **Kollektivvertrag** oder **Betriebsvereinbarung** können hievon abweichende Regelungen getroffen werden.

Diese Form der einseitigen Inanspruchnahme von Guthaben an Normalarbeitszeit beschränkt das Gesetz auf Durchrechnungsmodelle im Handel (§ 4 Abs 4 AZG; s 6.8.4 d) und auf die Durchrechnung ohne spezifischen Anlass (§ 4 Abs 6 AZG; s 6.8.4 e).

6/411 Besteht im Zeitpunkt der **Beendigung eines Arbeitsverhältnisses** (bzw einer Arbeitskräfteüberlassung) ein Zeitguthaben, dann ist dieses Guthaben gem § 19e AZG mit einem **Zuschlag von 50 %** abzugelten. Kein Zuschlag gebührt, wenn der Arbeitnehmer ohne wich-

[568] *Reissner*, Nacht- und Einspringdienste im Krankenhaus, DRdA 2010, 73.
[569] Vgl *Balla*, Die Bewertung von abzugeltendem Zeitausgleichsguthaben, DRdA 2012, 64.

tigen Grund vorzeitig austritt. Eine gerechtfertigte Entlassung führt hingegen nicht zum Verlust des Zuschlags. Die gesetzlichen Regelungen über den Zuschlag können durch Kollektivvertrag abgeändert werden.

Durch Kollektivvertrag kann auch vorgesehen werden, dass es an Stelle der Auszahlung des Zuschlags zu einer **Verlängerung der Kündigungsfrist** im Ausmaß des zum Zeitpunkt der Beendigung bestehenden Zeitguthabens kommt. Wird der Zeitausgleich innerhalb der verlängerten Kündigungsfrist verbraucht, entfällt die Abgeltung. 6/412

6.8.7. Verkürzung der Arbeitszeit[570]

6.8.7.1. Teilzeitarbeit

Teilzeitarbeit liegt gem § 19d AZG vor, wenn die arbeitsvertraglich vereinbarte Wochenarbeitszeit die gesetzliche Normalarbeitszeit oder eine durch Normen der kollektiven Rechtsgestaltung (insb Kollektivvertrag) festgelegte kürzere Normalarbeitszeit im Durchschnitt unterschreitet[571]. 6/413

Einer Norm der kollektiven Rechtsgestaltung ist **gleichzuhalten**, wenn eine durch Betriebsvereinbarung festgesetzte kürzere Normalarbeitszeit mit anderen Arbeitnehmern, für die kein Betriebsrat errichtet ist, einzelvertraglich vereinbart ist. Den Gesetzesmaterialien zufolge liegt ein derartiger Fall dann vor, wenn in einem Betrieb nur für die Gruppe der Arbeiter ein Betriebsrat gewählt und eine Betriebsvereinbarung zur Teilzeit abgeschlossen wurde, für die Angestellten dieses Betriebes hingegen nicht[572].

Ausmaß und **Lage** der Teilzeitarbeit sowie ihre Änderung müssen arbeitsvertraglich **vereinbart** sein, sofern sie nicht durch Normen der kollektiven Rechtsgestaltung festgesetzt werden. Über Ausmaß und Lage der Arbeitszeit sind somit konkrete Regelungen zu treffen. Insb werden damit Vereinbarungen unzulässig, die es dem Arbeitgeber generell anheimstellen, das Ausmaß der Arbeitszeit nach Belieben zu verändern bzw Beginn und Ende der täglichen Beschäftigung nach Arbeitsanfall einseitig festzusetzen[573]. Eine ungleichmäßige Verteilung der Arbeitszeit auf einzelne Tage und Wochen kann im Vorhinein vereinbart werden. **Änderungen der Lage** der Teilzeitarbeit können (im Nachhinein) vom Dienstgeber nur bei Vorliegen der auch für die Normalarbeitszeit geltenden Kriterien (vgl 6.8.3) angeordnet werden. **Änderungen des Ausmaßes** der Teilzeitarbeit bedürfen der Schriftform. 6/414

---

570 Allg dazu vgl *Gleißner*, Reduktion der Arbeitszeit: Teilzeit, Altersteilzeit, Kurzarbeit, Aussetzung, in Reissner/Herzeg (Hrsg), Arbeits- und sozialrechtliche Strategien zur Krisenbewältigung (2010), 84.

571 Zur Gesamtproblematik noch vor der AZG-Novelle 2007 vgl insb *Mosing*, Die individualarbeitsrechtlichen Aspekte der Teilzeitarbeit (Diss Graz, 2007); *Resch*, Rechtsfragen der Teilzeitbeschäftigung, DRdA 1993, 97; *Heilegger*, Keine Durchrechnung bei Teilzeitbeschäftigten, DRdA 2008, 283; vgl auch *Stärker*, Teilzeitarbeit, in Reissner/Neumayr (Hrsg), Zeller Handbuch Arbeitsvertrags-Klauseln (2010), 335 ff; *Mosler*, Arbeitsrechtliche Probleme der Teilzeitbeschäftigung, DRdA 1999, 338; *Grießer*, Arbeitszeitvereinbarungen im Teilzeitarbeitsverhältnis, DRdA 2001, 16; *Migsch*, Ist die Teilzeitbeschäftigung gesetzlich zu regeln?, DRdA 1974, 248; *Klein*, Arbeitsrechtliche Probleme neuer Arbeitszeitformen, DRdA 1984, 301; *dens*, Möglichkeiten und Grenzen flexibler Teilzeitarbeit, in FS Cerny (2001), 219; *Löschnigg/Karl*, Teilzeitarbeit und Abfertigung bei Gleitpension, ZAS 1994, 86; *Thöny*, Die Teilzeitbeschäftigung (2008).

572 Vgl hiezu *Löschnigg*, Teilzeitarbeit – alte und neue Begriffsbildung im AZG, in Wachter/Burger (Hrsg), Aktuelle Entwicklungen im Arbeits- und Sozialrecht 2008 (2008), 84.

573 Zur Rechtswidrigkeit von Rahmenvereinbarungen bzw Tätigkeiten nach dem sog Bedarf-Konsensprinzip vgl OGH 8. 8. 2002, 8 ObA 277/01w, DRdA 2002, 505, sowie hiezu *Mosler*, Beschäftigung nach Bedarf – arbeitsrechtliche Grenzen der flexiblen Teilzeitarbeit, DRdA 2002, 461.

6.8.7.1. Arbeitszeit

Wenn das AZG die arbeitsvertragliche Regelung nur dann voraussetzt, wenn keine entsprechenden Normen der kollektiven Rechtsgestaltung (insb Kollektivvertrag oder Betriebsvereinbarung) existieren, dann führt dies im Ergebnis zu einer Erweiterung der **Betriebsvereinbarungskompetenzen**. Hinsichtlich der generellen Festsetzung von Beginn und Ende der täglichen Arbeitszeit, der Dauer und Lage der Arbeitspausen und der Verteilung der Arbeitszeit auf die einzelnen Wochentage kommen erzwingbare Betriebsvereinbarungen nach § 97 Abs 1 Z 2 ArbVG (vgl 11.5.3.6) in Frage. Regelungen über die **Lage** der Arbeitszeit sind daher nach wie vor unter § 97 Abs 1 Z 2 ArbVG zu subsumieren. Es bleibt diesbezüglich bei der erzwingbaren Mitbestimmung. Dass das **Ausmaß** der Arbeitszeit generell in einer Betriebsvereinbarung festgelegt werden kann, stellt insofern eine Ausnahme dar, als das Betriebsvereinbarungsrecht diesbezüglich keine generelle Regelungskompetenz vorsieht (zu weiteren Ausnahmen vgl 11.5.3.6). Mangels gegenteiliger Anhaltspunkte im AZG ist davon auszugehen, dass diese Betriebsvereinbarungsermächtigung über das Ausmaß der Teilzeitarbeit den fakultativen Betriebsvereinbarungen zuzuordnen ist (vgl allg 11.4.4.1.6.4). Kommt es im Betrieb zu einer Betriebsvereinbarung über Lage und Ausmaß der Teilzeitarbeit, dann schließt dies den Abschluss abweichender Arbeitsverträge nicht aus. Die Betriebsvereinbarung entbindet nur den Betriebsinhaber von der Verpflichtung der Regelung der Teilzeitarbeit im Arbeitsvertrag (vgl *Schwarz/Löschnigg*, Arbeitsrecht aus trüber Quelle, ÖJZ 1994, 219).

Werden im Betrieb **Arbeitsplätze frei**, die für Teilzeitarbeitnehmer zu einem **höheren Arbeitszeitausmaß** führen können, sind diese davon zu informieren. Die Information kann auch durch allgemeine Bekanntgabe (zB Anschlag am „schwarzen Brett“, Ausschreibung im Intranet) erfolgen.

6/415 Erbringt ein Teilzeitarbeitnehmer Arbeitsleistungen über das vereinbarte Arbeitszeitausmaß, dann liegt gem § 19d Abs 3 AZG **Mehrarbeit** vor[574].

Diese **Mehrarbeit** im Zusammenhang mit der Teilzeitarbeit darf nicht mit dem Begriff der Mehrarbeit verwechselt werden, der mitunter **in Kollektivverträgen** als Differenz zwischen gesetzlicher und kollektivvertraglich verkürzter Normalarbeitszeit verwendet wird. Mitunter wird der Unterschied zwischen kollektivvertraglicher und gesetzlicher Normalarbeitszeit auch mit **Differenzstunden** umschrieben.

6/416 Das AZG will den Arbeitnehmer nicht nur vor der einseitigen Festlegung des generellen Ausmaßes der Arbeitszeit schützen, auch die einseitige Anordnung von Mehrarbeit ist an bestimmte Voraussetzungen gebunden. Gem § 19d Abs 3 AZG ist ein teilzeitbeschäftigter Arbeitnehmer zur Mehrarbeit nur insoweit **verpflichtet**, als

a) gesetzliche Bestimmungen, Normen der kollektiven Rechtsgestaltung oder der Arbeitsvertrag dies vorsehen,

b) ein erhöhter Arbeitsbedarf vorliegt oder die Mehrarbeit zur Vornahme von Vor- und Abschlussarbeiten erforderlich ist und

c) berücksichtigungswürdige Interessen des Arbeitnehmers der Mehrarbeit nicht entgegenstehen.

6/417 Mit der AZG-Novelle 2007 wurde ein gesetzlicher **Mehrarbeitszuschlag** eingeführt: Grundsätzlich gebührt für jede Mehrarbeitsstunde ein Zuschlag von **25 %**[575]. Die Berechnungsgrundlage wurde analog zur Überstundenregelung normiert.

---

[574] Hiezu *Mosing*, Einordnungsfragen von Mehr- und Überstundenarbeit, RdW 2013, 147.

[575] Vgl *Risak*, Aktuelle Rechtsprobleme des Mehrarbeitszuschlags. Zeitausgleich – Durchrechnung – Differenzstunden, ZAS 2009, 309; *dens*, Zuschlag für Mehrarbeit, ZAS 2007, 238; *dens*, Der Mehrarbeitszuschlag. Überlegungen zu den Neuerungen in § 19d AZG, ZAS 2007, 253; *Schrank*, Mehrarbeitszuschläge bei Langfristdurchrechnung von Teilzeitbeschäftigten?, ZAS 2007, 74.

Der **Berechnung des Zuschlages** ist gem § 19d Abs 3a iVm § 10 Abs 3 AZG der auf die einzelne Arbeitsstunde entfallende Normallohn zu Grunde zu legen (s hiezu 6.8.8.4). Bei Akkord-, Stück- und Gedinglöhnen ist dieser nach dem Durchschnitt der letzten 13 Wochen zu bemessen. Der Kollektivvertrag kann aber auch eine andere Berechnungsart vorsehen.

Hervorzuheben ist, dass sämtliche Regelungen des AZG zum Mehrarbeitszuschlag durch den Kollektivvertrag – auch zum Nachteil der Arbeitnehmer – verändert werden können (**kollektivvertragsdispositives Recht**). In gewissen Fällen sieht das AZG **keinen Zuschlag** oder einen **geringeren** als 25 % vor: 6/418

a) Kein Zuschlag gebührt, wenn die Mehrarbeit innerhalb des (aktuellen) **Kalendervierteljahres durch Zeitausgleich** (im Verhältnis 1:1) ausgeglichen wird. Dies führt zu unterschiedlich langen Ausgleichsmöglichkeiten. Für einen Ausgleich einer Lehrarbeitsstunde zB am 1. Juli steht das gesamte Kalendervierteljahr bis 30. September zur Verfügung, für eine Mehrarbeitsstunde am 29. September hingegen nur mehr ein Tag (§ 19d Abs 3b Z 1 AZG)[576]. 6/419

b) Ebenfalls kein Zuschlag steht zu, wenn der Zeitausgleich nicht innerhalb des Kalendervierteljahres (s oben lit a), sondern innerhalb eines anderen festgelegten Zeitraumes von **drei Monaten**, in dem die Mehrarbeit angefallen ist, erfolgt. Vor allem der Wortlaut spricht eher dafür, dass es sich um einen starren Zeitraum von drei Monaten handeln muss[577], zB beginnend mit dem Eintrittsdatum des Arbeitnehmers, und eine Vereinbarung, wonach die Dreimonatsfrist für jede Mehrarbeitsstunde bzw jeden Mehrarbeitstag individuell zu laufen beginnt[578], nicht im Gesetz Deckung findet. 6/420

c) Gleichfalls kein Zuschlag gebührt bei gleitender Arbeitszeit, wenn die vereinbarte Arbeitszeit **innerhalb der Gleitzeitperiode** im Durchschnitt nicht überschritten wird, dh, wenn die Mehrarbeit noch innerhalb der aktuellen Gleitzeitperiode ausgeglichen wird. Die Gleitzeitperiode kann hiebei auch kürzer oder länger als drei Monate (s oben lit a und b) sein. Zuschlagsfreiheit besteht auch dann, wenn die Zeitguthaben (Mehrarbeitsstunden) in die nächste Gleitzeitperiode übertragen werden können. 6/421

Wenn § 19d Abs 3b Z 2 AZG nur den Ausgleich innerhalb der Gleitzeitperiode zuschlagsfrei gestaltet, dann bedeutet dies im Gegenschluss, dass andere **Durchrechnungsmodelle** (vgl 6.8.4) mit Durchrechnungsperioden von **mehr als drei Monaten** grundsätzlich nicht privilegiert sind (zB eine Jahresdurchrechnung)[579]. In Hinblick auf die Kollektivvertragsdispositivität der Abs 3a bis 3e des § 19d (s oben) wäre die Durchrechnung von Teilzeit ohne Mehrarbeitszuschlag auch bei Durchrechnungsmodellen nach § 4 AZG möglich, wenn der Kollektivvertrag entsprechende Zulassungsnormen mit Mehrarbeitsregelungen kombiniert.

d) **Differenzstunden**: Verkürzt ein Kollektivvertrag die gesetzliche Normalarbeitszeit und sieht er für die Differenz zwischen kollektivvertraglicher und gesetzlicher Normalarbeitszeit keinen Zuschlag oder einen Zuschlag von weniger als 25 % vor, dann ist dies gem § 19d Abs 3c AZG entsprechend auf die Mehrarbeit zu übertragen: Mehrarbeitsstunden von Teil- 6/422

---

576 S dazu OGH 25. 6. 2013, 9 ObA 18/13g, DRdA 2014, 58 mit Bespr v *Eypeltauer* = ZAS 2013, 321 mit Bespr v *Gleißner* = RdW 2013, 678 mit Bespr v *Mosing*.

577 Ebenso *Schindler*, Die AZG-Novelle 2007, in Resch (Hrsg), Das neue Arbeitszeitrecht (2008), 56; *Risak*, Aktuelle Rechtsprobleme des Mehrarbeitszuschlags, ZAS 2009, 312.

578 Vgl *Schrank*, Arbeitszeitgesetze[4] (2017), § 19d AZG Rz 67.

579 Zur Argumentation über § 19d Abs 2 AZG vgl *Heilegger* in Heilegger/Klein (Hrsg), Arbeitszeitgesetz[4] (2016), § 19d Erl 3.

zeitbeschäftigten sind im selben Ausmaß zuschlagsfrei bzw mit dem geringeren Zuschlag abzugelten.

Beispiel: Einem Kollektivvertrag A zufolge beträgt die Normalarbeitszeit 38 Stunden. Für die 39. und 40. Wochenstunde gebührt dem Kollektivvertrag zufolge kein Zuschlag. Wie wirkt sich dies für einen Teilzeitarbeitnehmer aus, mit dem eine wöchentliche Arbeitszeit von 20 Stunden vereinbart ist? – Die 21. und 22. Wochenstunde sind ebenfalls zuschlagsfrei[580].

6/423 Das AZG spricht in diesem Zusammenhang nur von einer Verkürzung der Arbeitszeit durch Kollektivvertrag. Dieser Grundsatz ist aber analog auf die Betriebsvereinbarung bzw auf Arbeitszeitverkürzungen durch mehrere Rechtsquellen zu übertragen[581] (**mehrfache Arbeitszeitverkürzung**).

Beispiel: Ein Kollektivvertrag verkürzt die Wochenarbeitszeit auf 38,5 Stunden und ermächtigt die Betriebsvereinbarung – insb durch Einrechnung der Mittagspausen in die Arbeitszeit – zu einer weiteren Verkürzung. Der Kollektivvertrag sieht für die kollektivvertraglichen Differenzstunden einen Zuschlag von 20 % vor. Die Betriebsvereinbarung eines Unternehmens reduziert die Wochenarbeitszeit auf 38 Stunden, gewährt für die halbe Stunde bis zur kollektivvertraglichen Normalarbeitszeit aber keinen Zuschlag. Auswirkung für einen Arbeitnehmer mit einer vereinbarten Wochenarbeitszeit von 30 Stunden? – Für den Teilzeitarbeitnehmer wäre eine halbe Stunde pro Woche zuschlagsfrei, Tätigkeiten über 30,5 bis einschließlich zur 32. Stunde wären mit einem Zuschlag von 20 % abzugelten, danach kommt es zum gesetzlichen Mehrarbeitszuschlag.

6/424 Teilzeitbeschäftigte Arbeitnehmer dürfen wegen der Teilzeitarbeit gegenüber vollzeitbeschäftigten Arbeitnehmern nicht benachteiligt werden[582], es sei denn, sachliche Gründe rechtfertigen eine unterschiedliche Behandlung. Im Streitfall hat der Arbeitgeber zu beweisen, dass eine Benachteiligung nicht wegen der Teilzeitarbeit erfolgt. Dieses **Diskriminierungsverbot**, das sowohl im AZG (§ 19d Abs 6 AZG) als auch in § 4 der EU-Richtlinie über Teilzeitarbeit (1997/81/EG, ABl L 14, 9)[583] verankert ist, kommt unabhängig vom zahlenmäßigen Verhältnis der Vollbeschäftigten zu den Teilzeitbeschäftigten zum Tragen. Es kann sich auch mit anderen Diskriminierungsverboten überschneiden. Dies gilt etwa für den Fall (einer „mittelbaren Diskriminierung" iS des GlBG), dass der Stundenlohn Teilzeitbeschäftigter geringer ist als jener der Vollbeschäftigten und die Anzahl teilzeitbeschäftigter Frauen überwiegt[584].

---

580 Beispiel aus den Materialien, 141 BlgNR 23. GP, 6.

581 *Löschnigg*, Teilzeitarbeit – alte und neue Begriffsbildung im AZG, in Wachter/Burger (Hrsg), Aktuelle Entwicklungen im Arbeits- und Sozialrecht 2008 (2008), 90.

582 Allg vgl OGH 28. 6. 2012, 8 ObA 89/11p, ZAS 2013, 185 mit Bespr v *Wagner* = ARD 6266/5/2012; zur Vollanrechnung von Teilzeitbeschäftigungsvordienstzeiten nach dem VBG s OGH 9. 5. 2007, 9 ObA 41/06d, DRdA 2008, 510 mit Bespr v *Ziehensack*; s auch *Steiner*, Aktuelle Entscheidungen des OGH zu Diskriminierung und gesetzlichem Schutz von Teilzeitbeschäftigten (2016); zu einer möglichen Diskriminierung durch Aliquotierung von Zulagen nach dem Pro-rata-temporis-Grundsatz s *Tutschek*, Teilzeitbeschäftigung: Aliquotierung von Zulagen? RdW 2014, 715.

583 S hiezu insb *Marhold* in Fuchs/Marhold (Hrsg), Europäisches Arbeitsrecht[4] (2014), 145 ff; *Schrammel/Winkler*, Arbeits- und Sozialrecht der Europäischen Gemeinschaft (2002), 68; *Standeker*, Haben teilzeitbeschäftigte Arbeitnehmer einen gemeinschaftsrechtlichen Anspruch auf gleiches Entgelt wie vergleichbare Vollzeitbeschäftigte?, ASoK 2003, 80; *Mitter*, Europäisches Rahmenabkommen über Teilzeitarbeit, RdW 1997, 538.

584 Vgl *Eichinger*, Die Frau im Arbeitsrecht (1991), 54 ff; *Mosler*, Das Benachteiligungsverbot für Teilzeitbeschäftigte nach österreichischem, deutschem und europäischem Recht, in FS Tomandl (1998), 273; *Schwarz*, Zur geschlechtsspezifischen Differenzierung im Arbeitsrecht, DRdA 1992, 187; *Kienast*, VfGH zur Pharmazeutischen Gehaltskasse – Einstellung des Gesetzesprüfungsverfahrens als Sieg, RdW 1999, 479.

Freiwillige Sozialleistungen sind zumindest im Verhältnis der regelmäßig geleisteten Arbeitszeit zur gesetzlichen oder kollektivvertraglichen Arbeitszeit zu gewähren (§ 19d Abs 6 AZG). Sofern Ansprüche nach dem Ausmaß der Arbeitszeit bemessen werden, ist bei Teilzeitbeschäftigten die regelmäßig geleistete Mehrarbeit zu berücksichtigen. Dies gilt insb bei der Bemessung von Sonderzahlungen.

Ein Problem ergibt sich für Teilzeitarbeitnehmer mitunter dadurch, dass gewisse gesetzliche Bestimmungen auf eine **Mindestbeschäftigung** abstellen. Selbst das AngG setzt für die Einhaltung der Kündigungsfristen und Kündigungstermine (§ 20 AngG) voraus, dass die Arbeitszeit des Angestellten bezogen auf den Monat ein Fünftel des 4,3-fachen der gesetzlichen oder kollektivvertraglichen wöchentlichen Normalarbeitszeit betragen muss (zur Europarechtswidrigkeit dieser Regelung vgl 4.3.2.2.2). 6/425

Eine Reihe von Problemen, die nur teilweise einer gesetzlichen Regelung zugeführt wurden, kann sich durch die Umstellung von Voll- auf Teilzeitbeschäftigung ergeben (zu den Auswirkungen im „alten" Abfertigungsrecht vgl 8.6.1.2.4; zu den gesetzlichen Sonderbestimmungen vgl 6.8.7.2; zum Urlaubsrecht vgl 6.10.2). 6/426

Für Arbeitnehmer, die mit Arbeiten beschäftigt werden, die mit einer besonderen Gefährdung der Gesundheit verbunden sind, kann die gem § 3 AZG zulässige Arbeitszeit durch **Verordnung** verkürzt werden (§ 21 AZG). Von dieser Verordnungsermächtigung wurde jedoch bisher kein Gebrauch gemacht. 6/427

6.8.7.2. Sonderformen der Teilzeitarbeit

Eine Reihe von Sonderbestimmungen sehen Regelungen betreffend eine Arbeitszeitverkürzung aus bestimmten Anlässen bzw als Voraussetzung für sozialversicherungsrechtliche Ansprüche vor. Gewisse Formen der Teilzeitarbeit genießen insofern einen besonderen Kündigungs- und Entlassungsschutz, als eine Kündigung wegen einer beabsichtigten oder tatsächlich in Anspruch genommenen Teilzeitarbeit angefochten werden kann (vgl 8.2.8.2). 6/428

6.8.7.2.1. Solidaritätsprämienmodell[585]

Ziel des sog Solidaritätsprämienmodells gem § 13 AVRAG ist die Herabsetzung der Arbeitszeit von Arbeitnehmern in einem Betrieb unter gleichzeitiger Einstellung von Ersatzarbeitskräften durch den Arbeitgeber. 6/429

Zur Erreichung der arbeitsmarktpolitischen Zielsetzung, nämlich der **Aufteilung von Arbeit**, sieht § 37a AMSG eine Beihilfe an den Arbeitgeber unter gewissen Bedingungen vor.

Gem § 37a AMSG muss sichergestellt sein, dass

a) der Arbeitgeber dem Arbeitnehmer einen Lohnausgleich im Ausmaß der Hälfte des entfallenden Entgelts gewährt und die Sozialversicherungsbeiträge entsprechend der Beitragsgrundlage vor der Herabsetzung der Normalarbeitszeit entrichtet,

b) als Ersatzarbeitskräfte Personen eingestellt werden, die vor der Einstellung Arbeitslosengeld oder Notstandshilfe bezogen haben oder aus einer überbetrieblichen Lehrausbildung in ein betriebliches Lehrverhältnis übernommen werden, und

---

[585] Allg vgl *Mitter*, Bildungskarenz, Freistellung gegen Entfall des Entgelts und Solidaritätsprämie, RdW 1998, 557; *Holzer/Reissner*, AVRAG[2] (2006), 334 ff; *Binder/Burger/Mair*, Arbeitsvertragsrechts-Anpassungsgesetz[3] (2016), 381 ff; *Pfeil* in Neumayr/Reissner (Hrsg), Zeller Kommentar[2] (2011), § 13 AVRAG.

c) auch bei einer Herabsetzung der Normalarbeitszeit für zwei Jahre oder länger der Berechnung einer zustehenden Abfertigung die Arbeitszeit vor der Herabsetzung der Normalarbeitszeit zu Grunde gelegt wird.

6/430 Die **Bedingungen** für dieses Modell müssen durch **Kollektivvertrag** oder, falls ein solcher keine Regelung vorsieht bzw nicht zur Anwendung gelangt, durch **Betriebsvereinbarung** festgelegt sein. Es handelt sich hier nur um Rahmenbedingungen, innerhalb deren die **Individualvereinbarung** erfolgen muss. Der Arbeitnehmer ist aber nicht verpflichtet, der Herabsetzung seiner Arbeitszeit zuzustimmen.

6/431 Im Hinblick auf den Umstand, dass das AVRAG die allgemeinen Bestimmungen zur Teilzeit (vgl 6.8.7.1) unberührt lässt (§ 13 Abs 3 AVRAG), sind auch sonstige Teilzeitarbeitsmodelle vereinbar. In diesen Fällen besteht jedoch kein Anspruch auf eine Beihilfe iS des AMSG. Dies gilt auch dann, wenn weder ein Kollektivvertrag noch eine Betriebsvereinbarung abgeschlossen wurde.

6/432 Werden im Rahmen einer betrieblichen Pensionsvorsorge Beiträge an eine **Pensionskasse** geleistet und vereinbart der Arbeitnehmer eine Teilzeitarbeit iS des Solidaritätsprämienmodells, dann kann der Arbeitnehmer seine Beiträge zur Betriebspension in der bisherigen Höhe weiter zahlen oder auch die Beiträge des Arbeitgebers übernehmen[586].

6/433 Wird das Arbeitsverhältnis während der Teilzeitarbeit iSd § 13 AVRAG beendet, dann berechnet sich eine **Abfertigung nach dem AngG, dem ArbAbfG** oder dem **GAngG** nicht nach dem letzten Monatsentgelt, sondern der Abfertigung ist jene Arbeitszeit zu Grunde zu legen, die der Arbeitnehmer vor der Teilzeitvereinbarung einzuhalten hatte. Hat die Herabsetzung der Normalarbeitszeit zum Zeitpunkt der Beendigung des Arbeitsverhältnisses bereits länger als zwei Jahre gedauert, dann können Kollektivvertrag oder Betriebsvereinbarung eine andere Berechnung vorsehen (§ 13 Abs 2 AVRAG).

Zu beachten ist, dass damit zwar das AVRAG bei länger als zwei Jahre dauernden Herabsetzungen der Arbeitszeit einen Spielraum für die Höhe der Abfertigung ermöglicht, dass aber damit der Verlust der Beihilfe gem § 37a AMSG (s oben unter lit c) einhergehen kann. Keine Aussage trifft das Gesetz für den Fall, dass die Reduktion der Normalarbeitszeit exakt zwei Jahre beträgt. Diese Gesetzeslücke wird wohl durch die für den Arbeitnehmer günstigere Lösung zu schließen sein (vgl *Schwarz*, Das AVRAG im Zwielicht!, RdW 2000, 29).

6/434 Für **Abfertigungen nach dem BMSVG** kommt es insofern zu einer Begünstigung der Arbeitnehmer, als der Dienstgeber für die Dauer der Inanspruchnahme des Solidaritätsprämienmodells weiterhin die Beiträge auf Basis der Arbeitszeit vor Herabsetzung der Normalarbeitszeit zu leisten hat (§ 6 Abs 4 BMSVG).

6.8.7.2.2. Altersteilzeit[587]

6/435 **Altersteilzeit in einem weiteren Sinn** kann als Überbegriff für Teilzeitarbeit verstanden werden, die ab einem gewissen Alter aus unterschiedlichen Gründen (zB wegen wirtschaft-

---

[586] § 3 Abs 4 BPG; vgl *Gruber*, Betriebspensionsrechtliche Auswirkungen von Karenz und Arbeitszeitreduktion, ZAS 1999, 97.

[587] Allg vgl *Binder/Burger/Mair*, Arbeitsvertragsrechts-Anpassungsgesetz[3] (2016), 402 ff; *Holzer/Reissner*, AVRAG[2] (2006), 339 ff; *Schindler*, Gestaltungsmöglichkeiten bei Altersteilzeit, in Resch (Hrsg), Arbeitszeitrecht (2001),

lichen Schwierigkeiten des Arbeitgebers, wegen arbeitsmarktpolitischen Überlegungen zur Vermeidung von Arbeitslosigkeit, wegen eingeschränkten physischen oder psychischen Kapazitäten des Arbeitnehmers, wegen pensionsrechtlichen Zielsetzungen) zustande kommt. Altersteilzeit kann als ausschließlich arbeitsrechtliches Phänomen im Sinn einer schlichten Vereinbarung über die Reduktion der Arbeitszeit verstanden werden. Teilweise ist diese Teilzeitvereinbarung insofern sozialpolitisch/sozialrechtlich motiviert, als unter bestimmten Voraussetzungen öffentliche Transferleistungen oder Sozialversicherungsleistungen (Altersteilzeitgeld, Teilpension etc) gewährt werden: Erst die arbeitsrechtlichen Elemente der Vereinbarung bedingen den sozialrechtlichen Leistungsanspruch. In diesem engen Sinn einer Altersteilzeit normiert **§ 27 AlVG** die Voraussetzungen, bei deren Vorliegen das sog Altersteilzeitgeld[588] zusteht[589]. Anspruchsberechtigt ist der Arbeitgeber, wenn er ältere Arbeitnehmer beschäftigt, die ihre Arbeitszeit verringern und denen ein Lohnausgleich gewährt wird.

Gem § 27 Abs 2 AlVG gebührt das **Altersteilzeitgeld** längstens fünf Jahre für Personen, die nach spätestens sieben Jahren das Regelpensionsalter vollenden und die in den letzten 25 Jahren vor der Geltendmachung des Anspruches 780 Wochen arbeitslosenversicherungspflichtig beschäftigt waren. Die Arbeitszeit muss im letzten Jahr mindestens 60 % der gesetzlichen oder kollektivvertraglichen Normalarbeitszeit betragen haben. Die verkürzte Arbeitszeit muss zwischen 40 % und 60 % dieser Arbeitszeit des letzten Jahres umfassen. Kollektivvertrag, Betriebsvereinbarung oder Arbeitsvertrag haben bis zur Höchstbeitragsgrundlage nach § 45 ASVG einen **Lohnausgleich** in der Höhe von mindestens 50 % des Unterschiedsbetrages zwischen dem Entgelt vor und dem Entgelt nach der Arbeitszeitreduktion vorzusehen. Die Sozialversicherungsbeiträge hat der Arbeitgeber entsprechend der Beitragsgrundlage vor der Herabsetzung der Normalarbeitszeit zu entrichten, und die Berechnung der Abfertigung auf Basis der Arbeitszeit vor der Arbeitszeitreduktion muss gesichert sein (s aber auch § 14 Abs 4 AVRAG).

Die Altersteilzeit wird häufig als Vorruhestandsmodell gewählt, da das AlVG nicht verlangt, 6/436
dass die Arbeitszeit während des gesamten Betrachtungszeitraums reduziert wird. Es kann vielmehr die Gesamtarbeitsleistung so aufgeteilt werden, dass in einer Phase weiterhin Vollzeitarbeit erbracht wird (Arbeitsphase) und in einer weiteren Phase nicht mehr gearbeitet wird (Freizeitphase)[590]. Diese **geblockte Altersteilzeit** wird durch § 27 Abs 5 AlVG insb dadurch eingeschränkt, dass die Freizeitphase nicht mehr als 2 ½ Jahre betragen darf.

Aus arbeitsrechtlicher Sicht ergeben sich je nach Modell unterschiedliche Probleme. So stellt sich etwa die Frage, ob für ein in der Arbeitsphase erarbeitetes **Zeitguthaben im Fall der Beendigung** des Arbeitsverhältnisses vor Ende der Freizeitphase ein Überstundenzuschlag gebührt. Gem § 19e Abs 2 AZG steht an sich für Zeitguthaben bei Beendigung des Arbeitsverhältnisses nur dann kein Zuschlag zu, wenn der Arbeitnehmer vorzeitig austritt. Nach Ansicht des OGH ist diese Wertung auch auf die ge-

---

85; *Pfeil* in Neumayr/Reissner (Hrsg), Zeller Kommentar² (2011), § 14 AVRAG; *Hilgart*, Häufige Rechtsfragen in der Praxis der Altersteilzeit, in Wachter/Burger (Hrsg), Aktuelle Entwicklungen im Arbeits- und Sozialrecht 2008 (2008), 155; *Schwarz*, Altersteilzeit – Irrweg oder Zukunftsmodell, DRdA 2006, 343; *Gerhartl*, Fragen der Altersteilzeit, DRdA 2007, 507; *Radner*, Altersteilzeit, in Reissner/Neumayr (Hrsg), Zeller Handbuch Arbeitsvertrags-Klauseln (2010), 386 ff; *Huber*, Die Altersteilzeitvereinbarung – Problemstellungen in der Praxis, taxlex 2011, 208; *Schrank*, Die neue Altersteilzeit, ZAS 2009, 300; s weiters *Schrank/Rauch*, Arbeitsrechtliche Maßnahmen in der Krise, ASoK-Spezial 2009, 173; allg zum Altersteilzeitgeld vgl etwa *Pfeil/Mayer*, Sozialrechtliche Instrumentarien zur Beschäftigungssicherung, in Resch (Hrsg), Beschäftigungssicherung in der Wirtschaftskrise (2009), 99; *Schrank*, Heikle Fragen der Altersteilzeit, ZAS 2013, 207.

588 Vgl hiezu *Weikinger*, AlVG (Losebl), § 27; *Dirschmied/Pfeil*, AlVG³ (Losebl), § 27 Erl 3.1 ff.

589 OGH 6. 4. 2005, 9 ObA 96/04i, DRdA 2006, 219 mit Bespr v *Schindler* = infas 2005, A 65; OGH 30. 9. 2005, 9 ObA 27/05v, DRdA 2006, 479 mit Bespr v *Pfeil*.

590 Zur Abgeltung von Zeitguthaben im „Blockmodell" s OGH 23. 11. 2006, 8 ObA 63/06g, DRdA 2008, 43; OGH 22. 2. 2007, 8 ObS 4/07g, DRdA 2008, 45 mit Bespr v *Schindler*.

blockte Altersteilzeit zu übertragen[591]. Der Überstundenzuschlag kann dann nicht geltend gemacht werden, wenn der Arbeitnehmer treuwidrig die Altersteilzeitvereinbarung verletzt. Eine solche Pflichtverletzung liegt nach Ansicht des Höchstgerichts nicht vor, wenn der Arbeitnehmer im Hinblick auf die zunächst nicht voraussehbare Möglichkeit eines früheren Pensionsantritts in Verhandlungen mit dem Arbeitgeber über eine Änderung der Teilzeitvereinbarung eintreten wollte.

6/437 Die geblockte Altersteilzeit wird von der Rechtsprechung als Modell einer schlichten **Durchrechnung der Arbeitszeit** verstanden. Gleichzeitig kann nach Ansicht des OGH zulässigerweise vereinbart werden, dass im Fall der vorzeitigen Beendigung des Modells eine Abgeltung auf Basis des Normallohns ohne Einbeziehung des vom AlVG geforderten Lohnausgleichs (s oben) erfolgt[592].

Beispiel: Vereinbart wird eine Altersteilzeit (Blockvariante) für fünf Jahre. Die Arbeitszeit soll von 40 auf 20 Stunden pro Woche reduziert werden. In den ersten zweieinhalb Jahren soll 40 Stunden pro Woche gearbeitet werden, in den darauffolgenden zweieinhalb Jahren wird keine Arbeitsleistung erbracht. Zusätzlich zum Entgelt für die 20 Stunden wird ein Lohnausgleich im Ausmaß der Hälfte der Differenz zwischen dem bisherigen und dem reduzierten Bruttomonatsgehalt gewährt (dh 25 % des Entgelts der Vollbeschäftigung). Vereinbart wird weiters, dass bei vorzeitiger Beendigung des Modells (in der Freizeitphase), dh bei Wegfall des Altersteilzeitgeldes, die nicht mehr ausgleichbare Arbeitszeit mit dem Normalgehalt ohne Lohnausgleich vergütet wird. Sechs Monate vor Ablauf der Freizeitphase tritt der Arbeitnehmer berechtigt aus. Anspruch? – Dem Arbeitnehmer steht das Entgelt nur im Ausmaß von sechs (halben) Monatsgehältern ohne den Lohnausgleich zu.

6/438 Ein weiteres Modell einer Altersteilzeit enthält § 27a AlVG, die sogenannte **erweiterte Altersteilzeit**, für Personen, die bereits Anspruch auf eine Korridorpension hätten, aber noch im Arbeitsleben verbleiben wollen. Arbeitgeber und Arbeitnehmer können vereinbaren, dass die bisherige Arbeitszeit auf 40-60 % gesenkt wird und der Arbeitnehmer einen 50%igen Lohnausgleich erhält. Der dem Arbeitgeber entstehende Mehraufwand wird durch das AMS zu 100 % vergütet (**Teilpension**), maximal aber bis zum Regelpensionsalter (65 Jahre).

Eine arbeitsrechtliche Komponente sowohl im Modell der Altersteilzeit nach § 27 AlVG als auch bei der erweiterten Altersteilzeit nach § 27a AlVG besteht darin, dass sich eine **Abfertigung** nach altem Abfertigungsrecht (vgl 8.6.1.2) am Ende oder während der Teilzeitarbeit stets nach dem Entgelt für jene Arbeitszeit bemisst, die vor der Reduktion der Arbeitszeit vereinbart war. Richten sich Abfertigungsansprüche bzw Abfertigungsanwartschaften nach dem **BMSVG**, dann ist § 6 Abs 4 dieses Gesetzes zu beachten, wonach für die Dauer der Inanspruchnahme der Altersteilzeit nach § 27 AlVG die Abfertigungsbeiträge des Arbeitgebers auf Grundlage der Arbeitszeit vor der Herabsetzung der Normalarbeitszeit zu berechnen sind.

6/439 Verlangt der Arbeitnehmer die **Beiziehung des Betriebsrates**, dann ist dieser an den Verhandlungen über die Teilzeitarbeit zu beteiligen.

---

[591] OGH 10. 7. 2008, 8 ObA 30/08g, DRdA 2010, 143 mit Bespr v *Felten*; s weiters OGH 28. 2. 2011, 9 ObA 127/10g, ASoK 2011, 293 mit Bespr v *Trattner* = infas 2011, A 47.

[592] OGH 10. 4. 2008, 9 ObA 21/07i, DRdA 2010, 37 mit krit Bespr v *Schindler*.

6.8.7.2.3. Betreuungsteilzeit

Bestehen **nicht nur vorübergehende Betreuungspflichten** gegenüber gewissen Personen/nahen Angehörigen, kann gem § 14 Abs 2 Z 2 AVRAG die sog Betreuungsteilzeit vereinbart werden. 6/440

Hinsichtlich des **Personenkreises**, dem gegenüber die Betreuungspflichten zukommen, verweist das AVRAG auf § 16 UrlG. Die Betreuung von folgenden Personen ist daher begünstigt: Ehegatten, eingetragene Partner und Lebensgefährten, Personen, die mit dem Arbeitnehmer in gerader Linie verwandt sind, sowie Wahl- und Pflegekinder, leibliche Kinder des anderen Ehegatten oder des eingetragenen Partners oder Lebensgefährten. Im Gegensatz zum UrlG wird im AVRAG **nie ein gemeinsamer Haushalt** mit der zu betreuenden Person vorausgesetzt.

Die arbeitsrechtlichen Folgen (Abfertigung nach AngG bzw ArbAbfG, Beiziehung des Betriebsrates) sind wie im Fall der Altersteilzeit (vgl 6.8.7.2.2) ausgestaltet. Eine weitere Besonderheit besteht insofern, als ein Arbeitnehmer – frühestens zwei Monate, längstens jedoch vier Monate nach Wegfall der Betreuungspflicht – die Rückkehr zu seiner ursprünglichen Normalarbeitszeit verlangen kann (§ 14 Abs 3 AVRAG). Eine Vereinbarung, derzufolge der Arbeitnehmer auf sein **Rückkehrrecht** verzichtet, wäre rechtsunwirksam. 6/441

6.8.7.2.4. Elternteilzeit

Besondere Regelungen sehen §§ 15h u 15i MSchG sowie §§ 8 u 8a VKG für die Teilzeitarbeit von **Müttern** und **Vätern** nach der **Geburt** eines Kindes vor (vgl 7.3.3.6). Die allgemeinen Bestimmungen des § 19d AZG kommen im Wesentlichen nicht zur Anwendung (s § 19d Abs 8 AZG). 6/442

6.8.7.2.5. Familienhospiz

§ 14a AVRAG gibt dem Arbeitnehmer die Möglichkeit zur **Sterbebegleitung** eines nahen Angehörigen durch befristete **Herabsetzung** der **Normalarbeitszeit**, durch **Änderung der Lage** der Arbeitszeit oder durch gänzliche **Freistellung** von der Arbeitsleistung[593]. Der Arbeitnehmer hat während dieser Zeit zwar keinen Anspruch auf Entgelt, jedoch steht ihm Pflegekarenzgeld für die Dauer der Familienhospizkarenz zu (§ 21c Abs 3 Z 1 BPGG). 6/443

Nahe Angehörige iS dieser Bestimmung sind der Ehegatte, eingetragene Partner, Lebensgefährten, Personen, die mit dem Arbeitnehmer in gerader Linie verwandt sind (ds insb Großeltern, Eltern, Kinder, Enkel), Wahl- oder Pflegekinder, leibliche Kinder des anderen Ehegatten oder des eingetragenen Partners oder Lebensgefährten, Wahl- und Pflegeeltern, Geschwister, Schwiegereltern und Schwiegerkinder. Ein Zusammenleben in einem gemeinsamen Haushalt mit dem schwer kranken Angehörigen bildet keine Voraussetzung.

Die Arbeitszeitänderung bzw Karenzierung kann sich auch auf die **Begleitung von schwerst erkrankten eigenen Kindern** (Wahl- bzw Pflegekindern) bzw jenen des Partners, die jedoch im **gemeinsamen Haushalt** leben müssen, beziehen (§ 14b AVRAG). Auch in diesem Fall hat der Arbeitnehmer einen Anspruch auf Pflegekarenzgeld (§ 21c Abs 3 Z 1 BPGG). 6/444

---

[593] Vgl *Jöst/Risak*, Aktuelle Neuerungen im Arbeitsrecht, ZAS 2002, 102.

6/445 Die Arbeitszeitänderung bzw Karenz ist **schriftlich** für einen bestimmten, drei Monate nicht übersteigenden Zeitraum zu verlangen. Eine Verlängerung der Maßnahme kann verlangt werden, allerdings ist die Gesamtdauer pro Anlassfall mit sechs Monaten begrenzt. Der Arbeitnehmer hat sowohl den Grund für die Maßnahme bzw deren Verlängerung als auch das Verwandtschaftsverhältnis glaubhaft zu machen. Auf Verlangen des Arbeitgebers ist eine schriftliche **Bescheinigung** über das Verwandtschaftsverhältnis vorzulegen (§ 14a Abs 1 und 2 AVRAG).

Der Arbeitnehmer kann die von ihm verlangte Familienhospizmaßnahme frühestens fünf Arbeitstage, die Verlängerung frühestens zehn Arbeitstage nach Zugang der schriftlichen Bekanntgabe an den Dienstgeber vornehmen. Die Maßnahme wird wirksam, sofern nicht der Arbeitgeber binnen fünf Arbeitstagen (bei Verlängerung binnen zehn Arbeitstagen) ab Zugang der schriftlichen Bekanntgabe **Klage** gegen die Wirksamkeit der Maßnahme (bzw deren Verlängerung) beim zuständigen Arbeits- und Sozialgericht erhebt. Das Gericht hat eine **Interessenabwägung** vorzunehmen und unter Berücksichtigung der betrieblichen Erfordernisse und der Interessen des Arbeitnehmers zu entscheiden. Nach Ablauf der Fünf- bzw Zehn-Tage-Frist kann der Arbeitnehmer (außer im Falle einer vom Arbeitgeber erwirkten einstweiligen Verfügung) die verlangte Arbeitszeitänderung oder die Karenz vorerst bis zur Entscheidung des Gerichts antreten (§ 14a Abs 3 AVRAG).

6/446 Der Arbeitnehmer hat dem Arbeitgeber den **Wegfall** der **Sterbebegleitung unverzüglich bekannt zu geben**. Er kann die **vorzeitige Rückkehr** zur ursprünglichen Normalarbeitszeit zwei Wochen nach Wegfall der Sterbebegleitung verlangen. Ebenso kann der Arbeitgeber bei Wegfall der Sterbebegleitung die vorzeitige Rückkehr des Arbeitnehmers verlangen, sofern nicht berechtigte Interessen des Arbeitnehmers dem entgegenstehen (vgl § 14a Abs 4 AVRAG).

6/447 Fallen in das jeweilige Arbeitsjahr Zeiten einer Freistellung gegen Entfall des Arbeitsentgelts, so gebührt **Urlaub**, soweit dieser noch nicht verbraucht worden ist, in dem Ausmaß, das dem um die Dauer der Freistellung von der Arbeitsleistung verkürzten Arbeitsjahr entspricht. Ergeben sich Teile von Werktagen, sind diese bei der Berechnung des Urlaubsausmaßes auf ganze Werktage aufzurunden. Ebenfalls aliquotiert werden Ansprüche auf einmalige Bezüge wie **Weihnachts-** und **Urlaubsgeld** (§ 14a Abs 5 u 6 AVRAG).

6.8.7.2.6. Bildungsteilzeit

6/448 Eine weitere Form der Teilzeitarbeit ist die Bildungsteilzeit nach § 11a AVRAG. Dieses Modell wurde mit BGBl I 67/2013 (Sozialrechts-Änderungsgesetz 2013) neu geschaffen[594]. Voraussetzung für die Vereinbarung einer Bildungsteilzeit ist, dass das **Arbeitsverhältnis** bereits ununterbrochen **sechs Monate gedauert** hat (§ 11a Abs 1 AVRAG).

6/449 Vereinbart werden müssen Beginn, Dauer, Ausmaß und Lage der Teilzeitbeschäftigung. Dabei sind sowohl die Interessen des Arbeitgebers als auch die des Arbeitnehmers zu berücksichtigen. In Betrieben, in denen ein Betriebsrat besteht, kann dieser auf Verlangen des Arbeitnehmers zu den Verhandlungen beigezogen werden (§ 11a Abs 2 AVRAG).

---

594 Hiezu *Saurugger*, Sozialrechts-Änderungsgesetz 2013, ASoK 2013, 115; *Schuster*, Bildungsteilzeit: Auszeitmöglichkeiten für Bildung ausgeweitet, RdW 2013, 285.

Die **Dauer** einer Bildungsteilzeit beträgt mindestens vier Monate, maximal zwei Jahre. Die Bildungsteilzeit kann auch in Teilen vereinbart werden, wobei ein Teil mindestens vier Monate dauern muss und die Gesamtdauer der Teile zwei Jahre nicht überschreiten darf (§ 11a Abs 1 AVRAG). 6/450

Die **Arbeitszeit** kann um mindestens ein Viertel und maximal die Hälfte der Normalarbeitszeit herabgesetzt werden. Die vereinbarte wöchentliche Normalarbeitszeit darf zehn Stunden jedoch nicht unterschreiten (§ 11a Abs 1 AVRAG). 6/451

Eine neuerliche Bildungsteilzeit darf frühestens nach Ablauf von vier Jahren ab dem Antritt der letzten Bildungsteilzeit zustande kommen (**Rahmenfrist**). Auch eine Bildungskarenz oder Karenz iSd § 12 AVRAG (vgl 6.11.2) kann während dieser Rahmenfrist grundsätzlich nicht vereinbart werden. Dem entgegenstehende Vereinbarungen sind rechtsunwirksam. Wurde jedoch die höchstzulässige Dauer der Bildungsteilzeit nicht ausgeschöpft, kann für die weitere Dauer der Rahmenfrist eine Bildungskarenz vereinbart werden, allerdings höchstens im halben Ausmaß des nicht ausgeschöpften Teils. Die Mindestdauer der Bildungskarenz muss zwei Monate betragen. Insofern ist ein einmaliger **Wechsel** von Bildungsteilzeit zu Bildungskarenz möglich (§ 11a Abs 3 AVRAG). 6/452

Analog zum Weiterbildungsgeld bei der Bildungskarenz ist in § 26a AlVG (ebenfalls eingeführt mit BGBl I 67/2013) ein **Bildungsteilzeitgeld** vorgesehen. Die Anwartschaft auf Arbeitslosengeld muss erfüllt sein und die Teilnahme an einer im Wesentlichen der Dauer der Bildungsteilzeit entsprechenden Weiterbildungsmaßnahme muss nachgewiesen werden. Vor der Herabsetzung der Arbeitszeit muss die jeweilige wöchentliche Normalarbeitszeit ununterbrochen sechs Monate lang – bei befristeten Arbeitsverhältnissen in Saisonbetrieben drei Monate – gleich hoch gewesen sein[595]. Das aus dem Arbeitsverhältnis erzielte Entgelt muss in dieser Zeit sowie während der Bildungsteilzeit über der Geringfügigkeitsgrenze liegen[596]. 6/453

6.8.7.2.7. Pflegeteilzeit

Mit dem ARÄG 2013 (BGBl I 138/2013) wurde ein neues Modell der Teilzeitarbeit eingeführt. Durch die Vereinbarung einer **Pflegeteilzeit** (§ 14d AVRAG) wird es dem Arbeitnehmer ermöglicht, den Bedürfnissen eines pflegebedürftigen nahen Angehörigen nachzukommen und gleichzeitig sein Arbeitsverhältnis unter Herabsetzung der Normalarbeitszeit aufrechtzuerhalten[597]. 6/454

Der Arbeitnehmer hat zwar **keinen Rechtsanspruch** auf die **Pflegeteilzeit**. Wurde diese aber gültig vereinbart, so besteht ein **Rechtsanspruch** auf Auszahlung des aliquoten **Pflegekarenzgeldes** (nach § 21c BPGG).

---

[595] Zur Ausnahme bei Bezug des Weiterbildungsgeldes nach einer Elternkarenz s § 83 AlVG.

[596] S *Aubauer/Rosenmayr-Khoshideh*, Bildungsteilzeit, taxlex 2013, 200; *Krapf*, Das neue Bildungsteilzeitgeld, DRdA 2013, 451.

[597] Hiezu *Neubauer/Grasser*, Pflegekarenz und Pflegeteilzeit – Stärkung pflegender Angehöriger, ÖZPR 2013, 79; *Saurugger/Rath*, Arbeitsrechts-Änderungsgesetz 2013, ASoK 2013, 282; *Aubauer/Rosenmayr-Khoshideh*, Pflegekarenz und Pflegeteilzeit, taxlex 2013, 300; *Reiff*, Das ARÄG 2013: Einführung der Pflegekarenz und Pflegeteilzeit, DRdA 2013, 448; *Schuster*, Pflegekarenz und Pflegeteilzeit, RdW 2013, 734.

6.8.7.2. Arbeitszeit

6/455 Die **Voraussetzungen** für eine Pflegeteilzeit (mit Anspruch auf Pflegekarenzgeld) decken sich mit jenen für eine Pflegekarenz nach § 14c AVRAG (zur Pflegekarenz s 6.11.4). Diese Voraussetzungen sind:3dd

- Das **Dienstverhältnis** muss **ununterbrochen drei Monate gedauert** haben.
- Die Vereinbarung muss **schriftlich** erfolgen.

  Die Vereinbarung hat Beginn, Dauer, Ausmaß und Lage der Teilzeitarbeit zu beinhalten. Hiebei sind sowohl die betrieblichen Interessen als auch die Interessen des Arbeitnehmers entsprechend zu berücksichtigen. Vereinbarungen, die Änderungen im Ausmaß der Teilzeitbeschäftigung vorsehen, sind unzulässig (§ 14d Abs 2 AVRAG).

- Die Pflegeteilzeit muss zum Zweck der Pflege oder Betreuung **eines nahen Angehörigen** iSd § 14a AVRAG vereinbart werden.

  Nahe Angehörige gemäß § 14a AVRAG sind der Ehepartner und dessen Kinder, die Eltern, Großeltern, Adoptiv- und Pflegeeltern, Kinder, Enkelkinder, Stiefkinder, Adoptiv- und Pflegekinder, Lebensgefährten und deren Kinder, eingetragene Partner und deren Kinder sowie Geschwister, Schwiegereltern und Schwiegerkinder.

- Der pflegebedürftigen Person muss zum Zeitpunkt des Antritts der Pflegekarenz Pflegegeld ab der **Pflegestufe 3** mit Bescheid zuerkannt worden sein. Für die Pflege oder Betreuung von demenziell erkrankten oder minderjährigen nahen Angehörigen genügt bereits die Einstufung in **Pflegestufe 1**.
- In Betrieben, in denen ein für die Arbeitnehmer zuständiger **Betriebsrat** errichtet ist, **muss** dieser auf **Verlangen des Arbeitnehmers den Verhandlungen beigezogen werden** (§ 14d Abs 2 AVRAG).

6/456 Sind die Voraussetzungen erfüllt, so kann mit dem Arbeitgeber eine **Herabsetzung der wöchentlichen Normalarbeitszeit** für die Dauer von **zumindest einem Monat bis höchstens drei Monaten** pro zu betreuenden nahen Angehörigen vereinbart werden. Die wöchentliche **Normalarbeitszeit** darf hiebei **zehn Stunden nicht unterschreiten**. Im Fall einer **wesentlichen Erhöhung des Pflegebedarfs** um zumindest eine Pflegegeldstufe ist **einmalig** eine **neuerliche Vereinbarung** der Pflegeteilzeit zulässig. Wurde eine Pflegeteilzeit bereits angetreten, so kann für dieselbe zu betreuende Person **keine Pflegekarenz** (dazu s 6.11.4) **vereinbart** werden (§ 14d Abs 1 AVRAG).

6/457 Grundsätzlich kann der Arbeitnehmer die Vereinbarung über die Pflegeteilzeit nicht vorzeitig beenden. Er kann jedoch die **Rückkehr zur ursprünglich vereinbarten Arbeitszeit** verlangen, wenn die betreute Person

- in eine stationäre Pflege- oder Betreuungseinrichtung aufgenommen wird,
- nicht nur vorübergehend von einer anderen Person betreut wird oder
- verstirbt.

Dem Gesetz zufolge darf die Rückkehr zur früheren Arbeitszeit frühestens zwei Wochen nach der Meldung der obigen Beendigungsgründe erfolgen.

6/458 Fallen in ein Kalenderjahr Zeiten einer Pflegeteilzeit, gebühren dem Arbeitnehmer **sonstige Bezüge/Sonderzahlungen** (zB das **Weihnachts-** und **Urlaubsgeld**) nur in dem der Vollzeit- und Teilzeitbeschäftigung entsprechenden Ausmaß (§ 14d Abs 4 AVRAG). Da sich das für eine Teilzeitbeschäftigung zustehende Urlaubsausmaß schon aus den allgemeinen urlaubsrechtlichen Bestimmungen ergibt, wird der **Urlaubsanspruch** nicht eigens geregelt (Näheres s 6.10.2)[598]. Regelungen betreffend **Betriebspensionen, Abfertigung alt** und den **Kündigungsschutz** sind sinngemäß den Bestimmungen zur Pflegekarenz anzuwenden (s dazu 6.11.4). Bezüglich der **Abfertigung neu** sieht § 6 Abs 4 BMSVG als Bemessungsgrundlage für den Beitrag des Arbeitgebers das monatliche Entgelt auf Grundlage der Arbeitszeit vor der Herabsetzung der Normalarbeitszeit vor.

6.8.7.2.8. Wiedereingliederungsteilzeit

Mit dem Wiedereingliederungsteilzeitgesetz 2017 hat der österreichische Gesetzgeber ein 6/459 arbeits- und sozialrechtliches **Modell der Reintegration in den Arbeitsprozess** für Personen eingeführt, die sich in einem Arbeitsverhältnis befinden, aber für längere Zeit physisch oder psychisch erkrankt waren. Es verschränkt arbeitsrechtliche und sozialrechtliche Elemente: Arbeitsrechtlich wird eine neue Form der Teilzeitarbeit (Wiedereingliederungsteilzeit) eingeführt, sozialrechtlich kommt es zu einer neuen Leistung aus den Mitteln der gesetzlichen Krankenversicherung (Wiedereingliederungsgeld)[599].

Rechtsgrundlage für die Wiedereingliederungsteilzeit bildet § 13a AVRAG. Dieser Bestim- 6/460 mung zufolge kann ein Arbeitnehmer **nach einem mindestens sechswöchigen ununterbrochenen Krankenstand** mit dem Arbeitgeber schriftlich eine Herabsetzung der wöchentlichen Normalarbeitszeit um mindestens ein Viertel und höchstens die Hälfte vereinbaren. Die geleistete Arbeitszeit muss also 50 % bis 75 % des bisherigen Umfanges betragen. Die Wiedereingliederungsteilzeit kann aber auch zunächst im Ausmaß von weniger als 50 % beginnen, wenn die Arbeitszeit während der gesamten Wiedereingliederungsteilzeit im Durchschnitt zwischen 50 % und 75 % beträgt. Die wöchentliche Arbeitszeit während der Teilzeit darf zwölf Stunden nicht unterschreiten. Innerhalb eines Kalendermonats darf die vereinbarte Arbeitszeit ungleichmäßig verteilt werden, wenn das vereinbarte Arbeitszeitausmaß im Durchschnitt eingehalten und das vereinbarte Arbeitszeitausmaß in den einzelnen Arbeitswochen jeweils nicht um mehr als 10 % unter- oder überschritten wird.

Die Dauer der Wiedereingliederungsteilzeit kann nur in einem Ausmaß **von einem bis zu** 6/461 **sechs Monaten** vereinbart werden. Dem Arbeitnehmer soll damit die Möglichkeit eröffnet werden, sich Schritt für Schritt in den Arbeitsprozess einzufügen. Zulässig ist eine Vereinbarung über die Wiedereingliederungsteilzeit nur dann, wenn eine Beratung im Rahmen des Wiedereingliederungsmanagements nach dem AGG erfolgt ist. Der Wiedereingliederungsvereinbarung muss auch ein Wiedereingliederungsplan zugrunde liegen. Die Beratung nach dem AGG muss nicht vorhanden sein, wenn ein Arbeitsmediziner der Vorgangsweise zustimmt. Wenn ein Betriebsrat errichtet ist, ist dieser bei der Vereinbarung von Beginn, Dauer, Ausmaß und Lage der Teilzeitbeschäftigung beizuziehen.

---

598 ErläutRV 2407 BlgNR 24. GP 4.

599 S auch *Mosing*, Die arbeits- und sozialrechtlichen Aspekte der Wiedereingliederungsteilzeit, ecolex 2017, 347; *Gleißner/Kircher*, Die neue Wiedereingliederungsteilzeit, ZAS 2017, 100; *Dunst/Panhölzl*, Die Wiedereingliederung nach langen Krankenständen, DRdA-infas 2017, 113; *Vogt-Majarek/Mantler*, Wiedereingliederungsteilzeit aus praktischer Sicht, ARD 6554/5/2017.

6.8.7.3. Arbeitszeit

Nach Beginn der Wiedereingliederungsteilzeit kann die Vereinbarung zwischen Arbeitgeber und Arbeitnehmer **nur einvernehmlich geändert** werden. Entsprechend den Interessen des Arbeitnehmers und entsprechend den betrieblichen Erfordernissen kann damit eine Verlängerung der Teilzeit, eine Änderung des Stundenausmaßes etc erreicht werden. Das Gesetz lässt aber eine Änderung der Vereinbarung nur zweimal zu.

6/462 Eine **vorzeitige Beendigung** der Wiedereingliederungsteilzeit und damit eine vorzeitige Rückkehr zur ursprünglichen Normalarbeitszeit kann der Arbeitnehmer verlangen, wenn die arbeitsmedizinische Zweckmäßigkeit nicht mehr gegeben ist. Ähnlich wie im Fall einer Kündigungsfrist muss der Arbeitnehmer die Absicht, die Teilzeit vorzeitig zu beenden, zumindest drei Wochen vorher schriftlich dem Arbeitgeber mitteilen.

6.8.7.3. Kurzarbeit

6/463 Kurzarbeit liegt vor, wenn auf Grund wirtschaftlicher bzw betrieblicher Notwendigkeiten eine vorübergehende Reduktion der Arbeitszeit mit entsprechender Entgeltkürzung notwendig wird. Je nach konjunktureller Situation greift die öffentliche Hand ein und sieht arbeitsmarktpolitische Fördermaßnahmen in Kombination mit Pflichten der Arbeitgeber und Arbeitnehmer vor[600].

6/464 Das AMSG unterscheidet zwischen Beihilfen bei Kurzarbeit (Kurzarbeitsbeihilfe) und Beihilfen bei Kurzarbeit mit Qualifizierung (Qualifizierungsbeihilfe). Die **Kurzarbeitsbeihilfe**[601] gem § 37b AMSG kann Arbeitgebern gewährt werden, die zur Vermeidung von Arbeitslosigkeit Kurzarbeit durchführen. Voraussetzung ist, dass es sich um vorübergehende nicht saisonbedingte wirtschaftliche Schwierigkeiten handelt und dass in einem Beratungsgespräch zwischen Arbeitgeber, AMS, Betriebsrat und den zuständigen kollektivvertragsfähigen Körperschaften keine Alternative gefunden wurde. Zwischen den kollektivvertragsfähigen Körperschaften – in der Regel zwischen Wirtschaftskammer und Gewerkschaft – muss eine Vereinbarung (auf bestimmte Zeit) über die Leistung einer Entschädigung während der Kurzarbeit (**Kurzarbeitsunterstützung**), die näheren Bedingungen der Kurzarbeit sowie über die Aufrechterhaltung des Beschäftigtenstandes getroffen werden. Die Kurzarbeitsunterstützung (für die entfallenden Arbeitsstunden) muss zumindest in der Höhe jenes Anteils des Arbeitslosengeldes, der der Verringerung der Normalarbeitszeit entspricht, gewährt werden. Die Kurzarbeitsbeihilfe dient dem teilweisen Ersatz der zusätzlichen Aufwendungen für die Kurzarbeitsunterstützung sowie für die Beiträge zur Sozialversicherung und zur betrieblichen Mitarbeitervorsorge. Durch die Vereinbarung zwischen den Sozialpartnern soll sichergestellt werden, dass während der Kurzarbeit und einem gewissen zu vereinbarenden Zeitraum danach der Beschäftigtenstand aufrechterhalten wird.

---

[600] S hiezu auch *Mazal*, Rechtsfragen der Einführung von Kurzarbeit, ZAS 1988, 83; weiters *Anzenberger*, Kurzarbeit, juridikum 2009, 110; *Winter/Thomas*, Kurzarbeit Grundsatzfragen und geplante Neuregelungen, ZAS 2009, 64; *Gleißner/Gruber*, Personalmaßnahmen zur Krisenbewältigung, ZAS 2009, 52; vgl auch *Drs*, Arbeitsrechtliche Instrumente zur Beschäftigungssicherung, in Resch (Hrsg), Beschäftigungssicherung in der Wirtschaftskrise (2009), 17; *Schrammel*, Die Finanzmarktkrise und die Zukunft der österreichischen Arbeits- und Sozialrechtsordnung, ZIAS 2012, 153.

[601] Zur Kurzarbeitsbeihilfe: *Hutter*, Kurzarbeit – Ein Weg aus der Krise?, ecolex 2009, 249; *Mitter*, Neuregelung der Kurzarbeit, DRdA 2009, 280; vgl auch *Drs*, Kurzarbeit, DRdA 2010, 203; *Heinz-Ofner*, Kurzarbeit, Teizeitvereinbarung und Aussetzungsvertrag, in Wachter/Burger (Hrsg), Aktuelle Entwicklungen im Arbeits- und Sozialrecht 2010 (2010), 3.

Die **Qualifizierungsbeihilfe** iSd § 37c AMSG ist hinsichtlich der strukturellen Voraussetzungen der Kurzarbeitsbeihilfe nachgebildet. Der Unterschied besteht darin, dass der Arbeitgeber während der Kurzarbeit Qualifizierungsmaßnahmen für die Arbeitnehmer durchführt. 6/465

6.8.8. Überstunden

6.8.8.1. Begriff

Überstundenarbeit liegt vor, wenn entweder die Grenzen der zulässigen **wöchentlichen Normalarbeitszeit** überschritten werden **oder** wenn die **tägliche Normalarbeitszeit**, die sich auf Grund der Verteilung der wöchentlichen Normalarbeitszeit (vgl hiezu 6.8.2, 6.8.4 u 11.5.3.6) ergibt, **überschritten** wird (§ 6 Abs 1 AZG; OGH 29. 6. 1971, 4 Ob 37/71, Arb 8879)[602]. Als wöchentliche Normalarbeitszeit kommen hiebei entweder die 40 Stunden pro Woche, die verlängerte Normalarbeitszeit in den Fällen der Arbeitsbereitschaft oder jenes Arbeitszeitausmaß in Frage, das sich auf Grund einer anderen im AZG vorgesehenen Verteilung der wöchentlichen Normalarbeitszeit innerhalb eines die Dauer einer Woche überschreitenden Durchrechnungszeitraums ergibt. Daraus ist auch zu folgern, dass das Überschreiten der vereinbarten Arbeitszeit eines Teilzeitarbeitnehmers bis zum Erreichen der gesetzlichen Normalarbeitszeit nicht als Überstundenarbeit zu werten ist. In allen Fällen ist von den tatsächlich geleisteten Arbeitsstunden und nicht von einer fiktiven Arbeitsleistung, dh einer Arbeitszeit unter Berücksichtigung von Zeitguthaben, auszugehen[603]. 6/466

Festzuhalten ist, dass eine Arbeit an **Feiertagen** nicht unbedingt Überstundenarbeit sein muss. Auch die Arbeitsleistung an einem Feiertag ist erst dann als Überstundenarbeit zu beurteilen, wenn sie hinsichtlich ihrer Dauer über das Maß der täglichen Normalarbeitszeit oder über das Maß der normalen Wochenarbeitszeit hinausgeht (OGH 19. 4. 1977, 4 Ob 72/77, Arb 9582). 6/467

Beispiel: In einem Unternehmen ist die Dienstzeit mit 8 bis 12 Uhr und mit 13 bis 17 Uhr festgelegt. Der 15. 8. 1997 (Mariä Himmelfahrt) fällt auf einen Freitag. Auf Grund eines außergewöhnlich erhöhten Arbeitsbedarfs muss auch zu Mariä Himmelfahrt von 8 bis 12 und von 13 bis 19 Uhr gearbeitet werden. Die Arbeitsleistung zwischen 8 und 17 Uhr ist zwar Feiertagsarbeit und auch dementsprechend zu entlohnen (vgl 6.8.12.3), sie ist aber noch keine Überstundenarbeit. Erst die Arbeitsleistungen, die nach 17 Uhr erbracht werden, sind als Überstundenarbeit zu werten. Kollektivverträge enthalten allerdings häufig Sonderzuschläge sowohl für Feiertagsarbeit als auch für Überstundenarbeit an Feiertagen.

---

602 Allg hiezu *Haslinger*, Überstundenprobleme im Arbeitszeitrecht, ZAS 1971, 47; *Berger*, Überstunden – ein zweiseitiger Begriff, in FS Schwarz (1991), 27; *Rauch*, Ratsame Vereinbarungen bezüglich Überstunden, ASoK 2000, 114; *Grillberger*, AZG[3] (2011), § 6 Rz 6 ff; *Klein* in Heilegger/Klein (Hrsg), Arbeitszeitgesetz[4] (2016), §§ 6 bis 8 Erl 1; *H. Binder/Brunner/Szymanski* (Hrsg), AZG (2006), 85; *Pfeil* in Neumayr/Reissner (Hrsg), Zeller Kommentar[2] (2011), § 6 AZG Rz 1; *Schrank*, Arbeitszeitgesetze[4] (2017), § 6 AZG Rz 3 ff; hiezu *Mosing*, Einordnungsfragen von Mehr- und Überstundenarbeit, RdW 2013, 147.

603 Vgl *Löschnigg*, Überstunden wegen Nachtdienst-Guthaben, ASoK 1996, 9.

6.8.8.2. Grenzen der Überstundenarbeit nach dem AZG

6/468 Das AZG erlaubt Überstundenarbeit in erster Linie bei **Vorliegen eines erhöhten Arbeitsbedarfs**. Das Höchstmaß an Überstunden ergibt sich aus § 7 AZG[604]:

6/469 a) Grundsätzlich darf die Arbeitszeit **wöchentlich um fünf Überstunden** und **darüber hinaus um höchstens 60 Überstunden** innerhalb eines Kalenderjahres verlängert werden. Die wöchentliche Überstundenleistung ist mit **zehn Stunden limitiert**, wobei die jeweilige **Tagesarbeitszeit zehn Stunden** nicht überschreiten darf (§ 7 Abs 1 AZG).

6/470 b) Durch **Kollektivvertrag** kann zugelassen werden, dass zusätzlich zum oben bezeichneten Ausmaß fünf Überstunden geleistet werden dürfen. Für bestimmte Arbeitnehmergruppen oder Arten von Betrieben kann der Kollektivvertrag vorsehen, dass zehn weitere Überstunden wöchentlich geleistet werden können. Die Tagesarbeitszeit darf höchstens zehn Stunden betragen (§ 7 Abs 2 AZG).

6/471 c) Unter denselben Voraussetzungen, unter denen es zu einer Verlängerung der Normalarbeitszeit in den Fällen der **Arbeitsbereitschaft** (vgl 6.8.5) kommen kann, können auch Überstunden zugelassen werden[605]. Diese Möglichkeit zur Arbeitszeiterweiterung durch Überstunden besitzt nur dann Bedeutung, wenn nicht ohnehin die Normalarbeitszeit (vgl 6.8.4) ausgeweitet wurde. Die Tagesarbeitszeit darf 13, die Wochenarbeitszeit darf 60 Stunden nicht überschreiten (§ 7 Abs 3 AZG).

6/472 d) Bei **vorübergehend** auftretendem **besonderem Arbeitsbedarf** können zur Verhinderung eines unverhältnismäßigen wirtschaftlichen Nachteils durch **Betriebsvereinbarung**, die den zuständigen kollektivvertragsfähigen Körperschaften der Arbeitgeber und der Arbeitnehmer sowie dem zuständigen Arbeitsinspektorat zu übermitteln ist, in höchstens 24 Wochen des Kalenderjahres Überstunden bis zu einer Wochenarbeitszeit von 60 Stunden zugelassen werden, wenn andere Maßnahmen nicht zumutbar sind. Wurde jedoch die Arbeitszeit in acht aufeinanderfolgenden Wochen verlängert, sind entsprechende Überstunden in den beiden folgenden Wochen unzulässig. Die Tagesarbeitszeit darf zwölf Stunden nicht überschreiten (§ 7 Abs 4 AZG).

In Betrieben, in denen **kein Betriebsrat** errichtet ist und dementsprechend keine Betriebsvereinbarung zustande kommen kann, sind obige Überstunden unter zwei Voraussetzungen zulässig:

- Die zusätzlichen Überstunden müssen im Einzelfall – eine allgemeine Regelung/Verpflichtung im Arbeitsvertrag genügt nicht – schriftlich vereinbart werden.
- Durch einen Arbeitsmediziner muss die arbeitsmedizinische Unbedenklichkeit dieser zusätzlichen Überstunden für die betreffenden Tätigkeiten festgestellt worden sein. Auf Verlangen der Mehrheit der betroffenen Arbeitnehmer ist ein weiterer, einvernehmlich bestellter Arbeitsmediziner zu befassen. Dieses Verlangen ist binnen fünf Arbeitstagen ab Mitteilung des Arbeitgebers vom Ergebnis der ersten arbeitsmedizinischen Prüfung zu stellen. Die arbeitsmedizinische Unbedenklichkeit und damit die Zulässigkeit der Überstunden ist nur dann gegeben, wenn beide Arbeitsmediziner dies bestätigen. Die Kosten für die Arbeitsmediziner hat stets der Arbeitgeber zu tragen (§ 7 Abs 4a AZG).

---

[604] Vgl dazu *Grillberger*, AZG[3] (2011), § 7 Rz 4 ff; *Klein* in Heilegger/Klein (Hrsg), Arbeitszeitgesetz[4] (2016), §§ 6 bis 8 Erl 4; *Schrank*, Arbeitzeitgesetze[3] (2015), § 7 AZG Rz 5 ff.

[605] S VwGH 8. 10. 1990, 90/19/0037, DRdA 1991, 311 mit Bespr v *Klein*.

Derartige Überstunden (Zulassung ohne Betriebsvereinbarung nur durch die Arbeitnehmer und mit arbeitsmedizinischen Gutachten) kann ein Arbeitnehmer **ablehnen** und darf deswegen auch nicht benachteiligt werden (§ 7 Abs 6a AZG).

e) Das **Arbeitsinspektorat** kann bei Nachweis eines **dringenden Bedarfs** nach Anhörung 6/473
der gesetzlichen Interessenvertretungen der Arbeitgeber und der Arbeitnehmer eine über das unter a bis d bezeichnete Ausmaß hinausgehende Arbeitszeitverlängerung bewilligen. Eine Tagesarbeitszeit über zehn Stunden und eine Wochenarbeitszeit über 60 Stunden kommen nur im öffentlichen Interesse in Betracht (§ 7 Abs 5 AZG).

f) Wird die gesamte Wochenarbeitszeit auf vier zusammenhängende Tage verteilt (**Vier-** 6/474
Tage-Woche; vgl 6.8.4 f), kann die Betriebsvereinbarung zulassen, dass die Arbeitszeit an diesen Tagen durch Überstunden (iS des lit a u b) bis auf zwölf Stunden ausgedehnt wird.

Für Betriebe, in denen **kein Betriebsrat** eingerichtet ist, kann die Betriebsvereinbarung durch Einzelfallzustimmung der Arbeitnehmer und durch arbeitsmedizinische Gutachten (s oben unter lit d) ersetzt werden. In diesem Fall kann die Erbringung von Überstunden vom Arbeitnehmer abgelehnt werden. Er darf aus diesem Grund auch nicht benachteiligt werden (§ 7 Abs 6a AZG).

g) Überstundenarbeit für die Vornahme von **Vor- und Abschlussarbeiten** ist zulässig. Die 6/475
Arbeitszeit darf aus diesem Grund um eine **halbe Stunde täglich** bis zur Höchstdauer von zehn Stunden Tagesarbeitszeit überzogen werden (§ 8 Abs 1 AZG). Über zehn Stunden darf die Tagesarbeitszeit verlängert werden, wenn eine Vertretung eines Arbeitnehmers durch andere Arbeitnehmer nicht möglich ist und dem Arbeitgeber die Heranziehung betriebsfremder Personen nicht zugemutet werden kann (§ 8 Abs 2 AZG). Vor- und Abschlussarbeiten im Ausmaß von einer halben Stunde täglich können auch bei Vorliegen von Arbeitsbereitschaft mit besonderen Erholungsmöglichkeiten (§ 5a AZG; vgl hiezu 6.8.5) geleistet werden, wenn dies zur Arbeitsübergabe unbedingt erforderlich ist (§ 8 Abs 4 AZG).

Vor- und Abschlussarbeiten sind Arbeiten zur Reinigung und Instandhaltung, soweit diese Arbeiten während des regelmäßigen Betriebs nicht ohne Unterbrechung oder erhebliche Störung erledigt werden können, Arbeiten, von denen die Wiederaufnahme oder Aufrechterhaltung des vollen Betriebs arbeitstechnisch abhängt, oder Arbeiten zur abschließenden Kundenbedienung einschließlich der damit zusammenhängenden notwendigen Aufräumarbeiten. Eine nähere Definition der Vor- und Abschlussarbeiten kann der Kollektivvertrag vorsehen (§ 8 Abs 3 AZG).

In **außergewöhnlichen Fällen** gelten Sonderregelungen. So finden die maßgeblichen Be- 6/476
schränkungen des AZG keine Anwendung auf vorübergehende und unaufschiebbare Arbeiten, die zur Abwendung einer unmittelbaren Gefahr für die Sicherheit des Lebens oder für die Gesundheit von Menschen oder bei Notstand sofort vorgenommen werden müssen oder die zur Behebung einer Betriebsstörung oder zur Verhütung des Verderbens von Gütern oder eines sonstigen unverhältnismäßigen wirtschaftlichen Sachschadens erforderlich sind, wenn unvorhergesehene und nicht zu verhindernde Gründe vorliegen und andere zumutbare Maßnahmen zur Erreichung dieses Zwecks nicht getroffen werden können (§ 20 Abs 1 AZG)[606].

[606] Hiezu zählt etwa nicht ein allgemeiner Fachärztemangel in einer Rehabilitationsanstalt, VwGH 3. 3. 1994, 93/18/0090, ARD 4562/24/94 = RdW 1994, 316, oder der allgemeine erhöhte Arbeitsbedarf im Zuge der Umstellung der Währung, s *Löschnigg*, Arbeitszeitgrenzen bei der Euro-Umstellung im Geld- und Kreditwesen, RdW 2001, 540.

6/477 Diese Notfälle sind dadurch charakterisiert, dass mit der öffentlich-rechtlichen Erlaubnis zur Mehrarbeit die privatrechtliche **Verpflichtung** des Arbeitnehmers hiezu in der Regel zusammenfällt (vgl 6.1.4).

6/478 Die Vornahme von Arbeiten auf Grund außergewöhnlicher Fälle ist ehestens, längstens jedoch binnen vier Tagen nach Beginn der Arbeiten, dem Arbeitsinspektorat schriftlich mit Begründung und mit Angabe der Zahl der betroffenen Arbeitnehmer anzuzeigen (§ 20 Abs 2 AZG). Die Aufgabe der Mitteilung bei der Post gilt als Erstattung der Anzeige.

6/479 Im **öffentlichen Interesse** können durch VO für einzelne Arten oder Gruppen von Betrieben Ausnahmen von wesentlichen Arbeitszeitbestimmungen zugelassen werden (§ 23 AZG).

6.8.8.3. Verpflichtung zur Überstundenleistung

6/480 Die im AZG vorgesehenen Möglichkeiten einer Verlängerung der Arbeitszeit regeln grundsätzlich nur die öffentlich-rechtlichen Rahmenbedingungen, innerhalb denen Überstundenarbeit zulässig wäre, sie erlauben aber keinen Rückschluss auf die Verpflichtung des Arbeitnehmers zur Überstundenleistung[607]. Als Rechtsgrundlage einer Verpflichtung des Arbeitnehmers kommen das **Gesetz** (§ 59 LArbG, § 20 VBG, § 49 BDG), der **Arbeitsvertrag**, der **Kollektivvertrag** und die **Betriebsvereinbarung** (vgl 11.5.3.6) in Betracht[608]. In gewissen begründeten Fällen, beispielsweise bei Vorliegen eines Betriebsnotstandes iSd § 20 AZG, kann der Arbeitnehmer auf Grund der **Treuepflicht** zur Überstundenleistung verpflichtet sein[609]. Eine gegenüber einem Auftraggeber eingegangene Verpflichtung des Dienstgebers oder die Gefahr einer Pönalzahlung allein begründet jedoch keinen die Anordnung nicht vereinbarter Überstunden rechtfertigenden Betriebsnotstand[610].

---

[607] *Klein* in Heilegger/Klein (Hrsg), Arbeitszeitgesetz^4 (2016), §§ 6 bis 8 Erl 4 Rz 14; *Grillberger*, AZG^3 (2011), § 6 Rz 16; VwGH 12. 1. 1971, 560/70, Arb 8836; OGH 22. 11. 1995, 9 ObA 191/95, ZAS 1997, 20 mit Bespr v *Brodil* = infas 1996, A 67; OGH 23. 12. 1998, 9 ObA 333/98f, DRdA 2000, 43 mit Bespr v *Klein*; *Stärker*, Verpflichtung zur Leistung von Mehr- und Überstunden, in Reissner/Neumayr (Hrsg), Zeller Handbuch Arbeitsvertrags-Klauseln (2010), 364 ff.

[608] OGH 4. 11. 1986, 4 Ob 156/85, infas 1987, A 82; OGH 1. 4. 1998, 9 ObA 31/98v, DRdA 1998, 422 mit Bespr v *Schindler* = ARD 4932/6/98.

[609] OGH 2. 7. 1957, 4 Ob 56/57, SozM I A/d, 251; OGH 29. 1. 1965, 4 Ob 8/65, ZAS 1967, 11 mit Bespr v *Gürtler*; OGH 23. 4. 1985, 4 Ob 49/85, infas 1985, A 135 = Arb 10.449; ASG Wien 4. 6. 1987, 23 Cga 1021/87, ARD 3931/16/87; OGH 16. 5. 2002, 8 ObA 268/01x, ARD 5389/2/2003; s auch *Löschnigg* in Löschnigg (Hrsg), AngG Bd 1^{10} (2016), § 6 Rz 38.

[610] OGH 10. 6. 1998, 9 ObA 119/98h, ARD 4967/27/98.

Zulässige Überstunden

	gesetzliche Regelung bzw weitere Voraussetzung	Ausmaß	max Wochen- bzw Tagesarbeitszeit
Vorliegen eines erhöhten Arbeitsbedarfs	§ 7 Abs 1 AZG (Normalfall)	5 h/Woche plus 60 h/Jahr	10 Überstunden/ Woche 10 h/Tag
	§ 7 Abs 2 AZG; Zulassung durch KV	zusätzlich zu § 7 Abs 1 AZG weitere 5 h/Woche (bzw 10 h/Woche für bestimmte AN oder Arten von Betrieben)	10 h/Tag
	§ 7 Abs 3 AZG; Zulassung durch KV oder BV im Falle von Arbeitsbereitschaft	über das Ausmaß des § 7 Abs 1 AZG hinaus	60 h/Woche 13 h/Tag
	§ 7 Abs 4 AZG; Zulassung durch BV bei vorübergehendem besonderem Arbeitsbedarf; ohne BR mit Zustimmung des AN bei arbeitsmedizinischer Unbedenklichkeit	in höchstens 24 Wochen	60 h/Woche 12 h/Tag
	§ 7 Abs 5 AZG; Genehmigung durch Arbeitsinspektorat (Nachweis eines dringenden Bedarfs)	über das Ausmaß des § 7 Abs 1 bis 4 AZG hinaus	60 h/Woche 10 h/Tag (im öffentlichen Interesse auch darüber)
	§ 7 Abs 6 AZG; Zulassung durch BV bei Vier-Tage-Woche; ohne BR mit Zustimmung des AN bei arbeitsmedizinischer Unbedenklichkeit	über das Ausmaß des § 7 Abs 1 u 2 AZG hinaus	12 h/Tag
Vor- und Abschlussarbeiten	§ 8 Abs 1 AZG	½ h/Tag	10 h/Tag
	§ 8 Abs 2 AZG (Vertretung des Arbeitnehmers nicht möglich und betriebsfremde Ersatzkraft nicht zumutbar)	½ h/Tag	über 10 h/Tag
	§ 8 Abs 4 AZG (zur Arbeitsübergabe unbedingt erforderlich, bei Arbeitsbereitschaft mit besonderer Erholungsmöglichkeit)	½ h/Tag	über 24 h/Tag über 72 h/Woche

6.8.8.3. Arbeitszeit

	gesetzliche Regelung bzw weitere Voraussetzung	Ausmaß	max Wochen- bzw Tagesarbeitszeit
außergewöhnliche Fälle	§ 20 AZG; Anzeige an Arbeitsinspektorat	keine Beschränkung	keine Grenze
öffentliches Interesse	§ 23 AZG	allg Beschränkungen	VO-Ermächtigung

6/481 Ein Arbeitnehmer kann selbst bei vertraglicher Verpflichtung und öffentlich-rechtlicher Zulässigkeit Überstundenarbeit ablehnen, wenn seine **berücksichtigungswürdigen Interessen** dieser entgegenstehen (§ 6 Abs 2 AZG). Dies ist im Wege einer Abwägung der Interessen des Arbeitgebers an der Erbringung der Überstunden und jener des Arbeitnehmers am Unterbleiben einer solchen Arbeitsleistung zu beurteilen (vgl ausführlich 6.1.4)[611].

Fraglich ist, ob von Arbeitnehmerseite nur die in § 1154b Abs 5 ABGB und § 8 Abs 3 AngG angeführten wichtigen Gründe, die die Entgeltfortzahlung des Arbeitgebers begründen, ins Treffen geführt werden können oder ob gegebenenfalls auch Dispositionen des Arbeitnehmers über seine Freizeitgestaltung, die sich schwer rückgängig machen lassen, zu berücksichtigen sind[612]. Allgemein wird man sagen können: Je triftiger die Gründe des Arbeitgebers sind, desto gravierender haben die vom Arbeitnehmer angeführten Gründe zu sein. Im Falle eines Notstandes können jedenfalls nur mehr die anerkannten Dienstverhinderungsgründe zur Ablehnung berechtigen (*Schwarz/Holzer*, Die Treuepflicht des Arbeitnehmers und ihre künftige Gestaltung [1976], 133).

6/482 Die unbegründete Nichtbefolgung einer objektiv gerechtfertigten Überstundenanordnung durch den Arbeitnehmer kann einen **Entlassungsgrund** darstellen[613]. Die Verweigerung einer nach dem AZG unzulässigen Überstundenarbeit kann niemals einen wichtigen Grund zur sofortigen Auflösung des Dienstverhältnisses bilden. Ordnet der Arbeitgeber in eklatanter Verletzung des Gesetzes Überstunden an, so kann er aus dem Stillschweigen des Arbeitnehmers hiezu und der Befolgung der Weisung nicht dessen Einverständnis ableiten. In besonderen Fällen stellt allein die Anordnung gesetzwidriger Überstunden bereits einen Austrittsgrund für den Arbeitnehmer dar[614]. Es muss sich hiebei aber um eine bewusste und systematische Verletzung der Arbeitszeitvorschriften handeln. Im Regelfall wird man verlangen können, dass der Arbeitnehmer vor dem Austritt eine Widerspruchs- bzw Protesthandlung setzt. Dies gilt im besonderem Maße, wenn schon der Arbeitsvertrag unzulässige Ar-

611 *Jöst*, Die Verpflichtung des Arbeitnehmers zur Überstundenleistung, ZAS 1999, 161; *Strasser*, Mitbestimmung des Betriebsrates bei der Anordnung von Überstunden, in FS Weißenberg (1980), 347; OGH 4. 11. 1986, 4 Ob 156/85, JBl 1987, 264; ASG Wien 4. 6. 1987, 23 Cga 1021/87, ARD 3931/16/87.

612 IdS *Grillberger*, AZG³ (2011), § 6 Rz 23 f; vgl auch OGH 4. 11. 1986, 4 Ob 156/85, JBl 1987, 264, der im konkreten Fall diese Frage allerdings nicht lösen musste.

613 OGH 2. 7. 1957, 4 Ob 56/57, SozM I A/d, 251; OGH 15. 4. 1958, 4 Ob 44/58, Arb 6862; OGH 29. 1. 1965, 4 Ob 8/65, ZAS 1967, 11 mit Bespr v *Gürtler*.

614 OGH 11. 1. 1995, 9 ObA 7/95, DRdA 1995, 509 mit Bespr v *Grießer* = ZAS 1996, 171 mit Bespr v *Schindler*.

beitszeiten enthält (OGH 24. 11. 2010, 9 ObA 113/10y, ARD 6130/2/2011 = ASoK 2011, 324).

6.8.8.4. Abgeltung – Zeitausgleich

Voraussetzung für die **Vergütung von Überstunden** ist, dass sich der Arbeitgeber mit deren Leistung auf irgendeine Weise einverstanden erklärt, sei es, dass der Arbeitnehmer Überstunden auf ausdrückliche Anordnung des Dienstgebers erbringt, sei es, dass der Dienstgeber die Überstundenleistung duldet bzw entgegennimmt und so auf sein Einverständnis geschlossen werden kann[615]. 6/483

Nicht notwendig ist in diesen Fällen eine Anzeige der Überstundenleistung durch den Arbeitnehmer (*Grillberger*, AZG³ [2011], § 10 Rz 6; OGH 9. 10. 1973, 4 Ob 90/73, Arb 9144), wiewohl eine Meldepflicht vereinbart werden kann, um zB dem Arbeitgeber die Führung von Überstundenaufzeichnungen zu ermöglichen[616]. Wenn der Arbeitgeber Arbeitsleistungen verlangt, die auch bei richtiger Einteilung der Arbeit nicht in der normalen Arbeitszeit erledigt werden können, kann der Arbeitnehmer auf das Einverständnis des Arbeitgebers zur Überstundenleistung vertrauen[617]. Der Anspruch auf Entlohnung der Mehrarbeit ist aber keinesfalls von der arbeitsrechtlichen Zulässigkeit der Anordnung der Überstunden abhängig[618].

Für Überstunden gebührt ein **Zuschlag** von 50 % oder eine Abgeltung durch **Zeitausgleich** im Verhältnis 1 : 1,5 (§ 10 Abs 1 AZG). Ob ein Überstundenzuschlag zu bezahlen ist oder ob es zu einem Zeitausgleich kommt, überlässt § 10 Abs 2 AZG der **Vereinbarung** zwischen Arbeitnehmer und Arbeitgeber. Fehlt es an einer Vereinbarung, dann gebührt eine Abgeltung in Geld. Durch **Kollektivvertrag** kann aber festgelegt werden, dass bei mangelnder Individualvereinbarung eine Abgeltung in Geld oder durch Zeitausgleich zu erfolgen hat. Die **Betriebsvereinbarung** kann eine solche Regelung nur dann treffen, wenn der Kollektivvertrag keine entsprechende Bestimmung enthält oder wenn kein Kollektivvertrag zur Anwendung gelangt. 6/484

Der **Zeitpunkt** für den Verbrauch von Zeitguthaben bedarf grundsätzlich einer **Vereinbarung** zwischen Arbeitgeber und Arbeitnehmer[619]. Eine **einseitige Inanspruchnahme** von Zeitausgleich kann – soweit nicht sondergesetzliche Bestimmungen, Kollektivvertrag oder Betriebsvereinbarung dies vorsehen – nur nach Maßgabe des § 19f Abs 2 und 3 AZG erfolgen: Besteht zwar dem Grunde nach eine Vereinbarung über Zeitausgleich (zB im Arbeitsvertrag), wurde aber anlässlich eines konkreten Überstundenanfalls keine Regelung über 6/485

---

615 Vgl OGH 23. 2. 1971, 4 Ob 3/71, SozM III E, 415; OGH 18. 11. 1975, 4 Ob 54/75, Arb 9406; OGH 22. 2. 2011, 8 ObA 29/10p, ARD 6130/3/2011 = RdW 2011, 233; OGH 27. 2. 2012, 9 ObA 67/11k, ARD 6221/6/2012 = infas 2012, A 51; OGH 24. 10. 2012, 8 ObA 59/12b, ARD 6296/3/2013; OGH 4. 3. 2013, 8 ObA 12/13t, ARD 6319/3/2013.

616 OGH 17. 1. 1978, 4 Ob 163/77, Arb 9661; vgl auch *Andexlinger/Zöchbauer*, Verfall von Überstunden im Handel, RdW 1987, 265.

617 OGH 17. 2. 1976, 4 Ob 4/76, Arb 9454; OGH 14. 1. 1986, 4 Ob 176/85, infas 1987, A 85.

618 OGH 3. 11. 1981, 4 Ob 111/81, DRdA 1982, 318 mit Bespr v *Runggaldier* = ZAS 1984, 100 mit krit Bespr v *Pfeil*; OGH 14. 1. 1986, 4 Ob 176/85, infas 1987, A 85.

619 Der Verbrauch von Zeitausgleich während eines Krankenstandes ist ausgeschlossen, vgl *Mayr*, Zeitausgleich und Krankenstand, ecolex 1996, 186; dazu auch *Gerhartl*, Unterbricht ein Krankenstand den Zeitausgleich?, ASoK 2013, 357; OGH 29. 5. 2013, 9 ObA 11/13b, DRdA 2014, 53 mit Bespr v *Klein* = ASoK 2014, 11 mit Bespr v *Mosing* = ZAS 2013, 327 mit Bespr v *Kiesel*.

den Zeitpunkt des Zeitausgleichs getroffen, dann sieht das AZG eine Sechs-Monate-Frist vor, in der der Zeitausgleich zu gewähren ist.

Diese **Sechs-Monate-Frist** beginnt bei gleitender Arbeitszeit und bei Durchrechnung der Arbeitszeit (s 6.8.4. d u e) mit Ende der Gleitzeitperiode bzw mit Ende des Durchrechnungszeitraums. Ansonsten (insb bei fixer Arbeitszeit) beginnt sie für alle in einem Kalendermonat geleisteten Überstunden am Ende dieses Kalendermonats.

6/486 Falls der Zeitausgleich der angefallenen Überstunden nicht innerhalb der Sechs-Monate-Frist gewährt wird, kann der Arbeitnehmer den Zeitpunkt des Zeitausgleichs einseitig bestimmen, wenn er einerseits vier Wochen zuvor den Termin ankündigt und andererseits keine zwingenden betrieblichen Erfordernisse dem entgegenstehen.

6/487 Kommt es zu keiner (einseitigen) Inanspruchnahme des Zeitausgleichs oder wurde zwar ein solcher vereinbart, kann er aber in weiterer Folge **nicht verbraucht** werden, so tritt an dessen Stelle wiederum der Geldanspruch auf Überstundenvergütung[620]. Dies gilt grundsätzlich auch im Falle der **Beendigung** des Arbeitsverhältnisses (§ 19e Abs 1 AZG). Der Kollektivvertrag kann jedoch vorsehen, dass sich die Kündigungsfrist im Ausmaß des zum Zeitpunkt der Beendigung bestehenden Zeitguthabens verlängert. Wird der Zeitausgleich in weiterer Folge in diesem Zeitraum verbraucht, entfällt eine Abgeltung.

6/488 Der **Berechnung** des Überstundenzuschlags ist der auf die einzelne Arbeitsstunde entfallende Normallohn zu Grunde zu legen (§ 10 Abs 3 AZG)[621]. Grundlage der Berechnung des Überstundenzuschlags ist demnach jenes Entgelt, das der Dienstnehmer erhalten hätte, wenn die Arbeitsleistung in der Normalarbeitszeit erbracht worden wäre, inklusive aller Zulagen, Zuschläge und Prämien[622]. Eine kollektivvertragliche Regelung, die Zulagen und Zuschläge bei der Berechnung des Überstundenzuschlags ausnimmt, verstößt nicht gegen § 10 Abs 3 AZG und ist insofern zulässig, als die Vergütungsvorgaben des § 10 AZG erreicht werden und die kollektivvertragliche Regelung nicht ungünstiger als die gesetzliche Bestimmung ist[623]. Bei der Ermittlung der Überstundenvergütung nicht zu berücksichtigen sind Entgeltbestandteile, die nicht an eine bestimmte Arbeitsleistung anknüpfen oder die nicht in regelmäßigen Abständen bezahlt werden, wie zB Familienzulagen und Sonderzahlungen[624]. Bei Akkord- und sonstigen Leistungslöhnen ist der Zuschlag nach dem Durchschnitt der letzten 13 Wochen zu bemessen. Der Kollektivvertrag kann allerdings eine andere Berechnungsart festlegen. Aus diesem Grund lässt der OGH auch eine auf diese Weise

---

[620] ZB bei Pensionierung; vgl OGH 8. 6. 1971, 4 Ob 35/71, Arb 8876; OGH 20. 2. 1979, 4 Ob 74/78, DRdA 1979, 332; OGH 25. 3. 1986, 14 Ob 14/86, infas 1986, A 106 = RdW 1986, 252; zur Fälligkeit des Entgelts aus Zeitausgleichsguthaben s OGH 17. 3. 2004, 9 ObA 114/03k, DRdA 2005, 176 mit Bespr v *Balla*; OGH 17. 2. 2005, 8 ObA 35/04m, DRdA 2006, 24 mit Bespr v *Grillberger*.

[621] Ausführlich zur Ermittlung des Normallohns vgl *Klein*, Das Überstundenentgelt, in FS Strasser (1983), 129 ff; OGH 6. 4. 1994, 9 ObA 604/93, DRdA 1995, 140 mit Bespr v *Csebrenyak*.

[622] *Grillberger*, AZG^3 (2011), § 10 Rz 14 f; OGH 5. 6. 1984, 4 Ob 58/84, ZAS 1985, 181 mit Bespr v *Kohlmaier*; OGH 16. 12. 1987, 9 ObA 147/87, ARD 3963/5/88; weiters OGH 27. 6. 2007, 8 ObA 82/06a, DRdA 2008, 338 mit Bespr v *Schindler* = ZAS 2007, 281 mit Bespr v *Wiesinger*.

[623] Vgl VwGH 11. 12. 2013, 2012/08/0217, ARD 6385/11/2014 = ASoK 2014, 113; dazu *Mosing*, Überstundenteiler in Kollektivverträgen, RdW 2014, 200.

[624] OGH 5. 6. 1984, 4 Ob 58/84, ZAS 1985, 181 mit Bespr v *Kohlmaier*; OGH 16. 12. 1987, 9 ObA 147/87, ARD 3963/5/88; OGH 6. 4. 1994, 9 ObA 604/93, DRdA 1995, 140 mit Bespr v *Csebrenyak* = infas 1994, A 126; OGH 14. 10. 2008, 8 ObS 13/08g, DRdA 2010, 326 mit Bespr v *Schindler*.

normierte Berechnungsart zu, die den Arbeitnehmer gegenüber der im AZG vorgesehenen schlechterstellt[625].

Der Umstand, dass im Falle von „Arbeitsbereitschaft" eine Verlängerung der Normalarbeitszeit durch Kollektivvertrag zugelassen werden kann (§ 5 AZG; vgl 6.8.5), schließt die Überstundenregelung des § 10 AZG nicht aus, wenn von der Verlängerung der Normalarbeitszeit nicht Gebrauch gemacht wurde[626].

Die Vergütung der geleisteten Überstunden kann grundsätzlich auch durch eine **Überstundenpauschale** erfolgen[627]. Die ältere Rechtsprechung hat vor allem den Schutzzweck des § 10 AZG (s oben) hervorgehoben und betont, dass eine Überstundenpauschale nur dann zulässig ist, wenn sowohl die Zahl der durchschnittlich zu leistenden Normalstunden als auch die Zahl der Überstunden von vornherein bestimmbar ist und die Gesamtentlohnung die Überstundenabgeltung berücksichtigt[628]. Überstundenpauschalen werden von der Rechtsprechung jedenfalls als zulässig angesehen, wenn es für den Arbeitnehmer (einfach) ermittelbar ist, in welcher Höhe das kollektivvertragliche Entgelt für die Normalarbeitszeit und in welchem Ausmaß die Überzahlung für die Überstundenleistung gewährt werden soll[629]. 6/489

Handelt es sich um sog **leitende Angestellte** (vgl 4.3.2.2.2), die gem § 1 Abs 2 Z 8 AZG generell vom AZG ausgenommen sind, dann scheidet § 10 AZG als Grundlage für die Notwendigkeit der Bestimmbarkeit der Überstunden aus. Kommen weder das AZG noch einschränkende Bestimmungen eines Kollektivvertrags zur Anwendung, sind Dienstgeber und Dienstnehmer hinsichtlich der Vereinbarung von Überstundenpauschalen und All-in-Klauseln weitgehend frei[630]. 6/490

Wenngleich eine Überstundenpauschale unter gewissen Voraussetzungen (s oben) vereinbart werden kann, so ist allein aus einer überkollektivvertraglichen Entlohnung des Dienstnehmers noch nicht auf eine Pauschalvereinbarung zu schließen (OGH 23. 2. 1971, 4 Ob 3/71, ZAS 1972, 23 mit Bespr v *Fischer* = SozM III E, 415). In diesem Sinne sind Provisionen, die über die kollektivvertragliche Mindestvergütung hinausgehen, nicht automatisch auf das Überstundenentgelt anrechenbar (OGH 13. 1. 1981, 4 Ob 167/80, Arb 9931), obwohl die Vereinbarung an sich zulässig wäre

---

625 OGH 5. 6. 1984, 4 Ob 58/84, ZAS 1985, 181 mit Bespr v *Kohlmaier*; vgl auch VwGH 3. 10. 2002, 98/08/0067, DRdA 2004, 52 mit Bespr v *Wagner* = ARD 5370/19/2003.

626 Vgl in diesem Zusammenhang OGH 20. 11. 1973, 4 Ob 54/73, Arb 9166; OGH 3. 11. 1981, 4 Ob 111/81, DRdA 1982, 318 mit krit Bespr v *Runggaldier* = ZAS 1984, 100 mit krit Bespr v *Pfeil*; s auch OGH 26. 5. 2010, 9 ObA 34/10f, ARD 6076/5/2010 = RdW 2011, 34.

627 Vgl *Winkler*, Überstundenpauschale und „All-in-Klausel", ecolex 1998, 412; *Krapf/Balla*, Die verweigerten Überstunden, DRdA 2002, 168; *Schneller*, Zur Zulässigkeit von Inklusivvereinbarungen („All-in-Klauseln"), in FS Cerny (2001), 331; *Wachter*, Zur pauschalen Abgeltung von Überstunden, in Wachter/Burger (Hrsg), Aktuelle Entwicklungen im Arbeits- und Sozialrecht 2008 (2008), 129; *Jöst*, Überstundenpauschale, All-Inclusive-Vereinbarung, in Reissner/Neumayr (Hrsg), Zeller Handbuch Arbeitsvertrags-Klauseln (2010), 374 ff; *Burger*, All-in-Vereinbarungen, in Wachter/Burger (Hrsg), Aktuelle Entwicklungen im Arbeits- und Sozialrecht 2011 (2011), 3; *Schedle*, Pauschale Abgeltung von Überstunden, ARD 6401/5/2014.

628 OLG Wien 19. 4. 1991, 33 Ra 26/91, ARD 4282/7/91; OLG Wien 27. 10. 1997, 10 Ra 206/97f, ARD 4931/40/98.

629 OGH 9. 5. 2001, 9 ObA 9/01s, ARD 5247/50/2001; OLG Wien 28. 10. 1999, 7 Ra 240/99m, ARD 5088/48/2000; OGH 21. 2. 2002, 8 ObA 79/01b, ZAS 2003, 43 mit Bespr v *Spitzl* = ARD 5363/15/2002.

630 Vgl OGH 15. 9. 1988, 8 Ob 619/87, ARD 4064/22/89; OGH 16. 12. 1992, 9 ObA 268/92, DRdA 1993, 463 mit Bespr v *Grillberger*; OGH 11. 6. 1997, 9 ObA 111/97g, ARD 4925/24/98; OGH 29. 4. 1998, 9 ObA 99/98v, ARD 4967/29/98; *Heilegger*, Zur rechtlichen Zulässigkeit und Interpretation von All-in-Vereinbarungen, DRdA 2012, 17; *Burger*, All-in-Vereinbarungen, ZAS 2015, 105; *Zankel*, Rechtsprobleme im Zusammenhang mit All-in-Verträgen, ASoK 2015, 58.

(OGH 17. 2. 1987, 14 ObA 17/87, infas 1987, A 125 = RdW 1987, 382). Kann aus den Umständen auf keine schlüssige Vereinbarung geschlossen werden, so sind die Überstunden einzeln zu vergüten.

6/491 Eine Pauschale darf nicht unter jene Vergütung sinken, die sich durch eine durchschnittliche Berechnung der **tatsächlich erbrachten Überstunden** zuzüglich der Zuschläge ergeben würde[631]. Als Durchrechnungszeitraum für die Überstundenpauschale wird regelmäßig das Kalenderjahr herangezogen werden können[632]. Der Arbeitnehmer kann über die Pauschale hinausgehende Ansprüche jederzeit gegenüber dem Dienstgeber geltend machen[633]. Inwieweit die erbrachten Überstunden durch die Überstundenpauschale tatsächlich abgedeckt sind, hat grundsätzlich der Dienstgeber zu überprüfen[634].

6/492 Wurde eine Pauschalentlohnung der Überstunden ohne Vorbehalt des **Widerrufs** vereinbart, so kann nach der Judikatur auch im Falle einer Verringerung der Überstundenleistung die Vereinbarung nicht mehr einseitig widerrufen werden[635]. Die Pauschale gilt als nicht mit den Überstunden in Zusammenhang stehendes Entgelt, wenn der Arbeitnehmer auf andere geldwerte Sonderleistungen zu Gunsten einer höheren Überstundenpauschale verzichtet hat[636].

6/493 Im Zusammenhang mit Überstundenpauschalen und All-in-Vereinbarungen ist klar zwischen entgeltrechtlicher Zulässigkeit und **arbeitszeitrechtlichen Grenzen** und **Aufzeichnungspflichten** zu unterscheiden. Auch wenn die Vereinbarung entgeltrechtlich rechtskonform ist, müssen die Aufzeichnungspflichten des AZG (vgl 6.8.10) eingehalten werden. Dies deckt sich auch mit § 26 Abs 7 AZG, wonach der steuerrechtliche Lohnzettel (Abrechnung gem § 78 Abs 5 EStG) die geleisteten Überstunden auszuweisen hat.

6.8.9. Höchstgrenzen der Arbeitszeit

6/494 Als Höchstgrenzen sieht das AZG grundsätzlich eine Tagesarbeitszeit von **zehn Stunden** und eine Wochenarbeitszeit von **50 Stunden** vor. Diese Höchstgrenzen dürfen auch beim Zusammentreffen einer anderen Verteilung der Normalarbeitszeit (vgl 6.8.4) mit Arbeitszeitverlängerungen (insb Überstunden, vgl 6.8.8) nicht überschritten werden (§ 9 Abs 1 AZG). In einer Reihe von Fällen (zB bei der Vereinbarung einer Vier-Tage-Woche, vgl 6.8.4 f u 6.8.8.2 f) macht das Gesetz hievon Ausnahmen. Die diesbezüglichen europarechtlichen Vorhaben finden sich in der Arbeitszeitrichtlinie RL 2003/88/EG – vor allem in den Art 6 und 22 (2.8.4.4).

6/495 Ist dem AZG zufolge eine Wochenarbeitszeit von mehr als 48 Stunden zulässig, darf die **durchschnittliche Wochenarbeitszeit** innerhalb eines Durchrechnungszeitraums von

---

631 OGH 17. 2. 1987, 14 ObA 17/87, infas 1987, A 125 = RdW 1987, 382; OGH 6. 6. 1995, 9 ObA 98/95, ARD 4689/22/95 = RdW 1996, 23; OGH 21. 2. 2002, 8 ObA 79/01b, ZAS 2003, 43 mit Bespr v *Spitzl* = ARD 5363/15/2002.

632 OGH 10. 2. 1993, 9 ObA 1039/92, infas 1993, A 145.

633 OGH 10. 9. 1985, 4 Ob 66/84, RdW 1986, 51; OGH 8. 9. 1993, 9 ObA 240/93, ARD 4532/10/94 = wbl 1994, 91; zum Verfall des Entlohnungsanspruchs für nicht durch Überstundenpauschale gedeckte Überstunden s OGH 29. 1. 2014, 9 ObA 166/13x, ARD 6392/12/2014 = RdW 2014, 350.

634 OGH 28. 11. 1961, 4 Ob 94/61, Arb 7459.

635 Vgl OGH 4. 5. 1994, 9 ObA 28/94, infas 1994, A 135.

636 OGH 1. 7. 1987, 9 ObA 36/87, DRdA 1990, 55 mit Bespr v *Mosler*.

17 Wochen **48 Stunden** nicht überschreiten. Der Kollektivvertrag kann eine Verlängerung des Durchrechnungszeitraums bis auf 26 Wochen, bei Vorliegen von technischen oder arbeitsorganisatorischen Gründen sogar bis auf 52 Wochen zulassen (§ 9 Abs 4 AZG). Selbst bei diesen Grenzen sieht das AZG wieder Ausnahmen vor (zB bei Arbeitsbereitschaft für Lenker von Kraftfahrzeugen).

Liegen sog **außergewöhnliche Fälle** iSd § 20 AZG (vgl 6.8.8.2) vor, finden die Höchstgrenzen der Arbeitszeit gem § 9 AZG keine Beachtung. 6/496

6.8.10. Aufzeichnungs- und Auskunftspflicht

Zur Überwachung der Einhaltung der arbeitszeitrechtlichen Bestimmungen ist der Arbeitgeber gem § 26 AZG zur **Aufzeichnung der geleisteten Arbeitsstunden** verpflichtet[637]. Die Art und Weise der Erbringung der Arbeit, der Grund für die Tätigkeit (normale Arbeitsleistung, außergewöhnliche Fälle iSd § 20 AZG) oder die Intensität der Arbeitsleistung (zB aktive oder passive Reisezeiten, vgl hiezu 6.8.13) sind für die Aufzeichnungspflicht irrelevant. Grundsätzlich ist unter dem Begriff „geleistete Arbeitsstunden" nicht nur das (tägliche) Ausmaß, sondern die konkreten **Anfangs- und Endzeiten** der Arbeit zu verstehen (zu Ausnahmen s unten). Entscheidend ist jedenfalls, dass die Aufzeichnungen so geführt werden, dass die Einhaltung der gesetzlichen Vorgaben überprüfbar ist. Die Vereinbarung von **Überstundenpauschalen** betrifft nur die entgeltrechtliche Seite, entbindet den Arbeitgeber aber nicht von der Aufzeichnungspflicht. 6/497

Über die Aufzeichnung der Arbeitsstunden wird mittelbar die Möglichkeit zur Kontrolle **weiterer arbeitszeitrechtlicher Vorgaben** (zB zulässige Verlängerung der Normalarbeitszeit, zulässiges Überstundenausmaß, Einhaltung der täglichen Arbeitsruhe[638] etc) erreicht. Dass Beginn und Ende eines **Durchrechnungszeitraumes** (vgl zB 6.8.4) festzuhalten sind, ergibt sich unmittelbar aus dem Gesetz (§ 26 Abs 1 AZG). Für Ruhepausen sieht das AZG Sonderregelungen vor (s unten). Die Aufzeichnungspflicht von **Rufbereitschaften** wird man zur Kontrolle des § 20a AZG (s hiezu 6.8.13) bejahen müssen. Dies lässt sich aber nicht klar aus dem Gesetz ableiten, da die Rufbereitschaft nicht als Arbeitszeit im engeren Sinn zu werten ist. 6/498

Ruhepausen sind grundsätzlich aufzeichnungspflichtig. Dies ergibt sich aus einem Gegenschluss zu § 26 Abs 5 AZG, wonach die Aufzeichnungspflicht nur unter bestimmten Voraussetzungen entfällt. Keine Aufzeichnungspflicht besteht für Ruhepausen, wenn 6/499

1. durch Betriebsvereinbarung Beginn und Ende der Ruhepausen festgelegt werden oder es dem Arbeitnehmer überlassen wird, innerhalb eines festgelegten Zeitraumes die Ruhepausen zu konsumieren, und
2. von dieser Betriebsvereinbarung nicht abgewichen wird.

In Betrieben ohne Betriebsrat können anstelle der Betriebsvereinbarung Individualvereinbarungen mit den Arbeitnehmern getroffen werden.

---

637 Vgl *Schrank*, Die Neuerungen bei den Arbeitszeitaufzeichnungen, ZAS 2015, 169.

638 Zu fehlenden Eintragungen betreffend Ruhezeiten s aber auch LVwG Vorarlberg 31. 3. 2014, LVwG-I-794/13, ARD 6398/10/2014; allg vgl auch *Rotter*, Arbeitszeitaufzeichnungen in der Praxis, ASoK 2002, 249.

6.8.11. Arbeitszeit

6/500 Für Arbeitnehmer, die die Lage ihrer Arbeitszeit und ihren Arbeitsort weitgehend selbst bestimmen können (zB Provisionsvertreter) oder ihre Tätigkeit überwiegend in ihrer Wohnung ausüben (zB Telearbeitnehmer), sind gem § 26 Abs 3 AZG ausschließlich Aufzeichnungen über die Dauer der Tagesarbeitszeit zu führen (**Saldenaufzeichnung**).

6/501 Bei Arbeitnehmern mit einer **schriftlich festgehaltenen fixen Arbeitszeiteinteilung** haben die Arbeitgeber lediglich deren Einhaltung zumindest am Ende jeder Entgeltzahlungsperiode sowie auf Verlangen des Arbeitsinspektorates zu bestätigen. Nur Abweichungen von dieser fixen Arbeitszeiteinteilung sind nach § 26 Abs 5a AZG (laufend) aufzuzeichnen.

6/502 Die Pflicht zur Aufzeichnung der Arbeitszeit trifft zwar grundsätzlich den Arbeitgeber, es kann jedoch mit dem **Arbeitnehmer** vereinbart werden, dass dieser seine Arbeitszeit (insb bei Gleitzeitregelungen) **selbst aufzeichnet**. Von der Kontrolle der Arbeitszeit wird der Arbeitgeber hiedurch jedoch nicht entbunden. Er hat sich vielmehr die Aufzeichnungen der Arbeitnehmer regelmäßig aushändigen zu lassen und zu kontrollieren[639].

6/503 **Auskunftspflichten** über die Arbeitszeit treffen den Arbeitgeber in unterschiedlicher Weise. Dem **Arbeitsinspektorat** hat er gem § 26 Abs 6 AZG Auskünfte zu erteilen und auf Verlangen Einsicht in die Arbeitszeitaufzeichnungen zu geben. **Arbeitnehmer** haben gem § 26 Abs 8 AZG einmal im Monat Anspruch auf kostenfreie Übermittlung ihrer Arbeitszeitaufzeichnungen, wenn sie nachweislich verlangt werden. Auch der **Betriebsrat** ist gem § 89 Z 1 ArbVG zur Einsicht in derartige Aufzeichnungen berechtigt. Einzelne **Kollektivverträge** legen zusätzlich die Pflicht des Arbeitgebers fest, über die von seinen Arbeitnehmern geleisteten Überstunden Aufzeichnungen zu führen und diese den Arbeitnehmern am Ende einer Gehaltsperiode zur Bestätigung vorzulegen.

6/504 Verstöße gegen die Aufzeichnungspflichten führen einerseits zu öffentlich-rechtlichen Sanktionen und anderseits zu privatrechtlichen Folgen. Werden keine Aufzeichnungen über die Arbeitszeit geführt, sind **Verwaltungsstrafen** gem § 28 Abs 2 Z 7 AZG zu verhängen. Vergehen gegen die Aufzeichnungspflichten sind hinsichtlich jedes einzelnen Arbeitnehmers gesondert zu bestrafen (Kumulationsprinzip). Als privatrechtliche Sanktion sieht das AZG eine **Fristenhemmung** vor: Ist aufgrund des Fehlens von Aufzeichnungen die Feststellung der tatsächlich geleisteten Arbeitszeit unzumutbar, werden Verfallsfristen gehemmt (§ 26 Abs 9 Z 2 AZG). Eine derartige Fristenhemmung tritt im Übrigen auch ein, solange dem Arbeitnehmer die Übermittlung seiner Arbeitszeit (s oben) verwehrt wird.

6.8.11. Ruhepausen

6/505 **Ruhepausen** sind Unterbrechungen der Arbeitszeit zum Zweck der Erholung des Arbeitnehmers. Der Arbeitnehmer muss in dieser Zeit von jeder Art der Arbeitsleistung befreit sein[640].

---

639 Vgl OGH 30. 7. 2013, 8 ObA 46/13t, ARD 6359/1/2013 = ASoK 2014, 79 = RdW 2013, 686.

640 *Klein* in Heilegger/Klein (Hrsg), Arbeitszeitgesetz[4] (2016), § 11 Erl 1; *Grillberger*, AZG[3] (2011), § 11 Rz 1 f; *Schrank*, Arbeitszeitgesetze[4] (2017), § 11 AZG Rz 2; *Rauch*, Besteht ein arbeitsrechtlicher Anspruch auf Rauchpausen?, ASoK 2001, 274; *Schindler*, Rechtsfragen zu Arbeitspausen und der Feiertagsruhe, in Resch (Hrsg), Ruhe- und Erholungszeiten (2013), 35.

Eine Ruhepause von mindestens einer **halben Stunde** ist dann einzuhalten, wenn die Tagesarbeitszeit mehr als sechs Stunden beträgt. Im Arbeitnehmerinteresse oder aus betrieblichen Gründen kann diese halbstündige Pause auf zwei Pausen zu je 15 Minuten oder drei Pausen von je zehnminütiger Dauer aufgeteilt werden[641]. Eine derartige **Teilung** bedarf in Betrieben, in denen eine gesetzliche Betriebsvertretung besteht, der Zustimmung des Betriebsrats. Eine **andere Teilung** der Ruhepause kann aus den nämlichen Gründen durch Betriebsvereinbarung bzw in Betrieben, in denen kein Betriebsrat errichtet wurde, durch das Arbeitsinspektorat zugelassen werden. Ein Teil der Ruhepause muss mindestens zehn Minuten betragen. Auch eine **Verkürzung** der Ruhepause auf mindestens 15 Minuten kann durch Betriebsvereinbarung bzw Arbeitsinspektorat bei Vorliegen der erwähnten Gründe erfolgen. Kommt es jedoch sowohl zu einer Verkürzung als auch zu einer Teilung der Pause, dann muss ein Teil jedenfalls 15 Minuten betragen (§ 11 Abs 5 AZG). 6/506

Ausnahmeregelungen existieren für **Schichtbetriebe**. So sind bei Arbeiten, die werktags und sonntags einen ununterbrochenen Fortgang erfordern, den in Wechselschichten beschäftigten Arbeitnehmern an Stelle der halbstündigen oder der zwei 15-minütigen bzw der drei zehnminütigen Pausen Kurzpausen von angemessener Dauer zu gewähren. Zusammengerechnet müssen die Kurzpausen allerdings die Zeit von einer halben Stunde erreichen. Bei sonstiger durchlaufender mehrschichtiger Arbeitsweise, dh, wenn der Arbeitsprozess durch eine wöchentliche Ruhezeit unterbrochen wird, kann eine derartige Pausenregelung ebenfalls getroffen werden (§ 11 Abs 3 AZG; *Grillberger*, AZG^3 [2011], § 11 Rz 12 ff).

Arbeitnehmern, die **Nachtschwerarbeit** iS des Art VII NSchG (vgl 4.3.2.3.8) leisten, ist während jeder Nacht, in der diese Arbeit verrichtet wird, jedenfalls eine **Kurzpause** von mindestens zehn Minuten zu gewähren (§ 11 Abs 4 AZG). Mit dem Arbeitsablauf üblicherweise verbundene Unterbrechungen in der Mindestdauer von zehn Minuten, die zur Erholung verwendet werden können, dürfen auf die Kurzpausen angerechnet werden. Unberührt bleibt auch hier der Anspruch auf Kurzpausen von angemessener Dauer bis zum Gesamtausmaß von einer halben Stunde.

Bei Arbeiten, die mit einer **besonderen Gefährdung** der Gesundheit verbunden sind, können durch **Verordnung** längere Ruhepausen festgesetzt werden (§ 21 AZG). 6/507

Einen **Verstoß** gegen die im öffentlichen Interesse erlassenen Arbeitszeitbestimmungen (insb der Ruhezeiten und Ruhepausen) hat der Arbeitgeber zu verantworten, ohne sich zu seiner Rechtfertigung auf das Einverständnis der betreffenden Arbeitnehmer berufen zu können[642]. 6/508

Ruhepausen gelten prinzipiell **nicht als Arbeitszeit**[643]. Lediglich die iS von § 11 Abs 3 und 4 AZG gewährten Kurzpausen (ds die den Arbeitnehmern in vollkontinuierlichen und, falls vereinbart, in teilkontinuierlichen Betrieben sowie Nachtschwerarbeitern an Stelle der Pausen iSd § 11 Abs 1 AZG zu gewährenden Pausen) sind auf die Arbeitszeit anzurechnen (§ 11 Abs 6 AZG). Die Anrechnung kann auch im Arbeitsvertrag oder im Kollektivvertrag verein- 6/509

[641] § 11 Abs 1 AZG; SchlSt beim EA Wien 7. 3. 1975, Sch 3/75, DRdA 1975, 219 mit Bespr v *Klein*; vgl 11.5.3.6 e.

[642] OGH 25. 3. 1980, 4 Ob 42/80, Arb 9863; dazu auch *Reissner*, Vereitelung oder sonstiges Unterbleiben von Ruhezeiten. Rechtsfolgen bei rechtswidrigem Verhalten, in Resch (Hrsg), Ruhe- und Erholungszeiten (2013), 59; zur Haftung des Arbeitgebers bei Überschreitung der Höchstarbeitszeitgrenzen auf Grund mehrerer Beschäftigungsverhältnisse s *Mosing*, Arbeitszeitrechtliche Probleme der Nebenbeschäftigung, ASoK 2014, 304; sowie *ders*, Risiken und Folgen einer rechtswidrigen Nebenbeschäftigung – Verwaltungsstrafen – Haftung bei Arbeitsunfällen – Nichtigkeit des Arbeitsvertrages – Entlassungsrecht des Arbeitgebers, ASoK 2014, 331.

[643] Vgl ua OGH 28. 10. 2013, 8 ObA 61/13y, ARD 6388/12/2014 = infas 2014, A 42.

bart werden. Auch eine schlüssige Anspruchsbegründung von Ruhepausen ist möglich, wenn der Arbeitnehmer auf einen entsprechenden Willen des Arbeitgebers vertrauen durfte[644]. Besonders deutlich wird dies, wenn die bezahlte Freizeit nicht im Rahmen zusätzlicher Arbeitspausen, sondern vor Feiertagen gewährt wird (OGH 19. 3. 2003, 9 ObA 238/02v, ARD 5412/5/2003).

6.8.12. Ruhezeiten

6/510 Nach Art 3 der Arbeitszeitrichtlinie (RL 2003/88/EG) ist dem Arbeitnehmer eine tägliche Mindestruhezeit von elf zusammenhängenden Stunden und pro Siebentageszeitraum eine zusätzliche wöchentliche Ruhezeit von mindestens 24 Stunden (so Art 5) zu gewähren (2.8.4.4). Umgesetzt werden diese Vorgaben in § 12 AZG und im Arbeitsruhegesetz (ARG).

6.8.12.1. Tägliche Ruhezeit

6/511 Gem § 12 Abs 1 AZG ist den Arbeitnehmern nach Beendigung der Tagesarbeitszeit grundsätzlich eine ununterbrochene Ruhezeit von mindestens **elf Stunden** zu gewähren.

Das Gesetz sieht jedoch in einer Reihe von Fällen **Ausnahmen** von dieser Regelung vor. So kann der **Kollektivvertrag** die Ruhezeit auf mindestens acht Stunden verkürzen. Solche Verkürzungen der Ruhezeit sind innerhalb der nächsten zehn Kalendertage durch entsprechende Verlängerung einer anderen täglichen oder wöchentlichen Ruhezeit auszugleichen. Eine Verkürzung auf weniger als zehn Stunden ist hiebei nur zulässig, wenn der Kollektivvertrag weitere Maßnahmen zur Sicherstellung der Erholung der Arbeitnehmer vorsieht (§ 12 Abs 2 AZG).

Bei werktags und sonntags ununterbrochener **Schichtarbeit** mit Schichtwechsel kann die tägliche Ruhezeit einmal im Schichtturnus bei Schichtwechsel auf eine Schichtlänge, jedoch nicht weniger als acht Stunden verkürzt werden. Die Verkürzung der Ruhezeit ist innerhalb desselben Schichtturnus durch entsprechende Verlängerung einer anderen täglichen Ruhezeit auszugleichen (§ 12 Abs 2a AZG).

Wurde **Rufbereitschaft**[645] vereinbart und kommt der Arbeitnehmer in diesem Zeitraum zum Einsatz, dann kann zwar die tägliche Ruhezeit unterbrochen werden. Innerhalb der nächsten 2 Wochen muss jedoch eine andere tägliche Ruhezeit um vier Stunden verlängert werden. Ein Teil der Ruhezeit muss mindestens acht Stunden betragen (s auch 6.8.13). Sonderregelungen für die tägliche Ruhezeit finden sich auch im Zusammenhang mit **Reisezeiten** (s ebenfalls 6.8.13).

Wird die tägliche Normalarbeitszeit bei **Arbeitsbereitschaft** mit besonderen Erholungsmöglichkeiten auf mehr als zwölf Stunden ausgedehnt (§ 5a AZG; vgl hiezu 6.8.4), so ist eine ununterbrochene tägliche Ruhezeit von mindestens 23 Stunden zu gewähren (§ 12 Abs 2b AZG).

Für Arbeitnehmer, die bei Arbeiten beschäftigt werden, die mit einer besonderen Gefährdung der Gesundheit verbunden sind, kann im Verordnungsweg eine Verlängerung der Ruhezeiten vorgesehen werden (§ 21 AZG).

---

644 S jedoch *Rauch*, Gewohnheitsrecht auf Rauchpausen?, ASoK 2003, 2.

645 *Resch*, Wochenruhe bei Springerdienst und Rufbereitschaft an Sonntagen, in FS Binder (2010), 401; *Drs/Jobst*, Abgrenzung Arbeitsbereitschaft von Rufbereitschaft beim Spitalsarzt, RdM 2015, 204.

6.8.12.2. Wöchentliche Ruhezeit

Für die wöchentliche Ruhezeit in ihren verschiedenen Ausprägungen ist in erster Linie das **Arbeitsruhegesetz 1984** maßgebend[646]. 6/512

Durch das ARG wurden insb das Gesetz betreffend die Regelung der Sonn- und Feiertagsruhe im Gewerbebetrieb von 1895 hinsichtlich seiner arbeitsrechtlichen Bestimmungen sowie § 2 Abs 1 Z 2, 4, 6, 7 und § 5 FRG 1957 außer Kraft gesetzt. Nur für Arbeitnehmer, die dem Geltungsbereich des ARG unterliegen, wurden das FRG 1957 zur Gänze und § 12 Abs 3 und 4 AZG aufgehoben. Somit sind zB für Jugendliche die Bestimmungen des FRG größtenteils weiterhin in Kraft, werden aber ohnehin durch die strengeren Bestimmungen des KJBG überlagert (vgl § 31 ARG).

Unklar ist, inwieweit die Bestimmung des § 12 Abs 3 AZG zur **Wochenruhe** in Geltung steht. Das ARG ließ die Abs 3 und 4 des § 12 AZG für jene Arbeitnehmer außer Kraft treten, auf die das ARG Anwendung findet. Demnach würde § 12 Abs 3 AZG nur mehr für jene Arbeitnehmer zur Anwendung kommen, die nicht dem Geltungsbereich des ARG, wohl aber dem des AZG unterliegen (zB Beschäftigte von Theaterbetrieben oder Schifffahrtsunternehmen). Die Geltung von § 12 Abs 3 AZG kann aber nur bejaht werden, wenn zudem die auf Grund des § 12 Abs 1 ARG ergangene VO betreffend Ausnahmen von der Wochenruhe (BGBl 149/1984) auch als VO iSd § 12 Abs 4 AZG zu qualifizieren ist (so *Grillberger*, AZG[3] [2011], § 12 Rz 11 f). Ansonsten wäre § 12 Abs 3 AZG gem § 33 Abs 2 AZG, der als Voraussetzung für das Inkrafttreten den Erlass einer diesbezüglichen VO bestimmt, nie in Kraft getreten.

Gem § 3 ARG hat jeder Arbeitnehmer zunächst primär Anspruch auf **Wochenendruhe**. Es handelt sich um eine ununterbrochene Ruhezeit von 36 Stunden, in die der Sonntag zu fallen hat (§ 3 Abs 1 ARG). Die Wochenendruhe hat in der Regel spätestens am Samstag um 13 Uhr zu beginnen (§ 3 Abs 2 ARG)[647]. 6/513

Während dieser Zeit darf der Arbeitnehmer nur beschäftigt werden, wenn eine der allgemeinen Ausnahmeregelungen oder eine der Sonderbestimmungen für bestimmte Betriebe bzw für bestimmte Arbeitnehmergruppen (zB Schichtbetriebe) zum Tragen kommt und dabei nur die unumgänglich notwendige Anzahl von Arbeitnehmern beschäftigt wird (§ 2 Abs 2 ARG). 6/514

Die Ausnahmebestimmungen der **§§ 3 u 10 bis 15 ARG** umfassen Regelungen für bestimmte Tätigkeiten bzw für bestimmte Betriebe. So dürfen Arbeitnehmer während der Wochenendruhe zB mit Reinigungs-, Instandhaltungs- und Instandsetzungsarbeiten, die während der Arbeitszeit ohne Unterbrechung oder Störung des Betriebs nicht verrichtet werden können, oder mit der Bewachung und Wartung von Betriebsanlagen beschäftigt werden (§ 10 ARG). Ferner dürfen sie in außergewöhnlichen Fällen zur Verrichtung von vorübergehenden und unaufschiebbaren Arbeiten herangezogen werden, soweit diese zur Abwendung einer unmittelbaren Gefahr für die Sicherheit des Lebens oder die Gesundheit von Menschen oder bei Notstand sofort vorgenommen werden müssen bzw zur Behebung von Betriebsstörungen, zur Verhütung des Verderbens von Gütern oder eines sonstigen unverhältnismäßigen wirtschaftlichen Schadens erforderlich sind (§ 11 ARG; zu einer Kaufhauseröffnung s VwGH 9. 11. 1999, 98/11/0161, ARD 5093/8/2000).

Die **§§ 16 bis 22f ARG** beinhalten Sonderbestimmungen für Märkte und Messen, für die Verkaufsstellen in Bahnhöfen, für Verkehrsbetriebe, für öffentliche Apotheken und An- 6/515

[646] Vgl *Lutz/Heilegger*, ARG[5] (2014); *Schrank*, Arbeitszeitgesetze[4] (2017), § 1 ARG Rz 1; *Pfeil* in Neumayr/Reissner (Hrsg), Zeller Kommentar[2] (2011), § 1 ARG; *Stärker*, Ruhezeitenregelungen im Arbeitsrecht, ASoK 2003, 148; *Resch*, Wöchentliche Ruhezeiten (Wochenendruhe, Wochenruhe und Ersatzruhe), in Resch (Hrsg), Ruhe- und Erholungszeiten (2013), 15.

[647] Zum Ende der Wochenendruhe s OGH 28. 8. 1991, 9 ObA 164/91, DRdA 1992, 265 mit Bespr v *B. Schwarz*.

staltsapotheken, für das Bewachungsgewerbe, für Lenker bestimmter Kraftfahrzeuge und für Arbeitnehmer in Verkaufsstellen iS des ÖZG[648].

6/516 Besondere Bedeutung kommt hiebei den Sonderbestimmungen im **Handel** zu. Gem § 22f Abs 1 ARG[649] dürfen Arbeitnehmer in Verkaufsstellen iSd § 1 ÖZG an Samstagen nach 13.00 Uhr beschäftigt werden, soweit die jeweils geltenden Öffnungszeitvorschriften das Offenhalten dieser Verkaufsstellen zulassen[650].

Arbeitnehmer, die an einem Samstag nach 13.00 Uhr beschäftigt werden, haben Anspruch auf gänzliche Dienstfreistellung am darauf folgenden Samstag. Ausnahmsweise darf ein Arbeitnehmer auch an diesem arbeitsfreien Samstag dann beschäftigt werden, wenn dies auf Messen oder messeähnlichen Veranstaltungen, in Verkaufsstellen iSd § 18 ARG (zB Bahnhöfen), auf Grund einer Verordnung gem § 12 ARG (zB Erfordernis eines ununterbrochenen Fortgangs aus technologischen Gründen) oder an den letzten vier Samstagen vor dem 24. Dezember geschieht, sowie auch dann, wenn er zur Kundenbetreuung gem § 10 ÖZG oder zu Abschlussarbeiten gem § 3 Abs 2 ARG herangezogen wird.

6/517 Durch **Betriebsvereinbarung** (bzw in Betrieben, in denen kein Betriebsrat errichtet ist, durch schriftliche Einzelvereinbarung) kann zugelassen werden, dass innerhalb eines Zeitraums von vier Wochen die Beschäftigung an zwei Samstagen zulässig ist. In diesem Fall haben jedoch die übrigen Samstage dieses Zeitraums arbeitsfrei zu bleiben[651].

---

648 Zum Telefondienst im Versandhandel vgl OGH 12. 11. 1998, 8 ObA 238/98b, DRdA 1999, 470 mit Bespr v *Löschnigg* = ZAS 2000, 49 mit Bespr v *Grabenwarter*; *Eisenberger*, Öffnungszeitengesetz und Versandhandel, ecolex 1997, 677; *Klein*, Warenverkauf über Call-Center, ASoK 1998, 262; *Rotter*, Dienstleistung und Call-Center, ASoK 1999, 2.

649 Zur Problematik einer möglichen Verfassungswidrigkeit dieser Bestimmung vgl *Rebhahn*, Arbeitszeitrecht und Erwerbsfreiheit des Arbeitnehmers – eine Erwiderung, wbl 1996, 56; *Marhold/Friedrich*, Arbeitsruhe im Einzelhandel verfassungswidrig, ASoK 1998, 42; *Jabornegg/Resch*, Keine Verfassungswidrigkeit der Arbeitsruhe im Einzelhandel, DRdA 1998, 165; *Schmid*, AZG und ARG verfassungswidrig?, ecolex 1995, 912.

650 Durch das ÖZG werden die Öffnungszeiten für alle für den Kleinverkauf von Waren bestimmten Läden und sonstigen Verkaufsstellen geregelt. Vom Gesetz ausgenommen sind vor allem der Warenverkauf im Rahmen des Gastgewerbes sowie die Abgabe von Treibstoffen und der Kleinverkauf an Tankstellen. Verkaufsstellen iS des ÖZG dürfen grundsätzlich von Montag, 6.00 Uhr bis Samstag, 18.00 Uhr offen gehalten werden. Im Rahmen dieser gesetzlich zulässigen Offenhaltezeit kann der Landeshauptmann nach Anhörung der zuständigen gesetzlichen Interessenvertretungen und unter Berücksichtigung bestehender Einkaufsbedürfnisse sowie sonstiger regionaler und örtlicher Gegebenheiten die Offenhaltezeiten durch Verordnung festlegen. Unterbleibt eine solche Festsetzung durch den Landeshauptmann, so dürfen die Verkaufsstellen von Montag bis Freitag von 6.00 Uhr bis 21.00 Uhr sowie an Samstagen von 6.00 Uhr bis 18.00 Uhr offen gehalten werden. Insgesamt dürfen die Verkaufsstellen im Rahmen der ihnen vorgegebenen Öffnungszeiten nicht mehr als 72 Stunden pro Woche offen gehalten werden. Davon abweichend dürfen einige Betriebe, wie etwa bestimmte Verkaufsstellen in Bahnhöfen, Autobusbahnhöfen oder Flugplätzen, nach Maßgabe der Verkehrszeiten offen halten. Auch Verkaufsstellen für Süßwaren, Erfrischungsgetränke und sonstige genussfertige Lebensmittel, die einen gewissen Bezug zu Kultur-, Kongress- oder Sportveranstaltungen aufweisen, dürfen während der für die Bedienung der Besucher notwendigen Zeit geöffnet bleiben. Für Messen und messeähnliche Veranstaltungen bestehen ebenfalls Sonderregelungen. Am 24. Dezember besteht die Möglichkeit, Geschäfte bis 14 Uhr offen zu halten, sofern dieser Tag auf einen Werktag fällt; Süßwaren- und Naturblumengeschäfte können bis 18.00 Uhr, Christbaumverkaufsstellen bis 20.00 Uhr geöffnet bleiben. Am 31. Dezember ist die Öffnungszeit allgemein mit 17.00 Uhr beschränkt. Lebensmittelgeschäfte können bis 18.00 Uhr offen halten, Süßwaren- und Naturblumengeschäfte sowie Verkaufsstellen für Silvesterartikel bis 20.00 Uhr. Eine Verkaufsstelle muss die für sie geltenden Öffnungszeiten durch Aushang so kundtun, dass sie während und außerhalb der Öffnungszeiten ersichtlich sind (§ 8 ÖZG). Kunden, die am Ende der Öffnungszeit noch anwesend sind, dürfen ungeachtet der vorstehenden Bestimmungen noch bedient werden (§ 10 ÖZG).

651 S *Löschnigg/M. Löschnigg*, Handels-KV 2017[4] (2017), 170.

Ferner ist es dem **Kollektivvertrag** anheimgestellt, weitere Abweichungen zuzulassen. Generell ergibt sich in diesem Zusammenhang ein wichtiger Eingriffsbereich für den Kollektivvertrag. Ihm ist es vorbehalten, Zuschläge für Arbeitsleistungen während der erweiterten Öffnungszeiten sowohl für Arbeitsleistungen innerhalb der gesetzlichen Normalarbeitszeit als auch für den Fall der Überstundenarbeit vorzusehen. Er kann auch Regelungen für einen Zeitausgleich treffen sowie Ausnahmeregelungen hinsichtlich der Beschränkung der Beschäftigung von Arbeitnehmern an Samstagnachmittagen festlegen. 6/518

Ausnahmen können nicht nur durch sondergesetzliche Bestimmungen zustande kommen. Als **weitere Instrumente** hiefür sieht das ARG Kollektivverträge, Betriebsvereinbarungen und Verordnungen des zuständigen BM oder des Landeshauptmanns vor. 6/519

Wird ein Arbeitnehmer zu Wochenendarbeit herangezogen, so hat er ersatzweise Anspruch auf **Wochenruhe**. Darunter versteht man einen 36-stündigen ununterbrochenen Zeitraum, der nicht mit dem Wochenende zusammenfällt und einen ganzen Wochentag einzuschließen hat (§ 4 ARG). 6/520

Festzuhalten ist also, dass jeder Arbeitnehmer in jeder Arbeitswoche (dh von Montag bis Sonntag) entsprechend der für ihn geltenden Arbeitszeiteinteilung entweder Anspruch auf Wochenendruhe oder auf Wochenruhe hat[652]. Hinsichtlich der öffentlich-rechtlichen Zulässigkeit der Wochenendarbeit (wie auch der Feiertagsarbeit; vgl hiezu 6.8.12.3) und der davon unabhängig zu beurteilenden privatrechtlichen Verpflichtung des Arbeitnehmers zu deren Leistung kann im Wesentlichen auf das zum AZG Gesagte verwiesen werden (vgl 6.8.8.3). 6/521

In bestimmten Fällen lässt das ARG **abweichende Regelungen** der wöchentlichen Ruhezeit zu. So kann zur Ermöglichung von Schichtarbeit im Schichtplan vorgesehen sein, dass in den einzelnen Wochen die Ruhezeit der Arbeitnehmer auf 24 Stunden verkürzt wird. Allerdings muss dem Arbeitnehmer die durchschnittliche wöchentliche Ruhezeit von 36 Stunden in einem vierwöchigen Durchrechnungszeitraum gesichert sein (§ 5 Abs 1 u 2 ARG)[653]. 6/522

Ersatzruhe gem § 6 Abs 1 ARG gebührt dem Arbeitnehmer dann, wenn er während seiner planmäßigen wöchentlichen Ruhezeit (Wochenend- oder Wochenruhe) beschäftigt wird. Die Ersatzruhe ist im Ausmaß der während der wöchentlichen Ruhezeit geleisteten Arbeit zu gewähren, die innerhalb von 36 Stunden vor dem Arbeitsbeginn der nächsten Arbeitswoche erbracht wurde (s auch *Schrank*, Sonderfälle des Ersatzruheverbrauches, RdW 1985, 187). 6/523

Beispiel: Ein Arbeitnehmer ist im Rahmen der Fünf-Tage-Woche beschäftigt, wobei die Arbeitszeit auf die Werktage Montag bis Freitag verteilt ist. Arbeitsbeginn ist jeweils um 8 Uhr. Arbeitet nun der Arbeitnehmer ausnahmsweise am Samstag von 8 bis 12 Uhr, so entsteht kein Anspruch auf Ersatzruhe, da der Arbeitnehmer nicht innerhalb der letzten 36 Stunden vor Arbeitsbeginn in der nächsten Arbeitswoche (somit innerhalb des Zeitraums von Samstag, 20 Uhr bis Montag, 8 Uhr) beschäftigt

[652] Zu den Grundsätzen der Ruhezeit vgl *Lutz/Heilegger*, ARG[5] (2014), 73; *Schrank*, Arbeitszeitgesetze[4] (2017), § 2 ARG Rz 2; § 3 ARG Rz 1 ff sowie Rz 12 ff; § 4 ARG Rz 1 ff; *Dungl*, Die Ersatzruhe nach dem Arbeitsruhegesetz, RdW 1984, 147; *Resch*, Wochenruhe oder Ersatzruhe?, DRdA 1991, 58.

[653] Vgl auch *Dollinger*, Die Neuregelung der Arbeitsruhe an Wochenenden aus rechtsdogmatischer und rechtspolitischer Sicht, in FS Schnorr (1988), 57; VwGH 19. 4. 1994, 93/11/0246, infas 1994, A 127.

wurde. Erbringt der Arbeitnehmer hingegen Arbeitsleistungen am Sonntag von 8 bis 12 Uhr, so hat er Anspruch auf eine vierstündige Ersatzruhe in der nächsten Arbeitswoche.

6/524 Wird der Arbeitnehmer ausnahmsweise – zulässig ist dies nur in außergewöhnlichen Fällen gem § 11 ARG oder auf Grund einer Verordnung im öffentlichen Interesse gem § 14 ARG – während der Ersatzruhe beschäftigt, so ist diese Ersatzruhe im entsprechenden Ausmaß zu einem anderen einvernehmlich festgelegten Zeitpunkt nachzuholen (§ 6 Abs 2 u Abs 3 ARG). Die Ersatzruhe ist somit zu vereinbaren. Eine einseitige Arbeitsfreistellung durch den Dienstgeber zB in der Kündigungsfrist zum Verbrauch angesammelter Ersatzruhezeiten ist dementsprechend unzulässig[654]. Während der Zeit der Ersatzruhe behält der Arbeitnehmer seinen Anspruch auf das Entgelt (§ 9 Abs 1 ARG).

6/525 Sinn und Zweck der Ersatzruhe ist die Regeneration der Arbeitskraft des Arbeitnehmers. Zum individuellen Interesse des Arbeitnehmers an der Erhaltung seiner Gesundheit kommt das öffentliche Interesse an der Durchführung sozialmedizinischer Maßnahmen (auch mittels arbeitsrechtlicher Instrumente) der staatlichen Gesundheitspolitik. Eine finanzielle Abgeltung der Ersatzruhe würde diesen Zielen ebenso widersprechen wie ein Horten von Ersatzruhezeiten[655]. Wird aber dem Arbeitnehmer die Konsumation der Ersatzruhe unverschuldet (wegen der Beendigung des Arbeitsverhältnisses) nicht möglich, kommt es im Wege eines Vorteilsausgleichs ausnahmsweise zu einem Geldanspruch[656].

6/526 **Zuschläge** für die Abgeltung der Sonntagsarbeit können kollektivvertraglich geregelt sein[657]. Ein Zuschlag von 100 % ist für Bäckereiarbeiter unmittelbar im Gesetz festgelegt (§ 13 BäckAG).

6.8.12.3. Feiertagsruhe

6/527 An gesetzlichen Feiertagen hat der Arbeitnehmer Anspruch auf eine **ununterbrochene Ruhezeit** von 24 Stunden, die frühestens um 0 Uhr und spätestens um 6 Uhr des Feiertags beginnen muss (§ 7 Abs 1 ARG; zur Verpflichtung zu Arbeitsleistungen an Feiertagen vgl 6.1.4)[658].

Feiertage iSd § 7 Abs 2 ARG sind:

1. Jänner (Neujahr), 6. Jänner (Heilige Drei Könige), Ostermontag, 1. Mai (Staatsfeiertag), Christi Himmelfahrt, Pfingstmontag, Fronleichnam, 15. August (Mariä Himmelfahrt), 26. Oktober (Nationalfeiertag), 1. November (Allerheiligen), 8. Dezember (Mariä Empfängnis), 25. Dezember (Christtag), 26. Dezember (Stephanitag); für Angehörige der evangelischen Kirchen AB und HB, der Altkatholischen Kirche und der Evangelisch-methodistischen Kirche ist auch der Karfreitag ein Feiertag (§ 7 Abs 3 ARG)[659].

---

[654] OGH 18. 3. 1999, 8 ObA 49/99k, DRdA 2000, 152 mit Bespr v *Karl*.

[655] S hiezu auch OGH 23. 1. 2015, 8 ObA 1/15b, ARD 6442/9/2015 = ASoK 2015, 199 = ecolex 2015, 502.

[656] OGH 9. 12. 1998, 9 ObA 157/98y, ZAS 2000, 26 mit Bespr v *Bollenberger*; bedenklicherweise anders im Fall des Nichtverbrauchs wegen eines Krankenstandes vgl OGH 4. 4. 1990, 9 ObA 75/90, infas 1991, A 18 = RdW 1990, 387.

[657] S auch OGH 25. 5. 2011, 8 ObA 54/10i, ARD 6168/1/2011 = RdW 2011, 550.

[658] Allg zur Feiertagsruhe s *Schindler*, Rechtsfragen zu Arbeitspausen und der Feiertagsruhe, in Resch (Hrsg), Ruhe- und Erholungszeiten (2013), 35; islamische Feiertag sind keine Feiertage iSd § 7 ARG, s *Lindmayr*, Keine neuen Feiertage durch neues Islamgesetz, ARD 6443/3/2015.

[659] Zu Feiertagsregelungen im internationalen Vergleich s *Mayr*, Feiertags- und Krankenentgelt im Recht der EU-Mitgliedstaaten, ecolex 1996, 871.

Gem § 9 Abs 1 ARG behält der Arbeitnehmer seinen **Entgeltanspruch**, wenn wegen eines Feiertags **nicht gearbeitet** wird[660]. Er erhält das Entgelt weiterbezahlt, das er verdient hätte, wenn die Arbeit nicht wegen des Feiertags ausgefallen wäre (§ 9 Abs 2 ARG)[661]. Bei Leistungsentgelten ist das Entgelt nach dem Durchschnitt der letzten 13 voll gearbeiteten Wochen unter Außerachtlassung nur ausnahmsweise geleisteter Arbeiten zu berechnen (§ 9 Abs 3 ARG). 6/528

Dies bedeutet konkret, dass das Entgelt auf Grund von Arbeitsausfällen an Feiertagen nicht gemindert werden darf. Es gebührt also das, was der Arbeitnehmer verdient hätte, wenn ein Werktag gewesen wäre. Insb sind auch regelmäßig geleistete Überstunden und regelmäßige Zulagen zu bezahlen (Ausfallsprinzip). Nicht vorhersehbare besondere Umstände, die ohne Feiertagsruhe einen verringerten Entgeltanspruch bewirken würden, sind nicht zu berücksichtigen und führen nicht zu einer nachträglichen Berichtigung. Die Regelung ist demnach in einem fiktiven Sinne zu verstehen (**fiktives Ausfallsprinzip**; vgl dazu näher 6.9.2.1.4)[662]. 6/529

Der Grundsatz, dass **regelmäßige Überstunden** zu berücksichtigen sind, bedeutet, dass auf den typischen Geschehensverlauf abgestellt wird. Nur jene Überstunden, die angefallen wären, wenn gearbeitet worden wäre, fallen demnach in die Bemessungsgrundlage für das Feiertagsentgelt. Stellt sich nach Bezahlung des Feiertags heraus, dass auf Grund besonderer Umstände Überstunden ausnahmsweise nicht geleistet worden wären, findet keine Rückverrechnung statt. Allerdings besteht kein Anspruch, wenn vor und nach dem Feiertag nicht gearbeitet wird (zB infolge einer Karenz), wohl aber, wenn die Zeit eingearbeitet wurde.

Wird am Feiertag gearbeitet, so ist diese Arbeit **zusätzlich zu entlohnen** (§ 9 Abs 5 ARG)[663]. Häufig sehen Kollektivverträge zudem einen Sonn- und Feiertagszuschlag von 100 % vor. An Stelle der finanziellen Abgeltung kann auch **Zeitausgleich**[664] vereinbart werden, der mindestens einen Kalendertag oder 36 Stunden umfassen muss (§ 7 Abs 6 ARG). 6/530

Beispiel: An einem Feiertag wird gearbeitet, wobei Überstunden geleistet werden. – Es gebühren das regelmäßige Entgelt, der Lohn für die tatsächlich geleistete Arbeit, der Überstundenzuschlag, der für Feiertagsarbeit häufig durch Kollektivvertrag mit 100 % festgesetzt wird, und – soweit vorgesehen – der Zuschlag für die Feiertagsarbeit.

Der Unterschied zwischen Arbeiten während der wöchentlichen Ruhezeit und der Arbeit an Feiertagen besteht also darin, dass aus letzterer kein Ersatzruheanspruch, sondern nur ein Entgeltanspruch erwächst. 6/531

Die zulässigen **Ausnahmen** von der **Feiertagsruhe** ergeben sich wie bei der Wochenendarbeit aus den allgemeinen Ausnahmeregelungen der §§ 10 bis 15 ARG sowie aus den Son- 6/532

---

660 Zur Feiertagsentlohnung bei Spitalsärzten s OGH 30. 5. 2005, 8 ObA 135/04t, DRdA 2006, 225 mit Bespr v *Radner*; zum nicht gewährten Ausgleich für „eingearbeitete" Feiertage bei unregelmäßigem Dienst s OGH 10. 7. 2002, 9 ObA 210/01z, DRdA 2003, 377 mit Bespr v *Schneller* = infas 2002, A 109.

661 S etwa *Resch*, Feiertagsentlohnung im Schichtbetrieb, ecolex 2001, 463; *Resch*, Feiertagsentlohnung im Schichtdienst einer Krankenanstalt, RdM 2014, 289.

662 Zum Entgeltfortzahlungsanspruch des Arbeitnehmers, dessen Krankenstand auf einen Feiertag fällt, vgl 6.9.2.1.6.2; zum Arbeitsausfall wegen Feiertag bei Schicht- und Turnusdiensten vgl *Kuhn*, Kein Ausgleich für Arbeitsausfall wegen Feiertag bei Schicht- und Turnusdiensten, ASoK 2002, 289.

663 Zu landesgesetzlichen Anrechnungsvorschriften VfGH 11. 6. 2004, G 344/01 ua, DRdA 2005, 155 mit Bespr v *B. Schwarz*.

664 Zur Verjährung von Freizeitansprüchen für Feiertagsarbeit s OGH 2. 10. 2002, 9 ObA 61/02i, DRdA 2003, 439 mit Bespr v *B. Schwarz*.

derbestimmungen für bestimmte Betriebe bzw für bestimmte Arbeitnehmergruppen (§§ 16 bis 22f ARG; vgl 6.8.12.2).

6/533 Eine Sonderregelung für den **8. Dezember** (Mariä Empfängnis) findet sich in § 13a ARG. Dieser Bestimmung zufolge ist die Beschäftigung von Arbeitnehmern am 8. Dezember in Verkaufsstellen gem § 1 Abs 1 und 3 des ÖZG[665] zulässig, wenn dieser Feiertag auf einen Werktag fällt. Der Arbeitnehmer hat das Recht, die Beschäftigung am 8. Dezember auch ohne Angabe von Gründen abzulehnen. Kein Arbeitnehmer darf wegen der **Weigerung**, am 8. Dezember der Beschäftigung nachzugehen, benachteiligt werden. Insbesondere bildet somit die Nichtaufnahme der Beschäftigung am 8. Dezember keinen Entlassungsgrund, wenn die Absicht des Arbeitnehmers, am Feiertag nicht arbeiten zu wollen, für den Arbeitgeber erkennbar war bzw wenn der Arbeitgeber nicht darauf vertrauen konnte, dass der Arbeitnehmer zur Arbeit erscheint.

6.8.13. Arbeitsleistungen geringerer Arbeitsintensität

6/534 Der Begriff der **Arbeitsbereitschaft** wurde von dem deutschen Arbeitsrechtler *Walter Kaskel* (SchlW 1926, 75) als „wache Achtsamkeit im Zustand der Entspannung" definiert – eine Formel, die die österreichische Judikatur zunächst übernommen hat[666].

6/535 In den **Gesetzesmaterialien** zum AZG (1463 BlgNR 11. GP) wird Arbeitsbereitschaft als jene Zeit definiert, während der sich der Arbeitnehmer dem Arbeitgeber an einer von diesem bestimmten Stelle zur jederzeitigen Verfügung zu halten hat, auch wenn der Arbeitnehmer während dieser Zeit keine Arbeit verrichtet. Das Kriterium der „Achtsamkeit" des Arbeitnehmers fehlt in der Definition der Materialien zum AZG. Die **neuere Rechtsprechung** orientiert sich wesentlich stärker an den Materialien und geht ausdrücklich von der Definition der Arbeitsbereitschaft von *Kaskel* ab. Entscheidend ist nach Ansicht des OGH[667] ausschließlich, dass sich der Arbeitnehmer an einem vom Arbeitgeber bestimmten Ort aufzuhalten hat, um im Bedarfsfall jederzeit die Arbeitsleistung aufnehmen zu können. Das Erfordernis der „wachen Achtsamkeit" wird nicht mehr als begriffsnotwendig erachtet (zur Möglichkeit der Verlängerung der Normalarbeitszeit bei Arbeitsbereitschaft vgl 6.8.5). Damit umfasst die Arbeitsbereitschaft aber auch jene Fälle, die bisher unter dem Begriff des **Bereitschaftsdienstes** subsumiert wurden. Der Bereitschaftsdienst ist eben dadurch gekennzeichnet, dass der Arbeitnehmer am Arbeitsort einsatzbereit sein muss, sich aber während der Dauer des Bereitschaftsdienstes durchaus ausruhen, schlafen etc darf[668]. In diesem

---

665 Zum Geltungsbereich des ÖZG vgl 6.8.12.2.

666 Vgl OGH 21. 6. 1966, 4 Ob 37/66, ZAS 1968, 46 mit Bespr v *Rainer*; OGH 4. 4. 1967, 4 Ob 21/67, ARD 1975/14/67.

667 OGH 30. 6. 1994, 8 ObA 225/94, infas 1995, A 20 = Arb 11.220; OGH 6. 10. 2005, 8 ObA 83/04w, DRdA 2006, 150 mit Bespr v *B. Schwarz* = ASoK 2006, 276; s weiters VwGH 2. 12. 1991, 91/19/0248, DRdA 1992, 290 mit Bespr v *Pfeil*; VwGH 30. 9. 1993, 92/18/0118, ZAS 1994, 136 mit Bespr v *Windisch-Graetz*.

668 Vgl auch *Löschnigg/Melzer-Azodanloo*, Bereitschaftsdienst in öffentlichen Apotheken, DRdA 2002, 211; zur Frage der Qualifikation des Bereitschaftsdienstes als Arbeitszeit im Sinne der Arbeitszeitrichtlinie s *Friedrich*, Bereitschaftsdienst als Arbeitszeit, ASoK 2001, 237; *Risak*, Arbeiten in der Grauzone zwischen Arbeitszeit und Freizeit, ZAS 2013, 296.

Sinne wurde auch das Warten bis zum Ende der Reparatur eines Lkws nicht als Arbeitspause, sondern als Arbeitsbereitschaft gesehen[669].

Wie Bereitschaftsdienste bzw Arbeitsbereitschaft **abzugelten** sind, fällt in die Kollektivvertragsautonomie der Kollektivvertragsparteien. EU-rechtliche Vorgaben zwingen jedenfalls nicht zu einer Gleichstellung der Bezahlung von Bereitschaftsdiensten mit der Normalarbeitsleistung. Gesetzliche Bestimmungen müssten für über die Normalarbeitszeit hinausreichende Bereitschaftszeiten keinen Überstundenzuschlag vorsehen[670]. Nach dem AZG führt die Überschreitung der Normalarbeitszeit iSd §§ 5, 5a AZG (vgl 6.8.5) durch Zeiten der Arbeitsbereitschaft jedoch sehr wohl zu Überstundenzuschlägen.

Im Fall der Arbeitsbereitschaft und des Bereitschaftsdienstes ist der Arbeitnehmer verpflichtet, sich im Betrieb, an einem anderen Arbeitsort oder im betrieblichen Umfeld aufzuhalten, damit er bei Bedarf oder auf Anordnung die Tätigkeit jederzeit aufnehmen kann. Dieses örtliche Naheverhältnis zum Betrieb ist bei der **Rufbereitschaft** nicht gegeben. Die Rufbereitschaft ist vielmehr dadurch charakterisiert, dass der Arbeitnehmer seinen Aufenthaltsort selbst wählen kann, dort aber jederzeit erreichbar sein muss, damit er in kurzer Zeit seine dienstlichen Tätigkeiten aufnehmen kann[671]. Eine Legaldefinition findet sich zwar nicht im AZG und im ARG, sehr wohl aber in § 50 Abs 3 BDG. Der Arbeitnehmer kann über die Verwendung dieser Zeit weitgehend selbst bestimmen[672]. Die Rufbereitschaft nähert sich aber dem Bereitschaftsdienst, wenn der Arbeitnehmer zwar den Aufenthaltsort selbst bestimmen kann, er jedoch hinsichtlich der Verwendung seiner Zeit in besonderer Weise eingeschränkt ist. Dies kann sich etwa aus der großen Wahrscheinlichkeit seines Arbeitseinsatzes, aus der Dringlichkeit und Bedeutung seines Einsatzes und den persönlichen Einschränkungen während der Rufbereitschaft (keinerlei Alkoholgenuss; keine Anstrengungen, die zu einer übermäßigen Ermüdung führen udgl) ergeben. 6/536

Die Rufbereitschaft ist **nicht als Arbeitszeit im engeren Sinn** zu qualifizieren. Dennoch wurde sie in das AZG und in das ARG aufgenommen (Arbeitszeit im weiteren Sinn). **Beschränkungen** hinsichtlich der Vereinbarung von Rufbereitschaft finden sich sowohl im AZG als auch im ARG. Gem § 20a AZG darf Rufbereitschaft außerhalb der Arbeitszeit nur an **zehn Tagen** pro Monat vereinbart werden. Der Kollektivvertrag kann allerdings zulassen, dass Rufbereitschaft innerhalb eines Zeitraums von drei Monaten an 30 Tagen vereinbart werden kann (zB im ersten Monat 20 Tage, im zweiten 5 Tage und im dritten Monat ebenfalls 5 Tage). Außerdem ist Rufbereitschaft gem § 6a ARG nur **während zwei wöchentlichen Ruhezeiten** pro Monat zulässig. 6/537

Leistet der Arbeitnehmer **während der Rufbereitschaft Arbeiten**, dann kann die Tagesarbeitszeit bis auf zwölf Stunden ausgedehnt werden, wenn innerhalb von zwei Wochen ein 6/538

[669] OGH 29. 8. 1996, 8 ObA 2216/96, infas 1997, A 7 = RdW 1997, 292.

[670] Zum Stmk L-DBR s OGH 4. 8. 2009, 9 ObA 99/08m, DRdA 2011, 357 mit krit Bespr v *Risak* = Arb 12.835 = ARD 6028/2/2010.

[671] OGH 21. 6. 1966, 4 Ob 37/66, Arb 8254; OGH 19. 1. 1971, 4 Ob 104/70, Arb 8856; *Haslinger*, Bereitschaftsdienste in und außerhalb der Arbeitszeit, JBl 1970, 135; zur Abgrenzung der Arbeitsbereitschaft von der Rufbereitschaft s VwGH 2. 12. 1991, 91/19/0248, DRdA 1992, 290 mit Bespr v *Pfeil*.

[672] Allg hiezu s *Berger*, Dreiteilung des Bereitschaftsbegriffes auch nach dem AZG?, DRdA 1971, 119.

entsprechender Ausgleich erfolgt. Jene Arbeitsstunden, die hiebei die tägliche Normalarbeitszeit übersteigen, sind als Überstunden zu berechnen. Kommt es zu Arbeitsleistungen während der Rufbereitschaft, kann die tägliche Ruhezeit (vgl 6.8.12.1) unterbrochen werden, wenn innerhalb von zwei Wochen eine andere tägliche Ruhezeit um vier Stunden verlängert wird. Ein Teil der Ruhezeit muss mindestens acht Stunden betragen (§ 20a Abs 2 Z 1 u Z 2 AZG).

6/539 Die Abgeltung der Rufbereitschaft ist zu vereinbaren, zumal nicht ohne Weiteres der Anspruch auf den normalen Stundensatz auch für diese Zeiten anerkannt werden muss. Enthält der Arbeitsvertrag keine ausdrückliche Vereinbarung über die Abgeltung der Rufbereitschaft, dann wird regelmäßig eine schlüssige Vereinbarung über die Abgeltung in Form des Normallohns unterstellt werden können[673]. Die Rechtsprechung erachtete es sogar als zulässig, für Zeiten der Rufbereitschaft Unentgeltlichkeit zu vereinbaren[674]. Mangels jeglicher Vereinbarung gebührt ein ortsübliches bzw angemessenes Entgelt[675].

6/540 Eine gewisse Zwischenstufe zwischen Arbeitsbereitschaft, Bereitschaftsdienst und Rufbereitschaft bildet die **Wohnungsbereitschaft**. Sie liegt gem § 50 Abs 2 BDG vor, wenn der Mitarbeiter sich in seiner Wohnung aufhalten und von sich aus bei Eintritt von ihm zu beobachtender Umstände seine dienstlichen Tätigkeiten aufnehmen muss. Im Fall der Wohnungsbereitschaft kann nur auf Grund einer Gesamtbetrachtung eine Zuordnung vorgenommen werden. Die Gebundenheit an die Wohnstätte in Kombination mit kontrollierender, beobachtender oder sonst überwachender Tätigkeit wird eher für das Vorliegen von Arbeitsbereitschaft sprechen. Reduziert sich die beobachtende Tätigkeit hingegen darauf, ob das Telefon läutet, wird von bloßer Rufbereitschaft iS des AZG und des ARG auszugehen sein.

6/541 Grundsätzlich nicht als Arbeitszeit gilt die Zeit, die der Arbeitnehmer für den Weg von der Wohnung zur Arbeitsstätte und zurück aufwendet (sog **Wegzeit**)[676]. Anders ist die Situation dann, wenn der Anfahrtsweg schon als Teil der dienstlichen Verrichtung anzusehen ist (zB wenn auf der Fahrt zu einer Baustelle mittels Bus des Arbeitgebers schon der Arbeitseinsatz besprochen wird und Weisungen erteilt werden oder wenn die Fahrzeit integrierender Bestandteil der Tätigkeit ist; s auch unten Reisezeit).

6/542 Ein besonderes Problem bilden die **Reisezeiten**. Gem § 20b Abs 1 AZG liegt Reisezeit vor, wenn der Arbeitnehmer über Auftrag des Arbeitgebers vorübergehend seinen Dienstort (seine Arbeitsstätte) verlässt, um an anderen Orten seine Arbeitsleistung zu erbringen, sofern der Arbeitnehmer während der Reisebewegung keine Arbeitsleistung zu erbringen hat. Diese Zeiten werden häufig als **passive** Reisezeiten bezeichnet. Nicht geklärt wird durch die Legaldefinition, was unter „Arbeitsleistung" während der Reisebewegung zu verstehen ist.

---

673 OGH 29. 8. 2002, 8 ObA 321/01s, ARD 5380/1/2003.

674 OGH 28. 5. 1974, 4 Ob 27/74, SozM III E, 476; s jedoch auch OGH 6. 4. 2005, 9 ObA 71/04p, DRdA 2006, 210 mit Bespr v *B. Schwarz*; zur alten Rechtslage vgl allg *Migsch*, Ist die Teilzeitbeschäftigung gesetzlich zu regeln?, DRdA 1974, 248; *Klein*, Arbeitsrechtliche Probleme neuer Arbeitszeitformen, DRdA 1984, 301.

675 VwGH 11. 12. 1990, 88/08/0269, ZAS 1992, 102 mit Bespr v *Andexlinger*; vgl auch 6.5.3.1.

676 Vgl OGH 24. 9. 1968, 4 Ob 50/68, Arb 8565; OGH 5. 10. 1971, 4 Ob 72/71, Arb 8910; OGH 14. 9. 1982, 4 Ob 92/82, Arb 10.180; s weiters *Mazal*, Wegzeiten in der Bauwirtschaft – Arbeitszeit und Entlohnung, in FS Cerny (2001), 295.

Allgemein wird auf die Intensität der Inanspruchnahme des Arbeitnehmers durch den Dienstgeber abzustellen sein[677]. Zwei Aspekte sind hiebei zu unterscheiden. Zum einen ist zu prüfen, wie stark der Arbeitnehmer durch die Dienstreise belastet und inwieweit damit unmittelbar der Schutzzweck des AZG angesprochen wird, zum anderen ist zu klären, inwieweit die Dienstreise an sich oder die in diesem Zusammenhang erbrachten Leistungen mit der normalen Tätigkeit eines Arbeitnehmers vergleichbar sind.

Kommt es zu einer „besonderen" Inanspruchnahme des Arbeitnehmers während der Dienstreise, kann von aktiver Reisezeit gesprochen werden (zB beim Lenken eines Kraftfahrzeugs oder beim Führen von Kundengesprächen per Telefon).

Beispiel 1: Ein Grazer Versicherungsangestellter soll im Rahmen eines Seminars in Wien mit neuen Versicherungsbedingungen vertraut gemacht werden. Für die Hin- und Rückreise verwendet er seinen privaten Pkw. – Das Lenken des Pkw führt auf Grund der starken Inanspruchnahme des Dienstnehmers jedenfalls dazu, dass die Dienstreise als vollwertige Arbeitszeit iS des AZG anzusehen ist. Dies ergibt sich nun eindeutig aus § 20b Abs 6 AZG (s unten).

Beispiel 2: Ein Angestellter fertigt während der Rückreise in einem I.-Klasse-Abteil der ÖBB seinen Reisebericht über die besuchte Fortbildungsveranstaltung an und arbeitet gleichzeitig Verbesserungsvorschläge für das Unternehmen aus. – Die Zeit während der Zugfahrt, in der die erwähnten Tätigkeiten erbracht werden, ist ebenfalls als Arbeitszeit iS des AZG zu werten.

Beispiel 3: Ein Arbeitnehmer wird im Anschluss an eine auswärtige Fachtagung zu einem Empfang mit den Honoratioren des Tagungsortes geladen. – Derartige Empfänge oder auch Veranstaltungen im Zuge von Rahmenprogrammen bei Konferenzen udgl wird man regelmäßig nicht als Arbeitszeit iS des AZG qualifizieren können.

Sowohl für die passive als auch für die aktive Reisezeit enthält das AZG Sonderbestimmun- 6/543
gen: Handelt es sich um passive Reisezeiten iSd § 20b AZG, können die **Höchstgrenzen der Arbeitszeit** überschritten werden (§ 20b Abs 6 AZG). Lenkt ein Arbeitnehmer den PKW anlässlich der Dienstreise selbst, darf die tägliche Arbeitszeit durch die Reisebewegung auf bis zu zwölf Stunden ausgedehnt werden. Wenn gem § 20b AZG zwar die Höchstgrenzen der Arbeitszeit überschritten werden dürfen, dann bedeutet dies, dass das **AZG grundsätzlich auch für passive Reisezeiten zur Anwendung kommt** (s auch *Schrank*, Arbeitsrecht[3] [2006], 98). Damit sind auch die Regelungen zum Überstundenzuschlag beachtlich (s unten)[678]. Bestehen während der Reisezeit ausreichende Erholungsmöglichkeiten, kann die **tägliche Ruhezeit** verkürzt werden. Durch Kollektivvertrag kann festgelegt werden, in welchen Fällen ausreichende Erholungsmöglichkeiten gegeben sind (§ 20b Abs 3 AZG). Bestehen während der Reisezeit keine ausreichenden Erholungsmöglichkeiten, kann die tägliche Ruhezeit durch Kollektivvertrag höchstens auf acht Stunden verkürzt werden. Ergibt

---

[677] In der älteren Judikatur wurden Reisezeiten überwiegend als Arbeitsbereitschaft gewertet (OGH 14. 5. 1957, 4 Ob 54/57, Arb 6661; LGZ Wien 20. 10. 1969, 44 Cg 129/69, Arb 8691; ähnlich *Klein*, DRdA 1972, 256, und *Dirschmied*, Reisezeiten außerhalb der Normalarbeitszeit, DRdA 1975, 44). Jüngere Entscheidungen gingen hingegen davon aus, dass Reisezeiten nicht als Arbeitsbereitschaft – und somit nicht als Arbeitszeit – zu werten sind, da die Intensität der Inanspruchnahme des Arbeitnehmers durch den Arbeitgeber vielfach nicht ausreicht, um Reisezeit als Arbeitszeit iS des AZG beurteilen zu können (OGH 20. 11. 1973, 4 Ob 54/73, Arb 9166; OGH 22. 3. 1977, 4 Ob 6/77, Arb 9570); allg zur Problematik s *Gerlach*, Dienstreisen mit dem Flugzeug als arbeitsrechtliches Problem, in FS Cerny (2001), 189.

[678] Ebenso *Mair*, Grundlagen und Begrifflichkeiten des Arbeitszeitrechts, in Wachter/Burger (Hrsg), Aktuelle Entwicklungen im Arbeits- und Sozialrecht 2008 (2008), 35; aA *Schrank*, Arbeitszeitgesetze[4] (2017), § 10 AZG Rz 8.

sich hiebei am nächsten Arbeitstag ein späterer Arbeitsbeginn, als es dem normalen Beginn der täglichen Arbeitszeit entspricht, ist die Zeit zwischen dem vorgesehenen und dem tatsächlichen Beginn auf die Arbeitszeit anzurechnen. Derartige Verkürzungen der täglichen Ruhezeit sind nur zweimal pro Kalenderwoche zulässig (§ 20b Abs 4 u Abs 5 AZG). Während der **Wochenend- und Feiertagsruhe** dürfen Dienstreisen nur vorgenommen werden, wenn dies zur Erreichung des Reiseziels notwendig ist (zB wenn ein Arbeitnehmer aus Wien ein Seminar im Salzkammergut mit Seminarbeginn am Montag um 8.30 Uhr besuchen soll) oder wenn dies im Interesse des Arbeitnehmers gelegen ist (zB wenn der Arbeitnehmer möglichst rasch wieder seinen Wohnort erreichen will) (§ 10a ARG).

6/544 Der Anspruch auf **Bezahlung** der Reisezeiten ist abhängig von der arbeitszeitrechtlichen Beurteilung. Ist die Dienstreise auf Grund einer entsprechenden Inanspruchnahme des Dienstnehmers ohnedies als Arbeitszeit zu qualifizieren, dann ist auch lohnrechtlich zwingend ein Überstundenzuschlag gem § 10 AZG zu bezahlen[679].

Ist die Intensität der Inanspruchnahme des Dienstnehmers so gering, dass weder von Arbeitszeit noch von Arbeitsbereitschaft gesprochen werden kann, dann ist davon auszugehen, dass Reisezeiten außerhalb der Normalarbeitszeit geringer als die sonst zu verrichtende Arbeitsleistung zu vergüten sind (s auch OGH 5. 10. 1971, 4 Ob 72/71, Arb 8910; OGH 23. 11. 1971, 4 Ob 63/71 Arb 8935). Mangels Vereinbarung gebührt gem § 1152 ABGB ein angemessenes Entgelt (vgl hiezu 6.5.3.1). Wurde jedoch für die Dienstleistungen des Arbeitnehmers im Dienstvertrag ein Entgelt (ohne Rücksicht auf die Intensität seiner Tätigkeit) vereinbart, so kann nach Ansicht des OGH für die zu diesen Dienstleistungen gehörenden Reisezeiten kein (seiner jeweiligen Inanspruchnahme entsprechendes) angemessenes Entgelt (§ 1152 ABGB) festgesetzt werden. Dem Arbeitnehmer gebührt vielmehr mangels einer besonderen Vereinbarung für Reisezeiten das volle Entgelt (und damit auch Überstundenentgelt: OGH 5. 6. 1984, 4 Ob 49/84, DRdA 1986, 312 mit Bespr v *Grillberger*). Es steht dem Arbeitgeber aber frei, mit Arbeitnehmern, die er zu Dienstreisen heranzuziehen beabsichtigt, eine der Intensität entsprechende Vereinbarung über die Abgeltung der reinen Reisezeiten zu treffen[680]. Soweit die Reisetätigkeit zum ständigen Aufgabenkreis eines Arbeitnehmers gehört (wie zB bei einem Monteur, der zur Durchführung von Servicearbeiten von Kundschaft zu Kundschaft fährt, oder bei einer Raumpflegerin, die ihre Tätigkeit in unmittelbarer zeitlicher Abfolge an zwei verschiedenen Arbeitsstellen zu erbringen hat), ist die Reisezeit ohnedies stets Arbeitszeit iS des AZG. Der OGH spricht hier von „Arbeitszeit im engeren Sinn"[681]. In der Praxis wird die Entgeltproblematik jedoch immer häufiger durch kollektivvertragliche Regelungen über die Entgelthöhe gelöst.

6.8.14. Spezifische Arbeitszeitformen

6/545 Die Bemühungen um eine Reform des geltenden Arbeitszeitrechts sind vor allem auf eine **Flexibilisierung** der Arbeitszeit ausgerichtet. Zum einen soll dem Arbeitnehmer ein gewisser Spielraum bei der Einteilung der Arbeitszeit eingeräumt werden, zum anderen soll den

---

679 Vgl *Löschnigg*, Probleme der AZG-Novelle BGBl I 46/1997, in FS Tomandl (1998), 250; zu kollektivvertraglichen Regelungen *dens*, IT-KV (2001), 100; s weiters *Kandera*, Arbeitszeitflexibilisierung – der rechtliche Entscheidungsrahmen (1999), 152; *Grillberger*, Die Dienstreise als arbeitsrechtliches Problem, DRdA 1986, 273; *Löschnigg/Winter*, Zwei Dienstreisen und deren Abrechnung, DRdA 1990, 144; *Winkler*, Die Dienstreise im Arbeitszeit- und Entgeltrecht, ZAS 1992, 116; *Körber-Risak/Guiragossian*, Die arbeitsrechtliche Behandlung von Dienstreisen, ARD 6406/5/2014.

680 Vgl OGH 22. 9. 1993, 9 ObA 182/93, DRdA 1994, 339 mit Bespr v *Resch*; vgl auch *Radner/Hofer*, Dienstreisen – Verpflichtung und Abgeltung, in Reissner/Neumayr (Hrsg), Zeller Handbuch Arbeitsvertrags-Klauseln (2010), 291 ff.

681 OGH 5. 6. 1984, 4 Ob 49/84, Arb 10.356; OGH 8. 11. 1989, 9 ObA 281/89, ARD 4132/7/89; OGH 30. 4. 2012, 9 ObA 47/11v, ARD 6241/2/2012 = infas 2012, A 59 = RdW 2012, 423.

Wünschen der Wirtschaft, die Arbeitszeit an den konkreten Arbeitsanfall anpassen zu können, entsprochen werden. Dabei stehen verschiedene Arten spezifischer Arbeitszeitformen zur Diskussion bzw wurden bereits gesetzlich geregelt. Zu erwähnen ist die Teilzeitarbeit, die gleitende Arbeitszeit, Arbeitszeitmodelle zur Anpassung an betriebliche Auslastungsschwankungen, wie Bandbreitenregelungen und Jahresarbeitsverträge, die sog kapazitätsorientierte variable Arbeitszeit (KAPOVAZ) und – wenn auch seltener – die Arbeitsplatzteilung, das sog Jobsharing[682].

6.8.14.1. Gleitende Arbeitszeit

Gleitzeitarbeit ist bereits ein fester Bestandteil des österreichischen Arbeitslebens[683]. Der **Legaldefinition** des § 4b AZG zufolge liegt gleitende Arbeitszeit dann vor, wenn der Arbeitnehmer innerhalb eines vereinbarten zeitlichen Rahmens Beginn und Ende seiner täglichen Normalarbeitszeit selbst bestimmen kann[684]. 6/546

In Betrieben, in denen ein Betriebsrat errichtet ist, muss die Gleitzeit durch **Betriebsvereinbarung** geregelt sein (§ 4b Abs 2 AZG). Das AZG geht somit grundsätzlich von der Notwendigkeit der Zustimmung des Betriebsrates aus. Insofern kommt der notwendige Charakter einer Betriebsvereinbarung über die Gleitzeit zum Ausdruck (allg zur notwendigen Mitbestimmung vgl 3.3.4.5.1; s auch 11.5.3.6). Vor Inkrafttreten des § 4b AZG konnten sich Betriebsvereinbarungen über Gleitzeitregelungen auf § 97 Abs 1 Z 2 ArbVG stützen. Damit bestand für den Betriebsrat die Möglichkeit, eine Gleitzeitvereinbarung über die Schlichtungsstelle zu erzwingen. Da nicht anzunehmen ist, dass der Gesetzgeber diese Möglichkeit durch § 4b AZG ausschließen wollte, werden § 4b AZG und § 97 Abs 1 Z 2 ArbVG dahin gehend zu kombinieren sein, dass nunmehr von einem Fall der sog **notwendigen Mitbestimmung mit Zwangsschlichtung** (vgl 3.3.4.5.2) auszugehen ist (ausführlich hiezu 3.3.4.5.5). Existiert kein Betriebsrat, bedarf es einer **schriftlichen Vereinbarung** mit jedem einzelnen Arbeitnehmer. 6/547

Das AZG schreibt einen gewissen **Mindestinhalt** für Gleitzeitvereinbarungen vor: 6/548

a) Festzulegen ist jedenfalls die **Dauer der Gleitzeitperiode**. Es handelt sich hiebei um jenen Durchrechnungszeitraum, in dem die Normalarbeitszeit im Durchschnitt erreicht werden soll. Gesetzliche Höchstgrenzen sind hiebei nicht vorgesehen, sodass der in der Praxis übliche Durchrechnungszeitraum von einem Monat durchaus überschritten werden könnte.

---

682 Allg vgl va *Mesch/B. Schwarz/Stemberger*, Arbeitszeitgestaltung (1987); *Cerny*, Flexibilisierung der Arbeitszeit – Kollektivvertrag und Betriebsvereinbarung als Gestaltungsmittel, in Resch (Hrsg), Arbeitszeitrecht (2001), 27; *Stabentheiner*, Das neue Teilzeitnutzungsgesetz, ÖJZ 2011, 245; *Stärker*, Europarechtliche Rahmenbedingungen und Gestaltungsmöglichkeiten für die Flexibilisierung der Arbeitszeit, ZAS 2014, 148; *Wolf*, Arbeitszeitflexibilisierung im Betrieb, ZAS 2014, 154.

683 Vgl *Jöst*, Gleitzeitvereinbarung, in Reissner/Neumayr (Hrsg), Zeller Handbuch Arbeitsvertrags-Klauseln (2010), 349 ff; *dens*, Gleitzeit- und Durchrechnungsvereinbarungen, ZAS 2011, 118; *Steiner*, Grenzen der Arbeitszeitflexibilität bei gleitender Arbeitszeit, wbl 2015, 70.

684 Vgl *Klein/B. Schwarz*, Die Neuerungen im Arbeitszeitrecht (1994); *Kandera*, Arbeitszeitflexibilisierung (1999), insb 133; noch zur Rechtslage vor Inkrafttreten des § 4b AZG vgl insb *Berger*, Die sogenannte gleitende Arbeitszeit und ihre besonderen Rechtsfragen, ZAS 1971, 203; *Cerny*, Die gleitende Arbeitszeit als Rechtsproblem, DRdA 1971, 183; *Klein*, Arbeitsrechtliche Probleme neuer Arbeitszeitformen, DRdA 1984, 305.

b) Die Gleitzeitvereinbarung hat weiters Aussagen über den **Gleitzeitrahmen** zu treffen. Es handelt sich hiebei um jenen zeitlichen Rahmen, innerhalb dessen der Arbeitnehmer Beginn und Ende seiner täglichen Arbeitszeit selbst bestimmen kann. Eine Beschränkung der Rahmenzeit sieht das AZG nicht vor[685].

c) Das Höchstausmaß **allfälliger Übertragungsmöglichkeiten** von Zeitguthaben und Zeitschulden in die nächste Gleitzeitperiode ist ebenfalls vorzusehen. Wird über dieses Höchstausmaß hinaus gearbeitet, liegt Überstundenarbeit vor.

d) Dem AZG zufolge hat die Gleitzeitvereinbarung auch Dauer und Lage der fiktiven Normalarbeitszeit zu enthalten. Mit der **fiktiven Normalarbeitszeit** wird Beginn und Ende der täglichen und wöchentlichen Arbeitszeit unter der Annahme fixiert, dass der Arbeitnehmer nicht gleiten kann. Die Bedeutung der Festlegung einer fiktiven Normalarbeitszeit ist vor allem darin zu erblicken, dass Dienstverhinderungen, die in diesem Zeitraum anfallen, jedenfalls der Entgeltfortzahlungspflicht unterliegen. Eine Prüfung, ob der Arbeitnehmer in dieser Zeit üblicherweise gearbeitet hätte, kann somit entfallen.

6/549 Die fiktive Normalarbeitszeit dient auch zur Berechnung der Urlaubsansprüche, wenn das Ausmaß des Erholungsurlaubes in Stunden festgelegt ist (§ 27a VBG)[686]. Schließlich ist die fiktive Normalarbeitszeit zur Grenzziehung zwischen Normalarbeitszeit und Überstundenarbeit heranzuziehen, wenn die Arbeitszeit nicht vom Arbeitnehmer **selbst bestimmt**, sondern angeordnet wird[687].

Beispiel: Fiktive Arbeitszeit eines Arbeitnehmers ist Montag bis Freitag, 8.30 bis 17.00 Uhr (einschließlich einer halbstündigen Mittagspause). Beginnt der Arbeitnehmer am Dienstag um 8.00 Uhr zu arbeiten, muss aber von 16.30 bis 18.00 Uhr an einer Teambesprechung teilnehmen, wäre (nur) der Zeitraum von 17.00 bis 18.00 Uhr als Überstunde zu werten.

6/550 Die Grenze für die **tägliche Normalarbeitszeit** liegt bei gleitender Arbeitszeit bei zehn Stunden. Die maximale **wöchentliche Normalarbeitszeit** beträgt 50 Stunden und ergibt sich aus den allgemeinen Obergrenzen des § 9 AZG.

6/551 Wurde in einem Betrieb eine gleitende Arbeitszeit gem § 4b AZG eingeführt, so liegen **Überstunden** jedenfalls dann vor, wenn die zulässige **tägliche** Normalarbeitszeit überschritten wird. Ein Übersteigen der **wöchentlichen** Normalarbeitszeit führt erst dann zu Überstundenarbeit, wenn das in die nächste Gleitzeitperiode übertragbare Zeitguthaben überschritten wird (vgl § 6 Abs 1a AZG). Da es innerhalb einer Gleitzeitperiode fraglich ist, inwieweit das zulässige Höchstausmaß des übertragbaren Zeitguthabens ausgeschöpft wird, können Überstunden durch Überschreiten der wöchentlichen Normalarbeitszeit erst am Ende einer Gleitzeitperiode festgestellt werden.

---

685 Vgl *Drs*, Die Arbeitszeitgesetznovelle 1994, RdW 1994, 285; evident unrichtig *Andexlinger*, Aktuelle Neuregelungen im Arbeitsrecht, ecolex 1994, 485, der die Rahmenzeit mit der Normalarbeitszeit gleichsetzt.

686 Zum Urlaubsverbrauch iVm Zeitguthaben vgl *Neumayr*, Tage- und wochenweiser Zeitausgleich als Sonderform von Urlaub?, in Resch (Hrsg), Urlaubsrecht (2009), 85 ff.

687 Vgl auch *Klein* in Heilegger/Klein (Hrsg), Arbeitszeitgesetz[4] (2016), §§ 3 bis 4c Erl 13 Rz 59.

6.8.14.2. Bandbreiten- und Jahresarbeitsmodelle

Oft finden sich in Kollektivverträgen Bestimmungen, die eine Durchrechnung der Normalarbeitszeit über größere Zeiträume bzw über ein Jahr vorsehen (Bandbreiten- bzw Jahresarbeitsverträge). Es ist dabei während eines bestimmten Zeitraums eine längere Normalarbeitszeit festgesetzt (zB 45 Stunden), die in darauffolgenden Zeiträumen durch eine kürzere Arbeitszeit auf den vierzigstündigen Durchschnitt ausgeglichen wird. 6/552

Rechtsgrundlagen für **Bandbreitenmodelle** bieten grundsätzlich alle jene Bestimmungen des AZG, die eine von § 3 AZG abweichende Verteilung der täglichen und wöchentlichen Normalarbeitszeit ermöglichen (vgl 6.8.4)[688]. 6/553

Eine spezifische Form eines Bandbreitenmodells sieht § 4c AZG in Form der sog **Dekadenarbeit** für Arbeitnehmer auf im öffentlichen Interesse betriebenen Großbaustellen oder auf Baustellen der Wildbach- und Lawinenverbauung in Gebirgsregionen vor. In diesem Fall kann der Kollektivvertrag zulassen, dass die wöchentliche Normalarbeitszeit mehr als 40 Stunden beträgt, wenn innerhalb eines Durchrechnungszeitraums von zwei Wochen die wöchentliche Normalarbeitszeit im Durchschnitt die 40-Stunden-Grenze nicht überschreitet. Als maximale tägliche Arbeitszeit sind neun Stunden, bei Zulassung durch Kollektivvertrag iSd § 4 Abs 1 AZG zehn Stunden vorgesehen. 6/554

Gelegentlich wird mit der Belegschaft auch eine sog **Überstundenpufferung** vereinbart. Dabei werden in Zeiten starker betrieblicher Auslastung Überstunden geleistet, für die in den arbeitsschwächeren Perioden Freizeitausgleich gewährt wird. 6/555

6.8.14.3. Kapazitätsorientierte variable Arbeitszeit

Bei kapazitätsorientierter Arbeitszeit behält sich der Arbeitgeber vor, die Arbeitskraft des Arbeitnehmers je nach Auslastung des Betriebs in Anspruch zu nehmen. Im Arbeitsvertrag ist meist nur eine bestimmte Anzahl von Arbeitsstunden vereinbart, deren Ableistung nach Weisung des Arbeitgebers erfolgt. Steht auch das Ausmaß der Arbeitszeit zur Disposition des Arbeitgebers, so handelt es sich um die eigentliche **Arbeit auf Abruf**[689]. Der Arbeitnehmer ist in diesen Fällen zwar verpflichtet, sich zu bestimmten Zeiten für einen Arbeitseinsatz bereitzuhalten, erhält aber nur die Zeit der tatsächlichen Arbeitsleistung abgegolten. 6/556

Die Vereinbarung von KAPOVAZ und Arbeit auf Abruf wird grundsätzlich als unzulässig anzusehen sein. Die Gründe hiefür sind unterschiedlich. Insbesondere die jederzeitige Rufbereitschaft ohne Gegenleistung führt zu einer völligen Abwälzung des wirtschaftlichen Risikos auf den Arbeitnehmer, sodass derartige Vereinbarungen als **sittenwidrig** qualifiziert werden müssen[690]. Konkrete **gesetzliche Beschränkungen** ergeben sich aus dem AZG in- 6/557

---

688 Zu Bandbreitenregelungen in Kollektivverträgen vgl *Grillberger*, Rechtsfragen der kollektivvertraglichen Arbeitszeitverkürzung, RdW 1987, 199.

689 Vgl *Mesch/B. Schwarz/Stemberger*, Arbeitszeitgestaltung (1987), 196; *Rebhahn*, Schranken für KAPOVAZ und Arbeit auf Abruf, RdW 1989, 194; *dens*, Zur Überwälzung des Wirtschaftsrisikos auf den Arbeitnehmer bei Arbeit auf Abruf, in FS Schnorr (1988), 225.

690 S auch OGH 6. 7. 1998, 8 ObA 15/98h, DRdA 1999, 318 mit Bespr v *Krapf*.

sofern, als die Lage der Normalarbeitszeit (vgl 6.8.3) und die Lage von Teilzeitarbeit[691] vom Dienstgeber nicht beliebig verändert werden können und auch die Rufbereitschaft nur beschränkt vereinbart werden kann (vgl 6.8.13).

6/558 Eine gewisse Modifikation erfährt die Arbeit auf Abruf, wenn im Fall eines Arbeitsbedarfs des Arbeitgebers dem Arbeitnehmer zwar die Arbeit angeboten wird, der Arbeitnehmer einen Arbeitseinsatz jedoch (sanktionslos) ablehnen kann und die wesentlichen Arbeitsbedingungen nur in einer über die konkreten Arbeitseinsätze hinausreichenden Rahmenvereinbarung festgelegt sind. Mitunter wird in diesem Zusammenhang auch vom sog **Bedarf-Konsens-Prinzip** gesprochen. Der OGH hielt eine derartige Vertragskonstruktion zu Recht für unwirksam, da Ausmaß und Lage der Arbeitszeit von einem völlig der Willkür des Arbeitgebers überlassenen Angebot abhängig gemacht werden[692]. In zwei jüngeren Entscheidungen[693] stellt der OGH jedoch überwiegend darauf ab, wessen Interesse an einer derartigen Vertragskonstruktion überwiegt[694] (generell zu dieser Problematik vgl 5.3.1.2).

6.8.14.4. Arbeitsplatzteilung (Jobsharing)

6/559 Diese aus den USA importierte Form der Arbeitsplatzgestaltung wird in Österreich kaum praktiziert. Obwohl es bisher an einer einheitlichen Definition fehlt und zudem eine Fülle von Varianten denkbar ist, kann man Jobsharing dahin gehend charakterisieren, dass sich zumindest zwei Arbeitskräfte **einen Arbeitsplatz** entsprechend einem Zeitplan **aufteilen** (vgl insb *Dorrer*, Das Jobsharing-Arbeitsverhältnis [2002]). Es handelt sich dabei um keine Teilzeitarbeit im herkömmlichen Sinn. Die Aufteilung kann in zeitlicher Hinsicht entweder pro Tag, pro Woche oder auch in größeren Zeitabschnitten erfolgen. Ebenfalls überlassen bleibt den Arbeitnehmern häufig die Aufteilung der Arbeit an sich. Zumeist besteht auch die Verpflichtung der Arbeitnehmer, sich im Verhinderungsfall gegenseitig zu vertreten, sodass der Arbeitsplatz immer besetzt ist[695].

6/560 Der Vorteil für die Arbeitnehmer, nämlich die Einteilung der Arbeitszeit untereinander frei vereinbaren zu können, darf nicht darüber hinwegtäuschen, dass der Vorteil für den Arbeitgeber, den organisatorischen Aufwand für die Arbeitseinteilung auf die Arbeitnehmer zu übertragen, ungleich größer ist. Besondere rechtliche Probleme ergeben sich ua bei Fragen der Dienstverhinderung und des Ausmaßes des Urlaubsanspruchs[696]. Vereinbarungen, die den grundsätzlichen Wertungen des Entgeltfortzahlungsrechts, des Urlaubsrechts oder des Arbeitszeitrechts zuwiderlaufen, sind jedenfalls unzulässig.

---

[691] Vgl 6.8.7.1; zum Entgeltanspruch bei Teilzeitarbeit nach Bedarf s OGH 24. 7. 2013, 9 ObA 89/13y, ARD 6359/2/2013 = RdW 2013, 685.

[692] OGH 8. 8. 2002, 8 ObA 277/01w, DRdA 2002, 505 mit Bespr v *Mosler*, DRdA 2002, 461; OGH 22. 12. 2004, 8 ObA 116/04y, DRdA 2005, 417 mit Bespr v *Schwarz* = ZAS 2006, 78 mit Bespr v *Schrank* = ASoK 2006, 12 mit Bespr v *Friedrich* = RdW 2005, 759 mit Bespr v *Gerhartl*.

[693] OGH 28. 10. 2013, 8 ObA 50/13f, ZAS 2014, 316 mit Bespr v *Ogriseg* = DRdA 2014, 346 mit Bespr v *Risak*; OGH 28. 4. 2014, 8 ObA 13/14s, DRdA 2014, 595 = infas 2014, A 79.

[694] S auch *Tomandl*, Die Risikoverteilung im Arbeitsrecht, ZAS 2015, 244.

[695] Differenzierend *Petrovic*, Einige arbeits- und sozialrechtliche Fragen zum job-sharing, ZAS 1984, 174.

[696] Vgl dazu ausführlich *Klein*, Arbeitsrechtliche Probleme neuer Arbeitszeitformen, DRdA 1984, 307.

6.8.14.5. Vertrauensarbeitszeit

Das Wesen der Vertrauensarbeitszeit besteht darin, dass der Arbeitgeber auf die Einhaltung bestimmter Arbeitszeiten und Anwesenheitszeiten verzichtet. Regelmäßig erfolgt eine Leistungskontrolle über die Prüfung von Zielen oder vereinbarten Ergebnissen[697]. 6/561

Das Hauptproblem bei der Ausgestaltung derartiger Modelle besteht darin, dass der Arbeitgeber – durch die Vereinbarung erhöhter Eigenverantwortung für den Arbeitnehmer – sich seiner Fürsorgepflicht nicht entledigen kann. Vor allem zur Kontrolle der Arbeitsgrenzen/Arbeitszeitaufzeichnungen (vgl 6.8.10) ist der Arbeitgeber, sofern es sich nicht um leitende Angestellte iS des AZG handelt (vgl 4.3.2.2.2), verpflichtet. 6/562

6.9. Dienstverhinderungen

Wird der Arbeitsablauf gestört, so ergibt sich die Frage, wer die Arbeitsverhinderung zu vertreten hat. Diese wird meist mit dem Hinweis auf die sog **„Sphärentheorie"** in sehr unvollständiger Form beantwortet. Wenn man lapidar erklärt, dass alles, was in der Sphäre des Arbeitgebers eintritt, dieser, und alles, was in der Sphäre des Arbeitnehmers eintritt, jener zu vertreten hat, so ist dies unrichtig. Wird der Ablauf eines Schuldverhältnisses verzögert oder vereitelt, so ist grundsätzlich auf die allgemeinen Regeln des Schuldrechts über die Leistungsstörungen zurückzugreifen (vgl insb §§ 918, 920, 1419 u 1447 ABGB). Mit der Zurückdrängung einer rein schuldrechtlichen Betrachtungsweise des Arbeitsverhältnisses wurden diese Regeln weitgehend derogiert. Im Mittelpunkt der Problematik steht somit die Frage, wer das Risiko trägt, wenn die Erbringung der Arbeitsleistung aus den verschiedensten Gründen nicht erfolgen kann. 6/563

In erster Linie war das Problem zu lösen, wie zu entscheiden ist, wenn die Erfüllung des Arbeitsverhältnisses – ob verschuldetermaßen oder nicht – unmöglich geworden ist. Dass ein nicht zu vertretendes Unmöglichwerden die Verbindlichkeit aufhebt (§ 1447 ABGB) bzw dass den Gläubiger nur im Falle des Annahmeverzugs alle „widrigen Folgen" treffen (§ 1419 ABGB), sind Konsequenzen, die dem Wesen eines Arbeitsverhältnisses nicht gerecht zu werden vermögen (zum Leistungsstörungsrecht des ABGB vgl *Welser/Zöchling-Jud*, Grundriss des bürgerlichen Rechts II^{14} [2015], 49 ff).

Die Abgrenzungsprobleme zwischen Annahmeverzug und Unmöglichkeit der Leistung führten schließlich zur Entwicklung der sog „Sphärentheorie", die von dem dualen Schema „Unmöglichkeit der Leistung" und „Annahmeverzug" völlig abrückt und die die Leistungs- sowie die Entgeltgefahr nach Bereichskriterien beurteilt (*Esser/Schmidt*, Schuldrecht I/2^{8} [2000], 27 f). Mit der Neufassung des § 1155 ABGB im Rahmen der III. Teilnovelle wurde eine Beendigung des Meinungsstreits bezüglich der vom Arbeitgeber zu vertretenden Zufälle angestrebt. Er sollte nunmehr nicht nur die inneren Zufälle[698] gegenüber den Arbeitnehmern vertreten, sondern für alle in seiner Sphäre vorkommenden Zufälle haften (vgl Bericht des JA, 78 BlgHH 21. Sess 1912, 220).

[697] Vgl *GPA*, All-In und Vertrauensarbeitszeit (2010); *Risak*, Vertrauensarbeitszeit – ein nach AZG gangbares Arbeitszeitmodell?, ecolex 2005, 888; *Dimmel*, Vertrauensarbeitszeit – Arbeiten ohne Ende, DRdA 2012, 86; zur Vertrauensarbeitszeit bei Außendienstmitarbeitern s *Mertinz*, Arbeitsrecht im Außendienst, ASoK 2015, 97.

[698] Unter „inneren Zufällen" versteht man jene Arbeitsausfälle, die vom Arbeitgeber beeinflussbar und daher vermeidbar sind.

6/564 Mit der Einteilung nach Sphären wird vorweg eine Zuordnung der Verhinderungsgründe erreicht, auf die die im Arbeitsrecht getroffene Risikoverteilung und die entsprechenden Entgeltfortzahlungsregelungen aufbauen. Auszugehen ist von der Existenz dreier Sphären:

6/565 Die in der **Sphäre des Arbeitgebers** eintretenden Gründe (Umstände, die „auf Seite des Dienstgebers liegen") vermitteln einen zeitlich unbegrenzten, aber abdingbaren Entgeltanspruch gem § 1155 ABGB[699]. Wesentlicher Abgrenzungspunkt von der gleich zu besprechenden Arbeitnehmersphäre ist dabei die **Leistungsbereitschaft** des **Arbeitnehmers**. Diese Bestimmung ist für das Arbeitsrecht anderer Länder vorbildlich. Eine **Abdingung** des § 1155 ABGB ist in der Praxis fallweise durch Kollektivverträge erfolgt, und zwar iS einer Fixierung des zeitlichen Ausmaßes des Entgeltanspruchs. In Arbeitsverträgen kommt eine Abdingung eher selten vor. Trotz der Möglichkeit einer Abdingung muss beachtet werden, dass diese nicht missbräuchlich erfolgen darf. Eine totale Überwälzung des Unternehmerrisikos auf den Arbeitnehmer wäre sittenwidrig[700]. § 1155 ABGB erfasst allerdings nur den Fall, dass die Dienstleistung gar nicht (Abs 1 erster Halbsatz) oder nur in geringem Ausmaß (Abs 2) zustande kommt. Erbringt der Arbeitnehmer seine Arbeitsleistungen im zeitlich bedungenen Umfang, führen aber letztlich Gerüchte um eine geplante Betriebsstilllegung dazu, dass die vereinbarte Erfolgsbeteiligung hinter den Erwartungen zurückbleibt, ist § 1155 ABGB nicht anwendbar[701].

6/566 Gründe, die in der **Sphäre des Arbeitnehmers** eintreten, hat dieser nicht schlechthin zu vertreten. Es muss geprüft werden, ob und in welchem Ausmaß dem Arbeitnehmer aus sozialpolitischen Gründen ein Entgeltanspruch einzuräumen ist. Dieser ist dann befristet, aber **unabdingbar** (zB bei Krankheit, Unglücksfall).

6/567 Gründe, die wegen ihrer umfassenden und die Allgemeinheit betreffenden Konsequenzen weder auf Seiten des Arbeitgebers noch auf Seiten des Arbeitnehmers liegen, fallen in die sog **neutrale Sphäre**[702]. Ein Entgeltanspruch wird hier allgemein verneint[703]. Bei der neutralen Sphäre muss es sich um Ausnahmezustände handeln, die sich der typischen arbeitsvertraglichen Risikozurechnung entziehen. Naturereignisse werden in der Regel noch eindeutig der Arbeitgeber- oder der Arbeitnehmersphäre zuzuordnen sein. Für Österreich sind hiebei vor allem Verkehrsprobleme im Zusammenhang mit Schneefällen, mittlerweile aber auch ein Hochwasser von Bedeutung. Der OGH hat bisher jedoch selbst bei außergewöhnlichen Schneefällen (mit behördlich verhängten „überregionalen" Straßensperren wegen drohender Lawinenabgänge) eine Entgeltfortzahlung bejaht[704].

---

[699] *Naderhirn*, Gedanken zur Entgeltfortzahlungspflicht des Arbeitgebers bei höherer Gewalt, DRdA 2005, 17.

[700] Vgl auch OGH 27. 1. 1987, 14 Ob 224/86, DRdA 1987, 224 = infas 1987, A 51.

[701] OGH 18. 12. 2006, 8 ObA 87/06m, DRdA 2008, 253 mit Bespr v *Drs* = ZAS 2008, 225 mit Bespr v *Körber-Risak*.

[702] *Gerhartl*, Entgeltfortzahlung: Probleme der neutralen Sphäre, DRdA 2007, 19; *Lutz*, Was hat Vulkanasche mit einer „neutralen Sphäre" zu tun?, DRdA 2011, 574.

[703] Vgl *Krejci* in Rummel/Lukas (Hrsg), ABGB I^4 (2015), § 1155 Rz 12 und 18; *Binder*, Die Beendigung arbeitsvertraglicher Bindungen bei dauernder Leistungsunmöglichkeit, in FS Strasser (1983), 286 und 307; *Strasser/Reischauer*, Der Arbeitskampf (1972), 60; s auch zusammenfassend *Holler*, Smogalarm, DRdA 1985, 226; weiters OGH 16. 12. 1987, 9 ObA 202/87, ZAS 1988, 167 mit Bespr v *Schnorr*. *Mayer-Maly* schlägt in § 89 Abs 1 seines Entwurfs eines Arbeitsverhältnisgesetzes (ZAS 1975, 110) de lege ferenda eine Reduzierung auf die Arbeitnehmer- und die Arbeitgebersphäre vor.

Beispiel: Die Umstellung auf die Sommerzeit hat im Falle der Nachtschichten zur Folge, dass der Schichtzeitraum eine Arbeitsstunde weniger umfasst. Umgekehrt tritt das Problem im Herbst bei Umstellung auf die Winterarbeitszeit auf. – In der Regel wird ein kollektivvertraglicher oder betrieblicher Ausgleich vorgenommen. Gleichwohl ist die durch die Verkürzung der Nachtschicht eintretende „Dienstverhinderung" ein Umstand, der wohl der „neutralen Sphäre" zuzurechnen wäre (vgl auch *Gerhartl*, Arbeitsrechtliche Tücken der Umstellung auf Sommerzeit, RdW 2011, 230).

6.9.1. Verhinderungsgründe auf Seiten des Arbeitgebers

Wird der Arbeitnehmer aus Gründen, die auf Seiten des Arbeitgebers liegen, an der Arbeitsleistung gehindert, gewährt **§ 1155 ABGB** einen zeitlich unbegrenzten Entgeltanspruch[705], sofern keine abweichenden vertraglichen Regelungen getroffen wurden. Voraussetzung ist, dass der Arbeitnehmer **zur Leistung bereit** war[706]. Er muss sich jedoch **anrechnen** lassen, was er infolge Unterbleibens der Dienstleistung erspart oder durch anderweitige Verwendung erworben oder zu erwerben absichtlich versäumt hat[707]. Bewirken vom Arbeitgeber zu vertretende Umstände einen Zeitverlust bei der Einbringung der Dienstleistung, so gebührt dem Arbeitnehmer für den daraus entstandenen Nachteil eine angemessene Entschädigung (§ 1155 Abs 2 ABGB). 6/568

Die Bestimmung des § 1155 ABGB gilt für Arbeiter und Angestellte aller Art. Wesentliches Tatbestandsmerkmal des § 1155 ABGB ist dabei die **Leistungsbereitschaft** des Arbeitnehmers. Diese besteht einerseits darin, dass der Arbeitnehmer die Leistung erbringen will, und andererseits muss der Arbeitnehmer dazu auch faktisch in der Lage sein. Weiters muss er – etwa bei länger dauernden Betriebsstörungen – „wiederholt" die Bereitschaft dem Dienstgeber kundtun und seine Leistung anbieten, wobei dies je nach konkreten Umständen von periodischer (zB täglicher) Anwesenheit an der Arbeitsstelle bis hin zu telefonischer Erreichbarkeit (mit der Möglichkeit zum unverzüglichem Antritt der Arbeit) reichen kann[708]. Ist der Arbeitnehmer während der Dienstverhinderung ein **Zwischenarbeitsverhältnis** eingegangen, zeigt er die Leistungsbereitschaft in ausreichenden Ausmaß, indem er die zur Auflösung des Zwischenarbeitsverhältnisses notwendigen Schritte setzt[709]. 6/569

Ist die mangelnde Arbeitsbereitschaft die Folge und zulässige Reaktion auf ein **rechtswidriges Verhalten des Arbeitgebers** (zB unterlassene Lohnzahlung, unterlassene Abhilfe bei Mobbing, Nichteinhal-

---

704 OGH 16. 12. 1987, 9 ObA 202/87, ZAS 1988, 167 mit Bespr v *Schnorr* = DRdA 1988, 255; OGH 27. 1. 1988, 9 ObA 27/88; OGH 24. 2. 1988, 9 ObA 42/88, Arb 10.702; unrichtig *Rauch*, Entgeltfortzahlungspflicht des Arbeitgebers bei Dienstverhinderung durch Schneechaos?, ASoK 1999, 114.

705 Zum Begriff des Entgelts vgl 6.5.1; zur Einbeziehung von regelmäßig geleisteten Überstunden vgl LG Innsbruck, 30. 9. 1946, 1 R 1/46, Arb 4889, zur Einbeziehung von Umsatzprovisionen OGH 1. 4. 1998, 9 ObA 27/98f, DRdA 1999, 199 mit Bespr v *Löschnigg*.

706 Zur Arbeitsbereitschaft vgl insb OGH 23. 6. 1981, 4 Ob 18/81, ZAS 1983, 62 mit Bespr v *Schrammel*; OGH 18. 5. 1982, 4 Ob 61/81, ZAS 1983, 66 mit Bespr v *Schnorr*; OGH 21. 10. 1998, 9 ObA 134/98s, DRdA 1999, 368 mit Bespr v *Löschnigg*.

707 Vgl auch OGH 29. 9. 2010, 9 ObA 81/10t, DRdA 2012, 384 mit Bespr v *Reissner* = ÖJZ 2011, 139.

708 Ausführlich dazu etwa *Melzer-Azodanloo* in Löschnigg (Hrsg), AngG Bd I^{10} (2016), § 8 Rz 13; *Pfeil* in Schwimann/Kodek (Hrsg), ABGB V^{4} (2014), § 1155 Rz 8; *Windisch-Graetz*, Arbeitsrecht II (2013), 198 f; weiters etwa OGH 21. 10. 1998, 9 ObA 134/98s, DRdA 1999, 368 mit Bespr v *Löschnigg*; OGH 10. 10. 1990, 9 ObA 602/90, DRdA 1991, 224 mit Bespr v *Mazal* = ZAS 1991, 204 mit Bespr v *Andexlinger*; OGH 18. 5. 1982, 4 Ob 61/81, ZAS 1983, 68 mit Bespr v *Schnorr* = Arb 10.137; OGH 15. 10. 1974, 4 Ob 54/74, Arb 9258; OGH 3. 4. 1973, 4 Ob 25/73, SozM I A/e, 1102 = Arb 9106.

709 OGH 17. 3. 2004, 9 ObA 115/03g, DRdA 2005, 160 mit Bespr v *Eypeltauer*.

tung von Arbeitnehmerschutzvorschriften), dann schadet dies der Entgeltfortzahlung nicht. Die Rechtswidrigkeit des Verhaltens des Arbeitgebers ist ihm zuzurechnen. Das Unterbleiben der Arbeitsleistung kann nicht adäquate Sanktion und Voraussetzung für den Entgeltanspruch gleichzeitig sein (s auch OGH 29. 5. 2012, 9 ObA 39/11t, infas 2012, A 73 = ecolex 2012, 1007 = ASoK 2013, 40).

6/570 § 1155 Abs 1 ABGB umfasst nicht nur die generell nach § 1419 ABGB zu vertretende Nichtannahme der Dienstleistung (also den sog Annahmeverzug), sondern auch jedes dem Arbeitgeber zurechenbare Unmöglichwerden der Dienstleistung, insb das gesamte Betriebsrisiko[710]. Als nicht sachgerecht wurde bei dieser Lösung jedoch der Umstand empfunden, dass die Anrechnungsregel des § 1155 Abs 1 Satz 2 ABGB folglich auch in jenen Fällen des Annahmeverzugs zur Anwendung kommen soll, die auf schwere Mängel im Arbeitgeberverhalten zurückzuführen sind[711]. Daher wurde die Meinung vertreten, dass § 1155 ABGB nicht auf den Annahmeverzug des Arbeitgebers angewendet werden, sondern auf die nachträgliche Unmöglichkeit beschränkt sein soll; an die Stelle des § 1155 ABGB trete bei Annahmeverzug § 1419 ABGB, wonach – wegen des Fehlens einer entsprechenden Anrechnungsregel – ein unbeschränkter Entgeltanspruch zusteht[712]. Die zuletzt genannte Auffassung ist mit Entschiedenheit zurückzuweisen, weil sie gerade jene Probleme der Abgrenzung von Annahmeverzug und Unmöglichwerden aufleben lässt, welche die III. Teilnovelle des ABGB aus der Welt schaffen wollte. Schließlich können die unerwünschten Auswirkungen der Anrechnungsregel dadurch gemildert werden, dass bei schweren Mängeln im Arbeitgeberverhalten Rechtsmissbrauch angenommen oder die Anrechnungsregel zur Gänze oder zumindest teilweise teleologisch reduziert wird[713]. Der neueren Judikatur zufolge muss sich der Arbeitnehmer allerdings auch dann, wenn der Arbeitgeber die Dienste des Arbeitnehmers willkürlich und erkennbar endgültig nicht zulässt, anrechnen lassen, was er bei Annahme von Angeboten Dritter verdient hätte. Eine Ausnahme besteht im Falle von missbräuchlichem Vorgehen des Arbeitgebers; dieses ergibt sich aber nicht zwangsläufig schon aus der Tatsache vorsätzlicher Verhinderung[714].

Wer ein **Recht auf tatsächliche Beschäftigung** anerkennt (vgl 6.1.5), muss beachten, dass der Annahmeverzug zugleich zum Schuldnerverzug und somit zur Vertragsverletzung wird. Nach allgemeinem Schuldrecht hätte der Arbeitnehmer die Wahl, Erfüllung und allenfalls Verspätungsschaden zu verlangen **oder** unter Setzung einer angemessenen Nachfrist den Rücktritt vom Vertrag zu erklären (§ 918 ABGB). Diese Bestimmung findet im Arbeitsrecht keine Anwendung. Zunächst ist anzuerkennen, dass der Arbeitgeber verschiedenartige Gründe geltend machen kann, die er dem Recht auf Beschäftigung entgegenzusetzen vermag. Hat er derartige Gründe, so bleibt es beim Entgeltbezug gem

---

710 *Schrammel* in Fenyves/Kerschner/Vonkilch (Hrsg), ABGB[3] (2012), § 1155 Rz 3; *Bydlinski*, Arbeitsrechtskodifikation und allgemeines Zivilrecht (1969), 173; *Melzer-Azodanloo* in Löschnigg (Hrsg), AngG Bd 1[10] (2016), § 8 Rz 10 ff.

711 *Krejci* in Rummel/Lukas (Hrsg), ABGB I[4] (2015), § 1155 Rz 10; *Schnorr*, Entgeltansprüche bei Nichtleistung der Arbeit, in Tomandl (Hrsg), Entgeltprobleme aus arbeitsrechtlicher Sicht (1979), 24; *Reissner*, Regelungen über die Entgeltfortzahlung bei Dienstverhinderungen in der AG-Sphäre, in Reissner/Neumayr (Hrsg), Zeller Handbuch Arbeitsvertrags-Klauseln (2010), 715 ff.

712 So noch *Ehrenzweig*, System des österreichischen allgemeinen Privatrechts II/12 (1928), 492; *Hämmerle*, Arbeitsvertrag (1949), 192.

713 Vgl *Holzer*, Verschuldeter Annahmeverzug des Arbeitgebers und Anrechnung anderweitig absichtlich versäumten Verdienstes, DRdA 1983, 7; so auch OGH 30. 1. 1997, 8 ObA 2046/96, ZAS 1997, 168 mit Bespr v *Risak*; *Marhold/Friedrich*, Österreichisches Arbeitsrecht[3] (2016), 216 f.

714 OGH 17. 3. 2004, 9 ObA 115/03g, DRdA 2005, 160 mit Bespr v *Eypeltauer*.

§ 1155 ABGB[715]. Andernfalls kann der Arbeitnehmer sein Recht auf tatsächliche Beschäftigung klageweise durchsetzen, gegebenenfalls seinen begründeten vorzeitigen Austritt erklären (s aber auch OGH 16. 6. 1994, 8 ObA 262/94, ecolex 1994, 707).

Bezüglich der relevanten Hinderungsgründe auf Seiten des Arbeitgebers haben sich im Laufe der Zeit zwei gängige Auslegungsalternativen herausgebildet. Die eine versteht die maßgeblichen Umstände **indikativ** (dh als etwas Wirkliches, eine Tatsache Ausdrückendes). Der Arbeitgeber hat das Entgeltrisiko für alle Ereignisse zu tragen, durch die der Betrieb als Ort irgendwie betroffen ist. Die andere Variante wird von *Schnorr* (Entgeltansprüche, in Tomandl [Hrsg], Entgeltprobleme aus arbeitsrechtlicher Sicht [1979], 34) als **Zurechnungstheorie** bezeichnet. Das Tatbestandsmerkmal „auf Seite des Arbeitgebers" wird konditional („wenn, dann") verstanden. Nur dann, wenn diese Umstände so beschaffen sind, dass sie – wenn auch unverschuldetermaßen – seinem unternehmerischen Herrschaftsbereich zurechenbar sind, liegen sie auf Seiten des Arbeitgebers, und nur dann besteht dessen Pflicht zur Entgeltzahlung. Es wird also in Vernachlässigung des Gesetzeswortlauts nach „rational belegbaren" Kriterien gesucht, die anzuzeigen geeignet sind, wann ein Ereignis in die Risikosphäre des Arbeitgebers fällt. Die „Zurechnungstheorie" stellt eine Fortentwicklung der sog „**Einflusstheorie**" dar, derzufolge ein Ereignis, das eine Betriebsstörung verursacht, dann vom Arbeitgeber vertreten werden muss, wenn es von ihm beeinflussbar ist. Dieses Kriterium ist ebenso unbestimmt wie die Aufteilung in unternehmerische Herrschaftsbereiche (wie zB Risiko der Sachherrschaft, Wirtschaftsrisiko) und der Versuch, den Ursprung des relevanten Zufalls aus diesen spezifischen Risikobereichen herauszuleiten. Man kann die Norm des § 1155 ABGB nicht im Auslegungsweg dadurch auflösen, dass man die Sphäre statt auf die Ursachen der Störung und damit auf den Tatbestand – wie offensichtlich vom Gesetz geplant – auf die Rechtsfolgen (Risken) bezieht[716]. In Ablehnung der Zurechnungstheorie ist demnach festzuhalten, dass in die Sphäre des Arbeitgebers über den Annahmeverzug hinaus auch andere zufällige Verhinderungen fallen, mögen sie die Person des Arbeitgebers, sein Vermögen oder seine Wirtschaft betreffen (*Melzer-Azodanloo* in Löschnigg [Hrsg], AngG Bd 1[10] [2016], § 8 Rz 10 ff). 6/571

6.9.1.1. Störungen des Betriebsablaufs und wirtschaftliches Risiko

Organisatorische und **technische** Mängel sind vom Arbeitgeber zu vertreten, mögen sie auf seinen Willensentschluss zurückzuführen sein oder unabhängig von seinem Willen eintreten. 6/572

Unterlässt oder verhindert der Arbeitgeber die Zuweisung der vertraglich vereinbarten Arbeit, so fällt die dadurch verursachte Arbeitsverhinderung in sein **organisatorisches** Risiko (GewG Wien 20. 2. 1918, Cr II 86/18, Arb 2927; ArbG Wien 9. 11. 1965, 3 Cr 1214/63, Arb 8240). Weist der Arbeitgeber eine Arbeit zu, deren Verrichtung schlechthin unzumutbar ist, so wird man ein Arbeitsverweigerungsrecht des Arbeitnehmers anerkennen müssen; der Arbeitgeber ist nach § 1155 ABGB entgeltpflichtig (LG Innsbruck 30. 9. 1946, 1 R 1/46, Arb 4889). Ebenso verhält es sich im Falle der Verhängung einer Betriebssperre durch den Arbeitgeber (VwGH 12. 3. 1963,

---

[715] Zur Schadenersatzforderung des Dienstgebers bei Suspendierungen vgl OGH 8. 9. 1993, 9 ObA 155, 156/93, ecolex 1994, 42.

[716] *Bydlinski*, Arbeitsrechtskodifikation und allgemeines Zivilrecht (1969), 138.

471/62, Arb 7764; ArbG Wien 1. 6. 1965, 7 Cr 72/65, SozM I A/c, 143). Arbeitsverhinderungen, die durch häufig wiederkehrenden Wassermangel im Werksbach, von dem die Energieversorgung des Werks abhängt, verursacht werden, stellen gleichfalls einen organisatorischen Fehler in der Arbeitgebersphäre dar (KG St Pölten 8. 5. 1924, R 178/24, Arb 3262).

Eine andere Gruppe von Entscheidungen betrifft den Mangel an Arbeitskräften. Dem Arbeitgeber wird es zugerechnet, wenn aus diesem Grund Reparaturarbeiten unterbleiben müssen (GewG Wien 17. 3. 1917, Cr IV 246/17, Arb 2841) oder wenn Arbeitsverhinderungen durch den plötzlichen Ausfall von Arbeitskräften eintreten (GewG Graz 18. 5. 1917, Cr I 58/17, Arb 2760). Ein Mangel in der personellen Organisation des Arbeitgebers liegt vor, wenn die Arbeiter einer Bergbauunternehmung den Stollen wegen schlechter Luft verlassen müssen, weil ein anderer Arbeitnehmer aus Verschulden die Wettertür vor Verlassen des Stollens nicht geschlossen hat (EA Linz 8. 8. 1929, Re I 210/29, Arb 4095).

Aus dem letzten Beispiel ist der fließende Übergang zu den **technischen** Mängeln ersichtlich, die jedenfalls in das Risiko des Betriebs fallen. Der Schulfall des technischen Mangels ist der Ausfall von Maschinen des Betriebs (etwa das Eintreten einer Arbeitsverhinderung durch Einfrieren eines Kuppelofens; vgl EA Wien 21. 4. 1923, A 448/23, Arb 3339).

6/573 **Schlechtwetter** im Baugewerbe und dadurch bedingte Arbeitsausfälle sind Umstände, die vom Arbeitgeber zu vertreten sind[717]. Das BSchEG hat für diesen auf Seiten des Arbeitgebers gelegenen Verhinderungsgrund eine besondere Regelung getroffen. Die den Arbeitnehmern nach den Bestimmungen dieses Gesetzes zu gewährende Schlechtwetterentschädigung wird dem Arbeitgeber zuzüglich eines Pauschalbetrages für die geleisteten Sozialabgaben von der Urlaubs- und Abfertigungskasse rückerstattet (§ 8 leg cit). Die Mittel hiefür werden durch Beiträge der Arbeitgeber und Arbeitnehmer sowie durch Mittel des Bundes aufgebracht (§ 12 Abs 1 BSchEG; vgl auch 4.3.2.2.1).

6/574 Die Übernahme des **wirtschaftlichen Risikos** (Absatzrückgang, Anstieg der Produktionskosten, Steuererhöhungen, verfehlte Investitionen) fällt in den typischen Verantwortungsbereich des Arbeitgebers. Eine systematische Abdingung des § 1155 ABGB mit dem Ziel der Überwälzung des Unternehmerrisikos auf den Arbeitnehmer, dh keine Entgeltfortzahlung im Falle einer Nichtbeschäftigung wegen wirtschaftlicher Probleme, wird daher regelmäßig zur Sittenwidrigkeit der Vereinbarung führen.

6/575 Eine spezielle Regelung sieht § 10 Abs 2 AÜG für den Bereich der **Arbeitskräfteüberlassung** vor: Dem arbeitsbereiten Arbeitnehmer steht ein Entgelt auch dann zu, wenn der Überlasser keinen Beschäftigerbetrieb ausmacht, in dem der Arbeitnehmer tätig werden kann (vgl 9.1.6).

6.9.1.2. Substanzverluste im Betrieb

6/576 In der Judikatur wurde die Entgeltfortzahlungspflicht auch bei völliger **Zerstörung des Betriebs** bejaht[718], doch ist eine einheitliche und dogmatisch ausgewogene Linie bei Schäden am Betrieb durch Brand, Überschwemmung, Vermurung, Lawinenabgang und ähnliche Katastrophen kaum zu verzeichnen.

---

[717] OGH 26. 4. 1983, 4 Ob 39/83, ZAS 1983, 227 mit Bespr v *Andexlinger/Filzmoser*; vgl auch *Rauch*, Hitze und Arbeitsrecht, ASoK 2013, 341.

[718] Vgl LG Wien 10. 7. 1934, 44 Cg 116, ZBl 1935/94.

Nach der Einflusstheorie wäre eine Verpflichtung des Arbeitgebers nur zu bejahen, wenn dieser mit der Zerstörung rechnen musste bzw die Möglichkeit hatte, durch entsprechende organisatorische Maßnahmen der Gefahr der Zerstörung zu begegnen. Nach der hier vertretenen Auffassung ist zunächst hervorzuheben, dass der umstrittene Begriff der „höheren Gewalt" (vis maior) offensichtlich vom Gesetzgeber nicht als Abgrenzungskriterium gedacht war. Die Schwierigkeit liegt in der Abgrenzung der Sphären bei Elementarereignissen. Wenn das Ereignis so umfassend ist, dass es neben dem Betrieb in vergleichbarer Weise auch die Allgemeinheit betrifft, dann fällt es in die **neutrale Sphäre**[719]. Kommt beispielsweise der Arbeitnehmer rechtzeitig zum Betrieb, in dem jedoch wegen Blitzschlags infolge eines örtlichen Gewitters nicht gearbeitet werden kann, so kann er sich auf § 1155 ABGB berufen[720]. Ist aber das die Betriebsstörung auslösende Elementarereignis so umfassend, dass neben dem Betrieb die allgemeine Versorgung, der Verkehr, das Stromnetz udgl lahmgelegt werden, so ist die neutrale Sphäre angesprochen. Der Arbeitnehmer kann sich trotz Leistungsbereitschaft nicht auf § 1155 ABGB stützen, die Rechtsfolge ist der ausnahmsweise Entfall des Entgeltanspruchs gem § 1447 ABGB[721].

Eine Einschränkung der neutralen Sphäre ist bei jenen umfassenden **Elementarereignissen** angebracht, die periodisch wiederkehren und regelmäßig den Betrieb beeinträchtigen. Sie können zum typischen Betriebsrisiko gezählt werden, das der Arbeitgeber durch die Betriebsansiedlung an einem Ort, an dem diese Ereignisse vorhersehbar eintreten, in Kauf nimmt (*Strasser/Reischauer*, Der Arbeitskampf [1972], 70). Da § 1155 ABGB gem § 1164 ABGB abgedungen werden kann, ist der Arbeitgeber jedenfalls in der Lage, in solchen Fällen von vornherein vertretbare Regelungen über das Tragen des Entgeltrisikos zu treffen (*Krejci* in Rummel/Lukas [Hrsg], ABGB I^4 [2015], § 1155 Rz 18).

6.9.1.3. Rechtswidrige Dispositionen des Arbeitgebers

Das Risiko der Nichtbeschäftigung eines Arbeitnehmers bei **rechtsunwirksamer** Kündigung oder Entlassung trägt der Arbeitgeber. Wurde eine von ihm ausgesprochene **Kündigung oder Entlassung** nach den einschlägigen Bestimmungen **angefochten** und wurde der Anfechtung rechtskräftig stattgegeben, so wird durch das Urteil das Arbeitsverhältnis reaktiviert, sodass es als ununterbrochen anzusehen ist. Der inzwischen aufgelaufene Verdienst ist dem Arbeitnehmer gem § 1155 ABGB nachzuzahlen. Die grundsätzliche Leistungsbereitschaft wird mit Einbringung der Klage fingiert. Hätte der Arbeitgeber das Dienstverhältnis nicht gelöst, dann wäre der Dienstnehmer auch leistungsbereit gewesen. 6/577

Das Entgeltrisiko trifft den Dienstgeber auch in den Fällen **sittenwidriger Kündigungen** (vgl allg 8.2.7) und des **besonderen Kündigungs- und Entlassungsschutzes**, wenn er eine von vornherein rechtsunwirksame Beendigungserklärung ausspricht. Gibt zB eine gekündigte Arbeitnehmerin ihre Schwangerschaft bekannt und bewirkt diese Bekanntgabe die Rechtsunwirksamkeit der Kündigung, so hat sie bei Vorliegen ihrer Leistungsbereitschaft Anspruch auf Lohnfortzahlung gem § 1155 ABGB

---

[719] *Krejci* in Rummel/Lukas (Hrsg), ABGB I^4 (2015), § 1155 Rz 18; *Melzer-Azodanloo* in Löschnigg (Hrsg), AngG Bd 1^{10} (2016), § 8 Rz 33 ff; *Pfeil* in Schwimann/Kodek (Hrsg), ABGB V^4 (2014), § 1155 Rz 14; *Spenling* in Koziol/P. Bydlinski/Bollenberger (Hrsg), ABGB^4 (2014), § 1155 Rz 6; OGH 16. 12. 1987, 9 ObA 202/87, ZAS 1988, 167 mit Bespr v *Schnorr* = JBl 1988, 802 mit Bespr v *Holzer*.

[720] Vgl zuletzt *Schima*, Vulkanausbrüche, Naturkatastrophen und andere Fälle höherer Gewalt – arbeitsrechtliche Auswirkungen, ZAS 2012, 131.

[721] *Krejci* in Rummel/Lukas (Hrsg), ABGB I^4 (2015), § 1155 Rz 12; *Pfeil* in Schwimann, ABGB VI^3 (2006), § 1155 Rz 14.

(OGH 17. 6. 1980, 4 Ob 78/80, Arb 9878). Ebenso verhält es sich bei rechtsunwirksam gekündigten oder entlassenen Betriebsratsmitgliedern (vgl LG Klagenfurt 14. 4. 1982, 3 Cg 47/81, Arb 10.104). Auch für den Fall, dass bereits eine Zustimmung des Erstgerichts vorliegt, steht das Entgelt dem Arbeitnehmer nach § 1155 ABGB zu, wenn durch das Berufungsgericht oder durch den OGH die Zustimmung zur Kündigung oder Entlassung rechtskräftig aufgehoben wird (OGH 18. 5. 1982, 4 Ob 61/81, Arb 10.137).

6.9.1.4. Drittverursachung

6/578 Drittverursachung liegt vor, wenn der Arbeitsausfall durch einen Dritten, der nicht Vertragspartei des konkreten Arbeitsverhältnisses ist, verursacht wurde. Nach der Zurechnungstheorie (vgl 6.9.1) ist zu prüfen, ob und in welchem Maße die Zurechnung zum Herrschaftsbereich des Dritten **zugleich** eine Zurechnung zum Herrschaftsbereich des Arbeitgebers ausschließt und diesen von der Pflicht zur Entgeltzahlung befreit[722]. Diese Auffassung birgt erhebliche Anwendungsschwierigkeiten in sich und lässt sich auch nur schwer mit dem Wortlaut des Gesetzes und der Absicht des Gesetzgebers vereinbaren.

6/579 Die Judikatur tendiert zur grundsätzlichen Anerkennung eines Entgeltanspruchs. Als Schulbeispiele der Drittverursachung gelten die sog „Kabelbruchfälle". Hängt die Funktionsfähigkeit des Betriebs von der Energielieferung durch einen Dritten ab und bricht eine Stromleitung außerhalb des Betriebs, so wurde der Anspruch auf Entgeltfortzahlung mit Recht überwiegend anerkannt[723]. Der Arbeitgeber hat das Risiko zu tragen, wenn das störende Ereignis im Bereich eines Dritten eintritt und der Arbeitgeber auf Grund seiner rechtlichen und wirtschaftlichen Beziehungen mittelbar beeinträchtigt wird (vgl auch GewG Wien 18. 6. 1926, Cr II 275/26, Arb 3703).

Einen Fall von Drittverursachung behandelt auch die E des LG Linz v 16. 12. 1964 (13 Cg 32/64, Arb 8015): Die Arbeitsverhinderung iSd § 1155 ABGB trat durch einen Eingriff des Arbeitsinspektorats ein, das unzulässige Nacht- und Sonntagsarbeit beanstandete. Ebenso dem Arbeitgeber zugerechnet wurden Arbeitsausfälle, die infolge eines Polizeiverbots eintraten (LG Wien 10. 7. 1934, 44 Cg 116, ZBl 1935/94) oder die auf Eingriffe einer Besatzungsmacht zurückzuführen waren (OGH 22. 5. 1951, 4 Ob 54/51, Arb 5272; LG Wien 7. 5. 1953, 44 Cg 117/53, Arb 5698).

6.9.1.5. Arbeitskämpfe

6/580 Streikende Arbeitnehmer haben mangels Leistungsbereitschaft keinen Lohnanspruch[724] und verletzen den Arbeitsvertrag auch dann, wenn der Arbeitskampf als kollektive Maßnahme an sich rechtmäßig ist[725]. Werden **arbeitsbereite Arbeitnehmer** ausgesperrt, ohne dass das Arbeitsverhältnis gelöst wird, behalten sie ihren Entgeltanspruch gem § 1155 ABGB[726] und können, falls dieser nicht erfüllt wird, vorzeitig austreten (vgl zB § 26 Z 2 AngG). Pro-

---

722 Vgl *Schnorr*, Entgeltansprüche, in Tomandl (Hrsg), Entgeltprobleme aus arbeitsrechtlicher Sicht (1979), 37.

723 EA Wien 29. 12. 1925, A 1478/25, Arb 3576; LG Wien 13. 7. 1928, 44 Cg 285/28, Arb 3845; LG Wien 6. 4. 1948, 44 Cg 111/47, Arb 4961.

724 Grundlegend *Strasser/Reischauer*, Der Arbeitskampf (1972), 66 ff; weiters *Schindler*, Rechtsfragen des Streiks unter besonderer Berücksichtigung der Entgeltfortzahlung, in Resch (Hrsg), Fragen der Lohnfortzahlungspflicht des Arbeitgebers (2004), 65.

725 Vgl auch OGH 17. 1. 1990, 9 ObA 347/89, ZAS 1994, 20 mit Bespr v *Aigner*.

726 OGH 19. 12. 2005, 8 ObA 23/05y, DRdA 2007, 107 mit Bespr v *Jabornegg* = ZAS 2006, 183 mit Bespr v *Tomandl*.

bleme ergeben sich, wenn der Arbeitgeber derartige Aussperrungen als Reaktion auf einen **Teilstreik** oder **Schwerpunktstreik** (vgl 13.4.1.1) vornimmt.

Entscheidend für individualrechtliche Fragen im Zusammenhang mit der Arbeitskampfproblematik ist die Tatsache, dass nach österreichischer Lehre im Gegensatz zur deutschen Rechtslage die individualrechtlichen Aspekte von den kollektivrechtlichen getrennt beurteilt werden (Ablehnung der „Einheitstheorie"; vgl 13.6.1). Man wird nicht sagen können, dass aus dem Solidaritätsgedanken oder dem Kampfziel abzuleiten ist, dass dem leistungsbereiten Arbeitnehmer kein Entgeltanspruch gebührt, weil die Haftungssphäre der Arbeitnehmer insgesamt angesprochen sei[727]. Das Argument, dass durch die Entgeltzahlungspflicht des Arbeitgebers eine Störung der Kampfparität zu seinen Lasten eintrete, ist uU für den Rechtsetzer, nicht aber für den Rechtsanwender von Belang (*Strasser/Reischauer*, Der Arbeitskampf [1972], 68).

Mit gutem Grund hat der OGH in seiner Leitentscheidung v 23. 8. 1921 (Ob III 572/21, 6/581 SZ 3/84) den Entgeltanspruch im Falle eines Teilstreiks schon vor geraumer Zeit bejaht[728]. Fraglich ist allerdings, ob die Ernstlichkeit der Arbeitsbereitschaft iS der §§ 869 und 876 ABGB insb beim Schwerpunktstreik in Zweifel gezogen werden kann. Hier liegt eine Beweisfrage vor, deren Beantwortung nicht generell, sondern für jeden einzelnen Arbeitnehmer zu erfolgen hätte, wobei der Arbeitgeber beweispflichtig wäre[729]. Auszugehen ist von dem Grundsatz, dass insb bei gewerkschaftlichem Streik dem Arbeitnehmer der strategische Plan nicht bekannt war und auch nicht bekannt sein musste. Dies umso mehr, als die Kenntnis der um das Streikgeschehen gelagerten Rechtsfragen dem einzelnen Arbeitnehmer nicht zumutbar ist, sodass Unkenntnis entgegen der Fiktion des § 2 ABGB nicht zum Schaden gereichen kann[730]. Selbst dann, wenn der Arbeitnehmer den strategischen Plan kannte und dies bewiesen wird, ist noch nicht gesagt, dass er sich auch iS dieses Plans verhalten wollte. Seine Arbeitsbereitschaft kann unbeschadet der Kenntnis der Strategie eine echte sein. Sind beim wilden Streik auch die arbeitsbereiten Arbeitnehmer am Streikbeschluss beteiligt, kann ihre Arbeitsbereitschaft nicht als echte Arbeitsbereitschaft qualifiziert werden.

6.9.1.6. Anrechnung

Das während der Dienstverhinderung weiter gezahlte Entgelt ist grundsätzlich so zu berech- 6/582 nen, als hätte der Arbeitnehmer wie bisher weiter gearbeitet[731]. Gem § 1155 Abs 1 ABGB hat sich der Dienstnehmer während der Zeit der Dienstverhinderung anrechnen zu lassen, was er sich infolge Unterbleibens der Dienstleistung erspart oder durch anderweitige Verwendung erworben oder zu erwerben absichtlich versäumt hat[732]. Die Anrechnung der nach § 1155 ABGB zu berücksichtigenden **Ersparnisse** und anderweitigen **Verdienste**

[727] IdS jedoch *Schnorr*, Entgeltansprüche, in Tomandl (Hrsg), Entgeltprobleme aus arbeitsrechtlicher Sicht (1979), 42; *Tomandl*, Streik und Aussperrung als Mittel des Arbeitskampfes (1965), 343 ff; *Marhold/Friedrich*, Österreichisches Arbeitsrecht^3 (2016), 217 f.

[728] Vgl zB auch *Pfeil* in Schwimann/Kodek (Hrsg), ABGB V^4 (2014), § 1155 Rz 13.

[729] S auch *Krejci*, Lohnzahlung bei Teilstreik? Zum Lohnanspruch Arbeitswilliger bei teilstreikbedingter Betriebsstörung (1988), 12 ff.

[730] Vgl grundlegend *Schwind*, Der Rechtsirrtum im österreichischen Zivilrecht, ÖJZ 1951, 369.

[731] Vgl *Melzer-Azodanloo* in Löschnigg (Hrsg), AngG Bd 1^{10} (2016), § 8 Rz 105 ff; *Pfeil* in Schwimann/Kodek (Hrsg), ABGB V^4 (2014), § 1155 Rz 15; *Spenling* in Koziol/P. Bydlinski/Bollenberger (Hrsg), ABGB^4 (2014), § 1155 Rz 8.

[732] Vgl insb *Gerhartl*, Anrechnung bei Entgeltfortzahlung wegen Arbeitsausfall aus Umständen in der Arbeitgebersphäre, wbl 2007, 14.

hat von Anbeginn an und nicht – wie im Falle der Kündigungsentschädigung (vgl §§ 29 Abs 2 AngG, 1162b ABGB ua; dazu 8.2.4, 8.3.4.2.2 u 8.3.5.2.2) – erst vom vierten Monat an zu erfolgen[733]. Voraussetzung für die Anrechnung ist, dass das Unterbleiben der Arbeitsleistung, für die das Entgelt gefordert wird, für die Ersparnis, den anderweitigen Erwerb oder die anderweitige Verdienstmöglichkeit ursächlich war[734].

Die Anrechnung des tatsächlichen oder fiktiven anderweitigen Verdienstes hat nach dem Prinzip der **zeitlichen Kongruenz** zu erfolgen. Es sind nicht einfach die Summen der Entgeltansprüche, sondern vorerst die jeweiligen Lohnzahlungszeiträume gegenüberzustellen. Darauf aufbauend ist dann die Differenz der Ansprüche zu ermitteln. Würde es nämlich dem Dienstnehmer gelingen, für eine gewisse Zeit einen höheren Lohn zu erzielen, und würde der Dienstgeber diesen höheren Lohn auf andere Perioden anrechnen dürfen, so wäre er in rechtlich nicht zu billigender Weise bereichert (OGH 7. 11. 1961, 4 Ob 115/61, Arb 7452)[735]. Will ein Arbeitgeber eine Ersparnis oder einen Erwerb anrechnen, so hat er diese Tatsachen zu beweisen (OGH 21. 1. 1964, 4 Ob 5/64, Arb 7895). Wird ein konkretes Angebot absichtlich ausgeschlagen, kommt eine Anrechnung nur für jenen Zeitraum in Betracht, für den dieses Angebot gegolten hat (OGH 23. 6. 1981, 4 Ob 18/81, ZAS 1983, 63 mit Bespr v *Schrammel* = Arb 9992).

6/583 **Absichtliches Unterlassen eines Erwerbs** iSd § 1155 ABGB liegt vor, wenn der Arbeitnehmer in Einschätzung aller Umstände, insb der Tatsache, dass er keinesfalls an seinem Arbeitsplatz benötigt wird, und bei Vorhandensein reeller Chancen keine Anstrengungen unternimmt, sich eine Ersatzbeschäftigung zu beschaffen. Für kurzfristige Zeiträume, wie etwa für drei Wochen, ist es dem Arbeitnehmer allerdings eher unzumutbar, einen Ersatzarbeitsplatz zu suchen[736]. Der Einrechnungsgrund liegt auch vor, wenn der Arbeitnehmer absichtlich nichts unternommen hat, um einen Verdienst zu finden[737], obwohl ihm dies nach Treu und Glauben zugemutet werden durfte[738]. Der Arbeitnehmer braucht weder besondere Anstrengungen zu unternehmen, um zu einer entsprechenden Verwendung zu kommen, noch ist er verpflichtet, eine ihm nicht zumutbare Beschäftigung anzunehmen[739].

6/584 **Verweigert** der **Arbeitgeber** mutwillig die Beschäftigung des Arbeitnehmers oder suspendiert er ihn grundlos (vgl 6.1.5), so kann er sich auf die Anrechnungsbestimmungen nicht berufen, weil dies ein **Rechtsmissbrauch** wäre[740]. Wer seine Verpflichtung gröblich verletzt, kann daraus keine Vorteile ziehen.

Der OGH (E v 23. 6. 1981, 4 Ob 18/81, Arb 9992) übersieht einen derartigen Mangel im Verhalten des Arbeitgebers und aktiviert die Anrechnungsregel bei vorsätzlicher Nichtannahme der Arbeitsleistung eines Operntänzers, dem noch dazu ein in § 21 SchauSpG bzw jetzt nach § 18 TAG positiviertes Recht auf tatsächliche Beschäftigung zusteht. Diese E wurde wiederholt kritisiert (zB schon *Martinek/*

---

[733] OGH 15. 10. 1974, 4 Ob 54/74, Arb 9258.

[734] OGH 10. 6. 1975, 4 Ob 23/75, ZAS 1977, 57 mit Bespr v *Schrammel* = Arb 9350.

[735] S auch OGH 25. 6. 2015, 8 ObA 82/14p, DRdA 2016, 138 mit Bespr v *Schrattbauer* = DRdA-infas 2015, 233 mit Bespr v *Tinhof.*

[736] LG Wien 19. 12. 1977, 44 Cg 170/77, Arb 9681.

[737] *Schrammel* in Fenyves/Kerschner/Vonkilch (Hrsg), ABGB[3] (2012), § 1155 Rz 39; OGH 21. 6. 1966, 4 Ob 41/66, Arb 8255.

[738] OGH 16. 3. 1994, 9 ObS 34/93, infas 1994, A 117.

[739] *Grillberger* in Löschnigg (Hrsg), AngG Bd 2[10] (2016), § 29 Rz 28; *Melzer-Azodanloo* in Löschnigg (Hrsg), AngG Bd 1[10] (2016), § 8 Rz 28 ff.

[740] OGH 30. 1. 1997, 8 ObA 2046/96g, ZAS 1997, 168 mit Bespr v *Risak*; s jedoch auch wiederum OGH 17. 3. 2004, 9 ObA 115/03g, DRdA 2005, 160 mit krit Bespr v *Eypeltauer*, wonach sich der Arbeitnehmer „von dem Zeitpunkt an, in dem klar war, dass ihn der Arbeitgeber auch in einer anderen Verwendung nicht beschäftigen werde, anrechnen lassen [muss], was er bei Annahme von Angeboten von Dritten verdient hätte".

M. Schwarz/W. Schwarz, AngG[7] [1991], 215 f). So schlägt *Holzer*[741] vor, die Anrechnungsregel in solchen Fällen teleologisch zu reduzieren. Nach *Gstirner* (ZAS 1983, 22) soll das Vorausverhalten des Arbeitgebers Einfluss auf die Beurteilung der Böswilligkeit (Absichtlichkeit) des Arbeitnehmers, eine andere Arbeit nicht aufzunehmen, haben. Für eine entsprechend dem Verschuldensgrad des Arbeitgebers abgestufte Anwendung des § 1155 ABGB auf den Annahmeverzug des Arbeitgebers tritt *Binder* (Vorteilsanrechnung im Arbeitsverhältnis, in FS Schwarz [1991], 35) ein.

Leistungen aus der Arbeitslosenversicherung (Arbeitslosengeld, Notstandshilfe) sind schon zufolge der Verpflichtung zur Rückzahlung dieser Beträge (§ 12 Abs 8 iVm § 25 Abs 1 Satz 2 AlVG) auf den Entgeltanspruch gem § 1155 ABGB **nicht anzurechnen**[742]. Das Gleiche gilt für neben einem aufrechten Arbeitsverhältnis gebührende Pensionsbezüge. In diesem Fall fehlt es schon an der Ursächlichkeit der Arbeitsverhinderung für den anderweitigen Verdienst (OGH 24. 1. 1984, 4 Ob 40/83, Arb 10.311). 6/585

6.9.2. Verhinderungsgründe auf Seiten des Arbeitnehmers

In diese Kategorie gehören primär **Krankheiten** und **Unglücksfälle**, aber auch der weite Bereich der sog sonstigen in der Person des Dienstnehmers gelegenen Dienstverhinderungsgründe, wie Behördenbesuche, familiäre Ereignisse oder die Pflegefreistellung[743]. Obwohl in all diesen Fällen der Verhinderungsgrund in die Sphäre des Arbeitnehmers fällt und an sich von ihm zu vertreten wäre, sehen die einschlägigen arbeitsrechtlichen Bestimmungen eine (zeitlich begrenzte) Entgeltfortzahlung vor. 6/586

6.9.2.1. Krankheiten und Unfälle

6.9.2.1.1. Begriffliche Abgrenzungen

Krankheit und **Unglücksfall** iSd § 8 Abs 1 AngG bzw des § 2 EFZG sind Begriffe, die exakt logisch nicht abgrenzbar sind. Unter beiden Begriffen sind nämlich solche Ereignisse zu verstehen, die den Menschen abweichend vom normalen Verlauf der Dinge unerwartet treffen. Was Krankheit und was Unglücksfall ist, muss also nach allgemeiner Auffassung des täglichen Lebens entschieden werden. Zu den wie die Krankheiten zu behandelnden Unglücksfällen (besser Unfällen) wird man im Allgemeinen jene Ereignisse zählen, durch die die körperliche Integrität oder das Allgemeinbefinden des Arbeitnehmers beeinträchtigt wird, wie Knochenbrüche, Muskelrisse und Verletzungen aller Art[744]. Unglücksfälle, die als Elementarereignisse (Lawinenabgänge, Dammbrüche, Überschwemmungen usw) den Arbeitnehmer an der Dienstleistung behindern, ohne dass ein Gebrechen am Körper des Arbeitnehmers oder eine Beeinträchtigung des Allgemeinzustandes eintritt, sind nicht nach § 8 Abs 1 AngG bzw § 2 EFZG zu beurteilen. Der Begriff der Krankheit kann auch dort, wo 6/587

---

741 *Holzer*, Verschuldeter Annahmeverzug des Arbeitgebers und Anrechnung anderweitig absichtlich versäumten Verdienstes, DRdA 1983, 7; s auch *ders* in Marhold/Burgstaller/Preyer (Hrsg), AngG (Losebl), § 42 Rz 15.

742 LG Wien 13. 9. 1962, 44 Cg 166/62, Arb 7755; LG Klagenfurt 14. 4. 1982, 4 Cg 47/81, Arb 10.104; OGH 21. 9. 1982, 4 Ob 114/82, Arb 10.185.

743 *Ettmayer*, Die Risikoverteilung aus persönlichen Gründen, DRdA 2007, 193; *Heinz-Ofner*, Andere wichtige Dienstverhinderungsgründe des Arbeitnehmers, DRdA 2008, 114.

744 Allg dazu vgl *Melzer-Azodanloo* in Löschnigg (Hrsg), AngG Bd 1[10] (2016), § 8 Rz 47 ff.

ihn der Gesetzgeber verwendet, keinen anderen Sinn haben als den, welchen ihm die ärztliche Wissenschaft und der allgemeine Sprachgebrauch beilegen[745].

6/588 Eine besondere rechtliche Behandlung erfahren Arbeitsunfälle und Berufskrankheiten. **Arbeitsunfälle** sind Unfälle, die sich im örtlichen, zeitlichen und ursächlichen Zusammenhang mit der die Versicherung begründenden Beschäftigung ereignen (§ 175 Abs 1 ASVG)[746].

Als Ursache ist die wesentliche Bedingung, die am Eintreten der Unfallfolgen mitgewirkt hat, anzusehen[747]. Der Unfallversicherungsschutz bleibt aber auch während einer privaten Besorgung aufrecht, wenn diese hinsichtlich ihrer Dauer und Art nach natürlicher Betrachtungsweise nur zu einer geringfügigen Unterbrechung der Versichertentätigkeit führt, sodass sie letztlich noch als Teil dieser Tätigkeit angesehen werden kann[748]. Als Arbeitsunfall wird auch ein Unfall anlässlich eines Betriebsausflugs qualifiziert[749]. Kein Unfallversicherungsschutz ist aber zB dann gegeben, wenn an einem vom Betriebsrat organisierten Schiwochenende nur rund 6 % der Mitarbeiter teilnehmen können[750]. Das Gesetz bedient sich der authentischen Interpretation und der Fiktion, um eine möglichst weite Begriffsbestimmung des Arbeitsunfalls zu erreichen. Gem § 175 Abs 2 ASVG werden insb verschiedenartige **Wegunfälle** (Unfälle auf dem Weg zwischen Arbeit- und Wohnstätte) auch als Arbeitsunfälle angesehen[751]. § 176 Abs 1 ASVG stellt bestimmte Unfälle den Arbeitsunfällen

---

745 Zu Abgrenzungsproblemen des Begriffs der Krankheit vgl *Dusak*, Hat der Organspender einen Anspruch auf Entgeltfortzahlung?, RdW 1988, 48; zu ähnlichen Fragestellungen im Zusammenhang mit dem sozialversicherungsrechtlichen Krankheitsbegriff vgl *Holzer*, Sozialversicherungsrechtliche Konsequenzen artifizieller Befruchtungstechnologien, in Bernat (Hrsg), Lebensbeginn durch Menschenhand (1985), 173 ff; OGH 7. 3. 2006, 10 ObS 12/06x, DRdA 2007, 373 mit Bespr v *Binder*; sowie *Bernat*, Extrakorporale Befruchtung und künstliche Insemination als Krankenbehandlung im Sinne von §§ 120, 133 ASVG, VR 1987, 345; zum Alkoholismus als Krankheit vgl OGH 2. 9. 1987, 14 ObA 75/87, DRdA 1990, 297 mit Bespr v *Mosler* = ZAS 1988, 131 mit Bespr v *Beck-Mannagetta*; *Reissner*, Die Auswirkungen von drogen- und alkoholbedingten Arbeitsausfällen auf arbeitsrechtliche Ansprüche und Kündigungsschutz, in Reissner/Strohmayer (Hrsg), Drogen und Alkohol am Arbeitsplatz (2008), 45; *Ettmayer/Posch*, Gedanken zum Krankheitsbegriff – Erkenntnis zur Potenz, DRdA 2006, 199; *Binder*, Die Grauzone zwischen Krankheit und Gebrechen unter dem Blickwinkel der Kostentragung, DRdA 2008, 218; *Heinz-Ofner*, Regelungen über Entgeltfortzahlungsansprüche bei Dienstverhinderung wegen Krankheit, Unfall udgl, in Reissner/Neumayr (Hrsg), Zeller Handbuch Arbeitsvertrags-Klauseln (2010), 728 ff; *Risak*, Dienstverhinderung aufgrund psychischer und physischer Krankheit, ZAS 2012, 118; *Gerhartl*, Entgeltfortzahlung bei Teilzeitbeschäftigung, RdW 2014, 79.

746 *Naderhirn*, Eine Fachtagung, DRdA 2010, 255; *Zankel*, Arbeitsunfall bei schuldloser Verwicklung in einen Banküberfall, DRdA 2010, 265; vgl auch OGH 8. 11. 2005, 10 ObS 98/05t, DRdA 2007, 26 mit Bespr v *Müller*; *Mayer*, Unfallversicherungsschutz im Vorfeld der Aufnahme einer Erwerbstätigkeit, DRdA 2012, 143. Zur Judikatur s OGH 13. 3. 2012, 10 ObS 16/11t, DRdA 2013, 237 mit Bespr v *Müller* = ARD 6232/3/2012; keine Erwerbstätigkeit liegt im Fall eines nebenberuflichen Studiums vor, OGH 25. 4. 2006, 10 ObS 59/06h, DRdA 2007, 379 mit Bespr v *Mosler*; zur Qualifikation eines Wespenstichs während der Arbeitszeit als Arbeitsunfall s OGH 17. 12. 2013, 10 ObS 93/13v, ARD 6387/14/2014 = infas 2014, S 20; Verletzung auf Grund von „Albereien“ unter Kollegen sind kein Arbeitsunfall OGH 16. 4. 2013, 10 ObS 48/13a, DRdA 2014, 112 mit Bespr v *Mitschka* = ARD 6326/8/2013 = infas 2013, S 41.

747 *Müller*, Anlageschäden und gesetzliche Unfallversicherung, DRdA 2007, 499.

748 OGH 16. 6. 2009, 10 ObS 98/09y, DRdA 2011, 248 mit Bespr v *Müller*.

749 OGH 21. 11. 1989, 10 ObS 280/89, SZ 62/180.

750 OGH 3. 5. 2012, 10 ObS 54/12g, ARD 6289/5/2012.

751 Es handelt sich hingegen um keinen Wegunfall, wenn sich Wohnung und Geschäft im selben Haus befinden, vgl OGH 22. 12. 2005, 10 ObS 112/05a, DRdA 2007, 116 mit Bespr v *Müller*; s auch *Gerhartl*, (Kein) Arbeitsunfall auf dem Weg zum AMS, RdW 2011, 27; *ders*, Unfallversicherungsschutz bei der Arbeitssuche, ecolex 2012, 338; OGH 29. 9. 2009, 10 ObS 72/09z, DRdA 2011, 375 mit Bespr v *Mayr*; OGH 21. 7. 2011, 10 ObS 2/11h, RdW 2011, 574 = infas 2011, S 46; der Unfallversicherungsschutz erstreckt sich auch nicht auf Bemühungen zur Aufnahme einer selbständigen Erwerbstätigkeit – OGH 29. 3. 2011, 10 ObS 25/11s, DRdA

gleich, beispielsweise solche, die sich bei Rettung eines Menschen aus tatsächlicher oder vermuteter Lebensgefahr oder dem Versuch einer solchen Rettung ergeben haben. Als **Berufskrankheiten** gelten gem § 177 Abs 1 ASVG die in der Anlage 1 zum ASVG bezeichneten Krankheiten unter den dort angeführten Voraussetzungen. Eine Krankheit, die nicht in der Anlage 1 zum ASVG enthalten ist, gilt im Einzelfall als Berufskrankheit, wenn sie durch die Verwendung schädigender Stoffe oder Strahlen bei einer vom Versicherten ausgeübten Beschäftigung entstanden ist[752]. § 174 ASVG regelt den Zeitpunkt des Eintritts der Dienstverhinderungstatbestände der Berufskrankheit[753] und des Arbeitsunfalls.

Kur- und Erholungsaufenthalte, Aufenthalte in Heil- und Pflegeanstalten, Rehabilitationszentren und Rekonvaleszentenheimen, die von den Sozialversicherungsträgern oder von sonst zuständigen Behörden bewilligt wurden, sind gem § 2 Abs 2 EFZG einer Krankheit oder einem Unglücksfall gleichzuhalten. Diese Bestimmung kann allgemeine Gültigkeit beanspruchen. Für den Bereich des AngG, das Kur-, Erholungsaufenthalte udgl nicht ausdrücklich erwähnt, hat sich die Judikatur wiederholt für eine Anwendung des § 8 Abs 1 und 2 AngG auf diese Dienstverhinderungen ausgesprochen[754]. Haben die genannten Aufenthalte ihre Ursache in einem Arbeitsunfall oder in einer Berufskrankheit, so gelten für sie auch die verlängerten Entgeltfortzahlungszeiträume (vgl 6.9.2.1.6), die im Falle eines Arbeitsunfalls oder einer Berufskrankheit gebühren.

6.9.2.1.2. Zur Kostenteilung zwischen Arbeitgeber und Sozialversicherung

Inwieweit der Arbeitgeber einerseits und die Sozialversicherungsträger andererseits Leistungen[755] zu gewähren haben, wenn ein Arbeitnehmer erkrankt, ist eine sozialpolitische Entscheidung mit beachtlichen volkswirtschaftlichen Auswirkungen. In Österreich waren lange Zeit vor allem zwei unterschiedliche Systeme zu unterscheiden, die im AngG bzw im EFZG verankert sind bzw waren. 6/589

Für gewisse Zeiträume (s 6.9.2.1.6) sehen die gesetzlichen Entgeltfortzahlungsbestimmungen eine totale oder teilweise Kostenübernahme durch den Arbeitgeber vor. Leistet der Arbeitgeber nur mehr das halbe Entgelt an Entgeltfortzahlung, kommt der Arbeitnehmer auch 6/590

2012, 422 mit Bespr v *Windisch-Graetz* = infas 2011, S 33; zum Verlust des Versicherungsschutzes durch verspäteten Antritt der Dienstreise s OGH 2. 10. 2012, 10 ObS 139/12g, ASoK 2013, 329 = infas 2013, S 9; erste Rechtsprechung des OGH zum Tatbestandsmerkmal „in der Nähe der Arbeitsstätte" OGH 19. 3. 2013, 10 ObS 169/12v, ZAS 2014, 37 mit Bespr v *Schrattbauer* = EvBl 2013, 842 mit Bespr v *Hoch*; s auch *Beier/Ogriseg*, Die Nähe der Arbeitsstätte und das lebenswichtige persönliche/lebensnotwendige Bedürfnis im Recht der Unfallversicherung, in Aschauer/Kohlbacher (Hrsg), Jahrbuch Sozialrecht 2014 (2014), 109 ff; Wegunfall als Beifahrer bei Umweg aus Gründen der Verkehrssicherheit, OGH 17. 12. 2013, 10 ObS 162/13s, ARD 6392/19/2014; zu unerheblichen Erledigungen „im Vorbeigehen" s OGH 23. 4. 2014, 10 ObS 45/14m, ARD 6402/13/2014.

752 § 177 Abs 2 ASVG; vgl die sozialversicherungsrechtliche Judikatur bei *Melzer-Azodanloo* in Löschnigg (Hrsg), AngG Bd 1[10] (2016), § 8 Rz 55 f; OGH 21. 4. 2009, 10 ObS 22/09x, DRdA 2011, 25 mit Bespr v *Müller*.

753 Vgl auch OGH 17. 6. 2003, 10 ObS 145/03a, DRdA 2004, 456 mit Bespr v *Albert*.

754 Vgl OGH 20. 9. 1962, 4 Ob 97/62, JBl 1963, 16 mit Bespr v *Bydlinski* = Arb 7652; LG Wien 20. 2. 1964, 44 Cg 31/64, Arb 7903; s auch *Resch*, Medizinische Rehabilitation in Österreich: Leistungsrecht und Berührungspunkte zum Arbeitsrecht, in Jabornegg/Resch/Seewald (Hrsg), Medizinische Rehabilitation (2009), 137.

755 Zu den Leistungen, die die Sozialversicherung zu erbringen hat, gehören auch Heilbehelfe (OGH 18. 2. 2003, 10 ObS 258/02t, DRdA 2004, 263 mit Bespr v *Naderhirn* = ZAS 2004, 183 mit Bespr v *Haslinger*); Kostenzuschüsse (OGH 17. 6. 2003, 10 ObS 57/03k, DRdA 2004, 327 mit Bespr v *Firlei* = ZAS 2004, 78 mit Bespr v *Rebhahn*); Kostentragung für häusliche Intensivpflege (VfGH 17. 3. 2006, B 304/05, DRdA 2007, 281 mit Bespr v *Pfeil*) sowie Zuschüsse zur medizinischen Hauskrankenpflege (OGH 26. 4. 2005, 10 ObS 35/05b, DRdA 2006, 137 mit Bespr v *Kletter*).

bereits teilweise in den Genuss des sog **Krankengeldes**, einer Leistung der Krankenversicherung (vgl § 138 ff ASVG).

Lange Zeit sah das EFZG im Gegensatz zum AngG vor, dass das fortzuzahlende Entgelt vom Arbeitgeber nur vorzustrecken war. Zur Herbeiführung eines Riskenausgleichs unter den Arbeitgebern erhielten diese die ausgezahlten Entgeltfortzahlungsbeträge aus dem bei den Krankenversicherungsträgern errichteten Erstattungsfonds rückvergütet. Die Rückvergütung erfolgte in Form des sog Erstattungsbetrages, der sich aus dem den Arbeitnehmern bezahlten Entgelt (ab einer bestimmten Betriebsgröße nur 70 % dieses Entgelts) und einem Pauschalbetrag zur Abdeckung der Lohnnebenkosten zusammensetzte. Durch das Arbeitsrechtsänderungsgesetz 2000 (ARÄG 2000) wurde das **System der Erstattungsbeiträge** nach dem EFZG beseitigt.

6/591 Zur Verringerung jener Belastungen, die sich insb in Klein- und Mittelunternehmen durch Arbeitskräfteausfall auf Grund von Dienstverhinderungen ergeben, werden dem Dienstgeber jene Kosten, die durch die Entgeltfortzahlung entstehen, teilweise aus Mitteln der Unfallversicherung rückerstattet. Dieser sog **Entgeltfortzahlungszuschuss**[756] beträgt immerhin 50 % des tatsächlich fortgezahlten Entgelts zuzüglich eines Sonderzahlungszuschlags. Rechtsgrundlage des Zuschusses zur Entgeltfortzahlung ist § 53b ASVG[757]. Primäre Voraussetzungen sind die Versicherung des dienstverhinderten Arbeitnehmers bei der Allgemeinen Unfallversicherungsanstalt (AUVA) bzw der Versicherungsanstalt für Eisenbahnen und Bergbau (VAEB) sowie das Vorliegen einer **Unternehmensgröße** von maximal 50 Dienstnehmern[758]. Der Zuschuss wird sowohl bei **krankheits-** als auch **unfallbedingtem** Fernbleiben gewährt, **sonstige Dienstverhinderungen** sind **nicht** zuschussfähig.

6/592 Der Entgeltfortzahlungszuschuss gebührt nur jenen **Dienstgebern**, die „in ihrem Unternehmen[759] regelmäßig weniger als 51 Arbeitnehmer" beschäftigen[760]. **Alle unternehmerischen** Tätigkeiten eines Dienstgebers sind dort einer **Gesamtbetrachtung** zu unterziehen (arg „insgesamt")[761]. Rechtlich unselbständige Teilbereiche der Aktivitäten eines Dienstgebers, die sich etwa in Form von „Standorten", „Filialen", „Betrieben" etc verwirklichen, sind unabhängig vom Grad ihrer technisch-organisatorischen (örtlichen) Selbständigkeit[762] der Einheit „Unternehmen" zuzurechnen.

6/593 Eine spezielle Regelung enthält das ASVG für den Fall, dass Arbeitnehmer im Rahmen einer dienstlichen Reise **im Ausland** erkranken (vgl 6.9.2.1.8).

---

[756] Allg dazu *Putzer*, Probleme der Zuschüsse zur Entgeltfortzahlung, DRdA 2006, 351; *Melzer-Azodanloo*, Neues in der Sozialversicherung zu Krankheit und Unfall: der Entgeltfortzahlungszuschuss nach § 53b ASVG, in Resch (Hrsg), Krankenstand: Arbeits- und sozialrechtliche Probleme (2007), 65; *dies*, Zuschuss an Dienstgeber zur Entgeltfortzahlung bei Krankheit oder Unfall I bzw II, ecolex 2006, 411 bzw 500; *dies*, Rückkehr zum Erstattungsfondssystem über Umwege?, ASoK 2005, 62; *Neumann*, Zuschuss zur Entgeltfortzahlung an Arbeitnehmer auch bei Krankheit, ASoK 2005, 12; *ders*, Neuregelung bei Entgeltfortzahlung: Zuschüsse für Klein- und Mittelbetriebe, ASoK 2002, 394; *Rauch*, Neuigkeiten zum Zuschuss zur Entgeltfortzahlung, ASoK 2005, 268.

[757] Zusätzlich zur gesetzlichen Regelung sind mittlerweile zwei Verordnungen ergangen: VO BGBl II 64/2005 (EFZ-ZuschussVO 2005) und VO BGBl II 443/2002 (EFZ-ZuschussVO 2002).

[758] Zur Berechnung dieser Zahl sowie zu den Möglichkeiten einer Überschreitung ausführlich *Melzer-Azodanloo*, Neues in der Sozialversicherung zu Krankheit und Unfall: der Entgeltfortzahlungszuschuss nach § 53b ASVG, in Resch (Hrsg), Krankenstand: Arbeits- und sozialrechtliche Probleme (2007), 65 ff.

[759] OGH 24. 10. 2006, 10 ObS 170/06g, DRdA 2008, 152 mit Bespr v *Melzer-Azodanloo*; OGH 17. 8. 2006, 10 ObS 123/06w, DRdA 2008, 257 mit Bespr v *Melzer-Azodanloo*.

[760] Ähnlich der VwGH auch zum Dienstgeberbegriff nach § 53b ASVG in 2004/08/0139, ARD 5586/10/2005 = ZAS 2005, 221.

[761] *Melzer-Azodanloo*, Zuschuss an Dienstgeber zur Entgeltfortzahlung bei Krankheit oder Unfall II, ecolex 2006, 500.

[762] Ähnlich schon VwGH 21. 2. 2001, 96/08/0028, SVSlg 47.887.

6.9.2.1.3. Voraussetzungen der Entgeltfortzahlung

Die gesetzlichen Bestimmungen fordern, dass der Arbeitnehmer durch Krankheit oder Unglücksfall an seiner Dienstleistung verhindert und dadurch **arbeitsunfähig** ist[763]. Dem Arbeitnehmer muss der gute Glaube zugebilligt werden, sich für arbeitsunfähig halten zu können, wenn der Arzt seine Arbeitsunfähigkeit feststellt[764]. Dies nimmt dem Arbeitgeber aber nicht das (eher theoretische) Recht, den Beweis anzutreten, dass der Arbeitnehmer trotz Vorlage einer entsprechenden Krankheitsbescheinigung arbeitsfähig war und davon auch Kenntnis hatte oder zufolge der Umstände offenbar haben musste; dies wäre etwa dann der Fall, wenn der Arbeitnehmer die ärztliche Bestätigung durch bewusst unrichtige Angaben oder übertriebene Darstellung der Krankheitssymptome gegenüber dem Arzt erwirkt hätte[765]. Die Anerkennung des Krankenstandes durch den zuständigen Sozialversicherungsträger hat für den Arbeitgeber keine bindende Wirkung[766]. Der Arzt darf nur den Leidenszustand feststellen bzw die Fähigkeit, welche Dienste noch verrichtet werden können; letztlich stellt aber das Gericht fest, ob die vereinbarte Tätigkeit noch erbracht werden kann. Dies ist durchaus relativ. Dass in der Praxis der Arzt das entscheidende Wort spricht, lässt sich nicht leugnen. 6/594

Beispiel: Sofern ein Opernsänger als Siegfried nicht gerade einen Drachen zu erschlagen hat, wird er mit einer Handverletzung durchaus nicht arbeitsunfähig sein. Ein Feinmechaniker wird durch eine derartige Verletzung hingegen im Regelfall an der Verrichtung seiner Dienste verhindert.

Die **Rechtsquellen**, die in diesem Zusammenhang eine Rolle spielen, sind vor allem das EFZG, das für weite Bereiche der Arbeiter Geltung hat, sowie § 8 Abs 1 bis 2 und Abs 4 bis 8 AngG. Zu beachten sind aber auch § 8 GAngG, § 24 VBG, § 9 TAG, § 14 HausbG, §§ 21 und 22 LArbG, § 10 HGHAG, § 17a BAG sowie § 1154b ABGB. 6/595

Die Dienstverhinderung muss – damit ein Entgeltanspruch zusteht – **nach Antritt des Dienstes** entstanden sein (s § 8 Abs 1 AngG, § 2 Abs 1 EFZG, § 1154b Abs 1 ABGB)[767]. Das Dienstverhältnis ist dann angetreten worden, wenn der Arbeitnehmer in Erfüllung des Arbeitsvertrags seine Tätigkeit aufnimmt. Dass eine bestimmte Zeit gearbeitet wurde, wird offensichtlich nicht gefordert. Es genügt, wenn der Arbeitnehmer bereits im Begriff war, seine Dienstleistung zu beginnen, wenn er also beispielsweise nach Betreten der Arbeitsstätte einen Unfall erleidet. 6/596

Fehlen von Vorsatz und grober Fahrlässigkeit ist Bedingung für den Entgeltanspruch[768]. Die gesamte menschliche Lebensführung ist notwendigerweise mit bestimmten Risken verknüpft. Man denke nur an die Motorisierung und die wachsende sportliche Betätigung. Fahrlässigkeit ist „Schicksal". Die österreichische arbeitsrechtliche Judikatur, der nicht nur soziale Haltung, sondern auch Lebensnähe bescheinigt werden muss, hat für die Beurteilung grober Fahrlässigkeit einen strengen Maßstab angelegt. Der Begriff der groben Fahr- 6/597

763 Vgl allg *Winter/Wartinger*, Pflichten des Arbeitnehmers bei Krankenstand, ZAS 2010, 59.
764 LG Wien 29. 3. 1965, 44 Cg 39/65, SozM I A/d, 666.
765 Vgl OGH 29. 1. 1997, 9 ObA 10/97d, RdW 1998, 30.
766 OGH 14. 7. 1981, 4 Ob 42/81, Arb 10.004.
767 S auch OGH 21. 1. 1999, 8 ObA 4/99t, RdW 2000, 44.
768 *Melzer-Azodanloo* in Löschnigg (Hrsg), AngG Bd 1[10] (2016), § 8 Rz 95 ff mit zahlreichen Beispielen.

lässigkeit iS der anspruchsbegründenden Gesetze entspricht jenem der auffallenden Sorglosigkeit gem § 1324 ABGB.

Grobe Fahrlässigkeit ist anzunehmen, wenn eine auffallende und ungewöhnliche Verletzung einer Sorgfaltspflicht vorliegt und der Eintritt des Schadens als wahrscheinlich und nicht bloß als möglich voraussehbar war; maßgeblich sind die Umstände des Einzelfalls (OGH 19. 4. 1977, 4 Ob 64/77, Arb 9580). Das Mitfahren mit einem alkoholbeeinträchtigten Lenker eines Pkw kann der Rechtsprechung zufolge grobe Fahrlässigkeit bedeuten (VwGH 17. 11. 1999, 94/08/0159, ARD 5097/6/2000). Verletzungen infolge sportlicher Betätigung aller Art[769], Entziehungskuren bei Alkoholkrankheit, ja sogar Selbstmordversuche wurden **nicht** als grobe Fahrlässigkeit im gegebenen Zusammenhang qualifiziert[770].

6.9.2.1.4. Höhe der Entgeltfortzahlung

6/598 Durch die Entgeltleistung im Krankheitsfall soll der Arbeitnehmer wirtschaftlich so gestellt werden, wie dies beim regelmäßigen Verlauf eines Arbeitsverhältnisses der Fall gewesen wäre (zum Entgeltbegriff vgl 6.5.1). Eine Beschränkung der dem Angestellten nach § 8 AngG zustehenden Rechte durch Dienstvertrag oder Betriebsvereinbarung ist im Hinblick auf § 40 AngG ausgeschlossen und daher rechtlich wirkungslos[771]. Demgegenüber kann gem § 3 Abs 5 EFZG – ähnlich wie im Falle des Urlaubsentgelts (vgl 6.10.5) – durch sog **Generalkollektivvertrag** (zu diesem Begriff vgl 3.3.1.1) geregelt werden, welche Leistungen des Dienstgebers zur Berechnung heranzuziehen sind. Die Berechnungsart für die Ermittlung der Höhe des Entgelts kann durch „einfachen" Kollektivvertrag modifiziert werden[772]. Dies bedeutet nicht, dass der Kollektivvertrag in bestimmten Fällen das Entgelt reduzieren oder die entgeltfähigen Fristen verkürzen kann. Die kollektivvertragliche Ermächtigung dient lediglich der Klärung offener Probleme, die sich aus dem weiten arbeitsrechtlichen Entgeltbegriff ergeben. So wurde seinerzeit kollektivvertraglich festgelegt, dass Aufwandsentschädigungen sowie jene Sachbezüge und sonstigen Leistungen, die wegen ihres unmittelbaren Zusammenhanges mit der Erbringung der Arbeitsleistung vom Arbeitnehmer während einer Arbeitsverhinderung nicht in Anspruch genommen werden können, nicht als Entgelt iSd § 3 EFZG gelten[773].

6/599 Hinsichtlich der **Bemessungsgrundlage** für das fortzuzahlende Entgelt werden im Wesentlichen drei Konstruktionen unterschieden: Richtet sich die Entgeltfortzahlung nach dem zuletzt erhaltenen Entgelt, spricht man vom **Bezugsprinzip**. Wird auf mehr oder weniger lange zurückliegende Zahlungsperioden abgestellt und das durchschnittliche Einkommen ermittelt, handelt es sich um das sog **Durchschnittsprinzip**[774]. Das **Ausfallsprinzip**[775]

---

769 Vgl zB *Pichler/Holzer*, Handbuch des österreichischen Skirechts (1987), 270.

770 Vgl *Melzer-Azodanloo* in Löschnigg (Hrsg), AngG Bd 1[10] (2016), § 8 Rz 99 ff; *Kallab/Hauser*, EFZG[5] (2012), 87 ff mit weiteren Judikaturbeispielen; s auch *Kleiner*, Entgeltfortzahlung und Schadenersatzanspruch des Dienstgebers bei selbst verschuldeter Arbeitsunfähigkeit des Dienstnehmers, ASoK 1998, 336.

771 OGH 12. 6. 1969, 2 Ob 102/69, Arb 8662.

772 Vgl OGH 30. 8. 2013, 8 ObA 47/13i, DRdA 2014, 324, mit Bespr v *Melzer-Azodanloo* = ARD 6378/5/2013 = infas 2014, A 17.

773 Vgl zB steuerfreie Essensgutscheine: OGH 28. 2. 2011, 9 ObA 121/10z, DRdA 2012, 417 mit Bespr v *Mosler* = ZAS 2012, 181 mit Bespr v *Drs* = infas 2011, A 57; s auch *Eypeltauer*, Essensmarken: Kein Teil der Entgeltfortzahlung und der Abfertigung?, ecolex 2011, 844; s weiters OGH 5. 6. 1984, 4 Ob 60/83, Arb 10.355.

774 S auch OGH 30. 8. 2013, 8 ObA 47/13i, ARD 6378/5/2013 = infas 2014, A 17.

775 Vgl ua OGH 29. 11. 2013, 8 ObA 44/13y, ARD 6382/10/2014.

geht schließlich strikt von jenem Einkommen aus, das der Arbeitnehmer bekommen hätte, wäre die Dienstverhinderung nicht eingetreten. Diese drei Prinzipien beziehen sich zu stark auf den **rechentechnischen Aspekt**, als dass daraus eine einzige sachgerechte und allgemeine Formel für die Entgeltfortzahlung abgeleitet werden könnte. Wenn in § 2 Abs 1 EFZG und in § 8 Abs 1 AngG davon die Rede ist, dass der Arbeitnehmer den Anspruch auf das Entgelt „behält", kommt darin sowohl ein retrospektiver (Bezugsprinzip, Durchschnittsprinzip) als auch ein prospektiver Aspekt (Ausfallsprinzip) zum Ausdruck. Inhaltlich soll es durch die Entgeltfortzahlung zu einer Beibehaltung der Leistungen des Arbeitgebers kommen. Es handelt sich um einen gesetzlich angeordneten Nachteilsausgleich als Ergebnis einer sozialpolitischen Wertung. Für einen zeitlich begrenzten Zeitraum soll verhindert werden, dass der Arbeitnehmer trotz Krankheit gezwungen ist, Dienstleistungen zu erbringen.

Von Bedeutung sind die Prinzipien zur Berechnung des fortzuzahlenden Entgelts vor allem bei **wechselnder Entgelthöhe** und bei **wechselndem Beschäftigungsausmaß**. Grundlage ist das vor Eintritt der Dienstverhinderung regelmäßig verdiente Entgelt (arg „behält"; Bezugsprinzip). Ändern sich die entgeltrechtlichen Rahmenbedingungen (zB Erhöhung des kollektivvertraglichen Entgelts), ist dies mit zu berücksichtigen (Ausfallsprinzip). Lässt sich der fiktive Entgeltausfall nicht ermitteln, sind vergangenheitsbezogene Größen (zB schwankende Leistungsentgelte, Provisionszahlungen) einzubeziehen (zB Entgeltteile der letzten 3 oder 12 Monate; Durchschnittsprinzip). Lässt sich der voraussehbare Entgeltausfall ermitteln und deckt sich dieser nicht mit dem Entgelt vor der Dienstverhinderung (zB bei vorweg vereinbarten Überstunden), dann ist vom voraussehbaren Entgeltausfall auszugehen (Ausfallsprinzip)[776]. Das Ausfallsprinzip wird regelmäßig als „**fiktives Ausfallsprinzip**" verstanden. Dies bedeutet, dass der Eintritt von außerordentlichen Umständen während der Dienstverhinderung die Höhe des fortzuzahlenden Entgelts nicht beeinträchtigt. Die Entgeltfortzahlung orientiert sich somit nach dem am Beginn der Dienstverhinderung zu erwartenden Verdienstausfall.

Bemessungsgrundlage sowohl nach dem AngG als auch nach dem EFZG ist also das vor 6/600
Eintritt der Dienstverhinderung **regelmäßig verdiente Entgelt**. Dies gilt in gleicher Weise für **sonstige Arbeitnehmer**, für die die subsidiäre Bestimmung des § 1154b ABGB von Bedeutung ist.

Bei **Akkord-, Stück- oder Gedinglöhnen**, akkordähnlichen oder sonstigen leistungsbezo- 6/601
genen Prämien oder Entgelten bemisst sich das fortzuzahlende Entgelt nach dem Durchschnitt der letzten 13 voll gearbeiteten Wochen, wobei ausnahmsweise geleistete Arbeiten auszuscheiden sind[777]. Diesbezüglich sieht das EFZG ebenfalls das Durchschnittsprinzip vor (§ 3 Abs 4 EFZG). Ein **Leistungsabfall** ist bei Akkordarbeit grundsätzlich dem Arbeitnehmer zuzurechnen und führt zu einer Entgeltreduktion. Dies liegt im Wesen des Leistungslohnsystems. Handelt es sich hingegen um typische Dienstverhinderungsgründe in der Person des Arbeitnehmers, die nicht zu einem gänzlichen Leistungsausfall, sondern zu wesentlichen Minderleistungen des Arbeitnehmers führen, dann sind die Bestimmungen des EFZG gleichermaßen anzuwenden (vgl VwGH 20. 9. 2000, 97/08/0389, DRdA 2001, 317 mit Bespr v *Löschnigg*).

---

[776] Vgl OGH 5. 6. 1984, 4 Ob 60/83, Arb 10.355; s hiezu auch *Kallab/Hauser*, EFZG[5] (2012), 117 f; *Adametz/Basalka/Krejci/Mayr/Stummvoll* (Hrsg), Komm zum EFZG (Losebl), 67 f; *Migsch*, Das regelmäßige Entgelt, in FS Schwarz (1991), 131.

[777] Vgl *B. Resch*, Entgeltfortzahlung und Kürzung von Leistungsprämien im Mannschaftssport, in Resch/Trost (Hrsg), Arbeits- und sozialrechtliche Fragen des Profisports (2005), 83 ff.

6/602 Vorteile aus **Mitarbeiterbeteiligungen** am Unternehmen/Konzern[778] und Optionen auf den Erwerb von Aktien des Arbeitgebers werden gem § 2a AVRAG nicht in die Bemessungsgrundlage für Entgeltfortzahlungsansprüche einbezogen[779]. Da § 2a AVRAG nur Kapitalbeteiligungen erfasst (vgl 6.5.2.4), sind Gewinnbeteiligungen, Umsatzbeteiligungen etc sehr wohl in die Entgeltfortzahlung einzubeziehen. Letztlich bedeutet dies aber nichts anderes, als dass Krankenstandszeiten bei der Ermittlung der Gewinnbeteiligung außer Acht bleiben müssen.

6.9.2.1.5. Mitteilungs- und Nachweispflicht

6/603 Der Arbeitnehmer hat ohne Verzug, dh ohne schuldhaftes Zögern, die Arbeitsverhinderung dem Arbeitgeber **bekannt zu geben**[780].

Die Meldung einer Dienstverhinderung durch Krankheit ist unmittelbar an den Arbeitgeber, an den unmittelbar Vorgesetzten oder an die Personalstelle zu richten, wobei es unter Umständen auch genügt, wenn dies an einen anderen im Betrieb tätigen Arbeitnehmer erfolgt, der nicht nur eine ganz untergeordnete Stellung hat, und der erkrankte Arbeitnehmer darauf vertrauen darf, dass die Mitteilung seinem Arbeitgeber ohne Verzug zukommt (vgl dazu *Melzer-Azodanloo* in Löschnigg [Hrsg], AngG Bd 1[10] [2016], § 8 Rz 249; weiters LG St. Pölten 29. 1. 2003, 40 Cga 42/02s, Arb 12.249). In welcher Form die Bekanntgabe der Arbeitsverhinderung erfolgt, bleibt dem Arbeitnehmer überlassen. Ein Wahlrecht des Arbeitgebers, welche Bestätigung zum Nachweis der Arbeitsunfähigkeit vorzulegen ist, besteht nicht (LG Wien 19. 10. 1961, 44 Cg 179/61, SozM I A/b, 59). Die Form der Benachrichtigung könnte jedoch zwischen Arbeitnehmer und Arbeitgeber vereinbart werden oder im Rahmen einer Betriebsvereinbarung gem § 97 Abs 1 Z 1 ArbVG (vgl 11.5.1.1) verbindlich festgelegt werden. Steht die Art der Mitteilung im Belieben des Arbeitnehmers, trägt er gleichzeitig auch das Risiko und die Beweislast, dass seine Mitteilung an den Dienstgeber gelangt. Der Beweis des Zugangs kann dann schwierig sein, wenn sich der Arbeitnehmer Mittel wie E-Mail (s OGH 29. 11. 2007, 2 Ob 108/07g, ecolex 2008, 227 = RdW 2008, 339), Telefax (OGH 30. 3. 2011, 9 ObA 51/10f, DRdA 2012, 424 mit Bespr v *Gruber/Rabl* = RdW 2011, 487 mit Bespr v *Tuma* = infas 2011, A 62) oder SMS bedient. Ein OK-Vermerk am Gerät des Arbeitnehmers erbringt für sich noch keinen Beweis für den Zugang beim Arbeitgeber.

Auf Verlangen des Arbeitgebers, das nach angemessener Zeit wiederholt werden kann, ist eine **Bestätigung** der zuständigen Krankenkasse oder eines Gemeindearztes (nach dem AngG auch eines Amtsarztes) über Beginn, voraussichtliche Dauer und Ursache der Arbeitsunfähigkeit vorzulegen (§ 8 Abs 8 AngG, § 4 Abs 1 EFZG). Unvollständige Bestätigungen muss der Arbeitnehmer auf Verlangen des Arbeitgebers vervollständigen (s auch unten). Der Arbeitgeber kann nicht verlangen, dass der Arbeitnehmer sich von einem bestimmten Arzt

---

[778] Näheres dazu bei *Binder/Burger/Mair*, Arbeitsvertragsrechts-Anpassungsgesetz[3] (2016), 37 ff.

[779] Vgl auch *Peschek*, Arbeitsrechtliche Gestaltungsmöglichkeiten bei Mitarbeiterbeteiligungen und Stock-Option-Plänen, RdW 2001, 219; *Weiß*, Die Berücksichtigung von Unternehmensbeteiligungen und Aktienoptionen bei Entgeltfortzahlungs- und Beendigungsansprüchen, ASoK 2001, 245; zur Rechtslage vor Inkrafttreten des § 2a AVRAG s *Löschnigg*, Die Vereinbarung erfolgsabhängiger Entgelte, DRdA 2000, 474.

[780] Ausführlich dazu *Melzer-Azodanloo* in Löschnigg (Hrsg), AngG Bd 1[10] (2016), § 8 Rz 233; *Kallab*, Zur Mitteilungspflicht bei Arbeitsverhinderungen, DRdA 2007, 149; *Burger*, Anzeige- und Nachweispflichten des AN bei Dienstverhinderungen in seiner Sphäre, in Reissner/Neumayr (Hrsg), Zeller Handbuch Arbeitsvertrags-Klauseln (2010), 747 ff; allg zu den Rechten des Arbeitgebers vgl *Risak*, Arbeitgeberrechte im Krankenstand, ZAS 2010, 52; *Jabornegg*, Arbeitsrecht und Krankenstand – Informations- und Kontrollrechte des Arbeitgebers, in Jabornegg/Resch/Seewald (Hrsg), Krankenstand (2011), 31 ff; *Geiblinger*, Im Zusammenhang mit dem Krankenstand beachtliche Fristen, ASoK 2012, 255.

untersuchen lassen muss[781]. Nach § 4 Abs 1 EFZG hat die ärztliche Bestätigung einen Vermerk darüber zu enthalten, dass dem zuständigen Sozialversicherungsträger eine Arbeitsunfähigkeitsanzeige mit Angaben über Beginn, voraussichtliche Dauer und Ursache der Arbeitsunfähigkeit übermittelt wurde.

Die Wortwendung „Ursache und Dauer der Arbeitsunfähigkeit" lässt nicht den Schluss zu, dass das vorzulegende Attest die Art der Erkrankung zu enthalten hat. Andernfalls wäre die ärztliche Schweigepflicht in Frage gestellt. Es ist nicht anzunehmen, dass das Arbeitsrecht diese aufheben wollte, zumal kaum ein höherrangiges Interesse des Arbeitgebers anzuerkennen ist. Die Diagnose muss in dem Attest nicht enthalten sein (VwGH 1. 12. 1964, 1119/64, SozM I A/b, 81).

Kollektivverträge sehen hinsichtlich der Melde- und Nachweispflichten häufig günstigere Regelungen vor (zB Mitteilung innerhalb von 3 Tagen, vgl ASG Wien 20. 1. 2000, 32 Cga 197/99w, ARD 5179/7/2000). Die Treuepflicht des Arbeitnehmers als Rechtsgrundlage für Mitteilungs- und Nachweispflichten kommt nur in außergewöhnlichen Fällen unter Berücksichtigung der spezifischen Interessenlage des Arbeitnehmers zum Tragen (s auch *Rath*, Aufklärungspflicht des Arbeitnehmers bei anzeigepflichtiger Krankheit?, ecolex 2007, 273).

Die Praxis des „Krankschreibens" durch den behandelnden Arzt hat wiederholt zu Kritik 6/604
geführt[782]. Die Chance für den Arbeitgeber, den Gegenbeweis zu erbringen, ist gering. Dies wird noch dadurch verstärkt, dass der OGH[783] das Fernbleiben vom Dienst auch dann als gerechtfertigt ansieht, wenn die Arbeitsunfähigkeit von einem dazu berufenen Arzt bejaht wurde, obwohl objektiv dazu keine Veranlassung bestand, der Arbeitnehmer aber auf die **Richtigkeit der ärztlichen Bestätigung** vertrauen durfte. Dies gilt auch dann, wenn die Krankschreibung ohne persönliche Untersuchung durch den Arzt ausschließlich auf Grund der (unter Umständen etwas übertriebenen) Angaben des Arbeitnehmers erfolgt[784]. Ist der Arbeitnehmer hingegen nicht im guten Glauben, muss dem Arbeitnehmer also bewusst sein, dass keine Arbeitsunfähigkeit (mehr) vorliegt, oder hat er sogar durch falsche Angaben Krankheitssymptome vorgetäuscht, dann kann dies zur berechtigten Entlassung des Arbeitnehmers führen[785]. Auf die Richtigkeit der ärztlichen Diagnose darf aber nicht nur der Arbeitnehmer, sondern auch der Arbeitgeber vertrauen[786].

Kommt der Arbeitnehmer seinen Mitteilungs- und Nachweispflichten nicht nach[787], so 6/605
verliert er für die **Dauer der Säumnis** den Anspruch auf Entgelt (§ 8 Abs 8 AngG, § 4 Abs 4 EFZG). Zu einem vorübergehenden Verlust des Entgelts kommt es auch, wenn wesentliche Elemente der Krankenstandsbestätigung fehlen (zB die voraussichtliche Dauer des Krankenstandes, wenn zumindest der nächste Wiederbestellungstermin beim Arzt angege-

---

781 Vgl OGH 23. 4. 2003, 9 ObA 245/02y, ASoK 2004, 96.

782 OGH 19. 5. 1993, 9 ObA 106/93, RdW 1993, 343; s auch *Mazal*, Ärztliche Bestätigungen bei Krankenstand, RdW 1989, 273; allg zur Problematik der Krankmeldung *Tomandl*, Alternativen zur Krankschreibung, ecolex 1991, 865; *Rauch*, Arbeitsrechtliche Erörterungen zum Verdacht der missbräuchlichen Inanspruchnahme eines Krankenstands, ASoK 1999, 190; vgl auch *Schindler*, Der Nachweis des Krankenstandes, in Resch (Hrsg), Krankenstand (2007), 13.

783 OGH 16. 11. 1994, 9 ObA 206/94, DRdA 1995, 513 mit Bespr v *Oberhofer*; OGH 14. 11. 1996, 8 ObA 2302/96d, DRdA 1997, 392 mit Bespr v *Resch*; *Andexlinger*, Misere „Krankschreibung", ASoK 1997, 184.

784 OGH 15. 4. 1998, 9 ObA 52/98g, ARD 4942/8/98.

785 OGH 20. 5. 1998, 9 ObA 15/98s, DRdA 1999, 130 mit Bespr v *Resch*; zu einer verbotenen Nebenbeschäftigung im Krankenstand s OGH 16. 6. 1999, 9 ObA 106/99z, ARD 5162/11/2000.

786 OGH 28. 2. 2011, 9 ObA 128/10d, SpuRt 2011, 152 mit Bespr v *Stadler* = JBl 2011, 398 = ARD 6153/6/2011 = RdW 2011, 419 = infas 2011, A 46; OGH 29. 8. 2011, 9 ObA 97/10w, infas 2012, A 12.

787 ZB bei Unvollständigkeit der Krankenstandsbestätigung, OGH 22. 8. 2012, 9 ObA 66/12i, ARD 6273/4/2012.

ben werden könnte und der Arbeitgeber dies wiederholt verlangt, OGH 22. 8. 2012, 9 ObA 66/12i, ARD 6273/4/2012; s weiters *Kallab*, Säumnisfolgen unvollständiger Krankenstandsbestätigungen, DRdA 2012, 364).

Die Verpflichtung zur Vorlage einer ärztlichen Krankheitsbestätigung gem § 8 Abs 8 AngG sowie § 4 Abs 1 EFZG setzt ein entsprechendes **Verlangen** des Arbeitgebers im Einzelfall voraus. Die generelle Festlegung einer Vorlagepflicht (in Verbindung mit dem Verlust der Entgeltfortzahlung bei Nichtbefolgung) in einem Arbeitsvertrag, in einer Betriebsvereinbarung oder in einem Kollektivvertrag ist eine im Vergleich zur einseitig zwingenden gesetzlichen Bestimmung ungünstigere Regelung und damit nichtig (OGH 15. 6. 1988, 9 ObA 122/88, DRdA 1990, 453 mit Bespr v *Rebhahn* = ZAS 1989, 203 mit krit Bespr v *Tomandl*).

6/606 Wenn der Arbeitnehmer – selbst nach mehrmaliger Aufforderung durch den Arbeitgeber – den Nachweis für seine Dienstverhinderung nicht erbringt, so ist eine fristlose **Entlassung** nur aus diesem Grund **nicht** gerechtfertigt[788]. Das Gesetz bringt zum Ausdruck, dass die in Betracht stehenden Ordnungswidrigkeiten in der Regel aus dem Kreise der strengeren Sanktionsvoraussetzungen (Entlassungstatbestände) ausscheiden. Die Unterlassung der Beibringung der geforderten Bescheinigungen kann auch nicht wirksam als Entlassungsgrund vereinbart werden[789].

Nur unter besonderen Umständen erblickt die Rechtsprechung in den zur Debatte stehenden Unterlassungen einen Entlassungsgrund, wie zB dann, wenn der Arbeitnehmer wusste, dass seinem Arbeitgeber ein wesentlicher Schaden erwachsen werde und ihm die rechtzeitige Meldung leicht möglich gewesen wäre[790]. Solche besonderen Umstände liegen hingegen nicht vor, wenn es sich um eine verhältnismäßig kurze Dauer der Erkrankung handelt oder die Gefahr eines konkreten Nachteils für den Dienstgeber nicht gegeben ist (OGH 26. 11. 1974, 4 Ob 71/74, Arb 9288).

Wird ein Arbeitnehmer vom Krankenkassenarzt mit einem bestimmten Tag gesundgeschrieben und erscheint er am nächsten Tag nicht zur Arbeit, sondern teilt nur mit, dass er weiterhin krank sei, so liegt noch kein Grund für eine fristlose Entlassung vor. Entlässt der Arbeitgeber den Arbeitnehmer, nachdem er von der Gesundschreibung erfahren hat, und wird eine neuerliche Krankschreibung und die nachträgliche Richtigstellung der Krankenstandsbescheinigung – wenn auch nach Ausspruch der Entlassung – dem Arbeitgeber zugeschickt, so behält der Arbeitnehmer seine aus unbegründeter Entlassung resultierenden Ansprüche. Die verspätete Zusendung der Krankenstandsbescheinigung löst auch keine Säumnisfolgen aus, da nach dem Zugehen der ungerechtfertigten Entlassung das Arbeitsverhältnis aufgelöst ist und damit die im Gesetz normierte Anzeigepflicht entfällt (OGH 13. 11. 1984, 4 Ob 124/83, infas 1985, A 79).

6/607 Während einer krankheitsbedingten Verhinderung ist der Arbeitnehmer grundsätzlich nicht verpflichtet, dem Arbeitgeber jeden Orts- und Wohnungswechsel zu melden[791], doch kann sich aus der Treuepflicht ergeben, dass dies nach Zumutbarkeit zu erfolgen hat, etwa um dem Arbeitgeber wichtige geschäftliche Informationen zukommen zu lassen.

---

[788] OGH 13. 3. 1979, 4 Ob 16/79, DRdA 1980, 148 mit Bespr v *Csebrenyak* = SozM I A/d, 1196; zum „Blaumachen" wegen Alkoholisierung OGH 2. 9. 1987, 14 ObA 75/87, DRdA 1990, 297 mit Bespr v *Mosler* = ZAS 1988, 130 mit Bespr v *Beck-Mannagetta*; OGH 28. 8. 1997, 8 ObA 213/97z, ARD 4963/9/98; OGH 29. 1. 2014, 9 ObA 169/13p, ARD 6395/9/2014; s weiters *Friedrich* in Marhold/Burgstaller/Preyer (Hrsg), AngG (Losebl), § 27 Rz 119; zu Wirkung und Folgen einer ungerechtfertigten Entlassung vgl 8.3.4.2.2.

[789] LG Wien 28. 6. 1976, 44 Cg 120/76, Arb 9529.

[790] OGH 22. 10. 1957, 4 Ob 109/57, Arb 6739; OGH 16. 3. 1982, 4 Ob 2/82, Arb 10.097; weiters OGH 13. 11. 2002, 9 ObA 233/02h, ARD 5389/10/2003 = DRdA 2003, 177.

[791] LG Wien 21. 10. 1974, 44 Cg 174/74, SozM I A/e, 1123.

Der Arbeitnehmer ist nicht verpflichtet, etwaige **Mängel des Gesundheitszustandes** dem Arbeitgeber bei Dienstantritt mitzuteilen, weil er sich damit weitere Fortkommensmöglichkeiten untergraben würde[792]. Er ist auch nicht verpflichtet, eine an sich notwendige Operation oder eine sonstige Heilbehandlung im Interesse des Dienstes aufzuschieben oder dem Arbeitgeber im Vorhinein bekannt zu geben (LG Wien 15. 9. 1966, 44 Cg 76/66, Arb 8287).

Allgemein kann daher gesagt werden, dass sich aus dem Arbeitsverhältnis nicht die Pflicht zur Offenbarung privater Angelegenheiten ergibt. Nur ausnahmsweise können Umstände besonderer Art die Begründung eines Arbeitsverhältnisses unzumutbar machen. Dies könnte bei akuten und dem Arbeitnehmer bekannten Krankheiten der Fall sein, die die Gefahr der Ansteckung anderer Arbeitnehmer mit sich bringen und die den Arbeitgeber diesen gegenüber als fahrlässig handelnd uU haftbar machen würden.

6.9.2.1.6. Dauer der Entgeltfortzahlung

Für Arbeiter und Angestellte unterschiedlich lange Entgeltfortzahlungszeiträume gaben jahrzehntelang Anlass sowohl zu sozialpolitischen als auch zu verfassungsrechtlichen Diskussionen. Ab Juli 2018 werden die Entgeltfortzahlungssysteme weitgehend angeglichen. Die nachfolgenden Ausführungen berücksichtigen daher diesen zeitlichen Einschnitt[793]. 6/608

6.9.2.1.6.1. Angestellte (bis 30. 6. 2018)

Angestellte erhalten bei einer Dienstzeit unter fünf Jahren[794] für sechs Wochen das volle und für vier Wochen das halbe Entgelt. Dieser Anspruch erhöht sich auf 6/609

8 Wochen nach 5 Dienstjahren,
10 Wochen nach 15 Dienstjahren,
12 Wochen nach 25 Dienstjahren,

wobei jeweils der unveränderte Anspruch von vier Wochen auf das halbe Entgelt angeschlossen wird (§ 8 Abs 1 AngG).

Im Falle eines **Arbeitsunfalls** oder einer **Berufskrankheit** (zu den Begriffen vgl 6.9.2.1.1) verlängert sich die Frist von sechs Wochen höchstens um zwei Wochen. Es gebührt also jedenfalls für acht Wochen volles und für vier Wochen halbes Entgelt. Nach fünf Dienstjahren kommen auch für Arbeitsunfall und Berufskrankheit wieder die allgemeinen Zeiträume des § 8 Abs 1 AngG zur Anwendung. 6/610

Tritt innerhalb eines halben Jahres nach Wiederantritt des Dienstes abermals eine Dienstverhinderung ein, so kommt zunächst der nicht ausgeschöpfte Rest des Anspruchs nach § 8 Abs 1 AngG zur Auszahlung. Soweit die Gesamtdauer der Verhinderung den im § 8 6/611

---

[792] LG Wien 19. 9. 1986, 44 Cg 118/68, SozM I A/d, 861.

[793] Zu den unterschiedlichen Ansprüchen nach AngG und EFZG bis Juli 2018 vgl *Löschnigg*, Arbeitsrechtsänderungsgesetz (ARÄG) 2000 – Dienstverhinderungen/Krankenstand und Freizeit während der Kündigungsfrist, in Resch (Hrsg), Aktuelle Neuerungen im Arbeits- und Sozialrecht (2001), 13; *Binder*, Zur Bemessung und Dauer von Entgeltfortzahlungsansprüchen, ZAS 2007, 100; *Wachter*, Der nachvertragliche Krankenentgeltanspruch, in Wachter/Burger (Hrsg), Aktuelle Entwicklungen im Arbeits- und Sozialrecht 2009 (2009), 103.

[794] Zu den anzurechnenden Dienstzeiten, etwa auch bei vereinbarten Karenzierungen, Bildungskarenz, Elternkarenz etc, vgl VwGH 23. 4. 2003, 99/08/0035, DRdA 2004, 151 mit Bespr v *Löschnigg*; *Melzer-Azodanloo* in Löschnigg (Hrsg), AngG Bd 1[10] (2016), § 8 Rz 166 ff.

Abs 1 AngG bezeichneten Zeitraum übersteigt, besteht Anspruch auf die Hälfte des gem § 8 Abs 1 AngG gebührenden Entgelts (§ 8 Abs 2 AngG).

Diese Bestimmung hat zu erheblichen Auslegungsschwierigkeiten geführt, weil fraglich war, wie der Anspruch nach § 8 Abs 1 AngG mit dem Anspruch gem § 8 Abs 2 AngG in Beziehung zu setzen ist. Festgehalten muss zunächst werden, dass eine der vielen Interpretationen den Standpunkt vertrat, dass ein neuer Vollanspruch erst dann entstehen könne, wenn der Angestellte ein halbes Jahr Dienstzeit ohne neuerliche Dienstverhinderung (infolge Krankheit oder Unglücksfall) aufweisen kann. Diese Auffassung hat sich jedoch weder in der Rechtsprechung noch in der Lehre durchgesetzt.

6/612 Der Zeitpunkt des Wiederantritts des Dienstes nach der **ersten** Dienstverhinderung ist **kalendermäßig zu fixieren**. Eine nach dem so ermittelten Halbjahr eintretende Erkrankung gilt wieder als Ersterkrankung (neuer Anspruch gem § 8 Abs 1 AngG), auch wenn innerhalb des halben Jahres Wiedererkrankungen iSd § 8 Abs 2 AngG aufgetreten sind (OGH 26. 3. 1957, 4 Ob 21/57, Arb 6635; OGH 14. 5. 1957, 4 Ob 42/57, Arb 6657).

6/613 Die hM steht auf dem Standpunkt, dass § 8 Abs 2 AngG nur eine Regelung über die Höhe des Entgelts beinhaltet, nicht aber auch über die Zeiträume der Entgeltfortzahlung. Einerseits ergibt sich daraus, dass § 8 Abs 2 AngG nur die Entgelthöhe, nicht aber die entgeltfortzahlungspflichtigen Zeiträume halbiert (dass also zB sechs Wochen volles und vier Wochen halbes Entgelt sich nach § 8 Abs 2 AngG auf die Hälfte für sechs Wochen und ein Viertel für vier Wochen reduziert). Andererseits wird daraus gefolgert, dass die entgeltfähigen Fristen im Rahmen des § 8 Abs 2 AngG das Ausmaß jener des Abs 1 nicht übersteigen dürfen[795].

Beispiel 1: (Dienstzeit unter fünf Jahren)

1. Krankheit dauert zwei Wochen;
   Anspruch: zwei Wochen volles Entgelt;
2. Krankheit dauert 20 Wochen (innerhalb eines halben Jahres);
   Anspruch: vier Wochen volles, vier Wochen halbes Entgelt (Rest des Anspruchs nach § 8 Abs 1 AngG), zwei Wochen halbes Entgelt.

Aus dem Beispiel 1 wird ersichtlich, dass für die zweite Krankheit zeitmäßig wieder nur **zehn Wochen** zur Auszahlung gelangen. Vom ermäßigten Anspruch gem § 8 Abs 2 AngG verbleiben innerhalb dieser Frist also nur zwei Wochen halbes Entgelt.

Beispiel 2: (Dienstzeit unter fünf Jahren)

1. Krankheit dauert zehn Wochen;
   Anspruch: sechs Wochen volles, vier Wochen halbes Entgelt;
2. Krankheit dauert zwölf Wochen (innerhalb eines halben Jahres);
   Anspruch: sechs Wochen halbes, vier Wochen ein Viertel des Entgelts (§ 8 Abs 2 AngG).

Aus Beispiel 1 und Beispiel 2 kann man die sozialpolitische Fragwürdigkeit der seit Jahrzehnten vertretenen Auffassung erkennen. Je länger nämlich die erste Krankheit dauert, desto länger und damit desto höher ist der Gesamtanspruch, der für die innerhalb eines halben Jahres zu koppelnden Ansprüche zur Auszahlung gelangt (krit *Schwarz*, Die Entgeltansprüche des Angestellten bei wiederholter Dienstverhinderung, ÖJZ 1953, 396). Die alte Auslegung hatte nach Erschöpfung des Anspruchs nach § 8 Abs 1 AngG den Anspruch gem § 8 Abs 2 AngG in jedem Fall im Ausmaß der zeitlichen Dauer des § 8 Abs 1 AngG gewährt. Bei der Lösung von Beispiel 1 würde sich demnach für die zweite Krankheit folgender veränderter Anspruch ergeben: vier Wochen volles, vier Wochen halbes Entgelt (Rest des Vollanspruchs nach § 8 Abs 1 AngG), weitere sechs Wochen halbes und vier Wochen ein Viertel des Entgelts (ermäßigter Anspruch). Diese Auslegung würde für den Zeitraum „Ersterkran-

[795] OGH 12. 7. 1951, 4 Ob 75/51, Arb 5289; s auch VwGH 8. 6. 1978, 2531/77, ZAS 1979, 110 mit Bespr v *Kuderna*.

kung plus ein halbes Jahr" den vollen und den ermäßigten Anspruch der Zeit und der Höhe nach in jedem Fall garantieren. Sie wird von der Judikatur nicht mehr geteilt.

Zu einer Angleichung der Ansprüche der beiden Auslegungsvarianten kommt es jedoch dann, wenn infolge mehrerer Erkrankungen innerhalb des halben Jahres der (zeitliche) Gesamtanspruch ausgeschöpft werden kann. 6/614

Beispiel 3: (Dienstzeit unter fünf Jahren)
1. Krankheit dauert eine Woche;
   Anspruch: eine Woche volles Entgelt;
2. Krankheit dauert ebenfalls eine Woche;
   Anspruch: eine Woche volles Entgelt;
3. Krankheit dauert zwölf Wochen;
   Anspruch: vier Wochen volles Entgelt, vier Wochen halbes Entgelt (§ 8 Abs 1 AngG) und zwei Wochen halbes Entgelt gem § 8 Abs 2 AngG;
4. Krankheit dauert zehn Wochen;
   Anspruch: vier Wochen die Hälfte und vier Wochen ein Viertel des Entgelts (Restanspruch nach § 8 Abs 2 AngG).

Dienstverhinderungen infolge eines **Arbeitsunfalls** oder einer **Berufskrankheit** sind – im Gegensatz zum EFZG (vgl 6.9.2.1.6.2) – nicht isoliert von anderen innerhalb eines halben Jahres eintretenden Fällen des § 8 Abs 1 und 2 AngG zu behandeln, sondern mit diesen in Beziehung zu setzen. Probleme entstehen dann, wenn nur die Ersterkrankung durch einen Arbeitsunfall (eine Berufskrankheit) verursacht und der privilegierte Anspruch gem § 8 Abs 1 AngG (dh für acht Wochen volles und für vier Wochen halbes Entgelt) aus diesem Anlass nicht ausgeschöpft wurde. In diesem Fall war lange fraglich, ob bei einer (gewöhnlichen) Wiedererkrankung zunächst der Rest des privilegierten Anspruchs weiter ausgeschöpft werden soll. Der OGH hat dies schließlich unter Berufung auf das Schrifttum verneint[796]. Im umgekehrten Fall allerdings – wenn also nur die Wiedererkrankung durch einen Arbeitsunfall (eine Berufskrankheit) hervorgerufen wurde – ist jedenfalls der erweiterte Vollanspruch zu gewähren. Beruhen Erkrankung und Wiedererkrankung auf einem Arbeitsunfall (einer Berufskrankheit), so ist sowohl der Vollanspruch nach § 8 Abs 1 AngG als auch der ermäßigte Anspruch nach § 8 Abs 2 AngG im erweiterten Ausmaß zuzuerkennen. 6/615

Beispiel 4: (Dienstzeit unter fünf Jahren)
1. Dienstverhinderung (Arbeitsunfall) dauert zwei Wochen;
   Anspruch: zwei Wochen volles Entgelt;
2. Dienstverhinderung (normale Krankheit) dauert 20 Wochen (innerhalb eines halben Jahres);
   Anspruch: wie im Beispiel 1, eine Privilegierung ist nicht anzunehmen.

Beispiel 5: (Dienstzeit unter fünf Jahren)
1. Dienstverhinderung (normale Krankheit) dauert zwei Wochen;
   Anspruch: 2 Wochen volles Entgelt;
2. Dienstverhinderung (Arbeitsunfall) dauert 15 Wochen (innerhalb eines halben Jahres);
   Anspruch: sechs Wochen volles, vier Wochen halbes Entgelt (Rest des Vollanspruchs), weiters zwei Wochen halbes Entgelt (das zeitliche Limit im Fall von Arbeitsunfällen oder Berufskrankheiten liegt jedenfalls bei zwölf Wochen).

---

[796] OGH 2. 4. 2009, 8 ObA 88/08m, infas 2009, A 53; *Melzer-Azodanloo* in Löschnigg (Hrsg), AngG Bd 1[10] (2016), § 8 Rz 157 ff; *Lindmayr*, Entgelt ohne Arbeit (2006), 123; *Drs* in Neumayr/Reissner (Hrsg), Zeller Kommentar[2] (2011), § 8 AngG Rz 100.

Beispiel 6: (Dienstzeit unter fünf Jahren)
1. Dienstverhinderung (Arbeitsunfall) dauert zwölf Wochen;
   Anspruch: acht Wochen volles, vier Wochen halbes Entgelt;
2. Dienstverhinderung (neuerlicher Arbeitsunfall) dauert 15 Wochen (innerhalb eines halben Jahres);
   Anspruch: acht Wochen halbes und vier Wochen ein Viertel des Entgelts.

6/616 Beginnt während einer Wiedererkrankung ein **neues Arbeitsjahr**, mit dem sich der Anspruch gem § 8 Abs 1 AngG erhöht (zB Eintrittsdatum 15. Juli, die Wiedererkrankung dauert über diesen Termin hinaus, wobei das sechste Arbeitsjahr beginnt), so kann der Angestellte mit Beginn des neuen Arbeitsjahres den Differenzanspruch auf Entgeltfortzahlung geltend machen[797].

6/617 Wird ein Angestellter **im Krankenstand gekündigt**, ohne wichtigen Grund vorzeitig entlassen[798] oder trifft den Dienstgeber ein Verschulden an dem vorzeitigen Austritt, so behält der Angestellte seinen Entgeltfortzahlungsanspruch, auch wenn das Arbeitsverhältnis früher endet (§ 9 AngG). Der Dienstgeber ist in diesem Fall ausnahmsweise zur Entgeltfortzahlung über das Arbeitsverhältnis hinaus verpflichtet. Diese Sonderform einer Entgeltfortzahlung bezieht sich nur auf den gesetzlichen Entgeltfortzahlungsanspruch und nicht auf günstigere im Arbeitsvertrag oder Kollektivvertrag geregelte Ansprüche[799]. Es bleibt aber insbesondere dem Kollektivvertrag unbenommen, die günstigere Entgeltfortzahlung auch über das Ende des Arbeitsverhältnisses festzuschreiben.

6.9.2.1.6.2. Arbeiter/Nichtangestellte (bis 30. 6. 2018)

6/618 Arbeiter und sonstige Arbeitnehmer, die dem EFZG unterliegen, haben bei Krankheit und Unglücksfall nach Antritt des Dienstes einen **Anspruch** auf Entgelt bis zur Dauer von sechs Wochen. Dieser Anspruch erhöht sich gem § 2 Abs 1 EFZG auf 8 Wochen nach einer Dienstzeit von 5 Jahren, 10 Wochen nach einer Dienstzeit von 15 Jahren und 12 Wochen nach einer Dienstzeit von 25 Jahren.

6/619 Durch jeweils **weitere vier Wochen** behält der Arbeitnehmer den Anspruch auf das **halbe Entgelt**. Insofern wurde das EFZG durch das ARÄG 2000 an das AngG angeglichen. Im Gegensatz zu den Angestellten haben aber Arbeitnehmer nach dem EFZG keinen Anspruch auf die Hälfte des Grundanspruchs[800]. Der Anspruch des Arbeiters bei Krankheit oder Unglücksfall ist im Gegensatz zum AngG auf das **Arbeitsjahr** abgestellt (**Kontingentprinzip**); wiederholte Dienstverhinderungen innerhalb eines Arbeitsjahres werden nur mit dem nicht ausgeschöpften Restbetrag bedacht (§ 2 Abs 4 EFZG).

Beispiel 7: (Dienstzeit drei Jahre)
1. Dienstverhinderung (normale Krankheit) dauert zehn Wochen;
   Anspruch: sechs Wochen volles Entgelt und vier Wochen halbes Entgelt;

---

[797] OGH 16. 2. 1982, 4 Ob 96/81, Arb 10.077; OGH 18. 3. 1999, 8 ObA 215/ 98w, infas 1999, A 75.

[798] S dazu OGH 19. 12. 2013, 9 ObA 158/13w, ARD 6388/14/2014.

[799] OGH 26. 2. 2015, 8 ObA 6/15p, ARD 6449/7/2015 = DRdA-infas 2015, 187 = ZAS 2016, 77 mit Bespr v *Pačić*.

[800] S 6.9.2.1.6.1; vgl auch *Löschnigg*, Arbeitsrechtsänderungsgesetz (ARÄG) 2000 – Dienstverhinderungen/Krankenstand und Freizeit während der Kündigungsfrist, in Resch (Hrsg), Aktuelle Neuerungen im Arbeits- und Sozialrecht – ARÄG 2000 und Pensionsreform 2000 (2001), 13.

2. Dienstverhinderung (normale Krankheit) dauert zwei Wochen (innerhalb eines Arbeitsjahres); Anspruch: kein Anspruch (weil kein Restanspruch nach der ersten Krankheit gegeben).

Erkrankt ein Arbeitnehmer in einem Arbeitsjahr, in dem kein Entgeltfortzahlungsanspruch mehr besteht, und reicht die Krankheit in das nächste Arbeitsjahr hinein, dann gebührt ab Beginn des neuen Arbeitsjahres wieder der volle Entgeltfortzahlungsanspruch[801] (zur Entgeltfortzahlungspflicht im Fall einer Kündigung während eines Krankenstandes, der über das Arbeitsverhältnis und über den Beginn des nächsten Arbeitsjahres hinausreicht, s Rz 6/628). 6/620

Beispiel 8: Ein Arbeitnehmer hat sein Dienstverhältnis am 1. Juli 2011 aufgenommen. Das Arbeitsjahr beginnt somit am 1. Juli und endet am 30. Juni. Für das Arbeitsjahr 2012/13 hat er bereits seinen Entgeltfortzahlungsanspruch verbraucht, als er für den gesamten Juni und Juli erneut erkrankt. – Im Juni gebührt keine Entgeltfortzahlung, wohl aber wieder im Juli, da ein neues Arbeitsjahr begonnen hat.

Ein weiterer Unterschied zum AngG besteht darin, dass im Falle von **Arbeitsunfällen** oder **Berufskrankheiten** (zu den Begriffen vgl 6.9.2.1.1) der Anspruch auf das Entgelt ohne Rücksicht auf andere Zeiten einer Arbeitsverhinderung bis zur Dauer von acht Wochen besteht. Dieser Anspruch erhöht sich nach 15 Jahren auf zehn Wochen. Er ist im Gegensatz zum Anspruch bei Krankheit (Unglücksfall) auf den Anlassfall abgestellt (**Anlassprinzip**). Nur dann, wenn eine Arbeitsverhinderung in einem unmittelbaren ursächlichen Zusammenhang mit einem Arbeitsunfall oder einer Berufskrankheit steht (Folgekrankheit), werden die Arbeitsverhinderungen innerhalb eines Arbeitsjahres wie andere Krankheiten zueinander in Beziehung gesetzt (§ 2 Abs 5 EFZG). 6/621

Beispiel 9: (Dienstzeit drei Jahre)
1. Dienstverhinderung (normale Krankheit) dauert zwölf Wochen;
   Anspruch: sechs Wochen volles Entgelt und vier Wochen halbes Entgelt;
2. Dienstverhinderung (Arbeitsunfall) dauert acht Wochen;
   Anspruch: acht Wochen volles Entgelt.

Beispiel 10: (Dienstzeit drei Jahre)
1. Dienstverhinderung (Berufskrankheit) dauert fünf Wochen;
   Anspruch: fünf Wochen volles Entgelt;
2. Dienstverhinderung (normale Krankheit) dauert 15 Wochen (innerhalb eines Arbeitsjahres);
   Anspruch: sechs Wochen volles Entgelt und vier Wochen halbes Entgelt.

Reicht eine durchgehende Dienstverhinderung auf Grund eines Arbeitsunfalls oder einer Berufskrankheit in ein **neues Arbeitsjahr**, dann entsteht – im Gegensatz zur Krankheit (s oben) – kein neuer Entgeltfortzahlungsanspruch. Ein neuerlicher Anspruch im neuen Arbeitsjahr setzt voraus, dass der Arbeitnehmer seine Arbeit zwischenzeitig wieder angetreten hat[802]. 6/622

---

801 Vgl OGH 28. 1. 1999, 8 ObA 163/98y, ZAS 1999, 167 mit Bespr v *Pernkopf*; in Abkehr von OGH 17. 4. 1997, 8 ObA 2132/96d, DRdA 1998, 42 mit Bespr v *Pfeil* = ecolex 1997, 599 mit Bespr v *Andexlinger*; aA *Rothe*, Entgeltfortzahlung, Neues Jahr – neuer Anspruch? Alles beim Alten?, ecolex 2010, 518; *ders*, Entgeltfortzahlung: Neues Jahr – neuer Anspruch? Alles beim Alten?, ecolex 2010, 586; s weiters *Binder*, Zur Bemessung und Dauer von Entgeltfortzahlungsansprüchen, ZAS 2007, 100; *Rauch*, Krankenentgelt nach EFZG und neues Arbeitsjahr, ASoK 2007, 18.

802 OGH 14. 10. 2008, 8 ObA 44/08s, DRdA 2010, 343 mit Bespr v *Kozak* = EvBl 2009, 363 mit Bespr v *Löschnigg*; OGH 15. 6. 1976, 4 Ob 52/76, Arb 9475; zwischenzeitig aA OGH 7. 6. 2006, 9 ObA 13/06m, RdW 2007, 673 mit Bespr von *Drs* = ZAS 2006, 265.

6.9.2.1. Dienstverhinderungen

Beispiel 11: Ein Arbeitnehmer hat sein Dienstverhältnis am 1. Juli 2011 aufgenommen. Das Arbeitsjahr beginnt somit am 1. Juli und endet am 30. Juni. Im Arbeitsjahr 2012/2013 erleidet er vier Wochen vor Ende des Arbeitsjahres einen Arbeitsunfall. Die Dienstverhinderung dauert elf Wochen – Entgeltfortzahlung im Juni vier Wochen, im Juli (neues Arbeitsjahr) vier Wochen (Rest des Anspruchs aus 2012/2013); danach kein Anspruch ohne Wiederantritt des Dienstes.

6/623 Ist ein Arbeitnehmer **gleichzeitig bei mehreren Arbeitgebern** beschäftigt, so entsteht der bei Arbeitsunfall oder Berufskrankheit auf acht bzw zehn Wochen erhöhte Anspruch nur gegenüber jenem Arbeitgeber, bei dem sich der Arbeitsunfall ereignet hat oder in dessen Betrieb die Berufskrankheit entstanden ist. Gegenüber den anderen Arbeitgebern hat der Arbeitnehmer Ansprüche nur wie im Falle einer (normalen) Krankheit (§ 2 Abs 5 EFZG).

6/624 Sowohl für die Bemessung des Anspruchs bei Krankheit (Unglücksfall) als auch für die Bemessung des Anspruchs bei Arbeitsunfall (Berufskrankheit) sind **Dienstzeiten beim selben Dienstgeber** zusammenzurechnen, wenn die Unterbrechung zwischen den Dienstverhältnissen nicht länger als 60 Tage gedauert hat und das Arbeitsverhältnis weder vom Arbeitnehmer gekündigt wurde noch durch Austritt ohne wichtigen Grund oder durch eine von ihm verschuldete Entlassung gelöst wurde (§ 2 Abs 3 EFZG).

6/625 Bezüglich der Anrechnung von **Dienstzeiten bei anderen Dienstgebern** steht es dem Arbeitgeber frei, entsprechende Vereinbarungen mit dem Arbeitnehmer zu treffen. Eine gesetzliche Anrechnungspflicht sieht das EFZG teilweise in § 2 Abs 3a vor. Im Falle eines Übergangs des Betriebs oder eines Betriebsteils ergibt sich jedoch aus § 3 Abs 1 AVRAG insofern schon eine umfassende Anrechnungspflicht, als der Erwerber eines Unternehmens oder Betriebs(teils) grundsätzlich mit allen Rechten und Pflichten in die im Zeitpunkt des Übergangs bestehenden Arbeitsverhältnisse einzutreten hat (vgl 9.2.2).

6/626 Durch **Kollektivvertrag** oder **Betriebsvereinbarung** kann vereinbart werden, dass sich der Entgeltanspruch nicht nach dem Arbeitsjahr – dieses zählt jeweils vom Zeitpunkt des Beginns des Arbeitsverhältnisses –, sondern nach dem Kalenderjahr richten soll (§ 2 Abs 8 EFZG; vgl 11.5.3.10).

6/627 **Feiertage**, die auf einen Arbeitstag fallen, sind auf den Entgeltfortzahlungsanspruch nicht anzurechnen. Andernfalls käme man zu dem eher eigenartigen Ergebnis, dass ein Arbeitnehmer, der ausschließlich an einem Feiertag krank ist, dies melden müsste und dies seinen aktuellen Anspruch auf Entgeltfortzahlung um einen Tag reduzieren würde[803].

6/628 Ebenso wie nach dem AngG (vgl 6.9.2.1.6.1) bleibt der gesetzliche Entgeltfortzahlungsanspruch des Arbeitsnehmers über das Ende des Arbeitsverhältnisses hinaus erhalten, wenn der Arbeitnehmer während des Krankenstandes gekündigt oder ohne wichtigen Grund vorzeitig entlassen wird oder wenn den Arbeitgeber ein Verschulden an dem vorzeitigen Austritt des Arbeitnehmers trifft (§ 5 EFZG). Die **Beendigung des Arbeitsverhältnisses** im Krankenstand führt in diesen Fällen zu einer Entgeltfortzahlung auch nach dem rechtlichen Ende des Arbeitsverhältnisses. Reicht jedoch der (ununterbrochene) Krankenstand in ein **neues**

---

[803] S auch LG Linz 11. 2. 1997, 11 Cga 2/97x, ARD 5186/27/2001, in Entsprechung zum EFZG und zu OGH 12. 6. 1996, 9 ObA 2060/96y, ARD 4775/37/96; aA *Schrank*, Krankenstände: Verlängern Feiertage wirklich die Entgeltfortzahlungsdauer?, ecolex 2001, 387; s weiters *Eibensteiner*, Vergütung eines Feiertages im Krankheitsfall, ecolex 1994, 410; *Vogt*, Replik: Feiertag im Krankheitsfall, ecolex 1994, 631.

fiktives Arbeitsjahr hinein, das erst nach Ablauf der Kündigungsfrist beginnt, so entsteht mit Beginn des neuen Arbeitsjahres **kein neuer** Entgeltfortzahlungsanspruch[804].

6.9.2.1.6.3. Einheitliche EFZ für Arbeiter und Angestellte ab 1. 7. 2018

Durch die Gesetzesinitiative im Oktober 2017 wurde ein wesentlicher Schritt in Richtung einer **Anpassung von Arbeiter- und Angestelltenrechten** und damit in Richtung einer Vereinheitlichung des Arbeitsrechts getan. Die Angleichung orientiert sich erstaunlicherweise aber stärker am Arbeiter- als am Angestelltenrecht, wodurch gewisse Begünstigungen des AngG beseitigt wurden. 6/629

Arbeitnehmer haben gem § 8 Abs 1 AngG und § 2 Abs 1 EFZG bei Krankheit und Unglücksfall einen **Anspruch** auf Fortzahlung des Entgelts bis zur Dauer von **zumindest sechs Wochen**. Dieser Entgeltfortzahlungsanspruch erhöht sich nach einer Dienstzeit von einem Jahr auf acht Wochen, nach einer Dienstzeit von 15 Jahren auf zehn Wochen und nach 25 Jahren auf zwölf Wochen. Für jeweils **weitere vier Wochen** behält der Arbeitnehmer den Anspruch auf das **halbe Entgelt**. 6/630

Im Gegensatz zur alten Regelung im AngG (vgl 6.9.2.1.6.1) entfällt durch die Vereinheitlichung von Arbeiter- und Angestelltenrechten der Anspruch auf die Hälfte des Grundanspruchs bei wiederholter Dienstverhinderung . Wiederholte Dienstverhinderungen innerhalb eines Arbeitsjahres werden nur mit dem nicht ausgeschöpften Restbetrag bedacht. Weiters ist der Anspruch beider Arbeitnehmergruppen bei Krankheit oder Unglücksfall auf das **Arbeitsjahr (Kontingentprinzip)** abgestellt (§ 8 Abs 2 AngG und § 2 Abs 4 EFZG). 6/631

Beispiel 12: Bei einem Arbeitnehmer kommt es innerhalb des zweiten Arbeitsjahres zu folgenden Dienstverhinderungen:
1. Dienstverhinderung (normale Krankheit) dauert zwölf Wochen;
   Anspruch auf Entgeltfortzahlung: acht Wochen volles Entgelt und vier Wochen halbes Entgelt;
2. Dienstverhinderung (normale Krankheit) dauert zwei Wochen;
   Anspruch auf Entgeltfortzahlung: kein Anspruch (weil kein Restanspruch nach der ersten Krankheit gegeben).

Erkrankt ein Arbeitnehmer in einem Arbeitsjahr, in dem kein Entgeltfortzahlungsanspruch mehr besteht, und reicht die Krankheit in das nächste Arbeitsjahr hinein, dann gebührt ab Beginn des neuen Arbeitsjahres wieder der volle Entgeltfortzahlungsanspruch[805] (zur Ent- 6/632

---

[804] OGH 22. 10. 2010, 9 ObA 36/10z, DRdA 2011, 453 mit Bespr v *Kozak* = ARD 6098/2/2010; s auch *Eypeltauer*, Kündigung durch Arbeitgeber während des Krankenstandes, ecolex 2011, 145; ebenso OGH 24. 11. 2010, 9 ObA 139/09w, DRdA 2011, 285 mit Bespr v *Drs* = Arb 12.930; in Abkehr von OGH 7. 6. 2006, 9 ObA 115/05k, ASoK 2006, 393 mit Bespr v *Höfle* = DRdA 2007, 236 mit Bespr v *Kallab*; *Rauch*, Krankenentgelt nach EFZG und neues Arbeitsjahr, ASoK 2007, 18; *ders*, Entgeltfortzahlung und neues Arbeitsjahr bei durchgehendem Krankenstand, ecolex 2012, 334; *Rothe*, Entgeltfortzahlung: Neues Jahr – neuer Anspruch? Alles beim Alten?, ecolex 2010, 586; hiezu weiters *Schimanko*, Zur Grenze der Entgeltfortzahlung nach dem EFZG, RdW 2011, 98.

[805] Zur Rechtslage vor der Vereinheitlichung von Angestellten- und Arbeiterrechten: OGH 28. 1. 1999, 8 ObA 163/98y, ZAS 1999, 167 mit Bespr v *Pernkopf*; in Abkehr von OGH 17. 4. 1997, 8 ObA 2132/96d, DRdA 1998, 42 mit Bespr v *Pfeil* = ecolex 1997, 599 mit Bespr v *Andexlinger*; aA *Rothe*, Entgeltfortzahlung, Neues Jahr – neuer Anspruch? Alles beim Alten?, ecolex 2010, 518; s weiters *Binder*, Zur Bemessung und Dauer von Entgeltfortzahlungsansprüchen, ZAS 2007, 100; *Rauch*, Krankenentgelt nach EFZG und neues Arbeitsjahr, ASoK 2007, 18.

geltfortzahlungspflicht im Fall einer Kündigung während eines Krankenstandes, der über das Arbeitsverhältnis und über den Beginn des nächsten Arbeitsjahres hinausreicht, s Rz 6/640).

Beispiel 13: Ein Arbeitnehmer nimmt sein Dienstverhältnis am 1. Juli 2018 auf. Das Arbeitsjahr beginnt somit am 1. Juli und endet am 30. Juni. Für das Arbeitsjahr 2018/19 hat er bereits seinen Entgeltfortzahlungsanspruch verbraucht, als er für den gesamten Juni und Juli 2019 erneut erkrankt. – Im Juni gebührt keine Entgeltfortzahlung, wohl aber wieder im Juli, da ein neues Arbeitsjahr begonnen hat.

6/633 Ein weiterer Unterschied zur alten Rechtslage der Angestellten (s 6.9.2.1.6.1) besteht darin, dass im Falle von **Arbeitsunfällen** oder **Berufskrankheiten** (zu den Begriffen vgl 6.9.2.1.1) der Anspruch auf das Entgelt ohne Rücksicht auf andere Zeiten einer Arbeitsverhinderung bis zur Dauer von acht Wochen besteht. Dieser Anspruch erhöht sich nach 15 Jahren auf zehn Wochen. Er ist im Gegensatz zum Anspruch bei Krankheit (Unglücksfall) auf den Anlassfall abgestellt (**Anlassprinzip**). Nur dann, wenn eine Arbeitsverhinderung in einem unmittelbaren ursächlichen Zusammenhang mit einem Arbeitsunfall oder einer Berufskrankheit steht (Folgekrankheit), werden die Arbeitsverhinderungen innerhalb eines Arbeitsjahres wie andere Krankheiten zueinander in Beziehung gesetzt (§ 8 Abs 2a AngG sowie § 2 Abs 5 EFZG).

Beispiel 14: Bereits im zweiten Arbeitsjahr kommt es bei einem Arbeitnehmer zu folgenden Dienstverhinderungen:
1. Dienstverhinderung (normale Krankheit) dauert 14 Wochen;
   Anspruch auf Entgeltfortzahlung: acht Wochen volles Entgelt und vier Wochen halbes Entgelt;
2. Dienstverhinderung (Arbeitsunfall) dauert acht Wochen;
   Anspruch auf Entgeltfortzahlung: acht Wochen volles Entgelt.

Beispiel 15: Im zweiten Arbeitsjahr eines Dienstnehmers kommt es zu folgenden Dienstverhinderungen:
1. Dienstverhinderung (Berufskrankheit) dauert fünf Wochen;
   Anspruch auf Entgeltfortzahlung: fünf Wochen volles Entgelt;
2. Dienstverhinderung (normale Krankheit) dauert 15 Wochen;
   Anspruch auf Entgeltfortzahlung: acht Wochen volles Entgelt und vier Wochen halbes Entgelt.

6/634 Reicht eine durchgehende Dienstverhinderung auf Grund eines Arbeitsunfalls oder einer Berufskrankheit in ein **neues Arbeitsjahr**, dann entsteht – im Gegensatz zur Krankheit (s oben) – kein neuer Entgeltfortzahlungsanspruch. Ein neuerlicher Anspruch im neuen Arbeitsjahr setzt voraus, dass der Arbeitnehmer seine Arbeit zwischenzeitig wieder angetreten hat[806].

Beispiel 16: Ein Arbeitnehmer beginnt sein Dienstverhältnis am 1. Juli 2018. Das Arbeitsjahr dauert somit jeweils vom 1. Juli bis 30. Juni. Vier Wochen vor Ende des ersten Arbeitsjahres erleidet er einen Arbeitsunfall. Die Dienstverhinderung dauert elf Wochen – Entgeltfortzahlung im Juni vier Wochen, im Juli (neues Arbeitsjahr) vier Wochen (Rest des Anspruchs aus 2018/2019).

6/635 Ist ein Arbeitnehmer **gleichzeitig bei mehreren Arbeitgebern** beschäftigt, so entsteht der bei Arbeitsunfall oder Berufskrankheit auf acht bzw zehn Wochen erhöhte Anspruch nur

[806] Noch zur Gesetzeslage vor der Angleichung des AngG an das EFZG: OGH 14. 10. 2008, 8 ObA 44/08s, DRdA 2010, 343 mit Bespr v *Kozak* = EvBl 2009, 363 mit Bespr v *Löschnigg*; OGH 15. 6. 1976, 4 Ob 52/76, Arb 9475; zwischenzeitig aA OGH 7. 6. 2006, 9 ObA 13/06m, RdW 2007, 673 mit Bespr von *Drs* = ZAS 2006, 265.

gegenüber jenem Arbeitgeber, bei dem sich der Arbeitsunfall ereignet hat oder in dessen Betrieb die Berufskrankheit entstanden ist. Gegenüber den anderen Arbeitgebern hat der Arbeitnehmer Ansprüche nur wie im Falle einer (normalen) Krankheit (§ 8 Abs 2a AngG und § 2 Abs 5 EFZG).

Sowohl für die Bemessung des Anspruchs bei Krankheit (Unglücksfall) als auch für die Bemessung des Anspruchs bei Arbeitsunfall (Berufskrankheit) sind **Dienstzeiten beim selben Dienstgeber** zusammenzurechnen, wenn die Unterbrechung zwischen den Dienstverhältnissen nicht länger als 60 Tage gedauert hat und das Arbeitsverhältnis weder vom Arbeitnehmer gekündigt wurde noch durch Austritt ohne wichtigen Grund oder durch eine von ihm verschuldete Entlassung gelöst wurde. Für die Gruppe der Arbeiter ergibt sich dies direkt aus § 2 Abs 3 EFZG, für die Gruppe der Angestellten wird man zu diesem Ergebnis durch Analogie zum EFZG kommen müssen, da das AngG eine derartige Regelung nicht enthält[807]. 6/636

Bezüglich der Anrechnung von **Dienstzeiten bei anderen Dienstgebern** steht es dem Arbeitgeber frei, entsprechende Vereinbarungen mit dem Arbeitnehmer zu treffen. Eine gesetzliche Anrechnungspflicht sieht das EFZG teilweise in § 2 Abs 3a vor. Im Falle eines Übergangs des Betriebs oder eines Betriebsteils ergibt sich jedoch aus § 3 Abs 1 AVRAG insofern schon eine umfassende Anrechnungspflicht, als der Erwerber eines Unternehmens oder Betriebs(teils) grundsätzlich mit allen Rechten und Pflichten in die im Zeitpunkt des Übergangs bestehenden Arbeitsverhältnisse einzutreten hat (vgl 9.2.2). 6/637

Durch **Kollektivvertrag** oder **Betriebsvereinbarung** kann vereinbart werden, dass sich der Entgeltanspruch nicht nach dem Arbeitsjahr – dieses zählt jeweils vom Zeitpunkt des Beginns des Arbeitsverhältnisses –, sondern nach dem Kalenderjahr richten soll (§ 8 Abs 9 AngG sowie § 2 Abs 8 EFZG; vgl 11.5.3.10). 6/638

Feiertage, die auf einen Arbeitstag fallen, sind auf den Entgeltfortzahlungsanspruch nicht anzurechnen. Andernfalls käme man zu dem eher eigenartigen Ergebnis, dass ein Arbeitnehmer, der ausschließlich an einem Feiertag krank ist, dies melden müsste und dies seinen aktuellen Anspruch auf Entgeltfortzahlung um einen Tag reduzieren würde[808]. 6/639

Der gesetzliche Entgeltfortzahlungsanspruch des Arbeitnehmers bleibt über das Ende des Arbeitsverhältnisses hinaus erhalten, wenn der Arbeitnehmer während des Krankenstandes gekündigt oder ohne wichtigen Grund vorzeitig entlassen wird oder wenn den Arbeitgeber ein Verschulden an dem vorzeitigen Austritt des Arbeitnehmers trifft. Dasselbe gilt nunmehr auch für Arbeitsverhältnisse, die während einer Dienstverhinderung wegen Krankheit oder Unglücksfall oder bereits im Hinblick darauf einvernehmlich aufgelöst wurden (§ 9 Abs 1 AngG und § 5 EFZG). Die **Beendigung des Arbeitsverhältnisses** im Krankenstand führt in diesen Fällen zu einer Entgeltfortzahlung über das rechtliche Ende des Arbeitsver- 6/640

[807] S dazu *Melzer-Azodanloo* in Löschnigg (Hrsg), AngG Bd 1^{10} (2016), § 8 Rz 169.

[808] Zur Rechtslage vor der Angleichung der Arbeiter- und Angestelltenrechte: LG Linz 11. 2. 1997, 11 Cga 2/97x, ARD 5186/27/2001, in Entsprechung zum EFZG und zu OGH 12. 6. 1996, 9 ObA 2060/96y, ARD 4775/37/96; aA *Schrank*, Krankenstände: Verlängern Feiertage wirklich die Entgeltfortzahlungsdauer?, ecolex 2001, 387; s weiters *Eibensteiner*, Vergütung eines Feiertages im Krankheitsfall, ecolex 1994, 410; *Vogt*, Replik: Feiertag im Krankheitsfall, ecolex 1994, 631.

hältnisses hinaus. Reicht jedoch der (ununterbrochene) Krankenstand in ein neues **fiktives Arbeitsjahr** hinein, das erst nach Ablauf der Kündigungsfrist beginnt, so entsteht mit Beginn des neuen Arbeitsjahres **kein neuer** Entgeltfortzahlungsanspruch[809].

6.9.2.1.7. Verhalten im Krankenstand [810]

6/641 Der Dienstnehmer ist verpflichtet, sich so zu verhalten, dass seine Arbeitsfähigkeit möglichst rasch wiederhergestellt wird. Insb hat er nach Tunlichkeit den auf die Herstellung seiner Gesundheit abzielenden Anordnungen des Arztes nachzukommen. Ist eine ärztliche Behandlung entbehrlich, so darf der Arbeitnehmer die im Falle einer Krankheit sonst üblichen Maßnahmen und Verhaltensweisen nicht offenkundig außer Acht lassen. Entsprechende Verstöße können, wenn dadurch der Krankheitsverlauf negativ beeinflusst oder der Heilungsverlauf verzögert werden könnte, zur **berechtigten Entlassung** des Arbeitnehmers führen[811].

6/642 Der **Einsatz von Detekteien** zur Kontrolle des Arbeitnehmerverhaltens wird von der Rechtsprechung grundsätzlich für zulässig erachtet, soweit nicht das notwendige und durch die vorhandenen Verdachtsmomente gerechtfertigte Ausmaß überschritten wird. Im Fall eines rechtswidrigen Verhaltens des Arbeitnehmers können die Kosten des Detektivbüros (zumindest teilweise) aus dem Titel des Schadenersatzes zurückgefordert werden[812].

---

[809] Noch zur Gesetzeslage vor der Rechtsvereinheitlichung von AngG und EFZG: OGH 22. 10. 2010, 9 ObA 36/10z, DRdA 2011, 453 mit Bespr v *Kozak* = ARD 6098/2/2010; s auch *Eypeltauer*, Kündigung durch Arbeitgeber während des Krankenstandes, ecolex 2011, 145; ebenso OGH 24. 11. 2010, 9 ObA 139/09w, DRdA 2011, 285 mit Bespr v *Drs* = Arb 12.930; in Abkehr von OGH 7. 6. 2006, 9 ObA 115/05k, ASoK 2006, 393 mit Bespr v *Höfle* = DRdA 2007, 236 mit Bespr v *Kallab*; *Rauch*, Krankenentgelt nach EFZG und neues Arbeitsjahr, ASoK 2007, 18; *ders*, Entgeltfortzahlung und neues Arbeitsjahr bei durchgehendem Krankenstand, ecolex 2012, 334; *Rothe*, Entgeltfortzahlung: Neues Jahr – neuer Anspruch? Alles beim Alten?, ecolex 2010, 586; hiezu weiters *Schimanko*, Zur Grenze der Entgeltfortzahlung nach dem EFZG, RdW 2011, 98.

[810] *Melzer-Azodanloo* in Löschnigg (Hrsg), AngG Bd 1^{10} (2016), § 8 Rz 172; *Schrank*, Schuldhaftes Arbeitnehmerverhalten bei Krankenständen und Krankschreibungen, ZAS 2003, 158; *Andexlinger*, Fehlverhalten im Krankenstand, RdW 1987, 334; *Eichinger*, Gedanken zur vorzeitigen Auflösung des Arbeitsverhältnisses aus wichtigem Grund, in FS 100 Jahre Wirtschaftsuniversität Wien (1988), 375 ff; *Heinz-Ofner*, Die Entlassungsjudikatur zum genesungsvereitelnden Verhalten während des Krankenstandes, DRdA 2007, 11; *Lindmayr*, Entlassung wegen genesungswidrigen Verhaltens im Krankenstand – Judikaturübersicht, ARD 6387/6/2014. Zur Judikatur s OGH 16. 5. 2002, 8 ObA 100/02t, Arb 12.221; OLG Graz 29. 6. 1995, 7 Ra 10/95, Arb 11.419; ASG Wien 30. 10. 2002, 33 Cga 95/02k, Arb 12.259 = ZAS 2003, 125; OLG Innsbruck 29. 4. 2004, 15 Ra 46/04h, ZAS 2004, 283; ASG Wien 21. 7. 2003, 19 Cga 161/01m, Arb 12.304; OGH 10. 3. 1987, 14 ObA 25/87, Arb 10.614.

[811] ZB Autoreparatur und Gasthausbesuche während eines grippalen Infekts – OGH 10. 3. 1987, 14 ObA 25/87, Arb 10.614 = RdW 1987, 237; Führung eines Buschenschanks im Krankenstand – OGH 26. 1. 2000, 9 ObA 329/99v, ARD 5109/16/2000; Traktorarbeiten während des Krankenstandes auf Grund eines „Hexenschusses" – OGH 7. 4. 1987, 14 ObA 38/87, RdW 1987, 268 = ZAS 1989, 24; längere Einkaufsfahrt am zweiten Tag eines grippalen Infekts – OGH 24. 2. 2000, 8 ObA 12/00y, Arb 11.993 = ARD 5122/29/2000; lange Autofahrten und Seminartätigkeit – OGH 25. 5. 2011, 8 ObA 35/11x, ecolex 2011, 849 = infas 2011, A 73; nicht jedoch im Falle kurzzeitiger Tätigkeiten im Gasthaus der Ehefrau – OGH 25. 11. 1992, 9 ObA 202/92, ARD 4427/78/93; Bürgermeisteragenden – OGH 7. 6. 2001, 9 ObA 144/01v, DRdA 2002, 390 mit Bespr v *Naderhirn*; Tätigkeit als Nageldesignerin – OGH 21. 1. 2011, 9 ObA 3/11y, taxlex 2011, 271 mit Bespr v *Gerhartl* = infas 2011, A 44 = RdW 2011, 355 = ARD 6154/6/2011 = DRdA 2011, 457.

[812] OGH 17. 2. 1981, 4 Ob 67/80, Arb 9936; OLG Wien 12. 8. 1999, 8 Ra 110/99a, ARD 5081/17/99; OLG Innsbruck 29. 4. 2004, 15 Ra 46/04h, ZAS 2004, 283; OLG Wien 19. 8. 2004, 10 Ra 90/04k, ARD 5606/3/2005; OGH 12. 7. 2006, 9 ObA 129/05v, DRdA 2007, 320 mit Bespr v *Goricnik*; s weiters *Thiele*, Ersatz von Detektivkosten, RdW 1999, 769; *Rauch*, Der Detektiv im Arbeitsrecht, ASoK 2001, 111; *ders*, Maßnahmen bei Verdacht des Krankenstandsmissbrauchs, ARD 5389/14/2003; *Hainz*, Der Detektiv als Retter in der (Beweis-)Not, ZAS 2012, 127.

6.9.2.1.8. Erkrankung im Ausland

Erkrankt ein Arbeitnehmer während einer **Dienstreise** im Ausland, dann kann er gegen den **Arbeitgeber** nicht nur seine Entgeltfortzahlungsansprüche nach dem AngG und EFZG (s oben) geltend machen, sondern gem § 130 ASVG auch die **Leistungen aus der gesetzlichen Krankenversicherung** (Kosten der ärztlichen Hilfe, des Krankenhausaufenthalts, der Medikamente etc). Die vom Arbeitgeber aufgewendeten Kosten sind diesem vom Krankenversicherungsträger rückzuerstatten. 6/643

Die Regelungen finden jedoch keine Anwendung, wenn auf Grund der VO (EG) 883/2004 (früher VO 1408/71) bzw zwischenstaatlicher Sozialversicherungsabkommen ohnehin eine Sachleistungsaushilfe durch den ausländischen Krankenversicherungsträger gegeben ist[813]. 6/644

6.9.2.2. Andere wichtige Verhinderungsgründe

Auch „andere wichtige, die Person des Arbeitnehmers betreffende Gründe" können den Arbeitnehmer berechtigen, vorübergehend seiner Arbeitspflicht nicht nachzukommen. Es handelt sich hiebei um **Gründe**, die dem Arbeitnehmer zuzurechnen sind und die ihn durch eine unmittelbare Einwirkung an der Dienstleistung hindern (oder die nach Recht, Sitte, Herkommen oder Religion wichtig genug erscheinen, um ihn davon abzuhalten). Diese Gründe sind verschiedenartig[814]: Hierzu zählen Gründe familiärer Natur (Geburten, Todesfälle, Hochzeiten, Erkrankungen Angehöriger), tatsächliche Verhinderungen (zB Witterungseinflüsse, Verkehrseinstellungen, Übersiedlung, Verkehrsstreiks)[815], die Befolgung öffentlicher Pflichten (zB Vorladungen vor Ämter und Behörden sowie Aufsuchen eines Gerichts), religiöse Verpflichtungen (zB Tauf-, Hochzeits- oder Begräbniszeremonien)[816], die Ausreiseverweigerung durch die Zollbehörde[817], die Tätigkeit als Wahlzeuge bei einer Betriebsratswahl[818] oder das Aufsuchen eines Arztes (Gesundenuntersuchung, Impfungen). Allgemein kann gesagt werden, dass eine unvorhersehbare Kollision von Vertragspflichten mit einer höherwertigen Pflicht das Unterlassen der Dienstleistung jedenfalls zu rechtferti- 6/645

[813] Vgl insb *Öhlinger*, Krankenversicherungsrechtliche Probleme bei Auslandsberührung, in Tomandl (Hrsg), Auslandsberührungen in der Sozialversicherung (1980), 49; ausführlich zu den Voraussetzungen *Shubshizky*, Übernahme der Krankenbehandlungskosten bei Entsendungen durch den Dienstgeber, ZAS 2004, 256; *Naderhirn*, Zum Verhältnis der VO 1408/71 und zwischenstaatlicher Abkommen über soziale Sicherheit zu § 130 ASVG, ecolex 2002, 445; s weiters *Teschner/Widlar*, ASVG (Losebl), § 130 Erl 1 ff; OGH 22. 5. 2001, 10 ObS 95/01w, DRdA 2002, 292 mit Bespr v *Binder*; *Binder*, Krankenbehandlung im Ausland I bzw II, DRdA 2001, 383 u 518; *Marhold*, Krankenbehandlung bei Auslandsentsendung, ASoK 1999, 13.

[814] Vgl etwa *Drs*, Sonstige Dienstverhinderungsgründe, in Resch (Hrsg), Fragen der Lohnfortzahlungspflicht des Dienstgebers (2004), 39; *Holzer* in Marhold/Burgstaller/Preyer (Hrsg), AngG (Losebl), § 8 Rz 39 ff; *Melzer-Azodanloo* in Löschnigg (Hrsg), AngG Bd 1^{10} (2016), § 8 Rz 182 f; *Windisch-Graetz*, Arbeitsrecht II (2013), 192; *Krejci* in Rummel/Lukas (Hrsg), ABGB I^4 (2015), § 1155 Rz 34 ff; *Ettmayer*, Die Risikoverteilung bei Verhinderung aus persönlichen Gründen, DRdA 2007, 193; *Naderhirn*, Zum Verhältnis ausgewählter Entgeltfortzahlungstatbestände zueinander, ZAS 2007, 111; *Heinz-Ofner*, Vereinbarung persönlicher Dienstverhinderungsgründe, in Reissner/Neumayr (Hrsg), Zeller Handbuch Arbeitsvertrags-Klauseln (2010), 741 ff.

[815] S hiezu *Rauch*, Entgeltzahlungspflicht des Arbeitgebers bei Arbeitsverhinderung durch Verkehrsstreik?, ASoK 2000, 262.

[816] S auch OGH 25. 4. 1996, 8 ObA 2058/96x, ZAS 1997, 55 mit Bespr v *Apathy* = RdW 1997, 88.

[817] OGH 10. 4. 1996, 9 ObA 21/96, RdW 1997, 89.

[818] Vgl *Löschnigg* in Strasser/Jabornegg/Resch (Hrsg), ArbVG (Losebl), § 56 Rz 9; ebenso OGH 26. 1. 2017, 9 ObA 121/16h, DRdA-infas 2017, 147; zur Teilnahme an Belegschaftsversammlungen s aber 10.2.3.

gen vermag[819]. Im Einzelfall ist stets eine Abwägung der betrieblichen Interessen und der Interessen des Arbeitnehmers vorzunehmen. Kommt es zu einer übermäßigen Beeinträchtigung der Interessenlage des Arbeitgebers, können Umstände, die an sich als Dienstverhinderungsgründe qualifiziert werden könnten, sogar zum Ausspruch einer gerechtfertigten Entlassung führen, wenn der Arbeitnehmer auf Freistellung beharrt (zu exzessiven Gebetsritualen vgl OGH 27. 3. 1996, 9 ObA 18/96, DRdA 1997, 35 mit Bespr v *Mosler*).

6/646 Von der Judikatur wurden zB die behördliche Vorladung zur Kraftfahrzeugüberprüfung[820], die vorübergehende Einstellung des zur Erreichung der Arbeitsstätte erforderlichen Massenverkehrsmittels[821], ein Eisenbahnerstreik[822], Elementarereignisse wie außergewöhnlich ergiebige Schneefälle[823] sowie die Behebung einer Telefonstörung[824], **nicht** jedoch die Ablegung einer Jagdprüfung[825] als Verhinderungsgründe anerkannt.

6/647 Gewisse Dienstverhinderungsgründe, die systematisch den sonstigen Dienstverhinderungen zuzurechnen wären, wurden speziellen Regelungen unterworfen. Hiezu zählen insb die **Pflegefreistellung** iSd § 16 UrlG (vgl 6.9.2.3), **Schwangerschaft** und **schwangerschaftsbedingte Vorsorgeuntersuchungen**, insb die Mutter-Kind-Pass-Untersuchungen gem § 3 Abs 8 MSchG (vgl 7.3.3.6.5) sowie die **Entbindung**.

6/648 Bei Vorliegen „sonstiger" Dienstverhinderungsgründe sehen die einschlägigen Bestimmungen (insb § 8 Abs 3 AngG u § 1154b Abs 5 ABGB) eine Entgeltfortzahlungspflicht des Dienstgebers für die Dauer einer **verhältnismäßig kurzen Zeit** vor. Eine kalendermäßige Begrenzung ist in obigen gesetzlichen Regelungen nicht vorgesehen, sodass eine Berücksichtigung der Interessenlagen der Arbeitsvertragsparteien möglich ist. Als Richtwert und als übliches Höchstausmaß ist von einer Entgeltfortzahlung für die Dauer einer Woche auszugehen[826]. Ein Überschreiten der Ein-Wochen-Grenze ist aber in berücksichtigungswürdigen Fällen jedenfalls zu bejahen[827]. Dies lässt sich insb mit der Entstehungsgeschichte der einschlägigen Normen begründen (s auch die Materialien zum HGG 1910).

Die Bestimmungen des § 8 Abs 3 AngG und des § 1154b Abs 5 ABGB[828] sind **einseitig zwingender** Natur. Dies hat zur Konsequenz, dass Regelungen in Kollektivverträgen, die für bestimmte Verhinderungsfälle bestimmte entgeltfähige Fristen vorsehen (zB zwei Tage bei eigener Hochzeit), die Wirkung haben, dass für die kollektivvertraglichen Zeiträume die Verhinderung gleichsam unwiderleglich vermutet wird. Im Übrigen kann eine kollektivvertragliche Durchnormierung die wichtigen Gründe nur demonstrativ festlegen. Im konkreten Fall kann daher ein Mehrbedarf bei entsprechendem Nach-

---

819 Vgl auch OGH 13. 5. 1986, 14 Ob 74/86, Arb 10.521.
820 OGH 5. 10. 1965, 4 Ob 106/65, Arb 8147.
821 ArbG Wr Neustadt 3. 9. 1948, Cr 70/48, Arb 4990.
822 ArbG Wien 16. 6. 1965, 1 Cr 104/65, Arb 8097.
823 OGH 16. 12. 1987, 9 ObA 202/87, ZAS 1988, 167 mit Bespr v *Schnorr*.
824 OGH 27. 5. 1992, 9 ObA 70/92, DRdA 1993, 45 mit krit Bespr v *Ritzberger-Moser*.
825 OGH 12. 10. 1988, 9 ObA 227/88, DRdA 1989, 423.
826 Generell für einen Maximalzeitraum von einer Woche *Schrank*, Arbeitsrecht und Sozialversicherungsrecht (Losebl), 348.
827 Vgl insb *Holzer*, Die Dienstverhinderung aus anderen wichtigen die Person des Dienstnehmers betreffenden Gründen, DRdA 1970, 121; *Spielbüchler/Grillberger*, Arbeitsrecht I[4] (1998), 288; *Melzer-Azodanloo* in Löschnigg (Hrsg), AngG Bd 1[10] (2016), § 8 Rz 218.
828 Bis 30. 6. 2018 handelt es sich bei § 1154b Abs 5 ABGB um eine kollektivvertragsdispositive Regelung. Kollektivverträge können daher bis zu diesem Zeitpunkt auch (im Vergleich zum Gesetz) ungünstigere Bestimmungen enthalten.

weis geltend gemacht werden (vgl zB *Löschnigg*, IT-KV [2001], § 10; *Löschnigg/Melzer-Azodanloo/Ogriseg*, Telekom-KV 2014³ [2014], § 7).

Die Beendigung des entgeltfähigen Zeitraums bedeutet aber nicht, dass der Angestellte (oder der Arbeiter) gem § 27 Z 4 AngG (bzw § 82 lit f GewO) entlassen werden könnte, wenn er seinen Dienst nicht antritt (vgl 8.3.4.1.1 d u 8.3.4.1.2 h). Ist der Hinderungsgrund rechtmäßig, weil höherwertige Pflichten nach Maßgabe der Interessenabwägung prävalieren, ist das **Entlassungsrecht nicht gegeben**. Die Beurteilung der Entgeltfähigkeit und die Beurteilung der Möglichkeit einer Entlassung wegen unrechtmäßiger Absenz sind also nach verschiedenen Maßstäben vorzunehmen. 6/649

Ein **Verschulden** des Arbeitnehmers schließt eine Entgeltfortzahlung aus[829]. 6/650

Ebenso wie bei Krankenständen ist auch bei den „sonstigen" Dienstverhinderungen der Arbeitnehmer verpflichtet, die Verhinderung dem Arbeitgeber unverzüglich mitzuteilen[830]. Kommt der Arbeitnehmer dieser **Mitteilungspflicht** nicht nach, verliert er für die Dauer der Säumnis seinen Entgeltfortzahlungsanspruch. Für die Gruppe der Angestellten lässt sich dies unmittelbar aus § 8 Abs 8 AngG ableiten[831], für Arbeiter wird man zu diesem Ergebnis durch Analogie zum AngG bzw zum EFZG kommen müssen. Eine Entlassung des Arbeitnehmers wegen Verletzung der Mitteilungspflicht kommt nur in Ausnahmefällen in Frage[832]. 6/651

Kündigt der Arbeitgeber während einer Dienstverhinderung, entlässt er den Arbeitnehmer in rechtswidriger Weise oder kann der Arbeitnehmer während der Dienstverhinderung berechtigt austreten, dann bleibt dem Arbeitnehmer der Anspruch auf Entgeltfortzahlung gem **§ 1156 ABGB** – wie im Fall eines aufrechten Arbeitsverhältnisses – erhalten (zu günstigeren kollektivvertraglichen bzw arbeitsvertraglichen Regelungen vgl 6.9.2.1.6.1). Die gesetzliche Entgeltfortzahlung über das Ende des Arbeitsverhältnisses hinaus gebührt dieser Bestimmung zufolge nicht nur bei Krankheit und Arbeitsunfall, sondern auch bei sonstigen Dienstverhinderungen. Bedeutsam ist § 1156 ABGB in erster Linie für Arbeiter mit kurzen Kündigungsfristen, da in diesen Fällen der entgeltfortzahlungspflichtige Zeitraum nach § 1154b Abs 5 ABGB („verhältnismäßig kurze Zeit") über die Kündigungsfrist hinausreichen kann. Für den Angestelltenbereich ist die Anwendung des § 1156 ABGB strittig, hätte aber ohnedies kaum praktische Bedeutung[833]. 6/652

6.9.2.3. Pflegefreistellung

Eine Dienstverhinderung, die einer speziellen gesetzlichen Regelung unterzogen wurde, bildet die sog Pflegefreistellung. Sie ist in § 16 UrlG geregelt und setzt diesbezüglich die 6/653

829 S auch OGH 2. 9. 1992, 9 ObA 147/92, DRdA 1993, 233 mit Bespr v *Ritzberger-Moser*.
830 Vgl *Melzer-Azodanloo* in Löschnigg (Hrsg), AngG Bd 1¹⁰ (2016), § 8 Rz 245.
831 Vgl ASG Wien 5. 2. 2001, 25 Cga 125/00k, ARD 5208/15/2001; *Holzer*, Die Dienstverhinderung aus anderen wichtigen die Person des Dienstnehmers betreffenden Gründen, DRdA 1970, 104.
832 OGH 25. 4. 1996, 8 ObA 2058/96x, ZAS 1997, 55 mit Bespr v *Apathy*.
833 Vgl *Drs* in Neumayr/Reissner (Hrsg), Zeller Kommentar² (2011), § 1156 ABGB Rz 3; *Melzer-Azodanloo* in Löschnigg (Hrsg), AngG Bd 1¹⁰ (2016), § 9 Rz 4 f.

Elternurlaubsrichtlinie (RL 2010/18/EU, s 2.8.4.6) um. Zu einer Entgeltfortzahlungspflicht des Arbeitgebers kommt es gem § 16 Abs 1 UrlG, wenn der Arbeitnehmer

a) wegen der notwendigen Pflege eines im gemeinsamen Haushalt lebenden erkrankten nahen Angehörigen oder eines nicht im gemeinsamen Haushalt lebenden eigenen Kindes/ Wahl- bzw Pflegekindes (**Krankenpflegefreistellung**)[834] oder

b) wegen der notwendigen Betreuung des eigenen Kindes (Wahl- oder Pflegekindes) oder eines im gemeinsamen Haushalt lebenden leiblichen Kindes des anderen Ehegatten, des eingetragenen Partners oder Lebensgefährten infolge eines Ausfalls einer Person, die das Kind ständig betreut hat (**Betreuungsfreistellung**)[835] oder

c) wegen der Begleitung des eigenen erkrankten Kindes (Wahl- oder Pflegekindes) oder eines im gemeinsamen Haushalt lebenden leiblichen Kindes des anderen Ehegatten, des eingetragenen Partners oder Lebensgefährten bei einem stationären Aufenthalt in einer Heil- und Pflegeanstalt, sofern das Kind das zehnte Lebensjahr noch nicht vollendet hat (**Begleitungsfreistellung**)[836], nachweislich an der Arbeitsleistung verhindert ist.

6/654 Anders als beim Erholungsurlaub ist für die Inanspruchnahme der Pflegefreistellung keine Vereinbarung mit dem Arbeitgeber erforderlich[837]. Der Arbeitnehmer ist zwar verpflichtet, die Dienstverhinderung dem Grunde nach nachzuweisen, der Arbeitgeber ist aber nicht berechtigt, dem Arbeitnehmer die Erbringung eines bestimmten Nachweises – etwa eines ärztlichen Attestes – vorzuschreiben. Befolgt der Arbeitnehmer dies dennoch, so hat der Dienstgeber die dem Arbeitnehmer entstandenen Kosten (zB Arzthonorar) zu ersetzen (LG Linz 8. 2. 1978, 12 Cg 27/77, Arb 9733).

6/655 Als **nahe Angehörige** sind der Ehegatte, der eingetragene Partner und Personen anzusehen, die mit dem Arbeitnehmer in gerader Linie verwandt sind (dh insb Großeltern, Eltern, Kinder, Enkel), ferner Wahl- und Pflegekinder, im gemeinsamen Haushalt lebende leibliche Kinder des Ehegatten oder des eingetragenen Partners oder Lebensgefährten sowie die Person, mit der der Arbeitnehmer in Lebensgemeinschaft lebt.

6/656 Hat ein Pflegebedürftiger mehrere berufstätige nahe Angehörige, die mit ihm im gemeinsamen Haushalt leben, so haben diese ein **Wahlrecht**, wer die Pflegefreistellung beansprucht[838]. Der Dienstgeber kann eine Pflegefreistellung keineswegs mit dem Hinweis ablehnen, dass noch ein anderer naher Angehöriger sein Anrecht auf Pflegefreistellung nützen könne (OGH 16. 2. 2000, 9 ObA 335/99a, ARD 5109/12/2000).

Die Krankenpflegefreistellung setzt voraus, dass der Angehörige „erkrankt" ist, wobei dem Begriff der Krankheit kein zu eingeschränktes Verständnis zu Grunde zu legen ist (vgl *Cerny*, Urlaubsrecht[10] [2005], § 16 Erl 5; *Kuderna*, Urlaubsrecht[2] [1995], 214). Die Pflegebedürftigkeit im Zusammenhang mit einer **Hausgeburt** wird daher § 16 UrlG zu unterstellen sein (ebenso *Eypeltauer*, Hausgeburt und Pflegefreistellungsanspruch, DRdA 1993, 147).

---

[834] Zur sozialrechtlichen Situation vgl *Resch*, Sozialrechtliche Aspekte der Pflege in der Familie, in Mazal (Hrsg), Sozialrecht und Familie (2009), 51.

[835] Vgl *Kollros*, Probleme bei der Betreuungsfreistellung, ZAS 2000, 1.

[836] Dazu *Kohlbacher*, Pflege-, Betreuungs- und Begleitungsfreistellung NEU ab 1. 1. 2013 - Anpassung an die heutige Lebenswirklichkeit vieler Familien, ASoK 2013, 82.

[837] Vgl OGH 22. 10. 1997, 9 ObA 259/97x, ASoK 1998, 149.

[838] Vgl *Kuderna*, Die Pflegefreistellung, DRdA 1977, 67.

Bis zur Novelle des UrlG BGBl I 3/2013 stellte sich stets die Frage, ob die Betreuung eines Kindes im „**Eltern-Kind-Zimmer**" (Anstaltsbetreuung) eines Krankenhauses oder einer Pflegeanstalt zu einem Anspruch nach § 16 UrlG führt. Für Kinder bis zum vollendeten zehnten Lebensjahr hat der Gesetzgeber Klarheit und einen entsprechenden Anspruch geschaffen (s oben). Für ältere Kinder wird weiterhin ein Freistellungsanspruch unter Fortzahlung des Entgelts nur dann zu befürworten sein, wenn die Anwesenheit eines Familienangehörigen medizinisch indiziert ist. Für die Anwendbarkeit von § 8 Abs 3 AngG bzw § 1154b ABGB (s hiezu unten) sind in diesem Fall auch andere Kriterien zu prüfen. Einen Dienstverhinderungsgrund wird man etwa dann bejahen müssen, wenn ein regelmäßiger Besuch des Kindes im Krankenhaus durch die Entfernung zum Wohn- bzw Arbeitsort unzumutbar ist.

Der Arbeitnehmer hat Anspruch auf Fortzahlung des Entgelts bis zum Höchstausmaß seiner regelmäßigen **wöchentlichen Arbeitszeit** innerhalb eines Arbeitsjahres. 6/657

Im Falle der Krankenpflegefreistellung hat der Arbeitnehmer gem § 16 Abs 2 UrlG einen zusätzlichen Anspruch auf Freistellung bis zum Höchstausmaß einer **weiteren Arbeitswoche** pro Arbeitsjahr, wenn 6/658

a) das erkrankte eigene Kind (Wahl- oder Pflegekind) oder das Kind des Partners das zwölfte Lebensjahr noch nicht überschritten hat,

b) der Anspruch auf die erste Woche Freistellung bereits verbraucht wurde und es sich um einen neuerlichen Pflegefall handelt und

c) auch kein sonstiger Anspruch (zB auf Grund eines Gesetzes, eines Kollektivvertrags, einer Betriebsvereinbarung oder des Arbeitsvertrags) auf Entgeltfortzahlung für diesen Zeitraum besteht (Subsidiarität der erweiterten Pflegefreistellung).

Gem § 16 Abs 2 UrlG kommt die Krankenpflegefreistellung für die zweite Woche nur dann zum Tragen, wenn der Arbeitnehmer „an der Arbeitsleistung **neuerlich** verhindert ist". Dies ist dahin gehend auszulegen, dass der Arbeitnehmer sich anlässlich der ersten Freistellung im Arbeitsjahr keinesfalls zunächst auf § 16 Abs 1 und im Anschluss daran auf § 16 Abs 2 UrlG stützen und so eine vierzehntägige Pflegefreistellung verlangen kann. Bei jeder neuerlichen Freistellung im Arbeitsjahr kann er aber zunächst den Restanspruch nach Abs 1 ausschöpfen und sich in weiterer Folge auf Abs 2 des § 16 UrlG berufen[839]. Für die Kombination von Abs 1 und Abs 2 gilt wie für jegliche Freistellung nach § 16 UrlG die Obergrenze der „regelmäßigen wöchentlichen Arbeitszeit". 6/659

Beispiel: Ein Arbeitnehmer hat im Arbeitsjahr bereits vier Arbeitstage (bei einer Fünf-Tage-Woche) für eine Pflegefreistellung in Anspruch genommen. Eine weitere Erkrankung des zweijährigen Kindes zwingt ihn, noch einmal fünf Arbeitstage zur Pflege des Kindes zu verwenden. – Dem Arbeitnehmer steht für sämtliche fünf Arbeitstage die Fortzahlung des Entgelts zu (ein Tag als Restanspruch von § 16 Abs 1 UrlG und vier Tage nach § 16 Abs 2 UrlG).

Hat ein Arbeitnehmer keinerlei Ansprüche auf bezahlte Freistellung gem § 16 UrlG mehr, so kann er zur Pflege des erkrankten Kindes, das das zwölfte Lebensjahr nicht überschritten haben darf, den **Urlaub einseitig antreten** (§ 16 Abs 3 UrlG)[840]. Es handelt sich hiebei um eine weitere Ausnahme von dem Grundsatz, dass der Erholungsurlaub des Einvernehmens zwischen Arbeitnehmer und Arbeitgeber bedarf (vgl 6.10.3). Die Dauer dieses „Pflege- 6/660

[839] Vgl *Löschnigg*, Der erweiterte Pflegefreistellungsanspruch nach § 16 UrlG, wbl 1993, 74.
[840] Vgl OGH 26. 1. 1995, 8 ObA 210/95, RdW 1995, 428 mit Bespr v *Drs.*

urlaubs" hat der Gesetzgeber nicht beschränkt; sie richtet sich daher allein nach den noch offenen Urlaubsansprüchen des Arbeitnehmers im Kalenderjahr.

6/661 Die Auswirkungen des § 16 UrlG auf die rechtliche Situation von Angestellten- und Arbeiterdienstverhältnissen sind unterschiedlich. Für die vom Geltungsbereich des UrlG erfassten Arbeiter hat der Gesetzgeber mit der Krankenpflege- und Betreuungsfreistellung gem § 16 Abs 1 UrlG zwei Fälle, die an sich unter die sonstigen Dienstverhinderungen iSd § 1154b Abs 5 ABGB zu subsumieren sind (vgl 6.9.2.2), herausgegriffen und mit einem unabdingbaren Minimum an Entgeltfortzahlung in der Höhe eines Wochenlohnes ausgestattet. Der Anspruch auf Freistellung und auf Entgeltfortzahlung für eine weitere Woche (§ 16 Abs 2 UrlG) kommt nur subsidiär zum Tragen. Die Möglichkeit, die Ansprüche des § 1154b Abs 5 ABGB durch Kollektivvertrag zum Nachteil des Arbeitnehmers zu verändern (Ausnahme s 6.9.2.2), wird durch § 16 Abs 2 UrlG nicht eingeschränkt. Gesetzliche Vorschriften, Kollektivverträge, Arbeits-(Dienst-)Ordnungen, Betriebsvereinbarungen oder Arbeitsverträge, die den Anspruch auf Pflegefreistellung günstiger regeln, bleiben insoweit unberührt[841].

Beispiel: Ein naher Angehöriger, der mit dem **Arbeiter nicht** im gemeinsamen Haushalt lebt, erkrankt. Es kommt, wenn weder arbeitsvertraglich (günstigere) noch kollektivvertraglich Regelungen vorgesehen sind, § 1154b ABGB zur Anwendung. Diese Bestimmung setzt das Wohnen im gemeinsamen Haushalt mit dem Anspruchsberechtigten nicht voraus. Der Erkrankte muss allerdings auf die Pflege des Arbeitnehmers angewiesen sein. Die Bestimmung des § 1154b ABGB ist nicht nur insofern günstiger als § 16 Abs 1 UrlG, als sie keinen gemeinsamen Haushalt verlangt, sondern auch dadurch, dass sie auf den Anlassfall und nicht auf das Arbeitsjahr abstellt. § 1154b ABGB geht damit grundsätzlich der Regelung des § 16 Abs 1 UrlG vor.

6/662 Die Beachtung des Günstigkeitsprinzips führt aber vor allem bei Kollektivverträgen, die bei Freistellungen nicht auf das Arbeitsjahr, sondern auf den Anlassfall abstellen, zu einer Reihe von Schwierigkeiten.

Beispiel 1: Ein Kollektivvertrag sieht für jeden Krankheitsfall eines nahen Angehörigen einen Pflegeanspruch von drei Tagen vor. Die Ehegattin eines Arbeiters erkrankt und ist auf dessen Pflege angewiesen. Die Krankheit dauert zehn Tage. Der Arbeiter stützt sich auf § 16 Abs 1 UrlG und schöpft den Anspruch im Ausmaß einer Arbeitswoche aus. In der Folge erkrankt die Gattin ein zweites Mal. – Da der Kollektivvertrag **insoweit** (Wortlaut des § 18 UrlG) günstiger ist, als er nicht auf das Arbeitsjahr, sondern auf den Anlassfall abstellt, kann der Arbeiter den Anspruch für drei Tage nach dem Kollektivvertrag ansprechen.

Beispiel 2: Sachverhalt wie im Beispiel 1, jedoch erkrankt beim zweiten Mal nicht die Ehegattin, sondern das dreijährige Kind des Arbeiters für die Dauer einer Woche. – Der Kollektivvertrag sieht zwar grundsätzlich einen Anspruch vor, der im konkreten Anlassfall aber nicht ausreichen würde (nur für drei Tage!). Auf Grund der Subsidiarität der erweiterten Krankenpflegefreistellung (gem § 16 Abs 2 UrlG) vermag der Anspruch nach § 16 Abs 2 UrlG den kollektivvertraglichen Anspruch nicht zu verdrängen. Umgekehrt geht der Anspruch nach § 16 Abs 2 UrlG für den Anlassfall nicht gänzlich verloren. Der Arbeiter wird daher seinen Anspruch hinsichtlich der ersten drei Tage auf den Kollektivvertrag und hinsichtlich des Rests der Woche auf § 16 Abs 2 UrlG stützen.

6/663 Fraglich ist, ob ein Verschulden des Arbeitnehmers den Anspruch auf Pflegefreistellung berührt. In § 16 UrlG findet sich im Gegensatz zu § 8 AngG bzw § 1154b Abs 5 ABGB kein

[841] Vgl *Kuderna*, Urlaubsrecht² (1995), 227 ff; zu konkreten Beispielen va *Cerny*, Urlaubsrecht¹⁰ (2011), § 16 Erl 1.

ausdrücklicher Hinweis. Dennoch wird man analog zu den erwähnten Bestimmungen davon ausgehen müssen, dass die grob fahrlässige oder vorsätzliche Herbeiführung jenes Umstandes, der eine Pflegefreistellung erforderlich macht, den Entgeltfortzahlungsanspruch nach § 16 UrlG ausschließt[842].

Auf das Arbeitsverhältnis von **Angestellten** kommt bei sonstigen Dienstverhinderungen in der Person des Arbeitnehmers § 8 Abs 3 AngG zur Anwendung. Da es sich sowohl bei der Krankenpflegefreistellung als auch bei der Betreuungsfreistellung um typische sonstige Dienstverhinderungen iSd § 8 Abs 3 AngG handelt, stellt sich die Frage nach dem Verhältnis dieser Bestimmung zu § 16 UrlG. 6/664

Die Bestimmung des § 8 Abs 3 AngG ist in allen wesentlichen Komponenten günstiger: sie ist **zwingend** und sie stellt nicht auf das Arbeitsjahr, sondern auf den **Anlassfall** ab. Außerdem vermittelt sie nicht nur zu Gunsten der im UrlG genannten nahen Angehörigen, sondern auch zu Gunsten anderer Personen, denen gegenüber eine entsprechende moralische Verpflichtung anzuerkennen ist, einen Anspruch, der in der Regel mit einer Woche festzulegen sein wird. § 8 Abs 3 AngG setzt schließlich nicht voraus, dass die zu pflegende Person in die Hausgemeinschaft des Angestellten aufgenommen ist. 6/665

Man wird also sagen müssen, dass § 16 Abs 1 UrlG für die Angestellten iS des AngG eine die Rechtsdurchsetzung erleichternde Bedeutung hat, dh, es wird eindeutig klargestellt, dass die Pflegefreistellung im Rahmen des § 8 Abs 3 AngG einen wichtigen Grund darstellt, wobei es der Gesetzgeber eben für notwendig erachtet, ihn besonders hervorzuheben[843]. 6/666

Für die erweiterte Krankenpflegefreistellung gem § 16 Abs 2 UrlG bleibt auf Grund des subsidiären Charakters dieser Regelung im Angestelltenrecht kein Raum. Ist nämlich der Anspruch „während einer verhältnismäßig kurzen Zeit" iSd § 8 Abs 3 AngG erschöpft, wird man im unmittelbaren Anschluss daran nicht auf § 16 Abs 2 UrlG greifen können. Da § 8 Abs 3 AngG auf den Anlassfall abstellt, ist bei Eintritt einer neuerlichen Dienstverhinderung aber wiederum ein Anspruch nach dieser Bestimmung gegeben. 6/667

6.9.2.4. Rückforderung fortgezahlten Entgelts

Kommt es zu einer Dienstverhinderung, die ein Dritter rechtswidrig verursacht hat und für die er vom Arbeitnehmer schadenersatzrechtlich herangezogen werden könnte, dann wird der Schaden auf den Dienstgeber überwälzt, wenn dieser gesetzlich oder kollektivvertraglich zur Lohnfortzahlung verpflichtet ist. Die Lohnfortzahlungsvorschriften haben jedoch nicht den Zweck, den Schädiger zu entlasten, sie sollen vielmehr den Dienstnehmer vor sozialen Härten schützen. In Anlehnung an die Lehre ist der OGH der Auffassung beigetreten, dass die Ersatzpflicht des Schädigers durch die Lohnfortzahlung nicht ausgeschlossen ist[844]. Der Schädiger hat hiebei den auf den Dienstgeber überwälzten Schaden des Dienstnehmers zu 6/668

[842] Für eine teleologische Reduktion s auch *Melzer-Azodanloo* in Löschnigg (Hrsg), AngG Bd 1[10] (2016), § 8 Rz 195.

[843] Näheres bei *Schwarz*, Probleme des neuen österreichischen Urlaubsrechtes, DRdA 1977, 126.

[844] OGH 24. 3. 1994, 2 Ob 21/94, DRdA 1995, 44 mit Bespr v *Klein*; *Holzer*, Der Lohnfortzahlungsschaden, ASoK 2000, 63; zur Problematik des Lohnfortzahlungsschadens für den Fall, dass ein Arbeitnehmer die Dienstverhinderung eines anderen verschuldet, vgl 6.13.4.

ersetzen und nicht etwa den – bei konkreter Berechnung unter Umständen weit höheren – eigenen Schaden des Dienstgebers aus dem Ausfall der Arbeitskraft. Mit der Entgeltfortzahlung geht der Ersatzanspruch gegen den Schädiger unmittelbar auf den Dienstgeber über. Einer rechtsgeschäftlichen Zession bedarf es nicht. Der **Lohnfortzahlungsschaden** des Dienstgebers umfasst nicht nur den Bruttolohn, sondern auch die Dienstgeberbeiträge zur Sozialversicherung. Auf Grund der Schadensferne wird jedoch eine Urlaubsersatzleistung, die anfällt, wenn das Arbeitsverhältnis wegen der vom Dritten verursachten Dienstunfähigkeit des Arbeitnehmers beendet werden muss, nicht erfasst sein.

Beispiel: Ein Arbeitnehmer fährt mit seinem Fahrrad zur Arbeit und wird – unverschuldet – von einem Pkw erfasst und verletzt. Während des durch den Unfall bedingten Krankenstandes von zwei Wochen ist der Arbeitgeber zur Fortzahlung des Entgelts verpflichtet. Kann der Arbeitgeber das dem Arbeitnehmer während des Krankenstandes geleistete Entgelt vom Lenker des Pkw zurückfordern? – Ja. Diesen sog Lohnfortzahlungsschaden kann der Arbeitgeber geltend machen. De facto wird er von der Kfz-Haftpflichtversicherung des Fahrzeuginhabers übernommen werden.

6.9.3. Wechselwirkungen der Verhinderungsgründe

6/669 Die Entgeltfortzahlungspflicht im Falle der Verhinderungsgründe auf Seiten des Arbeitgebers steht in enger Wechselwirkung mit der Entgeltfortzahlungspflicht im Falle der Verhinderungsgründe auf Seiten des Arbeitnehmers. Dies zeigt sich insb dann, wenn sich die Ansprüche nach § 1155 ABGB mit jenen nach § 1154b ABGB, § 8 Abs 1 bis 3 AngG, § 2 EFZG sowie § 16 UrlG überschneiden[845].

Beispiel 1: Ein Arbeiter erkrankt für die Dauer von sieben Wochen. Nach drei Wochen muss der Betrieb des Arbeitgebers für sechs Wochen wegen gefährlicher Wartungsarbeiten gesperrt werden. Welche Ansprüche hat der Arbeitnehmer? – Für die ersten sechs Wochen besteht ein Anspruch auf das volle Entgelt gem § 2 Abs 1 EFZG. Für die letzte Woche des Krankenstandes bekommt der Arbeiter zwar das halbe Entgelt gem § 2 Abs 1 EFZG, nicht jedoch das volle Entgelt gem § 1155 ABGB. Die Entgeltfortzahlungspflicht des Arbeitgebers (wegen der Betriebssperre) kommt nicht zum Tragen, da der wegen Krankheit dienstunfähige Arbeitnehmer auch ohne Betriebssperre kein volles Entgelt bekommen hätte. Er wäre auch nicht „zur Leistung bereit" gewesen, sodass ein Anspruch nach § 1155 ABGB von vornherein nicht entstanden ist.

Beispiel 2: Ein Dienstnehmer erkrankt für die Dauer von vier Wochen. Nach den ersten zwei Wochen tritt eine Betriebsstörung ein. Die Entgeltfortzahlung für eine derartige Betriebsstörung war insoweit arbeitsvertraglich abgedungen, als ein Entgelt nur für die Dauer einer Woche pro Anlassfall gebühren soll (zur Abdingung des § 1155 ABGB vgl 6.9). Bekommt der Dienstnehmer auch für die zweite Hälfte seiner Krankheit das Entgelt? – Sowohl nach dem Bezugsprinzip als auch nach dem fiktiven Ausfallsprinzip (vgl 6.9.2.1.4) ist der Arbeitgeber für die gesamte Dauer der Krankheit entgeltfortzahlungspflichtig. Nach dem reinen Ausfallsprinzip hätte der Arbeitnehmer für die letzte Woche keinen Anspruch auf das Entgelt[846].

Beispiel 3: Die teilweise Abdingung des § 1155 ABGB führt dazu, dass ein Arbeitnehmer im Zuge einer Betriebsstörung keinen Entgeltanspruch hat. Ändert sich etwas, wenn er nun erkrankt? – Da ihm schon vor Beginn der Krankheit kein Entgelt zustand, bekommt er auch während des Krankenstandes keines. Endet die Betriebsstörung vor der Genesung, dann wird auch ein Aufleben des Entgeltan-

---

845 Zum Entgeltfortzahlungsanspruch des Arbeitnehmers, dessen Krankenstand auf einen Feiertag fällt, vgl 6.9.2.1.6.1 u 6.9.2.1.6.2.

846 Vgl hiezu insb *Krejci* in Rummel/Lukas (Hrsg), ABGB I^4 (2015), § 1155 Rz 35; *Schnorr*, Entgeltansprüche bei Nichtleistung der Arbeit, in Tomandl (Hrsg), Entgeltprobleme aus arbeitsrechtlicher Sicht (1979), 43; *Tomandl*, Streik und Aussperrung als Mittel des Arbeitskampfes (1965), 341.

spruchs zu bejahen sein. Als Bezugszeitraum für die Höhe des fortzuzahlenden Entgelts kann hier nicht mehr die Zeit der (vorübergehenden) Betriebsstörung herangezogen werden, wenn diese zur Gänze wegfällt.

Beispiel 4: Im Arbeitsvertrag der Arbeiter eines Unternehmens findet sich der Hinweis, dass im Falle von Betriebsstörungen keinerlei Entgeltfortzahlungsansprüche bestehen. Als es in der Folge zu einem Maschinenausfall für die Dauer von zwei Tagen kommt, wird allen Arbeitnehmern – gleichgültig ob sie sich im Krankenstand befinden oder ob sie arbeitsbereit sind – das Entgelt für diese zwei Tage vom Monatslohn abgezogen. – Eine derart totale Abdingung des § 1155 ABGB wird man als sittenwidrig qualifizieren müssen (vgl 6.9). Dies bedeutet, dass sowohl die arbeitsbereiten gem § 1155 ABGB als auch die erkrankten Arbeitnehmer gem § 2 EFZG eine Entgeltfortzahlung verlangen können.

Die vorangestellten Beispiele zeigen, dass die Verknüpfung von Entgeltfortzahlung im Krankheitsfall und zulässiger Abdingung der Entgeltzahlung bei den dem Dienstgeber zuzurechnenden Dienstverhinderungen uU zu einem Verlust des Entgelts führen könnte. Im Einzelfall kann dies zu einer nicht vertretbaren Härte für den Arbeitnehmer führen, sodass ein Eingreifen des Gesetzgebers angebracht wäre. Vor allem ist zu berücksichtigen, dass hiebei mittelbar eine Abdingung der Entgeltzahlung im Krankheitsfall erfolgt. Insofern ist es fraglich, ob der Eintritt der Krankheit nicht jedenfalls eine Entgeltfortzahlung bedingt und ob nicht bereits der bestehenden Rechtslage zufolge eine strenge Trennung der Entgeltfortzahlung im Krankenstand von den Fällen der Dienstverhinderung in der Sphäre des Dienstgebers vorzunehmen ist. Die völlig unterschiedlichen Begründungsansätze für die beiden Entgeltfortzahlungsansprüche würden diese Ansicht durchaus stützen. 6/670

6.10. Urlaub

6.10.1. Begriff und Rechtsnatur

Der **Urlaubsanspruch** ist aus der Fürsorgepflicht des Arbeitgebers hervorgegangen und bildet seit dem Gesetz v 23. 7. 1919 (StGBl 395) einen eigenständigen gesetzlich verankerten Rechtsanspruch. Rechtsgrundlage ist das Bundesgesetz betreffend die Vereinheitlichung des Urlaubsrechts und die Einführung einer Pflegefreistellung, BGBl 390/1976 (UrlG 1976). Der Anwendungsbereich dieses Gesetzes ist umfassend: Es gilt sowohl für **Arbeiter** als auch für **Angestellte**, sodass hier ein dem Kodifikationsgedanken des Arbeitsrechts entsprechender Schritt zur Angleichung des Arbeitsrechts der Arbeiter an jenes der Angestellten zu verzeichnen ist[847]. Auf europäischer Ebene enthält Art 7 der Arbeitszeitrichtlinie (RL 2003/88/EG) einen Anspruch auf einen bezahlten Jahresmindesturlaub von vier Wochen (2.8.4.5). 6/671

Urlaub ist Freistellung von der Arbeit unter Fortzahlung des Entgelts. Die beiden Komponenten (**Freistellung** und **Entgelt**) gehören begriffsnotwendig zusammen. Primärer Zweck des Urlaubs ist die **Erholung** des Arbeitnehmers. Diese Zielsetzung darf aber nicht zu eng verstanden werden. Im Wesentlichen geht es um die freie Verfügbarkeit des Arbeitnehmers über diesen Zeitraum und die Befreiung von betrieblichen Belastungsfaktoren (zB ständige telefonische Erreichbarkeit oder Verpflichtung zur Kontrolle betrieblicher E-Mails). 6/672

---

[847] Vgl *Cerny*, Urlaubsrecht[10] (2011), § 1 Erl 1; weiters s *Pichelmayer*, Urlaub bei Lehrlingen, ASoK 2000, 192; krit zur Gestaltung des Urlaubsrechts *Tomandl*, Unklarheiten im Urlaubsrecht, ZAS 2013, 49.

Die rechtsdogmatische Erkenntnis, dass der Urlaub der **Fürsorgepflicht** des Arbeitgebers entspringt, ist nach wie vor von Bedeutung. Hier liegt die entscheidende Untermauerung der Unterscheidung zu rein vermögensrechtlichen Ansprüchen. Letztere kann man aufsparen und nach Belieben konsumieren. Der Urlaub soll hingegen periodisch konsumiert werden, damit der Erholungszweck verwirklicht werden kann. Eine Vereinbarung etwa, in größeren Zeiträumen einen besonders ausgedehnten Urlaubsanspruch verbrauchen zu dürfen, wäre rechtsunwirksam. Das Gesetz schließt allerdings eine Übertragung des Urlaubs auf das nächste Urlaubsjahr nicht aus, zumal der Urlaub nicht erlischt, wenn der Arbeitnehmer ihn nicht geltend macht oder – etwa wegen einer Erkrankung – nicht geltend machen konnte (vgl 6.10.3). Der Urlaubsanspruch ist somit ein gesetzlicher Anspruch, der entsteht, ohne erst geltend gemacht werden zu müssen (*Kuderna*, Urlaubsrecht^2 [1995], 62 mwN). Es liegt im Wesen der Fürsorgepflicht, dass es Sache des Arbeitgebers ist, für den ordnungsgemäßen Urlaubsverbrauch Sorge zu tragen.

6/673 Auf den Urlaub als unabdingbaren Anspruch kann während des aufrechten Dienstverhältnisses nicht verzichtet werden. Eine entsprechende Vereinbarung wäre rechtsunwirksam (§ 12 UrlG; OGH 18. 4. 1978, 4 Ob 28/78, Arb 9693; vgl ferner 3.2.4 u 6.5.3.4).

6/674 Eine **Ablöse** des Erholungsurlaubs in Geld ist kein Urlaub im Rechtssinn; diesbezügliche Vereinbarungen sind rechtsunwirksam (§ 7 UrlG)[848]. Wohl kennt das Gesetz selbst einen Geldanspruch, der zu leisten ist, wenn eine Naturalkonsumation nicht möglich oder zumutbar ist – nämlich die Urlaubsersatzleistung (§ 10 UrlG) –, doch kommt dieser nur im Zuge der Beendigung des Arbeitsverhältnisses in Betracht (vgl 6.10.7).

6/675 Die Rechtsunwirksamkeit der Vereinbarung einer Urlaubsablöse bewirkt, dass der Arbeitnehmer trotz gegenteiliger Vereinbarung seine Urlaubsansprüche geltend machen, der Arbeitgeber aber auch die bezahlte Urlaubsablöse rückfordern kann. Fraglich ist, wie lange diese bereicherungsrechtlichen Rückforderungsansprüche geltend gemacht werden können. *Berger* (Rechtsfragen zur Urlaubsablöse, in FS Tomandl [1998], 8) geht wie bei sonstigen bereicherungsrechtlichen Ansprüchen von einer 30-jährigen Verjährungsfrist aus (vgl aber auch 6.5.4.1). Sowohl die relativ kurze Verjährungsfrist für den Naturalurlaub (vgl 6.10.4) als auch die rechtliche Nähe zum Anspruch auf Urlaubsersatzleistung (vgl 6.10.7) sprechen jedoch für eine Analogie zur Verjährung nach § 4 Abs 5 UrlG. Damit wird auch verhindert, dass ein Arbeitnehmer, der bereits eine Urlaubsablöse erhalten hat, den Urlaubsanspruch länger geltend machen kann als ein Arbeitnehmer, der keine rechtswidrige Vereinbarung abgeschlossen hat.

6.10.2. Voraussetzungen und Ausmaß des Urlaubsanspruchs

6/676 Dem Arbeitnehmer gebührt für jedes Arbeitsjahr ein ununterbrochener bezahlter Urlaub. Das Urlaubsausmaß beträgt bei einer Dienstzeit von weniger als 25 Dienstjahren **30 Werktage** und erhöht sich nach Vollendung des 25. Dienstjahres auf **36 Werktage** (§ 2 Abs 1 UrlG)[849]. Es handelt sich damit um durchgehende Zeiträume von fünf oder sechs

---

848 S dazu EuGH 21. 2. 2013, C-194/12, *Concepción Maestre Garacia/Centros Comerciales Carrfour SA*, infas 2013, E 8; zur Nichtigkeit der Einbeziehung der Urlaubersatzleistung in All-in-Entgeltvereinbarungen s OGH 27. 6. 2013, 8 ObA 32/13h, DRdA 2014, 221 mit Bespr v *Burger* = ASoK 2013, 390 mit Bespr v *Braun* = ARD 6346/5/2013.

849 Allg vgl *Radner*, Urlaubsausmaß und Urlaubsverbrauch, in Resch (Hrsg), Urlaubsrecht (2009), 15.

Wochen, losgelöst von der Frage, ob der Arbeitnehmer an einzelnen Tagen gearbeitet hätte (kalendarischer Urlaubsbegriff).

Werktag ist jeder Tag, der nicht Sonn- oder Feiertag ist. Werktage, an denen im Betrieb nicht gearbeitet wird (zB der Samstag bei einer Fünf-Tage-Woche), werden somit auf den Urlaub angerechnet. Fällt ein gesetzlicher Feiertag auf einen ansonsten arbeitsfreien Werktag, ist dieser Feiertag auf den Urlaub anzurechnen, dh, es ist für diesen Feiertag kein zusätzlicher Urlaubstag zu gewähren[850]. Besteht hingegen für einen Arbeitnehmer die Verpflichtung an einem Feiertag zu arbeiten (zB Schichtarbeiter) und möchte er zur Erholung dennoch an diesem Tag frei haben, muss ein Urlaubsverbrauch vereinbart werden[851]. Ist ein bestimmter Tag (zB der 31. 12.) zwar gem Kollektivvertrag unter Fortzahlung des Gehalts dienstfrei, so ist er dennoch als Werktag iS des UrlG anzusehen, da er kein gesetzlicher Feiertag gem § 7 ARG ist[852]. 6/677

Wenn das UrlG von einem Erholungsurlaub im Ausmaß von 30 bzw 36 Werktagen ausgeht, dann bedeutet dies inhaltlich, dass dem Arbeitnehmer jährlich ein Zeitraum von fünf bzw sechs Wochen zu Erholungszwecken zur Verfügung stehen soll, unabhängig davon, wie Ausmaß und Lage der Arbeitszeit in der einzelnen Arbeitswoche festgelegt sind. Vor allem bei **Teilzeitarbeit**, aber auch bei unregelmäßiger Verteilung der Arbeitszeit innerhalb einer oder mehrerer Arbeitswoche(n) ist von diesem Grundsatz auszugehen[853]. Daher berechtigt auch eine Herabsetzung der Arbeitszeit durch Betriebsvereinbarung den AG nicht zu einer Urlaubsreduktion. 6/678

Wird der **Urlaub nicht in einem** verbraucht, dann ist festzustellen, wie viele Tage der Arbeitnehmer durchschnittlich in fünf bzw sechs Wochen arbeitet. Die so ermittelten Tage entsprechen dann seinen Urlaubstagen. Auf diese Weise kommt man insb bei **Teilzeitarbeit** zu sachgerechten Lösungen. Arbeitet etwa ein Arbeitnehmer nur fünf Tage (zu acht Stunden) in zwei Wochen, dann stehen ihm 12,5 Arbeitstage/Jahr (bei weniger als 25 Dienstjahren) bzw 15 Arbeitstage/Jahr (nach Vollendung des 25. Dienstjahres) zu[854]. Im Fall eines **Wechsels von Teilzeit- zu Vollzeitarbeit** ist das vom Arbeitnehmer am Ende der Teilzeitbeschäftigung nicht verbrauchte Urlaubsguthaben in der Vollzeitphase aufzuwerten. Die neue Anzahl an Urlaubstagen muss demselben Urlaubsausmaß in Wochen entsprechen

---

850 Vgl OGH 10. 12. 1993, 9 ObA 350/93, DRdA 1994, 343 mit Bespr v *Klein*; *Schrank*, Aktuelle Rechtsfragen zu Ausmaß und Verbrauch des Urlaubs, ZAS 1992, 181; *Schachinger*, Urlaubsrechtliche Probleme bei Samstag-Feiertagen, ZAS 1988, 49.

851 OGH 4. 5. 2006, 9 ObA 60/05x, DRdA 2007, 130 mit Bespr v *Resch*.

852 OGH 27. 11. 1984, 4 Ob 132/84, DRdA 1986, 224 mit Bespr v *Teichmann* = infas 1985, A 83.

853 Zur Berechnung des Urlaubsanspruchs bei Teilzeitarbeit vgl *Resch*, Teilzeitbeschäftigung und Erholungsurlaub, ecolex 1993, 840; *Winkler*, Der Urlaubsanspruch bei atypischer Arbeitszeit, ZAS 1967, 6; zur Vereinbarung eines abweichenden Urlaubsausmaßes vgl *Heinz-Ofner*, Ausmaß des jährlichen Erholungsurlaubs, in Reissner/Neumayr (Hrsg), Zeller Handbuch Arbeitsvertrags-Klauseln (2010), 907 ff; *Gerhartl*, Urlaubsrechtliche Fragen der Teilzeitbeschäftigung, ZAS 2005, 250.

854 Vgl OGH 28. 1. 1998, 9 ObA 390/97m, infas 1998, A 88.

wie das Guthaben vor der Umstellung[855]. Dasselbe gilt auch für einen Wechsel von Vollzeit- zur Teilzeitarbeit[856].

Beispiel 1: Ein Arbeitnehmer mit einem Urlaubsanspruch von fünf Wochen arbeitet zwei Tage pro Woche. Während des Urlaubsjahres wird an Stelle der Teilzeitbeschäftigung Vollzeitarbeit (mit fünf Arbeitstagen pro Woche) vereinbart. Zwei Urlaubstage hat er bis zum Zeitpunkt der Umstellung verbraucht. Wie viele Tage/Wochen an Urlaub stehen ihm nach der Änderung des Beschäftigungsausmaßes zu? – Die zwei Urlaubstage entsprachen vor der Umstellung einer Woche an Arbeitszeit bzw Erholungsurlaub. Vier Wochen an Urlaub stehen ihm daher noch zu. Dies sind nach der Arbeitszeitumstellung 20 Arbeitstage.

Beispiel 2: Eine Arbeitnehmerin arbeitet von Montag bis Freitag je vier Stunden. Der Urlaubsanspruch beträgt fünf Wochen (25 Arbeitstage). Im aktuellen Urlaubsjahr hat sie bereits fünf Arbeitstage verbraucht. Sie wechselt in eine Vollzeitarbeit (acht Stunden von Montag bis Freitag). Restlicher Urlaubsanspruch? – Eine Urlaubswoche entspricht fünf Arbeitstagen, unabhängig davon, wie viele Stunden pro Tag gearbeitet werden. Es verbleiben der Arbeitnehmerin vier Urlaubswochen, das sind 20 Arbeitstage.

Beispiel 3: Ein Arbeitnehmer wechselt von Vollzeitarbeit (von Montag bis Freitag jeweils acht Stunden) in eine Teilzeitarbeit (von Dienstag bis Donnerstag jeweils acht Stunden). Im aktuellen Urlaubsjahr wurden bereits vier Urlaubstage konsumiert. Resturlaub? – Bei vier Urlaubstagen wurden 4/25 (= 0,16 = 16 %) des Jahresurlaubs verbraucht. Umgelegt auf die Teilzeitarbeit bedeutet dies, dass vom Urlaubsanspruch (drei Arbeitstage x fünf Wochen = fünfzehn Urlaubstage) 16 % (ds 2,4 Arbeitstage) abzuziehen sind. Es verbleiben daher 12,6 Arbeitstage an Resturlaub.

Derartige Umstellungen hinsichtlich des Arbeitszeitausmaßes führen – obwohl dies gesetzlich nicht explizit vorgesehen ist – ausnahmsweise zur Aliquotierung von Urlaubstagen und damit zu nach **Arbeitsstunden bemessenen Urlaubsansprüchen** (im Übrigen s zum tageweisen bzw stundenweisen Urlaubskonsum 6.10.3).

6/679 Durch **Kollektivvertrag**, **Betriebsvereinbarung** (vgl 3.3.1.9 u 11.5.3.7) sowie in Betrieben ohne Betriebsrat durch **schriftliche Einzelvereinbarung** kann an Stelle des **Arbeitsjahres** das **Kalenderjahr** oder ein anderer Jahreszeitraum als Urlaubsjahr vereinbart werden[857].

Die näheren Modalitäten enthält § 2 Abs 4 UrlG:

a) Vereinbart werden kann, dass Arbeitnehmer, deren Arbeitsverträge im laufenden Urlaubsjahr begründet wurden und die die Wartezeit von sechs Monaten zu Beginn des neuen Urlaubsjahres noch nicht erfüllt haben, für jeden begonnenen Monat ein Zwölftel des Jahresurlaubs erhalten; ist die Wartezeit erfüllt, gebührt der volle Urlaub (dazu im Besonderen 11.5.3.7).

b) Festgelegt werden kann, dass ein höheres Urlaubsausmaß erstmals in jenem Kalenderjahr (Jahreszeitraum) gebührt, in das (in den) der überwiegende Teil des Arbeitsjahres fällt.

c) Vorgesehen kann auch werden, dass der Urlaubsanspruch der Arbeitnehmer, die zu Beginn des neuen Urlaubsjahres mindestens ein Jahr beim selben Arbeitgeber beschäftigt sind, für den Umstellungszeitraum gesondert zu berechnen ist.

---

[855] OGH 24. 10. 2012, 8 ObA 35/12y, DRdA 2013, 337 mit Bespr v *Gerhartl* = EvBl 2013, 359 mit Bespr v *Kohlbacher/Rohrer* = ZAS 2014, 178 mit Bespr v *Drs*; dazu auch EuGH 13. 6. 2013, C-415/12, *Bianca Brandes/Land Niedersachsen*, infas 2014, E 4.

[856] So nunmehr auch explizit OGH 22. 7. 2014, 9 ObA 20/14b, DRdA 2015, 190 mit Bespr v *Kozak* = DRdA-infas 2015, 19 mit Bespr v *Klein* = ZAS 2015, 76 mit Bespr v *Gerhartl* = ARD 6421/6/2014.

[857] Vgl OGH 23. 1. 2003, 8 ObA 3/03d, DRdA 2004, 246 mit Bespr v *Pfeil*; *Stummvoll*, Zur Umstellung des Urlaubsjahres auf das Kalenderjahr, Ind 1976, H 5, 1; *Schima*, Die einzelvertragliche Umstellung des Urlaubsjahres auf das Kalenderjahr, JBl 2000, 16; *Kallab/Obereder*, Umstellung des Urlaubsjahres – neue Rechtslage?, DRdA 2004, 183; *Heinz-Ofner*, Umstellung des Urlaubsjahres, in Reissner/Neumayr (Hrsg), Zeller Handbuch Arbeitsvertrags-Klauseln (2010), 914 ff.

Umstellungszeitraum ist der Zeitraum vom Beginn des Arbeitsjahres bis zum Ende des folgenden Kalenderjahres oder des sonstigen als Urlaubsjahr vereinbarten Jahreszeitraums. Jedenfalls muss dem Arbeitnehmer für den Umstellungszeitraum ein voller Urlaubsanspruch für das neue Urlaubsjahr und ein zusätzlicher aliquoter Anspruch für den Zeitraum vom Beginn des Arbeitsjahres bis zum Beginn des neuen Urlaubsjahres zustehen. Auf den Urlaubsanspruch im Umstellungszeitraum ist ein für das Arbeitsjahr vor der Umstellung gebührender und bereits verbrauchter Urlaub anzurechnen. 6/680

Hervorzuheben ist, dass derartige Regelungen nicht durch Arbeitsvertrag getroffen werden können, weil sie vom Gesetz dem **Kollektivvertrag** bzw der **Betriebsvereinbarung** vorbehalten sind. Derartige Betriebsvereinbarungen beruhen – ebenso wie die gem §§ 96, 96a und 97 ArbVG – unmittelbar auf dem Gesetz (vgl dazu 3.3.4.1). Es bedarf daher keiner zusätzlichen kollektivvertraglichen Ermächtigung (vgl 11.5.3.7).

Durch **Arbeitsvertrag** kann als Urlaubsjahr ein anderer Zeitraum als das Arbeitsjahr nur gültig vereinbart werden, wenn durch diese Vereinbarung dem Arbeitnehmer keine urlaubsrechtlichen Ansprüche entzogen werden (§ 12 UrlG); eine solche Vereinbarung darf sich nur zu Gunsten des Arbeitnehmers (zB durch Verkürzung der Wartezeit, Vorverlegung des Beginns des Urlaubsjahres) auswirken (OGH 24. 2. 1988, 9 ObA 23/88, DRdA 1990, 266 mit Bespr v *Klein*; s auch *Kuderna*, Urlaubsrecht² [1995], 65).

Der **Anspruch** auf Urlaub entsteht in den ersten sechs Monaten des ersten Arbeitsjahres im Verhältnis zu der im Arbeitsjahr zurückgelegten Dienstzeit, nach sechs Monaten (**Wartezeit**) in voller Höhe. Ab dem zweiten Arbeitsjahr entsteht der gesamte Urlaubsanspruch mit Beginn des Arbeitsjahres[858]. 6/681

Dienstzeiten, die für die Erfüllung der Wartezeit, die Bemessung des Urlaubsausmaßes und die Berechnung des Urlaubsjahres als maßgebend erachtet werden, sind alle Zeiten des aufrechten Bestandes des Arbeitsverhältnisses (nicht der faktischen Beschäftigung) beim selben Arbeitgeber, die unmittelbar aneinander anschließen. Gem § 15f Abs 1 MSchG bzw § 7c VKG wird allerdings nur die erste Elternkarenz und diese nur bis höchstens zehn Monate für das Urlaubsausmaß angerechnet. 6/682

Für die **Bemessung des Urlaubsausmaßes** kommt eine Zusammenrechnung und eine Anrechnung von Vordienstzeiten in Betracht. 6/683

Eine **Zusammenrechnung** erfolgt, wenn der Arbeitnehmer beim nämlichen Dienstgeber hintereinander in mehreren Arbeitsverhältnissen stand, die keine längere Unterbrechung als drei Monate aufweisen. Diese Zusammenrechnung unterbleibt jedoch, wenn die Unterbrechung durch eine Kündigung des Arbeitsverhältnisses seitens des Arbeitnehmers, durch einen vorzeitigen Austritt ohne wichtigen Grund oder durch eine vom Arbeitnehmer verschuldete Entlassung eingetreten ist (§ 3 Abs 1 UrlG). 6/684

Im Zuge der **Anrechnung** finden gem § 3 Abs 2 UrlG gewisse sonstige Tätigkeiten Berücksichtigung für die Bemessung der Urlaubsdauer (vgl insb *Cerny*, Urlaubsrecht¹⁰ [2011], § 3; *Rath*, Überblick über die Bemessung des Urlaubsausmaßes, ASoK 2003, 111): 6/685

a) die in anderen Arbeitsverhältnissen oder Heimarbeitsverhältnissen zugebrachte Dienstzeit im Inland, sofern sie mindestens je sechs Monate gedauert hat; 6/686

---

[858] Vgl *Kuderna*, Der Erwerb des Anspruchs auf Urlaub nach dem UrlG am Beginn und während des Arbeitsverhältnisses in rechtlicher und rechtspolitischer Sicht, in FS Cerny (2001), 237.

b) Zeiten des Studiums an bestimmten, im Gesetz genannten inländischen oder diesen gleichzuhaltenden ausländischen Schulen in dem vorgeschriebenen Mindestmaß, höchstens jedoch im Ausmaß von vier Jahren;

c) die gewöhnliche Dauer eines mit Erfolg abgeschlossenen Hochschulstudiums bis zum Höchstausmaß von fünf Jahren[859];

d) Zeiten, für die eine Haftentschädigung nach dem OFG gebührt, sofern das Arbeitsverhältnis nicht während der Haft aufrecht war und diese Zeit aus diesem Grund angerechnet wurde;

e) Zeiten der Tätigkeit als Entwicklungshelfer für gesetzlich anerkannte Entwicklungshilfeorganisationen iS des EntwicklungshilfeG und iS des EntwicklungszusammenarbeitsG;

f) Zeiten einer im Inland zugebrachten selbständigen Erwerbstätigkeit, sofern sie mindestens je sechs Monate gedauert hat.

Die unter a, e und f angeführten Zeiten sind insgesamt nur bis zum Höchstausmaß von **fünf Jahren** anzurechnen; die unter b angeführten Zeiten sind darüber hinaus bis zu einem Höchstausmaß von weiteren **zwei Jahren** anzurechnen (§ 3 Abs 3 UrlG). In **EU-Staaten** zurückgelegte Dienstzeiten sind in gleicher Weise wie österreichische Vordienstzeiten zu berücksichtigen[860].

6/687 Wird eine **Karenz** nach **§ 15 MSchG** bzw **§ 2 VKG** (vgl 7.3.3.4) in Anspruch genommen, so wird der Urlaubsanspruch aliquotiert: Der Urlaub gebührt, soweit er nicht ohnehin bereits verbraucht worden ist, nur in dem Ausmaß, das dem um die Dauer der Karenz verkürzten Dienstjahr entspricht (§ 15f Abs 2 MSchG bzw § 7c VKG)[861]. Dies gilt auch dann, wenn die Dienstnehmerin gleichzeitig mit Bekanntgabe der Karenz zusätzlich einen Urlaub zwischen dem Ende der Schutzfrist und dem Beginn der Karenz beantragt[862].

Fraglich ist, ob der Erholungsurlaub auch dann aliquotiert wird, wenn er **vor Beginn** der achtwöchigen **Schutzfrist** gem § 3 Abs 1 MSchG konsumiert wird. Nach Ansicht des OGH löst jedenfalls die bloße Absichtserklärung einer Dienstnehmerin, Karenz in Anspruch nehmen zu wollen, dann keine den Erholungsurlaub verkürzende Wirkung aus, wenn die Erklärung noch vor der Entbindung erfolgt und der Anfall und die konkrete Ausgestaltung der Karenz dadurch von einer Reihe ungewisser Ereignisse (Schutzfrist, Möglichkeit einer Totgeburt) abhängt[863].

6/688 Eine Urlaubsaliquotierung ist gem § 9 APSG auch dann vorzunehmen, wenn in das Urlaubsjahr Zeiten **militärischer Dienstleistungen oder eines Zivildienstes** (vgl 4.3.2.3.6) fallen. Militärische Dienstleistungen oder Zivildienste, die sich über keinen längeren Zeitraum als 30 Tage erstrecken, bleiben davon unberührt. Mehrere derartige Einberufungen innerhalb eines Urlaubsjahres sind jedoch zusammenzurechnen.

6/689 Eine über die gesetzlichen Vorschriften (vgl zusätzlich zu § 15f Abs 2 MSchG und § 9 APSG auch § 4 BUAG sowie § 119 Abs 2 ArbVG) hinausgehende Aliquotierung durch Zeiten, in denen kein Anspruch auf Entgelt besteht (zB **entgeltfortzahlungsfreie Krankenstände**), ist gem § 2 Abs 2 UrlG ausgeschlossen. Dementsprechend entsteht der gesamte Urlaubsanspruch auch dann, wenn sich die entgeltfortzahlungsfreie Zeit auf ein ganzes Urlaubsjahr erstreckt[864].

---

859 *Rath*, Anrechnung von Schul- und Studienzeiten, ecolex 2009, 61.

860 *Rath*, Anrechnung von in den neuen EU-Staaten zugebrachten Vordienstzeiten auf das Urlaubsausmaß, ecolex 2006, 140; OGH 30. 9. 2009, 9 ObA 19/09y, DRdA 2011, 353 mit Bespr v *Stolzlechner*.

861 OGH 17. 1. 1978, 4 Ob 65/77, Arb 9643; s auch *Frank*, Anspruch auf Urlaub vor und nach der Entbindung, DRdA 1969, 241.

862 OGH 18. 11. 1987, 9 ObA 88/87, infas 1988, A 79.

863 OGH 13. 1. 1988, 9 ObA 502/87, ZAS 1989, 129 mit Bespr v *Dusak*.

864 Vgl hiezu *Kuderna*, Die durch das Sozialrechts-Änderungsgesetz vorgenommenen Ergänzungen der §§ 2, 9, 10 und 19 des Urlaubsgesetzes, DRdA 1996, 466; *Adamovic*, Die Novelle zum Urlaubsgesetz – eine Verwirrung,

6.10.3. Urlaubsverbrauch

Der **konkrete Urlaubstermin** ist Gegenstand einer **Einzelvereinbarung**[865], die auch schlüssig zustande kommen kann[866]. Hiebei sind die Erfordernisse des Betriebs einerseits und die Erholungsmöglichkeiten des Arbeitnehmers andererseits gegeneinander abzuwägen (§ 4 Abs 1 UrlG). Daraus folgt, dass der Arbeitnehmer nicht verpflichtet ist, den Urlaub zu einer Zeit zu verbrauchen, während der der eigentliche Zweck des Urlaubs, nämlich Entspannung, Erholung und Rekreation, nicht erreicht werden kann[867]. Gibt der Arbeitnehmer seinen Urlaubswunsch rechtzeitig bekannt, ist der Arbeitgeber zu einer Antwort verpflichtet, wenn der geäußerte Wunsch nicht seinen Vorstellungen entspricht. Ansonsten kommt trotz Schweigens eine gültige Urlaubsvereinbarung zustande[868]. Wurde der Urlaub einmal vereinbart, kann grundsätzlich weder der Arbeitgeber noch der Arbeitnehmer diese Vereinbarung einseitig widerrufen. Gewichtige Gründe (zB Krankheit, notwendige Pflege eines nahen Angehörigen, schwerwiegende betriebliche Angelegenheiten) werden jedoch einen Rücktritt rechtfertigen. Dies gilt sowohl für den Urlaubstermin als auch für die Dauer des Urlaubs (vgl auch 6.10.6)[869]. Auf Grund der Zielsetzung des Erholungsurlaubs ist eine bedingte Urlaubsvereinbarung in dem Sinn, dass der Arbeitnehmer bei Eintritt der Bedingung den Urlaub abzubrechen hat, grundsätzlich unzulässig. Eine Ausnahme wird nur dann anzuerkennen sein, wenn der Bedingungseintritt den Gründen für einen Rücktritt von der Urlaubsvereinbarung entspricht[870]. 6/690

Weder **Kollektivvertrag** noch **Betriebsvereinbarung** sind ermächtigt, sog „**Betriebsurlaube**" (Urlaube für die Gesamtbelegschaft) oder „**Urlaubssperren**" festzulegen. Inhalt einer Betriebsvereinbarung können jedoch gem § 97 Abs 1 Z 10 ArbVG allgemeine Grundsätze über den Verbrauch des Urlaubs sein[871]. Auch der Betriebsurlaub bedarf einer Vereinbarung mit jedem einzelnen Arbeitnehmer[872]. Vielfach kommt diese Vereinbarung konkludent dadurch zustande, dass der Arbeitnehmer innerhalb einer ihm zumutbaren Frist keinen Widerspruch gegen einen vom Arbeitgeber angekündigten Betriebsurlaub erhebt. Teilweise wird der Betriebsurlaub auch zum Inhalt des Arbeitsvertrags gemacht. Grundsätzlich widerspricht dies der gesetzlich vorgesehenen, jährlich neu durchzuführenden Interessenabwä- 6/691

RdW 1996, 118; OGH 14. 3. 1996, 8 ObA 215/96, DRdA 1997, 204 mit Bespr v *Trost*; *Gerhartl*, Urlaub bei Karenzierung und Dienstfreistellung, ecolex 2008, 1143.

865 *Hruška-Frank*, Verbrauch des Erholungsurlaubs, in Reissner/Neumayr (Hrsg), Zeller Handbuch Arbeitsvertrags-Klauseln (2010), 922 ff; *Schrank*, Einseitige Urlaubsgestaltung in besonderen Ausnahmefällen?, ZAS 2004, 4.

866 OGH 30. 10. 1996, 9 ObA 2133/96h, ASoK 1997, 126.

867 OGH 23. 3. 1976, 4 Ob 11/76, Arb 9462; zum Urlaubsverbrauch während einer Fortbildung s OGH 29. 4. 2014, 9 ObA 32/14t, ARD 6402/6/2014; *Schrank*, Urlaubsverbrauch bei Dienstfreistellung, ZAS 2006, 16.

868 OGH 28 .6. 2012, 8 ObA 31/12k, ASoK 2013, 101 mit Bespr v *Geiblinger*.

869 Vgl *Strasser*, Der Verbrauch des Urlaubes, ÖJZ 1958, 405; *Waas*, Das geltende Urlaubsrecht und seine Probleme, DRdA 1976, 100; *Kuderna*, Urlaubsrecht² (1995), 91 ff, 99 ff; *Cerny*, Urlaubsrecht¹⁰ (2011), § 4 Erl 12 f; *Kerschner*, „Eigenmächtige" Urlaubsverlängerung, DRdA 1980, 408; ferner OGH 6. 9. 1983, 4 Ob 89/83, DRdA 1985, 197 mit Bespr v *Runggaldier* = infas 1984, A 92; ArbG Linz 7. 2. 1985, 2 Cr 318/84, Arb 10.408; OGH 15. 6. 1988, 9 ObA 132/88, DRdA 1991, 40 mit Bespr v *Csebrenyak*.

870 OGH 2. 4. 2003, 9 ObA 244/02a, ARD 5405/7/2003.

871 Vgl 9.5.3.7; vgl auch *Firlei*, DRdA 1991, 477.

872 S auch *Andexlinger*, Betriebsurlaub kraft Dienstvertrages, RdW 1988, 201.

gung bei der Vereinbarung des konkreten Urlaubsantritts. Der OGH lässt jedoch die Disposition über einen Teil des Urlaubs (im konkreten Fall zwei Wochen) schon am Beginn des Arbeitsverhältnisses für die Folgejahre zu, wenn dem Arbeitnehmer ein ausreichend langer Teil des Urlaubs für spezielle Urlaubsvereinbarungen entsprechend seinen individuellen Bedürfnissen verbleibt[873].

Für Arbeitnehmer im **Gastgewerbe** kann der **Kollektivvertrag** vorsehen, dass sich das Arbeitsverhältnis um einen noch offenen Urlaubsanspruch aus dem laufenden Urlaubsjahr verlängert (Art IX UrlG). Eine solche Verlängerung hat im Ausmaß der Hälfte des offenen Urlaubsanspruchs, höchstens jedoch für sieben Werktage zu erfolgen (vgl *Schifko*, Die „Saisonverlängerung" im Hotel- und Gastgewerbe, ASoK 2001, 48). Damit soll in Saisonbetrieben eine Verlängerung der Saison erreicht bzw die zeitliche Inanspruchnahme von Arbeitslosengeld verkürzt werden.

6/692 Unter dem Aspekt der einvernehmlichen Urlaubsvereinbarung unter Berücksichtigung der gegenseitigen Interessen ist grundsätzlich auch ein Urlaubverbrauch **während der Kündigungsfrist** zu sehen[874]. Seit der Aufhebung des § 9 UrlG aF ist ein (Rest-)Urlaub jedoch selbst dann nicht mehr verpflichtend während der Kündigungsfrist zu verbrauchen, wenn diese den Zeitraum von drei Monaten übersteigt[875]. Dienstfreistellungen während der Kündigungsfrist (von mindestens drei Monaten) wurden vom OGH immer wieder als Angebot des Dienstgebers zum Abschluss einer Urlaubsvereinbarung verstanden[876]. Dies ist nicht unbedenklich, da nur im Einzelfall festgestellt werden kann, ob sich die Willenserklärung des Arbeitgebers bloß auf eine Dienstfreistellung oder auch auf eine schlüssige Urlaubsvereinbarung beziehen soll bzw als solche verstanden werden soll. Gleichzeitig berechtigt dies den Arbeitnehmer, jederzeit durch einseitige Erklärung den Urlaub anzutreten. Der OGH hat allerdings auch ausgesprochen, dass der Arbeitnehmer nicht die gesamte Dauer der Dienstfreistellung jedenfalls zum Zwecke des Urlaubskonsums zu nutzen habe, da dies auf eine gesetzwidrige einseitige Bestimmung der Urlaubszeit durch den Arbeitgeber hinausliefe[877].

Ein Urlaubsverbrauch während der Kündigungsfrist ist dann nicht zumutbar, wenn Umstände vorliegen, die den Urlaubszweck vereiteln (OGH 23. 11. 1982, 7 Ob 633/82, Arb 10.196). Dies ist zB dann anzunehmen, wenn der Arbeitnehmer auf Grund seiner persönlichen und familiären Verhältnisse keine entsprechende Erholungsmöglichkeit hat bzw wenn sich die Notwendigkeit, während der Kündigungsfrist einen neuen Arbeitsplatz zu suchen, hinderlich auf die Erreichung des Erholungszwecks auswirkt (OGH 13. 3. 1984, 4 Ob 28/84, Arb 10.334; vgl 8.2.5). Auch kann beispielsweise einem Arbeitnehmer, der einen mit seiner Tochter zu verbringenden Urlaub während der Ferienzeit gebucht und vom Arbeitgeber so gut wie bewilligt erhalten hat, nicht zugemutet werden, den Urlaub nicht zu dieser Zeit, sondern während der Kündigungsfrist zu verbrauchen (ArbG Linz 22. 9. 1978, 1 Cr 248/78, Arb 9721).

---

[873] OGH 5. 4. 1989, 9 ObA 72/89, RdW 1989, 230; s dazu auch *Spitzl*, Betriebsurlaub durch Arbeitsvertrag, RdW 1989, 229.

[874] Vgl OGH 1. 2. 1977, 4 Ob 5/77, DRdA 1978, 246 mit Bespr v *Probst*; OGH 13. 3. 1984, 4 Ob 19/83, Arb 10.332; *Körber*, Urlaubsverbrauch während der Kündigungsfrist – wirklich alles beim Alten?, ecolex 2006, 230; *Majoros*, Kündigung, Dienstfreistellung und Urlaub, DRdA 2005, 454; OGH 29. 10. 2014, 9 ObA 110/14p, ARD 6433/9/2015.

[875] OGH 16. 12. 2005, 9 ObA 144/05z, DRdA 2007, 31 mit Bespr v *Cerny* = ZAS 2007, 80 mit Bespr v *Drs*.

[876] OGH 18. 8. 1995, 8 ObA 282/95, DRdA 1996, 302 mit Bespr v *Kerschner* = ZAS 1996, 161 mit Bespr v *Vogt*; OGH 23. 8. 1995, 9 ObA 140/95, ZAS 1996, 162 mit Bespr v *Vogt*; OGH 5. 9. 2001, 9 ObA 77/01s, DRdA 2003, 46 mit Bespr v *Reissner*.

[877] OGH 2. 2. 2005, 9 ObA 2/05t, DRdA 2005, 436 mit Bespr v *Balla*.

Der Urlaub kann in zwei **Teilen** verbraucht werden, doch muss ein Teil mindestens sechs Werktage betragen (§ 4 Abs 3 UrlG). 6/693

Beispiel 1: Der Arbeitgeber ist nicht bereit, einen dem Gesetz entsprechenden zusammenhängenden Urlaub zu gewähren, sodass der Arbeitnehmer nur „ratenweise" zu seinem Urlaub kommt. – Letzterer kann sich darauf stützen, dass diese „Raten" kein Urlaub im Rechtssinn waren und den gesamten Urlaub nachfordern (s auch OGH 13. 4. 1988, 9 ObA 45/88, DRdA 1990, 294 mit Bespr v *Eypeltauer*). Das Entgelt für die „Quasiurlaube" kann der Arbeitgeber nicht zurückfordern, weil er diese Umstände gem § 1155 ABGB zu vertreten hat (vgl 6.9.1).

Beispiel 2: Ein Arbeitnehmer ist ein sog „Urlaubsmathematiker". Er will überhaupt keinen zusammenhängenden Urlaub, sondern beharrt darauf, den Urlaub tageweise im Zusammenhang mit Feiertagen und Wochenenden zu konsumieren. Plötzlich will er sich auf das Gesetz stützen. Er fordert den gesamten Urlaub nach und will die Teilurlaube als ungültig betrachten. – Sein Verhalten verstößt **gegen Treu und Glauben**.

Der **tageweise** Urlaubsverbrauch ist, wenn er nur auf Wunsch des Arbeitnehmers zustande gekommen ist, zulässig und in den gesetzlichen Urlaubsanspruch einzurechnen[878]. Durch den Arbeitgeber kann ein einseitiger in Stunden bemessener Urlaubsverbrauch nicht angeordnet werden. Wurde eine Vereinbarung über den **stundenweisen** Urlaubsverbrauch getroffen, ist diese stets nur für das laufende Urlaubsjahr gültig[879]. Dies ergibt sich aus der Konstruktion des Urlaubsrechts als einseitig zwingendes Recht (vgl hiezu 3.2.3). Günstigkeitsüberlegungen haben allerdings dort in den Hintergrund zu treten, wo durch die Gestaltung der Urlaubstermine der Erholungszweck des Urlaubs insgesamt nicht mehr gewährleistet ist[880]. Ein stundenweiser Verbrauch des Erholungsurlaubs kann sich aber von vornherein dadurch ergeben, dass eine Umstellung des Arbeitszeitausmaßes zu einer entsprechenden Anspruchsbegründung führt (vgl 6.10.2). Das VBG geht in § 27a (ebenso § 65 BDG) von vornherein von einer Bemessung des Urlaubs in Stunden aus und sieht in besonderen Fällen auch einen stundenweisen Verbrauch vor. 6/694

Für **Betriebe mit Betriebsrat** sieht § 4 Abs 4 UrlG ein spezielles Verfahren zur Festsetzung des Urlaubstermins vor, das dem Dienstnehmer hinsichtlich seiner Terminwünsche einen gewissen Vorrang einräumt: Hat der Arbeitnehmer einen mindestens zwölf Werktage dauernden Urlaub mindestens drei Monate vorher dem Arbeitgeber bekannt gegeben, so ist bei fehlender Einigung der Betriebsrat in die Verhandlungen einzubeziehen. Unterlässt der Arbeitgeber die Beiziehung oder kommt auch dann keine Einigung zustande, so kann der Arbeitnehmer den Urlaub zu dem von ihm vorgeschlagenen Zeitpunkt antreten, es sei denn, der Arbeitgeber hat während eines Zeitraumes, der nicht mehr als acht und nicht 6/695

---

[878] S auch OGH 24. 10. 1990, 9 ObA 172/90, DRdA 1991, 285 mit Bespr v *Klein*; OGH 16. 9. 1992, 9 ObA 213/92, DRdA 1993, 317 mit Bespr v *Vogt* = ARD 4425/19/93; OGH 27. 6. 2013, 8 ObA 32/13h, DRdA 2014, 221 mit Bespr v *Burger* = ASoK 2013, 390 mit Bespr v *Braun* = ARD 6346/5/2013 = infas 2014, A 7; vgl auch *Schrank*, Aktuelle Rechtsfragen zu Ausmaß und Verbrauch des Urlaubs – zugleich ein Beitrag zu mehr Gleichmaß und Verhältnismäßigkeit im Urlaubsrecht, ZAS 1992, 187.

[879] Vgl OGH 26. 2. 2003, 9 ObA 221/02v, DRdA 2004, 248 mit Bespr v *Mosler*.

[880] Zur Urlaubsteilung vgl insb *Binder*, Zur Rechtmäßigkeit einer Halbtagsurlaubsregelung und zur Befugnis ihrer einseitigen Zurücknahme, RdW 1991, 294; *Vogt*, Urlaubsteilung tatsächlich verboten?, ecolex 1995, 818; sowie OGH 16. 9. 1992, 9 ObA 139/92, DRdA 1993, 300 mit krit Bespr v *Eypeltauer* = ZAS 1993, 214 mit Bespr v *Resch*.

weniger als sechs Wochen vor dem Urlaubstermin liegt, die Klage[881] wegen des Zeitpunktes des Urlaubsantritts beim zuständigen Gericht eingebracht (§ 4 Abs 4 UrlG).

Die Konstruktion des § 4 UrlG ist nicht sehr glücklich[882]. Die Tatsache allein, dass der Arbeitgeber eine Klage „einbringt" (dh zur Post oder zur Einlaufstelle des Gerichts gibt), kann keine materiellrechtlichen Folgen zeitigen. Es kommt auf den Ausgang des Prozesses an. Diesen kann der Arbeitnehmer in aller Regel nicht abwarten. Tritt er den Urlaub zum gewünschten Termin an, so entsteht ein Schwebezustand, weil ja erst nach der Entscheidung des Gerichts feststeht, ob der Arbeitnehmer berechtigt oder unberechtigt seinen Urlaub angetreten und damit einen Entlassungstatbestand riskiert hat oder nicht (vgl ausführlich OGH 11. 9. 1979, 4 Ob 66/79, Arb 9815). Der OGH verlangt vom Arbeitgeber, dass er unverzüglich (iSd Entlassungsrechts; vgl 8.3.4) handelt, will er einen unrechtmäßigen Urlaubsantritt geltend machen. Gewinnt also der Arbeitgeber zB eineinhalb Jahre nach dem eigenmächtigen Urlaubsantritt des Arbeitnehmers den Prozess, wäre eine erst dann ausgesprochene Entlassung nach Ansicht des Höchstgerichts verfristet[883].

Der Urlaubsantritt besteht nicht nur dann zu Recht, wenn der Dienstgeber keine Klage einbringt, sondern auch dann, wenn er eine solche einbringt, den Prozess aber nicht gehörig fortsetzt. Der Arbeitnehmer kann den Urlaub zu dem von ihm vorgeschlagenen Zeitpunkt auch berechtigt antreten, wenn der Arbeitgeber die Beiziehung des Betriebsrats unterlassen hat, weil er im Falle einer solchen Unterlassung die Klage nach § 4 Abs 4 UrlG wegen Fehlens einer materiellen Voraussetzung der Klagbarkeit nicht mit Erfolg erheben kann (OGH 11. 9. 1979, 4 Ob 66/79, Arb 9815).

6/696 Wenn ein **Betriebsrat nicht besteht** und daher die Voraussetzungen für dieses Verfahren nicht vorliegen, ist der Arbeitnehmer grundsätzlich nicht berechtigt, den Urlaub eigenmächtig, also ohne Vorliegen einer Urlaubsvereinbarung, anzutreten. Er kann zur Durchsetzung seines Anspruchs nur den Rechtsweg beschreiten und den Arbeitgeber auf Duldung des Urlaubsantritts zu einem bestimmten Zeitpunkt klagen[884]. Eine analoge Anwendung des § 4 Abs 4 UrlG auf Urlaubsregelungen in Betrieben, in denen kein Betriebsrat errichtet ist, kommt nicht in Betracht[885].

6/697 Ein einseitiger Urlaubsantritt ist – abgesehen von § 4 Abs 4 UrlG – auch in § 16 Abs 3 UrlG vorgesehen (vgl 6.9.2.3). Wenn **kein Anspruch auf Krankenpflege- oder Betreuungsfreistellung** mehr zusteht, kann der Arbeitnehmer zu diesem Zweck seinen Urlaub in Anspruch nehmen, ohne dass es einer vorherigen Vereinbarung mit dem Arbeitgeber bedarf. Schon vor der Einführung des § 16 Abs 3 UrlG durch das ArbVG hat allerdings der OGH den einseitigen Urlaubsantritt bejaht, wenn es sich um typische Dienstverhinderungen in der Person des Arbeitnehmers gehandelt hat (vgl hiezu auch 6.10.6)[886].

---

881 Zur Frage des Postlaufs bei der Klagseinbringung s *Korn*, § 4 Abs 4 UrlG oder ein „bisschen schwanger", ASoK 2000, 131.

882 Krit dazu *Kuderna*, Das Verfahren bei Nichtzustandekommen einer Einigung über den Urlaubsantritt, ZAS 1977, 83; *ders*, Urlaubsrecht^2 (1995), 116 ff; *Schwarz*, Probleme des neuen österreichischen Urlaubsrechtes, DRdA 1977, 131.

883 OGH 28. 10. 2015, 9 ObA 79/15f, ARD 6487/6/2016.

884 OGH 25. 9. 1984, 4 Ob 102/84, DRdA 1986, 132 mit Bespr v *Klein* = Arb 10.379.

885 LG Wien 10. 10. 1984, 44 R 229/84, Arb 10.362.

886 OGH 29. 4. 1958, 4 Ob 45/58, Arb 6868 (Pflege der bettlägerigen Ehegattin); OGH 17. 7. 1987, 9 ObA 17/87, wbl 1987, 342 (Besuch der schwer erkrankten Mutter im Ausland).

6.10.4. Verjährung des Urlaubs

Der Urlaub ist grundsätzlich im **Urlaubsjahr zu verbrauchen.** Wird der Urlaub nicht **innerhalb von zwei Jahren** ab dem Ende der Urlaubsjahres, in dem er entstanden ist, konsumiert, so verjährt er[887]. 6/698

Die zweijährige Verjährungsfrist verlängert sich jedoch bei Inanspruchnahme einer Karenz iS des MSchG bzw des VKG um den Zeitraum der Karenz (§ 4 Abs 5 UrlG).

Die Verjährungsfrist umfasst somit einen Zeitraum, der das Urlaubsjahr und (in der Regel) weitere zwei Jahre umfasst. Wie erwähnt, wäre aber die Vereinbarung einer generellen Umstellung des Urlaubsanspruchs auf einen Drei-Jahres-Rhythmus mit entsprechender Länge ungültig, weil mangels periodischen Verbrauchs der Erholungszweck vereitelt wird. Eine einvernehmliche Übertragung des Urlaubs auf das folgende Urlaubsjahr wird man – wenn dies im Interesse beider Seiten liegt und nicht regelmäßig der Fall ist – anerkennen müssen. 6/699

Der OGH verlangt nicht das Vorliegen besonderer Gründe (zB Krankheit des Arbeitnehmers), um die Übertragung des Urlaubs zu rechtfertigen. Ist der Verbrauch des Urlaubs – aus welchen Gründen auch immer – ganz oder teilweise unterblieben, so wird der Anspruch, ohne dass es einer diesbezüglichen Vereinbarung oder der Abgabe einer Erklärung bedarf, automatisch auf das folgende Urlaubsjahr übertragen. Eine Schranke besteht nur in der Verjährungsbestimmung des § 4 Abs 5 UrlG. 6/700

Ein **Verfall** des Urlaubsanspruchs – zusätzlich zur Verjährung – ist im UrlG nicht vorgesehen und grundsätzlich ausgeschlossen[888]. Unter gewissen Voraussetzungen nimmt die Judikatur jedoch einen Verfall der Urlaubsersatzleistung an (vgl 6.10.7). Ein im neuen Urlaubsjahr angetretener Urlaub ist auf den nicht verbrauchten und nicht verjährten Urlaubsrest aus den vergangenen Urlaubsjahren anzurechnen[889]. Weder eine einseitige Erklärung des Arbeitgebers noch ein entsprechender unterlassener Widerspruch des Arbeitnehmers können dazu führen, dass nicht der älteste noch nicht verjährte, sondern der zuletzt entstandene Urlaubsanspruch vorrangig verbraucht wird. Eine Vorgangsweise, die den Untergang von Urlaubsansprüchen zur Disposition stellt, widerspricht der zwingenden Bestimmung des § 4 Abs 5 UrlG und ist rechtsunwirksam (aA *Marhold*, Verbrauch von Alturlauben, ASoK 2001, 170).

Die Verjährung des Urlaubsanspruchs setzt die objektive Möglichkeit des Urlaubsverbrauchs voraus. Kann daher ein Arbeitnehmer zB infolge krankheitsbedingter Arbeitsunfähigkeit seinen Urlaub innerhalb der Verjährungsfrist nicht verbrauchen, dann ist die Verjährung des Anspruches nach den allgemeinen Grundsätzen des ABGB mit Beginn des Krankenstandes **gehemmt**[890]. 6/701

---

[887] Vgl *Rath*, Nichtverbrauch von Urlaub und arbeitsrechtliche Folgen, ASoK 2003, 182.

[888] OGH 15. 6. 1982, 4 Ob 72/82, Arb 10.143; OGH 23. 5. 2001, 9 ObA 74/01z, RdW 2002, 302.

[889] Vgl OGH 13. 3. 1984, 4 Ob 28/84, Arb 10.334.

[890] Vgl OGH 27. 1. 2000, 8 ObS 178/99f, DRdA 2001, 30 mit Bespr v *Kuderna*; s weiters *Köck*, Zur Verjährung nicht verbrauchten Urlaubs, RdW 1988, 96; OGH 5. 9. 2001, 9 ObA 77/01s, DRdA 2003, 40 mit Bespr v *Reissner*; OGH 9. 5. 2007, 9 ObA 39/07m, DRdA 2009, 33 mit Bespr v *Reissner*.

6.10.5. Urlaubsentgelt

6/702 Während des Urlaubs behält der Arbeitnehmer den Anspruch auf das Entgelt (§ 6 Abs 1 UrlG; zum Entgeltbegriff vgl 6.5.1). Dieses Urlaubsentgelt ist bei **Antritt des Urlaubs** für die ganze Urlaubsdauer im Voraus zu zahlen (§ 6 Abs 6 UrlG). Eine Vereinbarung, wonach das Urlaubsentgelt unabhängig vom Verbrauch des Urlaubs mit einem erhöhten laufenden Entgelt abgegolten werden soll, ist unwirksam[891]. Im Falle des Antritts eines Teilurlaubs steht dem Arbeitnehmer mangels anders lautender Vereinbarung nur das dem Teilurlaub entsprechende Urlaubsentgelt zu[892].

6/703 Die Berechnung des Urlaubsentgelts erfolgt der Grundsatzbestimmung des § 6 Abs 1 UrlG zufolge nach dem **Bezugsprinzip** (vgl auch 6.9.2.1.4 zum EFZG). Der Arbeitnehmer „behält" während des Urlaubs den Anspruch auf das Entgelt. § 6 Abs 2 UrlG stellt jedoch klar, dass das Bezugsprinzip nur für Entgelte gilt, die nach Wochen, Monaten oder längeren Zeiträumen bemessen werden. Das Entgelt darf in diesen Fällen „für die Urlaubsdauer nicht gemindert werden". Im Übrigen ist aber vom sog **fiktiven Ausfallsprinzip** auszugehen, dh, es ist jenes regelmäßige Entgelt zu zahlen, das dem Arbeitnehmer gebührt hätte, wenn der Urlaub nicht angetreten worden wäre. Nur Umstände, die schon vor Fälligkeit bekannt sind, können für die Ermittlung des Urlaubsentgelts relevant sein (vgl § 6 Abs 3 UrlG; *Kuderna*, Urlaubsrecht² [1995], 136). Dies gilt insb für Überstunden, die auf Grund der Arbeitszeiteinteilung zu erbringen gewesen wären[893]. Der OGH legt den fiktiven Arbeitsverlauf restriktiv aus und beschränkt das Ausfallsprinzip ausschließlich auf die Zeit des Urlaubs. Nachteile, die der Arbeitnehmer durch die Inanspruchnahme des Urlaubs zu einem späteren, außerhalb der Urlaubszeit liegenden Zeitpunkt erleidet, werden durch das Urlaubsentgelt nicht abgegolten[894].

Ausfallsprinzip bedeutet in diesem Zusammenhang auch, dass stets auf das **aktuelle Entgelt** abzustellen ist und dass bei Urlauben aus vorangegangenen Urlaubsjahren („alten" Urlauben) nicht das Entgelt aus diesen „alten" Urlaubsjahren übernommen wird[895].

Dies ist insbesondere beim **Wechsel des Beschäftigungsausmaßes** von Relevanz (siehe hiezu auch 6.10.2). Verbraucht zum Beispiel ein Arbeitnehmer Resturlaube aus Zeiten einer Teilzeitbeschäftigung in einer nachfolgenden Phase einer Vollbeschäftigung, dann steht ihm das Urlaubsentgelt gemessen nach der Vollbeschäftigung zu. Im umgekehrten Fall würde für die Resturlaube aus der Vollbeschäftigung nur das Entgelt aus der Teilzeitarbeit gebühren.

6/704 Bei Leistungslöhnen gilt das **Durchschnittsprinzip**: Gem § 6 Abs 4 UrlG bemisst sich bei **Akkord-, Stück- und Gedinglöhnen** oder sonstigen leistungsbezogenen Entgelten das Urlaubsentgelt nach dem Durchschnitt der letzten 13 voll gearbeiteten Wochen unter Ausscheidung nur ausnahmsweise geleisteter Arbeiten (vgl zum Krankenentgelt die analoge Bestimmung des § 3 Abs 4 EFZG).

---

[891] OGH 22. 9. 1993, 9 ObA 172/93, wbl 1994, 127.
[892] OGH 4. 9. 1980, 4 Ob 99/80, Arb 9889.
[893] OGH 28. 6. 1995, 9 ObA 100/95, RdW 1996, 179.
[894] OGH 17. 2. 1981, 4 Ob 6/81, DRdA 1983, 174 mit Bespr v *Klein* = Arb 9940.
[895] S OGH 22. 7. 2014, 9 ObA 20/14b, DRdA 2015, 190 mit Bespr v *Kozak* = DRdA-infas 2015, 19 mit Bespr v *Klein* = ZAS 2015, 76 mit Bespr v *Gerhartl*; vgl auch OGH 29. 6. 1988, 9 ObA 141/88, ZAS 1989, 174 mit Bespr v *Andexlinger*.

Zu berücksichtigen sind auch Überstundenpauschalen und das Entgelt für regelmäßig geleistete Überstunden. Als Beobachtungszeitraum für die Regelmäßigkeit der geleisteten Überstunden sind wiederum die letzten 13 Wochen vor Urlaubsantritt heranzuziehen. 6/705

Liegen im 13-wöchigen Beobachtungszeitraum Zeiten, in denen der Arbeitnehmer nicht tätig wird, so sind diese Zeiten zu neutralisieren. Derartige Zeiten bleiben für die Ermittlung der regelmäßig geleisteten Überstunden unberücksichtigt[896]. 6/706

Ein längerer Zeitraum ist jedoch dann zu berücksichtigen, wenn diese 13 Wochen aus besonderen Gründen (lange Nichtarbeitszeiträume, saisonale Unterschiede udgl) kein richtiges Bild ergeben. Innerhalb dieses Zeitraums müssen die Überstunden in einer Form verteilt sein, aus der sich ihr regelmäßiger Charakter erkennen lässt (OGH 3. 6. 1980, 4 Ob 59/80, DRdA 1981, 315 mit Bespr v *Mörkelsberger*).

Hat der Arbeitnehmer an Stelle der Überstundenvergütung stets Zeitausgleich in Anspruch genommen, so steht ihm nach Ansicht des OGH keine für die Bemessung des Urlaubsentgelts zu berücksichtigende (fiktive) Überstundenvergütung zu (OGH 14. 9. 1988, 9 ObA 213/88, DRdA 1989, 213; OGH 13. 4. 1994, 8 ObS 3/94, RdW 1994, 358).

Welche Leistungen des Arbeitgebers bei der Berechnung des Urlaubsentgelts zu berücksichtigen sind, kann durch einen sog **Generalkollektivvertrag** (vgl 3.3.1.1) geregelt werden. Die Kollektivvertragspartner haben von ihrer Möglichkeit Gebrauch gemacht und einen entsprechenden Generalkollektivvertrag abgeschlossen[897]. Diesem zufolge sind Aufwandsentschädigungen sowie jene Sachbezüge und sonstigen Leistungen, die wegen ihres unmittelbaren Zusammenhanges mit der Erbringung der Arbeitsleistung vom Arbeitnehmer während des Urlaubs nicht in Anspruch genommen werden können, für die Berechnung des Urlaubsentgelts nicht heranzuziehen. Als derartige Leistungen kommen insb in Betracht: Nächtigungsgelder, Fahrtkostenvergütungen[898], Mahlzeiten in der Betriebskantine sowie der Ersatz der tatsächlichen Kosten für Fahrten des Arbeitnehmers zwischen Wohnung und Arbeitsstätte. 6/707

Beispiel: Ein Kollektivvertrag sieht vor, dass im Urlaub lediglich die Hälfte des Entgelts zu leisten ist. – Diese Bestimmung ist nichtig; es gilt die gesetzliche Regelung. Die Ermächtigung zur (general)kollektivvertraglichen Regelung bezieht sich nur darauf, klarzustellen, ob bestimmte Leistungen (zB Überstundenzuschläge, Erschwerniszulagen) in die Bemessung des Urlaubsentgelts einzubeziehen sind oder nicht.

Die Berechnungsart für die Höhe des Urlaubsentgelts kann durch (gewöhnlichen) **Kollektivvertrag** geregelt werden. Von den Bestimmungen des § 6 Abs 3 und 4 UrlG darf hiebei abgewichen und zB für Leistungsentgelte ein anderer Berechnungszeitraum als der 13-Wochen-Durchschnitt festgelegt werden (§ 6 Abs 5 UrlG)[899]. 6/708

Vom Urlaubsentgelt ist der im Sprachgebrauch vielfach als „Urlaubsgeld" bezeichnete **Urlaubszuschuss** (Urlaubsbeihilfe) zu unterscheiden. Der Urlaubszuschuss ist ein rein vermögensrechtlicher Anspruch, der in den weiten Entgeltbegriff (vgl 6.5.1) hineingehört und nicht – wie das Urlaubsentgelt – mit der Freistellung von der Arbeit begriffsnotwendig ver- 6/709

---

[896] Vgl OGH 11. 11. 1992, 9 ObA 166/92, ARD 4458/7/93.
[897] Vgl DRdA 1978, 149; zur Berücksichtigung von Provisionen vgl OGH 17. 10. 2002, 8 ObA 67/02i, DRdA 2003, 442 mit Bespr v *Kallab*; VwGH 25. 6. 2013, 2013/08/0085, ARD 6361/3/2013 = RdW 2013, 741.
[898] Vgl *Huber*, Fahrtkostenvergütung durch den Arbeitgeber, taxlex 2011, 274.
[899] *Cerny*, Urlaubsrecht[10] (2011), § 6 Erl 6 f.

bunden ist. Er ist als 14. Monatsgehalt (das 13. Monatsgehalt bildet die Weihnachtsremuneration) nach den Kollektivverträgen in der Privatwirtschaft – aber auch im öffentlichen Dienst – allgemein verbreitet und systematisch den Sonderzahlungen zuzuordnen (vgl 6.5.2.5).

Ein in der Praxis häufiges Problem im Zusammenhang mit dem Urlaubsentgelt stellt sich bei den sog Urlaubsvorgriffen[900]. Grundlage hiefür ist eine regelmäßig mündliche Vereinbarung mit dem Dienstgeber, wonach der Dienstnehmer einen Teil des ihm erst im folgenden Jahr gebührenden Urlaubs verbrauchen kann. Endet das Dienstverhältnis vor Beginn des neuen Urlaubsjahres, so erhebt sich die Frage, ob das Urlaubsentgelt für den Urlaubsvorgriff zurückzuzahlen ist. Der OGH hat diesen Fall zu Recht dahin gehend gelöst, dass eine Rückforderung des Urlaubsentgelts dann ausgeschlossen ist, wenn eine entsprechende Rückzahlungsvereinbarung fehlt. Dies gilt sowohl für eine Kündigung seitens des Dienstgebers als auch für eine Dienstnehmerkündigung (zur ausnahmsweisen Rückerstattungspflicht s 6.10.7)[901].

6.10.6. Urlaub und Dienstverhinderung

6/710 Urlaub und Dienstverhinderung sind verschiedene entgeltbegründende Tatbestände. Fallen sie zeitmäßig zusammen und wird nur aus einem Rechtstitel das Entgelt gewährt, so ist der Zweck der Dienstfreistellung entweder in der einen oder in der anderen Richtung gefährdet. Dem sucht das Gesetz entgegenzuwirken.

6/711 Für Zeiten, während denen ein Arbeitnehmer durch **Krankheit** oder **Unglücksfall**, durch **Kur- und Erholungsaufenthalte**, Aufenthalte in **Heil- und Pflegeanstalten**, **Rehabilitationszentren** oder **Rekonvaleszentenheimen**, die vom zuständigen Sozialversicherungsträger oder anderen Behörden oder Ämtern bewilligt wurden, an der Arbeitsleistung verhindert ist, darf ein Urlaub nicht vereinbart werden. Das Nämliche gilt für Zeiten, in denen der Arbeitnehmer Anspruch auf **Pflegefreistellung**[902] hat oder aus **anderen wichtigen**, seine Person betreffenden **Gründen** an der Dienstleistung verhindert ist (§ 4 Abs 2 UrlG; vgl aber auch *Klein*, Urlaubsvereinbarung und Mutterschaft, RdW 1986, 115).

6/712 Eine **Erkrankung während des Urlaubs** führt zur „Unterbrechung" desselben, dh, es werden auf Werktage fallende Tage der Arbeitsunfähigkeit infolge von Krankheit oder Unglücksfall auf das Urlaubsausmaß nicht angerechnet, wenn die Dienstverhinderung länger als drei Kalendertage gedauert hat. Im Falle der Genesung während des Urlaubs wird dieser nicht automatisch verlängert. Der so entstandene Resturlaub muss neu vereinbart werden (vgl § 5 UrlG).

Das Urlaubsgesetz geht ausschließlich vom Faktum einer **dreitägigen Krankheit** aus. Ob einzelne Krankheitstage auf einen Feiertag, auf das Wochenende oder auf nicht mehr in den Urlaub hineinreichende Tage fallen, ist hiebei unerheblich (vgl VwGH 24. 5. 2000, 99/12/0197, ARD 5158/3/2000).

---

[900] *Burger*, Urlaubsvorgriff und Rückforderung, in FS Binder (2010), 229.

[901] OGH 22. 11. 2000, 9 ObA 235/00z, DRdA 2001, 528 mit Bespr v *Cerny*; OGH 27. 5. 1986, 14 Ob 10/86, ZAS 1987, 88 mit krit Bespr v *Tomandl*; ebenso *Wolfsgruber*, Rückforderung von Urlaubsentgelt bei Urlaubsvorgriff, RdW 2002, 166.

[902] Zu keiner Unterbrechung des Erholungsurlaubs kommt es hingegen, wenn eine Pflegefreistellung wegen der notwendigen Betreuung eines Kindes erforderlich ist, weil die Person, die das Kind ständig betreut hat, für diese Betreuung ausfällt (OGH 15. 12. 2009, 9 ObA 28/09x, DRdA 2011, 327 mit Bespr v *Cerny* = ARD 6033/3/2010).

Voraussetzungen für die „Unterbrechung" sind: 6/713

a) Die Krankheit oder der Unglücksfall darf weder vorsätzlich noch grob fahrlässig herbeigeführt worden sein.

b) Die Arbeitsunfähigkeit darf nicht in einem ursächlichen Zusammenhang mit einer dem Erholungszweck des Urlaubs widersprechenden Erwerbstätigkeit stehen, die der Arbeitnehmer während des Urlaubs ausgeübt hat.

c) Der Arbeitnehmer hat dem Arbeitgeber unverzüglich Mitteilung zu machen. Ist dies aus Gründen, die nicht vom Arbeitnehmer zu vertreten sind, nicht möglich, so kann die Mitteilung nach Wegfall des Hinderungsgrundes nachgeholt werden.

d) Bei Wiederantritt des Dienstes hat der Arbeitnehmer ein ärztliches Zeugnis oder eine Bestätigung der Krankenversicherung über Beginn, Dauer und Ursache der Arbeitsunfähigkeit vorzulegen.

Im Falle von Erkrankungen im **Ausland** hat der Arbeitnehmer eine behördliche Bescheinigung beizubringen, aus der hervorgeht, dass diese von einem zur Ausübung des Arztberufs zugelassenen Arzt ausgestellt wurde. Im Falle der Behandlung in einer Krankenanstalt genügt eine entsprechende Bescheinigung dieser Anstalt (§ 5 Abs 3 UrlG).

Ist eine der aufgezählten Bedingungen nicht erfüllt, dann werden die Krankheitstage auf den Urlaub angerechnet; der Arbeitnehmer verbleibt bis zum vereinbarten Endtermin im Urlaub, wobei die etwaige noch anschließende Erkrankung nach den allgemeinen Regeln zu behandeln ist. 6/714

Nicht ausdrücklich geregelt ist die Frage, ob neben der Erkrankung **auch andere wichtige**, die Person des Arbeitnehmers betreffende **Gründe zur Unterbrechung** des Urlaubs führen. Tritt ein Dienstverhinderungsgrund ein, dessen Kenntnis den Abschluss einer gültigen Urlaubsvereinbarung gem § 4 Abs 2 UrlG verhindert hätte, so ist nach Ansicht des OGH die analoge Anwendung des § 5 UrlG jedenfalls gerechtfertigt, wenn der Arbeitnehmer nach allgemeinen Grundsätzen des Vertragsrechts von der Urlaubsvereinbarung zur Gänze zurücktreten (abstehen) könnte, von diesem Recht aber nicht Gebrauch machen möchte[903]. An den **Rücktritt** vor Antritt eines Erholungsurlaubs bzw an ein Abstehen von der Urlaubsvereinbarung während des Erholungsurlaubs aus wichtigem Grund wird man strengere Anforderungen stellen müssen (vgl 6.10.3), da in diesem Fall nicht nur die Tage der Dienstverhinderung für das Urlaubsausmaß unberücksichtigt bleiben, sondern auch der an den Verhinderungsgrund anschließende Urlaubszeitraum betroffen ist. 6/715

Tritt eine Dienstverhinderung auf Seiten des Arbeitgebers ein, die dieser nicht nach § 1155 ABGB zu vertreten hat und die in den Urlaub eines Arbeitnehmers fällt, so wird dadurch das Urlaubsentgelt nicht berührt. Urlaubsentgelte können diesbezüglich nicht auf dem Ausfallsprinzip aufbauen, sondern haben den Sinn, den Erholungszweck zu garantieren (*Schnorr*, Entgeltansprüche, in Tomandl [Hrsg],

903 So zB wegen Einberufung zum Präsenzdienst (OGH 22. 3. 1965, 4 Ob 23/65, Arb 8034); wegen Begräbnisses des Vaters oder Eheschließung der Tochter (OGH 22. 11. 1989, 9 ObA 306/89, ARD 4159/21/90); wegen der Erkrankung naher Angehöriger (OGH 16. 10. 2002, 9 ObA 90/02d, DRdA 2003, 362 mit Bespr v *Kallab* = ZAS 2004, 34 mit Bespr v *Aubauer* = ARD 5369/7/2003); vgl hiezu auch *Cerny*, Urlaubsrecht[10] (2011), § 4 Erl 12; *Gahleitner*, Dienstverhinderung – Nichtanrechnung auf Urlaubsausmaß, RdW 1990, 411; s dazu auch *Melzer-Azodanloo* in Löschnigg (Hrsg), AngG Bd 1[10] (2016), § 8 Rz 284.

Entgeltprobleme aus arbeitsrechtlicher Sicht [1979], 45; *Krejci* in Rummel/Lukas [Hrsg], ABGB I[4] [2015], § 1155 Rz 44).

6/716 Liegen die Voraussetzungen nach § 16 UrlG vor, so ist ein **Pflegebedarf** für Angehörige während eines Urlaubs analog zur Urlaubsunterbrechung bei Krankheit bzw Unfall zu behandeln[904].

6/717 Wichtige Dienstverhinderungsgründe in der Person des Arbeitnehmers können nicht nur zur Unterbrechung des Urlaubs oder zu einem Rücktritt von einem vereinbarten Erholungsurlaub, sondern bei Vorliegen besonders gravierender Umstände auch zu einem **einseitigen Urlaubsantritt** berechtigen (vgl 6.10.3).

6.10.7. Urlaubsersatzleistung

6/718 Der Anspruch auf Naturalurlaub ist höchstpersönlicher Natur und als solcher nicht vererblich und nicht übertragbar. Wird jedoch das Arbeitsverhältnis beendet, bevor der Arbeitnehmer den Urlaub konsumieren konnte, tritt an die Stelle des Naturalurlaubs ein entsprechendes Surrogat in Form eines Geldanspruchs (vgl schon OGH 29. 4. 1980, 4 Ob 54/80, Arb 9871). Es handelt sich hiebei um die sog Urlaubsersatzleistung[905], einen rein vermögensrechtlichen, vererblichen Anspruch, der der normalen Verjährungsfrist für das Entgelt (§ 1486 Z 5 ABGB) unterliegt[906].

Bis zur Änderung des UrlG durch das ARÄG 2000 wurde teils das gesamte ausstehende Urlaubsentgelt (sog **Urlaubsentschädigung**), teils das nach der Beschäftigungsdauer im Urlaubsjahr aliquotierte Urlaubsentgelt (sog **Urlaubsabfindung**) ausbezahlt. Diese Differenzierung findet sich nach wie vor beim Zusatzurlaub für **Nachtschwerarbeit** (§ 10a Abs 7 u 8 UrlG; allg s 6.10.8).

6/719 Für die **Ermittlung** der Urlaubsersatzleistung ist vorerst der zum Zeitpunkt der Beendigung des Arbeitsverhältnisses gebührende Erholungsurlaub zu ermitteln. § 10 Abs 1 UrlG geht hiebei von einer **Aliquotierung** des jährlichen Urlaubsanspruches in Relation zur Dauer der Dienstzeit im laufenden Urlaubsjahr aus. Der aliquote Urlaubsanspruch ist mit dem Urlaubsentgelt pro Tag[907] zu vervielfachen.

$$UE = U_g \times \frac{T_B}{T_J} \times E$$

wobei UE: Urlaubsersatzleistung

U_g: Urlaubstage (gesamt) pro Jahr

T_B: Tage der Beschäftigungsdauer im Urlaubsjahr

T_J: Tage (gesamt) im Urlaubsjahr

E: Urlaubsentgelt pro Tag

---

904 OGH 16. 10. 2002, 9 ObA 90/02d, DRdA 2003, 362 mit Bespr v *Kallab* = ZAS 2004, 34 mit Bespr v *Aubauer*.

905 Vgl hiezu va *Mayr*, Urlaubsrecht und arbeitsrechtliche Begleitmaßnahmen zur Pensionsreform, in Resch (Hrsg), Aktuelle Neuerungen im Arbeits- und Sozialrecht (2001), 37; *Drs*, Das Arbeitsrechtsänderungsgesetz 2000, RdW 2000, 453; *Grießer*, Reflexionen zur Änderung des Urlaubsrechts durch das ARÄG 2000, in FS Cerny (2001), 206.

906 OGH 8. 11. 1995, 9 ObA 186/ 95, DRdA 1996, 495 mit Bespr v *Marhold* = RdW 1996, 536.

907 Zu beachten ist hiebei, dass für die gesamte Berechnung entweder Kalender-, Werk- oder Arbeitstage einheitlich verwendet werden müssen.

Beispiel 1: Der Arbeitnehmer mit einem Urlaubsanspruch von 30 Werktagen war im Urlaubsjahr, in dem das Arbeitsverhältnis beendet wurde, vom 1. Jänner bis 31. März (90 Kalendertage = 77 Werktage unter Außerachtlassung von Feiertagen) beschäftigt. In diesem Zeitraum wurde kein Erholungsurlaub konsumiert. An Urlaubsentgelt stehen dem Arbeitnehmer € 45 pro Werktag zu. In welcher Höhe steht die Urlaubsersatzleistung (Berechnung nach Werktagen) zu?

$$UE = 30\ WT \times \frac{77\ WT}{313\ WT} \times € 45 = € 332{,}10$$

wobei WT: Werktage

Hat der Arbeitnehmer **Teile** seines Erholungsurlaubes bereits **verbraucht**, dann sind diese Urlaubsteile auf das aliquote Urlaubsmaß anzurechnen. Der verbleibende Urlaubsrest ist wiederum mit dem Urlaubsentgelt pro Tag zu vervielfachen und bildet die Urlaubsersatzleistung.

$$UE = (U_g \times \frac{T_B}{T_J} - U_v) \times E$$

wobei U_v: verbrauchte Urlaubstage

Beispiel 2: Sachverhalt wie im Beispiel 1; hinzu kommt, dass der Arbeitnehmer von seinem fünfwöchigen Urlaubsanspruch bereits eine Woche (dh sechs Werktage bzw fünf Arbeitstage) konsumiert hat. Urlaubsersatzleistung?

$$UE = (30\ WT \times \frac{77\ WT}{313\ WT} - 6) \times € 45 = € 62{,}10$$

Wurden bis zum Zeitpunkt der Beendigung des Arbeitsverhältnisses bereits mehr Urlaubstage verbraucht als sich auf Grund der Aliquotierung ergibt, steht keine Urlaubsersatzleistung mehr zu. Urlaubsentgelt für einen über das aliquote Ausmaß hinaus konsumierten Jahresurlaub ist **nicht rückzuerstatten**, außer das Arbeitsverhältnis wurde durch eine verschuldete Entlassung oder durch einen unberechtigten Austritt beendet. Kommt es zu einer Rückzahlung, dann hat der Erstattungsbetrag dem für den zu viel verbrauchten Urlaub zum **Zeitpunkt des Urlaubsverbrauches** erhaltenen Urlaubsentgelt zu entsprechen. 6/720

Beispiel 3: Sachverhalt wie im Beispiel 1; zu ergänzen ist der Sachverhalt dahin gehend, dass der Arbeitnehmer von seinem fünfwöchigen Urlaubsanspruch bereits zwei Wochen (dh zwölf Werktage bzw zehn Arbeitstage) verbraucht hat und dass der Arbeitnehmer das Arbeitsverhältnis aufgekündigt hat.

$$UE = (30\ WT \times \frac{77\ WT}{313\ WT} - 12) \times € 45 = € -207{,}90$$

Obwohl der Arbeitnehmer mehr als seinen aliquoten Urlaub in Anspruch genommen hat, muss er das zu viel erhaltene Urlaubsentgelt von € 207,90 nicht zurückerstatten, da das Arbeitsverhältnis durch Arbeitnehmerkündigung beendet wurde. 6/721

Die Urlaubsersatzleistung gebührt in **Höhe** des noch ausstehenden Urlaubsentgelts. Der Judikatur noch zur Rechtslage vor dem ARÄG 2000 zufolge sind hiebei alle Bezüge ein- 6/722 schließlich der Anteile an allfälligen Sonderzahlungen zu Grunde zu legen[908]. Nicht zu berücksichtigen sind hingegen Beteiligungen am Unternehmen bzw Konzernunternehmen sowie Optionen auf den Erwerb von Arbeitgeberaktien (§ 2a AVRAG)[909]. Gewinnbeteiligungen, Umsatzbeteiligungen etc werden jedoch nicht als Unternehmensbeteiligungen iSd § 2a AVRAG zu deuten sein und sind damit wiederum für die Urlaubsersatzleistung von Relevanz (vgl auch 6.5.2.4 u 8.6.1.2.4). Bei bestehender Nettolohnvereinbarung gebührt das vereinbarte Nettoentgelt[910]. Ist zum Zeitpunkt der Beendigung des Arbeitsverhältnisses der Arbeitnehmer an der Dienstleistung verhindert, ohne dass der Anspruch auf das Entgelt zur Gänze fortbesteht (zB bei lang dauerndem Krankenstand nach Ende des Entgeltfortzahlungszeitraums), dann ist bei Berechnung der Urlaubsersatzleistung das ungeschmälerte Entgelt zu Grunde zu legen, das zum Beendigungszeitpunkt bei Fortfall der Dienstverhinderung zugestanden wäre[911]. Im Fall eines Arbeitsvertrages, der fälschlicherweise als Werk- oder freier Dienstvertrag deklariert wurde, ist der Berechnung das vereinbarte Entgelt und nicht nur der kollektivvertragliche Mindestlohn zu Grunde zu legen[912].

6/723 Im Falle einer Verkürzung des Urlaubsanspruchs (infolge einer Karenz nach § 15 MSchG bzw § 2 VKG; vgl 7.3.3.4) kann auch eine Urlaubsersatzleistung nur im entsprechenden aliquoten Ausmaß entstehen[913].

Endet das Arbeitsverhältnis während einer **Teilzeitbeschäftigung** iS des VKG bzw des MSchG (vgl 7.3.3.6) vor Verbrauch des Urlaubs durch

a) Entlassung ohne Verschulden des Arbeitnehmers,

b) begründeten vorzeitigen Austritt des Arbeitnehmers,

c) Kündigung seitens des Arbeitgebers oder

d) einvernehmliche Auflösung,

so kommt es zu einer für den Arbeitnehmer günstigeren Berechnungsmodalität. Die Urlaubsersatzleistung ist entsprechend jener Arbeitszeit zu berechnen, die in dem Urlaubsjahr, in dem der zu entschädigende Urlaubsanspruch entstanden ist, vom Arbeitnehmer überwiegend zu leisten war. Diese Regelung gewinnt dann an Bedeutung, wenn der Arbeitnehmer während eines Urlaubsjahres von einer Vollbeschäftigung zu einer Teilzeitbeschäftigung gem VKG oder MSchG überwechselt. Überwiegt das zeitliche Ausmaß der vollen Arbeitszeit im Verlauf des Urlaubsjahres, so ist sie für die Berechnung der Urlaubsersatzleistung heranzuziehen (§ 10 Abs 4 UrlG). Dasselbe gilt im Übrigen auch für die **Sterbebegleitung**, die **Begleitung eines schwer kranken Kindes** sowie die **Pflegeteilzeit** (§§ 14a, 14b u 14d AVRAG).

Endet das Teilzeitarbeitsverhältnis durch Zeitablauf oder Kündigung seitens des Arbeitnehmers, so gebührt ihm nach den allgemeinen Voraussetzungen des § 10 Abs 1 UrlG (s oben) die Urlaubsersatzleistung in der Höhe des noch ausstehenden Urlaubsentgelts.

---

[908] OGH 8. 5. 1979, 4 Ob 104/78, DRdA 1981, 244 mit Bespr v *Jabornegg*; LG Wien 13. 12. 1982, 44 Cg 195/82, Arb 10.198.

[909] Vgl jedoch *Weiß*, Die Berücksichtigung von Unternehmensbeteiligungen und Aktienoptionen bei Entgeltfortzahlungs- und Beendigungsansprüchen, ASoK 2001, 248.

[910] OGH 28. 2. 1990, 9 ObA 48/90, ZAS 1991, 19 mit Bespr v *Zeiler*.

[911] Vgl hiezu *Kuderna*, Die durch das Sozialrechts-Änderungsgesetz vorgenommenen Ergänzungen der §§ 2, 9, 10 und 19 des Urlaubsgesetzes, DRdA 1996, 466; sowie nunmehr *Mayr*, Urlaubsrecht und arbeitsrechtliche Begleitmaßnahmen zur Pensionsreform, in Resch (Hrsg), Aktuelle Neuerungen im Arbeits- und Sozialrecht (2001), 43.

[912] OGH 24. 9. 2012, 9 ObA 51/12h, EvBl 2013, 260 mit Bespr v *Risak/Rohrer* = ARD 6283/5/2012 = ASoK 2013, 77 = RdW 2012, 736 = wbl 2013, 40 = ZAS 2013, 27.

[913] OGH 17. 1. 1978, 4 Ob 158/77, ZAS 1978, 232 mit Bespr v *Schön*.

Bezüglich der Abgeltung eines noch offenen Urlaubsanspruchs in Form der Urlaubsersatzleistung als Erfüllungsanspruch ist es ohne Belang, dass dem Arbeitnehmer eine **Kündigungsentschädigung als Ersatzanspruch** (§ 29 AngG u § 1162b ABGB) für die Zeit vom (berechtigten) Austritt bis zu dem durch ordnungsgemäße Kündigung herbeigeführten fiktiven Vertragsende gebührt[914]. Eine Einrechnungspflicht oder Vorteilsausgleichung besteht nicht[915]. Hat ein Dienstnehmer das Arbeitsverhältnis aus einem wichtigen Grund vorzeitig aufgelöst und verlängert sich in der Kündigungsfrist, die bei ordnungsgemäßer Kündigung durch den Dienstgeber einzuhalten gewesen wäre, der Urlaubsanspruch, dann kann dieser als Schadenersatzanspruch aus der Beendigung des Arbeitsverhältnisses (vgl insb 8.3.4.2) geltend gemacht werden[916]. Dies gilt naturgemäß auch für einen aus unbegründeter Entlassung resultierenden Schadenersatzanspruch. Auf diesen Anspruch muss sich der Dienstnehmer aber nach Ansicht des OGH einen für dieselbe Zeit gegen einen neuen Dienstgeber gebührenden **Naturalurlaub anrechnen** lassen[917]. Diese Meinung ist nicht haltbar, da der Naturalanspruch auf Urlaub gegenüber einem neuen Dienstgeber mit dem weiter gehenden Schadenersatz als Anspruch aus der Beendigung des Arbeitsverhältnisses gegenüber dem alten Dienstgeber keinen rechtlichen Zusammenhang aufweist. 6/724

Endet das Arbeitsverhältnis durch den **Tod des Arbeitnehmers**, dann gebührt die Urlaubsersatzleistung unmittelbar den Erben (§ 10 Abs 5 UrlG)[918]. 6/725

Keine Urlaubsersatzleistung steht dem Arbeitnehmer zu, wenn er **ohne wichtigen Grund vorzeitig austritt** (§ 10 Abs 2 UrlG)[919]. Dem vorzeitigen Austritt ohne wichtigen Grund ist der Rechtsprechung zufolge die **zeitwidrige Kündigung** durch den Arbeitnehmer gleichzuhalten[920]. Der Entfall jeglicher Entschädigung ist jedoch bei rechtswidrigen Kündigungen dann nicht vertretbar, wenn die Rechtswidrigkeit der Kündigung bloß aus Irrtum oder aus Unkenntnis der Kündigungsfristen und Kündigungstermine resultiert. Kommt es zu einem **Erlöschen** des Arbeitsverhältnisses auf Grund besonderer gesetzlicher Vorschriften (vgl 8.5.4), sind in Ermangelung einer ausdrücklichen gesetzlichen Regelung die Wertungen des § 10 UrlG zur Beurteilung heranzuziehen[921]. 6/726

Urlaube aus **vorangegangenen Urlaubsjahren**, die nicht verjährt sind, müssen in Form der Urlaubsersatzleistung in vollem Ausmaß des noch ausständigen Urlaubsentgelts abgegolten 6/727

---

914 OGH 28. 6. 1983, 4 Ob 68/83, Arb 10.275; *Drs*, Berechnung von Abfertigung und Urlaubsentschädigungsabfindung bei vorzeitiger Lösung des Arbeitsverhältnisses, RdW 1994, 146.

915 LG Wien 13. 12. 1982, 44 Cg 195/82, Arb 10.198.

916 S hiezu noch zur sog Urlaubsentschädigung OGH 14. 9. 1982, 4 Ob 70/82, Arb 10.177; OGH 24. 11. 1993, 9 ObA 1032/93, infas 1994, A 68.

917 OGH 27. 2. 1991, 9 ObS 3/91, DRdA 1992, 46 mit Bespr v *Pfeil*.

918 S auch OGH 15. 5. 1996, 9 ObA 2012/96i, DRdA 1997, 186 mit Bespr v *Binder*.

919 Die vorzeitige Auflösung wegen Aufgabe des Lehrberufs ist nicht dem unberechtigten Austritt, sondern der Arbeitnehmerkündigung gleichzuhalten (OGH 26. 1. 1994, 9 ObA 287/93, ecolex 1994, 340).

920 OGH 29. 6. 1971, 4 Ob 40/71, ZAS 1973, 216 mit Bespr v *Steininger*; *Marhold*, Keine Urlaubsabfindung bei verschuldeter Entlassung, RdW 1988, 49, will dem Arbeitnehmer auch im Falle einer verschuldeten Entlassung keine Urlaubsabfindung zubilligen; aA vgl insb *Kuderna*, Urlaubsrecht^2 (1995), 181 mwN; *Eypeltauer*, Verschuldete Entlassung und Urlaubsabfindung, wbl 1989, 333.

921 Vgl *Löschnigg*, Zur Beendigung und Nichtigkeit von Arbeitsverhältnissen mit Ausländern, in FS Schwarz (1991), 127; zur Zurücklegung der Gewerbeberechtigung eines Lehrberechtigten vgl OGH 14. 4. 1993, 9 ObA 69/93, DRdA 1994, 63 mit Bespr v *Gruber*; vgl dazu auch *Pichelmayer*, Urlaubsentschädigung bei Ex-lege-Beendigung eines Lehrverhältnisses, RdW 1993, 336.

werden, und zwar ohne Rücksicht darauf, auf welche Art und Weise das Arbeitsverhältnis gelöst wurde (§ 10 Abs 3 UrlG)[922]. Selbst im Falle einer vom Arbeitnehmer verschuldeten Entlassung steht dem Arbeitnehmer für Urlaube aus vorangegangenen Urlaubsjahren die Urlaubsersatzleistung ungeschmälert zu[923].

6/728 Zu einem **Entfall/Verfall** von Ansprüchen – so auch bei der Urlaubsersatzleistung – kommt es im Fall eines Rechtsmissbrauchs des Anspruchsberechtigten. Einen Rechtsmissbrauch nimmt der OGH zu Unrecht an, wenn ein Arbeitnehmer langfristig (insb das Urlaubsjahr überschreitend und unwiderruflich) dienstfreigestellt wird und in dieser Zeit keinen Urlaub konsumiert[924]. Inhaltlich kommt es damit zu einer im Urlaubsgesetz nicht vorgesehenen Sanktion bei mangelndem Urlaubsverbrauch. Im Zuge der Freistellung steht es dem Arbeitgeber ohnehin frei, dem Arbeitnehmer die Terminisierung des jährlichen Urlaubs zu überlassen und ihn für die restliche Zeit freizustellen.

6.10.8. Sonderbestimmungen

6/729 Das UrlG 1976 hat das Urlaubsrecht weitgehend vereinheitlicht, sodass Sonderbestimmungen im Wesentlichen nur durch die Kompetenzverteilung der Bundesverfassung oder durch erhebliche Besonderheiten des Arbeitsverhältnisses bedingt sind.

6/730 Gem § 15 Abs 1 HausbG gilt das UrlG auch für den **Hausbesorger** mit der Maßgabe, dass an die Stelle des Urlaubsausmaßes von 30 (36) Werktagen ein Urlaubsausmaß von 35 (42) Kalendertagen tritt. Während des Urlaubs behält der Hausbesorger den Anspruch auf das gesamte Entgelt, hat aber gem § 17 Abs 1 HausbG für eine geeignete Vertretung zu sorgen. Für die Zeit des Urlaubs (überdies auch für die Zeit einer Dienstverhinderung wegen Krankheit oder Unfall bzw einer Bildungsfreistellung gem § 118 ArbVG) hat der Hauseigentümer dem Hausbesorger die Kosten für die Vertretung bis zum Höchstausmaß des dem Hausbesorger sonst für diesen Zeitraum gebührenden durchschnittlichen monatlichen Bruttoentgelts zu ersetzen (§ 17 Abs 2 HausbG; zum erfassten Personenkreis vgl 4.3.2.2.3.2).

6/731 Auch § 9 Abs 1 HGHAG verweist ausdrücklich auf die Anwendung des UrlG. Während des Urlaubs gebührt dem **Hausgehilfen** und dem **Hausangestellten** neben dem Urlaubsentgelt einschließlich der abzugeltenden Sachleistungen ein **Urlaubszuschuss** (vgl dazu allg 6.10.5). Dieser beträgt bei einer für den Urlaubsanspruch anrechenbaren Dienstzeit von weniger als 20 Jahren das Zweifache, ansonsten das Zweieinhalbfache der monatlichen Geldbezüge (§ 9 Abs 2 HGHAG).

6/732 Eine traditionelle Sonderstellung im Urlaubsrecht genießen die **Bauarbeiter**. Da diese Arbeitnehmergruppe zufolge der starken Fluktuation sowie Saisonabhängigkeit im Baugewerbe die Wartezeit nur selten erfüllen würde und zu keinem Urlaubsanspruch käme, wollte man für die Bemessung des Urlaubs nicht das konkrete Arbeitsverhältnis zum nämlichen

---

922 Vgl auch *Kuderna*, Urlaubsrecht² (1995), 172, 181; OGH 9. 6. 1993, 9 ObA 101/93, RdW 1994, 57.
923 Noch zur alten Rechtslage OGH 17. 1. 1996, 9 ObA 196/95, ARD 4739/16/96.
924 OGH 30. 7. 2009, 8 ObA 81/08g, DRdA 2011, 274 mit Bespr v *Mair*.

Arbeitgeber ins Auge fassen (vgl dazu *Martinek/Widorn*, BUAG [1988]). Dementsprechend werden die Beschäftigungen bei unterschiedlichen Dienstgebern zusammengerechnet, sofern es sich um Tätigkeiten handelt, die dem BUAG unterliegen (Arbeitertätigkeiten zB in Bau-, Steinmetz-, Dachdecker- und Pflastererunternehmen).

Nach Beschäftigungszeiten von jeweils 52 Anwartschaftswochen (Anwartschaftsperiode) gebührt dem Arbeitnehmer ein Urlaub von 30 Werktagen; er erhöht sich auf 36 Werktage, wenn Beschäftigungszeiten von mindestens 1150 Anwartschaftswochen erreicht wurden (§ 4 Abs 1 BUAG). Der Anspruch auf Urlaub entsteht im Verhältnis zu den im Urlaubsjahr zurückgelegten Beschäftigungswochen bzw Teilen von Beschäftigungswochen. Das am Ende des Urlaubsjahres bestehende Urlaubsausmaß ist auf ganze Tage kaufmännisch zu runden (§ 4 Abs 1a BUAG). Als Beschäftigungszeiten gelten insb die Zeiten einer Beschäftigung im Rahmen aller dem Gesetz unterliegenden Arbeitsverhältnisse, Zeiten eines Urlaubs nach dem BUAG, einer Dienstverhinderung durch Krankheit oder Unglücksfall, eines Arbeitsausfalls wegen Schlechtwetters, für den Schlechtwetterentschädigung gebührt, einer Bildungsfreistellung gem § 118 und § 130 Abs 3 ArbVG. Als Anwartschaftswoche gilt allerdings nur eine Kalenderwoche, in der an 5 Arbeitstagen die oben genannten Beschäftigungszeiten anfallen (Näheres §§ 5, 6 BUAG). Arbeitnehmern, die in Dreischichtarbeit oder in bestimmten Zweischichtformen tätig sind, gebührt für je acht Wochen Schichtarbeit innerhalb der Anwartschaftsperiode Zusatzurlaub im Ausmaß von einem Arbeitstag (§ 4b BUAG; vgl *Ercher/Rath*, Novelle zum BUAG – weitere Verbesserungen bei der Bekämpfung von Sozialbetrug, ASoK 2012, 472).

Der Anspruch des Arbeitnehmers auf das Urlaubsentgelt (gem § 8 Abs 1 BUAG das „Urlaubsgeld", dh die Lohnfortzahlung für die Dauer des Urlaubs, zuzüglich eines Urlaubszuschusses) richtet sich gegen eine besondere öffentlich-rechtliche Institution, nämlich die **Bauarbeiter-Urlaubs- und Abfertigungskasse**[925]. Diese wird ua durch Zuschlagsleistungen der Arbeitgeber gespeist. Der Arbeitnehmer erwirbt für jede vom Arbeitgeber in der Anwartschaftsperiode zu leistende Zuschlagszahlung eine Anwartschaft auf das Urlaubsentgelt. Die Höhe der dem Urlaubsausmaß (30 bzw 36 Werktage) entsprechenden Anwartschaft sowie die Höhe der Zuschläge sind auf gemeinsamen Antrag der zuständigen kollektivvertragsfähigen Körperschaften der Arbeitnehmer und Arbeitgeber durch VO des BMASK festzusetzen (§ 4 Abs 2 BUAG). Für überlassene Arbeitnehmer (zur Arbeitskräfteüberlassung vgl 9.1) iS des BUAG können die Lohnzuschläge auch vom Beschäftiger – mit schuldbefreiender Wirkung für den Überlasser und eigentlichen Arbeitgeber – an die Urlaubs- und Abfertigungskasse gezahlt werden (§ 21a Abs 9 BUAG). 6/733

Der Arbeitgeber hat rechtzeitig, frühestens jedoch einen Monat vor dem vereinbarten Urlaubsantritt um Überweisung des der Dauer des beabsichtigten Urlaubs entsprechenden Urlaubsentgelts bei der Urlaubs- und Abfertigungskasse einzureichen und den vereinbarten Urlaubszeitraum bekannt zu geben. Diese hat die Höhe des Urlaubsentgelts nach den in der Anwartschaftsperiode erworbenen Anwartschaften zu errechnen und dem Arbeitgeber das Urlaubsentgelt auf das von ihm einzurichtende besondere Konto zu überweisen. Die **Auszahlung** des dem Arbeitnehmer am letzten Arbeitstag vor Antritt des Urlaubs gebührenden Urlaubsentgelts erfolgt durch den Arbeitgeber, doch ist eine direkte Auszahlung durch die Urlaubs- und Abfertigungskasse möglich, wenn der Arbeitgeber seinen Verpflichtungen als Zahlstelle nicht oder nicht ordnungsgemäß nachkommt (§ 8 BUAG)[926]. 6/734

---

925 S ua *Wiesinger*, BUAG – Urlaubsersatzleistung, Abfindung und Verfall, RdW 2014, 198.
926 *Lutz*, Novelle des Bauarbeiter-Urlaubs- und Abfertigungsgesetzes, infas 2014, 5.

6.10.8. Urlaub

6/735 Wird das Arbeitsverhältnis beendet und bestehen noch offene und nicht verbrauchte Urlaubsansprüche, kann der Arbeitnehmer gegenüber der Urlaubs- und Abfertigungskasse für die Dauer des abzugeltenden Urlaubs eine **Urlaubsersatzleistung** in Höhe des Urlaubsentgelts beantragen. Urlaubsansprüche, die binnen sechs Monaten nach Beendigung des Arbeitsverhältnisses verfallen würden, sind bei Beendigung unabhängig von einer Antragstellung durch die Urlaubsersatzleistung abzugelten (§ 9 BUAG). Für jene Urlaubsansprüche, die nicht durch die Urlaubsersatzleistung abgedeckt sind, kann der Bauarbeiter unter bestimmten Voraussetzungen gegenüber der Urlaubs- und Abfertigungskasse eine **Urlaubsabfindung** geltend machen. Dies ist dann der Fall, wenn er seit mindestens sechs Monaten in keinem Arbeitsverhältnis mehr steht, auf das das BUAG Anwendung findet, wenn er eine Pension nach dem ASVG zuerkannt bekommen hat, bzw wenn er Überbrückungsgeld nach § 13l BUAG zuerkannt erhalten hat (§ 10 BUAG).

6/736 Auch für die Gruppe der **Heimarbeiter** bestehen im Zusammenhang mit dem Urlaubsrecht Sonderregelungen. So erwirbt der Heimarbeiter auf Grund eines ununterbrochenen Beschäftigungsverhältnisses in der Dauer von jeweils mindestens sechs Monaten einen Anspruch auf Urlaub, wobei bei dessen Ermittlung verbleibende Teile von Beschäftigungsmonaten auf den nächsten Urlaubsanspruch zählen. Der Urlaubszeitraum beginnt für den ersten Urlaubsanspruch mit der Aufnahme des Beschäftigungsverhältnisses, für jeden folgenden Urlaubsanspruch mit dem Ende des Tages, mit dem der vorhergehende Urlaubszeitraum schließt (§ 20 Abs 1 u 2 HeimAG). Das Ausmaß des Urlaubs beträgt für jeden Monat des Beschäftigungsverhältnisses, für den ein Urlaubsanspruch nicht verbraucht wurde, zweieinhalb Werktage und erhöht sich auf drei Werktage, wenn das Beschäftigungsverhältnis ununterbrochen mehr als 25 Jahre gedauert hat (§ 20 Abs 3 HeimAG).

Während des Urlaubs gebührt dem Heimarbeiter ein Urlaubsentgelt, das bei einem Urlaubsausmaß von zweieinhalb Werktagen für jeden Monat 10 % und bei einem Urlaubsausmaß von drei Werktagen 12 % des Arbeitsentgelts, das für den Urlaubszeitraum gebührt, beträgt (§ 22 Abs 1 und 2 HeimAG). Bei Beendigung des Beschäftigungsverhältnisses vor Erwerb eines Urlaubsanspruchs steht dem Heimarbeiter eine Abfindung der Anwartschaft auf Urlaub zu, die nach der Gesamtdauer des Beschäftigungsverhältnisses mit dem jeweiligen Hundertsatz des Arbeitsentgelts, das für den durch einen Urlaubsanspruch nicht erfassten Zeitraum gebührt, zu berechnen ist (§ 23 Abs 1 HeimAG). Wird das Beschäftigungsverhältnis vor Verbrauch des erworbenen Urlaubsanspruchs gelöst, so gebührt dem Heimarbeiter eine Urlaubsentschädigung in der Höhe des Urlaubsentgelts, das gebührt hätte, wenn der Urlaub tatsächlich verbraucht worden wäre, einschließlich der für die Zeit des nicht verbrauchten Urlaubs gebührenden aliquoten Anteile an Sonderzahlungen (§ 23 Abs 2 HeimAG).

6/737 Der Anspruch auf Urlaubsentschädigung und -abfindung geht verloren, wenn der Heimarbeiter das Beschäftigungsverhältnis ohne wichtigen Grund vorzeitig auflöst (§ 23 Abs 3 HeimAG).

6/738 Schließlich ist noch hervorzuheben, dass durch das **NSchG** ein Anspruch auf **Zusatzurlaub** für bestimmte Arbeitnehmergruppen in das UrlG eingefügt wurde.

Demnach haben Arbeitnehmer für jedes Arbeitsjahr, in dem sie mindestens 50-mal in der Zeit zwischen 22 und 6 Uhr mindestens sechs Stunden Schwerarbeit iS des Art VII NSchG (vgl 4.3.2.3.8) geleistet haben, Anspruch auf Zusatzurlaub im Ausmaß von zwei Werktagen. Dieser Anspruch erhöht sich auf vier Werktage, wenn sie fünf Jahre, und auf sechs Werktage, wenn sie 15 Jahre derartige Arbeiten geleistet haben (§ 10a Abs 1 UrlG).

Hat ein Arbeitnehmer in einem Urlaubsjahr weniger als 50-mal, mindestens jedoch 40-mal Nachtschwerarbeit geleistet, dann hat er für dieses Urlaubsjahr Anspruch auf einen Zusatzurlaub im obigen Ausmaß, wenn er in diesem und im unmittelbar vorangegangenen Urlaubsjahr insgesamt mindestens 100-mal Nachtschwerarbeit geleistet hat (§ 10a Abs 1a UrlG). 6/739

Falls ein Arbeitnehmer zusätzlich zur Nachtschwerarbeit, die zu einem Zusatzurlaub geführt hat, mindestens 50-mal Nachtschwerarbeit leistet, gebührt ihm ein weiterer Urlaubstag (§ 10a Abs 1b UrlG). Pro Urlaubsjahr gebührt jedoch nur ein weiterer Urlaubstag. Drei Jahre nach Ablauf des Urlaubsjahres, in dem Nachtschwerarbeit geleistet wurde, ist diese Nachtschwerarbeit bei der Berechnung des weiteren Zusatzurlaubes nicht mehr heranzuziehen (§ 10a Abs 1c UrlG). 6/740

6.11. Karenz

6.11.1. Vereinbarte Karenz – Aussetzungsvertrag

Im Hinblick darauf, dass das Arbeitsverhältnis durch den Arbeitsvertrag begründet wird und ebenso wie die Begründung auch die Beendigung jederzeit **in beiderseitigem Einvernehmen** erfolgen kann, liegt es nahe, auch eine Vereinbarung bezüglich der Ruhestellung der Arbeitspflicht und der Entgeltleistungspflicht zuzulassen[927]. Im Falle einer auf solche Weise vereinbarten Karenz ruhen nicht alle Rechte und Pflichten aus dem Arbeitsverhältnis. So wird insb die Treuepflicht des Arbeitnehmers besonders im Hinblick auf eine Konkurrenzierung des Arbeitgebers weiterbestehen. Aber auch jene Leistungspflichten des Arbeitgebers bleiben unberührt, die von der unmittelbaren Erbringung der Arbeitsleistung unabhängig sind (zB Benützung einer Dienstwohnung). 6/741

Da das Arbeitsverhältnis dem Grunde nach aufrecht bestehen bleibt, ist die Zeit einer vereinbarten Karenz für alle Ansprüche, die sich nach der Dauer des Arbeitsverhältnisses richten, anzurechnen[928]. Da die Karenzierung nicht zur Arbeitslosigkeit iS des AlVG führt, steht dem Arbeitnehmer für diese Zeiten auch kein Arbeitslosengeld zu (VwGH 20. 10. 1992, 92/08/0047, ARD 4441/6/93)[929]. 6/742

Im Gegensatz zu dieser Form der Freistellung des Arbeitnehmers bzw des Arbeitgebers von den Hauptpflichten aus dem Arbeitsverhältnis wird vielfach in Zeiten schlechter Auftrags- und Beschäftigungslage die vorübergehende Freisetzung von Arbeitskräften dergestalt vor- 6/743

[927] Allg vgl *Leitich*, Der Karenzurlaub, JBl 1957, 197; *Müller*, Die Beurlaubung gegen Karenz der Bezüge, JBl 1959, 258; *Tomandl*, Sonderzahlungen im Karenzurlaub, JBl 1960, 109; *Waas*, Probleme des Karenzurlaubes, DRdA 1961, 36; *Hödl*, Der Karenzurlaub, JBl 1961, 144; *Henrich*, Die gegenwärtige Systematik des Karenzurlaubes, DRdA 1961, 274; *Rainer*, Der Karenzurlaub unter besonderer Berücksichtigung der Wirkungen auf das Dienstverhältnis, JBl 1963, 352; OGH 5. 4. 1989, 9 ObA 318/88, ZAS 1990, 21 mit Bespr v *Resch*; *Pačić*, Karenzierungsvereinbarung, in Reissner/Neumayr (Hrsg), Zeller Handbuch Arbeitsvertrags-Klauseln (2010), 414 ff.

[928] OGH 15. 3. 1989, 9 ObA 268/88, wbl 1989, 376; *Lind-Leitner*, Urlaubsanspruch trotz Karenzierung, ecolex 1997, 953; eher bedenklich *Leitner*, Dienstzeitabhängige Ansprüche bei Entgeltfreiheit, RdW 1997, 460; vgl auch 8.6.1.2.1.

[929] Vgl hiezu auch *Klein*, Zur „Aussetzung" des Arbeitsvertrages, DRdA 1983, 249; *Runggaldier*, Aussetzungsverträge und Arbeitslosengeld: Anmerkungen zu einem aktuellen Thema, DRdA 1984, 256 ff; weitgehend aA *Marhold*, Unternehmenssanierung und Sozialversicherung, in Ruppe (Hrsg), Rechtsprobleme der Unternehmenssanierung (1983), 226 f; *dens*, Arbeits- und sozialrechtliche Probleme der Aussetzungsverträge, RdW 1984, 247; *Rebhahn*, Die Auswirkungen des arbeitsrechtlichen Bestandschutzes auf das Arbeitslosengeld, ZAS 1983, 100; *Steinbauer*, Zur einvernehmlichen Unterbrechung des Arbeitsverhältnisses, ZAS 1984, 48.

genommen, dass das Arbeitsverhältnis gelöst, dem Arbeitnehmer aber gleichzeitig die Wiederaufnahme des Beschäftigungsverhältnisses zu einem späteren Zeitpunkt zugesagt bzw mit ihm vereinbart wird. In diesem Fall kommt es zur Beendigung des Arbeitsverhältnisses mit allen daraus resultierenden Konsequenzen, wie zB der Auszahlung der Ansprüche aus der Beendigung. Der vielfach verwendete Begriff des **Aussetzungsvertrags** ist diesbezüglich unklar. In allen Fällen ist zu differenzieren, ob es sich hiebei bloß um eine Ruhestellung der Hauptpflichten oder um eine echte Auflösung des Arbeitsverhältnisses handelt[930]. Die systematische Aneinanderreihung von Aussetzungsverträgen im Hinblick auf die Konjunkturlage wird man regelmäßig als scheinbare Lösung und Wiederbegründung des Arbeitsverhältnisses zu qualifizieren haben, wobei **analog** zu den **Kettendienstverhältnissen** ein durchlaufendes Arbeitsverhältnis anzunehmen sein wird.

Spezifische arbeitsrechtliche Bestimmungen für den Fall, dass der Arbeitnehmer entgegen einer **Wiedereinstellungszusage** bzw **-vereinbarung** eine andere Beschäftigung antritt, finden sich in nicht ganz systemgerechter Weise in § 9 Abs 5 und 6 AlVG[931]. Entsprechend diesen Regelungen ist der Arbeitnehmer zum Ersatz eines allfälligen Schadens nicht verpflichtet, wenn er die Wiedereinstellungsvereinbarung nicht erfüllt, weil er ein neues Arbeitsverhältnis antritt. Hiebei ist es gleichgültig, ob die neue Beschäftigung vom AMS vermittelt wurde oder nicht (vgl OGH 12. 4. 1995, 9 ObA 27/95, DRdA 1996, 135 mit Bespr v *Pfeil* = ZAS 1996, 37 mit Bespr v *Brodil*). Dem betroffenen Arbeitgeber soll die Abstandnahme jedoch rechtzeitig bekannt gegeben werden. Hat der Arbeitnehmer im Hinblick auf die Wiedereinstellungszusage bzw -vereinbarung auf Ansprüche aus dem früheren Arbeitsverhältnis verzichtet, leben diese wieder auf, wenn der Arbeitnehmer dem früheren Arbeitgeber sein Abstandnehmen vom Wiederantritt der Beschäftigung vor dem Wiederantrittstermin bekannt gibt. Sind Ansprüche aus dem früheren Arbeitsverhältnis nicht oder nicht zur Gänze erfüllt worden, so werden diese spätestens zu jenem Zeitpunkt fällig, zu dem der Arbeitnehmer seine Beschäftigung gemäß dem Wiedereinstellungsvertrag (der Wiedereinstellungszusage) hätte aufnehmen müssen, sofern gesetzlich nichts anderes bestimmt ist (vgl auch OGH 13. 11. 1996, 9 ObA 2122/96s, DRdA 1997, 396 mit Bespr v *Brodil*). Verjährungs- und Verfallsfristen verlängern sich um den Zeitraum zwischen Beendigung des Arbeitsverhältnisses und dem vereinbarten Zeitpunkt der Wiederaufnahme der Beschäftigung[932]. Die Bestimmungen des § 9 Abs 5 und 6 AlVG finden nach neuerer Rechtsprechung nur für den Fall Anwendung, dass es zu einer echten Beendigung des Dienstverhältnisses kommt, nicht jedoch bei einer bloßen Aussetzung im Sinne einer Karenzierung (s hiezu OGH 15. 5. 1996, 9 ObA 105/95, DRdA 1997, 212 mit Bespr v *Brodil*; aA noch OGH 13. 6. 1996, 8 ObA 216/96, RdW 1996, 597).

6/744 Bleibt das Arbeitsverhältnis dem Grunde nach aufrecht, ist aber der Arbeitnehmer von der Arbeitspflicht und der Arbeitgeber von der Pflicht zur Leistung des Arbeitsentgelts befreit, so spricht man von Karenzierung oder Karenz[933].

---

930 Allg vgl die Beiträge von *Reissner* und *Wolfsgruber* in Resch (Hrsg), Karenzierung und Aussetzung des Arbeitsvertrages (2002), 13 bzw 107; zur Rechtsprechung s insb *Runggaldier/Schima*, Aussetzungsvereinbarungen in Saisonbetrieben – Anmerkungen zur OGH-Judikatur (1994); s weiters OGH 21. 10. 1999, 8 ObA 152/99g, RdW 2000, 620; OGH 3. 11. 1999, 9 ObA 249/99d, DRdA 2000, 521 mit Bespr v *Brodil*; OGH 4. 9. 1996, 9 ObA 2126/96, DRdA 1997, 126 mit Bespr v *Ziehensack*.

931 Zur Differenzierung zwischen Wiedereinstellungszusage und Wiedereinstellungsvereinbarung vgl OGH 13. 11. 1996, 9 ObA 2122/96s, DRdA 1997, 396 mit Bespr v *Brodil* = ASoK 1997, 157; zur Rechtsnatur der Wiedereinstellungszusage s OGH 30. 5. 2012, 8 ObA 27/12x, DRdA 2013, 251 mit Bespr v *Weiss* = ecolex 2012, 916 = infas 2012, A 72.

932 Vgl hiezu *Brodil*, Aussetzungsvereinbarungen aus arbeits- und sozialrechtlicher Sicht, Betrachtungen zur Unterbrechung des Arbeitsverhältnisses und § 9 AlVG, ZAS 1996, 37; zur Verfassungsmäßigkeit des § 9 AlVG vgl OGH 8. 2. 1996, 8 ObA 306/95, DRdA 1996, 489 mit Bespr v *Spielbüchler*; *Andexlinger*, Arbeitsrechtliches im AlVG, RdW 1992, 117.

933 Vgl *Henrich*, Die Beurlaubung ohne Weiterzahlung der Bezüge (Ansprüche des Arbeitnehmers aus dem ruhenden Arbeitsverhältnis), DRdA 1956, 65; *Mayer/Pfeil*, Aussetzung oder Karenzierung?, DRdA 2009, 433; *Ger-*

6.11.2. Bildungskarenz

Im Gesetz finden sich insofern Sonderformen der Karenzierung, als Arbeitnehmer bei Vorliegen der gesetzlichen Voraussetzungen sozialversicherungsrechtliche Leistungen beanspruchen können (s auch 6.11.3 bis 6.11.5)[934]. 6/745

Bei der sog **Bildungskarenz** (§ 11 AVRAG) handelt es sich um eine Karenzierung mit dem gesetzlich geforderten Zweck einer Weiterbildung des Arbeitnehmers[935]. Voraussetzung dafür ist, dass das Arbeitsverhältnis bereits ununterbrochen sechs Monate gedauert hat. Sie kann im Ausmaß von zwei bis zwölf Monaten vereinbart werden. Ein Rechtsanspruch auf den Abschluss einer solchen Vereinbarung besteht nicht. Eine neuerliche Bildungskarenz ist erst nach Ablauf von vier Jahren ab dem Antritt der letzten Bildungskarenz (Rahmenfrist) möglich. Die Bildungskarenz kann auch in Teilen vereinbart werden, wobei die Dauer eines Teils mindestens zwei Monate zu betragen hat und die Gesamtdauer der einzelnen Teile innerhalb der Rahmenfrist, die mit Antritt des ersten Teils der Bildungskarenz zu laufen beginnt, ein Jahr nicht überschreiten darf. Die Möglichkeit der Bildungskarenz besteht auch in Saisonbetrieben bei befristeten Arbeitsverträgen (s § 11 Abs 1a AVRAG). In Betrieben, in denen ein für den Arbeitnehmer zuständiger Betriebsrat errichtet ist, ist dieser auf Verlangen des Arbeitnehmers den Verhandlungen beizuziehen. Für die Dauer der Rahmenfrist sind Vereinbarungen über die Bildungsteilzeit (vgl 6.8.7.2.6) grundsätzlich unzulässig. Wurde in der Vereinbarung die höchstzulässige Dauer der Bildungskarenz von einem Jahr jedoch nicht ausgeschöpft, kann für die weitere Dauer der Rahmenfrist eine Bildungsteilzeit vereinbart werden, allerdings höchstens im zweifachen Ausmaß des nicht ausgeschöpften Teils. Die Mindestdauer der Bildungsteilzeit muss vier Monate betragen. 6/746

Wird die Teilnahme an einer Weiterbildungsmaßnahme nachgewiesen, dann steht – unter der Voraussetzung, dass die arbeitslosenversicherungsrechtliche Anwartschaft und die weiteren Voraussetzungen des § 26 Abs 1 AlVG erfüllt sind – das sog **Weiterbildungsgeld**[936] in der Höhe des Arbeitslosengeldes zu (zur Sonderregelung bei Inanspruchnahme des Weiterbildungsgeldes nach einer Elternkarenz s § 83 AlVG). Das Weiterbildungsgeld gebührt mindestens in der Höhe des Kinderbetreuungsgeldes[937]. 6/747

6.11.3. Arbeitsmarktpolitisch geförderte Karenz

Eine weitere Freistellung gegen Entfall des Entgelts sieht § 12 AVRAG für den Fall vor, dass für die Freistellung eine **Förderung aus Mitteln der Arbeitslosenversicherung oder des** 6/748

---

hartl, Arbeitsrechtliche Gestaltungsmöglichkeiten beim Übergang zur Pension (2010), 41 u 53; *Lang*, Karenz und Karriere – (k)ein Widerspruch!?, ASoK 2010, 455.

934 Vgl allg *Holzer/Reissner*, AVRAG² (2006), 324 ff; *Jabornegg* in Jabornegg/Resch (Hrsg), Rechtsfragen des ASRÄG 1997 (1998), 13.

935 S dazu *Pfeil* in Neumayr/Reissner (Hrsg), Zeller Kommentar² (2011), §§ 11, 12 AVRAG Rz 8.

936 Zum Anspruch auf Weiterbildungsgeld freier Dienstnehmer vgl VfGH 4. 3. 2011, B 340/10, RdW 2011, 491 = ZAS 2011, 266; *Schrenk*, Anspruch auf Weiterbildungsgeld auch für freie Dienstnehmer, taxlex 2011, 381; *Gerhartl*, Weiterbildungsgeld für freie Dienstnehmer, ecolex 2012, 160; *Keul*, Weiterbildungsgeldanspruch freier Dienstnehmer, DRdA 2012, 62; VwGH 23. 5. 2012, 2012/08/0044, ARD 6301/9/2013.

937 *Höfle*, Geringfügiges Dienstverhältnis zum selben Dienstgeber mit Bildungskarenz vereinbar, ASoK 2000, 194.

Arbeitsmarktservice in Anspruch genommen wird und die Freistellung zwischen sechs und zwölf Monaten dauert (arbeitsmarktpolitisch geförderte Karenz). Für die Dauer der Freistellung kann dem Arbeitnehmer eine Leistung vom Arbeitsmarktservice gewährt werden, oder der Arbeitnehmer hat Anspruch auf das Weiterbildungsgeld gem § 26 Abs 1 Z 2 AlVG, wenn die Einstellung einer nicht nur geringfügig beschäftigten **Ersatzkraft**, die zuvor Arbeitslosengeld oder Notstandshilfe bezogen hat, nachgewiesen wird. Wird aus Verschulden des Arbeitgebers keine Ersatzarbeitskraft eingestellt, ändert dies zwar nichts an der Karenzierung bzw der Gewährung des Weiterbildungsgeldes, der Arbeitgeber hat aber dem Arbeitsmarktservice die entstehenden Aufwendungen zu ersetzen (§ 26 Abs 7 AlVG).

6.11.4. Pflegekarenz

6/749 Auf die steigende Anzahl an pflegebedürftigen Personen hat der österreichische Gesetzgeber mit der Einführung der **Pflegekarenz** reagiert. Gem § 14c AVRAG können zwischen Arbeitnehmer und Arbeitgeber Vereinbarungen zur Pflege naher Angehöriger getroffen werden, die zu einem Ruhen des Arbeitsverhältnisses führen, die aber mit einer öffentlichen Transferleistung (Pflegekarenzgeld; s unten) verbunden sind[938].

Voraussetzungen für eine Vereinbarung iSd § 14c AVRAG sind:

6/750
- Das Arbeitsverhältnis muss ununterbrochen **drei Monate** gedauert haben.
- Die Pflegekarenz muss **schriftlich** vereinbart werden.

  Die Vereinbarung hat Beginn und Dauer der Pflegekarenz zu beinhalten, wobei sowohl auf die betrieblichen Interessen als auch auf die Interessen des Arbeitnehmers Rücksicht zu nehmen ist.
- Die Freistellung dient der **Pflege oder Betreuung** eines **nahen Angehörigen** iSd § 14a AVRAG.

  Nahe Angehörige gemäß § 14a AVRAG sind die Ehepartner und deren Kinder, die Eltern, Großeltern, Adoptiv- und Pflegeeltern, Kinder, Enkelkinder, Stiefkinder, Adoptiv- und Pflegekinder, Lebensgefährten und deren Kinder, eingetragene Partner und deren Kinder sowie Geschwister, Schwiegereltern und Schwiegerkinder.
- Zum Zeitpunkt des Antritts der Pflegekarenz muss der zu betreuenden Person Pflegegeld ab der **Pflegestufe 3** mit Bescheid zuerkannt worden sein. Für die Pflege oder Betreuung von demenziell erkrankten oder minderjährigen nahen Angehörigen genügt bereits die Einstufung in **Pflegestufe 1**.
- In Betrieben, in denen ein für die Arbeitnehmer zuständiger **Betriebsrat** errichtet ist, muss dieser **auf Verlangen des Arbeitnehmers den Verhandlungen beigezogen werden**.

6/751 Grundsätzlich kann die Pflegekarenz im Ausmaß von **mindestens einem bis maximal drei Monaten pro zu betreuenden nahen Angehörigen** vereinbart werden. Sollte die Pflegegeldstufe des nahen Angehörigen um zumindest eine Stufe erhöht werden, ist eine **einmalige Verlängerung** der Pflegekarenz um **höchstens drei Monate** zulässig. Hat der

938 Vgl hiezu *Neubauer/Grasser*, Pflegekarenz und Pflegeteilzeit – Stärkung pflegender Angehöriger, ÖZPR 2013, 79; *Saurugger/Rath*, Arbeitsrechts-Änderungsgesetz 2013, ASoK 2013, 282; *Aubauer/Rosenmayr-Khoshideh*, Pflegekarenz und Pflegeteilzeit, taxlex 2013, 300; *Reiff*, Das ARÄG 2013: Einführung der Pflegekarenz und Pflegeteilzeit, DRdA 2013, 448; *Schuster*, Pflegekarenz und Pflegeteilzeit, RdW 2013, 734.

Arbeitnehmer eine Pflegekarenz bereits angetreten, ist die Vereinbarung einer Pflegeteilzeit (vgl 6.8.7.2.7) für dieselbe zu betreuende Person unzulässig (§ 14c Abs 1 AVRAG).

Die **vorzeitige Beendigung** der Pflegekarenz ist nur ausnahmsweise möglich. Der Arbeitnehmer kann eine Rückkehr zur ursprünglich vereinbarten Normalarbeitszeit nur verlangen, wenn die betreute Person 6/752

- in eine stationäre Pflege- oder Betreuungseinrichtung aufgenommen wird,
- nicht nur vorübergehend von einer anderen Person betreut wird oder
- verstirbt.

Gem § 14c Abs 3 AVRAG darf die Rückkehr zu den alten Arbeitsbedingungen frühestens zwei Wochen nach der Meldung des Eintritts eines der obigen Umstände erfolgen.

Wie bei der Bildungskarenz ist die Vereinbarung einer Pflegekarenz auch für Arbeitnehmer in **befristeten Arbeitsverhältnissen in Saisonbetrieben** möglich (s dazu § 14c Abs 4 AVRAG). Im Unterschied zur Bildungskarenz kann die Pflegekarenz jedoch **nicht in mehreren Teilen** vereinbart werden. Dies ergibt sich aus der Gegenüberstellung von § 11 Abs 1 AVRAG und § 14c AVRAG. 6/753

Personen, die eine Pflegekarenz vereinbart haben, haben während dieser Zeit zwar keinen Anspruch auf Entgeltfortzahlung, ihnen gebührt jedoch für die vereinbarte Dauer der Pflegekarenz ein **Pflegekarenzgeld** (§ 21c BPGG). **Pro zu betreuende pflegebedürftige Person** kann das Pflegekarenzgeld für **höchstens sechs Monate** beim Bundesamt für Soziales und Behindertenwesen (Sozialministeriumservice) beantragt werden (§ 21d BPGG). Erhöht sich der Pflegebedarf um zumindest eine Pflegegeldstufe und wird eine neuerliche Pflegekarenz vereinbart, so ist eine **einmalige Verlängerung** des Pflegekarenzgeldes für **höchstens sechs Monate** zulässig. 6/754

Das Pflegekarenzgeld gebührt prinzipiell in der Höhe des Grundbetrages des Arbeitslosengeldes zuzüglich allfälliger Kinderzuschläge. Es ist somit **einkommensabhängig**, wobei die Geringfügigkeitsgrenze (2017: € 425,70) nicht unterschritten werden darf (§ 21c Abs 2 BPGG).

Zeiten der einschlägigen Freistellungen bleiben für dienstzeitabhängige Ansprüche außer Betracht, wobei Sonderzahlungen und Urlaubsansprüche (unter Anwendung des § 15f Abs 1, mit Ausnahme des letzten Satzes, u Abs 2 MSchG) aliquotiert werden. Nicht einmal die in § 15f Abs 1 MSchG enthaltene Anrechnung der ersten Karenz für die Bemessung der Kündigungsfrist, der Dauer der Entgeltfortzahlung im Krankheitsfall (Unglücksfall) und des Urlaubsausmaßes bis zum Höchstausmaß von zehn Monaten findet Berücksichtigung (vgl hiezu die Kritik von *Schwarz*, Nochmals: Das AVRAG im Zwielicht!, RdW 2000, 27). 6/755

Werden im Rahmen einer betrieblichen Pensionsvorsorge Beiträge an eine Pensionskasse geleistet und vereinbart der Arbeitnehmer eine Karenzierung im obigen Sinn, dann kann der Arbeitnehmer seine Beiträge zur Betriebspension in der bisherigen Höhe weiter zahlen oder auch die Beiträge des Arbeitgebers übernehmen (§ 3 Abs 4 BPG)[939]. 6/756

Wird das Arbeitsverhältnis während einer Freistellung beendet, ist bei der Berechnung einer **Abfertigung alt** oder einer **Urlaubsersatzleistung** das für den letzten Monat vor Antritt der 6/757

---

[939] Vgl *Gruber*, Betriebspensionsrechtliche Auswirkungen von Karenz und Arbeitszeitreduktion, ZAS 1999, 97.

Freistellung gebührende Entgelt zu Grunde zu legen (§ 11 Abs 4 AVRAG). Für Arbeitnehmer, die unter das BMSVG fallen (**Abfertigung neu**), übernimmt der Bund die Beitragsleistung (1,53 % des Kinderbetreuungsgeldes) für die Dauer der Pflegekarenz.

6/758 Für Kündigungen, die wegen einer bevorstehenden oder tatsächlich in Anspruch genommenen Karenzierung ausgesprochen werden, sieht das AVRAG in § 15 einen besonderen Kündigungsschutz vor (vgl 8.2.8.2).

6.11.5. Karenz kraft Gesetzes

6/759 Wesentlich größere sozialpolitische Bedeutung als die freiwillig vereinbarte Karenz besitzt die Karenz für **Mütter** und **Väter** gem den §§ 15 ff MSchG bzw §§ 2 ff VKG (vgl 7.3.3.4). Bei Vorliegen der gesetzlichen Voraussetzungen haben Eltern einen **Rechtsanspruch** auf diese Karenz.

6/760 Weitere Formen einer Karenz kraft Gesetzes bilden die Freistellung gegen Entfall des Entgelts zum Zwecke der **Sterbebegleitung** eines nahen Angehörigen sowie die Freistellung zur **Begleitung** eines **schwerst erkrankten Kindes** (vgl dazu 6.8.7.2.5).

6.12. Aufwandsentschädigung

6/761 Während das Entgelt des Arbeitnehmers das Äquivalent für seine Arbeitsleistung darstellt (vgl 6.5.1), gebühren Aufwandsentschädigungen für Aufwendungen, die dem Arbeitnehmer im Zuge der Arbeitsleistung anfallen[940]. Der Aufwandsentschädigung stehen Kosten des Arbeitnehmers gegenüber. Bei **überhöhten Aufwandsentschädigungen** handelt es sich somit teilweise um Entgelt. Auf die Bezeichnung als „Entgelt“ oder „Aufwandsentschädigung“ kommt es nicht an. Auch bei den sog Lohnzuschlägen ist im Einzelfall eine Abgrenzung vorzunehmen (vgl 6.5.1).

Beispiele für Aufwandsentschädigungen sind: Abgeltung für den Einsatz von Fahrzeugen des Arbeitnehmers (Kilometergeld für Pkw oder Fahrräder), Nächtigungskosten, Taggelder für den erhöhten Aufwand bei Dienstreisen, Waschkostenzuschläge für die Reinigung von Arbeitskleidern, berufsgruppenspezifische Bekleidungskosten (Frack für Berufsmusiker, schwarze T-Shirts für Kellner etc).

6/762 Als **Rechtsgrundlage** kommen Gesetze (zB die Reisegebührenvorschrift 1955 für Bundesbeamte und Vertragsbedienstete), Kollektivverträge, Mindestlohntarife, Betriebsvereinbarungen (vgl 11.5.3.4) und Arbeitsverträge in Frage. Mangels konkreter Regelungen kann sich der Anspruch des Arbeitnehmers auf Aufwandsersatz auch auf § 1014 ABGB stützen. Der dispositive Charakter dieser Bestimmung[941] schafft aber vor allem keine Mindestansprüche für den Arbeitnehmer. So können etwa im Vergleich zum amtlichen Kilometergeld niedrigere Kilometergelder vereinbart werden. Kollektivvertragliche Mindestentgelte dürfen dadurch nicht eingeschränkt werden.

---

940 Vgl hiezu *Burgstaller/Schorn*, Entgelt nicht gleich Entgelt. Der Entgeltbegriff im Arbeitsrecht – ein Abriss der verschiedenen einzelgesetzlichen Ansätze im Arbeitsrecht, ZAS 2013, 99.

941 Vgl OGH 26. 7. 2012, 8 ObA 56/11k, wbl 2012, 581 mit Bespr v *Grillberger* = ARD 6276/3/2012.

Beispiel: Laut Kollektivvertrag steht dem Arbeitnehmer ein Bruttoentgelt in der Höhe von € 1.500 zu. Arbeitsvertraglich vereinbart ist ein Entgelt von € 1.700. Mit der Überzahlung sollen auch sämtliche Kosten des Arbeitnehmers für Dienstfahrten mit dem eigenen Pkw abgegolten werden. – Entsprechen die tatsächlichen Kosten des Arbeitnehmers im Wesentlichen dem amtlichen Kilometergeld und würden seine Aufwendungen – berechnet nach dem amtlichen Kilometergeld – im Monatsdurchschnitt € 300 betragen, dann hätte der Arbeitnehmer Anspruch auf die Differenz von € 100, da andernfalls durch den Aufwand des Arbeitnehmers das kollektivvertragliche Mindestentgelt unterschritten werden würde.

Die Gestaltung der Aufwandsersatzleistung darf – wie beim Entgelt (vgl 6.5) – keinen Anreiz für den Arbeitnehmer bilden, seinen Schutz, den Schutz anderer Arbeitnehmer oder den Schutz sonstiger Personen zu vernachlässigen. 6/763

6.13. Schaden und Haftung im Arbeitsverhältnis

Das allgemein verbindliche Schadenersatzrecht hat im 30. Hauptstück des ABGB (§§ 1293 ff) seine Regelung gefunden. Die technische und wirtschaftliche Entwicklung führt aber in wachsendem Maße zu Modifikationen der traditionellen Regeln des Schadenersatzrechts. Dies zeigt sich etwa in der Tendenz, in Anbetracht der technisch bedingten Gefährdungen die Haftung ohne Verschulden zu erweitern[942]. Andererseits werden die Konsequenzen geringen Verschuldens im Hinblick auf die Bedrohung der wirtschaftlichen Existenz des Schädigers durch Billigkeitserwägungen gemildert. Dass das Arbeitsrecht hier bahnbrechend war, liegt auf der Hand. Im Bereich des Arbeitsrechts und des Sozialrechts finden sich zahlreiche von den schadenersatzrechtlichen Regeln des ABGB abweichende Bestimmungen. Die Haftung des Arbeitnehmers für Schäden bei Erbringung der Dienstleistung gegenüber dem Arbeitgeber und die damit im Zusammenhang stehenden Rückgriffs- und Vergütungsansprüche im Falle der Schädigung eines Dritten sind im Dienstnehmerhaftpflichtgesetz 1965 (bzw für den öffentlichen Dienst im OrganhaftpflichtG 1967 und im AmtshaftungsG 1948[943]) verankert. Sonderbestimmungen für den Fall einer Schädigung des Dienstnehmers durch den Dienstgeber oder durch einen Arbeitskollegen finden sich im ASVG. 6/764

6.13.1. Haftung des Arbeitnehmers

Nach den Prinzipien des allgemeinen Schadenersatzrechts hat der Schädiger für jede rechtswidrige und schuldhafte Schädigung einzustehen (§ 1295 ABGB)[944]. Der Grad des Verschuldens findet lediglich bei der Bestimmung des Umfangs der Ersatzpflicht Berücksichtigung (§ 1324 ABGB). So hat auch der zur Dienstleistung verpflichtete Arbeitnehmer für schuldhafte Verletzungen seiner Sorgfaltspflichten aus dem Dienstvertrag sowie allgemeiner deliktischer Pflichten einzustehen und dabei Vorsatz und Fahrlässigkeit zu vertreten. 6/765

---

942 Zur Problematik der Produkthaftung vgl stellvertretend *Posch*, Produkthaftungsgesetz, RdW 1988, 65; *Welser*, Das neue Produkthaftungsgesetz, wbl 1988, 165.

943 Vgl insb *Ziehensack*, Amtshaftungsgesetz (2011).

944 Zum Verhältnis Pflichtverletzung und Beweislast(umkehr) s OGH 4. 12. 2002, 9 ObA 200/02f, DRdA 2003, 417 mit Bespr v *Reischauer*.

6.13.1.1. Schaden und Haftung im Arbeitsverhältnis

6/766 Gerade der Arbeitnehmer ist aber durch die Arbeitsverrichtung einer kontinuierlichen Gefährdung ausgesetzt. Eine geringfügige Fehlleistung kann Schäden in enormer Höhe verursachen, die in krassem Missverhältnis zu seinem Einkommen und zu seiner wirtschaftlichen Lage stehen. Den Arbeitnehmer für jedes Verschulden haften zu lassen, erscheint unbillig, zumal gewisse Schäden dem Betriebsrisiko zuzuordnen sind und vom Arbeitgeber auch einkalkuliert werden[945]. Diese Überlegungen führten zur Schaffung des **Dienstnehmerhaftpflichtgesetzes**.

6/767 Eine spezifische Mitwirkung des Betriebsrates bei Schadenersatzfragen sieht das ArbVG nicht vor, sodass der Betriebsrat nur auf die allgemeinen Befugnisse (§§ 89 ff ArbVG; vgl 11.4.4.1.1 bis 11.4.4.1.4) zurückgreifen kann. Für Betriebsvereinbarungen über Schadenersatzregelungen könnte der Kollektivvertrag entsprechende Ermächtigungen vorsehen (vgl *Zankel*, Mitwirkungsrechte des Betriebsrates im Falle von Schadenersatzansprüchen gegenüber Arbeitnehmern, ASoK 2011, 210).

6.13.1.1. Geltungsbereich des DHG

Das DHG gilt für alle privat- und öffentlich-rechtlichen Dienstnehmer[946], Lehrlinge, Heimarbeiter und arbeitnehmerähnlichen Personen[947]. Ausgenommen vom Geltungsbereich des Gesetzes sind Dienstnehmer, die als Organ eines öffentlich-rechtlichen Rechtsträgers (zB Bund, Land, Gemeinde) in Vollziehung der Gesetze einen Schaden verursacht haben (vgl jedoch die dem DHG ähnlichen Bestimmungen des OrgHG und des AHG).

6/768 Die Begünstigungen des DHG kommen nur in den Fällen zur Anwendung, in denen der Dienstnehmer den Dienstgeber oder einen Dritten[948] **„bei Erbringung der Dienstleistung"** geschädigt hat[949]. In den Schutzbereich des DHG fällt auch ein Arbeitnehmer, der sich während seiner Dienstleistung einer „privaten" Tätigkeit (zB Rauchen, Essen, Trinken etc) widmet (OGH 12. 7. 2006, 9 ObA 34/06z, DRdA 2007, 227 mit Bespr v *Kerschner* = ZAS 2007, 129 mit Bespr v *Ettmayer*). Nicht nach dem DHG zu beurteilen sind Ersatzansprüche, die durch Nichterbringung der Arbeitsleistung entstanden sind (der Arbeitnehmer erscheint zB nicht zur Arbeit oder tritt unbegründet vorzeitig aus; vgl OGH 18. 11. 1975, 4 Ob 69/75, Arb 9422). Der Arbeitnehmer soll nach der ratio legis von jenen

---

945 Vgl *Resch* in Löschnigg (Hrsg), AngG Bd 2[10] (2016), § 38 Rz 33 ff; *Schwarz*, Die Haftung des Dienstnehmers, DRdA 1956, 110; *Dirschmied*, Dienstnehmerhaftpflichtgesetz[3] (1992), 22.

946 OGH 16. 5. 2002, 8 ObA 185/01s, DRdA 2003, 330 mit Bespr v *Kerschner*.

947 Selbst wenn ein Vorstandsmitglied einer AG oder ein GmbH-Geschäftsführer grundsätzlich unter den Geltungsbereich des DHG fiele (zur Arbeitnehmerähnlichkeit und Rechtsstellung der Organe von Gesellschaften vgl 4.3.3.1 u 4.3.3.4), sind die Bestimmungen dieses Gesetzes unanwendbar, da die die Haftung dieser Organe gegenüber der Gesellschaft regelnden Bestimmungen des § 84 AktG und § 25 GmbHG den Bestimmungen des DHG als leges speciales vorgehen; vgl OGH 31. 10. 1973, 1 Ob 179/73, Arb 9185; OGH 30. 1. 1979, 5 Ob 686/78, EvBl 1979/135; OGH 26. 1. 2000, 9 ObA 326/99b, RdW 2001, 97; *Koziol*, Haftpflichtrecht II[2] (1984), 214; krit *Reischauer*, Probleme der Dienstnehmerhaftung, DRdA 1978, 193, sowie *Kerschner*, DHG[2] (2004), § 1 Rz 4 f, und *Wachter*, GesmbH-Geschäftsführer- und Dienstnehmerhaftung, wbl 1990, 221; s weiters *Köck*, Zum Anwendungsbereich des Dienstnehmerhaftpflichtgesetzes, in Tomandl (Hrsg), Haftungsprobleme im Arbeitsverhältnis (1991), 17; *Harrer*, Beamte als Manager, ZAS 2008, 214.

948 Zur Abgrenzung zwischen Eigenschaden des Arbeitgebers und Drittschaden vgl OGH 10. 7. 2003, 6 Ob 83/03d, DRdA 2004, 334 mit Bespr v *Kerschner* = ZAS 2004, 239 mit Bespr v *Kietaibl*.

949 Zur Auslegung dieses Begriffs vgl ausführlich *Schrammel*, Haftungsmilderung „bei" Erbringung der Dienstleistung, ZAS 1985, 203; *Oberhofer*, Der sachliche Anwendungsbereich des Sonderhaftungsrechts nach dem DHG, in FS Schnorr (1988), 195; *Kerschner*, DHG[2] (2004), zu § 1 Rz 22 ff u § 2 Rz 28 ff.

Risken entlastet werden, die zur Sphäre des Dienstgebers gehören. Der Eintritt des Schadens muss demnach in unmittelbarem Zusammenhang mit dem Arbeitsverhältnis stehen[950]. Dieser Zusammenhang wurde auch dann noch anerkannt, wenn der Arbeitnehmer ein Fahrzeug des Arbeitgebers auf der Fahrt in den Urlaub beschädigt, auf dieser Fahrt aber eine Ware des Arbeitgebers abzuliefern hatte (ArbG Wien 21. 3. 1968, 5 Cr 354/67, SozM I A/e, 743). Allein die Tatsache der Benützung des Firmenautos begründet bei Privatfahrten diesen Zusammenhang allerdings nicht. Das Interesse des Dienstgebers an der Verwendung des Dienstfahrzeugs darf nicht unerheblich sein (OGH 22. 12. 1994, 8 ObA 327/94, DRdA 1995, 394 mit Bespr v *Dirschmied*).

Bei der Beurteilung von Schadenersatzansprüchen im Rahmen der Arbeitnehmerüberlassung (vgl allg 9.1.5) hat das AÜG Klarheit geschaffen. Gem § 7 Abs 1 AÜG gilt nämlich das DHG sowohl zwischen dem Überlasser und der überlassenen Arbeitskraft als auch zwischen dem Beschäftiger und der überlassenen Arbeitskraft[951]. 6/769

6.13.1.2. Umfang der Haftung

Die wesentlichste Abweichung vom Schadenersatzrecht des ABGB beinhaltet die Bestimmung des § 2 Abs 3 DHG, wonach der Arbeitnehmer für einen Schaden, den er dem Arbeitgeber durch eine **entschuldbare Fehlleistung** bei Erbringung der Dienstleistung zugefügt hat, nicht haftet. Für die anderen Formen der Fahrlässigkeit hat der Arbeitnehmer einzustehen. Bei Vorliegen von **grober Fahrlässigkeit** kann das Gericht den Ersatz mäßigen, bei einem **minderen Grad des Versehens** (leichter Fahrlässigkeit) besteht gleichfalls das Mäßigungsrecht, das hier bis zur gänzlichen Befreiung von der Ersatzleistung führen kann[952]. Bei **Vorsatz** besteht keine Haftungserleichterung. 6/770

Bereits vor Inkrafttreten des DHG hatte der OGH entschieden, dass der Dienstnehmer im Falle einer entschuldbaren Fehlleistung nicht haftet[953]. Trotz der am Begriff der entschuldbaren Fehlleistung geübten Kritik (vgl ua *Klusemann*, Vom Wesen der entschuldbaren Fehlleistung, DRdA 1961, 271) wurde dieser Terminus in das Gesetz übernommen. Nach der Rechtsprechung liegt eine entschuldbare Fehlleistung des Arbeitnehmers dann vor, wenn diese kein „nennenswertes" Verschulden bildet[954]. Es muss sich um ein ganz geringfügiges Versehen handeln, das sich bei Berücksichtigung der gesamten Arbeitslast im Drange der 6/771

---

[950] OGH 1. 12. 1981, 4 Ob 121/81, DRdA 1984, 227 mit Bespr v *Migsch*; OGH 23. 11. 1982, 4 Ob 157/82, Arb 10.208.

[951] Vgl *Jabornegg*, Haftungsprobleme bei Einbeziehung Dritter in das Arbeitsverhältnis, in Tomandl (Hrsg), Haftungsprobleme im Arbeitsverhältnis (1991), 97; *Oberhofer*, Außenhaftung des Arbeitnehmers (1996), 33; vgl auch OGH 6. 4. 2005, 9 ObA 80/04m, DRdA 2006, 207 mit Bespr v *Kerschner*; OGH 13. 3. 1991, 2 Ob 3/91, DRdA 1993, 307 mit Bespr v *Oberhofer*; OGH 12. 12. 1996, 8 ObA 2186/96w, DRdA 1997, 478 mit Bespr v *Kerschner*; zur Rechtslage vor dem AÜG vgl OGH 23. 6. 1977, 6 Ob 607/77, Arb 9677; *Dirschmied*, DNHG^3 (1992), 60 f; krit *Kerschner*, Arbeitnehmerüberlassung und Dienstnehmerhaftpflicht, JBl 1981, 393; *Spielbüchler/Grillberger*, Arbeitsrecht I^4 (1998), 154 mit Hinweis auf OGH 12. 7. 1977, 4 Ob 92/77, Arb 9605.

[952] Betreffend Beispiele zu den Verschuldensgraden vgl *Dirschmied*, DNHG^3 (1992), 101 ff; *Kerschner*, DHG^2 (2004), § 2 Rz 41.

[953] OGH 14. 2. 1956, 4 Ob 6/56, Arb 6413; OGH 9. 2. 1960, 4 Ob 6/60, Arb 7200.

[954] OGH 29. 4. 1980, 4 Ob 44/80, Arb 9869.

Geschäfte und mit Rücksicht auf deren Art und Schwierigkeit ohne Weiteres ergeben und nur bei Anwendung außerordentlicher Aufmerksamkeit abgewendet werden kann[955].

6/772 Auszugehen ist davon, dass die entschuldbare Fehlleistung eine für das **Arbeitsverhältnis spezielle Ausformung** des Begriffs der leichten Fahrlässigkeit[956] ist, bei dessen Ausdeutung spezifisch arbeitsrechtliche Kriterien wie Weisungsgebundenheit, aber auch das Ausmaß der Belastung des Dienstnehmers durch Überbeanspruchung, Stress etc berücksichtigt werden müssen[957].

Beispiele für entschuldbare Fehlleistungen: Übersehen von Ratenzahlungen unter ständiger Aufregung (LG Wien 24. 1. 1938, 44 Cg 368/37, Arb 4852); Abhandenkommen von Werkzeugen, die der Arbeitnehmer auftragsgemäß in den ihm bezeichneten Aufbewahrungsraum gebracht hat (EA Linz 11. 2. 1926, Re I 20/26, Arb 3661); Übersehen des Schlaffwerdens eines Seils, was zur Beschädigung des Krans führt (LG Wien 3. 3. 1960, 44 Cg 31/60, Arb 7207); wenn der Filialleiter Geld in der Schreibtischlade aufbewahrt und die Organisation des Betriebs hinsichtlich der Geldgebarung mangelhaft ist (OGH 12. 9. 1961, 4 Ob 71/61, SozM I A/d, 521); wenn eine im Betrieb übliche unrichtige Lohnverrechnung trotz Bedenken des Arbeitnehmers zu Schäden führt (LG Linz 6. 11. 1968, 8 Cg 25/68, Arb 8583); wenn ein Mechanikerlehrling nach Überprüfung des Schalthebels in der irrigen Meinung, es sei kein Gang eingelegt, den Motor startet und das Auto durch die Vorwärtsbewegung beschädigt wird (OGH 29. 4. 1980, 4 Ob 44/80, Arb 9869); wenn bei Überlastung oder Mangel an notwendigen Fachkräften eine angeordnete Kontrolle unterlassen und die Toleranzgrenze des an sich üblichen Ausschusses überschritten wird (OGH 17. 11. 1981, 4 Ob 114/81, Arb 10.063).

6/773 Bei seiner Entscheidung über den Umfang der Ersatzpflicht hat das Gericht zunächst zu prüfen, ob sich die Größe des Verschuldens eher einer auffallenden Sorglosigkeit oder einer entschuldbaren Fehlleistung nähert. Zudem hat es die in § 2 Abs 2 Z 1 bis 5 DHG angeführten Mäßigungskriterien zu berücksichtigen.

Bedacht zu nehmen ist hiebei

- auf das Ausmaß der mit der Tätigkeit des Arbeitnehmers verbundenen Verantwortung[958],
- inwieweit bei der Bemessung des Arbeitsentgelts das mit der ausgeübten Tätigkeit verbundene Wagnis berücksichtigt worden ist,
- auf den Grad der Ausbildung des Arbeitnehmers,
- auf die Arbeitsbedingungen,
- auf die Schadensgeneigtheit der Tätigkeit[959].

6/774 Liegt einer dieser Mäßigungsgründe vor, hat das Gericht den Ersatz zu mindern. Die Mäßigung an sich ist zwar nicht von Amts wegen vorzunehmen, doch wird bereits in der Bestreitung der Schadenersatzforderung auch das Begehren auf Mäßigung erblickt (LG Wien

---

[955] OGH 17. 11. 1981, 4 Ob 114/81, Arb 10.063; LG Klagenfurt 24. 4. 1985, 3 Cg 4/85, Arb 10.450; OGH 10. 9. 1985, 4 Ob 101/85, infas 1986, A 71.

[956] *Eypeltauer/Strasser*, Die Haftung der Organe und der Bediensteten der Gemeinden (1987), 46; *Spielbüchler/Grillberger*, Arbeitsrecht I[4] (1998), 211; *Berger*, Rechtsfragen des Dienstnehmerhaftpflichtgesetzes, DRdA 1978, 95.

[957] *Löschnigg* in Löschnigg (Hrsg), AngG Bd 1[10] (2016), § 6 Rz 71 ff; *Koziol*, Haftpflichtrecht I[3] (1997), 213.

[958] Zur besonderen Verantwortung leitender Angestellter s etwa *Löschnigg/Melzer-Azodanloo*, Haftungsrecht für Führungskräfte[2] (2008), 113 f.

[959] Zu den einzelnen Kriterien vgl insb *Dirschmied*, DNHG[3] (1992), 131 ff, und *Kerschner*, DHG[2] (2004), § 2 Rz 42 ff.

22. 3. 1976, 44 Cg 51/76, Arb 9527). Im Rahmen der Beurteilung des Einzelfalls ist eine Gesamtwürdigung sämtlicher Mäßigungskriterien vorzunehmen[960].

Vor einer Minderung der Ersatzpflicht ist festzustellen, ob den Arbeitgeber[961] unmittelbar oder durch Zurechnung eines Gehilfenverhaltens[962], einen anderen Arbeitnehmer oder einen Dritten[963] ein **Mitverschulden trifft** oder ob eine dieser Personen ihre Pflicht zur Schadensminderung verletzt hat. Gem § 1304 ABGB ist im Falle des Mitverschuldens des Geschädigten der Schaden verhältnismäßig bzw, wenn es unmöglich ist, das Verhältnis zu bestimmen, zu gleichen Teilen zu tragen. Erst dann erfolgt die Festsetzung des Ersatzbetrags unter Berücksichtigung der im § 2 Abs 2 DHG genannten Kriterien. Diese können allerdings nur soweit herangezogen werden, als sie nicht schon bei der Feststellung des Mitverschuldens des Arbeitgebers berücksichtigt wurden (s EB zur RV 1280 BlgNR 15. GP, 3)[964]. 6/775

Beispiel: Ein Berufskraftfahrer hat seinen Arbeitgeber wiederholt auf bestimmte Schäden am Firmenwagen aufmerksam gemacht, ohne dass dieser die notwendigen Reparaturen vornahm. In der Folge beschädigt der Arbeitnehmer das Fahrzeug, wobei der Schaden teils auf die gerügten Mängel, teils auf die Fahrlässigkeit des Fahrers zurückzuführen ist. – Das Gericht teilt den Schaden zunächst im Verhältnis 50 : 50 (§ 1304 ABGB) und wendet dann auf den vom Arbeitnehmer zu tragenden Teil § 2 DHG mit dem Ergebnis an, dass ein minderer Grad des Versehens vorliegt, der eine Abstandnahme von der Schadenersatzpflicht rechtfertigen kann. Der Arbeitnehmer erfährt eine angemessene Mäßigung des Ersatzes oder ist von der Haftung zu befreien (vgl OGH 3. 3. 1970, 4 Ob 7/70, Arb 8728).

6.13.1.3. Mankohaftung

Schwierige Probleme im Zusammenhang mit der Verteilung der Beweislast treten bei den sog „Mankofällen" auf. **Manko** ist ein **Fehlbetrag** an Geld oder Waren, die dem Arbeitnehmer auf Grund seiner Stellung im Rahmen des Betriebs anvertraut wurden, wobei als Charakteristikum hinzutritt, dass dieser Fehlbetrag meist im Wege einer Bestandaufnahme oder Inventur evident wird[965]. Die möglichen Ursachen können vielfältiger Natur sein und führen vielfach zu einem gewissen Beweisnotstand. Auch für den Bereich des DHG gelten die allgemeinen Beweislastregeln. Der geschädigte Dienstgeber hat demnach den erlittenen 6/776

[960] Vgl hiezu *Adamovic*, Methodisches zur Mäßigung nach dem DHG sowie zur Anwendung des Beweglichen Systems, ÖJZ 1996, 695; *Födermayr*, Richterliches Mäßigungsrecht im DHG bei hohen Schadenssummen, ÖJZ 2013, 341; s auch OGH 21. 4. 2016, 9 ObA 44/16k, DRdA-infas 2016, 207.

[961] Ist etwa ein vom Arbeitnehmer verursachter Verkehrsunfall Folge einer durch einen gesetzwidrig langen Einsatz hervorgerufenen Übermüdung, so ist dem Arbeitnehmer nur anzulasten, dass er sich den gesetzwidrigen Anordnungen nicht widersetzt hat. Das weit überwiegende Verschulden trifft den Arbeitgeber (OGH 15. 3. 1989, 9 ObA 38/89, ZAS 1990, 24 mit Bespr v *Andexlinger*). Ein unzulässig nach der zurückgelegten Strecke oder der Menge der beförderten Güter bemessenes Leistungsentgelt (vgl hiezu 6.5.2.3) ist gem § 15c Abs 2 AZG im Rahmen der Mäßigungsgründe des § 2 Abs 2 Z 4 und 5 DHG zu berücksichtigen, wenn dieses Entgelt auf den Eintritt des Schadens oder die Schadenshöhe Einfluss haben könnte.

[962] Vgl *Bydlinski*, Gehilfenmitverschulden beim Arbeitgeber und betriebliche Hierarchie, in FS Tomandl (1998), 45; *Koziol*, Die Zurechnung des Gehilfenverhaltens im Rahmen des § 1304 ABGB, JBl 1997, 201; *Dullinger*, Mitverschulden von Gehilfen, JBl 1990, 20 u 91; *Karollus*, Gleichbehandlung von Schädiger und Geschädigtem bei der Zurechnung von Gehilfenverhalten, ÖJZ 1994, 257; *Kletečka*, Mitverschulden durch Gehilfenverhalten (1991); *Harrer/Neumayr*, Die Haftung des Unternehmers für Gehilfen, wbl 2006, 493; *Löschnigg/Melzer-Azodanloo*, Haftungsrecht für Führungskräfte[2] (2008), 105 ff.

[963] Vgl *Kletečka*, Solidarhaftung und Haftungsprivileg, ÖJZ 1993, 785.

[964] Zum Problem der Berücksichtigung des Mitverschuldens vgl auch *Ostheim*, Die Weisung des Arbeitgebers als arbeitsrechtliches Problem, Verhandlungen des Vierten Österreichischen Juristentages 1970, I/4 (1970), 66 ff.

[965] Zu „Fehlgeldprämien" vgl *Greifeneder*, Fehlgeldprämien im Hinblick auf die Mankohaftung, in Reissner/Neumayr (Hrsg), Zeller Handbuch Arbeitsvertrags-Klauseln (2010), 937 ff.

Schaden, die Kausalität der Handlung des Dienstnehmers und dessen Verschulden (das Vorliegen einer objektiven Sorgfaltsverletzung) zu beweisen (vgl OLG Wien 27. 11. 1997, 10 Ra 272/97m, ARD 4908/11/98). Gem § 1297 ABGB wird widerleglich vermutet, dass dem Schädiger die Einhaltung der notwendigen Sorgfalt subjektiv zumutbar war, sodass der Dienstnehmer seine allfällige subjektive Unfähigkeit darzutun hat.

6/777 Im Bereich der Kausalität und des Verschuldens wird dem Arbeitgeber oftmals das Instrument des **Anscheinsbeweises** zu Hilfe kommen (vgl *Reischauer*, Der Entlastungsbeweis des Schuldners [1975], 289 ff).

Es handelt sich dabei um die Anwendung allgemein gültiger Erfahrungssätze, mit deren Hilfe von einer leicht erweislichen Tatsache auf das Vorhandensein der typischerweise damit verknüpften Tatsachen des gesetzlichen Tatbestands geschlossen wird (*Fasching*, Lehrbuch des österreichischen Zivilprozeßrechts^2 [1990], 468 ff).

Verfügt zB ein Arbeitnehmer allein über den Schlüssel der Registrierkasse und ergibt sich in seinem Bereich ein Manko, so spricht zunächst der äußere Anschein dafür, dass der Arbeitnehmer dafür verantwortlich ist. In einem solchen Fall hat der Arbeitnehmer zu beweisen, dass eine ernste Möglichkeit eines **atypischen Ablaufs** besteht. So kann er zB den Anscheinsbeweis dadurch entkräften, dass er dartut, dass der Arbeitgeber selbst des Öfteren Geld aus der Kasse entnimmt, ohne in jedem Fall eine Bestätigung dafür auszustellen. Hat der Arbeitnehmer diesen Beweis erbracht, so trifft die strenge Beweislast wiederum den Arbeitgeber.

6/778 Die Bestimmung des § 1298 ABGB sieht jedoch eine **Beweislastumkehr** für den Fall der Nichterfüllung einer gesetzlichen oder vertragsmäßigen Verbindlichkeit vor, die nach der Judikatur und einem Großteil der Lehre allgemein für die Verletzung von Pflichten aus bestehenden Schuldverhältnissen gilt[966]. Wendet man diese Regel auf die Fälle der Schadenszufügung „bei Erbringung der Dienstleistung“ an, so hätte der Arbeitnehmer zu beweisen, dass er die objektiv gebotene Sorgfalt eingehalten hat, womit er auch in den Mankofällen den Nachweis des Nichtverschuldens zu führen hätte[967].

6/779 Der Arbeitnehmer schuldet jedoch keinen Erfolg, sondern nur das sorgfältige Bemühen um diesen (*Reischauer* in Rummel/Lukas [Hrsg], ABGB II^4 [2015], § 1298). So hat zB eine Filialistin, der ein Manko unterlaufen ist, ihren Arbeitsvertrag zwar mangelhaft, aber dennoch erfüllt (*Martinek/M. Schwarz/W. Schwarz*, AngG^7 [1991], 171). Das Betriebsrisiko kann nicht im Wege der Beweislastumkehr auf den Arbeitnehmer überwälzt werden. Die Anwendung des § 1298 ABGB ist daher für die Mankohaftung **abzulehnen**[968]. Es hat bei der oben erwähnten Verteilung der Beweislast zu bleiben. Der Arbeitgeber hat die Verletzung der objektiv gebotenen Sorgfalt nachzuweisen.

---

[966] *Koziol*, Haftpflichtrecht I^3 (1997), 507 ff mwN; *Eypeltauer/Strasser*, Die Haftung der Organe und der Bediensteten der Gemeinden (1987), 49.

[967] LG Linz 24. 9. 1969, 8 Cg 16/69, Arb 8713; OGH 25. 3. 1980, 4 Ob 2/80, Arb 9862.

[968] *Spielbüchler/Grillberger*, Arbeitsrecht I^4 (1998), 208; *Reischauer* in Rummel/Lukas (Hrsg), ABGB II^4 (2015), § 1298 Rz 28; s auch *Martinek*, Zur Mankohaftung des Arbeitnehmers, DRdA 1954, H 12/13, 14; *Kerschner*, DHG^2 (2004), § 2 Rz 23 ff.

Auch wenn man mit der Judikatur von einer Beweislastumkehr ausgeht, ist das Vorliegen von grober Fahrlässigkeit in jedem Fall vom Geschädigten zu beweisen[969].

Wurde der Arbeitnehmer strafgerichtlich verurteilt, so bedeutet dieses Urteil keinen bindenden Ausspruch über das Vorliegen und den Grad eines zivilrechtlichen Verschuldens. Ob dem Arbeitnehmer ein Verschulden zuzurechnen ist, hat der Zivilrichter unter Heranziehung der speziell arbeitsrechtlichen Kriterien selbst zu beurteilen.

Der Arbeitnehmer hat seinerseits die für ihn günstigen Tatsachen, wie zB das Vorliegen einer entschuldbaren Fehlleistung oder eines Mitverschuldens des Dienstgebers, zu beweisen. 6/780

Die Vereinbarung einer von einem Verschulden **unabhängigen Haftung** für einen Inventurabgang oder für ein Kassenmanko ist **sittenwidrig** und damit rechtsunwirksam[970]. 6/781

Unabhängig von der Beweisproblematik stellt sich weiters die Frage, ob das Vorliegen eines Mankos zu einer gerechtfertigten Entlassung führen kann. Ein Manko an sich bildet keinen Entlassungsgrund. Nur dann, wenn mit dem Fehlbetrag ein schuldhaftes und pflichtwidriges Verhalten verbunden ist, das so schwer wiegt, dass dem Arbeitgeber die Fortsetzung des Arbeitsverhältnisses nicht zugemutet werden kann, könnte eine Entlassung in Erwägung gezogen werden. Die Beweislast zur Erhärtung des Entlassungsgrundes ist von schwerwiegenden Verfehlungen abhängig und trifft voll und ganz den Arbeitgeber (OGH 25. 3. 1980, 4 Ob 2/80, Arb 9862). 6/782

6.13.1.4. Schädigung Dritter

6.13.1.4.1. Inanspruchnahme des Arbeitgebers durch einen Dritten

Nach allgemeinem Schadenersatzrecht hat derjenige für den Schaden einzustehen, der den Schaden rechtswidrig verschuldet und verursacht hat. Im Arbeitsverhältnis wird der Verursacher des Schadens beim Dritten (Kunden, Klienten, sonstige Personen) regelmäßig der Arbeitnehmer sein. Damit **haftet auch der Arbeitnehmer** gegenüber dem geschädigten Dritten. Die ausschließliche Haftung des Arbeitnehmers wäre aber sowohl aus rechtsgeschäftlicher als auch aus arbeitsrechtlicher Sicht nicht befriedigend. Der Geschädigte könnte nur auf den finanziell schwächer abgesicherten Arbeitnehmer zurückgreifen, und für den Arbeitnehmer wäre das **Haftungsrisiko** – in Relation zu seiner Stellung und zu seinem Einkommen – **unangemessen hoch**. Aus diesem Grund sehen einerseits schon die zivilrechtlichen Bestimmungen des ABGB und andererseits die arbeitsrechtlichen Regelungen des DHG Modifikationen im Haftungsgefüge vor (s auch schon oben nach 6.13). 6/783

Als gesetzliche Grundlagen für die **Haftung des Arbeitgebers** sind insb die §§ 1313a und 1315 ABGB, §§ 970 ff ABGB, §§ 9 und 19 Abs 2 EKHG und die §§ 17 ff AtomHG heranzuziehen[971]. **§ 1313a ABGB** regelt die Haftung des Geschäftsherrn für seinen **Erfüllungsgehilfen** (quasi seinen „verlängerten Arm"). Voraussetzung ist ein zwischen Geschäftsherrn 6/784

[969] OGH 25. 3. 1980, 4 Ob 2/80, Arb 9862; OGH 17. 3. 1981, 4 Ob 20/81, ZAS 1982, 221 mit Bespr v *Klein*; OGH 29. 11. 1983, 4 Ob 46/83, JBl 1984, 270.

[970] OGH 17. 3. 1981, 4 Ob 20/81, ZAS 1982, 221 mit Bespr v *Klein*; *Berger*, Rechtsfragen des Dienstnehmerhaftpflichtgesetzes, DRdA 1978, 95; *Marhold/Friedrich*, Österreichisches Arbeitsrecht[3] (2016), 288.

[971] Allg vgl *Karl/Löschnigg/Pollan*, Umweltschutz und Arbeitsverhältnis (1997); s auch *Löschnigg*, Die ArbeitnehmerInnen im Haftungsgefüge des B-UHG, in Kerschner/Funk/Priewasser (Hrsg), Neue Umwelthaftung (2010), 59.

und Dritten bestehendes Schuldverhältnis oder eine bestehende gesetzliche Verpflichtung. Der Geschäftsherr haftet gegenüber dem Gläubiger für das Verschulden des Gehilfen wie für sein eigenes. Wurde im Vertrag mit dem Gläubiger die Haftung auf grobe Fahrlässigkeit beschränkt, so soll dies auch für den Gehilfen gelten[972].

Beispiel 1: Ein Kunde bestellt beim Arbeitgeber eine neue Jalousie. Dieser beauftragt seinen Arbeitnehmer, sie beim Kunden zu montieren. Im Zuge dieser Arbeiten wird das Fenster des Kunden beschädigt. Obwohl der Arbeitnehmer den Schaden verursacht hat, muss der Arbeitgeber dafür einstehen. Er haftet wie für sein eigenes Verhalten.

6/785 **§ 1315 ABGB** beinhaltet die Haftung für den **Besorgungsgehilfen**. Darunter versteht man jede Hilfsperson, derer sich der Geschäftsherr zur Besorgung irgendwelcher Tätigkeiten bedient. Ein Schuldverhältnis wie bei der Haftung nach § 1313a ABGB (s oben) liegt hier nicht vor. In diesem Fall haftet der Geschäftsherr/Arbeitgeber nur, wenn er sich einer untüchtigen oder wissentlich einer gefährlichen Person bedient (Auswahlverschulden). Die Untüchtigkeit des Gehilfen/Arbeitnehmers muss habituell sein; es reicht in der Regel nicht, wenn diesem einmal ein Fehler unterläuft[973].

Beispiel 2: Ein Arbeitnehmer soll im Haus des Kunden seines Arbeitgebers Fliesen verlegen. Als er mit dem Auto vor dem Haus des Kunden einparkt, überfährt er das Fahrrad des Nachbarn. Haftet der Arbeitnehmer? – Ja, der Arbeitnehmer haftet schon nach den Grundsätzen der deliktischen Haftung (dh ohne Beziehung zur vertraglich vereinbarten Leistung).

Da sich der Arbeitgeber schon aus Eigeninteresse keiner ungeeigneten Mitarbeiter bedienen wird, kommt § 1315 ABGB als Haftungsgrund eher selten zum Tragen. Die Haftung des Arbeitsgebers wird daher regelmäßig aus der Erfüllungsgehilfenhaftung resultieren.

Haftet der Arbeitgeber für den vom Arbeitnehmer beim Dritten angerichteten Schaden, dann ist er dem Dritten gegenüber zwar zum Schadenersatz verpflichtet, er kann aber auf das **DHG zurückgreifen**.

6/786 Wird der Arbeitgeber auf Grund dieser Bestimmungen vom Dritten zum Schadenersatz herangezogen, so hat er dem Arbeitnehmer davon unverzüglich in formloser Weise **Mitteilung** zu machen. Hat der Dritte bereits die Klage gegen den Dienstgeber eingebracht, so hat dieser dem Arbeitnehmer den **Streit zu verkündigen**.

Bei der Streitverkündigung iSd § 21 ZPO handelt es sich um eine förmliche Benachrichtigung eines Dritten von einem bevorstehenden oder bereits anhängigen Rechtsstreit durch eine Partei dieses Rechtsstreites. Die Streitverkündigung erfolgt durch gerichtliche Zustellung eines Schriftsatzes. Zuständig ist, falls ein Rechtsstreit bereits anhängig ist, das Prozessgericht. Bedeutung und Zweck der Streitverkündigung sind darin zu sehen, dass einerseits der Dritte vom Rechtsstreit in Kenntnis gesetzt bzw zum Beitritt als Nebenintervenient aufgefordert wird und dass andererseits gewisse materiellrechtliche Rechtswirkungen für den Regressprozess (in erster Linie betreffend Schadenersatz- und Gewährleistungsansprüche zwischen Streitverkünder und Drittem) begründet werden (vgl *Fasching*, Lehrbuch des österreichischen Zivilprozeßrechts[2] [1990], 210 ff; *Holzhammer*, Österreichisches Zivilprozeßrecht[2] [1976], 90 f; zur Bindungswirkung bei erfolgter Streitverkündung vgl OGH 7. 9. 1994, 3 Ob 511/94, JBl 1995, 113; *Rechberger/Simotta*, Grundriss des österreichischen Zivilprozessrechts[8] [2010], 355 ff).

---

[972] *Koziol*, Haftpflichtrecht II[2] (1984), 350; allg dazu weiters *Koziol*, Umfassende Gefährdungshaftung durch Analogie, in FS Wilburg (1975), 175 ff; *Kletečka*, Der Anscheinserfüllungsgehilfe, JBl 1996, 87; *Bydlinski*, Zur Haftung für Erfüllungsgehilfen im Vorbereitungsstadium, JBl 1995, 477 u 558.

[973] *Welser/Zöchling-Jud*, Grundriss des bürgerlichen Rechts II[14] (2015), 425 f; OGH 8. 2. 1968, 2 Ob 164, 165/67, JBl 1968, 473; s aber auch OGH 15. 12. 1970, 8 Ob 265/70, JBl 1971, 308.

Unterlässt es der Arbeitgeber, dem Arbeitnehmer den Streit zu verkündigen, so verliert er zwar nicht den Regress, doch kann ihm der Arbeitnehmer alle wider den Dritten unausgeführt gebliebenen **Einwendungen entgegensetzen** und sich dadurch von der Vergütung in dem Maße befreien, als erkannt wird, dass diese Einwendungen – wenn von ihnen der gehörige Gebrauch gemacht worden wäre – eine andere Entscheidung gegen den Dritten veranlasst hätten (§ 4 Abs 4 DHG). 6/787

Hat der Dienstgeber im Einverständnis mit dem Dienstnehmer oder auf Grund eines rechtskräftigen Urteils dem Dritten den Schaden ersetzt, so hat er diesbezüglich einen **Rückgriffsanspruch gegen den Arbeitnehmer** (§ 4 Abs 2 DHG). Der Regressanspruch des Dienstgebers richtet sich wiederum nach den Kriterien des § 2 DHG (vgl 6.13.1.2): Wurde der Schaden durch eine entschuldbare Fehlleistung des Arbeitnehmers verursacht, dann kann der Dienstgeber keinerlei Regressansprüche geltend machen. Lag ein Versehen des Dienstnehmers vor, kann es zu einer Mäßigung des Rückgriffs bis zum Erlass desselben kommen. 6/788

Ersetzt der Arbeitgeber dem Dritten den Schaden ohne Einverständnis des Arbeitnehmers oder ohne Vorliegen eines rechtskräftigen Urteils, so geht er seiner **Regressmöglichkeit verlustig**[974]. 6/789

Diese unterschiedliche Behandlung der Regressansprüche des Arbeitgebers, je nachdem, ob er ohne Einverständnis des Arbeitnehmers oder ohne Streitverkündigung dem Dritten Ersatz leistet, ergibt sich nach Ansicht des OGH schon aus dem klaren Gesetzeswortlaut. Die Regelung soll nach dem Willen des Gesetzgebers verhindern, dass sich ein Partner aus dem Dienstverhältnis zu Lasten des anderen mit dem geschädigten Dritten abfindet[975] (vgl die analoge Regelung des § 3 Abs 2 u 3 DHG). Ein großer Teil der Lehre bejaht jedoch das Bestehen eines Regressanspruchs des Dienstgebers auch dann, wenn dieser ohne Einverständnis des Arbeitnehmers den Schaden ersetzt hat[976]. Dieses Ergebnis vermeide eine unsachliche Benachteiligung desjenigen, der sich mangels Einverständnis des Arbeitnehmers klagen lassen muss.

6.13.1.4.2. Inanspruchnahme des Arbeitnehmers durch einen Dritten

Wird der Arbeitnehmer nach den einschlägigen zivilrechtlichen Bestimmungen (s 6.13.1.4) zur Haftung herangezogen, dann kann er **gegenüber dem Arbeitgeber die Haftungsbeschränkungen** des DHG (vgl insb 6.13.1.2) geltend machen. 6/790

---

[974] OGH 8. 11. 1977, 4 Ob 143/77, Arb 9660, sowie OGH 22. 11. 1977, 4 Ob 149/77, Arb 9654, beide in DRdA 1979, 36 mit Bespr v *Waas*; OGH 13. 3. 1979, 4 Ob 1/79, DRdA 1980, 154; zu dieser E vgl *Dirschmied*, Die Diskussion um den Rückgriffsanspruch des Arbeitgebers nach § 4 Dienstnehmerhaftpflichtgesetz, DRdA 1980, 114; s auch OGH 15. 9. 1981, 4 Ob 156/80, Arb 10.015; OGH 2. 12. 1986, 14 Ob 191/86, ARD 3854/23/87.

[975] Vgl insb OGH 15 9. 1981, 4 Ob 156/80, Arb 10.015; zustimmend mit Hinweis auf Zweck und Wortlaut der Bestimmung *Dirschmied*, DNHG^3 (1992), 151 und 171; *Martinek/M. Schwarz/W. Schwarz*, AngG^7 (1991), 157 f; *Waas*, DRdA 1979, 40; *Strasser*, JBl 1979, 498; *Eypeltauer/Strasser*, Die Haftung der Organe und der Bediensteten der Gemeinden (1987), 60; *Kerschner*, DHG^2 (2004), § 3 Rz 32, § 4 Rz 26.

[976] *Reischauer*, ZAS 1979, 24 u 220; *Koziol*, Haftpflichtrecht II^2 (1984), 351; *Auckenthaler*, Der Regreß bei der Dienstnehmerhaftung, ZAS 1981, 174 und 208; *Rainer*, Die Regreßansprüche im DHG, JBl 1980, 469; *Spielbüchler/Grillberger*, Arbeitsrecht I^4 (1998), 214; *Mayer-Maly/Marhold*, Arbeitsrecht I (1987), 90; *Berger*, Rechtsfragen des DHG, DRdA 1978, 95; *Dittrich*, Zum Regreßanspruch nach dem Dienstnehmerhaftpflichtgesetz, ZVR 1977, 228.

Wird der Arbeitnehmer vom Dritten wegen der Schadenersatzforderung belangt, so hat der Arbeitnehmer den Arbeitgeber davon zu informieren. Im Falle der Klage hat er dem Arbeitgeber den Streit zu verkündigen (zu den sich daraus ergebenden Problemen vgl 6.13.1.4.1). Ersetzt der Arbeitnehmer dem Dritten im Einverständnis mit dem Arbeitgeber oder auf Grund eines rechtskräftigen Urteils den Schaden, so kann er vom Arbeitgeber **Vergütung verlangen**, wenn der Arbeitgeber für den Arbeitnehmer zu haften hätte. Wenn man den im Zusammenhang mit dem Dienstgeberregress vertretenen Standpunkt teilt, wonach dem Dienstgeber der Regressanspruch auch ohne Einverständnis mit dem Arbeitnehmer zusteht (vgl 6.13.1.4.1), dann muss dies erst recht gelten, wenn der Dienstnehmer im Falle der Inanspruchnahme durch einen Dritten seinen Vergütungsanspruch gegen den Arbeitgeber geltend machen will. Der Arbeitnehmer wird auf Grund seiner Stellung im Gegensatz zu jener des Dienstgebers eine Verweigerung seines Einverständnisses kaum riskieren können.

6/791 Bei der Bestimmung des **Ausmaßes der Vergütung** sind die Regeln des § 2 DHG anzuwenden. Liegt eine entschuldbare Fehlleistung des Arbeitnehmers vor, so kann dieser für den ganzen Schaden vom Dienstgeber Vergütung verlangen. Hat der Arbeitnehmer den Schaden durch ein Versehen verursacht, so kann er die dem Dritten geleistete Schadenersatzzahlung teilweise, im Falle eines minderen Grades des Versehens uU zur Gänze, vom Dienstgeber zurückfordern (vgl 6.13.1.2).

6.13.1.4.3. Haftung des Arbeitnehmers und Versicherungsregress

6/792 In vielen Fällen, in denen der Arbeitnehmer den Arbeitgeber oder einen Dritten im Zusammenhang mit dem Dienstverhältnis schädigt, erfolgt der Schadensausgleich über eine Versicherung. Es handelt sich dabei zumeist um Schäden, die der Arbeitnehmer als Lenker eines **dienstgebereigenen Kraftfahrzeugs** verursacht hat und die durch eine Kfz-Haftpflicht oder eine Kaskoversicherung gedeckt sind. Ebenso häufig sind Schadensfälle, die der Deckung durch eine Betriebshaftpflichtversicherung unterliegen.

6/793 Begleicht eine **Versicherung** einen vom Arbeitnehmer verursachten Schaden, so stellt sich die Frage, unter welchen Voraussetzungen sie sich am Arbeitnehmer regressieren kann und inwieweit diese Regressforderungen nach den Grundsätzen des DHG zu beurteilen sind. Die wesentlichen Grundlagen für den Rückgriff der Versicherung finden sich in den §§ 67 VersVG und 24 Abs 4 KHVG.

Gem § 67 VersVG geht in der Schadensversicherung der Schadenersatzanspruch des Versicherungsnehmers (zB des Arbeitgebers) gegen einen Dritten insoweit auf die Versicherung über, als diese dem Versicherungsnehmer den Schaden ersetzt. Als Dritter iS dieser Gesetzesstelle gilt jeder, der nicht Versicherungsnehmer oder Versicherter ist (OGH 16. 5. 1961, 4 Ob 66/61, Arb 7377; OGH 1. 12. 1981, 4 Ob 121/81, DRdA 1984, 227 mit Bespr v *Migsch* = Arb 10.064).

§ 24 Abs 4 KHVG ist eine spezifische Regelung des Kraftfahrzeug-Haftpflichtversicherungsrechts: Der Haftpflichtversicherer, der gegenüber dem Geschädigten in einem „kranken“ Versicherungsverhältnis für eine Handlung seines Versicherungsnehmers aufgekommen ist, kann gegen diesen unter bestimmten Voraussetzungen Rückgriffsansprüche erheben. Dies ist unter anderem dann der Fall, wenn der Versicherungsnehmer durch sein Verhalten die Freiheit des Versicherers von der Verpflichtung zur Leistung im Innenverhältnis herbeigeführt hat[977].

Im Bereich der Haftpflichtversicherung ist der Arbeitnehmer grundsätzlich in den Versicherungsschutz einbezogen, in der **Kfz-Haftpflichtversicherung ist der Arbeitnehmer** als berechtigter Lenker **mitversichert**[978]. 6/794

Ein Regress der Versicherung gegen den Arbeitnehmer ist analog zu den obigen Ausführungen nur dann möglich, wenn der versicherte Arbeitnehmer durch sein Verhalten die **Leistungsfreiheit** des Pflichtversicherers ihm gegenüber begründet hat (zB durch Verwendung eines Pkw als Lkw oder durch Alkoholisierung). Die Versicherung hat dem Geschädigten den Schaden gem § 24 Abs 1 KHVG aber jedenfalls zu ersetzen. In diesem Fall geht gem § 24 Abs 4 KHVG die Forderung des Geschädigten gegen den Arbeitnehmer auf die Versicherung über. Da dieser Anspruch aus spezifisch versicherungsrechtlichen Tatbeständen resultiert, kommt § 2 DHG nicht zur Anwendung. Bei Vorliegen der einschlägigen Voraussetzungen kann sich der Arbeitnehmer aber gem § 3 DHG an den Dienstgeber wenden[979]. 6/795

Beispiel 1 (Kfz-Haftpflichtversicherung): Ein bediensteter Fahrer verursacht einen Schaden, indem er durch ein Ausweichmanöver das Portal und die Schaufenster eines Geschäfts beschädigt. – Die Haftpflichtversicherung des Dienstgebers begleicht den Schaden. Ein Regress der Versicherung gegenüber dem berechtigten Lenker (Arbeitnehmer) besteht in diesem Fall nicht.

Beispiel 2 (Kfz-Haftpflichtversicherung): Der Arbeitnehmer hat die Fahrt alkoholisiert angetreten und mit dem Kfz des Arbeitgebers das Geschäft beschädigt. – Obwohl die Haftpflichtversicherung gegenüber dem Arbeitnehmer leistungsfrei ist, muss sie dem Geschäftsinhaber dennoch nach § 24 Abs 1 KHVG Schadenersatz leisten. Der Schadenersatzanspruch des Geschäftsinhabers gegen den Arbeitnehmer geht gem § 24 Abs 4 KHVG auf die Versicherung über, jedoch nur bis zu einer Grenze von € 11.000 (vgl § 7 Abs 1 KHVG).

In der **Betriebshaftpflichtversicherung** des Arbeitgebers sind die Arbeitnehmer grundsätzlich mitversichert. Uneingeschränkt gilt dies jedoch nur für den gesetzlichen Vertreter des Versicherungsnehmers und solche Personen, die er zur Leitung oder Beaufsichtigung des versicherten Betriebes oder eines Teiles desselben angestellt hat[980]. Die übrigen Arbeitnehmer sind für Schäden, die sie in Ausübung ihrer dienstlichen Verrichtung verursachen, mitversichert, jedoch unter Ausschluss von Personenschäden, soweit es sich um Arbeitsunfälle (Berufskrankheiten) unter Arbeitnehmern des versicherten Betriebes im Sinne der Sozialversicherungsgesetze handelt[981]. Der Schutz der „übrigen Arbeitnehmer" hängt also davon ab, ob sie einen außenstehenden Dritten oder einen Arbeitskollegen schädigen. Hintergrund dieser Unterscheidung ist, dass der Betriebshaftpflichtversicherer den Regress des Sozialversicherungsträgers gemäß § 332 Abs 5 ASVG nicht finanzieren möchte. 6/796

---

977 Vgl ausführlich noch zur Rechtslage vor dem 1. 9. 1994 *Migsch*, §§ 67 und 158 f VersVG und ihre Funktion bei der Schadensverteilung bei Kfz-Unfällen, ZVR 1976, 261.

978 Vgl Art 2.1 der Allgemeinen Versicherungsbedingungen für die Kraftfahrzeug-Haftpflicht (AKHB 2013).

979 OGH 25. 9. 1973, 4 Ob 71/73, Arb 9143; OGH 26. 6. 1984, 4 Ob 166/83, DRdA 1987, 199 mit Bespr v *Jabornegg*; s auch *Radner*, Prozesskostenersatz durch den Arbeitgeber bei „erfolgreicher" Schadensabwehr?, DRdA 2009, 54.

980 Vgl § 151 Abs 1 VersVG, EHVB 2005 Abschnitt A Punkt 3.1.

981 EHVB 2005 Abschnitt A Punkt 3.1.

Beispiel 3 (Betriebshaftpflichtversicherung): Der von einem Besucher des Betriebs am Betriebsgelände abgestellte Pkw wird von einem Arbeitnehmer mit einem Hubstapler angefahren und dabei beschädigt. Der Betriebsinhaber hat eine Betriebshaftpflichtversicherung abgeschlossen. – Die Versicherung begleicht den Schaden des Besuchers. Ein Regress nach § 67 VersVG ist in diesem Fall nicht möglich, da der Dienstnehmer den Sachschaden in Ausübung seiner dienstlichen Verrichtung verursacht hat und daher mitversichert ist. Der Arbeitnehmer wäre in diesem Fall aber auch dann versichert, wenn der Besucher einen Personenschaden erleidet.

6/797 In der **Kaskoversicherung** ist der Lenker an sich nicht mitversichert[982]. Beschädigt der Arbeitnehmer das Kfz seines Arbeitgebers, so geht der Schadenersatzanspruch des Arbeitgebers auf den Kaskoversicherer über, soweit dieser dem Dienstgeber als Versicherungsnehmer den Schaden ersetzt (§ 67 VersVG; vgl aber auch OGH 11. 8. 1993, 9 ObA 140/93, ARD 4500/4/93). Bei Versicherungsverträgen, die insb den Allgemeinen Bedingungen für die Kraftfahrzeug-Kaskoversicherung 2013 (AKKB) unterliegen, wird jedoch die Regressmöglichkeit der Versicherung erheblich eingeschränkt. Der Arbeitnehmer kann nur belangt werden, wenn er ein Verhalten setzt, das – hätte es der Dienstgeber verwirklicht – zur Leistungsfreiheit des Versicherers geführt hätte (zB grob fahrlässige Herbeiführung des Versicherungsfalls durch überhöhte Geschwindigkeit, Fahren in übermüdetem Zustand, grobe Verletzung der Schadensminderungspflicht)[983]. Falls es zu einem Regress der Versicherung kommt, ist das DHG anzuwenden[984].

Beispiel 4 (Kaskoversicherungsvertrag nach den AKKB 2013): Das von einem Arbeitnehmer gelenkte Kfz des Dienstgebers kommt in einer Kurve durch leicht überhöhte Geschwindigkeit ins Schleudern und streift die Leitschiene. – Die Kaskoversicherung ersetzt dem Dienstgeber den Schaden an dem Kfz. Gegenüber dem Arbeitnehmer kann sie entsprechend den AKKB 2013 keinen Regress nehmen, da sie bei gleichem Sachverhalt (leichte Fahrlässigkeit) auch gegenüber dem Dienstgeber als Versicherungsnehmer nicht leistungsfrei geworden wäre.

Beispiel 5 (Kaskoversicherungsvertrag nach den AKKB 2013): Ein Arbeitnehmer stellt das Kfz des Dienstgebers auf der Heimreise von einer Dienstfahrt vor einem Gasthaus ab und vergisst, das Auto abzusperren und den Zündschlüssel abzuziehen. Das Kfz wird gestohlen. – Die Kaskoversicherung ersetzt dem Dienstgeber das Kfz. Sie kann aber gegenüber dem Arbeitnehmer Regress nehmen, da er grob fahrlässig gehandelt hat und die Versicherung bei gleichem Verhalten seitens des Dienstgebers als Versicherungsnehmer ebenfalls leistungsfrei gewesen wäre. Die Leistungsfreiheit des Versicherers ist in diesem Fall durch § 61 VersVG begründet, wonach der Versicherer leistungsfrei wird, wenn der Versicherungsnehmer den Versicherungsfall vorsätzlich oder grob fahrlässig herbeigeführt hat. Die Höhe des Regressanspruchs gegenüber dem Dienstnehmer bemisst sich nach den Kriterien des § 2 DHG.

6.13.1.5. Unabdingbarkeit der Rechte des Arbeitnehmers

6/798 § 5 DHG erklärt die §§ 2 bis 4 DHG für **kollektivvertragsdispositiv**. Die Rechte des Arbeitnehmers aus diesen Bestimmungen können also durch Kollektivvertrag auch zu Ungunsten des Arbeitnehmers abgeändert werden. Eine Aufhebung oder Beschränkung durch Einzelvereinbarung ist unzulässig. Im Übrigen gilt somit das Günstigkeitsprinzip (vgl hiezu 3.2.2 u 3.2.3).

---

[982] Vgl dazu OGH 1. 12. 1981, 4 Ob 121/81, DRdA 1984, 227 mit Bespr v *Migsch*; OGH 2. 12. 1986, 14 Ob 200/86, RdW 1987, 205; s auch *W. Holzer/B. Holzer*, Eine Dienstfahrt, DRdA 1987, 148 mwN.

[983] Vgl Art 10 AKKB 2013.

[984] OGH 27. 4. 1976, 4 Ob 30/76, Arb 9467; OGH 23. 11. 1982, 4 Ob 157/82, Arb 10.208; OGH 2. 12. 1986, 14 Ob 200/86, DRdA 1988, 341 mit Bespr v *Jabornegg*.

Umstritten ist, ob § 5 DHG der Gültigkeit eines Vergleichs oder eines konstitutiven Anerkenntnisses entgegensteht. Der OGH und ein Teil der Lehre bejahen die Zulässigkeit dieser Rechtsinstitute, da § 5 DHG die Vertragsteile keineswegs zwingen will, das Gericht anzurufen, und einer gütlichen Einigung nicht im Weg stehen soll[985].

Liegt aber kein echter Vergleich vor, durch den strittige Tatsachen bereinigt werden sollen, sondern in Wahrheit ein Verzicht auf unabdingbare Ansprüche, dann ist die Zulässigkeit zu bestreiten, wie auch immer das Rechtsgeschäft bezeichnet werden mag[986].

6.13.1.6. Präklusivfrist des § 6 DHG

Um zwischen Arbeitnehmer und Arbeitgeber rasch Klarheit über das allfällige Bestehen oder Nichtbestehen von Ansprüchen zu schaffen, bestimmt § 6 DHG, dass auf einem minderen Grad des Versehens beruhende Schadenersatz- oder Rückgriffsansprüche zwischen Dienstgeber und Dienstnehmer erlöschen, wenn sie nicht binnen sechs Monaten gerichtlich geltend gemacht werden. 6/799

Um nicht den grob fahrlässig handelnden Arbeitnehmer gegenüber demjenigen, dem bloß leichte Fahrlässigkeit zur Last gelegt wird, zu begünstigen, wendet die hL[987] § 6 DHG auch auf die auf grober Fahrlässigkeit beruhenden Vergütungsansprüche gem § 3 DHG analog an. Auch der grob fahrlässig handelnde Arbeitnehmer muss somit seine Vergütungsansprüche innerhalb der Sechsmonatsfrist geltend machen, wenn er dem Dritten den Schaden ersetzt hat. Im Sinne der Zielsetzung der Präklusivfrist, eine rasche Bereinigung der gegenseitigen Regress- und Vergütungsansprüche nach dem DHG zu erreichen, wird man die Anwendbarkeit des § 6 DHG auch auf die direkten Ansprüche bzw auf die Regressansprüche des Arbeitgebers gegen den Arbeitnehmer im Falle grober Fahrlässigkeit des Arbeitnehmers überlegen müssen.

Die Frist des § 6 DHG wird überwiegend als Präklusivfrist[988] gedeutet. Wurde der Schaden grob fahrlässig oder vorsätzlich verursacht, so kommt die dreijährige Verjährungsfrist ab jenem Zeitpunkt zur Anwendung, ab dem der Schaden und die Person des Schädigers dem Geschädigten bekannt geworden sind (§ 1489 ABGB)[989]. 6/800

---

[985] OGH 18. 5. 1971, 4 Ob 24/71, Arb 8871; OGH 25. 3. 1980, 4 Ob 2/80, Arb 9862; OGH 23. 4. 1985, 4 Ob 45/85, Arb 10.448; s auch *Reischauer*, Probleme der Dienstnehmerhaftung, DRdA 1978, 193 mwH; *Haslmayr*, Über die Rechtswirksamkeit der außergerichtlichen Anerkennung einer schadenersatzrechtlichen Schuld durch den Dienstnehmer gegenüber dem Dienstgeber, ÖJZ 1968, 624; *Spielbüchler/Grillberger*, Arbeitsrecht I[4] (1998), 212 f; s auch die EB zur RV, 631 BlgNR 10. GP, 5.

[986] Für generelle Unwirksamkeit hingegen LG Wien 19. 7. 1971, 44 Cg 90/71, Arb 8882; *Klein*, Konstitutives Schuldanerkenntnis und Dienstnehmerhaftpflichtgesetz, DRdA 1969, 144; *Berger*, Rechtsfragen des Dienstnehmerhaftpflichtgesetzes, DRdA 1978, 101; *Dirschmied*, DNHG[3] (1992), 178; *Kerschner*, Anerkenntnis im Dienstnehmerhaftpflichtrecht, in FS Strasser (1993), 203; mit anderer Begründung auch *Eypeltauer/Strasser*, Die Haftung der Organe und der Bediensteten der Gemeinden (1987), 80.

[987] *Eypeltauer*, § 6 DHG: Präklusiv- oder Verjährungsfrist?, DRdA 1993, 4; *Kerschner*, DHG[2] (2004), § 6 Rz 12; aA aber *Oberhofer*, Präklusion und Verjährung im Haftungsrecht der wirtschaftlich Unselbständigen, ZAS 1989, 46.

[988] OGH 17. 3. 1981, 4 Ob 20/81, Arb 10.021; OGH 14. 9. 1982, 4 Ob 121/82, DRdA 1985, 309 mit Bespr v *Huber* = Arb 10.183; OGH 29. 11. 1983, 4 Ob 46/83, DRdA 1984, 242 mit krit Bespr v *P. Bydlinski*; OGH 23. 4. 1985, 4 Ob 45/85, Arb 10.448; OGH 15. 7. 1986, 14 Ob 126/86, DRdA 1989, 293 mit Bespr v *Eypeltauer*; *Spielbüchler/Grillberger*, Arbeitsrecht I[4] (1998), 213; *Dirschmied*, DNHG[3] (1992), 182 f; *Eypeltauer*, § 6 DHG: Präklusiv-oder Verjährungsfrist?, DRdA 1993, 1; *Vollmaier*, Verjährung und Verfall (2009), 226 ff; aM *Reischauer*, Probleme der Dienstnehmerhaftung, DRdA 1978, 193; *ders* in Rummel/Lukas (Hrsg), ABGB II[4] (2015), § 1449 Rz 2 ff, und *Kerschner*, DHG[2] (2004), § 6 Rz 3, die das Bestehen von Präklusivfristen überhaupt leugnen; *Preiss* in Neumayr/Reissner (Hrsg), Zeller Kommentar[2] (2011), § 1486 ABGB Rz 55.

[989] Vgl zB OGH 13. 1. 1976, 4 Ob 72/75, Arb 9432; OGH 16. 1. 1979, 4 Ob 57/78, DRdA 1980, 27 mit Bespr v *Koziol* = Arb 9770; s auch *Reischauer*, Probleme der Dienstnehmerhaftung, DRdA 1978, 193; OGH 27. 9. 2006, 9 ObA 148/05p, DRdA 2007, 484 mit Bespr v *Eypeltauer* (zur Geschäftsführerhaftung und Verjährung).

Fraglich ist, ob und inwieweit die Regeln über Verjährungsfristen auf Fallfristen anzuwenden sind (vgl 6.5.3.5). Nach der Judikatur ist die Frist des § 6 DHG von Amts wegen wahrzunehmen (OGH 29. 11. 1983, 4 Ob 46/83, DRdA 1984, 242 mit Bespr v *Bydlinski* = Arb 10.324). Im Übrigen ist bei Fallfristen in jedem Einzelfall nach dem Zweck der Fristsetzung zu prüfen, ob sie von Amts wegen wahrzunehmen ist (OGH 27. 9. 1989, 9 ObA 195/89, Arb 10.819).

6/801 Der **Lauf der Frist** beginnt mit Kenntnis des Ersatzberechtigten vom Schaden und von der Person des Schädigers (OGH 17. 3. 1981, 4 Ob 20/81, Arb 10.021). Die Kenntnis der Schadenshöhe ist nicht erforderlich. Maßgebend ist somit jener Zeitpunkt, in dem dem Anspruchsberechtigten objektiv alle für das Entstehen des Anspruchs notwendigen Umstände bekannt gewesen sind, sodass er in zumutbarer Weise ohne besondere Mühe vom Schaden bzw Schädiger Kenntnis erlangen konnte (OGH 29. 11. 1983, 4 Ob 46/83, DRdA 1984, 242 mit Bespr v *Bydlinski* = Arb 10.324). Da Regressansprüche erst mit der tatsächlichen Ersatzleistung an den Dritten entstehen, beginnt die Frist auch erst mit diesem Zeitpunkt zu laufen (OGH 16. 9. 1986, 14 Ob 140/86, JBl 1987, 670).

Um der **Bedingung der gerichtlichen Geltendmachung** zu entsprechen, ist es ausreichend, wenn zB die Schadenersatzforderung einredeweise (als Gegenforderung iSd § 391 Abs 3 ZPO) in einem anhängigen Rechtsstreit geltend gemacht wird (OGH 29. 11. 1983, 4 Ob 46/83, DRdA 1984, 242 mit Bespr v *Bydlinski* = Arb 10.324) oder wenn sich der Geschädigte einem Strafverfahren als Privatbeteiligter anschließt (OGH 17. 3. 1981, 4 Ob 20/81, Arb 10.021). In beiden Fällen ist allerdings die „gehörige Fortsetzung" iSd § 1497 ABGB durch mündlichen Vortrag in der Streitverhandlung bzw bei Verweisung auf den Zivilrechtsweg durch Klagseinbringung in angemessener Frist erforderlich.

6/802 Mit Ablauf der Frist erlischt das Recht zur Gänze, es bleibt auch keine Naturalobligation bestehen. Ist die Forderung durch den Ablauf der Frist bereits erloschen, so kann mit ihr auch nicht mehr aufgerechnet werden, selbst wenn die Präklusion erst nach dem Zeitpunkt, in dem sich die Forderungen erstmals aufrechenbar gegenüberstanden, eingetreten ist (OGH 15. 7. 1986, 14 Ob 126/86, DRdA 1989, 293 mit Bespr v *Eypeltauer* = Arb 10.544; zur Präklusivfrist allg vgl 6.5.3.5).

6.13.1.7. Schaden und Aufrechnung

6/803 Der Arbeitgeber hat **kein Rückbehaltungsrecht am Lohn**, er kann aber – im Rahmen der gesetzlichen Bestimmungen – aufrechnen (zur Aufrechnung vgl 6.5.8).

6/804 Nach § 7 DHG ist während des aufrechten Bestandes des Dienstverhältnisses eine Aufrechnung von Ersatz- und Regressansprüchen gegen den Arbeitnehmer nur wirksam, wenn dieser nicht **innerhalb von 14 Tagen** ab Zugehen der vom Gesetz vorgeschriebenen Aufrechnungserklärung **widerspricht**. Dies gilt nicht für eine Aufrechnung auf Grund eines rechtskräftigen Urteils (§ 7 Abs 2 DHG).

§ 7 DHG bezieht sich nur auf einseitige Aufrechnungen durch den Arbeitgeber gegen den Willen des Arbeitnehmers. Die Zulässigkeit von einvernehmlichen Aufrechnungen durch Aufrechnungsvereinbarung wird nicht beschränkt (arg „Aufrechnungserklärung").

6/805 Das Aufrechnungsverbot betrifft nur Schadenersatzansprüche iS des DHG, dh Ansprüche auf Grund eines Schadens, den der Arbeitnehmer „bei Erbringung seiner Dienstleistungen" dem Arbeitgeber zugefügt hat. Der Zweck des § 7 DHG ist in der Hintanhaltung von einseitigen Kompensationen durch den Arbeitgeber in Fällen zweifelhafter Schadenersatzforderungen desselben zu sehen. Der Arbeitgeber soll den Arbeitnehmer nicht im Wege der Kompensation zum Einklagen des Arbeitsentgelts verhalten können[990].

Das Kompensationsverbot des § 7 DHG gilt nur während des **aufrechten Bestandes** des Dienstverhältnisses (OGH 18. 10. 1983, 4 Ob 190/82, JBl 1984, 157). Auch wenn sich in dieser Zeit die Schadenersatzforderung des Arbeitgebers und der Anspruch des Arbeitnehmers aufrechenbar gegenüberstanden, der Arbeitgeber aber seine Aufrechnungserklärung erst nach Beendigung des Dienstverhältnisses ausspricht, ist § 7 DHG nicht mehr anzuwenden. Dem Wortlaut dieser Bestimmung ist klar zu entnehmen, dass auf den Zeitpunkt der Aufrechnungserklärung und nicht auf deren Folge, nämlich die Rückwirkung auf den Zeitpunkt, zu dem sich Forderung und Gegenforderung erstmals aufrechenbar gegenüberstanden, abzustellen ist (vgl *Dullinger* in Rummel/Lukas [Hrsg], ABGB II[4] [2015], § 1440 Rz 27; OGH 26. 4. 1983, 4 Ob 34/83, Arb 10.247; aA *Berger*, Rechtsfragen des Dienstnehmerhaftpflichtgesetzes, DRdA 1978, 103).

Selbst wenn die Kompensation nach § 7 DHG zulässig wäre, ist § 293 EO zu beachten. Um gegen den **der Exekution entzogenen Teil** des Arbeitseinkommens aufrechnen zu können, ist gem § 293 Abs 3 EO eine mit der Entgeltforderung im rechtlichen Zusammenhang stehende Gegenforderung notwendig. Dieser rechtliche Zusammenhang besteht jedoch zwischen dem Entgeltanspruch des Arbeitnehmers und einer Schadenersatzforderung des Arbeitgebers nicht, sodass die Aufrechnung in diesem Fall nach § 293 Abs 3 EO begrenzt wird (OGH 26. 4. 1983, 4 Ob 34/83, Arb 10.247; vgl auch 6.5.8). 6/806

6.13.2. Haftung des Arbeitgebers für Sachschäden am Arbeitnehmereigentum

Erleidet der Dienstnehmer im Rahmen des Dienstverhältnisses einen Schaden an seinem Eigentum, dann sind die daraus resultierenden Schadenersatzansprüche grundsätzlich nach den allgemeinen zivilrechtlichen Bestimmungen zu beurteilen[991]. Sondergesetzliche Regelungen, wie sie etwa das DHG für den umgekehrten Fall – nämlich die Schadenszufügung durch den Dienstnehmer – vorsieht, existieren nicht. 6/807

Schädigt ein Dienstgeber den Dienstnehmer **schuldhaft** an seinem Sachvermögen[992], dann haftet er nach den §§ 1293 ff ABGB. Wird ein Schutzgesetz übertreten, dann genügt nach herrschender Auffassung für den Eintritt der Haftung, dass die Verletzung der Schutznorm an sich schuldhaft war. Ob der Dienstgeber den Schaden vorhersehen konnte, ist unmaßgeblich[993]. 6/808

---

990 OGH 16. 5. 2002, 8 ObA 185/01s, DRdA 2003, 330 mit Bespr v *Kerschner*; *Krejci*, Zur Kompensation von Entgeltforderungen des Arbeitnehmers mit Arbeitgeberansprüchen auf Schadenersatz, ZAS 1980, 167; *Spielbüchler*, Entgeltsicherung (1977), 111.

991 *Greifeneder*, Vereinbarungen über die AG-Haftung bei Schädigung in der Sphäre des AN, in Reissner/Neumayr (Hrsg), Zeller Handbuch Arbeitsvertrags-Klauseln (2010), 945 ff.

992 Hierunter fallen etwa auch finanzielle Nachteile, die aus einer falschen Einstufung in ein Gehaltsschema des KV resultieren (OGH 22. 2. 2006, 9 ObA 164/05s, DRdA 2007, 278 mit krit Bespr v *Kerschner*); Personenschäden sind im Hinblick auf die §§ 333 f ASVG ausgenommen; vgl *Bydlinski*, Die Risikohaftung des Arbeitgebers (1986), 91; *Schnorr*, Verschuldensunabhängige Haftung des Arbeitgebers für Sachschäden des Arbeitnehmers, RdW 1984, 77.

993 OGH 19. 12. 1956, 2 Ob 660/56, EvBl 1957/106; OGH 5. 12. 1967, 8 Ob 335/67, EvBl 1968/258; *Bydlinski*, JBl 1971, 251; *Kramer*, Schutzgesetze und adäquate Kausalität, JZ 1976, 343; vgl jedoch hiezu *Karollus*, Funktion und Dogmatik der Haftung aus Schutzgesetzverletzung (1992), 269 ff; *Koziol*, Haftpflichtrecht I[3] (1997), 202.

Als Beispiel kann § 27 Abs 4 ASchG dienen. Dieser Bestimmung zufolge ist jedem Arbeitnehmer ein versperrbarer Kleiderkasten oder eine sonstige geeignete versperrbare Einrichtung für seine Kleidung sowie andere Gegenstände, die üblicherweise zur Arbeitsstätte mitgebracht werden, zur Verfügung zu stellen. Sorgt der Arbeitgeber nicht für eine entsprechende Einrichtung, so haftet er für die Gegenstände, auch wenn ein Schadenseintritt noch so unwahrscheinlich war (vgl auch 6.6.3).

6/809 Fehlt eine konkrete Schutznorm, dann ist zu prüfen, ob eine Verpflichtung zu einem bestimmten Verhalten aus der **Fürsorgepflicht des Arbeitgebers** (vgl hiezu 6.6) abzuleiten ist. Die Fürsorgepflicht bezieht sich nach herrschender Auffassung nicht nur auf den Schutz des Lebens und der Gesundheit, sondern auch auf die Persönlichkeitsrechte des Arbeitnehmers und nicht zuletzt auf sein Eigentum. Gerade durch den bereits erwähnten § 27 Abs 4 ASchG wird explizit anerkannt, dass die vermögenswerten Interessen des Arbeitnehmers ebenso schützenswert sind wie die anderen von der Fürsorgepflicht erfassten Rechtsgüter.

6/810 Die Fürsorgepflicht kann auch als Ansatzpunkt und Rechtsgrund für die Haftung des Dienstgebers in all jenen Fällen angesehen werden, in denen der Dienstnehmer **ohne Verschulden des Dienstgebers** einen Sachschaden bei der Erfüllung seiner Arbeitspflichten erleidet. Die ständige Rechtsprechung des OGH[994] stützt sich hiebei jedoch weniger auf die Fürsorgepflicht, sondern wendet zur Begründung einer Haftung des Arbeitgebers die Bestimmung des **§ 1014 ABGB analog auf den Arbeitsvertrag** an[995].

§ 1014 ABGB verpflichtet den Gewaltgeber im Rahmen eines Bevollmächtigungsvertrags zum Ersatz des notwendigen und nützlichen Aufwandes sowie zum Schadenersatz, soweit es sich um die typischen Gefahren des aufgetragenen Geschäfts – also um eine Art „Betriebsgefahr"– handelt[996]. Erleidet der Gewalthaber bei der Geschäftsführung nur zufälligerweise einen Schaden, so kann er im Falle der Unentgeltlichkeit der Geschäftsbesorgung einen bei entgeltlichen Verträgen zur Vergütung der Bemühung nach dem höchsten Schätzwert gebührenden Betrag fordern (§ 1015 ABGB). Gem § 1151 Abs 2 ABGB finden die Vorschriften über den Bevollmächtigungsvertrag auf Dienstverträge unmittelbar insoweit Anwendung, als damit eine Geschäftsbesorgung verbunden ist.

6/811 Im Sachverhalt der einschlägigen Leitentscheidung des OGH v 31. 5. 1983 (4 Ob 35/82, DRdA 1984, 32 mit Bespr v *Jabornegg* = Arb 10.268) hatte der Arbeitnehmer auf einer

---

[994] OGH 31. 5. 1983, 4 Ob 35/82, DRdA 1984, 32 mit Bespr v *Jabornegg* = ZAS 1985, 8 mit Bespr v *Schrank*; OGH 18. 2. 1986, 4 Ob 180/85, ZAS 1987, 85 mit Bespr v *Kerschner*; OGH 24. 5. 1989, 9 ObA 139/89, ZAS 1991, 57 mit Bespr v *Oberhofer* = DRdA 1991, 137 mit Bespr v *Kerschner*; OGH 7. 11. 1990, 9 ObA 222/90, ARD 4228/13/90 ua.

[995] Dazu allg *Bydlinski*, Die Risikohaftung des Arbeitgebers (1986); *Oberhofer*, Außenhaftung des Arbeitnehmers (1996); *Faber*, Risikohaftung im Auftrags- und Arbeitsrecht (2001); *Schrank*, Betriebsrisiko und arbeitsrechtliche Wertordnung, ZAS 1985, 8; *Hanreich*, Schadenersatzansprüche aus der Verwendung des eigenen Kfz für den Auftraggeber oder Arbeitgeber, JBl 1984, 361; *Kerschner*, Die Reichweite der Arbeitgeberhaftung nach § 1014 ABGB oder zur Entmystifizierung einer neuen Wundernorm, in Tomandl (Hrsg), Haftungsprobleme im Arbeitsverhältnis (1991), 57; *Löschnigg/Reissner*, Arbeitgeberhaftung für Sachschäden auf der Dienstreise, ecolex 1991, 110; *Oberhofer*, Der Ersatzanspruch bei Schäden wegen Tätigkeit in fremdem Interesse, ÖJZ 1994, 730; *Tomandl*, Grundlagen und Grenzen der verschuldensunabhängigen Arbeitgeberhaftung, ZAS 1991, 37; für diese Analogie bereits *Ehrenzweig*, System des österreichischen allgemeinen Privatrechts II/1[2] (1928), 490 und 560 f; *Schrammel* in Fenyves/Kerschner/Vonkilch (Hrsg), ABGB[3] (2012), § 1151 Rz 3; zur analogen Anwendbarkeit der Grundsätze der Risikohaftung auf die Geschäftsführung ohne Auftrag vgl insb *Swoboda*, Bevollmächtigungsvertrag und Auftrag, Geschäftsführung ohne Auftrag und versio in rem (1932), 64; *Oberhofer*, Die Risikohaftung wegen Tätigkeit in fremdem Interesse als allgemeines Haftungsprinzip, JBl 1995, 219; OGH 24. 8. 1995, 2 Ob 46/95, DRdA 1996, 311 mit Bespr v *Grömmer/Oberhofer*; OGH 26. 3. 1997, 9 ObA 46/97y, DRdA 1998, 34 mit Bespr v *Kerschner*.

[996] *Welser/Zöchling-Jud*, Grundriss des bürgerlichen Rechts II[14] (2015), 250 f; *Strasser* in Rummel/Lukas (Hrsg), ABGB I[4] (2015), § 1014 Rz 10.

Dienstfahrt mit seinem eigenen Kraftfahrzeug einen Schaden erlitten. Das Risiko des Arbeitgebers ist nach Meinung des OGH vor allem dann berührt, wenn dieser ohne den Einsatz des Kraftfahrzeugs des Arbeitnehmers ein eigenes Fahrzeug einsetzen und so das damit verbundene Unfallrisiko selbst hätte tragen müssen, wenn also die Erfüllung der Dienstpflichten ohne Kfz des Arbeitnehmers nicht möglich oder zumutbar gewesen wäre.

Diese Auffassung bedeutet eine Abkehr von früheren Äußerungen der Rechtsprechung: In der E des OGH v 3. 5. 1932 (1 Ob 54/32, SZ 14/100) vertrat der OGH noch die Ansicht, dass sich die verschuldensunabhängige Haftung des Arbeitgebers auf Dienstverträge beschränkt, mit denen eine **Geschäftsbesorgung** iS einer rechtsgeschäftlichen Tätigkeit des Arbeitnehmers im Namen seines Arbeitgebers **verbunden** sei. Dagegen lehnte der OGH die verschuldensunabhängige Haftung des Arbeitgebers für dienstbedingte Schäden aus Anlass faktischer Handlungen in Vollzug des Arbeitsvertrags mit der Begründung ab, dass hiedurch die Verschuldenshaftung aus der Fürsorgepflicht (§ 1157 ABGB) vollkommen überflüssig würde (vgl auch *Tomandl*, Grundlagen und Grenzen der verschuldensunabhängigen Arbeitgeberhaftung, ZAS 1991, 40).

Unter den literarischen Stimmen zur Leitentscheidung selbst finden sich weitere kritische, die Analogie ablehnende Stellungnahmen. Die Anknüpfung des Schadenersatzes an die Logik der Kausalität von Ursache und Erfolg würde der erforderlichen Wertung des Sachverhalts durch entsprechende Interessenabwägung nicht gerecht, sodass ein Rekurs auf die Fürsorgepflicht des Arbeitgebers vorzuziehen sei (*Schnorr*, Verschuldensunabhängige Haftung des Arbeitgebers für Sachschäden des Arbeitnehmers?, RdW 1984, 77). Dagegen wurde eingewendet, dass einer Vermengung des Kausalitätsproblems mit einer entsprechenden Interessenabwägung nie das Wort geredet wurde; einen bloß schlichten Kausalzusammenhang in „logischem Sinne" habe für die Haftung aus § 1014 ABGB noch niemand für zureichend gehalten. Gerade die Haftungsvoraussetzung des § 1014 ABGB beziehe sich ausschließlich auf tätigkeitsspezifische Risken. Die Fürsorgepflicht des Arbeitgebers biete keine Begründung für eine verschuldensunabhängige Haftung und stelle keinerlei taugliche Alternative dar. Den Haftungsmaßstab für die Verletzung der Fürsorgepflicht als Vertragspflicht biete § 1295 Abs 1 ABGB, der das Verschuldensprinzip statuiert (*Bydlinski*, Die Risikohaftung des Arbeitgebers [1986], insb 47 ff mwN).

Auszugehen ist davon, dass keine Lücke im Gesetz vorliegt und somit kein Raum für eine 6/812
Analogie gegeben ist. Die ausschließliche Beziehung des Gesetzes auf die Geschäftsbesorgung lässt keinen Zweifel an der bewussten Beschränkung des Gesetzgebers aufkommen. Im Hinblick darauf, dass die Materialien zur III. Teilnovelle festhalten, dass eine eingehende Feststellung der Fürsorgepflichten nicht Sache des ABGB, sondern nur in weitgehender Spezialisierung möglich ist (78 BlgHH 21. Sess 1912, 224), erscheint es sinnvoll, für eine entsprechende **Weiterentwicklung der Fürsorgepflicht** des Arbeitgebers einzutreten. Das Argument, dass die Fürsorgepflicht für eine verschuldensunabhängige Schadenshaftung keine Handhabe biete und dass klagbare Erfüllungsansprüche aus dieser Pflicht nicht erwachsen könnten, vermag nicht zu überzeugen. Es geht nicht darum, einen Ersatzanspruch aus der (verschuldeten) Verletzung der Fürsorgepflicht zu begründen, da eine zumutbare Sicherung der zum Vorteil des Arbeitgebers riskierten Beeinträchtigung des Arbeitnehmereigentums in diesen Fällen gar nicht möglich ist. Der Erfüllungsanspruch ist also von vornherein als ein auf Freistellung von mit der Arbeitsleistung **typischerweise verbundenen Sachschäden** gerichteter Vergütungsanspruch zu qualifizieren. Als solcher kann er von einem Verschulden des Arbeitgebers nicht abhängig gemacht werden.

In der zitierten Grundsatzentscheidung (OGH 31. 5. 1983, 4 Ob 35/82, DRdA 1984, 32 6/813
mit Bespr v *Jabornegg* = Arb 10.268) ist der OGH nicht nur auf den allgemeinen Rechts-

grundsatz für die verschuldensunabhängige Haftung des Arbeitgebers eingegangen, er hat vielmehr – ebenso wie in Folgeentscheidungen – gewisse Differenzierungen vorgenommen.

Aus dem Umstand, dass eine verschuldensunabhängige Haftung gem § 1014 ABGB nur für „arbeitsadäquate", also mit der konkreten Arbeitsleistung typischerweise verbundene Schäden besteht, hat der OGH abgeleitet, dass der Arbeitgeber dann nicht ersatzpflichtig wird, wenn der Arbeitnehmer ein Fahrzeug nur aus Gründen der eigenen Bequemlichkeit benützt, sodass der Vorteil dem persönlichen **Lebensbereich** des Arbeitnehmers zuzuordnen ist (OGH 31. 5. 1983, 4 Ob 35/83, DRdA 1984, 32 mit Bespr v *Jabornegg* = Arb 10.268; OGH 24. 2. 1988, 9 ObA 504/87, DRdA 1991, 27 mit Bespr v *Jabornegg*). Das private Ersuchen eines Vorgesetzten an einen Mitarbeiter, mit dem eigenen Fahrzeug einen Umweg zu machen, verleiht diesem Weg den Charakter einer Dienstfahrt (OGH 13. 3. 1997, 8 ObA 15/97g, ARD 4838/22/97). Verwendet ein Betriebsratsmitglied zur Ausübung seines Mandats seinen eigenen Pkw und erleidet einen Unfall, so ist der dadurch entstandene Schaden grundsätzlich „arbeitsadäquat". Zu prüfen ist aber, ob der Arbeitgeber überhaupt zur Bereitstellung eines Kraftfahrzeugs als Sacherfordernis gem § 72 ArbVG verpflichtet war (OGH 24. 2. 1987, 14 ObA 7/87, ZAS 1988, 174 mit Bespr v *Kerschner* = DRdA 1989, 400 mit Bespr v *Jabornegg*; vgl auch 10.4.6.6). Eine Ersatzpflicht des Arbeitgebers ist auch dann zu bejahen, wenn nicht der Arbeitnehmer, sondern ein Dritter Eigentümer eines dienstlich eingesetzten Pkw ist und der Arbeitnehmer diesem Dritten gegenüber zum Schadenersatz verpflichtet ist, zumal sich der Schaden wirtschaftlich gesehen zweifellos im Vermögen des Arbeitnehmers ereignet hat[997]. Richtet allerdings ein Lehrling anlässlich einer Besorgungsfahrt mit dem Fahrrad einen Schaden an einem fremden Pkw an, so wird ein derartiger „Drittschaden" entgegen der E des OGH v 24. 5. 1989 (9 ObA 139/89, DRdA 1991, 137 mit Bespr v *Kerschner* = ZAS 1991, 57 mit Bespr v *Oberhofer* = infas 1989, A 115) eher nicht nach § 1014 ABGB zu beurteilen sein, zumal man dadurch die §§ 3, 4 DHG um ihren Anwendungsbereich bringt. Ein infolge der in derartigen Härtefällen zu engen (Mit-)Haftungsbestimmung des § 1315 ABGB unbilliges Ergebnis wird jedenfalls vermieden, wenn man generell weniger in § 1014 ABGB, sondern wiederum in der Fürsorgepflicht des Arbeitgebers (s hiezu bereits oben) die Haftungsgrundlage sieht. Insb im Unterlassen des Abschlusses einer Haftpflichtversicherung wird man einen Verstoß gegen die Fürsorgepflicht zu erblicken haben (so auch *Kerschner*, DRdA 1991, 140). Auslagen von Arbeitnehmern in Strafverfahren, die in einem Zusammenhang mit der Tätigkeit des Arbeitnehmers stehen, können ebenfalls vom Arbeitgeber analog den Grundsätzen des DHG zurückgefordert werden (OGH 24. 7. 1996, 8 ObA 2051/96t, ZAS 1997, 111 mit Bespr v *Tomandl* = ASoK 1997, 26).

6/814 Der Arbeitgeber wird von seiner Haftung nach § 1014 ABGB nicht dadurch befreit, dass den Arbeitnehmer ein **Verschulden** an der Herbeiführung des Schadens trifft. Diesbezüglich ist nach jenen Grundsätzen vorzugehen, die das DHG für den Fall der Beschädigung einer dem Arbeitgeber gehörenden Sache durch den Arbeitnehmer aufgestellt hat (vgl § 2 DHG)[998]. Zu beachten ist schließlich, dass § 1014 ABGB – jedenfalls in seinem unmittelbaren Anwendungsbereich – dispositiver Natur ist. Dementsprechend sieht auch die Judikatur die Risikohaftung des Arbeitgebers als grundsätzlich abdingbar an (OGH 4. 9. 1996, 9 ObA 2136/96z, DRdA 1997, 273 mit Bespr v *Kerschner*). Eine gänzliche **Abdingung** des § 1014 ABGB, die zu einer Übertragung des typischen Unternehmerrisikos auf den persönlich und wirtschaftlich abhängigen Arbeitnehmer führt, ist aber nicht vertretbar (vgl *Löschnigg/Reissner*, Arbeitgeberhaftung für Sachschäden auf der Dienstreise, ecolex 1991, 113).

[997] OGH 18. 2. 1986, 4 Ob 180/85, ZAS 1987, 85 mit Bespr v *Kerschner*; Zur Haftung im Rahmen einer gelegentlichen Arbeitskräfteüberlassung s OGH 12. 12. 1996, 8 ObA 2186/96w, DRdA 1997, 478 mit Bespr v *Kerschner*.

[998] Vgl zB OGH 31. 5. 1983, 4 Ob 35/82, DRdA 1984, 32 mit Bespr v *Jabornegg* = Arb 10.268; OGH 18. 2. 1986, 4 Ob 180/85, ZAS 1987, 85 mit Bespr v *Kerschner*; OGH 7. 11. 1990, 9 ObA 222/90, ARD 4228/13/90.

Die dem Arbeitnehmer auf Grund der Analogie zu § 1014 ABGB zustehenden Ansprüche unterliegen als Geldansprüche aus dem Arbeitsverhältnis der dreijährigen Verjährungsfrist des § 1486 Z 5 ABGB. Eine analoge Anwendung der sechsmonatigen Verfallsfrist des DHG schließt der OGH aus (E v 8. 11. 1995, 9 ObA 184/95, DRdA 1996, 402 mit Bespr v *Kerschner*; OGH 26. 3. 1997, 9 ObA 46/97y, DRdA 1998, 34 mit Bespr v *Kerschner*). 6/815

Zusammenfassend ist festzuhalten, dass der Begründungsansatz einer Dienstgeberhaftung über § 1014 ABGB teils durchaus brauchbare Ergebnisse liefert, dass aber die **Fürsorgepflicht** als dogmatische Basis mitunter eine sachgerechtere Lösung bietet. 6/816

6.13.3. Haftung des Arbeitgebers für einen Personenschaden des Arbeitnehmers

Erleidet ein Arbeitnehmer eine Körperverletzung infolge eines Arbeitsunfalls (§§ 175, 176 ASVG)[999] oder einer Berufskrankheit (§ 177 ASVG), so kommt die Sonderregelung des § 333 ASVG zur Anwendung. Der Dienstgeber oder diesem gleichgestellte Personen[1000] sind zur Schadenersatzleistung nur dann verpflichtet, wenn sie den Arbeitsunfall oder die Berufskrankheit vorsätzlich[1001] herbeigeführt haben (**Dienstgeberhaftungsprivileg**). 6/817

Dem Dienstgeber gleichgestellt sind gem § 333 Abs 4 ASVG die gesetzlichen oder bevollmächtigten **Vertreter** des Unternehmers sowie „**Aufseher im Betrieb**", ds Personen, denen zumindest in betrieblichen Teilbereichen selbständige Entscheidungsbefugnisse zukommen[1002]. Im Rahmen der Arbeitnehmerüberlassung (vgl 9.1) kommt auch dem Beschäftiger das Haftungsprivileg des § 333 ASVG zugute (OGH 22. 10. 1963, 4 Ob 99/63, Arb 7839).

---

[999] Zum Begriff des Arbeitsunfalls vgl 6.9.2.1.1; ferner *Tomandl*, Grundriss des österreichischen Sozialrechts[6] (2009), 205 ff; weiters *Holzer*, Dienstgeberhaftungsprivileg (§ 333 ASVG) und den Arbeitsunfällen gleichgestellte Unfälle (§ 176 ASVG), JBl 1982, 348, der das Haftungsprivileg nicht auf nach § 176 ASVG den Arbeitsunfällen gleichgestellte Unfälle anwendet; vgl weiters *Tomandl* in Tomandl (Hrsg), System des österreichischen Sozialversicherungsrechts (Losebl), 276 ff; s dazu auch *Marischka*, Neue Judikatur des OGH zum Wegunfall, DRdA 1989, 61; zum Herzinfarkt als Arbeitsunfall vgl OGH 25. 10. 1988, 10 ObS 123/88, ZAS 1990, 67 mit Bespr v *Tomandl*; zum Wegunfall als Arbeitsunfall vgl insb OGH 13. 1. 1988, 9 ObS 30/87, ZAS 1989, 14 mit Bespr v *Gitter*; OGH 9. 2. 1988, 10 ObS 25/88, SSV-NF 2/17; OGH 12. 4. 1988, 10 ObS 76/88, SSV-NF 2/39; OGH 19. 12. 1989, 10 ObS 400/89, SSV-NF 3/161; zum Haftungsprivileg bei grenzüberschreitendem Arbeitsunfall s OGH 27. 8. 2013, 9 ObA 31/13v, ecolex 2014, 175 = wbl 2013, 706.

[1000] Zu den haftungsbefreiten Personen s *Krejci/Böhler* in Tomandl (Hrsg), System des österreichischen Sozialversicherungsrechts (Losebl), 470 ff; *Langer*, Das Ende des Haftungprivilegs der Beauftragten für Arbeitssicherheit?, DRdA 2005, 244; *Mayer*, Auswirkungen des Dienstgeberhaftungsprivilegs bei Solidarhaftung – (Kein) weiterer Diskussionsbedarf?, DRdA 2014, 95; zur Haftungsbefreiung von externen Sicherheitsfachkräften vgl OGH 14. 2. 2012, 2 Ob 174/11v, ARD 6229/3/2012 = RdW 2012, 355; nicht zum privilegierten Personenkreis gehört etwa der Baustellenkoordinator (OGH 11. 12. 2003, 2 Ob 272/03v, DRdA 2004, 541 mit Bespr v *Albert*; s auch *Resch*, Haftung des Baustellenkoordinators für Arbeitsunfälle am Bau, Zak 2009, 43).

[1001] Vgl OGH 3. 11. 1999, 9 ObA 150/99w, DRdA 2000, 500 mit Bespr v *Kothe*; zum nicht zurechenbaren vorsätzlichen Verhalten eines Erfüllungsgehilfen s OGH 29. 1. 2014, 9 ObA 4/14z, ARD 6391/13/2014.

[1002] Zum Begriff des „Aufsehers im Betrieb" in der Judikatur vgl zB OGH 29. 9. 1981, 4 Ob 89/81, DRdA 1982, 130; OGH 27. 11. 1984, 4 Ob 51/84, DRdA 1986, 415 mit Bespr v *Grillberger*; OGH 1. 10. 1985, 4 Ob 93/84, DRdA 1987, 62 mit Bespr v *Albert*; OGH 29. 6. 2009, 9 ObA 141/08p, DRdA 2011, 263 mit Bespr v *Pfeil* = ASoK 2009, 474; weiters zB *Reischauer*, Mitnahme von anderen Dienstnehmern im eigenen Pkw, in FS Strasser (1983), 198 ff.

6.13.3. Schaden und Haftung im Arbeitsverhältnis

6/818 Auch ein allfälliger Schadenersatzanspruch des Arbeitnehmers gegenüber dem Dienstgeber vermindert sich jedoch um die Leistungen aus der gesetzlichen Unfallversicherung (§ 333 Abs 2 ASVG).

6/819 Nach der Rechtsprechung ist das Dienstgeberhaftungsprivileg auf alle durch einen Arbeitsunfall begründeten Schadenersatzansprüche[1003], die aus einem Personenschaden resultieren, anzuwenden, somit auch auf Schmerzensgeld und Verunstaltungsentschädigung (vgl auch 6.13.4)[1004]. Mit der 48. ASVG-Novelle wurde allerdings eine verwandte Leistung, die sog **Integritätsabgeltung** (§ 213a ASVG) eingeführt.

Diese Leistung der gesetzlichen Unfallversicherung steht dem verletzten Arbeitnehmer dann zu, wenn der Arbeitsunfall durch grob fahrlässige Verletzung der Arbeitnehmerschutzvorschriften verursacht wurde, zu einer erheblichen und dauernden Beeinträchtigung der körperlichen und geistigen Integrität geführt hat und auch ein Anspruch auf Versehrtenrente besteht. Ihr Zweck ist es, durch eine pekuniäre Leistung einen gewissen Ausgleich für körperliche Schmerzen, Leid, verminderte Lebensfreude und ähnliche Ursachen seelischen Unbehagens, wie etwa dauernde Verunstaltung, zu bieten[1005].

6/820 Begründet wird die Haftungsbegünstigung des Dienstgebers einerseits damit, dass dieser zur Gänze die Beiträge zur Unfallversicherung, die als Ablöse der Unternehmerhaftpflicht konzipiert waren, bezahlt, andererseits damit, dass hiedurch innerbetriebliche Streitigkeiten vermieden werden sollen[1006]. Dass der Verletzte vom Dienstgeber zur Unfallversicherung auch tatsächlich angemeldet wurde, ist keine Voraussetzung. Nach Ansicht des OGH liegt auch kein rechtsmissbräuchliches Verhalten vor, wenn der Dienstgeber das Dienstgeberhaftungsprivileg gegenüber einem Scheinselbständigen geltend macht (OGH 25. 10. 2012, 2 Ob 214/11a, wbl 2013, 280 mit Bespr v *Mader* = ARD 6340/4/2013 = RdW 2013, 159).

6/821 Hat der Dienstgeber den Arbeitsunfall oder die Berufskrankheit vorsätzlich oder grob fahrlässig verursacht, so hat er der Sozialversicherung sämtliche von ihr erbrachten Leistungen mit Ausnahme der Integritätsabgeltung zu ersetzen (Regress, Rückersatz). Die **Ersatzpflicht** des Dienstgebers gegenüber der Sozialversicherung besteht somit auch bei grober Fahrlässigkeit. Es soll dadurch verhindert werden, dass ein wesentlicher Beweggrund zur Verhütung von Unfällen für den Dienstgeber wegfällt (§ 334 Abs 1 ASVG)[1007]. Bei der Schadens-

[1003] Zum Verhältnis der sog Arbeitsschutzrahmenrichtlinie, RL 1989/391/EWG, zum Dienstgeberhaftungsprivileg vgl OGH 3. 11. 1999, 9 ObA 150/99w, ARD 5119/27/2000.

[1004] OGH 9. 12. 1969, 4 Ob 72/69, ZAS 1970, 220; krit *Krejci/Böhler* in Tomandl (Hrsg), System des österreichischen Sozialversicherungsrechts (Losebl), 482 mwN; vgl aber auch *Kerschner/Wagner*, Risikohaftung des Arbeitgebers bei Personenschaden des Arbeitnehmers, DRdA 2001, 568; zum Schmerzengeldanspruch bei Postangestellten im PTSG s OLG Graz 18. 5. 2005, 7 Ra 19/05a.

[1005] Vgl *Dörner*, Die Integritätsabgeltung nach dem ASVG (1994); *Reischauer*, Neuerungen im Bereich des Arbeitgeber-Haftungsprivilegs im Zusammenhang mit Kfz-Verkehr und Integritätsabgeltung (§§ 213a und 332 ff ASVG), DRdA 1992, 317; *Meisel/Widlar*, Die Integritätsabgeltung – eine neue Leistung der Unfallversicherung, SoSi 1991, 362; *Pöltner*, Die Integritätsabgeltung in der gesetzlichen Unfallversicherung, DRdA 1990, 152; OGH 15. 9. 1992, 10 ObS 169/92, DRdA 1993, 289 mit Bespr v *Ivansits*.

[1006] *Gitter*, Schadensausgleich im Arbeitsunfallrecht (1969); *Grillberger*, Die Haftung bei Arbeitsunfällen unter Arbeitskollegen, DRdA 1974, 256; *Krejci*, Grundsatzfragen des Haftpflicht- und Regreßsystems im Recht der sozialen Sicherheit, in Reformen des Rechts, FS zur 200-Jahr-Feier der Rechtswissenschaftlichen Fakultät der Universität Graz (1979), 428 f; *Bodendorfer*, Probleme des Dienstgeberhaftungsprivilegs, ZAS 1985, 43; krit *Steininger*, Schadenersatz bei Arbeitsunfällen, in GS Gschnitzer (1969), 396 ff.

[1007] *Koziol*, Probleme aus dem Grenzbereich von Schadenersatz- und Sozialversicherungsrecht, DRdA 1980, 373; vgl auch OGH 3. 9. 2010, 9 ObA 50/10h, ecolex 2011, 259; OGH 20. 6. 2012, 9 ObA 102/11g, ARD 6251/3/ 2012; OGH 4. 3. 2013, 8 ObA 7/13g, ARD 6317/4/2013; OGH 29. 5. 2013, 9 ObA 19/13d, ARD 6340/7/2013 = infas 2013, A 88.

ermittlung durch die Sozialversicherung wird ein allfälliges Mitverschulden des Arbeitnehmers nicht berücksichtigt (OGH 14. 5. 1985, 4 Ob 58/85, infas 1986, A 63).

Die Haftungserleichterung des § 333 ASVG kommt nicht zum Tragen, wenn der Arbeitsunfall durch ein **Verkehrsmittel** eingetreten ist, für dessen Betrieb eine erhöhte **Haftpflicht** besteht (zB Eisenbahn, Kfz)[1008]. Der Dienstgeber haftet jedoch nur bis zur Höhe der aus einer bestehenden Haftpflichtversicherung zur Verfügung stehenden Versicherungssumme. Wenn er den Versicherungsfall vorsätzlich verursacht hat, unterliegt die Haftungssumme keiner Beschränkung (§ 333 Abs 3 ASVG). Der Grundgedanke dieser Regelung ist, dass Dienstnehmer bei Verkehrsunfällen in gleicher Weise wie andere Verkehrsopfer in den Genuss der verschärften Gefährdungshaftung gelangen sollen[1009].

6.13.4. Haftung unter Arbeitskollegen

Die häufigsten Fälle der Schädigung eines Arbeitnehmers durch einen Arbeitskollegen ergeben sich zweifelsohne aus einem **Arbeitsunfall** (§§ 175 f ASVG; vgl hiezu 6.9.2.1.1 u 6.13.3). Soweit der schädigende Arbeitnehmer als Aufseher im Betrieb anzusehen ist, ist er dem Dienstgeber gleichgestellt und genießt gem § 333 Abs 4 ASVG das sog Dienstgeberhaftungsprivileg (vgl 6.13.3). 6/822

Wird der schädigende Dienstnehmer nicht als „Aufseher im Betrieb" tätig, dann ist vorerst von den Schadenersatzregeln des ABGB auszugehen. Dies gilt sowohl für den Ersatz von Personen- als auch für den Ersatz von Sachschäden von geschädigten Arbeitskollegen. Ob der schädigende Arbeitnehmer Mitglied des Betriebsrates ist, spielt für die Frage der Anwendbarkeit der allgemeinen zivilrechtlichen Haftungsregelungen keine Rolle (s etwa OGH 29. 3. 2012, 9 ObA 77/11f, ARD 6260/7/2012). Der Schadenersatzanspruch im Falle körperlicher Schädigung kann gem § 1325 ABGB die Heilungskosten, den Verdienstentgang und das Schmerzensgeld sowie die Verunstaltungsentschädigung (§ 1326 ABGB) umfassen[1010]. 6/823

Soweit die Schadenersatzpositionen **Heilungskosten** und **Verdienstentgang** betroffen sind, greift die Sozialversicherung ein und gewährt eine Reihe von kongruenten Leistungen aus der Unfall- und Krankenversicherung (insb Unfallheilbehandlung gem §§ 189 ff ASVG, Familien- und Taggeld gem § 195 ASVG)[1011]. Diese Leistungen der Sozialversicherung entlasten den Schädiger nicht. Der Schadenersatzanspruch des geschädigten Arbeitnehmers 6/824

[1008] Vgl *Holeschofsky*, Grundlagen der Haftung des Arbeitnehmers, in Tomandl (Hrsg), Haftungsprobleme im Arbeitsverhältnis (1991), 1; zur Rechtslage vor der 48. Novelle vgl *Apathy*, Teilnahme am allgemeinen Verkehr (§ 333 Abs 3 ASVG aF) und Tätigkeit beim Betrieb eines Kraftfahrzeuges (§ 3 Z 3 EKHG) – Zur Haftung des Arbeitgebers als Halter eines Kraftfahrzeugs, in FS Schwarz (1991), 467 mwN; s weiters *Schoditsch*, Schädigermehrheit und gesetzliches Haftungsprivileg, JBl 2004, 557; ist der Körperschaden aber gerade nicht durch eine für Kfz typische Gefahr eingetreten, kommt die Ausnahmebestimmung in § 333 Abs 3 ASVG auch bei tatsächlicher Verwendung eines Kfz nicht zum Tragen; vgl OGH 7. 5. 2003, 9 ObA 36/03i, DRdA 2004, 346 mit Bespr v *Reissner*; vgl auch zum Haftungsprivileg des Arbeitgebers bei Unfall mit einem Kundenfahrzeug OGH 29. 1. 2013, 9 ObA 147/12a, infas 2013, A 50 = wbl 2013, 410.

[1009] Vgl *Krejci/Böhler* in Tomandl (Hrsg), System des österreichischen Sozialversicherungsrechts (Losebl), 480 ff; OGH 28. 6. 2011, 9 ObA 48/11s, ÖJZ 2011, 1073 mit Bespr v *Spitzer* = ARD 6229/4/2012 = ecolex 2011, 1039.

[1010] Näheres zum Schadenersatz aus Körperverletzung vgl *Koziol*, Haftpflichtrecht II^2 (1984), 99 ff; *Windisch-Graetz*, Arbeitskollegenhaftung bei Personenschäden, ZAS 2009, 259.

[1011] Zu den Leistungen aus der Unfallversicherung, die dem Ausgleich des Einkommensentfalls dienen, s *Tomandl* in Tomandl (Hrsg), System des österreichischen Sozialversicherungsrechts (Losebl), 267 ff; *Putzer*, Probleme der Zuschüsse zur Entgeltfortzahlung, DRdA 2006, 351.

gegen den schädigenden Arbeitskollegen geht im Wege der Legalzession auf den Sozialversicherungsträger über, insoweit dieser Leistungen zu erbringen hat (§ 332 ASVG), sodass der Geschädigte seinen Schadenersatzanspruch in diesem Ausmaß gegenüber dem Schädiger selbst nicht geltend machen kann. Durch § 332 Abs 5 ASVG wird allerdings die **Regressmöglichkeit** der Sozialversicherung stark **eingeschränkt**. Der Sozialversicherungsträger kann vom schädigenden Arbeitskollegen nur dann Rückersatz fordern, wenn dieser den Versicherungsfall **vorsätzlich** oder **grob fahrlässig** verursacht hat oder der Versicherungsfall **durch ein Verkehrsmittel** verursacht wurde, für das auf Grund des Gesetzes eine erhöhte Haftpflicht besteht. Beruht im letzteren Fall der Schaden auf leichter Fahrlässigkeit, begrenzt § 332 ASVG den Rückgriffsanspruch mit der durch die Haftpflichtversicherung gedeckten Summe. Dies bedeutet im Ergebnis eine Haftungsfreistellung des schädigenden Arbeitskollegen in den genannten Fällen.

Arbeitskollege iS des ASVG ist ein Arbeitnehmer, der im Zeitpunkt des Unfalls im selben Betrieb wie der verletzte Arbeitnehmer beschäftigt war (§ 332 Abs 5 Satz 1 ASVG). Die Haftungsbeschränkung gilt auch für einen Schädiger, der nicht Arbeitnehmer desselben Dienstgebers ist, aber im fremden Betrieb nach Art eines betriebszugehörigen Arbeitnehmers eingegliedert ist.

6/825 Für das **Schmerzensgeld** und die **Verunstaltungsentschädigung** existierte im Leistungskatalog der Sozialversicherung bis zur 48. Novelle kein Äquivalent. Mit der erwähnten ASVG-Novelle wurde die sog **Integritätsabgeltung** (§ 213a ASVG; vgl 6.13.3) eingeführt. Diese steht dann zu, wenn der Arbeitgeber oder aber auch ein Arbeitskollege den Arbeitnehmer bei Vorliegen der sonstigen Voraussetzungen des § 213a ASVG schädigt. Da die Integritätsabgeltung allerdings ein grob fahrlässiges Handeln voraussetzt, besteht für den Sozialversicherungsträger die Rückforderungsmöglichkeit nach § 332 Abs 5 ASVG[1012]. Im Ergebnis kommt es somit wiederum zu einer Haftung des Arbeitnehmers, die im Übrigen nach den bürgerlich-rechtlichen Bestimmungen auch weiterhin ohne jede Beschränkung besteht (OGH 6. 6. 1978, 4 Ob 16/78, DRdA 1979, 214 mit Bespr v *Grillberger* = Arb 9703; OGH 14. 6. 1978, 4 Ob 81/78, Arb 9704). Ein allenfalls möglicher Rückgriff des ersatzpflichtigen Arbeitskollegen auf den Dienstgeber gem § 3 DHG ist nach ständiger Rechtsprechung ausgeschlossen, da das in § 333 ASVG normierte Dienstgeberhaftungsprivileg auf alle aus einem Arbeitsunfall entstehenden Schadenersatzansprüche anzuwenden ist (vgl 6.13.3)[1013].

[1012] Zur Problematik der Legalzession des Schmerzensgeldanspruchs entgegen dem Wortlaut des § 332 Abs 1 letzter Satz vgl *Reischauer*, Neuerungen im Bereich des Arbeitgeber-Haftungsprivilegs im Zusammenhang mit Kfz-Verkehr und Integritätsabgeltung (§§ 213a u 332 ff ASVG), DRdA 1992, 328, sowie OGH 23. 6. 1993, 9 ObA 84/93, DRdA 1994, 140 mit Bespr v *Apathy* = ZAS 1995, 53 mit Bespr v *Bernat* = JBl 1994, 269; OGH 28. 5. 2013, 10 ObS 51/13t, ARD 6340/8/2013.

[1013] Zu den Lehrmeinungen, die die Haftung des Arbeitnehmers beschränken wollen, vgl *Grillberger*, Die Haftung bei Arbeitsunfällen unter Arbeitskollegen, DRdA 1974, 256; *Spielbüchler/Grillberger*, Arbeitsrecht I^4 (1998), 215 f; ähnlich *Koziol*, Haftpflichtrecht II^2 (1984), 233 f; *Steininger*, Schadenersatz bei Arbeitsunfällen, in GS Gschnitzer (1969), 393 ff; *Mayer-Maly*, Das Rechtsverhältnis zwischen Arbeitnehmern (bei traditioneller Einzelarbeit), in Tomandl (Hrsg), Innerbetriebliche Arbeitnehmerkonflikte aus rechtlicher Sicht (1977), 70, will die Haftung des Arbeitnehmers nicht weiter als den Regress nach § 332 Abs 5 ASVG reichen lassen; *Bartal Eccher*, Einige Fragen der Arbeitskollegenhaftung, ZAS 1977, 8; *Reischauer*, Mitnahme von anderen Dienstnehmern im eigenen Pkw, in FS Strasser (1983), 181; ablehnend OGH 6. 6. 1978, 4 Ob 16/78, DRdA 1979, 214 mit Bespr v *Grillberger* = ZAS 1982, 50 mit Bespr v *Selb*; OGH 14. 6. 1978, 8 Ob 81/78, Arb 9704; zu Vorschlägen hinsichtlich einer Reform des Dienstnehmerhaftungsprivilegs s *Fabschitz*, Rechtspolitische Überlegungen zum Arbeitskameradenhaftungsprivileg, RdW 1989, 17.

Schädigt ein Arbeitnehmer einen anderen am Körper, so stehen dem verletzten Dienstnehmer nicht nur die Leistungen aus der Sozialversicherung zu. Der Arbeitgeber hat ihm vielmehr für einen bestimmten Zeitraum auch das **Entgelt fortzuzahlen** (vgl 6.9.2.1). Hier stellt sich ebenfalls die Frage, ob diese Leistungen den schädigenden Arbeitnehmer entlasten. 6/826

Der OGH hat sich in Abkehr von seiner früheren Rechtsansicht (E v 24. 3. 1994, 2 Ob 21/94, DRdA 1995, 44 mit Bespr v *Klein*; s auch 6.9.2.4) der Auffassung der überwiegenden Lehre[1014] angeschlossen und einen Regressanspruch des Arbeitgebers mit der Begründung bejaht, dass die Lohnfortzahlungsvorschriften den Zweck verfolgen, den Arbeitnehmer vor sozialen Härten zu schützen, nicht aber den Schädiger von seiner Ersatzpflicht zu entlasten. Rückersatzfähig sind nach Ansicht des OGH nicht nur der fortgezahlte Bruttolohn, sondern auch die Arbeitgeberbeiträge zur Sozialversicherung. Nicht nur gesetzliche, sondern auch arbeitsvertragsbedingte Entgeltfortzahlungsansprüche sind rückersatzfähig (vgl OGH 12. 2. 1998, 2 Ob 2056/96h, ARD 4951/29/98). 6/827

Für die Arbeitskollegenhaftung bedeutet dies eine erhebliche Vergrößerung des Haftungsrisikos des Arbeitnehmers. Geht man davon aus, dass das DHG eine sachgerechte Verteilung des Haftungsrisikos zwischen Arbeitgeber und Arbeitnehmer beinhaltet (vgl hiezu die unter 6.13.2 angeführten E des OGH zur sog Risikohaftung), dann müssen die Grundsätze des DHG (va die dort enthaltenen Mäßigungskriterien) auch auf die Haftung des Arbeitskollegen für den Lohnfortzahlungsschaden übertragen werden[1015]. 6/828

Unbillig wäre es, eine unbeschränkte Haftung des schädigenden Arbeitnehmers anzunehmen, obwohl der Schaden bei Erbringung der Arbeitsleistung eingetreten ist.

6.13.5. Bürgschaften im Arbeitsverhältnis

6.13.5.1. Bürgschaftsformen

Die **Bürgschaft** besteht in der Verpflichtung einer Person (des Bürgen) zur Befriedigung eines Gläubigers für den Fall, dass der primär Verpflichtete (Hauptschuldner) nicht leistet. Der Bürge haftet somit für eine fremde Schuld. Die beiden charakteristischen Elemente einer Bürgschaft sind ihre Subsidiarität (primär bleibt der Hauptschuldner zur Leistung verpflichtet) sowie ihre Akzessorietät (die Bürgschaft ist nur solange und in dem Ausmaß aufrecht, wie die zugehörige gesicherte Verbindlichkeit des Hauptschuldners)[1016]. 6/829

[1014] Vgl *Steininger*, Schadenersatz bei Lohnfortzahlung, JBl 1959, 469; *Kramer*, Schadenersatz bei Lohnfortzahlung, ZAS 1970, 203; *Krejci*, Haftpflicht- und Regreßprobleme des neuen Entgeltfortzahlungsrechts, VR 1974, 192; *Wilburg*, Zur Lehre von der Vorteilsausgleichung, JherJB Bd 82 (1932), 51; *Schumacher*, Schadenersatz und soziale Sicherheit, ÖJZ 1976, 477; *Pichler/Holzer*, Handbuch des österreichischen Skirechts (1987), 274.

[1015] S auch *Pircher*, Entgeltfortzahlungsfälle: Schadenersatzanspruch des AG gegen den eigenen schädigenden AN, ZAS 1997, 65; *dies*, Ein Verkehrsunfall: Schädigung von Arbeitskollegen, DRdA 1998, 448.

[1016] S auch *Neumayer/Rabl* in Kletečka/Schauer, ABGB-ON$^{1.03}$ (2015), § 1357; *Gamerith* in Rummel/Lukas (Hrsg), ABGB III^{4} (2015), § 1357.

6.13.5.2. Schaden und Haftung im Arbeitsverhältnis

6/830 Bürgschaften treten im Rechtsleben und insb im Arbeitsrecht in unterschiedlichen Formen auf. Sie können **kraft gesetzlicher Anordnung** bestehen oder sie werden **nach zivilrechtlichen Grundsätzen vereinbart** (s unten).

6/831 Hinsichtlich ihrer Auswirkungen sind insb folgende Bürgschaften zu unterscheiden: Im Fall der **„normalen" Bürgschaft** kann der Bürge erst dann belangt werden, wenn der Hauptschuldner vom Gläubiger erfolglos gemahnt wurde (§ 1355 ABGB). Haftet jemand als **„Bürge und Zahler"**, dann haftet er als „ungeteilter Mitschuldner" für die gesamte Schuld. Bei Zahlungsverzug des Hauptschuldners hat der Gläubiger ein freies Wahlrecht. Der Gläubiger kann wählen, ob er dem Schuldner, dem Bürgen oder beide zugleich belangt. Bei der **Ausfallsbürgschaft** muss der Gläubiger zunächst alle zumutbaren Schritte setzen, um eine Zahlung (Einklagen der Forderung, Exekutionsführung etc) zu erwirken. Erst bei Nichteinbringung beim Schuldner kann die Forderung beim Bürgen geltend gemacht werden. **Bedingte Bürgschaften** führen nur dann zu einer Haftung, wenn die bedingte Voraussetzung gegeben oder nicht gegeben ist.

6.13.5.2. Gesetzliche Bürgschaften

6/832 Der Zweck gesetzlicher Bürgschaften liegt vor allem in der Sicherung des Entgelts des Arbeitnehmers. Dieser individualrechtliche Ansatz wird durch gesamtwirtschaftliche und ordnungspolitische Zielsetzungen ergänzt. Es geht allgemein um die Eindämmung von Sozialbetrug durch rechtswidrig agierende Subunternehmer und Scheinunternehmertum. Gesetzliche Bürgschaften treten in all den oben beschriebenen Formen auf. So findet sich eine „normale" Bürgschaft in § 14 Abs 1 AÜG (Haftung des Beschäftigers für das Entgelt überlassener Arbeitskräfte). Das **AÜG** kennt in Abs 2 des § 14 aber auch eine Ausfallsbürgschaft, wenn der Beschäftiger seine Verpflichtungen aus der Überlassung dem Überlasser gegenüber bereits nachweislich erfüllt hat, dh wenn schon Überlassungsentgelte gezahlt wurden. Eine bedingte Bürgschaft sieht § 14 Abs 3 AÜG insofern vor, als die Haftung des Beschäftigers als Bürge bei Insolvenz des Überlassers entfällt, wenn die überlassene Arbeitskraft einen entsprechenden Anspruch auf Insolvenz-Ausfallgeld hat[1017]. Eine gesetzliche Ausfallsbürgschaft findet sich beispielsweise auch in **§ 29a AuslBG**.

6/833 Weitere Haftungsbestimmungen finden sich in den §§ 9 SBBG[1018] sowie 9 und 10 LSD-BG[1019], wonach insbesondere der Generalunternehmer für die Entgelte der Arbeitnehmer der Subunternehmer unter gewissen Voraussetzungen einzustehen hat.

Generalunternehmer ist ein Arbeitgeber, der im Rahmen seiner Unternehmertätigkeit die Erbringung zumindest eines Teiles einer auf Grund eines Auftrages geschuldeten Leistung an einen anderen Unternehmer (Subunternehmer) weitergibt. Der Generalunternehmer haftet nach § 10 LSD-BG als Bürge und Zahler. Im Gegensatz zu § 14 AÜG bezieht sich diese Haftung aber nicht auf sämtliche

---

[1017] Vgl insb hiezu *Scala*, Haftungsprobleme in der Arbeitskräfteüberlassung (2016); OGH 26. 5. 2011, 9 ObA 55/11w, ASoK 2012, 28 = DRdA 2012, 58; *Wiesinger*, Die Beschäftiger-Bürgschaft nach § 14 AÜG, ZAS 2013, 214; *Resch*, Arbeitgebereigenschaft und haftpflichtige Personen bei Lohnbetrug, ÖJZ 2015, 149.

[1018] *Wiesinger*, Haftung für Scheinunternehmen – Voraussetzungen für die Entgelthaftung und Haftungskonkurrenz, ecolex 2015, 1081; *ders*, Scheinunternehmen – Eine erste Analyse zum Sozialbetrugsbekämpfungsgesetz (SBBG), ZAS 2015, 292.

[1019] *Ercher-Lederer/Rath*, Schaffung eines Lohn- und Sozialdumping-Bekämpfungsgesetzes, ASoK 2016, 229.

Entgeltansprüche, sondern nur auf das kollektivvertragliche oder ein durch Gesetz oder Verordnung festgelegtes Mindestentgelt.

6.13.5.3. Vertragliche Bürgschaften

Vertragliche Einigungen über eine Bürgschaft sind sowohl zu Gunsten als auch zu Lasten eines Arbeitnehmers denkbar. Es handelt sich hiebei um ein einseitig verpflichtendes Rechtsgeschäft, welches sowohl entgeltlich als auch unentgeltlich geschlossen werden kann, und für welches das ABGB ausdrücklich Schriftlichkeit vorschreibt (§ 1346 Abs 2). 6/834

Bürgschaften des Arbeitnehmers (oder eines Dritten für den AN) zu Gunsten des Arbeitgebers sind nur rechtswirksam, wenn sie den strengen Anforderungen des Kautionsschutzgesetzes entsprechen (§ 1 Abs 1 lit c KautSchG; s auch 6.5.6). Solche dürfen demnach nur zur Sicherung von Schadenersatzansprüchen übernommen werden, die dem Arbeitgeber aus dem Arbeitsverhältnis erwachsen können, und dürfen keine vom Arbeitgeber verlangte Voraussetzung für die Begründung oder Aufrechterhaltung des Arbeitsverhältnisses sein[1020]. 6/835

Unproblematisch sind hingegen Bürgschaften des Arbeitgebers zu Gunsten des Arbeitnehmers, sofern die Schriftform eingehalten wird. 6/836

[1020] Vgl *Mayr*, Kautionen von Arbeitnehmern und Insolvenz des Arbeitgebers, ecolex 2000, 219.

7. Arbeitnehmerschutz

7.1. Begriff, Rechtsnatur und Einteilung

Überall, wo das wirtschaftliche Leben die modernen großen Dimensionen annahm, offenbarte sich schon frühzeitig das Streben der wirtschaftlich Bedrängten nach sozialer Gesetzgebung, die überall ähnliche legistische Grundformen aufwies: Bestimmungen über die Arbeitszeit in industriellen und gewerblichen Betrieben, Schutzgesetze für minderjährige Arbeitnehmer und Frauen, Gesetze betreffend Kranken- und Unfallversicherung, Einsetzung von Inspektoren über die wirtschaftlichen Betriebe usw. An der Spitze der sozialpolitischen Entwicklung steht also ein unmittelbarer Eingriff des Staates, der dadurch charakterisiert ist, dass er mittels behördlicher Aufsicht und Androhung von Verwaltungszwang und Strafe durchgesetzt wird[1]. 7/001

Obgleich dem gesamten Arbeitsrecht eine Schutzfunktion zukommt, werden jene Bestimmungen **öffentlich-rechtlicher Natur**, die auf unmittelbarem staatlichen Eingriff basieren, dem **Arbeitnehmerschutzrecht** zugeordnet. Im Gegensatz zu anderen Arbeitsrechtsordnungen werden das öffentlich-rechtliche Arbeitnehmerschutzrecht und die privatrechtlichen Arbeitsrechtsnormen **nicht stark getrennt**. So finden sich etwa im AZG öffentlich-rechtliche Grenzen zur Höchstarbeitszeit mit privatrechtlichen Interessenabwägungen vermengt[2]. 7/002

Voraussetzung für die Geltung des Arbeitnehmerschutzes ist regelmäßig das Vorliegen eines **faktischen** Beschäftigungs- oder Ausbildungsverhältnisses. Es kommt also nicht darauf an, ob ein Arbeitsvertrag abgeschlossen wurde, sondern der Arbeitnehmerschutz bezieht sich auf alle vom Dienstgeber beschäftigten Personen, sodass auch Leiharbeitnehmer (vgl 9.1.2), mittätige Familienangehörige und Volontäre erfasst sind. Ferner ist es unerheblich, ob ein gültiger Arbeitsvertrag vorliegt oder nicht. Werden beispielsweise Ausländer ohne Beschäftigungsbewilligung beschäftigt, so sind deren Arbeitsverträge zwar nichtig, die Bestimmungen des Arbeitnehmerschutzes gelten aber auch für sie. 7/003

Im Hinblick auf die öffentlich-rechtliche Funktion und die hoheitsrechtliche Wirkung des Arbeitnehmerschutzes ist dessen Wirkungsbereich auf das Staatsgebiet der Republik beschränkt; es gilt demnach das **Territorialitätsprinzip** (vgl aber auch 2.7). 7/004

Öffentliches und privates Recht können nicht als scharfe Trennung verstanden werden. Gerade die Generalklauseln des Arbeitsvertragsrechts, die dem Arbeitgeber eine **Fürsorgepflicht** gegenüber seinem Arbeitnehmer auferlegen (vgl insb § 1157 ABGB, § 18 AngG), bedürfen einer eingehenden Spezialisierung, die in der Weise zu verstehen ist, dass die 7/005

---

[1] Vgl auch *Schrank*, Sanktionen bei Verletzung oder Nichteinhaltung arbeitsrechtlicher Normen, in Österreichische Landesberichte zum XII. Internationalen Kongreß für das Recht der Arbeit und der Sozialen Sicherheit in Madrid (1988), 6.

[2] Zur Splittung des schweizerischen Arbeitszeitrechts in schweizerisches Obligationenrecht und in Arbeitsgesetz vgl *Geiser/Müller*, Arbeitsrecht in der Schweiz[2] (2012), 337 ff.

öffentlich-rechtlichen Detailbestimmungen die Generalklauseln des Arbeitsvertragsrechts konkretisieren. Im Bereich der Fürsorgepflicht wachsen also öffentliches und privates Recht dergestalt zusammen, dass Verletzungen von Schutzvorschriften gleichzeitig Verletzungen der vertraglichen Fürsorgepflicht darstellen können (Näheres vgl 2.5 u 6.6).

7/006 Als **Arbeitnehmerschutzrecht im engeren Sinn** bezeichnet man die Summe jener öffentlich-rechtlichen Normen, die dem Schutz des Lebens, der Gesundheit und der Sittlichkeit im Zusammenhang mit der Erbringung der Arbeitsleistung dienen. Es handelt sich im Wesentlichen um öffentlich-rechtliche Pflichten des Arbeitgebers gegenüber dem Staat. Aber auch der Arbeitnehmer kann verhalten werden, die Normen des Arbeitnehmerschutzrechts einzuhalten, gegebenenfalls unter Strafandrohung (vgl § 130 Abs 4 ASchG)[3]. Der materielle Inhalt des Arbeitnehmerschutzrechts umfasst sowohl **Gebote** (also die Verpflichtung zu einem positiven Tun, wie zB zur Anschaffung besonderer Schutzvorrichtungen für Maschinen) als auch **Verbote** (also die Verpflichtung zur Unterlassung bestimmter Gestaltungen des Arbeitsvorganges, wie zB das Verbot der Anordnung gesetzwidriger Überstunden).

7/007 Die Normen des Arbeitnehmerschutzrechts werden eingeteilt in den technischen Arbeitnehmerschutz (Betriebs- oder Gefahrenschutz; 7.2), den Verwendungsschutz (7.3) und den Arbeitszeitschutz (7.4).

7.2. Technischer Arbeitnehmerschutz

7/008 Der technische Arbeitnehmerschutz umfasst Bestimmungen zur Gewährleistung von Sicherheit und Gesundheitsschutz für die Arbeitnehmer in Bezug auf alle Aspekte, die die Arbeit betreffen. Die Arbeitgeber haben die Verpflichtung, die zum **Schutz des Lebens**, der **Gesundheit** und der **Sittlichkeit** der Arbeitnehmer erforderlichen Maßnahmen zu treffen (zB Gefahrenverhütung, organisatorische Maßnahmen). Unter Gesundheit ist hiebei nicht nur die physische, sondern auch die psychische Gesundheit zu verstehen (§ 2 Abs 7a ASchG). Die Verpflichtung des Arbeitgebers umfasst auch die Verhinderung von Verstößen durch betriebsfremde Personen (zB Abladen von Waren durch Lieferanten auf Fluchtwegen)[4]. Zur Effektuierung des Arbeitnehmerschutzes haben sich die Arbeitgeber unter Berücksichtigung der bestehenden Gefahren über den neuesten Stand der Technik und der Erkenntnisse auf dem Gebiet der Arbeitsgestaltung[5] entsprechend **zu informieren** (vgl § 3 Abs 1 und 2 ASchG). „Gefahren" definiert § 2 Abs 7 ASchG sowohl als arbeitsbedingte physische als auch psychische Belastungen. Mit **Kosten** des Arbeitnehmerschutzes dürfen Arbeitnehmer nicht belastet werden.

7/009 Die Basis für das technische Arbeitnehmerschutzrecht bilden nationale und internationale Normen. Bei letzteren handelt es sich nicht nur um EU-rechtliche Regelungen (vgl 2.8.4.3).

---

[3] S auch VfGH 7. 12. 1979, G 106/78, DRdA 1980, 333; VfGH 25. 6. 1980, B 450/78, DRdA 1980, 404; VwGH 27. 6. 1980, 3300/78, ZAS 1981, 233 mit Bespr v *Stadtmauer*; VwGH 8. 7. 1980, 2079/79, DRdA 1981, 147; VwGH 7. 10. 1980, 2608/76, DRdA 1981, 411; VwGH 23. 2. 1982, 2388/80, DRdA 1982, 326; VwGH 22. 11. 1983, 82/11/0124, DRdA 1984, 361.

[4] Vgl VwGH 28. 1. 2000, 97/02/0396, RdW 2000, 619.

[5] S auch *Schrank*, Die Bedeutung der Ergonomie für das österreichische Arbeitsrecht, ZAS 1983, 212.

Hiezu kommen insb die Empfehlungen und Übereinkommen mit der ILO[6]. Grundlage im nationalen Recht ist das **ArbeitnehmerInnenschutzgesetz** 1994 (ASchG)[7].

Dieses Gesetz gilt für die Beschäftigung von Arbeitnehmern aller Art; ausgenommen sind vor allem die der Land- und Forstwirtschaftsinspektion unterstehenden Betriebe (vgl § 111 LArbG), Behörden, Ämter und andere Verwaltungsstellen der Gebietskörperschaften ebenso wie die von den Gebietskörperschaften betriebenen Anstalten sowie die Hauswirtschaft. Vom persönlichen Geltungsbereich ausgenommen sind weiters Heimarbeiter, für die das HeimAG Sonderregelungen trifft[8], die von der zuständigen Arbeitsinspektion zu überprüfen sind (vgl § 1 ASchG; zur Einrichtung der Arbeitsinspektorate vgl allg 14.4). Für die Beschäftigung von Bediensteten in Dienststellen des Bundes mit Ausnahme von Betrieben des Bundes kommen allerdings das Bundes-Bedienstetenschutzgesetz (B-BSG) sowie die dazu erlassenen Durchführungsverordnungen zur Anwendung[9].

Das ASchG fasst seine Regelungen relativ weit. Konkretere Maßnahmen werden vielfach im Verordnungsweg erlassen. Zu beachten ist hiebei, dass das ASchG 1994 eine im Zuge der EU-Anpassung[10] notwendig gewordene **Gesamtreform des technischen Arbeitnehmerschutzes** beinhaltet, was ein komplexes System von Übergangsbestimmungen nach sich gezogen hat (vgl §§ 102 ff ASchG). 7/010

Grundsätzlich **trat** das ASchG 1994 mit **1. Jänner 1995 in Kraft**. Die Übergangsbestimmungen verwendeten verschiedene Techniken der Überleitung auf den neuen Rechtszustand. So war etwa vorgesehen, dass gewisse Passagen des Gesetzes erst zu einem **späteren Zeitpunkt in Kraft** treten sollten. Dieser Zeitpunkt war entweder **vom Gesetz** selbst **vorgegeben** oder **an die Erlassung einer VO gebunden**. So traten die Bestimmungen der §§ 4 und 5 ASchG über Gefahrenbeurteilung bzw Sicherheits- und Gesundheitsschutzdokumente für Arbeitsstätten mit regelmäßig mehr als 250 Arbeitnehmern mit 1. Juli 1995, sonst mit 1. Jänner 1997 in Kraft (§ 102 Abs 1 ASchG). Die Durchführung der Ermittlung und Beurteilung der Gefahren, die Festlegung von Maßnahmen zur Gefahrenverhütung und die Erstellung der Sicherheits- und Gefahrenschutzdokumente mussten für Arbeitsstätten, in denen dauernd mehr als 100 Arbeitnehmer beschäftigt werden, spätestens mit 1. Juli 1997, für Arbeitsstätten, in denen regelmäßig 51 bis 100 Arbeitnehmer beschäftigt werden, mit 1. Juli 1998, für Arbeitsstätten, in denen regelmäßig 11 bis 50 Arbeitnehmer beschäftigt werden, mit 1. Juli 1999, und für Arbeitsstätten, in denen regelmäßig bis zu 10 Arbeitnehmer beschäftigt werden, mit 1. Juli 2000 fertig gestellt sein (§ 102 Abs 2 ASchG; vgl allg 7.2.2.1). An eine VO gebunden wurden zB die Bestimmungen der §§ 10 und 11 ASchG über Sicherheitsvertrauenspersonen (vgl allg 7.2.2.3). Ein weiterer Etappenplan galt für die Bestimmungen über Sicherheitsfachkräfte und Arbeitsmediziner gem § 115 ASchG (vgl allg 7.2.2.4 u 7.2.2.5). Während der Übergangszeit galt in vielen Fällen zudem der alte Normenbestand weiter, wobei die **VO teilweise durch gesetzliche Anordnung auf Gesetzesebene** gehoben worden sind.

---

6 Vgl etwa den Anhang in BGBl III 101/2011 (Übereinkommen Nr 187 bzw Empfehlung Nr 197 über den Förderungsrahmen für den Arbeitsschutz).

7 Zum ASchG 1994 vgl *Feil*, ArbeitnehmerInnenschutzgesetz[2] (1998); *Heider/Schneeberger*, ArbeitnehmerInnenschutzgesetz[7] (2017); *Adametz/Szymanski*, Sammlung der Verordnungen zum ArbeitnehmerInnenschutzgesetz (Losebl); *Stärker*, Arbeitnehmerschutz in Österreich – Der Aufbau eines betriebsinternen Sicherheitssystems (1997); *Mosler*, Ausgewählte Rechtsfragen aus dem neuen ArbeitnehmerInnenschutzgesetz, DRdA 1996, 361; zum Vorgängergesetz, dem ASchG 1972, vgl insb *Felix/Merkl*, ASchG[5] (1987); *Dittrich/Tades*, ASchG (Losebl); *Felix/Merkl/Vogt*, AAV[3] (1989); *Schramhauser/Heider*, Arbeitsgestaltung[2] (1992); *Tomandl* (Hrsg), Rechtsfragen des technischen Arbeitnehmerschutzes (1987); vgl auch *Knallnig*, Regelungen betreffend Suchtmittelkonsum (insb Alkohol und Nikotin), in Reissner/Neumayr (Hrsg), Zeller Handbuch Arbeitsvertrags-Klauseln (2010), 814; *Firlei*, Alkohol am Arbeitsplatz Fragerecht – Verbote – Kontrollen, ZAS 2009, 211; *Lechner-Thomann*, Neues zum Arbeitnehmerschutz, ASoK 2015, 68.

8 Vgl § 5 betreffend allg Schutzbestimmungen sowie §§ 16 und 17 HeimAG betreffend den Gefahrenschutz.

9 S dazu *Novak*, Sicherheit und Gesundheitsschutz in Dienststellen des Bundes, der Länder und Gemeinden, ASoK 2001, 92.

10 Vgl hiezu va *Mosler*, Die Gemeinschaftsmaßnahmen zur Verbesserung des Gesundheitsschutzes und der Sicherheit von Arbeitnehmern und ihre Bedeutung für das österreichische Arbeitsrecht, in Koppensteiner (Hrsg), Österreichisches und europäisches Wirtschaftsprivatrecht, Teil 5, Arbeitsrecht (1997), 223.

7.2.1. Ansatzpunkte der Schutzvorschriften

7.2.1.1. Arbeitsstätten und Baustellen

7/011 Spezielle Regelungen für Arbeitsstätten und Baustellen (zu diesen Begriffen vgl 4.4.1) finden sich insb im 2., aber auch im 8. Abschnitt des ASchG sowie in der Arbeitsstättenverordnung (AStV, BGBl II 368/1998; Näheres dazu auch *Piller/Heider*, Arbeitsstättenverordnung[4] [2015]) und im BauarbeitenkoordinationsG[11].

7/012 Arbeitsstätten, die in besonderem Maße eine Gefährdung der Sicherheit und Gesundheit der Arbeitnehmer bewirken können, bedürfen einer **Arbeitsstättenbewilligung** (vgl §§ 92 ff ASchG). Bei den Arbeitsstätten wird zwischen solchen in Gebäuden und solchen im Freien unterschieden; zu Ersteren zählen auch Wohnwagen, Container udgl (vgl § 19 ASchG). Mehrere auf einem Betriebsgelände gelegene oder sonst im räumlichen Zusammenhang stehende Gebäude eines Arbeitgebers zählen zusammen als Arbeitsstätte (§ 2 Abs 3 ASchG)[12]. Die Arbeitgeber sind verpflichtet, Arbeitsstätten und Baustellen entsprechend den Bestimmungen des Arbeitnehmerschutzrechts und den für sie geltenden behördlichen Vorschreibungen einzurichten und zu betreiben. Sie haben dafür zu sorgen, dass die allgemeinen Grundsätze der Gefahrenverhütung des § 7 ASchG eingehalten werden (vgl auch § 4 Abs 1 BauKG).

7/013 Werden in einer Arbeitsstätte, auf einer Baustelle oder einer auswärtigen Arbeitsstelle Arbeitnehmer **mehrerer Arbeitgeber** beschäftigt, so haben die betroffenen Arbeitgeber bei der Durchführung der Sicherheits- und Gesundheitsschutzbestimmungen zusammenzuarbeiten (**Verpflichtung zur Koordination**)[13].

Sicherheit und Gesundheitsschutz der Arbeitnehmer auf Baustellen sollen gem § 1 BauKG auch durch die **Koordinierung** bei der Vorbereitung und Durchführung von **Bauarbeiten** erreicht werden. Verantwortlich ist in erster Linie der **Bauherr**, der vor allem eine natürliche oder juristische Person oder sonstige Gesellschaft mit Rechtspersönlichkeit zum **Planungs- bzw Baustellenkoordinator** zu bestellen hat. Unter bestimmten Voraussetzungen (insb bei Vorliegen einschlägiger Ausbildung) kann die Koordinationstätigkeit auch vom Bauherrn selbst erledigt werden (vgl § 3 Abs 1 iVm Abs 3 BauKG). Die Pflichten des Bauherrn können auch einem **Projektleiter** übertragen werden, dh einer natürlichen oder juristischen Person oder einer Gesellschaft mit Rechtspersönlichkeit, die vom Bauherrn mit der Planung, Ausführung oder Überwachung der Ausführung des Bauwerks beauftragt ist. Projektleiter können aber auch externe Dritte sein, sofern sie entsprechende Fachkenntnisse aufweisen und Arbeiten im Zusammenhang mit dem jeweiligen Bauvorhaben für den Bauherrn durchführen (§ 2 Abs 2 BauKG)[14].

---

[11] Vgl *Thomann*, Neues zum Arbeitnehmerschutz, ASoK 2011, 59 u 143; s in diesem Zusammenhang aber auch die Eisenbahn-ArbeitnehmerInnenschutzverordnung, *Kuntner/Waglechner*, Eisenbahnrecht[3] (2009), 413 ff.

[12] Zu den auswärtigen Arbeitsstellen eines Reinigungsunternehmens vgl VwGH 22. 10. 1999, 98/02/0234, ARD 5093/7/2000.

[13] Vgl *Janka/Wallisch*, Arbeitnehmerschutz und Koordination – Inhalt und Umfang des § 8 ASchG, ZAS 2002, 161. Zur Judikatur s OGH 19. 9. 2013, 2 Ob 211/12m, ZVB 2014, 83 mit Bespr v *Kraus* = ARD 6381/7/2014 = ecolex 2014, 26.

[14] Vgl *Mazal*, Arbeitnehmerschutz durch Koordination bei Bauarbeiten, ecolex 1999, 481; *dens*, Zum Anwendungsbereich des BauKG, ecolex 1999, 707; *Skowronek*, Koordinationsprobleme, ecolex 1999, 711; *Novak*, Novelle des Bauarbeitenkoordinationsgesetzes durch das Arbeitnehmerschutz-Reformgesetz, ASoK 2002, 8; *Schramhauser*, BauarbeiterschutzVO und BauKG[2] (2002); *Lukas/Resch*, Haftung für Arbeitsunfälle am Bau (2001).

Gefahrenbereiche müssen gut sichtbar und dauerhaft **gekennzeichnet** sein (vgl § 20 Abs 1 bis 3, 5 ASchG; KennV, BGBl II 101/1997). Sie müssen nach Möglichkeit mit Vorrichtungen ausgestattet sein, die unbefugte Arbeitnehmer am Betreten hindern. Elektrische Anlagen müssen so geplant und installiert sein, dass Arbeitnehmer angemessen vor Unfallgefahren geschützt sind. Lagerungen sind in einer Weise vorzunehmen, dass Gefahren für Sicherheit oder Gesundheit der Arbeitnehmer nach Möglichkeit vermieden werden. 7/014

Für den **Verkehr innerhalb der Arbeitsstätten und Baustellen** gilt, soweit es die Sicherheit des Verkehrs betrifft, die StVO 1960 sinngemäß.

Abweichungen, die auf Grund betrieblicher Notwendigkeit unbedingt erforderlich sind, werden als zulässig erachtet, müssen im Betrieb aber entsprechend bekannt gemacht werden (§ 20 Abs 4 ASchG).

Arbeitsstätten in Gebäuden müssen eine der Nutzungsart entsprechende Konstruktion und Festigkeit aufweisen. Sie müssen möglichst ausreichend Tageslicht erhalten und mit einer künstlichen Beleuchtung ausgestattet sein, die der Sicherheit und dem Gesundheitsschutz der Arbeitnehmer angemessen ist. **Ausgänge** und **Verkehrswege** müssen so beschaffen sein, dass sie je nach Bestimmungszweck leicht und sicher benützt und für in der Nähe beschäftigte Arbeitnehmer nicht zur Gefahr werden können[15]. Es muss dafür vorgesorgt werden, dass bei Gefahr alle Arbeitsplätze von den Arbeitnehmern schnell und sicher (auf Fluchtwegen und durch Notausgänge) verlassen werden können. Arbeitsstätten in Gebäuden sind gegebenenfalls behindertengerecht zu gestalten (vgl § 21 ASchG). 7/015

Arbeitsstätten im Freien und **Baustellen** müssen während der Arbeitszeit ausreichend künstlich beleuchtet werden, wenn das Tageslicht nicht ausreicht (§ 24 Abs 1 ASchG). Wenn die Arbeitnehmer bei Ausfall der künstlichen Beleuchtung besonderen Gefahren ausgesetzt sind, ist für eine ausreichende Sicherheitsbeleuchtung zu sorgen (§ 20 Abs 6 ASchG). Weiters sind geeignete Maßnahmen zu treffen, damit die Arbeitnehmer bei Gefahr rasch ihren Arbeitsplatz verlassen können und ihnen rasch Hilfe geleistet werden kann. Verkehrswege und sonstige Stellen oder Einrichtungen im Freien, die von den Arbeitnehmern benutzt oder betreten werden müssen, sind sicher zu gestalten und dementsprechend zu erhalten[16]. Für Gebäude auf Baustellen gelten die Vorschriften über Arbeitsstätten in Gebäuden (§ 21 Abs 1 bis 5 ASchG). Für ständige bzw vorübergehende Arbeitsräume auf Baustellen sind ebenfalls die einschlägigen allgemeinen Vorschriften (§ 22 Abs 2 bis 7 u Abs 8 Satz 1 und 2 sowie § 23 Abs 1 bis 5 ASchG; s dazu unten) anzuwenden (vgl § 24 Abs 2 bis 4 ASchG). 7/016

Arbeitsräume sind jene Räume, in denen mindestens ein ständiger Arbeitsplatz eingerichtet ist. Sie müssen für den Aufenthalt von Menschen geeignet sein und unter Berücksichtigung der Arbeitsvorgänge und Arbeitsbedingungen den Erfordernissen des Schutzes des Lebens und der Gesundheit der Arbeitnehmer entsprechen. Zu sorgen ist für ausreichend gesundheitlich zuträgliche Atemluft und für angemessene raumklimatische Verhältnisse. Bei der Konstruktion von Arbeitsräumen ist darauf zu achten, dass Lärm, elektrostatische Aufla- 7/017

---

15 Zum Verbot von Lagerungen auf Stiegen und Gängen vgl VwGH 23. 2. 1982, 2406/79, DRdA 1982, 326.

16 Zu weiteren Schutzmaßnahmen für Arbeiten im Freien vgl *Bruckner/Heider*, Zu viel Sonne macht krank: Arbeitnehmerinnenschutz bei Arbeiten im Freien, infas 2010, 118.

dung, üble Gerüche, Nässe udgl nach Möglichkeit vermieden werden. Die Räume müssen zum Schutz der Arbeitnehmer eine ausreichende Grundfläche und Höhe sowie einen ausreichenden Luftraum aufweisen. Soweit die Zweckbestimmung der Räume und der Arbeitsvorgänge dies zulassen, müssen Arbeitsräume ausreichend natürlich belichtet sein[17] und eine Sichtverbindung mit dem Freien aufweisen.

Bei der Anordnung der Arbeitsplätze ist auf die Lage der Belichtungsflächen und der Sichtverbindung Bedacht zu nehmen. Kann die natürliche Beleuchtung aus zwingenden Gründen nicht erreicht werden oder ist sie nicht ausreichend, so sind die Arbeitsräume entsprechend künstlich zu beleuchten.

7/018 Die Fußböden der Arbeitsräume dürfen keine Unebenheiten udgl aufweisen und müssen befestigt, trittsicher und rutschfest sein sowie – wenn technisch möglich – eine ausreichende Wärmeisolierung aufweisen (vgl § 22 ASchG).

Sonstige Betriebsräume sind jene Räume, in denen zwar kein ständiger Arbeitsplatz eingerichtet ist, in denen aber **vorübergehend** Arbeiten verrichtet werden. Sie sind in Bezug auf die Erfordernisse des Arbeitnehmerschutzes den Arbeitsräumen grundsätzlich gleichgestellt, unterliegen jedoch gegenüber diesen einem weniger strengen Maßstab (vgl § 23 ASchG)[18].

7/019 Arbeitgeber müssen geeignete Vorkehrungen auf den Gebieten **Brandschutz** und **Explosionsschutz** treffen, um eine Gefährdung des Lebens und der Gesundheit der Arbeitnehmer zu vermeiden. Sie haben geeignete Maßnahmen zu setzen, die zur Brandbekämpfung und Evakuierung der Arbeitnehmer erforderlich sind.

Es müssen ausreichende und geeignete Feuerlöscheinrichtungen und erforderlichenfalls Brandmelder und Alarmanlagen vorhanden sein. Die Feuerlöscheinrichtungen müssen gut sichtbar und dauerhaft gekennzeichnet sein (zur Kennzeichnung von Mitteln zur Brandbekämpfung vgl KennV, BGBl II 101/1997). Arbeitgeber haben **Personen** zu bestellen, **die für die Brandbekämpfung und Evakuierung der Arbeitnehmer zuständig sind**. Eine ausreichende Anzahl von Arbeitnehmern muss mit der Handhabung der Feuerlöscheinrichtungen vertraut sein (vgl § 25 ASchG).

7/020 Arbeitgeber müssen geeignete Vorkehrungen treffen, damit Arbeitnehmern bei Verletzungen oder plötzlichen Erkrankungen **erste Hilfe** geleistet werden kann.

Es müssen ausreichende und geeignete Mittel und Einrichtungen für die erste Hilfe samt Anleitungen vorhanden sein. Die diesbezüglichen Aufbewahrungsstellen müssen gut erreichbar sowie gut sichtbar und dauerhaft gekennzeichnet sein (zur Kennzeichnung von Erste-Hilfe-Einrichtungen vgl KennV, BGBl II 101/1997). Zudem sind in ausreichender Anzahl **Personen** zu bestellen, die für die **erste Hilfe zuständig sind**. Es ist dafür zu sorgen, dass derartige Personen, die über eine entsprechende Ausbildung für die erste Hilfe verfügen müssen, während der Betriebszeit stets in ausreichender Zahl im Betrieb anwesend sind (Näheres dazu in der AStV, BGBl II 368/1998). Für die erste Hilfe müssen entsprechend ausgestattete **Sanitätsräume** vorgesehen sein, wenn in einer Arbeitsstätte regelmäßig mehr als 250 Arbeitnehmer beschäftigt werden oder wenn es wegen der besonderen Verhältnisse für eine rasche und wirksame erste Hilfe erforderlich ist (vgl § 26 ASchG).

7/021 Den Arbeitnehmern sind in ausreichender Anzahl geeignete **Waschgelegenheiten** mit hygienisch einwandfreiem, fließendem und nach Möglichkeit warmem Wasser, Reinigungsmittel sowie geeignete Mittel zum Abtrocknen zur Verfügung zu stellen[19]. **Waschräume** sind vorgeschrieben, wenn von einem Arbeitgeber in einer Arbeitsstätte regelmäßig

[17] Vgl VwGH 27. 1. 1981, 3043/79, DRdA 1981, 410.
[18] VwGH 3. 4. 1986, 86/08/0035, RdW 1986, 280.
[19] Ausführlich hiezu VwGH 29. 4. 1980, 2743/78, DRdA 1980, 404.

mehr als zwölf Arbeitnehmer beschäftigt werden oder die Art der Arbeitsvorgänge, hygienische oder gesundheitliche Gründe dies erfordern.

Sind Waschräume einzurichten, so hat eine Trennung nach Geschlecht zu erfolgen, wenn jedem Geschlecht mindestens fünf Arbeitnehmer angehören; bei gemeinsamen Waschgelegenheiten oder Waschräumen ist eine nach Geschlecht getrennte Benutzung sicherzustellen. Dies gilt auch für die in ausreichender Zahl und geeigneter Form zur Verfügung zu stellenden Toiletten (vgl § 27 Abs 1 bis 3 ASchG; weiters auch § 27 Abs 6 bis 8 ASchG). Bei **Baustellen** werden diesbezüglich und allgemein in Bezug auf sanitäre Vorkehrungen und Sozialeinrichtungen geringere Anforderungen gestellt (vgl § 29 Abs 2 u 3 ASchG).

Den Arbeitnehmern ist **Trinkwasser** oder ein anderes gesundheitlich einwandfreies, alkoholfreies Getränk zur Verfügung zu stellen (§§ 27 Abs 9, 29 Abs 1 ASchG). 7/022

Jedem Arbeitnehmer ist ein **versperrbarer Kleiderkasten** oder eine **sonstige geeignete versperrbare Einrichtung** zur Aufbewahrung der Privat- und Arbeitskleidung sowie sonstiger Gegenstände, die üblicherweise zur Arbeitsstätte mitgenommen werden, zur Verfügung zu stellen. Erforderlichenfalls ist dafür vorzusorgen, dass die Straßenkleidung von der Arbeits- und Schutzkleidung getrennt verwahrt werden kann (§ 27 Abs 4 Satz 1 u 2 ASchG). Kommt der Arbeitgeber dieser Pflicht nicht oder nur unzureichend nach, so haftet er dem Arbeitnehmer für den durch die schuldhafte Verletzung seiner **Fürsorgepflicht** an dessen Eigentum entstandenen Schaden (vgl 6.6.3 u 6.13.2). 7/023

Den Arbeitnehmern sind geeignete **Umkleideräume** zur Verfügung zu stellen, wenn in einer Arbeitsstätte regelmäßig mehr als zwölf Arbeitnehmer beschäftigt werden, die bei ihrer Tätigkeit besondere Arbeits- oder Schutzkleidung tragen, oder aus hygienischen, gesundheitlichen oder sittlichen Gründen gesonderte Umkleideräume erforderlich sind. 7/024

Auch bei Umkleideräumen hat eine Trennung nach Geschlecht zu erfolgen, wenn jedem Geschlecht mindestens fünf Arbeitnehmer angehören; ansonsten ist jedenfalls eine nach Geschlecht getrennte Benutzung sicherzustellen (vgl § 27 Abs 4 Satz 3 u Abs 5 ASchG; weiters auch § 27 Abs 6 bis 8 ASchG).

Für den Aufenthalt während der Arbeitspausen sind den Arbeitnehmern geeignete **Aufenthaltsräume** zur Verfügung zu stellen, wenn Sicherheits- oder Gesundheitsgründe dies erfordern oder ein Arbeitgeber in einer Arbeitsstätte regelmäßig mehr als zwölf Arbeitnehmer beschäftigt. 7/025

In den Aufenthaltsräumen oder – wenn solche nicht bestehen – an sonstigen geeigneten Plätzen stehen den Arbeitnehmern Sitzgelegenheiten mit Rückenlehne und Tische in ausreichender Anzahl zur Einnahme der Mahlzeiten sowie Einrichtungen zum Wärmen von mitgebrachten Speisen und Getränken zu (vgl § 28 Abs 1 u 2 ASchG). Der Arbeitgeber muss selbst dann, wenn sämtlichen in einem Betrieb beschäftigten Arbeitnehmern auf Grund ihrer geringen Arbeitszeit keine gesetzlichen Ruhepausen nach § 11 Abs 1 AZG zustehen, derartige Einrichtungen bzw Plätze zur Verfügung stellen[20].

Für jene Arbeitnehmer, in deren Arbeitszeit regelmäßig und in erheblichem Umfang Zeiten der Arbeitsbereitschaft (vgl hiezu 6.8.13) fallen, sind geeignete **Bereitschaftsräume** zur Verfügung zu stellen, wenn sie sich während der Bereitschaft nicht in Aufenthaltsräumen bzw sonstigen geeigneten Räumen aufhalten dürfen und Gesundheits- oder Sicherheitsgründe deren Einrichtung erfordern (§ 28 Abs 3 ASchG). 7/026

---

[20] S dazu VwGH 22. 2. 2013, 2011/02/0227, ARD 6326/3/2013 = RdW 2013, 408.

Aufenthalts- und Bereitschaftsräume müssen leicht erreichbar und entsprechend ihrer Zweckbestimmung und der Anzahl der Arbeitnehmer bemessen und ausgestattet sein. Der Verpflichtung, Aufenthaltsräume zur Verfügung zu stellen, kann auch in der Weise entsprochen werden, dass mehrere Arbeitgeber gemeinsam für ihre Arbeitnehmer entsprechende Räume zur Verfügung stellen (vgl § 28 Abs 4 bis 6 ASchG).

7/027 **Räume**, die den Arbeitnehmern vom Arbeitgeber **zu Wohnzwecken** oder **zur Nächtigung** bereitgestellt werden, müssen entsprechend ihrer Zweckbestimmung bemessen und ausgestattet sein, also zB den hygienischen Anforderungen genügen[21]. Diese Vorgaben beziehen sich nicht auf Werks- und Dienstwohnungen (vgl § 28 Abs 7 u 8 ASchG).

7/028 Arbeitgeber haben dafür zu sorgen, dass **Nichtraucher** vor den Einwirkungen von Tabakrauch, verwandten Erzeugnissen und Wasserpfeifen am Arbeitsplatz **geschützt** sind, soweit dies nach der Art des Betriebs möglich ist[22].

In Arbeitsstätten in Gebäuden ist das Rauchen für Arbeitgeber und Arbeitnehmer verboten, sofern Nichtraucher in der Arbeitsstätte beschäftigt werden. Ist eine ausreichende Zahl von Räumlichkeiten in der Arbeitsstätte vorhanden, kann der Arbeitgeber einzelne Räume einrichten, in denen das Rauchen gestattet ist, sofern es sich nicht um Arbeitsräume handelt und gewährleistet ist, dass der Tabakrauch nicht in die mit Rauchverbot belegten Bereiche der Arbeitsstätte dringt und das Rauchverbot dadurch nicht umgangen wird. Aufenthalts-, Bereitschafts-, Sanitäts- und Umkleideräume dürfen nicht als Raucherräume eingerichtet werden (§ 30 ASchG)[23].

7.2.1.2. Arbeitsplätze und Arbeitsvorgänge[24]

7/029 Im 6. Abschnitt des ASchG finden sich Bestimmungen, die an den Begriffen „Arbeitsplatz" bzw „Arbeitsvorgang" anknüpfen. Unter „**Arbeitsplatz**" versteht § 2 Abs 4 ASchG jenen räumlichen Bereich, in dem sich Arbeitnehmer bei der von ihnen auszuübenden Tätigkeit aufhalten. Arbeitsplätze müssen so eingerichtet und beschaffen sein und so erhalten werden, dass die Arbeitnehmer möglichst ohne Gefahr für ihre Sicherheit und Gesundheit ihre Arbeit verrichten können.

Zu diesem Zweck sind geeignete Vorkehrungen gegen ungewollte Veränderungen von Arbeitsplätzen (zB Einstürzen, Absinken), gegen Absturz oder herabfallende Gegenstände zu treffen. Eine freie unverstellte Fläche am Arbeitsplatz oder in unmittelbarer Nähe muss dem Arbeitnehmer ausreichende Bewegungsfreiheit gewährleisten. Bei Arbeit im Sitzen sind geeignete Sitzgelegenheiten zur Verfügung zu stellen. An Arbeitsplätzen mit erhöhter Unfallgefahr darf ein Arbeitnehmer nur bei ausreichender Überwachung alleine beschäftigt werden. Im Freien und in nicht allseits umschlossenen Räumen dürfen ständige Arbeitsplätze nur eingerichtet werden, wenn dies wegen der Art der Tätigkeiten oder aus sonstigen wichtigen betrieblichen Gründen erforderlich ist; gegebenenfalls ist für ausreichenden Schutz vor Witterungseinflüssen zu sorgen (vgl § 61 Abs 1 bis 7 ASchG).

---

21 Sa VwGH 27. 2. 1986, 86/08/0021, DRdA 1986, 335.

22 Vgl auch *Wachter*, Der Schutz des Nichtrauchers vor dem Passivrauchen am Arbeitsplatz (1977); *Andexlinger*, Arbeitsrechtliches zum Tabakgesetz, ecolex 1995, 823; *Rauch*, Sind Rauch- bzw Alkoholverbote im Betrieb zulässig?, ASoK 2002, 85; *Posch*, Rauch(er)entwarnung?, ecolex 2005, 229; *Gerhartl*, Rauchen am Arbeitsplatz, RdW 2007, 299; *Egger*, Schutz des Gastgewerbepersonals vor Tabakeinwirkung, DRdA 2007, 64.

23 S insb *Hainz*, Die Rechtsstellung von Rauchern im Arbeitsrecht, in FS Tomandl (1998), 109; zur Möglichkeit von Regelungen durch Betriebsvereinbarung vgl 11.5.1.1; Rechtslage ab 1. 5. 2018. Zur rechtlichen Situation bis zu diesem Zeitpunkt vgl noch die 12. Auflage des Buches unter 7.2.1.1.

24 Zu beachten ist, dass die im Folgenden dargestellte Rechtslage zum Teil erst nach Maßgabe von Übergangsbestimmungen wirksam wurde (vgl § 114 ASchG). So wurden zB spezifische Bestimmungen des § 65 ASchG über den Lärmschutz erst mit Inkrafttreten einschlägiger VO anwendbar (vgl § 114 Abs 1 u 2 ASchG). Einzelne Bestimmungen der AAV gelten darüber hinaus als Bundesgesetz weiter (vgl § 114 Abs 4 ASchG).

Arbeitgeber haben dafür zu sorgen, dass **Arbeitsvorgänge** so vorbereitet, gestaltet und durchgeführt werden, dass ein wirksamer Schutz des Lebens und der Gesundheit der Arbeitnehmer erreicht wird[25]. 7/030

Arbeitsvorgänge sind so zu gestalten, dass Zwangshaltung möglichst vermieden wird und Belastungen durch monotone Arbeitsabläufe, einseitige Belastung, Belastungen durch taktgebundene Arbeiten und Zeitdruck sowie sonstige psychische Belastungen möglichst gering gehalten und ihre gesundheitsschädigenden Auswirkungen abgeschwächt werden. Darüber hinaus sind Arbeitsvorgänge so zu gestalten, dass die Arbeit nach Möglichkeit ganz oder teilweise im Sitzen verrichtet werden kann (vgl § 60 ASchG).

Zu Arbeiten, die mit einer **besonderen Gefahr** für die damit beschäftigten oder für andere Arbeitnehmer verbunden sind (zB Sprengarbeiten, Taucherarbeiten), dürfen nur Arbeitnehmer herangezogen werden, die hiefür geistig und körperlich geeignet sind, über einen Nachweis der erforderlichen Fachkenntnisse und über die erforderliche Berufserfahrung verfügen. Im Bereich von Sprengarbeiten sieht das SprengmittelG 2010 in den §§ 4 ff Sonderbestimmungen zur „Geeignetheit" vor. Entsprechendes gilt für die Organisation und Vorbereitung derartiger Arbeiten. 7/031

Wenn es mit Rücksicht auf die mit der Arbeit verbundenen Gefahren oder die spezifischen Arbeitsbedingungen erforderlich ist, dürfen Arbeiten nur unter Aufsicht einer geeigneten Person durchgeführt werden, die bei speziellen Arbeiten entsprechende Fachkenntnisse aufweisen muss (vgl § 62 ASchG). Der Nachweis dieser Kenntnisse ist durch ein Zeugnis einer hiefür in Betracht kommenden Unterrichtsanstalt oder durch ein Zeugnis einer anderen Einrichtung zu erbringen, die hiezu vom BMASK ermächtigt wurde (vgl § 63 ASchG).

Arbeitgeber haben geeignete organisatorische Maßnahmen zu treffen oder geeignete Mittel einzusetzen, um zu vermeiden, dass Arbeitnehmer Lasten manuell handhaben (zB Heben, Absetzen, Ziehen, Schieben) müssen, wenn dies eine Gefährdung, insb des Bewegungs- und Stützapparates, mit sich bringt. 7/032

Lässt sich die manuelle Handhabung nicht vermeiden, so haben die Arbeitgeber im Rahmen der Ermittlung und Beurteilung der Gefahren die Merkmale der Last, den körperlichen Kraftaufwand udgl zu berücksichtigen. Sie haben dafür zu sorgen, dass Gefährdungen des Bewegungs- und Stützapparates möglichst gering gehalten werden und dass nur körperlich geeignete und über ausreichende einschlägige Kenntnisse verfügende Arbeitnehmer eingesetzt werden. Die Arbeitnehmer müssen Angaben über mögliche Gefährdungen erhalten (vgl § 64 ASchG).

Arbeitgeber haben unter Berücksichtigung des Standes der Technik die Arbeitsvorgänge und die Arbeitsplätze entsprechend zu gestalten und alle geeigneten Maßnahmen zu treffen, damit die **Lärmeinwirkung** auf das niedrigste in der Praxis vertretbare Niveau gesenkt wird. Auf eine Verringerung des Lärms ist einzuwirken. 7/033

Wenn eine Gefährdung der Arbeitnehmer nicht ausgeschlossen werden kann, ist der Lärm zu messen. Die Ermittlung und Messung ist unter Verantwortung des Arbeitgebers durchzuführen und muss zu einem für die Exposition der Arbeitnehmer repräsentativen Ergebnis führen. Schließlich sind geeignete organisatorische Maßnahmen zu treffen, die Arbeitnehmer sind zu unterweisen und haben Gehörschutzmittel zu benützen (vgl § 65 ASchG).

---

[25] Zu diesem Zweck hat der Arbeitgeber die notwendigen und geeigneten Mittel zur Verfügung zu stellen; vgl zB zur Beistellung von Desinfektionsmitteln für Arbeiten, bei denen erfahrungsgemäß Infektionsgefahr besteht, VwGH 7. 10. 1980, 2608/76, DRdA 1981, 410.

7.2.1.2. Technischer Arbeitnehmerschutz

7/034 Auch das Ausmaß von **Erschütterungen**, die auf den menschlichen Körper übertragen werden, sowie von **sonstigen physikalischen Einwirkungen** (zB Beeinträchtigungen durch blendendes Licht, Wärmestrahlung, Zugluft, Hitze, Kälte, Nässe) sind möglichst gering zu halten. Lassen sich derartige besondere Belastungen nicht vermeiden oder auf ein vertretbares Ausmaß verringern, so hat der Arbeitgeber zur Entlastung geeignete organisatorische Maßnahmen (zB Beschränkung der Beschäftigungsdauer, Arbeitsunterbrechungen) zu treffen (vgl § 66 ASchG).

7/035 In den §§ 67 f ASchG und der hiezu ergangenen Bildschirmarbeitsverordnung[26] finden sich detaillierte Sondervorschriften über sog **Bildschirmarbeitsplätze**[27] (zur Anwendbarkeit des NSchG vgl 4.3.2.3.8). Unter einem Bildschirmgerät ist eine Baueinheit mit einem Bildschirm zur Darstellung alphanumerischer Zeichen oder zur Grafikdarstellung, ungeachtet des Darstellungsverfahrens, zu verstehen. Bildschirmarbeitsplätze sind Arbeitsplätze, bei denen das Bildschirmgerät und die Dateneingabetastatur oder sonstige Steuerungseinheit sowie gegebenenfalls ein Informationsträger eine funktionale Einheit bilden.

7/036 Arbeitgeber sind verpflichtet, Bildschirmarbeitsplätze ergonomisch zu gestalten. Es dürfen nur Geräte verwendet werden, die dem Stand der Technik und den ergonomischen Anforderungen entsprechen. Es sind geeignete Arbeitstische bzw -flächen und Sitzgelegenheiten zur Verfügung zu stellen und die Arbeitsplätze sind so zu bemessen und einzurichten, dass ausreichend Platz vorhanden ist, um wechselnde Arbeitshaltungen und -bewegungen zu ermöglichen. Weiters ist für geeignete Beleuchtung zu sorgen, die Reflexionen und Blendungen vermeidet.

Abweichungen von diesen Grundsätzen sind zB bei Fahrer- und Bedienungsständen von Fahrzeugen und Maschinen, Rechenmaschinen, Registrierkassen und Display-Schreibmaschinen zulässig.

7/037 Im Rahmen der Ermittlung und Beurteilung von Gefahren der Bildschirmarbeit ist auch auf die mögliche **Beeinträchtigung des Sehvermögens** sowie auf physische und psychische Belastungen besonders Bedacht zu nehmen; allenfalls sind zweckdienliche Gegenmaßnahmen zu treffen. Bei der Konzipierung, Auswahl, Einführung und Änderung der Software sowie bei der Gestaltung von Tätigkeiten, bei denen Bildschirmgeräte zum Einsatz kommen, ist auf ergonomische Grundsätze wie Benutzerfreundlichkeit und Anpassung an die auszuführende Tätigkeit (**Software-Ergonomie**) zu achten.

7/038 Das Bestreben, den sog **Tele(heim)arbeitnehmern** denselben arbeitsrechtlichen Schutz wie den sonstigen Arbeitnehmern angedeihen zu lassen, führt dazu, dass die vom Arbeitgeber einzuhaltenden Verpflichtungen ihn weitgehend auch dann treffen, wenn die Bildschirmarbeit außerhalb des Betriebs erbracht wird[28]. Dies ergibt sich teils aus der expliziten Anord-

---

26 BGBl II 124/1998; s dazu *Gruber*, Anmerkungen zu einigen Bestimmungen der Bildschirmarbeitsverordnung, ASoK 1998, 301; *Novak*, Bildschirmarbeitsverordnung und §§ 67 f ASchG, ASoK 1998, 242.

27 Vgl *Mosler*, Ausgewählte Rechtsfragen aus dem neuen ArbeitnehmerInnenschutzgesetz, DRdA 1996, 361; *Löschnigg*, Neuregelung der Bildschirmarbeit durch das ASchG 1994, EDV & Recht 1994, 61; *Melzer-Azodanloo*, Tele-Arbeitsrecht (2001), 70 ff; allg hiezu *Mosler*, Bildschirmarbeit und Arbeitsrecht (1991); *Egger*, Telearbeit – ein neues Phänomen der Arbeitswelt, DRdA 1987, 97; *Haas-Laßnigg*, Telearbeit – Gegenwart und Zukunft einer neuen Arbeitsorganisation, DRdA 1987, 359.

28 Allg zur Telearbeit vgl *Melzer-Azodanloo*, Telearbeit in Österreich – rechtliche Bestandsaufnahme und Ausblicke, juridikum 2007, 152; *dies*, Tele-Arbeitsrecht (2001); *Röpke*, Europäisches Rahmenabkommen über Telearbeit, DRdA 2002, 440.

nung in den §§ 67 Abs 6, 68 Abs 7 ASchG, teils aus der Fürsorgepflicht des Arbeitgebers[29]. Auch die Kollektivverträge nehmen sich verstärkt dieses Problems an[30]. Jene Bestimmungen des ASchG, bei denen es sachlich nicht gerechtfertigt wäre, ihre Anwendbarkeit vom Arbeitsort (Betrieb des Arbeitgebers oder Wohnung des Arbeitnehmers) abhängig zu machen, werden ohnedies unmittelbar anzuwenden sein (zB die Bestimmungen zu Augenuntersuchungen oder zu den Kosten der Bildschirmarbeitsbrille).

Die Tätigkeit von Arbeitnehmern, die bei einem nicht unwesentlichen Teil ihrer normalen Arbeit ein Bildschirmgerät benutzen, ist so zu organisieren, dass regelmäßige Unterbrechungen durch **Pausen** oder andere Arbeiten erfolgen, um Belastungen zu verringern. 7/039

Gem § 10 BS-V muss nach jeweils 50 Minuten ununterbrochener Bildschirmarbeit eine Pause oder ein Tätigkeitswechsel im Ausmaß von jeweils mindestens zehn Minuten erfolgen, wenn an einem Arbeitstag mehr als zwei Stunden ununterbrochen Bildschirmarbeit geleistet wird. Eine nach 50 Minuten zustehende Pause oder der Tätigkeitswechsel kann jeweils in die anschließende zweite Stunde verlegt werden, sofern der Arbeitsablauf dies erfordert. Ein an Stelle der Pause vorgenommener Tätigkeitswechsel muss in Tätigkeiten bestehen, die geeignet sind, die durch die Arbeit am Bildschirmgerät auftretenden Belastungen zu verringern. Ist aus zwingenden technischen Gründen (zB beim Bedienen oder Überwachen von Verkehrsleitsystemen) eine Pausenregelung oder ein Tätigkeitswechsel nicht möglich, so ist eine gleichwertige andere Pausenregelung zu treffen oder ein gleichwertiger anderer Tätigkeitswechsel vorzusehen. Bildschirmarbeitspausen sind jedenfalls in die Arbeitszeit einzurechnen.

Die Arbeitnehmer haben das Recht auf **Untersuchung der Augen** in regelmäßigen Abständen sowie bei Sehbeschwerden, wenn nötig, durch einen Augenarzt. Sofern erforderlich, sind den Arbeitnehmern spezielle Sehhilfen zur Verfügung zu stellen. Weder die Untersuchungen noch die Sehhilfen dürfen zu einer finanziellen Mehrbelastung der Arbeitnehmer führen. 7/040

Ist eine **Bildschirmarbeitsbrille** medizinisch indiziert, hat bei sozialversicherten Arbeitnehmern der Krankenversicherungsträger grundsätzlich die Kosten zu übernehmen, da auch die Bildschirmarbeitsbrille als Heilbehelf iSd § 137 Abs 1 ASVG zu qualifizieren ist. Der Anspruch beschränkt sich allerdings auf die Tarifleistungen, wenn diese vom medizinischen Standpunkt den Zweck der vom Arzt verschriebenen Bildschirmbrille im Wesentlichen erfüllen. Den den Kassentarif überschreitenden Kostenanteil für besondere Gläser und Entspiegelungen, den die Krankenversicherung nicht übernimmt und der ausschließlich dem Arbeitnehmerschutz dient, hat der Arbeitgeber zu tragen. Sämtliche dieser Kosten wären vom Dienstgeber zu übernehmen, wenn der Arbeitnehmer (wie bei geringfügig Beschäftigten) nicht krankenversichert ist. Einen Ersatz der Kosten für eine darüber hinaus gehende Ausstattung und Qualität kann der Arbeitnehmer auch nicht im Vertrauen auf die ärztliche Verordnung vom Arbeitgeber beanspruchen[31].

Persönliche Schutzausrüstungen, das sind alle Ausrüstungen, die dazu bestimmt sind, von den Arbeitnehmern zum Schutz vor mit der Arbeit verbundenen Gefahren benutzt oder getragen zu werden (zB Gehörschutz, Sicherheitsgurte, Schutzbrillen und -helme), sind vom 7/041

---

[29] Vgl *Löschnigg/Melzer-Azodanloo*, Datagraph 2/97, 6; *Gruber*, Arbeitnehmerschutz bei Teleheimarbeit, ZAS 1998, 65.

[30] S *Melzer-Azodanloo*, Erster Kollektivvertrag für Tele-Arbeit, ASoK 1997, 349.

[31] OGH 6. 9. 2000, 9 ObA 63/00f, DRdA 2001, 328 mit Bespr v *Mosler* = ZAS 2001, 142 mit Bespr v *Gruber*; hiezu auch *Burger-Ehrnhofer*, Wer trägt die Kosten einer Bildschirmbrille, RdW 2001, 347; LG Salzburg 15. 5. 1997, 11 Cga 122/96, ARD 4896/19/97; weiters *Löschnigg*, Die Kosten der Bildschirmarbeitsbrille, EDV & Recht 1/1986, 15; *Resch*, Zur Rechtsstellung der Arbeitnehmer nach dem ArbeitnehmerInnenschutzgesetz, in Tomandl (Hrsg), Rechtsfragen des technischen Arbeitnehmerschutzes (1997), 28; *Gruber*, Anmerkungen zu einigen Bestimmungen der Bildschirmarbeitsverordnung, ASoK 1998, 301.

Arbeitgeber auf seine Kosten zur Verfügung zu stellen, wenn Gefahren nicht durch kollektive Schutzmaßnahmen oder durch arbeitsorganisatorische Maßnahmen vermieden oder ausreichend begrenzt werden können. Arbeitnehmer sind verpflichtet, die persönlichen Schutzausrüstungen zu benützen, wobei Arbeitgeber ein widersprechendes Verhalten der Arbeitnehmer nicht dulden dürfen.

Durch geeignete Lagerung udgl sind ein gutes Funktionieren der Schutzausrüstung und einwandfreie hygienische Bedingungen – Letzteres insb bei ausnahmsweiser Benützung durch mehrere Arbeitnehmer – zu gewährleisten (vgl § 69 ASchG). Es dürfen nur solche Ausrüstungsgegenstände zur Verfügung gestellt werden, die ua den geltenden Sicherheits- und Gesundheitsanforderungen entsprechen, die für die am Arbeitsplatz gegebenen Bedingungen geeignet sind (zB bezüglich Einsatzdauer und Risiko), die den ergonomischen und gesundheitlichen Anforderungen Rechnung tragen sowie dem Träger passen. Sind Schutzausrüstungen beim Erwerb nach den für sie geltenden Rechtsvorschriften gekennzeichnet, können Arbeitgeber grundsätzlich davon ausgehen, dass diese den rechtlichen Anforderungen auch tatsächlich entsprechen (vgl § 70 ASchG).

7/042 Die **Arbeitskleidung** muss den Erfordernissen der Tätigkeit entsprechen und so beschaffen sein, dass durch sie keine Gefährdung der Sicherheit und Gesundheit bewirkt wird. Wenn die Art der Tätigkeit zum Schutz der Arbeitnehmer eine bestimmte Arbeitskleidung erfordert oder wenn die Arbeitskleidung durch gesundheitsgefährdende oder Ekel erregende Arbeitsstoffe verunreinigt wird, ist der Arbeitgeber verpflichtet, auf seine Kosten den Arbeitnehmern geeignete Arbeitskleidung zur Verfügung zu stellen und für eine ausreichende Reinigung dieser Arbeitskleidung zu sorgen (§ 71 ASchG).

7/043 Im Rahmen der Vorschriften über Arbeitsplätze und Arbeitsvorgänge sind eine Reihe von Konkretisierungen durch VO vorzunehmen. Dies betrifft zB diverse Grenzwerte für die Handhabung von Lasten und im Bereich des Lärmschutzes sowie die Festlegung von Tätigkeiten und Bedingungen, bei denen Arbeitskleidung zur Verfügung zu stellen ist (vgl §§ 72, 114 ASchG).

7.2.1.3. Arbeitsmittel

7/044 Unter **Arbeitsmittel** iS des 3. Abschnitts des ASchG sind alle Maschinen, Apparate, Werkzeuge, Geräte und Anlagen zu verstehen, die zur Benutzung durch Arbeitnehmer vorgesehen sind. Zu den Arbeitsmitteln gehören insb auch Beförderungsmittel, Leitern, Gerüste, Dampfkessel udgl, Behälter sowie kraftbetriebene oder mechanische Tore (vgl § 2 Abs 5 ASchG). Unter **Benutzung** von Arbeitsmitteln sind alle ein Arbeitsmittel betreffenden Tätigkeiten wie In- und Außerbetriebnahme, Gebrauch, Transport, Instandsetzung, Umbau, Instandhaltung, Wartung und Reinigung zu verstehen (§ 33 Abs 1 ASchG). Spezielle Regelungen zu Arbeitsmitteln finden sich neben dem ASchG auch in der Arbeitsmittelverordnung (AM-VO, BGBl II 164/2000)[32].

7/045 Arbeitgeber haben dafür zu sorgen, dass Arbeitsmittel entsprechend den Bestimmungen des Arbeitnehmerschutzrechts beschaffen sind, aufgestellt, erhalten und benutzt werden (§ 33

[32] Weiters gelten im Einzelnen angeführte Bestimmungen der AAV als Bundesgesetz (vgl § 109 Abs 2 ASchG iVm § 61 AM-VO); allg *Heider/Hutterer/Piller*, Arbeitsmittelverordnung[3] (2010); *Piller*, Die neue Arbeitsmittelverordnung, ASoK 2000, 378.

Abs 2 ASchG; vgl im Einzelnen §§ 34 f, 37 f ASchG). Es dürfen nur solche Arbeitsmittel zur Verfügung gestellt werden, die für die jeweilige Arbeit in Bezug auf **Sicherheit und Gesundheitsschutz** geeignet sind oder zweckentsprechend angepasst werden und hinsichtlich Konstruktion, Bau und weiterer Schutzmaßnahmen den für sie geltenden Rechtsvorschriften über Sicherheits- und Gesundheitsanforderungen entsprechen (§ 33 Abs 3 ASchG).

Besondere Bedeutung kommt in diesem Bereich den vorschriftsmäßigen Schutzvorrichtungen und Sicherungsmaßnahmen zu. Bloße Anweisungen durch den Dienstgeber können technische Einrichtungen, die die Sicherheit der Arbeitnehmer gewährleisten, nicht ersetzen[33]. Werden von Arbeitgebern Arbeitsmittel erworben, die nach den für sie geltenden Rechtsvorschriften gekennzeichnet sind, können Arbeitgeber, die über keine anderen Erkenntnisse verfügen, davon ausgehen, dass diese Arbeitsmittel den für sie im Zeitpunkt des Inverkehrbringens geltenden Rechtsvorschriften über Sicherheits- und Gesundheitsanforderungen entsprechen (vgl § 33 Abs 4 ASchG).

Arbeitgeber haben bei der Auswahl der einzusetzenden Arbeitsmittel die besonderen Bedin- 7/046
gungen und Eigenschaften der Arbeit sowie die am Arbeitsplatz bestehenden Gefahren für die Sicherheit und Gesundheit der Arbeitnehmer und die Gefahren, die aus der Benutzung erwachsen können, zu berücksichtigen. Es dürfen nur Arbeitsmittel eingesetzt werden, die nach dem Stand der Technik die Sicherheit und Gesundheit der Arbeitnehmer so gering wie möglich gefährden (§ 33 Abs 5 ASchG; vgl auch § 33 Abs 6 ASchG). Der „**Stand der Technik**“ ergibt sich häufig aus ÖNORMEN[34], ÖVE-Bestimmungen[35] oder den Europäischen Normen (EN).

Gefährliche Arbeitsmittel sind Arbeitsmittel, deren Benutzung mit einer möglichen spezi- 7/047
fischen Gefährdung der Arbeitnehmer verbunden ist oder deren Benutzung auf Grund ihres Konzepts besondere Gefahren mit sich bringt. Arbeitgeber haben geeignete Maßnahmen zu treffen, damit die Benutzung gefährlicher Arbeitsmittel nur durch eigens hiezu beauftragte Arbeitnehmer erfolgt und Instandsetzungs-, Umbau-, Instandhaltungs-, Reinigungs- und Wartungsarbeiten nur von eigens hiezu befugten, speziell unterwiesenen Personen durchgeführt werden.

Wenn es auf Grund der Art oder der Einsatzbedingungen für die Gewährleistung der 7/048
Sicherheit und Gesundheit der Arbeitnehmer erforderlich ist, müssen Arbeitsmittel vor der erstmaligen Inbetriebnahme, nach dem Aufbau an jedem neuen Einsatzort sowie nach größeren Instandsetzungen und wesentlichen Änderungen auf ihren ordnungsgemäßen Zustand, ihre korrekte Montage und ihre Stabilität überprüft werden (**Abnahmeprüfungen**). Arbeitsmittel, bei denen Abnahmeprüfungen durchzuführen sind, sind darüber hinaus in regelmäßigen Abständen auf ihren ordnungsgemäßen Zustand besonders zu überprüfen (**wiederkehrende Prüfungen**). Wiederkehrende Prüfungen sind weiters durchzuführen bei Arbeitsmitteln, die Belastungen und Einwirkungen ausgesetzt sind, durch die sie derart

---

33 OGH 4. 12. 1979, 2 Ob 149/79, Arb 9835.

34 ÖNORMEN sind an sich unverbindliche Richtlinien, die vom Austrian Standards Institute (bis April 2009 Österreichisches Normungsinstitut) iS des NormenG, BGBl 240/1971, herausgegeben werden und als „Österreichische Normen“ bezeichnet werden dürfen. Rechtsverbindlich werden sie erst durch Gesetz, Verordnung oder Vertrag. Allg hiezu *Löschnigg/Reissner*, Zur rechtlichen Relevanz der ÖNORM über Bildschirmarbeitsplätze, ecolex 1991, 480.

35 Zu ÖVE-Bestimmungen („Österreichischer Verband für Elektrotechnik“) s die ElektrotechnikVO 2002, BGBl II 222/2002.

geschädigt werden können, dass dadurch entstehende Mängel des Arbeitsmittels zu gefährlichen Situationen für die Arbeitnehmer führen können. Auch nach **außergewöhnlichen Ereignissen**, die schädigende Auswirkungen auf die Sicherheit des Arbeitsmittels haben können, sind besondere Prüfungen vorzunehmen.

Einschlägige Prüfungen dürfen nur auf Grund eines bestimmten Prüfplans durch fachkundige Personen durchgeführt werden (zB Organe des Technischen Überwachungsvereins – TÜV, Amtssachverständige). Die Ergebnisse der Prüfung sind schriftlich festzuhalten, von den Arbeitgebern aufzubewahren und müssen am Einsatzort des Arbeitsmittels vorhanden sein. Werden Mängel festgestellt, darf das Arbeitsmittel erst nach deren Behebung wieder benutzt werden, es sei denn, der Prüfer erlaubt die weitere Benützung im Prüfbericht und die betroffenen Arbeitnehmer werden über die Mängel informiert (vgl § 37 ASchG).

7.2.1.4. Arbeitsstoffe[36]

7/049 Den **Arbeitsstoffen** sind alle Stoffe, Zubereitungen und biologischen Agenzien zuzurechnen, die bei der Arbeit verwendet werden. Als „**Verwenden**" gilt auch das Gewinnen, Erzeugen, Ge- und Verbrauchen, Be- und Verarbeiten, Abfüllen, Aufbewahren udgl dieser Stoffe (vgl § 2 Abs 6 ASchG).

7/050 Besondere Vorkehrungen trifft das ASchG in seinem 4. Abschnitt für „**Gefährliche Arbeitsstoffe**". Das sind explosionsgefährliche, brandgefährliche, gesundheitsgefährdende sowie bestimmte biologische Arbeitsstoffe (vgl § 40 ASchG)[37]. Arbeitgeber müssen sich im Rahmen der Ermittlung und Beurteilung der Gefahren hinsichtlich aller Arbeitsstoffe vergewissern, ob es sich um gefährliche Arbeitsstoffe handelt; sie haben diese nach ihren Eigenschaften in Risikogruppen einzustufen (vgl § 41 ASchG).

Krebs erzeugende, Erbgut verändernde, fortpflanzungsgefährdende und bestimmte biologische Arbeitsstoffe dürfen nicht verwendet werden, wenn ein gleichwertiges Ergebnis mit nicht gefährlichen oder weniger gefährlichen Arbeitsstoffen erreicht werden kann. Im Zweifelsfall entscheidet die zuständige Behörde auf Antrag des Arbeitsinspektorats oder des Arbeitgebers (vgl § 42 ASchG sowie die VO zu biologischen Arbeitsstoffen, VbA, BGBl II 237/1998). Diese Stoffe dürfen, wenn es nach der Art der Arbeit und dem Stand der Technik möglich ist, nur in geschlossenen Systemen verwendet werden. Die Anzahl der Arbeitnehmer, die der Einwirkung von gefährlichen Arbeitsstoffen ausgesetzt werden oder werden könnten, sind auf das unbedingt notwendige Ausmaß zu beschränken. Dauer und Intensität der möglichen Einwirkung von gefährlichen Stoffen ist ebenfalls möglichst gering zu halten. Kann durch diese Maßnahmen nicht verhindert werden, dass gefährliche Gase, Dämpfe oder Schadstoffe frei werden, so sind diese an ihrer Austritts- oder Entstehungsstelle vollständig zu erfassen und anschließend ohne Gefahr für die Arbeitnehmer zu beseitigen (vgl § 43 ASchG). Stehen Krebs erzeugende, Erbgut verändernde, fortpflanzungsgefährdende oder bestimmte biologische Arbeitsstoffe bestimmter Art in Verwendung, müssen die Arbeitgeber ein Verzeichnis jener Arbeitnehmer führen, die der Einwirkung dieser Stoffe ausgesetzt sind. Dieses Verzeichnis hat genaue Angaben über Art der Gefährdung, Ergebnis der Messungen, Art der Tätigkeit etc zu enthalten (vgl § 47 ASchG).

---

[36] Zu beachten ist, dass bis zum Inkrafttreten einschlägiger VO (vgl zB § 110 Abs 6 ASchG) Teile der im Folgenden dargestellten Materien erst nach Maßgabe detaillierter Übergangsbestimmungen wirksam wurden und zudem bestimmte Regelungen der AAV als BG weitergelten.

[37] Europarechtliche Grundlage ist die VO (EG) Nr 1272/2008 über die Einstufung, Kennzeichnung und Verpackung von Stoffen und Gemischen, zur Änderung und Aufhebung der RL 67/548/EWG und 1999/45/EG und zur Änderung der VO (EG) Nr 1907/2006 (CLP-VO), ABl Nr L 353 vom 31. 12. 2008.

Bezüglich bestimmter Arbeitsstoffe haben sich die Arbeitgeber an **Grenzwerten** zu orientieren; zu diesem Zweck sind in regelmäßigen Zeitabständen **Messungen** durchzuführen (vgl §§ 45 f ASchG). 7/051

Der **MAK-Wert (Maximale Arbeitsplatz-Konzentration)** ist der Mittelwert in einem bestimmten Beurteilungszeitraum, der die höchstzulässige Konzentration eines Arbeitsstoffes als Gas, Dampf oder Schwebstoff in der Luft am Arbeitsplatz angibt, die nach dem jeweiligen Stand der wissenschaftlichen Erkenntnisse auch bei wiederholter und langfristiger Exposition im Allgemeinen die Gesundheit von Arbeitnehmern nicht beeinträchtigt und diese nicht unangemessen belästigt (§ 45 Abs 1 ASchG). Der **TRK-Wert (Technische Richtkonzentration)** ist der Mittelwert in einem bestimmten Beurteilungszeitraum, der jene Konzentration eines gefährlichen Arbeitsstoffes als Gas, Dampf oder Schwebstoff in der Luft am Arbeitsplatz angibt, die nach dem Stand der Technik erreicht werden kann und die als Anhaltswert für die zu treffenden Schutzmaßnahmen und die messtechnische Überwachung am Arbeitsplatz heranzuziehen ist (§ 45 Abs 2 ASchG). Arbeitgeber haben dafür zu sorgen, dass festgelegte MAK-Werte nicht überschritten werden, wobei eine möglichst weit gehende Unterschreitung anzustreben ist; TRK-Werte müssen stets möglichst weit unterschritten werden (§ 45 Abs 3 und 4 ASchG).

7.2.2. Durchführung und Kontrolle

7.2.2.1. Pflichten der Arbeitgeber und der Arbeitnehmer

In erster Linie ist der **Arbeitgeber** für die Durchführung des Arbeitnehmerschutzes **verantwortlich**. Er ist verpflichtet, **auf seine Kosten** für Sicherheit und Gesundheitsschutz der Arbeitnehmer in Bezug auf alle Aspekte, die die Arbeit betreffen, zu sorgen. Der Arbeitgeber ist dafür verantwortlich, dass die diversen Arbeitnehmerschutzbestimmungen eingehalten werden (vgl § 3 ASchG). 7/052

Der Umstand, dass behördliche Organe bei früheren Bauverhandlungen über den Zustand eines Stiegenhauses in einem Gebäude, in dem Arbeitnehmer tätig sind, geschwiegen haben, vermag den Arbeitgeber nicht von der Befolgung der Arbeitnehmerschutzvorschriften zu befreien. Auch die Weigerung des Hauseigentümers, zu gewissen baurechtlich zulässigen Änderungen seine Zustimmung zu geben, um Arbeitsschutzvorschriften einhalten zu können, hat allein der Arbeitgeber zu vertreten[38]. Wurde ein Gerüst nicht vom Arbeitgeber selbst, sondern von einem dazu beauftragten Dritten aufgestellt, ist bei einer Benützung des Gerüstes durch seine Arbeitnehmer trotzdem der Arbeitgeber für die Einhaltung der das Gerüst betreffenden arbeitnehmerschutzrechtlichen Bestimmungen verantwortlich[39].

Für Arbeitsstätten, Baustellen oder sonstige Arbeitsstellen, an denen der **Arbeitgeber nicht** selbst **anwesend** ist, hat er **eine geeignete Person zu bestellen**, die für die Durchführung und Einhaltung der zum Schutz der Arbeitnehmer notwendigen Maßnahmen verantwortlich ist (§ 3 Abs 6 ASchG). 7/053

Im arbeitsteilig organisierten Betrieb ist der Arbeitgeber fast immer gezwungen, die Verpflichtung, für die Einhaltung von Arbeitnehmerschutzvorschriften sorgen zu müssen, an eine dafür verantwortliche Person zu übertragen. Diese Person kann ein Arbeitnehmer sein[40], denkbar ist aber auch eine Betrauung von Außenstehenden, wie zB Familienangehörigen oder Bauleitern, die in einem Arbeitsver-

---

[38] VwGH 29. 4. 1980, 2743/78, DRdA 1980, 404.

[39] VwGH 30. 3. 2011, 2009/02/0249, RdW 2011, 487.

[40] ZB der gewerberechtliche Geschäftsführer; vgl VwGH 8. 7. 1980, 2079/79, DRdA 1981, 147; zur Verantwortlichkeit von mehreren Geschäftsführern s VwGH 23. 4. 2013, 2012/02/0052, 0053, ARD 6350/1/2013 = RdW 2013, 614.

hältnis zu einem anderen ARGE-Gesellschafter stehen[41]. Eine **verwaltungsstrafrechtliche Verantwortlichkeit von Arbeitnehmern** ist gem § 23 ArbIG iVm § 9 VStG nur eingeschränkt möglich. Vorausgesetzt wird, dass es sich um leitende Angestellte handelt, denen maßgebliche Führungsaufgaben selbstverantwortlich übertragen sind[42], die der Bestellung zu verantwortlichen Beauftragten für bestimmte räumlich oder sachlich abgegrenzte Bereiche des Unternehmens nachweislich zugestimmt haben und die für diese Bereiche eine entsprechende Anordnungsbefugnis besitzen[43]. Die Bestellung ist überdies grundsätzlich erst dann rechtswirksam, wenn beim Arbeitsinspektorat eine entsprechende schriftliche Mitteilung samt einem Nachweis über die Zustimmung des Arbeitnehmers eingelangt ist[44]. Der Arbeitgeber kann jedoch trotz gültiger Bestellung eines verantwortlichen Beauftragten verwaltungsstrafrechtlich zur Verantwortung gezogen werden, wenn er die Tat vorsätzlich nicht verhindert hat (§ 9 Abs 6 VStG). Überdies haftet er für über den Beauftragten verhängte Geldstrafen und die Verfahrenskosten zur ungeteilten Hand (§ 9 Abs 7 VStG)[45].

7/054 Arbeitgeber haben für eine geeignete **Sicherheits- und Gesundheitsschutzkennzeichnung** zu sorgen, wenn Gefahren für die Arbeitnehmer nicht durch sonstige Maßnahmen hintangehalten werden können (vgl § 3 Abs 7 ASchG). Sie sind verpflichtet, die für die Sicherheit und Gesundheit der Arbeitnehmer bestehenden **Gefahren** – allenfalls unter Heranziehung von Fachleuten – zu **ermitteln** und zu **beurteilen**[46]; dabei sind auch besonders gefährdete oder schutzbedürftige Arbeitnehmer zu berücksichtigen. Auf Grund der Ermittlung und Beurteilung der Gefahren sind **Maßnahmen zur Gefahrenverhütung (Arbeitsplatzevaluierung)**[47] festzulegen. Die Ergebnisse der Gefahrenermittlung bzw -beurteilung sind erforderlichenfalls, etwa nach Unfällen oder auf begründetes Verlangen des Arbeitsinspektorats, zu überprüfen (vgl § 4 ASchG). Die Arbeitgeber sind verpflichtet, in einer der Anzahl der Beschäftigten und den Gefahren entsprechenden Weise die Ergebnisse der Ermittlung und Beurteilung der Gefahren sowie die durchzuführenden Maßnahmen zur Gefahrenverhütung schriftlich festzuhalten (**Sicherheits- und Gesundheitsschutzdokumente**; vgl § 5 ASchG; DOK-VO, BGBl 478/1996).

7/055 Die Arbeitgeber haben bei der Übertragung von Aufgaben an Arbeitnehmer deren **Eignung** in Bezug auf Sicherheit und Gesundheit zu berücksichtigen. Dabei ist insb auf Konstitution und Körperkräfte (zB von schwangeren Arbeitnehmerinnen, kranken oder behinderten Arbeitnehmern), Alter und Qualifikation Rücksicht zu nehmen. Durch geeignete Maßnahmen ist dafür zu sorgen, dass nur jene Arbeitnehmer Zugang zu Bereichen mit erheblichen

---

41 Vgl EB zur RV 1590 BlgNR 18. GP, 72.

42 Vgl hiezu 4.3.2.2.2; s auch *Szymanski*, ArbeitnehmerInnen ohne Einfluss auf die Unternehmensführung als verantwortliche Beauftragte, DRdA 2012, 159.

43 Vgl *Löschnigg/Melzer-Azodanloo*, Haftungsrecht für Führungskräfte[2] (2008), 148 ff; *Thienel*, Verantwortliche Beauftragte – Ambivalente Neuregelung im AIG, ecolex 1993, 763; *Bachler*, Der leitende Angestellte im Arbeitsinspektionsgesetz, ÖJZ 1994, 452; *Stärker*, Die verwaltungsrechtliche Verantwortlichkeit im Unternehmen, ecolex 1998, 150; zur Abgrenzung des Zuständigkeitsbereichs s VwGH 19. 3. 2013, 2011/02/0238, ARD 6326/7/2013 = RdW 2013, 408.

44 Vgl VwGH 26. 3. 1998, 97/11/0332, ASoK 1998, 347; VwGH 19. 3. 2013, 2009/02/0234, ARD 6326/6/2013 = RdW 2013, 485.

45 Allg zur Verantwortlichkeit des Arbeitnehmers in diesem Zusammenhang vgl *Hanreich*, Haftung bei Verletzung des Arbeitnehmerschutzes, in Tomandl (Hrsg), Haftungsprobleme im Arbeitsverhältnis (1991), 81; *Bachler*, Ausgewählte Probleme der geplanten Bekämpfung illegaler Erwerbstätigkeit, in Mayer (Hrsg), Schwarzarbeit: Pfuscht der Gesetzgeber? (1999), 15.

46 Vgl *Stärker*, Arbeitnehmerschutz in Österreich (1997); *dens*, Die Evaluierungspflicht des Arbeitgebers, in Tomandl (Hrsg), Rechtsfragen des technischen Arbeitnehmerschutzes (1997), 35; *dens*, Muß der Arbeitgeber alles wissen?, ecolex 1997, 35; *dens*, Methoden der Gefahrenermittlung am Arbeitsplatz, ecolex 1996, 690; *Novak*, Evaluierung nach dem ASchG, ASoK 1997, 306.

47 BGBl I 118/2012.

oder spezifischen Gefahren haben, die zuvor ausreichende Anweisungen erhalten haben (vgl §§ 6, 18 Z 2 ASchG; weiters zB die VO über Beschäftigungsverbote und -beschränkungen für Arbeitnehmerinnen, BGBl II 356/2001).

Die Arbeitgeber haben bei der Gestaltung der Arbeitsstätten, Arbeitsplätze und Arbeitsvorgänge, bei der Auswahl und Verwendung von Arbeitsmitteln und Arbeitsstoffen, beim Einsatz der Arbeitnehmer sowie bei allen Maßnahmen zum Schutz der Arbeitnehmer die im Gesetz angeführten **Grundsätze der Gefahrenverhütung** (zB Vermeidung von Risken, Abschätzung nicht vermeidbarer Risken, Gefahrenbekämpfung an der Quelle, Berücksichtigung des Standes der Technik) umzusetzen (vgl § 7 ASchG). 7/056

Werden in einer Arbeitsstätte, auf einer Baustelle oder einer auswärtigen Arbeitsstelle Arbeitnehmer **mehrerer Arbeitgeber** beschäftigt, so haben die betroffenen Arbeitgeber bei der Durchführung der Sicherheits- und Gesundheitsschutzbestimmungen **zusammenzuarbeiten** (vgl § 8 ASchG).

Die Arbeitgeber sind verpflichtet, für eine ausreichende **Information der Arbeitnehmer** über die Gefahren für Sicherheit und Gesundheit sowie über die Maßnahmen zur Gefahrenverhütung zu sorgen. Diese Information muss während der Arbeitszeit in für die Arbeitnehmer verständlicher Form erfolgen und diese in die Lage versetzen, durch eine angemessene Mitwirkung zu überprüfen, ob die erforderlichen Schutzmaßnahmen getroffen wurden. Die Information der einzelnen Arbeitnehmer kann in bestimmten Fällen entfallen, wenn entsprechend informierte Sicherheitsvertrauenspersonen oder Belegschaftsorgane existieren (vgl § 12 ASchG). Damit korrespondierend sind die Arbeitgeber verpflichtet, die Arbeitnehmer in allen einschlägigen Fragen **anzuhören** (vgl § 13 ASchG). 7/057

Jeder Arbeitnehmer ist vor der erstmaligen Aufnahme der Tätigkeit im Betrieb einer **Unterweisung** über Sicherheit und Gesundheitsschutz zu unterziehen. 7/058

Diese Unterweisungen sind erforderlichenfalls in regelmäßigen Abständen zu wiederholen. Erforderlich wird eine Unterweisung jedenfalls bei Änderungen im Betrieb, durch die neue Gefährdungen der Arbeitnehmer hervorgerufen werden. Weiters sind Unterweisungen nach Unfällen oder „Beinahe-Unfällen" zu wiederholen, soweit dies zur Verhütung weiterer Unfälle nützlich erscheint. Eine wiederholte Unterweisung hat jedenfalls stattzufinden, wenn sie als Maßnahme zur Gefahrenverhütung im Rahmen der Evaluierung festgelegt ist. Die Unterweisungen müssen für den Arbeitnehmer verständlich erfolgen; ist dieser der deutschen Sprache nicht ausreichend mächtig, so ist seine Muttersprache oder eine sonstige für ihn verständliche Sprache zu verwenden (vgl § 14 ASchG).

Die Arbeitgeber haben über Arbeitsunfälle **Aufzeichnungen** zu führen und diese mindestens fünf Jahre aufzubewahren. Berichte über Arbeitsunfälle sind auf Verlangen dem Arbeitsinspektorat zu übermitteln (vgl § 16 ASchG).

Arbeitgeber haben dafür zu sorgen, dass **die Arbeitsstätten** einschließlich der Sanitär- und Sozialeinrichtungen, die elektrischen Anlagen, Arbeitsmittel und Gegenstände der persönlichen Schutzausrüstung sowie die Einrichtungen zur Brandmeldung oder -bekämpfung, zur Erste-Hilfe-Leistung und zur Rettung aus Gefahr ordnungsgemäß **in Stand gehalten** und **gereinigt** werden. Technische Geräte und Anlagen sind regelmäßig auf ihren ordnungsgemäßen Zustand zu **überprüfen**, festgestellte Mängel sind unverzüglich zu beseitigen (vgl § 17 ASchG). 7/059

7.2.2.2. Technischer Arbeitnehmerschutz

7/060 Ebenso wie der Arbeitgeber hat auch jeder **Arbeitnehmer** die Arbeitnehmerschutzvorschriften einzuhalten, am Evaluierungsvorgang mitzuwirken bzw die in diesem Zusammenhang ergangenen Weisungen des Arbeitgebers zu befolgen (vgl § 15 ASchG)[48].

Arbeitnehmer sind verpflichtet, Arbeitsmittel und persönliche Schutzausrüstungen zweckentsprechend zu benutzen bzw auch zu verlangen. Schutzvorrichtungen dürfen weder entfernt noch sonst unsachgemäß verändert werden. Arbeitnehmer dürfen sich nicht durch Suchtmittel in einen Zustand versetzen, in dem sie sich oder andere gefährden können[49]. Festgestellte Mängel, Arbeitsunfälle und „Beinahe-Unfälle" sind unverzüglich den zuständigen Personen zu melden. Bei Gefahr im Verzug haben sie selbst die ihnen zumutbaren unbedingt notwendigen Maßnahmen zum Schutz von Leben und Gesundheit von Arbeitnehmern zu setzen.

7.2.2.2. Gesundheitsüberwachung – medizinische Untersuchungen

7/061 Mit Tätigkeiten, bei denen die Gefahr einer Berufskrankheit besteht und einer arbeitsmedizinischen Untersuchung im Hinblick auf die spezifische mit dieser Tätigkeit verbundene Gesundheitsgefährdung prophylaktische Bedeutung zukommt, dürfen Arbeitnehmer nur beschäftigt werden, wenn vor Aufnahme der Tätigkeit eine medizinische Untersuchung durchgeführt wurde (**Eignungsuntersuchung**) bzw bei Fortdauer der Tätigkeit regelmäßig wiederholt wird (**Folgeuntersuchungen**).

Dies gilt auch für Tätigkeiten, bei denen häufiger und länger andauernd Atemschutzgeräte getragen werden müssen, für Tätigkeiten im Rahmen von Gasrettungsdiensten und für Tätigkeiten unter Einwirkung von den Organismus besonders belastender Hitze. Das Arbeitsinspektorat hat für weitere Tätigkeiten Eignungs- und Folgeuntersuchungen durch Bescheid vorzuschreiben, sofern es sich um eine Tätigkeit handelt, die nach arbeitsmedizinischen Erfahrungen die Gesundheit zu schädigen vermag, und im Hinblick auf die spezifische mit dieser Tätigkeit verbundene Gesundheitsgefährdung einer arbeitsmedizinischen Untersuchung prophylaktische Bedeutung zukommt (vgl § 49 ASchG).

7/062 Mit Tätigkeiten, die mit gesundheitsgefährdender **Lärmeinwirkung** verbunden sind, dürfen Arbeitnehmer nur beschäftigt werden, wenn vor Aufnahme der Tätigkeit eine arbeitsmedizinische **Untersuchung der Hörfähigkeit** durchgeführt wurde. Für diese Untersuchung gelten die Bestimmungen über Eignungsuntersuchungen. Arbeitgeber haben für weitere derartige Untersuchungen in regelmäßigen Abständen zu sorgen (vgl § 50 ASchG).

7/063 Wenn im Hinblick auf die spezifische mit einer Tätigkeit verbundene Gesundheitsgefährdung (zB bei besonderen physikalischen Einwirkungen) nach arbeitsmedizinischen Erkenntnissen oder dem jeweiligen Stand der Technik **besondere ärztliche Untersuchungen** geboten erscheinen, müssen Arbeitgeber dafür sorgen, dass die betroffenen Arbeitnehmer sich auf eigenen Wunsch vor Aufnahme dieser Tätigkeit sowie bei Fortdauer der Tätigkeit in regelmäßigen Zeitabständen derartigen Untersuchungen unterziehen können (vgl § 51 ASchG).

Die untersuchenden Ärzte haben Eignungs- und Folgeuntersuchungen nach einheitlichen Richtlinien durchzuführen, zu beurteilen und die Ergebnisse („geeignet" oder „nicht geeignet") in einem **Befund** festzuhalten. Der Befund samt Beurteilung ist unverzüglich dem ärztlichen Dienst des zuständigen

---

48 *Stärker*, Muss der Arbeitnehmer an der Gefahrenermittlung und Beurteilung aktiv mitwirken?, ASoK 1998, 65.

49 Näheres dazu bei *Schneeberger*, Arbeitsrechtliche Verbote und Kontrollmöglichkeiten in Bezug auf Drogen- bzw Alkoholkonsum, in Reissner/Strohmayer (Hrsg), Drogen und Alkohol am Arbeitsplatz (2008), 27.

Arbeitsinspektorats sowie auf Verlangen auch dem Arbeitnehmer zu übermitteln. Positive Beurteilungen sind dem Arbeitgeber und dem Arbeitnehmer schriftlich mitzuteilen (vgl § 52 ASchG). Die Ärzte der Arbeitsinspektion haben die übermittelten Befunde und Beurteilungen unter Berücksichtigung der Arbeitsbedingungen zu überprüfen und Arbeitnehmern auf deren Verlangen die Befunde zu erläutern (vgl § 53 Abs 1 u 2 ASchG). Ähnliche Richtlinien gelten bei Untersuchungen der Hörfähigkeit und bei sonstigen besonderen Untersuchungen (vgl § 55 ASchG).

Über die gesundheitliche Eignung entscheidet das **Arbeitsinspektorat** mit **Bescheid**, wobei Arbeitnehmer und Arbeitgeber im Verfahren Parteistellung haben. Tatsachen, die der ärztlichen Verschwiegenheitspflicht unterliegen, sind vom Arbeitsinspektorat dem Arbeitgeber jedoch nur mit Zustimmung des Arbeitnehmers zur Kenntnis zu bringen. Enthält der Bescheid des Arbeitsinspektorats ein von jenem des untersuchenden Arztes abweichendes Ergebnis, so ist dieses dem Arzt mitzuteilen. Bei Abänderung eines „nicht geeignet" hat der Arzt ein Anhörungsrecht (vgl § 53 Abs 3 u 4 ASchG). 7/064

Ein derartiger Bescheid kann entfallen, wenn die Beurteilung auf „geeignet" lautet, die Überprüfung eine Eignung des Arbeitnehmers ergibt, keine zusätzlichen Maßnahmen zur Verminderung einer Gesundheitsgefährdung notwendig sind und weder Arbeitnehmer noch Arbeitgeber einen Antrag auf Bescheiderlassung stellen (§ 53 Abs 5 ASchG). Einer Beschwerde beim Verwaltungsgericht gegen derartige Bescheide kommt keine aufschiebende Wirkung zu (vgl § 53 Abs 8 ASchG).

Die bescheidmäßige Feststellung der gesundheitlichen Eignung auf Grund einer Eignungs- oder Folgeuntersuchung kann auch unter Verkürzung des Zeitabstandes bis zur Folgeuntersuchung oder unter der Bedingung, dass der Arbeitgeber bestimmte im Bescheid festzulegende geeignete Maßnahmen zur Verminderung der Gesundheitsgefährdung trifft, erfolgen. Bei bescheidmäßiger Feststellung der gesundheitlichen Nichteignung darf der Arbeitnehmer mit den im Bescheid angeführten Tätigkeiten nicht mehr beschäftigt werden. Dies gilt bei vorübergehender Nichteignung bis zu einer Folgeuntersuchung, sonst bis zur amtswegigen oder auf Antrag erfolgenden Aufhebung durch Bescheid des Arbeitsinspektorats. Das Arbeitsinspektorat kann im Bescheid aussprechen, dass das Beschäftigungsverbot erst nach Ablauf einer bestimmten Frist wirksam wird, wenn dies aus arbeitsmedizinischen Gründen unter Berücksichtigung der Arbeitsbedingungen vertretbar ist (vgl § 54 ASchG). 7/065

Eignungs- und Folgeuntersuchungen sind von hiezu durch den BMASK unter den gesetzlichen Voraussetzungen **ermächtigten Ärzten** durchzuführen und zu beurteilen. Der BMASK hat eine Liste der ermächtigten Ärzte zu erstellen, regelmäßig zu aktualisieren und im Internet zu veröffentlichen (vgl § 56 ASchG). 7/066

Die **Kosten** von Eignungs- und Folgeuntersuchungen sowie von Untersuchungen der Hörfähigkeit sind vom Arbeitgeber zu tragen. Die Kosten von sonstigen besonderen Untersuchungen hat der Arbeitgeber zu tragen, soweit sie nicht auf Kosten eines Versicherungsträgers erfolgen. 7/067

Wenn einschlägige Untersuchungen im Zusammenhang mit Tätigkeiten, die eine Berufskrankheit verursachen können, durchgeführt werden, hat der Arbeitgeber gegenüber dem zuständigen Träger der Unfallversicherung Anspruch auf Ersatz der Kosten. Dies gilt auch für Eignungsuntersuchungen, die unmittelbar vor Aufnahme einer Tätigkeit durchgeführt werden, die die Unfallversicherungspflicht auslöst. Die Höhe des Kostenersatzes ergibt sich aus einem Gesamtvertrag[50] zwischen dem

[50] Allg vgl *Kietaibl*, Vertragsarztauswahl nach Abschluss eines neuen Gesamtvertrages, DRdA 2007, 449; s auch *Rebhahn/Windisch-Graetz*, Gesamtvertragsfreier Zustand, ZAS 2010, 240.

Hauptverband der Sozialversicherungsträger und der Österreichischen Ärztekammer. Der zuständige Träger der Unfallversicherung ist berechtigt, mit ermächtigten Ärzten die direkte Verrechnung derartiger Kosten zu vereinbaren (§ 57 ASchG).

7/068 Arbeitgeber müssen den untersuchenden Ärzten **Zugang zu den Arbeitsplätzen** der zu untersuchenden Arbeitnehmer sowie zu allen für die Durchführung oder Beurteilung notwendigen Informationen, wie zB zu Messergebnissen, gewähren. Werden Untersuchungen während der Arbeitszeit durchgeführt, müssen die Arbeitgeber den Arbeitnehmern die erforderliche Freizeit unter Fortzahlung des Entgelts gewähren. Die Arbeitgeber müssen über jeden Arbeitnehmer, für den Eignungs- oder Folgeuntersuchungen erforderlich sind, **Aufzeichnungen** führen, die aufzubewahren sind, bis der Arbeitnehmer aus dem Betrieb ausscheidet. Sodann sind sie dem zuständigen Träger der Unfallversicherung zu übermitteln. Dieser hat die Unterlagen mindestens 40 Jahre aufzubewahren. Arbeitgeber müssen jedem Arbeitnehmer zu den ihn persönlich betreffenden Aufzeichnungen und Unterlagen Zugang gewähren (vgl § 58 ASchG).

7/069 Der BMASK hat bestimmte Aspekte der Gesundheitsüberwachung im **Verordnungswege** näher zu regeln. Dies betrifft zB die Festlegung jener Tätigkeiten, die gewisse Untersuchungen erforderlich machen, die Zeitabstände, in denen Folgeuntersuchungen durchzuführen sind, sowie Richtlinien über die Durchführung der Untersuchungen[51] (vgl §§ 59, 112 ASchG). Dies ist durch die VO über die Gesundheitsüberwachung am Arbeitsplatz 2017 (VGÜ 2017, BGBl II 27/1997 idF BGBl II 253/2017) erfolgt.

7.2.2.3. Sicherheitsvertrauenspersonen

7/070 Sicherheitsvertrauenspersonen sind Arbeitnehmervertreter mit einer besonderen Funktion bei der Sicherheit und beim Gesundheitsschutz der Arbeitnehmer. Die Arbeitgeber haben Sicherheitsvertrauenspersonen zu bestellen, deren Mindestanzahl unter Berücksichtigung der Arbeitnehmerzahl festzulegen ist (§ 10 Abs 1 ASchG)[52]. Die hiezu ergangene SVP-VO, BGBl 172/1996, sieht folgende **Mindestanzahl** an Sicherheitsvertrauenspersonen vor:

Arbeitnehmerzahl von	bis	Anzahl der Sicherheitsvertrauenspersonen
11	50	1
51	100	2
101	300	3
301	500	4
501	700	5
701	900	6
901	1.400	7
1.401	2.200	8
2.201	3.000	9

[51] *Greifeneder*, Regelungen über Untersuchungen des Gesundheitszustandes, in Reissner/Neumayr (Hrsg), Zeller Handbuch Arbeitsvertrags-Klauseln (2010), 837.

[52] Vgl *Glawischnig*, Die Sicherheitsvertrauensperson im „neuen" ASchG, ZAS 1997, 20 u 50; s weiters § 83 ff LArbG, §§ 10 ff B-BSG.

Arbeitnehmerzahl von	bis	Anzahl der Sicherheits-vertrauenspersonen
3.001	3.800	10
3.801	4.600	11
4.601	5.400	12
5.401	6.200	13
6.201	7.000	14
7.001	7.800	15
7.801	8.600	16
8.601	9.400	17
9.401	10.200	18

Für je weitere 800 Arbeitnehmer ist jeweils eine zusätzliche Sicherheitsvertrauensperson zu bestellen. Bruchteile von 800 werden voll gerechnet.

Sind **Belegschaftsorgane** vorhanden, so kann in diesen Betrieben (oder gleichgestellten Arbeitsstätten; vgl §§ 34 f ArbVG) auch ein Betriebsratsmitglied die Aufgaben einer Sicherheitsvertrauensperson übernehmen. Die Bestellung von Sicherheitsvertrauenspersonen bedarf der **Zustimmung** der zuständigen Belegschaftsorgane; dies gilt auch für die Übernahme der Aufgaben durch ein Betriebsratsmitglied. Kommt es zwischen Arbeitgeber und Belegschaftsorgan zu keiner Einigung, kann das Gericht angerufen werden, da in einem solchen Fall ein Streit aus der Geschäftsführung des Betriebsrats vorliegt. In Arbeitsstätten ohne Belegschaftsorgane sind alle **Arbeitnehmer** über die beabsichtigte Bestellung schriftlich zu **informieren**; wenn mindestens ein Drittel von ihnen binnen vier Wochen schriftlich **Einwände** erhebt, muss eine andere Person bestellt werden (vgl § 10 Abs 2 u 4 ASchG). 7/071

Die Sicherheitsvertrauenspersonen sind jeweils für **vier Jahre** zu bestellen. Eine vorzeitige Abberufung hat auf Verlangen der zuständigen Belegschaftsorgane oder bei deren Fehlen auf Verlangen von mindestens einem Drittel der Arbeitnehmer zu erfolgen (§ 10 Abs 5 ASchG). Die erfolgte Bestellung ist dem Arbeitsinspektorat mitzuteilen (vgl § 10 Abs 8 ASchG). 7/072

Als Sicherheitsvertrauenspersonen dürfen nur **Arbeitnehmer** bestellt werden. Sie müssen für ihre Tätigkeit die **notwendigen persönlichen und fachlichen Voraussetzungen** erfüllen. Vorgeschrieben ist eine Ausbildung auf dem Gebiet des Arbeitnehmerschutzes in der Dauer von 24 Unterrichtseinheiten (zu je 50 Minuten). Diese Ausbildung muss vor der Bestellung oder im ersten Jahr der Funktionsperiode erfolgen (§ 4 SVP-VO). Der Arbeitgeber hat den Sicherheitsvertrauenspersonen unter Bedachtnahme auf die betrieblichen Belange Gelegenheit zu geben, die für ihre Tätigkeit erforderlichen näheren Fachkenntnisse zu erwerben und zu erweitern. Sie haben Anspruch auf die erforderliche **bezahlte Freistellung**, es sind ihnen alle zur Erfüllung ihrer Aufgaben notwendigen Behelfe und Mittel zur Verfügung zu stellen, und sie sind angemessen zu unterweisen (§ 10 Abs 6 u 7 ASchG). Die Bestellung von Sicherheitsvertrauenspersonen **berührt nicht die Verantwortlichkeit des Arbeitgebers** für die Einhaltung der Arbeitnehmerschutzvorschriften; eine Übertragung dieser Verantwortlichkeit an Sicherheitsvertrauenspersonen ist **rechtsunwirksam** (§ 10 Abs 9 ASchG). Sowohl Sicherheitsfachkräfte als auch Arbeitsmediziner können, sofern sie 7/073

Arbeitnehmer sind, gleichzeitig auch als Sicherheitsvertrauenspersonen bestellt werden (§ 10 Abs 1 ASchG), wobei für diese Präventivfachkräfte keine zusätzliche Ausbildung zur Sicherheitsvertrauensperson vorgeschrieben ist (§ 4 Abs 2a SVP-VO).

7/074 Die Sicherheitsvertrauenspersonen haben in allen **Fragen der Sicherheit und des Gesundheitsschutzes** die Arbeitnehmer zu informieren, zu beraten und zu unterstützen, die Belegschaftsorgane zu informieren, zu beraten und zu unterstützen und mit ihnen zusammenzuarbeiten, in Abstimmung mit den Belegschaftsorganen die Interessen der Arbeitnehmer gegenüber den Arbeitgebern, den zuständigen Behörden und sonstigen Stellen zu vertreten, die Arbeitgeber bei der Durchführung des Arbeitnehmerschutzes zu beraten, auf das Vorhandensein der entsprechenden Einrichtungen und Vorkehrungen zu achten und die Arbeitgeber über bestehende Mängel zu informieren, auf die Anwendung der gebotenen Schutzmaßnahmen zu achten sowie mit den Sicherheitsfachkräften und den Arbeitsmedizinern zusammenzuarbeiten (§ 11 Abs 1 ASchG). Sie sind bei Erfüllung ihrer Aufgaben **weisungsfrei** und berechtigt, in allen Fragen der Sicherheit und des Gesundheitsschutzes bei den Arbeitgebern sowie den dafür zuständigen Stellen zu intervenieren. Weiters ist ihnen Zugang zu den Sicherheits- und Gesundheitsschutzdokumenten sowie zu den Aufzeichnungen über Arbeitsunfälle und Messergebnisse zu geben (vgl § 11 Abs 7 ASchG). Im Zusammenhang mit der Bestellung bzw Abberufung von Sicherheitsfachkräften, Arbeitsmedizinern sowie von für erste Hilfe, Brandbekämpfung und Evakuierung zuständigen Personen haben die Sicherheitsvertrauenspersonen ein Informationsrecht. Bei Nichtbestehen von Belegschaftsorganen oder des Arbeitsschutzausschusses treten sie in einschlägigen Angelegenheiten zum Teil in deren Mitbestimmungsrechte ein (vgl § 11 Abs 2 bis 7 ASchG).

7/075 Werden Sicherheitsvertrauenspersonen wegen ihrer Tätigkeit **gekündigt oder entlassen**, so kann dies nach den §§ 105 Abs 3 Z 1 lit g, 106, 107 ArbVG (vgl 8.2.8.1.3, 8.3.4.3.1) bzw gem § 9 Abs 2 und 3 AVRAG (vgl 8.2.8.2, 8.3.4.3.2) bei Gericht angefochten werden (für die Landarbeiter vgl § 210 Abs 3 Z 1 lit i iVm § 38b LArbG).

7.2.2.4. Sicherheitsfachkräfte und sicherheitstechnische Zentren

7/076 Grundsätzlich unterliegt jeder Arbeitgeber einer Kontrolle durch sog Sicherheitsfachkräfte (Fachkräfte für Arbeitssicherheit)[53]. Der Arbeitgeber kann sich hiezu betriebseigener, externer qualifizierter Personen, eines Präventionszentrums (vgl 7.2.2.6) oder eines sicherheitstechnischen Zentrums bedienen (§§ 73, 78a ASchG). Art und Ausmaß der Kontrolle richten sich vor allem nach dem Umfang der Gefahren und nach der Anzahl der Arbeitnehmer.

7/077 Als Sicherheitsfachkräfte dürfen nur Personen bestellt werden, die Fachkenntnisse durch ein Zeugnis über den erfolgreichen Abschluss einer vom BMASK anerkannten **Fachausbildung** nachweisen (vgl §§ 73 Abs 2, 74 ASchG). Sicherheitsfachkräfte sind bei Anwendung ihrer Fachkunde **weisungsfrei** (§ 73 Abs 3 ASchG). Die Arbeitgeber haben diesen ausreichend Hilfspersonal sowie Räume, Ausstattung und Mittel zur Verfügung zu stellen. Bei

[53] Noch zum ASchG 1972 vgl allg *Karollus*, Gedanken zur Stellung und zur straf- und zivilrechtlichen Verantwortlichkeit des Sicherheitstechnikers (§ 21 ANSchG), ZAS 1989, 158.

Inanspruchnahme externer Fachkräfte oder jener von sicherheitstechnischen Zentren entfällt diese Verpflichtung teilweise (vgl § 73 Abs 4 u 5 ASchG).

Sicherheitsfachkräfte haben die **Aufgabe**, die Arbeitgeber, die Arbeitnehmer, die Sicherheitsvertrauenspersonen und die Belegschaftsorgane auf dem Gebiet der Arbeitssicherheit und der menschengerechten Arbeitsgestaltung **zu beraten** und die Arbeitgeber bei der Erfüllung ihrer Pflichten auf diesen Gebieten **zu unterstützen**. Arbeitgeber haben den Sicherheitsfachkräften alle zur Erfüllung ihrer Aufgaben erforderlichen Informationen und Unterlagen (zB Gesundheitsschutzdokumente, Unfallberichte, Messergebnisse) zur Verfügung zu stellen. Bei Neueintritt bzw bei Überlassung von Arbeitnehmern sind sie gesondert zu informieren (vgl § 76 Abs 1 u 2 ASchG). In einer Reihe von Fragen haben Arbeitgeber die Sicherheitsfachkräfte und erforderlichenfalls weitere geeignete Fachleute hinzuzuziehen. 7/078

Dies betrifft zB alle Fragen der Arbeitssicherheit einschließlich der Unfallverhütung, die Planung von Arbeitsstätten, die Beschaffung oder Änderung von Arbeitsmitteln, die Einführung oder Änderung von Arbeitsverfahren und die Einführung von Arbeitsstoffen, die Erprobung und Auswahl von persönlichen Schutzausrüstungen sowie die Organisation des Brandschutzes und die Maßnahmen zur Evakuierung (vgl § 76 Abs 3 ASchG).

Weiters haben Arbeitgeber dafür zu sorgen, dass die Sicherheitsfachkräfte den Arbeitnehmern, den Sicherheitsvertrauenspersonen und den Belegschaftsorganen auf Verlangen die erforderlichen Auskünfte erteilen sowie diesen Personenkreis – im Falle der Belegschaftsorgane auf deren Verlangen – beraten (§ 76 Abs 4 ASchG). 7/079

Als Alternative zur Beschäftigung von Sicherheitsfachkräften im Rahmen eines Arbeitsverhältnisses (**betriebseigene Sicherheitsfachkräfte**) bzw der Inanspruchnahme **externer Sicherheitsfachkräfte** kann sich der Arbeitgeber zur Erfüllung seiner Verpflichtungen auch eines **sicherheitstechnischen Zentrums** bedienen (§ 73 Abs 1 ASchG). Für den Betrieb eines sicherheitstechnischen Zentrums müssen gem § 75 ASchG eine Reihe von Voraussetzungen erfüllt sein. So muss die sicherheitstechnische Leitung des Zentrums einer Sicherheitsfachkraft übertragen sein, die die erforderlichen Fachkenntnisse nachweist und die sicherheitstechnische Betreuung hauptberuflich ausübt. In einem sicherheitstechnischen Zentrum müssen außerdem weitere Sicherheitsfachkräfte beschäftigt werden, die die erforderlichen Fachkenntnisse nachweisen, sodass gewährleistet ist, dass das Zentrum regelmäßig eine sicherheitstechnische Betreuung im Ausmaß von mindestens 70 Stunden wöchentlich ausüben kann, wobei auf dieses Ausmaß nur die Einsatzzeit von Sicherheitsfachkräften anzurechnen ist, die regelmäßig mindestens acht Stunden wöchentlich tätig werden. Fach- und Hilfspersonal muss im erforderlichen Ausmaß beschäftigt werden. Ebenso müssen die für eine ordnungsgemäße sicherheitstechnische Betreuung erforderlichen Einrichtungen, Geräte und Mittel vorhanden sein. Detaillierte Bestimmungen enthält die Verordnung über sicherheitstechnische Zentren (STZ-VO, BGBl II 450/1998). 7/080

Das ASchG sieht in den § 77a sowie §§ 82a bis 87 gemeinsame Bestimmungen für Sicherheitsfachkräfte und Arbeitsmediziner (vgl allg 7.2.2.5) vor; beide Personengruppen werden dabei als **Präventivfachkräfte** bezeichnet (für die Landarbeiter vgl §§ 93 ff LArbG). Vor der Bestellung von Präventivfachkräften ist der Arbeitsschutzausschuss anzuhören (vgl hiezu auch 11.5.3.2 u 7.2.2.7). Betriebseigene Präventivfachkräfte bzw deren Leitung sind unmit- 7/081 telbar dem Arbeitgeber oder der für die Einhaltung der Arbeitnehmerschutzvorschriften sonst verwaltungsstrafrechtlich verantwortlichen Person zu unterstellen; Arbeitgeber haben ihnen die Gelegenheit zu geben, die für ihre Tätigkeit notwendigen Fachkenntnisse zu erweitern. Daraus folgt, dass betriebseigene Präventivfachkräfte Anspruch auf bezahlte Dienstfreistellung für ihre Tätigkeit bzw Weiterbildung haben. Die Bestellung von Präventivfachkräften enthebt die Arbeitgeber nicht von ihrer Verantwortlichkeit für die Einhaltung der Arbeitnehmerschutzvorschriften. Den Präventivfachkräften kann diese Verantwortlichkeit nicht rechtswirksam übertragen werden. Die allgemeinen Pflichten von Arbeitnehmern (§§ 15, 130 Abs 4 ASchG) gelten auch für betriebseigene Präventivfachkräfte (vgl § 83 ASchG).

7/082 Abgehend vom eher starren System der sog Mindesteinsatzzeiten, die sich allein aus der Anzahl der in einer Arbeitsstätte beschäftigten Arbeitnehmer ergaben, wird seit der ASchG-Novelle, BGBl I 159/2001, die **Präventionszeit**, in der Sicherheitsfachkräfte und Arbeitsmediziner zu beschäftigen sind, unter Zugrundelegung zusätzlicher Parameter und auch nicht mehr im fixen Ausmaß festgelegt (zu den Sonderregelungen für Arbeitsstätten mit bis zu 50 Arbeitnehmern s jedoch §§ 77a ff ASchG; Näheres dazu in 7.2.2.6).

Für Arbeitnehmer an **Büroarbeitsplätzen** sowie an Arbeitsplätzen mit vergleichbaren Gefährdungen (zB Arbeiten an Bankschaltern, Rezeptionen, in Ordinationen bei überwiegend organisatorischen Aufgaben, aber auch Arbeiten im strategischen Unternehmensbereich sowie im Bereich von Unternehmensberatung) beträgt die Präventionszeit 1,2 Stunden pro Arbeitnehmer; für Arbeitnehmer an sonstigen Arbeitsplätzen 1,5 Stunden (§ 82a Abs 2 ASchG). Für die Einstufung in Gefahrenklassen bedarf es jeweils einer genauen Prüfung der einzelnen Belastungs- und Gefährdungssituation. So kann die Arbeitsplatzsituation im Einzelhandel bei keiner oder bei geringer manueller Lastenhandhabung in die Gefahrenklasse 1 fallen, Kassenarbeitsplätze in Selbstbedienungsläden oder Arbeitsplätze, an denen schwere Lasten händisch bewegt werden müssen, hingegen nicht[54].

Teilzeitbeschäftigte Arbeitnehmer sind entsprechend dem Umfang ihrer Beschäftigung anteilsmäßig anzurechnen. Für jeden Arbeitnehmer, der mindestens 50-mal **Nachtarbeit** iSd Art VII Abs 1 NSchG leistet, erhöht sich die jährliche Präventionszeit um je 0,5 Stunden pro Kalenderjahr (§ 82a Abs 3 u 4 ASchG).

7/083 Die Präventionszeit wird für die Fachkräfte für Arbeitssicherheit und die Arbeitsmediziner insgesamt berechnet, wobei die Sicherheitsfachkräfte im Ausmaß von 40 % und die Arbeitsmediziner im Ausmaß von mindestens 35 % der jährlichen Präventionszeit beschäftigt werden müssen. Die verbleibenden Anteile der jährlichen Präventionszeit sind für Beratungsleistungen jener Experten zu verwenden, deren Einsatz die jeweilige betriebliche Situation in der Praxis erfordert (§ 82a Abs 5 ASchG). Neben den Sicherheitsfachkräften und Arbeitsmedizinern können dies etwa Chemiker, Toxikologen, Ergonomen, Arbeitspsychologen sein (dh **geeignete Fachleute** iSd § 76 Abs 3, § 81 Abs 3 ASchG).

7/084 Die Aufteilung der jährlichen Präventionszeit erfolgt angepasst an die betrieblichen Gegebenheiten. Allerdings hat, um weiterhin sinnvolle Betreuung zu ermöglichen, die jeweilige Mindestanwesenheitsdauer zwei Stunden zu betragen (§ 82a Abs 6 ASchG).

7/085 Präventivfachkräfte haben **Aufzeichnungen** über die geleistete Einsatzzeit und die Durchführung der ihnen obliegenden Tätigkeiten (zB Besichtigungen) zu führen; den Organen

[54] Näheres in den Materialien, vgl 802 BlgNR 21. GP, 22 f.

der Arbeitsinspektion ist auf Verlangen Einsicht in diese Unterlagen zu gewähren oder sind Kopien dieser Unterlagen zu übermitteln. Besteht ein Arbeitsschutzausschuss, so haben Präventivfachkräfte an dessen Sitzungen teilzunehmen. Die Präventivfachkräfte haben dem Arbeitgeber jährlich einen Tätigkeitsbericht samt Verbesserungsvorschlägen vorzulegen. Dieser hat den Bericht an die Sicherheitsvertrauenspersonen weiterzuleiten bzw, wenn solche nicht bestellt sind, an geeigneter Stelle zur Einsichtnahme durch die Arbeitnehmer aufzulegen. Der Bericht ist zudem dem Arbeitsinspektorat auf Verlangen zu übermitteln. Eine weitreichende Auskunftsverpflichtung gegenüber dem Arbeitsinspektorat besteht auch für die sicherheitstechnischen und arbeitsmedizinischen Zentren (vgl § 84 ASchG).

Die Präventivfachkräfte und die Belegschaftsorgane haben zusammenzuarbeiten und zB unter Beiziehung der Sicherheitsvertrauenspersonen **Betriebsbesichtigungen** vorzunehmen (vgl § 85 ASchG). Präventivfachkräfte haben festgestellte Mängel dem Arbeitgeber oder der sonst für die Einhaltung der Arbeitnehmerschutzvorschriften verantwortlichen Person sowie den Belegschaftsorganen mitzuteilen. Stellen sie eine ernste und unmittelbare Gefahr fest, so haben sie unverzüglich neben den genannten Personen auch die betroffenen Arbeitnehmer zu informieren und Abhilfemaßnahmen vorzuschlagen. Besteht kein Arbeitsschutzausschuss, so können sich die Präventivfachkräfte an das Arbeitsinspektorat wenden, wenn sie der Auffassung sind, dass die vom Arbeitgeber getroffenen Abhilfemaßnahmen nicht ausreichen, und sie vom Arbeitgeber erfolglos die Beseitigung dieser Mängel verlangt haben (vgl § 86 ASchG). 7/086

Der Arbeitgeber darf Präventivfachkräfte nur nach vorheriger Befassung des Arbeitsschutzausschusses – sofern ein solcher besteht – **abberufen**. Wird der Arbeitsausschuss mit der Abberufung nicht befasst, handelt der Arbeitgeber zwar rechtswidrig und begeht unter Umständen eine Verwaltungsübertretung nach § 130 Abs 1 Z 29 ArbVG, die Abberufung ist aber nicht rechtsunwirksam[55]. Wenn nach Auffassung des Arbeitsinspektorats eine Präventivfachkraft ihre Aufgaben nicht ordnungsgemäß erfüllt, hat dieses vor einer Anzeige gem § 130 ASchG allerdings die Beanstandungen dem Arbeitgeber schriftlich mitzuteilen. Der Arbeitgeber hat diesfalls den Arbeitsschutzausschuss einzuberufen, der die geltend gemachten Mängel zu behandeln hat. Besteht kein Arbeitsschutzausschuss, so hat der Arbeitgeber binnen vier Wochen zu den Beanstandungen schriftlich Stellung zu nehmen (vgl § 87 ASchG). 7/087

Werden Arbeitnehmer wegen ihrer Tätigkeit als Präventivfachkraft oder als deren Fach- oder Hilfspersonal gekündigt oder entlassen, können diese die **Kündigung oder Entlassung** nach den §§ 105 Abs 3 Z 1 lit g, 106, 107 ArbVG (vgl 8.2.8.1, 8.3.4.3.1; zur weiteren Mitwirkung des Betriebsrats vgl 11.5.3.2) bzw gem § 9 Abs 2 AVRAG (vgl 8.2.8.2, 8.3.4.3.2) bei Gericht anfechten. 7/088

Der BMASK hat bestimmte Aspekte im Bereich der Präventivdienste im **Verordnungswege** näher auszuführen. Dies betrifft zB die Voraussetzungen für die Durchführung bzw Anerkennung einer Fachausbildung sowie die Voraussetzungen für sicherheitstechnische und 7/089

55 OGH 24. 4. 2012, 8 ObA 31/11h, DRdA 2013, 56 mit Bespr v *Ziehensack* = ARD 6264/1/2012 = RdW 2012, 607.

arbeitsmedizinische Zentren (vgl § 90 ASchG; VO über die Fachausbildung der Sicherheitskräfte und die Besonderheiten der sicherheitstechnischen Betreuung für den untertägigen Bergbau, SFK-VO, BGBl II 277/1995).

7.2.2.5. Arbeitsmediziner und arbeitsmedizinische Zentren

7/090 Durchführung und Kontrolle des Arbeitnehmerschutzes sind nur dann gewährleistet, wenn die Sicherheitstechnik durch eine geeignete arbeitsmedizinische Betreuung der Arbeitnehmer ergänzt wird. Zu diesem Zweck sieht das ASchG die Heranziehung von Arbeitsmedizinern vor, wobei sich der Arbeitgeber wie bei den Sicherheitsfachkräften (vgl 7.2.2.4) betriebseigener, externer qualifizierter Personen oder eines arbeitsmedizinischen Zentrums (s unten) bedienen kann (§§ 79 ff ASchG; für die Landarbeiter vgl §§ 93a ff LArbG; zu gemeinsamen Bestimmungen über die Präventivdienste – das sind die Sicherheitsfachkräfte und die Arbeitsmediziner – vgl 7.2.2.4).

Als Arbeitsmediziner dürfen nur Personen bestellt werden, die zur selbständigen Ausübung des ärztlichen Berufs iS des ÄrzteG berechtigt sind und eine vom Bundesminister für Gesundheit anerkannte arbeitsmedizinische Ausbildung absolviert haben (s dazu die VO über die arbeitsmedizinische Ausbildung von Ärzten, BGBl 489/1995). Die Bestimmungen des ÄrzteG (zB über die ärztliche Verschwiegenheitspflicht) bleiben unberührt. Arbeitgeber sind verpflichtet, das für die arbeitsmedizinische Betreuung notwendige Fach- und Hilfspersonal zu beschäftigen und für dessen Fortbildung während der Arbeitszeit zu sorgen sowie die notwendigen Räume, Ausstattungen und Mittel zur Verfügung zu stellen. Bei Inanspruchnahme Außenstehender (arbeitsmedizinischer Zentren, externer Arbeitsmediziner) entfallen letztere Verpflichtungen im Wesentlichen (vgl § 79 Abs 2 bis 7 ASchG).

7/091 Der Betrieb eines **arbeitsmedizinischen Zentrums** ist dem BMASK zu melden. Auf Grund dieser Meldung prüft das Arbeitsinspektorat, ob die Voraussetzungen für den Betrieb eines arbeitsmedizinischen Zentrums erfüllt sind: Die ärztliche Leitung des Zentrums muss einem Arzt übertragen sein, der über die erforderliche Ausbildung verfügt und die arbeitsmedizinische Betreuung hauptberuflich ausübt. Im Zentrum müssen weitere Ärzte beschäftigt werden, die über die erforderliche Ausbildung verfügen, sodass gesichert ist, dass das Zentrum regelmäßig eine arbeitsmedizinische Betreuung im Ausmaß von mindestens 70 Stunden wöchentlich ausüben kann, wobei auf dieses Ausmaß nur die Einsatzzeit von Ärzten anzurechnen ist, die regelmäßig mindestens acht Stunden wöchentlich beschäftigt werden. Zusätzlich muss das erforderliche Fach- und Hilfspersonal beschäftigt werden. Die erforderlichen Einrichtungen, Geräte und Mittel müssen vorhanden sein (§ 80 ASchG).

7/092 Arbeitsmediziner haben die **Aufgabe**, die Arbeitgeber, die Arbeitnehmer, die Sicherheitsvertrauenspersonen und die Belegschaftsorgane auf dem Gebiet des Gesundheitsschutzes, der auf die Arbeitsbedingungen bezogenen Gesundheitsförderung und der menschengerechten Arbeitsgestaltung zu beraten und die Arbeitgeber bei der Erfüllung ihrer Pflichten auf diesen Gebieten zu unterstützen. Die Arbeitgeber haben den Arbeitsmedizinern alle zur Erfüllung ihrer Aufgaben erforderlichen Informationen und Unterlagen (zB Gesundheitsschutzdokumente, Unfallberichte, Messergebnisse) zur Verfügung zu stellen. Bei Neueintritt bzw Überlassung von Arbeitnehmern sind sie gesondert zu informieren (vgl § 81 Abs 1 u 2 ASchG). In einer Reihe von Fragen haben die Arbeitgeber die Arbeitsmediziner und erforderlichenfalls weitere geeignete Fachleute (wie insb Arbeitspsychologen) hinzuzuziehen.

Dies betrifft zB alle Fragen der Erhaltung und Förderung der Gesundheit am Arbeitsplatz, die Planung von Arbeitsstätten, die Beschaffung oder Änderung von Arbeitsmitteln, die Einführung und Änderung von Arbeitsverfahren und die Einführung von Arbeitsstoffen, die Erprobung und Auswahl von persönlichen Schutzausrüstungen, alle arbeitsphysiologischen, -psychologischen und -hygienischen Fragen sowie die Organisation der ersten Hilfe (vgl § 81 Abs 3 ASchG).

Weiters haben die Arbeitgeber dafür zu sorgen, dass die Arbeitsmediziner den Arbeitnehmern, den Sicherheitsvertrauenspersonen und den Belegschaftsorganen auf Verlangen die erforderlichen Auskünfte erteilen, soweit dem nicht die ärztliche Verschwiegenheitspflicht entgegensteht, und diesen Personenkreis – die Belegschaftsorgane auf deren Verlangen – beraten (§ 81 Abs 4 ASchG). 7/093

Zur Erfüllung ihrer Aufgaben sind für Arbeitsmediziner sog **Präventionszeiten** (gemeinsam mit den Sicherheitsfachkräften) festzulegen (§ 82a ASchG; Näheres vgl 7.2.2.4). Diese Präventionszeiten richten sich vor allem nach der Anzahl der Arbeitnehmer und nach der Art und dem Gefährdungspotenzial der Tätigkeiten. 7/094

7.2.2.6. Sicherheitstechnische und arbeitsmedizinische Betreuung bei bis zu 50 Arbeitnehmern[56]

In Arbeitsstätten mit bis zu 50 Arbeitnehmern hat die sicherheitstechnische und arbeitsmedizinische Betreuung in Form von **Begehungen** durch eine Sicherheitsfachkraft und durch einen Arbeitsmediziner zu erfolgen. In Arbeitsstätten mit 1 bis 10 Arbeitnehmern ist eine derartige Begehung mindestens einmal in zwei Kalenderjahren, in Arbeitsstätten mit 1 bis 10 Arbeitnehmern, in denen nur Büroarbeitsplätze sowie Arbeitsplätze mit Büroarbeitsplätzen vergleichbaren Gefährdungen und Belastungen eingerichtet sind, mindestens einmal in drei Kalenderjahren und in Arbeitsstätten mit 11 bis 50 Arbeitnehmern mindestens einmal in jedem Kalenderjahr durchzuführen. Weitere Begehungen sind je nach Erfordernis zu veranlassen (§ 77a Abs 1 bis 3 ASchG). 7/095

Hinsichtlich der Personen bzw Institutionen, die der Arbeitgeber hiezu einsetzt, hat er die Wahl. Die **sicherheitstechnische Betreuung** kann durch Bestellung von Sicherheitsfachkräften, durch Inanspruchnahme eines Präventionszentrums (s unten) oder durch den Arbeitgeber selbst (Unternehmermodell, s unten) erfolgen. Die **arbeitsmedizinische Betreuung** kann durch Bestellung von Arbeitsmedizinern oder durch Inanspruchnahme des Präventionszentrums durchgeführt werden. Will der Arbeitgeber ein Präventionszentrum in Anspruch nehmen oder die sicherheitstechnische Betreuung selbst durchführen, dann hat er die Sicherheitsvertrauenspersonen und die Belegschaftsorgane zu informieren und mit ihnen darüber zu beraten. Ist weder ein Betriebsrat eingerichtet noch eine Sicherheitsvertrauensperson bestellt, dann sind alle Arbeitnehmer zu informieren und es ist mit ihnen darüber zu beraten (§ 78 ASchG). 7/096

Präventionszentren sind vom zuständigen Träger der **Unfallversicherung** einzurichten und können von Unternehmern in Anspruch genommen werden, wenn es sich um eine Arbeitsstätte mit bis zu 50 Arbeitnehmern handelt und der Arbeitgeber insgesamt nicht mehr 7/097

[56] Vgl *Lang*, Novelle zum ASchG, ASoK 1999, 15.

als 250 Arbeitnehmer beschäftigt (§§ 78, 78a ASchG). Nimmt der Arbeitgeber ein Präventionszentrum in Anspruch, dann können Sicherheitsvertrauenspersonen und die Belegschaftsorgane (fehlen diese, dann sämtliche Arbeitnehmer) sich auch unmittelbar an das zuständige Präventionszentrum wenden und Auskünfte, Beratungen, Zusammenarbeit und erforderlichenfalls betriebliche Begehungen verlangen. Begehungsergebnisse und allfällige Verbesserungsvorschläge des Präventionszentrums hat der Arbeitgeber den Arbeitnehmervertretern und den Sicherheitsvertrauenspersonen zu übermitteln. Sind keine Sicherheitsvertrauenspersonen bestellt, dann sind diese Unterlagen an geeigneter Stelle zur Einsichtnahme durch die Arbeitnehmer aufzulegen (§ 78a Abs 3 u 5 ASchG).

7/098 Als **Unternehmermodell** bezeichnet das ASchG (§ 78b) die Variante, dass der Arbeitgeber selbst die Aufgaben der Sicherheitsfachkräfte wahrnimmt. Zulässig ist dies dann, wenn der Arbeitgeber insgesamt nicht mehr als 50 Arbeitnehmer beschäftigt und er Fachkenntnisse einer Sicherheitsfachkraft nach § 74 ASchG nachweisen kann oder wenn er insgesamt nicht mehr als 25 Arbeitnehmer beschäftigt und „ausreichende Kenntnisse" nachweisen kann.

7.2.2.7. Arbeitsschutzausschuss

7/099 Die Arbeitgeber sind verpflichtet, für Arbeitsstätten, in denen sie regelmäßig mindestens 100 Arbeitnehmer beschäftigen, einen Arbeitsschutzausschuss einzurichten. Für Arbeitsstätten, in denen mindestens drei Viertel der Arbeitsplätze Büroarbeitsplätze oder solche mit vergleichbaren Gefahren sind, gilt die Verpflichtung erst ab der Beschäftigung von 250 Arbeitnehmern. Die auf Baustellen oder auswärtigen Arbeitsstellen beschäftigten Arbeitnehmer sind jeweils einzurechnen (§ 88 Abs 1 ASchG).

Dem Ausschuss gehören als **Mitglieder** an: der Arbeitgeber oder eine von ihm beauftragte Person, die für die Einhaltung der Arbeitnehmerschutzvorschriften bestellten verantwortlichen Beauftragten, die Sicherheitsfachkräfte oder, wenn mehrere Sicherheitsfachkräfte für die Arbeitsstätte bestellt sind, deren Leiter oder sein Vertreter, die Arbeitsmediziner oder, wenn mehrere Arbeitsmediziner für die Arbeitsstätte bestellt sind, deren Leiter oder sein Vertreter, die Sicherheitsvertrauenspersonen und je ein Vertreter der zuständigen Belegschaftsorgane (§ 88 Abs 3 ASchG).

Den Vorsitz im Arbeitsschutzausschuss hat der Arbeitgeber oder eine von ihm beauftragte Person zu führen. Der Arbeitsschutzausschuss ist nach Erfordernis, mindestens jedoch einmal pro Kalenderjahr vom Arbeitgeber oder der von ihm beauftragten Person einzuberufen. Die Einberufung kann jedoch auch von einem Drittel der Mitglieder verlangt werden. Den Sitzungen können Sachverständige und das Arbeitsinspektorat beigezogen werden. Über die Sitzungen sind Aufzeichnungen zu führen, die auf Verlangen dem Arbeitsinspektorat vorzulegen sind (vgl § 88 Abs 4 bis 8 ASchG).

7/100 Der Arbeitsschutzausschuss hat die **Aufgabe**, die gegenseitige Information, den Erfahrungsaustausch und die Koordination der betrieblichen Arbeitsschutzeinrichtungen zu gewährleisten und auf eine Verbesserung der Sicherheit, des Gesundheitsschutzes und der Arbeitsbedingungen hinzuwirken. Er hat in sämtlichen Anliegen der Sicherheit, des Gesundheitsschutzes, der auf die Arbeitsbedingungen bezogenen Gesundheitsförderung und der menschengerechten Arbeitsgestaltung zu beraten. Im Arbeitsschutzausschuss sind insb die Berichte und Vorschläge der Sicherheitsvertrauenspersonen, der Sicherheitsfachkräfte und der Arbeitsmediziner zu erörtern. Die innerbetriebliche Zusammenarbeit in allen Fragen der Sicherheit und des Gesundheitsschutzes ist zu fördern und die Grundsätze für die innerbetriebliche Weiterentwicklung des Arbeitnehmerschutzes sind zu erarbeiten (§ 88 Abs 2 ASchG).

Betreibt ein Arbeitgeber mehrere Arbeitsstätten, in denen ein Arbeitsschutzausschuss einzurichten ist, so ist er verpflichtet, am Unternehmenssitz einen **zentralen Arbeitsschutzausschuss** einzurichten. Ihm gehören neben dem Arbeitgeber oder der von ihm beauftragten Person, Vertreter der zuständigen Belegschaftsorgane und die von den Arbeitsschutzausschüssen entsendeten Mitglieder an (§ 88a ASchG). 7/101

Der zentrale Arbeitsschutzausschuss ist nach Erfordernis, mindestens aber einmal jährlich einzuberufen. Im Übrigen gelten die Bestimmungen über den Arbeitsschutzausschuss sinngemäß (§ 88a Abs 5 u 7 ASchG).

7.2.2.8. Belegschaftsorgane

Unabhängig von den speziellen betrieblichen Kontrollinstanzen hat der **Betriebsrat** (bzw das zuständige **Belegschaftsorgan**) ebenfalls eine wesentliche Kontrollfunktion im Zusammenhang mit dem Arbeitnehmerschutz[57]. Gem § 89 Z 3 ArbVG hat er insb die Durchführung und Einhaltung der Arbeitnehmerschutzvorschriften zu **überwachen**. 7/102

Zu diesem Zweck kann der Betriebsrat die betrieblichen Räumlichkeiten, Anlagen und Arbeitsplätze besichtigen. Der Betriebsinhaber hat den Betriebsrat von jedem Arbeitsunfall unverzüglich in Kenntnis zu setzen. Zu Betriebsbesichtigungen im Zuge behördlicher Verfahren, durch die Interessen der Arbeitnehmerschaft des Betriebs (Unternehmens) berührt werden, sowie zu Betriebsbesichtigungen, die von den zur Überwachung der Arbeitnehmerschutzvorschriften berufenen Organen oder die mit deren Beteiligung durchgeführt werden, ist der Betriebsrat beizuziehen. Der Betriebsinhaber hat den Betriebsrat von einer anberaumten Verhandlung sowie von der Ankunft eines behördlichen Organs in diesen Fällen unverzüglich zu verständigen (vgl 14.4).

Der Betriebsinhaber hat den Betriebsrat gem § 92a Abs 1 ArbVG in allen Angelegenheiten der Sicherheit und des Gesundheitsschutzes (zB bei der Einführung neuer Technologien) rechtzeitig anzuhören und mit ihm darüber zu beraten (vgl 11.5.2.4). Er ist zudem verpflichtet, dem Betriebsrat in die entsprechenden Unterlagen Einsicht zu gewähren (§ 92a Abs 2 ArbVG). 7/103

Über die beabsichtigte Bestellung oder Abberufung von Sicherheitsfachkräften, Arbeitsmedizinern sowie von Personen, die für die erste Hilfe, die Brandbekämpfung und Evakuierung zuständig sind, hat der Betriebsinhaber gem § 92a Abs 3 ArbVG bei **sonstiger Rechtsunwirksamkeit** derartige Beratungen vorzunehmen, es sei denn, die beabsichtigte Maßnahme wird im Arbeitsschutzausschuss behandelt (vgl 11.5.3.2).

Der Betriebsrat kann seine Befugnisse nach § 92a Abs 1 Z 1 bis 3 ArbVG an die im Betrieb bestellten Sicherheitsvertrauenspersonen **delegieren**. Der entsprechende Beschluss ist den Sicherheitsvertrauenspersonen sowie dem Betriebsinhaber unverzüglich mitzuteilen und wird erst mit deren Verständigung rechtswirksam (§ 92a Abs 4 ArbVG). 7/104

[57] S auch *Meggeneder*, Voraussetzungen und Möglichkeiten der Demokratisierung des Arbeitnehmerschutzes, DRdA 1984, 260.

7.2.2.9. Arbeitsinspektorate, Arbeitnehmerschutzbeirat

7/105 **Neben** den **betrieblichen Kontrollinstanzen** dient zur Überwachung der öffentlich-rechtlichen Schutzbestimmungen die **Einrichtung der Arbeitsinspektion** (vgl 14.4).

7/106 Darüber hinaus ist zur Beratung des BMASK in grundsätzlichen Fragen der Sicherheit und des Gesundheitsschutzes bei der Arbeit und zu seiner Information über Organisation und Tätigkeit der Präventionszentren ein **Arbeitnehmerschutzbeirat** einzurichten (§ 91 Abs 1 ASchG); die Einberufung und die Geschäftsführung des Beirats obliegt dem Zentral-Arbeitsinspektorat (§ 91 Abs 8 ASchG).

Der Arbeitnehmerschutzbeirat besteht aus dem Zentral-Arbeitsinspektor (bei Verhinderung dessen Vertreter) sowie diversen Vertretern der gesetzlichen Interessenvertretungen, der freiwilligen Berufsvereinigungen, der Sozialversicherungsträger und sonstiger von den Beratungen betroffener Institutionen (vgl § 91 Abs 2 bis 4 ASchG).

Der Arbeitnehmerschutzbeirat kann zum Zweck der Vorbereitung der Verhandlungsgegenstände **Fachausschüsse** einsetzen (§ 91 Abs 6 ASchG). Die Tätigkeit im Arbeitnehmerschutzbeirat ist ehrenamtlich (§ 91 Abs 5 ASchG); die Sitzungen sind nicht öffentlich, die Mitglieder können Sachverständige beiziehen (§ 91 Abs 7 ASchG).

7/107 Zu einer gewissen mittelbaren Kontrolle des Arbeitnehmerschutzes kommt es auch durch Organe, Kontroll- und Untersuchungsinstanzen, denen primär andere gesetzliche (Kontroll-)Aufgaben (zB Eindämmung der Schwarzarbeit oder der illegalen Beschäftigung ausländischer Arbeitnehmer) zugewiesen sind. Beispiele dafür sind etwa die **Baustellenkontrollen** durch Bedienstete der Urlaubs- und Abfertigungskasse gem § 23a BUAG, die Untersuchungen von Vorfällen in den Bereichen Luftfahrt, Schiene, Schiffe und Seilbahn nach dem Unfalluntersuchungsgesetz 2005, aber vor allem auch die Einsätze der **Finanzpolizei** (Kontrolle der illegalen Arbeitnehmerbeschäftigung; vgl 14.6).

7.3. Verwendungsschutz

7/108 Der Verwendungsschutz umfasst Bestimmungen des Arbeitnehmerschutzes, die darauf abzielen, bei der Verwendung besonders schutzwürdiger Personengruppen für deren besondere Anliegen Vorsorge zu treffen. Konkret geht es um den Schutz des Lebens, der Gesundheit und der Sittlichkeit des Arbeitnehmers bzw darum, dass Arbeitnehmer ihren familienrechtlichen Pflichten nachkommen können. Schutzbestimmungen in diesem Sinn existieren für Kinder und Jugendliche, Frauen, (werdende) Mütter und Väter.

7.3.1. Kinder- und Jugendschutz

7/109 In der österreichischen Rechtsordnung ist für Kinder und Jugendliche ein sehr umfassender arbeitsrechtlicher Schutz verankert[58]. Dieser manifestiert sich einerseits darin, dass für diesen Personenkreis – teilweise gestaffelt nach Altersklassen – bestimmte Beschäftigungen

[58] Vgl hiezu auch den Staatsvertrag über das Mindestalter für die Zulassung zur Beschäftigung, BGBl III 200/2001 u BGBl III 201/2001, sowie den Staatsvertrag zur Beseitigung der schlimmsten Formen der Kinderarbeit, BGBl III 41/2002.

oder die Beschäftigung in bestimmten Betrieben **überhaupt verboten sind**, und andererseits darin, dass den Arbeitgeber bzw Lehrberechtigten bei der Beschäftigung von Jugendlichen besondere Verpflichtungen treffen, deren Sinn es ist, die Gesundheit dieser Arbeitnehmergruppe **besonders zu schützen**. Ferner ist in diesem Zusammenhang auch auf jene gesetzlichen Bestimmungen zu verweisen, die den Dienstgeber verpflichten, Jugendliche über die Durchführung von Jugendlichenuntersuchungen gem § 132a ASVG rechtzeitig zu informieren und sie über den Sinn dieser Untersuchungen zu belehren und sie zur Teilnahme anzuhalten. Diese Untersuchungen sind bei erstmaliger Beschäftigung von Jugendlichen innerhalb von zwei Monaten durchzuführen, wobei diesen Dienstnehmern die hiefür erforderliche Freizeit unter Fortzahlung des Entgelts zu gewähren ist (§ 25 Abs 1 und 2 KJBG).

Auf europäischer Ebene zielt die Jugendarbeitsschutzrichtlinie (RL 94/33/EG) auf das Verbot von Kinderarbeit, den Erlass strenger Arbeitsschutzvorschriften sowie auf die Anpassung der Arbeitsbedingungen an die Bedürfnisse von Jugendlichen ab. Änderungen der österreichischen Regelungen waren nur punktuell notwendig, da die Rechtslage bereits weitestgehend diesen Vorgaben entsprach (s dazu 2.8.4.6). 7/110

7.3.1.1. Verbot der Kinderarbeit

Der erhöhte Schutz der Kinder ist durch das BG über die Beschäftigung von Kindern und Jugendlichen garantiert[59]. Gem § 5 KJBG ist die **Heranziehung von Kindern** zu Arbeitsleistungen – soweit im Gesetz nicht Ausnahmen vorgesehen sind – **verboten**. Die Beschäftigung von Kindern, die ausschließlich zu Zwecken des Unterrichts oder der Erziehung erfolgt, und die Beschäftigung eigener Kinder mit leichten Arbeiten von geringer Dauer im Haushalt gelten nicht als Kinderarbeit iS des Gesetzes (§ 4 Abs 2 KJBG). 7/111

Vereinzelte, geringfügige und aus Gefälligkeit erwiesene leichte Hilfeleistungen von Kindern fallen dann nicht unter das Beschäftigungsverbot, wenn sie nur von kurzer Dauer sind, ihrer Art nach nicht einer Dienstleistung von Arbeitnehmern, Lehrlingen oder Heimarbeitern entsprechen, die Kinder keinen Unfallgefahren aussetzen und sie weder in ihrer körperlichen und geistigen Gesundheit und Entwicklung noch in ihrer Sittlichkeit gefährden (§ 1 Abs 2 KJBG).

Als **Kinder** iS des Gesetzes sind Minderjährige bis zur Vollendung des 15. Lebensjahres oder bis zur späteren Beendigung der Schulpflicht zu verstehen (§ 2 Abs 1 KJBG). Für Minderjährige, die die allgemeine Schulpflicht beendet haben und die in einem Lehrverhältnis oder im Rahmen eines Ferialpraktikums iS des SchUG, eines Pflichtpraktikums iS des SchOG oder eines Ausbildungsverhältnisses gem § 8b Abs 2 BAG beschäftigt werden, kommen bereits die Bestimmungen des KJBG über Jugendliche zur Anwendung (§ 2 Abs 1a KJBG). 7/112

Nach Vollendung des **13. Lebensjahres** dürfen Kinder außerhalb der Zeiten des Schulbesuchs in Familienbetrieben zur Arbeitsleistung herangezogen werden, wenn sie mit dem Betriebsinhaber in einem verwandtschaftlichen Naheverhältnis stehen. 7/113

---

[59] Vgl insb *Dirschmied/Nöstlinger*, KJBG[4] (2002).

Sie dürfen ferner zu Arbeiten im Privathaushalt, zu Botengängen, zu Handreichungen auf Sport- und Spielplätzen, zum Sammeln von Blumen, Kräutern, Pilzen und Früchten sowie zu diesen Arbeiten im Einzelnen jeweils gleichwertigen Tätigkeiten herangezogen werden (§ 5a Abs 1 KJBG), wenn die Arbeiten nicht in einem Gewerbebetrieb oder im Rahmen eines Dienstverhältnisses zu leisten sind. Eine derartige Beschäftigung ist allerdings nur dann erlaubt, wenn es sich um leichte und vereinzelte Arbeiten handelt und das Kind dadurch weder in seiner Gesundheit, seiner Entwicklung oder seiner Sittlichkeit gefährdet, noch im Schulbesuch oder in Erfüllung religiöser Pflichten behindert wird. Weiters enthält das KJBG eine Reihe von zeitlichen Beschränkungen bezüglich dieser Arbeiten.

7/114 Erlaubt ist die Beschäftigung von Kindern mit **Bewilligung des Landeshauptmanns** bei Musikaufführungen, Theatervorstellungen und sonstigen Aufführungen sowie bei Foto-, Film-, Fernseh- und Tonaufnahmen, wenn ein besonderes Interesse der Kunst, der Wissenschaft oder des Unterrichts vorliegt oder es sich um Werkaufnahmen handelt und die Beschaffenheit und Eigenart der betreffenden Beschäftigung es rechtfertigen.

Die Bewilligung darf nur erteilt werden, wenn der gesetzliche Vertreter des Kindes schriftlich zustimmt. Ist eine erwerbsmäßige Beschäftigung des Kindes vorgesehen, muss seine körperliche Eignung amtsärztlich oder durch Ärzte für Allgemeinmedizin oder durch Fachärzte für Kinder- und Jugendheilkunde festgestellt werden (§ 6 Abs 4 KJBG). Bei Film-, Fernseh- und vergleichbaren Aufnahmen ist ein Facharzt für Augenheilkunde heranzuziehen. Eine Verwendung von Kindern ist nur dann erlaubt, wenn sie dadurch weder in ihrer Gesundheit, ihrer Entwicklung oder ihrer Sittlichkeit gefährdet noch in ihrem erfolgreichen Schulbesuch beeinträchtigt werden (§ 7 KJBG). Verboten ist aber jedenfalls die Verwendung von Kindern in Varietés, Kabaretts, Bars, Sexshops, Tanzlokalen, Diskotheken und ähnlichen Betrieben (§ 6 Abs 1 KJBG).

7.3.1.2. Für Jugendliche verbotene Arbeiten

7/115 Ergänzt werden die Schutzvorschriften des KJBG für Jugendliche durch die VO über Beschäftigungsverbote und -beschränkungen für Jugendliche[60], die detaillierte Bestimmungen über für Jugendliche verbotene Betriebe und verbotene Arbeiten vorsieht. Mit der Verordnung wurden die österreichischen Regelungen an die RL 1994/33/EG über den Jugendarbeitsschutz angepasst. Jugendliche iS der VO sind Personen bis zur **Vollendung des 18. Lebensjahres** und Personen, die die **Schulpflicht vollendet** haben und in einem **Lehrverhältnis** oder im Rahmen eines **Ferialpraktikums**, **Pflichtpraktikums** oder **Ausbildungsverhältnisses** beschäftigt werden (vgl § 1 Abs 1 KJBG-VO).

Allgemein wird in dieser VO festgelegt, dass Jugendliche mit oder bei Arbeiten, die im Hinblick auf ihre Konstitution und Körperkräfte oder infolge der Art der Arbeit mit besonderen Gefahren für die Gesundheit oder Sittlichkeit verbunden sind, nicht oder nur unter bestimmten Bedingungen beschäftigt werden dürfen (vgl auch § 23 KJBG). Es ist untersagt, Jugendliche in den gem § 2 **verbotenen Betrieben** (ds Varietés, Kabaretts, Barbetriebe, Sexshops, Tanzlokale, Diskotheken) oder mit den in den §§ 3 bis 7 taxativ angeführten **verbotenen Arbeiten** zu beschäftigen; in Einzelfällen ist allerdings eine Beschäftigung Jugendlicher mit derartigen Arbeiten unter Aufsicht, dh unter Überwachung durch eine geeignete, fachkundige Person, die jederzeit unverzüglich zum Eingreifen bereitstehen muss, gestattet, wenn dies für die Ausbildung unbedingt erforderlich ist und der Schutz der Sicherheit, Gesundheit und Sittlichkeit nicht beeinträchtigt wird (§§ 1 Abs 4, 8 Abs 1). Erfolgt die Beendigung der Ausbildung vor der Vollendung des 18. Lebensjahres, gelten die in der VO für die Ausbildung vorgesehenen Regelungen für Ausnahmen von Beschäftigungsverboten bis zur Vollendung des 18. Lebensjahres (§ 1 Abs 9).

---

[60] BGBl II 436/1998; vgl hiezu *Nöstlinger*, Arbeitnehmerschutz für Jugendliche[2] (2013); *Pichelmayer*, Die neue KJBG-Verordnung, ASoK 1999, 99.

Das **Arbeitsinspektorat** kann mit Bescheid **Abweichungen** von einem Verbot zulassen, insoweit hiedurch Belange des Schutzes von Gesundheit und Sittlichkeit Jugendlicher nicht beeinträchtigt werden. Es kann aber auch über die Verbote der VO hinaus die Beschäftigung Jugendlicher mit Arbeiten untersagen oder von Bedingungen abhängig machen, wenn diese Arbeiten mit besonderen Gefahren für die Gesundheit und Sittlichkeit verbunden sind (§ 8 Abs 1 u 2 der KJBG-VO). 7/116

Ferner wird bestimmt, dass Jugendliche unter 16 Jahren bzw Jugendliche, die in einem Lehr- oder sonstigen mindestens einjährigen Ausbildungsverhältnis stehen, nicht zu Akkordarbeiten und sonstigen Arbeiten, die unter Zeit- und Leistungsdruck zu verrichten sind, herangezogen werden dürfen (§ 21 KJBG). 7/117

Eine spezielle Ausprägung der Fürsorgepflicht findet sich auch in § 21a KJBG, wonach Jugendliche außerhalb des Betriebs **nicht zur Beförderung höherer Geld- oder Sachwerte** unter eigener Verantwortung herangezogen werden dürfen. 7/118

7.3.1.3. Arbeitszeitschutz für jugendliche Arbeitnehmer

Obwohl der Arbeitszeitschutz üblicherweise als eigener Teil des Arbeitnehmerschutzes betrachtet wird (zur Dreiteilung in technischen Arbeitsschutz, Verwendungsschutz und Arbeitszeitschutz vgl 7.1), soll er auf Grund seiner arbeitnehmergruppenspezifischen Ausrichtung an dieser Stelle besonders erörtert werden. Für die Gruppe der jugendlichen Arbeitnehmer sehen die §§ 10 bis 20 KJBG im Verhältnis zu den Bestimmungen des AZG und ARG Sonderregelungen vor. Ein Teil des AZG, insb die Bestimmungen zur Teilzeitarbeit (vgl 6.8.7.1) sowie die Bestimmungen zur Abgeltung bzw zum Abbau von Zeitguthaben (vgl 6.8.8.4), gilt auch für jugendliche Arbeitnehmer. 7/119

Für Jugendliche gelten gem § 11 Abs 1 KJBG dieselben täglichen und wöchentlichen **Normalarbeitszeiten** (8 bzw 40 Stunden) wie für erwachsene Dienstnehmer. 7/120

Zur Erreichung einer **längeren Freizeit**, die mit der Wochenfreizeit zusammenhängen muss, kann die zulässige wöchentliche Normalarbeitszeit abweichend verteilt werden. Durch **Kollektivvertrag** kann eine abweichende Verteilung der wöchentlichen Normalarbeitszeit auf die einzelnen Werktage der Woche in der Weise zugelassen werden, dass die tägliche Arbeitszeit von acht Stunden überschritten wird. Eine Regelungsermächtigung für die Betriebsvereinbarung oder eine Zulassung durch das Arbeitsinspektorat ist im Gegensatz zu den allgemeinen Bestimmungen des AZG (vgl § 4 Abs 2 AZG; s 6.8.4) im KJBG nicht vorgesehen. Ferner können die Kollektivvertragsparteien zulassen, dass die wöchentliche Normalarbeitszeit innerhalb eines mehrwöchigen Zeitraums so verteilt wird, dass sie im Durchschnitt 40 Stunden nicht überschreitet, wenn für vergleichbare erwachsene Arbeitnehmer des Betriebs eine solche Arbeitszeiteinteilung besteht und eine abweichende Arbeitszeiteinteilung für Jugendliche dem Arbeitgeber nicht zugemutet werden kann. Fällt in Verbindung **mit Feiertagen** die Arbeitszeit an Werktagen aus, um den Jugendlichen eine längere zusammenhängende Freizeit zu ermöglichen, so kann die ausfallende Normalarbeitszeit auf die übrigen Werktage von höchstens sieben die Ausfallstage einschließenden Wochen verteilt werden. Der Einarbeitungszeitraum kann durch Betriebsvereinbarung auf höchstens 13 Wochen verlängert werden. Eine weitere Verlängerung durch Kollektivvertrag, wie dies im § 4 Abs 3 AZG (vgl 6.8.4) vorgesehen ist, enthält das KJBG nicht. Keinesfalls darf bei einer derartigen Verteilung der Arbeitszeit die tägliche Normalarbeitszeit neun Stunden und die Wochenarbeitszeit 45 Stunden überschreiten (§ 11 Abs 2 bis 3 KJBG).

7.3.1.3. Verwendungsschutz

7/121 Während das AZG den Kollektivvertragsparteien die Möglichkeit bietet, in den Fällen von **Arbeitsbereitschaft** durch Kollektivvertrag die wöchentliche Normalarbeitszeit bis auf 60 und in bestimmten Fällen sogar auf 72 Stunden zu verlängern (§§ 5 und 5a AZG), kennt das KJBG eine derartige Regelung nicht. Auch das Arbeitsinspektorat hat keine Möglichkeit, für jugendliche Arbeitnehmer im Falle des Vorliegens von Arbeitsbereitschaft eine verlängerte Arbeitszeit zuzulassen. Ebenso wenig kennt das Gesetz im Gegensatz zu § 7 AZG eine Möglichkeit der Verlängerung der Arbeitszeit der seinem Geltungsbereich unterliegenden Jugendlichen bei **Vorliegen eines erhöhten Arbeitsbedarfs**. Für jugendliche Dienstnehmer bis zum vollendeten 16. Lebensjahr ist für **Vor- und Abschlussarbeiten** primär ein Zeitausgleich vorgeschrieben, der tunlichst in der gleichen, spätestens jedoch in der folgenden Kalenderwoche durchzuführen ist (§ 12 Abs 1 KJBG).

7/122 Nach Vollendung des 16. Lebensjahres besteht auch für diese Dienstnehmergruppe die Möglichkeit der Abgeltung von Vor- und Abschlussarbeiten durch Bezahlung von Überstundenentgelt. Bei Vorliegen zwingender betrieblicher Gründe darf die zulässige Dauer der Arbeitszeit für Jugendliche über 16 Jahre bezüglich der im Gesetz genannten Tätigkeiten um eine halbe Stunde täglich ausgedehnt werden (§ 12 Abs 2 KJBG). Die Dauer der Mehrarbeitsleistungen darf insgesamt drei Stunden in der Woche nicht überschreiten. Die sich hieraus ergebende tägliche Arbeitszeit darf keinesfalls über 9,5 Stunden hinausgehen (§ 12 Abs 3 KJBG).

7/123 Hinsichtlich der **Ruhepausen** schreibt das KJBG die Gewährung einer Arbeitsunterbrechung spätestens nach einer Arbeitsleistung von sechs Stunden im Ausmaß einer halben Stunde zwingend vor, wenn die Arbeitszeit an einem Tag mehr als viereinhalb Stunden beträgt[61], während das AZG lediglich bestimmt, dass Ruhepausen zu gewähren sind, wenn die Gesamtdauer der Arbeitszeit mehr als sechs Stunden beträgt, ohne jedoch eine Festlegung derselben nach einer bestimmten Dauer der Arbeitsleistung vorzunehmen (vgl §§ 11 Abs 1 AZG, 15 Abs 1 u 2 KJBG). Für jugendliche Dienstnehmer ist eine **tägliche Ruhezeit** von zwölf Stunden und für Personen unter 15 Jahren eine Ruhezeit von 14 Stunden gesetzlich normiert (§ 16 KJBG), während die Ruhezeit der erwachsenen Arbeitnehmer nach den Bestimmungen des AZG grundsätzlich elf Stunden, in bestimmten Fällen auch weniger betragen kann (§ 12 AZG). Überdies dürfen Jugendliche in der **Nachtzeit**, das ist die Zeit von 20 bis 6 Uhr, nicht beschäftigt werden (§ 17 Abs 1 KJBG). Ausnahmen bestehen insb für Dienstnehmer im Gastgewerbe, in Betrieben mit mehrschichtiger Arbeitsweise, bei Musikaufführungen, Theatervorstellungen und Filmaufnahmen, sonstigen Aufführungen oder im Krankenpflegefachdienst und für Jugendliche in Backwaren-Erzeugungsbetrieben (§ 17 Abs 2 bis 6 KJBG; s auch §§ 7, 8 BäckAG 1996).

7/124 Die Beschäftigung jugendlicher Arbeitnehmer an **Sonn- und Feiertagen** ist grundsätzlich verboten (§ 18 Abs 1 KJBG). Das KJBG enthält aber eine Reihe von Ausnahmen für jugendliche Dienstnehmer in bestimmten Branchen (zB im Gastgewerbe, in Krankenpflege-

[61] Zur Frage der Anrechnung von Kurzpausen auf die Arbeitszeit vgl VwGH 21. 11. 1984, 82/11/0091, DRdA 1986, 48 mit Bespr v *Gaisbauer*.

anstalten und Pflegeheimen, bei Musikaufführungen, Theatervorstellungen und sonstigen Aufführungen sowie zu Arbeiten auf Sport- und Spielplätzen).

Bei vorübergehenden Arbeiten, die bei **Notstand** sofort vorgenommen werden müssen und für die keine erwachsenen Arbeitnehmer zur Verfügung stehen, können für Jugendliche über 16 Jahren die Grenzen der regelmäßigen Arbeitszeit überschritten bzw die Ruhepausen und Ruhezeiten verkürzt werden. Ein entsprechender Ausgleich hat innerhalb von drei Wochen zu erfolgen. Derartige Arbeiten im Zuge eines betrieblichen Notstandes sind dem Arbeitsinspektorat unverzüglich anzuzeigen (§ 20 KJBG). 7/125

Dem Jugendlichen ist die für den **Besuch der Berufsschule** erforderliche Zeit unter Weiterzahlung des Lohns freizugeben. Diese Unterrichtszeit ist auf die Dauer der wöchentlichen Arbeitszeit anzurechnen (§ 11 Abs 4 u 5 KJBG). 7/126

In die Unterrichtszeit sind insb Pausen in der Berufsschule (ausgenommen die Mittagspause), der Besuch von Freigegenständen und unverbindlichen Übungen im Ausmaß von höchstens zwei Unterrichtsstunden, der Förderunterricht und Schulveranstaltungen in der Berufsschule einzurechnen (§ 11 Abs 6 KJBG). Wenn die Unterrichtszeit acht Stunden oder mehr an einem Schultag beträgt, ist eine Beschäftigung im Betrieb nicht mehr zulässig. Ist sie kürzer, dürfen die Unterrichtszeit, die Wegzeit zwischen Schule und Betrieb und die im Betrieb zu verbringende Zeit in Summe die gesetzliche Arbeitszeit nicht überschreiten (§ 11 Abs 7 KJBG)[62].

7.3.1.4. Besondere Fürsorgepflichten – Untersagung der Beschäftigung

Dienstgeber, die jugendliche Arbeitnehmer beschäftigen, sind kraft gesetzlicher Bestimmungen zu einer besonderen Fürsorgepflicht gegenüber diesem Personenkreis verhalten (vgl § 6 Abs 1 ASchG, §§ 23 bis 25 KJBG, § 9 Abs 2 BAG). Wurde der Betriebsinhaber wiederholt wegen Übertretungen der für Jugendliche geltenden Arbeitnehmerschutzvorschriften bestraft oder hat er sich grober Pflichtverletzungen gegen die bei ihm beschäftigten Jugendlichen schuldig gemacht, kann ihm die Beschäftigung Jugendlicher auf bestimmte Zeit oder dauernd **untersagt werden** (§ 31 KJBG)[63]. Ein **Ausbildungsverbot** statuiert darüber hinaus das BAG für Lehrberechtigte (bzw Ausbilder) im Falle gravierender Verfehlungen derselben; dieses tritt entweder **kraft Gesetzes** oder **durch behördliche Verfügung** ein (§ 4 BAG). 7/127

7.3.2. Frauenschutz

Der Frauen- und Mutterschutz ist sowohl im österreichischen als auch im europäischen Recht ein zentraler Bereich des Arbeitnehmerschutzes. Eine wichtige Rolle spielen auf EU-Ebene die RL 92/85/EWG sowie das in Art 33 Abs 2 der Europäischen Grundrechte-Charta gewährleistete Recht auf Mutter- bzw Vaterschutz (2.8.4.6). Regelungen auf nationaler Ebene finden sich insb im MSchG und im ASchG. 7/128

62 S auch *Mosing*, Lehrlinge: Berufsschule und Arbeit im Betrieb, RdW 2012, 417.
63 S auch Magistrat Stadt Wien 25. 6. 1984, MBA 6/7, Gew 45732/3/84, Gew 45733/3/84, Gew 45804/3/84, infas 1984, A 63; VwGH 22. 2. 2013, 2011/02/0165, ARD 6316/1/2013.

7.3.2.1. Arbeitsverbote und Arbeitsbeschränkungen für Frauen

7/129 Besondere Schutzbestimmungen für Frauen können nur dann als gerechtfertigt angesehen werden, wenn die anatomischen Verschiedenheiten oder die physisch bedingte unterschiedliche Arbeitsleistung zwischen Mann und Frau bzw die generative Funktion der Frau solche bedingen. Der erhöhte Schutz der Frauen bezieht sich zunächst auf Beschäftigungsverbote verschiedener Art[64]. Aus § 6 Abs 1 ASchG ist zu entnehmen, dass Arbeitgeber bei der Übertragung von Aufgaben an Arbeitnehmer deren Eignung in Bezug auf Sicherheit und Gesundheit zu berücksichtigen haben, wobei unter anderem auf Konstitution und Körperkräfte Rücksicht zu nehmen ist. In diesem Sinne dürfen gem § 6 Abs 4 ASchG Arbeitnehmerinnen mit Arbeiten, die infolge ihrer Art für Frauen eine spezifische Gefahr bewirken können, nicht oder nur unter Bedingungen oder Einschränkungen beschäftigt werden, die geeignet sind, diese besondere Gefahr zu vermeiden.

Auf Grund der Bestimmungen des ASchG 1994 wurde die VO über die **Beschäftigungsverbote und -beschränkungen für Arbeitnehmerinnen**[65] erlassen. Diese VO findet auf Arbeitsstätten, auf Baustellen und auf auswärtigen Arbeitsstellen Anwendung. So dürfen die Arbeitnehmerinnen grundsätzlich nicht mit Arbeiten unter Einwirkung von Blei beschäftigt werden (vgl § 2 der VO; s dort auch zu den Ausnahmen). Ähnlich eingeschränkt ist auch der Einsatz zu Arbeiten mit besonderer physischer Belastung (vgl § 3 der VO).

7.3.2.2. Nachtarbeitsverbot für Frauen im Besonderen

7/130 Eine weitere Arbeitsbeschränkung für Frauen enthielt das 2002 aufgehobene, dem EU-Recht widersprechende[66] BG über die Nachtarbeit der Frauen. Das Verbot der Nachtarbeit beruhte auf dem ILO-Übereinkommen Nr 89 „über die Nachtarbeit von Frauen im Gewerbe", das von Österreich im Jahr 1950 ratifiziert[67], jedoch mittlerweile gekündigt wurde[68]. Die Schutzbestimmungen des **FrNArbG** fanden auf alle Dienstnehmerinnen Anwendung, die das 18. Lebensjahr vollendet hatten[69].

Für weibliche Arbeitnehmer und Lehrlinge **bis zur Vollendung des 18. Lebensjahres** gelten hinsichtlich der Nachtruhe die Bestimmungen des **KJBG** (vgl 7.3.1.3).

7/131 Auch die **Aufhebung** des **Frauennachtarbeitsverbots** lässt nicht zu, dass Frauen nunmehr generell gegen ihren Willen auf Nachtarbeitsplätze versetzt werden können. Einerseits ist die Lage der Normalarbeitszeit nach § 19c AZG zu vereinbaren, soweit sie nicht durch Normen der kollektiven Rechtsgestaltung festgelegt wird. Darüber hinaus wird es sich, insb bei Frauen mit Kinderbetreuungspflichten, aber auch wegen der Veränderung in der sozialen

---

[64] Zu den Ansprüchen der Arbeitnehmerin während eines Beschäftigungsverbotes vgl *Gerhartl*, Ansprüche während eines Beschäftigungsverbotes, RdW 2010, 586.

[65] BGBl II 356/2001.

[66] Vgl EuGH 25. 7. 1991, C-345/89, *Stoeckel*, Slg 1991, I-4047 = RdW 1991, 267.

[67] BGBl 229/1950.

[68] Zu den Auswirkungen auf einschlägige Kollektivverträge vgl OGH 24. 2. 2009, 9 ObA 3/08v, DRdA 2010, 322 mit Bespr v *Trost*.

[69] Zur alten Rechtslage s etwa VfGH 12. 3. 1992, G 220–222/91, ARD 4351/7/92; *Eichinger*, Frauennachtarbeitsgesetz als gleichheitskonform bestätigt – Anmerkungen zum Erkenntnis des VfGH vom 12. 3. 1992, RdW 1992, 180; *Zeitler*, Die Regelung der Nachtarbeit der Frauen, ASoK 1998, 162; *Schindler*, Die kollektivvertragliche Regelung der Frauen-Nachtarbeit in der Metallindustrie, RdW 1998, 280; *Klein*, Aufhebung des Frauennachtarbeitsverbots durch Kollektivvertrag, ASoK 1998, 35.

Situation bei Nachtarbeit an sich, bei Versetzungen von einem Tages- auf einen Nachtarbeitsplatz in der Regel um verschlechternde Versetzungen handeln, die nach § 101 ArbVG der Zustimmung des Betriebsrates bedürfen (allg zum Versetzungsschutz vgl 6.1.8.2).

Bestimmungen über den Schutz der Nachtruhe kennen auch das KJBG (§ 17), das HGHAG (§ 5 Abs 3, 4, 6 u 7), das BäckAG 1996 (§§ 7 ff), das LArbG (§ 62) und das MSchG (§ 6). 7/132

7.3.3. Mutter(Vater)schutz[70]

Als das wohl wichtigste Schutzgesetz für Frauen ist das **MSchG** anzusehen. Durch die für werdende Mütter und für Mütter innerhalb bestimmter Fristen nach der Entbindung getroffenen Vorschriften soll gewährleistet werden, dass diesen Frauen sowohl der nötige Schutz gegen physische und psychische Belastung gewährt als auch ihr Arbeitsplatz so lange erhalten wird, bis sie wieder voll arbeitsfähig sind. 7/133

Die Bestimmungen des MSchG gelten grundsätzlich für alle Frauen (inklusive Lehrlinge), die in einem **Dienstverhältnis** stehen oder **Heimarbeit** verrichten, wobei es gleichgültig ist, ob diese Frauen die österreichische Staatsbürgerschaft besitzen oder nicht. Vom Geltungsbereich des Gesetzes sind allerdings Landarbeiterinnen sowie bestimmte Gruppen von Frauen ausgenommen, die in einem öffentlich-rechtlichen Dienstverhältnis stehen; für diese Personengruppen gelten besondere gesetzliche Bestimmungen. Für ausdrücklich genannte Gruppen von Dienstnehmerinnen im öffentlichen Dienst, für Hausgehilfen und Hausangestellte, die in privaten Haushalten beschäftigt sind, sowie für Heimarbeiterinnen gilt im Hinblick auf die Besonderheiten ihrer Dienstverhältnisse teilweise ebenfalls das MSchG, allerdings mit Abweichungen (Näheres dazu §§ 1 u 2 MSchG).

Bestimmungen bzgl der Betreuung und Erziehung durch **Väter, Adoptiv- oder Pflegeväter** enthält insb das **VKG** (vormals EKUG)[71]. 7/134

7.3.3.1. Bekanntgabe der Schwangerschaft

Dienstnehmerinnen haben dem Dienstgeber von ihrer Schwangerschaft unter Bekanntgabe des voraussichtlichen Geburtstermins Mitteilung zu machen, sobald ihnen ihre **Schwangerschaft bekannt** ist (zur Frage nach der Schwangerschaft in Fragebögen für Stellenbewerberinnen vgl 5.1.3). 7/135

Unter **Schwangerschaft** iS des MSchG ist grundsätzlich die Vereinigung von Ei und Samenzelle zu verstehen[72]. Im Falle einer künstlichen Befruchtung liegt allerdings keine „Schwangerschaft" vor, wenn zum Zeitpunkt des Ausspruches der Kündigung die Befruchtung der Eizellen mit den Samenzellen des Partners bereits stattgefunden hat, die Eizellen aber noch nicht in die Gebärmutter eingesetzt worden sind[73].

---

[70] Allg hiezu insb *Burger-Ehrnhofer/Schrittwieser/Thomasberger* (Hrsg), MSchG und VKG^2 (2013); *Ercher/Knöfler*, MSchG/EKUG (Losebl).

[71] Vgl hiezu *Thomasberger* in Burger-Ehrnhofer/Schrittwieser/Thomasberger (Hrsg), MSchG und VKG^2 (2013), 589 ff; *Ercher/Knöfler*, MSchG/EKUG (Losebl), 495 ff.

[72] OGH 12. 4. 1995, 9 ObA 23/95, DRdA 1996, 145 mit Bespr v *Bernat*; s auch *Eibensteiner*, Beginn der Schwangerschaft und des Mutterschutzes, ecolex 1996, 937.

[73] EuGH 26. 2. 2008, C-506/06, *Sabine Mayr*, Slg 2008, I-1017 = DRdA 2008, 466; OGH 16. 6. 2008, 8 ObA 27/08s, DRdA 2010, 53 mit Bespr v *Mayrhofer* = ZAS 2009, 329 mit Bespr v *Mayer*; weiters *Ercher/Stech*, Beginn der Schwangerschaft und des Kündigungsschutzes bei In-vitro-Fertilisation, ASoK 2008, 131; *Maurer*, Beginn der Schwangerschaft und des Kündigungsschutzes bei In-vitro-Fertilisation, RdW 2007, 166; *Reiner*,

7.3.3.1. Verwendungsschutz

7/136 Eine **Mitteilungspflicht** besteht auch dann, wenn die **Schwangerschaft vorzeitig endet** (§ 3 Abs 4 MSchG). Wie bei sämtlichen Mitteilungspflichten im Arbeitsverhältnis muss die Dienstnehmerin nicht den Dienstgeber selbst benachrichtigen, sondern es genügt, wenn eine entsprechende Mitteilung in den Machtbereich des Dienstgebers gelangt[74]. Dass der Dienstgeber die Mitteilung tatsächlich zur Kenntnis genommen hat, ist nicht notwendig. Gibt zB eine Dienstnehmerin einen schriftlichen ärztlichen Nachweis der Schwangerschaft bei der Sekretärin der Dienstgeberin ab, weil jene gerade nicht anwesend ist, oder bei der für die Entgegennahme von Krankmeldungen bestimmten Person[75], so ist die Benachrichtigungspflicht erfüllt, gleichgültig, ob die Dienstgeberin das Schreiben jemals zu Gesicht bekommt oder nicht. Es genügt also, dass dem Arbeitgeber die Schwangerschaft bekannt sein musste[76].

7/137 Unabhängig von der grundsätzlichen Mitteilungspflicht der werdenden Mutter hat sie den Dienstgeber innerhalb der vierten Woche vor dem Beginn der achtwöchigen Schutzfrist (vgl 7.3.3.2) auf deren Beginn aufmerksam zu machen (§ 3 Abs 4 MSchG).

7/138 **Verletzt** die Dienstnehmerin die Mitteilungspflicht des § 3 Abs 4 MSchG, so führt dies lediglich dazu[77], dass sie keine Befreiung von den nach dem MSchG unzulässigen Arbeiten während der Schwangerschaft erwarten darf[78]. Eine Pflichtverletzung, die zu einer gerichtlichen Zustimmung zur **Entlassung** führen könnte, liegt jedenfalls **nicht** vor. Eine bloße **Vermutung** der Schwangerschaft muss nicht mitgeteilt werden[79].

7/139 Gem § 10 MSchG wird selbst eine **in Unkenntnis der Schwangerschaft** ausgesprochene **Kündigung** nachträglich **rechtsunwirksam**, wenn dem Dienstgeber die Schwangerschaft binnen fünf Arbeitstagen oder unmittelbar nach Wegfall eines Hinderungsgrundes bekannt gegeben wird (vgl hiezu 8.2.8.3.2). Auch eine Entlassung wird rechtsunwirksam bzw zustimmungspflichtig, wenn die Schwangerschaft innerhalb dieser Frist mitgeteilt wird (vgl 8.3.4.3.3.2).

7/140 Verlangt der Dienstgeber einen **Nachweis** über die Schwangerschaft und über den voraussichtlichen Zeitpunkt der Entbindung, dann hat die Dienstnehmerin eine entsprechende ärztliche Bescheinigung[80] vorzulegen. Allfällige **Kosten** für einen weiteren Nachweis der Schwangerschaft bzw des voraussichtlichen Geburtstermins hat der Dienstgeber zu tragen, falls er einen solchen verlangt (§ 3 Abs 4 u 5 MSchG).

Kündigungsschutz während In-vitro-Fertilisation: Mutterschutz oder nur Diskriminierungsschutz? Zugleich eine Besprechung der Rs Mayr, ÖJZ 2008, 653.

[74] OGH 7. 10. 1975, 4 Ob 57/75, ZAS 1977, 61 mit Bespr v *Kramer*; OGH 20. 9. 1983, 4 Ob 114/83, infas 1985, A 38; *M. Binder*, Probleme des arbeitsvertraglichen Bestandschutzes im Falle der Mutterschaft, ZAS 1978, 83.

[75] OGH 23. 4. 1968, 4 Ob 24/68, Arb 8516.

[76] OGH 28. 11. 1978, 4 Ob 108/78, Arb 9746.

[77] Inwieweit die Nichteinhaltung der Mitteilungspflichten zu Schadenersatzansprüchen führen kann, ist strittig; vgl hiezu die kontroversiellen Ausführungen v *M. Binder*, Das Zusammenspiel arbeits- und sozialrechtlicher Leistungsansprüche (1980), 232, FN 49, und *Grillberger*, Mutterschutzrechtliche Mitteilungs- und Nachweispflichten der Arbeitnehmerin, in FS Strasser (1983), 243.

[78] OGH 26. 3. 1963, 4 Ob 8/63, SozM III B, 121.

[79] OGH 24. 1. 1984, 4 Ob 5/84, DRdA 1985, 411 mit Bespr v *Beck-Mannagetta*.

[80] Ebenfalls ausreichend ist ein spitalsärztlicher Befundbericht, auch bei Verwendung von medizinischen Fachausdrücken (OGH 7. 10. 1975, 4 Ob 57/75, ZAS 1977, 61 mit Bespr v *Kramer*).

Um eine gezielte Überprüfung von Arbeitsplätzen schwangerer Arbeitnehmerinnen durch die Behörde zu gewährleisten, ist der Dienstgeber verpflichtet, dem zuständigen **Arbeitsinspektorat** Name, Alter, die Tätigkeit und den Arbeitsplatz der Arbeitnehmerin sowie den voraussichtlichen Geburtstermin **mitzuteilen**, sobald ihm die Schwangerschaft bekannt ist. Überlässt er schwangere Arbeitnehmerinnen zur Arbeitsleistung an Dritte, hat er dem Arbeitsinspektorat überdies den Wechsel des Beschäftigers oder die Tatsache des häufigen, kurzfristigen Wechsels anzuzeigen (§ 3 Abs 6 u 7 MSchG). 7/141

7.3.3.2. Gefahrenvermeidung und Beschäftigungsbeschränkungen

Zur **Verhütung** von **Gefahren**, denen Arbeitnehmerinnen im Falle einer **Schwangerschaft** ausgesetzt sein können, hat der Arbeitgeber – losgelöst von einer konkreten Schwangerschaft – die **Arbeitsplätze** von Arbeitnehmerinnen auf mögliche Gefährdungen für die Sicherheit und Gesundheit von werdenden und stillenden Müttern zu **überprüfen** und gegebenenfalls entsprechende **Vorkehrungen** zu treffen[81]. Dies kann von einer Änderung einzelner Arbeitsbedingungen bis zu einem Arbeitsplatzwechsel oder einer gänzlichen Dienstfreistellung (s hiezu auch die unten angeführten relativen Beschäftigungsverbote) führen (vgl §§ 2a u 2b MSchG; weiters auch schon §§ 3 ff ASchG). 7/142

Ein **absolutes Beschäftigungsverbot** besteht für werdende Mütter innerhalb der letzten acht Wochen vor der Entbindung; diese Frist wird auf Grund eines ärztlichen Zeugnisses berechnet. Erfolgt die Entbindung zu einem früheren oder späteren als dem im Zeugnis angegebenen Zeitpunkt, so verkürzt oder verlängert sich diese Frist entsprechend[82]. Ein weiteres absolutes Beschäftigungsverbot besteht für Frauen bis zum Ablauf von acht Wochen nach der Niederkunft. Für Mütter nach **Frühgeburten**, **Mehrlingsgeburten** und **Kaiserschnittentbindungen** verlängert sich die Schutzfrist nach der Entbindung auf zwölf Wochen (§ 5 Abs 1 MSchG). 7/143

Wenn die Geburt zu einem früheren Zeitpunkt als dem ursprünglich berechneten erfolgt, sodass eine Verkürzung der achtwöchigen Schutzfrist vor der Entbindung eingetreten ist, wird hiedurch eine **Verlängerung** der acht- bzw zwölfwöchigen Schutzfristnach der Entbindung um den Zeitraum dieser Verkürzung, höchstens jedoch auf 16 Wochen, bewirkt[83]. Damit ist für alle Fälle der Verkürzung der Schutzfrist vor der Entbindung eine Gesamtdauer von 16 Wochen gewährleistet (§ 5 Abs 1 MSchG). 7/144

Diese Regelungen sind analog auf den Fall der **Totgeburt** anzuwenden[84]. Da in diesem Fall jedoch das Beschäftigungsverbot nicht mit der Notwendigkeit der Betreuung des Neugeborenen, sondern mit der physischen und psychischen Belastung der Frau durch die Totgeburt zu begründen ist, wird man den zweiseitig zwingenden Charakter dieser Bestimmung in Frage stellen müssen. Wenn die Wiederaufnahme der Arbeit vor Ablauf des absoluten Beschäftigungsverbots der psychischen Rekonvaleszenz der Arbeitnehmerin dient, wird die vorzeitige Arbeitsaufnahme zulässigerweise vereinbart werden können.

---

81 Vgl *Stärker*, Evaluierungspflichten im Mutterschutzgesetz, ecolex 1996, 694; *Sabara*, Pflichten des Arbeitgebers bei Schwangerschaft einer Mitarbeiterin, ARD 6389/5/2014.

82 § 3 Abs 1 und 2 MSchG; *Spielbüchler*, Die Entbindung vor dem Termin – Ein unbewältigtes Kapitel Mutterschutz, in FS Tomandl (1998), 367.

83 S auch OGH 20. 8. 1996, 10 ObS 2248/96b, ASoK 1997, 28.

84 Vgl *Mazal*, Geburt oder Abortus?, ÖJZ 1992, 480.

7.3.3.2. Verwendungsschutz

7/145 Ferner besteht für werdende Mütter ein **Verbot jeglicher Arbeit** bei **Gefährdung von Leben oder Gesundheit von Mutter oder Kind** im Falle der Fortdauer der Beschäftigung (**individuelles** oder **relatives Beschäftigungsverbot**; § 3 Abs 3 MSchG)[85]. Kommt es zu einer Verkürzung des individuellen Beschäftigungsverbots – etwa durch eine Frühgeburt –, so führt diese Verkürzung allerdings nicht zu einer weiteren Verlängerung der Schutzfrist von zwölf Wochen, wenn damit nicht auch die Acht-Wochen-Frist des absoluten Beschäftigungsverbots nach § 3 Abs 1 MSchG verkürzt worden ist[86].

7/146 Überdies kennt das Gesetz ein **Verbot** aller **Arbeiten**, die für den Organismus der werdenden Mutter oder für das werdende Kind **schädlich** sind (§ 4 MSchG).

Solche Arbeiten sind im § 4 Abs 2 MSchG demonstrativ aufgezählt, wie zB Arbeiten, bei denen schwere Lasten gehoben oder getragen werden müssen, Arbeiten, die überwiegend im Stehen verrichtet werden müssen, sowie Arbeiten, die in ihrer statischen Belastung diesen gleichkommen (nach Ablauf der 20. Schwangerschaftswoche dürfen die zuletzt genannten Arbeiten pro Tag grundsätzlich nur mehr im Ausmaß von höchstens vier Stunden verrichtet werden).

Verboten sind auch Arbeiten, bei denen die Gefahr einer Berufserkrankung gegeben ist, sowie Arbeiten auf Beförderungsmitteln[87], weiters Tätigkeiten, bei denen werdende Mütter Einwirkungen von gesundheitsgefährdenden Stoffen, gleich ob in festem, flüssigem, staub-, gas- oder dampfförmigem Zustand, gesundheitsgefährdenden Strahlen, gesundheitsgefährdenden elektromagnetischen Feldern oder schädlichen Einwirkungen von Hitze, Kälte oder Nässe ausgesetzt sind, bei denen eine Schädigung nicht ausgeschlossen werden kann, ferner Arbeiten mit besonderer Unfallgefahr sowie Arbeiten unter hohem Zeit- und Leistungsdruck (nach Ablauf der 20. Schwangerschaftswoche sind die letztgenannten Arbeiten generell verboten). Werdende Mütter, die selbst nicht rauchen, sind vor der Einwirkung von Tabakrauch zu schützen (§ 4 Abs 6 MSchG).

7/147 Bei den Regelungen des § 4 MSchG handelt es sich um absolut zwingende Normen, die der Parteiendisposition entzogen sind. Im Zweifelsfall hat das Arbeitsinspektorat in Form eines Feststellungsbescheids zu entscheiden, ob eine verbotene Arbeit nach § 4 Abs 1 bis 3 MSchG vorliegt. Dabei kann das Arbeitsinspektorat sowohl auf Antrag des Arbeitgebers oder der schwangeren Arbeitnehmerin als auch von Amts wegen eine Entscheidung fällen[88].

7/148 Ein Teil der für die Zeit der Schwangerschaft vorgesehenen **Beschäftigungsverbote** erstreckt sich auch auf die Zeit bis zum Ablauf von zwölf Wochen **nach der Entbindung**, so etwa das Verbot des Hebens und Tragens schwerer Lasten, das Verbot von Arbeiten mit überwiegendem Stehen, das Verbot der Leistung von mit Berufskrankheiten bedrohten Arbeiten, das Verbot von Arbeiten mit Einwirkungen von chemischen Stoffen oder Strahlen bzw mit schädlichen Einwirkungen von extremen Temperaturen sowie das Verbot von Arbeiten unter Zeit- und Leistungsdruck (§ 5 Abs 3 MSchG). Überdies besteht für eine Mutter, die in den ersten Monaten nach der Entbindung nicht voll leistungsfähig ist, die Möglichkeit, dass das Arbeitsinspektorat ihrem Dienstgeber besondere Maßnahmen aufträgt, die zum Schutz ihrer Gesundheit erforderlich sind. Sofern Arbeitnehmerinnen nach der Ent-

---

85 Vgl *Kuderna,* Das Beschäftigungsverbot des § 3 Abs 3 MutterschutzG 1957, DRdA 1963, 64.

86 OGH 4. 5. 1999, 10 ObS 41/99y, DRdA 1999, 394; OGH 4. 7. 1989, 10 ObS 181/89, DRdA 1990, 218 mit krit Bespr v *Knöfler*; OGH 24. 3. 1992, 10 ObS 13/92, ARD 4392/15/92; OGH 4. 10. 1994, 10 ObS 242/94, DRdA 1995, 327 mit Bespr v *Knöfler*; s auch VwGH 23. 4. 1990, 90/12/0090, DRdA 1991, 288 mit Bespr v *Martinek*.

87 Vgl hiezu VwGH 5. 6. 1985, 84/11/0113, RdW 1986, 90.

88 OGH 20. 12. 2006, 9 ObA 129/06w, Arb 12.650.

bindung **arbeitsunfähig** sind, dürfen sie zu Arbeiten überhaupt nicht zugelassen werden (§ 5 Abs 2 MSchG). **Stillende** Mütter dürfen mit gewissen Arbeiten ebenfalls nicht beschäftigt werden (§ 4a Abs 2 MSchG).

Des Weiteren dürfen werdende und stillende Mütter grundsätzlich nicht in der Zeit von **20 Uhr bis 6 Uhr** sowie an **Sonn- und Feiertagen** beschäftigt werden (§§ 6 u 7 MSchG). Von den **Verboten** der **Nachtarbeit** lässt das Gesetz allerdings eine Reihe von Ausnahmen zu. 7/149

So darf von werdenden und stillenden Müttern eine Arbeitsleistung bis 22 Uhr verlangt werden, wenn diese zB im Verkehrswesen, bei Theatervorstellungen, in Lichtspieltheatern tätig bzw wenn sie in der Krankenpflege in Kranken-, Heil- und Wohlfahrtsanstalten sowie in mehrschichtigen Betrieben beschäftigt sind. Von Dienstnehmerinnen iSd § 1 Abs 1 und 2 des Theaterarbeitsgesetzes (TAG) kann eine Beschäftigung bis 24 Uhr verlangt werden. Voraussetzung für die Heranziehung dieser Frauen bis 22 bzw 24 Uhr ist jedoch, dass im Anschluss an die Nachtarbeit eine ununterbrochene Ruhezeit von mindestens elf Stunden gewährleistet ist (§ 6 Abs 2 MSchG). Mit Sonderbewilligung des Arbeitsinspektorats dürfen werdende und stillende Mütter, die im Gastgewerbe beschäftigt sind, bis 22 Uhr und Frauen, die zB bei Theatervorstellungen und in Lichtspieltheatern arbeiten, bis 23 Uhr, soweit nicht nach § 6 Abs 2 MSchG eine längere Beschäftigung zulässig ist, zur Arbeitsleistung herangezogen werden, wenn dies aus betrieblichen Gründen notwendig ist und es der Gesundheitszustand der Dienstnehmerin erlaubt. Auch in diesen Fällen muss die Konsumierung einer ununterbrochenen Ruhezeit von mindestens elf Stunden im Anschluss an die Nachtarbeit gesichert sein (§ 6 Abs 3 MSchG).

Auch das Verbot der **Sonn- und Feiertagsarbeit** für werdende und stillende Mütter ist zu Gunsten verschiedener Branchen und Betriebe durchbrochen. 7/150

So dürfen zB Frauen, die im Gastgewerbe, in Schichtbetrieben, bei Musikaufführungen sowie in Betrieben beschäftigt sind, für die Sonn- und Feiertagsarbeit zugelassen ist und in denen die wöchentliche Ruhezeit für die gesamte Belegschaft auf einen bestimmten Werktag fällt, auch zur Leistung von Sonn- und Feiertagsarbeit herangezogen werden. Ebenso ist das Verbot der Sonn- und Feiertagsarbeit durchbrochen für Frauen, die in einem Betrieb, für den Sonn- und Feiertagsarbeit zugelassen ist, tätig sind, wenn im Betrieb insgesamt nicht mehr als fünf Dienstnehmer regelmäßig beschäftigt sind und außer der betreffenden Frau nur noch ein Dienstnehmer eine gleichartige Tätigkeit ausüben kann. Von Arbeitnehmerinnen, die vor der Meldung der Schwangerschaft ausschließlich an Samstagen, Sonntagen oder Feiertagen tätig wurden, kann ebenfalls eine Beschäftigung im bisherigen Ausmaß verlangt werden (§ 7 Abs 2 MSchG). Das Arbeitsinspektorat kann im Einzelfall weitere Ausnahmen vom Verbot der Sonn- und Feiertagsarbeit bewilligen, wenn dies aus betrieblichen Gründen unerlässlich ist (§ 7 Abs 3 MSchG). Voraussetzung für die Heranziehung einer werdenden oder stillenden Mutter zur Arbeitsleistung an einem Sonntag ist jedoch, dass ihr in der auf die Sonntagsarbeit folgenden Kalenderwoche eine ununterbrochene Ruhezeit von mindestens 36 Stunden (Wochenruhe; vgl 6.8.12.2) gewährt wird. Für die Arbeitsleistung an einem Feiertag hat die werdende oder stillende Mutter Anspruch auf eine ununterbrochene Ruhezeit von mindestens 24 Stunden im Anschluss an eine Nachtruhe, wobei die Ruhezeit einen ganzen Wochentag einzuschließen hat (§ 7 Abs 4 MSchG).

Beschäftigungsverbote auf Grund einer Schwangerschaft dürfen Arbeitnehmerinnen auch bei der Einstellung nicht zum Nachteil gereichen. Schon aus der **Gleichbehandlungsrichtlinie**, RL 1976/207/EWG (mittlerweile idF RL 2006/54/EG), folgte, dass die Anwendung der Vorschriften zum Schutz der werdenden Mutter für diese keine Nachteile beim Zugang zur Beschäftigung mit sich bringen darf. Einem Arbeitgeber ist es daher nicht erlaubt, die Einstellung einer schwangeren Bewerberin deshalb abzulehnen, weil er die Arbeitnehmerin 7/151 wegen eines schwangerschaftsbedingten Beschäftigungsverbots auf dem auf unbestimmte Zeit zu besetzenden Arbeitsplatz nicht von Anfang an beschäftigen kann[89].

7/152 Für werdende und stillende Mütter besteht ein absolutes **Verbot der Überstundenleistung** (§ 8 MSchG).

7/153 Werdenden und stillenden Müttern ist es zu ermöglichen, sich während der Arbeitszeit unter geeigneten Bedingungen **hinzulegen** und **auszuruhen** (§ 8a MSchG).

7.3.3.3. Entgelt während der Beschäftigungsbeschränkungen

7/154 Erweist sich die Versetzung der Frau auf einen sie weniger gefährdenden oder belastenden Arbeitsplatz als notwendig, so hat der Dienstgeber der Arbeitnehmerin für die auf diesem neuen Arbeitsplatz geleistete, uU weniger qualifizierte Arbeit den **Durchschnitt** des von ihr **zuletzt erzielten Verdienstes** zu gewähren (§ 14 Abs 1 MSchG). Dies gilt auch dann, wenn sich durch die Änderung der Beschäftigung eine Verkürzung der Arbeitszeit ergibt, der Arbeitgeber überhaupt keinen Ersatzarbeitsplatz zur Verfügung stellen kann oder die Arbeitnehmerin auf Grund einer medizinischen Indikation keinerlei Beschäftigung ausüben darf. Der Dienstgeber hat somit das durchschnittliche Entgelt **fortzuzahlen**, wenn sich die Art oder das Ausmaß der Tätigkeit ändert oder wenn die Beschäftigung an sich unzulässig wird. Die Entgeltfortzahlungspflicht des Arbeitgebers **entfällt** jedoch, soweit die Arbeitnehmerin einen Anspruch auf **Wochengeld** (s unten) besitzt.

Der **Durchschnittsverdienst** berechnet sich nach dem Entgelt, das die Dienstnehmerin in den letzten 13 Wochen vor der Arbeitsplatzänderung bezogen hat. Nach Ansicht der Rechtsprechung kommt es zu keiner Entgeltfortzahlung gem § 14 MSchG bei Verdiensteinbußen einer schwangeren Arbeitnehmerin, die dadurch eintreten, dass sie keine Überstunden mehr leisten darf[90]. Ebenso soll eine Überstundenpauschale wegfallen, wenn es zu keinen Überstunden mehr kommt[91]. **Einmalige**, für eine bestimmte Beschäftigungsperiode gewidmete **Zahlungen**, die nicht von dritter Seite – wie zB hinsichtlich der Sonderzahlungen vom Sozialversicherungsträger – ersetzt werden und in deren Genuss andere Arbeitnehmer kommen, die nicht durch ein Beschäftigungsverbot an Arbeitsleistungen für den Arbeitgeber gehindert waren, dürfen wegen einer durch eine Schutzfrist bedingten Abwesenheit der Arbeitnehmerin nicht gekürzt werden[92].

7/155 Aus der Bestimmung des § 14 Abs 1 MSchG ergibt sich aber keine Verpflichtung der Dienstnehmerin zu einer Änderung einer vertraglich vereinbarten Arbeitszeit oder einer **vertraglich vereinbarten Tätigkeit**[93]. Weiters ist hiebei der Versetzungsschutz gem § 101 ArbVG (vgl 6.1.8.2) zu beachten.

7/156 Für Zeiten des **absoluten Beschäftigungsverbots** vor und nach der Geburt (vgl 7.3.3.2) steht der Dienstnehmerin das **Wochengeld** als Leistung der **Krankenversicherung** gem § 162 ASVG zu[94]. Über die Zeiten der absoluten Beschäftigungsverbote hinaus erhalten Arbeitnehmerinnen Wochengeld vor oder nach der Geburt, wenn sie auf Grund besonderer

---

89 EuGH 3. 2. 2000, C-207/98, *Mahlburg*, Slg 2000, I-549 = ARD 5108/1/2000.

90 OGH 18. 8. 1995, 8 ObA 233/95, Arb 11.428; OGH 26. 2. 2004, 8 ObA 124/03y, Arb 12.413; VwGH 17. 1. 1983, 81/12/0149, infas 1984, A 42; s hiezu aber *Davy/Keller*, Probleme der Entgeltfortzahlung nach dem Mutterschutzgesetz, ZfV 1984, 20.

91 Vgl OGH 29. 4. 1975, 4 Ob 81/74, Arb 9348.

92 OGH 13. 11. 2002, 9 ObA 193/02a, Arb 12.274; vgl auch EuGH 21. 10. 1999, C-333/97, *Lewen*, Slg 1999, I-7243.

93 OGH 27. 10. 1970, 4 Ob 92/70, DRdA 1972, 89 mit Bespr v *Spielbüchler*.

94 Allg dazu *Resch*, Sozialrecht[6] (2015), 75 f; *Drs*, Arbeits- und Sozialrecht[4] (2017), 345 f; *Drs* in Mosler/Müller/Pfeil (Hrsg), Der SV-Kommentar (Losebl), § 162.

Vorschriften des MSchG nicht beschäftigt werden dürfen und dies amts- oder arbeitsinspektionsärztlich bestätigt wird (vgl § 162 Abs 1 ASVG). Kommt es allerdings zu einem Arbeitsverbot oder einer Einschränkung auf Grund der Art der Tätigkeit (vgl § 4 MSchG), hat der Arbeitgeber das Entgelt bis zum Eintritt des individuellen oder absoluten Beschäftigungsverbots weiterzuzahlen. Besonderes gilt auch für werdende Mütter bei Kontakt mit Tabakrauch: Sie dürfen nicht in Räumen arbeiten, in denen sie dem **Rauch** ausgesetzt sind. Für die Zeit dieses Beschäftigungsverbots haben sie Anspruch auf Wochengeld (§ 162 Abs 1 letzter Satz ASVG iVm § 13a Abs 5 TabakG). Wird der Ablauf eines ohne sachliche Rechtfertigung **befristeten** Arbeitsverhältnisses **gehemmt** (vgl 5.3.1.3), darf der Arbeitgeber die Dienstnehmerin gleichzeitig aber an ihrem Arbeitsplatz nicht weiter beschäftigen, so besteht an Stelle der Entgeltfortzahlung durch den Arbeitgeber ebenfalls ein Anspruch auf Wochengeld (§ 10a Abs 3 MSchG).

Bei **Hausbesorgerdienstverhältnissen** hat der Hauseigentümer für die Dauer der Beschäftigungsverbote gem den §§ 3 bis 5 Abs 1 MSchG auf eigene Kosten für eine **Vertretung** zu sorgen. Für die Dauer absoluter oder individueller Beschäftigungsverbote erhält die Hausbesorgerin **Wochengeld**, im Falle eines Beschäftigungsverbots gem § 4 MSchG für bestimmte Tätigkeiten behält sie ihren Entgeltanspruch gegenüber dem Hauseigentümer (§§ 14b Abs 1, 17 Abs 3 HausbG; zu den erfassten Dienstverhältnissen vgl 4.3.2.2.3.2).

Teilzeitarbeitnehmerinnen, deren Entgelt unter der Geringfügigkeitsgrenze (2017: 7/157
€ 425,70 pro Monat) des § 5 Abs 2 ASVG liegt (sog geringfügige Beschäftigung) und die sich nicht selbst versichert haben, sind nicht krankenversicherungspflichtig und haben auch keinen Anspruch auf Wochengeld. Die Mutterschutzrichtlinie, RL 1992/85/EWG, die einen bezahlten Mutterschaftsurlaub vorsieht, hat diesbezüglich keine spezielle Umsetzung durch das MSchG erfahren, weshalb Teile der Lehre eine direkte Anwendung der RL befürworten[95]. Teilzeitarbeitnehmerinnen, für die das AngG zur Anwendung kommt, könnten sich auf § 8 Abs 4 AngG stützen, wonach der Dienstgeber zur Fortzahlung des Entgelts während sechs Wochen nach der Niederkunft verpflichtet ist[96]. Im Übrigen müsste sich ein Anspruch auf die Bestimmungen zur Entgeltfortzahlung aus anderen wichtigen, in der Person der Arbeitnehmerin gelegenen Gründen (vgl 6.9.2.2), insb auf § 1154b Abs 5 ABGB oder § 8 Abs 3 AngG, stützen[97]. *Jabornegg/Resch*[98] sehen eine generelle Anspruchsgrundlage in § 14 MSchG. Für die Zeit nach der Geburt des Kindes erübrigt sich die Diskussion insofern, als das Kinderbetreuungsgeld[99] gem § 4 KBGG ab der Geburt des Kindes zusteht und das Kinderbetreuungsgeld über der Geringfügigkeitsgrenze liegt.

7.3.3.4. (Eltern-)Karenz

Im Interesse einer gleichberechtigten und partnerschaftlichen Kindesbetreuung soll es 7/158
grundsätzlich den Eltern überlassen bleiben, ob die Mutter oder der Vater eine Karenz an-

95 S etwa *Holzer* in Marhold/Burgstaller/Preyer (Hrsg), AngG (Losebl), § 8 Rz 38.

96 Vgl *M. Schwarz*, Geringfügig beschäftigter Angestellter wird das Wochengeld von der Sozialversicherung und vom Dienstgeber verweigert, DRdA 1984, 162; *Knöfler*, MSchG (Losebl), 151.

97 AA *Binder*, Das Zusammenspiel arbeits- und sozialrechtlicher Leistungsansprüche (1980), 258.

98 *Jabornegg/Resch/Födermayr*, Arbeitsrecht[6] (2017), Rz 96.

99 *Holzmann-Windhofer*, Kinderbetreuungsgeld „Neu" ab 1. 1. 2010, ZAS 2010, 48; *Rosenmayr*, Kinderbetreuungsgeld 2010 – Die wichtigsten Neuerungen im Überblick, ZAS 2010, 4.

lässlich der Geburt eines Kindes in Anspruch nimmt[100]. Art 33 Abs 2 der Europäischen-Grundrechte-Charta gewährleistet jedem Menschen einen **Anspruch** auf Mutterschafts- bzw Elternurlaub (s dazu 2.8.4.6). Durch das MSchG und das VKG wurden die gesetzlichen Voraussetzungen geschaffen, dass eine partnerschaftliche Betreuung des Kleinkindes möglich ist. Durch die verschiedenen Formen der Karenz sowie durch die Möglichkeit der Kombination von Karenz und Teilzeitbeschäftigung (vgl 7.3.3.6) sollen die Eltern in die Lage versetzt werden, eine ihren konkreten Bedürfnissen entsprechende Lösung zu verwirklichen[101].

7/159 Allgemeine Voraussetzungen der verschiedenen Karenzformen sind die **Geburt**[102] **eines Kindes**, der **gemeinsame Haushalt** des betreffenden Elternteils mit dem Kind, die Einhaltung bestimmter Meldefristen sowie die **nicht gleichzeitige Inanspruchnahme** einer Elternkarenz des anderen Elternteils (zur diesbezüglichen Ausnahme nach § 15a Abs 2 MSchG bzw § 3 Abs 2 VKG s unter 7.3.3.4.2).

7/160 Auf die Elternkarenz besteht bei Vorliegen der oben genannten Bedingungen ein individueller **Rechtsanspruch**. Der jeweilige Elternteil hat das Recht, die Karenz durch Ausübung eines einseitigen Gestaltungsrechts anzutreten.

7.3.3.4.1. „Normale" (Eltern-)Karenz

7/161 Gem § 15 MSchG bzw § 2 VKG ist einem Elternteil auf sein Verlangen eine Karenz bis zum **Ablauf des zweiten Lebensjahres** des Kindes zu gewähren, wenn er mit dem Kind im gemeinsamen Haushalt lebt. Die Mindestdauer der Karenz ist gesetzlich vorgeschrieben und beträgt zwei Monate.

7/162 Jede Inanspruchnahme einer Karenz setzt die rechtzeitige **Bekanntgabe** voraus. Die Mutter hat ihre Karenz grundsätzlich bis zum **Ende des Beschäftigungsverbots** gem § 5 MSchG bekannt zu geben (§ 15 Abs 3 MSchG), der Vater spätestens acht Wochen nach der Geburt des Kindes (§ 2 Abs 5 VKG). Spätestens drei Monate vor Ende der Karenz ist dem Arbeitgeber mitzuteilen, ob und bis wann die Karenz verlängert wird. Dauert die Karenz weniger als drei Monate, so hat die Meldung zwei Monate vor dem Ende der Karenz zu erfolgen. Hat der jeweils andere Elternteil keinen Anspruch auf Karenz, kann die Mutter bzw der Vater die Karenz auch zu einem späteren Zeitpunkt in Anspruch nehmen. In diesem Fall ist Beginn und Dauer der Karenz spätestens drei Monate vor dem Antritt der Karenz bekannt zu geben. Der Ablauf dieser Fristen hindert aber nicht, dass zu einem späteren Zeitpunkt einvernehmlich eine Karenz vereinbart wird.

7/163 Gibt eine Arbeitnehmerin eine bestimmte Zeitdauer für ihre Karenz bekannt, so kann die darauf beruhende Vereinbarung der Arbeitsvertragsparteien über die Karenz außer in besonders wichtigen Gründen **nicht einseitig** vor Ablauf der vereinbarten Zeit **beendet** wer-

[100] Zur vereinbarten Karenz aus anderen Gründen vgl 6.11.

[101] So auch schon zur älteren Rechtslage insb *Knöfler*, MSchG (Losebl), 305 f; *Schaufler*, Die Umsetzung der Elternurlaubsrichtlinie in Österreich (2002), 37; *Kollros*, Karenzierungsbestimmungen des Mutterschutzgesetzes und des Eltern-Karenzurlaubsgesetzes, ecolex 2001, 218; *Harrer*, Der Elternkarenzurlaub, DRdA 1992, 104 mit Replik von *Knöfler*, DRdA 1992, 248, und Gegenreplik von *Harrer*, DRdA 1992, 251.

[102] Näheres zur Karenz bei Adoption bzw Pflege eines Kindes s unter 7.3.3.4.7.

den[103]. Auch die Vereinbarung einer Arbeitnehmerin mit dem Masseverwalter zur vorzeitigen Beendigung der Karenz wurde vom OGH als rechtsmissbräuchlich angesehen, da die Schließung des Teilbereichs des Unternehmens, in dem die Arbeitnehmerin beschäftigt war, genehmigt und tatsächlich erfolgt war[104].

Die **Mutter** nimmt die normale Karenz in der Regel nach Ende des Beschäftigungsverbots 7/164
in Anspruch; sie kann dies allerdings auch nach einem daran anschließenden Gebührenurlaub oder einer Dienstverhinderung wegen Krankheit[105] tun.

Für den **Vater** kann die Karenz bei Erwerbstätigkeit der Mutter frühestens mit dem Ablauf 7/165
des Beschäftigungsverbots der Mutter nach der Geburt beginnen. Eine Karenz des Vaters ist zudem gem § 2 Abs 1 VKG nur zulässig,

- wenn die Mutter nicht gleichzeitig Karenz in Anspruch nimmt (eine Ausnahme besteht bei der geteilten Karenz, s unter b); damit wird sichergestellt, dass vorrangig die Mutter die Karenz beanspruchen kann; oder
- wenn die Mutter keinen Anspruch auf Karenz hat.

Hat die Mutter keinen Anspruch auf Karenz, dann kann die Karenz des Vaters frühestens 7/166
nach Ablauf von acht Wochen (bzw bei Früh-, Mehrlings- oder Kaiserschnittgeburten nach Ablauf von zwölf Wochen) nach der Geburt beginnen. Hat die Mutter einen verlängerten Anspruch auf Betriebshilfe (Wochengeld) nach § 102a GSVG oder nach § 98 BSVG, dann kann auch die Karenz des Vaters erst mit Ende dieses Anspruchs beginnen (vgl § 2 Abs 2 u 3 VKG).

Die Karenz **endet vorzeitig**, wenn der **gemeinsame Haushalt mit dem Kind aufgehoben** 7/167
wird und der Arbeitgeber den vorzeitigen Antritt des Dienstes begehrt. Die zur Beendigung der Karenz führenden Gründe sind dem Arbeitgeber unverzüglich bekannt zu geben (§ 15f Abs 4 u 5 MSchG, § 2 Abs 7 u 8 VKG).

Über Beginn und Dauer der Karenz ist vom Dienstgeber auf Verlangen des jeweiligen El- 7/168
ternteils eine **Bestätigung** auszustellen, die vom Arbeitnehmer mit zu unterfertigen ist (§ 15f Abs 3 MSchG, § 2 Abs 6 VKG). Nimmt ein Dienstnehmer keine Karenz, so ist der Dienstgeber verpflichtet, ihm auch darüber eine Bestätigung auszustellen, wenn er eine solche verlangt. Derartige Bestätigungen sind von Stempelgebühren und Bundesverwaltungsabgaben befreit.

7.3.3.4.2. Geteilte Karenz

Sowohl die Karenz der Mutter als auch jene des Vaters kann zweimal geteilt werden 7/169
(§ 15a MSchG bzw § 3 VKG). Karenzteile der Mutter und des Vaters können einander **abwechseln**. Die Karenz jedes Elternteils muss jedoch mindestens **zwei Monate** betra-

[103] OGH 19. 12. 2002, 8 ObA 162/02k, infas 2003, A 44.
[104] OGH 11. 11. 2004, 8 ObS 15/04w, ARD 5594/7/2005.
[105] S auch VwGH 23. 4. 2003, 99/08/0035, DRdA 2004, 151 mit Bespr v *Löschnigg*.

gen[106]. In der Regel werden die Karenzen nach dem Beschäftigungsverbot der Mutter von den Elternteilen (abwechselnd) konsumiert werden, es ist aber seit der Novelle BGBl I 124/2004 auch möglich, die Karenzen mit Zeiten der Teilzeitbeschäftigung oder einer Änderung der Lage der Arbeitszeit zu kombinieren (s dazu 7.3.3.6).

7/170 Seit der Novelle BGBl I 153/1999 sehen MSchG und VKG vor, dass die Eltern ausnahmsweise einen Karenzteil **gleichzeitig** in Anspruch nehmen können. Diese Möglichkeit besteht nur **für die Dauer eines Monats** und nur dann, wenn es zum erstmaligen Wechsel der Betreuungsperson kommt. Die beiden Elternteilen insgesamt zustehende Karenz darf sich dadurch zeitmäßig nicht verlängern. Konsumieren somit innerhalb der ersten zwei Lebensjahre des Kindes die Elternteile einen Monat lang eine **gemeinsame Karenz**, dann endet der Karenzanspruch auch nicht erst mit dem vollendeten zweiten Lebensjahr des Kindes, sondern spätestens einen Monat zuvor (§ 15a Abs 2 MSchG, § 3 Abs 2 VKG).

7/171 Nimmt ein Elternteil Karenz **im Anschluss** an die Karenz des anderen Elternteils in Anspruch, hat er grundsätzlich spätestens drei Monate vor Ende der Karenz des anderen Elternteils dem Dienstgeber Beginn und Dauer der Karenz bekannt zu geben. Handelt es sich allerdings um die Karenz im Anschluss an das Beschäftigungsverbot der Mutter und dauert diese weniger als drei Monate, so hat der Vater Beginn und Dauer der Karenz spätestens am Ende des Beschäftigungsverbots mitzuteilen (§ 15a Abs 3 MSchG, § 3 Abs 3 VKG). Unabhängig von diesen Fristen steht es dem Elternteil und dem Dienstgeber frei, die Karenz zu vereinbaren.

7.3.3.4.3. Aufgeschobene Karenz

7/172 Jeder Elternteil kann mit seinem Arbeitgeber **vereinbaren**, dass er drei Monate seiner Karenz aufschiebt und bis zum Ablauf des siebenten Lebensjahres des Kindes verbraucht (§ 15b MSchG, § 4 VKG)[107]. Die Karenz innerhalb der ersten zwei Jahre des Kindes **verkürzt** sich dementsprechend. Ist die noch nicht verbrauchte aufgeschobene Karenz länger als der Zeitraum zwischen dem Schuleintritt und dem Ablauf des siebenten Lebensjahres des Kindes oder erfolgt der Schuleintritt erst nach Ablauf des siebenten Lebensjahres des Kindes, kann aus Anlass des Schuleintritts der Verbrauch der aufgeschobenen Karenz vereinbart werden (§ 15b Abs 2 MSchG, § 4 Abs 2 VKG). Die Geburt eines weiteren Kindes hindert nicht die Vereinbarung über den Verbrauch der aufgeschobenen Karenz.

7/173 MSchG und VKG verlangen für die aufgeschobene Karenz eine **Vereinbarung** zwischen Arbeitgeber und Arbeitnehmer. Hiebei ist zwischen der grundsätzlichen Absicht, eine aufgeschobene Karenz zu beanspruchen, und der Festlegung eines bestimmten Termins für dieselbe zu unterscheiden. Die **Absicht**, die Karenz in Anspruch zu nehmen, ist dem Arbeitgeber zu den auch sonst geltenden Zeitpunkten (s 7.3.3.4.1) **bekannt zu geben**. Kommt innerhalb von zwei Wochen ab Bekanntgabe keine Einigung zustande, kann der Arbeitge-

[106] Zur Ausnahme, wenn in den ersten zwei Bezugsmonaten der Anspruch auf Kinderbetreuungsgeld auf Grund der Geburt eines weiteren Kindes endet, s OGH 17. 12. 2013, 10 ObS 85/13t, ARD 6387/15/2014.

[107] Vgl *Burger*, Neuerungen beim Karenzurlaub, RdW 1999, 795.

ber binnen weiterer zwei Wochen wegen der Inanspruchnahme der Karenz **Klage** beim Arbeits- und Sozialgericht einbringen. Klagt er nicht, gilt seine Zustimmung als erteilt.

Liegt eine Vereinbarung über die aufgeschobene Karenz dem Grunde nach vor (bzw wurde der Klage des Arbeitgebers nicht stattgegeben), dann ist in weiterer Folge der **konkrete Beginn** der Karenz dem Arbeitgeber spätestens drei Monate vor dem gewünschten Zeitpunkt bekannt zu geben. Kommt innerhalb von zwei Wochen ab Bekanntgabe keine Einigung zustande, kann der Arbeitnehmer die aufgeschobene Karenz zum gewünschten Zeitpunkt antreten, es sei denn, der Arbeitgeber hat binnen weiterer zwei Wochen dagegen Klage erhoben (§ 15b Abs 4 MSchG, § 4 Abs 4 VKG). Sowohl bei der Vereinbarung der Karenz an sich als auch beim konkreten Termin sind stets die **Erfordernisse** des **Betriebs** den **Interessen** des **Elternteils** gegenüberzustellen. 7/174

Kommt eine Einigung über die aufgeschobene Karenz nicht zustande oder bringt der Arbeitgeber eine Klage ein oder wird der Klage des Arbeitgebers stattgegeben, dann kann der betroffene Elternteil bekannt geben, dass er an Stelle der aufgeschobenen Karenz eine Karenz bis zum zweiten Lebensjahr des Kindes in Anspruch nimmt (§ 15b Abs 3 MSchG, § 4 Abs 3 VKG). 7/175

Die Vereinbarungen und Klagsmöglichkeiten hinsichtlich einer aufgeschobenen Karenz betreffen immer nur das Arbeitsverhältnis, das zum Zeitpunkt der Geburt bestanden hat. Soll die aufgeschobene Karenz in einem **anderen Dienstverhältnis** in Anspruch genommen werden, so bedarf es dazu einer eigenen Vereinbarung mit dem neuen Arbeitgeber (§ 15b Abs 6 MSchG, § 4 Abs 6 VKG). 7/176

7.3.3.4.4. Verhinderungskarenz

Wird jener Elternteil, der das Kind betreut, durch ein unvorhergesehenes und unabwendbares Ereignis für eine nicht bloß verhältnismäßig kurze Zeit an der Betreuung gehindert, so ist dem anderen Elternteil für die Dauer der Verhinderung eine sog **Verhinderungskarenz** oder **Notstandskarenz** zu gewähren (§ 15d MSchG bzw § 6 VKG). Diese Karenz steht ganz allgemein bis zum Ablauf des zweiten Lebensjahres des Kindes zu, weiters aber auch für den Fall, dass nach dem zweiten Lebensjahr des Kindes vom nunmehr verhinderten Elternteil zulässigerweise eine Karenz konsumiert wird. Bis zum zweiten Lebensjahr des Kindes ist somit unerheblich, ob der verhinderte Elternteil grundsätzlich erwerbstätig ist oder nicht. Auch wenn zB ein ausschließlich als Hausmann tätiger Vater oder eine studierende Mutter die Betreuung des Kindes übernommen hat und verhindert wird, ist dem anderen Elternteil Notstandskarenz zu gewähren[108]. Nach dem zweiten Lebensjahr des Kindes wird hingegen die Verhinderungskarenz nur in Verbindung mit einer aufgeschobenen Karenz (s unter c) in Frage kommen. Ob eine Karenz bereits verbraucht wurde, eine Teilzeitbeschäftigung angetreten oder beendet wurde oder ob für einen späteren Zeitpunkt Karenz 7/177

[108] Vgl *Thomasberger* in Burger-Ehrnhofer/Schrittwieser/Thomasberger (Hrsg), MSchG und VKG^2 (2013), 356 ff; *Knöfler*, MSchG (Losebl), 323; s auch die Kritik von *Schwarz*, Das „geschnürte" Familienpaket, ÖJZ 1992, 484.

oder Teilzeitbeschäftigung angemeldet wurde, ist in diesem Zusammenhang nicht von Relevanz (§ 15d Abs 4 MSchG, § 6 Abs 3 VKG).

Was unter einem **unvorhersehbaren** und **unabwendbaren Ereignis** zu verstehen ist, zählt der Gesetzgeber abschließend auf: Tod, Aufenthalt in einer Heil- und Pflegeanstalt, Verbüßung einer Freiheitsstrafe, sonstige behördliche Anhaltung und schwere Erkrankungen (§ 15d Abs 2 MSchG, § 6 Abs 2 VKG)[109]. Weiters billigt der Gesetzgeber die Verhinderungskarenz außerdem dann zu, wenn es zu einem Wegfall des gemeinsamen Haushalts des anderen Elternteils, Adoptiv- oder Pflegeelternteils mit dem Kind oder der Betreuung des Kindes kommt (§ 15d Abs 2 Z 5 MSchG, § 6 Abs 2 Z 5 VKG). Beginn, Dauer und die anspruchsbegründenden Umstände sind dem Arbeitgeber unverzüglich bekannt zu geben bzw nachzuweisen.

7/178 Von allen Verhinderungsfällen wird vorausgesetzt, dass die Betreuung des Kindes nicht bloß für eine verhältnismäßig kurze Zeit unterbleibt. Sofern die Verhinderung nur eine verhältnismäßig kurze Zeit dauert, wird es sich für den hinsichtlich der Betreuung „einspringenden" berufstätigen Elternteil ohnehin um eine Dienstverhinderung iS der einschlägigen Bestimmungen (§ 8 Abs 3 AngG, § 1154b Abs 5 ABGB, § 16 Abs 1 Z 2 UrlG; vgl 6.9.2.2 u 6.9.2.3) handeln, die entgeltfortzahlungspflichtig ist. Erst wenn die Verhinderung diesen Zeitraum von ein bis zwei Wochen übersteigt, kann auf die Notstandskarenz zurückgegriffen werden.

7.3.3.4.5. Karenz an Stelle von Teilzeitbeschäftigung

7/179 Strebt ein Elternteil eine Teilzeitbeschäftigung nach den §§ 15h und 15i MSchG bzw §§ 8 und 8a VKG oder die Änderung der Lage der Arbeitszeit nach § 15p MSchG bzw § 8h VKG an und lehnt der Dienstgeber dies ab, so kann der Elternteil binnen einer Woche bekannt geben, dass er an Stelle der Teilzeitbeschäftigung (bzw geänderten Lage der Arbeitszeit) oder bis zur Entscheidung des ASG eine Karenz in Anspruch nehmen will (§ 15m MSchG bzw § 8e VKG). Diese Karenz kann allerdings nur **bis zum Ablauf des zweiten Lebensjahres** des Kindes genommen werden. Karenz an Stelle der Teilzeitbeschäftigung oder geänderten Lage der Arbeitszeit kann weiters in Anspruch genommen werden, wenn diese im gerichtlichen Rechtsstreit nach § 15k Abs 3 MSchG bzw § 8c Abs 3 VKG oder § 15l Abs 2 MSchG bzw § 8d Abs 2 VKG nicht durchgesetzt werden können (§ 15m Abs 2 MSchG, § 8e Abs 2 VKG; Näheres dazu 7.3.3.6.6).

7.3.3.4.6. Später geltend gemachte Karenz

7/180 Hat der Arbeitgeber des einen Elternteils die Teilzeitbeschäftigung **abgelehnt** und nimmt dieser Elternteil keine Karenz für diese Zeit in Anspruch (s 7.3.3.4.5), dann kann der **andere Elternteil** längstens bis zum Ablauf des zweiten Lebensjahres des Kindes die Karenz geltend machen, auch wenn die ursprünglich einzuhaltenden Frist für die Inanspruchnahme der Karenz bereits versäumt wurde (§ 15q MSchG bzw § 9 VKG).

[109] Vgl hiezu *Migsch*, Marginalien zum Eltern-Karenzurlaub und zur Eltern-Teilzeitbeschäftigung, ZAS 1993, 213.

Beginn, Dauer und die anspruchsbegründenden Umstände dieser Karenz sind dem Arbeitgeber unverzüglich nach Ablehnung der Teilzeitbeschäftigung durch den Arbeitgeber des anderen Elternteils bekannt zu geben bzw **nachzuweisen**.

7.3.3.4.7. Karenz von Adoptiv- und Pflegeeltern

Sämtliche Formen der Karenz können gem § 15c MSchG bzw § 5 VKG auch von Arbeitnehmerinnen und Arbeitnehmern in Anspruch genommen werden, die ein Kind, welches das zweite Lebensjahr noch nicht vollendet hat, an Kindes statt angenommen haben (**Adoptiveltern**) oder die ein Kind in unentgeltliche Pflege genommen haben (**Pflegeeltern**). Voraussetzung dabei ist jedoch, dass das Kind im **selben Haushalt** lebt. 7/181

Die Karenz kann mit dem Tag der Annahme an Kindes statt oder der Übernahme in unentgeltliche Pflege oder im Anschluss an eine Karenz des anderen (Adoptiv- oder Pflege-)Elternteils **beginnen**. Bezüglich der Pflichten zur Bekanntgabe der Karenz sind die sonstigen für Karenzen geltenden Mitteilungspflichten sinngemäß anzuwenden. Eine Besonderheit besteht für Adoptiv- und Pflegeelternteile insofern, als eine **sechsmonatige Karenz** in Anspruch genommen werden kann, wenn das Kind nach dem zweiten Geburtstag aber noch vor Ablauf des siebten Lebensjahres adoptiert oder in Pflege genommen wird (§ 15c Abs 3 MSchG bzw § 5 Abs 5 VKG). 7/182

7.3.3.4.8. Besondere Rechtsfolgen

Für die Zeit nach der Geburt besteht grundsätzlich Anspruch auf Kinderbetreuungsgeld (zu den Voraussetzungen s auch 7.3.3.7) oder Wochengeld (s 7.3.3.3), wobei der Anspruch auf Kinderbetreuungsgeld im Ausmaß des Bezugs von Wochengeld oder einer gleichartigen Leistung ruht (§ 6 KBGG). 7/183

Soweit nichts anderes vereinbart ist, bleibt die **Zeit einer Karenz** bei Rechtsansprüchen, die sich nach der Dauer der Dienstzeit richten, außer Betracht[110]. **Einmalige Bezüge**, wie etwa Urlaubszuschuss, Weihnachtsremuneration oder Bilanzgeld, werden **aliquotiert**, dh deren Höhe wird für das Jahr, in dem der Bezug anfällt, um jene Zeiten anteilig gekürzt, in denen Karenz beansprucht wird. Für die Bemessung der **Kündigungsfrist**, die Dauer der Entgeltfortzahlung im **Krankheitsfall** (Unglücksfall) und das **Urlaubsausmaß** ist jedoch die erste Karenz im Dienstverhältnis bis zum Höchstausmaß von zehn Monaten **anzurechnen** (§ 15f Abs 1 MSchG, § 7c VKG)[111]. Gänzlich unberücksichtigt bleibt diese Zeit somit zB für den Anspruch bzw die Höhe der Abfertigung nach § 23 AngG[112]. Der EuGH-Judikatur zufolge 7/184

---

[110] *Radlingmayr*, Nichtanrechnung der Karenzzeit bei dienstzeitabhängigen Ansprüchen widerspricht Gemeinschaftsrecht, ecolex 2008, 345.

[111] Vgl weiters *Gruber*, Anrechnung des Karenzurlaubes bei dienstzeitabhängigen Ansprüchen, ecolex 1999, 786.

[112] EuGH 8. 6. 2004, C-220/02, Slg 2004, I-5907 = infas 2004, E 9; *Aubauer/Kaszanits*, Keine mittelbare Diskriminierung durch Nichtanrechnung der Elternkarenz bei dienstzeitabhängigen Ansprüchen, ASoK 2004, 250; *Gruber*, Elternschaftskarenz und Präsenz- bzw Zivildienst – unterschiedliche Auswirkungen auf die Abfertigung alten Rechtes zulässig, ecolex 2004, 552; *Dorninger/Gleißner*, Keine Diskriminierung durch nur teilweise Anrechnung von Elternkarenzzeiten, ecolex 2011, 733; s auch OGH 23. 3. 2010, 8 ObA 9/10x, DRdA 2011, 446 mit Bespr v *Mayr*.

stellt dies keine Diskriminierung dar, obwohl etwa Zeiten des Präsenzdienstes sehr wohl entsprechend angerechnet werden.

7/185 Falls zum Zeitpunkt des Antritts der Karenz der gesamte oder ein Teil des Urlaubs für das laufende Dienstjahr noch nicht konsumiert ist, wird dieser **Urlaub** in dem Ausmaß **vermindert**, das dem um die Dauer der Karenz verkürzten Dienstjahr entspricht (§ 15f Abs 2 MSchG, § 7c VKG). Nicht verbrauchte Urlaubsansprüche aus vorangegangenen Jahren sind davon nicht betroffen.

Die eintretende Verkürzung des Urlaubsanspruchs wird nach Ansicht des OGH bereits mit der Inanspruchnahme der Karenz, somit spätestens mit deren Antritt wirksam. Zu einer Aliquotierung kann es daher grundsätzlich auch dann kommen, wenn der Erholungsurlaub **vor Antritt** der Karenz verbraucht wird. Entscheidend ist nur die Inanspruchnahme der Karenz[113]. Dies ist bedenklich: Dem Gesetz kann ein Recht des Arbeitgebers, den Urlaub vor Antritt einer Karenz zu aliquotieren, nicht entnommen werden. Die bloße Absichtserklärung einer Arbeitnehmerin vor der Entbindung, eine Karenz, deren Anfall und konkrete Ausgestaltung noch von ungewissen Ereignissen abhängt, in Anspruch nehmen zu wollen, hat jedoch auch nach Ansicht des Höchstgerichts noch nicht die eine Verkürzung des Erholungsurlaubs auslösende Wirkung[114].

Wenn der Urlaub für das gesamte Arbeitsjahr, in das nachträglich Teile einer Karenz nach den Bestimmungen des MSchG bzw VKG fallen, bereits konsumiert wurde, so kann eine Rückverrechnung weder in finanzieller Hinsicht noch dadurch erfolgen, dass der Urlaub für das darauf folgende Dienstjahr entsprechend verkürzt wird.

7/186 Während einer Karenz hat der Dienstgeber den Arbeitnehmer **über wichtige Betriebsgeschehnisse**, die die Interessen der karenzierten Belegschaftsangehörigen berühren (insb Insolvenz des Unternehmens, betriebliche Umstrukturierungen, Weiterbildungsmaßnahmen), zu **informieren** (§ 15g MSchG, § 7a VKG).

7/187 Bei Inanspruchnahme einer Karenz kommt es grundsätzlich zu einer **Erstreckung des Kündigungs- und Entlassungsschutzes** des MSchG bzw VKG (vgl im Einzelnen 8.2.8.3.2 u 8.3.4.3.3.2). Überdies ist der Arbeitgeber verpflichtet, den Dienstnehmer nach Ablauf der Karenz **in der gleichen Verwendung** zu beschäftigen, es sei denn, der Arbeitsplatz wurde in der Zwischenzeit aufgelassen[115].

Nehmen **Hausbesorger**, deren Dienstverhältnisse vor dem 30. 6. 2000 abgeschlossen wurden, eine Karenz nach dem MSchG oder VKG in Anspruch, hat der Hauseigentümer auf eigene Kosten für eine **Vertretung** zu sorgen. Der Hausbesorger erhält für diese Zeit kein Entgelt vom Hauseigentümer, er hat jedoch Anspruch auf Beibehaltung der Dienstwohnung. Überdies sind Vereinbarungen mit dem Hausbesorger über Tätigkeiten, die mit der Dienstwohnung in unmittelbarem Zusammenhang stehen, zulässig (§§ 14b Abs 1, 17 Abs 3 HausbG).

7/188 Sowohl die Karenz der Mutter als auch jene des Vaters kann zweimal geteilt werden (§ 15a MSchG bzw § 3 VKG). Karenzteile der Mutter und des Vaters können einander **abwechseln**. Die Karenz jedes Elternteils muss jedoch mindestens **zwei Monate** betragen[116]. In der Regel werden die Karenzen nach dem Beschäftigungsverbot der Mutter von den Elternteilen (abwechselnd) konsumiert werden, es ist aber seit der Novelle

---

[113] OGH 18. 11. 1987, 9 ObA 88/87, ZAS 1989, 128 mit Bespr v *Dusak*.
[114] OGH 13. 1. 1988, 9 ObA 502/87, ZAS 1989, 128 mit Bespr v *Dusak*.
[115] OGH 22. 9. 1970, 4 Ob 71/70, Arb 8796.
[116] Zur Ausnahme, wenn in den ersten zwei Bezugsmonaten der Anspruch auf Kinderbetreuungsgeld auf Grund der Geburt eines weiteren Kindes endet, s OGH 17. 12. 2013, 10 ObS 85/13t, ARD 6387/15/2014.

BGBl I 124/2004 auch möglich, die Karenzen mit Zeiten der Teilzeitbeschäftigung oder einer Änderung der Lage der Arbeitszeit zu kombinieren (s dazu 7.3.3.6).

Seit der Novelle BGBl I 153/1999 sehen MSchG und VKG vor, dass die Eltern ausnahmsweise einen Karenzteil **gleichzeitig** in Anspruch nehmen können. Diese Möglichkeit besteht nur **für die Dauer eines Monats** und nur dann, wenn es zum erstmaligen Wechsel der Betreuungsperson kommt. Die beiden Elternteilen insgesamt zustehende Karenz darf sich dadurch zeitmäßig nicht verlängern. Konsumieren somit innerhalb der ersten zwei Lebensjahre des Kindes die Elternteile einen Monat lang eine **gemeinsame Karenz**, dann endet der Karenzanspruch auch nicht erst mit dem vollendeten zweiten Lebensjahr des Kindes, sondern spätestens einen Monat zuvor (§ 15a Abs 2 MSchG, § 3 Abs 2 VKG). 7/189

Nimmt ein Elternteil Karenz **im Anschluss** an die Karenz des anderen Elternteils in Anspruch, hat er grundsätzlich spätestens drei Monate vor Ende der Karenz des anderen Elternteils dem Dienstgeber Beginn und Dauer der Karenz bekannt zu geben. Handelt es sich allerdings um die Karenz im Anschluss an das Beschäftigungsverbot der Mutter und dauert diese weniger als drei Monate, so hat der Vater Beginn und Dauer der Karenz spätestens am Ende des Beschäftigungsverbots mitzuteilen (§ 15a Abs 3 MSchG, § 3 Abs 3 VKG). Unabhängig von diesen Fristen steht es dem Elternteil und dem Dienstgeber frei, die Karenz zu vereinbaren. 7/190

7.3.3.5. Beschäftigung während der Karenz

Während der Elternkarenz kann die Mutter bzw der Vater eine **geringfügige Beschäftigung** iSd § 5 Abs 2 ASVG[117] ausüben (§ 15e Abs 1 MSchG, § 7b Abs 1 VKG), ohne dass der Rechtsanspruch auf die Karenz beeinträchtigt wird. Die geringfügige Beschäftigung kann sowohl beim Dienstgeber des karenzierten Arbeitsverhältnisses als auch bei Dritten ausgeübt werden (zur Abfertigung in derartigen Fällen vgl 8.6.1.2.8). Einer Genehmigung bedarf die geringfügige Beschäftigung beim anderen Arbeitgeber nicht[118], allfällige Konkurrenzverbote sind jedoch zu beachten. Eine **über die Geringfügigkeitsgrenze** hinausgehende Erwerbstätigkeit für den bisherigen Arbeitgeber ist für höchstens dreizehn Wochen[119] im Kalenderjahr zulässig, wobei diese Bestimmung nur für die gesetzliche Karenz gilt, nicht aber für eine zwischen Arbeitgeber und Arbeitnehmer vereinbarte Karenzierung[120]. Dauert die Karenz kein volles Kalenderjahr, so ist die Beschäftigung nur im aliquoten Ausmaß zulässig. Mit Einwilligung des Dienstgebers kann solch eine Beschäftigung über die Geringfügigkeitsgrenze auch mit einem anderen Arbeitgeber vereinbart werden. 7/191

---

[117] Gem § 5 Abs 2 ASVG gilt ein Beschäftigungsverhältnis als geringfügig, wenn im Kalendermonat kein höheres Entgelt als € 425,70 gebührt (Stand: 2017).

[118] *Thomasberger* in Burger-Ehrnhofer/Schrittwieser/Thomasberger (Hrsg), MSchG und VKG^2 (2013), 368; *Höller/Trost*, Kumulation von Verpflichtungen und Parallelbeschäftigungen, DRdA 2008, 447.

[119] S dazu OGH 2. 3. 2007, 9 ObA 35/06x, DRdA 2008, 371 mit Bespr v *Thomasberger*; OLG Wien 16. 12. 2009, 8 Ra 114/09g, ARD 6083/3/2010; *Wolfsgruber*, Beschäftigung während der Karenz – ein Paradoxon, ecolex 2007, 621; *Stech/Ercher*, Beschäftigung während der Karenz – Auslegungsprobleme des § 15e Abs 2 Mutterschutzgesetz (MSchG), RdW 2007, 477.

[120] Vgl OGH 22. 10. 2010, 9 ObA 29/10w, taxlex 2011, 268 mit Bespr v *Gerhartl* = ASoK 2011, 324 = RdW 2011, 190 u 233.

7.3.3.6. Verwendungsschutz

7/192 Um den Anspruch auf **Kinderbetreuungsgeld** (vgl 7.3.3.7) nicht zu verlieren, darf der Gesamtbetrag der Einkünfte im Kalenderjahr allerdings die jeweiligen **Zuverdienstgrenzen** nach dem KBGG nicht überschreiten (§ 2 Abs 1 Z 3, § 24 Abs 1 Z 3 KBGG). Andernfalls ist das bezogene Kinderbetreuungsgeld oder die Beihilfe zurückzuzahlen[121]. Ebenso ist der Kindergeld beziehende Elternteil bei Herbeiführung des Bezugs durch unwahre Angaben oder Verschweigung maßgebender Tatsachen zur Rückzahlung verpflichtet (§ 31 KBGG).

Eine **Verletzung der Arbeitspflicht** im Rahmen der geringfügigen Beschäftigung soll gemäß den gesetzlichen Bestimmungen keine Auswirkungen auf das karenzierte Arbeitsverhältnis haben. Zu verstehen ist dies wohl nur dahingehend, dass Pflichtverletzungen, die lediglich in Säumnissen oder Fehlleistungen gelegen sind, dh in Verfehlungen, die nur im Rahmen der geringfügigen Beschäftigung als Ordnungswidrigkeiten zu deuten sind, zwar zur (vorzeitigen) Lösung der geringfügigen Beschäftigung führen können, das (gesamte) karenzierte Dienstverhältnis aber nicht berühren. Wird jedoch ein Verhalten gesetzt, das die Vertrauensbasis zwischen Arbeitgeber und Arbeitnehmer derart erschüttert, dass eine weitere Zusammenarbeit unzumutbar erscheint, dann kann dies auch Auswirkungen auf das karenzierte Arbeitsverhältnis unter Berücksichtigung des besonderen Kündigungs- und Entlassungsschutzes haben.

Im Falle einer geringfügigen Beschäftigung sind diese Zeiten bei **Bemessung von Ansprüchen**, die von der Dauer des Arbeitsverhältnisses abhängen, grundsätzlich zu berücksichtigen, zumal die Anwendung der einschlägigen gesetzlichen Bestimmungen von einem bestimmten Ausmaß der Arbeitsleistung nicht abhängig ist (zum Sonderfall der Anrechnung dieser Zeiten für Abfertigungsansprüche vgl 8.6.1.2.8). Die für die Karenz an sich zur Anwendung gelangende beschränkte Anrechnungsregel (vgl 8.6.1.2.1 u 7.3.3.4.8) tritt in diesem Fall in den Hintergrund.

7/193 Für **Adoptiv- und Pflegeeltern** gelten die Bestimmungen über die geringfügige Beschäftigung während der Elternkarenz in gleicher Weise.

7.3.3.6. Elternteilzeit und elternbedingte Veränderung der Lage der Arbeitszeit

7/194 Bis zur Novelle BGBl I 64/2004 erfolgte Teilzeitbeschäftigung anlässlich von Elternschaft prinzipiell nur auf Grund einer entsprechenden Vereinbarung zwischen Arbeitnehmer und Arbeitgeber[122]. Durch die Novelle wurde ein **Anspruch auf Reduktion der Arbeitszeit** mit anschließendem Rückkehrrecht zum ursprünglichen Arbeitszeitausmaß gesetzlich festgelegt. Darüber hinaus besteht nunmehr bei Elternschaft ein eigenständiger Anspruch auf eine **Änderung** der **Lage der Arbeitszeit**. Zudem verkürzt weder eine **vorangehende** (eigene) Karenz (bzw jene des Partners) noch die **gleichzeitige Ausübung** einer Teilzeitbeschäfti-

---

[121] OGH 14. 2. 2012, 10 ObS 9/12i, ARD 6233/10/2012.

[122] Zur alten Rechtslage vgl *Burger*, Neuerungen beim Karenzurlaub, RdW 1999, 795; *Eichinger*, Das Gleichbehandlungspaket, RdW 1992, 405; *Harrer*, Der Elternkarenzurlaub, DRdA 1992, 104; *Knöfler*, Noch einmal der Elternkarenzurlaub, DRdA 1992, 248; *Lutz*, Neuerungen im Karenzurlaubsrecht, DRdA 1999, 506; *Mazal*, Teilzeitbeschäftigung nach Karenzurlaub, ecolex 1990, 502; *Migsch*, Marginalien zum Eltern-Karenzurlaub und zur Eltern-Teilzeitbeschäftigung, ZAS 1993, 157 u 204; *Moritz*, Neuerungen im Karenzrecht, infas 1999, 135; *Rauch*, Änderungen im Karenzrecht, ecolex 2000, 302; *Rebhahn*, Das Recht der Eltern von Kleinkindern auf Teilzeitbeschäftigung, ÖJZ 1991, 649; *Resch*, Rechtsfragen der Teilzeitbeschäftigung unter besonderer Berücksichtigung des ArbBG und des EWR, DRdA 1993, 97; *Ritzberger-Moser*, LG Linz: Teilzeitbeschäftigung nach dem MuttSchG, DRdA 1992, 233; *Schindler*, Redaktionsversehen in der MuttSchG-Novelle 1993?, DRdA 1993, 408; *Schrank*, Karenzurlaubserweiterungsgesetz: Neue Formen der Teilzeitbeschäftigung und ihre Auswirkungen auf arbeitsrechtliche Ansprüche I und II, ZAS 1990, 145 u 186; *dens*, Die Neuerungen beim Eltern-Karenzurlaub, ASoK 2000, 42; *Schwarz*, Das „geschnürte" Familienpaket, ÖJZ 1992, 482; *Trattner*, Karenzurlaub und Teilzeitbeschäftigung, ASoK 1998, 421; *Winkler*, Kündigungs- und Entlassungsschutz bei Karenzurlaub wegen Betreuung eines Kindes, ZAS 1993, 32.

gung oder die gleichzeitige Änderung der Lage der Arbeitszeit beider Eltern die maximale Gesamtdauer des möglichen Anspruchs. Gemeinsames Ziel all dieser gesetzlichen Maßnahmen zur Gestaltung der (Arbeits-)Zeit nach der Geburt ist die verbesserte Vereinbarkeit von Beruf und Familie[123].

7/195 Ein **gesetzlicher Anspruch** auf Elternteilzeit oder Änderung der Lage der Arbeitszeit steht jedoch nicht allen Arbeitnehmern zu, sondern nur jenen, deren **Arbeitsverhältnis** bereits **drei Jahre** gedauert hat **und** die in **Betrieben mit über 20** Dienstnehmern beschäftigt sind[124]. Die **nähere Ausgestaltung** bleibt allerdings auch bezüglich des gesetzlichen Anspruchs weiterhin einer entsprechenden Vereinbarung der Vertragsparteien vorbehalten. Eine einseitige Versetzung eines Arbeitnehmers ist, wenn sie vom Arbeitsvertrag nicht gedeckt ist, auch dann unzulässig und daher rechtsunwirksam, wenn die Ausübung der bisherigen Tätigkeit auf Grund der Arbeitszeitverkürzung nicht mehr im vollen Umfang möglich ist[125](s auch 6.1.8.1). Liegen bei einem Arbeitnehmer die Erfordernisse der Mindestbeschäftigungsdauer und Betriebsgröße **nicht kumulativ** vor, so besteht kein gesetzlicher Anspruch. Die Arbeitsvertragsparteien haben sich zuerst über das „Ob" einer Teilzeitbeschäftigung oder die Änderung der Lage der Arbeitszeit selbst zu einigen und erst dann die Elternteilzeit oder die geänderte Lage der Arbeitszeit zu **vereinbaren**.

7/196 Damit ergeben sich – abgesehen von einer Karenz oder der Wiederaufnahme der Arbeit nach dem Beschäftigungsverbot im gleichen Zeitausmaß wie vor der Geburt – vier weitere Varianten für die Gestaltung des Ausmaßes der Beschäftigung nach der Geburt: Anspruch auf Teilzeitbeschäftigung und Anspruch auf Änderung der Lage der Arbeitszeit sowie vereinbarte Teilzeitbeschäftigung und vereinbarte Änderung der Lage der Arbeitszeit.

7/197 Das Recht auf Elternteilzeit und auf elternbedingte Änderung der Arbeitszeit steht auch **Adoptiv- und Pflegeeltern** zu.

7.3.3.6.1. Voraussetzungen

7/198 Das Gesetz legt mehrere Bedingungen fest, die bezüglich der Ausübung einer Teilzeitbeschäftigung oder Änderung der Lage der Arbeitszeit nach der Geburt eines Kindes jedenfalls erfüllt sein müssen, und zwar unabhängig davon, ob es sich um den gesetzlichen Anspruch oder die Vereinbarung derselben handelt:

---

[123] Zur Elternteilzeit vgl *Burger-Ehrnhofer*, Der neue Anspruch auf Elternteilzeit, RdW 2004, 419; *Ercher/Stech*, Die neuen Regelungen zur Teilzeitbeschäftigung im Mutterschutzgesetz und Väter-Karenzgesetz, ASoK 2004, 229; *Kraft*, Die neue Elternteilzeit (2004); *Rauch*, Die Abgrenzung zwischen Elternteilzeit und anderen Formen der Teilzeitbeschäftigung, ecolex 2005, 304; *Reissner*, Die Neuregelung der Elternteilzeit, JAP 2004/2005, 230; *Risak*, Änderungen bei der Elternteilzeit, ZAS 2004, 49; *Schrank*, Die neuen Elternansprüche auf kündigungsgeschützte Teilzeiten und andere Arbeitszeiteinteilungen, ASoK Sonderheft (August 2004); *Spitzl*, Neuerungen bei der Elternteilzeit, ecolex 2004, 875; *Thomasberger*, Anspruch auf Teilzeitbeschäftigung und vereinbarte Teilzeitbeschäftigung für Eltern, infas 2005, 4; *Risak*, Die Interessensabwägung bei der Elternteilzeit mit Rechtsanspruch, in FS Binder (2010), 411; *Schrittwieser*, Elternteilzeit/Änderung der Lage der Arbeitszeit: Gestaltungsmöglichkeiten und Besonderheiten des Durchsetzungsverfahrens, DRdA 2017, 90.

[124] S etwa *Wolfsgruber*, Elternteilzeit neu, ZAS 2004, 204; *Burger*, Voraussetzungen der Elternteilzeit nach MuttSchG und VKG, ZAS 2007, 66.

[125] OGH 24. 6. 2015, 9 ObA 64/15z, ARD 6466/8/2015 = DRdA-infas 2015, 233; s auch *Körber-Risak*, Rechtsfragen der Teilzeit Elternteilzeit, Entgeltanspruch und Diskriminierung, ZAS 2016, 107.

a) Der betreffende Elternteil lebt **im gemeinsamen Haushalt** mit dem Kind oder es muss zumindest die **Obsorgepflicht** für das Kind gegeben sein (§ 15j Abs 1 MSchG, § 8b Abs 1 VKG).

b) Der jeweils andere Elternteil darf sich **nicht gleichzeitig** in **Karenz** gem MSchG bzw VKG befinden (§ 15j Abs 1 MSchG, § 8b Abs 1 VKG). Er darf allerdings gleichzeitig Elternteilzeit konsumieren oder bei geänderter Lage der Arbeitszeit arbeiten.

c) Ein Elternteil kann bei jedem Kind **nur einmal** für einen bestimmten durchgehenden Zeitraum die Elternteilzeit konsumieren oder die Lage der Arbeitszeit ändern (§ 15j Abs 2 MSchG, § 8b Abs 2 VKG). Die Teilzeit muss einen Zeitraum von **mindestens zwei Monaten** umfassen. Eine **Unterbrechung** der Teilzeitbeschäftigung oder des Zeitraumes der geänderten Lage der Arbeitszeit sind grundsätzlich **nicht** vorgesehen (s jedoch zu einer neuerlichen Schwangerschaft in dieser Zeit 7.3.3.6.4). Mit Ende des festgelegten Zeitraums ist der gesetzliche bzw vereinbarte Anspruch als verbraucht anzusehen (zu den Änderungsmöglichkeiten einer bereits angetretenen Elternteilzeit bzw bei geänderter Lage der Arbeitszeit s 7.3.3.6.4).

7/199 Damit ein gesetzlicher **Anspruch** auf Elternteilzeit oder Änderung der Lage der Arbeitszeit dem Grunde nach besteht, müssen **zum Zeitpunkt des Antritts** zusätzliche Voraussetzungen vorliegen:

d) Das **Arbeitsverhältnis** muss zum Zeitpunkt des Antritts der Teilzeitarbeit/der geänderten Arbeitszeitlage ununterbrochen **drei Jahre** gedauert haben.

Zur dreijährigen Beschäftigungsdauer zählen alle Zeiten, die der Arbeitnehmer in unmittelbar vorausgegangenen Dienstverhältnissen beim selben (= aktuellen) Arbeitgeber zurückgelegt hat. Ebenso sind zufolge ausdrücklicher gesetzlicher Anordnung Zeiten einer Karenz nach MSchG bzw VKG sowie Zeiten von nach Wiedereinstellungszusagen(-vereinbarungen) fortgesetzten Arbeitsverhältnissen beim selben Arbeitgeber zu berücksichtigen (§ 15h Abs 2 MSchG, § 8 Abs 2 VKG).

e) Zum Zeitpunkt des Antritts der Teilzeitarbeit/der geänderten Arbeitszeitlage müssen **im Betrieb regelmäßig mehr als 20 Arbeitnehmer** beschäftigt sein.

7/200 Mindestbeschäftigungsdauer und -betriebsumfang müssen im Zeitpunkt des **(beabsichtigten) Antritts** vorliegen. Es kann daher im Zeitpunkt der Meldung insb bezüglich der Betriebsgröße durchaus noch unklar sein, ob die Voraussetzungen beim Antritt überhaupt erfüllt sind. Liegt bei Antritt die verlangte Beschäftigtenzahl schließlich tatsächlich nicht vor, so kann nur mehr eine vereinbarte Teilzeitbeschäftigung angetreten werden[126]. Da allerdings gesetzlich ausdrücklich auf eine **regelmäßige** Beschäftigung der einzubeziehenden Arbeitskräfte im Betrieb abgestellt wird (§ 15h Abs 3 MSchG, § 8 Abs 3 VKG), würde **ein nur kurzfristiges Unterschreiten** der Beschäftigtenzahl in diesem Fall nicht schaden, so wie umgekehrt auch die kurzfristige Überschreitung der Grenzen noch keinen gesetzlichen Anspruch zu schaffen vermag[127].

7.3.3.6.2. Anspruch auf Teilzeitbeschäftigung

7/201 Bei entsprechender Betriebsgröße und Dauer des bisherigen Arbeitsverhältnisses (s 7.3.3.6.1) hat jeder Elternteil nach § 15h MSchG bzw § 8 VKG einen gesetzlichen **Anspruch auf Teilzeitbeschäftigung** längstens bis zum Ablauf des **siebenten Lebensjahres**

126 *Schrittwieser* in Burger-Ehrnhofer/Schrittwieser/Thomasberger (Hrsg), MSchG und VKG² (2013), 396 ff.
127 S dazu auch RV 399 BlgNR 22. GP, 5.

des Kindes (bei einem **späterem Schuleintritt** des Kindes bis dahin). Durch die **Meldung** der Teilzeitbeschäftigung innerhalb der dafür vorgesehenen Fristen macht der Arbeitnehmer den Anspruch dem Grunde nach **geltend**.

Dieser **Anspruch** auf Elternteilzeit wird durch die Konsumation einer vorangestellten **Karenz** nach der Geburt des Kindes **nicht verkürzt**. Ebenso wenig beschränkt die gleichzeitige Inanspruchnahme der Teilzeitbeschäftigung durch beide Elternteile die Dauer des jeweiligen Anspruchs[128]. 7/202

Die **nähere Ausgestaltung** der zeitlich herabgesetzten Beschäftigung anlässlich der Elternschaft, dh ihr konkreter Beginn, die Dauer, das Ausmaß und die Lage der Teilzeitarbeit, bleibt weiterhin einer **Vereinbarung** zwischen den Arbeitsvertragsparteien überlassen. Dabei sind sowohl die Interessen des Betriebs als auch jene des Arbeitnehmers zu berücksichtigen (vgl § 15h Abs 1 MSchG, § 8 Abs 1 VKG)[129]. Die **Mindestdauer** der Teilzeitbeschäftigung ist allerdings von vornherein gesetzlich festgelegt und beträgt **zwei Monate** (§ 15j Abs 2 MSchG, § 8 Abs 2 VKG). 7/203

Für den Fall der Nichteinigung der Arbeitsvertragsparteien über die Elternteilzeit ist ein eigenes Verfahren zu dessen Durchsetzung vorgesehen (s 7.3.3.6.6). 7/204

In Betrieben mit weniger als 21 Arbeitnehmern kann eine fakultative **Betriebsvereinbarung** iSd § 97 Abs 1 Z 25 ArbVG (s dazu 11.5.2.6) einen **Anspruch auf Teilzeitbeschäftigung** festlegen (§ 15h Abs 4 MSchG, § 8 Abs 4 VKG). Auf eine derartige Elternteilzeit sind sämtliche Bestimmungen anzuwenden, die für den gesetzlich festgelegten Anspruch gelten, sodass auch in einem Kleinbetrieb die Teilzeitbeschäftigung bis zum siebenten Geburtstag des Kindes (bzw zu einem späteren Schuleintritt) beansprucht werden kann. 7/205

7.3.3.6.3. Vereinbarte Teilzeitbeschäftigung

Hat ein Betrieb weniger als 21 Arbeitnehmer und besteht auch keine Betriebsvereinbarung nach § 15h Abs 4 MSchG bzw § 8 Abs 4 VKG für Kleinbetriebe, hat der Arbeitnehmer **keinen gesetzlichen Anspruch** auf Teilzeitbeschäftigung. Ebenso besteht kein Anspruch, wenn das Dienstverhältnis weniger als drei Jahre gedauert hat (s 7.3.3.6.2). In all diesen Fällen besteht nach § 15i MSchG bzw § 8a VKG die Möglichkeit, die **Reduktion des bisherigen Arbeitszeitausmaßes** mit dem Arbeitgeber zu **vereinbaren**. Inhalt einer solchen Vereinbarung von Elternteilzeit ist somit neben dem Beginn, Ausmaß und der Dauer der Herabsetzung der Arbeitszeit auch die grundsätzliche Einigung über das „Ob" der Teilzeitbeschäftigung selbst. Die **Mindestdauer** der vereinbarten Elternteilzeit ist von vornherein gesetzlich festgelegt und beträgt **zwei Monate** (§ 15j Abs 2 MSchG, § 8b Abs 2 VKG). 7/206

Die vereinbarte Teilzeitbeschäftigung nach der Geburt eines Kindes ist nur bis zum Ablauf des **vierten Lebensjahres** des Kindes möglich (§ 15i MSchG, § 8a VKG). Die Dauer wird allerdings durch die Inanspruchnahme einer vorangehenden Karenz nicht verkürzt. Auch 7/207

---

128 S dazu *Ercher/Stech* in Ercher/Stech/Langer (Hrsg), MSchG/VKG (2005), § 15h Rz 7 f.

129 *Schrittwieser* in Burger-Ehrnhofer/Schrittwieser/Thomasberger (Hrsg), MSchG und VKG^2 (2013), 404 ff; *Kietaibl*, Elternteilzeit bei mangelnder Vereinbarkeit mit Tätigkeit und Aufgabenbereich des AN, ZAS 2005, 165.

eine gleichzeitige Ausübung der Teilzeitbeschäftigung durch den anderen Elternteil schadet nicht[130].

7/208 Für den Fall der Nichteinigung der Arbeitsvertragsparteien über die vereinbarte Elternteilzeit ist ein eigenes Verfahren zu dessen Durchsetzung vorgesehen (s 7.3.3.6.6).

7.3.3.6.4. Mitteilung, Antritt, Dauer

7/209 Durch die Entkoppelung der Teilzeitbeschäftigung von der eigenen Karenz sowie der Teilzeitbeschäftigung bzw einer bereits beendeten Karenz des anderen Elternteils ist der Antritt der Elternteilzeit innerhalb des jeweils gesetzlich vorgesehenen Zeitraums[131] grundsätzlich frei wählbar. Allerdings ist der **frühestmögliche Beginn der Teilzeitbeschäftigung** gesetzlich festgelegt: Für **Mütter** ist dies die Zeit direkt im Anschluss an das **absolute Beschäftigungsverbot** bzw an eine Arbeitsunfähigkeit wegen der Geburt des Kindes (§ 5 Abs 1 und 2 MSchG) oder einen daran anschließenden Urlaub bzw Krankenstand (§ 15j Abs 3 MSchG). Für **Väter** kann die Elternteilzeit frühestens mit dem Ablauf des Beschäftigungsverbotes der Mutter nach der Geburt oder – falls diese keine Arbeitnehmerin ist – mit dem Ablauf von acht Wochen[132] nach der Geburt angetreten werden (§ 8b Abs 3 Z 1 VKG).

7/210 Der **Beginn** der Elternteilzeit innerhalb des Maximalzeitraums ist ansonsten **flexibel** gestaltet. Die Teilzeitbeschäftigung kann daher auch zu einem anderen, dh späteren Zeitpunkt angetreten werden und ist außerdem unabhängig von der Inanspruchnahme einer eigenen Karenz.

Beispiel: Eine Arbeitnehmerin kann zuerst Karenz bis zum Ablauf des ersten Lebensjahres des Kindes in Anspruch nehmen, im Anschluss daran ihre Vollzeitbeschäftigung ausüben und erst danach mit der Teilzeitbeschäftigung beginnen (die, abhängig davon, ob es sich um eine Teilzeitbeschäftigung nach § 15h oder § 15i MSchG handelt, längstens bis zum siebenten oder bis zum vierten Geburtstag dauern kann[133]).

7/211 Tatsächliche **Beschränkungen** des Antritts ergeben sich für die Arbeitnehmerin grundsätzlich nur aus dem Maximalzeitraum für die Elternteilzeit (vierter bzw siebter Geburtstag des Kindes) sowie aus der Einhaltung der **Meldefristen** für die Elternteilzeit. Will die **Mutter** die Teilzeit zum **frühestmöglichen Zeitpunkt** antreten, muss sie dies bis zum Ende des Beschäftigungsverbots nach § 5 MSchG **schriftlich**[134] bekannt geben (§ 15j Abs 3 MSchG), Väter haben einen derartigen Antritt spätestens acht Wochen nach der Geburt des Kindes

---

[130] S dazu *Ercher/Stech* in Ercher/Stech/Lange (Hrsg), MSchG/VKG (2005), § 15i Rz 6.

[131] Dieser dauert bei gesetzlichem Anspruch auf Elternteilzeit bis zum siebten Geburtstag bzw bei späterem Schuleintritt bis zum tatsächlichen Schuleintritt und bei vereinbarter Elternteilzeit bis zum vierten Geburtstag.

[132] Dieser Zeitraum erhöht sich bei Früh-, Mehrlings- und Zwillingsgeburten auf 12 Wochen, vgl § 8b Abs 3 Z 2 VKG.

[133] *Ercher/Stech* in Ercher/Stech/Langer (Hrsg), MSchG/VKG (2005), § 15j Rz 15; *Schrittwieser* in Burger-Ehrnhofer/Schrittwieser/Thomasberger (Hrsg), MSchG und VKG^2 (2013), 420 ff.

[134] Allerdings führt auch ein nur mündlich vorgebrachtes Teilzeitbeschäftigungsbegehren einer Arbeitnehmerin zum Kündigungsschutz, wenn sich der Arbeitgeber auf Verhandlungen über dieses Begehren einlässt und es letztlich zu einer Vereinbarung über eine Teilzeit kommt, vgl OGH 20. 8. 2008, 9 ObA 80/07s, infas 2009, A 6; s weiters OGH 26. 5. 2011, 9 ObA 80/10w, ASoK 2011, 331mit Bespr v *Riedl* = RdW 2011, 549 mit Bespr v *Sabara* = ecolex 2011, 849 = infas 2011, A 77 = ZAS 2011, 263; *Gerhartl*, Vereinbarung von Elternteilzeit, taxlex 2011, 309.

bekannt zu geben (§ 8b Abs 3 VKG). Hat ein Elternteil die Absicht, die Teilzeitbeschäftigung erst zu einem **späteren Zeitpunkt** aufzunehmen, so hat er dies einschließlich des ins Auge gefassten Beginns, der Dauer sowie des Ausmaßes und der Lage der Teilzeitbeschäftigung **spätestens drei Monate** vor dem beabsichtigten Beginn **schriftlich** bekannt zu geben (§ 15j Abs 4 MSchG, § 8b Abs 4 VKG). Ist der Zeitraum zwischen dem Ende des Beschäftigungsverbots nach § 5 Abs 1 MSchG und dem Beginn der beabsichtigten Teilzeit allerdings kürzer als drei Monate, so muss die **Mutter** die Absicht der Teilzeitbeschäftigung schon bis zum Ende der Schutzfrist **schriftlich** melden (§ 15j Abs 4 letzter Satz MSchG). Dies ist etwa dann der Fall, wenn die Arbeitnehmerin nach Ende des Beschäftigungsverbots ihre bisherige Vollzeitbeschäftigung für zwei Monate wieder aufnimmt und erst danach eine Teilzeitbeschäftigung auszuüben gedenkt[135]. Für Väter gelten ganz ähnliche Meldetermine: Bei gewünschtem Antritt der Teilzeitbeschäftigung gleich **nach der Zeit des Beschäftigungsverbots** der Mutter bzw wenn diese keine Arbeitnehmerin ist, ist die geplante Teilzeitbeschäftigung spätestens acht Wochen nach der Geburt zu melden (§ 8b Abs 3 VKG). Beabsichtigt der Vater einen **späteren Zeitpunkt** des Antritts, so ist dies spätestens drei Monate vor dem geplanten Beginn bekannt zu geben. Ist die Zeitspanne zwischen dem Ende der achtwöchigen Frist nach der Geburt und dem Beginn der Teilzeitbeschäftigung allerdings kürzer als drei Monate, so hat der Vater die beabsichtigte Teilzeitbeschäftigung auch schon innerhalb von acht Wochen nach der Geburt des Kindes zu melden (§ 8 Abs 4 VKG). Die schriftliche Meldung hat Beginn und Dauer sowie das gewünschte Stundenausmaß der Elternteilzeit und die Lage der Arbeitszeit zu umfassen. Zudem ist bekannt zu geben, für welches Kind die Teilzeitbeschäftigung in Anspruch genommen wird[136].

Das spätest mögliche **Ende der Elternteilzeit** ergibt sich ebenfalls aus dem Gesetz: Es ist im Fall des Anspruchs auf Teilzeitbeschäftigung nach § 15h MSchG bzw § 8 VKG der siebente Geburtstag bzw bei späterem Schuleintritt dieser und bei vereinbarter Elternteilzeit nach § 15i MSchG bzw § 8a VKG der vierte Geburtstag des Kindes, für dessen Betreuung die Teilzeit in Anspruch genommen wird. 7/212

Ist die Elternteilzeit nach der Geburt einmal angetreten, besteht zwar grundsätzlich **keine Unterbrechungsmöglichkeit** mit anschließender Fortsetzung derselben, allerdings kann der teilzeitbeschäftigte Elternteil oder der Arbeitgeber bezüglich der bereits angetretenen Teilzeitbeschäftigung sonstige **einseitige Änderungen** verlangen (§ 15j Abs 5 u 6 MSchG, § 8b Abs 5 u 6 VKG). Damit haben die betroffenen Vertragsparteien, dh Arbeitnehmer und Arbeitgeber, unter bestimmten Umständen die Möglichkeit, auf betriebliche bzw persönliche Erfordernisse während der Elternteilzeit entsprechend zu reagieren. Beide Vertragsparteien können eine Änderung der Elternteilzeit oder die **vorzeitige Beendigung** derselben verlangen. Unter „**Änderung der Teilzeitbeschäftigung**“ versteht das Gesetz hinsichtlich **beider** Vertragsparteien die „Änderung des Ausmaßes und der Lage der Teilzeitbeschäftigung“ (zB Senkung oder Anhebung des Arbeitsstundenausmaßes, geänderte Arbeitszeiten), **nur für den Arbeitnehmer** kann die Änderung auch in einer **Verlängerung** des Zeitraums 7/213

---

135 *Ercher/Stech* in Ercher/Stech/Langer (Hrsg), MSchG/VKG (2005), § 15j Rz 17.
136 399 BlgNR 22. GP, 7.

der Teilzeitbeschäftigung bestehen (§ 15j Abs 5 MSchG, § 8b Abs 5 VKG). Die Änderungswünsche sind vorerst nicht näher zu begründen und sowohl bei Elternteilzeit nach § 15h MSchG bzw § 8 VKG als auch der vereinbarten nach § 15i MSchG bzw § 8a VKG besteht ein **Anspruch auf** die beabsichtigte **Änderung** der angetretenen Elternteilzeit. Die Änderungen müssen jedoch jedenfalls **rechtzeitig** bekannt gegeben werden. Die Meldefristen entsprechen jenen beim späteren Antritt der Elternteilzeit, dh die **Bekanntgabe** der beabsichtigten Änderung oder vorzeitigen Beendigung der Teilzeitbeschäftigung hat schriftlich und spätestens drei Monate vor der beabsichtigten Änderung oder vorzeitigen Beendigung der Teilzeitbeschäftigung zu erfolgen. Dauert die Teilzeitbeschäftigung weniger als drei Monate, so hat die Meldung spätestens zwei Monate vor der beabsichtigten Änderung oder vorzeitigen Beendigung der Teilzeitbeschäftigung zu erfolgen (§ 15j Abs 5 und 6 MSchG sowie § 8b Abs 5 und 6 VKG, jeweils letzter Satz). Sowohl die Änderungs- als auch die vorzeitige Beendigungsmöglichkeit kann für beide Parteien pro Teilzeitbeschäftigung allerdings nur **jeweils einmal** ausgeschöpft werden. Eine weitere einseitige Änderung ist ansonsten nicht zulässig. Nur **einvernehmliche** Änderungen könnten zusätzlich noch vorgenommen werden[137].

7/214 Gem § 15j Abs 8 MSchG bzw § 8b Abs 8 VKG ist der Arbeitgeber verpflichtet, dem Dienstnehmer auf dessen Verlangen eine Bestätigung über Beginn und Dauer der Teilzeitbeschäftigung oder über die Nichtinanspruchnahme der Teilzeitbeschäftigung auszustellen. Der Dienstnehmer hat diese Bestätigung mit zu unterfertigen.

7/215 Kommt es während der Teilzeitbeschäftigung zu einer **neuerlichen Schwangerschaft**, so sind mit der Meldung dieser Schwangerschaft die Schutzbestimmungen des MSchG anzuwenden. Während des absoluten Beschäftigungsverbots darf die Arbeitnehmerin daher auch die Teilzeitbeschäftigung nicht weiter ausüben. Nach dem Ende der Schutzfrist kann die Mutter entweder die Teilzeitbeschäftigung für das ältere Kind in der ursprünglich vorgesehenen Dauer fortsetzen, oder aber **Karenz bzw Teilzeitbeschäftigung für das jüngere Kind** in Anspruch nehmen. In den beiden zuletzt genannten Fällen **endet die Teilzeitbeschäftigung für das ältere Kind vorzeitig** (§ 15j Abs 9 MSchG, § 8b Abs 9 VKG). Mit der ausdrücklichen Festlegung dieses Beendigungsgrunds hat der Gesetzgeber gleichzeitig klargestellt, dass ein absolutes Beschäftigungsverbot für sich allein die laufende Teilzeitbeschäftigung für das ältere Kind nicht automatisch beendet[138]. Durch die Geburt eines weiteren Kindes kann es zudem dazu kommen, dass **ausnahmsweise** ein Elternteil in Karenz ist und der andere gleichzeitig Teilzeitbeschäftigung in Anspruch nimmt. Wesentlich ist aber auch in diesem Fall, dass die Karenz und die Teilzeitbeschäftigung **nicht dasselbe Kind** betreffen[139].

---

137 RV 399 BlgNR 22. GP, 7.
138 *Ercher/Stech* in Ercher/Stech/Langer (Hrsg), MSchG/VKG (2005), § 15j Rz 31.
139 *Ercher/Stech* in Ercher/Stech/Langer (Hrsg), MSchG/VKG (2005), § 15j Rz 31; *Schrittwieser* in Burger-Ehrnhofer/Schrittwieser/Thomasberger (Hrsg), MSchG und VKG^2 (2013), 437.

7.3.3.6.5. Ansprüche

Bei der Teilzeitbeschäftigung bleibt das bisherige Arbeitsvertragsverhältnis aufrecht, es wird lediglich in bestimmten Punkten abgeändert. Zeiten der Teilzeitbeschäftigung sind daher bei Ansprüchen, die sich nach der **Dauer** des Arbeitsverhältnisses richten, jedenfalls mit einzubeziehen. Zu berücksichtigen ist allerdings, dass mit der Senkung der Arbeitszeit auch das Entgelt entsprechend gekürzt wird und sich die Berechnungsgrundlage für Entgeltansprüche grundsätzlich ebenfalls verkleinert. Fallen in ein Kalenderjahr Zeiten der Teilzeitbeschäftigung, so sind daher sonstige Bezüge (insb einmalige Bezüge) in dem der Vollzeit- und Teilzeitbeschäftigung entsprechenden Ausmaß zu gewähren (§ 15j Abs 7 MSchG, § 8b Abs 7 VKG). Diese Aliquotierungsregel betrifft vor allem das Urlaubs- und das Weihnachtsgeld, Jubiläumsgelder oder sonstige Prämien. Eine **Überstundenpauschale** ruht nach Ansicht des OGH während der Elternteilzeit, da einer Überstundenpauschale die stillschweigende Vereinbarung zu Grunde liegt, dass Überstunden auch wirklich geleistet werden[140]. 7/216

Teilzeitbeschäftigte Arbeitnehmer dürfen gegenüber vollzeitbeschäftigten **nicht unsachlich benachteiligt werden.** Eine Aliquotierung freiwilliger Sozialleistungen ist jedoch entsprechend ihrer regelmäßig geleisteten Arbeitszeit zulässig (§ 19d Abs 6 AZG). 7/217

Eine der wesentlichsten Begünstigungen für (werdende) Mütter bzw für Väter bildet der besondere **Kündigungs- und Entlassungsschutz** (vgl hiezu 8.2.8.3.2 u 8.3.4.3.3.2). 7/218

Während der Dauer des besonderen Kündigungs- und Entlassungsschutzes sind Vereinbarungen, durch die der Anspruch der Eltern auf eine beigestellte **Dienst-(Werks-)Wohnung** oder sonstige Unterkunft berührt wird, rechtsunwirksam, sofern die Vereinbarung nicht **vor Gericht** und nach entsprechender Rechtsbelehrung getroffen wird (§ 16 MSchG, § 7c VKG). Damit wird klargestellt, dass der Anspruch eines Elternteils für die Dauer des besonderen Kündigungs- und Entlassungsschutzes grundsätzlich aufrecht bleibt. 7/219

Um zu gewährleisten, dass die werdende Mutter sich den notwendigen **Vorsorgeuntersuchungen**, insb solchen nach dem Mutter-Kind-Pass, unterziehen kann, bleibt ihr der Anspruch auf das **Entgelt** für die hiefür notwendige Zeit gewahrt, wenn die Durchführung der Untersuchungen nicht außerhalb der Arbeitszeit möglich oder zumutbar ist (§ 3 Abs 8 MSchG). Diese Regelung besitzt für den Geltungsbereich des AngG nur untergeordnete Bedeutung, da die im MSchG erwähnten Untersuchungen ohnedies als sonstige in der Person der Arbeitnehmerin gelegene Dienstverhinderungen zu qualifizieren und als solche zwingend entgeltfortzahlungspflichtig sind (vgl 6.9.2.2). Für sonstige Arbeitnehmerinnen bildet die Bestimmung des § 3 Abs 8 MSchG den wesentlichen Vorteil, dass der Anspruch im Gegensatz zu jenem nach § 1154b Abs 5 ABGB (vgl hiezu auch 6.9.2.2) nicht durch Kollektivvertrag abbedungen werden kann. 7/220

Stillenden Müttern ist auf Verlangen die zum Stillen ihrer Kinder erforderliche Zeit freizugeben. Diese Freizeit hat an Tagen, an denen die Dienstnehmerin mehr als viereinhalb 7/221

---

[140] OGH 24. 6. 2015, 9 ObA 30/15z, ARD 6461/6/2015 = ASoK 2016, 38 = ZAS 2016, 190 mit Bespr v *Pfalz* = DRdA 2016, 185 mit Bespr v *Risak*; s aber auch *Schrittwieser*, Elternteilzeit: Kein Anspruch auf Weitergewährung einer Überstundenpauschale, DRdA-infas 2015, 310.

Stunden arbeitet, 45 Minuten zu betragen; bei einer Arbeitszeit von acht oder mehr Stunden ist auf Verlangen zweimal eine **Stillzeit** von je 45 Minuten oder, wenn in der Nähe der Arbeitsstätte keine Stillgelegenheit vorhanden ist, einmal eine Stillzeit von 90 Minuten zu gewähren. Eine bestimmte Verteilung der Stillzeit sowie die Einrichtung von Stillräumen kann dem Arbeitgeber im Bedarfsfall von der zuständigen Verwaltungsbehörde aufgetragen werden. Durch die Gewährung der Stillzeit darf kein Verdienstausfall eintreten, sie ist somit in die tägliche Arbeitszeit einzurechnen. Die Stillzeit darf von stillenden Müttern auch nicht vor- oder nachgearbeitet und nicht auf die in anderen gesetzlichen Vorschriften oder kollektivvertraglichen Bestimmungen vorgesehenen Ruhepausen angerechnet werden (§ 9 MSchG).

7/222 Für beide Elternteile besteht ein besonderes **Austritts- bzw Kündigungsrecht** anlässlich der Geburt, der Adoption oder der Übernahme eines Kindes in unentgeltliche Pflege (vgl 8.3.5.1.4.8). Ob und in welcher Höhe bei diesem Austritt bzw dieser Kündigung der Anspruch auf die **Abfertigung** gewahrt bleibt, hängt davon ab, ob altes Abfertigungsrecht (insb § 23a Abs 3 bis 5 AngG) oder das BMSVG zur Anwendung kommt (vgl 8.6.1.2.8 sowie 8.6.1.3.3).

7/223 Im Fall **befristeter Dienstverhältnisse** kommt es gem § 10a MSchG zu einer Hemmung des Ablaufs der Befristung, sofern die Befristung nicht aus sachlich gerechtfertigten Gründen erfolgt oder gesetzlich vorgesehen ist (vgl 5.3.1.3).

7/224 Der Ablauf der Beschäftigungsbewilligung wird im Fall **ausländischer Arbeitnehmer** bis zum Ende des besonderen Kündigungs- und Entlassungsschutzes (vgl 8.2.8.3.2 u 8.3.4.3.3.2) gehemmt (s auch 5.2.6.2).

7.3.3.6.6. Verfahren

7/225 Die Durchsetzung des Anspruchs auf Elternteilzeit erfolgt in einem **mehrstufigen** und teilweise komplizierten Verfahren[141], das – je nachdem, ob ein Anspruch auf Teilzeit besteht oder nicht – unterschiedlich ausgestaltet ist.

7/226 **Im Fall eines Anspruchs auf Elternteilzeit** hat der Arbeitnehmer zwar dem Grunde nach ein Recht auf Teilzeit, Beginn, Dauer, Ausmaß und Lage der Teilzeit sind aber zu vereinbaren (s 7.3.3.6.2). Die zu vereinbarenden Elemente können strittig sein, sodass § 15k MSchG und § 8c VKG den Verfahrensablauf umfassend regeln: Nach Bekanntgabe der Vorstellungen des jeweiligen Elternteils beginnt eine **zweiwöchige Frist** zu laufen, in der sowohl der Betriebsrat als auch die überbetrieblichen gesetzlichen Interessenvertretungen eingeschaltet werden können. Verhandlungsergebnisse sind zu protokollieren, zu unterschreiben und dem Arbeitnehmer auszuhändigen. Kommt **innerhalb von vier Wochen ab Bekanntgabe** der Vorstellungen des Elternteils keine Einigung zustande, kann der Arbeitnehmer die Teilzeit zu seinen Bedingungen antreten, sofern der Arbeitgeber nicht innerhalb von zwei weiteren Wochen einen gerichtlichen **Antrag auf gütliche Einigung** stellt. Führt

[141] Näheres dazu bei *Burger*, Durchsetzungsverfahren der Elternteilzeit, ASoK 2006, 282; *Stech/Ercher*, Geltendmachung und Rechtsdurchsetzung des Anspruchs auf Teilzeitbeschäftigung nach dem Mutterschutzgesetz bzw Väter-Karenzgesetz, ASoK 2005, 165.

auch der gerichtliche Einigungsversuch nicht zum Erfolg, muss der Arbeitgeber auf Einwilligung in die von ihm vorgesehenen Bedingungen **klagen**.

Besteht **kein Anspruch auf Elternteilzeit** (vereinbarte Elternteilzeit; s 7.3.3.6.3), dann kann bereits über die Elternteilzeit an sich und nicht nur über Beginn, Dauer, Ausmaß und Lage Uneinigkeit bestehen. Auch in diesem Fall kann über Verlangen des Arbeitnehmers der Betriebsrat beigezogen werden. Kommt es innerhalb von vier Wochen nach Bekanntgabe der Wünsche zu keiner Einigung, muss in diesem Fall **der Arbeitnehmer** auf Inanspruchnahme der Elternteilzeit **klagen** (§ 15l MSchG, § 8d VKG). 7/227

Sollen die **Rahmenbedingungen** der Elternteilzeit **geändert** werden oder strebt eine Arbeitsvertragspartei eine **vorzeitige Beendigung** der Elternteilzeit an, dann ist vorweg wiederum eine innerbetriebliche Verhandlungsfrist einzuhalten. Nach Ablauf dieser Frist kann das Arbeits- und Sozialgericht – analog zur primären Geltendmachung der Elternteilzeit (s oben) – angerufen werden. 7/228

Um das Verfahren rasch zu einem Ende zu bringen, ist eine **Berufung** gegen das Urteil des Gerichts erster Instanz **nicht zulässig**. Für das gesamte gerichtliche Verfahren ist im Übrigen ein **Kostenersatz** gegenüber der im Rechtsstreit unterlegenen Partei **ausgeschlossen**. 7/229

7.3.3.6.7. Elternbedingte Änderung der Lage der Arbeitszeit

Arbeitnehmer können nach der Geburt eines Kindes nicht nur Karenz oder Teilzeitbeschäftigung in Anspruch nehmen, um ihren Betreuungspflichten besser nachzukommen, sie haben auch die Möglichkeit, die bisherige Lage ihrer Arbeitszeit zu verändern und den neuen familiären Umständen anzupassen. Die Möglichkeit einer geänderten Arbeitszeiteinteilung besteht als **eigenständiger Anspruch** und ist unabhängig von der Elternteilzeit oder Karenz zu sehen. Sie kann also auch zusätzlich, dh vor oder nach der Inanspruchnahme einer Elternteilzeit oder Karenz erfolgen[142]. 7/230

Die Änderung der Lage der Arbeitszeit kann Arbeitstage ebenso betreffen wie die bisherige Stundenverteilung, bei Gleitzeitregelungen können Änderungen bezüglich der Kernzeit oder des Gleitrahmens angesprochen sein[143]. **Nicht** gemeint ist allerdings die Änderung des **Ausmaßes** der Arbeitszeit, in solchen Fällen sind die Regelungen zur Elternteilzeit maßgeblich. 7/231

Die **rechtliche Ausgestaltung** der elternschaftsbedingten Änderung der **Lage der Arbeitszeit** entspricht zufolge ausdrücklicher gesetzlicher Anordnung jener der **Elternteilzeit** nach der Geburt eines Kindes (§ 15p MSchG, § 8h VKG). Zu den näheren Voraussetzungen und Wirkungen der Änderung der Lage der Arbeitszeit sowie zu den entsprechenden Durchsetzungsverfahren kann daher auf die vorangehenden Ausführungen zur Teilzeitbeschäftigung verwiesen werden. 7/232

In Betrieben mit mehr als 20 Arbeitnehmern hat ein Arbeitnehmer mit einer Mindestbeschäftigungsdauer von drei Jahren einen gesetzlichen **Anspruch** auf Änderung der Lage 7/233

---

142 *Schrittwieser* in Burger-Ehrnhofer/Schrittwieser/Thomasberger (Hrsg), MSchG und VKG^2 (2013), 468.
143 *Ercher/Stech* in Ercher/Stech/Langer (Hrsg), MSchG/VKG (2005), § 15p Rz 3.

seiner bisherigen Arbeitszeit. Die Änderung kann bis zum siebenten Geburtstag des Kindes beansprucht werden bzw bis zu einem späteren Schuleintritt des Kindes. Bei kürzerer Beschäftigungsdauer des Elternteils oder in Betrieben mit weniger als 21 Arbeitnehmern besteht kein entsprechender Anspruch, und es bedarf zur Änderung der Lage der Arbeitszeit erst einer grundsätzlichen **Vereinbarung** darüber. In den beiden letztgenannten Fällen kann die Veränderung der Lage der Arbeitszeit allerdings nur bis zum vierten Geburtstag des Kindes beansprucht werden.

7/234 Wird zwischen den Vertragsparteien keine Einigung über die Änderung der Arbeitszeit erreicht, so kommen besondere inner- und außerbetriebliche sowie gerichtliche **Verfahren** analog zur Elternteilzeit zum Tragen (ua die Beiziehung des Betriebsrats und der gesetzlichen Interessenvertretungen, Vergleichsanträge bei Gericht, s 7.3.3.6.6).

7/235 Die Änderung der Lage der Arbeitszeit gem § 15p MSchG bzw § 8h VKG kann auch unabhängig von Elternteilzeit, dh **nach bzw vor** einer bereits ausgeübten **Teilzeitbeschäftigung** gem §§ 15h, 15i MSchG bzw §§ 8, 8a VKG verlangt werden[144]. Begehrt der Arbeitnehmer allerdings **während** einer gerade bestehenden Elternteilzeit nach MSchG bzw VKG die Änderung der Lage der Arbeitszeit, so kommt § 15j Abs 5 MSchG zum Tragen.

7.3.3.7. Kinderbetreuungsgeld

Mit BGBl I 103/2001 wurde das sog Kinderbetreuungsgeld eingeführt. In seiner ursprünglichen Ausprägung war diese Familienleistung, die vom Familienlastenausgleichsfonds finanziert wird, völlig losgelöst von der Erwerbsarbeit. Es ist weder eine arbeits- noch eine sozialversicherungsrechtliche Leistung im engeren Sinne, zuständig für die Abwicklung sind allerdings die Krankenversicherungsträger. Nach der Geburt eines Kindes kann ein Elternteil aus mehreren Varianten ein **pauschales Kinderbetreuungsgeld** beanspruchen, dessen Höhe abhängig von der Dauer ist, für die das Geld bezogen werden soll. Neben dem Bezug des pauschalen Kinderbetreuungsgelds besteht grundsätzlich die Möglichkeit, einer Erwerbsarbeit nachzugehen und **zusätzliche Einkünfte** zu beziehen, allerdings nur bis zu einer bestimmten Höhe[145]. Mit der Novelle BGBl I 116/2009 haben die Regelungen zum Kinderbetreuungsgeld **maßgebliche Änderungen** erfahren. Eingeführt wurden das sog „einkommensabhängige Kinderbetreuungsgeld", eine weitere Kurzleistungsvariante des pauschalen Kinderbetreuungsgelds, sowie eine individuelle Zuverdienstgrenze. Für Kinder, die nach dem 30. 9. 2009 geboren sind, bestehen im Ergebnis vier Pauschalmodelle des Kinderbetreuungsgeldes und eine einkommensabhängige Variante sowie erweiterte Zuverdienstmöglichkeiten. Durch diese gesetzlichen Maßnahmen soll die Wahlfreiheit für er-

---

[144] *Ercher/Stech* in Ercher/Stech/Langer (Hrsg), MSchG/VKG (2005), § 15p Rz 2.
[145] S allgemein *Holzmann-Windhofer/Weißenböck*, Kinderbetreuungsgeldgesetz (2017); *Burger-Ehrnhofer*, Kinderbetreuungsgeldgesetz und Familienzeitbonusgesetz[3] (2017); *Sonntag/Schober/Konezny*, KBGG (2016); *Rief*, Kinderbetreuungsgeldgesetz bei grenzüberschreitenden Partnerschaften am EuGH-Prüfstand, DRdA 2008, 463; zur Zuverdienstgrenze bei Kinderbetreuungsgeld s auch OGH 1. 2. 2011, 10 ObS 173/10d, RdW 2011, 426.

werbsorientierte Eltern erhöht und vor allem auch die Väterbeteiligung bei der Betreuung von Kleinkindern verstärkt werden[146].

7.4. Arbeitszeitschutz

Der Arbeitszeitschutz stellt neben dem technischen Arbeitsschutz und dem Verwendungsschutz den dritten Bereich des Arbeitnehmerschutzes dar. Gerade im Rahmen der Schutzbestimmungen für besondere Arbeitnehmergruppen kann aber eine sinnvolle Trennung in Verwendungs- und Arbeitszeitschutz nicht erfolgen. Dementsprechend wurden die arbeitszeitrechtlichen Vorschriften für Jugendliche im Abschnitt Kinder- und Jugendschutz (vgl 7.3.1.3) behandelt (zu den sonstigen Beschränkungen der Arbeitszeit vgl allg 6.8). 7/236

7.5. Förderung und Kontrolle des Arbeitnehmerschutzes

Während im Rahmen des technischen Arbeitnehmerschutzes eine Reihe von innerbetrieblichen Kontrollinstanzen (vgl 7.2.2) zu errichten ist, besteht auf behördlicher Ebene zur Kontrolle sämtlicher Arbeitnehmerschutzbestimmungen die Einrichtung der **Arbeitsinspektion** (vgl 14.4). Diese hat als staatliche Aufsichtsbehörde dazu beizutragen, dass durch geeignete Maßnahmen ein möglichst wirksamer Arbeitnehmerschutz erreicht wird. Zu diesem Zweck hat die Arbeitsinspektion vor allem die Einhaltung der dem Schutz der Arbeitnehmer dienenden Rechtsvorschriften und behördlichen Verfügungen zu überwachen (§ 3 Abs 1 ArbIG). 7/237

Die Organe der Arbeitsinspektion haben sowohl die Arbeitgeber als auch die Arbeitnehmer zur Erfüllung des sie betreffenden Arbeitnehmerschutzes anzuhalten und sie hiebei nötigenfalls zu unterstützen und zu beraten. Darüber hinaus kommt ihnen in ihrem Wirkungsbereich eine Vermittlerfunktion zwischen den widerstreitenden Interessen der Arbeitgeber und Arbeitnehmer zu. Bei ihren Tätigkeiten haben sie auf eine Beiziehung der Organe der Arbeitnehmerschaft hinzuwirken (§ 3 Abs 2 ArbIG). Zur Zusammenarbeit mit den gesetzlichen Interessenvertretungen der Arbeitgeber und der Arbeitnehmer sind sie gesetzlich verpflichtet (§ 3 Abs 5 ArbIG)[147]. 7/238

Zur Beratung des BMASK in grundsätzlichen Fragen der Sicherheit und des Gesundheitsschutzes bei der Arbeit ist gem § 91 ASchG ein Arbeitnehmerschutzbeirat einzurichten. Die Einberufung und die Geschäftsführung des Beirats obliegen dem Zentral-Arbeitsinspektorat (Näheres vgl 7.2.2.9 u 14.6). 7/239

---

146 Allg zum Kinderbetreuungsgeld *Ehmer/Lamplmayr/Mayr/Nöstlinger/Reiter/Stummer* (Hrsg), Kinderbetreuungsgeldgesetz[2] (2009); *Puchinger*, Kinderbetreuungsgeld 2010 und Familienpaket 2009/2010 (2009); *Drs*, Arbeits- und Sozialrecht[4] (2017), 414; *Aubauer/Thomas*, Kinderbetreuungsgeld neu, taxlex 2010, 37; *Rosenmayr*, Kinderbetreuungsgeld 2010, ZAS 2010, 4.

147 Noch zum ArbIG 1974 (BGBl 143/1974) *Geppert*, Arbeitsinspektion und Arbeitnehmerschutzrecht (1981), 79 ff.

7.6. Arbeitnehmerdatenschutz

7.6.1. Allgemeines

7/240 Das grundsätzliche Problem des Arbeitnehmerdatenschutzes besteht darin, dass **kein in sich geschlossenes Arbeitnehmerdatenschutzrecht** existiert. Der Schutz von Arbeitnehmerdaten ergibt sich vielmehr aus der Kombination von arbeitsvertrags-, betriebsverfassungs- und datenschutzrechtlichen Bestimmungen[148]. Da sich die Geltungsbereiche dieser gesetzlichen Rechtsmaterien nicht decken, führt dies zu unterschiedlichen Ausprägungen des Arbeitnehmerdatenschutzes.

Während etwa Mitglieder von Organen, die zur gesetzlichen Vertretung juristischer Personen berufen sind (zB Geschäftsführer einer GmbH), oder leitende Angestellte, denen maßgebender Einfluss auf die Führung des Betriebes zusteht, nicht als Arbeitnehmer im betriebsverfassungsrechtlichen Sinn gelten (vgl 4.3.2.1) und vom Betriebsrat nicht vertreten werden können, unterliegen diese Personengruppen sehr wohl den datenschutzrechtlichen und weitgehend auch den arbeitsvertragsrechtlichen Bestimmungen. Die fehlende betriebsverfassungsrechtliche **Arbeitnehmereigenschaft** führt beispielsweise dazu, dass Betriebsvereinbarungen über Personaldatensysteme, Fragebögen und Kontrollmaßnahmen für diese nicht gelten. Aus dem nämlichen Grund könnte ein Einsichtsrecht in Lohn- und Gehaltsdaten leitender Angestellter vom Betriebsrat nicht geltend gemacht werden. Ebenso fallen Stellenwerber und ehemalige Arbeitnehmer grundsätzlich nicht unter die Betriebsverfassung (s 4.3.2.1).

7/241 Ein weiteres strukturelles Problem ergibt sich daraus, dass das Datenschutzrecht und das Arbeitsvertragsrecht naturgemäß einzelfallbezogene Schutzmechanismen vorsehen, die betriebsverfassungsrechtlichen Regelungen sich hingegen auf die gesamte Belegschaft oder zumindest auf Belegschaftsgruppen beziehen. Während das Datenschutzgesetz den **Schutz des einzelnen Betroffenen** im Auge hat und datenschutzrechtliche Ansprüche nur von den jeweiligen betroffenen Arbeitnehmern selbst durchgesetzt werden können, stehen in der Betriebsverfassung die Interessen der **Gesamtbelegschaft** im Vordergrund[149].

---

[148] Allg vgl vor allem *Brodil*, Datenschutz im Arbeitsverhältnis, in Brodil (Hrsg), Datenschutz im Arbeitsrecht (2010), 15; *ders*, Geheimnisschutz – Informationsschutz – Datenschutz im Arbeitsrecht, in Studiengesellschaft für Wirtschaft und Recht (Hrsg), Geheimnisschutz – Informationsschutz – Datenschutz (2008), 287; *ders*, Die Kontrolle der Nutzung neuer Medien im Arbeitsverhältnis. Kontrollbefugnisse des Arbeitgebers zwischen Datenschutz und Persönlichkeitsrechten, ZAS 2004, 156; *ders*, Kontrolle und Datenschutz im Arbeitsrecht, ZAS 2009, 121; *ders*, Betriebsverfassungsrechtlich determinierter Datenschutz? ZAS 2013, 269; *Hattenberger*, Die Bedeutung des Datenschutzrechts für das Arbeitsverhältnis, in Resch (Hrsg), Die Kontrolle des Arbeitnehmers vor dem Hintergrund moderner Medien (2005), 13; *Gerhartl*, Datenschutz im Arbeitsrecht, ASoK 2008, 147; *Grünanger/Goricnik*, Arbeitnehmer – Datenschutz und Mitarbeiterkontrolle (2014); *Kotschy*, Datenschutz in systematischer Einordnung zum Arbeitsrecht, in Brodil (Hrsg), Datenschutz im Arbeitsrecht (2010), 1; *Laimer/Mayr*, Zum Spannungsverhältnis von Arbeitgeber- und Arbeitnehmerinteressen rund um die EDV-Nutzung, DRdA 2003, 410; *Löschnigg*, Datenermittlung im Arbeitsverhältnis (2009); *ders*, Datenschutz und Kontrolle im Arbeitsverhältnis, DRdA 2006, 459; *Marhold*, Datenschutz und Arbeitsrecht (1986); *Oberhofer*, Datenschutz und Arbeitsrecht, in Bauer/Reimer (Hrsg), Handbuch Datenschutzrecht (2009), 457; *Resch* (Hrsg), Die Kontrolle des Arbeitnehmers vor dem Hintergrund moderner Medien (2005).

[149] Vgl *Löschnigg*, ArbeitnehmerInnendatenschutz, in Jahnel/Mader/Staudegger (Hrsg), IT-Recht[3] (2012), 497.

7.6.2. Frage- bzw Ermittlungsrecht des Arbeitgebers

Von der Bewerberauswahl bis unter Umständen lange nach Beendigung des Arbeitsverhältnisses (zB im Fall der Zahlung von Betriebspensionen an ehemalige Arbeitnehmer oder an Hinterbliebene des Arbeitnehmers) ist der Dienstgeber vielfach auf die Zurverfügungstellung von Arbeitnehmerdaten angewiesen. Teilweise benötigt er Daten zur Erfüllung von gesetzlichen Verpflichtungen (Arbeitszeitaufzeichnungen, Krankenstandszeiten udgl), teilweise dienen sie ihm zur Erleichterung von Aufgaben, zu denen er sich im Arbeitsvertrag oder in Betriebsvereinbarungen verpflichtet hat, und teilweise verwendet er sie als Instrument der Personalführung. Das betriebliche Personaldatenwesen muss nicht nur für den Dienstgeber von Vorteil sein. Die Objektivierung und leichte Überprüfbarkeit von Personalentscheidungen ist auch für den Dienstnehmer und den Betriebsrat von Interesse. 7/242

Ein **Fragerecht des Dienstgebers** wird man unmittelbar aus der **Privatautonomie** und dem Recht des Arbeitgebers zur Gestaltung der Arbeitsbedingungen im Rahmen der durch den Arbeitsvertrag und durch die Rechtsordnung abgesteckten Grenzen ableiten können. 7/243

Grenzen des Fragerechts ergeben sich auf unterschiedlichen Ebenen[150], insb aus dem **Persönlichkeitsschutz des Arbeitnehmers**[151]. Der Persönlichkeitsschutz ist als Summe jener Persönlichkeitsrechte zu verstehen, deren Konkretisierungen dem Arbeitnehmer ein umfassendes subjektives Recht auf Achtung und Entfaltung seiner Persönlichkeit gewährleisten. Ansatzpunkte für die Rechtskonkretisierung sind schon auf verfassungsrechtlicher Stufe zu finden. Zu erwähnen sind vor allem der Schutz des Privat- und Familienlebens (Art 8 EMRK), des Fernmeldegeheimnisses (Art 10 StGG), der Meinungsfreiheit (Art 10 EMRK), der Gedanken-, Gewissens- und Religionsfreiheit (Art 9 EMRK) und das Grundrecht auf Datenschutz (§ 1 DSG). Der Persönlichkeitsschutz, insb in seiner Ausprägung nach Art 8 EMRK, verpflichtet vor allem auch den Staat, dafür zu sorgen, dass rechtliche Vorkehrungen getroffen werden, die eine umfassende Abwägung zwischen dem Recht des Arbeitnehmers auf Schutz seiner Privatsphäre und den Interessen des Arbeitgebers (Kontrollinteressen etc) garantieren[152] (s auch 7.6.5). Der privatrechtliche Persönlichkeitsschutz im Arbeitsverhältnis erfährt vor allem durch die **arbeitsrechtliche Fürsorgepflicht** eine explizite Konkretisierung (§ 1157 ABGB, § 18 AngG; s hiezu 6.6). 7/244

Neben der Fürsorgepflicht des Arbeitgebers können aber auch **sonstige Wertungen**, die sich aus den arbeitsrechtlichen Bestimmungen bzw dem **allgemeinen Schutzgedanken** im Arbeitsrecht ableiten lassen, geeignet sein, das Fragerecht des Arbeitgebers zu begrenzen. IdS ist etwa dem MSchG und dem GlBG zu entnehmen, dass die Frage nach einer Schwangerschaft von Stellenwerberinnen unzulässig ist. 7/245

---

[150] Vgl insb *Löschnigg*, Datenermittlung im Arbeitsverhältnis (2009); *Baier*, Ermittlung gesundheitsbezogener Daten durch den Arbeitgeber (2011); *Goricnik*, Persönlichkeitsschutz bei der Ermittlung und Benützung von Standortdaten im Arbeitsverhältnis, wbl 2012, 301; *Rabanser*, Interessenabwägung beim Fragerecht des Arbeitgebers, ecolex 1993, 179.

[151] S etwa *Gerhartl*, Persönlichkeitsschutz im Arbeitsverhältnis (2009); *Rebhahn*, Mitarbeiterkontrolle am Arbeitsplatz (2009).

[152] Vgl EGMR 5. 9. 2017, 61496/08, *Bărbulescu/Rumänien* (Große Kammer), jusIT 2017/200 mit Bespr v *Tischitz*.

7.6.2. Arbeitnehmerdatenschutz

7/246 Eine Reihe von Daten wird von vornherein als besonders schutzwürdig anzusehen sein. Davon geht auch Art 6 der **Datenschutzkonvention** des Europarats aus, der personenbezogene Daten, welche die rassische Herkunft, politische Anschauungen oder religiöse und andere Überzeugungen erkennen lassen, und personenbezogene Daten, welche die Gesundheit, das Sexualleben oder Strafurteile betreffen, besonders hervorhebt. Die Datenschutzkonvention verpflichtet diesbezüglich das innerstaatliche Recht, geeignete Schutzmaßnahmen zu treffen. Wenngleich die Datenschutzkonvention Maßnahmen zum Schutz vor automationsunterstützter Verarbeitung der Daten vorsieht, sind die Wertungen insb des Art 6 der Datenschutzkonvention auch auf die nichtautomationsunterstützte Datenverarbeitung übertragbar. Eine entsprechende Umsetzung erfolgte in Österreich durch die Sonderregelungen im DSG zu den sog „sensiblen Daten" (s 7.6.3.1), aber auch durch das GlBG (s 6.7.2).

7/247 **Daten von Arbeitnehmern** werden generell als **besonders schutzwürdig** anzusehen sein, unabhängig davon, ob sie zu den sensiblen Daten iS des DSG zählen oder nicht. Dies lässt sich insb mit der besonderen Kontextabhängigkeit der Personaldaten, aber auch mit der persönlichen und wirtschaftlichen Abhängigkeit des Arbeitnehmers vom Dienstgeber begründen. Weitere Einschränkungen des Fragerechts des Arbeitgebers resultieren aus den einfachgesetzlichen Bestimmungen des Datenschutzgesetzes (vgl 7.6.3) und der Betriebsverfassung (vgl 7.6.4).

Regelmäßig unzulässig sind insb Fragen nach dem Bestehen einer Schwangerschaft, nach den Vermögensverhältnissen bzw nach allfälligen Vorstrafen. Nach ständiger Rechtsprechung ist weder ein Nichtigkeits- bzw Anfechtungsgrund noch ein Entlassungstatbestand gegeben, falls die Tatsache der **Schwangerschaft** verschwiegen wird (vgl 8.3.4.3.3.1)[153]. Bei **Vorstrafen** wird eine Ausnahme dann anzuerkennen sein, wenn zwischen dem vereinbarten Tätigkeitsbereich des Arbeitnehmers und dem begangenen Delikt eine besondere Interdependenz besteht und der Verlust der Vertrauenswürdigkeit nach Maßgabe der Unzumutbarkeitsbewertung angenommen werden muss (vgl auch OGH 15. 11. 2001, 8 ObA 123/01y, DRdA 2002, 490 mit Bespr v *Kallab*). Fragen nach getilgten Vorstrafen sind jedenfalls unzulässig (OGH 18. 10. 1994, 10 ObS 218/94, DRdA 1995, 397 mit Bespr v *Mazal*). Die **Vermögensverhältnisse** des Arbeitnehmers sind für den Arbeitgeber nur insofern interessant, als er durch die Rechtsordnung unmittelbar betroffen wird, insb durch seine Pflichten im Zusammenhang mit der Lohnpfändung. Was den **Gesundheitszustand** anbelangt, so kann aus den Normen des öffentlich-rechtlichen Arbeitnehmerschutzes kein detailliertes Fragerecht und kein Recht auf Vorlage ärztlicher Befunde abgeleitet werden. Wie bei allen Abgrenzungen des Fragerechts kommt man auch hier nur durch eine Interessenabwägung im Einzelfall zu einer sachgerechten Lösung[154]. Besteht eine Gefahr für Leben und Gesundheit anderer im Betrieb Tätiger, wird man jedenfalls ein Fragerecht des Arbeitgebers anerkennen müssen. Ein ausdrückliches Verbot der Datenerhebung sieht § 67 GTG vor[155]. Arbeitgebern ist es dieser Bestimmung zufolge untersagt, Ergebnisse von **Genanalysen** bzw Körpersubstanzen ihrer Arbeitnehmer oder Arbeitsuchender zu verlangen, anzunehmen, zu erheben oder sonst zu verwerten.

---

[153] OGH 5. 11. 1986, 4 Ob 57/68, Arb 8574; OGH 27. 10. 1970, 4 Ob 92/70, Arb 8824; OGH 26. 4. 1983, 4 Ob 44/83, Arb 10.264; ASG Wien 16. 12. 1997, 14 Cga 203/97t, ARD 4953/41/98.

[154] Zur Frage einer Behinderung für die Tätigkeit (nicht Behinderteneigenschaft) OGH 25. 11. 2008, 9 ObA 142/08k, DRdA 2010, 127 mit Bespr v *Weiß*.

[155] Vgl *Bernat*, Schutz vor genetischer Diskriminierung und Schutzlosigkeit wegen genetischer Defekte: Die Genanalyse am Menschen und das österreichische Recht, in Jahrbuch für Recht und Ethik (2002), 183; *Schrammel*, Genomanalyse und Arbeitsrecht, in BMWF (Hrsg), Gentechnologie im Österreichischen Recht (1991), 265.

Teilweise ergibt sich aus der Rechtsordnung nicht nur ein Fragerecht, sondern sogar eine **Fragepflicht** des Arbeitgebers (zB zum Schutz der Gesundheit des betroffenen Arbeitnehmers oder zur Sicherheit anderer Arbeitnehmer). 7/248

7.6.3. Datenschutzrechtliche Grenzen

Die datenschutzrechtlichen Beschränkungen und Rahmenbedingungen ergeben sich einerseits aus der unmittelbar rechtsverbindlichen europarechtlichen Datenschutz-Grundverordnung (DSGVO[156]) und anderseits aus dem österreichischen Datenschutzgesetz (DSG), das häufig nur mehr Ergänzungen zur DSGVO enthält[157]. 7/249

7.6.3.1. Verarbeiten von Arbeitnehmerdaten

Wesentliche Grenzen der Datenverarbeitung ergeben sich bereits aus Art 5 DSGVO. Dieser Bestimmung zur Folge müssen personenbezogene Daten 7/250

- auf rechtmäßige Weise, nach Treu und Glauben und in einer für die betroffene Person nachvollziehbaren Weise verarbeitet werden;
- für festgelegte, eindeutige und legitime Zwecke erhoben werden und dürfen nicht in einer mit diesen Zwecken nicht zu vereinbarenden Weise weiterverarbeitet werden (**Zweckbindung**);
- dem Zweck angemessen und erheblich sowie auf das für die Zwecke der Verarbeitung notwendige Maß beschränkt sein (**Datenminimierung**);
- sachlich richtig und erforderlichenfalls auf dem neuesten Stand sein;
- in einer Form gespeichert werden, die die Identifizierung der betroffenen Person nur solange ermöglicht, wie es für die Zwecke, für die sie verarbeitet werden, erforderlich ist;
- in einer Weise verarbeitet werden, die eine angemessene Sicherheit der personenbezogenen Daten gewährleistet.

Der Grundsatz der **Rechtmäßigkeit** der Datenverarbeitung wird durch Art 6 DSGVO konkretisiert. Dieser Bestimmung zur Folge sind Verarbeitungen nur rechtmäßig, wenn mindestens eine der nachstehenden Bedingungen erfüllt ist: 7/251

- die betroffene Person hat ihre Einwilligung zu der Verarbeitung der sie betreffenden personenbezogenen Daten für einen bestimmten Zweck oder mehrere bestimmte Zwecke gegeben;
- die Verarbeitung ist für die Erfüllung eines Vertrags (zB des Arbeitsvertrages) oder zur Durchführung vorvertraglicher Maßnahmen (zB im Rahmen einer Stellenbewerbung) erforderlich, die auf Anfrage der betroffenen Person (zB des Stellenwerbers) erfolgen;
- die Verarbeitung ist zur Erfüllung einer rechtlichen Verpflichtung (zB der Wohnzahlung oder der Leistung von Familienzulagen etc) erforderlich, der der Verantwortliche (Arbeitgeber) unterliegt;

---

[156] Vgl *Angerler/Reven*, DSGVO und nationales Arbeitsrecht, in Knyrim (Hrsg), Datenschutz–Grundverordnung (2016), 347.

[157] Rechtslage ab 25 .5. 2018. Zur rechtlichen Situation bis zu diesem Zeitpunkt vgl noch die 12. Auflage des Buches unter 7.6.3.

- die Verarbeitung ist erforderlich, um lebenswichtige Interessen der betroffenen Person oder einer anderen natürlichen Person (zB Schutz der Gesundheit der Arbeitnehmer bei gefährlichen Arbeitsvorgängen) zu schützen;
- die Verarbeitung ist für die Wahrnehmung einer Aufgabe erforderlich, die im öffentlichen Interesse liegt oder in Ausübung öffentlicher Gewalt erfolgt, die dem Verantwortlichen (Arbeitgeber) übertragen wurde;
- die Verarbeitung ist zur Wahrung der berechtigten Interessen des Verantwortlichen (des Arbeitgebers) oder eines Dritten erforderlich, sofern nicht die Interessen oder Grundrechte und Grundfreiheiten der betroffenen Person (zB des Arbeitnehmers), die den Schutz personenbezogener Daten erfordern, überwiegen.

7/252 Bei der Beurteilung der Rechtmäßigkeit der Verwendung von Arbeitnehmerdaten spielt die Frage, ob es sich um **Stellenwerber**, um bereits **eingestellte** oder um **ehemalige Dienstnehmer** handelt, eine wesentliche Rolle. Eine Reihe von Daten, die zur ordnungsgemäßen Abwicklung der Dienstverhältnisse unbedingt notwendig sind und die in aufrechten Dienstverhältnissen durchaus ermittelt werden könnten, wird man bei Stellenwerbern als unzulässig erachten müssen. Vor allem die Lohn- und Gehaltsabrechnung verlangt eine Anzahl von Daten, deren Erhebung „im vorvertraglichen Arbeitsverhältnis" nur in speziellen Ausnahmen durch einen berechtigten Zweck abgedeckt ist. Auch zB die Frage nach der Schwangerschaft muss vor der Einstellung als unzulässig, nach der Einstellung sehr wohl als zulässig angesehen werden. Im Fall ausgeschiedener Arbeitnehmer werden deren Daten regelmäßig nicht mehr oder zumindest nicht mehr in vollem Umfang benötigt. Die DSGVO nimmt darauf insofern Bezug, als gem Art 5 Abs 1 lit e Daten nur so lange in personenbezogener Form aufbewahrt werden dürfen, als dies für die Erreichung der Zwecke, für die sie ermittelt wurden, erforderlich ist. Der Zweck der Datenverwendung wird etwa wegfallen, wenn ein Stellenwerber nicht aufgenommen oder wenn das Arbeitsverhältnis beendet wird. Ausnahmsweise kann aber auch nach Beendigung des Arbeitsverhältnisses bzw nach Ablehnung des Stellenwerbers ein berechtigtes Interesse zumindest an einem reduzierten Personaldatenbestand vorhanden sein. Dies ist beispielsweise dann anzunehmen, wenn betriebliche Ruhegelder bezahlt werden oder wenn der vorerst abgelehnte Stellenwerber für einen anderen Dienstposten, der in naher Zukunft zu besetzen ist, vorgemerkt wird.

7/253 Ein weiteres für die Zulässigkeit der Datenverarbeitung maßgebliches Element ist die **Arbeitsplatzbezogenheit** der zu ermittelnden Daten. Ohne sachlichen Bezug zur Tätigkeit des Arbeitnehmers ist ein berechtigter Zweck grundsätzlich nicht anzunehmen. Die Problematik arbeitsplatzbezogener Datenermittlung stellt sich bei Gesundheitsdaten, sonstigen Eignungsdaten, Angaben über Vorstrafen udgl.

7/254 Zu beachten ist, dass selbst im Falle rechtmäßig erhobener Daten sich aus dem Verarbeitungszweck oder dem Verarbeitungsergebnis die Unrechtmäßigkeit der Datenverarbeitung ergeben kann. Teilweise ist der Dienstgeber zur Erhebung sensibler Daten (zB Krankenstandsdaten) sogar gesetzlich verpflichtet. Die Zulässigkeit der Verarbeitung wird in diesen Fällen vom gesetzlichen Zweck begrenzt. Jede darüber hinausgehende Verarbeitung bedarf einer neuerlichen Zulässigkeitsprüfung.

Im Arbeitsverhältnis ist der Schutz von sog „**sensiblen Daten**" von besonderer Bedeutung[158]. Als besonders schutzwürdig erachtet Art 9 DSGVO die Verarbeitung personenbezogener Daten, aus denen die rassische und ethnische Herkunft, politische Meinungen, religiöse oder weltanschauliche Überzeugungen oder die Gewerkschaftszugehörigkeit hervorgehen, sowie die Verarbeitung von genetischen Daten, biometrischen Daten[159], Gesundheitsdaten oder Daten zum Sexualleben oder der sexuellen Orientierung einer natürlichen Person. Die Verarbeitung dieser besonderen Kategorien von personenbezogenen Daten wird durch die DSGVO grundsätzlich untersagt. Erlaubt ist die Verarbeitung jedoch, wenn einer der taxativ aufgezählten Fälle des Art 9 Abs 2 DSGVO vorliegt. Aus arbeitsrechtlicher Sicht sind vor allem die Regelungen der lit a und der lit b des Art 9 DSGVO zu erwähnen. 7/255

Gemäß Art 9 Abs 1 lit a DSGVO kann der Arbeitgeber sensible Daten verarbeiten, wenn der Arbeitnehmer seine **Zustimmung** hiezu ausdrücklich erteilt hat. Zu beachten ist hiebei allerdings, dass der Arbeitnehmer bei Abschluss des Arbeitsvertrages und während des aufrechten Dienstverhältnisses vielfach unter einem nicht zu unterschätzenden wirtschaftlichen Druck agiert und man nur beschränkt von einer freien Entscheidung des Arbeitnehmers ausgehen kann. Die DSGVO wird daher dahingehend ausgelegt werden müssen, dass der Arbeitnehmer zwar eine weitgehende Dispositionsfreiheit besitzt, dass ein gewisser Bereich seines Persönlichkeitsschutzes aber unverzichtbar ist. Ein Widerruf der Zustimmung des Arbeitnehmers ist nach Art 7 Abs 3 DSGVO jederzeit möglich und bewirkt die Unzulässigkeit der weiteren Verwendung der Daten.

Die Verarbeitung von sensiblen Daten durch den Arbeitgeber ist gem Art 9 Abs 2 lit b DSGVO auch dann zulässig, wenn sie erforderlich ist, damit der Arbeitgeber oder der Arbeitnehmer seine Rechte ausüben bzw seinen Pflichten nachkommen kann.

7.6.3.2. Rechte der Arbeitnehmer

Verwendet der Arbeitgeber Daten des Arbeitnehmers, dann gilt er als **Verantwortlicher** iSd DSGVO. Dem Arbeitnehmer steht – wie jeder betroffenen Person iSd DSGVO – eine Reihe von Rechten zum Schutz seines Grundrechts auf Datenschutz zu. Dazu zählen auch Grundsätze für den Umgang bzw für die Kommunikation zwischen Arbeitnehmer und Arbeitgeber in Datenschutzangelegenheiten. So hat der Arbeitgeber dem Arbeitnehmer alle Informationen zur Personaldatenverarbeitung in präziser, transparenter, verständlicher und leicht zugänglicher Form in einer klaren und einfachen Sprache zu übermitteln (Art 12 Abs 1 DSGVO). 7/256

Sämtliche Informationen, die der Arbeitnehmer verlangen kann, hat der Dienstgeber unverzüglich, in jedem Fall innerhalb eines Monats nach Verlangen des Arbeitnehmers, diesem zur Verfügung zu stellen. Diese Frist kann um weitere zwei Monate verlängert werden, wenn dies unter Berücksichtigung der Komplexität und der Anzahl von Anträgen erforderlich ist. Sämtliche nach der DSGVO vom Dienstgeber zu leistenden Informationen sind dem Arbeitnehmer unentgeltlich zur Verfügung zu stel-

---

[158] Vgl *Brodil*, Sensible Daten im Arbeitsverhältnis, in Kietaibl/Schörghofer/Schrammel (Hrsg), Rechtswissenschaft und Rechtskunde – Liber Amicorum für Robert Rebhahn, (2014), 1.

[159] Vgl *Löschnigg*, Datenschutz und Kontrolle im Arbeitsverhältnis, DRdA 2006, 459; OGH 20. 12. 2006, 9 ObA 109/06d, DRdA 2008, 326 mit Bespr v *Mosler* = infas 2007, A 21.

len. Nur bei offenkundig unbegründeten oder exzessiven Anträgen des Arbeitnehmers kann der Arbeitgeber entweder ein angemessenes Entgelt verlangen oder die Information verweigern.

7/257 Bereits zum Zeitpunkt der **Erhebung** von Arbeitnehmerdaten hat der Arbeitgeber gewisse Informationspflichten gegenüber dem Arbeitnehmer (zB den Zweck der Datenverarbeitung sowie die Rechtsgrundlage für die Verarbeitung; s Art 13 und 14 DSGVO).

7/258 Nach Art 15 DSGVO besitzt der Arbeitnehmer das Recht, vom Arbeitgeber eine Bestätigung darüber zu verlangen, ob er Daten des Arbeitnehmers verarbeitet. Ist dies der Fall, so hat der Arbeitnehmer ein **Recht auf Auskunft** über sämtliche von ihm vorhandenen konkreten Daten. Zusätzlich hat der Dienstgeber gewisse Informationen zu diesen Daten zur Verfügung zu stellen. Dies betrifft insb die Herkunft der Daten (zB aus welchen Personalfragebögen, welchen Kontrollsystemen, welchen Verknüpfungen der Daten und Datenbestände oder von welchen externen Institutionen wie Personalbereitstellern oder Personalberatungsbüros die Daten stammen), allfällige Empfänger oder Empfängerkreise der Daten, die Verarbeitungszwecke (zB Gehaltsverrechnung, Mitarbeiterbeurteilung, Beförderungen, Auswahl von zu kündigenden Arbeitnehmern), die Rechtsgrundlagen (dies können auch zB Normen der kollektiven Rechtsgestaltung wie Betriebsvereinbarung oder Kollektivvertrag sein), die (falls absehbar) geplante Dauer der Speicherung bzw die Kriterien für die Festlegung der Speicherdauer etc.

7/259 Nach Art 16 DSGVO hat der Arbeitnehmer ein Recht auf **Berichtigung** seiner Daten, falls diese falsch oder unvollständig verarbeitet werden.

7/260 Ein Recht auf **Löschung** enthält Art 17 DSGVO. Die Löschung seiner Daten kann der Arbeitnehmer insb dann verlangen, wenn sie unrechtmäßig verarbeitet werden, wenn er die Einwilligung zur Datenverarbeitung widerruft, wenn es an einer Rechtsgrundlage für die Verarbeitung fehlt oder wenn die Daten für den Zweck, für den sie erhoben bzw verarbeitet wurden, nicht mehr erforderlich sind (Recht auf Vergessenwerden).

7/261 Weitere individuelle Datenschutzrechte des Arbeitnehmers sind das Recht auf Einschränkung der Verarbeitung nach Art 18 DSGVO, das Recht auf Datenübertragbarkeit nach Art 20 DSGVO und das Widerspruchsrecht nach Art 21 DSGVO.

7.6.4. Mitwirkung des Betriebsrates

7/262 Schon das DSG 1978 sah in § 31 vor, dass die dem Betriebsrat nach dem ArbVG zustehenden Befugnisse durch das DSG nicht berührt werden[160]. § 11 DSG übernimmt – gestützt auf Art 88 DSGVO – diesen Grundsatz. Ebenso wie die Vorgängerregelung ist auch die nunmehrige Bestimmung des DSG insofern zu eng formuliert, als nicht nur die Mitwirkungsrechte nach dem ArbVG, sondern auch solche, die dem Betriebsrat bzw der Belegschaft nach anderen gesetzlichen Bestimmungen zustehen, unberührt bleiben sollen. Das Datenschutzrecht will damit nicht in die Betriebsverfassung eingreifen.

[160] S auch OGH 17. 9. 2014, 6 ObA 1/14m, DRdA 2015, 255 mit Bespr v *Goricnik*; s bereits *Löschnigg* in Jahnel/Schramm/Staudegger (Hrsg), IT-Recht^3 (2012), 219.

Seit der ArbVG-Novelle 1986 sind in § 91 ArbVG spezielle Informationsrechte des Betriebsrates im Zusammenhang mit **Personaldatensystemen** verankert. Gem § 91 Abs 2 ArbVG hat der Betriebsinhaber von sich aus dem Betriebsrat Mitteilung zu machen, welche Arten von personenbezogenen Arbeitnehmerdaten er automationsunterstützt aufzeichnet und welche **Verarbeitungen** und **Übermittlungen** er vorsieht. Zusätzlich zu den Informationen über die Datenkategorien kann der Betriebsrat verlangen, dass ihm die Überprüfung der **Grundlagen** für die Verarbeitung und Übermittlung der Arbeitnehmerdaten ermöglicht wird (s auch 11.4.4.1.1). 7/263

Die Einführung von Systemen zur automationsunterstützten Ermittlung, Verarbeitung und Übermittlung von personenbezogenen Daten des Arbeitnehmers bedarf der **Zustimmung des Betriebsrates** im Rahmen einer **Betriebsvereinbarung**. Keine Zustimmung des Betriebsrates ist jedoch erforderlich, wenn die Ermittlung über allgemeine Angaben zur Person und die fachlichen Voraussetzungen nicht hinausgeht oder wenn die tatsächliche oder vorgesehene Verwendung von Daten über die Erfüllung von Verpflichtungen, die sich aus Gesetz, Normen der kollektiven Rechtsgestaltung oder Arbeitsvertrag ergeben, nicht hinausreicht (vgl 11.5.1.3).

Die Ansatzpunkte für Mitwirkungsrechte der Belegschaft bei der Ermittlung, Verarbeitung und Übermittlung von Arbeitnehmerdaten sind vielfältiger Natur. Abgesehen von den Sonderbestimmungen der §§ 91 Abs 2 und 96a ArbVG kann eine Fülle von Befugnissen, die nicht speziell auf Personaldatensysteme zugeschnitten sind, zum Tragen kommen. 7/264

Werden etwa bei der Datenermittlung Personalbeurteilungssysteme, die nicht mit der ganz konkret in Aussicht genommenen, unmittelbar bevorstehenden Tätigkeit im Zusammenhang stehen, oder **Personalfragebögen**, die nicht nur die allgemeinen Angaben zur Person (zB wissenschaftliche Studie) und Angaben über die fachlichen Voraussetzungen für die beabsichtigte Verwendung des Arbeitnehmers betreffen (**qualifizierte Fragebögen**), verwendet, dann unterliegen sie der **notwendigen** (zwingenden) **Mitbestimmung** nach § 96 Abs 1 Z 2 ArbVG (s auch 11.5.1.2).

7.6.5. Datenschutz und Mitarbeiterkontrolle

Die Verwendung von Daten des Arbeitnehmers zu seiner Kontrolle ist als besonders sensibel einzustufen, da Zweck und Mittel gleichermaßen den Persönlichkeitsschutz gefährdendes Potenzial beinhalten. Das Arbeitsrecht stellt vor allem auf die Art der Kontrolle ab und kennt unterschiedliche Formen von Beschränkungen. 7/265

In erster Linie setzen die gesetzlichen Bestimmungen bei **Kontrollmaßnahmen** und technischen Systemen an, die die Menschenwürde berühren (vgl 11.5.1.5). Generell unzulässig ist die **Videoüberwachung** zum Zweck der Mitarbeiterkontrolle (§ 12 Abs 4 Z 2 DSG[161]). 7/266

[161] Vgl *Löschnigg*, Videoüberwachung iSd Entwurfs zur DSG-Novelle 2010 aus arbeitsrechtlicher Sicht, in Bergauer/Staudegger (Hrsg), Recht und IT (2009), 57; *Hattenberger*, Videoüberwachung im Arbeitsverhältnis – Im Besonderem: § 50a Abs 5 DSG, in Jahnel (Hrsg), Jahrbuch Datenschutzrecht 2010 (2010), 30; *dies*, Die Bestimmungen des DSG zur Videoüberwachung – Hat sich der Aufwand gelohnt?, in Jahnel (Hrsg), Jahrbuch

7.6.6. Arbeitnehmerdatenschutz

Unzulässig ist dem DSG zufolge nicht nur die Kontrolle der Leistung, sondern auch die Kontrolle des sonstigen Verhaltens des Arbeitnehmers. Wenn das Gesetz von **Kontrolle von Arbeitnehmern** spricht, werden „arbeitsplatzferne" Unternehmensbereiche, die von anderen Personen in gleicher Weise benutzt oder besucht werden (zB firmeneigene Parkplätze), nicht darunter zu subsumieren sein. Ebenso nicht vom Verbot erfasst werden jene Videosysteme sein, bei denen die Kontrolle **anderen Zwecken** dient und die Überwachung der Mitarbeiter nur einen nicht vermeidbaren, unbedeutenden Nebeneffekt darstellt bzw übergeordneten Interessen (zB Arbeitnehmerschutzbelangen) zugutekommt.

Selbst wenn eine Videoüberwachung nach DSG zulässig ist, wird regelmäßig eine **Betriebsvereinbarung** nach § 96 Abs 1 Z 3 ArbVG (s 11.5.1.5) oder zumindest nach § 96a ArbVG (s 11.5.1.3) abzuschließen sein.

7.6.6. Datensicherheit als Pflicht der Arbeitnehmer

7/267 Arbeitnehmerdatenschutz bedeutet nicht nur Schutz der (Arbeitnehmer-)Daten vor unzulässiger Verwendung durch den Arbeitgeber, sondern auch vor unzulässiger Verwendung durch andere Arbeitnehmer. Die Bestimmungen zur Datensicherheit in Art 32 Abs 4 DSGVO und in § 6 DSG sind allgemein ausgestaltet, greifen aber nicht unwesentlich und spezifisch in den Pflichtenkreis der Arbeitnehmer ein. § 6 Abs 1 DSG verpflichtet Arbeitnehmer und arbeiternehmerähnliche Personen, Daten aus Datenanwendungen, die ihnen ausschließlich auf Grund ihrer berufsmäßigen Beschäftigung anvertraut wurden oder zugänglich geworden sind, geheim zu halten, außer es besteht ein zulässiger Grund zur Weitergabe der Daten (**Datengeheimnis**).

7/268 Entweder im Rahmen des Arbeitsvertrages oder im Rahmen einer gesonderten **Datenschutzvereinbarung** sind Mitarbeiter zu verpflichten, Daten aus Datenanwendungen nur auf Grund von Anordnungen zu übermitteln und das Datengeheimnis auch nach Beendigung des Arbeitsverhältnisses einzuhalten. Eine solche Vereinbarung kann nicht als Konkurrenzklausel verstanden werden. Sie unterliegt damit auch nicht den diesbezüglichen gesetzlichen Beschränkungen (s hiezu 6.2.6.2)[162]. Darüber hinaus sind die mit der Datenverarbeitung betrauten Personen über die für sie geltenden Übermittlungsanordnungen und über die Folgen einer Verletzung des Datengeheimnisses zu belehren. Unabhängig von dieser Belehrung bzw auch ohne diese Belehrung können jedoch Verletzungen des Datengeheimnisses den Tatbestand arbeitsrechtlicher Entlassungsgründe erfüllen.

7/269 Umgekehrt darf ein Mitarbeiter keine Nachteile erleiden, wenn er sich weigert, datenschutzrechtlich unzulässige Datenübermittlungen vorzunehmen (§ 6 Abs 4 DSG; **datenschutzrechtliches Benachteiligungsverbot**).

Datenschutzrecht 2011 (2011), 117; *Mayer*, Videoüberwachung auch ohne Zustimmung des BR?, wbl 2009, 217.

[162] Vgl OGH 4. 12. 1996, 9 ObA 2154/96x, DRdA 1997, 490 mit Bespr v *Reissner*.

7.6.7. Datenverarbeitung durch den Betriebsrat

Falls der Betriebsrat Datenverarbeitung vornimmt, unterliegt er gleichfalls den Bestimmungen der DSGVO und des DSG. Die Datenverarbeitung des Betriebsrates oder anderer Belegschaftsorgane kann nicht jener des Arbeitgebers zugerechnet werden. Andernfalls würde der Arbeitgeber die Verfügungsgewalt über die vom Betriebsrat verarbeiteten Daten haben (müssen)[163]. 7/270

Der vom Datenschutzrecht geforderte berechtigte Zweck der Datenverarbeitung ergibt sich für die Belegschaftsvertretung aus ihrer Interessensvertretungsaufgabe. 7/271

Die typischen datenschutzrechtlichen Betroffenenrechte (Recht auf Auskunft, Recht auf Löschung etc; s 7.6.3.2.) sind im Fall der Datenverarbeitung durch den Betriebsrat auch diesem gegenüber geltend zu machen. Auch für Datensicherungsmaßnahmen ist der Betriebsrat zuständig. Wird die Belegschaftsvertretung durch Mitarbeiter (des Arbeitgebers) unterstützt, dann sollte auch der Betriebsrat die Mitarbeiter mittels einer eigenen Datenschutzvereinbarung zum Datengeheimnis (s 7.6.6.) verpflichten. 7/272

[163] Vgl *Löschnigg*, Der Betriebsrat als Datenverwender, in Resch (Hrsg), Datennutzung im Betrieb (2015), 33.

8. Die Beendigung von Arbeitsverhältnissen

Die mit der Auflösung von Arbeitsverhältnissen verbundene Problematik bildet seit jeher einen Schwerpunkt der Arbeitsrechtslehre und -praxis. Die Bedeutung zeigt sich auch immer wieder in der Häufigkeit der Entscheidungen der Gerichte. Gleichwohl darf aber nicht vergessen werden, dass diese Entscheidungen regelmäßig in einem Stadium zerrütteter arbeitsrechtlicher Beziehungen gefällt werden und eine Wiedereingliederung des Dienstnehmers in das betriebliche Sozialgefüge zu einem derartigen Zeitpunkt recht schwierig wird. Unter diesem Gesichtspunkt sind insb die Kündigungsschutzbestimmungen zu betrachten, die eben diese Wiedereingliederung zum Ziel haben. 8/001

8.1. Überblick über die Beendigungsarten

Die Beendigungsarten sind eng mit der vertraglichen Gestaltung des Arbeitsverhältnisses verknüpft. Dass erst ein bestimmter Tatbestand notwendig ist, um das Arbeitsverhältnis zum Erlöschen zu bringen, liegt in dessen Natur als Dauerschuldverhältnis begründet (vgl 4.1). Die Rechte und Pflichten aus dem Arbeitsvertrag dauern sowohl für den Arbeitgeber als auch für den Arbeitnehmer fort, solange nicht ein Akt der Beendigung gesetzt wird. 8/002

Vielfach wird – ausgenommen bei jungen Berufseinsteigern – ein **Arbeitsverhältnis auf unbestimmte Zeit** abgeschlossen. Das Dienstverhältnis dauert so lange an, bis es durch eine einseitige Willenserklärung eines Vertragspartners oder durch einvernehmliche Auflösung beider Vertragspartner beendet wird. Der Tod des Dienstgebers (vgl 8.5.2), der Übergang des Unternehmens (vgl 9.2.2) oder die Stilllegung des Betriebs des Arbeitgebers beenden das Arbeitsverhältnis regelmäßig nicht (vgl jedoch § 83 GewO und § 29 TAG; s 8.5.4). 8/003

Die typische Beendigungsart im Falle des Dienstverhältnisses auf unbestimmte Zeit ist die **Kündigung**, die vom Arbeitgeber oder vom Arbeitnehmer ausgesprochen werden kann. Selbstverständlich kann das Dienstverhältnis auf unbestimmte Zeit auch im **beiderseitigen Einvernehmen** aufgelöst werden. Eine einvernehmliche Auflösung ist bei Dienstverhältnissen aller Art jederzeit möglich (vgl jedoch 8.4). Liegt ein wichtiger Grund vor, der für einen der Vertragspartner die Fortsetzung des Arbeitsverhältnisses unzumutbar macht, kann auch eine vorzeitige Lösung ausgesprochen werden. Erfolgt die **vorzeitige Lösung** aus wichtigem Grund durch den Arbeitgeber, wird sie als Entlassung bezeichnet, erfolgt sie durch den Arbeitnehmer, handelt es sich um einen (vorzeitigen) Austritt. 8/004

Im Gegensatz zu den Dienstverhältnissen auf unbestimmte Zeit wird im Falle eines **befristeten Arbeitsverhältnisses** bereits bei Abschluss des Arbeitsvertrags eine zeitliche Begrenzung festgelegt. An die Stelle der Kündigung tritt die Befristung (zur Kündigung befristeter Arbeitsverhältnisse vgl 5.3.1.4). Das befristete Dienstverhältnis endet automatisch (ipso iu- 8/005 re) mit Ablauf der fixierten Zeit. Es kann aber auch einvernehmlich oder, falls ein wichtiger Grund vorliegt, **vorzeitig** aufgelöst werden.

8/006 Der **Tod des Dienstnehmers** beendet jedenfalls das Arbeitsverhältnis, gleichgültig, ob es befristet oder unbefristet abgeschlossen war. Beim **Dienstverhältnis auf Lebenszeit**, das eine äußerst seltene Erscheinungsform darstellt, wird der Tod sogar ausdrücklich als Beendigungstatbestand fixiert (vgl 5.3.2 u 8.5.2). Wird das Arbeitsverhältnis auf Lebenszeit des Dienstgebers oder sonst einer dritten Person abgeschlossen, liegt im ersten Fall insofern eine zeitliche Begrenzung vor, als ohne eine derartige Klausel das Arbeitsverhältnis mit dem Tod des Arbeitgebers nicht beendet werden würde. Im Falle eines Dienstverhältnisses auf Lebenszeit des Dienstnehmers liegt die Bedeutung hingegen wohl nicht in einer zeitlichen Begrenzung, weil das Dienstverhältnis mit dem Tod des Dienstnehmers automatisch endet. Sinn und Zweck eines derartig gestalteten Arbeitsverhältnisses besteht offenbar in einem impliziten **Kündigungsausschluss** bis zum Tod des Dienstnehmers. Eine Bindung des Arbeitnehmers entsteht jedoch nur für die Dauer von fünf Jahren. Danach kann der Arbeitnehmer unter Einhaltung einer Frist von sechs Monaten kündigen.

8/007 Eine besonders leichte Auflösungsmöglichkeit sieht das Arbeitsrecht im Rahmen der **Arbeitsverhältnisse auf Probe** und der **Arbeitsverhältnisse für einen vorübergehenden Bedarf** vor (vgl 5.3.3 u 5.3.4). Beiden Dienstverhältnissen liegt ein besonderes Motiv zu Grunde. Im ersten Fall soll die Erprobung des Arbeitnehmers vorgenommen werden, während im zweiten Fall ein vorübergehender, nicht genau absehbarer Bedarf an Arbeitskräften gegeben ist (zB bei gleichzeitiger Erkrankung mehrerer Arbeitnehmer). Die Auflösung derartiger Arbeitsverhältnisse, die ausdrücklich vereinbart werden müssen, wird insofern erleichtert, als weder Kündigungstermine noch Kündigungsfristen eingehalten werden müssen. Im Gegensatz zu Austritt und Entlassung muss kein wichtiger Grund vorliegen. Ein Dienstverhältnis auf Probe kann im Allgemeinen nur für die Höchstdauer eines Monats vereinbart und während dieser Zeit von jedem Vertragspartner jederzeit gelöst werden (vgl 5.3.3). Ist das Arbeitsverhältnis nur für die Zeit eines vorübergehenden Bedarfs vereinbart, so kann es während des ersten Monats entweder jederzeit (§ 1158 Abs 2 ABGB) oder mit nur einwöchiger Kündigungsfrist (§ 20 Abs 5 AngG) von beiden Vertragsteilen gelöst werden (vgl 5.3.4). Grundsätzlich sind zwar neben diesen Auflösungsmöglichkeiten eigener Art auch die übrigen Beendigungsarten (einvernehmliche Auflösung, Kündigung, Entlassung, Austritt) denkbar, in der Praxis werden sie beim Dienstverhältnis auf Probe und bei jenem für einen vorübergehenden Bedarf jedoch nicht relevant.

8/008 Ein Dienstverhältnis auf Probe liegt nur vor, wenn die jederzeitige Lösung innerhalb des relevanten Zeitraums vereinbart wurde. Ein zur Erprobung des Dienstnehmers abgeschlossenes befristetes Dienstverhältnis wird als **Dienstverhältnis zur Probe** bezeichnet (vgl 5.3.3)[1].

---

[1] Allg zu den Beendigungsarten s va *Burger-Ehrnhofer/Drs*, Beendigung von Arbeitsverhältnissen (2014).

8.2. Kündigung

8.2.1. Begriff und Form

Wollen Arbeitgeber oder Arbeitnehmer ein Dienstverhältnis auf unbestimmte Zeit auflösen, so werden sie sich in der Regel der **Kündigung** bedienen. Jeder der Arbeitsvertragspartner kann die Kündigung erklären, ohne dass er der Zustimmung des anderen bedarf (einseitige Willenserklärung[2]). Trotz einer Reihe von Kündigungsbeschränkungen, die den Arbeitgeber betreffen, wird vielfach vom „freien Kündigungsrecht" gesprochen. Gemeint ist damit, dass die Kündigung keiner besonderen Gründe[3] (wie dies im Falle einer vorzeitigen Beendigung des Arbeitsverhältnisses erforderlich ist) bedarf, um gerechtfertigt zu sein[4]. Abgesehen von gewissen gesetzlichen oder vertraglich vereinbarten Einschränkungen liegt es im freien Ermessen der Vertragspartner, das Arbeitsverhältnis unter Einhaltung gewisser Termine und Fristen[5] durch Kündigung zu beenden (zur Abgrenzung von Kündigung und vorzeitiger Auflösung vgl 8.3.1). 8/009

Als einseitige Willenserklärung kann die Kündigung angefochten werden, wenn sie an **Willensmängeln** leidet. Vor allem im Fall der Kündigung durch den Arbeitnehmer kann der Fall eintreten, dass die Kündigung nur unter Druck des Arbeitgebers zustande gekommen ist. Nicht jede Druckausübung ist jedoch widerrechtlich. Unzulässig ist die Drohung mit einem Übel nur dann, wenn sie nach Treu und Glauben bzw nach der Auffassung aller billig und gerecht Denkenden kein angemessenes Mittel zur Erreichung des angestrebten Zwecks darstellt und wenn der Drohende keinen Anspruch auf Erreichung gerade dieses Zwecks hat. Strebt etwa der Dienstgeber die Beendigung des Arbeitsverhältnisses an und droht er mit einer Strafanzeige, sofern der Arbeitnehmer nicht kündigt, liegen aber keine eine Strafanzeige rechtfertigenden Umstände vor, dann kann die Kündigung gem § 870 ABGB angefochten werden[6]. 8/010

Eine **bestimmte Form** ist für die Kündigung grundsätzlich nicht vorgeschrieben. Sie kann schriftlich oder auch mündlich erklärt werden. Denkbar ist auch, dass eine Vertragspartei Handlungen setzt, die in konkludenter Weise als Kündigung zu deuten sind (§ 863 ABGB). 8/011

Eine solche schlüssige Handlungsweise wird etwa dann anzunehmen sein, wenn der Dienstgeber im Anschluss an eine vorerst nur grundsätzlich abgegebene Absichtserklärung, einige Arbeitnehmer kündigen zu wollen, diesen die Arbeitspapiere und die Arbeitszeugnisse übergibt. Häufiger und eindeutiger werden konkludente Handlungen im Zusammenhang mit der Rücknahme von Kündigungen gesetzt: Wird zB ein gekündigter Arbeitnehmer nach Ablauf der Kündigungsfrist ohne Unterbrechung und unter denselben Arbeitsbedingungen weiterbeschäftigt, so ist dieses Verhalten als schlüssige, im

---

2 Zur Abgrenzung der Willenserklärung von der Wissenserklärung s OGH 6. 10. 2005, 8 ObA 34/05s, DRdA 2006, 475 mit Bespr v *Kerschner*.

3 Zur Bindung an Gründe vgl *Neumayr*, Bindung der Kündigung an Gründe, in Reissner/Neumayr (Hrsg), Zeller Handbuch Arbeitsvertrags-Klauseln (2010), 171.

4 S dazu *Loritz*, Folgerungen aus der Kündigungsfreiheit der Arbeitnehmer, in Tomandl (Hrsg), Neuere Tendenzen im Arbeitsrecht auf dem Prüfstand (1999), 71.

5 Zur Vereinbarung von Fristen und Terminen vgl *Tinhofer*, Kündigungsfristen und -termine, in Reissner/Neumayr (Hrsg), Zeller Handbuch Arbeitsvertrags-Klauseln (2010), 151.

6 Vgl insb OGH 13. 10. 1999, 9 ObA 205/99h, DRdA 2000, 293 mit Bespr v *Rummel* = ZAS 2000, 153 mit Bespr v *Gerlach*.

beiderseitigen Einvernehmen jederzeit zulässige Rücknahme der Kündigung anzusehen und damit als Fortsetzung des ursprünglichen Dienstverhältnisses zu werten[7].

8/012 Die **Schriftlichkeit** der Kündigung fordern nur wenige gesetzliche Regelungen (vgl § 19 GAngG, § 25 Abs 3 TAG für vertraglich vereinbarte Kündigungen, § 32 Abs 1 VBG für Kündigungen von Arbeitsverhältnissen mit einer ununterbrochenen Dauer von einem Jahr unter Angabe des Grundes). Wurde die vorgesehene Schriftform[8] nicht eingehalten, so ist die Kündigung rechtsunwirksam.

Über die gesetzlichen Bestimmungen hinaus kann sich jedoch die Schriftlichkeit der Kündigung durch den Dienstgeber iS des Günstigkeitsprinzips aus dem Kollektivvertrag oder dem Arbeitsvertrag ergeben[9]. Die Vereinbarung der Schriftlichkeit einer Arbeitnehmerkündigung wäre zumindest für Angestellte unzulässig, da das AngG zwingend von einer Formfreiheit der Beendigungserklärung ausgeht. Inwieweit der Wortlaut des § 97 Abs 1 Z 22 ArbVG („Kündigungsfristen und Gründe zur vorzeitigen Beendigung des Arbeitsverhältnisses"; allg vgl hiezu 11.5.3.11) die Regelungsmöglichkeit der Schriftform einer Kündigung durch Betriebsvereinbarung zulässt, ist problematisch. Die historische Entwicklung dieses Ermächtigungstatbestandes zeigt, dass einer solchen Betriebsvereinbarung eher deklaratorische und konkretisierende Bedeutung zukommt. Konstitutive Schriftform kann sie – im Gegensatz zu Gesetz und Kollektivvertrag – nicht vorschreiben. Anders ist die Rechtslage dann, wenn die Betriebsvereinbarung vom Kollektivvertrag zur Regelung ermächtigt wurde (vgl 3.3.4.1).

Wird Schriftlichkeit für die Kündigung verlangt, dann bedeutet dies grundsätzlich **Unterschriftlichkeit** (OGH Rechtssatz RS 0017221). Die Beendigungserklärung muss mit der eigenhändigen Unterschrift des Kündigenden versehen sein (OGH 22. 9. 2010, 8 ObA 63/09m). Die **Funktionen** der Schriftlichkeit sind unterschiedliche. Sie reichen von der Beweissicherung bis zum Bedürfnis, das Kündigungsschreiben physisch in Händen zu haben. Daraus leitet der OGH ab, dass eine Kündigung per SMS nicht dem Gebot der Schriftlichkeit entspricht. Auch eine Kündigung per WhatsApp in der Form, dass eine unterschriebene Kündigung als Foto übermittelt wird, erfüllt das Schriftformgebot nicht. Begründet wird dies damit, dass sich der Ausdruck von WhatsApp-Mitteilungen in Relation zur Bedeutung einer Kündigung eher schwierig gestaltet und damit Rechtsschutzfunktionen eingeschränkt werden[10].

8.2.2. Kündigungsfrist

8/013 Zwischen dem Ausspruch der Kündigung und der tatsächlichen Beendigung des Arbeitsverhältnisses liegt üblicherweise ein Zeitraum, der als **Kündigungsfrist** bezeichnet wird. Ausspruch und auflösende Wirkung der Kündigung fallen also in der Regel auseinander. Kündigungsfristen können in Gesetzen, Kollektivverträgen, Arbeitsverträgen und auch in Be-

---

[7] OGH 24. 1. 1978, 4 Ob 135/77, Arb 9663.

[8] Schriftlichkeit bedeutet nach Ansicht des OGH (3. 3. 2008, 9 ObA 14/08m, DRdA 2009, 43 mit Bespr v *Ziehensack*) „Unterschriftlichkeit", dh das Erfordernis der eigenhändigen Unterschrift, außer die gesetzliche Bestimmung sieht ausdrücklich eine Ausnahme vor.

[9] S hiezu auch *Holzer*, Schranken für die Vertragsfreiheit im Rahmen der Beendigung des Arbeitsvertrages, in Resch (Hrsg), Gestaltungsmöglichkeiten bei Ende des Arbeitsvertrages (2013), 17.

[10] OGH 28. 10. 2015, 9 ObA 110/15i, ZAS 2016, 85 mit Bespr v *Köck* = ASoK 2016, 157 mit Bespr v *Marhold-Weinmeier*; krit hiezu *Schnittler*, Schriftform bei einer Kündigung per „WhatsApp" – eine Erörterung aus Anlass der Entscheidung OGH 28. 10. 2015, 9 ObA 110/15i, jusIT 2016, 47.

triebsvereinbarungen enthalten sein und weisen innerhalb der einzelnen Arbeitnehmergruppen erhebliche Unterschiede auf.

Für **Angestellte** nimmt § 20 AngG eine **Staffelung** der Kündigungsfristen in Abhängigkeit von den Dienstjahren vor (Senioritätsprinzip). 8/014

Die Frist beträgt für Kündigungen durch den **Dienstgeber** mindestens sechs Wochen und erhöht sich nach dem vollendeten zweiten Dienstjahr auf zwei, nach dem vollendeten fünften Dienstjahr auf drei, nach dem vollendeten 15. Dienstjahr auf vier und nach dem vollendeten 25. Dienstjahr schließlich auf 5 Monate (§ 20 Abs 2 AngG).

Die **Dauer** der Kündigungsfrist richtet sich nicht nach dem Zeitpunkt der Beendigung des Arbeitsverhältnisses, sondern **nach dem Kündigungszeitpunkt**. Maßgeblich ist aber nicht der tatsächliche Kündigungsausspruch, sondern jener Zeitpunkt, zu dem die Kündigung letztmöglich und zulässigerweise hätte ausgesprochen werden können[11]. Durch das Abstellen auf den spätest möglichen Kündigungszeitpunkt soll verhindert werden, dass der Arbeitgeber durch vorzeitige Kündigung eine längere Kündigungsfrist umgehen kann[12]. Für die Dauer der Kündigungsfrist kann auch die Berücksichtigung von Vordienstzeiten entscheidend sein. Mangels besonderer Vereinbarung erstreckt sich jedenfalls eine Anrechnung von Vordienstzeiten auch auf die Berechnung der Kündigungsfrist[13].

Kündigt der **Arbeitnehmer**, so hat er nur eine Kündigungsfrist von einem Monat einzuhalten. Diese einmonatige Frist kann zwar durch Vereinbarung bis zu einem halben Jahr ausgedehnt werden, jedoch darf die vom Dienstgeber einzuhaltende Frist nicht kürzer als die mit dem Angestellten vereinbarte sein (§ 20 Abs 4 AngG)[14]. Beide Vertragspartner sind an bestimmte Kündigungstermine gebunden (vgl 8.2.3). 8/015

Arbeitsverhältnisse, die nur für die Zeit eines vorübergehenden Bedarfs eingegangen werden, können nach dem AngG während des ersten Monats jederzeit von beiden Teilen unter Einhaltung einer bloß einwöchigen Kündigungsfrist gelöst werden (§ 20 Abs 5 AngG; s auch § 1158 Abs 2 ABGB; vgl 5.3.4). 8/016

Arbeiter iS der GewO können unter Einhaltung einer Frist von 14 Tagen kündigen und gekündigt werden (§ 77 GewO).

Ab 1. 1. 2021 kommt es für Arbeiter iSd GewO zu wesentlichen Änderungen im Kündigungsrecht. § 77 der GewO tritt zu diesem Zeitpunkt außer Kraft, sodass auch für Arbeiter nach der GewO 1859 die allgemeinen Regelungen des § 1159 (in neuer Fassung) zur Anwendung kommen (s unten). Im Ergebnis wird dann das Kündigungsrecht der Angestellten auf jenes der Arbeiter übertragen.

Im Gegensatz zu den Fristen des AngG kann diese 14-tägige Kündigungsfrist durch Kollektivvertrag, Betriebsvereinbarung oder Arbeitsvertrag auch zu Ungunsten des Arbeitnehmers geändert werden; sie ist „abdingbar". Gem § 1159c ABGB müssen jedoch die Kündigungsfristen für Dienstgeber und Dienstnehmer gleich lang sein. Dieses Fristengleichheitsgebot ist einseitig zwingend, sodass für den Arbeitnehmer eine günstigere Regelung – also grundsätzlich eine kürzere Kündigungsfrist – vereinbart werden kann[15]. 8/017

---

11 Vgl *Trost* in Löschnigg (Hrsg), AngG Bd 2^{10} (2016), § 20 Rz 95.

12 OGH 21. 4. 1953, 4 Ob 81/53, Arb 5689.

13 OGH 5. 10. 1971, 4 Ob 53/71, SozM I A/e 919.

14 Vgl auch *Resch*, Grenzen privatautonomer Dispositionen über das Auflösungsrecht des Arbeitnehmers, ZAS 1991, 4.

15 Vgl insb OGH 8. 7. 1992, 9 ObA 142/92, DRdA 1993, 117 mit Bespr v *Grillberger* = ZAS 1994, 60 mit Bespr v *Micheler*.

Das Fristengleichheitsgebot kann nicht mittelbar dadurch beschränkt werden, dass ein Arbeitnehmer, der das Arbeitsverhältnis innerhalb gewisser Zeiträume eines Kalenderjahres beenden will, mit finanziellen Nachteilen (zB Wegfall aliquoter Sonderzahlungen) rechnen muss[16].

8/018 Setzt ein Kollektivvertrag eine Kündigungsfrist von einer Woche fest und vereinbaren die Parteien des Einzelvertrags eine Verlängerung dieser Frist auf drei Wochen für beide Teile, so ist diese Verlängerung zwar für den Arbeitgeber, nicht jedoch für den Arbeitnehmer gültig, da für einen kündigungswilligen Arbeitnehmer eine längere Kündigungsfrist regelmäßig als ungünstiger anzusehen ist[17].

8/019 Einige **Kollektivverträge** schließen eine Kündigungsfrist bis zu einer Betriebszugehörigkeit von acht Jahren zur Gänze aus[18]. Teilweise ist aber vorgesehen, dass die Kündigung nur zum letzten Arbeitstag der Woche ausgesprochen werden kann (zum Kündigungstermin vgl 8.2.3).

Obwohl in den Fällen des Ausschlusses der Kündigungsfrist gleichzeitig mit dem Kündigungsausspruch das Arbeitsverhältnis aufgelöst wird, handelt es sich zweifellos um eine Kündigung. Die Kündigungsfrist stellt kein Wesenselement der Kündigung dar; demgemäß unterscheidet sich eine Kündigung von einer vorzeitigen Beendigung des Arbeitsverhältnisses nicht nach dem Kriterium der einzuhaltenden Kündigungsfrist, sondern danach, ob sich der Betreffende abweichend von seinem Verhalten bei normaler Kündigung auf einen wichtigen Grund stützen wollte oder nicht[19].

8/020 Neben den Regelungen im AngG und in der GewO legt eine Reihe von **Sondergesetzen** Kündigungsfristen fest:

a) Für **Gutsangestellte** gilt der mit § 20 AngG wortgleiche § 17 GAngG.
b) Gem **§ 4 JournG** beträgt die Kündigungsfrist für beide Teile mindestens drei Monate. Nach fünfjähriger ununterbrochener Dauer des Arbeitsverhältnisses erhöht sich die Kündigungsfrist mit jedem weiteren Jahr um einen Monat bis zu maximal einem Jahr. Wird die Zeitungsunternehmung aufgelassen, so ist gegenüber den Redakteuren eine Mindestkündigungsfrist von sechs Monaten einzuhalten (§ 10 JournG). Keinerlei Kündigungsfrist hat der Arbeitnehmer einzuhalten, wenn die Zeitungsunternehmung die von ihr bisher eingehaltene politische Richtung wechselt, dem Redakteur dadurch die Fortsetzung seiner Tätigkeit ohne Änderung seiner Gesinnung nicht zugemutet werden kann und er innerhalb eines Monats nach Kenntnis des Richtungswechsels das Arbeitsverhältnis löst (§ 11 Abs 1 JournG; zum Kündigungstermin vgl 8.2.3).
c) Während – abgesehen von jungen Berufseinsteigern – normalerweise die Arbeitsverhältnisse auf unbestimmte Zeit die Regel bilden, kehrt sich dies bei den Bühnendienstverträgen der **Schauspieler** (zum Begriff vgl 4.3.2.2.3.4) ins Gegenteil um. Selbst wenn ein Bühnendienstvertrag auf unbestimmte Zeit abgeschlossen wurde, endet er mit dem Ablauf der an der Vertragsbühne üblichen Spielzeit (§ 24 Abs 3 TAG). Die Spielzeit stellt also ein derart tragendes Element dieses Dienstverhältnisses dar, dass der Gesetzgeber selbst das Dienstverhältnis auf diese Zeit befristet[20]. Eine Kündigungsvereinbarung ist überhaupt nur dann wirksam, wenn der Vertrag für länger als ein Jahr geschlossen wird. Die Kündigungsfristen für den Dienstgeber und jene für den Dienstnehmer müssen dabei gleich lang sein. Sind ungleiche Fristen vereinbart, so gilt für beide Teile die längere Frist (§ 25 Abs 1 TAG; vgl aber die relativ zwingende Wirkung des TAG gem § 39 Abs 2 TAG; zum Kündigungstermin vgl 8.2.3). Wird über das Vermögen des Theaterunternehmens ein Insolvenzverfahren eröffnet, so kann der Insolvenzverwalter Bühnendienstverträge mit einer maximalen Be-

---

[16] OGH 2. 9. 1992, 9 ObA 154/92, DRdA 1993, 209 mit Bespr v *Runggaldier*; zur Gesamtproblematik s *Schwarz*, Der OGH hat recht!, ÖJZ 1995, 202.

[17] OGH 2. 9. 1992, 9 ObA 145/92, DRdA 1993, 135 mit Bespr v *Eichinger* = ZAS 1994, 123 mit Bespr v *Tinhofer*.

[18] Vgl *Rauch*, Besonderheiten bei Kündigungsfristen und -terminen, ASoK 2003, 41.

[19] OGH 1. 12. 1953, 4 Ob 216/53, Arb 5877; vgl 8.3.2.

[20] Vgl *Kapfer/Bündsdorf*, SchauSpG (1974), 129 ff; *Urleb*, Arbeitsrechtliche Fragen des SchSpG (2009), 72 ff.

fristung von einem Jahr unter Einhaltung einer vierwöchigen, Verträge mit längeren Befristungen unter Einhaltung einer achtwöchigen Kündigungsfrist lösen (§ 28 TAG).

d) Für **Hausbesorger** beträgt die Kündigungsfrist einen Monat, wenn sie selbst kündigen, und sechs Wochen bzw nach zehnjähriger Dauer des Dienstverhältnisses drei Monate, wenn sie vom Hauseigentümer gekündigt werden (§ 18 Abs 4 HausbG). Durch Vereinbarung kann sie zwar bis zu einem halben Jahr ausgedehnt, nicht jedoch verkürzt werden. Im Falle vom Gesetz abweichend vereinbarter Fristen darf jedoch die vom Hauseigentümer einzuhaltende Frist nicht kürzer als die vom Hausbesorger einzuhaltende sein (§ 18 Abs 5 HausbG; zum Kündigungstermin vgl 8.2.3; zum erfassten Personenkreis vgl 4.3.2.2.3.2).

e) Das HGHAG schreibt (für beide Teile) eine Kündigungsfrist von 14 Tagen für **Hausgehilfen** und sechs Wochen für **Hausangestellte** vor (§ 13 Abs 2 HGHAG). Abdingbar sind die Fristen im Falle der Hausgehilfen bis zu einer Woche, im Falle der Hausangestellten bis zu einem Monat. Bei ungleich vereinbarten Kündigungsfristen gilt für beide Teile die längere Frist (§ 13 Abs 3 HGHAG; vgl aber auch die relativ zwingende Wirkung des HGHAG gem § 20 leg cit; zum Kündigungstermin vgl 8.2.3).

f) Das **VBG**, das nach einer einjährigen ununterbrochenen Dauer des Dienstverhältnisses nur eine schriftliche Kündigung unter Angabe von Gründen kennt (vgl 8.2.8.3.5), legt ebenfalls nach der Dauer der Dienstzeit gestaffelte Kündigungsfristen fest. So beträgt die Kündigungsfrist (für beide Teile) bei einer Dienstzeit von weniger als sechs Monaten eine Woche, nach einer Dienstzeit von sechs Monaten beträgt sie zwei Wochen, nach einer Dienstzeit von einem Jahr einen Monat, nach zwei Dienstjahren zwei Monate, nach fünf Dienstjahren drei Monate, nach zehn Dienstjahren vier Monate und nach 15 Dienstjahren fünf Monate (§ 33 VBG).

g) Gem den Bestimmungen des **LArbG** beträgt die Kündigungsfrist für beide Teile 14 Tage. Sie erhöht sich nach einem Jahr auf einen Monat, nach fünf Jahren auf zwei Monate und nach 15 Jahren auf drei Monate (§ 28 LArbG). Für Kündigungen, die nach dem 31. 12. 2020 ausgesprochen werden, haben die Bundesländer in ihren Ausführungsgesetzen vorzusehen, dass der dann neue und dem Angestelltenrecht angepasste § 28 LArbG zum Tragen kommt.

h) Eine Besonderheit weist das **Insolvenzrecht** auf. Gem § 25 Abs 1 IO kann der Insolvenzverwalter unter Einhaltung der gesetzlichen bzw kollektivvertraglichen Kündigungsfrist oder einer zulässigerweise vereinbarten kürzeren Kündigungsfrist sowohl unbefristete als auch befristete Arbeitsverhältnisse lösen. Hervorzuheben ist, dass die **gesetzlichen Kündigungsbeschränkungen** in beiden Fällen Beachtung finden müssen (Näheres vgl 9.3.1).

Werden einzelne Arbeitnehmergruppen von Sondergesetzen nicht erfasst oder sehen Sondergesetze keine hinreichenden Regelungen vor, findet das **ABGB** subsidiär Anwendung. 8/021 Dieses ist also nur dann heranzuziehen, wenn für den betreffenden Arbeitnehmer keine oder nur unzureichende Bestimmungen zur Verfügung stehen. Die §§ 1159, 1159a und 1159b ABGB sehen für verschiedene Gruppen von Arbeitsverhältnissen unterschiedliche Kündigungsfristen vor: Werden Dienste höherer Art länger als drei Monate geleistet und nimmt das Dienstverhältnis die Erwerbstätigkeit des Arbeitnehmers hauptsächlich[21] in Anspruch, so ist eine vierwöchige Kündigungsfrist einzuhalten (§ 1159a ABGB). Dienstverhältnisse, die keine Dienste höherer Art zum Gegenstand haben und bei denen das Entgelt nach Stunden oder Tagen bzw nach Stück oder Einzelleistungen bemessen ist, können jederzeit für den folgenden Tag aufgekündigt werden. Hat ein solches Arbeitsverhältnis, das die Erwerbstätigkeit des Arbeitnehmers hauptsächlich in Anspruch nimmt, schon drei Monate gedauert oder wird das Entgelt nach Wochen bemessen, ist spätestens am ersten Werktag für den Schluss der Kalenderwoche zu kündigen (§ 1159 ABGB). Dienstverhältnisse, die weder dem § 1159 noch dem § 1159a ABGB unterliegen, können unter Einhaltung

[21] Auch hier könnte auf Grund der Diskriminierung von Teilzeitbeschäftigten bzw Frauen Europarechtswidrigkeit vorliegen; vgl 2.8.4.10.3 u 2.8.4.2.

einer mindestens 14-tägigen Kündigungsfrist gelöst werden (§ 1159b ABGB). Für den Arbeitnehmer günstigere Fristen können auch dem ABGB zufolge vereinbart werden. Sind die Fristen ungleich, gilt für den Arbeitnehmer und auch für den Arbeitgeber die längere Frist (§ 1159c ABGB). Diese Bestimmung scheint zwar in der Enumeration der zwingenden Rechte der Arbeitnehmer nicht auf (§ 1164 ABGB), doch ist dem Sinn des Gesetzes nach eine Abdingung nur **zu Gunsten** des Arbeitnehmers zu rechtfertigen. Divergierende Kündigungsfristen sind also nur dann vertretbar, wenn dem Arbeitnehmer eine kürzere Kündigungsfrist eingeräumt wird als dem Arbeitgeber.

Ab 1. 1. 2021 wird die an sich subsidiäre Bestimmung des § 1159 ABGB in entscheidender Weise dadurch aufgewertet, dass § 77 GewO 1859 außer Kraft tritt und damit der gesamte Bereich der gewerblichen Arbeiter in den Anwendungsbereich des § 1159 ABGB fällt. Der ab 1. 1. 2021 neu gefasste § 1159 ABGB wird dann die bis dahin stark differenzierenden Regelungen der alten §§ 1159 bis 1159c ABGB ablösen und die Kündigungsmodalitäten des Angestelltenrechts (s oben) übernehmen.

Der **Ausspruch der Kündigung** setzt die Kündigungsfrist in Gang, ohne dass zunächst der aufrechte Bestand des Arbeitsverhältnisses berührt wird. Eine Beendigung des Arbeitsverhältnisses tritt erst mit **Ablauf der Kündigungsfrist** ein. Während deren Dauer bleiben die aus dem Dienstverhältnis entspringenden Rechte und Pflichten sowohl für den Dienstgeber als auch für den Dienstnehmer aufrecht. Dies bedeutet vor allem, dass der Arbeitnehmer zur Dienstleistung verpflichtet bleibt und der Arbeitgeber dementsprechend auch das Entgelt weiterzuzahlen hat. Verzichtet der Dienstgeber auf die Arbeitsleistung des Gekündigten während der Kündigungsfrist, so gebührt dem Arbeitnehmer trotzdem das Entgelt gem § 1155 ABGB.

Fahrtaufwendungen, die dem Arbeitnehmer durch ein tägliches oder wöchentliches Pendeln zwischen Wohnort und Arbeitsstelle entstanden sind und die der Arbeitgeber ersetzt hat, müssen im Falle eines Verzichts auf die Arbeitsleistung während der Kündigungsfrist nicht mehr gezahlt werden.

8/022 Für die Dauer der Kündigungsfrist kann sowohl ein **Erholungsurlaub** (vgl 6.10.3) als auch ein **Zeitausgleich** (vgl 6.8.8.4) vereinbart werden. Hat sich der Arbeitnehmer mit der Abgeltung von Überstunden durch Zeitausgleich grundsätzlich einverstanden erklärt, so kann nach Ansicht des OGH zwar der Dienstgeber den Zeitausgleich auch während der Kündigungsfrist nicht einseitig anordnen, der Dienstnehmer ist aber verpflichtet, den Zeitausgleich während der Kündigungsfrist zu verbrauchen, wenn die überwiegenden betrieblichen Interessen dafür sprechen[22].

8.2.3. Kündigungstermin

8/023 Mit der Kündigungsfrist eng verbunden ist der Kündigungstermin. Unter Kündigungstermin kann zweierlei verstanden werden, nämlich entweder der Zeitpunkt des Ausspruchs der Kündigung oder aber jener des Erlöschens des Arbeitsverhältnisses. Normalerweise wird Letzteres unter den Begriff des Kündigungstermins subsumiert. Der Kündigungstermin legt

[22] OGH 3. 6. 1986, 14 Ob 65/86, ZAS 1987, 168 mit Bespr v *Adamovic*; s auch *Sabara*, Die Dienstfreistellung während der Kündigungsfrist, ARD 6442/6/2015.

demnach fest, wann die Kündigung ihre das Arbeitsverhältnis auflösende Wirkung entfaltet[23].

Die Kombination von Kündigungstermin und Kündigungsfrist (vgl 8.2.2) ergibt den spätest möglichen Zeitpunkt für den Ausspruch der Kündigung. 8/024

Grundsätzlich kann der Dienstgeber das Arbeitsverhältnis mit Ablauf eines jeden Kalendervierteljahres (also zum 31. März, zum 30. Juni, zum 30. September oder zum 31. Dezember; sog **Quartalskündigung**) lösen, der Dienstnehmer hingegen mit dem letzten Tag jedes Kalendermonats (zur Voraussetzung einer Mindestbeschäftigung für die Anwendung der Kündigungsbestimmungen vgl 4.3.2.2.2 und 8.2.2). § 20 Abs 3 AngG erlaubt aber auch, dass als Kündigungstermin der Fünfzehnte oder der Letzte eines jeden Kalendermonats vereinbart, die Quartalskündigung somit abgedungen wird. 8/025

Der Grundsatz, dass die Kündigungsfreiheit des Arbeitnehmers nicht stärker eingeschränkt werden darf als jene des Arbeitgebers, bezieht sich auch auf die Kündigungstermine. Wurden zB gleich lange Kündigungsfristen vereinbart (vgl hiezu 8.2.2), dann darf nicht nur dem Arbeitgeber ein zusätzlicher Kündigungstermin zu jedem 15. eines Kalendermonats eingeräumt werden[24].

Die Abdingung der Quartalskündigung kann sowohl durch Arbeitsvertrag als auch durch Kollektivvertrag[25] oder Betriebsvereinbarung[26] erfolgen. Der Kollektivvertrag kann aber auch durch Übernahme der Quartalskündigung aus der dispositiven gesetzlichen eine zwingende kollektivvertragliche Regelung machen. Günstigere arbeitsvertragliche Vereinbarungen werden dadurch nicht ausgeschlossen. In diesem Sinn wurde etwa eine Vereinbarung als günstiger angesehen, derzufolge der Arbeitgeber zwar nicht das Quartalsende als Kündigungstermin einhalten muss, die Kündigung aber nur zum Monatsletzten unter Einhaltung einer sechsmonatigen Kündigungsfrist aussprechen kann[27]. Für **Gutsangestellte** gilt gem § 17 Abs 2 GAngG dasselbe.

[23] Zu einem Auflösungstermin als Geschäftsinhalt einer „Abwicklungsvereinbarung" s OGH 6. 10. 2005, 8 ObA 34/05s, DRdA 2006, 475 mit Bespr v *Kerschner*.
[24] OGH 26. 8. 2009, 9 ObA 92/09h, Arb 12.848 = ARD 6006/12/2009 = infas 2010, A 4.
[25] Vgl etwa OGH 18. 2. 2010, 8 ObA 74/09d, ARD 6071/1/2010.
[26] OGH 26. 8. 2009, 9 ObA 92/09h, ASoK 2010, 61 mit Bespr v *Korenjak* = ARD 6006/12/2009 = infas 2010, A 4; hiezu bereits in diesem Sinn *Floretta/Strasser*, ArbVG (1975), 574.
[27] OGH 5. 11. 1997, 9 ObA 224/97z, ARD 4907/14/98.

8.2.4. Kündigung und Kündigungsbeschränkungen

8/026 Da die GewO für die ihr unterliegenden **Arbeiter** (vgl 4.3.2.2.1) keinerlei Kündigungstermine festlegt, ergibt sich die Frage, ob auf die subsidiär geltenden Bestimmungen des ABGB zurückgegriffen werden kann. Dies ist zu verneinen, weil davon ausgegangen werden kann, dass die Festlegung einer 14-tägigen Kündigungsfrist in § 77 GewO abschließend ist. Es bleibt den Kollektivverträgen überlassen, § 77 GewO abzudingen (es handelt sich um dispositives Recht) und gegebenenfalls einen Kündigungstermin festzulegen. Dies geschieht auch häufig. Die einschlägigen Kollektivverträge für Arbeiter müssen im gegebenen Zusammenhang stets geprüft werden.

§ 77 GewO wird allerdings mit **1. 1. 2021** aufgehoben. Für die nach dem 31. 12. 2020 ausgesprochenen Kündigungen kommt der dann neu gefasste § 1159 ABGB zur Anwendung, der wie im Angestelltenrecht eine abdingbare Quartalskündigung (s oben) und längere Kündigungsfristen (s 8.2.2) ab diesem Zeitpunkt vorsehen wird.

Für eine Reihe von Arbeitnehmergruppen finden sich jedoch Sonderregelungen:

Das Dienstverhältnis des **Hausbesorgers** kann durch Kündigung nur zum Ende eines Kalendermonats gelöst werden (§ 18 Abs 3 HausbG; vgl zum erfassten Personenkreis 4.3.2.2.3.2).

Kündigungstermine für **Hausangestellte** sind der Fünfzehnte oder Letzte eines Monats (§ 13 Abs 2 HGHAG).

In **Bühnendienstverträgen** kann als Kündigungstermin nur das Ende der Spielzeit vereinbart werden. Der Ausspruch der Kündigung muss spätestens am 15. Februar des Jahres erklärt werden, in dem diese Spielzeit endet (§ 25 TAG).

Da für **Journalisten** das JournG keine Kündigungstermine festlegt, gilt für diese Gruppe die Regelung des AngG ergänzend, sofern die Erwerbstätigkeit des Arbeitnehmers hauptsächlich in Anspruch genommen wird (vgl 4.3.2.2.3.3; § 13 JournG und Art VII Z 1 AngG).

Die Kündigungsfristen des **VBG** haben, wenn sie nach Wochen bemessen sind, mit dem Ablauf einer Woche, wenn sie nach Monaten bemessen sind, mit dem Ablauf eines Kalendermonats zu enden (§ 33 VBG).

Nach den Bestimmungen des **LArbG** können beide Vertragsteile das Dienstverhältnis nur zum Monatsende aufkündigen (§ 28 LArbG). Für Kündigungen, die nach dem 31. 12. 2020 ausgesprochen werden, wird § 28 LArbG an das Angestelltenrecht und an das Prinzip der abdingbaren Quartalskündigung angepasst.

Im Falle der Eröffnung eines Insolvenzverfahrens ist der Insolvenzverwalter bzw der Arbeitgeber an die gesetzlichen Kündigungstermine nicht gebunden (Näheres vgl 9.3.1).

8.2.4. Frist- bzw terminwidrige Kündigungen

8/027 Wurde die gesetzliche (vertragliche) Kündigungsfrist oder der gesetzliche (vertragliche) Kündigungstermin nicht eingehalten, so ergibt sich die Frage nach den rechtlichen Wirkungen einer derartigen **„zeitwidrigen Kündigung“**. Die herrschende Judikatur und ein erheblicher Teil der Lehre stehen auf dem Boden des **„Schadenersatzprinzips“**: Jede Kündigung beendet das Arbeitsverhältnis grundsätzlich zu dem im Kündigungsausspruch enthaltenen Zeitpunkt, gleichgültig, ob dieser gesetzlich oder vertraglich gedeckt ist oder nicht. Dies entspricht auch dem Schutzgedanken im Arbeitsrecht, der durchaus beiden Vertragspartnern zugutekommen kann und dem es zuwiderläuft, das Risiko dubioser Lösungserklärungen auf den Erklärungsempfänger, insb den wirtschaftlich schwächeren Arbeitnehmer, abzuwälzen. Das Schadenersatzprinzip knüpft an die Regeln über die **vorzeitige Beendigung** des

Arbeitsverhältnisses an und gewährt die im Falle ungerechtfertigter Lösung gebührenden Ersatzansprüche **analog**[28].

Diese Analogie wird teilweise mit dem Argument abgelehnt, dass der massive Vorwurf eines Entlassungsversuchs mit einer zeitwidrigen Kündigung nicht vergleichbar sei[29]. Dagegen ist einzuwenden, dass eine zeitwidrige Kündigung in gleicher Weise rechtswidrig ist wie eine ungerechtfertigte vorzeitige Auflösung des Arbeitsverhältnisses, weil in beiden Fällen die Vertragsauflösung unter Verletzung der entsprechenden Rechtsvorschriften erklärt wird[30].

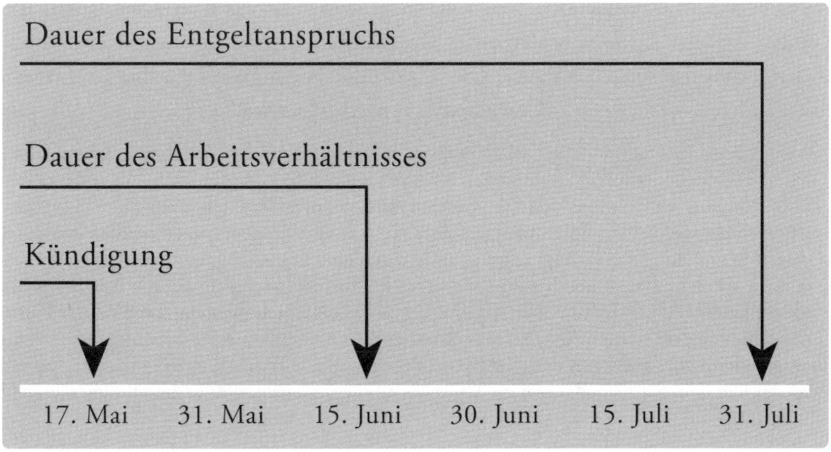

Beispiel 1: Ein Angestellter im vierten Dienstjahr bekommt am 17. Mai ein Kündigungsschreiben, in dem ihm mitgeteilt wird, dass sein „Dienstverhältnis mit 15. Juni aufgekündigt wird". Wie lange steht ihm ein Entgeltanspruch zu, wenn der Arbeitsvertrag vorsieht, dass die Kündigungsfrist am Fünfzehnten oder Letzten eines Kalendermonats enden kann?

Wählt der Dienstgeber den 17. Mai, um die Kündigung auszusprechen, so wäre der nächste ordnungsgemäße Kündigungstermin der 31. Juli (mindestens zweimonatige Kündigungsfrist gem § 20 Abs 2 AngG). Der verfehlte Kündigungstermin löst trotz Zeitwidrigkeit das Arbeitsverhältnis am 15. Juni auf. Bis zum ordnungsgemäßen Kündigungstermin, dem 31. Juli, behält der Arbeitnehmer den Ersatzanspruch für das Entgelt.

Beispiel 2: Besteht auch ein Anspruch auf Kündigungsentschädigung, wenn der Dienstgeber im Beispiel 1 an Stelle des 15. Juni den 10. August als Kündigungstermin wählt? – Obwohl das Arbeitsverhältnis zum 31. Juli ordnungsgemäß hätte beendet werden können, gebührt dem Arbeitnehmer auch in einem derartigen Fall einer rechtswidrigen Verlängerung des Arbeitsverhältnisses die Kündigungsentschädigung bis zum nächsten gesetzlichen Kündigungstermin, nämlich dem 15. August[31].

In der Zeit zwischen dem verfehlten und dem ordnungsgemäßen Kündigungstermin besteht für den Arbeitnehmer **keine Arbeitspflicht** mehr, da das Arbeitsverhältnis beendet ist. Bei zeitwidriger Arbeitgeberkündigung kann der Arbeitnehmer wie im Falle unbegründeter Entlassung Schadenersatz, die sog **Kündigungsentschädigung**[32], verlangen, wobei 8/028

[28] Dazu insb OGH 15. 10. 1974, 4 Ob 60/74, Arb 9259; *Trost* in Löschnigg (Hrsg), AngG Bd 2^{10} (2016), § 20 Rz 106 f mwN; vgl weiters *Spielbüchler/Grillberger*, Arbeitsrecht I^4 (1998), 372; s auch OGH 29. 9. 2010, 9 ObA 81/10t, infas 2011, A 12 = wbl 2011, 155.
[29] Vgl insb *Mayer-Maly*, ZAS 1975, 227.
[30] *Kuderna*, Zur Diskussion über die zeitwidrige Kündigung, DRdA 1976, 58.
[31] Vgl OGH 11. 8. 1993, 9 ObA 229/93, ZAS 1994, 25 mit Bespr v *Holzer*.
[32] Vgl *Jabornegg*, Zur Rechtsnatur der Kündigungsentschädigung, in FS Koziol (2010), 175.

die Präklusivfristen zur Geltendmachung (§ 1162d ABGB, § 34 AngG) und die Anrechnungsbestimmungen (§ 1162b ABGB, § 29 AngG; vgl 8.3.4.2.2) singgemäße Anwendung finden.

8/029 Kündigt der Arbeitnehmer das Arbeitsverhältnis zeitwidrig auf, so steht dem Arbeitgeber analog zum unberechtigten Austritt ein Anspruch auf **Schadenersatz** zu (§ 1162a ABGB, § 28 AngG; vgl 8.3.5.2.2).

8/030 Im Gegensatz zum herrschenden Schadenersatzprinzip steht das **Konversionsprinzip**, das von einem Teil der Lehre vertreten wird. Das herkömmliche Konversionsverständnis besteht darin, dass das zunächst angestrebte, jedoch mit Nichtigkeit bedrohte Rechtsgeschäft in einen anderen – erlaubten – Geschäftstyp umgedeutet wird[33].

Soll im gegebenen Zusammenhang eine zeitwidrige in eine ordentliche Kündigung umgedeutet werden, so liegt keine Konversion im technischen Sinn vor, weil keine Umdeutung in ein **anderes** Rechtsgeschäft beabsichtigt wird[34]. Die Vertreter dieser speziellen Form der Konversion stützen sich darauf, dass aus der Sicht des Erklärungsempfängers eher ein Versehen angenommen werden muss: In der zeitwidrigen Beendigung(serklärung) muss grundsätzlich eine beabsichtigte ordnungsgemäße Kündigung erblickt werden. Damit aber ist evident, dass die Konversionstheorie auf die Interessen des Erklärungsempfängers zu wenig Rücksicht nimmt. Dieser befindet sich in einem Zustand der Unsicherheit und weiß nicht, ob er nach Ablauf der verkürzten Kündigungsfrist seine Leistungsbereitschaft bekunden soll oder nicht, und kann demgemäß nicht die nötigen wirtschaftlichen Dispositionen treffen. Das widerspricht dem Schutzgedanken im Arbeitsrecht in einer Form, die zur Ablehnung dieser Theorie führen muss[35].

Die Judikatur hat dem Konversionsprinzip zunächst eine Konzession gemacht. Der OGH sah eine zeitwidrige Kündigung als ordnungsgemäße Kündigung an, wenn der Kündigende ausdrücklich darauf hingewiesen hatte, „unter Einhaltung der gesetzlichen Kündigungsfrist" oder „auf Grund der im Gesetz vorgesehenen Richtlinien" zu kündigen[36]. Das Höchstgericht erkannte jedoch in der Folge, dass es nicht bloß auf den verbalen Hinweis auf die ordnungsgemäße Kündigungsabsicht ankommen könne. Die routinemäßige Aufnahme dieser „salvatorischen Klausel"[37] in die Kündigung würde den die Kündigung Erklärenden vor Nachteilen bewahren und gleichzeitig den – risikolosen – Versuch eines Rechtsbruchs ermöglichen. Prompt hat denn auch der OGH reagiert: Die Nennung eines unrichtigen Termins als integrierenden Bestandteil der Kündigungserklärung ist nur dann irrelevant, wenn unter objektiver Berücksichtigung aller Umstände der Gekündigte zweifelsfrei erkennen musste, dass der Kündigende nur unter Einhaltung der ordnungsgemäßen Kündigungsfristen bzw des ordnungsgemäßen Termins kündigen wollte[38]. Diese Version muss überhaupt **nicht** mit dem **Konversionsprinzip** erklärt werden. Es bleibt in jedem Fall beim Schadenersatzprinzip, doch ist dem Kündigenden unter sehr restriktiver Anwendung der Irrtumsregeln die Möglichkeit zu bieten, die fehlerhafte Kündigung ohne unnötigen Verzug zu korrigieren (§ 871 ABGB)[39].

---

33 *Schrammel* in Fenyves/Kerschner/Vonkilch (Hrsg), ABGB[3] (2012), §§ 1162a–1162d Rz 12 sowie §§ 1159–1159c Rz 29; *Koziol – Welser/Kletečka*, Grundriss des bürgerlichen Rechts I[14] (2014), 192 f; *Binder*, Zur Konversion von Rechtsgeschäften (1982), 71 ff.

34 *Jabornegg*, ZAS 1982, 94; vgl zu diesem Thema allg *Mayer-Maly*, ZAS 1971, 14; *dens*, ZAS 1975, 223; *Spielbüchler*, JBl 1968, 485; *dens*, JBl 1970, 538; *Fitz*, Die fristwidrige Kündigung, DRdA 1975, 241; *dens*, DRdA 1983, 105; *Schrank*, Der Fortbestand des Arbeitsverhältnisses als Schutzobjekt der Rechtsordnung (1982), 391.

35 Vgl *Kuderna*, Die zeitwidrige Kündigung, DRdA 1969, 294; *dens*, Zur Diskussion über die zeitwidrige Kündigung, DRdA 1976, 57; *Trost* in Löschnigg (Hrsg), AngG Bd 2[10] (2016), § 20 Rz 117 ff.

36 OGH 25. 11. 1980, 4 Ob 115/80, ZAS 1982, 91 mit Bespr v *Jabornegg*; OGH 19. 1. 1982, 4 Ob 1/82, DRdA 1983, 365 mit Bespr v *Kerschner*.

37 *Neumayr*, Salvatorische Klausel, in Reissner/Neumayr (Hrsg), Zeller Handbuch Arbeitsvertrags-Klauseln (2010), 67.

38 OGH 9. 11. 1982, 4 Ob 165/82, Arb 10.155; s auch OGH 29. 11. 1983, 4 Ob 142/83, infas 1984, A 34.

39 S auch *Holzer*, Irrtumsanfechtung bei zeitwidriger Kündigung im Arbeitsverhältnis, JBl 1985, 82.

Ein Teil der Lehre hat die Ansätze in der Rechtsprechung jedoch zur sog **Wissenserklärungstheorie** ausgebaut. Da die Angabe von Kündigungsfristen und -terminen kein Wesensmerkmal der Kündigung darstelle, sei diese im Zweifel als bloße Meinungskundgebung (Wissenserklärung) ohne rechtliche Bedeutung[40] zu werten. Die Zerlegung eines Rechtsgeschäfts in konstitutive und deklaratorische Elemente schafft aber einen unerträglichen Grad der Rechtsunsicherheit, wenn man in Rechnung stellt, dass die Grenzen zwischen Willens- und Wissenserklärungen stark im Flusse sind. Es ist überhaupt fraglich, ob die begriffliche Gegenüberstellung von Willenserklärungen und Wissenserklärungen generell gerechtfertigt werden kann[41].

Eine ausgesprochene Kündigung kann **einseitig nicht zurückgenommen** werden; enthält die Kündigungserklärung einen Kündigungstermin, so ist der Kündigende grundsätzlich daran gebunden[42]. Einer Berufung auf die Irrtumsregeln (§§ 870 ff ABGB) durch den Kündigenden wird in der Regel der Erfolg zu versagen sein[43]. Liegt eine **zeitwidrige Kündigung** vor, wird man dem Kündigenden das Recht einräumen müssen, seinen Fehler **zu berichtigen** – eine Anfechtung der Kündigung an sich wäre sinnlos –, wenn ein Grund gem § 871 ABGB vorliegt, insb wenn dem Gekündigten der Fehler des Kündigenden offenbar auffallen musste. Aus der Treuepflicht des Arbeitnehmers kann jedenfalls keine Verpflichtung abgeleitet werden, den Arbeitgeber auf die fehlerhafte Kündigung hinzuweisen. Die Berichtigung hat ohne Beeinträchtigung der Funktion der Kündigungsfrist rechtzeitig, also **ohne unnötigen Verzug**, zu geschehen. Wird der Kündigende auf seinen Fehler erst zu einem Zeitpunkt aufmerksam, der nach Treu und Glauben als verspätet bezeichnet werden muss, dann ist die Berichtigung unzulässig. Bei einem derart schwerwiegenden Schritt, wie ihn die Kündigung darstellt, ist insb dem Arbeitgeber eine genaue Information über die Rechtsfolgen zuzutrauen und zumutbar. Die Berichtigung ist jedenfalls nicht rechtzeitig, wenn der Arbeitnehmer im Vertrauen auf die Kündigung disponiert hat, insb wenn er ein neues Arbeitsverhältnis eingegangen ist. Die im Gesetz vorgesehene dreijährige Frist, die zur Geltendmachung der Irrtumsanfechtung offen steht (§ 1487 ABGB), ist für beide Vertragsteile unzumutbar und ist daher im Wege teleologischer Reduktion auf einen Bruchteil der Kündigungsfrist zu verkürzen[44]. 8/031

8.2.5. Ausspruch, Zugang und Widerruf

Der **Ausspruch der Kündigung** bildet nur dann den ersten Schritt im Kündigungsverfahren, wenn im Betrieb kein Betriebsrat existiert. Ist ein Betriebsrat errichtet, muss dieser von der beabsichtigten Kündigung verständigt werden (vgl 8.2.8.1.1). In betriebsratspflichtigen Betrieben, in denen ein Betriebsrat auch tatsächlich eingerichtet ist, wird dem Kündigungsausspruch also ein **Vorverfahren** vorgeschaltet. Die Einhaltung des betriebsverfassungsrechtlichen Vorverfahrens ist für den Kündigungsausspruch deshalb von besonderer Bedeutung, weil eine Nichteinhaltung desselben die Rechtsunwirksamkeit der Kündigung zur Folge hat. Nach dem erfolgten Ausspruch der Kündigung kann sich, je nach der Stellung- 8/032

[40] Vgl *Schrank*, Möglichkeiten und Grenzen der einseitigen Berichtigung zeitwidriger Kündigungen, in FS Strasser (1983), 309; OGH 19. 1. 1982, 4 Ob 1/82, DRdA 1983, 365 mit Bespr v *Kerschner*.
[41] Näheres bei *Schwarz*, Zeitwidrige Kündigung und Wissenserklärung im Arbeitsrecht, ÖJZ 1984, 617.
[42] OGH 20. 2. 2002, 9 ObA 38/02g, DRdA 2003, 333 mit Bespr v *Kerschner*.
[43] *Trost* in Löschnigg (Hrsg), AngG Bd 2[10] (2016), § 20 Rz 33.
[44] *Schwarz*, Zeitwidrige Kündigung und Wissenserklärung im Arbeitsrecht, ÖJZ 1984, 617.

nahme des Betriebsrats, ein **Anfechtungsverfahren** gem § 105 ArbVG anschließen (vgl 8.2.8.1). Im betriebsverfassungsrechtlichen Anfechtungsverfahren spielt daher der Zeitpunkt des Kündigungsausspruchs, nicht aber der Zeitpunkt der tatsächlichen Beendigung des Arbeitsverhältnisses – der Kündigungstermin – eine zentrale Rolle.

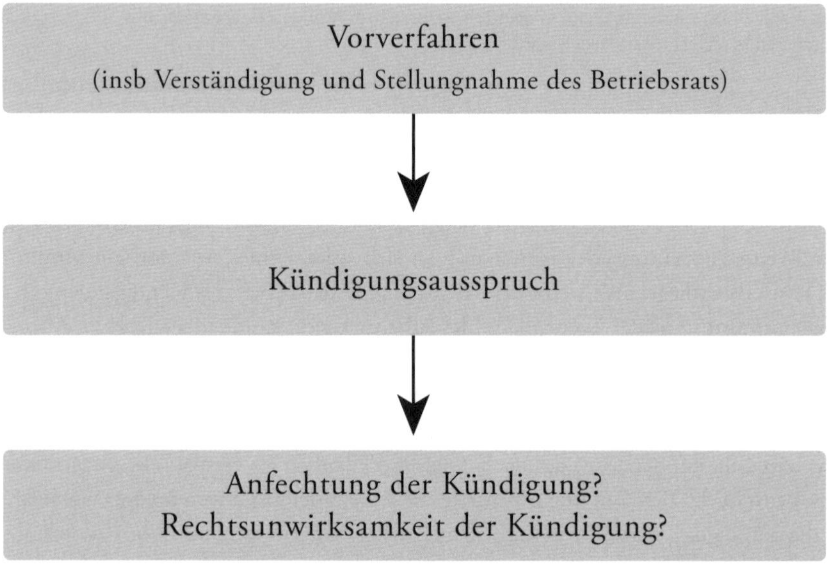

8/033 Mit dem Ausspruch der Kündigung wird das Arbeitsverhältnis in der Regel nicht beendet. Zwischen dem Ausspruch und der Beendigung liegt normalerweise eine **Kündigungsfrist** (vgl 8.2.2).

Nach Ansicht des OGH[45] wird allerdings durch die Kündigung das auf unbestimmte Zeit eingegangene Arbeitsverhältnis in ein solches auf bestimmte Dauer verwandelt. Diese These wird zu Recht von *Wachter*[46] kritisiert. Mit dem Kündigungsausspruch wird zwar ein Zeitpunkt, nämlich der Kündigungstermin, fixiert, mit dessen Erreichung das Arbeitsverhältnis automatisch beendet wird, ein Übergang in ein befristetes Dienstverhältnis mit allen damit verbundenen Konsequenzen wird damit aber nicht vollzogen. Am deutlichsten zeigt sich dies im Falle einer neuerlichen Kündigung während der Kündigungsfrist. Kündigt nämlich der Arbeitgeber zB einen Angestellten mit langer Dienstzeit, muss er auch eine relativ lange Kündigungsfrist einhalten. Während dieser Kündigungsfrist ist es dem Arbeitnehmer zweifellos nicht verwehrt, selbst das Arbeitsverhältnis mit einer in der Regel kürzeren Kündigungsfrist zu lösen. Würde man aber das Arbeitsverhältnis während der Kündigungsfrist einem befristeten gleichsetzen, wäre die Kündigung des Arbeitnehmers unzulässig, weil die Kündigung eines Dienstverhältnisses auf bestimmte Zeit nach hL problematisch ist (vgl 5.3.1.4). Mittlerweile hat aber der OGH seine Meinung dahingehend präzisiert, dass das zunächst nicht absehbare Ende des unbefristet eingegangenen Arbeitsverhältnisses durch den rechtsgestaltenden Akt der Kündigung nachträglich einseitig herbeigeführt und ab dem Zeitpunkt der Kündigung voraussehbar gemacht wird[47].

8/034 Eine **Dienstverhinderung** berührt eine **Kündigung** grundsätzlich nicht. Zu unterscheiden ist allerdings, ob die Dienstverhinderung vor oder nach dem Ausspruch der Kündigung ein-

[45] 15. 6. 1976, 4 Ob 43/76, Arb 9471.
[46] DRdA 1977, 28 ff.
[47] OGH 14. 10. 1980, 4 Ob 50/80, Arb 9904.

getreten ist. Erkrankt der Dienstnehmer innerhalb der Kündigungsfrist, so bekommt er bis zu ihrem Ablauf sein Entgelt weiterbezahlt, sofern auch die übrigen Voraussetzungen gegeben sind (allg zur Dienstverhinderung vgl 6.9). Mit der Beendigung des Arbeitsverhältnisses erlöschen seine Ansprüche, auch wenn die Dienstverhinderung darüber hinausreicht. Kündigt hingegen der Dienstgeber den Arbeitnehmer während des Krankenstandes, so bleibt der Anspruch auf **Fortzahlung des Entgelts** für die gesetzliche Dauer bestehen, wenngleich das Dienstverhältnis früher endet (§ 9 Abs 1 AngG, § 5 EFZG)[48]. In diesem Fall bekommt der Arbeitnehmer auch nach dem Kündigungstermin sein Entgelt weiterbezahlt. Geltend zu machen sind diese Entgeltfortzahlungsansprüche nach Ansicht des OGH analog zu § 1162d ABGB bzw § 34 AngG innerhalb von sechs Monaten[49]. Diese Auffassung wird abzulehnen sein, da es sich hiebei nicht um Schadenersatz, sondern um Entgeltansprüche handelt, die ausnahmsweise über das Ende des Arbeitsverhältnisses hinausreichen.

Da die Kündigung eine empfangsbedürftige Willenserklärung ist, wird ein wirksamer Ausspruch durch den **Zugang der Kündigung** bedingt. Keine Schwierigkeiten ergeben sich, wenn die Lösungserklärung gegenüber dem Arbeitsvertragspartner mündlich und direkt erfolgt oder wenn ein Kündigungsschreiben persönlich übergeben wird. Schiebt sich ein Mittler (zB Bote, zweiter Arbeitnehmer, Familienangehöriger, Post) zwischen Arbeitnehmer und Arbeitgeber, so erhebt sich die Frage, wann die Kündigungserklärung dem Erklärungsempfänger zukommt. 8/035

Grundsätzlich gilt die Kündigung als **zugegangen**, wenn sie in den persönlichen Bereich des Vertragspartners gelangt[50]. Der OGH spricht auch vom „Machtbereich" des Empfängers einer Mitteilung[51]. Dies ist insb der Fall, wenn der Briefträger (Bote) das Kündigungsschreiben in den Postkasten des Empfängers wirft. Erfolgt jedoch die Briefzustellung zu einem außergewöhnlichen Termin (zB nach 19 Uhr durch Boten oder Telegrammzusteller)[52], so trägt der Kündigende das Risiko des effektiven und zeitgerechten Zugehens der Erklärung[53]. Bekommt daher ein Arbeitnehmer durch die verspätete Zustellung das Kündigungsschreiben erst am nächsten Tag zu Gesicht, so beginnt auch die Kündigungsfrist erst ab diesem Zeitpunkt zu laufen. 8/036

Entzieht sich jedoch ein Arbeitnehmer dem Zugang der Kündigung absichtlich oder wider Treu und Glauben, so kann er die Kündigungsfrist nicht hinauszögern[54], gleiches gilt für den Arbeitgeber[55].

---

48 Vgl *Radner*, Die Unterbrechung des Arbeitsverhältnisses während des Krankenstandes, DRdA 2004, 275; allg dazu vgl *Melzer-Azodanloo* in Löschnigg (Hrsg), AngG Bd 1[10] (2016), § 9 Rz 9 ff.

49 OGH 8. 8. 2007, 9 ObA 13/07p, DRdA 2009, 115 mit Bespr v *Wachter*.

50 Vgl *Trost* in Löschnigg (Hrsg), AngG Bd 2[10] (2016), § 20 Rz 25 ff; *Rauch*, Zugang von Auflösungserklärungen, ASoK 2001, 343; zum Zugang elektronischer Willenserklärungen s *Tichy*, Zugang elektronischer Willenserklärungen, Verbraucherschutz und E-Commerce-Gesetz, RdW 2001, 518.

51 OGH 7. 10. 1975, 4 Ob 57/75, Arb 9403; zum Zugehen der Kündigung in einer Krankenanstalt vgl OGH 26. 4. 1995, 9 ObA 55/95, JBl 1996, 128 mit Bespr v *Dullinger*.

52 OGH 8. 3. 1966, 4 Ob 14/66, SozM I A/d, 693.

53 Vgl LG Linz 16. 5. 1973, 8 Cg 6/73, Arb 9212.

54 ZB durch Konsumation eines Freizeitausgleichs, OGH 19. 5. 1994, 8 ObA 254/94, ecolex 1994, 637; vgl auch OGH 24. 9. 1963, 4 Ob 83/63, Arb 7874, wonach die Kündigungserklärung des Dienstgebers dem Dienstnehmer zu dem Zeitpunkt als zugegangen gilt, zu dem der Arbeitnehmer die Aufforderung, „in das Büro zu kommen", zur Kenntnis genommen, diese aber absichtlich nicht befolgt hat; dazu auch OGH 24. 4. 2013, 9 ObA 5/13w, ARD 6337/4/2013 = infas 2013, A 55.

55 OGH 24. 6. 2015, 9 ObA 67/15s, ARD 6466/10/2015 = RdW 2015, 794.

Dasselbe Problem stellt sich bezüglich der **eingeschriebenen Briefsendungen**, wenn sie nicht unmittelbar aus der Hand des Briefträgers in Empfang genommen werden können. In diesem Fall wird die Briefsendung beim Postamt hinterlegt, und es erhebt sich die Frage, wann das Schreiben zugeht. Der Tag der Hinterlegung scheint am wenigsten akzeptabel, da der Arbeitnehmer nur in den seltensten Fällen die Möglichkeit hat, bereits am Tag der Ausstellung der Hinterlegungsanzeige das Schriftstück zu beheben. Aber auch der Tag, an dem das Schreiben tatsächlich abgeholt wird, kann nicht generell als Zugangszeitpunkt festgesetzt werden, weil der Arbeitnehmer ansonsten die Kündigung vorerst abwenden könnte, indem er überhaupt nicht zum Postamt geht. Man wird daher das Schriftstück als dem Arbeitnehmer mit dem Beginn der Abholungsmöglichkeit beim Hinterlegungspostamt zugekommen ansehen müssen, wobei im Einzelfall Ausnahmen zuzubilligen sein werden, wie etwa dann, wenn der Arbeitgeber zufolge der besonderen Arbeitsverpflichtung des Arbeitnehmers wusste oder wissen musste, dass die umgehende Behebung des hinterlegten Poststücks nicht möglich ist[56]. Beim Dienstgeber wird der Zugang der Beendigungserklärung fingiert, wenn zB eine Kapitalgesellschaft vorübergehend über kein vertretungsbefugtes Organ verfügt[57].

8/037 Der Arbeitnehmer muss sich nach der Rechtsprechung den Empfang der Kündigungserklärung auch dann mit der postordnungsgemäßen Zustellung unter der letzten, dem Arbeitgeber bekannt gegebenen Wohnadresse zurechnen lassen, wenn er die Wohnung bereits verlassen, dies jedoch dem Arbeitgeber nicht gemeldet hat[58]. Ähnliches muss für den Arbeitgeber gelten, wenn er – ohne einen bevollmächtigten Vertreter zu bestellen – abreist und damit dem Arbeitnehmer die Möglichkeit der jederzeitigen Kündigung nimmt[59]. Eine Kündigung per **E-Mail** ist der Rechtsprechung zufolge nicht einem eingeschriebenen Brief gleichzusetzen. Sie gilt als zugegangen, sobald der Adressat diese in seiner Mailbox abrufen kann. Die Gefahr des Zugangs liegt jedoch beim Versender. Nach Ansicht des OGH reicht eine bloße Lesebestätigung nicht als Beweis, sehr wohl ein Antwortmail des Gekündigten[60].

8/038 Eine weitere Frage im Zusammenhang mit dem Zugang der Kündigungserklärung stellt sich dann, wenn die Kündigung **während des Erholungsurlaubs** erfolgt. Grundsätzlich bleibt sowohl für den Arbeitnehmer als auch für den Arbeitgeber während des Urlaubs das Kündigungsrecht aufrecht. Seinerzeit hatte der OGH entschieden, dass im Falle von Kündigungen mit kurzer Kündigungsfrist (zB 14 Tage) die Frist erst nach Beendigung des Urlaubs zu laufen beginnt[61]. Nunmehr steht der OGH konsequenterweise auf dem Boden der Schadenersatztheorie (vgl 8.2.4). Eine den Erholungszweck zufolge kurzer Kündigungsfrist vereitelnde Kündigung wird als zeitwidrig betrachtet. Sie löst zwar das Dienstverhältnis zum vorgesehenen Termin, dem Dienstnehmer gebührt jedoch Kündigungsentschädigung bis zum Ende der Kündigungsfrist einer den Erholungszweck nicht beeinträchtigenden Kündigung[62].

---

56 Vgl *Trost* in Löschnigg (Hrsg), AngG Bd 2^{10} (2016), § 20 Rz 29; s auch OGH 12. 1. 1971, 4 Ob 102/70, JBl 1971, 485 mit Bespr v *Spielbüchler*; OGH 26. 6. 2002, 9 ObA 144/02w, ARD 5374/2/2003.

57 OGH 30. 4. 1997, 9 ObA 78/97d, DRdA 1998, 118 mit Bespr v *Geist*.

58 OGH 29. 9. 1981, 4 Ob 168/80, DRdA 1983, 269 mit Bespr v *Jabornegg*.

59 LG Innsbruck 16. 3. 1964, ARD 1861/20.

60 OGH 29. 11. 2007, 2 Ob 108/07g, RdW 2008, 339 = ecolex 2008, 227; dazu auch *Sabara*, Zustellung von Beendigungserklärungen, ARD 6404/7/2014.

61 OGH 5. 2. 1952, 4 Ob 6/52, Arb 5363; s auch *Drs*, Urlaub und Arbeitsvertragsbeendigung, in Resch (Hrsg), Urlaubsrecht (2009), 47.

62 OGH 16. 3. 1988, 9 ObA 16/88, ZAS 1990, 193 mit Bespr v *Grassl-Palten*; s auch OGH 9. 7. 1997, 9 ObA 106/97x, ZAS 1998, 148 mit Bespr v *Tomandl*.

Die Voraussetzung ist in den genannten Fällen der ordnungsgemäße Zugang der Kündigung. 8/039

Bei längeren Kündigungsfristen wurde eine Kündigung während des Urlaubs als zugegangen anerkannt, wenn sie an die Wohnadresse des Arbeitnehmers postordnungsgemäß zugestellt wurde[63]. Diese Meinung ist nicht haltbar und würde einen uU erheblichen Teil der Kündigungsfrist ihrer Funktion berauben[64]. Eine Verpflichtung zur Angabe der Urlaubsadresse besteht nicht, und selbst bei Angabe derselben wird es dem Arbeitnehmer unbenommen bleiben, den Urlaubsort zu wechseln. Den Arbeitgeber trifft daher das entsprechende erhöhte Risiko eines eventuellen Nichtzuganges der Kündigung während des Urlaubs[65]. Ausnahmen sind dann anzunehmen, wenn der Arbeitnehmer ausdrücklich oder auf Grund einer besonderen Treuepflicht verhalten ist, während des Urlaubs jederzeit erreichbar zu sein. Letzteres kann sich aus der betrieblichen Position ergeben. 8/040

Handelt es sich hingegen um eine Entlassung, deren Grund unmittelbar in einem unberechtigten Urlaubsantritt liegt, wurde vom OGH richtigerweise anerkannt, dass der erfolglose Versuch, die Entlassungserklärung wegen der nicht bekannten Urlaubsadresse an die Wohnadresse zustellen zu lassen, als Zugang derselben gilt[66]. In diesen Fällen fehlt ein rechtlich zu schützendes Interesse des Dienstnehmers.

Nach dem Zugang der Kündigung kann diese einseitig nicht mehr widerrufen werden, weil nunmehr das Arbeitsverhältnis in ein Auflösungsstadium getreten ist (rechtsgestaltende Wirkung der Kündigung). Eine Rücknahme der Kündigung kann nur noch in beiderseitigem Einvernehmen erfolgen. Keinen so strengen Maßstab wird man allerdings dann anlegen können, wenn der Arbeitgeber die Kündigungserklärung in einem erregten Zustand ausspricht und diese unmittelbar danach zurücknimmt, sodass sie dem Erklärungsempfänger als unbestimmt oder nicht ernsthaft erscheinen musste. Ein Irrtum über das Vorliegen von Auflösungstatbeständen betrifft nur das Motiv und ist daher grundsätzlich unbeachtlich[67]. 8/041

8.2.6. Änderungskündigung und Teilkündigung

Die Gemeinsamkeit von Änderungs- und Teilkündigung besteht darin, dass beide auf eine Abänderung arbeitsvertraglicher Bestimmungen abzielen. Unter dem Begriff der Teilkündigung verbirgt sich nichts anderes als eine Kündigung, die nur Teile des Arbeitsvertrags betreffen soll. Die restlichen arbeitsvertraglichen Regelungen sollen davon nicht berührt werden. Teilkündigungen sind nach österreichischer Rechtslage unzulässig[68]. Sie sind selbst dann in Frage zu stellen, wenn sie der Arbeitsvertrag ausdrücklich vorsieht. Hat sich beispielsweise der Dienstgeber verpflichtet, neben dem Barlohn eine Dienstwohnung zur Ver- 8/042

63 OGH 10. 9. 1963, 4 Ob 82/63, Arb 7792; s auch *Cerny*, Urlaubsrecht[10] (2011), § 4 Erl 14.
64 Vgl auch OGH 3. 9. 2010, 9 ObA 73/10s, ecolex 2011, 63.
65 Vgl *Trost* in Löschnigg (Hrsg), AngG Bd 2[10] (2016), § 20 Rz 32.
66 OGH 17. 3. 1981, 4 Ob 74/80, DRdA 1981, 320.
67 Vgl *Martinek/Schwarz*, Abfertigung (1980), 101 f; OGH 26. 6. 1984, 4 Ob 46/84, DRdA 1986, 420; OGH 19. 6. 1991, 9 ObA 110/91, DRdA 1992, 131 mit Bespr von *Kerschner*; OGH 26. 2. 1992, 9 ObA 30/92, DRdA 1992, 451 mit Bespr v *Kerschner*.
68 Vgl OGH 18. 10. 1977, 4 Ob 129/77, Arb 9609 = ZAS 1979, 139 mit Bespr v *Rummel*; OGH 18. 1. 1996, 8 ObA 312/95, RdW 1997, 33.

fügung zu stellen, und sich vorbehalten, diese im Falle des Eigenbedarfs aufzukündigen, so muss davon ausgegangen werden, dass diese Wohnung für den Arbeitnehmer eine vom Arbeitsplatz nicht trennbare Arbeitsbedingung darstellt. Der Dienstgeber kann nur das gesamte Arbeitsverhältnis aufkündigen. Die Möglichkeit, neben dem Arbeitsvertrag einen eigenen Mietvertrag abzuschließen, bleibt selbstverständlich unbenommen[69].

Eine **Teilkündigung** wurde dann als **zulässig** angesehen, wenn eine zwischen den Vertragspartnern abgeschlossene Zusatzvereinbarung, die selbstständig bestehen könnte, gekündigt wird[70].

Hier muss im Einzelfall geprüft werden, ob es sich um zwei Tätigkeitsbereiche handelt, die nach redlicher Verkehrsauffassung so unabhängig sind, dass sie unschwer auch den Gegenstand zweier selbstständiger Arbeitsverträge bilden könnten. Auch die gesonderte Entlohnung der Erfüllung der Vertragsverpflichtung kann ein wesentliches Indiz für die Eigenständigkeit sein.

8/043 Der **Änderungskündigung** liegt zwar ebenfalls das Motiv zu Grunde, nur einen Vertragsteil zu ändern oder gänzlich auszugliedern, gekündigt wird aber das gesamte Arbeitsverhältnis[71]. Die Kündigung ist allerdings mit einer Bedingung versehen, wobei die Verknüpfung von Kündigung und Bedingung in zweierlei Weise erfolgen kann (allg zu Bedingungen vgl 5.3.5). Entweder wird die Kündigung ausgesprochen und verfällt der Rechtsunwirksamkeit, falls der Dienstnehmer der Vertragsänderung zustimmt (**auflösend bedingte Änderungskündigung**), oder aber es wird eine Kündigung ausgesprochen, die erst wirksam werden soll, wenn der Dienstnehmer einer Veränderung des Arbeitsvertrags nicht zustimmt (**aufschiebend bedingte Änderungskündigung**). Während im ersten Fall die Kündigung schwebend rechtswirksam ist und die Kündigungsfrist mit dem Ausspruch der Kündigung zu laufen beginnt, ist die aufschiebend bedingte Änderungskündigung vorerst schwebend rechtsunwirksam. Ihre volle Rechtswirkung und damit auch der Lauf der Kündigungsfrist beginnt erst mit dem Eintritt der Bedingung, dh mit der Ablehnung der Vertragsänderung durch den Arbeitnehmer[72].

In der betrieblichen Praxis treten weitere Phänomene auf, die in einem weiteren Sinn ebenfalls als Änderungskündigungen bezeichnet werden können. Mitunter wird ordnungsgemäß gekündigt, gleichzeitig wird aber dem Dienstnehmer angeboten, die Kündigung zurückzunehmen, falls dieser mit einer Änderung des Arbeitsvertrags einverstanden ist. Die Bedingung ist in diesem Fall weniger an die Kündigung als an das Offert zur Rücknahme derselben gebunden. Im Anschluss an eine unbedingte Kündigung kann aber auch das Angebot zum Abschluss eines neuen Arbeitsvertrags mit geänderten Bedingungen gemacht werden[73]. Vielfach wird eine Kündigung nur angedroht, wenn der Dienstnehmer die Vertragsänderung nicht akzeptiert. Eine Kündigung ist (in dieser Phase) überhaupt noch nicht erfolgt.

8/044 Grundsätzlich sind alle einseitigen empfangsbedürftigen Willenserklärungen wie die Kündigung (aber auch zB die Entlassung, der Austritt oder der Rücktritt) **bedingungsfeindlich**. Wird also die Auflösung des Arbeitsverhältnisses davon abhängig gemacht, ob ein noch un-

---

[69] Vgl auch OGH 3. 9. 2010, 9 ObA 142/09m, ZAS 2012, 37 mit Bespr v *Resch* = RdW 2011, 37.

[70] OGH 29. 9. 1981, 4 Ob 168/80, ZAS 1982, 217 mit Bespr v *Mayer-Maly* = DRdA 1983, 266 mit Bespr v *Jabornegg*; weiters OGH 31. 8. 2005, 9 ObA 119/05y, DRdA 2006, 381 mit Bespr v *Trost*.

[71] Vgl etwa *Ritzberger-Moser*, Änderungskündigung, in Reissner/Herzeg (Hrsg), Arbeits- und sozialrechtliche Strategien zur Krisenbewältigung (2010), 199; *Steiner*, Änderungskündigung im Vergleich Deutschland – Österreich (2014); zu einer „Massenänderungskündigung" und dem Entgeltanspruch von Betriebsratsmitgliedern s OGH 16. 10. 2002, 9 ObA 109/02y, DRdA 2003, 261 mit Bespr v *Holzer*.

[72] Vgl insb *Strasser*, Zur Problematik der sogenannten Änderungskündigung, DRdA 1988, 1.

[73] Vgl *Dungl*, Zur Änderungskündigung, in FS Floretta (1983), 362.

gewisses Ereignis während der Kündigungsfrist eintritt oder nicht (zB die Erteilung eines bestimmten Großauftrags an das Unternehmen), so ist diese Bedingung unzulässig und damit die Kündigung an sich rechtsunwirksam. Der Grund dafür liegt im Bestreben, die Rechtslage für den Erklärungsempfänger klar erkennbar zu gestalten. Ungewissheiten sollen gerade bei einer so schwer wiegenden Handlung, wie sie eine Auflösungserklärung darstellt, vermieden werden[74]. Ausgenommen davon sind jedoch die sog **Potestativbedingungen**[75], worunter Bedingungen zu verstehen sind, deren Erfüllung ausschließlich vom Willen des Erklärungsempfängers abhängt. Erfüllt dieser die Bedingung, kann er die Kündigung abwenden, erfüllt er sie nicht, ist die Kündigung wirksam.

Beispiel: Ein bewährter Dienstnehmer provoziert in leicht alkoholisiertem Zustand einen Streit mit seinem Dienstgeber, beschimpft diesen und schlägt die Heckscheibe des Privatwagens des Dienstgebers ein. – Eine Entlassung wird nicht ausgesprochen; der Dienstgeber kündigt aber den Dienstnehmer, falls dieser sich nicht wegen der erheblichen Ehrverletzungen entschuldigt und den Schaden am Pkw ersetzt.

Auch im Falle der Änderungskündigung handelt es sich um eine mit einer Potestativbedin- 8/045
gung verknüpfte Kündigung, wobei die Bedingung auf eine Änderung des Arbeitsvertrags gerichtet ist. Sie ist im Gegensatz zur Teilkündigung im Allgemeinen zulässig und unterliegt auch den Regeln des **Kündigungsschutzes**[76].

Vor allem ist bei jeder Änderungskündigung auch das Vorverfahren nach § 105 ArbVG einzuhalten, andernfalls verfällt die Kündigung der Rechtsunwirksamkeit. Der Schwebezustand bei der Änderungskündigung führt jedoch der Judikatur zufolge dazu, dass die Frist für die Erhebung einer Anfechtungsklage nicht zu laufen beginnt[77].

Bei der Änderungskündigung ist zu beachten, dass eine Änderung der Arbeitsbedingungen 8/046
zur Anwendbarkeit des Versetzungsschutzes führen kann, der durch die Zustimmung des Arbeitnehmers zur Änderung der Arbeitsbedingungen nicht hinfällig wird (vgl 6.1.8.2).

8.2.7. Sittenwidrige Kündigung

Gem § 879 ABGB sind Verträge, die gegen ein gesetzliches Verbot oder gegen die guten 8/047
Sitten verstoßen, nichtig. Dies gilt auch für einseitige Rechtsgeschäfte (also insb für Kündigungen), und zwar unbeschadet der für bestimmte Arbeitnehmer vorgesehenen gesetzlichen Kündigungsverbote und Kündigungsbeschränkungen. Maßstab für jede Kündigung bleibt die Norm des § 879 ABGB. Eine mögliche **Gesetz-** oder **Sittenwidrigkeit** der Kündigung ist vor allem in Bezug auf das der Kündigung zu Grunde liegende Motiv zu prüfen. Derartige gesetz- und sittenwidrige Kündigungen sind rechtsunwirksam[78].

---

74 Vgl hiezu aber auch *Schönbauer*, Genehmigung von vollmachtslos ausgesprochenen Dienstgeberkündigungen?, RdW 1999, 603.

75 Vgl OGH 28. 9. 1971, 4 Ob 82/71, Arb 8904; OGH 25. 9. 1979, 4 Ob 78/79, Arb 9810.

76 Zur Anwendung des allgemeinen und besonderen Kündigungsschutzes auf die Formen der Änderungskündigung vgl insb *Strasser*, Zur Problematik der sogenannten Änderungskündigung, DRdA 1988, 6 ff; s aber OGH 30. 6. 1994, 8 ObA 216/94, ZAS 1995, 49 mit Bespr v *Brodil*; *Breiter*, Verpönte Motiv- oder zulässige Änderungskündigung, RdW 2002, 92.

77 OGH 22. 2. 2011, 8 ObA 57/10f, RdW 2011, 353 = infas 2011, A 50.

78 Weiters OLG Wien 20. 9. 2000, 7 Ra 221/00x, ARD 5181/38/2001; *Rauch*, Die sittenwidrige Kündigung – Bei gravierenden Verletzungen rechtlich geschützter Interessen ist eine Berufung auf Sittenwidrigkeit der Arbeitgeberkündigung möglich, ASoK 2014, 292.

8.2.8. Kündigung und Kündigungsbeschränkungen

8/048 In Abkehr von seiner bisherigen Rechtsansicht hat sich der OGH[79] der Auffassung der überwiegenden Lehre[80] angeschlossen und den Rückgriff auf § 879 ABGB bejaht, wenn keine spezifischen gesetzlichen Regelungen den Schutz des Arbeitnehmers vor Kündigungen aus diskriminierenden, von der Rechtsordnung missbilligten Motiven gewährleisten.

8.2.8. Kündigungsbeschränkungen

8/049 Die arbeitsrechtlichen Kündigungsbeschränkungen sind vielfältiger Natur und basieren auf verschiedenen Rechtsquellen[81]. Neben dem allgemeinen, in die Betriebsverfassung eingebauten Kündigungs- und Entlassungsschutz besteht für bestimmte Dienstnehmergruppen (Betriebsräte und diesen Gleichgestellte, schwangere Frauen, Mütter und Väter, Militär- und Zivildienstleistende und Personen, die dem BEinstG bzw dem OFG unterliegen) ein besonderer Kündigungs- und Entlassungsschutz. Eine Reihe von gesetzlichen Kündigungsmechanismen, die weder im allgemeinen noch im besonderen Kündigungsschutz integriert sind, findet sich in Sondergesetzen (AVRAG, GlBG) und wird unter dem Sammelbegriff des individuellen Kündigungsschutzes zusammengefasst. Durch Gesetz, Kollektivvertrag oder Arbeitsvertrag kann die Kündigung – ähnlich wie dies bei der vorzeitigen Auflösung der Fall ist – an das Vorliegen bestimmter Gründe gebunden oder aber das Kündigungsrecht überhaupt ausgeschlossen sein.

8.2.8.1. Allgemeiner Kündigungsschutz

8/050 Unter dem von der Rechtslehre geprägten Begriff des „allgemeinen Kündigungsschutzes" versteht das ArbVG die Möglichkeit, bei Vorliegen gewisser Gründe eine Kündigung anfechten zu können (§§ 105 u 107 ArbVG; vgl auch §§ 210 u 212 LArbG)[82]. Da der allgemeine Kündigungsschutz als Mitwirkungsrecht der Belegschaft konstruiert ist, kommt er nur im betriebsratspflichtigen Betrieb, dh in Betrieben mit mindestens fünf Arbeitnehmern, zum Tragen. Ansätze für eine Ausweitung dieser Form des Kündigungsschutzes auf Betriebe mit weniger als fünf Arbeitnehmern finden sich im individuellen Kündigungsschutz (vgl 8.2.8.2).

---

79 OGH 11. 8. 1993, 9 ObA 200/93, DRdA 1994, 134 mit Bespr v *Floretta* = ZAS 1995, 58 mit Bespr v *Reissner*; OGH 25. 5. 1994, 9 ObA 76/94, RdW 1994, 359; OGH 30. 4. 2012, 9 ObA 45/12a, ARD 6262/5/2012; OGH 27. 11. 2012, 8 ObA 37/12t, wbl 2013, 219 mit Bespr v *Grillberger* = infas 2013, A 28.

80 Vgl dazu *Strasser*, Sittenwidrige Kündigung und Kündigungsschutz nach § 25 Betriebsrätegesetz, DRdA 1958, 64; *Tomandl*, Die sittenwidrige Kündigung im Lichte der Rechtsprechung des OGH, ÖJZ 1959, 33; *Floretta*, Die sittenwidrige Kündigung im Arbeitsrecht, JBl 1954, 525; *Spielbüchler/Grillberger*, Arbeitsrecht I^4 (1998), 374.

81 Zu systematischen Überlegungen vgl *Gamillscheg*, Anregungen zu einem künftigen Kündigungsgesetz in Österreich, DRdA 1981, 185; *Birk*, Neuere Entwicklung des Bestandschutzes in rechtsvergleichender Sicht, in Tomandl (Hrsg), Beendigung des Arbeitsvertrages (1986), 1.

82 *Bachhofer*, Die Kündigungsanfechtung aus Sicht der Arbeitnehmervertretung, DRdA 2007, 250; vgl auch *Gahleitner/Kreiner*, Personalmaßnahmen in der Krise, ZAS 2010, 100; *Gerhartl*, Kündigungsschutz bei Ausgliederungen, ZAS 2006, 213; *Mair*, Entwicklungstendenzen im allgemeinen Kündigungsschutz – ein Rechtsprechungsbericht für den Zeitraum 2004–2008, in Wachter/Burger (Hrsg), Aktuelle Entwicklungen im Arbeits- und Sozialrecht 2009 (2009), 3; *Drs*, Allgemeiner Kündigungs- und Entlassungsschutz, in Resch (Hrsg), Kündigungs- und Entlassungsschutz (2012), 17; *Rebhahn*, Europäische Entwicklungen im Kündigungsschutz (Grundrechtecharta und Rechtsvergleich), DRdA 2014, 183.

8.2.8.1.1. Vorverfahren

Dem eigentlichen Anfechtungsverfahren (Anfechtung im engeren Sinn) ist ein **Vorverfahren** vorangestellt. Der Betriebsrat kann auf diese Mitbestimmung gegenüber dem Betriebsinhaber im Vorhinein nicht verzichten[83]. Gem § 105 Abs 1 ArbVG hat der Betriebsinhaber vor jeder Kündigung eines Arbeitnehmers zunächst den Betriebsrat zu verständigen. Diese Verständigung kann auch eine bedingte Kündigungsabsicht, etwa für den Fall des Scheiterns einer einvernehmlichen Regelung mit dem betroffenen Arbeitnehmer, enthalten und ist an keine besondere Form gebunden[84]. Sie muss eindeutig, bestimmt und verständlich sein. Es kommt auch nicht auf den Wortlaut der Erklärung, sondern darauf an, wie diese objektiv unter Würdigung der dem Betriebsrat bekannten Umstände nach der Übung des redlichen Verkehrs aufzufassen ist[85]. Vom Zeitpunkt der Verständigung an kann der Betriebsrat innerhalb einer Woche zur beabsichtigten Kündigung Stellung nehmen. Während dieser Frist kann er auch verlangen, dass der Betriebsinhaber mit ihm über die Kündigung berät. Hält der Betriebsinhaber dieses Vorverfahren nicht ein, spricht er die Kündigung also vor Ablauf der Frist aus, so ist die Kündigung **rechtsunwirksam**[86]. Die Geltendmachung der Rechtsunwirksamkeit muss ohne unnötigen Aufschub erfolgen[87]. Der Rechtsunwirksamkeit verfällt sie nur dann nicht, wenn sie zwar innerhalb der Wochenfrist ausgesprochen wird, der Betriebsrat seine Stellungnahme aber bereits vorher abgegeben hat[88]. 8/051

Den ersten Schritt in jedem Kündigungsverfahren bildet demnach die **Verständigung** des Betriebsrats. Zuständig für die Entgegennahme der Verständigung ist der Betriebsratsvorsitzende (bzw im Falle seiner Verhinderung sein Stellvertreter)[89] jener Arbeitnehmergruppe, der der Arbeitnehmer angehört[90]. Handelt es sich im Falle des zu kündigenden Arbeitnehmers um einen Angestellten, verständigt der Betriebsinhaber hingegen den Vorsitzenden des Arbeiterbetriebsrats, so ist das Vorverfahren nicht entsprechend eingehalten worden, selbst wenn mit der Verständigung ein Ersuchen um Weiterleitung an den Angestelltenbetriebsrat verbunden war[91]. Das Risiko für den ordnungsgemäßen Zugang der Verständigungserklärung trägt ausschließlich der Betriebsinhaber. 8/052

---

[83] OGH 30. 10. 2003, 8 ObA 79/03f, DRdA 2005, 60 mit Bespr v *Schneller* = ZAS 2005, 81 mit Bespr v *Jöst*.

[84] OGH 24. 1. 2001, 9 ObA 12/01g, DRdA 2002, 41 mit Bespr v *Pfeil*.

[85] So etwa OGH 22. 8. 2012, 9 ObA 81/12w, ARD 6268/3/2012.

[86] EA Linz 3. 5. 1967, Re 28/67, Arb 8411; EA Linz 27. 12. 1971, Re 49/71, Arb 8969; EA Wien 12. 6. 1972, Re 62/72, Arb 9021; OGH 16. 12. 2005, 9 ObA 180/05v, DRdA 2007, 49 mit Bespr v *Trost*; vgl auch *Mosler*, Ein mangelhafter Betriebsratsbeschluss und eine problematische Kündigung, DRdA 2005, 74; *Weiss*, Probleme bei der Stellungnahme zur Kündigung, DRdA 2011, 569.

[87] Vgl hiezu *Kuderna*, Gedanken zu einer individualrechtlichen und materiellrechtlichen Gestaltung des allgemeinen Kündigungsschutzes im Arbeitsrecht, DRdA 1974, 59; OGH 30. 6. 1999, 9 ObA 160/99s, DRdA 2000, 311 mit Bespr v *Binder* = ZAS 2000, 118 mit Bespr v *Gahleitner*; OGH 26. 1. 2000, 9 ObA 322/99i, DRdA 2001, 38 mit Bespr v *Kerschner*; OGH 11. 10. 2001, 8 ObA 190/01a, RdW 2002, 488.

[88] LG Wien 24. 11. 1977, 44 Cg 229/77, Arb 9679.

[89] Vgl OGH 12. 7. 1955, 4 Ob 97/55, Arb 6283; EA Linz 3. 5. 1967, Re 28/67, Arb 8411; OLG Wien 5. 2. 1992, 32 Ra 148/91, ARD 4368/41/92.

[90] OGH 8. 10. 1963, 4 Ob 104/63, Arb 7837; OGH 26. 4. 2000, 9 ObA 24/00w, DRdA 2001, 166 mit Bespr v *Trost*.

[91] Vgl EA Linz 29. 12. 1976, Re 73/76, Arb 9546.

8.2.8.1. Kündigung und Kündigungsbeschränkungen

8/053 Die **einwöchige Frist** zur Stellungnahme beginnt am Tag der Verständigung von der Kündigung zu laufen. Sie endet in der nächsten Woche mit Ablauf des letzten Tages, der den gleichen Namen hat wie der Tag, an dem die Frist zu laufen begonnen hat[92].

Beispiel: Der Betriebsrat wird am Montag, dem 13. September, von der Kündigungsabsicht des Dienstgebers verständigt. Die Einwochenfrist endet daher am Montag, dem 20. September um 24.00 Uhr.

8/054 Sowohl der Beginn als auch der Lauf der Frist werden durch Sonn- oder Feiertage nicht behindert. Fällt das Ende der Wochenfrist auf einen Samstag, einen Sonntag, einen gesetzlichen Feiertag oder auf den Karfreitag, so ist letzter Tag der Frist der nächste Werktag[93]. Die Dauer der Postbeförderung wird in die Frist nicht eingerechnet. Die Stellungnahme zur Kündigung gilt daher auch dann als fristgerecht abgegeben, wenn sie am letzten Tag der Frist zur Post gegeben wurde.

8/055 **Widerspricht** der Betriebsrat der beabsichtigten Kündigung, so genügt dafür die einfache Mehrheit im Betriebsratskollegium. Eine **Zustimmung** darf hingegen nur auf Grund eines Beschlusses des Betriebsrats erfolgen, der durch eine Zweidrittelmehrheit zustande gekommen ist (§ 68 Abs 2 ArbVG). Der Betriebsrat kann sich jedoch auch einer ausdrücklichen Stellungnahme enthalten. Erfolgt von seiner Seite keinerlei Erklärung, wird dieses Stillschweigen auch als „**schlichter Widerspruch**" bezeichnet. Stellungnahmen, die keinen eindeutigen Erklärungsinhalt wiedergeben, sind dem Stillschweigen gleichzusetzen[94].

Sind dem Betriebsrat im Rahmen der **internen Willensbildung Fehler** unterlaufen, so wirken sich die Mängel auf die Stellungnahme gegenüber dem Betriebsinhaber nur insoweit aus, als dieser den Mangel kannte oder den Umständen nach kennen musste[95]. Der Betriebsinhaber ist also nicht verpflichtet, sich bei jeder Kündigung zu vergewissern, ob ein ordnungsgemäßer Beschluss des Betriebsrats vorliegt und dieser mit der Erklärung des Betriebsratsvorsitzenden übereinstimmt[96]. Benachrichtigt der Betriebsinhaber den Vorsitzenden von einer beabsichtigten Kündigung und widerspricht dieser spontan und sofort, so ist auch für den Betriebsinhaber offensichtlich, dass die Stellungnahme nicht gehörig beschlossen wurde. Sie ist daher unbeachtlich, und der Betriebsinhaber kann sich mangels Gutgläubigkeit nicht auf sie berufen[97].

8/056 Der **Ausspruch** der Kündigung hat in unmittelbarem Anschluss an die Stellungnahme des Betriebsrats bzw an das Ende der Stellungnahmefrist zu erfolgen. Damit wird der zeitliche und sachliche Zusammenhang zwischen Vorverfahren und Kündigung gewahrt[98].

---

92 Vgl *Drs*, Stellungnahmefrist des Betriebsrats zur Kündigung, ASoK 2012, 2.

93 Vgl *Rauch*, Verständigung des Betriebsrates vor einer beabsichtigten Kündigung unter Berücksichtigung der jüngsten Neuerungen, ASoK 2011, 146.

94 OGH 30. 8. 2001, 8 ObA 177/01i, DRdA 2002, 279 mit Bespr v *Cerny* = ZAS 2002, 139 mit Bespr v *Firlei*; OGH 29. 7. 2015, 9 ObA 56/15y, ARD 6467/6/2015 = DRdA 2016, 190 mit Bespr v *Trost*.

95 OGH 30. 3. 1971, 4 Ob 15/71, Arb 8864; VwGH 12. 12. 1978, 207/77, ZAS 1980, 106 mit Bespr v *Jabornegg*; OGH 6. 9. 1983, 4 Ob 91/83, DRdA 1984, 161; OGH 28. 10. 1985, 4 Ob 83/85, RdW 1986, 122; OGH 8. 7. 1992, 9 ObA 117/92, DRdA 1993, 122 mit Bespr v *Marhold* = ZAS 1993, 136 mit Bespr v *Kirschbaum*.

96 EA Feldkirch 2. 10. 1974, Re 5/74, Arb 9275; OGH 29. 11. 2013, 8 ObA 80/13t, ARD 6387/11/2014 = DRdA 2014, 441.

97 Vgl OGH 7. 7. 1981, 4 Ob 68/81, Arb 10.002; OGH 16. 3. 1994, 9 ObA 26/94, infas 1994, A 88.

98 Vgl *Floretta* in ArbVG-Handkommentar (1975), 670; OGH 10. 7. 1984, 4 Ob 83/84, DRdA 1986, 140 mit Bespr v *Pfeil*; OGH 8. 7. 1993, 9 ObA 147/93, infas 1993, A 141; s auch OGH 21. 10. 1999, 8 ObA 256/99a, DRdA 2000, 413 mit Bespr v *Trost*; OGH 7. 3. 2002, 8 ObA 233/01z, DRdA 2003, 144 mit Bespr v *Pfeil*.

8.2.8.1.2. Anfechtungsberechtigte und Anfechtungsfrist

Das ArbVG (ebenso wie das LArbG) unterscheidet bezüglich der Anfechtungsberechtigung, ob im betriebsratspflichtigen Betrieb ein Betriebsrat existiert oder nicht. Wurde ein **Betriebsrat errichtet**, so hängt es von seiner Stellungnahme zur beabsichtigten Kündigung ab, ob und von wem eine ausgesprochene Kündigung angefochten werden kann: 8/057

a) Hat der Betriebsrat der Kündigung ausdrücklich **zugestimmt**, ist eine Anfechtung wegen sozial ungerechtfertigter Kündigung weder durch den Betriebsrat noch durch den betroffenen Arbeitnehmer möglich. Man spricht in diesem Fall auch vom **Sperrrecht** des Betriebsrats[99], da er mit seiner Zustimmung zur Kündigung die Anfechtung blockiert (§ 105 Abs 6 ArbVG). 8/058

Das Zustimmungsrecht des Betriebsrats wurde vom VfGH als verfassungsrechtlich unbedenklich qualifiziert[100]. Der Betriebsrat ist durchaus berechtigt, bei der Ausübung seiner Befugnisse die Interessen des Gekündigten gegenüber den Interessen der Belegschaft hintanzustellen[101]. Eine rechts- bzw sittenwidrige Zustimmungserklärung ist jedoch gem § 879 ABGB nichtig.

Die Anfechtung wegen verpönter **Motivkündigung** kann der Betriebsrat hingegen auch dann **nicht sperren**, wenn er der Kündigung fristgerecht zugestimmt hat. Begründet somit ein Arbeitnehmer die Anfechtung damit, dass der Betriebsinhaber die Kündigung auf Grund eines in § 105 Abs 3 Z 1 ArbVG angeführten verwerflichen Motivs ausgesprochen hat, kann er trotz ausdrücklicher Zustimmung des Betriebsrats zur Kündigung diese binnen zwei Wochen nach ihrem Zugang selbst bei Gericht anfechten (§ 105 Abs 4 letzter Satz ArbVG). 8/059

b) Hat der Betriebsrat gegen die Kündigung ausdrücklich **Widerspruch erhoben**, so kommt in erster Linie ihm das Anfechtungsrecht zu, wenn der gekündigte Arbeitnehmer eine Anfechtung verlangt[102]. Als Frist ist ihm eine Woche von dem Zeitpunkt an gesetzt, an dem ihn der Betriebsinhaber vom Ausspruch der Kündigung verständigt hat. Erfolgt die Verständigung des Betriebsrats von der Kündigung noch vor Zugang der Lösungserklärung, dann beginnt die Anfechtungsfrist erst ab Zugang der Kündigung zu laufen[103]. 8/060

Zur Wahrung der einwöchigen Anfechtungsfrist genügt es, dass die Anfechtungsklage innerhalb dieser Frist zur Post gegeben wird. Auf das Einlangen der Klage bei Gericht wird nicht abgestellt[104], da gem § 169 ArbVG auf sämtliche Fristen des ArbVG die Vorschriften des AVG zur Anwendung kommen

---

[99] S auch *Firlei*, Motivkündigungen von Arbeitnehmern und kollektivrechtliche Konstruktion des allgemeinen Kündigungsschutzes, in FS Rabofsky (1976), 151; *Floretta*, Das „Sperrecht" des Betriebsrates im Lichte der jüngsten VfGH-Erkenntnisse, wbl 1987, 77; *Rauch*, Das Sperrrecht des Betriebsrates im Lichte der letzten Novelle des ArbVG, ASoK 2011, 215; *dens*, Das Sperrrecht des Betriebsrates, ASoK 2014, 50; *Schima*, Sperrrecht, Vertrauens- und Rechtsschutz im betrieblichen Vorverfahren und Ermessenskontrolle bei Betriebsratsentscheidungen, JBl 2014, 80.

[100] VfGH 5. 12. 1984, B 370/83; VfGH 23. 2. 1985, B 517/84, DRdA 1985, 283 mit Bespr v *Floretta*.

[101] S dazu OGH 25. 6. 2013, 9 ObA 38/13y, RdW 2013, 675 mit Bespr v *Tinhofer* = ARD 6342/4/2013 = infas 2013, A 72.

[102] Vgl hiezu OGH 25. 1. 2001, 8 ObA 216/00y, DRdA 2002, 44 mit Bespr v *Trost*; s aber auch *Gerlach*, Zum Selbstanfechtungsrecht des Arbeitnehmers, ZAS 1999, 75; OGH 30. 8. 2001, 8 ObA 177/01i, DRdA 2002, 279 mit Bespr v *Cerny* = ZAS 2002, 139 mit Bespr v *Firlei* = RdW 2002, 352.

[103] OGH 14. 9. 1995, 8 ObA 266/95, DRdA 1996, 342 mit Bespr v *Andexlinger* = ZAS 1996, 83 mit Bespr v *Risak*.

[104] Vgl *Wachter*, Postenlauf und Anfechtungsfrist bei der Kündigungsanfechtung, RdW 1986, 147; EA Linz 17. 10. 1978, Re 62/78, Arb 9725; VwGH 24. 10. 1984, 83/01/0512, infas 1985, A 93; dagegen EA Wien 16. 4. 1985, Re 124/85, Arb 10.416; EA Wien 17. 12. 1985, Re 433/85, Arb 10.466.

(allg zum Fristenlauf vgl 8.2.8.1.1). Daraus und im Hinblick auf die sinngleichen Bestimmungen des § 33 Abs 3 AVG und des § 67 Abs 2 ASGG zieht der OGH entgegen der früheren Rechtsprechung[105] den Schluss, dass es sich im Falle der Anfechtungsfrist um eine **prozessuale** Frist handelt, die einer Wiedereinsetzung in den vorigen Stand zugänglich ist[106]. Wird daher die Anfechtungsklage infolge eines unvorhergesehenen oder unabwendbaren Ereignisses nicht rechtzeitig eingebracht, kann der Rechtsstreit mittels Wiedereinsetzungsantrags in die Lage zurückversetzt werden, in welcher er sich vor der Säumnis der Partei befunden hat.

8/061 Kommt der Betriebsrat dem Verlangen des Arbeitnehmers nicht nach und ficht er die Kündigung nicht an, so geht die Anfechtungsberechtigung auf den Arbeitnehmer über[107]. Innerhalb zweier Wochen nach Ablauf der für den Betriebsrat geltenden Frist kann der Arbeitnehmer selbst die Kündigung bei Gericht anfechten. Nimmt der Betriebsrat die Anfechtungsklage ohne Zustimmung des gekündigten Arbeitnehmers zurück, so tritt die Wirkung der Klagsrücknahme erst ein, wenn der vom Gericht hievon verständigte Arbeitnehmer nicht innerhalb von 14 Tagen ab Verständigung in den Rechtsstreit eintritt (§ 105 Abs 4 ArbVG)[108].

Auf die Berechnung und den Lauf der Frist für die Verständigung durch das Gericht sind gem § 169 ArbVG die gesetzlichen Zustellvorschriften anzuwenden. Dem Zustellgesetz zufolge beginnt bei einer hinterlegten Sendung – die Ortsabwesenheit des Empfängers vorausgesetzt – der Lauf der Frist bereits mit dem Tag, an dem die Sendung erstmals zur Abholung bereitgehalten wird[109].

8/062 c) Hat der Betriebsrat zur beabsichtigten Kündigung **keine Stellungnahme** abgegeben (schlichter Widerspruch), so kommt ihm selbst kein Anfechtungsrecht zu. Der betroffene Arbeitnehmer kann vielmehr innerhalb zweier Wochen nach Zugang der Kündigung diese bei Gericht selbst anfechten[110]. Hat der Betriebsrat die Ein-Wochen-Frist versäumt und gibt er eine förmliche Stellungnahme erst nach dem Ausspruch der Kündigung ab, so ist diese Stellungnahme verspätet und rechtlich bedeutungslos. Ein derartiges Vorgehen des Betriebsrats kann daher nur als „schlichter Widerspruch" gewertet werden[111].

8/063 Wurde in einem **betriebsratspflichtigen Betrieb** kein Betriebsrat errichtet, so kann gem § 107 ArbVG der betroffene Arbeitnehmer binnen zwei Wochen nach Zugang der Kündigung diese selbst anfechten. Hier nimmt ausnahmsweise ein ansonsten der Belegschaft zugeordnetes Mitwirkungsrecht der einzelne Dienstnehmer wahr[112].

8.2.8.1.3. Anfechtung wegen verpönter Motivkündigungen

8/064 Die Kündigung eines Arbeitnehmers kann aus zwei Gründen angefochten werden: Entweder ist die Kündigung sozial ungerechtfertigt (vgl 8.2.8.1.4) oder aber der Betriebsinhaber

---

[105] VwGH 25. 6. 1968, 550/68, DRdA 1969, 166 mit Bespr v *Weinzierl* = SozM IV B, 31.

[106] OGH 6. 12. 1989, 9 ObA 289/89, ZAS 1990, 166 mit Bespr v *Andexlinger.*

[107] Vgl *Löffler/Trost,* DRdA 1987, 353; OGH 30. 8. 2001, 8 ObA 177/01i, DRdA 2002, 279 mit Bespr v *Cerny* = ZAS 2002, 139 mit Bespr v *Firlei.*

[108] Nach Ansicht des OGH erfasst § 105 Abs 4 ArbVG nicht den Fall, dass der Betriebsrat gegen die Abweisung der Kündigungsanfechtungsklage nicht beruft (OGH 25. 11. 1998, 9 ObA 311/98w, DRdA 1999, 365 mit Bespr v *Wachter*).

[109] OGH 24. 1. 2001, 9 ObA 297/00t, 9 ObA 298/00i, ARD 5215/50/2001 = Arb 12.079.

[110] Vgl zB EA Linz 4. 11. 1977, Re 73/77, Arb 9633; EA Linz 17. 10. 1978, Re 62/78, Arb 9725.

[111] EA Linz 8. 4. 1976, Re 2/76, Arb 9496.

[112] Zur sonstigen Situation der Belegschaft im betriebsratspflichtigen Betrieb ohne Betriebsrat vgl *Holzer,* Mitbestimmung und Betriebe ohne Betriebsrat, in FS Strasser (1983), 633.

hat aus einem im Gesetz angeführten verwerflichen Motiv gehandelt. Um eine **anfechtbare verpönte Motivkündigung** handelt es sich gem § 105 Abs 3 Z 1 ArbVG, wenn die Kündigung erfolgt ist

a) wegen des Beitritts oder der Mitgliedschaft des Arbeitnehmers zu Gewerkschaften[113];
b) wegen seiner Tätigkeit in Gewerkschaften;
c) wegen Einberufung der Betriebsversammlung durch den Arbeitnehmer;
d) wegen seiner Tätigkeit als Mitglied des Wahlvorstandes, einer Wahlkommission oder als Wahlzeuge;
e) wegen seiner Bewerbung um eine Mitgliedschaft zum Betriebsrat oder wegen einer früheren Tätigkeit im Betriebsrat[114];
f) wegen seiner Tätigkeit als Mitglied der Schlichtungsstelle;
g) wegen seiner Tätigkeit als Sicherheitsvertrauensperson, Sicherheitsfachkraft oder Arbeitsmediziner oder als deren Fach- oder Hilfspersonal;
h) wegen der bevorstehenden Einberufung des Arbeitnehmers (der Arbeitnehmerin) zum Präsenz- oder Ausbildungsdienst oder wegen der bevorstehenden Zuweisung zum Zivildienst;
i) wegen der offenbar nicht unberechtigten Geltendmachung vom Arbeitgeber in Frage gestellter Ansprüche aus dem Arbeitsverhältnis durch den Arbeitnehmer[115]. Dass sich der Anspruch unter Umständen letztlich als unberechtigt erweisen kann, schließt die Berechtigung zur Anfechtung nicht aus[116]. Für die Anfechtung genügt, dass die Geltendmachung des Anspruchs „offenbar nicht unberechtigt" war. Vom Schutzzweck der Bestimmung sind nicht nur schon entstandene Ansprüche erfasst, sondern alle Ansprüche auf Wahrung der Rechtsposition gegen einseitige Eingriffe des Arbeitgebers[117].
j) wegen seiner Tätigkeit als Sprecher gem § 177 Abs 1 ArbVG.

Darüber hinaus kann gem § 130 Abs 4 ArbVG die Kündigung eines Arbeitnehmers angefochten werden, wenn das Arbeitsverhältnis auf Grund 8/065

---

[113] VwGH 15. 6. 1983, 82/01/0190, DRdA 1985, 117 mit Bespr v *Rabofsky*; zur sonstigen Rechtsprechung, auch zu den restlichen Anfechtungsgründen, vgl insb *Gahleitner* in Cerny/Gahleitner/Preiss/Schneller (Hrsg), Arbeitsverfassungsrecht Bd 3⁴ (2009), 384 ff.

[114] Vgl VwGH 11. 3. 1981, 01/0512/80, ZAS 1982, 151 mit Bespr v *Müller*; OGH 13. 1. 1993, 9 ObA 320/92, DRdA 1993, 381 mit Bespr v *Andexlinger* = ARD 4447/17/93; *Weiß*, Komplikationen bei der Installation eines Betriebsrates, DRdA 2005, 447.

[115] *Eypeltauer*, Gedanken zum Kündigungsanfechtungsgrund des § 105 Abs 3 Z 1 lit i ArbVG, DRdA 1988, 435; *Ziehensack*, Die Eventualkündigung, DRdA 2013, 172; s dazu auch *Rauch*, Kündigungsanfechtung und Eventualkündigung, ASoK 2013, 218; *Lindmayr*, Anfechtung einer Kündigung wegen Geltendmachung vom Arbeitgeber in Frage gestellter Ansprüche, ARD 6397/6/2014; *Rauch*, Kündigung während und wegen Krankenständen, ASoK 2015, 16; OGH 8. 7. 1993, 9 ObA 114/93, wbl 1993, 398; OGH 22. 12. 1993, 9 ObA 223/93, DRdA 1994, 409 mit Bespr v *Anzenberger*; OGH 25. 11. 1999, 8 ObA 298/99b, DRdA 2000, 524 mit Bespr v *Kürner*; hierunter fällt etwa auch ein Anspruch auf Fortsetzung des Arbeitsverhältnisses über den Kündigungstermin hinaus, OGH 13. 2. 2003, 8 ObA 4/03a, DRdA 2004, 164 mit Bespr v *Trost*; OGH 30. 4. 2012, 9 ObA 32/12i, ARD 6244/3/2012 = infas 2012, A 57 = RdW 2012, 483; OGH 26. 2. 2015, 8 ObA 59/14f, ARD 6463/6/2015 = ZAS-Judikatur 2015, 215 = DRdA-infas 2015, 192 mit Bespr v *Kallab*; zur Bedeutung dieses Tatbestandes im Zusammenhang mit Kündigungen anlässlich eines Betriebsübergangs vgl 9.2.2.

[116] OGH 13. 3. 2002, 9 ObA 9/02t, DRdA 2003, 150 mit Bespr v *Trost*.

[117] OGH 27. 11. 2012, 8 ObA 63/12s, DRdA 2013, 422 mit Bespr v *Trost* = EvBl 2013, 331 mit Bespr v *Rohrer* = ARD 6309/3/2013.

a) seiner früheren Tätigkeit als Mitglied des Jugendvertrauensrats[118],
b) seiner Bewerbung um die Bestellung zum Mitglied des Jugendvertrauensrats oder
c) seiner Tätigkeit als Mitglied des Wahlvorstandes für die Jugendvertrauensratswahl gelöst wurde.

Auch im **ORF-G** findet sich eine Bestimmung, in der derartige Anfechtungsgründe formuliert sind und die auf die speziellen Belegschaftsorgane im ORF (vgl 10.1) Rücksicht nimmt. Gem § 33 Abs 11 ORF-G kann die Kündigung eines journalistischen Mitarbeiters (vgl 4.3.2.2.3.3) – unter subsidiärer Anwendung des § 105 ArbVG – vom Betriebsrat auch bei Gericht angefochten werden, wenn sie wegen seiner Tätigkeit als Mitglied des Redakteurausschusses bzw des Redakteurrats oder wegen seiner Bewerbung um eine solche Funktion bzw seiner früheren Tätigkeit in einer solchen Funktion erfolgte.

Das **LArbG** knüpft in § 210 Abs 3 Z 1 an die in § 105 Abs 3 Z 1 ArbVG aufgezählten Tatbestände an und übernimmt den Großteil als Anfechtungsgründe in fast unveränderter Form. Im Gegensatz zum ArbVG, demzufolge im nicht betriebsratspflichtigen Betrieb überhaupt keine Anfechtungsmöglichkeit besteht, kann gem § 212 Abs 2 LArbG ein Arbeitnehmer auch in Betrieben, in denen Betriebsräte nicht zu bestellen sind, die Kündigung binnen vier Wochen anfechten, wenn sie offensichtlich wegen Ausübung des Koalitionsrechts oder wegen der Tätigkeit des Arbeitnehmers als Mitglied der gesetzlichen Interessenvertretung erfolgt ist.

8/066 Die bisher behandelten und vom Gesetzgeber aufgezählten verpönten Motive würden ohne ausdrückliche Erwähnung grundsätzlich zur **Sittenwidrigkeit** der Kündigung und damit zu deren Rechtsunwirksamkeit führen[119]. Soweit die speziellen Kündigungsschutzbestimmungen der Betriebsverfassung (zumindest analog) anzuwenden sind, ist jedoch nach Auffassung der Rechtsprechung eine Geltendmachung der Rechtsunwirksamkeit nach § 879 ABGB grundsätzlich ausgeschlossen[120]. Dies ist keine Schlechterstellung gegenüber der Regelung des § 879 ABGB, weil die primäre Anfechtungslegitimation des Betriebsrats im Rahmen betrieblicher Mitbestimmung sowie die günstigere Beweislage im Bereich des allgemeinen Kündigungsschutzes (§ 105 Abs 5 ArbVG; dazu s unten) die Rechtsstellung des Arbeitnehmers erheblich verbessert. Dass das Anfechtungsrecht auf den Arbeitnehmer beschränkt wird, wenn in betriebsratspflichtigen Betrieben keine Betriebsräte bestellt wurden (§ 107 ArbVG), ist eine logische Konsequenz der spezifisch arbeitsrechtlichen Regelung und muss in Kauf genommen werden. Soweit die **sittenwidrigen Gründe** in **spezifischen Kündigungsschutzbestimmungen** Eingang gefunden haben, ist eine Berufung weder auf § 105 ArbVG noch auf § 879 ABGB (Sittenwidrigkeit) möglich. Hiefür sind nunmehr ausschließlich diese Sonderregelungen (zB GlBG) anzuwenden. Sittenwidrige Kündigungsmotive, die weder in der Aufzählung der Tatbestände des § 105 noch in den sondergesetzlichen Regelungen enthalten sind, führen zur Nichtigkeit der Kündigung nach § 879 ABGB. Das Nämliche muss auch für sittenwidrige Kündigungen gelten, die von § 105 ArbVG zwar erfasst wären, deren Anfechtung aber ausgeschlossen ist, weil der Betrieb oder der Arbeitnehmer nicht dem Geltungsbereich der Betriebsverfassung unterliegt[121] und auch keine Indi-

---

118 Zu einer früheren Tätigkeit als Ersatzmitglied vgl OGH 2. 6. 1999, 9 ObA 118/99i, DRdA 2000, 337 mit Bespr v *Trost*.

119 Vgl *Floretta* in ArbVG-Handkommentar (1975), 653 ff; ferner 8.2.7.

120 OGH 11. 8. 1993, 9 ObA 200/93, ARD 4526/11/94.

121 Vgl insb *Trost*, Die rechts- oder sittenwidrige Kündigung – Ein Beitrag zur Interpretation des § 105 Abs 3 Z 1 ArbVG, DRdA 1987, 7.

vidualanfechtung möglich ist (vgl 8.2.8.2). Verstöße von Kündigungen gegen § 879 ABGB (vgl 8.2.7) führen demgemäß zur Rechtsunwirksamkeit der Kündigung, welche ohne Bindung an spezifische Anfechtungsfristen durch Klage vor Gericht geltend gemacht werden kann.

Problematisch ist die Rechtslage dann, wenn nach besonderen gesetzlichen Bestimmungen 8/067
eine **Individualanfechtung** ohne Bindung an die betriebliche Mitbestimmung vorgesehen ist (vgl hiezu 8.2.8.2). Im Hinblick auf die traditionelle Ausprägung der österreichischen Rechtslage, wonach eine Anfechtung wegen verpönter Motive lediglich im Bereich der Mitbestimmung möglich ist und subsidiär Rechtsunwirksamkeit der Rechtsgestaltung durch Kündigung wegen Sittenwidrigkeit anzunehmen ist, erscheinen Zweifel an der sachlichen Rechtfertigung einer Individualanfechtung in einzelnen Fällen angebracht[122].

Für den Arbeitnehmer besteht die größte Schwierigkeit im Falle der „Motivanfechtung" in 8/068
der **Beweisführung**[123]. Um diese zu erleichtern, setzt § 105 Abs 5 ArbVG die Beweislast dahingehend herab, dass der Arbeitnehmer im Zuge des gerichtlichen Verfahrens den Anfechtungsgrund lediglich **glaubhaft** zu machen hat. Ihn trifft vorerst die Beweislast, die für das Vorliegen des nicht zu billigenden Motivs sprechenden Umstände plausibel zu machen. In der Folge hat der Arbeitgeber glaubhaft zu machen, dass ein anderes Motiv für die Kündigung ausschlaggebend war. Spricht bei Abwägung aller Umstände eine höhere Wahrscheinlichkeit für das Vorliegen der zu missbilligenden Motive, so ist der Anfechtung stattzugeben[124].

Hätte beispielsweise das Verhalten eines Arbeitnehmers an sich Anlass für eine Kündigung sein können, wurde er aber nicht sogleich, sondern erst nach Bekanntwerden der von ihm veranlassten Einberufung einer Betriebsversammlung zur Errichtung eines Betriebsrats gekündigt, so ist es wahrscheinlich, dass die Kündigung durch ein vom Gesetzgeber missbilligtes Motiv ausgelöst wurde[125].

Voraussetzungen für die Anfechtung sind außerdem, dass die Kündigung und der dem Mo- 8/069
tiv zu Grunde liegende Tatbestand in einem engen **zeitlichen Zusammenhang** stehen[126] und dass selbstverständlich dem Betriebsinhaber die Tatsachen und Vorstellungen bekannt waren, die ihm im Zusammenhang mit dem Motiv vorgeworfen werden[127]. Für die Anfechtung genügt es, dass das verpönte Motiv für die Kündigung wesentlich ist; es ist nicht notwendig, dass das Motiv den ausschließlichen Beweggrund darstellt[128]. Dominiert das verpönte Kündigungsmotiv, kann selbst das Vorliegen eines Entlassungsgrundes in den Hintergrund treten[129]. Nicht vorgeschrieben ist für diese Kündigungsanfechtung eine bestimmte Beschäftigungsdauer des Dienstnehmers.

---

122 Vgl *Schwarz*, DRdA 1992, 190.
123 S dazu auch *Klicka*, Beweisprobleme im Arbeitsrecht, in Tomandl (Hrsg), Neuere Tendenzen im Arbeitsrecht auf dem Prüfstand (1999), 37.
124 VwGH 13. 11. 1985, 82/01/0270, infas 1986, A 55; OGH 14. 9. 1995, 8 ObA 290/95, DRdA 1996, 343 mit Bespr v *Klein*; s auch OGH 22. 12. 2010, 9 ObA 27/10a, DRdA 2011, 551 mit Bespr v *Potz* = ASoK 2011, 350 = ecolex 2011, 353; VwGH 1. 12. 1982, 82/01/0100, ZAS 1984, 69 mit Bespr v *Wachter*; *Gerhartl*, Anfechtung einer Kündigung wegen Geltendmachung von Rechten, taxlex 2011, 346.
125 EA Graz 14. 3. 1978, Re 10/78, Arb 9673.
126 VwGH 12. 3. 1980, 1140/77, DRdA 1981, 217 mit Bespr v *Floretta* = ARD 3226/10/80.
127 OGH 30. 6. 1994, 8 ObA 271/94, ZAS 1996, 13 mit Bespr v *Trost*.
128 OGH 14. 11. 1996, 8 ObA 2308/96m, DRdA 1997, 323 mit Bespr v *Ritzberger-Moser* = ASoK 1997, 197.
129 Vgl OGH 20. 1. 1999, 9 ObA 294/98w, DRdA 2000, 148 mit Bespr v *Trost*.

8.2.8.1.4. Anfechtung sozial ungerechtfertigter Kündigungen

8/070 Ist ein gekündigter Arbeitnehmer bereits **sechs Monate** im Betrieb oder Unternehmen, dem der Betrieb angehört, beschäftigt, so kann die Kündigung auch angefochten werden, wenn sie **sozial ungerechtfertigt** ist[130]. Die Voraussetzung der sechsmonatigen Beschäftigungsdauer muss bereits zum Zeitpunkt des Kündigungsausspruchs erfüllt sein[131] und nicht etwa erst mit Ablauf der Kündigungsfrist.

8/071 Gem § 105 Abs 3 Z 2 ArbVG (bzw § 210 Abs 3 Z 2 LArbG) gilt jede Kündigung als sozial ungerechtfertigt, die wesentliche Interessen des Arbeitnehmers beeinträchtigt, es sei denn, der Betriebsinhaber erbringt den Nachweis, dass die Kündigung

a) durch Umstände, die in der Person des Arbeitnehmers gelegen sind und die die betrieblichen Interessen nachteilig berühren (durch persönliche Gründe bedingte Kündigung), oder
b) durch betriebliche Erfordernisse, die einer Weiterbeschäftigung des Arbeitnehmers entgegenstehen (betriebsbedingte Kündigung), begründet ist[132].

8/072 Im Falle einer Anfechtung wegen sozial ungerechtfertigter Kündigung ist daher zunächst die **Beeinträchtigung wesentlicher Interessen des Arbeitnehmers** zu überprüfen. Eine derartige Beeinträchtigung liegt nicht erst vor, wenn die Existenzgrundlage durch dauernde Arbeitslosigkeit gefährdet ist, sondern bereits dann, wenn durch die Kündigung eine fühlbare finanzielle Schlechterstellung für die Zukunft zu erwarten ist[133]. Dabei sind die gesamten wirtschaftlichen Verhältnisse des Arbeitnehmers zu berücksichtigen, wie Einkommen[134], Vermögen, auf Gesetz, Vertrag oder sittlichen Verpflichtungen beruhende Sorgepflichten, das Einkommen des Ehegatten[135] und der anderen erwerbstätigen Familienmitglieder sowie Schulden und sonstige Kosten der Lebenshaltung und Zukunftssicherung des Arbeitnehmers, soweit ihr Entstehungsgrund berücksichtigungswürdig ist[136]. Kann die wirtschaft-

---

[130] Vgl hiezu auch *Rauch*, Der Begriff der „sozialwidrigen Kündigung" im Licht der aktuellen Judikatur – Erst zu erwartende Verdiensteinbußen von 20 % oder mehr deuten auf gewichtige soziale Nachteile hin, ASoK 2014, 202; zur Anfechtung im nicht betriebsratspflichtigen Betrieb vgl 8.2.8.2.

[131] VwGH 24. 3. 1960, 908/58, Arb 7218.

[132] OGH 10. 4. 2003, 8 ObA 204/02m, DRdA 2004, 258 mit Bespr v *Mayr*; OGH 20. 1. 2012, 8 ObA 95/11w, ASoK 2012, 370; vgl insb auch *Karl*, Die sozial ungerechtfertigte Kündigung (1999); *Gerlach*, Zur Zulässigkeit von Austauschkündigungen, ZAS 2000, 97; *Tomandl*, Die sozialwidrige Kündigung – Analyse und Kritik der Rechtsprechung des OGH (1994); *Kuderna*, Die sozial ungerechtfertigte Kündigung nach § 105 Abs 3 Z 2 ArbVG, DRdA 1975, 9; s auch *Harrer*, Die Anfechtung einer betriebsbedingten Kündigung, DRdA 1987, 460; *Eichinger*, Arbeitnehmerbedingte Kündigungsgründe, DRdA 1997, 96; *Tinhofer*, Der soziale Kündigungsschutz, ZAS 2008, 52.

[133] OGH 4. 11. 2010, 8 ObA 59/10z, DRdA 2012, 392 mit Bespr v *Pfeil* = infas 2011, A 9; EA Feldkirch 16. 12. 1974, Re 13/74, Arb 9294; VwGH 28. 6. 1977, 2300/75, Arb 9599; VwGH 25. 2. 1981, 01/1409/80, Arb 9953; VwGH 22. 5. 1985, 82/01/0050, infas 1986, A 56; EA Graz 16. 10. 1985, Re 1/85, Arb 10.457; Einkommenseinbußen von 10 % stellen keine Beeinträchtigung wesentlicher Interessen dar, s OGH 27. 6. 2013, 8 ObA 28/13w, ARD 6349/2/2013 = ecolex 2013, 906 = infas 2014, A 2; s auch *Rauch*, Praktische Aspekte der Kündigungsanfechtung – Das berufskundliche Gutachten stellt eine Prognose dar, die durch eine erfolglose Arbeitsplatzsuche nicht widerlegt werden kann, ASoK 2015, 380; OGH 30. 7. 2015, 8 ObA 46/15w, ARD 6467/12/2015 = DRdA-infas 2015, 306.

[134] Ausschlaggebend ist das zuletzt tatsächlich verdiente Einkommen, s konkret zur Arbeitskräfteüberlassung OGH 18. 3. 2016, 9 ObA 24/16v, DRdA-infas 2016, 204.

[135] Vgl OGH 8. 9. 1993, 9 ObA 233/93, DRdA 1994, 252 mit Bespr v *Trost*; OGH 19. 12. 2001, 9 ObA 174/01f, ARD 5398/1/2003.

[136] Vgl *Kuderna*, Die sozial ungerechtfertigte Kündigung nach § 105 Abs 3 Z 2 ArbVG, DRdA 1975, 10; *Grillberger*, Neue Tendenzen im arbeitsrechtlichen Kündigungsschutz?, wbl 1990, 7; *Floretta*, Zum Grundtatbe-

liche Situation nicht umfassend beurteilt werden, weil der Anfechtungskläger die Auskunft über sein Vermögen verweigert, treffen ihn die Folgen der Nichtfeststellbarkeit[137].

Eine unwesentliche **Minderung des Lohnes** stellt allerdings keine soziale Härte dar[138]. Keine für die Kündigung relevante Beeinträchtigung wurde anerkannt, wenn zB das durch die Arbeitsleistung erzielte Einkommen keinen erheblichen Einfluss auf die Lebensführung hat, weil der damit verbundene Aufwand in erster Linie aus anderen Quellen gedeckt ist[139], oder eine Küchengehilfin eine durchschnittliche Verdiensteinbuße von nicht ganz 9 % erleiden würde und ihr Ehemann ebenfalls berufstätig ist und mitverdient[140]. Ferner wurde keine Beeinträchtigung wesentlicher Interessen des Arbeitnehmers angenommen, wenn dieser nur noch geringfügige Verbesserungen bezüglich der Höhe des Pensionsanspruchs erreichen könnte[141]. Ebenso wurde im Falle der Ablehnung eines angebotenen, etwa gleichwertigen Ersatzarbeitsplatzes entschieden[142]. Auch wenn ein Arbeitnehmer eine gewisse Gehaltsreduktion in Kauf nehmen muss, ist von dem vor der Kündigung tatsächlich bezahlten Entgelt auszugehen. Allfällige Zahlungen im Rahmen der Beurteilung der wesentlichen Interessen nicht zu berücksichtigen, widerspricht der Zielsetzung des § 105 ArbVG, der die wahren wirtschaftlichen und sozialen Verhältnisse des Arbeitnehmers im Auge hat[143]. Vor allem „Luxusaufwendungen" (zB Ausgaben für ein ausschließlich als Wertanlage angeschafftes Haus) werden in die Interessenabwägung nicht einbezogen. Der OGH will vielmehr nur die „wesentlichen Lebenshaltungskosten" berücksichtigen[144].

Bei **älteren Arbeitnehmern** sind kraft ausdrücklicher Anordnung des Gesetzgebers sowohl eine vieljährige ununterbrochene Beschäftigungszeit im Betrieb[145] oder Unternehmen als auch die wegen des höheren Lebensalters zu erwartenden Schwierigkeiten bei der Wiedereingliederung in den Arbeitsprozess besonders zu berücksichtigen (§ 105 Abs 3b ArbVG)[146]. Hier ist allerdings danach zu unterscheiden, mit welchem Alter die gekündigten Arbeitnehmer im Betrieb aufgenommen worden sind: Für Arbeitnehmer, die zum Zeitpunkt ihrer Einstellung bereits 50 Jahre alt waren und die vor dem 30. Juni 2017 eingestellt wurden, sind die Wiedereingliederungsschwierigkeiten nach einer Kündigung erst ab Vollendung 8/073

stand der „Sozialwidrigkeit" im arbeitsrechtlichen Kündigungsschutzrecht, wbl 1991, 14; *Pircher*, Die Beeinträchtigung wesentlicher Interessen, ZAS 1994, 51; *Karl*, Zur Beeinträchtigung wesentlicher Interessen des Arbeitnehmers iSd § 105 Abs 3 Z 2 ArbVG, JBl 1997, 702; *Tomandl*, Neue Judikatur zur sozialwidrigen Kündigung, ZAS 1999, 104; *dens*, Psychosoziale Probleme als wesentliche Interessenbeeinträchtigung?, ZAS 2012, 152; *Rauch*, Die Kündigungsanfechtung wegen Sozialwidrigkeit im Licht der jüngeren Judikatur, ASoK 1999, 42; *Mikl-Horke/David*, Zur Berücksichtigung sozialer Folgen des Arbeitsplatzverlusts bei der "wesentlichen Interessenbeeinträchtigung", ZAS 2012, 144; zur Berücksichtigung von Unterhaltsansprüchen bei Prüfung der Sozialwidrigkeit s OGH 12. 10. 1988, 9 ObA 206/88, DRdA 1991, 33 mit krit Bespr v *B. Schwarz*; s weiters OGH 19. 12. 2001, 9 ObA 174/01f, RdW 2002, 347 mit Bespr v *Eichinger* = ZAS 2004, 74 mit Bespr v *Posch*; OGH 19. 12. 2001, 9 ObA 244/01z, DRdA 2003, 159 mit Bespr v *Tinhofer*; zum (Nicht-)Vorliegen einer sozialwidrigen Kündigung OGH 26. 7. 2012, 8 ObA 38/12i, ARD 6262/4/2012; OLG Linz 24. 4. 2012, 12 Ra 22/12k, ARD 6268/2/2012.

137 OGH 9. 5. 2001, 9 ObA 40/01z, ZAS 2002, 81 mit Bespr v *Bienert-Nießl*.

138 EA Klagenfurt 20. 1. 1984, Re 31/83, Arb 10.284.

139 OGH 12. 10. 1988, 9 ObA 206/88, DRdA 1991, 33 mit Bespr v *B. Schwarz*; OGH 29. 8. 1990, 9 ObA 142/90, ZAS 1992, 85 mit Bespr v *Pircher*.

140 EA Wien 18. 2. 1976, V Re 3/76, Arb 9479; ähnlich OGH 22. 8. 2012, 9 ObA 54/12z, ARD 6309/5/2013 = infas 2013, A 2.

141 OGH 18. 3. 1992, 9 ObA 55/92, DRdA 1992, 460 mit Bespr v *Mosler*.

142 VwGH 14. 11. 1984, 84/01/0080, infas 1985, A 73; EA Wr Neustadt 21. 2. 1977, Re 12/76, Arb 9569.

143 AA *Ebner/Kappel*, Zur Arbeitgeberkündigung von überbezahlten Mitarbeitern, ecolex 2006, 921.

144 OGH 1. 4. 2009, 9 ObA 30/09s, DRdA 2010, 405 mit Bespr v *Trost*; OGH 26. 7. 2012, 8 ObA 38/12i, ARD 6262/4/2012.

145 Vgl OGH 29. 4. 2009, 9 ObA 177/08g, DRdA 2011, 120 mit Bespr v *Jabornegg*; OGH 29. 10. 2013, 9 ObA 125/13t, ARD 6384/7/2014 = ecolex 2014, 265 = infas 2014, A 29.

146 Vgl insb *Trost*, Das Lebensalter als „soziale Komponente" im österreichischen Kündigungsschutz – von den Anfängen bis zum ARÄG 2000, in FS Cerny (2001), 353; s auch *Tinhofer*, Die Beendigung des Dienstverhältnisses von älteren Arbeitnehmern, ZAS 2014, 131.

des zweiten Beschäftigungsjahres im Unternehmen besonders zu berücksichtigen. Für Arbeitnehmer, die zum Zeitpunkt ihrer Einstellung das 50. Lebensjahr vollendet hatten und die nach dem 30. Juni 2017 eingestellt wurden, kommt die besondere Begünstigung für ältere Arbeitnehmer generell nicht mehr zum Tragen[147]. Ziel des Gesetzgebers war es, durch die Lockerung des Kündigungsschutzes die Chancen älterer Arbeitslose auf eine neue Beschäftigung zu erhöhen: Spielen die Wiedereingliederungsschwierigkeiten, mit denen ältere Arbeitnehmer auf dem Arbeitsmarkt regelmäßig konfrontiert sind, bei der Interessenabwägung ausdrücklich eine geringere Rolle als bisher, so entfällt im Ergebnis das gewichtigste Argument für eine Interessenbeeinträchtigung des Arbeitnehmers durch die Kündigung.

Sozial ungerechtfertigt sind der **Rechtsprechung** zufolge zB die Kündigung einer 49-jährigen Angestellten, die bereits 30 Jahre im Betrieb beschäftigt ist, an den Folgen einer Operation leidet und, von einem Ausnahmefall abgesehen, stets zur Zufriedenheit des Betriebsinhabers gearbeitet hat[148]; die Kündigung einer zwei Jahre vor der vorzeitigen Alterspension stehenden Arbeitnehmerin[149]; die Kündigung einer 49-jährigen Dienstnehmerin mit 32 Dienstjahren, wenn der Betriebsinhaber über einen Gesamtpersonalstand von 60 Personen verfügt[150]; die Kündigung eines 54-jährigen Bauleiters, der einen kollektivvertraglichen Höchstlohn bezieht und bereits 25 Jahre dem Betrieb angehört[151]; die Kündigung eines 59-jährigen Arbeitnehmers, der kaum mehr Chancen hat, einen anderen Arbeitsplatz zu erlangen[152]; die Kündigung eines 59-jährigen Arbeitnehmers, der über keine nennenswerten Ersparnisse verfügt und Gefahr läuft, infolge der drohenden Einkommensminderung sein Haus zu verlieren[153]. Die Rechtsprechung hat demgegenüber beispielsweise die Kündigung einer 47-jährigen Buchhalterin als sozial gerechtfertigt erachtet, wenn diese innerhalb eines Zeitraums von 3 bis 4 Monaten mit einem gehaltsmäßig gleichwertigen Posten rechnen kann und eine mehrmonatige Abfertigung erhält[154].

8/074 Es liegt auf der Hand, dass sich die im gegebenen Zusammenhang relevanten Kriterien nicht erschöpfend aufzählen lassen. Die Frage nach der Beurteilung der sozialen Rechtfertigung einer Kündigung mündet in einen sog „unbestimmten Rechtsbegriff“, der nach vielen Seiten offen ist. Dennoch handelt es sich weder um eine Ermessensfrage für das Gericht noch um eine Schlichtung; die einschlägige Entscheidung im Sinne richtiger rechtlicher Beurteilung unterliegt der Rechtskontrolle im Instanzenweg.

Von der Sozialwidrigkeit einer Kündigung kann jedenfalls nicht erst dann gesprochen werden, wenn die Beendigung des Dienstverhältnisses für den Gekündigten eine existenzbedrohende Notlage bedeuten würde. Es genügt, dass eine Situation eintritt, die die Interessenlage des Gekündigten in Bezug auf die mögliche Dauer einer drohenden Arbeitslosigkeit, die verschlechterte Einkommenslage oder den Verlust von Vorteilen, die sich aus dem bisherigen Arbeitsverhältnis ergeben haben, in wesentlicher Weise nachteilig berührt[155]. Kein automatischer Entfall der Sozialwidrigkeit liegt bei Erreichen des **Regelpensionsalters** vor: Wegen der vom Gesetzgeber tolerierten Einkommenseinbußen, die mit jeder Pensionierung verbunden sind, ist bei der Prüfung der Interessenbeeinträchtigung ein strenger Maßstab anzulegen. Im Lichte der Rechtsprechung des EuGH ist jegliche pauschalierende Behand-

---

[147] S auch *Rauch*, Die neue Erweiterung der Einschränkung beim Kündigungsschutz älterer Arbeitnehmer, ASoK 2017, 187; *Dullinger*, Kündigungsschutz älterer Arbeitnehmer, ecolex 2017, 442.
[148] EA Wr Neustadt 15. 9. 1976, Re 11/76, Arb 9516.
[149] EA Linz 23. 9. 1976, Re 25/76, Arb 9532.
[150] EA Wien 19. 6. 1975, VI Re 71/75, Arb 9390.
[151] EA Wien 23. 9. 1975, II Re 149/75, Arb 9420.
[152] EA Wien 28. 5. 1985, II Re 164/85, infas 1985, A 119.
[153] VwGH 22. 5. 1985, 82/01/0050, infas 1986, A 56.
[154] EA Wien 20. 12. 1977, II Re 200/77, Arb 9642.
[155] VwGH 25. 2. 1981, 01/1409/80, ZAS 1982, 148 mit Bespr v *Beck-Mannagetta* = Arb 9953.

lung von Fallgruppen abzulehnen, weil damit auf Grund des nach wie vor unterschiedlichen Pensionsantrittsalters von Männern und Frauen eine Diskriminierung der Frauen einhergehen kann[156]. Wenn ein Arbeitnehmer die sozialversicherungsrechtlich vorgesehene Höchstpension beziehen kann, so kann eine Kündigung nicht sozialwidrig sein[157].

Sind durch die Kündigung zwar wesentliche Interessen des Arbeitnehmers beeinträchtigt, so kann die Anfechtung dennoch scheitern, wenn der Betriebsinhaber nachweist, dass **Umstände in der Person des Arbeitnehmers** für die Kündigung maßgebend waren, die die betrieblichen Interessen nachteilig berühren. Man spricht in diesem Fall auch von **persönlich oder subjektiv bedingter Kündigung**. Bei den vom Betriebsinhaber einzuwendenden Gründen bezüglich des Verhaltens des Arbeitnehmers muss es sich jedenfalls um solche von gravierender Natur handeln. Die Gründe müssen also derart gewichtig sein, dass im Falle einer Weiterbeschäftigung des gekündigten Arbeitnehmers die Leistungsfähigkeit oder Ordnung des Betriebs gefährdet wird. 8/075

Ein langsameres Arbeitstempo einer älteren Arbeitnehmerin, die im Übrigen die von ihr verlangte Arbeitsleistung stets erbracht hat und die wegen der zunehmenden Langsamkeit niemals ermahnt wurde, führt nicht zur subjektiven Bedingtheit der Kündigung[158]. Es ist zwar nicht erforderlich, dass die Umstände in der Person des Arbeitnehmers, die die betrieblichen Interessen nachteilig berühren, dem Arbeitnehmer als Verschulden zuzurechnen sind[159], jedoch müssen in der Regel **Pflichtverletzungen** im Arbeitsverhältnis, wie Arbeitsversäumnis, Arbeitsverweigerung, erhebliche Minderleistung, oftmalige Unpünktlichkeit, ungenügender Fleiß und Unverträglichkeit (einschließlich verbaler sexueller Belästigung[160]) gegenüber den Mitarbeitern[161] oder dem Arbeitgeber[162] vorliegen. Die Pflichtverletzungen müssen allerdings **nicht so gravierend** sein, dass bereits ein **Entlassungstatbestand** gegeben ist. Auch eine sachlich ungerechtfertigte Sonderstellung wurde als Kündigungsgrund angesehen, wenn die Kündigung die einzige Möglichkeit zur Herstellung der innerbetrieblichen Gleichbehandlung bildet[163]. Im Rahmen der Interessenabwägung reicht es zur Rechtfertigung einer Kündigung aus, dass die in der Person des Arbeitnehmers gelegenen Umstände die betrieblichen Interessen so weit benachteiligen, dass sie bei objektiver Betrachtungsweise einen verständigen Betriebsinhaber zur Kündigung veranlassen würden und die Kündigung als gerechte und adäquate Maßnahme erscheinen lassen[164].

Ähnlich wie im Falle der vorzeitigen Auflösung aus wichtigem Grund kann ein die Kündigung rechtfertigender Sachverhalt im Zuge der Anfechtung nicht mehr geltend gemacht werden, wenn der Dienstgeber zwischen dem Vorliegen des Kündigungsgrundes und dem Ausspruch der Kündigung eine derart lange Zeit verstreichen lässt, dass ein **Verzicht** des Dienstgebers oder eine **Verwirkung** der Geltendmachung des Kündigungsgrundes an- 8/076

---

156 EuGH 18. 11. 2010, C-356/09, *Kleist*, EuZA 2011, 340 mit Bespr v *Melzer-Azodanloo* = Slg 2010, I-11939; weiters *Mazal*, Kündigung von Frauen zum gesetzlichen Pensionsalter europarechtswidrig!, ecolex 2010, 1221; *Windisch-Graetz*, Kündigung von Frauen zum Regelpensionsalter – gleichheitswidrig?, ecolex 2004, 431; *Mayr*, Diskriminierung auf Grund des Geschlechts und Kündigung in Kleinbetrieben, RdW 2001, 44.

157 OGH 20. 10. 2004, 8 ObA 53/04h, DRdA 2005, 367 mit Bespr v *Mayr* = ZAS 2006, 32 mit Bespr v *Tomandl*; zur Geltendmachung eines Pensionsschadens s OGH 24. 1. 2013, 8 ObA 76/12b, DRdA 2013, 503 mit Bespr v *Kohlbacher* = ZAS 2014, 31 mit Bespr v *Ruß* = wbl 2013, 331 mit Bespr v *Grillberger*; OGH 26. 1. 2017, 9 ObA 13/16a, DRdA-infas 2017, 149 = ecolex 2017, 702.

158 EA Linz 23. 9. 1976, Re 25/76, Arb 9532.

159 VwGH 12. 3. 1980, 1140/77, Arb 9859; EA Linz 14. 12. 1982, Re 66/82, Arb 10.159; EA Salzburg 23. 9. 1985, Re 19/85, Arb 10.440.

160 OGH 17. 3. 2004, 9 ObA 143/03z, DRdA 2005, 342 mit Bespr v *Eichinger*.

161 Vgl EA Leoben 3. 12. 1985, Re 20/85, Arb 10.463.

162 OGH 24. 3. 2017, 9 ObA 8/17t, ARD 6547/10/2017.

163 Vgl OGH 8. 5. 1991, 9 ObA 78/91, ZAS 1993, 176 mit Bespr v *Pircher*.

164 OGH 27. 8. 2013, 9 ObA 92/13i, infas 2014, A 1; einer vorhergehenden Ermahnung bzw Verwarnung bedarf es nicht zwingend: OGH 27. 1. 2016, 9 ObA 74/15w, DRdA-infas 2016, 138.

zunehmen ist[165]. Ein so strenger Maßstab, wie er bei der vorzeitigen Auflösung im Zusammenhang mit der Annahme der Unzumutbarkeit der Weiterbeschäftigung anzulegen ist, kann im Zuge der Kündigungsanfechtung allerdings nicht angewandt werden. Im Gegensatz zur berechtigten Entlassung oder zum berechtigten Austritt ist für die Kündigung das Vorliegen eines bestimmten Grundes nicht erforderlich. Das Anfechtungsverfahren gem § 105 ArbVG soll nur gewährleisten, dass die Interessen des Dienstnehmers angemessen berücksichtigt werden.

8/077 Als einen in der Person des Dienstnehmers gelegenen Umstand, der die betrieblichen Interessen nachteilig berührt, erachtet die Rechtsprechung auch wiederholte **Erkrankungen** des Dienstnehmers[166].

In diesem Zusammenhang wurden Kündigungen als gerechtfertigt angesehen: Wenn ein Arbeitnehmer nach bereits mehreren vorangegangenen Krankenständen ein halbes Jahr hindurch krankheitsbedingt ständig arbeitsunfähig war und in absehbarer Zeit mit der Wiederherstellung seiner Arbeitsfähigkeit nicht zu rechnen war[167], wenn ein Arbeitnehmer durch häufige, lang andauernde Krankenstände in einen geordneten Arbeitsprozess nicht mehr einplanbar war und er zu einem Zeitpunkt gekündigt wurde, zu dem wegen der ungünstigen Konjunkturlage Rationalisierungsmaßnahmen unvermeidlich und Personaleinschränkungen unumgänglich waren[168], oder wenn ein Arbeitnehmer zu 27 % der möglichen Arbeitszeit durch Krankenstände verhindert war, seinen Arbeitspflichten nachzukommen, und dem Leistungsausfall durch Vertretungen nur beschränkt begegnet werden konnte[169]. Auch eine Dienstverhinderung auf Grund eines Arbeitsunfalls im Ausmaß von acht Monaten kann der Rechtsprechung zufolge zu einer sachlich gerechtfertigten Kündigung führen, selbst wenn den Arbeitgeber ein Verschulden am Arbeitsunfall trifft[170]. Sofern überhöhte Krankenstände als Rechtfertigungsgrund für eine Kündigung in Betracht kommen, muss der Arbeitgeber eine Zukunftsprognose über die weitere Arbeitsfähigkeit des betroffenen Arbeitnehmers anstellen. Dabei kommt es neben der Häufigkeit und Dauer der bisherigen Krankenstände auch auf die Art der Erkrankung einschließlich deren Ursache und der zumutbaren Krankenbehandlung an[171].

8/078 Diese Rechtsprechung ist aus **sozialpolitischer Sicht** sehr bedenklich, weil die bisherige Gesetzgebung von dem Gedanken geprägt war, das Risiko eines krankheitsbedingten Ausfalls von Dienstnehmern zwischen Dienstgeber und Sozialversicherungsträger aufzuteilen (zur Entgeltfortzahlung im Krankheitsfall vgl 6.9.2.1). Man kann jedenfalls nicht so weit gehen, bereits jede längerfristige Krankheit als betriebsverfassungsrechtlichen Kündigungsgrund anzuerkennen, ohne die bisherige sozialpolitische Wertung ins Gegenteil zu kehren.

8/079 Umstände, die ihre Ursache in einer langjährigen Beschäftigung als **Nachtschwerarbeiter** haben, dürfen zur Rechtfertigung der Kündigung nicht herangezogen werden, wenn der Arbeitnehmer ohne erheblichen Schaden für den Betrieb weiterbeschäftigt werden kann (§ 105 Abs 3a ArbVG). Auch die durch ein **höheres Lebensalter** verminderte Arbeitskraft

---

165 Vgl VwGH 12. 3. 1980, 1140/77; VwGH 28. 3. 1980, 2392/77, DRdA 1981, 217 mit Bespr v *Floretta* = ZAS 1981, 224 bzw 226 mit Bespr v *Marhold*; s auch *Tomandl*, Bemerkungen zur Rechtsprechung des VwGH zum allgemeinen Kündigungsschutz, ZAS 1984, 211.

166 Vgl ausführlich *Runggaldier*, Die krankheitsbedingte Kündigung, ZAS 1982, 130; *Karl*, Die krankheitsbedingte Kündigung, ZAS 1992, 152; s auch *Reissner*, Arbeitsvertragsbeendigung und Krankenstand, in Resch (Hrsg), Krankenstand (2007), 41.

167 EA Feldkirch 12. 1. 1977, Re 124/76, Arb 9549.

168 EA Amstetten 15. 7. 1977, Re 3/77, Arb 9615.

169 OGH 19. 6. 1991, 9 ObA 120/91, DRdA 1992, 353 mit Bespr v *Runggaldier*.

170 OGH 19. 9. 2002, 8 ObA 25/02p, ARD 5397/1/2003.

171 Vgl OGH 30. 8. 2011, 8 ObA 53/11v, ARD 6212/4/2012 = infas 2012, A 3.

– gleichgültig ob diese krankheitsbedingt oder durch den natürlichen Alterungsprozess bedingt ist – vermag eine Kündigung nur dann zu rechtfertigen, wenn durch die Weiterbeschäftigung betriebliche Interessen erheblich nachteilig berührt werden (§ 105 Abs 3b ArbVG). Von erheblichen Nachteilen kann dann nicht gesprochen werden, wenn ältere Arbeitnehmer auf vorhandene Arbeitsplätze umgeschult werden können[172].

Im Kündigungsanfechtungsverfahren gem § 105 ArbVG kann der Dienstgeber eine Kündigung, die wesentliche Interessen des Arbeitnehmers beeinträchtigt, auch damit begründen, dass die **betrieblichen Erfordernisse** einer Weiterbeschäftigung des Arbeitnehmers entgegenstehen. Im Gegensatz zur persönlich bedingten Kündigung wird eine solche Kündigung auch als betriebsbedingt bezeichnet. Die wirtschaftlichen Gründe, die zur **Betriebsbedingtheit der Kündigung** iSd § 105 Abs 3 Z 2 lit b ArbVG führen, können vielfältiger Natur sein. Verringerte Auftragseingänge[173] sowie ein spürbarer Rückgang des Absatzes[174] wurden ebenso als Ursachen für Personalreduktionen anerkannt wie Rationalisierungsmaßnahmen[175]. Im gerichtlichen Verfahren müssen diese ökonomischen Umstände zur geplanten Kündigung in Beziehung gesetzt werden, wobei zu prüfen ist, inwieweit jede konkrete Kündigung durch diese Maßnahmen auch tatsächlich erforderlich ist. 8/080

Die Beurteilung der wirtschaftlichen Lage und damit zusammenhängend die Beurteilung der Notwendigkeit eines Personalabbaus stellt mitunter ein schwieriges Problem dar. Der bilanzielle Gewinn bietet sich dafür sicherlich nicht als geeigneter Indikator an, weil die tatsächliche Lage des Unternehmens durch die steuerrechtlichen Möglichkeiten (zB Auflösung oder Bildung stiller Reserven, Investitionsfreibeträge oder sonstige Investitionsbegünstigungen) verzerrt wird. Betriebsräte und Gerichte, die die wirtschaftliche Situation des Betriebs zu beurteilen haben, werden sich daher eher an den kalkulatorischen Gewinnzahlen und den diversen betrieblichen Kennzahlen (Rentabilitäts-, Liquiditäts-, Wirtschaftlichkeits-, Produktivitätskennzahlen udgl) zu orientieren haben.

Welche Maßnahmen der Betriebsinhaber als Reaktion auf eine wirtschaftlich ungünstige Unternehmenslage setzt, liegt grundsätzlich allein in seiner Entscheidungskompetenz[176]. Ein Prüfungsrecht, ob etwa Rationalisierungsmaßnahmen notwendig sind, steht dem Gericht nicht zu[177]. Die betriebsverfassungsrechtlichen Mitwirkungsrechte sind in diesem Bereich nur schwach ausgeprägt (zB Informations- und Vorschlagsrechte gem § 109 Abs 1 und 2 ArbVG; vgl 11.4.4.1.3 u 11.5.4.1). Spricht der Betriebsinhaber jedoch im Zuge der Betriebsänderung Kündigungen aus, so hat das Gericht gem § 105 Abs 3 Z 2 lit b ArbVG zu überprüfen, ob diese Änderungen zusammen mit der übrigen betrieblichen Rahmensituation die Kündigungen tatsächlich notwendig machen oder ob nicht vielmehr eine Verwen- 8/081

172 Vgl die EB zur RV 1194 BlgNR 18. GP, 12.

173 EA Amstetten 12. 6. 1975, Re 2/75, Arb 9389; EA Leoben 21. 6. 1978, Re 5/78, Arb 9698; EA Feldkirch 15. 3. 1985, Re 2/85, Arb 10.398.

174 EA Leoben 29. 6. 1983, Re 15/83, Arb 10.200; EA Feldkirch 15. 3. 1985, Re 2/85, Arb 10.398.

175 OGH 8. 9. 1993, 9 ObA 233/93, DRdA 1994, 252 mit Bespr v *Trost* = RdW 1994, 150; OGH 20. 1. 2012, 8 ObA 95/11w, ARD 6224/4/2012; s weiters *B. Schwarz*, Neuere Judikatur in ausgewählten Kapiteln des Kündigungsrechts, DRdA 1984, 69 und insb 168; *Gahleitner* in Cerny/Gahleitner/Preiss/Schneller (Hrsg), Arbeitsverfassungsrecht Bd 3[4] (2009), 434 ff; *Tinhofer*, Kündigung aus wirtschaftlichen Gründen (2002); *Hutter*, Die unternehmerische Entscheidungsfreiheit bei der Beendigung von Arbeitsverhältnissen (2014).

176 EA Klagenfurt 10. 11. 1972, Re 12/72, Arb 9045; EA Innsbruck 25. 5. 1981, Re 24/80, Arb 9977; EA Salzburg 21. 12. 1981, Re 46/81, Arb 10.069.

177 S auch *Andexlinger*, OGH zum allgemeinen Kündigungsschutz, RdW 1987, 294; OGH 5. 9. 2001, 9 ObA 199/01g, DRdA 2003, 50 mit Bespr v *Trost*; OGH 28. 9. 2001, 8 ObA 201/01v, DRdA 2002, 386 mit Bespr v *Tinhofer*.

dung an anderen Arbeitsplätzen, uU verbunden mit Umschulungen, in Betracht kommt[178]. Im Falle einer organisatorischen Verflechtung zweier Betriebe sind die Verwendungsmöglichkeiten des Arbeitnehmers im Rahmen der sozialen Gestaltungspflicht bei beiden Betrieben zu prüfen[179].

8/082 Wenn an Stelle eines Gekündigten ein neuer Dienstnehmer aufgenommen wird, der im Wesentlichen die gleiche Tätigkeit ausübt und fast die gleiche Entlohnung erhält, dann war die Kündigung in den objektiven Betriebsverhältnissen nicht begründet[180]. Der Dienstgeber kann die Kündigung auch nicht auf eine produktionstechnische Rationalisierung stützen, wenn der Arbeitnehmer nach entsprechender Einschulung auch der neuen Produktionstechnik gewachsen gewesen wäre[181]. Auch ein systematischer Austausch von älteren Arbeitnehmern durch jüngere (insb bei einfachen Arbeiten mit geringen Einschulungskosten) zum Zweck der Lohnkostensenkung wird kaum die Betriebsbedingtheit der Kündigungen rechtfertigen können. Dieser Schluss wird wohl aus § 105 Abs 3b ArbVG, der die besondere Schutzwürdigkeit älterer Arbeitnehmer betont, zu ziehen sein.

8/083 Werden durch die Kündigung einerseits wesentliche Interessen des Arbeitnehmers beeinträchtigt, wendet der Arbeitgeber aber andererseits Umstände, die in der Person des Arbeitnehmers gelegen sind, und/oder wirtschaftliche Erfordernisse ein, so ist durch die Vornahme einer **Interessenabwägung** zu untersuchen, ob die Kündigung sozial gerechtfertigt ist. Die Rechtsprechung des OGH[182] deckt sich diesbezüglich mit der hL[183].

8/084 Im Falle der betriebsbedingten Kündigung (§ 105 Abs 3 Z 2 lit b ArbVG) besteht für den Arbeitnehmer die Möglichkeit eines **Sozialvergleichs**[184]. Die Kündigung eines Arbeitneh-

---

178 Vgl VwGH 3. 4. 1951, 472/50, Arb 5255; OGH 1. 6. 1988, 9 ObA 110/88, ZAS 1989, 172 mit Bespr v *Hainz* = DRdA 1989, 387 mit Bespr v *Floretta*; *Mair*, Betriebliche Erfordernisse und soziale Gestaltungspflicht, wbl 2005, 445; vgl zu konzerninternen Gestaltungspflichten OGH 29. 6. 2009, 9 ObA 34/08b, ZAS 2010, 222 mit Bespr v *Hutter* = DRdA 2011, 266 mit Bespr v *Trost*; *Kreil*, Arbeitsverhältnisse im Konzern – Probleme des Individualarbeitsrechts in verbundenen Unternehmen (1996), 209.

179 Vgl OGH 31. 8. 1994, 8 ObA 236/94, ZAS 1996, 119; s auch *Schima*, Konzerndimensionaler Kündigungsschutz?, RdW 1994, 352; OGH 29. 6. 2009, 9 ObA 34/08b, ZAS 2010, 222 mit Bespr v *Hutter* = DRdA 2011, 266 mit Bespr v *Trost*.

180 VwGH 22. 11. 1956, 2132/54, Arb 6579.

181 Vgl OGH 10. 6. 1998, 9 ObA 19/98d, DRdA 1999, 316 mit Bespr v *Kallab* = ARD 4961/12/98.

182 OGH 12. 10. 1988, 9 ObA 206/88, DRdA 1991, 33 mit Bespr v *B. Schwarz*; OGH 15. 3. 1989, 9 ObA 279/88, DRdA 1989, 389 mit Bespr v *Floretta*; OGH 19. 6. 1991, 9 ObA 120/91, DRdA 1992, 353 mit Bespr v *Runggaldier* = ZAS 1992, 158; OGH 9. 6. 1993, 9 ObA 105/93, infas 1993, A 142; OGH 27. 8. 2013, 9 ObA 92/13i, ARD 6364/2/2013 = infas 2014, A 1; zur gegenteiligen überholten Rechtsprechung des VwGH vgl VwGH 28. 6. 1977, 2300/75, ZAS 1978, 188 mit Bespr v *Floretta*; VwGH 24. 1. 1978, 1427/76, DRdA 1978, 334 mit Bespr v *Martinek*.

183 Vgl *Floretta* in ArbVG-Handkommentar (1975), 637; *dens*, ZAS 1978, 193; *dens*, Grundwerte des Rechtsinstituts „Kündigungsschutz" im Arbeitsrecht, in FS Weißenberg (1980), 271; *Martinek*, DRdA 1978, 336; *Mörkelsberger*, Probleme der sozialwidrigen Kündigung, DRdA 1977, 68; *Schwarz*, Probleme sozialer und personeller Mitbestimmung im Betrieb, DRdA 1975, 74; *B. Schwarz*, Neuere Judikatur in ausgewählten Kapiteln des Kündigungsrechts, DRdA 1984, 69; *Harrer*, Die Anfechtung einer betriebsbedingten Kündigung, DRdA 1987, 460; *Floretta*, Die Interessenabwägung beim allgemeinen Kündigungsschutz, in FS Strasser (1983), 335; *Andexlinger*, Judikaturwende im allgemeinen Kündigungsschutz, RdW 1989, 162; *Firlei*, Interessenabwägung beim allgemeinen Kündigungsschutz: Wende in der Rechtsprechung, wbl 1989, 197; *Runggaldier*, Interessenabwägung, soziale Gestaltungspflicht und Sozialvergleich bei betriebsbedingter Kündigung, RdW 1994, 110; *Reischauer*, Wesentliche Interessen, wirtschaftliche Verhältnisse des Gekündigten und Sozialvergleich, DRdA 1999, 93; *Pircher*, Soziale Gestaltung und Prinzipien im allgemeinen Kündigungsschutz, JBl 2001, 694.

184 Vgl insb *Wolligger*, Betriebsbedingte Kündigung und Sozialvergleich, wbl 2008, 311; *Runggaldier*, Der Sozialvergleich, in Tomandl (Hrsg), Beendigung des Arbeitsvertrages (1986), 102; *Floretta*, Der Sozialvergleich beim

mers ist nämlich auch dann sozial ungerechtfertigt, wenn ein Vergleich sozialer Gesichtspunkte für den Gekündigten eine größere soziale Härte als für andere Arbeitnehmer desselben Betriebs und derselben Tätigkeitssparte, deren Arbeit der Gekündigte zu leisten fähig und willens ist, ergibt. Der gekündigte Arbeitnehmer muss also sowohl objektiv in der Lage sein, die Arbeit des anderen Arbeitnehmers auszuführen, als auch subjektiv dazu bereit sein[185]. Ist dies der Fall, dann sind auch minderqualifizierte Arbeitnehmer in den Sozialvergleich einzubeziehen[186]. Voraussetzung für die Vornahme des Sozialvergleichs ist, dass im Betrieb überhaupt vergleichbare Arbeitnehmer vorhanden sind[187].

Die für den Sozialvergleich heranzuziehenden Kriterien sind mit jenen ident, die für die grundsätzliche Beeinträchtigung der Arbeitnehmerinteressen ausschlaggebend sind. Neben dem ausdrücklich erwähnten (höheren) Lebensalter, der langjährigen betrieblichen Beschäftigungszeit sowie den zu erwartenden Schwierigkeiten bei der Reintegration in den Arbeitsprozess sind vor allem die soziale Stellung des Arbeitnehmers (zB Sorgepflichten gegenüber Ehegatten und Kindern) udgl zu berücksichtigen[188]. Umschulungen sind dem Arbeitnehmer zumutbar. Auch für den Dienstgeber muss aber der Aufwand für die Umschulungsmaßnahmen im Bereich des Zumutbaren liegen. Ein Sozialvergleich würde daher zB zu Ungunsten eines 57-jährigen Arbeitnehmers ausfallen, der einen fünfwöchigen Kurs und eine einjährige Einschulung benötigen würde, wobei der Erfolg aus altersbedingten und gesundheitlichen Gründen zweifelhaft wäre[189].

Wesentliche Voraussetzung für die Durchführung eines Sozialvergleichs ist, dass der Be- 8/085
triebsrat der Kündigung ausdrücklich widersprochen hat. Ein Stillschweigen des Betriebsrats reicht nicht aus. Hat aber der Betriebsrat gegen die Kündigung ausdrücklich Widerspruch erhoben, so ist das Gericht zur Vornahme des Sozialvergleichs verpflichtet, auch wenn der Betriebsrat nicht selbst anficht.

Ein Sozialvergleich ist der **Rechtsprechung** zufolge nur **über Antrag** durchzuführen[190]. Hiebei muss der klagende Betriebsrat oder der klagende Arbeitnehmer die Vergleichspersonen namhaft machen und für die Beurteilung der sozialen Härte beim Gekündigten und bei jeder einzelnen Vergleichsperson die maßgeblichen Umstände konkretisieren. Wenngleich das Risiko der richtigen Auswahl den Arbeitgeber trifft, wird ein Beweisverfahren, das weitgehend von der so formulierten „Denunzierung" von Arbeitskollegen abhängt, einer effizienten Rechtsfindung sicher nicht zuträglich sein. Wird die Anfechtung durch den Betriebsrat durchgeführt, erscheint das Problem etwas entschärft.

Folgt man jedoch *Floretta*[191], wonach in Betrieben, in denen trotz Betriebsratspflicht kein Betriebsrat errichtet wurde, ein Sozialvergleich jedenfalls durchzuführen ist, so wird das Auswahlproblem in aller Schärfe wieder akut. Hier liegt zweifellos ein neuralgischer Punkt des gesamten Kündigungsschutzes. Dem VwGH zufolge bildet der ausdrückliche Widerspruch des Betriebsrats gegen die Kündigungsabsicht eine unabdingbare Voraussetzung für den Sozialvergleich. Kann diese Voraussetzung nicht erfüllt

---

allgemeinen Kündigungs- und Entlassungsschutz, in FS Rabofsky (1976), 163; *Mair*, Betriebliche Erfordernisse und soziale Gestaltungspflicht, wbl 2005, 445.

185 EA Linz 3. 7. 1975, Re 55/74, Arb 9414.

186 OGH 22. 2. 1989, 9 ObA 39/89, DRdA 1989, 425; zur Frage, inwieweit hiebei ausschließlich Arbeitnehmer derselben Tätigkeitssparte zu berücksichtigen sind, vgl *Marhold*, Grenzen vertikaler Austauschbarkeit im Sozialvergleich, ZAS 1993, 9; *Köck*, Der „neue" allgemeine Kündigungsschutz, ecolex 1990, 42.

187 EA Linz 18. 11. 1982, Re 165/80, Arb 10.131.

188 Vgl EA Leoben 5. 11. 1975, Re 16/75, Arb 9435.

189 EA Linz 3. 7. 1975, Re 55/74, Arb 9414.

190 VwGH 11. 6. 1963, 822/62, Arb 7781; OGH 11. 5. 2010, 9 ObA 69/09a, ASoK 2011, 12 mit Bespr v *Trattner* = DRdA 2012, 41 mit Bespr v *Trost* = ARD 6086/3/2010; EA Linz 18. 11. 1982, Re 165/80, Arb 10.131; EA Leoben 8. 6. 1983, Re 10/83, Arb 10.236.

191 *Floretta*, Der Sozialvergleich beim allgemeinen Kündigungs- und Entlassungsschutz, DRdA 1976, 1; s auch *Jabornegg*, Sozialvergleich und Betriebe ohne Betriebsrat, DRdA 1980, 190; *Runggaldier*, Der Sozialvergleich, in Tomandl (Hrsg), Beendigung des Arbeitsvertrages (1986), 95.

werden, weil in dem Betrieb eben kein Betriebsrat existiert, dann hätte der Gesetzgeber – wenn er auch in einem solchen Fall die Vornahme eines Sozialvergleichs angestrebt hätte – dies ausdrücklich normieren müssen. Im Rahmen einer Anfechtung gem § 107 ArbVG (betriebsratspflichtiger Betrieb ohne Betriebsrat) ist zufolge dieser Judikatur kein Sozialvergleich vorzunehmen[192].

Ein sinnvolles Ergebnis kann jedenfalls nur dann erreicht werden, wenn der vom Gericht durchzuführende Sozialvergleich ausschließlich von einem „schlichten" Antrag und nicht auch von der Nennung anderer Arbeitnehmer abhängig gemacht wird. Nur bei einer derartigen Vorgangsweise kann davon ausgegangen werden, dass ein Arbeitnehmer, der den Anfechtungsprozess gewinnt, auch eine soziale Reintegration innerhalb der Belegschaft erwarten darf.

8/086 **Kein Sozialvergleich** ist expressis verbis (§ 105 Abs 4 ArbVG) dann durchzuführen, wenn der Betriebsrat innerhalb der Wochenfrist keine Stellungnahme abgegeben hat und der Arbeitnehmer selbst die Kündigung anficht. Hat der Betriebsrat gegen die Kündigung zwar Widerspruch erhoben, die Anfechtung jedoch in der Folge dem Arbeitnehmer überlassen, so besteht trotzdem die Möglichkeit des Sozialvergleichs[193].

8/087 Es lässt sich nicht leugnen, dass ein Kündigungsschutzverfahren, das ohne Sozialvergleich durchgeführt wird, willkürliche Aspekte aufweisen muss, weil die sozialadäquate Auswahl des zu Kündigenden ein wesentliches Kriterium des gesamten Verfahrens darstellt[194]. Es wird wohl kaum einen Kündigungsschutzprozess geben, in dem das Beweisverfahren nicht Kündigungsalternativen ergibt, die dem Arbeitgeber zur Verfügung stehen. Auch wenn kein formeller Sozialvergleich stattzufinden hat, ist die vom Dienstgeber getroffene Wahl an Hand der richterlichen Möglichkeiten zur wahrheitsgemäßen Sachverhaltsfeststellung im Beweisverfahren zu prüfen.

8.2.8.1.5. Wirkung der Anfechtung

8/088 Durch die erfolgreiche Anfechtung der Kündigung bei Gericht wird diese als **rechtsunwirksam** aufgehoben. Ergeht die Entscheidung des Gerichts vor Ablauf der Kündigungsfrist, so erfolgt keine Unterbrechung des Arbeitsverhältnisses. Entscheidet das Gerichts nach Ablauf der Kündigungsfrist, so wird das Dienstverhältnis zwar vorübergehend beendet, lebt aber nach dem stattgebenden Urteil rückwirkend auf. Den Entgeltausfall für den dazwischen liegenden Zeitraum hat der Dienstgeber dem Dienstnehmer gem § 1155 ABGB zu ersetzen. Geht der Arbeitnehmer in der Zwischenzeit ein neues Dienstverhältnis ein, so behindert dies nicht das Anfechtungsverfahren[195]. Gibt in diesem Fall das Gericht der Anfechtung statt, so muss dem Arbeitnehmer die notwendige Zeit gelassen werden, sein neues Dienstverhältnis ordnungsgemäß (dh insb unter Einhaltung der gesetzlichen oder vertraglichen Bestimmungen hinsichtlich des Kündigungstermins bzw der Kündigungsfrist) zu lösen.

8/089 Entscheidet das Gericht **erster Instanz** zu Gunsten des Arbeitnehmers, dann lebt das Arbeitsverhältnis rückwirkend auf, selbst wenn der Arbeitgeber gegen dieses Urteil beruft. Dies resultiert aus der Sonderbestimmung des § 61 ASGG, der eine sofortige Rechtsgestal-

---

192 VwGH 28. 3. 1980, 2392/77, Arb 9867; VwGH 25. 2. 1981, 01/1409/80, ZAS 1982, 148 mit Bespr v *Beck-Mannagetta.*
193 EA Linz 3. 7. 1975, Re 55/ 74, Arb 9414.
194 *Schwarz*, Probleme sozialer und personeller Mitbestimmung im Betrieb, DRdA 1975, 75.
195 KG Wels 5. 6. 1953, Cg 17/53, Arb 5712.

tungswirkung der Urteile des Erstgerichts vorsieht (vgl 14.1.4.5). Eine gegenteilige Vereinbarung können die Streitparteien jedoch treffen. Ob es in der Folge beim Wiederaufleben des Arbeitsverhältnisses bleibt oder ob die ursprüngliche Beendigung des Arbeitsverhältnisses wiederum Bedeutung erlangt, stellt sich letztlich erst mit Rechtskraft des Urteils der Berufungsinstanz bzw des OGH heraus.

Voraussetzung für jegliche Kündigungsanfechtung bildet das Vorliegen einer rechtswirksamen Kündigung[196]. Ergibt sich aus den Prozessunterlagen die Nichtigkeit der Kündigung, ist die Anfechtung abzuweisen. Seit dem Inkrafttreten des ASGG besteht die Möglichkeit der Berufung gegen Urteile im Kündigungsanfechtungsverfahren. Der Instanzenzug geht vom Arbeits- und Sozialgericht an das zuständige OLG und von dort an den OGH (vgl 14.1.3.2). 8/090

8.2.8.2. Individueller Kündigungsschutz

In bestimmten Fällen sehen das AVRAG und das GlBG eine von der Betriebsverfassung losgelöste Individualanfechtung von Kündigungen vor[197], gleichgültig ob die Kündigung im befristeten oder im unbefristeten Arbeitsverhältnis erfolgt. 8/091

Dem AVRAG zufolge kann ein Arbeitnehmer, der bei **ernster und unmittelbarer Gefahr** den Gefahrenbereich verlassen hat und auf Grund dieses Verhaltens gekündigt wurde, diese Kündigung **binnen einer Woche**[198] nach Zugang der Kündigung anfechten. Die Anfechtung ist gleichfalls dann möglich, wenn ein Arbeitnehmer Maßnahmen zur Abwehr derartiger Gefahren trifft. § 8 Abs 1 AVRAG setzt hiebei aber voraus, dass der Arbeitnehmer im Rahmen seiner Kenntnisse und der zur Verfügung stehenden technischen Mittel gehandelt hat, sonst zuständige Personen nicht erreichbar waren und ihm keine grob fahrlässige Handlungsweise vorgeworfen werden kann (zum Benachteiligungsverbot vgl 6.7.2). 8/092

Sicherheitsvertrauenspersonen, **Sicherheitsfachkräfte** und **Arbeitsmediziner** sowie deren Fach- und Hilfspersonal (vgl 7.2.2.3, 7.2.2.4 u 7.2.2.5) sind zur Anfechtung einer Kündigung **binnen einer Woche** ab deren Zugang berechtigt, wenn diese im Zusammenhang mit der Ausübung ihrer Tätigkeiten ausgesprochen wurde und nicht ohnedies eine Motivanfechtung nach § 105 ArbVG (vgl hiezu 8.2.8.1.3) möglich ist (§ 9 Abs 2 AVRAG; zum Benachteiligungsverbot vgl 6.7.2). Mit dieser Individualanfechtung wird sichergestellt, dass losgelöst von der Frage des sachlichen oder persönlichen Geltungsbereichs der Betriebsverfassung jedenfalls eine Anfechtungsmöglichkeit für die nach dem ASchG zu bestellenden Personen besteht. 8/093

Im Falle der Kündigung von **Sicherheitsvertrauenspersonen** sieht der Gesetzgeber einen zusätzlichen verfahrensrechtlichen Schutzmechanismus vor. Vor jeder Kündigung ist nämlich die zuständige

---

[196] Vgl zB VwGH 28. 6. 1977, 2300/75, ZAS 1978, 188 mit Bespr v *Floretta* = Arb 9599; EA Innsbruck 24. 7. 1981, Re 30/81, Arb 10.007; EA Leoben 8. 6. 1983, Re 10/83, Arb 10.236; EA Leoben 3. 12. 1985, Re 20/85, Arb 10.463.

[197] *Wagnest*, Die Kündigungsanfechtungstatbestände außerhalb des ArbVG, in FS Binder (2010), 425; *Mair*, Individueller Kündigungs- und Entlassungsschutz, in Resch (Hrsg), Kündigungs- und Entlassungsschutz (2012), 77.

[198] Vgl *Mair*, Das Fristenproblem im individuellen Kündigungsschutz, ecolex 2012, 70.

gesetzliche Interessenvertretung der Arbeitnehmer nachweislich zu verständigen (§ 9 Abs 3 AVRAG). Ohne rechtzeitige Verständigung der Interessenvertretung verlängert sich die Anfechtungsfrist nach dem AVRAG oder dem ArbVG für die Sicherheitsvertrauensperson um den Zeitraum der verspäteten Verständigung, längstens jedoch auf einen Monat ab Zugang der Kündigung.

8/094 Eine Kündigung kann weiters gem § 15 Abs 1 AVRAG angefochten werden, wenn sie wegen einer beabsichtigten oder tatsächlich in Anspruch genommenen **Karenzierung** oder **Teilzeitarbeit** iS des AVRAG (zB Bildungskarenz; vgl 6.11.2 bzw 6.8.7.2.6) ausgesprochen wird.

Ein ausdrücklicher Hinweis, wie lange eine Kündigung gem § 15 Abs 1 AVRAG angefochten werden kann, findet sich im Gesetz im Gegensatz zu den §§ 8 u 9 AVRAG nicht. Daraus wird jedoch nicht der Schluss zu ziehen sein, dass eine Anfechtung gem § 15 AVRAG zeitlich unbegrenzt erfolgen kann. Man wird vielmehr von einem Versehen des Gesetzgebers ausgehen müssen und die sonstigen **einwöchigen** Anfechtungsfristen des AVRAG **analog** anzuwenden haben.

8/095 Ficht ein Arbeitnehmer eine Kündigung iSd § 15 Abs 1 AVRAG nicht an, sondern lässt diese gegen sich gelten, dann hat er einen Ersatzanspruch iSd § 29 AngG oder des § 1162b ABGB (Kündigungsentschädigung und Anspruch auf weitergehenden Schadenersatz; vgl 8.2.8.7.1). Die Rechtswidrigkeit der Kündigung, die § 29 AngG bzw § 1162b ABGB voraussetzt, liegt in einem Verstoß gegen § 15 AVRAG. Die Sanktion besteht in einem Schadenersatzanspruch in der Höhe des Entgelts, das der Arbeitnehmer bekommen hätte, wenn das Arbeitsverhältnis nicht karenziert worden wäre bzw wenn die Arbeitszeit nicht herabgesetzt worden wäre. Dieser Anspruch besteht somit auch dann, wenn der Dienstgeber Kündigungsfrist und Kündigungstermin einhält[199].

8/096 Eine Anfechtung **sozial ungerechtfertigter Kündigungen** war bis zum Inkrafttreten des ARÄG 2000 nur im betriebsratspflichtigen Betrieb möglich. § 15 Abs 3 AVRAG sieht nunmehr auch für den **nicht betriebsratspflichtigen Betrieb** eine Anfechtung vor, wenn von der Kündigung Arbeitnehmer der Jahrgänge 1935 bis 1942 bzw Arbeitnehmerinnen der Jahrgänge 1940 bis 1947 betroffen sind[200]. Die sonstigen Voraussetzungen für die Anfechtung und für das Verfahren sind dem allgemeinen Kündigungsschutz älterer Arbeitnehmer (vgl 8.2.8.1.4) nachgebildet. Die Anfechtungsklage muss innerhalb einer Woche nach Zugang der Kündigung vom Arbeitnehmer bei Gericht eingebracht werden. Ein Sozialvergleich (vgl 8.2.8.1.4) ist nicht möglich. Eine besondere Entschädigung wegen Rechtswidrigkeit der Kündigung wie in den Fällen des § 15 Abs 1 AVRAG (s oben) ist in diesem Fall nicht vorgesehen.

8/097 Dauert die Teilzeitbeschäftigung nach der Geburt eines Kindes länger als bis zum Ablauf des vierten Lebensjahres oder beginnt sie überhaupt erst nach dem vierten Lebensjahr, so kann eine Kündigung des Arbeitgebers wegen der **Elternteilzeit** gerichtlich angefochten werden (§ 15n Abs 2 MSchG, § 8f Abs 2 VKG)[201].

---

199 Ebenso *Binder/Burger/Mair*, Arbeitsvertragsrechts-Anpassungsgesetz[3] (2016), 443 ff; aA *Jabornegg* in Jabornegg/Resch (Hrsg), Rechtsfragen des ASRÄG 1997 (1998), 39.

200 Vgl *Mayr*, Urlaubsrecht und arbeitsrechtliche Begleitmaßnahmen zur Pensionsreform, in Resch (Hrsg), Aktuelle Neuerungen im Arbeits- und Sozialrecht (2001), 47; *dens*, Diskriminierung aufgrund des Geschlechts und Kündigung in Kleinbetrieben, RdW 2001, 26; *Binder/Burger/Mair*, Arbeitsvertragsrechts-Anpassungsgesetz[3] (2016), 444; *Trost*, Das Lebensalter als „soziale Komponente" im österreichischen Kündigungsschutz – von den Anfängen bis zum ARÄG 2000, in FS Cerny (2001), 353.

Ist das **Arbeitsverhältnis** vom Arbeitgeber **wegen des Geschlechts** des Arbeitnehmers oder wegen der offenbar nicht unberechtigten Geltendmachung von Ansprüchen nach dem GlBG gekündigt worden oder ist ein **Probearbeitsverhältnis** wegen eines solchen Grundes beendet worden, so kann der Arbeitnehmer die Kündigung bei Gericht anfechten (§ 12 Abs 7 iVm § 15 Abs 1a GlBG; vgl hiezu auch 6.7.3)[202]. Ebenso ist die Kündigung bzw Beendigung des Arbeitgebers anfechtbar, wenn sie wegen der **ethnischen Zugehörigkeit**, der **Religion**, der **Weltanschauung**, des **Alters** oder der **sexuellen Orientierung** des Arbeitnehmers bzw wegen der nicht offenbar unberechtigten Geltendmachung von Ansprüchen nach dem GlBG erfolgt (§ 26 Abs 7 GlBG). Wird ein Arbeitnehmer, der nicht dem besonderen Kündigungsschutz nach § 8 BEinstG unterliegt, vom Arbeitgeber wegen seiner **Behinderung** gekündigt oder wird deswegen sein Probedienstverhältnis beendet oder wegen der nicht offenbar unberechtigten Geltendmachung von Ansprüchen nach dem BEinstG, so kann die Kündigung gerichtlich angefochten werden (§ 7f Abs 1 u 3 BEinstG)[203]. 8/098

Die Anfechtung einer Kündigung in den genannten Fällen ist als Individualrecht des Arbeitnehmers und nicht als betriebsverfassungsrechtliche Befugnis ausgestaltet, dh dass nur der Arbeitnehmer und nicht auch der Betriebsrat **anfechtungsberechtigt** ist. Es stellt sich somit die Frage, ob es dem verfassungsrechtlichen Gleichheitssatz entspricht, die Anfechtung einer Kündigung oder Entlassung wegen bestimmter Motive und Sachverhalte grundsätzlich der betrieblichen Mitbestimmung zu unterstellen (§§ 105 Abs 3, 106 und 107 ArbVG) und in bestimmten Einzelfällen ausschließlich eine Individualanfechtung durch den Betroffenen vorzusehen. 8/099

Falls sich der Arbeitnehmer bei der Kündigungsanfechtung auf das konkret vom Gesetz missbilligte Motiv beruft, so hat er dies glaubhaft zu machen. Die Klage ist abzuweisen, wenn bei Abwägung aller Umstände eine höhere Wahrscheinlichkeit dafür spricht, dass ein anderes vom Arbeitgeber **glaubhaft** gemachtes Motiv für die Kündigung ausschlaggebend war (§§ 8 Abs 2, 9 Abs 2, 15 Abs 1 AVRAG, §§ 12 Abs 12, 26 Abs 12 GlBG; § 7p BEinstG). Diese Vorgangsweise, die eine erleichterte Beweisführung ermöglichen soll, wurde dem Anfechtungsverfahren wegen der Kündigung aus verpöntem Motiv nachgebildet (vgl 8.2.8.1.3).

Die Bestimmungen des allgemeinen Kündigungsschutzes nach § 105 ArbVG kommen jedenfalls unabhängig von den besonderen Anfechtungsmöglichkeiten außerhalb des ArbVG zur Anwendung. Wurde etwa der Betriebsrat von der beabsichtigten Kündigung nicht verständigt, dann ist die Kündigung ohnedies rechtsunwirksam (vgl 8.2.8.1.1) und damit aber auch eine Anfechtung nach dem AVRAG bzw dem GlBG nicht möglich. Bei ordnungsgemäß eingehaltenem Vorverfahren nach § 105 ArbVG ist hingegen eine Anfechtung der Kündigung gem § 105 ArbVG parallel zu jener nach dem AVRAG oder dem GlBG zulässig, wenn entsprechende Anfechtungsgründe vorliegen (vgl 8.2.8.1.3 u 8.2.8.1.4). 8/100

---

201 Zur Dauer des Bestandsschutzes s OGH 26. 2. 2016, 8 ObA 1/16d, DRdA-infas 2016, 146.

202 Vgl insb *Smutny/Mayr*, Gleichbehandlungsgesetz (2001), 289; *Trost*, Mittelbare Diskriminierung durch die Rechtsprechung zum allgemeinen Kündigungsschutz, in Floßmann/Trost (Hrsg), Aktuelle Themen der Frauenpolitik (1994), 133; OGH 29. 9. 2015, 8 ObA 62/15y, DRdA 2016, 250 mit Bespr v *Mair*.

203 Vgl *Spitzl*, Arbeitgeberkündigung in Unkenntnis der Behinderteneigenschaft des Arbeitnehmers, ZAS 2005, 209.

8.2.8.3. Besonderer Kündigungsschutz

8/101 Neben dem allgemeinen Kündigungsschutz gibt es eine Reihe von gesetzlichen Sonderbestimmungen, die für bestimmte Arbeitnehmergruppen gesonderte Kündigungsschutzregelungen vorsehen[204]. Gemeinsam ist allen diesen unter dem besonderen Kündigungsschutz zusammengefassten Normen, dass die Sanktion im Falle der Nichteinhaltung der einschlägigen Vorschriften in der **Rechtsunwirksamkeit** der Kündigung besteht.

8/102 Zu beachten ist, dass die Rechtsunwirksamkeit in einer den Umständen des Einzelfalls und dem Zweck der Kündigungsschutzbestimmung entsprechenden **Frist** geltend gemacht werden muss[205]. Auch wenn der Dienstgeber in rechtswidriger Weise vorgegangen ist, wird ein Klarstellungsinteresse desselben zu bejahen sein. Dies darf aber nicht dazu führen, dass die präventive Wirkung der Rechtsunwirksamkeitsandrohung verloren geht und die Aufgriffsobliegenheit des Arbeitnehmers zu einer Förderung rechtswidriger Beendigungsversuche verleitet[206]. In gewissen Fällen (zB bei Betriebsratsmitgliedern) wird die Frist zur Geltendmachung der Rechtsunwirksamkeit auch durch berechtigte Interessen Dritter beeinflusst (zB Interesse der Belegschaft an der Ausübung der Mitwirkungsrechte durch das Betriebsratsmitglied).

8.2.8.3.1. Belegschaftsvertreter

8/103 Die Mitglieder des Betriebsrats dürfen bei sonstiger Rechtsunwirksamkeit gem § 120 Abs 1 ArbVG (ebenso § 223 Abs 1 LArbG) **nur nach vorheriger Zustimmung** des Gerichts[207] (bzw der Einigungskommission nach dem Landarbeitsrecht) gekündigt werden. Wurde die Zustimmung nicht eingeholt oder verweigert das Gericht dieselbe, so ist eine dennoch ausgesprochene Kündigung des Betriebsratsmitglieds von Anfang an absolut **nichtig**[208]. Da das Arbeitsverhältnis durch eine derartige Kündigung nicht zur Auflösung gebracht wird, ist eine Anfechtung bei Gericht weder notwendig noch möglich. Das Betriebsratsmitglied hat vielmehr die Feststellung zu begehren, dass sein Dienstverhältnis aufrecht ist. Gegebenenfalls kann das Mitglied sein Entgelt einklagen[209].

---

[204] Vgl *Weiß*, Der besondere Bestandschutz von Arbeitsverhältnissen (2002); s auch *David*, Zur Kündigungsentschädigung bei besonderem Bestandschutz, DRdA 2008, 285; *Eichinger*, Besonderer Kündigungs- und Entlassungsschutz, in Resch (Hrsg), Kündigungs- und Entlassungsschutz (2012), 107.

[205] Vgl hiezu vor allem *Celar*, Der Bestandschutz im Arbeitsrecht (2002), 217.

[206] Vgl *Födermayr*, Aufgriffsobliegenheit bei Kündigung besonders bestandgeschützter Arbeitsverhältnisse?, JBl 2011, 629.

[207] Eine Vereinbarung zwischen Betriebsratsmitglied und Arbeitgeber, derzufolge das Betriebsratsmitglied im gerichtlichen Zustimmungsverfahren von Einwendungen Abstand nimmt, wurde vom OGH nicht als sittenwidrig erachtet (OGH 26. 1. 1994, 9 ObA 280/93, DRdA 1994, 496 mit Bespr v *Csebrenyak*).

[208] EA Wr Neustadt 3. 7. 1967, Re 31/67, Arb 8435; VwGH 5. 7. 1977, 1605/76, Arb 9603; LG Wien 11. 1. 1979, 44 Cg 256/78, Arb 9793; allg vgl *Heinz*, Der besondere Kündigungs- und Entlassungsschutz von Betriebsratsmitgliedern und ihnen gleichgestellten Personen (1997); anhand eines Fallbeispiels s *Pfeil*, Kündigung eines Betriebsratsmitglieds, DRdA 1983, 116; s auch *Wisleitner*, Die gerichtliche „Zustimmung" gem § 120 ArbVG, ecolex 1991, 793; zur gerichtlichen Prüfung einer „Klage auf Zustimmung zur Entlassung, in eventu zur Kündigung" s OGH 28. 4. 2014, 8 ObA 76/13d, DRdA 2015, 104 mit Bespr v *Trost* = ARD 6408/11/2014 = ASoK 2014, 406.

[209] Hebt der OGH die Zustimmung zu einer Kündigung durch die Vorinstanzen auf, so gilt das Dienstverhältnis als ununterbrochen. Der Dienstnehmer hat daher gem § 1155 ABGB Anspruch auf Nachzahlung des Entgelts (zur Rechtslage vor dem ASGG vgl OGH 18. 5. 1982, 4 Ob 61/81, ZAS 1983, 66 mit Bespr v *Schnorr*).

Die Zustimmung zur Kündigung bildet somit die Voraussetzung für den rechtswirksamen Ausspruch der Kündigung. Nicht ausreichend ist das bloße Vorliegen eines unten angeführten Zustimmungsgrundes (anders die Regelung des § 32 VBG; vgl 8.2.8.3.5). 8/104

Der Kündigungsschutz nach § 120 ArbVG schafft einen besonderen Bestandschutz für Belegschaftsvertreter, der wesentlich über den allgemeinen Kündigungsschutz nach § 105 ArbVG (vgl 8.2.8.1) hinausreicht. Für eine zusätzliche Anwendung des **§ 105 ArbVG** auf Belegschaftsvertreter bleibt daher **kein Raum** (OGH 29. 1. 2013, 9 ObA 149/12w, ARD 6333/7/2013 = RdW 2013, 483). 8/105

In erster Linie ist der besondere Kündigungs- ebenso wie der besondere Entlassungsschutz des ArbVG auf die Mitglieder des Betriebsrats abgestellt. Dieser Schutz beginnt mit dem Zeitpunkt der **Annahme der Wahl** und endet **drei Monate** nach Erlöschen der Mitgliedschaft zum Betriebsrat (vgl hiezu 10.4.4). Im Falle der Einstellung des Betriebs endet er mit Ablauf der Tätigkeitsdauer des Betriebsrats (§ 120 Abs 3 ArbVG), es sei denn, dass Betriebsratsmitglieder auch nach Betriebseinstellung die Belegschaft iSd § 62a ArbVG im gerichtlichen oder behördlichen Verfahren vertreten[210]. Darüber hinaus ist jedoch ein erweiterter Personenkreis davon erfasst. Sinngemäß gelten die §§ 120 bis 122 ArbVG auch für 8/106

a) **Ersatzmitglieder**, die an der Mandatsausübung verhinderte Betriebsratsmitglieder durch mindestens zwei Wochen ununterbrochen vertreten haben, bis zum Ablauf von drei Monaten nach Beendigung dieser Tätigkeit, sofern der Betriebsinhaber vom Beginn und Ende der Vertretung ohne unnötigen Aufschub in Kenntnis gesetzt wurde[211]. 8/107
b) **Mitglieder von Wahlvorständen**[212] und **Wahlwerber** vom Zeitpunkt ihrer Bestellung bzw Bewerbung bis zum Ablauf der Frist zur Anfechtung der Wahl. Der Schutz des Wahlwerbers beginnt mit dem Zeitpunkt, in dem nach der Bestellung des Wahlvorstandes seine Absicht, auf einem Wahlvorschlag zu kandidieren, offenkundig wird[213]. Gleichgültig ist, ob der Wahlwerber für die Funktion eines Mitglieds oder Ersatzmitglieds auftritt[214]. Scheint der Wahlwerber auf keinem Wahlvorschlag auf, so endet sein Kündigungs- und Entlassungsschutz bereits mit Ende der Einreichungsfrist für Wahlvorschläge. 8/108
c) **Mitglieder eines Betriebsrats**, der **nach Beendigung** seiner Tätigkeit die Geschäfte weiterführt, bis zum Ablauf von drei Monaten nach Beendigung dieser Tätigkeit (vgl § 61 Abs 2 ArbVG; s 10.4.4.2). 8/109
d) **Mitglieder des Jugendvertrauensrats** sowie **Ersatzmitglieder**, **Mitglieder des Wahlvorstandes** und **Wahlwerber zum Jugendvertrauensrat**, für die das zu den Punkten a 8/110

---

210 S *Löschnigg/Karl*, Der Kündigungs- und Entlassungsschutz von Betriebsratsmitgliedern und die Verlängerung der Partei- und Prozessfähigkeit gem § 62a ArbVG, ZAS 2000, 161.

211 S OGH 29. 8. 1990, 9 ObA 175/90, DRdA 1991, 211 mit Bespr v *Holzer*.

212 *Schneller* in Gahleitner/Mosler (Hrsg), Arbeitsverfassungsrecht, Bd 2^5 (2015), 975 ff; *Rauch*, Der Kündigungs- und Entlassungsschutz des Wahlvorstands für die Betriebsratswahl – Nach der Rechtsprechung besteht der besondere Bestandschutz auch für Arbeitnehmer, die rechtswidrig in den Wahlvorstand gewählt wurden, ASoK 2014, 456.

213 Vgl hiezu *Marhold*, Zum Kündigungsschutz von Wahlwerbern, RdW 1989, 198; OGH 18. 12. 1991, 9 ObA 222/91, DRdA 1992, 274 mit Bespr v *Csebrenyak*; s auch OGH 21. 2. 2013, 9 ObA 90/12v, DRdA 2013, 512 mit Bespr v *Felten* = ARD 6342/3/2013.

214 OGH 22. 6. 1995, 8 ObA 254, 255/95, RdW 1996, 127.

und b Gesagte sinngemäß gilt. Für Jugendvertrauensräte, die als Lehrlinge dem BAG unterliegen, wurden die Kündigungszustimmungsgründe des § 121 Z 2 (dienstliche Unfähigkeit) und Z 3 (beharrliche Pflichtverletzung) des ArbVG in Entlassungsgründe umgewandelt (vgl § 130 Abs 1 ArbVG u 8.3.4.3.3.1).

8/111 e) Gem § 22a Abs 10 BEinstG sind die Bestimmungen des 4. Hauptstücks des II. Teils des ArbVG und damit insb auch der besondere Kündigungs- und Entlassungsschutz der §§ 120 bis 122 ArbVG auf **Behindertenvertrauenspersonen** und deren Stellvertreter anzuwenden (vgl 10.11)[215].

8/112 Auf die **Rechnungsprüfer** des Betriebsratsfonds ist der besondere Kündigungs- und Entlassungsschutz weder unmittelbar noch analog anwendbar[216].

8/113 Sucht der Dienstgeber bei Gericht um die Zustimmung zur beabsichtigten Kündigung eines Betriebsratsmitglieds oder eines anderen im Sinne der Betriebsverfassung geschützten Dienstnehmers an, so darf das Gericht gem § 121 ArbVG der Kündigung nur dann zustimmen, wenn einer der folgenden **Zustimmungsgründe** gegeben ist[217]:

8/114 a) Der Betriebsinhaber erbringt im Falle einer dauernden **Einstellung** oder **Einschränkung des Betriebs** oder der **Stilllegung einzelner Betriebsabteilungen** den Nachweis, dass er das betroffene Betriebsratsmitglied trotz dessen Verlangen an einem anderen Arbeitsplatz im Betrieb oder in einem anderen Betrieb des Unternehmens ohne erheblichen Schaden nicht weiterbeschäftigen kann[218]. Während die dauernde Einstellung des Betriebs in diesem Falle gem § 121 Z 1 ArbVG einen Kündigungsgrund für die Belegschaftsvertreter darstellt, bildet sie gem § 62 Z 1 ArbVG gleichzeitig einen Tatbestand, der die Tätigkeitsdauer des Betriebsrats vorzeitig zum Erlöschen bringt, wodurch der Sonderschutz der §§ 120 bis 122 ArbVG verloren geht. Diese scheinbare Doppelgleisigkeit der Rechtsfolgen im Falle einer dauernden Betriebsstilllegung kann nur dahingehend interpretiert werden, dass der Kündigungszustimmungsgrund nicht erst bei einer erfolgten, sondern bereits bei einer beabsichtigten, auf Dauer gerichteten Betriebsstilllegung erfüllt ist. Der Betriebsinhaber muss somit nicht abwarten, bis der Betrieb tatsächlich stillgelegt ist, sondern kann das Kündigungsverfahren bei Gericht so zeitgerecht einleiten, dass das Ausscheiden der Betriebsratsmitglieder gleichzeitig mit der Betriebsstilllegung erfolgt.

Wenn zum Zeitpunkt der Fällung des Urteils die Betriebseinstellung **bereits vollzogen** ist, hat das Gericht die Klage auf Zustimmung zur beabsichtigten Kündigung eines Betriebsratsmitglieds zurückzuweisen[219]. Eine bloße Absichtserklärung seitens des Betriebsinhabers, den Betrieb einschränken oder stilllegen zu wollen, genügt andererseits als Zustimmungsvoraussetzung nicht[220]. Die Absicht muss in konkreten Maßnahmen, wie zB in der Beendigung eines unternehmensentscheidenden Pachtvertrags[221], zum Ausdruck kommen.

---

[215] Zum Bestandschutz einer Behindertenvertrauensperson im öffentlichen Dienst s OGH 15. 9. 2004, 9 ObA 45/04i, DRdA 2005, 336 mit Bespr v *Weiß*.

[216] OGH 16. 12. 1986, 4 Ob 175/85, DRdA 1987, 291 mit Bespr v *Floretta*.

[217] Das Gesetz zählt die Kündigungsgründe taxativ auf, s OGH 19. 8. 1998, 9 ObA 76/98m, DRdA 1999, 481 mit Bespr v *Klein*.

[218] Vgl hiezu auch *Wisleitner*, Betriebseinstellung als Kündigungsgrund, ecolex 1992, 107.

[219] EA Leoben 16. 1. 1984, Re 43, 45, 47 u 48/83, Arb 10.283.

[220] EA Wien 16. 2. 1953, Re 50/53-2, SozM II B, 107; EA Wien 10. 10. 1963, Re 203/63, SozM II B, 709; EA Innsbruck 9. 10. 1978, Re 17/78, Arb 9722.

[221] VwGH 30. 1. 1958, 1518/56, Arb 6805.

Das Gericht kann die Zustimmung zur Kündigung eines Betriebsratsmitglieds nur dann erteilen, wenn es sich um eine dauernde Einstellung oder Einschränkung des Betriebs oder um die Stilllegung einzelner Betriebsabteilungen handelt, dh eine nur **vorübergehende** Schließung oder Einschränkung des Betriebs bietet keine Voraussetzung für die Zustimmung[222]. 8/115

Liegt eine Einstellung oder Einschränkung eines Betriebs(teils) vor, so hat der Betriebsinhaber zusätzlich nachzuweisen, dass das betroffene Betriebsratsmitglied im gesamten Restunternehmen (nicht nur in dem uU verbleibenden Restbetrieb) an keinem Arbeitsplatz weiterbeschäftigt werden kann, ohne dass dem Betriebsinhaber ein erheblicher Schaden daraus erwächst. Von einem solchen kann nicht gesprochen werden, wenn das Betriebsratsmitglied eine Tätigkeit ausüben soll, die zuvor von einem jüngeren und damit personalkostengünstigeren Arbeitskollegen verrichtet wurde[223]. Für den von der beabsichtigten Kündigung betroffenen Belegschaftsvertreter muss im Restunternehmen nicht unbedingt ein freier Arbeitsplatz vorhanden sein. Es kann vielmehr auch zur Kündigung eines anderen Arbeitnehmers, dessen Arbeitsplatz zu übernehmen das Betriebsratsmitglied fähig und willens ist, kommen. Der Erwerber eines Unternehmens, Betriebs oder Betriebsteils, der in die laufenden Arbeitsverhältnisse eintreten muss, ist ebenfalls an den besonderen Kündigungs- und Entlassungsschutz gebunden (§ 3 Abs 1 AVRAG; vgl 9.2.2). 8/116

b) Das Betriebsratsmitglied wird unfähig, die im Arbeitsvertrag vereinbarte Arbeit zu leisten. Ursache der **Dienstunfähigkeit** werden vor allem schwere Verletzungen oder chronische Erkrankungen sein, die nicht auszuheilen sind[224]. Zumindest darf in absehbarer Zeit eine Wiederherstellung der Arbeitsfähigkeit des Dienstnehmers nicht zu erwarten sein. 8/117

Die Arbeitsunfähigkeit kann sich jedoch auch durch die Verbüßung einer längeren Haftstrafe (nicht zB aber wegen einer sechstägigen Untersuchungshaft – EA Graz 9. 7. 1964, Re 23/64, Arb 7968) oder auf Grund eines ständigen Führerscheinentzugs (nicht zB im Falle eines sechsmonatigen Führerscheinentzugs mit zusätzlich anderweitiger Beschäftigungsmöglichkeit – VwGH 29. 9. 1955, 1749/54, Arb 6311; EA Salzburg 23. 10. 1978, Re 29/78, Arb 9727) ergeben. In allen Fällen ist jedoch zu prüfen, ob dem Betriebsinhaber die Weiterbeschäftigung oder die Erbringung einer anderen Arbeitsleistung durch das Betriebsratsmitglied, zu deren Verrichtung sich dieses bereit erklärt hat, zugemutet werden kann (zum Tatbestand der Arbeitsunfähigkeit im Entlassungsrecht vgl 8.3.4.1.1 b betreffend Angestellte und 8.3.4.1.2 c betreffend Arbeiter). Kannte der Betriebsinhaber bei Abschluss des Arbeitsvertrags die Unfähigkeit oder nahm er sie in Kauf, so ist eine spätere Berufung auf diese ausgeschlossen[225].

c) Das Betriebsratsmitglied **verletzt** die ihm auf Grund des Arbeitsverhältnisses obliegenden Pflichten **in beharrlicher Weise**. Dieser Umstand liegt vor, wenn das Betriebsratsmitglied beharrlich seinen Dienst versäumt, die Arbeit unbefugt verweigert, passive Resistenz übt oder bei seiner Arbeit nachlässig ist. Auch beharrliche Verletzungen anderer gesetzlicher 8/118

---

[222] VwGH 28. 4. 1982, 81/01/0057, Arb 10.135; VwGH 19. 1. 1983, 81/01/0011, ZAS 1984, 196 mit Bespr v *Strasser*; EA Leoben 16. 1. 1984, Re 43, 45, 47 u 48/83, Arb 10.283; *Schneller* in Cerny/Gahleitner/Preiss/Schneller (Hrsg), Arbeitsverfassungsrecht Bd 3^4 (2009), 780; *Trost* in Strasser/Jabornegg/Resch (Hrsg), ArbVG (Losebl), § 121 Rz 7 ff; aM *Floretta* in ArbVG-Handkommentar (1975), 845; OGH 2. 6. 2009, 9 ObA 139/08v, ZAS 2011, 86 mit Bespr v *Felten*.

[223] EA Innsbruck 9. 10. 1978, Re 17/78, Arb 9722.

[224] VwGH 7. 7. 1955, 3510/54, Arb 6280; VwGH 18. 12. 1958, 2037/57, SozM II B, 439.

[225] Vgl *Martinek/M. Schwarz/W. Schwarz*, $AngG^7$ (1991), 622.

oder vertraglicher Pflichten erfüllen diesen Tatbestand, so etwa Verletzungen der Anstandspflicht, insb der Pflicht, dem Arbeitgeber und anderen Vorgesetzten achtungsvoll zu begegnen, oder der Treuepflicht. Für die Beurteilung der Beharrlichkeit von Pflichtverletzungen ist es von Bedeutung, ob sich der Arbeitgeber auf eine Mehrheit von Verletzungshandlungen berufen kann, wobei er auch solche Vorfälle, die wegen Verzichts, Verwirkung, Verzeihung oder Verstreichens einer längeren Zeit nicht mehr geltend gemacht werden können, zur Qualifikation späterer Fakten heranziehen kann[226]. Die einzelnen Vertragsverletzungen sind nicht allein, sondern in ihrer Gesamtheit zu sehen. Weiters ist erforderlich, dass dem Arbeitgeber eine Weiterbeschäftigung des Betriebsratsmitglieds aus Gründen der Arbeitsdisziplin nicht zugemutet werden kann. Dieser Kündigungszustimmungsgrund, der wie der Tatbestand der Arbeitsunfähigkeit aus dem Entlassungsrecht stammt (vgl zB § 82 lit f GewO und 8.3.4.1.2 h u i), ist unter dem besonderen Gesichtspunkt zu prüfen, ob das Verhalten des Betriebsrats in Ausübung des Mandats gesetzt wurde und unter Abwägung aller Umstände entschuldbar ist[227].

Eine Kündigung ist der **Judikatur** zufolge **gerechtfertigt**: Bei wiederholtem Dienstantritt in alkoholisiertem Zustand[228], umso mehr, wenn die Trunkenheit in Streitigkeiten mit Kollegenschaft und Betriebsleitung mündet[229]; bei Fernbleiben von der Arbeit infolge Trunkenheit, wenn das Betriebsratsmitglied schon wegen anderer Pflichtwidrigkeiten abgemahnt worden ist[230]; wegen mangelhafter und unter dem Durchschnitt zurückbleibender Arbeitsleistungen[231]; nach wiederholten diesbezüglichen Ermahnungen[232]; im Falle der fahrlässigen Weitergabe von das Renommee der Firma beeinträchtigenden Informationen aus einer Betriebsversammlung an betriebsfremde oder an der Betriebsversammlung nicht teilnahmeberechtigte Personen[233]; bei eigenmächtigem verbotenem Verlassen des Dienstes zwecks Reparatur des eigenen Personenkraftwagens[234]; bei beharrlichem, unbefugtem Fernbleiben vom Dienst ohne Bekanntgabe des Aufenthaltsortes und damit ohne Möglichkeit zur Ermahnung[235]; bei Fernbleiben entgegen ausdrücklichem Verbot, wobei das Fernbleiben als besonders einsichtsloses Verhalten zu qualifizieren ist[236]; wegen der Äußerung, der Betriebsleiter sei nicht fähig, den Betrieb zu leiten, und dieser habe es bisher an keinem Arbeitsplatz länger ausgehalten[237]; bei Verwendung der für die Betriebsratsvorsitzendentätigkeit beanspruchten und gewährten Freizeit auf zweckfremde Art und Weise[238]; wegen der beharrlichen Weigerung eines außer Dienst gestellten Betriebsratsmitglieds, den Dienst wieder anzutreten[239]; bei eigenmächtigem Urlaubsantritt, obwohl die Entlassung angedroht wurde[240]. Eine Kündigung ist jedoch **nicht gerechtfertigt**, wenn der Dienstgeber das Betriebsratsmitglied nach dem eigenmächtigen Urlaubsantritt nicht zum sofortigen Dienstantritt auffordert[241].

---

[226] Vgl hiezu VwGH 17. 3. 1980, 1031/78, ZAS 1982, 70 mit Bespr v *Schnorr*.
[227] § 120 Abs 1 ArbVG; s auch VwGH 28. 3. 1985, 83/01/0240, infas 1986, A 5.
[228] VwGH 29. 1. 1953, 795/52, Arb 5616.
[229] EA Linz 24. 3. 1976, Re 5/76, Arb 9483; VwGH 28. 1. 1960, 472/58, Arb 7167.
[230] EA Salzburg 6. 8. 1984, Re 38/84, Arb 10.346.
[231] VwGH 11. 3. 1954, 1082/53, SozM II B, 201.
[232] EA Linz 18. 11. 1977, Re 53/76, Arb 9634.
[233] VwGH 5. 7. 1977, 1605/76, Arb 9603.
[234] EA Wien 22. 10. 1974, IV Re 48/74, Arb 9260.
[235] EA Graz 7. 4. 1972, Re 1/72, Arb 9003.
[236] EA Linz 11. 2. 1977, Re 79/76, Arb 9558.
[237] VwGH 28. 3. 1985, 83/01/0240, infas 1986, A 5.
[238] EA Wien 30. 11. 1960, Re 213/60, SozM II B, 537.
[239] VwGH 8. 10. 1953, 3181/52, VwGHSlg NF 3134.
[240] EA Graz 4. 8. 1953, Re 60/51, Arb 5783.
[241] VwGH 11. 6. 1953, 2143/51, Arb 5740; EA Linz 3. 11. 1967, Re 66/67, Arb 8473.

Die Beharrlichkeit der Pflichtverletzung setzt zwar regelmäßig eine **Ermahnung** oder Verwarnung voraus, doch kann im Falle besonders schwer wiegender Verstöße bereits die einmalige Pflichtverletzung zur gerechtfertigten Kündigung iSd § 121 Z 3 ArbVG führen[242]. 8/119

Wie in allen Fällen, bei denen sich die Auflösung des Dienstverhältnisses auf einen Grund stützt (vgl zB zur vorzeitigen Auflösung 8.3.1), müssen auch beim besonderen Kündigungsschutz der Betriebsratsmitglieder das tatsächliche Auftreten des Grundes einerseits und die Geltendmachung des Kündigungsgrundes andererseits zeitlich eng beieinander liegen. Die Pflicht zur **unverzüglichen Geltendmachung** bedeutet zweierlei: Der Betriebsinhaber ist sowohl dazu angehalten, bei Gericht möglichst rasch die Zustimmung zur Kündigung zu beantragen, als auch dazu, nach erhaltener Zustimmung die Kündigung unverzüglich auszusprechen. Zögert der Betriebsinhaber mit der Klagseinbringung oder mit dem Kündigungsausspruch zu lange, so kann eine Verwirkung des Kündigungsrechts eintreten. Entsteht die Verzögerung jedoch zB dadurch, dass dem Arbeitnehmer eine Frist gesetzt wird, die Angelegenheit durch Entschuldigung zu bereinigen, oder dadurch, dass die Prüfung des Kündigungs- oder Entlassungsgrundes längere Zeit in Anspruch nimmt udgl, so geht das Kündigungsrecht nicht verloren[243]. 8/120

8.2.8.3.2. Mutter-/Vaterschutz

Der besondere Kündigungsschutz von Müttern gem § 10 MSchG bzw Vätern gem § 7 VKG besteht darin, dass die Elternteile innerhalb eines bestimmten Zeitraums nicht gekündigt werden können, außer der Dienstgeber hat auf Grund des Vorliegens gewisser Kündigungsgründe die **Zustimmung** des zuständigen Gerichts hiezu erhalten[244]. Mit Einbringung der Klage hat der Dienstgeber dem Betriebsrat hierüber Mitteilung zu machen[245]. **Ohne Zustimmung** des Gerichts ist die **Kündigung rechtsunwirksam**. Maßgeblich ist der Zeitpunkt des Kündigungsausspruchs. Die Kündigung verfällt selbst dann der Rechtsunwirksamkeit, wenn sie während des geschützten Zeitraums ausgesprochen wird, obzwar die Kündigungsfrist erst nach Ende des gesetzlichen Kündigungsschutzes zu laufen beginnt[246]. Ebenso verfällt eine Kündigung der Rechtsunwirksamkeit, wenn sie während der Behaltefrist nach § 15 Abs 4 MSchG ausgesprochen wird und wenn erst zu einem Zeitpunkt gekündigt wird, zu dem auch nach dem Ende der Behaltefrist wirksam hätte gekündigt werden können[247]. 8/121

Der besondere Kündigungsschutz **beginnt** bei **Frauen** grundsätzlich mit der **Schwangerschaft**[248] (§ 10 Abs 1 MSchG). Kommt es zu einer **Teilung** der Karenz zwischen Mutter und Vater, und nimmt die Dienstnehmerin ihre Karenz im Anschluss an jene des Vaters, so 8/122

---

[242] VwGH 5. 7. 1977, 1605/76, Arb 9603; EA Linz 5. 12. 1978, Re 82/78, Arb 9730.
[243] EA Linz 5. 12. 1978, Re 82/78, Arb 9730; vgl 8.2.5.
[244] *Burger*, Der besondere Kündigungsschutz nach dem MSchG – aktuelle Entwicklungen seit 2005, in Wachter/Burger (Hrsg), Aktuelle Entwicklungen im Arbeits- und Sozialrecht 2010 (2010), 68.
[245] Vgl *Weiß*, Verständigung des Betriebsrates von der Einbringung der Klage nach MSchG bzw APSG, RdW 2002, 99.
[246] OGH 28. 8. 1991, 9 ObA 178/91, DRdA 1992, 213 mit Bespr v *Petrovic*.
[247] OGH 21. 5. 2007, 8 ObS 15/07z, DRdA 2008, 513 mit Bespr v *Wolfsgruber*.
[248] Zum Begriff Schwangerschaft vgl 7.3.3.1.

beginnt der Kündigungsschutz mit der Bekanntgabe der Karenz, frühestens aber vier Monate vor deren Antritt (§ 15a Abs 4 MSchG). Nimmt die Dienstnehmerin noch einen dritten Karenzteil in Anspruch, beginnt der Kündigungsschutz unabhängig vom Datum der Bekanntgabe der Karenz vier Monate vor dem Antritt neu[249]. Im Fall einer **Notstandskarenz** beginnt der Kündigungsschutz für eine „einspringende" Mutter mit der Meldung der Verhinderung des betreuenden Vaters, sofern nicht ohnehin der Kündigungsschutz nach den sonstigen Bestimmungen des MSchG zum Tragen kommt. Nimmt die Dienstnehmerin Elternteilzeit in Anspruch oder wird die Lage der Arbeitszeit nach der Geburt eines Kindes geändert, so beginnt die Schutzfrist mit der Bekanntgabe der beabsichtigten Inanspruchnahme, frühestens jedoch vier Monate vor dem beabsichtigten Antritt (§ 15n Abs 1 MSchG). Kein besonderer Kündigungsschutz ist allerdings für den verbleibenden „Restanspruch" bei aufgeschobener Karenz nach § 15b MSchG vorgesehen.

8/123 Bei **Vätern beginnt** der besondere Bestandschutz mit der Bekanntgabe der **Karenz** oder **Teilzeitbeschäftigung** bzw **Änderung** der Lage der Arbeitszeit, allerdings frühestens vier Monate vor Antritt derselben und keinesfalls vor der Geburt des Kindes (§ 7 Abs 1 u § 8f VKG). Auch bei Vätern **erstreckt** sich der besondere Kündigungsschutz dann über die Zeiten einer elternschaftsbedingten Karenz, Teilzeitbeschäftigung oder Änderung der Lage der Arbeitszeit hinaus. Teilt der **Vater** die beabsichtigte Inanspruchnahme noch **vor** der **Geburt** des Kindes dem Dienstgeber mit und wird er im Anschluss daran gekündigt, dann kommt zwar noch nicht der besondere Kündigungsschutz zum Tragen, die Kündigung kann aber nach § 105 Abs 3 Z 1 lit i ArbVG angefochten werden[250].

Die Bestimmungen über den Kündigungsschutz finden auch Anwendung auf Arbeitnehmer(innen), die ein Kind, welches das zweite Lebensjahr noch nicht vollendet hat, an Kindes statt angenommen haben (**Adoptiveltern**), sowie auf Arbeitnehmer(innen), die in der Absicht, ein Kind zu adoptieren, dieses in unentgeltliche Pflege genommen haben (**Pflegeeltern**; § 15c Abs 4 und § 15o MSchG bzw § 7 Abs 1 iVm § 5 und § 8g VKG; vgl weiters 7.3.3.4). **Beginn** des Kündigungsschutzes bei Karenz der Mutter ist der Zeitpunkt der Mitteilung der Übernahme in Pflege mit Adoptionsabsicht oder der Adoption (§ 15c Abs 4 iVm § 10 MSchG), für Adoptiv(Pflege)Väter beginnt er mit der Meldung, frühestens vier Monate vor Antritt der Karenz (§ 7 iVm § 5 VKG). Bei Teilzeitbeschäftigung oder Änderung der Lage der Arbeitszeit beginnt der Schutz frühestens mit der Adoption oder Annahme des Kindes (§ 15o MSchG, § 8g VKG).

8/124 Der besondere Kündigungsschutz werdender Mütter kann nur dann zum Tragen kommen, wenn der Dienstgeber **von der Schwangerschaft informiert** ist. Aus diesem Grund sind werdende Mütter verpflichtet, dem Dienstgeber von der Schwangerschaft (ebenso von einem vorzeitigen Ende derselben) Mitteilung zu machen, sobald ihnen diese bekannt ist (vgl hiezu 7.3.3.1)[251]. Die bloße Vermutung der Schwangerschaft hat die Arbeitnehmerin nicht mitzuteilen. Wenn jedoch der Arbeitgeber in dieser Phase der Unsicherheit die Kündigung ausspricht, so verfällt diese nur dann der Rechtsunwirksamkeit, wenn die Arbeitnehmerin die Vermutung der Schwangerschaft nach Ausspruch der Kündigung bekannt gege-

[249] *Thomasberger* in Burger-Ehrnhofer/Schrittwieser/Thomasberger (Hrsg), MSchG und VKG^2 (2013), 339.

[250] Ähnlich *Drs*, Kündigung wegen „verfrühter" Bekanntgabe des Karenzurlaubes – Anfechtbarkeit oder Sittenwidrigkeit der Kündigung?, RdW 1996, 315.

[251] Allg hiezu vgl *Binder*, Das Zusammenspiel arbeits- und sozialrechtlicher Ansprüche (1980), 221 ff; *Grillberger*, Mutterschutzrechtliche Mitteilungs- und Nachweispflichten der Arbeitnehmerin, in FS Strasser (1983), 241; *Eichinger*, Die Frau im Arbeitsrecht (1991), 175 f.

ben hat und sich nachträglich herausstellt, dass die Schwangerschaft tatsächlich zum Zeitpunkt des Kündigungsausspruchs bestand[252]. Dasselbe gilt auch, wenn die Schwangerschaft bei Ausspruch der Kündigung vorlag, in der Folge aber nicht mehr gegeben war[253].

Auf Verlangen des Dienstgebers ist über das Bestehen der Schwangerschaft und den Zeitpunkt der voraussichtlichen Entbindung eine **ärztliche Bescheinigung** vorzulegen (§ 3 Abs 4 MSchG; vgl auch 7.3.3.1). Der Kündigungsschutz geht durch die Nichtvorlage der ärztlichen Bescheinigung nicht verloren[254]. Dies gilt insb dann, wenn die frühere Erlangung der Bescheinigung durch die Dienstnehmerin bei einer Frühschwangerschaft nicht möglich war[255]. 8/125

Wurde der Dienstgeber von der Schwangerschaft nicht informiert und spricht er in Unkenntnis der Schwangerschaft die Kündigung aus, so ist diese auch rechtsunwirksam, wenn binnen **fünf Arbeitstagen nach Ausspruch** der Kündigung die Schwangerschaft bekannt gegeben wird (§ 10 Abs 2 MSchG). 8/126

Als **Arbeitstag** ist hiebei jeder Tag anzusehen, an dem die betriebliche Tätigkeit zumindest teilweise durchgeführt wird und die Mitarbeiterin mit Rücksicht auf die für sie geltende, regelmäßige Arbeitszeiteinteilung zu arbeiten hat bzw zu arbeiten hätte, wäre sie nicht durch persönliche Umstände daran gehindert gewesen[256]. Die Zeit einer Betriebssperre oder eines Betriebsurlaubs hemmt daher sowohl den Beginn als auch den Lauf der Fünftagefrist[257]. Erfolgt die Kündigung schriftlich, so hat die Benachrichtigung binnen fünf Arbeitstagen nach Zustellung des Kündigungsschreibens zu erfolgen. Im Falle einer schriftlichen Bekanntgabe der Schwangerschaft (bzw der Entbindung) ist diese rechtzeitig, wenn sie innerhalb der Fünftagefrist zur Post gegeben wird. Gleichzeitig mit der Benachrichtigung innerhalb der fünf Tage hat die Dienstnehmerin eine Bestätigung des Arztes (im Falle einer bereits erfolgten Entbindung die Geburtsurkunde) vorzuweisen. Sollte die Dienstnehmerin durch Gründe, die nicht von ihr zu vertreten sind (zB Krankheit[258], Unglücksfall), verhindert sein, die Schwangerschaft (bzw Entbindung) rechtzeitig bekannt zu geben, so hat sie dies **unmittelbar nach Wegfall des Hinderungsgrundes** nachzuholen. Ein derartiger Hinderungsgrund ist auch dann gegeben, wenn die Dienstnehmerin zum Zeitpunkt des Ausspruchs der Kündigung durch den Dienstgeber von ihrem Zustand noch keine Kenntnis hatte[259]. Für diese Nachmeldung hat die Arbeitnehmerin jedoch nach hM[260] keine fünf Arbeitstage mehr Zeit, sondern muss unverzüglich ihre Schwangerschaft bekannt geben. Dies ist insofern eine gewisse Verkehrung der gesetzlichen Intention, als bei Kenntnis der Schwangerschaft fünf volle Arbeitstage zur Verfügung stehen würden, im Fall der Unkenntnis hingegen eine wesentliche Verkürzung der Frist eintreten würde.

Auch wenn die Arbeitnehmerin erst **nach Beendigung** des Dienstverhältnisses erfährt, dass sie zum Zeitpunkt des Ausspruchs der Kündigung bereits schwanger war, ist die Kündigung 8/127

---

252 Vgl OGH 19. 9. 1967, 4 Ob 57/67, Arb 8450; OGH 24. 1. 1984, 4 Ob 5/84, DRdA 1985, 411 mit Bespr v *Beck-Mannagetta* = infas 1984, A 64; *Barfuß*, Zur Auslegung des § 10 Abs 2 Mutterschutzgesetz, ZAS 1966, 129.

253 ArbG Wien 21. 12. 1966, 8 Cr 292/66, SozM III B, 159.

254 EA Klagenfurt 5. 1. 1959, Mu 47/58, Arb 6989; LG Graz 27. 2. 1961, 1 Cg 5/61, Arb 7373; LG Feldkirch 8. 7. 1975, Cga 11/75, Arb 9357.

255 KG Wels 9. 7. 1964, 16 Cg 11/64, Arb 7953.

256 OGH 10. 10. 1990, 9 ObA 215/90, DRdA 1991, 299 mit Bespr v *Petrovic*.

257 LG Wien 3. 7. 1975, 44 Cg 107/75, Arb 9393.

258 Hiezu ist auch die psychische Situation einer Arbeitnehmerin zu berücksichtigen, vgl OGH 29. 8. 2002, 8 ObA 2/02f, infas 2003, A 9.

259 OGH 16. 12. 1975, 4 Ob 73/ 75, Arb 9428; OGH 17. 6. 1980, 4 Ob 78/80, ZAS 1981, 182 mit Bespr v *Mayer-Maly* = Arb 9878; OGH 24. 1. 1984, 4 Ob 5/84, DRdA 1985, 411 mit Bespr v *Beck-Mannagetta*.

260 Vgl etwa *Ercher/Stech/Langer* (Hrsg), MSchG (2005), § 10 Rz 38 ff; *Wolfsgruber* in Neumayr/Reissner (Hrsg), Zeller Kommentar[2] (2011), § 10 MSchG Rz 26; OGH 16. 5. 2002, 8 ObA 106/02z, Arb 12.223; weiters OGH 10. 1. 2001, 9 ObA 269/00z, Arb 12.069; OGH 27. 5. 1992, 9 ObA 114/92, infas 1992, A 151.

rechtsunwirksam, wenn der Dienstgeber unmittelbar nach Kenntnis von der Schwangerschaft benachrichtigt wird. Das Dienstverhältnis lebt rückwirkend auf und die Dienstnehmerin hat Anspruch auf Entgeltfortzahlung nach § 1155 ABGB[261].

8/128 Der **Kündigungsschutz endet** für Mütter frühestens vier Monate **nach** der **Entbindung** (§ 10 Abs 1 MSchG). Im Fall einer **Fehlgeburt** ist eine Kündigung innerhalb von vier Wochen rechtsunwirksam (§ 10 Abs 1a MSchG).

Wird eine Karenz oder eine Teilzeitbeschäftigung von der **Mutter** oder vom **Vater** in Anspruch genommen bzw kommt es zur Änderung der Lage der Arbeitszeit nach der Geburt des Kindes, dann **erstreckt** sich der Kündigungsschutz nach MSchG bzw VKG grundsätzlich bis zum Ablauf von **vier Wochen** nach **Beendigung** der Karenz, Teilzeitbeschäftigung oder der geänderten Lage der Arbeitszeit[262].

8/129 a) Der Kündigungsschutz eines Elternteils, der eine **Karenz** beansprucht, endet grundsätzlich vier Wochen nach dem Ende dieser Karenz. Während der sog **aufgeschobenen Karenz** bzw im Zusammenhang damit ist jedoch kein besonderer Kündigungsschutz vorgesehen[263] (vgl § 15 Abs 4 MSchG, § 7 Abs 1 VKG; zu den einzelnen Formen der Karenz vgl 7.3.3.4).

8/130 b) Wird eine **Karenz geteilt**, dann endet der Kündigungsschutz jedes Elternteils grundsätzlich 4 Wochen nach Ablauf der eigenen Karenz (vgl § 15a Abs 5 MSchG, § 7 Abs 1 Z 1 VKG).

Beispiel 1: Geburt des Kindes: 1. 1. 2010
Karenz der Mutter bis 30. 6. 2010
Karenz des Vaters vom 1. 7. 2010 bis 31. 10. 2010
Kündigungsschutz der Mutter bis 28. 7. 2010
Kündigungsschutz des Vaters bis 28. 11. 2010

8/131 c) Bei Inanspruchnahme von **zwei Karenzteilen** endet der Kündigungsschutz erst nach Ende des zweiten Teiles, sofern die Mutter die Inanspruchnahme des zweiten Karenzteiles bis zum Ende des absoluten Beschäftigungsverbots (vgl 7.3.3.2), der Vater sie innerhalb von acht Wochen ab der Geburt des Kindes bekannt gegeben hat.

Beispiel 2: Geburt des Kindes: 1. 1. 2011
Erste Karenz der Mutter bis 30. 6. 2011
Erste Karenz des Vaters vom 1. 7. 2011 bis 31. 12. 2011
Zweite Karenz der Mutter vom 1. 1. 2012 bis 30. 6. 2012
Zweite Karenz des Vaters vom 1. 7. 2012 bis 31. 12. 2012
Kündigungsschutz der Mutter bis 28. 7. 2012
Kündigungsschutz des Vaters bis 28. 1. 2013

8/132 d) Bei Inanspruchnahme einer **Teilzeitbeschäftigung** (vgl 7.3.3.6) oder Änderung der Lage der Arbeitszeit wegen Geburt eines Kindes endet der besondere Kündigungsschutz vier Wochen nach dem Ende dieser Teilzeitbeschäftigung, längstens jedoch vier Wochen nach dem Ablauf des vierten Lebensjahres des Kindes (§ 15n Abs 1 MSchG, § 8f Abs 1 VKG)[264]. Die Bestimmungen über den Kündigungsschutz gelten auch für die Dauer eines Rechtsstreites über die Inanspruchnahme der Teilzeitbeschäftigung. Dauert die Teilzeitbeschäftigung länger als bis zum Ablauf des vierten Lebensjahres des Kindes oder beginnt sie nach dem Ablauf des vierten Lebensjahres, kann eine Kündigung wegen einer beabsichtigten oder tatsächlich in Anspruch genommenen Teilzeitbeschäftigung bei Gericht **angefochten** werden (§ 15n Abs 2 MSchG, § 8f Abs 2 VKG; vgl 8.2.8.2).

---

261 Vgl OGH 15. 4. 1980, 4 Ob 78/80, ZAS 1981, 182; nach Ansicht von *Mayer-Maly*, ZAS 1981, 184, ist § 14 MSchG analog anzuwenden.

262 Vgl hiezu etwa *Winkler*, Kündigungs- und Entlassungsschutz bei Karenzurlaub wegen Betreuung eines Kindes, ZAS 1993, 32; *Schaufler*, Die Umsetzung der Elternurlaubsrichtlinie in Österreich (2002), 55.

263 *Thomasberger* in Burger-Ehrnhofer/Schrittwieser/Thomasberger (Hrsg), MSchG und VKG[2] (2013), 346.

264 Vgl auch *Burger-Ehrnhofer*, Ab 1. 1. 2002: Das Kinderbetreuungsgeld, RdW 2002, 29.

Während des kündigungsgeschützten Zeitraums ist eine **Kündigung** seitens des Dienstgebers grundsätzlich **nicht zulässig**. Eine **Ausnahme** hievon besteht an sich in zwei Fällen (vgl § 10 Abs 3 MSchG, §§ 7 Abs 3, 8f VKG; zur Möglichkeit einer persönlich bedingten Kündigung s 8/140): 8/133

a) **Zustimmung durch den Dienstnehmer** und **durch** das **Gericht**: Der Dienstgeber kann nur dann rechtswirksam kündigen, wenn sich der Dienstnehmer in der Tagsatzung zur mündlichen Streitverhandlung nach Rechtsbelehrung der Parteien durch den Vorsitzenden über den Kündigungsschutz nach dem MSchG bzw dem VKG mit der Kündigung einverstanden erklärt und das Gericht aus diesem Grund der Kündigung zugestimmt hat. 8/134
b) **Betriebseinschränkungen**: Hat der Dienstgeber die Absicht, den gesamten Betrieb oder Betriebsteile einzuschränken oder stillzulegen, so kann er geschützte Dienstnehmer ebenfalls kündigen, wenn er vorher die Zustimmung des Gerichts eingeholt hat. Die **Zustimmung** ist vom **Gericht** zu verweigern, wenn die Notwendigkeit der Betriebseinschränkung noch ungewiss ist[265]. 8/135

Wurde die **Betriebsstilllegung** hingegen bereits durchgeführt, so ist die Zustimmung des Gerichts zur Kündigung nicht mehr erforderlich. Der Betriebsinhaber kann den Dienstnehmer in diesem Fall wie jeden anderen Arbeitnehmer unter Einhaltung der gesetzlichen oder vertraglichen Kündigungstermine und Kündigungsfristen kündigen (§ 10 Abs 3 letzter Satz MSchG). 8/136

Von einer Stilllegung des Betriebs kann nur dann gesprochen werden, wenn die die Betriebseigenschaft aufweisende Organisationseinheit als solche nicht mehr fortbesteht und dies nicht nur vorübergehend der Fall ist[266]. Bei bloßen Betriebseinschränkungen kann der nach den Bestimmungen des MSchG bzw VKG geschützte Dienstnehmer nur dann gekündigt werden, wenn keine anderen gleichwertigen Dienstnehmer vorhanden sind, die durch diesen Arbeitnehmer ersetzt werden können, wobei geringfügige Unterschiedlichkeiten in der Arbeitsqualität rechtlich unerheblich sind[267]. Eine saisonbedingte, nur vorübergehende Stilllegung wurde nicht als für eine Zustimmung zur Kündigung ausreichend erachtet[268], andererseits wurde die Schließung eines Betriebs für zumindest vier Monate einer Stilllegung gleichgehalten[269]. Für die zuletzt genannte Rechtsauffassung bietet das Gesetz allerdings keine Handhabe.

Allgemein ist zwar davon auszugehen, dass der im MSchG verwendete Betriebsbegriff dem der Betriebsverfassung entspricht[270]. Bei der Beurteilung, ob das Dienstverhältnis ohne Schaden für den Betrieb weiter aufrechterhalten werden kann, sind nicht nur der stillgelegte Betrieb, sondern sämtliche sonstige Betriebe eines Unternehmens miteinzubeziehen[271].

Geht ein Unternehmen, Betrieb oder Betriebsteil auf einen anderen Inhaber über (**Betriebsübergang**), so tritt dieser als Arbeitgeber mit allen Rechten und Pflichten in die im Zeitpunkt des Übergangs bestehenden Arbeitsverhältnisse ein (§ 3 Abs 1 AVRAG). Demgemäß ist auch der Erwerber an den besonderen Kündigungs- und Entlassungsschutz gebunden 8/137

---

265 EA Feldkirch 9. 10. 1974, Mu 6/74, Arb 9276.
266 VwGH 17. 3. 1982, 81/01/0307, Arb 10.099.
267 EA Linz 28. 3. 1983, Mu 7/83, Arb 10.227.
268 EA Feldkirch 10. 10. 1983, Mu 49/83, Arb 10.277.
269 EA Graz 1. 7. 1983, Mu 40/83, Arb 10.239.
270 VwGH 17. 3. 1982, 81/01/0307, Arb 10.099.
271 OGH 24. 6. 1998, 9 ObA 145/98h, JBl 1998, 736.

(vgl 9.2.2). Ein Betriebsübergang als solcher stellt keine Betriebseinschränkung iSd § 10 Abs 3 MSchG dar[272].

8/138 **Gleichzeitig** mit der Einbringung der **Klage** auf **Zustimmung** zur Kündigung hat der Dienstgeber dem **Betriebsrat** davon **Mitteilung** zu machen. Unterlässt er dies, so hat das Gericht die Kündigungsklage zurückzuweisen[273].

8/139 Wurde eine Dienstnehmerin zwar wegen Stilllegung des Betriebs gekündigt, nimmt dieser Betrieb aber bis zum Ablauf von **vier Monaten nach der Geburt des Kindes** seine Tätigkeit wieder auf, so ist die seinerzeitige Kündigung als rechtsunwirksam anzusehen, wenn die Dienstnehmerin einen diesbezüglichen Antrag beim Dienstgeber stellt (§ 10 Abs 5 MSchG, § 7 Abs 3 VKG).

Ein solcher Antrag muss innerhalb von zwei Monaten nach Wiederaufnahme der Tätigkeit des Betriebs erfolgen. Mit der Antragstellung hat sich die Dienstnehmerin beim Dienstgeber zur Wiederaufnahme der Arbeit zu melden. Besteht jedoch im Zeitpunkt der Antragstellung für die Dienstnehmerin ein Beschäftigungsverbot nach dem MSchG (Schutzfrist; §§ 3 und 5 MSchG) oder befindet sie sich in Karenz (gem MSchG bzw VKG), so hat sie dies dem Dienstgeber bei der Antragstellung mitzuteilen und nach Wegfall des Beschäftigungsverbots bzw der Karenz die Arbeit aufzunehmen. Stellt die Dienstnehmerin in der Mutterschutzfrist einen Antrag auf Wiedereinstellung, so verzichtet sie selbstverständlich nicht automatisch auf die Karenz. Sie muss also nicht mit Ablauf der Schutzfrist, sondern erst mit Ablauf der Karenz den Dienst wieder antreten.

8/140 Bei Inanspruchnahme einer Karenz im zweiten oder bei Elternteilzeit (Änderung der Lage der Arbeitszeit) im **zweiten, dritten und vierten Lebensjahr** des Kindes besteht der besondere **Kündigungsschutz** in **abgeschwächter** Form: Eine Kündigung ist zwar ebenfalls nur nach vorheriger Zustimmung des Gerichts zulässig, die **Gründe**, denen zufolge das Gericht die Zustimmung zur Kündigung erteilen kann, sind aber **ausgeweitet**. So kann der Arbeitgeber in Anlehnung an den allgemeinen Kündigungsschutz die Kündigung mit Umständen begründen, die in der Person des Arbeitnehmers gelegen sind und die betrieblichen Interessen nachteilig berühren, oder durch betriebliche Erfordernisse, die einer Weiterbeschäftigung des Arbeitnehmers entgegenstehen. Die Interessen des Dienstgebers müssen aber derart betroffen sein, dass ihm die Aufrechterhaltung des Arbeitsverhältnisses **unzumutbar** ist (§ 10 Abs 4 MSchG, § 7 Abs 3 VKG). Der Umstand, dass die Nachbesetzung des karenzierten Arbeitnehmers auf unbestimmte Zeit erfolgt ist, bildet etwa keinen Kündigungsgrund[274].

8/141 Akzeptiert der Arbeitgeber im Anschluss an eine gesetzliche Karenz eine **freiwillige Karenz**, dann kommen die gesetzlichen Kündigungsschutzbestimmungen nicht zur Anwendung[275]. Für die Dauer einer solchen vertraglichen Karenzierung könnte auch der gesetzliche Kündigungsschutz (insb Erweiterung der gerichtlichen Zuständigkeit) nicht vereinbart werden. Vertragliche Kündigungsbeschränkungen (Kündigungsverzicht, Beschränkung der Kündi-

---

272 Vgl auch OGH 24. 3. 2017, 9 ObA 123/16b, ARD 6547/5/2017 = ASoK 2017, 228.

273 EA Graz 4. 1. 1960, Mu 64/59, Arb 7190; EA Linz 30. 11. 1982, Re 110/82, Arb 10.133.

274 OGH 25. 6. 2014, 9 ObA 50/14i, ZAS 2015, 41 mit Bespr v *Schörghofer* = ecolex 2014, 1085.

275 OGH 23. 2. 2009, 8 ObA 2/09s, DRdA 2010, 349 mit Bespr v *Schrittwieser* = ZAS 2011, 90 mit Bespr v *Födermayr*.

gung auf das Vorliegen gewisser Kündigungsgründe etc; s hiezu auch 8.2.8) können hingegen durchaus getroffen werden[276].

Kein besonderer Kündigungsschutz besteht grundsätzlich bei **Probedienstverhältnissen**[277]. Ist dem Dienstgeber die Schwangerschaft bekannt und macht er von seinem besonderen Lösungsrecht im Probemonat Gebrauch, dann wird die Beendigung begründungspflichtig[278]. 8/142

Grundsätzlich kommt der besondere Kündigungsschutz nach MSchG bzw VKG nicht zur Anwendung, wenn ein befristetes Dienstverhältnis durch **Zeitablauf** endet[279]. Kündigt allerdings der Dienstgeber das befristete Dienstverhältnis auf[280], dann sind sehr wohl die Bestimmungen des besonderen Kündigungsschutzes zu beachten. Hervorzuheben ist, dass gem § 10a MSchG der Ablauf eines auf bestimmte Zeit abgeschlossenen Dienstverhältnisses von der Meldung der Schwangerschaft bis zum Beginn des Beschäftigungsverbots nach § 3 Abs 1 bzw § 3 Abs 3 MSchG **gehemmt** wird, es sei denn, dass die Befristung aus sachlich gerechtfertigten Gründen erfolgt oder gesetzlich vorgesehen ist[281]. Für die Dauer der Hemmung kommt allerdings der besondere Kündigungs- und Entlassungsschutz uneingeschränkt zur Anwendung. 8/143

Während der Zeit des besonderen Kündigungsschutzes darf zwar keine Kündigung ausgesprochen werden, allerdings ist die Verständigung des Betriebsrats von der Kündigungsabsicht iSd § 105 ArbVG durchaus zulässig[282]. 8/144

8.2.8.3.3. Präsenz- und Zivildienstpflichtige, militärische Dienstleistungen von Frauen

Für Dienstnehmer (einschließlich der Heimarbeiter und der Landarbeiter), die zum **Präsenzdienst** gem § 19 WG 2001 oder zum **Zivildienst** gem § 6a ZDG einberufen bzw zugewiesen sind, bzw Frauen, die im **Ausbildungsdienst** gem den §§ 37 bis 38b WG stehen (vgl auch 4.3.2.3.6), gilt der besondere Kündigungsschutz der §§ 6, 12 bis 14 und 17 APSG[283]. Vom Zeitpunkt der Mitteilung über die Erlassung des Einberufungsbefehls, der allgemeinen Bekanntmachung der Einberufung oder der Zustellung des Zuweisungsbescheides an darf der Arbeitnehmer nicht gekündigt werden (zu den Ausnah- 8/145

[276] Vgl *Kraft*, Kündigungsschutz bei freiwillig verlängerter Karenz, taxlex 2009, 350.
[277] ArbG Linz 5. 2. 1959, 1 Cr 34/59, Arb 6998; OGH 8. 3. 1983, 4 Ob 18/83, ZAS 1984, 140 mit Bespr v *Müller*.
[278] Vgl hiezu *Löschnigg*, Schwangerschaft und Beendigung im Probemonat im Lichte der RL 92/85 EWG und 76/207 EWG, DRdA 2002, 365.
[279] ArbG Linz 5. 11. 1962, 1 Cr 297/62, Arb 7703; LG Wien 9. 3. 1967, 44 Cg 27/67, SozM I A/d, 839; OGH 8. 3. 1977, 4 Ob 14/77, Arb 9563; s aber OGH 25. 3. 2014, 9 ObA 5/14x, ARD 6399/9/2014; weiters *Binder*, Probleme des arbeitsvertraglichen Bestandschutzes im Falle der Mutterschaft, ZAS 1978, 89.
[280] Zur Kündigungsmöglichkeit befristeter Dienstverhältnisse vgl 5.3.1.4; zur Möglichkeit der Klagseinbringung bereits im ersten Lebensjahr des Kindes vgl OGH 13. 1. 1998, 8 ObA 408/97a, DRdA 1999, 41 mit Bespr v *Knöfler*.
[281] Vgl OGH 28. 7. 2010, 9 ObA 89/09t, RdW 2011, 34; s auch 5.3.1.3.
[282] OGH 7. 3. 2002, 8 ObA 233/01z, DRdA 2003, 144 mit Bespr v *Pfeil*.
[283] Vgl *Klein/Knöfler*, APSG (1993), insb 57 ff u 86 ff; *Gruber*, APSG 1991 – Beendigung des Arbeitsverhältnisses, ecolex 1993, 106.

men s unten). Eine dennoch ausgesprochene Kündigung ist **rechtsunwirksam**[284]. Der Zeitpunkt der Musterung ist für den Beginn des Kündigungsschutzes ohne Bedeutung[285].

8/146 Ebenso wie beim Mutter-/Vaterschutz muss der schutzauslösende Umstand für den Arbeitgeber erkennbar sein. Gem § 5 APSG ist daher der Arbeitnehmer verpflichtet, dem Arbeitgeber unverzüglich nach Erlassung des Einberufungsbefehls, nach der allgemeinen Bekanntmachung der Einberufung oder nach Zustellung des Zuweisungsbescheides hievon Mitteilung zu machen. Hat der Arbeitgeber in Unkenntnis über die bereits erfolgte Einberufung (Zuweisung) zum Präsenz-, Ausbildungs- oder Zivildienst innerhalb einer Frist von 14 Tagen ab der Erlassung des Einberufungsbefehls, der allgemeinen Bekanntmachung der Einberufung oder der Zustellung des Zuweisungsbescheides eine Kündigung (oder Entlassung) ausgesprochen, so ist diese rechtsunwirksam, wenn der Arbeitnehmer seiner **Mitteilungspflicht** binnen **drei Arbeitstagen** nach Zugang der Beendigungserklärung nachkommt. Ist der Arbeitnehmer aus Gründen, die nicht von ihm zu vertreten sind (zB Krankheit, Unglücksfall) über die Frist von 14 Tagen hinaus an der Mitteilung verhindert, so ist die Kündigung (oder Entlassung) rechtsunwirksam, wenn der Arbeitnehmer unverzüglich nach Wegfall dieses Hinderungsgrundes unter Vorlage des Einberufungsbefehls oder des Zuweisungsbescheides oder unter Hinweis auf die erfolgte allgemeine Bekanntmachung der Einberufung bzw der Beurkundung eines mündlichen Einberufungsbefehls seiner Mitteilungspflicht nachkommt (§ 12 APSG)[286].

8/147 Der besondere Kündigungsschutz des APSG **endet** grundsätzlich einen Monat nach Beendigung des Präsenz-, Ausbildungs- oder Zivildienstes (§ 13 APSG). Dauert der Dienst kürzer als zwei Monate, so endet der Kündigungsschutz nach einer Frist in der Dauer der Hälfte dieses Dienstes[287].

Beispiel: Der Dienstnehmer wird vom 1. Juni bis zum 30. Juni zu Truppenübungen eingezogen, der Dienstgeber wurde von der Einberufung bereits am 5. Jänner benachrichtigt. Dauer des besonderen Kündigungsschutzes: 5. Jänner bis 15. Juli.

8/148 Bei einem Ausbildungsdienst, der erst nach vollständiger Leistung des Grundwehrdienstes angetreten wird, endet der besondere Kündigungsschutz einen Monat nach Beendigung des Ausbildungsdienstes, spätestens jedoch einen Monat nach Ablauf des zwölften Monats des Ausbildungsdienstes.

8/149 Bei einem Präsenzdienst als Zeitsoldat (§ 23 WG 2001), der ununterbrochen länger als vier Jahre dauert, endet der Kündigungsschutz nach vier Jahren ab Antritt des Präsenzdienstes (§ 13 APSG). Das WehrG 1990 wurde durch das WG 2001 ersetzt. Der Wehrdienst als Zeitsoldat ist gem § 23 WG 2001 nur noch für eine Gesamtdauer von sechs Monaten zulässig (mit einer viermonatigen Möglichkeit zur Verlängerung bei zwingenden militärischen Interessen). Für längere Befristungen steht ein öffentlich-rechtliches Dienstverhältnis als Militärperson auf Zeit gem § 151 BDG zur Verfügung. Auf Grund der Übergangsbestim-

[284] OGH 15. 4. 1958, 4 Ob 40/58, Arb 6861.
[285] OGH 20. 9. 1962, 4 Ob 125/62, Arb 7635.
[286] Vgl insb *Gruber*, Tücken des Arbeitsplatz-Sicherungsgesetzes 1991, ZAS 1993, 36.
[287] Vgl zur alten Rechtslage *Merli*, Zivildienst und Rechtsstaat (1985), 52.

mungen des § 61 WG 2001 kann das APSG aber nach wie vor für Zeitsoldaten alten Typs Bedeutung besitzen.

In Ausnahmefällen sieht das APSG, abweichend vom bisher Gesagten, eine **Kündigungsmöglichkeit** im geschützten Zeitraum vor. Zu unterscheiden sind Kündigungen mit bzw ohne Zustimmung des Gerichts. Eine **Zustimmung des Gerichts** ist **nicht** erforderlich, wenn der Betrieb bereits stillgelegt wurde und eine Weiterbeschäftigung des Arbeitnehmers in einem anderen Betrieb des Unternehmens nicht möglich ist (§ 12 Abs 3 APSG). Die Zustimmung des Gerichts ist hingegen im Vorhinein einzuholen, wenn folgende Fälle vorliegen: 8/150

a) **Bevorstehende Betriebs(abteilungs)stilllegungen und Betriebseinschränkungen** sowie bereits **erfolgte Betriebseinschränkungen** und **Stilllegung** von einzelnen Betriebsabteilungen: Das Gericht darf der Kündigung nur dann zustimmen, wenn der Arbeitgeber den Arbeitnehmer trotz dessen Verlangen an einem anderen Arbeitsplatz im Betrieb oder in einem anderen Betrieb des Unternehmens nicht ohne erheblichen Schaden weiterbeschäftigen kann. 8/151

Wurde ein Dienstnehmer mit Zustimmung des Gerichts wegen der Stilllegung des Betriebs bzw wegen einer Betriebseinschränkung gekündigt, nimmt dieser Betrieb jedoch während der Dauer des Präsenz-, Ausbildungs- oder Zivildienstes seine Tätigkeit im früheren Umfang wieder auf, so wird die seinerzeit ausgesprochene Kündigung rechtsunwirksam, wenn der Arbeitnehmer innerhalb von 14 Tagen nach Verständigung durch den Arbeitgeber oder 14 Tagen nach Kenntnis über den Wegfall des Kündigungsgrundes dem Arbeitgeber mitteilt, dass er das frühere Arbeitsverhältnis fortsetzen will (§ 14 Abs 2 APSG). Das Gleiche gilt auch dann, wenn die Betriebsstilllegung beabsichtigt und auf Grund der Einleitung von konkreten Maßnahmen die Zustimmung des Gerichts erwirkt, in der Folge die Betriebsstilllegung aber während des Präsenz-, Ausbildungs- oder Zivildienstes nicht durchgeführt wurde (zur Frage des rechtsnotwendigen Eintritts in die laufenden Arbeitsverhältnisse im Falle eines **Betriebsübergangs** vgl 9.2.2). 8/152

b) **Dienstunfähigkeit**: Wird der Arbeitnehmer auf Grund einer Erkrankung oder eines Unglücksfalls unfähig, die vereinbarte Arbeit zu leisten (vgl auch 8.2.8.3.1), so kann das Gericht die Zustimmung zur Kündigung erteilen, sofern eine Wiederherstellung der Arbeitsfähigkeit des Dienstnehmers nicht zu erwarten ist und dem Dienstgeber die Weiterbeschäftigung oder die Erbringung einer anderen Arbeitsleistung durch den Dienstnehmer, zu deren Verrichtung sich dieser bereit erklärt hat, nicht zugemutet werden kann. 8/153

c) **Zustimmung durch den Arbeitnehmer**: Der Dienstgeber kann eine Kündigung dann rechtswirksam aussprechen, wenn sich der Dienstnehmer in der Tagsatzung zur mündlichen Streitverhandlung nach Rechtsbelehrung durch den Vorsitzenden über den Kündigungsschutz nach dem APSG mit der Kündigung einverstanden erklärt hat. 8/154

Für Arbeitnehmer, die unter den besonderen Kündigungs- und Entlassungsschutz des APSG fallen, kommt der allgemeine Kündigungs- und Entlassungsschutz (vgl 8.2.8.1 u 8.3.4.3.1) sowie der besondere Kündigungsschutz nach den §§ 120 bis 122 ArbVG (vgl 8.2.8.3.1) nicht zur Anwendung. Das Gleiche gilt für Arbeitnehmer, auf die die 8/155

§§ 10 und 12 MSchG (vgl 8.2.8.3.2) zur Anwendung kommen (§ 12 Abs 7 APSG). Gem § 12 Abs 4 APSG ist jedoch der Betriebsrat – zugleich mit der Einbringung der Klage auf Zustimmung zur Kündigung – von der beabsichtigten Kündigung zu verständigen (§ 12 Abs 4 APSG). Eine entgegen dieser Verständigungspflicht ausgesprochene Kündigung ist rechtsunwirksam[288].

8/156 Die Kündigung ist weiters unzulässig, wenn der Dienstgeber diese nicht **unverzüglich** nach der Entscheidung des Gerichts ausspricht (§ 12 Abs 6 APSG; vgl 8.2.8.3.1).

8/157 Eine Besonderheit weist das APSG im Vergleich mit anderen besonderen Kündigungsschutzbestimmungen bezüglich des Laufs der **Kündigungsfristen** auf. Üblicherweise kommen die Schutznormen dann nicht zur Anwendung, wenn der schutzwürdige Umstand (zB Schwangerschaft, Betriebsratsmitgliedschaft udgl) nach Ausspruch der Kündigung eintritt. Mit Ablauf der Kündigungsfrist endet in diesen Fällen das Dienstverhältnis trotz Vorliegens des schutzwürdigen Umstandes. § 6 Abs 1 Z 3 APSG sieht im Gegensatz dazu vor, dass im Falle einer Arbeitgeberkündigung Kündigungsfristen, die im Zeitpunkt der Erlassung des Einberufungsbefehls, der Zustellung des Zuweisungsbescheides oder der allgemeinen Bekanntmachung der Einberufung laufen, durch den Präsenz-, Ausbildungs- oder Zivildienst gehemmt werden. Die **Hemmung** beginnt mit dem Tag, für den der Dienstnehmer zur Leistung des Dienstes einberufen (zugewiesen) ist, und endet mit dem Tag der Entlassung aus dem Präsenz-, Ausbildungs- oder Zivildienst, bei einem Präsenzdienst als Zeitsoldat, der ununterbrochen länger als vier Jahre dauert (§ 23 WG 2001; zu den Änderungen im Wehrrecht s oben), nach vier Jahren ab dessen Antritt. Voraussetzung für die Hemmung ist allerdings, dass der Dienstnehmer seiner Mitteilungspflicht hinsichtlich der Einberufung bzw Zuweisung spätestens innerhalb von 14 Tagen oder unverzüglich nach Wegfall eines über diese Frist hinaus andauernden Hinderungsgrundes nachgekommen ist. Formulierung und Zweck der Regelung lassen auf eine Fortlaufhemmung der Kündigungsfrist schließen. Der Lauf der Frist wird somit mit dem Tag der Einberufung oder Zuweisung unterbrochen. Die restliche Kündigungsfrist wird erst mit dem auf die Entlassung aus dem Präsenz-, Ausbildungs- oder Zivildienst folgenden Tag bzw bei länger dienenden Zeitsoldaten mit dem Ablauf von vier Jahren fortgesetzt. Eine Hemmung der Kündigungsfrist tritt jedoch dann nicht ein, wenn das Dienstverhältnis aus einem der oben unter lit a angeführten Gründe bereits vor Erlassung des Einberufungsbefehls, der allgemeinen Bekanntmachung der Einberufung oder der Zustellung des Zuweisungsbescheides gekündigt wurde und das Gericht das Vorliegen dieses Grundes feststellt (§ 6 Abs 2 APSG).

8.2.8.3.4. Behinderte und Opferbefürsorgte

8/158 Begünstigte Behinderte (vgl 4.3.2.3.5) stehen unter dem besonderen Kündigungsschutz des § 8 BEinstG, wenn das Dienstverhältnis zum Zeitpunkt des Ausspruchs der Kündigung **länger als sechs Monate** bestanden hat. Eine Beschäftigungsdauer von mehr als sechs Monaten ist nicht erforderlich, wenn die Behinderung aus einem Arbeitsunfall resultiert

[288] Vgl *Weiß*, Die Verständigung des Betriebsrates von der Einbringung der Klage nach MSchG bzw APSG, RdW 2002, 99.

und innerhalb der Sechsmonatsfrist festgestellt wird. Ein Arbeitsplatzwechsel innerhalb eines Konzerns führt gleichfalls nicht dazu, dass die Sechsmonatsfrist von Neuem zu laufen beginnt.

Für **begünstigte Behinderte**, deren Arbeitsvertragsverhältnisse **nach** dem **31. 12. 2010** begründet worden sind, gelten höhere Anforderungen: So muss das Dienstverhältnis zum Zeitpunkt des Kündigungsausspruches mehr als **vier Jahre** gedauert haben (§ 8 Abs 6 lit b iVm § 27 Abs 8 BEinstG)[289]. Diese vierjährige Wartefrist gilt aber nur für Arbeitnehmer, deren Behinderteneigenschaft bei Beginn des Dienstverhältnisses bereits bescheidmäßig festgestellt war. Für Arbeitnehmer, deren Zugehörigkeit zum Personenkreis der begünstigten Behinderten erst nach Beginn des Dienstverhältnisses festgestellt wird, beginnt der besondere Kündigungsschutz nach einer Beschäftigungsdauer von sechs Monaten[290]. Ausnahmen von der Vier-Jahres-Frist sind im Falle von Arbeitsunfällen und Arbeitsplatzwechsel innerhalb eines Konzerns vorgesehen. Für Behinderte, die nicht dem Sonderschutz des § 8 BEinstG unterliegen, besteht allenfalls die Möglichkeit einer individuellen **Kündigungsanfechtung** gem §§ 7f und 7i BEinstG (vgl 8.2.8.2).

Der besondere Kündigungsschutz Behinderter besteht vor allem darin, dass jede Kündigung seitens des Dienstgebers der Zustimmung durch den beim Bundesamt für Soziales und Behindertenwesen errichteten **Behindertenausschuss**[291] bedarf[292]. Im Rahmen des Zustimmungsverfahrens hat der Behindertenausschuss sowohl den Betriebsrat (oder die Personalvertretung iS des PVG bzw der entsprechenden landesgesetzlichen Vorschriften) als auch das jeweils zur Durchführung des Landes-Behindertengesetzes zuständige Amt der Landesregierung anzuhören; der Dienstnehmer besitzt in diesem Verfahren Parteistellung. Die **Kündigungsfrist** muss mindestens vier Wochen betragen. Gegen Bescheide des Behindertenausschusses kann Beschwerde beim Bundesverwaltungsgericht erhoben werden (§ 19b Abs 1 BEinstG). Gegen dessen Bescheide ist eine Revision beim Verwaltungsgerichtshof möglich[293]. Des besonderen Bestandsschutzes geht der Arbeitnehmer auch dann nicht verlustig, wenn er falsche oder unzureichende Angaben über seine Behinderung macht[294]. 8/159

---

[289] Vgl *Rauch*, Änderungen im Behinderteneinstellungsgesetz, ASoK 2011, 61; *Heinz-Ofner*, Neuerungen im Kündigungsschutz für Menschen mit Behinderung, JAP 2010/2011, 226; *dies*, Neuerungen im Behinderteneinstellungsgesetz, in Wachter/Burger (Hrsg), Aktuelle Entwicklungen im Arbeits- und Sozialrecht 2011 (2011), 35; *Spitzl*, Neuerungen beim besonderen Kündigungsschutz von begünstigten Behinderten, ecolex 2011, 643; *Schindler*, Die BEinstG Novelle 2011 – Überblick und Zweifelsfragen, DRdA 2012, 181; zur Judikatur s OGH 26. 11. 2013, 9 ObA 96/13b, ZAS 2014, 173 mit Bespr v *Weiß* = ASoK 2014, 115 = infas 2014, A 37.

[290] OGH 26. 11. 2013, 9 ObA 96/13b, ZAS 2014, 173 mit Bespr v *Weiß* = ASoK 2014, 115 = infas 2014, A 37; OGH 22. 7. 2014, 9 ObA 72/14z, ARD 6426/10/2014.

[291] Die Tätigkeit des Behindertenausschusses wurde durch Art I des BGBl 313/1992 verfassungsrechtlich verankert; vgl auch *Kerschbaumer*, Behindertenausschuss und Berufungskommission, ZAS 2010, 199.

[292] Vgl allg *Spitzl/Kürner*, Ausgewählte Probleme zum BEinstG, ZAS 1995, 146; OGH 22. 12. 2010, 9 ObA 42/10g, ARD 6152/3/2011 mit Bespr v *Adamovic* = DRdA 2012, 230 mit Bespr v *Risak* = EvBl 2011, 504 mit Bespr v *Rehse*.

[293] Zu den verfahrensrechtlichen Problemen – noch zur alten Rechtslage – vgl OGH 22. 12. 2010, 9 ObA 42/10g, ARD 6152/3/2011 mit Bespr v *Adamovic* = DRdA 2012, 230 mit Bespr v *Risak* = EvBl 2011, 504 mit Bespr v *Rehse*; *Gerhartl*, Kündigungsschutz von Behinderten: Doppelte Prüfung gleicher Kündigungsgründe?, RdW 2011, 547; *Fritscher/Hofer*, Die Berufungskommission nach dem BEinstG, DRdA 1996, 112.

[294] S auch OGH 26. 11. 2015, 9 ObA 107/15y, DRdA-infas 2016, 78 mit Bespr v *Chlestil* = ASoK 2016, 358.

8.2.8.3. Kündigung und Kündigungsbeschränkungen

8/160 Eine Kündigung ohne vorherige Zustimmung des Behindertenausschusses ist **rechtsunwirksam**, wenn dieser nicht in besonderen Ausnahmefällen nachträglich die Zustimmung erteilt. Diese Zustimmung ist nicht zu erteilen, wenn die Zugehörigkeit zum Personenkreis der begünstigten Behinderten die Folge eines Arbeitsunfalls ist. Ein wesentlicher Ausnahmefall, der die Zustimmung zu einer bereits ausgesprochenen Kündigung rechtfertigt, ist seit dem Budgetbegleitgesetz 2011[295] auch dann gegeben, wenn dem Dienstgeber zum Zeitpunkt des Ausspruchs der Kündigung nicht bekannt war und auch nicht bekannt sein musste, dass der Dienstnehmer dem Personenkreis der begünstigen Behinderten angehört.

Dem Wortlaut des § 8 Abs 2 BEinstG zufolge handelt es sich um einen Ausnahmefall, der „die Zustimmung zu einer bereits ausgesprochenen Kündigung rechtfertigt". Unterlässt der Arbeitnehmer die Mitteilung der Behinderteneigenschaft, würde dies damit „geahndet" werden, dass von vornherein die Zustimmung zur Kündigung zu erteilen wäre, ohne dass die Zumutbarkeit einer Weiterbeschäftigung iSd § 8 Abs 3 u 4 BEinstG geprüft werden müsste. Darüber hinaus würde nach § 8 Abs 5 BEinstG auch der allgemeine Kündigungsschutz nach § 105 ArbVG nicht anzuwenden sein, da der besondere Kündigungsschutz dem Grunde nach gilt. Ein solches Verständnis wird man § 8 Abs 2 BEinstG nicht unterstellen können. Eine Zustimmung im Nachhinein ist zwar bei Unkenntnis des Arbeitgebers von der Behinderteneigenschaft möglich, Zumutbarkeitsüberlegungen und auch das Diskriminierungsverbot von Behinderten sind jedoch weiterhin zu beachten. Dies ergibt sich auch aus § 8 Abs 2 BEinstG, wonach die Anwendung des § 8 Abs 4 u 4a BEinstG ausdrücklich angeordnet wird.

8/161 Im Verfahren auf Feststellung der Rechtsunwirksamkeit der Kündigung darf die von der Verwaltungsbehörde getroffene Entscheidung, ob eine Behinderung vorliegt und daher dem Behinderten besonderer Kündigungsschutz zukommt, nicht überprüft werden[296].

Entscheidend für die Kündigung ist hiebei die **Rechtskraft** des Zustimmungsbescheides. Ohne Rechtsmittelverzicht ist die sechswöchige Beschwerdefrist (§ 19 Abs 1 BEinstG) abzuwarten. Wird innerhalb dieser Frist keine Beschwerde an das Bundesverwaltungsgericht erhoben (§ 19b Abs 1 BEinstG), erwächst der Bescheid in Rechtskraft und es kann rechtswirksam gekündigt werden[297]. Mit der Aufhebung einer ersten Entscheidung des Bundesverwaltungsgerichtes durch den VwGH wird die Rechtskraft der Zustimmung des Behindertenausschusses zur Kündigung rückwirkend beseitigt. Wenn das Bundesverwaltungsgericht danach in einer zweiten Entscheidung die Zustimmung des Behindertenausschusses abermals bestätigt, dann wird nach nicht unbedenklicher Ansicht des OGH die seinerzeit erteilte Zustimmung wieder voll wirksam[298].

8/162 Die Zugehörigkeit zum Kreis der begünstigten Behinderten kann **rückwirkend** begründet werden (vgl 4.3.2.3.5). Selbst wenn der Bescheid des Sozialministeriumservice erst nach Ausspruch der Kündigung durch den Arbeitgeber dem betreffenden Arbeitnehmer zugestellt wird, gilt die Behinderteneigenschaft rückwirkend mit der Rechtsfolge begründet, dass die bereits ausgesprochene Kündigung rechtsunwirksam wird[299]. Unerheblich ist hiebei, ob der Bescheid über die Feststellung der Behinderteneigenschaft vor oder nach Ablauf der

---

295 BGBl I 111/2010.

296 OGH 21. 11. 1990, 9 ObA 244/90, DRdA 1991, 455 mit Bespr v *Simotta.*

297 Vgl zur alten Rechtslage OGH 23. 10. 1984, 4 Ob 103/83, DRdA 1987, 55 mit Bespr v *Wachter*, in Abkehr von der früher vertretenen Auffassung; vgl dazu OGH 18. 12. 1956, 4 Ob 141/56, Arb 6569.

298 Vgl alte Rechtslage zur Berufungskommission OGH 27. 1. 2000, 8 ObA 7/00p, DRdA 2000, 231 mit krit Bespr v *Strasser.*

299 OGH 26. 6. 1984, 4 Ob 21/84, ZAS 1986, 16 mit Bespr v *Steinbauer* = infas 1985, A 59; vgl auch OGH 18. 11. 1986, 14 Ob 196/86, DRdA 1989, 210 mit Bespr v *Eypeltauer*; OGH 12. 9. 1990, 9 ObA 179/90, DRdA 1991, 324 mit Bespr v *Ritzberger-Moser*; s aber auch *Andexlinger*, Rückwirkender Kündigungsschutz für Invalide – Eine Antinomie, RdW 1988, 294; *dens*, Invalideneinstellungsgesetz nunmehr Dauerrecht, RdW 1988, 427; sowie VwGH 25. 9. 1985, 84/09/0035, ZAS 1987, 137 mit Bespr v *Stolzlechner*.

Kündigungsfrist erlassen oder rechtskräftig wird. Entscheidend ist allein, ob die Begünstigung im Zeitpunkt des Ausspruchs der Kündigung bereits eingetreten war[300]. Seit der BEinstG-Novelle BGBl I 111/2010 kann jedoch die Zustimmung zur Kündigung auch im Nachhinein erteilt werden, wenn dem Arbeitgeber die Behinderteneigenschaft zum Zeitpunkt der Kündigung nicht bekannt war oder bekannt sein musste (s oben). Eine Kündigung unter obigen Voraussetzungen ist daher nur **schwebend rechtsunwirksam**. Beschreitet der Arbeitgeber den Weg zum Behindertenausschuss, dann kann der Kündigung auch im Nachhinein zugestimmt werden, wenn der Arbeitgeber vom laufenden Verfahren über die Beantragung der Behinderteneigenschaft keine Kenntnis hatte. Hat der Arbeitnehmer hingegen mitgeteilt, dass die Behinderteneigenschaft beantragt wurde, dann muss der Arbeitgeber mit einem rückwirkenden Bescheid rechnen. Dieser Umstand wird dazu führen, dass kein Ausnahmefall iSd § 8 Abs 2 BEinstG vorliegt und der Dienstgeber die Verfahrensfrist (bezüglich der Beantragung der Behinderteneigenschaft) nicht noch rasch zu einer Kündigung nutzen kann.

Bei der Entscheidung über die Zustimmung zur Kündigung hat der Behindertenausschuss gem § 8 Abs 3 BEinstG die besondere Schutzbedürftigkeit des Dienstnehmers zu berücksichtigen und unter Beachtung möglicher Förderungsmaßnahmen zu prüfen, ob dem Arbeitnehmer der Verlust seines Arbeitsplatzes zugemutet werden kann. Die Fortsetzung des Dienstverhältnisses wird aber dem Dienstgeber dem Gesetz zufolge insb dann nicht zugemutet werden können, wenn 8/163

a) der Tätigkeitsbereich des begünstigten Behinderten entfällt und der Dienstgeber nachweist, dass der begünstigte Behinderte trotz seiner Zustimmung an einem anderen geeigneten Arbeitsplatz ohne erheblichen Schaden nicht weiter beschäftigt werden kann[301]; 8/164
b) der Behinderte unfähig wird, die im Arbeitsvertrag vereinbarte Tätigkeit zu leisten, sofern in absehbarer Zeit eine Wiederherstellung der Arbeitsfähigkeit nicht zu erwarten ist und der Dienstgeber nachweist, dass der begünstigte Behinderte trotz seiner Zustimmung an einem anderen geeigneten Arbeitsplatz ohne erheblichen Schaden nicht weiter beschäftigt werden kann[302]; 8/165
c) der Behinderte die ihm auf Grund des Dienstverhältnisses obliegenden Pflichten beharrlich verletzt und der Weiterbeschäftigung Gründe der Arbeitsdisziplin entgegenstehen[303]. 8/166

Auch unter Berücksichtigung der demonstrativ aufgezählten Gründe, die eine Weiterbeschäftigung unzumutbar machen, ist eine sachgerechte Entscheidung nur im Rahmen einer **Interessenabwägung** zu finden. 8/167

Die Gründe des Dienstgebers (zB wirtschaftliche Lage des Betriebs, Gründe in der Person des Dienstnehmers, die sich negativ auf das betriebliche Geschehen auswirken) und die be- 8/168

---

300 In Übereinstimmung mit dem OGH nunmehr VwGH 31. 5. 2000, 94/08/0032, DRdA 2001, 161 mit Bespr v *Ernst*; die Auffassung von VwGH 25. 9. 1985, 84/09/0035, ZAS 1987, 135 ist damit überholt.

301 VwGH 19. 12. 2011, 2011/11/0144, ARD 6215/3/2012.

302 VwGH 18. 9. 2012, 2011/11/0149, ARD 6289/12/2013 = RdW 2013, 95.

303 Vgl *Weiß*, Der Kündigungsschutz nach BEinstG I u II, RdW 1999, 28 u 81; VwGH 24. 1. 2012, 2011/11/0152, RdW 2012, 412 mit Bespr v *Eypeltauer* = ARD 6215/2/2012; s aber VwGH 19. 12. 2011, 2011/11/0142, ARD 6215/1/2012.

sondere soziale Schutzbedürftigkeit des zu kündigenden Arbeitnehmers[304] sind gegeneinander abzuwägen. Hiebei sind die Verhältnisse der gleichartigen und unter einer gemeinsamen Leitung stehenden oder zusammengehörigen Betriebe des Dienstgebers in ihrer Gesamtheit zu beurteilen[305].

Als Umstände, die eine Kündigung rechtfertigen, wurden von der Judikatur noch zur Rechtslage vor dem BEinstG (vormals IEG 1969) erachtet: die wiederholte Weigerung, eine dem reduzierten Gesundheitszustand angemessene Tätigkeit zu leisten[306]; das wiederholte Nichteinhalten der Arbeitszeit und die ehrenrührige Kritik an der Betriebsleitung[307]; eine nach zweimaliger Verwarnung begangene Ordnungswidrigkeit, die die Betriebssicherheit im Unternehmen und die Autorität der verantwortlichen Organe des Betriebs sowie die reibungslose Zusammenarbeit aller Betriebsangehörigen gefährdet[308]; die Drohung des Dienstnehmers, er werde sich im Falle der Ablehnung seines Ansuchens um eine günstigere Einstufung an die Öffentlichkeit wenden, mit dem Hinweis, dass er für sich ausweitende Komplikationen und deren Folgen keine Verantwortung trage[309].

8/169 In besonderen Ausnahmefällen kann, wie bereits erwähnt, die **Zustimmung** zur Kündigung auch **im Nachhinein** erteilt werden. Die Ausnahmefälle müssen aber derart gelagert sein, dass sie sich bereits Entlassungsgründen nähern. Es muss sich jedenfalls um ganz besondere Umstände handeln[310]. Teilweise handelt es sich bei den in § 8 Abs 4 BEinstG erwähnten Kündigungsgründen (s oben) inhaltlich ohnehin bereits um **Entlassungsgründe**. Dies bedeutet aber nicht, dass der Arbeitgeber die Wahl hat, ob er eine Kündigung mit Zustimmung des Behindertenausschusses oder eine Entlassung aussprechen kann[311]. Der Gesetzgeber hat vielmehr durch die Regelung des § 8 Abs 4 BEinstG eine eindeutige Zuordnung vorgenommen und ebenso wie beim Kündigungsschutz für Betriebsratsmitglieder (vgl 8.2.8.3.1) gewisse Entlassungsgründe als Kündigungsgründe normiert[312].

8/170 Behinderte, die **über die Pflichtzahl** (vgl 5.1.6) hinaus in einem Betrieb beschäftigt sind, genießen ebenfalls den Kündigungsschutz[313], nicht jedoch Behinderte, deren befristetes Dienstverhältnis durch Zeitablauf endet[314].

8/171 Gem § 6 Z 4 OFG ist der Kündigungsschutz des BEinstG auch auf den nach dem OFG begünstigten Personenkreis (Inhaber einer Amtsbescheinigung oder eines Opferausweises) anzuwenden.

---

304 Erwerbsminderung, geringe Chancen für eine Wiedereingliederung des Behinderten in den Arbeitsprozess udgl; vgl VwGH 29. 4. 1969, 1448/68, DRdA 1970, 307 mit Bespr v *Weisgram*.
305 VwGH 1. 10. 1959, 1564/56, Arb 7125.
306 OGH 14. 6. 1955, 4 Ob 67/55, Arb 6248.
307 VwGH 24. 2. 1955, 1110/54, Arb 6178.
308 VwGH 15. 9. 1955, 1135/54, Arb 6306.
309 VwGH 27. 1. 1965, 1414/64, Arb 8048.
310 VwGH 10. 9. 1959, 534/56, Arb 7115, mit Verweis auf VwGH 10. 6. 1954, 2141/53, VwGHSlg NF 3442; VwGH 4. 10. 2000, 99/11/0078, ARD 5210/11/2001; VwGH 3. 10. 2002, 97/08/0555, ARD 5376/2/2003.
311 So nämlich *Rauch*, Die Entlassung eines behinderten Arbeitnehmers, ASoK 2000, 242.
312 Ebenso *Risak*, Nochmals zur Entlassung eines behinderten Arbeitnehmers, ASoK 2001, 25.
313 OGH 12. 7. 1951, 4 Ob 70/51, Arb 5286; LG Wien 16. 10. 1951, 44 Cg 291/51, Arb 5316.
314 VwGH 19. 6. 1973, 566/71, Arb 9136.

8.2.8.3.5. Vertragsbedienstete

Dienstverhältnisse von **Vertragsbediensteten**, die bereits ein Jahr ununterbrochen gedauert haben, können nur schriftlich und mit Angabe des Grundes gekündigt werden (§ 32 VBG). Erfolgt die Kündigung nicht schriftlich, wurde kein Grund angegeben oder liegt trotz der Angabe des Grundes ein solcher tatsächlich nicht vor, ist die Kündigung rechtsunwirksam[315]. 8/172

Hat ein Vertragsbedienstetenverhältnis noch kein ganzes Jahr gedauert, so bedarf die Kündigung keiner Angabe des Grundes. Wird ein solcher dennoch angeführt, ist es für die Rechtswirksamkeit der Kündigung unerheblich, ob der Kündigungsgrund zutrifft oder nicht[316]. 8/173

Kündigungen von Vertragsbediensteten sind mit dem Personalvertretungsorgan rechtzeitig und eingehend zu verhandeln (§ 9 Abs 1 lit i PVG). Damit dies möglich ist, ist die Personalvertretung – spätestens zwei Wochen vor der Beendigungserklärung – von der beabsichtigten Kündigung nachweislich zu informieren (§ 10 Abs 1 PVG)[317]. 8/174

§ 32 Abs 2 VBG zählt die **Kündigungsgründe** in demonstrativer Weise auf[318]. 8/175

Eine Kündigung seitens des Dienstgebers ist demnach beispielsweise berechtigt, wenn
a) der Vertragsbedienstete seine Dienstpflicht gröblich verletzt, sofern nicht die Entlassung in Frage kommt;
b) der Vertragsbedienstete sich für eine entsprechende Verwendung als gesundheitlich ungeeignet erweist[319];
c) der Vertragsbedienstete den im Allgemeinen erzielbaren angemessenen Arbeitserfolg trotz Ermahnungen nicht erreicht, sofern nicht die Entlassung in Frage kommt[320];
d) der Vertragsbedienstete eine vorgesehene dienstliche Ausbildung oder eine im Dienstvertrag vereinbarte Fachprüfung nicht rechtzeitig und mit Erfolg ablegt;
e) der Vertragsbedienstete handlungsunfähig wird;
f) der Vertragsbedienstete ein Verhalten setzt oder gesetzt hat, das nicht geeignet ist, das Vertrauen der Allgemeinheit in die sachliche Wahrnehmung seiner dienstlichen Aufgaben aufrechtzuerhalten, sofern nicht die Entlassung in Frage kommt;
g) der Vertragsbedienstete vor dem Zeitpunkt der Beendigung des Dienstverhältnisses das für Leistungen aus dem Versicherungsfall des Alters in der gesetzlichen Pensionsversicherung vorgeschriebene Anfallsalter erreicht hat;
h) der Vertragsbedienstete, der das 65. Lebensjahr vollendet hat, einen Anspruch auf einen Ruhegenuss aus einem öffentlich-rechtlichen Dienstverhältnis hat oder mit Erfolg geltend machen kann[321].

Im **Kündigungsschreiben** müssen sämtliche Kündigungsgründe angeführt sein. Im Nachhinein können Gründe zur Rechtfertigung der Kündigung nicht mehr vorgebracht werden[322]. Hat sich der Dienstgeber auf einen bestimmten Kündigungsgrund festgelegt, so 8/176

---

315 S ua OGH 29. 11. 2013, 8 ObA 8/13d, ASoK 2014, 118.
316 LG Klagenfurt 15. 12. 1954, 2 Cg 48/54, Arb 6115; LG Wien 23. 9. 1957, 44 Cg 229/57, Arb 6707.
317 OGH 21. 1. 2004, 9 ObA 4/04k, DRdA 2004, 452 mit Bespr v *Ziehensack*; OGH 24. 11. 2010, 9 ObA 79/10y, ecolex 2011, 257.
318 OGH 14. 4. 1970, 4 Ob 24/70, Arb 8760.
319 Vgl OGH 29. 4. 1992, 9 ObA 18/92, DRdA 1993, 126 mit Bespr v *Mazal*.
320 Vgl hiezu insb OGH 14. 4. 1970, 4 Ob 26/70, ZAS 1971, 134 mit Bespr v *Schrammel*; OGH 8. 2. 1983, 4 Ob 9/83, ZAS 1984, 62 mit Bespr v *Waas*.
321 OGH 18. 10. 2006, 9 ObA 131/05p, DRdA 2008, 264 mit Bespr v *Ziehensack*.
322 OGH 25. 10. 1955, 4 Ob 91/55, Arb 6328; OGH 13. 11. 1962, 4 Ob 115/62, SozM I D, 377.

kann der geltend gemachte Kündigungstatbestand nicht als Kündigung nach einem anderen Kündigungsgrund ausgelegt werden[323].

8/177 Die Kündigung ist unverzüglich nach Kenntnis des die Kündigung rechtfertigenden Sachverhalts, dh ohne unnötigen Aufschub nach Eintritt des Kündigungsgrundes, **auszusprechen**[324].

8.2.8.3.6. Hausbesorger

8/178 Ein besonderer Kündigungsschutz besteht gem § 18 Abs 6 HausbG nur für jene **Hausbesorger**, deren Dienstverhältnisse vor dem 30. 6. 2000 abgeschlossen wurden und die eine **Dienstwohnung** in Anspruch genommen haben (vgl 4.3.2.2.3.2). Die folgenden Ausführungen gelten also insb nicht für Hausbesorger, die bei Begründung des Dienstverhältnisses schriftlich auf die Dienstwohnung verzichteten.

8/179 Hausbesorgern mit Dienstwohnung kann der Hauseigentümer nur aus **erheblichen Gründen** kündigen.

Derart gewichtige Gründe liegen insb vor, wenn
a) durch ein grobes Verschulden des Hausbesorgers ein Schaden für das Haus, für den Hauseigentümer oder die Hausbewohner herbeigeführt wird;
b) sich der Hausbesorger dem Hauseigentümer, dessen Stellvertreter oder den Hausbewohnern gegenüber trotz vorheriger schriftlicher Verwarnung durch den Hauseigentümer fortgesetzt ungebührlich benimmt;
c) der Hausbesorger im Dienst untreu ist, sich in seiner Tätigkeit ohne Wissen oder Willen des Hauseigentümers von dritten Personen unberechtigte Vorteile zuwenden lässt oder wenn er sich einer Handlung schuldig macht, die ihn des Vertrauens des Hauseigentümers unwürdig erscheinen lässt;
d) der Hausbesorgerposten überhaupt aufgelassen wird.

8/180 Das bloße Vorliegen eines dieser in § 18 HausbG demonstrativ aufgezählten Kündigungsgründe reicht für den Ausspruch einer rechtswirksamen Kündigung nicht aus. Gem § 22 HausbG hat die Kündigung des Dienstverhältnisses durch den Hauseigentümer **gerichtlich** unter Anführung der Kündigungsgründe zu erfolgen. Andere Gründe kann er, wie nach dem VBG (vgl 8.2.8.3.5), zu einem späteren Zeitpunkt nicht mehr geltend machen.

8/181 Die Kündigung ist, wie bei sämtlichen Regelungen des besonderen Kündigungsschutzes (vgl insb 8.2.8.3.1) bzw des Rechts auf vorzeitige Auflösung aus wichtigem Grund (vgl 8.3.3), **unverzüglich** nach Kenntnisnahme des die Kündigung rechtfertigenden Sachverhalts auszusprechen.

8/182 Hat der Hauseigentümer gerichtlich gekündigt, so kann der Hausbesorger innerhalb von 14 Tagen ab Zustellung der Aufkündigung seine Einwendungen vorbringen.

8/183 Der besondere Kündigungsschutz der Hausbesorger resultiert aus der engen Verbindung des Dienstverhältnisses mit der **Dienstwohnung**. Dementsprechend entfallen gem § 18 Abs 7 HausbG auch die Kündigungsbeschränkungen, wenn dem Hausbesorger gleichzeitig

[323] OGH 5. 10. 1965, 4 Ob 107/65, Arb 8148.
[324] Zur Judikatur vgl *Dittrich/Tades*, Arbeitsrecht (Losebl), Entscheidungen zu § 32 VBG, 1524/90 ff; s auch OGH 29. 10. 2013, 9 ObA 88/13a, ARD 6375/6/2013.

mit der Kündigung vom Hauseigentümer eine andere, den Wohnbedürfnissen des Hausbesorgers entsprechende Wohnung zur Verfügung gestellt wird[325]. Im Übrigen sind die Bestimmungen der §§ 562 bis 564 und 567 bis 575 ZPO über das Verfahren bei Streitigkeiten aus Bestandverträgen sinngemäß anzuwenden (§ 22 Abs 1 HausbG).

8.2.8.3.7. Lehrlinge

Das **Lehrverhältnis** endet normalerweise mit Ablauf der im Lehrvertrag vereinbarten Dauer der Lehrzeit (§ 14 BAG). Neben der einvernehmlichen Auflösung, die zu ihrer Gültigkeit eine Rechtsbelehrung des Lehrlings erfordert[326], kann das Lehrverhältnis vor Ablauf der Lehrzeit aus den in § 14 Abs 2 BAG bzw den in § 15 BAG (vgl 8.3.4.3.3.7) aufgezählten Gründen beendet werden[327]. Dazu kommt die Möglichkeit einer Beendigung während der erweiterten Probezeit (vgl 5.3.3) sowie die außerordentliche Auflösung gem § 15a BAG. Für eine Kündigung bleibt im BAG daher kein Raum[328]. 8/184

Spricht der Lehrberechtigte dennoch eine **Kündigung** aus, so ist sie **rechtsunwirksam**. Ebenso wie eine ungerechtfertigte Entlassung (vgl 8.3.4.3.3.7) bringt auch die Kündigung das Lehrverhältnis nicht zur Auflösung. 8/185

Im Anschluss an das Lehrverhältnis ist der Lehrberechtigte verpflichtet, den Lehrling drei Monate im Betrieb und im erlernten Beruf weiterzuverwenden (Behaltepflicht)[329]. Diese Verpflichtung trifft den Lehrberechtigten nur im halben Ausmaß, wenn der Lehrling die für den Lehrberuf festgesetzte Lehrzeit nur bis maximal zur Hälfte bei dem Lehrberechtigten zurückgelegt hat (§ 18 Abs 1 u 2 BAG). Auch für diesen Zeitraum ist die Kündigung ausgeschlossen. **Ausnahmsweise** kann aber der Lehrberechtigte über die Wirtschaftskammer (im Einvernehmen mit der Kammer für Arbeiter und Angestellte) die Bewilligung zur Kündigung erwirken, wenn die Behaltepflicht aus wirtschaftlichen Gründen, insb bei Saisongewerben oder im Falle einer Betriebsstilllegung[330] nicht erfüllt werden kann. Trotz einer derartigen Bewilligung darf der Lehrberechtigte dann nicht kündigen, wenn er für die dreimonatige Behaltezeit mit dem Lehrling ein befristetes Dienstverhältnis abgeschlossen hat, da in diesem Fall die vertraglich vereinbarte Verpflichtung und der mit einem so kurz befristeten Arbeitsverhältnis verbundene Kündigungsausschluss (vgl 5.3.1.4) prävaliert. Andernfalls käme es zu einer nicht sachgerechten Benachteiligung ausgelernter Arbeitnehmer 8/186

---

[325] Vgl OGH 27. 7. 2011, 9 ObA 89/11w, wobl 2011, 461 mit Bespr v *Korenjak* = immolex 2012, 17 mit Bespr v *Pfeil* = infas 2012, A 15.

[326] OGH 4. 5. 2006, 9 ObA 20/06s, DRdA 2007, 492 mit Bespr v *Balla*.

[327] *Burger*, Aktuelle Entwicklungen zur Beendigung von Lehrverhältnissen, in Wachter/Burger (Hrsg), Aktuelle Entwicklungen im Arbeits- und Sozialrecht 2009 (2009), 65; zur Ex-lege-Beendigung des Lehrverhältnisses wegen Verlust des Fortbetriebsrechts der Insolvenzmasse s 19. 12. 2012, 8 ObS 14/12k, EvBl 2013, 548 mit Bespr v *Rohrer/Otenhajmer* = infas 2013, A 35 = wbl 2013, 282; s dazu auch OGH 30. 8. 2013, 8 ObS 9/13a, ASoK 2013, 445 = ecolex 2014, 174.

[328] Vgl auch OGH 30. 3. 2006, 8 ObA 4/06f, DRdA 2007, 488 mit Bespr v *Naderhirn*.

[329] Vgl dazu aber *Strohmayer*, Arbeitsrechtliche Rechte und Pflichten sowie Beendigungsmöglichkeiten im Fall von Drogen- bzw Alkoholkonsum bei Lehrlingen und jugendlichen ArbeitnehmerInnen, in Reissner/Strohmayer (Hrsg), Drogen und Alkohol am Arbeitsplatz (2008), 97.

[330] Vgl OGH 11. 11. 1992, 9 ObA 190/92, DRdA 1993, 320 mit Bespr v *Gruber*.

(im Rahmen ihrer Behaltepflicht) gegenüber sonstigen Arbeitnehmern mit befristeten Arbeitsverhältnissen.

8/187 Gem § 15a BAG besteht sowohl für den Lehrberechtigten als auch den Lehrling die Möglichkeit einer einseitigen „**außerordentlichen Auflösung**" des Lehrverhältnisses (nicht jedoch für Ausbildungsverträge gem § 8b BAG[331]). Auf diese Weise kann das Lehrverhältnis zum Ablauf des letzten Tages des zwölften Monats der Lehrzeit und bei Lehrberufen mit einer festgelegten Dauer der Lehrzeit von drei, dreieinhalb oder vier Jahren überdies zum Ablauf des letzten Tages des 24. Monats der Lehrzeit unter Einhaltung einer Frist von einem Monat beendet werden.

8/188 Der **Lehrberechtigte** kann das Lehrverhältnis nur dann wirksam beenden, wenn er die beabsichtigte außerordentliche Auflösung und die geplante Aufnahme eines Mediationsverfahrens spätestens am Ende des neunten bzw 21. Lehrmonats dem Lehrling, der Lehrlingsstelle und gegebenenfalls dem Betriebsrat sowie dem Jugendvertrauensrat **mitgeteilt** hat und **vor** der Erklärung der außerordentlichen Auflösung ein **Mediationsverfahren** durchgeführt und beendet wurde. Als beendet gilt das Mediationsverfahren, wenn der Mediator die Mediation für beendet erklärt oder ein Ergebnis erzielt worden ist. Als Ergebnis gilt die Bereitschaft des Lehrberechtigten zur Fortsetzung des Lehrverhältnisses oder die Erklärung des Lehrlings, nicht weiter auf der Fortsetzung des Lehrverhältnisses zu bestehen. Jedenfalls endet das Mediationsverfahren mit Beginn des fünften Werktages vor Ablauf des elften bzw 23. Lehrmonats, sofern zumindest ein Mediationsgespräch unter Beteiligung des Lehrberechtigten oder in dessen Vertretung einer mit der Ausbildung des Lehrlings betrauten Person stattgefunden hat.

8/189 Im Falle der Auflösung hat der Lehrberechtigte der Lehrlingsstelle die Erklärung der außerordentlichen Auflösung des Lehrverhältnisses **unverzüglich** mitzuteilen. Die Lehrlingsstelle hat die regionale Geschäftsstelle des Arbeitsmarktservice von der Erklärung der außerordentlichen Auflösung eines Lehrverhältnisses unverzüglich in Kenntnis zu setzen.

8/190 Auf die außerordentliche Auflösung durch den Lehrberechtigten ist der besondere Kündigungsschutz nach dem MSchG, dem VKG, dem APSG, dem BEinstG und für Mitglieder des Jugendvertrauensrats oder Betriebsrats nach den §§ 120 ff u 130 ArbVG anzuwenden (§ 15a Abs 8 BAG). Maßgeblich ist der Zeitpunkt der Erklärung der Auflösung.

8.2.8.3.8. Familienhospiz

8/191 Arbeitnehmer, die nahe Angehörige beim Sterben bzw schwerst erkrankte, im gemeinsamen Haushalt lebende Kinder begleiten (vgl 6.8.7.2.5), können **ab Bekanntgabe** der zu diesem Zweck erfolgten Änderung der Arbeitszeit oder Karenz bis zum Ablauf von vier Wochen nach deren Ende **rechtswirksam nicht gekündigt** werden (§ 15a AVRAG). Abweichend davon ist eine Kündigung jedoch dann zulässig, wenn vorher die **Zustimmung** des zuständigen **Arbeits- und Sozialgerichts** eingeholt wurde. Das Gericht hat über eine Kündigung

---

[331] Vgl *Burger*, Neuerungen im Lehrlingsrecht, in Resch (Hrsg), Neuerungen zur Beendigung des Arbeitsvertrages (2009), 17.

unter Berücksichtigung der betrieblichen Erfordernisse und der Interessen des Arbeitnehmers zu entscheiden[332].

8.2.8.4. Kündigungsfrühwarnsystem

Die gesetzliche Grundlage des sog **Kündigungsfrühwarnsystems** bildet § 45a AMFG[333]. 8/192
Aus dieser Bestimmung ergibt sich bei der Auflösung einer bestimmten Zahl von Arbeitsverhältnissen eine Informationspflicht des Dienstgebers gegenüber dem **Arbeitsmarktservice**, die einerseits an das Alter des zu kündigenden Arbeitnehmers gebunden ist, andererseits bei einer bestimmten Anzahl der zu lösenden Beschäftigungsverhältnisse zum Tragen kommt. Das europarechtliche Pendant bildet die RL 98/59/EG, die auf den Schutz vor sog **Massenentlassungen** ausgerichtet ist[334].

Gemäß § 45a AMFG hat eine **schriftliche Anzeige** bei der regional zuständigen Geschäfts- 8/193
stelle des Arbeitsmarktservice dann zu erfolgen, wenn beabsichtigte **Reduzierungen des Beschäftigungsstandes** ein gewisses Maß erreichen. Dies ist dann der Fall, wenn innerhalb von 30 Tagen der Beschäftigtenstand

a) in Betrieben mit in der Regel mehr als 20 und weniger als 100 Beschäftigten um mindestens fünf Arbeitnehmer,
b) in Betrieben mit in der Regel 100 bis 600 Beschäftigten um mindestens 5 %,
c) in Betrieben mit in der Regel mehr als 600 Beschäftigten um mindestens 30 Arbeitnehmer,
d) unabhängig von der Betriebsgröße um mindestens fünf Arbeitnehmer, die das 50. Lebensjahr vollendet haben,

verringert werden soll. Die saisonbedingte Beendigung von Arbeitsverhältnissen in Saisonbetrieben ist hievon ausgenommen.

Anzuzeigen ist die Verringerung des Beschäftigungsstandes zumindest 30 Tage vor der ersten Erklärung der Auflösung eines Arbeitsverhältnisses. In der Anzeige sollen vor allem Angaben über die Gründe für die beabsichtigte Auflösung der Arbeitsverhältnisse, den Zeitraum, in dem diese vorgenommen werden soll, die Zahl und die Struktur der voraussichtlich betroffenen Arbeitnehmer, wie Alter, Geschlecht und berufliche Verwendung, weitere für die Auswahl der betroffenen Arbeitnehmer maßgebliche Kriterien sowie die flankierenden sozialen Maßnahmen enthalten sein. Gleichzeitig ist die Konsultation des Betriebsrats gem § 109 Abs 1 Z 1a und Abs 1a ArbVG nachzuweisen (vgl § 45a Abs 3 AMFG; zur Mitwirkung des Betriebsrats bei Betriebsänderungen vgl 11.5.4.2). Eine Durchschrift der Anzeige an die regionale Geschäftsstelle des Arbeitsmarktservice ist vom Dienstgeber dem Betriebsrat, besteht kein solcher, den voraussichtlich betroffenen Arbeitnehmern, zu übermitteln. Die Verpflichtungen des Arbeitgebers gem § 105 ArbVG und vergleichbaren anderen österreichischen Rechtsvorschriften bleiben unberührt.

Wesentliche Konsequenz einer Nichteinhaltung des Frühwarnsystems bildet die **Rechtsun-** 8/194
wirksamkeit der Kündigungen. Rechtsunwirksam sind gem § 45a Abs 5 AMFG Kündi-

---

[332] Vgl *Jöst/Risak*, Aktuelle Neuerungen im Arbeitsrecht, ZAS 2002, 102.

[333] Allg dazu auch *Löschnigg/Melzer-Azodanloo*, Kündigung aus wirtschaftlichen Gründen, Kündigungsbeschränkungen in Österreich – ein systematischer Überblick, in Löschnigg (Hrsg), Die Kündigung aus wirtschaftlichen Gründen und ihre Beschränkungen im internationalen Vergleich (2007), 209; *Olt*, Das Frühwarnsystem bei „Massenkündigungen" nach § 45a AMFG, ARD 6448/5/2015.

[334] Der Begriff „Entlassung" ist hier gemeinschaftsrechtlich zu deuten und deckt sich nicht mit dem österreichischen Terminus; s dazu 2.8.4.7.

gungen, die zu einem wesentlichen Personalabbau im obigen Sinn führen, wenn sie entweder vor Einlangen der Anzeige bei der regionalen Geschäftsstelle des Arbeitmarktservice oder aber nach Einlangen der Anzeige ohne vorherige Zustimmung der Landesgeschäftsstelle des Arbeitsmarktservice innerhalb der 30-Tage-Frist ausgesprochen werden. Bei der Zustimmung zum Ausspruch der Kündigungen vor Ablauf dieser Frist hat die Landesgeschäftsstelle zu berücksichtigen, ob der Dienstgeber wichtige wirtschaftliche Gründe (zB Betriebsänderungen iVm Sozialplänen) nachweisen kann oder ob ihm die fristgerechte Anzeige der beabsichtigten Kündigungen überhaupt möglich oder zumutbar war. Von der Zustimmung der Landesgeschäftsstelle ist der Arbeitgeber zu verständigen. Wird die Zustimmung nicht erteilt, so ist darüber ein Bescheid zu erlassen (§ 45a Abs 8 AMFG). Die arbeitsmarktpolitische Zielsetzung dieses temporären gesetzlichen Kündigungsverbots gilt auch für einzelne Kündigungen, selbst wenn die für die Anzeige in § 45a Abs 1 AMFG genannten Zahlen später unterschritten werden[335].

Die Rechtsunwirksamkeit der Kündigungen im Fall eines Verstoßes gegen § 45a AMFG ist als **relative Unwirksamkeit** zu verstehen. Sie muss daher vom Arbeitnehmer geltend gemacht werden und ist nicht von Amts wegen wahrzunehmen[336]. Die Geltendmachung durch den Arbeitnehmer hat jedoch iS einer Aufgriffsobliegenheit innerhalb einer gewissen Erkundungs- und Entscheidungsfrist zu erfolgen. Ein Zeitraum von eineinhalb Jahren wurde von der Rechtsprechung nicht mehr als angemessener Zeitraum angesehen[337].

8/195 § 45a Abs 5 AMFG spricht zwar ausdrücklich nur von Kündigungen, doch muss auch jede andere Auflösung des Dienstverhältnisses, die vom Dienstgeber ausgeht und zu einer Umgehung der Zielsetzung des § 45a AMFG führen würde, der Rechtsunwirksamkeit anheimfallen, wenn die sonstigen Voraussetzungen erfüllt sind. Dies ist insb beim Ausspruch ungerechtfertigter **Entlassungen**[338] sowie bei einer vom Arbeitgeber veranlassten **einvernehmlichen Auflösung** zu beachten[339]. Entsprechend den arbeitsmarktpolitischen Zielsetzungen des AMFG spielt bei der Freisetzung der Arbeitskräfte das Ausmaß der Beschäftigung keine Rolle. In diesem Sinne unterliegen auch die sog **geringfügig beschäftigten Personen** (vgl 7.3.3.5) dem Kündigungsfrühwarnsystem[340].

8.2.8.5. Arbeits- und kollektivvertragliche Beschränkungen

8/196 Das grundsätzlich freie Kündigungsrecht der Arbeitsvertragsparteien kann durch **Zusatzvereinbarungen partiell** oder auch **gänzlich** ausgeschlossen werden. Verzichtet der Dienstgeber teilweise auf sein Kündigungsrecht, indem er es an das Vorliegen bestimmter Gründe bindet (zB an das Vorliegen der Voraussetzungen für die Inanspruchnahme der vorzeitigen Alterspension, an den Fall einer beabsichtigten Betriebsstilllegung[341]) oder die Beendigung

[335] S auch OGH 8. 7. 1998, 9 ObA 146/98f, ARD 4969/22/98 = ecolex 1998, 865.
[336] *Löschnigg/Standeker*, Einvernehmliche Auflösung und Kündigungsfrühwarnsystem, RdW 2000, 541.
[337] OGH 26. 1. 2000, 9 ObA 322/99i, DRdA 2001, 38 mit Bespr v *Kerschner*.
[338] S auch, wenngleich nicht eindeutig, *NN*, Das Kündigungsfrühwarnsystem, RdW 1986, 84.
[339] OGH 13. 7. 1995, 8 ObA 258/95, RdW 1996, 278; *Löschnigg/Standeker*, Einvernehmliche Auflösung und Kündigungsfrühwarnsystem, RdW 2000, 541.
[340] Vgl OGH 18. 12. 1996, 9 ObA 2287/96f, ARD 4824/29/97.
[341] Vgl hiezu OGH 28. 2. 2001, 9 ObA 316/00m, DRdA 2002, 36 mit Bespr v *B. Schwarz*.

des Arbeitsverhältnisses von der Einhaltung gewisser betrieblicher Organisationsvorschriften abhängig macht[342], liegt ein partieller Kündigungsausschluss vor.

Dienstgeber können für die Dauer des Dienstverhältnisses oder nur für einen bestimmten Zeitraum auf ihr Kündigungsrecht verzichten. Ein Verzicht des Dienstnehmers wird nur in **Ausnahmefällen** und in beschränktem Ausmaß in Frage kommen[343]. 8/197

Ein **vertraglicher** Ausschluss der freien Kündbarkeit durch den Arbeitgeber wirkt wie ein gesetzlicher Kündigungsschutz[344]. Um Umgehungen des Kündigungsausschlusses zu verhindern, bringt daher auch eine ungerechtfertigte Entlassung das Arbeitsverhältnis nicht zur Auflösung[345]. Im Hinblick auf das aufrecht bestehende Arbeitsverhältnis kann der Arbeitnehmer die Fortzahlung des Arbeitsentgelts als Erfüllungsanspruch gem § 1155 ABGB geltend machen[346]. Im Falle des **gesetzlichen** besonderen Kündigungs- und Entlassungsschutzes vertritt der OGH den Standpunkt, dem Arbeitnehmer stehe ein **Wahlrecht** zu, es bei der Lösung des Arbeitsverhältnisses zu belassen und sich mit den Ersatzansprüchen gem § 1162b ABGB bzw § 29 AngG zu begnügen oder aber sich auf die Rechtsunwirksamkeit der Lösungserklärung zu stützen[347]. Was für den gesetzlichen Kündigungs- und Entlassungsschutz gilt, ist auch auf den vertraglichen zu übertragen[348]. Ein vertraglicher Kündigungsschutz führt somit ebenfalls zu einem entsprechenden Wahlrecht des Arbeitnehmers bei rechtswidrigen Lösungserklärungen. 8/198

Für Arbeitnehmer erhebt sich die Frage, ob die Einschränkung des § 1158 Abs 3 ABGB (bzw § 21 AngG, § 18 GAngG), wonach ein für Lebenszeit einer Person oder für länger als fünf Jahre vereinbartes Dienstverhältnis vom Arbeitnehmer unter Einhaltung einer Kündigungsfrist von **sechs Monaten** gekündigt werden kann, auch für den Fall des vereinbarten Ausschlusses der freien Kündbarkeit durch den Arbeitnehmer analog anwendbar ist. Diese Frage ist ohne Zweifel zu bejahen.

Auf das Recht zur vorzeitigen Beendigung des Arbeitsverhältnisses kann, insoweit Verschuldenstatbestände betroffen sind, im Vorhinein keiner der Vertragspartner gültig **verzichten** (zweiseitig zwingende Wirkung). 8/199

Grundsätzlich gleiche Rechtswirkungen wie bei arbeitsvertraglichen Kündigungsbeschränkungen ergeben sich bei **kollektivvertraglichen Bestimmungen**, die die Kündigung ausschließen oder einschränken[349]. 8/200

---

342 *Binder*, Arbeitsvertragslösung durch juristische Personen öffentlichen Rechts und Fehler im Organisationsablauf, RdW 1991, 113.

343 S auch *Mazal*, Zum Zeitplan der Kündigung bei Kündigungsverboten, RdW 1986, 46.

344 Zur Interpretation eines vertraglichen Kündigungsverzichts, insb bei Untergang des Betriebs, vgl *Gerlach*, Vertraglicher Kündigungsschutz und Betriebsstilllegung, ZAS 2003, 112.

345 OGH 5. 5. 1964, 4 Ob 47/64, Arb 7940; OGH 15. 10. 1974, 4 Ob 54/74, Arb 9258; OGH 2. 12. 1975, 4 Ob 74/75, DRdA 1976, 164 mit Bespr v *Hagen* = DRdA 1976, 334 mit Bespr v *Jabornegg*; OGH 24. 1. 1978, 4 Ob 135/77, Arb 9663; OGH 10. 10. 1978, 4 Ob 92/78, ARD 3079/13/78.

346 OGH 15. 10. 1974, 4 Ob 54/74, Arb 9258.

347 Vgl OGH 7. 7. 1981, 4 Ob 134/80, DRdA 1984, 449 mit Bespr v *Firlei*.

348 *Trost* in Löschnigg (Hrsg), AngG Bd 2[10] (2016), § 20 Rz 83 ff; vgl auch 8.2.8.7.1.

349 Vgl auch OGH 10. 7. 1984, 4 Ob 83/84, DRdA 1986, 140 mit Bespr v *Pfeil*; zum Schicksal kollektivvertraglicher Bestandschutzbestimmungen bei Betriebsübergang s 9.2.2.

8.2.8.6. Kündigung und Kündigungsbeschränkungen

8/201 Zu einer unzulässigen Kündigungsbeschränkung kann es auch dadurch kommen, dass bereits erworbene **Ansprüche des Arbeitnehmers** bei Beendigung des Arbeitsverhältnisses durch Kündigung seitens des Arbeitnehmers verfallen (zB anteilige Sonderzahlungen)[350], oder dass das Kündigungsrecht des Arbeitnehmers durch **Rückzahlungsverpflichtungen** (zB von Werbekosten des Arbeitgebers[351]) in unzumutbarer Weise beeinträchtigt wird[352]. Was die **Sonderzahlungen** betrifft, ergibt sich schon aus der zwingenden, der Analogie zugänglichen Bestimmung des § 16 Abs 1 AngG, dass Beschränkungen bezüglich aliquot erworbener Sonderzahlungen bzw Verfallsbestimmungen insb bei Kündigung durch den Arbeitnehmer unzulässig sind[353] (vgl 6.5.2.5).

8/202 Das Arbeitsrecht kennt eine Fülle von Bestimmungen, die nur eine beschränkte Bindung des Arbeitnehmers zulassen (vgl zB §§ 16, 20 Abs 4, 21, 28 Abs 2 u 36 AngG, § 1159c ABGB). Anderseits finden sich im Gesetz selbst Ansprüche, die nicht unerhebliche Betriebsbindungseffekte aufweisen (vgl zB § 23 AngG, § 7 Abs 1 BPG). Bei der Prüfung einzelner vertraglicher Gestaltungen lässt sich daher eine sachgerechte Lösung nur im Zuge einer Einzelfallbetrachtung im Rahmen eines beweglichen Systems gewinnen. Grundsätzlich ist aus dem arbeitsrechtlichen Normenbestand durchaus ein **allgemeines Verbot inadäquater Betriebsbindung** ableitbar[354].

8.2.8.6. Verhältnis der Kündigungsbeschränkungen zueinander

8/203 Durch die Möglichkeit der Kumulierung diverser Kündigungsschutzbestimmungen taucht vielfach die Frage auf, welche Kündigungsbeschränkungen sich wechselseitig kombinieren lassen oder welche Kündigungsbeschränkung die Anwendung einer anderen ausschließt.

8.2.8.6.1. Kündigungsentschädigung oder Kündigungs- und Entlassungsschutz

8/204 Die ordentliche Kündigung ist in der Regel an gewisse Kündigungsfristen und Kündigungstermine gebunden (vgl 8.2.2 u 8.2.3). Die Nichteinhaltung der Kündigungsfristen bzw Kündigungstermine macht den die Kündigung Erklärenden **schadenersatzpflichtig**. Dem Dienstnehmer steht ebenso wie im Falle unbegründeter vorzeitiger Entlassung Schadenersatz zu, der mit der Kurzform „Kündigungsentschädigung“[355] umschrieben wird (vgl 8.2.4). Der Terminus „Kündigungsentschädigung“ ist deswegen unscharf, weil auch

---

[350] Vgl OGH 7. 11. 1990, 9 ObA 275/99, DRdA 1991, 366 mit Bespr v *Binder*; OGH 8. 7. 1992, 9 ObA 142/92, DRdA 1993, 117 mit Bespr v *Grillberger* = ZAS 1994, 60 mit Bespr v *Micheler*; vgl OGH 28. 11. 1996, 8 ObA 2277/96b, ASoK 1997, 195; OGH 2. 9. 1992, 9 ObA 154/92, DRdA 1993, 206 mit Bespr v *Runggaldier* = ZAS 1993, 218 mit Bespr v *Gruber*; zu freiwillig gezahlten Erfolgsprämien vgl OGH 9. 5. 1990, 9 ObA 101/90, ZAS 1992, 48 mit Bespr v *Pircher*; s auch 6.5.2.5.

[351] Vgl OGH 13. 1. 1993, 9 ObA 260/92, ZAS 1994, 127 mit Bespr v *Reissner* = ARD 4459/14/93; s aber 6.5.4.2.

[352] Vgl hiezu insb *Binder*, Faktische Kündigungserschwerungen zu Lasten des Arbeitnehmers, ZAS 1993, 2; *Runggaldier*, Grenzen der Kollektivvertragsautonomie bei der Regelung des Entgelts (1995), 113; *Winkler*, Der Mobilitätsschutz des Arbeitnehmers. Entgeltgestaltungen auf dem Prüfstand (1998).

[353] OGH 18. 12. 2002, 9 ObA 104/02p, DRdA 2004, 48 mit Bespr v *Spitzl* = ZAS 2003, 236 mit Bespr v *Rauch*.

[354] Vgl *Löschnigg*, Phänomene der Betriebsbindung, in Resch (Hrsg), Kritische Klauseln im Arbeitsvertrag (2004); *Ehrlich*, Kündigungsverzicht als zulässige gesellschaftsrechtliche Nebenverpflichtung?, RdW 2006, 27; *Resch*, Lehrausbildung und Betriebsbindung, RdW 2006, 158.

[355] *Jabornegg*, Zur Rechtsnatur der Kündigungsentschädigung, in FS Koziol (2010), 175.

im Falle ungerechtfertigter vorzeitiger Auflösung eines befristeten Arbeitsverhältnisses dieses grundsätzlich mit sofortiger Wirkung gelöst wird und für den Rest der Befristung ein Schadenersatzanspruch besteht (§§ 1162b ABGB, 29 AngG), den man naturgemäß nicht als „Kündigungsentschädigung" bezeichnen kann. Man müsste daher korrekterweise von einem „Schadenersatz wegen ungerechtfertigter vorzeitiger Auflösung des Arbeitsverhältnisses" sprechen.

Der unter allgemeinem bzw individuellem Kündigungs- oder Entlassungsschutz stehende Dienstnehmer wird jedoch die Kündigungsentschädigung nur dann bei Gericht einklagen, wenn er das Dienstverhältnis nicht mehr fortsetzen will. Möchte er das Arbeitsverhältnis nicht beenden, so steht ihm nach Maßgabe der gesetzlichen Voraussetzungen selbstverständlich auch im Falle der termin- bzw fristwidrigen Kündigung oder einer Entlassung die Anfechtungsklage bei Gericht offen (vgl 8.2.8.1 u 8.2.8.2). Der termin- bzw fristwidrig gekündigte oder entlassene Arbeitnehmer besitzt somit eine echte Wahlmöglichkeit, sich von vornherein mit der Kündigungsentschädigung zu begnügen oder die Kündigung bzw Entlassung anzufechten. Falls die Anfechtung der Kündigung oder Entlassung nach den einschlägigen Bestimmungen missglückt, bleibt ihm noch immer der Weg der Geltendmachung der Kündigungsentschädigung. Im Hinblick auf die dafür vorgesehenen Verfallsfristen (§ 1162d ABGB, § 34 AngG) wird es regelmäßig zweckmäßig sein, die Anfechtungsklage mit dem Eventualbegehren auf Zuspruch der Kündigungsentschädigung zu verbinden. 8/205

Eine derartige **Wahlmöglichkeit** zwischen Kündigungsentschädigung und Geltendmachung des Kündigungsschutzes besteht nicht nur im Zusammenhang mit dem allgemeinen bzw individuellen Kündigungs- und Entlassungsschutz. Auch im Rahmen des **besonderen Kündigungsschutzes** (vgl 8.2.8.3) ist die Rechtslage ähnlich[356]. Eine Kündigung (ebenso eine ungerechtfertigte Entlassung), die entgegen den Bestimmungen des besonderen Kündigungsschutzes ausgesprochen wird, ist rechtsunwirksam. Der betroffene Dienstnehmer, dessen Dienstverhältnis durch die Kündigung nicht berührt wird, kann daher sein Entgelt oder seine sonstigen Ansprüche bei Gericht einklagen und auf der Aufrechterhaltung des Dienstverhältnisses beharren. Der Schutzzweck der besonderen Kündigungsschutzbestimmungen kann jedoch nicht die Wirkung haben, den Dienstnehmer zu zwingen, diese in Anspruch zu nehmen. Er kann sich stattdessen auf die Geltendmachung der Ansprüche aus der Beendigung des Arbeitsverhältnisses (in besonderen Fällen Kündigungsentschädigung, Abfertigung) beschränken, zumal er nicht in ein durch die ungerechtfertigte Auflösungserklärung belastetes Dienstverhältnis entgegen dem erklärten Willen des Dienstgebers gedrängt werden soll[357] (zum Ausmaß der Kündigungsentschädigung bei der vorzeitigen Auflösung der besonders geschützten Dienstverhältnisse vgl 8.3.4.3.4). Stützt sich der Arbeitnehmer jedoch auf die Rechtsunwirksamkeit der Kündigung, dann kann er in der Regel gegen 8/206

[356] Zum Wahlrecht des besonders bestandgeschützten Arbeitnehmers und dessen Fristgebundenheit s OGH 19. 12. 2002, 8 ObA 154/02h, DRdA 2003, 551 mit Bespr v *Weiß*; zum Wahlrecht eines begünstigten Behinderten nach einer unwirksamen Kündigung OGH 29. 1. 2014, 9 ObA 146/13f, ARD 6392/10/2014 = RdW 2014, 353.

[357] OGH 2. 3. 1976, 4 Ob 6/76, JBl 1977, 604; s auch OGH 3. 3. 1953, 4 Ob 35/53, SozM I D, 21; OGH 18. 9. 1980, 4 Ob 129/79, ZAS 1982, 57 mit Bespr v *Marhold*.

die Rückforderung von zuvor erhaltenen Leistungen aus der Beendigung nicht den gutgläubigen Verbrauch einwenden[358].

8/207 Dieses Wahlrecht geht nicht bereits dann verloren, wenn der Dienstgeber sich auf die Unwirksamkeit seiner Auflösungserklärung beruft und den Arbeitnehmer **zur Wiederaufnahme** der Arbeit **auffordert**[359]. Eine derartige Beschränkung würde nämlich dem Dienstgeber im Rahmen des besonderen Kündigungsschutzes eine günstigere Stellung einräumen als im normalen Kündigungsverfahren, in welchem die einmal ausgesprochene Kündigung einseitig vom Dienstgeber nicht mehr zurückgenommen werden kann. Im Übrigen ist zu beachten, dass nicht derjenige, der durch sein Verhalten die Nichtigkeit bewirkt hat, sondern nur derjenige, zu dessen Schutz die übertretene Norm besteht, sich auf die Nichtigkeit berufen darf (vgl 8.3.4.3.4).

8.2.8.6.2. Verhältnis von allgemeinem, individuellem und besonderem Kündigungsschutz

8/208 Grundsätzlich gehen die besonderen Bestandschutzregelungen als Sondernormen dem allgemeinen Kündigungsschutz der §§ 105 bis 107 ArbVG vor[360]. Für Behinderte (§ 8 Abs 5 BEinstG) und Opferbefürsorgte (§ 6 Z 4 OFG) sowie für Präsenz- und Zivildiener bzw militärische Dienstleistungen erbringende Frauen (§ 12 Abs 7 APSG) hat der Gesetzgeber die Anwendung des allgemeinen Kündigungsschutzes ausdrücklich ausgeschlossen, soweit der besondere Kündigungsschutz zur Anwendung gelangt.

8/209 Auch die Nichteinhaltung des Vorverfahrens gem § 105 ArbVG besitzt für den besonderen Kündigungs- und Entlassungsschutz keine Bedeutung[361]. Eine Verständigungspflicht des Betriebsrats sehen aber ohnehin auch die §§ 10 Abs 3 MSchG, 7 Abs 3 VKG und 12 Abs 4 APSG vor.

8/210 Hat ein Arbeitnehmer oder eine Arbeitnehmerin die Anwendung des besonderen Kündigungsschutzes dadurch verwirkt, dass der schutzwürdige Umstand, also zB die Zustellung des Einberufungsbefehls oder die Schwangerschaft, verschwiegen wurde, so kommt wiederum der allgemeine bzw individuelle Kündigungsschutz zum Tragen.

8/211 Der individuelle Kündigungsschutz ist auf Grund seines völlig eigenständigen Eingriffsbereichs stets losgelöst vom allgemeinen und besonderen Kündigungsschutz zu beachten.

8.2.8.6.3. Zusammentreffen mehrerer besonderer Kündigungsschutzbestimmungen

8/212 Werden **Betriebsratsmitglieder zum Präsenz- oder Zivildienst** bzw zu **militärischen Dienstleistungen** einberufen bzw diesem Dienst zugewiesen, gelten für sie kraft ausdrücklicher gesetzlicher Anordnung die Bestimmungen des ArbVG weiter (§ 12 Abs 7 APSG).

8/213 Für **Behinderte und Opferbefürsorgte**, die in den **Betriebsrat (Jugendvertrauensrat)** oder zu **Behindertenvertrauenspersonen** gewählt werden, sind ebenfalls ausschließlich

358 OGH 24. 11. 1993, 9 ObA 211/93, SZ 66/156.
359 Dafür *Jabornegg*, Unbegründete Entlassung eines Lehrlings und Behaltepflicht, DRdA 1977, 16.
360 Vgl OGH 13. 1. 1987, 14 Ob 209/86, DRdA 1989, 123 mit Bespr v *Trost*.
361 OGH 23. 10. 1984, 4 Ob 103/83, Arb 10.382.

die Bestimmungen der §§ 120 und 121 ArbVG anzuwenden (§§ 8 Abs 6, 22a Abs 10 BEinstG).

Kommt für Arbeitnehmer(innen) der besondere **Kündigungsschutz** nach dem **MSchG** bzw **VKG** zum Tragen, so gilt jener nach dem APSG ausdrücklich nicht (vgl § 12 Abs 7 APSG). Ansonsten ist der Muter-/Vaterschutz **parallel** zu anderen besonderen Bestandschutzregelungen zu beachten. Das Nebeneinanderbestehen kann dazu führen, dass sowohl eine gerichtliche als auch eine behördliche Erlaubnis einzuholen ist (zB Gericht und Behindertenausschuss). Die Nichteinhaltung auch nur eines der Kündigungsschutzverfahren hat die Rechtsunwirksamkeit der Kündigung zur Folge. 8/214

8.3. Vorzeitige Auflösung aus wichtigem Grund

8.3.1. Begriff und Wesen

Die Lösung **aus wichtigem Grund** ist keine spezielle und ausschließlich dem Arbeitsrecht entspringende Beendigungsform. Sie ist vielmehr dem Wesen eines Dauerschuldverhältnisses immanent[362]. Ebenso wie bei der Kündigung (vgl ua 8.2.1 u 8.2.5) handelt es sich im Falle der vorzeitigen Auflösung um eine einseitige, empfangsbedürftige Willenserklärung. Sie ist keine durch den Vertragspartner annahmebedürftige Willenserklärung und daher unabhängig von einer Billigung bzw vom Widerspruch des empfangenden Vertragspartners wirksam[363]. 8/215

Schon begrifflich besteht die vorzeitige Auflösung aus zwei Elementen: aus der Vorzeitigkeit der Beendigung einerseits und aus dem wichtigen Grund anderseits. Im Regelfall **stützt sich** eine Vertragspartei bei der Auflösung des Arbeitsverhältnisses **auf einen wichtigen Grund**. Ob ein solcher tatsächlich vorliegt, ist nicht von entscheidender Bedeutung. Auch eine zB rechtswidrige – weil ohne Vorliegen eines wichtigen Grundes ausgesprochene – Entlassung bleibt eine Entlassung. Der Wille zur vorzeitigen Beendigung kann so ausgeprägt sein, dass die **Wichtigkeit des Grundes völlig in den Hintergrund** rückt. Es liegt etwa auch dann eine Entlassung vor, wenn dem Arbeitgeber bewusst ist, dass kein wichtiger Grund gegeben ist, er das Arbeitsverhältnis aber mit sofortiger Wirkung beenden will. 8/216

Der **Unterschied zur Kündigung** liegt also nicht im Fehlen der Einhaltung einer Frist, sondern darin, dass der Erklärende den Willen, aus wichtigem Grund zu lösen, kundtut[364]. Auch eine Kündigung mit rechtswidrig verkürzter oder durch Kollektivvertrag abbedungener Kündigungsfrist bleibt eine Kündigung. Kündigt ein Dienstnehmer selbst unter Angabe von wichtigen Gründen mit einer kürzeren als der vereinbarten Frist und **korrigiert** er später diesen Termin, um die vereinbarte Kündigungsfrist einzuhalten, so wurde diese Lösung des Arbeitsverhältnisses als Kündigung angesehen[365]. 8/217

---

362 Vgl zB *Fenyves*, Erbenhaftung und Dauerschuldverhältnis (1982), 184; *Sonntag*, Die vorzeitige Auflösung aus wichtigem Grund im Lichte der Judikatur, ZAS 2008, 61.

363 Vgl *Martinek/Schwarz*, Abfertigung (1980), 75.

364 Vgl OLG Linz 28. 4. 1987, 13 Ra 18/87, Arb 10.619.

365 OGH 3. 6. 1980, 4 Ob 25, 26/80, ZAS 1981, 136 mit Bespr v *Beck-Mannagetta*.

8.3.1. Vorzeitige Auflösung aus wichtigem Grund

8/218 Umgekehrt kann ausnahmsweise auch einer vorzeitigen Auflösung die sofortige Lösungswirkung genommen und eine „Beendigungsfrist" eingeräumt werden. Diese Konstruktion einer **befristeten vorzeitigen Auflösung** wurde vor allem im Rahmen des Entlassungsrechts eingehend diskutiert[366].

Bedenken gegen die Verknüpfung von vorzeitigem Lösungsrecht und Gewährung einer Frist wurden insb deshalb erhoben, weil die vorzeitige Auflösung mit einer Unzumutbarkeit[367] der Weiterbeschäftigung begründet wird. Aus der Einräumung einer Frist wäre zu schließen, dass der zu Grunde liegende Auflösungstatbestand doch nicht so schwerwiegend ist, dass von dem vorzeitigen Lösungsrecht Gebrauch gemacht werden muss. Tatsächlich wird von einer grundsätzlichen Unvereinbarkeit einer vorzeitigen Auflösung mit einer „Entlassungs-" bzw „Austrittsfrist" auszugehen sein. In Einzelfällen, wenn die Fristsetzung im **überwiegenden Interesse des Erklärungsempfängers** (in der Regel des entlassenen Dienstnehmers) liegt, ist auch eine befristete Entlassung bzw ein befristeter Austritt zu bejahen[368]. So kann das zeitliche Hinausschieben der Wirksamkeit einer Entlassung dem Arbeitnehmer zum Vorteil gereichen, wenn sein sofortiges Ausscheiden zu einem erheblichen Schaden für das Unternehmen führen würde, für den der Arbeitnehmer ersatzpflichtig wäre[369]. Es handelt sich hiebei immer um Ausnahmefälle. Die Einräumung einer Frist stellt ein Indiz dar, das gegen die Relevanz eines „wichtigen Grundes" spricht bzw als konkludenter Verzicht auf das vorzeitige Lösungsrecht zu werten ist. Beim Ausspruch einer Entlassung mit verzögertem Wirksamkeitsbeginn müssen jene Umstände besonders geprüft werden, die eine Weiterbeschäftigung des Arbeitnehmers für eine gewisse Zeit begründen, eine Fortsetzung des Arbeitsverhältnisses bis zum Ablauf der ordentlichen Kündigungsfrist aber ausschließen[370].

8/219 Bedient sich der Dienstgeber der vorzeitigen Auflösung aus wichtigem Grund, spricht man von einer (fristlosen) **Entlassung**, löst der Dienstnehmer das Arbeitsverhältnis vorzeitig auf, handelt es sich um einen (fristlosen) **Austritt**.

8/220 Bezüglich der Verwendung von **Bedingungen** im Rahmen der vorzeitigen Auflösung gilt das zur Kündigung Gesagte sinngemäß (vgl 8.2.6 u allg 5.3.5). Bedingungen bewirken daher grundsätzlich die Nichtigkeit der Willenserklärung, es sei denn, dass der Eintritt der Bedingung vom Willen des Erklärungsempfängers abhängig ist.

In diesem Sinn hat der OGH eine Entlassung akzeptiert, deren Rechtswirkungen erst dann eintreten sollten, wenn der Dienstnehmer die Gründe für sein Fernbleiben nicht schriftlich bis zu einem bestimmten Termin bekannt gibt[371]. Als zulässig hat der OGH jedoch auch eine Entlassung anerkannt, die nur für den Fall ausgesprochen wird, dass eine vorhergehende Entlassungserklärung in einem Anfechtungsverfahren für rechtsunwirksam erklärt wird und damit das vorerst beendete Arbeitsverhältnis rückwirkend wieder auflebt (vorsorgliche Entlassung)[372]. Diese Ausnahme ist zu billigen.

---

[366] Vgl zu Lehre und Judikatur insb *Kuderna*, Die befristete Entlassung, DRdA 1972, 53; *dens*, Entlassungsrecht² (1994), 22; va aus Gründen der Rechtssicherheit im Arbeitsverhältnis *Krejci* in Rummel/Lukas (Hrsg), ABGB I⁴ (2015), § 1162 Rz 28; aA *Fenyves*, Erbenhaftung und Dauerschuldverhältnis (1982), 200; *Eypeltauer*, Bedingte und befristete Entlassung, DRdA 1985, 319.

[367] OGH 3. 8. 2005, 9 ObA 112/05v, DRdA 2006, 294 mit Bespr v *Trost*.

[368] OGH 29. 4. 2013, 8 ObA 17/13b, ARD 6395/8/2014 = infas 2013, A 59; LG Feldkirch 26. 6. 1984, Cga 8/84, Arb 10.342; vgl auch *Steininger*, Die Auflösung des Arbeitsverhältnisses (1969), 27 f, der die Frage aufwirft, ob der Auflösungsberechtigte mitunter nicht sogar verpflichtet ist, die fristlos zulässige Auflösungserklärung befristet auszusprechen; ein ähnliches Ergebnis wie bei der befristeten Entlassung ergibt sich im Falle einer Kündigung mit verkürzter Kündigungsfrist; vgl hiezu OGH 14. 2. 1956, 4 Ob 196/55, Arb 6391; OGH 21. 6. 1960, 4 Ob 86/60, Arb 7255.

[369] OGH 14. 9. 1982, 4 Ob 81/82, DRdA 1985, 200 mit Bespr v *Csebrenyak*.

[370] OGH 14. 9. 1982, 4 Ob 81/82, DRdA 1985, 200 mit Bespr v *Csebrenyak*.

[371] OGH 25. 9. 1979, 4 Ob 78/79, DRdA 1981, 299 mit Bespr v *Fenyves* = ZAS 1981, 100 mit Bespr v *Schrank*.

[372] OGH 27. 6. 1978, 4 Ob 21/78, Arb 9707.

8.3.2. Der wichtige Grund im Allgemeinen

Damit eine vorzeitige Beendigung gerechtfertigt ist, muss in erster Linie ein **wichtiger Grund** vorliegen. In der österreichischen Arbeitsrechtsordnung findet sich allerdings weder eine einheitliche Definition noch eine einheitliche Aufzählung von Entlassungs- bzw Austrittsgründen, sondern nur eine Reihe von sondergesetzlichen Vorschriften, die unterschiedliche Tatbestände aufweisen. 8/221

Der Gesetzgeber bedient sich dabei dreier legistischer Varianten: 8/222

a) Er begnügt sich mit der **allgemeinen Feststellung**, dass das vorzeitige Lösungsrecht bei Vorliegen eines wichtigen Grundes jedem der Vertragspartner des Arbeitsverhältnisses offen steht (zB die Generalklausel des § 1162 ABGB);
b) Es werden die Auflösungsgründe in **beispielhafter Form** (**demonstrativ**) angeführt (§§ 26, 27 AngG, §§ 25, 26 GAngG, §§ 31, 32 TAG[373], § 34 VBG, §§ 20, 21 HausbG, §§ 33, 34 LArbG);
c) Es existiert eine **erschöpfende** (**taxative**) **Aufzählung** der wichtigen Gründe (§§ 82, 82a GewO, § 15 BAG).

Ob der Gesetzgeber eine demonstrative oder eine taxative Aufzählung gewählt hat, muss aus dem gesamten Aufbau und der legistischen Ausformung sämtlicher in Frage kommender Auflösungsgründe erschlossen werden. Bedenklich wäre es, einzig und allein auf das Vorliegen oder Fehlen des die beispielhafte Aufzählung indizierenden Wörtchens „insbesondere" abzustellen und schematisch zu entscheiden.

Im Verhältnis zum Konkretisierungsgrad der gesetzlichen Regelung kommen der Lehre und der Rechtsprechung mehr oder minder große Bedeutung zu. Den geringsten Spielraum bietet die erschöpfende Aufzählung. Im Gegensatz zur demonstrativen Aufzählung, bei der durch Gesetzesanalogie, also im Wege der Lückenfüllung, aus einem oder mehreren vorhandenen gesetzlichen Tatbeständen für einen nicht oder nicht vollständig geregelten Sachverhalt ein neuer entsprechend schwerwiegender Tatbestand gefunden werden kann[374], ist dies bezüglich der taxativen Enumeration strittig. Während *Kuderna*[375] die Methode der Gesetzesanalogie im Rahmen der erschöpfenden Aufzählung als grundsätzlich unzulässig erachtet, wird sie von der Judikatur[376] und einigen Lehrmeinungen[377] durchaus bejaht.

Generelle Aussagen sind sicher problematisch. Ist nach Maßgabe der Gesamtkonzeption des Gesetzes eine taxative Aufzählung der einschlägigen Gründe zu bejahen, so ist der **einzelne** Entlassungstatbestand in seinem teleologischen Konzept dahin zu prüfen, ob er der ratio legis entsprechend ergänzungsbedürftig ist. Ein Rekurs auf grundsätzliche **andere** Tatbestände – mögen sie auch als gleichwertig qualifizierbar erscheinen – ist nur im Falle demonstrativer Enumeration zulässig. Verfehlt ist es jedenfalls, aus den Regelungen des besonderen Entlassungsschutzes (vgl 8.3.4.3.3), wonach bei Nichtvorliegen eines der (taxativ) normierten Entlassungsgründe **Rechtsunwirksamkeit** der Entlassung vorliegt, den Schluss zu ziehen, dass in den anderen Fällen (insb den Entlassungstatbeständen des § 82 GewO) eine taxative Enumeration deswegen ausgeschlossen werden kann, da auch einer unbegründeten Entlassung der Lösungseffekt zukommt[378]. Dies ist schon deswegen unrichtig, weil der besondere Bestandschutz nach dem BEinstG überhaupt keine besondere Enumeration von Entlassungs-

---

[373] Vgl auch *Urleb*, Arbeitsrechtliche Fragen des SchSpG (2009), 158 f.
[374] *Koziol – Welser/Kletečka*, Grundriss des bürgerlichen Rechts I[14] (2014), 28 f.
[375] Entlassungsrecht[2] (1994), 53 f.
[376] OGH 6. 7. 1950, 4 Ob 43/50, Arb 5200; OGH 27. 11. 1962, 4 Ob 138/62, Arb 7665; OGH 10. 5. 1983, 4 Ob 48/83, Arb 10.267.
[377] *Spielbüchler/Grillberger*, Arbeitsrecht I[4] (1998), 415 f; *Mayer-Maly/Marhold*, Arbeitsrecht I (1987), 189.
[378] So aber *Schäffl*, Die Bedeutung der Entlassungstatbestände des § 82 GewO, ZAS 1989, 7.

tatbeständen kennt (vgl 8.3.4.3.3.4) und eine nicht begründete Entlassung dennoch zur Rechtsunwirksamkeit führt.

8/223 Sämtliche Gründe, die zur vorzeitigen Auflösung berechtigen, müssen **derart schwerwiegender Natur** sein, dass die weitere Aufrechterhaltung des Dienstverhältnisses nicht einmal für die Dauer der Kündigungsfrist zumutbar ist[379]. Die **Unzumutbarkeit** der Weiterbeschäftigung des Dienstnehmers ist jedoch kein zu den einzelnen Entlassungstatbeständen des Gesetzes hinzutretendes, sondern vielmehr ein ihnen immanentes Merkmal[380].

Die Unzumutbarkeit stellt gewissermaßen auch das auf den konkreten Fall bezogene Merkmal des wichtigen Grundes dar. Die Prüfung desselben berücksichtigt erst alle Umstände des Einzelfalles und ermöglicht deren sorgfältige Abwägung. In der Unzumutbarkeit der Fortsetzung eines Arbeitsverhältnisses liegt auch der tiefere Grund für die Anerkennung der Möglichkeit zur vorzeitigen Lösung bei sämtlichen Dauerschuldverhältnissen[381].

8/224 Der Gesetzgeber kann den relevanten Tatbestand so formulieren, dass sich die Unzumutbarkeitsbewertung erübrigt (vgl etwa § 32 Z 4 TAG). Eine besondere Prüfung ist jedoch dann erforderlich, wenn Zweifel darüber bestehen, ob ein wichtiger Grund in jenen Fällen vorliegt, in denen das Gesetz sich nur einer Generalklausel bedient oder in denen der Auflösungstatbestand so unbestimmt und so weit gefasst ist, dass er erst gegenüber geringfügigeren Ordnungswidrigkeiten und Interessenverletzungen abgegrenzt werden muss[382].

8/225 Zwischen vergleichbaren **Entlassungsgründen in den diversen Gesetzen** besteht allerdings eine Diskrepanz, die durch berichtigende Interpretation bzw im Analogieweg zu beseitigen ist. Nur auf diese Weise lassen sich verfassungsrechtlich bedenkliche Ungleichheiten vermeiden[383]. Zu erwähnen ist etwa die Bestimmung des § 82 lit d GewO, wonach nur ein Diebstahl, eine Veruntreuung oder eine sonstige strafbare Handlung, welche den gewerblichen Arbeiter des Vertrauens des Gewerbeinhabers verlustig gehen lässt, zur Entlassung berechtigt (vgl 8.3.4.1.2 lit e), während § 27 Z 1 AngG den Verlust der Vertrauenswürdigkeit auch an nicht strafbare Handlungen knüpft (vgl 8.3.4.1.1 lit a). Dem entsprach die alte Fassung der GewO vor der Novelle 1885. Eine Analogie zum AngG wurde allerdings vom OGH abgelehnt[384]. Das Höchstgericht betonte, dass dem § 82 GewO ein allgemeiner Entlassungsgrund der Vertrauensunwürdigkeit nicht zu unterstellen wäre. Dennoch wird man extreme Verstöße gegen die Vertrauenswürdigkeit mittels § 82 lit d GewO ahnden müssen,

---

379 OGH 3. 4. 1973, 4 Ob 29/73, Arb 9091; OGH 29. 4. 1980, 4 Ob 51/80, Arb 9870; OGH 17. 2. 1981, 4 Ob 7/81, Arb 9941; OGH 25. 6. 2013, 9 ObA 50/13p, ARD 6347/3/2013 = ASoK 2013, 412 = infas 2013, A 81; zur vorzeitigen Auflösung bei gravierenden Verdachtsmomenten vgl *Binder*, Die Verdachtsentlassung, in FS Krejci (2001), 1499.

380 OGH 13. 1. 1976, 4 Ob 71/75, Arb 9431; OGH 29. 4. 1980, 4 Ob 51/80, Arb 9870; OGH 25. 3. 1980, 4 Ob 42/80, Arb 9863 = DRdA 1980, 330; OGH 26. 2. 1985, 4 Ob 21/85, Arb 10.445; weiters OGH 3. 8. 2005, 9 ObA 112/05v, DRdA 2006, 295 mit Bespr v *Trost*.

381 Vgl *Martinek/Schwarz*, Abfertigung (1980), 122.

382 OGH 24. 9. 1974, 4 Ob 51/74, DRdA 1976, 70 mit Bespr v *Grillberger* = Arb 9255; OGH 13. 1. 1976, 4 Ob 71/75, Arb 9431.

383 Allg hiezu insb *Eichinger*, Gedanken zur vorzeitigen Auflösung des Arbeitsverhältnisses aus wichtigem Grund, in FS 100 Jahre Wirtschaftsuniversität Wien (1998), 375; zur Frage der Verfassungswidrigkeit *Drs*, Arbeiter und Angestellte (1999), 186.

384 OGH 14. 9. 1995, 8 ObA 293/95, ZAS 1996, 196 mit Bespr v *Radner*; OGH 25. 11. 2008, 9 ObA 142/08k, DRdA 2010, 127 mit Bespr v *Weiß*.

wie man umgekehrt vielfach die Vertrauensunwürdigkeit des AngG unter dem Aspekt der Strafbarkeit zu beurteilen hat[385].

Ein ähnlicher Wertungswiderspruch ergibt sich bei der Gegenüberstellung des § 82 lit i GewO (länger als 14 Tage gefängliche Anhaltung; vgl 8.3.4.1.2 p) mit § 27 Z 5 AngG (längere Freiheitsstrafe bzw Abwesenheit während einer den Umständen nach erheblichen Zeit; vgl 8.3.4.1.1 e). Zu einer sachgerechten Lösung wird man hier nur auf interpretativem Wege durch teleologische Angleichung der Bestimmungen der GewO und des AngG gelangen[386]. 8/226

Die Bejahung von Wechselwirkungen zwischen den Entlassungsgründen bedeutet aber kein völliges Abgehen von der Unterscheidung zwischen taxativer und demonstrativer Enumeration[387]. 8/227

Die Gründe zur vorzeitigen Auflösung des Arbeitsverhältnisses sind nicht nur innerhalb des allgemeinen Entlassungsrechts (insb AngG, GewO) zueinander in Beziehung zu setzen. Zu beachten sind weiters die Wechselwirkungen zwischen dem **allgemeinen Entlassungsrecht** und dem **besonderen Entlassungsschutz**. Auf Grund der unterschiedlichen Schutzintensität der beiden Regelungsbereiche wird man davon ausgehen müssen, dass die Gründe des besonderen Entlassungsrechts keine im Vergleich zum allgemeinen Entlassungsschutz (vgl 8.3.4.1.2 lit a u 8.3.4.3.3) leichtere Lösungsmöglichkeit eröffnen dürfen. In diesem Zusammenhang ist § 82 lit a GewO hervorzuheben (vgl 8.3.4.1.2), welche Bestimmung dazu führen muss, dass insb die Regelungen des ArbVG und des APSG (zB § 122 Abs 1 Z 1 ArbVG, § 15 Z 1 APSG) teleologisch auf jene Rechte des Arbeitgebers zu reduzieren sind, die ihm ohne Berücksichtigung des Sonderschutzes für den Arbeitnehmer zur Verfügung stehen. 8/228

8.3.3. Ausspruch, Zugang und Widerruf

Während im Rahmen des Kündigungsausspruchs im betriebsratspflichtigen Betrieb (bei Existenz des Betriebsrats) ein betriebsverfassungsrechtliches Vorverfahren eingehalten werden muss (vgl 8.2.8.1.1), kann die vorzeitige Auflösung durch den Dienstgeber, also die Entlassung, sofort ausgesprochen werden. Die **Verständigung des Betriebsrats und die Beratung** mit ihm können **nach dem Ausspruch** der Entlassung erfolgen. Wird der Betriebsrat nicht verständigt, so hat dies auf die Rechtswirksamkeit der Entlassung keinen direkten Einfluss (Näheres vgl 8.3.4.3.1). 8/229

Der bloße Eintritt eines Entlassungs- oder Austrittsgrundes bringt das Arbeitsverhältnis nicht zur Auflösung. Es bedarf vielmehr einer **Willenserklärung**, die deutlich und in einer jeden Zweifel ausschließenden Weise die Absicht, das Dienstverhältnis vorzeitig aufzulösen, zum Ausdruck bringt[388]. Das Problem stellt sich vielfach dann, wenn ein Arbeitnehmer 8/230

---

[385] Vgl *Schwarz*, Zur differenzierten Rechtsstellung der Arbeitnehmer, in FS Tomandl (1998), 362.
[386] Vgl aber auch *Drs*, Ehestörung kein Entlassungsgrund, RdW 1997, 282.
[387] Hiezu insb *Schäffl*, Die Bedeutung der Entlassungstatbestände des § 82 GewO, ZAS 1989, 7; aA *Gruber*, Entlassungsgründe für Arbeiter, ecolex 1991, 868.
[388] Vgl *Martinek/Schwarz*, Abfertigung (1998), 122.

schlichtweg nicht am Arbeitsplatz erscheint. Aus dem bloßen Nichterscheinen des Arbeitnehmers darf weder von vornherein dem Arbeitnehmer ein vorzeitiger Austritt unterstellt werden, noch liegt automatisch ein Entlassungsgrund vor[389].

8/231 Eine bestimmte **Form** ist für die vorzeitige Auflösung grundsätzlich nicht vorgeschrieben. Sie kann mündlich oder schriftlich, ausdrücklich oder konkludent erfolgen. Insbesondere müssen nicht die Worte „vorzeitige Auflösung", „Entlassung" oder „Austritt" verwendet werden. Entscheidend ist einzig und allein, dass die ernsthafte und zweifelsfreie Absicht, das Arbeitsverhältnis für die Zukunft sofort zu beenden, klar erkennbar ist[390]. Das Erfordernis der Schriftlichkeit einer Kündigung wird auf die vorzeitige Auflösung zu übertragen sein. Gesetzliche oder kollektivvertragliche Schrifterfordernisse für eine Kündigung gelten daher grundsätzlich auch für Entlassung und Austritt.

Vor allem die Ernstlichkeit lässt sich jedoch nicht immer leicht feststellen, weil der Ausspruch der vorzeitigen Auflösung vielfach in einem besonders erregten Gemütszustand erfolgt. Eine Ungültigkeit der Auflösungserklärung wegen mangelnder Ernstlichkeit ist jedenfalls dann zu bejahen, wenn sich dieser Umstand aus der Art der Äußerungen und den Begleitumständen objektiv ergibt und dem Erklärungsempfänger erkennbar ist[391].

8/232 Im Rahmen des **Ausspruchs** der vorzeitigen Lösung müssen die konkreten wichtigen Gründe nicht bekannt gegeben werden[392].

Es genügt vielmehr der allgemeine Hinweis, dass sich der Erklärende auf das Lösungsrecht aus wichtigen Gründen stützt[393]. Der Grund selbst muss erst im Bestreitungsfall vor Gericht nachgewiesen werden. Dies impliziert gewissermaßen, dass nachträglich noch andere, nicht in der Lösungserklärung enthaltene Gründe geltend gemacht werden können[394]. Der Ausspruch der vorzeitigen Auflösung stellt dabei die zeitliche Grenze dar. Gründe, die bis zum Zeitpunkt der Lösungserklärung vorliegen, können zur Rechtfertigung der vorzeitigen Auflösung herangezogen werden, selbst dann, wenn die Gründe erst nach der Beendigung des Arbeitsverhältnisses bekannt geworden sind[395]. Gründe, die hingegen erst nach einer Entlassung oder nach einem Austritt eintreten, sind für die bereits erfolgte vorzeitige Lösung irrelevant.

8/233 Der Ausspruch der vorzeitigen Auflösung hat **unverzüglich nach Bekanntwerden**[396] der wichtigen Gründe zu erfolgen. Dies gilt sowohl für die Entlassung[397] als auch für den Austritt[398]. Die Unverzüglichkeit des Ausspruchs bildet einerseits das Pendant zur Unzumutbarkeit der Weiterbeschäftigung[399] und soll andererseits dem von der Lösungserklärung Be-

---

389 OGH 22. 1. 2003, 9 ObA 247/02t, ARD 5394/12/2003.

390 Zur Judikatur vgl *Dittrich/Tades*, Arbeitsrecht (Losebl), Entscheidungen B zu § 1162 ABGB, 1100/218 ff; *Majoros*, Konkludente Austritte im Arbeitsrecht, ecolex 2005, 549; *Rauch*, Der ungerechtfertigte vorzeitige Austritt, ASoK 2003, 107.

391 LG Wien 21. 5. 1959, 44 Cg 89/59, Arb 7045.

392 Vgl zB OGH 6. 7. 1950, 4 Ob 43/50, Arb 5200; OGH 12. 11. 1963, 4 Ob 105/63, Arb 7843; OGH 13. 7. 1976, 4 Ob 59/76, Arb 9492; OGH 13. 5. 1986, 14 Ob 67/86, DRdA 1989, 114 mit Bespr v *Dirschmied*.

393 OGH 14. 6. 1955, 4 Ob 73/55, Arb 6250.

394 OGH 12. 11. 1963, 4 Ob 105/63, Arb 7843; OGH 23. 3. 1965, 4 Ob 30/65, Arb 8037.

395 Vgl zB OGH 24. 3. 1959, 4 Ob 13/59, Arb 7022; OGH 12. 11. 1963, 4 Ob 105/63, Arb 7843; OGH 13. 7. 1976, 4 Ob 59/76, Arb 9492; OGH 2. 9. 1987, 9 ObA 54/87, DRdA 1989, 41 mit Bespr v *Wachter*.

396 Wird der Entlassungsgrund dem Vertreter des Arbeitgebers bekannt, ist dieses Wissen direkt dem Arbeitgeber zuzurechnen; vgl auch *Wratzfeld*, Wissenszurechnung im Arbeitsrecht, ecolex 2011, 61.

drohten möglichst rasch Gewissheit verschaffen, ob das Dienstverhältnis beendet wird. Der Grundsatz der Unverzüglichkeit schließt aber eine angemessene **Überlegungsfrist** nicht aus. Verzögerungen, die sich durch die innerbetriebliche Organisation (zB Bildung einer Disziplinarkommission), durch die Prüfung besonders unklarer Tatbestände oder durch sonstige in der Sachlage begründete Umstände ergeben, sind daher gerechtfertigt[400]. Bei unklarem Sachverhalt kann auch der Ausgang eines diesbezüglichen strafgerichtlichen Verfahrens abgewartet werden[401].

Gibt der Arbeitgeber dem Angestellten Gelegenheit, den Entlassungsgrund zu **beseitigen**, dann ist auch eine nach dem Scheitern dieser Möglichkeit ausgesprochene Entlassung nicht verspätet[402]. Handelt es sich bei den wichtigen Gründen um **Dauerzustände**[403], so können sie so lange geltend gemacht werden, als sie andauern[404]. Dieser Grundsatz ist sicherlich dann zu befürworten, wenn mit fortschreitender Dauer des wichtigen Grundes (zB längere Verletzung der Dienstleistungspflicht gem § 27 Z 4 AngG) auch das Ausmaß der Unzumutbarkeit der Weiterbeschäftigung steigt. Liegt hingegen zB ein Entlassungsgrund gem § 27 Z 3 AngG (Betreiben eines selbstständigen kaufmännischen Unternehmens) vor, so geht der Dienstgeber des vorzeitigen Auflösungsrechts verlustig, wenn er nach Kenntnis dieses Umstandes nicht in angemessener Zeit handelt[405].

Zu berücksichtigen ist schließlich, inwieweit Klarheit über den Entlassungsgrund besteht. Ein **Aufschub** des Entlassungsausspruchs ist bei offenkundigen Entlassungsgründen nicht zulässig, wohl aber bei vorerst undurchsichtigen bzw zweifelhaften Sachverhalten[406].

Nimmt ein Austritts- oder Entlassungsberechtigter sein vorzeitiges Lösungsrecht nicht rechtzeitig wahr, so ist damit das Problem des **Verzichts auf die Geltendmachung** wichtiger Gründe angesprochen. Der Verzicht stellt einen Rechtsverlust durch Willensakt dar[407]. Verzichtet also zB der Dienstgeber auf die Geltendmachung eines Entlassungsgrundes, so setzt dies voraus, dass er einerseits vom Entlassungstatbestand Kenntnis hat und dass er andererseits von seinem Entlassungsrecht nicht Gebrauch machen will. Der Verzicht muss je- 8/234

397 ZB OGH 18. 12. 1950, 4 Ob 88/50, Arb 5229; OGH 30. 4. 1963, 4 Ob 24/63, Arb 7742; OGH 27. 6. 1969, 4 Ob 34/69, Arb 8634; OGH 26. 4. 2011, 8 ObA 14/11h, infas 2011, A 58; OGH 28. 10. 2015, 9 ObA 79/15f, DRdA 2016, 264 mit Bespr v *Glowacka* = ZAS 2016, 241 mit Bespr v *Friedrich*; s aber zur Einbeziehung früherer Verstöße OGH 28. 4. 2015, 8 ObA 12/15w, ARD 6458/7/2015 = DRdA-infas 2015, 238; *Trattner*, Zur Unverzüglichkeit von Entlassungen, ASoK 1999, 105; s auch OGH 27. 9. 2016, 8 ObA 58/16s, ARD 6521/11/2016.

398 OGH 6. 9. 1955, 4 Ob 109/55, Arb 6301; OGH 6. 12. 1955, 4 Ob 170/55, Arb 6350; OGH 26. 7. 2016, 9 ObA 111/15m, DRdA 2017, 141 mit Bespr v *Ludvik* = DRdA-infas 2016, 328.

399 OGH 10. 9. 1985, 4 Ob 97/85, infas 1986, A 34; vgl 8.3.2.

400 OGH 18. 12. 1956, 4 Ob 123/56, Arb 6566; OGH 27. 6. 1969, 4 Ob 34/69, Arb 8634; OGH 12. 1. 1965, 4 Ob 122/64, SozM I A/d, 615; OGH 10. 9. 1963, 4 Ob 74/63, Arb 7791; OGH 4. 3. 1980, 4 Ob 36/80, Arb 9856; OGH 25. 9. 1984, 4 Ob 84/84, infas 1985, A 51; OGH 6. 11. 1991, 9 ObA 138/91, DRdA 1992, 217 mit Bespr v *Klein*; OGH 10. 9. 1997, 9 ObA 112/97d, DRdA 1998, 207 mit Bespr v *Mayr*; OGH 18. 8. 2010, 8 ObA 53/10t, DRdA 2011, 547 mit Bespr v *Majoros*; vgl zum Unverzüglichkeitsgrundsatz bei juristischen Personen OGH 3. 3. 2010, 9 ObA 155/09y, DRdA 2011, 449 mit Bespr v *Födermayr*.

401 OGH 6. 9. 1988, 6 Ob 685/87, DRdA 1989, 213; zur Bindung der Zivilgerichte an Strafurteile vgl etwa OGH 3. 11. 1999, 9 ObA 147/99d, DRdA 2000, 503 mit Bespr v *Burgstaller* mwN.

402 OGH 12. 6. 1979, 4 Ob 43/79, Arb 9800; OGH 10. 9. 1985, 4 Ob 97/85, infas 1986, A 34.

403 ZB Verhinderung des Dienstnehmers an der Verrichtung der Dienstleistung wegen mehrmonatiger Untersuchungshaft (OGH 28. 7. 1964, 4 Ob 41/64, Arb 7960); Dauer eines eigenmächtig angetretenen Urlaubs (OGH 31. 10. 1967, 4 Ob 65/67, Arb 8458); Unterlassung des Wiederantritts zur Arbeitsleistung (OGH 14. 5. 1985, 4 Ob 50/85, ZAS 1986, 133 mit Bespr v *Runggaldier*).

404 S auch OGH 30. 4. 1963, 4 Ob 24/63, Arb 7742; OGH 28. 7. 1964, 4 Ob 41/64, Arb 7960; OGH 15. 7. 1969, 4 Ob 56/69, SozM I A/d, 901.

405 Vgl *Kuderna*, Entlassungsrecht[2] (1994), 19.

406 OGH 30. 3. 1982, 4 Ob 98/81, DRdA 1984, 233 mit Bespr v *Apathy*.

407 Vgl *Gschnitzer/Faistenberger/Barta*, Allgemeiner Teil des bürgerlichen Rechts[2] (1992), 450 f.

doch nicht ausdrücklich erklärt werden, sondern kann auch durch schlüssige Handlungen zum Ausdruck kommen. Bereits die Fortsetzung des Dienstverhältnisses bedeutet regelmäßig einen konkludenten Verzicht auf das Entlassungsrecht, wenn der Auflösungsberechtigte den Entlassungs- oder Austrittsgrund kennt. Ein schlüssiger Verzicht ist grundsätzlich auch darin zu erblicken, dass an Stelle einer vorzeitigen Lösung eine Kündigung ausgesprochen wird[408].

Der Arbeitgeber kann sich auch dann nicht auf einen wichtigen Grund stützen, wenn er in ein an sich pflichtwidriges Verhalten des Arbeitnehmers eingewilligt hat. Dasselbe gilt, wenn der Arbeitnehmer begründeterweise annehmen konnte, dass der Arbeitgeber seine **Einwilligung** bei Kenntnis der Sachlage erteilt hätte (sog vermutete Einwilligung)[409]. Eine Entlassung ist nur dann gerechtfertigt, wenn der Arbeitnehmer auf seiner Pflichtverletzung beharrt, obwohl der Arbeitgeber erklärt hat, dass er diese in Hinkunft nicht mehr tolerieren werde[410]. Dogmatisch gesehen stellt die Einwilligung einen Rechtfertigungsgrund dar, in gewissen Fällen fehlt es von vornherein an der Tatbestandsmäßigkeit[411].

8/235 Das vorzeitige Lösungsrecht kann aber auch **unabhängig** von einer Willensäußerung des Dienstgebers und unabhängig von der Kenntnis des wichtigen Grundes untergehen. Dieser Fall wird als **Verwirkung** bezeichnet. Teilweise wird auch von einer eigenständigen Art des Rechtsverlustes ausgegangen[412]. Wesentlich ist, dass durch die Nichtgeltendmachung des wichtigen Grundes über einen längeren Zeitraum hindurch der von der Entlassung bedrohte Dienstnehmer (bzw der vom Austritt bedrohte Dienstgeber) nach Treu und Glauben nicht mehr mit dem Ausspruch der vorzeitigen Lösung rechnen muss und die Unzumutbarkeit der Weiterbeschäftigung wegfällt. Der typische Fall liegt immer dann vor, wenn zwar ein Entlassungsgrund gesetzt wurde und der Dienstgeber auch eine Entlassung aussprechen möchte (also kein Verzicht!), aber so lange zögert, dass der objektive Zeitablauf die vorzeitige Beendigung des Arbeitsverhältnisses nach den Umständen des Einzelfalls nicht mehr rechtfertigt[413]. Im Gegensatz zum deutschen Recht wird die Verwirkung als eigenes Rechtsinstitut in unserer Rechtsordnung **nicht** anerkannt[414]. Nur ausnahmsweise findet eine ähnliche Rechtsfolge Anerkennung, wenn der erhebliche Zeitablauf an sich nach Treu und Glauben eine Auflösungserklärung nicht zu rechtfertigen vermag. Der Grundsatz, dass man Entlassungs- und Austrittsgründe „nicht aufs Eis legen kann", gehört in diesen Bereich.

8/236 Bezüglich des **Zuganges** und des **Widerrufs** der vorzeitigen Auflösung gelten die Ausführungen zur Kündigung sinngemäß (vgl 8.2.5)[415].

---

[408] OGH 13. 7. 1976, 4 Ob 59/76, Arb 9492; OGH 4. 12. 1991, 9 ObA 250/91, ZAS 1992, 194 mit Bespr v *Adamovic.*

[409] Vgl OGH 14. 10. 1980, 4 Ob 114/80, DRdA 1982, 214 mit Bespr v *Wilhelm.*

[410] OGH 13. 3. 1979, 4 Ob 16/79, DRdA 1980, 148 mit Bespr v *Csebrenyak.*

[411] Vgl zB § 27 Z 3 AngG; *Kuderna*, Entlassungsrecht^2 (1994), 68.

[412] *Grassl-Palten*, Der Untergang des Entlassungsrechts, ZAS 1989, 1.

[413] Vgl *Kuderna*, Entlassungsrecht^2 (1994), 28 f; *Harrer*, Ehrverletzung als Entlassungs- bzw Austrittstatbestand, DRdA 1983, 301.

[414] *Schwarz*, „Verwirkung" arbeitsrechtlicher Ansprüche?, DRdA 1959, 119; s auch *Kramer*, Verwirkung und Anspruchsverlust durch stillschweigenden Verzicht, JBl 1962, 540.

[415] S hiezu auch OGH 15. 6. 1982, 4 Ob 66/82, DRdA 1984, 460 mit Bespr v *Schauer*; OGH 26. 6. 1984, 4 Ob 46/84, DRdA 1986, 420; OGH 19. 6. 1991, 9 ObA 110/91, DRdA 1992, 131 mit Bespr v *Kerschner*; OGH 26. 2. 1992, 9 ObA 30/92, DRdA 1992, 451 mit Bespr v *Kerschner.*

8.3.4. Entlassung

Liegt auf Seiten des Dienstnehmers ein wichtiger Grund vor, der dem Dienstgeber die Weiterbeschäftigung unzumutbar macht, und spricht der Dienstgeber die vorzeitige Lösung aus, so handelt es sich um eine vorzeitige (fristlose) Entlassung[416]. Der Terminus „Entlassung" ist nach österreichischer Diktion ausreichend. 8/237

8.3.4.1. Entlassungsgründe

Auf Grund der Fülle von sondergesetzlichen Bestimmungen soll im Folgenden nur auf die Tatbestände des AngG[417] und der GewO näher eingegangen werden. 8/238

8.3.4.1.1. Angestelltengesetz

Das AngG zählt die Entlassungsgründe im § 27 in **demonstrativer** Weise auf. 8/239

a) **Untreue und Vertrauensunwürdigkeit**

Ein Entlassungsgrund gem § 27 Z 1 AngG liegt vor, wenn der Angestellte im Dienst untreu ist, sich in seiner Tätigkeit ohne Wissen oder Willen des Dienstgebers von dritten Personen unberechtigte Vorteile zuwenden lässt[418], insb entgegen der Bestimmung des § 13 AngG eine Provision oder eine sonstige Belohnung annimmt, oder wenn er sich einer Handlung schuldig macht, die ihn des Vertrauens des Dienstgebers unwürdig erscheinen lässt[419]. Die Annahme eines unberechtigten Vorteils stellt keinen Sondertatbestand dar, sondern ist als Spezialfall der Untreue zu werten. 8/240

Während die **Untreue** ein bewusstes (vorsätzliches) Handeln voraussetzt, genügt für die Verwirklichung des Tatbestandes der Vertrauensunwürdigkeit ein fahrlässiges Handeln, das allerdings an den Kriterien der Unzumutbarkeit der Weiterbeschäftigung zu messen ist[420]. Die Untreue muss zwar nicht während der Dienstausübung gesetzt werden, es bedarf aber eines Zusammenhangs mit der Dienstleistung oder dem Arbeitsverhältnis[421]. 8/241

Beispiele für Untreue wären etwa die Verbreitung unwahrer Angaben über geschäftliche oder sonstige bedeutsame Angelegenheiten des Arbeitgebers, das Nichtabführen von Inkassobeträgen, das Auskundschaften und die Preisgabe von Betriebs- und Geschäftsgeheimnissen, das Vortäuschen von Krankheiten[422], das Verrechnen von Diäten für durch Scheinberichte fingierte Reisetage, die Verfälschung

---

416 Vgl zur Gesamtproblematik *Kuderna*, Entlassungsrecht^2 (1994).

417 Allg dazu *Grillberger* in Löschnigg (Hrsg), AngG Bd 2^{10} (2016), § 27 Rz 1 ff; *Friedrich* in Marhold/Burgstaller/Preyer (Hrsg), AngG (Losebl), § 27 Rz 2 ff.

418 *A. Schiemer*, Entlassung wegen unberechtigter Vorteilsannahme, ecolex 2006, 407.

419 Zum Begriff der Vertrauensunwürdigkeit vgl allg *Petrovic*, Die Vertrauensunwürdigkeit als Entlassungsgrund nach § 27 Abs 1 Z 1 letzter Satz AngG, ZAS 1983, 49; *Kuderna*, Der Entlassungstatbestand der Vertrauensunwürdigkeit in rechtspolitischer Sicht, in FS Dittrich (2000), 477; s auch OGH 27. 1. 2016, 9 ObA 148/15b, DRdA-infas 2016, 137.

420 OGH 10. 5. 1989, 9 ObA 75/89, DRdA 1991, 126 mit Bespr v *Mayer-Maly*.

421 LG Wien 6. 5. 1965, 44 Cg 61/65, Arb 8083; LG Salzburg 10. 2. 1987, 40 Cg 7/87, Arb 10.590.

422 *Baritsch/Helmreich*, Vortäuschen der Arbeitsunfähigkeit strafbar?, ecolex 2003, 541.

einer Lohnbestätigung, sonstige den Dienstgeber schädigende Handlungen und Verletzungen der Treuepflicht[423].

8/242 Bei der **Vertrauensunwürdigkeit** kommt es darauf an, ob infolge des Verhaltens des Arbeitnehmers vom Standpunkt vernünftigen dienstlichen und geschäftlichen Ermessens für den Arbeitgeber eine objektiv gerechtfertigte Befürchtung besteht, dass seine Interessen und Belange durch den Arbeitnehmer gefährdet sind[424]. Im Gegensatz zur Untreue kann die Vertrauensverwirkung auch auf Umstände zurückzuführen sein, die mit dem Arbeitsverhältnis in keinem unmittelbaren Zusammenhang stehen[425].

Vertrauensunwürdigkeit liegt zB bei besonderer Verantwortungslosigkeit vor, bei Verbrechen und Vergehen aus Gewinnsucht, auch wenn sie nicht im Betrieb des Dienstgebers begangen wurden, bei wiederholter Inbetriebnahme eines Dienstfahrzeugs in alkoholisiertem Zustand, bei versuchter Abwerbung von Mitangestellten für ein Konkurrenzunternehmen udgl. Bei der Entlassung wegen Alkoholmissbrauchs ist allerdings zu differenzieren, ob sich der Arbeitnehmer durch Alkohol schuldhaft wiederholt in einen solchen Zustand versetzt, dass er seinen Pflichten aus dem Arbeitsverhältnis nicht mehr nachkommen kann, oder ob sein pathologischer Alkoholmissbrauch bereits einen solchen Grad einer zwanghaften und unbeherrschbaren Krankheit erreicht hat, dass ihm ein neuerlicher Rückfall nicht mehr als Verschulden zugerechnet werden kann[426].

Auch der Ehebruch eines Ehegatten, der gleichzeitig in einem Dienstverhältnis zum anderen Ehegatten steht, kann den Tatbestand der Vertrauensunwürdigkeit verwirklichen[427]. Das Anfertigen von Notizen über eigene Telefonate bedeutet keinen Vertrauensbruch, sondern eine zulässige Maßnahme der Beweissicherung bzw der Gedächtnisstütze[428], ebensowenig eine bloß einmalige abfällige Bemerkung über die Geschäftsführerin[429]. Das Auftreten eines Geld- oder Warenmankos erfüllt an sich nicht den Tatbestand der Vertrauensunwürdigkeit, insb dann nicht, wenn das „eigenwillige" Entnehmen und Öffnen von Waren sowie das „spätere" Bezahlen üblich waren[430]. Nur in jenen Fällen, in

---

[423] Vgl OGH 17. 2. 1981, 4 Ob 67, 68/80, ZAS 1981, 221 mit Bespr v *Bernat*, der auch auf die enge Verwandtschaft dieses Falles zum Entlassungsgrund des § 27 Z 3 AngG hinweist; s aber auch OGH 10. 2. 1988, 9 ObA 201/87, ZAS 1989, 195 mit Bespr v *Jabornegg*, wonach das Verhalten des Arbeitgebers, insb das Dulden des pflichtwidrigen Verhaltens anderer Arbeitnehmer, das Entlassungsrecht beeinträchtigen kann; zur Entlassung eines Geschäftsführers wegen Untreue s OGH 6. 9. 1988, 6 Ob 685/87, DRdA 1989, 213.

[424] OGH 15. 9. 1953, 4 Ob 149/53, Arb 5813; OGH 30. 6. 1959, 4 Ob 72/59, Arb 7078; OGH 3. 4. 1973, 4 Ob 29/73, Arb 9091; OGH 21. 10. 1992, 9 ObA 215/92, JBl 1993, 338 (Verstoß gegen allgemeines Persönlichkeitsrecht durch heimliche Aufnahme einer geschäftlichen Besprechung); OGH 21. 2. 2002, 8 ObA 30/02y, ARD 5381/5/2003 (weisungswidriger Einkauf zu überhöhtem Preis); zum Diebstahlversuch an Kunden vgl OGH 1. 9. 1999, 9 ObA 219/99t, ARD 5157/9/2000; zum Verstoß gegen das Konkurrenzverbot während einer Beschäftigung im Ausland s OGH 29. 9. 1999, 9 ObA 247/99k, ARD 5157/11/2000; zu einer „indirekten" Konkurrenzierung des Arbeitnehmers OGH 29. 9. 2010, 9 ObA 15/10m, Arb 12.922; zur Installation privater Computerprogramme s OGH 30. 3. 2011, 9 ObA 11/11z, ecolex 2011, 649 = infas 2011, A 56; zur übermäßigen privaten Internetnutzung s OGH 29. 9. 2011, 8 ObA 52/11x, jusIT 2012, 12 mit Bespr v *Ruß* = infas 2012, A 27; sowie generell zur privaten Nutzung betrieblicher IKT s *Ogriseg*, Die private Nutzung betrieblicher Informations- und Kommunikationstechnologien (IKT) durch den Arbeitnehmer — BASICS, in Resch (Hrsg), Datennutzung im Betrieb (2015), 85; zum gemeinsamen Suchtgiftkonsum mit Untergebenen s OGH 29. 5. 2012, 9 ObA 35/12f, ARD 6248/3/2012; zum Verhalten/zur Verpflichtung einer Kontaktaufnahme im Krankenstand OGH 26. 11. 2013, 9 ObA 115/13x, DRdA 2014, 248 mit Bespr v *Weiß* = ASoK 2014, 129 mit Bespr v *Lang* = infas 2014, A 34; zur Fälschung von Kundenunterschriften s OGH 27. 5. 2015, 8 ObA 36/15z, ARD 6458/9/2015 = DRdA-infas 2015, 236.

[425] OGH 2. 10. 1956, 4 Ob 93/56, Arb 6511; OGH 29. 8. 1961, 4 Ob 99/61, Arb 7413; OGH 24. 6. 1998, 9 ObA 115/98x, ARD 4968/3/98; vgl *Grillberger* in Löschnigg (Hrsg), AngG Bd 2^{10} (2016), § 27 Rz 30.

[426] OGH 2. 9. 1987, 14 ObA 75/87, DRdA 1990, 297 mit Bespr v *Mosler*; zum Alkoholismus vgl auch 8.3.4.1.1 b u 8.3.4.1.2 d.

[427] Vgl OGH 18. 10. 1977, 4 Ob 137/77, ZAS 1981, 14 mit Bespr v *Hoyer* = DRdA 1979, 119 mit Bespr v *Kramer*; OGH 25. 9. 1979, 4 Ob 20/79, DRdA 1981, 35 mit Bespr v *Mayer-Maly*.

[428] OGH 17. 10. 1996, 8 ObA 2279/96x, ASoK 1997, 125.

[429] OGH 18. 3. 2016, 9 ObA 12/16d, DRdA-infas 2016, 203.

[430] Zu einer unberechtigten Entlassung wegen Diebstahls s OGH 23. 2. 2005, 9 ObA 18/05w, DRdA 2006, 50 mit Bespr v *Kozak*.

welchen dem Angestellten ein so schuldhaftes und derart schwerwiegendes pflichtwidriges Verhalten vorgeworfen werden kann, dass die weitere Aufrechterhaltung des Arbeitsverhältnisses unzumutbar erscheint, käme eine Entlassung in Betracht. Auf bloße Verdachtsmomente kann eine derartige Entlassung nicht gestützt werden. Der Dienstnehmer ist, jedenfalls soweit es um den Beweis des Vorliegens eines Entlassungsgrundes geht, im Falle eines Mankos nicht verpflichtet, seinerseits den Beweis zu erbringen, dass er die mit der ordnungsgemäßen Geldgebarung verbundenen Pflichten erfüllt habe[431] (zur Mankohaftung vgl 6.13.1.3).

Das Ausüben nicht gesetz- oder vertragswidriger **Nebenbeschäftigungen** ist im Allgemeinen ohne Einschränkung zulässig und muss dem Arbeitgeber grundsätzlich nicht gemeldet werden[432]. Damit anderweitige Beschäftigungen zur Vertrauensunwürdigkeit führen, müssen Kriterien hinzukommen, die in Summe eine unzumutbare Beeinträchtigung von Interessen des Arbeitgebers ergeben[433]. 8/243

Schließt zB ein Angestellter im Außendienst, der im Hinblick auf seine Arbeitszeit nicht exakt überwacht werden kann und deshalb in einer besonderen Vertrauensposition zum Arbeitgeber steht, ohne Wissen desselben gleichzeitig ein weiteres Arbeitsverhältnis ab, das ihn verpflichtet, seine Fähigkeiten und Verbindungen voll und ganz in die Dienste des neuen Arbeitgebers zu stellen, so ergibt sich schon daraus für den bisherigen Arbeitgeber auch nach objektiven Gesichtspunkten die gerechtfertigte Befürchtung, dass der Arbeitnehmer in Hinkunft seine Belange nicht mehr in gleicher Weise wie bisher vertreten wird[434]. Ganz allgemein ist bei der Beurteilung der Vertrauensunwürdigkeit die innerbetriebliche Stellung des Arbeitnehmers zu berücksichtigen. An das Verhalten leitender Angestellter sind strengere Anforderungen zu stellen als an Angestellte in untergeordneter Position[435].

Eine Vertrauensverwirkung iSd § 27 Z 1 AngG liegt ebenso vor, wenn ein infolge **Krankheit** arbeitsunfähiger Arbeitnehmer die Anordnungen seines Arztes betont und in erheblichem Maße missachtet und dieses Verhalten geeignet ist, den Krankheitsverlauf negativ zu beeinflussen oder den Heilungsverlauf zu verzögern (Näheres unter 6.9.2.1.7).

Das die Vertrauensunwürdigkeit bedingende Verhalten muss sich grundsätzlich während der Dauer des Arbeitsverhältnisses ereignet haben. 8/244

So bilden **Vorstrafen** wegen früher begangener strafbarer Handlungen in der Regel keinen „wichtigen Grund", auch wenn sie dem Arbeitgeber erst während des Arbeitsverhältnisses bekannt werden[436]. Meldet ein Arbeitnehmer, der den dringenden Verdacht haben muss, dass ein Arbeitskollege schwere Diebstähle an dem Arbeitgeber begangen hat, dies nicht, so setzt er den Entlassungsgrund der Vertrauensunwürdigkeit[437].

b) **Unfähigkeit, die versprochenen oder die den Umständen nach angemessenen Dienste zu leisten**

Unfähigkeit zur Erbringung der vereinbarten oder angemessenen Dienste ist dann anzunehmen, wenn dem Angestellten die dazu notwendigen geistigen, körperlichen oder rechtlichen 8/245

---

[431] OGH 25. 3. 1980, 4 Ob 2/80, Arb 9862; OGH 10. 9. 1985, 4 Ob 92/85, DRdA 1986, 219 mit Bespr v *Stöhr-Kohlmaier*.

[432] *Resch* in Löschnigg (Hrsg), AngG Bd 1[10] (2016), § 7 Rz 50 ff; *Grillberger* in Löschnigg (Hrsg), AngG Bd 2[10] (2016), § 27 Rz 33 ff.

[433] Zu Privatarbeiten während des Dienstes s OGH 25. 10. 2001, 8 ObA 218/01v, ZAS 2002, 143 mit Bespr v *Brodil*.

[434] OGH 15. 9. 1981, 4 Ob 69/81, ZAS 1983, 138 mit Bespr v *Petrovic*.

[435] Vgl OGH 25. 1. 1996, 8 ObA 297/95, RdW 1997, 287; zur Interessenkollision eines Geschäftsführers vgl OGH 5. 5. 1999, 9 ObA 60/99k, DRdA 2000, 255; *Zollner*, Entlassung wegen Verletzens einer Konzernrichtlinie, DRdA 2000, 218.

[436] OGH 16. 2. 1982, 4 Ob 147/81, DRdA 1984, 139 mit Bespr v *Rabofsky*; OGH 26. 4. 1983, 4 Ob 76/82, DRdA 1986, 209 mit Bespr v *Petrovic* = ZAS 1984, 188 mit Bespr v *Müller*.

[437] OGH 25. 9. 1984, 4 Ob 83/83, ZAS 1986, 49 mit Bespr v *Grillberger*.

Voraussetzungen während einer den Umständen nach erheblichen Zeit fehlen. Vorausgesetzt werden muss, dass die Fortsetzung des Arbeitsverhältnisses nicht mehr zumutbar ist. Der Entlassungsgrund erfasst sowohl die anfängliche Dienstunfähigkeit, sofern dieser Umstand dem Dienstgeber nicht bereits bei Abschluss des Arbeitsvertrags bekannt war, als auch eine erst während des Arbeitsverhältnisses eingetretene Dienstunfähigkeit[438].

Dienstunfähigkeit liegt nicht schon dann vor, wenn die Arbeitsleistung etwas unter dem Durchschnitt liegt[439], der Arbeitnehmer muss vielmehr zur Erfüllung seiner dienstlichen Obliegenheiten schlechthin unverwendbar sein[440].

Dienstunfähigkeit ist auch gegeben, wenn der Arbeitnehmer die sonstigen für seine Dienstleistung wesentlichen Voraussetzungen nicht erbringt. Dies gilt etwa für einen im Außendienst beschäftigten Holzeinkäufer, der keine Lenkerberechtigung besitzt[441], oder für einen Außendienstmitarbeiter, dem der Führerschein wegen Verweigerung des Alkoholtests für vier Monate entzogen wurde[442]. Selbst ein Führerscheinentzug für die Dauer von 13 Monaten rechtfertigt eine Entlassung nicht, wenn die primäre dienstvertragliche Aufgabe nicht im Lenken von Kfz besteht[443].

8/246 Eine durch **Krankheit** oder **Unglücksfall** bedingte Arbeitsunfähigkeit ist nicht Gegenstand des Entlassungstatbestandes, zumal die ursprünglichen Regelungen des § 9 Abs 1 AngG und § 82 lit h GewO außer Kraft gesetzt wurden. Ein „Ausweichen" auf den Entlassungstatbestand des § 27 Z 2 AngG bzw § 82 lit b der GewO widerspricht daher der erkennbaren Absicht des Gesetzgebers. Beruht allerdings die Dienstunfähigkeit auf einem körperlichen oder geistigen Zustand, der die Bewältigung der vereinbarten oder angemessenen Dienstleistungen gänzlich oder zumindest für eine dem Arbeitgeber unzumutbare, wenngleich absehbare Zeit nicht mehr erwarten lässt, dann liegen die Voraussetzungen der Dienstunfähigkeit auch dann vor, wenn dieser Zustand die Folge einer Krankheit oder eines Unglücksfalles ist[444].

c) **Verstöße gegen das Konkurrenzverbot**

8/247 Dieser Tatbestand des § 27 Z 3 AngG ist erfüllt, wenn ein Angestellter entgegen dem Verbot des § 7 AngG (vgl 6.2.6.1 sowie oben lit a) ein selbstständiges kaufmännisches Unternehmen betreibt, Handelsgeschäfte für eigene oder fremde Rechnung im Geschäftszweig des Arbeitgebers abschließt[445] oder wenn Architekten und Ingenieurkonsulenten (Ziviltechniker) die besonderen Konkurrenzverbote des § 7 Abs 4 AngG übertreten[446].

---

[438] OGH 4. 5. 1982, 4 Ob 50/81, Arb 10.108; s auch OGH 19. 11. 1961, 4 Ob 141/61, Arb 7479; OGH 11. 5. 1965, 4 Ob 58/65, ZAS 1966, 85 mit Bespr v *Hämmerle*.

[439] ArbG Linz 31. 1. 1955, 2 Cr 301/54, Arb 6159.

[440] LG Wien 24. 6. 1954, 44 Cg 184/54, SozM I A/d, 127.

[441] OGH 4. 5. 1982, 4 Ob 50/81, Arb 10.108; ebenso OGH 10. 3. 1987, 14 ObA 27, 28/87, RdW 1987, 268.

[442] OGH 22. 5. 2002, 9 ObA 120/02s, ARD 5388/2/2003.

[443] OGH 4. 9. 2002, 9 ObA 196/02t, ARD 5370/6/2003.

[444] Vgl *Kuderna*, Entlassungsrecht^2 (1994), 94 f; OGH 13. 10. 1993, 9 ObA 186/93, DRdA 1994, 320 mit Bespr v *Binder* (Querschnittlähmung); OGH 13. 6. 2002, 8 ObA 79/02d, DRdA 2004, 58 mit Bespr v *Preiss* (Herzschrittmacher); OGH 16. 3. 1994, 9 ObA 355/93, RdW 1994, 287 (Kleptomanie); OGH 17. 3. 1994, 8 ObA 218/94, ARD 4569/33/94 (Alkoholismus); OGH 27. 3. 2002, 9 ObA 68/02v, DRdA 2003, 155 mit Bespr v *Weiß*.

[445] Vgl OGH 10. 9. 1985, 4 Ob 90/85, ZAS 1986, 169 mit Bespr v *Beck-Mannagetta*.

[446] S dazu auch *Resch* in Löschnigg (Hrsg), AngG Bd 1^{10} (2016), § 7 Rz 9 ff; *dens*, Arbeitsvertrag und Nebenbeschäftigung (1991), 37 ff; *dens*, Grenzen für Nebenbeschäftigungsverbote bei Spitalsärzten, RdM 2013, 203.

Ist der Entlassungstatbestand des § 27 Z 3 AngG nicht erfüllt, so kann ein Arbeitnehmer dennoch entlassen werden, wenn seinem Verhalten das Gewicht einer Vertrauensunwürdigkeit iSd § 27 Z 1 AngG zukommt[447].

d) **Verletzung der Arbeitspflicht bzw des Weisungsrechts des Dienstgebers**

Verweigert ein Dienstnehmer beharrlich die Dienstleistung oder die Befolgung durch die 8/248
Dienstleistung gerechtfertigter Anordnungen des Arbeitgebers, so stellt dies gem § 27 Z 4 AngG einen Entlassungsgrund dar. **Beharrlichkeit** ist dann gegeben, wenn die Pflichtverletzung wiederholt begangen worden ist oder wenn sonst aus dem Verhalten des Arbeitnehmers geschlossen werden kann, dass dieser auf seiner Widersetzlichkeit verharrt[448]. Die beharrliche Weigerung setzt im Regelfall eine vorangegangene Ermahnung, Verwarnung oder wiederholte Aufforderung voraus. Dies kann allerdings dann unterbleiben, wenn die Weigerung derart eindeutig und endgültig ist, dass angesichts der offensichtlich unverrückbaren Absichten des Arbeitnehmers eine Ermahnung als bloße Formalität sinnlos erscheinen würde. Die bloße Ankündigung der Nichtbefolgung einer Weisung wird daher grundsätzlich mangels Vorliegens des Merkmals der Beharrlichkeit eine Entlassung nicht rechtfertigen können[449].

Die Arbeitsverweigerung muss in jedem Fall pflichtwidrig, erheblich und **schuldhaft** sein. 8/249
Eine undurchführbare Weisung ist keine durch den Gegenstand der Dienstleistung gerechtfertigte Anordnung. Ist der Arbeitnehmer subjektiv bei Anwendung pflichtgemäßer Sorgfalt der Meinung, dass eine Weisung undurchführbar ist, so ist die Entlassung ungerechtfertigt, weil den Arbeitnehmer kein Verschulden an der Nichtdurchführung der Weisung trifft[450].

Ein Entlassungsgrund liegt auch dann vor, wenn der Dienstnehmer **ohne einen rechtmä- 8/250
ßigen Hinderungsgrund** (zB Krankheit, Unglücksfall, Pflege von kranken Familienangehörigen, Hochzeit von nahen Angehörigen, Behördenwege, Arztbesuche udgl) die Dienstleistung während einer den Umständen nach erheblichen Zeit unterlässt[451]. Das Nichterbringen eines vom Arbeitgeber verlangten schriftlichen Nachweises[452] über einen notwendigen und auch tatsächlich unternommenen Behördenweg ist kein Entlassungsgrund, weil die Erbringung eines solchen Nachweises nicht zu den arbeitsvertraglichen Pflichten des Arbeitnehmers gehört und dieses Verlangen des Arbeitgebers keine durch den Gegenstand der Dienstleistung gerechtfertigte Anordnung darstellt[453].

Einen weiteren Tatbestand des § 27 Z 4 AngG bildet der Fall, dass ein Arbeitnehmer zwar 8/251
nicht selbst die Arbeitspflicht verletzt, andere Dienstnehmer jedoch zum Ungehorsam ge-

---

447 S dazu OGH 25. 6. 2013, 9 ObA 64/13x, ARD 6347/6/2013 = infas 2013, A 79.

448 Vgl zB OGH 3. 6. 1980, 4 Ob 121/79, ZAS 1981, 217 mit Bespr v *Steinbauer*; OGH 28. 4. 1981, 4 Ob 38/81, DRdA 1981, 322; OGH 20. 11. 1991, 9 ObA 157/91, DRdA 1992, 289 mit Bespr v *Beck-Mannagetta*; zur Entlassung wegen der Privatnutzung des Firmenhandys s OGH 23. 11. 2006, 8 ObA 69/06i, DRdA 2008, 162 mit Bespr v *Mayr*; zur Entlassung wegen Mobbings und Störung des Betriebsklimas s OGH 24. 9. 2012, 9 ObA 80/12y, ARD 6289/11/2013.

449 OGH 10. 10. 2001, 9 ObA 171/01i, DRdA 2002, 500 mit Bespr v *Preiss*; OGH 28. 3. 2012, 8 ObA 1/12y, infas 2012, A 63.

450 OGH 17. 2. 1981, 4 Ob 7/81, DRdA 1982, 305 mit Bespr v *Csebrenyak*.

451 Zum eigenmächtigen Urlaubsantritt vgl OGH 25. 9. 1984, 4 Ob 102/84, DRdA 1986, 132 mit Bespr v *Klein*.

452 Näheres zu dieser Problematik bei *Melzer-Azodanloo* in Löschnigg (Hrsg), AngG Bd 1[10] (2016), § 8 Rz 276 ff.

453 OGH 13. 3. 1979, 4 Ob 16/79, DRdA 1980, 148 mit Bespr v *Csebrenyak*; zum Fernbleiben aus wichtigem Grund vgl im Übrigen 6.9.2.2.

gen den Dienstgeber zu verleiten sucht. Ob er dabei Erfolg hat, ist unwesentlich. Bereits die versuchte **Verleitung zum Ungehorsam** steht unter der Sanktion der Entlassung[454].

e) **Lang andauernde Arbeitsverhinderungen**

8/252 Während lang andauernde Dienstverhinderungen wegen Krankheit oder Unglücksfall keine Entlassung nach sich ziehen (vgl aber auch lit b), kann dies bei Dienstverhinderungen durch Verbüßung einer längeren **Freiheitsstrafe**[455] oder bei sonstigen **längeren Absenzen** der Fall sein. Eine Untersuchungshaft wird den Tatbestand der „Abwesenheit während einer den Umständen nach erheblichen Zeit" (§ 27 Z 5 AngG) nur in qualifizierten Fällen erfüllen[456]. Der Entlassungsgrund der sonstigen unfreiwilligen Abwesenheit ist jedenfalls noch nicht bei einer Absenz von einigen Tagen gegeben[457].

f) **Tätlichkeiten, Verletzungen der Sittlichkeit und der Ehre**

8/253 Gem § 27 Z 6 AngG liegt ein Entlassungsgrund vor, wenn der Angestellte sich Tätlichkeiten, Verletzungen der Sittlichkeit oder erhebliche Ehrverletzungen gegen den Dienstgeber, dessen Stellvertreter, deren Angehörige oder gegen Mitbedienstete zu Schulden kommen lässt. Der OGH hat hiezu ausdrücklich ausgesprochen, dass den entscheidenden Aspekt für die Abgrenzung zwischen einer bloßen Ordnungswidrigkeit und einem die Entlassung rechtfertigenden Fehlverhalten des Arbeitnehmers die Zumutbarkeit bzw Unzumutbarkeit der Weiterbeschäftigung dieses Arbeitnehmers bildet[458].

8/254 Unter **Tätlichkeit** versteht man jede schuldhafte, objektiv gegen den Körper gerichtete Handlung, wobei es grundsätzlich nicht auf die der Handlung zu Grunde liegende Absicht (Feindseligkeit, Spaß, Misshandlung etc) ankommt[459].

Tätlichkeiten gegenüber dem Arbeitgeber werden auch dann als Entlassungsgrund angesehen, wenn sie sich außerhalb der dienstlichen Sphäre abgespielt haben[460]. Diese Auffassung ist in jenen Fällen zu weit, in denen die Veranlassung zur Tätlichkeit auf Umstände zurückzuführen ist, die dienstliche Belange überhaupt nicht berühren und die Tätlichkeit selbst den Ruf des Arbeitgebers in seiner Eigenschaft als Betriebsinhaber nicht berührt. Ähnliches muss für außerdienstliche Auseinandersetzungen zwischen Mitbediensteten gelten, deren Ursache nicht in betrieblichen Belangen gelegen ist. Es kommt im Wesentlichen weder darauf an, wo die Tätlichkeiten begangen wurden, noch darauf, ob sie während der Arbeitszeit zugefügt wurden. Entscheidend ist, ob der Arbeitnehmer gegen den Arbeitgeber oder die übrigen in § 27 Z 6 AngG genannten Personen in einem Zusammenhang mit der Ausübung des Dienstes tätlich wurde[461].

---

[454] Vgl *Grillberger* in Löschnigg (Hrsg), AngG Bd 2^{10} (2016), § 27 Rz 140 f; s aber OGH 13. 5. 1986, 14 Ob 68/86, RdW 1986, 379.

[455] Unter den Begriff der Freiheitsstrafe fallen sowohl Gerichts- als auch Verwaltungsstrafen, die mit einer Anhaltung verbunden sind; vgl im Übrigen *Eichinger*, Entlassung wegen Straftaten, RdW 1997, 211.

[456] ZB 25 Tage bzw 5 Wochen, s OGH 15. 7. 1969, 4 Ob 56/69, SozM I A/d, 901; OGH 11. 12. 1973, 4 Ob 63/73, DRdA 1974, 149 mit Bespr v *Hagen* = ZAS 1974, 177 mit Bespr v *Schnorr*; OGH 31. 8. 1994, 8 ObA 268/94, DRdA 1995, 251 mit Bespr v *Pfeil*.

[457] OGH 17. 1. 1961, 4 Ob 169/60, SozM I A/d, 427; vgl *Martinek/Schwarz*, Abfertigung (1980), 198; *Kuderna*, Entlassungsrecht^{2} (1994), 119.

[458] S zu einer „Rangelei" als Entlassungsgrund OGH 4. 12. 2002, 9 ObA 230/02t, DRdA 2003, 557 mit Bespr v *Risak*.

[459] VwGH 29. 4. 1954, 2382/53, Arb 6028; VwGH 13. 4. 1961, 7/60, Arb 7362.

[460] LG Wien 30. 1. 1956, 44 Cg 21/56, Arb 6384.

[461] OGH 6. 3. 1973, 4 Ob 10/73, Arb 9099.

Unter **Verletzung der Sittlichkeit** iSd § 27 Z 6 AngG versteht man unzüchtige, also die Sittlichkeit in sexueller Beziehung bewusst verletzende Handlungen[462], wobei es gleichgültig ist, ob die Verletzung durch eine Unterlassung oder ein aktives Tun erfolgt. Die Sanktion wegen Verletzung der Sittlichkeit durch den Arbeitnehmer hat immer im Verhältnis zum Grad der sittlichen Verfehlung zu stehen[463]. 8/255

Der Begriff der **Ehrverletzung** wird im Gesetz nicht näher umschrieben. Man wird darunter alle Handlungen zu subsumieren haben, die geeignet sind, das Ansehen des Arbeitgebers oder der Arbeitnehmer herabzusetzen[464]. Bei Verletzungen der Ehre sind bezüglich ihrer Erheblichkeit auch solche Umstände zu berücksichtigen, die sich aus der Stellung des Arbeitnehmers, seiner Qualifikation, seiner Arbeitsabhängigkeit, seinem Bildungsgrad, der Art des Betriebs, der Gelegenheit, bei der die Äußerung gefallen ist, dem bisherigen Verhalten des Arbeitnehmers usw ergeben[465]. Werden ehrenrührige Tatsachen nicht in beleidigender Absicht, sondern in Wahrung berechtigter Interessen oder in Ausübung einer berechtigten Kritik an einem leitenden Angestellten oder am Arbeitgeber vorgebracht, so fehlt der Charakter einer Ehrverletzung[466]. Auch die beleidigenden Äußerungen des Rechtsanwalts eines Arbeitnehmers sind Letzterem nicht in jedem Fall zuzurechnen[467]. Zu berücksichtigen ist aber auch, inwieweit den Handlungen des Arbeitnehmers ein rechtswidriges Verhalten des Arbeitgebers (zB typische Mobbing-Handlungen) vorausgegangen ist[468]. 8/256

8.3.4.1.2. Gewerbeordnung[469]

Im Gegensatz zum beispielhaften Katalog der wichtigen Gründe im AngG spricht die Formulierung der Entlassungsgründe im § 82 GewO für eine taxative Aufzählung (vgl 8.3.2). 8/257

a) **Vorzeigen falscher oder gefälschter Zeugnisse**

Dieser Entlassungstatbestand umfasst zwei Fälle der Irreführung des Arbeitgebers durch den Arbeitnehmer, nämlich das Hintergehen des Arbeitgebers durch das Vorzeigen falscher Zeugnisse einerseits und durch das Vorzeigen verfälschter Zeugnisse andererseits[470]. 8/258

Als **falsch** sind Urkunden anzusehen, die nicht von der Person oder der Behörde ausgestellt wurden, von der sie angeblich stammen, wobei es gleichgültig ist, ob der Inhalt der Urkunde den Tatsachen entspricht oder nicht. Von **Verfälschung** von Urkunden spricht man dann, wenn durch eine hiezu nicht berechtigte Person Korrekturen oder Abänderungen vorgenommen worden sind.

---

462 OGH 21. 6. 1960, 4 Ob 86/60, Arb 7255; vgl auch § 218 StGB; zu den Folgen sexueller Belästigung iS des GlBG vgl 6.7.2.

463 OGH 6. 9. 1955, 4 Ob 98/55, Arb 6299.

464 S zB OGH 8. 7. 1999, 8 ObA 45/99x, ARD 5120/14/2000 (Faschismusvorwurf); OGH 18. 10. 2006, 9 ObA 98/06m, ARD 5761/12/2007 (Vorwurf des menschenverachtenden, diskriminierenden Verhaltens des Arbeitsgebers); zur Beweislastverteilung s OGH 26. 5. 2014, 8 ObA 55/13s, ZAS 2015, 234 mit Bespr v *Morgenstern* = DRdA 2015, 182 mit Bespr v *Eichinger*.

465 OGH 15. 9. 1981, 4 Ob 37/81, DRdA 1983, 373 mit Bespr v *Pfeil*; OGH 14. 9. 1982, 4 Ob 92/82, DRdA 1983, 114; OGH 26. 2. 2014, 9 ObA 21/14z, ARD 6395/15/2014; s auch *Rauch*, Beleidigungen im Arbeitsrecht, ASoK 2000, 171.

466 OGH 13. 5. 1986, 14 Ob 64/86, DRdA 1987, 432 mit Bespr v *Wachter*.

467 OGH 6. 4. 2005, 9 ObA 116/04f, DRdA 2006, 230 mit Bespr v *Wolligger*.

468 OGH 17. 10. 2002, 8 ObA 196/02k, DRdA 2003, 175 mit Bespr v *Smutny/Hopf*.

469 Die folgende Darstellung der Entlassungsgründe orientiert sich überwiegend an *Martinek/Schwarz*, Abfertigung (1980), 144 ff.

470 Vgl *Löschnigg*, Datenermittlung im Arbeitsverhältnis (2009), 39 ff.

b) **Irreführung über ein bestehendes Arbeitsverhältnis**

8/259 Dieser Entlassungstatbestand ist erfüllt, wenn der Arbeitnehmer den Arbeitgeber über das Bestehen eines anderen, ihn gleichzeitig verpflichtenden Arbeitsverhältnisses in einen Irrtum versetzt hat. Der Irrtum muss wesentlich und bei Abschluss des Arbeitsvertrags vom Arbeitnehmer veranlasst worden sein.

Umstritten ist die Frage, ob der Arbeitnehmer den Entlassungstatbestand bereits durch Verschweigen des bestehenden Arbeitsverhältnisses[471] verwirklicht oder ob der Arbeitnehmer erst über ausdrückliche Befragung des Arbeitgebers verpflichtet ist, Auskunft zu geben. Im Interesse des Arbeitnehmerschutzes (Gefahr der Überschreitung der gesetzlich limitierten Arbeitszeit) müsste wohl der ersten Auffassung beigepflichtet werden. Gleichwohl kann ein Entlassungsrecht des Arbeitgebers nur dann angenommen werden, wenn seine Interessen unmittelbar betroffen sind, nicht jedoch, wenn das Verschweigen des Arbeitnehmers zu gewissen, sich auf das Arbeitsverhältnis nicht konkret nachteilig auswirkenden Verletzungen der Arbeitnehmerschutzbestimmungen führt.

c) **Unfähigkeit zur vereinbarten Arbeitsleistung**

8/260 Wenn ein Arbeiter zu den mit ihm vereinbarten Arbeiten unfähig befunden wird, kann er gem § 82 lit b GewO entlassen werden. Unfähigkeit kann auch vorliegen, wenn der Arbeitnehmer eine Berechtigung für seine Tätigkeit braucht und diese verliert[472]. Der Tatbestand der GewO deckt sich inhaltlich mit jenem des § 27 Z 2 AngG (vgl 8.3.4.1.1 b).

d) **Trunksucht bei wiederholter Verwarnung**

8/261 Dieser Entlassungstatbestand setzt wiederholte Trunkenheit voraus[473]. Es handelt sich also um einen Dauerzustand, der derart beschaffen ist, dass durch regelmäßigen Alkoholkonsum dem Arbeitgeber eine Weiterbeschäftigung nicht zugemutet werden kann[474]. Die geforderte wiederholte fruchtlose Verwarnung setzt ein mindestens zweimaliges Einschreiten des Dienstgebers wegen Alkoholisierung voraus. Es dürfen keine Zweifel an der Ernsthaftigkeit der Verwarnung bestehen[475]. Auch ein nur kollegialer Ratschlag des Vorgesetzten ist als Verwarnung aufzufassen, wenn die erforderliche Ernsthaftigkeit gegeben ist[476].

8/262 Die Alkoholisierung kann uU auch den Entlassungsgrund des § 82 lit b GewO (Arbeitsunfähigkeit; vgl lit c) oder jenen des § 82 lit f GewO (Pflichtenvernachlässigung; vgl lit i) erfüllen, wenn zB der Kollektivvertrag ausdrücklich ein Alkoholverbot statuiert[477] oder der Dienstgeber ein eindeutiges Alkoholverbot erlassen hat[478], nicht jedoch bei geringen Verstößen[479]. Eine Änderung in der Einstellung zum Problem des Alkoholismus kommt jedoch in der neueren Judikatur zum Ausdruck, die die **Alkoholabhängigkeit** als **Krankheit** wertet[480].

---

[471] ArbG Wien 23. 6. 1958, 5 Cr 396/57, SozM I A/d, 346.
[472] Nicht jedoch wenn der Arbeitgeber durch falsche Aussagen zum Verlust beigetragen hat, vgl OGH 21. 5. 2003, 9 ObA 1/03t, DRdA 2004, 362 mit Bespr v *Trost*.
[473] Allg dazu *Herzeg* in Reissner/Strohmayer (Hrsg), Drogen und Alkohol am Arbeitsplatz (2008), 65.
[474] OGH 29. 4. 2013, 8 ObA 19/13x, ARD 6338/3/2013.
[475] Zur gerechtfertigten Entlassung auf Grund mehrfacher Verwarnungen s OGH 29. 4. 2013, 8 ObA 19/13x, infas 2013, A 60 = ecolex 2013, 724.
[476] OGH 15. 4. 1958, 4 Ob 35/58, SozM I A/d, 315.
[477] OGH 20. 5. 1987, 14 ObA 39/87, Arb 10.631.
[478] OGH 22. 2. 2001, 8 ObA 17/01k, ARD 5232/2/2001.
[479] OGH 17. 5. 2000, 9 ObA 101/00v, ARD 5151/17/2000.
[480] OGH 2. 9. 1987, 14 ObA 75/87, ZAS 1988, 130 mit Bespr v *Beck-Mannagetta* = DRdA 1990, 297 mit Bespr v *Mosler*.

e) **Strafbare Handlungen bestimmter Art**

Diesen Entlassungstatbestand verwirklicht ein Dienstnehmer, der sich eines Diebstahls, einer Veruntreuung oder einer sonstigen strafbaren Handlung schuldig macht, welche ihn des Vertrauens des Gewerbeinhabers unwürdig erscheinen lässt. Diese Bestimmung enthält zwei voneinander verschiedene Tatbestände. Bei **Diebstahl** (§§ 127 bis 131 StGB) und **Veruntreuung** (§ 133 Abs 1 StGB) bedarf es keiner Prüfung, ob eine Vertrauensunwürdigkeit für den Arbeitgeber eingetreten ist: Diese wird vom Gesetz als gegeben angesehen. 8/263

Macht sich jedoch der Arbeitnehmer einer anderen strafbaren Handlung schuldig, so muss diese, um eine Entlassung zu rechtfertigen, objektiv geeignet sein, den Verlust des Vertrauens des Arbeitgebers herbeizuführen[481]. Als sonstige strafbare Handlungen kommen sowohl gerichtlich als auch verwaltungsrechtlich strafbare Handlungen in Frage[482].

Der Grundsatz, wonach Diebstahl und Veruntreuung eine Entlassung rechtfertigen, gilt ohne Rücksicht darauf, ob sich die strafbare Handlung gegen das Vermögen des Arbeitgebers oder eines Arbeitskollegen richtet oder ob diese mit dem Arbeitsverhältnis in einem Zusammenhang steht oder nicht[483]. Bei Beurteilung des Entlassungstatbestandes des Diebstahls oder der Veruntreuung kommt es auf den Wert der gestohlenen oder veruntreuten Sache nicht an. Auch kleinere Diebstähle, die vom Arbeitnehmer an Dritten verübt wurden, erfüllen den Tatbestand[484]. Allerdings wird im Einzelfall bei geringfügigen Eigentumsdelikten überprüft werden müssen, ob ausnahmsweise für den Arbeitgeber eine Weiterbeschäftigung zumutbar ist. Selbst der versuchte Diebstahl wurde von der Rechtsprechung als Entlassungsgrund angesehen[485]. Nimmt ein Arbeitnehmer Backwaren vom Vortag aus einer im Betrieb aufgestellten Kiste, um diese an (potenzielle) Kunden zu verschenken, und glaubt er somit, dem Betrieb einen Vorteil zu verschaffen, verwirklicht er nicht den Entlassungsgrund des § 82 lit d GewO. Der Arbeitnehmer durfte damit rechnen, zur Mitnahme berechtigt zu sein, wenn er aus seinem Verhalten kein Geheimnis gemacht hat und ihm dieses auch nicht verboten wurde[486].

Ob auf Grund einer sonstigen strafbaren Handlung ein Umstand vorliegt, der für den Dienstgeber die Fortsetzung des Dienstverhältnisses unzumutbar werden lässt, ist in jedem einzelnen Fall besonders festzustellen[487]. 8/264

Überlegungen, die im Angestelltenrecht im Zusammenhang mit dem Entlassungsgrund der Vertrauensunwürdigkeit anzustellen sind (vgl 8.3.4.1.1 a), sind hier grundsätzlich zu übernehmen (vgl hiezu auch die kritischen Anmerkungen unter 8.3.2). 8/265

f) **Verrat von Geschäfts- und Betriebsgeheimnissen**

Unter Geschäfts- und Betriebsgeheimnissen versteht man nicht offenkundige Tatsachen und Kenntnisse, die den Bereich des Unternehmens betreffen. Diese dürfen nur einem kleinen Kreis von Personen bekannt und anderen Personen entweder nicht oder nur schwer 8/266

---

481 Vgl *Eichinger*, Entlassung wegen Straftaten, RdW 1997, 211; *Drs*, Ehestörung kein Entlassungsgrund, RdW 1997, 282; *Schäffl*, Die Bedeutung der Entlassungstatbestände des § 82 GewO, ZAS 1989, 10; s auch OGH 26. 5. 2011, 9 ObA 54/11y, ARD 6174/6/2011.

482 Kritisch dazu *Kozak*, Die sonstige strafbare Handlung des § 82 lit d GewO 1859, DRdA 2012, 575.

483 OGH 2. 10. 1956, 4 Ob 93/56, SozM I A/d, 213; OGH 20. 12. 2000, 9 ObA 245/00w, ARD 5244/8/2001 – schwerer Betrug eines Hausdieners im Hotelbetrieb.

484 OGH 3. 5. 1966, 4 Ob 30/66, Arb 8227; OGH 23. 6. 1970, 4 Ob 47/70, SozM I A/d, 903; LG Wien 18. 2. 1974, 44 Cg 29/74, Arb 9301.

485 OGH 26. 1. 2000, 9 ObA 328/99x, ARD 5196/12/2001.

486 OGH 22. 1. 2003, 9 ObA 251/02f, DRdA 2004, 149 mit Bespr v *Pfeil*.

487 Zum fehlenden Vorliegen eines Entlassungsgrundes trotz strafbarer Handlung s OLG Graz 6. 4. 2005, 7 Ra 12/05x.

zugänglich sein. Ihre Geheimhaltung muss im objektiven Interesse des Betriebs gelegen sein (vgl auch 6.2.3). Der Tatbestand des Verrats von derartigen Geheimnissen ist dann erfüllt, wenn vom Arbeitnehmer Geschäfts- und Betriebsgeheimnisse zum Zweck des Wettbewerbs, aus Gewinnsucht oder im Interesse eigener Verwertung **vorsätzlich** oder **fahrlässig** preisgegeben werden[488].

g) **Betreiben eines abträglichen Nebengeschäfts**

8/267 Unter einem Nebengeschäft ist die tatsächliche Besorgung von Arbeiten durch den Dienstnehmer außerhalb des Geschäftsbetriebs seines Arbeitgebers in der Absicht zu verstehen, sie wiederholt und in der Art zu verrichten, dass darauf Zeit und Mühe verwendet werden[489]. Der Sinn des Verbots von Nebengeschäften liegt in der Auffassung begründet, dass der Arbeitnehmer dem Arbeitgeber seine volle Arbeitskraft zur Verfügung zu stellen hat und verpflichtet ist, diese nicht durch zusätzliche geistige oder körperliche Inanspruchnahme zu beeinträchtigen. Voraussetzung ist dabei, dass sich das Nebengeschäft auf die Verwendung des Dienstnehmers im Gewerbe seines Dienstgebers und damit auch auf dessen Betrieb nachteilig auswirkt. Der Nachteil für den Dienstgeber wird schon darin liegen, dass die Nebenbeschäftigung die Arbeitsleistung des Dienstnehmers in unzumutbarer Weise beeinträchtigt, sodass er seine Pflichten aus dem Arbeitsvertrag nicht mehr ordnungsgemäß erfüllen kann (zB Übermüdung eines Fahrzeuglenkers, der nachts in einer Jazzkapelle engagiert ist)[490].

8/268 Eine schwere Verletzung der gegenüber dem Dienstgeber bestehenden Treuepflicht ist vor allem dann gegeben, wenn der Dienstnehmer das Nebengeschäft im Gewerbe des Dienstgebers betreibt, also seinem **Dienstgeber Konkurrenz macht**. Dies setzt jedoch – ebenso wie der ähnliche Tatbestand des § 27 Z 3 erster Fall AngG – voraus, dass bereits ein Nebengeschäft tatsächlich ausgeübt wird[491].

Die bloße Gründung eines Unternehmens ohne Aufnahme des Geschäftsbetriebs reicht für die Tatbestandsverwirklichung nicht aus. Ist das Unternehmen einmal gegründet, so wird meist der Versuch, Geschäfte abzuschließen, als Aufnahme des Geschäftsbetriebs zu werten sein[492].

Eine Entlassung ist vor allem dann gerechtfertigt, wenn sich der Dienstnehmer erbötig macht, eine Arbeit billiger als sein Dienstgeber zu verrichten[493]. Dies ist etwa dann der Fall, wenn ein Arbeitnehmer eine Konkurrenztätigkeit zu seinem Dienstgeber beginnt, indem er für diese Tätigkeit Werbung mit Hinweis auf die im Unternehmen des Dienstgebers gesammelten Erfahrungen und die vorteilhaften Preise eines Kleinbetriebs macht[494]. Ebenso liegt ein Entlassungsgrund vor, wenn der Dienstnehmer wiederholt Arbeiten auf eigene Rechnung im Betrieb und unter Verwendung von Materialien des Arbeitgebers durchführt[495]. Die bloße Bewerbung des Arbeiters bei einem Konkurrenzunternehmen

[488] Zu den strafrechtlichen Privatanklagedelikten der Verletzung und des Auskundschaftens von Geschäfts- und Betriebsgeheimnissen vgl §§ 122 bis 124 StGB; s hiezu *Burgstaller*, Der strafrechtliche Schutz wirtschaftlicher Geheimnisse, in Ruppe (Hrsg), Geheimnisschutz im Wirtschaftsleben (1980), 5.

[489] OGH 10. 5. 1983, 4 Ob 48/83, Arb 10.267; zur Nebenbeschäftigung im Krankenstand s OGH 16. 6. 1999, 9 ObA 106/99z, ARD 5162/11/2000; ausführlich *Resch*, Arbeitsvertrag und Nebenbeschäftigung (1991), 86 ff.

[490] OGH 4. 9. 2002, 9 ObA 51/02v, ARD 5410/5/2003.

[491] OGH 18. 11. 1986, 14 Ob 193/86, DRdA 1988, 32 mit Bespr v *Holzer*; vgl auch 8.3.4.1.1 c.

[492] OGH 18. 11. 1986, 14 Ob 193/86, DRdA 1988, 32 mit Bespr v *Holzer*.

[493] GewG Wien 6. 3. 1908, Cr I 142/8, Arb 1515.

[494] OGH 10. 5. 1983, 4 Ob 48/83, Arb 10.267.

[495] OGH 27. 9. 2016, 8 ObA 58/16s, ARD 6521/11/2016.

bildet jedoch keinen Entlassungstatbestand. Dasselbe gilt für eine einmalige Arbeitsleistung auf eigene Rechnung außerhalb der Arbeitszeit auf Ersuchen eines Auftraggebers[496] und für das Verrichten von vereinzelten Arbeiten für Dritte, die dem Arbeitgeber ohnehin nicht zugekommen wären[497].

Während nach der GewO nur eine effektive Konkurrenzierung einen Entlassungstatbestand darstellt[498], ist der Entlassungsgrund des § 27 Z 3 AngG (vgl 8.3.4.1.1 c) bereits durch das bloße Führen eines selbstständigen Handelsgewerbes erfüllt. Ausnahmsweise liegt hier eine Besserstellung der Arbeiter gegenüber den Angestellten vor. 8/269

h) **Unbefugtes Verlassen der Arbeit**

Darunter ist jede der Verpflichtung des Arbeiters, die vereinbarte oder ortsübliche Arbeitszeit einzuhalten, widersprechende absichtliche Unterlassung oder aber ein längeres Aufgeben der Arbeit zu verstehen[499]. Zur Verwirklichung des Tatbestandes ist es erforderlich, dass das Arbeitsversäumnis pflichtwidrig, erheblich und schuldhaft ist und eines rechtmäßigen Hinderungsgrundes entbehrt[500]. **Pflichtwidrig** ist jedes vertrags- oder sonst rechtswidrige Verhalten des Arbeitnehmers, das mit den ausdrücklich oder stillschweigend bedungenen arbeitsvertraglichen Pflichten, mit einer durch den Gegenstand der Arbeitsleistung gerechtfertigten Anordnung des Arbeitgebers oder mit der Verpflichtung des Arbeitnehmers zur Verrichtung der ihm zugewiesenen Arbeiten nach bestem Wissen und Können im Widerspruch steht[501]. **Erheblich** ist das Dienstversäumnis insb dann, wenn ihm nach der Dauer der versäumten Arbeitszeit, nach Maßgabe der Dringlichkeit der zu verrichtenden Arbeit oder wegen des Ausmaßes des zufolge des Versäumnisses nicht erzielten Arbeitserfolges oder wegen sonstiger dadurch eingetretener betrieblicher Nachteile besondere Bedeutung zukommt, wobei stets auf die Umstände des konkreten Falles abzustellen ist. Überdies muss der Entlassungstatbestand **schuldhaft** sein, dh er setzt zumindest Fahrlässigkeit voraus[502]. Auch die Verweigerung der Arbeit für einen bestimmten Zeitraum ist als unbefugtes Verlassen der Arbeit anzusehen[503], ebenso das pflichtwidrige Nichterscheinen am Arbeitsplatz[504]. Das Verlassen des Arbeitsplatzes und das Versäumnis der Arbeit müssen unbefugt, dh ohne Erlaubnis des Unternehmers[505] und ohne Vorliegen eines **rechtmäßigen** Hinderungsgrundes erfolgen. Als rechtmäßig ist jedes Hindernis zu betrachten, das in Er- 8/270

---

496 LG Wien 4. 10. 1965, 44 Cg 127/65, SozM I A/d, 700.
497 OGH 14. 9. 1995, 8 ObA 293/95, ZAS 1996, 196 mit Bespr v *Radner*.
498 OGH 8. 8. 2002, 8 ObA 133/02w, ARD 5410/6/2003; zu Vorbereitungshandlungen als Entlassungsgrund s aber OGH 25. 6. 2007, 9 ObA 64/07p, DRdA 2008, 418 mit Bespr v *Pfeil*.
499 OGH 25. 5. 1954, 4 Ob 10/54, Arb 6002; VwGH 17. 3. 1960, 1490/58, Arb 7214; OGH 14. 11. 1972, 4 Ob 78/72, Arb 9046; LG Klagenfurt 20. 4. 1983, 3 Cg 15/82, Arb 10.171; OGH 13. 11. 1984, 4 Ob 114/84, Arb 10.427; OGH 23. 4. 1985, 4 Ob 49/85, infas 1985, A 135; zum Verhältnis des 1. und 2. Tatbestandes des § 82 lit f GewO vgl OGH 25. 1. 2006, 9 ObA 169/05a, DRdA 2007, 339 mit Bespr v *Heilegger*.
500 OGH 18. 12. 2002, 9 ObA 249/02m, DRdA 2004, 45 mit Bespr v *Posch*; OGH 23. 6. 1981, 4 Ob 127/80, Arb 9991; LG Klagenfurt 20. 4. 1983, 3 Cg 15/82, Arb 10.171; OGH 13. 11. 1984, 4 Ob 114/84, Arb 10.427; OGH 23. 4. 1985, 4 Ob 49/85, infas 1985, A 135; s aber OGH 3. 9. 2010, 9 ObA 146/09z, infas 2011, A 15 = wbl 2011, 38.
501 OGH 18. 4. 1978, 4 Ob 7/78, Arb 9690.
502 ArbG Linz 7. 7. 1982, 1 Cr 64/82, Arb 10.201.
503 OGH 13. 11. 1984, 4 Ob 114/84, Arb 10.427; OGH 23. 4. 1985, 4 Ob 49/85, Arb 10.449.
504 LG Klagenfurt 20. 4. 1983, 3 Cg 15/82, Arb 10.171.
505 EA St. Pölten 13. 2. 1928, Re I 165/27, Arb 3807.

füllung höherer Pflichten seinen Grund hat[506] (vgl auch 6.9.2.2). Der Arbeitnehmer muss den rechtmäßigen Hinderungsgrund nicht im Zeitpunkt seiner Arbeitsverweigerung geltend machen. Es genügt vielmehr, wenn er diesen im Prozess nachweist[507].

In folgenden Fällen wurde das unbefugte Verlassen der Arbeit seitens des Arbeitnehmers von der **Rechtsprechung** als **wichtiger Grund** zu seiner vorzeitigen Entlassung angesehen: Fernbleiben durch zwei Tage ohne Entschuldigung, wenn der Arbeitnehmer am dritten Tag nur erschienen ist, weil er das Entlassungsschreiben erhalten hat[508]; eigenmächtiger Antritt des Urlaubs[509]; eigenmächtiges Verlassen des Arbeitsplatzes ohne Wissen und gegen den Willen des Arbeitgebers durch beträchtliches Verlängern der Frühstückspause[510]; Überführung eines Familienangehörigen zur Kurbehandlung, obwohl keine akute Erkrankung oder Gesundheitsgefährdung besteht und die Fahrt mit einem Massenverkehrsmittel möglich ist[511]; Teilnahme an der Führerscheinprüfung ohne Erlaubnis des Arbeitgebers, wenn an diesem Tag besonders großer Geschäftsanfall erwartet wird und eine Woche später ein geeigneter Prüfungstermin zur Verfügung steht[512], sowie Außerachtlassen des Ersuchens des Arbeitgebers, von der Freinahme Abstand zu nehmen und Kundenreklamationen vom Vortag sowie terminisierte Arbeiten zu erledigen[513]. **Kein** Entlassungstatbestand liegt bei Verlassen des Arbeitsplatzes wegen plötzlich eingetretener Unpässlichkeit oder wegen übergroßer Nervosität vor, wenn die Arbeitsunfähigkeit nachträglich durch ein ärztliches Attest nachgewiesen wird[514] bzw wegen starker Zahnschmerzen[515]; bei einer kurzen, nur mehrere Minuten dauernden Arbeitsunterbrechung außerhalb der üblichen Arbeitspause[516] sowie bei einmaligem, um zwei Stunden verspätetem Erscheinen am Arbeitsplatz bei sonst ordnungsgemäßer Arbeitsleistung[517]. Bleibt ein Arbeitnehmer auf Grund unentschuldigter Abwesenheiten oft tagelang der Arbeit fern und reagiert der Arbeitgeber darauf jahrelang nur mit verbaler Kritik und Eintragung von Urlaubstagen für die versäumten Zeiten, sodass der Arbeitnehmer den Ernst der Lage nicht erfassen konnte, ist eine Entlassung nicht gerechtfertigt[518].

i) **Beharrliche Vernachlässigung der Pflichten**

8/271 Dieser Entlassungsgrund erfasst jede Nichterfüllung oder nicht gehörige Erfüllung jener mit der Erbringung der Arbeitsleistung verbundenen und zumutbaren Pflichten, die den Arbeitnehmer aus dem Arbeitsvertrag, der Betriebsvereinbarung, dem Kollektivvertrag oder dem Gesetz treffen[519]. Unter diesen Tatbestand fällt auch die Nichtbefolgung von gerechtfertigten Anordnungen des Arbeitgebers oder eines Vorgesetzten[520] oder der mehrmalige Versuch, sich in den PC des Arbeitgebers einzuhacken[521]. Für die Tatbestandsmäßigkeit dieses Entlassungsgrundes reicht nicht jede Arbeitsverweigerung schlechthin aus, sondern es ist ein

---

[506] OGH 25. 5. 1954, 4 Ob 10/54, Arb 6002; OGH 29. 4. 1958, 4 Ob 45/58, Arb 6868; OGH 24. 7. 1962, 4 Ob 82/62, Arb 7625; OGH 14. 11. 1972, 4 Ob 78/72, Arb 9046; LG Feldkirch 29. 1. 1985, Cga 38/84, Arb 10.391.
[507] OGH 17. 4. 1984, 4 Ob 29/84, DRdA 1985, 123 mit Bespr v *Holzer* = ZAS 1985, 108 mit Bespr v *Sackl.*
[508] OGH 6. 7. 1950, 4 Ob 43/50, Arb 5200.
[509] OGH 14. 4. 1999, 9 ObA 349/98h, RdW 1999, 675.
[510] OGH 14. 11. 1972, 4 Ob 78/72, Arb 9046.
[511] OGH 19. 4. 1977, 4 Ob 22/77, ZAS 1978, 182 mit Bespr v *Fischer* = Arb 9578.
[512] ArbG Bad Ischl 16. 10. 1986, Cr 70/86, RdW 1987, 95.
[513] OGH 19. 4. 1977, 4 Ob 22/77, ZAS 1978, 182 mit Bespr v *Fischer* = Arb 9578.
[514] LG Wien 3. 11. 1958, 44 Cg 203/58, Arb 6948.
[515] ArbG Wien 25. 9. 1969, 2 Cr 1526/69, SozM I A/d, 987.
[516] LG Wien 2. 9. 1963, 44 Cg 178/63, SozM I A/d, 545.
[517] ArbG Linz 16. 2. 1968, 1 Cr 371/68, SozM I A/d, 827.
[518] OGH 23. 1. 2003, 8 ObA 220/02i, ARD 5410/7/2003.
[519] OGH 22. 2. 1983, 4 Ob 17/83, Arb 10.222.
[520] LG Wien 26. 6. 1975, 44 Cg 99/75, Arb 9391; OGH 29. 4. 2015, 9 ObA 31/15x, ARD 6458/12/2015.
[521] OGH 22. 10. 2010, 9 ObA 40/10p, RdW 2011, 164.

pflichtwidriges und schuldhaftes Verhalten des Arbeitnehmers erforderlich[522], das überdies noch beharrlich sein muss.

Pflichtwidrig ist ein Verhalten, das zum Arbeitsvertrag oder zur Rechtsordnung im Widerspruch steht und nicht durch besondere Gründe gerechtfertigt werden kann. Ist zu befürchten, dass der Dienstnehmer bei Befolgung einer Weisung einen Schaden an seiner Gesundheit nehmen könnte, so ist die Ablehnung derselben nicht pflichtwidrig[523]. 8/272

Beharrlichkeit liegt vor, wenn die Pflichtverletzung wiederholt begangen wurde oder wenn die Weigerung als dauernde und endgültige Entscheidung aufgefasst werden muss[524]. Es kommt vor allem auf die Nachhaltigkeit, Unnachgiebigkeit oder Hartnäckigkeit des im Verhalten des Arbeiters zum Ausdruck kommenden, auf die Verweigerung der Arbeitsleistung bzw der Befolgung der Anordnungen gerichteten Willens an[525]. Die beharrliche Pflichtverletzung bezieht sich nur auf die mit der Ausübung des Dienstes verbundenen Pflichten[526]. Eine wiederholte Pflichtverletzung setzt eine vorangegangene Ermahnung oder die mehrmalige Aufforderung zur Arbeitsleistung bzw zur Befolgung von Anordnungen oder zur Erfüllung anderer Vertragspflichten voraus. Erst die Weigerung trotz Ermahnung begründet die Beharrlichkeit[527]. Eine Ermahnung kann nur dann unterbleiben, wenn die Weigerung derart eindeutig und endgültig ist, dass das Abmahnen als bloße Formalität sinnlos erscheinen würde[528]. 8/273

Zu diesem Entlassungstatbestand gehört primär die beharrliche Verletzung der Pflicht, sich den durch den Gegenstand der Arbeitsleistung gerechtfertigten Anordnungen des Arbeitgebers zu fügen. Die Anordnungen können sich sowohl unmittelbar auf die Ausführung der Arbeit beziehen als auch das Verhalten des Arbeitnehmers im Betrieb betreffen (zB Rauchverbote aus Gründen des Arbeitnehmerschutzes). Keinesfalls ist der Arbeitnehmer jedoch verpflichtet, Weisungen zu befolgen, die in seine Privatsphäre einzudringen versuchen[529]. 8/274

Von der **Judikatur** wurden zB folgende Tatbestände diesem Entlassungsgrund unterstellt: Wiederholtes Zuspätkommen[530]; mehrmalige Beendigung der Arbeit vor Arbeitsschluss und wiederholte Erklärung, dies auch in Zukunft tun zu wollen[531]; zu langsames Arbeiten trotz Ermahnung[532]; geringere Arbeitsleistung nach Kündigung[533]; wesentliches Nachlassen der Leistung trotz wiederholter Ermahnung[534]; Androhung ungerechtfertigter Krankenstände[535]; andauernde passive Resistenz[536]; Vollzug des Geschlechtsverkehrs mit einer Arbeitskollegin während der Arbeitszeit in den Betriebsräumlich-

522 OGH 17. 10. 1967, 4 Ob 60/67, SozM I A/d, 773; LG Klagenfurt 20. 4. 1983, 3 Cg 15/82, Arb 10.171; ArbG Linz 7. 7. 1982, 1 Cr 64/82, Arb 10.201.
523 ArbG Linz 7. 7. 1982, 1 Cr 64/82, Arb 10.201.
524 OGH 17. 10. 1967, 4 Ob 60/67, SozM I A/d, 773.
525 OGH 13. 7. 1976, 4 Ob 61/76, Arb 9493.
526 LG Wien 8. 1. 1959, 44 Cg 220/58, SozM I A/d, 363.
527 OGH 13. 7. 1976, 4 Ob 61/76, Arb 9493; vgl 8.3.4.1.1 d.
528 OGH 22. 2. 1983, 4 Ob 17/83, Arb 10.222.
529 OGH 2. 7. 1957, 4 Ob 65/57, Arb 6679.
530 GewG Graz 26. 2. 1925, Cr 66/25, Arb 3480.
531 GewG Brünn 16. 6. 1905, Cr I 397/5, Arb 1273.
532 GewG Wien 11. 11. 1909, Cr II 1091/9, Arb 1747.
533 GewG Wien 1. 4. 1901, Cr II 475/1, Arb 588.
534 GewG Brünn 8. 3. 1910, Cr I 61/10, Arb 1851.
535 OGH 17. 10. 1996, 8 ObA 2125/96, RdW 1997, 294.
536 KG Wr Neustadt 22. 4. 1972, 2c Cg 3/71, Arb 9008.

keiten[537]; Privattelefonate mit Sexhotlines während der Arbeitszeit mit dem Diensttelefon[538]; hinsichtlich der Verpflichtung zur Leistung von Überstunden und der Folgen der Ablehnung derselben vgl 6.1.4.

j) **Verleitung zum Ungehorsam oder zur Auflehnung gegen den Arbeitgeber**

8/275 Ungehorsam und Auflehnung umfassen pflichtwidrige Verhaltensweisen des Arbeitnehmers gegenüber seinem Arbeitgeber, wie die Aufforderung an andere Arbeitnehmer, die Arbeitsleistung ohne wichtigen Hinderungsgrund zu unterlassen, die Arbeit zu verweigern oder sich gerechtfertigten Anordnungen nicht zu fügen, absichtlich schlechte, langsame oder übergenaue Arbeit zu leisten oder sonstige Pflichten zu vernachlässigen[539]. Die Aufforderung zu Handlungen und Unterlassungen, zu denen der Arbeitnehmer berechtigt ist, kann niemals eine Verleitung zum Ungehorsam darstellen, wie etwa die Aufforderung, eine Lohnforderung an den Arbeitgeber zu stellen oder den Betriebsrat zu unterstützen.

k) **Verleitung zu unordentlichem Lebenswandel oder zu unsittlichen oder gesetzwidrigen Handlungen**

8/276 Dieser Entlassungstatbestand setzt die Anstiftung von anderen Arbeitnehmern oder von Hausgenossen des Arbeitgebers voraus, wobei die Begriffe „unordentlicher Lebenswandel" sowie „unsittliche Handlungen" nach der allgemeinen Auffassung in jedem Einzelfall beurteilt werden müssen. Als unsittlich ist in der Regel eine Handlung anzusehen, die als unzüchtig die Sittlichkeit in sexueller Hinsicht verletzt, ohne eine strafrechtlich verfolgbare Tat darzustellen, wobei es im Einzelfall von Bedeutung sein kann, wie diese vom Verletzten empfunden wird[540]. In den Fällen der Anstiftung zu gesetzwidrigen Handlungen ist der Tatbestand nur dann erfüllt, wenn die Begehung solcher Handlungen geeignet ist, sich auf das Arbeitsverhältnis oder auf den Arbeitgeber (etwa auf seinen Ruf) nachteilig auszuwirken.

l) **Grobe Ehrenbeleidigung, Körperverletzung oder gefährliche Drohung**

8/277 Die Begriffe der groben Ehrenbeleidigung (erheblichen Ehrverletzung) sowie der Körperverletzung wurden schon beim ähnlich konstruierten Entlassungstatbestand des § 27 Z 6 AngG behandelt (vgl 8.3.4.1.1 f).

Insb für den Anwendungsbereich der GewO ist zu beachten, dass bei der Prüfung der Ehrenbeleidigung der **Umgangston im Betrieb** und das bisherige Verhalten des Dienstgebers hiezu eine Rolle spielen können. Die Bezeichnung des Dienstgebers als „Schwein" wird aber jedenfalls als Entlassungsgrund zu werten sein, dh selbst bei einem geringen Bildungsgrad und eingeschränkten Sprachkenntnissen des Arbeitnehmers[541].

8/278 Ein Arbeiter kann nicht nur entlassen werden, wenn er sich einer groben Ehrenbeleidigung gegenüber dem Dienstgeber schuldig macht, sondern auch im Fall einer groben Ehrenbeleidigung **gegenüber einem Arbeitskollegen**. Der Entlassungsgrund der groben Ehrenbe-

---

537 OGH 2. 9. 1987, 9 ObA 54/87, DRdA 1989, 41 mit Bespr v *Wachter*.
538 OGH 4. 12. 2002, 9 ObA 248/02i, DRdA 2004, 64 mit Bespr v *Schneller*.
539 EA Wien 12. 1. 1935, A 4/35, Arb 4496.
540 OGH 21. 6. 1960, 4 Ob 86/60, Arb 7255; zur rechtlichen Problematik der sexuellen Belästigung iS des GlBG vgl 6.7.2.
541 S OGH 15. 12. 1999, 9 ObA 305/99i, ARD 5101/12/2000.

leidigung erfasste – vor deren expliziter Sanktionierung durch das GlBG – beispielsweise auch die **sexuelle Belästigung** einer Arbeitskollegin[542].

Eine **gefährliche Drohung** iSd §§ 74 Z 5 und 107 StGB ist eine Drohung mit einer Verletzung an Körper, Freiheit, Ehre oder Vermögen, die geeignet ist, dem Bedrohten mit Rücksicht auf die Verhältnisse und seine persönliche Beschaffenheit oder die Wichtigkeit des angedrohten Übels begründete Besorgnis einzuflößen. Dies gilt ohne Rücksicht darauf, ob die Drohung gegen den Bedrohten selbst (den Arbeitgeber), gegen seine Angehörigen oder gegen andere unter seinen Schutz gestellte (zB Arbeitnehmer) oder ihm persönlich nahestehende Personen gerichtet ist. 8/279

Die Absicht des drohenden Arbeitnehmers muss darauf gerichtet sein, den Arbeitgeber, dessen Angehörige oder die übrigen Arbeitnehmer in Furcht und Unruhe zu versetzen. Dieser Entlassungsgrund bedarf ebenso wie jener der Körperverletzung der Erfüllung eines **strafrechtlichen Tatbestandes.** Nicht erforderlich ist es, dass tatsächlich Furcht und Unruhe bewirkt werden, allerdings muss die Eignung hiezu objektiv gegeben sein[543]. 8/280

m) **Unvorsichtiges Umgehen mit Feuer und Licht**

Diese Vorschrift hat in den letzten Jahrzehnten infolge der technischen Entwicklung weitgehend an Bedeutung verloren, man kann ihr jedoch durch eine entsprechende Auslegung eine zeitgemäße Anwendungsmöglichkeit nicht absprechen[544]. Der Schutz der gerechtfertigten betrieblichen Interessen verlangt beim Umgang mit Arbeitsmitteln grundsätzlich ein Unterlassen all jener Verhaltensweisen, die geeignet sind, gleiche oder ähnliche Gefahren herbeizuführen wie die unsachgemäße und sorglose Handhabung von Feuer und Licht (zB der Umgang mit Sprengstoff, Giften, Bakterien, Radioaktivität). 8/281

Als **Unvorsichtigkeit** ist die Außerachtlassung jenes Maßes an Vorsicht zu verstehen, das nach den gesetzlichen Vorschriften, den besonderen betrieblichen Erfordernissen und den gerechtfertigten Weisungen des Arbeitgebers geboten ist.

n) **Behaftung mit abschreckender Krankheit**

Die Norm des § 82 lit h 1. Fall GewO entspricht in keiner Weise den heutigen Vorstellungen von einer gerechten und sozialen Rechtsordnung. Eine abstrakte Definition der „abschreckenden Krankheiten" kann nicht gegeben werden, sie können nur unter Bedachtnahme auf die Art des Unternehmens, die Art der Beschäftigung des betroffenen Arbeitnehmers und seine Zusammenarbeit mit anderen Arbeitnehmern beurteilt werden. In der Praxis hat dieser Tatbestand nie große Bedeutung erlangt, die Gewerbegerichte haben in der Zeit vor dem Ersten Weltkrieg lediglich einzelne Entscheidungen gefällt, die als überholt angesehen werden müssen[545]. Traurige Aktualität könnte der Entlassungsgrund durch HIV-infizierte 8/282

---

[542] OGH 5. 4. 2000, 9 ObA 292/99b, DRdA 2001, 174 mit Bespr v *Smutny*; OGH 10. 1. 2001, 9 ObA 319/00b, DRdA 2001, 176 mit Bespr v *Smutny*.

[543] Zur Fülle der zu diesen Entlassungstatbeständen ergangenen Judikatur vgl neben den Ausführungen zu § 27 Z 6 AngG (8.3.4.1.1 f) *Dittrich/Tades*, Arbeitsrecht (Losebl), Entscheidungen J zu § 82 GewO lit g, 1674/13 ff; *Martinek/Schwarz*, Abfertigung (1980), 171 ff.

[544] *Kuderna*, Entlassungsrecht^2 (1994), 140.

[545] ZB Erkrankung eines Kellners an Krätze – GewG Wien 29. 4. 1899, Cr III 734/99, Arb 208; Geschlechtserkrankung eines Gehilfen in einem Lebensmittelgeschäft – GewG Wien 27. 11. 1899, Cr VI 874/99, Arb 314 bzw eines Kaffeekochs – GewG Wien 7. 6. 1911, Cr III 1036/11, Arb 2034.

Arbeitnehmer gewinnen. Im Normalfall wird aber auch eine Ansteckung mit HIV bzw der Ausbruch der Krankheit nicht den Entlassungstatbestand des § 82 lit h 1. Fall GewO erfüllen[546].

8/283 Da der Zustand des Erkrankten ein **Dauerzustand** ist, kann der Arbeitgeber jederzeit die fristlose Entlassung aussprechen, sofern man sich erst entschließt, diesen Grund zufolge der Unzumutbarkeitsbewertung anzuerkennen.

o) **Arbeitsunfähigkeit durch eigenes Verschulden**

8/284 Der Arbeitgeber ist nur dann berechtigt, in einem derartigen Fall die Entlassung auszusprechen, wenn der Arbeitnehmer vorsätzlich oder grob fahrlässig seine Arbeitsunfähigkeit verschuldet hat. Eine Mindestdauer der Arbeitsunfähigkeit ist im Gesetz nicht genannt, jedoch kann nach allgemeiner Auffassung nur dann eine vorzeitige Entlassung ausgesprochen werden, wenn der Arbeitnehmer zur Fortsetzung seiner Arbeit infolge Krankheit, Unglücksfall, Arbeitsunfall oder Berufskrankheit **für eine nicht absehbare Zeit** unfähig wird. Die Kenntnis darüber, dass der Arbeitnehmer in absehbarer Zeit seine Arbeitsfähigkeit nicht wiedererlangen wird, muss zum Zeitpunkt des Ausspruchs der Entlassung bestehen. Daher erscheint bei kurz andauernder verschuldeter Arbeitsverhinderung des Arbeitnehmers seine Weiterbeschäftigung dem Arbeitgeber nicht unzumutbar. Als maßgebend für die Bestimmung der zu tolerierenden Mindestdauer der Arbeitsunfähigkeit werden der Grad des Verschuldens, die Häufigkeit gleicher oder ähnlicher Verhinderungsfälle und die näheren Umstände des Anlassfalles angesehen. Dieser Entlassungstatbestand kann während der gesamten Dauer der Arbeitsunfähigkeit vom Arbeitgeber geltend gemacht werden. Nach Wiederantritt der Arbeit ist eine Entlassung nicht mehr möglich[547].

p) **Längere gefängliche Anhaltung**

8/285 Nach der Bestimmung des § 82 lit i GewO kann ein Arbeitnehmer entlassen werden, wenn er länger als 14 Tage gefänglich angehalten wird. Es muss sich nicht um eine auf Grund einer Verurteilung erfolgte Anhaltung handeln. Nach der Rechtsprechung ist es ferner gleichgültig, ob es sich um eine gerichtliche oder eine sonstige Haft, um eine Straf- oder eine Untersuchungshaft handelt[548]. Auch eine unverschuldete Haft berechtigt zur Entlassung[549]. Nach dem Wortlaut dieser Bestimmung ist es gleichgültig, aus welchem Grund der Arbeitnehmer gefänglich angehalten wird, doch kann uU eine strafbare Handlung des Arbeitnehmers ohne Rücksicht auf die Dauer der Strafe eine Vertrauensunwürdigkeit gegenüber dem Arbeitgeber bewirken. Grundsätzlich verliert der Arbeitgeber nicht das Recht zur Geltendmachung des Entlassungstatbestandes, wenn er den Arbeitnehmer nach Verstreichen der 14-tägigen Frist nicht unverzüglich entlassen hat. Eine Entlassung kann jedoch dann nicht mehr ausgesprochen werden, wenn die Arbeit wieder angetreten wird (zum vergleichbaren Entlassungsgrund im Angestelltenrecht vgl 8.3.4.1.1 e bzw zur unterschiedlichen Ausgestaltung vgl 8.3.2).

[546] Vgl *Köck*, Arbeitsrechtliche Konsequenzen von AIDS, RdW 1987, 415.
[547] OGH 2. 3. 1954, 4 Ob 27/54, SozM I A/d, 101.
[548] LG Wien 23. 6. 1936, 46 Cg 114/36, Arb 4644.
[549] LG Linz 9. 12. 1936, Cr 102/36/12, Arb 4746.

8.3.4.1.3. Sonstige

8.3.4.1.3.1. Landarbeitsgesetz

Gem § 34 **LArbG** kann das Dienstverhältnis durch den Dienstgeber **insbesondere** dann vorzeitig gelöst werden, wenn der Dienstnehmer 8/286

a) sich einer gerichtlich strafbaren Handlung, die nur vorsätzlich begangen werden kann und mit mehr als einjähriger Freiheitsstrafe bedroht ist, oder einer anderen strafbaren Handlung aus Gewinnsucht oder gegen die öffentliche Sittlichkeit schuldig macht;
b) sich trotz mehrmaliger Ermahnung während der Arbeitszeit dem Trunke ergibt;
c) ohne rechtmäßigen Hinderungsgrund während einer den Umständen nach erheblichen Zeit die Dienstleistung unterlässt;
d) trotz Verwarnung mit Feuer und Licht unvorsichtig umgeht;
e) sich Tätlichkeiten, eine Verletzung der Sittlichkeit oder erhebliche Ehrverletzungen gegen den Dienstgeber, dessen Beauftragte, Familienangehörige oder gegen Mitbeschäftigte zu Schulden kommen lässt;
f) Eigentum des Dienstgebers oder dessen Familienangehöriger oder in deren Gewahrsam befindliche Sachen vorsätzlich oder wiederholt grob fahrlässig beschädigt oder wenn aus grober Fahrlässigkeit des Dienstnehmers beträchtlicher Schaden entstanden ist;
g) die Arbeit beharrlich verweigert.

8.3.4.1.3.2. Theaterarbeitsgesetz

Gem § 31 **TAG** ist als wichtiger Grund **insbesondere** anzusehen, wenn das Mitglied 8/287

a) bei Abschluss des Vertrags den Unternehmer über das Bestehen eines anderen Bühnenarbeitsvertrags, der mit dem abgeschlossenen Vertrag unvereinbar und nicht schon gelöst ist, in Irrtum geführt hat;
b) unfähig ist, die versprochenen oder den vereinbarten Kunstfächern entsprechenden Dienste zu leisten;
c) durch einen in seiner Person liegenden Grund dauernd oder doch längere Zeit an der Leistung seiner Dienste verhindert ist;
d) die Mitwirkung bei einer ihm rechtzeitig mitgeteilten Aufführung böswillig oder wiederholt fahrlässig versäumt. Es genügt eine einmalige fahrlässige Versäumnis, wenn das Mitglied wusste oder wissen musste, dass das Versäumnis für den Unternehmer mit einem erheblichen Schaden verbunden ist;
e) ohne rechtmäßigen Grund andere wichtige Vertragspflichten trotz wiederholter schriftlicher Aufforderung oder Ermahnung nicht erfüllt;
f) durch Verletzung der Gesetze, der Sittlichkeit oder des Anstandes offenkundig derart Anstoß erregt, dass seine weitere Verwendung entweder nicht oder nur mit erheblicher Schädigung des Unternehmers möglich ist;
g) ein erhebliches vermögensrechtliches oder künstlerisches Interesse des Unternehmens durch groben Vertrauensmissbrauch ernstlich gefährdet;

h) sich Tätlichkeiten, Verletzungen der Sittlichkeit oder erhebliche Ehrverletzungen gegen den Unternehmer, dessen Stellvertreter oder gegen ein anderes Mitglied zu Schulden kommen lässt[550].

8.3.4.1.3.3. Gutsangestelltengesetz

8/288 Gem § 26 **GAngG** liegt ein die Entlassung rechtfertigender Grund **insbesondere** vor, wenn der Dienstnehmer

a) im Dienst untreu ist, sich in seiner Tätigkeit ohne Wissen oder Willen des Dienstgebers von dritten Personen unberechtigte Vorteile zuwenden lässt oder wenn er sich einer Handlung schuldig macht, die ihn des Vertrauens des Dienstgebers unwürdig erscheinen lässt;
b) unfähig ist, die versprochenen oder die den Umständen nach angemessenen Dienste zu leisten;
c) ohne einen rechtmäßigen Hinderungsgrund während einer den Umständen nach erheblichen Zeit die Dienstleistung unterlässt oder sich beharrlich weigert, seine Dienste zu leisten oder sich den durch den Gegenstand der Dienstleistung gerechtfertigten Anordnungen des Dienstgebers zu fügen, oder wenn er andere Bedienstete zum Ungehorsam gegen den Dienstnehmer zu verleiten sucht;
d) durch eine längere Freiheitsstrafe oder durch Abwesenheit während einer den Umständen nach erheblichen Zeit, ausgenommen wegen Krankheit oder Unglücksfall, an der Verrichtung seiner Dienste gehindert ist;
e) sich Kontrollmaßregeln nicht unterwirft oder sich weigert, Rechnung zu legen oder ihm anvertraute Vermögensbestandteile, Belege, Schriftstücke usw auszufolgen;
f) sich Tätlichkeiten, Verletzungen der Sittlichkeit oder erhebliche Ehrverletzungen gegen den Dienstgeber, dessen Stellvertreter, deren Angehörige oder gegen Mitbedienstete zu Schulden kommen lässt;
g) oder seine im gleichen Haus lebenden Angehörigen einen unsittlichen Lebenswandel führen.

8.3.4.1.3.4. Hausgehilfen- und Hausangestelltengesetz

8/289 § 14 **HGHAG** kennt weder eine taxative noch eine demonstrative Aufzählung der Entlassungsgründe, sondern legt lediglich fest, dass ein Dienstverhältnis aus wichtigen Gründen vor Ablauf der Zeit bzw ohne Einhaltung einer Kündigungsfrist oder eines Kündigungstermins gelöst werden kann.

8.3.4.1.3.5. Heimarbeitsgesetz

8/290 Das **HeimAG** kennt keine Entlassungstatbestände. Im genannten Gesetz sind zwar auch keine Kündigungsfristen vorgesehen, gem § 27a besteht jedoch die Pflicht des Auftragge-

[550] S auch *Urleb*, Arbeitsrechtliche Fragen des SchSpG (2009), 158 f; *Kozak/Balla/Zankel*, Theaterarbeitsgesetz^2 (2011), § 31 Rz 800 ff.

bers, den Heimarbeiter unter Einhaltung einer einwöchigen Frist von der beabsichtigten Auflösung des Heimarbeitsverhältnisses zu verständigen. Das Heimarbeitsverhältnis endet aber auch dann, wenn der Auftraggeber innerhalb von 30 Tagen keinen weiteren Auftrag vergibt.

8.3.4.2. Wirkung und Folgen

8.3.4.2.1. Gerechtfertigte Entlassung

Eine **begründete** vorzeitige Lösung beendet das Arbeitsverhältnis grundsätzlich mit sofortiger Wirkung (zu den Ausnahmen im Rahmen des besonderen Entlassungsschutzes vgl 8.3.4.3.3). 8/291

Trifft den **Dienstnehmer** ein **Verschulden** an der vorzeitigen Entlassung, so steht dem Dienstgeber der Anspruch auf Ersatz des ihm verursachten Schadens zu (vgl §§ 1162a ABGB, 28 Abs 1 AngG, 28 Abs 1 GAngG, 33 Abs 1 TAG, 36 Abs 1 LArbG). Eine Weiterbeschäftigung des Arbeitnehmers bis zum Ablauf der ordentlichen Kündigungsfrist kann der Arbeitgeber nicht fordern[551]. 8/292

Macht der Dienstgeber **Schadenersatzansprüche** geltend, so muss er sowohl das Verschulden des Arbeitnehmers als auch den konkret erlittenen Schaden bzw entgangenen Gewinn nachweisen. Den Dienstgeber trifft dabei die Pflicht, den Schaden möglichst gering zu halten. Er hat sich insb unverzüglich um die Aufnahme eines gleichwertigen Dienstnehmers zu bemühen und die dafür vorgesehenen Möglichkeiten (Inserate, Einrichtungen der Arbeitsvermittlung) auszuschöpfen. 8/293

Wurde die **Arbeitsleistung** des Dienstnehmers durch die von ihm verschuldete vorzeitige Lösung für den Arbeitgeber ganz oder zum größten Teil **unbrauchbar**, so hat der Arbeitnehmer auf das noch nicht fällige Entgelt keinen Anspruch (vgl §§ 1162a 3. Satz ABGB, 28 Abs 2 AngG, 28 Abs 2 GAngG). 8/294

Beispiel: Ein Programmierer wird zur Erstellung eines umfangreichen Lohnverrechnungsprogramms eingestellt. Vereinbarungsgemäß wird er am Schluss eines jeden Kalendermonats entlohnt. Am 3. Mai entlässt ihn der Dienstgeber wegen einer erwiesenen Veruntreuung. Das in Bruchstücken existierende Programm ist mangels einer Programmbeschreibung für das Unternehmen wertlos. Der Dienstgeber behält daraufhin sowohl das Entgelt für Mai als auch das ausnahmsweise noch nicht ausgezahlte Entgelt für April ein. – Das Entgelt für April wurde zu Unrecht einbehalten, weil es bereits mit 30. April fällig gewesen wäre. Keinen Anspruch auf Entlohnung besitzt der entlassene Dienstnehmer für die Zeit vom 1. bis 3. Mai auf Grund der für den Dienstgeber wertlosen Arbeitsleistung.

Voraussetzung ist neben der mangelnden Fälligkeit des Entgelts und der Wertminderung (bzw völligen Wertlosigkeit) der Arbeitsleistung für den Dienstgeber, dass ein bestimmter Leistungserfolg im Arbeitsvertrag gewollt war[552]. 8/295

---

[551] LG Wien 13. 5. 1912, Cg V 364/12, Arb 2085; OGH 10. 10. 1934, 1 Ob 765/34, SZ 16/209.

[552] Vgl *Martinek/Schwarz*, Abfertigung (1980), 215; *Schwarz*, Schadenersatz wegen Wertminderung der Arbeitsleistung, DRdA 1957, 61.

8.3.4.2.2. Ungerechtfertigte Entlassung

8/296 Im Falle **ungerechtfertigter** Entlassung bieten sich grundsätzlich drei Möglichkeiten an: Der Bestand des Dienstverhältnisses wird durch die unberechtigte Lösung (wie auch durch den unberechtigten Austritt) nicht berührt (**Unwirksamkeitsprinzip**), die unberechtigte Lösung wird in eine Kündigung zum nächsten zulässigen Termin umgedeutet (**Konversionsprinzip**) oder aber das Dienstverhältnis endet mit sofortiger Wirkung und dem vertragstreuen Teil stehen Schadenersatzansprüche zu (**Schadenersatzprinzip**).

8/297 Ein Großteil der Lehre und die Rechtsprechung stehen auf dem Boden des Schadenersatzprinzips und damit der Rechtssicherheit. Jede vorzeitige Beendigung des Arbeitsverhältnisses löst dasselbe auf; die weitere Auseinandersetzung geht um gegenseitige Schadenersatzansprüche[553].

Ein Teil der Lehre vertritt das Konversionsprinzip, das ein Wahlrecht des Dienstnehmers annimmt[554]. Liegt eine rechtswidrige Lösungserklärung vor, so kann der vertragstreue Partner entweder auf Erfüllung des Vertrags bestehen oder aber die rechtswidrige Auflösung gegen sich gelten lassen und Schadenersatz wegen Nichterfüllung des Vertrags begehren. Bis zur Ausübung des Wahlrechts ist die Lösungserklärung rechtsunwirksam. Ist jedoch anzunehmen, dass der die Auflösung erklärende Teil das Dienstverhältnis jedenfalls beenden will, dann wäre dieser Lehrmeinung zufolge im Wege der Auslegung nach § 863 Abs 2 ABGB die rechtswidrige in eine rechtmäßige Beendigungsform umzudeuten (zur Konversion rechtswidriger Kündigungen vgl 8.2.4).

Das Unwirksamkeitsprinzip gilt in den Fällen des besonderen Kündigungs- und Entlassungsschutzes sowie bei vertraglichen Kündigungs- und Entlassungsbeschränkungen (vgl 8.2.8.3 u 8.3.4.3.3 bzw 8.2.8.6 u 8.3.4.3.5).

8/298 Grundsätzlich beendet demnach jede Entlassung das Dienstverhältnis mit **sofortiger Wirkung**. Gleichgültig ist dabei, ob ein Entlassungsgrund vorliegt oder nicht. Auch die ungerechtfertigte Entlassung bringt somit das Arbeitsverhältnis zur Auflösung (mit der Ausnahme der oben angeführten gesetzlich oder vertraglich besonders geschützten Arbeitsverhältnisse), der Dienstgeber wird jedoch **schadenersatzpflichtig** (vgl §§ 1162b ABGB, 29 AngG, 29 GAngG, 33 Abs 2 TAG). Dieser Schadenersatz wird vergröbernd als „**Kündigungsentschädigung**" bezeichnet. Es handelt sich dabei um die vertragsmäßigen Ansprüche auf das Entgelt für jenen Zeitraum, der bis zur Beendigung des Dienstverhältnisses durch Ablauf der bestimmten Vertragszeit oder durch ordnungsgemäße Kündigung durch den Dienstgeber hätte verstreichen müssen (vgl auch 8.2.4). Die Kündigungsentschädigung stellt keinen Erfüllungs-, sondern einen Schadenersatzanspruch dar, der den Dienstnehmer wirtschaftlich so stellen soll, wie dies bei regelmäßigem Ablauf des Arbeitsverhältnisses der Fall gewesen wäre[555].

---

553 *Spielbüchler/Grillberger*, Arbeitsrecht I^4 (1998), 417; *Trost* in Löschnigg (Hrsg), AngG Bd 2^{10} (2016), § 20 Rz 117 ff; weiters *Rauch*, Mitverschulden im Arbeitsrecht, ASoK 2000, 354; *Gerhartl*, Kündigungsentschädigung bei Abfertigung und Urlaubsersatzleistung, RdW 2014, 282; das Schadenersatzprinzip gilt auch im Falle einer zeitwidrigen Kündigung (vgl 8.2.4).

554 Vgl hiezu insb *Marhold*, Die Wirkung ungerechtfertigter Entlassungen – Eine Kritik des sogenannten Schadenersatzprinzips, ZAS 1978, 5; *Tomandl*, Die fehlerhafte Beendigung des Arbeitsvertrages, in Tomandl (Hrsg), Beendigung des Arbeitsvertrages (1986), 25; *Schrank*, Der Fortbestand des Arbeitsverhältnisses als Schutzobjekt der Rechtsordnung – Eine Untersuchung zum geltenden Recht (1982), 363 ff.

555 Vgl zB OGH 7. 9. 1976, 4 Ob 95/76, Arb 9514; OGH 29. 9. 1981, 4 Ob 107/81, Arb 10.041; OGH 13. 7. 1982, 4 Ob 71/82, Arb 10.145; OGH 12. 10. 1982, 4 Ob 119/82, Arb 10.189; OGH

Sie umfasst alle Ansprüche, die dem Arbeitnehmer aus dem Arbeitsverhältnis zukommen, wie die Provision, den aliquoten Teil von Remunerationen[556], eine Risikoprämie[557] sowie Reisediäten, die nicht als Auslagenersatz gedacht sind[558].

Für den Entgang der **Dienstwohnung** kann der Arbeitnehmer Schadenersatz begehren[559]. Da der Schadenersatzanspruch primär auf **Naturalrestitution** gerichtet ist, kann vom Dienstgeber die Weiterbenützung der Dienstwohnung „nach Tunlichkeit" verlangt werden[560]. Für den Wegfall eines Dienstwagens kann der Arbeitnehmer nach Ansicht des OGH[561] grundsätzlich das amtliche Kilometergeld als Schadenersatz verlangen, nicht aber fiktive Mietwagenkosten oder die Anschaffungskosten eines Neuwagens.

Die Kündigungsentschädigung **pauschaliert** den Schadenersatz nur nach unten. Einen **darüber hinausgehenden** Schadenersatzanspruch kann der Dienstnehmer ebenfalls geltend machen[562]. Eine Abdingung der Kündigungsentschädigung durch die Vereinbarung einer niedrigeren Konventionalstrafe widerspricht zwingendem Recht und ist insofern unzulässig[563]. 8/299

Unabhängig vom laufenden Entgelt stehen dem ungerechtfertigt Entlassenen alle **sonstigen Ansprüche** zu, die im Zeitraum, den der Dienstgeber bei ordnungsgemäßer Kündigung hätte einhalten müssen, entstanden wären (zB Urlaubsansprüche wegen des Beginns eines neuen Urlaubsjahres, vgl 6.10.7; erhöhte Abfertigungen, vgl 8.6.1.2.1)[564]. Eine Abgeltung für nicht konsumierte Freizeit während der Kündigungsfrist (vgl 8.6.2) scheidet aus, da der Arbeitnehmer ohnedies keine Arbeitsleistungen mehr zu erbringen hat[565]. 8/300

Im Rahmen eines **befristeten** Dienstverhältnisses gebührt das Entgelt bis zum Ablauf der bestimmten Vertragszeit. Der Terminus „Kündigungsentschädigung" ist in diesem Zusammenhang deswegen unrichtig, weil der Anspruch nicht nach einer fiktiven Kündigungsfrist (Termin), sondern nach der restlichen Vertragsdauer bemessen wird und darüber hinaus die Kündigung eines befristeten Dienstverhältnisses grundsätzlich unzulässig ist (vgl 5.3.1.4). 8/301

Soweit der Zeitraum, für den die Entschädigungsansprüche gebühren, **drei Monate nicht übersteigt**, kann der Dienstnehmer den gesamten Betrag sofort und ohne Einrechnungsverpflichtung bei Beendigung des Arbeitsverhältnisses fordern. Reicht der Zeitraum, der bis zur Beendigung des Arbeitsverhältnisses durch Ablauf der bestimmten Vertragsdauer oder durch ordnungsgemäße Arbeitgeberkündigung hätte verstreichen müssen, **über die drei Monate hinaus**, so kann der Rest jeweils am gesetzlichen oder vertraglich vereinbarten 8/302

---

23. 5. 2001, 9 ObA 84/01w, ZAS 2002, 16 mit Bespr v *Adamovic*; zur Berücksichtigung von Postensuchtagen vgl *Pospisil*, Bezahlung von Postensuchtagen in der Kündigungsentschädigung?, ecolex 1990, 301.

556 OGH 10. 9. 1912, Rv V 2079/12, *Fuchs* 66; OGH 16. 9. 1913, Rv II 897/13, *Fuchs* 114.

557 OGH 6. 9. 1955, 4 Ob 93/55, Arb 6298.

558 OGH 10. 12. 1913, Rv II 1362/13, *Fuchs* 133.

559 OGH 5. 2. 1957, 4 Ob 146/56, Arb 6596; LG Linz 2. 12. 1959, 5 Cg 21/59, Arb 7186.

560 OGH 16. 11. 1977, 4 Ob 68/76, ZAS 1978, 15.

561 OGH 29. 11. 2016, 9 ObA 25/16s, ZAS-Judikatur 2017, 66 mit Bespr v *Schörghofer* = ASoK 2017, 116.

562 Vgl etwa *Grillberger* in Löschnigg (Hrsg), AngG Bd 2[10] (2016), § 29 Rz 33 ff; *Wachter*, Eine folgenschwere Entlassung, DRdA 1980, 62.

563 OGH 14. 9. 1994, 9 ObA 160/94, ARD 4601/13/94.

564 S weiters hiezu *Drs*, Berechnung von Abfertigung und Urlaubsentschädigung(-abfindung) bei vorzeitiger Lösung des Arbeitsverhältnisses, RdW 1994, 146; *Eypeltauer*, Kündigungsentschädigung: Zur Berechnung der Urlaubsersatzleistung, ecolex 2014, 454; zu den Auswirkungen einer Kollektivvertragserhöhung auf die Kündigungsentschädigung s OGH 30. 8. 2013, 8 ObS 5/13p, DRdA 2014, 243 mit Bespr v *Kozak* = ARD 6374/2/2013 = infas 2014, 18.

565 OGH 23. 10. 2000, 8 ObA 174/00x, DRdA 2001, 349 mit Bespr v *Drs*.

Fälligkeitstag, der bei aufrechtem Bestand des Arbeitsverhältnisses maßgebend gewesen wäre, gefordert werden (vgl §§ 1162b 2. Satz ABGB, 29 Abs 2 AngG, 29 Abs 2 GAngG).

8/303 Die Kündigungsentschädigung gebührt nicht immer in der vollen Höhe. Der ungerechtfertigt entlassene Dienstnehmer muss sich **anrechnen** lassen, was er infolge des Unterbleibens der Dienstleistung **erspart** oder **durch anderweitige Verwendung erworben** oder **zu erwerben absichtlich versäumt** hat. Die Ersparnisse, die der entlassene Dienstnehmer auf Grund des Unterbleibens der Dienstleistung hat, müssen jedoch in einer engen Beziehung zum Arbeitsverhältnis stehen (zB Fahrtspesen, Mehraufwand für Arbeitskleidung, Lebenshaltung udgl). Echte Aufwandsentschädigungen (zB Zuschlag für die Reinigung der Arbeitskleidung udgl) fallen von vornherein nicht in den Entgeltbegriff (vgl auch 6.5.1), der zur Berechnung der Kündigungsentschädigung herangezogen wird. Die Anrechnung von Verdiensten aus einer anderweitigen Verwendung findet für die **ersten drei Monate**, für die Kündigungsentschädigung gebührt, **nicht statt**. Auch ein Nebenverdienst, den der Arbeitnehmer bereits während des aufrechten Dienstverhältnisses bezogen hat, ist nicht zu berücksichtigen. Auf den die drei Monatsbezüge übersteigenden Teil einer Kündigungsentschädigung sind nur absichtlich unterlassene, konkrete Verdienstmöglichkeiten anzurechnen[566].

Beispiel: Ein Angestellter mit 26 Dienstjahren wird wegen eines einmaligen, fünfminütigen Zuspätkommens entlassen. Sein Einkommen betrug einschließlich eines Bahnkostenzuschusses von € 30 monatlich € 900. Das Entgelt wurde ihm vereinbarungsgemäß am Ende eines jeden Kalendermonats ausgezahlt. Der Arbeitnehmer klagte beim Gericht die Kündigungsentschädigung ein und suchte sich in der Zwischenzeit eine neue Arbeit (Verdienst beim neuen Dienstgeber: € 800). Wie hoch ist die Kündigungsentschädigung und wann ist sie fällig? – Das Entgelt für die Berechnung der Kündigungsentschädigung, die auf Grund der 26-jährigen Dienstzeit für fünf Monate gebührt, beträgt € 870 im Monat (€ 900–€ 30). Die Kündigungsentschädigung für die ersten drei Monate in der Höhe von € 2.610 (€ 870 × 3) wird mit Beendigung des Dienstverhältnisses fällig. Die Kündigungsentschädigung für die beiden weiteren Monate, die unter Anrechnung des Verdienstes aus dem neuen Dienstverhältnis € 70 im Monat beträgt (€ 870–€ 800), wird jeweils am Letzten des vierten und fünften Monats fällig.

8/304 Eine Anrechnung von **Arbeitslosengeld** kommt insofern nicht in Betracht, als das Arbeitslosengeld gem § 16 Abs 1 AlVG während des Zeitraumes, für den Kündigungsentschädigung gebührt, ruht. Ist der Anspruch auf Kündigungsentschädigung strittig oder wird die Kündigungsentschädigung aus sonstigen Gründen nicht bezahlt, wird ein Vorschuss auf das Arbeitslosengeld gewährt. Wird der Arbeitgeber von der Gewährung des Vorschusses verständigt, so geht der Anspruch des Arbeitslosen auf die fällige Kündigungsentschädigung für denselben Zeitraum auf den Bund zu Gunsten der Arbeitslosenversicherung in der Höhe des als Arbeitslosengeld gewährten Vorschusses über und ist vom Arbeitgeber zu entrichten (§ 16 Abs 2 AlVG).

8/305 Die Anrechnung des fiktiven Erwerbs greift nur dann Platz, wenn das Nichtergreifen einer anderen Beschäftigung in der alleinigen Absicht erfolgt, den ehemaligen Arbeitgeber zu schädigen. Ein **absichtliches Versäumen** liegt vor, wenn der Arbeitnehmer eine sich ihm

[566] OGH 21. 6. 1966, 4 Ob 41/66, Arb 8255; OGH 26. 11. 2013, 9 ObA 90/13w, ARD 6386/10/2014 = infas 2014, A 32.

konkret bietende Verdienstmöglichkeit absichtlich, dh um die Anrechnung zu verhindern, ausschlägt oder es in der gleichen Absicht unterlässt, sich um einen anderen Verdienst zu bemühen[567].

Zu einer Minderung der Ansprüche aus der vorzeitigen Beendigung des Arbeitsverhältnisses kann es auch dann kommen, wenn eine **Verschuldensteilung** stattfindet. Trifft nämlich beide Teile ein Verschulden an der vorzeitigen Lösung des Dienstverhältnisses (oder am Rücktritt von demselben), so hat der Richter nach freiem Ermessen zu entscheiden, ob und in welcher Höhe ein Ersatz gebührt (§§ 1162c ABGB, 32 AngG, 32 GAngG, 37 TAG, 37 LArbG). Voraussetzung für diese sog „Culpakompensation" (Verschuldensausgleich) ist also ein schuldhaftes Verhalten beider Arbeitsvertragsparteien[568]. Das Mitverschulden muss dabei aber nicht die Intensität eines eigenen wichtigen Grundes aufweisen[569]. Wesentlich ist vielmehr, dass die Verhaltensweisen der beiden Vertragspartner in einem gewissen Kausalzusammenhang stehen[570]. 8/306

Strittig ist die Frage, ob ein Verschuldensausgleich auch dann Platz greift, wenn die Entlassung (bzw der Austritt) **ungerechtfertigt** war. In einer Reihe von Entscheidungen hat der OGH die Auffassung vertreten, dass das Fehlen eines ausreichenden Grundes die Anwendung der Verschuldensausgleichsregel ausschließt: § 32 AngG und die übrigen gleich lautenden Bestimmungen dienen nicht dazu, dem Erklärenden bei einer ungerechtfertigten Auflösung des Dienstverhältnisses doch noch einen Teil des unbegründeten Anspruchs zu retten; es soll nicht einer Auflösungserklärung, für die keine ausreichenden Gründe gegeben sind, doch noch wenigstens teilweise zum Erfolg verholfen werden[571]. Dem wird insb von *Kramer*[572] zu Recht entgegengehalten, dass die einschlägigen gesetzlichen Bestimmungen keine derartigen Einschränkungen erkennen lassen. Auch im Falle der ungerechtfertigten Entlassung (bzw des ungerechtfertigten Austritts) ist demnach ein Verschuldensausgleich durch den Richter vorzunehmen. Unzulässig wäre aber, die Frage nach dem Entlassungs- oder Austrittsgrund nicht präzise zu untersuchen und von vornherein Verschulden und Mitverschulden aus einem „gemischten" Sachverhalt abzuleiten[573]. Durch die Geltendmachung „halber" – oder sonst nur zum Teil vorliegender – Gründe zur vorzeitigen Lösung kann jedenfalls kein quotenmäßiger Schadenersatz gefordert werden. Fraglich ist, ob der OGH mit der E v 25. 4. 1996, 8 ObA 2058/96, ZAS 1997, 55 mit Bespr v *Apathy*, eine Wende in der Rechtsprechung einleitet. In der zitierten Entscheidung war die Entlassung zwar ungerechtfertigt, dem Arbeitnehmer wurden jedoch auf Grund seines Mitverschuldens, das sich in diesem Fall einem Alleinverschulden genähert hat, keine Ansprüche zugebilligt[574].

---

567 OGH 21. 6. 1966, 4 Ob 41/66, Arb 8255; OGH 24. 1. 1984, 4 Ob 40/83, Arb 10.311.

568 Vgl zB OGH 31. 8. 2005, 9 ObA 108/05g, DRdA 2006, 388 mit Bespr v *Mayr*; OGH 1. 2. 2007, 9 ObA 128/06y, DRdA 2008, 332 mit Bespr v *Pfeil*; OGH 28. 5. 2015, 9 ObA 6/15w, DRdA 2016, 128 mit Bespr v *Drs*; OGH 15. 6. 1962, 4 Ob 75/62, Arb 7622; OGH 17. 2. 1981, 4 Ob 7/81, DRdA 1982, 305 mit Bespr v *Csebrenyak* = Arb 9941; OGH 22. 2. 1983, 4 Ob 17/83, Arb 10.222; OGH 26. 4. 2001, 8 ObA 76/01m, DRdA 2002, 284 mit Bespr v *Apathy*; zur Gesamtproblematik vgl va *Wachter*, Beiderseitiges Verschulden bei der vorzeitigen Auflösung des Arbeitsverhältnisses (1992).

569 OGH 9. 1. 1973, 4 Ob 103/72, Arb 9084.

570 OGH 7. 5. 1974, 4 Ob 23/74, ZAS 1975, 30 mit Bespr v *Wachter* = Arb 9229; OGH 22. 2. 1983, 4 Ob 17/83, Arb 10.222.

571 OGH 18. 10. 1977, 4 Ob 137/77, DRdA 1979, 116 mit Bespr v *Kramer* = ZAS 1981, 14 mit Bespr v *Hoyer* = Arb 9631; OGH 22. 2. 1983, 4 Ob 17/83, Arb 10.222.

572 *Kramer*, DRdA 1979, 119; s auch *Kuderna*, Entlassungsrecht^2 (1994), 74; *dens*, Das Mitverschulden an der vorzeitigen Auflösung des Arbeitsverhältnisses, DRdA 1967, 182; *Pfeil*, Mitverschuldensregel bei vorzeitiger Auflösung des Arbeitsverhältnisses, wbl 1987, 175.

573 Vgl auch OGH 22. 2. 1983, 4 Ob 17/83, Arb 10.222; OGH 22. 2. 1983, 4 Ob 13/83, SozM I A/d, 1301.

574 S dazu auch OGH 20. 12. 2006, 9 ObA 160/05b, DRdA 2008, 364 mit Bespr v *Spitzl*; OGH 24. 2. 2009, 9 ObA 136/08b, ASoK 2009, 396; OGH 27. 5. 2014, 9 ObA 39/14x, ARD 6408/7/2014 = DRdA 2014, 596.

8.3.4.2. Vorzeitige Auflösung aus wichtigem Grund

Diese Auffassung führt im Fall der **gerechtfertigten Entlassung** zum Ergebnis, dass das Mitverschulden des Dienstgebers die für den Arbeitnehmer negativen Folgen der Entlassung (zB Verlust der Abfertigung) teilweise nicht eintreten lässt bzw Schadenersatzforderungen des Arbeitnehmers geltend gemacht werden können (**anspruchsbegründende** Wirkung des Vorteilsausgleichs) und dass andererseits im Falle **ungerechtfertigter Entlassung** bei Mitverschulden des Arbeitnehmers diesem Ansprüche aus der vorzeitigen Beendigung (insb die Kündigungsentschädigung) nur teilweise zustehen (**anspruchsmindernde** Wirkung des Vorteilsausgleichs)[575].

8/307 In den Verschuldensausgleich einbezogen werden nicht nur Schadenersatzansprüche, sondern auch Ansprüche, die sich nach der Art der Beendigung des Dienstverhältnisses richten (zB Abfertigung nach § 23 AngG)[576].

Außer Betracht bleiben hingegen jene Ansprüche, die – wie etwa Sonderzahlungen – von der Art der Vertragsauflösung unabhängig sind.

8/308 Ersatzansprüche wegen unbegründeter Entlassung (oder wegen eines berechtigten Austritts oder eines Rücktritts vom Vertrag) müssen bei sonstigem Ausschluss **binnen sechs Monaten gerichtlich geltend gemacht werden** (§§ 34 AngG, 1162d ABGB, 34 GAngG, 38 TAG, 38 LArbG). Die Frist beginnt mit dem Ablauf des Tages, an dem die Entlassung (bzw der Austritt) erfolgte[577]. Sie wird aber durch die Anfechtung der Entlassung unterbrochen[578]. Nicht darunter fallen zB die Abfertigung nach § 23 AngG oder ein noch ausstehendes Entgelt aus dem Arbeitsverhältnis[579].

Die Sechsmonatsfrist ist eine sog **Präklusiv-** oder **Fallfrist**. Derartige Fristen unterscheiden sich von Verjährungsfristen dadurch, dass mit Ablauf derselben das Recht untergeht. Zahlt der Schuldner eine verfallene Schuld dennoch, liegt Zahlung einer Nichtschuld vor und das Geleistete kann mit Bereicherungsklage gem § 1431 ABGB zurückgefordert werden. Dies ist bei verjährten Forderungen nicht der Fall; sie sind zwar nicht klagbar, aber zahlbar. Ein Rückforderungsanspruch besteht nicht. Inwieweit von Amts wegen auf den Ablauf einer Fallfrist Bedacht genommen werden muss, ist in jedem Einzelfall nach dem Zweck der Fristsetzung und damit nach dem Willen des Gesetzgebers zu prüfen[580]. Die gegenständliche Frist ist nicht von Amts wegen, sondern nur bei einem entsprechenden Vorbringen des beklagten Dienstgebers vor Gericht zu beachten[581]. Eine Verjährungseinrede kann dann nicht eingewandt werden, wenn der Gläubiger auf Grund des Verhaltens des Schuldners davon ausgehen konnte, dass seine Ansprüche nur mit sachlichen Einwendungen bekämpft werden und eine rechtzeitige Klageführung deshalb unterblieben ist[582].

8/309 **Urlaubsersatzleistung** in der Höhe des noch ausstehenden Urlaubsentgelts gebührt dem Arbeitnehmer, unabhängig davon, ob die Entlassung gerechtfertigt oder ungerechtfertigt war (vgl 6.10.7). Im Fall einer vom Arbeitnehmer verschuldeten Entlassung ist jedoch

---

575 Vgl OGH 25. 11. 2011, 9 ObA 26/11f, ARD 6204/7/2012.

576 *Apathy*, Beiderseitiges Verschulden an der vorzeitigen Beendigung des Arbeitsverhältnisses, in Tomandl (Hrsg), Beendigung des Arbeitsvertrages (1986), 91; *Kuderna*, Entlassungsrecht[2] (1994), 77 mwN; OGH 22. 6. 1927, Prä 554/26, Arb 3687; OGH 23. 6. 1964, 4 Ob 56/64, Arb 7952.

577 Zur Verkürzung der Frist s *Gerhartl*, Kündigungsentschädigung bei Abfertigung und Urlaubsersatzleistung, RdW 2014, 282.

578 Vgl OGH 14. 9. 1994, 9 ObA 102/94, ARD 4647/21/95.

579 Zu Entgeltfortzahlungsansprüchen im Falle der Beendigung des Arbeitsverhältnisses während eines Krankenstandes vgl OGH 28. 1. 1998, 9 ObA 396/97v, DRdA 1998, 433 mit Bespr v *Kallab*.

580 OGH 21. 9. 1971, 4 Ob 61/71, Arb 8900; *Grillberger* in Löschnigg (Hrsg), AngG Bd 2[10] (2016), § 34 Rz 3; weiters *Vollmaier*, Verjährung und Verfall (2009), 162 ff.

581 OGH 16. 3. 1982, 4 Ob 2/82, Arb 10.097; vgl weiters 6.5.3.5.

582 Vgl OGH 24. 10. 2005, 9 ObA 97/05p, DRdA 2007, 57 mit Bespr v *Weiß*.

das Urlaubsentgelt für einen über das aliquote Ausmaß hinaus verbrauchten Jahresurlaub rückzuerstatten (§ 10 Abs 1 UrlG)[583].

Der **Abfertigungsanspruch** nach dem AngG geht im Falle einer durch den Dienstnehmer verschuldeten Entlassung verloren (vgl 8.6.1.2.6), nicht jedoch ein Anspruch nach dem BMSVG (vgl 8.6.1.3.3). 8/310

8.3.4.3. Entlassungsbeschränkungen

Die Entlassungsbeschränkungen bilden die sinnvolle Ergänzung zu den Kündigungsbeschränkungen (vgl 8.2.8). Eine Umgehung der Kündigungsbeschränkungen durch den Ausspruch einer vorzeitigen Auflösung kann dadurch von vornherein vermieden werden[584]. Bei den Entlassungsbeschränkungen sind vor allem vier Arten zu unterscheiden: der **allgemeine** Entlassungsschutz nach der Betriebsverfassung, der **individuelle** und der **besondere** Entlassungsschutz auf Grund von Sondergesetzen sowie **vertragliche** Beschränkungen. 8/311

8.3.4.3.1. Allgemeiner Entlassungsschutz

Gem § 106 ArbVG hat der Betriebsinhaber den Betriebsrat von jeder Entlassung eines Arbeitnehmers unverzüglich zu **verständigen** und innerhalb von drei Arbeitstagen nach erfolgter Verständigung auf Verlangen des Betriebsrats mit diesem die Entlassung zu **beraten**. Dieser erste Schritt im Rahmen des allgemeinen Entlassungsschutzes unterscheidet sich wesentlich vom allgemeinen Kündigungsschutz des § 105 ArbVG. Während im Bereich des Kündigungsschutzes eine Verständigung des Betriebsrats und eine Beratung mit dem Betriebsinhaber vor der Lösungserklärung gefordert wird, kann im Falle der Entlassung die Verständigung **nach Ausspruch** derselben erfolgen. Dies ergibt sich eindeutig aus der Formulierung des § 106 Abs 1 ArbVG. Damit gewinnt aber die **Unterscheidung von Kündigung und Entlassung** eminente Bedeutung. Wird nämlich eine Kündigung ausgesprochen, ohne dass der Betriebsrat vorher benachrichtigt oder ohne dass mit ihm vorher beraten wurde, so ist sie rechtsunwirksam (vgl 8.2.8.1.1). Handelt es sich hingegen um eine Entlassung, so wirkt sie und löst das Dienstverhältnis auf, weil die Verständigungs- und Beratungspflicht den Dienstgeber erst nach der Auflösungserklärung trifft. Diese grundlegend andere Konstruktion ergibt sich aus dem Wesen der Entlassung, die unverzüglich ausgesprochen und nicht durch ein langes Vorverfahren belastet werden soll. 8/312

Von der Haltung des Betriebsrats während der **Dreitagefrist** hängt es in weiterer Folge ab, ob und von wem die Entlassung vor Gericht angefochten werden kann. Hat der Betriebsrat der Entlassung ausdrücklich zugestimmt, so kann sie nicht angefochten werden („Sperrrecht" des Betriebsrats), es sei denn, der Entlassung liegt ein **verpöntes Motiv** zu Grunde, das zur Anfechtung einer Kündigung gem § 105 Abs 3 Z 1 ArbVG berechtigen würde (§ 106 Abs 2 ArbVG). Hat sich hingegen der Betriebsrat nicht geäußert („schlichter Widerspruch"), hat er der Entlassung widersprochen bzw vermag seine Zustimmung die Anfech- 8/313

[583] OGH 22. 10. 2003, 9 ObA 63/03k, DRdA 2004, 433 mit Bespr v *Cerny*.
[584] Vgl EA Innsbruck 25. 2. 1977, Re 42/76, Arb 9561; EA Linz 17. 4. 1986, Re 7/86, Arb 10.516.

tungsmöglichkeit nicht **zu sperren**, so kann sie bei Gericht angefochten werden, wenn ein Anfechtungsgrund iSd § 105 Abs 3 ArbVG (Kündigungsanfechtungsgrund) vorliegt und der betroffene Arbeitnehmer keinen Entlassungsgrund gesetzt hat (vgl 8.3.4.1).

8/314 Eine wesentliche Voraussetzung für die Entlassungsanfechtung ist demnach, dass die **Entlassung unbegründet** ausgesprochen wurde[585]. Die Anfechtung einer begründeten Entlassung unter Berücksichtigung der sozialen Lage des Arbeitnehmers kennt das österreichische Arbeitsrecht nicht. Im Falle der unbegründeten Entlassung hat der Arbeitnehmer hingegen zwei Möglichkeiten: Will er das Dienstverhältnis überhaupt nicht mehr fortsetzen, weil er zB in der Zwischenzeit einen besseren Arbeitsplatz gefunden hat oder weil sein Verhältnis zum Dienstgeber zerrüttet ist, so kann er es bei der Auflösung bewenden lassen und seine Ansprüche (insb Kündigungsentschädigung, Abfertigung udgl) bei Gericht einklagen. Möchte er das Dienstverhältnis jedoch wieder aufnehmen, so kann bei Vorliegen eines Anfechtungsgrundes die Entlassung ebenfalls bei Gericht angefochten werden.

8/315 Missglückt die Anfechtung, bleibt dem Arbeitnehmer noch immer die Möglichkeit offen, die Kündigungsentschädigung und die sonstigen Ansprüche einzuklagen. Ersatzansprüche wegen vorzeitiger Beendigung des Arbeitsverhältnisses, also insb die Kündigungsentschädigung, sind zwar grundsätzlich innerhalb einer Fallfrist von sechs Monaten gerichtlich geltend zu machen (vgl 8.3.4.2.2), durch die Einbringung der Anfechtungsklage wird jedoch die sechsmonatige Frist unterbrochen[586].

8/316 Die Anfechtung der Entlassung ist nur dann erfolgreich, wenn ein Grund iSd § 105 Abs 3 ArbVG, also ein **Kündigungsanfechtungsgrund**, gegeben ist. Ein solcher liegt vor, wenn der Betriebsinhaber die Entlassung aus einem im Gesetz angeführten, verwerflichen Motiv ausgesprochen hat (vgl 8.2.8.1.3) oder die Auflösung des Dienstverhältnisses nicht sozial gerechtfertigt werden kann (vgl 8.2.8.1.4). Der Verweis auf die Kündigungsanfechtungsgründe bedeutet nicht, dass eine Entlassungsanfechtung nur zulässig ist, wenn eine Kündigung möglich wäre. Der Entlassungsschutz des § 106 ArbVG setzt nicht die Möglichkeit der Kündigung oder einer Kündigungsanfechtung, sondern nur das Vorliegen eines entsprechenden Anfechtungsgrundes voraus. Eine unbegründete Entlassung während eines **befristeten** Dienstverhältnisses, bei dem eine Kündigung grundsätzlich unzulässig ist, kann daher ebenfalls angefochten werden[587].

8/317 Hat der Betriebsrat der Entlassung ausdrücklich **widersprochen**, so steht in erster Linie diesem das Anfechtungsrecht zu[588]. Der Betriebsrat kann binnen einer Woche die Anfechtung bei Gericht einbringen, wenn der Arbeitnehmer dies verlangt. Kommt der Betriebsrat dem Verlangen nicht nach, so kann der Arbeitnehmer innerhalb zweier Wochen nach Ablauf der für den Betriebsrat geltenden Frist die Entlassung selbst bei Gericht anfechten.

---

[585] Vgl EA Innsbruck 18. 1. 1979, Re 32/78, Arb 9756.

[586] OGH 14. 9. 1994, 9 ObA 102/ 94, ARD 4647/21/95.

[587] OGH 21. 4. 2004, 9 ObA 31/04f, DRdA 2005, 309 mit Bespr v *Löschnigg*; *Floretta* in ArbVG-Handkommentar (1975), 679; *Löschnigg*, Bestandschutz und befristetes Dienstverhältnis, DRdA 1980, 23; aA die frühere Judikatur, zB EA Wien 7. 12. 1976, II Re 332/76, Arb 9543; EA Wien 29. 8. 1985, II Re 294/85, DRdA 1987, 53 mit krit Bespr v *Klein*.

[588] Zur Frage der Ausdrücklichkeit des Widerspruchs vgl EA Klagenfurt 23. 1. 1987, Re 78/86, Arb 10.587.

Fraglich ist, wann die einwöchige **Anfechtungsfrist** für den Betriebsrat **beginnt**. Gem § 106 ArbVG sind auf die Entlassungsanfechtung die Bestimmungen des § 105 Abs 4 bis 7 ArbVG sinngemäß anzuwenden. Da gem § 105 Abs 4 ArbVG eine Kündigungsanfechtung durch den Betriebsrat innerhalb einer Woche ab seiner Verständigung vom Kündigungsausspruch zu erfolgen hat (vgl 8.2.8.1.2), geht der VwGH davon aus, dass auch eine Entlassungsanfechtung nur innerhalb einer Woche **ab Verständigung** von der Entlassung zulässig ist. Die dreitägige Frist zur Stellungnahme wäre dieser Ansicht nach in die Anfechtungsfrist einzurechnen[589].

Die Auffassung des VwGH führt bereits im Normalfall einer Anfechtung zu einem extrem kurzen Handlungszeitraum für den Betriebsrat. Da bezüglich der Anfechtungsfrist auf die Kalenderwoche, bezüglich der Frist zur Stellungnahme aber auf Arbeitstage abgestellt wird, wären sogar Fälle denkbar, bei denen die Anfechtungsfrist vor der Frist zur Stellungnahme endet[590].

Dieser Problematik begegnet *Floretta*[591] zu Recht mit einem anderen Verständnis von sinngemäßer Anwendung des § 105 Abs 4 bis 7 ArbVG auf den Entlassungsschutz. *Floretta* zufolge will der Gesetzgeber mit dem Verweis auf den allgemeinen Kündigungsschutz eindeutig zum Ausdruck bringen, dass dem Betriebsrat bzw dem Arbeitnehmer eine ganze Woche für die Anfechtung offen stehen soll. Die Anfechtungsfrist beginnt daher erst mit Ablauf der dreitägigen Frist zur Stellungnahme.

Auch der Verordnungsgeber geht von der Auffassung *Florettas* aus: § 63 Abs 5 BRGO bestimmt ausdrücklich, dass die Dreitagefrist in die Anfechtungsfrist nicht einzurechnen ist.

Wird der Betriebsrat von der Entlassung nicht verständigt, so wird der Beginn der Anfechtungsfrist hinausgeschoben. Agiert der Betriebsrat insb über Intervention des Arbeitnehmers dennoch, beginnen ab diesem Zeitpunkt die Beratungs- und Anfechtungsfristen zu laufen. 8/318

Im Übrigen finden die Ausführungen zum allgemeinen Kündigungsschutz (vgl 8.2.8.1) sinngemäß Anwendung. 8/319

In Betrieben, in denen **Betriebsräte zu errichten** sind (Betriebe mit mindestens fünf Arbeitnehmern), solche **aber nicht bestehen**, kann der betroffene Arbeitnehmer gem § 107 ArbVG die Entlassung binnen zweier Wochen nach deren Zugang selbst anfechten. 8/320

8.3.4.3.2. Individueller Entlassungsschutz

Ebenso wie im Kündigungsrecht (vgl 8.2.8.2) sehen das AVRAG, das BEinstG und das GlBG auch im Falle von Entlassungen eine Individualanfechtung bei Vorliegen gewisser vom Gesetzgeber missbilligter Motive vor. Im Einzelnen handelt es sich um folgende Gründe: 8/321

- Entlassung **wegen des Geschlechts, des Alters, der Weltanschauung, der Religion, der ethnischen Zugehörigkeit oder der sexuellen Orientierung** des Arbeitnehmers bzw wegen der offenbar nicht unberechtigten Geltendmachung von **Ansprüchen nach dem GlBG** (§ 12 Abs 7, § 26 Abs 7 GlBG; vgl hiezu auch 6.7.2);
- Entlassung wegen Verlassens des Gefahrenbereichs bei **ernster und unmittelbarer Gefahr** für Leben und Gesundheit oder wegen Ergreifens von Maßnahmen zur Gefahrenabwehr, sofern der Arbeitnehmer bei der Gefahrenbekämpfung nicht grob fahrlässig gehandelt hat (§ 8 Abs 2 AVRAG; vgl auch 6.7.3);

---

589 VwGH 24. 11. 1982, 82/01/0220, ZAS 1985, 233 mit Bespr v *Löschnigg*.
590 Vgl hiezu *Löschnigg*, ZAS 1985, 234.
591 In ArbVG-Handkommentar (1975), 684.

- Entlassung wegen der Tätigkeit als **Sicherheitsvertrauensperson**, **Sicherheitsfachkraft** oder **Arbeitsmediziner** oder als deren Fach- oder Hilfspersonal, sofern nicht ohnedies eine Motivanfechtung nach den §§ 105 bis 107 ArbVG (vgl hiezu 8.2.8.1.3) in Frage kommt (§ 9 Abs 2 AVRAG; vgl auch 6.7.3, 7.2.2.3, 7.2.2.4 u 7.2.2.5);
- Entlassung wegen einer **Behinderung** (§§ 7f, 7i BEinstG; vgl 4.3.2.3.5).

8/322 Die Entlassung kann dem AVRAG zufolge binnen **einer Woche**, dem GlBG zufolge binnen **14 Tagen** ab ihrem Zugang bei Gericht angefochten werden (zur Glaubhaftmachung des Entlassungsmotivs und zum Verhältnis zur allgemeinen Anfechtung vgl 8.2.8.2). Im Falle der Entlassung einer Sicherheitsvertrauensperson ist die gesetzliche Interessenvertretung der Arbeitnehmer nachweislich von der Entlassung zu verständigen. Erfolgt keine oder eine verspätete Verständigung, so verlängert sich die Anfechtungsfrist um die Dauer der Verspätung, maximal jedoch auf einen Monat ab Zugang der Entlassung (§ 9 Abs 3 AVRAG). Im Falle der Anfechtung nach dem BEinstG beträgt die Frist 14 Tage ab Zugang der Entlassung. Voraussetzung für die Geltendmachung bei den ordentlichen Gerichten ist im Übrigen ein vorangegangenes Schlichtungsverfahren vor dem Sozialministeriumservice (Näheres in § 7k BEinstG)[592].

8/323 Für den Fall, dass eine Entlassung wegen einer beabsichtigten oder tatsächlich in Anspruch genommenen Karenzierung gem den §§ 11, 12 u 14c AVRAG (vgl 6.11.2, 6.11.3 u 6.11.4) oder einer Herabsetzung der Arbeitszeit gem den §§ 13, 14 u 14d AVRAG (vgl 6.8.7.2) erfolgt, sieht das AVRAG keine ausdrückliche Entlassungsanfechtung vor. Dennoch wird man sowohl eine Anfechtung als auch die Geltendmachung von Schadenersatzansprüchen entsprechend § 15 AVRAG (vgl 8.2.8.2) bejahen müssen, wenn die Entlassung unter Umgehung des in § 15 AVRAG verankerten besonderen Kündigungsschutzes erfolgt[593]. Ebenso ist eine Entlassungsanfechtung zuzulassen, wenn eine Entlassung in Umgehung des § 15 Abs 3 AVRAG (vgl 8.2.8.2) ausgesprochen wurde[594].

8.3.4.3.3. Besonderer Entlassungsschutz

8/324 Für eine Reihe von Arbeitnehmergruppen existieren bezüglich der Entlassung **gesetzliche Sondervorschriften**, die auf die besondere Schutzwürdigkeit dieser Arbeitnehmer Bedacht nehmen. Werden die Regelungen des besonderen Entlassungsschutzes nicht eingehalten, so ist die Entlassung rechtsunwirksam. Eine **unbegründete** Entlassung bringt in diesen Fällen somit das Dienstverhältnis nicht zur Auflösung (vgl 8.3.4.2). Das zeitliche Ausmaß des besonderen Entlassungsschutzes entspricht der Geltung des besonderen Kündigungsschutzes (vgl 8.2.8.3).

8/325 Die **Gründe**, bei deren Vorliegen besonders geschützte Arbeitnehmer entlassen werden können, sind im Vergleich zum allgemeinen Entlassungsrecht eingeschränkt. Wenn ausnahmsweise für einzelne Arbeitnehmergruppen einzelne Entlassungsgründe (zB § 82

---

[592] Vgl auch OGH 28. 2. 2011, 9 ObA 1/11d, taxlex 2011, 270 mit Bespr v *Gerhartl* = infas 2011, A 48 = RdW 2011, 416.

[593] Vgl auch *Holzer/Reissner*, AVRAG² (2006), 506.

[594] S auch *Risak*, Ältere Arbeitnehmer: Kündigungsschutz ja, Entlassungsschutz nein?, ecolex 2000, 809.

lit a GewO) strenger formuliert sind als vergleichbare Entlassungsgründe im Rahmen des besonderen Entlassungsschutzes (zB § 15 Z 1 APSG und § 122 Abs 1 Z 1 ArbVG), dann sind die Bestimmungen des besonderen Entlassungsschutzes teleologisch auf jene Lösungsrechte zu reduzieren, die dem Arbeitgeber ohne Berücksichtigung des Sonderschutzes zur Verfügung stehen.

8.3.4.3.3.1. Belegschaftsvertreter

Die Mitglieder des **Betriebsrats** sowie Mitglieder des in den §§ 120 Abs 4, 130 Abs 1 ArbVG sowie 22a Abs 10 BEinstG genannten Personenkreises (vgl 8.2.8.3.1) dürfen bei sonstiger Rechtsunwirksamkeit gem § 120 Abs 1 ArbVG (ebenso § 225 Abs 1 LArbG) nur mit Zustimmung des Gerichts (bzw der Einigungskommission nach dem Landarbeitsrecht) entlassen werden. Im Gegensatz zum besonderen Kündigungsschutz der Betriebsräte und der ihnen gleichgestellten Personen kann im Rahmen des Entlassungsschutzes die Zustimmung des Gerichts in manchen Fällen auch im Nachhinein erfolgen. 8/326

Wurde die Zustimmung nicht eingeholt oder vom Gericht verweigert, so ist eine dennoch ausgesprochene Entlassung des Betriebsratsmitglieds von Anfang an **absolut nichtig**[595]. Der Betriebsrat kann bei Gericht die Feststellung begehren, dass sein Dienstverhältnis aufrecht ist, und gem § 1155 ABGB die Weiterzahlung des Entgelts verlangen[596]. 8/327

Nur **nach vorheriger Zustimmung** des Gerichts darf ein Betriebsratsmitglied entlassen werden (bzw darf das Gericht der Entlassung zustimmen), wenn es 8/328

a) den Betriebsinhaber absichtlich über Umstände, die für den Vertragsabschluss oder den Vollzug des in Aussicht genommenen Arbeitsverhältnisses wesentlich sind, in Irrtum versetzt hat (§ 122 Abs 1 Z 1 ArbVG; zur Diskrepanz dieser Norm in Relation zu § 82 lit a GewO vgl 8.3.2);
b) im Dienst untreu ist oder sich in seiner Tätigkeit ohne Wissen des Betriebsinhabers von dritten Personen unberechtigt Vorteile zuwenden lässt. Ebenso wie beim Tatbestand der Untreue gem § 27 Z 1 AngG muss der Arbeitnehmer vorsätzlich gehandelt haben[597] (vgl auch 8.3.4.1.1 a). Für den Entlassungsgrund der Untreue iSd § 122 Abs 1 Z 3 ArbVG ist Schädigungsabsicht oder Eintritt eines Schadens beim Arbeitgeber nicht vorausgesetzt. Entscheidend ist vielmehr, dass der Verstoß gegen die Treuepflicht in der versuchten Irreführung des Dienstgebers über eine für die Wahrnehmung dienstlicher Belange maßgebende Tatsache erblickt werden muss, und zwar begangen auf eine Weise, die nicht bloß als unbedeutende Unkorrektheit im Dienst bezeichnet werden kann, sondern als schwerwiegender Verstoß gegen das jedem Dienstnehmer gebotene, dem Grundsatz von Treu und Glauben entsprechende Verhalten gegenüber dem Dienstgeber zu qualifizieren ist[598]. Der Tatbestand der Untreue ist erfüllt, wenn das Betriebsratsmitglied bewusst gegen die von der Rechtsordnung als schutzwürdig erachteten Interessen des Arbeitgebers handelt[599];

---

595 EA Wr Neustadt 3. 7. 1967, Re 31/67, Arb 8435; VwGH 5. 7. 1977, 1605/76, Arb 9603; LG Wien 11. 1. 1979, 44 Cg 256/78, Arb 9793; OGH 29. 4. 1980, 4 Ob 128/79, DRdA 1983, 98 mit Bespr v *Löschnigg* = ZAS 1981, 104 mit Bespr v *Wachter* = Arb 9872; LG Klagenfurt 14. 4. 1982, 3 Cg 47/81, Arb 10.104.

596 OGH 8. 4. 1975, 4 Ob 5/75, ZAS 1977, 27 mit Bespr v *Spielbüchler* = Arb 9411.

597 EA Graz 5. 6. 1972, Re 6/72, Arb 9020; EA Feldkirch 27. 7. 1986, Re 39/83, Arb 10.257; EA Salzburg 18. 10. 1985, Re 48/85, Arb 10.459.

598 VwGH 13. 6. 1967, 195/67, Arb 8422; VwGH 14. 7. 1980, 2404/79, Arb 9888; EA Salzburg 18. 10. 1985, Re 48/85, Arb 10.459.

599 OGH 27. 10. 1964, 4 Ob 103/64, Arb 7991; EA Graz 5. 6. 1972, Re 6/72, Arb 9020; EA Feldkirch 27. 7. 1983, Re 39/83, Arb 10.257; EA Wien 6. 12. 1984, II Re 292/84, Arb 10.385; EA Salzburg 18. 10. 1985, Re 48/85, Arb 10.459; OGH 29. 1. 2015, 9 ObA 141/14x, DRdA-infas 2015, 129 mit Bespr v *Schneller* = ARD 6442/7/2015.

c) ein Geschäfts- oder Betriebsgeheimnis verrät oder ohne Einwilligung des Betriebsinhabers ein der Verwendung im Betrieb abträgliches Nebengeschäft betreibt. Dieser Tatbestand setzt ein neben der normalen hauptberuflichen Tätigkeit betriebenes und dieser abträgliches Nebengeschäft voraus[600].

8/329 Auch **im Nachhinein darf die Zustimmung** des Gerichts zur Entlassung erfolgen, wenn das Betriebsratsmitglied

a) sich einer mit Vorsatz begangenen, mit mehr als einjähriger Freiheitsstrafe bedrohten oder einer mit Bereicherungsvorsatz begangenen gerichtlich strafbaren Handlung schuldig macht, sofern die Verfolgung von Amts wegen oder auf Antrag des Betriebsinhabers zu erfolgen hat. Ein rechtskräftiges gerichtliches Straferkenntnis muss nicht vorliegen[601]. Ob sich das Betriebsratsmitglied einer solchen strafbaren Handlung schuldig gemacht hat, kann das Gericht als Vorfrage prüfen. Auch nicht im Betrieb begangene strafbare Handlungen dieser Art rechtfertigen eine Entlassung[602];
b) sich Tätlichkeiten oder erhebliche Ehrverletzungen gegen den Betriebsinhaber, dessen im Betrieb tätige oder anwesende Familienangehörige oder Arbeitnehmer des Betriebs zu Schulden kommen lässt, sofern durch dieses Verhalten eine sinnvolle Zusammenarbeit zwischen Betriebsratsmitglied und Betriebsinhaber nicht mehr zu erwarten ist[603].

Das Verhalten des Betriebsrats muss objektiv geeignet sein, auf das Betriebsklima und die Kooperationsbereitschaft zwischen Betriebsrat und Betriebsinhaber derartig nachteilige Auswirkungen zu haben, dass Letzterem die Fortsetzung des Arbeitsverhältnisses nicht weiter zumutbar ist[604]. Bei der Beurteilung des Tatbestandes sind ua die Art des Betriebs, der im Betrieb herrschende Umgangston, die Stellung und der Bildungsgrad des Betriebsratsmitglieds sowie die Gelegenheit, bei der die beleidigende Äußerung gefallen ist, zu berücksichtigen[605]. Das Verhalten sowie die Äußerungen des Betriebsratsmitglieds sind jedenfalls im Gesamtzusammenhang zu sehen[606].

8/330 Kommt es zwischen dem Ausspruch der Entlassung und der Entscheidung des Gerichts über die Zustimmung zur Entlassung zu weiteren Lösungserklärungen, dann besitzen diese nur insofern auflösende Wirkung, als die Zustimmung zur Entlassung durch das Gericht nicht erteilt wird[607].

8/331 Das Gericht darf einer Entlassung nur zustimmen, wenn nach den besonderen Umständen des Falles dem Betriebsinhaber die Weiterbeschäftigung nicht zumutbar ist (§ 122 Abs 2 ArbVG). In den besonderen Fällen einer Untreue, eines Verrats von Geschäfts- oder Betriebsgeheimnissen sowie von Tätlichkeiten oder erheblichen Ehrverletzungen hat das Gericht die Zustimmung zur Entlassung zu verweigern, wenn sich die Klage auf **ein Verhalten des Betriebsratsmitglieds** stützt, das von diesem **in Ausübung des Mandats** gesetzt wurde und unter Abwägung aller Umstände entschuldbar war (§ 120 Abs 1 ArbVG). Die

---

600 VwGH 8. 10. 1953, 3181/52, VwGHSlg NF 3134; vgl 6.2.6.1 u 8.3.4.1.2 g.

601 Vgl *Trost* in Strasser/Jabornegg/Resch (Hrsg), ArbVG (Losebl), § 122 Rz 82; EA Linz 22. 10. 1971, Re 33/71, Arb 8932; EA Klagenfurt 23. 9. 1977, Re 27/77, Arb 9626; VwGH 14. 7. 1980, 2404/79, Arb 9888; EA Linz 23. 1. 1985, Re 2/85, Arb 10.389; dagegen EA Leoben 4. 8. 1960, Re 20/60, Arb 7276; EA Eisenstadt 1. 9. 1977, Re 4/77, Arb 9620.

602 EA Linz 25. 3. 1949, Re 40/49, Arb 5057.

603 Vgl zB VwGH 29. 4. 1954, 2382/53, Arb 6028; VwGH 28. 1. 1960, 472/58, Arb 7167; VwGH 19. 9. 1978, 261/77, Arb 9719; OGH 14. 12. 1988, 9 ObA 285/88, DRdA 1991, 51 mit Bespr v *Haas-Laßnigg*.

604 VwGH 29. 5. 1985, 82/01/0242, infas 1985, A 125.

605 EA Linz 23. 10. 1974, Re 34/74, Arb 9308; zum Begriff der Tätlichkeit und der erheblichen Ehrverletzung vgl 8.3.4.1.1 f.

606 OGH 27. 2. 2012, 9 ObA 121/11a, infas 2012, A 71.

607 Vgl auch OGH 29. 4. 1980, 4 Ob 128/79, DRdA 1983, 98 mit Bespr v *Löschnigg*; s aber VwGH 27. 3. 1979, 3062/78, ZAS 1981, 106 mit Bespr v *Wachter* = DRdA 1981, 48 mit Bespr v *Klein*.

Zustimmung ist auch nicht zu erteilen, wenn objektiv zwar eine Mandatsüberschreitung vorliegt, das Belegschaftsorgan aber der Meinung sein konnte, dass es im Rahmen seines Mandats tätig wurde[608].

Eine Besonderheit besteht für Mitglieder oder Ersatzmitglieder des **Jugendvertrauensrats**, Mitglieder des Wahlvorstandes und für Wahlwerber, falls diese Personen Lehrlinge iS des BAG sind. Bei diesen Lehrlingen darf das Gericht gem § 130 Abs 1 ArbVG einer Entlassung auch dann zustimmen, wenn der Arbeitnehmer trotz wiederholter Ermahnungen seine Pflichten aus dem Lehrverhältnis verletzt (§ 15 Abs 3 lit c BAG) oder wenn der Lehrling unfähig wird, den Lehrberuf zu erlernen (§ 15 Abs 3 lit f BAG). Außerdem werden für diese Personengruppen (mit Ausnahme der Ersatzmitglieder) im Falle einer Hemmung des Ablaufs der dreimonatigen Behaltefrist des § 18 BAG die Kündigungsgründe des § 121 ArbVG in Entlassungsgründe umgewandelt (§ 130 Abs 2 ArbVG).

Die **Zustimmung des Gerichts** ist vom Dienstgeber **unverzüglich** nach Eintritt eines Entlassungsgrundes **zu beantragen**. Nur wenn ein undurchsichtiger oder zweifelhafter Sachverhalt vorliegt, ist der Arbeitgeber berechtigt, bis zur einwandfreien Klarstellung aller wesentlichen Umstände in tatsächlicher und rechtlicher Hinsicht durch das hiefür zuständige Gericht mit der Klage auf Zustimmung zur Entlassung zuzuwarten[609]. 8/332

In den Fällen, in denen eine nachträgliche Zustimmung des Gerichts zur Entlassung möglich ist, wirkt eine Entlassung **schwebend rechtswirksam**. Wird die Zustimmung durch das Gericht abgelehnt, ist die Entlassung von Anfang an rechtsunwirksam. In Anbetracht der schwerwiegenden Verfehlungen, die eine nachträgliche Zustimmung zur Entlassung des Arbeitnehmers rechtfertigen (Tätlichkeiten, erhebliche Ehrverletzungen etc), ist das Arbeitsverhältnis bis zur Entscheidung des Gerichts als beendet zu betrachten. Einer zwischen Entlassung und Entscheidung des Gerichts weiteren Lösungserklärung kann daher höchstens bedingte Wirkung beigemessen werden[610]. Das durch die schwebend rechtswirksame Entlassung herbeigeführte Ende des Arbeitsverhältnisses bedingt gleichzeitig das Ruhen des Betriebsratsmandats. Im Hinblick auf die Möglichkeit einer missbräuchlichen Ausübung des Entlassungsrechts wird diese Auffassung von der Rechtsprechung jedoch nicht geteilt[611]. Die Rechtsprechung geht davon aus, dass das Betriebsratsmandat während des gerichtlichen Verfahrens nicht ruht. Der Arbeitgeber kann aber das Betriebsratsmitglied von dessen Arbeitspflicht suspendieren und sich die Rückzahlung des von ihm während der Dauer des Verfahrens gezahlten Entgelts für den Fall der Erteilung der nachträglichen Zustimmung ausbedingen. Ohne Suspendierung wäre das (schwebend) entlassene Betriebsratsmitglied zur Arbeitsleistung und der Arbeitgeber zur Zahlung des Entgelts verpflichtet[612]. Ist das Betriebsratsmitglied gem § 117 ArbVG (vgl 10.13.2) von der Arbeitsleistung freigestellt, so verneint der OGH den Rückforderungsanspruch auf Entlohnung jedenfalls[613]. 8/333

[608] Vgl OGH 5. 3. 1997, 9 ObA 47/97w, DRdA 1998, 125 mit Bespr v *Kallab*.
[609] VwGH 2. 5. 1978, 1797, 1798/77, Arb 9701; zur Unverzüglichkeit von Entlassungserklärungen vgl außerdem 8.3.3.
[610] AA VwGH 27. 3. 1979, 3061, 3062/78, ZAS 1981, 106 mit Bespr v *Wachter* = DRdA 1981, 48 mit Bespr v *Klein*; s auch OGH 29. 4. 1980, 4 Ob 128/79, DRdA 1983, 98 mit Bespr v *Löschnigg*.
[611] OGH 24. 11. 1993, 9 ObA 244/93, DRdA 1994, 502 mit Bespr v *Eypeltauer*; OGH 22. 2. 1995, 9 ObA 25/95, DRdA 1996, 43 mit Bespr v *Eypeltauer*; *Kuderna*, Die Rechtswirkung einer gegen nachträgliche Zustimmung des Gerichts ausgesprochenen Entlassung, DRdA 1995, 211.
[612] OLG Wien 17. 11. 1999, 7 Ra 238/99t, ARD 5128/11/2000.
[613] Vgl OGH 5. 11. 1997, 9 ObA 148/97y, wbl 1998, 175.

8.3.4.3.3.2. Mutter-/Vaterschutz

8/334 Schwangere Arbeitnehmerinnen sowie Mütter und Väter, die eine Karenz oder eine Teilzeitbeschäftigung bzw Änderung der Lage der Arbeitszeit aus Anlass der Geburt (Adoption, Pflege) in Anspruch nehmen, dürfen gem § 12 Abs 1 MSchG bzw § 7 Abs 3 VKG nur mit **Zustimmung** des **Gerichts** entlassen werden[614]. Dies gilt ebenso für Frauen innerhalb von vier Wochen nach einer Fehlgeburt.

Beim Urteil, womit seitens des Gerichts die Zustimmung zur Entlassung erteilt wird, handelt es sich um eine **Rechtsgestaltungsentscheidung**, mit der dem Arbeitgeber der Ausspruch der Entlassung erst erlaubt wird. Die eigentliche Lösungserklärung muss vom Arbeitgeber in weiterer Folge gesondert ausgesprochen werden[615]. Im Gegensatz zum besonderen Kündigungsschutz kann die Zustimmung in bestimmten Fällen allerdings auch nachträglich eingeholt werden. Zwischen dem Entlassungstatbestand und der Einbringung der Klage auf Zustimmung zur Entlassung muss jedenfalls ein **enger zeitlicher Zusammenhang** bestehen[616]. Gleiches gilt für den zeitlichen Abstand zwischen der Erteilung der gerichtlichen Zustimmung zur Entlassung und dem Ausspruch[617].

8/335 Wurde die **Zustimmung** zur Entlassung nicht eingeholt oder vom Gericht **nicht erteilt**, so ist eine dennoch ausgesprochene Entlassung von Anfang an **rechtsunwirksam**.

Die Judikatur hat der Arbeitnehmerin jedoch die Möglichkeit eingeräumt, auf den besonderen Schutz nach dem MSchG zu **verzichten** und an Stelle der Rechtsunwirksamkeit der Entlassung den Anspruch auf Kündigungsentschädigung geltend zu machen[618]. Dies ist sicher dann zu bejahen, wenn keine Chance besteht, das Arbeitsverhältnis in einer für beide Seiten tragbaren Form zu reaktivieren (zur Wahlmöglichkeit vgl 8.2.8.7.1 u 8.3.4.3.4). Einem Arbeitgeber, der trotz Kenntnis der Schwangerschaft die Entlassung ausspricht, mangelt es an Schutzwürdigkeit und er kann sich nicht auf eine Ausnahme vom Wahlrecht der Arbeitnehmerin berufen. Die Arbeitnehmerin hat in solchen Fällen einen Anspruch auf Kündigungsentschädigung bis zum Ablauf des viermonatigen Kündigungsschutzes nach der Geburt des Kindes (sog lange Kündigungsentschädigung)[619].

8/336 Die Geltung des für Arbeitnehmerinnen vorgesehenen Entlassungsschutzes wurde von der Rechtsprechung stets unabhängig von der **Kenntnis** bzw **Bekanntgabe** der **Schwangerschaft** gesehen. Abgestellt wurde auf das tatsächliche Bestehen einer Schwangerschaft zum Zeitpunkt des Ausspruchs der Entlassung[620]. Im Hinblick auf die nunmehr erforderliche gerichtliche Zustimmung zur Entlassung wird man analog zum besonderen Kündigungsschutz eine **Mitteilungspflicht** der Arbeitnehmerin annehmen müssen. Die Dienstnehmerin hat daher dem Arbeitgeber binnen fünf Arbeitstagen oder unmittelbar nach Wegfall eines Hinderungsgrundes die Schwangerschaft mitzuteilen, will sie den Entlassungsschutz nach dem MSchG in Anspruch nehmen[621].

---

614 Zum geschützten Personenkreis sowie zum Beginn und Ende des besonderen Schutzes vgl 8.2.8.3.2; insb *Knöfler*, MSchG (Losebl), 195 ff und 236 ff; *Marat*, Mutterschutzgesetz (2016).

615 OGH 22. 10. 2007, 9 ObA 102/06z, DRdA 2009, 366 mit Bespr v *Wolfsgruber*.

616 OGH 22. 12. 1999, 8 ObA 306/99d, DRdA 2000, 416 mit Bespr v *Mayr*.

617 OGH 22. 10. 2007, 9 ObA 102/06z, DRdA 2009, 366 mit Bespr v *Wolfsgruber*.

618 OGH 7. 7. 1981, 4 Ob 134/80, DRdA 1984, 449 mit Bespr v *Firlei*.

619 OGH 31. 8. 2005, 9 ObA 5/05h, DRdA 2006, 310 mit Bespr v *Weiß*.

620 OGH 4. 11. 1969, 4 Ob 81/69, Arb 8680; OGH 26. 4. 1983, 4 Ob 44/83, Arb 10.264.

621 In diesem Sinne nunmehr auch OGH 14. 3. 1996, 8 ObA 2003/96, DRdA 1997, 106 mit krit Bespr v *Knöfler*, wonach die Arbeitnehmerin unverzüglich zu reagieren hat und ihr keine Fünftagefrist eingeräumt wird.

Zu beachten ist allerdings, dass der Entlassungsschutz bei **Probedienstverhältnissen** grundsätzlich nicht zum Tragen kommt[622]. 8/337

Nur **nach vorheriger Zustimmung** des Gerichts darf die Entlassung ausgesprochen werden (§ 12 Abs 2 MSchG, § 7 Abs 3 VKG), wenn der Arbeitnehmer
a) die ihm auf Grund des Arbeitsverhältnisses obliegenden Pflichten schuldhaft gröblich verletzt, insb wenn er ohne einen rechtmäßigen Hinderungsgrund während einer den Umständen nach erheblichen Zeit die Arbeitsleistung unterlässt;
b) im Dienst untreu ist oder sich in seiner Tätigkeit ohne Wissen des Dienstgebers von dritten Personen unberechtigt Vorteile zuwenden lässt;
c) ein Geschäfts- oder Betriebsgeheimnis verrät oder ohne Einwilligung des Dienstgebers ein der Verwendung im Betrieb (Haushalt) abträgliches Nebengeschäft betreibt[623].

Auch im **Nachhinein darf die Zustimmung** des Gerichts zur Entlassung erfolgen (vgl § 12 Abs 4 MSchG), wenn der Dienstnehmer
a) sich Tätlichkeiten oder erhebliche Ehrverletzungen gegen den Dienstgeber, dessen im Betrieb (Haushalt) tätige oder anwesende Familienangehörige oder Dienstnehmer des Betriebs (Haushalts) zu Schulden kommen lässt;
b) sich einer gerichtlich strafbaren Handlung, die nur vorsätzlich begangen werden kann und mit einer mehr als einjährigen Freiheitsstrafe bedroht ist, oder einer mit Bereicherungsvorsatz begangenen gerichtlich strafbaren Handlung schuldig macht.

In den Fällen von Dienstpflichtverletzungen, Tätlichkeiten und erheblichen Ehrverletzungen ist der durch die Schwangerschaft bzw durch die Entbindung der Dienstnehmerin bedingte **außerordentliche Gemütszustand** zu berücksichtigen (vgl § 12 Abs 3 MSchG). 8/338

Die Entlassungstatbestände des § 12 Abs 2 MSchG sind taxativ aufgezählt[624]. Da die Vertrauensunwürdigkeit in § 12 Abs 2 MSchG nicht genannt wird, bildet das **Verschweigen einer bestehenden Schwangerschaft** bei Dienstantritt keinesfalls einen Entlassungsgrund[625]; dies gilt auch dann, wenn die Aufnahmewerberin ausdrücklich danach gefragt wurde und bereits mit der Möglichkeit einer Schwangerschaft rechnete[626]. Eine Pflicht zur Offenbarung der Schwangerschaft wäre als Eingriff in die Intimsphäre zu qualifizieren und ist aus diesem Grund abzulehnen[627]. Selbst wenn der Verlust der Vertrauenswürdigkeit (vgl § 82 lit d GewO, § 27 Z 1 AngG) in § 12 Abs 2 MSchG Aufnahme gefunden hätte, wäre das Verschweigen der Schwangerschaft unter einen solchen Entlassungstatbestand nicht zu subsumieren. Auch eine Entlassung wegen verschuldeter Arbeitsunfähigkeit (§ 82 lit h GewO) ist nach den Bestimmungen des MSchG nicht möglich, da auch dieser Tatbestand in § 12 Abs 2 MSchG nicht vorgesehen ist. 8/339

---

622 OGH 8. 3. 1983, 4 Ob 18/83, ZAS 1984, 140 mit Bespr v *Müller* = Arb 10.224; vgl hiezu jedoch auch 8.2.8.3.2.
623 S zB OGH 20. 11. 2000, 9 ObA 218/00z, ZAS 2001, 177 mit Bespr v *Brodil.*
624 OGH 28. 11. 1961, 4 Ob 145/61, Arb 7463; OGH 26. 4. 1983, 4 Ob 44/83, Arb 10.264.
625 OGH 5. 11. 1968, 4 Ob 57/68, Arb 8574; OGH 26. 4. 1983, 4 Ob 44/83, Arb 10.264.
626 OGH 27. 11. 1962, 4 Ob 138/62, Arb 7665.
627 Allg zur Offenbarungs- bzw Mitteilungspflicht vgl insb *Knöfler*, MSchG (Losebl), 114 ff, 196 ff; *Eichinger*, Die Frau im Arbeitsrecht (1991), 98; *Binder*, Das Zusammenspiel arbeits- und sozialrechtlicher Leistungsansprüche (1980), 221; zur Mitteilungspflicht über eine bereits bestehende Schwangerschaft anlässlich der Rückkehr bei einer vorzeitig beendeten Karenz s EuGH 27. 2. 2003, C-320/01, *Busch*, DRdA 2003, 283; zu weiteren Hinweisen vgl 5.1.3, 11.5.1.2 u 11.5.1.3.

8.3.4.3.3.3. *Präsenz- und Zivildienstpflichtige, militärische Dienstleistungen für Frauen*

8/340 Bezüglich des Personenkreises, des Beginns und der Dauer des besonderen Schutzes kann auf die Ausführungen zum Kündigungsschutz verwiesen werden (vgl 8.2.8.3.3).

8/341 Eine vorzeitige Entlassung von Arbeitnehmern, die sich im **Präsenz-** oder **Zivildienst** befinden bzw **militärische Dienstleistungen** erbringen, kann wie beim Entlassungsschutz für Belegschaftsvertreter, Mütter und Väter nur dann rechtswirksam erfolgen, wenn vor ihrem Ausspruch die Zustimmung des Gerichts eingeholt wurde (§ 12 APSG). Diese Zustimmung ist ehestens nach dem Eintritt des Entlassungsgrundes einzuholen[628]. Eine nachträgliche Zustimmung zur Entlassung sieht das APSG im Gegensatz zum MSchG, zum VKG und zum ArbVG nicht vor. Insofern ist der Bestandschutz dieser Personengruppe stärker ausgeprägt[629].

Das Gericht hat die Zustimmung nur zu erteilen, wenn der Arbeitnehmer
a) den Arbeitgeber absichtlich über Umstände, die für den Vertragsabschluss oder den Vollzug des in Aussicht genommenen Arbeitsverhältnisses wesentlich sind, in Irrtum versetzt hat;
b) die Arbeitspflicht schuldhaft gröblich verletzt, insb wenn er ohne einen rechtmäßigen Hinderungsgrund während einer den Umständen nach erheblichen Zeit die Arbeitsleistung unterlässt;
c) im Dienst untreu ist oder sich in seiner Tätigkeit ohne Wissen des Arbeitgebers von dritten Personen unberechtigt Vorteile zuwenden lässt;
d) ein Geschäfts- oder Betriebsgeheimnis verrät oder ohne Einwilligung des Arbeitgebers ein der Verwendung im Betrieb abträgliches Nebengeschäft betreibt;
e) sich Tätlichkeiten oder erhebliche Ehrverletzungen gegen den Arbeitgeber, dessen im Betrieb tätige oder anwesende Familienangehörige oder Arbeitnehmer des Betriebs zu Schulden kommen lässt;
f) sich einer gerichtlich strafbaren Handlung, die nur vorsätzlich begangen werden kann und mit einer mehr als einjährigen Freiheitsstrafe bedroht ist, oder mit Bereicherungsvorsatz einer anderen gerichtlich strafbaren Handlung schuldig macht.

8/342 Tritt der Arbeitnehmer aus seinem Verschulden nicht innerhalb von sechs Werktagen nach Beendigung des Präsenz- oder Zivildienstes bzw der militärischen Dienstleistungen die Arbeit an, stellt dies einen Entlassungsgrund dar. Dies gilt nicht, wenn der Arbeitnehmer aus Gründen, die nicht von ihm zu vertreten sind, am Wiederantritt der Arbeit gehindert ist und nach Wegfall des Hinderungsgrundes die Arbeit am nächstfolgenden Tag, an dem im Betrieb gearbeitet wird, antritt (§ 7 APSG). Der Hinderungsgrund ist dem Arbeitgeber unverzüglich anzuzeigen.

8.3.4.3.3.4. *Behinderte*

8/343 Das BEinstG bindet die Entlassung weder an die Zustimmung einer Behörde oder eines Gerichts (vgl dagegen die Zustimmungspflicht bei Kündigungen unter 8.2.8.3.4), noch zählt es gewisse wichtige Gründe auf, die eine Entlassung rechtfertigen. Die einschlägigen Bestimmungen des allgemeinen Entlassungsrechts (zB im AngG, in der GewO udgl) kom-

---

628 EA Krems 18. 9. 1964, Si 7/64, Arb 7975.

629 Vgl *Gruber*, Tücken des Arbeitsplatz-Sicherungsgesetzes 1991, ZAS 1993, 36; OGH 26. 1. 1995, 8 ObA 259/94, ecolex 1995, 439; eine Analogie wird allerdings vom OLG Wien (28. 8. 2008, 8 Ra 58/08w, ARD 5947/6/2009) abgelehnt.

men hier grundsätzlich zur Anwendung[630]. Soweit jedoch der Gesetzgeber in § 8 Abs 4 BEinstG gewisse Entlassungsgründe als Gründe für eine Kündigung mit Zustimmung des Behindertenausschusses festgelegt hat, scheidet eine Entlassung aus (vgl hiezu 8.2.8.3.4)[631].

Ein besonderer Entlassungsschutz wird dadurch realisiert, dass eine **unbegründete** Entlassung **rechtsunwirksam** ist[632]. Liegt also kein Entlassungsgrund vor, so löst eine dennoch ausgesprochene Entlassung das Dienstverhältnis nicht auf[633]. Nach Ansicht des VwGH ist jedoch eine ungerechtfertigte Entlassung in eine Kündigung, der der Behindertenausschuss auch im Nachhinein zustimmen kann, umzudeuten, wenn der Arbeitgeber das Arbeitsverhältnis jedenfalls beenden möchte und Kündigungsgründe vorhanden sind[634]. Diese Rechtsauffassung ist deshalb nicht haltbar, da die Rechtsfolgen bei Kündigungen (vor und nach Zustimmung des Behindertenausschusses) und bei Entlassungen unterschiedlich ausgestaltet sind und der Arbeitnehmer sich darauf einstellen können muss. Das Risiko der Wahl der Beendigungsform darf nicht auf den Erklärungsempfänger, dh in diesem Fall auf den Arbeitnehmer, überwälzt werden. 8/344

8.3.4.3.3.5. Vertragsbedienstete

§ 34 VBG zählt die Entlassungsgründe demonstrativ auf. 8/345

Ein **wichtiger Grund**, der den Dienstgeber zur vorzeitigen Auflösung des Dienstverhältnisses berechtigt, liegt **insbesondere** vor, wenn

a) sich nachträglich herausstellt, dass der Vertragsbedienstete die Aufnahme in das Dienstverhältnis durch unwahre Angaben, ungültige Urkunden oder durch Verschweigen von Umständen erschlichen hat, die seine Aufnahme nach den Bestimmungen des VBG oder anderer Vorschriften ausgeschlossen hätten;
b) der Vertragsbedienstete sich einer besonders schweren Verletzung der Dienstpflichten oder einer Handlung oder einer Unterlassung schuldig macht, die ihn des Vertrauens des Dienstgebers unwürdig erscheinen lässt[635], insb wenn er sich Tätlichkeiten oder erhebliche Ehrverletzungen gegen Vorgesetzte oder Mitbedienstete zu Schulden kommen lässt oder wenn er sich in seiner dienstlichen Tätigkeit oder im Zusammenhang damit von dritten Personen Vorteile zuwenden lässt[636];
c) der Vertragsbedienstete seinen Dienst in wesentlichen Belangen erheblich vernachlässigt oder ohne einen wichtigen Hinderungsgrund während einer den Umständen nach erheblichen Zeit die Dienstleistung unterlässt;
d) der Vertragsbedienstete sich weigert, seine Dienstverrichtungen ordnungsgemäß zu versehen oder sich dienstlichen Anordnungen seiner Vorgesetzten zu fügen;

---

[630] Vgl aber auch OGH 27. 3. 2002, 9 ObA 68/02v, DRdA 2003, 155 mit Bespr v *Weiß*; zur Entlassung wegen Dienstunfähigkeit s OGH 21. 2. 2013, 9 ObA 127/12k, wbl 2013, 336 mit Bespr v *Mayer* = ARD 6355/1/2013 = infas 2013, A 63.

[631] *Hack*, Die Entlassung von nach dem BEinstG begünstigten behinderten Arbeitnehmern wegen Dienstunfähigkeit, DRdA 2003, 514.

[632] OGH 29. 6. 1971, 4 Ob 39/71, ARD 2397/16.

[633] Vgl auch *Ernst*, Die rechtmäßige Beendigung des Arbeitsverhältnisses eines begünstigten Behinderten ohne Zustimmung des Behindertenausschusses, DRdA 1997, 3; OGH 13. 6. 2002, 8 ObA 79/02d, DRdA 2004, 58 mit Bespr v *Preiss*.

[634] VwGH 21. 9. 1999, 95/08/0210, ARD 5101/18/2000.

[635] Zum unentschuldigten Fernbleiben nach Arztbesuch und der damit zusammenhängenden erschlichenen Krankmeldung s OLG Graz 8. 9. 2005, 7 Ra 45/05z; zur Entlassung einer Finanzreferatsleiterin wegen Manipulation von Verträgen und Protokollen s OGH 24. 3. 2014, 8 ObA 57/13k, ARD 6401/11/2014.

[636] Zum „Amtsverlust" des Vertragsbediensteten bei strafrechtlicher Verurteilung s OGH 2. 10. 2002, 9 ObA 205/02s, DRdA 2003, 350 mit Bespr v *Ziehensack*.

e) der Vertragsbedienstete eine Nebenbeschäftigung betreibt, die dem Anstand widerstreitet oder die ihn an der vollständigen oder genauen Erfüllung seiner Dienstpflichten hindert und er diese Beschäftigung trotz Aufforderung nicht aufgibt;
f) der Vertragsbedienstete sich ein ärztliches Zeugnis bzw eine Bestätigung des zuständigen Krankenversicherungsträgers über Beginn und Dauer einer Dienstunfähigkeit während des Urlaubs arglistig beschafft oder missbräuchlich verwendet.

8/346 Eine unbegründete Entlassung ist nicht von vornherein rechtsunwirksam. Liegt zwar kein Entlassungsgrund, wohl aber ein Kündigungsgrund iSd § 32 Abs 2 VBG (vgl 8.2.8.3.5) vor, so wird die Entlassung in eine Kündigung umgedeutet[637]. Rechtsunwirksam ist die Entlassung aber dann, wenn auch kein Kündigungsgrund gegeben ist (§ 30 Abs 3 VBG).

8.3.4.3.3.6. Hausbesorger[638]

8/347 Als ein wichtiger Grund, der den Hauseigentümer zur Entlassung des **Hausbesorgers** berechtigt, ist gem § 20 HausbG **insbesondere** anzusehen, wenn der Hausbesorger
a) eine gerichtlich strafbare Handlung, die nur vorsätzlich begangen werden kann und mit mehr als einjähriger Freiheitsstrafe bedroht ist, oder sonst eine von Amts wegen zu verfolgende strafbare Handlung aus Gewinnsucht oder gegen die öffentliche Sittlichkeit begeht;
b) sich einer strafbaren Handlung gegen das Eigentum, die Sittlichkeit oder die körperliche Sicherheit gegen den Hauseigentümer, dessen Stellvertreter oder einen Hausbewohner schuldig macht, sofern es sich nicht um Fälle handelt, die nach den Umständen als geringfügig zu bezeichnen sind; dem Verhalten des Hausbesorgers steht, insoweit er es unterließ, nach Aufforderung durch den Hauseigentümer die ihm mögliche Abhilfe zu schaffen, das Verhalten der in der Wohnung des Hausbesorgers wohnenden Personen gleich;
c) sich einer strafbaren Handlung gegen die Sicherheit der Ehre des Hauseigentümers, dessen Stellvertreters oder deren Angehörige schuldig macht, sofern es sich nicht um Fälle handelt, die nach den Umständen als geringfügig zu bezeichnen sind;
d) wesentliche Vertragspflichten gröblich und trotz vorheriger schriftlicher Verwarnung durch den Hauseigentümer beharrlich vernachlässigt;
e) seine Stellung zur Vereitlung der im öffentlichen Interesse getroffenen Wohnungsfürsorgemaßnahmen aus Gewinnsucht missbraucht.

8/348 Entlassungen, die unbegründet ausgesprochen werden, sind rechtsunwirksam. Im Falle einer begründeten Entlassung hat der Hausbesorger die **Dienstwohnung** binnen 14 Tagen **zu räumen**. Unter gewissen Voraussetzungen (vgl § 23 HausbG) kann diese Räumungsfrist verlängert werden.

8.3.4.3.3.7. Lehrlinge

8/349 Gründe, die den Lehrberechtigten zur vorzeitigen Auflösung des Lehrverhältnisses berechtigen, liegen nach § 15 Abs 3 BAG vor, wenn
a) der Lehrling sich eines Diebstahls, einer Veruntreuung oder einer sonstigen strafbaren Handlung schuldig macht, die ihn des Vertrauens des Lehrberechtigten unwürdig macht, oder der Lehrling länger als einen Monat in Haft, ausgenommen Untersuchungshaft, gehalten wird;
b) der Lehrling den Lehrberechtigten, dessen Betriebs- oder Haushaltsangehörige tätlich oder erheblich wörtlich beleidigt oder gefährlich bedroht hat oder der Lehrling die Betriebsangehörigen zur Nichtbefolgung von betrieblichen Anordnungen, zu unordentlichem Lebenswandel oder zu unsittlichen oder gesetzwidrigen Handlungen zu verleiten sucht;

---

[637] OGH 13. 11. 1962, 4 Ob 115/62, SozM I D, 377.
[638] Zum erfassten Personenkreis vgl 4.3.2.2.3.2.

c) der Lehrling trotz wiederholter Ermahnungen die ihm auf Grund des BAG, des Schulpflichtgesetzes oder des Lehrvertrags obliegenden Pflichten verletzt oder vernachlässigt[639];
d) der Lehrling ein Geschäfts- oder Betriebsgeheimnis anderen Personen verrät oder es ohne Zustimmung des Lehrberechtigten verwertet oder einen seiner Ausbildung abträglichen Nebenerwerb betreibt oder ohne Einwilligung des Lehrberechtigten Arbeiten seines Lehrberufs für Dritte verrichtet und dafür ein Entgelt verlangt;
e) der Lehrling seinen Lehrplatz unbefugt verlässt;
f) der Lehrling unfähig wird, den Lehrberuf zu erlernen, sofern innerhalb der vereinbarten Lehrzeit die Wiedererlangung dieser Fähigkeit nicht zu erwarten ist;
g) der Lehrling einer vereinbarten Ausbildung im Rahmen eines Ausbildungsverbundes infolge erheblicher Pflichtverletzung nicht nachkommt.

Spricht der Lehrberechtigte eine Entlassung aus, ohne dass einer der obigen Gründe vorliegt, so ist diese **rechtsunwirksam**. Eine behördliche (gerichtliche) Zustimmung zur Entlassung sieht das BAG (ebenso wie das BEinstG, vgl 8.3.4.3.3.4) nicht vor. 8/350

Wie auch bei anderen Bestimmungen des besonderen Kündigungs- und Entlassungsschutzes muss die Rechtsunwirksamkeit der Entlassung nicht geltend gemacht werden. Dem Lehrling steht es vielmehr frei, das Lehrverhältnis als aufgelöst zu betrachten und an Stelle der Rechtsunwirksamkeit Schadenersatzansprüche geltend zu machen[640]. 8/351

Eine während der Lehrzeit vom Lehrberechtigten erklärte, ungerechtfertigte vorzeitige Auflösung des Lehrverhältnisses ist nach Ansicht des OGH für die Dauer der Lehrzeit zwar rechtsunwirksam, hat aber in Bezug auf das für die Dauer der nachfolgenden Behaltezeit befristete Arbeitsverhältnis die Wirkung einer vorzeitigen Vertragsauflösung. Sie berechtigt den Arbeitnehmer zur Geltendmachung von Ersatzansprüchen nach § 1162b ABGB bzw § 29 AngG (zum Lehrverhältnis und zur Behaltepflicht vgl allg 4.3.2.3.2)[641]. Diese Rechtsmeinung ist nicht unbedenklich. Man kann die Lösung eines Lehrverhältnisses nicht ohne Weiteres auf die an das Lehrverhältnis anschließende dreimonatige Behaltezeit beziehen. Ist die Lösung des Lehrverhältnisses rechtsunwirksam, so kann der Lehrling auf Erfüllung seiner Ausbildung bestehen oder sich mit Ersatzansprüchen begnügen. Nach Beendigung des Lehrverhältnisses ist zu prüfen, ob durch die seinerzeitige Auflösungserklärung die Erfüllung der Behaltepflicht (§ 18 BAG) zusätzlich vereitelt wird. Ist dies der Fall, so entstehen die Ersatzansprüche wegen vorzeitiger Vertragsauflösung. Ein Kontrahierungszwang nach Beendigung des Lehrverhältnisses wurde bislang nicht vertreten. Das Recht auf Ausbildung und Beschäftigung (vgl 6.1.5) setzt das ordnungsgemäße Bestehen eines Arbeits- oder Lehrverhältnisses voraus.

Für die Rechtswirksamkeit der Entlassungserklärung ist zu beachten, dass die **Schriftlichkeit** zwingend vorgeschrieben ist (§ 15 Abs 2 BAG). 8/352

Während der ersten drei Monate des Lehrverhältnisses – sofern in dieser Zeit der Lehrling die Berufsschule besucht auch noch während der ersten sechs Wochen der Ausbildung im Betrieb – kommt der besondere Entlassungsschutz nicht zur Anwendung (§ 15 Abs 1 BAG). In diesem Zeitraum (**Probezeit**) kann das Lehrverhältnis jederzeit und ohne Angabe von Gründen einseitig aufgelöst werden[642]. 8/353

---

[639] Vgl hiezu *Rauch*, Entlassung eines Lehrlings wegen Verfehlungen in der Berufsschule?, ASoK 2011, 251; OGH 26. 5. 2011, 9 ObA 60/11f, ecolex 2011, 1038; OGH 24. 10. 2012, 8 ObA 64/12p, ARD 6302/4/2013.

[640] OGH 18. 9. 1980, 4 Ob 129/79, DRdA 1982, 105 mit Bespr v *Jabornegg* = ZAS 1982, 57 mit Bespr v *Marhold*; OGH 13. 4. 2000, 8 ObA 297/99f, DRdA 2001, 303 mit Bespr v *Jabornegg*; s auch *dens*, Unbegründete Entlassung eines Lehrlings und Behaltepflicht, DRdA 1977, 16.

[641] OGH 8. 4. 1975, 4 Ob 78/74, Arb 9344; OGH 10. 9. 1985, 4 Ob 94, 95/85, ZAS 1986, 202 mit Bespr v *Rebhahn*.

[642] Vgl hiezu auch OGH 11. 5. 2010, 9 ObA 39/10s, PVInfo 2010 H 9, 25 mit Bespr v *Gerhartl*.

8.3.4.3. Vorzeitige Auflösung aus wichtigem Grund

8/354 Das Lehrverhältnis kann sowohl durch den Lehrberechtigten als auch durch den Lehrling zum Ablauf des letzten Tages des zwölften Monats der Lehrzeit und bei Lehrberufen mit einer festgelegten Dauer der Lehrzeit von drei, dreieinhalb oder vier Jahren überdies zum Ablauf des letzten Tages des 24. Monats der Lehrzeit unter Einhaltung einer Frist von einem Monat einseitig außerordentlich aufgelöst werden (§ 15a Abs 1 BAG).

8/355 Der Lehrberechtigte hat im Fall einer geplanten außerordentlichen Lösung ein Mediationsverfahren anzustrengen und muss dieses dem Lehrling, der Lehrlingsstelle, dem Betriebsrat sowie dem Jugendvertrauensrat spätestens am Ende des neunten bzw 21. Lehrmonats mitteilen. Vor dem Ausspruch der Auflösung muss die Beendigung des Mediationsverfahrens erfolgen (§ 15a Abs 3 BAG), es sei denn, der Lehrling hat ein Mediationsverfahren schriftlich abgelehnt.

8.3.4.3.3.8. Familienhospiz

8/356 Arbeitnehmer, die nahe Angehörige beim Sterben bzw schwerst erkrankte, im gemeinsamen Haushalt lebende Kinder begleiten (vgl 6.8.7.2.5), können **ab Bekanntgabe** der zu diesem Zweck erfolgten Änderung der Arbeitszeit oder Karenz bis zum Ablauf von vier Wochen nach deren Ende **rechtswirksam nicht entlassen** werden (§ 15a AVRAG). Abweichend davon ist eine Entlassung jedoch dann zulässig, wenn vorher die **Zustimmung** des zuständigen **Arbeits- und Sozialgerichts** eingeholt wurde.

8.3.4.3.4. Wirkung rechtswidriger Auflösung

8/357 Dienstverhältnisse ohne besonderen Entlassungsschutz werden durch eine ungerechtfertigte Entlassung **mit sofortiger Wirkung aufgelöst**; der Dienstnehmer kann gleichzeitig aber die sog **Kündigungsentschädigung** geltend machen[643]. Die Funktion der Kündigungsentschädigung besteht darin, im Falle einer vom Arbeitgeber verschuldeten vorzeitigen Auflösung eines Arbeitsverhältnisses dem Arbeitnehmer eine adäquate Schadenersatzleistung zu gewähren. Diese gebührt in Höhe der vertragsmäßigen Ansprüche für den Zeitraum, der bis zur Beendigung des Arbeitsverhältnisses durch Ablauf der bestimmten Vertragzeit oder durch ordnungsgemäße Kündigung durch den Arbeitgeber hätte verstreichen müssen (vgl 8.3.4.2.2).

8/358 Unabhängig von der schadenersatzrechtlichen Sanktion der Kündigungsentschädigung gab es seit jeher legistische Bestrebungen, bestimmten Arbeitnehmergruppen den Arbeitsplatz in besonderer Weise abzusichern. Es handelt sich hiebei um die Fälle des **besonderen Kündigungsschutzes** (vgl 8.2.8.3) und des **besonderen Entlassungsschutzes** (vgl 8.3.4.3.3), die eine einseitige Beendigung nur im gesetzlich vorgesehenen Rahmen und grundsätzlich nur mit gerichtlicher oder verwaltungsbehördlicher Genehmigung kennen. Der geschützte Zeitraum ist bei Schwangeren, Müttern und Vätern, bei Betriebsräten und diesen gleichgestellten Personen sowie bei Präsenz- oder Zivildienstpflichtigen bzw militärische Dienstleis-

---

[643] Zur Fristenunterbrechung durch Klage auf Kündigungsentschädigung s OGH 23. 11. 2006, 8 ObA 55/06f, DRdA 2008, 261 mit Bespr v *Kallab*.

tungen erbringenden Frauen zeitlich limitiert, bei Behinderten und politischen Opfern unbegrenzt und in den juristischen Strukturen schwächer ausgeprägt.

Verstößt der Dienstgeber gegen die besonderen Entlassungsschutzbestimmungen, dann ist die Entlassung von vornherein **rechtsunwirksam**. 8/359

Die Harmonisierung dieser verschiedenen Bestandschutzbestimmungen stößt auf erhebliche Schwierigkeiten. Divergenzen in der Judikatur sind verständlich. Im Hinblick darauf, dass man einen Arbeitnehmer nicht in ein unzumutbares Arbeitsverhältnis pressen kann, hat der OGH den Arbeitnehmern, die den besonderen Kündigungs- und Entlassungsschutz genießen, ein **Wahlrecht** eingeräumt, entweder auf dem Bestandschutz zu beharren oder aber Ersatzansprüche zB nach § 1162b ABGB, § 84 GewO oder § 29 AngG geltend zu machen[644]. Verzichtet der Arbeitnehmer auf den Bestandschutz und beschränkt sich auf die Geltendmachung der Schadenersatzansprüche, dann stellt sich die Frage nach der Bemessung dieser Ersatzansprüche[645]. 8/360

Der VwGH ist stets für eine „Entkoppelung" der Rechtsinstitute der Kündigungsentschädigung und des besonderen Kündigungsschutzes eingetreten. Wenn ein Arbeitnehmer auf den besonderen Bestandschutz keinen Wert legt, soll er gegenüber den nicht geschützten Arbeitnehmern keinen Vermögensvorteil haben und lediglich die übliche Kündigungsentschädigung erhalten. Es soll somit auf jenen fiktiven Kündigungstermin abgestellt werden (allgemein zur Kündigungsentschädigung vgl 8.2.4), zu dem der Dienstgeber das Arbeitsverhältnis ohne Berücksichtigung des kündigungsgeschützten Zeitraumes beenden könnte. Eine Ausnahme will das Höchstgericht dann anerkennen, wenn der Arbeitgeber (Insolvenzverwalter) den vorzeitigen Austritt nicht nur verschuldet, sondern in der Absicht, den geschützten Arbeitnehmer „hinauszuekeln", provoziert hat[646]. 8/361

In der Lehre wird zur Untermauerung der „Entkoppelung" im obigen Sinn angeführt, dass die Differenzierung der Kündigungsentschädigung von kündigungsgeschützten und anderen Dienstnehmern dem verfassungsrechtlichen Gleichheitssatz widersprechen würde und dass dieses Rechtsinstitut einer Zeit entstamme, in der es noch keinen besonderen Kündigungsschutz gab. Ebenso wenig hätten die Gesetzgeber der Kündigungsschutzgesetze die Absicht gehabt, jenen Arbeitnehmern, die von diesem Schutz keinen Gebrauch machen wollen, erhöhte Kündigungsentschädigungen zukommen zu lassen. Damit läge eine **Regelungslücke** vor[647]. Beide Argumente greifen nicht. Wenn die Differenzierung in besonders kündigungsgeschützte und andere Dienstnehmer als sachlich gerechtfertigt angesehen wird – und dies ist unbestritten –, so kann auch eine differenzierte Behandlung bezüglich der Bemessung einer Kündigungsentschädigung nicht dem Gleichheitsprinzip widersprechen. Die voneinander unabhängige Entwicklung zweier Rechtsinstitute stellt an sich keine Regelungslücke dar. Dass die Bestimmungen des § 1162b ABGB, des § 84 GewO und des § 29 AngG im Zeitpunkt ihrer Gesetzwerdung mit keinem ausgeprägten besonderen Kündigungsschutz konfrontiert waren – die Gesetzgeber also von derartigen legistischen Projekten „nichts wussten"–, ist kein Argument, denn es muss angenommen werden, dass ein mit ähnlichen Wirkungen ausgestatteter **vertraglicher Kündigungsausschluss**

---

[644] OGH 2. 3. 1976, 4 Ob 6/76, Arb 9460; OGH 18. 9. 1980, 4 Ob 129/79, Arb 9896; OGH 25. 1. 1983, 4 Ob 180/82, Arb 10.212; OGH 26. 2. 1992, 9 ObA 40/92, infas 1992, A 100 = RdW 1992, 243; OGH 22. 10. 2003, 9 ObA 82/03d, DRdA 2005, 330 mit Bespr v *Karl*; OGH 31. 8. 2005, 9 ObA 5/05h, DRdA 2006, 310 mit Bespr v *Weiß*; s weiters *Spitzl*, Arbeitgeberkündigung in Unkenntnis der Behinderteneigenschaft des Arbeitnehmers, ZAS 2005, 209.

[645] S hiezu etwa *David*, Zur Kündigungsentschädigung bei besonderem Bestandschutz, DRdA 2008, 285.

[646] VwGH 19. 11. 1986, 84/11/0238, DRdA 1987, 218 mit Bespr v *Ziniel*.

[647] *Tomandl*, Die Kündigungsentschädigung besonders kündigungsgeschützter Arbeitnehmer, ZAS 1986, 115.

dem historischen Gesetzgeber wohl bekannt war. Dazu kommt, dass dem Wortlaut des § 1162b ABGB und des § 29 AngG eine Angleichung der Kündigungsentschädigung an die geschützten Zeiträume des besonderen Kündigungsschutzes durchaus zu unterstellen ist. Wenn man schon von einer Regelungslücke – also von einer planwidrigen Unterlassung des Gesetzgebers – spricht, dann müsste diese im Fehlen des klar **formulierten Wahlrechts** zwischen Bestandschutz und Kündigungsentschädigung erblickt werden. Gerade weil dieses Wahlrecht zu befürworten ist, gilt es, dessen Konsequenzen einzugrenzen[648].

8/362 Was die rechtliche Stellung eines **Betriebsratsmitglieds** anbelangt, so ist diese nicht nur in der Relation Arbeitgeber – Arbeitnehmer zu sehen, sondern in erheblichem Maße in seiner Verpflichtung der Belegschaft gegenüber. Wird es zu Unrecht entlassen, so ist ihm zuzumuten, nicht **gleich** sein **Mandat aufzugeben** und rein vermögensrechtliche Interessen zu verfolgen. Dies umso mehr, als die Betriebsverfassung seine rechtliche Position wesentlich festigt. Dann allerdings, wenn auch vom betriebsverfassungsrechtlichen Standpunkt aus die Beziehungen zum Betriebsinhaber als endgültig zerrüttet angesehen werden müssen, kann das Wahlrecht zu Gunsten einer den **gesamten kündigungsgeschützten Zeitraum** (Funktionsperiode plus drei Monate gem § 120 Abs 3 ArbVG) **plus Kündigungsfrist** umfassenden Kündigungsentschädigung ausgeübt werden; andernfalls gebührt lediglich die „normale Kündigungsentschädigung". Das Nämliche wird wohl auch für den vorzeitigen **Austritt** von Betriebsratsmitgliedern zu gelten haben[649]. Keinesfalls ist der Betriebsrat verpflichtet, die Geltendmachung seiner Ersatzansprüche hinauszuschieben, wenn das Erlöschen seines Mandats zu erwarten ist (zB zufolge einer Betriebsstilllegung oder des Ablaufs der Funktionsperiode). Im Gegensatz zu seiner älteren Rechtsprechung[650] vertritt nunmehr auch der OGH die Auffassung, dass einem Betriebsratsmitglied nur die „normale" Kündigungsentschädigung zusteht[651]. Eine finanzielle Besserstellung des Betriebsratsmitglieds aus Anlass eines die ganze Belegschaft gleichermaßen treffenden Ereignisses, wie es etwa eine Insolvenz des Arbeitgebers darstellt, ließe sich mit dem Schutzzweck der §§ 120 ff ArbVG nicht begründen[652].

8/363 Nicht nur bei den Betriebsratsmitgliedern, sondern auch bei **sonstigen** besonders **kündigungsgeschützten Gruppen** (zB Müttern, Vätern, Präsenzdienern) muss ein den Schutzzweck der Norm **boykottierendes Verhalten** des Dienstgebers jedenfalls zu einer Kündigungsentschädigung unter Berücksichtigung des kündigungsgeschützten Zeitraums führen. Ob es sich hiebei um einen berechtigten Austritt des Dienstnehmers oder um eine unberechtigte Entlassung handelt, ist gleichgültig. In beiden Fällen kann ein den Regeln des besonderen Kündigungs- und Entlassungsschutzes zuwiderlaufendes und den Dienstnehmer diskriminierendes Verhalten vorliegen, sodass die Kündigungsentschädigung unter Berücksichtigung des kündigungsgeschützten Zeitraums zu bemessen ist. Ein solches unmittelbar

---

648 Allg zu diesem Problemkreis vgl *Mayer-Maly*, Probleme aus der neueren Rechtsprechung zum besonderen Kündigungsschutz, DRdA 1989, 353; *Kuderna*, Einige Probleme des besonderen Kündigungsschutzes, DRdA 1990, 1.

649 Vgl hiezu auch *Spielbüchler*, ZAS 1986, 128.

650 Vgl insb OGH 9. 7. 1985, 4 Ob 89/85, Arb 10.473; OGH 17. 11. 1987, 5 Ob 327–331/86, ARD 3956/9/88; OGH 5. 2. 1985, 4 Ob 13/85, DRdA 1987, 305 mit Bespr v *Migsch* = ZAS 1986, 127 mit Bespr v *Spielbüchler*.

651 Vgl OGH 20. 4. 1994, 9 ObA 59/94, RdW 1994, 319.

652 OGH 10. 7. 1991, 9 ObS 8/91, DRdA 1992, 145 mit Bespr v *Grießer*; OGH 23. 10. 1991, 9 Ob 907/91, Arb 10.990; s auch *Runggaldier*, § 25 KO: Betriebsratsmitglieder nicht mehr privilegiert, RdW 1991, 294.

die Wertungen des Mutterschutzgesetzes missachtendes Verhalten kann auch darin zum Ausdruck kommen, dass der Arbeitgeber trotz Kenntnis der Schwangerschaft die (rechtswidrige) Entlassung ausspricht und damit in Kauf nimmt, dass die Arbeitnehmerin von ihrem Wahlrecht Gebrauch macht[653]. Die **„lange Kündigungsentschädigung"** bildet nur die logische Konsequenz und ergänzende Funktion für den besonderen Bestandschutz. Die Kündigungsentschädigung unter Berücksichtigung des geschützten Zeitraums ist dem Dienstnehmer aber auch dann zuzuerkennen, wenn die ungerechtfertigte Entlassung weniger durch den besonderen Bestandschutz motiviert ist, die Wiederherstellung tragbarer Beziehungen je nach den Umständen aber nicht mehr erwartet werden kann. Der in der Lehre vertretene Hinweis auf die Rechtsunwirksamkeit der Lösungserklärung würde in diesen Fällen ins Leere gehen. Zweifellos sind aber Lösungsversuche des Dienstgebers denkbar, die das Arbeitsverhältnis keineswegs in unzumutbarer Weise belasten (umstrittene Entlassung, Entlassung aus Emotion oder Erregung)[654]. Bei derartigen Sachverhalten wird der Anspruch auf die übliche „normale" Kündigungsentschädigung anzuerkennen sein.

Nach Ansicht des OGH bleiben im Falle des besonderen Kündigungsschutzes nach dem **MSchG** Schutzzweck und geschütztes Gut ungeachtet eines vorzeitigen Austritts nach § 25 IO (Eröffnung der Insolvenz über das Vermögen des Dienstgebers) weiterhin bestehen, sodass bei Berechnung der austrittsabhängigen Ansprüche auf den besonderen Kündigungsschutz Bedacht zu nehmen ist[655]. Dies gilt auch für den Fall, dass der Arbeitnehmerin ihre Schwangerschaft zum Zeitpunkt des Austritts noch nicht bekannt war, da davon auszugehen ist, dass die Arbeitnehmerin den Arbeitgeber im aufrechten Arbeitsverhältnis ordnungsgemäß von der Schwangerschaft verständigt hätte. Eine Pflicht zur Benachrichtigung des Arbeitgebers von der Schwangerschaft (§ 10 Abs 2 MSchG) nach erfolgtem Austritt lehnt der OGH ab[656]. Die Kündigungsentschädigung gebührt somit jedenfalls bis zum Ablauf von vier Monaten nach der Entbindung bzw 4 Wochen nach Beendigung der Karenz, auch wenn die Kündigungsfrist nach Ende der Schutzfrist eingehalten wurde[657], umfasst grundsätzlich aber auch den Zeitraum bis zum nächstmöglichen Kündigungstermin nach der Schutzfrist bzw nach der Karenz. 8/364

Ein Sonderproblem ergibt sich bei den Dienstnehmern, die nach dem **BEinstG** geschützt sind. In diesem Falle ist der besondere Kündigungsschutz nicht so intensiv ausgeprägt – die Zustimmung zur Kündigung liegt im Ermessen der Behörde und die Entlassungsgründe sind nach allgemeinem Arbeitsvertragsrecht zu beurteilen (vgl 8.2.8.3.4 u 8.3.4.3.3.4) –, doch liegt keine zeitliche Begrenzung vor. Eine Kündigungsentschädigung, die nach präsumtiver oder effektiver Lebensdauer bemessen wird, ist unvertretbar. Das Pouvoir des 8/365

[653] OGH 31. 8. 2005, 9 ObA 5/05h, DRdA 2006, 310 mit Bespr v *Weiß*.
[654] Vgl *Firlei*, DRdA 1984, 455.
[655] OGH 16. 12. 1992, 9 ObS 13/92, wbl 1993, 90; OGH 10. 7. 1996, 9 ObA 2070/96v, ZAS 1997, 85 mit Bespr v *Frauenberger* = DRdA 1998, 50 mit Bespr v *Reissner*; vgl aber auch OGH 22. 9. 1993, 9 ObA 207/93, RdW 1994, 153; zur neuerlichen Schwangerschaft karenzierter Arbeitnehmerinnen nach Austrittserklärung gem § 25 IO s OGH 26. 7. 2012, 8 ObS 4/12i, DRdA 2013, 303 mit Bespr v *Aschauer* = ZAS 2012, 360 mit Bespr v *Gerhartl* = wbl 2012, 638.
[656] OGH 23. 2. 2009, 8 ObS 9/08v, DRdA 2010, 336 mit Bespr v *Burger-Ehrnhofer* = ZAS 2010, 33 mit Bespr v *Drs*.
[657] Vgl OGH 17. 12. 1997, 9 ObA 394/97z, ARD 4967/19/98.

Richters, die Schadenshöhe nach Ermessen zu bestimmen (§ 273 ZPO), ist nicht mehr anwendbar. Es bietet sich **Analogie zum Arbeitsverhältnis auf Lebenszeit** an, das der Arbeitnehmer nach einer fünfjährigen Laufzeit des Arbeitsvertrags mit einer sechsmonatigen Kündigungsfrist aufkündigen kann (vgl 5.3.2). Eine mit dieser Frist bemessene Kündigungsentschädigung wäre angemessen, zumal in ihrer Erwerbsfähigkeit eingeschränkte Arbeitnehmer auf dem Arbeitsmarkt in einer besonders schwierigen Situation sind. Nun kann eingewendet werden, dass die Kündigungsentschädigung sich nicht nach der Kündigungsfrist des Arbeitnehmers, sondern nach der des Arbeitgebers richtet (§ 1162b ABGB, § 29 AngG). Dem ist aber nicht immer so. Hat beispielsweise ein Arbeitnehmer eine Kündigung ausgesprochen und wurde er während der Kündigungsfrist grundlos entlassen, so kann er Kündigungsentschädigung nur für den Rest seiner Kündigungszeit verlangen[658]. Man wird die sechsmonatige Kündigungsfrist des § 1158 Abs 3 ABGB bzw des § 21 AngG im gegebenen Fall zur Lückenfüllung heranziehen können, weil diese Frist angemessen erscheint und ein zeitlich nicht beschränkter Kündigungsschutz mit einem Arbeitsverhältnis auf Lebenszeit durchaus vergleichbar ist[659]. Dieser Ansicht hat sich auch der OGH[660] angeschlossen. Für die Bemessung der Kündigungsentschädigung ist aber der Rechtsprechung zufolge nicht nur die sechsmonatige Kündigungsfrist, sondern auch der für den Dienstgeber maßgebliche gesetzliche oder kollektivvertragliche Kündigungstermin zu berücksichtigen[661].

8/366 **Allgemein** ist hinsichtlich der Frage, ob zusätzlich zur „normalen" Kündigungsentschädigung ein Schadenersatzanspruch bei rechtswidriger Beendigung des Arbeitsverhältnisses von besonders kündigungs- und entlassungsgeschützten Personen zusteht, auf den Schutzzweck der besonderen Bestandschutzbestimmungen abzustellen. Darauf aufbauend hat der OGH im Falle des Kündigungsschutzes nach **§ 3 AVRAG** (Betriebsübergang) keine erweiterte Kündigungsentschädigung zugebilligt[662].

8.3.4.3.5. Arbeits- und kollektivvertragliche Beschränkungen

8/367 Beschränkungen des Entlassungsrechts vertraglicher Natur können entweder mittelbar über Kündigungsbeschränkungen oder unmittelbar erfolgen.

8/368 Eine Vereinbarung, die den völligen **Verzicht** auf das Entlassungsrecht (ebenso auf das Austrittsrecht) zum Inhalt hat, ist insofern ungültig, als auf die Geltendmachung **verschuldeter Entlassungs- und Austrittsgründe** nicht verzichtet werden kann (zweiseitig zwingende Wirkung). Ausnahmen sind im Interesse des Dienstnehmers nur dann denkbar, wenn es sich um unverschuldete oder um solche wichtigen Gründe handelt, die die Pflichtwidrigkeit des Verhaltens seitens des Dienstnehmers nicht voraussetzen[663].

---

658 OGH 15. 6. 1976, 4 Ob 43/76, Arb 9471; *Grillberger* in Löschnigg (Hrsg), AngG Bd 2[10] (2016), § 29 Rz 7.
659 *Berger* in einem Vortrag, dessen Inhalt nur als Vortragsbericht in ÖJZ 1985, 22, veröffentlicht wurde.
660 16. 12. 1992, 9 Ob 902/92, DRdA 1993, 466 mit Bespr v *Wachter*.
661 OGH 26. 11. 1997, 9 ObA 146/97d, ZAS 1998, 178 mit Bespr v *Resch*; s weiters *Weiß*, Die Kündigungsentschädigung austretender Behinderter, DRdA 1998, 403.
662 OGH 8. 8. 2007, 9 ObA 55/07i, DRdA 2009, 36 mit Bespr v *Weiß*; allg hiezu s auch *Weiß*, Der besondere Bestandschutz von Arbeitsverhältnissen (2002), Rz 477 ff.
663 Vgl *Martinek/Schwarz*, Abfertigung (1980), 127 mwN.

Zulässig, aber weniger gebräuchlich sind Vereinbarungen, die zwar keine Reduktion der Entlassungstatbestände an sich vorsehen, sondern die bewirken, dass unbegründete Entlassungen das Dienstverhältnis **nicht aufzulösen vermögen**. Dieser direkte Ausschluss der Rechtswirksamkeit ungerechtfertigter Entlassungen wird mittelbar auch durch die Vereinbarung eines Kündigungsausschlusses erreicht. Wird nämlich arbeitsvertraglich das freie Kündigungsrecht abbedungen, so fehlt, um eine Umgehung des Kündigungsausschlusses hintanzuhalten, auch der unbegründeten Entlassung die Lösungswirkung[664]. 8/369

Beschränkungen des Entlassungsrechts können nicht nur durch arbeitsvertragliche, sondern auch durch **kollektivvertragliche Bestimmungen** herbeigeführt werden. So kann sich zB eine Beschränkung des Entlassungsrechts auch dadurch ergeben, dass die Entlassung von einem **innerbetrieblichen Verfahren** abhängig gemacht wird (zB Entscheidung einer Disziplinarkommission). Wird ein derartiges Verfahren nicht eingehalten, so ist die Entlassung ebenfalls rechtsunwirksam (vgl hiezu 11.5.1.6; zum Schicksal kollektivvertraglicher Bestandschutzbestimmungen bei Betriebsübergang vgl 9.2.2). 8/370

8.3.5. Austritt

Liegt auf Seiten des Dienstgebers ein wichtiger Grund vor, der dem Dienstnehmer die Weiterbeschäftigung unzumutbar macht, und spricht der Dienstnehmer die vorzeitige Lösung aus, so handelt es sich um einen vorzeitigen (fristlosen) Austritt. Der Terminus „Austritt" ist nach österreichischer Diktion ausreichend. 8/371

8.3.5.1. Austrittsgründe

Ebenso wie im Falle der Entlassungsgründe existieren auch für die Austrittsgründe eine Reihe von sondergesetzlichen Vorschriften, während das **subsidiär geltende ABGB** sich mit dem Hinweis auf einen wichtigen Grund begnügt (§ 1162 ABGB). 8/372

8.3.5.1.1. Angestelltengesetz

Das AngG zählt die Austrittsgründe in **demonstrativer** Weise auf. Als solche sind gem § 26 AngG (gleich lautend § 25 GAngG) insb anzusehen: 8/373

a) **Unfähigkeit zur Fortsetzung der Dienstleistung**

Die Unfähigkeit des Angestellten, seine Dienstleistung fortzusetzen, ist nicht ident mit der Berufsunfähigkeit iSd § 273 ASVG. Maßgebend für die Geltendmachung des Austrittsrechts ist lediglich der Umstand, dass der Angestellte seine vertragsmäßigen oder dem Gesetz angemessenen Dienste für den Arbeitgeber nicht mehr zu leisten vermag[665]. 8/374

---

[664] OGH 5. 5. 1964, 4 Ob 47/64, JBl 1964, 573 mit Bespr v *Bydlinski* = Arb 7940; OGH 2. 12. 1975, 4 Ob 74/75, DRdA 1976, 164 mit Bespr v *Hagen* = DRdA 1976, 334 mit Bespr v *Jabornegg*; OGH 24. 1. 1978, 4 Ob 135/77, Arb 9663; OGH 5. 9. 1978, 4 Ob 77/78, ZAS 1979, 171 mit Bespr v *Schrank* = Arb 9715.

[665] LG Wien 28. 5. 1962, 44 Cg 102/62, SozM I A/d, 509.

8.3.5.1. Vorzeitige Auflösung aus wichtigem Grund

Während der OGH in seiner E v 15. 10. 1957[666] bei Beurteilung des Rechts zum Austritt auf die bisherige Tätigkeit abstellt und eine Untersuchung hinsichtlich der Tauglichkeit für eine andere vertragsmäßige Arbeit ablehnt, verlangt er in späteren Entscheidungen für das Vorliegen eines Austrittsgrundes, dass der Angestellte nicht bloß die zuletzt ausgeübte Tätigkeit, sondern auch andere vertragsgemäße Arbeiten, die ihm vom Arbeitgeber aufgetragen oder angeboten worden sind, aus gesundheitlichen Gründen nicht verrichten kann[667]. Auch wenn man die jüngere Meinung des Höchstgerichts teilt, muss ausdrücklich darauf hingewiesen werden, dass der Angestellte in keiner Weise verpflichtet ist, mit Wünschen betreffend eine allfällige anderweitige Verwendung an den Arbeitgeber heranzutreten; vielmehr ist es Sache des Arbeitgebers, dem Arbeitnehmer **von sich aus** andere Tätigkeiten anzubieten, will er einen berechtigten Austritt verhindern[668].

8/375 Eine Erkrankung berechtigt nur dann zum vorzeitigen Austritt, wenn sie entweder dauernde Unfähigkeit zur Dienstleistung zur Folge hat[669] oder die Wiederherstellung der Arbeitsfähigkeit in absehbarer Zeit nicht erwarten lässt[670]. Eine nur vorübergehende, wenngleich durch eine schwere Krankheit bedingte Dienstunfähigkeit bildet keinen Austrittsgrund[671]. Wenn die eingetretene Arbeitsunfähigkeit ein Dauerzustand ist, kann sich der Arbeitnehmer darauf jederzeit berufen, auch wenn er in Kenntnis seiner Arbeitsunfähigkeit noch längere Zeit weitergearbeitet hat.

b) **Gefährdung der Gesundheit**

8/376 Nach diesem Tatbestand genügt es, wenn bei Fortsetzung der Arbeitsleistung ein gesundheitlicher Schaden zu erwarten ist[672]; ein derartiger Schaden braucht keineswegs eingetreten zu sein. Die Bedrohung der Gesundheit des Dienstnehmers muss schon im Zeitpunkt der Austrittserklärung bestehen, die bloße Befürchtung, eine solche Bedrohung könnte in Zukunft eintreten, reicht nicht aus[673]. Eine Gefährdung der Gesundheit liegt vor allem dann vor, wenn wegen eines chronischen und unbehebbaren Leidens nach menschlicher Erfahrung eine Besserung für die Zukunft nicht zu erwarten ist. Nach Ansicht des OGH[674] hat der Arbeitnehmer den Arbeitgeber vor dem Austritt über die Gefährdung seiner Gesundheit durch die ihm zugewiesene Tätigkeit aufzuklären, um diesem allenfalls die Möglichkeit zur Setzung von „Entlastungsmaßnahmen" (zB zu einer vertragskonformen Versetzung) zu geben[675]. Bietet der Arbeitgeber dem Arbeitnehmer eine andere vertragskonforme

---

666 4 Ob 116/57, Arb 6722.

667 OGH 19. 10. 1971, 4 Ob 76/71, Arb 8917; OGH 13. 7. 1982, 4 Ob 68/82, DRdA 1985, 213 mit Bespr v *Mosler*; OGH 29. 4. 2014, 9 ObA 22/14x, ARD 6402/9/2014 = DRdA 2014, 595.

668 OGH 17. 12. 1957, 4 Ob 124/57, Arb 6757; OGH 19. 10. 1971, 4 Ob 76/71, Arb 8917; OGH 24. 9. 1974, 4 Ob 51/74, DRdA 1976, 50 mit Bespr v *Grillberger* = Arb 9255; OGH 24. 2. 1993, 9 ObA 36/93, ARD 4535/19/94.

669 OGH 26. 1. 2006, 8 ObA 82/05z, DRdA 2007, 229 mit Bespr v *K. Mayr*.

670 OGH 8. 7. 1993, 9 ObA 163/93, ZAS 1994, 133 mit Bespr v *Gillinger* = ARD 4509/29/93.

671 OGH 6. 12. 1955, 4 Ob 170/55, Arb 6350.

672 KG Wels 13. 12. 1973, 17 Cg 11/73, Arb 9172; OGH 24. 9. 1974, 4 Ob 51/74, DRdA 1976, 70 mit Bespr v *Grillberger* = Arb 9255; um eine Gesundheitsgefährdung handelt es sich auch, wenn am Arbeitsplatz eine konkrete psychische Belastung entstanden ist (OGH 11. 5. 2010, 9 ObA 130/09x, DRdA 2012, 45 mit Bespr v *Friedrich* = ARD 6080/3/2010; OGH 23. 11. 2010, 8 ObA 78/10v, RdW 2011, 236; vgl auch OGH 25. 1. 2011, 8 ObA 82/10g, infas 2011, A 45; OGH 21. 4. 2016, 9 ObA 43/16p, DRdA 2017, 40 mit Bespr v *Glowacka* = ecolex 2016, 719 = DRdA-infas 2016, 202).

673 OGH 24. 9. 1974, 4 Ob 51/74, DRdA 1976, 70 mit Bespr v *Grillberger* = Arb 9255; OGH 23. 9. 1975, 4 Ob 41/75, ZAS 1976, 180 mit Bespr v *Marhold* = Arb 9376; OGH 15. 12. 2015, 8 ObA 87/15z, DRdA-infas 2016, 76.

674 Vgl OGH 1. 7. 1987, 9 ObA 38/87, ZAS 1988, 157 mit Bespr v *Schauer* = DRdA 1989, 207.

675 Vgl *Wachter*, Bemerkungen zum Austrittsgrund der Arbeitsunfähigkeit bzw Gesundheitsgefährdung, DRdA 1989, 179; *Mosler*, Austritt wegen Gesundheitsgefährdung – eine Analyse der neueren Rechtsprechung,

und der Gesundheit nicht abträgliche Verwendung an, so kann sich der Arbeitnehmer nicht wirksam auf den Austrittsgrund der Gefährdung seiner Gesundheit berufen[676]. Der Austritt ist hingegen gerechtfertigt, wenn die Verweisung auf einen anderen Arbeitsplatz nach den gegebenen Umständen ohnehin nicht in Betracht kommt[677].

Dem Arbeitnehmer ist eine Aufklärungspflicht bezüglich seines Gesundheitszustandes grundsätzlich **nicht zuzumuten**, ebenso wenig kann eine „Vorankündigung" einer vorzeitigen Lösung des Arbeitsverhältnisses verlangt werden. In unmittelbarem Zusammenhang mit dem Austritt des Arbeitnehmers wird man aber dem Arbeitgeber die Möglichkeit geben müssen, einen vertraglich erfassten Ersatzarbeitsplatz anzubieten und so die Lösung des Arbeitsverhältnisses zu vermeiden. 8/377

c) **Gefährdung der Sittlichkeit**

Bei Beurteilung des Austrittsrechts ist es gleichgültig, ob die Gefährdung vom Arbeitgeber, von anderen Arbeitnehmern oder allenfalls von dritten, mit dem Betrieb in naher Verbindung stehenden Personen ausgeht. Die Frage des Verschuldens des Arbeitgebers ist bei diesem Austrittstatbestand unerheblich. Wird ein Jugendlicher zu einer Arbeit verwendet, die wegen ihrer sittlichen Gefahr nach § 23 Abs 2 KJBG untersagt ist, so liegt stets ein Austrittsgrund gem § 26 Z 1 AngG vor[678]. 8/378

Auch Diskriminierungen auf Grund des Geschlechts in Form von sexueller Belästigung (§ 6 GlBG; vgl dazu 6.7.2) werden in der Regel einen vorzeitigen Austritt rechtfertigen[679]. Vom Austrittsrecht unberührt bleibt das Recht gem § 12 GlBG, vom Belästiger bzw dem Arbeitgeber Ersatz des wegen der Diskriminierung erlittenen Schadens zu verlangen. 8/379

d) **Ungebührliches Schmälern oder Vorenthalten des Entgelts**[680]

Unter ungebührlicher **Schmälerung** versteht man die einseitige rechtswidrige Herabsetzung des zustehenden Entgelts, wobei es gleichgültig ist, ob dies durch Verletzung eines Gesetzes, eines Kollektivvertrags oder einer Einzelvereinbarung geschieht[681]. In einem derartigen Fall kann der Angestellte den Austritt erklären, ohne dass er verhalten wäre, die nächste Gehaltszahlung abzuwarten[682]. 8/380

DRdA 1990, 195; *Trattner*, Austritt aus gesundheitlichen Gründen, ASoK 2011, 150; *M. Schwarz*, Zur Problematik des vorzeitigen Austritts bei Dienstunfähigkeit und Gesundheitsgefährdung, in FS Schwarz (1991), 191; *Grillberger*, DRdA 1976, 72; zusammenfassend *Andexlinger*, Der „überraschende" Austritt, RdW 1987, 417; *Graf-Schimek/Schuster*, Arbeitsrechtliche Aspekte bei psychischen Erkrankungen, ZAS 2011, 296; s auch OGH 11. 5. 1988, 9 ObA 93/88, DRdA 1989, 132; OGH 29. 4. 1992, 9 ObA 75/92, ARD 4381/5/92; OGH 17. 12. 2012, 9 ObA 58/12p, ARD 6314/5/2013; OGH 21. 4. 2016, 9 ObA 43/16p, DRdA 2017, 40 mit Bespr v *Glowacka* = ecolex 2016, 719 = DRdA-infas 2016, 202.

676 OGH 26. 2. 1992, 9 ObA 7/92, DRdA 1992, 455 mit Bespr v *Csebrenyak*; OGH 18. 3. 1992, 9 ObA 17/92, ARD 4409/16/92.

677 OGH 17. 12. 1997, 9 ObA 196/97g, ARD 4944/11/98.

678 OGH 19. 2. 1980, 4 Ob 118/79, DRdA 1981, 304 mit Bespr v *Rabofsky*.

679 S aber OGH 29. 9. 2010, 9 ObA 13/10t, infas 2011, A 17 = ecolex 2011, 64.

680 Vgl dazu auch *Dirschmied*, Ein vorzeitiger Austritt wegen vorenthaltener Urlaubsbeihilfe, DRdA 1985, 143; *Eypeltauer/Harrer*, Bemerkungen zu Karl Dirschmied: Ein vorzeitiger Austritt wegen vorenthaltener Urlaubsbeihilfe, DRdA 1985, 246; *Dirschmied*, Duplik zu „Ein vorzeitiger Austritt wegen vorenthaltener Urlaubsbeihilfe", DRdA 1985, 448.

681 OGH 25. 6. 1985, 4 Ob 73/85, Arb 10.471.

682 OGH 22. 3. 1955, 4 Ob 129/54, Arb 6193.

Von einem ungebührlichen **Vorenthalten** spricht man dann, wenn der Anspruch dem Umfang nach weder bestritten noch bezweifelt, das Entgelt jedoch bei Eintritt des Fälligkeitstermins nicht oder nicht zur Gänze geleistet wird[683]. Dem ist der Fall gleichzuhalten, dass der Arbeitgeber dem Arbeitnehmer gegenüber schon vorher erklärt, nicht zahlen zu können oder nicht zahlen zu wollen[684]. Der Arbeitnehmer braucht in diesen Fällen nicht erst abzuwarten, ob die Ankündigung auch verwirklicht wird, er kann vielmehr sofort austreten. Für die Verwirklichung des Tatbestands ist es gleichgültig, ob das Entgelt in Benachteiligungsabsicht, aus Nachlässigkeit oder aus Unvermögen des Arbeitgebers geschmälert oder vorenthalten wird[685]. Auch der Umstand, dass ein bestimmter Nettolohn 12-mal jährlich vereinbart wurde, der Arbeitgeber jedoch zu Zwecken der „Steuer- und Abgabenschonung" das Jahresgehalt auf geringere Monatsgehälter und (steuerbegünstigte) Sonderzahlungen aufteilt, kann zum vorzeitigen Austritt berechtigen[686].

8/381 Der Austrittsgrund ist gegeben, wenn der Arbeitgeber wusste oder hätte wissen müssen, dass seine Vorgangsweise unrechtmäßig ist[687]. Bei Vorliegen einer bloß **objektiven Rechtswidrigkeit** ist der Tatbestand jedoch nicht erfüllt[688]. Eine solche wird angenommen, wenn über das Bestehen oder Nichtbestehen eines Anspruchs verschiedene Rechtsmeinungen vertreten werden und daher der Ausgang eines diesbezüglichen Rechtsstreits nicht abgesehen werden kann[689].

Auch wenn dem Arbeitnehmer das Entgelt dauernd vorenthalten wird, dh Gehaltsrückstände immer wieder eintreten, kommt eine Verwirkung des Austrittsgrundes nicht in Frage[690]. Hat der Angestellte Zahlungsrückstände oder ratenweise Zahlung stillschweigend längere Zeit geduldet, so kann er diese Tatsache nicht zum Anlass eines plötzlichen Austritts nehmen. Fordert er jedoch den Arbeitgeber unter Fristsetzung zur Zahlung auf, so muss sich der Arbeitgeber darüber im Klaren sein, dass ihm der Arbeitnehmer eine weitere Stundung nicht gewähren will[691].

e) **Verletzung sonstiger Vertragsbestimmungen**

8/382 Nicht nur die Verpflichtungen hinsichtlich der Entgeltzahlung berechtigen den Arbeitnehmer zum vorzeitigen Austritt, sondern auch jede andere wesentliche Verletzung einer Bestimmung des Arbeitsvertrags. Wesentlich ist eine Vertragsverletzung dann, wenn die Interessen der Vertragspartner so schwer beeinträchtigt werden, dass eine weitere Zusammenarbeit bis zum Ablauf der Kündigungsfrist oder bis zum Ablauf der Zeit, für die das Dienst-

683 OGH 26. 6. 2003, 8 ObA 24/03t, DRdA 2004, 462 mit Bespr v *Mayr*; OGH 21. 12. 2015, 9 ObA 149/15z, DRdA-infas 2016, 74.

684 Vgl aber im Zusammenhang mit der Sicherung der Entgeltansprüche durch das IESG OGH 10. 10. 2001, 9 ObA 171/01i, DRdA 2002, 500 mit Bespr v *Preiss*.

685 OGH 17. 3. 1981, 4 Ob 139/80, DRdA 1981, 387 mit Bespr v *Spielbüchler* = Arb 9956; OGH 13. 7. 1982, 4 Ob 77/82, DRdA 1984, 144; OGH 25. 6. 1985, 4 Ob 73/85, Arb 10.471.

686 Vgl OGH 29. 4. 2014, 9 ObA 32/14t, ARD 6402/11/2014.

687 OGH 9. 1. 1973, 4 Ob 94/72, Arb 9082; OGH 17. 10. 1978, 4 Ob 70/78, DRdA 1979, 224; OGH 25. 6. 1985, 4 Ob 73/85, Arb 10.471; OGH 20. 3. 2015, 9 ObA 3/15d, ARD 6457/11/2015 = DRdA-infas 2015, 189.

688 OGH 9. 1. 1973, 4 Ob 94/72, Arb 9082; OGH 15. 6. 1988, 9 ObA 115/88, ZAS 1989, 87 mit Bespr v *Holzer*.

689 LG Wien 9. 9. 1957, 44 Cg 212/57, Arb 6699; OGH 25. 6. 1985, 4 Ob 73/85, Arb 10.471; zur Kritik an dieser Rechtsprechung vgl *Löschnigg*, DRdA 1984, 147.

690 OGH 18. 9. 1980, 4 Ob 84/80, Arb 9897; OGH 25. 11. 1980, 4 Ob 21/80, Arb 9917.

691 OGH 18. 9. 1980, 4 Ob 84/80, Arb 9897; OGH 17. 2. 1987, 14 Ob 215/86, DRdA 1990, 131 mit Bespr v *Eypeltauer*.

verhältnis eingegangen wurde, nicht zumutbar ist[692]. Ob ein Tatbestand einen Austrittsgrund darstellt, ist hiebei allerdings nicht nach der subjektiven Einschätzung des Angestellten, sondern stets nach objektiven Gesichtspunkten zu beurteilen[693].

Als wesentliche Vertragsverletzung wurde von der Judikatur zB der bewusste und systematische Verstoß gegen die Vorschriften über die Arbeitszeit, die Zuweisung einer untergeordneten Tätigkeit an einen Angestellten, der früher in führender Position tätig war[694], das Aufzwingen einer für den Arbeitnehmer ungünstigen Arbeitszeit[695] sowie das Beharren des Arbeitgebers auf einer rechtsunwirksamen Versetzung[696] angesehen. Ist aber ein Arbeitnehmer vertraglich verpflichtet, sowohl kurzzeitig als auch dauernd in anderen Betrieben des Unternehmens tätig zu sein, so ist seine Beschäftigung in einem Unternehmen, dem die Fusion mit dem Unternehmen des Arbeitgebers unmittelbar bevorsteht, nicht als vertragswidriges Überlassen an ein fremdes Unternehmen zu qualifizieren[697].

f) **Verletzung der dem Schutz des Lebens, der Gesundheit oder der Sittlichkeit dienenden Verpflichtungen**

Wenn der Dienstgeber den ihm zum Schutz des Lebens, der Gesundheit oder der Sittlichkeit des Angestellten gesetzlich obliegenden Verpflichtungen nachzukommen verweigert, kann der Dienstnehmer gem § 26 Z 3 AngG austreten. Dieser Austrittsgrund liegt aber erst dann vor, wenn sich der Arbeitgeber weigert, Abhilfe zu schaffen. Deshalb verlangt die Rechtsprechung in gewissen Fällen, in denen vom Arbeitgeber Maßnahmen zum Schutz des Lebens, der Gesundheit und der Sittlichkeit zu treffen sind, eine vom Arbeitnehmer ausgehende entsprechende Aufforderung, den Missstand zu beseitigen, ehe er von seinem Austrittsrecht Gebrauch macht. Dem Arbeitgeber ist eine den Umständen angemessene Frist zur Behebung von Missständen zu gewähren[698]. Der bewusste, geradezu systematische Verstoß des Arbeitgebers gegen die Schutzvorschriften beinhaltet jedoch seine Weigerung, den ihm obliegenden Verpflichtungen nachzukommen, und macht eine Aufrechterhaltung des Arbeitsverhältnisses für den Arbeitnehmer unzumutbar[699]. 8/383

g) **Tätlichkeiten, Verletzungen der Sittlichkeit, erhebliche Ehrverletzungen**

Ein Angestellter ist gem § 26 Z 4 AngG zum Austritt berechtigt, wenn der Dienstgeber sich Tätlichkeiten, Verletzungen der Sittlichkeit oder erhebliche Ehrverletzungen gegen ihn oder seine Angehörigen zu Schulden kommen lässt oder wenn er sich weigert, ihn gegen solche Handlungen eines Mitbediensteten oder eines Angehörigen des Dienstgebers zu schützen (zu den Begriffen der Tätlichkeit, der Ehrverletzung und der Verletzung der Sittlichkeit vgl 8.3.4.1.1 f; zur Diskriminierung auf Grund des Geschlechts wegen sexueller Belästigung vgl 6.7.2 u 8.3.5.1.1 c). 8/384

Auch eine geringfügige **Tätlichkeit** erfüllt den Tatbestand, ohne dass es einer körperlichen Schädigung bedarf. Es ist auch unerheblich, ob die Handlung dem StGB unterstellbar ist oder ob sie in allgemein begreiflicher Entrüstung begangen und etwa durch eine vorausgegangene Ehrenbeleidigung

[692] LG Wien 6. 9. 1973, 44 Cg 115/73, Arb 9181; OGH 14. 12. 1982, 4 Ob 176/82, Arb 10.210.
[693] OGH 14. 12. 1982, 4 Ob 176/82, Arb 10.210.
[694] LG Wien 9. 9. 1965, 44 Cg 96/65, Arb 8116.
[695] OGH 14. 10. 1980, 4 Ob 109/80, ARD 3297/10/81.
[696] OGH 10. 5. 1989, 9 ObA 165/89, DRdA 1989, 424.
[697] OGH 21. 11. 1990, 9 ObA 274/90, DRdA 1991, 449 mit krit Bespr v *B. Schwarz*.
[698] OGH 8. 5. 1956, 4 Ob 15/56, Arb 6436 = ARD 903/7/56.
[699] OGH 26. 8. 1958, 4 Ob 80/58, Arb 6927.

ausgelöst wurde[700]. Bei der Beurteilung von Tätlichkeiten ist allerdings zB auch auf die besonderen Verhältnisse, unter denen diese erfolgten, auf die persönlichen Beziehungen des Angestellten zum Arbeitgeber, auf den Bildungsgrad der Beteiligten, auf die Umgangsformen im Betrieb bzw in der Abteilung, auf den Anlass und auf die Situation Bedacht zu nehmen[701].

Beim Tatbestand der **erheblichen Ehrverletzung** wird im Allgemeinen davon auszugehen sein, dass vom Arbeitgeber im Hinblick auf seine soziale Stellung und Verantwortung ein besonders korrektes Verhalten erwartet wird und an seine Handlungsweise ein strenger Maßstab gelegt werden muss. Es ist zu prüfen, ob die Handlung objektiv geeignet ist, ehrverletzend zu wirken und im konkreten Fall diese Wirkung gehabt hat, was aus der Reaktion des Betroffenen zu erschließen ist[702]. Der betreffenden Äußerung muss eine Verletzungsabsicht zu Grunde liegen[703], sie muss aber nicht strafbar[704] oder in der Öffentlichkeit vorgefallen sein[705]. Als erheblich ist eine Ehrverletzung anzusehen, wenn sie von solcher Art ist und unter solchen Umständen erfolgte, dass ein Mensch mit normalem Ehrgefühl sie nicht anders als mit dem Abbruch der Beziehungen beantworten kann[706].

Unter einer **Verletzung der Sittlichkeit** im Zusammenhang mit dem Austrittsrecht des Arbeitnehmers versteht man unzüchtige, also die Sittlichkeit in sexueller Beziehung verletzende Handlungen. Für die Begründung des Austrittsrechts genügt es in der Regel allerdings nicht, dass ein dem Sittlichkeitsgefühl allgemein widerstreitendes Verhalten gesetzt wurde. Die Verletzung der Sittlichkeit muss gegenüber dem Arbeitnehmer erfolgt sein, wobei ins Gewicht fällt, wie dieses Verhalten empfunden wurde[707].

8/385 Das AngG umfasst auch die **Verweigerung des Schutzes** des Angestellten vor Tätlichkeiten, Verletzungen der Sittlichkeit und erheblichen Ehrverletzungen durch seine Mitbediensteten oder durch einen Angehörigen des Arbeitgebers[708]. Der Arbeitgeber ist schon aus der allgemeinen **Fürsorgepflicht** heraus angehalten, den Arbeitnehmer vor derartigen Angriffen zu schützen, insb ist er auch gem § 6 Abs 1 Z 2 GlBG verpflichtet, angemessene Abhilfe gegen sexuelle Belästigungen durch Dritte zu schaffen. Dabei ist es gleichgültig, wie er von den Vorfällen Kenntnis erhält. Regelmäßig wird man dem Arbeitnehmer zumuten können, dass er den Arbeitgeber um Schutz oder Abhilfe ersucht[709]. Der vom Angestellten um Schutz angerufene Arbeitgeber hat diesen sofort zu leisten[710]. Unterbleibt die Inschutznahme oder entbehrt sie der entsprechenden Wirksamkeit, so wird das Austrittsrecht begründet. Einer ausdrücklichen Verweigerung des Schutzes bedarf es nicht; bloße Untätigkeit genügt.

8/386 Der Austrittsgrund ist auch dann gegeben, wenn der Dienstgeber sich Tätlichkeiten, Verletzungen der Sittlichkeit oder erhebliche Ehrverletzungen gegenüber den Angehörigen des Arbeitnehmers zu Schulden kommen lässt. Der Begriff der **Angehörigen** ist im Gesetz nicht

---

[700] VwGH 29. 4. 1954, 2382/53, Arb 6028; VwGH 30. 5. 1958, 1446/55, Arb 6893; zum Mobbing vgl *Reissner*, Austritt eines Fußballtrainers auf Grund von Mobbing, DRdA 2005, 277.

[701] EA Linz 14. 5. 1962, Re 45/62, Arb 7617.

[702] OGH 22. 1. 1963, 4 Ob 139/62, Arb 7681.

[703] OGH 4. 5. 1982, 4 Ob 36/82, Arb 10.106.

[704] VwGH 30. 5. 1958, 1446/55, Arb 6893.

[705] ArbG Wien 19. 3. 1962, 9 Cr 31/62, SozM I A/d, 484.

[706] VwGH 11. 6. 1963, 1180/62, Arb 7799; OGH 4. 5. 1982, 4 Ob 36/82, Arb 10.106.

[707] OGH 21. 6. 1960, 4 Ob 86/60, Arb 7255; zum Begriff der sexuellen Belästigung vgl auch § 6 GlBG sowie 6.7.2.

[708] S hiezu auch OGH 8. 4. 1992, 9 ObA 56/92, DRdA 1992, 458 mit Bespr v *Andexlinger*.

[709] OGH 17. 12. 1957, 4 Ob 121/57, Arb 6787; OGH 20. 2. 1979, 4 Ob 101/78, DRdA 1981, 127 mit Bespr v *Migsch*.

[710] GewG Wien 11. 12. 1913, Cr VIII 786/13, Arb 2294.

definiert. Er wird nicht eng auszulegen, dh nicht auf die Blutsverwandten und den Ehegatten bzw eingetragenen Partner zu beschränken sein[711].

8.3.5.1.2. Gewerbeordnung

Im Gegensatz zum beispielhaften Katalog der wichtigen Gründe im AngG spricht die Formulierung der Austrittsgründe in der GewO eher für eine **taxative** Aufzählung. 8/387

Ein Arbeitnehmer kann gem § 82a GewO aus folgenden Gründen austreten: 8/388

a) **Gefährdung der Gesundheit**

Dieses Austrittsrecht ist dann gegeben, wenn der Arbeitnehmer die Arbeit ohne erweislichen Schaden für seine Gesundheit nicht fortsetzen kann. Dieser Tatbestand beinhaltet nicht nur die Unmöglichkeit der Fortsetzung des Arbeitsverhältnisses wegen Gesundheitsgefährdung, sondern auch wegen Eintritt der Arbeitsunfähigkeit[712]. 8/389

Der Austrittsgrund der Arbeitsunfähigkeit kann jederzeit, dh auch zB im Krankenstand, geltend gemacht werden. Die aus der Interessenwahrungspflicht des Arbeitnehmers abgeleitete Aufklärungspflicht erfordert lediglich, dass er auf eine Gesundheitsbeeinträchtigung von solcher Intensität, die ihn zur Erfüllung der vertraglich geschuldeten Leistung unfähig macht, hinweist. Eine Verpflichtung, die Gesundheitsbeeinträchtigung zu diesem Zeitpunkt auch schon nachzuweisen, besteht nicht. Kommt der Arbeitnehmer seiner Verständigungspflicht nach, liegt es ausschließlich am Arbeitgeber, einen Austritt durch Zuweisen oder Anbieten einer anderen Beschäftigung innerhalb angemessener Frist zu vermeiden[713]. 8/390

b) **Tätliche Misshandlung oder grobe Ehrenbeleidigung**

Der Arbeitnehmer kann von seinem Austrittsrecht Gebrauch machen, wenn der Arbeitgeber (bzw dessen Stellvertreter) sich einer tätlichen Misshandlung oder einer groben Ehrenbeleidigung gegen ihn oder seine Angehörigen schuldig macht. Unter tätlichen Misshandlungen sind alle schuldhaften, objektiv gegen den Körper gerichteten Handlungen (zB Ohrfeigen, Fußtritte) zu verstehen. Der Begriff stimmt im Wesentlichen mit jenem der Tätlichkeit iSd § 26 Z 4 AngG überein, sodass auf die zu dieser Gesetzesstelle gemachten Ausführungen verwiesen werden kann (vgl 8.3.5.1.1 g). Dasselbe gilt für die grobe Ehrenbeleidigung (vgl zur „erheblichen Ehrverletzung" des AngG 8.3.4.1.1 f u 8.3.5.1.1 g). 8/391

c) **Verleitung zu unsittlichen oder gesetzwidrigen Handlungen**

Versuchen der Arbeitgeber oder dessen Angehörige den Arbeitnehmer oder dessen Angehörige zu unsittlichen oder gesetzwidrigen Handlungen zu verleiten, berechtigt dies den Arbeitnehmer zum vorzeitigen Austritt (zum Begriff der unsittlichen Handlung vgl 8.3.5.1.1 g; zum Austritt wegen sexueller Belästigung 8.3.5.1.1 c). 8/392

Als Beispiele für den Versuch, den Arbeitnehmer zu gesetzwidrigen Handlungen zu verleiten, sind etwa Aufforderungen des Arbeitgebers oder seines Stellvertreters anzusehen, den Kunden die Waren

---

[711] Näheres bei *Grillberger* in Löschnigg (Hrsg), AngG Bd 2[10] (2016), § 26 Rz 67.

[712] OGH 8. 7. 1993, 9 ObA 163/93, ZAS 1994, 133 mit Bespr v *Gillinger*; OGH 15. 9. 1999, 9 ObA 113/99d, ARD 5090/5/2000 = DRdA 2000, 321 mit Bespr v *Mosler*; s aber OGH 21. 12. 2010, 8 ObA 88/10i, DRdA 2011, 459; ausführlich 8.3.5.1.1 a u 8.3.5.1.1 b.

[713] OGH 15. 9. 1999, 9 ObA 113/99d, ARD 5090/5/2000 = DRdA 2000, 321 mit Bespr v *Mosler*.

nicht voll zuzumessen, minderwertiges Material zu verwenden, höhere Preise als sonst üblich zu verrechnen, eine höhere Stundenanzahl aufzuschreiben oder unrichtige Eintragungen vorzunehmen. Der Tatbestand ist ebenfalls erfüllt, wenn ein Lkw-Lenker regelmäßig angewiesen wird, insb die Bestimmungen des AZG zu verletzen und die höchstzulässige Arbeitszeit zu überschreiten bzw mit überbreiten Lasten zu fahren[714].

d) **Ungebührliches Vorenthalten der Bezüge**

8/393 Der Begriff der Bezüge kann dem derzeit gebräuchlichen Begriff des Entgelts gleichgesetzt werden. Dieser Tatbestand des § 82a GewO deckt sich nahezu mit der Regelung des in § 26 Z 2 AngG enthaltenen Austrittsgrundes (vgl 8.3.5.1.1 d).

e) **Verletzung wesentlicher Vertragsbestimmungen**

8/394 In diesem Zusammenhang ist auf die unter 8.3.5.1.1 e gemachten Ausführungen zu verweisen, da § 82a lit d GewO und § 26 Z 2 AngG gleich konstruiert sind.

f) **Unmöglichkeit oder Weigerung, dem Arbeitnehmer Verdienst zu geben**

8/395 Diese Bestimmung des § 82a lit e GewO umfasst zwei verschiedene Tatbestände. Dem ersten liegt die Vorstellung eines beim Arbeitgeber eingetretenen Mangels an Arbeitsgelegenheit zu Grunde, der mit einem Mangel an Erwerbsmöglichkeit für den Arbeitnehmer verbunden ist. Beide Tatbestandsmerkmale müssen vorliegen, damit der Arbeitnehmer den vorzeitigen Austritt erklären kann. Die bloße Befürchtung, dass es zu einem Arbeitsmangel kommen könnte, berechtigt nicht zum vorzeitigen Austritt. Der eingetretene Mangel an Arbeitsgelegenheit ermächtigt den Arbeitnehmer so lange nicht zum vorzeitigen Austritt, solange er voll entlohnt wird. Der zweite Tatbestand betrifft die Weigerung des Arbeitgebers, dem Arbeitnehmer Verdienst zu geben. Er stellt einen Unterfall des ungebührlichen Schmälerns des dem Arbeitnehmer zustehenden Entgelts dar. Eine solche Handlungsweise kann auch in einer einseitigen Änderung der Arbeitsbedingungen oder in einer Beeinträchtigung der Verdienstmöglichkeiten liegen.

8.3.5.1.3. Insolvenzordnung

8/396 Einen für sämtliche Arbeitnehmer geltenden Austrittsgrund sieht die **Insolvenzordnung** vor. Gem § 25 Abs 1 IO bildet die Eröffnung des Insolvenzverfahrens – insb bei Schließung des Unternehmens(teils) – einen wichtigen Grund zur vorzeitigen Auflösung des Dienstverhältnisses[715]. Eine Beschränkung existiert insofern, als der Arbeitnehmer von seinem Austrittsrecht **innerhalb bestimmter Fristen** (vgl 9.3.1) Gebrauch machen muss.

8.3.5.1.4. Sonstige

8.3.5.1.4.1. Landarbeitsgesetz

8/397 Gem § 33 LArbG kann das Dienstverhältnis durch den Dienstnehmer **insbesondere** dann gelöst werden, wenn

---

[714] OGH 7. 8. 2003, 8 ObA 64/03z, DRdA 2004, 548 mit Bespr v *Kallab*.
[715] Vgl zB OGH 25. 11. 1980, 4 Ob 21/80, Arb 9917; OGH 17. 2. 1981, 4 Ob 165/80, Arb 9938; OGH 29. 9. 1981, 4 Ob 107/81, Arb 10.041.

a) der Dienstnehmer zur Fortsetzung seiner Dienstleistung unfähig wird oder diese ohne Schaden für seine Gesundheit oder Sittlichkeit nicht fortsetzen kann;
b) der Dienstgeber das dem Dienstnehmer gebührende Entgelt schmälert oder vorenthält, die verabreichte Kost oder die zugewiesene Unterkunft ungesund oder unzureichend ist oder sonstige wesentliche Vertragsbestimmungen vom Dienstgeber nicht eingehalten werden;
c) der Dienstgeber sich Tätlichkeiten, eine Verletzung der Sittlichkeit oder erhebliche Ehrverletzungen gegen den Dienstnehmer oder dessen Familienangehörige zu Schulden kommen lässt oder sich weigert, ihn oder dessen Familienangehörige gegen solche Handlungen eines Familienangehörigen des Dienstgebers oder eines Mitbeschäftigten zu schützen;
d) dem Dienstnehmer unvorhergesehene Veränderungen in seinen Familienverhältnissen die Fortsetzung des Dienstverhältnisses ohne erheblichen Schaden unmöglich machen;
e) der Dienstgeber den ihm zum Schutz des Lebens, der Gesundheit oder der Sittlichkeit des Dienstnehmers gesetzlich obliegenden Pflichten nicht nachkommt.

8.3.5.1.4.2. Theaterarbeitsgesetz

Gem § 32 TAG ist als wichtiger Grund **insbesondere** anzusehen, wenn 8/398
a) der Unternehmer das Mitglied über die behördliche Erlaubnis zum Betrieb des Unternehmens irregeführt hat oder wenn die behördliche Erlaubnis beim Dienstantritt noch nicht erteilt ist;
b) das Mitglied zur Fortsetzung seiner Arbeitsleistung unfähig wird oder die Dienste ohne Schaden für seine Gesundheit oder Sittlichkeit nicht fortsetzen kann;
c) der Unternehmer den ihm zum Schutz des Lebens, der Gesundheit oder der Sittlichkeit der Mitglieder gesetzlich obliegenden Verpflichtungen nachzukommen verweigert;
d) der Unternehmer das dem Mitglied zukommende Entgelt ungebührlich schmälert oder vorenthält, insb wenn er fällige Forderungen trotz Aufforderung nicht spätestens am dritten Tag nach der Fälligkeit bezahlt oder bei Streit über die Höhe der Forderung oder die Zulässigkeit von Abzügen den bestrittenen Betrag nicht auf Verlangen ungesäumt hinterlegt oder andere wesentliche Vertragsverpflichtungen trotz wiederholter Aufforderung nicht erfüllt[716];
e) der Unternehmer oder sein Stellvertreter sich Tätlichkeiten, Verletzungen der Sittlichkeit oder erhebliche Ehrverletzungen gegen das Mitglied zu Schulden kommen lässt oder es verweigert, das Mitglied gegen solche Handlungen anderer Mitglieder oder eines Angehörigen des Unternehmers zu schützen;
f) das Unternehmen an einen anderen Ort verlegt wird und das Mitglied nicht im Vertrag verpflichtet ist, seine Dienste auch an dem anderen Ort zu leisten[717].

8.3.5.1.4.3. Vertragsbedienstetengesetz

Die Aufzählung des VBG ist äußerst kurz. Gem § 34 Abs 5 VBG liegt ein Austrittsgrund insbesondere 8/399
vor, wenn der Vertragsbedienstete
a) zur Dienstleistung unfähig wird oder
b) die Dienstleistung ohne Schaden für seine Gesundheit nicht mehr fortsetzen kann.

8.3.5.1.4.4. Hausbesorgergesetz

Das HausbG bietet ebenfalls eine offenbar beispielhafte Aufzählung der Austrittsgründe 8/400
(zum erfassten Personenkreis vgl 4.3.2.2.3.2).

Ein Austritt ist gem § 21 HausbG **insbesondere** gerechtfertigt, wenn der Hauseigentümer
a) sich strafbarer Handlungen gegen die Sicherheit der Ehre, die körperliche Sicherheit oder Verletzungen der Sittlichkeit gegen den Hausbesorger oder dessen Angehörige zu Schulden kommen

[716] Vgl dazu OGH 18. 12. 1979, 4 Ob 124/79, DRdA 1982, 207 mit Bespr v *Rabofsky*.
[717] Allg vgl auch *Urleb*, Arbeitsrechtliche Fragen des SchSpG (2009), 164 f.

lässt oder es verweigert, den Hausbesorger gegen solche Handlungen des Stellvertreters oder eines Angehörigen des Hauseigentümers oder eines Hausbewohners zu schützen, sofern es sich nicht um Fälle handelt, die nach den Umständen als geringfügig anzusehen sind;
b) das dem Hausbesorger zukommende Entgelt ungebührlich verkürzt oder vorenthält, insb wenn er fällige Forderungen trotz Aufforderung nicht spätestens 8 Tage nach der Aufforderung bezahlt, dem Hausbesorger die eingeräumte Wohnung schmälert oder andere wesentliche Vertragsbestimmungen verletzt.

8.3.5.1.4.5. Berufsausbildungsgesetz

8/401 Gem § 15 Abs 4 BAG liegen Gründe, die den Lehrling zur vorzeitigen Auflösung des Lehrverhältnisses berechtigen, vor, wenn
a) der Lehrling ohne Schaden für seine Gesundheit das Lehrverhältnis nicht fortsetzen kann;
b) der Lehrberechtigte oder der Ausbilder die ihm obliegenden Pflichten gröblich vernachlässigt[718], den Lehrling zu unsittlichen oder gesetzwidrigen Handlungen zu verleiten sucht, ihn misshandelt, körperlich züchtigt oder erheblich wörtlich beleidigt oder den Lehrling gegen Misshandlungen, körperliche Züchtigungen oder unsittliche Handlungen von Seiten der Betriebsangehörigen und der Haushaltsangehörigen des Lehrherrn zu schützen unterlässt. Eine gröbliche Verletzung der Ausbildungspflicht liegt auch dann vor und bildet einen Austrittsgrund, wenn das Unterbleiben der Ausbildung im Anschluss an eine unwirksame Auflösungserklärung des Lehrberechtigten erfolgt[719];
c) der Lehrberechtigte länger als einen Monat in Haft gehalten wird, es sei denn, dass ein gewerberechtlicher Stellvertreter (Geschäftsführer) oder ein Ausbilder bestellt ist;
d) der Lehrberechtigte unfähig wird, seine Verpflichtungen auf Grund der Bestimmungen des BAG oder des Lehrvertrags zu erfüllen[720];
e) der Betrieb oder die Werkstätte auf Dauer in eine andere Gemeinde verlegt wird und dem Lehrling die Zurücklegung eines längeren Weges zur Ausbildungsstätte nicht zugemutet werden kann, während der ersten zwei Monate nach der Verlegung; das Gleiche gilt bei einer Übersiedlung des Lehrlings in eine andere Gemeinde;
f) der Lehrling von seinen Eltern oder sonstigen Erziehungsberechtigten wegen wesentlicher Änderung ihrer Verhältnisse zu ihrer Unterstützung oder zur vorwiegenden Verwendung in ihrem Betrieb benötigt wird;
g) der Lehrling seinen Lehrberuf aufgibt. Der Lehrling muss in diesem Fall zumindest zum Zeitpunkt der Auflösungserklärung die ehrliche Absicht zur Aufgabe des Lehrberufs haben. Hat der Lehrling schon vor der Austrittserklärung ein neues Lehrverhältnis im selben Lehrberuf abgesprochen, so liegt jedenfalls ein unberechtigter Austritt vor[721];
h) dem Lehrling eine vereinbarte Ausbildung im Rahmen eines Ausbildungsverbundes ohne gerechtfertigte Gründe nicht im hiefür vorgesehenen Lehrjahr vermittelt wird.

8/402 Die Austrittserklärung bedarf der Schriftform und bei minderjährigen Lehrlingen der Zustimmung des gesetzlichen Vertreters, jedoch keiner pflegschaftsgerichtlichen Genehmigung (§ 15 Abs 2 BAG). Die gesetzlichen Vertreter allein können hingegen keinen Austritt erklären, da der Lehrling jedenfalls den Austritt – durch seine Unterschrift – wünschen muss[722].

---

718 OGH 28. 5. 2015, 9 ObA 50/15s, ARD 6460/6/2015 = DRdA-infas 2015, 244.
719 OGH 13. 4. 2000, 8 ObA 297/99f, DRdA 2001, 303 mit Bespr v *Jabornegg*.
720 ZB bei Tod des Lehrbeauftragten, s OGH 13. 11. 1997, 8 ObA 192/97m, DRdA 1999, 44 mit Bespr v *Binder*; vgl auch OGH 10. 7. 1984, 4 Ob 82/84, ZAS 1986, 54 mit Bespr v *Forsthuber*.
721 OLG Innsbruck 17. 3. 1987, 5 Ra 1021/87, Arb 10.616.
722 Vgl OGH 22. 9. 2010, 8 ObA 63/09m, DRdA 2011, 388 mit Bespr v *Schrittwieser/Vazny-König* = ZAS 2011, 235 mit Bespr v *Mayer*.

Darüber hinaus besteht gem § 15a BAG für den Lehrling die Möglichkeit, das Lehrverhältnis außerordentlich aufzulösen. Diese Beendigung kann allerdings nur zum Ablauf des letzten Tages des zwölften Monats der Lehrzeit und bei Lehrberufen mit einer festgelegten Dauer der Lehrzeit von drei, dreieinhalb oder 4 Jahren überdies zum Ablauf des letzten Tages des 24. Monats der Lehrzeit unter Einhaltung einer Frist von einem Monat erfolgen. 8/403

8.3.5.1.4.6. Hausgehilfen- und Hausangestelltengesetz

§ 14 HGHAG kennt weder eine taxative noch eine demonstrative Aufzählung der Austrittsgründe, sondern legt lediglich fest, dass ein Dienstverhältnis aus wichtigen Gründen vor Ablauf der Zeit bzw ohne Einhaltung einer Kündigungsfrist oder eines Kündigungstermins gelöst werden kann. 8/404

8.3.5.1.4.7. Heimarbeitsgesetz

Das HeimAG kennt keine Gründe für den vorzeitigen Austritt. Im HeimAG sind zwar auch keine Kündigungsfristen vorgesehen, gem § 27a besteht jedoch die Pflicht des Heimarbeiters, den Auftraggeber unter Einhaltung einer einwöchigen Frist von der beabsichtigten Auflösung des Heimarbeitsverhältnisses zu verständigen. Das Heimarbeitsverhältnis endet aber auch dann, wenn sich der Heimarbeiter grundlos weigert, innerhalb von 30 Tagen einen weiteren Auftrag anzunehmen. 8/405

8.3.5.1.4.8. Mutter-/Vaterschaftsaustritt

Arbeitnehmerinnen können gem § 15r MSchG nach der Geburt eines lebenden Kindes innerhalb der Mutterschutzfrist (vgl 7.3.3.2) berechtigt austreten. Adoptiv- und Pflegemüttern[723] steht eine Frist von acht Wochen ab der Adoption bzw ab der Übernahme des Kindes in Pflege zur Verfügung (vgl auch 4.3.2.3.3 sowie 7.3.3). Voraussetzung hiebei ist, dass das Adoptiv- bzw Pflegekind das zweite Lebensjahr noch nicht vollendet hat. 8/406

Bei Inanspruchnahme einer **Karenz** können sowohl **Mütter** als auch **Väter** das Austrittsrecht geltend machen (§ 15r MSchG, § 9a VKG). Voraussetzung ist, dass der Austritt spätestens 3 Monate vor dem Ende der Karenz bekannt gegeben wird. Dauert die Karenz weniger als 3 Monate, so hat die Bekanntgabe des Austritts spätestens 2 Monate vor Karenzende zu erfolgen. 8/407

Die Besonderheit des Mutter- bzw Vaterschaftsaustritts besteht darin, dass es im Vergleich zum Normalfall des gerechtfertigten Austritts zu einer Verkürzung der Ansprüche aus der Beendigung des Arbeitsverhältnisses kommen kann. Dies gilt in erster Linie für die **Abfertigung alt** (vgl 8.6.1.2.8). Eine Kündigungsentschädigung kann mangels Verschuldens des Dienstgebers nicht geltend gemacht werden. Die Urlaubsersatzleistung steht hingegen wie bei sonstigen begründeten Austritten zu (vgl 6.10.7). 8/408

---

[723] Mit dem ARÄG 2013 wurden für gleichgeschlechtliche Partner, die das leibliche Kind ihres Lebensgefährten adoptieren, die gleichen Rechte eingeführt.

8.3.5.2. Wirkung und Folgen

8/409 Ebenso wie im Falle der Entlassung löst auch der Austritt des Dienstnehmers das Dienstverhältnis mit sofortiger Wirkung auf, unabhängig davon, ob ein wichtiger Grund vorliegt oder nicht.

8.3.5.2.1. Berechtigter Austritt

8/410 Trifft den Arbeitgeber das alleinige Verschulden am vorzeitigen Austritt, so behält der Arbeitnehmer seine vertragsmäßigen Ansprüche auf das Entgelt für den Zeitraum, der bis zur Beendigung des Arbeitsverhältnisses durch Ablauf der Vertragszeit oder durch ordnungsgemäße Kündigung seitens des Arbeitgebers hätte verstreichen müssen (**Kündigungsentschädigung**; §§ 1162b ABGB, 29 Abs 1 AngG, 29 Abs 1 GAngG, 33 Abs 2 TAG). Einen darüber hinausgehenden Schadenersatz kann er ebenfalls geltend machen. Der Arbeitnehmer muss sich jedoch **anrechnen** lassen, was er infolge des Unterbleibens der Dienstleistung erspart oder durch anderweitige Verwendung erworben oder zu erwerben absichtlich versäumt hat[724]. Soweit der Zeitraum, für den die Kündigungsentschädigung zusteht, **drei Monate** nicht übersteigt, kann der Arbeitnehmer das ganze für diese Zeit gebührende Entgelt ohne Abzug sofort fordern[725].

8/411 Man kann also vereinfacht sagen: Die **unbegründete** Entlassung hat bezüglich der Ersatzansprüche ähnliche Wirkungen wie der **begründete** Austritt. Sowohl die Schadenersatzansprüche wegen vorzeitiger Beendigung (sog Kündigungsentschädigung) als auch die Bestimmungen über die Fälligkeit, die Anrechnungsbestimmungen und die zur Geltendmachung vorgesehene Präklusivfrist stimmen überein (vgl 8.3.4.2.2).

8/412 Zu beachten ist, dass der Arbeitgeber bei einem vorzeitigen Austritt des Arbeitnehmers nur dann Schadenersatz im obigen Sinne zu leisten hat, wenn ihn ein **Verschulden** trifft[726]. Dies ist zB dann nicht der Fall, wenn der Arbeitnehmer austritt, weil er zur Dienstleistung unfähig geworden ist (vgl 8.3.5.1.1 a), ohne dass dem Arbeitgeber ein Verschulden zur Last fällt. Anders wäre die Rechtslage, wenn die Arbeitsunfähigkeit durch die Außerachtlassung der dem Arbeitgeber obliegenden Fürsorgepflicht herbeigeführt wurde.

8/413 Auch bei einem vorzeitigen Austritt im **Konkurs** gem § 25 Abs 1 IO behält der Arbeitnehmer seine vertragsgemäßen Ansprüche in Form der Kündigungsentschädigung. Er hat in einem derartigen Fall auch nicht die Verpflichtung, ein Verschulden des Arbeitgebers am Eintritt der Zahlungsunfähigkeit nachzuweisen[727].

8/414 Hinsichtlich des Ausmaßes der „Kündigungsentschädigung“ im Falle des berechtigten Austritts von Arbeitnehmern, die dem **besonderen Kündigungs- und Entlassungsschutz** un-

---

[724] Zur zumutbaren anderweitigen Beschäftigung s OGH 29. 4. 2013, 8 ObA 21/13s, DRdA 2013, 533 = ARD 6337/6/2013.
[725] Vgl allg *Grillberger* in Löschnigg (Hrsg), AngG Bd 2^{10} (2016), § 29 Rz 30.
[726] OGH 19. 1. 1967, 4 Ob 1/67, Arb 8341; vgl allg *Kuderna*, Das Verschulden des Arbeitgebers am vorzeitigen Austritt des Arbeitnehmers, DRdA 1984, 8.
[727] OGH 16. 2. 1982, 4 Ob 5/82, Arb 10.093; allg vgl 9.3.1.

terliegen, sind ähnliche Betrachtungen anzustellen wie im Falle der unberechtigten Entlassung geschützter Dienstnehmer (vgl daher 8.3.4.3.4).

8.3.5.2.2. Unberechtigter Austritt

Der **unbegründete** Austritt des Arbeitnehmers entspricht im Wesentlichen hinsichtlich Wirkungen und Folgen der **begründeten** Entlassung des Arbeitnehmers durch den Arbeitgeber (vgl 8.3.4.2.1)[728]. Auch der unbegründete Austritt beendet somit das Arbeitsverhältnis mit sofortiger Wirkung. Im Gegensatz zur verschuldeten Entlassung kommt im Falle eines unbegründeten Austritts allerdings die Auszahlung einer Urlaubsersatzleistung nicht in Betracht (§ 10 Abs 2 UrlG; vgl 6.10.7). Nur ausnahmsweise – so aber bei Lehrlingen – führt das Fehlen eines Austrittsgrundes zur Rechtsunwirksamkeit des Austritts[729]. 8/415

Ein dem Dienstgeber gebührender **Schadenersatz** (§ 1162a ABGB, § 28 AngG) scheitert vielfach an der Quantifizierbarkeit des durch den Austritt verursachten Schadens. Eine Pauschalierung des Schadenersatzes, wie sie in der Kündigungsentschädigung für den Dienstnehmer zum Ausdruck kommt, gibt es in der Regel für den Dienstgeber nicht. 8/416

Es besteht aber die Möglichkeit, eine **Konventionalstrafe** iSd § 1336 ABGB, die nur „anstatt des zu vergütenden Nachteils" vereinbart werden kann, festzulegen. Eine nur zu Lasten des Arbeitnehmers getroffene Konventionalstrafenvereinbarung ist nach Ansicht der Rechtsprechung grundsätzlich nicht als unzulässige Benachteiligung des wirtschaftlich schwächeren Vertragspartners anzusehen, da sich ja aus § 29 AngG bzw § 1162b ABGB auch für den Arbeitgeber eine Verpflichtung zum Schadenersatz bei ungerechtfertigter vorzeitiger Auflösung ergibt. Eine ausreichende Berücksichtigung schutzwürdiger Interessen des Arbeitnehmers ist in jedem Fall durch das richterliche Mäßigungsrecht gem § 1336 Abs 2 ABGB bzw § 38 AngG gewährleistet[730]. Die Grenze der Vertragsfreiheit hinsichtlich der Konventionalstrafe liegt dort, wo diese gegen die guten Sitten verstößt[731].

Droht dem Arbeitgeber durch den vorzeitigen Austritt ein Schaden, so hat er die Pflicht, ihn möglichst gering zu halten[732]. Diese **Schadenminderungspflicht** ergibt sich bereits aus den allgemeinen Schutz- und Sorgfaltspflichten im Rahmen eines Schuldverhältnisses. 8/417

Die Auffassung des OGH[733], wonach die Beweislast dafür, dass der Geschädigte den eingetretenen Schaden hätte mindern können und dass er gegen seine Schadenminderungspflicht schuldhaft verstoßen hat, den Arbeitnehmer treffen soll, ist jedoch abzulehnen, da dies für denselben im Hinblick auf mangelnde Kenntnisse über die Möglichkeiten des Arbeitgebers ein nahezu aussichtsloses Unterfangen darstellen würde. Es muss vielmehr Sache des Arbeitgebers sein, nachzuweisen, dass er alles getan hat, um den Schaden zu mindern, wobei naheliegenderweise zunächst die betrieblichen Möglichkeiten auszuschöpfen sein werden.

Trifft sowohl den Arbeitgeber als auch den Arbeitnehmer ein Verschulden am vorzeitigen Austritt, so kann es wie bei der Entlassung auf Grund der **Verschuldensteilung** zu einer Minderung der Ansprüche kommen (vgl 8.3.4.2.2). 8/418

---

[728] S dazu *Eibensteiner*, Der unterstellte (unberechtigte) Austritt, RdW 2014, 277.
[729] OGH 24. 2. 2009, 9 ObA 153/08b, DRdA 2010, 332 mit Bespr v *Burger*.
[730] OGH 10. 5. 1983, 4 Ob 45/83, infas 1984, A 5.
[731] Vgl *Csebrenyak/Maßl/Geppert/Rabofsky*, ABGB und Arbeitsvertragsrecht[4] (1987), 367.
[732] Vgl OGH 12. 6. 1979, 4 Ob 42/79, Arb 9799 = ZAS 1981, 23 mit Bespr v *Schrank*.
[733] OGH 12. 6. 1979, 4 Ob 42/79, Arb 9799.

8.4. Einvernehmliche Auflösung

8/419 Vereinbaren Arbeitnehmer und Arbeitgeber, das Arbeitsverhältnis zu einem bestimmten Zeitpunkt zu beenden, spricht man von einvernehmlicher Auflösung (**Auflösungsvertrag**)[734]. Die einvernehmliche Auflösung ist das logische Pendant zum Arbeitsvertragsabschluss und insofern Ergebnis der allgemeinen Vertragsfreiheit: Steht es den Parteien des Arbeitsvertrags frei, ein Arbeitsverhältnis zu begründen und im Rahmen der arbeitsrechtlichen Normen zu gestalten, so haben sie auch das Recht, dieses wiederum aufzulösen. Dies erklärt auch, warum die einvernehmliche Auflösung nur vereinzelt explizite Regelungen erfahren hat (s etwa § 27 Abs 3 LArbG, § 30 Abs 1 Z 2 VBG). Seit der ArbVG-Novelle 1986 unterliegt die einvernehmliche Auflösung jedoch der betrieblichen Mitbestimmung (s unten bzw 11.5.3.11).

8/420 Die einvernehmliche Auflösung muss vom eindeutigen **Willen beider Vertragsparteien**, das Arbeitsverhältnis zu beenden, getragen sein. Erklärt nur der Dienstgeber, das Dienstverhältnis einvernehmlich auflösen zu wollen, fehlt es aber an einer zweifelsfreien Zustimmung des Arbeitnehmers, dann kommt eine übereinstimmende Willenserklärung nicht zustande. Das bloße Unterlassen eines Widerspruchs reicht für die Annahme einer einvernehmlichen Auflösung nicht aus[735]. Auch durch eine einvernehmliche geringfügige Korrektur des Endtermins im Falle einer Arbeitnehmerkündigung (zum Zweck der Einarbeitung des neuen Mitarbeiters) ändert sich nach Ansicht der Rechtsprechung grundsätzlich nichts an der Auflösungsart des Arbeitsverhältnisses. Aus der Verschiebung des Beendigungszeitpunktes kann regelmäßig weder eine einvernehmliche Auflösung noch der Abschluss eines neuen, befristeten Dienstverhältnisses geschlossen werden[736].

8/421 Die allgemeinen Vorschriften der §§ 861 ff ABGB über Verträge sind auf die einvernehmliche Auflösung anzuwenden[737]. Formvorschriften sind grundsätzlich keine einzuhalten (vgl jedoch die in der Folge angeführten Ausnahmen). Bedingungen sind, soweit der Schutzzweck des Arbeitsrechts nicht berührt wird, zulässig[738].

Für bestimmte, besonders schutzwürdige Gruppen von Arbeitnehmern bestehen **Sonderregelungen**:

a) Eine einvernehmliche Auflösung des Dienstverhältnisses von Arbeitnehmer(inne)n, die vom **MSchG** bzw vom **VKG** erfasst sind, ist während der Dauer des besonderen Kündigungsschutzes (vgl 8.2.8.3.2) nur dann rechtswirksam, wenn sie **schriftlich** vereinbart wurde[739]. Bei **minderjährigen** Dienstnehmer(inne)n muss dieser Vereinbarung überdies eine Bescheinigung eines Gerichts (§ 92 ASGG) oder der gesetzlichen Interessenvertretung der Dienstnehmer(innen) (Kammer für Arbeiter und Angestellte) beigeschlossen sein, aus der hervorgeht, dass der (die) Dienstnehmer(in)

---

[734] Vgl va *Ruß*, Die einvernehmliche Auflösung von Arbeitsverhältnissen (2016); weiters *Wachter*, Die einvernehmliche Auflösung des Arbeitsverhältnisses, in FS Floretta (1983), 438; *Knallnig*, Einvernehmliche Lösung, in Reissner/Neumayr (Hrsg), Zeller Handbuch Arbeitsvertrags-Klauseln (2010), 186.

[735] OGH 9. 7. 1985, 4 Ob 88/85, DRdA 1986, 214 mit Bespr v *Mosler*; s auch OGH 13. 1. 1981, 4 Ob 46/80, DRdA 1982, 313 mit Bespr v *Iro*; zur rechtlichen Beurteilung konkreter Sachverhalte vgl insb *Krejci* in Rummel/Lukas (Hrsg), ABGB I^4 (2015), §§ 1158–1159c Rz 114.

[736] Vgl OGH 30. 11. 1995, 8 ObA 310/95, RdW 1996, 535; OGH 11. 6. 2001, 9 ObA 133/01a, Arb 12.112.

[737] Vgl LGZ Wien 18. 10. 1965, 44 Cg 62/65, SozM I A/d, 699.

[738] OGH 30. 8. 2001, 8 ObA 210/01t, DRdA 2003, 54 mit Bespr v *Karl*; allg zu Bedingungen im Arbeitsrecht vgl 5.3.5.

[739] Vgl *Eibensteiner*, Einvernehmliche Auflösung und Mutterschutz, ecolex 1995, 733.

über den besonderen Kündigungsschutz des MSchG bzw VKG belehrt wurde (§ 10 Abs 7 MSchG, § 7 Abs 3 VKG).

Hatte eine Arbeitnehmerin allerdings zum Zeitpunkt des schriftlichen Einverständnisses mit der Auflösung des Arbeitsverhältnisses noch keine Kenntnis von ihrer Schwangerschaft, so kann sie eine Verlängerung des Arbeitsverhältnisses bis zum Beginn des (generellen oder individuellen) Beschäftigungsverbots erwirken. Voraussetzung ist, dass sie die Schwangerschaft dem Arbeitgeber unmittelbar nach Kenntniserlangung bekannt gibt und sofort die Schwangerschaftsbestätigung übermittelt[740].

b) Eine einvernehmliche Auflösung des **Arbeitsverhältnisses von Präsenz- bzw Zivildienstpflichtigen** oder **militärische Dienstleistungen erbringenden Frauen** ist während des kündigungsgeschützten Zeitraumes nach dem APSG ebenfalls nur rechtswirksam, wenn sie schriftlich abgeschlossen wird und der Vereinbarung eine Bescheinigung eines Gerichts (§ 92 ASGG) oder der gesetzlichen Interessenvertretung der Arbeitnehmer beigeschlossen ist, aus der hervorgeht, dass der Arbeitnehmer über den Kündigungs- und Entlassungsschutz nach dem APSG belehrt wurde (§ 16 APSG)[741].

c) Bei der einvernehmlichen Auflösung von **Lehrverhältnissen** muss nach Ablauf der dreimonatigen (bzw viereinhalbmonatigen; vgl 5.3.3) Probezeit eine Bescheinigung eines Gerichts (§ 92 ASGG) oder der Kammer für Arbeiter und Angestellte vorliegen, aus der hervorgeht, dass der Lehrling über die besonderen Schutzbestimmungen des BAG belehrt wurde (§ 15 Abs 5 BAG).

Im Gegesatz zur „typischen" einvernehmlichen Auflösung, bei der im wesentlichen ausgeglichene Interessenlagen der Arbeitsvertragsparteien gegeben sind, finden sich häufig auch **atypische einvernehmliche Auflösungen**. Bei letzteren ist vor allem zu unterscheiden, von wem die Auflösungsinitiative ausgeht, wem das Interesse an der Beendigung des Arbeitsverhältnisses an sich zugeordnet werden kann und wer das primäre Interesse an der einvernehmlichen Vertragsauflösung besitzt. Erst eine Zusammenschau dieser Kriterien ermöglicht eine Beurteilung gewisser Rechtsfolgen, insbesondere die Übertragung der Rechtsfolgen einseitiger Beendigungserklärungen auf atypische einvernehmliche Auflösungen[742]. 8/422

Eine Rechtsfolgenanordnung losgelöst vom Beendigungsinteresse und von der Beendigungsinitiative findet sich im **Entgeltfortzahlungsrecht** (§ 9 Abs 1 AngG, § 5 EFZG)[743]: Wird nämlich das Arbeitsverhältnis während einer Dienstverhinderung wegen Krankheit oder Arbeitsunfall oder in Hinblick auf eine solche Dienstverhinderung einvernehmlich beendet, bleibt der Anspruch auf Entgeltfortzahlung auch über das Ende des Arbeitsverhältnisses hinaus bestehen. 8/423

Bei einvernehmlicher Auflösung des Arbeitsverhältnisses steht dem Betriebsrat ein **Mitwirkungsrecht** zu. Verlangt der Arbeitnehmer gem § 104a Abs 1 ArbVG vor der Vereinbarung einer einvernehmlichen Auflösung des Arbeitsverhältnisses nachweislich, sich mit dem Betriebsrat zu beraten[744], so kann **innerhalb von zwei Arbeitstagen** nach diesem Verlangen eine einvernehmliche Lösung rechtswirksam nicht vereinbart werden[745]. Kommt es innerhalb dieser zwei Arbeitstage dennoch zu einer Vereinbarung, so ist diese nichtig. Die Rechts- 8/424

[740] OGH 2. 3. 2007, 9 ObA 10/06w, Arb 12.685 = DRdA 2008, 368 mit Bespr v *Wolfsgruber*; s dazu *Morgenstern*, Einvernehmliche Auflösung bei Unkenntnis der Schwangerschaft, PVInfo 2007 H 8, 27.

[741] Vgl OGH 29. 2. 1996, 8 ObA 213/96, DRdA 1997, 195 mit Bespr v *Dirschmied*.

[742] Zu einer entsprechenden Typologie atypischer einvernehmlicher Beendigungen s *Ruß*, Die einvernehmliche Auflösung von Arbeitsverhältnissen (2016).

[743] In Kraft ab 1. 7. 2018.

[744] Zur Kritik an der legistischen Ausformulierung vgl *Waas*, Das neue Mitwirkungsrecht gemäß § 104a ArbVG, DRdA 1987, 289; s auch OGH 29. 1. 2015, 9 ObA 137/14h, ARD 6442/9/2015 = ASoK 2015, 150.

[745] Vgl *Lindmayr*, Die Sperrfrist des § 104a ArbVG bei einvernehmlicher Auflösung des Dienstverhältnisses, ARD 6438/6/2015.

unwirksamkeit der einvernehmlichen Auflösung und damit auch der Weiterbestand des Dienstverhältnisses muss aber innerhalb gewisser Fristen geltend gemacht werden. Nach Ablauf der zweitägigen Schutzfrist steht dem Dienstnehmer vorerst eine Woche zur Verfügung; entweder er klagt in diesem Zeitraum unmittelbar bei Gericht oder aber er weist den Dienstgeber schriftlich auf die Rechtsunwirksamkeit der Auflösung hin. Macht er die Rechtsunwirksamkeit bloß schriftlich beim Dienstgeber geltend, so kann er auch noch innerhalb von drei Monaten (gerechnet vom Ablauf der Zweitagefrist) die Klage beim zuständigen Gericht einbringen. Ohne jegliche Geltendmachung innerhalb der Einwochenfrist wird die einvernehmliche Auflösung rückwirkend rechtswirksam.

Sollte diese Vorschrift den Zweck verfolgen, den Arbeitnehmer vor unüberlegten oder unter Druck erfolgten einvernehmlichen Auflösungen zu schützen, dann ist dies in keiner Weise erreicht. Dass der Arbeitnehmer vor Erteilung seiner Zustimmung sich eine kurze Überlegungsfrist ausbedingen kann, wird wohl niemand bezweifeln können. Hat er seine Zustimmung bereits erteilt, so ist das Mitwirkungsrecht hinfällig und der Arbeitnehmer ist gegebenenfalls auf die Anfechtungsregeln des bürgerlichen Rechts angewiesen (§ 871 ABGB). Hat er seine Zustimmung noch nicht erteilt und verlangt er nachweislich eine Beratung mit dem Betriebsrat, so kann eine Auflösung des Arbeitsverhältnisses innerhalb der zwei Tage rechtswirksam nicht erklärt werden. Nach Ablauf dieser Frist versagt der betriebsverfassungsrechtliche Schutz und der Arbeitnehmer ist – etwa im Falle der Druckausübung – wieder auf die Anfechtungsregeln des bürgerlichen Rechts angewiesen.

8/425 Fraglich ist, ob die einvernehmliche Auflösung rechtswirksam zustande kommt, wenn die Zweitagefrist zwar noch nicht abgelaufen ist, zwischen Dienstnehmer und Betriebsrat aber die verlangten Beratungen bereits durchgeführt wurden. Während beim allgemeinen Kündigungsschutz gem § 105 ArbVG ausdrücklich vorgesehen ist, dass der Betriebsinhaber auch vor Ablauf der Beratungsfrist kündigen kann, wenn der Betriebsrat bereits eine Stellungnahme abgegeben hat, fehlt eine entsprechende Bestimmung in § 104a ArbVG. Ein Umkehrschluss lässt sich daraus aber nicht ziehen. Wenn sowohl Betriebsinhaber als auch Arbeitnehmer und Betriebsrat keine Bedenken gegen die einvernehmliche Auflösung haben, wäre es nicht sinnvoll, an der zweitägigen Frist festzuhalten. Gerade mit dem Rechtsinstitut der einvernehmlichen Auflösung stünde dies in krassem Widerspruch[746].

8.5. Sonstige Formen

8.5.1. Zeitablauf

8/426 Im Falle der **befristeten** Dienstverhältnisse (vgl allg 5.3.1) wirkt die bei Abschluss des Dienstvertrags oder auch später vereinbarte Befristung auf das gesamte Arbeitsverhältnis gestaltend ein. Ist die Befristung zulässig, dann endet das Dienstverhältnis mit dem Ablauf der Zeit, für die es eingegangen worden ist. Der Ablauf der Vertragsdauer beendet das Arbeitsverhältnis insofern „automatisch", als es weder einer Kündigung noch sonst eines Hinweises oder einer Erklärung bedarf (zur Zulässigkeit der Kündigung von befristeten Dienstverhältnissen vgl 5.3.1.4). Wird ein Dienstverhältnis nach Ablauf der vereinbarten Zeit ohne neu-

[746] S auch *Dusak*, Änderungen im Bereich der personellen Mitbestimmung, ZAS 1986, 201; aA *Mosler*, Die „Mitwirkung" des Betriebsrats bei der einvernehmlichen Lösung des Arbeitsverhältnisses, wbl 1987, 287.

erliche Vereinbarung fortgesetzt, so ist im Zweifel anzunehmen, dass damit ein Dienstverhältnis auf unbestimmte Zeit begründet wurde[747].

Ein für die **Lebenszeit** einer Person oder für länger als fünf Jahre vereinbartes Dienstverhältnis kann vom Arbeitnehmer nach Ablauf von fünf Jahren unter Einhaltung einer Kündigungsfrist von sechs Monaten gelöst werden (§ 21 AngG; § 1158 Abs 3 ABGB; vgl 5.3.2, 8.1 u 8.2.8.6). Der Arbeitnehmer soll somit nicht übermäßig lange in seinem beruflichen Fortkommen beschränkt werden. Dem Arbeitgeber steht hingegen ein Kündigungsrecht nicht zu. 8/427

Fraglich ist, wie sich eine vertragswidrige Lösung des Arbeitsverhältnisses durch den Dienstgeber auswirkt. Wurde das Arbeitsverhältnis auf **Lebenszeit des Arbeitnehmers** vereinbart, dann ist darin weniger eine zeitliche Begrenzung als vielmehr ein vertraglicher Kündigungsausschluss zu erblicken. Das Ableben des Arbeitnehmers beendet jedenfalls das Dienstverhältnis, sodass eine darauf ausgerichtete Befristung der Sinnhaftigkeit entbehrt. In Entsprechung zu den Entscheidungen des OGH zum vertraglichen Kündigungsausschluss (vgl 8.2.8.6) verfällt daher die rechtswidrige Lösung der Rechtsunwirksamkeit[748]. Ebenso wie in den Fällen des besonderen Kündigungs- und Entlassungsschutzes (vgl 8.3.4.3.4) wird man dem Arbeitnehmer jedoch das Recht einräumen müssen, an Stelle der Rechtsunwirksamkeit der Auflösungserklärung Ansprüche gem § 1162b ABGB, § 84 GewO bzw § 29 AngG geltend zu machen. Falls aber das Arbeitsverhältnis auf **Lebenszeit des Arbeitgebers** oder **einer dritten Person** abgeschlossen wird, dann kann dies durchaus als objektiv bestimmbare Befristung (vgl hiezu 5.3.1.1) aufgefasst werden. In Anlehnung an die zu befristeten Arbeitsverhältnissen ergangene Judikatur müsste daher die Rechtsprechung auch in diesen Fällen die Lösungswirkung der rechtswidrigen Beendigung bejahen und Schadenersatzansprüche va in Form der Kündigungsentschädigung zusprechen. Was die Bemessung der Kündigungsentschädigung betrifft, kommt man zu einer sachgerechten Lösung, wenn die Kündigungsentschädigung grundsätzlich mit sechs Monaten limitiert wird. Dies kommt auch in der E des OGH vom 16. 12. 1992[749] zur rechtswidrigen Beendigung eines Arbeitsverhältnisses mit Behinderten zum Ausdruck, die offensichtlich eine derartige Lösung beim Dienstverhältnis auf Lebenszeit voraussetzt. 8/428

8.5.2. Tod

Durch den **Tod des Arbeitnehmers** wird das Arbeitsverhältnis automatisch beendet[750]. Dies ergibt sich aus der Verpflichtung des Arbeitnehmers zu persönlicher Dienstleistung[751]. § 83 Abs 1 GewO sowie § 14 Abs 2 lit a BAG führen den Tod des Arbeitnehmers (Lehrlings) als Auflösungsgrund ausdrücklich an. 8/429

---

747 Vgl auch LGZ Wien 9. 9. 1963, 44 Cg 193/63, SozM I A/d, 563; zum Problem der Kettendienstverträge vgl 5.3.1.2.
748 AA aber OGH 19. 6. 1935, 1 Ob 489/35, Arb 4636.
749 9 Ob 902/92, DRdA 1993, 466.
750 Vgl *Geiger*, Arbeitsrechtliche Folgen beim Tod eines Dienstnehmers, ASoK 2010, 446.
751 OGH 12. 7. 1977, 4 Ob 91/77, Arb 9604.

8.5.3. Sonstige Formen der Beendigung des Arbeitsverhältnisses

8/430 Der **Tod des Arbeitgebers** beendet das Dienstverhältnis grundsätzlich nicht (zum Tod einer zu betreuenden Person im Rahmen des HBeG vgl 8.5.4). Die Erben treten im Rahmen der Gesamtrechtsnachfolge mit allen Rechten und Pflichten in das Dienstverhältnis ein (vgl 9.2.1). Soll nach dem Tod des Arbeitgebers das Dienstverhältnis nicht fortgesetzt werden, so ist es durch eine der üblichen Lösungsarten (Kündigung, einvernehmliche Auflösung) zu beenden.

Nur in Ausnahmefällen kann auch der Tod des Dienstgebers die Beendigung des Arbeitsverhältnisses bewirken. Dies wurde dann angenommen, wenn die Arbeitsleistung ausschließlich und unmittelbar auf die Person des Verstorbenen bezogen und ihr gegenüber zu erbringen war[752]. Die ausdrückliche Vereinbarung ist jedoch im Falle von Arbeitsverhältnissen, bei denen die Koppelung der Beendigung an das Ableben des Dienstgebers sinnvoll erscheint (zB private Krankenpfleger), unbedingt anzuraten[753].

8/431 Ein **Lehrverhältnis** erlischt gem § 14 Abs 2 lit b BAG, wenn der Lehrberechtigte stirbt und sonst kein Ausbilder vorhanden ist. Kann ein solcher ohne unnötigen Aufschub bestellt werden, wird das Lehrverhältnis nicht beendet.

8.5.3. Lösung von Dienstverhältnissen auf Probe und zum vorübergehenden Bedarf

8/432 Als Lösung eigener Art wird regelmäßig die Auflösung von Dienstverhältnissen **auf Probe** angesehen. Dienstverhältnisse auf Probe, die im Allgemeinen maximal für die Dauer eines Monats abgeschlossen werden dürfen (vgl §§ 1158 Abs 2 ABGB, 19 Abs 2 AngG, 10 LArbG, 4 Abs 3 VBG, 8 Abs 1 BEinstG), können während dieser Zeit von jedem Vertragsteil jederzeit gelöst werden. Die Lösung kann ohne Einhaltung von Fristen und Terminen und ohne Vorliegen von Gründen erfolgen (allg zum Arbeitsvertrag auf Probe vgl 5.3.3). Bei Lehrlingen bedarf die Lösung während der Probezeit gem § 15 Abs 2 BAG der Schriftform. Löst der Lehrling von sich aus das Lehrverhältnis in der Probezeit auf und hat er zu diesem Zeitpunkt das 18. Lebensjahr noch nicht vollendet, muss der gesetzliche Vertreter der Auflösung zustimmen[754].

Auf Grund der speziellen Zwecksetzung des Probearbeitsverhältnisses und der daraus resultierenden besonderen Lösungsmöglichkeit wird grundsätzlich davon ausgegangen, dass weder der allgemeine, der individuelle noch der besondere Kündigungs- und Entlassungsschutz zur Anwendung kommt[755]. Dies gilt auch etwa bei Auflösung während einer durch Arbeitsunfall bedingten Arbeitsverhinderung[756].

8/433 Eine wesentliche Einschränkung des einseitigen Beendigungsrechts bei Arbeitsverhältnissen auf Probe ergibt sich jedoch im Falle der **Schwangerschaft** der Arbeitnehmerin, da eine Beendigung durch den Arbeitgeber aus diesem Grund gegen die Zielsetzungen des GlBG verstößt und somit gem § 12 Abs 7 GlBG anfechtbar ist[757].

---

[752] OGH 12. 7. 1977, 4 Ob 91/77, Arb 9604.

[753] Allg hiezu vgl *Jabornegg/Resch*, Das rechtliche Schicksal von Arbeitsverhältnissen zwischen nahen Angehörigen beim Tod des Arbeitgebers, DRdA 1995, 220.

[754] Vgl dazu etwa *Pichelmayer*, Auflösung des Lehrverhältnisses in der Probezeit, ASoK 2012, 450.

[755] ArbG Linz 5. 2. 1959, 1 Cr 34/59, Arb 6998; OGH 8. 3. 1983, 4 Ob 18/83, ZAS 1984, 141 mit Bespr v *Müller*; OGH 20. 9. 1983, 4 Ob 114/83, infas 1985, A 38.

[756] OGH 21. 1. 2004, 9 ObA 154/03t, DRdA 2005, 52 mit krit Bespr v *Eypeltauer*.

Ähnlich wie beim Arbeitsverhältnis auf Probe verhält es sich im Falle des Dienstverhältnisses für die Zeit eines **vorübergehenden Bedarfs** (vgl allg 5.3.4). Auch dieses kann während des ersten Monats entweder jederzeit (§ 1158 Abs 2 ABGB) oder mit nur einwöchiger Kündigungsfrist (§§ 20 Abs 5 AngG, 17 Abs 5 GAngG) von jedem der beiden Vertragsteile gelöst werden. Wenngleich zB das AngG von Kündigungsfrist spricht, ist diese Auflösungsform keine Kündigung im üblichen Sinn. Sie ist vielmehr als Auflösung eigener Art zu qualifizieren. 8/434

8.5.4. Gesetzliche Erlöschensgründe

Einige gesetzliche Sondervorschriften sehen vor, dass mit dem Eintritt gewisser Umstände das Arbeitsverhältnis automatisch erlischt. Besonderer Willenserklärungen oder einer Einigung der Arbeitsvertragsparteien bedarf es nicht. 8/435

Ein bedeutsamer Erlöschensgrund findet sich in der **GewO**. Gem § 83 Abs 1 GewO erlischt durch das Aufhören des Gewerbebetriebs das Arbeitsverhältnis von selbst. Die (endgültige) Stilllegung eines Betriebs bildet somit ausnahmsweise einen Erlöschensgrund. Hat der Dienstgeber jedoch das Gewerbe freiwillig, infolge seines Verschuldens oder infolge eines ihn treffenden Zufalls aufgegeben, so kann der Dienstnehmer Kündigungsentschädigung sowie darüber hinausgehende Schadenersatzansprüche geltend machen (§ 83 Abs 2 GewO). 8/436

Dem **HBeG** zufolge endet das Arbeitsverhältnis mit dem **Tod der zu betreuenden Person**. Dies gilt nicht nur dann, wenn die zu betreuende Person selbst Arbeitgeber ist, sondern auch, wenn ein Angehöriger der zu betreuenden Person als Dienstgeber in Erscheinung tritt (§ 3 Abs 6 HBeG). Hingegen kommt es zu keinem Erlöschen des Arbeitsverhältnisses, wenn die Betreuungskraft von einer Sozialeinrichtung iS des HBeG (gemeinnütziger Anbieter sozialer und gesundheitlicher Dienste präventiver, betreuender oder rehabilitativer Art) angestellt wurde. Grund für den Erlöschensgrund im HBeG ist jedenfalls das Unmöglichwerden der bedungenen Arbeitsleistung. 8/437

Das **BAG** zählt im § 14 Abs 2 eine Reihe von Erlöschensgründen auf. Vorzeitig beendet wird das Lehrverhältnis, wenn zB die Eintragung des Lehrvertrags bei der Lehrlingsstelle rechtskräftig verweigert oder die Löschung der Eintragung des Lehrvertrags rechtskräftig verfügt wurde[758], wenn der Lehrberechtigte nicht mehr zur Berufsausübung befugt ist (Entzug der Gewerbeberechtigung, nicht jedoch bei Ruhen derselben[759])[760] oder wenn der Lehrling die Lehrabschlussprüfung erfolgreich ablegt. Im letzteren Fall tritt die Beendigung 8/438

---

757 OGH 31. 8. 2005, 9 ObA 4/05m, DRdA 2006, 384 mit Bespr v *Eichinger*; OGH 4. 5. 2006, 9 ObA 81/05k, infas 2006, A 88; OGH 27. 8. 2015, 9 ObA 87/15g, DRdA 2016, 235 mit Bespr v *Mayr* = ASoK 2016, 113 mit Bespr v *Braun;Löschnigg*, Schwangerschaft und Beendigung im Probemonat im Lichte der RL 92/85/EWG und 76/207/EWG, DRdA 2002, 365; *Eichinger*, Die Frau im Arbeitsrecht (1991), 339 ff; *Rauch*, Auflösung während der Probezeit wegen Schwangerschaft anfechtbar, ASoK 2005, 392; *Reissner*, Beendigung im Probemonat wegen Schwangerschaft als Diskriminierung anfechtbar, JAP 2005/2006, 167.

758 Vgl OGH 8. 3. 1983, 4 Ob 18/83, ZAS 1984, 141 mit Bespr v *Müller*.

759 OGH 10. 7. 1996, 9 ObA 2113/96, RdW 1997, 151.

760 Zum Fall, dass der Lehrberechtigte seine Gewerbeberechtigung zurücklegt, vgl *Winkler*, Die Beendigung des Lehrverhältnisses, in Tomandl (Hrsg), Beendigung des Arbeitsvertrages (1986), 139; s auch OGH 12. 10. 1988, 9 ObA 242/88, DRdA 1989, 424.

des Lehrverhältnisses nicht unmittelbar mit der Abschlussprüfung ein, sondern erst mit Ablauf der Woche, in der die Prüfung abgelegt wird.

8/439 Auch das **TAG** kennt Erlöschensgründe: Wird das Theater durch Brand oder andere Elementarereignisse zerstört oder wird es von der Behörde ohne Verschulden des Unternehmers auf unbestimmte Zeit geschlossen, so sind sämtliche Bühnendienstverträge mit Ablauf von einem Monat nach der Betriebseinstellung gelöst (§ 29 TAG).

8/440 Das Dienstverhältnis von **Vertragsbediensteten** erlischt etwa mit Rechtskraft eines strafgerichtlichen Urteils, das den Verlust jedes öffentlichen Amtes unmittelbar zur Folge hat (vgl § 34 Abs 3 und 4 VBG).

8/441 Zum Untergang des Arbeitsverhältnisses kommt es schließlich auch dann, wenn ein gültig zustande gekommenes Dienstverhältnis wegen eines qualifizierten Verstoßes gegen gesetzliche Bestimmungen der totalen **Nichtigkeit** verfällt. Am häufigsten tritt der Fall dadurch ein, dass ein Beschäftigungsverhältnis mit Ausländern auch nach Wegfall einer Beschäftigungsbewilligung oder nach Wegfall bzw Ablehnung einer Anzeigebestätigung fortgesetzt wird[761].

8/442 Weder die Insolvenz des Dienstgebers noch die Insolvenz des Dienstnehmers führen zu einer automatischen Beendigung des Dienstverhältnisses (**keine Ex-lege-Beendigung**). Der Gesetzgeber erblickt darin aber eine derart empfindliche Störung in der Dienstnehmer-Dienstgeber-Beziehung, dass er eine Reihe von Sonderbestimmungen vorsieht (vgl § 25 IO)[762].

8.6. Ansprüche aus der Beendigung des Arbeitsverhältnisses

8/443 Im Zuge der Beendigung des Arbeitsverhältnisses kommt es grundsätzlich zu einer „Liquidierung" des Arbeitsverhältnisses. Offene Ansprüche werden fällig gestellt, teilweise kommt es zu Aliquotierungen, mitunter erfolgt ein finanzieller Ausgleich von im Arbeitsverhältnis erworbenen nicht pekuniären Ansprüchen, im Einzelfall werden Schadenersatzansprüche geltend gemacht etc[763]. Wesentliches Gebot hiebei ist die möglichst rasche Abwicklung der ausstehenden Leistungen. Auf eine Reihe von Ansprüchen wurde bereits an anderer Stelle eingegangen (vgl hiezu im Überblick 8.6.4). Nachfolgend soll auf die Ansprüche auf Abfertigung, auf das Arbeitszeugnis und auf die Freizeit während der Kündigungsfrist näher eingegangen werden.

---

761 Vgl 5.4.2 und 5.4.3 sowie *Löschnigg*, Zur Beendigung und Nichtigkeit von Arbeitsverhältnissen mit Ausländern, in FS Schwarz (1991), 120; OGH 26. 8. 2009, 9 ObA 118/08f, ARD 6054/6/2010.

762 Allg vgl insb *Holzer/Reissner/Schwarz*, Die Rechte des Arbeitnehmers bei Insolvenz[4] (1999); *Weber*, Arbeitsverhältnisse im Insolvenzverfahren (1998); *Liebeg*, Insolvenz-Entgeltsicherungsgesetz[3] (2007); *Ehrenreich*, Insolvenz-Entgeltsicherungsgesetz (Losebl); *Graf-Schimek*, IRÄG 2010: Beendigung von Arbeitsverhältnissen im Insolvenzfall, ZAS 2010, 282; *Haider*, Beendigungsansprüche von Arbeitnehmern in der Insolvenz des Arbeitgebers, JAP 2010/2011, 33.

763 S hiezu auch *Heinrich*, Gestaltungsmöglichkeiten bei Ende des Arbeitsvertrags, in Resch (Hrsg), Gestaltungsmöglichkeiten bei Ende des Arbeitsvertrages (2013), 61.

8.6.1. Abfertigung

8.6.1.1. Entwicklungsgeschichte – Begriff – Funktion

Die Abfertigung bildet zweifellos einen der wesentlichsten Ansprüche im Zuge der Beendigung des Arbeitsverhältnisses. Entwicklungsgeschichtlich sind **drei Etappen** zu unterscheiden. In einer ersten Phase war die Abfertigung als ein durch die Auflösung bedingtes Entgelt nur **für bestimmte Arbeitnehmergruppen** vorgesehen (insb für die Angestellten, vgl §§ 23, 23a AngG; s weiters §§ 22, 22a GAngG, § 35 VBG, § 31 LArbG, § 17 HGHAG)[764]. In einer zweiten Phase wurde durch das **Arbeiterabfertigungsgesetz 1979** der Anspruch auf die Abfertigung auf so gut wie alle Arbeitnehmer ausgeweitet (bezüglich der Sonderregelungen für Bauarbeiter, Rundfunkmitarbeiter, Hausgehilfen und Hausangestellte sowie Landarbeiter vgl 8.6.1.5.1 bis 8.6.1.5.4). Durch das **betriebliche Mitarbeitervorsorgegesetz 2002** (BMVG) ist es zu einem Strukturwandel insofern gekommen, als das auslösende Element für die Abfertigung zwar weiterhin die Beendigung des Arbeitsverhältnisses ist, die Leistung aber nicht mehr gegenüber dem Arbeitgeber, sondern gegenüber der Mitarbeiter-Vorsorgekasse geltend gemacht wird. Der Arbeitgeber leistet nur regelmäßige Beiträge an die Mitarbeiter-Vorsorgekasse. Inhaltlich kommt es damit zu einem Wandel des Anspruchs. Der ursprünglich ausschließlich arbeitsrechtliche Anspruch wird zu einer Art sozialrechtlicher Leistung, die nur noch arbeitsrechtliche Tatbestände als Anknüpfungspunkte heranzieht. 8/444

Mit dem Übergang zum BMVG, seit 1. 1. 2008 Betriebliches Mitarbeiter- und SelbständigenvorsorgeG (BMSVG; dazu unten), ist auch ein gewisser **Funktionswandel** unverkennbar. Die Abfertigung nach altem Typus (vgl hiezu unter 8.6.1.2) wird stets als ein durch die Beendigung des Arbeitsverhältnisses bedingtes **Entgelt** verstanden[765]. Die Bedeutung der Abfertigung nach altem Recht beschränkt sich nicht auf eine einzige Funktion. Auf Grund ihrer Abhängigkeit vom Ausmaß der Dienstzeit und von der Beendigungsform (vgl 8.6.1.2.1 u 8.6.1.2.6) kommt ihr am ehesten der Charakter einer Treueprämie zu. Die Abfertigung beinhaltet aber zweifellos auch Elemente einer Versorgung und Überbrückung sowie einer einmaligen Abschlagszahlung für die geleisteten Dienste bzw eines Nachteilsausgleichs für die erfolgte Kündigung[766]. In einem sehr weiten und abstrakten Sinn kann die Abfertigung nach altem Recht auch als Beteiligung am Unternehmensgewinn verstanden werden. Die Abfertigung nach neuem Recht (vgl hiezu 8.6.1.3) verliert weitgehend ihren Charakter als Treueprämie, da die Anwartschaften auf die Abfertigung das einzelne Arbeitsverhältnis überdauern. In Wegfall gerät vor allem auch das bestandsichernde Element der Abfertigung. Für den Arbeitgeber entfällt die Notwendigkeit zur Schaffung von Liquiditätsreserven im 8/445

[764] Als Überblick vgl etwa *Kirschbaum*, Das System des österreichischen Abfertigungsrechts, in Runggaldier (Hrsg), Abfertigungsrecht (1991), 17; *Risak*, „Abfertigung neu" für freie Dienstnehmer und Selbständige, ZAS 2008, 46.

[765] *Martinek/Schwarz*, Abfertigung (1980), 315 ff; *Migsch*, Abfertigung für Arbeiter und Angestellte (1982), 83; *Dusak/Schrammel*, Die Abfertigungsregelungen aus juristischer Sicht, in Genser (Hrsg), Abfertigungsregelungen im Spannungsfeld der Wirtschaftspolitik – eine interdisziplinäre Analyse (1987), 10.

[766] Vgl *Steindl*, Die Entstehungsgeschichte der Abfertigungsbestimmungen, in Runggaldier (Hrsg), Abfertigungsrecht (1991), 97.

Fall einer Kündigung, dem Arbeitnehmer bleiben die Anwartschaften auch im Fall einer Selbstkündigung erhalten. Hinsichtlich der Überbrückungsfunktion der Abfertigung (für Zeiten der Arbeitslosigkeit) tritt keine Änderung ein. Stärker als bisher soll durch das BMSVG eine Verbindung von Abfertigung und Zusatzpension hergestellt werden (zB durch die Überweisung der Abfertigungszahlung an Pensionszusatzversicherungen oder Pensionskassen).

8/446 Das BMSVG ist als BMVG zwar mit 1. 1. 2003 in Kraft getreten, gilt grundsätzlich aber nur für jene Arbeitsverhältnisse, deren vertraglich vereinbarter Beginn nach dem 31. 12. 2002 liegt (zu Ausnahmen vgl 8.6.1.4)[767]. Für zum 31. 12. 2002 bereits bestehende Arbeitsverhältnisse bleibt es beim alten Abfertigungsrecht (insb nach den §§ 23 u 23a AngG bzw nach dem ArbAbfG), außer es kommt zu einer gegenteiligen Vereinbarung zwischen Arbeitgeber und Arbeitnehmer (Näheres zum Übergangsrecht vgl 8.6.1.4).

8/447 Die oben schon angeführte Änderung der Bezeichnung des Gesetzes von BMVG zu BMSVG mit 1. 1. 2008 erfolgte auf Grund der Ausdehnung der erfassten Personengruppen: Seit der Novelle BGBl I 102/2007 unterliegen nämlich nicht nur Arbeitnehmer, sondern auch freie Dienstnehmer gem § 4 Abs 4 ASVG und sonstige Selbstständige ausgewählten Teilen des BMSVG. Dementsprechend ist daher mittlerweile auch nicht mehr von Mitarbeitervorsorgekasse (MV-Kasse) die Rede, sondern von **betrieblicher Vorsorgekasse** (**BV-Kasse**).

8.6.1.2. Abfertigung „alt"

8.6.1.2.1. Ausmaß

8/448 Die Abfertigung beträgt nach einer Dauer des Dienstverhältnisses von

3 Jahren das Zweifache,
5 Jahren das Dreifache,
10 Jahren das Vierfache,
15 Jahren das Sechsfache,
20 Jahren das Neunfache und
25 Jahren das Zwölffache

des dem Arbeitnehmer für den letzten Monat des Dienstverhältnisses gebührenden Monatsentgelts (§ 23 Abs 1 AngG; vgl jedoch § 13d Abs 2 BUAG, der als Berechnungsgrundlage den in den letzten 52 Wochen geltenden kollektivvertraglichen Stundenlohn zuzüglich eines Zuschlags von 20 % annimmt; s 8.6.1.5.3).

8/449 Für die Dauer des Dienstverhältnisses sind auch **vereinbarte** Karenzzeiten zu berücksichtigen, da § 23 AngG nur auf den ununterbrochenen Bestand des Arbeitsverhältnisses abstellt[768]. Ebenso sind laut ausdrücklicher gesetzlicher Anordnung in § 8 APSG Zeiten militärischer Dienstleistungen oder eines Zivildienstes anzurechnen. Auf Zeiten einer Elternka-

[767] S hiezu *Gruber*, Welche Arbeitsverhältnisse unterliegen dem neuen Abfertigungsrecht?, ZAS 2003, 4; *Lang*, Abfertigung neu - Persönlicher, örtlicher und zeitlicher Anwendungsbereich (2015).

renz nach dem MSchG bzw VKG (vgl 7.3.3.4) trifft dies hingegen nicht zu (§ 15f Abs 1 3. Satz MSchG, § 7c VKG)[769]. Aktive Beschäftigungszeiten sind (natürlich) zusammenzurechnen, auch wenn sie durch Karenzzeiten unterbrochen wurden[770].

Wird ein Dienstnehmer ungerechtfertigt entlassen oder tritt er berechtigt vorzeitig aus und steht ihm eine Abfertigung dem Grunde nach zu, so muss für die Berechnung der Höhe der Abfertigung jener Zeitpunkt herangezogen werden, zu dem das Arbeitsverhältnis bei ordnungsgemäßer Arbeitgeberkündigung geendet hätte (OGH 5. 2. 1985, 4 Ob 13/85, Arb 10.407; *Drs*, Berechnung von Abfertigung und Urlaubsentschädigung [-abfindung] bei vorzeitiger Lösung des Arbeitsverhältnisses, RdW 1994, 146; s auch 8.3.4.2.2). 8/450

Mit der zitierten E gibt der OGH die Aufspaltung des Gesamtanspruchs in einen Abfertigungsanspruch nach § 23 AngG und einen „weiter gehenden" Schadenersatzanspruch nach § 29 AngG auf. Der zwischen dem Zeitpunkt der tatsächlichen Beendigung des Arbeitsverhältnisses und dem fiktiven Endzeitpunkt liegende Zeitraum ist in die zurückgelegte Dienstzeit einzurechnen und die Abfertigung unter Zugrundelegung dieses längeren Zeitraums zu bemessen.

Nach der älteren Rechtsprechung war die Abfertigung ausschließlich nach dem Zeitpunkt der tatsächlichen Beendigung zu bemessen. War in der fiktiven Kündigungsfrist nach einer unbegründeten Entlassung oder einem begründeten Austritt ein Anspruch auf Abfertigung entstanden oder hat sich ein solcher erhöht, so war dies nur bei der Berechnung des Ersatzanspruchs nach § 29 AngG zu berücksichtigen[771]. Dasselbe galt für den Fall der zeitwidrigen Kündigung durch den Arbeitgeber[772]. Die neue Interpretation bringt insofern Vorteile für den Arbeitnehmer, als sowohl die sechsmonatige Fallfrist des § 34 AngG bzw § 1162d ABGB als auch die Anrechnungsregel des § 29 AngG (vgl 8.3.4.2.1) auf Abfertigungsansprüche nicht anzuwenden sind.

8.6.1.2.2. Fälligkeit

Besonderheiten gelten hinsichtlich der Fälligkeit der Abfertigung. Gem § 23 Abs 4 AngG ist diese, soweit sie den Betrag des Dreifachen des Monatsentgelts (gem § 22 Abs 4 GAngG des Zweifachen des Monatsentgelts) nicht übersteigt, mit **Auflösung des Dienstverhältnisses** fällig. Der Rest kann **ab dem vierten Monat** (dem dritten Monat nach dem GAngG) in vorauszahlbaren Teilbeträgen abgestattet werden. Die gem § 23a Abs 1 und 1a AngG (§ 22a Abs 1 und 1a GAngG) gebührende Abfertigung bei Dienstnehmerkündigung wegen **Pensionierung** oder Berufsunfähigkeit bzw Invalidität (vgl 8.6.1.2.7) kann in gleichen monatlichen Teilbeträgen, beginnend mit dem auf das Ende des Dienstverhältnisses folgenden Monatsersten, gezahlt werden, wobei eine Rate die Hälfte des der Bemessung der Abfertigung zu Grunde liegenden Monatsentgelts nicht unterschreiten darf. Demgegenüber ist die gem § 23a Abs 3 und 4 AngG (§ 22a Abs 3 und 4 GAngG) bei **Mutter(Vater)schaftsaustritt** nach einer Geburt, Adoption oder während einer Karenz sowie die gem § 23a Abs 4a AngG (§§ 22a Abs 4a GAngG) gebührende Abfertigung bei **Dienstnehmerkündi-** 8/451

---

768 Vgl OGH 15. 3. 1989, 9 ObA 268/88, wbl 1989, 376; OGH 22. 3. 2011, 8 ObA 5/11k, infas 2011, A 55; OGH 29. 5. 2012, 9 ObA 17/12h, ARD 6254/5/2012; aA *Hainz*, Doppelabfertigung bei Karenzierung im Konzern?, ZAS 1993, 19.

769 Zur Europarechtskonformität s EuGH 8. 6. 2004, C-220/02, *ÖGB/GPA-WKÖ*, infas 2004, E 9 = DRdA 2004, 465.

770 OGH 23. 3. 2010, 8 ObA 9/10x, DRdA 2011, 446 mit Bespr v *Mayr*.

771 OGH 17. 2. 1981, 4 Ob 165/80, Arb 9938.

772 OGH 25. 3. 1980, 4 Ob 137/79, Arb 9866; OGH 8. 2. 1983, 4 Ob 8/83, Arb 10.217.

gung während der Teilzeitbeschäftigung iS des MSchG bzw VKG (vgl 8.6.1.2.8), die in beiden Fällen mit drei Monatsbezügen limitiert ist, unmittelbar nach Auflösung des Dienstverhältnisses und zur Gänze fällig (zur Fälligkeit von Abfertigungen nach dem HGHAG vgl 8.6.1.5.1).

8.6.1.2.3. Anrechnung von Vordienstzeiten

8/452 Alle Zeiten, die ein **Arbeitnehmer** in unmittelbar vorausgegangenen Dienstverhältnissen zum **selben Dienstgeber** zurückgelegt hat, sind für die Abfertigung zu berücksichtigen[773]; Zeiten eines **Lehrverhältnisses** jedoch nur dann, wenn das Dienstverhältnis einschließlich der Lehrzeit mindestens sieben Jahre ununterbrochen gedauert hat. Zeiten eines Lehrverhältnisses allein begründen keinen Abfertigungsanspruch (§ 23 Abs 1 Satz 3 AngG).

8/453 Die Vorschriften über die Zusammenrechnung stellen allein auf den zeitlichen Konnex ab und sind unabhängig von der **Art des vorangegangenen Arbeitsverhältnisses** (Arbeiter- oder Angestelltenverhältnis)[774] und von der **Art der Beendigung** dieses Arbeitsverhältnisses anzuwenden. Selbst wenn das vorangegangene Dienstverhältnis vom Arbeitgeber durch eine Entlassung beendet wurde, ist es für die Abfertigung im nachfolgenden Dienstverhältnis zu berücksichtigen[775]. Nicht einzurechnen sind Zeiten beim selben Dienstgeber jedoch dann, wenn der Arbeitnehmer dafür bereits eine Abfertigung erhalten hat (Art VII Abs 3 ArbAbfG).

Zu einer Einheit zusammenzufassen sind im Übrigen auch Beschäftigungen beim selben Arbeitgeber, die im Wesentlichen nur zur Zeit alljährlicher Betriebsferien für die Dauer von 2 bis 3 Wochen unterbrochen wurden[776]. Kurzfristige Unterbrechungen, die nach redlicher Verkehrsauffassung das Arbeitsverhältnis dennoch als durchlaufend erscheinen lassen, können außer Betracht bleiben[777].

8/454 Die Anrechnung von Vordienstzeiten kann auch ohne Weiteres vertraglich vereinbart werden, wobei davon im Zweifel alle nach der Dauer des Arbeitsverhältnisses bemessenen Ansprüche erfasst werden[778].

---

773 Vgl *Gerhartl*, Zusammenrechnung von Arbeitsverhältnissen für die Abfertigung, taxlex 2011, 418; zur Problematik im Konkursfall vgl *Sundl*, Ist der Masseverwalter neuer Arbeitgeber?, ASoK 1997, 105; *Weber*, Wer ist im Konkurs Vertragspartner des Arbeitnehmers?, ZIK 1997, 40; allg zur Anrechnung von im EU-Ausland zurückgelegten Vordienstzeiten OGH 30. 9. 2009, 9 ObA 19/09y, DRdA 2011, 353; OGH 19. 11. 2009, 8 ObA 10/09t, DRdA 2011, 355 mit Bespr v *Stolzlechner*; *Rebhahn/Pfeil/Potacs*, Zur – rückwirkenden – Anrechnung von Vordienstzeiten vor Vollendung des 18. Lebensjahres im öffentlichen Dienst, wbl 2014, 1.

774 Vgl OGH 23. 10. 1984, 4 Ob 123/83, ZAS 1985, 143.

775 OGH 27. 8. 1997, 9 ObA 262/97p, infas 1998, A 9.

776 OGH 23. 10. 1984, 4 Ob 123/83, ZAS 1985, 143; *Bydlinski*, Die Zusammenrechnung von Vordienstzeiten als Abfertigungsproblem in der Bauwirtschaft, ZAS 1985, 123.

777 ZB eine Unterbrechung von drei Tagen, OGH 21. 10. 1987, 9 ObA 98/87, ZAS 1989, 55 mit Bespr v *Zeiler*; zur Unterbrechung von zehn oder elf Tagen s OGH 6. 12. 2000, 9 ObA 268/00b, ARD 5230/7/2001; OGH 27. 8. 1997, 9 ObA 262/97p, infas 1998, A 9; vgl hiezu auch *Dusak/Schrammel*, Die Abfertigungsregelungen aus juristischer Sicht, in Genser (Hrsg), Abfertigungsregelungen im Spannungsfeld der Wirtschaftspolitik – Eine interdisziplinäre Analyse (1987), 16.

778 OGH 29. 8. 1972, 4 Ob 48/72, Arb 9014 = ZAS 1973, 221 mit Bespr v *Wachter*; OGH 21. 9. 1976, 4 Ob 102/76, Arb 9520; OGH 6. 9. 1983, 4 Ob 92/83, infas 1984, A 78; zur 30-jährigen Verjährungsfrist für die Vordienstzeitenanrechnung s EuGH 16. 1. 2014, C-429/12, *Pohl*, ÖJZ 2014, 283 mit Bespr v *Brenn* = ARD 6383/20/2014.

Wurde die Anrechnung ausdrücklich auf die Ansprüche auf Urlaub und Sonderzahlungen beschränkt, so ist sie bei der Bemessung der Höhe des Abfertigungsanspruchs nicht zu berücksichtigen[779].

8.6.1.2.4. Berechnungsgrundlage

Als Berechnungsgrundlage für die Abfertigung ist das **für den letzten Monat gebührende Entgelt** heranzuziehen (§ 23 Abs 1 Satz 2 AngG). Zu verstehen ist darunter der Durchschnittsverdienst, der sich aus den mit einer gewissen Regelmäßigkeit – wenn auch nicht in jedem Monat – wiederkehrenden Bezügen, aber auch aus in größeren Zeitabschnitten oder nur einmal im Jahr zur Auszahlung gelangenden Aushilfen, Anschaffungsbeträgen, Urlaubsbeihilfen, Remunerationen, Zulagen, Treuegeldern, Bilanzgeldern[780], Diensterfindungsvergütungen[781] usw ergibt[782]. Dazu zählt auch eine Bauzulage, selbst wenn sie nur während der tatsächlichen Arbeitsleistung an Baustellen gewährt wird[783]. Einmalige zeitpunkt- bzw anlassbezogene Beträge, wie Belohnungen udgl, sind nicht zu berücksichtigen[784]. Bei **schwankenden** Einkünften wird im Allgemeinen ein Beobachtungszeitraum von einem Jahr als sachgerecht angesehen[785]. 8/455

Entscheidend ist, ob das Entgelt im letzten Monat/Beobachtungszeitraum gebührt (**Anspruch**), und nicht, wann es fällig wird. Dementsprechend ist auch zB die Gewinnbeteiligung jener Gewinnermittlungsperioden, in die der Zeitpunkt der Beendigung des Arbeitsverhältnisses fällt, abfertigungsrelevant[786].

Überstundenentgelte sind nur dann einzubeziehen, wenn die Überstunden regelmäßig anfallen[787] oder wenn eine Überstundenpauschale gewährt wird[788]. 8/456

Ist hingegen ein zwar nicht in gleicher monatlicher Höhe, aber durch Jahre regelmäßig bezogenes Überstundenentgelt – bedingt durch tief greifende wirtschaftliche Ursachen auf Seiten des Dienstgebers – seit einiger Zeit weggefallen und damit eine dauernde Einkommensänderung eingetreten, so ist dieses geänderte Einkommen als letztes monatliches Einkommen der Berechnung der Abfertigung zu

---

779 OGH 21. 2. 1984, 4 Ob 14/84, DRdA 1985, 45 mit Bespr v *Kohlmaier.*

780 Zur Abfertigungsberechnung bei einer variablen Bonusvergütung s OGH 27. 9. 2006, 9 ObA 59/06a, DRdA 2008, 55 mit Bespr v *Mayr* = ZAS 2007, 228 mit Bespr v *Huger/Laimer.*

781 OGH 29. 8. 2011, 9 ObA 96/11z, ecolex 2011, 1144 = infas 2012, A 18 = RdW 2011, 685; s auch *Eypeltauer,* Abfertigung Alt: Diensterfindungsvergütung und AG-Pensionskassenbeiträge, ecolex 2012, 418.

782 OGH 25. 3. 1980, 4 Ob 137/79, Arb 9866; OGH 6. 9. 1983, 4 Ob 158/82, Arb 10.292; OGH 29. 4. 2014, 9 ObA 8/14p, ARD 6406/7/2014; zur Einbeziehung von ausbezahlten Gutstunden s OGH 29. 1. 2013, 9 ObA 124/12v, infas 2013, A 44 = ecolex 2013, 555; vgl auch *Binder,* Die Entgeltbemessungsgrundlage für Nichtarbeitszeiten, RdW 1983, 48; allg hiezu *Schrank,* Rechtsprobleme der Berechnung der Abfertigung, ZAS 1990, 1; *Migsch,* Das regelmäßige Entgelt, in FS Schwarz (1991), 131; *Schindler,* „Deferred compensations", insb Betriebspensionszusagen als abfertigungsrelevante Entgelte, DRdA 1999, 187.

783 OGH 16. 10. 1979, 4 Ob 107/79, ZAS 1980, 182 mit Bespr v *Müller;* OGH 7. 7. 1981, 4 Ob 63/81, Arb 9999.

784 OGH 17. 2. 1981, 4 Ob 13/81, Arb 9942.

785 OGH 15. 12. 2004, 9 ObA 79/04i, DRdA 2005, 432 mit Bespr v *Mayr.*

786 OGH 27. 7. 2011, 9 ObA 22/11t, ASoK 2011, 416 mit Bespr v *Friedrich* = ZAS 2012, 174 mit Bespr v *Mair; Schrank,* Abfertigungsbemessung bei Erfolgsbeteiligungen: Wichtige Judikatur-Rückkorrektur, RdW 2012, 29; zur Gewinnbeteiligung s auch unten.

787 OGH 18. 11. 1987, 9 ObA 97/87, ZAS 1988, 121 mit Bespr v *Andexlinger/Spitzl;* OGH 29. 7. 2015, 9 ObA 13/15z, ARD 6465/13/2015 = ASoK 2015, 399.

788 OGH 12. 10. 1971, 4 Ob 59/71, ARD 2416/6/72.

Grunde zu legen[789]. Bei der Beurteilung der Frage, ob eine bleibende Änderung der Entgelthöhe eingetreten ist, spielt weniger die Dauer als der Grund dieser Änderung eine Rolle[790].

Auch verfallene Überstundenentgelte, die zum Zeitpunkt der Beendigung des Arbeitsverhältnisses nicht mehr geltend gemacht werden könnten, sind der Berechnung der Abfertigung zu Grunde zu legen[791].

8/457 **Provisionen** sind in durchschnittlicher Höhe des letzten Jahres zu berücksichtigen[792]. Beteiligungen am Unternehmen bzw an Konzernunternehmen sowie Optionen auf den Erwerb von Arbeitgeberaktien sind gem § 2a AVRAG nicht in die Bemessungsgrundlage für Entgeltfortzahlungsansprüche und Beendigungsansprüche einzubeziehen[793]. Gewinnbeteiligungen werden nicht den Unternehmensbeteiligungen iSd § 2a AVRAG unterstellt werden können (vgl 6.5.2.4), sodass die klassische Gewinnbeteiligung ebenso wie andere kennzahlenorientierte Beteiligungen (zB Umsatzbeteiligung) weiterhin in die Bemessungsgrundlage für die Abfertigung einzubeziehen sind[794]. Entgeltteile, die **über das Ende des Arbeitsverhältnisses hinaus** weiterwirken (zB Prämien für eine Betriebspension), sind nach herrschender Auffassung nicht in die Berechnung der Abfertigung einzubeziehen. So zählen Pensionskassenbeiträge des Arbeitgebers dann nicht zur Bemessungsgrundlage, wenn der Arbeitnehmer ein Wahlrecht hat, diese Beiträge auch bar ausbezahlt zu erhalten, im konkreten Fall jedoch die Einzahlung in die Pensionskasse gewählt wurde[795].

8/458 Weiters sind in die Bemessung der Abfertigung **Naturalbezüge** einzurechnen, wie etwa Dienstwohnungen, Deputate und Vergünstigungen verschiedenster Art. Zum Teil wird die Auffassung vertreten, dass Naturalbezüge betragsmäßig nur dann zu berücksichtigen sind, wenn die Gewährung bzw die Inanspruchnahme der Naturalleistung durch die Beendigung des Arbeitsverhältnisses unmöglich oder für eine der Parteien unzumutbar geworden ist[796]. Nach Ansicht des OGH[797] sind auch jene Sachleistungen auszunehmen, die ihrer Natur nach **untrennbar mit der aktiven Arbeitsleistung** am Arbeitsplatz verbunden sind. Zu Unrecht negiert damit das Höchstgericht den entgeltwerten Vorteil, der in einer derartigen Leistung enthalten ist.

---

789 OGH 18. 9. 1980, 4 Ob 116/80, Arb 9899; KG Wr Neustadt 25. 5. 1981, 4 Cg 10/81, Arb 9976.

790 ArbG Linz 8. 9. 1983, 3 Cr 10/83, Arb 10.294.

791 OGH 31. 8. 1988, 9 ObA 186/88, DRdA 1989, 307.

792 OGH 9. 4. 1975, 1 Ob 22/75, DRdA 1977, 93 mit Bespr v *Stökl*; vgl aber ArbG Linz 9. 11. 1978, 2 Cr 318/78, Arb 9729.

793 Vgl dazu *Peschek*, Neue arbeitsrechtliche Gestaltungsmöglichkeiten bei Mitarbeiterbeteiligungen und Stock-Option-Plänen, RdW 2001, 219; weiters *Weiß*, Die Berücksichtigung von Unternehmensbeteiligungen und Aktienoptionen bei Entgeltfortzahlungs- und Beendigungsansprüchen, ASoK 2001, 245; *Schrank*, Gewinnbeteiligung und Abfertigung, RdW 1984, 374.

794 Im Ergebnis ebenso OGH 27. 7. 2011, 9 ObA 22/11t, ASoK 2011, 416 mit Bespr v *Friedrich* = ZAS 2012, 174 mit Bespr v *Mair*; *Schrank*, Abfertigungsbemessung bei Erfolgsbeteiligungen: Wichtige Judikatur-Rückkorrektur, RdW 2012, 29; vgl hiezu aber bereits *Löschnigg*, Die Vereinbarung erfolgsabhängiger Entgelte, DRdA 2000, 478.

795 Vgl OGH 22. 12. 2010, 9 ObA 3/10x, ASoK 2011, 424 = RdW 2011, 352; OGH 26. 5. 2011, 9 ObA 45/11z, ecolex 2011, 742 = infas 2011, A 74 = ZAS 2011, 229; *Eypeltauer*, Abfertigung Alt: Diensterfindungsvergütung und AG-Pensionskassenbeiträge, ecolex 2012, 418.

796 Vgl *Migsch*, Abfertigung für Arbeiter und Angestellte (1982), 130; *Schrank*, Berechnung der Abfertigung, in Runggaldier (Hrsg), Abfertigungsrecht (1991), 174; allg zur Ablösung von Naturalleistungen vgl 6.5.2.1.

797 S steuerlich begünstigte Essensgutscheine OGH 28. 2. 2011, 9 ObA 121/10z, DRdA 2012, 417 mit Bespr v *Mosler* = ZAS 2012, 181 mit Bespr v *Drs* = infas 2011, A 57; s auch *Eypeltauer*, Essensmarken: Kein Teil der Entgeltfortzahlung und der Abfertigung?, ecolex 2011, 844.

Leistungen Dritter können Entgeltcharakter haben und sind in die Abfertigung einzubeziehen, wenn zwischen den Arbeitsvertragsparteien entsprechende Vereinbarungen getroffen wurden oder sich dies aus „sonstigen Umständen" ergibt. Fließen solche Leistungen nur „gelegentlich des Arbeitsvertrages" zu, bleiben sie außer Betracht[798]. 8/459

Ist ein Arbeitnehmer während des aufrechten Arbeitsverhältnisses von einer Vollbeschäftigung zu einer **Teilzeitbeschäftigung** beim selben Arbeitgeber übergewechselt, kann die Berechnung ebenfalls nur auf Basis des letzten Monatsgehalts erstellt werden[799]. Zu beachten ist dabei allerdings, dass nach Ansicht des OGH bei einer Änderung der Höhe des Entgelts „bereits erworbene Ansprüche des Arbeitnehmers nicht geschmälert werden dürfen"[800]. *Tomandl*[801] tritt generell für die Anwendung der Pro-rata-temporis-Regel ein, dh einer Inbeziehungsetzung der Entgelthöhe und der Dienstzeit. Bei Vorliegen der Vereinbarung einer bloß vorübergehenden Teilzeitbeschäftigung, die im Ergebnis einer teilweisen Aussetzung des Arbeitsvertrags nahekommt und aus der dem Arbeitnehmer kein Nachteil entstehen soll, ist die Abfertigung (ebenso wie das Urlaubsentgelt oder die Kündigungsentschädigung) auf der Grundlage jenes Entgelts zu berechnen, das bei vollzeitiger Beschäftigung gebührt hätte[802]. 8/460

Bezog der Arbeitnehmer **im letzten Monat kein Entgelt**, weil die Dauer seiner **Krankheit** den gesetzlich vorgesehenen Entgeltfortzahlungszeitraum überschritten hat, so ist der Abfertigung jenes Entgelt zu Grunde zu legen, das er erhalten hätte, wenn er an der Arbeitsleistung nicht verhindert gewesen wäre[803]. 8/461

8.6.1.2.5. Unternehmensauflösung

Im Falle der Auflösung eines Unternehmens entfällt die Verpflichtung zur Gewährung einer Abfertigung ganz oder zum Teil dann, wenn sich die **persönliche Wirtschaftslage des Dienstgebers** derart **verschlechtert** hat, dass ihm die Erfüllung dieser Verpflichtung zum Teil oder zur Gänze billigerweise nicht zugemutet werden kann (§ 23 Abs 2 AngG)[804]. Eine Berufung auf die Billigkeitsklausel ist aber nur möglich, wenn der Arbeitgeber im Falle des Zuspruchs der Abfertigung in seiner Existenz bedroht wäre[805]. 8/462

Die Auflösung des Arbeitsverhältnisses muss in einem **unmittelbaren sachlichen und zeitlichen Zusammenhang** mit der Auflösung des Unternehmens stehen. Das bedeutet nicht, dass die beiden Ereignisse am selben Tag stattfinden müssen. Kriterien wie die Art und Größe des Unternehmens, die Komplexität des Auflösungsvorganges, die Beendigungsmöglichkeiten der Arbeitsverhältnisse etc sind vielmehr bei der Prüfung des zeitlichen Zusammenhangs mitzuberücksichtigen. Als Richtwert

---

798 Vgl 6.5.1; zu Entgeltleistungen einer Schwestergesellschaft OGH 22. 7. 2010, 8 ObA 2/10t, ZAS 2012, 33 mit Bespr v *Burger*.

799 OGH 29. 6. 2005, 9 ObA 6/05f, DRdA 2006, 304 mit Bespr v *Smutny*.

800 OGH 18. 2. 1975, 4 Ob 79/74, DRdA 1976, 253 mit Bespr v *Klein*; zum Sonderfall der Teilzeitbeschäftigung anlässlich der Mutter- bzw Vaterschaft vgl 8.6.1.2.8.

801 Gedanken zur Berechnung der Abfertigung, ZAS 1995, 43.

802 OGH 27. 4. 1988, 9 Ob 901/88, DRdA 1989, 52.

803 OGH 9. 2. 1960, 4 Ob 139/59, Arb 7170; LGZ Wien 22. 9. 1983, 44 Cg 147/83, Arb 10.299.

804 S hiezu insb *Holzer*, Abfertigung und Unternehmensauflösung, bzw *Nowotny*, Abfertigung und Unternehmensübergang, beide in Runggaldier (Hrsg), Abfertigungsrecht (1991), 179 bzw 195; *Schima*, Abfertigung bei Ausgliederung von Betrieben, ecolex 1992, 184.

805 KG Wr Neustadt 20. 1. 1983, 4 Cg 13/82, Arb 10.163.

für die zeitliche Obergrenze kann ein Monat angesetzt werden[806]. Die Anwendbarkeit dieser Bestimmung ist somit ausgeschlossen, wenn ein Anspruch auf Abfertigung bereits besteht und die Auflösung des Unternehmens später eintritt[807].

Nach einem konstitutiven Anerkenntnis des Abfertigungsanspruchs kann sich der Arbeitgeber überhaupt nicht mehr auf § 23 Abs 2 AngG berufen[808].

8/463 Die Billigkeitsklausel des § 23 Abs 2 AngG ist mangels Schutzbedürftigkeit des Schuldners auf den Fall der Unternehmensliquidierung bei **Insolvenz des Arbeitgebers** nicht anwendbar[809]. Anders ist die Situation dann zu beurteilen, wenn im Rahmen eines insolvenzrechtlichen Sanierungsverfahrens die Chance auf Fortführung des Unternehmens besteht und dadurch die Befreiung von der Abfertigungszahlung aus wirtschaftlicher Sicht Sinn macht[810].

8/464 Gem § 23 Abs 2 AngG ist auf die **persönliche** Wirtschaftslage des Arbeitgebers abzustellen, sodass **juristische Personen**, wie die GmbH oder die AG, als „unpersönliche" Gesellschaften ausscheiden[811]. Ob eine Minderung oder ein gänzlicher Wegfall der Abfertigung in Betracht kommt, ist anhand einer Interessenabwägung zu beurteilen, in die nicht nur die persönliche Wirtschaftslage des Arbeitgebers, sondern auch jene des Arbeitnehmers einbezogen werden muss[812].

8/465 Zu beachten ist, dass für entfallende Abfertigungszahlungen unter bestimmten Voraussetzungen Insolvenz-Entgelt gem § 1a IESG gebührt (vgl 6.5.7.1.1 u 9.3.1.4).

8.6.1.2.6. Beendigung des Arbeitsverhältnisses ohne Abfertigungsanspruch

8/466 Ein Anspruch auf Abfertigung besteht grundsätzlich nicht, wenn der Arbeitnehmer **selbst kündigt**[813], wenn er **ohne wichtigen Grund vorzeitig austritt** oder wenn ihn ein **Verschulden an der vorzeitigen Entlassung** trifft (§ 23 Abs 7 AngG)[814]. Der Verlust des Abfertigungsanspruches bei Selbstkündigung wurde vom EuGH als EU-rechtskonform erkannt[815].

---

806 OGH 14. 4. 1999, 9 ObA 346/98t, DRdA 2000, 247 mit Bespr v *Mayr*; s aber auch KG Wr Neustadt 20. 1. 1983, 4 Cg 13/82, Arb 10.163.

807 OGH 17. 2. 1987, 14 ObA 2/87, Arb 10.607 = infas 1987, A 97.

808 OGH 17. 2. 1981, 4 Ob 160/80, DRdA 1982, 298 mit Bespr v *Apathy*.

809 OGH 18. 4. 1967, 4 Ob 24/67, Arb 8388; OGH 12. 7. 1977, 4 Ob 91/77, Arb 9604; OGH 6. 9. 1983, 4 Ob 87/83, Arb 10.293.

810 S bereits OGH 23. 3. 1976, 4 Ob 9/76, Arb 9461; OGH 6. 9. 1983, 4 Ob 87/83, Arb 10.293.

811 Vgl LGZ Wien 21. 2. 1957, 44 Cg 35/57, Arb 6604; LGZ Wien 2. 6. 1960, 44 Cg 116/60, Arb 7242; OGH 20. 9. 1983, 4 Ob 64/83, Arb 10.297.

812 OGH 23. 3. 1976, 4 Ob 9/76, Arb 9461; Näheres bei *Martinek/Schwarz*, Abfertigung (1980), 338 ff; *Migsch*, Abfertigung für Arbeiter und Angestellte (1982), 168 ff.

813 Kein Anspruch auf Abfertigung besteht bei einer nur einvernehmlichen Verschiebung des Endtermins nach einer Kündigung – OGH 29. 8. 2011, 9 ObA 97/11x, DRdA 2012, 613 mit Bespr v *Kallab* = infas 2012, A 6.

814 Vgl hiezu *Löschnigg*, Abfertigung alt/neu und Beendigungsformen, in Drs (Hrsg), Abfertigungsrecht (2012), 87.

815 EuGH 27. 1. 2000, C-190/98, *Graf*, ARD 5095/1/2000; weiters *Gruber*, Keine Abfertigung bei Selbstkündigung, ASoK 2000, 82; zur vorangegangenen Diskussion vgl *Mayr*, Abfertigung bei Selbstkündigung gemeinschaftsrechtlich geboten, RdW 1997, 606; *Gruber*, Keine Abfertigung bei Selbstkündigung – ein Verstoß gegen Art 48 EGV?, ZAS 1998, 97; *Friedrich*, Ist der Abfertigungsverlust bei Selbstkündigung mit Art 48 EGV vereinbar?, ASoK 1998, 127; *Mayr*, Abfertigung und EU-Recht, in Drs (Hrsg), Abfertigungsrecht (2012), 123.

Die zum Verlust der Abfertigung führenden Gründe sind im § 23 Abs 7 AngG taxativ angeführt. Der Anspruch auf Abfertigung besteht somit (bei Vorliegen der sonstigen Voraussetzungen) sowohl bei einvernehmlicher Auflösung des Arbeitsverhältnisses[816] als auch bei Beendigung eines Arbeitsverhältnisses durch Ablauf der Zeit, für die es geschlossen wurde. 8/467

Wenn aus dem Inhalt der Auflösungserklärung ein wichtiger Lösungsgrund erkennbar ist, so gebührt die Abfertigung auch dann, wenn der Arbeitnehmer nicht den Austritt erklärt, sondern formell nur kündigt[817]. Dies trifft weiters zu, wenn der Arbeitnehmer zwar selbst gekündigt hat, während der Kündigungsfrist jedoch ungerechtfertigt entlassen wurde oder berechtigt vorzeitig ausgetreten ist[818]. Wird ein während des Bestehens des Arbeitsverhältnisses verwirklichter Entlassungsgrund dem Arbeitgeber erst nach Ablauf der Kündigungsfrist bekannt, so ist keinesfalls eine analoge Anwendung des § 23 Abs 7 AngG vorzunehmen. Die gezahlte Abfertigung kann weder bereicherungsrechtlich noch aus dem Titel des Schadenersatzes zurückgefordert werden[819]. Wenn ein Arbeitnehmer bei Vorliegen eines dem Arbeitgeber bekannten Austrittsgrundes nicht von seinem Recht auf sofortige Auflösung des Arbeitsverhältnisses Gebrauch macht, sondern sich mit einer Kündigung begnügt, geht der Anspruch auf Abfertigung nicht verloren[820].

Ausnahmen vom Verlust der Abfertigung wegen Selbstkündigung werden in einigen Fällen vom Gesetz festgelegt (vgl 8.6.1.2.7 bis 8.6.1.2.9). 8/468

Kündigt der Arbeitgeber, so gebührt grundsätzlich die Abfertigung. Im Rahmen des **besonderen Kündigungsschutzes** (vgl 8.2.8.3) muss aber die Kündigung vielfach auf einen Tatbestand gestützt sein, der einem wichtigen und vom Arbeitnehmer verschuldeten Entlassungsgrund entspricht. Eine derartige Beendigung, die in keiner Weise dem Wesen der ordentlichen Kündigung gleichzuhalten ist, kann für die Abfertigung nicht anspruchsbegründend wirken[821]. 8/469

8.6.1.2.7. Pensionsalter, Pensionierung, Arbeitsunfähigkeit

In gewissen Fällen steht dem Arbeitnehmer eine Abfertigung auch dann zu, wenn er **selbst kündigt**. Hiezu zählen die Altersabfertigung, die Alterspensionsabfertigung und die Abfertigung im Zusammenhang mit Berufsunfähigkeit bzw Invalidität. 8/470

Die **Altersabfertigung** stellt in erster Linie auf das Alter des Arbeitnehmers ab. Ein Anspruch darauf besteht bei Männern nach Vollendung des 65. Lebensjahres, bei Frauen nach Vollendung des 60. Lebensjahres[822]. 8/471

---

816 OGH 21. 10. 1999, 8 ObA 152/99g, RdW 2000, 620; OGH 22. 10. 1974, 4 Ob 65/74, Arb 9282; OGH 13. 1. 1981, 4 Ob 46/80, DRdA 1982, 313 mit Bespr v *Iro*; OGH 4. 7. 1981, 4 Ob 63/81, Arb 9999; s in diesem Zusammenhang insb *Schima*, Abfertigungsregelungen in Vorstandsverträgen, in Runggaldier (Hrsg), Abfertigungsrecht (1991), 407; *Wachter*, Die Abfertigung beim Wechsel vom Angestellten zum Vorstandsmitglied, wbl 1991, 346.

817 OGH 26. 8. 2004, 8 ObA 69/04m, DRdA 2005, 538 mit Bespr v *Mayr*.

818 OGH 23. 11. 1971, 4 Ob 97/71, Arb 8936; OGH 18. 12. 1973, 4 Ob 102/73, ZAS 1974, 223 mit Bespr v *Heinrich*; LG Wien 16. 5. 1983, 44 Cg 62/83, Arb 10.288.

819 OGH 18. 11. 1975, 4 Ob 61/75, Arb 9407; OGH 21. 2. 1984, 4 Ob 15/84, Arb 10.330; OGH 10. 1. 2001, 9 ObA 222/00p, ARD 5230/13/2001.

820 OGH 26. 2. 1992, 9 ObA 7/92, DRdA 1992, 455 mit Bespr v *Csebrenyak*; OGH 2. 9. 1992, 9 ObA 158/92, DRdA 1993, 220 mit Bespr v *Mosler*.

821 Ebenso *W. Berger*, Abfertigung und Art der Beendigung des Arbeitsverhältnisses, in Runggaldier (Hrsg), Abfertigungsrecht (1991), 264.

822 Vgl *Petrovic*, Abfertigung und pensionsbedingte Selbstkündigung des Arbeitnehmers, in Runggaldier (Hrsg), Abfertigungsrecht (1991), 289; zur Anhebung des Pensionsantrittsalters *Aubauer/Rosenmayr*, Pensionskom-

8/472 Die **Pensionsabfertigung** gebührt, falls gewisse gesetzliche Pensionsleistungen vom Arbeitnehmer in Anspruch genommen werden („normale" Alterspension, vorzeitige Alterspension etc; im Einzelnen vgl § 23a Abs 1 AngG und § 2 ArbAbfG).

8/473 Die Altersabfertigung und die Alterspensionsabfertigung setzen voraus, dass sie – abgesehen vom Fall der Inanspruchnahme von Pensionsleistungen bei geminderter Arbeitsfähigkeit – nur dann geltend gemacht werden können, wenn zum Zeitpunkt der Beendigung des Arbeitsverhältnisses eine zumindest **zehnjährige ununterbrochene Beschäftigung** im Unternehmen vorhanden ist.

Im Falle der Pensionsabfertigung nach § 23a Abs 1 Z 1 lit b AngG vertritt der OGH[823] die Auffassung, dass der Arbeitnehmer das gesetzlich eingeräumte Recht auf Gewährung der vorzeitigen Alterspension **geltend machen** muss. Dies geschieht durch eine entsprechende Antragstellung bei der Pensionsversicherungsanstalt und durch die „gehörige Fortsetzung" des vom Sozialversicherungsträger über diesen Antrag eingeleiteten Verfahrens. Bestreitet der Arbeitgeber das Vorliegen der Anspruchsvoraussetzungen, so muss der Arbeitnehmer diese und die erfolgte Antragstellung sowie die Aufrechterhaltung des Antrags nachweisen. Für diesen Nachweis wird insb eine bescheidmäßige Mitteilung der Pensionsversicherungsanstalt über die Versicherungszeiten oder die Bescheinigung über die vorläufige Krankenversicherung (§ 10 Abs 7 ASVG) in Betracht kommen. Nach der hier vertretenen Ansicht liegt die „Inanspruchnahme" dann vor, wenn der Arbeitnehmer auf Grund der ihm von kompetenter Stelle zugekommenen Information auf die Existenz des Pensionsanspruchs vertrauen durfte.

Der Begriff der **Arbeitsunfähigkeitsabfertigung** kann als allgemeine Umschreibung einer Abfertigung verwendet werden, die bei verschiedenen Phänomenen einer Arbeitsunfähigkeit ansetzt. So gebührt die Abfertigung auch bei Selbstkündigung, wenn eine gesetzliche Pensionsleistung wegen geminderter Arbeitsfähigkeit zusteht oder wenn eine Berufsunfähigkeit bzw. Invalidität für die Dauer von voraussichtlich mindestens 6 Monaten festgestellt wird. Ebenso besteht ein Anspruch auf Abfertigung, wenn nach Ende der Entgeltfortzahlung des Arbeitgebers und nach Ende des Krankengeldanspruches nach ASVG ein Leistungsstreitverfahren hinsichtlich einer Berufsunfähigkeit bzw Invalidität eingeleitet wurde.

8.6.1.2.8. Mutter-/Vaterschaft

8/474 **Arbeitnehmerinnen** gebührt – sofern das Dienstverhältnis fünf Jahre gedauert hat – die halbe Abfertigung, höchstens jedoch das Dreifache des monatlichen Entgelts, wenn sie

a) nach der **Geburt** eines lebenden Kindes innerhalb der **Schutzfrist** (§ 5 Abs 1 MSchG; vgl 7.3.3.2) oder

b) nach der **Adoption** eines Kindes, welches das zweite Lebensjahr noch nicht vollendet hat, oder nach Übernahme eines solchen Kindes in unentgeltliche Pflege innerhalb von acht Wo-

mission sieht Handlungsbedarf, taxlex 2011, 273; zur Verfassungsmäßigkeit des ungleichen Pensionszugangsalters vgl OGH 12. 4. 2012, 10 ObS 35/12p, ARD 6234/3/2012 = infas 2012, S 29.

823 OGH 18. 10. 1983, 4 Ob 190/82, ZAS 1984, 189 mit Bespr v *Mazal*; OGH 21. 10. 1998, 9 ObA 142/98t, DRdA 1999, 304 mit Bespr v *Drs*; vgl zu diesem Problemkreis ausführlich *Mayr* in Löschnigg (Hrsg), AngG Bd 2[10] (2016), § 23a Rz 5; *Migsch*, Abfertigung für Arbeiter und Angestellte (1982), 172; *Holler*, Abfertigung und Frühpension, DRdA 1985, 384.

chen ihren vorzeitigen **Austritt** aus dem Arbeitsverhältnis erklären[824] (§ 23a Abs 3 ff AngG, § 2 ArbAbfG).

Diese Ausgestaltung des Abfertigungsrechts widerspricht nach Ansicht des EuGH bestehendem EU-Recht nicht[825]. 8/475

c) Bei Inanspruchnahme einer **Karenz** iS des MSchG (vgl 7.3.3.4) ist der Austritt grundsätzlich spätestens drei Monate vor Ende derselben bekannt zu geben (§ 23a Abs 3 AngG). Wird allerdings eine Karenz von weniger als drei Monaten in Anspruch genommen, so ist der Austritt spätestens zwei Monate vor Ende der Karenz bekannt zu geben.

Unter denselben Voraussetzungen und im selben Ausmaß haben auch **Väter** (bzw Adoptiv- und Pflegeväter) Anspruch auf Abfertigung, wenn sie eine **Karenz** in Anspruch nehmen und rechtzeitig vor deren Beendigung ihren Austritt erklären (§ 23a Abs 4 AngG). Keine Abfertigung gebührt dem Vater jedoch, wenn er den Austritt erklärt, nachdem der gemeinsame Haushalt mit dem Kind aufgehoben wurde, oder wenn der Austritt von vornherein nicht wegen der Betreuung des Kindes, sondern aus anderen Gründen erfolgt ist[826]. 8/476

Das Austrittsrecht selbst besteht unter Beachtung der jeweiligen gesetzlichen Voraussetzungen (vgl lit a bis c vorne) im Übrigen auch dann, wenn dem (der) Arbeitnehmer(in) mangels fünfjähriger Dienstzeit noch kein Abfertigungsanspruch zusteht[827]. 8/477

d) Eine Abfertigung gebührt weiters dann, wenn das Arbeitsverhältnis **während** einer **Teilzeitbeschäftigung** gem MSchG oder VKG (vgl 7.3.3.6) aufgelöst wird. Die Berechnung der **Höhe** der Abfertigung richtet sich nach der **Art** der **Beendigung**. 8/478

Endet das Arbeitsverhältnis infolge einer **Kündigung** durch den **Arbeitgeber**, infolge einer unverschuldeten Entlassung, eines begründeten Austritts oder einer einvernehmlichen Auflösung, so ist der Ermittlung des für die Abfertigung relevanten Entgelts die **frühere Normalarbeitszeit** der Arbeitnehmerin bzw des Arbeitnehmers zu Grunde zu legen. Eine betragsmäßige Begrenzung (halbe Abfertigung mit der Obergrenze von drei Monatsentgelten) kommt hier nicht in Betracht. Wenn im § 23 Abs 8 AngG die unverschuldete Entlassung ausdrücklich erwähnt wird, dann kann nur gemeint sein, dass der Dienstnehmer eine auf Grund des besonderen Entlassungsschutzes an sich rechtsunwirksame Entlassung gegen sich gelten lässt. Nur in diesem Fall kommt es zu einer Auflösung des Arbeitsverhältnisses und zu einem Anfall der Abfertigung. Bei mangels Zustimmung des Gerichts rechtswidrigen Kündigungen ist die Rechtslage gleich.

Kündigt hingegen der **Arbeitnehmer** während der **Teilzeitbeschäftigung** fristgerecht, dann ist bei der Berechnung des für die Höhe der in diesem Fall halbierten bzw mit drei Monatsbezügen **limitierten** Abfertigung maßgeblichen Monatsentgelts vom Durchschnitt der in den letzten fünf Jahren geleisteten Arbeitszeit unter Außerachtlassung der Zeiten der Karenz gem VKG oder MSchG auszugehen (§ 23a Abs 4a AngG). Die Teilzeitbeschäftigung ist in diesem Fall sehr wohl zu berücksichtigen und mindert dadurch die Abfertigungshöhe.

---

[824] Vgl *Eichinger*, Abfertigung und Austritt wegen Geburt oder Annahme eines Kindes, in Runggaldier (Hrsg), Abfertigungsrecht (1991), 309; s aber auch *Eypeltauer*, Mutterschaftsaustritt trotz Entlassungsgrund?, ecolex 1994, 554.

[825] EuGH 14. 9. 1999, C-249/97, *Gruber*, ZAS 2000, 56 mit Bespr v *Brodil*; s hiezu auch *Frauscher*, Halbe Abfertigung bei Beendigung des Arbeitsverhältnisses aufgrund fehlender Kinderbetreuungseinrichtungen europarechtskonform!, RdW 2000, 356; *Friedrich*, Halbe Abfertigung für Mütter gemäß § 23a Abs 3 AngG europarechtskonform, ASoK 1999, 312.

[826] OGH 17. 1. 1996, 9 ObA 197/95, Arb 11.471.

[827] OGH 26. 2. 1985, 4 Ob 10/85, DRdA 1986, 318 mit Bespr v *M. Schwarz* = ZAS 1985, 185 mit Bespr v *Andexlinger*; vgl auch 8.3.5.1.4.8.

8.6.1.2. Ansprüche aus der Beendigung des Arbeitsverhältnisses

Wird das Arbeitsverhältnis während der Teilzeitbeschäftigung durch **Zeitablauf** beendet, kommt es zu keiner derartigen Kürzung der Abfertigung. Die Bestimmung des § 23 Abs 8 AngG erwähnt dies zwar nicht ausdrücklich, doch weist die Befristung eine stärkere Nähe zur einvernehmlichen Auflösung als zur Arbeitnehmerkündigung auf.

Keineswegs eindeutig sind die Bestimmungen in den §§ 23 und 23a AngG, die auf die **geringfügige Beschäftigung** iS des **MSchG** bzw des **VKG** (vgl 7.3.3.5) Bezug nehmen. Generell soll nämlich bei der „Berechnung" der Abfertigung eine geringfügige Beschäftigung während der **Karenz** nicht berücksichtigt werden (§ 23 Abs 1a AngG). Die angeordnete Außerachtlassung der geringfügigen Beschäftigung gem § 23 Abs 1a AngG kann nur so verstanden werden, dass bei Berechnung der Abfertigungsansprüche das **Ausmaß** des Entgelts während der geringfügigen Beschäftigung nicht berücksichtigt wird. Auf die für die Bemessung der Abfertigung maßgebliche **Dauer** des Arbeitsverhältnisses sind jedoch Zeiten einer geringfügigen Beschäftigung sehr wohl anzurechnen. Diese Auslegung ergibt sich zwangsläufig aus dem Vergleich mit einer sonstigen Teilzeitbeschäftigung im Ausmaß einer geringfügigen Beschäftigung. Eine vom MSchG bzw vom VKG unabhängige geringfügige Beschäftigung muss zweifellos den für die Abfertigung relevanten Beschäftigungszeiten hinzugerechnet werden. Bejaht man diese Anrechnung nicht auch für Zeiten einer geringfügigen Beschäftigung nach dem MSchG und dem VKG, käme es zu einer Benachteiligung gerade jener Personen, die der Gesetzgeber ansonsten als besonders schutzwürdig erachtet. Eine derartige Absicht kann aber dem Gesetzgeber – nicht zuletzt unter Berücksichtigung des Gemeinschaftsrechts – nicht unterstellt werden[828].

Im Gegensatz zu § 23 Abs 1a AngG, der von „Berechnung" der Abfertigung spricht, sollen nach § 23a Abs 3 AngG „**Zeiten**" geringfügiger Beschäftigungen für den Abfertigungsanspruch **außer Betracht** bleiben. Diese Formulierung, die sich im Prinzip mit jener des § 15f Abs 1 vorletzter Satz MSchG deckt, weist eher darauf hin, dass in diesem Fall die Zeiten der geringfügigen Beschäftigung überhaupt nicht berücksichtigt werden. Die Bestimmung des § 23a Abs 3 AngG betrifft allerdings ausschließlich die Abfertigung auf Grund des **Mutter(Vater)schaftsaustritts**, die an sich schon eine besondere Begünstigung darstellt.

8.6.1.2.9. Betriebsübergang

8/479 Kommt es zu einem Betriebsübergang iSd § 3 Abs 1 AVRAG (vgl 9.2.2), dann tritt der Erwerber mit allen Rechten und Pflichten in die bestehenden Arbeitsverhältnisse ein. Falls dem Arbeitnehmer in diesem Zusammenhang ein außerordentliches Kündigungsrecht zusteht, bleibt ihm ausnahmsweise der Anspruch auf die Abfertigung gewahrt (s auch 9.2.2).

8.6.1.2.10. Tod des Arbeitnehmers

8/480 Stirbt der Arbeitnehmer, so gebührt den gesetzlichen Erben, zu deren Unterhalt er verpflichtet war, als Abfertigung die **Hälfte des Ausmaßes**, das der Arbeitnehmer zu diesem Zeitpunkt bekommen hätte[829].

Es handelt sich um einen **eigenen Anspruch** der gesetzlichen Erben und nicht um Rechtsnachfolge im Erbgang[830]. Wer als gesetzlicher Erbe anzusehen ist, ergibt sich aus den erbrechtlichen Bestimmungen

---

[828] Vgl *Mayr* in Löschnigg (Hrsg), AngG Bd 2[10] (2016), § 23 Rz 22; aA OGH 21. 5. 2007, 8 ObS 11/07m, DRdA 2008, 505 mit krit Bespr v *Mayr*; *Knöfler*, MSchG (Losebl), 333; *Schrank*, Karenzurlaubserweiterungsgesetz: Neue Formen der Teilzeitbeschäftigung und ihre Auswirkungen auf die arbeitsrechtlichen Ansprüche I und II, ZAS 1990, 145 und 186.

[829] Zur Vorfrage des Bestehens eines gesetzlichen Unterhaltsanspruchs vgl zB OGH 20. 9. 1983, 4 Ob 179/82, Arb 10.296; OGH 11. 2. 1998, 9 ObA 240/97b, DRdA 1999, 60 mit Bespr v *Riedler*; allg hiezu *Binder*, Abfertigung bei Tod des Arbeitnehmers, in Runggaldier (Hrsg), Abfertigungsrecht (1991), 221; OGH 9. 7. 1999, 9 ObA 102/99m, ZAS 2001, 80 mit Bespr v *Trost* = RdW 2000, 624.

[830] Vgl OGH 15. 5. 1996, 9 ObA 2012/96i, DRdA 1997, 186 mit Bespr v *Binder*.

des ABGB[831]. Der Abfertigungsanspruch geht nicht verloren, wenn ein Hinterbliebener zwar als gesetzlicher Erbe anzusehen ist, er aber von der Erbfolge durch letztwillige Verfügung (Testament, Erbvertrag) ausgeschlossen wurde.

Die Voraussetzung der **Unterhaltspflicht** muss im Zeitpunkt des Todes des Erblassers gegeben sein. Ein Unterhaltsanspruch zu einem späteren Zeitpunkt ist für die Abfertigung irrelevant[832]. 8/481

Als Unterhaltsansprüche kommen in erster Linie jene von Kindern gegen ihre Eltern und Großeltern (§§ 231 u 232 ABGB) sowie solche der Eltern und Großeltern gegen Kinder (§ 234 Abs 1 ABGB) in Betracht. Unterhaltsverpflichtungen bestehen auch zwischen den Ehegatten (§ 94 ABGB) und gegenüber dem eingetragenen Partner (§ 12 EPG)[833].

8.6.1.3. Abfertigung „Neu" – Betriebliches Mitarbeiter- und Selbständigenvorsorgegesetz (BMSVG)[834]

Das BMSVG gilt grundsätzlich erst für Arbeitsverhältnisse, deren vertraglicher Beginn nach dem 31. 12. 2002 liegt[835]. Eine Reihe von Übergangsbestimmungen sehen aber auch für Arbeitsverhältnisse, die vor dem 1. 1. 2003 begründet wurden, die Möglichkeit zum Übertritt in das BMSVG vor (vgl hiezu 8.6.1.4). Umgekehrt kennt das BMSVG aber auch den Fall, dass trotz eines Arbeitsbeginns nach dem 31. 12. 2002 altes Abfertigungsrecht zur Anwendung gelangt (zB bei journalistischen oder programmgestaltenden Arbeitnehmern im ORF oder bei unterbrochenen Arbeitsverhältnissen zum selben Arbeitgeber; § 46 Abs 2 bis 4 BMSVG)[836]. 8/482

---

[831] Vgl *Welser/Zöchling-Jud*, Grundriss des bürgerlichen Rechts II[14] (2015), 527 ff; zum Erbrechts-Änderungsgesetz 2015 s *Rabl/Zöchling-Jud* (Hrsg), Das neue Erbrecht – Erbrechts-Änderungsgesetz 2015 (2015); *Barth/Pesendorfer*, Erbrechtsreform 2015 (2015); *Kolmasch/Tuma*, Erbrechtsreform ab 2017 – BGBl, ARD 6461/23/2015; *Kolmasch*, Erbrechts-Änderungsgesetz 2015 (ErbRÄG 2015), Zak 2015, 250.

[832] Vgl OGH 23. 10. 1962, 4 Ob 27/62, Arb 7700; OGH 22. 9. 1970, 4 Ob 72/70, Arb 8797.

[833] Zur Unterhaltsberechtigung in Verbindung mit dem Abfertigungsrecht vgl *Schwarz*, Die Abfertigung im Brennpunkt der Arbeiter- und Angestelltenfrage, in FS Ibler (1980), 105; *Marhold*, Neues Unterhaltsrecht und Abfertigung, ZAS 1981, 128; *Holler*, Der Abfertigungsanspruch bei Beendigung des Arbeitsverhältnisses durch den Tod des Arbeitnehmers, ÖJZ 1980, 372; *Birkner*, Abfertigungsanspruch unehelicher Kinder – neue Rechtslage, RdW 1990, 86.

[834] Allg zum BMSVG vgl *Mayr/Resch*, Abfertigung Neu – BMSVG[2] (2009); *Leutner/Achitz/Farny/Wöss*, Abfertigung neu – BMVG (2003); *Tomandl/Achatz/Mazal*, Abfertigung Neu (2003); *Binder/Schifko*, Abfertigung Neu[2] (2003); *Kristen/Pinggera/Schön*, Abfertigung Neu – BMVG[2] (2004); *dies*, Abfertigung Neu, RdW 2002, 386; *Gruber*, Abfertigung Neu – 100 Fragen und Antworten[2] (2005); *Adamovic*, Abfertigung Alt und Abfertigung Neu – Versuch einer Bilanz, RdW 2002, 471; *Tomandl*, Die Anwendbarkeit des BMVG bei Betriebsübergängen, ZAS 2003, 23; *Häfle*, Abfertigung neu (BMVG) – Lösung arbeits- und leistungsrechtlicher Fragen – Antwortschreiben des BMWA, ASoK 2002, 409; *Klein*, Arbeitsrechtliche Inhalte und Probleme der Abfertigungsreform, wbl 2002, 485; *Mayr*, Abfertigung Neu – Gefahren für die Arbeitgeber, in FS Cerny (2001), 125; *Ziniel*, Für eine Reform des Abfertigungsrechts, in FS Cerny (2001), 151; *Wöss*, Abfertigung neu auch für Selbständige, DRdA 2008, 71; *Neumann*, Abfertigung neu für Selbständige (2008); *Grün/Martinek*, Die Mitarbeitervorsorgekasse (2002); *Burger*, Abfertigung neu, in Reissner/Neumayr (Hrsg), Zeller Handbuch Arbeitsvertrags-Klauseln (2010), 604; *Ritzberger-Moser*, Rechtspolitischer Hintergrund und geplante Änderungen, in Drs (Hrsg), Abfertigungsrecht (2012), 23; *Resch*, Betriebliches Mitarbeitervorsorgegesetz – Abfertigung neu, ÖJZ 2004, 481.

[835] Zu Abgrenzungsfragen hinsichtlich des persönlichen und zeitlichen Geltungsbereiches vgl *Gruber*, Welche Arbeitsverhältnisse unterliegen dem neuen Abfertigungsrecht?, ZAS 2003, 4; s auch OGH 26. 8. 2009, 9 ObA 103/08z, DRdA 2011, 45 mit Bespr v *Pfeil*.

[836] *Schrank*, Verbleib in der Abfertigung „Alt" bei neuem Arbeitsverhältnis/neuem Arbeitgeber?, ecolex 2004, 122.

8.6.1.3. Ansprüche aus der Beendigung des Arbeitsverhältnisses

8.6.1.3.1. Beitragsrecht/Anwartschaftserwerb

8/483 Ab dem zweiten Monat eines Arbeitsverhältnisses hat der Arbeitgeber 1,53 % des monatlichen Entgelts (einschließlich Sonderzahlungen) an den zuständigen Krankenversicherungsträger/die zuständige Gebietskrankenkasse zu überweisen (§ 6 Abs 1 BMSVG). Der Krankenversicherungsträger leitet diese Beiträge an die jeweilige Vorsorgekasse (BV-Kasse, betriebliche Vorsorgekasse) weiter[837].

Im **ersten Monat** des Arbeitsverhältnisses hat der Arbeitgeber **keine Beiträge** zu leisten, gleichgültig, ob ein Arbeitsverhältnis auf Probe vereinbart war oder nicht. Wird jedoch innerhalb eines Zeitraumes von **zwölf Monaten** ab dem Ende des Arbeitsverhältnisses mit demselben Arbeitgeber **erneut ein Dienstverhältnis** geschlossen, setzt die Beitragspflicht gem § 6 Abs 1 BMSVG mit dem ersten Tag dieses Arbeitsverhältnisses ein[838]. Eine über zwölf Monate hinausgehende Lücke führt zur neuerlichen Beitragsfreiheit im ersten Monat. Voraussetzung ist aber die formelle Beendigung des Arbeitsverhältnisses. Eine über zwölf Monate hinausreichende **Karenzierung** des Arbeitsverhältnisses (vgl 6.11.1) erfüllt diese Voraussetzung nicht, sodass in diesem Fall selbst nach einer Unterbrechung von mehr als zwölf Monaten ab dem Monat der Wiederaufnahme der Dienstleistung Dienstgeberbeiträge an die Vorsorgekasse zu leisten sind (zu besonderen Fällen der Karenzierung s unten).

8/484 Beitragsgrundlage bildet das **Entgelt iSd § 49 ASVG**, dh der sozialversicherungsrechtliche Entgeltbegriff ist maßgebend. Sozialrechtliche Beschränkungen nach oben oder nach unten (Geringfügigkeitsgrenze gem § 5 Abs 2 ASVG bzw Höchstbeitragsgrundlagen) sind jedoch irrelevant. Auch Teilzeitbeschäftigungen mit minimalen Entgelten (zB € 100 pro Monat) sind damit vom BMSVG erfasst.

8/485 Grundsätzlich ist die Beitragsleistung des Arbeitgebers und damit der Erwerb von Anwartschaftszeiten durch den Arbeitnehmer an das Entgelt gebunden. Teilweise ist der Arbeitgeber aber auch für **entgeltfreie Zeiten** zur Beitragsleistung verpflichtet.

Beiträge an die Vorsorgekasse hat der Arbeitgeber auch während eines Präsenz- und Ausbildungsdienstes iS des WG 2001 und eines Zivil- bzw Auslandsdienstes iS des ZDG zu leisten. In diesen Fällen bildet das Kinderbetreuungsgeld gem § 3 Abs 1 KBGG (vgl 7.3.3.7) die Bemessungsgrundlage (§ 7 Abs 1 und 2 BMSVG). Anspruch auf Beitragsleistung gegenüber dem Arbeitgeber besteht ebenso im Fall eines Wochengeldbezugs (Bemessungsgrundlage: Monatsentgelt, berechnet nach den letzten drei Monaten vor der Mutterschaft) und im Fall eines Krankengeldbezugs nach dem ASVG (Bemessungsgrundlage: Hälfte des Entgelts des Monats vor dem Krankengeldbezug; § 7 Abs 3 und 4 BMSVG). Abfertigungsanwartschaften nicht zu Lasten des Arbeitgebers, sondern zu Lasten des Bundes hat ein Arbeitnehmer gem § 5b Abs 1 KBGG für die Dauer einer Freistellung gegen Entfall des Entgelts nach den §§ 14a oder 14b AVRAG oder einer Pflegekarenz nach § 14c AVRAG. Für Zeiten eines Kinderbetreuungsgeldbezuges hat im Regelfall der FLAF (Familienlastenausgleichsfonds) einzuspringen (§ 7 Abs 5 BMSVG). Für die Dauer einer Bildungskarenz nach § 11 AVRAG hat der Arbeitnehmer Anspruch auf eine Beitragsleistung zu Lasten der Mittel aus der Gebarung Arbeitsmarktpolitik (§ 7 Abs 6a BMSVG). Aus der kasuistischen Auflistung der beitragsrelevanten Fälle im Gesetz ergibt sich, dass im Gegensatz zum alten Abfertigungsrecht sonstige im BMSVG nicht erwähnte entgeltfreie Zeiten keine Abfertigungsanwartschaften begründen.

---

[837] Vgl insb *Schrank*, Heikle Rechtsfragen des Beitragssystems der „Abfertigung Neu“, ZAS 2003, 14.
[838] S auch OGH 25. 5. 2016, 9 ObA 30/16a, DRdA 2017, 46 mit Bespr v *Mair* = ASoK 2016, 317.

8.6.1.3.2. Auswahl und Wechsel der Vorsorgekasse

Die Auswahl der betrieblichen Vorsorgekasse erfolgt grundsätzlich **durch den Arbeitgeber**. 8/486
Für Arbeitnehmer, die von einem Betriebsrat vertreten sind, ist jedoch der Abschluss einer **erzwingbaren Betriebsvereinbarung** vorgesehen (§ 9 Abs 1 BMSVG iVm § 97 Abs 1 Z 1b ArbVG). Dies bedeutet, dass zwar der Arbeitgeber vorweg eine Auswahl treffen kann, dass aber der Betriebsrat zur Anrufung der Schlichtungsstelle (vgl 11.5.3.3.6) berechtigt ist, die einen Wechsel der Vorsorgekasse herbeiführen könnte[839].

In einem Unternehmen, in dem ein **Zentralbetriebsrat** zu errichten ist, liegt die Kompetenz zum Abschluss einer entsprechenden Betriebsvereinbarung ausschließlich beim Zentralbetriebsrat (§ 113 Abs 4 Z 6 ArbVG; s auch 10.7.5). Damit wird vermieden, dass mehrere Betriebsräte parallele Verfahren vor unterschiedlichen Schlichtungsstellen beantragen und unterschiedliche BV-Kassen ausgewählt werden. Dies führt aber auch zum Ergebnis, dass selbst in Betrieben, in denen ein Betriebsrat besteht, dieser im Hinblick auf die Vorsorgekasse kein Mitwirkungsrecht besitzt, wenn für das Gesamtunternehmen ein Zentralbetriebsrat zu wählen wäre, ein solcher aber nicht gebildet wurde. In diesem Fall kommt das Verfahren nach § 10 BMSVG („Arbeitnehmer, die von keinem Betriebsrat vertreten sind"; s unten) zur Anwendung[840].

Arbeitnehmer, die **von keinem Betriebsrat vertreten** sind, hat der Arbeitgeber binnen einer Woche von der beabsichtigten Auswahl der BV-Kasse schriftlich zu informieren (§ 9 Abs 2 BMSVG). 8/487

Werden gegen die beabsichtigte Auswahl der BV-Kasse binnen zwei Wochen von mindestens einem Drittel der Arbeitnehmer schriftliche Einwände erhoben, muss der Arbeitgeber eine andere Kasse vorschlagen. Auf Verlangen der beeinspruchenden Arbeitnehmer ist eine kollektivvertragsfähige freiwillige Interessenvertretung der Arbeitnehmer zu den weiteren Beratungen über diesen Vorschlag beizuziehen. Wird trotz Einbeziehung der Interessenvertretung binnen zwei Wochen kein Einvernehmen über die Auswahl der BV-Kasse erzielt, hat über Antrag eines der beiden Streitteile die Schlichtungsstelle zu entscheiden.

Wurde bei Beendigung des Arbeitsverhältnisses noch keine BV-Kasse ausgewählt und ist auch kein Arbeitgeber mehr vorhanden, der eine BV-Kasse auswählen könnte, sind die Beiträge vom jeweils zuständigen Träger der Krankenversicherung an die Vorsorgekasse des neuen Arbeitgebers weiterzuleiten, sofern der Arbeitnehmer innerhalb von zwölf Monaten nach Beendigung des Arbeitsverhältnisses ein neues Arbeitsverhältnis eingeht. Andernfalls kann der Arbeitnehmer nach zwölf Monaten selbst eine BV-Kasse auswählen. 8/488

Welcher BV-Kasse der Arbeitgeber beigetreten ist, ist auch im **Dienstzettel** oder in einem schriftlichen Arbeitsvertrag (bzw einer schriftlichen Ergänzung desselben) festzuhalten (s § 2 Abs 2 Z 13 AVRAG). 8/489

Zwischen Arbeitgeber und Vorsorgekasse ist ein **Beitrittsvertrag** abzuschließen, wobei für die BV-Kassen gem § 11 Abs 3 BMSVG ein **Kontrahierungszwang** besteht. 8/490

Zur Sicherung der Beiträge sieht das BMSVG eine Reihe von **Organisationsvorschriften** für Vorsorgekassen vor. Diese reichen vom Namensschutz über Beschränkungen der Rechtsform (zulässig sind nur GesmbH und AG) und der zu tätigenden Geschäfte bis zur Höhe der notwendigen Eigenmittel

---

[839] Vgl insb auch *Gruber*, Abfertigung Neu – 100 Fragen und Antworten (2002), 68; aA *Eypeltauer*, Abfertigung Neu: Zwei ausgewählte Rechtsfragen, RdW 2003, 26; *Mair*, Auswahl der BV-Kasse und Zuweisungsverfahren, in Drs (Hrsg), Abfertigungsrecht (2012), 31.

[840] AA *Resch* in Mayr/Resch (Hrsg), Abfertigung Neu – BMSVG^2 (2009), §§ 9, 10 Erl 12–18.

und der Zusammensetzung des Aufsichtsrates (§§ 18 ff BMSVG). Die an die BV-Kasse überwiesenen Abfertigungsbeiträge stehen jedenfalls im Eigentum der BV-Kasse, die diese treuhändig für die Anwartschaftsberechtigten hält und verwaltet (**offene Verwaltungstreuhand**).

8/491 Eine **Kündigung des Beitrittsvertrages**, gleichgültig, ob durch den Arbeitgeber oder durch die BV-Kasse, ist ebenso wie eine **einvernehmliche Auflösung** des Beitrittsvertrages nur rechtswirksam, wenn die Übertragung der Abfertigungsanwartschaften auf eine andere BV-Kasse sichergestellt ist. Außerdem kann eine Kündigung oder eine einvernehmliche Beendigung des Beitrittsvertrages nur für alle von diesem Vertrag erfassten Anwartschaftsberechtigten erfolgen (§ 12 Abs 1 BMSVG).

Der Betriebsrat oder die Arbeitnehmer können in den Beitrittsvertrag unmittelbar nicht eingreifen, ihn kündigen etc, ein Wechsel der BV-Kasse kann aber gegenüber dem Arbeitgeber verlangt werden (§ 12 Abs 4 BMSVG). Die Bestimmungen über die Auswahl der BV-Kasse (s oben) sind hiebei sinngemäß anzuwenden, sodass letztlich auch die Schlichtungsstelle angerufen werden kann.

8.6.1.3.3. Anspruchsvoraussetzungen

8/492 Der Anspruch auf Abfertigung setzt voraus, dass das Arbeitsverhältnis **beendet** wird und dass **3 Beitragsjahre** seit der ersten Beitragszahlung nach der erstmaligen Aufnahme eines Arbeitsverhältnisses oder der letztmaligen Auszahlung der Abfertigung vergangen sind. Beitragszeiten sind grundsätzlich zusammenzurechnen, unabhängig davon, ob sie bei einem oder mehreren Dienstgebern zurückgelegt worden sind. Dies gilt jedoch nicht für Beitragszeiten aus Arbeitsverhältnissen, die zum Zeitpunkt der Beendigung noch aufrecht sind.

Beispiel: Eine Arbeitnehmerin arbeitet 20 Stunden pro Woche als Lagerarbeiterin im Handelsunternehmen A (seit vier Jahren) und zehn Stunden pro Woche als Hilfskraft im Gewerbebetrieb B (seit fünf Jahren). Wenn die Arbeitnehmerin im Unternehmen A gekündigt wird, kann sie auch die Abfertigungsanwartschaften aus dem Unternehmen B zur Auszahlung kommen lassen? – Dies ist nicht möglich, da sie zum Unternehmen B in einem aufrechten Arbeitsverhältnis steht.

8/493 Losgelöst vom Erwerb von Anwartschaftszeiten regelt das BMSVG den Anspruch auf Auszahlung der Abfertigung. **Kein Anspruch auf Auszahlung** besteht bei **Kündigung** durch den **Arbeitnehmer** (ausgenommen bei Kündigung während einer Teilzeitbeschäftigung nach dem MSchG bzw dem VKG[841], vgl auch 8.6.1.2.8 zur Abfertigung alt), bei verschuldeter Entlassung und beim unberechtigten Austritt des Arbeitnehmers (§ 14 Abs 2 BMSVG). Bei allen anderen Beendigungsformen (Kündigung des Arbeitgebers, einvernehmliche Auflösung, Ablauf einer Befristung, besondere Beendigung durch den Arbeitgeber im Probemonat etc) kann die Auszahlung der Abfertigung grundsätzlich verlangt werden.

In gewissen Fällen wird eine Auszahlung der Abfertigung unterbleiben müssen, wenngleich eine ausdrückliche Erwähnung der Lösungsform im BMSVG nicht erfolgt ist. Dies betrifft Beendigungen des Arbeitsverhältnisses, die wesensmäßig einer Arbeitnehmerkündigung oder auf Grund des Verschuldens des Arbeitnehmers einer begründeten Entlassung gleich zu halten sind (zB jederzeitiges Lösungsrecht durch den Arbeitnehmer im Probemonat; außerordentliche Kündigung von Betriebsratsmitgliedern bei Vorliegen eines Entlassungsgrundes, vgl auch 8.2.8.3.1; gewisse Erlöschensgründe, vgl 8.5.4). Umgekehrt ist das Verlangen auf Auszahlung der Abfertigung berechtigt, wenn zwar der Arbeitneh-

[841] *Ercher/Rath*, Abfertigung Neu – Neuerungen im Abfertigungsrecht für unselbständig erwerbstätige Mütter und Väter, ASoK 2003, 9; OGH 12. 7. 2006, 9 ObA 38/06p, DRdA 2007, 463 mit Bespr v *Binder*.

mer die Kündigung ausspricht, er die Auflösung aber auf ein besonderes Kündigungsrecht stützen kann. Dies gilt für den Fall, dass der Arbeitnehmer gem § 3 Abs 5 AVRAG wegen wesentlicher Verschlechterung der Arbeitsbedingungen im Zuge eines Betriebsübergangs kündigt (vgl 9.2.2).

Unabhängig von der Art der Beendigung des Arbeitsverhältnisses besteht ein Anspruch auf Auszahlung der Abfertigung, wenn das Arbeitsverhältnis nach Vollendung des Anfallsalters für die **vorzeitige Alterspension** aus der gesetzlichen Pensionsversicherung endet[842]. Die Auszahlung kann auch dann verlangt werden, wenn der Arbeitnehmer seit **mindestens fünf Jahren in keinem Arbeitsverhältnis** mehr steht, auf Grund dessen Beiträge nach dem BMSVG zu leisten sind (§ 14 Abs 4 BMSVG). 8/494

Bei **Tod des Arbeitnehmers** gebührt die Abfertigung dem Ehegatten oder dem eingetragenen Partner sowie den Kindern (Wahl-, Pflege- und Stiefkindern), für die zum Zeitpunkt des Todes Familienbeihilfe bezogen wurde. Sind keine solchen Erben vorhanden bzw melden sich binnen drei Monaten keine anspruchsberechtigten Personen, fällt die Abfertigung in die Verlassenschaft (§ 14 Abs 5 BMSVG). 8/495

8.6.1.3.4. Ausmaß der Abfertigung

Die Höhe der Abfertigung ergibt sich aus der Abfertigungsanwartschaft zum Ende jenes Monats, in dem diese fällig ist (§ 15 BMSVG; zur Fälligkeit vgl 8.6.1.3.5). 8/496

Die **Abfertigungsanwartschaft** ergibt sich aus der Summe der in einer BV-Kasse verwalteten Ansprüche eines Arbeitnehmers. Das sind insb die vom Arbeitgeber geleisteten Abfertigungsbeiträge, Übertragungsbeträge von Altanwartschaften, Übertragungsbeträge von anderen BV-Kassen aus vorangegangenen Arbeitsverhältnissen und Veranlagungserträge abzüglich der Verwaltungskosten der BV-Kasse. Über die Abfertigungsanwartschaft ist der Arbeitnehmer **jährlich** zum Bilanzstichtag zu **informieren.**

8.6.1.3.5. Verfügungsmöglichkeiten und Fälligkeit

Nach Beendigung des Arbeitsverhältnisses hat der Arbeitnehmer verschiedene Möglichkeiten, über die angesammelten Abfertigungsanwartschaften zu verfügen (§ 17 BMSVG)[843]. Voraussetzung ist eine entsprechende **schriftliche Bekanntgabe** an die BV-Kasse. Darin kann der Arbeitnehmer die BV-Kasse auch beauftragen, die Auszahlung von Abfertigungen oder Verfügungen über Abfertigungsanwartschaften aus anderen BV-Kassen zu veranlassen (§ 14 Abs 6 BMSVG). 8/497

Im Einzelnen kann der Arbeitnehmer verlangen, dass
- die Abfertigung als Kapitalbetrag ausbezahlt wird,
- der Abfertigungsbetrag bis zur Inanspruchnahme einer gesetzlichen Pensionsleistung weiterhin von der BV-Kasse veranlagt wird,
- der gesamte Abfertigungsbetrag in die BV-Kasse eines neuen Arbeitgebers oder in eine für die Selbstständigenvorsorge ausgewählte BV-Kasse übertragen wird,

---

[842] Vgl hiezu *Windisch-Graetz*, Europarechtliche Fragen zum geplanten Betrieblichen Mitarbeitervorsorgegesetz, ZAS 2002, 73.

[843] Vgl zB *Leutner/Achitz/Farny/Wöss*, Abfertigung neu – BMVG (2003), 104; *Födermayr*, Verfügung über den Abfertigungsanspruch bei Beendigung des Arbeitsverhältnisses, in Drs (Hrsg), Abfertigungsrecht (2012), 103.

- die Abfertigung unter spezifischen Voraussetzungen an ein Versicherungsunternehmen oder eine Pensionskasse etc überwiesen wird.

Falls der Anwartschaftsberechtigte die **Erklärung** über die Verwendung des Abfertigungsbetrages **nicht** binnen sechs Monaten nach Beendigung des Arbeitsverhältnisses abgibt, ist der Abfertigungsbetrag weiter zu veranlagen. Wurde der Kapitalbetrag **irrtümlich zu hoch berechnet** und dem Arbeitnehmer ausbezahlt, und hat ihn dieser für seinen normalen Lebensaufwand gutgläubig verbraucht, besteht kein Rückforderungsanspruch der Vorsorgekasse, sofern es sich nur um einen geringen Kapitalbetrag handelt[844].

8/498 Im Falle eines innerhalb der Verfügungsfrist eingeleiteten **arbeitsgerichtlichen Verfahrens** über abfertigungsrelevante Umstände (etwa Entgeltansprüche oder die Art der Beendigung des Arbeitsverhältnisses) kann der Arbeitnehmer entweder innerhalb der Frist nach dem ersten Satz oder innerhalb von sechs Monaten nach dem Eintritt der Rechtskraft des Gerichtsurteils verfügen. Liegen auf Grund der Beendigungsform des Arbeitsverhältnisses die Voraussetzungen für eine Verfügung über die Abfertigung nicht vor, kann der Anwartschaftsberechtigte eine Verfügung über die gesamte Abfertigung in der jeweiligen BV-Kasse verlangen, wenn die Abfertigungsanwartschaft seit der Beendigung des Arbeitsverhältnisses mindestens drei Jahre beitragsfrei gestellt ist. Die Verfügung kann frühestens nach dem Ablauf der Dreijahresfrist vorgenommen werden.

8/499 Die BV-Kasse hat nach dem Ablauf von drei Monaten ab dem Zeitpunkt der Verständigung über die Inanspruchnahme einer Eigenpension aus der gesetzlichen Pensionsversicherung oder gleichartigen Rechtsvorschriften der Mitgliedstaaten des EWR die Abfertigung als Kapitalbetrag zum Ende des Folgemonats (Fälligkeit der Abfertigung) auszuzahlen, sofern der Anwartschaftsberechtigte nicht vorher über die Abfertigung verfügt hat (Näheres in § 17 Abs 2, 2a und 3 BMSVG).

8/500 Die **Fälligkeit** der Abfertigung tritt dem BMSVG zufolge nicht mit Ende des Arbeitsverhältnisses ein. Gemäß § 16 BMSVG ist vielmehr die Abfertigung erst binnen fünf Werktagen nach Ende des zweiten Monats nach Geltendmachung des Anspruches (schriftliche Bekanntgabe, s oben) fällig, wobei die Zweimonatsfrist frühestens mit Beendigung des Arbeitsverhältnisses zu laufen beginnt.

8.6.1.4. Übergang vom alten zum neuen Abfertigungssystem

8/501 Die Bestimmungen des BMSVG sind grundsätzlich für all jene Arbeitsverhältnisse maßgeblich, deren vertraglich vereinbarter **Beginn nach dem 31. 12. 2002** liegt.

Ausnahmen von diesem Grundsatz ergeben sich aus § 46 BMSVG, wonach in gewissen Fällen trotz Abschlusses eines neuen Vertrages die alten Abfertigungsregelungen weiterhin zur Anwendung kommen. Der Grund für diese Ausnahmeregelungen liegt darin begründet, dass zwar formell ein neues Arbeitsverhältnis begründet wird, dass aber gleichzeitig ein starker Bezug zu einem vorangegangenen Dienstverhältnis besteht (zB erneuter Abschluss eines befristeten Vertrages mit journalistischen oder programmgestaltenden Mitarbeitern des ORF, vgl auch 4.3.2.2.3.3 u 8.6.1.5.2; erneuter Abschluss eines Arbeitsvertrages innerhalb eines Konzerns; Abschluss von Arbeitsverhältnissen auf Grund von Wiedereinstellungszusagen unter Anrechnung von Vordienstzeiten beim selben Arbeitgeber).

[844] OGH 26. 11. 2012, 9 ObA 120/12f, ZFR 2013, 146 mit Bespr v *Resch* = infas 2013, A 34 = ecolex 2013, 373.

Für die **vor dem 1. 1. 2003 begründeten Arbeitsverhältnisse** bleibt es bei den „alten" Abfertigungsbestimmungen (insb dem ArbAbfG und den §§ 23 u 23a AngG; vgl 8.6.1.2). § 47 BMSVG sieht allerdings vor, dass auch für diese Arbeitsverhältnisse ein **Wechsel in das BMSVG** ab einem bestimmten Stichtag vereinbart werden kann[845]. Notwendig ist eine **schriftliche Vereinbarung** zwischen Arbeitgeber und Arbeitnehmer[846]. Eine Betriebsvereinbarung im gesetzlichen Sinn kann die Individualvereinbarung nicht ersetzen. 8/502

Kommt es zu einem Wechsel in das BMSVG, dann ist zu unterscheiden, ob die **bisher erworbenen Anwartschaftszeiten** auf eine Vorsorgekasse übertragen werden oder nicht. Erfolgt **keine Übertragung** der alten Anwartschaften, dann gilt grundsätzlich bis zum Stichtag altes Abfertigungsrecht und danach das BMSVG. Die Anwendung des alten Abfertigungsrechts bedeutet insb, dass bei abfertigungsschädlichen Beendigungsformen (vor allem bei der Kündigung durch den Arbeitnehmer) dieser Teil der Abfertigung wegfällt. Das Ausmaß der Altabfertigung errechnet sich nach den bis zum Stichtag erworbenen Anwartschaftszeiten, die Höhe der Altabfertigung jedoch nicht nach dem Entgelt zum Stichtag, sondern zum Zeitpunkt der späteren tatsächlichen Beendigung des Arbeitsverhältnisses (§ 47 Abs 2 BMSVG). 8/503

Beispiel 1: Der Arbeitnehmer A wechselt vereinbarungsgemäß ohne Übertragung von Altanwartschaften mit 1. 6. 2010 in das BMSVG. Am 31. 5. 2010 hat er beim Dienstgeber sein elftes Dienstjahr vollendet. Im Herbst dieses Jahres erhält der Arbeitnehmer ein interessantes Stellenangebot und kündigt sein Arbeitsverhältnis zum 31. 12. 2010 auf. – Auf Grund des Stichtags 31. 5. 2010 hätte der Arbeitnehmer zu diesem Zeitpunkt eine fiktive Abfertigung in der Höhe von vier Monatsentgelten. Diese Abfertigung kommt jedoch nicht zur Auszahlung, da der Arbeitnehmer selbst gekündigt hat. In der Vorsorgekasse bleiben ihm die Beitragsleistungen ab dem 1. 6. 2010 erhalten.

Beispiel 2: Der Arbeitnehmer B wechselt vereinbarungsgemäß ohne Übertragung von Altanwartschaften mit 1. 6. 2010 in das BMSVG. Am 31. 5. 2010 hat er beim Dienstgeber sein elftes Dienstjahr vollendet. Am 1. 7. 2010 kommt es im Unternehmen zu einer generellen Gehaltserhöhung um 10 %. Zum 31. 12. 2010 wird der Arbeitnehmer vom Arbeitgeber gekündigt. – Auf Grund der Dienstgeberkündigung kommt es zur Auszahlung der fiktiven Abfertigung (dh vier Monatsentgelte entsprechend der am 31. 5. 2010 zurückgelegten Dienstzeit). Berechnet wird die Abfertigung nach dem höheren Monatsentgelt (Dezembergehalt). In der Vorsorgekasse bleiben dem Arbeitnehmer die Beitragsleistungen ab dem 1. 6. 2010 erhalten.

Das BMSVG sieht keine aliquote Berücksichtigung der Zeiten vor, die zwischen zwei Abfertigungssprüngen liegen (in den obigen zwei Beispielen die Zeit vom 1. 6. 2009 bis 31. 5. 2010, da sich durch diesen Zeitraum die Höhe der Abfertigung nicht erhöht). Diese Zeiten können aber durch entsprechende vertragliche Einigung abgegolten werden[847]. 8/504

Sollen **Altanwartschaften übertragen** werden, dann ist dies unter Einhaltung gewisser Voraussetzungen zulässig. § 47 Abs 3 BMSVG verlangt diesbezüglich 8/505

---

845 Vgl insb *Grillberger*, Der Übergang zur Abfertigung Neu, DRdA 2003, 211; *Mazal*, „Umstieg" auf das BMVG – Rechtsprobleme der innerbetrieblichen Umstellung des Abfertigungsrechts, ZAS 2003, 27; *Gruber*, Übertritt in das neue Abfertigungssystem, ecolex 2002, 484; *Rath/Kaszanits*, Übertritt in das neue Abfertigungssystem – Inkrafttreten und Übergangsrecht, ASoK 2002, 322; *Geist*, BMVG: Zeitlicher Geltungsbereich und Gestaltungsmöglichkeiten bei Übertrittsvereinbarungen – Beibehalten, einfrieren oder übertragen?, ASoK 2002, 282.

846 Zur Anfechtung einer Übertragungsvereinbarung wegen Arglist s OGH 27. 9. 2013, 9 ObA 83/13s, ARD 6374/3/2013 = infas 2014, A 15.

847 Vgl hiezu *Mayr* in Mayr/Resch (Hrsg), Abfertigung neu – BMSVG^2 (2009), § 47 Erl 9.

a) die Überweisung des vereinbarten Übertragungsbetrages an die Vorsorgekasse innerhalb von fünf Jahren ab dem Übertragungszeitpunkt;
b) mindestens einen Überweisungsbetrag von jährlich einem Fünftel des gesamten Überweisungsbetrages (+ 6 % Zinsen des jährlichen Übertragungsbetrages);
c) eine schriftliche Vereinbarung zwischen Arbeitgeber und Arbeitnehmer.

Diese **Vereinbarung** kann aber von den bisher anzuwendenden gesetzlichen und kollektivvertraglichen Bestimmungen (auch zu Ungunsten des Arbeitnehmers) **abweichen**. Diese „Schlechterstellung", die das Gesetz ermöglicht, lässt sich damit begründen, dass mit dem Wechsel in das neue Abfertigungsrecht auch Vorteile für den Arbeitnehmer (insb die Aufrechterhaltung der Anwartschaftszeiten bei Selbstkündigung) verbunden sind. Derartige Vereinbarungen müssen zweifellos den allgemeinen Wertungen des Zivilrechts entsprechen, sodass insb kein grobes Missverhältnis zwischen den Arbeitnehmer- und Arbeitgeberinteressen entstehen darf. Andernfalls würde die Vereinbarung wegen Sittenwidrigkeit iSd § 879 ABGB der Rechtsunwirksamkeit verfallen[848]. Der Arbeitgeber darf daher nicht das BMSVG zum Anlass nehmen, um unter Ausnützung der wirtschaftlichen und sozial schwächeren Position des Arbeitnehmers eine erhebliche Reduktion bereits erworbener Abfertigungsanwartschaften zu erreichen.

8/506 Übertragungen von Altanwartschaften sind zulässig (Vollübertritt nach § 47 Abs 3 BMSVG). Im Fall der Beendigung des Arbeitsverhältnisses hat der Arbeitgeber den aushaftenden Teil des vereinbarten Übertragungsbetrages **vorzeitig an die BV-Kasse** zu überweisen, außer es handelt sich um eine Beendigung des Arbeitsverhältnisses, bei der die Auszahlung der Abfertigung nicht verlangt werden kann (zB bei der Kündigung durch den Arbeitnehmer, bei verschuldeter Entlassung; vgl 8.6.1.3.3). Die Altanwartschaft an sich bleibt aber im Fall der Übertragung an die betriebliche Vorsorgekasse unabhängig von der Beendigungsart bestehen[849].

8/507 Eine gewisse Vermengung von altem und neuem Abfertigungssystem erfolgt bei der Beurteilung **abfertigungsrelevanter Dienstzeiten**. So sind im Fall eines Übertritts in das BMSVG die bisher in dem Arbeitsverhältnis zurückgelegten (alten) Dienstzeiten für die Voraussetzung einer dreijährigen Beschäftigung (§ 14 Abs 2 Z 4 BMSVG) zu berücksichtigen. Anzurechnen sind diese Dienstzeiten auch dann, wenn gesetzliche Abfertigungsregelungen eine mindestens zehnjährige ununterbrochene Dienstzeit vorschreiben (§ 47 Abs 5 und 6 BMSVG).

8/508 Das BMSVG enthält auch eine Reihe von Regelungen, die das Verhältnis der gesetzlichen Abfertigungsbestimmungen zu **günstigeren Bestimmungen** in Normen der kollektiven Rechtsgestaltung (insb im Kollektivvertrag) oder im Arbeitsvertrag festlegen. Zu keiner Veränderung kommt es bei jenen Arbeitnehmern, deren Arbeitsverhältnis vor dem 1. 1. 2003 begonnen hat und die keinen Wechsel in das BMSVG vereinbart haben. Für neue Arbeitsverhältnisse (dh mit Beginn ab 1. 1. 2003) und für jene Arbeitsverhältnisse, die einen Wechsel in das BMSVG vereinbart haben, gelten gem § 48 Abs 2 BMSVG günstigere Regelungen nur mehr insoweit, als die Höhe des Abfertigungsanspruches bezogen auf die Anzahl der Monatsentgelte betroffen ist (zB eine kollektivvertragliche Abfertigung in der Höhe von

848 Vgl insb auch *Gruber*, Übertritt in das neue Abfertigungssystem, ecolex 2002, 484; *Eypeltauer*, Abfertigung Neu: Zwei ausgewählte Rechtsfragen, RdW 2003, 26.
849 OGH 11. 10. 2007, 8 ObS 24/07y, DRdA 2009, 40 mit Bespr v *Mayr*.

fünf Monatsentgelten nach 10 Dienstjahren an Stelle der gesetzlichen Abfertigung in der Höhe von vier Monatsentgelten bei dieser Beschäftigungsdauer). Nicht mehr würde zB für diese Arbeitnehmergruppe eine kollektivvertragliche Bestimmung zur Anwendung kommen, wonach besondere Vordienstzeiten als abfertigungsrelevant angesehen werden. Falls im Rahmen einer Vereinbarung über die Anwendung des BMSVG die Höhe der Abfertigungsansprüche ausdrücklich Berücksichtigung findet, dann treten die entsprechenden Rechtsgrundlagen wieder außer Kraft. Dies bedeutet, dass über günstigere Abfertigungsbestimmungen insb in Kollektivverträgen im Rahmen der Übertrittsvereinbarung (in das BMSVG) beliebig disponiert werden kann. Dies gilt jedoch nur für den Zeitraum bis zum sog Stichtag, dh dem Zeitpunkt, zu dem das BMSVG für das konkrete Arbeitsverhältnis zur Anwendung kommt. Für Zeiten nach dem Stichtag gebührt ein Mehranspruch auf Grund einer günstigeren Regelung in jenem Anteil, der über das zum Stichtag zu berücksichtigende Ausmaß hinausgeht[850].

Abfertigungsansprüche, die über das BMSVG hinausgehen, sind gegenüber dem Arbeitgeber geltend zu machen. Für diese Ansprüche, die sich inhaltlich auf altes Abfertigungsrecht stützen können, wird aber auch hinsichtlich der abfertigungsrelevanten Beendigungsformen altes Abfertigungsrecht anzuwenden sein. Grundsätzlich bleibt es insb auch den Kollektivvertragsparteien unbenommen, kollektivvertragliche Ansprüche systemkonform an das BMSVG anzupassen[851]. 8/509

8.6.1.5. Sonderregelungen

Eine Reihe von Sonderbestimmungen sehen für gewisse Arbeitnehmergruppen spezifische Abfertigungsregelungen vor (zB §§ 35 u 84 VBG). Im Folgenden soll nur auf einige Sonderfälle eingegangen werden. 8/510

8.6.1.5.1. Hausgehilfen und Hausangestellte

Die strukturellen Veränderungen im Abfertigungsrecht durch BGBl I 100/2002 haben auch Auswirkungen auf die Sonderbestimmungen für Hausgehilfen und Hausangestellte gefunden. Für diese Arbeitnehmergruppe gilt das **BMSVG**, wenn der vertraglich vereinbarte Arbeitsbeginn nach dem 31. 12. 2002 liegt (§ 46 Abs 1 und 3 BMSVG). 8/511

Für „alte" Arbeitsverhältnisse bleibt es bei einer Anwendung des **§ 17 HGHAG**, wonach erst nach einer ununterbrochenen mindestens zehnjährigen Dauer des Arbeitsverhältnisses ein sog außerordentliches Entgelt zu bezahlen ist. Das **außerordentliche Entgelt**, das nach den für den letzten Monat des Dienstverhältnisses gebührenden Geldbezügen (einschließlich der darauf entfallenden Anteile von Sonderzahlungen) zu bemessen ist (Bemessungsgrundlage), beträgt nach einer ununterbrochenen mindestens zehnjährigen Dienstdauer das Dreifache der Bemessungsgrundlage und erhöht sich für jedes weitere vollendete 8/512

[850] Vgl *Mayr* in Mayr/Resch (Hrsg), Abfertigung Neu – BMSVG² (2009), § 48 Erl 15 ff; differenzierend *Geist*, BMVG: Zeitlicher Geltungsbereich und Gestaltungsmöglichkeiten bei Übertrittsvereinbarungen, ASoK 2002, 288.

[851] Vgl aber *Mayr* in Mayr/Resch (Hrsg), Abfertigung Neu – BMSVG² (2009), § 48 Erl 16.

Dienstjahr um drei Fünftel der Bemessungsgrundlage, jedoch höchstens bis zum Zwölffachen derselben.

8/513 Zu beachten ist, dass gem § 17 Abs 2 HGHAG die Abfertigung (außerordentliches Entgelt) **auch bei Kündigung durch den Arbeitnehmer** gebührt. Die Abfertigung ist – unabhängig von ihrer Höhe – zur Gänze mit Auflösung des Arbeitsverhältnisses fällig.

8.6.1.5.2. Rundfunkmitarbeiter

8/514 Erstrecken sich befristete Arbeitsverhältnisse von programmgestaltenden oder von journalistischen Mitarbeitern iS des ORF-G (vgl 4.3.2.2.3.3) mit oder ohne Unterbrechungen über einen Zeitraum von **fünf Jahren**, so gebührt im Falle der Beendigung dieser Arbeitsverhältnisse eine Abfertigung sowohl für Arbeitnehmer als auch für freie Mitarbeiter. Diese steht auch dann zu, wenn das Unternehmen die **Verständigung** von einer beabsichtigten Nichtverlängerung des Vertrags (vgl 5.3.1.2) unterlässt, jedoch kein weiteres befristetes Arbeitsverhältnis abschließt oder das Arbeitsverhältnis durch berechtigten vorzeitigen Austritt oder unverschuldete Entlassung des Arbeitnehmers endet.

8/515 Die Abfertigung beträgt bei einer Dauer von mehr als fünf Jahren ab Beginn des ersten Arbeitsverhältnisses ein Zwölftel, bei einer Dauer von mehr als zehn Jahren ein Neuntel, bei mehr als 15 Jahren ein Sechstel, bei mehr als 20 Jahren zwei Neuntel und bei mehr als 25 Jahren ein Drittel jenes Entgelts, das der Arbeitnehmer in den letzten drei Jahren vor Beendigung des Arbeitsverhältnisses erhalten hat. Auf diese Abfertigung ist eine nach anderen Bestimmungen (insb nach dem AngG oder dem ArbAbfG) allenfalls gebührende Abfertigung anzurechnen.

8/516 Wurde ein befristetes Arbeitsverhältnis erstmals **nach dem 31. 12. 2002 begonnen**, dann kommt ohnedies das **BMSVG** zur Anwendung (§ 32 Abs 7 ORF-G). Für die freien Mitarbeiter und Arbeitnehmer des ORF ist im Übrigen der Beitrag gem § 6 BMSVG unabhängig von der Dauer und zeitlichen Lagerung des Arbeitsverhältnisses zu leisten (§ 32 Abs 8 ORF-G).

8.6.1.5.3. Bauarbeiter

8/517 Bauarbeiter hatten seit jeher das Problem, dass auf Grund der Winterarbeitslosigkeit in dieser Branche durchgehende langjährige Arbeitsverhältnisse eher selten anzutreffen waren, sodass auch die für die Abfertigung maßgebliche Beschäftigungsdauer zu einem Dienstgeber nicht erreicht wurde[852]. Auf diese spezielle Situation reagierte das BUAG 1972 mit der Novelle BGBl 618/1987 und sah eine Zusammenrechnung von Dienstzeiten bei unterschiedlichen Arbeitgebern vor. Dieses Modell wurde auch im Zuge der Überlegungen zu einer Neugestaltung des Abfertigungsrechts im Vorfeld des BMSVG immer wieder in Hinblick auf seine Verallgemeinerungsfähigkeit diskutiert.

---

852 Zur historischen Entwicklung des Abfertigungsrechts vgl *Martinek/Widorn*, Bauarbeiter-, Urlaubs- und Abfertigungsgesetz (1988), 27; *Teicht*, Das Abfertigungsrecht für Bauarbeiter² (1983).

Mit Inkrafttreten des BMSVG ist die Notwendigkeit eines eigenen Abfertigungsrechts für Bauarbeiter nicht mehr gegeben. Dementsprechend bezieht das BMSVG den Kreis der Bauarbeiter in seinen Geltungsbereich ein. Auf Grund der Übergangsbestimmungen des BMSVG werden aber nur neue Arbeitsverhältnisse (s hiezu unten) uneingeschränkt erfasst. „Alte" Arbeitsverhältnisse bleiben im BUAG (vgl § 2 BMSVG; § 33a BUAG). 8/518

Die Besonderheit des **BUAG** besteht darin, dass ein Abfertigungsanspruch nicht nur dann erworben wird, wenn ein Arbeitnehmer drei Jahre ununterbrochen beim selben Dienstgeber beschäftigt war. Das Gesetz kennt vielmehr auch eine Reihe weiterer Fälle. 8/519

So hat insb gem § 13a Abs 1 Z 6 BUAG ein Arbeitnehmer Anspruch auf Abfertigung, wenn er nach Beendigung des letzten Arbeitsverhältnisses mindestens zwölf Monate in keinem Arbeitsverhältnis mehr steht, auf das das BUAG zur Anwendung kommt.

Gem § 13b Abs 1 Z 2 BUAG gebührt eine Abfertigung auch dann, wenn der Bauarbeiter mindestens 92 Wochen innerhalb von drei Jahren im Rahmen eines oder mehrerer Arbeitsverhältnisse zum selben Dienstgeber oder zu einem Dienstgeber im Rahmen eines Arbeitsverhältnisses, das vom Arbeitsmarktservice vermittelt wurde, beschäftigt ist, wenn zwischen den Beschäftigungswochen jeweils keine Unterbrechungen von mehr als 22 Wochen liegen und am Ende der drei Jahre ein Arbeitsverhältnis zu einem dieser Dienstgeber besteht.

Die Abfertigung steht dem Arbeitnehmer ebenfalls zu, wenn er nach Vorliegen von zumindest 92 Beschäftigungswochen während der letzten 22 Wochen des Zeitraumes von drei Jahren gekündigt wird und der Arbeitgeber

a) dem Arbeitnehmer anlässlich der Kündigung eine schriftliche Zusage auf Wiedereinstellung vor Ablauf des Zeitraumes von drei Jahren gibt und der Arbeitnehmer der Aufforderung zur Wiederaufnahme zeitgerecht nachkommt oder nur deshalb nicht nachkommt, weil er vom Arbeitsmarktservice in ein anderes Arbeitsverhältnis vermittelt wurde;
b) entgegen der Wiedereinstellungszusage den Arbeitnehmer ohne dessen Verschulden nicht mehr einstellt;
c) dem Arbeitnehmer keine Wiedereinstellungszusage gibt (§ 13b Abs 2 BUAG).

Grundlage für die Berechnung der Abfertigung bildet das kollektivvertragliche Entgelt des letzten Arbeitsjahres zuzüglich eines Zuschlags von 20 %. Fehlt ein Kollektivvertrag, dann ist vom vereinbarten Entgelt auszugehen. Im Falle von Teilzeitbeschäftigungen sind schwankende Arbeitszeiten bei der Durchschnittsberechnung entsprechend zu berücksichtigen (vgl § 13d Abs 2 u 3 BUAG). 8/520

Der Anspruch auf Abfertigung richtet sich nicht gegen den Arbeitgeber, sondern gegen die **Bauarbeiter-Urlaubs- und Abfertigungskasse**. Der Antrag auf Auszahlung der Abfertigung ist an diese zu richten (§ 13f BUAG). Vorsicht ist bei der Geltendmachung insofern geboten, als der Abfertigungsanspruch **innerhalb von drei Jahren** ab Fälligkeit untergeht. Ein Verfall tritt nur dann nicht ein, wenn der Arbeitnehmer innerhalb der dreijährigen Frist neuerlich eine Beschäftigung nach dem BUAG aufnimmt (§ 13g BUAG). 8/521

Das **BMSVG** kommt für Bauarbeiter, die am 1. 1. 2003 dem BUAG unterliegen, grundsätzlich zur Anwendung. Das Abfertigungsrecht des BUAG gilt aber weiterhin für jene Arbeitnehmer, 8/522

1. die bereits am 31. 12. 2002 einen Abfertigungsanspruch nach dem BUAG erworben haben (zu den Voraussetzungen s § 13b BUAG, s oben);

2. die zwar noch keinen Abfertigungsanspruch erworben haben, die aber Beschäftigungszeiten nach dem BUAG nachweisen können und die Voraussetzungen für eine Abfertigung bis zum 31. 12. 2005 erfüllen (§ 33a Abs 2 BUAG).

Arbeitnehmer, die die Voraussetzungen für einen Abfertigungsanspruch nach dem BUAG innerhalb des Dreijahreszeitraums wegen einer länger als 22 Wochen dauernden Unterbrechung der Beschäftigung beim selben Arbeitgeber oder wegen der Aufnahme eines anderen Arbeitsverhältnisses zu einem anderen Arbeitgeber nicht mehr erfüllen können, unterliegen mit Beginn jenes Arbeitsverhältnisses, das auf die länger als 22 Wochen dauernde Unterbrechung folgt, oder mit Beginn eines Arbeitsverhältnisses zu einem anderen Arbeitgeber den Bestimmungen des BMSVG.

8/523 Hat ein Arbeitnehmer eine Abfertigung nach dem BUAG geltend gemacht, dann scheidet er aus dem Geltungsbereich des BUAG aus und unterliegt im Hinblick auf zukünftige Abfertigungsansprüche nur mehr den Bestimmungen des BMSVG (§ 33a Abs 5 BUAG).

8/524 Die Aufgaben der **Bauarbeiter-Urlaubs- und Abfertigungskasse** werden durch das BMSVG nicht geschmälert, sondern vielmehr dadurch ausgeweitet, dass sie auch für die Durchführung der Abfertigung neu für die Bauarbeiter zuständig ist. Gem § 33b BUAG ist die Urlaubs- und Abfertigungskasse berechtigt und verpflichtet, eine eigene Vorsorgekasse zu errichten und zu betreiben, die im Alleineigentum der Urlaubs- und Abfertigungskasse steht. Arbeitgeber, die Arbeitnehmer iS des BUAG beschäftigen, sind verpflichtet, für diese Arbeitnehmer jedenfalls dieser speziellen BV-Kasse beizutreten. Dieser Vorsorgekasse können aber auch andere Arbeitgeber beitreten bzw Arbeitgeber iS des BUAG können die Vorsorgekasse der Bauarbeiter-Urlaubs- und Abfertigungskasse für andere Arbeitnehmergruppen wählen (§ 33c BUAG).

8.6.1.5.4. Landarbeiter

8/525 Die Zweiteilung des Abfertigungsrechts hat auch vor dem Landarbeitsrecht insofern nicht haltgemacht, als das LArbG durch BGBl I 100/2002 an die Bestimmungen des BMSVG angeglichen wurde. Die neuen Regelungen sind allerdings erst für jene Arbeitsverhältnisse beachtlich, deren vertraglicher Beginn nach dem Inkrafttreten der landesrechtlichen Ausführungsbestimmungen liegt.

8/526 Im Übrigen bleibt es bei der Anwendung des § 31 LArbG, wonach eine Abfertigung im Ausmaß von 12 % des Jahresentgelts nach drei vollen Dienstjahren gebührt. Die Abfertigung erhöht sich für jedes weitere volle Dienstjahr um 4 % bis zum vollendeten 25. Dienstjahr. Vom vollen vierzigsten Dienstjahr an erhöht sich die Abfertigung für jedes weitere volle Dienstjahr um 3 %.

8/527 Das Jahresentgelt umfasst den Barlohn und die Naturalbezüge. Im Falle einer Ablösung der Naturalbezüge in Geld gelten für deren Bewertung die für die Zwecke der Sozialversicherung festgesetzten Bewertungssätze.

8.6.2. Freizeit während der Kündigungsfrist

8/528 Die Beschäftigungssicherungsnovelle 1993, BGBl 502/1993, wandelte den sog Anspruch auf Postensuchtage in einen generellen Anspruch auf Freizeit während der Kündigungsfrist um. Wenngleich das Motiv für den Freistellungsanspruch nach wie vor im Aufsuchen einer neuen Anstellung gelegen ist, nimmt der Gesetzgeber hierauf in den einschlägigen Bestimmungen des § 1160 ABGB und § 22 AngG nicht mehr Bezug. Der Arbeitnehmer hat keinen Nachweis zu erbringen, dass er sich während der beanspruchten Zeiträume tatsächlich um eine neue Stellung beworben hat.

Grundsätzlich hat der Arbeitgeber dem Arbeitnehmer während der Kündigungsfrist 8/529 **wöchentlich mindestens ein Fünftel der regelmäßigen wöchentlichen Arbeitszeit** ohne Schmälerung des Entgelts freizugeben, wenn der Arbeitgeber eine Kündigung ausspricht. Dieser Anspruch entsteht jedoch nicht ex lege bei der Kündigung, sondern erst auf ein entsprechendes Verlangen des Arbeitnehmers. Hat der Arbeitnehmer gekündigt, besteht kein Anspruch. Vereinbaren Arbeitnehmer und Arbeitgeber einen Urlaub für einen Zeitraum während der Kündigungsfrist, so kann der Arbeitnehmer für diesen Urlaubszeitraum grundsätzlich nicht „Postensuchfreizeit" geltend machen[853]. Der Anspruch entfällt weiters zur Gänze, wenn das Dienstverhältnis wegen der Inanspruchnahme einer Pension endet, sofern eine Bescheinigung über die vorläufige Krankenversicherung vom Pensionsversicherungsträger ausgestellt wurde (§ 22 Abs 2 und 3 AngG u § 1160 Abs 2 und 3 ABGB).

Die Bestimmungen des § 1160 ABGB bzw des § 22 AngG sind analog auch auf die übrigen 8/530 Beendigungsarten anzuwenden, sofern nicht Sonderbestimmungen für gewisse Berufsgruppen ausdrückliche Regelungen vorsehen[854]. Ihr sozialpolitischer Zweck muss nämlich darin erblickt werden, dass in jedem Fall, in dem sich das Arbeitsverhältnis im Beendigungsstadium befindet, dem Arbeitnehmer die Möglichkeit eingeräumt wird, sich um eine andere Stellung umzusehen oder sonstige Dispositionen für die Zeit nach dem Dienstverhältnis zu treffen. Bezahlte Freizeit wird daher nicht nur im Falle von Kündigungen, sondern auch bei Ablauf von **Befristungen** oder bei einer **einvernehmlichen Auflösung** des Dienstverhältnisses zu gewähren sein[855].

Diese Analogie wird vom OGH nur bei besonders kurzen Befristungen (bis zu drei Monaten) vorweg ausgeschlossen[856]. Ob ansonsten eine Analogie zur Arbeitgeberkündigung in Frage kommt, wird von der Interessenlage bei der Auflösung des Arbeitsverhältnisses abhängen. Ist die Befristung im Interesse des Arbeitgebers vereinbart worden oder die Auflösung eindeutig auf Anregung des Arbeitgebers erfolgt, besteht ein Anspruch wie im Falle einer Arbeitgeberkündigung[857]. Der Umkehrschluss dieses Gedankens müsste zu der Annahme führen, dass im Falle einer Anregung der einvernehmlichen Lösung durch den Arbeitnehmer kein Anspruch zusteht. Allein eine solche Lösung wird nur insofern praktikabel sein, als die Initiative eines der Vertragspartner offenkundig ist; eine Beweisaufnahme in diese Richtung vermag die wahre Initiative zu einer solchen Vereinbarung sehr schwer aufzuklären.

---

[853] OGH 13. 9. 2012, 8 ObA 28/12v, ARD 6270/1/2012 = RdW 2012, 734 mit Bespr v *Gerhartl*.

[854] Vgl § 32 LArbG, § 26 TAG; zur vorzeitigen Beendigung vgl *Nocker*, Entschädigung für die „Postensuchtage" bei vorzeitiger Auflösung des Dienstverhältnisses, ecolex 1997, 86.

[855] Vgl *Trost* in Löschnigg (Hrsg), AngG Bd 2[10] (2016), § 22 Rz 7 ff; im Ergebnis ebenso *Wachter*, Der Anspruch auf Postensuchtage, in Tomandl (Hrsg), Beendigung des Arbeitsvertrages (1986), 121; s weiters *Löschnigg*, Arbeitsrechtsänderungsgesetz 2000 – Dienstverhinderungen/Krankenstand und Freizeit während der Kündigungsfrist, in Resch (Hrsg), Aktuelle Neuerungen im Arbeits- und Sozialrecht (2001), 25.

[856] OGH 10. 2. 1993, 9 ObA 604/92, DRdA 1993, 482 mit Bespr v *Eypeltauer* = ZAS 1994, 92 mit Bespr v *Egger*.

[857] Vgl auch OGH 10. 11. 1959, 4 Ob 124/59, Arb 7140; OGH 10. 2. 1993, 9 ObA 604/92, DRdA 1993, 482 mit Bespr v *Eypeltauer* = ZAS 1994, 92 mit Bespr v *Egger*.

Sollte die Beendigung im Interesse beider Parteien gelegen sein, dann wäre dies dem OGH zufolge eher der Arbeitnehmerkündigung gleichzuhalten[858].

8/531 Über die Festsetzung der freizugebenden Stunden haben sich Arbeitnehmer und Arbeitgeber derart zu einigen, dass der Arbeitnehmer nicht gerade in der dringendsten Geschäftszeit dem Dienst fernbleibt, er aber auch nicht daran gehindert wird, akzeptable Vorstellungstermine beim neuen Arbeitgeber einzuhalten. Bei **Abwägung der gegenseitigen Interessen** ist von vornherein ein eminentes Interesse des Arbeitnehmers anzunehmen. Nur zwingende betriebliche Gründe können gegen einen entsprechenden Vorschlag des Arbeitnehmers ins Treffen geführt werden[859]. Weigert sich der Arbeitgeber, den Anspruch zu gewähren, obgleich der Arbeitnehmer triftige Gründe für einen bestimmten Zeitpunkt anführen kann, so bildet das eigenmächtige Fernbleiben des Arbeitnehmers in der Regel keinen Entlassungsgrund[860].

8/532 Bei der gesetzlichen Freizeit während der Kündigungsfrist handelt es sich um einen **Mindestanspruch**, dh der Arbeitnehmer kann, wenn er dies entsprechend glaubhaft macht, auch mehr als ein Fünftel der regelmäßigen wöchentlichen Arbeitszeit beanspruchen. Dies wird uU dann der Fall sein, wenn der Arbeitnehmer während eines Teiles der Kündigungsfrist (zB wegen Urlaubs) die Freizeit zur Postensuche nicht in Anspruch nehmen konnte und im Anschluss an diesen Urlaub einen erhöhten Bedarf an Freizeit geltend macht[861].

8/533 Eine Abschlagszahlung an Stelle der Freizeitgewährung widerspricht der gesetzlichen Zielsetzung und ist daher unzulässig[862]. Zu beachten ist allerdings, dass der Freistellungsanspruch **kollektivvertragsdispositiv** geregelt wurde, dh dass durch Kollektivvertrag auch zu Ungunsten des Arbeitnehmers vom Gesetz abweichende Regelungen getroffen werden können.

8/534 Im Übrigen sehen eine Reihe von **Sondergesetzen** (vgl §§ 20 GAngG, 32 LArbG, 16 HGHAG, 26 TAG[863], 33a VBG) einschlägige Bestimmungen vor.

8.6.3. Arbeitszeugnis

8.6.3.1. Anspruch und Arten

8/535 Arbeitszeugnisse werden regelmäßig nach Beendigung[864] des Dienstverhältnisses ausgestellt. Eine diesbezügliche Verpflichtung ergibt sich insb aus § 1163 ABGB und § 39 AngG[865]. Die Pflicht zur Ausstellung von Zeugnissen ist als Konkretisierung der Für-

---

858 OGH 10. 2. 1993, 9 ObA 604/92, DRdA 1993, 482 mit Bespr v *Eypeltauer* = ZAS 1994, 92 mit Bespr v *Egger*.

859 LGZ Wien 31. 10. 1974, 44 Cg 177/74, Arb 9334.

860 OGH 6. 4. 1976, 4 Ob 15, 16/76, DRdA 1977, 153 mit Bespr v *Hengstler* = ZAS 1977, 104 mit Bespr v *Schnorr*.

861 OGH 14. 10. 1980, 4 Ob 114/80, DRdA 1982, 241 mit Bespr v *Wilhelm*.

862 Vgl OGH 7. 9. 2000, 8 ObS 13/00w, RdW 2001, 102.

863 *Urleb*, Arbeitsrechtliche Fragen des SchSpG (2009), 183 f.

864 Zur Ausstellung eines Dienstzeugnisses bei Insolvenz s OGH 6. 6. 2005, 9 ObA 118/04z, DRdA 2006, 290 mit Bespr v *Reissner*.

865 S auch §§ 18 HGHAG, 25 HausbG, 31 VBG, 39 GAngG, 39 LArbG.

sorgepflicht zu verstehen[866]. Der Dienstgeber hat auch während der Dauer des Dienstverhältnisses ein Zeugnis auszustellen, wenn der Dienstnehmer es verlangt (**Zwischen- oder Interimszeugnis**).

Die **Kosten** des Interimszeugnisses wären vom Arbeitnehmer zu tragen, jene des Zeugnisses im Zuge der Auflösung des Dienstverhältnisses vom Arbeitgeber. Die Kosten eines Duplikats (etwa bei Verlust des Originals) werden ebenfalls dem Dienstnehmer anzulasten sein. Da aber für Arbeitszeugnisse keine Stempelgebühren iS des GebührenG anfällt, ist die Kostenbelastung ohnehin marginal.

Nach österreichischer Rechtslage ist der Dienstgeber nur verpflichtet, ein **einfaches Arbeitszeugnis** auszustellen, das über die Dauer und die Art der Dienstleistung Auskunft gibt. Nach den einschlägigen deutschen Bestimmungen hingegen hat der Dienstgeber auf Verlangen des Dienstnehmers ein **qualifiziertes Zeugnis** (Verwendungs- oder Qualifikationszeugnis) abzugeben, das sich auch auf die Leistungen des Dienstnehmers und auf die Führung im Dienst erstreckt[867]. 8/536

Das Zeugnis ist **schriftlich** abzufassen. Der Anspruch des Dienstnehmers besteht unabhängig von der Dauer des Dienstverhältnisses und von der Art der Beendigung desselben. Die Ausstellung des Arbeitszeugnisses ist aber grundsätzlich von einem **Verlangen des Arbeitnehmers** abhängig. Ohne entsprechende Aufforderung ist der Arbeitgeber hiezu nicht verpflichtet. Dem Dienstnehmer steht allerdings ein relativ langer Zeitraum zu, seinen Anspruch geltend zu machen, nämlich die 30-jährige Verjährungsfrist des § 1478 ABGB[868]. Nur im Rahmen der Sondergesetzgebung ist für spezifische Arbeitnehmergruppen die Ausstellung des Zeugnisses auch ohne Verlangen des Arbeitnehmers verpflichtend (vgl § 18 Abs 1 HGHAG, § 25 HausbG). Der Arbeitnehmer kann allerdings auch im Wege eines „Generalvergleichs" auf die Ausstellung eines Zeugnisses verzichten[869]. 8/537

8.6.3.2. Inhalt des Zeugnisses

Grundsätzlich hat das Dienstzeugnis nur über Art und Dauer des Arbeitsverhältnisses Angaben zu machen. 8/538

Die **Art des Arbeitsverhältnisses** betrifft die konkret ausgeübte Tätigkeit des Arbeitnehmers. Die Umschreibung der Art des Dienstverhältnisses darf sich nicht in einer vagen Berufsbezeichnung (zB Angestellter, Arbeiter, Juristin, Betriebswirt) erschöpfen, sondern muss einen Einblick in den tatsächlichen Aufgabenkreis des Arbeitnehmers gewährleisten[870]. Es kommt auch bei der Ausstellung des Zeugnisses nicht darauf an, dass der Arbeitnehmer eine bestimmte Fähigkeit in abstracto aufweist[871]; maßgeblich sind vielmehr die effektiven Dienste. 8/539

---

866 Vgl etwa OGH 24. 4. 2003, 8 ObA 217/02y, DRdA 2004, 351 mit Bespr v *Stadlmeier*; s auch *Runggaldier/Eichinger*, Arbeitszeugnis (1989), 57; *Eichinger*, Ausgewähltes zum Arbeitszeugnis, in FS Binder (2010), 255; *Cerwinka/Knell/Schranz*, Dienstzeugnisse[2] (2009).
867 Zur deutschen Rechtslage vgl insb *Schleßmann*, Das Arbeitszeugnis[20] (2012).
868 LGZ Wien 6. 12. 1971, 44 Cg 68/71, Arb 8941; OGH 8. 3. 2001, 8 ObA 217/00w, DRdA 2002, 227 mit Bespr v *Eichinger*.
869 OGH 29. 6. 2005, 9 ObA 10/05v, DRdA 2006, 299 mit Bespr v *Eypeltauer*.
870 Vgl OGH 29. 4. 1958, 4 Ob 45/58, Arb 6868; VwGH 1. 7. 1998, 96/09/0133, ARD 4963/3/98.
871 OGH 12. 7. 1955, 4 Ob 27/55, SozM I A/d, 873.

8.6.3.2. Ansprüche aus der Beendigung des Arbeitsverhältnisses

8/540 Eine rechtliche Qualifikation der Tätigkeit (zB eine Aussage über die Anerkennung der Angestellteneigenschaft, über die Unterstellung unter einen bestimmten Kollektivvertrag oder über eine bestimmte Entlohnungsgruppe im Gehaltsschema auf Grund der Tätigkeit) braucht das Zeugnis nicht zu enthalten[872]. Firmeninterne „Amtstitel" müssen keine Erwähnung finden. In diesem Sinne besteht etwa kein Anspruch auf die Bezeichnung „Geschäftsführer" im Dienstzeugnis[873]. Hingegen ist eine Verpflichtung zur Beifügung akademischer Grade sehr wohl zu bejahen[874].

Schulungs-, Ausbildungs- und Fortbildungsmaßnahmen sind hingegen zu erwähnen, sofern sie dem Tätigkeitsbereich des Arbeitnehmers zuzuordnen sind.

8/541 Die **Formulierung des Zeugnisses** ist Sache des Arbeitgebers[875]. Ob das Dienstzeugnis nur allgemein gebräuchliche Ausdrücke der Umgangssprache enthält oder ob die Tätigkeit mit mehr oder weniger Worten beschrieben wird, ist belanglos, wenn die angeführte Tätigkeit den Tatsachen entspricht[876].

8/542 Der Zeugnistext wird von drei Grundprinzipien geprägt. Zum einen ist das **Prinzip der Wahrheit** angesprochen. Dies bedeutet, dass der Dienstgeber zu objektiv richtigen Aussagen verpflichtet ist, da nachfolgende Dienstgeber auf die Richtigkeit der Angaben im Dienstzeugnis vertrauen[877]. Zum anderen bildet das Zeugnis oft ein wesentliches Wertungskriterium bei der Neueinstellung, sodass der Dienstgeber regelmäßig geneigt sein wird, den Dienstnehmer in seinem beruflichen Weiterkommen zu fördern und das Zeugnis entsprechend zu formulieren (**Prinzip der wohlwollenden Formulierung**). Die beiden bisher erwähnten Prinzipien sind gegeneinander abzuwägen, wenn es um positive Wertungen im Dienstzeugnis geht, die neben der Beschreibung von Art und Dauer des Dienstverhältnisses einfließen und durchaus zulässig sind[878]. Im Falle negativer Aussagen gilt das vom Gesetzgeber selbst statuierte **Verbot nachteiliger Formulierungen**: Eintragungen und Anmerkungen im Zeugnis, durch die dem Arbeitnehmer die Erlangung einer neuen Stelle erschwert wird, sind unzulässig[879]. Nicht gestattet ist beispielsweise die Bemerkung, dass das Dienstverhältnis wegen Kränklichkeit des Dienstnehmers aufgelöst wurde[880], oder der Hinweis darauf, dass der Dienstnehmer seine gewerkschaftliche Zugehörigkeit und die daraus erfließenden Rechte und Pflichten äußerst ernst nimmt[881]. Angaben über die Ursache der Lösung, über geringe Rentabilität der Arbeitsleistung, über die Tätigkeit als Betriebsrat sowie über die Mitgliedschaft zu einer Gewerkschaft sind gleichfalls zu unterlas-

---

[872] OGH 29. 4. 1958, 4 Ob 45/58, Arb 6868.

[873] OGH 11. 2. 1969, 4 Ob 7/69, ZAS 1969, 218 mit Bespr v *Spielbüchler*.

[874] *Eypeltauer*, Rechtsprobleme des Arbeitszeugnisses, DRdA 1992, 21; aA *Runggaldier/Eichinger*, Arbeitszeugnis (1989), 78.

[875] OGH 29. 4. 1958, 4 Ob 45/58, Arb 6868; *Geiger*, Dienstzeugnis – ist weniger wirklich besser als mehr?, taxlex 2012, 69.

[876] OGH 10. 12. 1964, 4 Ob 112/64, SozM I A/d, 609.

[877] S ua OLG Wien 26. 2. 2014, 9 Ra 10/14b, ARD 6404/10/2014.

[878] Vgl *Gahleitner* in Löschnigg (Hrsg), AngG Bd 2[10] (2016), § 39 Rz 9 ff; s auch *Schrank*, Haftung für nachteilige Personalauskünfte?, ZAS 2008, 4.

[879] Vgl *Eichinger*, Anforderungen an den Inhalt eines Dienstzeugnisses, RdW 1995, 347; zum Erschwernisverbot vgl OGH 17. 12. 2008, 9 ObA 164/08w, ASoK 2009, 353.

[880] OGH 20. 2. 1912, Rv III 78/12, *Fuchs* 47.

[881] BG Wien Innere Stadt 25. 1. 1923, CX 423/22/3, Arb 3348.

sen[882]. Auch die Art der Lösung, insb der Hinweis auf eine gerechtfertigte Entlassung, sowie Bemerkungen über Krankenstände, den Gesundheitszustand des Arbeitnehmers oder sonstige Unterbrechungen des Arbeitsverhältnisses[883] dürfen nicht in das Dienstzeugnis aufgenommen werden. Die bloße Verbesserung einer missverständlichen oder unzureichenden Formulierung läuft dem Erschwernisverbot gleichermaßen zuwider[884].

Flüchtigkeits- oder geringfügige **Grammatikfehler** stellen dann, wenn bei objektiver Betrachtung weder Zweifel am gesetzmäßigen Inhalt aufkommen, noch eine Missachtung des Arbeitnehmers zu erkennen ist, keinen Verstoß gegen das Erschwernisverbot dar[885].

Problematisch sind Zeiten, für die Betriebsratsmitglieder gem den §§ 117 ff ArbVG (vgl 10.13.2) von ihrem Dienst völlig freigestellt sind. Eine Freistellung über lange Zeiträume hinweg kann durchaus zu einer Entfremdung von der ursprünglichen Tätigkeit des Arbeitnehmers führen; da aber selbst verschuldete Schlechtleistungen, Unfähigkeit oder Entlassungsgründe nicht im Dienstzeugnis enthalten sein dürfen, muss auch der Hinweis auf Freistellungen als unzulässig erachtet werden, da dieser aus objektiver Sicht durchaus geeignet ist, dem Dienstnehmer die Erlangung einer neuen Stelle zu erschweren.

Nach Ansicht des OGH hat das Zeugnis das **Datum** des Ausstellungstages zu enthalten, dh Vor- und Rückdatierungen sind grundsätzlich nicht vorzunehmen. Das Höchstgericht argumentiert mit dem allgemeinen Grundsatz der Zeugniswahrheit, berücksichtigt damit aber nur unzureichend die möglichen nachteiligen Folgen für den Arbeitnehmer[886]. 8/543

8.6.3.3. Lehrlinge

Für Lehrlinge sieht das BAG Sonderbestimmungen vor[887]. Gem § 16 BAG hat der Lehrberechtigte nach Beendigung des Lehrverhältnisses auf eigene Kosten ein Zeugnis (**Lehrzeugnis**) auszustellen, das Angaben über den Lehrberuf und kalendermäßige Angaben über die Dauer des Lehrverhältnisses zu enthalten hat. Außerdem können in das Lehrzeugnis Angaben über die erworbenen Fertigkeiten und Kenntnisse aufgenommen werden. Ebenso wie nach § 1163 ABGB oder nach § 39 AngG sind Anmerkungen unzulässig, die dem Lehrling das Fortkommen erschweren könnten. 8/544

Das Lehrzeugnis unterliegt **nicht** der **Gebührenpflicht** iS des GebührenG. Die **Lehrlingsstelle** hat die Richtigkeit der Angaben über den Lehrberuf und die Dauer des Lehrverhältnisses im Zeugnis auf Antrag des Lehrlings zu bestätigen, wenn und insoweit der dem Antrag zu Grunde liegende Lehrvertrag bei der Lehrlingsstelle eingetragen ist. Eine Bestätigung über die erworbenen Fähigkeiten und Kenntnisse kann die Lehrlingsstelle naturgemäß nicht erteilen.

Die Fachkenntnisse des Lehrlings stellt die Lehrlingsstelle im Rahmen der Lehrabschlussprüfung fest, die durch ein eigenes **Prüfungszeugnis** zu beurkunden ist (§ 26 BAG). Zusätzlich hat die Lehrlingsstelle auf Antrag des Prüflings einen **Lehrbrief** in Form einer frei zu 8/545

---

882 Zur Rechtsprechung s weiters *Krejci* in Rummel/Lukas (Hrsg), ABGB I^4 (2015), § 1163 Rz 11.
883 OGH 6. 4. 1954, 4 Ob 14/54, Arb 5958.
884 OGH 8. 3. 2001, 8 ObA 217/00w, DRdA 2002, 227 mit Bespr v *Eichinger*.
885 Vgl dazu etwa OGH 20. 1. 2012, 8 ObA 7/12f, ASoK 2012, 360.
886 OGH 25. 11. 2011, 9 ObA 127/11h, ARD 6200/5/2012 = infas 2012, A 41.
887 Vgl insb *Aust* in Aust/Gittenberger/Knallnig-Prainsack/Strohmayer (Hrsg), Berufsausbildungsgesetz (2014), § 16; *Kinscher*, BAG^2 (1979), 85 f und 129 ff; *Gerhartl*, Außerordentliche Auflösung von Lehrverhältnissen, ZAS 2009, 247; *Pichelmayer*, Das Lehrzeugnis, ASoK 2014, 68.

gestaltenden Urkunde auszustellen, in der die Beendigung des Lehrverhältnisses und die erfolgreiche oder mit Auszeichnung abgelegte Lehrabschlussprüfung dokumentiert werden.

8.6.4. Sonstige Ansprüche

8/546 Neben den Ansprüchen auf Arbeitszeugnis und Freizeit während der Kündigungsfrist stehen den Arbeitnehmern im Zuge der Beendigung des Arbeitsverhältnisses eine Reihe von weiteren Rechten zu, die teilweise an anderer Stelle erläutert wurden:

- **Abfertigung** (vgl 8.6.1);
- **Kündigungsentschädigung** bzw Entschädigung wegen vorzeitiger Lösung eines befristeten Arbeitsverhältnisses sowie weiter gehender Schadenersatz (vgl 8.2.8.7.1, 8.3.4.2.2, 8.3.4.3.4 u 8.3.5.2.1);
- **Urlaubsersatzleistung** (vgl 6.10.7);
- **Remunerationen** (zB Weihnachtsgeld, Urlaubsbeihilfe): Besteht ein Anspruch auf eine periodische Remuneration, so ist diese gem § 16 AngG aliquot auszuzahlen, wenn das Dienstverhältnis vor Fälligkeit des Anspruchs gelöst wird (vgl 6.5.2.5). Ähnliche Bestimmungen sind in den meisten Kollektivverträgen enthalten, die auch den Rechtsanspruch auf Sonderzahlungen und deren prinzipielle Fälligkeit beinhalten;
- **Zeugnisse** oder **Empfehlungsschreiben** von anderen Dienstgebern sowie **sonstige Unterlagen** des Arbeitnehmers, die der Dienstgeber verwahrt hat, sind diesem zurückzugeben (vgl insb § 1163 ABGB bzw § 39 AngG);
- **Daten des Dienstnehmers** sind zu löschen, wenn sie für die Erreichung der Zwecke, für die sie ermittelt wurden, nicht mehr erforderlich sind (vgl hiezu Art 5 Abs 1 lit e und Art 17 Abs 1 lit a DSGVO);
- **Kautionen** sind binnen vier Wochen nach Auflösung des Arbeitsverhältnisses, wenn der Arbeitnehmer zur Rechnungslegung verpflichtet ist, binnen vier Wochen nach gelegter Rechnung freizugeben (§ 2 Abs 1 KautSchG). Die Herausgabe der Kaution unterbleibt nur dann, wenn der Arbeitgeber diese mit Einverständnis des Arbeitnehmers zur Deckung eines entstandenen Schadens verwendet oder innerhalb der genannten 4 Wochen (bzw einer vereinbarten kürzeren Frist) Schadenersatzansprüche gerichtlich geltend macht (§ 2 Abs 2 KautSchG; zum Kautionsschutz vgl allg 6.5.6).

8.7. Auflösungsabgabe

8/547 Ein gewisser Bestandschutz bzw ein Hintanhalten prekärer Dienstverhältnisse soll durch die mittels BGBl I 35/2012 geschaffenen Auflösungsabgabe[888] erreicht werden. Es handelt sich um eine Abgabe in der Höhe von € 124 (2017), die von den Krankenversicherungsträgern einzuheben ist, wenn ein arbeitslosenversicherungspflichtiges Arbeitsverhältnis oder ein

[888] Vgl *Aubauer/Enzelsberger*, Die Auflösungsabgabe, ZAS 2013, 4; *Schuster*, Die Auflösungsabgabe – eine Nachfolgeregelung? Zur Finanzierung der Arbeitsmarktpolitik, ASoK 2012, 327; *Kuess*, Auflösungsabgabe, taxlex 2013, 36; *Mazal*, Konsolidierungspaket und Arbeitsrecht, ecolex 2012, 507; *Schrenk*, Auflösungsabgabe – Sonderfälle, taxlex 2013, 31; *Schramel*, Auflösungsabgabe – sonstige Sonderfälle, taxlex 2013, 118.

freies Dienstverhältnis aufgelöst wird. Die Beiträge sind für die österreichische Arbeitsmarktpolitik zweckgewidmet (§ 2b AMPFG; zur Befreiung für BUAG-Betriebe s § 17 AMPFG).

Auflösungsabgaben sind aber **nur mehr bis 31. 12. 2019** zu zahlen. Danach tritt § 2b AMPFG außer Kraft.

Keine Auflösungsabgabe ist zu entrichten, wenn 8/548

- das Dienstverhältnis oder freie Dienstverhältnis auf längstens sechs Monate befristet war[889] oder
- die Auflösung des Dienstverhältnisses während des Probemonats erfolgt oder
- die Dienstnehmerin oder der Dienstnehmer
  a) gekündigt hat oder
  b) ohne wichtigen Grund vorzeitig ausgetreten ist oder
  c) aus gesundheitlichen Gründen vorzeitig ausgetreten ist oder
  d) im Zeitpunkt der Auflösung des Dienstverhältnisses einen Anspruch auf eine Invaliditäts- oder Berufsunfähigkeitspension hat oder
  e) bei einvernehmlicher Auflösung des Dienstverhältnisses das Regelpensionsalter vollendet hat und die Anspruchsvoraussetzungen für eine Alterspension erfüllt oder
  f) bei einvernehmlicher Auflösung des Dienstverhältnisses die Voraussetzungen für die Inanspruchnahme eines Sonderruhegeldes nach Art X des NSchG erfüllt oder
  g) gerechtfertigt entlassen wurde oder
- die freie Dienstnehmerin oder der freie Dienstnehmer
  a) gekündigt hat oder
  b) das freie Dienstverhältnis ohne Vorliegen eines wichtigen Grundes vorzeitig aufgelöst hat oder
  c) einen wichtigen Grund gesetzt hat, der den Dienstgeber veranlasst hat, das freie Dienstverhältnis vorzeitig aufzulösen, oder
  d) im Zeitpunkt der Auflösung des freien Dienstverhältnisses einen Anspruch auf eine Invaliditäts- oder Berufsunfähigkeitspension hat oder
  e) bei einvernehmlicher Auflösung des freien Dienstverhältnisses das Regelpensionsalter vollendet hat und die Anspruchsvoraussetzungen für eine Alterspension erfüllt oder
- ein Lehrverhältnis aufgelöst wird oder
- ein verpflichtendes Ferial- oder Berufspraktikum beendet wird oder
- das Dienstverhältnis oder freie Dienstverhältnis nach § 25 IO gelöst wird oder
- innerhalb eines Konzerns im unmittelbaren Anschluss an das beendete Dienstverhältnis ein neues Dienstverhältnis begründet wird oder
- das Dienstverhältnis oder freie Dienstverhältnis durch den Tod der Dienstnehmerin oder freien Dienstnehmerin oder des Dienstnehmers oder freien Dienstnehmers endet.

---

[889] Dazu *Maska/Schramel*, Auflösungsabgabe: Sonderfall Befristung, taxlex 2013, 78.

9. Besondere Problemlagen im Arbeitsrecht

Gewisse Phänomene des Arbeitslebens werden sowohl national als auch international als besonders sensibel eingestuft. Eine „gesamthafte" Reaktion der Arbeitsrechtsordnung ist die Folge. Individualarbeitsrechtliche und kollektivrechtliche Instrumente kommen gemeinsam zum Einsatz, um sachadäquate Schutzmechanismen zu liefern. Man könnte in diesen Fällen auch von **arbeitsrechtlichen Querschnittsmaterien** sprechen. Hiezu zählen insb die Arbeitnehmerüberlassung, der Betriebsübergang und die Situation der Arbeitnehmer bei Insolvenz des Arbeitgebers.

9.1. Arbeitskräfteüberlassung

9.1.1. Rechtsgrundlagen

Europarechtliche Basis für die arbeitsrechtliche Problematik der Arbeitskräfteüberlassung bildet die **Richtlinie 2008/104/EG über Leiharbeit**[1]. Das **Ziel** der Richtlinie besteht nicht nur – wie man meinen könnte – ausschließlich im Schutz der überlassenen Arbeitskräfte, sondern auch in der Festlegung von Rahmenbedingungen für die Leiharbeit, um wirksam zur Schaffung von Arbeitsplätzen und zur Entwicklung flexibler Arbeitsformen beizutragen (Art 2 der RL). Im Vordergrund steht aber zweifellos der Schutz der Leiharbeitnehmer in allen Belangen des Arbeitsprozesses, insb die Gleichbehandlung dieser Arbeitnehmergruppe (s 9.1.4 u 9.1.5). 9/001

In Österreich wurde in den 1980er Jahren die Arbeitnehmerüberlassung als eine Beschäftigungsform angesehen, die die Gefahr von Lohndumping durch Unterlaufen kollektivvertraglicher Mindestsicherung in sich birgt und eine Gefahr für die Stammbelegschaft in den Betrieben darstellt. Aus rechtlicher Sicht wurde vor allem bei bestimmten Vertragsgestaltungen die Arbeitskräfteüberlassung als unzulässige Arbeitsvermittlung interpretiert (vgl 9.1.3). Eine erste umfassende Regelung wurde durch das **AÜG 1988** getroffen[2]. Die Umsetzung der Leiharbeits-RL 2008 durch das BGBl I 98/2012 führte zu einer wesentlichen Novellierung des AÜG[3]. 9/002

---

[1] RL v 19. 11. 2008, ABl L 2008/327; vgl *Grünanger*, Die Auswirkungen der Leiharbeitsrichtlinie auf das AÜG, ecolex 2009, 424; *Klumpp*, Die neue Leiharbeitsrichtlinie, GPR 2009, 89; *Fischl/Standeker*, Europarechtlicher Durchbruch bei der Leiharbeitsrichtlinie steht bevor!, ASoK 2008, 335.

[2] Allg hiezu *Geppert*, AÜG (1989); *Leutner/B. Schwarz/Ziniel*, AÜG (1989); *Mazal*, Arbeitskräfteüberlassung – Vertragsmuster und Kommentar zum ArbeitskräfteüberlassungsG (1988).

[3] S insb *Schrattbauer/Goricnik*, Novellierung des Arbeitskräfteüberlassungsgesetzes, DRdA 2013, 282; *dies*, Wesentliche Änderungen durch die Novellierung des Arbeitskräfteüberlassungsgesetzes (AÜG), wbl 2013, 121; *Schrank*, Die wichtigsten Neuerungen zur Arbeitskräfteüberlassung, RdW 2013, 31 bzw 84; *Schörghofer*, Zur Umsetzung der Leiharbeits-RL im AÜG, ZAS 2012, 336; *Raschauer/Resch* (Hrsg), Neuerungen bei der Arbeitskräfteüberlassung (2014); *Burz*, Die Typen des (neuen) AÜG, ecolex 2012, 1093; *Pöschl/Unterrieder*, Novelle zum AÜG – Neue Pflichten für Beschäftiger und Überlasser, ecolex 2012, 999; *Rauch*, Änderungen zur Arbeitskräfteüberlassung, ASoK-Spezial 2013, 17; *Schlitzer*, Die Umsetzung der Leiharbeitsrichtlinie, infas 2013, 9; die Unionsrechtskonformität der Umsetzung bejahend *Resch*, Entgeltbemessung während Arbeits-

9.1.2. Begriff und Formen

9/003 Arbeitnehmerüberlassung in allgemeinster Form liegt vor, wenn ein Arbeitgeber Arbeitnehmer an Dritte/Klienten/Kunden etc überlässt. Der Arbeitnehmer verrichtet hiebei nicht im Auftrag und nach Weisung des Arbeitgebers bestimmte Leistungen für Dritte (zB Installation sanitärer Einrichtungen in einem privaten Haushalt), sondern die **Arbeitskraft** des Arbeitnehmers schlechthin wird dem Dritten **zur Verfügung gestellt**, der in weiterer Folge den Arbeitnehmer beschäftigen kann. Der Einsatz der überlassenen Arbeitskraft kann unmittelbar im Unternehmen des Dritten (zB in der Produktion) oder in einem weiteren Unternehmen, dh bei einer vierten Person (zB bei einem Dienstleistungsunternehmen), erfolgen. Mitunter kommt es auch zu einer weiteren Überlassung (**Subüberlassung**).

9/004 Durch die Überlassung kommt es zu einer Aufspaltung der Dienstgeberrechte und Dienstgeberpflichten und damit zu einer Art **arbeitsrechtlichem Dreiecksverhältnis**: Der Arbeitgeber (Überlasser) vereinbart mit dem Arbeitnehmer (der überlassenen Arbeitskraft), dass Letzterer (Letztere) seine (ihre) Arbeitsleistungen für andere (regelmäßig wechselnde) Personen (Beschäftiger) zu erbringen hat. Ein Arbeitsvertrag wird nur zwischen Überlasser und überlassener Arbeitskraft geschlossen. Zwischen Überlasser und Beschäftiger kommt ein **Dienstverschaffungsvertrag** zustande (s auch 9.1.10). Vor allem das Weisungsrecht des Arbeitgebers geht weitgehend auf den Beschäftiger über.

Nach der **Legaldefinition** des § 3 Abs 1 AÜG ist unter Überlassung von Arbeitskräften jede Zurverfügungstellung von Arbeitskräften zur Arbeitsleistung an Dritte zu verstehen[4]. Dem § 11a KA-AZG zufolge liegt eine Überlassung dann vor, wenn Dienstnehmer Dritten zur Verfügung gestellt werden, um für sie unter deren Kontrolle zu arbeiten (ähnlich auch § 9 ASchG).

9/005 Werden Arbeitnehmer, die normalerweise im Unternehmen des Dienstgebers ihre Beschäftigung ausüben, nur ausnahmsweise einem Dritten zur Arbeitsleistung überlassen, wird von einem **echten Leiharbeitsverhältnis** gesprochen. Im Gegensatz dazu wird die Bezeichnung **unechtes Leiharbeitsverhältnis** vielfach für die gewerbsmäßige Arbeitnehmerüberlassung verwendet[5]. Wird die Arbeitnehmerüberlassung gewerbsmäßig betrieben, handelt es sich um ein **reglementiertes Gewerbe** iS der Gewerbeordnung 1994[6].

9/006 **Abgrenzungsprobleme** ergeben sich häufig dann, wenn zwischen einem Arbeitgeber (Werkunternehmer) und einem Dritten (Werkbesteller) ein **Werk vereinbart** wird, zu dessen Erfüllung der Arbeitnehmer im Unternehmen des Werkbestellers längerfristig tätig wird und die inhaltlichen Vorgaben vom Werkbesteller kommen (zB Aufbau der gesamten IT-Struktur für ein Unternehmen). In diesen Fällen ist vielfach unklar, ob der Arbeitnehmer nur zur Erfüllung des Werkvertrages vom Arbeitgeber/Werkunternehmer eingesetzt wird

---

kräfteüberlassung, ZESAR 2016, 410; aA *Pirker*, Ausgewählte betriebsverfassungsrechtliche Aspekte der Arbeitskräfteüberlassung (2017), 236 ff.

4 ZB auch die Vermietung eines Baggers mit Fahrer, OGH 13. 2. 2003, 8 ObA 203/02i, ARD 5408/8/2003; s auch *Wachter*, Terminologische und typologische Überlegungen zur Arbeitnehmerüberlassung, ZAS 1975, 51.

5 Vgl zB *Mayer-Maly*, Das Leiharbeitsverhältnis, ZfA 1972, 3.

6 Zu den Zugangsvoraussetzungen vgl die Arbeitskräfteüberlassungs-VO, BGBl II 92/2003.

oder ob bereits die Arbeitskraft des Arbeitnehmers an sich zur Verfügung gestellt und damit überlassen wird. Um diese Abgrenzungsproblematik zu entschärfen, listet das AÜG Voraussetzungen auf, bei deren Vorliegen noch Arbeitskräfteüberlassung gegeben ist[7].

Arbeitskräfteüberlassung liegt gem **§ 4 Abs 2 AÜG** auch vor, wenn die Arbeitskräfte ihre Arbeitsleistung im Betrieb des Werkbestellers in Erfüllung von Werkverträgen erbringen, aber (a) kein von den Produkten, Dienstleistungen und Zwischenergebnissen des Werkbestellers abweichendes, unterscheidbares und dem Werkunternehmer zurechenbares Werk herstellen[8] oder an dessen Herstellung mitwirken oder (b) die Arbeit nicht vorwiegend mit Material und Werkzeug des Werkunternehmers leisten oder (c) organisatorisch in den Betrieb des Werkbestellers eingegliedert sind und dessen Dienst- und Fachaufsicht unterstehen oder (d) der Werkunternehmer nicht für den Erfolg der Werkleistung haftet[9].

Generell sieht § 4 Abs 1 AÜG vor, dass für die Beurteilung, ob eine Überlassung von Arbeitskräften vorliegt, der **wahre wirtschaftliche Gehalt** und nicht die äußere Erscheinungsform des Sachverhalts maßgebend ist[10].

Das AÜG verwendet bewusst den Begriff der **Arbeitskräfteüberlassung**, da es zusätzlich zu überlassenen Arbeitnehmern auch überlassene **arbeitnehmerähnliche Personen** (vgl 4.3.3.1) erfasst.

Gewisse Formen der Überlassung nimmt das AÜG von seinem Geltungsbereich zur Gänze 9/007
oder zum Teil aus (**begünstigte Überlassungen**). Die Gründe hiefür sind unterschiedlicher Natur. Teilweise besteht nur eine geringe Gefahr des Missbrauchs einer Arbeitnehmerüberlassung (zB bei Gebietskörperschaften), teilweise dient die Arbeitnehmerüberlassung übergeordneten Zielsetzungen (zB Reintegration von Arbeitnehmern im Rahmen sozialer Arbeitskräfteüberlassung[11]), teilweise wird die Anwendung des AÜG in Relation zur wirtschaftlichen/unternehmerischen Zielsetzung der Überlassung als nicht sachgerecht angesehen (zB zur Inbetriebnahme von technischen Anlagen). Beispiele für begünstigte Überlassungen sind: Die vorübergehende Überlassung von Arbeitskräften zwischen Konzernunternehmen, sofern diese nicht zum Betriebszweck des überlassenden Unternehmens gehört; die Überlassung von Arbeitskräften durch Gebietskörperschaften; die Überlassung von Arbeitskräften im Rahmen eines öffentlichen oder von öffentlichen Stellen geförderten spezifischen beruflichen Ausbildungs-, Eingliederungs- und Umschulungsprogramms.

9.1.3. Vertragliche Vereinbarungen

Die wirtschaftliche Abhängigkeit des Überlassers von der Beschäftigung der überlassenen 9/008
Arbeitskräfte beim Beschäftiger führt seit den ersten Ansätzen von Personalleasing zu **besonderen Arbeitsvertragsgestaltungen** in der betrieblichen Praxis. Insb wurde vielfach ver-

---

7 S hiezu auch *Pirker*, Ausgewählte betriebsverfassungsrechtliche Aspekte der Arbeitskräfteüberlassung (2017), 39.

8 S auch VwGH 23. 5. 2002, 2001/09/0073, ARD 5408/12/2003.

9 Vgl hiezu *Mazal*, Arbeitskräfteüberlassung und Werkvertragserfüllung, in FS Krejci (2001), 1589; *Andexlinger*, Werkvertrag oder Arbeitnehmerüberlassung, RdW 1988, 391; *dens*, Arbeitskräfteüberlassung im Wege eines Werkvertrags, ecolex 1997, 111; *Kallab*, Zur Abgrenzung Werkvertrag – Arbeitskräfteüberlassung, DRdA-infas 2015, 219; VwGH 6. 9. 2016, Ra 2016/11/201, ARD 6521/8/2016.

10 *Schneller*, Eingemietete Dienstleister als Umgehung iS von § 4 AÜG, DRdA 2013, 436.

11 Vgl OGH 19. 12. 2013, 9 ObA 124/13w, infas 2014, A 55.

sucht, das Risiko der beschränkten Beschäftigungsdauer beim Beschäftiger und damit das typische Unternehmerrisiko für den Überlasser auf den Arbeitnehmer zu überwälzen. Vor Inkrafttreten des AÜG sind Lehre und Rechtsprechung dieser Tendenz mit unterschiedlichen Argumenten entgegengetreten. Teils wurde darin eine verbotene Arbeitsvermittlung gesehen, teils die Unzulässigkeit mit einer rechtswidrigen Übertragung des Arbeitgeberrisikos begründet[12].

9/009 § 11 Abs 2 AÜG sieht nunmehr eine Reihe von **Vereinbarungen** und Vertragsklauseln vor, die jedenfalls verboten sind.

Absolut unzulässig sind Vereinbarungen, welche

a) den Anspruch auf Arbeitsentgelt auf die Dauer der Beschäftigung im Betrieb des Beschäftigers einschränken;

b) die Arbeitszeit wesentlich unter dem Durchschnitt des zu erwartenden Beschäftigungsausmaßes festsetzen oder ein geringeres Ausmaß der Arbeitszeit für überlassungsfreie Zeiten festlegen;

c) bei vereinbarter Teilzeitbeschäftigung dem Arbeitgeber das Recht zur Anordnung von regelmäßiger Mehrarbeit einräumen;

d) das Arbeitsverhältnis ohne sachliche Rechtfertigung befristen[13] oder das Arbeitsverhältnis bis zum Ende eines Auftrages mit einem Kunden des Überlassers befristen[14];

Zulässig ist jedoch die Vereinbarung eines **Probearbeitsverhältnisses** gem § 1158 Abs 2 ABGB und § 19 Abs 2 AngG[15]. Die grundlegenden Wertungen des AÜG zur Befristung sind auf den Abschluss von **Karenzierungen** zu übertragen. Karenzierungen wird man somit dem Grunde nach als zulässig erachten müssen, sofern sie sachlich gerechtfertigt werden können und nicht die Abwälzung des Beschäftigungsrisikos auf den Arbeitnehmer bezwecken[16]. Eine sachliche Rechtfertigung wird regelmäßig nur dann vorliegen, wenn die Karenzierung im Interesse des Arbeitnehmers gelegen ist.

e) die Verfalls- oder Verjährungsvorschriften verkürzen[17];

f) die überlassene Arbeitskraft für die Zeit nach dem Ende des Vertragsverhältnisses zum Überlasser, insb durch Konventionalstrafen, Reugelder oder Einstellungsverbote, in ihrer Erwerbstätigkeit beschränken (Verbot von Konkurrenzklauseln);

g) die überlassene Arbeitskraft zur Zahlung eines Entgelts im Gegenzug zur Überlassung oder in dem Fall, dass eine überlassene Arbeitskraft nach Beendigung der Überlassung mit dem ehemaligen Beschäftiger ein Arbeitsverhältnis eingeht, verpflichten[18];

---

12 Vgl zu diesem Problemkreis schon *Geppert*, Die gewerbsmäßig betriebene Arbeitskräfteüberlassung im Spannungsfeld von Verbot und Neuordnung (1978), insb 73 ff; *Schnorr*, Die gewerbsmäßige Arbeitnehmerüberlassung (1979), 11 ff; *Wachter*, Gewerbsmäßige Arbeitnehmerüberlassung und Arbeitsvermittlung, ZAS 1974, 163; *Rebhahn*, Zur Überwälzung des Wirtschaftsrisikos auf den Arbeitnehmer bei Arbeit auf Abruf, in FS Schnorr (1988), 225.

13 Vgl OGH 8. 9. 1993, 9 ObA 209/93, infas 1994, A 80.

14 OGH 12. 8. 1999, 8 ObA 130/99x, DRdA 2000, 328 mit Bespr v *Egger*.

15 Vgl 5.3.3; OGH 28. 8. 1991, 9 ObA 161/91, DRdA 1992, 215 mit Bespr v *Mosler*.

16 Vgl *Mazal*, Karenzierungsvereinbarungen bei Arbeitskräfteüberlassung, RdW 1989, 226.

17 Zur Anwendbarkeit von Fallfristen im Kollektivvertrag des Beschäftigers vgl OGH 20. 9. 2000, 9 ObA 188/00p, DRdA 2001, 343 mit Bespr v *Weiß* = infas 2001, A 1; *Kozak*, Doppelter Verfall in der Arbeitskräfteüberlassung, DRdA 2014, 104.

18 Zur Zahlung einer „Ablöse" durch einen Beschäftiger, der die überlassene Arbeitskraft übernimmt/einstellt s OGH 30. 7. 2012, 9 Ob 19/12b, ecolex 2013, 122.

h) entgegen § 10 Abs 6 AÜG den Zugang der überlassenen Arbeitskraft zu den Wohlfahrtseinrichtungen oder -maßnahmen des Beschäftigerbetriebs beschränken.

Die **Aufzählung** des § 11 Abs 2 AÜG ist eine bloß **demonstrative**. Dies bedeutet, dass auch andere Vertragskonstruktionen, die den Zielsetzungen des AÜG widersprechen, der Nichtigkeit verfallen. Dies formuliert § 8 Abs 2 AÜG in ausdrücklicher Art und Weise[19].

Relativ unzulässig sind Vereinbarungen, die sonstige Konventionalstrafen oder Reugelder vorsehen. Zulässig sind sie nämlich insoweit, als sie nicht nach Gegenstand, Zeit oder Ort und im Verhältnis zu dem geschäftlichen Interesse, das der Überlasser an der Einhaltung der jeweiligen vertraglichen Verpflichtungen hat, eine unbillige finanzielle Belastung der überlassenen Arbeitskraft bewirken (§ 11 Abs 3 AÜG). Diese Interessenabwägung ist der Beschränkung von Konkurrenzklauseln iSd § 36 AngG (vgl 6.2.6.2) nachgebildet, sodass entsprechende Überlegungen und vergleichbare Wertungen anzustellen sind. 9/010

9.1.4. Sonderpflichten des Überlassers

Der Überlasser trägt als Vertragspartner des Arbeitnehmers **alle typischen arbeitsvertraglichen Pflichten eines Arbeitgebers**. Zusätzlich enthält das AÜG eine Reihe von Pflichten, die auf die besondere Konstellation der Arbeitskräfteüberlassung abstellen. Dazu zählt insb 9/011

- die Verpflichtung, die überlassene Arbeitskraft **vor jeder Beschäftigung in einem anderen Betrieb** über die neuen wesentlichen Umstände (Beschäftiger, Kollektivvertrag beim Beschäftiger, Entgelt, Art der Tätigkeit, Beginn und voraussichtliches Ende der Beschäftigung, neuer Arbeitsort etc) zu informieren und diese Umstände ehestmöglich **schriftlich** zu bestätigen (§ 12 Abs 1 AÜG);
- die Verpflichtung zur **Information des Arbeitnehmers über Gefahren**, erforderliche **Fachkenntnisse** und notwendige **Untersuchungen** für die Tätigkeit beim Beschäftiger (§ 9 Abs 4 ASchG);
- die Verpflichtung zur unverzüglichen **Beendigung der Beschäftigung**, falls der Beschäftiger trotz Aufforderung die Arbeitnehmerschutz- oder Fürsorgepflichten nicht einhält (§ 6 Abs 4 AÜG);
- die Verpflichtung, dem Arbeitnehmer das Ende der Überlassung an den Beschäftiger mindestens 14 Tage vor dem Ende **mitzuteilen**, wenn die Überlassung an den Beschäftiger zumindest drei Monate dauert und das **Ende der Überlassung** nicht auf objektiv unvorhersehbare Ereignisse zurückzuführen ist (§ 12 Abs 6 AÜG);
- die Verpflichtung zur Förderung des Zugangs zu **Aus- und Weiterbildungsmaßnahmen** (§ 12 Abs 5 AÜG);
- die Verpflichtung zur unverzüglichen schriftlichen Information über das **Ende der Gewerbeberechtigung** der Arbeitskräfteüberlassung (§ 12 Abs 2 AÜG);
- die Verpflichtung zur Führung von **Aufzeichnungen** über die Arbeitskräfteüberlassung und zur Informationsübermittlung an das BMASK (§ 13 AÜG);

[19] S auch *Sacherer/Schwarz*, Arbeitskräfteüberlassungsgesetz^2 (2006), 176.

- die Verpflichtung zur (angemessenen) Abhilfe im Fall von **Diskriminierungen** beim Beschäftiger (§ 6a AÜG);
- das Verbot der Überlassung in Betriebe, die von **Streik oder Aussperrung** betroffen sind (§ 9 AÜG).

9.1.5. Sonderpflichten des Beschäftigers

9/012 Aus arbeitsvertragsrechtlicher Sicht besteht nur zwischen Überlasser und überlassener Arbeitskraft eine Vertragsbeziehung (s 9.1.4). Die enge Beziehung zwischen überlassener Arbeitskraft und Beschäftiger, die Integration des Arbeitnehmers in den Betrieb des Beschäftigers und die Auswirkungen der Arbeitskräfteüberlassung auf die Stammbelegschaft des Beschäftigers führen zu einer Reihe von (arbeitsrechtlichen) Pflichten des Beschäftigers, die weit über die Rolle eines bloßen Kunden des Überlassers hinausgehen.

9/013 Im Sinne der **Arbeitnehmerschutzvorschriften** gilt der Beschäftiger generell als Arbeitgeber (§ 6 Abs 1 AÜG). Diese Grundaussage zum öffentlich-rechtlich konstruierten Arbeitnehmerschutz wird durch die privatrechtlich ausgerichtete Fürsorgepflicht ergänzt: Gem § 6 Abs 3 AÜG obliegen nämlich für die Dauer der Beschäftigung die **Fürsorgepflichten** des Arbeitgebers ebenfalls dem Beschäftiger[20].

9/014 Auch im Hinblick auf **Gleichbehandlungsvorschriften** und Diskriminierungsverbote (s 6.7), die für vergleichbare Arbeitnehmer beim Beschäftiger maßgeblich sind, gilt der Beschäftiger als Dienstgeber. Dies betrifft alle Phasen und Arbeitsbedingungen der Beschäftigung sowie die sexuelle Belästigung.

Ein Sonderproblem bildet die **Beendigung der Beschäftigung** mit der Beendigung des Arbeitsverhältnisses als Konsequenz. Die diskriminierende Beendigung der Beschäftigung führt (nur) zu einem Ersatz des Vermögensschadens und zu einer Entschädigung für die erlittene persönliche Beeinträchtigung (s 6.7.2.2)[21]. Führt die diskriminierende Beendigung der Beschäftigung in weiterer Folge zur Beendigung/Kündigung des Arbeitsverhältnisses beim Überlasser, kann Letztere als diskriminierende Beendigung/Kündigung angefochten werden (s § 6a Abs 4 AÜG). Für die diskriminierende Handlung des Beschäftigers hat insofern der Überlasser miteinzustehen. Aufwendungen, die dem Überlasser dadurch entstehen, kann er gegen den Beschäftiger schadenersatzrechtlich geltend machen (§ 6a Abs 5 AÜG).

9/015 Gem § 7 AÜG gilt das **DHG** sowohl im Verhältnis zwischen Überlasser und der überlassenen Arbeitskraft als auch zwischen dem Arbeitnehmer und dem Beschäftiger (6.13.1.1). Hat die Sozialversicherung einem geschädigten Arbeitskollegen aus dem Beschäftigerbetrieb Leistungen erbracht, ist der Regress der Sozialversicherung auf die überlassene Arbeitskraft wie im Falle der Schädigung eines Arbeitskollegen im Überlasserbetrieb durch § 332 Abs 5 ASVG eingeschränkt (§ 7 Abs 2 AÜG; zur Haftung unter Arbeitskollegen vgl im Übrigen 6.13.4).

---

20 *Wiesinger*, Technischer Arbeitnehmerschutz bei überlassenen Arbeitskräften, RdW 2013, 342.

21 Vgl *Burger*, Entgeltschutz, Gleichstellungsanspruch und Diskriminierungsschutz überlassener Arbeitskräfte, in Raschauer/Resch (Hrsg), Neuerungen bei der Arbeitskräfteüberlassung (2014), 93; *Pöschl/Unterrieder*, Novelle zum AÜG – Neue Pflichten für Beschäftiger und Überlasser, ecolex 2012, 1000; *Schörghofer*, Zur Umsetzung der Leiharbeits-RL im AÜG, ZAS 2012, 339.

Der Beschäftiger **haftet** der überlassenen Arbeitskraft **für sämtliche Entgeltansprüche als Bürge**. Hat der Beschäftiger seine Verpflichtung aus der Überlassung bereits gegenüber dem Überlasser erfüllt, so haftet er nur mehr als Ausfallsbürge (s § 14 AÜG)[22]. Eine ebensolche Haftung trifft den Beschäftiger für die Arbeitgeber- und Arbeitnehmerbeiträge zur **Sozialversicherung**. Von dieser Haftung kann sich der Beschäftiger insoweit befreien, als er entsprechende Zahlungen an das sog Dienstleistungszentrum iSd § 67a Abs 3 Z 2 ASVG überwiesen hat. 9/016

Um einen möglichen **Wechsel** einer überlassenen Arbeitskraft **in die Stammbelegschaft** des Beschäftigers zu **erleichtern**, verpflichtet § 12 Abs 4 AÜG den Beschäftiger, überlassene Arbeitskräfte über offene Stellen im Betrieb, die besetzt werden sollen, zu informieren[23]. 9/017

Auch der Beschäftiger (zum Überlasser s 9.1.4) ist verpflichtet, die überlassenen Arbeitskräfte bei **Aus- und Weiterbildungsmaßnahmen** zu fördern (§ 12 Abs 5 AÜG). 9/018

9.1.6. Entgelt und Aufwandsentschädigungen

Wesentlichster Anspruch des Arbeitnehmers aus dem Arbeitsverhältnis ist das Entgelt. Für überlassene Arbeitskräfte sieht das AÜG – unabhängig vom vertraglich vereinbarten Entgelt – einen **zwingenden Anspruch auf ein angemessenes, ortsübliches Entgelt** vor[24]. Insofern stellt das AÜG überlassene Arbeitnehmer auch günstiger als sonstige Arbeitnehmer, für die ein angemessenes Entgelt nach § 1152 ABGB nur dann zum Tragen kommt, wenn nichts anderes vereinbart ist (s 6.5.1). Bei der Beurteilung der Angemessenheit des Entgelts ist für die Dauer der Überlassung auf den **Kollektivvertrag des Beschäftigerbetriebs** Bedacht zu nehmen (§ 10 Abs 1 AÜG)[25]. Darüber hinaus ist dem Gesetz zufolge auch auf **sonstige verbindliche Bestimmungen allgemeiner Art** Bedacht zu nehmen. Damit sind auch entgeltrelevante Bestimmungen in Betriebsvereinbarungen (s 6.5.2.1; 6.5.2.3; 6.5.2.4) von Bedeutung. Fraglich ist allerdings, ob damit auch der Bereich der freien Betriebsvereinbarung (s 3.3.4.8) erfasst ist. Eine richtlinienkonforme Interpretation dieser Regelung wird jedenfalls eher in diese Richtung gehen[26]. 9/019

Damit sind, je nachdem, ob und in welchem Unternehmen ein Kollektivvertrag zur Anwendung kommt, mehrere Konstellationen zu unterscheiden:

---

22 S hiezu OGH 24. 9. 2008, 2 Ob 261/07g, DRdA 2010, 228 mit Bespr v *Geppert*; zur Haftung des Beschäftigers für offene BUAG-Zuschläge s OGH 19. 12. 2013, 9 ObA 127/13m, ARD 6389/7/2014; *Reckenzaun*, Die Einbringung von Außenständen im Konkursverfahren von Personalbereitstellungsunternehmen, ZIK 1999, 148; *Wiesinger*, Die Beschäftiger-Bürgschaft nach § 14 AÜG, ZAS 2013, 214.

23 Zur Kündigung von Stammarbeitnehmern bei Weiterbeschäftigung von überlassenen Arbeitskräften vgl OGH 28. 5. 2013, 8 ObA 31/13m, DRdA mit Bespr v *Goricnik* = infas 2013, A 85 = wbl 2013, 587.

24 *Rauch*, Angemessenes Entgelt bei Arbeitskräfteüberlassung, ecolex 2013, 676.

25 Vgl OGH 28. 3. 2002, 8 ObA 50/02i, ARD 5383/1/2003 = ASoK 2003, 239, wonach § 10 Abs 1 AÜG nicht inländerdiskriminierend ist.

26 Vgl insb *Burger*, Entgeltschutz, Gleichstellungsanspruch und Diskriminierungsschutz überlassener Arbeitskräfte, in Raschauer/Resch (Hrsg), Neuerungen bei der Arbeitskräfteüberlassung (2014), 93; *Eypeltauer*, Arbeitskräfteüberlassung: Nur Bedachtnahme auf echte Betriebsvereinbarungen beim Beschäftiger?, ecolex 2014, 68.

9.1.6. Arbeitskräfteüberlassung

9/020 Kommt **weder im Überlasser- noch im Beschäftigerbetrieb** ein Kollektivvertrag zur Anwendung, dann ist das Entgelt nach den im AÜG zwingend vorgesehenen Kriterien der Angemessenheit und Ortsüblichkeit zu bestimmen.

Für die Beurteilung der **Ortsüblichkeit** will der OGH aber nicht den Arbeitsmarkt bzw die Region des Beschäftigers, sondern die Umstände im Bereich des Überlassers heranziehen[27]. Dieses Verständnis des § 10 Abs 1 AÜG führt zu einer nach dem Gesetzeszweck nicht gerechtfertigten Differenzierung zwischen Betrieben mit und ohne Kollektivvertrag. Wenn nämlich der Beschäftigerbetrieb einem Kollektivvertrag unterliegt, dann würde kraft der ausdrücklichen Regelung des § 10 Abs 1 AÜG dieser Kollektivvertrag für die Beurteilung der Angemessenheit maßgeblich sein. Findet hingegen kein Kollektivvertrag Anwendung, dann wäre das **Lohnniveau** im Bereich des Überlasserbetriebs entscheidend. Hier wird eine Differenzierung vorgenommen, die aus verfassungsrechtlicher Sicht äußerst bedenklich ist und in anderem Zusammenhang bereits zur Aufhebung der entsprechenden gesetzlichen Bestimmung geführt hat[28]. Vor allem wird in diesem Zusammenhang eine sachgerechte Lösung weniger über das Kriterium der Ortsüblichkeit als über jenes der **Angemessenheit** zu finden sein.

9/021 In Österreich ist diese Konstellation aktuell nicht von Bedeutung, da für überlassene Arbeiter der Kollektivvertrag für das Gewerbe der Arbeitskräfteüberlassung[29] und für überlassene Angestellte der Kollektivvertrag für Angestellte des Gewerbes zur Anwendung kommt. Beide Kollektivverträge beziehen nicht nur die überlassenen Arbeitnehmer, sondern auch die im eigenen Betrieb beschäftigten Arbeitnehmer ein. Für arbeitnehmerähnliche Personen gelten die Kollektivverträge allerdings nicht.

9/022 Kommt **nur für den Beschäftigerbetrieb** ein Kollektivvertrag zum Tragen, nicht hingegen für den Überlasserbetrieb, bleibt es bei der Grundregel des § 10 Abs 1 AÜG (s oben), dh der Kollektivvertrag des Beschäftigerbetriebs ist für die Bestimmung des angemessenen Entgelts maßgeblich. Nicht zu berücksichtigen ist ein über dem Kollektivvertrag liegendes höheres Ist-Lohn-Niveau im Beschäftigerbetrieb[30].

9/023 Gelangt **nur für den Überlasserbetrieb** ein Kollektivvertrag zur Anwendung, dann ist davon auszugehen, dass die Kollektivvertragsparteien ein angemessenes Entgelt normiert haben, sodass auch das Ist-Lohn-Niveau beim Beschäftiger für die Beurteilung der Angemessenheit irrelevant ist. Auch für das überlassungsunabhängige Grundentgelt wird nur auf den Kollektivvertrag und nicht auf die Kriterien der Angemessenheit und Ortsüblichkeit abgestellt[31].

9/024 Im Regelfall ist **sowohl für den Überlasser- als auch für den Beschäftigerbetrieb** ein Kollektivvertrag relevant (s oben). Nach Ansicht der Rechtsprechung[32] und hL[33] schließt die Existenz eines Kollektivvertrags für den Überlasserbetrieb die Anwendbarkeit des Beschäfti-

---

[27] OGH 20. 11. 1991, 9 ObA 196/91, DRdA 1992, 374 = ecolex 1992, 111 = RdW 1992, 185; zu ortsüblichen Überzahlungen vgl VwGH 28. 11. 1995, 93/08/0208, RdW 1996, 589; OGH 9. 3. 2008, 8 ObA 332/99b, ARD 5132/1/2000 = infas 2000, A73.

[28] Vgl insb VfGH 28. 6. 1984, G 73, 74/84, ÖJZ 1985, 411.

[29] Vgl *Schindler*, Arbeitskräfteüberlassungs-KV[3] (2017).

[30] OGH 20. 11. 1991, 9 ObA 196/91, DRdA 1992, 374 = ecolex 1992, 111 = RdW 1992, 185; OGH 20. 11. 1991, 9 ObA 602/91, DRdA 1992, 378 = infas 1992, A 83; OGH 9. 3. 2000, 8 ObA 332/99b, ARD 5132/1/2000 = infas 2000, A 73; zur Überstundenentlohnung überlassener Arbeitskräfte s OGH 25. 11. 1992, 9 ObA 305/92, DRdA 1993, 378 mit Bespr v *Ritzberger-Moser* = infas 1993, A 95; zum Mindestbetrag einer Ist-Lohn-Erhöhung und dessen Wirkung auf überlassene Arbeitskräfte vgl OGH 24. 7. 2013, 9 ObA 33/13p, DRdA 2014, 132 mit Bespr v *Schrattbauer* = RdW 2013, 682 mit Bespr v *Bruckmüller* = ZAS 2014, 76 mit Bespr v *Wiesinger*.

[31] OGH 20. 11. 1991, 9 ObA 196/91, RdW 1992, 186 = Arb 10.977.

gerkollektivvertrags für die Dauer der Überlassung nicht aus. Entscheidend wäre, welcher Kollektivvertrag **günstiger** ist. Die Bedeutung des Überlasserkollektivvertrags reduziert sich dadurch auf den Fall, dass der Beschäftigerkollektivvertrag ein niedrigeres Entgeltniveau aufweist[34].

Da der Kollektivvertrag des Beschäftigerbetriebs nicht unmittelbar einwirkt, sondern nur über den Umweg der Angemessenheit, erscheint es fraglich, ob die überlassene Arbeitskraft Anspruch auf spezifische Zulagen, Prämien, Sonderzahlungen etc des Kollektivvertrags besitzt. Im Durchschnitt haben diese zusätzlichen Entgeltbestandteile im Lohn des überlassenen Arbeitnehmers jedenfalls entsprechende Berücksichtigung zu finden[35]. Da außerdem die Angemessenheit des Entgelts jeweils für die Dauer einer Überlassung beurteilt wird, ist regelmäßig von schwankenden „Mindestlöhnen" der überlassenen Arbeitskräfte auszugehen. Der Rechtsprechung zufolge sind sämtliche mit dem kollektivvertraglichen Anspruch verbundenen Nebenabreden im Beschäftigerkollektivvertrag (zB Fallfristen, Gründe für eine Kürzung bzw Rückzahlung von Sonderzahlungen) mitzuberücksichtigen[36].

Findet sowohl im Überlasser- als auch im Beschäftigerbetrieb ein Kollektivvertrag Anwendung, dann bleibt der Rechtsprechung zufolge das Ist-Lohn-Niveau beim Beschäftiger unberücksichtigt. Dies führt auch dazu, dass kollektivvertraglich angeordnete Erhöhungen des Ist-Lohn-Niveaus für überlassene Arbeitnehmer unbeachtlich bleiben[37].

Ist der Arbeitnehmer nachweislich **arbeitsbereit** und kann er nicht oder nur unter dem vereinbarten Ausmaß beschäftigt werden, gebührt das Entgelt auf Basis der vereinbarten Arbeitszeit[38]. Dies ergibt sich teilweise ohnedies bereits aus der Unzulässigkeit einer Vereinbarung, die den Entgeltanspruch auf die Dauer der Beschäftigung im Betrieb eines Beschäftigers einschränkt (§ 11 Abs 2 Z 1 AÜG). War aber das tatsächliche Beschäftigungsausmaß während der letzten 13 Wochen überwiegend höher als die vereinbarte Arbeitszeit, so gebührt für 14 Tage das Entgelt nach dem Durchschnitt der letzten 13 Wochen und nicht nach dem niedrigeren vereinbarten Entgelt (§ 10 Abs 2 AÜG). 9/025

Dies gilt nicht, wenn für die Dauer eines von vornherein mit einem bestimmten Kalendertag befristeten Beschäftigungsverhältnisses mit dem Arbeitnehmer eine längere als die ursprünglich vorgesehene Arbeitszeit vereinbart wird.

Für **Aufwandsentschädigungen** sieht das AÜG keine Sonderbestimmungen vor. Insbesondere die Sonderregelung des § 10 Abs 1 AÜG, wonach der Kollektivvertrag des Beschäftigers für die Höhe des Entgelts maßgeblich ist (s oben), kommt für die Aufwandsentschädi- 9/026

---

32 OGH 31. 3. 1993, 9 ObA 60/93, DRdA 1994, 29 mit Bespr v *Geppert*; s aber auch OGH 2. 2. 2005, 9 ObA 130/04i, DRdA 2005, 406 mit Bespr v *Geppert* = ASoK 2005, 235 = infas 2005, A 51.

33 Vgl insb *Schindler*, Arbeitskräfteüberlassungs-KV^3 (2017); *Rothe*, Arbeiterkollektivvertrag für das Gewerbe der Arbeitskräfteüberlassung (2013).

34 Vgl auch *Mazal*, Arbeitskräfteüberlassung – Vertragsmuster und Kommentar zum ArbeitskräfteüberlassungsG (1988), 37 ff; *Grillberger*, Neuerungen durch das Arbeitskräfteüberlassungsgesetz, wbl 1988, 308; *Uhlenhut*, Arbeitskräfteüberlassung und Sozialversicherung, SoSi 1988, 518.

35 OGH 25. 10. 2001, 8 ObA 28/01b, DRdA 2003, 25 mit Bespr v *Geppert* = ASoK 2002, 240 = infas 2002, A 37; s aber auch OGH 2. 2. 2005, 9 ObA 130/04i, DRdA 2005, 406 mit Bespr v *Geppert* = ASoK 2005, 235 = infas 2005, A 51.

36 OGH 21. 10. 1998, 9 ObA 225/98y, RdW 1999, 168 = infas 1999, A 43; OGH 20. 9. 2000, 9 ObA 188/00p, DRdA 2001, 343 mit Bespr v *Weiß* = infas 2001, A 1.

37 OGH 24. 3. 2014, 8 ObA 18/14a, ARD 6402/12/2014.

38 Zum Nachweis der Arbeitsbereitschaft während überlassungsfreier Zeiten, den sog Stehzeiten, s OGH 10. 10. 1990, 9 ObA 602/90, ZAS 1991, 204 mit Bespr v *Andexlinger* = DRdA 1991, 224 mit Bespr v *Mazal*.

gung nicht zum Tragen[39]. Damit wird die Abgrenzung zwischen Entgelt und Aufwandsentschädigung von entscheidender Bedeutung. Als Entgelt qualifiziert wurden etwa Wegzeitvergütungen[40].

9.1.7. Arbeitszeit und Urlaub

9/027 Während der Überlassung gelten für die überlassenen Arbeitnehmer sowohl die arbeitszeitals auch die urlaubsrechtlichen Bestimmungen des Beschäftigerbetriebes. Gem § 10 Abs 3 AÜG sind „die für vergleichbare Arbeitnehmer gültigen gesetzlichen, kollektivvertraglichen sowie sonstigen im Beschäftigerbetrieb geltenden verbindlichen Bestimmungen allgemeiner Art“ anzuwenden.

Inwieweit es sich um **vergleichbare Arbeitnehmer** handelt, ist nach der Art der Tätigkeit, der Dauer der Beschäftigung im Betrieb des Beschäftigers sowie der Qualifikation der Arbeitskraft für diese Tätigkeit zu beurteilen (§ 10 Abs 4 AÜG).

9/028 Kraft Gesetzes sind damit sowohl **überbetriebliche** Regelungen (Kollektivvertrag etc) als auch **innerbetriebliche Vereinbarungen** (insb Betriebsvereinbarungen), die für den Beschäftiger gelten, zwingend für die überlassenen Arbeitnehmer anzuwenden. **Beispiele** hiefür sind kollektivvertragliche Arbeitszeitverkürzungen, zusätzliche arbeitsfreie Tage wie der 24. oder 31. Dezember, Vordienstzeitenanrechnung beim Erholungsurlaub, freie Tage im Zusammenhang mit Arbeitnehmer- oder Betriebsjubiläen, Gleitzeitregelungen, Grundsätze betreffend den Urlaubsverbrauch.

9/029 Die Anwendung von „sonstigen im Beschäftigerbetrieb geltenden verbindlichen Bestimmungen“ ist unterschiedlich ausgestaltet, je nachdem, ob es sich um Arbeitszeit- und Urlaubsrecht oder um Entgeltrecht handelt. Bei Entgeltangelegenheiten kommen die **sonstigen verbindlichen Bestimmungen** nur zum Tragen, wenn im Überlasser- und im Beschäftigerbetrieb keine überbetriebliche entgeltrechtliche Norm (Kollektivvertrag, Satzung etc) gilt. Dementsprechend ist auch bei Verknüpfungen von Arbeitszeit und Entgelt (zB Überstundenentgelt, Abgeltung von Dienstreisen außerhalb der Normalarbeitszeit) stets zu prüfen, ob der Arbeitszeit- oder der Entgeltaspekt überwiegt.

9.1.8. Betriebliche Wohlfahrt und Altersvorsorge

9/030 **Wohlfahrtsmaßnahmen** und Leistungen aus **Wohlfahrtseinrichtungen** (zu den Begriffen vgl 11.5.2.2) können sowohl als freiwillige Leistungen als auch als Ansprüche (zB aus einer Betriebsvereinbarung) gegenüber dem Arbeitgeber konstruiert sein. § 10 Abs 6 AÜG nimmt diesbezüglich keine Unterscheidung vor, sondern verpflichtet den Beschäftiger ganz allgemein, der überlassenen Arbeitskraft Zugang zu den Wohlfahrtseinrichtungen und

---

[39] Vgl *Löschnigg*, Dienstreisevergütung nach dem Beschäftiger-Kollektivvertrag?, ASoK 2000, 186; ebenso OGH 7. 6. 2001, 9 ObA 81/01d, RdW 2002, 169 = infas 2001, A 100; s weiters *Mazal*, Kollektivvertragsentgelt, „Aufwandsentschädigungen“ und Arbeitskräfteüberlassung, ecolex 1999, 562.

[40] OGH 25. 1. 2006, 9 ObA 39/05h, DRdA 2006, 482 mit Bespr v *Schindler* = ecolex 2006, 771 mit Bespr v *Mazal* = ASoK 2007, 38; zu Zulagen auf Grund einer BV im Überlasserbetrieb OGH 25. 8. 2014, 8 ObA 50/14g, ZAS 2015, 315 mit Bespr v *Schörghofer* = DRdA 2015, 250 mit Bespr v *Felten*.

-maßnahmen unter den gleichen Bedingungen wie den eigenen Arbeitskräften zu gewähren. Exemplarisch nennt das AÜG Kinderbetreuungseinrichtungen, Gemeinschaftsverpflegung und Beförderungsmittel. Hiezu zählen aber auch sonstige familien- bzw kinderfördernde Maßnahmen (Urlaubsheime etc), gesundheitserhaltende Maßnahmen (Grippe-/Zeckenschutzimpfungen, Kurse zum physischen und/oder psychischen Wohlbefinden etc) oder sozial motivierte Leistungen (Unterstützungen bei finanziellen Notlagen).

Eine nur **sehr partielle Gleichstellung** zwischen überlassenen Arbeitnehmern und Stammbelegschaft schafft das Gesetz im Zusammenhang mit der **betrieblichen Altersvorsorge**. 9/031
Eine Gleichstellung verlangt § 10 Abs 1a AÜG nur für Arbeitnehmer ab dem 5. Jahr ihrer Überlassung zu ein und demselben Beschäftiger.

Betroffen hievon sind nicht sämtliche Formen einer Betriebspension (vgl 6.5.2.6.1), sondern **nur Beiträge an Pensionskassen** sowie **Prämien an betriebliche Kollektivversicherungen**. Kein Anspruch des überlassenen Arbeitnehmers besteht bei direkten Leistungszusagen des Beschäftigers an die Stammbelegschaft (§ 2 Z 2 BPG) und bei Prämien für Lebensversicherungen (§ 2 Z 3 BPG). Nach herrschender Ansicht ist § 10 Abs 1a AÜG als abschließende Regelung zu verstehen[41], sodass sonstige Formen der betrieblichen Altersvorsorge weder als Unterfall des § 10 Abs 1 AÜG (Entgelt) noch als Fall des § 10 Abs 6 AÜG (Wohlfahrtsmaßnahmen) angesehen werden.

Kein Anspruch auf Gleichstellung mit der Stammbelegschaft besteht auch dann, wenn schon **mit dem Überlasser** eine zumindest **gleichwertige Vereinbarung** über eine Altersvorsorge besteht. 9/032

Der **Anspruch** auf die Beiträge für die Pensionskasse bzw für die Kollektivversicherung besteht **gegenüber dem Beschäftiger**. Das Gesetz bringt dies dadurch zum Ausdruck, dass der „Beschäftiger als Arbeitgeber der überlassenen Arbeitnehmer im Sinne des BPG" gilt. 9/033

Endet die **Überlassung**, kann der Arbeitnehmer über die eingezahlten Leistungen in Form des zu diesem Zeitpunkt gebührenden fiktiven Unverfallbarkeitsbetrages iS des BPG (vgl 6.5.2.6.2) verfügen. Voraussetzung ist stets, dass ein Stammarbeitnehmer ein vergleichbares Verfügungsrecht hätte. 9/034

9.1.9. Arbeitskräfteüberlassung und Auslandsberührung[42]

Bei einer Arbeitskräfteüberlassung, die über die Grenzen Österreichs hinausreicht bzw ausländische Arbeitnehmer betrifft, sind zumindest drei Problembereiche zu unterscheiden: 9/035

a) die Überlassung ausländischer Arbeitnehmer innerhalb von Österreich;
b) die Überlassung von Arbeitskräften von Österreich ins Ausland;
c) die Überlassung vom Ausland nach Österreich.

---

[41] Vgl insb *Resch*, Teilhabe an Betriebspensionssystemen für überlassene Arbeitskräfte, in Raschauer/Resch (Hrsg), Neuerungen bei der Arbeitskräfteüberlassung (2014), 101.

[42] *Mayr* in Resch (Hrsg), Arbeitnehmerentsendung (1999), 39; *Wolfsgruber*, Die grenzüberschreitende Entsendung von Arbeitnehmern (2001); *Drs*, Rechtsvorschriften bei grenzüberschreitendem Arbeitnehmereinsatz, in Resch (Hrsg), Grenzüberschreitender Personaleinsatz (2007), 13; *Einwallner/Neugschwendtner*, EU-Recht und ausländische ArbeitnehmerInnen – muss Österreich handeln? (2009); *Sacherer*, Arbeitskräfteüberlassung in Österreich und der EU (2001); *Tomandl*, Arbeitskräfteüberlassung[3] (2017), 34 ff; *Franzen*, Die europarechtlichen Grundlagen der grenzüberschreitenden Arbeitnehmerüberlassung, ZAS 2011, 255; *ders*, Grenzüberschreitende Arbeitnehmerüberlassung – Überlegungen aus Anlass der Herstellung vollständiger Arbeitnehmerfreizügigkeit zum 1. 5. 2011, EuZA 2011, 451.

9.1.9. Arbeitskräfteüberlassung

9/036 Wird ein ausländischer Arbeitnehmer von einem österreichischen Arbeitgeber angestellt, überlässt dieser aber den Ausländer an einen anderen Dienstgeber (**Überlassung innerhalb Österreichs**), dann ist für die Tätigkeit im Beschäftigerbetrieb eine **eigene Beschäftigungsbewilligung** erforderlich. Gemäß § 4 Abs 1 Z 7 AuslBG gilt nämlich die Überlassung ausländischer Arbeitnehmer an Dritte nicht als Beschäftigung im eigenen Betrieb.

9/037 Erfolgt jedoch die Überlassung eines zulässig beschäftigten Ausländers nur für eine verhältnismäßig kurze, eine Woche nicht übersteigende Zeit, dann ist die Beschäftigungsbewilligung beim Dienstgeber (Überlasser) ausreichend (§ 6 Abs 2 AuslBG[43]).

9/038 Die Überlassung von Arbeitskräften von Österreich **in das Ausland** ist nach § 16 Abs 1 AÜG nur zulässig, wenn eine VO des BMASK gem § 15 Abs 1 Z 3 AÜG besteht oder auf Antrag des Überlassers eine Einzelbewilligung gem § 16 Abs 2 AÜG erteilt wird. Für Überlassungen innerhalb des EWR kommen diese zusätzlichen Restriktionen allerdings nicht zur Anwendung (§ 16a AÜG).

9/039 Werden Arbeitskräfte vom Ausland **nach Österreich** überlassen, so ist grundsätzlich ebenfalls zu unterscheiden: Sofern es sich um Arbeitnehmer aus EWR-Staaten handelt, sind sie ohnehin Österreichern gleichgestellt. Für die gesamte grenzüberschreitende Überlassung im EWR kommen die Schutzbestimmungen des AÜG zur Anwendung[44]. Eine Bewilligung nach dem AuslBG scheidet für Arbeitnehmer aus dem EWR naturgemäß aus. **Arbeitgeber mit Sitz in einem Mitgliedstaat des EWR** benötigen aber auch für drittstaatsangehörige Arbeitnehmer, die zur Erbringung einer Dienstleistung in Österreich verwendet werden, keine Bewilligung nach dem AuslBG, soweit die Arbeitnehmer im Mitgliedstaat des Arbeitgebers ordnungsgemäß und dauerhaft beschäftigt werden. Dies ergibt sich aus der gemeinschaftsrechtlichen Verpflichtung, den freien Dienstleistungsverkehr auch für drittstaatsangehörige Arbeitnehmer eines entsendenden Arbeitgebers zu gewährleisten[45]. Die Beschäftigung dieser ausländischen Arbeitnehmer ist der regionalen Geschäftsstelle des Arbeitsmarktservice anzuzeigen, die binnen sechs Wochen eine Anzeigebestätigung (**EU-Entsendebestätigung**; s auch 5.2.6.5) für jeweils sechs Monate auszustellen hat. Arbeitgeber **ohne Sitz** in einem **EWR-Mitgliedstaat** benötigen hingegen nicht nur eine Beschäftigungsbewilligung bzw Entsendebewilligung gem § 18 Abs 1 AuslBG, sondern auch eine **Überlassungsbewilligung** gem § 16 Abs 3 AÜG[46]. Letztere ist vom inländischen Beschäftiger zu beantragen und darf nur bei Vorliegen der besonderen Voraussetzungen des § 16 Abs 4 und 5 AÜG erteilt werden.

9/040 Entsendet ein **Arbeitgeber ohne Sitz in einem EWR-Mitgliedstaat** Arbeitnehmer im Rahmen einer Arbeitskräfteüberlassung nach Österreich, dann haben diese Arbeitnehmer einen zwingenden Anspruch zumindest auf das **kollektivvertragliche Entgelt** oder auf ein durch

---

43 Zur Strafbarkeit des Überlassers vgl VwGH 26. 9. 1991, 90/09/0190, DRdA 1992, 277 mit Bespr v *Dirschmied.*

44 Vgl *Binder*, Die Arbeitnehmerentsendung aus EU-/EWR-Staaten nach Österreich unter besonderer Berücksichtigung eines möglichen Sozialdumpings, DRdA 1999, 8; *Thöny*, Arbeitskräfteüberlassung aus dem EU-/EWR-Ausland, ARD 6240/5/2012; OGH 20. 1. 2012, 8 ObA 74/11g, wbl 2012, 338 mit Bespr v *Grillberger* = infas 2012, A 53 = ARD 6240/4/2012 = ASoK 2012, 358; s auch 2.7.2.

45 VwGH 26. 5. 1999, 97/09/0262, RdW 1999, 798.

46 Vgl auch OGH 25. 4. 2001, 9 Ob 83/01y, JBl 2001, 653 = RdW 2002, 171.

Gesetz oder Verordnung festgelegtes Entgelt, das am Arbeitsort vergleichbaren Arbeitnehmern von vergleichbaren Arbeitgebern bzw Beschäftigern gebührt (vgl hiezu aber auch 2.7.2). Der ausländische Arbeitgeber und der österreichische Beschäftiger haften als Gesamtschuldner für die sich nach dem LSD-BG zwingend ergebenden Entgeltansprüche des Arbeitnehmers (§ 8 Abs 1 LSD-BG). Für die Dauer der Entsendung haben Arbeitnehmer, die vom ausländischen Arbeitgeber einem österreichischen Beschäftiger überlassen werden, Anspruch auf bezahlten **Urlaub** nach § 2 UrlG (vgl 6.10.2), sofern das Urlaubsausmaß nach den Rechtsvorschriften des Heimatstaates geringer ist. Nach Beendigung der Entsendung behält der Arbeitnehmer den der Dauer der Entsendung entsprechenden aliquoten Teil der Differenz zwischen dem nach österreichischem Recht höheren Urlaubsanspruch und dem Urlaubsanspruch, der ihm nach den Rechtsvorschriften des Heimatstaates zusteht. Nicht anzuwenden ist die Regelung des § 4 Abs 1 LSD-BG für Arbeitnehmer, für die die Urlaubsregelung des BUAG gilt.

Ausnahmen von diesen Ansprüchen sieht § 4 Abs 3 LSD-BG für Arbeitnehmer vor, die im Zusammenhang mit der Lieferung von Anlagen an einen Betrieb mit Montagearbeiten, der Inbetriebnahme und damit verbundenen Schulungen oder mit Reparaturen dieser Anlagen, die von inländischen Arbeitnehmern nicht erbracht werden können, beschäftigt werden, solange diese Montagearbeiten nicht länger als acht Kalendertage dauern (sog „Montageprivileg").

Gem § 6 LSD-BG hat eine Arbeitskraft, die aus dem Ausland nach Österreich überlassen 9/041
wird – unbeschadet des auf das Arbeitsverhältnis anzuwendenden Rechts (vgl 2.7.1) – für die Dauer der Überlassung zwingend Anspruch auf Entgeltfortzahlung bei Dienstverhinderungen, auf Beachtung der Kündigungsfristen, -termine und besonderer Kündigungs- und Entlassungsschutzbestimmungen sowie auf eine Kündigungsentschädigung bei rechtswidriger Beendigung des Arbeitsverhältnisses. Anderes gilt nur, sofern dies für die betreffende Person nach den Rechtsvorschriften ihres Heimatstaates günstiger ist.

9.1.10. Verhältnis zwischen Beschäftiger und Überlasser

Zwischen Überlasser und Beschäftiger kommt es zu einem sog Dienstverschaffungsvertrag 9/042
(s auch 9.1.2), der Art und Umfang der Arbeitskräfteüberlassung, die Abgeltung usw regelt. Darin enthaltene **Vereinbarungen**, die der **Umgehung** gesetzlicher Bestimmungen zum Schutz der überlassenen Arbeitskräfte dienen, sind gem § 8 Abs 2 AÜG verboten und **rechtsunwirksam**.

Zum Schutz der überlassenen Arbeitskräfte enthält das AÜG auch eine Reihe von **Informa-** 9/043
tionspflichten zwischen Überlasser und Beschäftiger. Diese reichen von Arbeitnehmerschutzbelangen (s § 6 Abs 2 u § 12a AÜG) bis zum Erlöschen der Gewerbeberechtigung (§ 12 Abs 2 AÜG).

9.1.11. Arbeitnehmerüberlassung und Betriebsverfassung

Aus arbeitsvertragsrechtlicher Sicht ist ausschließlich der Überlasser Arbeitgeber des überlas- 9/044
senen Arbeitnehmers: Nur der Überlasser schließt mit der überlassenen Arbeitskraft einen Arbeitsvertrag ab. Aus betriebsverfassungsrechtlicher Sicht ist die Situation schwieriger zu

beurteilen, da der betriebsverfassungsrechtliche Arbeitnehmerbegriff des § 36 ArbVG auf die tatsächliche Beschäftigung abstellt (vgl 4.3.2.1). Die **betriebsverfassungsrechtliche Arbeitnehmereigenschaft** kann daher in **doppelter Hinsicht** gegeben sein, einerseits kraft Arbeitsvertrags zum Überlasserbetrieb und andererseits kraft Beschäftigung im Beschäftigerbetrieb. Überlassene Arbeitnehmer besitzen damit sowohl das aktive als auch das passive Wahlrecht zum Betriebsrat des Überlasser- und Beschäftigerbetriebs, sofern sie auch die übrigen Voraussetzungen erfüllen (vgl 10.4.3.2 u 10.4.3.3)[47]. Damit aber ist die **Kompetenz zweier Betriebsräte** gegeben, deren Konkurrenz von der Art der Mitbestimmung und dem Einwirkungsbereich her gelöst werden muss[48]. Insb ist zu unterscheiden, ob das Mitbestimmungsrecht des Betriebsrats eher am Arbeitsvertrag oder eher an den Weisungsrechten, die der Überlasser auf den Beschäftiger überträgt, anknüpft.

9/045 Die Zuständigkeit des Betriebsrats wirkt sich auch auf die Kompetenz zum Abschluss von **Betriebsvereinbarungen** aus. Betriebsvereinbarungen, die sich typischerweise auf das Weisungsrecht des Arbeitgebers und das Arbeitsumfeld beziehen (**formelle Arbeitsbedingungen**), können jedenfalls auch vom Beschäftigerbetriebsrat für die überlassenen Arbeitnehmer abgeschlossen werden. Betriebsvereinbarungen, die sich auf typischerweise im Arbeitsvertrag geregelte Arbeitsbedingungen beziehen (**materielle Arbeitsbedingungen**; zB Entgelt, Ausmaß der Arbeitszeit), können für überlassene Arbeitnehmer nicht vom Betriebsrat des Beschäftigerbetriebes abgeschlossen werden. Andernfalls könnten der Beschäftiger und der Beschäftigerbetriebsrat den Überlasser zu Ansprüchen (zB Jubiläumszulagen) verpflichten. Trotz mangelnder Abschlusskompetenz des Beschäftigerbetriebsrats können aber Betriebsvereinbarungen über materielle Arbeitsbedingungen anzuwenden sein, wenn dies gesetzlich angeordnet ist. Eine solche Anordnung enthält vor allem § 10 Abs 3 AÜG im Zusammenhang mit Arbeitszeit und Urlaub (s auch 9.1.7) und § 10 Abs 1 AÜG etwas eingeschränkt im Zusammenhang mit Entgelten (vgl 9.1.6). In diesen Fällen kommt die Betriebsvereinbarung des Beschäftigers kraft Gesetzes und nicht kraft der Normwirkung der Betriebsvereinbarung zur Anwendung.

9/046 Im Falle des allgemeinen Kündigungsschutzes (vgl hiezu 8.2.8.1) ist nach Ansicht des OGH grundsätzlich der Betriebsrat des Überlasserbetriebs zuständig. Selbst wenn die Überlassung für lange Zeit erfolgte, ist der Betriebsrat des Überlasserbetriebs von einer beabsichtigten Kündigung zu verständigen. Ob im Betrieb des Überlassers ein Betriebsrat errichtet ist oder nicht, ist in diesem Zusammenhang nicht von Relevanz, es sei denn, der Überlasserbetrieb wurde nur zum Zweck der Umgehung von zwingenden Bestimmungen des ArbVG errich-

---

[47] Vgl hiezu auch *Geppert*, Arbeitskräfteüberlassung und ArbVG, in FS Schwarz (1991), 248; OGH 13. 2. 1991, 9 ObA 22/91, DRdA 1991, 352 mit Bespr v *Geppert*; *B. Schwarz*, Arbeitnehmerähnliche Personen und überlassene Arbeitskräfte in der Arbeitsverfassung, in FS Schwarz (1991), 311; *Tomandl*, Betriebsverfassungsrechtliche Fragen der Arbeitskräfteüberlassung, ZAS 2011, 248.

[48] Zu diesem Problem vgl insb *Strasser* in Strasser/Jabornegg/Resch (Hrsg), ArbVG (Losebl), § 36 Rz 12 f; *Tomandl* in Tomandl (Hrsg), ArbVG (Losebl), § 34 Rz 10; *Müller*, Das Leiharbeitsverhältnis, ZAS 1968, 82; *Geppert*, Die gewerbsmäßig betriebene Arbeitskräfteüberlassung im Spannungsfeld von Verbot und Neuordnung (1978), 128; *Schrammel*, Der „Angestellte ex contractu" im Arbeits- und Sozialversicherungsrecht, ZAS 1973, 165; *Mazal*, Personalbereitstellung und Betriebsverfassung, RdW 1987, 377; *dens*, Arbeitskräfteüberlassung (1988), 80 ff; *Eypeltauer*, „Personalleasing": Feststellungsklage des Betriebsrates des Beschäftigerbetriebes gegen den Überlasser gem § 54 Abs 1 ASGG?, wbl 1989, 235; *Schneller*, Arbeitskräfteüberlassung: Mitbestimmung bei Versetzungen und anderen personellen Maßnahmen, ecolex 2006, 1018.

tet[49]. Diese Meinung ist nicht unbedenklich. Stellt man in Rechnung, dass im Falle länger andauernder Beschäftigung im Beschäftigerbetrieb der Betriebsrat dieses Betriebs den „Sozialvergleich" (§ 105 Abs 3 ArbVG) besser beurteilen kann, wird man eine prozessuale Mitwirkung auch des Betriebsrats des Beschäftigerbetriebs fordern müssen.

Der Unterschied zwischen arbeitsvertraglichem und betriebsverfassungsrechtlichem Arbeitnehmerbegriff kann auch dazu führen, dass ein Arbeitnehmer trotz (dauernder) Überlassung **nur einer Betriebsratsorganisation** angehört. Handelt es sich zB im Überlasserbetrieb um einen leitenden Angestellten, der auf Grund seiner Stellung im Überlasserbetrieb nicht als Arbeitnehmer iSd § 36 ArbVG zu qualifizieren ist, der aber in einen Beschäftigerbetrieb überlassen wird, in dem er keine leitende Stellung einnimmt, ist für ihn nur der Beschäftigerbetriebsrat zuständig[50]. 9/047

Informations- und Beratungsrechte stehen dem Betriebsrat des Beschäftigerbetriebs kraft ausdrücklicher Regelung in § 99 Abs 5 ArbVG zu, wenn Arbeitskräfte aus Überlassungsunternehmungen beschäftigt werden sollen. Grundsätze der betrieblichen Beschäftigung von Arbeitnehmern, die im Rahmen einer Arbeitskräfteüberlassung tätig sind, können in eine erzwingbare Betriebsvereinbarung Eingang finden (vgl 11.4.4.1.6.2 bzw 11.5.3.1). 9/048

Auf Grund der Doppelzugehörigkeit überlassener Arbeitskräfte (s oben) wird auch eine Verpflichtung zur Leistung von Beiträgen sowohl an den **Betriebsratsfonds** des Überlassers als auch an den Betriebsratsfonds des Beschäftigers bejaht[51]. Dem kann nur insofern zugestimmt werden, als dadurch die Höchstgrenze des § 73 ArbVG (0,5 % des Bruttoentgelts) nicht überschritten wird. § 73 ArbVG legt ein absolut zwingendes Höchstausmaß für die Belastung des Arbeitnehmers fest. Auch die Zentralbetriebsratsumlage bildet keinen zusätzlichen Belastungsfaktor, sondern ist von der Betriebsratsumlage abzuziehen (vgl 10.12.2). Besonders evident wird dies bei mehrfachen Eingliederungen in Beschäftigerbetrieben. Käme es etwa zu einer langfristigen Integration einer überlassenen Reinigungskraft bei vier Beschäftigern, wären uU Betriebsratsumlagen in der Höhe von insgesamt 2 % des Bruttoentgelts zu bezahlen. 9/049

9.2. Betriebsübergang

9.2.1. Universal- und Singularsukzession

Die Übertragung eines Unternehmens oder eines Betriebs(teils) kann im Wege der Universalsukzession oder der Singularsukzession erfolgen. 9/050

Universalsukzession ist die kraft besonderer gesetzlicher Vorschriften angeordnete Rechtsnachfolge in die gesamte Rechtsstellung des Vorgängers. Der Gesamtrechtsnachfolger über- 9/051

[49] OGH 15. 7. 1987, 14 Ob 117/86, ZAS 1988, 95 mit Bespr v *Schnorr*.
[50] Vgl OGH 17. 12. 2013, 8 ObA 22/13p, ARD 6405/6/2014.
[51] *Anzenberger*, Arbeitskräfteüberlassung und Betriebsratsfonds, ASoK 2001, 385; wohl auch in diesem Sinn *Leutner/B. Schwarz/Ziniel*, AÜG (1989), 155; *B. Schwarz*, Arbeitnehmerähnliche Personen und überlassene Arbeitskräfte in der Arbeitsverfassung, in FS Schwarz (1991), 324.

nimmt durch ein und denselben Übertragungsvorgang sämtliche Rechte und Pflichten, wie sie in der Person des Vorgängers bestanden haben, und setzt so seine Rechtsstellung in vermögensrechtlicher Hinsicht fort. **Singularsukzession hingegen** ist Rechtsnachfolge in bloß einzelne Rechtspositionen. Das bedeutet, dass es der gesonderten Übertragung jedes einzelnen Rechtsverhältnisses auf den Übernehmer, entsprechend den jeweils dafür bestehenden Vorschriften, bedarf.

9/052 Den für das Arbeitsrecht wesentlichsten Fall einer Singularsukzession bildet der Übergang eines Betriebs durch Kauf. Dies bedeutet aber, dass mit dem Kauf des Betriebs die Arbeitsverhältnisse nicht automatisch auf den Übernehmer/Käufer übergehen, sondern beim Übergeber/Verkäufer verbleiben würden. Teile der Belegschaft würden durch Vertrag vom Erwerber übernommen, der Rest würde vom Verkäufer gekündigt werden. Kündigungsschutzmechanismen würden ins Leere gehen, da der Verkäufer keinen Betrieb mehr besitzt. Um diesem Problem zu begegnen, sieht das 1993 in Kraft getretene AVRAG in seinem § 3 Abs 1 vor, dass der Erwerber eines Unternehmens oder Betriebs(teils) grundsätzlich in sämtliche im Zeitpunkt des Übergangs bestehende Arbeitsverhältnisse einzutreten hat (vgl 9.2.2).

9/053 Universalsukzessionen sind in einer Reihe besonderer gesetzlicher Bestimmungen vorgesehen. So ist iSd § 547 ABGB die **Übertragung** eines Unternehmens oder Betriebs(teils) **von Todes wegen** im Wege der Erbfolge Universalsukzession, die nach hM mit der Einantwortung eintritt[52]. In der Zwischenzeit rückt der Nachlass, die sog hereditas iacens, in die Arbeitgeberposition[53]. Die Verlassenschaft ist parteifähig, sie kann klagen und geklagt werden[54]. Der Nachlassvertreter, meist der erbserklärte Erbe, setzt die notwendigen Rechtshandlungen.

Mit der Einantwortung gehen die Rechte und Verbindlichkeiten in ihrer Gesamtheit auf den Erben über. Waren zuerst der Erblasser und dann der Nachlass Arbeitgeber, so wird ab diesem Zeitpunkt die Arbeitgebereigenschaft unmittelbar auf den Erben übertragen, ohne dass es einer besonderen Vereinbarung bedarf.

9/054 Das Arbeitsverhältnis ist als durchlaufend anzusehen. Die Einrechnung der zu Lebzeiten des Verstorbenen und während des Nachlassverfahrens zurückgelegten Dienstzeit ist ebenso selbstverständlich wie die Fortdauer der bisherigen Arbeitsbedingungen. Vor der Einantwortung haftet der Nachlass für die Erblasser- und Erbfallschulden. Nach Eintritt der Universalsukzession haftet der Erbe für alle Lohn- und Gehaltsschulden unbeschränkt. Durch eine bedingte Erbantrittserklärung kann die Haftung des Erben für die Erblasserschulden, ds die vor dem Tod des Erblassers entstandenen Verbindlichkeiten, auf die Summe der übernommenen Aktiva beschränkt werden.

9/055 Will der Erbe oder der Arbeitnehmer das Arbeitsverhältnis nicht mehr fortsetzen, so muss dieses gelöst werden.

---

52 *Eccher* in Schwimann/Kodek (Hrsg), ABGB III[4] (2012), § 547 Rz 2 u § 819 Rz 8 ff; *ders*, Antizipierte Erbfolge (1980), 59 ff; *Steinwenter*, Erbrechtliche Miszellen, JBl 1955, 157; *Welser/Zöchling-Jud*, Grundriss des bürgerlichen Rechts II[14] (2015), 566; OGH 25. 3. 1930, 4 Ob 130/30, SZ 12/70; OGH 21. 11. 1962, 6 Ob 307/62, EvBl 1963, 151.

53 *Krejci*, Betriebsübergang und Arbeitsvertrag (1972), 58 ff.

54 OGH 15. 3. 1967, 6 Ob 45/67, SZ 40/38.

Die **Übertragung des Unternehmens unter Lebenden** kann ebenfalls Universalsukzession sein. Hierher gehören in erster Linie die Verschmelzungen (Fusionen) von **Kapitalgesellschaften** (AG, GmbH; vgl §§ 219 ff AktG)[55]. Auch die Umwandlung einer AG oder GmbH durch Übertragung auf einen Gesellschafter als Nachfolgeunternehmer oder die Umwandlung einer Kapitalgesellschaft in eine OG oder KG stellen Universalsukzessionen dar (§ 1 UmwG). In diesen Fällen laufen die Arbeitsverhältnisse oder auch Ansprüche ehemaliger Arbeitnehmer[56] weiter, ohne dass es einer weiteren Rechtsgestaltung bedürfte[57]. Dies gilt auch für Spaltungen von Kapitalgesellschaften iSd § 1 SpaltG[58]. Die sog „formwechselnden Umwandlungen" (zB AG wird zu einer GmbH; vgl § 239 AktG) haben auf den Bestand der Arbeitsverhältnisse keinen Einfluss: Die Identität des Arbeitgebers wird durch die Identität der juristischen Person als solche gewahrt. Zu beachten ist, dass den Universalsukzessionen des Unternehmensrechts eine Haftungsbeschränkung wie im Erbgang in Form der „bedingten Erbantrittserklärung" grundsätzlich fremd ist. 9/056

Bei **Personengesellschaften** (OG, KG) kommt die Dienstgebereigenschaft nicht nur den einzelnen Gesellschaftern, sondern auch der Gesellschaft selbst als juristischer Person zu (vgl 4.3.1). Scheiden Gesellschafter aus oder kommen neue hinzu, liegt noch kein Arbeitgeberwechsel im engeren Sinn vor, und das Arbeitsverhältnis muss als durchlaufend angesehen werden[59]. Das Nämliche gilt, wenn eine Personengesellschaft durch Ausscheiden von Gesellschaftern in ein Einzelunternehmen umgewandelt wird (vgl §§ 142 u 161 UGB). Die Frage, ob diese Gesellschaften juristische Personen sind, ist somit nicht nur für die zusätzliche Haftung bzw die Klagslegitimation der Gesellschaft, sondern auch für den Fortbestand der Arbeitsverhältnisse bei Gesellschafterwechsel von Bedeutung. 9/057

9.2.2. Betriebsübergang und AVRAG

Eine allgemeine und umfassende Regelung der arbeitsrechtlichen Problematik des Betriebsübergangs ist im Zuge der Angleichung der österreichischen Rechtslage an das Arbeitsrecht der EU durch die §§ 3 bis 6 AVRAG erfolgt, die sich weitgehend an der EU-Richtlinie 77/187[60] bzw RL 2001/23/EG[61] orientieren (s dazu 2.8.4.7). 9/058

---

[55] S insb *Strasser*, Betriebspension bei Unternehmensverschmelzung, in FS Tomandl (1998), 387; *Mazal*, ecolex 1991, 475; *Grünwald*, Die Rechtsfolgen der Verschmelzung von Aktiengesellschaften auf die Funktion als Vorstands- bzw Aufsichtsratsmitglied, ZAS 1994, 196.

[56] OGH 26. 2. 1998, 8 ObA 150/97k; OGH 12. 3. 1998, 8 ObA 2052/96i, DRdA 1999, 35 mit Bespr v *Runggaldier*.

[57] Zur Gesamtrechtsnachfolge bei Fusion vgl VwGH 21. 3. 1985, 83/08/179, ARD 3729/2/85.

[58] Vgl *Wiesinger*, Partielle Gesamtrechtsnachfolge und Arbeitsvertrag, ecolex 1993, 619.

[59] Vgl OGH 13. 9. 1950, 1 Ob 506/50, SZ 23/249.

[60] Vgl *von Alvensleben*, Die Rechte der Arbeitnehmer bei Betriebsübergang im Europäischen Gemeinschaftsrecht (1992); *Birkner*, Kollektive Rechtsgestaltung im Licht europäischer Unternehmenskonzentrationen, ZAS 1993, 26; *Blanpain*, Le maintien des droits des travailleurs en cas de transferts d'entreprises, Revue du travail 1977, 3; *E. Bydlinski*, Zur Wahrung von Ansprüchen der Arbeitnehmer bei Betriebsübergang nach dem Recht der EG, in Runggaldier (Hrsg), Österreichisches Arbeitsrecht und das Recht der EG (1990), 229; *Egger*, Das Arbeits- und Sozialrecht der EG^2 (1998), 122; *Hepple*, Community Measures for the Protection of Workers against Dismissal, CMLR 1977, 492; *Löw*, Die Betriebsveräußerung im europäischen Arbeitsrecht (1992); *Runggaldier*, Betriebsübergang und Übergang der Arbeitsverhältnisse. Anmerkungen zum Entwurf eines Arbeitsvertragsrechts-Anpassungsgesetzes, RdW 1992, 375; *Schnorr/Egger*, European Communities (1990), Abschnitt 241; *Weinmeier*, Österreichisches Arbeitsrecht und das Recht der EG, ZIAS 1990, 249; *Binder*, Die Gemeinschaftsmaßnahmen zur Wahrung von Arbeitnehmerinteressen bei Betriebsübergang, Massenentlas-

9.2.2. Betriebsübergang

9/059 Entsprechend der zentralen Bestimmung des § 3 Abs 1 AVRAG kommt es im Falle des Inhaberwechsels zu einem **Ex-lege-Übergang** sämtlicher Arbeitsverhältnisse[62]: Geht ein Unternehmen, ein Betrieb oder auch ein Betriebsteil auf einen anderen Inhaber[63] über (Betriebsübergang), so tritt dieser als Arbeitgeber mit allen Rechten und Pflichten in die im Zeitpunkt des Übergangs bestehenden Arbeitsverhältnisse ein[64]. In rechtsmissbräuchlicher Weise gemachte Zusagen des Veräußerers gegenüber dem Arbeitnehmer gehen jedoch nicht auf den Erwerber über[65].

Eine **vertragliche Bindung** zwischen dem alten und dem neuen Betriebsinhaber ist für einen wirksamen Betriebsübergang nicht erforderlich. Auch bei einer rückwirkenden Aufhebung des Veräußerungsvertrages liegt ein solcher vor. Voraussetzung ist, dass der neue Inhaber die Leitungsmacht übernommen, die Arbeitgeberrolle ausgeübt und der alte Inhaber nach der Aufhebung des Vertrages den Betrieb faktisch nicht wieder zurückgenommen hat[66]. Verweigert der neue Arbeitgeber die Übernahme eines Arbeitsverhältnisses, dann muss der Arbeitnehmer seinen Fortsetzungsanspruch aus Gründen des Rechtssicherheits- und Klarstellungsinteresses **ohne unnötigen Aufschub** geltend machen[67].

---

sung und Insolvenz und ihre Bedeutung für das österreichische Arbeitsrecht, in Koppensteiner (Hrsg), Österreichisches und europäisches Wirtschaftsprivatrecht, Teil 5, Arbeitsrecht (1997), 83; *Reissner*, Betriebsübergänge als Maßnahmen zur Krisenbewältigung, in Reissner/Herzeg (Hrsg), Arbeits- und sozialrechtliche Strategien zur Krisenbewältigung (2010), 109; *Sagan*, Die aktuelle Rechtsprechung des EuGH zum Recht der Gleichbehandlung und des Betriebsübergangs, ZESAR 2011, 412.

61 Zu deren Geltungsbereich s *Niksova*, Grenzüberschreitender Betriebsübergang – Der Geltungsbereich der RL 2001/23/EG in grenzüberschreitenden Sachverhalten, ecolex 2013, 53; *dies*, Grenzüberschreitender Betriebsübergang – Arbeitsrechtliche Fragen bei grenzüberschreitenden Standortverlagerungen (2014); zum Rechtsmissbrauch bei Betriebsübergang im Unionsrecht s *Rebhahn*, Rechtsmissbrauch bei Betriebsübergang, in FS Fenyves (2013), 948.

62 Zum kompetenzüberschreitenden Betriebsübergang vgl OGH 29. 6. 2005, 9 ObA 92/05b, DRdA 2007, 42 mit Bespr v *Resch*.

63 Zum Betriebsinhaberbegriff vgl *Jöst*, Inhaber im Sinne des § 3 Abs 1 AVRAG und des Art 1 Abs 1 der Betriebsübergangsrichtlinie – Arbeitgeber oder Betriebsinhaber, ZAS 1999, 38.

64 Vgl allg *Holzer/Reissner*, AVRAG[2] (2006); *Binder/Burger/Mair*, Arbeitsvertragsrechts-Anpassungsgesetz[3] (2016), 121 ff; *Krejci*, Betriebsübergang – Grundfragen des § 3 AVRAG (1996); *Gahleitner/Leitsmüller*, Umstrukturierung und AVRAG (1996); *Marhold*, Analyse der Rechtsprechung zum Betriebs(teil)übergang, in Tomandl (Hrsg), Neuere Tendenzen im Arbeitsrecht auf dem Prüfstand (1999), 51; *Grillberger*, Betriebsübergang und Arbeitsverhältnis – Neuregelung durch das AVRAG, wbl 1993, 305; *Schima*, Automatischer Übergang von Arbeitsverträgen bei Betriebsinhaberwechsel, Neue Rechtslage – Vorsicht beim Unternehmenskauf, RdW 1993, 216; *Oppitz*, Dienstwohnung und Betriebsübergang, ecolex 1994, 699; zur Vereinbarung zwischen Arbeitnehmer und Veräußerer, derzufolge das Arbeitsverhältnis nicht auf den Erwerber übergehen soll, vgl *Gahleitner*, Arbeitskräfteüberlassung und Betriebsübergang, DRdA 1994, 380; *Hummer*, Die Rechte des Arbeitnehmers bei Betriebsübergang in Österreich und Frankreich (1999); *Jabornegg/Resch* (Hrsg), Betriebsübergang – Arbeitsrechtliche Fragen (1999); *Risak*, Probleme der Rechtsgestaltung beim Betriebsübergang, DRdA 2011, 227; *Krejci*, Betriebsübergang und Rechtsmissbrauch, DRdA 2013, 207; *Gerhartl*, Fragen des Betriebsübergangs, ASoK 2013, 233; *Grünanger*, Arbeitnehmer-Datenschutz und Betriebsübergang, in Kietaibl/Schörghofer/Schrammel (Hrsg), Rechtswissenschaft und Rechtskunde (2014), 11; *Ernst*, Arbeitsvertragsübergang begünstigter Behinderter im Rahmen des AVRAG, DRdA 1994, 475; OGH 3. 9. 2010, 9 ObA 142/09m, infas 2011, A 11 = ZAS 2012, 37 mit Bespr v *Resch*; OGH 22. 2. 2011, 8 ObA 41/10b, ASoK 2011, 326 mit Bespr v *Trattner* = DRdA 2012, 487 mit Bespr v *Firlei* = ZAS 2012, 269 mit Bespr v *Schörghofer*.

65 OGH 1. 9. 1999, 9 ObA 197/99g, DRdA 2000, 408 mit Bespr v *Reissner* = ZAS 2000, 122 mit Bespr v *Vanik*.

66 OGH 22. 8. 2012, 9 ObA 144/11h, ARD 6263/2/2012 = infas 2013, A 3.

67 OGH 30. 6. 1999, 9 ObA 160/99s, DRdA 2000, 311 mit Bespr v *Binder* = ZAS 2000, 118 mit Bespr v *Gahleitner*; OGH 24. 7. 2013, 9 ObA 51/13k, ARD 6361/1/2013 = ASoK 2014, 40 = ecolex 2013, 1100.

Der gesetzlich vorgesehene Ex-lege-Übergang schließt jedoch nicht Vereinbarungen aus, wonach der Arbeitnehmer **beim ursprünglichen Arbeitgeber verbleibt**, wenn dies für den Arbeitnehmer günstiger ist[68]. 9/060

Von den Bestimmungen zum Betriebsübergang sollen offensichtlich nicht nur die Fälle der sog **Singularsukzession** oder Einzelrechtsnachfolge (insb Verkauf, Verpachtung des Betriebs) erfasst werden, sondern zum Teil auch die sog **Universalsukzession** oder Gesamtrechtsnachfolge (insb Verschmelzung, Umwandlung iSd § 1 UmwG, Spaltung iSd § 1 SpaltG). Dies ergibt sich aus dem konkreten Hinweis auf die Gesamtrechtsnachfolge in § 5 Abs 1 AVRAG (s hiezu unten). Da es im Rahmen der Gesamtrechtsnachfolge ohnehin durch die die Gesamtnachfolge auslösende Rechtshandlung zu einem unmittelbaren Eintritt in die Arbeitsverträge kommt, bedarf es der besonderen Anordnung des § 3 Abs 1 AVRAG nicht. Eine gewisse Bedeutung können aber die diesbezüglichen Bestimmungen des AVRAG über die Auswirkung der Anwendung von Kollektivverträgen oder Betriebsvereinbarungen gewinnen. Festzuhalten ist für alle Varianten des Betriebs(teil)- bzw Unternehmensübergangs: Der Erwerber muss nicht Eigentümer, sondern bloß rechtlich gesicherter oder tatsächlicher Inhaber mit Leitungsmacht in Bezug auf das betriebliche Geschehen werden[69]. **Nicht zur Anwendung** kommt das AVRAG für Vermögensübertragungen im Fall eines Sanierungsverfahrens ohne Eigenverwaltung oder **Konkurses** des Veräußerers[70].

Schwierige Interpretationsprobleme ergeben sich bei der Frage, wann überhaupt von einem Unternehmens-, Betriebs- oder Betriebsteilübergang gesprochen werden kann[71]. Durch den Ex-lege-Übergang der Arbeitsverhältnisse kommt es zu einer Loslösung der Arbeitsverhältnisse von der rechtlichen Einheit des Unternehmens. In den Vordergrund rückt das sachliche Substrat des Unternehmens mit seinen diversen Untergliederungen und Steuerungseinheiten, die eine Aufteilung erfahren. Entscheidend ist die Begriffsbildung im Fall des Betriebsteils, da es sich hiebei um die kleinste Einheit handelt, die zu einem Übergang der Arbeitsverhältnisse führt[72]. Der EuGH[73] hat sich an den Kriterien einer noch abgrenzbaren „wirtschaftlichen Einheit" orientiert und ausgesprochen, dass auch Hilfs- und Teiltätigkeiten (zB ein Kantinenservice) einen übergangsfähigen Betriebsteil bilden können[74]. Zu 9/061

[68] OGH 25. 6. 2007, 9 ObA 125/06g, DRdA 2008, 497 mit Bespr v *Holzer*: Gemeinde bleibt Arbeitgeber und überlässt Arbeitnehmer an ausgegliederte Sozialeinrichtung; zum Günstigkeitsprinzip bei der Zusammenarbeit von Krankenanstalten vgl *Stadler*, Arbeitsrechtliche Konsequenzen bei Ausgliederungen und Kooperationen von Krankenanstalten, RFG 2012, 39.

[69] Vgl *Binder*, Die österreichische Betriebsübergangsregelung – eine geglückte Bedachtnahme auf die europarechtlichen Vorgaben?, DRdA 1996, 7; *von Alvensleben*, Die Rechte der Arbeitnehmer bei Betriebsübergang im Europäischen Gemeinschaftsrecht (1992), 177.

[70] Vgl § 3 Abs 2 AVRAG; s auch 9.2.3; weiters *Rebhahn*, Arbeitsrecht bei Betriebsübergang: Eintrittspflicht bei Insolvenz und Haftungsfragen, JBl 1999, 621 u 710.

[71] Auch eine Zwangsversteigerung mit Zwangsverwaltung vermag den Tatbestand des Betriebsübergangs zu erfüllen, vgl OGH 28. 4. 2005, 8 ObS 6/05y, DRdA 2006, 144 mit Bespr v *Obereder*; zu Privatisierungen von Landes- bzw Gemeindebetrieben s OGH 26. 8. 2004, 8 ObA 3/04f, DRdA 2005, 523 mit Bespr v *Resch* = ZAS 2005, 263 mit Bespr v *Posch*; zu einer Gratiszeitung vgl OGH 29. 4. 2009, 9 ObA 22/09i, DRdA 2011, 126 mit Bespr v *Binder*.

[72] Zum Betriebsteil bzw allg zu gewissen Formen des Betriebsübergangs vgl OGH 22. 10. 1997, 9 ObA 73/97v, ARD 4911/1/98; OGH 1. 9. 1999, 9 ObA 192/99x, DRdA 2000, 389; OGH 16. 12. 2003, 5 Ob 114/03f, DRdA 2004, 271; *Friedrich*, Europäisches Arbeitsrecht und Privatisierungen (2002), 65; zur Frage der Zurechnung der Arbeitnehmer beim Betriebsübergang vgl *Risak*, Die Zuordnung von Arbeitsverhältnissen zum übergehenden Betrieb/Betriebsteil, ZAS 2001, 44; OGH 29. 9. 1999, 9 ObA 140/99z, DRdA 2000, 390 mit Bespr v *Binder*; OGH 16. 2. 2000, 9 ObA 5/00a, ARD 5156/4/2000; *Reissner*, Neues vom Betriebsübergangsbegriff, ASoK 2002, 77; *dens*, DRdA 2002, 248; *Rebhahn/Kietaibl*, Die Auswirkung von Personalübernahmsangeboten auf das Vorliegen eines Betriebsübergangs, ecolex 2008, 659.

[73] EuGH 12. 11. 1992, C-209/91, *Rask und Christensen*, Slg 1992, I-05755.

[74] S auch *Körber-Risak*, Begriff des Betriebsübergangs, Kündigungsverbot wegen des Betriebsübergangs, in Reissner/Burger (Hrsg), Aktuelle Entwicklungen im Betriebsübergangsrecht (2016), 2.

weit geht der EuGH in der E v 14. 4. 1994[75], wonach die Abtretung von Reinigungsaufgaben – auch einer einzelnen Arbeitnehmerin – an eine Fremdfirma als Betriebsteilübergang verstanden wird, wobei es ohne Belang ist, ob die ausgelagerten Aufgaben zum Unternehmenskern gehören oder nur von untergeordneter Bedeutung sind (sog **Funktionsnachfolge**). Umgekehrt kann die Rücknahme von zuvor ausgelagerten Arbeiten (Insourcing) gleichfalls einen Betriebsteilübergang darstellen, wenn es sich um den Übergang einer wirtschaftlichen Einheit handelt[76]. Dem EuGH-Urteil v 11. 3. 1997[77] zufolge soll jedoch kein Betriebsteilübergang vorliegen, wenn ein Unternehmen einem Fremdunternehmen das Auftragsverhältnis kündigt, um dieses dann einem anderen Fremdunternehmen zu übertragen (sog **Vertragsnachfolge**). Bei der Prüfung der Identität der wirtschaftlichen Einheit darf nicht ausschließlich auf die von ihr ausgeübte Tätigkeit Bezug genommen werden. Nach Ansicht des EuGH hängt ihre Identität ebenso von anderen Elementen, wie zB dem Personal, aus dem sie sich zusammensetzt[78], dem betrieblichen Umfeld, den Arbeitsmethoden oder den Betriebsmitteln, die zur Verfügung stehen, ab. Der OGH[79] hat die Hauszustellung von Zeitungen als Teilfunktion des Vertriebs eines Zeitungsverlages aufgefasst und die Übertragung dieser Aufgabe auf ein anderes Unternehmen im Rahmen eines Werkvertrags als Betriebsteilübergang qualifiziert. In gleicher Weise hat der OGH[80] den Fall beurteilt, dass der Betrieb eines Vereins infolge Subventionsentzugs eingestellt und ein anderer Verein durch Neuvergabe der Subventionen in die Lage versetzt wird, den arbeitstechnischen Zweck des ursprünglichen Vereins fortzusetzen. Im Fall eines Mietshausverkaufs hat der OGH entschieden, dass der Zeitpunkt des Betriebsübergangs jener der grundbücherlichen Einverleibung ist, sofern nicht einer früheren Übertragung (zumindest schlüssig) zugestimmt wurde[81]. Den Betriebsteil wird man jedenfalls als partielle Verwirklichung der arbeitstechnischen und wirtschaftlichen Funktion des betrieblichen Tätigkeitsbereiches charakterisieren können[82]. Teilaspekte, wie der Übergang von Betriebsmitteln (Gebäude, Maschinen, sonstige bewegliche Güter), immaterielle Unternehmenswerte im Zeitpunkt des

---

[75] EuGH 14. 4. 1994, C-392/92, *Christl Schmidt*, Slg 1994, I-01311 = DRdA 1994, 348 mit Bespr v *Kirschbaum*; gleichfalls zu einer Auslagerung von Reinigungsarbeiten s aber OGH 12. 8. 1999, 8 ObA 61/99z, DRdA 2000, 332 mit Bespr v *Reissner*; s auch *Kirschbaum*, Outsourcing im Arbeitsrecht, RdW 1994, 281; vgl weiters *Tinhofer*, Der Wechsel des Vertriebshändlers als Betriebsübergang, Anmerkung zum Urteil des EuGH v 7. 3. 1996, C-171 und 172/94 (*Merckx/Ford Motors Company*), RdW 1996, 211; *Reissner*, Neue Betriebsübergangs-Entscheidungen des EuGH zur Reinigungsbranche und zum Betriebspensionsbegriff, DRdA 2002, 436; *Tamm*, Europarechtliche Vorgaben für den Betriebsübergang – „Christl Schmidt lässt grüßen", ZESAR 2012, 151.

[76] EuGH 10. 12. 1998, C-127/96, C-229/96 und C-74/97, *Vidal*, Slg 1998, I-8179 = RdW 1999, 37.

[77] EuGH 11. 3. 1997, C-13/95, *Ayse Süzen*, Slg 1997, I-1259 = ASoK 1997, 118 = RdW 1997, 216 mit Bespr v *Tinhofer*; *Krejci*, Bloße Funktions- und Vertragsnachfolge ist kein Betriebsübergang, ASoK 1997, 98; in diesem Sinn vgl auch EFTA-Gerichtshof 25. 9. 1996, E-3/95, ASoK 1996, 27; vgl hiezu auch *Schima*, Betriebsübergang durch „Vertragsnachfolge", RdW 1996, 319; vgl auch *Pačić*, Vereinbarungen im Zusammenhang mit Betriebsübergängen, in Reissner/Neumayr (Hrsg), Zeller Handbuch Arbeitsvertrags-Klauseln (2010), 309; *Kietaibl*, Gestaltungsmöglichkeiten im Zusammenhang mit Betriebsübergängen, ZAS 2010, 108.

[78] Vgl *Karner*, Übernahme von Arbeitnehmern: Voraussetzung des Betriebsüberganges, RdW 1997, 729.

[79] OGH 23. 5. 1996, 8 ObA 2020/96h, DRdA 1997, 295 mit Bespr v *Resch*.

[80] OGH 13. 6. 1996, 8 ObA 2100/96y, ARD 4781/10/96.

[81] OGH 30. 3. 2006, 8 ObA 40/05y, DRdA 2007, 274 mit Bespr v *Binder*.

[82] Vgl hiezu va *Schwarz*, Das AVRAG im Zwielicht, DRdA 1996, 473; *Tomandl*, Der Betriebs(teil)übergang im Arbeitsrecht (1995); *dens*, Arbeitsrechtliche Konsequenzen beim Übergang eines Betriebsteiles, ZAS 1993, 193; *Marhold*, EFTA-Gerichtshof zum Betriebsübergang, ASoK 1996, 2; *Köck*, Betriebsteilübergang durch „Funktionsnachfolge", ecolex 1994, 777.

Übergangs (Kundschaft bzw Absatzgelegenheit, Bezugsquellen, innere Ordnung des Betriebs, Geschäftserfahrungen), die Übernahme von Belegschaftsteilen durch den neuen Inhaber (zB Großteil der Schlüsselkräfte), der Grad der Ähnlichkeit zwischen den vor und nach dem Übergang verrichteten Tätigkeiten und die Dauer einer eventuellen Unterbrechung dieser Tätigkeit, sind im Rahmen einer vorzunehmenden Gesamtbewertung angemessen zu berücksichtigen[83].

Gem § 3 Abs 3 AVRAG sollen die **Arbeitsbedingungen** beim Betriebsübergang gleich bleiben[84]. Von diesem Grundsatz sieht das AVRAG allerdings einige Ausnahmen (s unten) vor. Soweit die Ansprüche des Arbeitnehmers aus dem **Arbeitsvertrag** betroffen sind, wird der Erwerber ohnehin auf Grund der Generalklausel des § 3 Abs 1 AVRAG verpflichtet. Liegt jedoch **keine Gesamtrechtsnachfolge** vor, so kann der Erwerber ausnahmsweise durch rechtzeitigen Vorbehalt die Übernahme einer auf **Einzelvereinbarung** beruhenden **betrieblichen Pensionszusage ablehnen** (§ 5 Abs 1 AVRAG; zum Widerspruchsrecht des Arbeitnehmers in diesem Fall s unten). 9/062

Hält der Arbeitnehmer trotz eines die Betriebspension betreffenden Vorbehalts das Arbeitsverhältnis zum Erwerber aufrecht[85], dann steht ihm gegenüber dem Veräußerer ein Anspruch auf Abfindung sämtlicher bisher erworbener Pensionsanwartschaften als Unverfallbarkeitsbetrag iS des BPG (vgl 6.5.2.6.3) zu (vgl § 5 Abs 2 AVRAG). Ob die in § 7 Abs 1 u 2 BPG für direkte Leistungszusagen geforderten Bedingungen bezüglich der Unverfallbarkeit von Pensionsanwartschaften erfüllt sein müssen, lässt § 5 Abs 2 AVRAG offen. Dafür sprechen der generelle Hinweis auf Art I BPG und die Bestimmung des § 5 Abs 4 AVRAG, dagegen kann die Qualifikation des § 5 Abs 2 AVRAG als lex specialis, welche primär auf den Berechnungsmodus der abzugeltenden Anwartschaften abgestellt ist, eingewendet werden. Den Vorzug wird man eher letzterer Auffassung geben müssen[86].

Im Falle von Arbeitsbedingungen, die auf einer **Betriebsvereinbarung** beruhen, ist Folgendes zu unterscheiden: Soweit die Betriebsidentität durch den Betriebsübergang nicht berührt wird, ändert sich auch am Bestand der Betriebsvereinbarung nichts (**Aufrechterhaltung der Identität**). Dementsprechend kommt es auch zu keiner Änderung der durch Betriebsvereinbarung geregelten Arbeitsbedingungen. Die Geltung von Betriebsvereinbarungen für Betriebsteile, die rechtlich verselbstständigt werden (**Identitätsgewinn**), bleibt gem § 31 Abs 5 ArbVG ebenfalls unberührt. Werden Betriebe oder Betriebsteile mit anderen derart zusammengeschlossen, dass ein neuer Betrieb entsteht (**Identität durch Verschmelzung**), dann kommen die Betriebsvereinbarungen für die vorher erfassten Arbeitnehmer weiterhin zur Anwendung. Für ein und dieselbe Angelegenheit können in diesem Fall unterschiedliche Betriebsvereinbarungen in einem Betrieb existieren. Verliert der Betrieb seine Identität, indem er von einem anderen, dominierenden Betrieb aufgenommen wird (**Verlust der Identität**), gilt eine Betriebsvereinbarung nur insofern weiter, als Angele- 9/063

83 S auch OGH 21. 12. 1995, 8 Ob 15/95, DRdA 1997, 115 mit Bespr v *Kirschbaum*; OGH 10. 6. 1998, 9 ObA 55/98y, DRdA 1999, 209 mit Bespr v *Gahleitner*; OGH 21. 10. 1999, 8 ObA 143/98g, DRdA 2000, 506 mit Bespr v *Reissner*; OGH 5. 6. 2002, 9 ObA 97/02h, DRdA 2003, 323 mit Bespr v *Binder*; OGH 2. 9. 2008, 8 ObS 5/08f, infas 2009, A 16.

84 Zur Möglichkeit und Auswirkung der Zahlung freiwilliger Abfertigungen durch den Veräußerer vgl *Windisch-Graetz*, Zwischenabfertigung bei Betriebsübergang, ecolex 1994, 773.

85 OGH 30. 7. 2015, 8 ObA 40/15p, DRdA 2016, 198 mit Bespr v *Reiner*.

86 Vgl allg *Binder*, Betriebsübergang und Schicksal der betrieblichen Altersversorgung, JBl 1998, 416.

genheiten betroffen sind, die von den Betriebsvereinbarungen des aufnehmenden Betriebs nicht geregelt werden (§ 31 Abs 6 u 7 ArbVG)[87].

9/064 Kommt es zur Weitergeltung von Betriebsvereinbarungen nach einem Betriebsübergang, dann hat dies grundsätzlich keinen Einfluss auf die allgemeinen Beendigungsmöglichkeiten von Betriebsvereinbarungen (vgl 3.3.4.7.2).

Eine Ausnahme hievon besteht gem § 31 Abs 7 Satz 2 ArbVG bei Betriebsvereinbarungen über betriebliche Pensionsleistungen iSd § 97 Abs 1 Z 18, 18a oder Z 18b ArbVG insofern, als diese auch für die davon betroffenen Arbeitnehmer unter Einhaltung einer einmonatigen Frist gekündigt werden können, wenn ein Betrieb bzw Betriebsteil von einem dominierenden Erwerberbetrieb übernommen wird (Fall des Verlustes der Betriebsidentität; s oben). Bei dieser speziellen Form des Betriebsübergangs ist somit die Kündigung einer Betriebspension nach dem BPG erlaubt, die nicht nur neu eintretende Arbeitnehmer betrifft. Dieses Sonderkündigungsrecht führt nach Ansicht des OGH[88] dazu, dass der Erwerber (unter analoger Anwendung des § 5 Abs 1 Satz 2 AVRAG) durch rechtzeitigen Vorbehalt einer Nachwirkung iSd § 32 Abs 3 ArbVG (vgl 3.3.4.7.3) der Betriebspensions-Betriebsvereinbarung entgehen kann.

9/065 Falls eine Betriebsvereinbarung nach dem Übergang, der rechtlichen Verselbstständigung, dem Zusammenschluss oder der Aufnahme eines Betriebs bzw Betriebsteils gekündigt wird, können Einzelvereinbarungen zum Nachteil des Arbeitnehmers **innerhalb eines Jahres** nicht getroffen werden. Man kann in diesem Zusammenhang von einer **spezifischen Nachwirkung** der Betriebsvereinbarung beim Betriebsübergang sprechen (§ 32 Abs 3 ArbVG).

9/066 Bei Arbeitsbedingungen, deren Grundlage der **Kollektivvertrag bildet**, ist gleichfalls zu unterscheiden: Ist der Erwerber des Betriebs Mitglied derselben Kollektivvertragspartei (und auch derselben Unterorganisation, zB derselben Sparte der Wirtschaftskammer), ändert sich hinsichtlich des geltenden Kollektivvertrags nichts[89]. Voraussetzung hiefür ist allerdings, dass sich beim Veräußerer und beim Erwerber nicht nur der persönliche und fachliche Geltungsbereich decken, sondern dass beim Betriebsnachfolger zumindest eine organisatorisch oder fachlich abgrenzbare Betriebsabteilung bestehen bleibt. Falls der Erwerber eines Betriebs oder eines Betriebsteils von keinem Kollektivvertrag erfasst wird, kommt regelmäßig § 8 Z 2 ArbVG zur Anwendung. Ein Arbeitgeber, auf den der Betrieb oder ein Betriebsteil eines Arbeitgebers, der Mitglied einer Kollektivvertragspartei war oder noch ist, übergeht, wird hinsichtlich der Arbeitsverhältnisse im übernommenen Betrieb selbst kollektivvertragsangehörig (vgl auch 3.3.1.7). Für die Arbeitnehmer des übergegangenen Betriebs bleibt es daher gleichfalls bei der Anwendbarkeit des Veräußerer-Kollektivvertrags. Kann § 8 Z 2 ArbVG nicht herangezogen werden, insb weil der Veräußerer selbst nur kraft Betriebsübernahme kollektivvertragsangehörig war (vgl hiezu 3.3.1.7), ist § 4 Abs 1 Satz 1 AVRAG zu beachten, wonach der Erwerber die im Veräußerer-Kollektivvertrag enthaltenen Arbeits-

---

[87] S auch *Schrank*, Betriebsvereinbarungen bei Betriebsübergang, ecolex 1993, 614; allg zu den betriebsverfassungsrechtlichen Auswirkungen vgl *Grillberger*, Betriebs(teil)übergang und Belegschaftsvertretung, Betriebsratsfonds sowie Betriebsvereinbarungen, in Tomandl (Hrsg), Der Betriebs(teil)übergang im Arbeitsrecht (1995), 27; zum Betriebsübergang bei Dienstgebern mit unterschiedlichen BV-Kassen vgl *Tomandl*, Die Anwendbarkeit des BMVG bei Betriebsübergängen, ZAS 2003, 23.

[88] OGH 25. 2. 2015, 9 ObA 80/14a, DRdA 2016, 110 mit Bespr v *Resch* = ZAS 2016, 228 mit Bespr v *Stella/Winter*.

[89] Eher problematisch *Peschek*, Die Nachwirkung von Kollektivverträgen beim Betriebsübergang, RdW 1995, 183.

bedingungen bis zur Kündigung oder zum Ablauf dieses Kollektivvertrags oder bis zum Inkrafttreten bzw bis zur Anwendung eines anderen Kollektivvertrags im gleichen Maße aufrechtzuerhalten hat, wie sie in dem Kollektivvertrag für den Veräußerer vorgesehen waren (**Weiterwirkung** des Veräußerer-Kollektivvertrags).

Erlischt die Wirkung des gem § 8 Z 2 ArbVG anzuwendenden Veräußerer-Kollektivvertrags (zB durch Fristablauf) oder sind dessen Arbeitsbedingungen nur gem § 4 Abs 1 Satz 1 AVRAG für die übernommenen Arbeitsverhältnisse von Bedeutung, so ist eine Verschlechterung der Arbeitsbedingungen durch Individualvereinbarung im Rahmen der allgemeinen Nachwirkung von Kollektivverträgen[90] nur eingeschränkt zulässig. Gem § 4 Abs 1 Satz 2 AVRAG dürfen nämlich die Arbeitsbedingungen **innerhalb eines Jahres** ab dem Betriebsübergang durch Einzelarbeitsvertrag weder aufgehoben noch beschränkt werden. Es handelt sich hiebei um eine **spezifische Nachwirkung des Kollektivvertrags**, die nur die Änderung der Arbeitsbedingungen durch Arbeitsvertrag, nicht jedoch durch Betriebsvereinbarung beschränkt. Kommt der Veräußerer-Kollektivvertrag für den Erwerber auf Grund der Bestimmung des § 8 Z 2 ArbVG zur Anwendung, dann bleibt der Kollektivvertrag für seine gesamte Geltungsdauer für den Erwerber aufrecht. Eine zeitliche Beschränkung auf ein Jahr iSd § 4 Abs 1 Satz 2 ArbVG ist in diesem Fall nicht zu vertreten[91].

Kommt hingegen im Unternehmen des Erwerbers auf Grund dessen Zugehörigkeit zur kol- 9/067
lektivvertragsfähigen Interessenvertretung ein anderer Kollektivvertrag zur Anwendung, dann gilt auch für die übernommenen Arbeitsverhältnisse der Kollektivvertrag des Erwerbers[92].

Sonderbestimmungen finden sich im AVRAG für das kollektivvertragliche **Entgelt**, für kol- 9/068
lektivvertragliche **Bestandschutzregelungen** (zB Kündigungsbeschränkungen bei sog definitiven Angestellten, ds Arbeitnehmer, deren Dienstverhältnis nur bei Vorliegen wichtiger Gründe gekündigt werden kann; § 4 Abs 2 AVRAG) und **Pensionsregelungen** (§ 5 AVRAG)[93].

Das kollektivvertragliche **Entgelt** darf nämlich auch bei Wechsel der Kollektivvertragsangehörigkeit infolge des Betriebsübergangs nicht geschmälert werden (§ 4 Abs 2 AVRAG)[94]. Das höhere Entgelt aus dem Kollektivvertrag des Veräußerers ist im Hinblick auf den Kollektivvertrag für den Erwerber wie eine überkollektivvertragliche Abgeltung der Dienstleistung zu sehen. Soweit der Erwerber-Kollektivvertrag Ist-Lohn-Klauseln (vgl 3.3.1.9.1) enthält, sind diese auf das „nachwirkende“ Entgelt aus dem Veräußerer-Kollektivvertrag anzuwenden[95]. Auf ein höheres Entgelt im Kollektivvertrag des Erwerbers kann sich der Arbeitnehmer hingegen durchaus stützen.

---

90 Vgl 3.3.1.10.3; *Krejci*, Zur Nachwirkung erloschener Kollektivverträge beim Betriebsübergang, DRdA 2013, 3.

91 *Schneller*, Betriebsübergang, Kollektivvertragswechsel und Vertrauensschutz, DRdA 2011, 3; aA *Tomandl*, Arbeitsrechtliche Konsequenzen beim Übergang eines Betriebsteils, ZAS 1993, 201; s auch *Risak*, Erloschener Kollektivvertrag und Betriebsübergang, ZAS 2012, 157.

92 Vgl *Schwarz/Löschnigg*, Arbeitsrecht aus trüber Quelle – Eine kritische Betrachtung der jüngsten Gesetzgebung, ÖJZ 1994, 224; *Schrank*, Kollektivvertragsrechtsfragen bei Ausgliederungen und Umstrukturierungen, ecolex 2000, 660; *Grillberger*, wbl 1993, 310, will in diesem Fall nicht nur den Kollektivvertrag des Erwerbers anwenden, sondern auch den Kollektivvertrag des Veräußerers hinsichtlich jener Arbeitsbedingungen weiterwirken lassen, die im Kollektivvertrag des Erwerbers nicht geregelt sind; s weiters *Jabornegg*, Kollektivvertragswechsel und Arbeitnehmerschutz, in FS Cerny (2001), 396; *Stupar*, Das Schicksal direkter Leistungszusagen bei Betriebsübergang und Kollektivvertragswechsel, RdW 2008, 206; zur rechtsmissbräuchlichen Änderung des anwendbaren Kollektivvertrages s *Rebhahn*, Rechtsmissbrauch bei Betriebsübergang, in FS Fenyves (2013), 939; OGH 25. 6. 2007, 9 ObA 127/06a, infas 2007, A 63.

93 Im Gegensatz dazu ist eine Weitergeltung kollektivvertraglicher Arbeitszeitregelungen nicht vorgesehen, OGH 26. 5. 2010, 9 ObA 8/10g, ARD 6081/1/2010 = DRdA 2011, 68.

94 Zum Meinungsstand über den Entgeltbegriff des § 4 Abs 2 AVRAG s *Schneller*, Betriebsübergang, Kollektivvertragswechsel und Vertrauensschutz, DRdA 2011, 16; OGH 22. 2. 2011, 8 ObA 19/10t, Arb 12.949 = ZAS 2012/15, 79 mit Bespr v *Felten*.

9.2.2. Betriebsübergang

Kollektivvertragliche Regelungen über den **Bestandschutz** des Arbeitsverhältnisses werden Inhalt des Arbeitsvertrags zwischen Arbeitnehmer und Erwerber, wenn das Unternehmen des Veräußerers im Zusammenhang mit dem Betriebsübergang nicht weiter besteht. Der kollektivvertragliche Bestandschutz wird in diesem Fall der Wirkung eines neuen oder nachfolgenden bestandschutzvernichtenden Kollektivvertrags entzogen. Besteht das Unternehmen des Veräußerers hingegen weiter, kann der Erwerber die Übernahme des kollektivvertraglichen Bestandschutzes in den Arbeitsvertrag **ablehnen** (zum Widerspruchsrecht des Arbeitnehmers in diesem Fall s unten).

Führt der Betriebsübergang zum **Wegfall einer betrieblichen Pensionszusage**, so endet mit dem Zeitpunkt der Erwerb neuer Pensionsanwartschaften. Die beim Veräußerer erworbenen Anwartschaften hat dieser dem Arbeitnehmer in Form des sog Unverfallbarkeitsbetrags nach dem BPG (vgl 6.5.2.6.3) abzugelten[96].

9/069 Besteht in einem Unternehmen oder Betrieb keine Arbeitnehmervertretung, so hat der Veräußerer oder der Erwerber die **vom Betriebsübergang** betroffenen Arbeitnehmer im Vorhinein über den Zeitpunkt bzw den geplanten Zeitpunkt des Übergangs, den Grund des Übergangs, die rechtlichen, wirtschaftlichen und sozialen Folgen des Übergangs für die Arbeitnehmer sowie über die hinsichtlich der Arbeitnehmer in Aussicht genommenen Maßnahmen schriftlich zu **informieren** (§ 3a AVRAG[97]). Der Arbeitgeber kommt seiner Informationspflicht auch dann nach, wenn er die Information an einer geeigneten, für die Arbeitnehmer leicht zugänglichen Stelle im Unternehmen oder Betrieb aushängt oder ihnen die Information auf elektronischem Wege (zB Intranet) zugeht. Dadurch erübrigt sich die Verständigung jedes einzelnen Arbeitnehmers.

9/070 Die Übernahme der Arbeitsverhältnisse durch den Erwerber des Betriebs bedarf nicht der Zustimmung der einzelnen Arbeitnehmer. Wenn aber der Erwerber nicht gewillt ist, das Arbeitsverhältnis unter den gleichen Bedingungen fortzusetzen, bestehen für den Arbeitnehmer besondere Widerspruchs- bzw Kündigungsrechte.

9/071 **Widersprechen** kann der Arbeitnehmer dem Übergang seines Arbeitsverhältnisses jedenfalls dann, wenn der Erwerber den kollektivvertraglichen Bestandschutz oder die auf Einzelvereinbarung beruhenden betrieblichen Pensionszusagen nicht übernimmt (s oben)[98]. In diesen Fällen bleibt das Arbeitsverhältnis zum Veräußerer aufrecht. Ein darüber hinausgehendes generelles Widerspruchsrecht kennt § 3 Abs 4 AVRAG nicht[99]. Das AVRAG hat auch nicht den Vorschlag des Kodifikationsentwurfs 1960[100] übernommen, wonach ein Widerspruch „mit hinreichender Begründung" möglich gewesen wäre. Man wird daher ausnahmsweise auch ein Widerspruchsrecht anerkennen müssen, wenn dem Arbeitnehmer die Begründung des Arbeitsverhältnisses zum Erwerber **nicht zumutbar** ist[101]. Auch die Recht-

---

95 OGH 11. 10. 1995, 9 ObA 97/95, DRdA 1996, 396 mit Bespr v *Wachter*.
96 S insb *Kietaibl/Reiner*, Das Pensionskassenmodell im Betriebsübergang, ZAS 2012, 345.
97 Vgl *Jöst/Risak*, Aktuelle Neuerungen im Arbeitsrecht, ZAS 2002, 100.
98 *Köck*, Widerspruch des Arbeitnehmers bei Betriebsübergang, ecolex 1993, 548; *Reissner*, Das Widerspruchsrecht bei Betriebsübergang, in FS Binder (2010), 377.
99 *Schima*, Automatischer Übergang von Arbeitsverträgen bei Betriebsinhaberwechsel, Neue Rechtslage – Vorsicht beim Unternehmenskauf, RdW 1993, 217; *Schrank*, Eintrittsautomatik bei Betriebsübergang, ecolex 1993, 543; *Pircher*, Das Widerspruchsrecht des Arbeitnehmers bei Betriebsübergang, DRdA 1997, 173; ein allgemeines Widerspruchsrecht besteht auch nicht für begünstigte Behinderte, vgl OGH 26. 11. 2012, 9 ObA 72/12x, ASoK 2013, 351 mit Bespr v *Korenjak* = ARD 6303/4/2013 = infas 2013, A 31.
100 I. Teilentwurf § 134 Abs 1; vgl DRdA 1961, 66.
101 Vgl *Schwarz/Löschnigg*, Arbeitsrecht aus trüber Quelle – Eine kritische Betrachtung der jüngsten Gesetzgebung, ÖJZ 1994, 222.

sprechung bejaht ein über die gesetzlich aufgezählten Fälle hinausgehendes Widerspruchsrecht, wenn ein Grund vorliegt, der den gesetzlich ausdrücklich erwähnten Widerspruchsgründen gleichberechtigt ist[102]. Jedenfalls ist dem Höchstgericht[103] zufolge einem **Betriebsratsmitglied** ein Widerspruchsrecht zuzubilligen, wenn in einem übergegangenen Betriebsteil nur so wenige Arbeitnehmer beschäftigt werden, dass die Wiederwahl des Betriebsratsmitglieds zweifelhaft ist. Entsprechende Überlegungen sind auch für sonstige einem besonderen Kündigungs- und Entlassungsschutz unterliegende Arbeitnehmer anzustellen. Auch hier wird man den Grund des besonderen Kündigungs- und Entlassungsschutzes im Allgemeinen, die Bedeutung desselben für den konkreten Arbeitnehmer sowie die rechtlichen Auswirkungen des Übergangs auf das Arbeitsverhältnis für die Beurteilung eines Widerspruchsrechts heranziehen müssen[104].

Ein gewisser Mangel des Gesetzes[105] liegt darin, dass das AVRAG im Gegensatz zu Art 4 der RL 77/187 bzw RL 2001/23/EG, wonach der Betriebsübergang an sich **keinen Grund zur Kündigung** darstellen darf, keine ausdrückliche Regelung enthält[106]. Aus der gesetzlichen Anordnung des Ex-lege-Übergangs der Arbeitsverhältnisse im AVRAG ergibt sich jedoch, dass eine Kündigung wegen eines Betriebsübergangs unzulässig ist. Dies gilt sowohl für eine Kündigung, die vor, als auch für eine Kündigung, die nach dem Betriebsübergang erfolgt ist[107]. Fraglich ist, welche Sanktion zum Tragen kommt, wenn der Betriebsübergang das Motiv schlechthin darstellt oder zumindest mit ein Motiv für die Kündigung bildet. In Frage kommt – insb wegen der durch die bloße Glaubhaftmachung der Kündigungsgründe erleichterten Beweislage für den Arbeitnehmer – eine Kündigungsanfechtung gem § 105 Abs 3 Z 1 lit i ArbVG (Geltendmachung offenbar nicht unberechtigter Ansprüche des Arbeitnehmers) sowie eine Analogie zum individuellen Kündigungsschutz (vgl 8.2.8.2) in nicht betriebsratspflichtigen Betrieben[108]. Bildet der Betriebsübergang den ausschlaggebenden Grund für die Kündigung, dh die Kündigung wäre ohne Übertragung des Betriebs nicht ausgesprochen worden[109], so ist die Sanktion dem OGH zufolge die **Nichtigkeit** der Kündigung[110]. Die Nichtigkeit ist gegenüber dem Erwerber[111] und ohne unnötigen Aufschub geltend zu machen[112]. 9/072

---

[102] OGH 22. 2. 2011, 8 ObA 41/10b, ASoK 2011, 326 mit Bespr v *Trattner* = DRdA 2012, 487 mit Bespr v *Firlei* = ZAS 2012, 269 mit Bespr v *Schörghofer*; hiezu *Hießl*, Keine Widerrede – OGH verneint allgemeines Widerspruchsrecht des Arbeitnehmers bei Betriebsübergang, RdW 2011, 288.

[103] OGH 23. 5. 1997, 8 ObA 105/97t, DRdA 1998, 106 mit Bespr v *Runggaldier* = RdW 1997, 610 mit Bespr v *Holzer* = RdW 1997, 611 mit Bespr v *Andexlinger* = ASoK 1997, 343 mit Bespr v *Gahleitner*.

[104] S hiezu auch *Ernst*, Arbeitsvertragsübergang begünstigter Behinderter im Rahmen des AVRAG, DRdA 1994, 475; *Sundl*, Betriebsübergang und Lehrverhältnis, ASoK 1998, 371.

[105] Vgl *Tinhofer*, Betriebsübergang und Kündigung – keine Neuregelung durch das AVRAG, wbl 1994, 321.

[106] Anders zB im deutschen Recht: Gem § 613a Abs 4 BGB sind Kündigungen durch den bisherigen Arbeitgeber oder durch den neuen Inhaber wegen des Übergangs eines Betriebs- oder Betriebsteils unwirksam. Das Recht zur Kündigung des Arbeitsverhältnisses aus anderen Gründen bleibt unberührt.

[107] OGH 5. 6. 2002, 9 ObA 97/02h, DRdA 2003, 323 mit Bespr v *Binder*.

[108] Vgl *Schwarz*, Das AVRAG im Zwielicht, DRdA 1996, 476.

[109] OGH 28. 8. 1997, 8 ObA 91/97h, DRdA 1998, 284 mit Bespr v *Wagnest* = ZAS 1998, 143 mit Bespr v *Winkler*; OGH 27. 1. 2000, 8 ObS 219/99k, DRdA 2001, 154 mit Bespr v *Wachter*.

[110] OGH 29. 2. 1996, 8 ObA 211/96, DRdA 1996, 513 mit Bespr v *Gahleitner* = ZAS 1997, 51 mit Bespr v *Geist*; OGH 22. 10. 1997, 9 ObA 274/97b, DRdA 1998, 347 mit Bespr v *Reissner*; OGH 23. 12. 1998, 9 ObA 153/98k, DRdA 2000, 64 mit Bespr v *Mayr*; OGH 1. 2. 2007, 9 ObA 16/06b, DRdA 2008, 411 mit Bespr v *Binder*; vgl hiezu auch *Grillberger*, wbl 1993, 105; *Holzer*, Kündigungen bei Betriebsübergängen, DRdA 1995, 375; *Schrank*, Probleme der Kündigung im Zusammenhang mit einem Betriebs(teil)übergang, in

9.2.2. Betriebsübergang

9/073 Nach Ansicht des OGH[113] ist die prozessuale Beweislage sehr eng mit dem Zeitpunkt des Betriebsübergangs verknüpft: Je näher die Kündigung oder deren Beendigungswirkung beim Übergangszeitpunkt liegt, umso eher kann eine Gesetzesumgehung vermutet werden und umso höhere Anforderungen sind an die sachliche Entkräftigung der Umgehungsvermutung durch den Dienstgeber zu stellen. In einem derartigen Fall trägt der Veräußerer bzw Erwerber die Beweislast dafür, dass die Kündigung nicht allein auf Grund des Betriebsübergangs, sondern aus betriebsbedingten oder aus personen- oder verhaltensbedingten Erfordernissen erfolgte. Die Beurteilung des zeitlichen Zusammenhangs bildet aber ein für die Prozessführung kaum abschätzbares Element. Im Hinblick auf den Umstand, dass im Fall einer Kündigungsanfechtung gem § 105 ArbVG der Betriebsrat beizuziehen ist und der Arbeitnehmer das Motiv auch nur glaubhaft machen muss, ist die Kündigungsanfechtung mitunter ein wirksamerer Behelf für den Arbeitnehmer.

9/074 Ein **besonderes Kündigungsrecht** billigt § 3 Abs 5 AVRAG dem Arbeitnehmer zu, wenn durch den nach Betriebsübergang anzuwendenden Kollektivvertrag oder durch die nach Betriebsübergang anzuwendenden Betriebsvereinbarungen die **Arbeitsbedingungen wesentlich verschlechtert** werden[114]. Hiebei ist zu beachten, dass der Erwerber gem § 3 Abs 3 AVRAG verpflichtet ist, jede auf Grund des Betriebsübergangs erfolgte Änderung der Arbeitsbedingungen dem Arbeitnehmer unverzüglich mitzuteilen. Kündigt der Arbeitnehmer innerhalb eines Monats ab dem Zeitpunkt, ab dem er die Verschlechterung erkannte oder erkennen musste, bzw ab Rechtskraft eines entsprechenden Feststellungsurteils (s unten) unter Einhaltung der für ihn geltenden Kündigungsbestimmungen, dann stehen ihm Ansprüche (insb die Abfertigung, vgl auch 8.6.1.2 u 8.6.1.3) wie im Falle einer Arbeitgeberkündigung zu.

Inhaltlich kommt es durch § 3 Abs 5 AVRAG zu einer weitgehenden Derogation des § 23 Abs 3 AngG, wonach ein Anspruch auf Abfertigung alt nur dann nicht besteht, wenn der Arbeitnehmer die Fortsetzung des Dienstverhältnisses ablehnt, obwohl ihm der Erwerber diese unter den bisherigen Bedingungen angeboten und sich verpflichtet hat, die bei seinem Vorgänger geleistete Dienstzeit als bei ihm selbst verbracht zu betrachten. Auf Grund des Ex-lege-Übergangs des Arbeitsverhältnisses ist nicht der Arbeitgeber, sondern der Arbeitnehmer gezwungen, das Arbeitsverhältnis zu lösen, wenn er es mit dem Erwerber des Betriebs nicht fortsetzen will. Eine Abfertigung alt steht in diesem Fall aber nur

---

Tomandl (Hrsg), Betriebs(teil)übergang (1995), 75; *Binder*, Die Österreichische Betriebsübergangsregelung – eine geglückte Bedachtnahme auf die europäischen Vorgaben?, DRdA 1996, 10; *Mayr*, Kündigung im Betriebsübergang, ecolex 1995, 499; *Lengauer*, Kündigung im Betriebsübergang – Staatshaftung?, ecolex 1996, 30; *dies*, Kündigung wegen Betriebsübergang, ecolex 1996, 471; *Peschek*, Rationalisierungen und der Bestandschutz beim Betriebsübergang, RdW 1997, 80; *Kiendl*, Jüngste Entwicklungen in der Rechtsprechung des EuGH zur Betriebsübergangs-Richtlinie, wbl 1997, 57; OGH 29. 11. 2001, 8 ObA 130/01b, RdW 2002, 485.

[111] OGH 10. 6. 1998, 9 ObA 55/98y, DRdA 1999, 209 mit Bespr v *Gahleitner*.

[112] Vgl OGH 30. 6. 1999, 9 ObA 160/99s, DRdA 2000, 311 mit Bespr v *Binder* = ZAS 2000, 118 mit Bespr v *Gahleitner*; OGH 26. 1. 2000, 9 ObA 322/99i, DRdA 2001, 38 mit Bespr v *Kerschner*; OGH 11. 10. 2001, 8 ObA 190/01a, RdW 2002, 488.

[113] 28. 8. 1997, 8 ObA 91/97h, DRdA 1998, 284 mit Bespr v *Wagnest* = ZAS 1998, 143 mit Bespr v *Winkler*; s auch OGH 27. 4. 2011, 9 ObA 70/10z, wbl 2011, 612; OGH 21. 2. 2013, 9 ObA 96/12a, ARD 6314/1/2013 = RdW 2013, 293.

[114] Vgl insb *Binder/Burger/Mair*, Arbeitsvertragsrechts-Anpassungsgesetz[3] (2016), 203 ff; *Reissner*, Die begünstigte Kündigung des Arbeitnehmers bei Betriebsübergang, ZAS 2002, 104; zu einer vom Arbeitgeber „provozierten" Austrittserklärung vor Betriebsübergang s OGH 22. 12. 2004, 8 ObA 43/04p, DRdA 2005, 354 mit Bespr v *Wolligger*.

dann zu, wenn die Arbeitsbedingungen zufolge kollektiver Rechtsgestaltung eine wesentliche Verschlechterung erfahren.

Ob eine wesentliche Verschlechterung der Arbeitsbedingungen gegeben ist, kann gerichtlich festgestellt werden. Die **Feststellungsklage** des Arbeitnehmers muss allerdings innerhalb eines Monats ab Kenntnis der Änderung der Arbeitsbedingungen eingebracht werden (§ 3 Abs 6 AVRAG). Ebenso kann in derselben Zeit ein Feststellungsverfahren durch Organe der Belegschaft oder kollektivvertragsfähige Körperschaften gem § 54 ASGG (vgl 14.1.4.1) eingeleitet werden. Hat das Gericht die Verschlechterung der Arbeitsbedingungen festgestellt, kann der Arbeitnehmer innerhalb eines Monats ab Rechtskraft des Urteils von seinem besonderen Kündigungsrecht Gebrauch machen. 9/075

Für Verpflichtungen aus den bestehenden Arbeitsverhältnissen, die vor dem Zeitpunkt des Betriebsübergangs begründet wurden, haften der Veräußerer und der Erwerber zur ungeteilten Hand (§ 6 Abs 1 AVRAG)[115], sofern andere gesetzliche Regelungen (vgl § 38 UGB) oder Gläubigerschutzbestimmungen für den Arbeitnehmer nichts Günstigeres bestimmen. Für Neuschulden, die also nach dem Betriebsübergang entstehen, hat an sich nur der Erwerber einzustehen[116]. Die **Haftung** des Erwerbers richtet sich grundsätzlich nach § 1409 ABGB. Diese ist jedoch insofern eingeschränkt, als der Erwerber nur für jene Verbindlichkeiten haftet, die er bei der Übergabe kannte oder kennen musste und die den Wert des Unternehmens nicht übersteigen. Da aber der Erwerber auf Grund des rechtsnotwendigen Eintritts in bestehende Arbeitsverhältnisse gem § 3 Abs 1 AVRAG für alle offenen Verbindlichkeiten einzustehen hat, bleibt die Anwendung des § 1409 ABGB auf Ansprüche beschränkt, die von Arbeitnehmern erworben wurden, die bereits vor dem Betriebsübergang ausgeschieden sind (zB Ansprüche auf laufende Betriebspensionen)[117]. Für Verbindlichkeiten aus übergegangenen Arbeitsverhältnissen kommt es hingegen iS der Betriebsübergangs-Richtlinie ausschließlich zur umfassenden Haftungsübernahme gem § 3 Abs 1 AVRAG[118]. 9/076

Eine spezielle Haftungsregelung für den Veräußerer ist jedoch bei **Abfertigungs- und Pensionsansprüchen** vorgesehen, die erst nach dem Betriebsübergang fällig werden (§ 6 Abs 2 AVRAG). Für Abfertigungen haftet demnach der Veräußerer mit jenem Betrag, den er zu zahlen gehabt hätte, wenn das Arbeitsverhältnis zum Zeitpunkt des Übergangs beendet worden wäre. Für Pensionsansprüche haftet er nur entsprechend den Pensionsan- 9/077

---

115 Vgl insb *Wagnest*, Die Haftung bei Übergang des Unternehmens oder Betriebes – Inhalt und Abgrenzung von § 6 AVRAG und § 1409 ABGB (1997); *Gahleitner*, Arbeitgeberhaftung bei Betriebsübergang, ecolex 1994, 694; *Eypeltauer*, Betriebspension und Widerrufsvorbehalt, ecolex 2010, 479; *Bednar/Reisch/Wiesner*, Umgründungen, Unternehmensübergang und betriebliche Pensionsvorsorge, RdW 1995, 492; *Schima*, Betriebsübergang durch „Vertragsnachfolge", RdW 1996, 319; OGH 12. 7. 2000, 9 ObA 93/00t, ZAS 2001, 82 mit Bespr v *Jöst*.

116 Zur Unterscheidung zwischen Alt- und Neuschulden vgl *Holzer/Reissner*, AVRAG² (2006), 307.

117 OGH 17. 11. 1999, 9 ObA 213/99k, DRdA 2000, 528 mit Bespr v *Wagnest* = ZAS 2001, 19 mit Bespr v *Grießer*; *Binder*, Die österreichische Betriebsübergangsregelung – eine geglückte Bedachtnahme auf die europarechtlichen Vorgaben?, DRdA 1996, 1; aA *Grillberger*, Betriebsübergang und Arbeitsverhältnis, wbl 1993, 305; *Schrank*, Eintrittsautomatik bei Betriebsübergang (Teil 1), ecolex 1993, 541; OGH 11. 6. 2001, 8 ObS 273/00f, ZAS 2002, 146 mit Bespr v *Wagnest*.

118 Zur Haftung bei Spaltungen iS des SpaltG vgl § 6 Abs 3 AVRAG; s hiezu insb *Holzer/Reissner*, AVRAG² (2006), 323 ff.

wartschaften zum Zeitpunkt des Betriebsübergangs[119]. In beiden Fällen ist die Haftung des Veräußerers auf fünf Jahre nach dem Betriebsübergang beschränkt[120].

9.2.3. Betriebsübergang und Insolvenz

9/078 Ein Betriebsübergang im Rahmen eines Insolvenzverfahrens führt zumeist zu **keinem Ex-lege-Übergang der Arbeitsverhältnisse**: Gem § 3 Abs 2 AVRAG kommt es weder im Konkursverfahren (des Veräußerers/Arbeitgebers) noch im Fall eines Sanierungsverfahrens ohne Eigenverwaltung (s hiezu 9.3.1.2) zu einer gesetzlichen „automatischen" Übernahme der Arbeitsverhältnisse durch den Erwerber. Nur im Sanierungsverfahren mit Eigenverwaltung des Arbeitgebers sind die Bestimmungen des § 3 AVRAG (s 9.2.2) anwendbar[121]. Der Erwerb aus der Konkursmasse soll den EB zur RV[122] zufolge ausgenommen sein, weil es im Konkurs in der Regel zur Zerschlagung des Unternehmens oder der Betriebseinheit bzw zur Auflösung des Unternehmens kommt. Erfolgt der Betriebsübergang in diesen Fällen vor Insolvenzeröffnung, so bleibt es bei den Grundsätzen des AVRAG[123].

9/079 Für den Betriebsübergang im Konkursverfahren und im Sanierungsverfahren ohne Eigenverwaltung ist somit die **vor Inkrafttreten des AVRAG geltende Rechtslage** zu beachten. Dies bedeutet, dass die Arbeitsverhältnisse mit dem Betriebsübergang nicht mitübertragen werden. Es bedarf hiezu vielmehr einer Vereinbarung zwischen Arbeitnehmer, bisherigem Arbeitgeber und neuem Inhaber des Betriebs, die auch in schlüssiger Weise – etwa durch stillschweigende Fortsetzung des Arbeitsverhältnisses – zustande kommen kann[124]. Der Arbeitnehmer kann ebenso wie der Erwerber die Übernahme ablehnen. Es trifft weder den Arbeitnehmer die Verpflichtung, seine Dienste dem neuen Arbeitgeber zu erbringen, noch besteht für den Übernehmer die Pflicht, den Arbeitnehmer weiter zu beschäftigen. Kommt

---

[119] Vgl *Wiesinger*, Haftung für Betriebspensionen und Abfertigungen beim Betriebsübergang, ecolex 1994, 702; *Reissner*, Die Veräußererhaftung für nach Betriebsübergang anfallende Abfertigungen und gleichzuhaltende Ansprüche, ASoK 2000, 2; für „Altfälle", die vor der Novelle BGBl I 52/2002 liegen, vgl OGH 10. 4. 2003, 8 ObA 214/02g, DRdA 2004, 320 mit Bespr v *Binder*.

[120] *Schima*, Die Neuregelung der Veräußererhaftung in § 6 Abs 2 AVRAG, RdW 2002, 605.

[121] Vgl OGH 19. 12. 2007, 9 ObA 106/06p, infas 2008, A 52 = RdW 2008, 469; OGH 7. 2. 2008, 9 ObA 161/07b, DRdA 2009, 334 mit Bespr v *Reissner*; OGH 21. 12. 1995, 8 Ob 15/95, DRdA 1997, 115 mit Bespr v *Kirschbaum*; *Schima*, Betriebsübergang, AVRAG und Insolvenz – Novellierung der Betriebsübergangsrichtlinie, ZIK 1998, 156; *Boesch*, Arbeitnehmerschutz oder Sanierung, ecolex 1996, 390; vor allem zur Haftungsproblematik s *Konecny*, Unternehmenserwerb im Insolvenzverfahren und Arbeitsverhältnisse, ecolex 1993, 836; *Knell/Bach*, Keine Erwerberhaftung für Pensionszusagen nach Unternehmenskauf im Konkurs, ecolex 2008, 450; *Engelbrecht/Wieder*, Personalabbau als Sanierungsmaßnahme, in Reissner/Herzeg (Hrsg), Arbeits- und sozialrechtliche Strategien zur Krisenbewältigung (2010), 145; OGH 30. 10. 2003, 8 ObS 204/02m, DRdA 2005, 37 mit Bespr v *Binder*; s auch *Hoenig*, Plädoyer für einen Vertragsübergang bei Verwertung im Insolvenzverfahren, ZIK 2011, 171.

[122] 1077 BlgNR 17. GP, 11.

[123] Vgl *Gahleitner*, Betriebsübergang – Haftung und Regress bei Insolvenz, in FS Krejci (2001), 1525; *Rebhahn*, Arbeitsrecht bei Betriebsübergang: Eintrittspflicht bei Insolvenz und Haftungsfragen, JBl 1999, 710; *Krisa*, Insolvenzsicherung und Haftung des Unternehmenserwerbers gem § 6 AVRAG, RdW 1998, 617; weiters OGH 27. 8. 2003, 9 ObA 41/03z, DRdA 2005, 47 mit Bespr v *Reissner*; OGH 30. 5. 2005, 8 ObA 63/04d, DRdA 2006, 235 mit Bespr v *Spitzl*; OGH 22. 10. 2010, 9 ObA 121/09y, DRdA 2012, 335 mit Bespr v *Schneller*.

[124] OGH 21. 6. 1966, 4 Ob 41/66, Arb 8255; OGH 29. 11. 1966, 4 Ob 76/66, Arb 8323; OGH 8. 3. 1983, 4 Ob 98/82, Arb 10.223; OGH 29. 11. 1983, 4 Ob 146/83, infas 1984, A 35; OGH 21. 2. 1984, 4 Ob 11/84, RdW 1984, 216; zu einer eher einschränkenden Beurteilung der konkludenten Vertragsübernahme vgl OGH 16. 12. 1980, 4 Ob 38/80, DRdA 1982, 413 mit Bespr v *Bernat*.

eine Arbeitsvertragsübernahme nicht zustande, dann bleibt das Arbeitsverhältnis zum bisherigen Arbeitgeber weiterhin aufrecht[125].

Lehnt ein Arbeitnehmer im Falle der Übertragung eines Unternehmens das Angebot des Übernehmers zur Übernahme mit allen Rechten und Pflichten ab, so besteht kein Anspruch auf **Abfertigung** nach altem Abfertigungsrecht (§ 23 Abs 3 AngG; § 2 ArbAbfG; allg zum alten Abfertigungsrecht vgl 8.6.1.2). Dies allerdings nur dann, wenn der Veräußerer die Konsequenzen zieht und kündigt. Dieser Anwendungsfall des § 23 Abs 3 AngG ist jedoch eher theoretischer Natur, da der Arbeitnehmer gem § 25 Abs 1 IO das Recht hat, innerhalb gewisser Fristen seinen berechtigten Austritt aus dem Arbeitsverhältnis zu erklären und somit seine (Abfertigungs-)Ansprüche zu wahren (vgl 8.3.5.1.3). Nach dem Abfertigungsrecht iS des BMSVG stellt sich die Frage, ob die Kündigung des Veräußerers wegen Weigerung des Arbeitnehmers auf Übernahme des Arbeitsvertrags durch den Veräußerer dazu führt, dass die Auszahlung der Abfertigung unterbleibt. Da § 14 Abs 2 BMSVG einen entsprechenden Ausschlussgrund explizit nicht nennt und auch in der Zwecksetzung des BMSVG kein Ausschlussargument erkennbar ist, ist wie im Fall einer sonstigen Arbeitgeberkündigung vorzugehen.

Im Konkursfall bzw im Sanierungsverfahren ohne Eigenverwaltung kommt es daher nach 9/080
wie vor zu einer gewissen Durchlöcherung des **Kündigungsschutzes**. Lehnt nämlich der Erwerber die Übernahme ab und kündigt gleichzeitig der Insolvenzverwalter das Arbeitsverhältnis auf, so hat der Dienstnehmer kaum eine Chance, im Kündigungsanfechtungsverfahren zu obsiegen, zumal regelmäßig kein Betrieb mehr vorhanden sein wird[126].

Als spezielles Problem stellt sich diese Frage im Zusammenhang mit den besonders **ge-** 9/081
schützten Arbeitnehmergruppen (vgl 8.2.8.3). Hier liegt vielfach der Verdacht nahe, dass gerade auf Grund des Sonderschutzes, den diese Arbeitnehmer genießen, eine Übernahme abgelehnt wird. Von wesentlicher Bedeutung ist die Klärung der Frage, ob mit dem Betriebsübergang eine Betriebsstilllegung aus betriebsverfassungsrechtlicher Sicht verbunden ist. Im Falle einer Betriebsstilllegung erlöschen nämlich die Betriebsratsmandate (vgl 10.4.4.1 u 10.4.4.3); die Betriebsstilllegung bildet außerdem einen Kündigungsgrund gem § 121 ArbVG. Diesbezüglich besteht zwischen Judikatur und Lehre Einigkeit darüber, dass eine Einstellung (Stilllegung) nur dann vorliegt, wenn der Betrieb **tatsächlich zur Gänze zu bestehen aufhört**[127]. Wenn trotz einer Änderung von Elementen des Betriebs (zB Ausscheiden eines Teils der Arbeitnehmerschaft und der Betriebsmittel) nach allgemeinen betriebsverfassungsrechtlichen Grundsätzen angenommen werden kann, dass der alte Betrieb fortbesteht, also Betriebsidentität (vgl 4.4.2.1) gegeben ist, kann von einer Einstellung nicht gesprochen werden. Der Begriff der Einstellung ist also im objektiven Sinn zu verstehen; wechselt ausschließlich der Betriebsinhaber (oder die Rechtsform), so ist dies nicht als Einstellung des Betriebs zu werten[128].

Der Übernehmer muss somit in die Arbeitsverhältnisse der **Betriebsratsmitglieder** auch bei 9/082
den vom AVRAG ausgenommenen Insolvenzverfahren eintreten, sofern der Betrieb als or-

---

[125] OGH 16. 12. 1980, 4 Ob 38/80, DRdA 1982, 413 mit Bespr v *Bernat*; OGH 5. 6. 1984, 4 Ob 69/83, infas 1985, A 13.

[126] Vgl *Schwarz*, Das Arbeitsverhältnis bei Übergang des Unternehmens (1967), 101 ff; *Krejci*, Betriebsübergang und Arbeitsvertrag (1972), 93 f.

[127] ASG Wien 28. 1. 1987, 10 Cga 527/86, ARD 3870/14/87.

[128] OGH 16. 12. 1980, 4 Ob 152/80, Arb 9927; OGH 11. 1. 1983, 4 Ob 184/82, DRdA 1984, 445 mit Bespr v *Runggaldier* = ZAS 1984, 26 mit Bespr v *Aichinger*; *Schwarz*, Das Arbeitsverhältnis bei Übergang des Unternehmens (1967), insb 117, 120 und 138; *Krejci*, Betriebsübergang und Arbeitsvertrag (1972), insb 94 ff und 98.

ganisatorische Einheit durch den Betriebsübergang nicht beeinträchtigt wird[129] bzw soweit es ohnehin zu einer Fortsetzung der Betriebsratstätigkeit gem den §§ 62b und 62c ArbVG (vgl 10.4.4.2) kommt. Nach Ansicht des OGH wird die Funktionsdauer des Betriebsrats auch dann nicht unterbrochen, wenn mit dem alten Dienstgeber das Dienstverhältnis ordnungsgemäß gelöst wurde und mit dem Übernehmer ein neues Dienstverhältnis begründet wird. Offensichtlich geht der OGH in seiner E v 25. 11. 1952[130] davon aus, dass die Beendigung eines Dienstverhältnisses dann nicht zu einem Erlöschen des Betriebsratsmandats führt, wenn der Betrieb aus objektiver Sicht weiter besteht und das Dienstverhältnis zum alten Dienstgeber nur deshalb beendet wurde, um überhaupt mit dem Betriebsübernehmer in ein neues Vertragsverhältnis eintreten zu können. Erweitert man diese Ansicht auf den **gesamten besonders geschützten Arbeitnehmerkreis**, so folgt daraus, dass alle diese Arbeitnehmer darauf bestehen können, vom Erwerber übernommen zu werden[131].

Dieser von der Lehre vertretenen Auffassung ist allerdings die Rechtsprechung nicht gefolgt. Die Judikatur hat zunächst den Verkauf eines Betriebs als Betriebsstilllegung qualifiziert[132]. In Abkehr von dieser Rechtsansicht stimmen OGH und VwGH nunmehr überein, dass der Begriff der Betriebsstilllegung (Einstellung) nach objektiven Kriterien zu beurteilen ist und eine solche nur dann vorliegt, wenn die betriebliche Organisationseinheit als solche nicht mehr fortbesteht. Bei Weiterbestand des Betriebs nach Erwerb durch einen anderen Unternehmer kann keine Betriebsstilllegung angenommen werden[133]. Eine nach dem MSchG geschützte Frau hat jedoch weiterhin keine Möglichkeit, den Eintritt des Erwerbers zu erzwingen (kein Kontrahierungszwang[134]). Sie bleibt im Dienstverhältnis zum früheren Arbeitgeber, bis dieser das Arbeitsverhältnis auflöst[135]. Der Judikatur zufolge gebietet der Sinn der Schutzbestimmungen des MSchG keine derart starke Bindung an den Betrieb, wie dies der Schutz der betriebsverfassungsrechtlichen Funktion des Betriebsrats bedingt, sodass der rechtsnotwendige Eintritt des Erwerbers nicht anerkannt wurde[136]. Gelingt es dem Veräußerer nicht, die Arbeitsverhältnisse an den Erwerber zu übertragen, so bleibt der Erstere an den Kündigungsschutz gebunden, obwohl er keinen Betrieb mehr hat.

9.3. Insolvenz

9/083 Mit dem Insolvenzrechtsänderungsgesetz (IRÄG) 2010[137] wurden die Bestimmungen der Konkursordnung und der Ausgleichsordnung in der Insolvenzordnung (IO) zusammenge-

---

129 Aus diesen Überlegungen folgert der OGH, dass der Gesetzgeber mit dem Sonderrechtsschutz der §§ 120 ff ArbVG auch bewirken wollte, dass der neue Betriebsinhaber ex lege in die Arbeitsverhältnisse der Betriebsratsmitglieder eintritt. Ansonsten könnte der Betriebsinhaber durch die Herbeiführung eines Inhaberwechsels eine Ausübung der Mandate praktisch unmöglich machen (vgl OGH 16. 12. 1980, 4 Ob 152/80, Arb 9927).

130 4 Ob 167/52, Arb 5568.

131 Vgl *Holzer*, Die Anwendung des besonderen Kündigungsschutzes bei Übergang des Unternehmens, DRdA 1969, 7.

132 Zur alten Judikatur vgl OGH 12. 5. 1959, 4 Ob 46/59, Arb 7044; EA Wien 12. 2. 1976, Mu 18/76, Arb 9478; anders hingegen EA Wr Neustadt 29. 3. 1973, Mu 2/73, Arb 9104; s auch VwGH 3. 9. 1968, 250/68, Arb 8545.

133 OGH 16. 12. 1980, 4 Ob 152/80, Arb 9927; VwGH 17. 3. 1982, 81/01/0307, Arb 10.099.

134 Vgl *Schrank*, Bestandschutzproblematik und Arbeitsvertragsübernahme bei Betriebsübergang, ZAS 1977, 125.

135 Vgl EA Feldkirch 25. 1. 1985, Mu 32/84, Arb 10.390.

136 Vgl zB OGH 16. 12. 1980, 4 Ob 152/80, Arb 9927; EA Salzburg 2. 11. 1981, Mu 35/81, Arb 10.048.

137 Allg vgl *Konecny*, IRÄG 2010 (2010); *Jelinek/Zangl* (Hrsg), IO[8] (2010); *Mohr*, Sanierungsplan und Sanierungsverfahren nach dem Insolvenzrechtsänderungsgesetz 2010 (2010); *Lichtkoppler/Reisch* (Hrsg), Sanierung von Unternehmen im Mittelstand (2010); *Reissner*, Neuerungen im IRÄG 2010 aus arbeitsrechtlicher Sicht, in Wachter/Burger (Hrsg), Aktuelle Entwicklungen im Arbeits- und Sozialrecht 2011 (2011), 105; *dens*, Arbeits-

führt. Die **Insolvenzordnung** beseitigt die strenge Trennung zwischen Konkurs und Ausgleich und sieht grundsätzlich ein einheitliches Insolvenzverfahren vor. Bei rechtzeitiger nicht zurückgewiesener Vorlage eines Sanierungsplans wird es als **Sanierungsverfahren** (§ 167 IO), ansonsten als **Konkursverfahren** (§ 180 IO) bezeichnet bzw abgewickelt. Sofern der Schuldner bei Verfahrenseröffnung qualifizierte Unterlagen (Finanzplan, Entschuldungsplan etc) und im Sanierungsplan eine Quote von mindestens 30 % anbietet, soll ihm überdies die **Eigenverwaltung** unter Aufsicht eines Verwalters belassen werden[138].

Handelt es sich beim Schuldner um eine natürliche Person, dann sieht die IO in den §§ 181 ff Sonderbestimmungen vor. Betreibt der Schuldner kein Unternehmen (zB ein Arbeitnehmer) dann fungieren die örtlich zuständigen Bezirksgerichte als Insolvenzgericht. Man spricht vom sog **Schuldenregulierungsverfahren**. Im Laufe des Insolvenzverfahrens, spätestens mit dem Antrag auf Annahme eines Zahlungsplans, kann auch die Durchführung eines **Abschöpfungsverfahrens mit Restschuldbefreiung** beantragt werden (§ 199 IO). Der Schuldner hat in diesem Fall dem Antrag die Erklärung beizufügen, dass er den pfändbaren Teil seiner Forderung auf Einkünfte aus einem Arbeitsverhältnis oder auf sonstige wiederkehrende Leistungen mit Einkommensersatzfunktion für die Zeit von fünf Jahren an einen vom Gericht zu bestellenden Treuhänder abtritt. Der Schuldner (zB ein Arbeitnehmer) ist hier nicht mehr zur Empfangnahme des pfändbaren Teils der Einkünfte aus einem Arbeitsverhältnis berechtigt. 9/084

Die Eröffnung des Insolvenzverfahrens ist durch ein Edikt (**Eröffnungsedikt**) öffentlich bekannt zu machen, wobei das Verfahren ausdrücklich entweder als Konkursverfahren oder als Sanierungsverfahren zu bezeichnen ist (§ 74 Abs 1 IO). Ausfertigungen dieses Eröffnungsedikts sind jedem im Unternehmen errichteten Organ der Belegschaft, dh insbesondere den zuständigen Betriebsräten, und der für die Arbeitnehmer zuständigen gesetzlichen Interessenvertretung, dh in der Regel der zuständigen Kammer für Arbeiter und Angestellte, zuzustellen (§ 75 IO).

9.3.1. Insolvenz des Arbeitgebers

9.3.1.1. Sanierungsverfahren mit Eigenverwaltung

Wird dem Arbeitgeber im Sanierungsverfahren die Eigenverwaltung über die Insolvenzmasse iSd § 169 IO belassen, dann ist der Arbeitgeber trotz eingeleitetem Insolvenzverfahren grundsätzlich berechtigt, alle Rechtshandlungen – unter Aufsicht des Insolvenzverwalters – vorzunehmen. Der Genehmigung des Insolvenzverwalters bedürfen jedoch Rechtshandlungen, die nicht zum gewöhnlichen Unternehmensbetrieb gehören, sowie der Rücktritt, die Kündigung und die (einvernehmliche) Auflösung von Arbeitsverträgen. 9/085

Da mitunter strittig ist, was zum gewöhnlichen Betrieb des Unternehmens zählt, sieht § 171 Abs 1 IO vor, dass der Schuldner/Arbeitgeber auch zum gewöhnlichen Unternehmensbetrieb gehörende Handlungen unterlassen muss, wenn der Sanierungsverwalter dagegen **Einspruch** erhebt. Damit wird dem Sanierungsverwalter ein vorausschauender Aktionsradius 9/086

---

rechtsbezogene Bestimmungen der IO-Arbeitgeberposition von Arbeitsverhältnissen und Forderungsqualifikation, in Nunner-Krautgasser/Reissner (Hrsg), Praxishandbuch Insolvenz und Arbeitsrecht (2012), 63.

[138] Vgl 612 BlgNR 24. GP, 1.

eingeräumt, der von vornherein Wertungsdivergenzen zwischen Schuldner/Arbeitgeber und Sanierungsverwalter in den Hintergrund treten lässt. *Reckenzaun*[139] führt etwa hiezu als typisches Beispiel die Aufnahme von Arbeitnehmern an.

9/087 Rechtshandlungen, die der Schuldner/Arbeitgeber ohne Zustimmung oder gegen Einspruch des Sanierungsverwalters vorgenommen hat, sind den Gläubigern gegenüber unwirksam, wenn der Dritte wusste oder wissen musste, dass sie über den gewöhnlichen Unternehmensbetrieb hinausgehen und dass der Sanierungsverwalter seine Zustimmung nicht erteilt oder dass er Einspruch gegen die Vornahme erhoben hat.

9/088 Auch für das Sanierungsverfahren mit Eigenverwaltung gelten die allgemeinen Grundsätze zur Beendigung des Arbeitsverhältnisses bei Insolvenz des Arbeitgebers. So steht das besondere Lösungsrecht für den Arbeitgeber und den Arbeitnehmer gem § 25 Abs 1b IO zu, wenn nur ein Teilbereich des Unternehmens geschlossen wird. Im Sanierungsverfahren mit Eigenverwaltung kann der Arbeitgeber aber überdies Arbeitnehmer, die in einzuschränkenden Bereichen beschäftigt sind, innerhalb eines Monats nach der öffentlichen Bekanntmachung des Eröffnungsbeschlusses mit Zustimmung des Sanierungsverwalters kündigen. Voraussetzung dafür ist allerdings, dass die Aufrechterhaltung des Arbeitsverhältnisses das Zustandekommen oder die Erfüllbarkeit des Sanierungsplans oder die Fortführung des Unternehmens gefährden könnten (§ 25 Abs 1c IO). Eine Begünstigung des Schuldners/Arbeitgebers im Hinblick auf die Anzeigeverpflichtung nach § 45a AMFG (Kündigungsfrühwarnsystem) sieht das Gesetz beim begünstigten Lösungsrecht nach § 25 Abs 1c IO nicht vor. Wird ein Arbeitnehmer nach § 25 Abs 1c IO gekündigt, so hat er die Möglichkeit, auf diese Kündigung mit einem Austritt zu reagieren.

9.3.1.2. Insolvenzverfahren ohne Eigenverwaltung

9/089 Durch die Eröffnung des Insolvenzverfahrens wird das gesamte der Exekution unterworfene Vermögen des Dienstgebers dessen freier Verfügung entzogen (§ 2 Abs 2 IO).

9/090 Sämtliche Arbeitgeberfunktionen werden im Insolvenzverfahren vom **Insolvenzverwalter** übernommen[140]. Dienstverträge, die **nach dem Tag der Insolvenzeröffnung** mit dem Dienstgeber **neu abgeschlossen** werden, sind den Insolvenzgläubigern gegenüber unwirksam[141]. Dieser Mangel kann aber dadurch behoben werden, dass der Insolvenzverwalter einen mit dem Dienstgeber abgeschlossenen Dienstvertrag nachträglich genehmigt. Eine Genehmigung seitens des Insolvenzverwalters ist anzunehmen, wenn er die Arbeitsleistung ohne Widerspruch entgegennimmt[142].

9/091 Die Insolvenzeröffnung entzieht dem Arbeitgeber auch das Recht, die **Dienstverhältnisse zu beenden**. Löst der Dienstgeber dennoch ein Dienstverhältnis auf, bleibt der Dienstneh-

---

139 IRÄG 2010 (2010), 193.

140 Vgl *Kropf*, Zur Notwendigkeit der Sicherung von Arbeitnehmeransprüchen bei Insolvenz seines Arbeitgebers, DRdA 1975, 255; *Kryda*, Konkurs und Arbeitsverhältnis, SoSi 1977, 137; *Weber*, Wer ist im Konkurs Vertragspartner des Arbeitnehmers?, ZIK 1997, 40; *Sundl*, Ist der Masseverwalter neuer Arbeitgeber?, ASoK 1997, 105; bzgl der Lehrverträge vgl *Winkler*, Das Lehrverhältnis im Konkurs des Lehrberechtigten, ZAS 1979, 123.

141 OGH 18. 1. 1962, 6 Ob 45, 46/62, EvBl 1962, 218.

142 OGH 11. 1. 1977, 4 Ob 131/76, Arb 9547.

mer der Insolvenzmasse gegenüber zur Arbeitsleistung verpflichtet und behält ihr gegenüber auch den Anspruch auf das Entgelt[143].

Ist ein Dienstverhältnis zwar vereinbart, wurde es aber noch nicht angetreten, so kann nach Insolvenzeröffnung zumindest dem AngG zufolge (§ 30 Abs 4; ebenso § 30 Abs 4 GAngG) sowohl der Insolvenzverwalter als auch der Angestellte vom Vertrag zurücktreten. Ein **Rücktrittsrecht** des Arbeitnehmers ist jedoch nach hL[144] auch für jene Arbeitsverhältnisse anzunehmen, die weder vom AngG noch vom GAngG erfasst werden. Ein **Rücktrittsrecht** des Insolvenzverwalters ergibt sich bereits aus § 21 IO. Wenngleich der Rücktritt des **Insolvenzverwalters** rechtmäßig ausgeübt wird, hat der Dienstnehmer einen Anspruch auf Schadenersatz wegen Nichterfüllung des Vertrags[145]. Auch wenn der Arbeitnehmer vom Vertrag zurücktritt, kann er Schadenersatzansprüche geltend machen.

Für **bereits angetretene Arbeitsverhältnisse** sieht das Gesetz besondere Lösungsmöglich- 9/092
keiten sowohl für den Insolvenzverwalter als auch für den Arbeitnehmer vor. Gem § 25 IO kann das Arbeitsverhältnis vom Arbeitnehmer durch vorzeitigen **Austritt**[146], wobei die Insolvenzeröffnung als wichtiger Grund gilt, und vom Insolvenzverwalter unter Einhaltung der gesetzlichen, kollektivvertraglichen oder der zulässigerweise vereinbarten kürzeren Kündigungsfrist unter Bedachtnahme auf die gesetzlichen Kündigungsbeschränkungen gelöst werden (**außerordentliche Kündigung**)[147].

Sowohl das Austrittsrecht des Arbeitnehmers als auch das besondere Kündigungsrecht des 9/093
Insolvenzverwalters setzen grundsätzlich die **Schließung des Unternehmens** voraus. Wurde nicht die Schließung des gesamten Unternehmens, sondern nur eines Unternehmensbereichs angeordnet, bewilligt oder festgestellt, so steht das begünstigte Lösungsrecht nur jenen Arbeitnehmern zur Verfügung, die in den betroffenen Unternehmensbereichen beschäftigt sind. Hat das Gericht in der Berichtstagsatzung (s unten) die Fortführung des Unternehmens beschlossen, so kann der Insolvenzverwalter nur Arbeitnehmer, die in einzuschränkenden Bereichen beschäftigt sind, innerhalb eines Monats nach der Berichtstagsatzung kündigen. Nur den vom Insolvenzverwalter gekündigten Arbeitnehmern steht ein Austrittsrecht nach § 25 IO zu.

Das begünstigte Lösungsrecht ist grundsätzlich **innerhalb eines Monats** auszuüben. 9/094

Steht schon bei Insolvenzeröffnung fest, dass eine Fortführung des Unternehmens ausgeschlossen ist, dann ist dies mit gerichtlichem Beschluss anzuordnen, zu bewilligen oder festzustellen. Die Einmonatsfrist beginnt dann ab öffentlicher Bekanntmachung dieses Beschlusses zu laufen. Ist das Unternehmen fortführungswürdig, dann besteht bis zur sog Berichtstagsatzung – einer erweiterten Gläubiger-

---

143 Vgl zB OGH 18. 12. 1962, 4 Ob 142/62, Arb 7672; OGH 9. 9. 1965, 5 Ob 69/65, JBl 1966, 370; s weiters OGH 26. 11. 1997, 9 ObA 292/97z, RdW 1998, 353.

144 *Kocevar*, Die Stellung des Dienstnehmers im Konkurs seines Dienstgebers, DRdA 1960, 74; *Spielbüchler*, Insolvenz und Arbeitsrecht, DRdA 1982, 275; *Spielbüchler/Grillberger*, Arbeitsrecht I[4] (1998), 361.

145 Zu dieser Form einer verschuldensunabhängigen Eingriffshaftung vgl insb *Fenyves*, Schadenersatzfragen bei Konkurs des Arbeitgebers, in FS Strasser (1983), 357.

146 Zu den Fristen OGH 29. 4. 2004, 8 ObS 5/04z, DRdA 2005, 172 mit Bespr v *Anzenberger*.

147 Allg noch zur Situation vor dem IRÄG 2010 vgl *Weber*, Beendigung der Arbeitsverhältnisse im Konkurs nach dem IRÄG 1997, ZIK 1997, 120; *Grießer*, Die wesentlichen arbeitsrechtlichen Änderungen des IRÄG 1997, ZAS 1998, 2; *Holzer*, Insolvenz und Arbeitsverhältnis, DRdA 1998, 325 und 394; *Peschorn*, Zeitwidrige begünstigte Kündigungen nach § 25 KO, ZIK 2002, 74; OGH 5. 9. 2001, 9 ObA 132/01d, ZAS 2002, 154 mit Bespr v *Grundei*.

versammlung, die spätestens 90 Tage nach der Konkurseröffnung stattzufinden hat – kein begünstigtes Lösungsrecht. Wird erst in der Berichtstagsatzung die Schließung des Unternehmens festgestellt, bewilligt oder angeordnet, dann ist das begünstigte Lösungsrecht innerhalb eines Monats ab Berichtstagsatzung auszuüben. Im aus arbeitsrechtlicher Sicht eher unbedeutenden Schuldenregulierungsverfahren (dh der Schuldner und Arbeitgeber ist eine natürliche Person und betreibt kein Unternehmen; allg zum Schuldenregulierungsverfahren s 9.3.2) beginnt die Einmonatsfrist mit der Insolvenzeröffnung.

Bei Arbeitnehmern mit einem besonderen gesetzlichen Kündigungsschutz (zB bei Betriebsratsmitgliedern, werdenden Müttern; vgl 8.2.8.3) ist die Einmonats- bzw Viermonatsfrist gewahrt, wenn die Klage bzw der Antrag auf Zustimmung zur Kündigung durch den Insolvenzverwalter fristgerecht eingebracht worden ist. Dies gilt in gleicher Weise für die Anzeigeverpflichtung nach § 45a AMFG (Kündigungsfrühwarnsystem; vgl 8.2.8.4). In diesen Fällen kann somit auch zB nach der Monatsfrist gekündigt werden, sofern nur innerhalb des Monats die Zustimmung zur Kündigung beantragt wurde.

9/095 Das besondere Lösungsrecht des **Insolvenzverwalters** kann als **außerordentliche Kündigung** bezeichnet werden. Die Besonderheit dieser Kündigung eigener Art liegt darin, dass sie nach hM[148] sowohl befristete Dienstverhältnisse als auch Dienstverhältnisse mit vertraglich vereinbarter Unkündbarkeit zur Auflösung bringt.

9/096 Der Insolvenzverwalter ist nur an die gesetzlichen und kollektivvertraglichen **Kündigungsfristen** gebunden. Bestehen zwischen den gesetzlichen und den kollektivvertraglichen Kündigungsfristen Divergenzen, dann hat der Insolvenzverwalter jene einzuhalten, die auch für den Dienstgeber gegolten hätten. An vertragliche Kündigungsfristen ist er nur gebunden, sofern sie kürzer als die gesetzlichen oder kollektivvertraglichen Kündigungsfristen sind. Ist die vertragliche Kündigungsfrist hingegen länger, dann ist die gesetzliche oder kollektivvertragliche Frist einzuhalten[149].

Kündigungsfristen, die durch Betriebsvereinbarung gem § 97 Abs 1 Z 22 ArbVG festgelegt werden, sind für den Insolvenzverwalter wohl nicht verbindlich. Dies ergibt sich daraus, dass der Gesetzgeber trotz Kenntnis des Rechtsinstituts der Betriebsvereinbarung nur die kollektivvertraglichen, nicht aber die durch Betriebsvereinbarung geschaffenen Fristen den gesetzlichen gleichgestellt hat. Außerdem ist davon auszugehen, dass die vom Insolvenzverwalter einzuhaltende Kündigungsfrist jeglicher innerbetrieblichen Gestaltung entzogen sein soll.

9/097 An **Kündigungstermine** ist der Insolvenzverwalter nicht gebunden[150]. Gegenteilige Meinungen[151] haben sich nicht durchgesetzt. Nach Ansicht des OGH genügt es für die Geltendmachung des begünstigten Lösungsrechts, dass sich der Insolvenzverwalter auf § 25 IO stützt, selbst wenn er Kündigungstermine und Kündigungsfristen anführt, die dem begünstigten Lösungsrecht nicht entsprechen[152].

9/098 Nimmt der Insolvenzverwalter sein außerordentliches Lösungsrecht wahr, dann kann er dies nur unter Bedachtnahme auf die **gesetzlichen Kündigungsbeschränkungen**. Zu berück-

[148] Vgl etwa *Wachter*, Der Einfluss des Konkurses auf den Bestand des Arbeitsverhältnisses, ZAS 1972, 89.
[149] Vgl OGH 11. 2. 1999, 8 ObS 222/98z, RdW 1999, 739.
[150] OGH 10. 7. 1973, 4 Ob 61/73, Arb 9128; OGH 4. 3. 1980, 4 Ob 39/79, Arb 9857; OGH 21. 2. 1984, 4 Ob 1/84, Arb 10.328; *Schrammel* in Fenyves/Kerschner/Vonkilch (Hrsg), ABGB[3] (2012), § 1161 Rz 11; *Wachter*, Der Einfluß des Konkurses auf den Bestand des Arbeitsvertrages, ZAS 1972, 89; *Bartsch/Heil*, Grundriß des Insolvenzrechts[4] (1983), 163; *Holzer/Reissner/Schwarz*, Die Rechte des Arbeitnehmers bei Insolvenz[4] (1999), § 25 KO.
[151] *Hemmer*, DRdA 1980, 221; *Spielbüchler*, Insolvenz und Arbeitsrecht, DRdA 1982, 274; *ders*, ZAS 1983, 110; *Pfeil*, Beendigung des Lehrverhältnisses bei Konkurs des Lehrberechtigten, DRdA 1983, 11.
[152] Vgl OGH 20. 3. 2001, 8 ObS 291/00b; OGH 14. 1. 2002, 8 ObA 70/01d, ASoK 2002, 247 mit Bespr v *Liebeg*.

sichtigen hat er daher den allgemeinen (vgl 8.2.8.1), den individuellen (vgl 8.2.8.2) sowie den besonderen Kündigungsschutz (vgl 8.2.8.3), nicht aber kollektivvertragliche Beschränkungen. Die Bestimmungen über das Kündigungsfrühwarnsystem (vgl 8.2.8.4) hat der Insolvenzverwalter ebenfalls einzuhalten, sofern die Anzeige über die beabsichtigte Freisetzung von Arbeitskräften nicht ohnehin vor Konkurseröffnung erfolgt ist.

Gem § 25 Abs 2 IO steht dem Arbeitnehmer ein **Schadenersatzanspruch**, insb die Kündigungsentschädigung, zu, wenn durch die außerordentliche Kündigung des Insolvenzverwalters die Kündigungszeit verkürzt wird oder die Lösung vor Ablauf einer vereinbarten Vertragsdauer erfolgt. Dementsprechend bemisst sich auch die Abfertigung nach jenem Zeitpunkt, den der Arbeitgeber bei ordnungsgemäßer Kündigung hätte einhalten müssen[153]. 9/099

Tritt der Arbeitnehmer auf Grund der Insolvenzeröffnung innerhalb der oben erwähnten Fristen aus, kann er gleichfalls Schadenersatzansprüche geltend machen[154]. Auf die Ansprüche des Arbeitnehmers vom Zeitpunkt des Austritts des Arbeitnehmers bis zu dem Zeitpunkt, zu dem der Arbeitgeber das Arbeitsverhältnis unter Einhaltung der Kündigungsregelungen ordnungsgemäß hätte lösen können, sind die Grundsätze, die für die Kündigungsentschädigung gelten (Fälligkeit dreier Monatsentgelte mit Ende des Arbeitsverhältnisses, Anrechnung ab dem dritten Monat; allg hiezu 8.3.5.2.1), uneingeschränkt anzuwenden (zu den besonders kündigungs- und entlassungsgeschützten Dienstnehmern vgl 8.3.4.3.4; zur Frage der Qualifikation der Arbeitnehmerforderungen als Masseforderungen bzw Insolvenzforderungen vgl allg 9.3.1.3). Ein Verschulden des Arbeitgebers an seiner Insolvenz ist für den Schadenersatzanspruch nicht Voraussetzung[155]. 9/100

Tritt der vom Insolvenzverwalter gekündigte Arbeitnehmer vorzeitig aus, weil der Insolvenzverwalter seiner Entgeltzahlungspflicht nicht nachkommt, steht ihm bis zum Ablauf der vom Insolvenzverwalter einzuhaltenden Kündigungsfrist Kündigungsentschädigung und für den folgenden Zeitraum bis zum Kündigungstermin der Schadenersatzanspruch nach § 25 Abs 2 IO zu[156]. Ein Austrittsrecht des Arbeitnehmers wegen **unterlassener Entgeltzahlungen** aus der Zeit vor der Konkurseröffnung kommt während des Konkursverfahrens nicht mehr in Frage. Gem § 25 Abs 3 IO ist ein Austritt nach Eröffnung des Insolvenzverfahrens **unwirksam**, wenn er nur darauf gestützt wird, dass dem Arbeitnehmer das **vor Eröffnung** des Insolvenzverfahrens zustehende Entgelt ungebührlich geschmälert oder vorenthalten wurde[157]. Umgekehrt kann der Arbeitnehmer sehr wohl austreten, wenn auf 9/101

---

153 OGH 13. 7. 1995, 8 ObS 8/95, RdW 1996, 217.

154 Vgl *Nunner*, Rechtsfragen der Beendigung von Arbeitsverhältnissen im Konkurs, ÖJZ 1997, 241; zu den Ansprüchen im Falle eines berechtigten Austritts noch vor Eintritt der besonderen Lösungsmöglichkeit nach § 25 KO vgl OGH 8. 11. 1995, 9 ObA 134/95, wbl 1996, 75 mit Bespr v *Liebeg*; *Grießer*, Beendigungsansprüche auf Grund nicht begünstigter Auflösung des Arbeitsverhältnisses im Konkurs – erste OGH-Entscheidung, RdW 1996, 268; *Nunner*, Beendigungsansprüche nach allgemeinem Arbeitsrecht während des Konkursverfahrens austretender Arbeitnehmer, ASoK 1998, 293; *Sundl*, Probleme des Schadenersatzanspruchs gemäß § 25 Abs 2 KO, ASoK 2001, 74.

155 Vgl insb *Holzer*, DRdA 1978, 42; *Kuderna*, Das Verschulden des Arbeitgebers am vorzeitigen Austritt des Arbeitnehmers, DRdA 1984, 12; OGH 25. 11. 1980, 4 Ob 29/80, Arb 9919; OGH 16. 2. 1982, 4 Ob 5/82, Arb 10.093; aA *Spielbüchler*, ZAS 1983, 108.

156 OGH 26. 8. 1999, 8 ObS 47/97p, DRdA 2000, 287 mit Bespr v *Spielbüchler*.

157 Vgl *Weber-Wilfert*, IRÄG 2010: Austritt wegen Entgeltvorenthalts in der Insolvenz, RdW 2010, 350; s hiezu schon OGH 8. 5. 2002, 9 ObA 53/02p, ZAS 2003, 87 mit Bespr v *Graf*.

Grund von Masseunzulänglichkeiten das Entgelt vorenthalten wird. Liegen die Voraussetzungen für das begünstigte Lösungsrecht nach § 25 IO nicht vor, dann kann in diesem Fall der Arbeitnehmer von seinem „normalen" Austrittsrecht Gebrauch machen (vgl § 46 Z 3a lit a IO).

9.3.1.3. Arbeitnehmerforderungen im Insolvenzrecht

9/102 Die Insolvenzordnung unterscheidet vor allem zwischen den im Insolvenzfall privilegierten Masseforderungen und den Insolvenzforderungen.

Unter **Masseforderungen** versteht man die in der Regel erst nach Insolvenzeröffnung entstandenen Ansprüche gegen die Insolvenzmasse, die nach den Aussonderungs- und Absonderungsrechten zu befriedigen sind. Ihre Begünstigung liegt darin, dass erst nach ihrer vollen Deckung eine Ausschüttung an die Insolvenzgläubiger erfolgen darf und ihre Durchsetzbarkeit vom Stand der Insolvenz losgelöst ist. Kennzeichnend für die Masseforderungen ist, dass sie von der Insolvenz nicht berührt werden, sondern unabhängig vom Verfahrensverlauf jederzeit – sofern sie feststehen und fällig sind – aus der Masse befriedigt werden müssen (§§ 47 Abs 1 u 124 Abs 1 IO).

Soweit das Insolvenzvermögen nicht zur Befriedigung der Masseforderungen verwendet wird, bildet es die gemeinschaftliche Insolvenzmasse, aus der die **Insolvenzforderungen** nach dem Verhältnis ihrer Beträge zu befriedigen sind (§ 50 IO). Das bedeutet, dass es sich bei den Arbeitnehmerforderungen, die nicht den Masseforderungen zuzuordnen sind, um Insolvenzforderungen handelt, die neben den übrigen Insolvenzforderungen anteilsmäßig zu berichtigen sind.

9/103 Die **Ansprüche der Arbeitnehmer** sind vielfach bloße Insolvenzforderungen, da diese zu einem erheblichen Teil nach den IESG gesichert sind und vergütet werden (vgl 6.5.8). Die Zuordnung zu den Masseforderungen erfolgt mittels § 46 IO, zu den Insolvenzforderungen mittels § 51 IO[158].

Zu den **Masseforderungen** zählen insb Forderungen der Arbeitnehmer (arbeitnehmerähnlichen Personen) auf das **laufende Entgelt** (einschließlich der Sonderzahlungen) für die Zeit nach der Insolvenzeröffnung (§ 46 Abs 1 Z 3 IO). Im Falle der **Ansprüche aus der Beendigung** des Arbeitsverhältnisses ist zu unterscheiden. Wurde das Arbeitsverhältnis zwar vor Insolvenzeröffnung eingegangen, danach aber gem § 25 IO begünstigt gelöst (vgl 9.3.1.2), handelt es sich nicht um Masseforderungen. Resultieren hingegen die Ansprüche aus einer sonstigen Beendigung des Arbeitsverhältnisses durch den Insolvenzverwalter oder – wenn die Beendigung auf eine Rechtshandlung oder ein sonstiges Verhalten des Insolvenzverwalters (zB Unterlassen der Entgeltzahlung) zurückzuführen ist – durch den Arbeitnehmer, dann sind die Ansprüche Masseforderungen. Wird das Beschäftigungsverhältnis während des Insolvenzverfahrens neu eingegangen, so sind daraus resultierende Beendigungsansprüche gleichfalls den Masseforderungen zuzurechnen (§ 46 Z 3a lit a IO). Ansprüche aus der Beendigung des Beschäftigungsverhältnisses sind Insolvenzforderungen gem § 51 Abs 2 Z 2 IO dann, wenn sie aus dem begünstigten Lösungsrecht nach § 25 IO resultieren – auch wenn während der Kündigungsfrist das Arbeitsverhältnis wegen Nichtzahlung des Entgelts beendet wurde –, wenn die Auflösungserklärung vor Eröffnung des Insolvenzverfahrens rechtswirksam abgegeben wurde oder wenn das Beschäftigungsverhältnis nach Eröffnung des Insolvenzverfahrens nicht nach § 25 IO vom Arbeitnehmer gelöst wird und dies nicht auf eine Rechtshandlung oder ein sonstiges Verhalten des Insolvenzverwalters zurückzuführen ist.

[158] Vgl beispielsweise OGH 19. 12. 2013, 9 ObA 126/13i, ARD 6390/12/2014 = infas 2014, A 39.

9.3.1.4. Entgeltsicherung nach IESG

Dass Arbeitnehmer bei Zahlungsunfähigkeit ihres Arbeitgebers eines besonderen Schutzes bedürfen, ist bereits in der sog **Insolvenzrichtlinie** der EU, RL 2008/94/EG[159], verankert (vgl 2.8.4.7). In Österreich wird durch das IESG das Lohnrisiko des Arbeitnehmers im Falle einer Insolvenz des Arbeitgebers oder eines vom Gesetz gleichgestellten Tatbestandes auf den **Insolvenz-Entgelt-Fonds** übertragen[160]. 9/104

Einem Insolvenzverfahren nach der IO **gleichgestellt** sind zB die Anordnung der Geschäftsaufsicht oder die Nichteröffnung des Insolvenzverfahrens mangels kostendeckenden Vermögens. Weiters ist ein Anspruch auf Insolvenz-Entgelt auch bei einem Beschluss des Verlassenschaftsgerichts nach § 153 Abs 1 oder § 154 Abs 1 AußStrG und bei Vorliegen eines Urteils über die Befreiung von der Abfertigungszahlung gem § 23 Abs 2 AngG (vgl 8.6.1.2.5) gegeben (§§ 1 Abs 1 u 1a IESG).

Der Fonds, der mit eigener Rechtspersönlichkeit ausgestattet ist, wird vor allem durch einen Zuschlag zu dem von den Arbeitgebern zu leistenden Anteil des Arbeitslosenversicherungsbeitrags gespeist (für 2017: 0,35 %). 9/105

Wenn über das Vermögen des Arbeitgebers der Konkurs eröffnet oder ein gleichgestellter Tatbestand verwirklicht wird, so gebührt Arbeitnehmern, freien Dienstnehmern[161], Heimarbeitern und ihren Hinterbliebenen sowie Rechtsnachfolgern von Todes wegen ein Insolvenz-Entgelt hinsichtlich der sog gesicherten Ansprüche gegenüber dem Arbeitgeber[162]. 9/106

Unter **Hinterbliebenen** sind jene Personen zu verstehen, die einen Anspruch eigenen Rechts aus dem Arbeitsverhältnis des Verstorbenen, wie dies insb bei der Abfertigung nach § 23 Abs 6 AngG (vgl hiezu 8.6.1.2.10) der Fall ist, geltend machen können. **Rechtsnachfolger von Todes wegen** sind die Erben, und zwar unabhängig davon, auf welche Erbrechtsinstitute (Testament, Erbvertrag, Gesetz) sie sich stützen, nicht aber die Pflichtteilsberechtigten, die nur einen obligatorischen Anspruch gegen die testamentarisch eingesetzten Erben auf einen Anteil vom Wert der Erbschaft besitzen[163].

---

[159] Zur Rsp des EuGH vgl etwa EuGH 10. 3. 2011, C-477/09, *Defossez*, EuZA 2012, 78 mit Bespr v *Kokott* = EuZW 2011, 566; EuGH 17. 11. 2011, C-435/10, *van Ardennen*, EuZW 2012, 33; OGH 20. 12. 2011, 8 ObS 19/11v, ARD 6207/1/2012.

[160] Zur Gesamtproblematik vgl *Holzer/Reissner/Schwarz*, Die Rechte des Arbeitnehmers bei Insolvenz[4] (1999); *Liebeg*, Insolvenz-Entgeltsicherungsgesetz[3] (2007); *Ehrenreich*, IESG (Losebl); *Reissner/Sundl*, Insolvenz-Entgeltsicherung, in Nunner-Krautgasser/Reissner (Hrsg), Praxishandbuch Insolvenz und Arbeitsrecht (2012), 101; *Fritscher*, Das Insolvenz-Entgeltsicherungsgesetz (IESG), DRdA 1978, 114; *Schwarz*, Rechtsdogmatische Fragen des Insolvenz-Entgeltsicherungsgesetzes, DRdA 1980, 380; *Rechberger*, Probleme bei der Anwendung des Insolvenz-Entgeltsicherungsgesetzes, in Tomandl (Hrsg), Beendigung des Arbeitsvertrages (1986), 145; *Holler*, Neuerungen im Bereich der Entgeltsicherung bei Insolvenz, ZAS 1987, 147; *Schima*, Zur Insolvenzentgeltsicherung von Organmitgliederansprüchen, ZAS 1989, 37; *Liebeg*, Aktuelle Fragen der Insolvenz-Entgeltsicherung, ÖJZ 1990, 680; *dens*, Die Änderung der Rechtsstellung der Arbeitnehmer in Insolvenzverfahren und des IESG durch das IRÄG 1994, wbl 1994, 141; *Holzer*, Die Insolvenzsicherung der betrieblichen Altersversorgung in Österreich, ZAS 1991, 134; *Löschnigg/Reissner*, Das Schicksal von Betriebspensionen bei Konkurs des Arbeitgebers, DRdA 1993, 391; *Holzer/Reissner*, Neuerungen im Insolvenzrecht aus arbeitsrechtlicher Sicht, DRdA 1994, 461; *Liebeg*, Betriebsübergang und Insolvenzausfallgeld, wbl 2002, 12; *Wolligger*, Arbeitnehmeransprüche bei Arbeitgeberinsolvenz nach EG- und österreichischem Recht (2001); zur örtlichen Zuständigkeit der Garantieeinrichtung bei grenzüberschreitender Tätigkeit s OGH 23. 1. 2015, 8 ObS 13/14s, ARD 6452/11/2015 = DRdA-infas 2015, 137 = wbl 2015, 284.

[161] OGH 13. 9. 2012, 8 ObS 8/12b, ARD 6274/6/2012 = infas 2013, A 18; nicht zum Kreis der vom IESG geschützten Personen zählen Vorstandsmitglieder einer AG, was der OGH mit deren Unternehmereigenschaft begründet: OGH 23. 1. 2015, 8 ObS 6/14m, ARD 6444/12/2015 = DRdA-infas 2015, 137.

[162] Kein Insolvenz-Entgelt bei wesentlicher Einflussnahme auf die Willensbildung des Unternehmens, OGH 17. 12. 2013, 8 ObS 8/13d, ARD 6389/9/2014 = wbl 2014, 219; kein Anspruch auf Insolvenz-Entgelt für Vorstand einer Aktiengesellschaft, OGH 24. 3. 2014, 8 ObS 3/14w, ARD 6397/10/2014 = RdW 2014, 246.

[163] Vgl *Holzer/Reissner/Schwarz*, Die Rechte des Arbeitnehmers bei Insolvenz[4] (1999), § 1 IESG.

9.3.1.4. Insolvenz und Arbeitsverhältnis

9/107 Das Insolvenz-Entgelt wird nur für die **gesicherten Ansprüche**[164] geleistet. Gesichert sind gem § 1 Abs 2 und § 1a sowie § 1b IESG:

9/108 a) **Entgeltansprüche**, insb auf laufendes Entgelt und Entgelt aus der Beendigung des Arbeitsverhältnisses (zum Begriff des Entgelts vgl allg 6.5.1). Keine Sicherung des laufenden Entgelts besteht allerdings dann, wenn für denselben Zeitraum Anspruch auf Kündigungsentschädigung besteht, es sei denn, dass im Insolvenzverfahren die Insolvenzmasse, ansonsten der Arbeitgeber, nicht in der Lage ist, das laufende Entgelt zum Teil oder zur Gänze zu bezahlen, höchstens jedoch bis zum Zeitpunkt des arbeitsrechtlich frühestmöglichen Austritts wegen Vorenthaltung des gebührenden Entgelts (§ 1 Abs 3 Z 3a IESG). Dies wird insbesondere dann der Fall sein, wenn ein Arbeitnehmer, der wegen der Eröffnung der Insolvenz austritt, vom Insolvenzverwalter gleich darauf wieder eingestellt wird und demgemäß sowohl Anspruch auf Kündigungsentschädigung als auch Anspruch auf laufendes Entgelt besitzt. Ist der Insolvenzverwalter nicht in der Lage, das laufende Entgelt zum Teil oder zur Gänze auszuzahlen und kann der Arbeitnehmer aus diesem Grund (noch) nicht austreten, dann ist der Anspruch auf das laufende Entgelt gesichert. Zum laufenden Entgelt gehören der Rechtsprechung zufolge auch die **betrieblichen Pensionsleistungen**[165]. Ansprüche nach dem BPG gegenüber einer Pensionskasse iS des PKG oder einem Versicherungsunternehmen iS des VAG sowie gegenüber Lebensversicherungen sind nicht gesichert (vgl § 1 Abs 3 Z 6 IESG). Besteht am Stichtag (di insb der Zeitpunkt der Eröffnung des Insolvenzverfahrens oder des Beschlusses über die Nichteröffnung des Verfahrens mangels kostendeckenden Vermögens) ein Anspruch auf Betriebspension nach § 2 Z 2 BPG – also aus einer **direkten Leistungszusage**[166] (vgl 6.5.2.6.1) – so gebührt für die nach dem Stichtag zustehenden Leistungen gem § 3d Abs 1 IESG als Insolvenz-Entgelt eine einmalige Zahlung in der Höhe von 24 Monatsbeträgen[167]. Besteht noch kein Leistungsanspruch gegen den Arbeitgeber und besitzt der Arbeitnehmer **unverfallbare Anwartschaften** aus einer direkten Leistungszusage (nach Maßgabe des § 7 Abs 1 bis 2b BPG), so gebührt gleichfalls als Insolvenz-Entgelt eine einmalige Zahlung von 24 Monatsbeträgen. Die Höhe des Monatsbetrages ist aus dem Unverfallbarkeitsbetrag (s dazu 6.5.2.6.3) nach den Berechnungsvorschrif-

---

164 *Winkler*, Gesicherte Ansprüche nach dem IESG, ZIK 2002, 11; OGH 25. 5. 2011, 8 ObS 6/11g, infas 2011, A 79; OGH 23. 11. 2010, 8 ObS 5/10h, DRdA 2012, 215 mit Bespr v *Wolligger*; OGH 30. 8. 2011, 8 ObS 13/11m, DRdA 2013, 26 mit Bespr v *Reissner/Sundl* = wbl 2012, 127 mit Bespr v *Mayr*; OGH 29. 6. 2011, 8 ObS 8/11a, infas 2012, A 13; vgl zur missbräuchlichen Überwälzung des Finanzierungsrisikos auf den Insolvenz-Entgelt-Fonds OGH 30. 8. 2011, 8 ObS 12/11i, ARD 6207/3/2012; OGH 20. 1. 2012, 8 ObS 20/11s, ARD 6223/6/2012; OGH 22. 2. 2011, 8 ObS 2/11v, DRdA 2012, 413 mit Bespr v *Brodil*; OGH 27. 11. 2012, 8 ObS 12/12s, DRdA 2013, 346 mit Bespr v *Wolligger* = EvBl 2013, 551 mit Bespr v *Kappel* = wbl 2013, 222; zu nach dem Ende des Arbeitsverhältnisses fortgesetzten Ausbildungen s OGH 25. 6. 2015, 8 ObS 2/15z, ARD 6467/14/2015 = DRdA-infas 2015, 310.

165 OGH 23. 9. 1980, 4 Ob 39/80, ZAS 1981, 140 mit Bespr v *Fischer*; OGH 11. 11. 1980, 4 Ob 133/80, DRdA 1983, 169 mit Bespr v *Kramer*; zur Wertpapierdeckung einer direkten Leistungszusage bei Insolvenz des Arbeitgebers OGH 26. 4. 2011, 8 ObA 14/10g, DRdA 2012, 428 mit Bespr v *Resch* = RdW 2011, 446.

166 *Gerlach*, Ausgewählte betriebsvereinbarungsrechtliche Probleme bei der Auslagerung von Direktzusagen, ZAS 2006, 61.

167 Vgl hiezu auch § 11 BPG, wonach die durch Wertpapiere gedeckten Pensionsrückstellungen als Sondermasse teils auf den Insolvenz-Entgelt-Fonds, teils auf die Anwartschaft und Leistungsberechtigten übergehen (s insb *Reissner*, Die Absonderungsansprüche der Betriebspensionisten gemäß § 11 BPG, ZIK 2009, 185; zu gesetzlichen Neuerungen im § 11 BPG s *Stadler*, Ausgewählte Änderungen im Bereich der betrieblichen Altersvorsorge, ZFR 2012, 255).

ten des BPG zu ermitteln. Eine Abschlagszahlung in der Höhe von 24 Monatsbeträgen ist auch für den Fall vorgesehen, dass eine Abfindung der Pensionsanwartschaften im Zuge des Betriebsübergangs (vgl 9.2.2) zu bezahlen ist. Fällt die Zahlung eines Ruhegenusses nicht unter das BPG, gebührt gem § 3d Abs 2 IESG eine einmalige Zahlung von nur zwölf Monatsbeträgen[168]. Anwartschaften, die nicht dem BPG unterliegen, sind nach dem IESG nicht gesichert.

b) **Schadenersatzansprüche**. Dazu zählen vor allem die **Kündigungsentschädigung** 9/109
(vgl 8.2.4, 8.3.4.2.2 u 8.3.5.2.1), Ansprüche, die aus einer Beschädigung oder Vernichtung der vom Arbeitnehmer eingebrachten Sachen (vgl auch 6.6.3 u 6.13.2) resultieren, oder Konventionalstrafen, die dem Arbeitnehmer anlässlich der Beendigung des Dienstverhältnisses zustehen. Sofern die Kündigungsentschädigung das Entgelt für den Zeitraum von drei Monaten übersteigt, gebührt hinsichtlich jenes Betrags, den der Arbeitnehmer infolge Unterbleibens der Arbeitsleistung erspart oder durch anderweitige Verwendung erworben oder zu erwerben absichtlich versäumt hat, kein Insolvenz-Entgelt.

c) **Sonstige Ansprüche** gegen den Arbeitgeber. Hiezu gehören insb Aufwandsentschädigun- 9/110
gen oder Verzugszinsen. Für Letztere gebührt ein Insolvenz-Entgelt von der jeweiligen Fälligkeit der unter a bis c genannten gesicherten Ansprüche bis zum Stichtag (§ 3 Abs 2 IESG).

d) Die zur zweckentsprechenden **Rechtsverfolgung notwendigen Kosten**[169]. 9/111

e) **Abfertigungen** nach altem Abfertigungsrecht (vgl 8.6.1.2) sind als Entgelte aus der Be- 9/112
endigung generell gesichert[170]. Insolvenz-Entgelt gebührt aber auch in der Höhe jenes Teils der Abfertigung, dessen Zahlung dem Arbeitgeber erlassen wurde, weil sich seine **persönliche Wirtschaftslage derart verschlechtert** hat, dass ihm die Erfüllung der Zahlung der Abfertigung zum Teil oder zur Gänze billigerweise nicht zugemutet werden kann (vgl allg 8.6.1.2.5). Die Gewährung dieser Leistung kann auch **unabhängig von einer Insolvenz erfolgen**. Erforderlich ist nur das Vorliegen eines Urteils, dessen Grundlage die **Prüfung der Wirtschaftslage** eines Arbeitgebers ist. Ein Urteil, das ohne entsprechende inhaltliche Prüfung des Gerichts ergangen ist (zB Versäumungsurteil), schließt somit die Zuerkennung von Insolvenz-Entgelt aus. Bemerkenswert ist, dass es sich hier um einen Fall handelt, in dem das IESG einen arbeitsrechtlich **nicht bestehenden Anspruch sichert** (§ 1a IESG). Auf **Abfertigungen nach dem BMSVG besteht** ohnehin kein Anspruch gegenüber dem Arbeitgeber, sondern gegenüber der Betrieblichen Vorsorgekasse. Eine Insolvenz des Arbeitgebers berührt daher diese Ansprüche nicht. Noch aushaftende Übertragungsbeträge gem § 47 Abs 3 BMSVG sind auch gesichert (§ 1b Abs 1 IESG).

---

168 Dazu insb *Holzer*, Insolvenz und betriebliche Altersversorgung, in Runggaldier/Steindl (Hrsg), Handbuch zur betrieblichen Altersversorgung (1987), 293; *ders*, Die Insolvenzsicherung der betrieblichen Altersversorgung in Österreich, ZAS 1991, 139; *Löschnigg/Reissner*, Das Schicksal von Betriebspensionen bei Konkurs des Arbeitgebers, DRdA 1993, 399; *Grießer*, Anstehende Rechtsfragen über die Behandlung individueller Pensionszusagen bei Insolvenz des Arbeitgebers, ZAS 1994, 113.

169 Zur Bemessungsgrundlage für gesicherte Prozesskosten s OGH 4. 3. 2013, 8 ObS 11/12v, infas 2013, A 64.

170 Vgl lit a; zur freiwilligen Abfertigung nach Karenz vgl OGH 25. 1. 2001, 8 ObS 13/01x, ARD 5239/8/2001.

9.3.1.4. Insolvenz und Arbeitsverhältnis

9/113 **Kein Insolvenz-Entgelt** ist zu gewähren für obige Ansprüche, die durch eine iS der AnfO oder der IO anfechtbare Rechtshandlung erworben wurden[171]. Weitere Einschränkungen existieren bezüglich solcher Ansprüche, die auf einer Einzelvereinbarung beruhen, die nach dem Antrag auf Eröffnung des Insolvenzverfahrens oder in den letzten sechs Monaten vor Insolvenzeröffnung abgeschlossen wurde. Zu beachten ist auch, dass nur solche Kosten nach dem IESG gesichert sein können, die dem Arbeitgeber selbst erwachsen sind[172]. Vereinbarungen oder Verhaltensweisen, die zu einer rechtsmissbräuchlichen Überwälzung des Finanzierungsrisikos des Arbeitgebers auf den Insolvenz-Entgelt-Fonds führen, sind nichtig[173].

9/114 Zu beachten ist schließlich, dass die Höhe des Insolvenz-Entgelts bei Entgeltansprüchen durch **Grenzbeträge**, bei der Abfertigung durch spezielle Grenzbeträge, beschränkt ist, die sich an der Höchstbeitragsgrundlage gem § 45 ASVG orientieren (vgl § 1 Abs 3, 4 u 4a IESG).

9/115 Sofern die gesicherten Ansprüche in einem Insolvenzverfahren angemeldet werden können, stellt deren **Anmeldung** eine Anspruchsvoraussetzung dar, es sei denn, dass dem Anspruchsberechtigten die Anmeldung nicht möglich war (§ 1 Abs 5 IESG).

9/116 Für welchen Zeitraum Insolvenz-Entgelt gebührt, hängt in erster Linie von der Art des Anspruchs und der Art des Insolvenzverfahrens ab. **Laufendes Entgelt** (einschließlich Sonderzahlungen) kann grundsätzlich nur geltend gemacht werden, wenn es in den letzten sechs Monaten **vor dem Stichtag** (das ist idR die Eröffnung des Insolvenzverfahrens) bzw, wenn das Arbeitsverhältnis vor dem Stichtag geendet hat, in den letzten sechs Monaten vor dessen rechtlichem Ende fällig geworden ist[174]. Bereits länger fällige Entgelte sind nur gesichert, wenn sie aus unterkollektivvertraglicher Entlohnung resultieren und wenn bereits eine entsprechende Klage oder ein vergleichbares Verfahren anhängig ist (§ 3a Abs 1 IESG)[175]. Entgelte nach der Insolvenzeröffnung sind bis zur Berichtstagsatzung gem § 91a IO bzw bis zum rechtlichen Ende des Arbeitsverhältnisses (im Einzelnen vgl § 3a Abs 2 IESG) gesichert. Wird ein Antrag auf Insolvenzeröffnung abgelehnt oder zurückgewiesen, gebührt das laufende Entgelt grundsätzlich bis zum Ende des dritten Monats, der auf den gerichtlichen Beschluss folgt (§ 3a Abs 5 IESG)[176].

Die obigen, für das laufende Entgelt geltenden Fristen sind auch für **sonstige Ansprüche** beachtlich, sofern diese Ansprüche in diesen Zeiträumen entstanden sind (§ 3b Z 1 IESG). Insolvenz-Entgelt gebührt aber auch bereits dann, wenn es sich um Ansprüche handelt, die deshalb entstanden sind, weil das Arbeitsverhältnis in diesen Zeiträumen beendet wurde oder ein gerichtliches Verfahren im Zusam-

---

171 Zur Gesamtproblematik vgl *Thunhart*, Mißbrauchsfälle im IESG, DRdA 2000, 479; *Weber*, Neue Tendenzen im IESG: Sittenwidrigkeit und Austrittsobliegenheit, ZIK 2000, 193; *Ristic*, Zur Sittenwidrigkeit des Stehenlassens von Entgelt über längere Zeiträume, ASoK 2000, 118.

172 OGH 27. 4. 2016, 8 ObS 9/15d, DRdA-infas 2016, 208.

173 Vgl OGH 4. 3. 2013, 8 ObS 4/13s, ARD 6331/5/2013; OGH 27. 2. 2014, 8 ObS 2/14y, ARD 6397/11/2014 = ZIK 2014, 114; OGH 29. 3. 2016, 8 ObS 3/16y, DRdA-infas 2016, 196.

174 Zum Sicherungszeitraum für laufendes Entgelt vor Insolvenz bei Mutterschaftskarenz s OGH 18. 4. 2007, 8 ObS 13/06d, DRdA 2008, 436 mit Bespr v *Wolligger*.

175 Vgl OGH 30. 8. 2011, 8 ObS 11/10s, JBl 2012, 129 = infas 2012, A 31; OGH 19. 12. 2012, 8 ObS 9/12z, infas 2013, A 47; OGH 4. 3. 2013, 8 ObS 5/12m, infas 2013, A 67; OGH 30. 5. 2012, 8 ObS 1/12y, infas 2012, A 79 = ARD 6267/2/2012 = ecolex 2012, 1008.

176 Vgl auch *Anzenberger*, § 3 IESG: Sicherungsgrenzen und Sittenwidrigkeitskorrektiv, RdW 2000, 161; OGH 23. 10. 2000, 8 ObS 89/00x, ARD 5245/4/2001.

menhang mit dem besonderen Kündigungs- und Entlassungsschutz angestrebt wurde (§ 3b Z 2 IESG; zum besonderen Kündigungs- und Entlassungsschutz s weiters § 3c IESG). Weitere Sonderbestimmungen enthält § 3b Z 3 – 5 IESG.

In manchen Fällen besteht ein Anspruch auf Insolvenz-Entgelt nur insoweit, als der Insolvenzverwalter schriftlich erklärt, dass die Masse bzw der Arbeitgeber zur Zahlung nicht oder nicht vollständig in der Lage ist (**Ausfallshaftung**; §§ 3a Abs 4, 3b Z 3 u 4 IESG).

Der Antrag auf Insolvenz-Entgelt ist **binnen sechs Monaten**[177] ab Eröffnung eines Insol- 9/117
venzverfahrens bzw binnen sechs Monaten ab Kenntnis von Beschlüssen gem § 1 Abs 1 Z 2 bis 6 IESG (insb Nichteröffnung des Insolvenzverfahrens mangels kostendeckenden Vermögens) grundsätzlich mit einem bundeseinheitlich aufgelegten Formular bei der Geschäftsstelle der Insolvenz-Entgelt-Fonds-Service GmbH einzubringen. Wird der Antrag erst nach Ablauf dieser Frist gestellt, so ist bei Vorliegen berücksichtigungswürdiger Gründe von Amts wegen die Fristversäumnis nachzusehen. Eine Nachsicht ist ausgeschlossen, wenn seit der Insolvenzeröffnung mehr als drei Jahre verstrichen sind (§ 6 IESG). Weiters besteht die Möglichkeit, den Antrag auf Insolvenz-Entgelt beim Insolvenzgericht der schriftlichen Forderungsanmeldung beizufügen. Diese Möglichkeit besteht nicht, wenn die Anmeldung mündlich zu Protokoll gegeben wird (§ 104 Abs 1 IO).

Die Geschäftsstelle der Insolvenz-Entgelt-Fonds-Service GmbH entscheidet nach entspre- 9/118
chender Beurteilung des Sachverhalts mit schriftlichem Bescheid, wodurch die Zahlungspflicht des Insolvenz-Entgelt-Fonds ausgelöst wird. Dieser erwirbt die gesicherten Ansprüche gegen den Arbeitgeber bzw die Konkursmasse **im Wege der Legalzession** und wird dadurch in die Lage versetzt, sich in der nämlichen Rechtsstellung, die dem Arbeitnehmer zugekommen wäre, am Insolvenzverfahren zu beteiligen (s § 11 IESG). Die Geschäftsstelle der Insolvenz-Entgelt-Fonds-Service GmbH ist bei der Beurteilung des Vorliegens eines gesicherten Anspruchs an die hierüber ergangenen und dem Antragsteller gegenüber rechtskräftig gewordenen gerichtlichen Entscheidungen gebunden. Diese Bindung tritt bei Nichtvorliegen eines streitigen Verfahrens sowie unter gewissen Voraussetzungen bei Anerkenntnisurteilen nicht ein (vgl § 7 Abs 1 IESG)[178]. Sämtliche Bescheide sind dem (ehemaligen) Arbeitgeber bzw dem Insolvenzverwalter zuzustellen.

9.3.2. Insolvenz des Arbeitnehmers

Grundsätzlich kann das Dienstverhältnis sowohl durch die Insolvenz des Arbeitgebers als 9/119
auch durch die Insolvenz des Arbeitnehmers gestört werden, wobei die Insolvenz des Arbeitnehmers im Verhältnis zur Insolvenz des Arbeitgebers eine eher untergeordnete Rolle spielt.

Die Eröffnung einer Insolvenz über das Vermögen des Arbeitnehmers führt zu keinen un- 9/120
mittelbaren Rechtsfolgen für den Bestand des Dienstverhältnisses[179]. Besondere Lösungsrechte sind de facto bedeutungslos. Im Rahmen des Schuldenregulierungsverfahrens (mit

[177] In gewissen Fällen beginnt diese Frist gem § 6 Abs 1 IESG neuerlich zu laufen (wenn das Arbeitsverhältnis erst nach den sechs Monaten endet, mit Ende des Arbeitsverhältnisses); zur Hemmung des Fortlaufs der Frist zur Geltendmachung von Insolvenz-Entgelt bei Präsenzdienst des Arbeitnehmers s OGH 26. 4. 2011, 8 ObS 7/10b, infas 2011, A 65.

[178] Vgl OGH 22. 2. 2017, 8 ObS 2/17b, DRdA-infas 2017, 154 mit Bespr v *Mader*.

[179] OGH 17. 6. 1980, 4 Ob 139/79, Arb 9877.

Eigenverwaltung, s unten) ist dem Arbeitnehmer als Schuldner jedoch theoretisch die Möglichkeit gegeben, gem § 21 IO das Arbeitsverhältnis **vorzeitig zu lösen**, doch wird dieser wenig Interesse daran haben, die Masse um ihre zumeist einzige Einnahmequelle zu bringen. In besonderen Fällen kann sich aus der Insolvenzeröffnung der **Verlust der Vertrauenswürdigkeit** des Dienstnehmers ergeben, auf den der Dienstgeber mit einer vorzeitigen Lösung reagieren könnte.

9/121 Für die Einkünfte des Arbeitnehmers in der Arbeitnehmerinsolvenz sieht die IO Sonderbestimmungen vor (sog **Schuldenregulierungsverfahren**). Wesentliches Ziel dieser Regelungen ist die endgültige Beseitigung des Schuldenstandes durch eine Reihe allgemeiner und spezifischer konkursrechtlicher Instrumente (insb Durchführung eines Abschöpfungsverfahrens mit Restschuldbefreiung; Durchführung der Insolvenz teils in Eigenverwaltung, dh ohne Einschaltung eines Insolvenzverwalters). Damit die Einkünfte des Schuldners (in diesem Fall des Arbeitnehmers) auch zur gleichmäßigen Befriedigung der Gläubiger zur Verfügung stehen, erlöschen gem § 12a IO nach zirka einem Monat ab Konkurseröffnung gerichtliche Pfandrechte auf das Einkommen. Vertragliche Sicherungsrechte (zB Vorausabtretungen, Verpfändungen) aus Zeiten vor der Insolvenzeröffnung gehen allerdings erst nach einer Frist von zirka zwei Jahren unter.

9/122 Ab Insolvenzeröffnung wird das **Verfügungsrecht** des Arbeitnehmers über seine Entgeltansprüche starken **Beschränkungen** unterworfen. Der pfändbare Teil des Arbeitseinkommens fällt in die Insolvenzmasse und wird zur gleichmäßigen Befriedigung der Konkursgläubiger herangezogen. Selbst in Schuldenregulierungsverfahren mit Eigenverwaltung des Schuldners/des Arbeitnehmers, ist der Arbeitnehmer nicht mehr zur Empfangnahme des pfändbaren Teils der Einkünfte aus seinem Arbeitsverhältnis berechtigt. Er darf darüber auch nicht mehr verfügen (§ 187 Abs 1 Z 5 IO).

9/123 Gem den §§ 199 ff IO kann der Arbeitnehmer im Laufe des Insolvenzverfahrens, spätestens mit dem Antrag auf Annahme eines Zahlungsplans, die Durchführung eines sog **Abschöpfungsverfahrens** mit Restschuldbefreiung beantragen. Diesem Antrag hat der Arbeitnehmer die Erklärung beizufügen, dass er den pfändbaren Teil seiner Entgeltforderungen für die Zeit von fünf Jahren an einen vom Gericht zu bestellenden Treuhänder abtritt.

10. Organisation der Belegschaft

Das sog **Organisationsrecht**, dh jene Bestimmungen, die die Voraussetzungen für die Errichtung der unterschiedlichen Belegschaftsorgane, die Wahlvorgänge, die Geschäftsführung der Organe, deren Funktionsdauer etc festlegen, ist zusammen mit den Befugnissen der Belegschaft und der Rechtsstellung der Mitglieder von Belegschaftsorganen **Inhalt des II. Teiles des ArbVG**. 10/001

Sonderbestimmungen finden sich für die Post- und Telekom-Unternehmen im **Post-Betriebsverfassungsgesetz 1996**. In Anlehnung an das für den öffentlichen Dienst geltende Personalvertretungsrecht werden nicht Betriebsräte, sondern Vertrauensausschüsse, Personalausschüsse, Zentralausschüsse etc gewählt. 10/002

10.1. Überblick über die Belegschaftsorgane

Welche Organe auf Grund des ArbVG zu errichten sind, hängt von verschiedenen Komponenten ab. Neben der Anzahl der im Betrieb beschäftigten Arbeitnehmer ist das Verhältnis zwischen Arbeitern, Angestellten und Jugendlichen, die Existenz mehrerer Betriebe, mehrerer Unternehmen oder eines Konzerns sowie die Art der Unternehmung selbst wesentlich. 10/003

In jedem Betrieb (zum Betriebsbegriff vgl 4.4.2.1), in dem dauernd **mindestens fünf stimmberechtigte Arbeitnehmer** (vgl hiezu 10.4.3.2) beschäftigt werden, sind gem § 40 ArbVG bereits gewisse Organe von der Arbeitnehmerschaft zu bilden. Wenngleich die Belegschaft bezüglich der Errichtung eine gesetzliche Verpflichtung trifft, steht die Verletzung dieser Pflicht unter keiner unmittelbaren Sanktionsandrohung. Die Belegschaft wird nur insofern „bestraft", als sie sich der Ausübung ihrer Befugnisse begibt[1]. 10/004

Bei der geforderten Mindestanzahl von fünf Arbeitnehmern sind gem § 40 Abs 1 ArbVG nicht zu berücksichtigen:

a) der Ehegatte oder eingetragene Partner des Betriebsinhabers und Personen, die mit dem Betriebsinhaber bis zum zweiten Grad verwandt oder verschwägert sind oder zu ihm im Verhältnis von Wahl- oder Pflegekind, Wahl- oder Pflegeeltern sowie Mündel oder Vormund stehen;

b) Heimarbeiter. Jene Personen, denen die Arbeitnehmereigenschaft iS des § 36 ArbVG fehlt (vgl 4.3.2.1), bleiben hiebei von vornherein außer Betracht.

Das Betriebsverfassungsrecht geht zwar grundsätzlich davon aus, dass die Belegschaft auf Grund der gleichgerichteten Interessen der Arbeitnehmer ein homogenes Gebilde darstellt, berücksichtigt aber auch regelmäßig das Auftreten und die Vertretung von Gruppeninteressen. 10/005

[1] Allg vgl *Kuderna*, Über die rechtliche Problematik der Vertretung der Arbeitnehmerschaft in Betrieben auf Grund privatautonomer Gestaltung, DRdA 2000, 103.

10/006 Sind daher sowohl mindestens **fünf Arbeiter** als auch **fünf Angestellte** im Betrieb beschäftigt, so sind folgende Organe zu bilden (§ 40 Abs 2 ArbVG):
a) je eine Gruppenversammlung der Arbeiter und der Angestellten,
b) die Betriebshauptversammlung,
c) die Wahlvorstände für die Betriebsratswahl,
d) ein Betriebsrat für die Arbeiter und ein Betriebsrat für die Angestellten,
e) ein Betriebsausschuss,
f) die Rechnungsprüfer.

10/007 Besteht **nur die Arbeiter- bzw nur die Angestelltengruppe** aus fünf Arbeitnehmern oder erreichen beide Gruppen **nur in ihrer Gesamtheit** fünf oder mehr Arbeitnehmer, so sind folgende Organe zu bilden (§ 40 Abs 3 ArbVG):
a) die Betriebsversammlung,
b) der Wahlvorstand für die Betriebsratswahl,
c) der Betriebsrat,
d) die Rechnungsprüfer.

10/008 Eine derart vereinfachte Belegschaftsorganisation ist auch dann zulässig, wenn zwar sowohl mehr als fünf Arbeiter als auch mehr als fünf Angestellte beschäftigt werden, die Gruppenversammlungen aber in getrennten Abstimmungen die **Bildung eines gemeinsamen Betriebsrats** beschließen (§ 40 Abs 3 ArbVG). Diese Beschlüsse bedürfen allerdings einer Zweidrittelmehrheit (§ 49 Abs 2 ArbVG).

10/009 Werden Betriebe oder Betriebsteile zu einem neuen Betrieb zusammengeschlossen, so bilden die Betriebsräte bis zur Neuwahl, längstens aber bis zum Ablauf eines Jahres nach dem Zusammenschluss, ein einheitliches Organ, den sog **einheitlichen Betriebsrat** (§ 62c ArbVG; vgl auch 10.4.4.2).

10/010 Wenn ein **Unternehmen mehrere Betriebe** umfasst, die eine wirtschaftliche Einheit bilden und vom Unternehmen zentral verwaltet werden, so sind auf Unternehmensebene folgende Organe zu bilden (§ 40 Abs 4 ArbVG; vgl 10.7):
a) der Wahlvorstand für die Zentralbetriebsratswahl,
b) der Zentralbetriebsrat,
c) die Betriebsräteversammlung,
d) die Rechnungsprüfer.

10/011 Wenn in mehr als einem Unternehmen eines **Konzerns** Betriebsräte oder Zentralbetriebsräte bestehen, dann kann eine Konzernvertretung gebildet werden (§ 40 Abs 4a ArbVG; vgl 10.8).

10/012 Auf Unternehmen und Unternehmensgruppen, die unter den II. Teil des ArbVG fallen, deren zentrale Leitung in Österreich liegt und die mindestens 1.000 Arbeitnehmer in den EWR-Mitgliedstaaten beschäftigen (davon jeweils 150 Arbeitnehmer in mindestens zwei Mitgliedstaaten), kommt der V. Teil des ArbVG, die sog **Europäische Betriebsverfassung**, zur Anwendung (§ 171 ArbVG). Nach deren Maßgabe ist ein **besonderes Verhandlungsgremium** einzusetzen sowie ein **Europäischer Betriebsrat** zu errichten oder ein **Ver-**

fahren zur Unterrichtung und Anhörung der Arbeitnehmer zu schaffen (§ 173 ArbVG; vgl 10.9.2).

In Unternehmen, die unter den II. Teil des ArbVG fallen, in der Form einer **Europäischen Gesellschaft** (Societas Europaea, SE) bzw **Europäischen Genossenschaft** (Societas Cooperativa Europaea, SCE) gegründet oder geführt werden und ihren Sitz in Österreich haben, ist ein **besonderes Verhandlungsgremium** einzusetzen sowie ein **SE-Betriebsrat** bzw **SCE-Betriebsrat** zu errichten oder ein **anderes Verfahren** zur Beteiligung der Arbeitnehmer zu schaffen (§§ 208, 211, 254, 256 ArbVG; vgl 10.9.3 u 10.9.4)[2]. 10/013

Gehen Unternehmen, die unter den II. Teil des ArbVG fallen und ihren Sitz in Österreich haben, aus einer **grenzüberschreitenden Verschmelzung** von Kapitalgesellschaften hervor, so ist ein **besonderes Verhandlungsgremium** oder ein **besonderes Entsendungsgremium** einzusetzen, wenn bestimmte Arbeitnehmerzahlen betroffen sind oder die Mitbestimmungsrechte der Beschäftigten nicht das österreichische Niveau erreichen (§§ 258 ff ArbVG). 10/014

Bei der Bildung von Organen der Arbeitnehmerschaft sollen bestimmte besonders schützenswerte Personengruppen oder eine besondere Arbeitnehmerstruktur berücksichtigt werden. So sind unabhängig von der Errichtung der Betriebsräte (Zentralbetriebsräte udgl) in Betrieben, in denen dauernd **mindestens fünf jugendliche Arbeitnehmer** beschäftigt sind, folgende Organe zu errichten (§ 123 Abs 1 ArbVG; vgl 10.10): 10/015

a) die Jugendversammlung,
b) der Wahlvorstand für die Wahl des Jugendvertrauensrats,
c) der Jugendvertrauensrat.

Wenn ein **Unternehmen mehrere Betriebe** umfasst, die eine wirtschaftliche Einheit bilden und vom Unternehmen zentral verwaltet werden, so ist nicht nur die Zentralbetriebsratsorganisation zu errichten, sondern es sind auch im Rahmen der **Jugendvertretung** folgende Organe zu bilden (§ 123 Abs 2 ArbVG): 10/016

a) der Wahlvorstand für die Wahl des Zentraljugendvertrauensrats,
b) der Zentraljugendvertrauensrat,
c) die Jugendvertrauensräteversammlung.

Bestehen in mehr als einem Unternehmen eines **Konzerns** Jugendvertrauensräte oder Zentraljugendvertrauensräte, so kann eine **Konzernjugendvertretung** mit eigener Geschäftsordnung gebildet werden (§ 123 Abs 4 ArbVG). 10/017

Durch das ArbVG wurde der programmatische Grundsatz festgeschrieben, dass Arbeitnehmerinnen und Arbeitnehmer in allen im ArbVG vorgesehenen Organen entsprechend ihrem zahlenmäßigen Verhältnis im Betrieb (Unternehmen, Konzern) vertreten sein sollen (vgl die §§ 50 Abs 3, 55 Abs 4a, 80 Abs 2, 81 Abs 3, 88a Abs 6, 125 Abs 4, 131b Abs 4 ArbVG). 10/018

---

2 Zur Gründung einer SE mit Sitz im Ausland vgl *Köck/Sagan*, Die Unterrichtung inländischer Arbeitnehmer und Betriebsräte bei Gründung einer SE im Ausland, ecolex 2010, 376.

Sind in einem Betrieb dauernd mindestens fünf begünstigte Behinderte (vgl 4.3.2.3.5) beschäftigt, so sind von diesen **Behindertenvertrauenspersonen** zu wählen. Besteht in einem Unternehmen ein Zentralbetriebsrat, so ist von den Behindertenvertrauenspersonen eine Zentralbehindertenvertrauensperson, in einem Konzern mit eingerichteter Konzernvertretung eine Konzernbehindertenvertrauensperson zu wählen (§ 22a BEinstG; vgl 10.11).

Beschäftigt ein **Theaterunternehmen** mehr als 50 dem TAG unterliegende Arbeitnehmer, so sind für diese Personen getrennte Betriebsräte des darstellenden und des nicht-darstellenden Personals zu wählen, wenn jede dieser Gruppen mindestens 20 Arbeitnehmer umfasst[3]. Innerhalb dieser Gruppen sind die Bestimmungen über getrennte Betriebsräte der Arbeiter und der Angestellten nicht anzuwenden. In Betrieben, in denen getrennte Betriebsräte des darstellenden und des nicht-darstellenden Personals bestehen, bilden diese mit den sonst im Betrieb errichteten Betriebsräten den Betriebsausschuss (§ 133 Abs 2 ArbVG[4]). Die Bestimmungen über den Zentralbetriebsrat und die mit diesem in Zusammenhang stehenden Organe (vgl §§ 40 Abs 4, 78 bis 88 ArbVG) sind in Theaterunternehmen nicht anzuwenden (vgl § 133 Abs 6 ArbVG).

Beschäftigt ein **Schifffahrts- oder Flugunternehmen** dauernd mindestens fünf Arbeitnehmer ganz oder überwiegend im Schiffs- oder Flugdienst, so kann für diese Arbeitnehmergruppe ein eigener Betriebsrat gewählt werden. In diesem Fall sind innerhalb dieser Gruppe die Bestimmungen über getrennte Betriebsräte der Arbeiter und der Angestellten nicht anzuwenden. In Betrieben, in denen ein Betriebsrat für die im Schiffs- oder Flugdienst beschäftigten Arbeitnehmer besteht, bildet er mit den sonst im Betrieb bestehenden Betriebsräten den Betriebsausschuss (§ 134 Abs 5 ArbVG).

Werden **Häuser eines Hauseigentümers** gemeinsam verwaltet, so bilden diese Häuser einen Betrieb iS des § 34 Abs 1 ArbVG, und die vom Hauseigentümer in diesen Häusern beschäftigten Hausbesorger und Hausbetreuer sind Arbeitnehmer dieses Betriebs. Werden in einem derartigen Betrieb dauernd mindestens 20 Hausbesorger und Hausbetreuer beschäftigt, so ist von diesen ein eigener Betriebsrat zu errichten (§ 134b Abs 1 ArbVG).

Besondere organisationsrechtliche Bestimmungen sieht auch das **ORF-G** vor. Gem § 33 Abs 5 ORF-G wählt in jedem Betriebsbereich des ORF (Landesstudios, Hauptabteilungen) und einer Tochtergesellschaft eine Versammlung aller journalistischen Mitarbeiter aus ihrer Mitte die Redakteurssprecher für eine Funktionsperiode von zwei Jahren. In Betrieben mit bis zu zehn journalistischen Mitarbeitern ist ein, in Betrieben mit elf bis 20 journalistischen Mitarbeitern sind zwei, in Betrieben mit 21 bis 30 Mitarbeitern sind drei Redakteurssprecher usw zu wählen. Die gewählten Redakteurssprecher bilden gemeinsam den Redakteursausschuss, der wiederum aus seiner Mitte einen Redakteursrat wählen kann.

Auch das UG 2002 sieht in § 135 Abs 3 vor, dass an jeder Universität je ein Betriebsrat für das wissenschaftliche und künstlerische sowie für das allgemeine Universitätspersonal nach den Bestimmungen der §§ 50 ff ArbVG zu wählen ist.

10.2. Belegschaftsversammlungen[5]

10/019 Belegschaftsversammlungen bestehen aus der Gesamtheit aller Arbeitnehmer eines Betriebs. Gem § 41 ArbVG ist dabei zwischen Gruppen-, Betriebshaupt- und Betriebsversammlungen zu unterscheiden.

---

[3] Zu den diversen Vertretungen von speziellen Arbeitnehmergruppen vgl *Petrovic*, Sondervertretungen und ihre Mitwirkungsmöglichkeiten, in Tomandl (Hrsg), Offene Fragen des Betriebsverfassungsrechts (1989), 67; *Urleb*, Arbeitsrechtliche Fragen des SchSpG (2009), 35.

[4] Zur Interpretation dieser Norm vgl *Neumayr* in Strasser/Jabornegg/Resch (Hrsg), ArbVG (Losebl), § 133 Rz 4 ff.

[5] *Löschnigg* in Strasser/Jabornegg/Resch (Hrsg), ArbVG (Losebl), § 41; *Risak* in Tomandl (Hrsg), ArbVG (Losebl), § 41; *Schneller* in Gahleitner/Mosler (Hrsg), Arbeitsverfassungsrecht, Bd 2^5 (2015), 437 ff.

10.2.1. Gruppenversammlungen

Hinsichtlich der Gruppenversammlungen unterscheidet man im Allgemeinen jene der Arbeiter und jene der Angestellten (vgl auch 10.1, wobei es in Theaterunternehmen sowie in Schifffahrts- und Flugunternehmen weitere Gruppenversammlungen geben kann). Erstere besteht aus der Gesamtheit der Arbeitnehmer, die der Gruppe der Arbeiter angehören, letztere aus der Gesamtheit der Arbeitnehmer, die der Gruppe der Angestellten zuzuordnen sind. 10/020

Für die **Gruppenzugehörigkeit** ist die auf Gesetz beruhende arbeitsvertragliche Stellung der Arbeitnehmer maßgebend. Zur Gruppe der Angestellten gehören gem § 41 Abs 3 ArbVG ferner Arbeitnehmer, die mit dem Arbeitgeber die Anwendung des AngG sowie des Angestelltenkollektivvertrags, der auf den Betrieb Anwendung findet, zuzüglich einer Einstufung in die Gehaltsordnung dieses Kollektivvertrags unwiderruflich vereinbart haben (zu den Angestellten ex contractu vgl 4.3.2.2.2)[6]. Sind nicht alle diese Voraussetzungen erfüllt, bleibt der Arbeitnehmer betriebsverfassungsrechtlich weiterhin der Gruppe der Arbeiter zugehörig[7]. Die Bedingung der kollektivvertraglichen Einstufung muss naturgemäß nur dann gegeben sein, wenn ein einschlägiger Kollektivvertrag besteht. 10/021

Lehrlinge, die zu Angestelltentätigkeiten ausgebildet werden, zählen zur Gruppe der Angestellten, die übrigen Lehrlinge zur Gruppe der Arbeiter (§ 41 Abs 3 letzter Satz ArbVG).

Die Zuordnung der **Betriebsratsmitglieder** hängt davon ab, welche Arbeitnehmergruppe sie gewählt hat (§ 41 Abs 4 ArbVG). Wird zB ein Angestellter in den Arbeiterbetriebsrat gewählt (§ 53 Abs 2 ArbVG; vgl 10.4.3.3), so bleibt er arbeitsvertraglich Angestellter, betriebsverfassungsrechtlich wird er hingegen der Gruppe der Arbeiter zugerechnet.

Der **Aufgabenbereich** der Gruppenversammlungen umfasst gem § 42 Abs 1 und 2 ArbVG: 10/022

a) Behandlung von Berichten des Betriebsrats und der Rechnungsprüfer;
b) Wahl des Wahlvorstandes für die Betriebsratswahl (vgl 10.3);
c) Beschlussfassung über die Enthebung des Wahlvorstandes für die Betriebsratswahl (geheime Abstimmung; vgl 10.4.3.4.1);
d) Beschlussfassung über die Enthebung des Betriebsrats (geheime Abstimmung; vgl 10.4.4.1);
e) Beschlussfassung über die Enthebung einzelner Betriebsratsmitglieder, wenn das Betriebsratsmitglied die Gruppenzugehörigkeit verliert (geheime Abstimmung; vgl 10.4.4.3);
f) Beschlussfassung über eine Fortsetzung der Funktion des Betriebsrats nach Wiederaufnahme des Betriebs (vgl 10.4.4.2);
g) Beschlussfassung über die Errichtung eines gemeinsamen Betriebsrats gem § 40 Abs 3 ArbVG (geheime Abstimmung; vgl 10.1);
h) Wahl der Rechnungsprüfer (vgl 10.12.1.4.1 sowie 10.12.2);

---

[6] VwGH 26. 6. 1973, 115/73, DRdA 1974, 29 mit Bespr v *Klein*; VwGH 13. 9. 1976, 628/75, Arb 9515; VwGH 20. 1. 1977, 564/76, ZAS 1978, 70; als Bespr der letztgenannten Entscheidung vgl *Wachter*, Beitrags- und kollektivvertragsrechtliche Fragen zum Angestellten ex contractu, ZAS 1978, 43.

[7] EA Wien 3. 3. 1975, III Re 183/74, Arb 9324; EA Salzburg 2. 6. 1975, Re 17/75, Arb 9369; VwGH 13. 9. 1976, 628/75, Arb 9515.

i) Beschlussfassung über die Enthebung der Rechnungsprüfer (geheime Abstimmung);
j) Beschlussfassung über die Einhebung und die Höhe einer Betriebsratsumlage sowie über die Art und Weise der Auflösung des Betriebsratsfonds (vgl 10.12.1).

10/023 Weiters obliegt den Gruppenversammlungen gem § 74 Abs 4 ArbVG die Beschlussfassung über die Verwaltung und Vertretung des Betriebsratsfonds bei zeitweiligem Fehlen eines ordentichen Verwaltungs- und Vertretungsorgans (vgl 10.12.1.3).

10.2.2. Betriebs(haupt)versammlung

10/024 Existieren im Betrieb getrennte Gruppenversammlungen der Arbeiter und der Angestellten, so bilden alle Arbeitnehmer in ihrer Gesamtheit die **Betriebshauptversammlung**. Diese stellt in gewisser Weise ein Pendant zum Betriebsausschuss (vgl 10.5) dar, besitzt aber im Gegensatz zum Verhältnis der Gruppenversammlungen zu den Betriebsräten keine so weitreichenden Befugnisse. Gem § 42 Abs 3 ArbVG obliegt der Betriebshauptversammlung bloß die Behandlung von Berichten des Betriebsausschusses.

10/025 Bestehen keine getrennten Gruppenversammlungen (vgl 10.1), so bildet die Gesamtheit der Arbeitnehmer die **Betriebsversammlung**. Ihr kommen dieselben Aufgaben wie der Gruppenversammlung zu.

Naturgemäß entfallen für die Betriebsversammlung aus dem obigen Kompetenzbereich für die Gruppenversammlung die unter e) (Enthebung eines Betriebsratsmitglieds bei Wechsel der Gruppenzugehörigkeit) und g) (Errichtung eines gemeinsamen Betriebsrats) angeführten Aufgaben.

10.2.3. Geschäftsführung

10/026 Die Betriebs(Gruppen)versammlung hat mindestens einmal in jedem Kalenderhalbjahr, die Betriebshauptversammlung mindestens einmal in jedem Kalenderjahr stattzufinden („**ordentliche Versammlungen**"; § 43 Abs 1 ArbVG). Darüber hinaus hat eine Betriebs (Gruppen-, Betriebshaupt)versammlung binnen zwei Wochen stattzufinden, wenn mehr als ein Drittel der in der betreffenden Versammlung stimmberechtigten Arbeitnehmer oder ein Drittel der Betriebsratsmitglieder, im Falle der Betriebshauptversammlung auch dann, wenn einer der beiden Betriebsräte dies verlangt („**außerordentliche Versammlungen**"; § 43 Abs 2 ArbVG).

10/027 Wenn Versammlungen der gesamten Belegschaft nicht oder nur schwer möglich sind, lässt das ArbVG die Durchführung von **Teilversammlungen** zu.

Die Notwendigkeit von Teilversammlungen kann zB in Schichtbetrieben, Versorgungsunternehmen, Krankenhäusern oder ganz allgemein in Großbetrieben gegeben sein. Die Entscheidung über die Abhaltung von Teilversammlungen obliegt dem Betriebsrat (bzw Betriebsausschuss)[8]. Für die Ermittlung von Abstimmungsergebnissen bestimmt § 44 Abs 2 ArbVG, dass die Gesamtheit der in den einzelnen Teilversammlungen abgegebenen Stimmen maßgebend ist. Hinsichtlich der allgemeinen Beschlusserfordernisse ist § 49 ArbVG heranzuziehen. Ob jede Teilversammlung die Beschlussfähigkeit

---

[8] Vgl OGH 13. 3. 1997, 8 ObA 2303/96a, ZAS 1998, 80 mit Bespr v *Jabornegg*.

haben muss, sagt das Gesetz nicht. Die BRGO[9] schreibt jedoch auch für jede Teilversammlung die Beschlussfähigkeit vor.

Einzuberufen ist die Betriebsversammlung (Gruppenversammlung) vom Betriebsrat, die Betriebshauptversammlung vom Betriebsausschuss[10]. 10/028

Besteht kein Betriebsrat (Betriebsausschuss), ist er vorübergehend funktionsunfähig[11] oder ist seine Wahl durch ein Urteil erster Instanz nach § 59 Abs 1 ArbVG für ungültig erklärt worden (§ 61 Abs 2a ArbVG), so sind gem § 45 Abs 2 ArbVG zur Einberufung berechtigt:

a) der an Lebensjahren älteste Arbeitnehmer oder mindestens so viele Arbeitnehmer, als Betriebsratsmitglieder zu wählen sind;
b) in Betrieben, in denen dauernd mindestens 20 Arbeitnehmer beschäftigt sind, eine zuständige freiwillige Berufsvereinigung oder die gesetzliche Interessenvertretung der Arbeitnehmer, wenn die unter a) genannten, zur Einberufung Berechtigten trotz Aufforderung die Einberufung innerhalb von zwei Wochen nicht vornehmen[12].

Wird eine Versammlung nicht von einer zuständigen Stelle einberufen, so handelt es sich um keine Belegschaftsversammlung iS des Gesetzes. Die von einer solchen Versammlung gefassten Beschlüsse sind demnach ungültig[13].

Gleichzeitig mit der Einberufung einer Belegschaftsversammlung ist die Tagesordnung bekannt zu geben (§ 45 Abs 3 ArbVG). Die Vorsitzführung obliegt dem Vorsitzenden des Betriebsrats (Betriebsausschusses). Besteht kein Betriebsrat (Betriebsausschuss) oder ist er vorübergehend funktionsunfähig und wurde die Versammlung von einer der oben angeführten Personen einberufen, so obliegt dieser auch die Führung des Vorsitzes in der Belegschaftsversammlung (§ 46 ArbVG). 10/029

Zeitpunkt und **Ort** der Belegschaftsversammlungen regelt § 47 ArbVG. Dem Einberufenden steht es im Wesentlichen frei, wann und wo er die Versammlung anberaumt. 10/030

Wenn es dem Betriebsinhaber unter Berücksichtigung der betrieblichen Verhältnisse **zumutbar** ist, können Betriebs(Gruppen-, Betriebshaupt)versammlungen **während der Arbeitszeit** abgehalten werden. Ist dies der Fall, so entsteht den Arbeitnehmern für den erforderlichen Zeitraum ein Anspruch auf Arbeitsfreistellung. Ein gesetzlicher Anspruch auf ein **Entgelt** für diesen Zeitraum besteht jedoch grundsätzlich nicht[14]. Das ArbVG verweist bezüglich der Entgeltfortzahlung und der Vergütung von Fahrtkosten auf eine Regelungsmöglichkeit in der Betriebsvereinbarung (vgl auch 11.5.3.3.5). Im Hinblick auf diesen Umstand wird man kaum sagen können, dass die Teilnahme an Belegschaftsversammlungen einen wichtigen Grund in der Person des Arbeitnehmers iSd § 1154b Abs 5 ABGB bzw des § 8 Abs 3 AngG darstellt (vgl 6.9.2.2). Im Gegensatz zu den sonstigen Arbeitnehmern haben Betriebsräte gem § 116 ArbVG einen Anspruch auf die Entgeltfortzahlung, falls sie an der Versammlung während der Arbeitszeit teilnehmen, da die Teilnahme an den Belegschaftsversammlungen ihren Obliegenheiten zuzurechnen ist.

Die Belegschaftsversammlungen können im Betrieb oder außerhalb desselben abgehalten werden. Findet die Versammlung innerhalb des Betriebs statt, hat der Betriebsinhaber nach 10/031

---

9 Vgl den Verweis in § 6 Abs 3 BRGO auf § 5 Abs 1 dritter bis letzter Satz BRGO; s *Löschnigg* in Strasser/Jabornegg/Resch (Hrsg), ArbVG (Losebl), § 44 Rz 32 f.

10 Vgl *Stärker*, Wer kann Betriebsversammlungen einberufen?, ecolex 2000, 305; *Obereder*, Zur Zulässigkeit von „wilden" Betriebsversammlungen, ecolex 1999, 840; *Wolf*, Die subsidiäre Einberufung von Betriebsversammlungen, ecolex 1999, 640.

11 Vgl hiezu OGH 7. 9. 2000, 8 ObA 80/00y, RdW 2001, 680 mit Bespr v *Engelbrecht*.

12 Vgl EA Klagenfurt 22. 7. 1977, Re 14/77, Arb 9616.

13 OGH 29. 11. 1966, 4 Ob 75/66, Arb 8322; EA Klagenfurt 22. 7. 1977, Re 14/77, Arb 9616.

14 OGH 17. 1. 1990, 9 ObA 347/89, ZAS 1994, 20 mit Bespr v *Aigner*.

Tunlichkeit die erforderlichen Räumlichkeiten zur Verfügung zu stellen (§ 47 Abs 2 ArbVG).

10/032 Zur **Teilnahme** an den Belegschaftsversammlungen sind nur jene Personen berechtigt, die ausdrücklich im Gesetz erwähnt sind[15]. Die Versammlungen sind nicht öffentlich (§ 48 ArbVG); Rundfunk-, Fernseh-, Zeitungsreportern oder Bloggern ist demnach der Zutritt verwehrt. Jede zuständige freiwillige Berufsvereinigung und die zuständige gesetzliche Interessenvertretung der Arbeitnehmer sind jedoch berechtigt, zu allen Betriebsversammlungen Vertreter zu entsenden. Der Betriebsinhaber oder sein Vertreter im Betrieb kann auf **Einladung** der Einberufer an der Betriebsversammlung teilnehmen. Damit die Interessenvertretungen ihr Teilnahmerecht wahren können und der Betriebsinhaber von der Möglichkeit der Teilnahme Gebrauch machen kann, sind ihnen der Zeitpunkt und die Tagesordnung rechtzeitig schriftlich mitzuteilen.

10/033 Die **Stimmberechtigung** in der Betriebs(Gruppen-, Betriebshaupt)versammlung besitzt gem § 49 Abs 1 ArbVG jeder betriebs(gruppen)zugehörige Arbeitnehmer ohne Unterschied der Staatsbürgerschaft (also auch ein ausländischer Arbeitnehmer), der das 18. Lebensjahr vollendet hat und am Tag der Betriebsversammlung im Betrieb beschäftigt ist. Die teilnahmeberechtigten Vertreter der Interessenvertretungen sowie der uU eingeladene Betriebsinhaber sind nicht stimmberechtigt.

10/034 Zur **Beschlussfassung** ist die Anwesenheit von mindestens der Hälfte der stimmberechtigten Arbeitnehmer erforderlich. Die Beschlüsse werden mit **einfacher Mehrheit** der abgegebenen Stimmen gefasst. Die einfache Mehrheit **genügt nicht** im Falle eines Beschlusses

a) über die Enthebung des gesamten Betriebsrats (vgl 10.4.4.1);
b) über die Enthebung eines einzelnen Betriebsratsmitglieds gem § 64 Abs 1 Z 4 ArbVG (vgl 10.4.4.3);
c) über die Bildung eines gemeinsamen Betriebsrats iSd § 40 Abs 3 ArbVG (vgl 10.1).

10/035 In den unter a) und b) angeführten Angelegenheiten ist die **Mehrheit von zwei Drittel** der abgegebenen Stimmen notwendig. Im Fall c) bedarf ein Beschluss der Mehrheit von zwei Drittel der für die Wahl des jeweiligen Gruppenbetriebsrats aktiv Wahlberechtigten. Dies bedeutet, dass bei Beschlüssen über die Bildung eines gemeinsamen Betriebsrats auch zumindest zwei Drittel der betriebsratswahlberechtigten Arbeitnehmer anwesend sein müssen (§ 49 Abs 2 ArbVG).

10/036 Ist bei Beginn der Betriebsversammlung **weniger als die Hälfte** der stimmberechtigten Arbeitnehmer **anwesend**, so ist eine halbe Stunde zuzuwarten; nach Ablauf dieser Zeit ist die Betriebsversammlung ohne Rücksicht auf die Zahl der anwesenden stimmberechtigten Arbeitnehmer beschlussfähig. Diese **erleichterte Beschlussfähigkeit** ist in folgenden Fällen **ausgeschlossen**:

a) Beschluss über die Bildung eines gemeinsamen Betriebsrats (vgl 10.1);
b) Beschluss über die Einhebung und die Höhe einer Betriebsratsumlage sowie über die Art und Weise der Auflösung des Betriebsratsfonds (vgl 10.12.1.2 u 10.12.1.3);

---

[15] Vgl VwGH 5. 7. 1977, 1605/76, Arb 9603.

c) Beschluss über die Enthebung des gesamten Betriebsrats (vgl 10.4.4.1);
d) Beschluss über die Enthebung des Wahlvorstandes (vgl 10.4.3.4.1) sowie
e) Beschluss über die Fortsetzung der Funktion des Betriebsrats nach Wiederaufnahme des Betriebs (vgl 10.4.4.2).

Wurde die Belegschaftsversammlung von einer **Interessenvertretung der Arbeitnehmer** einberufen, kann die Wahl eines Wahlvorstandes sowie dessen Enthebung vorgenommen werden, wenn mindestens **ein Drittel** der stimmberechtigten Arbeitnehmer anwesend ist (§ 49 Abs 3 ArbVG). 10/037

10.3. Wahlvorstände

Das ArbVG zählt die Wahlvorstände ausdrücklich zu den Organen der Arbeitnehmerschaft (§§ 40 Abs 2 bis 4, 123 Abs 1 ArbVG). Die Bedeutung der Wahlvorstände liegt in der Vorbereitung und Durchführung der Wahlvorgänge. 10/038

Zu **unterscheiden** sind vor allem 10/039
- der Wahlvorstand für die Betriebsratswahl (vgl 10.4.3.4),
- der Wahlvorstand für die Zentralbetriebsratswahl (vgl 10.7.2.1),
- der Wahlvorstand für die Wahl des Jugendvertrauensrats (vgl 10.10.2.2),
- der Wahlvorstand für die Wahl des Zentraljugendvertrauensrats (vgl 10.10.4).

Sind im Betrieb getrennte Betriebsräte der Arbeiter und der Angestellten zu bilden, so ist sowohl für die Wahl des Angestelltenbetriebsrats als auch für die Wahl des Arbeiterbetriebsrats ein eigener Wahlvorstand zu bestellen. 10/040

In **Theaterunternehmen** sind weitere Wahlvorstände für die Wahl getrennter Betriebsräte des darstellenden und des nicht-darstellenden, dem TAG unterliegenden Personals zu bilden (vgl 10.1). Dasselbe gilt für die Wahl eigener Betriebsräte in **Schifffahrts- oder Flugunternehmen** durch das ganz oder überwiegend im Schiffs- bzw Flugdienst beschäftigte Personal (vgl § 134 Abs 5 ArbVG und 10.1).

10.4. Betriebsrat

10.4.1. Rechtsnatur

Das ArbVG spricht im Zusammenhang mit dem Betriebsrat von einem „**Organ der Arbeitnehmerschaft**" (§§ 39 u 40 ArbVG; vgl auch 11.2). Es weist somit darauf hin, dass der Betriebsrat nicht kraft eigenen Rechts tätig wird, sondern dass er fremde, materiell der Belegschaft zuzurechnende Befugnisse ausübt (zur Trägerschaft der betriebsverfassungsrechtlichen Befugnisse vgl 11.3). Auch § 113 Abs 1 ArbVG bringt dies zum Ausdruck: Die der Arbeitnehmerschaft zustehenden Befugnisse werden, soweit nichts anderes bestimmt ist, durch Betriebsräte ausgeübt[16]. 10/041

[16] Allg insb *Schrammel*, Zur Rechtsstellung des Betriebsrates, in FS Schwarz (1991), 295.

10.4.2. Betriebsrat

10/042 Der Organbegriff, der dem Betriebsrat durch das ArbVG unterstellt wird, ist jedoch ein sehr eingeschränkter. Wenngleich der Betriebsrat in allen gerichtlichen und verwaltungsbehördlichen Verfahren parteifähig ist (§ 53 Abs 1 ASGG; § 210 Abs 4 LArbG)[17], besitzt er **keine Vermögensfähigkeit**[18]. Die volle Rechtspersönlichkeit kommt ausdrücklich nur dem Betriebsratsfonds (§ 74 Abs 1 ArbVG) und dem Zentralbetriebsratsfonds (§ 86 ArbVG) zu. Da es dem Betriebsrat neben der Vermögensfähigkeit auch sonst an materiellen Rechten mangelt, kommt *Floretta*[19] zu dem Schluss, dass er auch nicht wie die Belegschaft als juristische Teilperson qualifiziert werden kann, sondern dass es sich um ein bloßes „**kollegiales Vertretungsorgan** handelt, dem die Rechtsordnung keine besondere, darüber hinausgehende rechtliche Organisation verliehen hat“. Als weiterer dogmatischer Erklärungsansatz zur Rechtsnatur des Betriebsrats ist das Prinzip der „Repräsentation“ zu erwähnen[20].

Der Betriebsrat kann auch als **Repräsentant der Belegschaft** angesehen werden, der auf Grund gesetzlicher Ermächtigung die Belegschaft derart „gegenwärtig macht“ (repräsentiert), dass seine Willenserklärungen kraft Gesetzes der repräsentierten Belegschaft zugerechnet werden, ohne dass sie als (idente) Willensäußerungen derselben zu deuten sind und ohne dass die repräsentierte Belegschaft als Vertretene juristisch unmittelbar berechtigt und verpflichtet wird[21].

10/043 Da weder der Belegschaft noch dem Betriebsrat mangels Rechtssubjektivität die Vermögensfähigkeit zukommt, besteht weder eine **Organhaftung** der Belegschaft für den Betriebsrat als solchen noch eine derartige Haftung der Belegschaftsvertretung für ihre Mitglieder. Dies schließt allerdings die persönliche Haftung der Betriebsratsmitglieder im Falle rechtswidriger Handlungen nicht aus[22].

10.4.2. Zahl der Betriebsratsmitglieder

10/044 Die Zahl der zu wählenden Betriebsratsmitglieder hängt von der Anzahl der im Betrieb beschäftigten Arbeitnehmer ab. Werden getrennte Betriebsräte für bestimmte Arbeitnehmergruppen (Arbeiter, Angestellte, darstellendes Personal in Theaterbetrieben udgl; vgl 10.1) errichtet, so bestimmt sich die Zahl der Betriebsratsmitglieder nach der Anzahl der Arbeitnehmer der betreffenden Gruppe.

In den Betriebsrat sind gem § 50 Abs 1 ArbVG zu wählen in Betrieben (bzw bei Arbeitnehmergruppen) mit

5 bis	9 Arbeitnehmern	1 Person,
10 bis	19 Arbeitnehmern	2 Mitglieder,
20 bis	50 Arbeitnehmern	3 Mitglieder,
51 bis	100 Arbeitnehmern	4 Mitglieder,

17 S auch OGH 26. 2. 1991, 4 Ob 177/90, DRdA 1992, 43 mit Bespr v *Roth*.

18 S hiezu auch OGH 21. 5. 2007, 8 ObA 4/07g, DRdA 2008, 344 mit Bespr v *Eypeltauer* = infas 2007, A 49.

19 In ArbVG-Handkommentar (1975), 253.

20 Vgl *Schwarz*, Probleme sozialer und personeller Mitbestimmung im Betrieb, DRdA 1975, 68.

21 *Gester*, Zur Rechtsnatur des Betriebsrates, RdA 1960, 412.

22 Allg vgl *Dirschmied*, DHG[3] (1992), 80; *Marhold*, Mandatsausübung und Haftpflichtrecht, ZAS 1980, 3; *Kirschbaum*, Haftung für Sachbeschädigung durch ein Mitglied eines Europäischen Betriebsrates im Ausland, DRdA 2001, 458; s weiters OGH 19. 9. 2002, 8 ObA 22/02x, ARD 5411/10/2003 = DRdA 2003, 447 mit Bespr v *Preiss*.

101 bis	200 Arbeitnehmern	5 Mitglieder,
201 bis	300 Arbeitnehmern	6 Mitglieder,
301 bis	400 Arbeitnehmern	7 Mitglieder,
401 bis	500 Arbeitnehmern	8 Mitglieder,
501 bis	600 Arbeitnehmern	9 Mitglieder,
601 bis	700 Arbeitnehmern	10 Mitglieder,
701 bis	800 Arbeitnehmern	11 Mitglieder,
801 bis	900 Arbeitnehmern	12 Mitglieder,
901 bis	1000 Arbeitnehmern	13 Mitglieder,
1001 bis	1400 Arbeitnehmern	14 Mitglieder,
1401 bis	1800 Arbeitnehmern	15 Mitglieder,
1801 bis	2200 Arbeitnehmern	16 Mitglieder,

für je weitere 400 Arbeitnehmer um ein Mitglied mehr. Bruchteile von 400 werden für voll gerechnet.

Die Berechnung der Zahl der Betriebsratsmitglieder erfolgt nach der Zahl der am **Tag der Betriebs(Gruppen)versammlung** zur Wahl des Wahlvorstandes, bei Teilversammlungen am Tag der letzten Teilversammlung, im Betrieb beschäftigten Arbeitnehmer. Im Übrigen ist bei der Feststellung der Arbeitnehmerzahlen vom Arbeitnehmerbegriff des § 36 ArbVG auszugehen (vgl 4.3.2.1). 10/045

Ändert sich die Zahl der Arbeitnehmer nach dem Tag der Betriebsversammlung zur Wahl des Wahlvorstandes, so ist dies rechtlich unerheblich. Eine neue Festsetzung der Zahl der Betriebsratsmitglieder oder eine vorzeitige Beendigung der Tätigkeitsdauer eines bereits bestehenden Betriebsrats kommt nicht in Betracht. Fraglich ist, inwieweit ein Absinken der Belegschaftsstärke unter fünf Arbeitnehmer zum Abbruch der Betriebsratswahl bzw zur Beendigung der Funktionsdauer des Betriebsrats führt. Dies wird von Rechtsprechung und Lehre unterschiedlich beantwortet. Während die Judikatur von einem Weiterbestand des Betriebsrates selbst bei dauerndem Unterschreiten der Fünf-Arbeitnehmer-Grenze ausgeht[23], sieht ein Teil der Lehre darin einen Grund, demzufolge der Betrieb aus dem sachlichen Geltungsbereich der Betriebsverfassung ausscheidet und der ex lege zu einem Erlöschen der Betriebsratsmandate führt[24]. 10/046

Wird die nach § 50 ArbVG vorgesehene Anzahl von Mandaten über- oder unterschritten, sodass die Betriebsratswahl ihrem Umfang nach (§ 59 Abs 2 ArbVG) nicht durchzuführen gewesen wäre, so kann sie binnen Monatsfrist bei Gericht von einzelnen Wahlberechtigten, jeder wahlwerbenden Gruppe und auch vom Betriebsinhaber **angefochten** werden[25]. 10/047

---

[23] OGH 7. 6. 2006, 9 ObA 90/05h, DRdA 2007, 222 mit Bespr v *Rebhahn/Kietaibl* = ZAS 2007, 89 mit Bespr v *Spitzl*; VwGH 24. 4. 1987, 86/01/0282, DRdA 1987, 339; OLG Wien 24. 1. 2000, 8 Ra 382/99a, ARD 5130/20/2000; ebenso *Pfeil* in Gahleitner/Mosler (Hrsg), Arbeitsverfassungsrecht, Bd 2[5] (2015), 429; *Krisa*, Untergang des Betriebsrates im Kleinstbetrieb?, RdW 2000, 291.

[24] *Löschnigg* in Strasser/Jabornegg/Resch (Hrsg), ArbVG (Losebl), § 50; *Windisch-Graetz* in Tomandl (Hrsg), ArbVG (Losebl), § 50 Rz 6; *Jabornegg/Naderhirn/Trost*, Die Betriebsratswahl[6] (2014), 44; *Jabornegg/Resch/Födermayr*, Arbeitsrecht[6] (2017), Rz 915.

[25] EA Wien 13. 12. 1974, II Re 41/74, Arb 9293; vgl insb 10.4.3.5.1.

10.4.3. Betriebsratswahl

10.4.3.1. Wahlgrundsätze

10/048 Die wesentlichsten Grundsätze für die Betriebsratswahl fasst das ArbVG im § 51 zusammen. Demzufolge sind die Mitglieder des Betriebsrats auf Grund des gleichen, unmittelbaren und geheimen Wahlrechts zu wählen.

10/049 **Gleiches Wahlrecht** bedeutet, dass die Stimme jedes Wahlberechtigten gleiches Gewicht hat. Die Forderung nach **Unmittelbarkeit** bringt zum Ausdruck, dass die Betriebsratsmitglieder von den Arbeitnehmern direkt und nicht über Zwischenmänner oder Delegierte gewählt werden. Der Grundsatz der **geheimen Wahl** verlangt, dass das Ergebnis der individuellen Wahlentscheidung allen, außer dem Wähler selbst, verborgen bleibt. Die Realisierung des geheimen Wahlrechts wird durch eine Reihe von detaillierten Vorschriften in der Betriebsratswahlordnung gesichert.

So sieht zB § 24 BRWO vor, dass der Wähler in der Wahlzelle unbeobachtet von allen anderen im Wahllokal anwesenden Personen den Stimmzettel ausfüllen und in das Wahlkuvert geben kann. Die Wahlkuverts müssen die gleiche Größe und Farbe haben und dürfen keinerlei Aufschriften tragen, die auf die Person des Wählers schließen lassen. Der Rechtsprechung zufolge können jedoch die Stimmzettel selbst nach Färbung, Druckbuchstaben und Papierqualität verschieden sein[26].

10/050 Die Wahl hat grundsätzlich durch **persönliche Stimmabgabe** zu erfolgen. Eine Ausnahmeregelung sieht jedoch § 56 Abs 3 ArbVG vor, wonach Wahlberechtigte, die wegen Urlaubs, Karenz, Leistung militärischer Dienste oder des Zivildienstes oder Krankheit am Wahltag an der Leistung der Dienste oder infolge Ausübung ihres Berufs oder aus anderen wichtigen, ihre Person betreffenden Gründen an der persönlichen Stimmabgabe verhindert sind, das Recht auf briefliche Stimmabgabe haben; diese hat im Postweg zu erfolgen[27].

10/051 Die Betriebsratswahl ist entweder nach den Grundsätzen des **Verhältniswahlrechts** oder nach jenen des **Mehrheitswahlrechts** durchzuführen. Den Regelfall bildet das Verhältniswahlrecht, wobei der Gesetzgeber im § 51 Abs 2 ArbVG auch das Berechnungsverfahren für die auf die zugelassenen Wahlvorschläge entfallenden Betriebsratmitglieder festgelegt hat. Anzuwenden ist das System von d'Hondt (vgl 10.4.3.4.3). Wird nur ein Wahlvorschlag eingebracht, so sind die Betriebsratsmitglieder mit einfacher Mehrheit der abgegebenen Stimmen zu wählen. Ein **vereinfachtes Wahlverfahren** sieht auch § 58 ArbVG vor (Näheres vgl 10.4.3.4.4).

10.4.3.2. Aktives Wahlrecht (Wahlberechtigung)

10/052 Zur Betriebsratswahl wahlberechtigt (stimmberechtigt) sind alle Arbeitnehmer, die am Tag der Betriebsversammlung zur Wahl des Wahlvorstandes das **18. Lebensjahr** vollendet haben und an diesem Tag und am Tag der Betriebsratswahl **im Betrieb beschäftigt** werden (§ 52 Abs 1 ArbVG).

---

26 VwGH 13. 4. 1983, 82/01/0318, Arb 10.263.

27 Ausführungsvorschriften sind in § 25 BRWO enthalten; vgl grundlegend zur Briefwahl *Waas*, Probleme der Briefwahl, in FS Floretta (1983), 655 ff.

Die Voraussetzung der Beschäftigung im Betrieb ist auch dann erfüllt, wenn der Arbeitnehmer an beiden Stichtagen vorübergehend in einem anderen Betrieb desselben Arbeitgebers beschäftigt wird. Die betriebsverfassungsrechtliche Zugehörigkeit ergibt sich primär zu jenem Betrieb, in dem der Arbeitnehmer überwiegend tätig ist[28]. Auch der unzulässigerweise dauernd in einen anderen Betrieb versetzte Arbeitnehmer besitzt das aktive Wahlrecht in seinem Stammbetrieb[29].

Absenzen wie Urlaub, Karenz, Leistung militärischer Dienste oder des Zivildienstes, Krankheit oder andere in der Person des Arbeitnehmers liegende, aber auch berufliche Verhinderungsgründe, unterbrechen die Beschäftigung und damit das Recht, die Belegschaftsorgane zu wählen, nicht. Dies ist insb aus § 56 Abs 3 ArbVG zu entnehmen, wonach für diese Fälle die briefliche Stimmabgabe ausdrücklich zulässig ist. 10/053

Jugendliche Arbeitnehmer sind für den Betriebsrat nicht wahlberechtigt, sondern wählen eine eigene Jugendvertretung (vgl 10.10).

Werden getrennte Betriebsräte gewählt, ist für die Wahlberechtigung **Gruppenzugehörigkeit** erforderlich (§ 52 Abs 2 ArbVG).

Neben den aufgezählten Erfordernissen bildet die **Eintragung** des Arbeitnehmers **in die Wählerliste** durch den Wahlvorstand die formelle Voraussetzung für die Ausübung des Wahlrechts. 10/054

Während die Pflicht des Wahlvorstandes zur Erstellung der Wählerliste dem § 55 Abs 2 ArbVG entspringt, sind die näheren Regelungen und insb die Einspruchsmöglichkeiten gegen die Aufnahme vermeintlich Nichtwahlberechtigter bzw die Nichtaufnahme vermeintlich Wahlberechtigter in § 15 BRWO enthalten. Gem § 15 Abs 3 BRWO kann jeder wahlberechtigte Arbeitnehmer beim Vorsitzenden des Wahlvorstandes binnen einer Woche ab Anschlag der Wahlkundmachung gegen die Liste **Einspruch** erheben. Personen, die in der Wählerliste nicht enthalten sind und gegen deren Nichtaufnahme auch keine Einwendungen erhoben wurden, sind von der Betriebsratswahl ausgeschlossen[30]. Unabhängig davon, ob vor der Wahl von dieser Einspruchsmöglichkeit Gebrauch gemacht wurde oder nicht, besteht das Recht, die Betriebsratswahl gem § 59 Abs 1 ArbVG wegen Nichtaufnahme Wahlberechtigter oder Aufnahme Nichtwahlberechtigter **anzufechten**[31]. 10/055

10.4.3.3. Passives Wahlrecht (Wählbarkeit)

In den Betriebsrat gewählt werden können alle Arbeitnehmer, die 10/056

- am Tag der Ausschreibung der Wahl das **18. Lebensjahr** vollendet haben und
- seit mindestens **sechs Monaten** im Rahmen des Betriebes oder des Unternehmens, dem der Betrieb angehört, beschäftigt sind (§ 53 Abs 1 ArbVG).

Eine bestimmte Staatsbürgerschaft ist seit der Gesetzesänderung BGBl I 4/2006 kein Erfordernis mehr[32]. 10/057

---

28 Zur Wahlberechtigung überlassener Arbeitskräfte im Beschäftigerunternehmen vgl 9.1.11 sowie OGH 13. 2. 1991, 9 ObA 22/91, DRdA 1991, 352 mit Bespr v *Geppert*.

29 EA Leoben 27. 12. 1984, Re 25/84, Arb 10.371 = RdW 1985, 119.

30 VwGH 18. 2. 1966, 1704/64, ZAS 1967, 18 mit Bespr v *Floretta*.

31 OGH 13. 2. 1991, 9 ObA 22/91, DRdA 1991, 352 mit Bespr v *Geppert*; vgl 10.4.3.5.1.

32 S dazu EuGH 16. 9. 2004, C-465/01, *Kommission/Österreich*, ARD 5548/6/2004 = DRdA 2004, 560; weiters auch EuGH 8. 5. 2003, C-171/01, *Wählergruppe Gemeinsam*, DRdA 2003, 600 mit Bespr v *Hesse*; zur älteren

10.4.3.3. Betriebsrat

10/058 In **neu errichteten Betrieben und Saisonbetrieben** sind auch Arbeitnehmer wählbar, die noch nicht sechs Monate im Betrieb oder Unternehmen beschäftigt sind.

Saisonbetriebe iSd § 53 Abs 5 ArbVG sind Betriebe, die ihrer Art nach nur zu bestimmten Jahreszeiten arbeiten oder die regelmäßig zu gewissen Zeiten des Jahres erheblich verstärkt arbeiten (§ 53 Abs 6 ArbVG). Als Saisonbetriebe qualifiziert wurden etwa auch Baubetriebe[33], nicht jedoch solche, die sich mit über mehrere Jahre geplanten Großprojekten, wie Kraftwerksbauten, befassen[34].

10/059 **Vom passiven Wahlrecht ausgeschlossen** sind Arbeitnehmer, die in einem gewissen **verwandtschaftlichen Naheverhältnis** zum Dienstgeber oder zu Personen, die das Unternehmen nach außen vertreten, stehen. Lebensgefährten sind vom Ausschluss von der Wählbarkeit nicht betroffen.

Nicht wählbar sind gem § 53 Abs 3 ArbVG:

a) der Ehegatte oder eingetragene Partner des Betriebsinhabers;
b) die Kinder und Enkel des Betriebsinhabers und deren Ehegatten (eingetragene Partner) sowie die Kinder und Enkel des Ehegatten oder eingetragenen Partners des Betriebsinhabers;
c) die Eltern und Großeltern des Betriebsinhabers sowie die Eltern und Großeltern des Ehegatten (eingetragenen Partners) des Betriebsinhabers;
d) die Geschwister des Betriebsinhabers und deren Ehegatten oder eingetragene Partner sowie die Geschwister des Ehegatten bzw eingetragenen Partners des Betriebsinhabers;
e) Personen, die zum Betriebsinhaber im Verhältnis von Wahl- oder Pflegekind, Wahl- oder Pflegeeltern sowie Mündel oder Vormund stehen;
f) in Betrieben juristischer Personen die Ehegatten oder eingetragenen Partner von Mitgliedern des zur gesetzlichen Vertretung der juristischen Person berufenen Organs sowie Personen, die mit Mitgliedern eines solchen Vertretungsorgans im ersten Grad verwandt oder verschwägert sind[35];
g) Heimarbeiter.

10/060 Keine Bedingung für die Wählbarkeit bildet die **Gruppenzugehörigkeit**. Existiert sowohl ein Arbeiter- als auch ein Angestelltenbetriebsrat, so können Angestellte Mitglieder des Arbeiterbetriebsrats werden und umgekehrt (§ 53 Abs 2 ArbVG). Eine gleichzeitige Mitgliedschaft zum Arbeiter- und Angestelltenbetriebsrat ist jedoch nicht möglich[36].

10/061 Eine Ausnahme von dem Grundsatz, dass nur betriebseigene Arbeitnehmer Mitglieder der Belegschaftsorgane werden können, sieht § 53 Abs 4 ArbVG vor. Dieser Bestimmung zufolge können auch **Vorstandsmitglieder und Angestellte einer zuständigen freiwilligen Berufsvereinigung der Arbeitnehmer** gewählt werden. In Betracht kommen in erster Linie Vertreter des ÖGB, nicht aber Vertreter der Arbeiterkammern, weil diese zu den gesetzlichen Interessenvertretungen zu zählen sind. Wählbar sind diese Vorstandsmitglieder und Angestellten nur dann, wenn mindestens vier Betriebsratsmitglieder zu wählen und mindestens drei Viertel der Betriebsratsmitglieder Arbeitnehmer des Betriebs sind[37].

10/062 Die genannten Vorstandsmitglieder und Angestellten dürfen gleichzeitig **nur einem Betriebsrat** angehören (§ 53 Abs 4 letzter Satz ArbVG). Diese Beschränkung bezieht sich nur auf die Mitgliedschaft als Vorstandsmitglied oder als Angestellter. Eine Betriebsrats-

---

Rechtslage s noch OGH 21. 12. 1995, 8 ObA 253/95, DRdA 1996, 412 mit Bespr v *Feik*; *Runggaldier*, Gleiche Rechte für ausländische Arbeitnehmer?, RdW 1996, 477.

33 Vgl zB EA Wien 21. 3. 1952, Re 81/52, Arb 5387.

34 EA Amstetten 14. 4. 1956, Re 1/56, Arb 6425.

35 Vgl die Aufzählung bei *Schneller* in Gahleitner/Mosler (Hrsg), Arbeitsverfassungsrecht, Bd 2^5 (2015), 524.

36 Vgl *Löschnigg*, Keine gleichzeitige Mitgliedschaft zum Arbeiter- und Angestelltenbetriebsrat, ASoK 1998, 124.

37 S hiezu auch EA Wien 29. 4. 1986, II Re 93/86, Arb 10.519.

tätigkeit in dem Betrieb, in dem sie selbst als Arbeitnehmer tätig sind, wird davon nicht berührt[38].

Die Voraussetzungen zum passiven Wahlrecht sind am **Tag der Ausschreibung der Wahl** zu erfüllen. Der Rechtsprechung zufolge[39] müsste der Mangel der Wählbarkeit (zB das Fehlen der sechsmonatigen Betriebszugehörigkeit) im Zeitpunkt der behördlichen Entscheidung über eine Klage zur Aberkennung des Betriebsratsmandats vorliegen[40]. Ist der Mangel bis zu diesem Zeitpunkt weggefallen, so hat er als saniert zu gelten. Diese Rechtsauffassung ist nicht unbedenklich, weil damit eine erhebliche Rechtsunsicherheit für die klagende Partei verbunden ist. Gerade im Zusammenhang mit der sechsmonatigen Betriebszugehörigkeit würde nämlich die Dauer des Prozesses den Ausgang desselben entscheiden (zur Geltendmachung der von vornherein fehlenden Wählbarkeit bzw des nachträglichen Verlustes derselben vgl 10.4.4.3). 10/063

10.4.3.4. Wahlverfahren

10.4.3.4.1. Vorbereitung der Wahl

Zuständig für die Vorbereitung der Betriebsratswahl ist der Wahlvorstand (vgl 10.3). Der **Wahlvorstand** besteht regelmäßig aus drei Mitgliedern und drei Ersatzmitgliedern. Wird die Wahl vereinfacht durchgeführt (vgl 10.4.3.4.4), so besteht der Wahlvorstand nur aus einer Person. Bei den Mitgliedern muss es sich um aktiv wahlberechtigte Arbeitnehmer handeln. In Betrieben, in denen dauernd mindestens 20 Arbeitnehmer beschäftigt sind, können auch Vorstandsmitglieder oder Angestellte einer zuständigen freiwilligen Berufsvereinigung oder gesetzlichen Interessenvertretung der Arbeitnehmer in den Wahlvorstand berufen werden. Zwei Mitglieder des Wahlvorstandes müssen jedoch stets Arbeitnehmer des Betriebs sein (§ 54 Abs 1 und 3 ArbVG; § 9 BRWO). 10/064

Der **Zeitpunkt**, zu dem der **Wahlvorstand zu wählen** ist, richtet sich nach § 54 Abs 1, 2 und 5 ArbVG sowie § 10 BRWO. 10/065

Diesen Bestimmungen zufolge hat die entsprechende Belegschaftsversammlung (vgl 10.2) in neu errichteten Betrieben binnen vier Wochen nach der Aufnahme des Betriebs den Wahlvorstand für die erstmalige Wahl des Betriebsrats zu wählen. In Betrieben, in denen bereits ein Betriebsrat existiert, ist der Wahlvorstand so rechtzeitig zu bestellen, dass der neu gewählte Betriebsrat (bei Unterbleiben einer Wahlanfechtung) spätestens unmittelbar nach Ablauf der Tätigkeitsdauer des abtretenden Betriebsrats seine Konstituierung vornehmen kann. Die Wahl des Wahlvorstandes soll jedoch nicht früher als zwölf Wochen vor Ablauf der Tätigkeitsdauer des alten Betriebsrats durchgeführt werden. Als dritte Konstellation ist jene zu berücksichtigen, die sich aus der Nichtigkeit einer Wahl oder einer vorzeitigen Beendigung der Tätigkeitsdauer des Betriebsrats ergibt. Das Gesetz schreibt in diesem Fall die unverzügliche Bestellung eines Wahlvorstandes vor.

Die Wahl des Wahlvorstandes erfolgt durch Handerheben der wahlberechtigten Arbeitnehmer in der Betriebs(Gruppen)versammlung. Die Betriebs(Gruppen)versammlung kann 10/066

---

[38] EA Wien 10. 2. 1986, VI Re 386, 387/85, Arb 10.492; *Löschnigg* in Strasser/Jabornegg/Resch (Hrsg), ArbVG (Losebl), § 53; *Windisch-Graetz* in Tomandl (Hrsg), ArbVG (Losebl), § 53 Rz 16.

[39] EA Klagenfurt 7. 1. 1981, Re 27, 28/80, Arb 9929; OLG Wien 14. 12. 1990, 33 Ra 106/90, ARD 4241/22/91 = infas 1992, A 2.

[40] Vgl auch *Floretta* in ArbVG-Handkommentar (1975), 364.

auch beschließen, die Wahl des Wahlvorstandes mittels Stimmzettel vorzunehmen. Als gewählt gelten die Kandidaten jenes Vorschlags, der die meisten Stimmen auf sich vereinigt. Bei Stimmengleichheit entscheidet das Los. Wird nur ein Vorschlag erstattet, so gelten ohne eine Abstimmung die Kandidaten dieses Vorschlags als gewählt (§ 54 Abs 4 ArbVG).

10/067 Wurde der **Wahlvorstand** ordnungsgemäß bestellt, so hat er die Betriebsratswahl noch innerhalb von vier Wochen durchzuführen (§ 55 Abs 1 ArbVG). Die dafür notwendigen Vorbereitungsarbeiten fallen ebenfalls in den Aufgabenbereich des Wahlvorstandes.

Dies sind im Einzelnen:
a) die Verfassung der Wählerliste und die Auflegung derselben im Betrieb zur Einsicht der Wahlberechtigten;
b) die Ausschreibung der Wahl in Form einer Wahlkundmachung;
c) die Entscheidung über die gegen die Wählerliste vorgebrachten Einwendungen;
d) die Entscheidung, welche Wahlberechtigten zur brieflichen Stimmabgabe berechtigt sind;
e) die Entgegennahme der Wahlvorschläge und die Entscheidung über deren Zulassung.

10/068 Kommt der Wahlvorstand binnen acht Wochen diesen Verpflichtungen nicht oder nur unzureichend nach, so kann er von der Betriebs(Gruppen)versammlung enthoben werden. In diesem Fall ist von der jeweiligen Versammlung gleichzeitig ein neuer Wahlvorstand zu bestellen (§ 55 Abs 5 ArbVG)[41].

10/069 Die zur Erfüllung der Aufgaben notwendigen **Unterlagen** (Verzeichnisse der Arbeitnehmer udgl) hat der Betriebsinhaber dem Wahlvorstand rechtzeitig zur Verfügung zu stellen[42]. Eine der wesentlichsten Aufgaben im Rahmen der Vorbereitung der Betriebsratswahl bildet die **Ausschreibung der Wahl**. Der Wahlvorstand hat diese binnen drei Tagen nach seiner Bestellung in Form einer **Wahlkundmachung** bekannt zu geben.

Gem § 19 BRWO hat die Wahlkundmachung zu enthalten:
a) den Tag (die Tage) der Wahl und die für die Stimmabgabe bestimmten Tagesstunden;
b) den Ort (die Orte) der Stimmabgabe;
c) die Zahl der zu wählenden Betriebsratsmitglieder;
d) den Ort (die Orte) im Betrieb, an dem (an denen) die Wählerliste und ein Abdruck der BRWO eingesehen werden können;
e) die Hinweise bezüglich der Erhebung von Einwendungen gegen die Wählerliste binnen einer Woche nach dem Anschlag der Wahlkundmachung beim Vorsitzenden des Wahlvorstandes und die Nichtberücksichtigung verspätet eingebrachter Einwendungen;
f) die Aufforderung, Wahlvorschläge spätestens zwei Wochen vor dem (ersten) Wahltag schriftlich bei einem Mitglied des Wahlvorstandes einzureichen, widrigenfalls sie nicht berücksichtigt werden können; die Bestimmung, dass jeder Wahlvorschlag ein Verzeichnis von höchstens doppelt so vielen Bewerbern zu enthalten hat, wie Betriebsratsmitglieder (ausschließlich Ersatzmitglieder) zu wählen sind; die Zahl der gem § 20 Abs 2 BRWO erforderlichen Unterstützungsunterschriften sowie die Zahl, bis zu welcher Unterschriften von Wahlwerbern angerechnet werden; die Bestimmung, dass bei Erstellung der Wahlvorschläge auf eine angemessene Vertretung der Arbeitnehmerinnen und Arbeitnehmer Bedacht genommen werden soll;
g) die Angabe, wo und wann die zugelassenen Wahlvorschläge zur Einsicht für die Wahlberechtigten aufliegen und die Namen der auf den zugelassenen Wahlvorschlägen kandidierenden Wahlwerber angeschlagen werden;

---

[41] *Risak*, Rechtliche Konsequenzen der Untätigkeit des Wahlvorstands, ecolex 2007, 700.
[42] *Gerhartl*, Zu den Mitwirkungs- und Duldungspflichten des Betriebsinhabers im Vorfeld einer BR-Wahl, DRdA 2007, 202.

h) die Vorschrift, dass Stimmen gültig nur für zugelassene Wahlvorschläge abgegeben werden können;
i) den Hinweis, auf welche Weise die Stimmabgabe zu erfolgen hat;
j) die Bestimmung, dass für die Wahl ein einheitlicher Stimmzettel aufgelegt wird, oder gegebenenfalls den Beschluss des Wahlvorstandes, keinen einheitlichen Stimmzettel aufzulegen (§ 35a BRWO);
k) die Bestimmung, dass Wahlberechtigte, die wegen Urlaubs, Karenz, Leistung militärischer Dienste oder des Zivildienstes oder Krankheit am Wahltag an der Leistung der Dienste oder infolge Ausübung ihres Berufs oder aus anderen wichtigen, ihre Person betreffenden Gründen an der persönlichen Stimmabgabe verhindert sind, spätestens bis zum Ablauf des achten Tages vor dem (ersten) Wahltag beim Vorsitzenden des Wahlvorstandes die Ausstellung einer **Wahlkarte** beantragen können und dass sie, sofern diese ausgestellt wird, den Stimmzettel in dem vom Wahlvorstand übermittelten Umschlag (Wahlkuvert), der zu schließen ist, gemeinsam mit der Wahlkarte in einem zweiten Umschlag (Briefumschlag) dem Wahlvorstand im Postweg einsenden können;
l) allenfalls die Festsetzung einer anderen als der unter k) genannten Frist zur Antragstellung für bestimmte Personengruppen;
m) den Hinweis, dass der Wahlberechtigte auch nach Ausstellung einer Wahlkarte zur persönlichen Stimmabgabe berechtigt bleibt, wenn er die ihm ausgestellte Wahlkarte dem Wahlvorstand (der Wahlkommission) übergibt.

Neben dem Wahlvorstand kommt eine aktive Rolle in der ersten Phase der Betriebsratswahl den Wählergruppen, die Wahlwerber aufzustellen beabsichtigen, zu. Diese haben **Wahlvorschläge** spätestens zwei Wochen vor dem (ersten) Wahltag bei einem Mitglied des Wahlvorstandes einzureichen, das die Empfangnahme zu bestätigen hat (vgl § 20 Abs 1 BRWO). Bei der Erstellung der Wahlvorschläge ist auf eine **geschlechtergerechte Vertretung** der Arbeitnehmerinnen und Arbeitnehmer zu achten; zudem ist für die Wahlvorschläge **Schriftlichkeit** erforderlich (§ 55 Abs 4 u 4a ArbVG). 10/070

Der **Wahlvorschlag** muss gem § 55 Abs 4 ArbVG bzw § 20 BRWO
a) in Betrieben mit weniger als 101 Arbeitnehmern von mindestens doppelt so vielen wahlberechtigten Arbeitnehmern **unterschrieben** sein, wie Betriebsratsmitglieder zu wählen sind. In Betrieben ab 101 Arbeitnehmern ist für je weitere 100 Arbeitnehmer, in Betrieben ab 1.001 Arbeitnehmern für je weitere 400 Arbeitnehmer eine weitere Unterschrift erforderlich. Bruchteile von 100 und 400 werden für voll gerechnet, Unterschriften von Wahlwerbern werden nur bis zur Hälfte der Zahl der erforderlichen Unterstützungsunterschriften angerechnet. Ist die Hälftezahl keine ganze Zahl, so werden Unterschriften von Wahlwerbern bis zur nächstniedrigeren ganzen Zahl angerechnet;
b) ein Verzeichnis von höchstens doppelt so vielen Wahlwerbern, wie Betriebsratsmitglieder zu wählen sind, enthalten, und zwar in der beantragten Reihenfolge und unter Angabe des Familien- und Vornamens sowie des Geburtsdatums;
c) einen der Unterzeichneten als Vertreter des Wahlvorschlags anführen, anderenfalls der Erstunterzeichnete als Vertreter gilt;
d) mit einer gegenüber anderen Wahlvorschlägen **unterscheidbaren Bezeichnung** versehen sein. Der Bezeichnung kann eine Kurzbezeichnung beigefügt werden.

Der Wahlvorstand hat die innerhalb der Einreichungsfrist überreichten Wahlvorschläge zu prüfen (§ 55 Abs 2 ArbVG bzw § 21 Abs 1 BRWO). 10/071

Nach Überreichung des Wahlvorschlags können Arbeitnehmer ihre Unterstützungsunterschrift jedenfalls nicht mehr zurückziehen (§ 55 Abs 4 ArbVG bzw § 21 Abs 1 letzter Satz BRWO). 10/072

Bereits vor diesem Zeitpunkt ist derjenige Arbeitnehmer, der eine Unterstützungserklärung geleistet hat, an die zugesagte Unterstützung des Wahlvorschlags **gebunden**. Jede willkürliche Rücknahme der

Unterschrift verstößt gegen Treu und Glauben, da sie das Vertrauen der Proponenten des Wahlvorschlags sowie der anderen Unterzeichner des Vorschlags auf die Aufrechterhaltung der Unterstützung des Wahlvorschlags durch die betreffende Person in grober Weise verletzen würde. Eine wirksame Rücknahme der Unterschrift ist nur bei Vorliegen wichtiger Gründe (Willensmängel bei der Unterschrift, Unzumutbarkeit der Aufrechterhaltung der Unterstützung) möglich[43].

10/073 Während der letzten drei Tage vor der Wahl sind die zugelassenen Wahlvorschläge samt den Unterschriften an der in der Kundmachung bezeichneten Stelle zur Einsicht für die Wahlberechtigten **aufzulegen** und die Namen der auf den zugelassenen Wahlvorschlägen kandidierenden Wahlwerber **anzuschlagen** (§ 21 Abs 5 BRWO; § 55 Abs 4 letzter Satz ArbVG). Sind einheitliche Stimmzettel zu verwenden (vgl 10.4.3.4.2), hat der Wahlvorstand unverzüglich nach Feststellung der zugelassenen Wahlvorschläge einen Stimmzettel aufzulegen, der sämtliche zugelassenen Wahlvorschläge in einer vom Wahlvorstand zu beschließenden Reihenfolge zu enthalten hat. Der einheitliche Stimmzettel ist insgesamt so zu gestalten, dass daraus keine Bevorzugung eines Wahlvorschlags hervorgeht (§ 21a BRWO).

10.4.3.4.2. Durchführung der Wahl

10/074 Bezüglich der Durchführung der Wahl sind insb § 24 BRWO und § 56 ArbVG zu berücksichtigen.

10/075 Die Betriebsratswahl ist grundsätzlich **mit einheitlichen Stimmzetteln** durchzuführen, die der Wahlvorstand aufzulegen hat. In Betrieben (bzw bei Arbeitnehmergruppen), in denen erstmals ein Betriebsrat gewählt werden soll oder in denen nicht mehr als 150 Arbeitnehmer wahlberechtigt sind, kann der Wahlvorstand beschließen, **keinen einheitlichen Stimmzettel** aufzulegen (§ 56 Abs 4 ArbVG). Eine erstmalige Betriebsratswahl iS dieser Bestimmung liegt dann vor, wenn im selben Betrieb für dieselbe Arbeitnehmergruppe im Zeitraum von sechs Monaten vor der Wahl des Wahlvorstandes kein funktionsfähiger Betriebsrat bestanden hat. An Stelle eines einheitlichen Stimmzettels ist in diesen Fällen dem Wahlberechtigten ein leerer Stimmzettel auszufolgen (§ 35a BRWO). Die Verwendung uneinheitlicher Stimmzettel **ohne Beschluss** des Wahlvorstandes bildet kraft der ausdrücklichen Regelung des § 59 Abs 1 ArbVG einen Grund für die Anfechtung der Betriebsratswahl (vgl 10.4.3.5.1).

Mittels entsprechender Wahlzellen[44], Wahlkuverts und Stimmzettel ist vorzusorgen, dass der geheime Charakter der Wahl gewahrt bleibt. Die Abgabe jeder Stimme ist in der Wählerliste durch Abstreichen des Namens des Wählers kenntlich zu machen und in ein Abstimmungsverzeichnis unter Beifügung der fortlaufenden Zahl der Wählerliste einzutragen. Wurde dem Wahlberechtigten eine Wahlkarte ausgestellt, so ist er nur dann zur persönlichen Stimmabgabe zuzulassen, wenn er die ihm ausgestellte Wahlkarte dem Wahlvorstand (der Wahlkommission) übergibt. Die Abgabe der Stimme ist im Abstimmungsverzeichnis mit dem Hinweis „Wahlkartenwähler" einzutragen. Die Wahlkarte ist den Wahlakten beizufügen[45].

10/076 Die Wähler können ihre Stimme gültig nur für einen der zugelassenen Wahlvorschläge abgeben (§ 24 Abs 5 BRWO). Der Stimmzettel ist **gültig**, wenn aus ihm eindeutig (zB durch

---

43 OGH 13. 6. 1990, 9 ObA 114/90, DRdA 1991, 229 mit Bespr v *Haas-Laßnigg* = ZAS 1991, 162 mit Bespr v *Trost*.

44 Vgl OGH 22. 11. 2011, 8 ObA 29/11i, ARD 6211/7/2012 = infas 2012, A 35.

45 Vgl *Waas*, Probleme der Briefwahl, in FS Floretta (1983), 655 ff.

Ankreuzen, Unterstreichen oder andere Kennzeichnung eines Wahlvorschlags, etwa durch Durchstreichen der übrigen Wahlvorschläge) der Wille des Wählers zu erkennen ist (§ 24 Abs 5a BRWO)[46].

§ 24 Abs 6 bis 8 BRWO zählt eine Reihe von Kriterien auf, die zur **Ungültigkeit** einzelner Stimmzettel führen können. 10/077

Der Stimmzettel ist etwa dann ungültig, wenn kein Wahlvorschlag gekennzeichnet bzw kein Wahlvorschlag oder Wahlwerber eindeutig bezeichnet wurde oder zwei oder mehrere Wahlvorschläge gekennzeichnet bzw bezeichnet wurden. Dasselbe gilt, wenn der Stimmzettel so beschädigt wurde, dass nicht mehr eindeutig hervorgeht, welchen Wahlvorschlag der Wähler wählen wollte oder der Stimmzettel unterschrieben ist. Enthält ein Wahlkuvert mehrere Stimmzettel, die auf verschiedene Wahlvorschläge lauten, so sind sie ungültig. Lauten sie jedoch auf denselben Wahlvorschlag, so zählen sie als eine gültige Stimme. Enthält ein Wahlkuvert keinen Stimmzettel, so gilt dies als Abgabe einer ungültigen Stimme[47].

10.4.3.4.3. Ermittlung des Wahlergebnisses

Gem § 51 Abs 2 ArbVG ist die Betriebsratswahl nach den Grundsätzen des **Verhältniswahlrechts** und die Berechnung der auf die zugelassenen Wahlvorschläge entfallenden Mitglieder des Betriebsrats nach dem **System von d'Hondt** durchzuführen. 10/078

Der Wahlvorstand hat die Zahl der auf die zugelassenen Wahlvorschläge entfallenden Mitglieder des Betriebsrats mittels der **Wahlzahl** zu ermitteln. Diese ist wie folgt zu berechnen: Die Summen der für jeden Wahlvorschlag abgegebenen gültigen Stimmen sind, nach ihrer Größe geordnet, nebeneinander zu schreiben; unter jede dieser Summen ist ihre Hälfte, unter diese ihr Drittel, Viertel und nach Bedarf auch ihr Fünftel, Sechstel usw zu schreiben, wobei diese Zahlen (Teilzahlen) zunächst auch unter Außerachtlassung eventueller Dezimalstellen als ganze Zahlen errechnet werden können. Sind drei Betriebsratsmitglieder zu wählen, so gilt als Wahlzahl die drittgrößte, bei vier Betriebsratsmitgliedern die viertgrößte usw der angeschriebenen Zahlen. Jedem Wahlvorschlag sind so viele Mitgliedstellen zuzuteilen, als die Wahlzahl in der Summe der für ihn abgegebenen Stimmen enthalten ist (§ 27 Abs 1 BRWO). 10/079

Ergibt sich bei einer Errechnung der Teilzahlen unter Außerachtlassung eventueller Dezimalstellen, dass zwei oder mehrere gleich große Teilzahlen die Wahlzahl bilden, so sind, sofern bei dieser Wahlzahl mehrere Wahlvorschläge den gleichen Anspruch auf eine Mitgliedstelle hätten, diese Teilzahlen auf Dezimalstellen zu errechnen. Im Anschluss daran ist mit ihrer Hilfe die Wahlzahl zu ermitteln. Haben auch nach dieser Berechnung mehrere Wahlvorschläge den gleichen Anspruch auf eine Mitgliedstelle, so entscheidet das Los (§ 27 Abs 2 BRWO). 10/080

Beispiel 1: In einem Betrieb sind 160 Arbeitnehmer beschäftigt, es sind daher fünf Betriebsratsmitglieder zu wählen. Von den 159 gültig abgegebenen Stimmen entfallen auf den Wahlvorschlag A 85, auf den Wahlvorschlag B 49, auf den Wahlvorschlag C 13 und auf den Wahlvorschlag D 12 Stimmen. Auf Grund der obigen Ausführungen ergibt sich folgendes Schema:

---

46 Vgl zur Gültigkeit von Stimmen OGH 25. 10. 2011, 9 ObA 40/11i, ARD 6211/6/2012 = infas 2012, A 34 = DRdA 2013, 34 mit Bespr v *Schneller*.

47 Vgl *Jabornegg/Naderhirn/Trost*, Die Betriebsratswahl[6] (2014), 181.

		A	B	C	D
		85	49	13	12
1/2	=	42	24	6	6
1/3	=	28	16	4	4
1/4	=	21	12	3	3

Bei fünf zu vergebenden Mandaten bildet die fünftgrößte der so angeschriebenen Zahlen die Wahlzahl. Dies ist im vorliegenden Beispiel die Zahl 24 (85, 49, 42, 28, 24).

Auf jeden Wahlvorschlag entfallen nun so viele Mandate, als die Wahlzahl in der Summe der für ihn abgegebenen Stimmen enthalten ist. Es entfallen somit:

auf den Wahlvorschlag A: 85 : 24 = 3 Mandate,
auf den Wahlvorschlag B: 49 : 24 = 2 Mandate,
auf den Wahlvorschlag C: 13 : 24 = 0, also kein Mandat,
auf den Wahlvorschlag D: 12 : 24 = 0, also kein Mandat.

Beispiel 2: In einem Betrieb sind 224 Arbeitnehmer beschäftigt. Sechs Betriebsratsmitglieder sind daher zu wählen. Sämtliche Stimmen wurden gültig abgegeben. Es entfallen davon auf den Wahlvorschlag A 152, auf den Wahlvorschlag B 60 und auf den Wahlvorschlag C 12 Stimmen. Auf Grund der obigen Ausführungen ergibt sich folgendes Schema:

		A	B	C
		152	60	12
1/2	=	76	30	6
1/3	=	50	20	4
1/4	=	38	15	3
1/5	=	30	12	2

Bei sechs zu vergebenden Mandaten bildet die sechstgrößte der so angeschriebenen Zahlen die Wahlzahl. Dies ist im vorliegenden Beispiel die Zahl 30 (152, 76, 60, 50, 38, 30).

Da auf jeden Wahlvorschlag so viele Mandate entfallen, als die Wahlzahl in der Summe der für ihn abgegebenen Stimmen enthalten ist, würden also entfallen

auf den Wahlvorschlag A: 152 : 30 = 5 Mandate,
auf den Wahlvorschlag B: 60 : 30 = 2 Mandate,
auf den Wahlvorschlag C: 12 : 30 = 0, kein Mandat.

Da nur sechs Mandate zu vergeben sind und die unter Außerachtlassung eventueller Dezimalstellen errechnete Wahlzahl als Teilzahl in zwei Wahlvorschlägen aufscheint, ist die Wahlzahl auf Dezimalstellen zu errechnen.

A	B
152 AN : 5 = 30,4	60 AN : 2 = 30,0

Die sechstgrößte der angeschriebenen Teilzahlen (152; 76; 60; 50; 38; 30,4) und damit die Wahlzahl bildet die Zahl 30,4. Es entfallen somit

auf den Wahlvorschlag A: 152 : 30,4 = 5 Mandate,
auf den Wahlvorschlag B: 60 : 30,4 = 1 Mandat,
auf den Wahlvorschlag C: 12 : 30,4 = 0, also kein Mandat.

Beispiel 3: In einem Betrieb sind 270 Arbeitnehmer beschäftigt. Zu wählen sind daher sechs Betriebsratsmitglieder. Sämtliche Stimmen wurden gültig abgegeben. Es entfallen davon auf den Wahlvorschlag A 150, auf den Wahlvorschlag B 60, auf den Wahlvorschlag C 30 und auf den Wahlvorschlag D 30 Stimmen. Auf Grund der obigen Ausführungen ergibt sich folgendes Schema:

		A	B	C	D
		150	60	30	30
1/2	=	75	30	15	15
1/3	=	50	20	10	10
1/4	=	37	15		
1/5	=	30	12		

Bei sechs zu vergebenden Mandaten bildet die sechstgrößte der so angeschriebenen Zahlen die Wahlzahl. Dies ist im vorliegenden Beispiel die Zahl 30 (150, 76, 60, 50, 37, 30).

Da auf jeden Wahlvorschlag so viele Mandate entfallen, als die Wahlzahl in der Summe der für ihn abgegebenen Stimmen enthalten ist, würden also entfallen

auf den Wahlvorschlag A:	150 : 30	=	5 Mandate,
auf den Wahlvorschlag B:	60 : 30	=	2 Mandate,
auf den Wahlvorschlag C:	30 : 30	=	1 Mandat,
auf den Wahlvorschlag D:	30 : 30	=	1 Mandat.

Da nur sechs Mandate zu vergeben sind und eine Berücksichtigung der Dezimalstellen erfolglos bleibt (zB 150 : 30 = 5), ist vorerst jedem der Wahlvorschläge ein Mandat abzuziehen. Diese Vorgangsweise ergibt folgendes Bild:

Wahlvorschlag A:	4 Mandate,
Wahlvorschlag B:	1 Mandat,
Wahlvorschlag C:	0, kein Mandat,
Wahlvorschlag D:	0, kein Mandat.

Auf das verbleibende sechste Mandat haben alle Wahlvorschläge den gleichen Anspruch: Die Zuteilung wird durch Los entschieden.

Steht fest, wie viele Mandate jedem Wahlvorschlag zustehen, so sind die entsprechenden 10/081
Mitgliedstellen den Wahlwerbern in der Reihenfolge ihrer Nennung im Wahlvorschlag zuzuteilen (vgl § 28 Abs 1 BRWO).

Jene Wahlwerber, die zwar auf dem Wahlvorschlag aufscheinen, aber kein Betriebsratsman- 10/082
dat zugewiesen bekommen, sind die **Ersatzmitglieder**, die im Falle des Erlöschens der Mitgliedschaft oder der Verhinderung von Betriebsratsmitgliedern an deren Stelle zu treten haben (§ 65 ArbVG bzw § 30 BRWO). Die **Reihenfolge** des Nachrückens der Ersatzmitglieder wird durch die Reihung auf dem Wahlvorschlag bestimmt. Verzichtet ein Ersatzmitglied auf das Nachrücken, so verbleibt es weiterhin als Ersatzmitglied in der ursprünglichen Reihung auf dem Wahlvorschlag. Wurde der Betriebsrat ohne Erstellung von Wahlvorschlägen mit einfacher Mehrheit der abgegebenen Stimmen gewählt (vgl 10.4.3.4.4), so tritt das Ersatzmitglied mit der höchsten Stimmenzahl an die Stelle des ausgeschiedenen oder verhinderten Mitgliedes. Bei gleicher Stimmenzahl entscheidet das Los.

Ist die Ermittlung des Wahlergebnisses abgeschlossen, so hat der Wahlvorstand über die 10/083
Wahlhandlung (Stimmabgabe) und über die Stimmenzählung (Feststellung des Wahlergebnisses) eine Niederschrift anzufertigen. Diese ist von allen Mitgliedern des Wahlvorstandes zu unterschreiben. Die **Wahlakten** (Niederschrift über die Versammlung zur Wahl des Wahlvorstandes, Wahlkundmachung, Wählerliste, Wahlvorschläge, Verzeichnis der Wahlkartenwähler, Abstimmungsverzeichnis, Stimmzettel, Berechnung des Wahlergebnisses und Niederschrift) sind in einem Umschlag zu verwahren, der vom Wahlvorstand zu versiegeln ist. Sobald das Wahlergebnis rechtskräftig geworden ist, sind die Wahlakten dem Vorsitzenden des gewählten Betriebsrats zu übergeben, der sie bis zur Beendigung der Tätigkeitsdauer aufzubewahren hat (§ 31 BRWO).

Das **Wahlergebnis** ist schließlich innerbetrieblich und außerbetrieblich publik zu machen. 10/084
Im Betrieb hat dies einerseits durch **Kundmachung mittels Anschlag** zu erfolgen[48]. Wenn es die betrieblichen Gegebenheiten erfordern, ist in größeren Betrieben der Anschlag an

[48] Vgl OGH 7. 8. 1997, 8 ObA 133/97k, ARD 4895/10/97 = DRdA 1998, 193 mit Bespr v *Eypeltauer*.

mehreren Stellen durchzuführen. Bei örtlich getrennten Arbeitsstätten soll der Anschlag in jeder Arbeitsstätte angebracht werden (§ 33 iVm § 11 Abs 1 BRWO). Eine persönliche Zustellung des Wahlergebnisses an einzelne Arbeitnehmer sieht das ArbVG bzw die BRWO nicht vor[49]. Der **Betriebsinhaber** ist vom Ausgang der Wahl **schriftlich** zu benachrichtigen. An außerbetrieblichen Stellen ist das Wahlergebnis dem zuständigen Arbeitsinspektorat, den zuständigen freiwilligen Berufsvereinigungen und der zuständigen gesetzlichen Interessenvertretung der Arbeitnehmer ebenfalls schriftlich bekannt zu geben (§ 57 ArbVG bzw § 33 BRWO).

10.4.3.4.4. Vereinfachte Durchführung der Wahl

10/085 Eine vereinfachte Durchführung der Betriebsratswahl hat dann zu erfolgen, wenn entweder nur ein Wahlvorschlag eingebracht wurde oder wenn Betriebe (Arbeitnehmergruppen) vorliegen, in denen nur bis zu zwei Betriebsratsmitglieder zu wählen sind. Erleichterungen bestehen auch für Betriebsratswahlen in neu errichteten Betrieben, in Saisonbetrieben sowie in Betrieben (Arbeitnehmergruppen), in denen erstmals ein Betriebsrat gewählt werden soll oder in denen nicht mehr als 150 Arbeitnehmer wahlberechtigt sind.

10/086 Für den Fall, dass **nur ein Wahlvorschlag** eingereicht wurde, sind die Betriebsratsmitglieder mit einfacher Mehrheit der abgegebenen Stimmen zu wählen (§ 51 Abs 3 ArbVG).

10/087 In Betrieben (Arbeitnehmergruppen), in denen **höchstens zwei Betriebsratsmitglieder** zu wählen sind, besteht der Wahlvorstand nicht aus drei, sondern nur aus einem wahlberechtigten Arbeitnehmer (§ 58 ArbVG). Wahlvorschläge können, müssen aber nicht eingereicht werden. Werden sie nicht eingebracht, so ist allerdings für jedes Betriebsratsmitglied und für jedes Ersatzmitglied ein gesonderter Wahlgang durchzuführen. Die Wahl der Betriebsratsmitglieder erfolgt durch die Mehrheit der abgegebenen Stimmen.

Erreicht keiner der Wahlvorschläge bzw Wahlwerber eine Mehrheit, so ist ein zweiter Wahlgang zu absolvieren. Im zweiten Wahlgang können gültige Stimmen nur für die beiden Wahlvorschläge (Wahlwerber) abgegeben werden, die im ersten Wahlgang die meisten Stimmen erhalten haben. Sollten beide dieselbe Stimmenanzahl erreichen, so entscheidet das Los.

10/088 In **neu errichteten Betrieben** und in **Saisonbetrieben** ist gem §53 Abs 5 ArbVG eine sechsmonatige Beschäftigung im Betrieb oder Unternehmen nicht Voraussetzung für das passive Wahlrecht zum Betriebsrat (vgl dazu 10.4.3.3). Für die **erstmalige Betriebsratswahl** sowie in Betrieben (Arbeitnehmergruppen), in denen **nicht mehr als 150 Arbeitnehmer** wahlberechtigt sind, kann der Wahlvorstand beschließen, keinen einheitlichen Stimmzettel aufzulegen (§ 56 Abs 4 ArbVG; vgl dazu 10.4.3.4.2; zu damit zusammenhängenden Anfechtungsfragen vgl 10.4.3.5.1).

---

[49] ZB bei auswärtigen Dienstverrichtungen der Arbeitnehmer, OGH 7. 8. 1997, 8 ObA 133/97k, ARD 4895/10/97 = DRdA 1998, 193 mit Bespr v *Eypeltauer*.

10.4.3.5. Mangelhafte Betriebsratswahl

Wurde die Betriebsratswahl nicht ordnungsgemäß durchgeführt, so hängt es von der Schwere des Mangels ab, welche Sanktionen damit verbunden sind. Liegen keine zu gravierenden Fehler vor, so ist eine zeitlich beschränkte Anfechtung durch einen begrenzten Personenkreis möglich. Sind die Mängel so schwerwiegend, dass die Betriebsratswahl der Nichtigkeit verfällt, so kann diese jederzeit und von jedem, der daran ein rechtliches Interesse hat, durch Klage auf Feststellung bei Gericht geltend gemacht werden[50]. 10/089

10.4.3.5.1. Anfechtbare Wahl

Das ArbVG unterscheidet im § 59 zwei Gruppen von Anfechtungsgründen. Die Anfechtbarkeit der Wahl ist gegeben, wenn 10/090

a) wesentliche Bestimmungen des Wahlverfahrens oder leitende Grundsätze des Wahlrechts verletzt wurden und hiedurch das Wahlergebnis beeinflusst werden konnte;
b) die Wahl ihrer Art oder ihrem Umfang nach oder mangels Vorliegens eines Betriebs nicht durchzuführen gewesen wäre („unzulässige" Wahl).

Zur Anfechtung berechtigt sind im Fall a) jede wahlwerbende Gruppe sowie die einzelnen (aktiv) Wahlberechtigten, im Fall b) zusätzlich auch der Betriebsinhaber.

Kein Anfechtungsrecht haben freiwillige Berufsvereinigungen, gesetzliche Interessenvertretungen oder nicht dem Betrieb angehörende Betriebsratsmitglieder[51].

Anfechtungsgegner ist der Betriebsrat in seiner Gesamtheit, nicht jedoch einzelne Betriebsratsmitglieder oder im Betriebsrat vertretene Fraktionen[52]. Dies gilt auch dann, wenn sich der Betriebsrat noch nicht konstituiert hat[53]. Der (ehemalige) Wahlvorstand ist als solcher weder Partei noch Beteiligter des Anfechtungsverfahrens[54].

Die Anfechtung ist nur dann möglich, wenn sie **binnen Monatsfrist**, vom Tag der Mitteilung des Wahlergebnisses an gerechnet, beim Gericht eingebracht wird. Ist die Anfechtungsfrist abgelaufen, so wird die Geltendmachung der Mängel unmöglich. Die mangelhafte Wahl ist „saniert". Die Frist beginnt also mit der Kundmachung des Wahlergebnisses, dh mit dem Anschlag desselben im Betrieb, zu laufen[55]. 10/091

Fraglich ist jedoch, wann die **Wahlanfechtungsfrist für den Betriebsinhaber** zu laufen beginnt. Zufolge einer Einigungsamtsentscheidung[56] ist aus dem Wortlaut der §§ 57 und 59 ArbVG zu schließen, dass zwischen Kundmachung und Mitteilung des Wahlergebnisses zu unterscheiden ist. Während für die Wahlberechtigten und die wahlwerbenden Gruppen die Kundmachung maßgebend ist, weil die Betreffenden ja auf keine andere Weise Kenntnis 10/092

---

[50] *Weiß*, Die Anfechtung einer Jugendvertrauensrats-Wahl, DRdA 2004, 175.
[51] VwGH 25. 3. 1954, 2591/53 u 3519/53, Arb 5953; *Löschnigg* in Strasser/Jabornegg/Resch (Hrsg), ArbVG (Losebl), § 59.
[52] VwGH 17. 5. 1951, 1503/50, Arb 5269; vgl auch VwGH 4. 10. 1962, 616/61, Arb 7639.
[53] EA Wien 29. 11. 1957, Re 436/57, SozM II B, 384; EA Klagenfurt 7. 11. 1975, Re 40/75, Arb 9436.
[54] VwGH 17. 5. 1951, 499/59, Arb 5266; VwGH 4. 7. 1951, 987/50, Arb 5283; VwGH 12. 12. 1951, 1471/50, SozM II B, 60.
[55] EA Graz 23. 8. 1951, Re 43/51, Arb 5295; EA Linz 14. 2. 1952, Re 17/52, Arb 5371; EA Graz 6. 4. 1982, Re 17/82, Arb 10.080; OGH 7. 8. 1997, 8 ObA 133/97k, ARD 4895/10/97 = DRdA 1998, 193 mit Bespr v *Eypeltauer*.
[56] EA Innsbruck 21. 10. 1980, Re 16/80, Arb 9909.

vom Wahlergebnis erlangen, wird die Anfechtungsfrist für den Betriebsinhaber erst durch die an ihn gerichtete Mitteilung des Wahlergebnisses in Gang gesetzt. Dem entgegen steht die Auffassung von *Floretta*[57], wonach auch für den Betriebsinhaber die betriebliche Kundmachung relevant ist. Nach *Floretta* beginnt die Anfechtungsfrist für den Betriebsinhaber jedoch dann mit der Mitteilung an ihn zu laufen, wenn sie früher als die Wahlkundmachung erfolgt. Der Rechtsmeinung des EA Innsbruck ist wohl eher zuzustimmen, weil andernfalls die Mitteilung an den Betriebsinhaber ein bloßer Formalakt wäre, was im Zweifel nicht anzunehmen ist. Dazu kommt, dass die Anfechtungsberechtigung dem Betriebsinhaber nur im Falle einer „unzulässigen Wahl" (§ 59 Abs 2 ArbVG) zusteht.

Im Einzelnen hat die Judikatur folgende Anfechtungsgründe anerkannt:

Wesentliche Bestimmungen des Wahlverfahrens werden verletzt,

- wenn die Bildung eines gemeinsamen Betriebsrats der Arbeiter und Angestellten nicht in getrennten Gruppenversammlungen beschlossen wird[58];
- wenn kein Wahlvorstand bestellt wird[59];
- wenn der Wahlvorstand nicht von der Betriebsversammlung bestellt wird[60];
- wenn die Wahl eines Wahlvorstandes durch eine nicht ordnungsgemäß einberufene Betriebsversammlung erfolgt[61];
- wenn der Wahlvorstand nicht mit drei Mitgliedern besetzt ist[62];
- wenn dem Wahlvorstand für die Arbeiterbetriebsratswahl Angestellte angehören[63];
- wenn wahlberechtigte Arbeitnehmer nicht in die Wählerliste aufgenommen werden[64] oder umgekehrt, wenn nicht wahlberechtigte Arbeitnehmer im Wählerverzeichnis aufscheinen[65];
- wenn Angestellte ex contractu in die Wählerliste der Arbeiter aufgenommen werden[66];
- wenn die Wahlkundmachung vor Erstellung der Wählerliste vorgenommen und die Wählerliste nicht gleichzeitig mit der Wahlkundmachung, sondern erst nach Ablauf der Einwendungsfrist an der Anschlagtafel angebracht wird[67];
- wenn der Wahlvorstand in Karenz befindlichen oder wegen Präsenzdienstes, auswärtiger Arbeitsleistung, Krankheit oder Urlaub abwesenden Arbeitnehmern keine Wahlkarten ausstellt[68];
- wenn Wahlkarten erst am Tag der Wahl ausgestellt werden[69];
- wenn eine zugelassene Wählergruppe von der Beratung über die Feststellung der Briefwahlberechtigten ausgeschlossen wird[70];
- wenn Wahlvorschläge trotz Verspätung zugelassen oder erst kurzfristig vor der Wahl aufgelegt werden[71];
- wenn die Frist zur Einreichung der Wahlvorschläge verkürzt wird[72];

57 In ArbVG-Handkommentar (1975), 342.
58 EA Salzburg 18. 4. 1983, Re 9/83, Arb 10.231.
59 EA Wien 10. 1. 1979, V Re 353/78, Arb 9754.
60 EA Feldkirch 14. 3. 1978, Re 11/78, Arb 9674.
61 EA Klagenfurt 22. 7. 1977, Re 14/77, Arb 9616.
62 EA Innsbruck 9. 12. 1974, Re 30/74, Arb 9263.
63 EA Salzburg 10. 12. 1984, Re 56/84, Arb 10.370.
64 OGH 13. 2. 1991, 9 ObA 22/91, DRdA 1991, 352 mit Bespr v *Geppert*.
65 VwGH 4. 7. 1967, 421/67, Arb 8424; EA Klagenfurt 24. 3. 1972, Re 11/71, Arb 8983; EA Leoben 27. 12. 1984, Re 25/84, Arb 10.371; EA Linz 17. 4. 1986, Re 126/85, Arb 10.515.
66 EA Feldkirch 1. 12. 1972, Re 5/72, Arb 9047; VwGH 26. 6. 1973, 115/73, DRdA 1974, 29 mit Bespr v *Klein*.
67 EA Leoben 16. 12. 1985, Re 21/85, Arb 10.465.
68 EA Eisenstadt 8. 1. 1976, Re 8/75, Arb 9476; EA Innsbruck 3. 10. 1986, Re 35/86, Arb 10.558; EA Eisenstadt 24. 11. 1986, Re 10/86, Arb 10.568.
69 EA Innsbruck 30. 5. 1978, Re 8/78, Arb 9697.
70 EA Innsbruck 9. 5. 1973, Re 3/73, Arb 9113.
71 EA Innsbruck 30. 5. 1978, Re 8/78, Arb 9697.
72 EA Feldkirch 28. 11. 1966, Re 5/66, Arb 8396; EA Feldkirch 17. 7. 1967, Re 4/67, Arb 8438; EA St. Pölten 16. 2. 1973, Re 1/73, Arb 9096; EA Klagenfurt 22. 2. 1985, Re 11, 12/85, Arb 10.394.

- wenn die Frist zwischen Ausschreibung der Betriebsratswahl und dem Wahltag von zwei Wochen auf eine Woche vermindert wird[73];
- wenn Arbeitnehmer von einer Verlegung des Wahltermins nicht verständigt werden[74];
- wenn die Wahlzeit entgegen der Wahlkundmachung um eine Stunde verkürzt wird[75];
- wenn vor dem Wahllokal nur (vorgedruckte) Stimmzettel von einer der wahlwerbenden Gruppen verteilt und leere Stimmzettel nur auf Verlangen übergeben werden[76];
- wenn die Wahlkommission den Wählern lediglich einen Stimmzettel übergibt, obwohl es auch noch einen anderen Wahlvorschlag gegeben hat, über den sich die Wahlberechtigten jedoch nicht informieren konnten und für den auch keine Stimmzettel vorlagen[77];
- wenn der Listenführer einer wahlwerbenden Gruppe den Briefwählern Wahlkarten und Stimmzettel statt mittels eingeschriebenen Briefs persönlich übergibt[78];
- wenn Stimmen nach Ablauf der verlautbarten Wahlzeit angenommen werden[79] oder ungültige Stimmen für gültig erklärt werden[80];
- wenn Wahlkartenstimmen in einem Sammelkuvert[81] oder auf andere Weise als im Postweg übersendet werden[82].

Leitende Grundsätze des Wahlrechts werden verletzt,

- wenn ein Wahlberechtigter zur Betriebsratswahl nicht zugelassen wird oder wenn eine Wahlberechtigte, die mit Wissen des Vorsitzenden des Wahlvorstandes in Karenz ist, nicht zur Briefwahl eingeladen wird[83];
- wenn die Stimmzettel für die erste Liste außerhalb der Wahlzelle und die für die zweite Liste innerhalb der Wahlzelle aufliegen[84];
- wenn keine eigene Wahlzelle besteht und die Wähler bei der Stimmabgabe beobachtet werden können[85];
- wenn keine Wählerliste angelegt wird und verspätet eingebrachte Wahlvorschläge zugelassen werden[86];
- wenn von einer wahlwerbenden Gruppe durch zusätzliche Wörter vom Wahlvorschlag abweichende Stimmzettel aufgelegt und verwendet werden[87];
- wenn der Vorsitzende des Wahlvorstandes, ohne dem Vertreter eines Wahlvorschlags eine Frist zur Verbesserung desselben einzuräumen, den Wahlvorschlag für ungültig erklärt[88].

Eine Verletzung leitender Wahlgrundsätze, insb des Prinzips der geheimen Wahl, wurde jedoch dann nicht anerkannt, wenn zwar die Wahlkuverts nicht völlig undurchsichtig waren, das Verhalten der Wähler bei der Stimmabgabe aber nicht beeinflusst wurde. Dasselbe gilt für die Ausgabe von Stimmzetteln unterschiedlicher Größe, wenn nur unter größeren Schwierigkeiten erkannt werden kann, welcher Art und welchen Inhalts der in einem Wahlkuvert liegende Stimmzettel ist[89].

---

73 OGH 8. 4. 1975, 4 Ob 56/75, Arb 9411.
74 EA Klagenfurt 22. 4. 1970, Re 13/69, Arb 8783.
75 EA Linz 27. 5. 1975, Re 25/75, Arb 9386.
76 EA Wien 17. 12. 1975, V Re 259/75, Arb 9446.
77 EA Graz 6. 4. 1982, Re 17/82, Arb 10.080.
78 EA Leoben 16. 12. 1985, Re 21/85, Arb 10.465.
79 EA Salzburg 31. 10. 1979, Re 26/79, Arb 9825.
80 EA Graz 12. 6. 1970, Re 8/70, Arb 8789; EA Leoben 17. 1. 1983, Re 35/82, Arb 10.162.
81 VwGH 16. 1. 1973, 501/72, Arb 9095.
82 EA Graz 14. 11. 1986, Re 27/86, Arb 10.566; vgl auch EA Innsbruck 9. 5. 1973, Re 3/73, Arb 9113.
83 EA Klagenfurt 10. 7. 1972, Re 11/72, Arb 9024; EA Graz 21. 12. 1972, Re 15/72, Arb 9078.
84 EA Klagenfurt 26. 11. 1971, Re 6, 7/71, Arb 8939.
85 EA Klagenfurt 10. 7. 1972, Re 11/72, Arb 9024; EA Klagenfurt 22. 2. 1985, Re 11, 12/85, Arb 10.394; EA Wien 9. 10. 1985, V Re 214/85, Arb 10.455.
86 EA Innsbruck 23. 10. 1974, Re 25/74, Arb 9284.
87 EA Amstetten 13. 1. 1977, Re 7/76, Arb 9550.
88 EA Linz 26. 1. 1979, Re 111/78, Arb 9758.
89 EA Linz 11. 7. 1977, Re 40/77, Arb 9614; VwGH 4. 7. 1978, 2442/77, Arb 9709.

10.4.3.5. Betriebsrat

10/093 Sowohl die Verletzung wesentlicher Bestimmungen des Wahlverfahrens als auch die Verletzung leitender Grundsätze des Wahlrechts führen nur dann zur erfolgreichen Anfechtung der Betriebsratswahl, wenn das **Wahlergebnis beeinflusst werden konnte**[90].

Eine Beeinflussung des Wahlergebnisses ist einerseits immer auf eine Verletzung wesentlicher Bestimmungen des Wahlverfahrens zurückzuführen, andererseits muss aber nicht jede Verletzung wesentlicher Bestimmungen des Wahlverfahrens oder leitender Grundsätze des Wahlrechts zu einer Beeinflussung des Wahlergebnisses führen[91]. Wird die Anfechtbarkeit einer Wahl wegen Verfahrensfehlern behauptet, so ist zunächst zu prüfen, ob überhaupt derartige Fehler vorgekommen sind, ob sie wesentlich sind und ob sie objektiv geeignet waren, das Wahlergebnis zu beeinflussen[92]. Die Beeinflussungsmöglichkeit ist also nicht abstrakt, sondern nach Maßgabe der konkreten Umstände zu beurteilen[93].

10/094 Das Wahlergebnis **muss nicht tatsächlich beeinflusst** worden sein, es genügt vielmehr, dass eine Beeinflussung möglich gewesen wäre[94]. Die Frage, ob eine Verfahrensverletzung geeignet war, den Wahlausgang zu beeinflussen, ist im Hinblick auf das gesamte Wahlergebnis zu beurteilen[95]. Unerheblich ist, ob und von wem ein Verfahrensfehler verschuldet wurde[96].

10/095 Als besonderer Wahlverfahrensmangel gilt gem § 59 Abs 1 ArbVG der Umstand, dass **keine einheitlichen Stimmzettel** aufgelegt werden und ein dahingehender Beschluss des Wahlvorstandes fehlt (vgl 10.4.3.4.2). Dem Wortlaut des Gesetzes nach ist die Wahl ohne Rücksicht darauf anfechtbar, ob dadurch das Wahlergebnis beeinflusst werden konnte oder nicht[97]. Die Anfechtung aus diesem Grund ist jedoch ausgeschlossen, wenn Wahlberechtigte trotz aufgelegter einheitlicher Stimmzettel andere Stimmzettel verwenden.

Ausdrücklich erwähnt wird nur der Fall, dass uneinheitliche Stimmzettel zwar möglich wären, dass aber der hiezu nötige Beschluss des Wahlvorstandes fehlt. Die Anfechtung ist aber gleichfalls zu bejahen, wenn von vornherein nur einheitliche Stimmzettel zulässig sind (zB in Betrieben mit mehr als 150 Arbeitnehmern bei einer nicht erstmaligen Betriebsratswahl) und der Wahlvorstand dies missachtet.

Unabhängig davon sind wesentliche Bestimmungen des Wahlrechts verletzt, wenn uneinheitliche Stimmzettel zwar zulässigerweise verwendet worden sind, durch die Art ihrer Verwendung das Wahlergebnis aber beeinflusst werden konnte.

10/096 Wird einer Anfechtung der Wahl aus den Gründen des § 59 Abs 1 ArbVG in erster Instanz stattgegeben, so führt der **Betriebsrat, dessen Wahl angefochten wurde**, seine Tätigkeit auch nach diesem Urteil vorläufig weiter.

Diese Fortsetzungsbefugnis besteht längstens bis zum Ablauf der normalen vierjährigen Funktionsperiode, sie endet jedoch vor dieser Zeit, wenn sich ein neu gewählter Betriebsrat konstituiert oder ein Gericht die Wahl **rechtskräftig für ungültig** erklärt (§ 61 Abs 2a ArbVG). In letzterem Fall führt der **frühere Betriebsrat** ab dem Zeitpunkt der Rechtskraft des Urteils die laufenden Geschäfte gem § 61 Abs 2 ArbVG bis zur Neuwahl eines Betriebsrats, höchstens jedoch bis zum Ablauf von drei Monaten ab dem Tag der Ungültigkeitserklärung durch ein Urteil erster Instanz weiter (vgl 10.4.4.1).

---

90 Vgl dazu auch *Marhold*, Zur „Beeinflussung des Wahlergebnisses" (§ 59 Abs 1 ArbVG), RdW 1986, 149.
91 VwGH 13. 4. 1983, 82/01/0318, Arb 10.263.
92 EA Klagenfurt 22. 2. 1985, Re 11, 12/85, Arb 10.394.
93 EA Wien 23. 4. 1954, Re 89/54, Arb 5977.
94 EA Wien 14. 5. 1964, Re 105/64, Arb 8071; EA Wien 9. 2. 1966, Re 284/65, Arb 8192; EA Wien 26. 3. 1968, Re 61/68, Arb 8526; EA Graz 12. 8. 1968, Re 16/68, Arb 8543.
95 EA Wien 3. 8. 1982, II Re 233/82, Arb 10.120.
96 EA Linz 17. 4. 1986, Re 126/85, Arb 10.515.
97 Vgl dazu *Strasser*, Die Arbeitsverfassungsgesetznovellen des Jahres 1990, DRdA 1990, 420.

Die zweite Gruppe der anfechtbaren Wahlen bildet die **unzulässige Betriebsratswahl.** § 59 Abs 2 ArbVG (sa § 34 Abs 2 BRWO) unterscheidet drei Fälle: 10/097

a) Die Betriebsratswahl ist mangelhaft, weil sie ihrer **Art** nach nicht durchzuführen gewesen wäre.

Beispiel: Im Betrieb A werden sechs Angestellte und 50 Arbeiter beschäftigt. Ohne dass entsprechende Beschlüsse der Gruppenversammlungen vorliegen, wird ein gemeinsamer Betriebsrat gewählt. – Die Wahl ist unzulässig, kann aber nur innerhalb der Monatsfrist angefochten werden.

b) Die Betriebsratswahl ist mangelhaft, weil sie ihrem **Umfang** nach nicht durchzuführen gewesen wäre.

Beispiel: Im Betrieb A werden sieben Arbeiter und 60 Angestellte beschäftigt. Die Arbeiter wählen zwei und die Angestellten drei Betriebsratsmitglieder. – Gem § 50 Abs 1 ArbVG steht den Arbeitern jedoch nur ein Mandat zur Verfügung, den Angestellten hingegen vier Mandate. Die Betriebsratswahl ist daher unzulässig und kann innerhalb der Monatsfrist angefochten werden[98].

c) Die Betriebsratswahl ist mangelhaft, weil sie durchgeführt wurde, obwohl **kein Betrieb** vorliegt[99].

Beispiel: Trotz Widerspruchs des Betriebsinhabers wird in der Filiale C eines Handelsunternehmens ein Betriebsrat gewählt (Kundmachung des Wahlergebnisses am 1. März). Am 15. Mai stellt das Gericht auf Grund einer Klage des Betriebsinhabers gem § 34 Abs 2 ArbVG fest, dass die Filiale nicht als eigener Betrieb zu werten ist. – Auch hier war die Wahl zwar unzulässig, der Mangel der fehlenden Betriebseigenschaft ist jedoch saniert, weil eine Anfechtung innerhalb der Monatsfrist nicht durchgeführt wurde. Die Entscheidung des Gerichts hat auf den Bestand des Betriebsrats keinen Einfluss.

Anfechtungsberechtigt sind die einzelnen Wahlberechtigten, jede wahlwerbende Gruppe und der Betriebsinhaber (§ 59 Abs 2 ArbVG). 10/098

Fraglich ist allerdings, ob eine Wahl auch dann nur der Anfechtung unterliegt und nicht der Nichtigkeit verfällt, wenn in einer Arbeitsstätte gewählt wird, in der **weniger als fünf Arbeitnehmer** beschäftigt werden. § 59 Abs 2 ArbVG ist derart weit gefasst, dass auch in diesem Fall nur eine zeitlich befristete Anfechtung denkbar wäre. Überwiegend wird in der in § 40 Abs 1 ArbVG festgelegten Voraussetzung der Beschäftigung von fünf Arbeitnehmern eine Geltungsbereichsbestimmung gesehen, deren Fehlen zur Nichtigkeit jeglicher Betriebsratswahl führt[100].

Falls die Anfechtung der Wahl aus den Gründen des § 59 Abs 2 ArbVG erfolgreich ist und das Gericht diese für ungültig erklärt, führt der **frühere Betriebsrat** die laufenden Geschäfte weiter.

Diese ausnahmsweise Verlängerung der Tätigkeitsdauer erstreckt sich bis zur Konstituierung eines neu zu wählenden Betriebsrats, sie darf jedoch den Zeitraum von drei Monaten, ab dem Tag der Ungültigkeitserklärung durch ein Urteil erster Instanz gerechnet, nicht übersteigen (§ 61 Abs 2 ArbVG; vgl 10.4.4.2).

Rechtshandlungen, die der Betriebsrat in der Zeit zwischen seinem Tätigkeitsbeginn und der Ungültigkeitserklärung setzt, werden durch die infolge der Wahlanfechtung erfolgte 10/099

[98] Vgl EA Wien 13. 12. 1974, II Re 41/74, Arb 9293.
[99] Vgl zB OGH 10. 7. 1979, 4 Ob 48/79, Arb 9805 = DRdA 1980, 210 mit Bespr v *Spielbüchler*.
[100] *Löschnigg* in Strasser/Jabornegg/Resch (Hrsg), ArbVG (Losebl), § 40 Rz 24; vgl auch *Schrammel*, Einige Fragen zur Betriebsratswahl im „Nichtbetrieb", ZAS 1977, 206.

Aufhebung der Betriebsratswahl nicht berührt (§ 61 Abs 3 ArbVG). Die Handlungen bleiben (im Gegensatz zu jenen eines durch nichtige Wahl installierten Betriebsrats) trotz der erfolgreichen Anfechtung gültig und rechtswirksam.

10.4.3.5.2. Nichtige Wahl

10/100 Die Nichtigkeit einer Betriebsratswahl ist dann anzunehmen, wenn die Mängel über die für die Anfechtung geforderte Verletzung wesentlicher Bestimmungen des Wahlverfahrens und leitender Grundsätze des Wahlrechts hinausgehen. Die einzelnen Mängel oder alle in ihrer Gesamtheit müssen so schwerwiegend sein, dass nicht mehr von einer Wahl gesprochen werden kann. Die Rechtsprechung umschreibt dies mit der Formulierung „**Außerachtlassen der elementarsten Grundsätze einer Wahl** im Allgemeinen und einer Betriebsratswahl im Besonderen"[101]. Somit bleibt der Fall der absolut nichtigen Betriebsratswahl gem § 60 ArbVG auf krasse Ausnahmefälle beschränkt[102]. Es ist auch in der Absicht des Gesetzgebers gelegen, den Anfechtungsbereich zu Lasten des Nichtigkeitsbereichs zu erweitern[103].

Nichtig sind Betriebsratswahlen **der Rechtsprechung zufolge** etwa dann,
- wenn Arbeitnehmer durch den Wahlvorstand telefonisch befragt werden, ob sie mit der Wahl einer bestimmten Person zum Betriebsrat einverstanden sind[104];
- wenn ohne Wahlvorschläge gewählt oder der Betriebsrat nicht durch geheime Wahl, sondern durch offene Abstimmung oder Akklamation bestellt wird[105];
- wenn weder Wählerlisten aufgelegt noch Wahlvorschläge erstattet werden und die Geheimhaltung der einzelnen Wählerstimmen nicht gewährleistet ist[106];
- wenn die Ausübung der den Arbeitnehmern im Rahmen der Betriebsratswahl zustehenden Rechte nicht nur erschwert, sondern praktisch unmöglich gemacht wird[107], etwa dadurch, dass der Anschlag der Wahlkundmachung eine Frist zur Einbringung von Wahlvorschlägen enthält, die am Tag des Anschlags bereits abgelaufen ist[108];
- wenn die Einberufung der Betriebsversammlung, in der die Wahl beschlossen und auch durchgeführt werden soll, derart erfolgt, dass nicht alle stimmberechtigten Arbeitnehmer davon Kenntnis erlangen oder erlangen können[109];
- wenn eine falsche Stimmenzählung vorgenommen wurde, die zu einem diametralen Ergebnis führt[110].

10/101 Im Gegensatz zur zeitlich begrenzten Anfechtung kann die Nichtigkeit einer Betriebsratswahl **jederzeit geltend gemacht** werden[111], und zwar sowohl durch Klage auf Feststellung als auch einredeweise[112]. Legitimiert ist jeder, der ein rechtliches Interesse daran hat (zB Wahlwerber, wahlberechtigte Arbeitnehmer, Betriebsinhaber).

---

[101] EA Linz 21. 5. 1973, Re 9/73, Arb 9120; OGH 8. 4. 1975, 4 Ob 56/75, Arb 9411; EA Leoben 17. 1. 1983, Re 35/82, Arb 10.162; vgl auch OGH 14. 6. 1983, 4 Ob 51/82, Arb 10.273, der in Anlehnung an *Floretta* (in ArbVG-Handkommentar [1975], 340) vom „Zerrbild einer Wahl" spricht.
[102] EA Linz 18. 8. 1976, Re 52/76, Arb 9509; EA Innsbruck 5. 2. 1979, Re 35/78, Arb 9762; EA Innsbruck 15. 3. 1983, Re 26/82, Arb 10.225.
[103] OGH 14. 6. 1983, 4 Ob 51/82, Arb 10.273 = infas 1985, A 5.
[104] EA Linz 20. 3. 1975, Re 2/75, Arb 9360.
[105] OGH 6. 11. 1962, 4 Ob 109/62, Arb 7656.
[106] OGH 31. 1. 1967, 4 Ob 56/67, Arb 8347.
[107] OGH 8. 4. 1975, 4 Ob 5/75, Arb 9411.
[108] EA Wien 5. 12. 1985, IV Re 267/85, Arb 10.464.
[109] OGH 29. 11. 1966, 4 Ob 75/66, Arb 8322.
[110] ASG Wien 9. 7. 2010, 20 Cga 30/10t, ARD 6089/1/2010.
[111] EA Innsbruck 5. 2. 1979, Re 35/78, Arb 9762.
[112] *Löschnigg* in Strasser/Jabornegg/Resch (Hrsg), ArbVG (Losebl) § 60 Rz 12.

So könnte etwa eine mit Zustimmung des „Betriebsrats“ gekündigte Person die Nichtigkeit im Rahmen einer Kündigungsanfechtung wegen Sozialwidrigkeit geltend machen, wobei die Nichtigkeit dann als Vorfrage zu prüfen wäre[113].

Rechtshandlungen von Personen, die auf Grund eines nichtigen Wahlvorgangs als Betriebsräte bestellt wurden, sind ohne Rücksicht auf die Feststellung der Nichtigkeit durch das Gericht **rechtsunwirksam**[114]. 10/102

10.4.4. Tätigkeitsdauer des Betriebsrats

Wie im gesamten Organisationsrecht ist zwischen dem Betriebsrat als Kollegialorgan und den einzelnen Betriebsratsmitgliedern zu unterscheiden. Im Rahmen der Tätigkeitsdauer wird dies besonders augenscheinlich. Beginn und Ende der Mitgliedschaft des einzelnen Betriebsratsmitglieds zum Betriebsrat werden nicht selten von Beginn und Ende der Tätigkeit des gesamten Betriebsrats abweichen. 10/103

10.4.4.1. Beginn und Ende der Tätigkeitsdauer

Die Tätigkeitsdauer des Betriebsrats beträgt vier Jahre und beginnt mit dem **Tag seiner Konstituierung** (§ 61 Abs 1 ArbVG). 10/104

Um die Kontinuität der Belegschaftsvertretung zu wahren, schreibt der Gesetzgeber vor, dass die Betriebsratswahl so anzusetzen ist, dass sich in Betrieben, in denen bereits ein Betriebsrat besteht, der neu gewählte Betriebsrat spätestens unmittelbar nach Ablauf der Tätigkeitsdauer des abtretenden Betriebsrats konstituieren kann (vgl § 54 Abs 1 und 2 ArbVG). Die Konstituierung des neuen Betriebsrats kann aber auch bereits vor Ablauf der Tätigkeitsdauer des „alten“ Betriebsrats erfolgen. In diesem Fall beginnt die Tätigkeit des neu gewählten und bereits konstituierten Betriebsrats erst **mit dem Ende der Funktionsdauer des früheren Betriebsrats** (§ 61 Abs 1 ArbVG). 10/105

Unabhängig von der normalen vierjährigen Funktionsdauer kann die Tätigkeitsdauer des Betriebsrats auch **vorzeitig enden**. § 62 ArbVG zählt eine Reihe von **Auflösungstatbeständen** auf: 10/106

a) **Dauernde Einstellung des Betriebs**[115]: Wesentlich ist dabei, dass der gesamte Betrieb eingestellt wird, dh dass die Arbeitsverhältnisse aufgelöst, die Gewerbeberechtigung zurückgegeben, die sachlichen Betriebsmittel veräußert, die Produkte abverkauft und die Beziehungen zu den Kunden und Lieferanten abgebrochen sind[116]. Die Schließung einzelner Betriebsabteilungen reicht nicht aus[117]. Inwieweit man im Falle einer Änderung der einzelnen Elemente des Betriebs noch von ein und demselben Betrieb sprechen kann, ist eine Frage 10/107

113 Vgl sinngemäß EA Wien 30. 6. 1969, Re 67/69, SozM II B, 897.
114 Vgl insb *Dusak*, Anfechtbarkeit und Nichtigkeit von BR-Wahlen, in Tomandl (Hrsg), Offene Fragen des Betriebsverfassungsrechts (1989), 16; OGH 13. 1. 1993, 9 ObA 320/92, DRdA 1993, 381 mit Bespr v *Andexlinger*; OGH 4. 10. 2000, 9 ObA 206/00k, ARD 5173/16/2000.
115 Vgl *Majoros*, Vorzeitige Beendigung der Tätigkeitsdauer des Betriebsrats durch Verlust der Betriebsidentität, RdW 2008, 464.
116 OGH 28. 2. 2001, 9 ObA 316/00m, DRdA 2002, 36 mit Bespr v *Schwarz*.
117 VwGH 6. 12. 1948, 919/48, Arb 5023.

der Betriebsidentität[118]. Bleibt die Betriebsidentität bei einem Betriebsübergang gewahrt, führt dieser nicht zum Ende der Funktionsdauer des Betriebsrats[119]. § 62 Z 1 ArbVG betont ausdrücklich, dass die Einstellung auf Dauer sein muss. Daher müssen alle subjektiven und objektiven Vorkehrungen vorliegen, die für die Einstellung des Betriebs auf nicht absehbare Zeit sprechen.

Eine witterungsbedingte ungefähr zweimonatige Stilllegung des Betriebs bewirkt nicht das Ende der Funktionsdauer des Betriebsrats[120]. Sollte ein vorerst stillgelegter Betrieb zu einem späteren Zeitpunkt seine Tätigkeit wieder aufnehmen, so besteht unter gewissen Voraussetzungen die Möglichkeit, dass an Stelle von Neuwahlen der frühere Betriebsrat reaktiviert wird (vgl 10.4.4.2).

10/108 Die dauernde Einstellung des Betriebs bewirkt ausnahmsweise dann keine Beendigung der Tätigkeitsdauer des Betriebsrats, wenn die Einstellung eine Folge der **rechtlichen Verselbständigung von Betriebsteilen** iSd § 62b Abs 1 ArbVG oder eine Folge des **Zusammenschlusses von Betrieben** bzw Betriebsteilen zu einem neuen Betrieb iSd § 62c ArbVG ist. Für die vorübergehende Beibehaltung der Zuständigkeit des Betriebsrats gem § 62b ArbVG bzw § 62c ArbVG (vgl 10.4.4.2) bildet die Aufrechterhaltung der Tätigkeitsdauer des Betriebsrats neben dem Nichterlöschen der Mitgliedschaft zu diesem die notwendige Voraussetzung.

10/109 b) **Dauernde Funktionsunfähigkeit des Betriebsrats**: Dieser Fall kann eintreten, wenn die Zahl der Mitglieder des Betriebsrats unter die Hälfte der in § 50 Abs 1 ArbVG (vgl 10.4.2) festgesetzten Mitgliederzahl sinkt, nach neuerer Rechtsprechung nicht aber, wenn die Zahl der beschäftigten Arbeitnehmer unter fünf sinkt[121]. Die Funktion des Betriebsrats erlischt dabei automatisch: Einer Willenserklärung bedarf es nicht[122]. Die Funktionsunfähigkeit ergibt sich hier aus der mangelnden Beschlussfähigkeit iSd § 68 Abs 1 ArbVG (vgl 10.4.6.3). Aus § 68 Abs 2 letzter Satz ArbVG ergibt sich, dass Beschlussunfähigkeit auch dann eintritt, wenn ein Betriebsrat mit zwei Mitgliedern auf ein Mitglied reduziert wird[123].

10/110 c) **Enthebung des Betriebsrats**: Die Tätigkeitsdauer eines Betriebsrats endet auch dann vorzeitig, wenn die zuständige Belegschaftsversammlung (Betriebs- oder Gruppenversammlung; vgl 10.2) die Enthebung des Betriebsrats beschließt. Diese Enthebung bildet für die Belegschaft faktisch die einzige der Kontrolle dienende Sanktion. Der Enthebungsbeschluss kann nur in geheimer Abstimmung und mit einer Mehrheit von zwei Drittel der abgegebenen Stimmen gefasst werden. Die Anwesenheit von mindestens der Hälfte der stimmberechtigten Arbeitnehmer ist stets erforderlich (§ 49 Abs 2 ArbVG). Die Belegschaft kann lediglich den gesamten Betriebsrat, nicht aber einzelne Mitglieder desselben entheben[124].

10/111 d) **Rücktritt des Betriebsrats**: Dem Betriebsrat steht es frei, von sich aus die Geschäfte zurückzulegen. Dies gilt auch für die Phase der Anfechtung einer Betriebsratswahl[125]. Der

---

118 OGH 16. 12. 1980, 4 Ob 152/80, Arb 9927; vgl 4.4.2.
119 OGH 26. 1. 2006, 8 ObA 7/05w, DRdA 2007, 388 mit Bespr v *Reissner*.
120 VwGH 12. 3. 1963, 471/62, Arb 7764.
121 OGH 7. 6. 2006, 9 ObA 90/05h, DRdA 2007, 222 mit Bespr v *Rebhahn/Kietaibl* = ZAS 2007, 89 mit Bespr v *Spitzl*.
122 EA St. Pölten 15. 2. 1971, Re 1/71, Arb 8857.
123 OGH 6. 4. 1994, 9 ObA 60/94, DRdA 1994, 424.
124 Vgl EA Linz 16. 5. 1949, Re 80/49, Arb 5076; vgl jedoch 10.4.4.3 d.
125 OGH 25. 11. 2008, 9 ObA 77/08a, DRdA 2010, 414 mit Bespr v *Schneller*.

Rücktrittsbeschluss bedarf jedoch der Mehrheit der Stimmen aller Betriebsratsmitglieder und nicht nur der Mehrheit der anwesenden (§ 68 Abs 3 ArbVG).

Die Erklärung des Betriebsratsvorsitzenden, eine Ausschreibung von Neuwahlen vornehmen zu wollen, stellt ebenso wenig wie ein Rücktrittsversprechen seitens des Vorsitzenden einen rechtswirksamen Rücktritt dar, wenn aus den Umständen ersichtlich ist, dass ein entsprechender Betriebsratsbeschluss nicht vorliegt[126]. Der Betriebsrat kann im Übrigen nur den Rücktritt des gesamten Kollegiums beschließen; **einzelne Betriebsratsmitglieder** können von den übrigen Betriebsratsmitgliedern **nicht ausgeschlossen** werden.

e) **Ungültigkeit der Betriebsratswahl**: Ungültig ist eine Betriebsratswahl dann, wenn sie entweder von vornherein nichtig ist oder im Zuge eines Anfechtungsverfahrens vom Gericht für ungültig erklärt wird. Da auf Grund einer nichtigen Betriebsratswahl ein ordnungsgemäßer Betriebsrat überhaupt nie installiert wurde, ist auch die Beendigung seiner Tätigkeit logisch unmöglich. Eine vorzeitige Beendigung der Funktionsperiode kommt daher nur bei der durch Anfechtung ungültigen Wahl in Betracht (zur Anfechtung und deren Folgen vgl 10.4.3.5.1). Der Zeitpunkt der Beendigung ist dabei je nach Anfechtungsgrund verschieden. 10/112

Im Falle einer Wahlanfechtung aus den Gründen des § 59 Abs 1 ArbVG tritt die vorzeitige Beendigung der Funktionsperiode erst ein, wenn ein Urteil die Wahl rechtskräftig für ungültig erklärt (§ 61 Abs 2a ArbVG). 10/113

Wurde eine Betriebsratswahl durch ein Urteil eines Gerichts erster Instanz aus den Gründen des § 59 Abs 2 ArbVG für ungültig erklärt, dann endet die Tätigkeitsdauer des Betriebsrats selbst dann, wenn gegen dieses Urteil rechtzeitig berufen wird (§ 61 Abs 1 ASGG; vgl hiezu 14.1.4.5). Die laufenden Geschäfte werden in der Regel gem § 61 Abs 2 ArbVG vom früheren Betriebsrat weitergeführt (vgl 10.4.4.2 a). 10/114

Bis zur endgültigen Entscheidung über die Anfechtung wird vielfach bereits ein neuer Betriebsrat gewählt worden sein. Mit der Konstituierung des neuen Betriebsrats erlischt jedenfalls die Tätigkeitsdauer des angefochtenen bzw früheren Betriebsrats. Die Tätigkeitsdauer dieses neuen Betriebsrats endet aber vorzeitig, wenn das rechtskräftige Urteil des Berufungs- oder Revisionsgerichts das erstinstanzliche Urteil aufhebt und damit der angefochtene Betriebsrat seine Funktionen wieder wahrnehmen kann (§ 62 Z 7 ArbVG). 10/115

f) **Beendigung der Gleichstellung einer Arbeitsstätte**: Liegen die Voraussetzungen für eine Gleichstellung iSd § 35 Abs 1 ArbVG nicht mehr vor, so können der Betriebsrat, mindestens so viele Arbeitnehmer, als Betriebsratsmitglieder zu wählen wären, die Interessenvertretungen der Arbeitnehmer sowie der Betriebsinhaber die Beendigung der Gleichstellung durch Klage geltend machen (§ 35 Abs 2 u 3 ArbVG). Die vorzeitige Beendigung der Tätigkeitsdauer des Betriebsrats tritt jedenfalls erst mit der Entscheidung des Gerichts ein und nicht bereits mit dem faktischen Wegfall der für die Gleichstellung geforderten Voraussetzungen (vgl auch 4.4.1). 10/116

Im Gegensatz zur Gleichstellung (§ 35 ArbVG) besteht im Falle des **Verfahrens zur Feststellung**, ob ein Betrieb iS des ArbVG vorliegt (§ 34 Abs 2 ArbVG; vgl 4.4.2.1), keine Norm, nach der die Tätigkeit des Betriebsrats durch Urteil des Gerichts beendet werden könnte. Ändern sich die Voraussetzun-

---

[126] Verfehlt daher EA Wien 12. 11. 1979, VI Re 195/79, DRdA 1980, 223 mit Bespr v *Klein*.

gen für die Feststellung, wird dies in einem neuerlichen Verfahren gem § 34 Abs 2 ArbVG festzustellen sein; die Tätigkeitsdauer des Betriebsrats wird dadurch allerdings nicht berührt und dauert bis zum Auslaufen der Funktionsperiode an.

10.4.4.2. Ausnahmsweise Fortsetzung der Betriebsratstätigkeit

10/117 Endet die Tätigkeitsdauer des Betriebsrats nach der vierjährigen Funktionsperiode oder vorzeitig aus einem in § 62 ArbVG (vgl 10.4.4.1) angeführten Grund, so bedarf die erneute Errichtung einer Belegschaftsvertretung einer Neuwahl durch die Arbeitnehmerschaft. Der Betriebsrat kann zB einen einmal getroffenen Rücktritt nicht rückgängig machen und die Fortsetzung seiner Tätigkeit beschließen.

10/118 Ausnahmen sieht das ArbVG jedoch in den §§ 61 Abs 2 und 2a, 62a, 62b, 62c und 63 vor:

10/119 a) **Ungültigkeitserklärung einer neuen Betriebsratswahl auf Grund einer Anfechtung** gem § 59 Abs 1 oder 2 ArbVG: Um zu vermeiden, dass zwischen der Ungültigerklärung der Wahl durch ein Urteil erster Instanz (zu den Rechtswirkungen nicht rechtskräftiger Urteile vgl § 61 Abs 1 ASGG; vgl hiezu 14.1.4.5) und der rechtskräftigen Entscheidung bzw der (vorher erfolgten) Wahl eines neuen Betriebsrats keine betriebliche Interessenvertretung besteht, sieht § 61 Abs 2 und 2a ArbVG besondere Regelungen für eine provisorische Fortsetzung der Betriebsratstätigkeit vor. Wird einer Betriebsratswahlanfechtung aus den Gründen des § 59 Abs 1 ArbVG (vgl hiezu 10.4.3.5.1) in erster Instanz stattgegeben, so führt der **Betriebsrat, dessen Wahl angefochten wurde**, seine Tätigkeit bis zur rechtskräftigen Entscheidung über die Anfechtungsklage oder bis zur Wahl eines neuen Betriebsrats, längstens aber bis zum Ablauf der normalen vierjährigen Funktionsperiode weiter (§ 61 Abs 2a ArbVG). Wird die Wahl rechtskräftig für ungültig erklärt und hat sich kein neu gewählter Betriebsrat zwischenzeitlich konstituiert oder wird die Wahl aus den Gründen des § 59 Abs 2 ArbVG (s hiezu 10.4.3.5.1) aufgehoben, so **verlängert** sich gem § 61 Abs 2 ArbVG ausnahmsweise die vierjährige Funktionsperiode des **früheren Betriebsrats**. In diesen Fällen kann der frühere Betriebsrat die laufenden Geschäfte bis zur Konstituierung eines neuerlich gewählten Betriebsrats, höchstens jedoch bis zum Ablauf von **drei Monaten**, ab dem Tag der Ungültigkeitserklärung der ersten Instanz gerechnet, weiterführen. Eine derartige Verlängerung ist ausgeschlossen, wenn die Tätigkeitsdauer des früheren Betriebsrats gem § 62 ArbVG vorzeitig geendet hat (vgl 10.4.4.1).

10/120 b) **Verlängerung der Partei- und Prozessfähigkeit** gem § 62a ArbVG: Diese Bestimmung sieht keine Erstreckung der gesamten rechtlichen Stellung vor. Sinn und Zweck der Regelung ist die Verlängerung der prozessualen Handlungsfähigkeit des Betriebsrats über dessen normale Tätigkeitsdauer hinaus: Endet die Tätigkeitsdauer nach den Bestimmungen der §§ 61 und 62 Z 1 und 2 ArbVG während eines Verfahrens vor Gericht oder einer Verwaltungsbehörde, in dem der Betriebsrat Partei ist, so besteht seine Partei- und Prozessfähigkeit in Bezug auf dieses Verfahren bis zu dessen Abschluss, längstens jedoch bis zur Konstituierung eines neuen Betriebsrats, weiter. Dies gilt auch im Falle der Ergreifung eines außerordentlichen Rechtsmittels[127].

Eine Verlängerung der Partei- und Prozessfähigkeit kann somit dann zum Tragen kommen, wenn die Tätigkeitsdauer des Betriebsrats endet, weil die vierjährige Funktionsperiode abgelaufen ist (§ 61 Abs 1 ArbVG), weil der Betrieb dauernd eingestellt (§ 62 Z 1 ArbVG) oder weil der Betrieb dauernd funktionsunfähig wird, insb weil die Zahl der Mitglieder unter die Hälfte der in § 50 Abs 1 ArbVG festgesetzten Mitgliederzahl sinkt (§ 62 Z 2 ArbVG). 10/121

Führt die **Anfechtung einer Betriebsratswahl** zur vorzeitigen Beendigung der Tätigkeitsdauer des Betriebsrats (vgl oben lit a u 10.4.4.1 lit e), so bleibt ihm jedenfalls seine Partei- und Prozessfähigkeit in Bezug auf das Anfechtungsverfahren bis zu dessen Abschluss erhalten. Dem nach Ansicht der Gerichte ungültig gewählten Betriebsrat stehen somit sämtliche Rechtsmittel offen (§ 62a ArbVG). 10/122

Gem den §§ 82 Abs 6 und 88b Abs 9 ArbVG sind die Bestimmungen über die Verlängerung der Partei- und Prozessfähigkeit sinngemäß auf den **Zentralbetriebsrat** und die **Konzernvertretung** zu übertragen (dazu 10.4.4.2 b). 10/123

c) **Vorübergehende Beibehaltung des Zuständigkeitsbereichs bei Verselbständigung eines Betriebsteils**: Werden Betriebsteile rechtlich verselbständigt[128], so bleibt der Betriebsrat für diese verselbständigten Teile bis zur Neuwahl eines Betriebsrats in diesen Teilen, längstens aber bis zum Ablauf von vier Monaten nach der organisatorischen Verselbständigung, zur Vertretung der Interessen der Arbeitnehmer weiterhin zuständig, sofern die Zuständigkeit nicht ohnehin wegen des Weiterbestehens einer organisatorischen Einheit (§ 34 ArbVG) im bisherigen Umfang fortdauert (§ 62b ArbVG). 10/124

Der Gesetzgeber spricht stets von „rechtlich verselbständigten Betriebsteilen". Gemeint ist damit die betriebsverfassungsrechtliche Verselbständigung unter Heranziehung der Kriterien des § 34 ArbVG (vgl 4.4.2.1)[129]. Dies kommt im § 62b Abs 1 Satz 1 ArbVG zum Ausdruck, wenn von „organisatorischer Verselbständigung" gesprochen wird. Ob der Betriebsteil die rechtliche Selbständigkeit im eigenen oder in einem anderen Unternehmen erwirbt oder zu einem eigenständigen Unternehmen wird, ist hiebei ohne Belang.

Der **Beginn** dieser Zuständigkeit kann gem § 62b Abs 2 ArbVG durch eine **freiwillige Betriebsvereinbarung** (§ 97 Abs 1 Z 23a ArbVG) festgelegt werden. Der Sinn einer derartigen Betriebsvereinbarung ist jedoch nicht besonders augenfällig. Aus § 62b Abs 1 ArbVG ergibt sich, dass sich durch die Verselbständigung des Betriebsteils keine Lücke hinsichtlich der Zuständigkeit des Betriebsrats ergeben soll. Für die Fixierung eines Zuständigkeitsbeginns bleibt hiebei wenig Raum. Auch auf das Ende der Zuständigkeit kann sich eine derartige Betriebsvereinbarung kaum auswirken, da die Frist für die vorübergehende Beibehaltung des Zuständigkeitsbereichs durch (eine eigene freiwillige) Be-

---

[127] Vgl auch *Tomandl*, Bemerkungen zu den §§ 96a und 62a Arbeitsverfassungsgesetz, ZAS 1986, 181; zum besonderen Bestandschutz ehemaliger Betriebsratsmitglieder s *Löschnigg/Karl*, Der Kündigungs- und Entlassungsschutz von Betriebsratsmitgliedern und die Verlängerung der Partei- und Prozessfähigkeit gem § 62a ArbVG, ZAS 2000, 161.

[128] Vgl hiezu *Runggaldier*, Betriebsverfassungsrechtliche Probleme der Unternehmensteilung, DRdA 1988, 419; *Preiss*, Umstrukturierung und Bestand des Betriebsrates im Lichte des ArbVG und der Betriebsübergangs-Richtlinie, in FS Cerny (2001), 453.

[129] Im Ergebnis ebenso *Floretta/Spielbüchler/Strasser*, Arbeitsrecht II^4 (2001), 279; *Schrank*, Die Um- und Ausgliederung von Betrieben, in Tomandl (Hrsg), Offene Fragen des Betriebsverfassungsrechts (1989), 129, und *Mazal*, Zur Kompetenzerstreckung des Betriebsrates bei Betriebsteilung, ZAS 1986, 190.

triebsvereinbarung über die Dauer von vier Monaten hinaus bis zum Ablauf der Tätigkeitsdauer des Betriebsrats **verlängert** werden kann. Eine gewisse klarstellende Bedeutung wird man einer derartigen Betriebsvereinbarung allerdings dann nicht absprechen können, wenn sich der Vorgang der Betriebsteilung über längere Zeiträume erstreckt, sodass ein genauer Zeitpunkt des Beginns der speziellen Zuständigkeit nach § 62b ArbVG schwer feststellbar ist.

10/125 Kommt es zu einer **Neuwahl** des Betriebsrats im ursprünglichen Betrieb, dann ist zu unterscheiden: Beginnt die Tätigkeitsdauer des neu gewählten Betriebsrats innerhalb der ersten vier Monate, dann wird der Betriebsrat die Zuständigkeit für diesen Zeitraum auch behalten. Liegt der Tätigkeitsbeginn hingegen nach Ablauf der viermonatigen Frist, dann geht die Zuständigkeit für die verselbständigten Betriebsteile verloren.

10/126 Selbst wenn die Teilung des ursprünglichen Betriebs zu seiner gänzlichen Auflösung führt, bleibt der Betriebsrat des aufgelösten Stammbetriebs für die verselbständigten Betriebsteile zuständig. Dies ergibt sich aus der Bestimmung des § 62b Abs 3 ArbVG, die die dauernde Einstellung des Betriebs als Konsequenz der Verselbständigung von Betriebsteilen ausdrücklich erwähnt[130].

10/127 Die Beibehaltung des Zuständigkeitsbereichs des Betriebsrats ist jedoch dann **ausgeschlossen**, wenn im verselbständigten Betriebsteil ein Betriebsrat nicht zu errichten ist, weil zB nur vier Arbeitnehmer beschäftigt sind[131].

Werden Betriebsteile iSd § 62b ArbVG verselbständigt, dann führt dies, neben der Beibehaltung der Zuständigkeit des Betriebsrats, zu weiteren betriebsverfassungsrechtlichen Konsequenzen. Kommt es durch die rechtliche Verselbständigung von Betriebsteilen zur dauernden Einstellung des Stammbetriebs oder zum Ausscheiden von Betriebsratsmitgliedern aus diesem, so erlischt für die Dauer der Beibehaltung der Betriebsratszuständigkeit weder die Tätigkeitsdauer des Betriebsrats noch die Mitgliedschaft des einzelnen Betriebsratsmitglieds zum Betriebsrat (vgl 10.4.4.1 a u 10.4.4.3 c).

10/128 Gem § 82 Abs 6 ArbVG sind die Bestimmungen über die Beibehaltung des Zuständigkeitsbereichs (§ 62b ArbVG) des Betriebsrats sinngemäß auf den **Zentralbetriebsrat** anzuwenden. Werden somit Unternehmensteile rechtlich verselbständigt, dh bilden sie ein eigenes Unternehmen, so bleibt der Zentralbetriebsrat des Stammunternehmens vorläufig auch für diese verselbständigten Teile zuständig. Von Bedeutung kann diese Bestimmung zB aber auch dann werden, wenn ein verselbständigter Betriebsteil in ein anderes Unternehmen integriert wird. Sollte im neuen Unternehmen jedoch bereits ein Zentralbetriebsrat eingerichtet sein, dann fällt der neue Betrieb ohnedies in dessen Zuständigkeitsbereich. Die Zuständigkeit des Zentralbetriebsrats des ursprünglichen Unternehmens lässt sich in diesem Fall nicht begründen. § 82 Abs 6 ArbVG ist aber dann anzuwenden, wenn in dem den verselbständigten Betriebsteil übernehmenden Unternehmen bisher kein Zentralbetriebsrat bestand. In diesem Fall bleibt, unabhängig davon, ob trotz gesetzlicher Verpflichtung kein Zentralbetriebsrat gewählt wurde oder ob eine Zentralbetriebsratspflicht bisher nicht bestand, die Zuständigkeit des Zentralbetriebsrats aus dem ursprünglichen Unternehmen für den verselbständigten Betrieb gewahrt[132].

10/129 d) **Zusammenschluss** von Betrieben oder Betriebsteilen **zu einem neuen Betrieb**: Werden Betriebe oder Betriebsteile zu einem neuen Betrieb iSd § 34 ArbVG zusammengeschlossen, so bilden die Betriebsräte bis zur Neuwahl eines Betriebsrats, längstens aber bis zum Ablauf eines Jahres nach dem Zusammenschluss, einen **einheitlichen Betriebsrat**

---

130 Vgl hiezu auch *Strasser*, Die Arbeitsverfassungsgesetznovellen des Jahres 1990, DRdA 1990, 422.

131 Vgl dazu *Mazal*, Die Rechtsstellung des Betriebsratsmitglieds bei Kompetenzerstreckung gem § 62b ArbVG, RdW 1986, 373.

132 *Mazal*, Zur Kompetenzerstreckung des Betriebsrats bei Betriebsteilung, ZAS 1986, 188; *Schrank* in Tomandl (Hrsg), Offene Fragen des Betriebsverfassungsrechts (1989), 134; aA *Floretta/Spielbüchler/Strasser*, Arbeitsrecht II^4 (2001), 279 f.

(§ 62c ArbVG)[133]. Der Beginn der Tätigkeitsdauer des einheitlichen Betriebsrats kann durch Betriebsvereinbarung festgelegt werden (§ 62c Abs 2 iVm § 62b Abs 2 erster Satz ArbVG; vgl hiezu lit c).

Hat der Zusammenschluss von Betrieben oder Betriebsteilen zu einem neuen Betrieb die dauernde Einstellung des Betriebs oder das Ausscheiden von Betriebsratsmitgliedern zur Folge, so erlischt für die Dauer der Zuständigkeit des einheitlichen Betriebsrats weder die Tätigkeitsdauer des Betriebsrats noch die Mitgliedschaft zu diesem (§ 62c Abs 2 iVm § 62b Abs 3 ArbVG; vgl hiezu lit c). 10/130

Gem § 82 Abs 6 ArbVG ist die Bestimmung des § 62c ArbVG sinngemäß auf den **Zentralbetriebsrat** anzuwenden, sodass bei einem Zusammenschluss von Unternehmen oder Unternehmensteilen von einem **einheitlichen Zentralbetriebsrat** gesprochen werden kann. 10/131

e) **Wiederaufnahme eines eingeschränkten oder stillgelegten Betriebs**: Wird ein eingeschränkter oder stillgelegter Betrieb wieder aufgenommen und weitergeführt, so kann gem § 63 ArbVG die zuständige Belegschaftsversammlung (vgl 10.2) an Stelle einer Neuwahl die Fortsetzung der Tätigkeit des früheren Betriebsrats beschließen. Diese Tätigkeit endet jedoch mit Ablauf der ursprünglichen Funktionsperiode, also zu jenem Zeitpunkt, zu dem auch ohne Unterbrechung durch die Betriebseinstellung oder -einschränkung die Funktionsperiode abgelaufen wäre. 10/132

Ein Fortsetzungsbeschluss kann jedoch nur dann gefasst werden, wenn **zwei Voraussetzungen** erfüllt sind: Einerseits muss die **Zahl der** im Betrieb verbliebenen und/oder der wiedereingestellten ehemaligen **Betriebsratsmitglieder** (Ersatzmitglieder) mindestens die Hälfte der Zahl der ursprünglichen Betriebsratsmandate erreichen, andererseits müssen am Tag der Beschlussfassung über die Fortsetzung der Tätigkeitsdauer des Betriebsrats mindestens halb so viele **betriebs(gruppen)zugehörige Arbeitnehmer** beschäftigt sein wie am Tag der Wahlausschreibung für die Wahl des Betriebsrats, dessen Tätigkeit verlängert werden soll, beschäftigt waren. 10/133

Beispiel: Zu Beginn des Jahres 2015 werden in einem Betrieb getrennte Betriebsräte gewählt. Der Arbeiterbetriebsrat besteht aus vier Mitgliedern, der Angestelltenbetriebsrat aus zwei Mitgliedern. Am Tag der Wahlausschreibung wurden 60 Arbeiter und zwölf Angestellte beschäftigt. Zu Beginn des Jahres 2016 wurde der Betrieb stillgelegt, zu Beginn des Jahres 2017 wider Erwarten wieder aufgenommen. Eingestellt werden 40 Arbeiter, darunter ein ehemaliges Betriebsratsmitglied, und vier Angestellte, darunter ebenfalls ein ehemaliges Betriebsratsmitglied und ein Ersatzmitglied. Kommt eine Fortsetzung der Tätigkeit der ehemaligen Betriebsratsmitglieder in Frage? – Die Gruppenversammlung der Arbeiter kann den ehemaligen Betriebsrat nicht mehr einsetzen, weil nur ein ehemaliges Betriebsratsmitglied wieder aufgenommen wird; es hätten mindestens zwei Arbeiterbetriebsräte wiedereingestellt werden müssen. Eine Fortsetzung der Tätigkeit des ehemaligen Angestelltenbetriebsrats ist auch nicht möglich, weil im wieder eröffneten Betrieb weniger als sechs Angestellte beschäftigt werden.

Denkbar wäre auch, dass ein Betriebsrat, der etwa nach einer Betriebsstilllegung nur mehr im Rahmen des § 62a ArbVG in einem Verfahren um einen Sozialplan kämpft, nach Wie- 10/134

[133] Vgl auch OGH 29. 3. 2001, 8 ObA 207/00z, DRdA 2002, 144 mit Bespr v *Naderhirn*; *Preiss*, Umstrukturierung und Bestand des Betriebsrates im Lichte des ArbVG und der Betriebsübergangs-Richtlinie, in FS Cerny (2001), 457.

deraufnahme des Betriebs durch Fortsetzungsbeschluss gem § 63 ArbVG wieder zu seinen vollen Kompetenzen kommt.

10.4.4.3. Beginn und Ende der Mitgliedschaft zum Betriebsrat

10/135 Nimmt ein Wahlwerber die Wahl an, so wird er damit Mitglied des Betriebsrats (§ 64 Abs 1 ArbVG). Die Qualifikation als Betriebsratsmitglied entsteht somit durch die **Annahme der Wahl**. Die spätere Konstituierung des Betriebsrats (vgl 10.4.4.1 u 10.4.6.1) begründet nicht die Betriebsratsmitgliedschaft, sondern bloß die Handlungsfähigkeit des Kollegiums.

10/136 Das **Ende der Betriebsratsmitgliedschaft** kann durch eine Reihe von Umständen eintreten. Eine Aufzählung der **Erlöschensgründe** hat der Gesetzgeber in § 64 ArbVG vorgenommen:

10/137 a) **Ende der Tätigkeitsdauer des Betriebsrats**: Beendet der Betriebsrat seine Tätigkeit mit Ablauf der Funktionsperiode oder vorzeitig iSd § 62 ArbVG (vgl 10.4.4.1), dann erlöschen gleichzeitig auch die einzelnen Mitgliedschaften zum Betriebsrat, die ja materiell in ihrer Gesamtheit den Betriebsrat darstellen.

10/138 b) **Rücktritt des Betriebsratsmitglieds**: Der Rücktritt ist eine einseitige, empfangsbedürftige, betriebsverfassungsrechtliche Willenserklärung, die entweder gegenüber einem Organ der Arbeitnehmerschaft (va Betriebs- bzw Gruppenversammlung) oder gegenüber dem Vertreter des Betriebsrats (dem Vorsitzenden bzw bei dessen Verhinderung seinem Stellvertreter) abzugeben ist[134]. Die nicht ausdrücklich vom Gesetz verlangte Empfangsbedürftigkeit ergibt sich aus der Überlegung, dass mit dem Rücktritt unmittelbar in Rechte und Pflichten Dritter eingegriffen wird[135].

Die Willenserklärung wäre jedenfalls gegenüber der zuständigen Belegschaftsversammlung abzugeben, wenn bei einem aus drei Mitgliedern bestehenden Betriebsrat sowohl der Vorsitzende als auch dessen Stellvertreter und das einzige Ersatzmitglied ihren Rücktritt erklären[136].

10/139 Tritt ein Mitglied des Betriebsrates zurück, dann führt dies zum gänzlichen Untergang seines Betriebsratsmandats. Er übernimmt in diesem Fall nicht die Funktion eines Ersatzbetriebsratsmitglieds[137].

10/140 c) **Ausscheiden des Betriebsratsmitglieds aus dem Betrieb**: Wird das Dienstverhältnis eines Betriebsratsmitglieds aufgelöst oder wechselt es in einen anderen Betrieb (zum Versetzungsschutz von Betriebsratsmitgliedern vgl 10.13.1), so erlischt sein Betriebsratsmandat.

10/141 Nicht jede Auflösung des Arbeitsverhältnisses ist aber mit einem Ausscheiden aus dem Betrieb verbunden. Wird etwa ein Vollzeitarbeitsverhältnis einvernehmlich beendet und schließt ein Teilzeitarbeitsverhältnis unmittelbar daran an oder kommt es zu einer Anein-

---

134 Vgl OGH 5. 5. 1964, 4 Ob 25/64, Arb 7938.

135 *Floretta* in ArbVG-Handkommentar (1975), 361.

136 LG Klagenfurt 14. 4. 1982, 3 Cg 47/81, Arb 10.104.

137 Vgl *Löschnigg*, Verzicht auf Betriebsratsmandat – Verbleib als Ersatzmitglied?, ASoK 1999, 48; OGH 16. 2. 2000, 9 ObA 3/00g, Arb 11.990 = infas 2000, A 57; aA ohne Beachtung der vorhandenen Literatur *Weiß*, DRdA 2001, 44.

anderreihung von befristeten Arbeitsverhältnissen, dann wird man davon ausgehen müssen, dass das Betriebsratsmandat nicht erlischt.

Problematisch ist jedoch die folgende Konstellation: In der Arbeitsstätte A wird ein Betriebsrat gewählt, obwohl – wie das Gericht zu einem späteren Zeitpunkt feststellt – kein selbständiger Betrieb vorliegt. Ein Betriebsratsmitglied von A wird in die Arbeitsstätte B, für die ebenfalls ein Betriebsrat existiert, versetzt. A und B bilden zufolge der gerichtlichen Entscheidung einen einheitlichen Betrieb. – Sowohl der VwGH als auch der OGH vertreten den Standpunkt, dass in diesem Fall eine Versetzung von einer Abteilung eines einheitlichen Betriebs in eine andere Abteilung desselben Betriebs vorliegt. Die Mitgliedschaft zum Betriebsrat der Arbeitsstätte A erlischt mit der Versetzung nicht. Die Entscheidung des Gerichts hätte somit keinen unmittelbaren Einfluss auf den Bestand des Betriebsrats in der unselbständigen Arbeitsstätte, würde jedoch bewirken, dass für die Versetzung die vom Gericht festgestellte Betriebseinheit relevant ist[138]. Hiezu wird man sagen müssen, dass durch die Sanierung einer unzulässigen Wahl der Tätigkeitsbereich der nunmehr legitimierten Betriebsräte mit allen daraus resultierenden betriebsverfassungsrechtlichen Konsequenzen (Versetzungsschutz etc) fixiert ist. Wenn jedoch der Betriebsrat aus eigenem Entschluss seinen Tätigkeitsbereich verlässt, wird ein Verlust des Betriebsratsmandats anzunehmen sein.

Führt die rechtliche **Verselbständigung** von Betriebsteilen iSd § 62b Abs 1 ArbVG zum Ausscheiden von Betriebsratsmitgliedern aus dem Betrieb, so tritt für die Dauer der vorübergehenden Beibehaltung der Zuständigkeit (vgl 10.4.4.2 lit c) **kein Erlöschen** der Mitgliedschaft zum Betriebsrat ein (§ 62b Abs 3 ArbVG). Das Nämliche gilt beim **Zusammenschluss** von Betrieben oder Betriebsteilen zu einem neuen Betrieb (§ 62c Abs 2 ArbVG; vgl 10.4.4.2 lit d). 10/142

d) **Enthebung wegen Verlustes der Gruppenzugehörigkeit**: Falls die Arbeitnehmergruppe, die das Mitglied in den Betriebsrat gewählt hat, dieses wegen Verlustes der Zugehörigkeit zu dieser Gruppe enthebt, geht die Mitgliedschaft zum Betriebsrat unter (zB wenn ein Arbeiter Angestellter wird). Der Enthebungsbeschluss ist bei Anwesenheit von mindestens der Hälfte der stimmberechtigten Arbeitnehmer mit einer Mehrheit von zwei Drittel der abgegebenen Stimmen (§ 49 Abs 2 ArbVG) und gem § 64 Abs 1 Z 4 ArbVG binnen vier Wochen ab Verlust der Gruppenzugehörigkeit zu fassen (vgl 10.2.3). Im Falle der Wahl eines Arbeitnehmers durch eine andere Arbeitnehmergruppe (vgl 10.2.1 u 10.4.3.3) ist eine Einflussnahme der bisherigen Gruppenversammlung ausgeschlossen. 10/143

e) **Verlust der Wählbarkeit**: Die Mitgliedschaft zum Betriebsrat ist vom Gericht auf Grund einer Klage abzuerkennen, wenn das Betriebsratsmitglied die Wählbarkeit nicht oder nicht mehr besitzt. Zur Klage sind der Betriebsrat, jedes Betriebsratsmitglied und der Betriebsinhaber berechtigt (§ 64 Abs 4 ArbVG)[139]. Unter diesen Tatbestand sind eigentlich auch die Fälle des § 64 Abs 2 ArbVG zu subsumieren. Nach dieser Bestimmung erlischt die Mitgliedschaft zum Betriebsrat für Mitglieder, die gem § 53 Abs 4 ArbVG (Vorstandsmitglieder und Angestellte einer freiwilligen Berufsvereinigung) gewählt wurden, mit Beendigung der Funktion oder Anstellung bei der zuständigen freiwilligen Berufsvereinigung der Arbeitnehmer jedoch ex lege. 10/144

---

138 Vgl VwGH 28. 11. 1978, 1280/77, ZAS 1979, 186 mit krit Bespr v *Schrammel*; OGH 10. 7. 1979, 4 Ob 48/79, DRdA 1980, 210 mit krit Bespr v *Spielbüchler*.

139 Vgl auch *Marhold*, Der Wählbarkeitsmangel bei der Betriebsratswahl, ecolex 1991, 707.

10/145 f) **Unterlassen der Konstituierung**: Gem § 66 Abs 1 ArbVG hat das an Lebensjahren älteste Mitglied des Betriebsrats binnen zwei Wochen nach Durchführung der Betriebsratswahl die gewählten Mitglieder zur konstituierenden Sitzung einzuberufen. Die Einberufung hat die Sitzung innerhalb von sechs Wochen nach Durchführung der Wahl vorzusehen (vgl 10.4.4.1 u 10.4.6.1). Erfolgt die Konstituierung nicht innerhalb von (weiteren) sechs Wochen nach Ablauf dieser Sechs-Wochen-Frist (dh innerhalb von zwölf Wochen nach Durchführung der Betriebsratswahl), so erlischt gem § 64 Abs 3 ArbVG die Mitgliedschaft aller Mitglieder des Betriebsrats. Im Ergebnis würde dies einer vorzeitigen Beendigung der Tätigkeit des gesamten Betriebsrats gleichkommen. Da jedoch die Tätigkeitsdauer des Betriebsrats durch die mangelnde Konstituierung noch nicht begonnen hat, erfolgt das Erlöschen der Betriebsratsmandate über den Umweg der Beendigung der einzelnen Mitgliedschaften zum Betriebsrat.

10/146 **Dienstverhinderungen** des Betriebsratsmitglieds führen nicht zum Verlust des Betriebsratsmandats[140]. Wenn das Betriebsratsmitglied dauernd unfähig wird, die im Arbeitsvertrag vereinbarte Arbeit zu leisten, kann aber das Gericht der Kündigung zustimmen.

10.4.5. Ersatzmitglieder

10/147 Ersatzmitglieder sind Wahlwerber, die auf einem Wahlvorschlag aufscheinen, aber nicht in den Betriebsrat gewählt werden. Die Reihenfolge des Nachrückens der Ersatzmitglieder wird durch die Reihung auf dem Wahlvorschlag bestimmt. Verzichtet ein Ersatzmitglied auf das Nachrücken, so verbleibt es weiterhin als Ersatzmitglied auf dem Wahlvorschlag in der ursprünglichen Reihung (§ 65 Abs 2 ArbVG).

Wurde der Betriebsrat ohne Erstellung von Wahlvorschlägen mit einfacher Mehrheit der abgegebenen Stimmen gewählt (vgl 10.4.3.4.4), so tritt das Ersatzmitglied mit der höchsten Stimmenzahl an die Stelle des ausgeschiedenen oder verhinderten Mitglieds. Bei gleicher Stimmenzahl entscheidet das Los (§ 65 Abs 3 ArbVG).

10/148 Im Falle des **Erlöschens** der Mitgliedschaft zum Betriebsrat oder der **Verhinderung** eines Betriebsratsmitglieds tritt ein Ersatzmitglied an dessen Stelle. Dies gilt nicht bei Erlöschen der Mitgliedschaft aller Betriebsratsmitglieder mangels rechtzeitiger Konstituierung gem § 64 Abs 3 ArbVG (§ 65 Abs 1 ArbVG).

Der Terminus „Verhinderung" in § 65 Abs 1 ArbVG betrifft nur die vorübergehende Verhinderung. Die dauernde Verhinderung ist, obwohl in § 64 ArbVG nicht erwähnt, als Erlöschensgrund für die Mitgliedschaft anzusehen[141].

10/149 Das Nachrücken des Ersatzmitglieds erfolgt **ex lege** bei Eintritt eines entsprechenden Tatbestandes und ist unabhängig von einer allfälligen Benachrichtigung des Betriebsinhabers oder des Arbeitsinspektorats[142]. Zu beachten ist allerdings, dass der besondere Kündigungs- und Entlassungsschutz bei einer mindestens zweiwöchigen Vertretungstätigkeit nur bei un-

---

[140] Vgl *Löschnigg*, Verzicht auf Betriebsratsmandat – Verbleib als Ersatzmitglied?, ASoK 1999, 48.

[141] *Strasser/Jabornegg*, ArbVG[3] (1999), 242; aA *Neumayr* in Strasser/Jabornegg/Resch (Hrsg), ArbVG (Losebl), § 65 Rz 9.

[142] VwGH 25. 2. 1954, 1503/53, Arb 5931; EA Wiener Neustadt 2. 9. 1974, Re 4/74, Arb 9242; OGH 8. 4. 1975, 4 Ob 56/75, Arb 9411; EA Innsbruck 6. 2. 1980, Re 39/79, Arb 9852.

verzüglicher Mitteilung an den Betriebsinhaber zum Tragen kommt (§ 120 Abs 4 Z 1 ArbVG; vgl hiezu 8.2.8.3.1 u 8.3.4.3.3.1).

Eine vorübergehende Verhinderung wäre etwa bei Erkrankung oder Kuraufenthalt, wegen dienstlicher Abwesenheit oder auch wegen monatelangen Besuchs einer Sozialakademie im Rahmen der erweiterten Bildungsfreistellung gegeben[143].

Rückt ein Ersatzmitglied nach, so übernimmt es dabei nicht die Funktion des zu Vertre- 10/150
tenden im Betriebsrat[144].

10.4.6. Geschäftsführung

10.4.6.1. Konstituierung

Wesentliche Voraussetzung für die Geschäftsführung des Betriebsrats bildet seine Konsti- 10/151
tuierung.

In der konstituierenden Sitzung erfolgt die **Wahl der Organe** des Betriebsrats. Zu wählen 10/152
sind gem § 66 Abs 3 ArbVG mit Mehrheit der abgegebenen Stimmen der Vorsitzende, ein oder mehrere Stellvertreter und, falls erforderlich, weitere Funktionäre (zB Schriftführer). Existiert ein gemeinsamer Betriebsrat der Arbeiter und Angestellten (vgl 10.1), so dürfen der Vorsitzende und sein Stellvertreter nicht derselben Gruppe angehören (§ 66 Abs 5 ArbVG).

Falls bereits ein Betriebsratsfonds errichtet ist, haben die Betriebsratsmitglieder auch einen 10/153
Kassaverwalter zu wählen. Die Rechnungsprüfer für den Betriebsratsfonds werden hingegen nicht vom Betriebsrat, sondern von der zuständigen Belegschaftsversammlung gewählt (§ 75 Abs 1 ArbVG).

Das an Lebensjahren (unabhängig von den Dienstjahren) älteste Mitglied des Betriebsrats 10/154
hat die **Einberufung** der gewählten Mitglieder zur konstituierenden Sitzung **binnen zwei Wochen** nach Durchführung der Betriebsratswahl vorzunehmen. In der Einberufung ist die konstituierende Sitzung **innerhalb von sechs Wochen** nach Durchführung der Wahl anzuberaumen.

Kommt das älteste Mitglied dieser Pflicht nicht nach, so kann jedes Mitglied des Betriebsrats, das an erster Stelle eines Wahlvorschlags zu diesem Betriebsrat gereiht war, die Einberufung vornehmen. Im Falle mehrerer Einberufungen gilt die Einberufung desjenigen Betriebsratsmitglieds, das auf dem Wahlvorschlag mit der größeren Anzahl der gültigen Stimmen gewählt wurde (§ 66 Abs 1 ArbVG).

Den **Vorsitz** in der konstituierenden Sitzung führt bis zur erfolgten Wahl des Betriebsrats- 10/155
vorsitzenden derjenige, der die Sitzung einberufen hat. Einen Vorsitzwechsel sieht § 66 Abs 2 ArbVG nicht vor. Entfernt sich daher etwa das älteste Betriebsratsmitglied während der Sitzung, so kann nicht das an Lebensjahren nächstälteste Mitglied den Vorsitz übernehmen[145].

---

[143] Vgl OGH 18. 2. 1958, 4 Ob 154, 155/57, Arb 6832; EA Wiener Neustadt 2. 9. 1974, Re 4/74, Arb 9242; zur Einbeziehung der vorübergehenden Verhinderung in die Anlassfälle des Nachrückens von Ersatzmitgliedern vgl schon EA Wien 7. 7. 1952, Re 307/52, Arb 5460; VfGH 14. 10. 1952, B 125/52, Arb 5529.

[144] ZB jene des Betriebsratsvorsitzenden oder dessen Stellvertreters; vgl OGH 8. 5. 1962, 4 Ob 45/62, Arb 7558.

[145] Vgl VwGH 20. 12. 1977, 900/76, Arb 9657.

10/156 **Wahlberechtigt** und **wählbar** sind in der konstituierenden Sitzung ausschließlich Betriebsratsmitglieder[146].

Haben zwei Kandidaten, die sich für die Vorsitzendenstelle bewerben, die **gleiche Stimmenanzahl**, so gilt jenes Betriebsratsmitglied als gewählt, das auf jenem Wahlvorschlag kandidiert hat, der bei der Betriebsratswahl die meisten Stimmen auf sich vereinigt hat. Weisen auch die entsprechenden Wahlvorschläge die gleiche Stimmenanzahl auf, so entscheidet das Los. In diesem Fall ist der Vorsitzendenstellvertreter jener wahlwerbenden Gruppe zu entnehmen, die auf Grund des Losentscheids nicht den Vorsitzenden stellt. Bei Stimmengleichheit im Zusammenhang mit der Wahl der übrigen Funktionäre findet sinngemäß § 68 Abs 2 ArbVG Anwendung (§ 66 Abs 6 ArbVG). Demnach steht dem Vorsitzenden ein Dirimierungsrecht zu. Keine ausdrückliche Regelung sieht das Gesetz jedoch dann vor, wenn die Forderung nach der Zugehörigkeit des Vorsitzendenstellvertreters aus der gegnerischen Wahlwerbepartei mit § 66 Abs 5 ArbVG kollidiert, wonach der Vorsitzende und sein Stellvertreter nicht der gleichen Arbeitnehmergruppe angehören dürfen.

Beispiel: In den gemeinsamen Betriebsrat wurden auf Grund des Wahlvorschlags A der Arbeiter Mayer und der Angestellte Müller gewählt, auf Grund des Wahlvorschlags B die Arbeiter Fein und Klein. Bei der Wahl des Vorsitzenden hat sowohl der Arbeiter Mayer als auch der Arbeiter Fein dieselbe Anzahl an Stimmen erhalten. Bereits bei der Betriebsratswahl haben die beiden Wahlvorschläge gleich viele Stimmen bekommen. Der Arbeiter Mayer wurde durch das Los zum Betriebsratsvorsitzenden bestimmt. Wer kommt als Stellvertreter in Betracht? – Gem § 66 Abs 6 ArbVG wäre der Stellvertreter aus der wahlwerbenden Gruppe B zu entnehmen. Gem § 66 Abs 5 ArbVG müsste allerdings der Stellvertreter der Angestelltengruppe angehören. Eine gleichzeitige Erfüllung beider Voraussetzungen ist im konkreten Fall nicht möglich. Nach *Floretta*[147] käme der Arbeiter Fein als Stellvertreter in Betracht, weil § 66 Abs 5 ArbVG dann nicht anwendbar sei, wenn alle gewählten Mitglieder des gegnerischen Wahlvorschlags derselben Arbeitnehmergruppe angehören wie der Vorsitzende. Dagegen vertreten *Radner/Preiss*[148] die Auffassung, dass im Falle einer Kollision des Abs 5 mit Abs 6 des § 66 ArbVG stets Abs 5 vorgeht. Aus diesem Grund müsste der Arbeitnehmer Müller, weil nur er Angestellter ist, die Stellvertreterfunktion einnehmen.

10/157 Besteht ein **Betriebsrat aus nur zwei Mitgliedern**, so ist die Ermittlung des Vorsitzenden durch eine Mehrheitswahl naturgemäß nicht sinnvoll. Aus diesem Grund haben sich die beiden Betriebsratsmitglieder einvernehmlich darauf zu einigen, wer die Funktion des Betriebsratsvorsitzenden annehmen soll. Kommt eine Einigung nicht zustande, so wird jenes Betriebsratsmitglied Vorsitzender, das bei der Betriebsratswahl die meisten Stimmen auf sich vereinigt hat. Bei Stimmengleichheit ist die Entscheidung wiederum durch das Los herbeizuführen. Wurden die Betriebsratsmitglieder auf Grund eines Wahlvorschlags gewählt, wodurch eine Zuordnung der Stimmen der Arbeitnehmer zu den einzelnen Betriebsratsmitgliedern unmöglich ist, so wird mangels Einigung jenes Betriebsratsmitglied Vorsitzender, das im Wahlvorschlag an erster Stelle steht (§ 66 Abs 7 ArbVG).

10/158 Das **Ergebnis** der Konstituierung ist ebenso wie das Wahlergebnis (vgl 10.4.3.4.3) betrieblich und außerbetrieblich **bekannt zu machen**. Gem § 66 Abs 8 ArbVG hat der Betriebsratsvorsitzende nach Beendigung der konstituierenden Sitzung das Ergebnis der Wahl der Betriebsratsfunktionäre sowie die Reihenfolge der Ersatzmitglieder dem Betriebsinhaber, der zuständigen freiwilligen Berufsvereinigung und der zuständigen gesetzlichen Interessen-

---

146 Vgl aber auch *Stärker*, Konstituierung des Betriebsrats und Wahl des Vorsitzenden, ecolex 2005, 708.
147 In ArbVG-Handkommentar (1975), 376.
148 In Gahleitner/Mosler (Hrsg), Arbeitsverfassungsrecht, Bd 2^5 (2015), 717.

vertretung der Arbeitnehmer sowie dem zuständigen Arbeitsinspektorat anzuzeigen und im Betrieb durch Anschlag kundzumachen[149].

Die Tätigkeit der Betriebsratsfunktionäre währt normalerweise bis zum Ablauf der Tätigkeitsdauer des Betriebsrats. Sie erlischt nur dann vorzeitig, wenn die Mehrheit der Betriebsratsmitglieder die Enthebung eines Funktionärs beschließt, ein Funktionär seine Funktion zurücklegt oder die Mitgliedschaft eines Funktionärs zum Betriebsrat erlischt (§ 66 Abs 4 ArbVG; vgl auch 10.4.4.3). 10/159

10.4.6.2. Betriebsratssitzungen

Betriebsratssitzungen sind vom Betriebsratsvorsitzenden, bei dessen Verhinderung von seinem Stellvertreter, je nach Bedarf **einzuberufen** und zu leiten. Das Mindestausmaß setzt jedoch § 67 Abs 1 ArbVG mit einer **monatlichen Sitzung** fest. Die Mitglieder des Betriebsrats sind rechtzeitig unter Bekanntgabe der Tagesordnung zu laden. 10/160

Die Verpflichtung, eine Sitzung einzuberufen, trifft den Betriebsratsvorsitzenden auch dann, wenn es ein Drittel der Betriebsratsmitglieder, mindestens jedoch zwei, verlangen. In diesem Fall hat die Einberufung binnen zwei Wochen zu erfolgen (§ 67 Abs 2 ArbVG). 10/161

Unterlässt der Vorsitzende die Einberufung der monatlichen oder der von einem Drittel der Betriebsratsmitglieder geforderten Sitzung, so hat das Gericht die Sitzung anzuordnen. Voraussetzung ist ein Antrag von einem Drittel – mindestens jedoch zwei – der Betriebsratsmitglieder. 10/162

Für dieses Verfahren ist § 92 Abs 2 ASGG sinngemäß anzuwenden, dh es gelten die allgemeinen Bestimmungen über das Verfahren in Außerstreitsachen. Gegen den Beschluss des Gerichts erster Instanz ist kein Rechtsmittel zulässig (§ 67 Abs 3 ArbVG).

Die **Öffentlichkeit** ist von den Sitzungen des Betriebsrats **ausgeschlossen**. Der Betriebsrat kann allerdings bei Erledigung bestimmter Aufgaben beschließen, nicht dem Betriebsrat angehörende Personen als Berater zuzuziehen (vgl § 67 Abs 4 ArbVG). Auf diese Weise könnte auch der Betriebsinhaber zu Sitzungen eingeladen werden. Zur Teilnahme mit **beratender Stimme** berechtigt sind gem § 67 Abs 1 ArbVG ein Vertreter des Jugendvertrauensrats und die Behindertenvertrauensperson (s §§ 128 Abs 4 ArbVG, 22a Abs 8 lit d BEinstG). Der Generalkollektivvertrag vom 17. 12. 1970, abgeschlossen zwischen der Bundeskammer der gewerblichen Wirtschaft (jetzt: Wirtschaftskammer Österreich) und dem Österreichischen Gewerkschaftsbund, sieht eine Zuziehung des Sprechers der ausländischen Arbeitnehmer dann vor, wenn es um Angelegenheiten der Ausländer geht. Allerdings wird eine rechtliche Verbindlichkeit dieser (General-)Kollektivvertragsbestimmung im Hinblick auf § 2 ArbVG (vgl 3.3.1.1 und 3.3.1.9), wonach der Regelungsinhalt des Kollektivvertrags gewissen Grenzen unterliegt, abzulehnen sein. 10/163

Auch die übrigen an der Betriebsratssitzung Teilnahmeberechtigten sind unter Bekanntgabe der Tagesordnung rechtzeitig (dh normalerweise mindestens einen Tag vorher) zu laden (vgl insb § 67 Abs 1 ArbVG). 10/164

---

[149] Vgl auch *Trost*, Der Ansprechpartner im Betriebsrat, DRdA 1992, 227.

10.4.6.3. Betriebsratsbeschlüsse

10/165 Die **Beschlussfähigkeit** des Betriebsrats[150] setzt die rechtzeitige Verständigung aller Mitglieder von der Abhaltung der Sitzung voraus (vgl § 14 Abs 6 BRGO). Eine mangelhafte oder nicht rechtzeitige Verständigung wird aber saniert, wenn die nicht (rechtzeitig) verständigten Mitglieder zur Sitzung tatsächlich erscheinen[151]. Der Betriebsrat ist beschlussfähig, wenn mindestens die Hälfte der Mitglieder **anwesend** ist (§ 68 Abs 1 ArbVG, § 14 Abs 7 BRGO).

10/166 Grundsätzlich werden Beschlüsse mit **Mehrheit** der abgegebenen Stimmen gefasst. Im Falle einer Stimmengleichheit besitzt der Vorsitzende (bzw sein Stellvertreter) ein Dirimierungsrecht. Das bedeutet, dass bei Stimmengleichheit die Meinung des Betriebsratsvorsitzenden ausschlaggebend ist (§ 68 Abs 2 ArbVG).

Besteht ein **Betriebsrat bloß aus zwei Mitgliedern**, so kommt ein Beschluss nur bei Übereinstimmung beider Mitglieder zustande. Daraus folgt, dass ein solcher Betriebsrat nur bei Anwesenheit beider Mitglieder beschlussfähig ist, was ua im Zusammenhang mit § 62 Z 2 ArbVG von Bedeutung ist[152].

10/167 Beschlüsse in folgenden Angelegenheiten bedürfen einer **qualifizierten Mehrheit**:

a) die Zustimmung des Betriebsrats zu Kündigungen oder Entlassungen erfordert eine Mehrheit von zwei Drittel der abgegebenen Stimmen (§ 68 Abs 2 ArbVG);
b) eine autonome Geschäftsordnung kann nur mit einer Zweidrittelmehrheit der Stimmen **aller** Betriebsratsmitglieder eingeführt werden (§ 70 ArbVG);
c) die vom Betriebsrat eingeführte autonome Geschäftsordnung kann für Beschlüsse in bestimmten Angelegenheiten ebenfalls eine qualifizierte Mehrheit vorschreiben (§ 19 Abs 2 Z 6 BRGO);
d) ein Beschluss über den Rücktritt des Betriebsrats kann nur mit der Mehrheit der Stimmen **aller** Betriebsratsmitglieder gefasst werden (§ 68 Abs 3 ArbVG); dasselbe gilt auch für den Enthebungsbeschluss von Betriebsratsfunktionären (§ 66 Abs 4 Z 1 ArbVG, § 13 Abs 3 BRGO).

10/168 Der durch BGBl I 101/2010 eingefügte § 68 Abs 4 ArbVG bildet die Rechtsgrundlage für **im Umlaufweg gefasste Betriebsratsbeschlüsse**. Damit können auch durch schriftliche Stimmabgabe, durch fernmündliche Zustimmung oder durch andere vergleichbare Formen der Beschlussfassung (zB Stimmabgabe per E-Mail) Beschlüsse rechtskonform zustande kommen. Für die Dokumentierung derartiger Beschlüsse hat der Vorsitzende zu sorgen[153].

10.4.6.4. Übertragung von Aufgaben

10/169 Zur Erleichterung der Erfüllung seiner Aufgaben kann der Betriebsrat einzelne seiner Befugnisse delegieren. Zu unterscheiden sind hiebei die Delegierung im Einzelfall und die ständige Delegierung (§ 69 ArbVG, §§ 15 ff BRGO).

---

[150] Allg hiezu *Adamovic*, Die Geschäftsführung des Betriebsrats, in Tomandl (Hrsg), Offene Fragen des Betriebsverfassungsrechts (1989), 1.
[151] S OGH 28. 2. 1990, 9 ObA 351/89, DRdA 1991, 140 mit Bespr v *Binder*.
[152] *Strasser/Jabornegg*, ArbVG[3] (1999), 248.
[153] Vgl *Schneller*, Umlaufbeschlüsse von Betriebsräten, infas 2012, 59; s auch OLG Graz 14. 3. 2013, 6 Ra 8/13p.

Im Einzelfall kann der Betriebsrat die Durchführung einzelner seiner Befugnisse, die keiner Beschlussfassung bedürfen (zB Überwachung der Arbeitnehmerschutzvorschriften im Falle einer konkreten betrieblichen Gefahrenquelle), einem oder mehreren seiner Mitglieder übertragen. Diese Delegierung kann gleichzeitig mit einer Vertretungsbefugnis des jeweiligen Betriebsratsmitglieds gegenüber dem Betriebsinhaber und nach außen verbunden sein (vgl § 71 ArbVG). Darüber hinaus ist es im Einzelfall auch zulässig, dass die Vorbereitung und die Durchführung von Betriebsratsbeschlüssen an eigene Ausschüsse delegiert werden (insb Ausschüsse in Angelegenheiten der Gleichbehandlung oder des Frauenschutzes). Derartige Ausschüsse werden mit einfacher Mehrheit im Betriebsrat gebildet; selbstständige Beschlüsse können von ihnen nicht gefasst werden. 10/170

Sofern der Betriebsrat eine Geschäftsordnung (vgl 10.4.6.5) beschließt, kann er in dieser einen **ständigen Ausschuss zur Vorbereitung und Durchführung** von Betriebsratsbeschlüssen in bestimmten Angelegenheiten vorsehen (zB vorbereitende Ausschüsse für Versetzungen, Disziplinarmaßnahmen, Frauen- und Familienförderung udgl). 10/171

Ständige geschäftsführende Ausschüsse zur selbstständigen Beschlussfassung sind gem § 69 Abs 4 ArbVG nur zulässig, wenn 10/172

a) der Betrieb (die Arbeitnehmergruppe) mehr als tausend Arbeitnehmer aufweist,
b) sie auf Grund der Geschäftsordnung errichtet wurden und
c) einen abgegrenzten Regelungsbereich aufweisen.

Im Gegensatz zu den bloß ausführenden oder vorbereitenden Ausschüssen, die der Betriebsrat mit Mehrheitsbeschluss beliebig zusammensetzen kann, schreibt § 69 Abs 4 ArbVG für selbstständig beschlussfähige Ausschüsse vor, dass **jede wahlwerbende Gruppe**, die ein Mitglied des Betriebsrats stellt, **vertreten** sein muss. Die Beschlüsse in diesen Ausschüssen haben außerdem **einhellig** zu erfolgen. Kann keine Einstimmigkeit erzielt werden, so geht das Entscheidungsrecht an den Betriebsrat zurück. Das Recht auf Abschluss von Betriebsvereinbarungen und die Wahrnehmung der wirtschaftlichen Mitwirkungsrechte gem §§ 108 bis 112 ArbVG (vgl 11.5.4) können den geschäftsführenden Ausschüssen nicht übertragen werden. Der Betriebsrat kann den Vorsitzenden des Ausschusses auch mit der Vertretung nach außen beauftragen. Dies wird regelmäßig zielführend sein, weil damit der Umweg über den Betriebsratsvorsitzenden vermieden wird. Alle Änderungen in den Vertretungsbefugnissen sind dem Betriebsinhaber umgehend mitzuteilen und erlangen erst mit der Verständigung Rechtswirksamkeit (vgl § 71 ArbVG).

Die Ausschusssitzungen sind ebenso wie die Betriebsratssitzungen nicht öffentlich. Außenstehende Personen können beratend beigezogen werden. Betriebsratsmitglieder, die dem Ausschuss nicht angehören, haben das Recht, an allen Ausschusssitzungen als Beobachter teilzunehmen. 10/173

10.4.6.5. Geschäftsordnung

Wie der Betriebsrat seine Geschäftsführung zu gestalten hat, wird ihm vor allem durch die §§ 66 bis 72 ArbVG und durch die BRGO vorgeschrieben. Außerdem hat der Betriebsrat gem den §§ 70 ArbVG und 19 BRGO die Möglichkeit, mit einer Mehrheit von zwei Drittel seiner Mitglieder eine **autonome Geschäftsordnung** zu beschließen. Diese kann insb regeln: 10/174

a) die Errichtung, Zusammensetzung und Geschäftsführung von Ausschüssen (vgl 10.4.6.4);

b) jene Angelegenheiten, in denen geschäftsführenden Ausschüssen das Recht auf selbstständige Beschlussfassung zukommt;
c) Art und Umfang der Vertretungsmacht der Vorsitzenden von geschäftsführenden Ausschüssen;
d) die Zahl der Stellvertreter des Betriebsratsvorsitzenden und die Reihenfolge der Stellvertretung.

Von der **Rechtsnatur** her wird die autonome Geschäftsordnung als privatrechtliche Satzung angesehen, die weder durch Kollektivvertrag noch durch Betriebsvereinbarung abgeändert werden kann[154]. Sie kann ihre Regelungen in den vom ArbVG und von der BRGO vorgegebenen Grenzen treffen.

10.4.6.6. Geschäftsführungskosten

10/175 Zur Deckung des Aufwandes für die Geschäftsführung stehen dem Betriebsrat zwei Quellen zur Verfügung:

10/176 **Sachleistungen**, wie die zur Aufgabenerfüllung nötigen Räumlichkeiten sowie Kanzlei- und Geschäftserfordernisse (EDV-Ausstattung, Kopier- und Faxgerät etc), sind dem Betriebsrat (bzw dem Wahlvorstand) vom Betriebsinhaber in einem der Größe des Betriebs und den Bedürfnissen des Betriebsrats angemessenen Ausmaß unentgeltlich zur Verfügung zu stellen (§ 72 ArbVG u § 22 BRGO)[155]. Bei größeren Betrieben ist die Beistellung einer Vollzeitarbeitskraft, eines Laptops und eines Mobiltelefons die Regel[156]. Kriterien für die Erforderlichkeit der Sachmittel sind zB die Betriebsorganisation (räumlich entfernte Arbeitsstätten, stark divergierende Arbeitszeiten etc), Umfang der Betriebsratsaktivitäten (Mitwirkung bei Kündigungen, Abschluss von Betriebsvereinbarungen etc), geplante Aktivitäten des Betriebsrats. Ebenso hat der Betriebsinhaber unentgeltlich die bereitgestellten Räume und Gegenstände in Stand zu halten. Anspruch auf Beistellung von Sachleistungen hat neben dem Wahlvorstand nur der Betriebsrat (bzw der Zentralbetriebsrat und die Konzernvertretung) als Gesamtheit. Für nicht dem Betriebsrat als Kollegialorgan – sondern zB einzelnen einer wahlwerbenden Gruppe angehörenden Betriebsratsmitgliedern – zuzurechnende Tätigkeiten von Betriebsratsfunktionären ist der Betriebsinhaber nicht zur Beistellung von Sacherfordernissen verpflichtet[157].

10/177 **Geldleistungen** stehen dem Betriebsrat durch die Schaffung eines eigenen Fonds, der ua durch eine Betriebsratsumlage von den Arbeitnehmern gespeist wird, zur Verfügung (§§ 73 ff ArbVG; vgl 10.12)[158].

---

[154] Vgl *Neumayr* in Strasser/Jabornegg/Resch (Hrsg), ArbVG (Losebl), §§ 66 bis 72; *Mosler* in Tomandl (Hrsg), ArbVG (Losebl), § 70 Rz 1.

[155] Allg s *Hainz*, Zur Beistellung von Sachmitteln an den Betriebsrat, in FS Krejci (2001), 1537; *Reissner*, Zum Anspruch des Betriebsrates auf Beistellung einer Sekretariatskraft, ASoK 2005, 43.

[156] So wurde etwa ein Betrieb mit 650 Mitarbeitern als großer Betrieb iSd § 22 BRGO eingestuft, OGH 20. 8. 2008, 9 ObA 89/07i, DRdA 2010, 224 mit Bespr v *Cerny*.

[157] OGH 10. 7. 1991, 9 ObA 133/91, DRdA 1991, 460 mit Bespr v *Andexlinger* = ZAS 1992, 131 mit Bespr v *Resch*; OGH 26. 8. 2009, 9 ObA 175/08p, DRdA 2011, 140 mit Bespr v *Trost*.

[158] Vgl allg *Jabornegg*, Zur Finanzierung der Betriebsratstätigkeit am Beispiel der Reisekosten, in FS Floretta (1983), 627; *dens*, Absolut zwingendes Arbeitsverfassungsrecht, in FS Strasser (1983), 376.

10.4.7. Kompetenzbereich

Gem der Generalklausel des § 113 Abs 1 ArbVG werden sämtliche der Arbeitnehmerschaft zustehenden Befugnisse durch Betriebsräte ausgeübt, sofern gesetzlich nichts anderes bestimmt ist. Bei Bestehen eines Betriebsausschusses, eines Zentralbetriebsrats oder einer Konzernvertretung geht eine Reihe von Befugnissen **unmittelbar** auf diese Belegschaftsorgane über (vgl 10.5, 10.7 u 10.8). 10/178

Eine **Übertragung von Kompetenzen** des Betriebsrats an den Zentralbetriebsrat ist mit dessen Zustimmung in Einzelfällen oder für bestimmte Angelegenheiten zulässig. Eine Übertragung einzelner Befugnisse an die Konzernvertretung kommt gleichfalls in Frage (vgl 10.8.3). Die dementsprechenden Beschlüsse sind dem Betriebsinhaber umgehend mitzuteilen und erlangen erst mit dessen Verständigung Rechtswirksamkeit (§ 114 ArbVG). 10/179

10.5. Betriebsausschuss

Den Betriebsausschuss bildet die **Gesamtheit der Mitglieder des Betriebsrats der Arbeiter und des Betriebsrats der Angestellten** (§ 76 Abs 1 ArbVG). 10/180

In Theaterunternehmen, in denen getrennte Betriebsräte des darstellenden und des nicht-darstellenden Personals bestehen, sowie in Schifffahrts- und Flugunternehmen, in denen eigene Betriebsräte für die im Schiffs- oder Flugdienst Beschäftigten errichtet sind (vgl 10.1), bilden diese mit den sonst im Betrieb vorhandenen Betriebsräten den Betriebsausschuss (§§ 133 Abs 2, 134 Abs 5 ArbVG).

Der Betriebsausschuss ist demnach zur Wahrung **gemeinsamer Angelegenheiten** immer dann notwendig, wenn getrennte Betriebsräte für die einzelnen Arbeitnehmergruppen existieren. 10/181

Ebenso wie der Betriebsrat benötigt auch der Betriebsausschuss gewisse **Funktionäre** zu seiner Vertretung. Die konstituierende Sitzung zur Wahl dieser Funktionäre (des Vorsitzenden des Betriebsausschusses und dessen Stellvertreters) ist von den Vorsitzenden der Betriebsräte gemeinsam einzuberufen (zur Konstituierung vgl allg 10.4.6.1). Einigen sich die Vorsitzenden nach zwei Wochen nicht, kann auch einer allein die Einberufung vornehmen. Für die Wahl ist die Anwesenheit von mindestens der **Hälfte** der Mitglieder **jedes Betriebsrats** erforderlich (§ 76 Abs 2 ArbVG). Den **Vorsitz** führt bis zur durchgeführten Wahl grundsätzlich jener Betriebsratsvorsitzende, der die größere Arbeitnehmergruppe repräsentiert. Erfolgt die Einberufung nicht einvernehmlich, sondern einseitig nach der vorgeschriebenen Zwei-Wochen-Frist, so führt der einberufende Betriebsratsvorsitzende den Vorsitz. Der Vorsitzende des Betriebsausschusses und dessen Stellvertreter werden aus der Mitte der Mitglieder beider Betriebsräte mit Mehrheit der abgegebenen Stimmen gewählt. Ähnlich wie für die Funktionäre von gemeinsamen Betriebsräten gilt auch im Falle des Betriebsausschusses der Grundsatz, dass der Vorsitzende und sein Stellvertreter nicht aus derselben Arbeitnehmergruppe kommen dürfen. Gibt es mehrere Wahlvorschläge (Wahlwerber), von denen keiner die Mehrheit erreicht, so ist ein zweiter Wahlgang durchzuführen, bei dem gültige Stimmen nur für die beiden Wahlvorschläge abgegeben werden dürfen, die im ersten Wahlgang die meisten Stimmen erhalten haben. Bei Stimmengleichheit entscheidet das Los (§ 76 Abs 3 ArbVG, § 23 Abs 2 BRGO). Eine Vereinfachung sieht das ArbVG für Betriebe vor, in denen für jede Gruppe nur je ein Betriebsratsmitglied zu wählen ist. Einigen sich nämlich die beiden Betriebsratsmitglieder über ihre Funktionen nicht, so wird jenes Vorsitzender des Betriebsausschusses, das die größere Arbeitnehmergruppe repräsentiert. Bei gleicher Gruppenstärke ist wiederum eine Losentscheidung herbeizuführen (§ 76 Abs 4 ArbVG, § 23 Abs 3 BRGO).

10.5. Betriebsausschuss

10/182 Die **Tätigkeitsdauer** der Funktionäre des Betriebsausschusses ist von der Tätigkeitsdauer der im Betriebsausschuss vereinten Betriebsräte abhängig. Der Vorsitzende des Betriebsausschusses und dessen Stellvertreter sind stets dann neu zu wählen, wenn einer der beiden Betriebsräte sich nach einer Neuwahl konstituiert hat (§ 76 Abs 5 ArbVG, § 23 Abs 4 BRGO).

10/183 Für die **Geschäftsführung** des Betriebsausschusses gilt das zum Betriebsrat Gesagte sinngemäß (vgl § 77 Abs 1 ArbVG). Die Einberufung des Betriebsausschusses hat stets dann zu erfolgen, wenn mehr als ein Drittel der Betriebsratsmitglieder des gesamten Betriebs oder ein einzelner Betriebsrat dies verlangt. Zuständig für die Einberufung ist der Vorsitzende, der dieser Verpflichtung binnen zwei Wochen nachzukommen hat (§ 77 Abs 2 ArbVG).

Im Betriebsausschuss soll möglichst vermieden werden, dass eine gesamte Gruppe auf Grund ihrer Minderheit überstimmt wird. Dies bringt auch § 77 Abs 3 ArbVG zum Ausdruck, wonach im Falle einer **Überstimmung** sämtlicher anwesender Betriebsratsmitglieder **einer Arbeitnehmergruppe** eine zweite Abstimmung vorzunehmen ist. In dieser kann der betreffende Beschluss nur dann gefasst werden, wenn eine Mehrheit von zwei Drittel der abgegebenen Stimmen zustande kommt. Ist für jede Gruppe nur ein Betriebsratsmitglied zu wählen (dh der Betriebsausschuss besteht nur aus zwei Mitgliedern), so bedarf es für das Zustandekommen eines Beschlusses der Übereinstimmung beider Betriebsratsmitglieder.

10/184 Nach der **Kompetenzabgrenzung** des § 113 Abs 2 ArbVG werden in Betrieben, in denen ein Betriebsausschuss errichtet ist, von diesem folgende Befugnisse ausgeübt:

a) Beratungsrecht (§ 92 ArbVG; vgl 11.4.4.1.4);
b) wirtschaftliche Informations-, Interventions- und Beratungsrechte (§ 108 ArbVG; vgl 11.5.4.1);

   Die Bestimmung des § 113 Abs 2 ArbVG spricht nur von Informations- und Interventionsrechten. Dies war bis zur ArbVG-Novelle 1986 durchaus richtig, da § 108 ArbVG bis dahin entgegen seiner Überschrift keine Beratungsrechte beinhaltete. Seit der Novelle 1986 finden sich im § 108 ArbVG tatsächlich Beratungsrechte. Eine entsprechende Änderung des § 113 Abs 2 ArbVG wurde allerdings, offenbar aus Versehen, nicht durchgeführt. Dennoch stehen diese Beratungsrechte auch dem Betriebsausschuss zu.

c) Mitwirkung in wirtschaftlichen Angelegenheiten gem §§ 109 bis 112 ArbVG (vgl 11.5.4);
d) Abschluss, Änderung und Aufhebung von Betriebsvereinbarungen, deren Geltungsbereich alle im Betriebsausschuss vertretenen Arbeitnehmergruppen erfasst (vgl 3.3.4);
e) soweit die Interessen **aller** im Betriebsausschuss vertretenen **Arbeitnehmergruppen** betroffen sind,
   - Überwachung der Einhaltung der die Arbeitnehmer betreffenden Vorschriften (§ 89 ArbVG; vgl 11.4.4.1.1);
   - Recht auf Intervention (§ 90 ArbVG; vgl 11.4.4.1.2);
   - allgemeines Informationsrecht (§ 91 ArbVG; vgl 11.4.4.1.3);
   - Mitwirkung in Arbeitsschutzangelegenheiten (§ 92a ArbVG; vgl 11.5.2.4 u 11.5.3.2);
   - Mitwirkung an betriebs- und unternehmenseigenen Schulungs-, Bildungs- und Wohlfahrtseinrichtungen (§§ 94 und 95 ArbVG; vgl 11.5.2.1 u 11.5.2.2);
f) Mitwirkung auf der Ebene der europäischen Betriebsvertretung sowie Mitwirkung bei der SE, SCE und bei der grenzüberschreitenden Verschmelzung von Kapitalgesellschaften, dh

- Entsendung von Arbeitnehmervertretern in das besondere Verhandlungsgremium (§§ 179, 180) und in den Europäischen Betriebsrat (§ 193);
- Mitwirkung an den Unterrichtungs- und Anhörungsverfahren gem den nach den §§ 189, 190 oder 206 bzw den nach den §§ 230 oder 231 und gem den nach § 257 iVm den §§ 230 oder 231 abgeschlossenen Vereinbarungen;
- Entsendung von Arbeitnehmervertretern in das besondere Verhandlungsgremium (§§ 217, 218), in den SE-Betriebsrat (§ 234) und in den Aufsichts- oder Verwaltungsrat der Europäischen Gesellschaft (§ 247);
- Entsendung von Arbeitnehmervertretern in das besondere Verhandlungsgremium (§ 257 iVm §§ 217, 218), in den SCE-Betriebsrat (§257 iVm § 234) und in den Aufsichts- oder Verwaltungsrat der Europäischen Genossenschaft (§ 257 iVm § 247);
- Entsendung von Arbeitnehmervertretern in das besondere Verhandlungsgremium (§ 260 iVm §§ 217, 218) oder in das besondere Entsendungsgremium (§ 261 iVm §§ 217, 218) und in den Aufsichts- oder Verwaltungsrat der aus der grenzüberschreitenden Verschmelzung hervorgegangenen Gesellschaft (§ 260 bzw § 261 iVm § 247).

Befugnisse in Angelegenheiten, die ausschließlich die Interessen einer im Betriebsausschuss nicht vertretenen Arbeitnehmergruppe betreffen, können vom Betriebsausschuss nicht ausgeübt werden (§ 113 Abs 2 ArbVG). Bedeutung besitzt diese Regelung des ArbVG nur dann, wenn im Betriebsausschuss mehr als zwei Betriebsräte (zB in Theaterbetrieben; vgl 10.1) vereinigt sind. 10/185

Die Befugnisse stehen dem Betriebsausschuss nach überwiegender Lehre und neuerer Rechtsprechung erst mit seiner Konstituierung zu[159]. Da der Betriebsausschuss kraft Gesetzes existiert, sobald funktionsfähige Betriebsratskollegien der Arbeiter und Angestellten bestehen, kann der Begriff „errichten" im § 113 Abs 2 ArbVG nur mehr iS von „konstituieren" verstanden werden. Bis zum Zeitpunkt der Konstituierung wird demnach die Ausübung der Befugnisse nicht blockiert, sondern von den jeweiligen (Gruppen-)Betriebsräten für ihre Arbeitnehmergruppe wahrgenommen. 10/186

Der Betriebsausschuss kann dem Zentralbetriebsrat mit dessen Zustimmung die Ausübung seiner Kompetenzen in Einzelfällen oder für bestimmte Angelegenheiten **übertragen** (§ 114 ArbVG). Eine Übertragung einzelner Befugnisse an die Konzernvertretung ist gleichfalls möglich (vgl 10.8.3). 10/187

10.6. Betriebsräteversammlung

Die Betriebsräteversammlung wird von der **Gesamtheit** der Mitglieder der **im Unternehmen bestellten Betriebsräte** gebildet und ist mindestens einmal in jedem Kalenderjahr vom Zentralbetriebsrat einzuberufen (§ 78 Abs 1 ArbVG). Ihre Bedeutung liegt vor allem in der 10/188

[159] *Neumayr* in Strasser/Jabornegg/Resch (Hrsg), ArbVG (Losebl), § 76 Rz 7 ff; *Mosler* in Tomandl (Hrsg), ArbVG (Losebl), § 76 Rz 3; *Radner/Preiss* in Gahleitner/Mosler (Hrsg), Arbeitsverfassungsrecht, Bd 2[5] (2015), 710 f, sowie *Schneller/Preiss* in Gahleitner/Mosler (Hrsg), Arbeitsverfassungsrecht, Bd 3[5] (2015), 831 f; VwGH 16. 9. 1980, 1703, 2349/80, DRdA 1981, 327.

Wahl eines Zentralbetriebsrats (§ 81 Abs 1 ArbVG; vgl 10.7) und in der Ausübung der **Kontrolle** über diesen. Hiezu obliegt ihr gem § 79 ArbVG

a) die Behandlung von Berichten des Zentralbetriebsrats und der Rechnungsprüfer für den Zentralbetriebsratsfonds (Kontrollfunktion);
b) die Beschlussfassung über die Einhebung und Höhe der Zentralbetriebsratsumlage;
c) Wahl und Enthebung der Rechnungsprüfer für den Zentralbetriebsratsfonds;
d) die Beschlussfassung über die Enthebung des Zentralbetriebsrats;
e) die Beschlussfassung über die Fortsetzung der Tätigkeitsdauer des Zentralbetriebsrats (§ 82 Abs 4 ArbVG).

10/189 Die Einberufung der bereits oben angesprochenen sog **ordentlichen Betriebsräteversammlung** sowie die Führung des Vorsitzes in dieser kommen dem Vorsitzenden des Zentralbetriebsrats zu.

10/190 Daneben können **außerordentliche Sitzungen** einberufen werden, wenn ein Beschluss

a) über die Fortsetzung der Tätigkeitsdauer des Zentralbetriebsrats (vgl 10.7.3) oder
b) über die Enthebung des Zentralbetriebsrats gefasst werden soll.

10/191 Diese außerordentlichen Betriebsräteversammlungen können von jedem Betriebsrat veranlasst werden. In diesem Fall leitet der Vorsitzende des einberufenden Betriebsrats die Sitzung (§ 78 Abs 2 ArbVG).

10/192 Als **Voraussetzungen für die Beschlussfassung** in der Betriebsräteversammlung nennt das Gesetz (§ 78 Abs 3 bis 5 ArbVG; vgl auch §§ 25 ff BRGO) einerseits die Anwesenheit einer gewissen Anzahl von Betriebsratsmitgliedern, andererseits bestimmte Mehrheitserfordernisse im Abstimmungsverfahren.

Normalerweise können Beschlüsse nur bei Anwesenheit von mindestens der Hälfte aller Betriebsratsmitglieder des Unternehmens und mit einfacher Mehrheit der abgegebenen Stimmen gefasst werden. Ist bei Beginn der Betriebsräteversammlung weniger als die Hälfte aller Betriebsratsmitglieder des Unternehmens anwesend, so ist eine halbe Stunde zuzuwarten. Nach Ablauf dieser Zeit ist die Betriebsversammlung ohne Rücksicht auf die Zahl der anwesenden Betriebsratsmitglieder beschlussfähig.

Beschlüsse über die **Enthebung des Zentralbetriebsrats** bedürfen der Anwesenheit von drei Viertel aller Betriebsratsmitglieder des Unternehmens und einer Mehrheit von zwei Drittel der abgegebenen Stimmen. Jedem Betriebsratsmitglied kommen so viele Stimmen zu, als der Zahl der bei der letzten Betriebsratswahl wahlberechtigten Arbeitnehmer, geteilt durch die Anzahl der Gewählten, entspricht.

Beispiel: 150 im Betrieb A beschäftigte Arbeitnehmer haben fünf Mitglieder, 30 im Betrieb B beschäftigte Arbeitnehmer haben drei Mitglieder jeweils in ihren Betriebsrat gewählt. In die aus den acht Betriebsratsmitgliedern bestehende Betriebsräteversammlung wird ein Antrag auf Enthebung des bestehenden Zentralbetriebsrats eingebracht. Die drei Betriebsratsmitglieder aus dem Betrieb B und ein Mitglied aus dem Betrieb A stimmen gegen die Enthebung, vier Betriebsratsmitglieder aus dem Betrieb A sind dafür. – Auf Grund der Arbeitnehmerzahlen in den Betrieben besitzt jedes Betriebsratsmitglied von A 30 Stimmen (150 : 5) und jedes Mitglied von B 10 Stimmen (30 : 3). Damit ergibt sich ein Stimmenverhältnis von 120 : 60 (4 × 30 bzw 3 × 10 + 1 × 30), also eine Zweidrittelmehrheit, die zur Enthebung des Zentralbetriebsrats führt.

10/193 Enthebungsbeschlüsse bezüglich des Zentralbetriebsrats haben mittels Stimmzettel und geheim zu erfolgen. Eine erleichterte Beschlussfähigkeit ist in diesem Fall nicht zulässig.

Hinsichtlich der Öffentlichkeit der Sitzungen und der Einbeziehung von Außenstehenden gilt das zu den Belegschaftsversammlungen Gesagte sinngemäß (§ 78 Abs 5 iVm §§ 47 Abs 2 u 48 ArbVG; vgl 10.2). 10/194

10.7. Zentralbetriebsrat

10.7.1. Voraussetzungen und Zusammensetzung des Zentralbetriebsrats

Umfasst ein Unternehmen **mehrere Betriebe**, die eine **wirtschaftliche Einheit** bilden und vom Unternehmen **zentral verwaltet** werden, so ist ein Zentralbetriebsrat zu bilden (§ 40 Abs 4 ArbVG)[160]. 10/195

Sind die Voraussetzungen für die Zentralbetriebsratswahl nicht gegeben, so ist eine dennoch durchgeführte Wahl nach den Grundsätzen anfechtbarer bzw nichtiger Wahlen (vgl 10.4.3.5) zu beurteilen. Nach Ansicht des VwGH ist die Wahl eines Zentralbetriebsrats insb auch dann unzulässig, wenn es trotz gewählter Betriebsräte an der Betriebseigenschaft in den einzelnen Arbeitsstätten mangelt[161]. Der VwGH stellt somit weniger auf die Existenz mehrerer Betriebsräte, als vielmehr – unter Berufung auf den Wortlaut des Gesetzes – auf die Existenz mehrerer Betriebe ab. Andererseits geht der OGH – entgegen der von der Lehre vertretenen Auffassung[162] – davon aus, dass in einem mehrere Betriebe umfassenden Unternehmen auch dann kein Zentralbetriebsrat zu wählen ist, wenn sich nur in einem dieser Betriebe ein Betriebsrat konstituiert hat[163]. Nach Ansicht des OGH kommt es damit weniger auf das Vorliegen mehrerer Betriebe als auf das Bestehen mehrerer Betriebsräte an. Die Auffassungen der Höchstgerichte stellen in beiden erwähnten Fällen zu strenge Voraussetzungen an die Zentralbetriebsratswahl. Entscheidend kann nur sein, dass zwei betriebsverfassungsrechtlich anerkannte Organisationseinheiten eines gemeinsamen Vertretungsorgans bedürfen, um die ihnen zustehenden Befugnisse auch ausüben zu können.

Die **Anzahl** der Zentralbetriebsratsmitglieder ist von der Zahl der am Tag der Wahlausschreibung durch den Wahlvorstand (vgl 10.7.2.1) im Unternehmen beschäftigten Arbeitnehmer abhängig. Eine spätere Änderung der Zahl der Arbeitnehmer ist rechtlich unerheblich (§ 80 iVm § 50 Abs 2 ArbVG). 10/196

In den Zentralbetriebsrat sind gem § 80 ArbVG (sowie § 38 BRWO) zu wählen:

in Unternehmen

mit bis zu	1000 Arbeitnehmern	4 Mitglieder,
mit 1001 bis	1500 Arbeitnehmern	5 Mitglieder,
mit 1501 bis	2000 Arbeitnehmern	6 Mitglieder,
mit 2001 bis	2500 Arbeitnehmern	7 Mitglieder,
mit 2501 bis	3000 Arbeitnehmern	8 Mitglieder,
mit 3001 bis	3500 Arbeitnehmern	9 Mitglieder,

---

160 Vgl hiezu *Strasser/Jabornegg*, ArbVG[3] (1999), 163 f; *Windisch-Graetz* in Tomandl (Hrsg), ArbVG (Losebl), § 40 Rz 2 f; *Schneller* in Gahleitner/Mosler (Hrsg), Arbeitsverfassungsrecht, Bd 2[5] (2015), 432; *Risak*, Ein Rechtsträger – mehrere Zentralbetriebsräte?, RdW 2001, 31; *dens*, Ist eine Mehrzahl von Betriebsräten im Unternehmen Voraussetzung für eine Zentralbetriebsratswahl?, ZAS 2000, 170; *Marhold*, Betriebsrat ohne Betrieb, ZAS 1980, 211.

161 VwGH 7. 7. 1981, 4 Ob 59/81, Arb 9998.

162 Vgl *Floretta/Wachter*, Zentralbetriebsratspflicht bei Mehrheit von Betrieben oder von Betriebsräten?, in FS Tomandl (1998), 65; *Strasser* in ArbVG-Handkommentar (1975), 443 f; *Neumayr* in Strasser/Jabornegg/Resch (Hrsg), ArbVG (Losebl), § 80 Rz 1 ff; *Schrammel*, Betrieb und Unternehmen in der österreichischen Arbeitsverfassung, in FS Kühne (1984), 349.

163 OGH 14. 2. 1990, 9 ObA 370/89, DRdA 1991, 201 mit krit Bespr v *Floretta*.

mit 3501 bis 4000 Arbeitnehmern 10 Mitglieder,
mit 4001 bis 4500 Arbeitnehmern 11 Mitglieder,
mit 4501 bis 5000 Arbeitnehmern 12 Mitglieder,
mit 5001 bis 6000 Arbeitnehmern 13 Mitglieder,
mit 6001 bis 7000 Arbeitnehmern 14 Mitglieder,

für je weitere 1000 Arbeitnehmer um ein Mitglied mehr; Bruchteile von 500 bzw 1000 werden für voll gerechnet.

10.7.2. Wahl des Zentralbetriebsrats

10.7.2.1. Wahlvorstand

10/197 Die **Vorbereitung** und **Durchführung** der Zentralbetriebsratswahl obliegt einem Wahlvorstand (vgl auch 10.3). Dieser besteht aus mindestens drei Betriebsratsmitgliedern. Normalerweise hat gem § 81 Abs 4 ArbVG jeder im Unternehmen bestehende Betriebsrat eines seiner Mitglieder in den Wahlvorstand zu entsenden. Die Entsendung ist dem Vorsitzenden des nach der Zahl der Mitglieder stärksten Betriebsrats, bei gleicher Mitgliederzahl dem Vorsitzenden des Betriebsrats, der die meisten Arbeitnehmer repräsentiert, anzuzeigen; dieser Betriebsratsvorsitzende hat auch den Wahlvorstand zur konstituierenden Sitzung einzuberufen (§ 41 Abs 2 BRWO).

Bestehen in den Betrieben des Unternehmens insgesamt nur zwei in verschiedenen Betrieben bestellte Betriebsräte, so sind zwei Mitglieder des Wahlvorstandes vom Betriebsrat des nach der Zahl der Arbeitnehmer größeren Betriebs zu entsenden, das dritte Mitglied ist vom „kleineren" Betriebsrat namhaft zu machen. Weisen beide Betriebe die gleiche Zahl von Arbeitnehmern auf, so entscheidet das Los (§ 81 Abs 4 ArbVG, § 41 Abs 3 BRWO).

Bestehen im Unternehmen mehr als drei Betriebsräte, so kann die Zahl der Mitglieder des Wahlvorstandes mit Zustimmung aller im Unternehmen bestellten Betriebsräte bis auf drei herabgesetzt werden (§ 81 Abs 4 ArbVG, § 41 Abs 4 BRWO).

In Unternehmen, in denen ein Zentralbetriebsrat besteht, soll der Wahlvorstand nicht früher als zwölf Wochen vor Ablauf der Tätigkeitsdauer des Zentralbetriebsrats bestellt werden. Die Bestellung hat aber so rechtzeitig zu erfolgen, dass der neu gewählte Zentralbetriebsrat bei Unterbleiben einer Wahlanfechtung spätestens unmittelbar nach Ablauf der Tätigkeitsdauer des abtretenden Zentralbetriebsrats seine Konstituierung vornehmen kann. Wird die Nichtigkeit der Zentralbetriebsratswahl festgestellt oder die Tätigkeitsdauer des Zentralbetriebsrats vorzeitig beendet, so ist der Wahlvorstand unverzüglich zu bestellen. In Unternehmen, in denen noch kein Zentralbetriebsrat besteht, ist der Wahlvorstand binnen einer Woche nach dem Zeitpunkt, in dem alle im Unternehmen errichteten Betriebsräte konstituiert sind, zu bestellen (§ 42 BRWO).

Ist der Wahlvorstand gebildet, so hat er die Wahl unverzüglich vorzubereiten und innerhalb von vier Wochen durchzuführen (§ 81 Abs 4 letzter Satz ArbVG, § 45 BRWO).

Der Wahlvorstand ist auch zur Entgegennahme der Wahlvorschläge verpflichtet, die gem § 81 Abs 3 ArbVG auf eine angemessene Vertretung der Arbeiter und Angestellten und der einzelnen Betriebe des Unternehmens sowie auf die geschlechtergerechte Repräsentation der Arbeitnehmer und Arbeitnehmerinnen Bedacht nehmen sollen.

10.7.2.2. Durchführung der Wahl

10/198 Aktiv und passiv **wahlberechtigt** sind ausschließlich Betriebsratsmitglieder. Die Betriebsräteversammlung wählt folglich aus ihrer Mitte die Zentralbetriebsratsmitglieder geheim und nach den Grundsätzen des Verhältniswahlrechts (§ 81 Abs 1 ArbVG; vgl auch 10.4.3.1).

Von einer Anwendung des **Grundsatzes des gleichen Wahlrechts** wie im Rahmen der Betriebsratswahl (vgl 10.4.3.1) kann deshalb **nicht** gesprochen werden, weil das Votum der Betriebsratsmitglieder unterschiedlich gewichtet sein kann. Jedem wahlberechtigten Betriebsratsmitglied kommen nämlich so viele Stimmen zu, als der Zahl der bei der letzten Betriebsratswahl wahlberechtigten Arbeitnehmer seines Betriebs, geteilt durch die Anzahl der Gewählten, entspricht. Bruchteile von Stimmen sind nicht zu berücksichtigen (§ 81 Abs 1 ArbVG, § 47 Abs 1 BRWO). 10/199

Die Abgabe der jedem Betriebsratsmitglied zustehenden Stimmen hat in gleichgewichtigen Stimmzetteln und, soweit sich Reststimmen ergeben, in Einzelstimmen zu erfolgen. Das Stimmgewicht eines gleichgewichtigen Stimmzettels ist die um eine ganze Stimme verminderte kleinste Stimmenzahl, die ein wahlberechtigtes Betriebsratsmitglied aufweist. Die wahlberechtigten Betriebsratsmitglieder können so viele gleichgewichtige Stimmzettel abgeben, wie dieses Stimmgewicht in ihrer Stimmenzahl enthalten ist. Die verbleibenden ganzen Reststimmen können nur als Einzelstimmen abgegeben werden (§ 47 Abs 2 BRWO).

Beispiel: Im Betrieb A sind 49 wahlberechtigte Arbeiter beschäftigt, weshalb dem Arbeiterbetriebsrat drei Mandate zustehen. Nach obiger Gewichtung besitzt somit jedes Betriebsratsmitglied 16 Stimmen (49 : 3 = 16,33). Außerdem sind im Betrieb A 60 wahlberechtigte Angestellte beschäftigt, weshalb dem Angestelltenbetriebsrat vier Mandate zustehen. Nach obiger Gewichtung besitzt somit jedes Betriebsratsmitglied 15 Stimmen (60 : 4 = 15). Im Betrieb B sind 301 wahlberechtigte Arbeiter und Angestellte beschäftigt, weshalb dem gemeinsamen Betriebsrat sieben Mandate zustehen. Jedes Betriebsratsmitglied von B besitzt also 43 Stimmen (301 : 7 = 43).

Die kleinste Stimmenanzahl, die ein Betriebsratsmitglied aufweist, ist 15. Daher beträgt das Stimmgewicht aller gleichgewichtigen Stimmzettel 15 – 1 = 14.

Es können daher die Mitglieder
- des Arbeiterbetriebsrats von A je einen Stimmzettel mit dem Stimmgewicht 14 und zwei Einzelstimmen,
- des Angestelltenbetriebsrats von A je einen Stimmzettel mit dem Stimmgewicht 14 und eine Einzelstimme,
- des gemeinsamen Betriebsrats von B je drei Stimmzettel mit dem Stimmgewicht 14 und eine Einzelstimme abgeben (vgl auch das Beispiel in der Anlage 7 zur BRWO).

Im Übrigen sind auf die Berufung des Zentralbetriebsrats gem § 81 Abs 5 ArbVG die Vorschriften des § 51 Abs 3 ArbVG (vereinfachte Wahl bei nur einem Wahlvorschlag; vgl 10.4.3.4.4), des § 54 Abs 2 ArbVG (unverzügliche Bestellung des Wahlvorstandes bei vorzeitiger Beendigung oder Nichtigkeit der Wahl des Betriebsrats; vgl 10.4.4.1), des § 56 Abs 1 ArbVG (Aufgaben des Wahlvorstandes; vgl 10.3), des § 57 ArbVG (Mitteilung des Wahlergebnisses; vgl 10.4.3.4.3) und der §§ 59 und 60 ArbVG (Anfechtung und Nichtigkeit der Wahl; vgl 10.4.3.5) sinngemäß anzuwenden. 10/200

10.7.3. Tätigkeitsdauer

10.7.3.1. Beginn und Ende der Tätigkeitsdauer

Die Tätigkeitsdauer des Zentralbetriebsrats beträgt vier Jahre und beginnt grundsätzlich mit dem **Tag der Konstituierung** (§ 82 Abs 1 ArbVG). 10/201

Um die Kontinuität der Belegschaftsvertretung zu wahren, schreibt der Gesetzgeber vor, dass die Zentralbetriebsratswahl so angesetzt wird, dass sich in Unternehmen, in denen bereits ein Zentralbetriebsrat besteht, der neu gewählte spätestens unmittelbar nach Ablauf der 10/202

Tätigkeitsdauer des abtretenden Zentralbetriebsrats konstituieren kann. Die Konstituierung ist aber auch bereits vor Ablauf der Tätigkeitsdauer des „alten" Zentralbetriebsrats möglich. In diesem Fall beginnt die Tätigkeit des neu gewählten und bereits konstituierten Zentralbetriebsrats erst mit Ablauf der Tätigkeitsdauer des früheren Zentralbetriebsrats (vgl § 82 Abs 1 iVm § 61 Abs 1 ArbVG).

10/203 Unabhängig von der normalen **vierjährigen Funktionsperiode** kann die Tätigkeitsdauer des Zentralbetriebsrats auch **vorzeitig enden**. Ein vorzeitiges Erlöschen tritt gem § 82 Abs 2 ArbVG dann ein, wenn

a) das Unternehmen aufgelöst wird,
b) dem Unternehmen nur mehr ein Betrieb angehört,
c) die Zahl der Zentralbetriebsratsmitglieder unter drei sinkt,
d) die Betriebsräteversammlung die Enthebung des Zentralbetriebsrats beschließt (vgl 10.6),
e) der Zentralbetriebsrat den Rücktritt beschließt oder
f) das Gericht die Wahl für ungültig erklärt.

10.7.3.2. Ausnahmsweise Fortsetzung der Zentralbetriebsratstätigkeit

10/204 Endet die Tätigkeitsperiode des Zentralbetriebsrats nach der vierjährigen Funktionsperiode oder vorzeitig aus einem oben angeführten Grund, so bedarf die erneute Errichtung eines Zentralbetriebsrats einer Neuwahl durch die Betriebsräteversammlung. Der Zentralbetriebsrat kann einen einmal getroffenen Rücktritt nicht rückgängig machen und die Fortsetzung seiner Tätigkeit beschließen.

10/205 Ausnahmen sieht das ArbVG jedoch gem § 82 Abs 1, 4 und 6 in folgenden Fällen vor:

10/206 a) **Anfechtung einer Zentralbetriebsratswahl**: Gem § 82 Abs 1 ArbVG sind die Bestimmungen über die provisorische Fortsetzung der Betriebsratstätigkeit im Falle einer Wahlanfechtung (§ 61 Abs 2 ArbVG; vgl 10.4.4.2 a) auch auf den Zentralbetriebsrat anzuwenden.

Obwohl die Bestimmung des § 82 Abs 1 ArbVG den Abs 2a des § 61 ArbVG nicht ausdrücklich erwähnt, ergibt sich aus dem Sinnzusammenhang, dass die Regelungen über die Fortsetzung der Tätigkeitsdauer des angefochtenen Betriebsrats (vgl 10.4.4.2 a) ebenfalls für die Zentralbetriebsratswahl Bedeutung erlangen sollen.

10/207 b) **Wiederaufnahme der Tätigkeit von stillgelegten Betrieben** (§ 82 Abs 4 ArbVG): Hat in einem Unternehmen die Tätigkeit des Zentralbetriebsrats deshalb geendet, weil **durch vorübergehende Stilllegung von Betrieben** dem Unternehmen nur noch ein Betrieb angehört oder die **Zahl der Mitglieder** des Zentralbetriebsrats unter drei gesunken ist und wird in der Folge in wenigstens einem dieser stillgelegten Betriebe die Tätigkeit wieder aufgenommen, so können die Mitglieder der Betriebsräte des Unternehmens (Betriebsräteversammlung; vgl 10.6) die **Fortsetzung der Tätigkeit des Zentralbetriebsrats** bis zur Beendigung seiner ursprünglichen Tätigkeitsdauer beschließen. **Voraussetzungen** dafür sind allerdings, dass

- in dem Betrieb, der seine Tätigkeit wieder aufgenommen hat, ein Beschluss zur Fortsetzung der Tätigkeitsdauer des Betriebsrats (§ 63 ArbVG) gefasst wurde und

- die Zahl der im Unternehmen verbliebenen und wiedereingestellten ehemaligen Mitglieder (Ersatzmitglieder) des Zentralbetriebsrats mindestens die Hälfte der Zahl der ursprünglichen Zentralbetriebsratsmandate erreicht.

c) **Verlängerung der Partei- und Prozessfähigkeit**: Gem § 82 Abs 6 ArbVG sind die Bestimmungen über die Verlängerung der Partei- und Prozessfähigkeit des Betriebsrats (§ 62a ArbVG) auch auf den Zentralbetriebsrat anzuwenden (vgl 10.4.4.2 b). 10/208

d) **Vorübergehende Beibehaltung des Zuständigkeitsbereichs bei Verselbständigung bzw Zusammenschluss von Betrieb(steil)en und Unternehmen(steilen)**: Gem § 82 Abs 6 ArbVG sind auch die Bestimmungen über die Beibehaltung der Funktion des Betriebsrats bei Verselbständigung eines Betriebsteils bzw beim Zusammenschluss von Betrieben und Betriebsteilen zu einem neuen Betrieb (§§ 62b und 62c ArbVG) auf den Zentralbetriebsrat sinngemäß anzuwenden (vgl 10.4.4.2 c und d). 10/209

10.7.3.3. Beginn und Ende der Mitgliedschaft zum Zentralbetriebsrat

Die Tätigkeitsdauer des Zentralbetriebsrats ist von der Tätigkeitsdauer der einzelnen Betriebsratsmitglieder zu unterscheiden. Die **Zugehörigkeit der einzelnen Zentralbetriebsratsmitglieder** beginnt in sinngemäßer Anwendung des § 64 Abs 1 ArbVG mit der Annahme der Wahl[164]. Die Mitgliedschaft zum Zentralbetriebsrat **erlischt** gem § 82 Abs 3 ArbVG, wenn 10/210

a) die Tätigkeitsdauer des Zentralbetriebsrats endet,
b) das Mitglied zurücktritt,
c) die Mitgliedschaft zum Betriebsrat erlischt (vgl 10.4.4.3).

Für die **Ersatzmitglieder** gelten die Ausführungen zum Betriebsrat (vgl 10.4.3.4.3 u 10.4.5) sinngemäß. Ist für ein ausgeschiedenes oder verhindertes Zentralbetriebsratsmitglied auf dem Wahlvorschlag kein Ersatzmitglied ausgewiesen, so entsendet die wahlwerbende Gruppe, die den Wahlvorschlag erstellt hat, ein anderes Betriebsratsmitglied in den Zentralbetriebsrat (§ 82 Abs 5 ArbVG). 10/211

10.7.4. Geschäftsführung

Auf die Geschäftsführung des Zentralbetriebsrats sind die Bestimmungen über die Geschäftsführung des Betriebsrats sinngemäß anzuwenden (vgl 10.4.6). Die Errichtung geschäftsführender **Ausschüsse** durch Geschäftsordnung ist jedoch nicht zulässig (§ 83 ArbVG). 10/212

Die **Sacherfordernisse**, wie Räumlichkeiten oder Kanzlei- und Geschäftsaufwand, die der Zentralbetriebsrat für die Geschäftsführung benötigt, sind von der Unternehmensleitung zur Verfügung zu stellen (§ 84 Abs 1 ArbVG; vgl im Übrigen 10.4.6.6). **Barauslagen**, die den einzelnen Zentralbetriebsratsmitgliedern durch ihre Tätigkeit erwachsen, sind grundsätzlich vom Zentralbetriebsratsfonds (vgl 10.12.2) zu decken. 10/213

---

[164] *Radner/Preiss* in Gahleitner/Mosler (Hrsg), Arbeitsverfassungsrecht, Bd 2^{5} (2015), 687.

10/214 Existiert **kein Zentralbetriebsratsfonds**, so sind die Barauslagen aus dem Betriebsratsfonds jenes Betriebs, der das Zentralbetriebsratsmitglied entsendet hat, zu entrichten (§ 84 Abs 2 ArbVG).

10.7.5. Kompetenzbereich

10/215 In Unternehmen, in denen ein Zentralbetriebsrat zu errichten ist, werden von diesem folgende **Befugnisse** ausgeübt (§ 113 Abs 4 ArbVG):

10/216 a) Mitwirkung in wirtschaftlichen Angelegenheiten gem §§ 110 bis 112 ArbVG (vgl 11.5.4.3 und 11.5.4.4);

10/217 b) soweit sie nicht nur die Interessen der Arbeitnehmerschaft eines Betriebs berühren,

- Recht auf Intervention (§ 90 ArbVG; vgl 11.4.4.1.2),
- allgemeines Informationsrecht (§ 91 ArbVG; vgl 11.4.4.1.3),
- Beratungsrecht (§ 92 ArbVG; vgl 11.4.4.1.4),
- Mitwirkung in Arbeitsschutzangelegenheiten (§ 92a ArbVG; vgl 11.5.2.4 und 11.5.3.2),
- Mitwirkung an betriebs- und unternehmenseigenen Schulungs-, Bildungs- und Wohlfahrtseinrichtungen (§§ 94 und 95 ArbVG; vgl 11.5.2.1 und 11.5.2.2),
- wirtschaftliche Informations-, Interventions- und Beratungsrechte (§ 108 ArbVG; vgl 11.5.4.1),

  Ebenso wie § 113 Abs 2 ArbVG (zu den Kompetenzen des Betriebsausschusses vgl 10.5) spricht auch § 113 Abs 4 ArbVG nur von Informations- und Interventionsrechten. Dennoch stehen die durch die ArbVG-Novelle 1986 in § 108 ArbVG eingefügten Beratungsrechte auch dem Zentralbetriebsrat zu.

- Mitwirkung bei Betriebsänderungen gem § 109 ArbVG (vgl 11.5.4.2);

  Die Kompetenz des Zentralbetriebsrats nach § 109 ArbVG umfasst auch den Abschluss von Sozialplänen, da § 113 Abs 4 ArbVG generell auf § 109 ArbVG und damit auf sämtliche dort angeführte Mitwirkungsrechte verweist. Dies bedeutet nicht, dass der Betriebsrat für seinen Wirkungsbereich keine Sozialpläne mehr abschließen kann. Bestehen Betriebsvereinbarungen des Betriebsrats und des Zentralbetriebsrats nebeneinander, sind Kollisionen nach den allgemeinen Derogationsregeln, insb nach den Regeln über die Spezialität der Norm, zu lösen (vgl auch 11.5.4.2).

10/218 c) Überwachung der Einhaltung bestimmer arbeitsrechtlicher Vorschriften gem § 89 Z 3 ArbVG (vgl 11.4.4.1.1) hinsichtlich geplanter und in Bau befindlicher Betriebsstätten des Unternehmens, für die noch kein Betriebsrat zuständig ist;

10/219 d) Mitwirkung auf der Ebene der europäischen Betriebsvertretung sowie Mitbestimmung bei der SE, SCE und bei der grenzüberschreitenden Verschmelzung von Kapitalgesellschaften, dh

- Entsendung von Arbeitnehmervertretern in das besondere Verhandlungsgremium (§§ 179, 180 ArbVG; vgl 10.9.2.1),
- Entsendung von Arbeitnehmervertretern in den Europäischen Betriebsrat (§ 193 ArbVG; vgl 10.9.2.2),
- Mitwirkung an den Unterrichtungs- und Anhörungsverfahren gem den nach den §§ 189, 190 oder 206 bzw nach den §§ 230 oder 231 und gem den nach § 257 iVm den §§ 230 oder 231 abgeschlossenen Vereinbarungen (vgl 10.9.2.2 und 10.9.2.3);

- Entsendung von Arbeitnehmervertretern in das besondere Verhandlungsgremium (§§ 217 f, 257 ArbVG), in den SE- bzw SCE-Betriebsrat (§§ 234, 257 ArbVG) und in den Aufsichts- oder Verwaltungsrat der SE bzw der SCE (§§ 247, 257 ArbVG);
- Entsendung von Arbeitnehmervertretern in das besondere Verhandlungsgremium oder in das besondere Entsendungsgremium (§ 260 bzw 261 iVm §§ 217 f ArbVG) und in den Aufsichts- oder Verwaltungsrat der aus der grenzüberschreitenden Verschmelzung hervorgegangenen Gesellschaft (§ 260 bzw § 261 iVm § 247 ArbVG);

e) Abschluss von Betriebsvereinbarungen zur Auswahl einer Mitarbeitervorsorgekasse nach § 97 Abs 1 Z 1 b ArbVG. 10/220

Aus der Formulierung des § 113 Abs 4 ArbVG ist zu schließen, dass die **Zuständigkeit** des Zentralbetriebsrats dann gegeben ist, wenn ein solcher auf Grund der Voraussetzungen zu errichten wäre, und nicht erst dann, wenn ein solcher bereits errichtet ist. In zentralbetriebsratspflichtigen Unternehmen ohne errichteten Zentralbetriebsrat ist demnach die Ausübung der obigen Befugnisse blockiert[165]. 10/221

Beispiel: Eine AG setzt sich aus den Betrieben A und B zusammen, in denen jeweils ein gemeinsamer Betriebsrat für die Arbeiter und Angestellten eingerichtet wurde. Ein Zentralbetriebsrat wurde nicht gewählt. Infolge des Fehlens eines Zentralbetriebsrats muss eine Entsendung der Arbeitnehmervertreter in den Aufsichtsrat der AG unterbleiben, weil die einzelnen Betriebsräte dazu nicht mehr befugt sind.

Eine **Erweiterung der Kompetenzen** des Zentralbetriebsrats kann dadurch eintreten, dass der Betriebsrat und der Betriebsausschuss dem Zentralbetriebsrat mit dessen Zustimmung die Ausübung ihrer Befugnisse für einzelne Fälle oder für bestimmte Angelegenheiten übertragen. Der Zentralbetriebsrat kann seinerseits unter bestimmten Voraussetzungen der Konzernvertretung mit deren Zustimmung eigene oder an ihn delegierte Befugnisse zum Abschluss von **Betriebsvereinbarungen** übertragen (vgl 10.8.3). Derartige Beschlüsse erlangen erst durch die Verständigung des Betriebsinhabers Rechtswirksamkeit (§ 114 ArbVG)[166]. Die Mitteilung an den Betriebsinhaber ist an keine bestimmte Form gebunden[167]. 10/222

---

[165] Vgl *Holzer*, Die Zuständigkeit des Zentralbetriebsrates, RdW 1984, 173; *Naderhirn* in Strasser/Jabornegg/Resch (Hrsg), ArbVG (Losebl), § 113 Rz 25.

[166] Berechtigung bzw Verpflichtung des Betriebsinhabers zur Information über die innere Willensbildung des Betriebsrats iVm dem Beschluss einer Kompetenzübertragung, s OGH 4. 3. 2013, 8 ObA 47/12p, infas 2013, A 54; s dazu auch OGH 24. 9. 2012, 9 ObA 108/11i, DRdA 2013, 403 mit Bespr v *Marhold* = infas 2013, A 14 = wbl 2013, 99.

[167] OGH 29. 5. 1991, 9 ObA 63/91, DRdA 1992, 38 mit Bespr v *Holzer*.

10.8. Konzernvertretung

10.8.1. Voraussetzungen und erstmalige Errichtung der Konzernvertretung

10/223 In einem Konzern iSd § 15 AktG bzw des § 115 GmbHG (zum Konzernbegriff vgl 4.4.4), in dem in **mehr als einem Unternehmen Betriebsräte** bestehen, kann eine Konzernvertretung zur Vertretung der gemeinsamen Interessen der in diesem Konzern beschäftigten Arbeitnehmer errichtet werden (§ 88a Abs 1 ArbVG)[168]. Im Gegensatz zu § 110 Abs 6 ArbVG (vgl 11.5.4.4), der von einem vom Gesellschaftsrecht etwas abweichenden Konzernbegriff ausgeht, stellt § 88a ArbVG ausschließlich auf die Konzerndefinition des AktG und des GmbHG ab.

Im Vergleich zu den sonstigen Belegschaftsorganen wie Betriebsrat, Zentralbetriebsrat oder Jugendvertrauensrat besteht insofern eine Besonderheit, als auch bei Vorliegen der gesetzlichen Voraussetzungen keine Pflicht zur Errichtung eines derartigen Organs besteht. Die Bildung der Konzernvertretung liegt **im freien Ermessen** der (Zentral-)Betriebsräte der Konzernunternehmen.

10/224 Die **erstmalige Errichtung** einer Konzernvertretung setzt einen Errichtungsbeschluss voraus, der der Zustimmung von mindestens zwei Drittel der einzelnen, im Konzern errichteten Zentralbetriebsräte bedarf, die zusammen mehr als die Hälfte der im Konzern beschäftigten Arbeitnehmer repräsentieren. Bei der Ermittlung der Zahl der im Konzern beschäftigten Arbeitnehmer ist jeweils von den Zahlen der bei den letzten Zentralbetriebsratswahlen im Unternehmen beschäftigten Arbeitnehmer auszugehen.

10/225 Ist in einem Konzernunternehmen ein Zentralbetriebsrat nicht zu errichten (§ 40 Abs 4 ArbVG), geht die Zuständigkeit zur Beschlussfassung auf den Betriebsausschuss über. Besteht kein Betriebsausschuss, kann der Betriebsrat die Aufgaben wahrnehmen (§ 88a Abs 8 ArbVG). Setzt sich ein mehrstufiger Konzern aus Teilkonzernen zusammen, so nehmen die in diesen Teilkonzernen errichteten Konzernvertretungen an der Errichtung der Konzernvertretung beim „Oberkonzern" teil (§ 88a Abs 10 ArbVG).

Jeder Zentralbetriebsrat (Betriebsausschuss, Betriebsrat) entsendet mindestens **zwei Delegierte** in die Konzernvertretung[169]. Vertritt er mehr als 500 Arbeitnehmer, so kommt für je weitere 500 Arbeitnehmer ein weiterer Delegierter hinzu. Bruchteile von 500 werden für voll gerechnet. Die Entsendungsberechtigung liegt innerhalb des jeweiligen Zentralbetriebsrats (Betriebsausschusses, Betriebsrats) bei den nach dem d'Hondtschen System an die Reihe kommenden wahlwerbenden Gruppen. Hiebei soll auf eine angemessene Vertretung der Gruppen der Arbeiter und Angestellten und der einzelnen Betriebe Bedacht genommen werden (§ 88a Abs 6 ArbVG).

Kommen während der Tätigkeitsdauer der Konzernvertretung neue Unternehmen in den Konzern hinzu oder wurden bei Errichtung Unternehmen, die zum Konzern gehören, nicht berücksichtigt,

[168] Vgl allg zur Konzernvertretung *Strasser*, Zur Neuordnung der Arbeitnehmerbeteiligung auf Konzern-Ebene, DRdA 1994, 216; *Schima*, Ausbau der Belegschaftsvertretung im Konzern durch die ArbVG-Novelle 1993, RdW 1993, 308; *Kreil*, Mitbestimmung im Konzern (1993); zur Vertretung der Belegschaft in multinationalen Unternehmen vgl *Winkler*, Ein neuerlicher Versuch der europarechtlichen Regelung des Betriebsverfassungsrechts in internationalen Unternehmen, ZAS 1994, 109; *Kreil*, Die Belegschaftsorganisation im Konzern im Spiegel der österreichischen Rechtsprechung, ZAS 2014, 52.

[169] S auch OGH 13. 7. 2006, 8 ObA 52/06i, DRdA 2007, 267 mit Bespr v *Jabornegg*.

so sind die dort errichteten Zentralbetriebsräte (Betriebsausschüsse, Betriebsräte) berechtigt, die entsprechende Zahl von Delegierten in die Konzernvertretung zu entsenden (§ 88a Abs 7 ArbVG).

10.8.2. Konstituierung, Tätigkeitsdauer und Geschäftsführung

Die Konstituierung erfolgt in der konstituierenden Sitzung der Delegierten durch die Wahl des Vorsitzenden bzw seiner Stellvertreter (§ 88b Abs 1 und 2 ArbVG). 10/226

Die Tätigkeitsdauer der Konzernvertretung beträgt **vier Jahre** und beginnt grundsätzlich mit dem Tag der Konstituierung (§ 88b Abs 5 ArbVG). 10/227

Um die Kontinuität der Belegschaftsvertretung zu wahren, hat die Versammlung der Zentralbetriebsrats(Betriebsausschuss-, Betriebsrats)vorsitzenden spätestens drei Monate vor Ablauf der Tätigkeitsdauer der abtretenden Konzernvertretung die Zahl der jeweiligen Delegierten und Ersatzdelegierten für die nächste Tätigkeitsdauer mit Beschluss zu bestimmen (§ 88b Abs 7 ArbVG). Die Konstituierung ist aber auch bereits vor Ablauf der Tätigkeitsdauer der „alten" Konzernvertretung möglich. In diesem Fall beginnt die Tätigkeit der neu gebildeten und bereits konstituierten Konzernvertretung erst mit Ablauf der Tätigkeitsdauer der früheren Konzernvertretung (vgl § 88b Abs 5 iVm § 61 Abs 1 ArbVG).

Ein **vorzeitiges Erlöschen** der Tätigkeitsdauer tritt gem § 88b Abs 5 ArbVG dann ein, 10/228
wenn

a) der Konzern aufgelöst wird,
b) die Versammlung der Zentralbetriebsrats(Betriebsausschuss-, Betriebsrats)vorsitzenden die Auflösung der Konzernvertretung beschließt,
c) so viele Zentralbetriebsräte (Betriebsausschüsse, Betriebsräte) funktionsunfähig werden, dass nicht mehr mehr als die Hälfte der Arbeitnehmer im Konzern repräsentiert ist,
d) die Konzernvertretung mit einer Mehrheit von zwei Drittel ihrer Delegierten den Rücktritt beschließt,
e) das Gericht die Errichtung oder den Beschluss, mit dem die Zahl der Delegierten festgesetzt wird, für ungültig erklärt.

Die **Zugehörigkeit** der einzelnen Delegierten beginnt mit der Bekanntgabe des Entsendungsbeschlusses; sie erlischt gem § 88b Abs 6 ArbVG, wenn 10/229

a) die Tätigkeitsdauer der Konzernvertretung endet,
b) die Mitgliedschaft zum Zentralbetriebsrat (Betriebsrat) erlischt,
c) der Delegierte zurücktritt oder vom jeweiligen entsendenden Organ (der wahlwerbenden Gruppe) abberufen wird.

Gem § 88b Abs 9 ArbVG sind die Bestimmungen über die Verlängerung der **Partei- und Prozessfähigkeit** des Betriebsrats (§ 62a ArbVG; vgl 10.4.4.2) und das **Nachrücken der Ersatzmitglieder** (§ 65 Abs 1 ArbVG; vgl 10.4.5) sinngemäß auch auf die Konzernvertretung und die Ersatzdelegierten anzuwenden. 10/230

Der Vorsitzende der Konzernvertretung hat diese **mindestens einmal im Jahr** zu einer Sitzung einzuberufen, darüber hinaus auch, wenn dies von mindestens einem Viertel der Delegierten verlangt wird (§ 88b Abs 3 ArbVG). Die Konzernvertretung ist in sinngemäßer Anwendung des § 68 ArbVG **beschlussfähig**, wenn mindestens die Hälfte der Mitglieder anwesend ist (vgl 10.4.6.3). Mit der Mehrheit von zwei Drittel ihrer Delegierten kann sie sich 10/231 eine **Geschäftsordnung** geben, in der insb auch die Bildung eines Leitungsausschusses und Präsidiums mit eigener Beschlussfähigkeit und Vertretungsmacht für die Konzernvertretung vorgesehen werden kann (§ 88b Abs 4 ArbVG). Für die Beistellung von **Sacherfordernissen** hat die Konzernleitung Sorge zu tragen (§ 88b Abs 9 iVm § 72 ArbVG; vgl 10.4.6.6). **Kosten**, die der Konzernvertretung aus ihrer Geschäftsführung erwachsen, sind vom (Zentral)Betriebsratsfonds abzudecken (§§ 73 und 85 ArbVG; vgl 10.12.1 und 10.12.2).

10/232 Gem § 88b Abs 8 ArbVG sind die Errichtung der Konzernvertretung, die Konstituierung, die Zusammensetzung und allfällige Änderungen der Zusammensetzung, die Geschäftsordnung sowie allfällige Änderungen der Tätigkeitsdauer jedem im Konzern bestehenden Unternehmen **schriftlich** zur Kenntnis zu bringen.

10.8.3. Kompetenzbereich

10/233 Die Konzernvertretung vertritt hinsichtlich ihrer originären **Mitwirkungsrechte** die Gesamtbelegschaft des Konzerns, dh auch die Arbeitnehmer von Betrieben, in denen kein Betriebsrat errichtet ist. Sie hat gegenüber der Konzernleitung das **Recht auf Information und Beratung** in allen Angelegenheiten, welche die wirtschaftlichen, sozialen, gesundheitlichen und kulturellen Interessen der in der Konzernvertretung vertretenen Arbeitnehmer von mehr als einem Unternehmen des Konzerns betreffen. Eine konkrete Abgrenzung der Kompetenzen nimmt § 113 Abs 5 ArbVG vor, wonach ihr folgende Befugnisse zukommen:

10/234 a) Entsendung von Arbeitnehmervertretern in den Aufsichtsrat gem § 110 Abs 6b ArbVG (vgl 11.5.4.4);

10/235 b) soweit die Interessen der Arbeitnehmerschaft von mehr als einem Unternehmen im Konzern betroffen sind:

- Recht auf Intervention (§ 90 ArbVG; vgl 11.4.4.1.2);
- allgemeines Informationsrecht (§ 91 ArbVG; vgl 11.4.4.1.3);
- Beratungsrecht (§ 92 ArbVG; vgl 11.4.4.1.4);
- Mitwirkung an konzerneigenen Maßnahmen in Zusammenhang mit Schulungs-, Bildungs- und Wohlfahrtseinrichtungen (§§ 94 und 95 ArbVG; vgl 11.5.2.1, 11.5.2.2);

10/236 c) soweit die Interessen der Arbeitnehmer mehr als eines Unternehmens im Konzern betroffen sind und eine einheitliche Vorgangsweise, insb durch Konzernrichtlinien, erfolgt:

- wirtschaftliche Informations-, Interventions- und Beratungsrechte (§ 108 ArbVG; vgl 11.5.4.1; zum Fehlen der Beratungsrechte gem § 108 ArbVG in den Bestimmungen des § 113 ArbVG vgl bereits 10.5 u 10.7.5);
- Mitwirkung an Betriebsänderungen gem § 109 ArbVG, wobei die Möglichkeit zum Abschluss von Sozialplänen auf gewisse Betriebsänderungen (ds jene des § 109 Abs 1 Z 1 bis 4 ArbVG) beschränkt ist (vgl 11.5.4.2);

10/237 d) Überwachung der Einhaltung bestimmter arbeitsrechtlicher Vorschriften gem § 89 Z 3 ArbVG hinsichtlich geplanter und im Bau befindlicher Betriebsstätten eines Unternehmens im Konzern, für das noch kein anderes Organ der Arbeitnehmerschaft zuständig ist (vgl 11.4.4.1.1);

e) Mitwirkung auf der Ebene der Europäischen Betriebsverfassung sowie Mitwirkung bei der SE, SCE und bei der grenzüberschreitenden Verschmelzung von Kapitalgesellschaften, dh 10/238

- Entsendung von Arbeitnehmervertretern in das besondere Verhandlungsgremium (§§ 179 f ArbVG) und in den Europäischen Betriebsrat (§ 193 ArbVG);
- Mitwirkung an den Unterrichtungs- und Anhörungsverfahren gem den nach den §§ 189 f oder 206 bzw §§ 230 f sowie § 257 ArbVG abgeschlossenen Vereinbarungen;
- Entsendung von Arbeitnehmervertretern in das besondere Verhandlungsgremium (§§ 217 f, 257 ArbVG), in den SE- bzw SCE-Betriebsrat (§§ 234, 257 ArbVG) und in den Aufsichts- oder Verwaltungsrat der SE bzw der SCE (§§ 247, 257 ArbVG);
- Entsendung von Arbeitnehmervertretern in das besondere Verhandlungsgremium (§ 260 iVm §§ 217 f ArbVG) oder in das besondere Entsendungsgremium (§ 261 iVm §§ 217 f ArbVG) und in den Aufsichts- oder Verwaltungsrat der aus der grenzüberschreitenden Verschmelzung hervorgegangenen Gesellschaft (§§ 260 f iVm § 247 ArbVG).

Die Beratungs- und Informationsrechte der Konzernvertretung richten sich an die Konzernleitung bzw an die Unternehmensleitung des in Österreich herrschenden Unternehmens (§ 113 Abs 5 letzter Satz ArbVG). 10/239

Eine **Erweiterung der Befugnisse** kann dadurch erfolgen, dass der Zentralbetriebsrat, mangels eines solchen der Betriebsrat (Betriebsausschuss), der Konzernvertretung Kompetenzen im Rahmen der §§ 96, 96a und 97 ArbVG überträgt (§ 114 Abs 2 ArbVG)[170]. Die Konzernvertretung ist dann zum Abschluss entsprechender Betriebsvereinbarungen berechtigt, wenn die Interessen der Arbeitnehmer mehr als eines Unternehmens betroffen sind und im Konzern, insb durch Konzernrichtlinien, einheitlich vorgegangen wird. In diesem Fall können ihre Mitwirkungsrechte nur betriebs- bzw unternehmensbezogen und innerhalb des delegierten Bereichs ausgeübt werden. Dies bedeutet, dass eine „**Konzernbetriebsvereinbarung**" nur in jenen Betrieben bzw Unternehmen gelten kann, in denen ein (Zentral)Betriebsrat errichtet wurde und dieser die entsprechenden Befugnisse an die Konzernvertretung übertragen hat. Eine weitere Einschränkung ergibt sich aus § 114 Abs 3 ArbVG, wonach die Konzernvertretung übertragene Befugnisse überhaupt nur dann ausüben kann, wenn eine Kompetenzübertragung durch zumindest zwei Zentralbetriebsräte (Betriebsräte, Betriebsausschüsse) erfolgt ist. 10/240

Hinsichtlich der Möglichkeit zum Abschluss von Betriebsvereinbarungen durch die Konzernvertretung ist somit Folgendes zu unterscheiden: Zum einen steht ihr dieses Recht unmittelbar auf Grund der ihr gesetzlich zugeordneten Mitwirkungsrechte zu (**originäre Betriebsvereinbarungskompetenz** im Zusammenhang mit Sozialplänen, s oben), zum anderen kommt ihr diese Befugnis kraft der Delegation durch die (Zentral)Betriebsräte zu (**abgeleitete Betriebsvereinbarungskompetenz**). Auf Arbeitnehmerseite kann sie für die Belegschaften der Konzernunternehmungen Betriebsvereinbarungen abschließen. Auf **Arbeitgeberseite** bewirken die Regelungen des ArbVG grundsätzlich keine Verschiebung der Zu- 10/241

[170] Vgl hiezu *Strasser*, Die Arbeitsverfassungsgesetznovellen des Jahres 1990, DRdA 1990, 411.

ständigkeiten. Die Konzernvertretung ist daher gezwungen, mit jedem Konzernunternehmen entsprechende Konzernvereinbarungen zu treffen. Die Bestimmung des § 113 Abs 5 ArbVG sieht insofern eine Erleichterung vor, als die von ihr abgeschlossenen Betriebsvereinbarungen auch für jene Unternehmen verbindlich sind, deren Leitungen der Vereinbarung beitreten. Die einseitige **Beitrittserklärung** ersetzt die Vereinbarung mit der Konzernvertretung. Der Gesetzgeber erwähnt diese Möglichkeit aber ausschließlich im Rahmen der originären Betriebsvereinbarungskompetenz der Konzernvertretung.

10/242 Die Übertragung der Befugnisse gilt, sofern sie nicht befristet ist oder sich aus der Natur der übertragenen Angelegenheit eine Befristung ergibt, für die Dauer der Tätigkeit des Zentralbetriebsrats (Betriebsrats, Betriebsausschusses). Eine Übertragung von Kompetenzen kann jederzeit **widerrufen** werden. Steht eine Angelegenheit jedoch gerade in Verhandlung, ist dies nur aus wichtigem Grund möglich (§ 114 Abs 1 und 2 ArbVG). Mit dem Ablauf der Befristung bzw mit dem Widerruf der Übertragung von Befugnissen muss das jeweilige Belegschaftsorgan aber auch das Recht besitzen, die von der Konzernvertretung abgeschlossenen Betriebsvereinbarungen für den eigenen Betrieb bzw für das eigene Unternehmen nach den jeweiligen Lösungsregelungen zu beenden[171].

10.9. Europäische Betriebsvertretung

10.9.1. Systematische Einordnung

10/243 Mit der Einfügung des V. Teils in das ArbVG, der sog **Europäischen Betriebsverfassung**, wurde in Österreich vor allem EU-Recht umgesetzt[172]. Ziel der Bestimmungen ist die Mitwirkung der Arbeitnehmer bei staatenübergreifenden Unternehmensstrukturen. Zur Erreichung dieses Ziels sieht das ArbVG ein besonderes Verhandlungsgremium der Arbeitnehmer, einen europäischen Betriebsrat, und ein Verfahren zur Unterrichtung und Anhörung der Arbeitnehmer vor[173].

10/244 Der VI. Teil des ArbVG ist mit „Beteiligung der Arbeitnehmer in der Europäischen Gesellschaft“ überschrieben und knüpft an die **Societas Europaea** (SE) an, also an die Rechtsform über die Europäische Gesellschaft iSd EG-Verordnung 2157/2001/EG.

10/245 Der VII. Teil des ArbVG regelt die „Beteiligung der Arbeitnehmer in der Europäischen Genossenschaft“ (**Societas Cooperativa Europaea** – SCE) in Umsetzung der RL 2003/72/EG.

10/246 Im VIII. Teil des ArbVG finden sich schließlich die Bestimmungen zur Mitbestimmung der Arbeitnehmer bei einer **grenzüberschreitenden Verschmelzung von Kapitalgesellschaften**, die auf Grund der VerschmelzungsRL 2005/56/EG erforderlich waren.

---

171 Vgl in diesem Zusammenhang *Holzer*, Strukturfragen des Betriebsvereinbarungsrechts (1982), 19.
172 Vgl dazu *Sandmann*, Die Euro-Betriebsrats-Richtlinie 94/45/EG (1996); s 2.8.
173 Vgl *Köck*, Zur neuen „Europäischen Betriebsverfassung“ im Arbeitsverfassungsgesetz, in FS Tomandl (1998), 213.

Der Begriff der Europäischen Betriebsverfassung ist **systematisch** richtig, da sowohl das Organisationsrecht (Europäischer Betriebsrat etc) als auch die Befugnisse eine zusammengefasste Regelung erfahren haben. Obgleich im VI. und im VII. Teil in gleicher Weise Organisationsrechte und Mitwirkungsrechte der Belegschaft gemeinsam normiert wurden, ist nur von „Beteiligung der Arbeitnehmer ...“ die Rede. Begrifflich besser wäre eine Zusammenführung der Teile V. bis VIII. unter dem einheitlichen Titel einer Europäischen Betriebsverfassung. Aus systematischen Gründen wäre auch – entsprechend der Gliederung im ArbVG – eine Trennung zwischen den organisationsrechtlichen Bestimmungen und den Mitwirkungsrechten angebracht gewesen. 10/247

10.9.2. Europäische Betriebsverfassung

Die Europäische Betriebsverfassung bezieht sich ausschließlich auf die Mitgliedstaaten der Europäischen Union sowie die Vertragsparteien des Abkommens über den Europäischen Wirtschaftsraum (Island, Liechtenstein und Norwegen, vgl § 171 Abs 2 ArbVG). Sie gilt für Unternehmen und Unternehmensgruppen (vgl 4.4.4), die unter den II. Teil des ArbVG fallen (vgl 4.4.2), deren zentrale Leitung **im Inland** liegt und die **mindestens 1.000 Arbeitnehmer** in den Mitgliedstaaten und jeweils 150 Arbeitnehmer davon in mindestens zwei Mitgliedstaaten (in mindestens zwei der Unternehmensgruppe angehörenden Unternehmen in verschiedenen Mitgliedstaaten) beschäftigen. 10/248

Unter **zentraler Leitung** ist die Leitung des Unternehmens bzw im Falle einer Unternehmensgruppe die zentrale Leitung des herrschenden Unternehmens zu verstehen (§ 171 Abs 3 und 4 ArbVG). Sofern die zentrale Leitung nicht in einem Mitgliedstaat liegt, sieht das Gesetz für die Frage, wer auf Arbeitgeberseite als Ansprechpartner in Frage kommt, zwei Lösungsmöglichkeiten vor. Entweder es wird vom (herrschenden) Unternehmen die Leitung eines im Inland gelegenen Betriebs oder Unternehmens als Vertretung und damit als zentrale Leitung bestimmt oder aber es wird jene Leitung des Betriebs oder Unternehmens im Inland als zentrale Leitung angesehen, die verglichen mit den anderen in den Mitgliedstaaten liegenden Betrieben des Unternehmens oder Unternehmen der Unternehmensgruppe die meisten Arbeitnehmer beschäftigt[174].

Die zentrale Leitung hat die für die Einsetzung eines besonderen Verhandlungsgremiums (vgl 10.9.2.1) sowie für die Errichtung eines Europäischen Betriebsrats (vgl 10.9.2.2) oder die Schaffung eines Verfahrens zur Unterrichtung und Anhörung der Arbeitnehmer (vgl 10.9.2.3) notwendigen Voraussetzungen zu schaffen und die erforderlichen Mittel bereitzustellen[175]. 10/249

Die zentrale Leitung hat auch sämtliche Informationen für die Errichtung des Verhandlungsgremiums bzw des Europäischen Betriebsrates zur Verfügung zu stellen. Ein Unternehmen einer Unternehmensgruppe ist auch dann zur Auskunftserteilung an die Organe der Betriebsvertretung verpflichtet, wenn noch nicht feststeht, ob es sich bei der Unternehmensleitung, an die sich die Arbeitnehmer wenden, um die zentrale Leitung handelt[176].

---

[174] Zum Begriff „Sitz der zentralen Leitung“ s *Naderhirn/Ritzberger-Moser* in Strasser/Jabornegg/Resch (Hrsg), ArbVG (Losebl), § 171 Rz 6 ff.

[175] Zu den Auskunftspflichten zur Errichtung eines Europäischen Betriebsrats s OGH 31. 1. 2007, 8 ObA 107/06b, DRdA 2008, 311 mit Bespr v *Cerny*.

[176] EuGH 29. 3. 2001, C-62/99, *Bofrost*, ARD 5238/7/2001.

10.9.2.1. Europäische Betriebsvertretung

10/250 Wenn in diesem Zusammenhang von Europäischer Betriebsverfassung die Rede ist, dann bedeutet dies nicht, dass für die Mitwirkung der Arbeitnehmer in sämtlichen Mitgliedstaaten eine einzige übernationale und unmittelbare Rechtsnorm zur Anwendung gelangt. Die Mitbestimmung der Arbeitnehmer richtet sich weiterhin nach den einzelnen Rechtsordnungen der Mitgliedstaaten, die jeweils **nationale „europäische Betriebsverfassungen"** nach den Grundsätzen der RL 94/45/EG, aufgehoben und neu gefasst durch die RL 2009/38/EG, beschließen. Welche nationale Europäische Betriebsverfassung zu beachten ist, richtet sich eben nach dem Sitz des Unternehmens, das die zentrale Leitung innehat. Liegt die zentrale Leitung im Ausland, dann sehen die inländischen Betriebsverfassungen nur insoweit Bestimmungen vor, als die Entsendungsmechanismen für die inländischen Arbeitnehmervertreter in die ausländischen Gremien einer Regelung bedürfen (vgl die Aufzählung in § 172 ArbVG).

10.9.2.1. Besonderes Verhandlungsgremium

10.9.2.1.1. Errichtung und Zusammensetzung

10/251 Das besondere Verhandlungsgremium ist auf Grund eines schriftlichen **Antrags** von mindestens 100 Arbeitnehmern oder ihrer Vertreter aus mindestens zwei Betrieben oder Unternehmen in mindestens zwei verschiedenen Mitgliedstaaten oder auf Grund eines an die in den Betrieben des Unternehmens bzw Unternehmen der Unternehmensgruppe bestehenden Organe der Arbeitnehmerschaft gerichteten **Vorschlags der zentralen Leitung** zu errichten (§ 177 ArbVG).

10/252 Für jeden Anteil an in einem Mitgliedstaat beschäftigten Arbeitnehmern, der 10 % der Gesamtzahl der in allen Mitgliedstaaten beschäftigten Arbeitnehmer des Unternehmens bzw der Unternehmensgruppe oder einen Bruchteil davon beträgt, ist ein Mitglied aus diesem Mitgliedstaat in das besondere Verhandlungsgremium zu entsenden. Zusätzlich können den Verhandlungen Arbeitnehmervertreter aus Nichtmitgliedstaaten beigezogen werden, sofern zentrale Leitung und besonderes Verhandlungsgremium dies vereinbaren (vgl § 178 Abs 1 u 2 ArbVG).

Beispiel: Das Unternehmen Y hat Betriebe in drei verschiedenen Mitgliedstaaten. Im Betrieb A arbeiten 1.000, im Betrieb B 500 und im Betrieb C 2.500 Personen. Somit sind im Betrieb A 25 %, im Betrieb B 12,5 % und im Betrieb C 62,5 % der Gesamtarbeitnehmerzahl von 4.000 tätig. Daraus lässt sich folgende Sitzverteilung für das besondere Verhandlungsgremium ableiten: Betrieb A besitzt 3 Sitze (2 Sitze für jeweils 10 % und ein weiterer für den Bruchteil 5 %), Betrieb B 2 Sitze (1 Sitz für die ersten 10 % und ein weiterer für den Bruchteil 2,5 %) und Betrieb C 7 Sitze (6 Sitze für jeweils 10 % und ein weiterer für den Bruchteil 2,5 %). Das Verhandlungsgremium besteht somit aus 12 Mitgliedern[177].

10.9.2.1.2. Entsendung der Mitglieder

10/253 Die in das besondere Verhandlungsgremium zu entsendenden österreichischen Mitglieder werden durch Beschluss des zur Entsendung berechtigten Organs der Arbeitnehmer-

[177] *Naderhirn/Ritzberger-Moser* in Strasser/Jabornegg/Resch (Hrsg), ArbVG (Losebl), § 178 Rz 15.

schaft (Betriebsrat, Betriebsausschuss, Zentralbetriebsrat, Konzernvertretung) ernannt (§ 179 ArbVG).

Zuständig ist grundsätzlich die in der Hierarchie der Belegschaftsorgane **zuoberst eingerichtete Belegschaftsvertretung**. Die Mitwirkung in einer Organisationseinheit (zB Unternehmen, Konzern) ist jedoch nicht blockiert, wenn kein entsprechendes oberstes Organ (zB Zentralbetriebsrat, Konzernvertretung) errichtet wurde. In einem derartigen Fall kann das Entsendungsrecht von den sonst errichteten Organen übernommen werden. Werden selbständige Organisationseinheiten (zB Betriebe) von keinem übergeordneten Belegschaftsorgan (zB Zentralbetriebsrat) vertreten, so werden die Vorsitzenden und Stellvertreter des Belegschaftsorgans der selbständigen Organisationseinheiten Mitglied des Entsendungsgremiums (§ 180 ArbVG). 10/254

Beispiel: Ein Konzern hat Unternehmen in der BRD, in Italien und in Österreich, die jeweils mehrere Betriebe aufweisen. Zuständig für die Entsendung in das besondere Verhandlungsgremium wäre in Österreich der Zentralbetriebsrat. Wurde kein Zentralbetriebsrat errichtet, können die Vorsitzenden der Betriebsausschüsse und deren Stellvertreter gem § 180 Abs 2 ArbVG in der Entsendungsversammlung mitstimmen.

In das besondere Verhandlungsgremium können nicht nur Mitglieder einer Belegschaftsvertretung (Betriebsratsmitglieder), sondern auch Funktionäre oder Arbeitnehmer der zuständigen **freiwilligen Berufsvereinigung** oder **gesetzlichen Interessenvertretung** der Arbeitnehmer entsandt werden (§ 179 Abs 1 ArbVG; vgl hiezu die Einschränkung beim Europäischen Betriebsrat 10.9.2.2.2.2). 10/255

Von der Entsendung der Mitglieder in das besondere Verhandlungsgremium sind die zentrale Leitung und die örtlichen Unternehmensleitungen unverzüglich zu **benachrichtigen** (§ 180 Abs 4 ArbVG). 10/256

10.9.2.1.3. Konstituierung, Tätigkeitsdauer und Geschäftsführung

Sobald der zentralen Leitung die Mitglieder des besonderen Verhandlungsgremiums bekannt gegeben wurden, hat sie unverzüglich zu einer konstituierenden Sitzung **einzuladen**, in der ein Vorsitzender und ein oder mehrere Stellvertreter zu **wählen** sind (§ 181 ArbVG). 10/257

Die **Tätigkeitsdauer** des besonderen Verhandlungsgremiums beginnt mit dem Tag der Konstituierung (§ 184 ArbVG). Eine kalendermäßige Befristung der Tätigkeitsdauer des besonderen Verhandlungsgremiums ist im Gegensatz zu anderen Belegschaftsorganen (idR vier Jahre) nicht vorgesehen. Die Tätigkeit des besonderen Verhandlungsgremiums endet vielmehr, 10/258

a) wenn das Unternehmen bzw die Unternehmensgruppe die allgemeinen Voraussetzungen für die Europäische Betriebsverfassung (vgl 10.9.2) nicht mehr erfüllt;
b) wenn das besondere Verhandlungsgremium beschließt, keine Vereinbarung über die Errichtung eines Europäischen Betriebsrats oder über die Durchführung eines Verfahrens zur Unterrichtung und Anhörung der Arbeitnehmer zu treffen;

c) wenn das Gericht die Errichtung des besonderen Verhandlungsgremiums für ungültig erklärt, wobei die Klage spätestens einen Monat nach Konstituierung des besonderen Verhandlungsgremiums einzubringen ist;
d) mit dem Abschluss einer Vereinbarung über einen europäischen Betriebsrat bzw über ein Verfahren zur Unterrichtung und Anhörung der Arbeitnehmer, sofern in dieser Vereinbarung nichts anderes bestimmt wird;
e) wenn ein Europäischer Betriebsrat kraft Gesetzes (vgl 10.9.2.2.2) zu errichten ist.

10/259 Die **Zugehörigkeit der einzelnen Mitglieder** zum besonderen Verhandlungsgremium beginnt mit der Bekanntgabe des Entsendungsbeschlusses; sie erlischt gem § 185 Abs 2 ArbVG, wenn

a) die Tätigkeitsdauer des besonderen Verhandlungsgremiums endet;
b) die Mitgliedschaft zum Betriebsrat bzw die Tätigkeit bei der zuständigen freiwilligen Berufsvereinigung oder gesetzlichen Interessenvertretung der Arbeitnehmer endet;
c) das Mitglied zurücktritt;
d) das Organ der Arbeitnehmerschaft, das das Mitglied in das besondere Verhandlungsgremium entsendet hat, dieses abberuft;
e) der Betrieb bzw das Unternehmen, dem das Mitglied angehört, aus dem Unternehmen bzw der Unternehmensgruppe ausscheidet;
f) wenn das Gericht den Entsendungsbeschluss für ungültig erklärt, wobei die Klage spätestens einen Monat nach Konstituierung des besonderen Verhandlungsgremiums einzubringen ist.

10/260 Erlischt die Mitgliedschaft einzelner Mitglieder des besonderen Verhandlungsgremiums, können neue Mitglieder entsendet werden.

10/261 Hinsichtlich der **Geschäftsführung** des besonderen Verhandlungsgremiums sieht das ArbVG kaum Regelungen vor, da das Verhandlungsgremium befugt ist, sich eine **eigene Geschäftsordnung** zu geben (§ 181 Abs 2 ArbVG). Gem § 182 Abs 1 ArbVG hat das besondere Verhandlungsgremium das Recht, vor und nach jeder Verhandlung mit der zentralen Leitung zu einer Sitzung zusammenzutreten. Dass das Verhandlungsgremium sich durch **Sachverständige** unterstützen lassen kann, ist im Gesetz ausdrücklich vorgesehen.

10/262 Die **Beschlussfähigkeit** in den Sitzungen ist erreicht, wenn mindestens die Hälfte der Mitglieder anwesend ist. Grundsätzlich genügt für Beschlüsse die einfache Mehrheit der abgegebenen Stimmen (§ 183 ArbVG).

10/263 Die zur ordnungsgemäßen Erfüllung der Aufgaben notwendigen **Sacherfordernisse** sind dem besonderen Verhandlungsgremium in einem der Größe des Unternehmens bzw der Unternehmensgruppe und den Bedürfnissen des besonderen Verhandlungsgremiums angemessenen Ausmaß von der zentralen Leitung unentgeltlich zur Verfügung zu stellen. Die für die ordnungsgemäße Erfüllung der Aufgaben erforderlichen **Verwaltungsausgaben**, insb die für die Veranstaltung der Sitzungen und jeweils vorbereitenden und nachbereitenden Versammlungen anfallenden Kosten einschließlich der Dolmetschkosten, der Kosten für jedenfalls einen Sachverständigen sowie die Aufenthalts- und Reisekosten für die Mitglieder des besonderen Verhandlungsgremiums, sind von der zentralen Leitung zu tragen (§ 186 ArbVG).

10.9.2.1.4. Kompetenzbereich

Die **primäre Aufgabe** des besonderen Verhandlungsgremiums besteht in der Entscheidung, ob die Errichtung eines Europäischen Betriebsrats oder die Durchführung eines Verfahrens zur Unterrichtung und Anhörung der Arbeitnehmer angestrebt werden soll. Kommt es mit der zentralen Leitung zu einem Konsens, ist darüber eine **schriftliche Vereinbarung** abzuschließen (§ 187 ArbVG). 10/264

Das besondere Verhandlungsgremium kann aber auch mit mindestens zwei Drittel seiner Stimmen **beschließen**, dass **keine Verhandlungen** zum Abschluss einer entsprechenden Vereinbarung eröffnet werden sollen bzw dass die bereits eröffneten Verhandlungen zu beenden sind (§ 188 Abs 1 ArbVG). In einem derartigen Fall kann ein neuer Antrag auf Einberufung des besonderen Verhandlungsgremiums frühestens zwei Jahre nach diesem Beschluss gestellt werden, es sei denn, zentrale Leitung und besonderes Verhandlungsgremium setzen eine kürzere Frist fest. 10/265

10.9.2.2. Europäischer Betriebsrat[178]

Der Europäische Betriebsrat ist jenen betriebsverfassungsrechtlichen Organen zuzuordnen, deren Errichtung vom Gesetz nicht zwingend vorgeschrieben ist, sondern deren Einrichtung im Ermessen der Belegschaft steht (wie zB auch die Konzernvertretung). 10/266

Ziel der Europäischen Betriebsverfassung ist zwar die Bildung eines Europäischen Betriebsrats, durch einen mit Zweidrittelmehrheit gefassten Beschluss des besonderen Verhandlungsgremiums kann aber die Installierung dieses Belegschaftsorgans verhindert werden. Wird die Bildung eines Europäischen Betriebsrats vereinbart, wird die Ausgestaltung der Belegschaftsorganisation den Vertragsparteien anheimgestellt. Nur in gewissen Fällen (vgl 10.9.2.2.2) kommt es zur Errichtung eines Europäischen Betriebsrats ex lege. Das Verhältnis zwischen Europäischem Betriebsrat kraft Vereinbarung und Europäischem Betriebsrat kraft Gesetzes ist somit durch das **Prinzip der Subsidiarität** gekennzeichnet[179]. 10/267

10.9.2.2.1. Europäischer Betriebsrat kraft Vereinbarung

Die Einrichtung eines Europäischen Betriebsrats liegt grundsätzlich in der Hand des besonderen Verhandlungsgremiums und der zentralen Leitung. Kommt es zu einer Einigung, bedarf die Installierung eines Europäischen Betriebsrats einer **schriftlichen Vereinbarung**. 10/268

---

[178] Vgl allg *Heinze*, Der Europäische Betriebsrat in Österreich und Deutschland, in FS Tomandl (1998), 139; weiters dazu *Weiß*, Schicksal des Europäischen Betriebsrates bei Veränderungen der Rechtslage und/oder Konzernstruktur, RdW 2000, 482; *Gahleitner*, Mitbestimmung in Europa – Der lange Weg zu einem SE-Betriebsrat, DRdA 2005, 550; *Greif*, Der Europäische Betriebsrat^2 (2013); *Schrammel*, Der Europäische Betriebsrat, in FS Straube (2009), 397 (406).

[179] S dazu *Naderhirn/Ritzberger-Moser* in Strasser/Jabornegg/Resch (Hrsg), ArbVG (Losebl), § 191 Rz 6; *Mayr* in Mayr/Gagawczuk (Hrsg), Arbeitsverfassungsrecht Europäische Betriebsverfassung, Bd V^2 (2012), 157.

Gem § 189 ArbVG hat die Vereinbarung jedenfalls zu enthalten:

a) die von der Vereinbarung erfassten Betriebe und Unternehmen, einschließlich der in den Nichtmitgliedstaaten liegenden Betriebe bzw Unternehmen, sofern diese in den Geltungsbereich einbezogen werden;
b) die Zusammensetzung des Europäischen Betriebsrates, die Anzahl der Mitglieder, die Sitzverteilung – wobei so weit wie möglich eine ausgewogene Vertretung der Arbeitnehmer nach Tätigkeit, Arbeitnehmerkategorien und Geschlecht berücksichtigt werden soll – und die Mandatsdauer einschließlich der Auswirkungen von erheblichen Änderungen der Zahl der im Unternehmen bzw in der Unternehmensgruppe Beschäftigten;
c) die Befugnisse und das Unterrichtungs- und Anhörungsverfahren des Europäischen Betriebsrats sowie die Modalitäten für die Abstimmung zwischen der Unterrichtung und Anhörung des Europäischen Betriebsrats und der einzelstaatlichen Arbeitnehmervertretungen, wobei sicherzustellen ist, dass die Mitwirkungsrechte der einzelstaatlichen Arbeitnehmervertretungen nicht geschmälert werden;
d) den Ort, die Häufigkeit und die Dauer der Sitzungen des Europäischen Betriebsrats;
e) gegebenenfalls die Zusammensetzung, die Modalitäten für die Bestellung, die Befugnisse und die Sitzungsmodalitäten des innerhalb des Europäischen Betriebsrats eingesetzten engeren Ausschusses;
f) die für den Europäischen Betriebsrat bereitzustellenden finanziellen und materiellen Mittel sowie
g) das Datum des Inkrafttretens der Vereinbarung und ihre Laufzeit, die Modalitäten für die Änderung oder Kündigung der Vereinbarung und gegebenenfalls die Fälle, in denen eine Neuaushandlung erfolgt und das dabei anzuwendende Verfahren, insb auch im Fall von Änderungen der Struktur des Unternehmens oder der Unternehmensgruppe.

10/269 Die Vereinbarung über den Europäischen Betriebsrat steht, abgesehen von den obigen Mindestinhalten, grundsätzlich in der **Disposition** der Vertragsparteien. Dementsprechend kommen auch die Bestimmungen über den Europäischen Betriebsrat kraft Gesetzes (vgl 10.9.2.2.2) gem § 191 Abs 2 ArbVG nicht zur Anwendung, sofern nicht die Vereinbarung zwischen dem besonderen Verhandlungsgremium und der zentralen Leitung selbst darauf zurückgreift. Abgesehen von den allgemeinen Grenzen der Rechtsordnung (zB den Grenzen der Sittenwidrigkeit) unterliegen die Vertragsparteien keinen gesetzlichen Beschränkungen.

10.9.2.2.2. Europäischer Betriebsrat kraft Gesetzes

10.9.2.2.2.1. Errichtung und Zusammensetzung

10/270 Gemäß § 191 ArbVG ist ein Europäischer Betriebsrat kraft Gesetzes in **drei Fällen** zu errichten. Die Pflicht zur Errichtung besteht zum einen dann, wenn die zentrale Leitung die Aufnahme von Verhandlungen von vornherein verweigert oder wenn sie sie nicht binnen sechs Monaten nach dem ersten Antrag auf Errichtung eines besonderen Verhandlungsgremiums (vgl 10.9.2.1) aufnimmt. Weiters ist er zu bilden, wenn binnen drei Jahren nach einem Antrag von Arbeitnehmerseite oder einem Vorschlag der zentralen Leitung auf Errichtung eines besonderen Verhandlungsgremiums keine Vereinbarung über einen Europäischen Betriebsrat zustande kommt. Ein Europäischer Betriebsrat kraft Gesetzes ist schließlich dann vorgesehen, wenn zentrale Leitung und besonderes Verhandlungsgremium einen entsprechenden Beschluss fassen[180].

---

[180] Zur Abdingbarkeit der Bestimmungen des Europäischen Betriebsrats kraft Gesetzes s *Naderhirn/Ritzberger-Moser* in Strasser/Jabornegg/Resch (Hrsg), ArbVG (Losebl), § 191 Rz 1.

Wenn der Ex-lege-Betriebsrat durch einen **Beschluss** iSd § 191 ArbVG zustande kommt, dann ist dies offenbar von dem Fall zu unterscheiden, dass der Europäische Betriebsrat mittels einer **Vereinbarung** iSd § 189 ArbVG gebildet wird. Der Unterschied besteht darin, dass sich im Falle eines Beschlusses gem § 191 ArbVG Organisation und Befugnisse des Betriebsrats ausschließlich nach den gesetzlichen Regelungen richten, im Falle einer Vereinbarung gem § 189 ArbVG hingegen sämtliche Regelungsinhalte der Disposition der Vertragsparteien zur Verfügung stehen (vgl 10.9.2.2.1). Ein weiterer Unterschied ist darin zu erblicken, dass zentrale Leitung und besonderes Verhandlungsgremium getrennte Beschlüsse zu fassen haben, dh dass eine von der anderen Seite unabhängige Willensbildung erfolgt, während die Vereinbarung eine übereinstimmende Willenserklärung der beiden Verhandlungspartner darstellt.

Für jeden Anteil an in einem Mitgliedstaat beschäftigten Arbeitnehmern, der 10 % der Gesamtzahl der in allen Mitgliedstaaten beschäftigten Arbeitnehmer des Unternehmens bzw der Unternehmensgruppe oder einen Bruchteil davon beträgt, ist ein Mitglied aus diesem Mitgliedstaat in den Europäischen Betriebsrat zu entsenden (§ 192 ArbVG). 10/271

10.9.2.2.2.2. Entsendung der Mitglieder

Unabhängig davon, ob der Europäische Betriebsrat in Österreich oder in einem Mitgliedstaat der EU errichtet wird, erfolgt die Entsendung der österreichischen Mitglieder analog zur Entsendung in das besondere Verhandlungsgremium durch die zuständigen Organe der Arbeitnehmerschaft. Im Gegensatz zu den Mitgliedern des besonderen Verhandlungsgremiums gilt für die Mitglieder des Europäischen Betriebsrats, dass eine Entsendung von Vertretern der zuständigen freiwilligen Berufsvereinigung oder der gesetzlichen Interessenvertretung nur zulässig ist, sofern diese Betriebsratsmitglieder gem § 53 Abs 4 ArbVG (vgl 10.4.3.3) sind (§ 193 iVm §§ 179 f ArbVG). Die Entsendung der ausländischen Mitglieder erfolgt nach ausländischem Betriebsverfassungsrecht. 10/272

10.9.2.2.2.3. Konstituierung, Tätigkeitsdauer und Geschäftsführung

Für die Konstituierung sind die Bestimmungen über das besondere Verhandlungsgremium (vgl 10.9.2.1.3) sinngemäß anzuwenden. Die Mitglieder des Europäischen Betriebsrats haben einen Vorsitzenden und einen oder mehrere Stellvertreter zu wählen (§ 194 Abs 1 ArbVG). 10/273

Der **Vorsitzende** vertritt den Europäischen Betriebsrat gegenüber der zentralen Leitung sowie nach außen. Abweichungen hievon können in der Geschäftsordnung festgelegt werden. In Einzelfällen können auch andere Mitglieder des Europäischen Betriebsrats mit der Vertretung nach außen beauftragt werden (§ 194 Abs 2 ArbVG). 10/274

Maßgeblich für die Geschäftsführung ist in erster Linie die vom Europäischen Betriebsrat zu beschließende **Geschäftsordnung**. Die Geschäftsordnung kann insb die Zusammensetzung und Geschäftsführung des sog **engeren Ausschusses** beinhalten (§ 194 Abs 3 ArbVG). Der engere Ausschuss führt die laufenden Geschäfte des Europäischen Betriebsrats und besteht aus einem Vorsitzenden und höchstens vier weiteren Mitgliedern. Er wird vom Europäischen Betriebsrat gewählt (§ 195 ArbVG). 10/275

10.9.2.2. Europäische Betriebsvertretung

10/276 Die **Tätigkeitsdauer** des Europäischen Betriebsrats beträgt **vier Jahre**. Sie beginnt mit dem Tag der Konstituierung oder mit dem Ablauf der Tätigkeitsdauer des früheren Europäischen Betriebsrats, wenn die Konstituierung vor diesem Zeitpunkt erfolgte (§ 196 Abs 1 ArbVG).

10/277 **Vorzeitig** endet die Tätigkeitsdauer des Europäischen Betriebsrats,

a) wenn das Unternehmen bzw die Unternehmensgruppe die allgemeinen Voraussetzungen für die Europäische Betriebsverfassung (vgl 10.9.2) nicht mehr erfüllt;
b) wenn der Europäische Betriebsrat seinen Rücktritt beschließt;
c) wenn das Gericht die Errichtung für ungültig erklärt, wobei die Klage spätestens einen Monat nach Konstituierung des Europäischen Betriebsrats einzubringen ist;
d) wenn der Europäische Betriebsrat und die zentrale Leitung eine Vereinbarung über einen Betriebsrat kraft Vertrags (vgl 10.9.2.2.1) oder über ein Verfahren zur Errichtung und Anhörung der Arbeitnehmer (vgl 10.9.2.3) abschließen (§ 196 Abs 2 ArbVG).

10/278 Die **Mitgliedschaft** der einzelnen Vertreter zum Europäischen Betriebsrat beginnt mit der Bekanntgabe des Entsendungsbeschlusses. Sie endet, wenn

a) die Tätigkeitsdauer des Europäischen Betriebsrats endet;
b) die Mitgliedschaft zum Betriebsrat endet;
c) das Mitglied zurücktritt;
d) das Organ der Arbeitnehmerschaft, das das Mitglied in den Europäischen Betriebsrat entsendet hat, dieses abberuft;
e) der Betrieb bzw das Unternehmen, dem das Mitglied angehört, aus dem Unternehmen bzw der Unternehmensgruppe ausscheidet;
f) wenn das Gericht den Entsendungsbeschluss für ungültig erklärt, wobei die Klage spätestens einen Monat nach Konstituierung des Europäischen Betriebsrats einzubringen ist (§ 196 Abs 3 ArbVG).

10/279 Sämtliche im Zusammenhang mit der Tätigkeit des Europäischen Betriebsrats und des engeren Ausschusses anfallenden **Kosten** (zB Sacherfordernisse, Reise- und Aufenthaltskosten) sind von der zentralen Leitung zu tragen (§ 197 ArbVG).

10.9.2.2.2.4. Kompetenzbereich

10/280 Dem Europäischen Betriebsrat kommt ein **Informations- und Anhörungsrecht** in allen Angelegenheiten zu, die die wirtschaftlichen, sozialen, gesundheitlichen und kulturellen Interessen der Arbeitnehmer mindestens zweier zum Unternehmen gehörender Betriebe oder mindestens zweier zur Unternehmensgruppe gehörender Unternehmen in verschiedenen Mitgliedstaaten betreffen (§ 198 ArbVG). Liegt die zentrale Leitung an sich nicht in einem Mitgliedstaat, sondern wird sie nur in Vertretung oder auf Grund einer Vereinbarung durch ein Unternehmen in einem Mitgliedstaat ausgeübt, müssen für ein Informations- und Anhörungsrecht die Interessen der Arbeitnehmer mindestens zweier Betriebe oder zweier Unternehmen aus den Mitgliedstaaten betroffen sein.

10/281 Mindestens einmal im Jahr hat der Europäische Betriebsrat das Recht, mit der zentralen Leitung die **Entwicklung der Geschäftslage** und die Perspektiven des Unternehmens bzw der

Unternehmensgruppe zu erörtern. Die zentrale Leitung hat hiefür vorweg einen entsprechenden Bericht zu verfassen und dem Europäischen Betriebsrat zur Verfügung zu stellen (§ 199 ArbVG).

Die Unterrichtung bezieht sich insb auf die Struktur, die wirtschaftliche und finanzielle Situation sowie die voraussichtliche Entwicklung der Geschäfts-, Produktions- und Absatzlage des Unternehmens oder der Unternehmensgruppe. Die Unterrichtung und Anhörung bezieht sich vor allem auf die Beschäftigungslage und ihre voraussichtliche Entwicklung, auf die Investitionen, auf grundlegende Änderungen der Organisation, auf die Einführung neuer Arbeits- und Fertigungsverfahren, auf Verlagerungen der Produktion, auf Fusionen, Verkleinerungen oder Schließungen von Unternehmen, Betrieben oder wichtigen Teilen davon sowie auf Massenentlassungen.

Gemäß § 200 ArbVG stehen dem sog **engeren Ausschuss** (vgl 10.9.2.2.2.3) spezifische Befugnisse zu, die allerdings bei dessen Fehlen vom Europäischen Betriebsrat wahrgenommen werden können: Treten **außergewöhnliche Umstände** ein, die erhebliche Auswirkungen auf die Interessen der Arbeitnehmer haben, insb bei Verlegung oder Schließung von Unternehmen oder Betrieben oder bei Massenentlassungen, so hat der engere Ausschuss das Recht, ehestmöglich darüber unterrichtet zu werden. Gegenüber den entscheidungsbefugten Leitungsgremien bzw Leitungsebenen hat er ebenfalls das Recht auf Information und Anhörung. 10/282

An der Sitzung mit dem engeren Ausschuss dürfen auch die Mitglieder des Europäischen Betriebsrats teilnehmen, die von den Betrieben bzw Unternehmen entsendet worden sind, die unmittelbar von diesen Maßnahmen betroffen sind.

In **Tendenzbetrieben** (vgl 4.4.2.2) unterliegen die Mitwirkungsrechte des Europäischen Betriebsrats gewissen Beschränkungen (§ 202 ArbVG). Die Befugnisse des Europäischen Betriebsrats können nur insoweit geltend gemacht werden, als es sich nicht um Angelegenheiten handelt, die die politische Richtung dieser Unternehmen beeinflussen. 10/283

Gewisse Mitwirkungsrechte kommen aber auch in Tendenzbetrieben uneingeschränkt zur Anwendung. Dies gilt insb für die Unterrichtung von grundlegenden Änderungen der Organisation, von der Einführung neuer Arbeits- und Fertigungsverfahren oder von Massenentlassungen.

10.9.2.3. Verfahren zur Unterrichtung und Anhörung der Arbeitnehmer

Als Alternative zur Errichtung eines Europäischen Betriebsrats können besonderes Verhandlungsgremium und zentrale Leitung auch die Schaffung eines oder mehrerer Verfahren zur Unterrichtung und Anhörung der Arbeitnehmer vereinbaren. 10/284

Bei der **Ausgestaltung** dieses Verfahrens sind die Vertragsparteien weitgehend frei. § 190 ArbVG schreibt lediglich vor, dass in der Vereinbarung jedenfalls festzulegen ist, unter welchen Voraussetzungen die Arbeitnehmervertreter das Recht haben, zu einem Meinungsaustausch über die ihnen übermittelten Informationen zusammenzutreten. Die Vereinbarung hat außerdem die Verpflichtung der zentralen Leitung näher zu regeln, die Repräsentanten insb über alle länderübergreifenden Angelegenheiten zu informieren, die erhebliche Auswirkungen auf die Interessen der Arbeitnehmerschaft haben. 10/285

10.9.3. Europäische Gesellschaft

10.9.3.1. Grundsätze

10/286 Während die sog europäische Betriebsverfassung (vgl 10.9.2) ganz allgemein bei gemeinschaftsweit operierenden Unternehmen und Unternehmensgruppen ansetzt, knüpft die Beteiligung der Arbeitnehmer im VI. Teil des ArbVG unmittelbar an eine bestimmte gesellschaftsrechtliche Rechtsform, nämlich die **Societas Europaea (SE)**, an. EU-rechtlich schafft die VO EG 2157/2001 über das **Statut der Europäischen Gesellschaft** die gesellschaftsrechtliche Grundlage[181]. Die RL 2001/86/EG zur Ergänzung des Statuts hinsichtlich der Beteiligung der Arbeitnehmer gibt den arbeitsrechtlichen Rahmen vor[182]. Innerstaatlich wurde die an sich unmittelbar verbindliche EU-VO durch das SEG, BGBl I 67/2004, ergänzt[183] und die RL 2001/86/EG durch die ArbVG-Novelle 2004 umgesetzt[184].

10/287 Das Problem der Schaffung einer Europäischen Gesellschaft war nicht zuletzt ein Problem der **Mitbestimmung** in der Gesellschaft. Die unterschiedlichen nationalen Formen einer Beteiligung der Arbeitnehmer in Unternehmensorganen[185] sollten dem Grunde nach erhalten bleiben. Aus diesem Grund sind auch die entsprechenden EU-RL stets von einem offenen Mitbestimmungsmodell ausgegangen: Die Beteiligung der Arbeitnehmer soll durch Vereinbarung geregelt werden. Sowohl die Struktur der Belegschaftsorgane als auch Umfang und Intensität der Befugnisse sollen im Verhandlungswege zustande kommen. Nur im Fall eines Scheiterns der Verhandlungen, sind – unter Berücksichtigung der nationalen Mitbestimmungssysteme – Auffangregelungen und zwingende Formen der Beteiligung vorgesehen (**Vorrang der Arbeitnehmerbeteiligung durch vertragliche Einigung**).

10/288 Fundamentaler Grundsatz und erklärtes Ziel der entsprechenden EU-RL (s 2.8.4.9) ist die Sicherung erworbener Rechte der Arbeitnehmer über ihre Beteiligung an Unternehmensentscheidungen. Die vor der Gründung einer Europäischen Gesellschaft bestehenden Rechte der Arbeitnehmer sollen deshalb Ausgangspunkt auch für die Gestaltung ihrer Beteiligungsrechte in der SE sein (**Vorher-Nachher-Prinzip**).

10/289 In Anlehnung an die RL 2001/86/EG gilt gem § 208 ArbVG das **Sitzstaatsprinzip**. Die Bestimmungen des VI. Teils des ArbVG gelten grundsätzlich nur für jene Europäischen Gesellschaften, die ihren Sitz in Österreich haben. Gewisse Regelungen, die unmittelbar an die österreichische Betriebsverfassung anknüpfen (zB Entsendung der österreichischen Mitglieder in das besondere Verhandlungsgremium oder in den SE-Betriebsrat, Verschwiegenheitspflicht der österreichischen Betriebsratsmitglieder), kommen auch zur Anwendung, wenn der Sitz der SE nicht im Inland liegt (§ 209 ArbVG)[186].

---

[181] ABl 2001 L 294/1; *Fuchs* in Fuchs/Marhold (Hrsg), Europäisches Arbeitsrecht[4] (2014), 403 ff; *Teichmann*, Die Gründung der Societas Europaea, in Hulle/Maul/Dirnhausen (Hrsg), Handbuch zur Europäischen Gesellschaft (2007), 49; *Schwarz*, Europäisches Gesellschaftsrecht (2000), 640 ff.

[182] ABl 2001 L 294/22.

[183] *Barnert/Dolezel/Egermann/Illigasch*, Societas Europaea (2005), 235 ff.

[184] BGBl I 82/2004.

[185] *Oetker*, Die Mitbestimmung der Arbeitnehmer in der Europäischen Gesellschaft, in Lutter/Hommelhof (Hrsg), Die Europäische Gesellschaft (2005), 277; *Barnert/Dolezel/Egermann/Illigasch*, Societas Europaea (2005), 153 ff; *Fuchs* in Fuchs/Marhold (Hrsg), Europäisches Arbeitsrecht[4] (2014), 406.

[186] Näheres dazu s *Naderhirn/Ritzberger-Moser* in Strasser/Jabornegg/Resch (Hrsg), ArbVG (Losebl), § 209 Rz 1 f.

Die Anwendbarkeit des VI. Teils des ArbVG schließt die Anwendung des V. Teils des ArbVG (Europäische Betriebsverfassung) grundsätzlich aus (zu den Ausnahmen vgl § 252 Abs 1 ArbVG). Der zweite Teil des ArbVG (Betriebsverfassung) bleibt weitgehend unberührt (s § 252 Abs 3 ArbVG). Dies bedeutet, dass sowohl die organisationsrechtliche Struktur des ArbVG (zB Betriebsräte für die Betriebe in Österreich) als auch die Mitwirkungsrechte dieser Organe erhalten bleiben. 10/290

Die **Mitwirkung im Aufsichtsrat nach § 110 ArbVG** ist für die SE selbst ausgeschlossen. An deren Stelle tritt die Mitbestimmung im Aufsichts- oder Verwaltungsrat nach dem VI. Teil des ArbVG. Gewisse Grundsätze der Mitbestimmung nach § 110 ArbVG (zB Beschränkungen bei der Wahl von Vorstandsmitgliedern, Mitwirkung in Ausschüssen des Aufsichts- oder Verwaltungsrats; vgl § 248 ArbVG) werden in das Mitbestimmungsregime für die Europäische Gesellschaft übernommen. Für die im Inland gelegenen Tochtergesellschaften der SE bleibt es ohnedies bei der Anwendung des § 110 ArbVG. Dies stellt § 252 Abs 2 ArbVG klar.

10.9.3.2. Belegschaftsorgane

Gem § 211 ArbVG ist in der Europäischen Gesellschaft ein besonderes Verhandlungsgremium einzusetzen sowie ein SE-Betriebsrat einzurichten oder ein anderes Verfahren zur Beteiligung der Arbeitnehmer zu schaffen. 10/291

Die **Aufgabe** des besonderen Verhandlungsgremiums besteht darin, mit dem zuständigen Organ der beteiligten Gesellschaften in einer schriftlichen Vereinbarung die Beteiligung der Arbeitnehmer in der Europäischen Gesellschaft festzulegen (§ 225 ArbVG). 10/292

Die Zusammensetzung des besonderen Verhandlungsgremiums soll den Kriterien der Repräsentativität und Proportionalität Rechnung tragen. Dementsprechend sieht § 216 ArbVG vor, dass für jeden Anteil an in einem Mitgliedstaat beschäftigten Arbeitnehmern, der 10 % der Gesamtzahl der in allen Mitgliedstaaten beschäftigten Arbeitnehmer der beteiligten Gesellschaften, betroffenen Tochtergesellschaften und Betriebe oder einen Bruchteil davon beträgt, ein Mitglied aus diesem Mitgliedstaat in das besondere Verhandlungsgremium zu entsenden ist. Beträgt somit der Beschäftigtenstand einer Gesellschaft bzw eines Betriebs 10 % oder weniger im Verhältnis zur Gesamtzahl aller Beschäftigten, ist ein Mitglied zu entsenden.

Beispiel: In einer österreichischen Gesellschaft (Unternehmenssitz) sind 500 Arbeitnehmer beschäftigt, in der deutschen Gesellschaft 1.000, in der französischen 20 und in der spanischen 120 Arbeitnehmer. Wie viele Vertreter sind von welcher Gesellschaft in das Verhandlungsgremium zu entsenden? – Die Gesamtzahl der Beschäftigten beträgt 1.640. 10 % davon sind 164, sodass aus Frankreich ein Arbeitnehmer, aus Spanien auch ein Arbeitnehmer, aus Österreich vier und aus der BRD sieben Vertreter entsandt werden. Aus der BRD kommen zB deshalb sieben Vertreter, da auch für Bruchteile von 10 % ein Vertreter zu bestellen ist (1.000/164 = 6,097).

Im Fall einer im Wege der Verschmelzung gegründeten Europäischen Gesellschaft sind aus jedem Mitgliedstaat weitere zusätzliche Mitglieder in das besondere Verhandlungsgremium zu entsenden (§ 216 Abs 2 ArbVG).

Die in das besondere Verhandlungsgremium zu entsendenden österreichischen Mitglieder werden durch Beschluss des zuständigen Belegschaftsorgans (nach § 218 ArbVG) aus dem Kreis der Betriebsratsmitglieder ernannt. An Stelle eines Betriebsratsmitglieds kann auch ein Funktionär oder Arbeitnehmer der zuständigen freiwilligen Berufsvereinigung der Arbeitnehmer ernannt werden (§ 217 ArbVG). 10/293

10.9.3.3. Europäische Betriebsvertretung

10/294 Ein **Betriebsrat kraft Vereinbarung** kommt zustande, wenn das besondere Verhandlungsgremium und das zuständige Gesellschaftsorgan dies beschließen (§ 230 Abs 1 ArbVG).

10/295 Ein SE-Betriebsrat kann aus zwei Gründen zustande kommen. Zum einen kann das besondere Verhandlungsgremium und das zuständige Gesellschaftsorgan dies beschließen. Zum anderen ist ein SE-Betriebsrat einzurichten, wenn innerhalb eines halben Jahres (bzw innerhalb eines Jahres, wenn das Verhandlungsgremium und das Gesellschaftsorgan dies einvernehmlich beschließen) keine Vereinbarung über ein Beteiligungsmodell zustande kommt (§ 232 Abs 1 Z 2 ArbVG).

Sofern es die Zahl seiner Mitglieder rechtfertigt, hat der SE-Betriebsrat aus seiner Mitte einen engeren Ausschuss zu wählen, der aus einem Vorsitzenden und höchstens zwei weiteren Mitgliedern bestehen darf. Der **engere Ausschuss** führt die laufenden Geschäfte des SE-Betriebsrats (§ 236 ArbVG).

10.9.3.3. Kompetenzen/Beteiligungsrechte

10/296 Kommt es zu einer **Mitwirkungsvereinbarung** zwischen dem besonderen Verhandlungsgremium und dem zuständigen Gesellschaftsorgan (vgl 10.9.3.1), dann richten sich die Beteiligungsrechte nach dieser Vereinbarung.

10/297 Im Fall eines **Betriebsrats kraft Gesetzes** ist zwischen Befugnissen und Mitbestimmung kraft Gesetzes zu unterscheiden (vgl auch 11.4.4.3). Den Befugnissen sind die Anhörungs- und Unterrichtungsrechte zuzuordnen. So hat der SE-Betriebsrat insb gem § 239 ArbVG das Recht, über sämtliche Angelegenheiten, die die wirtschaftlichen, sozialen, gesundheitlichen und kulturellen Interessen der Arbeitnehmer der Europäischen Gesellschaft selbst oder einer ihrer Tochtergesellschaften oder einen ihrer Betriebe in einem anderen Mitgliedstaat betreffen oder über die Befugnisse der Entscheidungsorgane auf der Ebene des einzelnen Mitgliedstaats hinausgehen, unterrichtet und angehört zu werden. Bei außergewöhnlichen Umständen (zB Verlegung oder Schließung von Betrieben oder bei Massenentlassungen) besteht eine Pflicht zu ehestmöglicher Unterrichtung des SE-Betriebsrats.

10/298 **Recht auf Mitbestimmung** bedeutet Beteiligung der Arbeitnehmer im Aufsichts- oder Verwaltungsrat der Europäischen Gesellschaft. Dieses Recht kann darin bestehen, einen Teil der Mitglieder des Aufsichts- oder Verwaltungsrats der SE zu wählen oder zu bestellen oder aber deren Bestellung zu empfehlen oder abzulehnen (§ 245 ArbVG). Wenn in den beteiligten Gesellschaften mehr als eine Form der Mitbestimmung besteht, so hat das besondere Verhandlungsgremium zu beschließen, welche von ihnen in der SE eingeführt wird (§ 244 Abs 3 ArbVG). Wenn das Gremium keinen entsprechenden Beschluss fasst, findet die Form der Mitbestimmung Anwendung, die sich auf die höchste Zahl der in den beteiligten Gesellschaften beschäftigten Arbeitnehmer erstreckt (§ 244 Abs 5 ArbVG). Die Anzahl der Arbeitnehmervertreter im Aufsichts- oder Verwaltungsrat der Europäischen Gesellschaft bestimmt sich nach dem höchsten maßgeblichen Anteil der Arbeitnehmervertreter im Aufsichts- oder Verwaltungsorgan in den beteiligten Gesellschaften vor der Eintragung der Europäischen Gesellschaft (§ 245 Abs 1 ArbVG). Der SE-Betriebsrat entscheidet über die Verteilung der Sitze im Aufsichts- oder Verwaltungsrat der SE auf die Arbeitnehmervertreter aus verschiedenen Mitgliedstaaten entsprechend den jeweiligen Anteilen der in den einzelnen Mitgliedstaaten beschäftigten Arbeitnehmer der Europäischen Gesellschaft, ihrer Tochtergesellschaften und Betriebe (§ 246 Abs 1 ArbVG).

Sonderbestimmungen enthält der VIII. Teil des ArbVG zur Mitbestimmung der Arbeitnehmer im Fall einer **grenzüberschreitenden Verschmelzung von Kapitalgesellschaften**[187]. 10/299

10.9.4. Europäische Genossenschaft

Die Beteiligung der Arbeitnehmer in der Europäischen Genossenschaft (Societas Cooperativa Europaea – SCE) orientiert sich weitgehend an den Regelungsinhalten für die Europäische Gesellschaft (vgl 10.9.3). Die Umsetzung der RL 2003/72/EG zur Ergänzung des Statuts der Europäischen Genossenschaft hinsichtlich der Beteiligung der Arbeitnehmer erfolgt durch den VII. Teil des ArbVG[188]. 10/300

10.10. Organe der Jugendvertretung

Für jugendliche Arbeitnehmer schreibt das ArbVG eine eigene Vertretung vor (§§ 40 Abs 5, 123 ff ArbVG)[189]. 10/301

Den **jugendlichen Arbeitnehmern** werden gem § 123 Abs 3 ArbVG all jene Arbeitnehmer (einschließlich der Heimarbeiter) zugerechnet, die das 18. Lebensjahr noch nicht vollendet haben, sowie Lehrlinge, die das 21. Lebensjahr noch nicht vollendet haben. 10/302

Die Ausübung von Rechten und die Übernahme von Pflichten durch Jugendliche im Bereich der auf sie bezogenen betriebsverfassungsrechtlichen Normen bedürfen zu ihrer Rechtsgültigkeit **keiner Einwilligung des gesetzlichen Vertreters** (§ 131 ArbVG). Die diesbezüglichen Aktivitäten sind unmittelbar rechtsgültig. 10/303

Sind in einem Betrieb dauernd mindestens fünf jugendliche Arbeitnehmer beschäftigt, so sind gem § 123 Abs 1 ArbVG folgende Organe zu bilden: 10/304

a) die Jugendversammlung,
b) der Wahlvorstand für die Wahl des Jugendvertrauensrats,
c) der Jugendvertrauensrat.

Umfasst ein Unternehmen mehrere Betriebe, die eine wirtschaftliche Einheit bilden und vom Unternehmen zentral verwaltet werden, so sind zusätzlich zu bilden: 10/305

a) der Wahlvorstand für die Wahl des Zentraljugendvertrauensrats,
b) der Zentraljugendvertrauensrat,

---

187 Vgl *Röpke*, Zur AN-Mitbestimmung in der neuen EU-Verschmelzungsrichtlinie, DRdA 2006, 68; *Eckert/Schimka*, Die Arbeitnehmermitbestimmung bei grenzüberschreitenden Verschmelzungen nach dem EU-VerschG, wbl 2008, 201; *Naderhirn/Ritzberger-Moser* in Strasser/Jabornegg/Resch (Hrsg), ArbVG (Losebl), § 258.

188 Vgl *Neubauer*, ASoK 2006, 269; *Naderhirn/Ritzberger-Moser* in Strasser/Jabornegg/Resch (Hrsg), ArbVG (Losebl), § 254.

189 Vgl insb *Dunst* in Gahleitner/Mosler (Hrsg), Arbeitsverfassungsrecht, Bd 4[6] (2015), 25 ff; *Naderhirn* in Strasser/Jabornegg/Resch (Hrsg), ArbVG (Losebl), § 123; *Petrovic*, Sondervertretungen und ihre Mitwirkungsmöglichkeiten, in Tomandl (Hrsg), Offene Fragen des Betriebsverfassungsrechts (1989), 97; *Windisch-Graetz* in Tomandl (Hrsg), ArbVG (Losebl), § 40 Rz 11.

c) die Jugendvertrauensräteversammlung (§ 123 Abs 2 ArbVG; vgl zu diesen Organen 10.10.3 u 10.10.4).

10/306 In Konzernen iSd § 15 AktG bzw des § 115 GmbHG kann eine Konzernjugendvertretung gem § 131f ArbVG gebildet werden (§ 123 Abs 4 ArbVG; vgl 10.10.5).

10.10.1. Jugendversammlung

10/307 § 124 Abs 1 ArbVG definiert die Jugendversammlung als Gesamtheit der jugendlichen Arbeitnehmer eines Betriebs und der Mitglieder des Jugendvertrauensrats, die nicht jugendliche Arbeitnehmer sind.

10/308 Die **Aufgaben** der Jugendversammlung sind

a) die Behandlung von Berichten des Jugendvertrauensrats,
b) die Wahl des Wahlvorstandes für die Wahl des Jugendvertrauensrats,
c) die Beschlussfassung über die Enthebung des Jugendvertrauensrats (§ 124 Abs 2 ArbVG).

10/309 In jedem Kalenderhalbjahr ist die Jugendversammlung mindestens einmal einzuberufen. Zuständig für die Einberufung ist der Jugendvertrauensrat (§ 124 Abs 3 ArbVG). Besteht ein solcher nicht oder ist er funktionsunfähig, so kann die Versammlung auch von dem an Lebensjahren ältesten stimmberechtigten jugendlichen Arbeitnehmer, von jedem Betriebsrat, falls Betriebsräte errichtet sind, oder von jeder zuständigen Interessenvertretung der Arbeitnehmer einberufen werden (§ 124 Abs 4 ArbVG).

10/310 **Stimmberechtigt** in der Jugendversammlung sind sämtliche ihrer Mitglieder, sofern sie am Tag der Jugendversammlung im Betrieb beschäftigt sind (§ 124 Abs 6 ArbVG). Weiters ist jeder im Betrieb bestehende Betriebsrat berechtigt, durch mindestens einen Vertreter mit beratender Stimme an den Jugendversammlungen teilzunehmen (§ 124 Abs 5 ArbVG). Im Übrigen gelten grundsätzlich die Ausführungen zu den Belegschaftsversammlungen (vgl 10.2). Im Gegensatz zur Betriebsversammlung bedarf es jedoch für den Beschluss auf Enthebung des Jugendvertrauensrats keiner Zweidrittelmehrheit[190].

10.10.2. Jugendvertrauensrat

10.10.2.1. Voraussetzungen und Zusammensetzung

10/311 Die Zahl der Mitglieder des zu bildenden Jugendvertrauensrats hängt von der Anzahl der am Tag der Wahlausschreibung im Betrieb beschäftigten jugendlichen Arbeitnehmer ab (vgl § 125 Abs 3 ArbVG).

Zu wählen sind gem §§ 125 Abs 1 ArbVG und 51 Abs 1 BRWO bei

5 bis	10 jugendlichen Arbeitnehmern	1 Jugendvertreter,
11 bis	30 jugendlichen Arbeitnehmern	2 Mitglieder,
31 bis	50 jugendlichen Arbeitnehmern	3 Mitglieder,

[190] Vgl *Naderhirn* in Strasser/Jabornegg/Resch (Hrsg), ArbVG (Losebl), § 124 Rz 6.

51 bis 100	jugendlichen Arbeitnehmern	4 Mitglieder,
101 bis 200	jugendlichen Arbeitnehmern	5 Mitglieder,
201 bis 300	jugendlichen Arbeitnehmern	6 Mitglieder,
301 bis 400	jugendlichen Arbeitnehmern	7 Mitglieder,
401 bis 500	jugendlichen Arbeitnehmern	8 Mitglieder,
501 bis 600	jugendlichen Arbeitnehmern	9 Mitglieder,
601 bis 700	jugendlichen Arbeitnehmern	10 Mitglieder,
701 bis 800	jugendlichen Arbeitnehmern	11 Mitglieder,
801 bis 900	jugendlichen Arbeitnehmern	12 Mitglieder,
901 bis 1000	jugendlichen Arbeitnehmern	13 Mitglieder,
1001 bis 1500	jugendlichen Arbeitnehmern	14 Mitglieder,
1501 bis 2000	jugendlichen Arbeitnehmern	15 Mitglieder,

für je weitere 500 jugendliche Arbeitnehmer um ein Mitglied mehr; Bruchteile von 100 bzw 500 werden für voll gerechnet.

In Betrieben, in denen sowohl mindestens **fünf jugendliche Arbeiter** als auch mindestens **fünf jugendliche Angestellte** beschäftigt werden, ist zwar ein gemeinsamer Jugendvertrauensrat zu bilden, gewählt wird aber in den einzelnen Gruppen getrennt. Die gesetzlich vorgesehenen Zahlengrenzen sind dabei separat für die jeweilige Gruppe heranzuziehen (§ 125 Abs 2 ArbVG). 10/312

Zum Unterschied von der Rechtslage bei der Bildung von Betriebsräten (vgl § 40 ArbVG) ist immer ein einheitlicher Jugendvertrauensrat zu errichten. Besondere Regeln iS der Differenzierung zwischen Arbeitern und Angestellten gelten nur für die Zusammensetzung und damit für die Wahl des Jugendvertrauensrats[191].

Diese Situation führt dazu, dass die Zahl der Mitglieder des Jugendvertrauensrats bei gleich bleibender Gesamtzahl der jugendlichen Arbeitnehmer vom zahlenmäßigen Verhältnis zwischen der Arbeitergruppe und der Angestelltengruppe abhängt.

Beispiel: Die Betriebe A, B und C beschäftigen je 22 jugendliche Arbeitnehmer. Im Betrieb A sind alle 22, im Betrieb B sind 12 und im Betrieb C sind 11 Jugendliche der Gruppe der Arbeiter zuzurechnen. Der Angestelltengruppe des Betriebs B gehören somit 10 jugendliche Arbeitnehmer an, jener des Betriebs C 11. – Obwohl alle Betriebe dieselbe Anzahl an jugendlichen Arbeitnehmern beschäftigen, besteht gem § 125 Abs 1 und 2 ArbVG der Jugendvertrauensrat des Betriebs A aus 2 Mitgliedern, jener des Betriebs B aus 3 und jener von C aus 4 Mitgliedern.

10.10.2.2. Wahl des Jugendvertrauensrats

Ebenso wie bei der Betriebsrats- und Zentralbetriebsratswahl ist auch für die Wahl des Jugendvertrauensrats ein **Wahlvorstand** zu bestellen, der die Vorbereitung und Durchführung der Wahl zu leiten hat (§ 126 Abs 1 ArbVG). 10/313

Der Wahlvorstand besteht aus zwei Arbeitnehmern, die zur Wahl der Jugendvertretung wahlberechtigt oder wählbar sein müssen (vgl § 126 Abs 4 u 5 ArbVG), und einem Betriebsratsmitglied. Sollte im Betrieb kein Betriebsrat errichtet sein oder sollte der Betriebsrat von seinem Entsendungsrecht keinen rechtzeitigen Gebrauch machen, setzt sich der Wahlvorstand aus drei im obigen Sinne wahlberechtigten oder wählbaren Arbeitnehmern zusammen. In diesem Fall kann auch ein Vorstandsmitglied oder ein Angestellter einer zuständigen Interessenvertretung in den Wahlvorstand berufen werden. Min-

[191] *Naderhirn* in Strasser/Jabornegg/Resch (Hrsg), ArbVG (Losebl), §§ 125 u 126.

destens zwei Mitglieder des Wahlvorstandes müssen Arbeitnehmer des Betriebs sein. In Betrieben, in denen gem § 125 Abs 2 ArbVG getrennt zu wählen ist, haben dem Wahlvorstand sowohl ein aktiv und passiv wahlberechtigter Arbeiter als auch ein aktiv und passiv wahlberechtigter Angestellter anzugehören (§ 126 Abs 3 ArbVG).

10/314 Das **aktive Wahlrecht**, also die Wahlberechtigung, besitzen gem § 126 Abs 4 ArbVG alle jugendlichen Arbeitnehmer des Betriebs (s oben, nach 10.10), die am Tag der Wahlausschreibung sowie am Tag der Wahl im Betrieb beschäftigt sind.

10/315 Das **passive Wahlrecht**, also die Wählbarkeit, besitzen alle Arbeitnehmer des Betriebs, die am Tag der Wahlausschreibung das 23. Lebensjahr noch nicht vollendet haben und am Tag der Wahl seit mindestens sechs Monaten im Betrieb beschäftigt sind (§ 126 Abs 5 ArbVG; vgl 10.4.3.3).

10/316 Gem § 126 Abs 7 ArbVG sind die Bestimmungen über die Betriebsratswahl sinngemäß auf die Jugendvertrauensratswahl anzuwenden (zur Betriebsratswahl vgl 10.4.3). Zur **Anfechtung** der Wahl ist auch jeder im Betrieb bestehende Betriebsrat berechtigt.

10/317 Für die **getrennte Wahl** des Jugendvertrauensrats gem § 125 Abs 2 ArbVG sind nach der Gruppe der Arbeiter und jener der Angestellten getrennte Wahlvorschläge einzubringen. Die beiden Gruppen haben jedoch zur selben Zeit und am selben Ort zu wählen (§ 126 Abs 6 ArbVG).

10.10.2.3. Tätigkeitsdauer

10/318 Die Tätigkeitsdauer des Jugendvertrauensrats beträgt im Gegensatz zu jener des Betriebsrats nur **zwei Jahre**. Sie beginnt grundsätzlich mit dem Tag der Konstituierung. Erfolgt die Konstituierung vor Ablauf der Tätigkeitsdauer des früheren Vertrauensrats, so beginnt die Funktionsperiode des neu gewählten und bereits konstituierten Jugendvertrauensrats erst mit dem Ende der Funktionsperiode des früheren Jugendvertrauensrats (§ 126 Abs 1 ArbVG).

10/319 Unabhängig von der normalen zweijährigen Funktionsperiode kann die Tätigkeitsdauer des Jugendvertrauenrats auch **vorzeitig enden**. § 127 Abs 2 ArbVG verweist bezüglich der in Betracht kommenden Tatbestände auf die Auflösungsgründe für den Betriebsrat in § 62 ArbVG (vgl 10.4.4.1). Sinngemäß auf die Mitglieder des Jugendvertrauensrats anzuwenden sind auch die Bestimmungen des § 64 Abs 1 und 3 ArbVG über das vorzeitige Erlöschen der Mitgliedschaft einzelner Betriebsratsmitglieder. Außerdem erlischt die Mitgliedschaft zum Jugendvertrauensrat, wenn ein Mandatar eine Wahl zum Mitglied des Betriebsrats annimmt (§ 127 Abs 3 ArbVG).

10/320 Die Mitgliedschaft zum Jugendvertrauensrat ist vom Gericht **abzuerkennen**, wenn das Mitglied des Jugendvertrauensrats – abgesehen von der Vollendung des 23. Lebensjahres[192] – die Wählbarkeit nicht oder nicht mehr besitzt. Zur Klage sind der Betriebsrat, der Jugendvertrauensrat, jedes Mitglied des Jugendvertrauensrats und der Betriebsinhaber berechtigt (§ 127 Abs 4 ArbVG).

---

[192] § 127 Abs 4 ArbVG spricht zwar vom 21. Lebensjahr, in Hinblick auf die Altersgrenze für das passive Wahlrecht wird es sich jedoch um ein Versehen des Gesetzgebers handeln.

10.10.2.4. Geschäftsführung

Auf die Geschäftsführung des Jugendvertrauensrats sind, sofern dieser aus mindestens drei Mitgliedern besteht, die im § 128 Abs 1 ArbVG aufgezählten Regelungen über die Geschäftsführung des Betriebsrats sinngemäß anzuwenden (vgl 10.4.6). 10/321

Besteht der Jugendvertrauensrat aus zwei Mitgliedern, so haben diese, soweit sie nicht die Geschäfte aufteilen, ihre Aufgaben gemeinsam durchzuführen. Für die Wahl des Vorsitzenden ist § 66 Abs 7 ArbVG sinngemäß anzuwenden. Ein Beschluss kommt nur bei Übereinstimmung beider Mitglieder zustande (§ 128 Abs 2 ArbVG).

Vertreter des Jugendvertrauensrats gegenüber dem Betriebsinhaber und nach außen ist der in der konstituierenden Sitzung zu wählende Vorsitzende. Ist dieser verhindert, so übernimmt dessen Funktion sein Stellvertreter, es sei denn, der Jugendvertrauensrat beschließt im Einzelfall etwas anderes (§ 128 Abs 3 ArbVG). 10/322

Jugendvertrauensrat und Betriebsrat sollten möglichst gut miteinander kooperieren. Legistisch hat der Gesetzgeber dies dadurch zu fördern gesucht, dass er einerseits eine **Einvernehmlichkeit** des Jugendvertrauensrats mit dem Betriebsrat in der Aufgabenerfüllung anstrebt (vgl § 129 Abs 1 ArbVG) und andererseits formal ein gegenseitiges Teilnahmerecht an den Sitzungen der Belegschaftsgremien fixiert. So ist gem § 128 Abs 4 ArbVG jeder im Betrieb bestehende Betriebsrat zu den Sitzungen des Jugendvertrauensrats einzuladen. Die Teilnahme des Betriebsrats an der Sitzung des Jugendvertrauensrats beschränkt sich jedoch auf eine Beratungsfunktion eines seiner Mitglieder. Umgekehrt ist auch der Jugendvertrauensrat zu den Sitzungen des Betriebsrats bzw des Betriebsausschusses einzuladen und kann durch einen Vertreter mit beratender Stimme teilnehmen. 10/323

Die **Beschlüsse** des Jugendvertrauensrats sind jedem im Betrieb bestehenden Betriebsrat zur Kenntnis zu bringen. Der Betriebsrat hat über Beschlüsse des Jugendvertrauensrats und über Angelegenheiten der jugendlichen Arbeitnehmer in Anwesenheit des Jugendvertrauensrats oder von diesem entsendeter Mitglieder zu beraten (§ 128 Abs 5 ArbVG). In Betrieben, in denen getrennte Betriebsräte für die Arbeiter- und Angestelltengruppe bestehen und die Mitglieder des Jugendvertrauensrats gem § 125 Abs 2 ArbVG getrennt gewählt wurden, ist bei der Entsendung von Mitgliedern zu den Beratungen eines Betriebsrats auf die Gruppenzugehörigkeit dieser Mitglieder Bedacht zu nehmen (§ 128 Abs 6 ArbVG). 10/324

Für die **Sacherfordernisse** des Jugendvertrauensrats hat analog zu § 72 ArbVG der Betriebsinhaber aufzukommen (vgl 10.4.6.6; zum Problem der mangelnden Deckung von Barauslagen vgl 10.12.1.1).

10.10.2.5. Kompetenzbereich

Der Jugendvertrauensrat hat die wirtschaftlichen, sozialen, gesundheitlichen und kulturellen Interessen der jugendlichen Arbeitnehmer des Betriebs wahrzunehmen (§ 129 Abs 1 ArbVG). Eine demonstrative Aufzählung konkreter Aufgabenstellungen nimmt § 129 Abs 3 ArbVG vor (Überwachung der Arbeitnehmerschutzbestimmungen für Jugendliche, Vorschlagsrechte in Fragen der Berufsausbildung udgl). Weiter gehende Befugnisse, wie zB Mitwirkungsrechte bei Kündigungen, Versetzungen oder Disziplinarmaßnahmen, 10/325 stehen dem Jugendvertrauensrat auch dann nicht zu, wenn solche Maßnahmen jugendliche Arbeitnehmer betreffen oder kein sonstiges Belegschaftsorgan vorhanden ist.

10/326 Der Jugendvertrauensrat hat seine Aufgaben **im Einvernehmen mit dem Betriebsrat** zu erfüllen. Voraussetzung ist naturgemäß die gegenseitige Beratung und Unterstützung (§ 129 Abs 2 ArbVG).

10.10.3. Jugendvertrauensräteversammlung

10/327 Die Gesamtheit der Mitglieder der im Unternehmen bestellten Jugendvertrauensräte bildet die Jugendvertrauensräteversammlung. Sie ist gem § 131a Abs 1 ArbVG mindestens **einmal in jedem Kalenderjahr** vom Zentraljugendvertrauensrat **einzuberufen**. Den Vorsitz führt der Vorsitzende des Zentraljugendvertrauensrats, bei dessen Verhinderung sein Stellvertreter.

10/328 Besteht kein Zentraljugendvertrauensrat oder ist er vorübergehend funktionsunfähig, so ist das an Lebensjahren älteste Jugendvertrauensratsmitglied bzw der Zentralbetriebsrat zur Einberufung berechtigt (§ 131a Abs 2 ArbVG).

10/329 Auf die **Geschäftsführung** sind die Bestimmungen über die Geschäftsführung der Betriebsräteversammlung (§ 78 Abs 2 bis 5 ArbVG; vgl 10.6) sinngemäß anzuwenden. Jeder im Unternehmen gewählte und konstituierte Betriebsrat ist berechtigt, durch mindestens einen Vertreter mit beratender Stimme an der Jugendvertrauensräteversammlung teilzunehmen (§ 131a Abs 3 ArbVG).

10/330 Der Jugendvertrauensräteversammlung obliegt die Wahl des Zentraljugendvertrauensrats, die Behandlung von Berichten des Zentraljugendvertrauensrats und die Beschlussfassung über seine Enthebung (§§ 131a Abs 4 u 131b Abs 2 ArbVG).

Im letzteren Fall ist jeder Jugendvertrauensrat zur Einberufung berechtigt. Den Vorsitz in der entsprechenden Jugendvertrauensräteversammlung führt der Vorsitzende des einberufenden Jugendvertrauensrats (§ 131a Abs 3 iVm § 78 Abs 2 ArbVG)[193].

10.10.4. Zentraljugendvertrauensrat

10/331 Der Zentraljugendvertrauensrat besteht in Unternehmen

a) mit bis zu 250 jugendlichen Arbeitnehmern aus 4,
b) mit 251 bis 500 jugendlichen Arbeitnehmern aus 5,
c) mit 501 und mehr jugendlichen Arbeitnehmern aus 6 Mitgliedern (§ 131b Abs 1 ArbVG).

10/332 Die Mitglieder des Zentraljugendvertrauensrats werden von der Gesamtheit der Mitglieder der im Unternehmen errichteten Jugendvertrauensräte, der Jugendvertrauensräteversammlung (vgl 10.10.3), aus ihrer Mitte nach den Grundsätzen des Verhältniswahlrechts geheim gewählt. Für die Wahl sind die Bestimmungen über die Berufung des Zentralbetriebsrats (§ 81 ArbVG; vgl 10.7.2) sinngemäß anzuwenden. Der Wahlvorstand hat jedoch aus min-

---

193 *Strasser/Jabornegg*, ArbVG^3 (1999), 665.

destens zwei Jugendvertrauensratsmitgliedern und einem Zentralbetriebsratsmitglied zu bestehen (§ 131b Abs 2 ArbVG).

Übersteigt im Unternehmen die Zahl der Betriebe, in denen Jugendvertrauensräte errichtet sind, die Höchstzahl der Mitglieder im Zentraljugendvertrauensrat, so kann dieser für jeden **nicht durch ein Mitglied** im Zentraljugendvertrauensrat **vertretenen Betrieb** die Berufung eines weiteren Mitglieds beschließen. Die Zahl dieser weiteren Mitglieder darf vier nicht überschreiten; sie sind von den Jugendvertrauensräten dieser im Zentraljugendvertrauensrat nicht vertretenen Betriebe zu nominieren (§ 131b Abs 3 ArbVG). 10/333

Die **Tätigkeitsdauer** des Zentraljugendvertrauensrats beträgt **zwei Jahre**. Ansonsten gelten die Bestimmungen über die Tätigkeitsdauer des Zentralbetriebsrats sinngemäß (§ 131c ArbVG). 10/334

Der Zentraljugendvertrauensrat ist berufen, die wirtschaftlichen, sozialen, gesundheitlichen und kulturellen Interessen der jugendlichen Arbeitnehmer wahrzunehmen. Besteht im Unternehmen ein Zentralbetriebsrat, so hat der Zentraljugendvertrauensrat seine Aufgaben grundsätzlich im Einvernehmen mit dem Zentralbetriebsrat wahrzunehmen (§ 131d Abs 1 ArbVG). In Erfüllung der genannten Aufgaben hat der Zentraljugendvertrauensrat den Zentralbetriebsrat zu beraten und zu unterstützen und umgekehrt (vgl § 131d Abs 2 ArbVG). 10/335

In **Wahrnehmung der Interessen** der jugendlichen Arbeitnehmer ist der Zentraljugendvertrauensrat gem § 131d Abs 3 ArbVG berufen, 10/336

a) in allen Angelegenheiten, die die gemeinsamen Interessen der jugendlichen Arbeitnehmer des Unternehmens betreffen, beim Zentralbetriebsrat und, sofern ein solcher nicht besteht, bei der Unternehmensführung entsprechende Maßnahmen zu beantragen und auf die Beseitigung von Mängeln hinzuwirken;
b) Vorschläge in Fragen der Berufsausbildung und der beruflichen Weiterbildung jugendlicher Arbeitnehmer zu erstatten, soweit solche Maßnahmen mehr als einen Betrieb betreffen;
c) an den Sitzungen des Zentralbetriebsrats mit beratender Stimme teilzunehmen.

Der Zentralbetriebsrat und die Unternehmensführung sind verpflichtet, dem Zentraljugendvertrauensrat die zur Erfüllung seiner Aufgaben erforderlichen **Auskünfte** zu erteilen (§ 131d Abs 4 ArbVG). 10/337

Vertreter des Zentraljugendvertrauensrats gegenüber der Unternehmensführung und nach außen ist der Vorsitzende. Bei dessen Verhinderung obliegt die Vertretung seinem Stellvertreter, sofern der Zentraljugendvertrauensrat im Einzelfall nichts anderes beschließt (§ 131e Abs 1 ArbVG). 10/338

Zu den Sitzungen des Zentraljugendvertrauensrats ist der **Zentralbetriebsrat** einzuladen, der berechtigt ist, an den Sitzungen durch einen Vertreter mit beratender Stimme teilzunehmen. Im umgekehrten Fall gilt dasselbe (vgl § 131e Abs 2 ArbVG). 10/339

Die Beschlüsse des Zentraljugendvertrauensrats sind dem Zentralbetriebsrat zur Kenntnis zu bringen. Der Zentralbetriebsrat hat über Beschlüsse des Zentraljugendvertrauensrats 10/340 und über Angelegenheiten der jugendlichen Arbeitnehmer in Anwesenheit des Zentraljugendvertrauensrats oder von diesem entsandter Mitglieder zu beraten (§ 131e Abs 3 ArbVG).

10.10.5. Konzernjugendvertretung

10/341 In Konzernen iSd § 15 AktG bzw des § 115 GmbHG, in denen in **mehr als einem Unternehmen Jugendvertrauensräte** bestehen, kann eine Konzernjugendvertretung zur Wahrnehmung der gemeinsamen wirtschaftlichen, sozialen, gesundheitlichen und kulturellen Interessen der in der Konzernjugendvertretung vertretenen jugendlichen Arbeitnehmer gebildet werden (§ 131f ArbVG). Die Bestimmungen über die Errichtung, Konstituierung, Geschäftsführung und Tätigkeitsdauer der Konzernvertretung (§§ 88a und 88b ArbVG; vgl hiezu 10.8) sind analog anzuwenden.

10/342 Aufgaben und Befugnisse der Konzernjugendvertretung ergeben sich aus der sinngemäßen Anwendung des § 131d Abs 2, 3 und 4 ArbVG (vgl 10.10.4). Die Erfüllung dieser Aufgaben hat im Einvernehmen mit der Konzernvertretung zu erfolgen (§ 131f Abs 2 ArbVG).

10.11. Behindertenvertretung

10/343 Sind in einem Betrieb dauernd mindestens fünf begünstigte Behinderte (zum Begriff vgl 4.3.2.3.5) beschäftigt, so sind von diesen – tunlichst gemeinsam mit der Betriebsratswahl – **Behindertenvertrauenspersonen** und deren Stellvertreter zu wählen[194]. Gehören sowohl der Arbeitergruppe als auch der Angestelltengruppe mehr als fünf begünstigte Behinderte an, so sind von jeder Gruppe eine Behindertenvertrauensperson und ein (oder mehrere) Stellvertreter zu wählen (vgl im Einzelnen § 22a Abs 1 und 2 BEinstG).

10/344 Besteht in einem Unternehmen ein Zentralbetriebsrat, so sind von den gewählten Behindertenvertrauenspersonen und den Stellvertretern aus ihrer Mitte mit einfacher Mehrheit der abgegebenen Stimmen eine **Zentralbehindertenvertrauensperson** und ein Stellvertreter zu wählen. Wurden im Unternehmen nur eine Behindertenvertrauensperson und ein Stellvertreter gewählt, so üben diese auch die Funktionen der Zentralbehindertenvertrauensperson und des Stellvertreters aus (§ 22a Abs 11 BEinstG).

10/345 Besteht in einem Konzern eine Konzernvertretung, so sind von den Zentralbehindertenvertrauenspersonen und deren Stellvertretern aus ihrer Mitte mit einfacher Mehrheit der abgegebenen Stimmen eine **Konzernbehindertenvertrauensperson** und ein Stellvertreter zu wählen. Wurden im Konzern nur eine Zentralbehindertenvertrauensperson und ein Stellvertreter gewählt, so üben diese auch die Funktionen der Konzernbehindertenvertrauensperson und des Stellvertreters aus (§ 22a Abs 13 BEinstG).

---

[194] Allg vgl *Petrovic*, Sondervertretungen und ihre Mitwirkungsmöglichkeiten, in Tomandl (Hrsg), Offene Fragen des Betriebsverfassungsrechts (1989), 104.

Die Tätigkeitsdauer der (Zentral-, Konzern-)Behindertenvertrauensperson beträgt grundsätzlich vier Jahre (§ 22a Abs 6, Abs 12 u Abs 14 ArbVG). Die Behindertenvertretung ist berufen, die Interessen der begünstigten Behinderten wahrzunehmen, insb die Einhaltung der für Behinderte geltenden Vorschriften zu überwachen, Mängel oder Vorschläge dem Betriebsinhaber (der Unternehmens- bzw Konzernleitung) oder dem entsprechenden Belegschaftsorgan mitzuteilen und an Sitzungen des (Zentral)Betriebsrats bzw der Konzernvertretung beratend teilzunehmen (vgl § 22a Abs 7, 8, 11 u 13 BEinstG). 10/346

Hinsichtlich der **Rechtsstellung** der Behindertenvertrauenspersonen sind die Bestimmungen über die Rechtsstellung der Betriebsratsmitglieder (vgl 10.13) sinngemäß anzuwenden (§ 22a Abs 10 BEinstG). Insb ist damit für Behindertenvertrauenspersonen ausschließlich der besondere **Kündigungs- und Entlassungsschutz** nach den §§ 120 bis 122 ArbVG bzw den §§ 223 bis 225 LArbG von Bedeutung. Für **Barauslagen** der Behindertenvertrauenspersonen hat grundsätzlich der Ausgleichstaxfonds (vgl 5.1.6) aufzukommen. Die Anträge sind beim Bundesamt für Soziales und Behindertenwesen zu stellen (§ 22a Abs 15 BEinstG). 10/347

10.12. Fonds der Belegschaftsvertretungen und deren Rechnungsprüfer

10.12.1. Betriebsratsfonds[195]

Regelungen über den Betriebsratsfonds finden sich vor allem in den §§ 73 bis 75 ArbVG. Detaillierte Bestimmungen sieht darüber hinaus die VO v 1. 8. 1974, BGBl 524/1974, über die Einhebung der Betriebsrats(Zentralbetriebsrats)umlage, über die Errichtung, Verschmelzung, Trennung, Auflösung und Verwaltung des Betriebsrats(Zentralbetriebsrats) fonds, über die Revision seiner Gebarung und die Rechte und Pflichten der Revisionsorgane sowie über die Wahl der Rechnungsprüfer und ihre Geschäftsführung (kurz Betriebsratsfonds-Verordnung 1974, BRF-VO) vor. 10/348

10.12.1.1. Zwecksetzung

Sinn und Zweck des Betriebsratsfonds liegen in der Schaffung eines **vermögensfähigen** Belegschaftsorgans, das die finanziellen Belange des Betriebsrats, der Konzernvertretung sowie der Belegschaft einschließlich ehemaliger Arbeitnehmer des Betriebs vertritt. Er ist gem § 74 Abs 1 ArbVG ausdrücklich mit **eigener Rechtspersönlichkeit** ausgestattet. Mitunter wird in Bezug auf den Betriebsratsfonds von einem juristisch verselbständigten Hilfsinstrument, das der organisierten Arbeitnehmerschaft bzw deren Organen beigegeben ist, gesprochen 10/349

[195] Allg vgl va *Priewasser*, Betriebsratsfonds[5] (2007); *Berger*, Betriebsratsfonds und Arbeiterkammern, in FS Binder (2010), 441.

und die Stellung des Fonds mit jener eines Treuhänders für das Vermögen der organisierten Arbeitnehmerschaft verglichen[196].

10/350 In erster Linie hat der Fonds für die **Deckung der Kosten der Geschäftsführung** des Betriebsrats und der Konzernvertretung zu sorgen (zB Fahrtkostenvergütungen an Betriebsratsmitglieder; Aufwendungen für die Erstellung von Gutachten, die der Betriebsrat in Auftrag gegeben hat; Aufwendungen für die Schulung von Betriebsratsmitgliedern). Gemeint sind jene Kosten der Geschäftsführung, die nicht gem § 72 ArbVG vom Betriebsinhaber zu bestreiten sind (vgl 10.4.6.6)[197]. Außerdem dient der Betriebsratsfonds zur Finanzierung der Errichtung und Erhaltung von Wohlfahrtseinrichtungen sowie der Durchführung von **Wohlfahrtsmaßnahmen** zu Gunsten der Arbeitnehmerschaft und der ehemaligen Arbeitnehmer des Betriebs (vgl § 73 Abs 1 ArbVG).

Unter den in § 73 ArbVG angesprochenen Wohlfahrtseinrichtungen sind nur sog belegschaftseigene Einrichtungen iSd § 93 ArbVG zu verstehen. Davon zu unterscheiden sind die betriebs- und unternehmenseigenen Wohlfahrtseinrichtungen gem § 95 ArbVG, bei denen der Belegschaft keine Alleinbestimmungs-, sondern nur Mitbestimmungsrechte zustehen[198].

10/351 Anderen als den angeführten Zwecken darf der Betriebsratsfonds nicht dienen (§ 74 Abs 3 ArbVG). Eine Bestreitung der Geschäftsführungskosten durch den Betriebsratsfonds wird jedoch nicht nur beim Betriebsrat und der Konzernvertretung in Frage kommen. Auch **Rechnungsprüfern** werden im Zusammenhang mit ihrer Tätigkeit Kosten anfallen, die nur durch den Betriebsratsfonds ersetzt werden können, weil es für sie weder einen eigenen Fonds noch sonst eine Erstattungsmöglichkeit gibt. § 73 Abs 1 ArbVG ist daher idS weit auszulegen. Zur Deckung der **Geschäftsführungskosten des Jugendvertrauensrats** kann ebenfalls kein eigener Fonds eingerichtet werden. Es würde daher naheliegen, den Betriebsratsfonds auch mit diesen Kosten zu belasten. § 130 Abs 1 ArbVG negiert jedoch eine sinngemäße Anwendung des § 115 Abs 1 letzter Satz ArbVG (Ersatz der Barauslagen von Betriebsratsmitgliedern durch den Betriebsratsfonds) auf die Mitglieder des Jugendvertrauensrats. Im Ergebnis bedeutet dies, dass ein Ersatz von Barauslagen der Mitglieder des Jugendvertrauensrats durch die Betriebsverfassung nicht vorgesehen ist[199]. In nicht einleuchtender Weise wird damit den Mitgliedern der einkommensschwächsten Gruppe im Betrieb zusätzlich zu ihrer Tätigkeit der Interessenvertretung auch die Übernahme der damit verbundenen Kosten aufgebürdet. Ungeachtet der Tatsache, dass die Jugendvertrauenspersonen keinen Rechtsanspruch auf Ersatz der Barauslagen besitzen, wird man nicht schlechthin von Rechtswidrigkeit sprechen können, wenn der Betriebsratsfonds über Empfehlung des Betriebsrats diese Kosten tatsächlich bestreitet.

---

[196] *Schrank*, Einige Fragen des Betriebsverfassungsrechtes I, ZAS 1979, 4 f.

[197] S dazu *Jabornegg*, Zur Finanzierung der Betriebsratstätigkeit am Beispiel der Reisekosten, in FS Floretta (1983), 527.

[198] *Jabornegg* in Strasser/Jabornegg/Resch (Hrsg), ArbVG (Losebl), § 95; *Binder* in Tomandl (Hrsg), ArbVG (Losebl), § 95; vgl 11.5.2.2.

[199] Vgl *Floretta* in ArbVG-Handkommentar (1975), 776; aA *Resch* in Strasser/Jabornegg/Resch (Hrsg), ArbVG (Losebl), § 115 Rz 39.

10.12.1.2. Entstehung und Eingänge

Der Betriebsratsfonds bedarf keines besonderen Errichtungsaktes und keiner wie auch immer gearteten Konstituierung. Die Eingänge aus der Betriebsratsumlage, die Zuwendungen seitens des Betriebsinhabers sowie sonstige Vermögenschaften bilden **unmittelbar** den Fonds (vgl § 74 Abs 1 ArbVG). 10/352

Voraussetzung für den Ex-lege-Bestand eines Betriebsratsfonds ist daher nicht die Einführung einer Betriebsratsumlage; es genügt bereits, wenn sonstige Vermögenschaften[200] für obige Zwecke (vgl 10.12.1.1) eingehen[201]. Zu den Vermögenschaften iSd § 74 Abs 1 ArbVG zählen nicht nur dingliche Rechte, sondern auch Forderungsrechte[202]. Auch die für die Geschäftsführung notwendigen Sacherfordernisse, die gem § 72 ArbVG dem Betriebsrat vom Betriebsinhaber zur Verfügung gestellt werden müssen (vgl 10.4.6.6), gehören der Judikatur nach zum Vermögen des Betriebsratsfonds[203].

Jeder Bestand eines Betriebsratsfonds ist vom Betriebsrat unverzüglich schriftlich **der zuständigen Arbeiterkammer bekannt zu geben** (§ 3 Abs 3 BRF-VO). Dies ist notwendig, um dieser die Möglichkeit zu geben, ihrem gesetzlichen Auftrag zur Revision des Fonds nachzukommen (vgl § 74 Abs 6 ArbVG u 10.12.1.4.2). 10/353

Der größte Teil der Eingänge des Betriebsratsfonds wird durch die **Betriebsratsumlage** bestritten, die höchstens 0,5 % des Bruttoarbeitsentgelts betragen darf (vgl § 73 Abs 1 ArbVG). Die Einhebung und Höhe der Betriebsratsumlage kann nur die Betriebs(Gruppen)versammlung beschließen. Voraussetzung dafür ist ein entsprechender Antrag des Betriebsrats. Eine erleichterte Beschlussfassung (vgl 10.2.3) ist in diesem Fall ausgeschlossen. Die Anwesenheit von mindestens der Hälfte der stimmberechtigten Arbeitnehmer ist daher für das Zustandekommen eines rechtsgültigen Beschlusses stets notwendig (§ 73 Abs 2 ArbVG). 10/354

Die Betriebsratsumlage ist vom Arbeitgeber vom Arbeitsentgelt der Arbeitnehmer einzubehalten und bei jeder Lohn(Gehalts)auszahlung an den Betriebsratsfonds abzuführen (§ 73 Abs 3 ArbVG). 10/355

10.12.1.3. Verwaltung, Auflösung und Zusammenlegung

Die **Verwaltung** des Betriebsratsfonds obliegt dem Betriebsrat, die **Vertretung nach außen** dem **Vorsitzenden des Betriebsrats** bzw bei seiner Verhinderung dessen Stellvertreter (§ 74 Abs 2 ArbVG). Der Betriebsrat verwaltet somit den Fonds in gleicher Weise wie er auch die Befugnisse für die Belegschaft ausübt. Dass der Betriebsratsvorsitzende in beiden Fällen die Vertretung gegenüber dem Betriebsinhaber und nach außen hin innehat, verstärkt die Ähnlichkeit der Konstruktionen[204]. 10/356

---

200 OGH 19. 9. 2002, 8 ObA 22/02x, DRdA 2003, 447 mit Bespr v *Preiss*.

201 Vgl ausführlich OGH 17. 1. 1978, 4 Ob 159/77, Arb 9660; OGH 15. 2. 2001, 8 ObA 182/00y, DRdA 2002, 30 mit Bespr v *Holzer*.

202 Eher einschränkend OGH 21. 5. 2007, 8 ObA 4/07g, DRdA 2008, 344 mit Bespr v *Eypeltauer* = wbl 2007, 522 mit Bespr v *Goricnik*.

203 OGH 7. 2. 1978, 4 Ob 5/78, DRdA 1979, 20 mit einer die gegenteilige Auffassung vertretenden Bespr v *Floretta*.

204 Vgl auch *Keinert*, Die Vertretung des Betriebsratsfonds als Sonderfall der Vertretung des Betriebsrats, DRdA 1974, 109 u 180.

10.12.1.3. Belegschaftsfonds

Für den Fall des zeitweiligen **Fehlens eines ordentlichen Verwaltungs- bzw Vertretungsorgans** hat die Betriebs(Gruppen)versammlung bereits zum Zeitpunkt der Errichtung des Betriebsratsfonds eine entsprechende Regelung über die Verwaltung und Vertretung zu beschließen. Ein solcher Beschluss hat die notwendige Verwaltungstätigkeit zu umschreiben sowie die Höchstdauer der vertretungsweisen Verwaltung und das vorgesehene Vertretungs- und Verwaltungsorgan zu bestimmen (§ 74 Abs 4 ArbVG). Wurde ein derartiger Beschluss von der Belegschaftsversammlung nicht gefasst, obliegt die Repräsentation und Administration des Fonds vorübergehend dem ältesten Rechnungsprüfer, wenn keine Rechnungsprüfer bestellt sind, der zuständigen gesetzlichen Interessenvertretung der Arbeitnehmer (Arbeiterkammer). Der älteste Rechnungsprüfer oder die Arbeiterkammer sind auch zur Einberufung einer Betriebs(Gruppen)versammlung berechtigt, die durch Beschluss eine andere Person (Personengruppe) mit der interimistischen Vertretung und Verwaltung beauftragen kann. Diese darf nur die laufenden Angelegenheiten besorgen. Hat sich innerhalb eines Jahres kein funktionsfähiger Betriebsrat konstituiert, so ist der Betriebsratsfonds von der zuständigen gesetzlichen Interessenvertretung der Arbeitnehmer aufzulösen (§ 74 Abs 5 ArbVG).

10/357 Gem § 66 Abs 3 ArbVG (sowie § 10 Abs 5 BRGO) hat der Betriebsrat bei seiner Konstituierung auch einen **Kassaverwalter** zu wählen, falls ein Betriebsratsfonds besteht. Die Aufgaben des Kassaverwalters sind in der BRF-VO umschrieben. Er hat insb die Barmittel zu verwahren, Anweisungen des Betriebsratsvorsitzenden gegenzuzeichnen und Aufzeichnungen über die eingegangenen und ausgegebenen Geldbeträge zu führen (§§ 5 ff BRF-VO)[205].

10/358 Eine **Auflösung** des Betriebsratsfonds hat dann zu erfolgen, wenn der Betrieb dauernd eingestellt wird. Nähere Regelungen sind durch Beschluss der Belegschaftsversammlung bei Errichtung des Betriebsratsfonds zu treffen. Spätere Beschlüsse sind gültig, wenn sie mindestens ein Jahr vor der dauernden Betriebseinstellung gefasst wurden oder in angemessener Weise bei der Verwendung des Fondsvermögens auch jene Arbeitnehmer berücksichtigen, die innerhalb eines Jahres vor der Betriebseinstellung ausgeschieden sind (§ 74 Abs 7 ArbVG).

10/359 Ändern sich die Verhältnisse im Betrieb derart, dass an Stelle getrennter Betriebsräte ein gemeinsamer Betriebsrat gewählt wird, so sind die einzelnen Fonds nicht aufzulösen, sondern miteinander **zu verschmelzen**. Gleiches gilt, wenn beim Zusammenschluss von Betrieben die bisherigen Betriebsräte für die zusammengeschlossenen Betriebe einen einheitlichen Betriebsrat bilden (vgl 10.4.4.2 d). Werden jedoch infolge Wegfalls der Voraussetzungen für das Bestehen eines gemeinsamen Betriebsrats getrennte Betriebsräte gewählt, so zerfällt der Betriebsratsfonds in getrennte Fonds für jede Arbeitnehmergruppe. Das Vermögen ist nach dem Verhältnis der Zahlen der gruppenangehörigen Arbeitnehmer auf die getrennten Betriebsratsfonds **aufzuteilen** (§ 74 Abs 8 ArbVG).

10/360 Wird auf Grund von Beschlüssen der Arbeitnehmer iSd § 40 Abs 3 ArbVG ein gemeinsamer Betriebsrat gebildet, so ist die Verwendung der bestehenden Betriebsratsfonds durch Beschluss der jeweils zuständigen Betriebs(Gruppen)versammlung zu regeln (§ 74 Abs 9 ArbVG). Bleibt es jedoch bei getrennten Betriebsräten der Arbeiter und Angestellten, so kann durch übereinstimmende Beschlüsse der Gruppenversammlung die Errichtung eines gemeinsamen Betriebsratsfonds für **beide Gruppen** beschlossen werden. Dieser Fonds ist vom Betriebsausschuss zu verwalten. Die Beschlüsse können während dessen Tätigkeitsdauer nicht mehr rückgängig gemacht werden (§ 74 Abs 10 ArbVG).

205 S hiezu auch *Löschnigg*, Vier-Augen-Prinzip und Betriebsratsfonds, DRdA 2014, 535.

Werden **Betriebsteile rechtlich verselbständigt** (vgl 10.4.4.2 c), so ist das Fondsvermögen auf die Fonds der Betriebsräte, die in den Teilen des früher zusammengehörigen Betriebs errichtet sind, verhältnismäßig aufzuteilen. Entscheidend ist dabei das Verhältnis der Beschäftigtenzahl vor der Verselbständigung zu den Beschäftigtenzahlen am Tag der handelsrechtlichen Wirksamkeit der Maßnahme. In Betriebsteilen, in denen sich nicht spätestens sechs Monate nach Ablauf der Fristen gem § 62b ArbVG (vgl 10.4.4.2 c) ein Betriebsrat konstituiert, erlischt der Anspruch der Belegschaft auf einen Anteil der Mittel des Betriebsratsfonds zu Gunsten der Belegschaften, die einen Betriebsrat errichtet haben (§ 74 Abs 11 ArbVG). 10/361

Im Rahmen der Auflösung und Verschmelzung des Betriebsratsfonds kommt der zuständigen **gesetzlichen Interessenvertretung der Arbeitnehmer** wesentliche Bedeutung zu. Grundsätzlich ist sie von jeder Auflösung, Zusammenlegung und Trennung der Fonds zu verständigen und hat die damit zusammenhängenden Maßnahmen zu überwachen (§ 74 Abs 12 ArbVG). 10/362

Die zuständige Arbeiterkammer hat die Durchführung der Auflösung und der Vermögensübertragung bei Zusammenfassung und Trennung gem § 74 Abs 13 ArbVG selbst vorzunehmen, wenn
a) ein entsprechender Beschluss der zuständigen Belegschaftsversammlung fehlt;
b) ein entsprechender Beschluss zwar existiert, aber keine dem Gesetz entsprechende Verwendung der Mittel vorsieht (zB wenn die Mittel aus dem Fonds nicht einer Wohlfahrtsmaßnahme zu Gunsten der Arbeitnehmer, sondern dem Vermögen einer politischen Partei zugeführt werden);
c) der Beschluss undurchführbar geworden ist (zB wenn der Betrieb aufgelöst wird und die Belegschaftsversammlung bei Errichtung des Fonds das Fondsvermögen im Falle einer Auflösung an den Betriebskindergarten zu überweisen gedachte, dieser aber mit dem Untergang des Betriebs aufgelöst wird).

Ein nach Durchführung der Auflösung verbleibender Vermögensüberschuss geht auf die zuständige gesetzliche Interessenvertretung der Arbeitnehmer über und ist von dieser für Wohlfahrtseinrichtungen der Arbeitnehmer zu verwenden (§ 74 Abs 14 ArbVG). 10/363

10.12.1.4. Gebarungskontrolle

Die Kontrolle des Betriebsratsfonds[206] bzw der Tätigkeit seiner Organe erfolgt einerseits überbetrieblich durch die Arbeiterkammer, andererseits innerbetrieblich durch die Rechnungsprüfer und durch den Betriebsratsvorsitzenden[207]. 10/364

10.12.1.4.1. Innerbetriebliche Kontrolle

Der **Betriebsratsvorsitzende** und die **Rechnungsprüfer** sind berechtigt, jederzeit die Aufzeichnungen des Kassaverwalters sowie den Kassastand zu überprüfen (§ 7 Abs 1 BRF-VO). Gem § 29 BRF-VO haben die Rechnungsprüfer die Verwaltung und Gebarung des Fonds mindestens **einmal monatlich** zu kontrollieren. Auf Verlangen des Betriebsrats oder der Rechnungsprüfer sowie bei jedem Wechsel in der Person des Kassaverwalters hat dieser unverzüglich einen Kassaabschluss zu machen. Werden Mängel wahrgenommen, so sind um- 10/365

[206] Allg dazu auch OGH 19. 9. 2002, 8 ObA 22/02x, DRdA 2003, 447 mit Bespr v *Preiss*.
[207] Vgl *Priewasser*, Der Betriebsratsfonds[5] (2007), 124 ff.

gehend geeignete Maßnahmen zu ihrer Beseitigung zu treffen. Erforderlichenfalls hat der Vorsitzende des Betriebsrats dem Kassaverwalter aufzutragen, sich bis zu einer Beschlussfassung durch den Betriebsrat der Fortführung der Geschäfte zu enthalten, die in der Verwahrung des Kassaverwalters befindlichen Barmittel an sich zu nehmen und den Betriebsrat, die Rechnungsprüfer sowie die zuständige Arbeiterkammer davon unmittelbar in Kenntnis zu setzen (§ 7 Abs 2 und Abs 3 BRF-VO). Für Schäden aus der Unrechtmäßigkeit der Gebarung und Verwendung der Mittel des Betriebsratsfonds haften die Mitglieder des Betriebsrats[208].

10/366 Die Rechnungsprüfer sind von der zuständigen Belegschaftsversammlung (vgl 10.2) aus ihrer Mitte mit Mehrheit der abgegebenen Stimmen zu wählen. In Betrieben (Arbeitnehmergruppen) mit bis zu 20 Arbeitnehmern ist ein, in Betrieben oder Arbeitnehmergruppen mit mehr als 20 Arbeitnehmern sind zwei Rechnungsprüfer (Stellvertreter) zu bestellen. Diese dürfen nicht Betriebsratsmitglieder sein. Die erstmalige Wahl der Rechnungsprüfer hat anlässlich der Beschlussfassung über die Einhebung einer Betriebsratsumlage zu erfolgen (§ 75 Abs 1 ArbVG).

10/367 Die Tätigkeitsdauer der Rechnungsprüfer (Stellvertreter) beträgt **vier Jahre**.

Wird die Wahl der Rechnungsprüfer mit der Wahl des Betriebsrats gekoppelt, so endet die Tätigkeit der Rechnungsprüfer mit der entsprechenden Neuwahl. Eine Wiederwahl ist möglich (§ 75 Abs 2 ArbVG). Die Verknüpfung von Betriebsratswahl und Rechnungsprüferwahl durch Beschluss der zuständigen Belegschaftsversammlung ist nur dann zulässig, wenn im Betrieb (in der Arbeitnehmergruppe) mehr als zwei Betriebsratsmitglieder zu wählen sind (§ 75 Abs 3 ArbVG). Bei den Wahlvorbereitungen zu einer derart gekoppelten Wahl sind die Bestimmungen über die Betriebsratswahl unverändert anzuwenden. Dass beide Wahlen gleichzeitig durchgeführt werden, muss im Verfahren nur ausreichend dokumentiert werden.

10.12.1.4.2. Außerbetriebliche Kontrolle

10/368 Die Revision der Rechtmäßigkeit der Gebarung und der Verwendung der Mittel des Betriebsratsfonds obliegt der zuständigen **Arbeiterkammer** (§ 74 Abs 6 ArbVG).

Diese hat den Betriebsratsfonds mindestens einmal jährlich ohne vorherige Anzeige der Kontrolle zu unterziehen. Eine außerordentliche Revision ist unverzüglich durchzuführen, wenn der Betriebsrat oder die Rechnungsprüfer darum ersuchen. Diese ersetzt jedoch nicht die ordentliche, jährlich vorzunehmende Revision (§ 34 BRF-VO).

Die **Zweckmäßigkeit** der Gebarung und der Mittelverwendung kann entsprechend dem Wortlaut des § 74 Abs 6 ArbVG **nicht überprüft** werden.

10.12.2. Zentralbetriebsratsfonds

10/369 Neben dem Betriebsratsfonds hat der Gesetzgeber in den §§ 85 bis 88 ArbVG einen weiteren, ausdrücklich mit Rechtspersönlichkeit ausgestatteten Fonds, den Zentralbetriebsratsfonds, installiert[209]. Dieser dient zur Deckung der Kosten der Geschäftsführung des Zentralbetriebsrats und der Konzernvertretung sowie zur Errichtung und Erhaltung von Wohl-

[208] OGH 19. 9. 2002, 8 ObA 22/02x, DRdA 2003, 447 mit Bespr v *Preiss*.
[209] Vgl *Priewasser*, Der Betriebsratsfonds[5] (2007), 161 ff.

fahrtseinrichtungen der Arbeitnehmerschaft und der ehemaligen Arbeitnehmer des Unternehmens (§§ 85 Abs 1, 86 ArbVG). Er entspricht daher vom Umfang seiner Zielsetzung her dem erweiterten Kompetenzbereich des Zentralbetriebsrats.

Ebenso wie der Betriebsratsfonds bedarf auch der Zentralbetriebsratsfonds keines besonderen Errichtungsaktes. **Vermögenschaften**, die den oben erwähnten Zwecken entsprechen, und die Eingänge aus der **Zentralbetriebsratsumlage** bilden ex lege den Zentralbetriebsratsfonds. Die Einhebung und Höhe der Zentralbetriebsratsumlage kann auf Antrag des Zentralbetriebsrats oder eines Betriebsrats die Betriebsräteversammlung beschließen. Sie darf höchstens 10 % der Betriebsratsumlage (maximal 0,05 % des Bruttoarbeitsentgelts) betragen und ist aus den in den einzelnen Betrieben des Unternehmens eingehobenen Betriebsratsumlagen zu entrichten (§ 85 Abs 1 und 2 ArbVG). Dies bedeutet, dass die Zentralbetriebsratsumlage nicht von den Arbeitnehmern zusätzlich zur Betriebsratsumlage, sondern von den einzelnen, in den Betrieben des Unternehmens bestehenden Betriebsratsfonds zu entrichten ist. Der Arbeitgeber hat die Zentralbetriebsratsumlage von der einbehaltenen Betriebsratsumlage in Abzug zu bringen und unmittelbar an den Zentralbetriebsratsfonds abzuführen (§ 85 Abs 3 ArbVG). 10/370

Vertreter des Zentralbetriebsratsfonds ist der Vorsitzende des Zentralbetriebsrats, bei seiner Verhinderung dessen Stellvertreter. Die Verwaltung des Zentralbetriebsratsfonds obliegt dem Zentralbetriebsrat (§§ 86 ArbVG, 41 BRF-VO). 10/371

Der Zentralbetriebsratsfonds ist **aufzulösen**, wenn die Voraussetzungen für die Errichtung eines Zentralbetriebsrats dauernd weggefallen sind. In diesem Fall ist das Vermögen auf jene Betriebsratsfonds des Unternehmens, aus deren Betriebsratsumlagen Beiträge zum Zentralbetriebsratsfonds geleistet wurden, aufzuteilen. Die Aufteilung ist nach dem Verhältnis der Zahlen der beitragspflichtigen Arbeitnehmer vorzunehmen (§ 87 ArbVG). 10/372

Für die **Gebarungskontrolle** sind ebenso wie beim Betriebsratsfonds die zuständige gesetzliche Interessenvertretung der Arbeitnehmer sowie die Rechnungsprüfer zuständig. Gem § 88 Abs 1 ArbVG sind zwei Rechnungsprüfer (Stellvertreter) von und aus der Betriebsräteversammlung mit einfacher Mehrheit zu wählen. Diese dürfen dem Zentralbetriebsrat nicht angehören. Die erstmalige Wahl der Rechnungsprüfer hat anlässlich der Beschlussfassung über die Einhebung der Zentralbetriebsratsumlage zu erfolgen. Ihre Tätigkeitsdauer umfasst vier Jahre (§ 88 Abs 2 ArbVG). 10/373

Im Übrigen sind die wesentlichsten Bestimmungen betreffend den Betriebsratsfonds auf den Zentralbetriebsratsfonds sinngemäß anzuwenden (vgl § 87 letzter Satz ArbVG). 10/374

10.13. Rechtsstellung der Mitglieder von Belegschaftsorganen

10.13.1. Grundsätze der Mandatsausübung[210]

10/375 Das Mandat des Betriebsratsmitglieds ist ein **Ehrenamt** (§ 115 Abs 1 ArbVG). Aus der Tätigkeit im Betriebsrat kann das einzelne Mitglied daher finanzielle Ansprüche weder gegenüber dem Betriebsratsfonds noch gegenüber dem Betriebsinhaber geltend machen[211]. Auf Grund der Betriebsratsfunktion darf auch keine sich gehaltsmäßig auswirkende Besserstellung in der rechtlichen Position erreicht werden. Nicht unbedenklich ist aber die Ansicht des OGH, dass Entgeltreduktionen der übrigen Belegschaft unmittelbare Auswirkungen auf das Entgelt der Betriebsratsmitglieder haben sollen[212].

10/376 In einer Vielzahl von Fällen, in denen das Betriebsratsmitglied von der Arbeitsleistung **freigestellt** wird (vgl 10.13.2), bekommt es allerdings sein Entgelt weiterbezahlt. Hier könnte man daher in gewisser Weise von einer Finanzierung der Aktivitäten des Betriebsratsmitglieds durch den Betriebsinhaber sprechen. Für Aufwendungen, die den Mitgliedern von Belegschaftsvertretungen aus ihren Funktionen erwachsen, hat der Betriebsrats- bzw Zentralbetriebsratsfonds aufzukommen (vgl 10.12).

10/377 Bei der Ausübung ihrer Tätigkeit sind die Mitglieder des Betriebsrats gem § 115 Abs 2 ArbVG **weisungsfrei**. Allerdings muss das Betriebsratsmitglied trotz dieses **Prinzips des freien Mandats** die Beschlüsse des Betriebsrats einhalten und durchführen[213]. Das Prinzip des freien Mandats gilt auch für die Mitglieder des Jugendvertrauensrats sowie für die Behindertenvertrauenspersonen (§§ 130 Abs 1 ArbVG, 22a BEinstG). Die Mandatare sind nur der sie wählenden Belegschaftsversammlung verantwortlich (§ 115 Abs 2 ArbVG), wobei diese Verantwortung äußerst eingeschränkt ist. Einzelne Betriebsratsmitglieder können während der Funktionsperiode des Betriebsrats ihres Amts nicht enthoben werden. Einzige Ausnahme bildet die Enthebung eines Betriebsratsmitglieds, wenn dieses die Gruppenzugehörigkeit (Arbeiter wird Angestellter oder umgekehrt) wechselt (vgl § 64 Abs 1 Z 4 ArbVG). Dieser Fall stellt aber keine Durchbrechung des Prinzips des freien Mandats dar. Die Änderung der Gruppenzugehörigkeit wird vom Gesetzgeber als ein so wichtiger Grund angesehen, dass dadurch eine vorzeitige Beendigung der Mitgliedschaft zum Betriebsrat gerechtfertigt wird. Im Übrigen kann nur der gesamte Betriebsrat durch Beschluss der Betriebs- bzw Gruppenversammlung seiner Funktion enthoben werden (vgl 10.4.4.1). Die Androhung einer solchen vorzeitigen Auflösung des Betriebsrats bietet der Belegschaft die einzige Möglichkeit zur Einflussnahme auf Betriebsratsbeschlüsse. Mit

[210] S dazu *Klug*, Die Grundsätze der Mandatsausübung des Betriebsrates (2001).

[211] Allg zur Ehrenamtlichkeit vgl *Floretta/Spielbüchler/Strasser*, Arbeitsrecht II^4 (2011), 478; *Kietaibl*, Arbeitsrecht I (2013), 128 ff; *Resch* in Strasser/Jabornegg/Resch (Hrsg), ArbVG (Losebl), § 115 Rz 11 ff; *Winkler* in Tomandl (Hrsg), ArbVG (Losebl), § 115; *Rotter*, Betriebsrat, Ehrenamt und Änderungskündigung, ASoK 1996, 4; *dens*, Betriebsrat und Änderungskündigung II, ASoK 1998, 322; *Rauch*, Betriebsrat ist ein Ehrenamt, ASoK 2001, 313; *Gerhartl*, Ehrenamtliche Ausübung der Betriebsratstätigkeit, ASoK 2012, 423.

[212] Zu Kurzarbeit OGH 30. 11. 1988, 9 ObA 274/88, Arb 10.761 = infas 1989, A 90; zu Entgeltreduktionen bei Massenänderungskündigungen OGH 25. 6. 1998, 8 ObA 266/97v, ZAS 1999, 135 mit Bespr v *Risak*.

[213] ArbG Linz 30. 11. 1967, 1 Cr 246/67, Arb 8496.

Ablauf der Funktionsperiode kann die Belegschaftsversammlung den Betriebsratsmitgliedern ihr Vertrauen einfach dadurch entziehen, dass sie sie nicht wiederwählt.

Für die Betriebsratsmitglieder (ebenso für die Mitglieder des Jugendvertrauensrats sowie für Behindertenvertrauenspersonen) sieht § 115 Abs 3 ArbVG ein **Beschränkungs- und Benachteiligungsverbot** vor. Die Mitglieder des Betriebsrats dürfen einerseits in Ausübung ihrer Tätigkeit nicht beschränkt werden, andererseits dürfen sie wegen ihrer Tätigkeit, insb hinsichtlich des Entgelts, der Aufstiegsmöglichkeiten und bei betrieblichen (Um)Schulungsmaßnahmen, nicht benachteiligt werden. 10/378

Ein freigestelltes Betriebsratsmitglied darf zB nicht von den Vorrückungen im Gehaltsschema, die es bei Nichtbefreiung von der Arbeitsleistung auf Grund seiner Dienstjahre und seiner Qualifikation gehabt hätte, ausgeschlossen werden[214]. Ebenso wenig darf einem Betriebsratsmitglied eine bisher gewährte freiwillige Zulage mit der Begründung entzogen werden, dass die Tätigkeit als Betriebsratsmitglied mit der Leitung des Personalbüros unvereinbar wäre[215]. Eine einseitige Kürzung der Entgelte der Betriebsratsmitglieder durch den Dienstgeber ist auch dann unzulässig, wenn die sonstigen Arbeitnehmer (im Zuge von Massenänderungskündigungen) mit einer Reduktion ihrer Entgelte einverstanden sind[216]. Ein Arbeitgeber verstößt gegen das Beschränkungsverbot, wenn er einem Betriebsratsmitglied den Zutritt zum Betrieb verweigert[217]. Auch einem begründet vom Dienst suspendierten Betriebsratsmitglied darf das Betreten des Betriebs, wenn es zur Erfüllung seiner Aufgaben erforderlich ist, nicht untersagt werden[218]. Weiters stellt ein vom Arbeitgeber ausgesprochenes generelles Verbot für aktive, nicht freigestellte Betriebsratsmitglieder, ihre Mobiltelefone zur Ausübung der Betriebsratstätigkeit während der Arbeitszeit zu verwenden, einen nicht gerechtfertigten Eingriff in die Ausübung der betriebsverfassungsrechtlichen Interessenvertretung dar[219].

Das Beschränkungs- und Benachteiligungsverbot gilt auch hinsichtlich der Versetzung eines Betriebsratsmitglieds (§ 115 Abs 3 letzter Satz ArbVG)[220]. Versetzungen in andere Betriebe, die mit dem Verlust der Mitgliedschaft wegen mangelnder Betriebszugehörigkeit einhergehen, sind grundsätzlich unzulässig, weil die Ausübung des Betriebsratsmandats zur Gänze unmöglich wird[221]. Im Übrigen gilt der allgemeine Versetzungsschutz gem § 101 ArbVG auch für Betriebsratsmitglieder[222]. 10/379

Den **Ersatzmitgliedern** des Betriebsrats kommt der Schutz des Benachteiligungsverbots grundsätzlich nicht zu; unter sinngemäßer Anwendung des § 120 Abs 4 Z 1 ArbVG könnte man einen solchen Schutz für den Zeitraum der Vertretungstätigkeit und bis zum Ablauf von drei Monaten danach dann annehmen, wenn das Ersatzmitglied ein Mitglied des Betriebsrats durch mindestens zwei Wochen ununterbrochen vertreten hat und der Betriebsinhaber davon unverzüglich verständigt worden ist[223].

---

[214] Vgl LGZ Wien 24. 6. 1971, 44 Cg 79/71, Arb 8878.

[215] OGH 14. 9. 1988, 9 ObA 238/88, DRdA 1990, 463 mit Bespr v *Trost*.

[216] OGH 16. 10. 2002, 9 ObA 109/02y, DRdA 2003, 261 mit Bespr v *Holzer*.

[217] EA Wien 17. 10. 1984, V Re 228/84, infas 1985, A 27.

[218] OGH 2. 9. 1992, 9 ObA 155/92, ZAS 1993, 141 mit Bespr v *Strasser*; OGH 24. 11. 1993, 9 ObA 244/93, ARD 4531/18/94 = DRdA 1994, 502 mit Bespr v *Eypeltauer*; vgl dazu auch *Resch* in Strasser/Jabornegg/Resch (Hrsg), ArbVG (Losebl), § 115 Rz 88; *Winkler* in Tomandl (Hrsg), ArbVG (Losebl), § 115 Rz 16.

[219] OGH 28. 10. 2013, 8 ObA 58/13g, ASoK 2014, 89 mit Bespr v *Friedrich* = ARD 6380/9/2014 = infas 2014, A 30.

[220] Vgl schon *Kummer*, Versetzung des Betriebsrates, ÖJZ 1951, 162.

[221] Vgl EA Leoben 19. 2. 1957, Re 37/56, Arb 6603; EA Graz 26. 6. 1985, Re 79/84, Arb 10.422; s auch *Majoros*, Versetzung von Mitgliedern eines „Betriebsabteilungsrats", ecolex 2008, 64.

[222] Zur Versetzung vgl allg 6.1.8; zu Verschlechterungsvereinbarungen vgl OGH 25. 6. 1998, 8 ObA 266/97v, ARD 4977/11/98.

[223] EA Leoben 26. 11. 1984, Re 26/84, Arb 10.369.

10.13.1. Rechtsstellung von Betriebsratsmitgliedern

10/380 Gegen das Beschränkungs- und Benachteiligungsverbot verstoßende Rechtshandlungen des Betriebsinhabers sind gem § 879 ABGB **rechtsunwirksam**. Das Betriebsratsmitglied kann daher zB die Befolgung einschlägiger Anweisungen verweigern. In Fällen, in denen die Rechtsunwirksamkeit der Maßnahme nicht ausreicht (zB Verweigerung des Zutritts zum Betrieb), kann die Duldung der betriebsrätlichen Tätigkeit gerichtlich durchgesetzt werden. Denkbar sind dabei neben (vorbeugenden) Unterlassungsansprüchen auch Beseitigungsansprüche[224] oder Schadenersatzansprüche[225]. Hinsichtlich der Beweisführung, dass der Dienstgeber in Benachteiligungsabsicht gehandelt hat, werden die Bestimmungen für die Kündigungsanfechtung nach § 105 Abs 5 ArbVG analog anzuwenden sein. Der Arbeitnehmer hat daher die Benachteiligungsabsicht nur glaubhaft zu machen und nicht den vollen Beweis hiefür zu erbringen[226].

10/381 **Geschäfts- und Betriebsgeheimnisse** sind von allen Arbeitnehmern des Betriebs zu wahren[227]. § 115 Abs 4 ArbVG hebt die Pflicht zur Verschwiegenheit für Mitglieder und Ersatzmitglieder von Belegschaftsorganen besonders hervor. Die ihnen als geheim bezeichneten technischen Einrichtungen, Verfahren und Eigentümlichkeiten des Betriebs sowie sämtliche sonstige, in Ausübung ihres Amts bekannt gewordenen Geschäfts- und Betriebsgeheimnisse dürfen weder an außenstehende Personen noch an die übrigen Arbeitnehmer weitergegeben werden. Der Austausch von derartigen Informationen innerhalb des Belegschaftsorgans stellt keine Verletzung der Verschwiegenheitspflicht dar.

Darüber hinaus gilt für Mitglieder und Ersatzmitglieder von Belegschaftsorganen eine **erweiterte Verschwiegenheitspflicht**: Werden im Zuge der Mitwirkung in personellen Angelegenheiten (zB Einsicht in Gehaltslisten) Mitgliedern des Betriebsrats persönliche Verhältnisse oder Angelegenheiten der Arbeitnehmer bekannt, die ihrer Bedeutung oder ihrem Inhalt nach einer vertraulichen Behandlung bedürfen, so haben sie hierüber ebenfalls Verschwiegenheit zu bewahren (zB Angaben über Dienstbeurteilung, Dienstprüfungen, frühere Tätigkeiten und Schulbildung des Arbeitnehmers)[228]. Belegschaftsorgane unterliegen im Rahmen ihrer Tätigkeit auch dem Datenschutzgesetz und den datenschutzrechtlichen Ermittlungs-, Verarbeitungs- und Übermittlungsbeschränkungen[229].

10/382 Verletzen die Belegschaftsvertreter die Verschwiegenheitspflicht, so kann dies als **Verwaltungsübertretung** von der zuständigen Verwaltungsbehörde auf Antrag des Betriebsinhabers geahndet werden (vgl § 160 Abs 1 u 2 ArbVG). Darüber hinaus bildet der Verrat von Geschäfts- und Betriebsgeheimnissen einen **Entlassungsgrund** gem § 122 Abs 1 Z 4 ArbVG (vgl 8.3.4.3.3.1). Auf Grund dieser schwerwiegenden Sanktionen ist eine Kolli-

---

[224] Vgl *Resch* in Strasser/Jabornegg/Resch (Hrsg), ArbVG (Losebl), § 115 Rz 62; *Winkler* in Tomandl (Hrsg), ArbVG (Losebl), § 115 Rz 16.

[225] OGH 5. 12. 1990, 9 ObA 266/90, ZAS 1992, 24 mit Bespr v *Bydlinski*.

[226] S auch OGH 14. 9. 1988, 9 ObA 238/88, DRdA 1989, 214.

[227] Vgl *Schwarz/Holzer*, Die Treuepflicht des Arbeitnehmers und ihre künftige Gestaltung (1976), 103 ff; *Kuderna*, Die Verschwiegenheitspflicht der Betriebsratsmitglieder und deren Bindung an das Datengeheimnis, in FS Floretta (1983), 577.

[228] Vgl VwGH 6. 7. 1979, 1844/77, Ind 1982, Nr 2, 19; OGH 14. 2. 2001, 9 ObA 338/00x, DRdA 2002, 219 mit Bespr v *Pfeil*.

[229] Vgl insb *Löschnigg*, Der Betriebsrat als Datenverwender, in Resch (Hrsg), Datennutzung im Betrieb (2015), 33.

sion der Geheimhaltungspflicht mit der Interessenvertretungsaufgabe des Betriebsrats besonders prekär. Den Betriebsratsmitgliedern wird zwar eine gewisse Abwägung der Nachteile für die Belegschaft im Falle einer Wahrung der Verschwiegenheit und der Nachteile für den Betrieb im Falle einer Weitergabe der geheimen Informationen zumutbar sein, im Hinblick auf die gravierenden Folgen ist aber stets zu berücksichtigen, ob das Betriebsratsmitglied in Ausübung seiner Interessenvertretungsaufgabe gehandelt hat[230]. Die Geheimhaltungspflicht nach § 115 Abs 4 ArbVG wird nicht verletzt, wenn ihre Einhaltung mit der Interessenvertretungsaufgabe des Betriebsrats derart kollidieren würde, dass der Nachteil für die Belegschaft schwerwiegender wäre als der Nachteil für den von der Nichteinhaltung der Geheimhaltungspflicht Betroffenen[231]. Wird der Verrat eines Geschäfts- oder Betriebsgeheimnisses als Entlassungsgrund geltend gemacht, so hat das Gericht die Zustimmung zur Entlassung zu verweigern, wenn sich die Klage auf ein Verhalten des Betriebsratsmitglieds stützt, das von diesem in Ausübung des Mandats gesetzt wurde und unter Abwägung aller Umstände entschuldbar war (vgl 10.13.3 u 8.3.4.3.3.1).

10.13.2. Freistellung von der Arbeitsleistung

Betriebsratsmitglieder sind in einer Reihe von Fällen unter **Fortzahlung des Entgelts** vom Dienst freigestellt, wenn sie die Zeit unmittelbar zur **Erfüllung ihrer Betriebsratsfunktion** oder aber für die **Teilnahme an Schulungs- und Bildungsveranstaltungen** benötigen[232]: 10/383

a) Zur Erfüllung der allgemeinen Obliegenheiten eines Belegschaftsvertreters (zB Sitzungen des Betriebsrats, Teilnahme an Betriebsversammlungen, Ausübung der Überwachungsrechte, Sitzungen des Aufsichtsrats, Aufsuchen der Arbeiterkammer, der Gewerkschaft oder des Arbeitsinspektorats, Teilnahme an einem Prozess in arbeitsrechtlichen Angelegenheiten) ist den Betriebsratsmitgliedern gem § 116 ArbVG die **erforderliche Freizeit** unter Fortzahlung des Entgelts zu gewähren[233]. Zu beachten ist, dass die Belegschaftsorgane nach § 39 Abs 3 ArbVG ihre Tätigkeit tunlichst ohne Störung des Betriebs zu verrichten haben. Auf jeden Fall hat der Betriebsrat den Arbeitgeber über die Inanspruchnahme von Freizeit für eine vorgesehene betriebsrätliche Tätigkeit im Vorhinein zu informieren, wobei dieser Verpflichtung Genüge getan ist, wenn in der Information wenigstens in groben Umrissen der Grund und die voraussichtliche Dauer der Abwesenheit angegeben sind[234]. Der Betriebsinhaber kann für diese Abmeldung allerdings Schriftlichkeit verlangen. Eine nennenswerte Erschwerung der Betriebsratstätigkeit ist darin nicht zu erblicken[235]. Der Freizeitanspruch nach § 116 ArbVG kann jedoch insofern nicht relativiert werden, als in jedem Einzelfall zu prüfen ist, ob die Ausübung der Rechte der Belegschaftsvertretung nicht außerhalb 10/384

[230] Vgl zB *Russwurm*, Die Auslegung des Begriffes Geschäfts- und Betriebsgeheimnis, DRdA 1954, H 14, 15; s ferner EB zur RV 301 BlgNR 10. GP, 70.
[231] OGH 24. 10. 1978, 4 Ob 91/78, DRdA 1979, 394 mit Bespr v *Reischauer* = Arb 9742.
[232] Umfassend hiezu *Köck*, Betriebsratstätigkeit und Arbeitspflicht – Zu den Freistellungsansprüchen der Betriebsratsmitglieder (1992); *Resch* in Strasser/Jabornegg/Resch (Hrsg), ArbVG (Losebl), §§ 116 bis 119.
[233] OGH 17. 1. 1990, 9 ObA 347/89, ZAS 1994, 20 mit Bespr v *Aigner*.
[234] VwGH 26. 3. 1963, 233/61, SozM II B, 691; EA Graz 30. 6. 1983, Re 9/83, Arb 10.251.
[235] OGH 10. 7. 1991, 9 ObA 133/91, ZAS 1992, 131 mit Bespr v *Resch* = DRdA 1991, 460 mit Bespr v *Andexlinger*.

der Dienstzeit zumutbar wäre. Eine Bewilligung der Freistellung durch den Arbeitgeber ist jedenfalls nicht notwendig[236].

Ob eine Freizeitgewährung gem § 116 ArbVG oder ob eine Bildungsfreistellung nach § 118 ArbVG (s Punkt c) zusteht, ist im Fall von Gewerkschaftsveranstaltungen mitunter kaum eindeutig zu beantworten. Freizeit nach § 116 ArbVG ist grundsätzlich dann zu gewähren, wenn eine Veranstaltung unmittelbar der Erörterung betriebsbezogener Angelegenheiten dient[237], wogegen die Vermittlung von anderen Kenntnissen und Informationen unter die Bildungsfreistellung iSd § 118 ArbVG zu subsumieren ist[238]. Die Teilnahme an einer bloß dem Gedankenaustausch und der Erörterung allgemeiner sozialpolitischer Anliegen einer Berufsgruppe dienenden Tagung kann nicht als Wahrnehmung der Interessen der Belegschaft des Betriebs iSd § 116 ArbVG angesehen werden[239].

Das Entgelt ist für den Zeitraum, für den das Betriebsratsmitglied von der Arbeitsleistung befreit ist, ungeschmälert weiterzuzahlen. Es gilt diesbezüglich sowohl bei teilweiser (§ 116 ArbVG) als auch bei gänzlicher Freistellung (§ 117 Abs 1 ArbVG; s unter b) das **Ausfallprinzip**. Dem Betriebsratsmitglied ist der mutmaßliche Verdienst zu ersetzen, also das, was es nach dem gewöhnlichen Verlauf der Dinge bezogen hätte, wenn es gearbeitet hätte[240]. Zu berücksichtigen sind daher die auch sonst gewährten Zulagen[241] oder Überstundenentgelte[242], außer es kommt zu einer generellen Überstundenreduzierung im Betrieb[243].

10/385 Aus dem Grundsatz, dass ein Freistellungsanspruch nur insoweit besteht, als dies zur Erfüllung der Betriebsratsobliegenheiten unbedingt erforderlich ist, kann auch geschlossen werden, dass nur die jeweils **erforderliche Zahl** von Betriebsratsmitgliedern bezahlte Freizeit beanspruchen kann[244].

10/386 b) In Betrieben mit mehr als 150 Arbeitnehmern kann auf Antrag des Betriebsrats **ein Betriebsratsmitglied** unter Fortzahlung des Entgelts völlig vom Dienst freigestellt werden. Der **Anspruch auf Freistellung** erhöht sich in Betrieben mit mehr als 700 Arbeitnehmern auf zwei, in Betrieben mit mehr als 3.000 Arbeitnehmern auf drei Mitglieder des Betriebsrats und für je weitere 3.000 Arbeitnehmer um ein weiteres Mitglied. In Betrieben mit getrennten Betriebsräten für die Gruppe der Angestellten und jene der Arbeiter gelten diese Zahlen sinngemäß für die einzelnen Arbeitnehmergruppen. Besteht auf Grund zu geringer Arbeitnehmerzahlen in den einzelnen Betrieben eines Unternehmens kein Freistellungsanspruch, werden aber in sämtlichen Betrieben mehr als 400 Arbeitnehmer beschäftigt, so ist auf Antrag des **Zentralbetriebsrats** ein Mitglied desselben ebenfalls unter Fortzahlung des Entgelts von der Arbeitsleistung freizustellen. Der Freistellungsanspruch geht auf die **Konzernvertretung** für eines ihrer Mitglieder über, wenn wegen zu geringer Arbeitnehmer-

[236] OGH 28. 6. 1995, 9 ObA 80/95, RdW 1996, 179.
[237] LG Feldkirch 1. 2. 1977, Cga 1/77, Arb 9555.
[238] OGH 19. 10. 1976, 4 Ob 118/76, DRdA 1978, 340 mit Bespr v *Spielbüchler*; LG Feldkirch 11. 9. 1984, Cga 21/84, infas 1985, A 28; s weiters *Rauch*, Zur Teilnahme von Betriebsräten an Gewerkschaftsveranstaltungen während der Arbeitszeit, ASoK 2002, 34.
[239] OGH 10. 5. 1989, 9 ObA 121/89, DRdA 1991, 134 mit Bespr v *B. Schwarz*; zu einer überbetrieblichen Betriebsrätekonferenz vgl OGH 20. 4. 1994, 9 ObA 19/94, ecolex 1994, 634 = infas 1994, A 115.
[240] VwGH 16. 3. 1981, 12/0315/80, ZAS 1982, 234 mit Bespr v *Heinrich* = DRdA 1982, 35 mit Bespr v *Stifter*; OGH 13. 2. 1991, 9 ObA 1/91, ZAS 1992, 32 mit Bespr v *Andexlinger*; OGH 10. 7. 1991, 9 ObA 133/91, ZAS 1992, 131 mit Bespr v *Resch* = DRdA 1991, 460 mit Bespr v *Andexlinger*; OGH 15. 1. 1992, 9 ObA 227/91, DRdA 1992, 344 mit Bespr v *Floretta* = ZAS 1993, 100 mit Bespr v *Trost*; OGH 11. 1. 1995, 9 ObA 240/95, DRdA 1996, 50 mit Bespr v *Gahleitner*.
[241] LGZ Wien 25. 1. 1960, 44 Cg 7/60, Arb 7166; ArbG Bruck/Mur 11. 12. 1969, Cr 105/69, SozM III E, 406.
[242] OGH 15. 3. 1989, 9 ObA 21/89, ARD 4070/15/89.
[243] OGH 30. 11. 1988, 9 ObA 274/88, Arb 10.761.
[244] OGH 25. 5. 1994, 9 ObA 72/94, infas 1994, A 138 = RdW 1994, 322.

zahlen in den einzelnen Betrieben und Unternehmen des Konzerns eine Freistellung von (Zentral)Betriebsratsmitgliedern nicht möglich ist und der Konzern mehr als 400 Arbeitnehmer beschäftigt (§ 117 ArbVG).

Für den Freistellungsanspruch ist die **Beschäftigtenzahl zur Zeit des Antrags** entscheidend[245]. Die erforderliche Mindestanzahl von Dienstnehmern muss dauernd erreicht werden; ein bloß vorübergehendes geringfügiges Absinken unter die erforderliche Grenze wirkt sich auf einen bestehenden Freistellungsanspruch nicht aus[246]. Durch ein dauerndes oder doch für eine längere, nicht absehbare Zeit bestehendes Absinken geht der Anspruch verloren[247]. Für die Beurteilung, ob eine „dauernde" Beschäftigung vorliegt, ist es grundsätzlich gleichgültig, ob es sich um Arbeitsverhältnisse auf unbestimmte oder auf bestimmte Zeit handelt.

Ist die Voraussetzung der Beschäftigtenzahl erfüllt und hat der Betriebsrat, der Zentralbetriebsrat bzw die Konzernvertretung einen entsprechenden **Antrag** gestellt, so ist eine Prüfung der Frage, ob die Betriebsratsagenden tatsächlich die gänzliche Freistellung eines (Zentral)Betriebsratsmitglieds notwendig machen, nicht mehr durchzuführen. Der Anspruch gem § 117 ArbVG ist von den realen Erfordernissen losgelöst[248]. 10/387

Kommt es zu einer **rechtlichen Verselbständigung von Betriebsteilen** iSd § 62b ArbVG (vgl 10.4.4.2 und 10.7.3.2) und sinkt dadurch die Anzahl der Arbeitnehmer unter die für den Freistellungsanspruch im Betrieb bzw Unternehmen erforderliche Anzahl, so bleibt die Freistellung bis zum Ablauf der Tätigkeitsdauer des (Zentral)Betriebsrats, dem der Freigestellte angehört, aufrecht. Die Freistellung endet jedoch, wenn ein Betriebsratsmitglied auf Grund des speziellen Freistellungsanspruchs in Konzernen freigestellt wird (§ 117 Abs 6 ArbVG)[249]. 10/388

Sonstige von der Arbeitsleistung losgelöste **Rechte und Pflichten** bleiben bei freigestellten Betriebsratsmitgliedern bestehen. Dies gilt zB für Meldepflichten im Krankheitsfall ebenso wie für Urlaubsvereinbarungen mit dem Arbeitgeber[250]. 10/389

c) Unabhängig von der Freistellung von Betriebsratsmitgliedern auf Grund unmittelbarer Betriebsratspflichten (vgl a und b) kennt das ArbVG das Institut der sog **Bildungsfreistellung**[251]. Innerhalb einer Funktionsperiode hat gem § 118 ArbVG jedes Mitglied des Betriebsrats Anspruch auf Freistellung von der Arbeitsleistung zur Teilnahme an Schulungs- und Bildungsveranstaltungen bis zum Höchstausmaß von **drei Wochen**. Werden im 10/390

---

[245] EA Salzburg 8. 10. 1980, Re 26/80, Arb 9903.

[246] VwGH 13. 5. 1969, 1606/68, DRdA 1970, 232 mit Bespr v *Klein*.

[247] EA Innsbruck 14. 8. 1975, Re 23/75, Arb 9396; EA Graz 30. 6. 1983, Re 9/83, Arb 10.251.

[248] VwGH 17. 10. 1972, 761/71, ZAS 1973, 188 mit Bespr v *Rainer*; OGH 24. 7. 2013, 9 ObA 42/13m, DRdA 2014, 230 mit Bespr v *Schneller* = ARD 6355/2/2013 = infas 2014, A 4 = ecolex 2013, 1020; zur Unzulässigkeit der Dienstfreistellung eines Betriebsratsmitglieds für Gewerkschaftsaufgaben s OGH 19. 3. 2013, 9 ObA 133/12t, ZAS 2013, 228 mit Bespr v *Gerhartl* = DRdA 2013, 522 mit Bespr v *Jabornegg*; vgl auch *Neumann-Duesberg*, Rechtsfragen zur Freistellung von Betriebsratsmitgliedern nach österreichischem und deutschem Recht, ZAS 1967, 33; *Gerhartl*, Freistellungen von Betriebsratsmitgliedern, ASoK 2014, 144.

[249] Vgl hiezu *Tinhofer*, Beendigung der Betriebsratsfreistellung infolge Betriebsteilveräußerung, RdW 1998, 289; *Schima*, Beendigung der Betriebsratsfreistellung bei Veräußerung von Betriebsteilen an konzernfremde Dritte, RdW 1998, 284.

[250] Zum Urlaubsanspruch vgl OGH 27. 5. 2008, 8 ObA 20/08m, DRdA 2010, 41 mit Bespr v *Schneller* = ZAS 2009, 191 mit Bespr v *Tomandl*.

[251] Zum Verhältnis der Bildungsfreistellung zur Freizeitgewährung nach § 116 ArbVG vgl insb *Spielbüchler*, Schulung und Fortbildung als Gegenmachtentfaltung – Zum Modell der Bildungsfreistellung für Betriebsratsmitglieder, DRdA 1976, 49.

Betrieb 20 oder mehr Arbeitnehmer beschäftigt, so hat der Dienstgeber den freigestellten Betriebsratsmitgliedern das Entgelt fortzuzahlen. In Betrieben mit dauernd weniger als 20 Beschäftigten haben die Mitglieder des Betriebsrates einen Anspruch auf Freistellung nur gegen Entfall des Entgelts. Ausnahmsweise kann die Freistellung bei Vorliegen eines Interesses an einer besonderen Ausbildung auf bis zu **fünf Wochen** ausgedehnt werden (§ 118 Abs 2 ArbVG). Mitglieder des Jugendvertrauensrats haben unabhängig von der Betriebsgröße einen bezahlten Freistellungsanspruch bis zur Dauer von zwei Wochen innerhalb einer Funktionsperiode (§ 130 Abs 3 ArbVG).

10/391 Als derart begünstigte **Schulungs- und Bildungsveranstaltungen** werden nur solche angesehen, die von kollektivvertragsfähigen Körperschaften der Arbeitnehmer (Gewerkschaften, Arbeiterkammern) oder der Arbeitgeber (insb Wirtschaftskammern) veranstaltet oder von diesen übereinstimmend als geeignet anerkannt werden (§ 118 Abs 3 ArbVG).

Das Ziel der Veranstaltungen hat vornehmlich, jedoch nicht ausschließlich, die Vermittlung von Kenntnissen, die der Ausübung der Funktion als Mitglied des Betriebsrats dienen, zu sein. Die Bestimmung des § 118 Abs 3 ArbVG ist daher nicht eng auszulegen, da das Ziel der Bildungsfreistellung die Erreichung einer besonderen Qualifikation für die Ausübung der Betriebsratsfunktion ist. Es kommen daher auch Veranstaltungen in Frage, die für die Arbeit des Betriebsrats nicht unmittelbar erforderlich sind, aber zur Erweiterung der Bildungsbasis beitragen, wie etwa eine Bildungs- bzw Studienreise ins Ausland mit Werksbesichtigungen, Diskussionen mit Betriebsräten udgl als Abschluss einer dreijährigen Gewerkschaftsschule[252].

10/392 Mindestens vier Wochen vor dem Beginn der beabsichtigten Freistellung hat der Betriebsrat den Betriebsinhaber davon in Kenntnis zu setzen. Der endgültige **Zeitpunkt** der Freistellung ist einvernehmlich zwischen Betriebsinhaber und Betriebsrat festzusetzen, wobei die Erfordernisse des Betriebs einerseits und die Interessen des Betriebsrats und des Betriebsratsmitglieds andererseits zu berücksichtigen sind (Näheres zum Verfahren zur Geltendmachung auch in § 33 BRGO). Kommt eine Einigung nicht zustande, so kann das Gericht angerufen werden (§ 118 Abs 4 ArbVG)[253].

10/393 Rückt ein **Ersatzmitglied** des Betriebsrats in das Mandat eines Mitglieds auf Dauer nach, so steht ihm nur noch der vom ausgeschiedenen Mitglied nicht verwendete Restanspruch zu (§ 118 Abs 6 ArbVG).

Eine Sonderregelung ist für den Fall vorgesehen, dass ein Betriebsratsmitglied im Zuge einer **Betriebsänderung** ausscheidet. Sofern es für das nachrückende Betriebsratsmitglied günstiger ist, kann es die Bildungsfreistellung jedenfalls in dem Ausmaß in Anspruch nehmen, das dem Verhältnis der noch offenen zur gesamten Tätigkeitsdauer des Betriebsrats entspricht (§ 118 Abs 6 ArbVG).

10/394 d) In Betrieben mit mehr als 200 Arbeitnehmern kommt neben der Bildungsfreistellung nach § 118 ArbVG die **erweiterte Bildungsfreistellung** gem § 119 ArbVG in Frage (vgl auch § 34 BRGO). Auf Antrag des Betriebsrats ist in diesen Betrieben ein weiteres Betriebsratsmitglied für die Teilnahme an Schulungs- und Bildungsveranstaltungen bis zum Höchstausmaß eines Jahres freizustellen. Die einzelnen **arbeitsvertragsrechtlichen Ansprüche** bleiben aber durch die erweiterte Bildungsfreistellung nicht unberührt: Ein Anspruch auf Entgelt ist nicht gegeben; der Urlaub gebührt zwar zur Gänze, das Urlaubsentgelt

---

[252] EA Graz 17. 6. 1986, Re 66/86, Arb 10.538.
[253] Vgl auch *Andexlinger*, Verfahrensprobleme der Bildungsfreistellung, RdW 1986, 215.

jedoch nur in dem Ausmaß, das dem um die Dauer der Bildungsfreistellung verkürzten Dienstjahr entspricht. Sonstige, insb jährlich einmal anfallende Bezüge (Weihnachtsremuneration, Urlaubsbeihilfe, fallweise Belohnungen udgl) sind ebenfalls zu aliquotieren. Soweit sich Ansprüche eines Arbeitnehmers nach der Dauer der Dienstzeit richten, sind die Zeiten dieser erweiterten Bildungsfreistellung allerdings zur Gänze anzurechnen.

Zwischen der Bildungsfreistellung nach § 118 ArbVG und nach § 119 ArbVG besteht ein wesentlicher Unterschied. Während die erstgenannte Freistellung ein dem einzelnen Betriebsratsmitglied zustehendes Individualrecht darstellt, ist letztere auf den Betriebsrat als Organ bezogen. Der Betriebsrat hat dann im Einzelfall zu beschließen, welches Mitglied zur erweiterten Freistellung nominiert wird.

Auch im Falle der erweiterten Bildungsfreistellung gem § 119 ArbVG muss es sich um die Teilnahme an „begünstigten" Bildungsveranstaltungen iSd § 118 Abs 3 ArbVG handeln. 10/395

Die Konsumation der Freistellung nach § 119 ArbVG schließt die Inanspruchnahme der Freistellung nach § 118 ArbVG innerhalb der Funktionsperiode aus (§ 118 Abs 5 ArbVG). 10/396

10.13.3. Kündigungs- und Entlassungsschutz

Mitglieder des Betriebsrats dürfen bei sonstiger Rechtsunwirksamkeit nur mit Zustimmung des Gerichts gekündigt oder entlassen werden (§§ 120 bis 122 ArbVG)[254]. Voraussetzung für die Zustimmung des Gerichts ist, dass einer der vom Gesetz taxativ aufgezählten Kündigungs- oder Entlassungsgründe vorliegt (vgl ausführlich 8.2.8.3.1 u 8.3.4.3.3.1). 10/397

Ein **besonderer Bestandschutz** besteht im Rahmen der **Jugendvertretung**. Für die Lehrzeit und die daran anschließende Behaltezeit nach dem BAG (vgl 8.2.8.3.7) bzw nach kollektivvertraglichen Sonderregelungen wird häufig ein befristetes Dienstverhältnis abgeschlossen. Der Ablauf dieser Befristung wird gem § 130 Abs 2 ArbVG durch die Bewerbung um die Bestellung zum Mitglied des Jugendvertrauensrats, durch die Bestellung zum Mitglied des Wahlvorstandes und durch die Wahl zum Mitglied des Jugendvertrauensrats gehemmt. Die Hemmung dauert für Mitglieder des Wahlvorstandes und für Wahlwerber vom Zeitpunkt ihrer Bestellung bzw Bewerbung bis zum Ablauf der Frist zur Anfechtung der Wahl, für Mitglieder des Jugendvertrauensrats vom Zeitpunkt der Annahme der Wahl bis zum Ablauf der jeweiligen Tätigkeitsdauer. Auf Grund einer Klage des Betriebsinhabers kann das Gericht einer vorzeitigen Auflösung des Arbeitsverhältnisses auch zustimmen, wenn ein Kündigungsgrund iSd § 121 ArbVG vorliegt. Im Übrigen sind die für Belegschaftsvertreter geltenden Bestimmungen des besonderen Kündigungs- und Entlassungsschutzes (§§ 120 bis 122 ArbVG) für Mitglieder des Jugendvertrauensrats, für Ersatzmitglieder, Mitglieder des Wahlvorstandes und Wahlwerber sinngemäß anzuwenden. Sind diese Personen Lehrlinge iS des BAG, so darf das Gericht einer Entlassung auch aus den im § 15 Abs 3 lit c und f BAG genannten Gründen (ds Verletzung oder Vernachlässigung von Pflichten bzw Eintreten der Unfähigkeit, den Lehrberuf zu erlernen) zustimmen (§ 130 Abs 1 ArbVG; zur Frage der Entlassung von Belegschaftsvertretern und Lehrlingen vgl 8.3.4.3.3.1 u 8.3.4.3.3.7). 10/398

[254] *Naderhirn/Trost*, Der Personalist als Arbeitnehmervertreter, DRdA 2004, 74.

11. Befugnisse der Arbeitnehmerschaft

Die **Mitwirkungsrechte der Belegschaft** sind weitgehend im II. Teil des **Arbeitsverfassungsgesetzes** zusammengefasst. Sondergesetzliche Bestimmungen finden sich für die Post- und Telekom-Unternehmungen im **Post-Betriebsverfassungsgesetz**[1]. Inhaltlich verweist Letzteres vielfach auf die Mitwirkungsrechte des ArbVG. 11/001

11.1. Aufgaben und Befugnisse

Das Betriebsrätegesetz 1947 regelte im § 14 die Aufgaben und Befugnisse der Betriebsräte gemeinsam in ein und derselben Bestimmung und wurde aus diesem Grund des Öfteren kritisiert. Das ArbVG trug dem Rechnung und trennte zwischen Aufgaben und Befugnissen. In den EB zur RV kommt dies klar zum Ausdruck: „... Der Entwurf ist bestrebt, die im geltenden Recht bestehende und im Schrifttum wiederholt kritisierte unsystematische Vermengung von Aufgabenstellung und Befugnisverleihung zu beseitigen und eine übersichtliche Ordnung zu schaffen. Im § 38 ist die umfassende Interessenvertretungsaufgabe entsprechend dem geltenden § 3 Abs 1 lit a BRG verankert; dieser Interessenvertretungsaufgabe werden im 3. Hauptstück die Befugnisse, die zur Erfüllung dieser Aufgabe dienen, gegenübergestellt."[2] 11/002

Gem § 38 ArbVG haben die Organe der Arbeitnehmerschaft die Aufgabe, die wirtschaftlichen, sozialen, gesundheitlichen und kulturellen Interessen der Arbeitnehmer im Betrieb wahrzunehmen und zu fördern. Gleichzeitig betont § 39 Abs 1 ArbVG, dass das Ziel der Bestimmungen über die Betriebsverfassung und deren Anwendung in der Herbeiführung eines Interessenausgleichs zum Wohle der Arbeitnehmer und des Betriebs liegt. Die Interessenvertretungsaufgabe ist demnach unter dem Aspekt eines Interessenausgleichs in doppeltem Sinn zu verstehen. Einerseits soll sich aus den Interessen der einzelnen Arbeitnehmer ein „**Gesamtinteresse**" artikulieren, das uU den Einzelinteressen sogar zuwiderlaufen kann; andererseits soll ein gewisser Interessenausgleich zwischen Betriebsinhaber und Belegschaft zur **Überbrückung** der bestehenden natürlichen **Interessengegensätze** stattfinden[3]. 11/003

Kollidiert die Interessenvertretungsaufgabe (§ 38 ArbVG) mit dem Postulat eines Interessenausgleichs zum Wohl des Betriebs (§ 39 Abs 1 ArbVG), so wird der Interessenvertretungsaufgabe regelmäßig der Vorrang einzuräumen sein[4]. 11/004

---

1 Zum mittlerweile aufgehobenen Bahn-Betriebsverfassungsgesetz 1997 vgl *Gerlach/Somek*, Bundesbahn-Pensionsgesetz: Der enteignete Dienstnehmer, DRdA 2002, 110; *Kuntner/Waglechner*, Eisenbahnrecht³ (2009); VfGH 1. 12. 2003, G 298/02 ua, DRdA 2004, 436 mit Bespr v *Jabornegg/Resch*.

2 EB zur RV 840 BlgNR 13. GP, 70.

3 Vgl *Schwarz*, Probleme sozialer und personeller Mitbestimmung im Betrieb, DRdA 1975, 66; *Spielbüchler*, Wider die Zähmung der Räte, in FS Strasser (1983), 613; *Holzer*, Die Verantwortung des Betriebsrats und seiner Mitglieder, ASoK 2012, 60.

4 Vgl *Floretta*, Einige Probleme der Rechtsetzungsbefugnis im Betriebsverfassungsrecht, DRdA 1976, 200; eher dagegen *Mayer-Maly*, ZfA 1976, 82.

11/005 Nach hL[5] besteht das Verhältnis zwischen Aufgabe und Befugnis in einer einfachen **Zweck-Mittel-Relation**. Die Aufgabenstellung wird durch § 38 ArbVG, die Befugnisse zu deren Erfüllung werden im 3. Hauptstück des II. Teils des ArbVG formuliert.

Vergleicht man dazu jedoch zB § 89 Z 2 ArbVG, wonach „der Betriebsrat die Einhaltung der für den Betrieb geltenden Kollektivverträge … zu überwachen" hat, so muss man an einer geglückten Trennung von Aufgabenstellung und Befugnissen zweifeln. Die Textierung der Bestimmung weist eher darauf hin, dass es sich hier weniger um die Verleihung eines Rechts handelt, sondern dass vielmehr die Aufgabenstellung des § 38 ArbVG näher ausgeführt wird. Wenngleich § 89 ArbVG die Angelegenheiten der Z 1 bis 4 dieser Bestimmung als Beispiele der Überwachungsbefugnisse deklariert, kommt man zu dem Ergebnis, dass eine logisch stringente Trennung der Befugnisse von den Aufgaben auch im ArbVG nicht durchgehalten wurde. Zur Verteidigung der Legistik muss allerdings gesagt werden, dass aus Gründen der Praktikabilität und Benützerfreundlichkeit eine derartige Vorgangsweise gerechtfertigt sein kann.

11/006 Die Formulierung des § 89 Z 2 ArbVG weist auf einen weiteren berücksichtigungswürdigen Aspekt hin. Dieser Bestimmung zufolge „hat" der Betriebsrat die Einhaltung der arbeitsrechtlichen Regelungen zu überwachen. Er ist also verpflichtet, das ihm zur Verfügung stehende Recht auszuüben. Man kann daher auch von einer **Pflichtbefugnis** sprechen (ein weiteres Beispiel wäre § 102 ArbVG, also die Mitwirkung an der Aufrechterhaltung der Disziplin im Betrieb). Im Gegensatz dazu gibt es eine Reihe von Befugnissen, deren Ausübung im Ermessen der Belegschaftsorgane liegt[6]. Derartige **Ermessensbefugnisse** sind zB im § 73 ArbVG (Einhebung einer Betriebsratsumlage), im § 93 ArbVG (Errichtung und Verwaltung von Wohlfahrtseinrichtungen der Arbeitnehmer) oder auch im § 105 ArbVG (Anfechtung von Kündigungen) enthalten.

11.2. Grundsätze der Interessenvertretung

11/007 Stehen Aufgaben und Befugnisse in einer Zweck-Mittel-Beziehung, so geben die Grundsätze der Interessenvertretung im § 39 ArbVG die Art und Weise an, wie und in welchen Grenzen die Befugnisse auszuüben sind. Unbestritten ist, dass die Tätigkeit der Belegschaftsorgane möglichst ohne Störung des Betriebs durchzuführen ist (§ 39 Abs 3 ArbVG). Das bereits erwähnte **Wohl des Betriebs** (vgl 11.1) entspricht durchaus dem durch die Betriebsverfassung angestrebten Ausgleich widerstreitender Interessen, wenngleich es nicht in jede Entscheidung prägend einzufließen hat und keine immanente Schranke für die Erfüllung der Interessenvertretungsaufgabe darstellt.

11/008 Als **Kooperationsgebot** ist § 39 Abs 2 ArbVG zu verstehen. Durch diese Bestimmung wird den Belegschaftsvertretern aufgetragen, bei Verwirklichung ihrer Interessenvertretungsaufgabe im Einvernehmen mit den zuständigen **kollektivvertragsfähigen Körperschaften** der Arbeitnehmer vorzugehen. Dies werden idR die auf freiwilliger Mitgliedschaft beruhenden Berufsvereinigungen (Gewerkschaften) sein (zur Kollektivvertragsfähigkeit gesetzlicher Interessenvertretungen vgl 3.3.1.4). Die Kooperationspflicht geht naturgemäß nicht so

5 Vgl *Strasser* in Strasser/Jabornegg/Resch (Hrsg), ArbVG (Losebl), §§ 38, 39 Rz 1.
6 Vgl *Strasser* in Strasser/Jabornegg/Resch (Hrsg), ArbVG (Losebl), §§ 38, 39 Rz 14.

weit, dass die Gewerkschaft grundsätzlich von den Beschlüssen der Belegschaftsorgane zu verständigen ist oder dass Beschlüsse nur mit Zustimmung der Gewerkschaft gefasst werden können.

Die Interessenvertretungen der Arbeitnehmer haben vor allem beratende Funktion. Darüber hinaus kennt das ArbVG eine Reihe von Bestimmungen, die den überbetrieblichen Interessenvertretungen der Arbeitnehmer Agenden der Betriebsverfassung übertragen. 11/009

So sind sie zB zur Feststellung der Betriebseigenschaft sowie zur Gleichstellung einer Arbeitsstätte klagslegitimiert (vgl 4.4.1 u 4.4.2) oder können unter bestimmten Voraussetzungen Betriebsversammlungen einberufen (vgl 10.2.2); Vorstandsmitglieder und Angestellte einer Gewerkschaft können unter gewissen Bedingungen sogar in den Betriebsrat gewählt werden[7]. Zur Ausübung der ihnen zustehenden Befugnisse ist den Interessenvertretungen der Arbeitnehmer nach Unterrichtung des Betriebsinhabers oder seines Stellvertreters der Zugang zum Betrieb zu gewähren (§ 39 Abs 4 ArbVG)[8].

Den zuständigen freiwilligen Berufsvereinigungen kommen die eingeräumten Befugnisse nur dann zu, wenn ihnen die Kollektivvertragsfähigkeit (vgl 3.3.1.4) zuerkannt wurde (§ 39 Abs 5 ArbVG). 11/010

11.3. Träger der Befugnisse – Ausübung der Befugnisse

Sieht man in den betriebsverfassungsrechtlichen Befugnissen Rechte im subjektiven Sinn, so kommen als deren Träger entweder der einzelne Arbeitnehmer, die Belegschaft als Gesamtheit oder aber die Organe der Belegschaft in Betracht. 11/011

Einen Ansatzpunkt für den **Arbeitnehmer** als Träger der Befugnisse bietet § 37 Abs 1 ArbVG: „Die Arbeitnehmer dürfen in der Ausübung ihrer betriebsverfassungsrechtlichen Befugnisse nicht beschränkt und aus diesem Grund nicht benachteiligt werden." Der Gesetzgeber spricht hier ausdrücklich von „betriebsverfassungsrechtlichen Befugnissen" der Arbeitnehmer, woraus formal interpretativ geschlossen werden könnte, dass die Arbeitnehmer als Träger zumindest gewisser Befugnisse anzusehen wären. 11/012

Dem widerspricht auch nicht der Bericht des Ausschusses für soziale Verwaltung, in dem es heißt: „Das ArbVG regelt nur das kollektive Arbeitsrecht. Daher ist eine nähere Ausgestaltung der Rechte der einzelnen Arbeitnehmer aus systematischen Gründen nicht hier vorzunehmen, sondern bleibt der künftigen Kodifikation des Arbeitsvertragsrechts vorbehalten."[9]

Wenngleich der Hauptzweck des § 37 Abs 1 ArbVG zweifellos nicht in der Festlegung eines Befugnisträgers, sondern in der Dokumentation des Beschränkungs- und Benachteiligungsverbots liegt, kann man nicht leugnen, dass der Gesetzgeber ausdrücklich von Befugnissen des Arbeitnehmers spricht. Tatsächlich besitzt der einzelne Arbeitnehmer auch eine Reihe von Rechten, die zwar formell nicht in das 3. Hauptstück des II. Teils des ArbVG aufgenommen sind, inhaltlich den dort angeführten Befugnissen aber gleichkommen. § 37 Abs 2 ArbVG bietet dafür selbst ein Beispiel. Dieser Regelung zufolge können die einzelnen 11/013

---

[7] Vgl 10.4.3.3; eine ausführliche Auflistung weiterer Einflussbereiche gibt *Gahleitner* in Gahleitner/Mosler (Hrsg), Arbeitsverfassungsrecht, Bd 2^5 (2015), 408 ff.

[8] Hiezu ausführlich *Majoros/Risak*, Gewerkschaftliche Zutrittsrechte zum Betrieb, DRdA 2014, 544.

[9] EB zur RV 993 BlgNR 13. GP, 3.

Arbeitnehmer Anfragen, Wünsche, Beschwerden, Anzeigen oder Anregungen beim Betriebsrat, bei jedem seiner Mitglieder und beim Betriebsinhaber vorbringen[10]. Auch das aktive und passive Wahlrecht (vgl 10.4.3.2 u 10.4.3.3) stellen Rechte des einzelnen Arbeitnehmers dar. Für Streitigkeiten zur Durchsetzung dieser Rechte ist die Zuständigkeit der Arbeits- und Sozialgerichte gegeben (§ 50 ASGG; vgl 14.1.1).

11/014 Träger der betriebsverfassungsrechtlichen Befugnisse ist jedenfalls grundsätzlich nicht der einzelne Arbeitnehmer. Die Befugnisse stehen nach hL[11] vielmehr der **Belegschaft als Gesamtheit** zu. Während das BRG diesbezüglich keine eindeutigen Feststellungen traf, will § 113 Abs 1 ArbVG Klarheit schaffen. Der Gesetzgeber versucht mit dieser Bestimmung das Verhältnis zwischen Belegschaft und Betriebsrat zum Ausdruck zu bringen: „Die der Arbeitnehmerschaft zustehenden Befugnisse werden, soweit nicht anderes bestimmt ist, durch Betriebsräte ausgeübt." Ebenso weist die Überschrift zum 3. Hauptstück („Befugnisse der Arbeitnehmerschaft") auf die Belegschaft als Trägerin der Befugnisse hin.

11/015 In enger Verbindung mit der materiellen Trägerschaft steht die **Rechtsnatur der Belegschaft**. Nach hL[12] ist die Belegschaft als **juristische Teilperson** zu verstehen, deren Rechtsfähigkeit nur so weit reicht, als sie für die Ausübung der ihr verliehenen Befugnisse notwendig ist. Dazu zählt auch die Fähigkeit, die in einer Betriebsvereinbarung notwendigen Rechtsbeziehungen zwischen der Belegschaft und dem Betriebsinhaber regeln zu können (schuldrechtliche Bestimmungen; vgl 3.3.4.6.1). Rechtspersönlichkeit wurde ausdrücklich nur den Fonds der Belegschaftsvertretungen zuerkannt (vgl 10.12.1.1 u 10.12.2).

11/016 Die von der hL nach den Kriterien der Rechtssubjektivität der Belegschaft verliehene „**Teilrechtsfähigkeit**" wirkt selbst im Rahmen eines rechtstheoretischen Erklärungsmodells künstlich, zumal die Belegschaft in concreto nicht betriebsverfassungsrechtlich handelt. Ihre Aktivität beschränkt sich vielmehr auf die Wahl des Betriebsrats. Sieht man den Betriebsrat ähnlich wie einen Mandatar im politischen Leben als Repräsentanten der Belegschaft an, so würde es sich erübrigen, dessen Handlungen unmittelbar der Belegschaft zuzurechnen (vgl 10.4.1).

11/017 Die **Belegschaftsvertreter**, wie der Betriebsrat oder der Zentralbetriebsrat, scheiden als materielle Träger der Befugnisse aus. Es liegt keine spezifische Rechtsfähigkeit, sondern eine kraft Gesetzes gegebene Kompetenz zur Vollziehung der der Belegschaft generell zugeordneten Mitbestimmung vor. Wenngleich sich das ArbVG vielfach der Formulierung „Der Betriebsrat hat das Recht …" (zB §§ 89, 90 u 95 ArbVG) bedient, kommt den Belegschaftsorganen eine im Wesentlichen nur ausübende Funktion zu[13].

11/018 Welches Belegschaftsorgan welche **Kompetenzen** besitzt, ergibt sich aus den §§ 113 und 114 ArbVG. Im Folgenden wird – entsprechend den Formulierungen im Gesetz – von

[10] Vgl *M. Binder*, Bemerkungen zum „Vorbringungsrecht" des Arbeitnehmers gem § 37 Abs 2 ArbVG, DRdA 1975, 83; *Winkler*, Die Möglichkeiten des Arbeitsverfassungsgesetzes zur Förderung der direkten Mitwirkung der Arbeitnehmer, ZAS 1978, 3.

[11] *Floretta/Spielbüchler/Strasser*, Arbeitsrecht II[4] (2001), 284 u 355 f; *Gahleitner* in Gahleitner/Mosler (Hrsg), Arbeitsverfassungsrecht, Bd 2[5] (2015), 407; *Adametz* in ArbVG-Wirtschaftsverlag (Losebl), 131.

[12] Vgl *Strasser* in Strasser/Jabornegg/Resch (Hrsg), ArbVG (Losebl), §§ 38, 39 Rz 17.

[13] Zur Parteifähigkeit im Prozess vgl § 53 Abs 1 ASGG.

den Befugnissen des Betriebsrats gesprochen, auch wenn diese im konkreten Fall nicht vom Betriebsrat (hiezu vgl 10.4.7), sondern vom Betriebsausschuss (zu dessen Kompetenzen vgl 10.5), vom Zentralbetriebsrat (vgl 10.7.5) oder von der Konzernvertretung (vgl 10.8.3) ausgeübt werden.

11.4. Einteilung der Befugnisse

Die Befugnisse der Arbeitnehmerschaft können nach verschiedenen Kriterien gegliedert werden. Vorweg ist jedoch zu vermerken, dass im Folgenden nur die innerbetriebliche Mitwirkung behandelt wird. Die überbetriebliche Mitwirkung der Arbeitnehmer, die vor allem durch Arbeiterkammern und Gewerkschaften in den Paritätischen Kommissionen ausgeübt wird und das Wesen der österreichischen Sozialpartnerschaft prägt, soll hier ausgeklammert bleiben (vgl 12.1). 11/019

11.4.1. Arbeitsverfassungsgesetz und Sondergesetze

Das **3. Hauptstück des II. Teils des ArbVG** systematisiert den wesentlichen Kern der Befugnisse, stellt aber keineswegs eine ausschließliche Zusammenfassung der Rechte der Arbeitnehmerschaft dar[14]. 11/020

Neben dem ArbVG existiert eine Reihe von **Sondergesetzen**, die ebenfalls Befugnisse der Belegschaft beinhalten:

Das AZG räumt der Belegschaft teils unmittelbar, teils unter Voraussetzung einer kollektivvertraglichen Ermächtigung Mitwirkungsrechte in Angelegenheiten der Arbeitszeit ein[15].

§ 10 Abs 2 Z 3 ASchG legt fest, dass Sicherheitsvertrauenspersonen vom Arbeitgeber nur mit Zustimmung des Betriebsrats bestellt werden können (vgl 7.2.2.3).

Weitere Befugnisse des Betriebsrats finden sich zB in § 22a BEinstG (Anfechtung der Wahl von Behindertenvertrauenspersonen), in den §§ 24 Abs 3 und 26 Abs 3 KJBG (Beiziehung eines Mitglieds des Betriebsrats zu den vorgeschriebenen Unterweisungen jugendlicher Arbeitnehmer, Recht auf Einsicht in das Verzeichnis jugendlicher Arbeitnehmer), in § 23 BUAG (Recht auf Einsichtnahme in die für die Berechnung der Zuschlagsleistung maßgebenden Lohnaufzeichnungen), in § 5 Abs 1 BSchEG (Anhörungsrecht des Betriebsrats bei Entscheidung der Frage der Einstellung, Fortführung oder Wiederaufnahme von Arbeiten mit Rücksicht auf die Witterung) und in § 4 Abs 8 des ArbIG (Recht des Betriebsrats auf Beiziehung zu den Betriebsbesichtigungen durch die Arbeitsinspektoren, Recht auf Verständigung durch den Arbeitgeber von der Anwesenheit des Arbeitsinspektors im Betrieb).

11.4.2. Direkte – indirekte Befugnisse

Die Teilung der Befugnisse in direkte und indirekte ist für die Mitbestimmung nach dem ArbVG von geringer Bedeutung, weil hier das **Repräsentationsprinzip** bzw **Organprinzip** vorherrscht. Die Mitbestimmung und Repräsentation der Arbeitnehmer erfolgt durch ihre gewählten Organe, wie zB durch Betriebsrat oder Zentralbetriebsrat (vgl 10.1 bzw 11.3). Man kann sich auch leicht vorstellen, dass das System einer direkten Mitbestimmung bei 11/021

[14] Vgl hiezu auch die Hinweise vor 11.1.

[15] Vgl hiezu 11.5.3.6; allg zur Arbeitszeit vgl 6.8.

einer größeren Zahl von Arbeitnehmern durch ständiges Abstimmen und der daraus resultierenden Schwerfälligkeit kaum brauchbar wäre.

11/022 Gewisse Rechte (zB Wahl sowie Enthebung des Betriebsrats, Einhebung einer Betriebsratsumlage) werden **direkt von der Belegschaft** ausgeübt. Formal könnte man jedoch auch in diesen Fällen von indirekter Mitbestimmung sprechen, da der Gesetzgeber die Belegschaft bereits im Stadium der beginnenden Organisation als Organ, nämlich als Belegschaftsversammlung, qualifiziert.

11.4.3. Alleinbestimmungsrechte – Mitwirkungsrechte

11/023 Unter **Alleinbestimmungsrechten** sind jene Befugnisse zu verstehen, die der Belegschaft die autonome Regelung ihrer eigenen Angelegenheiten sichern und die den Betriebsinhaber nicht unmittelbar als Bezugspunkt haben. Sie werden „ohne Beteiligung" des Betriebsinhabers ausgeübt.

11/024 Typisches Beispiel für die Alleinbestimmungsrechte bildet die Errichtung und Verwaltung von **Wohlfahrtseinrichtungen der Arbeitnehmer**. Gem § 93 ArbVG ist nämlich der Betriebsrat berechtigt, zu Gunsten der Arbeitnehmer und ihrer Familienangehörigen Unterstützungseinrichtungen sowie sonstige Wohlfahrtseinrichtungen zu errichten, ausschließlich zu verwalten und wohl auch aufzulösen. Derartige Einrichtungen wären zB Unterstützungskassen für in Not geratene Arbeitnehmer, finanzielle Aushilfen für Hinterbliebene von verstorbenen Arbeitnehmern[16] oder auch Beihilfen für kinderreiche Familien. Der von der Wohlfahrtseinrichtung begünstigte Personenkreis ist also primär auf Arbeitnehmer und deren Familienangehörige bezogen.

Wohlfahrtseinrichtungen zu Gunsten **ehemaliger Arbeitnehmer** werden mitunter für unzulässig gehalten[17]. Der OGH hat allerdings im Zusammenhang mit der Aufteilung einer Cagnotte (ds Trinkgelder in Spielbankunternehmen, die gem § 27 GlücksspielG nur der Gesamtheit der Dienstnehmer zukommen dürfen[18]) entschieden, dass auch die Zuwendungen an im Ruhestand befindliche Arbeitnehmer eine Wohlfahrtseinrichtung darstellen[19].

11/025 Von diesem Alleinbestimmungsrecht ist das Mitwirkungsrecht des Betriebsrats an Wohlfahrtseinrichtungen zu unterscheiden, die dem Betriebsinhaber gehören und von ihm errichtet wurden (§ 95 ArbVG; vgl 11.5.2.2).

Auch das Recht auf Einhebung von Betriebsrats- und Zentralbetriebsratsumlagen sowie das Recht auf deren Verwendung nach den §§ 73 und 85 ArbVG gehören zu den Alleinbestimmungsrechten, wenngleich sie nicht ausdrücklich unter den „Befugnissen der Arbeitnehmerschaft" im II. Teil des ArbVG aufgezählt sind.

11/026 Im Gegensatz zu den Alleinbestimmungsrechten steht der Betriebsrat im Falle der **Mitwirkungsrechte** in einem gewissen Bezug zum Betriebsinhaber und wirkt zumindest überwachend an der Planung und Führung des Betriebs mit. Er überwacht, ob der Betriebsinhaber

---

16 OGH 15. 2. 2001, 8 ObA 182/00y, DRdA 2002, 30 mit Bespr v *Holzer* = infas 2001, A 47.

17 Vgl *Schrank*, Einige Fragen des Betriebsverfassungsrechtes II, ZAS 1979, 53.

18 Näheres auch bei *Moser/Resch*, Die Umverteilung des Entgelts durch Betriebsvereinbarung, ecolex 2003, 184.

19 OGH 17. 1. 1978, 4 Ob 159/77, Arb 9660; zur Cagnotte als Alterssicherung s weiters OGH 30. 6. 2005, 8 ObA 13/05b, DRdA 2006, 286 mit Bespr v *Resch*.

die für die Arbeitnehmer des Betriebs wesentlichen Rechtsvorschriften einhält, interveniert beim Betriebsinhaber, macht sein Beratungsrecht geltend oder verhandelt mit dem Betriebsinhaber als gleichberechtigter Partner bei der Einführung gewisser Maßnahmen. Stets ist aber der Betriebsinhaber Bezugspunkt in der verliehenen Befugnis. Jedes Mitwirkungsrecht beschneidet oder kontrolliert zumindest in gewisser Weise die Rechte des Betriebsinhabers. Welche Intensität die Mitwirkungsrechte annehmen, hängt von der Bedeutung ab, die der Gesetzgeber einer Regelungsmaterie beimisst[20].

11.4.4. Gliederung der Mitwirkungsrechte

Dem ArbVG sind im Rahmen der Enumeration der Befugnisse zwei Kategorisierungsschemata zu entnehmen. 11/027 Zum einen unterscheidet die Betriebsverfassung zwischen der Mitwirkung in sozialen, personellen und wirtschaftlichen Angelegenheiten je nach Zugehörigkeit der mitbestimmungsunterworfenen Maßnahme zu bestimmten Unternehmensbereichen (vgl 11.4.4.2). Zum anderen sieht sie in Abhängigkeit von den zu regelnden Angelegenheiten eine abgestufte Intensität der Mitwirkung der Arbeitnehmer vor. Eine Gliederung nach der Intensität der Mitwirkungsrechte bildet somit die sinnvolle Ergänzung zu jener nach den sachlichen Unternehmensbereichen.

11.4.4.1. Einteilung nach der Intensität der Mitwirkung

Die Gliederung nach der Intensität oder dem Grad der Einflussnahme der Belegschaft auf 11/028 Entscheidungen des Betriebsinhabers besitzt sechs unterschiedlich ausgeprägte Mitwirkungsstufen: Es sind dies die Bereiche der Überwachungs-, Interventions-, Informations- und Beratungsrechte sowie die imparitätischen und die paritätischen Mitentscheidungsrechte.

Aus systematischen Gründen erwähnen *Floretta/Spielbüchler/Strasser*[21] als Zwischenstufe zwischen Informations- und Beratungsrecht das sog **Anhörungsrecht**. Dieses vom Gesetzgeber nicht genannte Recht könnte gewährleisten, dass eine Entscheidung vom Betriebsinhaber erst dann getroffen werden darf, wenn der Betriebsrat dazu seine Meinung geäußert hat. Ein solches Recht wäre allerdings mit dem Risiko behaftet, dass sich der Betriebsinhaber dieser Pflicht durch passives Zuhören entledigt. Dehnt man den Begriff etwas weiter aus und verpflichtet man den Betriebsinhaber, zum Vorbringen des Betriebsrats Stellung zu nehmen, so verschmelzen Anhörungs- und Beratungsrecht miteinander. Zu unterscheiden wäre ein Anhörungsrecht außerdem von dem Recht auf Gehör nach § 90 Abs 2 ArbVG, das den Betriebsinhaber verpflichtet, den Betriebsrat anzuhören, falls dies im Interesse der Belegschaft liegen sollte (vgl 11.4.4.1.2).

11.4.4.1.1. Überwachungsrechte

Bei diesen ist in erster Linie zwischen den **allgemeinen** und den **besonderen** Überwa- 11/029 chungsrechten zu unterscheiden. Ganz allgemein besitzt gem § 89 ArbVG der Betriebsrat

---

[20] Eine subtilere Unterscheidung treffen *Floretta/Spielbüchler/Strasser* (Arbeitsrecht II^4 [2001], 356 f), die die hier als Mitwirkungsrechte bezeichneten Befugnisse als Beteiligungsrechte umschreiben, die wiederum in Überwachungs-, Interventions- und Mitwirkungsrechte aufgespalten werden.

[21] Arbeitsrecht II^4 (2001), 358 f.

das Recht, die „Einhaltung der die Arbeitnehmer des Betriebs betreffenden Rechtsvorschriften zu überwachen“.

11/030 Diese Generalklausel wird durch eine beispielhafte Aufzählung von speziellen Überwachungsrechten ergänzt.

11/031 Als wesentlicher Anknüpfungspunkt für das Überwachungsrecht dienen die betriebsinternen **Aufzeichnungen** über die Arbeitnehmer:

11/032 a) **Lohn- und Gehaltslisten** sowie die zur Berechnung der Arbeitnehmerbezüge erforderlichen Unterlagen kann der Betriebsrat jedenfalls überprüfen. Hiebei muss ein Zugriff auf Lohn- und Gehaltslisten in elektronischer Form nicht gewährt werden, soweit mit den Originaldaten völlig übereinstimmende Ausdrucke zur Verfügung gestellt werden[22]. Dieses Recht auf Überprüfung der Unterlagen steht dem Betriebsrat in seiner Gesamtheit zu und ist vom Betriebsratsvorsitzenden oder von einem eigens hiefür bestimmten Mitglied des Betriebsrats geltend zu machen. Es besteht keine Beschränkung des Einsichtsrechts auf einen bestimmten Zeitraum oder ein bestimmtes Ausmaß; eine Grenze findet dieses Recht an den zur Erreichung des Überprüfungs- und Kontrollzwecks erforderlichen Maßnahmen und insb im Schikaneverbot[23].

11/033 In der Bestimmung des § 89 ArbVG ist nur von Einsichtnahme in die entsprechenden Aufzeichnungen die Rede. Mitunter wird daraus gefolgert, dass der Dienstgeber zur Ausfolgung von Abschriften oder zur Anfertigung von Kopien nicht verpflichtet ist[24]. In dieser allgemeinen Form wird man dies nicht bejahen können. Es liegt vielmehr eine Frage der Zumutbarkeit auf Seiten des Dienstgebers bzw der Zweckmäßigkeit und Notwendigkeit auf Seiten des Betriebsrats vor. Wird etwa die gesamte Personalverwaltung über die unternehmenseigene IT abgewickelt, dann ist auch dem Betriebsrat ein entsprechender Ausdruck zur Verfügung zu stellen.

Einsicht in die Gehaltslisten **leitender Angestellter** kann der Betriebsrat dann nicht fordern, wenn es diesen an der Arbeitnehmereigenschaft iSd § 36 ArbVG (vgl 4.3.2.1) fehlt[25]. Überhaupt kann das Einsichtsrecht nur von dem Betriebsrat ausgeübt werden, der die Rechte der in den betreffenden Lohnlisten geführten Dienstnehmer zu wahren hat[26]. Der Angestelltenbetriebsrat kann daher nicht die Aufzeichnungen über die Arbeiter kontrollieren[27].

Beispiel: Die Lohn- und Gehaltslisten für die Betriebe A, B und C werden zentral im Betrieb C geführt. Im Betrieb A wurde ein gemeinsamer Betriebsrat für die Arbeiter und für die Angestellten errichtet, im Betrieb B wurden getrennte Betriebsräte installiert. Im Betrieb C existiert kein Betriebsrat. Allerdings wurde ein Zentralbetriebsrat gewählt. Wem steht das Einsichtsrecht in die Aufzeichnungen in der Zentrale zu? – Sowohl für die Gehaltslisten der Angestellten als auch für die Lohnlisten der Arbeiter aus dem Betrieb A ist ausschließlich der gemeinsame Betriebsrat kompetent, wenngleich die Aufzeichnungen im Betrieb C geführt werden[28]. Für die Lohnlisten der Arbeiter aus B ist der Arbeiterbetriebsrat und für die Gehaltslisten der Angestellten aus B ist der Angestelltenbetriebsrat aus B zuständig. Würde auf Grund einer besonderen Interessenlage ein gemeinsames Vorgehen der Arbeiter

---

22 OGH 4. 6. 2003, 9 ObA 3/03m, DRdA 2004, 343 mit Bespr v *Löschnigg*.
23 EA Wien 23. 7. 1970, Re 88/70, Arb 8771.
24 Vgl EA Wien 2. 8. 1983, II Re 276/83, Arb 10.258.
25 EA Wien 27. 8. 1986, V Re 78/86, Arb 10.550.
26 EA Wien 2. 8. 1983, II Re 276/83, Arb 10.258.
27 VwGH 30. 6. 1970, 1570/69, Arb 8792.
28 Vgl auch VwGH 22. 3. 1962, 424/60, Arb 7613.

und Angestellten notwendig sein, wäre das Überwachungsrecht vom Betriebsausschuss in B wahrzunehmen. Für die Arbeitnehmer des Betriebs C kann das Überwachungsrecht mangels eines geeigneten Belegschaftsorgans nicht ausgeübt werden. Dem Zentralbetriebsrat kommt die Ausübung des Überwachungsrechts nicht zu (vgl § 113 Abs 2 bzw Abs 4 ArbVG).

Nach Auffassung der Rechtsprechung beziehen sich die Mitwirkungsrechte nach § 89 Z 1 und Z 4 ArbVG nur auf Arbeitnehmer, nicht jedoch auf **ehemalige Arbeitnehmer**. Der Betriebsrat kann demnach weder die konkreten Betriebspensionen überprüfen, noch kann er in die Personalakte der ehemaligen Arbeitnehmer Einsicht nehmen[29]. Da § 89 ArbVG die Befugnisse des Betriebsrats regelt, kann aus dieser Bestimmung kein individuelles Einsichtsrecht der ehemaligen Arbeitnehmer abgeleitet werden. Ein solches ergibt sich vielmehr unmittelbar aus dem rechtlichen Interesse des ausgeschiedenen Arbeitnehmers[30] oder aus den Auskunftsrechten des DSG (s auch 7.6.3). 11/034

Der Kontrolle des Betriebsrats unterliegt nicht nur die **Berechnung der Bezüge**, sondern auch deren **Auszahlung**. Eine Einschränkung des Einsichtsrechts durch Erklärungen der Arbeitnehmer ist nicht möglich[31]. Das Überwachungsrecht in Bezug auf die Lohn- und Gehaltslisten kann also durch den Willen des einzelnen Arbeitnehmers nicht beeinflusst werden[32]. 11/035

b) Für **sonstige Aufzeichnungen**, deren Führung durch Rechtsvorschriften vorgesehen ist, gelten die zur lit a gemachten Ausführungen. Dem Überwachungsrecht unterliegen daher zB die Aufzeichnungen über die geleisteten Arbeitsstunden (§ 26 AZG), die Verzeichnisse der beschäftigten Jugendlichen (§ 26 Abs 3 KJBG), der Behinderten (§ 16 Abs 2 BEinstG) und der Arbeitnehmer, die der Einwirkung besonders gefährlicher Arbeitsstoffe ausgesetzt sind (§ 47 ASchG). 11/036

c) Bezüglich der **Personalaufzeichnungen im engeren Sinn** („**Personalakten**" gem § 89 Z 4 ArbVG) ist das Überwachungsrecht insofern eingeschränkt, als es von der Zustimmung des einzelnen davon betroffenen Arbeitnehmers abhängt. 11/037

Unabhängig von § 89 Z 4 ArbVG stellt auch § 91 Abs 2 ArbVG klar, dass der Betriebsrat zur Einsicht in Arbeitnehmerdaten stets der **Zustimmung des einzelnen Arbeitnehmers** bedarf, sofern sich nicht aus einer Rechtsvorschrift – wie aus § 89 Z 1 ArbVG – ein unbeschränktes Einsichtsrecht ergibt. Muss der Arbeitnehmer aber der Einsichtnahme des Betriebsrates zustimmen, dann impliziert dies, dass dem betroffenen **Arbeitnehmer** selbst ein **Einsichtsrecht** in seinen Personalakt zusteht. Nur mittels seines Einsichtsrechts kann der Arbeitnehmer prüfen, ob er sein Einverständnis zur Einsichtnahme durch den Betriebsrat geben soll[33]. Ein Auskunftsrecht des Arbeitnehmers über seine vom Arbeitgeber gesammelten Daten ergibt sich aber auch unmittelbar aus Art 15 DSGVO[34]. 11/038

---

[29] OGH 17. 3. 1999, 9 ObA 16/99i, DRdA 2000, 171; aA *Resch*, Pensionisten und Betriebsratszuständigkeit, RdW 1999, 662; *Eypeltauer*, Betriebsrat und Pensionisten, DRdA 2000, 116.

[30] OGH 1. 9. 1999, 9 ObA 172/99f, DRdA 2000, 395 mit Bespr v *Löschnigg*.

[31] VwGH 14. 12. 1971, 1419/70, Arb 8946.

[32] EA Innsbruck 22. 11. 1985, Re 56/85, Arb 10.460; s auch *Grünanger*, Einsichtsrecht(e) in Gehaltsdaten und Personalakten? – Die Rechte des Betriebsrats und einzelner Arbeitnehmer, ZAS 2014, 292.

[33] VwGH 2. 7. 1997, 95/12/0219, infas 1998, A 96.

[34] S hiezu 7.6.3.3; vgl weiters *Löschnigg*, Datenschutz und Kontrolle im Arbeitsverhältnis, DRdA 2006, 459.

11.4.4.1. Befugnisse der Arbeitnehmerschaft

11/039 Die dem Betriebsrat gem § 89 ArbVG zustehenden Überwachungsrechte werden durch das DSG nicht berührt (s hiezu 7.6.4). War die Datenverarbeitung rechtswidrig, so ergibt sich aus der Interessenvertretungsfunktion des Betriebsrats sogar die Verpflichtung, den Arbeitnehmer zu informieren, um ihn in die Lage zu versetzen, die datenschutzrechtlichen Abwehrrechte geltend zu machen.

11/040 d) Eine weitere Konkretisierung erhält das Überwachungsrecht durch § 89 Z 3 ArbVG, wonach der Betriebsrat die Durchführung und Einhaltung der Vorschriften über den **Arbeitnehmerschutz**, über die **Sozialversicherung**, über eine allfällige betriebliche **Altersversorgung** einschließlich der Wertpapierdeckung für Pensionszusagen (§ 11 BPG) sowie über die **Berufsausbildung** zu kontrollieren hat. Zu diesem Zweck kann er erforderlichenfalls die betrieblichen Räumlichkeiten, Anlagen und Arbeitsplätze besichtigen. Es kann ihm also nicht etwa generell das Betreten bestimmter Anlagen oder Arbeitsräume (zB etwa der Kesselräume) untersagt werden[35]. Werden **Betriebsbesichtigungen** von den zur Überwachung der Arbeitnehmerschutzvorschriften gesetzlich berufenen Organen (Arbeitsinspektoren; vgl 14.4) oder mit deren Beteiligung durchgeführt, so ist der Betriebsrat diesen Besichtigungen beizuziehen (vgl auch § 4 Abs 8 ArbIG). Dementsprechend ist der Betriebsinhaber verpflichtet, den Betriebsrat von der Ankunft eines Aufsichtsorgans unverzüglich zu verständigen[36]. Ein Zuwiderhandeln gegen die Bestimmung des § 89 Z 3 ArbVG wird bei entsprechendem Strafantrag mit einer Verwaltungsstrafe geahndet (§ 160 Abs 1 u 2 ArbVG).

11/041 Überdies hat der Betriebsinhaber den Betriebsrat von jedem **Arbeitsunfall** unverzüglich in Kenntnis zu setzen. Dieses den Überwachungsrechten zugeordnete Recht des Betriebsrats zeigt deutlich auf, dass die Grenzen zwischen den Überwachungs- und Informationsrechten durchaus fließend sind; es könnte ebenso gut den Informationsrechten zugeordnet werden.

11/042 e) Neben der Einhaltung bestimmter gesetzlicher Vorschriften hat der Betriebsrat auch die Beachtung arbeitsrechtlicher Vereinbarungen, also vor allem der **Kollektivverträge** und **Betriebsvereinbarungen**, zu überwachen (§ 89 Z 2 ArbVG).

Inwieweit sich das Überwachungsrecht auch auf die Einzelarbeitsverträge erstreckt, ist strittig. Während *Auer-Mayer*[37] dies bejaht, steht *Strasser*[38] dieser Ansicht mit dem Argument ablehnend gegenüber, dass dem Betriebsrat bezüglich der Arbeitsverträge kein Zugriffsrecht zusteht und aus diesem Grund eine Überwachung unmöglich wird.

11/043 Einen besonderen Hinweis hält der Gesetzgeber im Zusammenhang mit der **Aushang- und Auflegungspflicht** arbeitsrechtlicher Regelungen für notwendig. Gem § 89 Z 2 ArbVG hat der Betriebsrat darauf zu achten, dass die entsprechenden betrieblichen Kundmachungspflichten für Betriebsvereinbarungen, Kollektivverträge und Gesetze erfüllt werden (zB durch Aushang am „Schwarzen Brett“ oder durch Bereitstellen entsprechender Websites im Intranet).

---

[35] VwGH 29. 5. 1959, 920/56, Arb 7068.

[36] Zur Mitwirkung des Betriebsrats bei Betriebsbesichtigungen durch Organe des Unfallverhütungsdienstes (UVD) gem § 187 Abs 2 ASVG vgl *Köberl*, Einige Aspekte der Zusammenarbeit im Bereich der Unfallverhütung, DRdA 1984, 433.

[37] In Gahleitner/Mosler (Hrsg), Arbeitsverfassungsrecht, Bd 3[5] (2015), 42.

[38] In ArbVG-Handkommentar (1975), 475; ebenso *Heinrich* in ArbVG-Wirtschaftsverlag (Losebl), 195.

Im Einzelnen gilt:

a) **Betriebsvereinbarungen** sind im Betrieb aufzulegen oder an sichtbarer, für alle Arbeitnehmer zugänglicher Stelle anzuschlagen (§ 30 Abs 1 ArbVG; vgl auch 3.3.4.4). Dies trifft auch auf allenfalls noch in Kraft stehende Arbeitsordnungen nach dem BRG zu.

b) **Kollektivverträge** sind binnen drei Tagen nach dem Tag der Kundmachung im „Amtsblatt zur Wiener Zeitung" im Betrieb aufzulegen, worauf in einer Betriebskundmachung hinzuweisen ist (§ 15 ArbVG; vgl auch 3.3.1.3).

c) **Aufzulegen** bzw **anzuschlagen**, teilweise auch mittels geeigneter elektronischer Medien zugänglich zu machen sind insb:

- ArbeitnehmerInnenschutzgesetz (§ 129),
- Arbeitsstätten-VO (§ 129 ASchG),
- VO über die Beschäftigungsverbote und -beschränkungen für weibliche Arbeitnehmer (§ 129 ASchG),
- Arbeitszeitgesetz (§ 24 Z 1),
- VO auf Grund des AZG sowie Regierungsübereinkommen (§ 24 Z 2),
- VO (EG) 561/2006 und VO (EWG) 3821/85 (§ 24 Z 3 und 4 AZG),
- Aushang über wesentliche Eckdaten der betrieblichen Arbeitszeit (§ 25 AZG),
- Arbeitsruhegesetz (§ 23),
- VO auf Grund des ARG (§ 23 ARG),
- GlBG (§ 60),
- Kinder- und Jugendlichen-Beschäftigungsgesetz (§ 27 Abs 1),
- VO über die Beschäftigungsverbote und -beschränkungen für Jugendliche (§ 9),
- Mutterschutzgesetz (§ 17),
- BäckAG 1996 (§ 18),
- Behinderteneinstellungsgesetz (§ 23a),
- Krankenanstalten-Arbeitszeitgesetz (§ 9).

11.4.4.1.2. Interventionsrechte

Gem § 90 Abs 1 ArbVG hat der Betriebsrat das Recht, in allen Angelegenheiten, die die Interessen der Arbeitnehmer berühren, beim Betriebsinhaber und erforderlichenfalls bei den zuständigen Stellen außerhalb des Betriebs entsprechende Maßnahmen zu beantragen und die Beseitigung von Mängeln zu verlangen. Das Interventionsrecht bildet somit die sinnvolle Ergänzung zum Überwachungsrecht. 11/044

Auf Grund der obigen Generalklausel ist der Betriebsrat **insb berechtigt**, 11/045

a) Maßnahmen zur Einhaltung und Durchführung der arbeits- und sozialrechtlichen Regelungen zu beantragen;

b) Vorschläge zur Verbesserung der Arbeitsbedingungen, der betrieblichen Ausbildung, zur Verhütung von Unfällen und Berufskrankheiten sowie zur menschengerechten Arbeitsgestaltung zu erstatten[39];

c) sonstige Maßnahmen zu Gunsten der Belegschaft zu beantragen (zu den wirtschaftlichen Interventionsrechten vgl 11.5.4.1).

In engem Zusammenhang mit dem Interventionsrecht steht das **Recht auf Gehör**, demzufolge der Betriebsinhaber verpflichtet ist, den Betriebsrat auf dessen Verlangen in allen 11/046

[39] Vgl hiezu *Schrank*, Die Bedeutung der Ergonomie für das österreichische Arbeitsrecht, ZAS 1983, 216; zu den Möglichkeiten des Betriebsrats im Fall von Mobbing oder Belästigungen einzelner Mitarbeiter s *Drs*, Allgemeine Mitwirkungsrechte des Betriebsrats bei Fehlverhalten einzelner Arbeitnehmer, ASoK 2015, 82.

Angelegenheiten, die die Interessen der Arbeitnehmer des Betriebs berühren, anzuhören (§ 90 Abs 2 ArbVG).

11/047 Neben dem allgemeinen Interventionsrecht gibt es eine Reihe von besonderen Rechten, die das Antrags- oder das Vorschlagsrecht des Betriebsrats für ganz **spezifische Angelegenheiten** umschreiben. Solche sind die betriebliche Berufsausbildung sowie Schulung oder Umschulung (§ 94 Abs 2 1. Satz ArbVG), die Ausschreibung eines zu besetzenden Arbeitsplatzes (§ 99 Abs 1 ArbVG) sowie die Erstellung von Wirtschaftsplänen (§ 108 Abs 1 2. Satz ArbVG) und Betriebsänderungen (§ 109 Abs 2 ArbVG).

11.4.4.1.3. Informationsrechte

11/048 Die Informationsrechte stehen als selbständige Befugnisse in der Gliederung nach der Intensität der Mitwirkung an untergeordneter Stelle. Sie sind jedoch vielfach mit anderen Mitwirkungsrechten kombiniert und bilden gewissermaßen die Basis für die Mitwirkung auf höherer Stufe.

11/049 Zu unterscheiden ist zwischen Auskunftsrecht und echtem Informationsrecht. Ein **Auskunftsrecht** in allgemeiner Form enthält § 91 Abs 1 ArbVG. Der Betriebsinhaber ist dieser Bestimmung zufolge verpflichtet, dem Betriebsrat über alle Angelegenheiten, welche die wirtschaftlichen, sozialen, gesundheitlichen oder kulturellen Interessen der Arbeitnehmer des Betriebs berühren, Auskunft zu erteilen.

Wesentlich ist, dass das Informationsrecht in Gestalt des Auskunftsrechts erst durch das **Verlangen** des Betriebsrats effektuiert wird. Dies bedeutet aber nicht, dass das Auskunftsrecht erst durch das Verlangen des Informationsberechtigten entsteht[40], das Verlangen des Betriebsrats setzt vielmehr das Bestehen der Befugnis voraus.

11/050 Im Gegensatz zum Auskunftsrecht hat der Betriebsinhaber im Rahmen des **echten Informationsrechts** (Informationsrecht ieS) von sich aus ohne entsprechendes Drängen seitens der Belegschaftsvertretung die entsprechenden Informationen zur Verfügung zu stellen. Als Beispiel dafür kann § 92 Abs 1 ArbVG dienen, wonach der Betriebsinhaber im Verlauf gemeinsamer Beratungen mit dem Betriebsrat verpflichtet ist, diesen über wichtige Angelegenheiten zu informieren. Ein allgemeines personelles Informationsrecht statuiert § 98 ArbVG. Der Betriebsinhaber hat danach den Betriebsrat über den künftigen Bedarf an Arbeitnehmern und die im Zusammenhang damit in Aussicht genommenen personellen Maßnahmen rechtzeitig zu unterrichten (zur Mitwirkung bei Neueinstellungen vgl 11.5.3.1). Auch im Bereich der Mitwirkung in wirtschaftlichen Angelegenheiten kennt die Betriebsverfassung eine allgemeine und selbständige Ausformung des Informationsrechts (§§ 108 bis 112 ArbVG; vgl 11.5.4.1).

---

[40] So nämlich *Jabornegg/Rebhahn*, Unternehmensplanung und Informationsrechte der Belegschaft im Betriebsverfassungsrecht, DRdA 1979, 284; s auch OGH 22. 10. 2010, 9 ObA 135/09g, DRdA 2012, 388 mit Bespr v *Heilegger* = ZAS 2012, 87 mit Bespr v *Grünanger* = ASoK 2011, 89 mit Bespr v *Korenjak*; vgl weiters *Firlei*, Umfang und Grenzen der Auskunftspflicht des Betriebsinhabers gem § 91 Abs 1 ArbVG, wbl 2011, 461.

Betriebsverfassungsrechtliche Informations- und Auskunftsrechte

- Allgemeines Auskunftsrecht (§ 91 Abs 1 ArbVG; vgl 11.4.4.1.3)
- Allgemeines Informationsrecht in wichtigen Angelegenheiten (§ 92 Abs 1 ArbVG; vgl 11.4.4.1.3)
- Informationsrechte bei Personaldatensystemen (§ 91 Abs 2 ArbVG; vgl 11.5.1.3)

Personell

- Künftiger Bedarf und diesbezügliche personelle Maßnahmen (§ 98 ArbVG; vgl 11.5.3.1)
- Einstellung von Arbeitnehmern und Beschäftigung überlassener Arbeitskräfte (§ 99 Abs 2 bis 5 ArbVG; vgl 11.5.3.1)
- Vergabe von Werkswohnungen (§ 103 ArbVG; vgl 11.5.3.5)
- Beabsichtigte Beförderungen (§ 104 Abs 1 ArbVG; vgl 11.5.3.9)
- Kündigung und Entlassung (§§ 105 Abs 1 u 106 Abs 1 ArbVG; vgl 8.2.8.1 u 8.3.4.3.1)

Sozial

- Betriebliche Berufsausbildung, Schulung und Umschulung (§ 94 Abs 1 ArbVG; vgl 11.5.2.1)

Wirtschaftlich

- Allgemeine (§ 108 Abs 1 ArbVG; vgl 11.5.4.1)
- Kündigungsfrühwarnungen (§ 108 Abs 1 ArbVG; vgl 8.2.8.4 u 11.5.4.1)
- Übergang, rechtliche Verselbständigung, Zusammenschluss und Aufnahme von Betrieben oder Betriebsteilen (§ 108 Abs 2a ArbVG; vgl 11.5.4.1)
- geplante Maßnahmen seitens des herrschenden Unternehmens gegenüber den abhängigen Unternehmen in Konzernen (§ 108 Abs 2 ArbVG; vgl 11.5.4.1)
- Jahresabschluss bei bestimmten Betrieben, Konzernabschluss (§ 108 Abs 3 u 4 ArbVG; vgl 11.5.4.1)
- Betriebsänderungen (§ 109 ArbVG; vgl 11.5.4.2)
- Aufsichtsratsmitwirkung (§ 110 ArbVG; vgl 11.5.4.4)

Die **Verletzung** bestimmter Informationsrechte seitens des Betriebsinhabers ist gem § 160 Abs 1 ArbVG durch die zuständige Bezirksverwaltungsbehörde mit Strafen bis zu € 2.180 zu ahnden. Eine derartige Verwaltungsstrafe ist zB zu verhängen, wenn der Betriebsinhaber die Information über die Einstellung oder über die bevorstehende Beförderung eines Arbeitnehmers, über die Beschäftigung überlassener Arbeitskräfte (§ 99 Abs 3 bis 5 ArbVG) oder über Arbeitsunfälle gem § 89 Z 3 ArbVG unterlässt. Unter Strafsanktion steht etwa auch die Verletzung der Informationspflicht bei der Vergabe von Werkswohnungen und bei der Übergabe des Jahresabschlusses in bestimmten Betrieben. **Verwaltungsübertretungen** gem § 160 Abs 1 ArbVG werden nur über Strafantrag der im § 160 Abs 2 ArbVG bezeichneten Privatankläger geahndet. Abgesehen von der Strafverhängung durch die Bezirksverwaltungsbehörde besitzt der Betriebsrat gem § 50 Abs 2 ASGG in Angelegenheiten seiner Befugnisse die Möglichkeit, eine Klage beim zuständigen Arbeits- und Sozialgericht einzubringen und auf diese Art sein Recht auf Information durchzusetzen.

11/051 Wesentlich ist mitunter, zu welchem **Zeitpunkt** die Informationspflicht des Betriebsinhabers zu erfüllen ist, also vor oder nach der von ihm zu setzenden bzw gesetzten Handlung. Typisch dafür sind die Konstruktionen des Kündigungs- und Entlassungsschutzes. Während der Betriebsinhaber die Belegschaftsvertretung schon vor jeder Kündigung über seine Absicht zu informieren hat (vgl 8.2.8.1.1), muss er den Betriebsrat von Entlassungen erst nach deren Ausspruch verständigen (vgl 8.3.4.3.1).

11.4.4.1.4. Beratungsrechte

11/052 Die Beratungsrechte stellen keine bloße Kombination von Informations- und Anhörungsrechten dar. Sie sollen vielmehr einem echten, zielführenden und unmittelbaren Meinungsaustausch dienen. Inwieweit die Beratungen jedoch für die zu treffenden Entscheidungen brauchbar sind, hängt fast ausschließlich von den verhandelnden Personen ab. Eine durch das Eingreifen einer Schlichtungsinstanz erzwingbare Kompromisslösung hat der Gesetzgeber, wie dies teilweise in den Fällen der Mitwirkung in sozialen Angelegenheiten vorkommt (vgl 3.3.4.5.3), nicht vorgesehen.

11/053 Das **allgemeine Beratungsrecht** des § 92 Abs 1 ArbVG verpflichtet den Betriebsinhaber, mit dem Betriebsrat mindestens **vierteljährlich gemeinsame Beratungen** abzuhalten. Auf Verlangen des Betriebsrats haben diese auch monatlich einmal stattzufinden. Der Inhalt der Beratungen reicht von den laufenden Angelegenheiten und den allgemeinen Grundsätzen der Betriebsführung in sozialer, personeller, wirtschaftlicher und technischer Sicht bis zur Gestaltung der Arbeitsbeziehungen. Dem Betriebsrat sind auf Verlangen die zur Beratung erforderlichen Unterlagen auszuhändigen. Im Zuge dieser Beratungen hat der Betriebsinhaber den Betriebsrat gleichzeitig über wichtige Angelegenheiten zu informieren.

11/054 Wird über Betriebsänderungen oder ähnlich wichtige Angelegenheiten, die erhebliche Auswirkungen auf die Belegschaft haben, beraten, so können sowohl der Betriebsrat als auch der Betriebsinhaber ihre zuständigen kollektivvertragsfähigen Körperschaften (Gewerkschaft, Arbeiterkammer bzw Wirtschaftskammer, Industriellenvereinigung) um Entsendung eines Vertreters zur Teilnahme an diesen Beratungen ersuchen. Um dem anderen Teil die **Beiziehung seiner Interessenvertretung** zu ermöglichen, haben Betriebsrat und Betriebsinhaber einander entsprechend rechtzeitig Mitteilung zu machen.

11/055 Ähnlich wie die Informationsrechte sind die Beratungsrechte der Belegschaft über die gesamte Betriebsverfassung verstreut (vgl hiezu die Übersicht auf der folgenden Seite).

Betriebsverfassungsrechtliche Beratungsrechte

Allgemeines Beratungsrecht
(§ 92 ArbVG; vgl 11.4.4.1.4)
unter besonderer Berücksichtigung der betrieblichen Frauenförderung sowie Maßnahmen zur besseren Vereinbarkeit von Beruf und Betreuungspflichten
(§ 92 b ArbVG)

Personell

- Einstellung von Arbeitnehmern und Beschäftigung überlassener Arbeitskräfte (§ 99 Abs 3 u 5 ArbVG; vgl 11.5.3.1)
- Bestellung und Abberufung von Sicherheitsfachkräften, Arbeitsmedizinern sowie von für die erste Hilfe, die Brandbekämpfung und die Evakuierung zuständigen Personen (§ 92a Abs 3 ArbVG; vgl 11.5.3.2)
- Versetzungen (§ 101 ArbVG; vgl 6.1.8 u 11.5.3.8)
- Vergabe von Werkswohnungen (§ 103 ArbVG; vgl 11.5.3.5)
- Beabsichtigte Beförderungen (§ 104 Abs 1 ArbVG; vgl 11.5.3.9)
- Kündigung und Entlassung (§§ 105 Abs 2 u 106 Abs 1 ArbVG; vgl 8.2.8.1 u 8.3.4.3.1)
- Einvernehmliche Lösungen (§ 104a ArbVG; vgl 8.4 u 11.5.3.11)

Sozial

- Betriebliche Berufsausbildung, Schulung und Umschulung (§ 94 Abs 2 u 4 ArbVG; vgl 11.5.2.1)
- Angelegenheiten der Sicherheit der Arbeitnehmer und des Gesundheitsschutzes (§ 92a Abs 1 ArbVG; vgl 11.5.2.4)
- Betriebliche Frauenförderung und Maßnahmen zur besseren Vereinbarkeit von Betreuungspflichten und Beruf (§ 92b ArbVG; vgl 11.5.2.6)

Wirtschaftlich

- Allgemeines (§ 108 ArbVG; vgl 11.5.4.1)
- Betriebsänderungen (§ 109 ArbVG; vgl 11.5.4.2)
- Aufsichtsratsmitwirkung (§ 110 ArbVG; vgl 11.5.4.4)

Eine Absicherung der Beratungsrechte durch **Verwaltungsstrafen** kommt gem § 160 Abs 1 ArbVG nur im Falle von Verletzungen der Beratungspflicht des Betriebsinhabers bei der Einstellung von Arbeitnehmern (§ 99 Abs 3 ArbVG), bei der Beschäftigung überlassener Arbeitskräfte (§ 99 Abs 5 ArbVG), bei jeder beabsichtigten Vergabe einer Werkswohnung (§ 103 ArbVG), bei Beförderungen der Arbeitnehmer (§ 104 Abs 1 ArbVG) und 11/056 bei einer geplanten Betriebsänderung durch Auflösung von Arbeitsverhältnissen, die eine Meldepflicht nach § 45a Abs 1 Z 1 bis 3 AMFG auslöst (§ 109 Abs 1 Z 1a u Abs 1a ArbVG), in Betracht. Die Abstrafung erfolgt über Antrag der im § 160 Abs 2 ArbVG genannten Privatankläger.

11.4.4.1.5. Imparitätische Mitentscheidung

11/057 Imparitätische Mitentscheidung bedeutet ungleichgewichtige Mitentscheidung. Die Vertreter der Arbeitnehmer haben zwar grundsätzlich dieselben Rechte wie der Dienstgeber oder dessen Vertreter, die Ungleichgewichtigkeit ergibt sich aber aus einer zahlenmäßigen Minderheit der Belegschaftsvertreter. Die imparitätische Mitentscheidung bietet sich daher vor allem als Mitwirkungskonstruktion in Gremien an, die durch Mehrheitsbeschluss zu Entscheidungen befugt sind.

11/058 Als typisches Beispiel ist die **Mitwirkung im Aufsichtsrat** von Kapitalgesellschaften zu erwähnen (§ 110 ArbVG; vgl 11.5.4.4). Die ungleiche Gewichtung drückt sich dort in einer Drittelparität aus: Zwei Drittel der Aufsichtsratsmitglieder werden von der Aktionärs- bzw Gesellschafterversammlung, mindestens ein Drittel vom entsprechenden Belegschaftsorgan entsandt.

11/059 Imparitätisch von Arbeitgeber- und Arbeitnehmerseite besetzte Gremien können sich aber auch im Zusammenhang mit der Planung und Durchführung betrieblicher **Berufsausbildung**, **Schulungs-** und **Umschulungsmaßnahmen**, bei der Verwaltung von betriebs- und unternehmenseigenen Schulungs- und Bildungseinrichtungen sowie im Zusammenhang mit **Disziplinarkommissionen** ergeben (§ 94 Abs 3, 6 u 7, § 102 ArbVG; vgl 11.5.2.1 u 11.5.1.6).

11.4.4.1.6. Paritätische Mitentscheidung

11/060 Unter dem Begriff des paritätischen Mitentscheidungsrechts ist die Befugnis der Belegschaft zu verstehen, in gleichberechtigter Weise Entscheidungen mit dem Betriebsinhaber treffen zu können. Die Rechte des Betriebsinhabers erfahren auf dieser Stufe die größten Beschränkungen, gleichzeitig übernimmt der Betriebsrat aber auch ein erhöhtes Maß an Verantwortung.

11/061 Die wohl wesentlichste Unterscheidung innerhalb der paritätischen Mitentscheidungsrechte ist jene zwischen der notwendigen Mitbestimmung, der erzwingbaren Mitbestimmung, der notwendigen Mitbestimmung mit Zwangsschlichtung und der freiwilligen Mitbestimmung. Teilweise finden sich auch Mischformen dieser Mitbestimmungstypen, die vor allem institutionell im Betriebsvereinbarungsrecht (vgl 3.3.4.5.5) zu beachten sind.

11.4.4.1.6.1. Notwendige Mitbestimmung

Die **notwendige** oder auch als **zwingend** bezeichnete Mitbestimmung findet ihre grundsätzliche Ausformung im § 96 ArbVG. Nach den EB zur RV[41] umfasst diese Bestimmung „jene Angelegenheiten, in denen der Betriebsinhaber ohne Zustimmung des Betriebsrats rechtswirksam keine Maßnahmen setzen kann. Die Verweigerung der Zustimmung des Betriebsrats kann (durch die Entscheidung einer Behörde) nicht ersetzt werden (notwendige Mitbestimmung)“[42]. Die Erhebung eines Einspruchs oder die Unterlassung einer Zustimmung seitens des Betriebsrats lässt eine vom Betriebsinhaber angeregte Maßnahme endgültig undurchführbar werden (zur **notwendigen Betriebsvereinbarung** vgl 3.3.4.5.1). 11/062

Im Rahmen der notwendigen Mitbestimmung ist zwischen einer solchen mit und ohne Rechtskontrolle bzw einer solchen mit und ohne Zwangsschlichtung zu unterscheiden. Die notwendige Mitbestimmung mit Zwangsschlichtung wird auf Grund ihrer generellen Verankerung im Gesetz als eigene Form der Mitbestimmung behandelt (vgl 11.4.4.1.6.3). Notwendige (zwingende) Mitbestimmung mit Rechtskontrolle liegt nach *Floretta/Spielbüchler/Strasser*[43] dann vor, wenn zwar keine Zwangsschlichtung über eine Schlichtungsstelle, wohl aber die Anrufung der Arbeits- und Sozialgerichte möglich ist (zB kann die unterbliebene Zustimmung des Betriebsrats zu „verschlechternden“ Versetzungen gem § 101 ArbVG durch ein Urteil des Gerichts ersetzt werden; vgl 11.5.3.8). Beispiele für die notwendige Mitbestimmung ohne Rechtskontrolle sind vor allem die Fälle des § 96 Abs 1 ArbVG und des § 102 ArbVG (Mitwirkung bei Verhängung von Disziplinarmaßnahmen; vgl 11.5.1.6).

11.4.4.1.6.2. Erzwingbare Mitbestimmung

Unter erzwingbarer Mitbestimmung ist ein gleichberechtigtes Mitentscheidungsrecht des Betriebsrats mit der Besonderheit zu verstehen, dass die fehlende Zustimmung der Belegschaftsvertretung durch den Spruch der Schlichtungsstelle ersetzt werden kann. 11/063

Im Gegensatz zur notwendigen Mitbestimmung bedarf jedoch die vom Betriebsinhaber intendierte Maßnahme zu ihrer Rechtswirksamkeit **nicht** von vornherein der **Zustimmung des Betriebsrats**. Der Betriebsinhaber kann die Maßnahme, soweit sie in sein Weisungsrecht fällt, einfach anordnen (zB ein betriebliches Rauchverbot als allgemeine Ordnungsvorschrift iSd § 97 Abs 1 Z 1 ArbVG). Handelt es sich um eine Angelegenheit, die einer arbeitsvertraglichen Regelung bedarf, dann ist die Zustimmung jedes einzelnen Arbeitnehmers notwendig. Ist der Betriebsrat mit dieser Vorgangsweise nicht einverstanden (etwa mit dem angeordneten Rauchverbot), dann kann er den Weg zur Schlichtungsstelle beschreiten und eine Regelung in Form einer Betriebsvereinbarung erzwingen[44]. 11/064

---

[41] 840 BlgNR 13. GP, 82.

[42] Allg hiezu s insb *Holzer*, Strukturfragen des Betriebsvereinbarungsrechts (1982); *dens*, Die zustimmungspflichtige Maßnahme – zur Struktur eines neuen Rechtsinstitutes, ZAS 1976, 206; *Floretta*, Einige Probleme der Rechtsetzungsbefugnis im Betriebsverfassungsrecht, DRdA 1976, 197; *Jabornegg*, Probleme des Arbeitsverfassungsrechtes, DRdA 1977, 200; *Schwarz*, Probleme sozialer und personeller Mitbestimmung im Betrieb, DRdA 1975, 65; *Schrank*, Betriebsvereinbarungen über die Leistungsentgelte – Zugleich ein Beitrag zu grundlegenden Strukturfragen der notwendigen Mitbestimmung, in Tomandl (Hrsg), Probleme des Einsatzes von Betriebsvereinbarungen (1983), 94; *Strasser* in ArbVG-Handkommentar (1975), 523; *Binder* in Tomandl (Hrsg), ArbVG (Losebl), § 96 Rz 1; *Felten/Preiss* in Gahleitner/Mosler (Hrsg), Arbeitsverfassungsrecht, Bd 3[5] (2015), 173 ff; *Basalka* in ArbVG-Wirtschaftsverlag (Losebl), 206 ff; *Jabornegg* in Strasser/Jabornegg/Resch (Hrsg), ArbVG (Losebl), § 96 Rz 9.

[43] Arbeitsrecht II[4] (2001), 362 f.

[44] Allg zur Struktur der erzwingbaren Mitbestimmung vgl insb *Holzer*, Strukturfragen des Betriebsvereinbarungsrechts (1982); *Schnorr*, Grundfragen des Arbeitsverfassungsgesetzes, DRdA 1976, 112; *Schwarz*, Probleme so-

11.4.4.1. Befugnisse der Arbeitnehmerschaft

11/065 Aber auch der Betriebsinhaber kann von vornherein eine entsprechende generelle Regelung bei der Schlichtungsstelle beantragen, wenn der Betriebsrat den Abschluss einer Betriebsvereinbarung ablehnt.

11/066 **Anwendungsfälle** der erzwingbaren Mitbestimmung sind die Angelegenheiten des § 97 Abs 1 Z 1 bis 6a ArbVG (zur **erzwingbaren Betriebsvereinbarung** vgl 3.3.4.5.3).

Die im Rahmen der erzwingbaren Mitbestimmung vor der Schlichtungsstelle abzuhandelnden Streitigkeiten sind sog „**Regelungsstreitigkeiten**", die sich von den „**Rechtsstreitigkeiten**" dadurch unterscheiden, dass nicht über die Anwendung bestehenden Rechts verhandelt wird, sondern die Auseinandersetzung um die **Schaffung künftigen Rechts** geht. Der Spruch der Schlichtungsstelle ersetzt in diesen Fällen den mangelnden Konsens der Partner einer Betriebsvereinbarung.

11.4.4.1.6.3. Notwendige Mitbestimmung mit Zwangsschlichtung

11/067 Die notwendige Mitbestimmung mit Zwangsschlichtung ist als Mischform zwischen notwendiger und erzwingbarer Mitbestimmung anzusehen. Es handelt sich um zustimmungspflichtige Maßnahmen, wobei die Zustimmung des Betriebsrats im Wege der Zwangsschlichtung ersetzt werden kann (§ 96a ArbVG).

Regelungsgegenstand der erzwingbaren Zustimmung des Betriebsrats sind gewisse automationsunterstützte Maßnahmen (vgl 11.5.1.3) sowie Mitarbeiterbeurteilungen, sofern mit diesen Daten erhoben werden, die nicht durch die betriebliche Verwendung gerechtfertigt sind (vgl 11.5.1.4).

11/068 Die in § 96a ArbVG genannten Maßnahmen des Betriebsinhabers bedürfen zu ihrer Rechtswirksamkeit der Zustimmung des Betriebsrats. Ohne diese Zustimmung ist die Einführung einer derartigen Maßnahme absolut rechtsunwirksam. Die Zustimmung des Betriebsrats kann weder durch Weisung noch durch Zustimmung sämtlicher Arbeitnehmer des Betriebs substituiert werden. Insofern ist sie der notwendigen Mitbestimmung gem § 96 ArbVG nachgebildet. Im Gegensatz zu dieser kann die Zustimmung des Betriebsrats aber durch eine Entscheidung der **Schlichtungsstelle** ersetzt werden (zur **notwendigen Betriebsvereinbarung mit Zwangsschlichtung** vgl 3.3.4.5.2)[45].

Kollisionen zwischen § 96 und § 96a ArbVG sollen durch die Bestimmung des § 96a Abs 3 ArbVG verhindert werden, wonach die notwendige Mitbestimmung durch die Mitwirkungsrechte gem § 96a ArbVG nicht berührt wird. Daraus ist abzuleiten, dass Maßnahmen, die schon vor der ArbVG-Novelle 1986 nach § 96 ArbVG zustimmungspflichtig waren, dies auch weiterhin bleiben.

---

zialer und personeller Mitbestimmung im Betrieb, DRdA 1975, 65; *Tomandl*, Die Schlichtung von Regelungsstreitigkeiten gem § 97 Abs 2 Arbeitsverfassungsgesetz, ZAS 1979, 203; *Strasser* in ArbVG-Handkommentar (1975), 543; *Felten/Preiss* in Gahleitner/Mosler (Hrsg), Arbeitsverfassungsrecht, Bd 3[5] (2015), 216 ff; *Basalka* in ArbVG-Wirtschaftsverlag (Losebl), 215 ff; *Binder* in Tomandl (Hrsg), ArbVG (Losebl), § 96 Rz 1 f.

45 Allg vgl hiezu *Cerny*, Die „ersetzbare Zustimmung" als neue Form der Mitwirkung des Betriebsrates, in FS Schnorr (1988), 21; *Felten/Preiss* in Gahleitner/Mosler (Hrsg), Arbeitsverfassungsrecht, Bd 3[5] (2015), 238 ff; *Holzer*, Die Auswirkungen der ArbVG-Novelle 1986 im Recht der Betriebsvereinbarung, DRdA 1988, 316; *Löschnigg*, Die Mitbestimmung des Betriebsrates bei Personaldatensystemen (1986), 30; *Tomandl*, Bemerkungen zu den §§ 96a und 62a ArbVG, ZAS 1986, 181; *Naderhirn* in Strasser/Jabornegg/Resch (Hrsg), ArbVG (Losebl), § 96a Rz 3.

11.4.4.1.6.4. Fakultative Mitbestimmung

Als vierter Bereich ist schließlich die fakultative Mitbestimmung zu erwähnen. Im Gegensatz zur erzwingbaren Mitbestimmung und zur notwendigen Mitbestimmung mit Zwangsschlichtung besteht für keine der Parteien die Möglichkeit, eine Zwangsschlichtung herbeizuführen. Das entscheidende Abgrenzungskriterium zwischen fakultativer und notwendiger Mitbestimmung (bzw notwendiger Mitbestimmung mit Zwangsschlichtung) hingegen besteht darin, dass bei der notwendigen Mitbestimmung eine Einführung der mitbestimmungsunterworfenen Maßnahmen durch Einzelvertragsabschluss oder Weisung nicht erlaubt, bei der fakultativen Mitbestimmung jedoch ohne Weiteres möglich ist. Ihre besonderen Merkmale sind demnach ein gleichberechtigtes Mitentscheidungsrecht, das Fehlen jeglicher Erzwingbarkeit und die Möglichkeit des Betriebsinhabers, generelle Maßnahmen oder Regelungen durch Einzelvertragsabschlüsse oder Weisungen durchzusetzen[46]. 11/069

Anwendungsfälle dieser Mitbestimmungsform sind die Angelegenheiten des § 97 Abs 1 Z 7 bis 26 ArbVG und die §§ 111 und 112 ArbVG. Wie bereits aus ihren Merkmalen ersichtlich ist, schränkt die fakultative Mitbestimmung weniger den Aktionsbereich des Betriebsinhabers ein, sondern gibt ihm eher die Möglichkeit, generelle Regelungen abzuschließen, wodurch sich Einzelmaßnahmen und die damit verbundenen zeitraubenden Einzelverhandlungen vermeiden lassen. Der Vorteil für die Belegschaft besteht in der Einheitlichkeit und erleichterten Kontrollierbarkeit der im Betrieb existierenden Normen (zur **fakultativen Betriebsvereinbarung** vgl 3.3.4.5.4). 11/070

11.4.4.1.6.5. Zustimmungs- bzw Einspruchsprinzip

Eine strukturelle Unterscheidung kann im Rahmen der paritätischen Mitentscheidungsrechte ganz allgemein danach getroffen werden, wie sich der Betriebsrat bei Maßnahmen des Betriebsinhabers zu äußern hat, um seine Befugnisse auszuüben. Grundsätzlich bestehen in diesem Zusammenhang zwei Möglichkeiten. 11/071

Benötigt der Betriebsinhaber zur Durchführung einer Angelegenheit ausdrücklich die Zustimmung der Belegschaftsvertretung, so spricht man vom **Zustimmungsprinzip**; eine bestimmte Maßnahme des Arbeitgebers muss dann auch bei bloß passivem Verhalten des Betriebsrats unterbleiben. Im zweiten Fall, wenn der Betriebsrat ausdrücklich Einspruch erheben muss, um eine Maßnahme zu verhindern, handelt es sich um die Mitbestimmung nach dem **Einspruchsprinzip**. 11/072

Von einem Zustimmungsprinzip im Rahmen **freiwilliger** Mitbestimmung zu sprechen ist müßig und verwirrend; dass eine fakultative Betriebsvereinbarung nur mit Zustimmung beider Partner zustande kommt, liegt im Wesen vertraglicher Willensübereinstimmung begründet. Im Übrigen bedarf es zur Durchführung der in Frage stehenden Angelegenheiten keiner Betriebsvereinbarung. 11/073

---

[46] Vgl allg *Holzer*, Strukturfragen des Betriebsvereinbarungsrechts (1982); *Strasser* in ArbVG-Handkommentar (1975), 559; *Felten/Preiss* in Gahleitner/Mosler (Hrsg), Arbeitsverfassungsrecht, Bd 3^5 (2015), 257 ff; *Basalka* in ArbVG-Wirtschaftsverlag (Losebl), 215 ff.

11.4.4.2. Befugnisse der Arbeitnehmerschaft

Beispiele für das Zustimmungsprinzip bietet primär die notwendige Mitbestimmung (§ 96 Abs 1 ArbVG). Im Bereich der Mitbestimmung im Einzelfall bildet der Versetzungsschutz den wichtigsten vom Zustimmungsprinzip geprägten Fall (§ 101 ArbVG; vgl 6.1.8.2).

Beispiele für das Einspruchsprinzip kennt das ArbVG insb in den Fällen der §§ 111 und 112 ArbVG (Einspruch gegen die Wirtschaftsführung; vgl 11.5.4.3).

11.4.4.2. Einteilung nach Sachbereichen der Unternehmensführung

11/074 Durch das Kriterium des Sachbereichs der Unternehmensführung werden die Mitwirkungsrechte in soziale, personelle und wirtschaftliche getrennt. Die Hauptbedeutung dieser Unterscheidung liegt darin begründet, dass sie ihren Ursprung im ArbVG hat. Ausschlaggebend dafür, ob eine Befugnis zur Gruppe der **sozialen** oder der **personellen Mitwirkungsrechte** gehört, ist, ob von der mitbestimmungsunterworfenen Maßnahme ein einzelner Arbeitnehmer oder eine Arbeitnehmergruppe betroffen ist. Dementsprechend werden Belange der betrieblichen Berufsausbildung und Schulung (§ 94 ArbVG) sowie der betrieblichen Wohlfahrtseinrichtungen (§ 95 ArbVG) als soziale Belange, jene, die Disziplinarmaßnahmen (§ 102 ArbVG), Kündigungen (§ 105 ArbVG) udgl regeln, als personelle Angelegenheiten eingestuft.

Beispiel: Nach § 96 Abs 1 Z 4 ArbVG bedarf die Einführung spezifischer Leistungsentgelte der Zustimmung des Betriebsrats (vgl 11.5.3.3.1). Da es sich hier um eine betriebsbezogene Maßnahme handelt, die alle Arbeitnehmer betrifft, liegt eine Angelegenheit sozialer Art vor. Im Gegensatz dazu wird von einer personellen Maßnahme gesprochen, wenn die Zustimmung des Betriebsrats für die Festsetzung von Leistungsentgelten im Einzelfall nach § 100 ArbVG erforderlich ist.

11/075 Die Abgrenzung der Befugnisse in **wirtschaftlichen** Angelegenheiten gegenüber den beiden anderen Gruppen stößt auf geringe Schwierigkeiten. Die wirtschaftlichen Befugnisse bilden einen Restbereich, der sämtliche Mitwirkungsrechte umfassen soll, die nicht das Personalwesen berühren. Wirtschaftliche Belange, wie Betriebsänderungen (§ 109 ArbVG) oder die Mitwirkung im Aufsichtsrat (§ 110 ArbVG), fallen unter diese Kategorie (vgl 11.5.4).

11.4.4.3. Nationale und staatenübergreifende Mitbestimmungsformen

11/076 Nach wie vor ist der Eingriffsbereich der Mitwirkungsrechte des ArbVG auf Betriebe in Österreich beschränkt. Grundsätzlich gilt das Territorialitätsprinzip. Eine Reihe von EU-RL haben die Grundlage für nationale Bestimmungen geschaffen, die in ihrer Gesamtheit ein übernationales verbindliches Regelwerk für gewisse Mitbestimmungsformen (zB Mitwirkung in der Europäischen Gesellschaft) schaffen. Im ArbVG finden sich diese Ansätze für ein **internationales Mitbestimmungsregime** (im Zusammenspiel zwischen EU-Recht und nationaler Gesetzgebung) im V. bis VIII. Teil des ArbVG.

11/077 Die Begriffsbildung und Gliederung der Befugnisse der Belegschaft bzw des Betriebsrats im Richtlinienrecht der EU weicht wesentlich von jener des ArbVG ab. Schon Nummer 17 der Gemeinschaftscharta der sozialen Grundrechte spricht von Unterrichtung, Anhörung und Mitwirkung der Arbeitnehmer. Darauf hatte etwa auch die Europäische Betriebsrätericht-linie aufgebaut (vgl 2.8.4.9).

Wesentlich sind nunmehr vor allem aber die Differenzierungen, die sich aus der RL über die Mitbestimmung in der Europäischen Gesellschaft (vgl 10.9.3) und aus der RL über die Mitbestimmung in der Europäischen Genossenschaft (vgl 10.9.4) ergeben: 11/078

- Unter **Beteiligung** der Arbeitnehmer wird jedes Verfahren – einschließlich der Unterrichtung, der Anhörung und der Mitbestimmung – verstanden, durch das die Arbeitnehmervertreter auf das Unternehmen Einfluss nehmen können.
- **Unterrichtung** ist die Benachrichtigung des zuständigen Belegschaftsorgans, wobei Zeitpunkt, Form und Inhalt der Unterrichtung den Arbeitnehmervertretern eine eingehende Prüfung der möglichen Auswirkungen und gegebenenfalls die Vorbereitung von Anhörungen mit dem zuständigen Unternehmensorgan ermöglichen müssen. Das Unterrichtungsrecht iS der RL entspricht dem Informationsrecht ieS nach dem ArbVG (vgl 11.4.4.1.3).
- Die **Anhörung** definieren die RL als Einrichtung eines Dialogs und eines Meinungsaustausches zwischen Arbeitnehmervertretung und Unternehmensorgan, wobei Zeitpunkt, Form und Inhalt der Anhörung den Arbeitnehmervertretern auf der Grundlage der erfolgten Unterrichtung eine Stellungnahme zu geplanten Maßnahmen ermöglichen müssen, sodass eine Berücksichtigung im unternehmerischen Entscheidungsprozess möglich ist. Das Anhörungsrecht iS der RL entspricht dem Beratungsrecht nach dem ArbVG.
- **Mitbestimmung** iS der RL bedeutet eine ganz spezifische Einflussnahme der Arbeitnehmervertretung auf Angelegenheiten des Unternehmens. Mitbestimmung iS der obigen RL bedeutet Mitwirkung/Beteiligung in bzw über die Organe des Unternehmens. Mitbestimmung kann erfolgen durch die Wahl oder Bestellung von Arbeitnehmervertretern in das Aufsichts- oder Verwaltungsorgan der Gesellschaft. Mitbestimmung kann aber auch bedeuten, dass den Arbeitnehmervertretern nur das Recht zukommt, Mitglieder des Aufsichts- oder des Verwaltungsorgans der Gesellschaft zu empfehlen oder abzulehnen.

11.5. Befugnisse im Einzelnen

11.5.1. Mitwirkung im betrieblichen Ordnungsgefüge

Der Betriebsinhaber besitzt ein weit reichendes Instrumentarium zur Aufrechterhaltung der betrieblichen Ordnung[47]. Es geht hiebei aber nicht nur um die Disziplin am konkreten Arbeitsplatz und bei der konkreten Arbeitsverrichtung, sondern um die Einführung jeglichen personalbezogenen Ordnungsprinzips in das Betriebsgeschehen durch das Weisungsrecht des Betriebsinhabers. Die Arbeitsbedingungen, die in diesem Bereich die entscheidende Rolle spielen, sind „formeller" Natur. 11/079

Als **formelle Arbeitsbedingungen** werden regelmäßig solche bezeichnet, die dem Einfluss des Weisungsrechts des Dienstgebers unterliegen (vgl 3.1). Im Gegensatz dazu sind unter **materiellen Arbeitsbedingungen** jene zu verstehen, die sich der Einseitigkeit des Weisungsrechts entziehen

[47] Vgl etwa OGH 13. 7. 1976, 4 Ob 58/76, Arb 9491.

und arbeitsvertraglich vereinbart werden müssen (zB Entgelt, Inhalt und Ausmaß der Arbeitsleistung, Urlaub).

11.5.1.1. Allgemeine Ordnungsvorschriften

11/080 Eine Mitwirkung der Belegschaft an allgemeinen Ordnungsvorschriften, die das Verhalten der Arbeitnehmer im Betrieb regeln, sieht § 97 Abs 1 Z 1 ArbVG vor.

Mitwirkungspflichtig wären daher **beispielsweise** folgende Maßnahmen: Bekleidungsvorschriften (zB einheitliche Arbeitsmäntel, branchenübliche Bekleidung im Kundenverkehr[48], Tragen von Firmenausweisen[49], Haarnetze); Verhaltensregeln für den Umgang zwischen Arbeitnehmern (Anti-Mobbing-Kodex) oder zwischen Arbeitnehmern und Vorgesetzten (Anti-Bossing-Kodex)[50], Festlegung von Verlautbarungs- bzw Kundmachungsformen für aushangpflichtige Rechtsvorschriften, Kollektivverträge und Betriebsvereinbarungen; Festlegung von Räumlichkeiten im Betrieb, in denen Veranstaltungen (zB Betriebsversammlungen) stattfinden können; Richtlinien für die Werbung der einzelnen Betriebsratsfraktionen im Betrieb; Mitnahme von Arbeitsunterlagen nach Hause; personalbezogenes Formularwesen (zB Urlaubsscheine, Formulare zur Meldung von Krankenständen und Pflegefreistellungen); Regelungen über die Inanspruchnahme von Freizeitausgleich[51]; Vorschriften für den innerbetrieblichen Verkehr udgl.

11/081 Bei all diesen Maßnahmen ist besonderes Augenmerk darauf zu richten, dass die Ordnungsvorschriften keine **Persönlichkeitsrechte** der Arbeitnehmer verletzen (zB durch Vorschriften über die Haar- oder Barttracht). Eine Ausklammerung von den allgemeinen Ordnungsvorschriften erfahren vielfach die „**arbeitsnotwendigen Maßnahmen**". Gemeint sind damit jene die Erfüllung der Arbeitspflicht konkretisierenden Anordnungen des Arbeitgebers, die für eine geregelte Arbeitsabfolge notwendig sind[52]. Soweit diese Anweisungen den einzelnen Arbeitnehmer betreffen, ist ihnen jedoch auf Grund ihres individuellen Charakters ohnehin der Boden für die Mitwirkung im Rahmen des § 97 ArbVG entzogen.

Zweifellos sind auch **Rauchverbote**, **Alkoholverbote** oder **Verhaltensregeln in Ruheräumen** zu den allgemeinen Ordnungsvorschriften zu zählen[53]. *Wachter*[54] vertritt hingegen die Auffassung, dass Rauchverbote mit der speziellen Zielsetzung, das Entstehen eines Brandes zu verhindern oder den nichtrauchenden Arbeitnehmer im Betrieb vor den negativen Auswirkungen verrauchter Luft zu schützen, nicht den allgemeinen Ordnungsvorschriften nach § 97 Abs 1 Z 1 ArbVG, sondern der Z 8 dieser Bestimmung (Maßnahmen zur Unfallverhütung und zum Schutz der Gesundheit der Arbeitnehmer; vgl 11.5.2.4) zuzurechnen sind. Damit würde das Rauchverbot unter gewissen Umständen nicht mehr der erzwingbaren, sondern der fakultativen Mitbestimmung unterliegen (zu den unterschiedlichen Auswirkungen vgl 11.4.4.1.6). Dagegen wendet sich *Holzer*[55], der das Ergebnis dieser Auslegung, nämlich eine schwächere Form der Mitbestimmung anzunehmen, wenn die Ordnungsvorschriften gleichzeitig der Unfallverhütung und dem Gesundheitsschutz dienen, mit den Zielsetzungen des § 97 ArbVG für unvereinbar hält (zum Nichtraucherschutz vgl weiters 6.6.1 und 7.2.1.1).

---

[48] Vgl OGH 11. 2. 1999, 8 ObA 195/98d, DRdA 2000, 142 mit Bespr v *Firlei* (Goldkette als Krawattenersatz im Bankbetrieb), wobei im konkreten Fall eine individuelle – und damit mitbestimmungsfreie – Weisung vorlag; s auch *Peschek*, Sind Miniröcke und kurze Hosen ein arbeitsrechtliches Problem?, RdW 1992, 343.

[49] VwGH 27. 5. 1993, 92/01/0927, ZAS 1994, 66 mit Bespr v *Beck-Mannagetta*; *Tinhofer*, Darf der Arbeitgeber das Tragen von „Personalausweisen" anordnen?, RdW 1994, 16; *Firlei*, Kontrollmaßnahme Firmenausweis, DRdA 1997, 510.

[50] Allg s auch *Schima*, Arbeitsrechtliche Grenzen der Compliance, DRdA 2014, 203.

[51] Vgl auch EA Salzburg 28. 7. 1976, Re 15/76, Arb 9505.

[52] Vgl *Strasser* in ArbVG-Handkommentar (1975), 550.

[53] Vgl SchlSt beim EA Klagenfurt 21. 12. 1978, Sch 1/78, Arb 9752.

[54] Der Schutz des Nichtrauchers vor dem Passivrauchen am Arbeitsplatz (1977), 45.

[55] Strukturfragen des Betriebsvereinbarungsrechts (1982), 25.

Die Mitwirkung der Belegschaft an der Festlegung von allgemeinen Ordnungsvorschriften hat der Gesetzgeber an die Form der **erzwingbaren Betriebsvereinbarung** gebunden. Kommt daher zwischen Betriebsinhaber und Betriebsrat keine Einigung über eine Regelung zustande, so kann eine solche über die Schlichtungsstelle erzwungen werden. Betriebsvereinbarungen über allgemeine Ordnungsvorschriften können nicht gekündigt werden (Näheres unter 3.3.4.5.3). 11/082

11.5.1.2. Personalfragebögen

Der paritätischen Mitbestimmung unterliegt auch ein besonders sensibler Bereich: Es ist dies die Einführung von **qualifizierten Fragebögen** (§ 96 Abs 1 Z 2 ArbVG), welche regelmäßig die Vorstufe für Personaldatensysteme bilden, die ihrerseits einer eigenen Mitbestimmung des Betriebsrats unterworfen sind (vgl 11.5.1.2; allg zum Fragerecht des Arbeitgebers vgl 5.1.3). 11/083

Personalfragebögen, die nicht bloß die allgemeinen Angaben zur Person und Angaben über die fachlichen Voraussetzungen für die beabsichtigte Verwendung des Arbeitnehmers betreffen (qualifizierte Fragebögen), können im Betrieb nur mit Zustimmung des Betriebsrats eingeführt werden[56]. Es liegt demgemäß **notwendige Mitbestimmung** vor; kommt eine **Betriebsvereinbarung** nicht zustande, so muss die intendierte Maßnahme unterbleiben. Die Einführung qualifizierter Fragebögen wäre in diesem Fall rechtswidrig[57]. 11/084

Unter Personalfragebögen versteht man Schriftstücke, die Fragen enthalten, die sich auf die Person des bereits eingestellten oder in Aussicht genommenen Arbeitnehmers beziehen und die von diesem zu beantworten sind[58]. Einzelne Teile des Arbeitsvertrags können daher nicht als Fragebogen angesehen werden[59].

Mitbestimmungsfrei sind somit solche Fragebögen, die nur Angaben über die fachlichen Voraussetzungen für die beabsichtigte Verwendung oder allgemeine Angaben zur Person des Arbeitnehmers enthalten. Beispiele für mitbestimmungsfreie Fragen wären etwa solche nach dem Geburtsdatum, dem Vor- und Zunamen, der Wohnadresse, dem Familienstand, der allgemeinen Schulbildung, der berufsspezifischen Ausbildung oder nach bisherigen beruflichen Tätigkeiten. Keine Zustimmung des Betriebsrates ist zudem notwendig, wenn der Arbeitgeber keinen direkten Einblick in die Fragebögen erhält und ihm nur allgemeine, einzelnen Arbeitnehmern nicht zuordenbare Ergebnisse bekannt werden[60]. 11/085

Das ArbVG spricht in den §§ 96 und 96a stets von „Einführung" einer Angelegenheit, so auch im Zusammenhang mit den Personalfragebögen. Dies bedeutet nun aber nicht, dass die Weiterverwendung der Personalfragebögen nicht mehr vom Konsens zwischen Betriebs- 11/086

---

[56] OGH 20. 8. 2008, 9 ObA 95/08y, DRdA 2010, 122 mit Bespr v *Jabornegg* = ZAS 2009, 282 mit Bespr v *Binder*; zur Veröffentlichung solcher Daten vgl *Greifeneder*, Vereinbarung über die Veröffentlichung von Informationen über den AN, in Reissner/Neumayr (Hrsg), Zeller Handbuch Arbeitsvertrags-Klauseln (2010), 808 ff; *Jabornegg* in Strasser/Jabornegg/Resch (Hrsg), ArbVG (Losebl), § 96 Rz 94.

[57] Vgl 3.3.4.5.1. u 11.4.4.1.6.1; ferner *Grillberger*, Ein umstrittener Personalfragebogen, DRdA 1979, 148.

[58] S aber OGH 20. 8. 2008, 9 ObA 95/08y, DRdA 2010, 122 mit Bespr v *Jabornegg* = ZAS 2009, 282 mit Bespr v *Binder*.

[59] LG Feldkirch 12. 10. 1976, Cga 14/76, Arb 9526; vgl *Felten/Preiss* in Gahleitner/Mosler (Hrsg), Arbeitsverfassungsrecht, Bd 3^5 (2015), 188 f.

[60] OGH 15. 12. 2004, 9 ObA 114/04m, DRdA 2005, 362 mit Bespr v *Preiss* = infas 2005, A 24.

inhaber und Betriebsrat getragen werden muss[61]. Auch die Aufrechterhaltung der Maßnahme bedarf der Zustimmung des Betriebsrats[62].

11/087 In diesem Zusammenhang ist hervorzuheben, dass die Zustimmung des Betriebsrats zu qualifizierten Fragebögen auch dann nicht durch die Schlichtungsstelle ersetzt werden kann (§ 96a Abs 2 ArbVG), wenn diese Fragebögen **automationsunterstützt** erfasst und verwertet werden. Das Nämliche gilt für derartige Fragebögen, wenn sie zur Mitarbeiterbeurteilung iSd § 96a Abs 1 Z 2 ArbVG (vgl 11.5.1.4) herangezogen werden.

11/088 Bei allen Fragestellungen ist aber zu berücksichtigen, dass sie selbst mit Zustimmung des Betriebsrats nur insoweit zulässig sind, als die **Persönlichkeitsrechte** des Arbeitnehmers, insb dessen **Intimsphäre**, nicht verletzt werden[63]; dies umso mehr, als mit derartigen Eingriffen in aller Regel ein Verstoß gegen die Fürsorgepflicht des Arbeitgebers (vgl 6.6.1) verbunden ist[64]. Damit ist ein heikles Problem angesprochen. Betriebsvereinbarungen können auf die Umstände des Einzelfalles kaum eingehen. Sind Fragestellungen **generell unzulässig**, muss die Betriebsvereinbarung auch dann als rechtswidrig angesehen werden, wenn diese Fragen im Einzelfall zugelassen werden könnten (vgl 5.1.3).

Die Frage nach dem Bestehen einer **Schwangerschaft** ist generell unzulässig. Fragen nach der Zugehörigkeit zu Vereinigungen, wie **politischen Parteien**, **Gewerkschaften** oder **Religionsgemeinschaften**, werden regelmäßig nicht ausreichend zu rechtfertigen sein. Ausnahmen bilden die sog Tendenzbetriebe (politische Parteien, Gewerkschaften, Kirchen oder Religionsgemeinschaften), soweit die bei diesen aufzunehmenden oder aufgenommenen Arbeitnehmer betroffen sind[65]. Eine Offenbarungspflicht bezüglich strafbarer Handlungen würde jedem Resozialisierungsgedanken widersprechen und ist grundsätzlich abzulehnen. Ausnahmen können allerdings unter zwei Aspekten Rechtfertigung finden: einmal unter dem Gesichtspunkt der Rufschädigung, wenn die Position des Arbeitnehmers eine Identifikation mit dem Unternehmen nahelegt, und zum anderen durch die Interdependenz der **strafbaren Handlung** mit dem arbeitsvertraglichen Tätigkeitsbereich. Die **Vermögensverhältnisse** des Arbeitnehmers gehen den Arbeitgeber nur insofern etwas an, als er durch die Rechtsordnung unmittelbar betroffen wird, insb durch seine Pflichten im Zusammenhang mit der Lohnpfändung.

Wenn die Fürsorgepflicht des Arbeitgebers den öffentlich-rechtlichen Schutznormen entsprechend gebietet, die Arbeitnehmer den körperlichen und geistigen Eignungen entsprechend nicht gesundheitsgefährdend zu beschäftigen (vgl §§ 3 ff ASchG, § 23 KJBG), so heißt dies nicht, dass der Arbeitgeber die gesamte Dienstzuteilung nach Maßgabe medizinischer Beurteilung vornehmen muss. Dementsprechend eingeschränkt ist auch sein Fragerecht. Sieht das Gesetz Beschränkungen bei der Zulassung zu bestimmten, für gewisse Arbeitnehmer unter Umständen gefährlichen Tätigkeiten vor (vgl § 6 Abs 3 ASchG), so erstreckt sich das Fragerecht (und die Fragepflicht) des Arbeitgebers ausschließlich auf die Eignung des Arbeitnehmers und nicht auf einzelne Krankheitsbilder bzw Befunde.

---

[61] So nämlich LG Feldkirch 12. 10. 1976, Cga 14/76, Arb 9526, im Zusammenhang mit der Einführung von Kontrollsystemen; aA die E des EA Linz v 21. 1. 1976, Re 80/75, Arb 9477, die allerdings aus verfahrensrechtlichen Gründen vom VwGH aufgehoben wurde (VwGH 15. 2. 1977, 597/76, Arb 9559); s aber auch EA Linz 30. 6. 1986, Re 122/85, RdW 1986, 281.

[62] Vgl *Strasser/Jabornegg*, ArbVG[3] (1999), 332; *Binder* in Tomandl (Hrsg), ArbVG (Losebl), § 96 Rz 38; *Löschnigg*, Die Mitbestimmung des Betriebsrates bei Personaldatensystemen – Neuerungen der ArbVG-Novelle 1986 (1986), 29; *Tomandl*, Probleme im Zusammenhang mit Betriebsvereinbarungen über Kontrollmaßnahmen, in Tomandl (Hrsg), Probleme des Einsatzes von Betriebsvereinbarungen (1983), 2; *Basalka* in ArbVG-Wirtschaftsverlag (Losebl), 208.

[63] Vgl auch *Grillberger*, Rechtliche Grenzen der Ermittlung von Arbeitnehmerdaten im Arbeitsrecht und Datenschutzgesetz, in FS Floretta (1983), 380; *Egger*, Rechtsprobleme bei der Anbahnung von Arbeitsverhältnissen, DRdA 1982, 93; *Brodil*, Kontrolle und Datenschutz im Arbeitsrecht, ZAS 2009, 121; *Jabornegg* in Strasser/Jabornegg/Resch (Hrsg), ArbVG (Losebl), § 96 Rz 96.

[64] Vgl dazu *Schwarz*, Menschenwürde und betriebliche Mitbestimmung, in FS Schnorr (1988), 282.

[65] Vgl *Mayer-Maly*, Grundsätzliches und Aktuelles zum „Tendenzbetrieb", BB 1973, 769.

Zu differenzieren ist im Übrigen zwischen Fragebögen, die den im Betrieb beschäftigten Arbeitnehmern vorgelegt werden, und solchen, die von **Stellenwerbern** zu beantworten sind. Dem Wortlaut des § 96 Abs 1 Z 2 ArbVG zufolge sind auch die Einstellungsfragebögen der Mitbestimmung der Belegschaft unterworfen. Inwieweit Betriebsvereinbarungen über derartige Einstellungsfragebögen jedoch normative Wirkung entfalten können, ist fraglich. Damit ist allgemein das Problem angesprochen, ob die Betriebsvereinbarung über ihren persönlichen Geltungsbereich hinaus auch potenzielle Arbeitnehmer normativ zu erfassen vermag. 11/089

Die normative Wirkung der **Betriebsvereinbarung** für Stellenwerber ist einseitig verpflichtend: Sie verhält den Arbeitgeber, einen mit den Persönlichkeitsrechten in Einklang stehenden Fragebogen vorzulegen. Seine Befugnis, rechtlich gedeckte Fragebögen ausfüllen zu lassen, ist nicht nur personen-, sondern auch betriebsbezogen: Sie wird durch Zulassungsnormen legitimiert und gleichzeitig durch Verbotsnormen beschränkt. Dies verpflichtet den Arbeitgeber, auch Einstellungswerbern nur zulässige Fragen zu stellen, andernfalls der Betriebsrat – unbeschadet individualrechtlicher Eingriffsmöglichkeiten – die Beseitigung bzw Berichtigung rechtswidriger Fragebögen verlangen kann. Das vorzeitige Lösungsrecht notwendiger Betriebsvereinbarungen (§ 96 Abs 2 ArbVG; vgl 3.3.4.5.1) erweist sich im gegebenen Zusammenhang aus der Sicht des Betriebsrats als besonders vorteilhaft.

11.5.1.3. Personaldatensysteme

Auf Grund der Regelung des § 96a Abs 1 Z 1 ArbVG bedarf die Einführung von Systemen zur **automationsunterstützten** Ermittlung, Verarbeitung und Übermittlung von **personenbezogenen Daten des Arbeitnehmers** zu ihrer Rechtswirksamkeit der Zustimmung des Betriebsrats[66]. Diese kann durch die Schlichtungsstelle ersetzt werden; es liegt demnach **notwendige Mitbestimmung mit Zwangsschlichtung** vor (vgl 3.3.4.5.2 u 11.4.4.1.6.3). Unter automationsunterstützten Datenverarbeitungssystemen sind dabei maschinelle Einrichtungen (Hardware) einschließlich der zugehörigen Programme (Software) zu verstehen, mit denen Informationen über eine bestimmte Person elektronisch verwertet werden können[67]. Hiezu zählen auch Telefondatenerfassungssysteme, sofern nicht ohnedies § 96 Abs 1 Z 3 ArbVG zur Anwendung kommt[68]. 11/090

---

66 Vgl hiezu insb *Löschnigg*, Datenermittlung im Arbeitsverhältnis (2009); *dens*, Die Mitbestimmung des Betriebsrates bei Personaldatensystemen (1986); *dens*, Datenschutz im Personalbereich, in Wittmann (Hrsg), Datenschutzrecht im Unternehmen (1991), 129; *Schwarz*, Der gläserne Arbeitnehmer? (1988); *Tomandl*, Bemerkungen zu den §§ 96a und 62a ArbVG, ZAS 1986, 181; *Schrank*, Betriebsverfassungsrechtlich zustimmungsfreie Personaldatenverarbeitungen – Ein Beitrag zur Auslegung von § 96a ArbVG, ZAS 1990, 37; *Marhold*, Datenschutz und Arbeitsrecht (1986); *Trachimow*, Personalinformationssysteme und Mitarbeitervertretung (1992); *Strohmaier*, Personalinformationssysteme und Mitbestimmung (2001); *Felten/Preiss* in Gahleitner/Mosler (Hrsg), Arbeitsverfassungsrecht, Bd 3[5] (2015), 227 ff; *Binder* in Tomandl (Hrsg), ArbVG (Losebl), § 96a Rz 16 f; es handelt sich aber nicht um eine zustimmungspflichtige Maßnahme, wenn ein Parkplatzzufahrtssystem nur mehr mittels personenbezogener Parkkarte funktioniert (OLG Wien 15. 5. 2009, 9 Ra 34/09z, ARD 6034/5/2010).

67 Zu Systemen zur automationsunterstützten Ermittlung s *Naderhirn* in Strasser/Jabornegg/Resch (Hrsg), ArbVG (Losebl), § 96a Rz 8.

68 Vgl 11.5.1.5; ebenso OGH 13. 6. 2002, 8 ObA 288/01p, DRdA 2003, 365 mit Bespr v *Preiss* = ecolex 2002, 904 mit Bespr v *Mazal*; sa *Brodil*, Die Registrierung von Vermittlungsdaten im Arbeitsverhältnis, ZAS 2004, 17.

11.5.1.3. Befugnisse der Arbeitnehmerschaft

11/091 Eine Zustimmung iSd § 96a Abs 1 Z 1 ArbVG ist **nicht** erforderlich,

a) soweit es sich bei den Arbeitnehmerdaten um allgemeine Angaben zur Person und Angaben über die fachlichen Voraussetzungen handelt (Name, Adresse, berufsspezifische Ausbildung, bisherige berufliche Tätigkeiten etc) oder
b) soweit die tatsächliche oder vorgesehene Verwendung dieser Daten über die Erfüllung von Verpflichtungen nicht hinausgeht, die sich aus Gesetz, Normen der kollektiven Rechtsgestaltung oder Arbeitsvertrag ergeben.

Der Sinn dieser Bestimmung ist keineswegs klar. Dass etwa Kollektivverträge eine über das ArbVG oder das DSG hinausgehende computermäßige Erfassung von Arbeitnehmerdaten zulassen oder gar verpflichtend normieren, kann ausgeschlossen werden. Gemeint ist offensichtlich, dass gesetzlich vorgeschriebene Aufzeichnungen bzw Registrierungen, die die Erfüllung kollektivvertraglicher oder arbeitsvertraglicher Ansprüche erleichtern sollen, nicht mitbestimmungspflichtig sind (zB geleistete Überstunden, Fragen der Arbeitszeit, wie Gleitzeitaufzeichnungen oder Schichteinteilungen, Errechnung der gesetzlichen oder sonstigen Lohnabzüge, Evidenzhaltung der Urlaubseinteilung).

Eine derartige Verpflichtung kann sich nicht nur auf Grund eines Gesetzes oder aus Normen der kollektiven Rechtsgestaltung (Kollektivvertrag, Satzung, Mindestlohntarif, Festsetzung der Lehrlingsentschädigung und Betriebsvereinbarung), sondern auch aus einem Arbeitsvertrag ergeben. Der Arbeitsvertrag darf allerdings nicht dazu verwendet werden, in Umgehungsabsicht durch Aufnahme von Vertragsbestimmungen die Verpflichtung des Betriebsinhabers zu konstruieren, Daten zu ermitteln, zu verarbeiten oder zu übermitteln, die für die Erfüllung des Arbeitsvertrags nicht erforderlich sind[69].

11/092 Im Zusammenhang mit automationsunterstützten Personaldatensystemen stehen dem Betriebsrat auch besondere **Informationsrechte** zu: Gem § 91 Abs 2 ArbVG hat der Betriebsinhaber dem Betriebsrat Mitteilung zu machen, welche Arten von personenbezogenen Arbeitnehmerdaten er automationsunterstützt aufzeichnet und welche Verarbeitungen und Übermittlungen er vorsieht. Auf Verlangen des Betriebsrats ist diesem die Überprüfung der Grundlagen für die Verarbeitung und Übermittlung zu ermöglichen.

11/093 Durch § 91 Abs 2 letzter Satz ArbVG wird klargestellt, dass auch der Betriebsrat grundsätzlich nicht in gespeicherte Daten des einzelnen Arbeitnehmers ohne dessen **Zustimmung** Einsicht nehmen darf. Ein unbeschränktes Einsichtsrecht des Betriebsrats muss sich entweder aus § 89 ArbVG oder anderen Rechtsvorschriften eindeutig ergeben[70].

Der Betriebsrat ist somit berechtigt, die im Betrieb geführten Aufzeichnungen über die Bezüge der Arbeitnehmer und die zur Berechnung dieser Bezüge erforderlichen Unterlagen ohne Zustimmung des Arbeitnehmers zu überprüfen (§ 89 Z 1 ArbVG; vgl 11.4.4.1.1). Dasselbe gilt für andere die Arbeitnehmer betreffende Aufzeichnungen, deren Führung durch Rechtsvorschriften vorgesehen ist (zB Aufzeichnungen über geleistete Arbeitsstunden gem § 26 AZG oder über den Erholungsurlaub gem § 8 UrlG). Für die Einsichtnahme in die sonstigen im Betrieb geführten **Personalakte** bedarf der Betriebsrat des **Einverständnisses des Arbeitnehmers** (§ 89 Z 4 ArbVG).

11/094 Die arbeitsrechtlichen Bestimmungen betreffend Personaldatensysteme müssen stets unter dem **Aspekt des Datenschutzes** Beurteilung finden[71]. Neben dem zentralen und verfassungsrechtlich garantierten Grundrecht auf Datenschutz (§ 1 DSG) sind vor allem die Art 5 und 6 DSGVO zu beachten (s hiezu 7.6.3).

---

69 Vgl AB 1062 BlgNR 16. GP, 2.

70 OLG Wien 2. 10. 2002, 8 Ra 96/02z, ARD 5411/8/2003.

71 S hiezu auch *Naderhirn* in Strasser/Jabornegg/Resch (Hrsg), ArbVG (Losebl), § 96a Rz 12; zur datenschutzrechtlichen Zulässigkeit von Arbeitszeitkontrollen vgl DSK 16. 11. 2004, K120.951/0009-DSK/2004, ecolex 2005, 459 mit Bespr v *Brodil*.

Werden durch automationsunterstützte Ermittlung, Verarbeitung oder Übermittlung von **personenbezogenen Daten** schutzwürdige Interessen der Arbeitnehmer verletzt, wird insb in deren Intimsphäre durch die oben behandelten Fragestellungen eingegriffen, so vermag auch eine zustande gekommene Betriebsvereinbarung gem § 96a Abs 1 Z 1 ArbVG den rechtswidrigen Zustand nicht zu sanieren. 11/095

Im Hinblick auf die betriebsverfassungsrechtliche Bedeutung der Rechtmäßigkeit einschlägiger Betriebsvereinbarungen ist davon auszugehen, dass der Betriebsrat im Falle einer der Betriebsvereinbarung widersprechenden Datenverarbeitung ein Verfahren auf Beseitigung der rechtswidrigen Verarbeitung anstrengen kann (§§ 50 Abs 2 u 62 Abs 1 ASGG). Die Schlichtungsstelle ist für derartige Streitigkeiten (Rechtsstreitigkeiten) nicht zuständig. 11/096

Regelmäßig unterliegen somit die sog **Personalinformationssysteme** der Mitbestimmung nach § 96a ArbVG. Wenn sich allerdings Personalinformationssysteme von bloßen Personalverwaltungssystemen zu Systemen der Leistungs- und Verhaltenskontrolle entwickeln, dann kommt nicht mehr § 96a ArbVG, sondern § 96 Abs 1 Z 3 ArbVG zur Anwendung, falls diese systematisierten Maßnahmen zur Kontrolle der Arbeitnehmer die Menschenwürde berühren (vgl 11.5.1.5)[72]. Der **Vorrang der notwendigen Mitbestimmung** zeigt sich auch bei der Datenermittlung für Personalinformationssysteme: Werden hiezu **qualifizierte Personalfragebögen** (vgl 11.5.1.2) verwendet, kommt eine Zwangsschlichtung gem § 96a ArbVG nicht in Betracht. Es bleibt bei der notwendigen Mitbestimmung gem § 96 Abs 1 Z 2 ArbVG (vgl auch 3.3.4.5.1). 11/097

11.5.1.4. Mitarbeiterbeurteilung

Der Zustimmung des Betriebsrats bedarf die Einführung von **Systemen zur Beurteilung von Arbeitnehmern** des Betriebs, sofern mit diesen Daten erhoben werden, die nicht durch die betriebliche Verwendung gerechtfertigt sind (§ 96a Abs 1 Z 2 ArbVG)[73]. Unter Personalbeurteilungssystemen sind dabei alle planmäßig geordneten Bewertungen von Arbeitnehmern nach bestimmten Kriterien, so zB nach Flexibilität, Zuverlässigkeit oder Risikobereitschaft, zu verstehen[74]. Die Zustimmung des Betriebsrats zur Einführung solcher Systeme kann durch die Schlichtungsstelle ersetzt werden, es liegt somit **notwendige Mitbestimmung mit Zwangsschlichtung** vor (vgl 3.3.4.5.2 u 11.4.4.1.6.3). 11/098

Dem ersten Anschein nach sind Systeme der Mitarbeiterbeurteilung nur sehr eingeschränkt mitbestimmungspflichtig, da der Gesetzgeber nur solche Systeme der Mitwirkung des Betriebsrats unterwirft, bei denen Daten erhoben werden, die nicht durch die betriebliche Verwendung gerechtfertigt sind. Zu beachten ist aber, dass personenbezogene Daten, die auto- 11/099

---

[72] Zu dieser Problematik vgl etwa *Marhold*, Datenschutz und Arbeitsrecht (1986), 31; *Mosler*, Personalinformationssysteme und Mitbestimmung der Belegschaft gemäß § 96 Abs 1 Z 3 ArbVG, DRdA 1983, 253; *Egger*, Arbeits- und datenschutzrechtliche Probleme von Personalinformationssystemen, RdW 1984, 13; *Duschanek*, Arbeitsverhältnis und Datenschutz, ZAS 1983, 83.

[73] Vgl *Holzer*, Zur Mitbestimmung bei Personalbeurteilungssystemen: Ein Überblick über die einschlägigen Bestimmungen, ASoK 1999, 146; *Engelbrecht*, Der sachliche Geltungsbereich des § 96a Abs 1 Z 2 ArbVG – Eine rechtliche Analyse mit Blick auf die Praxis, in FS Binder (2010), 479.

[74] Vgl *Felten/Preiss* in Gahleitner/Mosler (Hrsg), Arbeitsverfassungsrecht, Bd 3^5 (2015), 233 f; *Naderhirn* in Strasser/Jabornegg/Resch (Hrsg), ArbVG (Losebl), § 96a Rz 7.

mationsunterstützt ermittelt und verarbeitet werden, jedenfalls schon gem § 96a Abs 1 Z 1 ArbVG mitbestimmungspflichtig sind, zumal unter „personenbezogenen Daten" nicht nur **Fakten**, sondern auch **Werturteile** zu verstehen sind. Werden Personalbeurteilungen mittels Fragebögen durchgeführt, kommt ausschließlich die notwendige Mitbestimmung gem § 96 Abs 1 Z 2 ArbVG zum Tragen (§ 96a Abs 3 ArbVG; vgl 11.5.1.2). Mitbestimmungsfrei sind somit nur solche Mitarbeiterbeurteilungen, die **weder automationsunterstützt** abgewickelt werden **noch Daten erheben**, die **nicht** durch die **betriebliche Verwendung** gedeckt sind[75].

11/100 Auf Grund der wenig geglückten Formulierung des § 96a Abs 1 Z 2 ArbVG stellt sich die Frage, was unter „betrieblich nicht gedeckten Daten" zu verstehen ist[76]. Vorweg ist zu beachten, dass die Erhebung derartiger Daten – selbst mit Zustimmung des Betriebsrats – mit den (verfassungsrechtlichen) Wertungen des DSG und der sonstigen Rechtsordnung in Einklang stehen muss und damit die schutzwürdigen Interessen des Arbeitnehmers iSd § 1 DSG nur zur Wahrung überwiegender berechtigter Interessen eines anderen beschränkt werden dürfen. Konkrete Beispiele für Daten, die in diesem Grenzbereich angesiedelt sind, wären

- Daten, die durch die standardisierte Form der Mitarbeiterbeurteilung erhoben werden, obwohl sie für die konkrete betriebliche Verwendung des einzelnen Arbeitnehmers nicht wesentlich sind;
- Daten, die im Umfeld oder im sozialen Status des Arbeitnehmers liegen und für die betriebliche Verwendung zwar keine oder eine untergeordnete Rolle spielen, die die Leistung des Arbeitnehmers und damit die Mitarbeiterbeurteilung aber erheblich beeinflussen können (zB psychische Belastungen durch den Tod naher Familienangehöriger);
- Daten, die nicht die konkrete Verwendung des Arbeitnehmers, sondern zukünftige Arbeitseinsätze, leistungsorientierte Beförderungen etc betreffen;
- abgeleitete Daten, die der Betriebsinhaber primär nicht zu erheben beabsichtigt, die aber durch die Erhebungsmethoden selbst anfallen (zB nicht beabsichtigte Persönlichkeitsprofile).

11/101 Zu Recht kritisiert *Jabornegg*[77] die Auffassung des OGH[78], wonach die Interpretation des gesetzlichen Mitbestimmungstatbestandes eine umfassende Interessenabwägung erfordert, da aus der gesetzlichen Regelungskontrolle (Möglichkeit der Anrufung der Schlichtungsstelle) eine Rechtskontrolle (Auslegungsstreitigkeit beim Arbeits- und Sozialgericht) wird. Ein derartiges Verständnis lässt sich eher mit den Fällen des § 96 ArbVG als mit jenen der (notwendig) erzwingbaren Mitbestimmung vereinbaren.

11/102 Festzuhalten ist, dass der **Zweck** der Mitarbeiterbeurteilung häufig ein **vorübergehender** ist. Er erübrigt sich vielfach, wenn zB Beförderungen oder Einstellungen vollzogen sind,

---

75 Vgl EA Wien 18. 2. 1987, V Re 290/86, RdW 1987, 417.

76 Vgl *Löschnigg*, Datenermittlung im Arbeitsverhältnis (2009), 219.

77 DRdA 2010, 126.

78 OGH 20. 8. 2008, 9 ObA 95/08y, DRdA 2010, 122 mit Bespr v *Jabornegg* = ZAS 2009, 282 mit Bespr v *Binder*; s weiters die Kritik von *Engelbrecht*, Der sachliche Geltungsbereich des § 96a ArbVG, in Brodil (Hrsg), Datenschutz im Arbeitsrecht – Mitarbeiterüberwachung versus Qualitätskontrolle (2010), 66.

das Arbeitsverhältnis gelöst wurde oder der Tätigkeitsbereich sich geändert hat. Datenschutzrechtlich gesehen kann der Betroffene die Löschung der Daten beantragen, wenn zB die Speicherung nicht mehr erforderlich ist und überwiegende Interessen eines Dritten oder eine gesetzliche Aufbewahrungspflicht nicht entgegenstehen (vgl insb Art 17 DSGVO; s auch 7.6.3).

11.5.1.5. Kontrollmaßnahmen[79]

Gem § 96 Abs 1 Z 3 ArbVG bedürfen Kontrollmaßnahmen und technische Systeme zur Kontrolle der Arbeitnehmer, sofern diese Maßnahmen (Systeme) die Menschenwürde berühren, zu ihrer Rechtswirksamkeit der Zustimmung des Betriebsrats. Es handelt sich um einen Fall der **notwendigen Mitbestimmung** (vgl 11.4.4.1.6.1). Diese Zustimmung kann nur in Form einer **Betriebsvereinbarung** (vgl 3.3.4.5.1) erfolgen und ist nicht durch den Spruch einer rechtsprechenden oder schlichtenden Instanz ersetzbar. In Betrieben, in denen **kein Betriebsrat** errichtet ist, kann eine entsprechende Kontrollmaßnahme nur mit Zustimmung der davon betroffenen Arbeitnehmer eingeführt bzw verwendet werden. Die Zustimmung kann, sofern keine schriftliche Vereinbarung mit dem Arbeitgeber über deren Dauer vorliegt, jederzeit und ohne Einhaltung einer Frist schriftlich gekündigt werden (§ 10 Abs 2 AVRAG). 11/103

Kontrollmaßnahmen, die die Menschenwürde berühren, unterliegen auch dann nicht der für die Einführung von Systemen zur automationsunterstützten Ermittlung, Verarbeitung und Übermittlung von personenbezogenen Daten des Arbeitnehmers vorgesehenen Zwangsschlichtung (§ 96a Abs 2 ArbVG; vgl 11.5.1.3), wenn die Kontrolle automationsunterstützt erfolgt oder die Daten in ein automationsunterstütztes Personalinformationssystem Eingang finden (§ 96a Abs 3 ArbVG)[80].

Unter **Maßnahmen** und **Systemen** im einschlägigen Sinn sind von Seiten des Betriebsinhabers veranlasste Regelungen zu verstehen, die vorschreiben, wann, unter welchen Umständen und auf welche Weise Arbeitnehmer beim Betreten oder Verlassen des Betriebs oder bestimmter Betriebsteile, ferner während ihrer Arbeitsleistung oder überhaupt während ihres Aufenthalts im Betrieb zu irgendeinem Zweck überprüft werden[81]. 11/104

Es liegt auf der Hand, dass die Formulierung des Gesetzes nicht glücklich ist und zu verschiedenen Auslegungen Anlass gibt. Gesichert ist lediglich, dass auch mit Zustimmung des Betriebsrats die Menschenwürde **nicht verletzt** werden darf: Eine solche Betriebsvereinbarung wäre zufolge ihres Eingriffs in Persönlichkeitsrechte **nichtig**[82]. 11/105

Falsch wäre es allerdings, aus den Materialien zum ArbVG[83] eine Art Tripelkonzept zu entwickeln und **drei Möglichkeiten** von Maßnahmen unter dem Gesichtspunkt der **Kompetenz des Betriebs-**

---

79 Allg zur Kontrolle im Arbeitsverhältnis detailliert *Rebhahn*, Mitarbeiterkontrolle am Arbeitsplatz – Rechtliche Möglichkeiten und Grenzen (2009); s weiters die Beiträge von *Brodil* u *Risak* in Brodil (Hrsg), Datenschutz im Arbeitsrecht – Mitarbeiterüberwachung versus Qualitätskontrolle (2010), 15 bzw 35.

80 Zum Verhältnis von § 96 zu § 96a ArbVG vgl *Felten/Preiss* in Gahleitner/Mosler (Hrsg), Arbeitsverfassungsrecht, Bd 3^5 (2015), 240 f; *Binder* in Tomandl (Hrsg), ArbVG (Losebl), § 96a Rz 1; *Löschnigg*, Die Mitbestimmung des Betriebsrates bei Personaldatensystemen (1986), 43 ff.

81 Vgl auch EA Linz 19. 12. 1985, Re 6/85, Arb 10.481 = EDVuR 1986, H 2, 32 mit Bespr v *Löschnigg*; *Strasser* in ArbVG-Handkommentar (1975), 527.

82 Vgl *Holzer*, Strukturfragen des Betriebsvereinbarungsrechts (1982), 85; *Stadler*, Zur arbeitsverfassungsrechtlichen Mitbestimmung bei Automationsmaßnahmen, in FS Floretta (1983), 617.

83 840 BlgNR 13. GP.

rats zu unterscheiden: mitbestimmungsfreie, weil die Menschenwürde an sich schon verletzende Maßnahmen, mitbestimmungsfreie, zu keiner Berührung der Menschenwürde führende Maßnahmen und mitbestimmungsunterworfene Maßnahmen, die die Menschenwürde tangieren, ohne sie schon zu verletzen[84]. Den Betriebsrat von vornherein mit der Begründung ausschließen zu wollen, dass effektive Eingriffe in die Persönlichkeitsrechte der Belegschaft diesen nichts angingen, wäre wohl am wenigsten zielführend.

11/106 Es ist also davon auszugehen, dass das Gesetz alle möglichen, von der bloß juristischen Nähe zur Menschenwürde bis zur effektiven Verletzung derselben reichenden Kontrollmaßnahmen in den Griff bekommen wollte. Der dann freilich mögliche Fall, dass ein schlecht beratener Betriebsrat einer rechtswidrigen Kontrolleinrichtung zustimmt, kann in Kauf genommen werden, weil die faktische Kontrollmöglichkeit nicht zu unterschätzen ist, der Geltendmachung der Nichtigkeit einer Betriebsvereinbarung durch den Arbeitnehmer nichts im Wege steht[85] und der Betriebsrat die Vereinbarung jederzeit lösen kann. Offensichtlich setzt die Mitbestimmung bereits **im Vorfeld** einer Beeinträchtigung der Persönlichkeitsrechte ein[86].

11/107 Die **Menschenwürde** als Rechtsbegriff tritt vor allem als Rechtskonkretisierung von Generalklauseln des Zivil- und Arbeitsrechts (§ 1157 ABGB, § 18 AngG, §§ 16 u 17 ABGB) in Erscheinung, wobei im Zweifel der Fürsorgepflicht (dazu 6.6) als Rechtsgrund der Vorrang gebührt, weil sie dem soziologischen Grundtatbestand des Arbeitsrechts, der Arbeitsabhängigkeit, nähersteht. Besondere Bedeutung kommt § 17 ABGB zu, wonach vermutet wird, dass die angeborenen natürlichen Rechte so lange nicht angetastet sind, als die gesetzmäßige Beschränkung dieser Rechte nicht bewiesen wird[87].

Im Zuge der Rechtskonkretisierung gerät man in das Umfeld einer Reihe verfassungsrechtlich verankerter Grundrechte, vor allem des Schutzes des Briefgeheimnisses (Art 10 StGG, Art 8 EMRK), des Fernmeldegeheimnisses (Art 10a StGG), der Meinungsfreiheit (Art 13 StGG, Art 10 EMRK, Art 11 Grundrechte-Charta), des Schutzes vor unmenschlicher Behandlung (Art 3 EMRK, Art 4 Grundrechte-Charta), des Privat- und Familienlebens (Art 8 EMRK, Art 7 Grundrechte-Charta) und nicht zuletzt des Datenschutzes (§ 1 DSG, Art 8 Grundrechte-Charta). Das Strafrecht schützt insb das Brief- und Fernmeldegeheimnis vor rechtswidrigen Eingriffen durch Tonaufnahmen und Abhören (§§ 118 bis 120 StGB). Hiezu tritt eine Reihe weiterer einfachgesetzlicher Persönlichkeitsrechte[88].

11/108 **Beispiele** für **Kontrollmaßnahmen**, die regelmäßig **Persönlichkeitsrechte verletzen**, sind: Multimomentkameras, Telefonabhöranlagen, Mikrofone, Glasscheiben, die nur von einer Seite (Kontrollgang) durchsichtig sind, sowie Leibesvisitationen[89], nicht jedoch die Ver-

---

[84] So *Tomandl*, Rechtsprobleme bei der Einführung und Anwendung von Kontrollmaßnahmen, ZAS 1982, 165 f; *ders*, Probleme im Zusammenhang mit Betriebsvereinbarungen über Kontrollmaßnahmen, in Tomandl (Hrsg), Probleme des Einsatzes von Betriebsvereinbarungen (1983), 7.

[85] Vgl *Strasser*, Zur Mitbestimmung bei Kontrolleinrichtungen nach österreichischem und deutschem Recht, in FS Müller (1981), 621 f; *Schwarz*, Menschenwürde und betriebliche Mitbestimmung, in FS Schnorr (1988), 283.

[86] Dazu *Schwarz*, Der gläserne Arbeitnehmer? (1988), 50 ff.

[87] Vgl *Schnorr*, Erfüllung arbeitsvertraglicher Pflichten und Persönlichkeitsschutz des Arbeitnehmers, in FS Strasser (1983), 109; *Goricnik*, Persönlichkeitsschutz bei der Ermittlung und Benützung von Standorten im Arbeitsverhältnis, wbl 2012, 301.

[88] Vgl *Funk/Krejci/Schwarz*, Zur Registrierung von Ferngesprächsdaten durch den Dienstgeber – Erörtert am Beispiel der Universität Graz, DRdA 1984, 289; *Reischauer*, Das Persönlichkeitsrecht auf Achtung des Fernsprechgeheimnisses (§ 16 ABGB) und seine Bedeutung für das Dienstverhältnis, DRdA 1973, 207.

[89] Vgl EA Wien 16. 3. 1981, III Re 373/80, Arb 9955.

pflichtung zum Tragen eines Firmenausweises im Betrieb[90]. Eine Videoüberwachung zum Zweck der Mitarbeiterkontrolle ist schon gem § 12 Abs 4 Z 2 DSG unzulässig (s hiezu 7.6.5).

Die oben erwähnte juristische Nähe ist dann angesprochen, wenn die Persönlichkeitsrechte zwar nicht verletzt werden, die Kontrollmaßnahmen sich jedoch in jener Grenzzone bewegen, die gleichsam eine Verletzung der Persönlichkeitsrechte „inkliniert". Dies meint offenbar der Gesetzgeber, wenn er von einem **Berühren der Menschenwürde** spricht. Allgemein kann gesagt werden, dass durch technische Kontrollsysteme die Menschenwürde immer dann berührt wird, wenn dadurch die vom Arbeitnehmer in den Betrieb miteingebrachte Privatsphäre kontrolliert wird. Von der Privatsphäre abgesehen kann auch durch die bloße Kontrolle der Arbeitsleistung und des arbeitsbezogenen Verhaltens des Arbeitnehmers eine Berührung der Menschenwürde bewirkt werden, und zwar dann, wenn diese Kontrolle in übersteigerter Intensität organisiert wird und jenes Maß überschreitet, das für Arbeitsverhältnisse dieser Art typisch und geboten ist[91]. Sie wird insb auch dann berührt, wenn die Kontrollmaßnahmen in den davon betroffenen Arbeitnehmern das dauernde Gefühl einer potenziellen Überwachung entstehen lassen[92]. Die **objektive Eignung** des Systems für Überwachungs- und Kontrollzwecke erfüllt bereits die gesetzliche Tatbestandsvoraussetzung[93]. Ob der Dienstgeber von der Möglichkeit der Kontrolle tatsächlich Gebrauch macht, ist ein untergeordnetes Problem. 11/109

Beispiele für Kontrollmaßnahmen, die die **Menschenwürde berühren**, im konkreten Fall aber unter Abwägung der Interessen mit Zustimmung des Betriebsrats eingeführt werden könnten, wären: Videokameras, sofern sie besonderen Gefahrenquellen bzw dem Schutz von Arbeitnehmern dienen (zB bei Arbeiten mit radioaktiven Materialien oder im Überwachungsbereich von Banken) und datenschutzrechtlich erlaubt sind[94]; Kontrollmaßnahmen mittels biometrischer Daten der Arbeitnehmer[95]; Produktographen (Geräte zur Kontrolle von Lauf und Auslastung von Maschinen, wenn damit auch das Verhalten der Arbeitnehmer überprüfbar ist[96]); stichprobenartig durchgeführte Alkoholkontrollen mit Alkomat[97]; 11/110

---

90 VwGH 27. 5. 1993, 92/01/0927, 66, ZAS 1994 mit Bespr v *Beck-Mannagetta*; *Tinhofer*, Darf der Arbeitgeber das Tragen von „Personalausweisen" anordnen?, RdW 1994, 16; *Firlei*, Kontrollmaßnahme Firmenausweis, DRdA 1997, 510.

91 EA Linz 30. 6. 1986, Re 122/85, Arb 10.539.

92 EA Wien 20. 6. 1983, V Re 507/82, Arb 10.238; EA Linz 19. 12. 1985, Re 6/85, Arb 10.481 = EDVuR 1986, H 2, 32 mit Bespr v *Löschnigg*; EA Feldkirch 12. 12. 1986, Re 41/86, Arb 10.571.

93 DSK 12. 4. 1984, 175.526/29-DSK/84, DRdA 1984, 367 mit Bespr v *B. Schwarz*.

94 *Löschnigg*, Videoüberwachung iS des Entwurfs zur DSG-Novelle 2010 aus arbeitsrechtlicher Sicht, in Staudegger/Schramm (Hrsg), Recht und IT – Zehn Studien (2009), 57; *Riesenkampff*, Die arbeitsrechtliche Zulässigkeit der Installation von Videokameras in Ladenlokalen, ecolex 2007, 743; *Mayer*, Videoüberwachung auch ohne Zustimmung des Betriebsrates? Überlegungen zum „Berühren der Menschenwürde" im Sinne des § 96 Abs 1 Z 3 ArbVG, wbl 2009, 217; *Kotschy/Reimer*, Die Überwachung der Internet-Kommunikation am Arbeitsplatz, ZAS 2004, 167 f; s auch EA Wien 24. 4. 1986, II Re 61/86, RdW 1986, 281.

95 OGH 20. 12. 2006, 9 ObA 109/06d, DRdA 2008, 326 mit Bespr v *Mosler* = infas 2007, A 21; *Löschnigg*, Biometrische Daten und Arbeitsverhältnis – Zur Zulässigkeit betrieblicher Zutrittskontrollsysteme mittels biometrischer Daten, ASoK 2005, 37; *Knyrim/Bartlmä*, Big Brother im Unternehmen, ecolex 2007, 740; *Schrank*, Kontrollmittel Fingerscanning, ZAS 2007, 97.

96 S aber EA Linz 30. 6. 1986, Re 122/85, Arb 10.539.

97 OGH 20. 3. 2015, 9 ObA 23/15w, DRdA-infas 2015, 190 mit Bespr v *Schindler* = RdW 2015, 437 mit Bespr v *Schrank* = ASoK 2016, 36.

Telefonabhöranlagen, die ausschließlich der Feststellung von Privatgesprächen dienen, falls der Telefonierende von der Tatsache des Mithörens unmittelbar akustisch oder optisch Kenntnis erlangt[98]. Im letzten Fall ist jedoch zu beachten, dass das Fernsprechgeheimnis bezüglich des Gesprächspartners des Arbeitnehmers regelmäßig verletzt werden wird. Das Warnsignal muss also so installiert werden, dass auch der Gesprächspartner des Arbeitnehmers mitgewarnt wird. Selbst bei Einhaltung dieser Kautelen kann aber bezweifelt werden, ob die Gesprächspartner **wirksam** auf die Achtung des Fernmeldegeheimnisses **verzichten** können.

Ein besonderes Problem bildet die Installierung von **Telefonregistrieranlagen**. Diese sind dadurch charakterisiert, dass sie von einer Anlage aus geführte Telefongespräche mit fremden Teilnehmern erfassen. Sie registrieren die Nummer der anrufenden Nebenstelle, die angewählte fremde Telefonnummer, die Höhe der aufgelaufenen Gesprächsgebühr sowie das Datum und die jeweilige Uhrzeit und drucken diese Daten aus. Der VwGH hat in seiner E v 11. 11. 1987, 87/01/0034[99], festgehalten, dass die Inbetriebnahme derartiger Gebührencomputer nicht mitbestimmungspflichtig ist, weil es sich um technische Systeme handelt, die objektiv nicht geeignet sind, die Menschenwürde zu beeinträchtigen. Dies sei in concreto nicht gegeben, weil ein Mithören von Telefongesprächen der Arbeitnehmer nicht ermöglicht würde. Die Meinung des Höchstgerichts kann nicht geteilt werden, weil das Registrieren der äußeren Gesprächsdaten dem Schutzbereich der Persönlichkeitsrechte zu unterstellen ist, zumal aus der Kenntnis dieser Daten Rückschlüsse auf Nachrichteninhalte ermöglicht werden könnten. Es spricht vieles dafür, dass bei derartigen Registrierungen Persönlichkeitsrechte **nicht nur berührt, sondern bereits beeinträchtigt** werden. Da die äußeren Gesprächsdaten in den verzichtbaren Bereich des Persönlichkeitsschutzes fallen, können Betriebsrat **und** die einzelnen Arbeitnehmer derartigen Maßnahmen zustimmen. Für die Zulässigkeit des Systems ist daher in einem derartigen Fall sowohl die Zustimmung des Betriebsrats als auch jene der betroffenen Arbeitnehmer notwendig. Im konkreten Fall war diese Zustimmung anzunehmen, weil die Arbeitnehmer durch Vorwahl einer Kennziffer die Speicherung der Telefonate verhindern konnten. Eine derartige Betriebsvereinbarung muss zusätzlich dafür Sorge tragen, dass auch die Persönlichkeitsrechte des Dritten, also des angerufenen Gesprächsteilnehmers, gewahrt werden. In diesen Fällen von mitbestimmungsfreien Maßnahmen zu sprechen ist jedenfalls entschieden abzulehnen[100]. Jedenfalls mitbestimmungspflichtig sind Telefonregistrieranlagen gem § 96a Abs 1 ArbVG, da sämtliche Voraussetzungen von Personaldatensystemen iS dieser Bestimmung gegeben sind[101].

11/111 Inwieweit die Kontrolle **neuer Informations- und Kommunikationstechnologien** der Mitbestimmung nach § 96 Abs 1 Z 3 ArbVG unterliegt, kann auf Grund der vielfältigen Möglichkeiten der Ausgestaltung dieser Systeme nur im Einzelfall beurteilt werden[102]. Dies

98 Vgl EA Linz 21. 1. 1976, Re 80/75, Arb 9477.

99 DRdA 1988, 458 mit Bespr v *Teichmann* = EDVuR 1988, H 1, 26 mit Bespr v *Schwarz* = ZAS 1988, 104 mit Bespr v *Marhold*.

100 Näheres bei *Funk/Krejci/Schwarz*, Zur Registrierung von Ferngesprächsdaten durch den Dienstgeber, DRdA 1984, 285 f; vgl weiters EA Wien 20. 6. 1983, V Re 507/82, Arb 10.238; EA Linz 19. 12. 1985, Re 6/85, Arb 10.481 = EDVuR 1986, H 2, 32 mit Bespr v *Löschnigg*.

101 Vgl nunmehr auch OGH 13. 6. 2002, 8 ObA 288/01g, DRdA 2003, 365 mit Bespr v *Preiss* = ecolex 2002, 904 mit Bespr v *Mazal*; s auch *Brodil*, Registrierung von Vermittlungsdaten im Arbeitsverhältnis, ZAS 2004, 17; weiters 11.5.1.3.

102 Vgl *Obereder*, E-Mail- und Internetnutzung aus arbeitsrechtlicher Sicht, DRdA 2001, 75; *Rotter*, Internet-Zugang für Arbeitnehmer, ASoK 1999, 118; *NN*, Internetprogramme zur Mitarbeiterüberwachung und Arbeitszeiterfassung bei Bildschirmarbeit, ARD 4933/9/98; unklar *Thiele*, Internet am Arbeitsplatz, ecolex 2001, 613; *Dellisch*, Private E-Mail- und Internet-Nutzung am Arbeitsplatz, ASoK 2001, 316; *Laimer/Mayr*, Zum Spannungsverhältnis von Arbeitgeber- und Arbeitnehmerinteressen rund um die EDV-Nutzung, DRdA 2003, 410; *Rebhahn*, Mitarbeiterkontrolle am Arbeitsplatz (2009); *Resch*, Arbeitsrecht und Internet, in Plöckinger/Duursma/Mayrhofer (Hrsg), Internet-Recht (2004), 231; *Buhr*, Spielen am Arbeitsplatz, DRdA-infas 2017, 182.

betrifft sowohl die Nutzung des Inter- bzw Intranets als auch die Versendung von E-Mails und die Protokollierung von IP-Adressen[103]. Entscheidend ist stets die Intensität der Kontrolle. Ein „Mitlesen" von E-Mails ohne vorherige Ankündigung seitens des Arbeitgebers verletzt generell die Menschenwürde[104]. Ein Einblick in die Bildschirminhalte bei den einzelnen Arbeitnehmern nach Ankündigung wird ebenso wie die Aufzeichnung von Zugriffs- und Bewegungsdaten im Rahmen der Benützung des Internets der notwendigen Mitbestimmung unterliegen, wenn sie inhaltlich umfassend und zeitmäßig kaum begrenzt erfolgt. Wird im Unternehmen hingegen eine Verschlüsselungs-Software verwendet, die eine Anonymisierung der Daten gewährleistet, entfällt insoweit die Mitbestimmungspflicht.

Die Frage nach der Intensität der Kontrolle stellt sich auch bei der Verwendung von **GPS** (Global Positioning System) und **Lokalisierungsfunktionen von Mobiltelefonen**. In all diesen Fällen kann die exakte Position des Arbeitnehmers (zB von Außendienstmitarbeitern, Kundenbetreuern) festgestellt werden. Damit ist häufig nicht nur eine örtliche, sondern auch eine Leistungskontrolle verbunden. Permanenz der Kontrolle, Abgleichungsmöglichkeit mit anderen Arbeitnehmern, Aufzeichnung der Daten über einen längeren Zeitraum, Auswertungen der Daten etc sind Kriterien, deren Zusammentreffen in diesen Fällen regelmäßig zu einer mitbestimmungspflichtigen Maßnahme iSd § 96 ArbVG führen wird. 11/112

Berühren Kontrollmaßnahmen und Kontrollsysteme die Menschenwürde nicht, so bedeutet dies nicht notwendigerweise, dass der Betriebsrat keinerlei Mitwirkungsrechte besitzt. Sie können als **Ordnungsvorschriften** iSd § 97 Abs 1 Z 1 ArbVG zu qualifizieren sein[105] und unterliegen dann der erzwingbaren Mitbestimmung (vgl 3.3.4.5.3 u 11.4.4.1.6.2). Als solche erzwingbare Kontrollmaßnahmen sind etwa die Einführung von Stechuhren zur Arbeitszeitkontrolle[106] oder die Ausgabe von Passierscheinen zu verstehen. Werden Kontrolldaten automationsunterstützt verarbeitet, dann ist vor allem § 96a ArbVG (vgl 11.5.1.3) angesprochen. 11/113

Der **Begriff der Kontrollmaßnahmen** umfasst nicht nur die Kontrolle mittels technischer Hilfen. Auch die Kontrolle durch andere Arbeitnehmer (zB Vorgesetzte, Meister, eigenes Personal von Stabsstellen) – uU mit Messhilfen wie Stoppuhren oder Strichlisten – kann mitbestimmungspflichtig sein. 11/114

Dasselbe gilt für externe Überwachungsinstitutionen (Detekteien, Überwachungsunternehmen[107]). Grundsätzlich indiziert die Bestellung von Detektiven, deren Einsatz im Wesentlichen nur mit strafrechtlich relevantem Fehlverhalten gerechtfertigt werden kann, bereits eine gewisse Diskriminierung. 11/115

---

[103] Vgl *Goricnik*, Zur Kontrolle der Internetnutzung und des E-Mail-Verkehrs am Arbeitsplatz, jusIT 2009, 169.

[104] Vgl *Melzer-Azodanloo*, Tele-Arbeitsrecht (2001), 160; zur generellen Unzulässigkeit einer solchen Maßnahme nach den Art 6 DSGVO und § 93 Abs 3 TKG s EGMR 5. 9. 2017, 61496/08, *Bărbulescu/Rumänien* (Große Kammer), jusIT 2017/200 mit Bespr v *Tischitz*.

[105] Vgl *Strasser*, Zur Mitbestimmung bei Kontrolleinrichtungen nach österreichischem und deutschem Recht, in FS Müller (1981), 621.

[106] Dagegen *Kropf/B. Schwarz*, Die Betriebsvereinbarung (1978), 38.

[107] Allg hiezu *Binder*, Detektiveinsatz und Arbeitnehmerkontrolle, in FS Tomandl (1998), 11; *Jabornegg* in Strasser/Jabornegg/Resch (Hrsg), ArbVG (Losebl), § 96 Rz 188.

11.5.1.5. Befugnisse der Arbeitnehmerschaft

11/116 Die **Kontrolle des Privat- und Freizeitverhaltens** ist grundsätzlich dem § 96 Abs 1 Z 3 ArbVG nicht zu unterstellen, idR ergibt sich aber ein zumindest mittelbarer Bezug zum Arbeitsverhältnis. Für den Privatbereich sind die allgemeinen rechtlichen Grenzen zu beachten. Die Achtung des Privat- und Familienlebens genießt verfassungsrechtlichen Schutz, der nur ausnahmsweise zu Gunsten hochrangiger Zielsetzungen durchbrochen werden kann (vgl Art 8 EMRK). Dieses Grundrecht entfaltet über die Bestimmung des § 16 ABGB, welche „angemessene, schon durch die Vernunft einleuchtende Rechte" anerkennt, im Verhältnis zwischen Privatpersonen mittelbare Drittwirkung, die auf Grund der persönlichen Abhängigkeit des Arbeitnehmers besondere Bedeutung besitzt. *Mayer-Maly*[108] entzieht in diesem Zusammenhang bereits die privaten Schulden, das Sexualleben, Alkoholprobleme sowie politische Äußerungen des Arbeitnehmers dem Zugriff des Arbeitgebers, soweit nicht besondere Betriebsinteressen berührt werden. § 96 Abs 1 Z 3 ArbVG umfasst zweifellos auch Maßnahmen, die ad hoc getroffen werden[109]. Unabhängig vom umfassenden Wortinhalt der „Kontrollmaßnahmen" gem § 96 Abs 1 Z 3 ArbVG wäre auch vom Zweck der Norm her nicht einsichtig, warum vorübergehende anlassbezogene Kontrollmaßnahmen von der notwendigen Mitbestimmung ausgeklammert werden sollten.

Um Diskriminierungen Einzelner zu vermeiden, wird im Rahmen der ausführenden Kontrolle nur eine **formale Gleichbehandlung** aller Arbeitnehmer oder jener Arbeitnehmergruppen, deren Kontrolle durch ihre Tätigkeit sachlich gerechtfertigt ist, zu akzeptieren sein. Stichprobenhafte Torkontrollen verletzen die Gleichbehandlung nicht, solange gewährleistet ist, dass die Überprüfung der Personen tatsächlich zufallsabhängig erfolgt[110].

11/117 Wesentlich ist die Frage, welche **Maßnahmen gegen eine unzulässige Kontrolleinrichtung** ergriffen werden können. Zweifellos haben die betroffenen Arbeitnehmer das Recht, die unzulässige Kontrolleinrichtung zu boykottieren, sofern sie dazu überhaupt in der Lage sind. Weigern sie sich individuell, die Kontrollmaßnahmen zu akzeptieren, laufen sie jedoch Gefahr, entlassen zu werden. Da sich erst im Zuge eines Verfahrens über die Rechtfertigung der Entlassung herausstellt, ob die Kontrolleinrichtung tatsächlich unzulässig installiert wurde, ist dieser Weg nicht sehr ratsam. Ähnlich riskant ist die gerichtliche Durchsetzung eines Beseitigungs- oder Unterlassungsanspruchs durch den Dienstnehmer. Das Klagerecht des Arbeitnehmers bei fehlender Zustimmung des Betriebsrates nach § 96 ArbVG wird hiebei als „Recht der Belegschaft" angesehen[111]. Weitaus günstiger ist die Rechtsdurchsetzung auf kollektiver Ebene: Nach Ansicht der Höchstgerichte steht dem Betriebsrat ein **Beseitigungsanspruch** bezüglich einer unzulässigen, aber faktisch errichteten Kontrollanlage zu[112]. Aber auch gegen eine erst geplante Einführung einer Kontrollmaßnahme kann der Betriebsrat eine Klage auf Unterlassung einbringen[113] (zu den besonderen Feststellungs-

---

[108] Arbeitsverhältnis und Privatsphäre, AuR 1968, 1.
[109] AA EA Wien 16. 3. 1981, III Re 373/80, Arb 9955.
[110] Vgl auch *Schwarz*, Probleme sozialer und personeller Mitbestimmung im Betrieb, DRdA 1975, 70.
[111] OGH 20. 8. 2008, 9 ObA 95/08y, DRdA 2010, 122 mit Bespr v *Jabornegg* = ZAS 2009, 282 mit Bespr v *Binder*.
[112] VfGH 16. 10. 1976, B 69/76, ZAS 1977, 68 mit Bespr v *Strasser*; VwGH 15. 2. 1977, 597/76, Arb 9559.
[113] VwGH 10. 10. 1984, 83/01/0334, DRdA 1987, 125 mit Bespr v *Löschnigg*.

klagen des Betriebsrats bzw einer kollektivvertragsfähigen Körperschaft nach dem ASGG vgl 14.1.4.1).

11.5.1.6. Disziplinarwesen

Allgemein hat der Betriebsrat an der Aufrechterhaltung der Disziplin im Betrieb mitzuwirken (§ 102 ArbVG). Die konkreten Mitspracherechte des Betriebsrats im Disziplinarwesen gehen in zwei Stoßrichtungen. Einerseits wirkt der Betriebsrat maßgeblich an der Ausgestaltung der **betrieblichen Disziplinarordnung** mit, andererseits steht ihm ein gesondertes Mitbestimmungsrecht bei der Verhängung einer **Disziplinarmaßnahme im Einzelfall** zu[114]. 11/118

Das Recht des Arbeitgebers zur Verhängung einer Disziplinarmaßnahme ergibt sich noch nicht allein aus dem Arbeitsverhältnis oder dem Betrieb als Ordnungsgefüge. Es bedarf vielmehr einer besonderen Grundlage, wie es ein Gesetz, ein Kollektivvertrag oder eine Betriebsvereinbarung, gegebenenfalls auch ein Arbeitsvertrag, sein kann[115]. Fällt ein Betrieb in den Geltungsbereich der Betriebsverfassung, so ist eine Disziplinarmaßnahme nur dann zulässig, wenn sie in einer Betriebsvereinbarung oder in einem Kollektivvertrag vorgesehen ist[116]. Dies ergibt sich aus dem notwendigen Charakter der Mitbestimmung im Zusammenhang mit der Einführung einer Disziplinarordnung (vgl 11.4.4.1.6.1). Die Zustimmung des Betriebsrats kann nicht durch entsprechende Individualabreden zwischen dem Arbeitgeber und den einzelnen Arbeitnehmern ersetzt werden. Aus diesem Grund sind auch einzelvertragliche Disziplinarordnungen, die im Wege von Vertragsschablonen zustande gekommen sind, unzulässig[117]. 11/119

Innerbetrieblich kann eine Disziplinarordnung gem § 96 Abs 1 Z 1 ArbVG nur durch eine **notwendige Betriebsvereinbarung** eingeführt werden[118]. Ohne die Zustimmung des Betriebsrats ist die Errichtung einer Disziplinarordnung unmöglich, auch die Schlichtungsstelle kann dem Wesen der notwendigen Mitbestimmung zufolge nicht angerufen werden (zu den Besonderheiten der notwendigen Mitbestimmung vgl 3.3.4.5.1). **Überbetrieblich** können die Kollektivvertragspartner eine Disziplinarordnung festlegen (vgl § 102 ArbVG). Wird eine entsprechende Regelung im Kollektivvertrag getroffen, so verbleibt der Betriebsvereinbarung nur die Möglichkeit, die Bestimmungen des Kollektivvertrags näher auszufüh- 11/120

[114] *Triendl*, Rechtsschutz bei der Verhängung von Disziplinarmaßnahmen in betriebsratspflichtigen Betrieben, DRdA 2010, 263.

[115] Vgl *Spielbüchler*, Grundlagen eines betrieblichen Disziplinarstrafrechts, DRdA 1970, 7; insb zur einzelvertraglichen Einführung im Rahmen einer Vertragsschablone vgl OGH 4. 5. 1994, 9 ObA 63/94, DRdA 1995, 164 mit Bespr v *Krapf*; *Kneihs*, Betriebliches Disziplinarrecht und Verfassung, DRdA 2005, 136; *Jabornegg* in Strasser/Jabornegg/Resch (Hrsg), ArbVG (Losebl), § 96 Rz 43.

[116] Vgl OGH 29. 1. 1974, 4 Ob 104/73, ZAS 1974, 181 mit Bespr v *Tomandl*; OGH 6. 9. 1977, 4 Ob 97/77, DRdA 1978, 139 mit Bespr v *Hagen*.

[117] Vgl OGH 28. 10. 1994, 9 ObA 192/94, DRdA 1995, 309 mit Bespr v *Strasser* = ZAS 1996, 21 mit Bespr v *Kürner*.

[118] OGH 18. 12. 1979, 4 Ob 123/79, DRdA 1980, 395 mit Bespr v *Firlei*; zur nicht erzwingbaren Teilnahme des Betriebsrats an einer Disziplinarkommission s OGH 29. 11. 2013, 8 ObA 13/13i, ARD 6394/10/2014 = ecolex 2014, 366.

ren. Eine im Vergleich zum Kollektivvertrag günstigere Betriebsvereinbarung wird man als zulässig ansehen können, es sei denn, dass der Kollektivvertrag dies ausschließt (vgl 3.2.3).

11/121 **Inhaltlich** wird sich die Disziplinarordnung vor allem mit einer Aufzählung der relevanten Tatbestände und den damit verbundenen Sanktionen befassen. Einen wesentlichen Bestandteil bilden aber auch die verfahrensrechtlichen Vorschriften.

Im Rahmen der **Verfahrensordnung** ist beispielsweise zu bestimmen, wie die Einleitung des Verfahrens, die Vorerhebung und das Beweisverfahren zu erfolgen haben oder unter welchen Umständen ein Verfahren wieder aufgenommen werden kann. Von besonderer Bedeutung sind die Vorschriften über die Entscheidungsfindung selbst, insb wie sich Disziplinarkommissionen zusammenzusetzen haben. Werden derartige Verfahrensvorschriften bereits durch eine kollektivvertragliche Disziplinarordnung festgelegt, so wird auch diesbezüglich eine Regelung durch Betriebsvereinbarung obsolet. Der Bestimmung des § 102 ArbVG ist nicht zu entnehmen, dass zwischen verfahrensrechtlichem und materiellrechtlichem Teil der Disziplinarordnung zu differenzieren wäre[119]. Die „Verhängung" von Disziplinarmaßnahmen nach § 102 ArbVG weist eher in Richtung einer verfahrensorientierten Regelung. Die Disziplinarordnung bildet somit zur Gänze einen Fall der **bedingt notwendigen Mitbestimmung** (vgl 3.3.4.5.1 u 11.4.4.1.6.1).

11/122 Unter **Disziplinarmaßnahme** ist allgemein ein rechtlich zulässiger Nachteil zu verstehen, der einem anderen mit dem ausdrücklich erklärten Zweck zugefügt wird, ihn für eine Verfehlung zu bestrafen sowie ihn und andere damit gleichzeitig von weiteren Verfehlungen abzuhalten[120]. Es sind also unter diesem Begriff alle Maßnahmen des Arbeitgebers zur Wahrung oder Wiederherstellung der betrieblichen Ordnung zu verstehen. Es kommen nicht nur Mittel in Betracht, die für die Arbeitnehmer unmittelbar rechtliche oder wirtschaftliche Nachteile bewirken, sondern auch solche, durch die lediglich die sozialen Interessen der Arbeitnehmer beeinträchtigt werden (zB die Erteilung einer Rüge oder eines Verweises). Es muss sich allerdings um solche Maßnahmen handeln, denen der Charakter einer endgültigen Sanktion im Hinblick auf ein bestimmtes Verhalten zukommt[121]. Abzugrenzen ist die Disziplinarstrafe, die mitunter auch als **Ordnungsstrafe**[122] bezeichnet wird (vgl § 23 TAG), von der **Vertrags- oder Konventionalstrafe**[123]. Letztere besitzt keinen Strafcharakter, sondern ist als ein durch Einzelvertrag vereinbarter pauschalierter Schadenersatz zu verstehen, der zur Sicherung der Vertragserfüllung dient. Konventionalstrafen unterliegen gem § 1336 ABGB, § 38 AngG, § 22 TAG und § 38 GAngG dem richterlichen **Mäßigungsrecht**.

11/123 **Disziplinarstrafen** sind beispielsweise die Verwarnung oder der Verweis, Geldbußen[124], der Entzug freiwillig gewährter Leistungen aus disziplinären Gründen[125] oder das Unterlassen von Beförderungen[126]. Die Verwendung von Versetzungen, Kündigungen und Entlas-

---

[119] Dagegen *Strasser* in ArbVG-Handkommentar (1975), 526.

[120] OGH 29. 1. 1974, 4 Ob 104/73, ZAS 1974, 181 mit Bespr v *Tomandl*; OGH 6. 9. 1977, 4 Ob 97/77, Arb 9623; OGH 11. 10. 1977, 4 Ob 127/77, Arb 9649; OGH 4. 3. 1980, 4 Ob 36/79, Arb 9860; *Jabornegg* in Strasser/Jabornegg/Resch (Hrsg), ArbVG (Losebl), § 102 Rz 26.

[121] VwGH 9. 10. 1973, 417/73, Arb 9145; OGH 18. 9. 1980, 4 Ob 101, 102/80, Arb 9895.

[122] Vgl *Urleb*, Arbeitsrechtliche Fragen des SchSpG (2009), 136 f.

[123] Vgl *Greifeneder*, Konventionalstrafe, in Reissner/Neumayr (Hrsg), Zeller Handbuch Arbeitsvertrags-Klauseln (2010), 955.

[124] Die Verhängung von Geldstrafen über Jugendliche ist gem § 22 Abs 2 KJBG ausdrücklich verboten.

[125] OGH 29. 8. 1996, 8 ObA 2113/96, ZAS 1997, 81 mit Bespr v *Risak*.

[126] Vgl *Haslinger*, Probleme bei der Verhängung betrieblicher Disziplinarmaßnahmen, ZAS 1967, 134.

sungen als disziplinäre Mittel ist problematisch. Für diese personellen Maßnahmen hat nämlich der Gesetzgeber besondere Mitwirkungsrechte vorgesehen (vgl 6.1.8.2, 8.2.8.1 u 8.3.4.3.1).

Vielfach wird daraus zu Unrecht geschlossen, dass **Kündigung**, **Entlassung** und **Versetzung** überhaupt nicht als Disziplinarmaßnahmen iSd § 102 ArbVG Verwendung finden können[127]. In der Praxis werden diese Disziplinarmittel jedoch immer wieder rechtlich verankert. Es lässt sich auch nicht leugnen, dass diese Maßnahmen vom weiten Begriff der Disziplinarmaßnahme und der Disziplinarordnung des § 96 Abs 1 Z 1 ArbVG erfasst werden können. Bindet sich der Betriebsinhaber in diesen Angelegenheiten an die Entscheidung einer Disziplinarstelle, so ist dagegen nichts einzuwenden[128]. Keinesfalls aber darf dies zur Konsequenz führen, dass die den Begriffen „Kündigung", „Entlassung" und „Versetzung" näherstehenden Mitbestimmungsrechte der §§ 101 und 105 bis 107 ArbVG durch Disziplinarrecht verdrängt werden. Wer sich also für eine Anerkennung dieses Disziplinarmittels entscheidet, muss die **kumulative Anwendung** der Mitbestimmungsrechte in Kauf nehmen[129].

Beispiel: In einer Betriebsvereinbarung wird festgestellt, dass der Dienstgeber nur dann zu einer Kündigung berechtigt ist, wenn die Disziplinarkommission dies im Zuge eines Verfahrens beantragt. Nach einem Jahr wird ein Arbeitnehmer wegen mehrmaligen Zuspätkommens auf Antrag der Disziplinarkommission gekündigt. Der Betriebsrat wird nicht mehr verständigt, weil fünf der zwölf Betriebsratsmitglieder in der Kommission vertreten waren und für die Kündigung gestimmt hatten. – Die Kündigung ist rechtsunwirksam, weil das Verfahren gem § 105 ArbVG nicht eingehalten wurde. Nach erfolgter Verständigung hätte das Betriebsratsplenum durchaus die Möglichkeit gehabt, der Kündigung zu widersprechen oder keine Stellungnahme abzugeben und damit die Anfechtung vor Gericht zu ermöglichen (zum Kündigungsschutz vgl 8.2.8.1).

Bei **unkündbaren Arbeitsverhältnissen**, dh bei Arbeitsverhältnissen, bei denen das freie Kündigungsrecht durch Arbeitsvertrag oder durch Kollektivvertrag ausgeschlossen wurde und die Kündigung an das Vorliegen bestimmter Gründe gebunden ist, akzeptiert nunmehr auch der OGH, dass die Kündigung eine Disziplinarmaßnahme iSd § 102 ArbVG darstellen kann[130]. Die Einrichtung von Disziplinarordnungen in Betriebsvereinbarungen, die die Kündigung von der vorherigen Zustimmung einer Disziplinarkommission abhängig machen, wird somit in diesen Fällen auch vom Höchstgericht als zulässig angesehen. 11/124

Auch ein **Kollektivvertrag** kann eine Entlassung oder eine Kündigung als Disziplinarmaßnahme vorsehen und die Beendigung des Arbeitsverhältnisses an ein vorangegangenes Disziplinarverfahren binden. Dies resultiert unmittelbar aus dem Umstand, dass Kündigungen und Entlassungen als Disziplinarmaßnahmen iSd § 102 ArbVG Verwendung finden können (zur gegenteiligen Rechtsansicht der Judikatur s oben). Dennoch sieht die Rechtsprechung darin eine zulässige Beschränkung des dem Arbeitgeber nach Arbeitsvertragsrecht zustehenden Auflösungsrechts. Ohne Einhaltung des Verfahrens wäre die Entlassung oder die Kündigung rechtsunwirksam[131]. Abzuwarten hat der Arbeitgeber

---

[127] OGH 18. 9. 1980, 4 Ob 77/80, Arb 9894; OGH 18. 9. 1980, 4 Ob 101, 102/80, Arb 9895; EA Salzburg 26. 4. 1984, Re 36/83, Arb 10.336; OGH 26. 2. 1985, 4 Ob 144/84, Arb 10.410; OGH 17. 3. 2005, 8 ObA 12/04d, DRdA 2006, 107 mit Bespr v *Jabornegg*; *Strasser* in ArbVG-Handkommentar (1975), 598.

[128] Ebenso *Spielbüchler* in Floretta/Spielbüchler/Strasser, Arbeitsrecht I⁴ (1998), 221.

[129] Vgl VfGH 23. 6. 1975, B 399/74, DRdA 1976, 26 mit Bespr v *Egger*; zur gerichtlichen Überprüfbarkeit der von einer Disziplinarkommission getroffenen Tatsachenfeststellung vgl OGH 14. 4. 1993, 9 ObA 73/93, infas 1993, A 143 = wbl 1993, 294.

[130] OGH 24. 2. 1999, 9 ObA 1/99h, ZAS 2001, 15 mit Bespr v *Drs*; vgl hiezu auch *Jabornegg*, Neues zum betrieblichen Disziplinarrecht, RdW 1999, 477; *Binder*, Das betriebliche Disziplinarrecht im Widerstreit, RdW 1999, 600.

[131] OGH 11. 12. 1984, 4 Ob 121/83, DRdA 1986, 33 mit zust Bespr v *Schwarz*; OGH 17. 2. 1987, 14 Ob 227/86, DRdA 1990, 117 mit krit Bespr v *Jabornegg*; OGH 16. 11. 1994, 9 ObA 201/94, DRdA 1995, 400 mit Bespr v *Eypeltauer* = ZAS 1996, 27 mit Bespr v *Kürner*.

nur die Entscheidung der Disziplinarkommission, nicht jedoch ein die Entscheidung der Kommission nachprüfendes gerichtliches Urteil[132].

Das Entlassungsrecht des Dienstgebers kann aber durch die Disziplinarordnung nur insoweit beschränkt werden, als dieser eben ein gewisses Verfahren voranstellen muss. Ein genereller, auch verschuldete Entlassungsgründe umfassender Ausschluss des Entlassungsrechts des Arbeitgebers wäre hingegen sittenwidrig und nichtig. Dies ergibt sich aus der zweiseitig zwingenden Wirkung des Kernbereichs der vorzeitigen Auflösung[133].

11/125 Verfahrensrechtliche Schritte **ohne Strafcharakter**, die wie etwa die Dienstenthebung nur vorübergehende Sicherungsmaßnahmen darstellen oder wie die Einleitung eines Disziplinarverfahrens nur der Klarstellung dienen, ob der Vorwurf eines disziplinarwidrigen Verhaltens überhaupt gerechtfertigt ist, stellen keine Disziplinarmaßnahmen dar[134]. Der Strafcharakter kann auch im Falle einer Verwarnung fehlen. Wenn der Arbeitgeber nur sein Rügerecht ausübt, um den Arbeitnehmer zu einem vertragsgerechten Verhalten anzuhalten und ihn vor den Konsequenzen für den Bestand des Arbeitsverhältnisses bei weiteren Pflichtverletzungen zu warnen, liegt eine **schlichte Verwarnung** vor, die nicht der Mitbestimmung nach § 102 ArbVG unterworfen ist[135].

11/126 Wird durch Betriebsvereinbarung oder Kollektivvertrag eine Disziplinarordnung eingeführt, so ist damit der zulässige Rahmen für die Verhängung einer **Disziplinarmaßnahme im Einzelfall** geschaffen. Gem § 102 ArbVG bedarf darüber hinaus die konkrete Disziplinarmaßnahme stets der Zustimmung des Betriebsrats. Die jeweilige Zustimmung kann nur dann unterbleiben, wenn ein besonderes Gremium zur Verhängung von Disziplinarmaßnahmen (Disziplinarkommission) eingerichtet ist[136]. Die Entscheidung dieser Disziplinarstelle kann die Zustimmung des Betriebsrats im Einzelfall nur dann ersetzen, wenn der Betriebsrat der Errichtung dieser Stelle (ausdrücklich) zugestimmt hat. Nach herrschender Auffassung kann die Zustimmung des Betriebsrats zur Errichtung einer Disziplinarstelle überhaupt nur in Form einer Betriebsvereinbarung vorgenommen werden.

Fraglich ist, ob die Verhängung einer Disziplinarmaßnahme ohne Zustimmung des Betriebsrats schwebend rechtsunwirksam[137] oder absolut nichtig ist[138]. Dem Zweck der Mitwirkung in Disziplinarangelegenheiten kommt eher die letztere Variante entgegen. Für den betroffenen Arbeitnehmer fällt eine wesentliche Unsicherheitsphase weg. Er kann vor allem gerichtliche Schritte unternehmen, ohne befürchten zu müssen, dass der Betriebsrat der Disziplinarmaßnahme doch noch zustimmt und

---

132 OGH 17. 1. 1996, 9 ObA 182/95, DRdA 1996, 505 mit Bespr v *Eypeltauer.*

133 Vgl insb *Tomandl,* Einschränkungen des Entlassungsrechts durch kollektivvertragliche Disziplinarordnungen – dargestellt am Beispiel des Kollektivvertrages der Versicherungsangestellten (Innendienst), RdW 1983, 108; *dens,* Einschränkungen des Entlassungsrechts durch kollektivvertragliche Disziplinarordnungen, RdW 1984, 50.

134 VwGH 9. 10. 1973, 417/73, Arb 9145; EA Salzburg 23. 1. 1980, Re 1/80, Arb 9851; OGH 18. 9. 1980, 4 Ob 101, 102/80, Arb 9895; zur Bekämpfung einer im Zuge der Einleitung eines Disziplinarverfahrens ausgesprochenen Dienstenthebung s OGH 28. 2. 1990, 9 ObA 351/89, DRdA 1991, 140 mit Bespr v *Binder.*

135 OGH 10. 5. 1995, 9 ObA 51/95, DRdA 1996, 131 mit Bespr v *Marhold* = ZAS 1995, 197 mit Bespr v *Andexlinger;* OGH 27. 9. 2013, 9 ObA 59/13m, ARD 6371/4/2013 = infas 2014, A 12; dazu auch *Goricnik,* Zur Bekämpfung einer „schlichten" Verwarnung: arbeits- und datenschutzrechtliche Lösungsansätze, DRdA 2012, 633; *Rauch,* Ist eine Verwarnung oder eine Auflösungserklärung des Arbeitgebers eine zustimmungspflichtige Disziplinarmaßnahme?, ASoK 2013, 250.

136 Vgl EA Salzburg 23. 1. 1980, Re 1/80, Arb 9851; zur Verschwiegenheitspflicht von Mitgliedern der Disziplinarkommission vgl OGH 26. 6. 1997, 8 ObA 187/97a, DRdA 1998, 201 mit Bespr v *Klein.*

137 Vgl *Strasser* in ArbVG-Handkommentar (1975), 599; *Schrank* in Tomandl (Hrsg), ArbVG (Losebl), § 102 Rz 33; OGH 18. 12. 1979, 4 Ob 123/79, DRdA 1980, 395 mit Bespr v *Firlei.*

138 Vgl *Holzer,* Einige Strukturfragen personeller Mitbestimmung, ZAS 1982, 7 f.

die schwebende Unwirksamkeit beseitigt. Geht man von der absoluten Nichtigkeit aus (**Prinzip der Zulässigkeitsvoraussetzung**), so kann die fehlerhafte Disziplinarmaßnahme durch eine nachträgliche Zustimmung des Betriebsrats nicht saniert werden. Sie ist rechtlich unerheblich und muss neuerlich verhängt werden. Bezüglich der unzulässigen Maßnahme kann der Arbeitnehmer die Feststellung der Rechtsunwirksamkeit bei Gericht begehren[139].

11.5.1.7. Betriebseinrichtungen und Betriebsmittel

Mitbestimmungsunterworfen sind auch „Maßnahmen zur **zweckentsprechenden Benützung** von Betriebseinrichtungen und Betriebsmitteln" (§ 97 Abs 1 Z 6 ArbVG). Während die Mitwirkung im Rahmen der allgemeinen Ordnungsvorschriften (vgl 11.5.1.1) nur die äußere Ordnung des Betriebs, also den Rahmen, in dem die Arbeitsleistungen erbracht werden, betrifft, rückt die Mitwirkung im Falle der Betriebseinrichtungen und Betriebsmittel näher an die Arbeitsverrichtung des einzelnen Dienstnehmers. 11/127

Der Begriff der **Betriebseinrichtungen** ist relativ umfassend. Grundsätzlich wären darunter zu verstehen: 11/128

a) mittelbar oder unmittelbar mit dem Arbeitsvorgang zusammenhängende Einrichtungen (Waschräume, Schlafgelegenheiten für den Bereitschaftsdienst, Parkplätze),
b) Wohlfahrtseinrichtungen,
c) Einrichtungen zur Verhütung von Unfällen und Berufskrankheiten.

Die unter b und c angeführten Angelegenheiten wurden vom Gesetzgeber einer gesonderten Mitbestimmung unterzogen (vgl 11.5.2.2 u 11.5.2.4). Betriebseinrichtungen iSd § 97 Abs 1 Z 6 ArbVG sind demnach nur die unter lit a erwähnten. 11/129

Maßnahmen zur zweckentsprechenden Benützung von Betriebseinrichtungen lassen sich mitunter nur schwer von den allgemeinen Ordnungsvorschriften abgrenzen. Wird den Arbeitnehmern zB eine Wiese vor einer Lagerhalle zum Abstellen von Kraftfahrzeugen zur Verfügung gestellt und gleichzeitig angeordnet, dass die Fahrzeuge schräg und parallel zueinander geparkt werden müssen, so könnte man fragen, ob hier eine Ordnungsmaßnahme gesetzt oder aber eine Betriebseinrichtung geschaffen wurde, deren zweckentsprechende Verwendung näher geregelt wird. Im Hinblick darauf, dass beide Tatbestände die nämliche Mitbestimmungsintensität aufweisen, ist eine eindeutige Abgrenzung nicht notwendig.

Unter **Betriebsmitteln** wird herkömmlicherweise die gesamte technische Apparatur verstanden, derer sich ein Unternehmen bedient, um Sachgüter herzustellen oder Dienstleistungen bereitzustellen[140]. Mitbestimmungspflichtig sind aber ebenso wie im Falle der Betriebseinrichtungen nicht die Verwendung und die Einführung der Betriebsmittel selbst, sondern nur die Maßnahmen, die einer zweckentsprechenden Verwendung derselben dienlich sind. Praktisch bezieht sich daher die Mitbestimmung vor allem auf Benützungsanleitungen von Arbeitsgeräten und Förderbändern sowie auf Vorschriften über die Wartung, Kontrolle und Verwahrung von Werkzeugen bzw Arbeitskleidung. Richtlinien für einen sparsamen Einsatz von Kopiergeräten, Datenverarbeitungsanlagen oder Diensttelefonen wären ebenfalls hier einzureihen. 11/130

[139] Vgl OGH 18. 12. 1979, 4 Ob 123/79, DRdA 1980, 395 mit Bespr v *Firlei*; OGH 4. 3. 1980, 4 Ob 36/79, Arb 9860; OGH 18. 9. 1980, 4 Ob 101, 102/80, Arb 9895; OGH 16. 9. 1992, 9 ObA 184/92, DRdA 1993, 310 mit Bespr v *Trost*.

[140] Vgl zB *Gutenberg*, Grundlagen der Betriebswirtschaftslehre I: Die Produktion[24] (1983), 70.

Auch die **private Benützung** von Betriebsmitteln (zB Firmen-Pkw, Privatkopien, Verwendung sonstiger Geräte über das Wochenende) wird von diesem Tatbestand erfasst sein[141].

11/131 Die Maßnahmen zur zweckentsprechenden Benützung von Betriebseinrichtungen und Betriebsmitteln sind Regelungsinhalt des § 97 Abs 1 Z 6 ArbVG und fallen demnach in den Bereich der **erzwingbaren Mitbestimmung**. Wird zwischen Betriebsinhaber und Betriebsrat in der betreffenden Angelegenheit keine Einigung erzielt, so kann die Schlichtungsstelle angerufen werden, die eine abschließende Entscheidung fällt (vgl 3.3.4.5.3 u 11.4.4.1.6.2).

11.5.1.8. Sicherung eingebrachter Gegenstände

11/132 Die Pflicht des Arbeitgebers, die vom Arbeitnehmer eingebrachten Gegenstände (zB Kleidungsstücke) sicher zu verwahren, resultiert unmittelbar aus seiner Fürsorgepflicht (vgl 6.6). Eine konkrete Regelung findet sich in § 27 Abs 4 ASchG, wonach dem Arbeitnehmer versperrbare Einrichtungen zur Verfügung zu stellen sind. Damit ist auch der Rahmen abgesteckt, in dem sich Raum für die Mitwirkung des Betriebsrats ergibt. Betriebsvereinbarungen werden daher vor allem die Ausgestaltung, die Anzahl und den Aufstellungsort der jeweiligen Einrichtungen, die Verwahrung von Reserveschlüsseln udgl festlegen.

11/133 Die „Maßnahmen zur Sicherung der von den Arbeitnehmern eingebrachten Gegenstände“ sind im § 97 Abs 1 Z 17 ArbVG geregelt. Sie fallen daher unter die **freiwillige Mitbestimmung** (vgl 3.3.4.5.4 u 11.4.4.1.6.4).

11.5.1.9. Betriebliches Vorschlagswesen

11/134 Das betriebliche Vorschlagswesen umfasst den weiten Bereich der betrieblichen **Verbesserungsvorschläge**. Als solche sind sämtliche Anregungen seitens der Arbeitnehmer zu bezeichnen, die den unmittelbaren Arbeitsprozess oder die sonstigen Arbeitsbedingungen verbessern, vereinfachen oder verbilligen (vgl auch 6.4). Die Mitwirkung der Arbeitnehmer ist im Rahmen des betrieblichen Vorschlagswesens nicht zwingend vorgeschrieben, sondern in Form der **freiwilligen Mitbestimmung** (§ 97 Abs 1 Z 14 ArbVG) ausgeprägt (vgl zu dieser Form der Mitbestimmung 3.3.4.5.4 u 11.4.4.1.6.4). Betriebsinhaber und Betriebsrat können, müssen aber nicht das betriebliche Vorschlagswesen in Gestalt einer Betriebsvereinbarung einrichten. Der Betriebsinhaber kann durchaus eigenständig und ohne Beteiligung des Betriebsrats ein Vorschlagswesen ins Leben rufen.

11/135 Die fakultative Mitbestimmung erfasst sowohl das **Einreichungs-** als auch das **Beurteilungsverfahren** und die Festsetzung der **(Innovations-)Prämien**. Insb bei der Zusammensetzung von **Prämierungskommissionen** wird auf eine entsprechende Beteiligung des Betriebsrats Bedacht zu nehmen sein. Eine rechtliche Verpflichtung auf ein bestimmtes Ver-

---

[141] Vgl *Strasser/Jabornegg*, ArbVG^3 (1999), 356; *Binder* in Tomandl (Hrsg), ArbVG (Losebl), § 97 Rz 94 f; *Oberhofer*, Nutzung von Telefonen, Internet, Internetdiensten und E-Mail-Postfächern, in Reissner/Neumayr (Hrsg), Zeller Handbuch Arbeitsvertrags-Klauseln (2010), 425; *Tinhofer*, Vereinbarungen über die Nutzung von Büro-Infrastruktur, Parkraum udgl, in Reissner/Neumayr (Hrsg), Zeller Handbuch Arbeitsvertrags-Klauseln (2010), 445; *Knallnig*, Überlassung eines Dienstwagens, Mobiltelefons, Computers etc, in Reissner/Neumayr (Hrsg), Zeller Handbuch Arbeitsvertrags-Klauseln (2010), 456; *Rauch*, Private Nutzung firmeneigener Mobiltelefone und Pkw, ASoK 2011, 175.

hältnis der Zahl der Betriebsräte zur Zahl der Vertreter des Betriebsinhabers besteht für derartige Kommissionen nicht, sodass Betriebsratsmitglieder unterparitätisch oder überhaupt nicht vertreten sein können.

Verbesserungsvorschläge können sämtliche Unternehmensbereiche betreffen. Hauptsächlich haben sie aber den technischen und organisatorischen Betriebsablauf zum Gegenstand. In das Gebiet der technischen Verbesserungsvorschläge gehören auch die **Diensterfindungen**. Diese sind daher, soweit die Bestimmungen des PatG nicht nur der Individualvereinbarung oder dem Kollektivvertrag gewisse Regelungsbefugnisse einräumen (§ 7 Abs 1 PatG; vgl 6.4), einer näheren Regelung durch Betriebsvereinbarung zugänglich. 11/136

11.5.1.10. Betriebliches Beschwerdewesen

Gem § 37 Abs 2 ArbVG besitzen die einzelnen Arbeitnehmer das Recht, Beschwerden beim Betriebsrat, bei jedem seiner Mitglieder und beim Betriebsinhaber vorzubringen. Darüber hinaus unterliegt das gesamte Beschwerdewesen der **fakultativen Mitbestimmung** (vgl dazu 3.3.4.5.4). Der Betriebsinhaber kann daher auch ohne Mitwirkung des Betriebsrats ein betriebliches Beschwerdewesen einrichten. Ist der Betriebsrat einverstanden, so kann es mittels **freiwilliger Betriebsvereinbarung** institutionalisiert werden (vgl auch 11.4.4.1.6.4). 11/137

Dem Begriff des Beschwerdewesens iSd § 97 Abs 1 Z 20 ArbVG wird man nur **gegen den Betriebsinhaber**, gegen Vorgesetzte als Vertreter des Betriebsinhabers oder gegen sonstige Mitarbeiter gerichtete Beschwerden unterstellen können. Beschwerden gegen den Betriebsrat, wie sie § 37 Abs 2 ArbVG mitumfasst, können ausgeklammert werden, weil dem Betriebsinhaber als Partner der Betriebsvereinbarung die sachliche Kompetenz fehlt. Es würde zu einer Umkehrung der durch das ArbVG verteilten Interessenvertretungsaufgaben führen, würde man dem Betriebsinhaber die Vertretung der Arbeitnehmerinteressen im Falle einer Beschwerdeführung gegen den Betriebsrat übertragen. 11/138

Ein funktionierendes Beschwerdewesen stellt ein wichtiges innerbetriebliches Regulativ zum Ausgleich von Meinungsdifferenzen dar. Es kann einerseits zur Vermeidung von Prozessen beitragen und lenkt andererseits jene Konflikte, die einer gerichtlichen Rechtsdurchsetzung kaum zugänglich sind, in geordnete Bahnen. IdR handelt es sich um faktische Benachteiligungen durch Vorgesetzte in Ausübung des vom Betriebsinhaber delegierten Weisungsrechts.

Beispiele dafür sind: ständige Anordnung von Schmutzarbeiten oder sonstigen unangenehmen Tätigkeiten, rüder Umgangston, Ausspruch von unberechtigten Rügen und Beanstandungen, besonders auffällige Missachtung der Person des Arbeitnehmers, Hänseleien, Verstecken von Werkzeugen oder Arbeitskleidung udgl.

Wenngleich das ArbVG keine Vorschriften über die eigentliche Vorgangsweise im Falle einer konkreten Beschwerde festlegt, wird die Einrichtung von **Beschwerdekommissionen** angebracht sein, in denen Arbeitnehmervertreter (am besten paritätisch) vertreten sind. 11/139

11.5.1.11. Feststellung der maßgeblichen wirtschaftlichen Bedeutung des Betriebs

Im Falle einer **mehrfachen Kollektivvertragszugehörigkeit** des Arbeitgebers ist zu klären, welcher der fraglichen Kollektivverträge für den einzelnen Arbeitnehmer zur Anwendung gelangt. § 9 ArbVG stellt eine Reihe von Regelungen zur Lösung der Kollektivvertragskolli- 11/140 sionen auf (vgl 3.3.1.8), so auch den Aspekt des fachlichen Wirtschaftsbereichs, der für den Betrieb die maßgebliche wirtschaftliche Bedeutung besitzt (§ 9 Abs 3 ArbVG). Dieses Kriterium kommt dann zum Tragen, wenn eine organisatorische Trennung in Haupt- und Nebenbetriebe oder eine organisatorische Abgrenzung in Betriebsabteilungen nicht vorliegt.

11/141 Die maßgebliche wirtschaftliche Bedeutung eines fachlichen Wirtschaftsbereichs für den Betrieb kann gem § 97 Abs 1 Z 23 ArbVG in einer **freiwilligen Betriebsvereinbarung** durch Übereinkunft zwischen Betriebsinhaber und Betriebsrat festgestellt werden (vgl 3.3.4.5.4 u 11.4.4.1.6.4).

Während *Felten/Preiss*[142] einer derartigen Betriebsvereinbarung bloß deklarative und klarstellende Wirkung beimessen, kann die Betriebsvereinbarung der Auffassung *Strassers*[143] zufolge nicht nur die wahre Sachlage feststellen, sondern auch gestaltend eingreifen. Nach *Strasser* könnten daher Betriebsinhaber und Betriebsrat rechtsverbindlich die maßgebliche wirtschaftliche Bedeutung und damit die Anwendung eines Kollektivvertrags abweichend von der **wahren Sachlage** festlegen. Die Wahrheit liegt in der Mitte: Betriebsvereinbarungen, die offensichtlich die Kollision entgegen den sachlichen Bedingungen lösen wollen, werden keine rechtsverbindliche Wirkung zeitigen können.

11/142 Wie die maßgebliche wirtschaftliche Bedeutung zu eruieren ist, lässt das Gesetz offen. Zur Beurteilung werden jedoch die kalkulatorische Verteilung von Gewinn, Umsatz, Produktionsanlagenpotenzial udgl heranzuziehen sein.

11.5.2. Mitwirkung im Rahmen betrieblicher Schulungs-, Wohlfahrts- und Gesundheitspolitik sowie der Frauen- und Familienförderung zur Verbesserung der Vereinbarkeit von Berufs- und Betreuungspflichten

11.5.2.1. Betriebliche Berufsausbildung, Schulung und Bildungsförderung

11/143 Das ArbVG unterscheidet in seinem § 94 einerseits zwischen betrieblicher Berufsausbildung, Schulung, Umschulung und Bildung und andererseits zwischen „Maßnahmen" und „Einrichtungen" in diesen Angelegenheiten.

11/144 Die **betriebliche Berufsausbildung** ist notwendig, weil nur dadurch der betriebliche Qualifikationsbedarf gedeckt werden kann. Zu unterscheiden ist, ob ein Dienstnehmer nur mit den Eigenheiten seiner betrieblichen Tätigkeit vertraut gemacht wird (**Einschulung**), wie dies zB bei „angelernten" Arbeitskräften der Fall ist, oder ob er darüber hinaus Spezialkenntnisse theoretischer und praktischer Art erwirbt, die allgemein auch in anderen Unternehmen verwertet werden können (**Ausbildung** im eigentlichen Sinn). Letztere liegt beispielsweise bei Lehrlingen, bei einer Ausbildung zum Programmierer und Operator, bei einer Ausbildung zum Flugzeugpiloten, Segel- oder Schilehrer vor (vgl auch 6.5.4.2).

11/145 Die **Schulung** ist im Gegensatz zur Berufsausbildung eher iS von beruflicher Weiter- bzw Fortbildung zu verstehen und dient vorwiegend der betrieblichen Karriereplanung. Unter „betrieblicher Schulung" iSd § 94 ArbVG ist aber nicht nur die innerbetriebliche Schulung

---

142 In Gahleitner/Mosler (Hrsg), Arbeitsverfassungsrecht, Bd 3^5 (2015), 332.

143 In Strasser/Jabornegg/Resch (Hrsg), ArbVG (Losebl), §§ 9, 10 Rz 14.

durch andere Arbeitnehmer oder durch innerbetriebliche Kurse und Veranstaltungen zu verstehen. Mitbestimmungspflichtig sind vielmehr sämtliche Maßnahmen, bei denen die Initiative vom Betriebsinhaber ausgeht bzw dieser daran sein Interesse bekundet, also auch außerbetriebliche Seminare, Kurse bei Herstellerfirmen udgl.

Umschulungen stellen regelmäßig Hilfsmaßnahmen im Rahmen von Betriebsveränderungen dar. Auf Grund ihrer positiven volkswirtschaftlichen Ausstrahlung sind sie vielfach mit arbeitsmarktpolitischen Maßnahmen gekoppelt. 11/146

Bildungsmaßnahmen und **Bildungseinrichtungen** sind inhaltlich eher in der Nähe der betrieblichen Wohlfahrt als der betrieblichen Schulung anzusiedeln. Das ArbVG nennt die Betriebseinrichtungen als eigene Kategorie. Sie sind daher, sofern sie nicht der beruflichen Weiterbildung dienen, von den Schulungsmaßnahmen bzw Schulungseinrichtungen zu trennen. Als Beispiele für betriebliche Bildungsveranstaltungen sind anzuführen: Einladung von Theatergruppen, populärwissenschaftliche Vortragsreihen, Bildungsexkursionen udgl. 11/147

Während § 94 Abs 1 bis 5 ArbVG die Mitwirkung der Belegschaft an „Maßnahmen" der betrieblichen Berufsausbildung, Schulung und Umschulung behandelt, also auf punktuelle Aktivitäten Bezug nimmt, regeln die Abs 6 bis 8 des § 94 ArbVG die Mitwirkung an Einrichtungen in diesen Angelegenheiten, wobei unter „Einrichtung" die Institutionalisierung einer bestimmten Maßnahme zu verstehen ist. Diese Begriffsabgrenzung macht gleichzeitig deutlich, dass die Mitwirkung an den Maßnahmen die Mitwirkung an den Einrichtungen einschließt. Überschneiden sich die Mitwirkungsrechte, so sind jene über die Einrichtungen als Sonderbestimmungen zu deuten und gehen in der Anwendung vor.

Die Intensität der Mitwirkung in Angelegenheiten der betrieblichen Berufsausbildung, Schulung und allgemeinen Bildung ist unterschiedlich ausgestaltet. Unabhängig von einer Initiative seitens des Betriebsinhabers hat der Betriebsrat das Recht, Vorschläge in Angelegenheiten der betrieblichen Berufsausbildung, Schulung und Umschulung zu erstatten und Maßnahmen zu beantragen (§ 94 Abs 2 ArbVG). Der Betriebsinhaber ist verpflichtet, mit dem Betriebsrat über dessen Vorschläge und Anträge zu beraten (zum Beratungsrecht vgl allg 11.4.4.1.4). 11/148

Über geplante Maßnahmen der betrieblichen Berufsausbildung sowie der betrieblichen Schulung und Umschulung ist der Betriebsrat durch den Betriebsinhaber zum ehestmöglichen Zeitpunkt in Kenntnis zu setzen (§ 94 Abs 1 ArbVG). In der **Planungsphase** selbst und bei der **Durchführung dieser Maßnahmen** besitzt der Betriebsrat ebenfalls ein Mitwirkungsrecht. Art und Umfang der Mitwirkung können durch eine **freiwillige Betriebsvereinbarung** geregelt werden (§ 97 Abs 1 Z 19 ArbVG). Wird keine Betriebsvereinbarung abgeschlossen, kommt eine Mitwirkung der Belegschaft auf der Grundlage des § 94 Abs 3 ArbVG nicht zustande. Nach Maßgabe der allgemeinen Befugnisse (vgl 11.4.4.1.1 bis 11.4.4.1.4) und gem § 94 Abs 2 ArbVG sind aber der Belegschaft auch im Rahmen der Planung und Durchführung der Maßnahmen Beteiligungsrechte, die hinsichtlich ihrer Intensität bis zu Beratungsrechten reichen, zuzubilligen. 11/149

An **behördlichen Besichtigungen**, welche die Planung und Durchführung der betrieblichen Berufsausbildung berühren, besitzt der Betriebsrat ein Teilnahmerecht. Auch den Verhandlungen zwischen dem Betriebsinhaber und dem Arbeitsmarktservice über Maßnahmen der betrieblichen Schulung,

Umschulung und Berufsausbildung ist der Betriebsrat beizuziehen. Zeitpunkt und Gegenstand der Beratungen sind ihm rechtzeitig mitzuteilen (§ 94 Abs 4 ArbVG).

11/150 Die **Errichtung und Ausgestaltung** von betriebs- und unternehmenseigenen Schulungs- und Bildungseinrichtungen unterliegen der **freiwilligen Mitbestimmung** und können in einer **Betriebsvereinbarung** gem § 97 Abs 1 Z 19 ArbVG geregelt werden (zur freiwilligen Mitbestimmung vgl allg 3.3.4.5.4 u 11.4.4.1.6.4).

11/151 Die **Verwaltung** von betriebs- und unternehmenseigenen Schulungs- und Bildungseinrichtungen ist insofern einer verstärkten Mitbestimmung unterworfen, als Art und Umfang der Mitwirkung des Betriebsrats in Form der **erzwingbaren Betriebsvereinbarung** festgelegt werden können (§ 97 Abs 1 Z 5 ArbVG; allg zur erzwingbaren Mitbestimmung vgl 3.3.4.5.3 u 11.4.4.1.6.2). Während die Errichtung demnach mitbestimmungsfrei bleiben kann, besteht die Möglichkeit, die Mitwirkung an der Verwaltung derartiger Einrichtungen bei der Schlichtungsstelle zu erzwingen.

11/152 Ebenso wie die Errichtung ist auch die **Auflösung** betriebs- und unternehmenseigener Schulungs- und Bildungseinrichtungen eine Angelegenheit der freiwilligen Mitbestimmung (§ 94 Abs 7 ArbVG). Regelmäßig wird es bereits im Rahmen der Errichtung geboten sein, eine Befristung oder Auflösungsgründe vorzusehen. Existieren keine Regelungen über die Beendigung oder widerspricht diese den in der Betriebsvereinbarung vorgesehenen Regelungen, so kann der Betriebsrat die Auflösung betriebs- und unternehmenseigener Schulungs- oder Bildungseinrichtungen binnen vier Wochen bei Gericht anfechten. Dieses hat die Interessen der Arbeitnehmer und die Interessen des Betriebs gegeneinander abzuwägen und dementsprechend zu entscheiden. Bringt der Betriebsrat die Anfechtung fristgerecht ein, so ist die Auflösung schwebend rechtswirksam. Bis zur Entscheidung des Gerichts stehen den Arbeitnehmern daher die entsprechenden Einrichtungen nicht zur Verfügung.

Allgemein ist zur Ausgestaltung der Mitwirkungsrechte im Rahmen der betrieblichen Berufsausbildung, Schulung, Umschulung und Bildung festzuhalten, dass das ArbVG durch die unterschiedliche Verwendung der einzelnen Begriffe eine Reihe von Auslegungsschwierigkeiten schafft. Vergleicht man die in den Bestimmungen des § 94 (und § 95) ArbVG verwendeten Begriffe mit den einzelnen Mitwirkungsrechten, so ergeben sich bei wörtlicher Auslegung eine Reihe von Ungereimtheiten. So kennen beispielsweise die §§ 94 und 97 ArbVG zwar Bildungseinrichtungen, aber keine Bildungsmaßnahmen. Umgekehrt nennen diese Bestimmungen zwar ausdrücklich Maßnahmen zur Berufsausbildung, nicht aber Einrichtungen für die betriebliche Berufsausbildung. Dasselbe gilt für Umschulungsmaßnahmen und Umschulungseinrichtungen. Die Statuierung einer differenzierten Mitbestimmung durch den Gesetzgeber kann dem jedoch nicht entnommen werden. Die Bestimmungen über die sonstigen Maßnahmen sind vielmehr analog auf die Bildungsmaßnahmen anzuwenden. Dasselbe ist für das Verhältnis der ausdrücklich erwähnten Einrichtungen zu jenen der Berufsausbildung und Umschulung anzunehmen.

11.5.2.2. Betriebliche Wohlfahrtseinrichtungen

11/153 Das ArbVG sieht eine Mitwirkung an Wohlfahrtseinrichtungen in § 95 ArbVG vor. Vorausgesetzt wird ein gewisser Organisationsgrad bzw eine auf Dauer ausgerichtete Institutionalisierung (vgl auch 11.5.2.1)[144]. Einzelne Wohlfahrtsmaßnahmen, auch wenn sie generellen Charakter haben, sind mitbestimmungsfrei[145].

Hervorzuheben ist, dass unter „betriebs- bzw unternehmenseigenen“ Wohlfahrtseinrich- 11/154
tungen nur solche zu verstehen sind, die ausschließlich oder doch überwiegend vom Betrieb oder Unternehmen finanziert werden[146]. Neben diesen betrieblichen Wohlfahrtseinrichtungen kann der Betriebsrat gem § 93 ArbVG von sich aus Wohlfahrtseinrichtungen ins Leben rufen, auf die der Betriebsinhaber keinen Einfluss ausüben kann (vgl 11.4.3).

Beispiele für betriebliche Wohlfahrtseinrichtungen sind Werksküchen und Kantinen[147], Betriebsparkplätze[148], unternehmenseigene Kindergärten und Krabbelstuben, Sport- und Fitnesseinrichtungen (Sportplätze, Tischtennisräume, Bahnen zum Eisschießen usw), Erholungsheime, Zubringerbusse für Pendler, Unterstützungskassen, Darlehensaktionen zur Erleichterung der Errichtung und Verbesserung von Eigenheimen[149], die Beschäftigung eines zweimal wöchentlich ordinierenden Betriebszahnarztes auf Kosten des Arbeitgebers[150], Werkswohnungen, sofern sie entsprechend organisiert und institutionalisiert sind[151] udgl. **Keine** Wohlfahrtseinrichtung bildet ein sog Auslandsabgaben-Fonds, der die während längerer Auslandsmontagen anfallenden ausländischen Lohnsteuern gleichmäßig auf alle Arbeitnehmer verteilen soll[152].

Die **Errichtung** und die **Ausgestaltung** von Wohlfahrtseinrichtungen unterliegen der **frei-** 11/155
willigen Mitbestimmung (vgl allg 3.3.4.5.4 u 11.4.4.1.6.4). Dem Betriebsinhaber kann die Errichtung einer Wohlfahrtseinrichtung weder verboten noch kann von ihm eine solche erzwungen werden. Der Abschluss einer **fakultativen Betriebsvereinbarung** ist in diesem Fall aber gem § 97 Abs 1 Z 19 ArbVG möglich.

Ist eine Wohlfahrtseinrichtung einmal eingeführt, hat der Betriebsrat das Recht, an der Ver- 11/156
waltung teilzunehmen. Art und Umfang der Teilnahme an der **Verwaltung** sind durch **Betriebsvereinbarung** (§ 97 Abs 1 Z 5 ArbVG) zu regeln. Kommt zwischen Betriebsinhaber und Betriebsrat über den Abschluss, die Abänderung oder Aufhebung einer diesbezüglichen Betriebsvereinbarung keine Einigung zustande, dann entscheidet auf Antrag eines der Streitteile die Schlichtungsstelle (§ 95 Abs 1 ArbVG). Die **Mitwirkung** an der Verwaltung von Wohlfahrtseinrichtungen ist im Gegensatz zu deren Errichtung **erzwingbar** (vgl allg zur Erzwingbarkeit 3.3.4.5.3 u 11.4.4.1.6.2).

---

144 Zur Abgrenzung von Wohlfahrtsmaßnahmen zu individuellen Leistungszusagen vgl OGH 13. 9. 1995, 9 ObA 77/95, DRdA 1996, 315 mit Bespr v *Eypeltauer*; OGH 22. 10. 1997, 9 ObA 105/97z, DRdA 1998, 268 mit Bespr v *Eypeltauer*; OGH 13. 11. 1997, 8 ObA 219/97g, ZAS 1998, 173 mit Bespr v *Pircher* = DRdA 1999, 49 mit Bespr v *Wachter*; *Andexlinger*, Arbeitnehmeransprüche „im Rahmen“ betrieblicher Wohlfahrtseinrichtungen?, RdW 1998, 204.

145 Zur Abgrenzung der Wohlfahrtseinrichtung von einzelvertraglichen Ansprüchen im Falle der Gewährung von Freikarten s OGH 21. 5. 2007, 8 ObA 4/07g, DRdA 2008, 344 mit Bespr v *Eypeltauer*.

146 Vgl *Eypeltauer*, Die Mitwirkung des Betriebsrates an betrieblichen Wohlfahrtseinrichtungen, DRdA 1986, 102 u insb 108, der die Auffassung vertritt, dass die Mitwirkungsrechte des Betriebsrates gewahrt bleiben sollen, wenn sich die Wohlfahrtseinrichtung im Eigentum eines selbständigen Rechtsträgers befindet, der Rechtsträger (zB eine GmbH) aber gänzlich oder zumindest mehrheitlich dem Betriebsinhaber gehört.

147 Vgl *Andexlinger*, Arbeitnehmeransprüche „im Rahmen“ betrieblicher Wohlfahrtseinrichtungen?, RdW 1998, 204; auch *Grillberger*, Eine Betriebsrats-Cafeteria, DRdA 1991, 158.

148 *Resch*, Arbeitsrechtliches zur Parkraumbewirtschaftung, RdW 2004, 38 f.

149 OGH 24. 2. 1987, 14 ObA 5/87, DRdA 1989, 201 mit Bespr v *Klein*.

150 OGH 24. 10. 1990, 9 ObA 238/90, DRdA 1991, 314 mit Bespr v *Mosler*.

151 OGH 4. 12. 1991, 9 ObA 212/91, DRdA 1992, 207 mit Bespr v *Eypeltauer*; OGH 22. 10. 1997, 9 ObA 105/97z, DRdA 1998, 268 mit Bespr v *Eypeltauer*; OGH 13. 11. 1997, 8 ObA 219/97g , ZAS 1998, 173 mit Bespr v *Pircher* = DRdA 1999, 49 mit Bespr v *Wachter*.

152 OGH 15. 3. 2000, 9 ObA 314/99p, DRdA 2001, 149.

11.5.2.3. Befugnisse der Arbeitnehmerschaft

11/157 Die **Auflösung** von betriebs- und unternehmenseigenen Wohlfahrtseinrichtungen fällt wie deren Errichtung in den Bereich der freiwilligen Mitbestimmung. Auflösungsgründe oder auch Befristungen bezüglich dieser Einrichtungen können in einer Betriebsvereinbarung geregelt werden (§ 95 Abs 2 ArbVG[153]).

Hält sich der Betriebsinhaber nicht an die in der Betriebsvereinbarung festgelegten Auflösungsgründe oder existiert diesbezüglich überhaupt keine Betriebsvereinbarung, so kann der Betriebsrat die Auflösung einer Wohlfahrtseinrichtung binnen **vier Wochen** beim Gericht **anfechten**. Im zweiten Fall, wenn also keine entsprechende **Betriebsvereinbarung** abgeschlossen wurde, ist die Anfechtung überdies nur zulässig, wenn

a) der (Zentral-)Betriebsratsfonds oder die Arbeitnehmer zum Errichtungs- und Erhaltungsaufwand der Wohlfahrtseinrichtung erheblich beigetragen haben und
b) die Auflösung unter Abwägung der Interessen der Arbeitnehmer und des Betriebs nicht gerechtfertigt ist (§ 95 Abs 3 ArbVG).

11.5.2.3. Menschengerechte Arbeitsgestaltung

11/158 Maßnahmen zur menschengerechten Arbeitsgestaltung unterliegen der **fakultativen Mitbestimmung** gem § 97 Abs 1 Z 9 ArbVG (vgl dazu allg 3.3.4.5.4 u 11.4.4.1.6.4). Will der Betriebsinhaber die Maßnahmen ohne die Mitwirkung des Betriebsrats durchführen, so steht ihm dies frei. Eine entsprechende Regelung kann jedoch auch in einer Betriebsvereinbarung fakultativer Natur niedergelegt werden[154] (vgl 3.3.4.5.4).

11/159 Der Begriff **Arbeitsgestaltung** ist äußerst umfassend. Er beinhaltet sowohl die Art und Weise der Erbringung der Arbeitsleistung als auch das gesamte Umfeld, in dem die Leistung erbracht wird. Konkret geht es um Maßnahmen, die die technische und organisatorische Gestaltung der Arbeitsplätze, des Arbeitsablaufs und der Arbeitsumgebung betreffen[155]. In dieser allgemeinen Form kommt der Tatbestand allerdings nicht zum Tragen. Eine Reihe von Vorschriften (zB bezüglich Arbeitspausen und Verteilung der Arbeitszeit, vgl 11.5.3.6; Maßnahmen zur Verhütung von Unfällen und Berufskrankheiten sowie Maßnahmen zum Schutz der Gesundheit, vgl 11.5.2.4) schränken auf Grund ihrer Spezialisierung die Kompetenzregelung betreffend die Arbeitsgestaltung stark ein. Eine praktische Konsequenz ergibt sich jedoch erst dann, wenn die Sondertatbestände nicht der freiwilligen Mitbestimmung zuzuordnen sind.

11/160 Spricht das ArbVG von **menschengerechter** Arbeitsgestaltung, so ist darin eine bestimmte Eingrenzung des Betriebsvereinbarungsinhalts zu erblicken. Durch die Betriebsvereinbarung kann auf die Gestaltung der Arbeitsleistung und der Arbeitsbedingungen nur insofern eingewirkt werden, als dies erkennbarerweise der Humanisierung der Arbeit dient. Arbeitszufriedenheit und Wohlbefinden der Arbeitnehmer sollen gesteigert werden[156].

---

153 Allg *Spitzl*, Auflösung betrieblicher Wohlfahrtseinrichtungen, RdW 1996, 17.

154 Vgl auch *Strasser*, Betriebsvereinbarungen über die Arbeitsgestaltung, in Tomandl (Hrsg), Probleme des Einsatzes von Betriebsvereinbarungen (1983), 61.

155 Vgl allg *Prokop/Schramhauser*, Menschengerechte Arbeitsgestaltung (1990); zur entsprechenden Zielsetzung des technischen Arbeitnehmerschutzes vgl 7.2.

156 Vgl auch allg zur Arbeitszufriedenheit *Werbik*, Der Arbeitsplatz in psychologischer Sicht (1966), insb 13 ff.

Die **Anwendungsbeispiele** für Maßnahmen menschengerechter Arbeitsgestaltung sind vielfältig. In Betracht kommen zB

- Gestaltung des Arbeitsplatzes nach ergonomischen Gesichtspunkten;
- Einbau von Klimaanlagen, Ventilatoren oder Verdunstungsapparaten;
- Einführung von Gruppenarbeit oder ähnlichen organisatorischen Arbeitsstrukturen, die monotonen Arbeitsabläufen entgegenwirken, wie „job rotation" (regelmäßiger Wechsel des Arbeitsplatzes), „job enlargement" (Erweiterung des Aufgabenbereichs am Arbeitsplatz; dies wird etwa dadurch erreicht, dass ein Arbeitnehmer ein Produkt – Fernsehgerät, Fahrrad udgl – zur Gänze zusammenbaut und nicht nur an einer von mehreren Montagestationen beschäftigt wird) oder „job enrichment" (Arbeitsbereicherung durch Übertragen von Nebenleistungen, die verantwortungsvoller oder sozial höher bewertet sind als die Hauptleistung);
- Information über Sinn und Zweck der Arbeit oder Umstellung von Arbeitsabläufen.

Mitwirkung der Belegschaft an 11/161

		Planung	Errichtung und Ausgestaltung	Durchführung	Verwaltung	Auflösung	Sonstiges
Maßnahmen der	Berufsausbildung	§ 94 Abs 1, 3 und 5; § 97 Abs 1 Z 19		§ 94 Abs 3 und 5; § 97 Abs 1 Z 19			§ 94 Abs 2 und 4
	Schulung	§ 94 Abs 1 und 3		§ 94 Abs 3			§ 94 Abs 2 und 4
	Umschulung	§ 94 Abs 1 und 3		§ 94 Abs 3			§ 94 Abs 2 und 4
	Bildung						
	Wohlfahrt						
Einrichtungen für	Berufsausbildung						
	Schulung	§ 97 Abs 1 Z 19	§ 94 Abs 7; § 97 Abs 1 Z 19	§ 97 Abs 1 Z 19	§ 94 Abs 6; § 97 Abs 1 Z 5	§ 94 Abs 7 und 8; § 97 Abs 1 Z 19	
	Umschulung						
	Bildung	§ 97 Abs 1 Z 19	§ 94 Abs 7; § 97 Abs 1 Z 19	§ 97 Abs 1 Z 19	§ 94 Abs 6; § 97 Abs 1 Z 5	§ 94 Abs 7 und 8; § 97 Abs 1 Z 19	
	Wohlfahrt		§ 95 Abs 2; § 97 Abs 1 Z 19		§ 95 Abs 1; § 97 Abs 1 Z 5	§ 95 Abs 2 und 3; § 97 Abs 1 Z 19	

11.5.2.4. Befugnisse der Arbeitnehmerschaft

11/162 **Art und Umfang der Mitwirkungsbefugnisse** der Arbeitnehmerschaft bei der Durchführung von Maßnahmen zur menschengerechten Arbeitsgestaltung können durch Kollektivvertrag geregelt werden (§ 2 Abs 2 Z 5 ArbVG; vgl auch 3.3.1.9.1). Insb die Intensität der Mitwirkung des Betriebsrats (Information, Beratung udgl) können die Kollektivvertragspartner festlegen.

11.5.2.4. Schutz der Gesundheit

11/163 Maßnahmen zum Schutz der Gesundheit fallen vorwiegend in den Bereich des ASchG und der diversen Spezialverordnungen (vgl 7.2).

Gem § 97 Abs 1 Z 8 ArbVG können aber auch in einer Betriebsvereinbarung „Maßnahmen und Einrichtungen zur Verhütung von Unfällen und Berufskrankheiten sowie Maßnahmen zum Schutz der Gesundheit der Arbeitnehmer" vorgesehen werden. Derartige **fakultative Betriebsvereinbarungen** dienen vor allem dazu, den Arbeitnehmerschutz betriebsspezifisch auszugestalten. Die gesetzlichen oder durch VO festgelegten Mindestanforderungen dürfen hiebei selbstverständlich nicht unterschritten werden.

Aus der Fülle der **Beispiele** sind im Bereich der **Sicherheitstechnik** zu erwähnen

- Verwendung von Sicherheitsfarben und -kennzeichnungen;
- Einführung besonderer Maschinenschutzvorrichtungen;
- Einsatz von Schutzkleidung (zB von Helmen, Schutzanzügen, Sicherheitsschuhen), von Gehörschutz, Augenschutz sowie Atemschutz;
- und im Bereich **organisatorischer Vorkehrungen**;
- Sicherheitswettbewerbe und sonstige Anreize zur Beachtung der Schutzvorrichtungen (zB Prämien);
- Erste-Hilfe-Stationen und Erste-Hilfe-Kurse;
- Aufstellen von Regenschutz und Einrichten von Wärmestellen bei Arbeiten im Freien;
- Unfallstatistiken;
- Einführung von Verfahren und Stellen zur Aufklärung von Arbeitsunfällen;
- Anti-Mobbing-Vorkehrungen (zB Aufklärung durch Broschüre)[157].

11/164 Maßnahmen des Gesundheitsschutzes sind gem § 97 Abs 1 Z 8 ArbVG der **freiwilligen Mitbestimmung** zugeordnet (vgl dazu allg 3.3.4.5.4 u 11.4.4.1.6.4). Auch ohne die Mitwirkung des Betriebsrats kann daher der Betriebsinhaber die entsprechenden Maßnahmen setzen. Einigen sich die Betriebspartner auf ein gemeinsames Vorgehen, so kann dies in einer Betriebsvereinbarung für die Arbeitnehmer verbindlich fixiert werden (vgl 3.3.4.5.4).

11/165 Weiters hat der Betriebsinhaber gem § 92a Abs 1 und 2 ArbVG den Betriebsrat in allen Angelegenheiten der Sicherheit und des Gesundheitsschutzes rechtzeitig **anzuhören** und mit ihm darüber zu **beraten**.

11/166 Der Betriebsinhaber ist insb verpflichtet, den Betriebsrat bei der Planung und Einführung neuer Technologien im Hinblick auf deren Auswirkungen auf die Arbeitsbedingungen, bei der Auswahl persönlicher Schutzausrüstungen sowie bei der Gefahrenvermeidung zu hören.

---

[157] Vgl auch *Majoros*, Zulässigkeit von „Anti-Mobbing-Betriebsvereinbarungen", DRdA 2012, 629.

Er hat dem Betriebsrat Zugang zu den Sicherheits- und Gesundheitsschutzdokumenten sowie zu den Aufzeichnungen und Berichten über Arbeitsunfälle zu gewähren, die Unterlagen betreffend Arbeitsgestaltung zur Verfügung zu stellen, Mess- und Untersuchungsergebnisse offenzulegen sowie Informationen über Auflagen, Vorschreibungen und Bewilligungen im Bereich des Arbeitnehmerschutzes zu geben. Zudem hat der Betriebsinhaber den Betriebsrat über die für Erste Hilfe, Brandbekämpfung und Evakuierung gesetzten Maßnahmen im Voraus anzuhören.

11.5.2.5. Belastungen durch Nacht(schwer)arbeit

Durch das BG über Schutzmaßnahmen für Nachtschwerarbeiter wurde ein eigener Kompetenztatbestand geschaffen, der speziell diese Arbeitnehmergruppe (vgl auch 4.3.2.3.8) berücksichtigt (Art VI BGBl 354/1981). Gem § 97 Abs 1 Z 6a ArbVG ist die Betriebsvereinbarung berufen, Maßnahmen zur Verhinderung, Beseitigung, Milderung oder zum Ausgleich von Belastungen der Arbeitnehmer durch Nachtarbeit oder Nachtschwerarbeit iSd Art VII NSchG, einschließlich der Verhütung von Unfällen und Berufskrankheiten, vorzusehen. 11/167

Als **Beispiele** sind zu erwähnen:
- etappenweiser Abbau von Nachtarbeit;
- Verkürzung der Arbeitszeit;
- zusätzliche Arbeitspausen;
- Staubfilter, Gehörschutzmaßnahmen;
- über die gesetzlichen und kollektivvertraglichen Mindestnormen hinausgehende Urlaube;
- Abgabe von Vitaminpräparaten oder besonders vitaminreicher Kost sowie von Getränken bei besonders belastender Hitze;
- Einrichtung von eigenen Ruheräumen.

Betriebsvereinbarungen in diesen Angelegenheiten **sind erzwingbar** (vgl dazu allg 3.3.4.5.3). Kommt demnach in den entsprechenden Fällen keine Einigung zwischen Betriebsrat und Betriebsinhaber zustande, so kann jeder der beiden die Schlichtungsstelle anrufen, die dann eine Entscheidung zu fällen hat. Wesentlich für die Erzwingbarkeit der Maßnahme ist, dass sie auf die Nacht(schwer)arbeiter angewendet wird. Ohne diese gruppenspezifische Ausrichtung kommen uU andere Tatbestände in Betracht. Aktionen zur Verhütung von Unfällen und Berufskrankheiten sind ohne Bezug auf die Nacht(schwer)arbeiter der freiwilligen Mitbestimmung zuzuordnen (vgl 11.5.2.4). 11/168

11.5.2.6. Frauen- und Familienförderung

Um die im Arbeitsleben nach wie vor bestehenden **Benachteiligungen** von Frauen gegenüber Männern abzubauen sowie Arbeitnehmerinnen und Arbeitnehmer mit Betreuungspflichten zu fördern, wurde eine eigene Rechtsgrundlage für entsprechende **freiwillige Betriebsvereinbarungen** geschaffen (vgl allg 3.3.4.5.4 u 11.4.4.1.6.4). Gem § 97 Abs 1 Z 25 ArbVG können Maßnahmen zur Förderung von Frauen (zB **Frauenförderpläne**, die eine vorübergehende Bevorzugung von Arbeitnehmerinnen bei Beförderungen oder bei der Einstellung vorsehen, Begünstigungen bei der betrieblichen Aus- und Weiterbildung) durch Betriebsvereinbarung vorgesehen werden. Ebenso können Maßnahmen zur 11/169 besseren Vereinbarkeit von Betreuungspflichten und Beruf (zB besondere Arbeitszeitregelungen) getroffen werden. IS des Modells der freiwilligen Mitbestimmung steht es dem Betriebsinhaber frei, solche Förderungspläne auch eigenständig und ohne Beteiligung des Betriebsrats einzurichten.

11.5.2.7. Verbesserung der Vereinbarkeit von Berufs- und Betreuungspflichten

11/170 In Betrieben mit weniger als 21 Arbeitnehmer(innen) kann eine fakultative **Betriebsvereinbarung** iSd § 97 Abs 1 Z 25 ArbVG abgeschlossen werden (s dazu Kap 11.4.4.1.6.4 u 3.3.4.5.4), die einen **Anspruch auf Teilzeitbeschäftigung** festlegt (§ 15h Abs 4 MSchG, § 8 Abs 4 VKG). Auf eine derartige Elternteilzeit sind sämtliche Bestimmungen anzuwenden, die für den gesetzlich festgelegten Anspruch gelten, sodass auch in einem Kleinbetrieb die Teilzeitbeschäftigung bis zum siebenten Geburtstag des Kindes (bzw zu einem späteren Schuleintritt) beansprucht werden kann (s auch 7.3.3.6.2).

11.5.3. Mitwirkung bei Abschluss, Inhalt und Beendigung von Arbeitsverhältnissen

11.5.3.1. Einstellung von Arbeitnehmern

11/171 Die Mitwirkungsrechte des Betriebsrats an der Einstellung von Arbeitnehmern gem §§ 98 und 99 ArbVG greifen in die einzelnen Phasen der Einstellung unterschiedlich ein.

11/172 Unabhängig von einer Initiative des Betriebsinhabers kann der Betriebsrat von sich aus die **Ausschreibung** eines zu besetzenden Arbeitsplatzes vorschlagen.

11/173 In der **Planungsphase** steht dem Betriebsrat ein **Informationsrecht** zu. Der Betriebsinhaber hat seiner Informationspflicht nachzukommen, sobald ihm die Zahl der aufzunehmenden Arbeitnehmer, deren geplante Verwendung und die in Aussicht genommenen Arbeitsplätze bekannt sind (§ 99 Abs 2 ArbVG).

Der Betriebsrat hat allerdings keine Befugnis, auf die konkrete Einstellung von Dienstnehmern Einfluss zu nehmen[158]; er hat auch keinen Anspruch, zu Vertragsverhandlungen anlässlich von Neueinstellungen beigezogen zu werden[159]. Zur Entgegennahme der einzelnen Mitteilungen ist der Betriebsrat jener Gruppe zuständig, der die Einzustellenden angehören würden. Verlangt der Betriebsrat besondere Informationen oder eine eigene Beratung, so hat der Betriebsinhaber diesem Verlangen nachzukommen (§ 99 Abs 3 ArbVG[160]).

11/174 Jede **erfolgte Einstellung** eines Arbeitnehmers ist dem Betriebsrat **unverzüglich mitzuteilen.** Diese Mitteilung hat Angaben über die vorgesehene Verwendung und Einstufung des Arbeitnehmers, den Lohn oder das Gehalt sowie eine allfällig vereinbarte Probezeit oder Befristung des Arbeitsverhältnisses zu enthalten. Diese Bestimmung soll dem Betriebsrat die Möglichkeit bieten, seine Schutz- und Überwachungsfunktion wirksam auszuüben.

---

158 EA St. Pölten 15. 6. 1920, Reg I 43/20, Arb 3045.
159 EA Wien 2. 5. 1925, A 327/25, Arb 3602.
160 Vgl auch VwGH 9. 11. 1979, 2167, 2236/78, DRdA 1980, 229.

Mitwirkungsrechte stehen dem Betriebsrat nicht nur bei der Einstellung von Arbeitnehmern, sondern auch im Zusammenhang mit der Beschäftigung **überlassener Arbeitskräfte** (vgl hiezu 9.1) zu. So muss der Betriebsrat vor jeder beabsichtigten Beschäftigung von überlassenen Arbeitskräften informiert werden; auf sein Verlangen ist mit ihm darüber zu beraten (§ 99 Abs 5 ArbVG). Von der konkreten Aufnahme einer solchen Beschäftigung ist der Betriebsrat unverzüglich in Kenntnis zu setzen. Der Betriebsrat kann insb auch verlangen, dass ihm die Vereinbarungen hinsichtlich des zeitlichen Arbeitseinsatzes der überlassenen Arbeitskräfte und hinsichtlich der Vergütung, die der Beschäftiger dem Überlasser zu bezahlen hat, bekannt gegeben werden. Außerdem können gem § 97 Abs 1 Z 1a ArbVG Betriebsvereinbarungen über Grundsätze der betrieblichen Beschäftigung von Arbeitnehmern, die im Rahmen einer Arbeitskräfteüberlassung tätig sind, abgeschlossen werden. Derartige Betriebsvereinbarungen werden insb auch das zahlenmäßige Verhältnis des Stammpersonals zum (überlassenen) Fremdpersonal sowie zeitliche Grenzen für die überlassenen Arbeitnehmer festlegen können[161]. 11/175

Zuwiderhandlungen gegen die Informations- und Beratungsrechte des § 99 Abs 3, 4 und 5 ArbVG stehen unter **Strafsanktion** (§ 160 Abs 1 ArbVG). Sanktionsvoraussetzung ist ein Strafantrag des Betriebsrats bei der zuständigen Bezirksverwaltungsbehörde (§ 160 Abs 2 ArbVG). 11/176

Für **Journalisten** iS des JournG ist § 99 Abs 3 ArbVG insoweit nicht anzuwenden, als **diese Einstellung** die politische Richtung des Unternehmens oder Betriebs beeinflusst (§ 132 Abs 2 ArbVG; vgl 4.4.2.2 u 4.3.2.2.3.3). Die Abs 2 und 3 des § 99 ArbVG sind auf die Einstellung von solistisch tätigen **Theatermitgliedern** und auf die Einstellung von Arbeitnehmern, die vorübergehend zwecks Verhinderung des Ausfalls einer Theatervorstellung eingestellt werden, nicht anwendbar (§ 133 Abs 5 ArbVG).

11.5.3.2. Bestellung und Abberufung des für die Durchführung des Arbeitnehmerschutzrechts zuständigen Personals

Der Betriebsinhaber ist gem § 92a Abs 3 ArbVG verpflichtet, mit dem Betriebsrat über die beabsichtigte Bestellung oder Abberufung von Sicherheitsfachkräften (vgl 7.2.2.4), Arbeitsmedizinern (vgl 7.2.2.5) sowie von Personen zu **beraten**, die für die Erste Hilfe, die Brandbekämpfung und die Evakuierung zuständig sind (vgl 7.2.1.1), es sei denn, die beabsichtigte Maßnahme wird im Arbeitsschutzausschuss (vgl 7.2.2.7) behandelt. Zu den Beratungen kann der Betriebsrat das Arbeitsinspektorat zuziehen. Wird eine Bestellung ohne Beratung mit dem Betriebsrat oder Behandlung im Arbeitsschutzausschuss vorgenommen, so ist diese **rechtsunwirksam**. 11/177

Die „**Bestellung**" ist in diesem Fall nicht als Aufnahme in den Betrieb, sondern als Einsetzung in die spezielle Funktion zu verstehen. Im Falle der Verletzung der Mitwirkungsrechte wird nicht ein bereits mit der betreffenden Person abgeschlossener Anstellungsvertrag (Arbeits- oder freier Dienstvertrag)

---

[161] OGH 18. 4. 2007, 8 ObA 108/06z, ZAS 2008, 77 mit Bespr v *Gerlach*; aA *Schrank*, Arbeitskräfteüberlassung: Sind Quotenregelungen im Beschäftigerbetrieb erzwingbar?, ecolex 2000, 734; *Körber-Risak*, Betriebsvereinbarungen über Arbeitskräfteüberlassung, RdW 2008, 592; s weiters *Marhold*, Atypische Arbeitskräfteüberlassung?, ASoK 2008, 162; *Pačić*, Quotenregelungen für den Einsatz von Leiharbeitskräften im Beschäftigerbetrieb, ecolex 2007, 786.

ungültig, sondern nur der Akt der Einsetzung[162]. Die Rechte, die den genannten Personen aus dem Anstellungsvertrag zustehen, sind daher auch im Falle einer nichtigen Bestellung zu erfüllen.

Ebenso wie die Bestellung ist die **Abberufung** der obigen für den Arbeitnehmerschutz relevanten Personen mit dem Arbeitsschutzausschuss zu beraten. Unterlässt der Arbeitgeber diese Beratung, dann führt dies nach Ansicht des OGH (mangels Vorliegen einer Gesetzeslücke) nicht zur Rechtsunwirksamkeit der Abberufung[163].

11.5.3.3. Mitwirkung in Entgeltangelegenheiten

11/178 Die Festlegung von Entgeltbedingungen im Arbeitsverhältnis ist nach wie vor eine Domäne des Kollektivvertrags. An dieser historisch gewachsenen Situation hat auch das ArbVG nicht gerüttelt. Die Betriebsvereinbarung besitzt in Entgeltangelegenheiten nur sehr eingeschränkte Regelungsbefugnisse. Entsprechende Mitwirkungsrechte sollen nur dort ansetzen, wo die Regelungsmaterie selbst eine betriebliche Lösung indiziert[164].

11.5.3.3.1. Leistungsbezogene Entgelte

11/179 Bei leistungsbezogenen Entgelten wird das Entgelt zur **Leistung des Arbeitnehmers** oder zur Leistung einer Gruppe, mit der der Arbeitnehmer gemeinsam tätig wird, in Beziehung gesetzt. Der Leistungsbezug kann das gesamte laufende Entgelt, Teile des laufenden Entgelts, einmalige Entgelte oder in größeren Abständen wiederkehrende Entgelt(teile) bestimmen. Die Leistung kann auf vom Arbeitnehmer erbrachten Mengenrelationen (zB Quantitätsprämien, Akkordlohn), auf Qualitätsstandards (Qualitätsprämien), auf Kosteneinsparungen und auf sonstigen mit der Arbeitsleistung zusammenhängenden Bezugsgrößen und Zielvorgaben beruhen[165] (vgl auch 6.5.2.3).

11/180 Betriebsverfassungsrechtlich ist im Rahmen der leistungsbezogenen Entgelte zwischen **generellen Maßnahmen** und Maßnahmen **im Einzelfall** zu unterscheiden. Im Falle genereller Maßnahmen richtet sich die Mitwirkung der Belegschaft nach § 96 Abs 1 Z 4 ArbVG[166] und § 97 Abs 1 Z 1 ArbVG, im Falle individueller Maßnahmen nach § 100 ArbVG.

11/181 Zustimmungspflichtig nach **§ 96 Abs 1 Z 4 ArbVG** sind die Einführung und die Regelung von Akkord-, Stück- und Gedinglöhnen, von akkordähnlichen Prämien und Entgelten – mit Ausnahme der Heimarbeitsentgelte –, die auf statistischen Verfahren, Datenerfassungsverfahren, Kleinstzeitverfahren oder ähnlichen Entgeltfindungsmethoden beruhen, sowie der maßgeblichen Grundsätze (Systeme und Methoden) für die Ermittlung und Berechnung dieser Löhne bzw Entgelte[167].

---

162 Vgl zur ähnlichen Trennung von Anstellung und Bestellung bei Vorstandsmitgliedern einer AG *Kalss/Nowotny/Schauer* (Hrsg), Österreichisches Gesellschaftsrecht (2008).

163 OGH 24. 4. 2012, 8 ObA 31/11h, ARD 6264/1/2012 = DRdA 2013, 56 mit Bespr v *Ziehensack*; aA *Auer-Mayer* in Gahleitner/Mosler (Hrsg), Arbeitsverfassungsrecht, Bd 3^5 (2015), § 92a Rz 48; *Strasser/Jabornegg*, $ArbVG^3$ (1999), § 92a Rz 31.

164 Eine zusammenfassende Darstellung bietet *Cerny*, Entgeltregelungen in Betriebsvereinbarungen, in FS Strasser (1983), 487.

165 S *Löschnigg*, Entgelte mit Zielvorgaben und Mitbestimmungspflicht, in FS Cerny (2001), 426; OGH 8. 10. 2008, 9 ObA 144/07b, DRdA 2009, 307 mit Bespr v *Jabornegg*.

166 *Risak*, Innovative Entlohnungsmodelle, ZAS 2009, 140.

Mit der Unterscheidung in **Akkord-, Stück-** und **Gedinglöhne** wird nur eine scheinbare Dreiteilung vorgenommen, da Akkord-, Stück- und Gedinglohn im Wesentlichen ident sind (allg zum Akkordlohn vgl 6.5.2.3). Der Begriff des **Stücklohns** kommt aus dem Gewerberecht (vgl § 77 GewO 1859). Eine Unterscheidung des Stücklohns vom **Akkordlohn** wurde vielfach dahingehend getroffen, dass dem Arbeitnehmer beim Akkordlohn eine bestimmte Anzahl einzelner Stücke, Quanten oder Operationen übertragen wird, beim Stücklohn hingegen fortlaufend und ohne Beschränkung auf eine bestimmte Zahl Stücke gleicher Art zu fertigen sind[168]. Diese Unterscheidung ist jedoch überholt. Der Ausdruck **Gedinge** war im Bergbau seit alters her (auch gesetzlich) in Verwendung (vgl den mittlerweile aufgehobenen § 207 ABG) und ist mit Akkordarbeit gleichzusetzen.

Wenn im Gesetz von **akkordähnlichen Prämien und Entgelten**, die auf Kleinstzeitverfahren oder ähnlichen Entgeltfindungsmethoden beruhen, die Rede ist, setzt dies eine Art von arbeitswissenschaftlichem Methodenansatz voraus. Liegt die Bestimmung der Prämienhöhe allein im subjektiven Ermessen des Arbeitgebers, dann kann von einer Entgeltfindungsmethode iSd § 96 ArbVG nicht gesprochen werden[169]. 11/182

Arbeitsplatz- und Arbeitsablaufstudien, (Normal)Arbeitszeitstudien udgl kommen hiebei in Betracht. Zu den bekanntesten Methoden zählen das REFA-(Grundsätze vom Reichsausschuss für Arbeitszeitermittlung), das Bedaux- und das MTM-(Methods Time Measurement-)System[170].

Der Mitbestimmung nach **§ 97 Abs 1 Z 16 ArbVG** unterworfen ist die Einführung von leistungs- und erfolgsbezogenen Prämien und Entgelten, soweit diese Prämien und Entgelte nicht ohnedies bereits unter § 96 ArbVG fallen. 11/183

Ein solcher Leistungsbezug liegt durchaus auch im Fall von **Provisionen** vor. Wenngleich Provisionen nicht unbeträchtlich mit der allgemeinen Markt- und Geschäftslage schwanken, richten sie sich doch in erster Linie nach dem Ergebnis der Arbeit. Sie sind daher zweifellos leistungsabhängiges Entgelt[171]. Regelungen über Provisionen sind damit Betriebsvereinbarungen nach § 97 Abs 1 Z 16 ArbVG zugänglich, aber nicht mitbestimmungspflichtig nach § 96 Abs 1 Z 4 ArbVG[172]. 11/184

Einführung und Regelung der **akkordbezogenen Entgelte** gehören in den Bereich der **notwendigen Mitbestimmung**. Dies bedeutet, dass generelle Maßnahmen ohne die Zustimmung des Betriebsrats überhaupt nicht durchgeführt werden können (vgl 3.3.4.5.1 u 11.4.4.1.6.1). Die Mitbestimmung ist aber insofern **bedingt**, als eine entsprechende Regelung in einem **Kollektivvertrag** oder in einer **Satzung** der Betriebsvereinbarung die Regelungsbefugnis entzieht. Die notwendige Betriebsvereinbarung verliert die Rechtsetzungsbefugnis jedoch nur insoweit, als der Kollektivvertrag oder die Satzung tatsächlich Bestim- 11/185

---

167 Vgl *Mosler*, Mitbestimmung der Belegschaft bei leistungs- und erfolgsbezogenen Entgelten, in FS Cerny (2001), 433; *Burz*, Neue Kompetenzen der Betriebspartner im Entgeltbereich, ecolex 2011, 349; OGH 8. 10. 2008, 9 ObA 144/07b, DRdA 2009, 307 mit Bespr v *Jabornegg*.
168 Vgl zB *Wölbling*, Der Akkordvertrag und der Tarifvertrag (1908), 6 u 9.
169 OGH 2. 6. 1981, 4 Ob 135/80, DRdA 1982, 403 mit Bespr v *Holzer*.
170 Vgl allg zB *Kaminsky*, Praktikum der Arbeitswissenschaft – Analytische Untersuchungsverfahren beim Studium der menschlichen Arbeit (1980); *Dietz/Gaul/Hilger*, Akkord und Prämie (1967).
171 Vgl OGH 13. 1. 1981, 4 Ob 167/80, Arb 9931.
172 Vgl noch zur alten Rechtslage *Trost*, Leistungsentgeltprobleme aus kollektivrechtlicher Sicht, DRdA 1985, 271; ebenso *Jabornegg*, Die Provision als Arbeitsentgelt, in FS Strasser (1993), 142; *Löschnigg*, Entgelte mit Zielvorgaben und Mitbestimmungspflicht, in FS Cerny (2001), 419; *Schrank*, Betriebsvereinbarungen über die Leistungsentgelte – Zugleich ein Beitrag zu grundlegenden Strukturfragen der notwendigen Mitbestimmung, in Tomandl (Hrsg), Probleme des Einsatzes von Betriebsvereinbarungen (1983), 85; *Strasser*, Geltung des § 96 Abs 1 Z 4 ArbVG für die Regelung von Abschluß- bzw Vermittlungsprovisionen?, DRdA 1993, 93; OGH 26. 8. 1999, 8 ObA 196/99b, DRdA 2000, 400 mit Bespr v *Egger* = ARD 5117/5/2000.

mungen enthält. Ist die überbetriebliche Regelung auf Grund der betrieblichen Besonderheiten konkretisierungsbedürftig, so hat dies im Wege einer notwendigen Betriebsvereinbarung zu erfolgen. Günstigere fakultative Betriebsvereinbarungen sind jedenfalls zulässig, sofern sie der Kollektivvertrag nicht ausschließt. Die Einführung und Regelung der **sonstigen leistungs- und erfolgsbezogenen Entgelte** unterliegt lediglich der **fakultativen** (freiwilligen) Mitbestimmung nach § 97 Abs 1 Z 16 ArbVG (vgl hiezu 3.3.4.5.4).

11/186 Können die akkordbezogenen Entgelte iSd § 96 Abs 1 Z 4 ArbVG nicht generell (durch Betriebsvereinbarung, Kollektivvertrag, Satzung) vereinbart werden, so bedarf es zu einer Festsetzung von Leistungsentgelten **im Einzelfall** einer speziellen **Individualvereinbarung** zwischen dem Betriebsinhaber und dem Dienstnehmer. Einigen sich Betriebsinhaber und Arbeitnehmer über das akkordbezogene Entgelt nicht, so ist zu dessen rechtswirksamer Festsetzung die Zustimmung des Betriebsrats gem § 100 ArbVG notwendig. Dies darf aber nicht dahingehend ausgedeutet werden, dass der Betriebsrat durch seine Zustimmung entgegen dem Willen des Arbeitnehmers mit dem Betriebsinhaber einen Akkordlohn fixieren kann[173]. Der Betriebsrat soll vielmehr dann zwingend als Kontrollinstanz eingeschaltet werden, wenn zu irgendeinem Zeitpunkt in den Verhandlungen zwischen dem Betriebsinhaber und dem Arbeitnehmer Unstimmigkeiten auftreten.

11.5.3.3.2. Erfolgsabhängige Entgelte

11/187 Im Gegensatz zum leistungsbezogenen Entgelt, bei dem die Leistung des Arbeitnehmers zu einem Bestimmungsfaktor für die Entgelthöhe wird (vgl 11.5.3.3.1), orientiert sich das erfolgsorientierte Entgelt am **Unternehmenserfolg** und damit an Faktoren, die der Arbeitnehmer nicht unmittelbar zu beeinflussen vermag[174]. Der Erfolg des Unternehmens kann unterschiedlich definiert und durch unterschiedliche Kennzahlen (Gewinn, Umsatz, Rentabilität etc) charakterisiert werden (s auch 11.5.3.3.2).

11/188 Die Betriebsverfassung sieht eine Mitwirkung des Betriebsrats bei erfolgsorientierten Entgelten in **§ 97 Abs 1 Z 16 ArbVG** vor: Systeme der Gewinnbeteiligung sowie erfolgsbezogene Prämien und Entgelte können in einer freiwilligen Betriebsvereinbarung geregelt werden. Eine derartige Entgeltfindung kann daher vom Betriebsrat nicht erzwungen werden. Umgekehrt kann der Betriebsinhaber auch ohne Zustimmung des Betriebsrats ein Gewinnbeteiligungssystem realisieren, wenn er dies individuell mit jedem Arbeitnehmer vereinbart (allg zur fakultativen Mitbestimmung vgl 3.3.4.5.4 u 11.4.4.1.6.4).

11/189 Der Begriff der **Gewinnbeteiligung** ist gesetzlich nicht näher determiniert (vgl 6.5.2.4). Der Betriebsvereinbarung bleibt insofern ein Spielraum erhalten, als es das Gesetz offenlässt, ob die Betriebsvereinbarungsparteien die Beteiligung der Arbeitnehmer am Gewinn laut Steuerbilanz, am Gewinn laut Handelsbilanz oder am kalkulatorischen Gewinn ausrichten wollen. Folglich ist auch die Partizipation am Erfolg des Unternehmens durch **Vergabe von**

---

173 Vgl *Jabornegg*, Probleme des Arbeitsverfassungsrechtes – Eine Zwischenbilanz zum ArbVG, DRdA 1977, 221; *Holzer*, Einige Strukturfragen personeller Mitbestimmung, ZAS 1982, 5 f; *Jabornegg* in Strasser/Jabornegg/Resch (Hrsg), ArbVG (Losebl), § 100 Rz 21 f.

174 S insb *Löschnigg*, Die Vereinbarung erfolgsabhängiger Entgelte, DRdA 2000, 467.

Mitarbeiteraktien den Systemen der Gewinnbeteiligung zuzurechnen. Inhaltlich handelt es sich nur um eine andere institutionalisierte Form der Beteiligung am Unternehmenserfolg[175]. Durch die Vergabe der Aktien befindet sich der Arbeitnehmer allerdings auch in der gesellschaftsrechtlichen Position als Aktionär.

Die Interpretation des Begriffs der Gewinnbeteiligung spielt seit der ArbVG-Novelle BGBl I 101/2010 ohnedies nur mehr eine untergeordnete Rolle, da der Betriebsvereinbarungstatbestand des § 97 Abs 1 Z 16 ArbVG ganz allgemein um **erfolgsbezogene Entgelte** (s oben) **erweitert** wurde. Betriebsvereinbarungen können damit auch **Umsatzbeteiligungen**[176] oder Prämien und sonstige Entgelte, die an das Erreichen von **Erfolgskennzahlen** gebunden sind, beinhalten.

11.5.3.3.3. Zuwendungen aus betrieblichen Anlässen

Die Betriebsvereinbarung stellt normalerweise kein Instrument zur Bestimmung der Entgelthöhe dar. Auch im Falle der Leistungslöhne (vgl 6.5.2.3) und im Falle der Gewinnbeteiligung (vgl 6.5.2.4) beschränkt sie sich auf die grundsätzliche Einführung entsprechender Systeme. Sieht hingegen eine Betriebsvereinbarung gem § 97 Abs 1 Z 15 ArbVG die Gewährung von Zuwendungen aus besonderen betrieblichen Anlässen vor, so wird regelmäßig auch deren exakte Höhe festgelegt werden. 11/190

Beispiele für derartige betriebliche Anlässe sind: Betriebsjubiläen sowie Betriebszugehörigkeitsjubiläen von Arbeitnehmern[177], Fertigstellung von Betriebsgebäuden, Erreichung gewisser Produktions- oder Umsatzziele, nicht jedoch jährlich ausgezahlte Treueprämien[178].

Die Gewährung von Zuwendungen aus besonderen betrieblichen Anlässen ist eine Angelegenheit der **freiwilligen Mitbestimmung** (vgl allg 3.3.4.5.4 u 11.4.4.1.6.4). Betriebsvereinbarungen können in diesen Fällen nicht erzwungen werden. 11/191

11.5.3.3.4. Lohnabrechnung – Lohnauszahlung

Gem § 97 Abs 1 Z 3 ArbVG können Betriebsvereinbarungen über die Art und Weise der Abrechnung und insb über die Zeit und den Ort der Auszahlung der Bezüge abgeschlossen werden. Insoweit eine Regelung durch Kollektivvertrag oder Satzung nicht besteht, kann die **Betriebsvereinbarung** über die Schlichtungsstelle **erzwungen** werden (vgl allg zur erzwingbaren Mitbestimmung 3.3.4.5.3 u 11.4.4.1.6.2). 11/192

Als **Inhalt** von Betriebsvereinbarungen gem § 97 Abs 1 Z 3 ArbVG kommen in Betracht[179]: 11/193

- Lohnzahlungszeiträume (zu den zwingenden Bestimmungen insb des AngG, die nicht zu Ungunsten des Arbeitnehmers verändert werden können, vgl 6.5.3.2);
- Auszahlungstermine (vgl 6.5.3.2);

---

[175] Unklar diesbezüglich *Resch*, Arbeitsrechtliche Fragen der Mitarbeiterbeteiligung, in Achatz/Jabornegg/Resch, Mitarbeiterbeteiligung – Aktienoptionen (2002), 75.

[176] Zur Rechtslage vor der ArbVG-Novelle vgl insb *Löschnigg*, Die Vereinbarung erfolgsabhängiger Entgelte, DRdA 2000, 467; OGH 23. 12. 1998, 9 ObA 290/98g, ARD 5082/5/99.

[177] OGH 29. 9. 1981, 4 Ob 41/81, Arb 10.039; ebenso *Achitz/Krapf/Mayrhofer*, Leitfaden für Betriebsvereinbarungen (2001), 139.

[178] Vgl OGH 6. 7. 1998, 8 ObA 167/98m, infas 1998, A 28.

[179] Aufrechnungsverbote des Dienstgebers können nicht Inhalt einer Betriebsvereinbarung gem § 97 (1) Z 3 ArbVG sein (OLG Graz 30. 11. 2005, 8 Ra 73/05z).

- Regelungen über Vorschusszahlungen (echte Vorschusszahlungen sind Vorausleistungen von Entgelten, die noch nicht fällig sind);
- Regelungen über unechte Vorschusszahlungen (ds Entgeltzahlungen, die bereits fällig sind, deren genaue Höhe aber noch nicht feststeht, wie zB bei Provisionsvertretern);
- Gestaltung von Abrechnungszetteln (Lohnzetteln);
- Organisation der Lohnauszahlung, um zu vermeiden, dass alle Arbeitnehmer zur selben Zeit das Lohnbüro oder die Bank aufsuchen;
- bargeldlose Lohnzahlung.

11/194 Die **bargeldlose Lohnzahlung** wurde bereits in den EB zur RV[180] ausdrücklich als möglicher Inhalt einer erzwingbaren Betriebsvereinbarung aufgezählt. Die Umstellung von Barzahlung auf bargeldlose Zahlung ist zweifellos mit Hilfe einer Betriebsvereinbarung möglich[181]. Steht dem eine Einzelvereinbarung mit einem Arbeitnehmer, der besondere Gründe gegen die Auszahlung über das damit beauftragte Bankinstitut geltend gemacht hat, entgegen, so kommt für ihn die Betriebsvereinbarung mangels zweiseitig zwingender Wirkung nicht in Betracht.

Für Arbeiter, die der GewO unterliegen (vgl 4.3.2.2.1), ist auch § 78 dieses Gesetzes zu beachten, wonach die Arbeitgeber die Löhne in barem Geld auszuzahlen haben. Diese Bestimmung beinhaltet generell ein Verbot der unbeschränkten Abgabe von Naturalien an Stelle von Bargeld zu Zwecken der Entlohnung (zum sog Truckverbot vgl 6.5.8). Die Einführung der bargeldlosen Lohnzahlung, die vom Effekt her dem Barlohn gleichzusetzen ist, wird dadurch nicht ausgeschlossen[182].

11/195 Unabhängig von der Möglichkeit des Abschlusses von Betriebsvereinbarungen über die Bereiche Lohnabrechnung und Lohnauszahlung kommen dem Betriebsrat **Überwachungsrechte** gem § 89 Z 1 ArbVG zu. Dieser Bestimmung zufolge ist der Betriebsrat berechtigt, in die **Lohn- und Gehaltslisten** und in die zur Berechnung der Bezüge erforderlichen Unterlagen Einsicht zu nehmen, sie zu überprüfen und die Auszahlung zu kontrollieren (vgl 11.4.4.1.1).

11.5.3.3.5. Entgeltfortzahlung für die Dauer von Belegschaftsversammlungen

11/196 Unter gewissen Voraussetzungen können Belegschaftsversammlungen **während der Dienstzeit** abgehalten werden (vgl 10.2). Für den Zeitraum der Teilnahme an den Versammlungen sind die Arbeitnehmer vom Dienst freizustellen. Bezüglich der Entgeltfortzahlungsansprüche für die Dauer der Belegschaftsversammlungen kann gem § 97 Abs 1 Z 11 ArbVG eine **freiwillige Betriebsvereinbarung** abgeschlossen werden (vgl allg zur freiwilligen Mitbestimmung 3.3.4.5.4 u 11.4.4.1.6.4).

Die Abschlusskompetenz der Betriebsvereinbarungspartner wäre problemlos, gäbe es nicht in § 47 Abs 1 ArbVG eine parallele Bestimmung, wonach die Entgeltfortzahlung durch Betriebsvereinbarung nur vorgesehen werden kann, soweit dies nicht im Kollektivvertrag geregelt ist. Auf Grund dieser Abhängigkeit der Betriebsvereinbarung vom Kollektivvertrag kann von **bedingt freiwilliger Mitbestimmung** gesprochen werden (vgl 3.3.4.5.4). Aus der Formulierung des § 47 Abs 1 ArbVG könnte geschlossen werden, dass die Existenz eines entsprechenden Kollektivvertrags der Betriebsvereinbarung

---

[180] 840 BlgNR 13. GP, 84.
[181] S auch OGH 28. 3. 1996, 8 ObA 281/95, DRdA 1997, 37 mit Bespr v *Kallab*.
[182] Näheres bei *Spielbüchler*, Entgeltsicherung (1977), 24.

das Regelungspouvoir in dieser Angelegenheit zur Gänze entzieht[183]. Selbst wenn man dieser Ansicht grundsätzlich folgt, wird man der Betriebsvereinbarung nicht die Kompetenz absprechen können, ergänzende Regelungen zu treffen. Dies geht bereits aus der Formulierung „soweit dies nicht …" des § 47 Abs 1 ArbVG eindeutig hervor.

Neben der Entgeltfortzahlung können in der Betriebsvereinbarung auch **Fahrtkostenvergütungen** und wohl ebenso der Ersatz von sonstigen Aufwendungen im Zusammenhang mit der Teilnahme an den diversen Belegschaftsversammlungen vereinbart werden. Die Problematik bezüglich der bedingten Ausgestaltung der Betriebsvereinbarung ist die gleiche wie im Falle der Entgeltfortzahlungsansprüche. 11/197

11.5.3.3.6. Abfertigung – Vorsorgekasse

In Betrieben, in denen die Arbeitnehmer von einem Betriebsrat vertreten sind, „hat" die Auswahl der BV-Kasse gem § 9 BMSVG durch Betriebsvereinbarung zu erfolgen (allg zum BMSVG bzw zur BV-Kasse vgl 8.6.1.3). Die gesetzliche Formulierung erweckt den Eindruck, als könnte der Arbeitgeber eine Auswahl der BV-Kasse ohne Zustimmung des Betriebsrats im Rahmen einer Betriebsvereinbarung nicht treffen. § 9 BMSVG verweist aber gleichzeitig auf § 97 Abs 1 Z 1b ArbVG und lässt damit klar erkennen, dass es sich um eine Form der **erzwingbaren Mitbestimmung** handelt. Eine Argumentation in Richtung einer Betriebsvereinbarung nach der Struktur des § 96a ArbVG, wie im Fall der Gleitzeit-Betriebsvereinbarung (vgl 6.8.14.1) zu vertreten ist, scheidet in diesem Zusammenhang auf Grund der eindeutigen Zuordnung des Gesetzgebers aus[184]. 11/198

Eine weitere einschlägige Betriebsvereinbarungskompetenz findet sich in § 97 Abs 1 Z 26 ArbVG, wonach die Festlegung von Rahmenbedingungen für den Übertritt in das Abfertigungssystem nach dem BMSVG im Rahmen einer freiwilligen Zusatzvereinbarung erfolgen kann. 11/199

11.5.3.3.7. Mitwirkung bei betrieblichen Pensions- und Ruhegeldleistungen

Verpflichtet sich der Betriebsinhaber in einer Betriebsvereinbarung zur Erbringung von betrieblichen Pensions- und Ruhegeldleistungen, so ist die technische Abwicklung in verschiedener Weise möglich. Der Betriebsinhaber kann sich zB zu direkten Zahlungen verpflichten, mit Pensionskassen kooperieren, Lebensversicherungen oder betriebliche Kollektivversicherungen abschließen oder eine Höherversicherung nach dem ASVG finanzieren (vgl 6.5.2.6). 11/200

Im Allgemeinen ergibt sich die Kompetenz der Betriebsvereinbarung zur Regelung von betrieblichen Pensions- und Ruhegeldleistungen aus § 97 Abs 1 Z 18 ArbVG[185]. 11/201

---

[183] So *Strasser* in ArbVG-Handkommentar (1975), 569.

[184] Ebenso *Resch* in Mayr/Resch (Hrsg), Abfertigung neu – BMSVG^2 (2009), §§ 9, 10 Erl 6 f; aA *Eypeltauer*, Abfertigung Neu: Zwei ausgewählte Rechtsfragen, RdW 2003, 26.

[185] *Schrammel*, Aktuelle Fragen des Betriebspensions- und Pensionskassenrechts, DRdA 2004, 211; *Griesser*, Ungereimtheiten der OGH-Judikatur in Pensionskassenangelegenheiten, DRdA 2008, 11; OGH 25. 1. 2006, 9 ObA 57/05f, DRdA 2007, 300 mit Bespr v *Resch*; OGH 1. 4. 2009, 9 ObA 10/09z, DRdA 2011, 48 mit Bespr v *Resch*.

11.5.3.3. Befugnisse der Arbeitnehmerschaft

Derartige Betriebsvereinbarungen beinhalten regelmäßig Bestimmungen über den begünstigten Personenkreis (Arbeitnehmergruppe, Witwen, hinterbliebene eingetragene Partner, Waisen und sonstige Hinterbliebene), den Erwerb von Anwartschaftszeiten (Dienstzeiten im Betrieb, anrechenbare Vordienstzeiten), den Fälligkeitszeitpunkt (Pensionsalter, Invalidität), die Höhe der Leistung (Bemessungsgrundlage, Prozentsatz), die Durchführungsart (zB direkte Leistungszusage, Lebensversicherung) und Widerrufs-, Aussetzungs- und Einschränkungsvorbehalte.

11/202 Diese Betriebsvereinbarungen über betriebliche Pensions- und Ruhegeldleistungen können, müssen aber nicht abgeschlossen werden. Sie gehören in den Bereich der **fakultativen Mitbestimmung**, die die Mitwirkung des Betriebsrats dem Betriebsinhaber anheimstellt (vgl allg 3.3.4.5.4 u 11.4.4.1.6.4).

11/203 Falls Betriebspensionen jedoch von einer Pensionskasse geleistet werden, sehen § 3 BPG sowie § 97 Abs 1 Z 18a ArbVG Sonderbestimmungen vor. Gem § 3 Abs 1 BPG bedarf die Errichtung einer betrieblichen Pensionskasse oder der Beitritt zu einer betrieblichen oder überbetrieblichen **Pensionskasse** (zu den Begriffen vgl 6.5.2.6.1) des Abschlusses einer **Betriebsvereinbarung** (zum Abschluss eines entsprechenden Kollektivvertrags bzw zur Verwendung eines Vertragsmusters vgl 6.5.2.6.1)[186]. Ohne Zustimmung des Betriebsrats in Form der Betriebsvereinbarung ist somit eine Pensionskassenversorgung ausgeschlossen; diese Zustimmung des Betriebsrats kann auch nicht durch entsprechende Vereinbarungen zwischen Arbeitgeber und Arbeitnehmer ersetzt werden. Fehlt die Betriebsvereinbarung, so ist überdies der Pensionskassenvertrag fehlerhaft und wird nichtig (vgl hiezu § 15 Abs 4 PKG). Die Betriebsvereinbarung iSd § 3 Abs 1 BPG bildet insofern einen Fall der **notwendigen Mitbestimmung** (vgl 11.4.4.1.6.1).

Die Bestimmung des § 3 Abs 1 BPG schreibt für die Betriebsvereinbarung einen **Mindestinhalt** vor. Sie hat im Einzelnen jedenfalls zu regeln[187]:

1. die Mitwirkung der Anwartschafts- und Leistungsberechtigten an der Verwaltung der Pensionskasse oder Einrichtung iSd § 5 Z 4 PKG;
2. das Leistungsrecht, dazu gehören insb die Ansprüche der Anwartschafts- und Leistungsberechtigten; die Höhe der vom Arbeitgeber zu entrichtenden Beiträge, die im Falle beitragsorientierter Vereinbarungen mit der Pensionskasse betragsmäßig oder in fester Relation zu laufenden Entgelten oder Entgeltbestandteilen festzulegen sind; zusätzlich können bei beitragsorientierten Vereinbarungen variable Beiträge bis zur Höhe der vom Arbeitgeber verpflichtend zu entrichtenden Beiträge oder, sofern sich der Arbeitgeber zur Leistung eines Beitrags für Arbeitnehmer von mindestens 2 % des laufenden Entgelts verpflichtet, variable Beiträge in fester Relation zu einer oder mehreren betrieblichen Kennzahlen iSd Abs 1 Z 2a bis zur Höhe des sich aus § 4 Abs 4 Z 2 lit a EStG 1988 ergebenden Betrags vorgesehen werden; die allfällige Verpflichtung des Arbeitgebers zur Beitragsanpassung bei Auftreten von zusätzlichen Deckungserfordernissen; die allfällige Vereinbarung von Wahlrechten gem § 12 Abs 7 PKG;
3. die der variablen Beitragsleistung zu Grunde liegende betriebliche Kennzahl: Eine betriebliche Kennzahl ist eine nachvollziehbare und allgemein zugängliche, nach objektiven Kriterien ermittelte betriebswirtschaftliche, steuerrechtliche oder unternehmensrechtliche Kennzahl, die der jeweiligen Branche, dem konkreten Gegenstand, der Größe und dem Umfang des Betriebs sowie dem allgemeinen Betriebsrisiko dieses Betriebs Rechnung trägt; die Vereinbarung mehrerer Kennzahlen pro Betrieb oder die Vereinbarung einer Kennzahl, die sich anteilsmäßig aus mehreren Kennzahlen zusammensetzt, ist zulässig;
4. die Voraussetzungen und die Rechtswirkungen der Auflösung einer betrieblichen Pensionskasse, wobei der Sicherung der Ansprüche der Anwartschafts- und Leistungsberechtigten der Vorrang

[186] Allg vgl *B. Schwarz*, Rechtswirkungen von Betriebsvereinbarungen im Pensionskassenrecht, DRdA 2003, 240.
[187] Ausführlich hiezu *Petrovic*, Pensionskassen-Betriebsvereinbarung und Vertragsmuster, ZAS 1991, 93 f.

vor anderen Leistungen der Kasse zu geben ist; die Voraussetzungen für die Arbeitgeberkündigung des Pensionskassenvertrags gem § 17 PKG und die Rechtswirkungen dieser Kündigung hinsichtlich der Ansprüche der Anwartschafts- und Leistungsberechtigten[188].

Fehlen Teile des vorgeschriebenen Mindestinhalts, soll die Betriebsvereinbarung offenbar der Rechtsunwirksamkeit verfallen[189]. Gerade im vorliegenden Zusammenhang, bei dem Fehler der Betriebspartner durchaus erst viel später offenkundig werden können und dann entsprechende Rückabwicklungsprobleme nach sich ziehen, sollte jedoch nicht starr am Grundsatz festgehalten werden, dass der normative Teil der Betriebsvereinbarung ausschließlich nach den Regeln über die Gesetzesauslegung (§§ 6, 7 ABGB; vgl 3.3.4.2) zu beurteilen ist; es können vielmehr ausnahmsweise Elemente der Vertragsinterpretation[190], insb die ergänzende (Vertrags-)Auslegung, zur Hilfestellung herangezogen werden[191]. 11/204

Der Großteil der Regelungsinhalte von § 3 Abs 1 BPG findet sich in § 97 Abs 1 Z 18a ArbVG wieder. Dies wirkt insofern erstaunlich, als Angelegenheiten der notwendigen Mitbestimmung im Katalog der freiwilligen Mitbestimmung auftauchen. Beide Betriebsvereinbarungstatbestände müssen dahingehend verstanden werden, dass § 3 Abs 1 BPG den notwendigen Mindestinhalt einer Pensionskassen-Betriebsvereinbarung regelt, § 97 Abs 1 Z 18a ArbVG hingegen den rechtlich möglichen Inhalt. Der **freiwilligen Mitbestimmung** unterliegen daher zB Regelungen über die Art und Weise der Pensionszahlungen und **Grundsätze** über die Höhe jener **Beiträge**, zu deren Entrichtung sich der Arbeitnehmer verpflichtet. Hervorzuheben ist, dass § 97 Abs 1 Z 18a ArbVG nur Grundsätze über die Höhe der Arbeitnehmerbeiträge regeln kann. Eine **Verpflichtung** des Arbeitnehmers **zur Leistung von Beiträgen** kann die Betriebsvereinbarung nicht schaffen; diese bedarf einer Individualvereinbarung[192] (zur Freiwilligkeit der Beitragsleistungen des Arbeitnehmers vgl 6.5.2.6.2). 11/205

Die Betriebsvereinbarung nach dem BPG gewährt dem einzelnen Arbeitnehmer direkt **einklagbare Ansprüche** gegen den Arbeitgeber auf Einzahlung der festgelegten Beiträge[193], nicht aber auf eine unmittelbare (Pensions-)Leistung. Dieser Anspruch des leistungsberechtigten Arbeitnehmers ist gegenüber der Pensionskasse entsprechend dem Pensionskassenvertrag (vgl 6.5.2.6.1) geltend zu machen. Unabhängig von den Ansprüchen der Arbeitnehmer auf Leistung der Arbeitgeberbeiträge hat auch der Betriebsrat das Recht auf Erfüllung 11/206

---

188 Zur Kündigung eines Pensionskassenvertrags und den Auswirkungen auf ehemalige Arbeitnehmer vgl OGH 29. 3. 2012, 9 ObA 147/11z, ZFR 2012, 323 mit Bespr v *Resch* = ARD 6243/3/2012 = infas 2012, A 68 = wbl 2012, 520; kein individuelles Auflösungsrecht von Pensionskassenverträgen s OGH 24. 10. 2012, 8 ObA 64/11m, DRdA 2013, 407 mit Bespr v *Reiner* = infas 2013, A 32 = wbl 2013, 161.

189 Vgl *Binder*, Rechtsprobleme des Dreiecksverhältnisses zwischen Unternehmen, Pensionsbegünstigten und Pensionskasse, ZAS 1991, 110; *Petrovic*, Pensionskassen-Betriebsvereinbarung und Vertragsmuster, ZAS 1991, 93.

190 Vgl allg *Mayer-Maly*, Österreichisches Arbeitsrecht (1970), 178.

191 Damit soll keineswegs der grundsätzlichen Anwendung der §§ 914 f ABGB auf den normativen Teil der Betriebsvereinbarung das Wort geredet werden; vgl aber *Kietaibl*, Arbeitsrecht I (2013), 309. Zur Auslegung einer direkten Leistungszusage mittels Betriebsvereinbarung durch die Rechtsprechung vgl OGH 18. 10. 1989, 9 ObA 520/88, DRdA 1990, 338 mit Bespr v *Strasser*.

192 Vgl OGH 28. 8. 1991, 9 ObA 115/91, ARD 4308/19/91; *Strasser*, Betriebspension und Beitragspflicht des Arbeitnehmers, in FS Schwarz (1991), 425, fordert in diesem Zusammenhang eine Novellierung des BPG.

193 Weitergehende Beispiele für direkt einklagbare Ansprüche finden sich bei *Binder*, Rechtsprobleme des Dreiecksverhältnisses zwischen Unternehmen, Pensionsbegünstigten und Pensionskasse, ZAS 1991, 107.

der vom Dienstgeber in der Betriebsvereinbarung übernommenen Verpflichtungen (zum einschlägigen Informationsrecht des Betriebsrats vgl § 91 Abs 3 ArbVG).

11/207 Die **Kündigung** einer Betriebsvereinbarung iSd § 97 Abs 1 Z 18a ArbVG („Pensionskassen-Betriebsvereinbarung") ist nur hinsichtlich jener Arbeitsverhältnisse wirksam, die nach dem Kündigungstermin begründet werden (§ 97 Abs 4 ArbVG). Damit ist diese Betriebsvereinbarung in Bezug auf die „alten" Arbeitsverhältnisse unkündbar. Hinsichtlich Kündigungstermin und Kündigungsfristen ist die Bestimmung des § 32 Abs 1 ArbVG anzuwenden. Dies gilt auch für jene Materien, die der notwendigen Mitbestimmung nach § 3 BPG zuzuordnen sind. Die fakultative Betriebsvereinbarung nach § 97 Abs 1 Z 18 ArbVG ist demgegenüber nach allgemeinen Regeln (vgl 3.3.4.5.4) und unter Beachtung der Nachwirkung (vgl 3.3.4.7.3) kündbar.

Hievon Abweichendes sieht das ArbVG im § 31 Abs 7 vor: Falls ein Betrieb oder ein Betriebsteil von einem **anderen Betrieb aufgenommen** wird, können Betriebsvereinbarungen gem § 97 Abs 1 Z 18 und 18a ArbVG generell auch für die „alten" Arbeitsverhältnisse gekündigt werden (vgl 9.2.2). Zuständig ist der Betriebsinhaber des aufzunehmenden Betriebs bzw Betriebsteils. Einzuhalten ist eine Kündigungsfrist von einem Monat.

11/208 Betriebsvereinbarungen über Betriebspensionen von aktiven Arbeitnehmern können durch **spätere Betriebsvereinbarungen** durchaus verändert werden. Eine Verschlechterung der Pensionsanwartschaften durch eine nachfolgende Betriebsvereinbarung kann jedoch nur wirksam vorgenommen werden, soweit die sich aus der Grundrechtsbindung kollektiver Normen (vgl 6.7.1) ergebenden Wertungen (Sachlichkeitsgebot, Gleichheitssatz etc) beachtet werden. Vor allem ist im Fall einer Kürzung der Ruhegeldanwartschaften auf die Dauer der Berufsausübung und die dadurch bedingten unterschiedlichen Vertrauenspositionen der Beschäftigten Rücksicht zu nehmen. Insb sind auch Übergangsfristen vorzusehen, um plötzliche und unerwartete Eingriffe in Rechts- und Vertrauenspositionen zu vermeiden[194].

11/209 Fraglich ist, ob Betriebsvereinbarungen für **ausgeschiedene Arbeitnehmer** unmittelbar rechtsverbindlich sind. Dies ist zu verneinen[195], da der Pensionist aus dem Geltungsbereich der Normwirkung herausfällt. Demgemäß können die Ansprüche der sich bereits im Ruhestand befindlichen Arbeitnehmer nicht mehr geändert werden. Wird eine derartige Betriebsvereinbarung gekündigt, so ändert dies bezüglich bereits erworbener Ansprüche nichts. Enthält hingegen eine Betriebsvereinbarung einen Vorbehalt, der in gewissen Grenzen ein einseitiges Abgehen durch den Arbeitgeber ermöglicht, so kann sich eine rechtmäßig getätigte Erklärung auch auf die bereits im Ruhestand befindlichen Dienstnehmer er-

---

[194] OGH 6. 9. 2000, 9 ObA 106/00d, DRdA 2001, 310 mit Bespr v *Runggaldier* = ZAS 2001, 111 mit Bespr v *Tomandl*; OGH 24. 6. 1999, 8 ObA 20/99w; weiters hiezu *Kreil*, Zur Kürzung von Betriebspensionen durch Betriebsvereinbarung, RdW 2001, 222; OGH 3. 11. 1999, 9 ObA 170/99m, DRdA 2000, 385 mit Bespr v *Runggaldier*.

[195] Vgl insb *Strasser* in ArbVG-Handkommentar (1975), 573; *Holzer*, Strukturfragen des Betriebsvereinbarungsrechts (1982), 54; *Grießer*, Zur Regelungsbefugnis der Betriebsparteien auf Pensionsansprüche ausgeschiedener Arbeitnehmer, RdW 2001, 473; OGH 14. 12. 1988, 9 ObA 503/88, ZAS 1989, 81 mit Bespr v *Tomandl*; OGH 17. 3. 1999, 9 ObA 16/99i, DRdA 2000, 171; OGH 23. 5. 2001, 9 ObA 69/01i, DRdA 2002, 289 mit Bespr v *Runggaldier*; OGH 28. 3. 2002, 8 ObA 120/01g, DRdA 2003, 275 mit Bespr v *Weiß*; aA *Marhold*, Zur Regelungsbefugnis der Betriebspartner, ZAS 1991, 95; *Eypeltauer*, Betriebsrat und Pensionisten, DRdA 2000, 116.

strecken (vgl 6.5.2.6.4; zur jederzeitigen Widerrufbarkeit gem § 1 Abs 3 Z 3 BPG vgl 6.5.2.6.1).

Während eine Betriebsvereinbarung die Pensionsansprüche ausgeschiedener Arbeitnehmer nicht mehr verändern kann, sind die rechtlichen Möglichkeiten des **Kollektivvertrags** durchaus anders ausgestaltet. Gem § 2 Abs 2 Z 3 ArbVG kann nämlich der Kollektivvertrag Ruhegeldansprüche auch ehemaliger Arbeitnehmer verändern, allerdings nur, sofern es sich um Ansprüche handelt, die ein früherer Kollektivvertrag geschaffen hat (vgl 3.3.1.9.1 d).

Ähnlich wie die Regelungen zur Pensionskassen-Betriebsvereinbarung sind jene zur betrieblichen Kollektivversicherung gestaltet: Gem § 6a BPG bedarf der Abschluss einer **betrieblichen Kollektivversicherung** grundsätzlich des Abschlusses einer Betriebsvereinbarung (zu den Ausnahmen vgl Abs 1a bis 1c leg cit). Die Betriebsvereinbarung iSd § 6a BPG bildet also ebenfalls einen Fall der notwendigen Mitbestimmung (vgl 11.4.4.1.6.1). 11/210

Derartige Betriebsvereinbarungen haben jedenfalls zu regeln: 11/211

1. die Mitwirkung der Versicherten;
2. das Leistungsrecht, dazu gehören insbesondere die Ansprüche der Versicherten; die Höhe der vom Arbeitgeber zu entrichtenden Prämien, die im Falle beitragsorientierter Vereinbarungen mit dem Versicherungsunternehmen betragsmäßig oder in fester Relation zu laufenden Entgelten oder Entgeltbestandteilen festzulegen sind; zusätzlich können bei beitragsorientierten Vereinbarungen variable Prämien bis zur Höhe der vom Arbeitgeber verpflichtend zu entrichtenden Prämien oder, sofern sich der Arbeitgeber zur Leistung einer Prämie für Arbeitnehmer von mindestens 2 % des laufenden Entgelts verpflichtet, variable Prämien in fester Relation zu einer oder mehreren betrieblichen Kennzahlen iSd Abs 1 Z 2a bis zur Höhe des sich aus § 4 Abs 4 Z 2 lit a EStG 1988 ergebenden Betrags vorgesehen werden; die allfällige Verpflichtung des Arbeitgebers zur Prämienanpassung bei Auftreten von zusätzlichen Deckungserfordernissen;
3. die der variablen Prämienleistung zu Grunde liegende betriebliche Kennzahl: Eine betriebliche Kennzahl ist eine nachvollziehbare und allgemein zugängliche, nach objektiven Kriterien ermittelte betriebswirtschaftliche, steuerrechtliche oder unternehmensrechtliche Kennzahl, die der jeweiligen Branche, dem konkreten Gegenstand, der Größe und dem Umfang des Betriebs sowie dem allgemeinen Betriebsrisiko dieses Betriebs Rechnung trägt; die Vereinbarung mehrerer Kennzahlen pro Betrieb oder die Vereinbarung einer Kennzahl, die sich anteilsmäßig aus mehreren Kennzahlen zusammensetzt, ist zulässig;
4. die Voraussetzungen für die Arbeitgeberkündigung des Versicherungsvertrags und die Rechtswirkungen einer derartigen Kündigung hinsichtlich der Ansprüche der Anwartschafts- und Leistungsberechtigten.

Teile der Regelungsinhalte nach § 6a BPG finden sich auch in § 97 Abs 1 Z 18b ArbVG wieder. Wie im Falle der Pensionskassen-Betriebsvereinbarung ist somit davon auszugehen, dass § 6a BPG den notwendigen Mindestinhalt regelt, während § 97 Abs 1 Z 1b ArbVG den rechtlich möglichen Inhalt anführt. 11/212

Zur Beendigung einer Betriebsvereinbarung über eine betriebliche Kollektivversicherung gilt ebenfalls das zur Pensionskassen-Betriebsvereinbarung Gesagte (vgl insb § 31 Abs 7 und § 97 Abs 4 ArbVG). 11/213

11.5.3.4. Aufwandsentschädigungen

Die Erstattung von Auslagen und Aufwendungen sowie die Regelung von Aufwandsentschädigungen können nach § 97 Abs 1 Z 12 ArbVG in einer **freiwilligen Betriebsvereinbarung** normiert werden. Erreichen Betriebsrat und Betriebsinhaber keinen Konsens in 11/214 diesen Angelegenheiten, so kann eine Regelung nicht über die Schlichtungsstelle erzwungen werden (vgl allg zur freiwilligen Betriebsvereinbarung 3.3.4.5.4 u 11.4.4.1.6.4). Entsprechende Bestimmungen sehen vielfach die Kollektivverträge vor.

Aufwandsentschädigungen sind vom Entgelt, das als Gegenleistung (im weitesten Sinn) für die erbrachte Arbeitsleistung zu verstehen ist, vielfach nur schwer abzugrenzen (vgl 6.5.1). Sie sollen jedenfalls einen konkreten Aufwand, der dem Arbeitnehmer im Zusammenhang mit dem Arbeitsverhältnis entstanden ist, abdecken. Im Falle einer **überhöhten Aufwandsentschädigung** ist der Differenzbetrag zum tatsächlichen Aufwand Entgelt und insoweit nicht mehr Bestandteil der freiwilligen Betriebsvereinbarung. Der Unterschiedsbetrag wäre nach den Kriterien der sog freien Betriebsvereinbarung zu beurteilen (vgl 3.3.4.8), weil Entgeltbestandteile regelmäßig nicht der Regelungsbefugnis der Betriebsvereinbarung unterliegen (zu den Ausnahmen vgl 11.5.3.3).

11/215 **Beispiele** für den Regelungsumfang derartiger Betriebsvereinbarungen sind:

- Höhe von Kilometergeldern und Diäten;
- sonstiger Ersatz von Reisekosten (Zugfahrt 1. oder 2. Klasse, Hotelkategorie udgl);
- Richtlinien über die Durchführung und Abrechnung von Dienstreisen[196];
- Art und Vorlage (Abrechnungszeitraum) der Belege;
- Ersatz von Arbeitskleidung, sofern der Arbeitgeber verpflichtet ist, diese beizustellen, der Arbeitnehmer sie aber je nach Bedarf besorgt.

11.5.3.5. Werkswohnungen

11/216 Im Zusammenhang mit der Vergabe von Werkswohnungen ist zwischen genereller Mitbestimmung und der Mitwirkung im Einzelfall zu unterscheiden. Beide Fälle gehen vom Begriff der Werkswohnung aus, ohne diesen näher zu konkretisieren. Unter Werkswohnung kann eine Wohnung verstanden werden, die gegen ein bloß geringfügiges, wesentlich unter dem ortsüblichen Mietzins liegendes Entgelt überlassen wird, wobei die Überlassung regelmäßig mit der Dauer des Arbeitsverhältnisses gekoppelt ist[197]. Da die Unterscheidung zwischen Werks- und Dienstwohnungen (vgl 6.5.2.1) im Flusse ist, wird man den Mitbestimmungstatbestand auf beide Arten der Wohnungsüberlassung beziehen können.

11/217 Generell können gem § 97 Abs 1 Z 7 ArbVG **Richtlinien für die Vergabe** von Werkswohnungen in einer **fakultativen Betriebsvereinbarung** festgelegt werden. Der freiwillige Charakter dieser Betriebsvereinbarungen birgt in sich, dass sie nur bei gegenseitigem Einverständnis der beiden Vertragsparteien zustande kommt. Sie ist weder durch den Betriebsinhaber noch durch den Betriebsrat erzwingbar (zur freiwilligen Betriebsvereinbarung vgl 3.3.4.5.4 u 11.4.4.1.6.4).

11/218 In Betrieben, in denen dauernd **50 oder weniger Arbeitnehmer** beschäftigt werden, ist gem § 97 Abs 3 ArbVG der Abschluss einer Betriebsvereinbarung über diese Angelegenheit nicht möglich.

---

196 EA Linz 23. 2. 1983, Re 5/83, Arb 10.167.

197 *Wachter*, Rechtsprobleme bei Dienst-, Natural-, Werks- und Mietwohnungen von Arbeitnehmern^2 (1983), 7 ff.

Unter Vergabe ist nicht ausschließlich der Zuteilungsvorgang zu verstehen. Die Vergabe iwS muss notwendigerweise auch alle mit der Benützung der Wohnung zusammenhängenden Angelegenheiten beinhalten. 11/219

Eine Betriebsvereinbarung gem § 97 Abs 1 Z 7 ArbVG kann daher **beispielsweise** regeln:

- Erstellung von Prioritäten (Vorrang von kinderreichen Familien, besondere Notlagen udgl);
- Benützungsrichtlinien (Hausordnung);
- Berechnung und Aufteilung von laufenden Kosten (Gärtner, Heizung);
- Grundsätze über die Bildung eines eventuell zu entrichtenden Mietzinses.

Unabhängig von der Existenz einer Betriebsvereinbarung stehen dem Betriebsrat bei der Vergabe von Werkswohnungen im Einzelfall gem § 103 ArbVG Mitwirkungsrechte zu. Sie beschränken sich jedoch auf ein Informations- und ein Beratungsrecht. Bereits die Absicht zur Vergabe einer Werkswohnung an einen Arbeitnehmer ist nämlich dem Betriebsrat mitzuteilen. Wünscht der Betriebsrat darüber eine Beratung, so ist der Betriebsinhaber auch dazu verpflichtet. Kommt der Betriebsinhaber diesen Pflichten nicht nach, so kann dies von der Bezirksverwaltungsbehörde mit einer Geldstrafe bis zu € 2.180 geahndet werden (§ 160 Abs 1 ArbVG). 11/220

11.5.3.6. Arbeitszeit

Angelegenheiten der Arbeitszeit (allg vgl 6.8) sind im § 97 Abs 1 Z 2 und Z 13 ArbVG sowie in einer Reihe von Bestimmungen des AZG geregelt[198]. Das **Ausmaß** der Arbeitszeit kann nur sehr beschränkt im Rahmen einer Betriebsvereinbarung geregelt werden[199]. In Angelegenheiten der **vorübergehenden Verkürzung** oder **Verlängerung** der Arbeitszeit kann aber beispielsweise sehr wohl eine **fakultative Betriebsvereinbarung** zustande kommen (§ 97 Abs 1 Z 13 ArbVG). Bei einer vorübergehenden **Verkürzung** der Arbeitszeit (vgl auch 6.8.7) stellt sich va das Problem, ob eine entsprechende Betriebsvereinbarung die damit zusammenhängenden **Entgeltansprüche** mit einschließen kann. In der Lehre finden sich sowohl bejahende[200] als auch ablehnende Stellungnahmen[201]. Richtigerweise wird davon auszugehen sein, dass eine ausnahmsweise absolut zwingende Wirkung dieser Betriebsvereinbarung (also Arbeitszeitverkürzung nebst entsprechender Lohnkürzung) nur dann anerkannt werden kann, wenn es sich um eine echte Notstandsmaßnahme handelt, die den Abbau des Personalstandes verhindern soll. 11/221

Zu beachten ist im Übrigen jedoch, dass die Auszahlung der Beihilfen nach §§ 37b und 37c AMSG (Beihilfen, die dem Dienstgeber für die an die Dienstnehmer geleisteten Kurzarbeits- und Qualifizierungsunterstützungen gewährt werden) eine Vereinbarung zwischen den für den Wirtschaftszweig in Betracht kommenden kollektivvertragsfähigen Körperschaften der Arbeitgeber und der Arbeitnehmer

---

198 Allg vgl *Klein/B. Schwarz*, Die Neuerungen im Arbeitszeitrecht (1994).

199 S auch OGH 7. 9. 2000, 8 ObA 13/00w, RdW 2001, 102.

200 Vgl *Strasser* in ArbVG-Handkommentar (1975), 570; *Binder* in Tomandl (Hrsg), ArbVG (Losebl), § 97 Rz 161.

201 Vgl *Felten/Preiss* in Gahleitner/Mosler (Hrsg), Arbeitsverfassungsrecht, Bd 3^5 (2015), 310 f; *Cerny*, Probleme des Arbeitszeitrechts, in FS Weißenberg (1980), 262; ebenso *Schrammel*, Betriebsvereinbarungen über die Arbeitszeit, in Tomandl (Hrsg), Probleme des Einsatzes von Betriebsvereinbarungen (1983), 52.

voraussetzt (§§ 37b Abs 1 Z 3 und 37c Abs 1 Z 3 AMSG). Diese Vereinbarung wird nicht nur als formeller Kollektivvertrag zustande kommen können, sondern als spezifische sondergesetzlich begründete Vereinbarung (kollektive Vereinbarung sui generis). Eine Betriebsvereinbarung iSd § 97 Abs 1 Z 13 ArbVG kommt jedoch zur Erfüllung dieser Voraussetzungen nicht in Frage.

11/222 Eine **Verlängerung** der Arbeitszeit durch Betriebsvereinbarung indiziert einen erhöhten Arbeitsbedarf und schließt die prinzipielle Verpflichtung des einzelnen Arbeitnehmers zur Mehrarbeit mit ein. Die Arbeitnehmer können jedoch weiterhin ihrerseits Gründe vorbringen, die im Hinblick auf ihre Gewichtigkeit die Mehrarbeit unzumutbar machen[202].

11/223 Gem § 19d Abs 2 AZG kann das Ausmaß der **Teilzeitarbeit** (vgl hiezu 6.8.7.1) und ihre Änderung durch Betriebsvereinbarung festgesetzt werden. Betriebsvereinbarungen in diesen Angelegenheiten sind ebenfalls **fakultativer Natur**. Entsprechend der Zielsetzung des § 19d AZG sind hievon abweichende Individualabreden zulässig[203].

11/224 In einer Reihe von Fällen ist die Betriebsvereinbarung dem AZG zufolge zur Verlängerung der täglichen Normalarbeitszeit befugt. Dies gilt insb für die Einführung einer Vier-Tage-Woche, für Arbeitszeitmodelle mit mehrtägigem oder mehrwöchigem Zeitausgleich, für eine durchlaufende mehrschichtige Arbeitsweise mit Schichtwechsel am Wochenende, für die gleitende Arbeitszeit und für Fälle der Arbeitsbereitschaft (vgl 6.8.14.1 u 6.8.5).

11/225 Betriebsvereinbarungstatbestände zur **Verteilung der Arbeitszeit** finden sich sowohl im ArbVG als auch im AZG. Gem § 97 Abs 1 Z 2 ArbVG kann die „Verteilung der Arbeitszeit auf die einzelnen Wochentage" in einer **erzwingbaren Betriebsvereinbarung** geregelt werden.

11/226 § 97 Abs 1 Z 2 ArbVG bildet in Relation zu den Betriebsvereinbarungskompetenzen des AZG die allgemeinere Bestimmung. Eine Reihe arbeitszeitrechtlicher Phänomene kann hiedurch eine generelle Regelung erfahren. So ist etwa dieser Tatbestand für den gesamten Bereich der **Schichtarbeit** (zB Zwei- oder Dreischichtbetrieb) bzw die Dauer und Lage der Arbeitspausen[204] von Bedeutung. Auch eine gleichmäßige Aufteilung der Arbeitszeit auf fünf Tage kann bei der Schlichtungsstelle beantragt werden[205]. Ein weiteres Anwendungsgebiet des § 97 Abs 1 Z 2 ArbVG ergibt sich im Zusammenhang mit **spezifischen Arbeitszeitformen** (vgl 6.8.14). Bei den mit diesen notwendigerweise verbundenen unregelmäßigen Arbeitszeiten sind nicht nur Beginn und Ende der Arbeitszeit an einzelnen Tagen festzulegen, sondern auch die Arbeitszeitverteilung über längere Zeiträume. Vor allem der gesamte Bereich des § 4 AZG, der eine sog andere Verteilung der Normalarbeitszeit ermöglicht (vgl 6.8.4), stellt einen Anwendungsfall des § 97 Abs 1 Z 2 ArbVG dar.

11/227 Erhebliche Interpretationsprobleme sind va damit verbunden, dass einerseits die Regelungsbefugnis im Rahmen des § 4 AZG im Verhältnis zum Kollektivvertrag eine subsidiäre ist und es sich zum anderen grundsätzlich um Zulassungsnormen handelt (vgl § 4 Abs 6, 7

---

[202] Zur Zulässigkeit kollektivvertraglicher Regelungen, die die Überstundenarbeit von der Zustimmung des Betriebsrats abhängig machen, vgl *Strasser*, Mitbestimmung des Betriebsrats bei der Anordnung von Überstunden, in FS Weißenberg (1980), 343.

[203] Vgl hiezu *Schwarz/Löschnigg*, Arbeitsrecht aus trüber Quelle, ÖJZ 1994, 219; zur Lage der Teilzeitarbeit s unten.

[204] OGH 30. 9. 2009, 9 ObA 121/08x, DRdA 2011, 337 mit Bespr v *Runggaldier/Firneis*.

[205] SchlSt beim EA Wien 7. 3. 1975, Sch 3/75, DRdA 1975, 219 mit Bespr v *Klein*.

u 8 AZG; allg zur Zulassungsnorm vgl 3.3.1.9.1 g). Fraglich ist, ob subsidiäre Zulassungsnormen als erzwingbare Betriebsvereinbarungen § 97 Abs 1 Z 2 ArbVG unterstellt werden können. Grundsätzlich ist hiebei zu unterscheiden. Die Zulassung von Durchrechnungszeiträumen gem § 4 Abs 6 AZG etc wird nicht über die Schlichtungsstelle erzwungen werden können. Existiert aber eine entsprechende Betriebsvereinbarung, dann können in weiterer Folge darauf aufbauend arbeitsvertragliche Regelungen vereinbart oder auch Betriebsvereinbarungen gem § 97 Abs 1 Z 2 ArbVG erzwungen werden[206].

Nicht unter § 97 Abs 1 Z 2 werden Lohnzuschläge, die im Zusammenhang mit der Arbeitszeitverkürzung gewährt werden, subsumiert[207]. 11/228

Für die generelle Festsetzung des **Beginns und des Endes der täglichen Arbeitszeit** bildet gleichfalls § 97 Abs 1 Z 2 ArbVG die Rechtsgrundlage[208]. 11/229

Durch die Festsetzung der Lage der täglichen Arbeitszeit ergibt sich unter Berücksichtigung der halbstündigen Arbeitspause gem § 11 Abs 1 AZG, die nicht der Arbeitszeit zugerechnet wird, das **Ausmaß der täglichen Arbeitszeit.** Dieses mathematische Ergebnis darf nun aber nicht dahingehend interpretiert werden, dass die Betriebsvereinbarung gem § 97 Abs 1 Z 2 ArbVG auch die Dauer der täglichen Arbeitszeit festzusetzen berechtigt ist. Vielmehr ist das arbeitsvertraglich oder kollektivvertraglich vereinbarte Ausmaß der Arbeitszeit als Fixpunkt zu betrachten, nach dem sich eine Betriebsvereinbarung über Beginn und Ende der Arbeitszeit zu richten hat (zu Betriebsvereinbarungen betreffend das Ausmaß der Arbeitszeit s oben).

In § 97 Abs 1 Z 2 ArbVG ist auch die generelle Festsetzung der Dauer und Lage der **Arbeitspausen** vorgesehen. Dies ist vor allem für die Festlegung von Kurzpausen (vgl 6.8.11) von Bedeutung. Überlegungen in Richtung Arbeitsermüdung, Konzentration und damit auch Arbeitssicherheit sind hier besonders zu berücksichtigen. 11/230

Veränderungen der **halbstündigen Ruhepause** gem § 11 Abs 1 1. Satz AZG können weitgehend nur durch Betriebsvereinbarung erfolgen (vgl 6.8.11). Vereinbarungen mit den einzelnen Arbeitnehmern oder Weisungen des Arbeitgebers vermögen diese Betriebsvereinbarung nicht zu ersetzen. Insofern besitzt auch sie notwendigen Charakter, wenngleich es sich dem Grunde nach um eine erzwingbare Betriebsvereinbarung gem § 97 Abs 1 Z 2 ArbVG handelt[209]. 11/231

Mitbestimmungsrechtliche Fragen tauchen häufig im Zusammenhang mit **Arbeitszeitkontrollen** auf. Zu beachten ist hiebei, dass der Arbeitgeber zu Arbeitszeitaufzeichnungen verpflichtet ist (vgl 6.8.10). Ansätze für eine Mitbestimmung des Betriebsrats bilden aber die Kontrolle an sich (vgl 11.5.1.5) und EDV-Systeme (vgl 11.5.1.3), die zur Arbeitszeitkontrolle verwendet werden. 11/232

---

206 Vgl *Löschnigg*, Probleme der AZG-Novelle BGBl I 46/1997, in FS Tomandl (1998), 254.
207 Vgl *Marhold*, Mitbestimmung bei der Arbeitszeitverteilung, ASoK 1997, 102; s aber SchlSt Wien 10. 10. 1984, Sch 1/84, infas 1985, A 2.
208 Vgl *Wolf*, Zur Festlegung der Lage der Arbeitszeit, ecolex 2004, 729.
209 Vgl hiezu auch SchlSt beim EA Wien 7. 3. 1975, Sch 3/75, DRdA 1975, 219 mit krit Bespr v *Klein*.

11.5.3.7. Urlaub

11/233 Hat ein Arbeitnehmer seinen Urlaubswunsch mindestens drei Monate vor dem beabsichtigten Urlaubsantritt bekannt gegeben und kommt eine Einigung zwischen Arbeitgeber und Arbeitnehmer über den Urlaubstermin nicht zustande, so sind die Verhandlungen unter Beiziehung des Betriebsrats fortzusetzen. Unterlässt der Arbeitgeber die **Beiziehung des Betriebsrats** oder kommt auch unter Mitwirkung des Belegschaftsorgans keine Einigung zustande, dann kann der Arbeitnehmer den Urlaub auch ohne Vereinbarung mit dem Arbeitgeber antreten, wenn dieser dagegen keine Klage einbringt (§ 4 Abs 4 UrlG; vgl 6.10.3).

11/234 Gem § 97 Abs 1 Z 10 ArbVG können in einer Betriebsvereinbarung die den Verbrauch des Erholungsurlaubs betreffenden **Grundsätze** festgelegt werden. Eine derartige **Betriebsvereinbarung** ist **freiwilliger** Natur (vgl allg 3.3.4.5.4). Sie kann weder vom Betriebsinhaber noch vom Betriebsrat erzwungen werden (vgl auch 11.4.4.1.6.4).

11/235 Unter den den Urlaubsverbrauch betreffenden Grundsätzen sind beispielsweise zu verstehen:

- Vorrang von Elternteilen schulpflichtiger Kinder während der Ferien;
- Berücksichtigung von Urlaubsterminen berufstätiger Ehegatten;
- Teilungsmöglichkeiten des Urlaubs;
- maximale Urlaubsquote (Höchstzahl der auf Urlaub befindlichen Arbeitnehmer pro Abteilung);
- Festlegung einer Urlaubsperiode;
- Festlegung eines Verfahrens für die alljährliche Inanspruchnahme des Urlaubs.

Die normative Fixierung eines **Betriebsurlaubs** ist durch Betriebsvereinbarung nicht möglich[210]. Der Verbrauch des Urlaubs ist individuell zwischen Arbeitnehmer und Arbeitgeber zu vereinbaren (§ 4 Abs 1 UrlG). Wird de facto zwischen Betriebsinhaber und Betriebsrat eine Vereinbarung über einen Betriebsurlaub abgeschlossen und halten sich die Arbeitnehmer an diese Vereinbarung, so bildet nicht die Betriebsvereinbarung, sondern die individuellen, konkludent zustande gekommenen Vereinbarungen die Rechtsgrundlage für den Urlaub. Arbeitnehmern, die mit einem Betriebsurlaub nicht einverstanden sind und ihre Arbeitsbereitschaft bekunden, gebührt das Entgelt gem § 1155 ABGB. Eine Anrechnung dieser Zeit auf ihren Erholungsurlaub kommt in keiner Weise in Betracht (zur Möglichkeit der individuellen „Vorausvereinbarung" von Betriebsurlauben vgl 6.10.3).

11/236 Der Tatbestand des § 97 Abs 1 Z 10 ArbVG erfasst nur den Erholungsurlaub. Regelungen über unbezahlte oder bezahlte **Karenzen** (zB für private Studienreisen, Verlängerung der Elternkarenz über den gesetzlichen Zeitraum udgl; vgl 6.11) können daher in eine Betriebsvereinbarung nicht Eingang finden. Diese Angelegenheiten müssten einzelvertraglich vereinbart werden.

11/237 Ein weiterer Anwendungsbereich für Betriebsvereinbarungen im Urlaubsrecht ergibt sich bei der **Umstellung vom Arbeitsjahr auf das Kalenderjahr** als Berechnungsbasis für den Urlaubsanspruch. Gem § 2 Abs 4 UrlG kann nämlich durch Betriebsvereinbarung an Stelle des Arbeitsjahres das Kalenderjahr oder ein anderer Jahreszeitraum als Urlaubsjahr festgelegt werden (vgl auch 6.10.2). Das UrlG legt gleichzeitig die **Grenzen** für diese Betriebsvereinbarung fest:

---

[210] Vgl zB EA Linz 21. 5. 1973, Re 13/73, Arb 9121.

a) Beginnt ein Arbeitnehmer sein Dienstverhältnis in einem auf das Kalenderjahr abgestellten Urlaubsjahr und hat er mit Beginn des neuen Urlaubsjahres die sechsmonatige **Wartefrist** (vgl 6.10.2) **noch nicht erfüllt**, so kann vereinbart werden, dass ihm für jeden begonnenen Monat ein Zwölftel des Jahresurlaubs zusteht. Ist die Wartefrist hingegen erfüllt, gebührt ihm der volle Urlaub. Dies ist im Hinblick auf die durch das BGBl 502/1993 geänderte Fassung des § 2 Abs 2 UrlG (Urlaubsanspruch innerhalb der ersten sechs Monate des Dienstverhältnisses) dahingehend zu verstehen, dass für den Zeitraum vom Beginn des Arbeitsjahres bis zum Ende des laufenden Kalenderjahres der Urlaub gesondert und aliquot zu berechnen ist. Mit Beginn des neuen Kalenderjahres entsteht der Anspruch für das neue Urlaubsjahr ebenfalls aliquot bis zum Ende der Wartefrist. Nach Ablauf derselben steht dem Arbeitnehmer der Erholungsurlaub für das restliche Kalenderjahr zur Gänze zu. 11/238

Beispiel: Ein Arbeitnehmer tritt am 1. September sein Arbeitsverhältnis an. Eine Betriebsvereinbarung im obigen Sinne existiert, dh das Urlaubsjahr ist das Kalenderjahr. – Der Arbeitnehmer hat daher während der Wartefrist (1. September bis 28. Februar des folgenden Jahres) stets nur den aliquoten Urlaubsanspruch. Ab März gebührt dem Arbeitnehmer der gesamte Resturlaub für das laufende Kalenderjahr. Will der Arbeitnehmer zB mit Ende Februar einen Erholungsurlaub in Anspruch nehmen, dann steht ihm dieser nur im Ausmaß von 15 Werktagen (30 : 12 × 4 = 10 und 30 : 12 × 2 = 5) zu. Ab 1. März kann er die restlichen 25 Tage des Jahresurlaubs konsumieren.

b) Für Arbeitnehmer, die zu Beginn des neuen Urlaubsjahres **mindestens ein Jahr** beim selben Arbeitgeber beschäftigt sind, kann vereinbart werden, dass deren Urlaubsansprüche für den Umstellungszeitraum gesondert berechnet werden. Umstellungszeitraum ist hiebei der Zeitraum vom Beginn des Arbeitsjahres bis zum Ende des folgenden Kalenderjahres. Jedenfalls muss auf Grund der Betriebsvereinbarung dem Arbeitnehmer für den Umstellungszeitraum ein voller Urlaubsanspruch und ein zusätzlicher aliquoter Anspruch für den Zeitraum vom Beginn des Arbeitsjahres bis zum Ende des neuen Urlaubsjahres (Rumpfjahr) zustehen. Auf den Urlaubsanspruch im Umstellungszeitraum ist ein für das Arbeitsjahr vor der Umstellung gebührender und bereits verbrauchter Urlaub anzurechnen. 11/239

Beispiel: Anhand einer Betriebsvereinbarung im obigen Sinn ist der Urlaubsanspruch eines Arbeitnehmers zu berechnen, dessen Arbeitsjahr jeweils vom 1. November bis 31. Oktober des folgenden Jahres dauert. – Im Falle eines Arbeitnehmers mit weniger als 25 Dienstjahren stehen ihm für den Umstellungszeitraum fünf (30 : 12 × 2 = 5) und 30 Werktage an Urlaub zu.

c) Würde sich im Rahmen einer Umstellung das **Urlaubsausmaß im Rumpfjahr** ändern, so kann vereinbart werden, dass das höhere Urlaubsausmaß erstmals in jenem Kalenderjahr gebührt, in das der überwiegende Teil des Arbeitsjahres fällt. 11/240

Beispiel: Das Arbeitsjahr eines Arbeitnehmers endet am 31. August. Zu diesem Zeitpunkt vollendet er sein 25. Dienstjahr. Eine Betriebsvereinbarung im obigen Sinn existiert. Die Betriebsvereinbarung, in der die Umstellung auf das Kalenderjahr durchgeführt wurde, wird ebenfalls im August abgeschlossen. – Ohne Betriebsvereinbarung hätte der Arbeitnehmer den erhöhten Urlaubsanspruch von 36 Werktagen am 1. September erworben. Auf Grund der Betriebsvereinbarung wird der Urlaub für das Rumpfjahr nach dem bisherigen Ausmaß von 30 Werktagen aliquotiert. Das erhöhte Ausmaß gebührt ihm erst im darauf folgenden Kalenderjahr.

Das Abgehen vom Arbeitsjahr als Berechnungsbasis für den Urlaub muss nicht mit einer Umstellung auf das Kalenderjahr gleichbedeutend sein. Für die Umstellung kann auch ein **beliebiger anderer Jahreszeitraum** gewählt werden. 11/241

11.5.3.8. Versetzungen[211]

11/242 Gem § 101 ArbVG ist dem Betriebsrat **jede dauernde Einreihung** eines Arbeitnehmers auf einen anderen Arbeitsplatz unverzüglich mitzuteilen, wobei von einer dauernden Versetzung dann nicht gesprochen werden kann, wenn sie für den Zeitraum von voraussichtlich weniger als 13 Wochen erfolgt. Über Verlangen des Arbeitnehmers muss mit dem Betriebsrat über die Versetzung **beraten** werden. Ist mit einer dauernden Versetzung eine **Verschlechterung der Entgelt- oder sonstigen Arbeitsbedingungen** verbunden, so bedarf sie zu ihrer Rechtswirksamkeit der **Zustimmung des Betriebsrats.**

Bei einer dauernden Versetzung, die nach obigen Kriterien mitbestimmungspflichtig ist, muss bereits bei Ausspruch dieser Versetzung die Zustimmung des Betriebsrats vorliegen. Andernfalls ist sie absolut (nicht nur schwebend!) unwirksam. Eine wegen mangelnder Zustimmung des Betriebsrats fehlerhafte Versetzung ist daher rechtlich völlig bedeutungslos und muss gegebenenfalls wiederholt werden. Eine Sanierung durch nachträgliche Zustimmung ist nicht möglich.

11/243 Erteilt der Betriebsrat die Zustimmung zur Versetzung nicht, so kann sie durch Urteil des Gerichts ersetzt werden. Das Gericht hat die Zustimmung zu erteilen, wenn die Versetzung sachlich gerechtfertigt ist. Es handelt sich im konkreten Fall um eine Rechtsstreitigkeit iSd § 50 Abs 2 ASGG (vgl 14.1.1), bei welcher dem Gericht ein relativ weiter Ermessensspielraum zukommt (zur Gesamtproblematik der Versetzung vgl 6.1.8).

11.5.3.9. Beförderungen

11/244 Den gesetzlich verwendeten Begriff der Beförderung definiert § 104 Abs 2 ArbVG. Dieser Bestimmung zufolge ist darunter jede Anhebung der Verwendung im Betrieb zu verstehen, die mit einer Höherreihung im Entlohnungsschema oder ansonsten mit einer Erhöhung des Entgelts verbunden ist. Beförderungen ohne gleichzeitige Anhebung des Entgelts sind von vornherein ausgeklammert.

Soweit der Betriebsinhaber die Stellung von Arbeitnehmern verbessert, besitzt die Belegschaft überhaupt keine oder nur schwach ausgeprägte Mitspracherechte. Dies wird im Rahmen der Mitwirkung bei Beförderungen offenkundig. Jede beabsichtigte Beförderung eines Arbeitnehmers hat der Betriebsinhaber dem Betriebsrat ehestmöglich mitzuteilen. Verlangt der Betriebsrat in der betreffenden Angelegenheit eine Beratung, so ist der Betriebsinhaber auch dazu verpflichtet. Die Mitwirkungsrechte der Belegschaft erschöpfen sich somit in einem **Informations-** und einem **Beratungsrecht**.

11/245 Die Erfüllung der Informations- und Beratungspflicht des Betriebsinhabers steht unter Strafsanktion. Zuwiderhandlungen können von der Bezirksverwaltungsbehörde gem § 160 ArbVG mit einer Geldstrafe geahndet werden.

[211] Allg dazu *Staufer*, Die Versetzung von Arbeitnehmern aus arbeitsvertraglicher und betriebsverfassungsrechtlicher Sicht (2003); *Kietaibl*, Die Versetzung aus arbeitsvertraglicher Sicht, ZAS 2005, 52; *Tinhofer*, Der kollektivrechtliche Aspekt der Versetzung, ZAS 2005, 59.

11.5.3.10. Rechtsstellung bei Krankheit und Unfall

Durch eine **freiwillige Betriebsvereinbarung** nach § 97 Abs 1 Z 21 ArbVG kann die Rechtsstellung der Arbeitnehmer bei Krankheit und Unfall gegenüber der durch Gesetz und Kollektivvertrag geschaffenen Situation grundsätzlich verbessert werden (allg zur freiwilligen Betriebsvereinbarung vgl 3.3.4.5.4 u 11.4.4.1.6.4). 11/246

Welchen **Inhalt** günstigere Betriebsvereinbarungen haben können, zeichnet bereits § 7 EFZG teilweise vor. Festgelegt kann insb werden: 11/247

- Bestimmungen bezüglich der Verschuldensgrade des § 2 Abs 1 und 5 EFZG (zB Teilanspruch auf Entgeltfortzahlung auch bei grober Fahrlässigkeit);
- Verlängerung der Anspruchsdauer der Entgeltfortzahlung des § 2 Abs 1, 4 und 5 EFZG.

Als weitere Beispiele wären eine Erhöhung des fortzuzahlenden Entgelts (zB Taggeld während eines Krankenhausaufenthalts) oder der Abschluss einer privaten Zusatzkrankenversicherung für die Arbeitnehmer zu erwähnen. 11/248

Ebenso wie im Rahmen des Erholungsurlaubs kann im Falle der Entgeltfortzahlung durch **Betriebsvereinbarung** (und auch durch Kollektivvertrag) vereinbart werden, dass sich der Anspruch auf Entgeltfortzahlung nicht nach dem Arbeitsjahr, sondern nach dem **Kalenderjahr** richtet (vgl 6.9.2.1.6.2 und 6.9.2.1.6.3). Sowohl das AngG als auch das EFZG sehen diese Möglichkeit der **Umstellung** ausdrücklich vor, setzen ihr aber gleichzeitig Grenzen. Gem § 2 Abs 8 EFZG bzw § 8 Abs 7 AngG können solche Vereinbarungen vorsehen (vgl dazu auch die Beispiele unter 11.5.3.7), dass 11/249

a) Arbeitnehmer, die während des Kalenderjahres eintreten, Anspruch auf Entgeltfortzahlung nur bis zur Hälfte der nach dem EFZG zustehenden Dauer haben, sofern die Dauer des Arbeitsverhältnisses im Kalenderjahr des Eintritts weniger als sechs Monate beträgt;
b) sich die Anspruchsdauer auf Grund der erworbenen Dienstzeiten erstmals in jenem Kalenderjahr erhöht, in das der überwiegende Teil des Arbeitsjahres fällt;
c) die Ansprüche der im Zeitpunkt der Umstellung im Betrieb beschäftigten Arbeitnehmer für den Umstellungszeitraum (Beginn des Arbeitsjahres bis Ende des folgenden Kalenderjahres) gesondert berechnet werden. Jedenfalls muss für den Umstellungszeitraum dem Arbeitnehmer ein voller Anspruch und ein zusätzlicher aliquoter Anspruch entsprechend der Dauer des Arbeitsjahres im Kalenderjahr vor der Umstellung abzüglich jener Zeiten, für die bereits Entgeltfortzahlung wegen Arbeitsverhinderung infolge Krankheit (Unglücksfall) gewährt wurde, zustehen.

11.5.3.11. Beendigung des Arbeitsverhältnisses

Die Mitspracherechte der Belegschaft im Rahmen der Beendigung von Arbeitsverhältnissen lassen sich in mehrere Gruppen teilen. Den wichtigsten Bereich stellt der allgemeine **Kündigungs- und Entlassungsschutz** dar (vgl 8.2.8.1 u 8.3.4.3.1). Diese Mitwirkungsrechte greifen allerdings erst zu einem Zeitpunkt ein, in dem das Arbeitsverhältnis bereits beendet ist oder dessen Beendigung unmittelbar bevorsteht. Sie sind gezielt auf eine individuelle Maßnahme des Betriebsinhabers ausgerichtet (Mitwirkung in personellen Angelegenheiten; vgl 11.4.4.2). 11/250

11.5.3.11. Befugnisse der Arbeitnehmerschaft

11/251 Ein zweiter Mitwirkungsbereich ergibt sich aus § 97 Abs 1 Z 22 ArbVG. Dieser Bestimmung zufolge können **Kündigungsfristen** und **Gründe zur vorzeitigen Beendigung** des Arbeitsverhältnisses in einer freiwilligen Betriebsvereinbarung geregelt werden.

Für **Angestellte** sieht § 20 Abs 2 AngG bezüglich der Dienstgeberkündigung zwingende Kündigungsfristen vor. Längere Kündigungsfristen können nach dem Günstigkeitsprinzip (vgl 3.2.3) auch durch Betriebsvereinbarung fixiert werden. Kündigt ein Angestellter, so hat er eine Kündigungsfrist von einem Monat einzuhalten. Diese Kündigungsfrist kann durch Vereinbarung bis zu einem halben Jahr ausgedehnt werden (vgl 8.2.2). Daraus kann jedoch keine Betriebsvereinbarungskompetenz abgeleitet werden. Wenn das AngG von „Vereinbarung" spricht, dann ist offensichtlich ausschließlich die Individualvereinbarung gemeint.

Für die Gruppe der **Arbeiter** gilt § 77 GewO – bis Ende 2020[212] – dispositiv. Die 14-tägige Kündigungsfrist kann durch Kollektivvertrag, durch Arbeitsvertrag und auch durch Betriebsvereinbarung sowohl verlängert als auch verkürzt werden (vgl 8.2.2).

11/252 In der Bestimmung des § 97 Abs 1 Z 22 ArbVG ist nur von einer Betriebsvereinbarungskompetenz zur Regelung von „Kündigungsfristen und Gründen zur vorzeitigen Beendigung des Arbeitsverhältnisses" die Rede. Dem klaren Wortlaut zufolge wären demnach Kündigungstermine, insb die Abdingung der Quartalskündigung nach dem AngG (vgl 8.2.3), der Betriebsvereinbarung nicht zugänglich. Der OGH hat sich aber der Lehre, die die **Kündigungstermine** in die Regelungsbefugnis der Betriebsvereinbarung einbezieht, angeschlossen[213].

11/253 Die **Gründe zur vorzeitigen Beendigung** des Arbeitsverhältnisses (zu den Entlassungsgründen vgl 8.3.4.1; zu den Austrittsgründen vgl 8.3.5.1) sind durch Betriebsvereinbarung trotz der ausdrücklichen Erwähnung nur beschränkt beeinflussbar. Auf das vorzeitige Lösungsrecht schlechthin kann weder der Dienstgeber noch der Dienstnehmer verzichten. Dies gilt auch für einen Verzicht im Rahmen einer Betriebsvereinbarung. Einige Auflösungsgründe (zB der Entlassungsgrund der abschreckenden Krankheit gem § 82 lit h GewO; vgl 8.3.4.1.2 n) sind aber zweifellos einer Abdingung durch Betriebsvereinbarung zugänglich. Eine gewisse Bedeutung kommt der Betriebsvereinbarung als Instrument zur betrieblichen Konkretisierung der gesetzlichen Generalklauseln zu. Zusätzliche Entlassungs- und Austrittsgründe vermag die Betriebsvereinbarung hingegen grundsätzlich nicht zu schaffen.

Ein weiterer Mitwirkungsbereich des Betriebsrats bei Beendigung von Arbeitsverhältnissen betrifft die **einvernehmliche Auflösung**. Verlangt der Arbeitnehmer vor der Vereinbarung einer einvernehmlichen Auflösung des Arbeitsverhältnisses gegenüber dem Betriebsinhaber nachweislich, sich mit dem Betriebsrat zu beraten, so kann innerhalb von zwei Arbeitstagen nach diesem Verlangen eine einvernehmliche Lösung rechtswirksam nicht vereinbart werden (§ 104a ArbVG). Will der Arbeitnehmer sich auf die Rechtsunwirksamkeit einer entgegen den obigen Ausführungen getroffenen Vereinbarung stützen, muss er sie innerhalb einer Woche nach Ablauf der Zweitagefrist in schriftlicher Form geltend machen. Eine ge-

---

[212] Ab 1. 1. 2021 gilt § 77 GewO 1859 nur mehr für Kündigungen, die vor diesem Zeitpunkt ausgesprochen wurden. Ab 2021 wird § 77 GewO durch den dem AngG nachgebildeten § 1159 ABGB ersetzt (s auch 8.2.2).

[213] OGH 26. 8. 2009, 9 ObA 92/09h, ASoK 2010, 61 mit Bespr v *Korenjak* = ARD 6006/12/2009 = infas 2010, A 4; hiezu bereits in diesem Sinn *Floretta/Strasser*, ArbVG (1975), 574.

richtliche Geltendmachung hat innerhalb von drei Monaten nach Ablauf der Zweitagefrist zu erfolgen (Näheres vgl 8.4).

Im Zusammenhang mit **Befristungen** sind die Mitwirkungsrechte des Betriebsrats extrem schwach ausgeprägt. Das ArbVG sieht in § 99 Abs 4 zwar ein Informationsrecht des Betriebsrats über den Abschluss von Befristungen vor, eine Kontrollmöglichkeit für den Fall, dass ein befristeter Vertrag nicht verlängert wird, kennt das ArbVG nicht. Werden allerdings **Bühnendienstverträge** iSd § 27 TAG nicht verlängert, so ist der Betriebsrat hievon spätestens eine Woche vor Absendung der Benachrichtigung von der Nichtverlängerung zu verständigen (vgl § 133 Abs 4 ArbVG).

11.5.4. Mitwirkung in wirtschaftlichen Angelegenheiten

Die Mitwirkung in wirtschaftlichen Angelegenheiten (zur Abgrenzung vgl 11.4.4.2) umfasst neben einer Reihe von Informations-, Interventions- und Beratungsrechten vor allem die Beteiligung bei Betriebsänderungen und die imparitätisch ausgestalteten Mitwirkungsrechte im Aufsichtsrat. In sog Tendenzbetrieben iSd § 132 ArbVG sowie in Theaterunternehmen (§ 133 ArbVG) ist die Ausübung der wirtschaftlichen Befugnisse nur beschränkt möglich (vgl 4.4.2.2). 11/254

11.5.4.1. Wirtschaftliche Informations-, Interventions- und Beratungsrechte

In wirtschaftlichen Belangen sieht § 108 ArbVG eine gewisse Kontrolle durch die Belegschaftsorgane in Form von Informations-, Interventions- und Beratungsrechten vor. Zielrichtung der Mitwirkungsrechte ist hiebei nicht nur die augenblickliche wirtschaftliche Situation des Betriebs; die kontrollierende Funktion der Belegschaftsorgane ist sowohl vorausschauend als auch rückblickend orientiert. 11/255

Ein Recht auf **Information** hat der Betriebsrat über die gesamte wirtschaftliche Lage einschließlich der finanziellen Situation des Betriebs sowie über deren voraussichtliche Entwicklung, über die Art und den Umfang der Erzeugung, den Auftragsstand, den mengen- und wertmäßigen Absatz, die Investitionsvorhaben sowie über sonstige geplante Maßnahmen zur Hebung der Wirtschaftlichkeit des Betriebs[214]. 11/256

Ein besonderes Informationsrecht steht dem Betriebsrat im Zusammenhang mit geplanten Veränderungen in der **Betriebs- und Unternehmensstruktur** (Übertragung, rechtliche Verselbständigung, Zusammenschluss und Aufnahme von Betrieben oder Betriebsteilen) zu. Die Information hat zu einem Zeitpunkt, in einer Weise und in einer inhaltlichen Ausgestaltung zu erfolgen, die dem Zweck angemessen ist und es dem Betriebsrat gestattet, die möglichen Auswirkungen der geplanten Maßnahme eingehend zu bewerten und eine Stellungnahme zu der geplanten Maßnahme abzugeben. Die Information hat den Grund für diese Maßnahme, die sich daraus ergebenden rechtlichen, wirtschaftlichen und sozialen Folgen für die Arbeitnehmer und die hinsichtlich der betroffenen Arbeitnehmer in Aussicht genommenen Maßnahmen zu beinhalten.

---

[214] Allg dazu *Jabornegg/Rebhahn*, Unternehmensplanung und Informationsrechte der Belegschaft im Betriebsverfassungsrecht, DRdA 1979, 284; *Kodek*, Einstweilige Verfügungen zur Sicherung des Informationsanspruchs nach §§ 108, 109 ArbVG bei beabsichtigten Betriebsänderungen, DRdA 2011, 517; *Rauch*, Mitwirkung des Betriebsrats in wirtschaftlichen Angelegenheiten, ASoK 2015, 91.

11.5.4.1. Befugnisse der Arbeitnehmerschaft

Nicht ganz systemkonform sieht § 108 Abs 1 ArbVG auch ein Informationsrecht im Rahmen des Kündigungsfrühwarnsystems (vgl 8.2.8.4) vor. Der Betriebsinhaber hat demnach den Betriebsrat unverzüglich von einer schriftlichen Anzeige gem § 45a AMFG an die zuständige regionale Geschäftsstelle des Arbeitsmarktservice in Kenntnis zu setzen. Von der Grundkonzeption des ArbVG her würde dieses Mitwirkungsrecht eher den Befugnissen in sozialen Angelegenheiten zuzuordnen sein (vgl auch 11.4.4.2).

In **Konzernen** iSd § 15 AktG bzw des § 115 GmbHG hat der Betriebsinhaber dem Betriebsrat auf sein Verlangen Aufschluss über alle geplanten und in Durchführung begriffenen Maßnahmen seitens des herrschenden Unternehmens zu geben. Dieses Auskunftsrecht steht auch dem Betriebsrat des herrschenden Unternehmens zu, sofern die wirtschaftlichen Maßnahmen abhängige Konzernunternehmen betreffen. Auskunftsperson für den Betriebsrat ist stets der Betriebsinhaber im eigenen Unternehmen. Die Verpflichtung trifft den Betriebsinhaber allerdings nur dann, wenn es sich um Betriebsänderungen oder ähnlich wichtige Angelegenheiten handelt, die erhebliche Auswirkungen auf die Arbeitnehmer des Betriebs zeitigen (§ 108 Abs 2 ArbVG; vgl auch 11.5.4.2).

11/257 Auf Verlangen des Betriebsrats ist mit ihm über die erhaltenen Informationen zu **beraten**.

11/258 In wirtschaftlichen Belangen wird dem Belegschaftsorgan ein sehr umfassendes **Interventionsrecht** eingeräumt. Gem § 108 Abs 1 ArbVG ist der Betriebsrat berufen, insb im Zusammenhang mit der Erstellung von **Wirtschaftsplänen** (Erzeugungs-, Investitions-, Absatz-, Personal- und anderen Plänen) dem Betriebsinhaber Anregungen und Vorschläge zu erstatten. Übergeordnetes Ziel haben stets die Förderung der Wirtschaftlichkeit und Leistungsfähigkeit des Betriebs, aber auch die wirtschaftlichen und sozialen Interessen der Arbeitnehmer zu sein. Auf Verlangen des Betriebsrats sind ihm die erforderlichen Unterlagen zur Verfügung zu stellen.

11/259 Eine vergangenheitsbezogene Kontroll- und Dokumentationsaufgabe besitzt trotz seiner Ausrichtung auf den Zeitpunkt des Abschlusses der Geschäftsperiode der **Jahresabschluss**[215]. Eine ausdrückliche Verpflichtung zur Übermittlung einer Abschrift (Kopie) des Jahresabschlusses und des Anhangs (mit Ausnahme der in § 239 Abs 1 Z 2 bis 4 UGB bezeichneten Angaben über Organe und Arbeitnehmer der Gesellschaft) an den Betriebsrat besteht gem § 108 Abs 3 ArbVG in

- Handelsbetrieben, Banken und Versicherungsunternehmen, in denen dauernd mindestens 30 Arbeitnehmer beschäftigt sind;
- sonstigen Betrieben, in denen dauernd mindestens 70 Arbeitnehmer beschäftigt sind;
- Industrie- und Bergbaubetrieben, unabhängig von der Arbeitnehmerzahl.

11/260 Eine Abschrift des Jahresabschlusses für das vergangene Geschäftsjahr ist dem Betriebsrat alljährlich, spätestens einen Monat nach dessen Erstellung, zu übermitteln.

Wird der Jahresabschluss nicht innerhalb von sechs Monaten nach dem Ende des Geschäftsjahres erstellt, so ist dem Betriebsrat durch Vorlage eines Zwischenabschlusses oder anderer geeigneter Unterlagen vorläufig Aufschluss über die wirtschaftliche und finanzielle Lage des Betriebs zu geben.

11/261 Der Betriebsinhaber ist ferner verpflichtet, dem Betriebsrat die erforderlichen Erläuterungen und Aufklärungen zu geben.

Verlangen kann der Betriebsrat idR nur die Vorlage des Jahresabschlusses des letzten Jahres. Ein Begehren auf Ausfolgung von Bilanzen früherer Geschäftsjahre ist jedoch dann gerechtfertigt, wenn eine

---

[215] Vgl hiezu *Geist*, Zum Anspruch der Belegschaft auf den Jahresabschluß und Konzernabschluß (§ 108 Abs 3 und 4 ArbVG), DRdA 1996, 370.

solche Vorlage seinerzeit unterblieben ist und die Beurteilung der Geschäftslage auch die Kenntnis der Betriebserfolge vorangegangener Jahre erforderlich macht[216].

Das Recht auf Vorlage des Jahresabschlusses steht dem Betriebsrat als solchem und nicht einem Mitglied – etwa dem Vorsitzenden – zu. 11/262

Eine entsprechende Verpflichtung des Betriebsinhabers besteht im Übrigen auch dann, wenn dem Betriebsrat etwa auch der Zentralbetriebsratsvorsitzende als Mitglied angehört, gegen den ein Verfahren wegen falscher und das Ansehen des Betriebs schädigender Auskünfte an die Presse sowie ein solches auf Zustimmung zu seiner Entlassung oder Kündigung anhängig ist[217]. Der Betriebsinhaber darf die Ausfolgung des Jahresabschlusses nicht mit der Begründung verweigern, es fehle an der erforderlichen **Vertrauensbasis** zum Betriebsratsvorsitzenden und es bestehe die Gefahr, dass durch diesen vertrauliche Informationen in einer den Interessen des Unternehmens abträglichen Weise offengelegt werden könnten[218]. Das Mitwirkungsrecht des Betriebsrats besteht also unabhängig von einer subjektiven Einschätzung der Vertrauenswürdigkeit einzelner Betriebsratsmitglieder durch den Arbeitgeber[219]. In diesem Zusammenhang muss aber besonders darauf hingewiesen werden, dass die Preisgabe von den Betriebsratsmitgliedern auf diese Weise zugekommenen Betriebs- oder Geschäftsgeheimnissen unter der Sanktion einer Verwaltungsstrafe und eventuell einer Entlassung steht[220].

In Konzernen, in denen nach den §§ 244 ff UGB ein **Konzernabschluss** zu erstellen ist, hat der Betriebsinhaber diesen samt Konzernanhang einschließlich der erforderlichen Erläuterungen und Aufklärungen spätestens einen Monat nach der Erstellung dem Betriebsrat zu übermitteln[221]. 11/263

11.5.4.2. Betriebsänderungen – Sozialplan[222]

Die Mitwirkung der Arbeitnehmerschaft bei Betriebsänderungen ist vorwiegend in § 109 ArbVG geregelt (vgl außerdem 11.5.4.3). Naturgemäß sind hiebei aber auch die allgemeinen Informations-, Interventions- und Beratungsrechte nach § 108 ArbVG (vgl 11.5.4.1) zu beachten. Dies gilt in besonderem Maße für die dort erwähnten Veränderungen der rechtlichen und organisatorischen Rahmenbedingungen für Betriebe und Betriebsteile. 11/264

Eine gesetzliche **Definition der Betriebsänderung** sieht das ArbVG nicht vor[223]. § 109 Abs 1 ArbVG beinhaltet jedoch zur begrifflichen Abgrenzung eine demonstrative Aufzählung von Tatbeständen, die als Betriebsänderungen anzusehen sind. Eine Betriebsänderung stellen demnach dar 11/265

a) die Einschränkung, Verlegung oder Stilllegung des ganzen Betriebs oder einzelner Betriebsteile;

---

[216] VwGH 29. 10. 1980, 1703 u 2343/80, ZfVB 1981/1159; OGH 28. 8. 1991, 9 ObA 170/91, DRdA 1992, 297 mit Bespr v *Trost*.
[217] EA Klagenfurt 11. 9. 1986, Re 18/86, Arb 10.551.
[218] VwGH 21. 1. 1987, 86/01/0244, wbl 1987, 166.
[219] EA Linz 16. 7. 1986, Re 90/86, Arb 10.545.
[220] EA Klagenfurt 11. 9. 1986, Re 18/86, Arb 10.551.
[221] § 108 Abs 4 ArbVG; vgl *Geist*, Zum Anspruch der Belegschaft auf den Jahresabschluß und Konzernabschluß (§ 108 Abs 3 und 4 ArbVG), DRdA 1996, 370.
[222] Allg vgl *Hauser*, Sozialplan – Gestaltungsfragen, praktische Vertragsklauseln, in Resch (Hrsg), Sozialpläne als Instrument der Krisenbewältigung (2010), 57; *Anzenberger*, Kriseninstrument Sozialplan in der Praxis, in Reissner/Herzeg (Hrsg), Arbeits- und sozialrechtliche Strategien zur Krisenbewältigung (2010), 215; *Reissner*, Der Sozialplan, JAP 2010/2011, 163.
[223] Vgl etwa *Trachimow*, Personalinformationssysteme und Mitarbeitervertretung (1992).

b) die Auflösung von Arbeitsverhältnissen, die eine Meldepflicht nach § 45a Abs 1 Z 1 bis 3 AMFG (vgl 8.2.8.4) bewirkt;

c) der Zusammenschluss mit anderen Betrieben;

d) Änderungen des Betriebszwecks, der Betriebsanlagen, der Arbeits- und Betriebsorganisation sowie der Filialorganisation;

e) die Einführung neuer Arbeitsmethoden;

f) die Einführung von Rationalisierungs- und Automatisierungsmaßnahmen von erheblicher Bedeutung;

g) Änderungen der Rechtsform oder der Eigentumsverhältnisse an dem Betrieb.

Kommt es zu einer Änderung der Beteiligungsverhältnisse in Kapitalgesellschaften, dann ist § 109 ArbVG anzuwenden, wenn hiedurch die wirtschaftliche Situation des Unternehmens berührt wird (zB bei Wechsel des Mehrheitseigentümers[224]).

11/266 Soweit die **Interessen der Arbeitnehmer** von einer Betriebsänderung **nicht berührt werden**, ist der Betriebsinhaber nur verpflichtet, den Betriebsrat von geplanten Betriebsänderungen zu einem Zeitpunkt, in einer Weise und in einer inhaltlichen Ausgestaltung zu informieren, die es dem Betriebsrat gestattet, die möglichen Auswirkungen der geplanten Maßnahme eingehend zu bewerten und eine Stellungnahme zu der geplanten Maßnahme abzugeben. Auf Verlangen des Belegschaftsorgans hat der Betriebsinhaber mit ihm eine Beratung über deren Gestaltung durchzuführen. Diese Informationspflicht umfasst nicht bloß die Tatsache, dass eine bestimmte Betriebsänderung geplant ist, sondern auch, wie diese im Einzelnen vor sich gehen soll[225].

11/267 Wird die **Auflösung von Arbeitsverhältnissen**, die eine Meldepflicht nach § 45a Abs 1 Z 1 bis 3 AMFG auslöst, geplant, so muss der Betriebsinhaber den Betriebsrat jedenfalls informieren über

a) die Gründe für die Maßnahme,
b) die Zahl und die Verwendung der voraussichtlich betroffenen Arbeitnehmer, deren Qualifikation und Beschäftigungsdauer sowie die Kriterien für die Auswahl dieser Arbeitnehmer,
c) die Zahl und Verwendung der regelmäßig beschäftigten Arbeitnehmer,
d) den Zeitraum, in dem die geplante Maßnahme verwirklicht werden soll,
e) allfällige zur Vermeidung nachteiliger Folgen für die betroffenen Arbeitnehmer geplante Begleitmaßnahmen (§ 109 Abs 1a ArbVG).

11/268 Für diese Information wird als besonderes Formerfordernis – die Angabe der geplanten Begleitmaßnahmen ausgenommen – Schriftlichkeit verlangt. Der Beratung können vom Betriebsrat Sachverständige beigezogen werden. Der Betriebsinhaber muss dieser Informations- und Beratungspflicht selbst dann nachkommen, wenn die geplante Maßnahme von einem herrschenden Unternehmen veranlasst wird.

---

[224] AA *Köck*, Verständigung des Betriebsrates bei „Unternehmensverkauf"?, ecolex 1990, 237.

[225] EA Klagenfurt 25. 11. 1985, Re 49/85, Arb 10.461.

Informations- und **Beratungsrechte** stehen dem Betriebsrat bereits dann zu, wenn sich die Betriebsänderung im **Planungsstadium** befindet[226]. Nach Ansicht des VwGH erstrecken sie sich jedoch nicht auf bereits vollzogene Betriebsänderungen[227]. Dies ist nicht einzusehen, da dem Betriebsrat auch nach Durchführung der Betriebsänderung Befugnisse zustehen, die auf das Informationsrecht zu gründen sind. Zeitigt die Betriebsänderung gewisse **nachteilige Folgen für die Belegschaft**, so kann er gem § 109 Abs 2 ArbVG auch **Vorschläge** zur Verhinderung, Beseitigung oder Milderung dieser Folgen erstatten. Hiebei hat der Betriebsrat auf die wirtschaftlichen Notwendigkeiten des Betriebs Bedacht zu nehmen. Dieses Vorschlagsrecht kann auch gegenüber bereits vollzogenen Betriebsänderungen ausgeübt werden[228]. 11/269

Bringt eine Betriebsänderung iSd lit a bis f der obigen Aufzählung **wesentliche Nachteile** für alle Arbeitnehmer oder erhebliche Teile der Arbeitnehmerschaft mit sich, so kann ein sog **Sozialplan**[229] abgeschlossen werden (§§ 109 Abs 3 u 97 Abs 1 Z 4 ArbVG). 11/270

Was als wesentlicher Nachteil zu qualifizieren ist, erscheint fraglich. Sicherlich werden eine Reduzierung des Entgelts, ein Abbau freiwilliger Sozialleistungen, eine Verlängerung des Arbeitswegs oder gar der Verlust des Arbeitsplatzes als wesentliche Beeinträchtigungen zu bewerten sein. Ob der Nachteil durch Einzelabreden (zB im Falle der Lohnreduzierung), durch Aufkündigung von Betriebsvereinbarungen (zB über Gewinnbeteiligungen), durch Aufkündigung der Arbeitsverhältnisse oder dgl entsteht, ist irrelevant, solange die Betriebsänderung dafür die Ursache darstellt. Welche ausgleichenden Maßnahmen in Betracht kommen, hängt von der tatsächlichen Fallkonstellation ab (konjunkturelle Situation, Standort der Arbeitsstätte, Verschlechterung der Einkommenssituation, des Sozialprestiges usw).

Der Nachteil für die Arbeitnehmer muss **nicht bereits eingetreten** sein oder in der Zukunft mit Sicherheit eintreten. Der durch den typischen Verlauf der Dinge zu erwartende Eintritt der Nachteile reicht für den Abschluss eines Sozialplans aus[230].

§ 109 Abs 3 ArbVG stellt zwei Voraussetzungen für die Zulässigkeit des Sozialplans auf. Einerseits müssen dauernd mindestens **20 Arbeitnehmer** im Betrieb beschäftigt sein, andererseits muss der mit der Betriebsänderung zusammenhängende wesentliche Nachteil die **gesamte Belegschaft** oder doch zumindest **erhebliche Teile** derselben treffen[231]. Ein Anteil von 8 % der Beschäftigten eines Betriebs wurde von der Judikatur noch nicht als „erheblicher Teil" der Belegschaft anerkannt[232]. 11/271

---

[226] *Jabornegg/Rebhahn*, Unternehmensplanung und Informationsrechte der Belegschaft im Betriebsverfassungsrecht, DRdA 1979, 284 (290 f); zur Informationspflicht des Vorstandes gegenüber den Arbeitnehmervertretern im Aufsichtsrat hinsichtlich der Auswirkungen bei Verschmelzung vgl § 232 Abs 3 AktG, bei Spaltungen § 6 Abs 2 SpaltG.

[227] VwGH 18. 6. 1980, 657/79, Arb 9880.

[228] VwGH 18. 6. 1980, 657/79, Arb 9880.

[229] *Däubler*, Der Transfersozialplan und seine Finanzierung, in FS Binder (2010), 449; zur steuerlichen Behandlung eines Sozialplans vgl *Heinrich*, Sozialplan – steuerrechtliche Rahmenbedingungen, in Resch (Hrsg), Sozialpläne als Instrument der Krisenbewältigung (2010), 63; s auch *Risak*, Der Sozialplan bei Betriebsübergang, ecolex 2011, 841; *Rauch*, Wesentliche Nachteile für erhebliche Teile der Arbeitnehmerschaft als Voraussetzung für den Sozialplan, ASoK 2014, 101.

[230] Zu dieser Problematik des sog prophylaktischen oder vorsorglichen Sozialplans vgl *Krejci*, Der Sozialplan, in Tomandl (Hrsg), Probleme des Einsatzes von Betriebsvereinbarungen (1983), 139 bzw ausführlich *dens*, Der Sozialplan – Ein Beitrag zu Recht und Praxis der Betriebsvereinbarung (1983), 36.

[231] Vgl auch *Reiner*, Die dogmatischen Grundlagen des Sozialplans im Kontext, in Resch (Hrsg), Sozialpläne als Instrument der Krisenbewältigung (2010), 17.

[232] VwGH 15. 10. 1986, 85/01/0297, infas 1987, A 3; krit hiezu *Schneller* in Gahleitner/Mosler (Hrsg), Arbeitsverfassungsrecht, Bd 3^5 (2015), 697 f.

11.5.4.2. Befugnisse der Arbeitnehmerschaft

11/272 Mangels Einigung zwischen Betriebsrat und Betriebsinhaber können der Abschluss, die Abänderung oder die Aufhebung des Sozialplans über die Schlichtungsstelle erzwungen werden, insoweit eine Regelung durch **Kollektivvertrag** oder Satzung nicht vorliegt. Der sog Sozialplan ist somit in der Regel ein Fall der **erzwingbaren Betriebsvereinbarung** (allg zu dieser Mitbestimmung vgl 3.3.4.5.3 sowie 11.4.4.1.6.2; zum kollektivvertraglichen Sozialplan vgl 3.3.1.9.1).

11/273 Unter Sozialplan ist gem § 97 Abs 1 Z 4 ArbVG eine erzwingbare Betriebsvereinbarung zu verstehen, die **Maßnahmen zur Verhinderung, Beseitigung oder Milderung der nachteiligen Folgen einer konkreten Betriebsänderung** zum Inhalt hat[233]. Beispiele für derartige Maßnahmen sind: erhöhte Abfertigungen; betriebliche Ruhegelder bis zum Pensionsanfall; Weiterbenützung von Werkswohnungen; Hinausschieben der Fälligkeit von Darlehen, die dem Dienstnehmer gewährt wurden; Ersatz von Bewerbungskosten für gekündigte Arbeitnehmer; Sonderregelungen für Härtefälle; Zahlungen für Ausbildungs-, Umschulungs- oder Weiterbildungsmaßnahmen; Übernahme von Übersiedlungskosten; Wiedereinstellungsklauseln udgl. Auf die Interessen älterer Arbeitnehmer soll dabei besonders Bedacht genommen werden. Sachliche Differenzierungen zwischen Arbeitnehmern sind zulässig. So kann etwa für die Gewährung einer freiwilligen Abfertigung im Sozialplan danach unterschieden werden, ob das Dienstverhältnis über Initiative des Arbeitgebers oder des Arbeitnehmers aufgelöst wurde, wenn der Arbeitgeber einen Teil der Belegschaft für die Liquidierung des Unternehmens benötigt[234]. Auch eine Ungleichbehandlung von Arbeitnehmern, die kurz vor ihrem Pensionsantritt stehen, kann gerechtfertigt sein, wenn das Ziel etwa ist, jüngere Arbeitnehmer zu schützen und ihre berufliche Wiedereingliederung zu unterstützen[235].

11/274 Hat der Betriebsinhaber den Betriebsrat verspätet oder mangelhaft informiert, so obliegt es der Schlichtungsstelle, eine zusätzliche Abgeltung der Nachteile, die die Arbeitnehmer dadurch erleiden, festzusetzen (§ 109 Abs 3 letzter Satz ArbVG).

11/275 Die **Betriebsänderung selbst** kann in den normativen Teil des Sozialplans nicht aufgenommen werden. Auch die Erzwingbarkeit der Maßnahme an sich über die Schlichtungsstelle ist ausgeschlossen. Inwieweit sie aber Inhalt des schuldrechtlichen Teils einer Betriebsvereinbarung sein kann, ist fraglich[236].

Der Sozialplan vermag auch nicht Maßnahmen für bestimmte Arbeitnehmergruppen zu Lasten anderer zu normieren. Auch innerhalb des von der Betriebsänderung betroffenen Belegschaftsteils können soziale Aktionen zum Ausgleich der durch Betriebsänderung entstandenen Nachteile nicht mit Maßnahmen gekoppelt werden, die in arbeitsrechtliche Ansprüche der Belegschaftsmitglieder eingreifen.

---

[233] OGH 16. 12. 2005, 9 ObA 68/05y, DRdA 2007, 132 mit Bespr v *Weiß*; vgl *Rauch*, Der persönliche Anwendungsbereich des Sozialplans, ASoK 2011, 381; *Goricnik*, „Sozialplan" in Zusammenhang mit Arbeitskräfte-Überlassung, infas 2012, 8.

[234] OGH 26. 11. 2012, 9 ObA 129/12d, infas 2013, A 29.

[235] EuGH 6. 12. 2012, C-152/11, *Odar*, ASoK 2013, 6 = ZAS 2013, 74.

[236] Vgl hiezu *Krejci*, Über den Inhalt von Sozialplänen, in FS Strasser (1983), 519; zum Problem der Auflistung konkreter Leistungen für namentlich genannte Arbeitnehmer vgl OGH 18. 5. 1999, 8 ObA 197/98y, ZAS 2000, 23 mit Bespr v *Strasser*.

Der Abschluss eines derartigen „**kompensatorischen Sozialplans**“ mit normativer Wirkung ist den Betriebsvereinbarungsparteien verwehrt[237].

Beispiel: Durch die Vollautomatisierung der Lagerung und Lagerentnahme in einem Handelsbetrieb reduziert sich der Personalbedarf von 30 auf fünf Arbeitnehmer. Ein Sozialplan sieht vor, dass sämtlichen Arbeitnehmern für die nächsten zwei Jahre die Aufrechterhaltung des Arbeitsverhältnisses garantiert, dass aber gleichzeitig das Entgelt für diesen Zeitraum bis auf die kollektivvertraglichen Ansprüche reduziert wird. – Die Betriebsvereinbarung vermag bezüglich der Entgeltkürzung auf die einzelnen Arbeitsverhältnisse nicht direkt einzuwirken. Stützt sich der Arbeitgeber auf eine derartige Vereinbarung und zahlt die überkollektivvertraglichen Entgeltteile nicht mehr aus, können die einzelnen Arbeitnehmer diese bei Gericht einklagen.

Man könnte allerdings einem derartigen Sozialplan bloß **obligatorische Wirkung** zubilligen. Dass der Betriebsinhaber sich bindet, keinen Abbau durchzuführen, ist sicherlich zulässig. Dieser Bindung würde die Einwirkung des Betriebsrats auf die Belegschaft gegenüberstehen, einer Lohnkorrektur im Interesse der Solidarität der Belegschaftsmitglieder zuzustimmen. Wenn diese Umstände wechselseitig funktionieren, wäre dies nicht rechtswidrig. Im Falle des Scheiterns würden alle wechselseitigen Bindungen wegfallen. Ein Lohnverzicht der Arbeitnehmer, der ein Entgelt zur Folge hätte, das unter dem kollektivvertraglichen liegen würde, wäre in jedem Fall rechtsunwirksam.

Werden in einem Sozialplan den ausscheidenden Arbeitnehmern nur deshalb übergebührliche Leistungen zugebilligt, weil angenommen wird, dass sie ohnehin der Insolvenz-Entgelt-Fonds zahlt, dann handelt es sich um eine gem § 879 Abs 1 ABGB ungültige Vereinbarung zu Lasten Dritter[238]. 11/276

Zu beachten ist jedoch, dass ein Kollektivvertrag im Gegensatz zur Betriebsvereinbarung durchaus auch arbeitsvertragliche Ansprüche abdingen kann. Ein Sozialplan obigen Inhalts könnte daher, wenn er Inhalt eines **Kollektivvertrags** ist, das Entgelt kürzen (zur Möglichkeit beidseitig zwingender Wirkung vgl 3.2.2). 11/277

Ausgeschiedene Arbeitnehmer fallen im Gegensatz zum Kollektivvertrag nicht in das Regelungspouvoir der Betriebsvereinbarung (vgl 3.3.4.6.2 d). Eine Ausnahme bildet der Sozialplan, welcher die den bereits ausgeschiedenen Arbeitnehmern erwachsenden Nachteile ebenso mildern oder beseitigen kann wie die der Betriebsangehörigen (zB Zahlung höherer Abfertigungen einschließlich der Nachzahlung derselben für ehemalige Arbeitnehmer)[239]. 11/278

Auch bezüglich der Unzulässigkeit von **Abschlussnormen** ist sowohl für den Bereich der Betriebsvereinbarung als auch für den Bereich des Kollektivvertrags eine Ausnahme zu machen: In Sozialplänen sind sie in Form von Wiedereinstellungsklauseln zulässig und haben normative Wirkung (vgl 3.3.1.9.1). 11/279

Soll mittels eines Verfahrens vor der Schlichtungsstelle ein Sozialplan erzwungen werden und wird während dieses Verfahrens der Betrieb stillgelegt, so endet auch die Funktionsperiode des Betriebsrats vorzeitig (vgl 10.4.4.1 a). Gem § 62a ArbVG bleibt jedoch die **Partei- und Prozessfähigkeit des Betriebsrats** in bestimmten Fällen der Beendigung seiner Tätigkeitsdauer (vgl 10.4.4.2 b) in Bezug auf ein Verfahren vor einem Gericht oder einer Ver- 11/280

---

[237] Vgl *Schwarz*, Probleme sozialer und personeller Mitbestimmung im Betrieb, DRdA 1975, 72.

[238] OGH 16. 11. 1988, 9 Ob 902/88, DRdA 1989, 308; s auch *Mitter*, OGH: Sozialplan bei drohender Zahlungsunfähigkeit eines Unternehmens, DRdA 1989, 319.

[239] Vgl hiezu *Strasser* in ArbVG-Handkommentar (1975), 556; *Krejci*, Der Sozialplan – Ein Beitrag zu Recht und Praxis der Betriebsvereinbarung (1983), 67; *dens*, Über Regelungszweck, Abschlußvoraussetzungen und Konstruktionsprobleme des Sozialplanes, in FS Floretta (1983), 572.

waltungsbehörde, in dem er Partei ist, **weiterhin aufrecht**, und zwar bis zum Abschluss des Verfahrens, längstens jedoch bis zur Konstituierung eines neuen Betriebsrats. Diese Regelung gilt auch im Falle der Ergreifung eines außerordentlichen Rechtsmittels und bezieht sich nicht nur auf Rechtsstreitigkeiten, sondern – der Absicht des Gesetzgebers Rechnung tragend – auch auf Regelungsstreitigkeiten, die vor der Schlichtungsstelle ausgetragen werden[240].

11/281 Damit wird verhindert, dass durch eine rasche Betriebsstilllegung oder durch eine Verzögerung des Verfahrens vor der **Schlichtungsstelle** das Zustandekommen eines Sozialplans vereitelt werden kann[241].

11/282 Hervorzuheben ist, dass die Kompetenz zum Abschluss eines Sozialplans primär beim **Betriebsrat** liegt, dass aber auch der Zentralbetriebsrat eine diesbezügliche Ermächtigung besitzt, soweit nicht nur die Interessen der Arbeitnehmerschaft eines Betriebs berührt werden (§ 113 Abs 4 Z 2 lit g ArbVG). Soweit die Interessen der Arbeitnehmer eines Konzerns betroffen werden, besteht eine derartige **originäre Kompetenz** (vgl 10.8.3) auch für die **Konzernvertretung** bei Betriebsänderungen gem § 109 Abs 1 Z 1 bis 4 ArbVG (§ 113 Abs 5 Z 3 lit b ArbVG). Dies bedeutet nicht, dass auf höherer Ebene übergeordnete Rechtsquellen geschaffen werden, die dem Betriebsrat (Betriebsausschuss) die Abschlusskompetenz und die Erzwingung eines Sozialplans entziehen. Dass eine rechtliche Koordination vollzogen wird, liegt wohl im Pflichtenkreis der Belegschaftsorgane. Widersprechen sich Betriebsvereinbarungen unterschiedlicher Ebenen, dann sind sie nach den Derogationsregeln über gleichrangige Rechtsquellen zu beurteilen.

11/283 Gewisse Betriebsänderungen erachtet der Gesetzgeber als derart bedeutsam, dass sie selbst bei den sonst von der wirtschaftlichen Mitwirkung ausgeschlossenen **Tendenzbetrieben** (vgl 4.4.2.2) der Mitbestimmung des Betriebsrats unterliegen. Im Einzelnen handelt es sich um die oben unter lit b, e und f (Beendigung von Dienstverhältnissen, Einführung neuer Arbeitsmethoden und Rationalisierungsmaßnahmen) angeführten.

11/284 Betriebsänderungen wie zB Betriebs(sitz)verlegungen oder Betriebsschließungen können zu einer Reihe von Maßnahmen führen, die ihrerseits nur unter Mitwirkung des Betriebsrats durchgeführt werden dürfen. So werden etwa mit der Schließung von Abteilungen Kündigungen oder mit der Verlegung des Betriebs Versetzungen notwendig sein. Dass der Grund für die Kündigungen und Versetzungen eine Betriebsänderung darstellt und § 109 ArbVG anzuwenden ist, vermag nicht die Anwendung des allgemeinen Kündigungsschutzes gem § 105 ArbVG oder des Versetzungsschutzes gem § 101 ArbVG[242] auszuschließen. Es muss vielmehr in diesen Fällen zu einer **Kumulation von wirtschaftlichen und personellen Mitwirkungsrechten** kommen, wenn unterschiedliche Mitwirkungstatbestände angesprochen sind[243].

---

240 Vgl *Radner/Preiss* in Gahleitner/Mosler (Hrsg), Arbeitsverfassungsrecht, Bd 2^5 (2015), 997 ff; *Tomandl*, Bemerkungen zu den §§ 96a und 62a ArbVG, ZAS 1986, 187.

241 Zur Rechtslage vor der ArbVG-Novelle 1986 vgl VwGH 29. 10. 1980, 894/80, DRdA 1982, 118 mit Bespr v *Dirschmied*.

242 OGH 31. 8. 2005, 9 ObA 35/05w, DRdA 2006, 392 mit Bespr v *Naderhirn*.

243 Eher aA OGH 14. 6. 2000, 9 ObA 48/00z, DRdA 2001, 244 mit krit Bespr v *Pfeil*.

11.5.4.3. Einspruch gegen die Wirtschaftsführung

Gem § 111 Abs 1 ArbVG kann der Betriebsrat gegen Betriebsänderungen (vgl 11.5.4.2) oder gegen andere wirtschaftliche Maßnahmen, sofern sie wesentliche Nachteile für die Arbeitnehmerschaft mit sich bringen, binnen drei Tagen ab Kenntnisnahme beim Betriebsinhaber Einspruch erheben[244]. Ob die Betriebsänderung bereits durchgeführt wurde oder ob sie erst in Planung ist, spielt für das Einspruchsrecht keine Rolle[245]. Voraussetzung ist jedoch, dass es sich um einen Betrieb handelt, in dem dauernd **mehr als 200 Arbeitnehmer** beschäftigt sind, oder um ein Unternehmen mit mehr als 400 dauernd beschäftigten Arbeitnehmern, in welchem von der wirtschaftlichen Maßnahme mehr als 200 Arbeitnehmer betroffen wären (s weiters § 112 Abs 1 ArbVG). 11/285

Der fristgerechte Einspruch gegen die Wirtschaftsführung hat unmittelbar weder auf die wirtschaftliche Maßnahme selbst noch auf die von der Maßnahme betroffenen Arbeitsverhältnisse Einfluss. Bedeutung besitzt der Einspruch hingegen für die Berechnung der Frist zur Einleitung von Schlichtungsverhandlungen bei der Schlichtungskommission. 11/286

Eine unmittelbare Auswirkung zeitigt der Einspruch des Betriebsrats jedoch im Falle des **Einspruchs gegen eine geplante Betriebsstilllegung**. Richtet sich nämlich der Einspruch dagegen, so hat er gem § 111 Abs 2 ArbVG für den Zeitraum von längstens vier Wochen, vom Tag der Mitteilung des Betriebsinhabers an den Betriebsrat gerechnet, **aufschiebende Wirkung**. 11/287

Eine rechtswirksame Stilllegung des Betriebs vor Ablauf dieser Frist ist somit nicht möglich; alle damit zusammenhängenden betriebsverfassungsrechtlichen Folgen (Beendigung der Funktion des Betriebsrats, Kündigungs- und Entlassungsschutz der Betriebsratsmitglieder udgl) sind ebenfalls aufgeschoben. Kündigungen einzelner Arbeitnehmer, die im Zusammenhang mit der vom Einspruch betroffenen geplanten Betriebsstilllegung ausgesprochen wurden, verfallen aber nicht gleichzeitig der Rechtsunwirksamkeit. Die aufgeschobene Betriebsstilllegung könnte nur im Kündigungsanfechtungsverfahren geltend gemacht werden[246].

Einigen sich Betriebsinhaber und Betriebsrat nicht binnen einer Woche ab Erhebung des Einspruchs auf eine Kompromisslösung, so kann binnen weiterer drei Tage ein Antrag auf Einleitung von Schlichtungsverhandlungen bei der **Schlichtungskommission** gestellt werden (§ 111 Abs 3 ArbVG). In der Schlichtungskommission sind die zuständigen kollektivvertragsfähigen Körperschaften der Arbeitgeber und Arbeitnehmer paritätisch vertreten. Die Aufgabe der Kommission besteht darin, zwischen den Streitteilen zu vermitteln und auf eine Beilegung der Streitigkeiten zwischen Betriebsinhaber und Belegschaft hinzuwirken. Die Schlichtungskommission kann zur Beilegung der Streitigkeiten einen Schiedsspruch nur dann fällen, wenn die beiden Streitteile vorher eine schriftliche Erklärung abgeben, dass sie sich dem Schiedsspruch unterwerfen. Diese Schiedssprüche sowie vor der Schlichtungskommission abgeschlossene schriftliche Vereinbarungen gelten als Betriebsvereinbarungen (§ 111 Abs 4 u 5 ArbVG). 11/288

---

[244] Vgl auch *Mazal*, Zum Zeitpunkt der Information des Betriebsrats bei Betriebsänderungen, ecolex 2010, 692.
[245] VwGH 18. 6. 1980, 657/79, Arb 9880.
[246] EA Wien 11. 11. 1975, II Re 224/75, ZAS 1976, 161; für Unterlassungsklagen *Schneller/Preiss* in Gahleitner/Mosler (Hrsg), Arbeitsverfassungsrecht, Bd 3^5 (2015), 804.

11.5.4.3. Befugnisse der Arbeitnehmerschaft

11/289 Wenn innerhalb von zwei Wochen ab Antragstellung bei der Schlichtungskommission weder eine Einigung noch ein Schiedsspruch zustande kommt, so kann der Betriebsrat binnen einer weiteren Woche einen Einspruch bei der **Staatlichen Wirtschaftskommission** erheben (§ 112 Abs 1 Z 1 ArbVG). Ein Einspruch kann auch erfolgen, wenn eine Schlichtungskommission nicht errichtet ist und zwischen Betriebsrat und Betriebsinhaber binnen einer Woche ab Erhebung des Einspruchs gegen die Wirtschaftsführung eine Einigung nicht erreicht werden kann. In diesem Fall hat der Einspruch bei der Staatlichen Wirtschaftskommission binnen einer weiteren Woche über den ÖGB zu erfolgen (§ 112 Abs 1 Z 2 ArbVG).

Die **Funktion des ÖGB** in dieser Frage ist umstritten. Während *Strasser*[247] sowie *Schneller/Preiss*[248] im ÖGB eine echte Entscheidungsinstanz sehen, die nach eigenem Gutdünken den Antrag des Betriebsrats weiterleitet oder nicht, billigen *Mayer-Maly*[249] und *Reiger/Winkler*[250] dem ÖGB kein derartiges Prüfungsrecht zu. Der Meinung der erstgenannten Autoren ist zuzustimmen, weil nicht begründet werden kann, dass an die Einschaltung des ÖGB in Form einer bloßen Übermittlerrolle gedacht war.

11/290 Der Einspruch bei der Staatlichen Wirtschaftskommission ist nur zulässig, wenn es sich um eine Angelegenheit von **gesamtwirtschaftlicher Bedeutung** handelt (§ 112 Abs 1 Z 2 ArbVG). Die Forderung nach gesamtwirtschaftlicher Bedeutung drückt sich bereits in einem gewissen Grad darin aus, dass der Einspruch bei der Staatlichen Wirtschaftskommission nur bei Vorliegen von Betrieben mit hohen Arbeitnehmerzahlen möglich ist. Nach § 112 Abs 1 ArbVG müssen nämlich dauernd **mehr als 400 Arbeitnehmer** im Betrieb oder Unternehmen beschäftigt sein. Wird die Mindestbeschäftigtenzahl auf das Unternehmen bezogen, so besteht eine weitere Voraussetzung darin, dass von der den Einspruch provozierenden Maßnahme mehr als 200 Arbeitnehmer betroffen sein müssen (§ 112 Abs 1 Z 2 ArbVG).

11/291 Gem § 112 Abs 4 ArbVG sind grundsätzlich **drei** Staatliche Wirtschaftskommissionen zu errichten, die abhängig von der Art des Unternehmens anzurufen sind. Der Umstand, dass ursprünglich eine Kommission beim BKA zu errichten war, fand seine sachliche Rechtfertigung darin, dass im Jahr 1975 der BM für verstaatlichte Unternehmen zuständig war. Im geltenden BMG 1986 findet sich eine solche Sonderzuständigkeit allerdings nicht mehr. Der Abs 4 Satz 1 erster Halbsatz des § 112 ArbVG wurde somit materiell derogiert[251]. Die Wirtschaftskommissionen sind, je nachdem um welche Unternehmungen es sich handelt, bei den jeweils zuständigen Ministerien einzurichten. Auf Grund der wechselnden Ressortverteilungen ändert sich auch immer wieder die Zuständigkeit für die Einrichtung der Wirtschaftskommissionen. Derzeit kommt die Zuständigkeit des BM für Verkehr, Innovation und Technologie für Verkehrsunternehmungen und die Zuständigkeit des BM für Wissenschaft, Forschung und Wirtschaft für alle übrigen Betriebe und Unternehmen in Frage.

---

[247] In ArbVG-Handkommentar (1975), 751.
[248] In Gahleitner/Mosler (Hrsg), Arbeitsverfassungsrecht, Bd 3^5 (2015), 813 f.
[249] Österreichisches Arbeitsrecht (1970), 230
[250] Immer noch verfassungsrechtliche Bedenken zur Staatlichen Wirtschaftskommission, ZAS 1973, 126.
[251] HA, vgl etwa *Strasser/Jabornegg*, $ArbVG^3$ § 112 Anm 1; *Resch* in Strasser/Jabornegg/Resch (Hrsg), ArbVG (Losebl), § 112 Rz 33.

Den **Vorsitz** führt in allen Kommissionen der jeweilige Bundesminister, der seinen Vorsitz an von ihm bestellte Vertreter übertragen kann. Die übrigen **Mitglieder** der Kommission werden in gleicher Anzahl von der Wirtschaftskammer Österreich und der Bundeskammer für Arbeiter und Angestellte entsendet. Zu den einzelnen Sitzungen sind unter Beischluss einer Ausfertigung des Einspruchs der Inhaber des Betriebs, gegen dessen Wirtschaftsführung Einspruch erhoben wurde, das Belegschaftsorgan, das den Einspruch erhoben hat, und, wenn der Einspruch über den ÖGB erfolgte, auch dieser einzuladen[252].

Die **Aufgabe** der Staatlichen Wirtschaftskommission besteht darin, zwischen Betriebsrat und Betriebsinhaber zu vermitteln und zum Zweck des Interessenausgleichs Vorschläge zur Beilegung der Streitfragen zu erstatten (§ 112 Abs 2 ArbVG). Kommt eine Einigung auch über Vermittlung der Kommission nicht zustande, so hat der Betriebsinhaber der Staatlichen Wirtschaftskommission alle zur Behandlung des Einspruchs notwendigen und die ihm bezeichneten Unterlagen zu übermitteln. In der Folge hat die Kommission in Form eines **Gutachtens** festzustellen, ob der Einspruch berechtigt ist (§ 112 Abs 3 ArbVG). Ein unmittelbarer Einfluss des Gutachtens auf die Betriebsänderung, auf sonstige wirtschaftliche Maßnahmen oder auf die einzelnen Arbeitsverhältnisse besteht nicht. Gleichgültig ist dabei, ob die Kommission im Rahmen ihres Gutachtens zur Ansicht gelangt, dass der Einspruch zu Recht oder zu Unrecht erfolgte. 11/292

11.5.4.4. Mitwirkung im Aufsichtsrat

Die Mitwirkung der Belegschaft im Aufsichtsrat ist in Form eines **imparitätischen Mitentscheidungsrechts** ausgestaltet (vgl auch 11.4.4.1.5). Für je zwei nach dem AktG oder der Satzung bestellte Aufsichtsratsmitglieder (Kapitaleignervertreter) ist ein Arbeitnehmervertreter in den Aufsichtsrat zu entsenden. Ist die Zahl der Kapitaleignervertreter eine ungerade, ist ein weiterer Arbeitnehmervertreter zu entsenden (§ 110 Abs 1 ArbVG). 11/293

Demzufolge sind bei

3 Kapitaleignervertretern	2 Arbeitnehmervertreter,
4 Kapitaleignervertretern	2 Arbeitnehmervertreter,
5 Kapitaleignervertretern	3 Arbeitnehmervertreter,
6 Kapitaleignervertretern	3 Arbeitnehmervertreter,
7 Kapitaleignervertretern	4 Arbeitnehmervertreter,
8 Kapitaleignervertretern	4 Arbeitnehmervertreter,
9 Kapitaleignervertretern	5 Arbeitnehmervertreter,
10 Kapitaleignervertretern	5 Arbeitnehmervertreter,
11 Kapitaleignervertretern	6 Arbeitnehmervertreter

usw zu entsenden.

Das ArbVG hat also im § 110 eine **drittelparitätische** Vertretung der Arbeitnehmerschaft eingeführt, die sich im Gegensatz zu der noch im BRG 1947 verankerten starren Vertretung

[252] Vgl neben dem ArbVG die VO v 14. 6. 1974, BGBl 356/1974, die VO v 18. 6. 1974, BGBl 357/1974, sowie die VO v 25. 6. 1974, BGBl 358/1974, wobei fraglich ist, ob diese VO durch die Änderung des BundesministerienG nicht materiell derogiert wurden (vgl *Strasser/Jabornegg*, ArbVG[3] [1999], 547).

durch zwei Arbeitnehmervertreter an die Zahl der von der Kapitalseite bestellten Aufsichtsratsmitglieder anpasst.

11/294 **Unternehmensformen**, für die die Mitwirkung im Aufsichtsrat zum Tragen kommt, sind

- die AG: der Aufsichtsrat ist gem § 87 AktG zu wählen;
- die GmbH: die Bestellung eines Aufsichtsrats ist gem § 29 GmbHG[253] nur in gewissen Fällen obligatorisch[254]; die Entsendung der Arbeitnehmervertreter findet aber auch im Falle eines Aufsichtsrats, der auf Grund des Gesellschaftsvertrags errichtet wurde (fakultativer Aufsichtsrat), statt[255];
- Versicherungsvereine auf Gegenseitigkeit (zur Aufsichtsratspflicht vgl §§ 43 und 47 VAG);
- Genossenschaften, die dauernd mindestens 40 Arbeitnehmer beschäftigen: § 110 Abs 5 Z 4 ArbVG knüpft mit der Mindestbeschäftigtenzahl von 40 Arbeitnehmern an die Voraussetzung der Aufsichtsratspflicht nach § 24 GenG an;
- Privatstiftungen gem § 22 Abs 4 PSG[256];
- Sparkassen iS des Sparkassengesetzes: das dem Aufsichtsrat entsprechende Organ ist der Sparkassenrat (vgl § 17 SparkassenG);
- Vereine nach dem VerG 2002, wenn sie zwei Jahre lang durchschnittlich mehr als 300 Arbeitnehmer beschäftigt haben und ihre Statuten ein Aufsichtsorgan vorsehen (Näheres in § 5 Abs 4 VerG);
- die Österreichische Postsparkasse (mittlerweile: BAWAG P.S.K. – Bank für Arbeit und Wirtschaft und Österreichische Postsparkasse AG).

11/295 Die Arbeitnehmervertreter, die in den Aufsichtsrat entsandt werden, müssen aus dem Kreis der **Betriebsratsmitglieder** kommen und **aktiv wahlberechtigt** sein (§ 110 Abs 1 ArbVG; vgl 10.4.3.2). Vorstandsmitglieder und Angestellte der Gewerkschaft oder sonst einer zuständigen freiwilligen Berufsvereinigung der Arbeitnehmer, die in den Betriebsrat gewählt

[253] § 29 GmbHG lautet: „(1) Ein Aufsichtsrat muß bestellt werden, wenn 1. das Stammkapital 70 000 Euro und die Anzahl der Gesellschafter fünfzig übersteigen, oder 2. die Anzahl der Arbeitnehmer im Durchschnitt dreihundert übersteigt, oder 3. die Gesellschaft Aktiengesellschaften, aufsichtsratspflichtige Gesellschaften mit beschränkter Haftung oder Gesellschaften mit beschränkter Haftung iSd Abs 2 Z 1 einheitlich leitet (§ 15 Abs 1 Aktiengesetz 1965) oder auf Grund einer unmittelbaren Beteiligung von mehr als 50 Prozent beherrscht und in beiden Fällen die Anzahl der Arbeitnehmer jener Gesellschaft und dieser Gesellschaften zusammen im Durchschnitt dreihundert übersteigt, oder 4. die Gesellschaft persönlich haftender Gesellschafter einer Kommanditgesellschaft ist und die Anzahl der Arbeitnehmer in ihrem Unternehmen und im Unternehmen der Kommanditgesellschaft im Durchschnitt zusammen dreihundert übersteigt, oder 5. aufgrund des VIII. Teils des Arbeitsverfassungsgesetzes die Organe zur Vertretung der Arbeitnehmer einer aus einer grenzüberschreitenden Verschmelzung hervorgehenden Gesellschaft das Recht haben, einen Teil der Mitglieder des Aufsichtsrats zu wählen oder zu bestellen oder deren Bestellung zu empfehlen oder abzulehnen. (2) Keine Pflicht zur Bestellung eines Aufsichtsrats besteht 1. im Fall des Abs 1 Z 2, wenn die Gesellschaft unter einheitlicher Leitung einer aufsichtsratspflichtigen Kapitalgesellschaft steht oder von einer solchen auf Grund einer unmittelbaren Beteiligung von mehr als 50 Prozent beherrscht wird und in beiden Fällen die Anzahl der Arbeitnehmer der Gesellschaft im Durchschnitt fünfhundert nicht übersteigt, oder 2. im Fall des Abs 1 Z 4, wenn neben der Gesellschaft eine natürliche Person, die von der Vertretung der Kommanditgesellschaft nicht ausgeschlossen ist, persönlich haftender Gesellschafter der Kommanditgesellschaft ist ...".

[254] *Jabornegg*, Zur Aufsichtsratspflicht der von einer EU-ausländischen Muttergesellschaft abhängigen österreichischen GmbH, DRdA 2009, 219.

[255] Vgl *Kastner*, GmbH-Gesetz-Novelle 1974, JBl 1974, 337; zur Mitwirkung der Arbeitnehmer im Beirat einer GmbH s OGH 27. 9. 2006, 9 ObA 130/05s, DRdA 2008, 166 mit Bespr v *Putzer*.

[256] Vgl *Strasser*, Gedanken zu einem aus Begünstigten zusammengesetzten Beirat einer Privatstiftung, JBl 2000, 487.

wurden (zu dieser Möglichkeit vgl 10.4.3.3), können somit die Tätigkeit im Aufsichtsrat nicht ausüben.

Die Arbeitnehmervertreter werden durch den Zentralbetriebsrat oder, sofern nur ein Betrieb besteht, durch den Betriebsrat bzw Betriebsausschuss entsandt (**formelles Entsendungsrecht**; § 110 Abs 1 ArbVG). Wird trotz Vorliegens mehrerer Betriebe kein Zentralbetriebsrat errichtet, so kann eine Mitwirkung im Aufsichtsrat nicht ausgeübt werden. Das zuständige Belegschaftsorgan ist bei der Entsendung idR nicht frei, sondern an die Vorschläge seiner Mitglieder, die auf Grund des Vorschlags einer wahlwerbenden Gruppe gewählt wurden (Listenkurie), gebunden (**materielles Entsendungsrecht**). Die **Verteilung der Aufsichtsratssitze** der Arbeitnehmer richtet sich nach dem Kräfteverhältnis der Wahlparteien bei der (Zentral-)Betriebsratswahl: Jeder Listenkurie steht das Vorschlagsrecht gem § 110 Abs 2 ArbVG für so viele Arbeitnehmervertreter zu, wie es dem Verhältnis ihrer Mitgliederzahl zur Gesamtzahl der Mitglieder des (Zentral-)Betriebsrats entspricht. Innerhalb der jeweiligen Listenkurie erfolgt die Nominierung mit Mehrheitsbeschluss. Listenkoppelung ist zulässig, sodass sich die diversen Wahlparteien auch in Gruppen zusammenschließen können. Auf eine angemessene Vertretung der Arbeiter und Angestellten sowie der einzelnen Betriebe des Unternehmens soll bei der Erstellung der Nominierungsvorschläge Bedacht genommen werden. Verstöße gegen diesen Gedanken der weitestgehenden Repräsentation der Gruppierungen innerhalb der Belegschaft im Aufsichtsrat stehen aber unter keinerlei Sanktionsandrohung. Soweit die Listenkurie nicht innerhalb von drei Monaten von ihrem Vorschlagsrecht Gebrauch macht, geht auch das materielle Entsendungsrecht an das zuständige Belegschaftsorgan über: Zentralbetriebsrat, Betriebsrat oder Betriebsausschuss entsenden die (restlichen) Arbeitnehmervertreter durch einfachen Mehrheitsbeschluss in den Aufsichtsrat[257]. 11/296

Die Drittelparität gilt nicht nur für das Aufsichtsratsplenum, sondern auch für **Ausschüsse des Aufsichtsrats** (§ 110 Abs 4 ArbVG). Soweit jedoch ein Ausschuss betroffen ist, der die Beziehungen zwischen der Gesellschaft und den Mitgliedern des Vorstandes behandelt, kommt den Arbeitnehmervertretern im Ausschuss weder Sitz noch Stimme zu. 11/297

Unter den „Beziehungen zwischen der Gesellschaft und den Mitgliedern des Vorstandes" ist sowohl die Anstellung der Vorstandsmitglieder (vertragsrechtlicher Aspekt) als auch deren Bestellung und deren Abberufung (gesellschaftsrechtlicher Aspekt) zu verstehen[258]. Fraglich ist nun allerdings, ob mit der Neuregelung des § 110 Abs 4 ArbVG der Bestimmung des § 92 Abs 4 AktG, wonach in Ausschüssen zur Beschlussfassung über **die Bestellung oder den Widerruf der Bestellung eines Vorstandsmitglieds** mindestens ein Arbeitnehmervertreter mitzuwirken hat, derogiert wurde[259]. Nicht anzunehmen ist jedenfalls, dass die alte aktienrechtliche Bestimmung durch die ArbVG-Novelle 1986 unberührt bleiben sollte. Ebenso ist nicht anzunehmen, dass der Belegschaft kein Mitwirkungsrecht bei der Bestellung und bei der Abberufung von Vorstandsmitgliedern eingeräumt werden sollte. Dies würde den Intentionen der Neuregelung, dh dem sachgerechten Ausbau der Mitbestimmung, diametral widersprechen. Folgerichtig ist daher davon auszugehen, dass nunmehr eine der wichtigsten Entscheidungen des Aufsichtsrats nicht in einem Ausschuss, sondern ausschließlich im Aufsichtsrats-

---

[257] Vgl auch die VO v 17. 6. 1974, BGBl 343/1974, über die Entsendung von Arbeitnehmervertretern in den Aufsichtsrat – AufsRVO.

[258] Vgl *Strasser/Jabornegg*, ArbVG[3] (1999), 535; *Löschnigg*, Die Entsendung der Betriebsräte in den Aufsichtsrat – Organisationsrechtliche Probleme des § 110 ArbVG (1985), 98.

[259] So nämlich *Marhold*, Konzern- und unternehmensverfassungsrechtliche Neuerungen, ZAS 1986, 198.

plenum zu treffen ist, in dem die Interessen der Arbeitnehmerschaft durch die Drittelparität und die Interessen der Aktionäre durch die sog Aktionärsschutzklausel gesichert sind[260].

11/298 Die **Rechte und Pflichten** der Arbeitnehmervertreter sind im Wesentlichen gleich jenen der Anteilseignervertreter[261]. Gewisse Bestimmungen des AktG (§ 86 Abs 1, § 87, § 90 Abs 1 zweiter Satz u Abs 2 sowie § 98) finden auf sie jedoch ausdrücklich keine Anwendung (§ 110 Abs 3 ArbVG). Einen Bericht über die Angelegenheiten der Gesellschaft einschließlich ihrer Beziehungen zu einem Konzernunternehmen können in Abänderung von § 95 Abs 2 erster Satz AktG auch zwei Arbeitnehmervertreter vom Vorstand verlangen. Eine gewisse Einschränkung der Rechte der Arbeitnehmervertreter ergibt sich im Zusammenhang mit der Bestellung und Abberufung eines Vorstandsmitglieds, des Aufsichtsratsvorsitzenden sowie dessen ersten Stellvertreters. In diesen Fällen bedarf die Beschlussfassung – abgesehen von den handelsrechtlichen Erfordernissen – der Zustimmung der Mehrheit der Kapitaleignervertreter (sog **Aktionärsschutzklausel**)[262].

Beispiel: Die Hauptversammlung einer AG entsendet satzungsgemäß acht Kapitaleignervertreter in den Aufsichtsrat. Der drittelparitätischen Mitbestimmung entsprechend werden daraufhin vier Arbeitnehmervertreter entsandt. Bei der Wahl des Aufsichtsratsvorsitzenden kann der einzige Kandidat vier Stimmen der Anteilseignervertreter und alle vier Stimmen der Belegschaftsvertreter auf sich vereinigen. – Obwohl der Kandidat somit eine Mehrheit von insgesamt 8 : 4 erreicht hat, gilt er als nicht gewählt, weil es am zusätzlichen Erfordernis der Mehrheit der Anteilseignervertreter (nur Stimmengleichheit mit 4 : 4) mangelt.

11/299 Die Arbeitnehmervertreter üben ihre Funktion **ehrenamtlich** aus. Aufsichtsratstantiemen, wie sie die Kapitaleignervertreter erhalten, stehen ihnen nicht zu (§ 110 Abs 3 ArbVG). Auf Ersatz von **Aufwendungen** (Kosten für die Fahrt zu den Sitzungen, Übernachtungsgebühren udgl) haben die Betriebsratsmitglieder im Aufsichtsrat jedoch ebenfalls Anspruch.

11/300 Mit Entsendung der Betriebsräte in den Aufsichtsrat haben diese weiterhin ihrer Aufgabe, die **Interessen der Arbeitnehmer** zu wahren, nachzukommen[263].

Wenngleich ihnen durch das Aktienrecht und durch die sonstigen gesellschaftsrechtlichen Bestimmungen eine Reihe von neuen Aufgaben übertragen wird, die mit der Funktion als Arbeitnehmervertreter nur noch einen äußerst losen Zusammenhang aufweisen, ist davon auszugehen, dass der Gesetzgeber die Arbeitnehmervertreter nicht in eine andere Rolle drängen, sondern den betrieblichen Interessenpluralismus bewusst in den Aufsichtsrat tragen wollte. Dies hat allerdings zur Folge, dass Arbeitnehmervertreter nicht zur Verantwortung gezogen werden können, wenn sie entgegen den Interessen der Kapitalgesellschaft ihre Interessen durchzusetzen versuchen. Da die Belegschaftsvertreter aber dem

---

260 Vgl auch *Reich-Rohrwig*, Die Zusammensetzung von Ausschüssen des Aufsichtsrats – neue Rechtslage ab 1. 1. 1987, wbl 1987, 3; *Weiß*, Arbeitnehmermitwirkung bei der Be- und Anstellung der Vorstandsmitglieder I/II, DRdA 1998, 22 u 94; aA *Eixelsberger/Zierler*, Zur Vorstandsbestellung im Ausschuss eines mitbestimmten Aufsichtsrats, GesRZ 2003, 9; allg dazu *Jabornegg/Strasser*, AktG II[5] (2010).

261 Vgl *Geist*, Zur Informationsordnung im arbeitsteilig organisierten Aufsichtsrat der Aktiengesellschaft – unter besonderer Berücksichtigung der Informationsbefugnisse der Belegschaftsvertreter, in Achatz/Jabornegg/Karollus (Hrsg), Aktuelle Probleme im Grenzbereich von Arbeits-, Unternehmens- und Steuerrecht (1998), 121; *Jabornegg*, Zur Verschwiegenheitspflicht der Arbeitnehmervertreter im Aufsichtsrat, DRdA 2004, 107.

262 *Runggaldier/Schima*, Abschluß von Vorstandsverträgen im Aufsichtsratsplenum, GesRZ 1992, 169, wollen die Aktionärsschutzklausel auch im Falle der Beschlussfassung über die Anstellung im Aufsichtsratsplenum anwenden.

263 Vgl hiezu ausführlich, wenngleich teilweise aA *Marhold*, Aufsichtsratstätigkeit und Belegschaftsvertretung (1985).

imparitätischen Mitwirkungsrecht zufolge stets in der Minderheit sind, ist diese Durchsetzungsmöglichkeit äußerst beschränkt[264].

Die Tätigkeit der Arbeitnehmervertreter im Aufsichtsrat endet vor allem durch die **Abberufung** seitens des Betriebsrats bzw Zentralbetriebsrats. Dieser ist gem § 110 Abs 3 ArbVG zur Abberufung verpflichtet, wenn sich die Zahl der Aktionärsvertreter im Aufsichtsrat verändert oder wenn dies die nominierungsberechtigte Listenkurie verlangt. Das Mandat des Arbeitnehmervertreters im Aufsichtsrat geht weiters dann unter, wenn er zurücktritt oder wenn er die Voraussetzungen für die Entsendung nicht mehr erfüllt[265]. 11/301

Sonderformen einer Mitwirkung im Aufsichtsrat sieht § 110 Abs 6 ArbVG vor. Es handelt sich hiebei um eine unternehmensüberschreitende Mitwirkung im Rahmen eines Konzerns bzw einer GmbH & CoKG. 11/302

Die Bestimmung des § 110 Abs 6 ArbVG orientiert sich zwar grundsätzlich am gesellschaftsrechtlichen Konzernbegriff des § 15 AktG (bzw § 115 GmbHG), sieht jedoch im Gegensatz zur Mitwirkung der Konzernvertretung (vgl 10.8) gewisse Modifikationen vor. Die spezifische Mitwirkung im Aufsichtsrat eines herrschenden Unternehmens im **Konzern** kommt nur dann zum Tragen, wenn eine AG (GmbH, Genossenschaft) Aktiengesellschaften, aufsichtsratspflichtige Gesellschaften mit beschränkter Haftung, Gesellschaften mit beschränkter Haftung, die iSd § 29 Abs 2 Z 1 GmbHG nur wegen ihrer Konzernunterworfenheit keinen Aufsichtsrat zu errichten haben, oder aufsichtsratspflichtige Genossenschaften, Europäische Gesellschaften oder Europäische Genossenschaften einheitlich leitet oder auf Grund einer unmittelbaren Beteiligung von mehr als 50 % beherrscht[266]. Weitere wesentliche Voraussetzung ist, dass das herrschende Unternehmen höchstens halb so viele Arbeitnehmer beschäftigt wie alle beherrschten Unternehmen zusammen. Liegt ein derartiger Konzern iSd § 110 ArbVG vor, so setzt sich der Aufsichtsrat des herrschenden Unternehmens aus Arbeitnehmervertretern dieses Unternehmens, aber auch aus Arbeitnehmervertretern aus den beherrschten Unternehmen zusammen. An der Drittelparität, also an dem Verhältnis der Kapitaleignervertreter zu den Belegschaftsvertretern, ändert sich hiebei allerdings nichts[267]. Fehlen die erwähnten Voraussetzungen, dann bedeutet dies nicht den Wegfall der Mitwirkung im Aufsichtsrat, sondern führt dazu, dass sich die Arbeitnehmervertreter im 11/303

[264] Zur Haftung der Arbeitnehmervertreter vgl die kontroversiellen Ausführungen v *Reischauer*, Probleme der Dienstnehmerhaftung, DRdA 1978, 193; *Geppert/Moritz*, Gesellschaftsrecht für Aufsichtsräte (1979), 422 ff, u *Marhold*, Mandatsausübung und Haftpflichtrecht – Zur Anwendung des Dienstnehmerhaftpflichtgesetzes auf Arbeitnehmervertreter, ZAS 1980, 3.

[265] Die Auswirkungen eines Wegfalls des Zentralbetriebsrats auf die Vertretung im Aufsichtsrat sind strittig; vgl dazu *Löschnigg*, Die Entsendung der Betriebsräte in den Aufsichtsrat – Organisationsrechtliche Probleme des § 110 ArbVG (1985), 87; *Strasser*, Das Erlöschen der Mitgliedschaft von Arbeitnehmer-Vertretern im Aufsichtsrat, in FS Schnorr (1988), 337.

[266] Allg hiezu *Koppensteiner* (Hrsg), GmbHG[3] (2007), § 29; *Wünsch*, Kommentar zum GmbHG (1987), § 29 Rz 5 ff; *Schnorr*, Probleme der wirtschaftlichen Mitbestimmung bei Betriebsführungsgesellschaften, ZAS 1981, 85; *Strasser*, Zur Neuordnung der Arbeitnehmerbeteiligung auf Konzern-Ebene, DRdA 1994, 216; *Schima*, Aufsichtsratsentsendung im Konzern, GesRZ 1993, 206; *Gahleitner*, Arbeitnehmerbeteiligung im Aufsichtsrat einer Konzernmuttergesellschaft, DRdA 1994, 427; *Kreil*, Mitbestimmung im Konzern (1993), insb §§ 110 u 88a; *Jabornegg*, Aufsichtsratsmitwirkung im Konzern mit Untergesellschaften in der Rechtsform der GmbH & CoKG, DRdA 1999, 433; *Koppensteiner*, Zum „Konzern“begriff im Arbeitsrecht, DRdA 2017, 163. Auf Banken (vgl nunmehr § 1 BWG) und Versicherungsunternehmen sind die Bestimmungen über die Konzernmitwirkung nicht anzuwenden.

[267] Vgl *Marhold*, Konzernmitbestimmung (1990).

Aufsichtsrat des herrschenden Unternehmens ausschließlich aus den Belegschaftsorganen dieses Unternehmens rekrutieren.

11/304 Der (Zentral-)Betriebsrat des herrschenden Unternehmens entsendet so viele Arbeitnehmervertreter, als dem Verhältnis der Zahl der im herrschenden Unternehmen beschäftigten Arbeitnehmer zur Zahl der in den beherrschten Unternehmen beschäftigten Arbeitnehmer entspricht. Ein Arbeitnehmervertreter hat jedoch jedenfalls, unabhängig von der Berechnung nach obigem Verhältnis, aus dem herrschenden Unternehmen zu kommen. Dieses sog „sichere Mandat“ entfällt, wenn sich das herrschende Unternehmen auf die Verwaltung von Unternehmensanteilen der beherrschten Unternehmen beschränkt. Die sachliche Rechtfertigung für diese Regelung ist den EB zur RV[268] zufolge darin zu sehen, dass im Aufsichtsrat einer Holding nahezu ausschließlich Angelegenheiten der beherrschten Unternehmen behandelt werden, sodass primär die Interessen der Arbeitnehmer der beherrschten Unternehmen hievon berührt werden.

11/305 Die übrigen Arbeitnehmervertreter sind von der Gesamtheit der in den beherrschten Unternehmen bestellten Betriebsräte aus dem Kreis der aktiv wahlberechtigten Betriebsratsmitglieder nach den Grundsätzen des Verhältniswahlrechts geheim zu wählen[269].

11/306 Herrschende Unternehmen, in denen **kein Betriebsrat** zu errichten ist, unterliegen den Bestimmungen über die Konzernvertretung dann, wenn sich ihre Tätigkeit nicht nur auf die Verwaltung von Unternehmensanteilen der beherrschten Unternehmen beschränkt (§ 110 Abs 6a ArbVG). Die zu entsendenden Arbeitnehmervertreter werden in diesem Fall von sämtlichen Betriebsratsmitgliedern der beherrschten Unternehmen gewählt[270].

11/307 In Konzernen, in denen eine **Konzernvertretung** errichtet worden ist (§ 88a ArbVG; vgl 10.8), obliegt dieser die Entsendung der Arbeitnehmervertreter in den Aufsichtsrat des herrschenden Unternehmens. Dabei steht den aus dem (Zentral-)Betriebsrat des herrschenden Unternehmens stammenden Konzernvertretungsmitgliedern das Vorschlagsrecht für so viele Arbeitnehmervertreter zu, wie es dem Verhältnis der Zahl der im herrschenden Unternehmen tätigen Arbeitnehmer zur Zahl der Beschäftigten in den beherrschten Unternehmen entspricht. Ein Mitglied der zu entsendenden Belegschaftsvertreter kann – außer in Verwaltungsgesellschaften (s oben) – jedenfalls vom (Zentral-)Betriebsrat des herrschenden Unternehmens vorgeschlagen werden. Die restlichen Belegschaftsvertreter werden von jenen Konzernvertretungsmitgliedern, die aus den (Zentral-)Betriebsräten der beherrschten Unternehmen stammen, vorgeschlagen (§ 110 Abs 6b ArbVG). Wird von den Vorschlagsrechten kein Gebrauch gemacht, dann entscheidet die Konzernvertretung in ihrer Gesamtheit. Für die Ausübung des Vorschlagsrechts kann die Konzernvertretung eine Frist beschließen (vgl § 31b AufsRVO).

11/308 Die Besonderheit der Mitwirkung im Aufsichtsrat einer GmbH, die persönlich haftender Gesellschafter einer KG ist (**GmbH & CoKG**) und die nach Gesetz oder Gesellschaftsver-

---

268 1308 BlgNR 17. GP, 26.

269 Vgl Näheres bei *Löschnigg*, Die wirtschaftliche Mitbestimmung im Konzern und in der GmbH & CoKG, ZAS 1981, 4.

270 Vgl *Mayr*, Die Entsendung von Arbeitnehmervertretern in den Aufsichtsrat einer „Holding“ gem § 110 Abs 6a ArbVG, DRdA 2002, 531 mwN.

trag einen Aufsichtsrat zu errichten hat, besteht darin, dass in diesen Aufsichtsrat der GmbH neben Arbeitnehmervertretern der GmbH auch solche der KG entsendet werden.

Im Gegensatz zum Konzern hängt in der GmbH & CoKG die Zusammensetzung der Arbeitnehmervertreter im Aufsichtsrat nicht vom Verhältnis der Beschäftigtenzahlen in der GmbH bzw in der KG ab. Die Gesamtheit der Betriebsratsmitglieder der GmbH und der KG(en) wählt die Arbeitnehmervertreter, die in den Aufsichtsrat entsendet werden. Wählbar sind wiederum nur Betriebsratsmitglieder, denen das aktive Wahlrecht zum Betriebsrat zusteht (§ 110 Abs 7 ArbVG). 11/309

Für bestimmte Unternehmungen richtet sich die Mitwirkung im Aufsichtsrat nicht oder nur beschränkt nach dem ArbVG. 11/310

So sind für die Mitwirkung von Arbeitnehmern im Stiftungsrat des ORF die Bestimmungen des ORF-G maßgeblich (s unten).

Sonderregelungen enthält auch das ÖIAG-Gesetz 2000[271] für den Aufsichtsrat der ÖIAG. Gem § 11 Abs 3 dieses Gesetzes wird die Anwendung des § 110 ArbVG auf die Österreichische Industrieholding AG ausgeschlossen. Die Interessen der Arbeitnehmer werden im Aufsichtsrat der ÖIAG durch fünf Mitglieder des Aufsichtsrats vertreten, die von der Bundesarbeitskammer vorgeschlagen werden (§ 5 ÖIAG-Gesetz[272]).

In **Pensionskassen** (vgl hiezu 6.5.2.6.1) sieht das PKG wirtschaftliche Mitbestimmungsrechte vor, die teilweise die Belegschaft der Pensionskasse betreffen und diesbezüglich auch Regelungen des ArbVG modifizieren, teilweise aber den Anwartschafts- und Leistungsberechtigten iSd § 5 Z 1 und 2 PKG zukommen[273]. 11/311

Das bedeutet, dass hier ausnahmsweise eine Form der Mitwirkung geschaffen wurde, die nicht nur die Arbeitnehmer der Pensionskasse, sondern auch die Anwartschafts- und Leistungsberechtigten der der Pensionskasse beigetretenen Unternehmen einbezieht. 11/312

Das Gesetz differenziert zwischen dem Aufsichtsrat in überbetrieblichen Pensionskassen und jenem in betrieblichen Pensionskassen (zur Begriffsbildung des PKG vgl 6.5.2.6.1). Der Aufsichtsrat in **überbetrieblichen Pensionskassen** besteht aus mindestens sechs und höchstens zwölf von der Hauptversammlung gewählten Vertretern des Grundkapitals und aus einer gegenüber diesen um zwei verminderten Zahl von Vertretern der Anwartschafts- und Leistungsberechtigten. Die Anzahl der Mitglieder des Aufsichtsrats ist in der Satzung festzulegen. Die Satzung kann eine höhere Beteiligung der Vertreter der Anwartschafts- und Leistungsberechtigten vorsehen (§ 27 Abs 1 PKG[274]). In **betrieblichen Pensionskassen** stellen die Vertreter der Anwartschafts- und Leistungsberechtigten grundsätzlich nur einen Vertreter weniger als die Vertreter des Grundkapitals. Die Betriebsvereinbarung und allfällige Vereinbarungen gemäß Vertragsmuster über die Errichtung der Pensionskasse iSd § 3 BPG können aber auch eine höhere Beteiligung der Vertreter der Anwartschafts- und Leistungsberechtigten vorsehen. Die Anzahl der Mitglieder des Aufsichtsrats ist in der Satzung festzulegen (§ 27 Abs 2 PKG). § 110 ArbVG gilt mit der Maßgabe, dass das zuständige Belegschaftsorgan der Pensionskasse berechtigt ist, zusätzlich zu den in § 27 Abs 1 und 2 PKG festgelegten Aufsichtsratssitzen einen Vertreter in den Aufsichtsrat zu entsenden (§ 27 Abs 4 PKG).

---

[271] BGBl I 24/2000.

[272] Noch zur Rechtslage vor dem ÖIAG-Gesetz 2000 vgl *Riemer*, Die Bildung des ÖIAG-Konzerns, wbl 1990, 89; *NN*, Neuregelungen der Aufsichtsratsmitwirkung der Arbeitnehmervertreter im ÖIAG-Konzern, RdW 1986, 118; *Marhold*, Die Mitbestimmung im Aufsichtsrat der Branchen-Holding des ÖIAG-Konzerns, RdW 1989, 68.

[273] Vgl *Strasser*, Dogmatische und sozialpolitische Bemerkungen zum Pensionskassen-Aufsichtsrat, wbl 1991, 152.

[274] S hiezu *Stadler*, Ausgewählte Änderungen im Bereich der betrieblichen Altersvorsorge, ZFR 2012, 255.

11.5.4.4. Befugnisse der Arbeitnehmerschaft

11/313 Eine spezielle Ausgestaltung der Mitwirkung im Aufsichtsrat findet sich auch im **BMSVG.** Gemäß § 21 BMSVG kommt es in BV-Kassen (vgl hiezu 8.6.1.3.2) zu einem Zusammenspiel von betrieblicher und überbetrieblicher Mitbestimmung insofern, als in den Aufsichtsrat einer BV-Kasse neben den Kapitalvertretern zwei Vertreter von einer kollektivvertragsfähigen freiwilligen Interessenvertretung der Arbeitnehmer und ein Belegschaftsvertreter nach § 110 ArbVG zu entsenden sind[275].

11/314 Eine der wirtschaftlichen Mitbestimmung gegenüber prinzipiell ablehnende Haltung nehmen die sog „**Tendenzbetriebe**" ein (vgl 4.4.2.2). In Unternehmen und Betrieben, die unmittelbar politischen, koalitionspolitischen, konfessionellen, wissenschaftlichen, erzieherischen oder karitativen Zwecken dienen, ferner in Verwaltungsstellen von juristischen Personen des öffentlichen Rechts und der Österreichischen Nationalbank ist eine Mitwirkung der Arbeitnehmer im Aufsichtsrat gem § 132 Abs 1 ArbVG ausgeschlossen. Auf Unternehmen und Betriebe, die unmittelbar Zwecken der Berichterstattung oder Meinungsäußerung dienen, ist § 110 ArbVG insoweit nicht anzuwenden, als es sich um Angelegenheiten handelt, die die politische Richtung dieser Unternehmen und Betriebe beeinflussen. Auf Unternehmen und Betriebe, die konfessionellen Zwecken einer gesetzlich anerkannten Kirche oder Religionsgesellschaft dienen, ist die gesamte Betriebsverfassung nur anzuwenden, soweit die Eigenart des Unternehmens oder des Betriebs dem nicht entgegensteht. Keinesfalls gilt § 110 ArbVG für Betriebe und Verwaltungsstellen, die der Ordnung der inneren Angelegenheiten der gesetzlich anerkannten Kirchen und Religionsgesellschaften dienen (§ 132 Abs 4 ArbVG). Auf den ORF ist § 110 ArbVG nach Maßgabe des ORF-G anzuwenden (§ 132 Abs 3 ArbVG). Gem § 20 Abs 1 Z 5 ORF-G sind fünf Mitglieder des Stiftungsrats unter Anwendung der Bestimmungen des ArbVG vom Zentralbetriebsrat zu bestellen. Ausgeschlossen ist eine Anwendung der Bestimmungen über die Aufsichtsratsmitwirkung auch bei Theaterunternehmen (vgl § 133 Abs 6 ArbVG).

[275] Vgl *Karollus/Karollus*, Die Sondervorschriften für den Aufsichtsrat einer Mitarbeiter-Vorsorgekasse (§ 21 BMVG), DRdA 2003, 99.

12. Verbände im Arbeitsleben

12.1. Allgemeines

Die nach liberalen Vorstellungen konzipierte österreichische Bundesverfassung sieht im Staatsvolk den Staatswillensträger (vgl Art 1 B-VG). Diese etwas unspezifische Formulierung übersieht im Grunde genommen, dass das Staatsvolk seine Handlungsfähigkeit nur durch Organisationen erfährt, die Transformatoren des politischen Willens darstellen. Diese Transformatoren sind in der freiheitlichen Demokratie pluralistischer Prägung nicht nur die politischen Parteien, sondern auch jene Verbände, die man als Interessenvertretungen bezeichnet. Auch die nach Verbänden und Interessenvertretungen strukturierte Gesellschaft formuliert letztlich einen politischen Willen, dem eine maßgebliche Bedeutung zukommt. Man hat diese Situation oft etwas abwertend als „**Kammerstaat**" bezeichnet, der den integrierenden Kräften der Gesellschaft und den (verfassungs)rechtlich vorgezeichneten Entscheidungsmechanismen zuwiderlaufe. Dieser Kritik kann allerdings entgegengehalten werden, dass die im Blickfeld der Öffentlichkeit agierenden Interessenvertretungen im Gegensatz zu den im Hintergrund agierenden Lobbys und Pressure-Groups der Verantwortung für ihre Aktionen nicht entfliehen können. Ein Spezifikum Österreichs ist vor allem, dass die polaren Kräfte im Wirtschaftsleben einerseits und im Arbeitsleben andererseits sich zur sog **Sozialpartnerschaft** zusammengefunden haben und im Rahmen dieser große Aufgaben bewältigen[1]. Mittlerweile hat diese Institution auch eine verfassungsrechtliche Absicherung erhalten: Nach Art 120a Abs 1 B-VG anerkennt die Republik die Rolle der Sozialpartner ausdrücklich. Zudem achtet sie deren Autonomie und fördert den sozialpartnerschaftlichen Dialog durch die Einrichtung von Selbstverwaltungskörpern. 12/001

Im Übrigen darf die Leistung der Interessenvertretungen nicht unterschätzt werden: Sie bringen die unterschiedlichen internen Auffassungen auf einen Nenner, sodass auf Basis dieser Aggregation formuliert werden kann, was die eine oder die andere Gruppe anstrebt, und zwar verbindlich anstrebt. Die spezifisch arbeitsrechtliche Bedeutung liegt in erster Linie darin, dass diese Verbände – soweit ihnen Kollektivvertragsfähigkeit zukommt – Kollektivverträge abschließen und damit ein den besonderen Erfordernissen bestimmter Branchen und Betriebe entsprechendes autonomes Arbeitsrecht ins Leben rufen (vgl 3.3.1.1 u 3.3.1.4). 12/002

Die Verbände sind in zwei große Gruppen einzuteilen: In die **freiwilligen Berufsvereinigungen** einerseits und in die **gesetzlichen Interessenvertretungen** andererseits. 12/003

[1] Vgl insb *Prisching*, Die Sozialpartnerschaft (1996); *Pütz/Predöhl/Weippert* (Hrsg), Verbände und Wirtschaftspolitik in Österreich (1966); *Schöpfer*, Phänomen Sozialpartnerschaft, in FS Ibler (1980); *Floretta/Strasser*, Die kollektiven Mächte im Arbeitsleben (1963); *Kummer*, Die Verbände und ihr Ordnungsanspruch (1965).

12.2. Freiwillige Berufsvereinigungen

12/004 Freiwillige Berufsvereinigungen oder Koalitionen sind Zusammenschlüsse, die sich auf Grund der verfassungsmäßig garantierten Koalitionsfreiheit auf freiwilliger Basis konstituiert haben und deren Zweck die Förderung der Arbeits- und Wirtschaftsbedingungen ihrer Mitglieder ist. Von untergeordneter Bedeutung ist, ob sie nach Berufen (Berufsverbandsprinzip) oder nach sozialen Gruppen (zB Angestellte und Arbeiter) organisiert sind. Im Allgemeinen wird auf Arbeitnehmerseite dem Industrieverbandsprinzip der Vorrang eingeräumt, dh alle Berufe eines bestimmten Industriezweiges organisieren sich in der nämlichen Vereinigung, um so eine der Industrie adäquate Organisation der Arbeitnehmer ins Leben zu rufen. Weitere Merkmale sind die überbetriebliche Grundlage sowie die **Unabhängigkeit** von der Gegnerseite (vgl 3.3.1.4). So sind zB die Vereinigungen von Arbeitnehmern, die von den Arbeitgebern gegründet und gestützt werden (**gelbe Verbände**[2]), keine Koalitionen des modernen Arbeitsrechts. Es wird weiters die Fähigkeit verlangt, die Forderungen gegenüber dem sozialen Gegenspieler mit Nachdruck vertreten zu können, wobei der Arbeitskampf im Allgemeinen nicht als entscheidendes Kriterium dieser Fähigkeit angesehen wird.

12/005 Die Koalitionsfreiheit ist als Unterfall der Vereinsfreiheit verfassungsrechtlich doppelt geschützt, und zwar gem Art 12 StGG und gem Art 11 EMRK (vgl 2.4). Auch nach Art 12 Grundrechte-Charta hat jede Person das Recht, sich insb im politischen, gewerkschaftlichen und zivilgesellschaftlichen Bereich auf allen Ebenen frei und friedlich mit anderen zu versammeln und frei mit anderen zusammenzuschließen. Dies inkludiert das Recht, zum Schutz der Eigeninteressen Gewerkschaften zu gründen und Gewerkschaften beizutreten. Die adäquate juristische Konstruktion für die Koalition bildet dabei regelmäßig der Verein iS des VerG 2002.

12/006 Die **positive Koalitionsfreiheit** besteht in dem Recht, einer Koalition beizutreten, unter mehreren Koalitionen zu wählen und sich koalitionsmäßig zu betätigen[3]. Die sog **negative Koalitionsfreiheit** – also das Recht der Abstandnahme von diesen positiven Berechtigungen – ist kein begrifflich logisches Korrelat des verfassungsrechtlichen Garantieinhalts. Gleichwohl toleriert die Rechtsordnung keinen Koalitionszwang (vgl 2.4).

12.2.1. Freiwillige Berufsvereinigungen auf Arbeitnehmerseite

12.2.1.1. Österreichischer Gewerkschaftsbund

12/007 Die wichtigste Koalition auf Arbeitnehmerseite ist der **Österreichische Gewerkschaftsbund**; dieser besitzt ein faktisches **Vertretungsmonopol**[4].

---

[2] S hiezu *Göhring*, Die Gelben Gewerkschaften Österreichs in der Zwischenkriegszeit[2] (1998).

[3] Allg dazu *Mair*, Dimensionen der Koalitionsfreiheit, ZIAS 2006, 158.

[4] Vgl *Floretta/Strasser*, Die Rechte der Gewerkschaften und der Gewerkschaftsvertreter im Unternehmen, in Österreichische Landesberichte zum VIII. Internationalen Kongreß für das Recht der Arbeit und der Sozialen Sicherheit in Turin (1974), 5; zur historischen Entwicklung vgl *Klenner*, Die österreichischen Gewerkschaften I bis III (1951, 1953, 1979); *Klenner/Pellar*, Die österreichische Gewerkschaftsbewegung[2] (1999).

Der ÖGB ist überparteilich, aber nicht unpolitisch, dh die interne Willensbildung erfolgt durch Fraktionen, die innerhalb der Organisation ihre Wirkung entfalten. Er versteht sich als keine reine Kampforganisation, sondern als Institution der sozialen Selbstverwaltung, die sich zur Mitverantwortung im Staat bekennt. Die Rechtsform des ÖGB ist die eines privatrechtlichen Vereins, dem Rechtspersönlichkeit zukommt. Die Fachgewerkschaften, in die der ÖGB aufgegliedert ist, sind statutenmäßig bloße Organe des Vereins. 12/008

12.2.1.1.1. Geltungsbereich

Der ÖGB umfasst als Berufsvereinigung der Arbeitnehmer nicht nur alle unselbständig Erwerbstätigen (Arbeiter, Angestellte, öffentlich Bedienstete), sondern auch Arbeitslose, Pensionisten und Angehörige sonstiger Berufsgruppen (einschließlich Freischaffender, Freiberufler, atypisch oder prekär Beschäftigter). Sein räumlicher Geltungsbereich erstreckt sich auf das ganze Bundesgebiet. Vereinssitz ist in Wien. 12/009

12.2.1.1.2. Aufgaben des Österreichischen Gewerkschaftsbundes

Aus den Statuten des ÖGB ist das historisch gewachsene Selbstverständnis des Gewerkschaftsbundes ersichtlich, **Mitverantwortung in wirtschafts- und staatspolitischer Hinsicht** zu übernehmen. So soll der ÖGB an der steten sozialen, wirtschaftlichen und kulturellen Weiterentwicklung Österreichs mitwirken, zur Wahrung der Unabhängigkeit und Neutralität des Landes beitragen sowie den Faschismus, jede Reaktion und alle totalitären Bestrebungen bekämpfen. § 3 Abs 2 der Statuten enthält zudem eine ausführliche demonstrative Aufzählung der Aufgaben des ÖGB. Hervorzuheben sind etwa die Aufgaben betreffend die Förderung gewerkschaftlicher Aktionen zur Herbeiführung günstigster Arbeitsverhältnisse, ua durch Abschluss von Kollektivverträgen mit der Arbeitgeberseite (sog **soziale Selbstverwaltung**; vgl 2.1), aber auch die Mitwirkung an der Vorbereitung von Gesetzen. Eine andere Gruppe von Aufgaben betrifft die Förderung von **Bildung und Schulung** der Arbeitnehmer, etwa durch Schaffung von Bildungseinrichtungen, durch Errichtung und Führung von Lehrwerkstätten, aber auch durch Abhaltung von Schulungen für Betriebsräte und durch Ausbildung von Mitgliedern in Gewerkschaftsangelegenheiten. In der Praxis ist die Gewährung von **unentgeltlichem Rechtsschutz** an die Mitglieder in allen aus dem Arbeitsverhältnis entspringenden Streitfällen einschließlich einer allenfalls notwendigen Vertretung vor Gericht oder Behörden von wesentlicher Bedeutung. Weiters hat der Gewerkschaftsbund die (Fach-)Gewerkschaften bei Durchführung gewerkschaftlicher Kampfmaßnahmen zu unterstützen. 12/010

12.2.1.1.3. Organe des Gewerkschaftsbundes

Die Organe des Gewerkschaftsbundes sind der Bundeskongress, der Vorstand, die (Fach) Gewerkschaften, der Bundesvorstand, die Kontrollkommission und die Landesvorstände. 12/011

12.2.1.1. Verbände im Arbeitsleben

12/012 Der **Bundeskongress** ist das höchste Organ des ÖGB. Er bildet die Delegiertenversammlung iS des VerG 2002 (zur Zusammensetzung und Zahl der Delegierten s § 8a der ÖGB-Statuten).

Der Bundeskongress wird vom Bundesvorstand (s unten) spätestens alle fünf Jahre einberufen; ein außerordentlicher Bundeskongress kann auch nach Bedarf einberufen bzw muss einberufen werden, wenn die Hälfte der Gewerkschaften oder die Kontrollkommission dies verlangt. Dem Bundeskongress obliegt ua die Wahl des Präsidenten, zweier Vizepräsidenten, zwölf bis 20 stimmberechtigter Mitglieder des Vorstands und der Kontrollkommission, die Beschlussfassung über die Statuten und die Genehmigung der vom Bundesvorstand beschlossenen Geschäftsordnung des ÖGB sowie die Beschlussfassung über die an den Bundeskongress gestellten Anträge oder über den Zusammenschluss von Gewerkschaften. Der Bundeskongress hat im Übrigen mindestens eine Frau als Präsidentin oder Vizepräsidentin zu wählen.

12/013 Der **Vorstand** setzt sich ua aus dem Präsidenten, zwei Vizepräsidenten, zwölf bis 20 Mitgliedern des Vorstandes sowie höchstens drei Leitenden Sekretären des ÖGB zusammen (§ 11a der ÖGB-Statuten).

Alle beabsichtigten Streiks und drohenden Aussperrungen sind dem Vorstand so rechtzeitig zur Kenntnis zu bringen, dass dieser in der Lage ist, die erforderlichen Beschlüsse zu fassen bzw rechtzeitig die Einberufung des Bundesvorstandes zu veranlassen. Weiters nimmt der Vorstand die Anträge der Gewerkschaften, des Bundesvorstandes und der Abteilungen an den Bundeskongress entgegen. Er hat auch festzulegen, wie Bekanntmachungen des ÖGB zu verlautbaren sind.

Der Vorstand entscheidet auf Vorschlag der Geschäftsleitung über die Bestellung von Führungskräften der ÖGB-Zentrale und Landesorganisationen sowie auf Antrag der Geschäftsleitung über die unbefristeten Anstellungen von Arbeitnehmern des ÖGB.

Der Vorstand verwaltet aber auch das Vermögen und die Liegenschaften des ÖGB nach den Grundsätzen und im Rahmen der Kompetenzen, die der Bundesvorstand festgelegt hat. Er beschließt auf Antrag der Geschäftsleitung die voraussichtlichen Einnahmen und Ausgaben des ÖGB (Budget) für je ein Kalenderjahr und ad hoc auftretende Ausgaben, die nicht vom Budget erfasst sind. Weiters beantragt er die Beschlussfassung des Bundesvorstandes über die jährlichen Budgets und Abschlussbilanzen (§ 11b der ÖGB-Statuten).

12/014 Der Gewerkschaftsbund ist aufgegliedert in sieben (Fach)Gewerkschaften, die als Organe des ÖGB anzusehen sind, und daher insb die **Kollektivvertragsfähigkeit** im Namen des ÖGB ausüben. Allerdings können diese den Statuten zufolge auch als Zweigvereine organisiert werden (§ 4 Abs 1 ÖGB-Statuten).

12/015 Die Gewerkschaften sind nicht mehr allein nach dem Industriegruppenprinzip sondern in sog Blöcken organisiert. Der ÖGB gliedert sich in folgende Gewerkschaften: Gewerkschaft der Privatangestellten, Druck, Journalismus, Papier (GPA-djp), Gewerkschaft Öffentlicher Dienst (GÖD), Gewerkschaft der Gemeindebediensteten – Kunst, Medien, Sport, freie Berufe (GdG-KMSfB), Gewerkschaft Bau-Holz (GBH), Verkehrs- und Dienstleistungs-Gewerkschaft (vida), Gewerkschaft der Post- und Fernmeldebediensteten (GPF) und die Produktionsgewerkschaft (PRO-GE).

Der **Bundesvorstand** besteht ua aus den stimmberechtigten Vorstandsmitgliedern des ÖGB, den Vertretern der dem ÖGB angehörenden Gewerkschaften, den kooptierten Mitgliedern sowie den Vertretern der Frauen- und der PensionistInnenabteilung des ÖGB. 12/016

Ihm obliegt vor allem die Durchführung der in § 3 Abs 2 der ÖGB-Statuten genannten Aufgaben (s oben), weiters aber auch etwa die Beschlussfassung über die Geschäftsordnungen des ÖGB, der Abteilungen und Gewerkschaften, die Beschlussfassung über beantragte Angriffs- und Abwehrstreiks, sofern sie die Gesamtbewegung oder das öffentliche Interesse berühren, sowie die Beschlussfassung über Beitragsleistungen der Mitglieder und über Unterstützungseinrichtungen.

Die vom Bundeskongress zu wählende **Kontrollkommission**, die aus sieben Mitgliedern und der gleichen Anzahl an Ersatzmitgliedern besteht, hat die Einhaltung der Statuten und die Durchführung der Beschlüsse des Bundeskongresses zu überwachen. Ihre wohl bedeutendste Aufgabe ist die Überwachung und Überprüfung der finanziellen Gebarung des ÖGB und aller finanziellen und wirtschaftlichen Einrichtungen des ÖGB. 12/017

Die Errichtung von **Landes-** und **Regionalorganisationen**, ihre Aufgaben und ihr Wirkungsbereich sowie die Wahl und die Beschlussfassungserfordernisse ihrer Ausschüsse werden durch eine vom Bundesvorstand zu beschließende Geschäftsordnung geregelt (§ 14 ÖGB-Statuten). 12/018

Zur Besorgung gemeinsamer Angelegenheiten und Aufgaben kann der ÖGB für Gruppen von Mitgliedern, die sich auf mehrere Gewerkschaften verteilen, **Abteilungen** errichten. So wurden etwa eine PensionistInnen- und eine Frauenabteilung gebildet. 12/019

12.2.1.2. Weitere freiwillige Berufsvereinigungen auf Arbeitnehmerseite

Die neben dem ÖGB bestehenden freiwilligen Berufsvereinigungen der Arbeitnehmer sind von eher geringer und überdies nur partieller Bedeutung. Zu erwähnen sind etwa der Verband Angestellter Apotheker Österreichs sowie die Land- und Forstarbeiterbünde. 12/020

12.2.2. Freiwillige Berufsvereinigungen auf Arbeitgeberseite

Auf Arbeitgeberseite gibt es eine Reihe von Verbänden mit sehr unterschiedlichen Ausrichtungen und Zielsetzungen. Während sich etwa die Vereinigung der Österreichischen Industrie (Industriellenvereinigung) va als Lobbyorganisation versteht, haben andere Vereinigungen in der Kollektivvertragspolitik eine entscheidende Bedeutung. Hervorzuheben sind insb die Sozialwirtschaft Österreich – Verband der österreichischen Sozial und Gesundheitsunternehmen[5], der Verband Österreichischer Banken und Bankiers, der Verband Druck & Medientechnik, der Verband Österreichischer Zeitungen, der Österreichische Sparkassenverband, der Verband der Konzertlokalbesitzer und aller Veranstalter Österreichs, der Verband der Versicherungsunternehmungen Österreichs sowie der Verband der Elektrizitätswerke Österreichs. 12/021

---

5 Vgl. *Löschnigg/Resch*, SWÖ-KV 2017[11] (2017).

12.3. Gesetzliche Interessenvertretungen

12/022 Die gesetzlichen Interessenvertretungen sind Selbstverwaltungskörper mit Pflichtmitgliedschaft[6]. Diese mitunter auch als Zwangsmitgliedschaft bezeichnete Eigentümlichkeit der Selbstverwaltung wurde in der sozialpolitischen Diskussion wiederholt kritisiert. Nach Ansicht des VfGH entsprach die Schaffung von Selbstverwaltungskörpern schon vor der B-VG-Novelle BGBl I 2/2008 dem „Organisationsplan der Bundesverfassung", da in den Kompetenzartikeln des B-VG seit jeher berufliche Interessenvertretungen erwähnt waren (Art 10 Abs 1 Z 8 u Z 11, Art 11 Abs 1 Z 2 B-VG). Mit der Einfügung von Art 120a Abs 1 B-VG enthält nunmehr die Verfassung eine ausdrückliche Ermächtigung zur Errichtung von Selbstverwaltungskörpern (s 12.1). Art 120a B-VG ist aber nicht als Änderung der verfassungsrechtlichen Situation, sondern als Klarstellung in der Bundesverfassung zu verstehen. Vor diesem Hintergrund ist nach Auffassung des VfGH auch seit jeher von der Zulässigkeit der Pflichtmitgliedschaft auszugehen. Als essenzielles Merkmal der Selbstverwaltung konnte sie verfassungsrechtlich vorausgesetzt werden, zumal sie auch zum Zeitpunkt des Entstehens des B-VG in den einschlägigen Gesetzen vorgesehen war[7]. Derartige Selbstverwaltung liegt vor, wenn der Staat auf die Führung von Verwaltungsgeschäften in einem bestimmten Sektor verzichtet und die Besorgung dieser Aufgaben jenen Staatsbürgern (Gruppen oder Institutionen) überlässt, die unmittelbar betroffen sind[8]. Die Selbstverwaltung wird häufig auch als Autonomie bezeichnet, was jedoch nicht ganz zutreffend ist, da diese „Autonomie" nicht originär, sondern vom Staat übertragen ist. Der Einfluss des Staates reduziert sich auf ein Aufsichtsrecht. Im Allgemeinen wird ein **eigener** und ein **übertragener Wirkungsbereich** unterschieden. Im eigenen Wirkungsbereich handelt der Selbstverwaltungskörper im obigen Sinn autonom und der Staat fungiert durch seine Organe (insb durch den zuständigen Bundesminister) als Aufsichtsbehörde. Im übertragenen Wirkungsbereich bedient sich der Staat der Organe des Selbstverwaltungskörpers zur Besorgung der staatlichen Angelegenheiten, sodass ein Instanzenzug an die zuständigen Verwaltungsbehörden gegeben ist.

12.3.1. Gesetzliche Interessenvertretungen der Arbeitnehmer

12/023 Die gesetzlichen Interessenvertretungen der Arbeitnehmer sind die Kammern für Arbeiter und Angestellte (Arbeiterkammern) sowie die Bundeskammer für Arbeiter und Angestellte (Bundesarbeitskammer). Ihre Rechtsstellung als Körperschaften des öffentlichen Rechts ist im Arbeiterkammergesetz 1992 geregelt[9].

---

6 Vgl *Pernthaler*, Kammern im Bundesstaat (1996); *Bundesarbeitskammer* (Hrsg), Kammern und Pflichtmitgliedschaft in Österreich (1994).

7 VfGH 6. 3. 2009, B 616/08, ÖZW 2009, 117 mit Bespr v *Korinek*; s weiters *Korinek*, Staatsrechtliche Grundlagen der Kammer-Selbstverwaltung, in FS Schwarz (1991), 255; *Stolzlechner*, Der Gedanke der Selbstverwaltung in der Bundesverfassung, in FS 75 Jahre Bundesverfassung (1995), 361; *Zellenberg*, Rechtliche, ökonomische und politische Aspekte der Pflichtmitgliedschaft in Kammern, WPBl 2008, 425.

8 Vgl insb *Korinek*, Wirtschaftliche Selbstverwaltung (1970), 7 ff.

9 Zur historischen Entwicklung vgl *März/Weissel/Reithofer*, Die Kammern für Arbeiter und Angestellte (Arbeiterkammern), in Pütz/Predöhl/Weippert (Hrsg), Verbände und Wirtschaftspolitik in Österreich (1966), 393; *Weidenholzer/Kepplinger*, Geschichte der Arbeiterkammern 1920–1992, in Bundesarbeitskammer (Hrsg),

12.3.1.1. Geltungsbereich

Der persönliche Wirkungsbereich der Arbeiterkammern ist weit gefasst. So sind etwa auch 12/024 Arbeitslose, Heimarbeiter oder freie Dienstnehmer gem § 4 Abs 4 ASVG in das Gesetz einbezogen. Ausgenommen werden allerdings etwa grundsätzlich selbständig Erwerbstätige sowie die im § 10 Abs 2 AKG genannten Gruppen. Nach dieser Bestimmung sind ua Ärzte, pharmazeutische Fachkräfte, Rechtsanwaltsanwärter oder jene leitende „Angestellte", denen dauernd maßgebender Einfluss auf die Führung des Unternehmens zusteht, nicht den Arbeiterkammern zugehörig[10]. In Kapitalgesellschaften sind nur die Geschäftsführer und Vorstandsmitglieder vom Geltungsbereich des AKG ausgenommen.

In jedem Bundesland besteht eine Kammer für Arbeiter und Angestellte (Arbeiterkammer), 12/025 auf Bundesebene wurde die Bundeskammer für Arbeiter und Angestellte (Bundesarbeitskammer) mit Sitz in Wien eingerichtet (§ 3 AKG).

12.3.1.2. Aufgaben

12.3.1.2.1. Aufgaben der Arbeiterkammern

Die Arbeiterkammern sind berufen, die sozialen, wirtschaftlichen, beruflichen und kulturel- 12/026 len Interessen der Arbeitnehmer zu vertreten und zu fördern (§ 1 AKG) und alle zur Interessenvertretung der Arbeitnehmer – einschließlich der zuvor als Arbeitnehmer beschäftigten Arbeitslosen und Pensionisten – erforderlichen und zweckmäßigen Maßnahmen zu treffen (§ 4 Abs 1 AKG). Der Aufgabenbereich bezieht sich nicht nur auf die Arbeitsbedingungen oder arbeits- und sozialrechtlichen Vorschriften, sondern umfasst gleichermaßen Angelegenheiten der Bildung, der Kultur, des Umweltschutzes, des Konsumentenschutzes, der Freizeitgestaltung udgl. Gem § 7 bzw § 14 AKG haben die Arbeiterkammern kammerzugehörige Arbeitnehmer bei arbeits- und sozialrechtlichen Problemen zu beraten und gegebenenfalls **Rechtsschutz durch gerichtliche Vertretung** zu gewähren. Dieser individuelle Rechtsschutz für Kammerangehörige besteht allerdings nur nach Maßgabe eines von der BAK zu beschließenden Rahmen-Regulativs und der Regulative der einzelnen Arbeiterkammern.

Konkrete Aufgaben der Arbeiterkammern sind in einer Reihe von Sondergesetzen (zB 12/027 ASchG, ASGG, AMSG, AMFG; zu den Aufgaben im Rahmen der Sozialpartnerschaft vgl 14.6) festgelegt. Insbesondere im Rahmen der Betriebsverfassung steht den Arbeiterkammern eine Reihe von Rechten zu (zB die Überwachung bzw Durchführung der mit der Auflösung, Zusammenlegung und Trennung von Betriebsratsfonds und Zentralbetriebsratsfonds zusammenhängenden Maßnahmen gem § 74 Abs 7 bis 12 und § 87 ArbVG [vgl 10.12.1.3, 10.12.2], die Revision der Rechtmäßigkeit der Gebarung und der Verwen-

---

75 Jahre Kammern für Arbeiter und Angestellte (1995), 9; s weiters *Dirschmied*, Rechtsdogmatisches zum Strukturanpassungsgesetz 1996, Hat die Ausweitung des versicherten Personenkreises nach § 4 ASVG Auswirkungen auf die arbeitsrechtliche Begriffsbildung?, DRdA 1997, 85; *Gabriel*, Zur Geschichte der österreichischen Arbeiterkammern 1920–2011, in Grabmayer (Hrsg), Gemeinsam für Kärnten arbeiten (2012), 41 ff.

10 § 10 Abs 2 Z 2 AKG; vgl insb *Müller*, Rechtsfragen zur Arbeiterkammerzugehörigkeit (1999); *Österreichischer Arbeiterkammertag* (Hrsg), ArbeiterkammerG 1992 (1992), 28.

dung der Mittel eines Betriebsratsfonds bzw Zentralbetriebsratsfonds gem den §§ 74 Abs 6, 87 ArbVG und § 34 BRF-VO [vgl 10.12.1.4.2, 10.12.2] und die klagsweise Geltendmachung der Gleichstellung einer Arbeitsstätte bzw ihrer Beendigung gem § 35 ArbVG [vgl 4.4.1]).

12.3.1.2.2. Aufgaben der Bundesarbeitskammer

12/028 Der BAK obliegt die Besorgung aller in den Aufgabenbereich der Arbeiterkammer fallenden Angelegenheiten, soweit sie das gesamte Bundesgebiet oder mehrere Bundesländer gemeinsam betreffen (§ 9 Abs 1 AKG). Die Hauptversammlung der BAK ist insb zuständig für die Festlegung der Höhe der Kammerumlage (§ 61 AKG), für die Erlassung der Rahmengeschäftsordnung für die Arbeiterkammern bzw die Genehmigung der Geschäftsordnungen der Arbeiterkammern (§ 60 AKG), für die Erlassung des Rahmen-Rechtsschutzregulativs bzw die Genehmigung der Rechtsschutzregulative der Arbeiterkammern (§ 7 AKG) und für die Beschlussfassung über Kollektivverträge bzw Richtlinien zur Regelung der Arbeitsverhältnisse der Arbeitnehmer der Arbeiterkammern[11].

12.3.1.3. Organe der Arbeiterkammern

12/029 Die Organe der Arbeiterkammern sind der Präsident, das Präsidium nach Maßgabe der Geschäftsordnung, der Vorstand, die Vollversammlung, die Ausschüsse, die Fachausschüsse und der Kontrollausschuss (§ 46 AKG).

12/030 Der **Präsident**, der durch Wahl in der Vollversammlung bestellt wird (§ 48 Abs 3 AKG), ist der gesetzliche Vertreter der Arbeiterkammer.

In dieser Eigenschaft leitet er ihre Geschäfte und unterfertigt alle Geschäftsstücke gemeinsam mit dem Direktor (§ 56 Abs 1 AKG). Die Vizepräsidenten werden von der Vollversammlung aus ihrer Mitte gewählt (§ 49 AKG).

12/031 Durch Geschäftsordnung der jeweiligen Arbeiterkammer kann als eigenes Organ das **Präsidium** eingerichtet werden (§ 55 Abs 1 AKG). Seine Aufgabe besteht im Wesentlichen in der Vorbereitung von Vorstandsberatungen und der Befassung mit besonders dringlichen Angelegenheiten (§ 55 Abs 2 AKG).

12/032 Dem **Vorstand** obliegt die Besorgung der in § 54 Abs 3 AKG angeführten Angelegenheiten, insb die Beschlussfassung über die laufenden Agenden der Kammer. Er wird von der Vollversammlung aus ihrem Kreis nach den Grundsätzen des Verhältniswahlrechts auf Grund von Wahlvorschlägen der in der Vollversammlung vertretenen Fraktionen gewählt (§ 49 Abs 5 AKG).

12/033 Die **Vollversammlung** setzt sich aus einer im Gesetz festgelegten Anzahl von gewählten Kammerräten zusammen (§ 47 Abs 1 AKG).

Diese Kammerräte werden von den zur Arbeiterkammer wahlberechtigten Arbeitnehmern (einschließlich den kammerzugehörigen Arbeitslosen iSd § 10 Abs 1 Z 1 AKG) durch gleiche, unmittelbare und geheime Wahl nach den Grundsätzen des Verhältniswahlrechts gewählt (§§ 19, 34 AKG).

---

[11] § 78 AKG; s auch OGH 27. 4. 1988, 9 ObA 50/88, DRdA 1990, 269 mit Bespr v *Öhlinger*.

Die allgemeine Funktionsperiode der Vollversammlung dauert fünf Jahre (§ 18 AKG). Die Vollversammlung ist vom Präsidenten mindestens einmal im Kalenderhalbjahr einzuberufen; außerordentliche Vollversammlungen sind einzuberufen, wenn dies von mindestens einem Drittel der Kammerräte schriftlich verlangt wird (§ 52 Abs 1 AKG).

Der Vorstand kann aus dem Kreis der Kammerräte **Ausschüsse** zur Vorberatung von Verhandlungsgegenständen und zur Berichterstattung an den Vorstand einsetzen und diese Ausschüsse mit der selbständigen Behandlung bestimmter Aufgaben betrauen (§ 57 AKG). 12/034

Vom Vorstand jeder Arbeiterkammer können weiters für den Bereich bestimmter Arbeitnehmergruppen nach Bedarf besondere **Fachausschüsse** errichtet werden. Diese haben die fachlichen und beruflichen Interessen der Arbeitnehmer im Rahmen des vom Vorstand übertragenen Wirkungsbereichs wahrzunehmen (§ 58 Abs 1 AKG). 12/035

Dem **Kontrollausschuss**, der mit 15 Mitgliedern aus der Mitte der Vollversammlung gewählt wird (§ 50 AKG), obliegt es, die (finanzielle) Gebarung der Arbeiterkammer auf die Einhaltung der gesetzlichen Vorschriften, der Haushaltsordnung etc zu prüfen (§§ 59 Abs 1, 68 AKG). Er hat der Vollversammlung einen Bericht über seine Prüfungstätigkeit vorzulegen, die überstimmten Mitglieder des Kontrollausschusses können einen Minderheitsbericht beilegen (§ 59 Abs 5 AKG). 12/036

12.3.1.4. Organe der Bundesarbeitskammer

Die drei Organe der Bundesarbeitskammer (BAK) sind der Präsident der BAK, der Vorstand der BAK und die Hauptversammlung (§ 80 AKG). 12/037

Der **Präsident** der BAK wird von der Hauptversammlung aus dem Kreis der Präsidenten der Arbeiterkammern mit einfacher Mehrheit für die Dauer der Funktionsperiode der Hauptversammlung gewählt (§§ 86, 89 Abs 2 AKG). Er ist der gesetzliche Vertreter der BAK und leitet ihre Geschäfte gem den Beschlüssen des Vorstandes (§ 88 AKG). Aus dem Kreis der Vorstandsmitglieder der BAK wählt die Hauptversammlung vier Vizepräsidenten (§ 87 AKG). 12/038

Der **Vorstand** der BAK besteht aus den Präsidenten der einzelnen Arbeiterkammern und weiteren sieben von der Hauptversammlung aus ihrer Mitte gewählten Mitgliedern (§ 84 Abs 1 AKG). Er hält seine Sitzungen tunlichst monatlich, mindestens jedoch jeden zweiten Monat ab (§ 85 Abs 2 AKG). Ihm obliegt insb die Überwachung der Geschäftsführung der BAK, die Vollziehung der Beschlüsse der Hauptversammlung, die Vorbereitung der Beratungen der Hauptversammlung, die Berichterstattung gegenüber dieser und die Beschlussfassung über Maßnahmen, die die Interessen der Arbeitnehmer betreffen und über den Wirkungsbereich einer einzelnen Arbeiterkammer hinausgehen (§ 85 Abs 1 AKG). 12/039

Die **Hauptversammlung** besteht aus den Präsidenten der einzelnen Arbeiterkammern sowie aus weiteren 58 Kammerräten, die von den einzelnen Arbeiterkammern entsandt werden (§ 81 AKG). Sie wird vom Präsidenten der BAK nach Bedarf, mindestens aber zweimal im Jahr einberufen. Außerordentliche Hauptversammlungen sind einzuberufen, wenn dies von mindestens zwei Präsidenten oder einem Drittel der Mitglieder der Hauptversammlung schriftlich verlangt wird (§ 82 Abs 1 u 2 AKG). Der Hauptversammlung obliegt insb die 12/040

Wahl des Präsidenten und der Vizepräsidenten der BAK, die Festlegung der Höhe der Kammerumlage, die Erlassung der Rahmen-Haushaltsordnung, der Rahmengeschäftsordnung sowie des Rahmen-Rechtsschutzregulativs, die Genehmigung der Haushaltsordnungen, Geschäftsordnungen sowie der Rechtsschutzregulative der Arbeiterkammern. Weiters obliegt ihr die Erlassung von Richtlinien betreffend Aufwandsentschädigungen und Funktionsgebühren sowie die Regelung der Geschäftsordnung der BAK (§ 83 AKG).

12/041 Die Bürogeschäfte der BAK werden durch das **Kammerbüro** der Arbeiterkammer für Wien als Büro der BAK besorgt. Die Kosten, die sich aus dieser Geschäftsführung ergeben, sind von allen Arbeiterkammern zu tragen. Zu diesem Zweck müssen die einzelnen Arbeiterkammern einen Kostenbeitrag in der Höhe von 3 % ihrer jährlichen Einnahmen aus Kammerumlagen an die Arbeiterkammer für Wien abführen (§ 90 AKG).

12.3.2. Gesetzliche Interessenvertretungen der Arbeitgeber

12.3.2.1. Wirtschaftskammern

12/042 Die bedeutendsten gesetzlichen Interessenvertretungen auf Seiten der Unternehmer sind die **Wirtschaftskammern**[12] bzw die Wirtschaftskammer Österreich (vormals Handelskammern, Kammern der gewerblichen Wirtschaft). Ihre Rechtsstellung basiert auf dem Wirtschaftskammergesetz 1998.

12/043 **Mitglieder** der Wirtschaftskammer sind alle physischen und juristischen Personen sowie sonstigen Rechtsträger, die Unternehmungen des Gewerbes, des Handwerks, der Industrie, des Bergbaues, des Handels, des Geld-, Kredit- und Versicherungswesens, des Verkehrs, des Nachrichtenverkehrs, des Rundfunks, des Tourismus und der Freizeitwirtschaft sowie sonstiger Dienstleistungen rechtmäßig selbständig betreiben oder zu betreiben berechtigt sind, ferner Holdinggesellschaften, denen zumindest eines dieser Mitglieder angehört (§ 2 Abs 1 u 3 WKG). Zu den Mitgliedern der Wirtschaftskammern zählen zudem ausdrücklich Unternehmungen, die der GewO 1994 unterliegen, sowie jene, die in der Anlage zum WKG angeführt sind[13].

12/044 Die Wirtschaftskammern sind ähnlich wie die Arbeiterkammern bundesländerweise gegliedert (vgl § 3 Abs 1 WKG). Auf Bundesebene wurde die **Wirtschaftskammer Österreich** eingerichtet, die ebenso wie die einzelnen Wirtschaftskammern als Körperschaft öffentlichen Rechts zu qualifizieren ist und ihren Sitz in Wien hat (§§ 3, 5 WKG).

12/045 Hinsichtlich der Aufgaben der Wirtschaftskammern ist zwischen einem eigenen und einem übertragenen Wirkungsbereich zu unterscheiden (§ 7 WKG). Im **eigenen Wirkungsbereich** obliegt den Kammern insb die Vertretung der rechtlichen und wirtschaftlichen Interessen ihrer Mitglieder, die Aufrechterhaltung des Arbeitsfriedens und die Förderung entsprechender Maßnahmen, weiters die Entsendung von Vertretern in Gremien sowie die Ab-

---

[12] Allg vgl *Retter*, Die Wirtschaftskammerorganisation – Entstehung, Entwicklung, Rechtsgrundlagen (1997); *Weber*, Die großen österreichischen Wirtschafts- und Sozialverbände – Versuch einer Standortbestimmung aus entwicklungsgeschichtlicher Betrachtung der Handels- und der Arbeiterkammern, insbesondere ihrer Kompetenzen, in FS Schmitz II (1967), 312 ff.

[13] Zur Mitgliedschaft von Pflegeheimen s VwGH 12. 9. 2013, 2011/04/0184, JBl 2014, 66.

wicklung von wirtschaftsfördernden EU-Programmen (§ 19 WKG). Im **übertragenen Wirkungsbereich** haben die Wirtschaftskammern (als Organe der Wirtschaftsverwaltung) vor allem an der Verwaltung der Wirtschaft sowie in den durch besondere Gesetze und Vorschriften vorgesehenen Fällen mitzuwirken (§ 20 WKG). Gem § 10 WKG sind den Wirtschaftskammern ua Gesetzesentwürfe und besonders wichtige Verordnungen, die ihre Interessen berühren, zur Begutachtung zu übermitteln.

Spezifische Aufgaben der Wirtschaftskammern finden sich in mehreren Sondergesetzen (zB ASGG, AMFG, AMSG; zur Mitwirkung in diversen Ausschüssen und Kommissionen vgl 14.6). 12/046

Um die besonderen Interessen einzelner Unternehmungsgruppen wahrnehmen und vertreten zu können, sind die Bundeskammer und die Landeskammern in fachlicher Hinsicht jeweils in **Sparten** gegliedert: Gewerbe und Handwerk, Industrie, Handel, Bank und Versicherung, Transport und Verkehr, Tourismus und Freizeitwirtschaft, Information und Consulting (§ 13 WKG; Spartenordnung, Wiener Wirtschaft Nr 28/29, 9. 7. 2004, Seite 13). Die Sparten sind wiederum in **Fachorganisationen** (ds **Fachgruppen** [Landesinnung, Landesgremien] auf Landesebene) und **Fachverbände** ([Bundesinnung, Bundesgremium] auf Bundesebene) unterteilt. 12/047

Der **Bundeswirtschaftskammer** fallen im **eigenen Wirtschaftsbereich** jene Aufgaben zu, die über die Zuständigkeit einer Landeskammer hinausreichen. Weiters obliegen ihr ua die Beratung und Information der Mitglieder in außerwirtschaftlichen Angelegenheiten im In- und Ausland sowie die Förderung des Außenhandels und der Wirtschaftsbeziehungen im Binnenmarkt und mit Drittstaaten insb durch die Einrichtung einer Außenwirtschaftsorganisation, die Vertretung der Interessen ihrer Mitglieder in und gegenüber der EU, internationalen Organisationen und Vereinigungen sowie die Pflege der Beziehungen zu ausländischen Interessenvertretungen und die Errichtung eines Ständigen Internationalen Schiedsgerichts (§ 31 WKG). Im **übertragenen Wirtschaftsbereich** hat die Bundeskammer vor allem an der staatlichen Verwaltung in den durch besondere Rechtsvorschriften vorgesehenen Fällen mitzuwirken und im Auftrag internationaler Organisationen tätig zu werden (§ 32 WKG). 12/048

Als **Organe** der Landeskammern fungieren der Präsident, das Präsidium, das Erweiterte Präsidium, das Wirtschaftsparlament sowie in jeder Sparte die Spartenobleute, Spartenpräsidien und Spartenkonferenzen (§ 21 WKG). Organe auf Bundesebene sind ebenfalls der Präsident, das Präsidium, das Erweiterte Präsidium, das Wirtschaftsparlament, der Kontrollausschuss sowie in jeder Sparte die Spartenobleute, Spartenpräsidien und Spartenkonferenzen (§ 33 WKG). 12/049

12.3.2.2. Weitere gesetzliche Interessenvertretungen der Arbeitgeber

Wie bereits im Zusammenhang mit der Kollektivvertragsfähigkeit erläutert wurde (vgl 3.3.1.4), gehören zu den gesetzlichen Interessenvertretungen auch die sog **Standes- oder Berufskammern**. Hiezu zählen die Rechtsanwaltskammern, die Notariatskammern, die Österreichische Apothekerkammer, die Architekten- und Ingenieurkonsulenten- 12/050 kammern, die Tierärztekammern, die Ärztekammern und die Österreichische Ärztekammer[14], die Dentistenkammer, die Zahnärztekammer und die Wirtschaftstreuhänderkammer. Ihnen kommt die Kollektivvertragsfähigkeit nur insoweit zu, als sie die Funktion einer Arbeitgeber- oder Arbeitnehmerinteressenvertretung ausüben. Gem § 4 Abs 1 ArbVG muss außerdem die Unabhängigkeit in der Willensbildung bei der Vertretung der Arbeitgeber- oder Arbeitnehmerinteressen gegenüber der jeweils korrespondierenden Seite gegeben sein (vgl 3.3.1.4).

---

[14] Vgl allg *Resch*, Die Interessenvertretung der angestellten Ärzte durch die Ärztekammer, RdM 2009, 50.

13. Der soziale Konflikt

Die freiheitliche Demokratie westlicher Prägung wird auch mit dem System des Pluralismus identifiziert. Dies bedeutet, dass nicht nur berufliche, sondern auch anderweitige partikuläre Interessen nachhaltig vertreten werden; dieser Umstand manifestiert sich insb in den Aktivitäten der öffentlich-rechtlichen Interessenvertretungen (Kammern) und der privatrechtlichen Verbände. Was im Interesse des Gemeinwohls liegt, wird nicht von oben herab zwangsweise dekretiert, sondern erweist sich in der Regel als Kompromiss antagonistischer Kräfte. Man könnte etwas überspitzt von einer umfassenden Gruppen(Klassen)auseinandersetzung sprechen, deren Orientierung allerdings an gemeinsamen Wertvorstellungen erfolgen muss. Konsequenz eines solchen Systems ist, dass die Austragung von Interessenkonflikten unausweichlich ist. Wie weit die Rechtsordnung hiebei regelnd eingreift, ist eine Frage der ordnungspolitischen, wirtschafts- und sozialpolitischen sowie letztlich sicherheitspolitischen Entscheidung. 13/001

13.1. (Verfassungs-)Rechtliche Ausgangslage

Tatsache ist, dass der **Arbeitskampf**[1] als wohl wichtigste Form des sozialen Konflikts von unserer Rechtsordnung weder verfassungsrechtlich noch einfachgesetzlich verbrieft ist, doch seit dem KoalG 1870 seine rechtliche Duldung erfahren hat. Der Arbeitskampf iS des Arbeitsrechts ist ein Phänomen, das in seiner historischen Ausprägung seit mehr als hundert Jahren von der Rechtsordnung akzeptiert wird. Diese Grundhaltung der Rechtsordnung bezeichnet man am besten als „**Kampffreiheit**“, während man von einem „**Kampfrecht**“ nur dann sprechen sollte, wenn dieses kraft positiver Normen (verfassungsrechtlich oder einfachgesetzlich) garantiert wird. 13/002

Das Phänomen des Arbeitskampfes ist untrennbar mit der Entwicklung der Versammlungs- und Vereinsfreiheit bzw der Koalitionsfreiheit verbunden. Sofern man von verfassungsrechtlichen Grundlagen des Arbeitskampfes sprechen kann, ist dementsprechend von Art 12 StGG und Art 11 EMRK auszugehen[2]. 13/003

Beide Regelungen beziehen sich primär auf koalitionsmäßige Korporationen, die im Status einer juristischen Person in der Lage sind, die Interessen ihrer Mitglieder auf Dauer zu vertreten. Folgerichtig kann man Koalitionsrecht und Arbeitskampfrecht nicht ohne weiteres gleichsetzen[3]. 13/004

---

1 *Mair*, Theoriendiskurse im Arbeitskampfrecht, in FS Binder (2010), 513.

2 Vgl 2.4; zu Art 28 GRC als Grundlage des Arbeitskampfes *Kohlbacher*, Streikrecht und Europarecht (2014).

3 *Rebhahn*, Arbeitskampf in einer Druckerei, DRdA 1982, 136 f mwN; vgl aber *Wedl*, Gewerkschaftliche Arbeitskampfmaßnahmen versus Grundfreiheiten des Binnenmarktes – Grundsatzurteile des EuGH, DRdA 2008, 291.

13/005 Im Allgemeinen wird im Konnex mit dem rechtlichen Status von Vereinigungen zwischen der Gründungsgarantie, der Bestandsgarantie und der Betätigungsgarantie unterschieden. Der VfGH erkennt alle drei Wirkungen der Vereinigungsfreiheit an. Daraus wird mitunter abgeleitet, dass auch die Durchführung eines Arbeitskampfes bzw die Teilnahme an einem solchen Grundrechtsschutz genießt[4]. Wenngleich historisch gesehen Koalition und Arbeitskampf gleichsam sich bedingende Phänomene sind, darf nicht übersehen werden, dass durch § 2 KoalG 1870, der Verabredungen über Arbeitskampfmaßnahmen die Rechtsverbindlichkeit nimmt, eine Entwicklung eingeleitet wurde, welche durch eine **neutrale Haltung** des Staates gegenüber dem Arbeitskampf gekennzeichnet ist.

13/006 Das KoalG versteht offenbar unter koalitionsgemäßen „Abreden" die konkrete Streik- oder Aussperrungsverabredung bzw den konkreten Streik- oder Aussperrungsbeschluss. Dass mit der faktischen Duldung von Ad-hoc-Koalitionen letztlich auch der Weg frei war, sich programmatisch in Statuten von Berufsvereinigungen zu Kampfmaßnahmen zu bekennen, ist naheliegend. Selbst wenn man die Statuten in diesen Punkten – der bloßen „Duldung" entsprechend – als nicht rechtsverbindlich ansieht, reicht deren programmatischer Charakter aus. Die Erzwingung der Teilnahme am Arbeitskampf im Rechtsweg wäre inadäquat; ohne Solidarität sind Kampfmaßnahmen nicht möglich[5].

13.2. Internationale Anerkennung

13/007 Eine Anerkennung des Rechts auf Arbeitskampfmaßnahmen, insb eines Streikrechts, erfolgt durch Art 6 Z 4 der **Europäischen Sozialcharta**. Wenngleich Österreich Art 6 auch in der revidierten Fassung der Europäischen Sozialcharta nicht ratifiziert hat (BGBl III 112/2011; vgl auch VfGH v 27. 2. 1978, B 244/76, VfGHSlg 8252), tritt damit eine europaweite Grundhaltung zu Tage. In der mangelnden Anerkennung des Art 6 ESC kommt jedenfalls wiederum die neutrale Haltung des Staates zum Ausdruck[6].

13/008 Die Europäische **Grundrechtscharta** der EU – schon im Vertrag von Nizza 2001 mitbeschlossen, aber damals noch als nicht verbindlich bezeichnet – wurde auf Grund des Vertrages von Lissabon (gleichrangiges) primäres Unionsrecht (Art 6 Abs 1 EUV)[7]. Gem Art 28 der Grundrechtscharta haben Arbeitnehmer sowie Arbeitgeber und ihre jeweiligen Organisationen nach dem Gemeinschaftsrecht und den einzelstaatlichen Rechtsvorschriften und Gepflogenheiten das Recht, Tarifverträge auf den geeigneten Ebenen auszuhandeln und zu schließen sowie bei Interessenkonflikten kollektive Maßnahmen zur Verteidigung ihrer

---

[4] So *U. Davy*, Streik und Grundrechte in Österreich (1989), 72; krit *Rebhahn*, Neues zum Streikrecht?, JBl 1992, 497.

[5] Vgl *Martinek/Schwarz*, Das Koalitionsrecht, DRdA 1963, 269.

[6] S auch 1339 BlgNR 11. GP, 44; allg hiezu vgl insb *Tomandl*, Streik und Aussperrung als Mittel des Arbeitskampfes (1965), 99; *Strasser/Reischauer*, Der Arbeitskampf (1972), 65; *Beumer*, Individuelles Streikrecht (1990), 77; zur Wirksamkeit des österreichischen Vorbehalts s *Krejci*, Recht auf Streik – Ein Paradigmenwechsel mit Folgen im Arbeitskampfrecht Österreichs (2015).

[7] *Weichselbaum*, Grundrechte, Grundfreiheiten und der Vertrag von Lissabon: Neues zum Thema Kollektivverhandlungen und kollektive Maßnahmen, DRdA 2011, 103; *Kohlbacher*, Streikrecht und Europarecht (2014), 247.

Interessen, einschließlich Streiks, zu ergreifen[8]. Der **EuGH** hatte sich bereits zuvor in zwei Grundsatzurteilen mit dem Verhältnis von gewerkschaftlichen Arbeitskampfmaßnahmen und den Grundfreiheiten des Binnenmarktes auseinanderzusetzen[9]. Dem EuGH zufolge ist zwar das Recht auf Durchführung einer kollektiven Maßnahme einschließlich des Streikrechts als Grundrecht anzuerkennen, doch kann die Ausübung des Streikrechts bestimmten Beschränkungen unterworfen werden. Das Streikrecht kann insb dann nicht ausgeübt werden, wenn der Streik gegen die guten Sitten, das innerstaatliche Recht oder das Gemeinschaftsrecht verstoßen würde. Es ist jedenfalls an den Grundfreiheiten zu messen und unterliegt somit dem Gebot der Verhältnismäßigkeit. Beide Entscheidungen sind insofern problematisch, als sie die Friedenspflicht der Sozialpartner (vgl 13.5.2.3) extensiv interpretieren[10].

Als grundlegend ist die Entscheidung des **Europäischen Gerichtshofs für Menschenrechte** 13/009
vom 21. 4. 2009[11] anzusehen. Unter Bezugnahme auf die Versammlungs- und Vereinigungsfreiheit nach Art 11 EMRK bejaht der EGMR nicht nur ein Recht auf Kollektivverhandlungen, sondern auch ein Streikrecht. Mangels eines dringenden gesellschaftlichen Bedürfnisses (Rechtfertigungsgrund gem Art 11 Abs 2 EMRK) lehnte das Gericht ein umfassendes Streikverbot selbst für öffentlich Bedienstete (türkischer Infrastrukturbereich) ab.

13.3. Die Neutralität des Staates – Arbeits- und sozialrechtlicher Ordnungsrahmen

Österreich steht dem Phänomen des Arbeitskampfes insofern neutral gegenüber, als es den 13/010
Arbeitskampf grundsätzlich zulässt und den Ausgang von Streik und Aussperrung nicht zu beeinflussen sucht. Historisch gesehen wurde diese Neutralität im **§ 2 KoalG 1870** insofern positiviert, als gleichzeitig mit der Abschaffung der Strafbarkeit koalitionsmäßiger Abreden bestimmt wurde, dass diese Abreden nicht rechtsverbindlich sind, dh dass der Staat seinen Arm nicht zur Durchsetzung von Streik- oder Aussperrungsabreden herleiht (vgl 2.4). Dass eine gerichtliche Durchsetzung insb von Streikabreden im Übrigen so gut wie sinnlos wäre,

---

8 Vgl zB Art 77 der Verfassung der Republik Slowenien; Art 37 Abs 4 der Verfassung der Slowakischen Republik, hiezu *Barancová/Olšovská*, Slovak Labour Law (2009), 146; zur Situation in der tschechischen Republik *Štefko*, Czech Labour Law in European Context (2007), 108; allg vgl *Schrammel/Winkler*, Europäisches Arbeits- und Sozialrecht (2010), 22; *Fuchs* in Fuchs/Marhold (Hrsg), Europäisches Arbeitsrecht[4] (2014), 457 ff; *Kohlbacher*, Streikrecht und Europarecht (2014), 124 ff.

9 EuGH 11. 12. 2007, C-438/05, *Viking*, DRdA 2008, 291 = infas 2008, E 1; EuGH 18. 12. 2007, C-341/05, *Vaxholm*, DRdA 2008, 294; s hiezu *Wedl*, Vaxholm und Viking: Gewerkschaftliche Kampfmaßnahmen vor dem EuGH, DRdA 2006, 264; *dens*, Gewerkschaften, Grundfreiheiten und Generalanwälte – Zur europäischen Dimension des Arbeitskampfes, juridikum 2007, 157; *Mair*, Arbeitskampf contra Grundfreiheiten, wbl 2007, 405; *Rebhahn*, Grundfreiheit versus oder vor Streikrecht, wbl 2008, 63; s auch schon *dens*, Überlegungen zur Bedeutung der GRC für den Streik und die kollektive Rechtsgestaltung, in GS Heinze (2005), 649.

10 Vgl hiezu die Kritik von *Wedl*, Gewerkschaftliche Arbeitskampfmaßnahmen versus Grundfreiheiten des Binnenmarktes – Grundsatzurteile des EuGH, DRdA 2008, 296.

11 *Enerji Yapi-Yol Sen*, Bsw Nr 68.951/01, DRdA 2009, 458 mit Bespr v *Wedl*; s auch *Krejci*, Recht auf Streik – Ein Paradigmenwechsel mit Folgen im Arbeitskampfrecht Österreichs (2015), 55 f; *Krömer*, Das Ende der Trennungstheorie?, ZAS 2012, 200.

liegt wohl auf der Hand. Das kollektive Geschehen eines Arbeitskampfes kann nur auf Solidarität, nicht aber auf rechtlichem Zwang beruhen. Die durch das KoalG statuierte liberale Grundhaltung der Neutralität gilt heute noch, doch könnte man, abweichend vom liberalen Dogma, von einer **aktiven Neutralität** des Staates sprechen, da Beschränkungen der Kampffreiheit, zB durch Einführung einer Zwangsschlichtung, als Einbruch in die Grundposition unserer überbetrieblichen Arbeitsverfassung zu werten sind. Ansätze für die Positivierung dieser „aktiven Neutralität" findet man im Bereich der Arbeitsmarktförderung, der Arbeitskräfteüberlassung, der Ausländerbeschäftigung und der Arbeitslosenversicherung.

13/011 Gem § 3 Z 10 AMFG ist eine **Vermittlung** von Arbeitskräften in einen von Streik oder Aussperrung betroffenen Betrieb sowie die Vermittlung von streikenden oder ausgesperrten Dienstnehmern **unzulässig**. Die Ratio dieser Bestimmung ist klar. Verhindert werden soll, dass durch gezielte Vermittlung von Arbeitskräften das Kampfziel des Gegners vereitelt wird.

13/012 Aus demselben Grund ist auch die **Überlassung** von Arbeitskräften in Betriebe, die von Streik oder Aussperrung betroffen sind, gem § 9 AÜG **untersagt**. Für solche Betriebe dürfen gem § 10 AuslBG auch **keine Beschäftigungsbewilligungen** erteilt werden.

13/013 Wenn die Arbeitslosigkeit die unmittelbare Folge eines durch Streik verursachten Betriebsstillstandes ist, so gebührt während der Dauer des Betriebsstillstandes **kein Arbeitslosengeld**. Das Nämliche gilt für den Fall einer Aussperrung, sofern sie als Abwehrmaßnahme gegen einen Teilstreik, eine passive Resistenz oder eine sonstige, die Fortführung der Arbeiten in diesem Betrieb vereitelnde Kampfmaßnahme erfolgt (§ 13 AlVG).

13/014 Voraussetzung für den Anspruch auf Arbeitslosengeld ist ua die Arbeitswilligkeit[12]. Letztere geht verloren, wenn eine zumutbare Beschäftigung ausgeschlagen wird. Gem § 9 Abs 2 AlVG gilt die Annahme einer Beschäftigung in einem von Streik und Aussperrung betroffenen Betrieb nicht als zumutbar.

Die ratio legis ist auch hier eindeutig. Es entspricht der Neutralität des Staates, den Arbeitskampf nicht zu finanzieren. In Entsprechung zum AMFG, dem AÜG und dem AuslBG wird festgelegt, dass die Beschäftigung in einem von Streik und Aussperrung betroffenen Betrieb nicht zumutbar ist. Bemerkenswert ist, dass eine durch **Offensivaussperrung** (vgl hiezu 13.4) bewirkte Arbeitslosigkeit von § 13 AlVG nicht betroffen wird, sodass in einem solchen Fall ein Anspruch auf Arbeitslosengeld offenbar gegeben ist. Im Übrigen ist festzuhalten, dass die Anwendung der wenigen den Arbeitskampf betreffenden Bestimmungen nicht von der Frage, ob der Arbeitskampf an sich rechtmäßig oder rechtswidrig ist, abhängig gemacht werden kann[13].

---

[12] Vgl *Gerhartl*, Das Problem der Vermittelbarkeit im Arbeitslosenversicherungsrecht, ZAS 2011, 12.
[13] Zum Zweck des Neutralitätsgebots vgl *Schnorr*, Arbeitskampf und Arbeitslosenversicherung, in Tomandl (Hrsg), Grundlegende Rechtsfragen der Arbeitslosenversicherung (1981), insb 59.

13.4. Begriff und Formen des Arbeitskampfes

Arbeitskampf ist organisierte und planmäßige, kollektive Unterbindung des normalen Arbeitsablaufs im Arbeitsleben zur Erreichung eines bestimmten Zwecks. Zwischen dem Moment der Planmäßigkeit und dem Zweck liegt ein wesentlicher Zusammenhang. Wenn beispielsweise alle Arbeitnehmer zu einem bestimmten Zeitpunkt gekündigt werden oder selbst das Arbeitsverhältnis lösen, so ist dies noch kein Arbeitskampf. Das Moment der Planmäßigkeit hat vielmehr die Konsequenz, dass die Arbeitseinstellung oder der Entzug des Arbeitsplatzes zum Zweck der Druckausübung kalkuliert wurde. Das Moment der Kollektivität ist auf Arbeitnehmerseite immer dadurch gegeben, dass die Gewerkschaft oder eine Ad-hoc-Arbeitnehmergruppe (wilder Streik) den Arbeitskampf führt. Auf Arbeitgeberseite muss dies kein Verband oder keine Gruppe sein, sondern es kommt auch ein einzelner Arbeitgeber in Betracht, doch richtet sich die Maßnahme immer gegen eine Mehrzahl von Arbeitnehmern. 13/015

Der Zweck ist in doppelter Weise zu sehen: Der äußere Zweck ist die Druckausübung mit den typischen Mitteln des Arbeitskampfes, der innere Zweck ist jenes Ziel, um dessentwillen der Arbeitskampf geführt wird. Liegt das Ziel im Arbeitsleben, dann ist auch der soziale Gegenspieler in der Regel unmittelbar angesprochen. Dies ist für die Begriffsbestimmung des Arbeitskampfes aber nicht essenziell. Beim politischen Streik zB ist der Arbeitgeber nur mittelbar betroffen, zumal Streikadressat in Wahrheit der Staat ist. Gleichwohl gehört auch der politische Streik in unsere Begriffsbestimmung, die vorderhand über die Rechtmäßigkeit keine Aussage macht. 13/016

Der Arbeitskampf kann in unterschiedlichen Formen in Erscheinung treten. Insb ist zu unterscheiden, ob die Arbeitskampfmaßnahme als erste Aktion gesetzt wird (**Offensivstreik**, **Offensivaussperrung**) oder ob sie die Antwort auf eine von der anderen Seite begonnene Arbeitskampfhandlung bildet (**Defensivstreik**, **Defensivaussperrung**). Streik und Aussperrung können das Arbeitsverhältnis unmittelbar zur Auflösung bringen (**resolutiver** oder **lösender Streik** bzw **Aussperrung**) oder bloß ein Ruhen der arbeitsvertraglichen Hauptpflichten (**Suspensivstreik**, **Suspensivaussperrung**) bewirken. 13/017

13.4.1. Streik

Streik ist organisierter und planmäßiger Entzug der Arbeitskraft durch eine Mehrzahl von Arbeitnehmern bis zur Erreichung oder Vereitelung des angestrebten Zwecks[14]. 13/018

Wie groß die Zahl der Teilnehmer sein muss, kann generell nicht gesagt werden. Es kommt auf den Effekt der Druckausübung an. Fehlt dieser vollkommen, so kann überhaupt nicht von Arbeitskampf gesprochen werden.

Das Mittel des Streiks ist die gemeinsame Arbeitsniederlegung, wobei das Arbeitsverhältnis idR nicht gelöst wird. Denkbar ist allerdings ein Streik mit Lösung der Arbeitsverhältnisse, 13/019

---

[14] *Rebhahn*, Der Arbeitskampf bei weitgehend gesetzlicher Regelung der Arbeitsbedingungen I u II, DRdA 2004, 399 u 503.

und zwar sowohl unter Einhaltung der Kündigungsfristen als auch fristlos. Kampfkündigungen sind aber zufolge der verschiedenen Kündigungsfristen sehr problematisch.

Wer kämpft, riskiert. Der streikende Arbeitnehmer setzt seinen Lohn und seinen Arbeitsplatz aufs Spiel. Die Kampfkraft der Gewerkschaften ist in hohem Maße von ihrer Finanzkraft abhängig, weil Vorsorge getroffen werden muss, den Streikenden durch entsprechende Unterstützungen unter die Arme zu greifen. Auch der Behalt des Arbeitsplatzes ist von der Kampfstärke abhängig.

13.4.1.1. Totaler Streik und Teilstreik

13/020 Beim **totalen Streik** wird in einem bestimmten Bereich lückenlos gestreikt. Der **Teilstreik** kann dadurch zustande kommen, dass eine an sich als Totalstreik geplante Aktion nur teilweise befolgt wird oder es in der Strategie des Arbeitskampfes liegt, den Streik nur partiell anzulegen, weil dies für die beabsichtigte Störung des Arbeitsverlaufs ausreichend ist. Im letzteren Fall spricht man von einem **Schwerpunktstreik**.

13/021 Von einem **Sitzstreik** spricht man dann, wenn die Betriebe besetzt gehalten werden, um die Druckausübung zu erhöhen. **Passive Resistenz** ist eine verschleierte Form des Streiks; es wird durch langsames und übergenaues Arbeiten die Arbeitspflicht nur zum Schein erfüllt.

13.4.1.2. Gewerkschaftlicher und wilder Streik

13/022 Diese nach dem Urheber des Arbeitskampfes getroffene Unterscheidung geht davon aus, ob der Streik von der **Gewerkschaft** autorisiert ist oder aber eine spontane Aktion darstellt. Organisiert sind beide Streikarten, denn das organisierte Vorgehen bildet ja das Begriffsmerkmal des Arbeitskampfes an sich. Hinter einem wilden Streik steht also eine **Ad-hoc-Koalition**, deren Bestand nach Erreichung oder Vereitelung des Streikziels erledigt ist. Ein weitverbreiteter Irrtum liegt darin, dass allein anhand dieser Unterscheidung die Rechtmäßigkeit bzw Rechtswidrigkeit eines Streiks beurteilt werden kann. Gewerkschaftlicher und wilder Streik können sowohl rechtmäßig als auch rechtswidrig sein. Die Gewerkschaft besitzt nicht das Privileg, durch ihr Placet über die Rechtmäßigkeit eines Arbeitskampfes zu entscheiden.

13.4.1.3. Arbeitsrechtlicher und politischer Streik

13/023 Für die Unterscheidung zwischen arbeitsrechtlichem und politischem Streik ist maßgeblich, wer **Adressat** des Streiks ist. Der arbeitsrechtliche Streik richtet sich gegen den Arbeitgeber. Beim politischen Streik ist der eigentliche Streikadressat jedoch der Staat oder ein Dritter, auf dessen Organe eingewirkt werden soll[15]. Die Frage, ob die arbeitsrechtliche Materie das Streikgeschehen dominiert, ist irrelevant. Soll das Parlament unter Druck gesetzt werden, um die Verabschiedung eines arbeitsrechtlichen Gesetzes zu beschleunigen, liegt ein politischer Streik vor. Umgekehrt wird ein Streik noch nicht zum politischen, wenn etwa gegen eine bestimmte politische Haltung des Arbeitgebers gestreikt wird.

Auch beim **Sympathiestreik** ist der eigentliche Gegner ein Dritter, der zB durch Entzug von Rohstoffen oder Halbfabrikaten getroffen werden soll.

---

[15] Vgl aber auch *Schima*, Streikziel Vorstandsrücktritt – Anmerkungen zum AUA-Streik, RdW 1993, 368.

13.4.1.4. Kampfstreik und Demonstrationsstreik

Eine Differenzierung des Streiks kann auch hinsichtlich des **Kampfziels** erfolgen. Beim Kampfstreik geht es um die Erringung eines konkreten Ziels, während der Demonstrationsstreik darauf gerichtet ist, eine bestimmte Einstellung zu einer bestimmten Frage zu manifestieren. Der Demonstrationsstreik kann ein politischer Streik sein. Zum arbeitsrechtlichen wird er dann, wenn dem Arbeitgeber ein bestimmtes, in seiner Sphäre liegendes Kampfziel nachhaltig vor Augen geführt wird. Typisch hiefür ist der – regelmäßig von vornherein befristete – **Warnstreik**, der weitere Kampfmaßnahmen ankündigt. 13/024

13.4.2. Aussperrung

Arbeitskampf in Form der Aussperrung durch einen oder mehrere Arbeitgeber besteht im Entzug von Arbeit und Entgelt gegenüber einer größeren Zahl von Arbeitnehmern, bis der verfolgte Zweck erreicht oder vereitelt ist[16]. 13/025

Die ausgesperrten Arbeitnehmer brauchen nicht organisationsmäßig verbunden zu sein. Das verbindende kollektive Moment liegt darin, dass das **Kampfziel gruppenbezogen** ist und nur durch Nachgeben einer Gruppe erreicht werden kann. 13/026

Auch der kämpfende Arbeitgeber muss riskieren. Er riskiert Betriebseinschränkung oder gar Stilllegung einerseits und die Abwanderung und damit den Verlust eingearbeiteter Arbeitnehmer andererseits. 13/027

Eine **Offensivaussperrung** wird auf Initiative des Arbeitgebers vollzogen, um bereits bestehende Arbeitsbedingungen zu verschlechtern oder den Widerstand gegen eine beabsichtigte Regelung zu brechen. Sie ist selten, da Arbeitgeber in weit geringerem Ausmaß als die Arbeitnehmerschaft darauf angewiesen sind, durch Mittel des Arbeitskampfes ihren Interessen und Forderungen Nachdruck zu verleihen. Die **Defensivaussperrung** oder **Abwehraussperrung** wird vielfach als Antwort auf einen Streik gesehen. 13/028

Ob die Aussperrung **suspendierend** wirkt oder die Arbeitsverhältnisse **auflöst**, ist nach arbeitsvertraglichen Gesichtspunkten zu beantworten (s hiezu 13.6). 13/029

Als Abwehrmaßnahme mit bloß suspendierender Wirkung ist die Aussperrung kaum vorstellbar, da streikende Arbeitnehmer weder von der Arbeit ausgeschlossen werden können, noch ihnen ein Verdienst entzogen werden kann, auf den sie ohnehin keinen Anspruch haben. Man wird ihr aber insofern eine Warnfunktion nicht absprechen können, als der Arbeitgeber damit zu erkennen gibt, dass streikende Arbeitnehmer mit individualrechtlichen Sanktionen rechnen müssen (vgl hiezu 13.6). Im deutschen Arbeitskampfrecht bildet die suspendierende Abwehraussperrung regelmäßig die erste Antwort auf einen Streik und damit einen Schritt in der durch den Grundsatz der Verhältnismäßigkeit gebotenen Skala der sich sukzessive verschärfenden Maßnahmen (vgl 13.5.1).

Bedeutung gewinnt die Abwehraussperrung beim **Teilstreik**. Im Zuge desselben werden die Arbeitswilligen oder die nicht bestreikten Verbandsbetriebe ausgesperrt. 13/030

[16] Vgl insb *Krejci*, Aussperrung (1980).

13.4.3. Boykott

13/031 Boykott ist die an den Gegner im Arbeitsleben gerichtete planmäßig angesetzte Ächtung. Durch diese erfolgt die Ablehnung, mit dem Geächteten in Beziehung zu treten, um ein bestimmtes Kampfziel zu erreichen.

Die Aufforderung, den Boykottierten zu meiden, geht meist von einem Arbeitgeber- oder Arbeitnehmerverband aus und bezieht sich auf seine Mitglieder. In diesem Fall kann man von einem Konflikt zweier Verbände, also von zwei Beteiligten sprechen. Es können aber auch drei Parteien beteiligt sein: Die Boykottierer (die Auffordernden), die Boykottanten (die Aufgeforderten) und die Boykottierten (die Gemiedenen). Dies ist beispielsweise dann der Fall, wenn ein Verband zum Boykott auffordert und hiebei nicht nur seine Mitglieder, sondern auch Außenstehende aufruft.

13/032 Das Kampfziel des Boykotts liegt meist im Arbeitsleben, doch ist dies für die Klarstellung des Phänomens nicht notwendig. Die Beziehung zum Arbeitsrecht liegt darin, dass Angreifer und Gegner die Parteien des Arbeitslebens sind. Die Kampfmittel sind die Verhinderung, dass der Boykottierte Arbeitskräfte erhält (Zuzugssperre) bzw dass Arbeitsuchende einen Arbeitsplatz erhalten (Einstellungssperre). Gegenüber dem Arbeitgeber spielen auch Kunden- und Absatzsperren eine Rolle, etwa dann, wenn eine Aufforderung an die Allgemeinheit ergeht, von bestimmten Arbeitgebern keine Waren zu beziehen[17].

13/033 Der Boykott kann zu einschneidenden wirtschaftlichen Folgen führen. Viele Urteile, in denen die Sittenwidrigkeit von Arbeitskämpfen zu prüfen war, sind in Boykottfällen ergangen.

13.5. Grenzen der Kampffreiheit

13/034 Auch wenn in Österreich grundsätzlich von Arbeitskampffreiheit auszugehen ist, darf daraus nicht geschlossen werden, dass keinerlei rechtliche Schranken bestehen. Zum einen kann der Arbeitskampf vom Standpunkt einer sittenwidrigen Schädigung gem § 1295 Abs 2 ABGB bzw durch das Überschreiten der historisch geduldeten Grenzen koalitionsmäßiger Abreden rechtswidrig sein, zum anderen bestehen in einer Reihe von Fällen konkrete Arbeitskampfverbote[18].

13.5.1. Rechtswidriger Arbeitskampf

13/035 Sieht man von der Vertragswidrigkeit des Arbeitskampfes (vgl 13.6) bzw von konkreten Verboten (vgl 13.5.2) ab, so ergibt sich ein relativ weites Feld, das nach den Grundsätzen der Beurteilung deliktischen Verhaltens im Schadenersatzrecht behandelt werden muss. Aus § 1295 Abs 1 ABGB, wonach jedermann berechtigt ist, von dem Beschädiger den Ersatz des Schadens, den dieser ihm aus Verschulden zugefügt hat, zu fordern, kann auf die Rechts-

[17] Der Begriff „Boykottieren“ geht auf *Charles Cunningham Boycott* (1832–1897) zurück, der als irischer Gutsverwalter mit einer Verweigerung von Vertragsabschlüssen seitens der Pächter und Landarbeiter konfrontiert war und letztlich auswanderte. Grund war die unmenschliche Behandlung der Arbeiter und kleinen Pächter durch *Boycott*.

[18] Zur besonderen Friedenspflicht von Ärzten vgl *Jabornegg*, Grundfragen des Streiks angestellter Ärzte, RdM 2009, 235; *dens*, Rechtsfragen des Streiks angestellter Ärzte, in Resch/Wallner (Hrsg), Gmundner Medizinrechtskongress 2009 (2010), 2.

widrigkeit eines Verhaltens nicht unmittelbar geschlossen werden. Diese wird ja von dieser Norm vorausgesetzt. Generell gesehen muss also auf § 1295 Abs 2 ABGB zurückgegriffen werden, sodass die Frage nach der absichtlich **sittenwidrigen Schädigung** im Einzelfall in den Vordergrund tritt. Zweifellos ist auch dann ein recht schwankender Boden gegeben, wenn man mit der österreichischen Auffassung in der Sittenklausel keinen Rekurs auf ein ethisches bzw überpositives Normensystem erblickt, sondern die ungeschriebenen Rechtssätze, die aus den Prinzipien der positiven Rechtsordnung abzuleiten sind. Unter diesem Aspekt wird man die Sittenwidrigkeit eines Arbeitskampfes wohl nur vom Motiv her beurteilen können, wobei Vergeltung, Mutwillen oder gar die Vernichtung der ökonomischen Existenz im Vordergrund stehen.

Das deutsche BAG hat eine Reihe von Rechtsgrundsätzen geschaffen, die als „Richterrecht" 13/036
– im Gegensatz zu Österreich – immerhin die Konturen eines Arbeitskampfrechts erkennen lassen und die den Gedanken der „sozialen Adäquanz" näher erläutern. Neuerdings wird nicht mehr die Frage nach sozialer Adäquanz, sondern nach Sozialinadäquanz gestellt, weil der Arbeitskampf infolge der institutionellen Garantie und seiner Einordnung in die Gesamtrechtsordnung nicht schlechthin nach § 823 Abs 1 BGB unerlaubt ist und zum Schadenersatz verpflichtet, sondern diese Verpflichtung erst dann eintritt, wenn der Arbeitskampf gegen gewisse „Spielregeln" verstößt[19].

Voraussetzung für die Zulässigkeit sind:
- Der Streik muss um ein kollektivvertraglich regelbares Ziel geführt werden.
- Die Arbeitsniederlegung darf nicht gegen die kollektivvertragliche Friedenspflicht verstoßen.
- Der Streik muss von einer Gewerkschaft getragen sein oder zumindest nachträglich von ihr übernommen werden (Verbot wilder Streiks).
- Der Streik darf nicht den Staat oder ein sonstiges Subjekt hoheitlicher Gewalt zu einer bestimmten hoheitlichen Aktivität zwingen (Verbot des politischen Streiks).
- Der Streik darf nicht dem Verhältnismäßigkeitsgrundsatz widersprechen. Im Mittelpunkt dieses Grundsatzes steht der Gedanke, dass die Kampfmaßnahme nur nach Ausschöpfung aller Verständigungsmöglichkeiten ergriffen werden darf (Ultima-ratio-Prinzip).
- Das Gemeinwohl darf durch den Streik nicht offensichtlich verletzt werden. Er darf zudem nicht gegen die Regeln eines fairen Kampfes oder gegen die guten Sitten verstoßen.
- Während der Arbeitsniederlegung müssen die notwendigen Erhaltungsarbeiten gesichert sein, um eine Vernichtung von Betriebsanlagen und Betriebsmitteln zu vermeiden.

Aus österreichischer Sicht sind zur deutschen Arbeitskampflehre eine Reihe von Bedenken 13/037
anzumelden.

Zunächst ist festzuhalten, dass der **wilde Streik** nicht schlechthin rechtswidrig ist. Er ent- 13/038
springt einer **ad hoc getroffenen Abrede** oder einer spontanen Aktion und ist historisch sogar vorgeordnet. Die Tatsache, dass der Streik von einer Gewerkschaft sanktioniert wird, ist – wie erwähnt – kein durchschlagendes Kriterium zur Beurteilung der Rechtmäßigkeit. Woher sollte die Gewerkschaft dieses Privileg nehmen?

Die Beschränkung des Arbeitskampfes auf **kollektivvertraglich regelbare Ziele** ist abzuleh- 13/039
nen. Mögen auch Koalition und Streik – historisch betrachtet – Konnexinstitute sein, so besteht doch keinerlei Anlass, ein Phänomen gleichsam als Reflex des anderen auszudeuten.

---

19 *Hueck/Nipperdey*, Lehrbuch des Arbeitsrechts II/2[7] (1970), 998 ff.

13.5.1. Arbeitskampfrecht

Es gibt im Arbeitsleben sicherlich eine Reihe verschiedenartiger Vorfälle und Missstände, deren Beseitigung nicht in Form einer kollektivvertraglichen Regelung erfolgen kann und die als legitimes Streikziel Anerkennung finden müssen. Man denke etwa an den Versuch, im Streikwege die Wiedereinstellung eines Arbeitskollegen zu erzwingen. Ein solches Streikziel kann nicht schlechthin als rechtswidrig bezeichnet werden.

13/040 Ausgangspunkt für die Ausdeutung historisch geduldeter Grenzen ist die Bestimmung des § 2 KoalG, welche Kampfvereinbarungen ihre rechtliche Wirkung nimmt, gleichzeitig aber die sozialen Gegenspieler und die Ziele eines geduldeten und damit erlaubten Arbeitskampfes umschreibt (vgl auch 2.4). In dieser Bestimmung werden Kampfmaßnahmen der Arbeitnehmer solchen der Arbeitgeber gegenübergestellt. Daraus folgt: Der Arbeitskampf ist in historischer Sicht zwischen den **Parteien des Arbeitslebens** erlaubt. Demnach ist der **politische Streik** grundsätzlich nicht geduldet und daher rechtswidrig, weil er dazu dient, via Bestreikung des Arbeitgebers den Staat zu einer Maßnahme zu zwingen. Hiebei ist es gleichgültig, ob diese Maßnahme arbeitsrechtlicher Natur ist, zB ein sozialpolitisches Gesetz betrifft. Im Übrigen aber müssen die Parteien des Arbeitslebens nicht organisiert sein.

13/041 Das Kampfziel umschreibt § 2 KoalG auf der Arbeitgeberseite dahin, dass bezweckt wird, den Arbeitnehmern ungünstigere Arbeitsbedingungen aufzuerlegen. Auf Arbeitnehmerseite ist die Rede vom Erzwingen höherer Löhne oder überhaupt günstigerer Arbeitsbedingungen. Daraus folgt, dass **Arbeitsbedingungen im weitesten Sinn** gemeint sind, sodass auch bestimmte Einzelmaßnahmen erfasst werden.

Ein Arbeitskampf, der dazu dient, die Wiedereinstellung eines entlassenen Arbeitnehmers zu erzwingen oder die Zurücknahme einer Kündigung zu erreichen, wäre eine Einzelmaßnahme, die in der bezeichneten weiten Auslegung des Begriffs „Arbeitsbedingungen" noch ihre Deckung fände.

13/042 Schließlich ist in § 2 KoalG die Rede von Kampfmaßnahmen zur Unterstützung derjenigen, die bei den erwähnten Vereinbarungen ausharren, und zur Benachteiligung derjenigen, die sich davon lossagen. Damit werden **Sympathiekämpfe**, aber auch **Boykottmaßnahmen** als erlaubte Kampfziele immerhin erwähnt. Mit dieser Interpretation können naturgemäß nur Grundlinien einer Bewertung gewonnen werden. Es darf nicht übersehen werden, dass die Rechtswidrigkeit eines Arbeitskampfes zufolge Verstoßes gegen die guten Sitten mit der Rechtswidrigkeit zufolge Überschreitung der Grenzen der Kampffreiheit in engstem Zusammenhang steht.

13/043 Fraglich ist, ob der österreichische Gesetzgeber die Anerkennung des Streiks auf internationaler Ebene (vgl 13.2) in der österreichischen Rechtsordnung verankern sollte oder müsste. Zu bedenken ist, dass jede **Normierung des Streiks** oder sonstiger Arbeitskampfmaßnahmen auch die Festlegung der Zulässigkeitsgrenzen erforderlich macht. Gerade diese **Grenzziehung**, die jedenfalls Vorgaben über die **Verhältnismäßigkeit des Arbeitskampfes** beinhalten müsste, bedarf eines breiten sozialpolitischen und sozialpartnerschaftlichen Konsenses.

13.5.2. Verbotener Arbeitskampf

Fraglich ist, ob in gewissen Bereichen ein Arbeitskampf jedenfalls als unzulässig anzusehen ist. Es ist dies einmal die mit dem öffentlichen Dienst verbundene Problematik und zum anderen die Frage nach der Reichweite arbeitsverfassungsrechtlicher Kampfverbote. 13/044

13.5.2.1. Kampfverbot im öffentlichen Dienst?

Im Ersten Weltkrieg erging mit dem sog Streikpatent v 25. 7. 1914 (RGBl 155) ein Streikverbot für Beamte, das nicht nur die eigentliche Staatsverwaltung, sondern auch die Bediensteten von Staatsbetrieben betraf. Öffentliche Beamte, Bedienstete einer Eisenbahn, eines Schifffahrtsunternehmens oder einer staatlich gestützten Unternehmung mussten im Falle eines Streiks oder einer passiven Resistenz mit einer Arreststrafe von sechs Wochen bis zu einem Jahr rechnen (§ 2 Streikpatent). Die Geltung dieser Norm war die längste Zeit umstritten[20]. Von den im Gesetz enthaltenen Strafbestimmungen wurde überhaupt nie Gebrauch gemacht. Die nach heutiger Auffassung überholte Tendenz dieses Gesetzes zeigt sich besonders in der Einbeziehung von Staatsbetrieben, bei denen sich viele Bedienstete in ihrer Tätigkeit und in ihrem Pflichtenkreis von anderen Dienstnehmern kaum unterscheiden. Unabhängig davon, dass die Wertungen dieser Norm als überholt anzusehen sind, wird auch davon auszugehen sein, dass die Bestimmungen des Streikpatents von 1914 durch das erste Bereinigungsgesetz, BGBl I 191/1999, formell aufgehoben wurden. 13/045

Jede Generalisierung ist in diesem Sektor sozialpolitisch falsch. Juristisch relevante Ansätze für Einschränkungen des Streikrechts im öffentlichen Dienst können nicht generell an eine „öffentliche" oder „öffentlich-rechtliche" Qualifikation eines Dienstgebers oder Dienstverhältnisses anknüpfen, sondern an die Frage, inwieweit die **erhöhte Treuepflicht** des Beamten Arbeitsniederlegungen ausschließt bzw inwieweit die **Staatstätigkeit** (ieS) **beeinträchtigt** werden kann. Soweit die Grenzen sozialer Adäquanz gewahrt bleiben, insb die staatstragenden Interessen des Arbeitgebers berücksichtigt werden, ist auch im öffentlichen Dienst von einer Zulässigkeit von Arbeitskampfmaßnahmen auszugehen[21]. 13/046

13.5.2.2. Kampfverbot und Betriebsverfassung

Im Bereich der Betriebsverfassung wird allgemein eine Friedenspflicht der Betriebspartner angenommen. Das Gesetz verrechtlicht die Beziehungen zwischen Betriebsinhaber und Betriebsrat insofern, als zur Beilegung von Rechtsstreitigkeiten eine rechtsprechende und zur Beilegung von Regelungsstreitigkeiten eine schlichtende **Instanz obligatorisch** vorgesehen ist. 13/047

Der Streik als Maßnahme der Selbsthilfe darf also nicht an die Stelle des Rechts- oder Schlichtungswegs treten. Gleichzeitig eröffnet die österreichische Betriebsverfassung über 13/048

---

20 Vgl insb *Auer*, Streik und Strafrecht (1999), 97; *Nowakovski*, Der Streik öffentlich Bediensteter in strafrechtlicher Sicht, DRdA 1967, 75, demzufolge das Streikpatent nur während eines Krieges oder vor einem unmittelbar bevorstehenden Krieg anwendbar wäre.

21 Vgl auch *Birklbauer*, Die Strafbarkeit von arbeitsrechtlichen Konflikten, DRdA 2000, 228.

das ArbVG aber ausreichend Spielräume für Verhandlungen und Kompromisse zwischen Arbeitgeber und Belegschaft, die auf Forderungen der Belegschaftsvertretung aufbauen und die keinem gesetzlichen Schlichtungsverfahren zugänglich sind. Die Durchsetzung dieser Forderungen mit den Mitteln des Arbeitskampfes wird man der Belegschaft nicht verwehren können. Ziel der Arbeitskampfmaßnahme könnten demnach durchaus auch betriebsverfassungsrechtlich vorgezeichnete Ergebnisse[22] sein.

13/049 Das betriebsverfassungsrechtliche Kampfverbot hindert zwar Betriebsratsmitglieder nicht, sich in ihrer Eigenschaft als Arbeitnehmer- oder Gewerkschaftsfunktionäre an Streikaktionen im Allgemeinen zu beteiligen. Unzulässig ist allerdings die Vornahme bzw Organisation von Kampfmaßnahmen durch Organe der gesetzlichen Betriebsverfassung, insb des Betriebsrats, in dieser Eigenschaft[23]. Die aktive Antizipation des Betriebsrats am Arbeitskampf ist mit dem abschließenden Katalog der Befugnisse im ArbVG nicht vereinbar. Insb dem Interventionsrecht des Betriebsrats nach § 90 ArbVG (s 11.4.4.1.2) sind enge Grenzen gesteckt, sodass der Arbeitskampf darunter nicht subsumiert werden kann. Ein Verbot von Arbeitskämpfen durch den Betriebsrat ist vor allem aus § 39 Abs 3 ArbVG abzuleiten, wonach die Belegschaftsorgane nicht in die Führung und den Gang des Betriebes eingreifen dürfen.

13.5.2.3. Kampfverbot und Berufsverfassung

13/050 Für die Dauer des **aufrechten Bestandes eines Kollektivvertrags** wird von einem berufsverfassungsrechtlichen Kampfverbot ausgegangen. Die Durchsetzung von Änderungen taktierter Regelungen mit Hilfe des Arbeitskampfes kann zu Recht als Widerspruch zur Vertragstreue angesehen werden. Vom berufsverfassungsrechtlichen Kampfverbot betroffen sind sämtliche kollektivvertraglich geregelten Arbeitsbedingungen sowie Problembereiche, für die eine überbetriebliche Schieds- bzw Schlichtungsstelle vorgesehen ist. Das Verhältnis zwischen dem geregelten Inhalt eines Kollektivvertrags und der dadurch bedingten Arbeitskampfbeschränkung wird als **relative Friedenspflicht** bezeichnet. Die relative Friedenspflicht der Kollektivvertragsparteien wird allgemein als der obligatorischen Funktion des Kollektivvertrags immanent angesehen. Gegen die „Immanenztheorie" wendet sich *Strasser*[24], der davon ausgeht, dass der Friedenspflicht eine stillschweigende Vereinbarung zu unterstellen ist, die die Vertragspartner durch gegenteiligen Konsens einschränken oder ganz ausschließen können (Konsenstheorie[25]).

---

22 ZB fakultative Betriebsvereinbarungen über Maßnahmen zur menschengerechten Arbeitsgestaltung; vgl hiezu *Reissner* in Neumayr/Reissner (Hrsg), Zeller Kommentar² (2011), § 97 ArbVG Rz 58 ff.

23 OGH 19. 11. 2003, 9 ObA 125/03b, DRdA 2004, 517 mit Bespr v *Cerny*.

24 Die Rechtsgrundlage der tariflichen Friedenspflicht, DRdA 1965, 401; *Cerny*, Zur Frage einer betriebsverfassungsrechtlichen Friedenspflicht, DRdA 2004, 517.

25 Ebenso *Strasser/Reischauer*, Der Arbeitskampf (1972), 75.

13.6. Arbeitskampf und Arbeitsvertrag

Der Arbeitskampf bildet naturgemäß ein kollektives Phänomen. Welche individualarbeitsrechtlichen Auswirkungen die kollektive Maßnahme zeitigt, wird von den nationalen Arbeitsrechtsordnungen unterschiedlich geregelt. 13/051

13.6.1. Einheits- oder Trennungstheorie?

Im Rechtsbereich der Bundesrepublik Deutschland hat sich seit der E des BAG v 28. 1.1955 (AP Nr 1 zu Art 9 GG Arbeitskampf) die Ansicht durchgesetzt, dass der Arbeitskampf als ein einheitliches Geschehen zu werten ist, das grundsätzlich individualrechtlich nicht anders gedeutet werden kann als kollektivrechtlich (sog „**Einheitstheorie**"). Es scheiden somit bei einem weder die Friedenspflicht noch die Grenzen des Deliktsrechts verletzenden Arbeitskampf, also bei Rechtmäßigkeit der Gesamtaktion, arbeitsvertragliche Konsequenzen (insb vorzeitige Auflösungsrechte und Schadenersatzansprüche) aus. 13/052

Die österreichische Lehre[26] ist – nicht ohne ein gewisses Unbehagen – lange Zeit auf dem Standpunkt geblieben, dass zwischen der Kollektivaktion und der Beurteilung der individualrechtlichen Fragen nach dem Vertragsbruch zu unterscheiden ist (**Trennungstheorie**). Gerade im Hinblick auf den internationalen Wertewandel und die Entwicklung des Streikrechts in Richtung eines sozialen Grundrechts ist der trennungstheoretische Ansatz in seiner strengen Form nicht aufrechtzuerhalten. Die Anerkennung eines Grundrechts auf Streik sowohl durch den EuGH als auch durch den EGMR (vgl 13.2) muss auf die vertragsrechtlichen Phänomene des Arbeitskampfes Auswirkungen zeitigen. Die Wertungen der Europäischen Grundrechtscharta sind auf die privatrechtlichen Rechtsinstitute und auf Störungen im Arbeitsverhältnis – durchaus unter Berücksichtigung der eigenständigen Normzwecke – zu übertragen[27]. Insb wird die Rechtswidrigkeit von Arbeitnehmer- und Belegschaftsverhalten neu definiert werden müssen. Gerade bei der Frage nach dem Verschulden haben Kriterien der kollektiven Zulässigkeit des Arbeitskampfes einzufließen. Die in Deutschland entwickelten Zulässigkeitskriterien (vgl 13.5.1) sind auf die österreichische Rechtslage durchaus übertragbar. 13/053

13.6.2. Arbeitskampf und vorzeitige Auflösung

Im Falle eines Streiks verlässt nach der in Österreich bisher überwiegend vertretenen Auffassung der Arbeitnehmer unbefugt seinen Arbeitsplatz bzw er unterlässt ohne einen rechtmäßigen Hinderungsgrund seine Dienstleistung, wodurch der Tatbestand der beharrlichen 13/054

[26] S etwa *Rebhahn*, Neues zum Streikrecht?, JBl 1992, 499; krit *Beumer*, Individuelles Streikrecht (1990), 30 ff; *Krömer*, Das Ende der Trennungstheorie?, ZAS 2012, 200.

[27] Ausführlich zu Art 28 Europäische Grundrechtscharta *Kohlbacher*, Streikrecht und Europarecht (2014), 124 ff; auch bloß aus Sicht des nationalen Rechts die Trennungstheorie ablehnend *Krejci*, Recht auf Streik – Ein Paradigmenwechsel mit Folgen im Arbeitskampfrecht Österreichs (2015); *Kohlbacher*, Grundrecht auf Streik – Rechtsgrundlagen und Rechtsfolgen, ecolex 2015, 690; *Krejci*, Inwieweit kippt das Grundrecht auf Streik Österreichs tradierte Arbeitskampfdoktrin? – Konsequenzen eines importierten Paradigmenwechsels, ASoK 2015, 282.

Pflichtverletzung erfüllt sein könnte (vgl § 27 Z 4 AngG, § 82 lit f GewO). Der Arbeitgeber wäre daher zur **Entlassung** einzelner, mehrerer oder aller Streikenden berechtigt[28]. Als Folge der internationalen Anerkennung eines Streikrechts als Grundrecht (vgl 13.2) kann ein generelles Recht zur vorzeitigen Lösung des Arbeitgebers nicht vertreten werden. Auch im Rahmen des individuellen Entlassungsrechts haben Überlegungen zur kollektivrechtlichen Zulässigkeit, insb zur Verhältnismäßigkeit der Streikmaßnahme, Eingang zu finden. Keinesfalls kann der Streik von vornherein einer beharrlichen Pflichtverletzung gleichgesetzt werden. Eine Entlassung wird nur dann in Frage kommen, wenn ein besonderer Unrechtsgehalt im Arbeitnehmerverhalten zur Streikmaßnahme hinzukommt.

13.6.3. Arbeitskampf und Lohnanspruch

13/055 Streikende Arbeitnehmer besitzen **keinen Lohnanspruch**. Auch ein Recht auf Streik (vgl 13.2) vermag daran nichts zu ändern. Unterlässt der Arbeitnehmer seine Arbeitsleistung auf Grund der Streikmaßnahme, dann steht ihm für die Dauer dieser von ihm zu vertretenden Nichtleistung kein Entgeltäquivalent zu. Jede andere Lösung würde zu einer massiven Beeinträchtigung der Kampfparität führen.

13/056 Ein besonderes Problem ergibt sich beim **Teilstreik** bezüglich der nicht streikenden arbeitswilligen Arbeitnehmer. Liegt in diesem Fall ein Umstand auf Seiten des Arbeitgebers vor (§ 1155 ABGB), der demgemäß von ihm zu vertreten ist? Auszugehen ist davon, dass der Teilstreik entweder der Arbeitgeber- oder der Arbeitnehmersphäre zuzuordnen ist. Ein Fall der „neutralen Sphäre" liegt bei Bestreikung des konkreten eigenen Unternehmens nicht vor (allg zur sog Sphärentheorie vgl 6.9). Man könnte die Auffassung vertreten, dass der den Streik charakterisierende Solidaritätsgedanke umfassende Wirkung habe und die Arbeitnehmersphäre ohne Rücksicht auf die Arbeitswilligkeit bestimmter Arbeitnehmer abgrenze. In einem solchen Fall wäre ein Lohnanspruch der Nichtstreikenden nicht gegeben.

Beim „schlichten" Teilstreik wurde der Entgeltanspruch der arbeitsbereiten Arbeitnehmer schon in der E des OGH v 23. 8. 1921 (Ob III 572/21, SZ 3/84) anerkannt. Der sich zum Dienst meldende Arbeitnehmer bekundet seine Arbeitsbereitschaft gem § 1155 ABGB. Dass seine **Arbeitsbereitschaft** nur eine **scheinbare** ist, muss ihm nachgewiesen werden[29]. Die objektive Tatsache des Vorliegens eines Schwerpunktstreiks sagt über die Arbeitsbereitschaft im konkreten Fall noch nichts Entscheidendes aus. Gibt jedenfalls der Arbeitgeber keine Erklärung ab, dass die arbeitsbereiten Arbeitnehmer nach Dienstantritt am Streiktag ihren Dienst nicht versehen müssen und das Betriebsgelände verlassen können, hat der Arbeitgeber nach Ansicht des OGH die Arbeitsbereitschaft angenommen. Eine Ent-

---

[28] Vgl dazu *Bydlinski*, Vertragsrecht und Arbeitskampf, ÖZÖR VIII, 300; *Strasser/Reischauer*, Der Arbeitskampf (1972), 57 ff; *Tomandl*, Streik und Aussperrung als Mittel des Arbeitskampfes (1965), 268 ff; krit *Kohlbacher*, Streikrecht und Europarecht (2014), 381 ff, die sich bei Durchführung von Unionsrecht gem Art 51 Abs 1 Europäische Grundrechtscharta gegen das Vorliegen eines pflichtwidrigen Verhaltens und für eine Suspendierung der vertraglichen Hauptleistungspflichten bei Ausübung des Grundrechts auf Streik ausspricht; *Krejci*, Recht auf Streik – Ein Paradigmenwechsel mit Folgen im Arbeitskampfrecht Österreichs (2015), der auch aus Sicht des nationalen Arbeitsrechts die Trennungstheorie ablehnt; *Mair*, Arbeitskampf und Arbeitsvertrag (2008).

[29] Vgl 6.9.1.5; zur Gesamtproblematik s insb *Krejci*, Lohnzahlung bei Teilstreik? – Zum Lohnanspruch Arbeitswilliger bei teilstreikbedingter Betriebsstörung (1988); *Laminger*, Entgeltfortzahlungsanspruch nicht streikender Arbeitnehmer, ecolex 2003, 537.

geltfortzahlungspflicht besteht in diesen Fällen, ohne dass näher zu prüfen wäre, welcher Sphäre der Streik zuzurechnen ist[30].

Ähnlich wie im Falle eines Teilstreiks müssten die Lohnansprüche der Arbeitnehmer in **mittelbar betroffenen Betrieben** beurteilt werden. Entsteht ein Arbeitsausfall dadurch, dass die Zulieferung aus bestreikten Betrieben verhindert wird, so liegt darin ein Umstand, den der Arbeitgeber gem § 1155 ABGB zu vertreten hat, es sei denn, das Streikgeschehen löst eine die Allgemeinheit betreffende Störung des gesamten Wirtschaftsgeschehens aus[31]. 13/057

13.6.4. Arbeitskampf und Schadenersatz

Ist der Arbeitskampf zufolge Verletzung der Verhältnismäßigkeit oder zufolge Verletzung kollektiver Vereinbarungen rechtswidrig, so ist davon auszugehen, dass die **Initiatoren des Arbeitskampfes** (Aufrufer) die eigentliche (kollektive) Kampfhandlung setzen. Das Verhalten der unmittelbaren Aktionäre wird den Verbänden zugerechnet. Bei berufsverfassungswidrigen Arbeitskämpfen ergibt sich die Zurechnung dem kollektivvertragsfähigen Rechtsträger gegenüber – nicht aber gegenüber dem einzelnen Arbeitnehmer, der nicht Vertragspartner ist – aus dem Kollektivvertragsverhältnis. 13/058

Wenn mehrere Arbeitnehmer gemeinsam einen rechtswidrigen und **wilden Streik** beschließen, so beschränkt sich ihre Aktivität nicht auf die Befolgung eines Streikbefehls, sondern es liegt unmittelbare Mittäterschaft vor, die eine Solidarhaftung gem § 1302 ABGB nach sich ziehen kann, wenn absichtliche Schadenszufügung gegeben ist und die Schadensanteile nicht bestimmbar sind. Ebenso haften die einzelnen Arbeitgeber, wenn sie selbständig in Form einer Verabredung die Aussperrung beschließen. 13/059

Auch für einzelne Arbeitnehmer, die durch **schlichte Befolgung des rechtswidrigen Streikbefehls** eines Verbandes den Arbeitsvertrag verletzen, ließe sich eine Solidarhaftung begründen (§ 1302 ABGB). Dies würde bedeuten, dass der Arbeitgeber jeden Streikenden im Falle des Vertragsbruchs auf den gesamten ihm erwachsenen Schaden in Anspruch nehmen kann, wobei er den Schaden naturgemäß nur einmal ersetzt bekommt. Der Ausgleich innerhalb der Arbeitnehmer erfolgt dann im Innenverhältnis der Streikteilnehmer. Abgesehen davon, dass diese Solidarhaftung kaum die Befriedigung des Arbeitgebers zu bewirken vermag, ergibt sich die Frage, ob dem individuellen Vertragsbruch der kollektiv entstandene und verursachte Streikschaden auch zugerechnet werden kann. Darüber hinaus mündet die Problemstellung in schwierige Kausalitätsfragen. Der Umstand, dass die Kollektivaktion **als solche** den Streikschaden verursacht, gewinnt entscheidende Bedeutung, weil der auf diese Weise verursachte Schaden nicht dem durch bloßes Nebeneinander von Vertragsbrüchen entstandenen Schaden gleichgesetzt werden kann. Man kann daher auch von „minimaler Kausalität" sprechen[32]. Hier geht es aber nicht nur um Kausalitätsfragen, sondern auch 13/060

[30] OGH 23. 11. 2005, 9 ObA 17/05y, RdW 2006, 241; OGH 19. 12. 2005, 8 ObA 23/05y, ARD 5655/6/2006; OGH 25. 1. 2006, 9 ObA 62/05s, ARD 5668/7/2006; s auch *Drs*, Streik: Entgeltfortzahlungsanspruch arbeitswilliger Arbeitnehmer, RdW 2006, 230.

[31] Vgl 6.9.1; stärker differenzierend *Strasser/Reischauer*, Der Arbeitskampf (1972), 70.

[32] *Bydlinski*, Probleme der Schadensverursachung (1977), 111; weitere Nachweise bei *Rebhahn*, Arbeitskampf in einer Druckerei, DRdA 1982, 230.

um die Klärung des Problems, ob eine **Summierung von Kontraktbrüchen** überhaupt als einheitliche schädigende Handlung iSd §§ 1301 ff ABGB angesehen werden kann[33].

13/061 Der Umstand, dass der Ersatz des Streikschadens wegen Vertragsbruchs gegen die einzelnen Arbeitnehmer kaum praktisch geworden ist, hat also nicht nur seinen Grund in der problematischen Einbringlichkeit, sondern ist durch zweifelhafte Kausalitätsfragen, offene Probleme bezüglich der Kumulierung von Fällen der Vertragshaftung im Verhältnis zur Deliktshaftung sowie durch schwierige Beweisprobleme bedingt.

[33] Vgl *Rebhahn*, Arbeitskampf in einer Druckerei, DRdA 1982, 231.

14. Verfahren und Behörden im Arbeitsrecht

14.1. Arbeitsgerichtsbarkeit

Das mit 1. 1. 1987 in Kraft getretene Arbeits- und Sozialgerichtsgesetz (ASGG) brachte erhebliche Änderungen in der Gerichtsorganisation mit sich. Die Zuständigkeit zur Entscheidung über arbeits- und sozialrechtliche Streitigkeiten, die früher auf eine Vielzahl von Gerichts- und Verwaltungsbehörden, so insb die Arbeitsgerichte, die Schiedsgerichte der Sozialversicherung und die Einigungsämter, verteilt war, wurde bei den ordentlichen Gerichten konzentriert[1]. 14/001

14.1.1. Sachliche Zuständigkeit der Arbeits- und Sozialgerichte in Arbeitsrechtssachen

Durch Festlegung der sachlichen Zuständigkeit wird bestimmt, welcher Gerichtstyp für welche Rechtssachen zuständig ist. Gem § 3 ASGG sind die **Landesgerichte**[2] – für den Sprengel des Landesgerichts für ZRS Wien das Arbeits- und Sozialgericht Wien – in erster Instanz zur Entscheidung in Arbeits- und Sozialrechtssachen zuständig[3]. 14/002

Arbeitsrechtssachen sind gem § 50 Abs 1 ASGG **bürgerliche Rechtsstreitigkeiten** 14/003

a) zwischen Arbeitgebern und Arbeitnehmern im Zusammenhang mit dem Arbeitsverhältnis oder mit dessen Anbahnung (zB Streitigkeiten über Entgeltansprüche[4], über Ansprüche aus der Beendigung des Dienstverhältnisses, über Schadenersatzansprüche, Kautionen, Dienstwohnungen, Vorstellungskosten udgl);

---

1 Allg vgl *Kuderna*, Erfahrungen mit dem ASGG aus der Sicht des OGH, DRdA 1989, 173; *dens*, Die Entwicklung der Arbeitsgerichtsbarkeit in Österreich, DRdA 1997, 341; *Rechberger*, Das ASGG aus der Sicht der Rechtswissenschaft, DRdA 1989, 263; *Müller*, Erfahrungen mit dem ASGG aus der Sicht eines Anwalts, DRdA 1989, 267; *Gamerith*, Fünf Jahre ASGG – Rückblick und Ausblick, in Tomandl (Hrsg), Arbeitsrecht in einer sich wandelnden Rechtsordnung (1993), 115. Zur Entstehungsgeschichte des ASGG vgl insb *Machacek*, Struktur und Funktion einer zu schaffenden Sozialgerichtsbarkeit, in FS Floretta (1983), 723; *B. Schwarz*, Sozialgerichtsgesetz im Stadium der Vorberatung, DRdA 1981, 334; *Wresounig*, Gedanken zur Reform der Sozialgerichtsbarkeit, ÖJZ 1982, 345 u 387; *Zankel*, Die Anwendbarkeit der Zinsregelung des § 49a ASGG im arbeitsgerichtlichen Prozess, DRdA 2008, 20; *Nunner-Krautgasser*, Gerichtsstandsvereinbarung, in Reissner/Neumayr (Hrsg), Zeller Handbuch Arbeitsvertrags-Klauseln (2010), 1009.

2 Ds in Niederösterreich das LG St. Pölten, das LG Krems/Donau, das LG Korneuburg und das LG Wiener Neustadt; in Oberösterreich das LG Linz, das LG Ried im Innkreis, das LG Wels und das LG Steyr; in der Steiermark das LGZ Graz und das LG Leoben; in Kärnten das LG Klagenfurt; in Tirol das LG Innsbruck; in Vorarlberg das LG Feldkirch und im Burgenland das LG Eisenstadt.

3 Zu den Konsequenzen der Anrufung von sachlich oder örtlich unzuständigen Gerichten s *Fink*, Die Heilung von Unzuständigkeiten nach dem ASGG – Die Wahrnehmung der prorogablen und der unprorogablen Unzuständigkeit in Arbeitsrechtssachen, RdW 1987, 261 mwN.

4 Nicht als bürgerliche Rechtsstreitigkeiten wurden Entgeltansprüche eines Beamten nach Ausgliederung der österreichischen Postaktiengesellschaft angesehen und somit die Zuständigkeit des ASG verneint (OLG Graz 29. 12. 2005, 7 Ra 85/05g).

Damit erfolgt im § 50 ASGG eine weite Umschreibung des Begriffs „Arbeitsrechtssachen"[5]. Rechtsstreitigkeiten, die im **Zusammenhang mit dem Arbeitsverhältnis** stehen, sind nicht nur solche, die unmittelbar aus dem Arbeitsverhältnis entspringen, sondern insb auch solche, die sich aus Verhandlungen über den Abschluss eines Arbeitsvertrags oder aus Nachwirkungen eines Arbeitsvertrags ergeben, mögen die Ansprüche vertraglicher oder deliktischer Natur sein. Darunter fallen auch Streitigkeiten aus der Arbeitnehmerüberlassung bzw aus Mehrpersonenverhältnissen (vgl 4.3.4 u 9.1) sowie Streitigkeiten, die das aufrechte Bestehen oder Nichtbestehen eines Arbeitsverhältnisses zum Gegenstand haben oder aus einer sog „faktischen Beschäftigung" resultieren (vgl 5.4.3)[6].

Arbeitgeber und **Arbeitnehmer** iS des ASGG sind alle Personen, die zueinander in einem privat- oder öffentlich-rechtlichen Arbeitsverhältnis oder in einem Lehr- oder sonstigen Ausbildungsverhältnis stehen oder gestanden sind. Von der Arbeitsgerichtsbarkeit sind aber nicht nur Arbeitnehmer und Arbeitgeber, sondern auch diesen gleichgestellte Personen erfasst. Den Arbeitgebern sind gem § 51 Abs 2 ASGG Personen gleichgestellt, für die von einem Arbeitnehmer auf Grund eines Arbeitsverhältnisses mit einem anderen wie von einem eigenen Arbeitnehmer Arbeit geleistet wird. Den Arbeitnehmern sind gem § 51 Abs 3 ASGG Personen gleichgestellt, die den Entgeltschutz für Heimarbeit genießen (vgl 4.3.3.2), sowie die Gruppe der arbeitnehmerähnlichen Personen (vgl 4.3.3.1)[7].

b) zwischen Arbeitgebern oder Arbeitnehmern und Mitgliedern der Organe der Arbeitnehmerschaft im Zusammenhang mit deren Organtätigkeit sowie zwischen Arbeitgebern und Arbeitnehmern und dem Betriebsratsfonds, sofern es sich nicht um Streitigkeiten über Rechte und Rechtsverhältnisse handelt, die sich aus dem II., V., VI., VII. oder VIII. Teil des ArbVG (Betriebsverfassung) oder aus gleichartigen bundesrechtlichen Bestimmungen ergeben;

c) zwischen Arbeitnehmern im Zusammenhang mit der gemeinsamen Arbeit (zB Schadenersatzforderungen);

d) zwischen juristischen Personen, die zur Gewährung von Ruhegenüssen, Versorgungsgenüssen oder ähnlichen einem früheren Arbeitsverhältnis entspringenden Leistungen errichtet und keine Sozialversicherungsträger sind, und Personen, die solche Leistungen beanspruchen;

e) über Ansprüche nach dem BUAG zwischen der Urlaubs- und Abfertigungskasse und Arbeitgebern oder Arbeitnehmern mit Ausnahme des im § 25 dieses Gesetzes geregelten Verfahrens über die Entrichtung der Zuschlagsleistung durch den Arbeitgeber[8];

f) über Ansprüche nach dem BSchEG zwischen der Urlaubs- und Abfertigungskasse und Arbeitgebern;

g) über Ansprüche gegen die Gehaltskasse auf Zahlung der nach dem GehKG gebührenden Bezüge;

h) zwischen Arbeitnehmern und der Mitarbeitervorsorgekasse oder gleichartigen Leistungsträgern im Zusammenhang mit gesetzlichen Abfertigungsansprüchen;

i) zwischen Arbeitnehmern und einer Gebietskrankenkasse über Entgeltansprüche aus der Einlösung von Dienstleistungsschecks nach dem DLSG.

---

5 Vgl OGH 25. 5. 2011, 8 ObA 84/10a, Arb 12.983 = ecolex 2011, 945.

6 Zur Problematik der Gerichtszuständigkeit für (ehemalige) Organmitglieder juristischer Personen s *Kohlbacher*, Wien ist anders – das Rechtsschutzbedürfnis der Bevölkerung hingegen nicht, ASoK 2014, 95.

7 S dazu OLG Linz 27. 5. 2013, 12 Ra 35/13y, ARD 6358/3/2013.

8 Vgl hiezu *Klinger*, Das neue Rechtsschutzsystem im BUAG, ecolex 2011, 1135.

Arbeitsrechtssachen sind gem § 50 Abs 2 ASGG[9] auch Streitigkeiten über Rechte oder Rechtsverhältnisse, die sich aus dem II., V., VI., VII. oder VIII. Teil des ArbVG (Betriebsverfassung, Europäische Betriebsverfassung, Beteiligung der Arbeitnehmer in der Europäischen Gesellschaft und der Europäischen Genossenschaft sowie die Mitbestimmung der Arbeitnehmer bei einer grenzüberschreitenden Verschmelzung von Kapitalgesellschaften) oder aus gleichartigen bundesrechtlichen Bestimmungen ergeben (**betriebsverfassungsrechtliche Streitigkeiten**; zB Streitigkeiten über Inhalt und Umfang der Mitwirkungsrechte der Belegschaft und deren Ausübung durch ihre Organe; Streitigkeiten über das Vorliegen eines Betriebs; über die Gültigkeit einer Betriebsratswahl; über die Rechtsstellung der Betriebsratsmitglieder; Streitigkeiten aus der Geschäftsführung des Betriebsrats; s auch OGH 27. 9. 1989, 9 ObA 262/89, ZAS 1991, 14 mit Bespr v *Rebhahn*)[10]. 14/004

Belegschaftsorgane werden somit doppelt, nämlich in § 50 Abs 1 Z 2 ASGG (Punkt b der obigen Aufzählung) sowie in § 50 Abs 2 ASGG, angesprochen. Erstere Norm bezieht sich auf nicht der Betriebsverfassung entspringende Streitigkeiten (zB auf Schadenersatzansprüche gegen ein einzelnes Betriebsratsmitglied oder Ansprüche gegen den Betriebsratsfonds, die nicht betriebsverfassungsrechtlicher Natur sind), letztere Bestimmung erfasst Streitigkeiten, die sich aus der Betriebsverfassung ergeben.

Arbeitsrechtssachen iSd § 50 Abs 2 ASGG sind auch Streitigkeiten über Rechte und Rechtsverhältnisse, die sich aus dem ArbVG gleichartigen bundesrechtlichen Bestimmungen ergeben. Als Beispiele dafür sind Rechtsstreitigkeiten über die Zustimmung zur Kündigung oder Entlassung der dem MSchG oder dem APSG unterliegenden Arbeitnehmer (vgl 8.2.8.3 bzw 8.3.4.3.3) zu nennen[11]. Auch Streitigkeiten gem § 4 Abs 4 UrlG über den gewünschten Zeitpunkt des Urlaubsantritts (vgl 6.10.3) sind Arbeitsrechtsstreitigkeiten iSd § 50 Abs 2 ASGG.

14.1.2. Örtliche Zuständigkeit der Arbeits- und Sozialgerichte in Arbeitsrechtssachen

Die örtliche Zuständigkeit ist je nach Art der Arbeitsrechtssache unterschiedlich ausgestaltet. Die §§ 4 bis 6 ASGG sehen hier abschließende Regelungen vor. 14/005

In den im **§ 50 Abs 1 Z 1 bis 3 ASGG genannten Angelegenheiten** (vgl 14.1.1 a bis c; hiebei handelt es sich insb um Streitigkeiten zwischen Arbeitgebern und Arbeitnehmern) ist nach Wahl des Klägers jenes Arbeits- und Sozialgericht örtlich zuständig, in dessen Sprengel 14/006

a) der Arbeitnehmer seinen Wohnsitz oder gewöhnlichen Aufenthalt während des Arbeitsverhältnisses hat[12] oder wo er ihn im Zeitpunkt der Beendigung des Arbeitsverhältnisses hatte;

---

9 Die in dieser Bestimmung bezeichneten Arbeitsrechtssachen sind bis zum Inkrafttreten des ASGG in die Zuständigkeit der Einigungsämter gefallen.

10 Allg hiezu *Schima*, Streitigkeiten aus der Betriebsverfassung und ASGG – Eine kritische Stellungnahme zur Neuregelung des Verfahrens in betriebsverfassungsrechtlichen Streitigkeiten, JBl 1989, 341 u 419; *Kuderna*, Der Oberste Gerichtshof als Höchstinstanz im kollektiven Arbeitsrecht, DRdA 1992, 1; für die Notwendigkeit einer neuen kollektiven Rechtsdurchsetzung *Kodek*, Entwicklung und Reformbedarf in der Arbeits- und Sozialgerichtsbarkeit – neue Herausforderungen für die Rechtsdurchsetzung, DRdA 2012, 555.

11 Vgl *Kuderna*, ASGG[2] (1996), 317; *Eypeltauer/Harrer*, Der besondere Kündigungs- und Entlassungsschutz als Arbeitsrechtssache im Sinne des § 50 Abs 2 ASGG?, DRdA 1986, 74; aA (noch vor dem ASGAnpG) *Schrank*, Die wichtigsten Neuerungen im Arbeits- und Sozialgerichtsgesetz (I), RdW 1985, 111; s weiters *Fink*, Arbeits- und sozialgerichtliche Miszellen, ÖJZ 1988, 102.

b) das Unternehmen seinen Sitz hat;

c) regelmäßig wenigstens ein Teil der Arbeit zu leisten ist oder, sofern das Arbeitsverhältnis beendet ist, zuletzt zu leisten war;

d) das Entgelt zu zahlen ist oder, sofern das Arbeitsverhältnis beendet ist, zuletzt zu zahlen war.

e) Bei grenzüberschreitender Entsendung oder Arbeitskräfteüberlassung aus EWR-Mitgliedstaaten ist es insb wahlweise jenes Arbeits- und Sozialgericht, in dessen Sprengel die Arbeit zu leisten ist oder war, hinsichtlich der sich aus dem Arbeitsverhältnis während der Dauer der Arbeitsleistung in Österreich ergebenden Ansprüche.

Zusätzlich zu den erwähnten **Gerichtsständen** kann der Kläger einen der in der **Jurisdiktionsnorm** vorgesehenen und für den betreffenden Fall in Frage kommenden Gerichtsstände wählen (zB Gerichtsstand der Schadenszufügung gem § 92a JN; Gerichtsstand für Minderjährige gem § 71 JN).

14/007 Für die **Fälle des § 50 Abs 1 Z 4 ASGG** (vgl 14.1.1 d; Pensionsansprüche gegenüber juristischen Personen) sind nur drei Wahlgerichtsstände vorgesehen, nämlich jeweils das Gericht, in dessen Sprengel

a) die juristische Person ihren Sitz hat,

b) die Ruhegenüsse oder sonstigen Leistungen auszuzahlen sind oder

c) der Kläger seinen Wohnsitz oder gewöhnlichen Aufenthalt hat.

Aus dem Wortlaut dieser Norm (arg „nur“) folgt, dass hier im Gegensatz zu den Fällen des § 50 Abs 1 Z 1 bis 3 ASGG die Gerichtsstände der JN nicht zur Anwendung kommen[13].

14/008 In den **Fällen des § 50 Abs 1 Z 5 bis 7 ASGG** (vgl 14.1.1 e bis h) ist nur jenes Gericht örtlich zuständig, in dessen Sprengel

a) die Bauarbeiter-Urlaubs- und Abfertigungskasse, die Gehaltskasse, die Betriebliche Vorsorgekasse oder der gleichartige Leistungsträger ihren Sitz hat oder

b) der Kläger seinen Wohnsitz oder gewöhnlichen Aufenthalt hat.

In den **Fällen des § 50 Abs 1 Z 8 ASGG** (vgl 14.1.1 i) ist nur jenes Gericht örtlich zuständig, in dessen Sprengel

a) die Gebietskrankenkasse ihren Sitz hat oder

b) der Arbeitnehmer seinen Wohnsitz oder gewöhnlichen Aufenthalt hat.

14/009 Für **betriebsverfassungsrechtliche Streitigkeiten** (iSd § 50 Abs 2 ASGG; vgl 14.1.1) ist nur jenes Gericht örtlich zuständig, in dessen Sprengel der von der Streitigkeit betroffene Betrieb liegt. Falls es sich um Streitigkeiten handelt, die sich auf den Zentralbetriebsrat oder den Zentralbetriebsratsfonds (wohl ebenso auf den Zentraljugendvertrauensrat) beziehen, ist die örtliche Zuständigkeit nur bei jenem Gericht gegeben, in dessen Sprengel das Unternehmen seinen Sitz hat (§ 5 ASGG). Für Rechtsstreitigkeiten, die sich auf die Konzernvertretung (wohl ebenso auf die Konzernjugendvertretung) beziehen, sind nur die Gerichte ört-

---

12 Wird die Klage vom Betriebsrat eingebracht, kann dieser sich nicht auf § 4 Abs 1 Z 1 lit a ASGG berufen (OGH 16. 11. 2009, 9 ObA 109/09h, Arb 12.857).

13 Vgl *Kuderna*, ASGG^2 (1996), 85.

lich zuständig, in deren Sprengel ein Unternehmen des Konzerns seinen Sitz hat (§ 5a ASGG).

Für Rechtsstreitigkeiten, die sich auf die **Europäische Betriebsverfassung** beziehen, richtet sich die örtliche Zuständigkeit nach dem Sprengel des Unternehmenssitzes und subsidiär nach jenem des Betriebs (§ 5b Abs 1 ASGG). Allerdings ist die inländische Gerichtsbarkeit ohnehin nur dann gegeben, wenn die zentrale Leitung im Inland liegt oder es sich um Angelegenheiten des § 172 ArbVG handelt (§ 5b Abs 2 ASGG). 14/010

Für Rechtsstreitigkeiten, die sich im Zusammenhang mit der **Europäischen Gesellschaft** oder **Europäischen Genossenschaft** (SE bzw SCE) ergeben, dh die sich auf das besondere Verhandlungsgremium, auf den SE- bzw SCE-Betriebsrat, auf das Verfahren zur Unterrichtung und Anhörung der Arbeitnehmer oder auf die Mitbestimmung gem den §§ 244 bis 248 ArbVG bzw den Bestimmungen des VII. Teils des ArbVG beziehen, ist nur das Gericht örtlich zuständig, in dessen Sprengel die SE bzw die SCE ihren Sitz hat oder haben soll. Die **inländische Gerichtsbarkeit** für die mit einer SE oder SCE im Zusammenhang stehenden Rechtsstreitigkeiten ist allerdings ohnehin nur in ausdrücklich genannten Angelegenheiten gegeben oder wenn die SE bzw die SCE ihren **Sitz in Österreich** hat oder haben soll (Näheres in §§ 5c, 5d ASGG). Ähnliches trifft bei **grenzüberschreitenden Verschmelzungen** von Gesellschaften zu: für Rechtsstreitigkeiten, die sich auf das besondere Verhandlungsgremium oder das besondere Entsendungsgremium sowie auf die Mitbestimmung gem den Bestimmungen des VIII. Teiles des ArbVG oder auf gleichartige österreichische Rechtsvorschriften beziehen, ist das Gericht **örtlich** zuständig, in dessen Sprengel die aus der grenzüberschreitenden Verschmelzung hervorgehende Gesellschaft ihren Sitz hat oder haben soll. Auch in diesem Fall ist inländische Gerichtsbarkeit jedoch nur dann gegeben, wenn es sich um ausdrücklich genannte Angelegenheiten handelt oder die aus der Verschmelzung hervorgehende Gesellschaft ihren Sitz in Österreich hat oder haben soll (Näheres in § 5e ASGG). 14/011

Falls keiner der bisher erwähnten Gerichtsstände des ASGG in Frage kommt, so ist auch das Gericht örtlich zuständig, in dessen Sprengel sich eine Zweigniederlassung des Unternehmens befindet (§ 6 ASGG). 14/012

14.1.3. Gerichtsorganisation[14]

Zur Entscheidung über Arbeitsrechtssachen (vgl 14.1.1) sind die ordentlichen Gerichte berufen. In erster Instanz entscheiden die Landesgerichte[15] (§ 3 ASGG). Für Wien ist ein eigenes „Arbeits- und Sozialgericht Wien" eingerichtet (§ 2 Abs 2 ASGG). In zweiter Instanz sind die Oberlandesgerichte[16] und in dritter Instanz ist der Oberste Gerichtshof zuständig (zum Instanzenzug vgl 14.1.3.2). 14/013

---

14 S insb *Ballon*, Die Gerichtsorganisation der Arbeits- und Sozialgerichtsbarkeit, JBl 1987, 349.

15 Vgl die Aufzählung in Kap 14.1.1 FN 2; Gerichtstage in Arbeits- und Sozialrechtssachen bei den Bezirksgerichten sind seit Ende September 2012 (s BGBl I 35/2012) nicht mehr vorgesehen.

16 Ds das OLG Wien für Wien, Niederösterreich und Burgenland, das OLG Linz für Oberösterreich und Salzburg, das OLG Innsbruck für Tirol und Vorarlberg und das OLG Graz für Steiermark und Kärnten.

14.1.3.1. Arbeitsgerichtsbarkeit

In Ausübung der Gerichtsbarkeit in Arbeits- und Sozialrechtssachen haben die LG ihrer Bezeichnung den Zusatz „als Arbeits- und Sozialgericht“, die OLG und der OGH den Zusatz „in Arbeits- und Sozialrechtssachen“ beizufügen (§ 36 ASGG).

14.1.3.1. Besetzung der Gerichte

14/014 Die Arbeits- und Sozialgerichtsbarkeit wird grundsätzlich in **Senaten** ausgeübt, die sich aus **Richtern** und fachkundigen **Laienrichtern** zusammensetzen, wobei ein Richter den Vorsitz zu führen hat (§ 10 ASGG).

14/015 Die Senate der LG haben sich aus einem Richter und zwei fachkundigen Laienrichtern, die Senate der OLG sowie die einfachen Senate des OGH aus drei Richtern und zwei fachkundigen Laienrichtern zusammenzusetzen, der verstärkte Senat des OGH aus sieben Richtern und vier fachkundigen Laienrichtern[17].

Die gesetzlichen Interessenvertretungen der Arbeitnehmer und der Arbeitgeber sowie die Zentralausschüsse nach dem Bundes-PersonalvertretungsG und die landesgesetzlich eingerichteten Personalvertretungen der Landesbediensteten in den Ländern und der Gemeinde(Magistrats)bediensteten in denjenigen Gemeinden, in denen ein Gerichtshof erster Instanz seinen Sitz hat, haben die **fachkundigen Laienrichter** durch die vorgesehenen Wahlkörper **zu wählen** (§ 19 Abs 1 ASGG). Für die Wahl der fachkundigen Laienrichter für die OLG und den OGH sind die Wahlkörper der gesetzlichen beruflichen Vertretungen auf Bundesebene, für jene der Gerichtshöfe erster Instanz die Wahlkörper auf Landesebene zuständig (§ 19 Abs 2 ASGG). Die Amtsdauer der fachkundigen Laienrichter beträgt grundsätzlich fünf Jahre, in gewissen Fällen kann es jedoch zur Erstreckung ihrer Amtszeit kommen. Eine Wiederwahl ist zulässig (vgl § 17 ASGG). Ihr Amt ist ein Ehrenamt; sie sind in Ausübung desselben unabhängig, und es stehen ihnen hiebei die mit dem Richteramt verbundenen Befugnisse in vollem Umfang zu (§§ 15 u 16 Abs 1 ASGG). Die fachkundigen Laienrichter sollen den Berufsgruppen der am Rechtsstreit beteiligten Parteien angehören (§ 12 Abs 2 ASGG).

14/016 In einer Reihe von Fällen sieht das ASGG von einer Beiziehung der fachkundigen Laienrichter ab und überlässt die Besorgung gewisser Verfahrensangelegenheiten den Richtern bzw Richtersenaten.

So ist zwecks Vereinfachung bzw Beschleunigung des Verfahrens der **Vorsitzende** des Gerichts erster Instanz auch allein befugt, eine gütliche Beilegung eines Rechtsstreits insb durch gerichtlichen Vergleich herbeizuführen sowie bestimmte, das Verfahren betreffende Beschlüsse zu fassen (vgl § 11a Abs 1 ASGG). Im Wesentlichen stehen dieselben Befugnisse auch den bei den OLG und dem OGH eingerichteten und aus drei Richtern zusammengesetzten **Senaten** zu. Überdies haben sie über Rechtsmittel gegen Beschlüsse zu entscheiden, die vom Vorsitzenden des Erstgerichts erlassen worden sind (§ 11a Abs 2 u 3 ASGG). Über die Ablehnung (Ausgeschlossenheit) eines Richters oder fachkundigen Laienrichters ist in allen Instanzen durch **Dreiersenate** (drei Berufsrichter) zu entscheiden (§ 11 Abs 4 ASGG). Ist in einer Streitverhandlung auch nur einer der geladenen fachkundigen Laienrichter nicht erschienen, so kann sie der Vorsitzende (in der Berufungsinstanz die drei Richter) unter bestimmten Voraussetzungen allein durchführen (§ 11b ASGG)[18].

14.1.3.2. Instanzenzug

14/017 Gegen ein Urteil des Arbeits- und Sozialgerichts (erster Instanz) kann innerhalb einer Frist von vier Wochen **Berufung**, gegen einen Beschluss dieses Gerichts **Rekurs** innerhalb einer Frist von vierzehn Tagen (bzw innerhalb von vier Wochen, s § 521 ZPO) an das örtlich

[17] § 11 Abs 1 u 2 ASGG; vgl hiezu *Feitzinger/Tades*, ASGG^2 (1996), 12 f.
[18] S dazu OLG Wien 27. 6. 2013, 7 Rs 76/13t, ASoK 2013, 478 = Zak 2013, 386.

zuständige OLG in Arbeits- und Sozialrechtssachen erhoben werden. Die Frist beginnt mit der Zustellung der schriftlichen Ausfertigung der anzufechtenden Entscheidung. Berufung und Rekurs können auch bei Streitwerten unter € 2.700 ohne die in den §§ 501 und 517 ZPO angeordneten Einschränkungen auf bestimmte Anfechtungsgründe erfolgen. Eine mündliche Berufungsverhandlung ist jedoch in Fällen, in denen das Erstgericht über einen Streitgegenstand entschieden hat, der an Geld oder Geldwert € 2.000 nicht überstiegen hat, nur dann anzuberaumen, wenn das Gericht dies im Einzelfall für erforderlich hält (§ 44 ASGG)[19]. In Arbeitsrechtsstreitigkeiten nach § 50 Abs 1 ASGG sowie in Streitigkeiten über den Fortbestand des Arbeitsverhältnisses besteht gem § 63 ASGG grundsätzlich **Neuerungserlaubnis**, wenn der Berufungswerber bisher in keiner Lage des Verfahrens durch eine qualifizierte Person (vgl hiezu 14.1.4.4) vertreten war. Aus Gründen der „Waffengleichheit" können auch qualifiziert vertretene Personen hinsichtlich des von den Neuerungen betroffenen Anspruchs Neuerungen vorbringen[20].

Die Berufungs- bzw Rekursschrift ist beim Prozessgericht erster Instanz einzubringen. 14/018

Gegen die urteilsmäßige Entscheidung des Berufungsgerichts ist die **Revision**[21] an den OGH binnen vier Wochen ab Zustellung des Berufungsurteils zulässig, wenn die Entscheidung von der Lösung einer Rechtsfrage des materiellen Rechts oder des Verfahrensrechts abhängt, der zur Wahrung der Rechtseinheit, Rechtssicherheit oder Rechtsentwicklung **erhebliche Bedeutung** zukommt, etwa weil das Berufungsgericht von der Rechtsprechung des OGH abweicht oder eine solche Rechtsprechung fehlt oder uneinheitlich ist (**Grundsatzrevision**; § 502 Abs 1 ZPO). 14/019

Ob eine derartige Rechtsfrage erheblicher Bedeutung vorliegt, hat das Berufungsgericht in seinem Urteil auszusprechen, das durch ausdrückliche Zulassungserklärung die ordentliche Revision zulassen kann (**Zulassungsrevision**). Wird das Vorliegen verneint, kann die **außerordentliche Revision** erhoben werden (§ 505 Abs 4 ZPO). Dies gilt unabhängig vom Streitwert, da die allgemeinen Wertgrenzen der ZPO in Arbeits- und Sozialrechtssachen nicht zur Anwendung kommen (§ 502 Abs 5 Z 4 ZPO)[22]. 14/020

Für den **Rekurs** (Rechtsmittel gegen aufhebende und zurückverweisende Beschlüsse des Rekursgerichts iSd § 527 Abs 2 ZPO sowie gegen zurückweisende oder aufhebende und zurückverweisende Beschlüsse des Berufungsgerichts iSd § 519 Abs 1 ZPO) als auch den Revisionsrekurs (Rechtsmittel gegen abändernde oder bestätigende Beschlüsse des Rekursgerichts iSd § 528 ZPO) an den OGH gilt grundsätzlich dasselbe. Die Frist zur Erhebung eines (Revisions-)Rekurses beträgt 14 Tage, in besonderen Fällen (Rekurs gegen einen Endbeschluss oder einen Aufhebungsbeschluss nach § 519 Abs 1 Z 2 ZPO) vier Wochen (vgl § 521 ZPO). 14/021

[19] Vgl hiezu *Kuderna*, ASGG² (1996), 265; *Feitzinger/Tades*, ASGG² (1996), 67; *Wresounig*, ASGG (1986), 109.

[20] Vgl ausführlich *Kuderna*, ASGG² (1996), 415, u insb *Konecny*, Zur Neuerungserlaubnis in arbeitsrechtlichen Streitigkeiten, wbl 1987, 30; OGH 28. 5. 2013, 8 ObA 71/12t, ASoK 2013, 411.

[21] Die folgenden Ausführungen betreffen all jene Entscheidungen zweiter Instanz, deren Datum nach dem 31. 12. 2002 liegt. Zur alten Rechtslage s die 9. Auflage.

[22] Allg vgl *Fink*, Auswirkungen der ZVN 2002 auf das Verfahren in Arbeits- und Sozialrechtssachen, DRdA 2003, 230; *Rechberger/Simotta*, Grundriss des österreichischen Zivilprozessrechts⁸ (2010), 1195.

14.1.3.2. Arbeitsgerichtsbarkeit

14/022 Die folgende Tabelle soll den Instanzenzug sowie die Zusammensetzung der Senate veranschaulichen.

Gerichtsbezeichnung	Art der Erledigung	Senatszusammensetzung
3. Instanz Oberster Gerichtshof in Arbeits- und Sozialrechtssachen	**Urteil** – *Revision* **Beschluss** – *Rekurs* **Beschluss** – *Revisionsrekurs*	**a) Fünfersenat:** (Zusammensetzung wie 2. Instanz) **b) Elfersenat:** (verstärkter Senat): sieben Berufsrichter, davon ein Berufsrichter Vorsitzender und ein Berufsrichter Berichterstatter, je zwei fachkundige Laienrichter aus dem Kreis der Arbeitnehmer und der Arbeitgeber **c) Dreiersenat:** drei Berufsrichter
	Revision (dagegen) ↑ **Urteil** *Rekurs* (dagegen) ↑ **Beschluss** *Revisionsrekurs* (dagegen) ↑ **Beschluss**	
2. Instanz Oberlandesgericht in Arbeits- und Sozialrechtssachen	**Urteil** **Beschluss** **Beschluss** **Urteil** – *Berufung* **Beschluss**, **Beschluss** – *Rekurs*	**a) Fünfersenat:** drei Berufsrichter, davon ein Berufsrichter Vorsitzender und ein Berufsrichter Berichterstatter, je ein fachkundiger Laienrichter aus dem Kreis der Arbeitnehmer und der Arbeitgeber **b) Dreiersenat:** drei Berufsrichter
	Berufung (dagegen) ↑ **Urteil** *Rekurs* (dagegen) ↑ **Beschluss**	
1. Instanz (Eingangsgericht) Landesgericht als Arbeits- und Sozialgericht (für Wien Arbeits- und Sozialgericht)	**Urteil** **Beschluss**	**Dreiersenat:** ein Berufsrichter als Vorsitzender, je ein fachkundiger Laienrichter aus dem Kreis der Arbeitnehmer und der Arbeitgeber

14.1.4. Besonderheiten des Verfahrens in Arbeitsrechtssachen

14.1.4.1. Kollektives Klagerecht

Der Gedanke, durch Einführung eines kollektiven Klagerechts das Prozessrisiko des abhängigen Arbeitnehmers[23] zu mildern, hat Geschichte. Der erste Versuch wurde vom 1. Teilentwurf einer Kodifikation des Arbeitsrechts 1960 unternommen (vgl § 232 I. TE, DRdA 1961, 78) und stieß wegen der prozessualen Auswirkungen auf heftige Kritik. In der Folge wurde der Gedanke einer kollektiven Leistungsklage fallen gelassen und die bereits in verschiedenen Belangen verwirklichte Feststellungsklage trat in den Mittelpunkt der Betrachtung[24]. § 54 ASGG hat diesen Gedanken auf betrieblicher und überbetrieblicher Ebene verwirklicht[25]. 14/023

a) Die **betriebliche Ebene** betrifft § 54 Abs 1 ASGG. In Arbeitsrechtssachen nach § 50 Abs 1 ASGG (also nicht bei Rechtsstreitigkeiten, die sich aus dem II., V., VI., VII. oder VIII. Teil des ArbVG ergeben) können sowohl die parteifähigen Organe der Arbeitnehmerschaft (Betriebsräte, Zentralbetriebsräte etc) ebenso die Personalvertretung (der Bediensteten einer Gemeinde) im öffentlichen Dienst[26] als auch die Arbeitgeber auf Feststellung des Bestehens oder Nichtbestehens von Rechten oder Rechtsverhältnissen, die **mindestens drei Arbeitnehmer** ihres Betriebs oder Unternehmens betreffen, klagen oder geklagt werden. Die parteifähigen Belegschaftsvertretungen können die **Feststellungsklage** nur im Rahmen ihres Wirkungsbereichs erheben, also für die von ihnen vertretenen Arbeitnehmer[27]. 14/024

Die Zustimmung bzw das Einverständnis der betroffenen Arbeitnehmer ist nicht Voraussetzung für die Zulässigkeit der Feststellungsklage[28]. Im Fall der Arbeitskräfteüberlassung hingegen fehlt die Klagslegitimation des Überlasserbetriebsrats für Feststellungsklagen gegenüber dem Beschäftiger[29]. 14/025

Gegenstand dieses speziellen Feststellungsverfahrens ist das Bestehen oder Nichtbestehen von Rechten oder Rechtsverhältnissen iSd § 228 ZPO. Voraussetzung des Feststellungsanspruchs ist demnach ein rechtliches Interesse an der alsbaldigen Feststellung eines zu definierenden Rechts oder Rechtsverhältnisses. Ein unmittelbarer Anlass zur Klagsführung wird hiebei vorausgesetzt[30]. Das den Gegenstand des Prozesses bildende Recht oder Rechtsverhältnis muss zum Zeitpunkt der Streitanhängigkeit zwischen Arbeitgeber und mindestens drei Arbeitnehmern des Betriebs oder Unternehmens bestehen.

---

[23] Vgl hiezu *Peschek/Theiss*, Streiten oder Vergleichen? - Die Ökonomie des Rechtsstreits im Arbeitsrecht, ecolex 2013, 262.

[24] Dem Betriebsrat fehlt die Klagslegitimation, um im eigenen Namen Ansprüche der Arbeitnehmer mittels Unterlassungsklage geltend zu machen (OGH 15. 12. 2009, 9 ObA 112/09z, ARD 6031/2/2010 = infas 2010, A 40).

[25] Vgl allg *Feitzinger/Tades*, ASGG² (1996), 85 ff.

[26] Vgl OGH 18. 4. 1996, 8 ObA 270/95, DRdA 1997, 4 mit Bespr v *Eypeltauer*; OGH 27. 9. 1989, 9 ObA 251/89, JBl 1990, 534; OGH 29. 3. 2006, 9 ObA 195/05z, ARD 5702/8/2006 = JBl 2007, 121; OGH 15. 9. 2004, 9 ObA 54/04p, ARD 5603/10/2005 mit Bespr v *Adamovic* = ZAS 2006, 231 mit Bespr v *Reissner*.

[27] Zur Gesamtproblematik vgl insb *Eypeltauer*, Das besondere Feststellungsverfahren nach § 54 Abs 1 ASGG, JBl 1987, 490 u 591; *Gamerith*, Die besonderen Feststellungsverfahren nach § 54 ASGG, DRdA 1988, 303; *Hagen*, Zur prozessualen Stellung des Betriebsrates im Arbeitsprozeß, in FS Matscher (1993), 175; OGH 13. 4. 1988, 9 ObA 29/88, ZAS 1990, 151 mit Bespr v *Adamovic*; OGH 10. 4. 1991, 9 ObA 34/91, DRdA 1991, 468 mit Bespr v *Eypeltauer*.

[28] OGH 19. 11. 2009, 8 ObA 31/09f, ecolex 2010, 283 mit Bespr v *Kerschbaumer* = DRdA 2010, 251.

[29] OGH 15. 12. 2009, 9 ObA 24/09h, DRdA 2011, 257 mit Bespr v *Holzer* = ARD 6048/7/2010.

[30] OGH 16. 12. 1992, 9 ObA 298/92, DRdA 1993, 362 mit Bespr v *Burgstaller*; OGH 14. 4. 1999, 9 ObA 9/99k, DRdA 1999, 395.

Ein späteres Absinken der Zahl der betroffenen Arbeitnehmer schadet nicht, solange noch ein im Betrieb oder Unternehmen beschäftigter oder auch bereits ausgeschiedener Arbeitnehmer von der Feststellung betroffen ist (§ 54 Abs 1 Satz 2 ASGG). Feststellungsurteile sind nicht rechtsgestaltend, sondern lediglich deklarativ und unterliegen als solche auch nicht der Vollstreckung.

14/026 Das über die Feststellungsklage ergehende Urteil wirkt nur zwischen den Prozessparteien, also zwischen der betreffenden Belegschaftsvertretung und dem Arbeitgeber; es wirkt hingegen nicht zum Vorteil oder Nachteil der involvierten Arbeitnehmer. Es besteht somit **keine erweiterte Rechtskraftwirkung** für diese Arbeitnehmer. Nicht zu unterschätzen ist allerdings die faktische Wirkung: der Arbeitgeber wird idR das Urteil, vor allem wenn eine Rechtsmittelentscheidung ergangen ist, bezüglich der berechtigten Arbeitnehmer beachten. Im Falle eines Obsiegens des Arbeitgebers werden sich die betroffenen Arbeitnehmer entsprechend ihrer schwächeren Position erst recht dem Urteil gemäß verhalten. In einem allfälligen nachfolgenden Prozess der berechtigten Arbeitnehmer müssen vom Gericht im Bestreitungsfall jene Sachverhaltsdarstellungen neuerlich geprüft werden, die für die Entscheidung jedes einzelnen Klagsanspruchs notwendig sind[31].

14/027 b) Die **überbetriebliche Ebene** betrifft § 54 Abs 2 ASGG[32]. Kollektivvertragsfähige Körperschaften[33] der Arbeitgeber und der Arbeitnehmer können im Rahmen ihres Wirkungsbereichs gegen eine kollektivvertragsfähige Körperschaft der Arbeitnehmer bzw der Arbeitgeber beim **OGH** einen **Antrag auf Feststellung** des Bestehens oder Nichtbestehens von Rechten oder Rechtsverhältnissen einbringen, die einen von namentlich bestimmten Personen unabhängigen Sachverhalt betreffen[34]. Der Antrag muss eine Rechtsfrage des materiellen Rechts auf dem Gebiet der Arbeitsrechtssachen gem § 50 ASGG zum Gegenstand haben (in Frage kommen somit sowohl individualrechtliche Streitigkeiten gem § 50 Abs 1 ASGG als auch betriebsverfassungsrechtliche gem § 50 Abs 2 ASGG), die für **mindestens drei Arbeitnehmer oder Arbeitgeber** von Bedeutung sind. Der Antrag ist dem Antragsgegner mit dem Auftrag zuzustellen, binnen vier Wochen Stellung zu nehmen. Innerhalb dieser Frist können auch andere kollektivvertragsfähige Körperschaften zu dem Antrag Stellung beziehen (§ 54 Abs 3 ASGG). Die Entscheidung, die vom einfachen Senat des OGH zu fällen ist, hat allen kollektivvertragsfähigen Körperschaften, die sich am Verfahren beteiligt haben, zugestellt zu werden (vgl § 54 Abs 4 ASGG).

Der Antrag setzt ein **rechtliches Interesse**[35] an der alsbaldigen Feststellung des betreffenden Rechts oder Rechtsverhältnisses in Bezug auf mindestens drei Arbeitnehmer oder Arbeitgeber voraus. Dieses rechtliche Interesse ist vom OGH auf der Grundlage des vom Antragsteller zu behauptenden Sachverhalts, der auch auf das rechtliche Interesse Bezug nehmen muss, zu prüfen. Im Übrigen muss der An-

---

31 Vgl *Kuderna*, ASGG² (1996), 347 u 349.

32 Zum Feststellungsantrag gem § 54 Abs 2 ASGG vgl OGH 29. 3. 2006, 9 ObA 168/05d, DRdA 2007, 315 mit Bespr v *Weiß*; *Kallab*, Zur Gestaltung eines Antrages nach § 54 Abs 2 ASGG, DRdA-infas 2017, 185.

33 Einer gesetzlichen Interessenvertretung, die bezüglich der vom Feststellungsverfahren erfassten Arbeitnehmer gem § 6 ArbVG die Kollektivvertragsfähigkeit verloren hat, fehlt allerdings auch die Antragslegitimation gem § 54 Abs 2 ASGG (OGH 13. 9. 1989, 9 ObA 502/89, ZAS 1990, 168 mit krit Bespr v *Klein*); antragslegitimiert sind auch sondergesetzlich kollektivvertragsfähige Körperschaften: OGH 26. 11. 2015, 9 ObA 84/15s, ASoK 2016, 242 mit krit Bespr v *Marhold* = DRdA-infas 2016, 81 mit Bespr v *Kozak*.

34 Zur Zulässigkeit der Klage aus verfassungsrechtlicher Sicht vgl *Machacek*, Das kollektive Klagerecht nach § 54 ASGG, in FS Cerny (2001), 623; Tatsachen können nicht Gegenstand eines Feststellungsbegehrens sein, seien diese auch rechtserheblich: OGH 25. 2. 2016, 9 ObA 63/15b, DRdA-infas 2016, 138.

35 OGH 17. 11. 2004, 9 ObA 11/04i, DRdA 2006, 33 mit Bespr v *Holzer*; s auch OGH 18. 8. 2016, 9 ObA 18/16m, DRdA 2017, 214 mit Bespr v *Firlei*.

trag wie eine Feststellungsklage der Prävention und der Prozessökonomie dienen. Anträge auf Feststellung bloß abstrakter Rechtsfragen, welchen bloß theoretische Bedeutung zukommt, erfüllen die Voraussetzungen eines rechtlichen Interesses nicht[36]. Es lässt sich aber nicht leugnen, dass auf diesem Weg uU anhand idealtypischer, vom Antragsteller fingierter Sachverhalte Auslegungsfragen unmittelbar an den OGH zur Entscheidung herangetragen werden können[37]. Die Entscheidung des OGH besitzt – ebenso wie jene über die Feststellungsklage auf betrieblicher Ebene – keine erweiterte Rechtskraftwirkung für bestimmte Arbeitnehmer oder Arbeitgeber, doch eine bemerkenswerte faktische Präjudizwirkung, da auf diese Art strittige Auslegungsfragen an den OGH herangetragen werden und dieser von einer einmal getroffenen Auslegung nicht allzu rasch wieder abgehen wird.

c) Zum Verhältnis der unter a und b beschriebenen Feststellungsklagen und Anträge zu Leistungsklagen der Berechtigten ist festzuhalten, dass die ersteren auch dann erhoben werden können, wenn der Berechtigte eine Leistungsklage erheben könnte. Für die Dauer des Verfahrens über eine solche Feststellungsklage oder einen solchen Antrag sind alle **Fristen** zur Geltendmachung des Individualanspruchs **gehemmt**. Nach Beendigung des Verfahrens steht dem Berechtigten zur Erhebung der Leistungsklage zumindest noch eine Frist von drei Monaten offen; war die ursprüngliche Frist kürzer, so steht dem Berechtigten nur diese offen. Der Beendigung steht das Ruhen des Feststellungsverfahrens gleich (§ 54 Abs 5 ASGG). 14/028

Die besonderen Feststellungsverfahren nach § 54 ASGG schließen nach Ansicht des OGH auch eine zusätzliche Verbandsklage nach dem Konsumentenschutzgesetz aus. Dem Höchstgericht zufolge wird durch § 54 ASGG dem im Arbeitsleben bestehenden besonderen Rechtsschutzbedürfnis ausreichend Rechnung getragen. Die Geltungsbereichsbestimmungen der Verbandsklage nach dem §§ 28-30 KSchG wären zu weit gefasst und daher teleologisch dahingehend zu reduzieren, dass sie auf Arbeitsverhältnisse keine Anwendung finden[38].

14.1.4.2. Erweiterte Rechtskraft in betriebsverfassungsrechtlichen Streitigkeiten

Während das Urteil im Zuge einer Feststellungsklage des Betriebsrats nach § 54 Abs 1 ASGG keine erweiterte Rechtskraftwirkung hinsichtlich der betroffenen Arbeitnehmer aufweist (vgl 14.1.4.1 a), sieht § 62 Abs 1 ASGG diese bei betriebsverfassungsrechtlichen Streitigkeiten sehr wohl vor. Voraussetzung ist, dass von der betriebsverfassungsrechtlichen Streitigkeit **namentlich bestimmte Arbeitnehmer** betroffen sind, die nicht Partei sind. Ist diese Voraussetzung gegeben, dann erstreckt sich die Rechtskraft der Urteile nicht nur auf den Betriebsrat und den Arbeitgeber als Parteien, sondern auch auf diese namentlich bestimmten Arbeitnehmer. Die Klage und die Ladung zur ersten Tagsatzung zur mündlichen Streitverhandlung sind auch den Arbeitnehmern zuzustellen; diese können dem Rechtsstreit als Nebenintervenienten auch durch bloße Erklärung beitreten (§ 62 Abs 1a ASGG). 14/029

---

36 Vgl *Kuderna*, ASGG^2 (1996), 355; OGH 12. 3. 1998, 8 ObA 57/97h, DRdA 1999, 54 mit Bespr v *Burgstaller*; OGH 21. 2. 2013, 9 ObA 130/12a, infas 2013, A 49.

37 *Schrank*, Die wichtigsten Neuerungen im Arbeits- und Sozialgerichtsgesetz (II), RdW 1985, 154.

38 OGH 18. 12. 2014, 9 ObA 113/14d, ARD 6437/9/2015 = ZAS 2015, 217 mit Bespr v *Kodek* = ASoK 2015, 239 mit Bespr v *Marhold-Weinmeier*; s auch *Kodek*, Die Verbandsklage nach § 29 KSchG im Arbeitsrecht, DRdA 2007, 356.

14.1.4.3. Schiedsgerichtsklauseln

14/030 Eine Vereinbarung der Parteien, wonach ein Rechtsstreit durch einen oder mehrere Schiedsrichter entschieden werden soll, ist in Arbeitsrechtssachen nach § 50 Abs 2 ASGG (betriebsverfassungsrechtliche Streitigkeiten) und in Sozialrechtssachen jedenfalls rechtsunwirksam. In sonstigen Arbeitsrechtssachen (vgl § 50 Abs 1 ASGG) ist eine solche Vereinbarung nur für **bereits entstandene** Streitigkeiten wirksam[39]; für erst **künftig** allenfalls entstehende Streitigkeiten kann sohin eine wirksame Schiedsgerichtsvereinbarung grundsätzlich nicht geschlossen werden (§ 9 Abs 2 ASGG; zu Schiedsgerichtsklauseln in Kollektivverträgen vgl 3.3.1.9.1). Letzteres gilt allerdings nicht für Schiedsvereinbarungen mit **Geschäftsführern** und **Vorstandsmitgliedern** einer Kapitalgesellschaft[40]. In allen Fällen – einschließlich der noch näher zu erläuternden Schauspieler – sind allerdings die Schutzbestimmungen in § 618 iVm § 617 Abs 2 ZPO zu beachten, die insb die eigenhändige Unterzeichnung der Schiedsvereinbarung durch den Arbeitnehmer sowie eine gesonderte Urkunde erfordern[41].

Auf Bühnendienstverträge findet die Einschränkung der Wirksamkeit einer Schiedsgerichtsvereinbarung gem § 40 TAG ebenfalls keine Anwendung. Nach *Kuderna*[42] kommt die Bestimmung des § 9 Abs 2 ASGG auch für jene Schiedsgerichtsklauseln nicht zur Anwendung, die vor Inkrafttreten des ASGG, dh vor dem 1. 1. 1987, abgeschlossen wurden. Dieser Auffassung ist auch der OGH in seiner E v 29. 6. 1988 (9 ObA 134/88, DRdA 1989, 309) gefolgt.

14/031 Schiedssprüche unterliegen der gerichtlichen Kontrolle. Bei Vorliegen bestimmter schwerer Mängel (vgl § 611 ZPO) kann die **Aufhebung des Schiedsspruchs** binnen Frist durch Klage bei Gericht verlangt werden. Zur Aufhebung von Schiedssprüchen ist der OGH berufen (vgl § 615 ZPO).

14.1.4.4. Vertretung vor dem Arbeits- und Sozialgericht

14/032 Vor den Arbeits- und Sozialgerichten (**erste Instanz**) besteht **keine Vertretungspflicht** durch einen Rechtsanwalt (§ 39 Abs 3 ASGG). Die Parteien haben also die Möglichkeit, das Verfahren selbst zu führen. Sie können sich aber vertreten lassen, und zwar entweder durch eine qualifizierte (§ 40 Abs 1 ASGG) oder durch eine „sonstige“ Person (§ 40 Abs 2 ASGG).

Die **qualifizierte Vertretung** einer Partei kann gem § 40 Abs 1 ASGG in Arbeitsrechtssachen ua erfolgen durch

a) einen Rechtsanwalt oder

b) einen Funktionär oder Arbeitnehmer einer gesetzlichen Interessenvertretung oder einer freiwilligen kollektivvertragsfähigen Berufsvereinigung, sofern die Befugnis hiezu durch die Interessenvertretung oder Berufsvereinigung vorliegt (zur Rechtsschutztätigkeit der Arbeiterkammern vgl 12.3.1.2.1).

---

39 *Nunner-Krautgasser*, Schiedsvereinbarung, in Reissner/Neumayr (Hrsg), Zeller Handbuch Arbeitsvertrags-Klauseln (2010), 1024.

40 Vgl *Peschek*, Neue Möglichkeiten für Schiedsverfahren im Arbeitsrecht, RdW 2003, 153; *Nunner-Krautgasser* in Marhold/Burgstaller/Preyer (Hrsg), AngG (Losebl), § 41 Rz 60.

41 *Schima/Eichmeyer*, Zur (Un-)Zulässigkeit von Schiedsklauseln in Geschäftsführer- und Vorstandsdienstverträgen nach dem SchiedsRÄG 2006, RdW 2008, 723.

42 Schiedsverfahren und Gerichtsbarkeit: die Durchsetzung arbeitsrechtlicher Ansprüche, in Österreichische Landesberichte zum IX. Internationalen Kongreß für das Recht der Arbeit und der Sozialen Sicherheit in München (1978), 12 u 15.

Zu den **sonstigen Personen**, die zur Vertretung vor dem Arbeits- und Sozialgericht befugt sind, zählen gem § 40 Abs 2 ASGG

a) auf Arbeitnehmerseite die Mitglieder des zuständigen Betriebsrats,

b) auf Arbeitgeberseite die Arbeitnehmer, Prokuristen oder Mitglieder eines geschäftsführenden Organs,

c) auf Seiten der parteifähigen Organe der Arbeitnehmerschaft eines ihrer Mitglieder,

d) Funktionäre oder Arbeitnehmer eines im Bundesbehindertenbeirat unmittelbar oder mittelbar vertretenen Verbandes, sofern die Befugnis hiezu durch den jeweiligen Verband vorliegt,

e) jede andere geeignete Person, über deren Eignung der Vorsitzende durch unanfechtbaren Beschluss zu entscheiden hat.

Vor dem OLG (**zweite Instanz**) besteht Vertretungszwang durch eine **qualifizierte Person**. 14/033
Vor dem **OGH** ist die Vertretung durch einen **Anwalt** zwingend vorgesehen.

14.1.4.5. Rechtswirkungen nicht rechtskräftiger Urteile

Den stärksten Eingriff in die Struktur des Zivilprozesses bilden die Bestimmungen über den 14/034
sofortigen Eintritt der **Feststellungs- und Rechtsgestaltungswirkung** sowie über den Eintritt der **Vollstreckbarkeit** erstgerichtlicher Urteile. Gem § 466 ZPO wird durch die rechtzeitige Erhebung der Berufung der Eintritt der Rechtskraft und der Urteilswirkung der angefochtenen Entscheidung im Umfang der Berufungsanträge bis zur Erledigung des Rechtsmittels gehemmt[43]. Im Gegensatz dazu bestimmt § 61 Abs 1 ASGG, dass in gewissen Arbeitsrechtssachen die Berufung nur den Eintritt der Rechtskraft hemmt, ihr jedoch keine aufschiebende Wirkung zukommt. Konkret bedeutet dies, dass auf Grund eines noch nicht rechtskräftigen erstinstanzlichen Leistungsurteils gegen den unterlegenen Teil Exekution geführt werden kann und die verbindliche Wirkung von Feststellungsurteilen und die rechtsgestaltende Wirkung von Rechtsgestaltungsurteilen nicht an den Eintritt der formellen Rechtskraft gebunden sind[44]. Voraussetzung ist allerdings, dass es sich um die in § 61 Abs 1 Z 1 bis 5 ASGG angeführten Rechtsstreitigkeiten handelt.

Gem § 61 Abs 1 ASGG handelt es sich um Rechtsstreitigkeiten 14/035

a) über den Fortbestand des Arbeitsverhältnisses und daraus abgeleitete Ansprüche auf das rückständige laufende Arbeitsentgelt[45];

b) über Ansprüche auf das bei Beendigung des Arbeitsverhältnisses rückständige laufende Arbeitsentgelt;

c) über die Herausgabe der dem Arbeitnehmer bei Auflösung des Arbeitsverhältnisses auszufolgenden Arbeitspapiere und herauszugebenden Gegenstände;

d) über die Zurückstellung der dem Arbeitnehmer vom Arbeitgeber zur Ausübung der Arbeit zur Verfügung gestellten Gegenstände;

e) über Rechte und Rechtsverhältnisse, die sich aus dem II., V., VI., VII. oder VIII. Teil des ArbVG (Betriebsverfassung, Europäische Betriebsverfassung, Beteiligung der Arbeitnehmer in der Europä-

---

[43] *Fasching*, Lehrbuch des österreichischen Zivilprozeßrechts[2] (1990), insb 546 ff, 567 ff, 751 ff, 783 ff; *Holzhammer*, Österreichisches Zivilprozeßrecht[2] (1976), 303 ff.

[44] Vgl insb *Kuderna*, ASGG[2] (1996), 387 f; *Grießer*, Zur Wirkung klagsabweisender Urteile gem § 61 Abs 1 ASGG, DRdA 1997, 10; *Kodek*, Einordnung und Auswirkungen der vorläufigen Entscheidungswirkungen gem § 61 ASGG, in Kozak (Hrsg), Die Tücken des Bestandsschutzes (2017), 29 ff.

[45] Vgl *Grießer*, Vorläufige Entgeltzahlungspflicht nach Urteil über aufrechtes Arbeitsverhältnis, RdW 1999, 353; s auch OGH 1. 12. 1999, 9 ObA 283/99d, DRdA 2000, 495 mit Bespr v *Rebhahn* = ZAS 2000, 180 mit Bespr v *Schrank*.

ischen Gesellschaft und der Europäischen Genossenschaft sowie Mitbestimmung der Arbeitnehmer bei einer grenzüberschreitenden Verschmelzung von Kapitalgesellschaften) oder gleichartigen bundesrechtlichen Bestimmungen ergeben (vgl § 50 Abs 2 ASGG).

14/036 Das **Ersturteil bleibt**, auch wenn es inzwischen aufgehoben wurde oder durch ein anderes Urteil ersetzt worden ist, für die gesamte Verfahrensdauer **wirksam**, sofern nicht die Parteien **anderes vereinbaren** oder das Gericht in den Angelegenheiten der lit b den **Ausschluss** der sofortigen Vollstreckbarkeit verfügt (§ 61 Abs 2 ASGG). In Rechtsstreitigkeiten über das bei Beendigung des Arbeitsverhältnisses rückständige laufende Arbeitsentgelt ist nämlich auf **Antrag** des Arbeitgebers die sofortige Vollstreckbarkeit (ganz oder teilweise) zu hemmen, wenn und soweit es die **soziale Lage** des (früheren) Arbeitnehmers zulässt. Hiebei ist insb zu berücksichtigen, inwieweit sein laufendes Einkommen (etwa Entgelte aus einem neu begründeten Arbeitsverhältnis oder Pensionsleistungen) dem bisherigen laufenden Arbeitsentgelt im Wesentlichen entspricht und er zum Ausgleich für das fehlende rückständige Arbeitsentgelt Verpflichtungen eingehen musste, die seine Lebensführung erheblich beeinträchtigen (§ 61 Abs 4 Z 1 ASGG).

Die (sofortige) Vollstreckbarkeit darf dann nicht ausgeschlossen werden, wenn der Arbeitnehmer zur wirtschaftlichen Überbrückung jenes Zeitraums, währenddessen das (zugesprochene) Arbeitsentgelt nicht geleistet wird, ein Darlehen in entsprechender Höhe aufnehmen müsste. Das existenzielle Interesse des Arbeitnehmers ist jedenfalls höher zu werten, als die mit seiner Befriedigung allenfalls verbundene Vermögensgefährdung des Arbeitgebers (EB zur RV, 1654 BlgNR 18. GP, 22).

14/037 Die sofortige Vollstreckbarkeit in den Angelegenheiten der lit b ist auch dann auszuschließen, wenn der Arbeitnehmer schriftlich zu Protokoll erklärt, darauf zu **verzichten** (§ 61 Abs 4 Z 2 ASGG). Gegen die Entscheidung des Erstgerichts über die Hemmung der Vollstreckbarkeit ist ein Rechtsmittel nicht zulässig (§ 61 Abs 6 ASGG).

Generell **ausgeschlossen** ist die sofortige Wirksamkeit erstinstanzlicher Urteile in besonderen Feststellungsverfahren nach § 54 Abs 1 ASGG (§ 61 Abs 3 ASGG). Sie ist im Falle der Stattgebung einer Betriebsratswahlanfechtung nach § 59 Abs 1 ArbVG insofern **abgeschwächt**, als der Betriebsrat, dessen Wahl angefochten worden ist, seine Tätigkeit vorläufig fortsetzen kann, die Belegschaft jedoch die Möglichkeit hat, nach (nicht rechtskräftiger) Ungültigerklärung der Betriebsratswahl durch ein Urteil erster Instanz sofort einen neuen Betriebsrat zu wählen, der an die Stelle des Betriebsrats tritt, dessen Wahl angefochten worden ist (§ 61 Abs 2a ArbVG; vgl hiezu 10.4.4.2).

14/038 Der Zweck des Gesetzes ist in Hinblick auf die vorzeitige Leistungspflicht des (früheren) Arbeitgebers klar: Der auf sein Entgelt angewiesene Arbeitnehmer soll nicht das Ende des oft langwierigen Prozesses abwarten müssen, um zu seinem verdienten Einkommen zu gelangen. Dieser Zielsetzung läuft aber die drohende **Rückzahlung** des Entgelts zuwider, wenn es in weiterer Folge zu einem von der ersten Instanz abweichenden rechtskräftigen Urteil kommt. Solange das Verfahren läuft, kann sich der Arbeitnehmer auch nicht auf einen gutgläubigen Verbrauch berufen, weil nun einmal ein Schwebezustand besteht, der nicht ignoriert werden kann, auch wenn der Arbeitnehmer und dessen Vertreter von der Richtigkeit ihres Rechtsstandpunktes überzeugt sind. Verliert der Dienstnehmer den Prozess in der Folge dennoch, so fällt der rechtliche Grund, die erstrittene Summe oder Sache zu behalten, weg (§ 1435 ABGB)[46].

[46] Vgl auch § 61 Abs 2 Satz 2 ASGG; s auch OGH 1. 12. 1999, 9 ObA 283/99d, DRdA 2000, 495 mit Bespr v *Rebhahn* = ZAS 2000, 180 mit Bespr v *Schrank*.

Offensichtlich will das Gesetz das laufende Arbeitsentgelt gegenüber anderen Ansprüchen wie Kündigungsentschädigung, Abfertigung oder Urlaubsersatzleistung privilegieren. Stellt man in Rechnung, dass der Arbeitnehmer auf die anderen aus der Beendigung des Arbeitsverhältnisses resultierenden Ansprüche ebenso angewiesen ist, so erweist sich diese Differenzierung im Hinblick auf den verfassungsrechtlichen Gleichheitssatz als bedenklich[47]. Verfassungsrechtliche Bedenken ergeben sich aber auch aus dem Umstand, dass das ASGG nur bei Leistungsurteilen gem § 61 Abs 1 Z 2 ASGG, nicht jedoch bei solchen gem § 61 Abs 1 Z 1 ASGG nach der sozialen Lage des Arbeitnehmers unterscheidet. Angesprochen ist hier das sog rechtsstaatliche Prinzip. Der VfGH hat in seiner E v 13. 3. 1991[48] eindeutig zum Ausdruck gebracht, dass ein Rechtsschutzsuchender nicht generell und einseitig mit allen Folgen einer potenziell rechtswidrigen behördlichen Entscheidung belastet werden darf, bis sein Rechtsschutzgesuch endgültig erledigt ist.

Die sofortige Vollstreckbarkeit bzw Wirksamkeit von Urteilen der ersten Instanz gilt auch für jene **Personen**, die gem § 51 Abs 2 und 3 ASGG den Arbeitgebern bzw den Arbeitnehmern **gleichgestellt** sind (§ 61 Abs 7 ASGG). 14/039

14.1.4.6. Kosten

Für Rechtsstreitigkeiten nach § 50 Abs 1 ASGG (individualarbeitsrechtliche Streitigkeiten; vgl im Einzelnen 14.1.1) kommen die allgemeinen Bestimmungen der ZPO über den Kostenersatz zur Anwendung. Die ZPO geht hiebei grundsätzlich vom **Erfolgsprinzip** aus, dh die unterlegene Partei hat ihrem Prozessgegner die Prozesskosten, ds insb Gerichtsgebühren und die Kosten der Parteienvertreter, zu ersetzen (§§ 41 ff ZPO). Dies gilt auch für das besondere Feststellungsverfahren gem § 54 Abs 1 ASGG (vgl 14.1.4.1 a). Gesetzlichen Interessenvertretungen sowie freiwilligen kollektivvertragsfähigen Körperschaften gebührt gegenüber dem Prozessgegner im Ausmaß des Obsiegens der von ihnen vertretenen Partei ein pauschalierter Aufwandersatz (§ 1 AufwandersatzG). 14/040

In betriebsverfassungsrechtlichen Streitigkeiten gem § 50 Abs 2 ASGG (vgl 14.1.1) gibt es keinen Kostenersatz. Jede Partei hat für die ihr anfallenden Kosten selbst aufzukommen. Eine Ausnahme besteht nur für das Verfahren vor dem OGH, also in dritter Instanz. In diesem Fall gelten nämlich wiederum die allgemeinen Bestimmungen der ZPO über den Kostenersatz[49]. 14/041

Im besonderen Feststellungsverfahren vor dem OGH nach § 54 Abs 2 ASGG (vgl 14.1.4.1 b) steht keiner Partei ein Kostenersatz gegenüber der anderen Partei zu (§ 58 Abs 1 ASGG). 14/042

Nach den Bestimmungen des GerichtsgebührenG sind arbeitsgerichtliche Verfahren bis zu einem Streitwert von € 1.450 von Gerichtsgebühren befreit. Wird kein Geldbetrag verlangt, ist das Verfahren ebenfalls gebührenfrei[50]. 14/043

---

47 Vgl hiezu OGH 15. 1. 1985, 4 Ob 157/83, DRdA 1986, 127 mit Bespr v *Schwarz*.

48 G 199/90, DRdA 1991, 362 mit Bespr v *B. Schwarz*, im Zuge der Aufhebung des § 61 Abs 1 Z 2 ASGG aF; vgl hiezu *Rechberger*, Zur Aufhebung des § 61 Abs 1 Z 2 ASGG durch den VfGH, ecolex 1991, 411; *Konecny*, Gedanken zur Neuregelung der vorläufigen Vollstreckbarkeit in Arbeitsrechtssachen, ÖJZ 1991, 724.

49 Vgl hiezu *Bock*, Betriebsverfassungsrechtliche Streitigkeiten und Kostenersatz – Überlegungen zu § 58 Abs 1 ASGG, DRdA 1994, 19.

50 Im Einzelnen vgl insb *Arnold*, Kostenfragen im besonderen Feststellungsverfahren nach § 54 Abs 1 ASGG, RdW 1987, 128.

14.1.4.7. Parteifähigkeit und Klagslegitimation

14/044 Die Parteifähigkeit ist die Fähigkeit, im Prozess selbstständiger Träger von Rechten und Pflichten im eigenen Namen zu sein, also die Fähigkeit, im Prozess zu klagen oder geklagt zu werden[51]. § 53 Abs 1 ASGG erwähnt ausdrücklich die Parteifähigkeit der Belegschaftsorgane (vgl 10.1), nimmt jedoch gleichzeitig die Betriebs-, Betriebshaupt-, Betriebsräte-, Betriebsgruppen- und die Jugendversammlung aus. Nicht parteifähig ist zweifellos auch die Jugendvertrauensräteversammlung. Der Betriebsratsfonds ist kraft ausdrücklicher gesetzlicher Anordnung mit Rechtspersönlichkeit ausgestattet (vgl 10.12.1). Das Gleiche gilt für den Zentralbetriebsratsfonds (vgl 10.12.2). Während die Parteifähigkeit der Fonds der allgemein zuerkannten privatrechtlichen Rechtsfähigkeit entspricht, resultiert die Parteifähigkeit der übrigen „Organe" aus dem Recht, die Bestimmungen der Arbeitsverfassung zu vollziehen. Soweit den Belegschaftsorganen die Parteifähigkeit zukommt, bezieht sie sich nicht nur auf das Verfahren in Arbeits- und Sozialrechtssachen, sondern gilt für alle gerichtlichen oder verwaltungsbehördlichen Verfahren[52]. Keine Klagslegitimation[53] kommt dem Belegschaftsorgan nach § 54 Abs 1 ASGG zu, wenn bei Klagseinbringung ausschließlich ausgeschiedene Arbeitnehmer betroffen sind[54].

14/045 Eine Sonderregelung hat das ASGG für den Fall vorgesehen, dass in einem Rechtsstreit niemand in Betracht kommt, gegen den eine betriebsverfassungsrechtliche Feststellungs- oder Rechtsgestaltungsklage gerichtet werden könnte. Gem § 53 Abs 2 ASGG kann in diesem Fall – je nachdem, ob der Kläger Arbeitnehmer oder Arbeitgeber ist – die zuständige kollektivvertragsfähige Körperschaft (vgl 3.3.1.4) der Arbeitgeber bzw der Arbeitnehmer geklagt werden[55].

Problematisch ist die Rechtslage allerdings dann, wenn ein von einer Belegschaftsversammlung auszuübendes Recht strittig wird, da es dieser selbst an der Parteifähigkeit mangelt. Kommt keine sonst klagslegitimierte Partei in Betracht – zB weil kein Betriebsrat existiert –, wäre § 53 Abs 2 ASGG anzuwenden. Vielfach besteht der Rechtsstreit aber weniger zwischen der Belegschaftsversammlung und dem Betriebsinhaber als zwischen der Belegschaftsversammlung und den einzelnen Arbeitnehmern. In diesem Fall entspräche eine Klage gegen die kollektivvertragsfähige Körperschaft der Dienstgeber keineswegs den gegebenen Interessenslagen. Entweder man bejaht in diesem Fall ausnahmsweise die Klagsfähigkeit der zuständigen kollektivvertragsfähigen Körperschaft der Arbeitnehmer[56] oder aber man verneint in diesem besonderen Fall die Anwendbarkeit des § 53 Abs 2 ASGG.

---

[51] *Fasching*, Lehrbuch des österreichischen Zivilprozeßrechts[2] (1990), 172; *Rechberger/Simotta*, Grundriss des österreichischen Zivilprozessrechts[8] (2010), 154.

[52] OGH 26. 2. 1991, 4 Ob 177/90, DRdA 1992, 43 mit Bespr v *Roth*; *Kuderna*, ASGG[2] (1996), 338 ff; OGH 4. 9. 2002, 9 ObA 171/02s, ARD 5411/11/2003.

[53] Zur Klagslegitimation im Zusammenhang mit dem DSG vgl OGH 29. 6. 2006, 6 ObA 1/06z, DRdA 2007, 397 mit Bespr v *Hattenberger*.

[54] OGH 29. 3. 2006, 9 ObA 195/05z, DRdA 2007, 311 mit Bespr v *Eypeltauer*.

[55] S insb *Kuderna*, ASGG[2] (1996), 340 f.

[56] Vgl hiezu auch *Kostka*, Die Parteifähigkeit im Rechtsstreit über Beschlüsse der Betriebsversammlung, dargestellt an Hand eines Fallbeispieles, ZAS 1988, 148.

14.2. Schlichtung

Im kollektiven Arbeitsrecht prallen kollektive Interessen aufeinander; die daraus resultierenden Streitigkeiten beziehen sich meist auf die Gestaltung künftigen Rechts, insb auf kollektive Vereinbarungen (Kollektivverträge, Betriebsvereinbarungen). Man pflegt demgemäß zwischen **Rechtsstreitigkeiten** und **Regelungsstreitigkeiten** zu unterscheiden. Die ersteren beziehen sich auf die Anwendung und Auslegung geltenden Rechts (zur Zuständigkeit der Arbeits- und Sozialgerichte vgl 14.1.1), die letzteren auf die Schaffung neuen Rechts. Die Regelungsstreitigkeiten des kollektiven Arbeitsrechts werden auch als **Gesamtstreitigkeiten**[57] bezeichnet. Die Hilfeleistung, die seitens des Staats oder autonomer Körperschaften aufgeboten werden kann, um Gesamtstreitigkeiten zu vermeiden und den Abschluss einer Gesamtvereinbarung (insb Kollektivvertrag und Betriebsvereinbarung) zu erreichen, nennt man Schlichtung. Das Mittel der Schlichtung besteht in einer überparteilichen, auf die Einigung hinwirkenden Tätigkeit. Der Intensitätsgrad dieser Tätigkeit indiziert die Arten der Schlichtung. 14/046

14.2.1. Zwangsschlichtung

Von einer Zwangsschlichtung spricht man dann, wenn die Fällung eines Schlichtungsspruchs **gegen den Willen einer Partei** erfolgen kann, sei es von Amts wegen, sei es auf Antrag einer Partei. Die Frage, inwieweit eine Arbeitsrechtsordnung eine Zwangsschlichtung institutionalisiert, ist von prinzipieller Bedeutung, weil sie über die Haltung zur Zulässigkeit von Arbeitskämpfen Aufschluss gibt. Wo Kampffreiheit herrscht, ist die amtswegige Zwangsschlichtung nicht anzutreffen. Erstere wird ja durch die Nichteinmischung des Staates gekennzeichnet, deren Konsequenz die Selbstregulierung der Kräfteverhältnisse ist. Zwangsschlichtung wird von den sozialen Verbänden als Eingriff in ihre Autonomie empfunden. Sie ist auch in Österreich im überbetrieblichen Raum nicht vorgesehen (zur Zwangsschlichtung auf betrieblicher Ebene vgl 14.2.4 u 14.3.2). 14/047

14.2.2. Freiwillige Schlichtung

Die freiwillige Schlichtung ist dadurch charakterisiert, dass ein Schlichtungsspruch nur verbindlich wird, wenn **beide Parteien** ihn auch annehmen. Innerhalb der freiwilligen Schlichtung gibt es verschiedene Alternativen. Die typischen Varianten sind entweder die **vorherige** oder die **nachträgliche Unterwerfung** unter den Spruch. Eine gewisse moralische Verstärkung läge in der Veröffentlichung des Spruchs nach erfolgter nachträglicher Ablehnung seitens einer Partei. 14/048

Eine weitere Unterscheidung kann zwischen Schlichtung **mit** und **ohne Einlassungszwang** vorgenommen werden. Letztere kann wieder durch den Antrag einer Partei bedingt sein oder von Amts wegen veranlasst werden. Durch den Einlassungszwang soll unbeschadet 14/049

[57] Zum Begriff der Gesamtstreitigkeiten in diversen Kollektivverträgen vgl *Löschnigg/Melzer-Azodanloo/Ogriseg*, Telekom-KV 2014^3 (2014), 213.

der Freiwilligkeit der Schlichtung erreicht werden, dass die Parteien sich zumindest vor der Schlichtungsinstanz einfinden, um allenfalls Kompromisse zu fördern.

14/050 Schlichtungsklauseln können durchaus Eingang in den **Arbeitsvertrag** finden[58]. Im Gegensatz zu einer Schiedsklausel (vgl 14.1.4.3) soll durch die Schlichtungsklausel nicht die Zuständigkeit des staatlichen Gerichts beseitigt, sondern nur sichergestellt werden, dass eine Schlichtungsinstanz vor der Anrufung des ordentlichen Gerichts mit der Streitigkeit befasst wird[59]. Wird im Falle einer obligatorischen Schlichtungsvereinbarung die Schlichtungsinstanz nicht angerufen, fehlt es an der Klagbarkeit des Anspruches und die Klage ist mit Urteil als unbegründet abzuweisen[60].

14.2.3. Schlichtungsfälle der Berufsverfassung

14/051 Bei Streitigkeiten über den Abschluss oder die Änderung eines **Kollektivvertrags** hat das Bundeseinigungsamt (zu dessen Organisation vgl 14.3.1) über Antrag einer der am Streit beteiligten Parteien Einigungsverhandlungen einzuleiten (§ 154 Abs 1 ArbVG). Es besteht freiwillige Schlichtung; die Streitteile müssen vorher eine schriftliche Erklärung abgeben, dass sie sich dem Schiedsspruch unterwerfen. Schiedssprüche gelten als Kollektivverträge (§ 155 ArbVG).

14/052 Das Bundeseinigungsamt hat zwischen den Streitteilen zu vermitteln und auf eine Vereinbarung zwecks Beilegung der Streitigkeiten hinzuwirken. Derartige schriftliche Vereinbarungen gelten als Kollektivverträge (§ 154 Abs 2 u 3 ArbVG).

14/053 Es besteht Einlassungszwang. Der Vorsitzende hat unverzüglich einen Senat zur Durchführung einer Einigungsverhandlung einzuberufen (§ 18 Abs 1 BEA-Geo 1987). Der Einlassungszwang ist aber erheblich abgeschwächt: Die Verhandlungen sind auch dann abzubrechen, wenn einer der Streitteile trotz zweimaliger ausgewiesener Ladung ohne Angabe von Gründen nicht zur Verhandlung erschienen ist (§ 18 Abs 3 Z 2 BEA-Geo).

Weiters ist die Einigungsverhandlung abzubrechen, wenn der Antrag zurückgezogen wird (§ 18 Abs 3 Z 1 BEA-Geo) bzw wenn eine Vereinbarung der Streitteile über die Beilegung des Streits nicht zustande kommt und eine schriftliche Erklärung aller Parteien, sich einem Schiedsspruch des Bundeseinigungsamts zu unterwerfen, nicht vorliegt (§ 18 Abs 3 Z 3 iVm § 18 Abs 4 BEA-Geo).

14/054 Gem § 153 ArbVG ist das Bundeseinigungsamt berufen, bei den Verhandlungen über den Abschluss oder die Änderung von Kollektivverträgen mitzuwirken, wenn ein Antrag von einer der beteiligten Vertragsparteien gestellt wird. Hier ist **kein Schlichtungsfall** gegeben, sondern **Teilnahme** an den Verhandlungen, zumal ja noch keine Streitigkeit vorliegt. Andernfalls käme bereits das normale Schlichtungsverfahren zur Anwendung.

---

[58] *Nunner-Krautgasser*, Schlichtungsvereinbarung, in Reissner/Neumayr (Hrsg), Zeller Handbuch Arbeitsvertrags-Klauseln (2010), 1044.

[59] *Gatternig/Gatternig*, Zulässigkeit und Wirkung von Schlichtungsvereinbarungen in Arbeitsverträgen, RdW 2009, 282.

[60] Vgl OGH 17. 4. 1997, 8 ObA 2128/96s, ASoK 1997, 348 mit Bespr v *Gatternig*; OGH 23. 5. 2006, 4 Ob 54/06d, Zak 2006, 398 mit Bespr v *Mayr*; OGH 2. 9. 2008, 8 ObA 28/08p, DRdA 2009, 151 = ARD 5936/8/2009.

14.2.4. Schlichtungsfälle der Betriebsverfassung

In der Betriebsverfassung ist die **Schlichtungsstelle** (zu deren Organisation vgl 14.3.2) berufen, in einer Reihe von Fällen über den Abschluss, die Abänderung oder Aufhebung einer Betriebsvereinbarung verbindlich zu entscheiden, wenn Betriebsinhaber und Betriebsrat zu keiner Einigung gelangen (vgl 3.3.4.5.2 u 3.3.4.5.3). Insoweit die **Zwangsschlichtungskompetenzen** der Betriebsverfassung reichen, sind Arbeitskämpfe zur Erzwingung der der Zwangsschlichtung zugeordneten Angelegenheiten unzulässig (vgl 13.5.2.2). 14/055

Im Zusammenhang mit dem Einspruchsrecht des Betriebsrats gegen die Wirtschaftsführung (§ 111 ArbVG; vgl 11.5.4.3) hat das ArbVG weitere Schlichtungskompetenzen vorgesehen. So kennt § 111 Abs 3 ArbVG die sog **Schlichtungskommission**, die von den zuständigen kollektivvertragsfähigen Körperschaften der Arbeitgeber und der Arbeitnehmer paritätisch besetzt ist. Das Schlichtungsverfahren vor der Schlichtungskommission ist freiwilliger Natur. Die Kommission kann einen Schiedsspruch nur fällen, wenn die beiden Streitteile vorher schriftlich erklären, dass sie sich dem Schiedsspruch unterwerfen (vgl § 111 Abs 4 ArbVG). 14/056

Als weiteres Schlichtungsverfahren kann man das Verfahren gem § 112 ArbVG vor der **Staatlichen Wirtschaftskommission** bezeichnen (vgl 11.5.4.3). Die Staatliche Wirtschaftskommission stellt in Form von Gutachten fest, ob der Einspruch des Betriebsrats gegen die Wirtschaftsführung berechtigt ist. 14/057

§ 112 Abs 4 ArbVG sieht die Errichtung von drei Staatlichen Wirtschaftskommissionen vor: Ursprünglich sollte eine beim Bundeskanzleramt mit Zuständigkeit für verstaatlichte Unternehmen agieren, die zweite war beim ehemaligen BM für Verkehr in Angelegenheiten der Verkehrsunternehmen und die dritte beim ehemaligen BM für Handel, Gewerbe und Industrie für alle übrigen Betriebe und Unternehmungen zuständig. Durch diverse Änderungen des BundesministerienG und einschlägige Übergangsbestimmungen wurde § 112 Abs 4 ArbVG materiellrechtlich verändert. Im Ergebnis liegen derzeit die Kompetenzen zur Errichtung einer staatlichen Wirtschaftskommission beim BM für Wissenschaft, Forschung und Wirtschaft und beim BM für Verkehr, Innovation und Technologie[61].

Versteht man die **Betriebsverfassung in einem weiteren Sinn** als die Rechte und Pflichten der Belegschaft, unabhängig davon, ob sie nach den organisationsrechtlichen Bestimmungen des ArbVG handlungsfähig geworden ist, dann sind in diesem Zusammenhang auch jene Konstruktionen relevant, die die Anrufung einer Instanz losgelöst vom Betriebsrat vorsehen. Innerbetriebliche Schlichtung in dieser Ausgestaltung findet sich in § 9 Abs 2 BMSVG: Ist die Belegschaft von keinem Betriebsrat vertreten, dann hat die Arbeitnehmerschaft bei Divergenzen hinsichtlich der **Auswahl einer BV-Kasse** Einspruchsrechte (vgl 8.6.1.3.2). Kommt es zu keinem Einvernehmen zwischen Arbeitgeber und Belegschaft, dann kann die Schlichtungsstelle angerufen werden. Formal antragslegitimiert sind hiebei der **Arbeitgeber** einerseits und die **zuständige freiwillige Interessenvertretung der Arbeitnehmer** anderseits. Inhaltlich hat hiebei die Interessenvertretung der Arbeitnehmer die Belegschaftsinteressen zu vertreten. 14/058

61 Vgl ausführlich *Resch* in Strasser/Jabornegg/Resch (Hrsg), ArbVG (Losebl), § 112 Rz 33 ff.

14.2.5. Mediation

14/059 Mediation[62] und Mediationsverfahren finden auch bei Störungen in den Arbeitsbeziehungen immer stärkeren Eingang. Eine **gesetzliche Institutionalisierung** im Arbeitsrecht hat die Mediation etwa im Zusammenhang mit dem Lehrverhältnis erfahren.

14/060 Gem § 15a BAG erfordert nämlich die **außerordentliche Auflösung eines Lehrverhältnisses** (vgl 8.2.8.3.7) ein förmliches Mediationsverfahren, in welchem die Problemlage für die Beteiligten nachvollziehbar darzustellen ist sowie erörtert werden muss, ob und unter welchen Voraussetzungen eine Fortsetzung des Lehrverhältnisses möglich ist.

14/061 Auf das Mediationsverfahren nach § 15a BAG ist das ZivMediaG anzuwenden. Das Hauptproblem bei diesem Verfahren liegt allerdings darin, dass der Lehrberechtigte keine aktive positive Rolle übernehmen muss. Die Kosten des Verfahrens hat der Lehrberechtigte zu tragen.

14.3. Bundeseinigungsamt und Schlichtungsstellen

14.3.1. Bundeseinigungsamt

14/062 Das Bundeseinigungsamt ist beim **BMASK** zu errichten. Es besteht aus einem Vorsitzenden und nach Bedarf aus einem oder mehreren Stellvertretern sowie aus der erforderlichen Anzahl von Mitgliedern, die aus den Gruppen der Arbeitgeber und der Arbeitnehmer für fünf Jahre bestellt werden (vgl § 141 Abs 1 u 5 ArbVG). Vor der Ernennung des Vorsitzenden bzw dessen Stellvertreters ist sowohl die Wirtschaftskammer Österreich als auch die Bundesarbeitskammer anzuhören (vgl § 141 Abs 2 ArbVG).

14/063 Das Bundeseinigungsamt verhandelt und entscheidet in **Senaten**. Verhandlungs- und Beschlussfähigkeit liegen vor, wenn außer dem Vorsitzenden oder dessen Stellvertreter je zwei Mitglieder aus der Gruppe der Arbeitnehmer und der Arbeitgeber anwesend sind. Das Bundeseinigungsamt kann zu den Verhandlungen Sachverständige und Auskunftspersonen beiziehen (vgl § 142 ArbVG).

Das Bundeseinigungsamt ist berufen

a) zur Mitwirkung bei den Verhandlungen über den Abschluss oder die Änderung von Kollektivverträgen, wenn ein Antrag von einer der beteiligten Vertragsparteien gestellt wurde (§ 153 ArbVG; vgl 14.2.3);

b) zur Einleitung von Einigungsverhandlungen und zur Vermittlung bei Streitigkeiten über den Abschluss oder die Änderung eines Kollektivvertrags über Antrag einer der am Streit beteiligten Parteien (§ 154 ArbVG; vgl 14.2.3);

---

62 *Risak*, Vom (möglichen) Stellenwert der Mediation im österreichischen Arbeitsrecht, ZAS 2010, 25; *ders*, Die Mediation im Arbeitsrecht, ÖJZ 2012, 389; allg zur Mediation vgl *Ferz*, Ergebnisse des Arbeitskreises „Mediation. An der Schnittstelle zum staatlichen Rechtsschutzsystem“, in Posch/Ferz/Schleifer (Hrsg), Konfliktlösung im Konsens: Schiedsgerichtsbarkeit, Diversion, Mediation, 7. Fakultätstag der Rechtswissenschaftlichen Fakultät (2010), 303.

c) zur Fällung von Schiedssprüchen zur Beilegung der unter b genannten Streitigkeiten, wenn die Streitteile vorher eine schriftliche Unterwerfungserklärung abgegeben haben (§ 155 ArbVG; vgl 14.2.3);

d) zur Entscheidung über die Zuerkennung und Aberkennung der Kollektivvertragsfähigkeit gem § 5 ArbVG (§ 158 Abs 1 Z 1 ArbVG; vgl 3.3.1.4 u 3.3.1.5);

e) zur Erstattung von Gutachten über die Auslegung eines Kollektivvertrags auf Ersuchen eines Gerichts oder einer Verwaltungsbehörde (§ 158 Abs 1 Z 2 ArbVG);

f) nach Maßgabe der Bestimmungen der §§ 18 bis 25 ArbVG Kollektivverträge zur Satzung zu erklären und Mindestlohntarife festzusetzen sowie dieselben abzuändern oder aufzuheben (§ 158 Abs 1 Z 3 ArbVG; vgl 3.3.2 u 3.3.3.1);

g) zur Festsetzung, Abänderung und Aufhebung von Lehrlingsentschädigungen nach Maßgabe der Bestimmungen der §§ 26 bis 28 ArbVG (§ 158 Abs 1 Z 4 ArbVG; vgl 3.3.3.2);

h) zur Führung eines Katasters der von ihm beschlossenen Satzungen, Mindestlohntarife und Lehrlingsentschädigungen (§ 158 Abs 1 Z 5 ArbVG; vgl 3.3.2, 3.3.3.1 u 3.3.3.2).

Gegen einen Bescheid des Bundeseinigungsamtes kann **Beschwerde an das Bundesverwaltungsgericht** erhoben werden (§ 158 Abs 2 ArbVG). Entscheidungen des Bundesverwaltungsgerichts können in weiterer Folge an den **VwGH** bzw bei Verletzung verfassungsrechtlich gewährleisteter Rechte (zB des Gleichheitssatzes) an den **VfGH** herangetragen werden. 14/064

14.3.2. Schlichtungsstellen

Im Gegensatz zur **freiwilligen Schlichtung** im überbetrieblichen Bereich ist in einer Reihe von Fällen betriebsverfassungsrechtlicher Regelungsstreitigkeiten die **Zwangsschlichtung** vorgesehen (vgl 14.2.4). Zur Entscheidung von Streitigkeiten über den Abschluss, die Änderung oder die Aufhebung von Betriebsvereinbarungen in Angelegenheiten, in welchen das Gesetz die Entscheidung durch Schlichtungsstellen vorsieht (vgl 3.3.4.5.2 u 3.3.4.5.3), ist auf **Antrag** eines der Streitteile eine solche zu errichten, und zwar am **Sitz des mit Arbeits- und Sozialrechtssachen in erster Instanz befassten Gerichtshofs**, in dessen Sprengel der Betrieb liegt. Erstreckt sich der Geltungsbereich einer Betriebsvereinbarung auf Betriebe, die in zwei oder mehreren Sprengeln liegen, so ist der Sitz des Unternehmens, dem die Betriebe angehören, maßgebend. Durch Vereinbarung der Streitteile kann die Schlichtungsstelle am Sitz eines anderen mit Arbeits- und Sozialrechtssachen in erster Instanz befassten Gerichtshofs errichtet werden. Ein Antrag auf Entscheidung einer Streitigkeit durch die Schlichtungsstelle ist an den Präsidenten des in Betracht kommenden Gerichtshofs zu richten (§ 144 Abs 1 ArbVG). 14/065

Die Schlichtungsstelle ist als unabhängige kollegiale Verwaltungsbehörde iSd Art 20 Abs 2 B-VG zu qualifizieren[63]. Der Vorsitzende und die Beisitzer sind **weisungsfrei**. Jedoch kann der BM für Arbeit, Soziales und Konsumentenschutz die Mitglieder der Schlichtungsstelle jederzeit aus wichtigem Grund abberufen (s § 144 Abs 2a ArbVG). Sie besteht aus einem Vorsitzenden und vier Beisitzern. Der **Vorsitzende** ist vom Präsidenten des Gerichtshofs auf einvernehmlichen Antrag der Streitteile zu bestel-

---

[63] VfGH 11. 12. 1997, G 13/97, RdW 1998, 292; VfGH 15. 6. 1998, B 2410/94, RdW 1999, 94; s darüber hinaus *Rohregger*, Sind Schlichtungsstellen Tribunale iSd Art 6 EMRK?, RdW 1998, 349.

len. Kommt eine Einigung der Streitteile auf die Person des Vorsitzenden innerhalb von zwei Wochen ab Antragstellung nicht zustande, so ist er auf Antrag eines der Streitteile vom Präsidenten des Gerichtshofes zu bestellen. Die Bestellung hat aus dem **Kreis der Berufsrichter** zu erfolgen, die bei dem Gerichtshof mit Arbeits- und Sozialrechtssachen befasst sind. Sie bedarf der Zustimmung des zu Bestellenden. Um Verzögerungen bei der Errichtung von Schlichtungsstellen zu vermeiden, sollten Anträge nicht nur die Nominierung eines Vorsitzenden, sondern weiterer „Ersatzvorsitzender" beinhalten. Jeder der Streitteile hat zwei **Beisitzer** namhaft zu machen. Einer davon muss einer vom BMASK zu erstellenden Beisitzerliste (Arbeitnehmer- und Arbeitgeberliste; vgl § 145 ArbVG) entnommen werden. Der zweite soll aus dem Kreis der im Betrieb Beschäftigten namhaft gemacht werden. Letzteres stellt eine bloße Empfehlung des Gesetzgebers dar[64], sodass sowohl der Arbeitgeber als auch der Betriebsrat Außenstehende in das Verfahren entsenden können. Wenn einer der Streitteile binnen zwei Wochen ab Antragstellung die Nominierung der Beisitzer nicht vorgenommen hat, so hat der Präsident des Gerichtshofs selbst aus der Beisitzerliste jener Gruppe (Arbeitgeber oder Arbeitnehmer), welcher der säumige Streitteil angehört, den Beisitzer zu bestellen (§ 144 Abs 2 u 3 ArbVG).

Die Schlichtungsstelle ist grundsätzlich dann **verhandlungs- und beschlussfähig**, wenn sowohl der Vorsitzende als auch zwei Beisitzer von jedem der Streitteile anwesend sind. Wurde eine Verhandlung der Schlichtungsstelle bereits einmal vertagt, weil ein Beisitzer ohne rechtmäßigen Hinderungsgrund nicht erschienen war, und ist in der fortgesetzten Verhandlung abermals derselbe oder ein anderer von der gleichen Partei namhaft gemachter Beisitzer unentschuldigt ferngeblieben, so kann auch in Anwesenheit mindestens eines Beisitzers verhandelt und entschieden werden.

Auf einvernehmlichen Antrag der Streitteile haben die Verhandlungen **im Betrieb** stattzufinden (§ 146 Abs 3 ArbVG). Bei der Beschlussfassung hat sich der Vorsitzende zunächst der Stimme zu enthalten; kommt eine Stimmenmehrheit nicht zustande, so nimmt der Vorsitzende nach weiterer Beratung an der erneuten Beschlussfassung teil. Er gibt seine Stimme als Letzter ab; Stimmenthaltung ist unzulässig (§ 146 Abs 1 ArbVG).

14/066 Die Schlichtungsstelle hat die Entscheidung möglichst rasch innerhalb der durch die Anträge der Parteien bestimmten Grenzen und unter Abwägung der Interessen des Betriebs einerseits und der Belegschaft andererseits zu fällen. Sie ist dabei an das übereinstimmende Vorbringen und die übereinstimmenden Anträge der Streitteile gebunden. Die Entscheidung gilt als **Betriebsvereinbarung**. Gegen die Entscheidung kann **Beschwerde an das Bundesverwaltungsgericht** erhoben werden (§ 146 Abs 2 ArbVG). Entscheidungen des Bundesverwaltungsgerichts können sowohl beim **VwGH** als auch beim **VfGH** nach Maßgabe der allgemeinen Verfahrensvoraussetzungen bekämpft werden[65].

14/067 Die **sachliche Zuständigkeit** der Schlichtungsstelle erstreckt sich auf die Entscheidung und Vermittlung in Angelegenheiten, die den Abschluss, die Änderung oder die Aufhebung von erzwingbaren Betriebsvereinbarungen sowie von notwendigen Betriebsvereinbarungen mit Zwangsschlichtung betreffen (vgl 3.3.4.5.2, 11.4.4.1.6.2, 3.3.4.5.3 u 11.4.4.1.6.3).

---

[64] Vgl *Strasser/Jabornegg*, ArbVG³ (1999), 693.

[65] Zur neuen Rechtslage s *Mrvošević*, Die Auswirkungen der neuen Verwaltungsgerichtsbarkeit auf das Arbeits- und Sozialrecht, ZAS 2014, 4; *Guiragossian*, Arbeitsrechtliche Auswirkungen der Verwaltungsgerichtbarkeits-Novelle 2012, ARD 6384/6/2014.

14.4. Arbeitsinspektorate

Gesetzliche Grundlage der Arbeitsinspektion bildet das ArbeitsinspektionsG 1993 (ArbIG)[66]. Die öffentlich-rechtlichen Bestimmungen des Arbeitnehmerschutzes (vgl 7.) sollen durch staatliche Behörden überwacht und nötigenfalls erzwungen werden. 14/068

Der Wirkungsbereich der Arbeitsinspektion erstreckt sich auf Betriebsstätten und Arbeitsstellen (vgl 4.4.1) aller Art. 14/069

Ausgenommen sind jedoch:

a) Betriebsstätten und Arbeitsstellen, die der Land- und Forstwirtschaftsinspektion unterworfen sind,

b) öffentliche Erziehungs- und Unterrichtsanstalten,

c) Kultusanstalten der gesetzlich anerkannten Kirchen und Religionsgesellschaften,

d) private Haushalte sowie

e) öffentlich Bedienstete, die nicht in Betrieben beschäftigt sind.

Zur Wahrnehmung der Aufgaben der Arbeitsinspektion sind die Arbeitsinspektorate berufen. Mindestens ein **allgemeines Arbeitsinspektorat** muss jedes Bundesland aufweisen. Grundsätzlich richtet sich die Organisation der Arbeitsinspektorate nach Aufsichtsbezirken: pro Aufsichtsbezirk ist ein Arbeitsinspektorat einzurichten (§ 14 Abs 1 ArbIG). Dieses ist grundsätzlich für die in seinem Bezirk befindlichen Betriebsstätten und Arbeitsstellen örtlich zuständig. Erstreckt sich eine Betriebsstätte oder Arbeitsstelle über mehrere Aufsichtsbezirke der Arbeitsinspektion, so ist für diese jenes Arbeitsinspektorat zuständig, in dessen Aufsichtsbezirk sich die Leitung dieser Betriebsstätte oder Arbeitsstelle befindet (§ 15 ArbIG). Aus Zweckmäßigkeitsgründen kann der örtliche Wirkungsbereich eines allgemeinen Arbeitsinspektorats auch auf zu anderen Aufsichtsbezirken gehörende Betriebsstätten und Arbeitsstellen erstreckt werden (§ 14 Abs 3 ArbIG). 14/070

Die Aufteilung des Bundesgebietes richtet sich nach der VO v 8. 4. 1993, BGBl 237/1993, über die Aufsichtsbezirke und den Wirkungsbereich der Arbeitsinspektorate, die 19 Aufsichtsbezirke vorsieht. 14/071

Einzelne Wirtschaftszweige oder Beschäftigungsgruppen oder Teile von solchen können, wenn dies für die Wahrnehmung des Arbeitnehmerschutzes zweckmäßig ist, unter die Aufsicht von **besonderen Arbeitsinspektoraten** gestellt werden. Der örtliche Wirkungsbereich solcher Arbeitsinspektorate kann sich über den Bereich mehrerer Bundesländer erstrecken (§ 14 Abs 2 ArbIG). 14/072

Ein derartiges Sonderarbeitsinspektorat besteht in Wien für Bauarbeiten, das die Bau-, Erd- und Wasserbauarbeiten im Bereich der Aufsichtsbezirke 1 bis 6 zu überwachen hat (§ 3 der VO über die Aufsichtsbezirke und den Wirkungsbereich der Arbeitsinspektorate).

Die Arbeitsinspektorate unterstehen unmittelbar dem **Zentral-Arbeitsinspektorat**, dem die oberste Leitung und zusammenfassende Behandlung der Angelegenheiten der Arbeitsinspektion obliegt. Der Leiter des Zentral-Arbeitsinspektorats untersteht direkt dem BMASK (vgl § 16 ArbIG). 14/073

---

[66] Noch zum ArbIG 1974 vgl *Geppert*, Arbeitsinspektion und Arbeitnehmerschutzrecht (1981).

14.4. Arbeitsinspektorate

14/074 Die **Arbeitsinspektoren** sind die ausübenden Organe der Arbeitsinspektion. Zur Wahrnehmung besonderer Aufgaben sind **besondere Arbeitsinspektionsorgane** zu bestellen.

So ist etwa für die Bereiche Arbeitshygiene, Arbeitsphysiologie und Verhütung von Berufskrankheiten die hiefür notwendige Zahl von Arbeitsinspektionsärzten sowie bei jedem Arbeitsinspektorat mindestens ein Hygienetechniker zu bestellen (vgl § 17 Abs 1 u 2 ArbIG). Zur besonderen Überwachung der Einhaltung der Schutzvorschriften für Kinder und Jugendliche sowie für Frauen ist bei jedem Arbeitsinspektorat mindestens ein „Arbeitsinspektor für Kinderarbeit und Jugendlichenschutz" sowie eine „**Arbeitsinspektorin** für Mutterschutz" zu bestellen (§ 17 Abs 3 u 4 ArbIG).

14/075 Der **Aufgabenbereich** der Arbeitsinspektionsorgane umfasst vor allem die Überwachung der Einhaltung der Arbeitnehmerschutzvorschriften (vgl 7.2.2.9 u 7.5), erschöpft sich aber nicht darin; sie üben auch beratende, unterstützende und vermittelnde Funktionen im Rahmen ihres Wirkungsbereichs aus. Zur **Zusammenarbeit** mit den **Belegschaftsvertretungen** und den **gesetzlichen Interessenvertretungen** der Arbeitnehmer und Arbeitgeber haben sie einen gesetzlichen Auftrag (zB Teilnahme an Betriebsbesichtigungen, vgl §§ 3, 18a ArbIG). Darüber hinaus obliegt der Arbeitsinspektion die Weiterentwicklung des Arbeitnehmerschutzes und die Erteilung von **Ausnahmegenehmigungen**, insb nach dem AZG, dem MSchG und dem KJBG.

14/076 Zur Erfüllung ihrer Aufgaben steht der Arbeitsinspektion eine Reihe von **Befugnissen** zu. Gem § 4 Abs 1 ArbIG sind die Organe der Arbeitsinspektion berechtigt, Betriebsstätten und Arbeitsstellen sowie die vom Arbeitgeber den Arbeitnehmern zur Verfügung gestellten Wohnräume und Unterkünfte sowie Wohlfahrtseinrichtungen jederzeit zu betreten und zu besichtigen[67]. Dies gilt auch dann, wenn zum Zeitpunkt der Besichtigung in der Betriebsstätte oder auf der Arbeitsstelle Arbeitnehmer nicht beschäftigt werden. Der Arbeitsinspektor hat nach seinem Eintreffen zu verlangen, dass der Arbeitgeber – bei dessen Abwesenheit die von ihm eigens beauftragte Person – von seiner Anwesenheit verständigt wird, wobei diese **Verständigung** dann zu unterbleiben hat, wenn dadurch nach Ansicht des Arbeitsinspektors die Wirksamkeit der Amtshandlung beeinträchtigt werden könnte (vgl § 4 Abs 6 ArbIG). Den Besichtigungen durch die Arbeitsinspektionsorgane sind die Organe der Arbeitnehmerschaft, die Sicherheitsvertrauenspersonen sowie die Präventivdienste iS des ASchG (vgl 7.2.2.4) beizuziehen (§ 4 Abs 8 ArbIG). Diese Personen bzw Organe sind vom Arbeitgeber oder von der beauftragten Person von der Anwesenheit des Arbeitsinspektionsorgans unverzüglich zu verständigen. Die Besichtigung kann jedoch auch ohne Teilnahme der genannten Personen vorgenommen werden (§ 4 Abs 8 u 9 ArbIG).

Zur Beurteilung der Notwendigkeit und der Wirksamkeit von Vorkehrungen zum Schutz der Arbeitnehmer sind die Arbeitsinspektionsorgane berechtigt, **Messungen** und **Untersuchungen** in den Betriebsstätten und auf den Arbeitsstellen durchzuführen (vgl § 5 Abs 1 ArbIG). Sind die Arbeitsinspektoren dazu nicht ohne weiteres befähigt, so können sie in Betracht kommende **Sachverständige** beiziehen (vgl § 5 Abs 2 ArbIG). Das Arbeitsinspektorat ist berechtigt, **Proben** von Arbeitsstoffen im unbedingt erforderlichen Ausmaß zu entnehmen und deren Untersuchung zu veranlassen (vgl § 5 Abs 3 ArbIG). Die Erzeuger und Vertreiber von Arbeitsstoffen sind verpflichtet, auf Verlangen der Arbeitsinspektion Auskünfte über die Zusammensetzung dieser Stoffe zu erteilen (vgl § 6 Abs 1 ArbIG). Erzeuger und Vertreiber von Maschinen, Geräten oder deren Teilen oder Zubehör, für die nach den Rechtsvorschriften Übereinstimmungserklärungen erforderlich sind, haben auf Ver-

[67] S hiezu VwGH 28. 1. 2000, 97/02/0396, RdW 2000, 619.

langen **Ablichtungen** von Prüfbescheinigungen und technischen Unterlagen zu übermitteln sowie die erforderlichen Auskünfte zu erteilen (§ 6 Abs 2 ArbIG). Die Arbeitsinspektoren sind ferner befugt, den Arbeitgeber oder dessen beauftragte Personen und die im Betrieb beschäftigten Arbeitnehmer über alle Umstände zu vernehmen, die ihren Aufgabenbereich berühren. Von den Arbeitgebern können auch **schriftliche Auskünfte** verlangt werden. Die vernommenen Personen sind zur Auskunftserteilung verpflichtet (vgl § 7 ArbIG). Die Arbeitsinspektionsorgane können weiters vom Arbeitgeber oder dessen beauftragten Personen die **Einsicht in alle einschlägigen Unterlagen** verlangen. Sie sind befugt, Abschriften dieser Unterlagen oder Auszüge aus denselben anzufertigen oder solche (fotokopiert) anzufordern (vgl § 8 ArbIG).

Stellt die Arbeitsinspektion Übertretungen von Arbeitnehmerschutzvorschriften fest, so hat sie den Arbeitgeber schriftlich aufzufordern, den vorschriftsmäßigen Zustand innerhalb einer angemessenen Frist herzustellen. Entspricht der Arbeitgeber dieser Aufforderung nicht, ist die **Anzeige** an die zuständige Verwaltungsstrafbehörde zu erstatten. Bei geringfügigen Abweichungen von technischen Maßen hat das Arbeitsinspektorat von einer Anzeige abzusehen, handelt es sich jedoch um eine schwerwiegende Übertretung, hat die Strafanzeige auch ohne vorausgehende Aufforderung zu erfolgen (vgl § 9 ArbIG; zur Bestellung von Arbeitnehmern zu verantwortlichen Beauftragten vgl 7.2.2.1). 14/077

Ist das Arbeitsinspektorat der Ansicht, dass in einer Betriebsstätte oder auf einer Arbeitsstelle Vorkehrungen zum Schutz des Lebens, der Gesundheit und der Sittlichkeit der Arbeitnehmer zu treffen sind, so hat es im Rahmen der Arbeitnehmerschutzvorschriften bei der zuständigen Behörde die Vorschreibung der erforderlichen Maßnahmen zu beantragen (§ 10 Abs 1 ArbIG). Droht eine unmittelbare Gefahr für das Leben oder die Gesundheit der Arbeitnehmer, dann hat das Arbeitsinspektorat mit Bescheid die **Beschäftigung** von Arbeitnehmern zu **untersagen** bzw die (teilweise) **Schließung der Betriebsstätte** oder der Arbeitsstelle, die **Stilllegung von Maschinen** oder **sonstige Sicherheitsmaßnahmen** zu verfügen. Erforderlichenfalls hat das Arbeitsinspektionsorgan aber auch vor Erlassung eines Bescheides zur Gefahrenabwehr **Sofortmaßnahmen** an Ort und Stelle zu verfügen und deren Durchführung selbst zu veranlassen (§ 10 Abs 3 u 4 ArbIG). 14/078

14.5. Arbeitsmarktservice

Die Durchführung der Arbeitsmarktpolitik des Bundes obliegt im Wesentlichen dem **Arbeitsmarktservice**, einem Dienstleistungsunternehmen öffentlichen Rechts mit eigener Rechtspersönlichkeit (§ 1 Abs 1 AMSG). Sein Kompetenzbereich umfasst Angelegenheiten der nicht-hoheitlichen Verwaltung wie auch bestimmte hoheitliche Verwaltungsaufgaben. 14/079

Im Rahmen **nicht-hoheitlicher Verwaltung** hat das Arbeitsmarktservice gem den Bestimmungen der §§ 29 ff AMSG Arbeitssuchende und Unternehmen über Angebot und Nachfrage am Arbeitsmarkt zu informieren und zu beraten sowie finanzielle Beihilfen zur Schaffung, Erhaltung und Sicherung von Arbeitsplätzen zu gewähren[68]. Die Hauptbedeutung liegt allerdings zweifellos in der **Arbeitsvermittlung** (vgl hiezu 5.1.1 u 5.1.2). Weitere Aufgaben ergeben sich aus dem AMSG im Zusammenhang mit betrieblichen Beihilfen, zB der 14/080

[68] Vgl *Gerhartl*, Arbeitslosmeldung und Beantragung des Arbeitslosengeldes, ASoK 2011, 18.

Gewährung der Kurzarbeitsbeihilfen (vgl 6.8.7.3) oder jener bezüglich der Vereinbarung von Teilzeitarbeit von Eltern oder zum Ausgleich kurzfristiger Beschäftigungsschwankungen (vgl §§ 34 ff AMSG).

14/081 **Hoheitliche Verwaltungsaufgaben** hat das Arbeitsmarktservice gemäß dem AlVG (Angelegenheiten des Arbeitslosengeldes und der Notstandshilfe), dem AMFG (Kündigungsfrühwarnsystem; vgl hiezu 8.2.8.4) und dem AuslBG (Ausstellung von Beschäftigungsbewilligungen, Entsendebewilligungen; vgl hiezu 5.2.6) zu besorgen. Der Instanzenzug im behördlichen Verfahren ist in den jeweiligen Materiengesetzen geregelt.

14/082 Die Aufgaben des Arbeitsmarktservice werden dezentralen und regionalen Erfordernissen entsprechend von der **Bundesorganisation**, den **Landesorganisationen** sowie innerhalb der jeweiligen Bundesländer von den **regionalen Organisationen** wahrgenommen. Als Organe dieser Organisationen sieht das AMSG einerseits unter Mitwirkung der Interessenvertretungen der Arbeitgeber und Arbeitnehmer **paritätisch besetzte Gremien** (Verwaltungsrat, Landesdirektorien und Regionalbeiräte) und andererseits geschäftsführende Organe (Vorstand, Landesgeschäftsführer und Leiter der regionalen Geschäftsstelle) vor. Als **Hilfsapparate** dieser Organe fungieren die Bundesgeschäftsstelle, auf Landesebene (an Stelle der früheren Landesarbeitsämter) die Landesgeschäftsstellen sowie am Sitz der regionalen Organisationen (an Stelle der früheren Arbeitsämter) die regionalen Geschäftsstellen.

14/083 Die Gremien des Arbeitsmarktservice können zur Vorbereitung ihrer Verhandlungen und Beschlüsse sowie für bestimmte Kontrollaufgaben **Ausschüsse** einsetzen, denen nicht nur Mitglieder des jeweiligen Gremiums angehören müssen (§§ 7 Abs 6 u 7, 14 Abs 6 u 21 Abs 5 AMSG). Zur Mitwirkung in grundlegenden Fragen der Ausländerbeschäftigung sehen die §§ 22 f AuslBG einen eigenen **Ausländerausschuss** des Verwaltungsrats sowie spezielle Ausländerausschüsse der Landesdirektorien vor. In diesen sind die Vertreter der Interessenvertretungen der Arbeitgeber und der Arbeitnehmer paritätisch vertreten.

14/084 Während die vom Arbeitsmarktservice zu erbringenden Dienstleistungen von jedermann grundsätzlich bei allen Geschäftsstellen des Arbeitsmarktservice in Anspruch genommen werden können (vgl § 31 Abs 1 AMSG), richtet sich die **örtliche Zuständigkeit** des Arbeitsmarktservice in hoheitlichen Verwaltungsangelegenheiten nach der VO v 29. 11. 1994, BGBl 928/1994, über die Zuständigkeitssprengel der Organe des Arbeitsmarktservice für die Besorgung behördlicher Aufgaben.

14.6. Sonstige Behörden und Kommissionen

14/085 Das Arbeitsrecht ist reich an speziellen Behörden, Interessenvertretungen, Beiräten und Kommissionen.

14/086 Die **Interessenvertretungen** der Arbeitgeber und der Arbeitnehmer haben über den Bereich der eigentlichen Interessenrepräsentation hinaus auch hoheitliche und nicht-hoheitliche **Verwaltungsaufgaben** wahrzunehmen, wie etwa Aufgaben der Berufsverwaltung und Berufszulassung, Ausübung der Disziplinargewalt, Verwaltung von Wohlfahrtseinrichtungen oder die Entsendung von Vertretern in Verwaltungsbehörden, Beiräte und ähnliche beratende Organe (vgl hiezu 12.3.1.2.1 u 12.3.2.1).

Dem SMSG zufolge ist ein **Bundesamt für Soziales und Behindertenwesen** (Sozialministeriumservice) mit Sitz in Wien errichtet. Das Sozialministeriumservice ist eine dem BMASK unmittelbar nachgeordnete Dienstbehörde. In der Landeshauptstadt eines jeden Bundeslandes ist eine Landesstelle einzurichten. Dem Sozialministeriumservice obliegen insb Angelegenheiten der Kriegsopfer-, Verbrechensopfer-, Impfschadensopfer- und Heeresversorgung sowie der Behindertengleichstellung (vgl hiezu 4.3.2.3.5). 14/087

Nach dem BEinstG ist bei jeder Landesstelle des Bundesamts für Soziales und Behindertenwesen ein **Behindertenausschuss** (§ 12 BEinstG) einzurichten. In Verfahren über Beschwerden in den Angelegenheiten der §§ 8, 9, 9a und 14 Abs 2 BEinstG entscheidet das Bundesverwaltungsgericht durch Senat (vgl § 19b BEinstG). 14/088

Das BAG kennt **Lehrlingsstellen** (vgl § 19 BAG) bei den Wirtschaftskammern, **Prüfungskommissionen** für die Lehrabschlussprüfung (vgl § 22 BAG), **Landes-Berufsausbildungsbeiräte** (vgl § 31a BAG), den **Bundes-Berufsausbildungsbeirat** (vgl § 31 BAG) und den **Förderausschuss** (vgl § 31b BAG). 14/089

Zur Beratung des BMASK in grundsätzlichen Fragen der Sicherheit und des Gesundheitsschutzes bei der Arbeit sowie zur Information über Organisation und Tätigkeit der Präventionszentren ist ein **Arbeitnehmerschutzbeirat** einzurichten (§ 91 Abs 1 ASchG; Näheres s 7.2.2.9). 14/090

Die **Gleichbehandlungskommission** ist beim Bundeskanzleramt eingerichtet und befasst sich mit allen die Diskriminierung berührenden Fragen und mit Verstößen gegen die die Beachtung des Gleichbehandlungsgebots regelnden Förderrichtlinien (§§ 1, 8 GBK/GAW-G). Sie nimmt auf Antrag von Arbeitnehmern, Arbeitgebern, Betriebsrat, Interessenvertretungen, Betroffenen, den AnwältInnen für Gleichbehandlungsfragen oder von Amts wegen **Einzelfallprüfungen** von mutmaßlichen Diskriminierungen vor (§ 12 GBK/GAW-G). Weiters hat die Kommission auf Antrag **Gutachten** über Fragen der Verletzung des Gleichbehandlungsgebots zu erstellen (§ 11 GBK/GAW-G). 14/091

Die Kommission besteht aus drei **Senaten**, wobei Senat I für die Gleichbehandlung von Frauen und Männern in der Arbeitswelt (Teil I GlBG) **zuständig** ist, Senat II für die Gleichbehandlung ohne Unterschied der ethnischen Zugehörigkeit, der Religion oder der Weltanschauung, des Alters oder der sexuellen Orientierung in der Arbeitswelt (Teil II GlBG) und Senat III für die Gleichbehandlung ohne Unterschied des Geschlechts oder der ethnischen Zugehörigkeit in sonstigen Bereichen (Teil III, 1. Abschnitt GlBG). Betrifft ein von der Gleichbehandlungskommission zu behandelnder Fall sowohl die Gleichbehandlung von Frauen und Männern in der Arbeitswelt als auch die Gleichbehandlung ohne Unterschied der ethnischen Zugehörigkeit, der Religion oder Weltanschauung, des Alters oder der sexuellen Orientierung in der Arbeitswelt, so ist Senat I zuständig. Der Senat hat dabei auch die Bestimmungen über die Gleichbehandlung ohne Unterschied der ethnischen Zugehörigkeit, der Religion oder Weltanschauung, des Alters oder der sexuellen Orientierung in der Arbeitswelt anzuwenden. 14/092

14/093 Jeder Senat setzt sich aus dem Vorsitzenden und weiteren Mitgliedern zusammen, die von den Sozialpartnern entsendet bzw von verschiedenen Ministerien bestellt werden (§ 2 GBK/GAW-G). Der Vorsitzende des Senats I hat die Tätigkeit der Gleichbehandlungskommission zu koordinieren (§ 1 Abs 4 GBK/GAW-G). Auf das Verfahren vor den Senaten ist teilweise das AVG anzuwenden (§ 16 GBK/GAW-G).

14/094 Die **Anwaltschaft für Gleichbehandlung** ist beim Bundeskanzleramt eingerichtet und zuständig für die Beratung und Unterstützung von Personen, die sich diskriminiert fühlen (§§ 3 ff GBK/GAW-G). Die Gleichbehandlungsanwaltschaft besteht aus den AnwältInnen für die Gleichbehandlung von Frauen und Männern in der Arbeitswelt (Teil I GlBG), für die Gleichbehandlung ohne Unterschied der ethnischen Zugehörigkeit, der Religion oder der Weltanschauung, des Alters oder der sexuellen Orientierung in der Arbeitswelt (Teil II GlBG), für die Gleichbehandlung ohne Unterschied des Geschlechts oder der ethnischen Zugehörigkeit in sonstigen Bereichen (Teil III, 1. Abschnitt GlBG), der erforderlichen Zahl von weiteren AnwältInnen gem Z 1, weiters den RegionalanwältInnen sowie der erforderlichen Zahl von MitarbeiterInnen. Der Anwalt/die Anwältin für die Gleichbehandlung von Frauen und Männern in der Arbeitswelt hat die Tätigkeit der Anwaltschaft für Gleichbehandlung zu koordinieren (§ 3 Abs 4 GBK/GAW-G).

14/095 Die AnwältInnen können, falls erforderlich, auf Grund einer behaupteten Verletzung des Gleichbehandlungsgebotes den Arbeitgeber oder den sonst Verantwortlichen zur Abgabe einer schriftlichen **Stellungnahme** auffordern. Sie können auch weitere **Auskünfte** vom Arbeitgeber, vom Betriebsrat oder von den Beschäftigten des betroffenen Betriebs oder vom sonst Verantwortlichen einholen. Diese sind verpflichtet, den AnwältInnen die für die Durchführung ihrer Aufgaben erforderlichen Auskünfte zu erteilen (§ 5 Abs 4 GBK/GAW-G).

14/096 Die **Kontrolle der illegalen Arbeitnehmerbeschäftigung** ist seit 2002 im BMF angesiedelt[69]. In jedem Finanzamt ist mittlerweile eine Finanzpolizei eingerichtet und als Organ des Finanzamts tätig.

14/097 Die Haupttätigkeit der **Finanzpolizei** (früher KIAB – Kontrolle der illegalen Arbeitnehmerbeschäftigung) ist die Kontrolle des Arbeitsmarkts. Sie überprüft alle Erwerbstätigen (Selbstständige, Arbeitnehmer, ausländische und inländische Erwerbstätige) vor allem in Hinblick auf die Einhaltung abgaben-, arbeits- und sozialversicherungsrechtlicher Vorschriften. Ihre Kompetenzen umfassen ua Kontrollbefugnisse, Einsichts- und Betretungsrechte, aber auch Festnahmebefugnisse und die Identitätsfeststellung sowie das Recht, KFZ anzuhalten und Auskünfte einzuholen (vgl etwa § 26 AuslBG, § 7b AVRAG, § 89 Abs 3 EStG 1988, §§ 143 f BAO, § 12 AVOG 2010, Artikel III SozBeG).

---

[69] Allg vgl etwa *Lehner/Houf*, Handbuch KIAB-Kontrollen (2008); s auch *Gagawczuk*, Das Lohn- und Sozialdumping-Bekämpfungsgesetz, DRdA 2011, 473.

Sachregister

A

B

H

I

J

K

L

M

P

T

U

V

W